# ENTRE DEUX SIÈCLES

## 20 ANS DE CINÉMA CONTEMPORAIN

Connectez-vous sur : **www.lamartiniere.fr**

# ENTRE DEUX SIÈCLES

## 20 ANS DE CINÉMA CONTEMPORAIN

JEAN SERROY

Éditions
de La Martinière

# SOMMAIRE

# GÉNÉRIQUE

> Le cinéma ne craignait donc rien
> des autres ni de lui-même
> il n'était pas à l'abri du temps
> il était l'abri du temps.
>
> Jean-Luc GODARD, *Histoire(s) du cinéma*, 1998.

Parmi tous les diagnostics funèbres suscités par les soubresauts d'un siècle – le XXe – sentant son bout de millénaire, la mort annoncée du cinéma figure assurément, à côté de la fin de l'Histoire et du crépuscule des idéologies, en bonne compagnie. Même si, à la différence des autres aspirants à la disparition, le sort du cinématographe aurait été nettement plus brutal : à peine né, en 1895, voilà donc qu'il n'aurait duré qu'un seul siècle, le temps d'un passage furtif...

En réalité, le XXe siècle aura été, pour le cinéma, l'enfance de l'art. Comparée aux autres formes d'art, vieilles de plusieurs siècles, son histoire est assurément toute jeune ; mais elle a montré, en cent ans, une capacité de renouvellement et de progrès qui témoigne d'une assez extraordinaire faculté d'adaptation aux évolutions techniques dont, par sa nature même, le septième art est tributaire. Qui aurait pu prévoir, devant les images sautillantes que les frères Lumière présentaient, le 18 décembre 1895, dans le Salon indien des sous-sols du Grand Café, boulevard des Capucines, qu'un siècle plus tard cette technique balbutiante, passée du noir et blanc à la couleur, du muet au sonore, des images silencieuses aux décibels du THX, du nitrate de cellulose au disque numérique, des petits écrans aux immenses écrans larges, des salles minuscules aux énormes multiplexes, continuerait d'attirer, à travers le monde, des spectateurs qui se comptent par milliards ? Qui peut dire, aujourd'hui, qu'il n'en sera pas ainsi dans un siècle, ou dans deux, ou dans trois ?

Dans cette mort sans cesse proclamée du cinéma, il passe d'abord un refrain connu, qui a constamment accompagné le septième art : déjà, en 1949, au tournant du demi-siècle, Georges Sadoul concluait son *Histoire du cinéma mondial* par un chapitre intitulé *Nouvelles techniques et nouveaux cinémas*, comme une réponse à la question que posait le titre à sensation d'un tout récent magazine : « Le cinéma va-t-il disparaître ? » Et il passe aussi, dans cette idée que le passé n'a plus d'avenir, une forme de nostalgie qui rejoint cette vieille lune que René Clair développait en souriant à travers un personnage des *Belles de nuit*, vieux monsieur qui affirmait à chaque époque où il se retrouvait, à mesure que des retours en arrière permettaient de remonter le fil du temps et de l'Histoire, que c'était toujours mieux avant. Mais, au-delà d'un pessimisme et d'un passéisme, que le cinéma sait au demeurant fort bien utiliser pour en faire des films à succès, le sentiment souvent exprimé d'un déclin, voire d'une disparition possible du septième art traduit, lorsqu'il émane d'analystes aigus et avertis, un diagnostic qui est lui bel et bien à prendre au sérieux, compte tenu des mutations radicales que le cinéma a connues depuis une vingtaine d'années.

Un autre diagnostic est-il alors possible ? Si les changements se sont accélérés dans les toutes dernières décennies, modifiant en profondeur à la fois le fonctionnement et peut-être même la nature du cinéma, un art qui s'est toujours caractérisé par ses constantes évolutions et son extraordinaire souplesse d'adaptation ne peut-il tirer de ces transformations des éléments neufs pour poursuivre sa route ? Et s'il faut porter un diagnostic, le mieux n'est-il pas d'essayer de dresser un bilan, le plus complet et le plus informé possible, sur ces années qui, par leur complexité et leur accélération mêmes, se laissent difficilement appréhender ?

En 1995, le cinéma a eu cent ans. Date phare, évidemment favorable aux célébrations, mais peut-être, plus profondément, qui, intervenant à la charnière de deux siècles, apparaît d'autant plus pertinente pour s'interroger sur l'histoire de cet art qui fut bien historiquement l'art du XXe siècle et, à partir de là, sur son devenir à l'aube d'un siècle et d'un millénaire nouveaux. D'où l'idée de regarder dans toute son étendue la production cinématographique de ces vingt dernières années, c'est-à-dire des dix années qui précèdent ce premier centenaire, 1985-1995, et des dix années qui le suivent, 1995-2005. Pourquoi 1985 ? Comme toute date, celle-ci ne saurait avoir qu'une valeur symbolique et opératoire. Elle a, néanmoins, quelques raisons fortes d'être, dont la plus symbolique serait peut-être ce silence que s'impose à partir de là, sur un film jetant un regard sur le passé même de sa création – *Après la répétition*, en 1984 –, le cinéaste sans doute le plus représentatif d'une certaine conception, et d'un certain âge, du cinéma, Ingmar Bergman. Son silence va durer vingt ans, jusqu'à un ultime film, qu'on peut penser être le dernier, *Saraband*, programmé à la télévision suédoise en 2003, puis à la télévision française fin 2004, et projeté en 2005 pour le cinéma, en numérique, dans les quelques rares salles bénéficiant de ce tout dernier équipement de la haute technologie. Symbolique, ainsi, cette fin d'une œuvre majeure, qui s'inscrit précisément entre ces deux dates – 1984-2005 – qui font passer d'un siècle à un autre. Et bien d'autres faits marquent que le milieu des années 1980 est, pour le cinéma, une période charnière. La fin de l'œuvre de Robert Bresson, dont le dernier film, *L'Argent*, est de 1983 ; la mort de François Truffaut, survenue en 1984 ; la sortie en 1985 de *Shoah*, de Claude Lanzmann, film qui pose de façon aiguë, autour d'Auschwitz, le rapport du cinéma et de l'histoire du XXe siècle ; l'apparition et la confirmation en 1985-1986, avec *Subway*, de Besson, et *37°2 le matin*, de Beineix, d'une génération nouvelle, formée par la télévision et la publicité, et, avec *Mauvais sang* de Carax, nourrie de cinéma et en renouvelant le langage ; et, aux États-Unis, l'ouverture au début des années 1980 par Robert Redford du Sundance Institute, qui promeut le cinéma indépendant face aux films des grands studios et qui se prolonge en 1984 par l'organisation du Festival de Sundance, puis quelques années après par la création par Harvey Weinstein de la société Miramax, apportant une solution alternative à la mainmise hollywoodienne et amenant les compagnies majeures, après le succès de *Sexe, mensonges et vidéos* de Steven Soderbergh en 1989, à inclure ce cinéma-là comme un nouveau paramètre dans leur propre stratégie : autant d'éléments qui marquent, et pas seulement pour le cinéma français, un de ces moments clefs où la page se tourne. Comme il semble bien que le début de la première décennie des années 2000, avec l'apparition de la projection en numérique (et là encore, la volonté de Bergman de voir son dernier film, réalisé pour la télévision, projeté en salles uniquement en haute définition, apparaît comme un signe), mais aussi avec le développement de nouvelles techniques, de nouvelles formes, de nouveaux territoires cinématographiques, marque un moment clef dans l'évolution présente du cinéma. Les limites chronologiques ainsi fixées ont de fortes raisons d'être ; elles permettent en tout cas d'envisager l'histoire en train de se faire du cinéma sur vingt ans, durée suffisamment resserrée pour pouvoir être regardée dans le détail, et suffisamment ample pour permettre de dégager des grandes tendances.

Regarder donc le cinéma entre deux siècles, le XX<sup>e</sup> et le XXI<sup>e</sup>, qui sont aussi le premier et le second de son histoire à lui, pour juger de son passé immédiat, de son présent en cours, et de son futur en devenir : tel est le dessein et telle est l'entreprise. Ils passent par un point de vue : celui d'une approche du cinéma déterminée forcément par une vision et une réception françaises, tributaires non seulement des films distribués en France, mais aussi d'un angle d'attaque façonné par l'histoire et la critique du cinéma qui y ont été élaborées. Ils passent aussi par des choix délibérés. Et d'abord, par l'idée de partir des films eux-mêmes : tâche énorme et défi quasi impossible, vu l'ampleur de la production – des milliers et des milliers de titres –, mais que l'on a voulu néanmoins essayer de relever en réunissant le plus de films possible, et pas seulement les chefs-d'œuvre incontestés et incontestables à partir desquels on écrit trop souvent une histoire de ce fait limitée. D'où l'idée aussi de les évaluer dans la double optique d'une vision immédiate – envisageant chacun dans le moment même de sa sortie – et d'une réflexion critique à distance.

Ce double parti pris explique la double composante de ce *Entre deux siècles* : d'abord, des analyses filmiques, retenues à partir des quelque deux mille et davantage que, en critique de cinéma ayant à rendre compte, pour un grand quotidien régional (*Le Dauphiné*), de l'actualité cinématographique, on a chaque semaine rédigées au long de ces vingt années. Certes, tous les films vus et analysés ne peuvent, étant donné leur nombre, ici figurer : il fallait opérer des choix. On s'est efforcé de les faire significatifs et raisonnés, en préférant parfois, pour les enseignements dont ils sont porteurs, certains films plus discutables au détriment d'autres, plus reconnus et attendus, et tout en sachant bien, avec Gide, que tout choix est toujours une façon de se priver du reste. Mais, dans leur diversité voulue et leur choix assumé, il n'en reste pas moins que tous les textes ici proposés ont été écrits dans un rapport direct avec le film : ils témoignent de la sorte, et sans doute dans leurs défauts mêmes, d'une histoire vive, saisie dans son déroulement, et étrangère aux réévaluations, relectures et repentirs qui en recomposent après coup la réception. De cette masse de textes en phase avec le fil chronologique de ces vingt années de cinéma, on a essayé ensuite, en universitaire rompu à la synthèse, de tirer des lignes de force, pour les mettre en perspective et leur donner un sens. De ce croisement d'optique – la vision rapprochée et la vision lointaine –, on a tiré cet ouvrage : essai historique et critique d'un côté, avec, en fin de chaque chapitre, les références des cinéastes et des films sur lesquels il s'appuie ; puis, dans une seconde partie, répertoire raisonné, offrant par ordre alphabétique un panorama des réalisateurs et des films. Et, de ce va-et-vient et de cet entre-deux, se dégage la ligne directrice qu'on a voulu donner à ce bilan de vingt années de production : pendant ces deux décennies qui marquent son premier centenaire, le cinéma voit disparaître certains des éléments qui le constituent, en voit se poursuivre d'autres, et en voit apparaître de nouveaux.

*Entre deux siècles*, du coup, n'est pas un vain mot : il traduit la ligne même qu'on a décelée dans l'histoire récente du cinéma, à travers les trois mouvements d'une analyse qui envisage d'abord la fin d'un siècle, puis la continuité d'un siècle à l'autre, pour déboucher sur les prémices, et les promesses, d'un siècle nouveau.

J.S.

---

Les films présentés le sont en fonction des limites chronologiques retenues, 1985-2005. Toutefois ces dates sont susceptibles de quelques variations, un écart apparaissant souvent entre la production, la réalisation et la distribution du film, ou entre la distribution du film dans son pays d'origine et sa distribution en France : ainsi *Nostalghia*, de Tarkovski, réalisé en 1983, n'a été montré sur les écrans qu'en 1985. Pour les notices qui présentent chacun des réalisateurs, elles ont été arrêtées, du point de vue biographique, au 31 décembre 2005. Enfin, pour ce qui est des filmographies, on a choisi de les limiter à la période retenue, en indiquant simplement pour les cinéastes ayant commencé leur activité auparavant, et pour donner une idée de leur longévité, la date du premier long métrage réalisé. Dans chaque liste filmographique, les films faisant l'objet d'une analyse spécifique sont indiqués en caractères gras.

# LE CINÉMA
# DES ANNÉES 1985-2005

# LA FIN D'UN SIÈCLE

En vingt ans, le cinéma a pris de l'âge. Et peut-être même, si l'on considère le nombre de réalisateurs essentiels qui disparaissent durant ces années et le vieillissement de ceux qui lui avaient apporté, à la charnière des années 1960, une nouvelle jeunesse, a-t-il changé d'âge. Il y a bien un cinéma qui disparaît à la charnière des années 1980-1990, lié à des conditions artistiques et économiques qui, elles-mêmes, évoluent. Car tout change : la période qui s'étend de l'après-guerre aux années 1980 est dominée par un partage du monde et des idéologies que traduit la guerre froide et que viennent mettre en question les mouvements de liberté qui marquent la fin des années 1960. Le cinéma traduit cet état des choses et cette effervescence, tout comme il en est le produit. Principal divertissement de masse, pas encore supplanté par la télévision, il a connu, depuis 1930 et l'avènement du parlant, une progression continue, jamais véritablement remise en question. Et, à côté du cinéma de consommation populaire, qui a vite constitué son fonds de commerce, il a dégagé une réflexion sur ses propres capacités esthétiques à traduire le monde qui en a fait un moyen privilégié de la création contemporaine. À cet égard, la politique des auteurs, dégagée par les jeunes iconoclastes de la Nouvelle Vague, n'était jamais que l'affirmation et la reconnaissance du cinéma comme un art de plein droit, dont il avait fallu plusieurs décennies pour qu'il trouve sa place, la septième, dans une liste séculaire et canonique auquel on lui permettait enfin d'accéder.

Or à partir des années 1980, alors même qu'il a acquis ainsi droit de cité dans le paysage culturel et qu'on l'enseigne dans les universités et bientôt dans les écoles et les lycées, le cinéma se trouve confronté de façon interne à de nouvelles conditions de production, de diffusion, de technologies et, de façon plus générale, à des mutations historiques qui, de chute du Mur en mondialisation, transforment radicalement le visage de la planète. Les artisans de la grandeur du cinéma des décennies précédentes ne sont plus totalement en phase avec ces changements radicaux. Ils s'effacent, et ce que représentait leur cinéma s'efface progressivement avec eux : certains disparaissent, purement et simplement ; d'autres, gagnés par l'âge, ne tournent plus ; certains, les plus jeunes, continuent de créer, mais ils représentent plus le passé que l'avenir. C'est bien la fin d'un siècle qui s'esquisse.

## 1 – LE CRÉPUSCULE DES MAÎTRES... ET DES PETITS-MAÎTRES

Lorsque François Truffaut meurt, en 1984, c'est comme une chaîne qui se rompt avec les origines même du cinéma. Non seulement parce qu'il était né, en 1932, dans les toutes premières années du parlant, mais parce qu'il fait partie de la dernière génération qui aura vécu à plein le premier siècle du cinéma. Il y avait eu les précurseurs, ceux du muet, pionniers d'une technique jusque-là inconnue et qui, de Méliès à Feuillade, de Griffith à Chaplin, de Sjöström à Murnau, en avaient fait un art à part entière. Ceux-là avaient, par leurs films, ouvert la voie à une génération nouvelle, née avec le siècle, celle des Renoir, des Duvivier, des Clair, des Gance, des Ford, des Hawks, des Capra, des Gallone, des Pabst, des Lang, des Lubitsch, des McCarey, des Dreyer, des Eisenstein, des Mizoguchi, des Ozu, des Buñuel : tous cinéastes formés à l'école du muet, y commençant leur carrière, puis prenant le virage du parlant, en devenant les premiers maîtres, et faisant le cinéma des années 1930, 1940, 1950, et même au-delà, avant de disparaître à leur tour. La relève avait été prise par une génération qui, née un peu plus avant dans le siècle, avait connu la fin du muet mais avait grandi, elle, avec le parlant et avait commencé et développé sa carrière directement avec lui, des années 1940 aux années 1960, les Clouzot, Becker, Rossellini, Visconti, Antonioni, Bergman, Minnelli, Preminger, Kazan, Mankiewicz, Welles, Wilder… Et ce sont ceux-là auxquels avait succédé la vague des jeunes loups des années 1950-1960, qui se définissaient par rapport à eux, en France, en Angleterre, en Europe de l'Est, aux États-Unis, cette vague dont Truffaut est précisément un des représentants les plus emblématiques.

Lorsque celui-ci meurt donc, en 1984, dans ce début des années 1980 qui voit disparaître aussi Cukor, Dwan, King Vidor, Walsh, Henry King, Hathaway, Milestone, Wyler, Hitchcock, Welles, Aldrich, Peckinpah, Losey, Cavalcanti, Zurlini, Rocha, Buñuel, Fassbinder, Güney, Gance, Clair, Tati, Kast, Eustache, et tant d'autres encore, la coupure commence à se faire : jusque-là, les cinéastes avaient fait des films en portant en eux la mémoire d'un art dont ils avaient vu, du muet au parlant, la naissance et les premiers développements. De Renoir à Truffaut, la chaîne ne s'était pas rompue, et la Nouvelle Vague apportait avec elle une contestation qui mettait en cause une conception et un système nés en fait dès les débuts du parlant, dans les années 1930. Jeu normal de la transmission, poids traditionnel de l'héritage, contestation quasi naturelle en matière artistique des formes précédentes par rapport auxquelles on définit son propre dessein. Mais pesée aussi de l'Histoire et de la mémoire, qui disparaît lorsque, né dans les décennies 1950 et suivantes, on n'aura plus ce rapport direct avec le passé du cinéma. Une page alors, définitivement, sera tournée.

À quoi s'ajoute le fait que la génération de Truffaut avait abordé la pratique du cinéma à partir d'une réflexion critique portée sur lui. À la cinématographie, art de l'écriture filmique, elle avait ajouté la cinéphilie, art de la réception du film, et même, pour les plus radicaux, philosophie du cinéma institué en art de vivre. Se mettant en scène en cinéaste tournant un film, dans *La Nuit américaine*, Truffaut n'avait pas manqué d'y développer l'idée que le cinéma est supérieur à la vie. Et, en affirmant que l'art qu'il était en train d'exercer allait bientôt, sous la forme où il le pratiquait, disparaître, il avait, comme un hommage à Griffith et au cinéma des origines, dédié son film à celles qui en incarnaient la grâce première, Lillian et Dorothy Gish.

Rattrapé encore jeune par la mort – à 52 ans –, l'auteur des *Quatre cents coups* est ainsi le premier à disparaître de ce que l'on pourrait appeler l'ultime génération originelle. Et dans les années qui suivent, bien d'autres cinéastes, liés d'une manière ou d'une autre à ces temps fondateurs où le cinéma s'est constitué en territoire, vont disparaître à leur tour. Parmi eux, beaucoup de maîtres, reconnus comme tels : Fellini, bien sûr, le *maestro* à part entière, mais aussi Huston, Kurosawa, Sautet, Pialat, Delvaux, Kubrick, Ferreri, Demy, Tarkovski, Malle, Monteiro, Kieslowski. Et d'autres, de moindre importance, mais qui pour autant ont tenu une place non négligeable : Weiss, Anderson, Pakula, Yves Robert, Verneuil, Giovanni, Deray, Laloux, Enrico, de Broca. Il y a bien quelque chose qui se referme, de la mémoire et de l'histoire du cinéma, avec tous ceux qui s'en vont ainsi massivement. Signe des temps, leurs dernières œuvres aux uns et aux autres portent souvent en elles la nostalgie d'un passé qu'ils sentent disparaître avec eux. Un premier siècle ainsi s'achève. Son chant du cygne, pour être lourd de mélancolie, n'en est pas moins souvent éclatant.

## Le maestro…

La disparition de Fellini, en 1993, apparaît à cet égard comme doublement emblématique d'un âge et d'une forme de cinéma que, depuis les années 1950, il avait illustrés de la plus inventive des manières : d'abord parce que sa mort met fin à une œuvre qui a porté plus que d'autres la notion même de création artistique et d'univers personnel, mais aussi parce qu'elle intervient au terme d'années difficiles, où l'auteur qu'il est trouve de plus en plus difficilement les moyens de faire les films qu'il porte encore en lui. Et le fait que ses dernières réalisations s'interrogent largement sur le devenir du cinéma, confronté en particulier à la concurrence d'une télévision qui, à ses yeux, en constitue comme le dévoiement, traduit la crise d'identité d'un art confronté à l'évolution de technologies dont il ne sait pas encore si elles constituent pour lui un apport positif ou un instrument de mort.

**Réalisateur de référence :** Federico FELLINI (*Ginger et Fred* ; *Intervista* ; *La Voce della luna*)

## Les maîtres…

Et qu'à côté de Fellini, d'autres grands noms pointent alors en masse à la rubrique nécrologique marque non seulement un appauvrissement proportionnel à la somme de talents qu'ils représentent – on ne perd pas impunément, en quelques années, un Kubrick, un Kurosawa, un Pialat, un Tarkovski – mais traduit aussi la disparition d'univers artistiques qui ont façonné toute une époque. Jeu normal du renouvellement des générations mais peut-être, plus fondamentalement encore, fin d'une ère de la création et d'une confiance faite, par le système même de production, à l'exigence artistique dont ces créateurs étaient porteurs. Vingt ans après, il n'est pas sûr qu'un Satyajit Ray pourrait encore trouver les soutiens financiers qui lui permirent de tourner ses ultimes réalisations. Les derniers films des grands maîtres ont assurément des couleurs de crépuscule.

**Réalisateurs de référence (par ordre chronologique de naissance) :** John HUSTON (*L'Honneur des Prizzi* ; *Gens de Dublin*) • Akira KUROSAWA (*Ran* ; *Rêves*) • Satyajit RAY (*Agantuk*) • Claude SAUTET (*Un cœur en hiver* ; *Nelly et Monsieur Arnaud*) • Maurice PIALAT (*Police* ; *Sous le soleil de Satan* ; *Van Gogh* ; *Le Garçu*) • André DELVAUX (*Babel Opéra*) • Stanley KUBRICK (*Full Metal Jacket* ; *Eyes wide shut*) • Marco FERRERI (*I love you*) • Jacques DEMY (*Trois places pour le 26*) • Andreï TARKOVSKI (*Nostalghia* ; *Le Sacrifice*) • Louis MALLE (*Au revoir les enfants* ; *Milou en mai* ; *Fatale*) • João Cesar MONTEIRO (*Souvenirs de la maison jaune*) • Krzysztof KIESLOWSKI (*Brève histoire d'amour* ; *Trois couleurs : Bleu*)

## … et les petits-maîtres

Dans ce grand cimetière qui élargit tout au long des années 1985-2005 le cercle des cinéastes disparus figurent encore nombre de cinéastes, souvent aimés du grand public, qui, s'ils n'ont pas, dans l'histoire du cinéma, l'importance des cinéastes majeurs, ont contribué à garder à celui-ci son ancrage populaire. Leur œuvre témoigne de la pérennité d'un art qui, dès ses débuts, a incarné la forme d'expression des temps nouveaux. Chez certains – Jiri Weiss, Lindsay Anderson, Alan Pakula, René Laloux –, c'est l'esprit politique ou la force de contestation qui prédominent ; chez d'autres, les Français notamment – Yves Robert, Henri Verneuil, José Giovanni, Jacques Deray, Robert Enrico, Philippe de Broca –, c'est plutôt, même avec une pointe d'anarchie, une sorte de conformisme formel qui l'emporte. Très différents, donc, les uns des autres, mais contribuant à faire du cinéma un art vivant, accessible à tous, à travers des genres – comédies, films policiers, drames sociaux, mélos, aventures – dont, prenant le relais de ceux qui les avaient précédés dans les années 1930 et 1940, ils assurent la continuité tout au long de la seconde moitié du siècle.

**Réalisateurs de référence :** Jiri WEISS (*Martha et moi*) • Yves ROBERT (*Le Château de ma mère ; Montparnasse-Pondichéry*) • Henri VERNEUIL (*Mayrig*) • José GIOVANNI (*Mon père… Il m'a sauvé la vie*) • Lindsay ANDERSON (*Les Baleines du mois d'août*) • Alan J. PAKULA (*Ennemis rapprochés*) • Jacques DERAY (*Un crime*) • René LALOUX (*Gandahar*) • John FRANKENHEIMER (*Piège fatal*) • Robert ENRICO (*De guerre lasse*) • Philippe de BROCA (*Vipère au poing*)

## 2 – LE CINÉMA SENIOR

Le cinéma ayant un siècle, le privilège de l'âge vaut à certains cinéastes de prolonger une carrière commencée, pour les plus anciens d'entre eux, dans les années 1940, il y a plus de soixante ans. Ce n'est pas le moindre avantage de cette longévité que de permettre ainsi à des réalisateurs dont les œuvres se déploient sur plusieurs décennies d'épouser sur une longue période les évolutions du cinéma lui-même. Même s'il est évident que leur appartenance à une génération née dans les années 1910-1920, avant même l'âge du parlant, situe le principal de leur activité avant les années 1980. De ce fait, les films qu'ils tournent dans les deux dernières décennies du siècle apparaissent comme un épilogue à des œuvres qui se sont construites bien en amont. Dans quelques cas, dont celui du vétéran Manoel de Oliveira qui, à près de 100 ans, continue à tourner avec une sorte de boulimie joyeuse, ou celui d'artistes majeurs dont tout nouvel opus constitue un approfondissement de l'œuvre en cours – ainsi pour Youssef Chahine ou pour Shohei Imamura –, les films réalisés traduisent une vitalité créatrice toujours en éveil. Mais, pour la majorité d'entre eux, le tournant du premier siècle du cinéma marque soit la fin prévisible de leur production – ainsi semble-t-il devoir en être pour Luigi Comencini, pour Blake Edwards, pour Richard Attenborough, pour Gérard Oury, pour Claude Pinoteau, pour Georges Lautner, pour Pierre Granier-Deferre –, soit une sorte de prolongement de l'œuvre passée, dont certains tirent en quelque sorte le bilan – ainsi des derniers films d'Ingmar Bergman, d'Andrzej Wajda ou de Pierre Schoendoerffer –, là ou d'autres semblent la mener définitivement à son terme – ainsi de Mario Monicelli, de Dino Risi, de Francesco Rosi, de Sidney Lumet – ou vouloir la poursuivre – ainsi de Franco Zeffirelli, de Norman Jewison ou de James Ivory – mais la plupart du temps de manière quelque peu répétitive, et avec des bonheurs inégaux, comme en témoigne, au fil de ces vingt dernières années d'activité, le développement de leur filmographie.

Dans tous les cas, et quelle que soit telle ou telle réussite qui prouve le talent encore bien vivace de leur auteur, il s'agit là d'œuvres qui renvoient à un cinéma dont la genèse, l'inspiration et les formes sont à chercher bien avant les années 1980. La présence, à l'aube du siècle nouveau, de ces cinéastes gagnés forcément par l'âge, constitue ainsi davantage un lien avec le passé de l'expression cinématographique qu'avec les formes nouvelles que lui apportent des créateurs plus jeunes. Elle marque en tout cas la force de la transmission et manifeste la continuité d'une histoire qui, à l'évidence, ne s'arrête pas.

**Réalisateurs de référence :** Manoel de OLIVEIRA (*Le Soulier de satin*; *Un film parlé*) • Mario MONICELLI (*Une famille formidable*) • Luigi COMENCINI (*La Storia*; *La Bohème*) • Dino RISI (*Le Fou de guerre*) • Ingmar BERGMAN (*Saraband*) • Gérard OURY (*Le Schpountz*) • Francesco ROSI (*Chronique d'une mort annoncée*) • Blake EDWARDS (*That's life*) • Richard ATTENBOROUGH (*Le Temps d'aimer*) • Franco ZEFFIRELLI (*Callas forever*) • Sydney LUMET (*Family business*) • Shohei IMAMURA (*De l'eau tiède sous un pont rouge*) • Claude PINOTEAU (*L'Étudiante*) • Georges LAUTNER (*La Maison assassinée*) • Norman JEWISON (*Bogus*) • Andrzej WAJDA (*Chronique des événements amoureux*; *Les Possédés*; *Pan Tadeusz*) • Youssef CHAHINE (*Le Destin*; *Alexandrie… New York*) • Pierre GRANIER-DEFERRE (*L'Homme aux yeux d'argent*) • James IVORY (*Maurice*; *Le Divorce*) • Pierre SCHOENDOERFFER (*Là-haut. Un roi au-dessus des nuages*) • Peter YATES (*Une femme en péril*)

## 3 – LES ANCIENNES VAGUES

Le cinéma a connu, au tournant des années 1950-1960, un profond renouvellement, dont les causes sont à chercher tout autant dans l'évolution interne des formes et des techniques que dans des facteurs extérieurs, culturels, politiques et idéologiques. Le traumatisme né de la Seconde Guerre mondiale, et cette idée, chère à Valéry et rendue soudain tragiquement évidente par l'avènement de la bombe atomique, que les civilisations savent désormais qu'elles sont mortelles, entraînent une prise de conscience intellectuelle et une mise en question des schémas de la représentation qui, sensibles dans toutes les formes d'expression artistique, le sont tout naturellement dans le septième art. Cela passe, la plupart du temps, par une rébellion contre les formes en place et par une volonté de rupture affichée. D'un pays à l'autre, les situations n'étant pas les mêmes, ce mouvement d'affranchissement ne suit pas forcément les mêmes voies. Mais c'est le même vent de liberté qui souffle.

Celui-ci prend certes des formes diverses : la belle et irrévérencieuse liberté formelle de la Nouvelle Vague française n'a pas, ainsi, le souci d'engagement politique qu'on trouve par exemple dans la jeune génération qui, à l'Est, de Pologne en Tchécoslovaquie, entend se débarrasser du joug soviétique hérité de Yalta ; de même, le *free cinema* anglais, dans la volonté de ses jeunes gens en colère de faire craquer le poids contraignant de la tradition, n'obéit pas aux mêmes préoccupations que le *cinema novo* brésilien dénonçant, entre baroquisme et néoréalisme, les inégalités criantes d'un pays en proie à l'instabilité politique ; et la contestation que véhiculent aux États-Unis non seulement le cinéma underground mais aussi l'arrivée d'une nouvelle génération non soumise aux standards hollywoodiens, et qui va prendre le dessus dans les années 1970, intervient dans un contexte tout différent de celui où s'exprime, au Japon, une vague nouvelle rompant avec les maîtres de l'ancienne génération, ou celui qui voit naître en Afrique, dans le contexte difficile des indépendances, un cinéma post-colonial.

Les conditions, donc, et les formes sont différentes. Mais, en une vingtaine d'années, la physionomie de la planète cinéma se trouve totalement modifiée. Les artisans de cette transformation radicale, nés dans les années 1920-1945, arrivent à la maturité créatrice dans les années 1950-1960, et constituent cette génération d'après-guerre qui, marquée par les errements de la génération précédente et par le conflit mondial qui en a résulté, entend bien construire un monde différent que celui de sang et de larmes que ses aînés lui ont transmis. La coupure se fait donc aux alentours de la décennie 1960 : partout, les anciens cadres craquent, partout les formes cinématographiques explosent, partout le désir d'une liberté, tant politique, philosophique qu'artistique, s'affirme.

De cette effervescence, le cinéma va garder durablement les traces. Les cinéastes qui commencent leur carrière à ce moment-là vont en effet la poursuivre tout au long des décennies suivantes. Mais ceux qui ont 20 ou 30 ans en 1960, s'ils sont toujours bien là en 2000, sont alors sexagénaires ou septuagénaires. Et l'enthousiasme commun et rebelle de leur jeunesse a fait place progressivement à l'affirmation plus apaisée de leurs univers personnels. Pour quelques cas, rares, dont le plus évident est celui de Jean-Luc Godard, concevant la création comme une recherche incessante et remettant sans cesse en cause leur propre cinéma, la majorité en vient à s'exprimer à travers des formes dont le côté novateur, progressivement assimilé, est devenu à son tour tradition. Et dans les années 1985-2005, les anciens de toutes les vagues qui furent nouvelles font à leur tour figure d'aînés.

## Les anciens de la Nouvelle Vague et des vagues annexes

Aujourd'hui dûment identifiée, répertoriée et analysée, la Nouvelle Vague représente essentiellement un moment, relativement court, où le cinéma français fit, à sa manière, sa révolution. La liberté à la fois formelle, technique, économique, thématique, que surent imposer, avec l'enthousiasme de la jeunesse, une bande de jeunes fous de cinéma fut, en fait, le dénominateur commun de cinéastes qui allaient, au fil de leur carrière, se révéler très différents les uns des autres. Mais en 1958, au moment où Chabrol réalise *Le Beau Serge* et donne à leurs théories de cinéphiles, qu'ils ont développées depuis le début des années 1950 dans *Les Cahiers du cinéma*, et aux premiers essais encore très bricolés que sont les quelques courts métrages qu'ils ont réalisés, le vrai prolongement pratique et le passage à l'acte que constitue le long métrage, Godard, Truffaut, Rivette, Rohmer lui emboîtent le pas pour faire souffler sur le cinéma français un vent de nouveauté radicale qui, en les réunissant sous une étiquette commune (et pratique), traduit en fait la rupture dont ils sont, tous ensemble et chacun à sa manière, les artisans. Et si, par la suite, des distinctions seront faites, dissociant par exemple l'équipe issue des *Cahiers* du groupe Rive gauche, où l'on classera plus volontiers Alain Resnais, Henri Colpi, Chris Marker, Jean Cayrol, voire Agnès Varda, le phénomène important qui se passe dans cette période purement Nouvelle Vague que sont les années 1958-1962, c'est le renouvellement en profondeur du paysage cinématographique français. L'effacement de toute une génération, dont Claude Autant-Lara, progressivement réduit au silence, est l'exemple type, amène le surgissement de toute une vague nouvelle – celle des Mocky, Lelouch, Molinaro, et tant d'autres –, qui sans être à rattacher *stricto sensu* à la Nouvelle Vague, s'inscrit dans le sillage de jeunesse et de renouvellement que celle-ci génère.

Vingt-cinq ans après, au moment où Truffaut disparaît le premier, la plupart des jeunes loups de 1958 sont toujours là. Les films qu'ils ont réalisés depuis le début des années 1960 ont nettement révélé et accusé leurs différences. Mais l'envie folle de cinéma demeure, et ce qui apparaît au premier chef, dans les vingt années qui marquent le passage du XX^e^ au XXI^e^ siècle, c'est la longévité créatrice des uns et des autres. Devenus à leur tour des références, les anciens de la Nouvelle Vague et des vagues annexes poursuivent leur œuvre. Mais la jeunesse, forcément, n'est plus là, ni, bien souvent, la nouveauté…

**Réalisateurs de référence :** Éric ROHMER (*Quatre aventures de Reinette et Mirabelle* ; *Conte de printemps* ; *Conte d'automne*) • Alain RESNAIS (*Mélo* ; *On connaît la chanson* ; *Pas sur la bouche*) • Alain ROBBE-GRILLET (*Un bruit qui rend fou*) • Jacques ROZIER (*Maine-Océan*) • Édouard MOLINARO (*Beaumarchais l'insolent*) • Jacques RIVETTE (*La Belle Noiseuse* ; *Va savoir*) • Agnès VARDA (*Sans toit ni loi* ; *Les Glaneurs et la glaneuse*) • Jean-Pierre MOCKY (*Le Miraculé*) • Claude CHABROL (*Une affaire de femmes* ; *Madame Bovary* ; *Merci pour le chocolat*) • Jean-Luc GODARD (*Détective* ; *Soigne ta droite* ; *Notre musique*) • Alain CAVALIER (*Thérèse*) • Michel DEVILLE (*Le Paltoquet* ; *La Divine poursuite*) • Jean-Paul RAPPENEAU (*Cyrano de Bergerac* ; *Le Hussard sur le toit*) • Claude LELOUCH (*Hasards ou coïncidences*)

## L'Europe aux anciens parapets

Ce que l'on appela la Nouvelle Vague en France eut, pour des raisons diverses et souvent fort éloignées de la situation du cinéma français, son équivalent un peu partout dans le monde au fil des années 1960. Affaire de génération, marquée par l'arrivée de jeunes gens souvent en colère, en tout cas désireux d'exprimer à leur manière un monde différent et entendant bien solder le lourd passif hérité d'une Seconde Guerre mondiale qui avait été l'affaire de leurs aînés. Si ce passé, vu son poids historique, a souvent du mal à passer – on le voit bien avec les thématiques qui nourrissent l'œuvre de Fassbinder et, plus généralement, le cinéma allemand –, il n'est plus, pour des cinéastes qui, nés dans les années 1930 et 1940, appartiennent à une autre époque, la référence obligée. Un nouveau monde se dessine à l'horizon des années 1960, indice de sociétés en plein changement, dont l'esprit de contestation manifesté un peu partout, à l'Est comme à l'Ouest, se retrouve dans ce cinéma nouveau, en pleine rupture avec les modèles mis en place dans les décennies précédentes. Cette génération n'est certes pas uniforme. Mais elle traduit la vague de liberté qui, s'exprimant haut et fort à travers les mouvements contestataires de 1968, conduira, deux décennies plus tard, à la chute du mur de Berlin, transformant radicalement la vieille Europe et son cinéma.

Or ces cinéastes, dans les années 1980, sont devenus des quadra ou des quinquagénaires (en 1985, Alain Tanner, le plus âgé, a 56 ans, Nikita Mikhalkov, le plus jeune, en a 40), qui ont commencé à faire du cinéma dans les années 1960 (Carlos Saura, le plus précoce, tourne son premier film en 1959, et Helma Sanders-Brahms et Nikita Mikhalkov, les plus jeunes, commencent en 1973). C'est dire qu'ils ont tous une vingtaine d'années d'activité derrière eux, que leur carrière est pleinement lancée, qu'ils sont même pour la plupart devenus des cinéastes de référence, et que, dans les années 1985-2005, si c'est encore pour la plupart l'heure d'œuvres majeures, leurs films renvoient déjà à un cinéma installé. Et leur production, quand on la regarde pays par pays et réalisateur par réalisateur (passant de l'Est à l'Ouest, de la Tchécoslovaquie, de la Hongrie, de la Pologne, de la Roumanie et de la Russie à la Grèce, à l'Allemagne, à la Suisse, à l'Italie, à l'Espagne et à l'Angleterre), garde, par l'inspiration même qui l'anime, la trace et le tracé d'une Europe aux anciens parapets, que les générations arrivant au cinéma dans les années 1980-1990 n'auront pratiquement jamais connue.

**Réalisateurs de référence :**
**Tchécoslovaquie :** Milos FORMAN (*Valmont* ; *Larry Flint*) • Jiri MENZEL (*Mon cher petit village*)
**Hongrie :** Istvan SZABO (*Colonel Redl*)
**Pologne :** Roman POLANSKI (*La Neuvième porte* ; *Le Pianiste*) • Krzystof ZANUSSI (*Au-delà du vertige*) • Andrzej ZULAWSKI (*La Note bleue*)
**Roumanie :** Lucian PINTILIE (*Le Chêne* ; *Trop tard*)
**Géorgie :** Otar IOSSELIANI (*Adieu, plancher des vaches !*)
**Russie :** Andreï KONCHALOVSKI (*Riaba, ma poule*) • Nikita MIKHALKOV (*Les Yeux noirs* ; *Le Barbier de Sibérie*)
**Grèce :** Constantin COSTA-GAVRAS (*La Main droite du Diable* ; *Amen*) • Théo ANGELOPOULOS (*Paysage dans le brouillard* ; *Le Regard d'Ulysse*)
**Allemagne :** Volker SCHLÖNDORFF (*Le Roi des Aulnes*) • Helma SANDERS-BRAHMS (*Laputa*)
**Suisse :** Alain TANNER (*Une flamme dans mon cœur*) • Daniel SCHMID (*Le Baiser de Tosca*)
**Italie :** Paolo et Vittorio TAVIANI (*Good morning Babilonia* ; *Le Soleil même la nuit*) • Ermanno OLMI (*Longue vie à la Signora !* ; *Le Métier des armes*) • Ettore SCOLA (*La Famille* ; *Le Dîner* ; *Gente di Roma*) ; Pupi AVATI (*Histoire de garçons et de filles*) • Marco BELLOCCHIO (*Buongiorno, notte*) • Bernardo BERTOLUCCI (*Le Dernier empereur* ; *Un thé au Sahara*)
**Espagne :** Carlos SAURA (*El Dorado* ; *La Nuit obscure*)
**Angleterre :** John BOORMAN (*Hope and Glory* ; *The Tailor of Panama*) • Ken LOACH (*Riff Raff* ; *Sweet sixteen* ; *Just a kiss*)

## Les vétérans des nouveaux mondes

Le mouvement de renouveau qui a marqué le cinéma des années 1960 s'est fait sentir pratiquement partout dans le monde. Si les conditions sont, d'un continent et d'un pays à l'autre, différentes, le dénominateur commun est en fait la rupture avec le cinéma tel qu'il s'est mis en place, la plupart du temps depuis les débuts du parlant, dans chacun de ces pays. Les évolutions historiques nées de la grande rupture de la Seconde Guerre mondiale tracent progressivement les contours d'un nouveau monde, longtemps dominé par l'affrontement Est-Ouest de la guerre froide, mais où des forces nouvelles, portées par la jeunesse, s'expriment de plus en plus ouvertement et, à travers les grands mouvements de contestation qui éclatent vers la fin de la décennie 60, font craquer cadres et systèmes en place. Ces lames de fond elles-mêmes sont en germe dans l'expression artistique qui, ici et là, précède et entraîne le mouvement : sur ce plan, le cinéma, comme la musique ou la mode, est un révélateur et un moteur puissant. Les cinéastes qui expriment ce désir de liberté et de renouveau sont souvent très éloignés les uns des autres. Ils ont toutefois en commun d'élaborer leur œuvre dans les mêmes années et, historiquement, de rester liés à ce moment fort du cinéma. Si, trente ans plus tard, ils poursuivent tous plus ou moins leur carrière, leur style et leur conception du cinéma se sont forgés dans un contexte qui n'existe plus. Les plus importants d'entre eux sont devenus à leur tour des maîtres, dont la filmographie continue à s'enrichir d'œuvres parfois novatrices ; quant aux autres, moins talentueux, ils subsistent plus par leurs films passés que par ceux qu'ils continuent à réaliser. Mais, dans tous les cas, ils constituent désormais davantage des figures de référence que de renouvellement.

Aux États-Unis, le pouvoir quasi absolu exercé par l'industrie hollywoodienne sur le cinéma se voit contesté, dans les années 1960, à la fois de l'extérieur et de l'intérieur du système. À l'extérieur, le développement d'une culture underground, et notamment à New York, donne naissance à des expériences totalement indépendantes, dont le cas de Paul Morrissey, lié de près à la Factory d'Andy Warhol, est le plus exemplaire. Cette liberté de créer par soi-même, en dehors des normes hollywoodiennes, va se faire sentir, au-delà même de l'underground, chez toute une génération de cinéastes porteurs d'un univers personnel, et dont Woody Allen est la meilleure illustration. Mais le renouvellement passe aussi par des voies plus institutionnelles : nombre de réalisateurs, passant de la télévision ou de la publicité au cinéma, investissent celui-ci en le détournant subtilement, comme le fait Robert Altman, ou en se servant des genres en place pour mener leur route individuelle, loin des standards imposés : Clint Eastwood, sur ce plan, fait figure d'exemple. Le plus souvent, d'ailleurs, c'est de l'intérieur du système hollywoodien que le renouveau se manifeste : ainsi les jeunes cinéastes, appelés souvent par Roger Corman (comme c'est le cas pour Coppola, pour Bogdanovich, pour Scorsese), qui arrivent à Hollywood dans les années 1960, vont-ils progressivement y imposer leur façon de voir et de filmer, jusqu'à devenir à leur tour les cinéastes phares des décennies 70-80. Non sans risques parfois : l'exemple de Michael Cimino, brisé net dans son élan, est là pour faire mesurer les limites d'une liberté qui, chez les plus indépendants et les plus atypiques – Altman, Allen, Eastwood, Scorsese –, qui se sont souvent donné les moyens de leur propre production, continue toutefois, quarante ans après leurs débuts, à innerver leur œuvre.

Le renouveau qu'incarna la Nouvelle Vague française eut une influence un peu partout dans le monde. Ainsi, en Amérique latine, nombre de cinéastes, influencés par Godard, Chabrol, Truffaut, entreprirent-ils de suivre leur exemple. En Argentine, ce fut au début des années 1960 la *Nueva Ola*, incarnée par des réalisateurs comme Fernando Birri ou Lautaro Murua ; au Mexique, une réforme de l'industrie cinématographique, survenue en 1963, permit à des débutants d'accéder à la réalisation sans faire partie d'un syndicat, et la présence de Buñuel entraîna dans son sillage certains de ses collaborateurs, comme son scénariste Luis Alcoriza ou son jeune assistant Arturo Ripstein. Et au Brésil, les cinéastes du *cinema novo*, Nelson Pereira, Glauber Rocha, Ruy Guerra, donnèrent à un cinéma alors voué surtout au divertissement un fort engagement social, qui allait en faire un des plus audacieux des années 1960. Vingt ans après, au fil des bouleversements politiques ayant marqué chaque pays, certains de ces réalisateurs sont toujours en activité et quelques-uns, comme Ripstein pour le cinéma mexicain, occupent toujours une place centrale. Mais l'ère des cinémas nouveaux a sonné. Et, dans un paysage en pleine évolution, où de nouveaux talents apparaissent, les jeunes loups des années 1960 font déjà figure d'ancêtres.

En Afrique, la situation est différente : en 1960, aucun long métrage purement africain n'a encore vu le jour, alors que le cinéma a été introduit sur le continent noir pratiquement depuis l'origine. Mais, dans le contexte de la colonisation, ce sont des Français, des Anglais, des Américains qui sont les seuls à y tourner. Sur ce plan, le rôle de Jean Rouch est déterminant, qui, prolongeant son activité d'ethnologue et de cinéaste, suscite, dès que le continent accède à l'indépendance, un cinéma écrit, joué et réalisé par des Africains. Ousmane Sembene, en 1966, réalise ainsi le premier film purement africain. Mais, si des talents se font jour, la précarité, notamment économique, est vite la loi d'un cinéma où les pionniers – Sembene, Cissé – continuent, au prix de mille difficultés, à montrer la voie.

En Asie, la situation est plus complexe et varie d'un pays à l'autre. Au Japon, la génération d'après-guerre, celle des Kobayashi et des Ichikawa, voit arriver, dans les années 1960, des cinéastes plus jeunes, volontiers contestataires, et bien décidés à faire bouger un système de production largement sclérosé. Oshima, avec son esprit rebelle, en est l'exemple le plus représentatif. Mais s'il est toujours là dans les années 1980, sa production se réduit et son influence cède le pas à une nouvelle génération.

En Corée, dans un pays marqué par la guerre et la séparation du pays, le Sud développe une industrie cinématographique florissante, axée surtout sur les films de divertissement. Mais des réalisateurs nouveaux arrivent, dans les années 1960 puis surtout 1970, et font preuve d'une ambition que l'Occident a du mal à connaître, les films n'étant guère distribués en dehors du pays. Pourtant, la renommée d'Im Kwon-taek, le plus talentueux d'entre eux, dépasse les frontières et, par le canal d'une œuvre prolixe et toujours fertile, il trace la voie à un cinéma qui va devenir, dans les dernières décennies du siècle, un des plus créatifs et des plus originaux.

**Réalisateurs de référence (par pays et par ordre chronologique de naissance):**
**États-Unis:** Robert ALTMAN (*Short Cuts*; *Gosford Park*) • Mel BROOKS (*Chienne de vie*) • Paul MAZURSKY (*Scènes de ménage dans un centre commercial*) • Clint EASTWOOD (*Sur la route de Madison*; *Jugé coupable*; *Mystic River*) • Mike NICHOLS (*La Brûlure*) • Sydney POLLACK (*Out of Africa*) • Woody ALLEN (*Radio days*; *Harry dans tous ses états*; *Hollywood ending*) • Robert REDFORD (*Et au milieu coule une rivière*) • Peter BOGDANOVICH (*Mask*) • Paul MORRISSEY (*Cocaïne*) • Francis Ford COPPOLA (*Peggy Sue s'est mariée*; *Tucker*; *Le Parrain III*) • William FRIEDKIN (*L'Enfer du devoir*) • Brian DE PALMA (*Les Incorruptibles*; *Mission to Mars*) • Martin SCORSESE (*La Dernière tentation du Christ*; *Les Affranchis*; *Gangs of New York*) • Michael CIMINO (*L'Année du Dragon*)
**Canada:** Francis MANKIEWICZ (*Les Portes tournantes*)
**Mexique:** Alfonso ARAU (*Les Épices de la passion*) • Arturo RIPSTEIN (*Carmin profond*)
**Argentine:** Luis PUENZO (*L'Histoire officielle*)
**Sénégal:** Ousmane SEMBENE (*Moolaadé*)
**Côte d'Ivoire:** Désiré ÉCARÉ (*Visages de femmes*)
**Mali:** Souleymane CISSÉ (*Yeelen*)
**Japon:** Nagisa OSHIMA (*Max mon amour*)
**Corée du Sud:** IM Kwon-taek (*Ivre de femmes et de peinture*)

# D'UN SIÈCLE À L'AUTRE

Si l'on peut donc assister, tout au long des deux dernières décennies du siècle, à la disparition de cinéastes qui avaient largement tenu le haut de l'écran depuis trente ou quarante ans et au vieillissement de ceux qui s'étaient révélés à la charnière des années 1960, le tout confirmant bien qu'un siècle s'achève avec eux, le cinéma en tant que tel ne disparaît pas pour autant. À côté de ce mouvement inéluctable qui fait se succéder les générations, et qui à l'évidence n'a jamais cessé depuis les origines, un autre facteur apparaît évident, qui illustre tout au contraire la vitalité effective d'un art qui poursuit sa route sur la lancée même de son Histoire. Ce que l'on peut observer, en effet, c'est cette faculté qu'ont les cinéastes, et peut-être plus encore les producteurs, à adapter à l'évolution des temps ce qui a déjà fait ses preuves. Le cinéma reste fortement tributaire de tout ce qui a contribué à lui donner son assise. La tradition n'y est pas ressentie comme une routine ni vécue comme un frein à la nouveauté : elle marque simplement un point d'ancrage, auquel on se réfère comme à une valeur assurée. Faut-il y voir la frilosité d'un art qui, étant aussi une industrie soumise à des exigences économiques et des bilans financiers, s'en tient plus volontiers à des recettes qu'il ne favorise les audaces ? Sans doute, et il y a de cela dans la façon dont la machine hollywoodienne fabrique ses produits de série. Mais il n'y a pas que cela. Cette continuité qui engendre la masse des films qui se tournent, d'année en année, dans tous les pays du monde, elle a toujours constitué la base de la production : les grandes formes et les grands genres ont été mis en place dès les débuts du parlant, le scénario et les dialogues y ont acquis d'emblée droit de cité, et la part réservée à l'innovation et à la recherche ne s'y est jamais développée que sur fond de produits plus grand public, destinés à la consommation courante, sans que cette destination soit forcément synonyme de médiocrité. La résurgence et la poursuite d'une « qualité française », qui n'exclut pas les chemins buissonniers ni la variété créatrice ; la pérennité inébranlable des genres, dans un cinéma hollywoodien qui en exploite les ressources tout en en explorant les possibilités nouvelles, grâce à la polyvalence de cinéastes artisans, sachant tout faire ; la permanence des sujets, des héros, des films mêmes que l'on reprend cent fois, les remettant au goût du jour ou poursuivant à travers eux le fil d'une histoire qui ne s'interrompt pas : d'un siècle à l'autre, tout montre que le cinéma continue.

## 4 – UNE QUALITÉ FRANÇAISE

Dans un article resté célèbre, François Truffaut, fustigeant le cinéma français dominant des années 1950, l'avait désigné du terme ironique de la « qualité française ». Or, tout ce qu'il rejetait dans ce courant héritier lui-même de la grande tradition des années 1930 – la primauté d'un scénario très écrit, souvent lié à l'adaptation d'une œuvre littéraire ; l'importance de dialogues volontiers théâtralisés ; le tournage en studio, donnant une place essentielle aux décors ; la présence en tête d'affiche de grandes vedettes ; la mise en scène obéissant à une grammaire filmique confirmée et peu soucieuse d'innovations intempestives ; et la production générale du film dans un système imposant une logique commerciale plus qu'une indépendance créatrice –, tout cela, qui avait produit des œuvres fortes et que la flambée des premières années de la Nouvelle Vague semblait avoir mis quelque peu en péril, n'a en fait jamais cessé de sous-tendre le cinéma français. Plutôt que de Renoir, dont les jeunes cinéastes des années 1960 se réclamaient ostensiblement, la production française s'est en fait beaucoup plus nettement inscrite dans le sillage de l'autre grand cinéaste des années 1930, Julien Duvivier, rejeté par les jeunes loups de la Nouvelle Vague, mais constamment présent pourtant, avant eux, mais aussi après, y compris chez Truffaut lui-même dans des films comme *Le Dernier métro*, plus proche dans sa conception, sa production et sa réalisation de Duvivier que de Renoir.

Cette qualité française, du coup, si on lui enlève la charge ironique dont Truffaut l'affublait, apparaît bien comme la marque de fabrique qualitative d'un cinéma national offrant à la fois une solidité d'écriture, une maîtrise technique et une stabilité de production qui, depuis les origines, lui ont assuré une des toutes premières places dans la production mondiale. À ce titre, les dernières décennies du siècle ne font que poursuivre, avec l'apparition de nouvelles générations qui suivent la voie de leurs aînés toujours sur la brèche, cette tendance de fond, où l'on peut voir, selon le jugement qu'on porte sur elle, la routine d'un cinéma académique et formaté, ou au contraire la constance toujours renouvelée d'un véritable savoir-faire.

### Les têtes d'affiche

Cette qualité française, pour autant, n'est pas uniforme. Et c'est bien, d'ailleurs, ce qui fait la preuve que le système dont elle est le produit n'a jamais empêché l'éclosion de talents personnels. Si l'on regarde en effet la génération de cinéastes qui occupent le devant de l'écran à partir des années 1970 et dont l'œuvre parvient à maturité dans les dernières décennies du siècle, traduisant une continuité qui fait le lien avec les lointaines années 1950, on s'aperçoit que, chez certains, comme Jean Becker, Claude Berri, Bertrand Tavernier, Alain Corneau, Jean-Jacques Annaud, Patrice Leconte, Régis Wargnier, c'est, selon la manière propre de chacun et à des degrés divers, la marque de la tradition qui domine. Alors que, pour d'autres, liés parfois au départ à la Nouvelle Vague, comme Claude Miller, ou développant loin d'elle leur propre univers, comme pour Bertrand Blier, André Téchiné, Jean-Jacques Beineix, Benoît Jacquot, c'est la novation qui l'emporte, mais dans des cadres formels qui, sans se priver de toutes les audaces, ne coupent pas fondamentalement les ponts avec ce que la tradition offre de solide et de construit. Et la diversité, tant d'inspiration que de manière, qui les distingue enrichit davantage cette tradition qu'elle ne la nie : c'est bel et bien un cinéma français, et de qualité, qui se poursuit, immédiatement identifiable. Ce qui en marque sans doute les limites, mais en fait surtout le prix.

**Réalisateurs de référence :** Jean BECKER (*Les Enfants du marais* ; *Un crime au Paradis*) • Claude BERRI (*Jean de Florette* ; *Une femme de ménage*) • Bertrand BLIER (*Tenue de soirée* ;

*Un, deux, trois, soleil*) • Bertrand TAVERNIER (*L.627*; *L'Appât*) • Claude MILLER (*La Petite voleuse*; *Le Sourire*) • Alain CORNEAU (*Tous les matins du monde*; *Le Cousin*) • André TÉCHINÉ (*J'embrasse pas*; *Alice et Martin*; *Les Temps qui changent*) • Jacques DOILLON (*Le Jeune Werther*; *Ponette*) • Jean-Jacques ANNAUD (*Le Nom de la rose*; *L'Amant*) • Jean-Jacques BEINEIX (*IP5: l'île aux pachydermes*; *Mortel transfert*) • Benoît JACQUOT (*Le Septième ciel*; *Adolphe*) • Patrice LECONTE (*Le Mari de la coiffeuse*; *La Veuve de Saint-Pierre*) • Régis WARGNIER (*Je suis le seigneur du château*; *Est-Ouest*)

## Les indépendants

Une des caractéristiques du cinéma français est d'avoir, en marge des productions importantes, toujours réservé une place à des cinéastes menant leur carrière hors des sentiers officiels. Pour certains, le système d'aide à la création – l'avance sur recettes, mise en place à partir de 1959 – constitue un moyen efficace d'aide, notamment pour le financement de leurs premiers ou de leurs seconds films. Mais pour d'autres, plus nombreux, les aides d'État ne sont pas toujours au rendez-vous: un cinéaste comme Paul Vecchiali se voit ainsi refuser souvent les aides dont il a besoin, et, tournant avec les petits budgets dont il dispose, il renverse en quelque sorte la situation en faisant de la pauvreté des moyens un des paramètres de son cinéma lui-même. Pour autant, la présence continue de producteurs audacieux, prêts à prendre des risques en choisissant de s'impliquer dans des films difficiles, favorise la création et permet l'émergence de cinéastes originaux dont les recherches ne sont pas guidées par la logique commerciale. Lorsque la télévision, à partir des années 1980, devient un partenaire essentiel dans le système financier du cinéma, elle-même n'ignore pas la nécessité de maintenir la création et la recherche, par exemple en mettant en place des collections ouvertes aux jeunes cinéastes ou en permettant à des cinéastes confirmés, mais confidentiels, de survivre en réalisant des téléfilms.

Toutefois, l'évolution défavorable des conditions économiques, les rapports chaotiques entre télévision et cinéma, les phénomènes de concentration et le poids du marché sont autant d'éléments qui rendent de plus en plus difficiles, pour ces cinéastes de la marge, la pratique de leur art et qui menacent de façon accrue l'indépendance et la fertilité de la création. Il n'en reste pas moins que, jusqu'au début des années 2000, le cinéma indépendant aura constitué un véritable vivier pour la création cinématographique en France, en permettant d'élargir de façon continue les fondations de l'ensemble de l'édifice et en contribuant ainsi de façon efficace à le solidifier.

**Réalisateurs de référence:** Paul VECCHIALI (*Le Café des Jules*) • Jean-Marie STRAUB et Danièle HUILLET (*Sicilia!*) • Christian de CHALONGE (*Docteur Petiot*; *Le Bel été 1914*) • Raoul RUIZ (*Trois vies et une seule mort*; *Les Âmes fortes*) • Jean MARBOEUF (*Le P'tit curieux*) • Jean-Claude BIETTE (*Saltimbank*) • Jean-Claude GUIGUET (*Le Mirage*) • Jean-François STÉVENIN (*Mischka*) • Jean-Claude BRISSEAU (*De bruit et de fureur*; *Les Savates du Bon Dieu*) • René FÉRET (*Le Mystère Alexina*) • Philippe GARREL (*Les Baisers de secours*) • Bertrand VAN EFFENTERRE (*Poisson-lune*) • Romain GOUPIL (*Maman*) • Gérard FROT-COUTAZ (*Beau temps mais orageux en fin de journée*) • Robert GUÉDIGUIAN (*Marius et Jeannette*; *Le Promeneur du Champ de Mars*)

## La comédie à la française

La comédie a toujours tenu dans le cinéma français une place privilégiée. René Clair, dès ses premiers films parlants, avait donné l'impulsion. Mais la distinction et la subtilité d'esprit n'étaient déjà pas les seules à inspirer la veine comique, et, dans les années 1930, les grosses plaisanteries du comique troupier ou les fantaisies bouffonnes non dénuées de charge satirique dont, de Milton à Fernandel, du *Roi des resquilleurs* aux *Rois du sport*, Pierre Colombier s'était fait une spécialité, occupèrent vite le devant de l'écran populaire. Les conditions de production, pendant la période de l'Occupation, privilégièrent encore la place faite à la comédie, genre réputé léger et inoffensif, et l'après-guerre ne fit que confirmer la chose, tant dans le registre élégant de la comédie psychologique, telle qu'un Jacques Becker la développait dans *Édouard et Caroline*, que dans celui du comique populaire, facile et bon enfant, dont Bourvil, dans les films d'André Berthomieu ou de Jean Boyer, devint vite la vedette. Cette double inspiration de l'esprit et de la farce, du rire réflexion et du rire réflexe, dont on trouverait facilement l'origine chez Molière lui-même, a ainsi toujours marqué le cinéma français. Et de Sacha Guitry à Jacques Tati, de Robert Dhéry à Yves Robert, de Gérard Oury à Georges Lautner ou à Jean Girault, la comédie à la française, alternant le meilleur et assez souvent le pire, a assuré à ses grandes vedettes – Fernandel, Noël-Noël, Bourvil, Louis de Funès, Pierre Richard – un succès jamais démenti.

La mort, en 1983, de Louis de Funès, qui occupait depuis vingt ans une place centrale dans le dispositif du cinéma français et avait généré, par son talent comique, les plus grands succès de la période (dont les 17 millions d'entrées de *La Grande Vadrouille*, en 1966), laissait une place vide que n'avaient pas tout à fait réussi à prendre les autres champions du rire des années 1970, de Pierre Richard à Jean Yanne ou même aux Charlots. C'est dire que le temps de la relève semblait arriver. Celle-ci s'est faite dans la continuité. Non seulement par l'émergence de nouveaux talents comiques issus du café-théâtre d'abord, autour de Coluche et de l'équipe du Splendid, puis, sous l'influence de la télévision, avec des fantaisistes, Nuls ou Inconnus, venus surtout du petit écran, mais aussi par l'importance quantitative donnée par la production aux comédies, considérées comme le fonds de commerce du cinéma populaire. Il y a ainsi, tant dans la tradition poursuivie des increvables comédies de situations et de mœurs que dans l'émergence d'un esprit nouveau, plus satirique et caustique et jouant facilement sur le second degré, une veine qui ne se dément pas. Et qui, à côté des platitudes et des nullités, est capable aussi de révéler des univers personnels ou des savoir-faire incontestables : Francis Veber, Pascal Thomas, Étienne Chatiliez, Gérard Jugnot en sont, parmi d'autres, une belle illustration.

**Réalisateurs de référence :** Jean POIRET (*Le Zèbre*) • Gérard LAUZIER (*Mon père ce héros*) • Pierre RICHARD (*On peut toujours rêver*) • Claude ZIDI (*Les Rois du gag*) • Francis VEBER (*Le Placard*) • Jean-Marie POIRÉ (*Les Visiteurs*) • Pascal THOMAS (*La Dilettante*) • Gérard MORDILLAT (*Toujours seuls*) • Josiane BALASKO (*Sac de nœuds*) • Gérard JUGNOT (*Une époque formidable*) • Étienne CHATILIEZ (*Le bonheur est dans le pré*) • Alain BERBERIAN (*Le Boulet*) • Patrick BRAOUDÉ (*Amour et confusions*) • Gabriel AGHION (*Absolument fabuleux*) • Philippe LE GUAY (*Le Coût de la vie*) • Alain CHABAT (*RRRrrrr!!!*) • Didier BOURDON (*7 ans de mariage*) • Bruno PODALYDÈS (*Le Mystère de la chambre jaune*) • Pierre SALVADORI (*Après vous*)

## Variétés françaises

Si le cinéma français a su préserver, contrairement à nombre de ses voisins européens, une place qui continue à compter dans le paysage cinématographique mondial, il le doit certes à la qualité de ses têtes d'affiche mais surtout à un système qui a permis, au fil des années, de préserver des conditions propices au financement des films et d'assurer à la production française une distribution favorable sur le territoire national, en préservant celui-ci de l'hégémonie hollywoodienne. Du coup, avec une production annuelle moyenne comprise entre 100 et 200 films (et allant même, pour 2005, année record, jusqu'à 240), les écrans français ont toujours fait place aux réalisateurs les plus différents et aux films les plus variés. Certes, le contexte économique et culturel a pu évoluer, les salles passer des écrans minuscules des cinémas de poche aux écrans géants des multiplexes, et la production, dans ses rapports notamment avec la télévision, connaître des conditions plus ou moins favorables. Mais ce qui apparaît, quand on considère la production française, c'est ce fonds de commerce que constitue la richesse sans cesse renouvelée d'un vivier de réalisateurs qui, vieux routiers ou débutants, artisans prolifiques, spécialistes du théâtre ou de la télévision passés au grand écran, auteurs rares ou cinéastes occasionnels, assurent la continuité d'un art toujours aussi populaire. Et dans le paysage filmique de ces vingt dernières années, s'il y en a toujours, comme cela était le cas dans les décennies précédentes, de toutes les couleurs, il y en a toujours aussi, d'un genre à l'autre, pour tous les goûts.

**Réalisateurs de référence :** Jean-Charles TACCHELLA (*Escalier C*) • Roger PLANCHON (*Louis enfant roi*) • Jean-Louis BERTUCELLI (*Aujourd'hui peut-être*) • Francis GIROD (*Lacenaire*) • Patrice CHÉREAU (*La Reine Margot*; *Son frère*) • Bruno NUYTTEN (*Camille Claudel*) • Jean-Pierre DENIS (*La Petite Chartreuse*) • Patrick GRANDPERRET (*Le Maître des éléphants*) • Jacques FANSTEN (*États d'âme*) • Alexandre ARCADY (*Là-bas... mon pays*) • Laurent HEYNEMANN (*La Vieille qui marchait dans la mer*) • Jean-Loup HUBERT (*La Reine blanche*) • Olivier SCHATZKY (*Fortune express*) • Gilles BÉHAT (*Le Vent de la Toussaint*) • Ariel ZEITOUN (*Le Nombril du monde*) • Élie CHOURAQUI (*Miss Missouri*) • Pierre JOLIVET (*Ma petite entreprise*) • Michel BLANC (*Mauvaise passe*) • Philippe LIORET (*Tombés du ciel*) • Yves ANGELO (*Sur le bout des doigts*)

## 5 – UNE AMÉRIQUE PROFONDE

La suprématie du cinéma hollywoodien, effective depuis les origines mêmes du cinéma, s'est non seulement poursuivie mais accrue dans les dernières décennies du XXe siècle. La puissance économique et politique des États-Unis y est certes pour beaucoup, mais aussi, favorisant le phénomène de façon quasi exponentielle, ce paramètre nouveau qu'est la globalisation, laquelle, assurant aux films une diffusion mondiale par le biais du grand écran mais surtout, *via* la cassette vidéo puis le DVD, par les nouveaux moyens de reproduction, a en quelque sorte irrigué le monde entier, jusque dans ses recoins les plus éloignés, des produits élaborés par une industrie organisée dans ce but. Car tout à Hollywood, de la conception du film au marketing chargé de le vendre, vise à cette pénétration du marché mondial. À l'ère de la communication de masse, le cinéma s'inscrit dans la stratégie commerciale des grands groupes de communication qui ont progressivement mis la main sur les compagnies majeures. Le système hollywoodien, dont les structures avaient fait leurs preuves tout au long du siècle, poursuit sa route, plus concentré et plus offensif encore, dans un monde globalisé qui est pour lui un terrain de choix. Mais si cette emprise, à la fois économique et culturelle, peut jouer si fortement, c'est qu'elle offre des produits efficaces. Dans la suprématie hollywoodienne, il y a certes la part propre de ce qui est effectivement une industrie du film, mais il y a aussi la part de l'art et de la manière, à travers un savoir-faire hérité des générations successives qui ont construit ce système et assuré sa pérennité. Si les conditions changent et si la liberté individuelle du créateur se restreint par suite de l'évolution des technologies qui, entraînant des budgets de plus en plus lourds et multipliant les risques financiers, favorisent l'émergence de produits formatés, Hollywood sait garder en tête ce qui a toujours constitué la base de son succès : un cinéma de genres, dont les lignes, relativement simples et bien définies, sont facilement perceptibles par un public de masse.

Il y a ainsi, au-delà des changements qui marquent l'évolution des temps, une continuité hollywoodienne. Celle-ci, pour diverses raisons, n'est pas figée : certains genres peuvent se mettre en retrait, comme le western ; d'autres se transformer du fait des technologies qu'ils utilisent, ainsi de la science-fiction ou du dessin animé ; d'autres se développer du fait même des possibilités que leur offrent ces technologies, par exemple le film d'horreur ou le film pour adolescent. Chaque genre lui-même offre ses sous-genres : la comédie peut être musicale, sentimentale, burlesque, sociale ; le film d'aventures peut être western, de pirates, de cape et d'épée ; le film d'action peut être de guerre, d'espionnage, de catastrophes... La liste est longue, entraînant la spécialisation de certains studios dans telle ou telle catégorie, mais gardant toujours la conformité au modèle comme loi première. Toutefois, si les genres évoluent, se développent, apparaissent ou disparaissent, le système, lui, reste stable. D'abord par la répartition, en fonction du budget, de la catégorie dans laquelle les films concourent : entre les blockbusters faits pour rapporter dans le monde entier des millions de dollars et les budgets modestes, qui alimentent les séries B et les petits films aux ambitions plus limitées mais qui constituent néanmoins un fonds de roulement pour les studios et pour leur politique de distribution, la tâche est répartie de façon claire. D'autre part, le système reste fidèle à la distinction des genres : si certains n'ont plus le vent en poupe, d'autres les remplacent. Et l'on voit même, de façon récurrente, les grands studios revenir de façon régulière vers des genres en sommeil sinon pour les réanimer, du moins pour jouer sur ces genres connus et sur leurs codes, en les acclimatant au nouvel air du temps. Car, et c'est un autre paramètre qui ne change pas, faire un film de genre n'est pas considéré par les réalisateurs comme une atteinte à leur liberté d'expression.

Le système hollywoodien a toujours fait appel, pour la mise en scène des films, avant tout à des professionnels aguerris, sachant tirer le meilleur parti des moyens dont ils disposent, et que, fidèle à une longue tradition, on n'hésite pas à faire venir du monde entier pour qu'ils apportent avec eux leur talent et contribuent à en faire bénéficier le cinéma des grands studios. Julien Duvivier qui, dans les années 1930 et 1940, alla tourner à Hollywood, en avait rapporté cette conception d'un cinéma relevant avant tout d'un savoir-faire et d'une technique : « Trop de gens, disait-il, s'imaginent que le cinéma est un art d'amateur. Le génie, c'est un mot ; le cinéma, c'est un métier, un rude métier que l'on acquiert. » Un art donc mais, au sens propre, professionnel : c'est l'idée que le système hollywoodien a toujours privilégiée. Dans cette optique, il a favorisé la carrière de cinéastes dotés d'une solide formation technique. Celle-ci, dans les années 1980-1990, passe la plupart du temps par la publicité, vaste champ médiatique qui offre de multiples ressources aux professionnels de l'image, et plus encore par la télévision, domaine où se développe tout naturellement la carrière des réalisateurs, la plupart du temps en parallèle avec leur carrière au cinéma, et ce d'autant plus que les grands studios ont des intérêts dans nombre de chaînes télévisées, que les réalisateurs ont souvent eux-mêmes des activités de production à la fois à la télévision et au cinéma et que les séries les plus populaires du petit écran se retrouvent tout naturellement portées sur le grand, l'inverse se vérifiant aussi, qui voit des films à succès engendrer des séquelles télévisées.

Professionnel avant tout, le cinéma américain n'a jamais vraiment laissé de place à l'improvisation : c'est à la fois, et plus que jamais vérifié à la fin du siècle par le raidissement économique qu'engendrent la concurrence libérale et les enjeux de la mondialisation, sa qualité – une maîtrise technique incomparable – et sa limite – un formatage qui peut tendre à produire de simples produits de série.

## Disneyworld

Le dessin animé, genre mineur au départ, s'est acquis au fil des décennies une identité et une reconnaissance grâce à l'apport unique de Walt Disney. Vingt ans après la mort de celui-ci, survenue en 1966, ses studios, fidèles au rêve de leur fondateur, réalisent ce que lui-même s'était efforcé de réaliser dans les années 1940 et 1950 : produire au moins un long métrage d'animation par an. Le retour du neveu de Walt, Roy Disney, en 1984, au sein de la nouvelle équipe dirigeante relance en effet le secteur de l'animation, ce que traduit la réalisation en 1985 de *Taram et le chaudron magique*, premier dessin animé Disney en 70 mm depuis *La Belle au bois dormant* en 1959. À partir de là, l'intensification de la production est rendue possible par l'évolution des techniques, et notamment par l'arrivée de l'ordinateur. Les studios, toutefois, n'introduisent celui-ci que progressivement, à la fois en fonction des évolutions techniques elles-mêmes, mais aussi dans le souci de préserver la part de l'animation traditionnelle qui fait la patte de la maison. Le premier film à recourir aux nouvelles technologies, et qui sert de banc d'essai, est *Basil, détective privé* où, lors de la course-poursuite entre Basil et Ratigan au cœur du mécanisme de la grande horloge de Big Ben, l'animateur fait appel à un informaticien qui met au point pour la séquence un programme graphique. Mais le véritable pas est franchi en 1989, avec *Oliver & Compagnie*, qui comporte onze minutes d'images générées en ordinateur, lesquelles sont combinées avec les personnages animés de façon traditionnelle à la main. Dès lors, l'animation assistée par ordinateur devient la loi et l'infographie intervient de plus en plus régulièrement et massivement dans les films. Les années 1990 voient le triomphe de ces dessins animés à grands effets, où l'ordinateur permet la réalisation de scènes spectaculaires, tandis que la recherche, à travers les contes, légendes et mythologies universels, de belles histoires et de beaux héros, ainsi que la part toujours faite aux chansons, maintiennent et élargissent l'esprit Disney. D'autant qu'une politique d'expansion, menée sous la présidence de Jeffrey Katzenberg et marquée par l'ouverture de studios de création et d'animation décentralisés, notamment en Europe, assure de plus en plus aux produits Disney une implantation planétaire. Et si un certain tassement dans les résultats, sensible vers la fin des années 1990, commence à traduire un essoufflement et si la concurrence de nouveaux studios, en avance souvent dans les technologies numériques, vient fortement entamer leur monopole, les studios Disney abordent encore en position dominante – mais pour combien de temps ? – le nouveau siècle du dessin animé.

**Films de référence :** Studios DISNEY (*Aladdin* ; *Le Roi Lion* ; *Kuzco, l'Empereur mégalo*)

## La comédie sentimentale

Parmi toutes les formes de comédie, la comédie sentimentale est sans aucun doute la spécialité hollywoodienne la plus inoxydable. De génération en génération, le romantisme, naviguant entre élégance et eau de rose, a toujours fourni matière à des aventures amoureuses, construites pratiquement toujours sur le même schéma : une rencontre entre un homme et une femme que tout semble souvent devoir éloigner l'un de l'autre, mais qui, malgré les obstacles ou les malentendus qui se mettent sur leur route, se rejoignent infailliblement, poussés par la passion, pour un happy end que vient sceller un baiser final forcément hollywoodien. Et la pérennité du modèle est telle qu'il peut servir plusieurs fois : lorsque Leo McCarey tourne *Love Affair* (*Elle et lui*) en 1939, avec Irene Dunne et Charles Boyer, il ne craint pas de reprendre la même histoire en 1957 pour un nouvel *Elle et lui* (*An Affair to remember*), cette fois-ci avec Cary Grant et Deborah Kerr ; et pour prolonger la magie, Glenn Gordon Caron reprend en 1994 le même *Love Affair*, sous le titre français de *Rendez-vous avec le destin*, avec Warren Beatty et Annette Bening. La comédie sentimentale représente ainsi un fonds de commerce particulièrement fertile, mais qui sait aussi se mettre au goût du jour. Et la façon dont le modèle est lui-même accommodé à l'air du temps témoigne des facultés de création et de renouvellement dont les réalisateurs savent faire preuve pour offrir, à partir d'un cadre éprouvé, des œuvres qui ont leur propre originalité.

**Réalisateurs de référence :** Garry MARSHALL (*Pretty woman*) • James L. BROOKS (*Pour le pire et pour le meilleur*) • Joel ZWICK (*Mariage à la grecque*) • Marc LAWRENCE (*L'Amour sans préavis*) • P.J. HOGAN (*Le Mariage de mon meilleur ami*) • Brad ANDERSON (*Happy accidents*) • Edward NORTON (*Au nom d'Anna*)

## La comédie musicale

Dès les origines du cinéma « sonore et parlant », Hollywood, désireux de donner à un public qui voulait du son, de la musique, des chansons et de la danse, alla chercher son bonheur à Broadway. Et la conjonction de metteurs en scène, de chorégraphes, de chanteurs et de danseurs inspirés allait faire de la comédie musicale un des genres phares du cinéma américain. Des compositions kaléidoscopiques et des prodigieuses pièces montées visuelles de Busby Berkeley aux arabesques aériennes de Fred Astaire, des flics-flacs de Gene Kelly pataugeant sous la pluie aux amours chantées et dansées dans la rue par les Roméo et Juliette du West Side, celle-ci n'a jamais cessé d'offrir aux spectateurs l'enchantement du grand spectacle. Et si les temps changent, elle continue, en s'adaptant simplement aux nouveaux thèmes, aux nouvelles chorégraphies, aux nouveaux sons. Et la variété des sujets qu'elle aborde, des choix esthétiques qu'elle déploie, des talents différents qu'elle révèle, et aussi des reprises qu'elle ne manque pas de faire des standards inusables, montre qu'elle reste une des valeurs sûres, et toujours productives, du cinéma américain.

**Réalisateurs de référence :** Emile ARDOLINO (*Sister Act*) • John WATERS (*Cry-Baby*) • Rob MARSHALL (*Chicago*) • Baz LUHRMANN (*Moulin Rouge*) • John Cameron MITCHELL (*Hedwig and the angry inch*)

## La grosse comédie

Le comique bête a toujours nourri à Hollywood une variété de comédies dont l'épaisseur crasse était censée offrir au public un divertissement reposant. Des années 1930 aux années 1960, les invraisemblables trois Stooges, à côté desquels Abbott et Costello faisaient presque figure d'intellectuels, furent ainsi les champions de ce comique de la débilité, dont on aurait pu penser qu'il disparaîtrait avec eux. Or les années 1990 ont vu resurgir en force cette veine zéro du comique, mais sous une forme nouvelle cultivant la parodie et le second degré, et offrant ainsi à des spectateurs complices ce plaisir très particulier de l'intelligence qu'est le frisson de la bêtise partagée. Et que cette débilité assumée aille souvent de pair avec le gros comique d'allusions sexuelles grasses et vulgaires représente sans doute, pour un public américain longtemps soumis à une raideur puritaine, une forme de libération d'autant plus frénétique qu'elle avait été plus longtemps contrainte.

**Réalisateurs de référence :** Jim ABRAHAMS (*Hot Shots! 2*) • Dennis DUGAN (*Big Daddy*) • Peter et Bobby FARRELLY (*Dumb et Dumber*; *Mary à tout prix*) • Jay ROACH (*Austin Powers*) • Keenen Ivory WAYANS (*Scary Movie*) • Tom SHADYAC (*Ace Ventura, détective chiens et chats*) • Sam WEISMAN (*George de la jungle*)

## La comédie sociale

Si elle fait rire, la comédie fait voir aussi, et notamment ce que la société n'aime pas trop qu'on lui montre : la vanité du jeu social, et les hypocrisies et les ridicules qu'il engendre. Tous les grands dramaturges comiques, d'Aristophane à Molière, ont été les peintres les plus aigus de la comédie humaine. Le cinéma américain sur ce plan n'a jamais été en reste qui a, dès le départ, développé dans la veine comique ce regard observateur, sous la double forme de la satire des mœurs et de la fable utopiste. Cette dimension, qui fonde le cinéma des Capra et des Wilder, s'est constamment perpétuée, la plupart du temps à travers de pâles imitations ou de tristes copies formatées, mais parfois aussi à travers des univers cinématographiques originaux. Et l'ensemble, au-delà même de la qualité intrinsèque de films totalement différents et inégaux, en choisissant comme toile de fond des sujets aussi divers que le handicap, l'homosexualité, la délinquance mafieuse, l'univers sportif, l'ambition sociale, voire le cinéma hollywoodien lui-même, fournit un assez bon tableau des caractères de fond de la société américaine et de ses évolutions.

**Réalisateurs de référence :** Jonathan LYNN (*Mon cousin Vinny*) • Frank OZ (*In & out*; *Bowfinger, roi d'Hollywood*) • Harold RAMIS (*Mafia Blues*) • David WARD (*Les Indians*) • Bob DOLMAN (*Sex fans des Sixties*) • Jeremiah CHECHIK (*Betty & Joon*) • Peter BERG (*Very bad things*) • Charles HERMAN-WURMFELD (*La Tentation de Jessica*) • Michael Patrick JANN (*Belles à mourir*) • Robert LUKETIC (*La Revanche d'une blonde*)

## Cow-boys, chevaliers, pirates et autres aventuriers

Lié depuis l'origine à cette grande aventure que fut, pour les États-Unis naissants, la conquête de l'Ouest, le cinéma hollywoodien a longtemps fait du western son genre de prédilection. Des pirates du rail lançant en 1903, dans *Le Vol du Rapide*, le cinéma muet sur la piste d'une aventure qui allait par la suite largement épouser la percée vers l'ouest de la ligne de chemin de fer ouvrant le chemin de la nouvelle frontière, à John Ford transformant une Histoire chaotique en mythe des origines et en légende dorée où se forgent les valeurs et l'esprit même du pays, le western est indissociable de la culture même de l'Amérique. Et son évolution dans les années 1950-1960, lorsque la saga fait place à une approche plus complexe et nuancée de la réalité et lorsque le regard porté sur les Indiens vient en particulier jeter une nouvelle coloration, plus sombre, sur une geste jusque-là héroïque, traduit la vitalité toujours renouvelée d'un genre largement porteur de la conscience collective. Mais, le mythe s'effritant, le genre se délite peu à peu, comme le traduit le glissement vers un western spaghetti devenu plus exercice formel que représentation symbolique et traduction d'un imaginaire historique. Et le western disparaît presque complètement de la production de la fin des années 1970 et du début des années 1980. Son retour, très discret, sur les écrans, vers la fin des années 1980, montre que le genre n'est pas totalement mort. Mais cette maigre survie n'a plus rien à voir avec ce qui en a fait si longtemps un genre phare des studios hollywoodiens : le temps des révisions est venu, et les rares films prennent désormais en compte le genre lui-même comme élément référentiel. Le western revisite sa propre histoire, mettant en question l'innocence originelle dont il était porteur et offrant même, comme c'est le cas en 1992 avec *Impitoyable* de Clint Eastwood, la vision crépusculaire d'un genre et d'un monde en décomposition, ou renversant la valeur virile dont il était mythiquement chargé en faisant de l'amitié entre deux cow-boys, dans *Le Secret de Brokeback Mountain* d'Ang Lee, en 2005, une tendre et douloureuse passion homosexuelle.

La même évolution marque les autres formes, voisines, du récit d'aventures que sont les films de chevalerie, de pirates, d'exploration : les aventuriers des mers, les archéologues à la recherche des civilisations anciennes, les explorateurs pénétrant dans les profondeurs sauvages de la jungle, n'offrent plus le côté insouciant et anodin qu'ils dégageaient dans les films de Michael Curtiz ou de Richard Thorpe. Les récits de leurs aventures se heurtant à une Histoire et à une géopolitique plus complexes, ils tendent à disparaître sous leur forme traditionnelle et, lorsqu'ils réinvestissent le genre dans les années 1990, ils ne le font pas sans la distance de la référence ou du second degré. Toutefois comme les effets spéciaux, avec leurs prodigieuses possibilités, trouvent là un territoire idéal et que les films peuvent développer grâce à eux l'aspect spectaculaire qui a toujours constitué leur essence même, les cow-boys, les flibustiers, les chevaliers de l'âge post-moderne, en reprenant du service, montrent que, tout autant que les figures du passé qu'ils représentent, ils reflètent le monde présent qui les produit. Et ils se voient rejoints par d'autres types de personnages – scientifiques confrontés aux grandes catastrophes, écologistes voulant préserver la planète, explorateurs s'intégrant à d'autres civilisations –, qui élargissent l'aventure aux problèmes nouveaux d'un monde désormais globalisé.

**Réalisateurs de référence :**
**Westerns :** Christopher CAIN (*Young guns*) • Lawrence KASDAN (*Silverado*) • Ang LEE (*Le Secret de Brokeback Mountain*) • Kevin COSTNER (*Danse avec les loups*)
**Moyen Âge :** Mel GIBSON (*Braveheart*) • Michael CATON JONES (*Rob Roy*) • Brian HELGELAND (*Chevalier*)
**Aventuriers :** Jan de BONT (*Twister*) • Jon AMIEL (*Haute voltige*) • Edward ZWICK (*Le Dernier samouraï*) • Luis LLOSA (*Anaconda*) • Stephen SOMMERS (*La Momie*) • Gore VERBINSKI (*Pirates des Caraïbes*)

## Guerre et espionnage

Hollywood a toujours réservé aux films de guerre une place importante dans son dispositif. Pas seulement par intérêt artistique (et commercial) pour leur caractère spectaculaire, mais plus profondément aussi par engagement politique. La prise de position résolue des studios en faveur de l'entrée des États-Unis dans le conflit lors de la Seconde Guerre mondiale, leur politique active de propagande et de soutien à l'effort de guerre tout au long des années de combat, la glorification une fois la guerre terminée des actions d'éclat transformant les combattants en héros et rassurant d'une certaine façon un pays plongé alors dans les dangers menaçants de la guerre froide, en offrent, dans les années 1940-1950, la constante manifestation, de même que, dans ce contexte d'après-guerre, le développent des films d'espionnage montrant que, dans l'ombre et sur fond de guerre froide, la lutte continue. Puis vient, avec le Vietnam, le temps du doute et du désenchantement : le cinéma, là encore, constitue la plus sensible des caisses de résonance, portant sur grand écran à la fois le drame des combattants et la fracture mentale et morale qui affecte le pays. L'ennemi, toutefois, reste bien identifié, et les soldats comme les agents secrets n'ont guère de doute sur le sens de leur mission : c'est le monde libre qu'ils défendent contre le communisme. Cette certitude elle-même se trouve ébranlée par l'évolution politique du bloc de l'Est : les années 1980 débouchent sur la chute du Mur. Comment alors faire la guerre, et à qui ? Le cinéma hollywoodien, fidèle au genre et à ses formes, en fait donc, forcé par les changements politiques de la fin du siècle, évoluer le contenu. Et il n'est pas indifférent de relever que, dans un genre qui continue parfois, non sans nostalgie, à reconstituer le cadre et les événements des conflits anciens – et la Seconde Guerre mondiale constitue sur ce plan un réservoir inépuisable –, de nouvelles préoccupations s'affichent. L'imagination des scénaristes, spéculant sur les menaces latentes, invente de nouveaux ennemis : la menace du terrorisme envahit l'écran, offrant de la guerre un nouveau visage, et fournissant même le canevas de scénarios non dénués sinon de prémonition, du moins de vraisemblance, comme le montreront, le 11 septembre 2001, des attentats semblant tout droit sortis d'un film hollywoodien.

**Réalisateurs de référence :**
**Guerre :** Mark RYDELL (*For the boys*) • Terence MALICK (*La Ligne rouge*) • David O. RUSSELL (*Les Rois du désert*) • Michael BAY (*Pearl Harbor*) • Antoine FUQUA (*Les Larmes du soleil*)
**Espionnage :** Philip KAUFMAN (*Soleil levant*) • David SELTZER (*Une lueur dans la nuit*) • Philip NOYCE (*Jeux de guerre*) • Doug LIMAN (*La Mémoire dans la peau*)

## Fantastique et horreur : le monde de l'étrange

Dans la panoplie des genres, le fantastique a toujours tenu une place importante, à la fois parce qu'il offre à l'industrie du spectacle qu'a toujours été Hollywood un terrain de choix pour déployer ses grands moyens et pour ouvrir au public le plus large le champ infini de tout ce qui échappe à la logique et à la raison, mais aussi parce que les films qui en relèvent jouent un rôle d'exutoire, voire d'exorcisme, qui traduit en profondeur les grandes peurs collectives. Dans les années 1950-1960, les innombrables envahisseurs venus d'ailleurs et les créatures monstrueuses menaçant la planète qui déferlent sur les écrans ne sont évidemment pas sans lien avec les angoisses nées de la guerre froide. Et si les technologies évoluent et si les effets spéciaux permettent, grâce au numérique, toutes les prouesses, ce sont toujours les mêmes peurs profondes que font surgir les dangers sans cesse renouvelés qui scandent les dernières décennies du siècle – criminalité, sida, violence, terrorisme, manipulations génétiques –, d'autant que l'approche fatidique du changement de millénaire nourrit plus que jamais le champ du surnaturel et des forces occultes. Le cinéma américain, tant dans les grosses productions hollywoodiennes que dans les petits films indépendants, s'en fait l'écho, déclinant consciencieusement toutes les formes qu'offre la veine : possession, satanisme, vampires, fantômes, morts vivants, univers parallèles, magie blanche, magie noire, métamorphoses, millénarisme… Et la ré-interprétation des genres, chez les maîtres les plus créatifs comme Wes Craven ou John Carpenter, tout comme le second degré, chez les plus jeunes cinéastes qui entendent rendre hommage aux films cultes, viennent encore dédoubler, par la relecture, le détournement, la référence ou la parodie, un territoire sans limites.

**Réalisateurs de référence :** Wes CRAVEN (*Scream*) • Peter HYAMS (*La Fin des temps*) • Taylor HACKFORD (*L'Associé du Diable*) • Gregory HOBLIT (*Fréquence interdite*) • Jack SHOLDER (*Hidden*) • John CARPENTER (*Vampires*) • Jerry ZUCKER (*Ghost*) • Charles RUSSELL (*The Mask*) • Guillermo Del TORO (*Mimic*) • Robert RODRIGUEZ (*The Faculty*) • Vincenzo NATALI (*Cypher*)

## Ciné-junior et teen-movies

Le public des juniors, enfants et adolescents, a toujours constitué, en termes de clientèle, une cible de choix pour Hollywood. Le développement de certains genres – films d'aventures, de cape et d'épée, de chevalerie, de pirates et, bien sûr, dessins animés – doit beaucoup à l'existence de ce public à la fois friand de nouveautés mais fidèle aussi à ses films de prédilection, et toujours prêt à les revoir plusieurs fois. Dans les décennies de la fin du siècle, deux phénomènes jouent à fond qui poussent à la fois à poursuivre et à amplifier la production destinée à la jeunesse : d'abord l'évolution technique, qui permet, en relation avec toute l'imagerie numérique que les juniors pratiquent par ailleurs dans les jeux vidéo, de leur offrir des produits répondant à leurs nouveaux goûts ; et aussi l'existence, par la cassette puis par le DVD, d'un nouveau marché qui donne au film lui-même un prolongement privé, et qui du coup entraîne même l'apparition de séquelles des films à succès dans des versions uniquement destinées à ce type de supports. Et comme, par ailleurs, l'évolution des mœurs donne à la classe enfantine une importance nouvelle, qui se traduit aussi par le poids commercial qu'elle représente, rien n'est trop bon donc pour tenter de l'attirer dans les salles. L'adaptation des bandes dessinées cultes, des comics les plus célèbres et des best-sellers de la littérature de jeunesse ; le développement de comédies familiales dont les héros sont des enfants ou des adolescents ; la transformation, grâce aux effets spéciaux, de ces vieux classiques du cinéma junior que sont les films animaliers ou les histoires de magie ; la multiplication de films ciblés en fonction des tranches d'âge, qui amène par exemple l'explosion des films de collège et d'un type de films dont la dénomination de *teen-movies* dit assez quelle catégorie il vise : il y a là autant d'éléments qui traduisent non seulement la pérennité mais la vitalité croissante d'un secteur qui représente à coup sûr l'un des vecteurs les plus puissants de la culture américaine à travers le monde d'aujourd'hui et, vu le public qu'il vise et qu'il touche, de demain.

**Réalisateurs de référence :** Joe JOHNSTON (*Chérie, j'ai rétréci les gosses*) • Brian LEVANT (*Beethoven*) • Chris COLUMBUS (*Maman, j'ai encore raté l'avion* ; *Harry Potter et la chambre des secrets*) • Richard LINKLATER (*Rock Academy*) • Jon TURTELTAUB (*Rasta Rockett*) • Mark WATERS (*Dans la peau de ma mère*) • Paul WEITZ (*American pie*)

## Du film noir au thriller

Le film policier a pris, tout au long de l'histoire hollywoodienne, des formes diverses, depuis les films de gangsters à la *Scarface* des années 1930, aux grands films noirs des années 1940-1950, puis aux films d'enquêtes policières à la *Tony Rome* dans les années 1960-1970, sans oublier le suspense dispensé tout au long de sa carrière par le maître incontesté du genre, Alfred Hitchcock, dont le dernier film, *Complot de famille*, est de 1975. Mais quelle qu'en soit la tonalité, le polar constitue une des pierres angulaires de la production américaine. Il prend simplement la couleur du temps dont il est à la fois le produit et le reflet. Dans les dernières décennies du siècle, la montée de la violence urbaine, les problèmes de communautés et d'immigration, la place prise par la drogue donnent un nouveau visage à l'*asphalt jungle*. Les peurs collectives qui en résultent font naître de nouveaux personnages comme le tueur en série, le terroriste, le psychopathe, contre lesquels luttent les flics, dans des films moins souvent d'enquête que d'action, ou les juges, dans des films de prétoire, mais qui, toujours là, dans l'ombre, apparaissent comme une menace permanente, que traduit bien le glissement du genre vers le thriller distillateur d'angoisse. Et l'ironie qui vient parfois, dans des films conçus comme des hommages au passé du film noir, se glisser comme un élément de distance, n'altère pas la constante de violence spectaculaire qui reste la loi du genre, lorsque l'action prend le dessus, ni de violence intime, lorsque les troubles replis du désir, de la haine ou du vice entraînent celui-ci vers le thriller psychologique.

**Réalisateurs de référence :** Peter MEDAK (*Romeo is bleeding*) • Richard MARQUAND (*À double tranchant*) • John BADHAM (*Meurtre en suspens*) • Tony SCOTT (*Le Fan*) • Larry BISHOP (*Mad dogs*) • Joseph RUBEN (*Les Nuits avec mon ennemi*) • Robert HARMON (*Hitcher*) • James FOLEY (*Confidence*) • John DAHL (*Kill me again*) • Phil JOANOU (*Les Anges de la nuit*) • Ted DEMME (*Blow*) • James MANGOLD (*Identity*) • Brian SINGER (*Usual suspects*) • Sam MENDES (*Les Sentiers de la perdition*) • Wayne KRAMER (*Lady Chance*) • John SINGLETON (*Shaft*)

## Drames et mélodrames

Dans la hiérarchie des genres hollywoodiens, le drame et sa version lacrymogène, le mélodrame, figurent aux toutes premières places. Les raisons en sont multiples, mais la plus importante réside sans doute dans le fait que, adaptant en permanence les grands romans de la littérature non seulement américaine mais mondiale, Hollywood a toujours fait la part la plus belle au romanesque et aux grandes histoires sentimentales qui en constituent le champ d'élection. *Autant en emporte le vent* a, pour des générations, représenté l'essence même du cinéma hollywoodien. Non sans raison, au demeurant. Car dans le film de Victor Fleming produit par David Selznick apparaissent bien les deux composantes qui font la matière même des drames que les studios aiment voir traiter : une part historique, sensible au contexte social et à ces questions de fond que sont la guerre, l'esclavage, le Sud ; et une part sentimentale, racontant une histoire d'amour passionnée, avec son lot de bonheurs et de tragédies. Le cinéma hollywoodien a toujours cultivé ces deux aspects, les poussant à leur pointe extrême d'un côté dans les grands films sociaux qui, des *Raisins de la colère* à *Sur les quais*, jalonnent son histoire, et de l'autre dans les grandes histoires d'amour où s'exprime, de façon voilée, la force du désir, comme dans les mélodrames de John Stahl ou de Douglas Sirk. Cette double veine – d'un côté, les questions sociales, politiques, idéologiques ; de l'autre, la romance, le sentiment, la passion –, parfois distincte, parfois liée, continue à faire le fond de la production hollywoodienne, au même titre que la comédie ou le thriller. Et pour nombre de romances sirupeuses, de drames à la psychologie épaisse, de mélos indigestes, de fresques simplistes, le système produit aussi nombre de films qui, par la réflexion sur le contexte historique, politique, social dont ils sont porteurs, contribuent à garder au cinéma hollywoodien son côté engagé et militant, ou qui, dans un pays où la psychanalyse fait partie du paysage culturel, n'hésitent pas à aller fouiller avec une belle vigueur dans les profondeurs mêmes de l'être.

**Réalisateurs de référence :**
**Fibre sociale et politique :** Paul BOGART (*Torch song trilogy*) • Irwin WINCKLER (*La Liste noire*) • Michael APTED (*Nell*) • Danny DeVITO (*Hoffa*) • Uli EDEL (*Dernière sortie pour Brooklyn*) • Gary ROSS (*Pur sang. La Légende de Seabiscuit*) • Frank DARABONT (*The Majestic*) • Marc FORSTER (*À l'ombre de la haine*)
**Romances et sentiments :** Fred SCHEPISI (*Plenty*) • John SAYLES (*Poisson d'amour*) • Jerry ZACKS (*Simples secrets*) • John MADDEN (*Shakespeare in love*) • Todd FIELD (*In the bedroom*)

## Les polyvalents d'Hollywood

Hollywood a toujours aimé les spécialistes, surtout les spécialistes capables de tout faire ! La grande force des studios a toujours été en effet de disposer d'un réservoir de réalisateurs suffisamment maîtres de leurs moyens pour pouvoir aborder tous les genres avec une égale efficacité. Howard Hawks, Raoul Walsh, John Ford même, en furent, des années 1920 aux années 1960, les exemples parfaits ; mais bien d'autres cinéastes de moindre acabit ont constamment assuré, des productions à gros budget aux films de série B, cette constante d'un cinéma cousu main, où chacun joue son rôle à la place qui lui revient. À cet égard, la responsabilité du réalisateur, qui dirige la mise en scène, n'est ni celle du producteur, qui produit, ni celle du scénariste, qui écrit. La notion d'auteur, au sens où la Nouvelle Vague l'a mise en avant, n'est pas totalement pertinente dans un système hollywoodien qui pratique le cloisonnement des tâches et dont le fonctionnement est hiérarchisé comme l'est celui d'une entreprise. Ce qui – et les exemples d'Howard Hawks, de Raoul Walsh ou de John Ford sont là aussi pour le prouver – n'a jamais empêché l'émergence d'univers cinématographiques personnels. Dans les dernières décennies du siècle, nombreux continuent à être ces réalisateurs maison, à qui les studios font constamment appel et qui acquièrent, au fil des films importants qui leur sont confiés, un statut qui leur permet une certaine liberté à l'intérieur du système. Ainsi Joel Schumacher, à côté des blockbusters que sont les épisodes de *Batman*, tourne de « petits » films – *Tigerland, Phone Game* – où il fait passer davantage de lui-même. Barry Levinson, qui a beaucoup raconté dans ses films la vie des autres, en vient à évoquer sa propre jeunesse dans *Liberty Heights*. Et Michael Mann, sans jamais déroger aux lois des genres qu'il aborde, fait reconnaître d'un film à l'autre son style et sa vision des choses. Si les uns et les autres, par leurs qualités reconnues de réalisateurs polyvalents, assurent ainsi la pérennité d'Hollywood, ils en assurent aussi, à leur façon, la diversité.

**Réalisateurs de référence :** Joel SCHUMACHER (*Batman forever*; *Veronica Guerin*) • Barry LEVINSON (*Bugsy*; *Liberty Heights*) • Michael MANN (*Ali*; *Collateral*) • Jonathan DEMME (*Le Silence des agneaux*; *Philadelphia*) • Robert ZEMECKIS (*Retour vers le futur II*; *Seul au monde*) • Barry SONNENFELD (*Les Valeurs de la famille Addams*; *Men in Black*) • Ron HOWARD (*Cocoon*; *Willow*)

## Les Hollywoodiens d'adoption

Dès l'origine, Hollywood, par la puissance économique et financière de ses studios et par les possibilités que celles-ci ouvrent en matière de création, a attiré les cinéastes étrangers, européens tout particulièrement. Déjà, au temps du muet, de Chaplin à Lubitsch ou à Sjöström, nombreux furent ceux qui tentèrent l'aventure américaine ; et le mouvement ne fit que s'accroître lorsque, dans les années 1930, la montée du nazisme entraîna l'émigration de toute une vague de réalisateurs, la plupart juifs, venus d'Allemagne et d'Europe centrale et désireux de fuir le régime hitlérien. La capacité d'Hollywood à les intégrer au système, en leur laissant une liberté de création propre à nourrir des œuvres personnelles, a constitué pour les studios un enrichissement constant et explique que cet apport représente un des points forts du cinéma hollywoodien : la place tenue, par exemple, par des cinéastes aussi différents que Fritz Lang, Douglas Sirk ou Otto Preminger en est la preuve. Et la présence, sur le sol américain, d'émigrés soit de passage, comme René Clair, Jean Renoir ou Julien Duvivier, fuyant la France de l'Occupation, soit installés depuis l'enfance mais gardant des liens forts avec leur terre d'origine, à l'image d'Elia Kazan, constitue aussi un atout essentiel, dans un pays où le melting-pot est la loi. Et de fait, le flux n'a jamais cessé. Plus avant dans le siècle, dans les années 1960, les événements politiques touchant les pays du bloc de l'Est amènent ainsi une nouvelle vague d'émigration et voient s'installer à Hollywood toute une génération de jeunes cinéastes comme Milos Forman ou Roman Polanski. Dans les dernières décennies du siècle, alors que les conditions historiques n'offrent plus le même caractère d'urgence tragique qu'au moment de l'hitlérisme ou du stalinisme, l'intégration de cinéastes venus d'ailleurs tend même à la fois à s'élargir et à s'institutionnaliser. La mondialisation qui s'installe progressivement amène Hollywood à aller chercher un peu partout les réalisateurs qui triomphent dans leur pays et qui lui paraissent susceptibles d'insuffler à son cinéma des éléments nouveaux : le cas de John Woo, fer de lance du cinéma asiatique, en est l'illustration, mais aussi celui de cinéastes venus de ces pays nouveaux que sont l'Australie ou la Nouvelle-Zélande, comme Jane Campion, Roger Donaldson, Bruce Beresford, Lee Tamahori, Philip Noyce. Et l'Europe continue à fournir un réservoir appréciable : anglais, naturellement (Hugh Hudson, Ridley Scott, Alan Parker, Roland Joffé, Anthony

Minghella), mais aussi français (Barbet Schroeder), allemand (Roland Emmerich), hollandais (Paul Verhoeven), scandinave (Lasse Hallström, Bille August), russe (Andreï Konchalovski, Sergueï Bodrov). Partie intégrante et rouage essentiel d'un cinéma qui entend avoir une résonance universelle, les Hollywoodiens d'adoption continuent plus que jamais à faire d'Hollywood ce qu'il continue à être : le centre de la planète Cinéma.

**Réalisateurs de référence :** Hugh HUDSON (*Révolution*) • Paul VERHOEVEN (*Basic instinct*; *Showgirls*) • Ridley SCOTT (*Gladiator*; *La Chute du Faucon noir*; *Les Associés*) • Bruce BERESFORD (*Miss Daisy et son chauffeur*; *Evelyn*) • Barbet SCHROEDER (*Before and after*) • Wolfgang PETERSEN (*Air Force One*) • Alan PARKER (*Mississipi burning*; *La Vie de David Gale*) • Roland JOFFÉ (*Mission*; *Vatel*) • Roger DONALDSON (*Treize jours*) • John WOO (*Broken arrow*; *Windtalkers*) • Lasse HALLSTRÔM (*Gilbert Grape*) • Bille AUGUST (*La Maison aux esprits*) • Sergueï BODROV (*Crinière au vent*) • Anthony MINGHELLA (*Le Patient anglais*; *Retour à Cold Mountain*) • Roland EMMERICH (*Le Jour d'après*)

## 6 – CINÉMA PERMANENT

Comme la littérature, le cinéma n'en finit pas de raconter les mêmes histoires : dès son origine, il a réinvesti les grands mythes et donné à l'imaginaire un champ nouveau, s'appuyant souvent, d'ailleurs, sur les grandes œuvres littéraires elles-mêmes. L'appel aux romans, aux contes, aux pièces de théâtre, mais aussi aux récits des historiens ou aux grands textes sacrés, a très vite fait de l'adaptation un des matériaux de base de l'expression cinématographique. Et, d'un cinéaste à l'autre, ce sont souvent les mêmes œuvres qui ont été reprises, engendrant des variations multiples et de subtils jeux de reprises, de réécritures, de citations. Mais, à mesure que le cinéma lui-même, multipliant les œuvres, élargissait son propre champ cinématographique, les films eux-mêmes sont devenus un matériau référentiel pour des cinéastes plus jeunes, amenés à faire et refaire ce qui avait été fait avant eux. Ce fil continu, qui court depuis le temps du muet, et qui fait par exemple d'*Intolérance* (1916) le point d'ancrage de *Good morning Babilonia* (1987) ou du *Robin des bois* d'Allan Dwan (1922) le lointain ancêtre de celui de Kevin Reynolds (1991), il permet tous les hommages rendus par une époque à une autre, par un cinéaste à un autre, et toutes les variations personnelles sur un thème déjà traité par d'autres. Il peut favoriser aussi, notamment dans les remakes, les reprises systématiques qui répondent moins à un souci artistique qu'à une logique commerciale. Mais il permet également de développer de véritables séries cinématographiques, pas si éloignées des romans feuilletons ou des suites chers à des grands romanciers comme Balzac ou Dumas. Il témoigne en tout cas que le creuset est riche, et que le cinéma ne finit pas d'y puiser une inspiration qui n'est parfois ni tout à fait la même ni, non plus, tout à fait une autre.

Il y a dans les remakes, les suites, les versions diverses qui tissent, d'une époque à une autre et d'un pays à un autre, comme un fil continu à travers l'histoire et la géographie du cinéma, une double postulation, qui en détermine le sens. Dans nombre de cas, l'exercice de la reprise, soumis à une logique plus commerciale qu'artistique, relève de la répétition pure et simple, voire d'un bégaiement concerté, qui en fait un psittacisme sans grand intérêt. Et la multiplication de ce type de films, la systématisation des séquelles, l'utilisation des héros récurrents, qui se développent depuis une vingtaine d'années, montrent que le cinéma contemporain, de plus en plus soumis aux contraintes économiques, tend à verser dans le produit de série, formaté et calibré comme tel, où il s'agit non de surprendre le spectateur mais de répondre à ses goûts de consommateur. Mais dans d'autres cas, nombreux eux aussi, la reprise ou la suite relèvent d'un véritable exercice de réinterprétation et de relecture, qui est lui-même gage de créativité et de personnalité. Le cinéma, ici, se construit sur son propre passé, en le réinventant.

## Les remakes, toujours recommencés

Le remake a toujours existé. Déjà, lors du passage du muet au parlant, Julien Duvivier reprenait son *Poil de carotte* silencieux de 1926 pour lui donner, en 1932, la parole. Et quarante ans plus tard, en 1972, Henri Graziani offrait une nouvelle version de l'œuvre de Jules Renard et des films de Duvivier. Deux raisons essentielles ont constamment joué pour légitimer ainsi la reprise d'un film par un autre. Dans certains cas, l'entreprise vise à adapter à un nouveau public un film qui a été conçu pour un autre, de nationalité différente par exemple. Hollywood, ainsi, a toujours préféré reprendre à son compte les films étrangers lui paraissant intéressants à exploiter, plutôt que d'assurer aux originaux une distribution américaine. Les exemples sont innombrables de ces tentatives d'exploitation, souvent ratées, quelquefois réussies, qui donnent une seconde vie cinématographique à un scénario, la plupart du temps en le confiant à un réalisateur différent, quelques rares fois en demandant au même d'en assurer lui-même le remake, qui relève alors plutôt de la seconde version : ainsi Francis Veber répétant ses *Fugitifs* de 1986, en les triplant même, dans ses *Trois fugitifs* américains de 1989. Dans d'autres cas, aussi fréquents, le remake vise à reprendre un film ancien, célèbre ou oublié, pour le remettre au goût du jour. Que ce soit par simples raisons commerciales ou par visée plus purement artistique, ces remakes prolongent la vie des films, leur assurant une sorte de descendance, parfois bâtarde, parfois légitime : lorsque Leo McCarey assure lui-même le remake de son *Elle et lui* de 1939, en en proposant une seconde version en 1957, il crée de subtiles résonances et liens de filiation d'un film à l'autre, là où Glenn Gordon Caron en 1994, refaisant *Elle et lui* dans *Rendez-vous avec le destin*, se contente de répéter et d'exploiter (mal) ce qui a été fait avant lui. Le remake, en tout cas, quelle que soit sa réussite, établit comme un dialogue entre les films et entre les époques du cinéma : et si certains, tournés vers le passé, reflètent surtout la nostalgie – comme en témoigne le succès des *Choristes* ramenant la France du nouveau siècle cinquante ans en arrière, au pays perdu de Noël-Noël et de sa *Cage aux rossignols* –, d'autres, tournés vers le présent, revisitent les films d'hier à la lumière d'aujourd'hui – comme le fait Todd Haynes en 2003, dans son *Loin du Paradis*, montrant ce que le film originel de Douglas Sirk, *Tout ce que le ciel permet*, cachait ou refoulait dans l'Amérique de 1955.

**Réalisateurs de référence :** Adrian LYNE (*Infidèle*) • Shekhar KAPUR (*Frères du désert*) • Neil JORDAN (*La Fin d'une liaison*) • John McTIERNAN (*Thomas Crown*) • Peter SEHR (*Kaspar Hauser, enfant de l'Europe*) • Gary SINISE (*Des souris et des hommes*) • Cameron CROWE (*Vanilla Sky*) • Todd HAYNES (*Loin du Paradis*) • Brad SILBERLING (*La Cité des anges*) • Christophe BARRATIER (*Les Choristes*) • Zack SNYDER (*L'Armée des morts*) • F. Gary GRAY (*Braquage à l'italienne*)

## Les héros ne meurent jamais

Robin des bois, Richard III, les trois mousquetaires, l'homme au masque de fer, le petit Chaperon rouge, Jack l'Éventreur, le docteur Jekyll, Sherlock Holmes, Zorro, Roméo et Juliette : qu'ils viennent du roman, du théâtre, du conte, de la bande dessinée, les héros ont cette capacité, comme les mythes, de se perpétuer en permanence, en se moulant aux temps nouveaux et en en reflétant en profondeur le sens. Le cinéma, art populaire, a toujours travaillé sur le mythique. Dès l'époque du muet, il a fait vivre à l'écran les grands héros venus de la littérature, et notamment de la littérature populaire, les adaptant, les modifiant, les ajustant sans cesse. Dans les décennies de la fin du siècle, les héros légendaires sont toujours aussi nombreux et n'en finissent jamais de vivre de nouvelles aventures. La continuité, ici, est signe de renouvellement permanent.

**Réalisateurs de référence :** Richard LONCRAINE (*Richard III*) • Gérard KIKOÏNE (*Dr. Jekyll et Mr. Hyde*) • Thom EBERHARDT (*Élémentaire, mon cher… Lock Holmes*) • Randall WALLACE (*L'Homme au masque de fer*) • Andrzej BARTKOWIAK (*Roméo doit mourir*) • Kevin REYNOLDS (*Robin des bois, Prince des voleurs*) • Matthew BRIGHT (*Freeway*) • Stephen HEREK (*Les Trois mousquetaires*) • Sam RAIMI (*Spider-Man*) • Jean-Paul SALOMÉ (*Belphégor, le fantôme du Louvre*) • Martin CAMPBELL (*Le Masque de Zorro*) • Albert et Allen HUGHES (*From Hell*)

## Serial leaders

Le cinéma, prenant le relais de la littérature, a lui-même suscité tout au long du siècle ses propres héros à répétition. Et, comme Dumas avait donné une suite feuilletonesque à ses mousquetaires, nombre de producteurs ont développé des suites, dès lors qu'un personnage paraissait, au vu de son premier succès, apte à en engendrer d'autres. La logique commerciale, visant d'abord à exploiter le filon, s'est, dans les meilleurs cas, assortie de la préoccupation d'en ménager les ressources : ainsi les producteurs de l'inusable James Bond ont su, au fil des ans, imposer (ou non) les acteurs nouveaux chargés de le représenter, mais aussi proposer à des réalisateurs divers d'imprimer leur marque sur les épisodes dont ils les chargeaient. Le renouvellement du héros et de ses aventures a ainsi permis d'en prolonger la vie cinématographique, ce qui n'est pas toujours le cas, la plupart des séquelles épuisant souvent le filon en tirant sur les ficelles du film original. Mais les ressources restent multiples : ainsi aux séquelles, développant, en les numérotant, la suite des aventures du héros, sont venues s'ajouter les « préquelles », qui opèrent un retour en arrière et racontent les aventures antérieures du personnage. Manière ingénieuse de repousser le spectre des fins de séries…

**Réalisateurs de référence :** Richard DONNER (*L'Arme fatale 3* ; *L'Arme fatale 4*) • John GLEN (*Dangereusement vôtre*) • Rob COHEN (*XXX*) • Lee TAMAHORI (*Meurs un autre jour*) • Russell MULCAHY (*Highlander* ; *Highlander, le retour*) • Gérard KRAWCZYK (*Taxi 3*) • James CAMERON (*Terminator 2 : le Jugement dernier*) • Thomas GILOU (*La Vérité si je mens ! 2*) • Jim ISAAC (*Jason X*) • Jonathan MOSTOW (*Terminator 3 : le soulèvement de machines*) • Brian RATNER (*Dragon rouge*)

## Suites lointaines…

La suite est parfois incluse dans l'œuvre d'origine. De manière concertée, d'abord, lorsque le canevas global de l'œuvre en prévoit des épisodes multiples. *Le Seigneur des anneaux* est ainsi conçu dès le départ comme une trilogie, que Peter Jackson réalise à la suite, sur une période relativement courte de trois ans (2001-2002-2003), chaque volet sortant, pour son exploitation commerciale, à la même date chaque année. Mais, parfois, cette série programmée s'étire dans le temps. Ainsi en est-il de George Lucas, mettant en chantier sa *Guerre des étoiles* dans les années 1970, et qui n'y revient que vingt ans plus tard, réalisant entre 1999 et 2005 les trois épisodes de sa seconde trilogie, la troisième, imaginée dans le plan d'ensemble, étant repoussée à un futur sans doute très incertain. Ces suites très lointaines, parfois non concertées – comme c'est le cas avec George A. Romero, qui revient de façon irrégulière à ses morts-vivants en les chargeant chaque fois du nouveau contexte où il les ressuscite – offrent l'avantage d'établir à la fois une continuité mais aussi une rupture avec les œuvres originales : le temps ayant passé, si l'histoire et les personnages se poursuivent, les techniques, l'air du temps, l'âge du réalisateur lui-même ne sont plus les mêmes. Et la façon dont la suite lointaine dialogue avec le film matriciel constitue, au-delà de la réussite ou non de l'entreprise, l'intérêt même de ces *Vingt ans après*, dont Dumas, déjà, avait fourni le modèle.

**Réalisateurs de référence :** George A. ROMERO (*Land of the dead*) • Denys ARCAND (*Les Invasions barbares*) • George LUCAS (*L'Attaque des Clones*) • Coline SERREAU (*Trois hommes et un couffin* ; *18 ans après*)

## ... et lointaines suites

Il y a des remakes et des suites qui ne disent pas leur nom. La plupart du temps la chose s'explique par le fait que, cherchant à exploiter un filon commercial ouvert par un film à succès, l'œuvre seconde, qui se donne pour originale, n'est en fait que la resucée, légèrement modifiée pour qu'on ne puisse l'accuser de plagiat, mais suffisamment ressemblante pour que le spectateur s'y retrouve facilement, du film référence. Parfois, la reprise est plus subtile : elle consiste à adapter un film plus éloigné dans le temps et à le mouler, en en réutilisant les ressorts dramatiques, à l'époque nouvelle. De loin en loin surgissent ainsi des films nouveaux qui ne sont, en fait, qu'une façon renouvelée d'utiliser un cadre préexistant.

**Réalisateurs de référence :** Marc ESPOSITO (*Le Cœur des hommes*) • Gary FLEDER (*Le Collectionneur*)

## Générations et air du temps

Les films de génération reflètent mieux que tous les autres ce qu'est l'air du temps. Qui veut connaître l'atmosphère de 36 et du Front populaire n'a qu'à regarder *La Belle équipe* de Duvivier, et, pour ce qui est de la jeunesse de l'après-guerre, la suivre du *Rendez-vous de juillet* de Jacques Becker en 1949 aux *Tricheurs* de Carné en 1958. Et l'Amérique post-68 n'a jamais trouvé meilleure expression que l'équipée motocycliste de Dennis Hopper et Peter Fonda dans le *Easy Rider* de Dennis Hopper en 1969. Dans les vingt années qui marquent le tournant du siècle, des films, toujours, continuent à cristalliser les évolutions de mœurs, les phénomènes de société, les événements historiques. Ils constituent d'ailleurs souvent en eux-mêmes un événement, repérable non seulement au succès immédiat qu'ils rencontrent mais à la trace référentielle qu'ils laissent. Ainsi, en France, le sida entre-t-il largement dans la conscience collective grâce aux *Nuits fauves*, tout comme *La Haine* y imprime le problème des banlieues, et la disparition de l'Est trouve-t-elle sa vraie concrétisation pour une Allemagne réunifiée dans *Good bye Lenin !* L'histoire des années 1985-2005 continue à s'écrire tout autant dans les faits que dans leur représentation, et le cinéma fournit là un irremplaçable guide.

**Réalisateurs de référence :** Percy ADLON (*Bagdad Café*) • Wolfgang BECKER (*Good bye Lenin !*) • Érick ZONCA (*La Vie rêvée des anges*) • Cyril COLLARD (*Les Nuits fauves*) • Éric ROCHANT (*Un monde sans pitié*) • Mathieu KASSOVITZ (*La Haine*) • Daniel MYRICK et Eduardo SANCHEZ (*Le Projet Blair Witch*) • Danis TANOVIC (*No man's land*)

# UN NOUVEAU SIÈCLE

Dans la formidable accélération de l'Histoire qu'ont connue les dernières décennies du siècle et l'entrée dans le siècle nouveau, le cinéma, plus que jamais miroir des temps, s'est profondément transformé. Les évolutions, tant sociales qu'économiques ou scientifiques, ont modelé ses propres évolutions. Du coup, s'il a laissé derrière lui nombre d'éléments qui l'avaient longtemps caractérisé, il s'est enrichi d'apports nouveaux qui lui donnent un visage différent, où certains se prennent à craindre qu'il perde son âme. Et de fait la nature même du cinéma est en train de changer. D'abord par suite des transformations techniques que les progrès technologiques ne cessent d'entraîner : l'ère du numérique et du virtuel a sonné, modifiant radicalement tout un pan de la création cinématographique, de l'animation aux effets spéciaux des films d'aventures ; et la miniaturisation des appareils, la vidéo, les caméras numériques, la sophistication des moyens sonores, tout concourt à faire qu'un film n'a plus, dans son support, ses moyens techniques, ses procédés de diffusion, la même matérialité que celle qui était encore la sienne au début des années 1980. À quoi s'ajoutent des phénomènes sociaux et géo-politiques qui ont, eux aussi, contribué à faire évoluer la pratique même du cinéma : l'évolution du statut de la femme, qui entraîne partout dans le monde l'émergence d'un cinéma au féminin ; l'ouverture de pays jusque-là fermés, qui s'engagent, même si c'est timidement, dans la création cinématographique ; le formidable mélange des populations et des communautés, favorisé par le développement des transports et des échanges, qui génère des cinéastes de cultures mêlées ; l'avènement d'une télé-réalité qui amène par contrecoup le cinéma à redéfinir ses propres rapports avec le réel ; et bien d'autres facteurs encore, liés au financement des films, à leur marché d'exploitation, aux évolutions propres à chaque pays en matière de politique culturelle et cinématographique.

Qu'en ressort-il ? Un visage assurément changé, et qui change en permanence, rendant plus floue l'idée que l'on peut se faire de ce que seront les films de demain. Mais, pour autant, une réalité qui fait qu'il ne s'est jamais tourné autant de films dans le monde, que jamais autant de spectateurs n'y ont eu accès, soit par l'écran, soit par la vidéo ou le DVD, et que le siècle qui commence dispose en matière de cinéma d'un potentiel de création tel que le siècle précédent n'en avait jamais disposé. Les créateurs l'ont bien senti, qui non seulement ne manquent pas, mais contribuent à ouvrir à ce nouvel âge du cinéma des voies nouvelles : les maîtres d'aujourd'hui offrent des films d'une maîtrise technique, d'une sophistication formelle, d'une puissance imaginaire qui n'ont rien à envier à ceux qui les ont précédés. En vingt ans, le cinéma a su s'inventer un présent radicalement neuf. C'est un gage d'avenir.

# 7 – LE CINÉMA AU FÉMININ

Les femmes n'ont jamais été absentes du cinéma. Mais elles y ont été longtemps tenues à des places bien précises : actrices, évidemment, objets du désir facilement idéalisés dans la figure iconique de la star ; et, pour ce qui est des emplois techniques, réduites essentiellement à deux ou trois fonctions nécessitant des vertus censées relever de talents plus spécifiquement féminins : créatrices de costumes, maquilleuses et, sans doute pour le côté ordonné et quasi ménager que cela suppose, script-girls ou monteuses… Phénomène général, touchant l'ensemble de la planète cinéma, et dont une rapide statistique fait apparaître l'ampleur : sur les quelque deux mille cinq cents cinéastes répertoriés dans l'édition 1985 d'un *Dictionnaire du cinéma* sérieux, celui de Jean Tulard, une cinquantaine seulement sont des femmes ! C'est dire que jusque dans les années 1980, le verbe réaliser ne se conjugue pas, ou fort peu, au féminin.

Les causes en sont peut-être moins à chercher dans le cinéma lui-même que dans la condition féminine. La quasi-absence des femmes dans la réalisation tient sans doute pour une part au fait que le cinéma présente un côté technique auquel les femmes ne sont guère formées et qui le réserve, pense-t-on d'emblée, aux hommes : mais l'avenir prouvera évidemment le contraire, tout comme le prouve dès l'origine le fait que certaines femmes, même si elles sont très peu nombreuses, font montre, lorsqu'elles accèdent à la réalisation, d'une virtuosité qui témoigne précisément d'une maîtrise technique parfaitement assimilée. De fait, c'est bel et bien la place réservée à la femme dans la société qui la maintient en retrait au sein d'une profession et d'un art qu'on juge pendant longtemps pas vraiment faits pour elle. Et c'est lorsque le grand mouvement de libération féminine qui s'accélère dans les dernières décennies du XX$^{e}$ siècle rend possible l'accès des femmes à d'autres territoires que celui qui leur était jusque-là réservé que le cinéma, comme d'autres formes d'activité ou d'expression, s'ouvre vraiment à elles. Et le mouvement est spectaculaire : alors que depuis les origines du cinéma, on compte, pour l'ensemble des cinématographies à travers le monde, une vingtaine de femmes réalisatrices seulement dont l'œuvre est achevée au début des années 1980, la floraison de cinéastes femmes à partir de ces mêmes années est une véritable explosion. Un seul exemple chiffré donne la mesure du phénomène : en 2004, sur l'ensemble des films distribués en France, soixante-huit sont dus à des femmes, ce qui donne, en une seule année, plus de femmes cinéastes en activité qu'il n'y en a eu pendant les quatre-vingts premières années de l'histoire du cinéma ! Et ces réalisatrices viennent de tous les pays : France, États-Unis, Allemagne, Espagne, Italie, Belgique, Suisse, Russie, Liban, Israël, Argentine, Nouvelle-Zélande, Australie, Pakistan, Mongolie même.

L'ampleur et la généralisation du phénomène sont sans aucun doute un des traits majeurs de l'histoire du cinéma de ces vingt dernières années. L'arrivée massive des femmes à la réalisation change radicalement la donne cinématographique : non seulement par l'extension des sujets qu'il génère, mais par l'enrichissement qu'il apporte en termes d'imaginaire, de sensibilité, de style, de regard sur le monde. Et le terme de cinéaste, dans la belle indécision générique qui est morphologiquement la sienne en français, peut désormais se prendre tout autant au féminin qu'au masculin.

## Des femmes françaises

Le cinéma français n'échappe pas à la règle : longtemps, l'univers de la réalisation y a été réservé aux seuls hommes, les quelques rares cas de femmes réalisatrices apparaissant comme des exceptions. L'histoire du cinéma français au féminin s'écrit ainsi en quelques noms : une pionnière, Alice Guy, née en 1873, réalisant en 1896, peut-être même avant Méliès, un des tout premiers films français, *La Fée aux choux*, et réalisant jusqu'en 1920, en France et aux États-Unis, une bonne trentaine de films. Une actrice célèbre des films de Feuillade, née en 1889, réalisant quelques films sous son nom de scène de Musidora au détour des années 1920. Une avant-gardiste, Germaine Dulac, née en 1882, liée à Louis Delluc, faisant tourner Antonin Artaud, et poursuivant des recherches esthétiques dans les quelque trente films qu'elle réalise entre 1915 et 1930, avant de poursuivre, après la mort de Delluc en 1924, le mouvement des ciné-clubs initié par celui-ci. Puis, avec l'arrivée du parlant, quelques cas isolés encore, comme celui de Jacqueline Audry, née en 1908, passant d'abord, dans les années 1930, par les fonctions quasi obligées de script-girl et d'assistante au côté de Pabst, de Delannoy, d'Ophuls, avant de pouvoir parvenir à la réalisation et de tourner une quinzaine de films entre 1946 (*Les Malheurs de Sophie*) et 1971 (*Le Lis de mer*). Ou comme celui encore de Nicole Védrès, née en 1911, spécialisée dans les mêmes années 1940-1950 dans les films de montage d'actualités ou d'interviews. Et c'est à peu près tout.

Le changement, long à venir, n'est même pas véritablement initié par la Nouvelle Vague, qui ne révèle qu'une seule cinéaste, Agnès Varda (née en 1928), dont le premier long métrage, *La Pointe courte*, en 1954, précède d'ailleurs les premiers films de Chabrol, Truffaut et Godard. Et les quelques très rares films tournés dans les années 1960 par des femmes, comme *La Dérive* de Paula Delsol en 1963 ou *Mon amour, mon amour*, de Nadine Trintignant en 1967, ne constituent pas encore une percée significative. Il faut de fait attendre 1968 et les évolutions profondes, quant à la place sociale des femmes, que le mouvement entraîne, pour que les portes s'ouvrent : Nelly Kaplan, collaboratrice d'Abel Gance, donne à la liberté que manifeste en 1969 *La Fiancée du pirate* une véritable force subversive ; Liliane de Kermadec dénonce de face l'oppression des hommes dans *Aloïse*, en 1975 ; et Yannick Bellon, passant du court métrage où elle s'est fait connaître au long, tourne à partir de 1972 plusieurs films liés de près à la lutte féministe.

Toutefois, si la décennie 1970 voit l'émergence de femmes cinéastes, le mouvement reste limité, la douzaine de réalisatrices qui apparaissent dans les années 1970 ayant du mal à enchaîner les films et la plupart ne tournant plus après 1980, ou, comme Nina Companeez, se dirigeant plutôt vers la télévision. L'une d'entre elles, toutefois, Coline Serreau, dont le premier film affiche bien d'emblée sa couleur féminine – *Mais qu'est-ce qu'elles veulent ?*, en 1976 –, va servir en quelque sorte d'élément déclencheur, avec le succès commercial qu'obtient en 1985 son *Trois hommes et un couffin*, qui, dépassant les 10 millions d'entrées, prouve aux producteurs qu'il y a place dans le système pour des femmes réalisatrices et pour un cinéma qui parle des hommes à travers les femmes et des femmes pas seulement à travers les hommes mais aussi à travers leurs propres problèmes. Signe révélateur : en 1986, la Femis voit pour la première fois sa promotion d'entrée accueillir autant de filles que de garçons, et la même année les *Perspectives du cinéma français* présentent à Cannes plusieurs premiers films réalisés par des femmes. Le mouvement est véritablement lancé : entre 1985 et 2005, c'est une bonne centaine de cinéastes femmes qui investissent le cinéma français, le renouvelant en profondeur et lui apportant beaucoup de ce qui fait sa vitalité et de son originalité d'aujourd'hui.

**Réalisatrices de référence :** Yannick BELLON (*Les Enfants du désordre*) • Véra BELMONT (*Miléna*) • Danièle THOMPSON (*La Bûche*) • Josée DAYAN (*Cet amour-là*) • Brigitte ROUAN (*Outremer*) • Claire DENIS (*Beau travail*; *L'Intrus*) • Catherine BREILLAT (*Romance*) • Nicole GARCIA (*L'Adversaire*) • Diane KURYS (*Les Enfants du siècle*) • Danièle DUBROUX (*Border line*) • Jeanne LABRUNE (*C'est le bouquet !*) • Tonie MARSHALL (*Vénus Beauté [Institut]*) • Charlotte SILVERA (*C'est la tangente que je préfère*) • Claire DEVERS (*Max et Jérémie*) •

Catherine CORSINI (*Mariées mais pas trop*) • Dominique CABRERA (*Nadia et les hippopotames*) • Laurence FERREIRA-BARBOSA (*J'ai horreur de l'amour*) • Anne FONTAINE (*Nettoyage à sec*) • Agnès MERLET (*Artemisia*) • Christine CARRIÈRE (*Rosine*) • Zabou BREITMAN (*Se souvenir des belles choses*) • Patricia MAZUY (*Saint-Cyr*) • Pascale FERRAN (*L'Âge des possibles*) • Noémie LVOVSKY (*Les Sentiments*) • Valérie LEMERCIER (*Le Derrière*) • Agnès JAOUI (*Comme une image*) • Valérie BRUNI-TEDESCHI (*Il est plus facile pour un chameau…*) • Marion VERNOUX (*Reines d'un jour*) • Lætitia MASSON (*Love me*) • Sandrine VEYSSET (*Y aura-t-il de la neige à Noël ?*) • Hélène ANGEL (*Peau d'homme, cœur de bête*) • Virginie DESPENTES (*Baise-moi*) • Lætitia COLOMBANI (*À la folie… pas du tout*)

## En Europe

Dans les divers pays européens, tout comme en France, les femmes réalisatrices sont une espèce particulièrement rare. Du début du siècle aux années 1980, on n'en compte guère plus d'une dizaine : quelques grands noms, en Allemagne, marqués par les rapports ambigus entretenus dans les années 1930 avec le régime nazi, dans le cas de Thea von Harbou, la femme de Fritz Lang, et surtout de Leni Riefenstahl, cinéaste de première grandeur embarquée dans la glorification et la mise en scène du régime, ou par la nécessité de le fuir, pour la réalisatrice de dessins animés Lotte Reiniger ; quelques rares femmes parvenant à s'imposer dans les cinématographies de l'Est : les Russes Olga Preobrajenskaia, à l'époque du muet, et Esther Choub, dans le cinéma socialiste stalinien, la Polonaise Wanda Jakubowska, témoignant dans les années d'après-guerre de sa tragique expérience de la déportation, les Hongroises Marta Meszaros et Judit Elek faisant écho aux années grises de la stalinisation dans leur pays ; quelques fortes personnalités dans le cinéma anglais, comme Joy Batchelor, réalisatrice et productrice de films d'animation originaux dans les années 1940-1960, ou comme, dans les mêmes années, Muriel Box, spécialisée dans les grandes histoires romantiques, ou Wendy Toye, mêlant énigmes policières et atmosphère fantastique ; une Suédoise, Mai Zetterling, d'abord actrice puis passant à la mise en scène dans les années 1960, et quelques Italiennes, dans ces mêmes années 1960, s'engouffrant dans le sillage de la comédie, comme Lina Wertmuller, ou révélant au contraire un univers très personnel et sulfureux, comme Liliana Cavani. Le compte est rapidement fait. Et sa minceur rend d'autant plus spectaculaire l'arrivée, dans tous ces pays et dans les autres, d'une génération de femmes qui, nées pendant ou après la guerre, parviennent à la réalisation vers la fin des années 1970, ouvrant la voie à d'autres cinéastes plus jeunes qui, à partir des années 1980-1990, investissent en masse le cinéma et font de l'Europe cinématographique un territoire désormais également féminin.

**Réalisatrices de référence :**
**Allemagne :** Margarethe von TROTTA (*Rosenstrasse*)
**Angleterre :** Antonia BIRD (*Face*)
**Belgique :** Chantal AKERMAN (*Histoires d'Amérique*) • Marion HÄNSEL (*Les Noces barbares*)
**Espagne :** Iciar BOLLAIN (*Ne dis rien*)
**Finlande :** Pirjo HONKASALO (*Les 3 chambres de la mélancolie*)
**Hongrie :** Ildiko ENYEDI (*Mon XXᵉ siècle*)
**Italie :** Francesca COMENCINI (*J'aime travailler*) • Roberta TORRE (*Mais qui a tué Tano ?*)
**Pologne :** Agnieszka HOLLAND (*Europa, Europa*)
**Russie :** Lidia BOBROVA (*Dans ce pays-là*)
**Suisse :** Anne-Marie MIÉVILLE (*Après la réconciliation*) • Patricia PLATTNER (*Les Petites couleurs*)

## Aux États-Unis

Dans une cinématographie aussi fortement organisée et hiérarchisée que celle des studios hollywoodiens, peu de femmes trouvent à s'imposer derrière la caméra. Parmi les toutes premières, Lois Weber, réalisatrice réputée de l'époque du muet, tourne dans les années 1910 et 1920 une dizaine de films, puis Dorothy Arzner, remarquée d'abord comme monteuse, se voit confier par une compagnie majeure, la Paramount, la réalisation de *Fashions for women*, en 1927, qui sera suivi d'une vingtaine de films dans les années 1930 et 1940. Un peu plus tard, Ida Lupino doit pour beaucoup à son statut d'actrice et de star de pouvoir passer à la réalisation et de diriger six films dans les années 1950, époque où émerge, ancienne danseuse et chorégraphe passée à la mise en scène, Shirley Clarke, qui brosse, dans sa dizaine de réalisations, le portrait direct et corrosif d'une Amérique non conforme. Mais ce ne sont là que des pionnières, réduites parfois à un seul film, comme l'épouse d'Elia Kazan, Barbara Loden, réalisant en 1970 le très admiré et culte *Wanda*. Tout va en fait changer avec les années 1980. Les femmes arrivent, peut-être un peu plus lentement et laborieusement qu'ailleurs, mais, dès qu'elles se manifestent, elles investissent vite les studios et les genres. Et le phénomène va aller s'amplifiant : réduit d'abord à des actrices ou à des filles de réalisateurs ayant grandi dans le sérail, il s'élargit à de jeunes cinéastes prêtes à se faire leur place. Et le succès, en 1985, de Susan Seidelman, avec son *Recherche Susan, désespérément*, inaugure une nouvelle ère pour un cinéma américain, qui, sans les avoir beaucoup cherchées, trouve enfin des femmes à mettre derrière ses caméras.

**Réalisatrices de référence :** Nora EPHRON (*Vous avez un message*) • Penny MARSHALL (*Écarts de conduite*) • Barbra STREISAND (*Le Prince des marais*) • Penelope SPHEERIS (*Wayne's world*) • Nancy MEYERS (*Tout peut arriver*) • Anjelica HUSTON (*Agnes Browne*) • Kathryn BIGELOW (*Point Break*; *Extrême limite*) • Susan SEIDELMAN (*Recherche Susan désespérément*) • Barbara KOPPLE (*Wild man blues*) • Julie TAYMOR (*Titus*) • Jane ANDERSON (*Normal*) • Catherine HARDWICKE (*Thirteen*) • Callie KHOURI (*Les Divins secrets*) • Stacy TITLE (*L'Ultime souper*) • Karyn KUSAMA (*Girlfight*) • Patty JENKINS (*Monster*)

## Dans le monde

Si, dans les cinématographies des pays de culture occidentale, au Canada, en Australie, en Nouvelle-Zélande, plusieurs femmes réussissent à se glisser dans un cinéma presque exclusivement réservé aux hommes, dans les pays de moindre tradition cinématographique, où le statut de la femme est en général peu favorable à leur émancipation, leur place est encore plus que réduite : pratiquement nulle. Dans ce terrain totalement vierge, le fait que non seulement nombre de réalisatrices se révèlent mais que le phénomène se vérifie à peu près partout dans le monde, tant en Amérique latine qu'en Afrique ou que dans le sous-continent indien, montre bien que les années 1980-2000 ouvrent, pour le cinéma, une époque nouvelle. Et que, dans des pays aussi fermés que la Tunisie, l'Iran, le Pakistan, ce soient des femmes comme Moufida Tlatli, Samira Makhmalbaf ou Sabiha Sumar qui parlent des problèmes de leur société dit assez à la fois et la force des femmes, et la force du cinéma. Ce que confirme, au carrefour des traditions et de la modernité, dans un pays, le Japon, de fort ancrage cinématographique mais où les femmes n'ont longtemps tenu qu'un rôle très secondaire, l'émergence d'une cinéaste aussi originale et talentueuse que Naomi Kawase, digne héritière des Mizoguchi, Ozu et autre Kurosawa.

**Réalisatrices de référence :**
**Argentine :** Lucrecia MARTEL (*La Ciénaga*)
**Australie :** Pip KARMEL (*La Chance de ma vie*)
**Canada :** Mary HARRON (*American psycho*) • Carole LAURE (*Les Fils de Marie*)
**Chili :** Valeria SARMIENTO (*Notre mariage*)
**Inde :** Mira NAIR (*Le Mariage des moussons*)
**Iran :** Samira MAKHMALBAF (*La Pomme*)
**Japon :** Naomi KAWASE (*Shara*)
**Kazakhstan :** Guka OMAROVA (*Shizo*)
**Nouvelle-Zélande :** Christine JEFFS (*Rain*)
**Pakistan :** Sabiha SUMAR (*Khamosh Pani*)
**Sénégal :** Safi FAYE (*Mossane*)
**Tunisie :** Moufida TLATLI (*La Saison des hommes*)
**Venezuela :** Fina TORRES (*Mécaniques célestes*)

## 8 – CINÉ-MONDE

Avec la mondialisation, le temps du monde fini commence. L'effet sans doute le plus radical du prodigieux essor scientifique du XXe siècle aura bien été cette redéfinition de l'espace planétaire qui fait que, en un siècle, par la vertu conjuguée des moyens de transport et des moyens de communication, tout homme se retrouve citoyen du monde, partie prenante dans la minute même de tout ce qui se passe à l'autre bout de la Terre. Cette globalisation, dont l'économie et l'écologie sont la face la plus visible, tend aussi, par la multiplication des échanges, par l'ouverture aux autres cultures, par le mélange ethnique qu'engendrent émigrations et voyages, à étendre et à complexifier le paysage cinématographique. Et, curieusement, le cinéma redevient le médium universel qu'il était à ses débuts, lorsque, muet, il parlait une langue universelle compréhensible par tous. Si ce n'est que sa mondialisation repose désormais sur d'autres paramètres que sur son seul langage. Le premier vecteur de sa diffusion tient d'abord à l'extension au monde entier de ces outils de reproduction que sont, démultipliant les projections des films à la télévision, les cassettes vidéo, les DVD, les copies sur ordinateur : pas un endroit, pratiquement, de la planète, qui ne dispose de ces divers supports. Du coup, la possibilité de voir des films n'a jamais été aussi grande, depuis les origines du cinéma, qu'en ce XXIe siècle qui commence, et qui, les progrès technologiques aidant, devrait encore accroître l'accès aux films par des moyens de plus en plus performants, y compris – le home cinéma en donne un avant-goût – dans des conditions privées de projection qu'on n'aurait guère imaginées il y a seulement une décennie. La réception des films élargissant leur marché, les conditions économiques du secteur cinématographique se mettent à l'unisson, impliquant les grands groupes de communication dont la stratégie financière et commerciale inclut désormais la maîtrise des grands studios. À cette aune purement économique, la puissance hollywoodienne reste l'étalon fort, maintenant une suprématie mondiale qu'accroît encore la pénétration quasi globale de la culture made in USA. Ce qui n'empêche pas d'autres cinématographies de viser elles aussi au développement de leur propre marché par l'exportation au-delà de leur territoire de base. La fulgurante percée opérée par le cinéma asiatique, à partir de Hong-Kong, puis de la Corée du Sud, du Japon, de la Chine ; les premières exportations en Occident d'un cinéma bollywodien jusque-là limité au seul sous-continent indien ; les tentatives de développement d'un cinéma européen cherchant une autre voie que les traditionnelles co-productions et dont on peut penser que, les structures politiques évoluant, il pourrait progressivement acquérir une véritable identité : autant de signes d'une évolution qui se traduit aussi par l'émergence de cinématographies jusque-là réduites voire inexistantes – de l'Iran à la Thaïlande, et même de l'Islande à l'Albanie ou au Pakistan –, et par cet autre phénomène qu'est le multiculturalisme. Jamais la nationalité de nombre de réalisateurs n'a en effet été aussi mêlée : émigrés passant d'un pays à un autre, immigrés élevés dans la double culture de leur pays d'origine et de leur pays d'accueil, identités communautaires débordant le cadre étroit des nations. À quoi s'ajoute le fait que la personnalité des cinéastes appartenant aux générations nouvelles est elle-même fortement marquée par ces changements planétaires : la sensibilité au monde, les thématiques nouvelles, et jusqu'à ce melting-pot artistique et culturel que constitue l'ère du post-moderne façonnent des univers personnels dont l'imaginaire est lui-même tributaire de ce nouveau monde mondialisé.

## De nouveaux univers en France

Le cinéma français, vaille que vaille, maintient, grâce à des structures solides et à un fonctionnement relativement stable, sa place parmi les grandes cinématographies. Toutefois sa vitalité créatrice, comparée à celle de bien d'autres pays, et pas seulement des États-Unis, paraît quelque peu émoussée. La qualité française est certes toujours bien vaillante, mais elle n'a pas engendré de renouvellement susceptible de faire émerger un cinéma radicalement différent, comme avait pu le faire en son temps la Nouvelle Vague. Pour autant, la diversité de la production laisse la place à des univers originaux. Loin souvent des grosses machines formatées, des œuvres émergent et se construisent qui témoignent d'une vitalité en profondeur. Souvent, le cinéma s'y enrichit d'autres expériences : le théâtre (Xavier Durringer), le cirque (Bartabas), la télévision (Bernard Rapp), la musique (Bernie Bonvoisin), la bande dessinée (Enki Bilal), la danse (Claude Mouriéras), la revue de cinéma (Olivier Assayas, Christophe Gans). Parfois, les fils s'y démarquent des pères (Jacques Audiard, Frédéric Schoendoerffer). Parfois, les comédiens (Bernard Giraudeau, Sam Karmann) et les scénaristes (Pascal Bonitzer) choisissent de passer à la réalisation. Certains cinéastes se forment aux États-Unis (Cédric Klapisch), d'autres en région (Jean-Pierre Améris, Pierre Beccu), d'autres en banlieue (Jean-François Richet). La tradition des uns cohabite avec la modernité des autres, et, ici, le goût du texte d'un cinéma littéraire n'exclut pas, là, la fascination de l'image d'un cinéma ouvert au numérique et aux effets spéciaux. Et, des quinquagénaires consommés arrivant tard au cinéma aux tout juste trentenaires l'abordant très tôt, tous partagent ce caractère d'accéder à la réalisation dans les années 1990 et 2000 : moins un effet de génération qu'une sensibilité partagée, un même air du temps, un même parfum de nouveauté.

**Réalisateurs de référence :** Bernard RAPP (*Une affaire de goût*) • Pascal BONITZER (*Petites coupures*) • Bernard GIRAUDEAU (*Les Caprices d'un fleuve*) • François DUPEYRON (*C'est quoi la vie ?*) • Enki BILAL (*Bunker Palace Hôtel*) • Jacques AUDIARD (*Sur mes lèvres*) • Sam KARMANN (*Kennedy et moi*) • Manuel POIRIER (*Western*) • Christian VINCENT (*La Discrète*) • Olivier ASSAYAS (*Les Destinées sentimentales*) • Bernie BONVOISIN (*Les Grandes bouches*) • Philippe HAREL (*Le Vélo de Ghislain Lambert*) • BARTABAS (*Mazeppa*) • Bruno DUMONT (*La Vie de Jésus*) • Claude MOURIÉRAS (*Sale gosse*) • Laurent BÉNÉGUI (*Au petit Marguery*) • Christophe GANS (*Le Pacte des loups*) • Cédric KLAPISCH (*L'Auberge espagnole*) • Laurent CANTET (*L'Emploi du temps*) • Jean-Pierre AMÉRIS (*Les Aveux de l'inno-*

*cent*) • Dominik MOLL (*Harry, un ami qui vous veut du bien*) • Jacques MAILLOT (*Nos vies heureuses*) • Frédéric SCHOENDOERFFER (*Scènes de crimes*) • Olivier DUCASTEL et Jacques MARTINEAU (*Jeanne et le garçon formidable*) • Pierre BECCU (*La Dernière saison*) • Xavier DURRINGER (*La Nage indienne*) • Gaspard NOÉ (*Irréversible*) • Jan KOUNEN (*Dobermann*) • Arnaud et Jean-Marie LARRIEU (*La Brèche de Roland*) • Cédric KAHN (*L'Ennui*) • Jean-François RICHET (*Ma 6. T va crack-er*) • Olivier DAHAN (*Le Petit Poucet*) • Xavier BEAUVOIS (*N'oublie pas que tu vas mourir*) • Jérôme BONNELL (*Le Chignon d'Olga*)

## En Europe

**L'Italie.** Le cinéma italien, dit-on comme une vérité qui irait de soi, est mort. Mort depuis la fin des années 1970-1980, depuis l'âge d'or de la grande comédie à l'italienne, des chroniques sociales et politiques, des univers poétiques et baroques de ses grands créateurs. Mort avec Pasolini, Visconti, Fellini, et avec la retraite des autres. Mort avec l'apparition du dieu télévisé, faisant table rase de toute une culture et de toute une économie du cinéma. Mort, donc, et définitivement enterré. Une telle vision, pour justifiée qu'elle puisse paraître par rapport à l'écho réduit que le cinéma italien trouve aujourd'hui sur le plan international, mérite pourtant un regard moins systématique et plus nuancé. Car le mort bouge encore. Il bouge avec l'apparition de celui qui en est, depuis le début des années 1980, comme la nouvelle conscience morale et politique, Nanni Moretti. Il bouge avec l'apparition de toute une génération investissant les genres, les revisitant, créant ses propres formes. Il bouge avec la conscience réflexive sur le passé du pays, sur son présent aussi, que mènent de jeunes réalisateurs, dans des films qui ont certes plus de mal à se faire dans une économie bouleversée et soumise à la loi de fer du marché, mais qui continue à être vivace, donnant chaque année plus d'une centaine de films nouveaux. Il bouge avec la présence toujours forte des aînés – Olmi, les Taviani, Scola, Bellocchio –, et avec ceux qui ont pris la relève, des plus anciens – Brenta, Amelio, Nichetti, Salvatores, Benigni – aux plus récents – Calopresti, Tornatore, Soldini, Martone, Luchetti, Muccino, Crialese. Et le fait que les problèmes de distribution le rendent moins visible sur les écrans étrangers ne peut laisser ignorer toute la puissance de création et de renouvellement dont il est porteur.

**Réalisateurs de référence :** Mario BRENTA (*Barnabo des montagnes*) • Gianni AMELIO (*Les Enfants volés*) • Maurizio NICHETTI (*Le Voleur de savonnettes*) • Gabriele SALVATORES (*L'Été où j'ai grandi*) • Marco Tullio GIORDANA (*Une fois que tu es né…*) • Roberto BENIGNI (*Le Petit diable*; *La vie est belle*) • Mimmo CALOPRESTI (*Je préfère le bruit de la mer*) • Giuseppe TORNATORE (*Cinéma Paradiso*) • Silvio SOLDINI (*Pain, tulipes et comédie*) • Mario MARTONE (*L'Odeur du sang*) • Daniele LUCHETTI (*Le Porteur de serviette*) • Emanuele CRIALESE (*Respiro*) • Gabriele MUCCINO (*Souviens-toi de moi*)

**L'Espagne.** Longtemps, le cinéma espagnol a subi la loi d'airain d'un régime dictatorial, contrôlant tout et l'expression artistique en particulier. En se libérant du franquisme, le pays ouvre toute grande la porte à la liberté de penser et de créer, dans une frénésie que la *movida* traduit jusque dans ses outrances, laquelle trouve, pour ce qui est du cinéma, sa figure de proue avec l'avènement, au début des années 1980, de Pedro Almodóvar. La place d'abord nationale puis internationale que prend le réalisateur de *La Loi du désir* fait sauter le verrou de la frilosité pour une cinématographie jusqu'alors confinée dans ses propres difficultés à survivre. Autour d'Almodóvar, toute une génération de cinéastes prend la relève des quelques grands noms qui avait résisté au nivellement du franquisme, et dont les derniers films passent symboliquement le relais aux nouveaux venus (Bardem tourne *L'Avertissement* en 1982, Berlanga *La Vaquilla* en 1985). Et si Carlos Saura, né en 1932 et qui a commencé sa carrière dans les années 1950, est toujours là, ainsi que Manuel Guttierez Aragon, né en 1942 et qui a commencé dans les années 1970, les réalisateurs de l'après-franquisme sont tous nés, eux, après la Seconde Guerre mondiale. Ils parviennent à la réalisation dans les années 1980 et surtout 1990, et y font valoir tant un cinéma traditionnel – comme c'est le cas pour Fernando Trueba – qu'une tendance renouvelée à la satire, au débordement, à la liberté sous toutes ses formes, dont, parmi bien d'autres jeunes cinéastes, Julio Medem, Alex de la Iglesia, Enrique Gabriel ou Alejandro Amenabar donnent l'illustration la plus accomplie.

**Réalisateurs de référence :** Fernando TRUEBA (*Belle époque*) • Julio MEDEM (*Lucia y el sexo*) • Alex de la IGLESIA (*Mes chers voisins*) • Enrique GABRIEL (*Putain de rue !*) • Alejandro AMENABAR (*Les Autres*)

**La Belgique.** Longtemps marqué par la figure tutélaire d'André Delvaux, le cinéma belge, au moment où celui-ci disparaît, voit une nouvelle génération prendre la relève. Ce qui la caractérise est sa diversité : abordant tous les genres, offrant une variété tant thématique que formelle, elle illustre la vitalité d'une cinématographie qui, surmontant les problèmes de partition linguistique que Delvaux avait magistralement pointés dans *Babel Opéra*, sait dépasser ses propres frontières intérieures pour acquérir une reconnaissance internationale. L'univers musical de Gérard Corbiau, le saugrenu de Jean-Philippe Toussaint, la fraîcheur poétique de Jaco Van Dormael, le ton décalé de Dominique Deruddere, les audaces narratives de Lucas Belvaux, les rêveries douces-amères d'Alain Berliner, l'acuité psychologique et sociale de Frédéric Fonteyne, tout cela, enrichi de l'apport féminin et fortement original d'une Chantal Ackerman ou d'une Marion Hansel et de la révélation de ces maîtres de l'exigence que sont les frères Dardenne, donne un paysage cinématographique totalement renouvelé, riche de talents déjà affirmés et d'autres non moins prometteurs.

**Réalisateurs de référence :** Gérard CORBIAU (*Le Roi danse*) • Jean-Philippe TOUSSAINT (*Monsieur*) • Jaco VAN DORMAEL (*Toto le héros*) • Dominique DERUDDERE (*Bandini*) • Lucas BELVAUX (*Un couple épatant* ; *Cavale* ; *Après la vie*) • Alain BERLINER (*Ma vie en rose*)

**La Grande-Bretagne.** Après la grande vague rebelle des jeunes gens en colère des années 1960, le cinéma anglais connaît quelque assoupissement, même si la flamme subsiste, notamment à travers la constance analytique et critique que Ken Loach met à dénoncer les maux d'une société anglaise prise dans le conservatisme brutal des années Thatcher. La libéralisation politique joue, dans les années 1990, comme un appel d'air : la composante sociale, qui n'a jamais cessé d'alimenter le cinéma britannique, se trouve comme revivifiée, à la fois par les grands problèmes qu'affronte le pays, des soubresauts de la question irlandaise aux mutations économiques et sociales, et aussi par l'esprit volontiers caustique et moqueur que toute une génération, des plus chevronnés – Terry Gilliam, Mike Newell, Mike Leigh – aux plus jeunes – Danny Boyle, Stephen Daldry, Guy Ritchie –, met à traiter de sujets sérieux et graves sous une forme humoristique et décalée. À quoi s'ajoute un savoir-faire dans la mise en scène, dans le jeu et dans la direction d'acteurs acquise, pour la plupart des cinéastes, par une longue fréquentation du théâtre : Mike Newell, Mike Leigh, David Leland, Jim Sheridan, Danny Boyle, Roger Michell, Stephen Daldry débutent tous par la scène avant de se tourner vers le cinéma. Et le succès international qui touche d'abord les comédies, tant dans la veine sociale que sentimentale, ouvre vite la voie à une production diversifiée, qui investit tous les genres, qui retrouve le chemin des audaces formelles, et qui traduit une vitalité qui ne tarde pas à redonner à une cinématographie qui l'avait perdue sa place – une des toutes premières – dans le concert européen.

**Réalisateurs de référence :** Terry GILLIAM (*Les Aventures du baron de Münchhausen*) • Mike NEWELL (*4 mariages et 1 enterrement*) • Mike LEIGH (*Secrets et mensonges*) • Terence DAVIES (*Distant voices*) • Michael RADFORD (*Il Postino*) • David LELAND (*Too much !!*) • Jim SHERIDAN (*In America*) • Danny BOYLE (*Trainspotting*) • Roger MICHELL (*Coup de foudre à Notting Hill*) • Stephen DALDRY (*Billy Elliot*) • Guy RITCHIE (*Snatch*) •

**L'Europe du Nord.** Héritier d'un passé qui, de Dreyer à Bergman, a toujours tracé la voie d'une exigence cinématographique extrême, le cinéma scandinave se donne, à l'aube du XXIe siècle, des ambitions qui ne manquent pas de hauteur : le dogme qu'élaborent Lars von Trier et ses amis vise en effet à rien de moins que de retrouver l'essence pure d'un cinéma qu'ils jugent encombré de facilités. Si les contraintes qu'ils se fixent, dans leur rigueur dogmatique, ne suffisent pas forcément à garantir la qualité du résultat, elles témoignent toutefois d'une volonté de recherche qui traduit la vitalité d'un cinéma capable, par ailleurs, à l'autre bout de la chaîne, de développer une approche plus populaire, à travers un cinéma de genres qui, pour sa part, ne se propose d'autre ambition que l'efficacité, et ce en référence à un cinéma hollywoodien qui imprègne aussi la culture de la nouvelle génération scandinave. Cette influence est moins forte dans les pays baltes, longtemps soumis à la présence soviétique et en gardant, dans leur thématique, les traces : les films du Lituanien Gytis Luksas (comme *La Lituanie lunaire*, en 1997) ou de l'Estonien Elmo Nuganen (comme *Gravé dans le marbre*, en 2002) en font foi. Tout comme la présence d'une nature à la fois grandiose et hostile y suscite une approche donnant à la forêt, à la neige, au froid, au silence des grands espaces, une place centrale, comme on le voit chez le Letton Aivars Freimanis, dans *The Nest* en 1995, ou chez l'Islandais Dagur Kàri dans *Nói Albinói*. Et cette rigueur et cette austérité naturelles ne sont pas pour rien dans l'éclosion d'un talent aussi fort que celui dont témoigne l'univers lourd du silence des espaces infinis du Lituanien Sharunas Bartas.

**Réalisateurs de référence :**
**Danemark :** Thomas VINTERBERG (*Festen*) • Nicolas WINDING REFN (*Inside Job*)
**Islande :** Dagur KÀRI (*Nói Albinói*)
**Lituanie :** Sharunas BARTAS (*The House*)
**Suède :** Johannes RUNEBORG (*Sleepwalker*)

**L'Allemagne.** Allemagne, années nouvelles ? Bien des signes le disent. Dans un paysage cinématographique, qui, après l'âge de la mauvaise conscience – celui de Fassbinder et du cinéma allemand des années 1960-1970 –, semblait depuis totalement gagné par le vide, les événements des années 1980-1990 – la chute du Mur, la réunification – ont suscité l'arrivée d'une nouvelle génération, regardant le pays avec les yeux critiques de son âge et de son époque. Si le déclic, national et international, en a été le *Good-bye Lenin !* de Wolfgang Becker, toute une série de films originaux, traduisant des univers artistiques forts et en devenir, atteste d'une renaissance du cinéma allemand à l'aube du siècle nouveau qui commence. Hannes Stöhr (*Berlin is in Germany*, 2002), Michael Schorr (*Schultze a le blues*, 2003), Achim von Borries (*Parfum d'absinthe*, 2004), Hans-Christian Schmid (*Au loin, les lumières*, 2004), Oliver Hirschbiegel

(*La Chute*, 2004) : autant de noms et de films qui témoignent de la vitalité retrouvée d'un cinéma dont Christoph Hochhaüsler, dans son premier film, *Le Bois lacté*, et Hans Weingartner, dans son second, *The Edukators*, illustrent toute la qualité.

**Réalisateurs de référence :** Hans WEINGARTNER (*The Edukators*) • Christoph HOCHHAÜSLER (*Le Bois lacté*)

**L'Europe centrale et de l'Est.** La chute du Mur, en 1989, et l'éclatement de l'URSS ouvrent, pour les pays d'Europe centrale et de l'Est, une ère de liberté et de recomposition qui ne va pas sans soubresauts, dont le plus tragique est naturellement celui qui suit l'éclatement de l'ancienne Yougoslavie. La disparition des anciennes structures de production et les difficultés de remise en route d'un nouveau système ne favorisent guère le fonctionnement du cinéma. Nombre de réalisateurs cherchent d'autres possibilités de produire et de réaliser leurs films ailleurs que dans leur pays : ainsi des ex-Yougoslaves Goran Paskaljevic, Rajko Grlic et Milcho Manchevski. Ceux qui restent doivent composer avec les difficultés, et le regard qu'ils portent sur l'ancien système politique oscille entre l'humour de la satire, comme chez l'Albanais Gjergj Xhuvani, et une certaine lucidité désenchantée, comme chez l'Ukrainien Viatcheslav Krichtofovitch. D'autres en tirent la matière d'un cinéma nouveau, trouvant, comme Vitali Kanevski, une liberté de ton qui peut enfin s'exprimer après des années de contrainte, ou comme Pavel Lounguine, la verve nerveuse d'une inspiration qui se nourrit de cette sorte de frénésie folle qu'offre la nouvelle Russie. D'autres encore, comme le Hongrois Béla Tarr, y développent, dans des films bouleversant la nature même de l'écriture cinématographique, une réflexion qui, dépassant l'écume des temps, donne au cinéma la valeur d'une interrogation sur le monde relevant moins de la politique que de la philosophie et de la métaphysique.

**Réalisateurs de référence :**
**Albanie :** Gjergi XHUNAVI (*Slogans*)
**Croatie :** Rajko GRLIC (*L'Été des roses blanches*)
**Hongrie :** Bela TARR (*Les Harmonies Werckmeister*)
**Macédoine :** Milcho MANCHEVSKI (*Before the rain*)
**Russie :** Vitali KANEVSKI (*Une vie indépendante*) • Pavel LOUNGUINE (*Taxi Blues*)
**Serbie :** Goran PASKALJEVIC (*L'Amérique des autres*)
**Ukraine :** Viatcheslav KRICHTOFOVITCH (*La Côte d'Adam*)

## En Asie : du Proche à l'Extrême-Orient

L'émergence du cinéma venu d'Orient constitue sans doute un des phénomènes les plus importants dans l'histoire du cinéma à la fin du XXe siècle. Non que le cinéma n'y existât pas auparavant : un pays comme l'Inde est depuis longtemps un centre de production important, et le Japon a donné au cinéma quelques-uns des plus grands réalisateurs de son histoire. Mais la nouveauté vient, dans les deux dernières décennies du siècle, de plusieurs facteurs. D'abord l'exportation de cinématographies jusque-là plutôt réservées au marché local. À cet égard, Hong-Kong se signale par sa capacité à profiter de l'engouement suscité, un peu partout dans le monde dans les années 1970, par le phénomène Bruce Lee : les films d'arts martiaux qui y sont produits à la chaîne dans les années 1980-1990 répondent à cette attente et, largement diffusés sur les écrans du monde entier, viennent aussi alimenter le marché qui explose des cassettes vidéo puis du DVD. On découvre alors le cinéma asiatique populaire, à travers ses genres, ses références, ses vedettes. Et cette découverte s'accompagne d'une curiosité pour le cinéma de création, favorisée par l'apparition de cinématographies jusque-là discrètes ou mal connues : la Chine, Taïwan, et surtout la Corée du Sud. Et tandis que ces pays, dont la production est désormais largement distribuée en Occident, arrivent au premier plan international, d'autres déjà se profilent : la Thaïlande, par exemple, ou l'Inde, dont la prolifique production bollywoodienne commence à s'exporter. Dans le même temps, la cinématographie japonaise, où émergent de nouveaux réalisateurs, élargit son audience par suite de l'importance qu'y prend l'animation, alimentée par les mangas, et un artiste comme Miyazaki devient une référence mondiale en la matière. Mais un autre facteur joue, qui, à côté de cette importance que prend le cinéma extrême-oriental, affecte l'ensemble du continent : la mondialisation progressive fait naître, dans des pays pourtant soumis à des conditions difficiles – de la révolution iranienne à l'éclatement du bloc soviétique et aux guerres du Proche-Orient –, une volonté d'expression qui revendique la liberté artistique comme moyen d'exister, de s'affirmer et de se faire connaître. Partout, des films se tournent, qui révèlent des pays et des cinématographies, des plus grandes, comme le cinéma iranien, aux plus modestes, comme les premières œuvres venues du Tadjikistan ou du Bangladesh. Et tous témoignent de la force politique plus que jamais vivante du cinéma.

**Réalisateurs de référence :**
**Bangladesh :** Tareque MASUD (*L'Oiseau d'argile*)
**Cambodge :** Rithy PANH (*S 21, la machine de mort khmère rouge*)
**Chine :** Chen KAIGE (*Adieu ma concubine*) • Johnnie TO (*Breaking news*) • WANG Xiaoshuai (*So close to Paradise*) • JIA Zhang-Ke (*The World*)
**Corée du sud :** LEE Chang-dong (*Peppermint candy*) • PARK Kwang-su (*L'Île étoilée*) • HONG Sang-soo (*La femme est l'avenir de l'homme*) • IM Sang-soo (*Une femme coréenne*) • PARK Chan-wook (*Old Boy*) • KIM Ki-duk (*Printemps, été, automne, hiver… et printemps*)
**Inde :** Sanjay Leela BHANSALI (*Devdas*) • Ashutosh GOWARIKER (*Swades*)
**Iran :** Bahram BEYZAI (*Bashu, le petit étranger*) • Mohsen MAKHMALBAF (*Salaam Cinéma*)
**Japon :** Kiyoshi KUROSAWA (*Cure*) • Hideo NAKATA (*Le Cercle – The Ring 2*)
**Palestine :** Elia SULEIMAN (*Intervention divine*)
**Tadjikistan :** Bakhtiar KHUDOJNAZAROV (*Luna Papa*)
**Taïwan :** Ang LEE (*Tigre et Dragon*; *Le Secret de Brokeback Mountain*) • TSAI Ming-liang (*Good bye, Dragon Inn*)
**Thaïlande :** Oxide et Danny PANG (*The Eye*) • Apichatpong WEERASETHAKUL (*Blissfully yours*)
**Turquie :** Nüri Bilge CEYLAN (*Uzak*)

## En Afrique

Le cinéma africain de la fin du XXe siècle est à l'image du continent lui-même : il souffre. L'élan qu'avaient apporté les indépendances et qui avait favorisé dans les années 1970-1980 l'émergence de cinéastes, notamment francophones, substituant aux films ethnologiques et au cinéma colonial une vision africaine de l'Afrique, et l'intérêt suscité au-delà du continent lui-même par les œuvres de fortes personnalités comme Ousmane Sembene ou Souleymane Cissé se heurtent, dans les années 1990, à la fois à l'insuffisance des structures, tant de production que de diffusion, en Afrique même, et à un relatif désintérêt sur le plan international pour une cinématographie par trop erratique. Pourtant, les cinéastes africains existent, et la façon dont ils parlent du continent, loin des clichés exotiques, est porteuse d'une foi assurée tant dans l'Afrique que dans le cinéma, comme on peut le voir dans les films de Djibril Diop Mambety ou d'Idrissa Ouedraogo. Pour autant, la réalisation reste difficile, dans des pays où les cinéastes ont mille difficultés pour trouver la liberté financière, mais aussi morale et politique, indispensable à la création : du Maghreb, où le contexte politique ne favorise guère les choses, à l'Afrique noire, en proie à des crises endémiques, le cinéma souffre donc. Mais le fait même que quelques cinéastes, de générations diverses – atteignant la soixantaine, comme Férid Boughedir, ou trentenaire, comme Nabil Ayouch, vivant sur place, comme Idrissa Ouedraogo, ou revenant tourner au pays, comme Merzak Allouache –, assurent la continuité multiforme du cinéma africain, par des systèmes de co-production et par des tournages qui parviennent à surmonter les difficultés locales, montre que, dans un continent défavorisé, où l'absence de salles ne facilite guère l'émergence d'un public tout entier voué à la télévision et la vidéo, le cinéma n'est pas mort, et qu'il bouge encore.

**Réalisateurs de référence :**
**Algérie :** Merzak ALLOUACHE (*L'Autre monde*)
**Burkina Faso :** Idrissa OUEDRAOGO (*Tilaï*)
**Maroc :** Nabil AYOUCH (*Mektoub*)
**Sénégal :** Djibril DIOP MAMBETY (*La Petite vendeuse de Soleil*)
**Tunisie :** Férid BOUGHEDIR (*Un été à la Goulette*)

## En Amérique du Nord

**Les États-Unis.** Si la génération des réalisateurs qui, tant sur la côte Ouest que sur la côte Est, s'est imposée aux alentours des années 1970 – celle des Coppola, des Lucas, des Spielberg, des Scorsese, des Woody Allen – continue à produire et à exercer une influence prépondérante pendant les deux dernières décennies du siècle, le paysage cinématographique américain se renouvelle en profondeur tout au long de ces années-là. Cela est dû à plusieurs facteurs. D'abord à l'arrivée de cinéastes qui, tout en appartenant à la même génération, viennent tardivement à la réalisation et révèlent des univers nouveaux et très personnels, nourris des expériences qu'ils ont acquises auparavant dans divers domaines : la photo pour Larry Clark, le scénario pour Paul Schrader, la musique pour Mike Figgis, le théâtre pour David Mamet ou Philip Haas. De même, des acteurs, qui ont tourné souvent sous la direction des plus grands cinéastes, expriment-ils leurs propres préoccupations et traduisent-ils leur propre imaginaire en passant derrière la caméra : ainsi de Sean Penn, de Tim Robbins, de Nick Cassavetes. Et si le cinéma de genres continue à constituer le socle principal du système hollywoodien, la manière dont des cinéastes confirmés, comme Curtis Hanson, ou plus jeunes, comme James Gray, l'investissent en renouvelle passablement l'esprit. De même, la composante juive, qui fait le fond du comique de Woody Allen, se trouve-elle prendre, au contact de la situation politique et des évolutions sociales, un air nouveau et différent avec un cinéaste comme Amos Kollek.

Le renouveau principal, toutefois, tient à un phénomène de génération : la plupart des cinéastes qui parviennent à la réalisation au cours des années 1985-2005 sont nés dans les années 1960. Ils débutent, pour la plupart, dans cette voie alternative qu'est le cinéma indépendant, lequel, précisément dans les mêmes années, se développe grâce à l'action de producteurs qui permettent l'émergence de sensibilités et d'expressions nouvelles liées aux évolutions morales et sociales, comme celles qui touchent les femmes, l'homosexualité, les cultures communautaires. Et l'importance que prend le centre de Sundance, créé par Robert Redford, avec son festival mais aussi son institut dédié à l'écriture et à la réalisation de projets émergents, offre au circuit indépendant la structure qui lui faisait défaut. Une véritable explosion se produit ainsi, qui voit apparaître des cinéastes aussi différents et originaux que Tom DiCillo, Todd Solondz, Alexander Payne, Neil LaBute, Wes Anderson, Kevin Smith, Christopher Nolan, Michael Polish. Et nombre d'entre eux, comme David Fincher, Mark Romanek, Michel Gondry, Spike Jonze, formés d'abord à la publicité et aux vidéo-clips, apportent des univers formels en phase avec un public nouveau et jeune, formé à la même culture. Les grands studios, loin de négliger le phénomène, y sont attentifs, et certains, comme la Fox, se dotent même de structures propres destinées à produire des films plus fragiles et à favoriser la recherche. Le vivier, ainsi, est riche. Et il maintient, à côté de la grosse industrie hollywoodienne, une sorte de bouillon de culture permanent où le cinéma américain démontre une vitalité créatrice qui ne se dément pas.

**Réalisateurs de référence :** Larry CLARK (*Another day in Paradise*) • Curtis HANSON (*8 Mile*) • Paul SCHRADER (*Autofocus*) • David MAMET (*Homicide* ; *La Prisonnière espagnole*) • Amos KOLLEK (*Queenie in love*) • Mike FIGGIS (*Time Code*) • Wayne WANG (*Le Centre du monde*) • Philip HAAS (*La Musique du hasard*) • Tom DiCILLO (*Une vraie blonde*) • Tim ROBBINS (*Bob Roberts*) • Mark ROMANEK (*Photo obsession*) • Nick CASSAVETES (*She's so lovely*) • Todd SOLONDZ (*Palindromes*) • Sean PENN (*The Pledge*) • Alexander PAYNE (*Sideways*) • David FINCHER (*Seven* ; *Fightclub*) • Neil LaBUTE (*Nurse Betty*) • Michel GONDRY (*Eternal sunshine of the spotless mind*) • Wes ANDERSON (*La Famille Tenenbaum*) • Spike JONZE (*Dans la peau de John Malkovich*) • James GRAY (*The Yards*) • Kevin SMITH (*Dogma*) • Christopher NOLAN (*Memento*) • Michael POLISH (*Northfork*)

**Le Canada.** Si le cinéma canadien et notamment québécois semble quelque peu marquer le pas après les décennies 1970-1980 qui avaient vu l'émergence, autour de Gilles Carle, d'une nouvelle génération, indépendante et contestataire, l'esprit engagé manifesté alors se maintient avec la carrière qui se poursuit de Denys Arcand. Et de nouveaux cinéastes apparaissent, déjà confirmés, comme Jean-Claude Lauzon, Pierre Gang, André Forcier, ou plus jeunes, comme Jennifer Alleyn, Manon Briand, Marie-Julie Dallaire, André Turpin, Denis Villeneuve, Arto Paragamian, qui co-réalisent en 1997 *Cosmos*, un film à sketches dont le fil conducteur, qui permet de suivre un chauffeur de taxi à travers Montréal, permet aussi de faire connaissance avec la relève. Parmi les réalisateurs qui se signalent tout particulièrement, certains, comme Christian Duguay, se lancent dans le cinéma de genres, ne craignant pas de rivaliser avec le puissant voisin hollywoodien ; d'autres, comme Michel Poulette ou Jean-François Pouliot, formés à la publicité, ou encore comme Denis Chouinard, abordent la réalité de leur pays sous l'angle social à travers des films qui, par leurs sujets – la télévision, les mutations économiques, l'immigration –, éveillent un écho universel.

**Réalisateurs de référence :** Michel POULETTE (*Reality Show*) • Christian DUGUAY (*Planète hurlante*) • Jean-François POULIOT (*La Grande séduction*) • Denis CHOUINARD (*L'Ange de goudron*)

## En Amérique latine

Les vagues nouvelles des années 1960 qui, du Mexique au Brésil, marquent fortement le cinéma d'Amérique latine, engendrent, dans les grandes cinématographies du continent, notamment au Brésil et en Argentine, une qualité de la production cinématographique qui doit, pourtant, faire face, dès les années 1970, à des conditions de plus en plus difficiles : la concurrence d'une télévision qui se popularise et qui devient la pourvoyeuse de divertissements populaires de piètre qualité, produits à la chaîne ; la situation politique qui, avec la présence des dictatures militaires et des régimes forts, non seulement ne favorise pas la création mais interdit toute velléité de liberté artistique et intellectuelle ; la situation économique enfin, qui affecte de façon endémique les conditions de financement. Les années 1990, marquées par des évolutions politiques qui ramènent la démocratie, traduisent un renouveau sensible de la création cinématographique à travers tout le continent. Des cinéastes qui n'avaient guère pu s'exprimer durant les années de plomb reprennent la parole ; et surtout une nouvelle génération, attentive à la fois aux problèmes politiques, sociaux, économiques, mais passionnée aussi de nouveauté formelle, investit le champ du cinéma comme moyen d'expression privilégié. Tous sont aidés par une organisation, ou une réorganisation, des circuits de production et de distribution, et par des aides et subventions d'État destinées, comme c'est le cas en Argentine par une loi de 1994, à soutenir la production nationale. On assiste ainsi à l'émergence d'un nouveau cinéma, dont nombre de ses représentants les plus jeunes – Alejandro Gonzalez Inarritu, Carlos Reygadas, Lucrecia Martel, Pablo Trapero, Lisandro Alonso –, figurent déjà parmi les réalisateurs assurément les plus doués et les plus prometteurs du cinéma mondial.

**Réalisateurs de référence :**
**Argentine :** Carlos SORIN (*La Pelicula del Rey*) • Marcelo PIÑEYRO (*Kamchatka*) • Pablo TRAPERO (*El Bonaerense*) • Lisandro ALONSO (*Los Muertos*)
**Brésil :** Walter SALLES (*Carnets de voyage*)
**Chili :** Andrés WOOD (*Mon ami Machuca*)
**Mexique :** Alejandro GONZALEZ INARITTU (*Amours chiennes*) • Carlos REYGADAS (*Bataille dans le ciel*)
**Uruguay :** Diego ARSUADA (*Loco 33*)

## Cinématographies sans frontières : melting-pot, communautés et métissages

L'émigration a toujours existé. Et elle a, *America, America* en fait foi, donné au cinéma quelques-uns de ses chefs-d'œuvre. Mais la mondialisation qui est devenue la loi de la planète dans les dernières décennies du XXe siècle a non seulement accéléré et amplifié le phénomène, mais l'a généralisé à un point tel que, les frontières devenant de plus en plus poreuses, les identités sont devenues plus mêlées. Le métissage, longtemps circonscrit à des lieux et à des circonstances donnés, s'est désormais installé un peu partout dans le monde, résultat tout autant des grands flux migratoires et des soubresauts de l'Histoire que des facilités de déplacement et des échanges culturels et économiques. Le monde de l'art en général, et le cinéma en particulier, en est tout particulièrement marqué : l'appartenance nationale, pour beaucoup de réalisateurs, est un critère problématique, du fait qu'ils sont eux-mêmes le fruit d'un melting-pot qui les rattache à plusieurs cultures. Vu sous l'angle français, les rapports avec les anciennes colonies, et tout spécialement avec l'Afrique du Nord, donnent une place toute particulière à l'expression d'un cinéma relevant de la double appartenance française et maghrébine ; mais le phénomène se vérifie partout, en Allemagne avec les cinéastes issus de l'émigration turque, comme aux États-Unis avec les jeunes réalisateurs issus des diverses communautés. Réalisant en général leurs films dans leur pays d'adoption, pour des raisons la plupart du temps économiques et financières, ces cinéastes se tournent tout naturellement, par les thématiques qu'ils abordent, vers leur pays et leur communauté d'origine, et leurs films reflètent non seulement les problématiques de l'émigration mais dessinent aussi le visage d'un monde nouveau.

**Réalisateurs de référence :** Zeev REVACH (*Un brin de chance*) • Maroun BAGDADI (*Hors la vie*) • Tony GATLIF (*Latcho drom*; *Gadjo dilo*) • Mehdi CHAREF (*La Fille de Keltoum*) • Rachid BOUCHAREB (*Little Senegal*) • Yamina BENGUIGUI (*Inch'Allah dimanche*) • Radu MIHAILEANU (*Va, vis et deviens*) • Ferzan OZPETEK (*Hammam*) • Abdellatif KECHICHE (*L'Esquive*) • Karim DRIDI (*Bye-bye*) • Khaled EL HAGAR (*Room to rent*) • Tran Anh HUNG (*Cyclo*) • Babak SHOKRIAN (*America so beautiful*) • Tony BUI (*Trois saisons*) • Fatih AKIN (*Head-on*)

## Les métamorphoses de l'animation

**En Extrême-Orient.** Le cinéma d'animation japonais a une longue histoire, qui, après l'époque des pionniers, s'organise dans les années d'après-guerre sur le modèle américain : le studio phare de l'époque, la Toei Animation, s'inspire en effet, à la fois dans le choix des sujets, dans la coordination des multiples animateurs et dans la détermination des graphismes, des studios Disney. Le premier long métrage d'animation en couleurs, *Le Serpent blanc* de Taiji Yabushita, y voit le jour en 1958. Vont suivre toute une série de films signés Yoji Kuri, Hiroshi Ikeda, et surtout Isao Takahata. Celui-ci, quittant la Toei, fonde en 1984, avec son partenaire Hayao Miyazaki, le studio Ghibli, où tous deux entendent développer une animation proprement japonaise qui soit une forme d'expression à part entière, susceptible de s'adresser tout autant aux adultes qu'aux enfants. Le projet de Takahata et de Miyazaki est non seulement de se doter d'un moyen de production indépendant, mais surtout d'échapper à la tutelle que fait peser sur l'animation la télévision, à travers les séries qu'elle suscite. Au sein de la Toei, l'idée amène des résistances et l'échec de *Horus*, en 1968, réalisé par Takahata et animé par Miyazaki, premier film à véritablement introduire une dimension psychologique complexe dans l'approche des personnages, repousse à plus tard les ambitions des deux collaborateurs, qui affinent progressivement leurs idées et leurs techniques jusqu'au moment où, fondant leur propre studio, ils peuvent y développer un style de films qui, en quelques années, devient une référence dans le monde entier

Un autre studio tient une place particulière dans le développement des techniques d'animation : Mushi Productions, que fonde, en 1960, le maître et pionnier du manga moderne, et inventeur de l'animation japonaise, Osamu Tezuka. Dessinateur de plus de cent cinquante mille pages de BD, il dirige jusqu'à sa mort, en 1989, plus de soixante films d'animation, dans lesquels il introduit, c'est la grande nouveauté, des thèmes adultes. Il crée par ailleurs un style visuel faussement naïf, qu'on pourrait croire destiné aux enfants, mais qui, par le lien de sympathie familière qu'il suscite, élargit l'audience du dessin à tout public, et pas seulement enfantin. Rintaro, pièce maîtresse du studio Mushi, où il travaille en collaboration avec le scénariste Katsuhiro Otomo (qui réalise en 1988 le très futuriste *Akira*), y développe, en soutien de l'animation traditionnelle, l'utilisation des Computer Graphics, qui ouvre à l'animation japonaise le vaste champ de la technologie numérique.

Dans ce contexte qui voit le Japon devenir le nouveau pays fort de l'animation, tant par la popularité mondiale de ses mangas que par le développement qu'ils entraînent des longs métrages et surtout des séries télévisées appelées à alimenter les chaînes du monde entier, les pays voisins d'Extrême-Orient – la Chine, Hong-Kong, Taïwan, la Corée du Sud – sont longtemps tenus au rôle de prestataires de service pour l'animation japonaise. Toutefois, la maîtrise qu'ils y acquièrent des nouvelles techniques de la 3 D ainsi que le désir d'une production originale, détachée du puissant voisin, font que des projets créatifs de plus en plus nombreux s'y font jour, alors même que la sous-traitance y continue. Et l'explosion, dans ces pays, de la production cinématographique réserve à l'animation une place qui, encore modeste, est appelée à prendre une importance que les premières années du XXI^e siècle dessinent déjà.

**Réalisateurs de référence :**
**Chine :** Toe YUEN (*McDull dans les nuages*)
**Corée du sud :** LEE Sung-gang (*Mari Iyagi*)
**Japon :** Isao TAKAHATA (*Le Tombeau des lucioles*) • Hayao MIYAZAKI (*Le Voyage de Chihiro* ; *Le Château ambulant*) • RINTARO (*Metropolis*) •

**Aux États-Unis.** À mesure que l'animation par ordinateur gagne du terrain, d'autres studios, plus à l'avant-garde sur ce plan, apportent une concurrence aux studios Disney que ceux-ci savent toutefois habilement contourner en s'alliant en 1991 au plus inventif et au plus talentueux de ces studios, Pixar, né à l'origine de la division Informatique de Lucasfilm, avant de devenir indépendant sous la houlette de Steve Jobs. *Toy story*, en 1995, premier film produit par le couple Disney-Pixar, est aussi le premier long métrage animé entièrement réalisé sur ordinateur. Dans cette alliance de la maison tutélaire de l'animation avec le studio leader des nouvelles technologies réside bien toute la force d'un cinéma qui sait à la fois préserver ses particularités – et les deux studios poursuivent chacun de leur côté leur propre création, Disney restant fidèle à l'esprit maison, qui n'exclut pas l'innovation, comme le montre un film comme *Kuzco, l'empereur mégalo*, et Pixar creusant de son côté son propre sillon –, et qui sait aussi s'unir commercialement pour occuper le terrain et obtenir des succès mondiaux, comme en témoigne le triomphe du petit poisson d'un *Monde de Nemo*. Reste que l'union n'est pas définitive et que la concurrence est rude, d'autant que Jeffrey Katzenberg, quittant Disney pour fonder en 1994, avec Steven Spielberg et David Geffen, sa propre société, DreamWorks, obtient lui aussi, dans l'animation traditionnelle mais surtout dans l'animation assistée par ordinateur, des réussites éclatantes. Et c'est *Shrek*, une de ses productions, premier long métrage animé en images de synthèse avec des protagonistes humains, qui remporte en 2000 le tout nouvel Oscar créé par Hollywood pour le meilleur long métrage d'animation, comme la reconnaissance officielle du dessin animé comme genre à part entière. Ce qui se justifie d'autant plus que, à côté de ces deux studios phares, d'autres compagnies, comme Fox ou Columbia, se lancent dans la production de films d'animation, et qu'un secteur indépendant, avec des esprits aussi libres que Bill Plympton ou Trey Parker, explore, avec des techniques d'animation moins sophistiquées mais non moins inventives, les voies buissonnières de la fantaisie ou de la provocation, contribuant à élargir la gamme tonale d'un univers animé qui ne se réduit décidément plus au seul Disneyworld.

**Studios et réalisateurs de référence :**
DREAMWORKS (*Shrek*) • PIXAR-DISNEY (*Toy story 2* ; *Monstres & Cie* ; Le Monde de Nemo)
Don BLUTH et Gary GOLDMAN (*Titan A.E.*) • Bill PLYMPTON (*The Tune*) • Robert ZEMECKIS (*Qui veut la peau de Roger Rabbit ?* ; *Le Pôle Express*) • Rob MINKOFF (*Stuart Little*) • Trey PARKER (*South Park, le film*)

**En Europe.** L'Europe n'a jamais ignoré le film d'animation, et certaines réussites exemplaires de cinéastes majeurs – du Tchèque Jirí Trnka au Français Paul Grimault – ont vaillamment contesté, des années 1940 aux années 1970, la suprématie de plus en plus forte des studios Disney. Pour autant, la production européenne, faute de véritables structures, ne parvient pas à opposer au géant américain une véritable concurrence. Et celui-ci, désireux d'accroître son influence et sa prépondérance, recrute même les meilleurs artisans européens en installant en Europe même plusieurs annexes à ses studios de Burbanks. Plusieurs des grands succès Disney des années 1980-1990 bénéficient ainsi d'un savoir-faire européen, mais qui reste soumis à la production américaine. Cette situation commence à changer, d'abord lorsque, devant faire face aux nouvelles technologies et à la concurrence qu'elles engendrent, Disney connaît quelques difficultés et se replie sur ses terres américaines, et surtout lorsque, prenant conscience que la maîtrise de l'animation qu'ils possèdent peut offrir des films d'esprit très différents, un certain nombre de dessinateurs et d'animateurs européens entreprennent de créer sur place leurs propres films. Des studios et des structures de production se mettent ainsi en place – Aardman en Angleterre, Folimage ou Les Armateurs en France, Oniria au Luxembourg – qui, utilisant des formes d'animation très variées, se font peu à peu leur place entre les deux géants américains et japonais.

**Réalisateurs de référence :**
**Angleterre :** Nick PARK (*Wallace et Gromit : Rasé de près* ; *Chicken Run*)
**Danemark :** Anders RØNNOW KLARLUND (*Le Fil de la vie*)
**France :** Jacques-Rémy GIRERD (*La Prophétie des grenouilles*) • Michel OCELOT (*Kirikou et la sorcière*)
**Luxembourg :** Thierry SCHIEL (*Tristan et Iseut*)

## Les potentialités du virtuel

Le cinéma, par sa technicité même, a, depuis ses origines, été lié de près, dans ses propres évolutions formelles, aux évolutions techniques. L'accélération des technologies de pointe, de plus en plus sensible dans les vingt dernières années du XXe siècle, a du coup considérablement ouvert le champ cinématographique. En vingt ans, la miniaturisation des caméras, l'apparition de la steadycam, la montée en puissance de la vidéo, et nombre d'autres innovations touchant tant l'enregistrement de l'image que du son ont accru et diversifié les possibilités offertes aux cinéastes, voire, avec la DV, radicalement transformé l'approche même de l'acte de filmer. Et, côté studios, l'informatique, avec tous les effets de synthèse qu'offre la virtualité numérique, a révolutionné la conception même des décors et des effets techniques (devenus « spéciaux »...), étendant de plus en plus l'emprise du virtuel. Autant de nouveautés scientifiques qui ont développé, sous l'influence parallèle des jeux vidéo ou de l'univers de l'animation, un langage nouveau et permis le développement d'un nouvel imaginaire. Symbolique, à cet égard, la saga de *Star Wars* qui, de 1977 à 2005, aura accompagné le changement de millénaire et fait passer le cinéma d'un temps à un autre et d'un espace à un autre. Mais tout aussi symboliques les recherches continuelles qui amènent à concevoir l'idée d'un univers purement virtuel : en 1998, dans *Au-delà de nos rêves*, le Néo-Zélandais David Ward imagine l'au-delà comme un monde tridimensionnel élaboré par divers procédés informatiques à partir de tableaux de Monet, de Van Gogh et de Caspar David Friedrich ; en 2001, Hollywood fait appel au Japonais Hironobu Sakaguchi pour transposer la série de jeux vidéo *Final fantasy* sur grand écran et pour créer, en s'appuyant sur l'imagerie numérique et la technologie informatique, des personnages entièrement en images de synthèse reproduisant au cheveu près des personnes humaines ; et en 2005, pour la première fois, entremêlant le réel et le virtuel, des acteurs interprètent l'ensemble d'un film (*Capitaine Sky et le monde de demain*, de Kerry Conran) devant un fond bleu, tous les décors et accessoires étant numériquement incrustés après le tournage. Le cinéma, longtemps circonscrit à la représentation du réel, fût-il purement imaginaire, élargit désormais son territoire à la représentation du virtuel : l'enjeu est de taille, aussi important sans doute que le fut, avec l'apparition du parlant, celui de l'introduction du son dans l'image.

**Réalisateurs de référence :** Mamoru OSHII (*Avalon*) • Rob BOWMAN (*X-Files*) • Peter JACKSON (*Le Seigneur des anneaux 2 – Les Deux tours*) • Hironobo SAKAGUCHI (*Final Fantasy* ; *Les Créatures de l'esprit*) • Alex PROYAS (*I Robot*) • Andrew NICOLL (*Simone*) • Larry et Andy WACHOWSKI (*Matrix* ; *Matrix reloaded*) • PITOF (*Vidocq*)

## Les ressources du réel

**Les vérités multiples du documentaire.** Les premières images animées tournées par les frères Lumière – une sortie d'usine, un train entrant en gare, un arroseur arrosé – ont confronté le cinéma naissant à la réalité objective. Mais, en passant par l'œil de l'opérateur qui la fixe dans l'objectif, cette réalité même s'est d'emblée subjectivée. Le documentaire, qui pour beaucoup de cinéastes constitue l'essence même du septième art, n'a jamais cessé de poser la question de la représentation du réel et de confronter le cinéma à ce qui, d'emblée, constitue la matière avec laquelle il travaille : cette réalité, vraie ou fictive, dont les images sont faites. Longtemps, le cinématographe étant la seule technique d'écriture par le mouvement de ces images, le documentaire a constitué le moyen d'information et de documentation privilégié par lequel la réalité sous toutes ses formes – politique, militaire, sociale, économique, scientifique, artistique – se donnait à voir, dans des films qui constituaient traditionnellement les premières parties des séances de projection, comme un simple hors-d'œuvre précédant le « grand film », paré lui des prestiges de la fiction. Et seuls quelques grands cinéastes, de Dziga Vertov et Robert Flaherty à Joris Ivens ou à Jean Rouch, désireux de se frotter à l'essence même de leur art, faisaient du documentaire ce moyen par lequel le cinéma pose en permanence son regard sur le monde et sur lui-même.

À partir des années 1960, le développement de la télévision confisque au cinéma ce monopole de l'information documentée qui était le sien. Il s'ensuit, pour le documentaire cinématographique, une sorte de crise d'identité qui le maintient, pendant les deux ou trois décennies qui suivent, en position quelque peu marginale : c'est pour la télévision que sont tournés désormais la grande majorité des documentaires, c'est elle qui impose ses formats, ses sujets, ses angles d'approche. Or, saturées de télévision et cherchant un réel espace de liberté, les années 1990 voient le retour en force des vrais documentaristes, ceux qui donnent sur la réalité qu'ils filment un point de vue de cinéaste et qui proposent, au sens profond du terme, une *vision du monde*. À cet égard, la forme très particulière que Claude Lanzmann donne à *Shoah*, ni fiction ni documentaire, mais plutôt document, apporte, outre un moment historique décisif dans la perception du génocide des Juifs, une réflexion sur la représentation qui inscrit le film parmi les œuvres fondatrices en matière cinématographique aussi. Et, signe de ce renouveau : quarante-huit ans après *Le Monde du silence*, qui est couronné à Cannes en 1956, *Fahrenheit 9/11* de Michael Moore redonne en 2004 la Palme d'or à un documentaire. Et le succès en salles de films montrant tout autant les grands événements du siècle que la vie des insectes, le vol des oiseaux migrateurs ou l'enseignement d'un instituteur dans une école de campagne, montre que les spectateurs, de moins en moins convaincus par la vertu informative et réflexive de la télévision, se tournent à nouveau vers le cinéma pour ouvrir la lucarne sur le monde.

Dans ce renouveau, favorisé par l'évolution des caméras et par tous les progrès techniques qui permettent de filmer d'infiniment près et d'infiniment loin, de nuit comme de jour, sur le toit du monde tout autant qu'au fond des mers, un bouillonnement de création se fait jour, dont la variété montre que le champ du documentaire s'élargit considérablement : investigation de l'histoire contemporaine, enquêtes politiques, recherches à visée sociologique ou ethnographique, mais aussi regards portés sur le vivant, sur l'espace, sur la science, sur l'art, et, pour les cinéastes offrant les regards les plus aigus, comme Raymond Depardon, constitution d'œuvres qui puisent dans l'observation de la réalité la matière même d'un imaginaire.

**Réalisateurs de référence :** Claude LANZMANN (*Shoah*) • Alain FERRARI (*Milice, film noir*) • Peter COHEN (*L'Architecture du chaos*) • Michael MOORE (*Bowling for Columbine*) • Jacques PERRIN (*Le Peuple migrateur*) • Raymond DEPARDON (*10ᵉ Chambre, instants d'audience*) • Nicolas PHILIBERT (*Être et avoir*) • James CAMERON (*Titanic*; *Les Fantômes du Titanic*) • Werner HERZOG (*Ennemis intimes*)

**Les jeux de la réalité et de la fiction.** Si le documentaire se nourrit de la réalité, son rapport à la fiction n'est pas moins important : rien, a priori, dans le statut de l'image, ne distingue si ce qu'elle montre est vrai ou faux. Et le cinéma, qui donne l'illusion optique du mouvement, n'est jamais lui-même qu'un art d'illusionniste. En se mettant en scène dans des constructions en abyme – comme Corneille le faisait du théâtre dans le théâtre avec *L'Illusion comique* –, le cinéma a toujours su jouer de cette dichotomie entre la vérité et le mensonge : en 1930, à la lisière du muet et du parlant, la séquence finale de *Prix de beauté*, d'Augusto Genina, faisant mourir Louise Brooks dans le film alors même qu'elle voyait défiler sur un écran les images du mythe qui la faisait échapper au temps, en était une démonstration éclatante. Et lorsque Truffaut choisissait en 1973, dans *La Nuit américaine*, de jouer lui-même le réalisateur en train de tourner un film dont il racontait le tournage, où finissait la réalité, où commençait la fiction ? Cette forme d'interrogation sur lui-même que traduit le sujet maintes fois exploité du cinéma dans le cinéma prend, dans le cinéma de la fin du siècle, des formes nouvelles, où l'influence de la télévision se fait sentir. Un court métrage de Cédric Klapisch, *Ce qui me meut*, en 1989, illustre parfaitement la liberté affirmée du cinéaste face aux carcans du documentarisme formaté : y présentant, sous forme de biographie, le personnage d'Étienne-Jules Marey, un des inventeurs pionniers du cinéma, il utilise de façon parodique et fantaisiste tous les clichés du genre, tant visuels que sonores, pour montrer, de façon ingénieuse, la naissance même du cinéma comme technique et, avec un plan final qui se réfère à *L'Atalante*, comme art. Le jeune cinéaste qui joue ainsi des formes de son art pour en montrer l'essence donne à l'avance, dans un film ludique, à réfléchir aux évolutions que connaît le cinéma du réel, à la fois tributaire et concurrent de la télévision. D'un côté, l'influence des reportages scénarisés amène à un genre nouveau – la docu-fiction – que, prenant le relais du petit écran, le grand tend à développer avec les moyens qui lui sont propres. De l'autre, gardant avec lui-même la distance de l'ironie, le cinéma joue sur sa puissance d'illusion pour brouiller les pistes et pour proposer de faux documentaires. D'un autre côté encore, et c'est le plus intéressant, les documentaristes eux-mêmes, sachant bien la part de récit dont toute réalité est en soi porteuse, cherchent à faire se rejoindre, en les mêlant l'un à l'autre, les deux territoires qu'on pourrait penser inconciliables de la réalité et de la fiction : dans les 800 kilomètres de différence symboliques qui les séparent du film de Claire Simon, chacun, comme dans le film de Cédric Klapisch – qui joue, une nouvelle fois, de la poursuite d'une fiction dans la réalité d'un quartier –, peut chercher son chat.

**Réalisateurs de référence :** Zak PENN (*Incident au Loch Ness*) • Éric VALLI (*Himalaya, l'enfance d'un chef*) • Claire SIMON (*800 km de différence*) • Kevin MAC DONALD (*La Mort suspendue*)

## 9 – NOUVEAUX MAÎTRES, PETITS-MAÎTRES ET FUTURS MAÎTRES...

L'évolution du cinéma va-t-elle vers la disparition des auteurs ? Le poids économique des grands studios hollywoodiens, la mondialisation du marché, les modes nouveaux de fonctionnement et de rentabilisation d'un film, le formatage industriel de films réduits à n'être plus que des produits de consommation : autant d'éléments qui pourraient laisser à penser que, dans ce couple art-industrie qui a toujours fait la spécificité du septième art, le volet industriel et commercial tendrait à réduire la part artistique à la portion congrue. Pourtant, le refrain pessimiste de la mort des auteurs se heurte à une réalité évidente : dans les vingt années qui marquent l'entre-deux-siècles, il s'est révélé autant d'auteurs importants que dans les décennies précédentes ; et le foisonnement de création qui se manifeste partout dans le monde, et notamment dans des pays jusque-là fermés au cinéma, pousse raisonnablement à estimer que la relève est là, et que dans vingt ans, d'autres univers cinématographiques majeurs se seront affirmés. Et l'on peut comprendre pourquoi : outre le fait que le poids industriel du cinéma a toujours existé et, par exemple, que les studios hollywoodiens des années 1930, 1940 ou 1950 ne laissaient guère plus de liberté aux réalisateurs de l'époque – quitte à en changer en court de tournage – que ceux d'aujourd'hui le font pour les leurs, l'histoire du cinéma montre que les studios ont toujours besoin de créateurs – et les départements « recherche » mis en place à Hollywood par les plus grands d'entre eux le confirment, tout comme la vitalité du cinéma indépendant – mais aussi que les créateurs ont toujours été capables de s'exprimer en dehors des contraintes qu'on fait peser sur eux. La preuve en est que, partout dans le monde, y compris dans des régimes qui ne sont guère ouverts à la liberté, des cinéastes font des films. Et quand on égrène la liste de ceux qui se sont révélés et ont développé leur œuvre au long de ces vingt dernières années, on s'aperçoit que l'extension du territoire du cinéma n'a jamais été aussi large : de l'Iranien Kiarostami à l'Italien Nanni Moretti, du Danois Lars von Trier à l'Espagnol Pedro Almodóvar, du Canadien David Cronenberg à l'Américain David Lynch, de l'Anglais Stephen Frears à l'Allemand Wim Wenders, du Taïwanais Hou Hsiao-hsien au Yougoslave Emir Kusturica, du Chinois Wong Kar-wai au Japonais Takeshi Kitano, du Finlandais Aki Kaurismaki à la Néo-Zélandaise Jane Campion, des frères Dardenne, belges, aux frères Coen, américains, la liste est aussi longue que cosmopolite. Elle témoigne que de nouveaux maîtres sont apparus, et que d'autres viendront, dont on pressent pour certains déjà l'importance qu'ils risquent de prendre. Et dans cent ans d'ici, le temps fixant les choses dans la longue durée, Lynch rejoindra Kubrick, Almodóvar accompagnera Buñuel, von Trier suivra Bergman, pour des cinéphiles qui ajouteront Kiarostami, Greenaway, Wenders, Zhang Yimou, et aussi Jarmusch, Sokourov, Egoyan ou Amos Gitaï, et beaucoup d'autres encore, en devenir – grands ou petits maîtres – à la liste de ceux qui, depuis l'origine, continuent à écrire en images constamment renouvelées l'histoire du cinéma.

**Réalisateurs de référence :** Abbas KIAROSTAMI (*Et la vie continue* ; *Au travers des oliviers*) • Stephen FREARS (*The Hi-lo country* ; *Liam* ; *Dirty pretty things*) • Peter GREENAWAY (*Le Ventre de l'architecte*) • Michal HANEKE (*Benny's video* ; *La Pianiste*) • David CRONENBERG (*Faux-semblants* ; *Spider*) • Peter WEIR (*The Truman show* ; *Master and commander*) • Wim WENDERS (*Les Ailes du désir* ; *Buena Vista Social Club*) • David LYNCH (*Blue velvet* ; *Lost Highway* ; *Mulholland Drive*) • Oliver STONE (*Platoon* ; *Tueurs nés*) • Steven SPIELBERG (*Indiana Jones et la dernière croisade* ; *La Liste de Schindler* ; *A.I. Intelligence artificielle*) • HOU Hsiao-hsien (*Good men, good women*) • Takeshi KITANO (*Aniki, mon frère* ; *Dolls* ; *Zatoichi*) • Pedro ALMODÓVAR (*Talons aiguilles* ; *Tout sur ma mère* ; *La Mauvaise éducation*) • Zhang

YIMOU (*Pas un de moins*) • Amos GITAÏ (*Kedma*) • Tsui HARK (*Time and Tide*) • Alexandre SOKOUROV (*Père, fils*) • Abel FERRARA (*Nos funérailles*; *New Rose Hotel*) • Jean-Pierre et Luc DARDENNE (*Rosetta*) • Nanni MORETTI (*Palombella rossa*; *Journal intime*) • Jim JARMUSCH (*Down by law*; *Une nuit sur Terre*) • Gus VAN SANT (*Elephant*) • Jean-Pierre JEUNET (*Le Fabuleux destin d'Amélie Poulain*; *Un long dimanche de fiançailles*) • Jane CAMPION (*La Leçon de piano*; *Holy smoke*; *In the cut*) • Emir KUSTURICA (*Le Temps des Gitans*; *Underground*; *La vie est un miracle*) • Joel et Ethan COEN (*Barton Fink*; *The Barber*) • Lars von TRIER (*Breaking the waves*; *Dogville*) • Spike LEE (*Do the right thing*; *La 25e heure*) • Aki KAURISMAKI (*La Fille aux allumettes*; *Au loin s'en vont les nuages*) • WONG Kar-wai (*Chungking Express*; *In the mood for love*) • Tim BURTON (*Sleepy Hollow*; *Big Fish*) • Luc BESSON (*Le Grand bleu*; *Jeanne d'Arc*) • Atom EGOYAN (*Le Voyage de Felicia*) • Kenneth BRANAGH (*Frankenstein d'après Mary Shelley*; *Peines d'amour perdues*) • Arnaud DESPLECHIN (*La Sentinelle*; *Rois et reine*) • Leos CARAX (*Mauvais sang*; *Les Amants du Pont-Neuf*) • Steven SODERBERGH (*Sexe, mensonges et vidéo*; *Traffic*) • Quentin TARANTINO (*Pulp Fiction*; *Kill Bill, Volume 1*; *Kill Bill, Volume 2*) • François OZON (*8 femmes*; *5 x 2*) • Night SHYAMALAN (*Sixième sens*; *Le Village*) • Paul Thomas ANDERSON (*Magnolia*; *Punch-drunk love*) • Sofia COPPOLA (*Lost in translation*).

# THE END ?

A-t-on remarqué que le mot qui, pendant longtemps, avertissait le public que le film était terminé et qui jouait le rôle de sésame pour, une fois les lumières rallumées, revenir à la réalité – *The End* ici, *Fin* là – a pratiquement disparu depuis les années 1980 ? Et que lorsqu'un film comme *La coccinelle revient*, séquelle 2005 d'une histoire commencée en 1969 avec *Un amour de coccinelle*, le réintroduit de façon colorée, en l'encadrant dans un cœur tout rose, c'est en fait comme un hommage rétro à un temps déjà lointain du cinéma. Remplacé par de longs génériques de fin, prétextes parfois à des bonus qui servent de bande-annonce à la suite commerciale que constituera le DVD, ce *The End* disparu semble symboliquement traduire, par son absence, que la fin si souvent annoncée du cinéma est reportée *sine die* à d'autres temps, à d'autres films à venir. Mais il dit surtout les évolutions profondes d'un art qui s'est, en un siècle, non seulement inventé un langage et l'a rendu accessible à son public, mais qui s'est aussi constamment construit à coups d'innovations techniques, de recherches stylistiques, d'expérimentations narratives. Et qui continue de le faire. Lorsque, en 1939, Marcel Carné choisissait de raconter l'intrigue du *Jour se lève* en flash-back, il suscitait lors des premières projections le rejet d'un public déconcerté par un procédé qu'il ne connaissait pas encore, ce qui l'amenait à devoir rajouter en hâte un carton d'avertissement pour expliquer à ceux qui allaient découvrir le film que ce qu'ils allaient voir, c'était un récit sous forme de retour en arrière. La réaction des spectateurs de 1939 était en fait de même nature que celle des premiers clients du Grand Café en 1895, quittant la salle pour éviter d'être écrasés par le premier train du cinéma entrant en gare de La Ciotat. Elle témoigne que le cinéma a en permanence formé son public au langage de l'image, et les tout jeunes spectateurs de 2005, façonnés par les innombrables films projetés sur les écrans, mais aussi par les images de synthèse, les séries télé, le DVD, les mangas japonais, la publicité, les jeux vidéo, ont une approche du cinéma dix fois, cent fois plus développée que leurs petits ancêtres d'un siècle en arrière. Dans un tel contexte, il n'est pas étonnant que, lié à l'évolution des techniques qui le sous-tendent, le cinéma ait évolué avec elles, dans cette prodigieuse accélération du progrès technologique qui aura été la marque du XXe siècle.

Cette évolution, les années 1985-2005 l'ont à coup sûr accélérée. D'où le sentiment éprouvé par certains d'un changement d'âge où, avec l'arrivée du numérique et du virtuel, la concentration et la globalisation économiques, la multiplication des moyens de reproduction, le cinéma, perdant ce qui avait longtemps été son socle technique et esthétique, serait en voie d'y perdre en même temps son âme. À cette impression qui ne va pas sans nostalgie, le bilan qu'on peut dresser de ces vingt dernières années de cinéma amène à substituer des observations moins foncièrement pessimistes. Il est certes évident qu'un cinéma a bel et bien disparu : celui d'une génération qui, ayant tenu le haut de l'écran depuis les années 1945-1950 pour les plus anciens, depuis les années 1960 pour les plus jeunes, s'efface tout naturellement, rattrapée par l'âge et, pour beaucoup, par la mort. Avec le recul du temps et les yeux du souvenir, qui font forcément le tri, ces années qui ont connu le néo-réalisme, la Nouvelle Vague, la génération hollywoodienne des années 1970, les *Cahiers du cinéma*, et la cinéphilie comme façon de voir et de vivre le monde, paraissent parées d'un prestige qui tend à faire oublier que, dans ces mêmes décennies, d'innombrables produits de routine, de films formatés, de sombres navets illustrant le degré zéro de l'écriture cinématographique formaient le tout-venant d'une production qui n'avait rien à envier aux pires produits que le cinéma de confection continue à secréter. De fait, les véritables créateurs qui, par la vision du monde qu'ils apportent et par la façon qu'ils ont de faire évoluer les formes de leur art, portent en eux la vie profonde du cinéma, ne sont pas moins nombreux aujourd'hui qu'ils ne l'étaient hier : Fellini, Kurosawa, Kubrick, Tarkovski ont disparu, mais Scorsese, Woody Allen, Eastwood, Godard, Chabrol, Ken Loach, Polanski poursuivent leur œuvre, et Kiarostami, Lynch, Hou Hsiao-hsien, von Trier, Kusturica, Almodóvar ont pris la relève. Et, pour ce qui est de la production courante, ce que l'on pourrait appeler le fonds de roulement du cinéma continue à produire des films de genre, à proposer des suites, à offrir des remakes, à élaborer des adaptations, qui traduisent une forme de continuité dans l'histoire vive du cinéma. Il y a même, dans cette fin d'un siècle et ce début d'un autre, des éléments qui ont considérablement élargi le territoire de la planète cinéma. Et si certaines cinématographies sont, pour des raisons internes, malades ou moribondes, l'accès massif des femmes à la réalisation, l'arrivée de pays jusque-là fermés à la production, les extraordinaires révolutions technologiques qui affectent tant la réalisation des films que leur diffusion sont autant d'éléments qui manifestent que le cinéma continue en profondeur à se développer.

Et, de fait, ces années 1985-2005, où le cinéma est passé de son premier à son second siècle, tout en changeant de millénaire, marquent sans doute pour lui le passage à un nouvel âge de son histoire. Il évolue désormais dans un monde où l'image est devenue omniprésente. La télévision, l'ordinateur, la vidéo, le DVD ont démultiplié les écrans ; la publicité et les clips ont ouvert des voies inédites au langage iconique ; le multiplexe, le home cinéma, la projection numérique ont changé l'approche et la réception des films. Mais tous ces éléments nouveaux ont, en même temps, fécondé le langage cinématographique et ont entraîné chez les cinéastes des façons différentes et sans cesse renouvelées d'appréhender la représentation. Et le foisonnement créatif engendré par ces conditions nouvelles fait de cet entre-deux-siècles un moment finalement aussi fort que celui qui a marqué la fièvre des années 1960 : jamais il n'y a eu autant de jeunes cinéastes, jamais la production n'a été aussi géographiquement diversifiée, jamais la qualité technique n'a atteint un tel degré de sophistication. Et si le cinéma se trouve aujourd'hui confronté à des conditions qui pèsent lourdement – force plus que jamais conquérante du système hollywoodien, contraintes économiques de l'exploitation globale, loi du marché –, c'est qu'il est lui-même le produit et le reflet du monde contemporain.

Que sera donc le cinéma de demain ? Bien malin qui pourrait le dire. Une seule chose est sûre : il sera différent de celui d'hier, et même de celui d'aujourd'hui. Mais l'engouement que le septième art ne cesse de susciter, son expansion mondiale, les nouveaux talents qu'il n'en finit pas de révéler, les œuvres majeures qu'il produit de façon régulière, tendent à faire penser qu'il continuera à tracer sa propre voie, comme il l'a toujours fait, par-delà les contraintes économiques dont il est tributaire, et même si celles-ci sont sans doute plus prégnantes que jamais. Et que l'on puisse, en 2005, voir des images que l'on n'avait jamais vues et, en découvrant un plan fulgurant dans tel film de David Lynch, ou de Wong Kar-wai, ou de Béla Tarr, ou de Naomi Kawase, ou de Apichatpong Weerasethakul, ou de Lucrecia Martel, ou de tel ou tel autre, avoir l'impression que l'on redécouvre chaque fois le cinéma, donne cette sensation profonde que le champ de la création est vaste et que le cinématographe, écriture du mouvement, continue plus que jamais à écrire le mouvement de la vie.

# LES CINÉASTES
# DES ANNÉES 1985-2005

de ABRAHAMS Jim...

... à ZWICK Joel

# A

## ABRAHAMS Jim (américain, né en 1944)

**PREMIER LONG MÉTRAGE :**
*Y a-t-il un pilote dans l'avion ? (1980)*
**FILMOGRAPHIE DEPUIS 1985:**
*Y a-t-il quelqu'un pour tuer ma femme ? (1986)* • *Welcome home, Roxy Carmichael (1990)* • *Hot shots ! (1991)* • ***Hot shots ! 2 (1993)*** • *Le Prince de Sicile (1998)*

Jim Abrahams a commencé, avec ses deux amis d'enfance, David et Jerry Zucker, à interpréter des sketches comiques pour leurs copains, avant de fonder avec les deux frères une petite troupe proposant des spectacles à base d'improvisations et de séquences vidéo, puis d'aller s'installer à Los Angeles, où le trio ZAZ s'enrichit d'un quatrième larron, Pat Proft. Leur spectacle burlesque connaît aussitôt un tel succès qu'il inspire un film à sketches de John Landis, *Hamburger Film Sandwich*, ce qui pousse les ZAZ à écrire, produire et réaliser eux-mêmes leur premier film parodique, *Y a-t-il un pilote dans l'avion ?* Vont suivre alors toutes une série de ces films au second degré, parodiant les genres les uns après les autres. Y a-t-il un cinéphile dans la salle pour vouloir s'en plaindre… ?

### HOT SHOTS ! 2 (1993)
### avec Charlie Sheen, Lloyd Bridges et Valeria Golino

**Y a-t-il un Rambo dans le film ?** Il y a finalement quelque chose de rassurant à voir une des majors compagnies comme la Fox produire un film comme *Hot shots ! 2*. C'est la preuve que si les Américains ont le sens des affaires, ils ont aussi le sens de l'humour. Car il en faut pour confier à Jim Abrahams le budget d'une super-production et lui laisser ainsi carte blanche. Que peut-on en effet attendre de l'auteur de quelques-unes des plus joyeuses parodies produites ces dernières années, depuis *Y a-t-il un pilote dans l'avion ?* jusqu'à *Hot shots !*, si ce n'est une nouvelle entreprise de subversion et de dérision ? Cette fois-ci, le méchant Jojo frappe particulièrement fort. Il vise même au cœur du système. D'abord en prenant comme canevas de sa parodie quelques-uns des films mammouths du cinéma hollywoodien : *Rambo*, en premier lieu, mais aussi – excusez du peu ! – *Apocalypse now, Le Parrain, Basic instinct*, sans oublier, mythologie du septième art oblige, quelques glorieux monuments comme *Casablanca* ou *La Belle et le Clochard*.
*Hot shots ! 2*, c'est donc un cocktail savamment composé de tous les clichés, ficelles, conventions, schémas et autres gros moyens utilisés habituellement dans les films d'amour, d'action et de violence, et ici joyeusement détournés dans une histoire dont le délire apparent n'est peut-être au fond qu'une vision légèrement caricaturale de la réalité. Car ce Topper Harley, qui est le héros du film et qui ressemble à Rambo comme un faux frère, embarqué dans une entreprise plutôt tordue par la CIA pour récupérer des otages prisonniers d'un potentat oriental qui ressemble à Saddam Hussein au poil de la moustache près, et soumis aux décisions d'un président des États-Unis pour sa part carrément débile, c'est là certes une caricature qui règle son compte à un certain type de film, mais c'est aussi une façon fort iconoclaste de regarder l'Amérique dans son rôle favori de gendarme du monde. D'autant que le cinéaste n'y va pas avec le dos de la cuillère : son président, qui surpasse aisément les Ford, Carter ou autre Reagan, vomit ni plus ni moins sur le Premier ministre japonais et pète à la face des Arabes, trouvant là un exercice originalement politique de ses fonctions naturelles.
Il ne faudrait pas pour autant prêter à Jim Abrahams plus d'intentions qu'il n'en a mises dans son film. *Hot shots ! 2* reste avant tout une énorme plaisanterie, une farce de potache, mais réalisée à l'hollywoodienne, c'est-à-dire avec un travail minutieux sur les films caricaturés, avec des moyens financiers qui permettent à la parodie de ne pas s'en tenir au bricolage, et avec une distribution impeccable. Tout le sérieux du système est ainsi mis au service d'une fantaisie suffisamment bien ficelée pour pouvoir plaire à tout le monde : ceux qui rient au premier degré, ceux qui rient au second, et même ceux qui ne rient pas mais qui seront bien forcés de reconnaître l'efficacité et le savoir-faire de l'entreprise. Il y a donc plusieurs façons de voir *Hot shots ! 2*, la plus simple étant de se laisser porter par les gags et de retrouver un peu des Marx Brothers de ci, un peu de Woody Allen de là, et de suivre sans trop se poser de questions les aventures du nouveau Rambo (Charlie Sheen), pris entre le souvenir d'une tendre romance avec une créature de rêve (Valeria Golino) et la gymnastique érotique d'une émule de Sharon Stone (Brenda Bakke), obéir aux ordres de son crétin de président (Lloys Bridges, impérial) et de son mentor de colonel (Richard Crenna) pour aller neutraliser son dictateur irakien. Avec toutes les armes à répétition voulues, tous les morts nécessaires, toutes les explosions, tous les hélicoptères, tous les soleils couchants sur grand écran. Le tout en 1 h 29 (car le rire nécessite une durée réduite), et en plein délire. Y a-t-il une mauvaise tête dans la salle pour faire la moue ?

## ADLON Percy (allemand, né en 1935)

**Premier long métrage :**
*M. Kischott (1979)*
**Filmographie depuis 1985 :**
*Herschel et la musique des étoiles (1987)* • ***Bagdad Café (1988)*** • *Rosalie goes shopping (1989)* • *Salmonberries (1991)* • *Younger and younger (1993)* • *In der glanzvollen welt des Hotel Adlon (1996)* • *Die Strausskiste (2000)* • *Hawaiian gardens (2001)*

Lorsque Percy Adlon, réalisateur allemand à la carrière jusque-là assez discrète, réalise en 1988 *Bagdad Café*, le film trouve aussitôt une résonance sans commune mesure avec celle rencontrée par ses films précédents et par ceux qui suivront. C'est que le film, porté par une musique entêtante de Bob Telson (qui occupe vite la tête du hit-parade), concentre un certain nombre d'éléments, tant formels que thématiques, qui rencontrent un écho immédiat dans une génération à la fois fascinée par l'Amérique, formée à l'esthétique montante du clip et de la publicité, mais s'ouvrant aussi à un humour décalé et à un goût hétéroclite qui sent son post-modernisme. Et le *Bagdad Café* devient un peu l'auberge espagnole des années 1980 finissantes, où chacun trouve ce qu'il est venu y apporter.

### BAGDAD CAFÉ (1988)
### avec Marianne Sägebrecht, CCH Pounder et Jack Palance

**Oasis, oasis.** Il existe, perdu dans le désert Mojave, aux confins de la Californie, sur la route qui mène à Las Vegas, un motel-snack-pompe à essence tenu par Brenda, une Noire bruyante, agitée, jamais contente. Il faut dire qu'elle a fort à faire avec son mari, un paresseux qui trouve tout juste la force de la quitter, son fils Salomo, qui ne pense qu'à pianoter du Jean-Sébastien Bach, et sa fille Phillis, qui cultive l'art du walkman et des jupes serrées. Sans compter un bébé rapporté, un barman endormi, une tatoueuse équivoque, et un ancien décorateur d'Hollywood qui donne dans la peinture. Tout ce petit monde se chamaille à longueur de journée, au milieu des boîtes de conserves qui traînent dans la poussière, d'un désordre organisé qui tient lieu de rangement et d'un percolateur défaillant, ce qui est tout de même gênant pour un café ! Et tout continuerait à aller pour le pire dans ce plus misérable des motels possible si n'arrivait un jour, joufflue et mamelue, une énorme Bavaroise laissée là, en plein désert, par son indélicat et teuton de mari. D'abord suspecte à tout le monde, la voilà mine de rien qui s'installe, qui séduit les enfants, le peintre, les clients, et même Brenda, et qui transforme du tout au tout l'atmosphère du lieu, jusqu'à monter un spectacle qui attire bien vite de toutes parts routiers et fêtards, ravis de trouver là en plein désert une oasis où se désaltérer le cœur.
Curieux film que ce *Bagdad Café*, à mi-chemin de Sam Shepard et d'Andy Warhol, avec un goût affirmé du réalisateur pour les plans sophistiqués, les cadrages bizarres, les couleurs criardes travaillées à coups de filtres. Avec aussi un plaisir du bric-à-brac, des personnages saugrenus, du mélange des tons, et une poésie hétéroclite faite d'images hyperréalistes de l'Ouest profond, des cuivres rutilants des camions dans la nuit, ou du simple sifflement d'un boomerang trouant le ciel californien. Et même avec, soudain, quelques moments magiques, à l'image de ces tours de passe-passe auxquels se livre la grosse Jasmin, véritable fée du logis, ou de ces tableaux de plus en plus déshabillés et pudiques que le peintre brosse de ses charmes rebondis. Tout cela est joué avec humour par des acteurs à la dégaine aussi cocasse que leurs personnages, et filmé avec un clin d'œil par un réalisateur qui connaît l'air du temps. C'est plein de mauvais goût, de tendresse, de musique, de sourire. C'est à la fois branché et bon enfant, roublard et naïf. Dans le désert morose du prêt-à-filmer ambiant, une petite oasis, oasis, c'est bon, c'est bon…

## AGHION Gabriel (français, né en 1955)

**PREMIER LONG MÉTRAGE :**
*La Scarlatine (1983)*
**FILMOGRAPHIE DEPUIS 1985:**
*Rue du Bac (1990)* • *Pédale douce (1995)* • *Belle maman (1998)* • *Le Libertin (2000)* •
***Absolument fabuleux (2001)*** • *Pédale dure (2004)*

Longtemps assistant (de Claude Zidi, de Jean-Jacques Beineix, de Gérard Vergez), Gabriel Aghion, après un premier film, *La Scarlatine*, traitant de façon plutôt légère et originale la comédie de mœurs, se spécialise, au fil des années 1990, dans un comique qui exploite l'évolution des mœurs sexuelles de façon nettement plus appuyée. Le succès remporté par *Pédale douce* n'est pas pour rien dans cette évolution, mais l'exploitation de la veine a ses limites, comme le montre, dix ans après, ce qui en constitue la suite, *Pédale dure*, qui passe carrément du lourd au pesant, et constitue comme une synthèse des travers et des facilités auxquels n'échappe pas toujours la comédie à la française.

### ABSOLUMENT FABULEUX (2001)
### avec Josiane Balasko et Nathalie Baye

**French rigolade.** Déjantées, picoleuses, impossibles : en quinquas de choc, le duo Baye-Balasko fait joyeusement sauter les convenances et les bouchons de champagne. Les pavés de mai 1968, le *peace and love* de Woodstock, les coke-parties dénudées d'Ibiza, le Women's Lib et la cause des femmes : elles ont tout vu, tout pratiqué, tout essayé. Vétérans de toutes les croisades, rescapées de toutes les libérations sexuelles, toujours là où il se passe quelque chose, elles se retrouvent, la cinquantaine venue, fidèles à elles-mêmes. Si ce n'est qu'à force de carburer au champagne et à la poudre fine, elles ont des réveils de plus en plus difficiles et des rides et des bourrelets de plus en plus affirmés, que ne parviennent plus à cacher les thalassos ni les maquillages. Pour autant, ce n'est pas quelques années de plus qui vont refroidir leurs ardeurs de vie libérée de toutes les contraintes. Eddie et Patsy n'en font qu'à leur tête : à 50 ans, elles ont décidé une fois pour toutes que leur adolescence n'était pas terminée. Ce qui ne va pas sans poser quelques problèmes de famille, notamment avec Safrane, la fille d'Eddie, aussi coincée que sa mère est explosive, qui prépare Polytechnique en buvant du Coca Diet et qui est encore vierge à l'âge où sa mère faisait déjà brûler ses soutiens-gorge. Qu'à cela ne tienne : Eddie et Patsy vont essayer de convertir la nouvelle génération à leur manière de voir la vie.
On veut bien croire que les deux personnages tels que les a créés la série télé britannique soient « absolument fabuleux », mais ce qu'il en subsiste, dans le film de Gabriel Aghion, fait juger l'épithète quelque peu excessive. Le duo de choc y est certes incarné par un casting aussi inattendu qu'efficace : à côté de Josiane Balasko, qui n'a qu'à forcer un peu son registre pour donner à son Eddie une charge comique explosive qu'elle assortit en douceur d'une jolie touche de pathétique, Nathalie Baye se lâche avec un plaisir manifeste en incarnant une Patsy du genre foldingue et chichiteuse, qui ne correspond pas tout à fait à son image habituelle. Et si sa copine se taille la plus grosse part, elle tient vaillamment sa place dans la démesure et le délirant. Pour le reste, l'adaptation, en passant de l'humour anglais à la comédie à la française, choisit de donner dans la franche, ou plutôt la *french*, rigolade. Si les dialogues de Pierre Palmade ménagent quelques répliques sur mesure aux deux interprètes, le scénario, qui s'efforce de trouver un lien à une série de saynètes et de gags, n'y parvient pas vraiment, et s'englue dans une intrigue de quiproquos lourdement convenue à laquelle on a bien du mal à croire. Et le couple Marie Gillain-Vincent Elbaz, chargé d'assurer le versant juvénile de l'histoire, a bien du mal à défendre des situations qui sont là manifestement pour boucher les trous et pour offrir comme un contrepoint moralement et sentimentalement rassurant à la folie des deux super-quinquas. Mais si la comédie ainsi frileusement conçue bat de l'aile, la partie proprement burlesque du film tient un peu mieux la route. Transposant en effet le cadre original dans la société du Paris branché d'aujourd'hui, Gabriel Aghion traverse avec ses deux prototypes de choc le monde people du strass et de la frime. Stéphane Bern, Chantal Goya, Hédiard et Bollinger : tout y est, avec en guest star, moulant le film dans ses créations les plus inventives, et se parodiant même pour ajouter un petit soupçon de second degré, Jean-Paul Gaultier, qui donne son look à l'univers des deux délirantes. Et lorsque, pour finir, celles-ci se retrouvent, la perruque en bataille, le bustier de travers et les bas résilles filés, au milieu d'une monstrueuse décharge sur un tas d'ordures symbolisant à merveille les déchets de la société de consommation, on se dit qu'elles sont bien là à leur place. Et que l'uniforme que leur a concocté pour l'occasion le couturier de ces messieurs-dames traduit parfaitement et l'esprit du film, et l'esprit du temps.

## AKERMAN Chantal (belge, née en 1950)

**PREMIER LONG MÉTRAGE :**
*Je, tu, il, elle (1975)*
**FILMOGRAPHIE DEPUIS 1985 :**
*Golden eighties (1985)* • *Letters Home (1986)* • ***Histoires d'Amérique (1988)*** • *Nuit et jour (1991)* • *D'Est (1993)* • *Un divan à New York (1996)* • *Sud (1998)* • *La Captive (1999)* • *De l'autre côté (2002)* • *Demain on déménage (2003)*

Singulier, original, personnel, le cinéma de Chantal Akerman, que prolongent d'autres formes d'expression artistique – littérature, installations vidéo – témoigne d'un univers imaginaire dont la clef est à chercher du côté de la judéité et d'une histoire familiale marquée par Auschwitz. Par les voies d'une modernité radicale, la jeune femme qui, à 18 ans, quitte l'Institut national des arts du spectacle de Bruxelles, où elle étudie, pour se tourner vers le cinéma n'a de cesse de fouiller, de toutes les manières, le territoire de l'errance, du passage, d'un *Demain on déménage* qui fait le titre, emblématique, d'un de ses films. Mouvement et refus de l'enfermement qui se traduisent aussi, dans la bonne quarantaine de films dont elle est l'auteur, par le passage continu d'un genre à un autre, du documentaire à la comédie musicale (*Golden eighties*), de l'adaptation littéraire (de Proust, avec *La Captive*) à la comédie à l'américaine (*Un divan à New York*), des fictions romanesques et comiques aux films expérimentaux. Partout, la cinéaste cherche à abolir les frontières. Et, à ce titre, cette réflexion sur la migration, sur la mémoire, sur le récit, sur la tradition et la modernité – et sur la judéité – que représentent ses *Histoires d'Amérique*, peut apparaître comme le film le plus révélateur, et le plus emblématique, de ce qui est, au sens fort, une œuvre.

### HISTOIRES D'AMÉRIQUE (1988)
**avec Judith Malina et Roy Nathanson**

**Le *nonsense* de l'Histoire.** Manhattan, d'abord, comme un rêve, posé sur l'eau, ville fantôme surgissant de la brume et qu'on regarde tanguer au mouvement du bateau qui avance lentement et qui s'approche, tandis que le soir tombe et que la ligne des gratte-ciel s'illumine dans la nuit. C'est le bout du voyage, l'Amérique, l'Amérique des migrants, saisie simplement dans un long plan d'approche, avec en fond sonore des chuchotements, en russe, en polonais, en yiddish, voix indistinctes et multiples de tous ceux partis un jour du vieux continent pour venir jeter l'ancre dans ce nouveau monde. Pour autant, une fois à quai, le film de Chantal Akerman n'investit pas le territoire qui s'ouvre aux arrivants : il reste là, tout proche, dans un terrain vague que domine, en arrière-fond, le pont de Williamsburg, entre-deux symbolique entre la mer et la terre, l'ancien et le nouveau monde, la vie passée des émigrants et l'avenir qui les attend. Et le dispositif scénique qui préside à *Histoires d'Amérique* en porte d'emblée le sens : une caméra fixe, avec des hommes et des femmes qui se succèdent pour venir devant elle raconter leur histoire, dans un moment et un temps immobiles, avant que le mouvement même de la vie et de la migration les reprenne.
Et ce que disent ces histoires, c'est une culture, une histoire, une identité – celles des Juifs –, retranscrites par le récit, l'oralité, la fiction narrative, seul moyen pour que la réalité, occultée par la volonté d'oubli, resurgisse. Histoires tragiques, de racisme, de pogroms, de viols, d'extermination, de camps de la mort ; et histoires drôles, blagues juives, venant s'intercaler comme une respiration, un souffle d'air pour échapper à la chambre à gaz, une philosophie pour survivre. Mise en scène, au sens propre, avec des personnages qui sont autant de figures représentatives d'un peuple, et qu'incarnent de façon volontairement théâtralisée des comédiens du théâtre juif de New York. Et mise en perspective d'une judéité qui hante à l'évidence la réalisatrice, qui met en scène de la sorte ses propres interrogations et son désir de s'ancrer dans une trame dont elle s'essaie à retrouver le fil. Et c'est bien là d'ailleurs le sens structurel de son film : de ces fragments, de ce puzzle d'histoires qui se succèdent, une ligne mélodique se fait jour, articulée autour d'une histoire emblématique de toutes les autres, celle d'une jeune femme amoureuse de deux hommes à la fois, l'un, que lui a choisi sa famille, dépositaire de toute une tradition, l'autre, qui l'a choisie lui-même, et qui n'est pas juif, incarnation d'une vie nouvelle qui s'offre ; et, entre les deux, son cœur balance et se refuse à choisir. Car elle aime l'un et l'autre. Et, symbolique d'un peuple errant, en perpétuel passage, elle ne peut toucher cette Amérique qui l'accueille qu'en portant en elle cette mémoire enfouie au plus profond et qui, se reconstituant au fil des histoires successives, débouche sur un restaurant imaginaire, où viennent s'attabler tous les conteurs porteurs de toutes les histoires, et où dans un mélange à la fois irrésistible et déchirant le tragique et le comique se rejoignent pour apporter, par l'absurde, la seule explication possible : celle du *nonsense* de l'Histoire.

## AKIN Fatih (turc-allemand, né en Allemagne en 1973)

**FILMOGRAPHIE :**
*Rapide et sans douleur (1997)* • *Julie en juillet (2000)* • *Wir haben vergessen zurüchzukehren (2000)* • *Solino (2002)* • ***Head-on (2004)*** • *Crossing the bridge – The sound of Istanbul (2005)*

La communauté turque est importante en Allemagne. Fatih Akin fait partie de cette seconde génération dont les parents ont émigré de leur Turquie natale et qui se trouve, entre deux cultures, confrontée aux problèmes d'identité. Lui-même, né à Hambourg, a étudié dans sa ville natale, avant de se tourner, comme acteur et comme auteur, vers le cinéma. Remarqué dès son premier film, un court métrage, *Sensin... you're the one !,* il obtient aussitôt des succès critiques et populaires avec un premier film sombre, *Rapide et sans douleur*, puis, changeant de tonalité, avec *Julie en juillet*, sorte de road-movie romantique suivant un célibataire qui rêve de trouver l'amour, et avec *Solino*, où, autour d'une famille italienne venue travailler dans la Ruhr, il aborde le thème de l'émigration et de l'identité culturelle. C'est cette question qui fait le fond de *Head-on*, son film le plus personnel, où ses racines turques viennent au premier plan et le ramènent vers Istanbul : comme le dit son dernier opus, *Crossing the bridge*, il suffit de passer le pont...

### HEAD-ON (2004)
### avec Birol Ünel et Sibel Kekilli

**Entre deux.** Turcs-allemands tous les deux, et suicidaires l'un et l'autre, mais pas de la même façon ni pour les mêmes raisons. Lui, défoncé à l'alcool et à la drogue, cherche frénétiquement à se détruire, ce qu'il croit réaliser une bonne fois pour toutes en précipitant sa voiture à pleine vitesse tout droit dans un mur. Il en réchappe, pourtant, et, tout cassé, il croise, à l'hôpital psychiatrique où on l'a conduit, cette fille jeune, qui a tenté de s'ouvrir les veines, pas vraiment pour mourir, mais plutôt pour échapper au carcan d'une famille qui l'enferme dans ses traditions et sa culture musulmanes. Et elle, quand elle le remarque, avec sa gueule et son cœur cabossés, trouve aussitôt en lui la solution à ses problèmes et, de but en blanc, lui demande de l'épouser : un vrai-faux mariage, de convenance, que sa famille acceptera, puisqu'il est turc, mais où, une fois la bague au doigt, ils garderont tous deux leur liberté, elle de mordre à plein dans la vie, loin de tous les interdits familiaux, lui de la laisser faire sans s'en préoccuper.
Ainsi commence l'histoire, curieuse, de Cahit et de Sibel. Pas vraiment faits l'un pour l'autre a priori, lui avec sa quarantaine crasseuse de type à la dérive, elle avec la beauté séduisante d'une jeunesse avide de plaisir. Mais tous deux marqués par la vie, et trouvant dans cette union improbable quelque chose qui, d'une certaine façon, en les emportant dans une aventure et un drame communs, va les révéler à eux-mêmes. Car le film de Fatih Akin, lui aussi allemand né de parents turcs émigrés, fait de cette fausse alliance un itinéraire à la fois de destruction et de renaissance, une descente aux enfers et un retour progressif à la lumière, même si, au bout du compte, rien ne sera jamais comme avant.
Il passe beaucoup de choses, et même un peu trop, dans cette histoire bourrée jusqu'à la gueule de mal de vivre et de passion. Un choc de cultures, d'abord, dont Sibel est comme l'incarnation vivante : belle, provocante, désireuse de vivre à sa guise, de s'habiller comme bon lui semble, de coucher avec qui lui plaît, comme la jeune Allemande qu'elle est par sa nationalité ; mais soumise à la loi des hommes et aux interdits d'un rigorisme social et religieux, comme la Turque qu'elle est par son origine. En épousant Cahit, elle trouve celui qui lui apporte la libération, mais aussi, en prime, ce qui n'était pas prévu par leur contrat de mariage, la passion. Avec, au bout de la route, pour l'un comme pour l'autre, le retour en Turquie, comme une façon de retrouver ses origines, et d'être enfin rendu à soi-même.
Fatih Akin, en filmant cet itinéraire, oppose deux mondes : d'un côté, l'exacerbation d'une défonce qui traduit les gouffres profonds d'une société occidentale emportée par la violence de la drogue, de la musique, et même d'un *no future* à relent punk dont Birol Ünel, dans le rôle de Cahit, semble porter physiquement la propre trace personnelle ; et, en face, par les rythmes orientalisants d'une autre musique, par le décor d'Istanbul, à cheval entre Orient et Occident, et par la tonalité elle aussi mêlée d'un film où la comédie côtoie la violence du drame, l'attrait du pays natal, comme celui d'une innocence perdue et d'un amour impossible. Avec ses ombres et ses lumières, et sa manière plutôt appuyée de les souligner, le film de Fatih Akin traite à l'évidence de vraies questions. Dont la portée dépasse la seule Allemagne : quel pays aujourd'hui n'a pas ses Turcs-Allemands... ?

## ALLEN Woody (américain, né en 1935)

**Premier long métrage :**
*Lily la tigresse (ou La Première folie de Woody Allen) (1966)*
**Filmographie depuis 1985 :**
*Hannah et ses sœurs (1986)* • ***Radio Days (1987)*** • *September (1987)* • *Une autre femme (1988)* • *New York Stories (1989), co-réalisation* • *Alice (1990)* • *Crimes et délits (1990)* • *Ombres et brouillards (1991)* • *Maris et femmes (1992)* • *Meurtre mystérieux à Manhattan (1993)* • *Coups de feu sur Broadway (1994)* • *Nuits de Chine (1994)* • *Maudite Aphrodite (1995)* • *Tout le monde dit I love you (1996)* • ***Harry dans tous ses états (1997)*** • *Celebrity (1998)* • *Accords et désaccords (1999)* • *Escrocs mais pas trop (2000)* • *Le Sortilège du scorpion de jade (2001)* • ***Hollywood Ending (2002)*** • *Melinda et Melinda (2004)* • *Match Point (2005)*

Juif, new-yorkais, amoureux de Manhattan, clarinettiste, maigre et pas spécialement parangon de beauté, myope et portant lunettes, en proie aux démons intérieurs du doute et de la timidité, soignant ses anxiétés par la lucidité et la psychanalyse, et affublé d'un humour quasi maladif, ou plutôt quasi philosophique, comme la seule façon de vivre avec ses semblables et surtout avec soi-même, l'autre étant le désespoir : Woody Allen a imposé son physique, son personnage, son univers, d'abord au cabaret et à la télévision, puis au cinéma où, depuis la fin des années 1960, il écrit, réalise et interprète pratiquement un film chaque année. À travers cette filmographie prolifique et régulière, des évolutions et des lignes de force se sont dégagées : des films du début, plus proches du burlesque, on est passé à des comédies plus existentielles et même, face noire du drôle de bonhomme, à des drames désespérés et bergmaniens. Puis, l'âge venant, le caméléon dont *Zelig* donnait certainement la meilleure des clefs a pris la couleur très reconnaissable de ses nostalgies, de ses amours impossibles, de ses expériences traumatisantes. La palette s'est élargie, passant de la parodie à la comédie musicale, de la fausse biographie au faux film policier, de la comédie sentimentale au conte philosophique. Avec, de plus en plus présente, une interrogation sur son cinéma lui-même, sur ce qui le nourrit, sur les affres de la création et sur cette curieuse thérapie qu'est, pour un timide, la projection de lui-même sur grand écran devant des millions de spectateurs.

### RADIO DAYS (1987)
#### avec Mia Farrow, Diane Keaton et Jeff Daniels

**Radio nostalgie.** *Amarcord.* Je me souviens… De Rockaway et du quartier juif, vers la fin des années 1930. D'une famille impossible : Pop et Mom qui conjuguaient se disputer à toutes les sauces ; Oncle Abe qui n'en finissait pas de compter ses poissons, et Tante Béa qui attirait les jolis cœurs comme des papillons sans parvenir jamais à en épingler un seul. Avec au milieu, un petit rouquin qui ouvrait tout grands ses yeux de myope sur ce monde cocasse, aussi attirant que les rondeurs postérieures de la maîtresse d'école qu'il lorgnait, comme un voleur furtif, derrière ses rideaux entrouverts. Souvenirs, souvenirs… qui remontent au rythme de la musique qu'à longueur de journée débitait la radio. On tournait le bouton, et dans le crépitement des parasites, c'était la fête : les jeux, les potins mondains, le vengeur masqué, la légende du sport, Glenn Miller, Benny Goodman et Cole Porter. Du rire, des larmes, des pas de danse : tico, tico par ci, cumparsita par là, body and soul, et night and day. C'était le temps de la magie sans fil et du plaisir sans reproche. Les *radio days*…
L'art de Woody Allen, c'est de faire rêver les autres à partir de ses rêves à lui. Comme Fellini, en racontant son monde, c'est le monde qu'il raconte ; et chacun s'y reconnaît. Son film a la couleur de l'enfance. Collant bout à bout ses souvenirs, il recompose le passé à partir de bribes, de lambeaux, de fragments arrachés à l'oubli. Et à travers cette radio qui berça l'Amérique d'avant-guerre, avant de lui faire entendre le bruit des bombes tombant sur Pearl Harbor, il retrouve, jusque dans leur tonalité grésillante, la sonorité même de toutes les voix qui se sont tues. Aux images de *La Rose pourpre du Caire*, voici donc que l'illusionniste ajoute comme une bande sonore. Et le charme opère, comme chaque fois que les lumières s'éteignent et qu'un montreur d'ombres au regard myope vous fait prendre ses petites vessies pour une lanterne magique.

## HARRY DANS TOUS SES ÉTATS (1997)
### avec Woody Allen et Demi Moore

**Woody dans tous ses éclats.** Dans tous ses états, Harry avoue à sa maîtresse qui vient de débarquer chez lui pour lui faire une scène : « Ma vie est un désastre. Je n'arrête pas de me ruiner avec mes psys, mes putes et mes avocats. Et le pire, c'est que c'est sans résultat. » Pas besoin de se demander qui parle : avec sa mine de chien battu, ses yeux toujours ronds et tristes, et cette facilité à constater que tout va mal qui soulève immédiatement le rire, Woody Allen est de retour, fidèle à lui-même et à cette façon névrotique de considérer le monde comme un vaste champ d'expérimentation pour tous ses échecs et toutes ses frustrations. Pourtant, une première constatation s'impose : si c'est Woody Allen qui parle et qu'on reconnaît immédiatement, c'est dans le film le dénommé Harry qui a ses traits, sa voix, sa mine de chien battu, et qui récolte en prime tout le lot de pulsions, peurs, fantasmes, et autres ennuis existentiels qui composent l'univers habituel du cinéaste. Lequel Harry est d'ailleurs lui aussi un artiste, qui lui aussi invente des personnages et les livre à un public, et qui en profite pour déballer sur la place publique ses pires turpitudes et ses secrets d'alcôve. Vrais ou fantasmés ? Là est bien la question.
Qu'en est-il en effet, de Woody Allen, cinéaste, tel qu'il se projette dans Harry, écrivain, jusqu'à lui prêter son corps, sa voix, sa mine de chien battu, et cette faculté de faire passer dans son œuvre tout ce qui lui agite le sexe, le cœur, l'intellect, voire l'âme, encore que, sur le sujet, il avoue comme toujours ne pas vraiment croire en Dieu ? La réponse se trouve précisément être le sujet du film. Et elle n'en constitue pas seulement le sujet, mais lui fournit plus subtilement encore sa forme et sa structure. Car Harry, le double projeté sur grand écran du petit Juif new-yorkais, se trouve avoir utilisé dans ses romans à succès ses propres aventures, notamment sexuelles et familiales, et, après les avoir arrangées à la sauce fictionnelle et les avoir livrées toutes crues à la curiosité du public, se trouve soudain poursuivi par femmes, maîtresses, demi-sœur, parents, alliés et amis divers, furieux de se voir ainsi traités et mis à nu par l'indélicat. Lequel Harry-Woody se défend en racontant à chacun ce qu'il a voulu raconter, et en projetant, de la machine à écrire où il les a fait naître jusque sur l'écran où ils prennent vie, tous les personnages de ses fictions. Ceux-ci sont pourtant si proches de la vérité que lui-même commence à parler avec eux, à confondre ce qu'il vit et ce qu'il invente, d'autant qu'en panne soudaine d'inspiration, il n'arrive plus à terminer leur histoire, du fait même qu'il n'arrive plus à y voir vraiment clair dans la sienne. Ce qui se traduit à l'écran par un gag visuel immédiat : un de ses personnages, pas vraiment bien dans sa peau, devient carrément flou. Et peu après, c'est Harry lui-même qui se retrouve dans le même halo aux contours incertains, comme si le cinéaste qui règle l'objectif n'arrivait pas à faire le point sur lui.
C'est que la vie d'Harry, comme celle de Woody, est un désordre absolu. Ses inhibitions et ses fantasmes le taraudent de plus en plus : sur ce plan le sexe devient omniprésent, transformant le film en joyeuse collection de gâteries intimes, non sans que tout le reste suive, avec mention spéciale aux rapports du sujet avec son identité juive, avec la psychanalyse, et accessoirement avec la paternité. Cette confusion absolue, cette impression d'avoir devant soi sa vie comme un puzzle dont on n'arrive pas à remettre les morceaux dans l'ordre, c'est très exactement ce que traduit la construction d'un film fait de pièces multiples accolées les unes aux autres, mêlant passé et présent, vrai et faux, rêves et souvenirs, désirs et inhibitions, faisant sonner la Mort à la porte, et allant jusqu'à proposer une descente aux Enfers pour bien se persuader que le vrai bonheur, c'est peut-être tout simplement de vivre. Et comme tout cela donne à l'existence un côté plutôt haché et décousu, l'enchaînement de l'image procède elle aussi par plans coupés et par saccades, tandis que la structure jongle allègrement avec quelque chose comme une centaine de personnages, avec des histoires multiples, avec des dialogues étincelants qui font parler les personnages de la fiction avec ceux de la réalité et le romancier avec ses personnages. Et surtout qui témoignent de ce formidable et irrésistible écrivain de cinéma qu'est Woody-Harry, dans tous les états d'une déconstruction magistralement agencée, et dans tous les éclats d'un film proprement éclatant.

## HOLLYWOOD ENDING (2002)
### avec Woody Allen, George Hamilton et Tea Leoni

**Au royaume des aveugles, Woody est le roi.** Un cinéaste névrosé qui passe pour un intello maniaque, un Juif new-yorkais à la mine de papier mâché qui ne saurait survivre qu'à Manhattan et qui nourrit toutes les préventions possibles sur les bronzés californiens, un homme agité de tous les troubles recensés par la psychanalyse et qui, depuis qu'il s'est séparé de son ex-femme, ne pense qu'à elle : il n'y a pas de doute, on est bien chez Woody Allen ! On y est même d'autant plus que le dénommé Val Waxman, qu'il interprète, est comme lui réalisateur, que comme lui il a été couronné deux fois aux Oscars, et que comme lui il passe aux yeux des producteurs hollywoodiens pour un coupeur de pellicule en quatre ! Or voici que ledit Val Waxman, dont la gloire, après avoir été au plus haut, a commencé à dégringoler si vertigineusement qu'il en est réduit à tourner des pubs pour déodorants, se voit offrir une occasion unique de

relancer sa carrière. Qu'il doive cette chance à son ex, devenue depuis la petite amie du puissant producteur hollywoodien qui prend en charge les 60 millions de dollars que va coûter le film qu'on lui propose, complique évidemment un peu la chose. Mais, pressé par la situation critique où il se trouve, Val accepte. Et c'est alors que survient l'impensable : au moment de commencer le tournage, patatras, il devient aveugle !
On a bien sûr le sentiment que cette cécité soudaine s'apparente fort à un de ces troubles psychosomatiques qui font partie de la panoplie habituelle de ce Mister Woody que Docteur Allen met en scène dans chacun de ses films. Est-ce donc à dire qu'avec ce cinéaste qui perd la vue, on aurait affaire à un *Eyes Wide Shut* qui serait la version allenienne des affres de l'artiste paralysé par la peur de la création ? Ou que la façon dont le dénommé Val Waxman parvient malgré tout à tourner son film les yeux fermés traduit une vision ironique du cinéma américain ? Voire, au résultat inattendu qu'un tel tournage produit, que tout n'est finalement qu'un sourire amusé d'autodérision ? Sans doute y a-t-il un peu de tout cela, et le cinéaste Woody Allen n'est jamais très loin des affres qu'il fait subir à son double de cinéma, à ce Zelig qui est comme l'ombre portée de lui-même qu'il promène de film en film.
Pourtant, une plaisanterie qui, in fine, se moque ouvertement de « cette métaphore de la cécité » invite le spectateur à ouvrir plus simplement les yeux et à regarder *Hollywood Ending* tout bonnement pour ce qu'il est : une comédie (étincelante comme toujours dans les situations et dans les dialogues), où ce qui se met en place, derrière ce cinéma dans le cinéma qui donne lieu à toutes les piques satiriques possibles sur Hollywood, c'est un retour aux sources de la comédie américaine. Celle qui est portée par un interprète gaffeur, burlesque, promenant son corps égaré dans un monde hostile : Charlot machiniste, Buster cameraman, et maintenant Woody cinéaste. Celle aussi qui traite d'affaires de cœur, de remariage, de romance interrompue et renouée, et qui se termine par un happy end forcément hollywoodien. Celle enfin qui va chercher sous le rire la profondeur de l'être intime. Ainsi, ce qui, ici, rend à l'aveugle la vue, c'est un fils qu'il se refusait à voir et sur lequel enfin il ouvre les yeux. Woody papa : voilà bien une autre névrose ! À la fois touchante et désopilante. Et que l'on peut aller voir les yeux fermés…

---

## ALLOUACHE Merzak (franco-algérien, né en 1944)

**Premier long métrage :**
*Omar Gatlato (1976)*
**Filmographie depuis 1985 :**
*Un amour à Paris (1986)* • *Bab el-Oued City (1993)* • *Salut cousin ! (1996)* •
***L'Autre monde (2001)*** • *Chouchou (2002)* • *Bab El Web (2004)*

Né à Bab el-Oued, dans le quartier le plus populaire d'Alger, Merzak Allouache fait partie de cette génération qui a 20 ans au moment de l'indépendance. C'est dire qu'il est à la fois tourné vers la France, où il obtient son diplôme de réalisation à l'Idhec en 1967, et vers l'Algérie, où il réalise en 1976 son premier long métrage, *Omar Gatlato*, une comédie irrévérencieuse où, à travers le portrait d'un modeste employé algérois rêvant en macho à la femme idéale, il montre les frustrations qui se profilent de la jeunesse algérienne. À partir de là, c'est en France qu'il mène sa carrière cinématographique. Mais celle-ci est marquée, à intervalles réguliers, par des films qu'il vient tourner en Algérie, et qui constituent comme une chronique des tragédies à répétition que connaît le pays : en 1993, c'est *Bab el-Oued City* qui, dans un contexte de terreur, d'assassinat, et de répression, met en scène un jeune héros confronté, quinze ans après *Omar Gatlato*, aux espoirs et aux violences de son pays ; en 2001, la situation s'est encore aggravée : *L'Autre monde*, qui met une jeune femme face à un jeune terroriste, montre cette déchirure profonde ; en 2004, la situation est toujours chaotique, mais le monde change, et le cyber-espace transforme le vieux quartier algérois, symbole même du pays, en *Bab el Web*. De nouveaux temps s'annoncent.

### L'AUTRE MONDE (2001)
**avec Marie Brahim, Karim Bouaiche et Nazim Boudjenah**

**Déchirures.** C'est une histoire d'amour : celle de Yasmine, une jeune Française d'origine algérienne, qui, sans nouvelle de Rachid, son fiancé, parti s'engager sur un coup de tête dans l'armée algérienne, décide d'aller le rechercher. Débarquant seule dans un pays dont elle est issue mais dont elle ne parle plus la langue, elle apprend qu'il a été enlevé par un groupe islamiste. Parvenant sur les lieux de l'attaque, elle-même est à son tour victime d'une embuscade et emmenée par les agresseurs pour être livrée à leur chef. Mais un assaut de l'armée contre le camp des terroristes fait qu'elle peut échapper au massacre grâce à Hakim, un jeune islamiste qui la sauve et qui l'entraîne dans sa propre fuite. De cette route qu'ils font en commun naît une confrontation, lourde à la fois d'hostilité mais aussi d'attirance, où l'on voit bien que, au-delà du rapport qui se noue entre les deux personnages, appartenant à une même génération et ayant chacun suivi une voie différente, ce sont les déchirures mêmes de l'Algérie qui se trouvent mises à nu. Mais qui le sont à travers un dialogue qui, tout en condamnant la violence, se refuse à faire le procès du fanatisme religieux comme seul responsable d'une révolte dont les fondements sont multiples. Car ce qui révulse à l'évidence Merzak Allouache, à travers le regard qu'il porte sur un pays dont il découvre le lot quotidien de violence, c'est la simplification manichéenne qui revient à ne pas voir la réalité telle qu'elle est. À cet égard, son film, qu'on pourrait juger politiquement réservé, offre un double engagement qui est celui-là même de l'artiste : d'abord, replacer les déchirures de l'Algérie dans l'histoire même d'un pays qui a tendance à occulter les errements divers qui ont marqué celle-ci depuis l'indépendance : « L'amnésie est à la mode », dit un personnage du film. Face à cette amnésie, le film de Merzak Allouache, rappelant toute la complexité des choses, entend revivifier la mémoire. Mais il y a plus : en allant tourner, dans les pires difficultés, son film sur place, le cinéaste franco-algérien proclame sa liberté d'artiste. Face à une production télévisée locale qui passe sous silence la situation du pays et ne dit rien de la violence qui le déchire, et face à une production désorganisée qui prend bien garde de ne pas regarder la réalité de trop près, son film dit la responsabilité morale de l'artiste. Et en choisissant la fiction, il apporte la distance de la parabole à une approche dont on sent bien, à travers l'importance qu'elle donne aux paysages, à la terre, mais aussi aux regards, aux désirs, à quel point elle est viscéralement liée à une souffrance et à un espoir, ceux-là mêmes que traduit l'ambivalence du titre : cet autre monde, qu'est devenue une Algérie isolée, d'où toute présence étrangère a disparu, où les règles sociales s'effondrent, ou la folie et la mort règnent ; mais cet autre monde à venir, aussi, dont l'espoir est entretenu par la chanson du générique de fin, qui dit avec une douce mélancolie qu'« une Algérie se meurt dans une autre en train de naître ».

## ALMODÓVAR Pedro (espagnol, né en 1948)

**Premier long métrage :**
*Pepi, Luci, Bom et autres filles du quartier (1979)*
**Filmographie depuis 1985 :**
*Qu'est-ce que j'ai fait pour mériter ça ? (1985)* • *La Loi du désir (1986)* • *Matador (1986)* • *Femmes au bord de la crise de nerfs (1988)* • *Attache-moi ! (1989)* • ***Talons aiguilles (1992)*** • *Kika (1993)* • *La Fleur de mon secret (1995)* • *En chair et en os (1997)* • ***Tout sur ma mère (1999)*** • *Parle avec elle (2002)* • ***La Mauvaise éducation (2004)*** • *Volver (2005)*

Avec Pedro Almodóvar, l'Espagne nouvelle, sortant de la longue contrainte du franquisme, s'est trouvé une sorte de héraut : non seulement parce que son premier long métrage, *Pepi, Luci, Bom et autres filles du quartier*, qu'il met trois ans à réaliser et qui sort en 1980, coïncide avec la naissance de la démocratie espagnole, mais plus profondément parce que lui-même, formé dans une Espagne engoncée et frileuse, refermée sur elle-même et sur son ordre moral, en a connu le poids, en passant d'abord trois ans en séminaire sous la coupe des Franciscains puis en travaillant (douze ans) de jour comme employé de bureau à Madrid dans une compagnie de téléphone et en pratiquant la nuit ce qui l'intéresse : le théâtre, l'écriture, la musique rock, le cinéma (à travers des films marginaux tournés avec une caméra super-8 achetée avec son premier salaire). Dans une Espagne qui s'ouvre à la société de consommation, il vit à fond, à la chute du franquisme, l'incroyable explosion de liberté qu'illustre la *movida*, y trouvant le terreau de son œuvre cinématographique à venir. La frénésie vitale, la libération sexuelle, la recherche du plaisir et de la fête dans des recherches esthétiques extrêmes et dans une explosion de couleurs, de sons, d'excitants : tout cela, qui retrouve la grande veine ancestrale d'un baroque flamboyant, se conjugue, dans ses films, avec une façon très personnelle de revisiter des genres traditionnels – le drame naturaliste, le mélo –, en les nourrissant d'un imaginaire riche de sa propre vie, de ses racines familiales, de son éducation religieuse, de sa sexualité. Symboliquement, le premier film que produit la maison de production qu'il fonde avec son frère – et qui va produire tous ses films à venir ainsi que nombre de films de jeunes réalisateurs – s'intitule, en 1986, *La Loi du désir*. Cette loi que tous ses films explorent, donnant aux femmes un rôle central dans un univers où règne la figure de la mère-amante, où le jeu des sexes, des sentiments, des positions sociales, se déroule sur fond de mélange de couleurs, de décors, de tons, et dont, à mesure que son œuvre avance, on voit, comme *La Mauvaise éducation* en donne la clef, à quel point elle est intimement personnelle.

## TALONS AIGUILLES (1992)
### avec Victoria Abril, Miguel Bose et Marisa Paredes

**Femmes entre elles.** Tout se passe, bien sûr, entre gens célèbres : Becky del Paramo, chanteuse star des années 1960, après plusieurs années passées sur des scènes internationales, revient à Madrid. Elle y retrouve Rebeca, sa fille, présentatrice vedette du journal télévisé, mariée à Manuel, le P.-D.G. de la chaîne, lequel n'est autre que l'ex-amant de la chanteuse... Et celui-ci, voyant resurgir Becky, décide de divorcer de la fille pour séduire à nouveau la mère. Dans ce nœud familial en forme de nœud de vipères, le mâle se trouve forcément promis à la mort. Manuel est donc assassiné : mais est-ce bien par Rebeca, comme celle-ci l'annonce en direct, devant des millions de télé-spectateurs, en plein journal télévisé ? C'est ce que s'efforce de savoir le juge Dominguez, chargé de l'affaire. Juge lui-même ambigu dans les motivations qui le font agir, comme est ambigu ce travesti mystérieux, qui se fait appeler Létal, d'un nom porteur de mort prématurée, et qui, faisant l'amour à Rebeca dans une scène particulièrement torride, la met enceinte. Et comme sont ambigus les rapports des femmes entre elles, la mère et la fille, amour et haine confondus, complicité et rivalité mêlées. Et pour que le mélo soit complet, la solution de l'énigme passe par la maladie et la mort de l'une, tandis que l'autre replonge dans son enfance, écoutant remonter du passé le bruit rassurant des talons aiguilles, lorsque le soir, enfant perdue, elle entendait sa mère rentrer.
Il y a là de quoi faire pleurer Margots et midinettes, et Almodóvar ne s'en prive pas. Mais sans pour autant rien perdre de ce qui fait son univers à lui. Le monde d'Almodóvar, issu de la *movida*, est un monde en mouvement, qui abolit toutes les frontières : genres, styles, tons, tout y est mêlé. Quoique plus sage et moins provocant que ses films précédents, *Talons aiguilles* tient néanmoins et tout à la fois du polar, de la comédie musicale, de la tragédie et de la comédie. Sorte de patchwork bariolé, où tout est cousu main, costumes, musique, décors, où la même séquence fait passer sans prévenir de l'émotion au rire, où l'image se colore de toutes les tonalités d'une palette éblouissante, c'est le film gigogne parfait. Tout s'emboîte dans tout, jouant à fond sur le regard du spectateur et sur le spectacle que lui donnent à voir les acteurs. Ou plutôt, devrait-on dire, les comédiens, tant ils jouent tous la comédie. Et, à ce jeu-là, entre l'assez envoûtante Marisa Paredes et le très énigmatique Miguel Bose, Victoria Abril, vraie bille de clown à facettes multiples, dégage une telle virtuosité que, au-delà de tous les second ou troisième degrés, elle rend au mélo sa force première : l'émotion. Et, entre le rire et les larmes, on se prend tout simplement à y croire. Et à en être heureux.

## TOUT SUR MA MÈRE (1999)
### avec Cecilia Roth et Marisa Paredes

**Les mamans et les putains.** Lorsqu'elle revient à Barcelone, longtemps après en être partie, Manuela passe en taxi devant la Sagrada Familia de Gaudí. La caméra d'Almodóvar, alors, s'arrête, et contemple longuement l'église aux formes proliférantes, cette exultation d'un baroque moderne dont on pourrait dire qu'il contient en germe toute la frénésie de mouvement qui a saisi la culture espagnole de l'après-franquisme – la *movida* – et finalement tout le cinéma d'Almodóvar lui-même, qui en aura été l'expression artistique sans doute la plus fidèle et la plus flamboyante. Ce voyage de Manuela est bien, en fait, un retour aux sources : non seulement celle-ci vient rechercher le père de son fils Esteban, pour lui annoncer, dix-sept ans après leur séparation, que son enfant, qu'il ne connaissait pas, vient de mourir, mais c'est aussi un retour à une époque – celle des années 1970-1980 – où tout semblait enfin permis et possible.
Le fruit de ces nuits folles, et, pour le cinéaste, de cette fièvre de création où il s'est forgé son style et où il a construit son œuvre, qu'est-il devenu aujourd'hui ? *Tout sur ma mère* est d'abord un film bilan, qui entonne l'air nostalgique de *Que reste-t-il de nos amours ?* et qui y répond par ce cri du cœur : « Femmes, je vous aime ». Comme dans les romances populaires, Almodóvar choisit la voie la plus simple, celle du mélo : une femme seule, qui a tout donné pour élever son fils, et qui le voit, sous ses yeux, se faire écraser par une voiture. Commence alors, en guise de voyage de deuil, ce voyage vers le père absent, qui va, en fait, se révéler comme un itinéraire passant

de femme en femme. Car l'univers d'Almodóvar, marqué par le machisme à l'espagnole, est un univers où les mots douceur, compassion, tendresse, complicité, richesse de cœur, fantaisie, liberté, sont exclusivement féminins. Et les femmes d'Almodóvar, on le sait depuis Pepi, Luci, Bom et les autres, il y en a de tous les genres. Ici c'est Huma, la comédienne qui allie la force du jeu et la fragilité des sentiments, Nina, sa compagne, droguée jusqu'à la lie, Agrado l'homme qui s'est fait femme à coup de greffes siliconées, Posa, la nonne, éprise de solidarité humanitaire, qui se fait mettre enceinte par un travelo, lequel lui a refilé en prime le sida, et Lola, le père-femme, maman et putain tout à la fois...

Improbables personnages, mais qui, chez Almodóvar, trouvent leur densité de chair et d'âme, et font rire et pleurer, à vous fendre le cœur. Dans un film où la maîtrise enfin domptée des mouvements de caméra, du bariolage des couleurs, de la liberté de ton et du mélange des genres, apparaît comme une sorte de somme du cinéma du réalisateur et, à travers cette réflexion emblématique sur des comédiennes jouant leur indispensable rôle, comme un hommage au cinéma et aux femmes tout à la fois. Avec cette graine de l'espoir, comme leçon ultime : le cœur transplanté de l'adolescent mort qui continue à battre, et l'enfant de l'amour, marqué du signe de la contagion, qui, soudain, s'en trouve libéré. Transformant l'inéluctable de la mort en force toujours renouvelée de la vie.

## LA MAUVAISE ÉDUCATION (2004)
### avec Gael Garcia Bernal et Fele Martinez

**L'enfance de l'art.** De quoi est faite une œuvre ? De quels fils intimes est-elle tissée ? Si l'on se pose la question concernant Almodóvar, *La Mauvaise éducation* apporte idéalement une réponse. Rarement, sans doute, un de ses films a-t-il été aussi chargé du terreau qui nourrit son œuvre tout entière, et rarement le regard porté par le cinéaste sur son cinéma a-t-il été aussi personnel et profond. Et aussi riche également, et peut-être même un peu trop. Car si le générique, éblouissant, apparaît d'emblée comme un concentré de sa manière et de ses thèmes, la suite, pour aussi éblouissante qu'elle soit, n'arrive pas toujours à créer la magie coutumière. Comme si Almodóvar, trop proche de son sujet et de ses personnages, n'arrivait pas à s'en détacher suffisamment et, à vouloir tout dire, n'arrivait pas à épurer son propos pour en extraire l'essentiel.

Car la matière est dense. Elle est faite de l'enfance, et de cette découverte, sur fond de pensionnat religieux dans les années 1960, de l'amour et de la sexualité. Une expérience qui prend la double forme de l'homosexualité, avec la tendre passion éprouvée pour un camarade de classe, et de la pédophilie, avec les attouchements et les caresses du prêtre qui dirige le collège. Violence traumatique d'une éducation qui détermine l'ambiguïté sexuelle du jeune Ignacio, devenu, quelques années plus tard, transsexuel et junkie, et qui raconte cette enfance marquée par le désir et par la peur dans une nouvelle où il se projette en travesti, nouvelle qu'il vient proposer comme un sujet possible de film à son ami d'enfance, qu'il n'a pas revu depuis le collège et qui, lui, est devenu cinéaste.

Confrontation du présent de l'âge adulte et de la nostalgie de l'enfance passée ? Oui, mais pas seulement. Car, avec Almodóvar, rien n'est si simple. Les personnages eux-mêmes, comme leur histoire, sont marqués par l'ambivalence, et il n'est jamais sûr qu'ils soient ce que l'on croit qu'ils sont. Car telle est bien la complexité de la création : elle dit tout à la fois les souvenirs et les fantasmes, la réalité et l'imagination, le vrai et le faux. Et cela donne un film à tiroirs profonds, où le talent du metteur en scène se déploie dans le labyrinthe retors d'une composition gigogne qui joue de tous les moyens de la narration, retours en arrière, scènes imaginées, film dans le film, séquences dédoublées en miroir, temporalités multiples (du moralisme empreint de religiosité des années franquistes à l'explosion hédoniste de la *movida*) et, pour couronner le tout, structure oppressante du film noir, où la mort rôde, et la culpabilité.

Une telle maîtrise dit suffisamment qu'il s'agit là d'une œuvre de la maturité, même si elle laisse un goût d'inachevé, comme si le déploiement de la virtuosité ne pouvait seul suffire, une fois les pièces du puzzle rassemblées, à leur donner un sens. Mais il fallait, à coup sûr, qu'Almodóvar exorcise, par un film, ce poids de l'enfance et ce rapport à la création. Et que, concentrant en une même œuvre son *Amarcord* et son *Huit et demi* à lui, il trouve, face à son enfance et à son cinéma, ses propres réponses à ses propres questions. C'est chose faite, dans un film qui choisit d'évacuer ce poids personnel en le transformant en fiction et en en faisant un vrai film noir, dont la tonalité grave colore de teintes nettement plus sombres qu'à l'ordinaire les couleurs bariolées de son univers. Et le résultat patent de cette mauvaise éducation, c'est qu'elle a bel et bien donné un grand cinéaste, dont le nom au générique et sur l'affiche se lit Almodóvar, tout court. Pedro, le prénom de l'enfance, peut désormais disparaître.

## ALONSO Lisandro (argentin, né en 1975)

**Filmographie :**
*La Libertad (2001)* • ***Los Muertos (2004)***

De la génération des jeunes cinéastes argentins, Lisandro Alonso s'est imposé, en deux films, comme le plus radical et certainement le plus original. Fils de grand propriétaire terrien, ayant grandi à Buenos Aires, puis étant passé par l'Universidad del Cine, il s'est un temps détourné du cinéma, pour se retrouver à la campagne. Et c'est là qu'est né son premier film, lié à un bûcheron travaillant sur les terres de son père, seul au sein d'une nature hostile. La même thématique se retrouve dans son second film, pareillement centré sur un homme simple, primitif, confronté à une nature écrasante, et où, sur les traces de cinéastes qui savent filmer la force tragique de la nature, comme Kiarostami ou Sokourov, il témoigne d'une conception à la fois exigeante et libre du cinéma.

### LOS MUERTOS (2004)
**avec Argentino Vargas**

**Le mauvais sauvage.** La nature primitive, d'emblée, est violente : sous le couvert des arbres, dans la pénombre bruissante de la jungle, le lent travelling sur lequel s'ouvre *Los Muertos* découvre des cadavres en train de se décomposer dans la chaleur et l'humidité ambiantes. Cette mort ainsi présente dès le premier plan, elle constitue comme une menace sourde qui pèse sur ce qui va être le mouvement même du film de Lisandro Alonso : le voyage qu'entreprend un homme, sortant de prison, pour aller retrouver sa fille. Le cinéaste, avare de mots, filme l'itinéraire de l'homme en question sans rien dire de lui : il se contente d'enregistrer la banalité de ses actes, le regarde boire du maté, se faire couper les cheveux, visiter une prostituée, acheter quelques cadeaux, prendre possession d'une barque pour descendre le fleuve, et s'enfoncer de plus en plus loin dans la nature sauvage. Images épurées, plans muets qui s'étirent, rythme lent qui s'allonge encore dans un minimalisme quasi documentaire : de cette radicalité même naît progressivement un malaise. La nature se charge de mystère, le moindre geste se fait porteur d'autre chose. Une inquiétude naît, qui s'accroît au fil du voyage, à mesure même que la banalité du personnage et de son comportement laisse sourdre, par quelques indices, qui il est vraiment : un meurtrier qui a tué ses frères, un assassin qui porte la mort en lui. Le film du jeune cinéaste argentin, monté avec trois fois rien, et prenant comme interprète de l'être brut qu'il s'attache à suivre un homme qui vit lui-même sur une île, dans une vie quasi sauvage à mille lieues du cinéma, a l'étrangeté de son exigence. Pour dire le rapport immémorial entre l'homme et la nature, pour faire sentir, loin de tout hédonisme écolo, la violence même de l'un et de l'autre, il donne à son récit l'aridité d'un itinéraire intérieur, où se profilent les structures mêmes des archétypes mythologiques. Et lorsque le voyage arrive à son terme, que l'homme parvient, au fond de la forêt, dans une petite clairière où se dresse la cabane de sa fille, la caméra découvre un espace vide et immobile, où gisent quelques jouets d'enfants désarticulés et où rôde la menace d'autres meurtres possibles, renvoyant à cette violence naturelle, viscérale, instinctive qui, venue du fond des âges, abolit tragiquement le mythe du bon sauvage.

## ALTMAN Robert (américain, né en 1925)

**Premier long métrage :**
*The Delinquents (1955)*
**Filmographie depuis 1985 :**
*Fool for Love (1986)* • *Beyond Therapy (1987)* • *Basements (1987)* • *O.C. and Stiggs (1987)* • *Aria (1987)* • *Vincent et Théo (1990)* • *The Player (1992)* • ***Short Cuts (1993)*** • *Prêt-à-porter (1994)* • *Kansas City (1996)* • *Jazz' 34 (1996)* • *The Gingerbread Man (1997)* • *Cookie's Fortune (1999)* • *Docteur T. et les femmes (2000)* • ***Gosford Park (2001)*** • *Company (2003)* • *Paint (2004)* • *A Prairie Home Companion (2005)*

C'est sans doute parce qu'il a vécu nombre d'expériences diverses que Robert Altman a toujours privilégié, dans son cinéma, une vision pluraliste des êtres et des choses. Né à Kansas City dans le Missouri, formé par les Jésuites puis à l'Académie militaire avant de s'engager dans l'armée et d'y devenir copilote ; partant ensuite pour la Californie en 1946, y devenant figurant à Hollywood et se mettant à l'écriture, d'abord de textes pour comédies musicales puis de scénarios ; revenant à Kansas City comme chauffeur dans une compagnie privée, pour laquelle il se met à tourner une soixantaine de courts métrages d'entreprise, tout en réalisant des spots télévisés, en faisant de la mise en scène de théâtre et en tournant en 1955 son premier long métrage ; puis, pendant dix ans, de 1957 à 1966, se spécialisant dans l'écriture ou la réalisation de grandes séries pour la télévision, c'est avec un solide bagage humain et technique qu'il revient au cinéma en 1968 et qu'il commence véritablement une carrière dominée à la fois par l'ironie critique et par une approche unanimiste de la réalité humaine. Ses premiers films, dans les années 1970, investissent tous les grands genres hollywoodiens, western, film noir, film de guerre, science-fiction, adaptation de BD, pour en proposer des visions parodiques décapantes. Et très vite, notamment avec *Un mariage* en 1978, il y manifeste une virtuosité narrative, fondée sur la diversification des intrigues et des personnages, qui fait depuis lors véritablement sa marque. Et quel que soit le milieu qu'il met en scène – middle class, faune hollywoodienne, monde de la haute couture, vieille société du Sud ou gentry victorienne –, c'est toujours la même observation aiguë et la même façon fragmentée et kaléidoscopique de saisir les multiples facettes de la comédie humaine.

## SHORT CUTS (1993)
### avec Andie MacDowell, Bruce Davison et Anne Archer

**La vie, mode d'emploi.** Des gens comme les autres, normaux et qui n'ont vraiment rien d'exceptionnel. Ils vivent à Los Angeles, de nos jours, mais ils pourraient vivre ailleurs, si ce n'est que l'immensité anonyme de la cité renforce encore leur solitude. Ils se côtoient, se croisent, mènent parfois ensemble un bout de chemin, mais ils ont chacun leur propre histoire, et cette histoire, chaque fois différente, est aussi chaque fois la même. Elle dit les choses simples, les petites joies, les petites souffrances, et ce fond de malheur qui fait qu'on n'est pas toujours bien dans sa peau, que le destin vous rattrape toujours au tournant, et que la vie, de quelque façon qu'on la vive, n'est pas si rose.

Le constat n'est donc pas gai. Mais il n'est pas triste pour autant. Car les personnages de *Short Cuts* ont suffisamment de diversité – vingt-deux protagonistes, pas moins, et tous traités avec le même respect et la même profondeur – pour que, à les voir évoluer, on trouve parmi eux autant à rire qu'à s'émouvoir. Il y a, par exemple, la jeune mère de famille qui débite imperturbablement du sexe au téléphone pour quelque messagerie rose, tout en mettant des couches à son bébé. Il y a le flic macho, qui joue au séducteur et se promène les fesses serrées dans un uniforme ajusté *ad hoc*. Il y a le mari irascible qui, pour que le partage des biens soit équitable avec son épouse qui l'a viré, vient scier tous les meubles conjugaux à la tronçonneuse. Et il y en a comme ça plein le film, plein la maison et plein les rues. Des anonymes, dont Robert Altman se charge de montrer que chacun à quelque chose de profond, de secret, de complexe sous la banalité.

*Shorts Cuts*, dit le titre. Et il s'agit bien, de fait, d'une découpe d'histoires courtes mais qui, entrecroisées selon une technique unanimiste, donnent, au fil des 3 h 15 du film, l'impression d'une humanité foisonnante, qui se répète à l'infini d'un petit destin individuel à un autre. Le monde médiocre et passablement désespéré de Raymond Carver se retrouve dans cette peinture neutre et sans effet. Mais ce qu'on y découvre aussi, c'est toute la virtuosité d'un metteur en scène capable de mener de front plusieurs récits, d'établir de l'un à l'autre de subtils échos et de plonger sans sourciller au plus épais de la pâte humaine. Le tout sans complaisance ni apitoiement : Altman ne juge pas, il donne à voir. Sa caméra capte les gestes, les regards ; en trois plans, trois mouvements, elle plante un décor, épingle une trajectoire, donne chair à chaque personnage. Art subtil du récit, souci constant de la forme, mais aussi direction d'acteurs exceptionnelle. Pour chaque rôle, on dirait que le réalisateur a trouvé l'interprète idéal. Son générique est d'ailleurs une sorte de bottin de ce qui se fait de mieux dans le cinéma hollywoodien, des anciens (Jack Lemmon) aux confirmés (Annie Ross), aux étoiles montantes (Tim Robbins, Andie MacDowell, Matthew Modine) et même aux révélations (Lyle Lovett). Aucun ne tire la couverture à soi. Ils sont tous, à un degré ou à un autre, les représentants de cette middle class américaine, qui se trouve être aussi la forme la plus courante de l'humanité moyenne. Leur apparence est lisse, la croûte semble solide. Mais sur cette côte californienne soumise aux tremblements de terre, chacun a ses propres séismes intérieurs, des fêlures et des failles qui se creusent jusqu'à ce que, dans un fracas terrible, tout craque. De ces éclats, comme les morceaux d'un puzzle, Robert Altman fait un film fascinant, comme un miroir qui se promène le long de la vie de ses personnages, mais aussi, on le sent bien, de la nôtre.

## GOSFORD PARK (2001)
### avec Kristin Scott-Thomas, Helen Mirren et Alan Bates

**Jeu de société.** D'emblée, il apparaît que Robert Altman connaît parfaitement la règle du jeu, à savoir celle que, dès 1939, Jean Renoir mettait en scène dans un film qui réunissait tout un échantillonnage de gens de la haute accompagnés de leurs domestiques, pour une partie de chasse dans un manoir de campagne. Et, dans ce décor symbolique, qui réservait un étage à chacune des catégories sociales – le bas pour la valetaille, le haut pour les seigneurs et maîtres –, le jeu de société se transformait pareillement en jeu de massacre, à la fois par l'assassinat d'un des convives, mais surtout par la mise à nu cruelle des rapports de classe et de la décadence irréversible d'un monde du passé confronté à la modernité.
Cette règle du jeu, ici saisie au tout début des années 1930, se trouve d'autant mieux en situation qu'elle fonctionne dans une société archétypique de la tradition – la gentry anglaise, vivant encore quasiment à l'heure victorienne – et dans un genre – le Cluedo à la Agatha Christie – dont l'Américain qu'est Robert Altman joue avec la distance ironique du cousin d'Amérique. Il est symptomatique, d'ailleurs, que parmi les invités de Sir William et de Lady Sylvia, figurent, à côté du ban et de l'arrière-ban des parents, alliés et amis, trois personnages décalés, invités pour amuser la compagnie mais qui, en fait, en soulignent l'anachronisme et en marquent la disparition inéluctable : trois Américains, venus d'Hollywood, qui, comme Robert Altman lui-même, sont comme l'œil introduit dans ce monde clos pour en dévoiler les secrets intimes.
Car, d'un étage à l'autre, la hiérarchie, les comportements et tout le rituel de l'étiquette – aussi forts chez les serviteurs que chez leurs maîtres – laissent vite apercevoir les fêlures, les vilenies, et surtout les rapports cachés – droit de cuissage, amours ancillaires, haines et jalousies diverses – qui forment le soubassement de tout le système. La façon dont le cinéaste débrouille tout ce réseau secret, la virtuosité avec laquelle il rend facilement identifiable chaque personnage au milieu du chassé-croisé d'une bonne trentaine d'individualités, le brio avec lequel il conduit une intrigue dont le but est moins de découvrir un coupable qu'une société tout entière, l'impeccable direction d'acteurs éblouissants qui rendent leurs personnages à la fois risibles et émouvants : tout cela fait de *Gosford Park* un vrai plaisir. Semblable à celui qu'on éprouve dans ces jeux de société qui ne suscitent qu'un seul regret : que le mot « fin » vienne mettre un terme à la partie.

## AMELIO Gianni (italien, né en 1945)

**PREMIER LONG MÉTRAGE :**
*Colpire al cuore (1982)*
**FILMOGRAPHIE DEPUIS 1985 :**
*I Ragazzi di Via Panisperna (1988)* • *Portes ouvertes (1990)* •
***Les Enfants volés (1992)*** • *Lamerica (1994)* • *Mon frère (1998)* •
*Les Clefs de la maison (2004)*

Calabrais d'origine, passé par la télévision, où il réalise dans les années 1970 téléfilms de fiction et documentaires, Gianni Amelio se fait connaître avec *Portes ouvertes*, d'après un roman de Sciascia, qui, récompensé un peu partout et même nommé aux Oscars, lance sa carrière de cinéaste. Il s'y fait remarquer, lui l'homme du Sud, par une attention portée aux problèmes sociaux et politiques liés au contexte italien – les rapports entrer le Nord et le Sud, l'émigration, la recherche des racines –, qui renoue d'une certaine façon avec le néo-réalisme. Et ce n'est pas pour rien que le film qui l'impose vraiment, *Il Ladro di bambini (Les Enfants volés)*, renvoie, dans son titre même, au *Ladri di biciclette* de Vittorio De Sica. L'importance donnée au décor naturel, le choix d'acteurs peu connus, la recherche d'un son et d'une image bruts, la vérité saisie non dans la contrainte du scénario mais dans l'action même du tournage : autant d'éléments où se retrouvent des principes chers aux néo-réalistes, et notamment à Rossellini, et qui, dans les meilleurs cas, donnent des films rares, captant, des *Enfants volés* à *Mon frère* et aux *Clefs de la maison*, la vérité de l'enfance, des rapports familiaux et sociaux, des souffrances et des espoirs de l'homme.

## LES ENFANTS VOLÉS (1992)
### avec Enrico Lo Verso, Valentina Scalici et Giuseppe Ieracitano

**Les enfants perdus retrouvés.** Antonio, qui est carabinier et originaire de Calabre, reçoit la mission d'accompagner deux enfants de Milan à Rome. Rosetta, la fillette de 11 ans, prostituée par sa mère dans un bidonville, et Luciano, son frère de 10 ans, doivent être placés dans un foyer pour enfants. Mais lorsqu'ils y arrivent, on leur en refuse l'entrée. Antonio doit donc poursuivre sa route et emmener ses deux jeunes protégés vers un autre institut spécialisé, en Sicile. Et tandis qu'ils traversent ainsi tout le pays, des liens se créent entre les trois compagnons de voyage, bien différents de ceux qu'Antonio avait imaginés.

Car, dans cette traversée du nord au sud qui, de Milan à Rome, se poursuit vers la Calabre pour arriver jusqu'en Sicile, il y a, pour les trois protagonistes, comme le contraire même de la route traditionnelle de l'émigration qui conduit les gens pauvres du Sud vers le travail et l'espoir de la réussite sociale dans le Nord. Et cette route inversée, c'est bien pour tous les trois le retour aux racines, la liaison rétablie entre deux Italies séparées et que l'évolution des temps éloigne de plus en plus. Et que cette route, à la fois géographique, historique, sociale, économique, se double d'un passage du silence à la parole, que les enfants, réduits au tout début à un regard (comme au saisissant premier plan, où le garçon, pendant que sa sœur attend le client, fait passer, dans l'intensité de son regard, le poids inconscient de sa propre culpabilité de jeune mâle ne pouvant rien faire pour empêcher la chose) et murés dans leur mutisme, en viennent progressivement à s'ouvrir vers le monde extérieur et à commencer à communiquer, et que la dernière scène voit les trois voyageurs se parler enfin à cœur ouvert, témoigne d'une identité enfin reconquise, qui rend à chacun sa dignité.

Cinéaste de la misère sociale et morale, Gianni Amelio montre la vérité des êtres : son personnage central, ce jeune carabinier chargé de faire respecter la loi, se découvre, une fois quitté l'uniforme, semblable aux deux enfants perdus qu'il accompagne. Et la communication qui s'établit entre eux débouche sur l'entente et la réconciliation. Pas si loin, alors, d'Antonioni et de *L'Avventura* : passant elle aussi par Noto, symbole même de tout un passé baroque et de toute une culture sicilienne, la route des trois voyageurs se termine sur un plan qui voit la fillette mettre la main sur l'épaule de son frère, dans un geste d'absolution qui évoque celui-là même de Monica Vitti, à la fin du film d'Antonioni, caressant l'épaule de son compagnon, pour dire cette vertu première d'humanité que le film de Gianni Amelio fait profondément partager : la compassion.

---

# AMENABAR Alejandro (espagnol, né au Chili en 1972)

**FILMOGRAPHIE :**
*Tesis (1995)* • *Ouvre les yeux (1997)* • ***Les Autres (2001)*** • *Mar adentro (2004)*

Né au Chili mais ayant passé la majeure partie de sa vie en Espagne et vivant à Madrid, Alejandro Amenabar se fait vite remarquer par la qualité d'écriture de ses scénarios et le soin apporté à ses mises en scène, à la fois classiques et inventives. Son premier film, *Tesis*, présenté à Berlin, reçoit d'emblée toutes les récompenses en Espagne, et le deuxième, *Ouvre les yeux*, petit polar fantastique sur un homme pris entre rêve, cauchemar, manipulation et réalité, attire l'attention des studios hollywoodiens, qui en rachètent les droits pour une version en anglais (*Vanilla Sky*, de Cameron Crowe) et qui lui offrent, pour son scénario suivant, la possibilité d'une réalisation américaine. *Les Autres* lui ouvre donc une carrière internationale, alors même que, revenant tourner en Espagne, il y réalise, à partir de l'histoire vraie d'un homme entièrement paralysé réclamant le droit à mourir, *Mar adentro*, qui lui vaut une nouvelle fois la reconnaissance internationale à travers le Lion d'argent à Venise et l'Oscar du meilleur film étranger à Hollywood.

## LES AUTRES (2001)
### avec Nicole Kidman et Christopher Eccleston

**Mémoires d'outre-tombe.** Brr… Dès les premiers plans du film d'Alejandro Amenabar, on sent qu'il va se passer de drôles de choses. Il faut dire que le lieu s'y prête : une immense maison lugubre, prise dans un épais brouillard, avec tout autour un parc immense, sombre comme une forêt, où les feuilles mortes qui s'amoncellent cachent des croix de pierre à l'emplacement de vieilles tombes mangées par la mousse ; et dans ce décor sinistre, une jeune

femme, gracile comme un Tanagra, le teint pâle, les yeux dilatés fouillant en permanence les sombres recoins de la demeure, d'autant plus sombres que ses deux enfants sont victimes d'une étrange sensibilité maladive qui leur interdit la lumière et nécessite que les rideaux soient tirés en permanence, plongeant les lieux dans une pénombre qu'éclaire seule la flamme des bougies. Et, avec ça, un étrange rituel, qui consiste à fermer à clef toutes les portes derrière soi. Du coup, comme la maison est immense et que les pièces se succèdent en enfilade, le bruit du trousseau qu'on sort fébrilement vient troubler un silence de mort. Pas tout à fait silencieux, à vrai dire, car d'étranges chuchotements, des voix basses et indistinctes venues d'on ne sait où, et parfois même des coups sourds qui font vibrer les murs, donnent comme l'impression d'une présence obscure. La mère et ses deux enfants vivent dans ce cadre oppressant, depuis que le père est parti à la guerre et n'en est pas revenu. On est en 1945, des fantômes hagards errent dans une Europe dévastée. Et peut-être est-ce là qu'il faut chercher l'origine de ces étranges phénomènes qui hantent la grande maison, comme si les peurs qui s'y expriment étaient celles d'un monde traversé par la mort et peuplé de spectres.
Peuplé d'ailleurs depuis longtemps : on est à Jersey, là même où, un siècle plus tôt, le grand Victor Hugo, hanté par la bouche d'ombre, interrogeaient les morts en faisant tourner les tables. Lieu prédestiné, donc, et l'on se dit que la brave Nicole Kidman aurait dû se renseigner avant de venir s'exiler en pareil endroit ! Et ce ne sont pas les trois étranges serviteurs qui viennent se présenter qui sont faits pour la rassurer, non plus que le retour de son mari, transformé en zombie surgissant des brumes de la guerre comme un fantôme de son tombeau, avant de disparaître à nouveau.
Qu'en est-il donc de cette étrange histoire, qui balance entre le spiritisme mélo et le thriller fantastique ? Il en va, de fait, comme d'un film d'atmosphère, aux peurs savamment distillées par un réalisateur qui sait créer des sensations fortes et qui, s'interdisant courageusement l'arsenal des effets spéciaux, va plutôt chercher du côté des bonnes vieilles recettes à l'efficacité garantie : craquements, jeux d'ombres et de lumières, cris dans la nuit, visages tordus d'effroi, lents mouvements de caméra, formes surgissant de nulle part, et, par-dessus tout, distribution *ad hoc* – deux gamins aux mines bizarres collant aux basques d'une jeune femme dont la beauté pâle semble ne pas devoir résister aux menaces qui rôdent. Elle y résiste vaillamment, pourtant, même si au bout du compte, et comme le réalisateur a manifestement vu *Sixième sens*, il lui faudra bien se rendre à l'évidence : quand il est question de fantômes, le royaume des morts n'est jamais loin.

## AMÉRIS Jean-Pierre (français, né en 1961)

**FILMOGRAPHIE :**
*Le Bateau de mariage (1992)* • ***Les Aveux de l'innocent (1995)*** • *Mauvaises fréquentations (1998)* • *C'est la vie (2001)* • *Poids léger (2004)* • *Je m'appelle Élisabeth (2005)*

Il y a une modestie dans le cinéma de Jean-Pierre Améris bien en rapport avec la façon toute de discrétion dont il mène une carrière qui, après l'Idhec, l'amène à réaliser ses premiers films en région, loin d'un système parisien et d'un battage médiatique dont son deuxième film, *Les Aveux de l'innocent*, offre une image sans concession, alors même que le personnage de l'imposteur garde, dans sa façon de se donner pour ce qu'il n'est pas, une sorte de pureté. La responsabilité personnelle, la façon de s'insérer dans un monde rude, la dignité de la personne humaine, les difficultés face à la vie qui commence ou face à la mort qui vient : les thèmes qui courent tout au long de ses films traduisent une exigence morale en même temps qu'un cinéma qui ne cultive la tradition d'un classicisme formel que comme le moyen le plus sûr pour traduire la complexité et la subtilité de la vérité humaine.

### LES AVEUX DE L'INNOCENT (1995)
#### avec Bruno Putzulu, Jean-François Stévenin et Michèle Laroque

**Le mentir vrai.** Un jeune homme comme les autres. Serge vit à Saint-Étienne. Il a 23 ans, une famille, une mère qui se fait du souci pour lui, une sœur plus jeune qu'il adore, un frère plus âgé, rangé, marié, père de famille. Lui, il glande, sans avoir vraiment de boulot, ou plutôt sans avoir vraiment envie d'en avoir un et de reproduire le schéma habituel de ceux qui l'entourent, dont la vie et l'horizon limités ne l'attirent pas spécialement. Ce qu'il voudrait au fond, c'est être bien dans sa peau, en devenant celui qu'il croit qu'il pourrait être. Être : voilà bien la question ! Pour

un jeune type conditionné par le schéma familial, par les contraintes économiques, par les intérims minables et pas vraiment exaltants, qu'est-ce que ça peut bien vouloir dire ? La réponse va de soi : quitter la province, la ville sans perspectives, et chercher ailleurs ce qu'il sait ne pas pouvoir trouver ici. Alors, à nous deux Paris ! Serge y cherche un boulot, pas le bout du monde, juste quelque chose qui lui permettrait de vivre et de prouver à ceux qu'il a laissés derrière lui qu'il vaut mieux que ce qu'ils croient. Le problème, c'est que même ça, c'est difficile. Au bout de quelques semaines, c'est la poche vide, l'impossibilité de se payer sa chambre, la galère inéluctable et la rue comme dernier refuge. Alors, lorsque la société vous emprisonne ainsi dans une dérive tracée d'avance, où trouver la simple liberté d'être ? C'est en lisant dans un journal le compte rendu d'un meurtre que Serge a la révélation de la solution : et si la liberté, c'était la prison ? Curieuse déduction, qui tient du coup de tête, mais qui pousse Serge à s'accuser de ce meurtre qu'il n'a pas commis, comme ça, pour voir, parce qu'il en a marre de ne pas être, et qu'en devenant coupable aux yeux de tous, il a le sentiment de pouvoir enfin trouver cette identité, cette reconnaissance de son être après laquelle il court en vain.
L'histoire que raconte Jean-Pierre Améris est évidemment surprenante. Son contexte et ses développements pourraient facilement donner lieu à une chronique misérabiliste, ou constituer une de ces réflexions lourdement pontifiantes sur les problèmes de société au goût du jour. Tout l'intérêt des *Aveux de l'innocent* est précisément d'échapper à ces schémas attendus pour offrir tout autre chose, où la dureté des réalités sociales est constamment passée au filtre d'une sorte de sourire naïf, de légèreté d'être. Par l'effet d'une mise en scène qui fait de la discrétion et de la réserve ses vertus premières, la voie suivie par le personnage présente toutes les garanties d'une authenticité absolue, sans pour autant offrir l'image d'un quelconque désespoir. Il y a au contraire, dans l'entêtement que celui-ci met à se présenter comme coupable, l'affirmation d'une volonté d'exister qui suscite la sympathie, et même chez ceux qui sont appelés à en juger – un policier au regard humain, une juge qui ne manque pas d'humour – une sorte de compréhension profonde, qui dit bien que les hommes ne sont pas si mauvais qu'on le dit. Et il n'est pas jusqu'à l'univers carcéral qui ne soit lui-même l'objet de ce regard qu'on pourrait dire pudique et pur et qui, au lieu de la sempiternelle noirceur violente qui en est la couleur de présentation habituelle, n'apparaisse sous un jour direct, comme évident, lourd de drame mais aussi de chaleur humaine. Il y a beaucoup d'art et de nuance dans la mise en scène très subtile de Jean-Pierre Améris, subtilité qui est celle d'un œil et d'un cœur attentifs, aptes à saisir ce qui est le fond même des êtres et des choses, dans une société dont les enfants sont bel et bien des enfants perdus.

## AMIEL Jon (anglais, né en 1948)

**FILMOGRAPHIE :**
*La Dame de cœur (1989)* • *Tante Julia et le scribouillard (1990)* • *Sommersby (1993)* • *Copycat (1995)* • *L'Homme qui en savait trop... peu (1997)* • ***Haute voltige (1999)*** • *Fusion – The Core (2003)*

Né à Londres, formé à Cambridge, Jon Amiel commence par diriger la Shakespeare Company d'Oxford et Cambridge, avec laquelle il effectue plusieurs tournées américaines, puis travaille ensuite comme directeur littéraire et metteur en scène de théâtre pour une des principales salles d'avant-garde londonienne. Il s'oriente ensuite vers la télévision, devient conseiller littéraire à la BBC, et passe à la réalisation de très nombreux téléfilms avant de se tourner vers le cinéma, où il fait preuve d'un parfait éclectisme, passant de l'Angleterre (où il tourne son premier film) aux États-Unis (où il réalise les suivants), de la comédie dramatique au suspense, du drame historique à la comédie de mœurs, et du film d'aventures à la science-fiction.

### HAUTE VOLTIGE (1999)
### avec Sean Connery et Catherine Zeta-Jones

**Le temps suspendu.** Ce qu'il y a de bien, avec le film de Jon Amiel, c'est qu'on y trouve tout ce qu'on y attend, y compris l'inattendu. Le titre annonçant la couleur, on aura donc bien affaire à du haut vol, genre acrobaties en plein ciel, appliqué à cette variété du film de hold-up qu'est le plus gros casse du siècle (ici, c'est même du millénaire !), dans la tonalité élégante et humoristique qu'apporte un héros gentleman-cambrioleur. Sean Connery, avec son passé d'agent secret britannique et d'as de la voltige et du gadget sophistiqué, apporte toute garantie en la matière, d'autant que les années lui ont apporté ce charme de séducteur vieillissant portant le smoking avec la distinction très british qui convient. La séduction opère d'ailleurs immanquablement sur la partenaire-adversaire qui lui est ici proposée : la très belle Catherine Zeta-Jones, dont on a sans doute pensé que, ayant déjà eu affaire à Zorro, elle pouvait bien se frotter à un 007 vétéran. La seule réserve que l'on peut faire en la matière est que si la belle est effectivement très en beauté, il lui manque, face au maître, cette sorte de densité et d'abattage qui lui donnerait quelque consistance dans un rôle pourtant taillé à ses impeccables mesures. Mais enfin, elle se laisse regarder, ce qui est au fond la seule chose qui compte.

D'autant que l'essentiel n'est pas forcément dans le côté embrouilles qui ne peut manquer d'intervenir entre l'as de la cambriole et la soi-disant agent d'assurances faisant équipe avec lui pour mieux le piéger. Qui manipule qui ? La question permet à peine d'entretenir le suspense. L'important, ce sont les casses. Et là, on est plutôt bien servi. Le premier, qui fait l'ouverture, donne le *la* : acrobaties en gratte-ciel, art d'entrer par la fenêtre quand la porte est fermée, outillage dernier cri, et hop !, un Rembrandt dans la musette. Le deuxième donne lieu à une assez jolie chorégraphie de la voleuse-danseuse pour subtiliser un masque chinois. Le dernier vise carrément le haut vol, avec les tours jumelles les plus hautes du monde et la haute technologie informatique, et aussi avec le bug de l'an 2000 ingénieusement utilisé pour que les deux voltigeurs deviennent aussi les maîtres du temps. Ce qui permet de comprendre pourquoi Sean Connery a voulu non seulement interpréter le film mais le produire. C'est que, sentant venir l'âge, il parvient à y réaliser le vœu suprême : O temps ! suspends ton vol…

## ANDERSON Brad (américain, né en 1964)

**FILMOGRAPHIE :**
*Frankenstein's planet of monsters (1995)* • *The Darien Gap (1995)* • *Next stop Wonderland (1998)* • ***Happy accidents (2000)*** • *Session 9 (2001)* • *The Machinist (2004)*

Ayant étudié à l'université le cinéma ethnographique, puis, partant pour Londres, la production à la London International Film School, Brad Anderson revient s'installer à Boston où il réalise documentaires et courts métrages, tout en enseignant la réalisation dans plusieurs universités. Passant au long métrage, il devient vite un des chefs de file du cinéma indépendant et se signale par un cinéma inventif, comme le montre bien *Happy accidents*, à la fois comédie romantique et variation sur le thème traditionnel du voyage dans le temps.

### HAPPY ACCIDENTS (2000)
### avec Marisa Tomei et Vincent d'Onofrio

**Retour vers le futur antérieur.** À première vue, l'histoire que Ruby Weaver raconte à sa psy n'a rien que de très ordinaire. Elle qui collectionne les déconvenues sentimentales et qui n'en finit pas de ne jamais trouver le bon numéro, voilà qu'une simple rencontre, par hasard, dans un parc, semble bien lui apporter l'homme de sa vie. Il s'appelle Sam, il est né à Dubuque, Iowa, il n'est à New York que depuis quelques mois, et il a pour Ruby toutes les attentions touchantes, les maladresses irrésistibles, les gestes tendres et passionnés dont elle a toujours rêvé. On peut donc facilement comprendre qu'elle se laisse vite prendre à cette liaison et qu'elle tombe amoureuse de ce garçon drôle, prévenant, cocasse, qui plaît aussi bien à ses copines qu'à ses parents. Mais là où les choses se compliquent, et où la réalité toute rationnelle qui préside à une histoire d'amour somme toute banale bascule dans l'inédit, c'est que cette cocasserie et ces maladresses, dont Sam se fait une spécialité, il les explique par le fait qu'il vient d'ailleurs, d'un autre Dubuque, Iowa, que celui qui figure sur les cartes d'aujourd'hui. Cet ailleurs, c'est le futur : Sam arrive de l'an 2470, et sa rencontre avec Ruby n'est que le terme d'un rétro-voyage qui l'a ramené quelques siècles en arrière. On comprend mieux dès lors pourquoi Ruby consulte sa psy. Et les explications que celle-ci apporte aux curieuses allégations de Sam sont là pour fournir l'explication rationnelle qu'on attend. Si ce n'est – et c'est toute la belle ambiguïté qui fait l'intérêt du film de Brad Anderson – que ladite explication n'est peut-être elle-même qu'une fausse piste.

Dans cet insidieux mélange du réel et du fantastique, le sujet classique que traite le cinéaste – celui du voyage dans le temps – se fait non pas à grand renfort d'effets spéciaux, de machines de synthèse et d'attirail SF habituel, mais dans une comédie sentimentale qui garde les pieds sur terre. Le couple (joliment) formé par Marisa Tomei et Vincent d'Onofrio se débat dans une aventure si incroyable qu'on se demande bien comment il se fait qu'on est prêt à y croire. En tout cas, si on y rit beaucoup, on y reste aussi souvent perplexe, peu habitué que l'on est à voir ainsi le verbe aimer si originalement conjugué au futur antérieur.

## ANDERSON Jane (américaine, née en 1954)

**FILMOGRAPHIE :**
*How to make an american quilt (1995)* • *Sex revelations (2000), co-réalisation* •
***Normal (2003)***

Le scénario est souvent la voie d'accès à la réalisation, et la télévision celle qui mène au cinéma. Le cas de Jane Anderson en offre l'exemple. Ayant commencé par être actrice et lassée de n'obtenir que de petits rôles, elle se met à écrire pour le théâtre mais aussi pour la télévision et pour le cinéma, ce qui lui permet de réaliser elle-même certains des films dont elle est la scénariste : *How to make an american quilt* en 1995 au cinéma, *The Baby dance*, en 1998, *Billie contre Bobby* en 2001 à la télévision. Travaillant pour la chaîne HBO, elle écrit et réalise en 2000 un des trois épisodes d'un film sur l'homosexualité féminine, qui bénéficie d'une exploitation cinématographique sous le titre *Sex revelations* ; et, en 2003, adapte pour le petit écran une pièce dont elle est l'auteur, *Normal*. La présence en tête d'affiche de Jessica Lange et de Tom Wilkinson permet au film une sortie sur grand écran dans les festivals.

### NORMAL (2003)
### avec Jessica Lange et Tom Wilkinson

**Monsieur Dame.** Au cœur de l'Illinois profond, Roy et Irma, couple parfait, famille-église-boulot, fête dans la liesse collective d'une réunion familiale et amicale ses noces d'argent. C'est juste le moment que choisit Roy pour s'évanouir au beau milieu de la fête : fatigue, maladie ? Non, mais bel et bien malaise existentiel ou plutôt identitaire. Roy, ce colosse qui travaille à l'usine, qui conduit des tracteurs, qui est la figure même de l'époux solide et du père de famille respecté, cache un secret profond, et plutôt lourd : depuis toujours, il se sent femme, prisonnière dans son corps d'homme. Et la cohabitation devenant impossible à supporter, il a décidé de se faire opérer et de devenir enfin celle qu'il a toujours senti qu'il était.
On voit, d'emblée, ce qui fait à la fois la spécificité mais aussi les limites du film que Jane Anderson a réalisé en adaptant à l'écran sa propre pièce. L'originalité du propos tient dans la façon d'introduire dans la normalité la plus commune possible un élément perturbateur d'anormalité. Ce qui entraîne évidemment des réactions de rejet de la part de l'entourage : les copains de boulot, machos convaincus, qui se retrouvent comme agressés par le changement de sexe de leur pote ; les voisins et amis, réunis dans la communauté religieuse, qui l'excluent de leur assemblée ; et, évidemment, la famille même de Roy, son fils, sa fille, et surtout Irma, sa femme, qui découvrent qu'ils ont vécu tant de temps à côté d'un homme qui ne s'en sentait pas un.
Mais le fait de placer cette transsexualité au sein d'une famille quelconque, dans un milieu de gens comme tout le monde, dans une Amérique du Middle West bien éloignée de l'ouverture d'esprit des grands centres urbains de l'est ou de l'ouest, donne au scénario valeur de démonstration un peu lourdement appuyée. Comme si, posant un postulat, la réalisatrice en tirait toutes les conséquences, sans trop se soucier de la vraisemblance psychologique. Du coup, les personnages apparaissent, notamment Roy, comme peu crédibles. Et l'on sent bien que ce sont moins ici ces personnages qui comptent que le sujet qu'ils illustrent : le changement de sexe n'est, *in fine*, qu'une sorte de prétexte qui aurait pu, à la limite, être remplacé par un autre.
Le film y perd, du coup, largement de son intérêt, et se révèle plus proche d'une pièce à thèse que d'une chronique vivante et nuancée. Ce qui le sauve, en fait, et lui permet vaille que vaille de tenir la distance, ce n'est ni le sujet ni le ton (qui évite heureusement tout côté graveleux), mais bel et bien l'interprétation. Et non pas tant celle de Tom Wilkinson, dont l'apparence physique massive et disgracieuse a du mal à faire croire à ce qu'il est censé devoir être, que celle, dans le rôle de l'épouse trahie, supportant vaillamment, en épouse aimante, l'épreuve qu'elle doit subir, de Jessica Lange. La vraie, la seule femme du film, c'est elle.

## ANDERSON Lindsay (anglais, 1923-1994)

**PREMIER LONG MÉTRAGE :**
*Le Prix d'un homme (1963)*
**FILMOGRAPHIE À PARTIR DE 1985 :**
***Les Baleines du mois d'août (1987)***

De tous les jeunes gens en colère qui, vers la fin des années 1950, entreprirent de libérer le cinéma anglais du conformisme, Lindsay Anderson fut sans aucun doute le plus virulent et le plus radicalement engagé dans la lutte pour ce *free cinema* dont il se fit à la fois le théoricien et le praticien. Et ce qui apparut très vite, dans ses documentaires puis dans ses grands films des années 1960-1970, et notamment dans *If*, ce fut un regard sans complaisance sur la société anglaise, dénoncée avec un sens aigu de la provocation et un esprit anarchiste rétif à toute forme d'ordre et d'encadrement. Pour autant, cette liberté d'esprit s'est toujours traduite chez lui par une sobriété de style qui a pu ne pas sembler tout à fait en accord avec la volonté de rupture qu'il revendiquait par ailleurs. La mise en scène, chez Lindsay Anderson, est en fait toujours restée classique, plus du côté de John Ford – sa grande référence – que du côté d'Orson Welles. Et il n'est finalement pas étonnant que, lorsque l'échec de *Britannia Hospital*, en 1982, l'amena à partir réaliser aux États-Unis ce qui allait être son dernier long métrage, *Les Baleines du mois d'août*, il traduise, dans cet ultime opus, une sorte de sagesse, à la fois de morale et de réalisation, conforme à sa nature profonde. Non sans pousser encore l'anticonformisme, en un temps où la jeunesse tendait à devenir la grande valeur à la mode, jusqu'à chercher dans la vieillesse une leçon de vie.

### LES BALEINES DU MOIS D'AOÛT (1987)
**avec Lillian Gish, Bette Davis, Vincent Price et Ann Sothern**

**Les deux sœurs.** Deux sœurs, dans leur cerisaie à elles : un cottage de bois, sur une petite île du Maine, face à l'immensité somptueuse de l'océan. Là où, enfants, avec leur voisine Tisha, elles regardaient les baleines revenir chaque année faire leur petit tour au large, dans la chaleur du mois d'août. Et puis les étés de l'enfance ont passé, la vie a déroulé son cours, et l'âge, inexorablement, est venu. Mais régulièrement, l'été les a ramenées dans leur maison de famille, où elles se retrouvent ainsi, devenues veuves et octogénaires, à guetter le retour des baleines. Pas de la même façon qu'autrefois pourtant. Car la vie a accusé leurs caractères, et autant Sarah, la douce, la tendre, la bonne, continue à cueillir les fleurs du jardin, à s'émerveiller des reflets de la lune sur l'océan et à bâtir des projets d'avenir – ouvrir une grande baie vitrée pour faire entrer la lumière, se laisser faire une cour discrète par un vieil émigré russe échoué là, et se refuser à vendre la maison à un agent immobilier qui guette –, autant Libby, devenue aveugle, enrage contre tout, mène la vie dure à sa sœur, et fait sentir en permanence son amertume de vieille peste qui ne semble plus attendre que la mort. De cette opposition de tempéraments, Lindsay Anderson joue avec une subtilité d'autant plus attachante qu'elle recouvre largement la nature des rôles et des personnages tenus, tout au long de leur carrière, par ses deux prestigieuses interprètes, Lillian Gish, la douce, et Bette Davis, la dure. En réunissant ainsi, dans ce qui risque bien d'être leurs derniers rôles, deux des figures les plus emblématiques du cinéma, le réalisateur charge son film d'une émotion qui, au-delà de l'histoire même qu'il raconte, naît pour le spectateur du sentiment d'assister, avec elles, à la disparition de tout un âge du cinéma. Avec Lillian Gish, c'est toute la magie des temps premiers du muet qui s'éloigne dans le lointain du souvenir, et la figure du grand Griffith dont elle fut l'interprète favorite ; comme avec Bette Davis, s'estompe l'âge d'or du parlant, celui des Michael Curtiz, des Archie Mayo, des Edmund Goulding, des King Vidor, des Joseph L. Mankiewicz, et de tous ceux qui marquèrent une carrière unique.
Mais la nostalgie n'est pas tout. Et les derniers feux des deux étoiles pas encore mortes ne manquent pas d'être encore lumineux. Car Lindsay Anderson, qui fut un jeune homme en colère, semble ici trouver, avec l'âge, le ton apaisé qui convient pour rendre sensible l'épaisseur du temps. Et pour dire aussi que, si la mort est inéluctable, la vie offre toujours des bonheurs. Ce n'est pas pour rien que, face à la sécheresse déjà cadavérique de Libby, la tendresse de Sarah, le rire de Tisha, l'amie fidèle, la délicatesse de Muranov, le vieux Russe qui cache sa déchéance sous l'élégance du geste, et même le ton bourru de l'artisan du coin qui oublie toujours ses outils, font triompher le souffle de la vie. Et Libby la sèche elle-même n'y sera pas insensible.
Lindsay Anderson, avec une délicatesse qui sait éviter la joliesse et la sensiblerie, et sans trop se soucier des sujets à la mode, le dit dans un film tchékhovien, cruellement et tendrement mélancolique. Et même si les baleines d'autrefois ne reviendront sans doute jamais, l'espoir de les revoir un jour fait vivre. Jusqu'au bout.

## ANDERSON Paul Thomas (américain, né en 1970)

**Filmographie :**
*Sydney (1996)* • *Boogie nights (1997)* • ***Magnolia (1999)*** • ***Punch-drunk love (2002)***

De la toute nouvelle génération de cinéastes américains arrivés à la réalisation dans le courant des années 1990 et appelés à occuper le devant de l'écran dans les décennies à venir, Paul Thomas Anderson est à coup sûr un des talents les plus prometteurs. Né de façon quasi symbolique à Studio City, dans la vallée de San Fernando à Los Angeles, il a grandi au pays même du cinéma, y développant dès son plus jeune âge une passion pour le septième art, qu'il met rapidement en pratique d'abord en étant assistant de production sur des téléfilms et des clips publicitaires puis sur de petits films indépendants, avant d'écrire le scénario d'un court métrage, *Cigarettes and coffee*, qu'il tourne en empruntant une caméra et qu'il présente à Sundance. Le film étant aussitôt remarqué, il peut y développer, à l'atelier d'écriture du festival, son premier long métrage, qu'il réalise en 1996, *Sydney*, histoire d'amour, de vengeance et de rédemption mettant en scène un joueur et une prostituée embarqués dans le kidnapping catastrophique d'un client de casino. La finesse psychologique, la direction d'acteurs, l'entrelacement des destins et la thématique du miroir aux alouettes des illusions qui se heurtent à la réalité fixent d'emblée la tonalité d'un univers qu'il développe et approfondit dans ses films suivants, pour lesquels il réussit à garder son indépendance même lorsqu'il tourne, comme c'est le cas avec *Punch-drunk love* produit par Columbia, pour de grands studios. La volonté de s'affirmer du héros de *Boogie nights*, pâle jeune homme inhibé qui se lance dans le cinéma porno – un genre méprisé, auquel Anderson rend hommage avec une sorte de tendresse qui s'interdit tout regard ironique de supériorité ; la complexe mosaïque de personnages rassemblés le long de *Magnolia*, une rue qui a le nom d'une fleur faisant alterner les feuilles sur sa tige, comme autant de destins croisés ; la subtile et cocasse histoire d'amour que vivent les personnages non moins cocasses et décalés de *Punch-drunk love* : l'univers de Paul Thomas Anderson se reconnaît immédiatement, marqué par une imprégnation profonde des grands genres cinématographiques et par tout un travail formel sur la musique, la couleur, les décors, qui traduisent une fascination pour le cinéma, jeu d'ombres et de lumières où s'agitent des personnages dont les rêves paraissent toujours plus vrais à l'écran que dans la vie.

### MAGNOLIA (1999)
### avec Tom Cruise, Jason Robards et Julianne Moore

**À fleur de vies.** Étrange et capiteux parfum que celui qui se dégage de ce *Magnolia* dont Paul Thomas Anderson effeuille une à une les fleurs. Magnolia, c'est le nom d'une rue, dans la vallée de San Fernando, à Los Angeles, et c'est cette unité de lieu qui constitue le lien premier entre ces vies multiples que le cinéaste, le temps d'une journée, suit à la trace. Une journée comme les autres, mais qui pourrait bien être la dernière pour Earl Partdridge, producteur de télévision à l'agonie, dont le cancer est en phase terminale. Et une journée qui va compter aussi pour Linda, sa jeune femme, qui regrette mais un peu tard d'avoir profité de sa fortune ; et pour Phil aussi, son infirmier, prêt à exaucer ses dernières volontés ; et pour Frank encore, son fils autrefois abandonné, et devenu depuis un gourou médiatique du sexe ; et pour Jimmy également, son présentateur vedette, qui anime un jeu télévisé, dont le jeune Stanley est le héros fragile ; et pour d'autres encore : Claudia, la fille droguée de Jimmy, Donny, l'ancienne star TV retombée dans l'anonymat, Jim, le brave flic timide amoureux de Donnie… Une journée ordinaire donc, au cours de laquelle Paul Thomas Anderson fait se croiser une bonne vingtaine de personnages dont, à la manière du *Short cuts* de Robert Altman, il entreprend d'entrecroiser les vies et de raconter l'histoire.

Or c'est là que le magnolia trouve sans doute sa vraie symbolique : la façon dont ses feuilles alternent sur sa tige, disposées de part et d'autre mais jamais en face l'une de l'autre, illustre en effet parfaitement le décalage qui est le propre de toutes ces vies, cette incapacité de chacun à être en phase avec les autres, qui fait au bout du compte la difficulté d'être et d'aimer. Ce qui se dégage de cette mosaïque de destins croisés, c'est bien une même douleur à assumer sa condition humaine. Par la construction alternée d'un scénario composé en bouquet, Paul Thomas Anderson montre des hommes et des femmes certes très différents les uns des autres, mais tous soumis à la même solitude fondamentale, au même besoin d'aimer et d'être aimé, à la même volonté de rachat et au même désir d'être enfin en paix avec soi-même. Cela donne un film puzzle, dont les pièces s'imbriquent progressivement les unes aux autres, pour composer une entêtante rhapsodie, rythmée par les mélodies de Jon Brion et les chansons d'Aimee

Mann, que, dans un moment de grâce, chacun des personnages reprend et chantonne avec sa voix à lui. Car, dans ce récit fleuve, mais dont les trois heures passent sans trop qu'on les voit, il y a ainsi des moments où le temps semble s'arrêter, où le hasard s'amuse à faire se rencontrer les coïncidences, et où le ciel, soudain, se met à pleuvoir des projectiles tellement énormes qu'ils suscitent tout autant une vague peur qu'un rassurant sourire. À l'image d'un film dont le vrai plaisir est celui de raconter, et dont la volonté démiurgique charrie du coup un peu tout à la fois, le rire et les larmes, la finesse de la touche et la grosseur parfois des effets, l'acidité du regard et la mollesse de la leçon morale, l'opulence exubérante des fleurs de magnolia et l'odeur un peu trop suave de leur parfum.

### PUNCH-DRUNK LOVE (2002)
**avec Adam Sandler et Emily Watson**

**Folie tendre.** Curieux, ce Barry Egan ! Qu'est-ce qu'il fait à téléphoner dans cet entrepôt improbable où il s'occupe d'on ne sait trop quoi et où il entasse des boîtes de pudding ? Et qu'est-ce que c'est que cette voiture qui, dans la rue déserte, fait un double looping ? Et ce piano-harmonium qu'on vient déposer au bord du trottoir, et qu'il s'empresse d'emporter dans son bureau ? Oui, curieux, ce Barry Egan, avec son air de grand dadais vaguement autiste, son costume bleu décalé, sa démarche un peu lunaire, et son côté doux dingue innocent traversant le monde avec un petit sourire absent ! Curieux, mais compréhensible, quand on apprend qu'il a sept sœurs envahissantes, que chacune veut s'occuper de lui, et que dans cette atmosphère étouffante et castratrice, sa vie de garçon n'a jamais été qu'un long enfer familial. Pas besoin d'être grand psy pour comprendre de quel blocage souffre Barry Egan, et de quelles frustrations il veut se libérer lorsque, dans un moment de grande solitude, il téléphone à une adresse rose…
Ce coup de fil coquin va déclencher une cascade de réactions en série qui embarquent le film de Paul Thomas Anderson dans la voie de la comédie de situation. Mais ce n'est pas la moindre surprise d'un film constamment surprenant que de déjouer l'attente en soumettant ces situations attendues aux réactions imprévisibles du personnage central. On ne sait jamais trop ce que va faire ce Barry Egan auquel Adam Sandler apporte une sorte de fragilité ahurie qui renoue avec celle des grands mimes du burlesque muet, d'Harold Lloyd à Buster Keaton. Quasi immobile, le visage figé esquissant parfois une légère crispation, la démarche comme mécanique, il s'anime soudain lorsque débarque dans sa vie la non moins curieuse Lena, superbe Emily Watson, qui trouve là son meilleur rôle depuis *Breaking the waves*. À eux deux, ils emportent le film vers la comédie romantique en état d'apesanteur, à l'image du baiser qui les réunit, avec en fond de scène la plage et la mer d'Hawaï, et les passants qui passent en ombres chinoises, tandis que, cadrés comme dans une vignette, ils s'embrassent pour le plus surprenant et le plus original des baisers hollywoodiens que le cinéma ait inventé depuis longtemps.

## ANDERSON Wes (américain, né en 1969)

**FILMOGRAPHIE :**
*Bottle Rocket (1996)* • *Rushmore (1998)* • ***La Famille Tenenbaum (2001)*** •
*La Vie aquatique (2005)*

En quelques films, Wes Anderson s'est acquis la réputation d'un cinéaste original, dont l'humour, cultivant à la fois le second degré et l'émotion, fait alterner notations grinçantes, situations exubérantes et personnages cocasses. Cela était déjà sensible dans son premier film, *Bottle Rocket*, réalisé à partir d'un court métrage qu'il avait tourné en 16 mm après avoir terminé ses études à l'université du Texas. Cela l'est également dans *Rushmore*, une comédie renouvelant le personnage du cancre et le film lycéen, et plus encore dans cette étonnante *Famille Tenenbaum*, dont les membres ne sont pas moins saugrenus et attachants que ceux qui composent l'équipe d'aventuriers des profondeurs marines qui explorent *La Vie aquatique*.

### LA FAMILLE TENENBAUM (2001)
**avec Gene Hackman, Anjelica Huston, Gwyneth Paltrow et Ben Stiller**

**Le retour du père prodigue.** Dans la famille Tenenbaum, il y a le père. Royal. C'est son nom. Il le porte bien : sûr de lui, chef incontesté de la tribu, il a passé sa vie à ne penser qu'à lui. Pas vraiment psychologue avec ses enfants,

plutôt infidèle avec sa femme, joueur, menteur, escroc, il a fait tant et si bien qu'il a quitté la maison familiale pour mener une vie de bâton de chaise, portant beau, vivant d'expédients, se faisant rayer du barreau, mais élisant domicile dans le plus sélect des hôtels de la ville. Dans la famille Tenenbaum, il y a également la mère, Etheline. Belle plante, qui a souffert du départ de son mari, et qui s'est sacrifiée pour élever les enfants, tout en menant son métier d'archéologue, en passant son temps à repousser les propositions de remariage de ses prétendants et en faisant marcher la maison vaille que vaille. Dans la famille Tenenbaum, il y a aussi les enfants. Les deux authentiques, Chas et Ricchie, petits génies en herbe, le premier dans les finances, le second raquette de tennis à la main. Et puis la troisième, adoptée, Margot, génie précoce elle aussi, dans l'écriture théâtrale, et qui cultive le secret comme un art de cacher ses névroses. Dans la famille Tenenbaum, il y a encore Pagoda, le maître d'hôtel, serviteur et factotum, Indien des Indes, stylé et efficace, et qui en a fait et vu des vertes et des pas mûres. Et puis tout autour de la famille Tenenbaum, il y a les amis, comme Eli Cash, amoureux de Margot, Raleigh marié avec elle, Henry, qui voudrait bien épouser Edeline, ou Duqsty, liftier d'ascenseur tout acquis à Royal. Cela fait beaucoup de monde, qui forme une vraie famille, même lorsque celle-ci éclate avec le départ de son chef et que tous n'ont dès lors d'autre désir profond que de la recomposer. Ce que le retour du père prodigue, qui pour revenir en douceur prétend n'avoir plus que quelques semaines à vivre, va permettre, mais à la manière constamment surprenante et inventive avec laquelle Wes Anderson prend les choses en main.
Son portrait de famille a en effet la cocasserie et le brillant qui est celui-là même de cette drôle de tribu que composent les Tenenbaum. Il a aussi et surtout le côté drôle et émouvant d'une comédie qui fouille, en fait, l'intimité douloureuse de personnages trimbalant tout un mal-être avec eux, mais qui préfère au pathétique larmoyant le sourire décalé de l'ironie. Du coup, c'est un vrai plaisir que de partager la vie du clan, d'observer le jeune Chas créer une race de souris dalmatiennes qu'on voit ensuite se perpétuer dans le moindre recoin de la maison, d'assister aux frasques existentielles et sexuelles de Margot, de suivre Ricchie dans sa déprime de milliardaire du tennis qui a rangé ses raquettes, d'observer les mines pudiques d'Etheline quand elle avoue à son amoureux aux cheveux blancs qu'il y a quelques lustres qu'elle n'a plus couché avec un homme. Et surtout de suivre ce maître escroc qu'est le royal Royal (impérial Gene Hackman) apprenant à ses petits-enfants à vivre en faisant tout ce qu'il ne faut pas faire. Et prouvant avec le brio que les pas très bons sentiments peuvent faire d'excellentes comédies.

## ANGEL Hélène (française, née en 1967)

**FILMOGRAPHIE :**
***Peau d'homme, cœur de bête (1999)*** • *Rencontre avec le dragon (2002)*

Passée par la Femis et par le court métrage, Hélène Angel révèle, dès ses premiers films, à la fois un tempérament et une manière qui l'amènent à aborder de face des sujets forts, qu'elle développe, à la lisière du conte et de l'épopée, dans des récits et des personnages à résonance mythologique. L'intérêt suscité par *Peau d'ange, cœur de bête*, puis le relatif insuccès du plus ambitieux (et plus coûteux) *Rencontre avec le dragon* montrent que son originalité surprend, y compris dans son côté dérangeant.

### PEAU D'HOMME, CŒUR DE BÊTE (1999)
### avec Serge Rabioukine, Bernard Blancan et Cathy Hinderchied

**Le cri.** En apparence, tout est simple : une famille comme les autres, la mère qui vit avec le plus jeune de ses fils et avec les deux fillettes de son aîné, dans une maison en pleine nature, dont rien ne semble devoir troubler la tranquillité. Et puis voilà que le père des filles, flic un peu trop violent qu'on envoie au repos pour qu'il se calme un peu, revient, et que revient aussi Coco, le fils disparu, aux traits émaciés, à l'air hagard, quasi muet, qui ramène avec lui tout un drame familial enfoui au plus profond et dont, le faisant remonter à la surface, il va être le révélateur
Le premier film d'Hélène Angel, tout de violence intérieure, va loin dans l'exploration des zones d'ombre. Non seulement sur le plan individuel, avec une façon de révéler l'intimité secrète de chaque personnage, mais sur le plan plus largement humain aussi. Comme si dans cette sombre histoire de famille qui dévore ses enfants, modernes Atrides, c'était la violence première qui refaisait surface. Celle que disent les mythes originels et les très anciennes tragédies, mais celle aussi que colportent d'âge en âge ces contes effrayants où les ogres dévorent les

enfants, et ce d'autant que le drame est montré à travers les réactions qu'il engendre chez les deux petites filles de la famille, qui découvrent, dans cette explosion de la violence, les lois brutales du monde adulte.
La façon très serrée dont est mené le récit, cette impression de force primitive qui se dégage de l'interprétation des comédiens, parmi lesquels Bernard Blancan et Serge Rabioukine campent, chacun à leur manière, des figures inquiétantes, face à la fragilité de la toute petite Cathy Hinderchied (portrait en miniature de la réalisatrice), ajoutées à la présence lourde d'une nature saisie dans sa beauté et sa force sauvages, que le décor grandiose des pré-Alpes traduit de façon impressionnante : tout concourt à faire résonner longtemps aux oreilles et au cœur le cri final vers lequel tend inexorablement le récit. Cri de peur, porteur d'un malaise oppressant, mais aussi cri de vie, et qui vient du fond des tripes.

## ANGELO Yves (français, né en 1956)

**Filmographie :**
*Le Colonel Chabert (1994)* • *Un air si pur (1996)* • *Voleur de vie (1998)* •
***Sur le bout des doigts (2001)*** • *L'Affaire Salieri (2004)* • *Les Âmes grises (2005)*

Chef opérateur apprécié des plus grands réalisateurs français – Corneau, Deray, Sautet, Miller, Berri –, Yves Angelo est passé à la mise en scène en adaptant pour le grand écran *Le Colonel Chabert* de Balzac. Le film montre, outre une grande qualité dans la reconstitution, un intérêt porté à la représentation visuelle, extérieure, des replis intérieurs, des secrets cachés. Et cet équilibre, qu'accompagne et que souligne la place importante réservée à la musique, se retrouve dans les films plus personnels qui suivent, où le réalisateur apparaît non seulement comme un solide artisan de la mise en scène mais aussi comme un cinéaste préoccupé de traduire de façon subtile et nuancée la profondeur des sentiments humains.

### SUR LE BOUT DES DOIGTS (2001)
### avec Marina Hands et Anne-Sophie Latour

**Passionato.** Qu'y a-t-il dans le regard de la mère qui observe les doigts de sa fille courir sur les touches du piano ? Un amour profond, une fierté devant ce talent virtuose, un partage fusionnel de la musique. Mais aussi une souffrance, comme une jalousie refrénée et qui pourtant s'impose, faisant remonter à la surface la frustration de voir l'autre, son enfant, qui, sans même s'en rendre compte, est tout ce qu'elle-même, sa mère, a toujours voulu être : une pianiste. Pas une honnête tâcheronne du clavier, qui donne des cours aux gamins du coin, mais une vraie interprète, habitée par la grâce, et dont l'âme parle par les notes. Cette mère et cette fille, elles sont donc liées par la musique. Mais leurs liens sont plus forts encore, comme l'indiquent bien leurs deux prénoms, Julie et Juliette, la grande et la petite. Si ce n'est que c'est la mère qui porte le diminutif, Juliette, et la fille le nom originel, Julie. Comme si le rapport même de mère à fille était ici inversé.
Et c'est bien d'ailleurs, d'une certaine manière, ce que raconte le film subtil et entêtant d'Yves Angelo : une jeune femme, qui a accouché dans des conditions difficiles, qui a tout sacrifié pour que son bout de bébé prématuré vive, et qui, à partir de là, l'a couvé, en a fait cette adolescente entièrement dévolue au piano, et dont elle découvre qu'elle est une pianiste prodige. Découverte qui, dans le silence, dans les regards, dans la charge de passion qui jamais ne se dit mais qui déchire les entrailles, la torture d'envie jalouse, de sentiment d'injustice, de désir d'être comme elle. Jusqu'à vouloir se faire passer pour elle, jusqu'à devenir cette enfant, dans une sorte de régression autiste qui serait comme un retour à la naissance. Et, pendant ce temps, Julie, la fille, qui devient comme la mère de sa mère, qui la protège, qui la caresse, qui joue pour elle, et qui devient adulte.
Un film sur la musique, certes, admirable dans les pièces choisies et dans l'interprétation qui en est donnée. Mais film plus profondément à quatre mains, sur la difficulté à être, sur les violences du cœur, sur l'amour fusionnel, et qui, par moments, pourrait presque basculer dans l'horreur du drame, tant la tension est grande et la menace tangible. Mais qui suit de fait le chemin que trace l'analyse intime des troubles replis de la filiation. À ce moment-là, le piège de l'explication psy n'est pas loin, mais Yves Angelo y échappe avec bonheur. Par la justesse de note de ses deux interprètes, et par un finale inspiré qui, au terme d'un éblouissant morceau joué *passionato*, se clôt sur l'infini d'un regard.

## ANGELOPOULOS Théo (grec, né en 1936)

**PREMIER LONG MÉTRAGE :**
*Reconstitution (1970)*
**FILMOGRAPHIE DEPUIS 1985 :**
*L'Apiculteur (1986)* • ***Paysage dans le brouillard (1988)*** • *Le Pas suspendu de la cigogne (1991)* • ***Le Regard d'Ulysse (1994)*** • *Lumière et compagnie (1995), co-réalisation* • *L'Éternité et un jour (1998)* • *Eleni (2004)*

Comme son compatriote Costa-Gavras, Théo Angelopoulos, grec, né à Athènes, a fait ses études de cinéma en France : mais lui n'est guère resté longtemps à l'Idhec, d'où son intransigeance artistique l'a très vite fait renvoyer. Néanmoins, admirateur et proche de Jean Rouch, familier de la Cinémathèque française d'Henri Langlois, il acquiert une formation cinématographique largement française. Lorsqu'il rentre dans son pays, il y devient le critique cinématographique du quotidien *Allagi*, dont la parution va être suspendue par le régime des colonels. Il passe alors à la réalisation, avec la même conception à la fois élevée et rigoureuse de son art. Mettant son cinéma au service de la réflexion historique, il nourrit ses films d'une dimension mythique, puisée aux sources de la mythologie grecque, qui leur donne valeur universelle. Et il élabore un art très personnel, refusant la narration traditionnelle au profit d'une théâtralité inspirée de Brecht, et créant une temporalité propre par le recours aux plans-séquences et aux plans fixes, au silence et la lenteur. Ce pas constamment suspendu au-dessus des grandes interrogations de l'homme face à l'Histoire donne à son cinéma une exigence rare.

### PAYSAGE DANS LE BROUILLARD (1988)
**avec Tania Paleologou et Michalis Zeke**

**Le monde du silence.** Fragiles, mais déterminés : une sœur, un petit frère, deux enfants perdus, qui décident un soir de quitter leur maison et de partir retrouver leur père, qu'ils ne connaissent pas, en Allemagne, où leur mère leur a dit qu'il vivait. Ce voyage vers une Allemagne indécise, elle-même chargée, dans le contexte économique ambiant, du poids de l'exil et de l'émigration et, à travers la mémoire historique de la guerre, de la mauvaise conscience de la collaboration, va les entraîner dans une longue errance, peuplée de rencontres, d'espoirs, de déceptions. Et ce qu'ils découvrent, dans cette quête désespérée du père, c'est le monde lui-même qui leur apprend ses lois : la vérité et le mensonge, le bien et le mal, la vie et la mort.
Fidèle à sa recherche angoissée, Théo Angelopoulos lance ses deux jeunes héros dans un terrible voyage initiatique. Traversant une Grèce privée de tout soleil et de toute lumière, ceux-ci découvrent le désert de la vie. Découverte lente, difficile, qui à mesure qu'elle avance semble se perdre dans le brouillard et dans le froid, à l'image d'un monde qui a perdu toute direction, comme le dit cette énorme statue antique, qui semble esquisser le geste de la création, mais à qui il manque l'index. Nul espoir donc dans cette marche vers la frontière, si ce n'est peut-être la marche elle-même. Et si ce n'est la façon de la filmer, dans des couleurs grises et froides, en de longs travellings qui imposent comme un rythme onirique, dans un silence qui, progressivement, génère le Verbe. Car, sur cette route, il y a un signe : un bout de pellicule, fragment d'un film disparu, mais qui indique aux enfants, qui ne voient rien, que, dans le brouillard, il y a un arbre, un paysage qui se dessine, un invisible qui va se matérialiser à la toute fin du film. Grâce au cinéma, qui, pour Angelopoulos, fait voir l'invisible et écoute aux portes de l'indicible.

### LE REGARD D'ULYSSE (1994)
**avec Harvey Keitel et Maia Morgenstern**

**L'innocence perdue.** Il s'appelle A. A., comme Angelopoulos. Ou peut-être comme le premier homme, défini par la première lettre de l'alphabet. Il est cinéaste et grec, comme le réalisateur encore. Exilé aux États-Unis, il revient dans son pays natal, à la recherche des bobines du premier film, disparu, des frères Manakis, cinéastes des Balkans qui, au début du siècle, y inventèrent le cinéma. Ce voyage d'un cinéaste à la recherche du premier regard – celui de l'innocence perdue – sur une région du monde qui, ayant commencé le siècle dans la violence, le finit dans la même violence, est une moderne odyssée à travers l'espace et le temps : ceux d'un personnage, incarné par le formidable

Harvey Keitel, à la recherche de lui-même ; ceux d'un cinéaste, Angelopoulos, fidèle à ses thèmes et à son style ; ceux surtout d'une terre et d'un siècle ravagés par la guerre. Au bout de la route qui, de Grèce, passe en Albanie, puis en Macédoine, puis en Roumanie, puis en ex-Yougoslavie, il y a symboliquement Sarajevo, là où tout finit. Là où mènent ce lent et long périple de plus de trois heures, avec les images brumeuses et les longs plans-séquences chers au cinéaste, et, face au monde brouillé d'aujourd'hui, cette interrogation sur le cinéma, et sur l'innocence du premier regard. Une innocence perdue et que le cinéaste, inlassablement, comme son héros, moderne Ulysse lancé dans une quête du sens, cherche à retrouver.

## ANNAUD Jean-Jacques (français, né en 1943)

**PREMIER LONG MÉTRAGE :**
*La Victoire en chantant (1976)*
**FILMOGRAPHIE DEPUIS 1985 :**
***Le Nom de la rose (1986)*** • *L'Ours (1988)* • ***L'Amant (1992)*** • *Les Ailes du courage (1994)* • *Sept ans au Tibet (1997)* • *Stalingrad (2001)* • *Deux frères (2004)*

Jean-Jacques Annaud est une exception dans le paysage cinématographique français. Et pourtant il en représente une tendance qui n'est pas nouvelle. Après deux films personnels, incisifs et décapants, l'un sur la colonisation (*La Victoire en chantant*), l'autre sur le football (*Coup de tête*), remarqués de la critique mais moins du public, il passe en 1981, avec l'adaptation de *La Guerre du feu*, à un tout autre type de cinéma dont il va se faire une spécialité : un grand cinéma populaire d'aventures, de voyages, de découverte, de romanesque, spectaculaire et coûteux, où chaque tournage représente un défi à la mesure du sujet retenu et des moyens engagés. L'universalité voulue du propos, portée par un talent et une maîtrise technique hors pair, assure tout naturellement aux films une visée internationale. Jean-Jacques Annaud se retrouve ainsi engagé dans un cinéma qui dépasse les frontières hexagonales et qui retrouve longtemps après, d'une certaine façon, le cheminement d'un Julien Duvivier, à qui ses talents de metteur en scène avaient valu aussi une carrière internationale, et notamment hollywoodienne.

### LE NOM DE LA ROSE (1986)
#### avec Sean Connery, Christian Slater et Michael Lonsdale

**Comme un écho d'Eco...** Mission impossible et, pourtant, réussie. Il fallait à Jean-Jacques Annaud une belle dose de courage, ou d'inconscience, pour oser se frotter au déjà mythique *Nom de la rose*, ce livre des livres, ce labyrinthe du savoir, ce puzzle de mots, cette somme d'érudition et de mystification, cet échafaudage de structures, cet empire du sens. Comment faire un film de ce texte surcodé où, dans un monastère du XIV<sup>e</sup> siècle, des moines disparaissent d'horrible façon, tandis qu'un franciscain au nom (et au flair) très Sherlock Holmes de Baskerville, joue au fin limier, mène l'enquête et finit par éclaircir l'énigme, annonçant à sa manière l'aube des temps modernes et rationnels ? Dans ce livre tour de Babel, quel langage parler ?
Jean-Jacques Annaud a relevé le défi de la meilleure manière qui soit : son film est un film, pas un livre filmé, qui cherche, par des moyens cinématographiques, à reproduire les strates successives qui forment les replis du texte. Ces moyens sont d'abord techniques : un extraordinaire sens du maquillage, qui anime un jeu de trognes fellinien ; une minutie dans les costumes, les objets, le cadre de la vie quotidienne qui donne enfin un sens à la notion de reconstitution historique ; un décor entièrement construit qui renvoie autant à la réalité de l'architecture médiévale qu'au sens symbolique d'une topographie débouchant sur un labyrinthe à la Piranèse ; et, surtout, un travail admirable sur la couleur et sur la lumière, tout empreint et nourri de références picturales. *Le Nom de la rose*, ainsi filmé, est un prodigieux spectacle, que renforce, au milieu d'une distribution sans failles, la performance d'acteur de Sean Connery, étonnant de densité et de rayonnement. C'est aussi un scénario qui, sans rien sacrifier d'essentiel, conserve à l'intrigue son côté passionnant de western médiéval et de polar théologique. Du coup, des centaines de milliers de spectateurs de l'an presque 2000, à des années-lumière de tout le passé culturel qui leur est ici présenté, vont se passionner pour la quête d'un livre perdu d'Aristote sur le rire. Qui donc, pour fine bouche qu'il se veuille, oserait dire que ce n'est pas là donner à l'entreprise ironique d'Eco comme le plus bel écho qui soit ?

## L'AMANT (1992)
### avec Jane March et Tony Leung

**Out of Asia.** Il y a deux moments véritablement envoûtants dans *L'Amant*, le film que Jean-Jacques Annaud a tiré du best-seller de Marguerite Duras. C'est d'abord dans la limousine noire, où la jeune fille qui regagne le pensionnat de Saigon est montée, au côté de ce Chinois en costume blanc qu'elle a rencontré sur le bac qui traverse le Mékong. On est dans l'Indochine de la fin des années 1920. Elle est blanche, il est jaune. Entre eux, la barrière de l'interdit. Autour d'eux, le paysage boueux des rizières, la touffeur de l'air, le petit peuple qui trotte dans la poussière. Et la limousine qui avance comme dans un rêve rectiligne. Elle regarde par la portière, son visage un peu boudeur sous son drôle de chapeau d'homme, son corps d'enfants dans sa robe qui joue avec ses formes graciles. Elle a posé la main sur la banquette. Et lui, visage serré, maintien strict, un peu énigmatique, approche la sienne. Et, insensiblement, d'un doigt, puis de l'autre, il frôle, caresse, enserre cette autre main. Pour la première fois, leurs corps se touchent. L'empire des sens les prend, qui ne les lâchera plus.

Plus tard, beaucoup plus tard, c'est à la fin du film, la même magie revient. La jeune fille est sur le grand bateau noir qui, lentement, se détache du quai. Accoudée au bastingage, elle regarde s'éloigner ce pays qu'elle quitte à jamais. Elle songe à tout ce qu'elle y laisse : son enfance, la vie coloniale si dure pour sa famille déchirée, et surtout ce lien de chair qu'elle persiste à croire n'être qu'une émotion du corps et qui, elle va soudain devoir le reconnaître, va bien au-delà, au plus profond d'elle-même. Car ce Chinois qui lui a fait découvrir l'amour, son amant, l'amant, il est désormais marié à une autre, détaché d'elle, et elle ne le verra plus. Et tandis que le bateau glisse le long du quai, au détour d'un hangar, voici soudain la limousine noire. Il est venu. Elle le devine à peine au fond de la voiture ; mais il est là, qui lui adresse un adieu muet, en forme de déclaration d'amour, auquel elle répond par ses yeux fixés sur l'automobile, jusqu'à ce que celle-ci disparaisse et la terre d'Indochine avec elle, et l'image de ce premier amour, rivé en elle, et en lui, jusqu'à la mort.

Entre ces deux moments de grâce, le film de Jean-Jacques Annaud déploie toutes les séductions d'une œuvre qui est faite pour plaire. Et qui plaira. Somptuosité de l'image, qui joue des gros plans, et même des très gros plans prenant au scalpel de la macro-photographie le grain de la peau, la commissure des lèvres, l'échancrure de la robe sous le bras. Efficacité minutieuse de la reconstitution : toute l'époque coloniale, les pousse-pousse, les quartiers populaires, la cour du lycée de Saigon, le bruit de la rue derrière les persiennes, et la lumière, irradiante. Omniprésence de la musique (de Gabriel Yared) : pas un moment fort qui ne soit souligné d'un glissement sonore, d'une note, d'un accord. Et peut-être plus que tout, raffinement de la sensualité. Le réalisateur filme les corps dans l'amour avec une nudité simple, qui évite l'écueil de la complaisance tout autant que celui de la pudeur feinte. Et il laisse parler la voix : celle de Jeanne Moreau, qui est comme la transposition vocale des mots, de l'écriture de Duras, qui en a les grâces, les ellipses, les inflexions, le maniérisme. Et qui fait d'autant plus ressortir tout autour, le décalage du doublage, aussi difficile à supporter que l'anglais de la version originale, cette hérésie rendue nécessaire par les contraintes de la production.

*L'Amant* donc : parfaitement conçu, écrit, joué, lancé. Une sorte d'*Out of Asia*, où la façon l'emporte sur l'invention. Où la moiteur, les odeurs, les sensations sont comme les costumes : faits sur mesure. Où tout est beau, trop beau. Un superbe livre d'images. Sur papier glacé.

---

# APTED Michael (anglais, né en 1941)

**PREMIER LONG MÉTRAGE :**

*Triple écho (1973)*

**FILMOGRAPHIE :**

*Critical condition (1987) • Gorilles dans la brume (1988) • Class action (1990) • Cœur de tonnerre (1992) • Blink (1993) •* ***Nell (1994)*** *• Mesures d'urgence (1996) • Le monde ne suffit pas (1999) • Enigma (2001) • Plus jamais (2002) • Scheherazade (2003)*

Ayant étudié le droit et l'histoire à Cambridge, Michael Apted commence sa carrière comme documentaliste à la télévision, où il devient par la suite grand reporter, avant de passer à la réalisation de séries et de documentaires, puis de films de fiction. En 1980, il s'installe aux États-Unis, où il poursuit dans la voie du documentaire, signe de très nombreux téléfilms et épisodes de séries, et surtout réalise pour les grands studios des films de genres : thrillers, aventures, action – avec l'inévitable passage par James Bond dans *Le monde ne suffit pas* –, et drames à écho social, avec *Nell*.

## NELL (1994)
### avec Jodie Foster, Liam Neeson et Natasha Richardson

**La fille naturelle.** Une cabane au fond des bois, qu'on ne peut atteindre que par des chemins de bout du monde ; l'immensité de la nature autour : forêt sombre, eaux dormantes d'un lac qui découpent des îlots sauvages ; et un calme originel, que traversent seuls les bruits des animaux, le vent dans les arbres, le rythme naturel des choses. Et où s'élève un jour comme un cri mystérieux, un mugissement de douleur, signe d'une présence dont le docteur Lovell, venu enquêter sur place, découvre soudain l'origine : à côté de la vieille femme qui occupait les lieux et dont le cadavre gît sur le sol, se tient un être recroquevillé sur lui-même et qui n'est autre qu'une fille encore jeune, articulant des sons étranges, et manifestant une violente panique devant cet étranger qui vient la débusquer. Ainsi commence l'histoire de Nell, l'enfant sauvage, dont on va progressivement découvrir qu'elle a été élevée, par cette mère qui vient de mourir, à l'écart du monde. Elle s'est ainsi constitué son propre langage, ne communiquant à personne d'autre qu'elle-même ses propres sentiments. De cette forme d'autisme, le docteur Lovell va chercher la clef, en apprivoisant la sauvageonne et surtout, aidé de Paula Olsen, une psychologue elle aussi passionnée par ce cas, en venant s'installer à côté de la cabane de Nell pour étudier son comportement et partager sa vie pendant trois mois, avant de décider de son avenir social.
Le film de Michael Apted commence ainsi, classiquement, en suivant le thème de l'enfant sauvage, que Truffaut, en son temps, avait traité de façon à la fois clinique et passionnée. Rien de tel ici. Le scénario – et c'est ce qui en fait l'intérêt propre – se diversifie en une série d'éléments qui apportent à l'histoire une richesse romanesque nourrie à plusieurs sources. Celles des particularités de l'héroïne, d'abord, dont la sauvagerie naturelle et le mutisme trouvent leur origine dans les tréfonds de son être, dans les secrets enfouis d'une gémellité tragique. Celle aussi des personnages qui viennent l'observer et dont le regard qu'ils portent sur elle s'inverse, comme un effet de miroir, les renvoyant à eux-mêmes et à leurs propres blocages internes. En aidant Nell à se dénouer, c'est eux-mêmes en fait que le docteur Lovell et Paula dénouent. On reconnaît là une science du scénario propre aux grandes productions hollywoodiennes. Et le film n'échappe pas toujours d'ailleurs à la nécessité d'une logique inscrite dans son – gros – budget : beauté léchée des images, décor d'exception, quelque part au fond de la Caroline du Nord, et surtout philosophie de la nature, dont le côté écolo se trouve exposé dans le discours final que l'héroïne fait au public réuni dans le prétoire où on juge son cas et où, dénonçant la perte des valeurs originelles, elle lance un vibrant appel à la fraternité humaine et à la communion des cœurs, face à la grande loi de la vie et de la mort.
On est là sur le fil, à la limite de la sensiblerie complaisante et des facilités bien pensantes d'un humanitarisme œcuménique ; mais, évitant le piège, le film ne bascule pas. Il le doit au regard de son réalisateur, Michael Apted qui, formé au documentaire, a la juste approche des êtres et des choses. On retrouve ici comme dans *Gorilles dans la brume*, le film qui l'a fait connaître, une façon de montrer la nature qui conjugue la précision quasi entomologiste de l'observateur et les sentiments respectueux et chaleureux du passionné. Et c'est la même exigence qu'il montre dans la façon dont il traite les personnages, ménageant aux trois comédiens une même importance. La performance de Jodie Foster, d'autant plus remarquable que, dans un rôle à effets, elle a l'art subtil de ne jamais en faire trop, prend toute sa valeur par le contrepoint que lui apportent ses deux partenaires : Natasha Richardson, dont la blondeur BCBG n'est pas si lisse qu'il y paraît, et Liam Neeson qui, loin de l'image tragique de *La Liste de Schindler*, retrouve ici, sous des airs de baroudeur, une sorte de fragilité à la James Stewart. Tous trois apportent à l'histoire une vraie sensibilité. La preuve ? Lorsqu'à la fin du film, Jodie Foster, regardant le public droit dans les yeux, lui dit : « Ne pleurez pas pour Nell », il y a longtemps que, les mouchoirs sortis et les yeux humides, ça renifle dur dans les fauteuils…

---

# ARAU Alfonso (mexicain, né en 1932)

**Premier long métrage :**
*L'Aigle déchaussé (1969)*
**Filmographie depuis 1985 :**
*Chido Guan. El Tacos de oro (1986)* • ***Les Épices de la passion (1991)*** • *Les Vendanges de feu (1995)* • *Morceaux choisis (2000)* • *Zapata. El sueño del héroe (2004)*

Venu tard au cinéma, après des études de médecine et surtout après la rencontre d'une danseuse qu'il épouse et qui l'initie à son art, Alfonso Arau se fait connaître d'abord, dans les années 1950, comme danseur. Animateur ensuite d'une émission de télévision, puis comédien de théâtre, il ne passe à la réalisation qu'en 1969, tout en poursuivant une carrière d'acteur qui le fait tourner sous la direction de réalisateurs comme Peckinpah, Jodorowsky ou Zemeckis. Ses propres films, très populaires au Mexique, sont distribués dans les pays de langue espagnole avant de l'être aux États-Unis, notamment *Mojado power*, en 1979. Mais le succès international lui vient en 1991 avec *Les Épices de la passion*, qu'il adapte d'un roman best-seller écrit par sa seconde femme, Laura Esquivel, et qui lui permet d'accéder à des productions et à des acteurs américains : Keanu Reeves dans *Les Vendanges de feu*, Woody Allen et Sharon Stone dans *Morceaux choisis*.

### LES ÉPICES DE LA PASSION (1991)
**avec Lumi Cavazos, Marco Leonardi et Regona Torne**

**Tambouille sentimentale.** L'histoire ne manque pas de sel : c'est celle de Tita, la cadette des trois filles de Mama Elena, laquelle mène à la baguette le domaine du nord du Mexique où elle se retrouve veuve, à un moment difficile, puisqu'on est en 1910 et que la révolution emmenée par Pancho Villa menace les grands propriétaires. Or, pour rester fidèle à la tradition familiale, Mama Elena exige que Tita, la plus jeune de ses filles, demeure auprès d'elle et qu'elle lui sacrifie sa propre vie. Du coup, lorsque Tita tombe amoureuse du beau Pedro et lui d'elle, malgré la pureté de leurs sentiments, il n'est pas question de mariage. Pedro, pour rester auprès de son aimée, trouve alors une solution lourde d'ambiguïtés : il accepte d'épouser Rosaura, la sœur aînée ! Voilà donc le joli diable dans la bergerie, ce qui ne manque pas d'engendrer quelques situations piquantes, d'autant qu'alors que Rosaura est une détestable cuisinière, en proie qui plus est à des ballonnements qui lui font l'haleine fétide, Tita, elle, est un véritable cordon-bleu, qui se découvre même le don de préparer des plats qui ont le pouvoir de communiquer ses sentiments à ceux qui les goûtent. Ainsi, en toute logique jalouse, le gâteau de mariage qu'elle confectionne pour la cérémonie envoie-t-il toute la noce aux toilettes ; et tous les plats épicés qu'elle prépare pour Pedro rendent-ils celui-ci encore plus brûlant d'amour...
L'idée de lier l'amour et la cuisine étant susceptible de tous les développements, l'histoire ainsi engagée ne fait que commencer et elle va en fait se dérouler sur plus de vingt-cinq ans, racontant les destinées croisées des trois sœurs, la mort de Mama Elena, la rencontre par Tita d'un docteur américain qui lui propose le mariage, et l'amour indéfectible qu'elle continue à porter à son Pedro : le tout, toujours, sur fond de préparations culinaires. L'ennui est que, pour faire passer la saveur des plats à l'écran, il faut un tour de main que manifestement Alfonso Arau a du mal à prendre. Aussi éloigné de la forte consistance de *La Grande bouffe* que du raffinement du *Festin de Babette*, il réduit la nourriture à une série de chromos purement décoratifs, auxquels les épices font cruellement défaut. La chose est d'autant plus sensible que le film, fidèle à une structure mélodramatique mâtinée de fantastique magique à la sauce latino, et qui plus est charcuté par un montage visant sans doute à le réduire pour le grand écran, semble plus répondre au goût formaté et fade des feuilletons romanesques dont s'abreuve la télévision mexicaine qu'à l'imaginaire baroque cher aux romanciers sud-américains. Du coup, les mésaventures amoureuses de Tita, si elles ne manquent pas de sel, manquent totalement de poivre.

## ARCADY Alexandre (français, né en 1947)

**PREMIER LONG MÉTRAGE :**
*Le Coup de sirocco (1979)*
**FILMOGRAPHIE DEPUIS 1985:**
*Hold-up (1985)* • *Dernier été à Tanger (1986)* • *L'Union sacrée (1988)* •
*Pour Sacha (1990)* • *Le Grand Pardon II (1992)* • *Dis-moi oui... (1994)* • *K (1997)* •
***Là-bas... mon pays (1999)*** • *Entre chiens et loups (2001)* • *Mariage mixte (2004)*

Né en Algérie, Alexandre Arcady, lorsqu'il a abordé la réalisation (après avoir été d'abord comédien, et notamment dans *R.A.S.*, le film qu'Yves Boisset avait consacré en 1973 à la guerre d'Algérie), a commencé, du *Coup de sirocco* au *Grand Carnaval*, par se faire le chroniqueur de la communauté pied-noir. Puis, élargissant son registre aux films d'action, avec des sujets à résonance politique, liés la plupart du temps à la question juive, il s'est quelque peu enferré dans des œuvres sacrifiant la pénétration de l'analyse au clinquant du spectaculaire. Il y perd l'authenticité qui faisait la marque de ses premiers films, et ne la retrouve que de loin en loin, comme lorsqu'il revient à son Algérie natale dans *Là-bas... mon pays*.

## LÀ-BAS... MON PAYS (1999)
### avec Antoine de Caunes, Samy Naceri et Nozha Khouadra

**D'une Algérie l'autre.** Revoir Alger, et se retrouver chez soi... C'est du moins ce que croit Pierre Nivel lorsque, trente-deux ans après avoir quitté la ville blanche dans la grande vague du rapatriement, il entreprend de revenir sur le sol algérien. Appelé en urgence par Leïla, celle qui fut à 17 ans son grand amour de jeunesse, il a senti l'impérieuse nécessité de répondre à cet appel. À la fois pour venir en aide à celle qui implore son secours, mais peut-être plus profondément encore pour renouer le fil rompu avec son pays perdu et sa jeunesse enfuie. Or, de l'Algérie des années 1960 à celle des années 1990, si le temps a passé, les déchirements n'ont fait que se perpétuer. Parti dans les convulsions terribles d'une guerre d'indépendance, Pierre retrouve à son arrivée d'autres convulsions, tout aussi terribles, celles d'une guerre civile entre un pouvoir militaire brutal et des extrémistes fanatisés. Au cœur de cet affrontement, il y a précisément Amina, la fille de Leïla, que celle-ci lui demande d'emmener avec lui en France, loin du sort peu enviable qui l'attend.
Telle est la fiction, adaptée du roman de René Bonnell, sur laquelle Alexandre Arcady construit son scénario. Fiction un peu démonstrative, scénario un peu appliqué, pour s'efforcer d'inclure dans les fils du récit tous les aspects d'une réalité doublement complexe : celle de 1962, du départ dramatique de la communauté pied-noir, des règlements de compte, des attentats, de la confusion, et de l'arrachement tragique à une terre. Mais celle aussi de 1994, d'une Algérie en proie au règne de la violence, à la barbarie des massacres et aux multiples imbrications qui, entre armée et police, problème kabyle et corruption politique, tissent un écheveau dont les fils sont inextricablement mêlés. À remplir ainsi son film de tout ce qui fait, depuis quarante ans, le malheur d'un pays qu'il porte au cœur, le réalisateur n'arrive pas tout à fait à éviter l'effet de trop-plein. Pourtant, il passe dans l'histoire qu'il raconte comme un sentiment de vérité. Cela tient moins au type de cinéma romanesque choisi qu'à une présence enfin retrouvée à l'écran du soleil, de la mer, des rues d'Alger la blanche. Et à une nostalgie teintée d'effroi devant le sort d'un pays qui n'en finit pas de souffrir. Ce n'est pas si souvent qu'un cinéaste français se penche ainsi sur le passé et plus encore sur le présent de l'Algérie. En liant les deux, Alexandre Arcady dit son amour pour cette terre. La réussite de son film, c'est qu'il le fait partager.

# ARCAND Denys (canadien, né en 1941)

**PREMIER LONG MÉTRAGE :**
*On est au coton (1970)*
**FILMOGRAPHIE DEPUIS 1985 :**
*Le Déclin de l'empire américain (1986)* • *Jésus de Montréal (1989)* • *Montréal vu par... (1993), co-réalisation* • *Love and human remains (1995)* • *Stardom (2000)* • ***Les Invasions barbares (2003)***

En 1986, Denys Arcand relance spectaculairement le cinéma québécois, en évoquant, à travers les conversations de quatre couples d'universitaires, tout à la fois cyniques, rieurs et intelligents, la formidable évolution des mœurs entraînée par la libération sexuelle. Le film, montré à Cannes, est nommé aux Oscars et remporte une multitude de prix au Canada mais aussi un peu partout dans le monde. L'idée de reprendre les mêmes personnages et de les confronter, l'âge venant, au vieillissement et à la mort, amène Denys Arcand, dix-sept ans après, à traduire, à travers leurs propres évolutions, celles aussi de cet empire américain qui règne désormais sur le monde et que les invasions barbares vont donc de plus en plus menacer. Mais face à une société qui se standardise et s'américanise à outrance, la question qu'il pose désormais est de savoir où sont les vrais barbares...

## LES INVASIONS BARBARES (2003)
### avec Rémy Girard, Stéphane Rousseau et Marie-Josée Croze

**Adieu la vie, adieu l'amour !** Ils sont venus, ils sont tous là... Parce que Rémy va mourir. Et que Sébastien, son fils, a convoqué pour l'accompagner tous ceux qui ont compté dans sa vie : sa femme, ses maîtresses, ses amis chers, toute la belle équipe qui avait vécu avec lui dans l'euphorie les grandes mutations du siècle, les vieux enfants de 68 et de cette liberté sexuelle qui avaient marqué, en leur temps, le fameux déclin de l'empire américain. Et l'idée de Denys Arcand de réunir à nouveau, dix-sept ans après, toute la bande, c'est-à-dire à la fois les mêmes personnages et les mêmes comédiens qui les interprétaient, outre qu'elle joue par rapport au film précédent comme le rôle d'un bilan faisant le compte des illusions perdues et des espérances mortes, introduit aussi cette dimension inéluctable du temps qui passe en faisant se retrouver la fine équipe de fêtards de la vie au chevet du premier d'entre eux qui va la quitter.

C'est dire que, si les uns et les autres des joyeux amis ont gardé ce franc-parler et cette pêche incroyable qui avaient assuré au premier opus du réalisateur canadien le succès international que l'on sait, les circonstances ici sont nettement plus lourdement plombées : c'est bel et bien la mort qui s'invite au rendez-vous. Et la première vision, hospitalière, qu'en donne le film, est à vous dégoûter de devoir être malade pour en arriver là. Urgences débordées, couloirs encombrés de lits, corps souffrants au milieu d'un effarant bordel ambiant : l'hôpital, comme une antichambre de l'enfer !

Tout l'amour de Sébastien pour son père, et tout le projet fantasmatique de Denys Arcand, consistent précisément à remplacer cette vision réaliste et insoutenable de la mort dure par un rêve douillet de mort chaleureuse, entouré des siens, en tirant une dernière salve de souvenirs, de rigolades et de réflexions. Dans une chambre spécialement aménagée pour lui dans un quartier isolé de l'hôpital, puis dans une douce maison retirée au bord d'un lac, au milieu des couleurs chaudes d'un été indien finissant, Rémy et ses amis peuvent donc regarder tranquillement leur existence au miroir des années qui ont passé. Le ton s'est certes forcément assombri, mais l'amour de la vie reste le même. Et c'est ce qui fait échapper cette cérémonie des adieux à la triste réunion d'anciens combattants qu'elle eût risqué d'être, si elle n'était animée de cette humanité qui lui donne à la fois toute sa fantaisie et toute sa sensibilité. Infiniment triste et irrésistiblement drôle, le film de Denys Arcand est ainsi un vrai film choral, interprété par une vraie troupe, sur l'adieu à la vie et à l'amour, sur les rapports d'un père à ses enfants, sur la mort voulue et le choix de l'euthanasie, et même, au fil des discussions qui interprètent l'évolution des choses, sur la fin d'un monde et d'une culture : l'empire définitivement en déclin, surviennent donc les invasions barbares.

Pourtant, dans ce contexte funèbre qui pourrait être d'une noirceur absolue, la mort apaisée et heureuse de Rémy tisse, au-delà des mutations de générations, les liens du cœur et de la transmission. Que le père embrasse enfin le fils, et que ce soit une junkie en voie de désintoxication qui apporte au mourant l'héroïne apaisante avant d'hériter de lui, prof d'histoire, la bibliothèque du savoir et de la tradition, dit assez que le passé se transfère dans l'avenir, même si c'est au prix d'un désordre qui vient bouleverser l'ordre définitivement disparu des choses. Et la vie continue…

## ARDOLINO Emile (américain, 1943-1993)

**Filmographie :**
*Dirty Dancing (1987)* • *Le ciel s'est trompé (1989)* • *Tels pères, telle fille (1990)* •
***Sister Act (1992)*** • *The Nutcracker (1993)*

Acteur à ses débuts de comédie musicale, puis technicien dans une société de production de films publicitaires, avant de se spécialiser dans le documentaire, puis de devenir réalisateur à la télévision où il met en scène de nombreuses pièces, dramatiques et séries, Emile Ardolino, bénéficiant d'une solide technique, passe au cinéma tardivement et, dans les sept années durant lesquelles il s'y consacre, n'a guère le temps avant de disparaître que de réaliser quelques produits de confection (comme *Tels pères, telle fille*, séquelle américaine de *Trois hommes et un couffin*) mais aussi des comédies musicales, liées à l'univers de la musique et de la danse sur lequel il avait auparavant réalisé plusieurs documentaires.

### SISTER ACT (1992)
#### avec Whoopi Goldberg, Maggie Smith et Harvey Keitel

**Sœur fou rire.** Vous êtes scénariste à Hollywood. Vous disposez d'une bombe pétaradante qui ne demande qu'à sauter. Vous vous dites donc que le meilleur moyen est de lui mijoter une situation explosive, en la lançant dans un endroit où personne ne s'attend à la recevoir et où sa seule apparition mettra le feu aux poudres. Et comme la bombe en question s'appelle Whoopi Goldberg et qu'elle fait penser à tout ce qu'on veut – concierge, nourrice, tireuse de cartes, tapineuse, poissonnière – en tout cas à tout sauf à une religieuse, vous vous écriez « Eurêka », et vous l'en-

voyez illico chez l'habilleuse prendre le voile, la cornette et le chapelet, et vous la transformez presto en bonne sœur. À partir de là, vous tenez votre film. Le reste ne fait que couler de source. On a simplement, pour meubler un peu l'histoire, commencé par montrer une Whoopi toute de strass et de fourrures, pomponnée et maquillée comme une poule de luxe, et se trémoussant du derrière en chanteuse de cabaret. Comme elle est la maîtresse du patron, que celui-ci est le chef de la mafia du coin, qu'elle le surprend en train d'exécuter un de ses employés trop bavard, qu'elle s'enfuit en quatrième vitesse et qu'elle court tout raconter à la police ; et comme celle-ci doit donc la cacher en attendant sa déposition au procès et qu'il lui faut trouver un endroit sûr où les tueurs lancés à ses trousses auront peu de chances de la retrouver : hop ! on vous la met au couvent, où son arrivée ne manque évidemment pas de surprendre. Et d'abord la Mère supérieure, qui ne plaisante pas avec la discipline et qui va vite avoir fort affaire avec sa nouvelle recrue. Les bonnes sœurs aussi, qui n'ont jamais vu une collègue pareille. Et bientôt les paroissiens, lorsque la sœur Marie-Clarence (c'est son nom de code) entreprend de prendre en main la chorale du couvent et que, y faisant passer un nouveau souffle, elle balance en plein concert du dimanche un *Salve Regina* version rock...
La fantaisie ne manque donc pas dans *Sister Act*: le film est programmé pour ça, et pour permettre à Whoopi de déployer toute sa gamme. Elle peut donc à loisir rouler des yeux ronds comme des bénitiers, ouvrir une bouche aussi profonde que le puits de l'enfer, et faire des grimaces à s'en décrocher la mâchoire : elle donne dans la bure monastique, pas dans la dentelle. Et comme elle ne manque pas d'abattage, elle abat naturellement tout ce qui bouge sur son passage. La seule chose qui soit, en fin de compte, surprenante, dans le film sans surprise d'Emile Ardolino, c'est que le comique religieux – sœurs catastrophes et nonnes joyeuses – vieux comme l'Église, et dont on pourrait croire qu'il a, par les temps modernes et mécréants qui courent, ses beaux jours derrière lui, trouve ici un regain de vigueur. C'est qu'il est, il est vrai, agrémenté à la sauce comédie musicale, avec toute une brochette de bonnes sœurs, jeunettes ou tannées sous le voile, irrésistibles, une bande sonore qui décoiffe, un judicieux mélange de gags et d'émotion, un casting qui ne se refuse rien, même pas le pape !, et par-dessus tout une morale en béton, qui invite à ne jamais jeter la première pierre avant la fin du film. Car, pour être fausse, la sœur Marie-Clarence a un vrai bon cœur, et elle en fait un usage qui, bien qu'utilisant des voies pas très catholiques, ne risque pas d'entraîner l'interdiction du film aux moins de 12 ans. Et qui, à défaut de remplir les églises, est prédestiné à remplir les salles de cinéma. *Deo gratias*!

## ARSUADA Diego (uruguayen, né en 1966)

**FILMOGRAPHIE**
*Otario (1997)* • ***Loco 33 (2002)***

Dans une cinématographie encore balbutiante, Diego Arsuaga, né à Montevideo en 1966, fait partie de cette jeune génération de cinéastes, à laquelle appartiennent aussi des réalisateurs comme Pablo Stoll, Pablo Rebella ou Orlando Vargas, attachés à exprimer de façon indépendante l'esprit et la culture de leur pays. Son engagement dans le cinéma passe ainsi par une activité diversifiée de producteur, de scénariste, de directeur de la photographie, non seulement sur ses propres films, mais aussi sur ceux d'autres cinéastes. *Loco 33*, son second long métrage en tant que réalisateur, dit bien l'idée qui l'habite : traduire, à travers le voyage intérieur de ses personnages qui épouse un itinéraire au cœur de l'Uruguay profond, l'âme même d'un pays attaché à ses valeurs propres.

### LOCO 33 (2002)
**avec Hector Alterio, Federico Luppi et Pepe Soriano**

**La bataille du rail.** Des vieux de la vieille. Mais qui, à l'heure d'un quatrième âge qui pointe, reprennent du poil de la bête, pour un combat en apparence saugrenu, mais qui, à y regarder de près, mérite bien toute la ferveur qu'ils y mettent. Car les vétérans en question, membres de l'association des Amis du Rail, n'admettent pas qu'un jeune blanc-bec, adepte de la société libérale avancée et du business is business, vende à un studio hollywoodien, qui la veut pour un prochain film, la fameuse Loco 33, vieille gloire des chemins de fer uruguayens et quasiment patrimoine national. Et puisque le capitalisme marchand ne veut rien écouter, ils choisissent de se faire entendre en mettant sur pied le seul plan qui s'impose : ils volent carrément la locomotive !
Le convoi, donc, s'ébranle, avec un ancien cheminot à la manœuvre, un professeur retraité aux commandes, un secrétaire déjà bien affecté par une sénilité galopante à l'intendance, et, espoir pour les générations futures, un

gamin émerveillé par l'aventure comme préposé à la pelle à charbon. L'équipée, entre mobilisation des forces de police qui cherchent à intercepter la machine, entrée en jeu de la télévision qui relaie l'information à travers tout le pays, et aide apportée au commando par les villageois du pays profond qui prennent fait et cause pour lui, prend vite les allures d'une chevauchée fantastique. Le film de Diego Arsuaga est d'ailleurs construit comme un western, une sorte de rail-road movie qui, traversant les paysages de l'Uruguay avec l'espoir d'atteindre la frontière brésilienne pour mettre la locomotive hors de portée, représente comme un itinéraire symbolique. Ce qui s'y joue, d'abord, c'est la quête intérieure de ces hommes vieillis qui, dans leur ultime combat, trouvent une raison de vivre et d'être eux-mêmes, plutôt que de céder à l'âge et au laisser-aller. Et si cet aspect du film ne se dispense pas toujours de céder à l'émotion facile, la petite dose d'ironie qui l'accompagne apporte la plupart du temps la distance nécessaire. D'autant que, dans leur défense du patrimoine ferroviaire, les valeureux vétérans défendent en fait une certaine idée de la liberté, à travers un refus de céder à l'hégémonie américaine et à son modèle économique. Et en n'admettant pas que la locomotive nationale soit recyclée dans une super-production hollywoodienne, c'est aussi une certaine idée du cinéma que, vaillamment, Diego Arsuaga défend et illustre. Sans éviter toujours le schématisme ni la maladresse, mais avec une détermination qui, à l'instar de ses vieux pirates du rail, fait plaisir à voir.

## ASSAYAS Olivier (français, né en 1955)

**FILMOGRAPHIE :**
*Désordre (1986)* • *L'Enfant de l'hiver (1989)* • *Paris s'éveille (1991)* •
*Une nouvelle vie (1993)* • *L'Eau froide (1994)* • *Irma Vep (1996)* •
***Les Destinées sentimentales (2001)*** • *Demonlover (2002)* • *Clean (2004)*

Olivier Assayas a grandi avec le cinéma : fils d'un père scénariste, stagiaire auprès de Richard Fleischer et de Richard Donner, réalisateur de courts métrages, collaborateur des *Cahiers du cinéma*, scénariste pour André Téchiné, il passe à la réalisation d'un premier long métrage en 1986 avec *Désordre*. Ses premiers films marquent une voie très personnelle, nourrie tout à la fois de la Nouvelle Vague française, du rock new-yorkais et de la rigueur bressonienne. L'échec d'*Une nouvelle vie* l'amène à changer de manière : avec *L'Eau froide*, où le récit d'une jeunesse dans un lycée de banlieue est empreint d'éléments autobiographiques, il inaugure une manière plus libre d'aborder le cinéma, élargissant son registre, de l'hommage cinéphilique aux films de Feuillade dans *Irma Vep*, à l'adaptation ambitieuse, et réussie, du roman de Chardonne, *Les Destinées sentimentales*, où il dispose d'un budget et d'une distribution de grosse production, à *Demonlover*, description à travers la lutte acharnée que se livrent deux sociétés sur Internet de la violence du monde virtuel, et jusqu'à *Clean*, récit d'une rédemption à travers l'itinéraire d'une fille perdue, développant un cinéma où l'intuition, les sentiments, le sens artistique viennent donner chair à un fond plus cérébral, nourri à une longue réflexion théorique.

### LES DESTINÉES SENTIMENTALES (2001)
#### avec Charles Berling, Emmanuelle Béart et Isabelle Huppert

**À la recherche du temps qui passe.** Du côté de chez les Pommarel, c'est la Charente, et la longue tradition des négociants du cognac. Du côté de chez les Barnery, c'est Limoges, et la vieille dynastie des fabricants de porcelaine. Au carrefour de ces deux familles, il y a Pauline et Jean. Elle a 20 ans et arrive à Barbazac chez son oncle Pommarel, en attente de la vie. Lui est né Barnery, il est pasteur, marié, père d'une fillette. Lors d'un bal, ils se rencontrent. Et leurs destinées se trouvent dès lors indéfectiblement liées. Même si tout s'y oppose : le poids de la société bourgeoise qui les observe, la raideur de la femme de Jean qui se renferme dans son image de martyre de la fidélité, la robe de pasteur qui n'est pas un mince obstacle pour qui veut divorcer. Mais le cœur est le plus fort. Pauline attend Jean. À son heure, il arrive.
Le film d'Olivier Assayas raconte une histoire d'amour. Celle d'un couple : c'est le grand thème qui parcourt toute l'œuvre de Jacques Chardonne, dont le film adapte un des plus beaux romans. Ou plutôt celle d'un couple pris dans le temps. Le temps d'une époque, bien sûr, et d'un milieu : la grande bourgeoisie provinciale, celle des fabricants, des entrepreneurs, de ces générations façonnées au travail, à la famille, au devoir. Mais le temps qui passe, surtout :

plus de trente ans d'une vie, entre le début du siècle et la fin des années 1930, avec, au cœur du film et de la période, la grande fracture de la guerre de 14. Ce temps-là, celui de la durée, le cinéaste s'y est frotté, loin du système plus modeste de ses réalisations précédentes, dans un pari ambitieux : celui d'un film à gros budget, avec comédiens vedettes, reconstitution historique et adaptation littéraire labellisée dans la grande tradition du roman français.
La réussite est à la mesure du pari : *Les Destinées sentimentales* est un beau film, et même sans doute un grand film, sachant dérouler le temps romanesque comme le firent avant lui d'autres sagas ambitieuses, d'*Autant en emporte le vent* au *Guépard*. Mais avec ici l'originalité propre d'un thème, l'histoire d'un couple face à son propre vieillissement, qui n'est pas forcément spectaculaire et qui induirait plutôt un cinéma intimiste. Or toute la réussite du film tient dans l'équilibre très justement trouvé entre l'histoire d'amour et le cadre historique et social où elle s'inscrit. Les décors, les costumes, la lumière douce de la Charente, et le côté quasi documentaire du négoce du cognac et de la fabrication de la porcelaine sont eux-mêmes porteurs d'une vérité et n'envahissent pas l'écran de leur côté m'as-tu vu, mais fixent dans une nécessité le destin d'un couple auquel Emmanuelle Béart et Charles Berling, à la maturité de leur art, apportent la vibration de la vie.
Au terme de son existence, Jean Barnery cherche pour sa porcelaine la juste et rare nuance d'une teinte ivoire inaccessible, comme le symbole d'une perfection et d'une beauté qui donneraient un sens à sa vie. Ce point idéal où convergent le désir de l'artiste et la réalisation de son œuvre, le film d'Olivier Assayas, par l'extrême finesse de sa sensibilité et l'extrême rigueur de son exigence, y atteint.

## ATTENBOROUGH Richard (anglais, né en 1923)

**PREMIER LONG MÉTRAGE :**
*Dieu ! Que la guerre est jolie (1969)*
**FILMOGRAPHIE DEPUIS 1985 :**
*Chorus Line (1985)* • *Le Cri de la liberté (1987)* • *Chaplin (1992)* • *Les Ombres du cœur (1993)* • ***Le Temps d'aimer (1997)***

Acteur d'abord à la scène puis à l'écran, où il débute dans le premier film de David Lean, *Ceux qui servent en mer*, en 1942, Richard Attenborough, peu satisfait des rôles qu'on lui confie, choisit de s'associer au metteur en scène Bryan Forbes pour produire au début des années 1960 une série de films indépendants qui lancent la Nouvelle Vague anglaise. Lorsque lui-même passe derrière la caméra en 1969, avec *Dieu ! Que la guerre est jolie*, c'est pour manifester le même esprit d'indépendance, dans une vision si anticonformiste de la guerre qu'elle déclenche le scandale. Mais dès son deuxième film, *Les Griffes du lion*, consacré à la jeunesse de Churchill, il se lance dans ce qui devient sa spécialité : la biographie de grands personnages, qui l'amènera ensuite à évoquer, dans deux films à gros budget, Gandhi puis Chaplin. Mais dans tous les cas, ses fresques historiques traduisent un goût pour le romanesque qui gagne de plus en plus, et que ses derniers films, *Les Ombres du cœur* et *Le Temps d'aimer*, développent de façon si accentuée que la personnalité du cinéaste semble s'y dissoudre quelque peu dans la convention.

### LE TEMPS D'AIMER (1997)
### avec Sandra Bullock et Chris O'Donnell

**Pour qui sonne le glas... !** En 1918, sur le front italien, les derniers affrontements de la guerre sont particulièrement violents et meurtriers. Un jeune journaliste américain, Ernest Hemingway, qui n'est pas encore le grand romancier qu'il deviendra, s'engage dans la Croix-Rouge. Blessé lors d'une mission, il se retrouve dans un hôpital de campagne, où l'intervention d'une infirmière, américaine comme lui, lui vaut de garder sa jambe alors qu'on allait l'amputer. Et le flirt qui s'ébauche entre la jeune femme et son patient fait vite place à une vraie passion, qui va marquer à jamais la vie et le destin des deux amants.
Les amours de jeunesse d'Ernest Hemingway ont nourri, on le sait à présent, l'inspiration de son premier grand roman, *L'Adieu aux armes*. Et l'infirmière Agnès von Kurowski fut bien l'objet de cette passion intense, vécue sur fond de tragédie, dont le romancier garda la trace au plus profond de lui toute sa vie et qui fut constamment présente dans sa création. Pour raconter ce grand amour, Richard Attenborough, spécialiste des fresques et des mélos spectacu-

laires, fait donner à fond les violons. Mais de façon si uniformément douceâtre que tout le film, à l'image de l'interprétation de Chris O'Donnell et de Sandra Bullock, y prend un goût pâteux et hollywoodien, dont le moins qu'on puisse dire est qu'il est bien éloigné de la tonalité même de l'univers d'Hemingway. Tout comme il est éloigné du bel anticonformisme dont fit preuve autrefois Richard, devenu depuis Lord, Attenborough, qui, sur cette même guerre de 14, tourna à ses débuts, avec *Dieu ! Que la guerre est jolie,* un des films les plus joyeusement iconoclastes qui fût. Si le savoir-faire, évident, est toujours là, sensible en particulier dans les scènes de combat, filmées avec une sécheresse où l'on retrouve le meilleur d'un cinéaste renouant avec son mordant dénonciateur pour montrer l'absurdité imbécile de la Grande Guerre, l'indépendance d'esprit a, semble-t-il, bel et bien mis bas les armes devant les conventions de la superproduction à l'américaine. Et l'on entend bien pour qui sonne le glas...

## AUDIARD Jacques (français, né en 1952)

**FILMOGRAPHIE :**
*Regarde les hommes tomber (1994)* • *Un héros très discret (1996)* •
***Sur mes lèvres (2001)*** • *De battre mon cœur s'est arrêté (2005)*

S'il débute comme monteur, Jacques Audiard acquiert sa vraie place dans le cinéma comme scénariste : est-ce façon de revendiquer sa propre identité face à un père – Michel Audiard – qui a régné sur trente années de cinéma français ? Sans doute. Mais lorsqu'il passe à la réalisation, sa personnalité se révèle pleinement. Et si ses films présentent toujours une solidité extrême de scénario, ils traduisent aussi une virtuosité dans la conduite du récit, dans le montage et le découpage, dans la maîtrise de la lumière, du décor, du cadrage, de la direction d'acteurs, qui leur permettent de répondre, ce qui est rare dans le cinéma français, aux exigences d'un cinéma de genre, et notamment du film noir, dont il se sert pour explorer de toutes les manières les zones d'ombre de l'être humain.

### SUR MES LÈVRES (2001)
**avec Emmanuelle Devos et Vincent Cassel**

**L'entente.** Sourde et standardiste : ça peut paraître paradoxal ! Mais Carla a la force de cacher son insuffisance auditive, de faire comme si de rien n'était, et de compenser par une activité zélée dans son boulot de secrétaire ce handicap qui la coupe du monde. Lequel l'enferme aussi dans une relation maladive avec son corps : se trouvant plutôt pas belle, mal à l'aise avec sa sexualité, elle se fringue comme un sac, ne sait pas se maquiller, traîne ses complexes et rumine un sentiment d'injustice que ne fait qu'aggraver le peu de considération dont elle souffre de la part de ses collègues de bureau. Pour la faire sortir de sa coquille, la riche idée du scénario co-signé par Tonino Benacquista et Jacques Audiard est de lui adjoindre comme stagiaire un type qui est tout à l'opposé d'elle : beau mec, un peu crade, sortant de prison, et parfaitement incapable de faire les tâches de secrétariat pour lequel elle l'engage. Mais, en revanche, doué pour d'autres exercices, qui ne manquent pas d'éveiller la curiosité de Carla et même, progressivement, de l'attirer de plus en plus loin, quitte à lui faire rompre les amarres avec ses bonnes manières et son statut de victime consentante.
C'est là d'ailleurs que le film de Jacques Audiard, très surprenant, bifurque insensiblement de la chronique de mœurs sur laquelle il s'ouvre pour virer carrément au film noir. Car, en sourde qui se respecte, Carla sait lire sur les lèvres. Et Paul, en truand finaud qu'il est, voit là un atout formidable pour surprendre les confidences les mieux gardées. D'où l'idée d'un coup fumant, où il engage Carla comme sa complice, ce que, malgré ses réticences, celle-ci accepte de devenir. Cette entente, au sens fort du terme, entre les deux personnages dit bien que le sujet profond du film est une histoire d'amour. Mais celle-ci emprunte des chemins détournés, inhabituels, ceux d'un scénario foisonnant, qui ramène à la belle époque des vrais thrillers, et que renforce une complexité soignée des plans, du cadre, de la lumière. Ceux aussi d'une interprétation qui sait réunir deux comédiens aux antipodes l'un de l'autre : Vincent Cassel, en taulard sortant du trou, physique, brut, instinctif ; Emmanuelle Devos, formidable en fille refermée sur elle-même et se découvrant soudain. Et les deux, à distance et sans se toucher, font l'amour dans une des plus belles scènes qui soit, la nuit, elle sur une terrasse dans le froid, d'un côté de la rue, lui tabassé par des gros bras dans un appartement, de l'autre, et lui disant les mots qu'elle attend et qu'elle va cueillir sur ses lèvres, comme un baiser.

## AUGUST Bille (danois, né en 1948)

**Premier long métrage :**
*Lune de miel (1978)*
**Filmographie depuis 1985:**
*Pelle le conquérant (1987)* • *Les Meilleures intentions (1992)* • ***La Maison aux esprits (1993)*** • *Jérusalem (1996)* • *Smilla (1997)* • *Les Misérables (1998)* • *Return to sender (2005)*

Formé comme chef opérateur à l'école de photographie de Stockholm et à l'École danoise de cinéma, Bille August commence sa carrière comme directeur de la photo sur une quinzaine de films et de téléfilms, avant d'aborder lui-même la réalisation en 1978. Ses premiers films, notamment *Twist and Shout*, en 1984, révèlent un cinéaste très sensible au monde de l'enfance et de l'adolescence, ce que confirme son premier grand succès international, *Pelle le conquérant*, Palme d'or à Cannes, et qui lui vaut de se voir confier par Ingmar Bergman la réalisation de son scénario, *Les Meilleures intentions*, seconde Palme d'or en 1992, qui lui ouvre la voie des productions américaines et des films à casting international.

### LA MAISON AUX ESPRITS (1993)
### avec Meryl Streep, Jeremy Irons, Glenn Close et Winona Ryder

**Latin lover.** Un des grands secrets du romanesque, c'est la longueur. Pas de vrai rêve en dessous de plusieurs centaines de pages ! Il faut le temps qu'il faut pour installer les multiples personnages, pour leur faire vivre ces vies tumultueuses qui les emportent dans le flot d'un récit à péripéties et rebondissements, pour mêler leurs destinées individuelles aux soubresauts de la grande Histoire qui frappe à la porte sans toutefois entrer trop franchement (ce serait confondre les genres !). Le best-seller d'Isabel Allende a cet avantage qu'avec ses 500 pages bien tassées, il ne déroge pas à la règle. Et Bille August qui, passant des froidures bergmaniennes à la touffeur latino-américaine, s'est chargé de mettre en image le roman a appliqué au plus près la règle proportionnelle : 2 h 20 de film, soit une moyenne de 3 à 4 page à la minute. Le calcul est bon et l'essentiel du roman passe ainsi sur l'écran, à savoir cette grande saga d'une famille marquée par le destin et dont l'histoire s'étend sur trois générations et quelque cinquante ans de bruit et de fureur.
Tout commence dans les années 1920, à un moment où Esteban Trueba n'est qu'un jeune homme pauvre mais décidé à réussir, ne serait-ce que pour obtenir la main de Rosa del Valle, la fille aînée d'une grande famille. N'hésitant pas à se faire mineur de fond, il découvre un bon filon qui lui permet de devenir un richissime propriétaire terrien et de fonder un domaine immense sur les contreforts des Andes. Car on est en Amérique latine, dans un pays qui ressemble à l'Argentine pour les grands espaces et au Chili pour la situation politique, laquelle, on le verra, ne manquera pas de jouer son rôle. Quoi qu'il en soit, devenu riche, Esteban vient chercher celle qu'il aime, mais hélas pour lui, elle est morte. Reste heureusement sa sœur cadette, Clara, créature diaphane et un brin bizarre, dotée d'étranges pouvoirs de prémonition et capable de faire voler les tables. Enfermée pour l'heure dans un mutisme total, sa langue ne se délie que pour dire oui à son prétendant, et les voilà donc mariés. Mais là ne fait que commencer leur histoire… Le film de Bille August en détaille consciencieusement les péripéties en mêlant leur existence à d'autres tout aussi chargées : Ferula, la sœur d'Esteban, vieille fille en noir ; le brave Indien qui devient intendant du domaine et dont le fils Pedro sera le compagnon de jeux, puis, l'âge venant, l'amant de Bianca, la fille de Clara et d'Esteban ; et aussi cet autre enfant bâtard, né d'un accouplement sauvage, au fond de la forêt, avec une pauvre fille violée. Toutes ces vies, qui se croisent, se trouvent soumises à des drames de famille d'autant plus terribles que les événements politiques ont leur mot à dire, emportant dans leurs violences les vies des uns et des autres et culminant dans le coup d'État militaire qui s'abat sur le pays et qui va porter à leur paroxysme les souffrances et les déchirements d'une famille vouée, comme toutes les grandes familles romanesques, au grand vent de l'Histoire.
Il y a, on le voit, de quoi rire, pleurer, frémir dans ce récit qui joue le jeu du romanesque sans brouiller les cartes. Bille August, disposant d'une distribution haut de gamme, bénéficie aussi d'un budget important, qu'il utilise à des décors somptueux, des images léchées, une reconstitution impeccable des événements historiques. Et il y ajoute en prime la présence latente du surnaturel, propre à l'âme latino-américaine, qui, bien que traité de façon un peu molle, fait par moments décoller le film en même temps que les tables. Et qui justifie en tout cas le titre, *La Maison aux esprits*, même si, dans un film qui respecte avec conscience et savoir-faire la lettre du roman, c'est peut-être l'esprit qui manque le plus.

## **AVATI Pupi** (italien, né en 1938)

**PREMIER LONG MÉTRAGE :**
*Balsamus (1968)*
**FILMOGRAPHIE DEPUIS 1985 :**
*Festa di laurea (1985) • Regalo di Natale (1986) • Ultimo minuto (1987) • Sposi (1987) •* ***Histoire de garçons et de filles (1989)*** *• Bix, une interprétation de la légende (1990) • Fratelli e sorelle (1991) • Magnificat (1992) • L'Amico d'infanzia (1993) • Dichiarazioni d'amore (1994) • L'Arcano incantatore (1995) • Festival (1996) • Il testimone dello sposo (1997) • La Via degli Angeli (1999) • I Cavalieri che fecero l'impresa (2000) • Un cœur ailleurs (2003) • Ma quando arrivano le ragazze ? (2004) • La Seconda notte di nozze (2005)*

Moins connu hors de son pays que nombre de ses collègues, Pupi Avati est pourtant un cinéaste dont non seulement la filmographie est riche d'une trentaine de réalisations, mais dont l'univers personnel, profondément original, s'est exprimé à travers des films à la tonalité variée, qui témoignent d'une grande maîtrise du cinéma. D'abord musicien de jazz puis journaliste, il a abordé le cinéma par des films relevant surtout de la veine fantastique. Ce qui ne faisait en fait que traduire ce thème, cher à tout son cinéma, de la projection, par l'imaginaire, dans un autre monde, où l'on trouverait la réponse à ses rêves et à ses ambitions. Cette idée animait son étrange portrait de Mozart adolescent, dans *Une saison italienne*, en 1984, elle nourrissait en 1990 sa belle biographie de *Bix* Biederbecke, trompettiste de légende, elle inspire encore un de ses films les plus récents, *Un cœur ailleurs*, où un homme, qui sans doute lui ressemble fort, va vivre un amour extraordinaire avec une beauté unique, mais inatteignable. Et c'est sans doute cette confrontation du désir et du rêve avec les réalités sociales, physiques, politiques de l'existence qui charge son *Histoire de garçons et de filles* d'une densité humaine rare, preuve de la richesse d'un univers filmique dont la prolixité dit toute la vitalité.

### HISTOIRE DE GARÇONS ET DE FILLES (1989)
#### avec Felice Andreasi, Angiola Baggi et Valeria Bruni-Tedeschi

**Familles, je vous aime.** Cette *Histoire de garçons et de filles* dont le titre ne paie pas de mine, cache bel et bien une vraie merveille. Quelque chose qui, dans la lignée d'Olmi ou des frères Taviani, rien de moins, renoue avec ce qu'il y a d'irremplaçable et d'unique dans le cinéma italien. Le scénario, pourtant, est fait de presque rien : les fiançailles d'une fille de la campagne avec un jeune bourgeois de Bologne, vers la fin des années 1930. L'histoire, concentrée en quarante-huit heures, raconte la veille du grand jour, les préparatifs, l'excitation qui monte, puis la journée elle-même, avec la famille du fiancé, toute une volée de femmes, la mère, veuve, jeune encore, la tante, les filles, qui prennent le train pour gagner la grosse ferme de l'autre famille, celle de la promise. Famille à l'italienne, autour de la vieille mamma, avec des garçons et des filles partout, des gamins qui courent, des cousins, des gendres, des nièces, un oncle vaguement pédophile, des servantes au grand cœur, et le curé qui vient confesser tout son monde. On sert le repas, énorme, gigantesque, où défilent tous les plats et toutes les saveurs d'une tradition venue du fond des âges. Et, au fil du service, éclatent les petits drames de chacun, le temps d'un mot, d'un regard, d'une dispute, d'une crise de nerfs vite calmée. Tandis que deux mondes se rencontrent : celui, policé mais plein de frustrations refoulées, de ces citadins qui découvrent, avec étonnement puis avec envie, la force vitale, le côté à la fois brut et chaleureux de ces gens rustres, pour eux étranges, qui se déchirent autant qu'ils s'aiment. Tout un monde, toute une vie, et même toute une multitude de vies, dont on saisit au vol les secrets murmurés, les joies et les cicatrices. Et, au long de cette table ouverte à toutes les confidences, il passe des récits nostalgiques et merveilleux d'émigration lointaine, des relents d'empoignades politiques sur fond de fascisme triomphant, et même l'ombre de la mort qui se profile avec la visite impromptue d'un vieil oncle et de sa jeune maîtresse, bravant le scandale pour vivre un dernier amour.
Le film de Pupi Avati raconte tout un monde. Sans grand discours, mais avec un art tout de discrétion, une caméra précise et qui voit tout, un décor qui a le goût de la terre et des choses. Et une interprétation qui réunit des acteurs inconnus, mais qui ont tous une justesse, une sensibilité, un éclat étonnants. Et cela respire la chaleur, le rire, la tendresse, les grandes tablées généreuses où le bonheur a rendez-vous avec les petites misères de l'existence. Et il y a même, car le monde a ses mystères, des étoiles qui brillent dans le ciel et qui sont la lumière des disparus, et un ange qui passe, dont les enfants entendent le bruissement d'ailes. Les ailes du plaisir.

# AYOUCH Nabil (marocain, né en France en 1969)

**FILMOGRAPHIE :**
***Mektoub (1997)*** • *Ali Zaoua, prince de la rue (2000)*

À côté des cinémas tunisien et algérien, dont la production, tout en étant plus que modeste, se maintient dans une certaine continuité, le cinéma marocain fait figure de parent pauvre. Les quelques films qui sont réalisés dans les années 1990 ne le sont que de façon sporadique et, pour quelques succès – *À la recherche du mari de ma femme*, de Mohamed Abderrahman Tazi, *Le Coiffeur des quartiers pauvres*, de Mohamad Reggab –, la production reste confidentielle, ne figurant pas, comme c'est le cas pour ses deux voisins du Maghreb, dans les festivals internationaux. D'où la quasi-impossibilité de tourner dans un pays ne disposant pas des structures nécessaires. La voie normale est donc celle des co-productions. C'est ce système qui permet à Nabil Ayouch, dont les parents sont originaires de Fez mais qui est, lui, né en France, de tourner, après un passage par la publicité puis un court métrage en 1992, *Les Pierres bleues du désert*, son premier long métrage au Maroc, avec des comédiens marocains, sur un sujet qui à la fois marque son attachement à son pays d'origine mais peut prendre avec lui la distance du jugement et de l'analyse.

## MEKTOUB (1997)
### avec Rachid El Ouali, Amal Chabli, Malika Oufkir et Faouzi Bensaïdi

**Les yeux grands ouverts.** Taoufik, le héros du film de Nabil Ayouch, est ophtalmologue. La chose n'est pas innocente. Ce jeune médecin, qui a fait ses études aux États-Unis, s'apprête à vivre, avec sa jeune épouse Sophia, la vie dorée d'une bourgeoisie riche et se préoccupant peu des misères sociales de son pays. Puis survient le drame : sa femme est enlevée par de mystérieux ravisseurs et violée sous l'œil d'une caméra vidéo qui enregistre les sévices qu'on lui fait subir. Enquêtant sur cet enlèvement, Taoufik est amené à tuer un homme mêlé à l'affaire, dont il découvre peu après qu'il s'agit d'un commissaire de police influent. Et pour le jeune couple commence alors une cavale à travers le pays pour échapper et à la police et aux ravisseurs qui veulent récupérer la cassette du viol. C'est là que le film, inspiré d'un fait-divers authentique qui fit grand scandale et fut plus ou moins étouffé, prend son vrai visage et que la thématique du regard y trouve sa signification. Aveugle à son pays, et aussi à lui-même, Taoufik va progressivement ouvrir les yeux sur la réalité de ce Maroc qu'en fait il n'avait jamais vraiment regardé. Pays où règne la corruption du pouvoir, où le système des castes perpétue les inégalités, où la diversité des régions, des tribus, des villages, ménage un esprit indépendant, voire rebelle à l'autorité, et où continue à se pratiquer la culture du cannabis, ce cannabis dont le commerce, dit-on, ne serait pas étranger à la fortune royale.
Cet œil de la lucidité que le personnage ouvre sur la complexité de la réalité marocaine et que, dans une scène symbolique où il opère l'œil fermé d'un jeune paysan, il entend désormais faire partager à la nouvelle génération, c'est celui-là même que Nabil Ayouch, jeune cinéaste de 30 ans, promène avec sa caméra sur le Maroc d'aujourd'hui. À un moment où s'y font jour des évolutions sensibles sur le plan politique et où la jeune génération place tous ses espoirs dans un nouveau roi, son film va jusqu'à mettre en scène Malika Oufkir, dont on sait par le livre qui a fait connaître son histoire, *La Prisonnière*, à quel point elle a pu souffrir de la rigueur terrible du pouvoir royal. Son interprétation d'une chef de village à l'indépendance farouche prend valeur de signe fort : vêtue de rouge et vert, les couleurs du drapeau marocain, elle apparaît, un fusil à la main, se dressant contre un policier corrompu qu'elle ridiculise. Tout un symbole…

D

C

# B

## BADHAM John (anglais, né en 1939)

**Premier long métrage :**
*Bingo (1976)*
**Filmographie depuis 1985:**
*American flyers (1985)* • *Short circuit (1986)* • *Étroite surveillance (1987)* • *Comme un oiseau sur la branche (1990)* • *La Manière forte (1991)* • *Nom de code: Nina (1992)* • *Indiscrétion assurée (1993)* • *Drop Zone (1994)* • ***Meurtre en suspens (1995)*** • *Incognito (1997)* • *Floating away (1998)*

Né en Angleterre, installé à l'âge de 6 ans aux États-Unis, John Badham, fils d'une comédienne, se passionne très jeune pour le théâtre et, durant ses études de philosophie à Yale, monte des pièces de Shakespeare, Ionesco, Tennessee Williams. Sa sœur cadette débutant à l'écran à 10 ans, et étant même citée à l'Oscar, il la suit à Hollywood pour y tenter sa chance : entrant chez Universal comme coursier, il y occupe tous les emplois, passe du casting à la production, des bandes-annonces aux séries télé, et aborde enfin la réalisation de cinéma avec une comédie picaresque sur une équipe noire de base-ball, *Bingo*. À partir de là, passionné par la technique, il s'impose comme un des meilleurs artisans de la réalisation, capable de passer d'un genre à l'autre avec la même sûreté (et le même succès au box-office) : films d'action, avec *Tonnerre de feu* ou *Drop Zone*, fantastique, avec *Dracula* ou *Short circuit*, mélodrame, avec *C'est ma vie, après tout !*, comédie d'action, avec *Comme un oiseau sur la branche* ou *La Manière forte*, comédie musicale avec *La Fièvre du samedi soir*, et bien sûr film policier, avec *Meurtre en suspens*, hommage non déguisé au maître du suspense.

### MEURTRE EN SUSPENS (1995)
#### avec Johnny Depp et Christopher Walken

**L'homme qui n'en savait rien.** Pour qui ne comprendrait pas, le générique explique bien les choses. On y voit, en longs travellings, glissant sur des pièces bien huilées, toute une série d'engrenages – roues dentées, cylindres tournants – dont on se rend compte qu'ils représentent en fait deux mécaniques distinctes : d'un côté le barillet et la détente d'un revolver, de l'autre le mécanisme d'horlogerie d'une pendule dont l'aiguille avance inexorablement. Les ressorts du film de John Badham sont là. Le scénario réunit en effet les deux éléments que le générique désigne comme formant le moteur même de l'action. Côté arme, c'est celle que le malheureux Gene Watson se voit remettre par un étrange couple qui, se prétendant de la police, l'accoste à la gare, alors qu'il débarque du train en compagnie de sa fillette pour venir passer quelques jours à Los Angeles. L'homme et la femme lui mettent en mains un bien terrible marché : ou il tue une femme, dont ils lui présentent la photo, ou sa petite fille, qu'ils gardent en otage, sera exécutée. Et ce qui vient ajouter à la tension d'une situation déjà tendue à l'extrême, c'est que tout doit obéir à la plus rapide des urgences. Côté pendule, donc, le meurtrier désigné doit accomplir son acte dans les 90 minutes qui suivent, terme fixé par les commanditaires à leur sinistre chantage.
Voilà donc réunis les deux mécanismes implacables du générique : l'arme et le temps. Ils fournissent à John Badham la structure même de son récit. Tout s'y déroule en effet en temps direct, dans l'exacte durée du film. Et, à mesure que les minutes défilent, signalées de façon répétitive par une série de plans rapides sur montres, horloges, pendules qui égrènent le compte à rebours, le pauvre type embarqué dans cette sombre affaire à laquelle il ne comprend rien n'a même pas le temps de s'interroger sur le caractère hautement invraisemblable de ce qui lui arrive. Le public non plus, à vrai dire. Car, une fois accepté le postulat de départ et ses développements eux-mêmes guère plus vraisemblables, tout s'enchaîne d'autant plus infailliblement que le cinéaste piège tout son monde avec un savoir-faire qui ne manque pas d'ingéniosité. C'est que, si la référence à Hitchcock renvoie de façon explicite à *L'Homme qui en savait trop*, avec là aussi fillette prise en otage et compte à rebours angoissant, John Badham se préoccupe surtout de donner une sorte de réalité fantasmatique à la fiction parfaitement irréaliste qu'il élabore. Dans l'univers lisse et plat du personnage principal (parfait Johnny Depp, en Monsieur Tout-le-monde n'arrivant pas à se persuader qu'il est le héros d'une histoire qui ressemble à un mauvais rêve), interviennent des plans bizarres, des jeux de reflets et même un cauchemar qui prend soudain le pas sur le fil du récit et crée un curieux effet d'illusion. Il y a là un côté ludique, qui témoigne du plaisir que le réalisateur prend à jouer avec son récit et avec le spectateur, tant et si bien que celui-ci se retrouve, pendant une heure et demie, à se demander comment l'assassin malgré lui va bien pouvoir sauver sa fille sans tuer la victime indiquée, laquelle n'est autre

qu'une femme politique qui lutte précisément contre les puissants lobbies des vendeurs d'armes. Discret clin d'œil ironique d'un film dont tout l'art consiste à détourner le coup de feu sur les vrais coupables et à faire de l'angélique faux tueur le véritable exécuteur d'une justice forcément immanente, le tout dans l'espace (le huis clos d'un grand hôtel labyrinthique) et le temps (90 minutes) imposés. Et forcément, tout trouvera sa solution, mais pas forcément comme on s'y attendait, au lieu et à l'heure dite !

## BAGDADI Maroun (franco-libanais, né au Liban, 1948-1993)

**PREMIER LONG MÉTRAGE :**
*Beyrouth, ô Beyrouth (1974)*
**FILMOGRAPHIE À PARTIR DE 1985 :**
*L'Homme voilé (1987)* • ***Hors la vie (1991)*** • *La Fille de l'air (1992)*

Né à Beyrouth, puis formé au cinéma à l'Idhec et obtenant le prix Villa Medicis hors-les-murs, Maroun Bagdadi commence sa carrière de cinéaste au Liban : en 1974, son *Beyrouth, ô Beyrouth* marque le renouveau du cinéma libanais. Lorsque, dans les années 1980, il vient s'installer en France, c'est toujours vers son pays natal qu'il se tourne : il lui consacre ses deux premiers films français, *Petites guerres* en 1982 et *L'Homme voilé* en 1987, puis en 1988 le film qu'il tourne pour la série télévisée *Médecins des hommes : Liban, le pays du miel et de l'encens*. Et tous ces films le conduisent, en fait, à cette réflexion sur la guerre qui déchire son pays, à travers la prise d'otage qu'il met en scène dans *Hors la vie*. Cherchant à se détacher de cette emprise libanaise, liée pour lui à un déchirement culturel et à une quête d'identité, le cinéaste enchaîne avec un film « français », *La Fille de l'air*, directement inspiré de l'histoire de Nadine Vaujour faisant évader par hélicoptère son mari enfermé à la prison de la Santé. Mais la vie, et le destin, le ramènent à Beyrouth : dans les ruines de la ville où il est revenu en repérages, il trouve la mort en tombant dans une cage d'ascenseur.

### HORS LA VIE (1991)
#### avec Hippolyte Girardot, Rafic Ali Ahmad et Hussein Sbeity

**Violence aveugle.** Beyrouth, la ville de tous les dangers. Au milieu des immeubles éventrés, des rues défoncées où se disloquent des carcasses de voitures, sous le feu des mortiers qui crachent le tonnerre, les photographes de presse enferment la guerre dans la visée de leur appareil. Les corps suppliciés, la douleur des femmes, les enfants qui errent, les cadavres pendus par les pieds ou traînés dans la poussière : effarant jeu de mort, sauvagerie macabre d'un pays qui se déchire. Patrick Perrault est de ces traqueurs d'images. Reporter free-lance, il est en direct sur l'événement, guettant le cliché dans l'œil de son objectif. Essayant, aussi, de comprendre et croyant, de l'horreur, avoir tout vu. Et pourtant, il n'a rien vu encore. Car soudain, en pleine rue, une voiture qui s'arrête, des hommes qui l'entourent, qui le poussent sur la banquette arrière, qui lui plaquent un sac en papier sur le visage, et qui l'emmènent. L'étau se referme sur lui. Il est otage. Dès lors, les yeux bandés, il bascule dans la nuit. Soumis à des ravisseurs qui se jouent de lui, le transfèrent d'une cache à l'autre au milieu des bombes et des barrages, lui laissent espérer une libération toujours reculée et lui font perdre toute conscience de la vérité, il vit le calvaire de la séquestration. La souffrance, la panique, les espoirs fous, le corps qui s'affaiblit, la démence qui guette, et jusqu'à cette envie de ne plus lutter, de se laisser aller, là, dans la fange et les immondices. Prisonnier sans cause et sans raison, seul dans le dénuement et l'humiliation.
Librement inspiré de l'histoire vécue par Roger Auque, le film de Maroun Bagdadi est d'abord une mise à nu de ce qu'est cette condition d'otage, que la télévision et les médias ont presque banalisée, et que le cinéaste fait vivre ici comme de l'intérieur, dans la cellule même d'un homme qui se décompose sous la torture quotidienne de l'enfermement. Le premier sujet du film est là, dans cette aliénation progressive d'un être soumis à un traitement qui le déshumanise. À cet égard, l'expérience vécue ici rejoint celle des camps de la mort, celle des geôles staliniennes, celle des prisons du Chili ou de l'Argentine, celle de tous ces lieux d'asservissement où l'on nie à l'homme le droit d'être un être humain. Mais, à travers ce personnage d'otage, c'est aussi toute une ville et un pays pris en otages par la guerre, souffrant leur lot quotidien de violence et de destruction, que le réalisateur, libanais

lui-même, a voulu traduire. Une fiction, mais qui se nourrit totalement d'une réalité dont l'urgence inspire un film qui est aussi un constat et qui fait voir le Liban tel qu'en lui-même, écartelé. Tourné sur les lieux mêmes du drame, avec une mise en scène qui colle au plus près à la réalité, le film se donne ainsi comme un reportage sur une situation devenue si complexe qu'elle échappe même à ses acteurs et qu'elle emporte le spectateur lui-même dans le labyrinthe d'une violence aveugle qui finit par se nourrir d'elle-même. Et cet aveuglement parcourt tout le film, puisque l'homme d'images se retrouve les yeux bandés, n'ayant plus dès lors de regard qu'intérieur, et cherchant désespérément à capter dans sa nuit quelque rayon de lumière. Mais à Beyrouth, le soleil ne brille plus pour personne.

## BALASKO Josiane (française, née en 1950)

**FILMOGRAPHIE :**
***Sac de nœuds (1985)*** • *Les Keufs (1987)* • *Ma vie est un enfer (1991)* • *Gazon maudit (1995)* • *Un grand cri d'amour (1997)* • *L'Ex-femme de ma vie (2005)*

Il y a chez Josiane Balasko une force comique qui s'est surtout exprimée tout au long de sa carrière de comédienne, d'abord au café-théâtre au sein de l'équipe du Splendid, puis, après les films de Patrice Leconte et de Jean-Marie Poiré mettant en scène toute la joyeuse bande, dans nombre d'autres comédies réalisées par d'autres, de Gérard Oury à Gérard Lauzier, de Jean-Pierre Mocky à Gabriel Aghion, mais aussi par elle-même, lorsqu'elle passe derrière la caméra en 1985. Elle démontre dans ses propres films un sens de l'écriture, exercée au théâtre, riche de répliques, de situations et de gags, mais aussi d'une observation des comportements et des mœurs qui donne à sa verve comique un côté volontiers iconoclaste et dynamiteur, comme dans *Gazon maudit*, assorti d'une tendresse particulière pour des personnages cocasses, marqués par la vie, comme *Sac de nœuds* en donnait d'emblée l'illustration.

### SAC DE NŒUDS (1985)
### avec Josiane Balasko, Isabelle Huppert, Coluche et Farid Chopel

**Drôle de drame.** Il y a Rose-Marie, blonde platine, l'air nunuche, toute en rose bonbon, avec une robe si courte qu'elle a dû rétrécir avant même le lavage. Et Anita, les chaussettes qui tombent sur ses gros mollets, habillée genre sac-poubelle, et qui en a marre de la vie. Et puis Rico, évadé malgré lui et qui voudrait bien retourner en prison, mais qui n'y retournera pas. Trois paumés, pas méchants, pas vraiment gentils non plus, dont les routes se croisent, et qui font un bout de chemin ensemble. Cela donne une sorte d'équipée un peu sauvage, une grande vadrouille couleur macadam, où il y a beaucoup à rire, mais finalement pas mal à pleurer ; un sac de nœuds qui embrouille tout comme à plaisir, le rire, la tendresse et même, pourquoi pas, le désespoir. Et c'est bien là le plus étonnant et le plus nouveau, dans le film de Josiane Balasko, que ce mélange des tons. Le rire y a un petit air d'aujourd'hui, qui colle au quotidien – loubards, HLM, autoroute. Balasko est à l'aise pour saisir l'air du temps. Et pour dire, aussi, sous ses dehors d'*elephant woman*, un certain nombre de choses plus fragiles qui lui tiennent à cœur : par exemple, que s'il faut rire, c'est parce que la vie n'est pas si drôle et qu'à tout prendre, il vaut mieux encore s'en payer une tranche que de se suicider au gaz butane. Ce qu'en d'autres termes dit la chanson de Blanchard dont l'accordéon sert d'accompagnement musical : sac de nœuds, bordel à queue… Et ce que fait bien sentir, malgré un rythme parfois défaillant, une réalisation qui a l'avantage de donner aux acteurs le beau rôle : Isabelle Huppert, parfaite en greluche évaporée ; Farid Chopel, qui pointe le bout de son nez ; Coluche en plus affreux que moi tu meurs ; Carmet, grandiose dans le dérisoire. Sans oublier Balasko soi-même, sa figure de clown triste, sa dégaine inimitable, et son langage à faire rougir un daltonien. Avec elle, l'humour devient l'impolitesse du désespoir.

## BARRATIER Christophe (français, né en 1963)

**Filmographie :**
***Les Choristes (2004)***

Partant du principe que c'est dans les vieilles marmites qu'on réussit les meilleurs plats, les producteurs sont toujours à la recherche de films anciens, que leur âge a fait oublier, mais qui n'ont rien perdu avec le temps de leurs potentialités scénaristiques. Tout l'art ici consiste à ajuster l'œuvre ancienne au nouvel air du temps. Le succès obtenu, en 2004, par *Les Choristes* tient bien à cette conjonction entre une histoire passée et l'esprit présent d'un pays qui, à l'aube d'un siècle nouveau, a volontiers la nostalgie de son enfance dans un siècle désormais disparu. En allant donc dénicher dans les années 1940 le film oublié de Jean Dréville, *La Cage aux rossignols*, qui, outre le populaire Noël-Noël, bénéficiait de la voix d'or des Petits Chanteurs à la Croix-de-bois, en en conservant l'époque, du coup chargée d'un charme rétro, et en l'assortissant d'un comédien – Gérard Jugnot, à la bonne bouille de Français moyen, aussi populaire qu'en son temps le fut celui qui fut le Père tranquille – et d'une chorale d'enfants capable de rivaliser avec sa prestigieuse devancière, Christophe Barratier trouve la bonne formule.

### LES CHORISTES (2004)
#### avec Gérard Jugnot, François Berléand et Kad Mérad

**Enfants de cœur.** La cage d'abord. Avec, derrière les hautes grilles de l'entrée, un enfant au regard triste qui attend désespérément la venue de ses parents. On est au Fond de l'Etang, un collège qui porte trop bien son nom : là se retrouvent, sous la poigne de fer d'un directeur qui ne transige ni avec la discipline ni avec les châtiments corporels, des enfants difficiles, qu'il s'agit de rééduquer. Lorsque Clément Mathieu y débarque comme pion, en 1949, avec sa bouille ronde de petit gros et son front dégarni qui lui vaut aussitôt le surnom de « Crâne d'obus », il ne se doute pas tout à fait de ce qui l'attend. Car les gamins, habitués aux épreuves de force, ne tardent pas à lui montrer l'étendue de leur savoir-faire en matière de turbulence, d'irrespect et de filouterie. Mais le nouveau surveillant a ses idées à lui sur la manière d'éduquer les enfants. Sous ses airs de timide apeuré se cache un artiste incompris, et lorsque les trois plus terribles garnements de la classe lui volent ce qu'il a de plus précieux, une sacoche renfermant des partitions qui témoignent de sa vocation de compositeur hélas passablement raté, il y trouve la double solution à la fois à sa passion rentrée et à ses problèmes pédagogiques. Et se disant que la musique adoucit les mœurs, il entreprend de donner à ses élèves, qui ne savent guère qu'éructer, le langage qui leur manque – le chant – et de faire de toutes ces fortes têtes des enfants de chœur.
Les rossignols, donc. Et même, au milieu de toutes ces voix pures d'enfants, un vrai oiseau de paradis : le jeune Morhange, figure d'ange et manières de démon, qui chante comme un dieu. La chorale comme réponse aux misères de la vie, et la beauté du chant comme moyen d'apporter à ces enfants perdus le supplément d'âme dont ils étaient privés : le film de Christophe Barratier est pavé de toutes les meilleures intentions du monde et de tous les bons sentiments que développait déjà le film original dont il s'inspire, cette *Cage aux rossignols* qui donna à Noël-Noël un de ses rôles les plus célèbres.
Que Gérard Jugnot, reprenant le rôle du pion, y montre cette sensibilité à la fois joviale et empreinte d'un soupçon de tristesse qui lui donne une humanité profonde ; que les enfants, qui ont tous de vraies bouilles idéales de vilains vauriens, mais pas si méchants au fond, y déploient une grâce vocale qui fait entendre, sur des paroles lumineuses de Christophe Barratier lui-même et des musiques inspirées de Bruno Coulais, la voix des anges ; et que les seconds rôles n'hésitent pas à endosser vaillamment les costumes taillés à leurs mesures, de Kad Merad et Jean-Paul Bonnaire à Francis Berléand surtout, qui ne craint pas d'en rajouter joyeusement dans le sadisme pédagogique : tout cela vibre de ce qui fait le meilleur cinéma populaire. D'autant que, modifiant dans un sens plus mélancolique la fin du film original, qui se terminait par le mariage du pion, et choisissant, en s'inspirant plutôt ici de *Cinéma Paradiso*, la voie du retour en arrière pour raconter l'ensemble de l'histoire, revue, longtemps après, par les yeux précisément de ce Morhange qui chantait si bien et qui est devenu depuis un chef d'orchestre de renommée mondiale, le film se charge subtilement du délicat parfum de la nostalgie. Qui est toujours, et plus que jamais, ce qu'elle était.

## BARTABAS (français, né en 1957)

**FILMOGRAPHIE :**
***Mazeppa (1993)*** • *Chamane (1995)*

Homme de cheval avant tout, Bartabas a exercé l'essentiel de sa carrière au théâtre. Co-fondateur, en 1976, du Théâtre emporté, où il joue la commedia dell'arte, il passe en 1979, avec le Cirque Aligre, puis en 1984 avec le Théâtre Zingaro, à un type de spectacle où l'art équestre se donne à voir dans l'arène d'un cirque conçu comme un plateau de théâtre. Et c'est en homme de cheval et de spectacle que le metteur en scène passe du théâtre au cinéma : son *Mazeppa* est comme le prolongement de son Opéra équestre, et *Chamane*, qui évoque l'évasion du goulag d'un chamane et d'un violoniste sur des chevaux yakoutes, élargit le spectacle à d'autres thèmes qui lui sont chers : la rencontre de cultures lointaines, l'homme face à la nature première, le rapport au divin, la musique. Et le cheval, toujours...

### MAZEPPA (1993)
### avec Bartabas et Miguel Bosé

**Cavallino.** Une tête de cheval, magnifique, sur fond noir. Et soudain, une de ses oreilles qui se dresse, puis se rabat. Et puis l'autre... Avant même que ne défile le générique, le ton est donné par cette somptueuse figure de proue : le film de Bartabas, comme on pouvait s'y attendre, sera avant tout un hymne au cheval. Mais comme il y a film, et comme il faut bien qu'il y ait scénario, l'homme de Zingaro, préoccupé de donner à sa troupe une histoire où elle puisse déployer tout le talent manifesté dans son Opéra équestre, a cherché une idée qui puisse servir de fil conducteur à cette passion du cheval qui l'habite, lui et tous ses cavaliers, ses acrobates, ses chanteurs. Et il a trouvé Géricault, le peintre, dont le destin ne pouvait que correspondre à sa passion : Géricault, lui aussi fou de cheval, cherchant inlassablement à capter le mouvement de la bête sur la fixité de la toile, et dont la vie, traversée par les folles cavalcades de l'Empire, s'achève à 33 ans, l'âge du Christ, des suites d'une chute de cheval. Géricault qui, dit-on, était fasciné par l'écuyer Franconi, qu'il était allé visiter plusieurs fois dans son cirque. C'est de là, de cet étrange rapport d'initiation imaginé entre un jeune artiste voulant percer le secret du galop et un maître du dressage possédant tout de l'art équestre, qu'est née l'idée qui sous-tend le film de Bartabas. Mais c'est de là aussi que provient une certaine incertitude de sa ligne, l'ambivalence de sa genèse n'aboutissant pas toujours à l'osmose attendue. Il y a ainsi, d'une certaine façon, deux films dans *Mazeppa* et dont l'un est nettement plus réussi que l'autre.
D'un côté, le cirque Franconi, réplique à l'identique du cirque Zingaro. Prodigieux numéros équestres, voix venues du fond des âges et des continents, écuyère lumineuse de beauté sur son cheval blanc. Et, dominant tout, étrange et fascinant sous son masque impénétrable, le maître, Bartabas lui-même, réglant l'allure de son cheval sur le rythme mystérieux de sa vie. Ce film-là, rempli de chants stridents, de couleurs éclatantes, de costumes bariolés, de têtes et de trognes, de banquets et de ripailles, de sang qui coule sur le pavé des équarrisseurs, du criaillement des oies, du vent qui souffle et du tonnerre qui gronde, des rires et des parfums, ce film-là a la fulgurance d'un spectacle baroque et de l'opéra équestre qu'il continue d'être en passant de la piste du cirque à l'écran du cinéma. Et puis il y a l'autre face : celle, tourmentée, qu'expriment le visage émacié et le jeu halluciné de Miguel Bosé. Son Géricault renvoie, entre frénésie et morbidité, à l'imagerie du peintre maudit. Et son itinéraire, assimilé symboliquement au destin cruel du mythique Mazeppa et complaisamment détaillé par le cinéaste, en cristallise les outrances et les boursouflures. La lourdeur gagne alors, et la raideur. Mais peut-être est-ce aussi la rançon d'un art qui, porté par la passion, en charrie tous les débordements. Et même si on a le sentiment que l'histoire de Géricault et de Franconi n'était peut-être pour ce film, au bout du compte, qu'une fausse bonne idée, elle permet à tout le moins de découvrir en Bartabas un vrai cinéaste, habité par la recherche du mouvement. D'autant que, parfois, la rencontre entre son univers équestre et le monde pictural de Géricault se produit. Comme dans cette scène où des chevaux, lancés au grand galop sur un paysage glacé, déboulent du fond de l'horizon jusqu'à venir, en crevant l'écran, s'inscrire sur la toile blanche du peintre. Pour un instant, qui a valeur d'éternité, le mouvement est là, sur l'image. Et la toile du tableau se fond dans celle de l'écran.

## BARTAS Sharunas (lituanien, né en 1964)

**FILMOGRAPHIE :**
*Trois jours (1991)* • *Corridor (1994)* • *Few of us (1995)* • ***The House (1997)*** •
*Freedom (2000)* • *Seven invisible men (2005)*

Lorsque Sharunas Bartas commence ses études de cinéma, la Lituanie fait encore partie du bloc soviétique, et c'est à Moscou qu'il entre à l'Institut VGIK, afin d'obtenir le diplôme sans lequel tout tournage est impossible dans l'ex-URSS. Lorsque survient la perestroïka, il réalise deux documentaires, puis, au moment même où la Lituanie acquiert son indépendance, passe au long métrage de fiction avec *Trois jours*. Dans un pays où le système moscovite, qui assurait le financement des films, ne fonctionne plus, il construit son propre studio dans un chalet en pleine forêt, se donnant, avec du vieux matériel de récupération, les moyens d'une indépendance qui, depuis, lui permet tant bien que mal de tourner en restant à l'écart des studios américains devenus très présents dans le pays, où ils viennent réaliser nombre de séries pour la télévision américaine. Cette indépendance, Sharunas Bartas en donne l'illustration dans ses films : tous quasi silencieux, fortement imprégnés de l'esprit du lieu et de la culture nordique, ils s'inscrivent dans la voie exigeante et élevée de Tarkovski, guettant dans un monde incertain et bouleversé la fragile lueur d'une espérance.

### THE HOUSE (1997)
### avec Francisco Nascimento, Valeria Bruni-Tedeschi, Alex Descas et Leos Carax

**Intérieur nuit.** Muet, mais pas silencieux. Les seules paroles qui sont prononcées, dans *The House*, sont, à la première image du film, celles d'une voix off – celle d'un fils s'adressant à sa mère – qui parle du temps d'avant qui est aboli, du présent qui passe sans qu'on puisse le retenir, et d'un futur dont rien ne dit qu'il sera. Et à ce sentiment de déréliction, qui baigne toutes les images qui vont suivre, répond la même voix, reprenant la parole à l'autre bout du film pour conclure, seuls et derniers mots à être encore prononcés, sur l'ultime et fragile espoir que les hommes ne disparaîtront pas. Ainsi encadré par une invocation lourde de nostalgie et d'inquiétude, le film déroule sans aucune autre parole dite ou échangée la longue suite de ses images, dans un parcours aussi lent, complexe et labyrinthique que l'intérieur, fait d'une suite de couloirs, de salles, d'escaliers, de recoins, de la grande demeure où la caméra avance, en longs, longs plans-séquences qui s'étirent jusqu'à la fixité. Dans ce parcours passent des pigeons enfermés dans une pièce, une chienne allaitant sa portée, des marionnettes qu'agite une femme plongée dans ses rêves, une table de banquet où viennent prendre place, comme une compagnie de spectres, des maîtres hagards servis par des domestiques qui ne le sont pas moins, des vieillards au faciès buriné par le temps, un grand Noir qui réfléchit devant un jeu d'échecs, deux sourds et muets qui s'expriment par borborygmes et par signes, un jeune homme qui dévore tous les livres, et un autre jeune homme rêveur, posant sur ces visions un regard qui n'est peut-être que celui de son imagination, d'où surgissent, comme sortis d'un rêve, des tableaux magrittiens de femmes nues lui caressant le front avec leur paume et dont l'unique soin, très baudelairien, semble être d'approfondir le secret douloureux qui le fait languir. Tout cela, à l'image de la maison plongée dans l'obscurité, n'est pas d'une clarté extrême, même si le surgissement dans la brume, à la toute fin du film, de chars et de soldats venant investir les lieux semble suggérer que ce temps d'avant – celui, social, de la grande demeure, et celui, intérieur, de la liberté de rêver – disparaît sous la botte de la dictature.

Mais toute explication trop rationnelle ne convient certainement pas à un film dont la forme est onirique et entend traduire ce qui relève plutôt de visions intérieures. À cet égard, offrant comme la seule échappée à l'interminable et étouffant cheminement dans le dédale de la maison figée dans sa nuit, quelques plans fulgurants, ouverts sur l'extérieur, offrent la beauté sidérante d'un paysage enneigé où de minuscules silhouettes se découpent dans l'immensité glacée d'une plaine qui miroite sous la lumière lunaire. Et, en contrepoint, accroissant l'impression d'une demeure quasiment d'outre-tombe, l'absence absolue de mots fait d'autant plus entendre le mutisme d'un cinéma qui est au sens propre muet qu'elle s'accompagne, en hors-champ sonore, d'innombrables bruits, soupirs, tintements, grincements, rires, râles, pas qui résonnent, comme un grouillement de vie, mais assourdi, et donnant à entendre comme l'angoissant écho de voix qui se sont tues. Dans ce miroir mental, tarkovskien en diable et qui a quelque chose aussi du Resnais de *Marienbad* et de *Providence*, Sharunas Bartas, non sans pose poétique un peu trop affichée, explore les voies d'un cinéma curieusement sonore et muet pour faire entendre son *Silence* à lui.

# BARTKOWIAK Andrzej (américain d'origine polonaise, né en 1950)

**FILMOGRAPHIE :**
***Roméo doit mourir (2000)*** • *Hors limites (2001)* • *En sursis (2003)* • *Doom (2005)*

Né en Pologne, y faisant ses études à l'École de cinéma de Lodz, Andrzej Bartkowiak vient s'installer aux États-Unis en 1972. Il commence par éclairer des spots publicitaires, des productions indépendantes à petit budget et une dramatique télévisée de James Ivory, qui assoit sa réputation. Il devient alors un des chefs opérateurs les plus appréciés d'Hollywood, travaillant avec Sydney Lumet sur onze films, mais aussi avec John Huston, Martin Ritt, William Friedkin, Joel Schumacher, Richard Donner et d'autres. Lorsqu'il passe à la réalisation, s'appuyant sur l'expérience qu'il a acquise des films d'action dont il a souvent réglé la lumière et l'image, il transpose l'histoire de Roméo et Juliette, déjà si souvent exploitée, dans l'univers des films d'arts martiaux, ce qui, à quarante ans de *West Side Story*, montre que le moule n'a pas fini de servir...

## ROMÉO DOIT MOURIR (2000)
### avec Jet Li, Aaliyah et Isaiah Washington

**Shakespeare in kung-fu.** Sur les quais du port d'Oakland, Roméo s'appelle Han et Juliette, Trishia. Et les Montaigu sont jaunes, et les Capulet blacks. Et comme dans l'éternelle histoire des deux amants séparés par leurs familles, celles-ci se battent à feu et à sang, cette fois-ci pour le contrôle du port et pour un projet immobilier qui doit assurer leur fortune en millions de dollars. Roméo, pour sa part, purge en lieu et place de son père une peine de prison dans un pénitencier de Hong-Kong, d'où il ne tarde pas à s'évader lorsque, première grosse escarmouche avec le clan rival, son frère Pô est retrouvé pendu. Il s'agit donc de faire payer aux assassins leur crime et le père de Han ne se prive pas pour faire comprendre à Issak O'Day, le chef du parti black, qu'il a intérêt à surveiller ses propres enfants s'il veut leur voir faire de vieux os. Et de fait, le fils d'Issak est rapidement envoyé *ad patres*. Reste Trishia, sa fille. Et c'est là que la Juliette hip-hop rencontre le Roméo kung-fu. Rencontre qui fait évidemment tout le sujet et toute l'idée porteuse du film. Sur un scénario qui a, en effet, fait ses preuves, Andrzej Bartkowiak et son studio hollywoodien se sont sans doute dit qu'il serait bon pour les recettes de surfer sur la double vogue du film rap à la black et des arts martiaux à la chinoise. L'affrontement entre les deux clans devient du coup une confrontation entre les deux veines qui constituent aujourd'hui les deux principales mamelles du cinéma d'action hollywoodien. Démarche chaloupée, biceps culturistes, argot et rap d'un côté, tigres et dragons bondissants, tourniquets et figures virevoltantes de l'autre : le film avance comme un jeu vidéo, avec des personnages dessinés à traits plutôt épais comme sur le petit écran d'une Play Station. Il y a naturellement, pour agrémenter la sauce, quelques gros clins d'œil et quelques zestes d'humour, et pour que ça saute et que ça saigne, des explosions, des tôles froissées, des cadavres qui s'amoncellent, et même un méchant Blanc de promoteur qui fait un peu amateur au milieu de tous ces spécialistes. Les juniors, plus familiers de leur console que de Shakespeare, devraient s'y reconnaître sans peine. Pourquoi pas, d'ailleurs ? Il faudra seulement leur signaler que, dans le drame original, tout ne se termine pas comme ici par un baiser hollywoodien...

# BAY Michael (américain, né en 1965)

**FILMOGRAPHIE :**
*Bad boys (1994)* • *Rock (1996)* • *Armageddon (1998)* • ***Pearl Harbor (2001)*** •
*Bad Boys 2 (2003)* • *The Island (2005)*

Parallèlement à ses études de cinéma, Michael Bay commence à travailler très tôt dans la vidéo, les clips et la publicité. Il y acquiert la réputation d'un des réalisateurs les plus brillants de la jeune génération, remportant nombre de prix et trustant les campagnes publicitaires et les clips musicaux les plus remarqués. Le brio de ses mises en scène intéresse vite le producteur hollywoodien Jerry Bruckheimer, qui l'amène à réaliser son premier long métrage, *Bad Boys*, un polar musclé, dont le succès amène le cinéaste à poursuivre dans la même voie des genres spectaculaires et des films à budgets et à têtes d'affiche de plus en plus importants : politique-fiction, avec *Rock*, film catastrophe, avec

*Armageddon*, film de guerre, avec *Pearl Harbor*, science-fiction, avec *The Island*, le tout toujours emballé dans une réalisation à cent à l'heure, des dialogues minimalistes, un montage frénétique, des prises de vues à la louma. Du pur Hollywood.

## PEARL HARBOR (2001)
### avec Ben Affleck, Josh Hartnett et Kate Beckinsale

**Tant qu'il y aura des Japs.** Comment parler d'une défaite ? Et même, concernant Pearl Harbor, comment faire d'une des plus mémorables raclées infligée à l'armée américaine par un ennemi pas spécialement sourcilleux sur les lois de la guerre mais diablement efficace en matière de stratégie destructrice, comment donc faire de cet énorme camouflet national un hymne à la grandeur US ? Jerry Bruckheimer et Michael Bay ont résolu le problème en jouant à fond tout à la fois la carte du film de guerre, telle que la grande tradition du cinéma d'action américain l'a toujours pratiquée, et la carte non moins traditionnelle du grand film d'amour, telle que le même cinéma l'a toujours affectionnée. Il y a donc deux films dans *Pearl Harbor*, dont l'entremêlement constitue à la fois la réussite et les limites de l'entreprise.
L'ouverture, qui raconte l'amitié d'enfance de deux gamins passionnés d'aviation et faisant leurs premières armes sur un vieux biplan qu'ils manquent de faire décoller dans un champ de maïs, dit suffisamment que la petite histoire des individus sera la porte à laquelle on viendra écouter la grande. Soit donc Rafe et Danny, frères de cœur que rien ne saurait séparer et qui se retrouvent, en 1941, pilotes dans la même escadrille. Et soit une femme, infirmière et superbe, qui passe par là et qui, piquant professionnellement les fesses de Rafe, lui pique illico le cœur. À partir de quoi cet amour partagé se heurte aux deux obstacles sans lesquels les grandes passions tragiques ne seraient pas ce qu'elles sont : la mort (Rafe disparaît lors d'un raid aérien) et la rivalité (son ami Danny vient consoler le cœur en souffrance de l'inconsolable Evelyn). Or comme Rafe revient vivant de la mission où on l'avait cru perdu, les choses se compliquent au moment même où se lève le grand vent de l'Histoire. C'est ici que survient en effet l'attaque surprise des Japonais sur Pearl Harbor. Et c'est là, au bout d'une heure de préambule, que le film devient le film d'action à très gros budget et à effets spéciaux étourdissants qu'on est venu voir.
Il suffit de dire que rien n'y manque et que, entre les avions qui piquent dans un bruit d'enfer et les navires qui coulent avec une maestria à faire pâlir tous les *Titanics*, la virtuosité technique de Michael Bay donne pendant une bonne heure toute la mesure de son époustouflante efficacité. Reste que tous ces bâtiments calcinés, ces cadavres mazoutés, ce déluge de fer et de feu qui écrase la flotte américaine et l'envoie par le fond, ce n'est guère exaltant pour l'orgueil national. Qu'à cela ne tienne : pour rétablir les choses, le réalisateur et son scénariste ont ajouté une troisième heure, un après-Pearl Harbor où les deux amis deviennent les héros d'une nouvelle mission qui va à la fois laver la honte subie et, l'un des deux étant structurellement condamné par le scénario, régler leurs propres problèmes. Tout est donc bien qui finit bien dans le plus hollywoodien des épilogues possibles.
On peut certes trouver tout cela un peu formaté et pas vraiment léger. Mais on peut aussi se dire que tant qu'il y aura des Japs, le cinéma américain saura leur mettre la pâtée qui s'impose et offrir un de ces grands spectacles capable de vous en mettre pendant trois heures plein les yeux, plein les oreilles et même, pour que ça vibre bien, plein le cœur. Mission accomplie.

# BEAUVOIS Xavier (français, né en 1967)

**FILMOGRAPHIE :**
*Nord (1991)* • ***N'oublie pas que tu vas mourir (1995)*** • *Selon Matthieu (2001)* • *Le Petit lieutenant (2004)*

Lauréat du prix de Rome en section Cinéma, ayant travaillé comme stagiaire auprès de Téchiné et de Oliveira, comédien dans de nombreux films, Xavier Beauvois, après avoir signé un seul court métrage, en 1986, passe à la réalisation en 1991 avec un premier long, *Nord*, où il installe d'emblée une vision sombre, quasi naturaliste, d'une réalité sociale et familiale étouffante, saisie dans le décor triste et gris d'une ville du Nord, Calais, à la fois cadre et métaphore du huis clos de la tragédie. La même préoccupation sociale, renvoyant ici au sida, dans *N'oublie pas que tu vas mourir*, là aux oppositions de classes, dans *Selon Matthieu*, là encore à la violence du monde du crime, dans *Le Petit lieutenant*, se retrouve dans les films suivants, tous animés d'une vision volontiers lyrique qui colore la rigueur de l'engagement du souffle du romanesque.

### N'OUBLIE PAS QUE TU VAS MOURIR (1995)
**avec Xavier Beauvois et Chiara Mastroianni**

**Le mal du siècle.** Benoît, 20 ans, étudiant en histoire de l'art. Des copains de fac, des parents plutôt sympas, une vie à la fois cool et sérieuse, à préparer ce qu'il sera plus tard, prof ou conservateur de musée. Juste une anicroche : il lui faut faire son service militaire, ce qui dérange sa tranquillité ambiante. D'où l'idée qui germe de contrefaire une déprime pour se faire réformer. Mais comme ça ne marche pas, lors de son incorporation, il en rajoute en s'ouvrant une veine. Le sang coule, salvateur croit-il, mortifère en fait. Car ce sang qu'il verse, les tests le révèlent séropositif. Le sida est désormais là ; le monde de Benoît s'écroule.
Le film de Xavier Beauvois commence comme une tragédie ordinaire, de celles qui frappent sans prévenir. Le cinéaste filme au plus près, sans recul apparent, comme si tout allait de soi. Force des séquences, évidence de la vie, justesse absolue de la manière. En quelques plans, en quelques phrases, les personnages sont là. Survient le drame qui fait tout basculer et qui précipite le héros dans une sorte de dérive où il se laisse glisser, par une réaction de peur et d'incompréhension d'abord, puis, plus profondément, comme une façon de répondre au mal qui le frappe.
Ici commence un deuxième film, où Xavier Beauvois, qui interprète lui-même le rôle de Benoît, accumule comme à plaisir les étapes de ce qui, si le ciel existait, pourrait prendre des allures de chemin de croix et qui, face à un avenir qui n'existe plus, apparaît simplement comme le fil d'une vie qui se dévide désormais sans repère. En attendant donc la mort annoncée, il reste à vivre en se laissant porter par le courant, au fil des enchaînements de situations où le personnage, que n'inhibent plus convenances ni tabous, plonge de façon à la fois passive et assumée. La pente peut paraître abrupte : prison, drogue, sexe à tout va, deal, combines. Pourtant, cela n'a rien d'une descente aux enfers : plutôt le désir de vivre à fond, tant qu'il en est encore temps, de tout essayer, d'aller au bout de soi-même, dans une sorte d'étourdissement des sens et d'exaltation de l'être auquel Benoît lui-même donne un nom : romantisme. Car on n'est pas étudiant en histoire de l'art pour rien. Dans une scène centrale du film, où il revient une dernière fois sur les bancs de l'université, le personnage présente un brillant exposé sur *La Mort de Sardanapale* de Delacroix, où il met en relief l'érotisation de la mort dont le romantisme est à ses yeux porteur, et cette volonté qu'il a, devant la certitude de la mort, de sublimer la vie. L'itinéraire de Benoît en vient aussi, au moment où toutes les certitudes vacillent, à transformer sa vie en une esthétique de la jouissance. Mais des clubs à sexe d'Amsterdam où il se livre aux plaisirs interdits sous la conduite d'Omar, l'ange noir, il infléchit sa route, en un changement de sens tout autant géographique que symbolique, vers l'Italie, où il découvre, avec Claudia, l'ange blanc, le bonheur d'aimer, comme en volant au temps qui passe ce moment de grâce pure et de beauté.
Xavier Beauvois, qui n'hésite pas ainsi à fortement baliser la dérive de son héros, y va sans doute un peu lourdement. À la scène brutale de plaisir, pris avec la prostituée, répond la larme que verse la tendre Chiara Mastroianni devant une fresque de Piero della Francesca. Et, pour enfoncer le clou du tableau, une visite villa Medicis s'organise autour d'une exposition sur le thème pictural de la tête de mort et de la vanité des choses. On voit donc bien où tout cela conduit. Et comme il n'y a plus, comme au temps de Byron, de Grèce à sauver des Turcs, c'est tout naturellement du côté de la Bosnie que s'achève l'itinéraire romantique du héros, à qui le sida, nouveau mal du siècle, aura en fait servi de révélateur : une volonté de regarder la mort en face et, le titre le dit bien, de se rappeler soi-même à l'essentiel, pour donner, malgré tout, un sens à sa vie.

## BECCU Pierre (français, né en 1963)

**FILMOGRAPHIE :**
***La Dernière saison (1991)*** • *Un voyage entre amis (2001)*

Cinéaste rare – deux films en dix ans –, Pierre Beccu s'est formé en Italie, au sein du groupe de Bassano, auprès d'Ermanno Olmi. Il en a rapporté un respect de la nature et des hommes, et aussi du cinéma comme témoignage et observation, qui apparaît bien dans ses deux longs métrages de fiction, l'un, *La Dernière saison*, consacré à la vie en montagne, l'autre, *Un voyage entre amis*, à une traversée de la France par deux saltimbanques québécois, mais qui se traduit surtout par une carrière essentiellement consacrée au documentaire.

## LA DERNIÈRE SAISON (1991)
**avec Jean Davy et Laurent Ferrou**

**Là-haut sur la montagne.** Le monde change. Et même si la montagne est belle, les jeunes quittent un à un le pays, pour s'en aller vivre leur vie... Reste les vieux, accrochés aux pentes comme à un vieux rêve. Dans ce massif des Bauges où chaque été les bêtes remontent aux alpages, Jean continue, malgré l'âge, à conduire son troupeau, à traire, à préparer les fromages, sans rien changer aux habitudes, en répétant ce qu'il a appris. Cette montagne, il lui a tout donné : les journées où on se lève à 5 heures et où on se couche à minuit ; les grandes peurs, quand le ciel gronde et que le tonnerre fait résonner la colère des dieux : et même, souvenir jauni comme les pauvres photos qu'il garde dans une boîte en carton, cette fille qu'il aurait pu épouser jadis, et que sa mère lui a fait sacrifier à la famille, aux traditions, à la montagne. Monde immobile, comme figé dans l'éternité. Et pourtant, monde qui vieillit comme Jean : les muscles ne suivent plus, l'effort devient trop rude, l'âge est sans pitié. Laurent, lui, est jeune, et il a la vie devant lui. Montagnard dans l'âme et dans le sang, il travaille l'hiver dans les stations de ski et revient l'été au pays. Par suite d'un concours de circonstances, il se retrouve auprès de Jean, venant l'aider dans cette saison, qui, pour le vieil homme, pourrait bien être la dernière. Dans la solitude des hauts plateaux, ils sont ainsi deux, face à face, le vieux, tête de mule, noueux et dur comme son bâton, et le jeune, qui côté caboche ne le lui cède en rien, et qui a ses idées sur ce que pourrait être cette vie d'alpage, si on changeait la façon de travailler et de vivre. Deux générations, mais aussi deux mondes, l'ancien et le nouveau. Avec, venue pour les séparer ou pour les réunir, une femme, jeune : la femme, par qui tout peut arriver.

Dans cet affrontement lourd de sens et de symboles, on pouvait craindre pour le film de Pierre Beccu le piège du démonstratif. Et, de fait, tout semble réuni dans le scénario pour en faire une de ces fables écolos qui regorgent de belles idées et de grands sentiments. Pourtant le réalisateur, dont c'est le premier long métrage, a su éviter la plupart des embûches. Tout simplement parce qu'il a choisi de doter ses personnages d'une vraie personnalité, en en faisant des individus, pas tout blancs, ni tout noirs, mais tels qu'en eux-mêmes. Du coup, les gestes, les situations, les mots sonnent juste. Le film respire le naturel, l'émotion passe, le rire aussi, et même le rêve, qui court dans les pierrailles sur le pas bondissant des chamois. La montagne est là, filmée avec respect, sans fioritures, parce que sa beauté se suffit à elle-même. Il est difficile de parler des paysans qui disparaissent, de la terre qui meurt, de la montagne qui n'est plus ce qu'elle était. Difficile de parler des gens d'en haut, qui ne sont déjà qu'une curiosité et qui ne seront plus bientôt qu'un souvenir. Pierre Beccu y parvient, sans céder à la froideur ethnologique ni au lyrisme de l'attendrissement, mais en choisissant de s'effacer derrière ce qu'il filme et en retrouvant cette vertu première du cinéma qu'est la simplicité. Il arrive ainsi à capter avec justesse un moment clé dans la longue chaîne des temps et des générations, préservant par l'image ce qui bientôt ne sera plus, et refusant de le jeter aux oubliettes. Parce qu'il sait, en fils de la montagne, de Giono et d'Olmi qu'il est, que, si les saisons passent, elles reviennent toujours.

# BECKER Jean (français, né en 1933)

**PREMIER LONG MÉTRAGE :**
*Un nommé La Rocca (1961)*
**FILMOGRAPHIE DEPUIS 1985 :**
*Elisa (1995)* • ***Les Enfants du marais (1998)*** • ***Un crime au paradis (2001)*** •
*Effroyables jardins (2003)*

Ayant commencé sa carrière auprès de son père Jacques, en assistant en particulier de près celui-ci malade lors du tournage, en 1960, de son dernier film, *Le Trou*, dont il fut quasiment le co-réalisateur, Jean Becker a eu une carrière en dents de scie, mais qui s'inscrit dans le droit-fil d'un cinéma solide, fidèle à une tradition donnant au scénario et aux acteurs la part belle. Cela se vit dès ses premiers films des années 1960, élégants policiers mettant le jeune Belmondo en vedette ; cela se vérifia lors de son retour, après plus de quinze ans d'absence, avec le succès en 1983 de *L'Été meurtrier*, drame sombre et sensuel offrant à Isabelle Adjani un de ses meilleurs rôles ; cela continue à s'imposer dans les films qu'il enchaîne depuis 1995, où la maîtrise conjuguée de l'écriture, de la direction d'acteurs et de la mise en scène se déploie sur des sujets qui renvoient au passé d'une façon nostalgique, que d'aucuns jugent suspecte, mais qui à coup sûr, vu le succès populaire qu'elle suscite, répond à une tendance profonde.

## LES ENFANTS DU MARAIS (1998)

### avec Jacques Villeret, Jacques Gamblin, André Dussollier et Michel Serrault

**Le vert paradis.** Il était une fois… Il n'y a pas si longtemps, tout au plus les années 1930, mais dans le film de Jean Becker, ça vous a une allure d'autrefois merveilleux qui apparaît si loin des réalités d'aujourd'hui que d'emblée cela vous donne envie d'y croire. Il était une fois, donc, un marais au creux de la verdure. Avant même de le voir, on entend le gazouillis des oiseaux, le frissonnement des feuilles, le souffle du vent. On s'y arrêterait rien qu'en fermant les yeux. Et c'est ce que fait Garris, sanglé dans sa capote militaire, lorsque, revenant de guerre, il croise le Vieux, grisonnant de barbe et transi de froid, qui lui dit d'aller relever sa ligne qui musarde dans l'eau. Garris pose son paquet, attrape une anguille. Ça vous suffit pour susciter une vocation. Garris décide donc de rester et, quand le Vieux meurt, de prendre sa place dans la cabane. D'autant qu'aussitôt se pointe Riton, casquette informe, bretelles relâchées, et pleurant à gros soupirs sa Pamela envolée. Garris le console et lui propose de l'aider. Riton, paresseux comme personne, ne se le fait pas dire deux fois. Et voilà l'amitié qui se noue. Entre les deux, elle ne va plus faiblir. Elle est même contagieuse. Quand mai arrive, on part dans les sous-bois cueillir du muguet ; après la pluie, on guette le rayon de soleil qui va faire sortir les escargots ; et, pour se reposer, on fait rafraîchir la bouteille de vin, attachée à une ficelle, dans l'eau du ruisseau. On emmène même, à l'occasion, le doux Amédée, toujours tiré à quatre épingles, et on le fait grimper au vol dans le petit train qui s'essouffle à monter la pente. On accueille aussi volontiers le vieux Pépé, autrefois ferrailleur, devenu riche industriel, mais qui a gardé au fond de lui le marais de sa jeunesse. Bref, on passe le temps à vivre à plein dans la douceur des choses, dans la liberté des jours qui se suivent et dans l'amitié des cœurs, à y trouver l'apaisement de ses peines, à y cultiver son jardin.
Il y a de fait comme un air de sagesse épicurienne dans cette vision lumineuse d'un paradis agreste. Et il y a surtout un doux parfum de nostalgie qui pointe d'emblée son nez avec la voix chevrotante de la vieille grand-mère qui, en voix off, raconte cette histoire, celle de sa jeunesse. Et qui dit que cet éden était au fond l'âge d'or, celui d'un temps qui, certes, avait sa cruauté – et le souvenir terrible de la guerre qui passe dans les yeux parfois perdus de Garris est là pour en faire sentir le poids –, mais qui avait surtout la souveraine philosophie de savoir vivre au rythme de la nature. Puis sont venus le progrès, la technique, l'argent, la consommation, et le marais a été vidé à sec de son âme. Comme le siècle.
Car dans ce conte de Jean Becker, c'est bel et bien une sorte d'enfance qui se trouve évoquée : celle d'un siècle finissant qui se penche sur son passé, pour le recomposer au fil d'une mémoire qui l'enjolive de tous les souvenirs rêvés, de l'odeur de la terre, de la brume sur l'étang, de la fraîcheur du vin clairet. On dirait du Pagnol, l'accent en moins. C'est dire que le film touchera tous ceux qui, au moment de tourner la page du millénaire, auront une dernière fois envie d'éteindre l'écran de l'ordinateur, de couper les images de misère et de guerre de la télévision et de laisser là les déflagrations d'un cinéma de la violence et des effets spéciaux pour retrouver le plaisir d'un cinéma d'autrefois : parfaitement structuré dans son adaptation et ses dialogues par l'orfèvre Sébastien Japrisot ; joué avec une jubilation sensible par ces comédiens du bonheur que sont Villeret, Gamblin, Serrault, Dussollier, et même Éric Cantona, qu'ils finissent par gagner à leur cause ! Et mis en scène avec tout le respect dû aux décors, aux costumes, aux comédiens, par ce fils de son père qu'est Jean, fils de Jacques, Becker, faisant de la légèreté de touche sa règle d'or et donnant au réalisme valeur poétique. Tant il est vrai que cette réalité-là, c'est celle de l'imaginaire. Et qu'à tout prendre, il est toujours si bon de rêver.

## UN CRIME AU PARADIS (2001)

### avec Josiane Balasko et Jacques Villeret

**Jojo mains-rouges.** On connaît l'histoire, qui pourrait se résumer à un de ces brillants paradoxes dont Sacha Guitry était coutumier : comment se débarrasser de sa femme en toute impunité, sinon en demandant conseil avant d'agir au plus célèbre des avocats d'assises, spécialiste des crimes passionnels et des acquittements en série ? C'est ce que fait le brave Jojo Braconnier, marié à un chameau qui lui rend la vie impossible et qui, excédé par toutes les vexations qu'elle lui fait subir, anticipe l'assassinat qu'il projette en allant se le faire expliquer d'avance à un ténor du barreau. Ce qu'il en advient, et qui prend quelques libertés avec la morale, c'est ce qui faisait le sujet de *La Poison*, où un Michel Simon souverain réglait son compte à sa peste de femme en faisant triompher une justice très personnelle qui se moquait allègrement de la justice.
Curieuse idée, se dit-on, que celle de Jean Becker, de se réapproprier ainsi, cinquante ans après, le film très théâtral de Guitry. Mais pas si curieuse que ça, lorsqu'on regarde le film qui en est sorti, et qu'on le met en rapport avec ceux qui ont précédé dans la carrière du cinéaste. Cette société rurale, dont il a ausculté à la fois les lourds secrets

cachés dans *L'Été meurtrier* et dont il a évoqué de façon nostalgique l'art de vivre dans *Les Enfants du marais*, il en fait ici le cadre social du drame vécu par ses deux protagonistes. En développant en particulier le personnage de la mégère mal apprivoisée, en la dotant d'un passé douloureux et de désirs frustrés qui expliquent la pocharde aigrie qu'elle est devenue, et en confiant le rôle à une Josiane Balasko au corps avachi et à la lippe agressive, il donne une vraie assise à l'enfer conjugal, dans une ferme ironiquement baptisée « Le Paradis ». Et que le personnage du mari trouve avec Jacques Villeret, bouille ronde et yeux ronds, le caractère de faux naïf et de vrai souffre-douleur qui explique le cheminement de son acte et jusqu'au remords qu'il peut en éprouver, densifie la vérité humaine et transforme la pochade vacharde en comédie noire.
Car le ton ne bascule jamais ni dans la grosse rigolade ni dans le drame naturaliste. Il y a ainsi, en particulier dans le développement qui est fait de tous les personnages secondaires, comme un désir de recréer une France profonde, qui s'abreuverait à la fois à l'accent ensoleillé de Pagnol – et ce n'est pas pour rien que la place du village, avec son café et son pastis, fleure bon la Provence – et au sourire à la fois noir et jaune qui baignait de violence et de mystère ce chef-d'œuvre de la comédie de terroir et de France profonde qu'était *Goupi Mains-Rouges*. Un film qui était signé d'un autre Becker, Jacques, le père, auquel, par une justesse de touche qui a l'élégance d'une esthétique, par un plaisir pris à filmer des acteurs (et d'André Dussollier à Jacques Dacqmine, de Daniel Prévost à Suzanne Flon, le plaisir ne se mesure pas), et par des souvenirs qui resurgissent au détour d'un plan – comme celui de cette guillotine revenue comme un cauchemar de *Casque d'or* –, ce *Crime au paradis* rend un discret hommage. Celui d'un fils à son père, et d'un cinéaste d'aujourd'hui à un cinéma qui ne vieillit pas.

## BECKER Wolfgang (allemand, né en 1954)

**Filmographie :**
*Schmetterlinge (1987)* • *Kinderspiele (1992)* • *Das Leben ist ein baustelle (1997)* •
***Good bye Lenin ! (2002)***

Pour beaucoup, le XX^e^ siècle se termine en novembre 1989, avec cet événement à la fois bien réel et lourd de charge symbolique qui met fin à la coupure du monde en deux sur laquelle avait vécu tout le siècle : la chute du mur de Berlin. Treize ans après, *Good bye Lenin !*, cristallisant tout ce que l'événement implique, en offre un premier bilan, dans une Allemagne réunifiée. L'énorme succès que le film remporte dans son pays tient sans doute pour beaucoup à la nostalgie qu'il véhicule sous son aspect ironique ; mais le retentissement plus large qui est le sien un peu partout dans le monde confirme aussi l'importance de la représentation cinématographique en matière historique. Comme si le film de Wolfgang Becker mettait en 2002 le coup de pioche définitif à un mur démoli en 1989.

### GOOD BYE LENIN ! (2002)
**avec Daniel Brühl, Katrin Sass, Maria Simon et Chulpan Khamatova**

**À l'Est, rien de nouveau...** C'est une vieille idée de science-fiction, et aussi un fantasme largement partagé, que Wolfgang Becker utilise comme fil conducteur de son *Good bye Lenin !* Qui n'a en effet rêvé de s'endormir un jour dans son époque pour se réveiller dans une autre ? L'astuce, ici, est que ce voyage dans le temps est utilisé à rebours de son emploi habituel. Lorsque la mère d'Alex, une Berlinoise qui vit à l'Est, est plongée, suite à un infarctus, dans un coma profond, elle perd en effet connaissance à un moment clef pour la RDA et pour son régime socialiste, dont elle-même est une zélatrice d'autant plus ardente que son mari l'a quittée pour céder aux charmes d'une sirène capitaliste. La brave femme, qui a élevé Alex et sa sœur Ariane dans la foi socialiste et que le régime a récompensée en lui décernant la médaille du mérite, ne voit donc pas la chute du Mur qui a lieu quelques jours après. Et lorsqu'elle sort de son coma, huit mois plus tard, son état de faiblesse est tel que le moindre choc pourrait lui être fatal.
Or pour ce qui est d'un choc, les quelques mois qui viennent de se dérouler en représentent un, et de taille, qui a totalement bouleversé la donne et fait proprement disparaître l'Allemagne de l'Est et son système. Soucieux de ménager sa mère, Alex a alors une idée qui nie purement et simplement l'écoulement du temps et, un peu comme Antoine Blondin l'avait fait dans son *Europe buissonnière* pour les traités de Westphalie, il imagine un Berlin qui n'aurait pas connu la chute du Mur : il fait croire à sa mère que rien n'a changé, et qu'elle se réveille dans une RDA

toujours socialiste, et même de plus en plus triomphante. Cette manipulation passe par un décor entièrement réaménagé, par des accessoires reconstituant le cadre de vie passé, par des figurants engagés pour jouer le rôle de vaillants militants socialistes, et même par une caméra enregistrant de fausses nouvelles et bidouillant un faux journal télévisé retransmis *via* un magnétoscope sur le petit écran. Toute cette mise en scène, en même temps qu'elle fournit un beau réservoir à situations comiques, offre aussi matière à réflexion sur le pouvoir trompeur des images, lesquelles ne font que prolonger à leur manière le bourrage de crâne sur lequel reposait l'information d'État dans le système socialiste.

Est-il sûr, pour autant, que le paradis capitaliste ait apporté tout ce qu'on en attendait? La discrète et constante nostalgie que le film déploie, renvoyant avec un attendrissement amusé, dès ses premières images, à une époque passée qui était, pour Alex, celle de l'insouciance de l'enfance, mais celle aussi du bonheur d'une famille unie et d'un avenir auquel on croyait, apparaît d'autant plus forte que la frénésie de la consommation et le mercantilisme à tous crins font vite de leur côté leurs ravages habituels, que le cinéaste ne se prive pas non plus d'épingler. Et, signe d'une leçon politique qui est aussi la morale d'une fable sur le paradis perdu, Alex, au bout du compte, et sans être jamais dupe lui-même, ne se résout pas à détromper sa mère, préservant jusqu'au bout pour elle, face à un présent pas aussi enchanteur que prévu, l'illusion de lendemains qui n'en finissent pas, eux, de chanter.

## BÉHAT Gilles (français, né en 1949)

**PREMIER LONG MÉTRAGE :**
*Haro (1976)*
**FILMOGRAPHIE DEPUIS 1985:**
*Urgence (1985)* • *Les Longs manteaux (1986)* • *Charlie Dingo (1987)* •
***Le Vent de la Toussaint (1989)*** • *Dancing machine (1990)*

Guitariste dans un groupe de rock tout en suivant les cours du Conservatoire d'art dramatique, Gilles Béhat traduit, dès ses premiers films (*Putain d'histoire d'amour, Rue Barbare, Urgence*), une forme de violence urbaine qui fait voir en lui un réalisateur très prometteur de films noirs à l'américaine. Mais en élargissant dans ses films suivants ses sujets et sa manière, il semble perdre quelque peu de sa personnalité, et délaissant le grand écran pour des séries télévisées, ses réalisations deviennent plus anonymes, et plus rares.

### LE VENT DE LA TOUSSAINT (1989)
### avec Michel Albertini, Étienne Chicot et Eva Darlan

**Les années de braise.** La guerre, puisqu'il faut l'appeler par son nom. En Algérie, il fallut plusieurs années pour que la langue de bois, qui parlait des *événements* ou des *opérations de maintien de l'ordre*, ose enfin désigner la vérité. Et il a fallu plus de trente ans, le temps d'une génération, pour que le cinéma français essaie de regarder les choses en face. Le titre du film de Gilles Béhat fait référence à cette Toussaint 1954 où les premiers attentats organisés par le FLN marquèrent le début des hostilités. Le choix de cette période traduit bien le dessein du film. À travers l'histoire de Marc, médecin français de retour d'Indochine qui vient s'installer dans un village de Grande Kabylie à l'invitation d'Hamrane, l'Algérien, son ancien camarade de combat devenu instituteur, c'est toute la question des relations entre les deux communautés, européenne et arabe, qui se trouve posée. Lorsque Marc arrive, en 1952, tout est calme. Accueilli comme un frère par Hamrane, il se met au service du village, s'en fait accepter, devient le toubib de la montagne. Mais, insensiblement, le climat se dégrade. Les idées de libération, que véhiculent secrètement des émissaires de l'ombre, l'attentisme peureux des uns, l'engagement de plus en plus massif des autres, les premières escarmouches, les premières représailles, la violence des attentats enfin : la logique infernale est en marche, attisée, Marc le sent, par le vent de la décolonisation, dont il a déjà senti le souffle en Indochine. C'est l'heure où les destins individuels se fondent dans la grande aventure collective. Rattrapé par l'Histoire, Marc refuse de s'engager et veut continuer à faire ce pour quoi il est venu – soigner –, sans se préoccuper de savoir à quel camp appartiennent ceux à qui il prodigue ses soins. Position louable, mais bien vite intenable. L'enchaînement implacable des événements le force à choisir. Mais dans cette guerre fratricide, rien n'est si simple. Et le choix n'est jamais qu'un choix entre deux trahisons.

Ce que le film de Gilles Béhat montre avec force, c'est qu'en un combat douteux, nul n'est vraiment innocent. L'analyse scrupuleuse de ces années où le feu couve, la parfaite justesse de reconstitution, la volonté de comprendre plutôt que de juger : autant d'éléments qui font l'intérêt de ce *Vent de la Toussaint*, en ce qu'il est l'un des premiers, voire le premier, dans le cinéma français à s'essayer à parler sans a priori ni parti pris du drame algérien. On regrette d'autant plus, dans ces conditions, que le scénario de Louis Gardel ait cru bon de superposer à une histoire qui se suffisait amplement à elle-même une improbable idylle entre Marc et la fille de son ami. Certes, à travers ce personnage de Malika et son apprentissage sentimental, on sent bien l'éveil d'une conscience. Mais c'est beaucoup en rajouter. Et cette fausse bonne idée de scénariste, jointe au fait qu'à la réserve d'Étienne Chicot, parfait, l'interprétation des autres personnages principaux donne plus dans le cliché que dans la nuance, enlève quelque peu de sa crédibilité à un film dont on voit bien qu'il manque moins d'ambition et de courage que de rigueur.

## BEINEIX Jean-Jacques (français, né en 1946)

**PREMIER LONG MÉTRAGE :**
*Diva (1981)*
**FILMOGRAPHIE DEPUIS 1985 :**
*37°2 le matin (1985)* • *Roselyne et les lions (1989)* • ***IP5 : l'île aux pachydermes (1992)*** • ***Mortel transfert (2001)***

Où situer Beineix ? L'improbable rapprochement avec Luc Besson et Leos Carax qui le fit, dans les années 1980, ranger sous la bannière d'une nouvelle génération de l'image, fille de la publicité et de la télévision, a sans doute occulté ce qu'il y avait de spécifique, et de fondamentalement différent, chez chacun des trois cinéastes. Dans le cas de Beineix, ce qui apparaît comme l'élément dominant est un formalisme, maniériste au sens fort et positif du terme, dont la source est à chercher en fait dans le réalisme poétique des années 1930, avec la primauté donnée à un décor qui détermine chaque fois l'atmosphère du film. Le plus décrié des films de Beineix, mais sans doute son plus ambitieux, *La Lune dans le caniveau*, donnait dès 1983 la clef d'un univers où les sophistications formelles recouvrent la sensibilité exacerbée d'un néo-romantique. Dans *37°2 le matin*, toute une génération s'y reconnut. Puis, avec *IP5* et un Yves Montand vieilli, rattrapé par la mort, ne s'y reconnut plus. Le cinéaste a eu du mal à s'en remettre et a depuis délaissé la fiction pour le documentaire. Et son retour avec *Mortel transfert*, sur fond très personnel de psychanalyse, n'a pas totalement renoué le fil interrompu.

### IP5 : L'ÎLE AUX PACHYDERMES (1992)
**avec Yves Montand, Olivier Martinez et Sekkou Sali**

**Recherche amour désespérément.** Il y a l'histoire. Celle de ces deux gosses d'aujourd'hui, nés des banlieues et du melting-pot : Tony, le roi du tag, qui projette sur les murs ses rêves de lendemains colorés ; et Jockey, tout noiraud sous sa casquette à visière, qui voudrait bien voir la blancheur de la neige. Et justement, tous les deux s'embarquent dans un vieux fourgon, pour aller livrer des nains lumineux du côté de Grenoble. Mais, entre-temps, Tony a rencontré Gloria, et son cœur n'a fait qu'un tour. Alors, en route, sans plus attendre, il vole une voiture et, flanqué de Jockey, file vers Toulouse pour la rejoindre. Sans avoir prévu que, sur la banquette arrière, il y aurait Léon Marcel, vieille épave à la dérive, voyageur de la raison perdue et du cœur blessé, qui cherche l'île aux pachydermes au fin fond de la forêt, comme un rêve d'amour enfui.
Il y a donc l'itinéraire de ces deux enfants pas gâtés par la vie, et qui soudain rencontrent ce vieil homme pas plus gâté qu'eux. Et de ces deux dérives naît un autre cheminement, comme une quête initiatique qui s'enfonce dans une immense forêt symbolique, jusqu'à la mort, nécessaire pour engendrer une nouvelle vie. Recherche désespérée ou pleine d'espoir, c'est selon, qui donne au scénario sa structure et son élan. Le film de Beineix s'y teinte de valeurs vieilles comme le monde – le dépassement de soi, l'ouverture à l'autre, le retour à l'innocence –, mais qui, portées par le vent écolo-mystique qui souffle sur nos temps bétonnés, y prennent comme un coup de jeune.
Car il y a le style de Beineix qui, l'âge venant, semble plus dépouillé. Mais, ce qu'il perd en affectation, il le gagne en chaleur, en force, en lyrisme. Certes il y a, en cours de route, quelques moments creux qui s'étirent le long d'une

forêt dont on ne voit pas le bout, et certaines images n'évitent pas toujours la complaisance ni le cliché. Mais le cinéaste fait passer tout ça, et même le plus improbable, comme cette vision lumineuse et quasi sanctifiée d'un homme à genoux sous la pluie, au beau milieu d'une clairière, les bras en croix, pris dans un rayon lumineux comme dans un chromo sulpicien, et pourtant parfaitement à sa place, comme allant de soi. C'est qu'il y a ici la puissance lyrique d'une mise en scène en forme d'élévation morale, qui redonne au cinéma sa valeur de rêve et d'émerveillement, et qui joue des couleurs, des cadres, des éclairages avec suffisamment de brio pour vous faire oublier tout le reste et vous emporter dans son aspiration.

Il y a aussi les deux jeunes comédiens, Olivier Martinez et Sekkou Sali, qui paraissent sortis tout droit d'une enquête sociologique sur la jeunesse d'aujourd'hui, et qui ont ce naturel qui tient du culot, du talent aussi et même, déjà, du métier.

Et puis il y a Montand. Dans un rôle qu'on ne jugera pas tant pour ce qu'il fut – le dernier – que pour ce qu'il restera : la confrontation d'un acteur appartenant à une génération avec une autre génération et un autre cinéma. Et qui, mine de rien, vous met tout ça dans sa poche, donne vie et chair à son personnage, et tire sa révérence en vous fendant le cœur.

## MORTEL TRANSFERT (2001)
### avec Jean-Hugues Anglade, Hélène de Fougerolles et Robert Hirsch

**Psychédélire.** Chez Michel Durand, le divan est baudelairien : profond comme un tombeau. Au sens propre. Tandis, en effet, qu'en psychanalyste qu'il est, il écoute les confidences sado-maso de la belle Olga Kibler et qu'à trop les écouter, lesdites confidences éveillent en lui des fantasmes qui ne sont, avec le désir de meurtre, qu'une forme un peu biscornue et inversée du fameux transfert entre le client et son psy, voici donc que la belle Olga se retrouve proprement étranglée en pleine séance sur le divan de sa libido défoulée. Qui l'a tuée ? Michel Durand pense que ce pourrait être lui, mais il n'en est pas sûr. Il opte, en attendant de trouver la clef de l'énigme, qui pourrait peut-être bien être la clef de son moi, pour faire disparaître le cadavre. Voici donc le psy devenu psychopompe, ou pour mieux dire croque-mort. Et voici que la psychanalyse tourne à la grand-guignolade burlesque.

Jean-Hugues Anglade, parfaitement à l'aise dans l'entre-deux d'une personnalité retorse d'un côté et torturée de l'autre, donne joyeusement le change, en entreprenant d'aller fourrer le corps de la belle dans le coffre de sa Cadillac et en le trimbalant de nuit sur le macadam transformé en patinoire par le gel. Exercice d'équilibrisme, menace constante du faux pas, qui n'est, comme le lapsus, que l'indice d'un inconscient qui frappe à la porte. Ledit inconscient en fait de si belles que le transfert prend la forme hilarante d'une énorme fantaisie macabre et que, dans la lignée des impayables jeux de mots lacaniens (« Vite et bien » dit Michel à sa maîtresse, « bite et viens » lui répond-elle !), le réalisateur s'offre une variation parfaitement inattendue et convaincante sur le registre de l'affreusement drôle ou du drôlement affreux. Belle audace, de la part de Jean-Jacques Beineix, que de revenir, huit ans après *IP5*, sur les lieux du crime et de se débarrasser comme il entreprend de le faire du cadavre qu'il tenait enfermé dans son placard. Et ambition joliment gonflée que de parler grotesquement de quelque chose qui lui tient manifestement à corps et à cœur, puisqu'il en montre en fin connaisseur les rouages profonds. Le rôle de l'argent, par exemple, avec ces billets glissés furtivement dans la main du psy comme une monnaie d'échange et ici démultipliés comme les petits pains de l'Évangile jusqu'à devenir 700 millions en coupure de 500 ! Ou encore comme cette analyse du transfert, que le titre suggère de façon d'autant plus sensible que le psy est lui-même en analyse auprès d'un vieux maître lacanesque qui pourrait être son père. Et avec qui il aura forcément des comptes à régler.

On retrouve ainsi Beineix là où on ne l'attendait pas, mais on le retrouve fidèle à son univers très visuel, à ses couleurs bleutées, à ses cadres raffinés, à ses formes maniéristes. Montrant qu'en mélangeant les genres et les tons, thriller noir et rêves psychédélirants, on peut rester soi-même. Celui qui mettait tout son art à la petite touche particulière du rouge d'une robe pour donner à sa *Lune dans le caniveau* toute sa profondeur d'imaginaire, c'est bien le même qui fait enlever sa chaussure, d'un geste détaché, à une femme étendue sur un divan, et qui fait s'envoler cette chaussure dans un ralenti furtif qui soudain fait passer de la réalité à autre chose. Ce qui n'est presque rien, mais qui s'appelle le talent.

# BELLOCCHIO Marco (italien, né en 1939)

**Premier long métrage :**
*Les Poings dans les poches (1965)*
**Filmographie depuis 1985 :**
*Le Diable au corps (1986)* • *La Sorcière (1987)* • *Autour du désir (1990)* •
*Le Rêve du papillon (1994)* • *Le Prince de Homburg (1996)* • *La Nourrice (1999)* •
*Le Sourire de ma mère (2001)* • ***Buongiorno, notte (2003)***

Il y a eu d'emblée, chez Marco Bellocchio, la flamme d'une contestation radicale, en rupture avec le milieu et le monde même dont il est issu : inscrit à l'Université catholique de Milan, il interrompt les études de philosophie qu'il y mène pour s'inscrire au Centro sperimentale di cinematografia de Rome, d'abord, puis à la Slade School of Fine Arts de Londres. Et son premier film, *Les Poings dans les poches*, traduit en 1965 une révolte contre l'univers oppressif de la famille, qui est une mise en cause directe de l'ordre religieux, social et politique de l'Italie des années 1960. Depuis, le cinéaste n'a jamais cessé de mettre en cause l'autorité, que ce soit celle de l'Église, celle de la presse, celle de l'armée, celle de la bourgeoisie. Toujours aussi virulent, son cinéma, au fil des décennies, s'est enrichi des nuances et des évolutions dues à l'expérience et à l'âge. Non qu'il renie quoi que ce soit : mais la trace des préoccupations et des problèmes personnels s'y fait jour davantage. Et la complexité y est plus sensible. Ses deux films les plus récents, *Le Sourire de ma mère* et *Buongiorno, notte*, le prouvent, qui, par les polémiques mêmes qu'ils ont soulevées en Italie, du côté de l'Église et du côté du monde politique, disent assez la force toujours provocante de son cinéma.

## BUONGIORNO, NOTTE (2003)
### avec Maya Sansa et Luigi Lo Cascio

**Les années rouges.** Aldo Moro va mourir. On est à Rome, en 1978. Les Brigades rouges viennent de l'enlever. L'Italie entière est en émoi : la chape de plomb du terrorisme vient de s'abattre sur elle. L'idée excitante de Marco Bellocchio est d'abord de revenir, vingt-cinq ans après, sur ce qui fut non seulement un des événements politiques majeurs dans l'histoire de l'Italie du XXe siècle, mais qui dépasse aussi – la résurgence aujourd'hui, sous d'autres formes, du terrorisme le montre bien – le seul contexte des années de plomb d'alors. Et le recul du temps permet de mieux comprendre, et partant de juger, les mirages d'une utopie généreuse fourvoyée dans la voie de l'extrémisme.

Mais, au-delà même de la réflexion politique, que Bellocchio nourrit d'images qui en rappellent les éléments historiques matriciels, de l'évangile selon Lénine et Staline à la résistance au fascisme, l'originalité de la démarche tient dans le point de vue qu'adopte le scénario : revisiter l'événement du côté des terroristes eux-mêmes, de ce petit groupe de quatre jeunes exaltés, embrigadés dans une implacable logique de justice révolutionnaire et de lutte finale des classes. Et, au sein de ce groupe, le cinéaste choisit l'œil à partir duquel il regarde les choses : celui de Chiara, la seule femme, toute jeune, qui croit en un avenir meilleur, et qui est l'image même de l'action clandestine. En apparence bibliothécaire au ministère, menant une vie régulière entre le travail, les courses, les visites à la famille ; en réalité assurant le contact avec l'extérieur pour ses complices avec qui elle partage l'appartement qu'ils ont loué et où ils ont aménagé, derrière la façade d'une grande bibliothèque, une pièce obscure où ils séquestrent leur otage.

Ce qui donne au film de Bellocchio sa couleur propre, c'est ainsi le quotidien de l'action terroriste, vue de l'intérieur, dans ce curieux mélange entre l'aspect commun de la vie de tous les jours – on dort, on mange, on regarde la télévision – et les tensions nées de l'action extrémiste, des rapports qui se nouent avec le prisonnier, de l'impasse politique qui rapidement se dessine, et de la décision prise au bout du compte d'éliminer Aldo Moro. À cela, Chiara n'est pas préparée ; et ses émotions, ses doutes, ses peurs, ses répulsions, elle les exprime dans les rêves qui agitent ses nuits et qui donnent à un engagement vécu dans le drame et la dérive meurtrière les couleurs idéales d'une autre réalité.

Entre la force implacable et destructrice des faits et la vision utopique d'une réécriture de l'Histoire, le film de Bellocchio, sans rien renier de la puissance de son imaginaire, renoue avec le grand cinéma politique italien. Vingt-cinq après, il était temps…

## BELLON Yannick (française, née en 1924)

**Premier long métrage :**
*Quelque part quelqu'un (1972)*
**Filmographie depuis 1985 :**
***Les Enfants du désordre (1989)*** • *L'Affût (1991)*

Femme engagée, Yannick Bellon défend dans son cinéma la cause des femmes. D'abord monteuse, elle passe à la réalisation dans les années 1970, accompagnant dans ses films les grandes causes défendues par le mouvement féministe : tour à tour elle y aborde la question de la dépendance économique des femmes, dans *La Femme de Jean*, du viol, dans *L'Amour violé*, du cancer, dans *L'Amour nu*. Un cinéma à la fois documentaire et militant, comme cela apparaît encore dans *Les Enfants du désordre* et dans *L'Affût*, où une certaine lourdeur inhérente au cinéma à thèse n'occulte jamais l'authenticité ni la détermination de la démarche.

### LES ENFANTS DU DÉSORDRE (1989)
### avec Emmanuelle Béart, Patrick Catalifo et Robert Hossein

**Itinéraire d'une enfant paumée.** Marie l'impure : prostituée, fille mère, droguée, elle sort de prison comme elle y est entrée, seule, murée dans son silence et son mal de vivre, écorchée vive, rebelle à tout et à tous. Dans cette dérive qui l'attend, elle trouve à jeter l'ancre au sein d'un groupe théâtral qui aide les jeunes délinquants comme elle à s'en sortir par la pratique de la scène. Le théâtre comme thérapie. Marie ne s'y engage d'abord qu'avec réticence, peu convaincue par cette entreprise qui ne lui semble qu'une forme larvée de récupération. Pourtant, la façon dont on l'accueille et dont on la traite lui fait peu à peu apparaître que c'est, en elle, à l'être responsable que l'on s'adresse, que c'est sa propre volonté qu'on sollicite, et que c'est en fait à elle seule de décider si elle veut s'engager dans le rôle qu'on lui confie. Rôle qui pourrait bien n'être que la manière la plus authentique de se retrouver, pour être soi-même, enfin : Marie l'adulte, sortie de cette enfance du désordre et de la désespérance, devenue grande, et libre. Mais il faut compter avec le poids des choses : l'incompréhension familiale, la dépendance terrible de la drogue, l'intolérance et l'injustice d'une société qui n'aime pas toujours ses enfants comme elle le devrait. Et la route de Marie sera difficile, semée de chutes et de rechutes, jusqu'au plus profond de l'abandon et de la souffrance. Inhibitions et douleur.
Cet itinéraire d'une enfant perdue, Yannick Bellon le suit avec une rigueur parfois un peu didactique. Son film, sobrement construit, parvient toutefois à éviter les pièges que le sujet comportait. La prison, la drogue, la délinquance ne sont en fait pour elle que le cadre d'une expérience qui les dépasse : celle du théâtre. La pièce qu'est appelée à jouer Marie est comme le reflet de sa propre situation, et le personnage qu'elle interprète lui permet de faire sortir du plus profond d'elle-même ses propres inhibitions et sa propre douleur. En jouant elle se découvre. De l'imbrication des deux sujets – l'éducation surveillée d'un côté, le théâtre de l'autre – la réalisatrice a su ainsi habilement tirer un fil unique, celui d'une vie qui se reconstruit grâce à une passion qui peu à peu l'anime et lui donne un sens.
Cette passion, Emmanuelle Béart l'a visiblement portée à son personnage : brune, pas maquillée, le visage fermé, elle est cette adolescente marquée par la vie et murée dans sa solitude. Aucune outrance, aucune facilité dans sa façon d'interpréter Marie : une certaine sécheresse, au contraire, qui explose soudain dans de brusques cris de révolte qui sont autant d'appels au secours. Dans un film qu'habite parfois la pesanteur, elle apporte la grâce.

## BELMONT Véra (française, née en 1931)

**Premier long métrage :**
*Prisonniers de Mao (1977)*
**Filmographie depuis 1985 :**
*Rouge baiser (1985)* • ***Milena (1990)*** • *Marquise (1997)*

C'est par la production que Véra Belmont accède à la réalisation. Dès les années 1960, elle devient une des productrices les plus importantes du cinéma français, à travers des films et des auteurs – Vecchiali, Pialat, Franju, Téchiné, Annaud – qui témoignent des ambitions et de l'exigence artistique qu'elle apporte à son métier de productrice. Les quelques films qu'elle réalise elle-même témoignent d'une réflexion politique et traduisent la conscience et les engagements d'une génération marquée par la barbarie raciste, puis réglant, le temps des désillusions venu, ses comptes avec le communisme.

### MILENA (1990)
### avec Valérie Kaprisky, Stacy Keach et Gudrun Landgrebe

**Destin de femme.** À Prague, en 1920, au carrefour d'un monde qui sort de la guerre, dans cette Europe centrale où fermentent toutes les idéologies porteuses des futurs affrontements, Milena Jasinska, fille d'un chirurgien, professeur réputé, étudie la médecine. Parce que son père le veut, ayant tracé pour elle la voie d'une carrière sociale ambitieuse. Mais la jeune fille a d'autres désirs : vive, sensible, dotée d'une vraie force de caractère, elle n'entend pas limiter sa vie au cercle étroit d'une haute bourgeoisie compassée. Elle se révolte, poussée par l'amour irrépressible qu'elle éprouve pour un jeune critique musical écouté, Ernst Pollack. À ses côtés, elle découvre une vie intellectuelle bouillonnante, où la modernité bat en brèche le vieux monde. Mais elle découvre aussi le germe insidieux qui ronge la société qui l'entoure : car Ernst est juif, et l'antisémitisme larvé s'affiche de plus en plus, jusque dans les réactions de son père, qui s'oppose à cette union. Milena, internée, parvient à s'enfuir et à épouser l'homme qu'elle aime. Dans le nouveau milieu où elle vit, elle est mise en relation avec Franz Kafka, un romancier tchèque, qui écrit en allemand des œuvres étranges où passe, dans des métaphores compliquées, toute l'absurdité d'un monde labyrinthique. Elle devient sa traductrice, puis sa correspondante, bientôt son inspiratrice. Mais Kafka est aussi un être plein de replis que traduisent ses livres : l'amour que Milena lui porte va se heurter aux inhibitions, à la maladie, à la mort. Dès lors, elle reprend sa route dans cette Europe où monte l'intolérance, et dont, devenue journaliste, elle épouse les mouvements et subit les ressacs. Mariée une seconde fois à un architecte communiste, obnubilé par des lendemains dont il ne se rend pas compte qu'ils risquent de déchanter, elle poursuit inlassablement sa lutte pour la dignité, la liberté, et pour le droit de tous à vivre. Ce qui, dans ces années 1930 pourrissantes, revient à épouser la cause de ces juifs sur lesquels se referme l'étau des vexations, et bientôt des violences. Elle y perd son travail, ses forces, sa jambe, qu'on lui brise. Mais, de son pas claudicant, toujours aussi belle et fière, elle va sa voie, jusqu'à ce terme que la logique de la barbarie assigne aux millions de victimes expiatoires : les camps de la mort.

Itinéraire terrible et figure exceptionnelle d'une femme parmi les femmes. Milena, c'est la beauté, la grâce, la sensibilité, l'intelligence, mais aussi le caractère, la détermination, l'esprit de justice. Une rebelle dans un monde qui glisse vers l'abîme. En confiant ce rôle écrasant à Valérie Kaprisky, Véra Belmont, qui sert toujours bien les comédiennes qu'elle dirige, a senti qu'il y avait en elle comme une force intérieure, derrière l'image superficielle qu'une propension répétée à dévoiler des charmes impeccables dans des rôles peu convaincants a contribué à répandre. Elle ne s'est pas trompée : la plus belle réussite du film, c'est l'actrice. À Milena, Valérie Kaprisky apporte non seulement cet éclat sauvage, ce côté rayonnant d'une beauté qui éblouit, mais aussi comme une profondeur d'âme. De la jeunesse virevoltante aux blessures de l'âge mûr, elle donne à son personnage le caractère inflexible d'une ligne intérieure que rien ne peut briser. Et, du coup, elle donne au film sa cohérence.

Car il n'est guère aisé de concentrer, même en 2 h 40, une vie aussi pleine où se rejoignent un destin individuel d'exception et toute la vie d'une époque. Pour dire le bouillonnement intellectuel, la confrontation des idées, les méandres du temps, Véra Belmont simplifie, parfois de façon elliptique, mais elle parvient à ne jamais caricaturer. Et même si l'aspect romanesque a parfois tendance à gommer la vision d'Histoire – n'est pas Visconti qui veut ! – son film, avec cœur et intelligence, rend au personnage de Milena le double hommage d'une réalisatrice convaincue et d'une comédienne convaincante.

## **BELVAUX Lucas** (belge, né en 1961)

**Filmographie :**
*Parfois trop d'amour (1992)* • *Pour rire ! (1996)* • ***Un couple épatant (2002)*** – ***Cavale (2002)*** – ***Après la vie (2002)*** • *La Raison du plus faible (2005)*

Très tôt acteur – on le trouve tête d'affiche, dès 1980, dans le film d'Yves Boisset, *Allons z'enfants* –, Lucas Belvaux, après avoir tourné sous la direction de Rivette, de Chabrol, d'Hervé Le Roux, passe à son tour derrière la caméra. Ses deux premiers films, sur les incertitudes de l'amour, mettent en scène une femme entre deux hommes. Cette situation n'est pas sans rapport avec le principe qu'il met en jeu dans l'ambitieuse trilogie qu'il réalise ensuite : mêlant les personnages, à partir d'un noyau constitué par trois amies, collègues dans le même lycée, et par leurs trois couples, il met successivement un des couples en avant et les deux autres à l'arrière-plan dans chacun des trois films, lesquels correspondent à trois genres – comédie, thriller, mélodrame –, et peuvent être vus dans l'ordre syntaxique normal des trois titres – *Un couple épatant/Cavale/Après la vie* –, mais aussi avec toutes les inversions grammaticalement possibles. Du coup, le film choral entremêle les fils, les personnages et les tonalités, et amène le spectateur à se faire, à partir des trois films qu'on lui propose, le sien propre.

### UN COUPLE ÉPATANT (2002)
### avec Ornella Muti et François Morel

**(Em)brouilles conjugales.** L'ère du soupçon. Tous ces doutes qui s'insinuent dans la vie d'un couple, qui pourrissent la vie de l'un et de l'autre et qui leur font imaginer à chacun les pires des choses : cela pourrait donner lieu à un thriller, ou à un mélodrame. Avec Lucas Belvaux, et selon le plan d'ensemble qu'il a élaboré pour sa trilogie, les deux tonalités sombres seront pour les deux autres volets : la couleur, pour l'heure, est ici à la comédie. C'est-à-dire à ces bons vieux quiproquos de vaudeville et ces satanés malentendus qui ne sont que la forme théâtrale de la mésentente. Cécile et Alain ont donc tout pour être heureux : lui industriel high-tech à Grenoble, elle prof au lycée, mariés depuis vingt ans, menant vie confortable. Et puis voilà qu'Alain, inquiet de nature, commence à psycho-somatiser, à se croire malade et à penser même qu'il va mourir. Naturellement, il cache tout à Cécile, qui le trouve bizarre et qui se met à lui soupçonner une liaison. Pour en avoir le cœur net, elle le fait suivre par Pascal, un flic qui est le mari de sa copine Agnès, lequel Pascal éveille à son tour les soupçons d'Alain qui pense à son tour que sa femme a une liaison avec ce type… Et voguent les galères, claquent les portes et les gifles, le mari caché sous le lit, la femme qui fouille dans ses papiers, les copines qui s'en mêlent. Et la mécanique s'emballe, dans un va-et-vient infernal entre les deux maisons du couple, l'une en ville, l'autre à la montagne. Un tel engrenage nécessite une précision horlogère, un rythme sans faille et une interprétation au cordeau. Sur ces trois plans, le film n'est pas à l'abri de quelques ratés. Mais sa tonalité ne prend tout son sens que rapportée à celle du thriller et du mélo qui le suivent et qui viennent l'éclairer différemment en le mettant en perspective. De fait, dans le dispositif de trilogie croisée élaborée par le cinéaste, son *Couple épatant*, jouant la carte de la légèreté forcée pour faire ressortir la face sombre des vrais drames, a pour rôle d'essuyer les plâtres. C'est son mérite, et sa limite.

### CAVALE (2002)
### avec Catherine Frot et Lucas Belvaux

**L'adieu aux armes.** Une nuit, un type qui saute par-dessus le mur, les armes des gardiens qui crépitent, une voiture qui attend le fugitif et qui démarre en trombe : le deuxième volet de la trilogie de Lucas Belvaux démarre sur des chapeaux de roue. Et la grande réussite de ce deuxième film est précisément de maintenir jusqu'au bout le rythme haletant et oppressant de cette cavale. Car l'évadé n'est pas un vulgaire criminel de droit commun. Il faisait partie, il y a quinze ans, d'un groupe révolutionnaire qui avait choisi de faire parler les armes. Et son évasion, il la conçoit d'abord comme un moyen de continuer la lutte politique, d'aider ses anciens camarades toujours emprisonnés, et de faire prendre conscience aux masses qu'elles sont enchaînées par le système qui les exploite. Mais le temps a passé, les idéologies et les utopies ont pris du plomb dans l'aile, les masses ne s'intéressent plus à ceux qui veulent faire leur bonheur malgré elles, et les anciens révolutionnaires se sont reconvertis en bourgeois tranquilles,
C'est cette réalité, qui ne correspond pas à ses idéaux, qui attend Bruno Le Roux lorsqu'il s'échappe de prison. Et c'est le poids de cette désillusion qui plombe sa fuite, et qui donne au film son caractère à la fois halluciné et déses-

pérant. Cet homme qui fuit, mais qui veut d'abord régler ses comptes pour rester fidèle à lui-même et à l'esprit de la lutte qu'il a menée, il se retrouve non seulement pris dans une traque sans espoir, mais plus encore pris au piège de la solitude, de la déception et, progressivement, de la peur. Bête traquée, devenant sauvage et prête à mordre pour ne pas se faire attraper, il s'essaie à faire une fois encore vivre son rêve. La façon dont Lucas Belvaux-cinéaste enferme Lucas Belvaux-interprète dans cette dérive mortelle, la façon aussi dont il l'accompagne de la sollicitude à la fois généreuse mais définitivement détachée de Jeanne, ancienne camarade de lutte maintenant rangée, ayant mari, enfant, appartement et boulot de prof au lycée, et, bien sûr, l'agencement du récit qui fait que, sur la route de Bruno, on croise aussi Cécile, Pascal, Agnès et d'autres, présents dans les deux autres volets de la trilogie : tout cela donne à la mécanique un côté implacable et funeste, et fait du thriller à résonance politique une tragédie humaine, où passe le constat terrible d'un paradis à jamais perdu et inaccessible, jusque dans un finale éblouissant où, dans la pureté et la blancheur immaculée des cimes, le grand rêve trouve son inéluctable fin.

## APRÈS LA VIE (2002)
### avec Dominique Blanc et Gilbert Melki

**Drogue dure.** Elles ont beau se fréquenter depuis plusieurs années, être profs dans le même lycée, ne rien se cacher et tout se dire, Cécile et Jeanne, les copines d'Agnès, ne voient pas ce qu'il y a derrière l'apparence bien ordonnée de la vie de leur amie. Tout au plus lui font-elles sentir que son mariage avec un lieutenant de police, dans un milieu qui ne porte pas spécialement les flics dans son cœur, n'est pas à son avantage. Mais leur regard sur Agnès s'en tient là, à la collègue agréable et consciencieuse, sans imaginer un seul instant la vérité : Agnès est morphinomane, accro à la drogue dure, complètement pourrie par les doses qu'elle s'injecte tous les jours depuis plusieurs années. Et, autre secret bien caché dans la vie intime de son couple, c'est son mari qui, par amour, lui fournit la came, et c'est par amour pour elle qu'il a accepté de devenir ripou et de passer marché avec un mafieux local pour obtenir, contre protection et renseignements, les doses nécessaires à sa femme.
Le troisième film de la trilogie de Lucas Belvaux (aussi réussi que le deuxième) a d'emblée la couleur noire de la cavale qui préoccupe précisément Pascal, le mari d'Agnès, alors même que celle-ci se retrouve en manque et que lui doit s'occuper de traquer le fugitif qui, depuis son évasion, fait à nouveau parler les armes dans un combat révolutionnaire d'arrière-garde. Et, en prime, Pascal a aussi à régler le problème de Cécile, qui, pour préserver son couple épatant, lui demande de suivre son mari qui a un comportement bizarre. C'est dire que tous les fils se croisent et se rejoignent, dérisoires d'un côté – car les soucis conjugaux de Cécile apparaissent bien futiles – et tragiques de l'autre – car la cavale de Bruno, l'évadé, traîne la mort derrière elle. Quelle place alors laisser aux problèmes personnels, à l'amour d'un couple que déchirent la présence de la drogue, les souffrances du manque, la torture de la corruption ? Quelle tonalité donner à cette vie qui se défait dans les tortures physiques et morales ? Lucas Belvaux répond par la noirceur d'un mélodrame, cadré au plus près, qui, par l'interprétation hallucinée de Dominique Blanc et par la présence silencieuse et dense de Gilbert Melki, prend progressivement l'épaisseur d'un drame. Celui de vies perdues qui, par la grâce du sacrifice, retrouvent un sens. Du haut du promontoire de la Bastille, où vient s'achever la course, Grenoble, la ville où se sont noués tant de fils obscurs, est là, douce et tranquille, pour donner au mot « Fin » comme une couleur d'espoir.

# BÉNÉGUI Laurent (français, né en 1959)

**Filmographie :**
*Un type bien (1991)* • ***Au petit Marguery (1995)*** • *Mauvais genre (1997)* •
*Qui perd gagne (2004)*

Ayant abandonné, à la fin de ses études, la médecine, pour se tourner vers l'écriture, c'est par le roman, les pièces radiophoniques et de théâtre et les scénarios pour la télévision et le cinéma que Laurent Bénégui arrive à la réalisation et à la production. Ses films montrent des personnages qui lui ressemblent, soit qu'ils renvoient directement à sa propre vie, soit qu'ils mettent en scène des personnages qui sont comme sa projection imaginaire. Ses héros sont, en tout cas, quelque peu maladroits devant les complications de la vie : et, plutôt que de les plonger dans le désarroi, il choisit la voie plus ludique de comédies douces-amères où, sous une facture classique, passe beaucoup de chaleur humaine.

## AU PETIT MARGUERY (1995)
### avec Michel Aumont et Stéphane Audran

**Resto du cœur.** Dernier service. Ce soir, Hippolyte et Joséphine mettent les petits plats dans les grands. Car il y a du monde à table : Barnabé, leur fils, l'enfant prodigue, de retour à la maison pour l'occasion ; et avec lui, toute la bande de ses amis, ceux-là mêmes qui ont grandi autour du *Petit Marguery*, entre le foie gras maison et les magrets de canard, et qui, pour la dernière fois, viennent se retrouver à la table du restaurant. Car demain, on ferme. Et ce repas de fête est un dîner d'adieu. En trois coups de cuillère à pot de crème fraîche, le décor est donc planté. Côté cour, la cuisine où officie Hippolyte : gros plans sur les casseroles de cuivre, sur les couteaux impeccablement alignés. Le chef règne en son royaume de marmites et de fourneaux, tandis que Joséphine, sa femme, sur son trente et un, fait le lien avec le côté jardin : la salle, où les invités arrivent les uns après les autres, copains, copines, maris et femmes, avec leurs petits tracas quotidiens, qu'ils vont peu à peu laisser accrochés au vestiaire, à mesure que la chaleur monte et, avec elle, l'émotion. Car, ce qui déborde, dans le film de Laurent Bénégui, c'est bien l'amour. L'amour d'un fils pour son père, d'abord, sensible avec le personnage de Barnabé, qui ressemble au réalisateur comme un frère. Par de petits flash-back qui viennent scander le déroulement du repas, l'homme qu'il est devenu se souvient de son enfance, des tours joués, des moments de joie et de peine. Ce que le fumet des plats qui se succèdent lui ramène en mémoire, comme sa madeleine à lui, c'est le fil des jours, une existence comme tant d'autres, faites de petits riens, celle de ses parents, achetant jeunes encore *Le Petit Marguery*, et y investissant tout leur trésor de dévouement, de travail bien fait, d'attention aux autres. Et c'est ainsi toute une vie qui défile, et qui explique aussi la présence de toute la joyeuse tablée qui, ce soir, vient dire son affection à ceux qui s'en vont.

Ils sont quinze à table, et un des moindres défis à relever pour le metteur en scène était bien, outre le fait de devoir faire évoluer sa caméra dans l'espace clos d'un décor unique et encombré de tant de personnages, de donner à chacun d'eux la même importance. Laurent Bénégui y réussit, par la distribution d'abord qui met à égalité quinze jeunes comédiens tous plus convaincants les uns que les autres ; mais aussi par cette façon, si rare dans le cinéma français, de saisir l'âme d'un groupe à travers des individualités. Il y a là, presque, une manière à l'italienne, celle du Scola de *La Terrasse* par exemple, auquel fait penser cette succession de gros plans rapides sur la vie de chaque personnage, saisi à travers une confidence, une situation, un regard. Le tout dans une tonalité qui, à la manière encore d'une comédie à l'italienne, laisse filtrer, à travers la bonne humeur et les rires, une tristesse douce, faite de la nostalgie du temps qui passe et de l'appréhension d'un avenir incertain, avec comme seule certitude que les moments de bonheur passés ne reviendront plus. Car, dans ce repas où flottent toutes les senteurs d'une cuisine qui met l'eau à la bouche, passe aussi, fugitif, comme un parfum de mort, sensible à tel personnage qui traîne après lui des relents d'hôpital ou, pour tel autre, des relents de morgue, et plus que tout, à ce qui amène la fermeture du restaurant, liée aussi à l'odorat, comme si le plus volatil des sens était le plus à même de traduire l'évanouissement des choses, le parfum d'un paradis perdu.

L'émotion n'empêche pas pour autant la dernière soirée du *Petit Marguery* d'être gaie. Parce qu'il y a là toute une chaleur humaine que Michel Aumont et Stéphane Audran, les maîtres des lieux, savent faire partager à leurs invités. Sans jamais tirer la couverture à eux, ils apportent au film le poids de leur expérience et de leur finesse de touche. Largement grâce à eux, quand, dans la nuit d'hiver, on quitte *Le Petit Marguery*, on a le ventre et le cœur pleins.

# BENGUIGUI Yamina (franco-algérienne, née en France en 1957)

**FILMOGRAPHIE :**
***Inch'Allah dimanche (2001)*** • *Le Plafond de verre – Les Défricheurs (2005)*

Née en France, mais élevée en Algérie, Yamina Benguigui émigre définitivement en France lorsque sa famille vient s'y installer pour travailler. Partagée entre la culture française au milieu de laquelle elle grandit et ses racines algériennes, que son père, musicien, entretient en lui apprenant l'arabe, elle représente bien cette génération des enfants d'immigrés qui vit dans la difficulté le déracinement mais qui en même temps veut s'intégrer. Le fait qu'elle soit fille, et soumise à un statut peu favorable, n'est pas non plus pour rien dans un désir d'émancipation qu'elle traduit en décidant de travailler dans le cinéma. Assistante pendant quatre ans de Jean-Daniel Pollet, elle se lance dès 1985 dans des courts métrages, notamment documentaires, où elle aborde la question des jeunes beurs, avant de réaliser en 1997 *Mémoires d'immigrés*, une enquête qui lui apporte une large audience et qui l'amène en 2001 à réaliser *Inch'Allah dimanche*, à partir du souvenir de sa mère et de toutes ces femmes algériennes soumises, pour rejoindre leur époux, à un exil qu'elles n'avaient pas voulu.

### INCH'ALLAH DIMANCHE (2001)

#### avec Fejria Deliba, Zinedine Soualem et Marie-France Pisier

**Comme ici, dis!** La France des années 1970, à l'heure où les travailleurs algériens se voient autorisés à faire venir leurs familles en France. Zaouira arrive ainsi, avec ses trois enfants dans ses jupes et sa belle-mère sur le dos, arrachée à son pays natal, pour venir servir son mari dans sa nouvelle maison. Œil sourcilleux et discipline de fer imposée par la belle-mère, dureté d'un mari qui la traite comme une servante et la bat lorsqu'elle ne file pas droit, mais découverte aussi, par la radio, par la rencontre des gens, par l'expérience de tous les jours, d'une réalité nouvelle, qui dit soudain à la femme que la liberté existe.

Il y a beaucoup de sensibilité dans le film de Yamina Benguigui, beaucoup de volonté salutaire de dire la vérité sur la femme algérienne et sur la situation qui a été la sienne dans ces familles regroupées par décision administrative sur le sol français. Le récit d'émigration et surtout d'émancipation est à l'évidence fort d'une sincérité douloureuse, mais, à vouloir tout dire, il offre un concentré qui, forcément, ne peut que contribuer à schématiser les choses: des voisins de pavillon à gazon fleuri et nain de jardin symbolisant la France profonde, à l'autre voisine divorcée donnant dans le féminisme militant qui figure l'aspect inverse, en passant par la veuve de militaire pansant les blessures de la guerre, les personnages n'échappent pas à la caricature. Et la beauté de la comédienne, tout autant que le cadre un peu trop propret de l'ensemble, participent d'une sorte d'embellissement romanesque qui, sans mettre en question la force de l'ensemble, nuit quelque peu à la nuance du propos.

## BENIGNI Roberto (italien, né en 1952)

**PREMIER LONG MÉTRAGE :**
*Tu me troubles (1983)*
**FILMOGRAPHIE DEPUIS 1985 :**
***Le Petit diable (1989)*** • *Johnny Stecchino (1991)* • *Le Monstre (1994)* •
***La vie est belle (1998)*** • *Pinocchio (2002)* • *Le Tigre et la neige (2005)*

Avec sa bouille de ludion ébouriffé, ses yeux vifs, son sourire sonore et sa fantaisie tonitruante de pierrot lunaire intarissable, Robert Benigni se fait vite, au début des années 1980, une place de comique, d'abord au cabaret, au théâtre et à la télévision, puis au cinéma. Il y alterne une activité de comédien, jouant sous la direction tant de Jim Jarmusch, dans *Down by law*, en 1986, que de Fellini, dans *La Voce della luna*, en 1990, que de réalisateur de ses propres films. Il y met en scène, dès son premier film (à sketches), *Tu me troubles*, en 1983, son personnage de candide rieur, un brin menteur, comme Pinocchio, ballotté par les petites misères du monde: ainsi dans *Le Petit diable*, où il fait en diablotin jeté parmi les hommes l'apprentissage de la vie terrestre, ou dans *Johnny Stecchino*, où sa naïveté de gentil chauffeur ne comprend rien aux embrouilles mafieuses où il se trouve impliqué, ou encore dans *Le Monstre*, où le pauvre marginal qu'il est est pris par la police pour un obsédé sexuel. Mais il embarque aussi, dans des films plus ambitieux et qui lui donnent une notoriété mondiale, son personnage dans la grande barbarie du siècle, celle des camps d'extermination, dont il s'essaie à traduire l'indicible par le biais d'une comédie qui veut croire, malgré tout, que *La vie est belle*, et celle de la guerre d'Irak, où il parvient à faire triompher malgré tout la vie et l'amour, dans *Le Tigre et la neige*.

### LE PETIT DIABLE (1989)

#### avec Roberto Benigni et Walter Matthau

**Drôle de drame.** Il est curieux, le petit diable de Roberto Benigni. Rien chez lui de satanique ou de démoniaque, mais plutôt un côté endiablé lorsqu'il sort comme un pantin de sa boîte, c'est-à-dire du corps d'une grosse mamma napolitaine qu'il a possédée pour venir sur terre. Une fois jeté dehors par le prêtre préposé aux exorcismes, au lieu

de retourner faire des niches aux damnés, il décide de rester sur terre, tout heureux de tâter un peu de la condition humaine. Voici donc le diablotin fait homme, nu comme un ver, cachant ses attributs poilus dans une pelisse de fourrure, et s'accrochant aux basques de son exorciste, bien décidé à connaître grâce à lui tout ce qu'il ignore. Car il ne faut pas croire que les diables soient plus malins que les hommes. Celui-ci est même franchement cucul et commence par répéter tout ce qu'il voit et entend, sans d'ailleurs comprendre toujours de quoi il s'agit. Le monde est pour lui un mystère et surtout, au cœur de ce monde, la douce féminité d'une superbe créature, capable de damner un saint : alors ! un diable... Qu'importe au demeurant qu'il ne sache pas comment s'y prendre : la femme se charge de faire son éducation. Et le plus démon des deux n'est pas celui qu'on pense...
Sur un scénario qui conjugue le saugrenu et la fantaisie débridée, Roberto Benigni s'amuse à jouer au démon. Avec ses cheveux ébouriffés, son air ahuri, son corps leste et ses yeux ronds, il se compose un personnage mi-garnement mi-pierrot lunaire, qui fait les quatre cents coups et gambade au-dessus des choses, jamais en panne d'inspiration. Pas plus haut que trois pommes, mais avec de l'énergie à revendre, il traîne après lui une odeur non de soufre mais de loufoquerie burlesque. À ses côtés, massif et ébahi, Walter Matthau a l'épaisseur requise pour servir de faire-valoir et de souffre-douleur au ludion caoutchouc. Tout cela saute, virevolte, parfois dans l'énormité, parfois dans le bizarre, plus souvent encore dans le délirant, sans fil trop rigoureux, en s'emballant quelquefois sans crier gare ou, au contraire, en traînant parfois un peu en route, au rythme buissonnier du petit personnage. Mais c'est là l'écume d'une comédie menée à la va-vite, d'un enfer pavé de bonnes inventions, d'un démon qui n'oublie jamais de chercher midi à quatorze heures et qui, dans un monde risible, apporte comme une poésie cocasse et légère : un petit parfum de diablerie.

## LA VIE EST BELLE (1998)
### avec Roberto Benigni, Nicholetta Braschi et Sergio Bustric

**À pleurer de rire.** La fiction a-t-elle ou non le droit de représenter ce qui échappe à la représentation ? À mettre la Shoah en images fictives, n'attente-t-on pas au caractère absolument unique de ce que fut sa réalité ? Roberto Benigni s'est à coup sûr posé la question et il a choisi, avec *La vie est belle*, d'y répondre à sa manière : par une fable.
Guido, un joyeux pierrot lunaire, traverse la campagne toscane pour aller chercher le bonheur à la ville, où il veut ouvrir une librairie. En cours de route, il tombe amoureux de Dora, une maîtresse d'école, qu'il rêve aussitôt d'épouser. Mais le conformisme social, le poids des bonnes manières et, surtout, une intolérance qui est dans l'air et qui profile son ombre menaçante viennent se mettre à la traverse. C'est qu'on est en 1938, en Italie, et que le fascisme bombe le torse, interdisant par exemple l'entrée des magasins aux Juifs et aux chiens... Guido, qui est juif, veut pourtant croire à des lendemains meilleurs et, surmontant les obstacles, il conquiert le cœur de Dora. Le résultat en est le petit Giosuè, qu'il élève en essayant de le protéger de la rigueur cruelle des temps. Il lui raconte le monde comme une histoire. Et lorsque l'horreur arrive, avec la rafle, la déportation, le train qui emmène les Juifs et, au bout de la nuit, le camp de la mort, il continue à lui raconter la même histoire et, pour le sauver, transforme l'horreur en un surprenant jeu de cache-cache, où l'enfant doit se cacher pour pouvoir tirer son épingle du jeu.
Le film de Roberto Benigni fait à la barbarie un formidable pied de nez. Il fallait oser cette fable sur fond de mal absolu, car rien n'est plus difficile que de parler de l'indicible. Benigni le fait en restant miraculeusement sur le fil du rasoir, sans jamais tomber du côté de la complaisance récupératrice ni du mauvais goût coupable. La première partie de son film, qui a des allures de fantaisie chaplinesque, fait alterner gags irrésistibles et tendresse du cœur. Elle donne le ton à une seconde partie où la gravité l'emporte, mais sans que jamais le rire soit absent, comme lorsque le déporté s'improvise traducteur des ordres hurlés par un SS et que, ne connaissant pas l'allemand, il en donne une traduction de la plus haute fantaisie, à hurler véritablement de rire. Et c'est bien d'ailleurs de cette valeur cathartique du rire, jouant ici comme d'une réponse à l'insoutenable, que le film se réclame. Qu'opposer à l'inhumain absolu ? La réponse est la force de vie, la force d'en rire. La façon dont le clown, alors même qu'un soldat l'emmène en le tenant sous la menace de son arme, fait son dernier tour de piste sous les yeux émerveillés de l'enfant qui le regarde faire le pitre, est à pleurer de rire. Parce qu'on est alors au comble de la dérision et au comble insoutenable de l'émotion. Et parce que la fable, revendiquant par le rire sa force d'humanité face à la barbarie, impose ici sa morale, avec l'évidence des vérités toutes simples : plus jamais ça.

## BERBERIAN Alain (français, né en 1953)

**FILMOGRAPHIE :**
*La Cité de la peur, une comédie familiale (1993) • Paparazzi (1998) • Six-Pack (1999) •* ***Le Boulet (2002),*** *co-réalisation • L'Enquête corse (2004)*

Longtemps lié aux Nuls, dont il réalise pendant cinq ans les diverses émissions de télévision, avant de mettre en scène pour eux leur premier film, *La Cité de la peur*, Alain Berberian poursuit dans la voie de la comédie populaire, faisant appel à des recettes éprouvées et se mettant au service d'acteurs et de scénarios grand public pour lesquels il s'agit moins de faire preuve d'originalité que de savoir-faire dans la réalisation.

### LE BOULET (2002)
#### avec Gérard Lanvin et Benoît Poelvoorde (co-réalisation d'Alain Forestier)

**L'Emmerdeur 2.** Pour un boulet, il n'y a pas de doute, c'en est un. Et un gros, qu'on se traîne inlassablement, sans espoir qu'il vous lâche les baskets. Et pourtant rien, a priori, ne prédisposait un type comme Moites, caïd dur de dur, aux traits virils et au flingue vengeur, à se retrouver avec sur le dos le dénommé Reggio, blaireau parfait, et qui plus est maton jouant au petit chef dans la centrale où lui-même purge sa peine pour assassinat et autres méfaits divers. Et quand, pour parfaire le tableau, on découvre que ledit Moites n'est autre qu'un Gérard Lanvin tout en biceps, en regard noir et en mâchoire volontaire, au point qu'à ses mines, à sa carrure et à cet air qu'il a d'être excédé en essayant désespérément de garder son sang-froid, on le prendrait presque pour le frérot du regretté Lino Ventura, et qu'en prime on s'aperçoit que le Reggio qui lui colle au train est, comme l'était Jacques Brel, cet autre Belge à l'air ahuri et aux yeux qui roulent qu'est Benoît Poelvoorde, alors on se dit que, dans la grande série des emmerdeurs patentés et des attelages comiques, ces deux-là doivent immanquablement faire la paire.
C'est d'ailleurs là le seul vrai pari du film d'Alain Berberian : trouver un titre et un couple qui tiennent la route et qui soutiennent la comparaison avec ses glorieux aînés dans la spécialité : *L'Emmerdeur* de Ventura-Brel et *Les Compères* de Depardieu-Richard. Le scénario du *Boulet* lorgne d'ailleurs plus qu'ostensiblement sur l'archétype du genre brillamment illustré par les comédies de Francis Veber : un gros bras soupe au lait affublé d'un zozo hurluberlu et catastrophique qui met immanquablement les pieds dans le plat et attire les ennuis comme le miel les mouches. Dans le cas présent, le Reggio en question ayant acheté pour le compte dudit Moites un billet de loto et l'ayant naturellement perdu, alors même que le billet décroche le gros lot, le caïd se sentant floué dans l'affaire s'empresse de s'évader pour remettre la main sur son intermédiaire douteux et l'amener à retrouver la trace du billet gagnant. Et la route commence, à la recherche du pactole espéré, sur lequel guignent aussi inévitablement toute une bande de zigues plus teigneux les uns que les autres, la palme revenant à un José Garcia turc et hystérique et au géant placide et jamesbondesque qui l'accompagne. Ce qui donne lieu à un canevas de poursuite infernale où la situation de base – l'emmerdeur et l'emmerdé embarqués dans la même galère – engendre une succession de scènes attendues – cascades, explosions, combats à la japonaise – et parfois plus surprenantes – torture aux poissons carnivores, rallye des sables ensablé, ou Grande Roue roulant depuis la Concorde jusqu'aux Tuileries pour aller y écraser les massifs et les bassins du jardin ! Bref, entre un Lanvin aux biscoteaux et au cœur gros comme ça et un Poelvoorde impayable en casse-bonbons apocalyptique, la joyeuse bande du *Boulet*, avec en guests stars les Darmon, Benguigui, Rossy de Palma, Jamel Debouze et autres azimutés, mitonne dans un vieux pot qui a beaucoup servi un cocktail d'actions et de gags, dont le seul objectif est de mettre au goût du jour des recettes qui ont fait leurs preuves. C'est ce qui s'appelle de l'humour recyclé.

## BERESFORD Bruce (australien, né en 1940)

**PREMIER LONG MÉTRAGE :**
*The Adventures of Barry McKenzie (1972)*
**FILMOGRAPHIE DEPUIS 1985:**
*Le Roi David (1985) • Crimes du cœur (1986) • Aux frontières de la ville (1986) • Aria (1987) • Son alibi (1989) •* ***Miss Daisy et son chauffeur (1989)*** *•*

*Mister Johnson (1990)* • *Black Robe (1991)* • *L'Amour en trop (1993)* •
*Un Anglais sous les Tropiques (1994)* • *Silent fall (1994)* • *Dernière danse (1996)* •
*Paradise Road (1997)* • *Double jeu (1999)* • *Alma, la fiancée du vent (2001)* •
***Evelyn (2003)***

Diplômé de l'université de Sydney, Bruce Beresford débute au sein de l'Australian Broadcasting Commission, avant de monter des films pour le gouvernement nigérien puis de diriger pendant cinq ans le British Film Institute à Londres. Revenant dans son pays en 1971, il y réalise plusieurs films dans lesquels il présente une satire mordante des travers de la société et de la vie australiennes. Sa réputation franchit les frontières avec *Le Prix de la sagesse*, en 1977, et *Héros et salopards*, en 1980, qui lui ouvre une carrière américaine. Son premier film américain, *Tender mercies*, en 1983, vaut à Robert Duvall l'Oscar d'interprétation et au réalisateur une nomination qui lui permet de tourner dès lors de façon régulière pour les grands studios des films de genres divers : suspense (*Son alibi*), comédie (*Un Anglais sous les Tropiques*), guerre (*Paradise Road*), policier (*Double jeu*) et surtout drames et mélodrames pour lesquels, de *Miss Daisy et son chauffeur* à *Evelyn*, en passant par *L'Amour en trop*, *Silent fall* ou *Dernière danse*, il montre une prédilection particulière.

## MISS DAISY ET SON CHAUFFEUR (1989)
### avec Jessica Tandy et Morgan Freeman

**À bon valet, bon maître.** Une grande maison sous les arbres, dans un quartier riche d'Atlanta. Miss Daisy, fraîche et pimpante, sort comme tous les jours faire ses courses. Dans le garage, son énorme Chrysler l'attend. Miss Daisy démarre. Mais à 72 ans, ses réflexes ne sont plus ce qu'ils étaient et, une fois la marche arrière enclenchée, la voilà qui tarde un peu trop à lever le pied de l'accélérateur et qui, sans coup férir, balance sa belle voiture dans le décor. Le film de Bruce Beresford commence sur le ton de la comédie. On y voit une vieille dame passablement acariâtre, enfermée dans ses certitudes autoritaires et ses habitudes maniaques, qui cause bien des soucis à son fils qu'elle traite toujours comme un enfant, même s'il possède une des filatures de coton les plus importantes de la ville. Celui-ci, affligé par ailleurs d'une épouse qui a tout d'une caricature de magazine, ne sait trop comment faire pour faciliter la vie de sa vieille et infernale mère. Il croit trouver la solution en lui offrant un chauffeur : noir, aimable, prêt à tout endurer, Hoke est aussi stylé qu'efficace. Pourtant Miss Daisy, furieuse de voir son indépendance lui échapper, et par ailleurs pas à l'abri d'une certaine condescendance blanche à l'égard d'un serviteur noir, décide de lui rendre la vie impossible. Mais elle a beau faire, Hoke encaisse tout : vexations, caprices, rebuffades, et toutes les mille et une mesquineries qu'une vieille dame indigne est capable d'inventer pour se prouver qu'elle a raison.
De ce couple inhabituel se mesurant dans un face-à-face piquant, Bruce Beresford tire la meilleure part de son film. Les relations qui se tissent progressivement entre les deux personnages s'enrichissent en effet d'un arrière-plan individuel qui les rend attachants : avant d'être veuve, bourgeoise et riche, Miss Daisy a été institutrice et originaire d'un milieu modeste. Quant à Hoke, sous ses manières stylées, il n'est qu'un pauvre serviteur ignorant, ayant besoin de son salaire pour vivre. Et, s'il est noir, Miss Daisy est juive. Comme ils le vérifieront lors d'un voyage en Alabama, le racisme existe, et sur ce plan, aucun des deux n'a rien à envier à l'autre. À partir de là, d'ailleurs, le film change de ton. À mesure que les deux personnages vieillissent ensemble et qu'ils se lient dans une complicité de plus en plus amicale, la fantaisie et l'ironie font place à l'attendrissement. La méchanceté chipie de Miss Daisy laisse de plus en plus filtrer une bonté foncière, bien faite pour s'entendre avec le cœur de chien fidèle de son dévoué serviteur. L'émotion gagne, et le glissement vers le grand âge et la mort ne va pas dès lors sans quelques scènes émouvantes, à vocation éminemment lacrymale. On mesure là les limites d'un film qui a attendri l'Amérique, et qui a raflé tous les Oscars de la bonne conscience : en ne voulant choquer personne, il vise à réconcilier tout le monde. Dans ce Sud raciste et intolérant des années 1950-1960, dont l'arrière-plan social et économique est d'ailleurs discrètement suggéré, les problèmes semblent trouver leur solution dans l'affirmation que les bons sentiments existent et qu'il suffit de les laisser s'exprimer. Pieuse pensée que l'interprétation touchante de Jessica Tandy et de Morgan Freeman engagerait presque à partager. Mais, à y bien réfléchir, cette Tatie Danielle à l'américaine n'est guère corrosive. Elle accepte tout, même la vieillesse. Et sous ses airs rebelles, elle ne dit finalement qu'une chose : que tout est bien dans le meilleur des mondes. Suprême sagesse, ou suprême conformisme ?

### EVELYN (2003)
#### avec Pierce Brosnan, Aidan Quinn et Julianna Margulies

**Père courage.** Vraiment pas veinard, le pauvre Desmond Doyle ! Non seulement sa femme le plaque en douce, lui laissant leurs trois enfants sur les bras, mais l'État, sous prétexte qu'il est au chômage et que ses revenus sont insuffisants, lui enlève la craquante petite Evelyn et ses deux jeunes frères pour les placer dans des institutions religieuses qui savent ce que discipline et sévérité veulent dire. C'est qu'on est en Irlande catholique, dans les années 1950, et que le puritanisme conservateur règne en maître. Desmond a beau faire valoir qu'il adore ses enfants, que ceux-ci, qui l'adorent tout autant, ne sauraient recevoir meilleure éducation que celle qu'il leur dispense, et qu'il est prêt à tout faire pour subvenir à leurs besoins : rien n'y fait, la loi est dure, mais c'est la loi. Voire ! Car Desmond, en bon Irlandais, a la tête dure. Et si la loi est mal faite, il se dit qu'il faut changer la loi. Ainsi commence le combat d'un homme seul, humble parmi les humbles, contre la toute-puissance de l'État, la morgue des ministres, la suffisance méprisante des juges, la force inexorable des traditions et la sacro-sainte lettre de la Loi. Combat au demeurant parfaitement authentique, et dont l'issue est inscrite dans la Constitution irlandaise elle-même, puisque les termes de celle-ci furent modifiés à la suite de l'affaire en question.
On voit bien ce qui a pu attirer Pierce Brosnan, bien loin des prouesses étincelantes de James Bond, dans cette sombre histoire à la Zola, et le pousser non seulement à interpréter mais à co-produire le film : Irlandais lui-même, ayant passé son enfance en Irlande, il trouve là comme un concentré de son pays. Bruce Beresford, en vieux routier sachant y faire, ne se prive d'ailleurs pas de faire vibrer ladite fibre verte. Pintes de bière, pubs enfumés, ballades à crin-crin, terrain de rugby, courses de lévriers, misère noire, dignité inflexible, et révérend en habit noir doté d'une solide droite qui envoie illico les mécréants au tapis : le décor ne trompe pas ! Pour autant, dans cette collection de clichés attendus et de bons sentiments déferlants, qui laisseraient craindre tous les débordements, le mérite du réalisateur est bien finalement de parvenir à jouer des ressources du romanesque en évitant autant que faire se peut de tomber dans les pièges du mélo. Il le doit à un art de bon faiseur, qui sait tenir son film dans les justes bornes d'un récit solidement conduit, faire alterner le rire et l'émotion, maintenir le rythme et l'intérêt, et s'offrir à intervalles réguliers quelques scènes à effets garantis, comme un retentissant procès final commenté en direct comme un match du tournoi, et dont l'issue est tout aussi indécise.
Quant à la performance de Pierce Brosnan acteur, reconverti en père méritant, luttant bec et ongles pour faire triompher ses droits du sang et du cœur, déchiré par l'injustice mais gardant au fond des yeux, même dans la déchéance, l'étincelle de l'espoir (et, forcément, de la séduction), elle ne peut à coup sûr que faire fondre toutes les petites Evelyn. Et même probablement les grandes…

## BERG Peter (américain, né en 1964)

**Filmographie :**
***Very bad things (1998)*** • *Bienvenue dans la jungle (2002)* • *Friday nights lights (2004)*

Né et élevé à Manhattan, Peter Berg, après avoir obtenu un diplôme d'art dramatique, part pour Los Angeles où, après avoir déchargé du poisson sur les docks de San Pedro pour gagner sa vie, il décroche son premier rôle dans une série télévisée. Il enchaîne à partir de là pièces, téléfilms et films, et, parallèlement à cette carrière d'acteur, commence à écrire des scénarios de thrillers, traités avec un humour très noir, dont celui de *Very bad things*, qui marque aussi ses débuts de réalisateur.

### VERY BAD THINGS (1998)
#### avec Christian Slater, Cameron Diaz et Daniel Stern

**Mariage en noir.** Au générique de fin, lorsque tout est consommé, la caméra s'élève verticalement et découvre la disposition impeccablement arrangée d'une de ces cités pour jeunes cadres californiens où se matérialise le rêve américain : maisons cossues, vertes pelouses, rues propres et calmes. Là, tout n'est qu'ordre social, beauté aseptisée, vie rangée, valeurs sûres. C'est alors que la caméra opère un mouvement de bascule panoramique et découvre, au loin, l'horizon de montagnes et de déserts qui forment l'arrière-plan du décor. Comme si, derrière l'ordre, il y avait la menace toujours présente des forces primaires, du chaos originel ; comme si l'un n'était jamais

que la lutte, toujours recommencée, contre les autres. Vu à la lumière de ce dernier plan, le film de Peter Berg apparaît bien pour ce qu'il est : une entreprise de mise à nu, aussi aiguë et décapante qu'on puisse l'imaginer, des démons qui se cachent sous la vision angélique de l'*american way of life*. Quitte à déballer tout de go les multiples cadavres qui se cachent dans les placards.
Au départ, en effet, rien que de très normal et de très socialement convivial : la préparation d'un mariage. Laura, la future, ne vit que dans l'attente du grand jour et harcèle Kyle, son futur, pour que tout, la cérémonie, les invitations, les chaises, les fleurs, les cadeaux, les costumes, les alliances, la réception, la disposition des tables, soit bien en place au jour dit. Jeune fille bien sous tout rapport, elle veut que l'organisation impeccable de leur mariage soit, pour elle et pour Kyle, comme l'entrée symbolique dans leur vie de couple, de bons citoyens et de parents modèles. Que son fiancé décide d'aller, avec ses copains, enterrer sa vie de garçon à Las Vegas, et qu'il y fasse même tout ce que bon lui passe par la tête, et même par ailleurs, n'est pas pour la contrarier : cela fait partie de la tradition et garantit même, à la limite, que le mariage sera bien dans les normes, puisque le rite prénuptial consenti aux mâles sera respecté. Ce qui la gêne plutôt, c'est que dans l'équipe de copains, il y en ait un qui soit simple mécanicien et qui n'ait pas, à l'évidence, le standing social qu'elle attend des futurs amis du couple. Mais elle se promet bien de régler la question une fois le mariage passé. Voilà donc les cinq jeunes mâles californiens, parfaits représentants de l'Amérique moyenne supérieure, qui arrivent à Vegas pour s'éclater. Et d'emblée, ils ne se privent pas : alcool, joints, lignes de coke, et strip-teaseuse professionnelle pour venir leur titiller la libido. Laquelle libido se déchaîne si bien que l'un d'entre eux, dans le furieux assaut copulatoire qu'il livre à la jeune femme, y va avec une telle délicatesse qu'il la laisse raide morte sur le carrelage de la salle de bains.
Ici se met en route le mécanisme qui, d'une joyeuse virée entre copains, débouche sur l'engrenage des plus vilains petits meurtres possibles entre amis. Et la comédie de mœurs, commencée dans la bonne humeur communicative, vire vite à l'humour noir, au rire jaune, et même, le sang appelant le sang, à l'horreur pure et simple, grand-guignolesque dans son outrance, gore dans ses moyens, terriblement acide dans sa tonalité. Car si le sang coule, si les cadavres s'accumulent, et si les scènes où on les fait disparaître ajoutent l'insoutenable au délirant, pendant tout ce temps-là, les préparatifs du mariage continuent. Et Laura, en future mariée qu'elle est, entend bien ne pas se laisser troubler pour si peu. Deux voies alors se rejoignent pour donner au film sa si particulière tonalité : d'un côté la furie qui se déchaîne et la façon dont chacun l'assume, dans l'angoisse, la lâcheté, le délire ou le remords ; et de l'autre la force sociale du mariage, rempart contre tout ce vient semer le trouble, tous ces instincts primaires, tout ce désordre. La façon dont Peter Berg termine son film, dans un dénouement à la fois horrible et jubilatoire, montre bien la portée d'une fable pas spécialement tendre pour la comédie humaine ni pour ce qu'elle recouvre. Et confirme l'ambition d'un film qui, sous ses airs branchés et pas toujours ragoûtants, s'amuse à jouer sur le fil du rasoir, passant d'un réalisme apparent à une sorte de fiction fantastique noire, à l'image de l'interprétation des comédiens, et notamment de la décidément surprenante Cameron Diaz. Après s'être embarquée dans le mauvais goût allumé de *Mary à tout prix*, la voici qui défend avec la même aisance son personnage de mariée à tout prix, jusqu'à la pire des très vilaines choses qui se puisse imaginer. Brisant avec une belle détermination l'image sur papier glacé à laquelle ses allures de poupée blonde semblaient devoir la promettre.

## **BERGMAN Ingmar** (suédois, né en 1918)

**FILMOGRAPHIE DEPUIS 1985 :**
***Saraband (2003)***

Longtemps, Ingmar Bergman, retiré sur son île de Farö, avait semblé avoir mis le mot Fin à son œuvre, en 1983 d'abord, avec *Fanny et Alexandre*, son dernier film de cinéma, en 1984 ensuite, avec *Après la répétition*, tourné pour la télévision. Après quoi, il avait affirmé en avoir terminé avec le cinéma, laissant le soin à Bille August de réaliser en 1992, à partir du scénario et des dialogues que lui-même avait écrits, *Les Meilleures intentions*, histoire autobiographique de sa propre enfance. La réalisation de quelques téléfilms – *Madame de Sade*, d'après Mishima, en 1992, et surtout *En présence du clown*, en 1997, qui revenait sur un des personnages de *Fanny et Alexandre*, l'oncle Carl – laissait toutefois entrevoir que le point final n'était pas encore apposé. La chose semble faite, en 2003, avec la réalisation, pour la télévision suédoise, de *Saraband*, retrouvant, trente ans après, les personnages et les comédiens de *Scènes de la vie conjugale*, pour apporter, face au vieillissement et à la mort, comme un ultime codicille. La nouveauté est que, dans ce cas, le cinéaste s'est laissé convaincre d'une sortie française en salles, exigeant simplement que le film, réalisé en vidéo numérique haute définition, soit projeté dans des salles équipées en numérique, donnant ainsi à une œuvre intimiste et toute de tension intérieure le support le plus en pointe en matière de haute technologie.

### SARABAND (2003)

#### avec Liv Ullmann, Erland Josephson, Julia Dufvenius et Börje Ahlstedt

**Jours ultimes.** Le temps est là, dès les premiers plans de *Saraband*. Il l'est dans le prologue, qui ouvre le film sur Marianne, la même Liv Ullmann qui interprétait le même personnage, il y a trente ans, dans les *Scènes de la vie conjugale*. Ce temps passé, elle le regarde à travers des photos éparses sur sa table, et notamment celle qui la montre au côté de son époux d'alors et dont elle est depuis séparée, et qui l'amène à vouloir reprendre contact avec lui et à renouer le fil, le film, en rendant visite à ce Johan, qui se trouve être le même Erland Josephson qui était précisément son mari dans le film d'autrefois. Et lorsqu'elle arrive dans la maison où celui-ci s'est retiré, dans le calme d'un paysage de forêt et de lac, le temps l'attend, sous la forme de la pendule qui égrène son tic-tac, et qui la retient comme en suspension, comptant une minute, trente secondes, dix secondes, cinq, quatre, trois, deux, une, avant de pousser la porte et, d'une caresse légère, de réveiller le vieil homme assoupi. Et l'engrenage du temps, ainsi réveillé, ne va plus cesser de battre la mesure, comme un métronome implacable rythmant un film dont le titre renvoie explicitement à la musique.
Un quatuor, précisément, car Marianne trouve auprès de Johan Henrik, le fils que celui-ci a eu d'un autre mariage et qui, veuf depuis deux ans de sa femme Anna, vit désormais seul avec sa fille Karin dans une maison toute proche. Entre ces quatre personnages (et celui, disparu, d'Anna, mais dont la photo récurrente assure une présence qui cristallise autour d'elle les sentiments profonds des uns et des autres), les déchirements vont faire éclater d'autant plus fortement la violence stridente du film que, en contrepoint, Bruchner et Bach enveloppent ce quatuor désaccordé de leurs accords sublimes. Car Henrik est musicien, et il s'est institué en professeur de sa fille, jeune violoncelliste virtuose qu'il rêve de voir devenir soliste mais à qui il interdit jalousement de prendre son envol. Or ce rapport exclusif du père à la fille cache de troubles replis, liés à la disparition d'Anna, et dont Karin elle-même, prise entre son amour pour son père et son désir de trouver sa propre voie de liberté, sent tout le poids qui l'oppresse et dont elle s'ouvre à Marianne lorsque celle-ci survient. Et Marianne découvre aussi le mépris que Johan a pour son fils et la haine que celui-ci lui porte. Et si la violence de leurs rapports éclate autour de sordides querelles d'héritage, celles-ci ne font que révéler de plus profondes fêlures, dont là encore le personnage d'Anna détient la clef, elle qui dispensait l'amour et dont la disparition a laissé place à la haine.
Et dans ce nœud de tensions, Marianne sent se tendre les propres cordes de sa vie : l'homme qu'elle a aimé et qu'elle retrouve, octogénaire, les années qui ont passé pour elle aussi, l'âge qui vient, ses filles parties, l'une en Australie, l'autre, hagarde, dans un asile. Le temps d'une visite mais qui, prévue pour une après-midi, va durer plusieurs jours, prise dans ce lieu clos où s'exacerbent les affrontements et les éclats, celle qui intervient comme une consolatrice va tenter d'apaiser ce qui court tout au long d'un film qui apparaît comme l'aboutissement des cris et des chuchotements qui ont tout au long habité l'œuvre de Bergman : l'angoisse, l'angoisse de la mort, qui sort de partout, comme le dit Johan, par les yeux, par la peau, par le cul, en une gigantesque diarrhée mentale. Et lorsque, dans un plan magnifique, Johan se met nu et vient se glisser au côté de Mariane, son corps flétri et vieilli trouve auprès du sien une assonance qui calme la peur et qui, en ces jours ultimes, permet d'éteindre la lumière et d'affronter le noir qui vient.

## BERLINER Alain (belge, né en 1963)

**FILMOGRAPHIE :**
*Rose (1993)* • ***Ma vie en rose (1997)*** • *D'un rêve à l'autre (1999)* •
*Demain les chiens (2003)*

Très tôt cinéphile, Alain Berliner grandit, dans les années 1970, au cœur d'une Belgique cinématographique tout entière marquée par le « réalisme magique » d'André Delvaux. Étudiant à l'Insas, dans la section réalisation, il n'est pas convaincu par ses premières expériences de direction d'acteurs et il décide de se tourner vers l'écriture de scénarios, en Belgique d'abord, en France ensuite, travaillant surtout pour la télévision. Et c'est parce qu'il ne trouve personne pour porter à l'écran son scénario de *Rose*, histoire d'un professeur de chant amoureux d'une rose de son jardin, que lui-même décide de réaliser le film. À partir de là, il développe un univers où la réalité sociale passe toujours par la poésie de l'imaginaire, que ce soit à travers les fantasmes du petit enfant mal dans son sexe de *La Vie en rose* ou à travers les rêves de la mère de famille provençale qui se transforme, quand elle s'endort, en célibataire new-yorkaise ambitieuse, dans *D'un rêve à l'autre*.

### MA VIE EN ROSE (1997)
**avec Michèle Laroque, Jean-Philippe Écoffey et Hélène Vincent**

**Le sexe de l'ange.** Ludovic a 7 ans et de longs cheveux noirs. Avec ça, un visage aux traits fins, une sorte de grâce dans les gestes, une douceur du sourire, une voix d'ange. Et le goût de s'habiller en fille. Attablé à la coiffeuse de sa mère, il adore se mettre du rouge à lèvres, souligner ses yeux au crayon noir, accrocher des boucles à ses oreilles, enfiler des talons hauts et, dans une robe décrochée dans la penderie familiale, se présenter devant les invités de ses parents comme s'il était la fille qu'il rêve d'être. Or, précisément, ce jour-là, ça ne tombe pas très bien : la famille Fabre est en train d'emménager dans son nouveau pavillon et, pour pendre la crémaillère, a invité tous les voisins, lesquels trouvent un peu curieux de voir ainsi débarquer le petit dernier travesti en fillette. Mais tout le monde met cela sur le compte d'une fantaisie d'enfant et sur le plaisir de se déguiser, et la fête peut continuer sans que personne y trouve à redire. L'ennui, c'est que pour Ludovic, son déguisement ne relève pas du caprice mais bel et bien de sa nature profonde : il se sent une fille, et rien de ce qui est féminin ne le laisse indifférent. Ce qui ne plaît pas précisément à son père ni à sa mère lorsque, progressivement, ils découvrent la « différence » de leur fils.
Cette famille Fabre est pourtant une famille idéale : un père jeune cadre, dynamique et ouvert, une mère pétillante, quatre beaux enfants. Et tout autour d'eux dans le quartier résidentiel où ils viennent habiter, c'est le même environnement bon chic bon genre : pavillons élégants bien rangés le long de rues bien propres et entourés de pelouses tondues de frais. Une normalité aisée, tranquille, sans problèmes, par rapport à laquelle le gentil petit Ludovic, avec son goût irrépressible pour les robes, se révèle comme le vilain petit canard qui met en péril toute la couvée, c'est-à-dire tout l'édifice familial et social. Car ce Ludo au visage d'ange, et au sexe aussi indéterminé, apparaît vite comme le trouble-fête, celui dont la différence fait vaciller les certitudes, l'ordre moral, les valeurs reconnues. Et tandis que toute la communauté est en émoi, la découverte douloureuse des troubles de l'être intime agit pour l'enfant comme un traumatisme, non par ce qu'il se sent être, mais par cette culpabilité dont il se rend compte qu'on le charge. Car ni la complicité de sa sœur aînée, ni même l'amour de ses parents ne peuvent empêcher contre lui les réactions de surprise, puis d'énervement et de colère, de violence et de rejet enfin. Et c'est là que joue toute la finesse de touche du cinéaste qui, pour traiter d'un sujet grave, choisit le côté léger : la précision de la peinture sociale ouvre en effet sur le monde merveilleux que l'enfant se construit dans ses rêves. Un univers magique, où une poupée blonde en robe de princesse vole au-dessus d'un paysage aux couleurs du vert paradis des amours innocentes, en attendant que son prince charmant vienne lui faire la cour. Et la façon dont l'enfant, en fermant les yeux, substitue ce monde enchanté à la dureté du monde qui l'entoure colore ainsi le drame du rose bonbon de la féerie. Mais d'un bonbon qui reste suffisamment acidulé pour qu'il agace salutairement le palais tout en le rafraîchissant.

## BERRI Claude (français, né en 1934)

**PREMIER LONG MÉTRAGE :**
*Le Vieil homme et l'enfant (1966)*
**FILMOGRAPHIE DEPUIS 1985 :**
***Jean de Florette (1986)*** • *Manon des sources (1986)* • *Uranus (1990)* • *Germinal (1993)* • *Lucie Aubrac (1996)* • *La Débandade (1999)* • ***Une femme de ménage (2002)*** • *L'un reste, l'autre part (2004)*

Claude Berri en est venu à occuper, dans le cinéma français des années 1980-2000, une place centrale qui tient à la diversité des rôles qu'il y joue. Acteur, à ses débuts – on le vit ainsi en 1960 chez Chabrol, dans *Les Bonnes femmes* –, il continue à figurer dans nombre de films comme comédien. Producteur, s'étant doté très tôt des moyens de produire ses propres films, il s'est impliqué dans certains des projets majeurs du cinéma français et, même après s'être séparé de sa maison de production, y exerce une influence toujours importante, y compris au sein de diverses instances institutionnelles. Réalisateur, enfin, il est l'auteur d'une œuvre non négligeable, de facture classique, fortement marquée à ses débuts, dans les années 1960-1970, par une inspiration autobiographique, puis passant, dans les années 1980-1990 à de grandes adaptations littéraires ou à des reconstitutions historiques à gros budget, puis semblant revenir, dans ses plus récents films, à des productions plus légères et à des sujets plus personnels.

## JEAN DE FLORETTE (1986)
### avec Gérard Depardieu, Daniel Auteuil et Yves Montand

**Histoire d'eau.** Il y a tout. Le pays, d'abord : cette Provence sèche à craquer, pierreuse et odorante, où le soleil brûle si fort et où l'eau se cache. Et les gens du village, le pastis anisé, les boules de pétanque ; et l'accent, qui court et chante, et qui fait danser les mots. Et le poids de la tradition, des secrets bien gardés, du chacun chez soi et du Dieu pour tous. Et le drame, terrible et bon enfant : Jean de Florette, le bossu venu de la ville, et qui croit pouvoir cultiver le sol comme on le dit dans les livres, et, face à lui, Ugolin, l'enfant des collines, qui a besoin des terres de l'intrus, et surtout de cette eau cachée dont il sait l'existence mais dont, poussé par les vieilles ruses du Papé, il va taire la présence. Et Jean de Florette ira chercher l'eau qui lui manque, jour après jour, de l'autre côté du vallon, avec femme et enfant, se tuant à la tâche et ignorant jusqu'au bout que la source est là, qui court presque sous ses pieds. Histoire d'eau, histoire de terre et de vent, histoire vieille comme le monde, et toujours aussi belle. Il y a tout, donc. D'où vient alors ce sentiment fugace qu'il manque pourtant quelque chose ? Des images, tellement léchées qu'elles font un peu chromos ? D'un souffle d'épopée qui n'arrive pas vraiment à décoller ? De la performance d'acteur des deux monstres sacrés, Montand-Depardieu, qui fait un peu trop performance pour qu'on y croie vraiment ? Ou de cette comparaison inconsciente qu'on est tenté de faire avec les films de Pagnol ? Si tel est le cas, d'ailleurs, on a tort. Car si le film de Claude Berri tient finalement la route, c'est précisément en ce qu'il entreprend d'adapter un texte de Pagnol sans tomber dans la pagnolade. Et de surcroît, il consacre la rencontre unique entre un acteur et un rôle : Daniel Auteuil, Ugolin étonnant, à la fois naïf et matois, bon et cruel, qui porte tout le poids du film et lui donne sa chair. Et lorsque, de son œil qui roule, il regarde le pauvre Jean de Florette creuser son puits, le sentiment alors passe à plein et pour le coup, c'est lui, vraiment qui nous fend le cœur.

## UNE FEMME DE MÉNAGE (2002)
### avec Jean-Pierre Bacri et Émilie Dequenne

**Balai rose.** Ça se passe en douceur. Comme un fantasme depuis longtemps inscrit dans l'imaginaire masculin et qui, soudain, prend corps. Le corps en l'occurrence délicieusement appétissant et tout en rondeurs juvéniles de la jolie Laura qui, faute de boulot plus valorisant pour boucler ses fins de mois difficiles, se propose comme femme de ménage. Et comme elle tombe chez un quadra en pleine déprime amoureuse, fortement perturbé par le départ de son épouse qui l'a plaqué, la jeune femme, face à cet homme qui ne peut pas ne pas remarquer les charmes qu'elle lui étale en toute spontanéité, se retrouve bien vite recyclée à ses yeux en Lolita du balai-brosse.
Mais, et c'est là que le film de Claude Berri s'écarte délibérément des clichés attendus, le récit de ces amours ancillaires non seulement n'a rien de la fantaisie polissonne qui guette ce genre de situation, mais il donne naissance à une sorte de pointe sèche, quasiment minimaliste, dont les traits d'humour découvrent des profondeurs existentielles plutôt sombres. C'est qu'ici, c'est le personnage de la jeune Laura, auquel Émilie Dequenne apporte une vitalité et un naturel étonnants, qui prend les devants et qui, trouvant le bonhomme à son goût, lui montre vite que, comme elle fait son lit, elle s'y couche. Lui, d'abord hésitant, essaie pour voir. Puis, cédant de plus en plus à un désir retrouvé, il se laisse prendre au jeu, tandis qu'elle, tombant sur un plus jeune, passe vite à autre chose. Du coup, en remettant apparemment de l'ordre dans le désordre domestique et sentimental de celui chez qui elle est venue s'installer, elle sème en lui un trouble beaucoup plus insidieux qui, tout en lui redonnant le goût de vivre et d'aimer, se trouve lesté d'un poids de déception tragique qu'exprime un implacable plan final totalement muet, mais qui en dit long.
Cela risque de surprendre et de laisser un goût d'inachevé. Mais de fait, Claude Berri, fidèle à une tonalité douce-amère qui a toujours été celle de ses films les plus personnels, brosse à coups de petits riens le tableau d'une solitude passablement désespérée qui ne s'offre une petite cure de remise en forme que pour se retrouver plus seule encore, avec un méchant coup de vieux en prime. Et parfaitement en phase avec ce personnage de dépressif existentiel cadenassé de l'intérieur, Jean-Pierre Bacri, plus mutique que jamais, excelle à montrer que les grandes douleurs sont muettes.

## **BERTOLUCCI Bernardo** (italien, né en 1941)

**Premier long métrage :**
*La Commare secca (1962)*
**Filmographie depuis 1985 :**
***Le Dernier empereur (1986) • Un thé au Sahara (1990)*** • *Little Buddha (1993)* • *Beauté volée (1995)* • *Shandurai (1998)* • *Histoire d'eaux (2000)* • *Innocents (2003)*

Brillant, provocant souvent, le cinéma de Bernardo Bertolucci a valu à son auteur une renommée internationale qui n'est pas exempte de jugements réducteurs, voire de malentendus. Si l'on cherche en effet le fil conducteur qui relie des œuvres apparemment aussi disparates que les films des années 1960-1970 – *Prima della rivoluzione, La Stratégie de l'araignée, Le Conformiste, Le Dernier tango à Paris, Novecento, La Luna* – et celles, plus éclatées, qu'il a réalisées depuis, du *Dernier empereur* à *Innocents*, on peut le trouver, d'abord sous des thèmes historiques permettant de traiter la réalité sociale et politique de l'Italie, mais aussi par la suite à travers des sujets, des décors et des personnages élargis, de l'Afrique à l'Orient, à des territoires plus lointains, dans la fidélité jamais démentie à une ligne esthétique, nourrie elle-même à une quête égotiste toute stendhalienne du plaisir. Quête que son tout dernier film, à la fois érotique et nostalgique, *Innocents*, faisant le lien avec les années 1960 et l'esprit contestataire de l'époque, traduit de façon ostensible. Comme une façon de renouer avec les origines même de son cinéma, dont il avait paru s'éloigner quelque peu avec les grandes fresques hollywoodiennes où il s'était spécialisé depuis une vingtaine d'années.

### LE DERNIER EMPEREUR (1986)
#### avec John Done, Joan Chen et Peter O'Toole

**Un dieu fait homme.** Une histoire incroyable et pourtant parfaitement authentique : celle de Pu Yi, promu empereur de Chine à l'âge de 3 ans sur le trône de l'antique dynastie des Ching. En 1922, lorsque la Chine devient une République, il est contraint d'abdiquer. Mais quelques années plus tard, il revient dans les fourgons des Japonais, lorsque ceux-ci envahissent la Mandchourie et la transforment en Manchukuo. Empereur fantoche d'un pays fantoche, Pu Yi est finalement rattrapé par la grande bourrasque révolutionnaire qui balaie la Chine entière. Arrêté, destitué, il est envoyé en prison pour une rééducation dont il sortira simple citoyen, transformé en jardinier, et convaincu de ses erreurs passées. L'histoire d'un dieu vivant devenu homme.
Le film de Bernardo Bertolucci est d'abord un incroyable pari. Parti, avec l'accord des autorités chinoises, tourner dans la Cité interdite, le cinéaste a eu non seulement à mettre en scène des milliers de figurants et – ce ne fut pas le moins difficile – un enfant, et chinois de surcroît ; mais il a voulu surtout pénétrer au cœur d'une histoire et d'une civilisation à des milliers d'années-lumière de son propre univers. Et, sur ce plan, le souci minutieux de reconstitution donne au film un caractère d'authenticité qui est sans doute le degré de perfection le plus extrême jamais atteint par un cinéaste occidental dans sa découverte de l'Orient. Mais il y a plus : la beauté du spectacle et le romanesque d'une histoire étonnante font du *Dernier empereur* un hymne au cinéma : un cinéma d'images et de sons grandioses, fait pour le seul grand écran et seul capable, à travers l'incroyable destin d'un homme descendu du fond des âges dans le grand courant de l'histoire de notre siècle, de captiver, d'émouvoir et d'émerveiller. Et ce regard jeté sur un monde qui bascule, cette méditation sur les ambiguïtés secrètes et la destinée de l'individu, rappellent, au passage, des thèmes qui, eux, sont chers au cinéaste de *Prima della rivoluzione* et de *Novecento*.

### UN THÉ AU SAHARA (1990)
#### avec Debra Winger et John Malkovich

**Les mirages du désert.** Voyageurs, avec tous leurs bagages, Port Moresby, un compositeur, et sa femme Kit, écrivain, débarquent en Afrique du Nord, flanqués d'un ami, Tunner, issu comme eux de la bonne société new-yorkaise. On est en 1947, et le couple vient là moins pour faire du tourisme que pour tenter de se retrouver. Après dix ans de mariage, ils n'arrivent plus à vivre leur amour et ils espèrent que leur périple leur rendra le désir perdu. Pourtant, à mesure qu'ils s'enfoncent dans ce pays de chaleur, de sable, de vent, les choses semblent leur échapper. Kit a une aventure brève et comme non voulue avec Tunner, tandis que Port succombe au charme des nuits chaudes. Errance incertaine, lente dérive, voyage sans retour. Car Port, bientôt, est pris de fièvre. Tandis qu'il

agonise et que Kit essaie désespérément de le retenir à la vie, face à la mort ils se disent enfin leur amour. Et Kit, seule, poursuit sa route, toujours plus loin dans le désert immense.
Transposer le roman de Paul Bowles n'était certes pas chose facile : ce qui fait la magie du livre tient pour beaucoup à son écriture, toute d'élégance et d'intériorité, et peu facile, dans son côté très littéraire, à faire passer à l'écran. Bertolucci pourtant, s'y est essayé. Sans doute parce que, après la grande fresque du *Dernier empereur*, il a senti dans cette histoire très simple comme une ascèse. Et il est vrai que le parcours qui emmène les personnages au cœur d'un désert, qui figure bien leur propre cœur brûlant et assoiffé, a tout d'une épure : presque rien, si ce n'est l'essentiel. Le pari, donc, était risqué. Il est à moitié réussi. Le cinéaste filme ce voyage intérieur avec passion : son film offre d'abord l'agitation heurtée de ses personnages instables et mal dans leur peau ; puis, peu à peu, il trouve un rythme lent et apaisé, comme celui des caravanes qui traversent l'océan des sables. Pourtant, malgré une interprétation brillante, une maîtrise totale de la mise en scène, une reconstitution minutieuse, Bertolucci se laisse piéger par le désert, et surtout par les moyens mis à sa disposition : son Afrique reste par trop un décor, filmée de façon léchée, hollywoodienne, sans vrai rapport avec les personnages. Comme si deux films étaient superposés, qui n'arrivent pas vraiment à se rejoindre.

## BERTUCELLI Jean-Louis (français, né en 1942)

**PREMIER LONG MÉTRAGE :**
*Remparts d'argile (1969)*
**FILMOGRAPHIE DEPUIS 1985:**
***Aujourd'hui peut-être (1991)***

C'est par la musique, à laquelle il avait consacré ses études, que Jean-Louis Bertucelli est arrivé au cinéma, comme ingénieur du son. Son premier film, *Remparts d'argile*, en 1969, évoquant la vie d'un village du Sud algérien, attire immédiatement l'attention sur lui. Mais la suite de sa carrière, passant de l'adaptation littéraire (*Paulina 1880*) au drame social sur le cancer (*Docteur Françoise Gailland*) puis à la charge satirique sur l'univers des multinationales (*L'Imprécateur*), n'impose ni une ligne directrice ni un ton personnel à une œuvre qui apparaît quelque peu disparate et qui, à partir des années 1980, se fait de plus en plus rare.

### AUJOURD'HUI PEUT-ÊTRE (1991)
**avec Giulietta Masina, Jean Mercure et Véronique Silver**

**Le fils prodigue.** Ils sont venus, ils sont tous là... On dirait une chanson d'Aznavour, avec cette *mamma*, italienne elle aussi, mais qui a fait sa vie en France, et qui reçoit une dernière fois tous les siens dans la vieille maison où tous ont grandi. Ils sont donc tous venus, les frères, les enfants, les oncles, les tantes, les cousins, les neveux, les petits-enfants, et tous les autres. Tous, sauf Raphaël, le fils maudit, le canard boiteux, celui qui a mal tourné et qui, de bêtises en hold-up, a disparu, poursuivi par la police. Voilà plus de quinze ans qu'il n'a pas donné signe de vie, et se sentant vieillir, sa mère, comme un ultime appel, a mis en vente la maison familiale. En faisant passer son annonce dans tous les journaux possibles, pour qu'il la voie et qu'il revienne, aujourd'hui peut-être.
Une journée particulière, donc, marquée d'abord par la joie de se retrouver tous réunis. On arrive, on s'embrasse, on aide les vieux à s'extraire des voitures, on se donne des nouvelles des uns et des autres. Et tandis que les femmes préparent le repas, les hommes dressent les tables, de grands tréteaux, là-bas, sous les arbres du jardin. Les enfants courent, le chien aboie : c'est le bonheur, simple et tranquille, un dimanche à la campagne. Pourtant, à mesure que la journée avance, des ombres s'introduisent dans le tableau : trois fois rien d'abord, des plaisanteries un peu trop appuyées, des chamailleries qui dégénèrent, des jalousies qui fusent et qui dévoilent des fêlures plus profondes. Les secrets de famille, le vin et le soleil aidant, sortent des profondeurs, rebondissent dans les cris et les disputes, tracent les contours des clans et les lignes de fracture du bloc familial. Avec, seule, au milieu, la mère, qui voit et qui comprend tout, et dont personne ne voit ni ne comprend qu'elle ne vit plus que pour une chose : le retour du fils prodigue.
Le film de Jean-Louis Bertucelli s'essaie à capter les choses de la vie : les gestes furtifs, les conversations surprises par hasard, les petits drames, les instants volés. L'entreprise est d'autant plus délicate que ces scènes de la vie de

famille, grande maison et grande tablée sous un grand soleil, ont déjà beaucoup servi. Et le film, surtout dans sa mise en place un peu longue, donne l'impression du déjà vu. Pourtant, à mesure que les personnages se précisent et que les personnalités se découvrent, le charme, peu à peu, opère. D'abord parce que Bertucelli, mine de rien, tisse une toile de sentiments suffisamment fine pour qu'insidieusement, elle enserre le spectateur et le prenne dans les fils qui commandent les personnages. Le convenu de la situation et une certaine complaisance un peu mièvre du scénario s'estompent derrière une caméra complice et discrète, qui trouve la juste distance entre le sourire et l'attendrissement, offrant comme le souvenir de dernières vacances précieusement conservé au fond du cœur. Et ce sentiment est d'autant plus fort que la mère, autour de qui tout s'ordonne, a ici les traits inoubliables, et inoubliés, de Giulietta Masina. C'est elle que l'on retrouve, comme après une longue absence, vieillie depuis qu'on l'a laissée sur *La Strada*, mais avec toujours ses grands yeux étonnés, sa tendresse à fleur de peau, son côté pierrot lunaire et farfelu que les rides n'ont pas effacé. Et c'est pour elle qu'on est venu, spectateurs prodigues qui se seraient longtemps égarés sur d'autres chemins et que, au moment d'une dernière réunion de famille, elle convie a une ultime fête. Et c'est aujourd'hui ou jamais...

## BESSON Luc (français, né en 1959)

**PREMIER LONG MÉTRAGE :**
*Le Dernier combat (1982)*
**FILMOGRAPHIE :**
***Le Grand bleu (1988)*** • *Nikita (1990)* • *Atlantis (1991)* • *Léon (1993)* • *Le Cinquième élément (1997)* • ***Jeanne d'Arc (1999)*** • *Angel-A (2005)*

Un nouveau maître, Luc Besson ? Sans doute pourra-t-on juger que c'est lui faire beaucoup d'honneur que de l'inscrire ainsi, au côté d'auteurs à coup sûr plus denses, parmi ceux qui tracent la voie d'un cinéma nouveau. Et pourtant, la place qu'il a prise dans le cinéma français, comme réalisateur, d'abord, comme scénariste et producteur ensuite, en fait un cas tout à fait original, par son côté entreprenant, qui tranche avec la frilosité souvent de mise dans le cinéma français, tout autant que par les structures de production, de studios, de distribution qu'il a mises en place et qu'il continue d'imaginer. Au demeurant, en tant que réalisateur, s'il n'est sans doute pas le prodige qu'on a pu penser à ses débuts, l'importance qu'il donne à l'image plus qu'au scénario et l'efficacité formelle de sa mise en scène sont la marque d'un savoir-faire très personnel, conforme à une volonté d'introduire, dans un cinéma hexagonal replié sur lui-même et manquant à ses yeux de souffle, à la fois une esthétique visuelle et un système de fonctionnement inspirés de la conception américaine.

### LE GRAND BLEU (1988)
### avec Jean-Marc Barr, Jean Reno et Rosanna Arquette

**Sous la mer comme au ciel.** Le cinéma, c'est le rêve. C'est fait pour vous éblouir, vous attraper à ses lumières artificielles, vous transporter dans un autre monde. Derrière tout cinéaste qui se respecte, il y a un illusionniste qui ne sommeille jamais. Luc Besson, assurément, est un homme de cinéma. D'abord parce qu'il ne s'embarrasse pas d'autre considération que celle-ci, élémentaire : il filme, et aussitôt il impose son regard et son univers. *Le Grand bleu* est un film qui ne ressemble à rien de connu, un objet étrange venu d'ailleurs et non encore identifié, qui se nourrit d'images à la beauté parfois si forte qu'elle éblouit, comme le reflet d'un soleil métallique sur le miroir aveuglant de la mer. De la Grèce à la Sicile, des îles sèches et pierreuses sous la chaleur à l'immensité bleue qui s'étale, pareille au vaste dos d'un animal qu'on sent palpiter aux mouvements de son échine, le cinéaste, dans le cadre grand ouvert de son objectif, entreprend de capturer la mer. Sa caméra, comme un poisson volant, avance au ras des vagues, puis soudain plonge, s'accroche à un dauphin, s'amuse à ses jeux d'eau, fait du surf sur l'écume, avant de plonger à nouveau, dans les profondeurs cette fois, là où le grand bleu céruléen devient le monde noir des abysses et touche au mystère de l'insondable. Virtuosité des plans sous-marins, images jamais vues du monde d'en dessous, ivresse des profondeurs qui gagne les deux héros de l'histoire dans leur lutte acharnée pour descendre toujours plus loin : la magie joue à fond, sur grand écran, plein cadre et plein son, loin des petites lucioles cathodiques et des écrans timbres-poste. Le cinéma, comme un spectacle...

On va dire qu'une telle débauche de splendeurs serait lassante à la longue, que le sujet serait mince et juvénile, et que la manière vaudrait mieux que la matière. Là est l'erreur ! Car Besson, son nom le dit bien, est un cinéaste-jumeau. Il est double : au côté visuel de Beineix répond le côté passionné de Spielberg. Son film parle aussi d'aventure, d'amitié, d'enfance, de passion dévorante et de rêve à assouvir. Ses personnages ont la simplicité des purs mais, dans ces eaux profondes où ils s'enfoncent, ils rejoignent des mythes vieux comme le monde et comme la Méditerranée, cette mer originelle. Il n'y a qu'à plonger avec eux, se laisser porter par le flot, par les mines de Rosanna Arquette, avec sa jolie bouille de dauphin, par la masse de cachalot de Jean Reno, et par le surprenant Jean-Marc Barr, parfaitement ichtyomorphe dans son économie de mots, son allure, sa souplesse et qui porte sur cet autre monde un regard d'enfant ébloui, assuré d'atteindre, sous la mer comme au ciel, à l'inaccessible.

### JEANNE D'ARC (1999)
**avec Milla Jovovich, Dustin Hoffman et John Malkovich**

**Besson, pas Bresson.** Portrait de la Pucelle en tueuse. Comme une sorte de Nikita programmée par voix célestes pour mener à bien sa mission. Et puis, prise dans un procès où la justice corrompue des hommes l'a condamnée par avance, se faisant à elle-même son propre procès, *via* une sorte d'inquisiteur qui pourrait être la voix de sa conscience. Le film de Luc Besson, comme celui de Rivette, est construit en deux parties : les batailles d'abord, la prison ensuite. Mais là s'arrête la ressemblance. Car c'est Besson qui filme, et personne d'autre. Et qui irait chercher, y compris dans la partie introspective, des traces de cette spiritualité aride que sut si bien y mettre Bresson, en serait pour ses frais. La Jeanne de Besson est une Jeanne fin de millénaire, post-moderne, qui mène ses hommes comme un chef de commando, dans une sorte de folie inspirée où elle carbure à la foi comme d'autres aux drogues dures. Et c'est la meilleure partie du film, qui reconstitue un Moyen Âge de bruit et de fureur, qui fait de la guerre une tuerie où les têtes sont décapitées, les bras arrachés, les entrailles dépecées par les oiseaux charognards. Tout cela dans des couleurs grises, des décors sauvages, des lumières de temps barbares. Avec des capitaines de combat lourds du poids de leurs armures, de la trogne édentée de soldatesque, des pieux acérés, des flèches assassines, des boulets de pierre, du sang qui coule, des étendards qui flottent dans le vent. Le grand spectacle, réglé au plus près par un cinéaste portant sa caméra comme un croisé portant sa croix. Et, au milieu de ce monde d'hommes, la force exaltée, hystérique presque, d'une Jeanne-Milla habitée par le rôle, fonçant droit devant sans se poser de questions, superbe et fascinante.

Et puis vient l'introspection. Besson la traite en donnant un corps physique à la voix intérieure (et c'est Dustin Hoffman !), et règle la question spirituelle par une sorte de réponse new-age, qui prêche la paix, renvoie la religion à ses siècles d'intolérance et de guerres saintes, et donne à l'héroïne l'auréole d'une culpabilité avouée, sur une musique qui ne fait pas dans la discrétion. Le film alors se perd dans l'explicatif. Jusqu'au bûcher, où Jeanne flambe pour de bon et où l'émotion, poignante, passe, bouclant la boucle, et traduisant l'ambition réussie d'un cinéaste fidèle à son cinéma, jusqu'à façonner le mythe à son image.

## BEYZAI Bahram (iranien, né en 1938)

**Premier long métrage :**
*L'Averse (1972)*
**Filmographie depuis 1985 :**
***Bashu, le petit étranger (1986 – distribution française 1991)*** • *Peut-être un autre temps (1988)* • *Les Passagers (1990)* • *The Fateful day (1995)* • *Killing mad dogs (2001)*

Peu connu en Occident, où ses films n'ont pratiquement pas été distribués, Bahram Beyzai est, avant l'avènement de Kiarostami, la preuve de la vitalité artistique et culturelle d'un grand pays, dont les soubresauts de l'Histoire n'ont jamais tari la veine créative. Auteur polyvalent, metteur en scène de théâtre, auteur de pièces pour marionnettes, écrivain de fictions narratives, critique de cinéma, enseignant à la Faculté des beaux-arts de Téhéran de 1971 à 1981, il développe aussi à partir des années 1970 une œuvre qui fait partie du courant le plus novateur du cinéma iranien : deux courts métrages et huit longs métrages en témoignent, dont peu ont été montrés en France : *Le Corbeau* sélectionné en 1979 au Festival des Trois Continents de Nantes, *La Ballade de Tara*, présenté à Cannes en 1980, et, seul film distribué en salles, après trois ans de censure dans son pays, *Bashu, le petit étranger* qui, au-delà du film pour la jeunesse qu'il est, jette sur la guerre Irak-Iran un regard dont la densité et l'originalité font le prix.

### BASHU, LE PETIT ÉTRANGER (1986)
#### avec Susan Taslimi, Parviz Purhoseini et Adnan Afravian

**Le chant du monde.** Comment peut-on être cinéaste en Iran aujourd'hui, dans un pays dont le moins qu'on puisse dire est qu'il est sourcilleux sur l'orthodoxie ? Bahram Beyzai apporte ici la réponse. Produit par le très officiel « Institut pour le développement intellectuel des enfants et des jeunes adultes », son film a suffisamment défrisé ses commanditaires pour que les autorités l'interdisent purement et simplement pendant trois ans, avant que la modification des normes de la censure ne lui permette une sortie pour tout public et ne lui assure, dans tout le pays, un véritable triomphe. C'est que Bahram Beyzai est en fait tout le contraire d'un débutant. et *Bashu* est loin d'être son coup d'essai. Le film dénote d'ailleurs une étonnante maîtrise, tant dans son langage cinématographique, souvent surprenant, que dans la façon dont le réalisateur sait décoller de la réalité pour, déjouant tous les pièges d'un discours officiel imposé, susciter le rêve et la réflexion. Le sujet du film prêtait pourtant à tous les bons sentiments et à tous les embrigadements idéologiques. Il raconte comment un jeune garçon, victime des bombardements pendant la guerre Irak-Iran, fuit en se cachant dans un camion qui l'emmène à l'autre bout du pays, au nord, près de la mer Caspienne. Il y découvre un monde tout différent, par ses paysages riches et verdoyants, mais aussi par les coutumes et la langue des habitants. Recueilli par une jeune paysanne, il va apprendre à surmonter cette différence.
On pourrait voir se profiler derrière cette histoire une habile parabole prêchant l'unité nationale. Malgré quelques concessions à la ligne officielle, ce n'est pas tout à fait le cas. Ce que Bahram Beyzai montre, c'est en effet tout autre chose : c'est un chant épique et merveilleux, c'est un hymne à la nature, c'est une plongée dans les zones d'ombre d'une mentalité magique, c'est aussi une véritable mise en scène de la réalité par les couleurs, les ellipses du récit, le mélange des tons. C'est un univers cinématographique d'une totale indépendance, qui surprend et séduit, et qui ne manque pas de susciter bien des questions, et des espoirs, sur ce que peut être le rôle de l'artiste, aujourd'hui, en Iran.

## BHANSALI Sanjay Leela (indien, né en 1963)

**FILMOGRAPHIE :**
*Kamoshi, The Musical (1996)* • *Hum Dil de Chuke Sanam (1999)* • ***Devdas (2002)*** • *Black (2005)*

Avec 800 films produits chaque année, le cinéma indien offre, et de loin, la production cinématographique la plus importante dans le monde. Pour autant, les films, exportés en Asie et au Proche-Orient, sont peu connus en Occident. Longtemps, pour les cinéphiles français, le cinéma indien s'est ainsi confondu avec l'œuvre de Satyajit Ray, alors qu'en fait celle-ci, réalisée à Calcutta, ne représentait que le cinéma en langue bengali, très minoritaire. Car la grande industrie du film indien se trouve en fait à Bombay, dans ce Bollywood des grands studios qui entendent rivaliser, comme leur nom l'indique, avec les studios américains. C'est là que sont tournés en hindi, à un rythme soutenu, les films de genres – mythologiques, romanesques, musicaux – offerts aux quelque 14 millions de spectateurs qui, chaque jour, se pressent dans les salles. Films qui au demeurant obéissent à des codes ancrés dans la tradition, avec notamment la présence récurrente de grands numéros chantés et dansés et, en tête d'affiche, de stars révérées de façon quasi dévotionnelle par le public. Ce cinéma traditionnel cherche aujourd'hui à se faire connaître au-delà de sa sphère habituelle d'influence. En 2002, la sélection de *Lagaan* pour les Oscars du film étranger et de *Devdas* pour le Festival de Cannes en a été l'indice. Ce dernier film, adapté (pour la neuvième fois) du roman indien le plus populaire, et dont le budget a été le plus important jamais mis en jeu à Bollywood, montre de façon particulièrement talentueuse les grands caractères de ce cinéma, développant en un somptueux mélodrame chanté et dansé le mythe des amants éternels, traité par un cinéaste de la nouvelle génération, né à Bombay, formé lui-même à la danse classique indienne, et entendant rendre hommage au grand cinéma de tradition en en montrant de façon exacerbée et idéalisée la féerie et la splendeur.

## DEVDAS (2002)
### avec Aishwarya Rai, Shah Rukh Khan et Madhuri Dixit

**Hindi mélodie.** Devdas est de retour. De loin en loin, dans la maison, la nouvelle se répand, les cris de joie fusent, la mère sanglote de bonheur, le vieux serviteur en rit dans sa bonne bouille de chien fidèle, la grand-mère remercie les dieux et la caméra, participant à la fête, se laisse entraîner au rythme de la musique et des cris de bonheur du haut en bas d'une maison qui ressemble plutôt, avec sa façade à colonnes, son enfilade de pièces immenses, ses marbres et ses ors partout, à quelque palais merveilleux. Et tandis que, le soir venu, la voisine vient apporter un gâteau, on lui annonce la bonne nouvelle et elle, à son tour, se laisse emporter dans le tourbillon de joie, en pensant à sa fille Paro qui a épousé les jeux d'enfant de Devdas et qui attend depuis dix ans son retour. En hâte, elle court porter la nouvelle dans sa maison, laquelle, avec ses colonnades et ses vitraux, ses bassins et ses tentures, est à peine moins éblouissante, et lorsque Paro apprend le retour de celui qu'elle aime depuis toujours, elle montre la lampe qu'elle fait brûler depuis son départ et qui ne s'est jamais éteinte, comme son amour. Alors les filles de la maison, toutes de draperies orange vêtues, se mettent pour rire à souffler sur la lampe, et la musique les emporte, dans un déluge de sons, de costumes et de couleurs, dans une chorégraphie éblouissante, où les gestes et les postures syncopés de la danse indienne glissent dans le mouvement virevoltant d'une caméra qui, de travellings en plans surplombants, semble vouloir rivaliser avec l'âge d'or du *musical* à l'américaine, lorsque Busby Berkeley faisait éclore ses corolles de danseuses comme un kaléidoscope en fleur.

La séquence sur laquelle commence le film de Sanjay Leela Bhansali lui sert comme d'une ouverture, au sens musical du terme. Car l'annonce du retour du héros, ce fils de famille parti étudier à Londres et revenant dans son village pour y retrouver son amour d'enfance, ouvre un récit qui, d'emblée, fonctionne, par cette présence immédiate de la musique, du chant et de la danse, comme une comédie musicale. Ou même, à mesure que l'histoire se développe, comme un véritable opéra tragique. Car les amours de Devdas et de sa belle Paro vont se heurter, comme pour Roméo et Juliette, à des obstacles de famille – et, notamment ici, au système de caste – qui vont transformer leur idylle en un mélodrame digne de *La Traviata* : Devdas va être séparé de Paro, laquelle va être mariée à un homme plus âgé qu'elle, tandis que lui ira chercher l'oubli auprès d'une courtisane, qui va se consumer d'amour pour lui, et qu'il se perdra dans la déchéance et dans l'alcool, pour revenir mourir, comme il le lui avait promis, devant la maison de son amour. Et, à la somptuosité éclatante de la scène d'ouverture correspondra, au bout des quelque trois heures du film, un finale tout aussi somptueux, emportant Paro dans une course folle à travers maison et jardins pour rejoindre le pauvre Devdas qui agonise au dehors, tandis que son époux fait refermer les lourdes portes de la propriété où va venir s'écraser son rêve ultime de le rejoindre.

Tout au long de cet ébouriffant mélo, le tonnerre qui gronde, la pluie qui inonde tout, les larmes qui coulent, forment le pendant tragique des couleurs éclatantes du bonheur, des arbres en fleurs, des costumes chamarrés, des fards rouges, des déluges d'or et de perles. La richesse époustouflante des décors, le côté quasiment merveilleux d'une histoire qui, répétant celle du dieu Krishna, transforme la romance d'amour humaine en véritable mythe d'éternité, et la beauté qui, du visage des femmes à la grâce des danses, idéalise le monde : tout, ici, fait du spectacle une féerie. Auquel le jeu des comédiens, lui-même dramatisé à l'extrême, et les outrances affichées du mélo apportent, en un cinéma virtuose, le charme irrésistible d'un art naïf et rutilant.

# BIETTE Jean-Claude (français, 1942-2003)

**PREMIER LONG MÉTRAGE :**
*Le Théâtre des matières (1977)*
**FILMOGRAPHIE DEPUIS 1985:**
*Le Champignon des Carpathes (1989)* • *Chasse gardée (1992)* •
*Le Complexe de Toulon (1995)* • *Trois ponts sur la rivière (1998)* •
***Saltimbank (2003)***

Passionné de cinéma mais aussi de musique, marqué tout enfant par les films de Disney, assistant de Pasolini, comédien chez Rohmer et chez Straub-Huillet, ami et proche de Serge Daney, pratiquant le cinéma tout en réfléchissant sur lui dans des essais théoriques, Jean-Claude Biette, dont la vie s'est confondue avec sa cinéphilie, n'a tourné que sept films. Des films difficilement financés, à l'écart des modes et des chapelles, naviguant entre l'art et l'essai avec une liberté et une subtilité qui les rend inclassables, et dans lesquels, jouant des genres et faisant sauter les frontières entre les arts, il traduit, toujours imprévisible, les ruptures mêmes qui font la modernité.

### SALTIMBANK (2003)
#### avec Jeanne Balibar, Jean-Christophe Bouvet, Jean-Marc Barr et Micheline Presle

**L'art et la manière.** Chez les deux frères Salim, le plus jeune a repris la gestion de la banque familiale, tandis que l'aîné a préféré renoncer au poste directorial pour s'occuper d'un théâtre qu'il finance. Mais le théâtre coûte cher, et des économies s'imposent. Du coup, tous ceux qui gravitent autour de la scène, où ils sont en train de répéter *Oncle Vania, Esther, Marie Stuart*, se retrouvent touchés par la nouvelle situation. Laquelle ne tarde pas à révéler la vérité profonde des uns et des autres. Et en même temps la vérité profonde des intentions de Jean-Claude Biette, qui sont de tisser entre la vie et le théâtre des liens organiques, d'observer une petite communauté à travers les sentiments individuels et les rapports humains, de mettre les personnages dans une position d'instabilité et d'accompagner leurs incertitudes et leurs solitudes. Car, dans cette farandole de personnages incertains, en rupture de vie, d'amours et de trafics divers, et qui n'ont de cesse de courir après des rêves jamais atteints, chacun est seul, et il n'y a guère d'espoir. Et dans le trio infernal mis en scène – l'art (en l'occurrence ici le théâtre), l'argent (qu'il nécessite) et le désir (qu'il traduit et qu'il alimente) –, le premier se heurte constamment au deuxième, qui pervertit et déçoit le troisième... L'éclatement du récit, une propension intellectuelle un peu trop complaisamment affichée, une interprétation (et notamment celle de Jeanne Balibar) qui vire parfois à l'auto-citation, et un côté apprêté qui frise le pédant font que le film ne tient pas toutes ses prémisses, et que l'ennui, au détour, guette. Il dit pourtant, avec panache et élégance, que, dans un monde dominé par l'argent, la mélancolie de Tchékhov et la grandeur tragique de Racine ont encore à faire entendre leur voix. Et que le cinéma, art de saltimbanque, peut la faire entendre. Même si, comme pour Jean-Claude Biette, l'art et l'argent n'ont jamais fait bon ménage. Reste la manière...

---

## BIGELOW Kathryn (américaine, née en 1951)

**PREMIER LONG MÉTRAGE :**
*The Loveless (1981)*
**FILMOGRAPHIE DEPUIS 1985 :**
*Aux frontières de l'aube (1987)* • *Blue steel (1989)* • ***Point Break – Extrême limite (1991)*** • *Strange days (1995)* • *Le Poids de l'eau (2000)* • *K 19, le piège des profondeurs (2002)*

La puissance visuelle que dégagent les films de Kathryn Bigelow tire sans doute son origine dans les études d'art qu'elle a d'abord menées et dans son activité de peintre au sein du groupe Art and Language qu'elle rejoint en Angleterre. C'est au sein de ce collectif qu'elle découvre le cinéma et que, partant suivre les cours de Milos Forman à l'université de Columbia, elle réalise son premier court métrage, suivi, en 1981, d'un long, *The Loveless*, hommage aux films de motards des années 1950. Développant alors son goût pour les recherches visuelles et les décors raffinés, elle passe du film de vampire avec *Aux frontières de l'aube*, au thriller psychologique avec *Blue steel*, au film d'action avec *Point Break*, à la science-fiction avec *Strange days*, au thriller historique avec *Le Poids de l'eau*, ou à ce classique du film de guerre que constituent les aventures d'un sous-marin avec *K19, le piège des profondeurs*, faisant toujours preuve dans sa façon de traiter le cinéma d'action, réputé plutôt viril, d'une efficacité et d'une virtuosité qui ne le cèdent en rien à celles des meilleurs spécialistes masculins

### POINT BREAK – EXTRÊME LIMITE (1991)
#### avec Patrick Swayze et Keanu Reeves

**Surf mystique.** Il y a deux films, dans le film de Kathryn Bigelow (Madame James Cameron à la ville), auxquels il faut faire attention, du fait que l'un peut en cacher un autre. Le premier est un polar virtuose qui met en scène un gang de postiches qui ne manquent pas d'humour, puisqu'ils opèrent leurs braquages sous le masque d'ex-prési-

dents des États-Unis. Reagan, Nixon, Carter et Johnson se montrent donc d'une habileté et d'une précision extrêmes pour dévaliser les banques en 90 secondes chrono et pour disparaître sans laisser de traces. Le FBI de Los Angeles est sur les dents, mais, il a beau faire, il ne trouve rien. Question de génération sans doute, car lorsque le jeune agent Johnny Utah entre en fonction, au moment même où les braqueurs signent leur vingt-septième hold-up, lui décide, malgré son inexpérience, de fouiller du côté du milieu des surfers, qu'il pense susceptibles de répondre aux maigres indices dont il dispose : des grains de sable et des traces de cire. Et le meilleur moyen d'infiltrer l'équipe étant de draguer une des filles, le beau Keanu Reaves ne se prive pas de faire ce qu'il faut auprès de la mignonne Lori Petty pour arriver à ses fins.
Jusque-là, on est donc dans le film policier classique, dans lequel la réalisatrice, jouant le jeu de la sécheresse brute, fait preuve d'un goût et d'un talent évidents pour filmer la violence de l'action. Mais c'est là que l'histoire change quelque peu de sens, et qu'un nouveau film vient se profiler sous le précédent. Car, dans ce petit monde des surfeurs californiens où il se fait admettre, le jeune flic tombe vite sous l'emprise du chef de la bande, le charismatique Bodhi, beau et blond comme un jeune dieu et comme Patrick Swayze, lequel pratique le surf comme un exercice mystique, dans la recherche de cette extase suprême que constitue le « point break », la limite extrême. À la peinture bigarrée qu'elle offre de cet univers trouble, qui navigue entre le sport, l'écologie, la drogue, l'hédonisme et le néo-nazisme, la réalisatrice, de plus en plus efficace dans sa façon de filmer l'action, ajoute le frisson du grand spectacle, entraînant son personnage, et le spectateur avec lui, dans des cascades aériennes et marines qui offrent leur décharge d'adrénaline assurée. Mais, se laissant porter par la vague, elle tisse aussi entre ses deux personnages un lien de maître à élève qui, mêlant l'enseignement de l'un et l'enquête de l'autre, se révèle aussi comme un jeu du chat et de la souris. Colorant ainsi l'hymne vibrant à la mystique du surf d'une pointe plus perverse de double jeu qui lui évite de tomber dans le sirupeux du new-age.

## BILAL Enki (français, né en Yougoslavie en 1951)

**FILMOGRAPHIE :**
***Bunker Palace Hôtel (1989)*** • *Tykho Moon (1996)* • *Immortel – Ad vitam (2004)*

Lorsque Enki Bilal aborde le cinéma, il a près de vingt années de bandes dessinées derrière lui, mais aussi d'œuvres graphiques, de lithographies, de photos repeintes, de jaquettes de livres et également – c'est son premier contact avec le cinéma – d'affiches de films. Ayant réalisé pour Alain Resnais l'affiche de *Mon oncle d'Amérique*, il se voit sollicité par celui-ci en 1982 pour concevoir une partie des décors et des costumes de *La vie est un roman*. Puis en 1984 il dessine la créature de *La Forteresse noire*, de Michael Mann, ainsi que des éléments de story-board pour *Le Nom de la rose* de Jean-Jacques Annaud. L'envie lui vient, au contact de ces cinéastes, de passer du dessin au cinéma. Il y transfère son univers graphique à travers le traitement de la lumière, des couleurs, des décors, mais aussi un imaginaire à la fois fantastique, politique et philosophique, qui trouve à s'exprimer dans des films où la relative sobriété de *Bunker Palace Hôtel* s'ouvre progressivement, notamment dans *Immortel*, à l'univers des effets spéciaux.

### BUNKER PALACE HÔTEL (1989)
### avec Jean-Louis Trintignant, Carole Bouquet et Maria Schneider

**L'effondrement.** Dehors, on entend les armes qui crépitent. Sous la pluie qui plâtre tout de sa poussière, la ville étale ses bâtiments sans âme, ses rues vides, ses architectures de béton et de métal, sa grisaille sale de cité déglinguée. La guerre est là, qui ronge tout. Dans les profondeurs, loin sous terre, les dignitaires du régime se sont mis à l'abri des convulsions extérieures, et ils attendent le Président qui décidera de la contre-attaque. Mais celui-ci n'arrive pas. En l'attendant, chacun goûte les loisirs qu'offre l'hôtel de luxe qui leur sert de refuge, et où le service est assuré par des androïdes stylés. Mais l'attente se prolonge, et, imperceptiblement, l'abri se referme sur ses occupants. Des signes de plus en plus inquiétants apparaissent : les robinets crachent un liquide noir et indélébile, les murs se lézardent, les androïdes se dérèglent, une puanteur envahit tout, le froid devient glacial, figeant l'eau de la piscine, et, soudain, dans un bruit infernal, une énorme taupe mécanique perce les murs, faisant s'effondrer la chape de béton.

Dans ce huis clos de plus en plus confiné, où la mort guette, le palace se transforme en bunker macabre, où passent des relents d'écroulement d'un monde. Les personnages, figés comme des masques grotesques, errent dans un décor froid, sous un éclairage sépulcral. Parmi eux, crâne rasé, démarche raide, débit mécanique et sourire inquiétant aux lèvres, Holm, le marchand d'armes, perce le jeu de Klara, la rebelle à la crinière fauve, qui s'est infiltrée pour espionner et assister à l'écroulement du régime. Mais, alors que tout s'effondre autour d'eux et que la mort élimine un à un tous les occupants du lieu, Klara, seule, regagne l'air libre, pour y trouver enfin le Président, qui, toujours maître de tout, est prêt à assumer le pouvoir d'un nouveau régime.
Le cauchemar continue, et les marchands d'armes sont partout. Car, dans le monde étrange et fascinant de Bilal, la dictature ne rend jamais les armes. Elle fait le fond de cette histoire crépusculaire, transformant les hommes en automates, les livrant à la violence et les menant inexorablement à leur perte. Et dans ce bunker chargé des sinistres fantômes de l'Histoire, où des teintes monochromes et un rythme à la lenteur lancinante distillent un malaise de plus en plus insupportable, la parabole politique sur le pouvoir débouche sur autre chose, de plus angoissant encore, qui pourrait bien être comme une vision de la condition humaine.

## BIRD Antonia (anglaise, née en 1959)

**Filmographie :**
*Prêtre (1994)* • *Mad love (1995)* • ***Face (1997)*** • *Vorace (1998)*

D'abord comédienne, Antonia Bird s'est tournée très vite vers la mise en scène. Au théâtre d'abord, où elle monte des pièces d'auteurs contemporains et où elle devient metteur en scène pensionnaire du Royal Theatre Court à Londres ; à la télévision ensuite, où elle réalise de multiples séries et qui constitue son activité principale ; au cinéma enfin, où elle aborde des genres divers : le drame, avec l'histoire d'un jeune prêtre catholique homosexuel, dans *Prêtre* ; le road-movie, avec *Mad love*, qu'elle tourne aux États-Unis ; le polar, avec le hold-up sur fond de peinture sociale et politique de *Face*, qu'interprète l'acteur de prédilection qu'elle partage avec Ken Loach, Robert Carlyle ; le thriller d'angoisse, avec les hantises de soldats terrorisés par un cannibale, dans *Vorace*, tourné à nouveau aux États-Unis et qu'interprète encore Robert Carlyle.

### FACE (1997)
### avec Robert Carlyle, Ray Winstone et Phil Davis

**Les criminels.** Le polar est certes une vieille spécialité des réalisateurs britanniques, mais il y a quelques décennies qu'il semblait s'être assoupi du côté de la Tamise. Voilà tout à coup qu'il se réveille, et avec quelle vigueur, dans ce *Face* qu'Antonia Bird signe dans la double lignée du Joseph Losey des *Criminels* et du Ken Loach de *Riff-Raff*. Il y a, en effet, deux composantes indissociables dans cette affaire qui voit une équipe de braqueurs réalisant ce qu'ils pensent être le coup de leur vie, et qui va vite se révéler comme le pire des coups tordus. D'un côté, le scénario suit la trame classique du braquage catastrophe qui, au lieu de propulser ses protagonistes vers la réussite, les entraîne vers l'échec et la mort. Et le thème qui sert de ressort à l'intrigue – la trahison d'un des membres de l'équipe qui, une fois le butin récolté, cherche à doubler ses acolytes pour se le garder pour lui tout seul – entraîne le mécanisme inéluctable de la vengeance et de l'autodestruction du groupe. Encore que, avec la pointe de distance qu'elle prend avec les lois du genre et avec les conventions morales, la réalisatrice ménage aux rouages de ladite mécanique quelques accrocs inattendus et même, pour finir, carrément hors norme. Mais là n'est pas, finalement, le plus important ni le plus intéressant, même si le rythme, constamment soutenu, et la nervosité de la réalisation en remontreraient à bien des films qui font références en la matière.
La véritable originalité du film, elle est en fait dans l'autre composante, qu'on pourrait dire sociale, voire philosophique, de l'affaire. Les cinq braqueurs de la fine équipe sont vite identifiés, chacun trimbalant avec lui quelques tonnes de problèmes intimes. Parmi eux, Ray, qui mène le groupe, apparaît comme le plus complexe et, partant, le plus révélateur. Ancien militant communiste, porté dans sa jeunesse par des idéaux de justice et d'égalité, il a vu, comme toute une société avec lui, les idéologies faire faillite, les grandes espérances se casser le nez, et advenir le temps de la pensée unique, représentée par le règne désormais sans partage de l'argent. Et, comme il ne peut réaliser son idéal, lui est donc venue la tentation de se rabattre sur la façon la plus directe de faire la nique à la

société : partager avec elle le morceau, en lui soutirant à la base une part de ses bénéfices. Autrement dit le vol comme moyen de s'approprier ce qui, au fond, vous est dû. Il y a du relent libertaire dans cette attitude, encore que chez le héros, plutôt ramolli dans ses idéaux, le désir d'aller prendre directement l'argent là où il se trouve, sans passer par l'économie capitaliste du travail et du salaire, tienne davantage de la théorie de la ligne droite : à savoir emprunter le plus court chemin d'un point à un autre. Toujours est-il que Ray et ses compagnons de galère, tout criminels qu'ils sont, le sont parce que la société elle-même les amène à l'être. Et c'est là que la forme tranchante du polar à la Losey se double d'un regard social impitoyable à la Ken Loach. Impression que renforce l'omniprésence, dans le rôle central, de Robert Carlyle, acteur fétiche des films de Loach, qui porte avec lui tout le mal-être d'une société anglaise travaillée en profondeur par le régime sec auquel l'a soumise une politique de conservatisme libéral avancé. Ce n'est pas pour rien que, tout au long du film, le décor ménage des plans sur la misère ambiante et sur les lames de fond sociales. Du coup, le film donne de ces criminels une vision à la fois critique mais aussi compréhensive, comme si le vrai criminel n'était pas uniquement celui qu'on pense, comme s'il faisait partie de l'ordre social lui-même, et comme si le vrai maître, celui par qui tout arrive, n'était autre que ce dieu de papier qui, s'échappant d'un sac où on l'a entassé, se répand en coupures froissées dans le caniveau. L'argent-roi, l'argent-dieu, dont le film d'Antonia Bird dénonce, sur fond de money jungle, l'impitoyable et dérisoire puissance.

## BISHOP Larry (américain, né en 1947)

**FILMOGRAPHIE :**
***Mad dogs (1997)***

Ayant passé sa jeunesse à Beverly Hills, où il obtient un diplôme en philosophie, Larry Bishop commence, avec ses amis de collège Richard Dreyfuss et Rob Reiner, par jouer dans des troupes d'improvisation, avant de devenir comédien professionnel et de faire ses débuts devant la caméra en 1968 dans *Les Troupes de la colère*, de Barry Shear. Il tourne à partir de là dans une vingtaine de films, où il tient généralement des seconds rôles, ainsi que dans de nombreuses séries à la télévision, avant de réaliser lui-même son premier film, *Mad dogs*, qui lui est inspiré par les films de gangsters des années 1950 et par le milieu haut en couleur qui était celui du fameux Rat Pack que formaient son père, le comédien Joey Bishop, et ses amis Frank Sinatra, Dean Martin, Peter Lawford et Sammy Davis Jr.

### MAD DOGS (1997)
### avec Jeff Goldblum, Richard Dreyfuss, Ellen Barkin et Gabrile Byrne

**Folie noire.** Vie est de retour. Et le tout est de savoir s'il retrouvera son empire tel qu'il l'avait laissé avant d'aller se faire soigner sa mélancolie schizophrène dans un asile d'aliénés. L'enjeu est d'ailleurs indiqué dès le générique, qui montre le silence éternel des espaces infinis, où scintillent des étoiles lointaines, tandis qu'une voix off indique que Vie s'était créé un monde, aux confins de l'univers, ayant ses propres lois et répondant à ses propres codes. Ce monde, le film de Larry Bishop le remet en place, comme s'il n'avait jamais cessé d'être : c'est celui du polar, tel que les grands films noirs des années 1940-1960 l'ont mythifié dans l'imaginaire américain. Et tel qu'on le retrouve dès la première image. Tout semble donc inchangé : les « hommes » sont là, sanglés dans leurs costards impeccables, avec dans leur ombre les porte-flingue chargés des basses besognes. Il y a des feutres sur les chevelures calamistrées, des blondes fatales roulées dans de longs fourreaux, des night-clubs où la voix sirupeuse de Dean Martin continue à faire vibrer les corps qui se cherchent, des sous-sols un peu glauques d'où l'on ne remonte pas, et des nuits qui n'en finissent pas de distiller du noir partout. Il y a tout cela, et plus encore, du fait même que Larry Bishop, dans son entreprise d'exhumation et d'hommage, stylise à l'extrême ce qui était déjà stylisation. Décors, costumes, lumières, rôles, dialogues, jeu des comédiens : tout répond aux règles du genre, mais de façon quasi intellectualisée, comme une réplique maniériste à la forme originelle. Avec une nouveauté. Dans cet univers bien balisé, un ver s'est introduit, qui a pourri le fruit de l'intérieur : la folie. Un simple grain de sable, mais qui emballe la belle mécanique et qui, au sens propre, l'affole. Vie, pris d'une sorte de spleen existentiel, est devenu fou. Et pendant son absence, la folie du pouvoir s'est emparée de ses lieutenants, chacun désormais pensant qu'il peut récupérer pour son propre compte l'empire du seigneur et maître. Et notamment, Ben, le bras droit, chargé de faire marcher les affaires pendant l'éloignement du patron, ou encore Mick, chargé lui de surveiller la sublime Grace, l'amie de Vie, et qui a pris un peu trop son rôle au sérieux.

Vie est donc de retour. Et l'heure des règlements de comptes va forcément sonner. Le film de Larry Bishop tient dès lors le registre des cadavres : les uns après les autres, tous en effet y passent, parce que telle est la loi du genre, mais surtout parce que telle est la philosophie qui se dégage de cette curieuse entreprise de faire revivre des morts. Le film s'inscrit en effet d'emblée dans la distance prise avec son modèle : film noir, mais qui ne peut que constater que le film noir ne peut décidément plus être ce qu'il a été. Parce que le monde a changé, qu'il est devenu fou, et parce que tout ça, c'est pour toujours du cinéma. *Mad dogs* porte donc bien son titre : ses personnages sont autant de chiens fous dans un jeu de quilles où, pour finir, peu resteront debout. Mais, pour en arriver à ce dénouement qui doit moins au hasard qu'à la nécessité, tout au moins Larry Bishop aura-t-il réussi à faire un film qui soit non pas une parodie de film noir, mais comme une image, une copie dupliquée, un film de films. Pas étonnant dès lors que cela donne une froideur totale, car l'émotion elle-même est jouée, et le réalisateur ne cherche pas à faire croire à ce qu'il montre. Mais pas étonnant non plus qu'il y ait, de façon constante, comme une jubilation à retrouver une forme où chaque comédien se glisse avec une évidente délectation, et jusqu'à Larry Bishop lui-même, qui se donne le rôle du tireur le plus rapide de tous. Mais qui, parce que là encore c'est la loi du genre, n'en réchappera pas. Comme n'en a pas réchappé celui à qui, par une ironie du sort, le générique de fin adresse ses vifs remerciements : Gianni Versace, exécuté depuis de deux balles dans la tête sur les marches de sa villa de Miami Beach. Comme dans les films noirs d'hier, à moins que ce ne soit, dans un monde devenu fou, comme dans ceux d'aujourd'hui...

## BLANC Michel (français, né en 1953)

**PREMIER LONG MÉTRAGE :**
*Marche à l'ombre (1984)*
**FILMOGRAPHIE DEPUIS 1985:**
*Grosse fatigue (1993)* • ***Mauvaise passe (1999)*** • *Embrassez qui vous voudrez (2002)*

L'itinéraire de Michel Blanc ne manque pas d'originalité : de ses débuts de comédien avec la troupe du Splendid, dans laquelle, avec son physique de gringalet, sa calvitie précoce et sa mine de chien battu, il incarne à la perfection le bronzé à la peau désespérément blanche et le copain collant et sans gêne, il passe, dans les rôles qu'on lui confie progressivement, à des personnages autrement plus complexes, dont *Monsieur Hire*, en 1999, donne la mesure. Et lorsqu'il passe lui-même à la réalisation, l'énorme succès populaire de son premier film, *Marche à l'ombre*, qui reste fidèle au personnage comique qu'il incarne habituellement, l'amène à prendre son temps avant de tourner à nouveau. La façon dont il traite la matière comique dans son film suivant, *Grosse fatigue*, fait sentir, tant dans la tonalité des dialogues que dans les replis narratifs autour de la figure du sosie, une sorte de malaise qui ressortit à un tout autre registre. Et cette dualité se traduit plus encore dans *Mauvais passe*, où elle témoigne d'une forme d'anxiété latente, qui peut tirer vers le drame.

### MAUVAISE PASSE (1999)
### avec Daniel Auteuil, Stuart Townsend et Liza Walker

**Deuxième vie.** Un soir de demi-brume, à Londres, Pierre rencontre son destin. Rencontre insolite : Pierre, la quarantaine fatiguée, a tout quitté – son métier de prof parisien, sa femme, son fils, sa vie bien réglée –, parce qu'il a le sentiment de se perdre dans la routine et l'anéantissement de soi. Il se retrouve seul dans une ville qui lui est étrangère, brûlant sa carte de crédit pour larguer définitivement les amarres. Et c'est là qu'il rencontre Tom, beau mec, plus jeune que lui, qui l'entraîne dans sa vie à lui, dont Pierre se rend vite compte que c'est celle d'un gigolo qui se fait payer pour donner du plaisir aux femmes. Et lorsque Tom lui propose de faire de même, Pierre, surpris puis flatté et curieux, se laisse convaincre. Et il devient à son tour escort boy, avec un zèle qui va vite le mener bien au-delà de tout ce qu'il avait jamais imaginé.

Sur une situation qui pourrait de prime abord paraître improbable, Michel Blanc, serrant son personnage au plus près par une caméra fluide qui ne le quitte pas, l'entraîne, et le spectateur avec lui, dans une sorte de spirale infernale, qui ne va pas toutefois sans quelque surprise ni problème. C'est que le réalisateur, jusque-là dévoué avec le talent qu'on lui connaît à la comédie, s'efforce ici de passer, à l'intérieur même de son film, de son registre favori au sérieux d'une descente aux enfers qui est aussi un itinéraire de libération. Daniel Auteuil, changeant de vie, de peau, de langue (et parlant l'anglais d'abord maladroitement puis avec de plus en plus d'assurance) donne chair à cette crise existentielle d'un personnage dont l'attitude et les réactions ne sont pas exemptes de quelque naïveté ridicule et dont les exploits d'amant tarifé ne manquent pas de fantaisie comique. Puis, à sa suite, le film passe derrière la surface apparente des choses pour toucher à la réalité secrète et intime d'un être à la recherche de lui-même, dans une atmosphère qui se fait à la fois plus tendue et poisseuse. Michel Blanc, ici, semble se laisser prendre par son sujet et, perdant avec lui la distance du sourire, se trouve moins à l'aise, jusqu'à passer même à côté de ce que son histoire semblait pourtant recéler, comme cette tentation homosexuelle que traduit la rencontre de Pierre avec Tom et qui est sans doute la clef de son malaise existentiel. Le film alors, comme son héros soumis à un rythme sexuel qui l'épuise, accuse un peu de grosse fatigue...

## BLIER Bertrand (français, né en 1939)

**PREMIER LONG MÉTRAGE :**
*Hitler, connais pas (1963)*
**FILMOGRAPHIE DEPUIS 1985 :**
***Tenue de soirée (1986)*** • *Trop belle pour toi (1989)* • *Merci la vie (1991)* •
***Un, deux, trois, soleil (1993)*** • *Mon homme (1995)* • *Les Acteurs (2000)* •
*Les Côtelettes (2003)* • *Combien tu m'aimes ? (2005)*

Fils d'acteur, nourri dans le sérail du cinéma français de la grande tradition, écrivain aimant à jouer avec les mots, Bertrand Blier se fit un prénom en 1974 avec *Les Valseuses*, où la crudité du ton et des manières allait de pair avec une liberté de facture et d'esprit qui n'était pas seulement dans l'air d'un temps post-68, mais qui plus profondément allait se révéler la marque d'un cinéaste foncièrement anti-conformiste. La suite de l'œuvre a révélé en effet chez le réalisateur à la fois un ton, qui mêle curieusement grossièreté et pudeur, truculence et sensibilité, une vision, où une misanthropie volontiers misogyne se pare d'une radicalité de tendance anarchiste, et un goût marqué pour les exercices de style et les recherches narratives qui ont fait de lui un créateur controversé, nourrissant tout à la fois l'adhésion et le scandale. Une certaine désaffection du public et un désamour accentué avec la critique font toutefois que celui qui a longtemps été considéré comme un des réalisateurs phares du cinéma français a quelque peu perdu, avec ses films les plus récents, la position centrale qu'il occupait.

### TENUE DE SOIRÉE (1986)
#### avec Gérard Depardieu, Michel Blanc et Miou-Miou

**Cul et chemise.** Ah ! Le film hénaurme ! Et qui, sur un sujet qui aurait tendance à devenir la tarte à la crème d'une société libérale avancée, pour qui tous les homos sont gais, parvient constamment à surprendre, en appelant tout bonnement un chat un chat, et une chatte une chatte. La première vertu de *Tenue de soirée*, c'est bien son langage : résolument dru, joyeusement iconoclaste, et qui pousse la grossièreté à un point d'absolu tel qu'elle en devient magie des mots, partition musicale, poésie pure. Un vrai régal pour tous ceux qui ont la passion des mots entre les oreilles. D'autant que le scénario n'a pas, lui non plus, froid aux yeux. S'il s'agit bien du trio classique – la femme, le mari, l'amant – la différence est qu'ici, si le mari est bien amoureux de sa femme, l'amant est lui amoureux du mari. Et comme ledit époux est un gringalet à la calvitie précoce et au regard de chien battu, le sentiment que lui porte soudain le beau mâle à la carrure de déménageur qui le prend dans ses bras, sous le regard dépassé de la femme qui a du mal à comprendre, introduit une histoire d'amour parfaitement saugrenue et qui, pourtant, sonne juste.
C'est que, derrière le cocasse de la situation, et les rires qu'elle déchaîne, perce bien vite quelque chose de plus profond, entre la tendresse et le désespoir. En abolissant les points de repère, en reculant les limites du pas permis, Bertrand Blier explore à sa manière les zones d'ombre d'une moderne carte du Tendre. Mettant à nu tout ce qu'il y a de trouble, d'incertain, d'inavoué au fond des cœurs, il débrouille de façon lumineuse la confusion des sentiments. Son trio infernal d'interprètes y est pour beaucoup : Miou-Miou, en épouse délaissée et consentante, capable, d'un rien, de faire basculer du rire aux larmes. Depardieu, plus massif et souverain que jamais, aussi à

l'aise en mini-slip léopard qu'en manteau de fourrure, fort et tendre, lourd et gracieux : irrésistible. Et quant à Michel Blanc, aussi peu bronzé que possible, avec ses épaules de demoiselle, sa mine triste et ahurie, ses réserves farouches et ses abandons tendres, il donne à son personnage ce qui est bien le ton d'un film qu'on aurait tort de prendre pour ce qu'il n'est pas : la pudeur.

## UN, DEUX, TROIS, SOLEIL (1993)
### avec Marcello Mastroianni, Anouk Grinberg et Olivier Martinez

**Banlieue chaude.** Il y a la banlieue. Des Arabes, des Antillais, des Sénégalais, des Maliens, des Comoriens, des Turcs, des pieds-noirs, des basanés divers, et même, épave d'une autre immigration, un vieil Italien alcoolique qui a définitivement jeté l'ancre au zinc de Balto, son Assommoir à lui. Il y a les barres des HLM, les montées A, B, C, les coursives crasseuses, et les numéros sur les portes comme sur des cages à lapins. Il y a la poussière du terrain vague, l'herbe rare du talus, les carcasses brûlées des voitures au fond des cours bétonnées. Il y a les gosses qui piaillent, l'institutrice qui se fait violer entre deux dictées par ses élèves, le flic que sa gâchette démange et qui hésite à s'aventurer sur ce terrain miné. Il y a le soleil qui tape dur, sur la ville, sur le port, sur les quartiers périphériques construits à même la roche des collines. Il y a le Marseille de l'immigration, avec cette musique orientale qui flotte dans l'air comme si c'était Alger la blanche. Et puis il y a Victorine. Une de ces fleurs de banlieue éclose du hasard des crises de folie de sa mère et des dérives éthyliques de son père. Une de ces filles de rien du tout, maigre comme une oiselle, qui ouvre les yeux au monde, et qui ne peut que se dire : « Un jour, je serai loubarde. » Et il y a ses seins qui lui poussent et qui font frémir les garçons, et qui lui annoncent que l'heure est venue de donner sa fleur à l'effeuillage. Et il y a Petit Paul comme une providence, son œil noir, sa façon de lui parler d'amour avec délicatesse, de lui donner du bonheur, et de mourir bêtement, pour un magnétoscope de cambriole, touché dans le dos par le gros calibre d'un beauf raciste qui n'en a rien à cirer du seuil de pauvreté et de la misère des autres.
Il y a comme ça, dans le film de Bertrand Blier, de ces choses banales qui font quatre lignes à peine dans les faits-divers, ou la une lorsque l'été revient et que les banlieues s'enflamment. Un film de la folie ordinaire, du mal du siècle, et des symptômes d'une société déboussolée qui ne sait plus par quel bout prendre ses problèmes. Blier, lui, les empoigne à bras-le-corps, les brasse dans sa vision à la fois réaliste et totalement imaginaire, et en fait un film avec son langage à lui. C'est-à-dire une histoire où le temps s'abolit, où les morts sont présents quand on pense à eux, où l'imagination engendre des images, où ceux qui vivent se voient vivre ce qu'ils vivent et le disent à ceux qui les regardent vivre : nous, spectateurs, pris dans cette histoire qui est aussi notre histoire. Comme il avait parlé de façon cruelle et déchirante des grandes épreuves du siècle – de la barbarie nazie au sida – dans ce film mémoire et lourd de prémonition qu'était *Merci la vie*, Bertrand Blier dit aujourd'hui le mal social, le racisme, la misère. Mais il le dit avec tendresse, et même avec espoir. Son film donne à la douceur le pas sur la violence. Un peu comme dans un rêve, celui d'une mer toujours bleue, d'une Méditerranée originelle berçant tous ses enfants réunis dans la chaleur de ses eaux maternelles ; un peu comme dans un jeu d'enfant, quand on veut arrêter le sale temps et faire surgir le soleil en comptant jusqu'à trois.
Anouk Grinberg, avec sa voix de gamine, ses airs effarouchés et pathétiques, son corps gracile, sa bouille à transformation, et ce talent qu'elle a de se mouler au monde de Blier, porte le film, à la fois fragile et forte, fille et mère, gosse et femme, larmes et sourires, ombre et soleil. Avec autour d'elle des acteurs eux aussi transcendés par l'univers du réalisateur : Myriam Boyer, en mère exaspérante, Mastroianni père indigne, Marielle bon comme le pain qu'il donne, et Claude Brasseur ravagé par la connerie avant de l'être par le cancer… Et tous ces gosses, ces Arabes, ces Antillais, ces Sénégalais, ces Maliens, ces Comoriens, ces Turcs, ces pieds-noirs, ces basanés divers, et cet Italien imbibé de pastis. Toute cette banlieue chaude qui, chez Blier, fait chaud au cœur.

## BLUTH Don et GOLDMAN Gary
(américains nés respectivement en 1937 et 1944)

**Premier long métrage :**
*Brisby et le Secret de Nimh (1982)*
**Filmographie depuis 1985 :**
*Fievel et le Nouveau Monde (1986)* • *Le Petit Dinosaure et la vallée des merveilles (1988)* • *Charlie (1989)* • *Rockorico (1991)* • *Poucelina (1993)* • *A troll in Central Park (1993)* • *Anastasia (1997)* • ***Titan A.E. (2000)***

La carrière de Don Bluth et de son collègue Gary Goldman est, à elle seule, révélatrice des méandres multiples et des évolutions de l'animation américaine. Animateur parmi les plus inventifs et un des principaux artisans du renouveau de l'animation classique, Don Bluth commence comme intervalliste chez Disney. Après un passage aux studios de télévision Filmation de Los Angeles, il revient chez Disney comme animateur, puis y passe successivement animateur-réalisateur, directeur de l'animation, et enfin producteur-réalisateur. Il y reste jusqu'en 1979, travaillant en compagnie de Gary Oldman et de John Pomeroy, deux autres animateurs Disney. En 1979, les trois amis quittent Disney pour créer leur propre société, dont le premier film, *Brisby et le Secret de Nimh*, sort en 1982. Contactés par Spielberg, ils réalisent pour lui *Fievel et le Nouveau Monde*, puis Bluth et Goldman transfèrent leur studio en Irlande, où ils réalisent *Le Petit Dinosaure et la vallée des merveilles*, que suivent quatre autres longs métrages. En 1996, désireuse de s'engager dans le domaine de l'animation, la Fox crée ses propres studios et fait appel à Bluth et Goldman, qui rejoignent donc le nouveau Studio d'animation de la Fox, installé à Phoenix, en tant que directeurs de création. C'est là qu'ils réalisent d'abord *Anastasia*, selon les techniques d'animation classiques en 2 D, puis *Titan A.E.*, où, mêlant 2 D et 3 D, ils font appel aux nouvelles technologies et à l'infographie, 80 % du film se composant d'images de synthèse.

### TITAN A.E. (2000)

**Star Truc.** 3028 : fin de l'odyssée de la Terre. Les terribles Drej, venus du plus lointain espace, font voler la planète en éclats, condamnant les rares survivants qui ont échappé à l'apocalypse à devenir leurs esclaves. C'est dire que le film de Don Bluth et Gary Oldman commence carrément par la fin du monde. Ce qui induit logiquement, comme il dure 1 h 26, que quelque 80 minutes plus tard, il se termine par le commencement. L'idée du scénario ne manque d'ailleurs pas d'originalité, qui amène le jeune Cale, ultime espoir du genre humain, à rejoindre ce vaisseau *Titan* que son père, avant de disparaître, lui a indiqué comme porteur du salut de l'humanité, et qui, une fois qu'il l'a rejoint, au bout précisément de 1 h 26 d'aventures intergalactiques, va lui permettre de recréer la Terre, dans une sorte de big bang 2 à nouveau couronné de succès.
Sur cette trame scénaristique riche de tous les renouveaux, tout l'intérêt de l'entreprise se concentre sur la qualité des effets spéciaux et des technologies informatiques qui donnent vie à ce space opera du IVe millénaire. Mais si le graphisme débouche sur de belles réussites, si les personnages, et notamment les seconds couteaux qui accompagnent les protagonistes, ont de bonnes têtes bien monstrueuses, si même la poésie est parfois au rendez-vous avec des ovnis qui font penser à des pinces à sucre et avec des volées d'anges qui font comme une chevelure céleste au vaisseau qu'ils accompagnent, les réalisateurs, sans doute fascinés par le côté ludique de leurs propres inventions, ne tardent pas à s'y laisser prendre. Du coup le film, commencé sur une belle séquence de fin du monde, semble, dès qu'il prend son envol vers le ciel, rejoindre l'écran d'un jeu vidéo géant à la japonaise. Ce ne sont plus dès lors que tirs en rafales, obstacles en tout genre, bruit d'enfer des météorites et des projectiles divers qui frôlent la carlingue, attaques multiples de vilains méchants mis là pour empêcher le jeune héros de poursuivre sa route. On retombe ainsi dans une sorte de Star Truc façon *Guerre des étoiles*, qui séduira sans doute les juniors réclamant leur plein d'images et de décibels comme d'autres leur biberon, mais qui passe à côté du vrai film que cette genèse du futur aurait pu faire naître.

## BOBROVA Lidia (russe, née en 1952)

**FILMOGRAPHIE :**
*Ô, vous, mes oies! (1991)* • ***Dans ce pays-là (1997)*** • *Baboussia (2003)*

Après avoir achevé des études d'histoire à Leningrad, Lidia Bobrova, refusant de cautionner le régime communiste, renonce à l'enseignement et décide d'étudier le scénario et la réalisation à l'École de cinéma de Moscou. Son film de fin d'études, *Ô, vous, mes oies!*, est refusé pour non-conformité avec l'idéologie officielle. Et il en va de même de plusieurs scripts qu'elle propose sur la vie soviétique. L'ouverture qu'apporte la perestroïka lui permet enfin de produire et de tourner les films qui l'intéressent et dans lesquels, de *Dans ce pays-là* à *Baboussia*, elle offre de la Russie d'après l'ère soviétique une vision tout aussi chaleureusement tendre que malicieusement satirique.

### DANS CE PAYS-LÀ (1997)
**avec Dmitri Klopov, Vladimir Borchaninov et Anna Ovsiannikova**

**Le régime vodka.** Dans ce pays-là, il y a la neige, qui recouvre tout. C'est le froid, le grand froid de la Russie profonde, si intense qu'il n'y a qu'un seul moyen de se réchauffer le corps, et peut-être surtout le cœur : la vodka. Tchapourine, le maire du village, a beau afficher la photo des principaux ivrognes patentés pour que la honte publique les détourne de la bouteille, il a beau annoncer par voie officielle le nom des prochains administrés qui ne passeront pas l'hiver s'ils continuent à lever le coude à tout propos, rien n'y fait : la vodka, c'est le seul régime qui vaille, le seul qui offre sinon l'espoir de lendemains qui chantent, du moins le courage de supporter les misères de la vie. Car, soviétique hier, libérale aujourd'hui, la Russie n'en finit pas de rester égale à elle-même, avec ses moujiks venus du fond des âges, ses babouchkas branchées sur Radio commères, ses chansons à vous arracher l'âme, et cette irrésistible envie de se réunir autour de la bouteille, toujours présente, irremplaçable, comme le sang qui coule dans les veines et qui risquerait de geler si on ne lui donnait pas ce petit coup de dégrippant indispensable.
Cette Russie profonde, Lidia Bobrova la regarde avec un sourire amusé et une complicité chaleureuse. Elle en raconte moins l'histoire qu'elle n'en brosse la chronique des travaux et des jours. En filmant trois copains édentés, au nez rouge, à la trogne cabossée, qui troquent le lard qu'ils volent contre une bouteille ; ou encore la mine douce et triste de Skouridine, le vacher, à qui l'on annonce qu'il va aller soigner son ulcère au bord de la mer et qui, en attendant, récolte surtout les coups de sa femme ; ou la voisine ronde comme une boulette, avec son dentier fixé à la colle forte, qui cherche à marier sa fille et qui recrute pour cela un prisonnier, ce qui ne va pas se révéler une si bonne affaire ; et tous les autres, avec leur démarche lourdaude, la jovialité de leurs rires et le pathétique de leurs larmes, la force de leur colère, et celle, plus forte encore, de leur fatalisme. Il y a dans le film de Lidia Bobrova comme un concentré d'âme russe, nourrie de Tolstoï et de Dostoïevski, nourrie aussi d'un cinéma des grands espaces et des gens simples : celui de la Russie éternelle qui a résisté à tout, au froid, au tsar, à Staline, à Eltsine. Mais qui ne résistera jamais devant une bouteille de vodka.

## BODROV Sergueï (russe, né en 1948)

**FILMOGRAPHIE :**
*Sweet dreams in the grass (1985), co-réalisation* • *Les Amateurs (1985)* • *La liberté, c'est le paradis (1989)* • *Joueurs de cartes (1990)* • *Roi blanc, dame rouge (1993)* • *I wanted to see angels (1995)* • *Le Prisonnier du Caucase (1996)* • ***Crinière au vent (2000)*** • *The Quickie (2001)* • *Le Baiser de l'ours (2002)*

Formé au VGIK, l'école de cinéma de Moscou, où il se spécialise dans le scénario, Sergueï Bodrov, à sa sortie, écrit des dizaines de scénarios qui sont portés à l'écran par Edouard Gavrilov, Evgueni Guerassimov, Piotr Todorovski, Boulat Gabitov, Ivan Vassiliev, et autres réalisateurs importants du cinéma russe. Tout en publiant des textes littéraires et en exerçant une activité de journaliste et d'éditeur, il passe lui-même à la réalisation en 1984 et tourne en 1989 un film au titre politiquement très explicite, *La liberté, c'est le paradis*, qui lui apporte une reconnaissance internationale, mais l'amène aussi à quitter la Russie. À partir de là, tout en poursuivant son activité de scénariste (ainsi pour *Est/Ouest* de Régis Wargnier en 1998), il réalise des films tant en Europe (*Roi blanc, dame rouge*) et aux États-Unis (*Crinière au vent*) qu'en Russie, où il rentre pour réaliser des films plus politiques (*Le Prisonnier du Caucase, I wanted to see angels*) liés aux changements qui touchent le pays.

### CRINIÈRE AU VENT (2000)
#### avec Chase Moore, Jan Decleir et Arie Verveen

**Une liberté nommée cheval.** Il s'appelle Lucky. Mais, en fait, il pourrait plus justement s'appeler Pas de chance ! Né sur le bateau qui emmène sa mère travailler dans les mines de cuivre d'Afrique du Sud, il est séparé d'elle lors du débarquement. Emmené de force dans un train qui traverse le désert, il doit supporter le voyage au fond d'un wagon à bestiaux, sans eau pour étancher sa soif. Et lorsque le train arrive à destination, il n'est plus qu'un pauvre corps presque sans vie. Heureusement, survient Richard. Lui-même orphelin, le jeune garçon est employé par le maître du domaine pour soigner son cheval favori, César. Et lorsqu'il aperçoit le malheureux Lucky étendu sur la paille, il voit aussitôt en lui comme un frère de douleur. Richard adopte donc Lucky. Et ici commence la belle histoire de l'amitié entre un gamin et un poulain. Car Lucky est un cheval, et le film de Sergueï Bodrov, destiné en priorité à la classe enfantine, connaît les bonnes recettes. Commencée comme un mélo équin, un *Crin blanc* qui serait mâtiné de *Sans famille*, l'histoire découvre vite son fil conducteur. À travers toutes les péripéties – l'attaque de la mine par des avions ennemis (on est en 1914, et la guerre fait rage), la rivalité du jeune poulain avec l'ombrageux César, les démêlés du pauvre Richard avec le maître autoritaire et avec son affreux bambin de fils, la fuite du garçonnet et du cheval dans le désert pour échapper à l'injustice, la rencontre avec une petite indigène mignonne tout plein et qui sait toutes les astuces pour survivre dans un milieu hostile –, à travers donc tout ce qui fait le fil romanesque d'une fiction pleine de péripéties, la grande leçon morale prend forme : face aux contraintes que font peser sur lui les hommes, le jeune cheval (et le jeune garçon avec lui) découvre sa soif de liberté.
Comment cette liberté sera conquise, c'est toute la trame d'un film qui, au passage, grâce aux grands moyens déployés, aux somptueuses vues aériennes, aux décors naturels impressionnants, constitue un excellent cours de géographie, avec de superbes images du désert de Namibie, et de zoologie appliquée, avec une faune riche de toutes les espèces – singes, léopards, lions, serpents, girafes, renards des sables et autres animaux exotiques. Jean-Jacques Annaud, qui avait montré dans *L'Ours* que les animaux valent bien les hommes, réitère en produisant ce *Crinière au vent*. Tous les amateurs de belles images et de joli conte moral et animalier lui en sauront gré.

## BOGART Paul (américain, né en 1919)

**PREMIER LONG MÉTRAGE :**
*Halls of Anger (1968)*
**FILMOGRAPHIE DEPUIS 1985:**
***Torch Song Trilogy (1989)*** • *En route pour Manhattan (1991)*

Paul Bogart a passé l'essentiel de sa longue carrière à la télévision, où il a enchaîné les réalisations, alternant adaptations de pièces de théâtre, séries et téléfilms. Il n'a abordé que tardivement le cinéma, tournant moins d'une dizaine de films, dont une adaptation très réussie de Raymond Chandler, *La Valse des truands*, en 1969, et dont surtout la mise en scène de la pièce de Harvey Fierstein, *Torch Song Trilogy*, que son sujet avait longtemps éloignée de la scène avant qu'elle puisse être montée intégralement en 1981 off-Broadway, dans sa version intégrale de quatre heures, par une troupe de théâtre gay, puis en 1982 in-Broadway, avec Matthew Broderick en vedette.

### TORCH SONG TRILOGY (1989)
#### avec Anne Bancroft, Matthew Broderick et Harvey Fierstein

**La cage aux gays.** Quand il était enfant, le petit Arnold adorait se glisser dans la chambre de sa mère, enfiler ses robes, mettre ses talons hauts et se maquiller le visage de fards et de rouge à lèvres, pour ressembler à une fille. Vingt ans plus tard, ça lui est resté. Arnold est devenue Virginia et elle chante tous les soirs, en robe et bas résilles, dans une boîte de la 4e Rue. *Torch Song Trilogy*, c'est l'histoire de cet homme indécis sur son sexe et qui vit son homosexualité dans l'Amérique des années 1970, avant que le sida ne vienne étendre sur la communauté gay son ombre sinistre.

Dès qu'il est question de travesti, on peut craindre le pire : de folles en tantes, le cinéma a suffisamment joué de façon schématique et volontiers équivoque sur ces messieurs-dames pour que la première surprise, avec *Torch Song Trilogy*, soit dans le ton même du film : aucune vulgarité, aucune complaisance, aucun de ces effets faciles qui font rire dans les casernes. Arnold aime les hommes, c'est comme ça. Et sa voix rauque, dans un corps qu'il effémine à outrance, fait de lui une de ces créatures ambiguës dont la séduction trouble fait des ravages parmi ceux qui, comme lui, aiment leurs semblables, leurs frères. Parmi eux, il y a d'abord Ed, un beau blond un peu mou, qui ne sait trop s'il préfère les hommes ou les femmes, qui devient l'amant d'Arnold, mais pas au point de se résoudre à vivre avec lui, et qui préfère choisir une femme dans l'autre bord. Ed parti, Arnold rencontre Alan, un jeune minet qui ferait damner les anges, s'ils avaient un sexe. Et, sans qu'il s'y attende, c'est le grand amour, la passion folle, les rendez-vous, l'installation, la vie à deux. Le bonheur. Mais, pour les homos plus encore que pour les autres, la vie n'est pas qu'un long fleuve tranquille. Elle charrie ces choses qui s'appellent le mépris, la honte, l'exclusion, le malheur d'être différent. Et ce malheur, Arnold va le vivre, jusqu'à connaître cet enfer qui, lui, n'a pas de sexe : la solitude.

Adapté d'une pièce en trois parties – d'où le « Trilogy » du titre – qui a fait un malheur à Broadway, le film de Paul Bogart évite le piège du théâtre transposé. Et il montre la vie des gays telle qu'elle est, avec cette évidence que l'homosexualité n'empêche personne, pas même un travelo, d'être un homme comme un autre. Certes, l'analyse qui sous-tend le cas d'Arnold, et notamment ses rapports avec sa mère, juive et possessive, a tendance à être quelque peu démonstrative et à allonger inutilement le propos. Pourtant, il y a là une vision, qu'on a rarement vue au cinéma, de l'homosexualité : drôle, nuancée, attachante, pathétique parfois et ne manquant pas d'une forme d'auto-dérision qui lui donne son élégance. À l'image du couple que forment les deux protagonistes de l'histoire, Matthew Broderick, qui réussit le tour de force de ne pas casser son image de jeune premier clean en prenant tous les risques, et surtout Harvey Fierstein, l'auteur et l'acteur principal de la pièce, qui reprend ici son rôle d'Arnold. À ses gestes, à ses moues, à ses langueurs, à ses colères, à son humour acidulé, on sent qu'il joue moins son personnage d'homosexuel qu'il ne l'est. Et que, dans la passion qu'il met à se montrer tel qu'en lui-même, il y a ce désir profond de se faire reconnaître pour ce qu'il est : un être humain, pris dans une cage, pas vraiment drôle – la cage aux gays.

## BOGDANOVICH Peter (américain, né en 1939)

**PREMIER LONG MÉTRAGE :**
*La Cible (1967)*
**FILMOGRAPHIE DEPUIS 1985 :**
***Mask (1985)*** • *Illégalement vôtre (1988)* • *Texasville (1990)* • *Noises Off (1992)* • *The Thing Called Love (1993)* • *The Cat's Meow (2001)*

Cinéphile avant d'être cinéaste, Peter Bogdanovich s'est passionné très tôt, dès l'âge de 12 ans, pour le cinéma. Établissant pour chaque film vu une fiche portant ses impressions personnelles, il aura rempli ainsi, à 30 ans, près de 6 000 fiches ! C'est dire la vastitude de sa mémoire de spectateur, et c'est dire aussi qu'il n'est pas étonnant qu'il décide, après avoir vu *Citizen Kane*, de devenir réalisateur. Débutant par le théâtre, comme comédien d'abord, comme metteur en scène ensuite, il se spécialise dans le même temps dans la critique cinématographique, voyant sept films par semaine, n'hésitant pas, lorsque l'un lui semble le valoir, à le revoir jusqu'à douze fois, multipliant les interviews (de Hitchcock, de John Ford, d'Allan Dwan, de King Vidor, de Samuel Fuller), et attirant l'attention de Roger Corman qui lui confie le rewriting d'un script, puis la direction d'une seconde équipe, la réalisation enfin d'un de ses propres scénarios, *La Cible*, en 1967. Après quoi, fidèle à lui-même et à sa cinéphilie, Peter Bogdanovich, pour sa deuxième réalisation, signe en 1971 le film culte de toute une génération assistant à la fin d'un âge d'or mythique du cinéma : *La Dernière séance*. Et le cinéma, dont il devient à Hollywood une des figures marquantes, reste son sujet de prédilection : reflet à la fois réaliste et fantasmé d'une Amérique dont il se plaît à révéler les replis secrets.

## MASK (1985)
### avec Cher et Sam Elliott

**Elephant Boy.** Du côté de L.A., en Californie. Rocky a 17 ans, une tignasse rousse, une collection photos de vedettes du base-ball, de bonnes notes en classe, et un chien qui le suit partout. Un adolescent comme un autre, sympa et bon garçon. Avec cette différence qu'il a un crâne en forme de citrouille, énorme, léonin : une tête de monstre, résultat d'une carence congénitale, qui le condamne à une mort prochaine.
Pour raconter pareille histoire, Peter Bogdanovich réussit à éviter le piège des effets douteux et des bons sentiments. La richesse de son scénario, inspiré d'un fait vécu, est d'élargir le champ, de l'adolescent monstrueux à son environnement : derrière Rocky, il y a sa mère, Rusty, belle, scandaleuse, qui se drogue et couche à droite à gauche, mais qui lutte de toutes ses griffes pour que son fils ait une vie normale. Avec elle, repoussant la fatalité du handicap et de la souffrance, une bande de Hell's Angels, en jeans et blousons cloutés, sur leurs énormes choppers, tout feu tout cuivre, entourent le garçon de leur affection et le protègent de l'agression sociale dont il est la victime permanente. Car la figure de Rocky apparaît comme un miroir où se reflète une société. Le véritable masque, il est moins dans le faciès monstrueux du garçon que dans le visage d'une Amérique bien *clean*, mais qui n'apparaît plus si nette quand le voile des apparences se déchire. Derrière le prodigieux maquillage qui donne à Rocky sa figure monstrueuse, le cinéaste parvient à montrer la monstruosité à nu, et comme sans fard. C'est bien ce qui impressionne le plus dans son film : malgré son côté parfois un peu complaisant et ses effets psy-show, il va au plus profond, et même à l'insoutenable. Tout en force et en instinct dans le rôle de Rusty (qui lui a valu le prix d'interprétation féminine à Cannes), Cher donne au drame sa vraie dimension : celle du cœur. Grâce à elle et à la pauvre figure de son enfant monstre, *Mask* trouve constamment le ton juste : du rire aux larmes, l'émotion intacte.

# BOLLAIN Iciar (espagnole, née en 1967)

**FILMOGRAPHIE :**
*Hola, estas sola ? (1995)* • *Flores de otro mundo (1999)* • ***Ne dis rien (2003)***

Comédienne, dans des films de Victor Erice, Manuel Gutiérrez Aragón, Ken Loach (auquel, après le tournage de *Land and freedom*, elle consacre un livre), Norberto López Amado, George Sluizer, Iciar Bollain aborde la réalisation par le court métrage en 1992, puis passe au long métrage en 1995. Son deuxième film, *Flores de otro mundo*, histoire d'une fête de célibataires où des hommes cherchent des femmes à épouser, lui vaut la reconnaissance internationale à Cannes, où il obtient le Grand Prix de la Semaine internationale de la critique. L'attention qu'elle y manifeste à l'égard de la condition féminine dans son pays se retrouve dans *Ne dis rien*, dont le succès qu'il remporte en Espagne souligne à quel point il touche à un sujet sensible dans la culture même du pays.

## NE DIS RIEN (2003)
### avec Laia Marull et Luis Tosar

**Femme battue.** Elle fuit. À la nuit tombée, avec juste ce qu'elle a sur le dos, emportant son fils endormi dans les bras, et, dans sa hâte, sans même se rendre compte qu'elle a gardé ses pantoufles aux pieds. Elle fuit, vite, pendant qu'elle en a le courage, avant qu'Antonio, son mari, ne rentre à la maison. Elle fuit, et l'on sent bien que cette fuite est l'aboutissement d'un long chemin de croix.
Le film d'Iciar Bollain commence par cet acte de rupture, par cette solution désespérée qu'une femme aux abois a trouvée pour échapper à son sort. Et la raison, qu'elle n'ose pas dire à sa sœur qui la recueille, en devient vite évidente. Les certificats d'hospitalisation, la peur qui l'habite en permanence, la souffrance qu'elle respire tout entière disent assez ce qu'il en est : Pilar est une femme battue. Ce qui, dans une Espagne où le machisme est comme une valeur consacrée par la tradition, n'en fait pas une exception. Pour autant, le sujet qu'aborde ici la jeune réalisatrice, dans la mesure même où les victimes préfèrent ne rien dire du calvaire qu'elles endurent, est si rarement traité au cinéma que son film retient d'emblée l'attention. Car, dans cette situation somme toute courante, où la honte vient prêter main-forte au silence, le fait de dire les choses offre déjà comme une forme de thérapie salutaire. Sans doute Iciar Bollain, dans le souci louable de donner force démonstrative à son histoire, en rajoute-t-elle un peu

dans l'agencement de son scénario. Que Pilar ne fasse ainsi que reproduire le schéma victimaire dont sa mère lui a elle-même fourni le modèle dans son propre couple ; qu'au contraire sa sœur offre, par le mariage où elle s'engage avec un Écossais bien éloigné de l'esprit machiste des Latins, un schéma tout autre de la condition de la femme mariée ; et que le mari lui-même, conscient de ses actes et amoureux de sa femme, s'efforce de combattre ses pulsions violentes en suivant une psychanalyse de groupe : tout cela a un peu trop tendance à transformer les malheurs de Pilar en cas d'école. Lequel est *in fine* résolu par la libération de la femme battue qui, échappant progressivement à l'emprise de son mari, trouve dans un travail valorisant un nouveau sens à son existence.
Pour autant, si la volonté d'exemplarité est un peu trop patente, la justesse de touche et la finesse d'approche apportent au film une sensibilité profonde, que renforce le poids du décor – une Tolède provinciale, close sur ses habitudes et sa vie étriquée – et que traduit aussi l'interprétation riche en nuances de Laia Marull, en femme fragile, d'abord soumise, puis prenant conscience de sa propre force intérieure, tout autant que celle de Luis Tosar, en sale type et en pauvre bougre tout à la fois. Du coup, la thèse le cède vite à la vérité humaine. Avec une violence qui, par sa force d'émotion, ne peut, elle, manquer de convaincre.

## BONITZER Pascal (français, né en 1947)

**FILMOGRAPHIE :**
*Encore (1996)* • *Rien sur Robert (1999)* • ***Petites coupures (2002)***

Scénariste depuis 1976 (*Moi, Pierre Rivière*... de René Allio), et ayant signé plusieurs scénarios pour Jacques Rivette et pour André Téchiné, mais aussi pour Barbet Schroeder, pour Benoît Jacquot, pour Raoul Ruiz, Pascal Bonitzer aura attendu trente ans avant de passer lui-même à la réalisation. Non par dessein – il appartient, dans le cinéma, à un mouvement de pensée qui considère que l'important, c'est la mise en scène plus que le scénario – mais par manque de proposition. Lorsque les moyens lui en sont offerts, il réalise donc, dans des mises en scènes subtiles et concertées, des films où se retrouve ce que ses scénarios faisaient valoir : une façon à la fois intellectuelle et ironique de traiter des rapports humains et de la réalité sociale.

### PETITES COUPURES (2002)
### avec Daniel Auteuil et Kristin Scott-Thomas

**La contusion des sentiments.** Daniel Auteuil saigne beaucoup, dans le film de Pascal Bonitzer, tant il est vrai que les petites coupures dont parle le titre sont d'abord à prendre pour ce qu'elles sont effectivement : le personnage s'entaille les doigts, s'égratigne le front, subit avanies et vexations diverses, jusqu'à récolter même une balle dans le ventre. Et ce sang qui coule a la couleur aussi de ses blessures intimes, de ce rouge à lèvres sur lequel s'ouvre le film et que s'échangent, dans une scène jubilatoire, sa maîtresse et sa compagne, et sur lequel se clôt aussi l'histoire, avec une autre femme qui se farde à son tour, alors même qu'il l'a aimée et qu'il la quitte sans que rien se soit passé. Et ce rouge-là, des saignements du cœur, il est aussi le rouge de ses idées mises à mal par l'histoire, de ce communisme auquel il est resté fidèle mais qui ne lui procure plus, à l'évidence, que des lendemains qui déchantent.
L'errance de Bruno, auquel Daniel Auteuil apporte un côté vaguement fantomatique de quinquagénaire paumé, a ceci de troublant que le cinéaste, loin d'en faire un cheminement ancré dans la réalité, en fait une sorte de conte qui la transforme en itinéraire existentiel, vaguement mystique même, encore que, là aussi, malgré le bleu d'un ciel qui fait le tout dernier plan du film, les réponses ne soient pas assurées ! On risque donc d'être un peu désappointé si, arguant du fait que le film a été tourné au cœur des Alpes iséroises, on va y rechercher des paysages à valeur touristique ajoutée. L'hiver dauphinois, du côté de Corps et de La Salette, a un côté aride et réfrigérant, qui en fait plutôt un paysage d'âme, en résonance avec le paysage intérieur d'un type qui ne trouve plus de sens à sa vie et qui, dans un jeu de dupes et d'échanges, où passent femmes et objets comme des petites coupures qui en seraient la menue monnaie, finit par ne plus espérer qu'une simple caresse pour l'apaiser. Comme à la fin de *L'Avventura*, auquel le personnage fait directement référence, une femme caresse en pleurant les cheveux d'un homme. Mais, Antonioni pour Antonioni, et un demi-siècle de violence et de désillusions après, c'est à un autre film qu'on pense : à *La Notte* de la solitude et du désenchantement, où le héros se perd dans la forêt profonde et le brouillard de ses incertitudes.

À la femme aimée, Béatrice fugace d'un amour raté, qui lui dit qu'il ne faut jamais dire adieu, le personnage réplique : on ne sait jamais. Clin d'œil ironique, lueur d'espérance, ou constat de carence absolu ? Le film, polysémique à souhait, de Pascal Bonitzer répond joliment : allez savoir…

## BONNELL Jérôme (français, né en 1977)

**Filmographie :**
***Le Chignon d'Olga (2002)*** • *Les Yeux clairs (2005)*

Parmi les tout jeunes cinéastes qui arrivent à la réalisation au début des années 2000, Jérôme Bonnell fait figure de benjamin : de rapides études de cinéma à Paris VIII, puis trois courts métrages en 1999 et 2000, et l'écriture d'un scénario qui intéresse un producteur et qui amène la réalisation d'un premier long, *Le Chignon d'Olga*, tourné à 23 ans. Le film témoigne à la fois d'une précocité mais surtout d'une sensibilité d'analyse et d'une justesse de ton qui le font remarquer de la critique, et qui permettent au cinéaste débutant d'accéder relativement vite au second film, *Les Yeux clairs*, où la même sensibilité s'exprime à travers l'histoire d'une jeune femme souffrant d'un mal-être qui la coupe du monde et trouvant sa voix en s'enfonçant dans le silence d'une forêt allemande qui a tout de la forêt merveilleuse des contes.

### LE CHIGNON D'OLGA (2002)
**avec Serge Rabioukine et Valérie Stroh**

**L'absence.** C'est l'été, la Beauce, les vacances. Julien regarde ses journées s'étirer, sans rien faire. Son petit monde est là : Gilles, son père, Emma, sa sœur, Alice, son amie d'enfance. Et pourtant, il y a une absence, douloureuse, qui emplit tout d'un vide immense : sa mère, qui est morte. Et plus rien ne sera jamais pareil. Julien vit ce deuil en silence, ne touchant plus même au piano qui faisait sa vie. Un jour, ses désirs d'amour perdu viennent se cristalliser sur une jeune femme, à peine aperçue, sur son long cou de tanagra, et sur son chignon qui lui donne un air à la fois sévère et tendre : le chignon d'Olga.

Il passe beaucoup de choses dans le premier film de Jérôme Bonnell : le sens du temps, la beauté du cadre, la justesse des notations qui disent les choses cachées, la violence contenue des sentiments, l'humour léger et la gravité profonde, les petites joies et les grandes douleurs, le travail du deuil, la difficulté et le bonheur de devenir adulte. Sur un scénario qui a la simplicité de la vie, avec une troupe de comédiens d'une justesse extrême, où les anciens – Serge Rabioukine, Valérie Stroh – encadrent de façon idéale les jeunes – Hubert Benhamdine, Nathalie Boutefeu, Florence Loiret-Caille –, il y a là un film qui, y compris dans son côté parfois maladroitement inaccompli, est plus que prometteur. Et qui, pour un cinéaste de 25 ans, témoigne d'autant de talent que de sensibilité.

## BONT Jan de (hollandais, né en 1943)

**Filmographie :**
*Speed (1993)* • ***Twister (1996)*** • *Speed 2 (1997)* • *Hantise (1999)* • *Lara Croft : Tomb Raider – Le Berceau de la vie (2003)*

Formé à l'Académie du cinéma d'Amsterdam, Jan de Bont commence sa carrière comme réalisateur d'une série comique à la télévision allemande, puis travaille pendant plusieurs années en Hollande comme chef opérateur, accompagnant en particulier Paul Verhoeven sur plusieurs de ses films. S'installant aux États-Unis en 1977, il y devient le directeur de la photo de grosses productions signées Ridley Scott, Joel Schumacher, Jim Abrahams, John McTiernan, Richard Donner. Autant de films d'action, réalisés par de solides spécialistes, qui, lorsqu'il passe lui-même à la mise en scène, lui offrent des modèles d'efficacité qui nourrissent son premier film, *Speed*, dont le rythme est accordé au titre, et dont la réussite lance sa carrière de réalisateur auprès des studios hollywoodiens, où il est considéré comme un des plus sûrs artisans en matière d'action et de spectaculaire.

## TWISTER (1996)
### avec Harry Dean Stanton, Lois Chiles, Dylan McDermott et Tim Robbins

**Comme une tornade blanche.** Il y en a qui chassent les papillons, d'autres qui collectionnent les timbres-poste. Jo Harding, elle, s'est spécialisée dans les tornades, typhons et autres hurricanes. Il faut dire qu'elle a quelques comptes à régler avec ces bourrasques ravageuses depuis que, tout enfant, dans la ferme familiale de l'Oklahoma, elle a vu son père, brave fermier du Midwest, être aspiré par le tourbillon du monstre et se volatiliser proprement dans les airs. Trente ans plus tard, elle est donc devenue une spécialiste reconnue en matière d'ouragans, pourchassant avec application la moindre dépression que signale la météo. Dès que ça commence à gargouiller dans les hautes sphères atmosphériques, elle et son équipe se précipitent sur la route prévisible de la tornade, bien décidés à voir ce qu'elle a dans le ventre. Car Jo a constitué autour d'elle une bande d'allumés de l'éclair, mi-savants, mi-bricolos de génie, qui, avec des appareils bidouillés de main de maîtres, sont capables de cerner les masses orageuses et pourraient même, grâce à une sorte d'autocuiseur lâchant des centaines de petits capteurs en plein cœur de la colonne aspirante, en établir la fiche d'identité précise, ce qui permettrait de prévoir suffisamment à l'avance la direction des tornades pour donner une alerte efficace et sauver ainsi nombre de vies humaines.
Noble but, mais que les scénaristes de *Twister* – eux aussi des spécialistes – ont l'ingéniosité de nourrir d'ingrédients diversifiés, qui font toute l'efficacité du film. Et d'abord, bien sûr, une histoire d'amour bien balisée : Jo est en effet en instance de séparation avec son mari, Bill, lui aussi fana des cyclones, lequel au début du film vient lui demander les dernières signatures nécessaires pour officialiser le divorce, accompagné de sa future épouse, une psycho coincée spécialisée dans les carences sexuelles ! Or, au moment où Bill vient se présenter devant Jo avec sa nouvelle dulcinée, pointent précisément toute une série de tornades qui mettent aussitôt en éveil l'instinct infaillible de chasseurs d'ouragans de l'un et de l'autre. Voilà donc le couple qui se reforme, évinçant du même coup l'intruse qui, la malheureuse, a le mauvais goût de paniquer au milieu de l'orage, alors que Bill et Jo, réconciliés, y prennent, eux, aussitôt leur pied, la colonne du typhon leur offrant même des sensations sexuellement si fortes qu'elles ressemblent à s'y méprendre à une extase amoureuse. À cette composante érotico-météorologique, les scénaristes, pour faire bonne mesure, ajoutent un autre conflit, classique : face aux bricoleurs géniaux, un autre météorologue, vaniteux et sûr de lui, traque également les cyclones. Il représente, avec ses airs suffisants et ses instruments sophistiqués, la science officielle et parvenue. D'un côté donc, la raison prétendument raisonnante, de l'autre l'invention et l'instinct. Qui l'emportera des deux, et ce qu'il adviendra du savant qui veut lui aussi aller voir d'un peu trop près les tornades, on peut s'en douter. D'autant que tout l'intérêt du film de Jan de Bont est moins dans ces composantes scénaristiques attendues que dans le déluge, au sens propre, d'effets spéciaux qui, en compagnie des intrépides héros, sont faits pour emporter le spectateur dans le ventre même de la bête.
Sous des nuages noirs comme des plafonds d'encre, au milieu des plaines immenses d'un Midwest qui semble condamné à ce que le ciel lui tombe sur la tête à intervalles réguliers (une tornade environ toutes les quinze minutes, dans un film qui dure près de deux heures, et, naturellement, chacune de plus en plus forte, jusqu'à la dernière, carrément apocalyptique), les images de synthèse et le morphing font donc merveille. Tout vole, veaux, vaches, cochons, tracteurs, camions, citernes, maisons même. Et avec ça un son numérique qui fait tout vibrer autour de vous, qui vous emplit les oreilles de craquements, de stridences, du hurlement des vents et du cri déchaîné du ciel et de la terre ! Bien accroché à votre fauteuil, vous essayez en vain de ne pas vous faire aspirer par le tourbillon. Jusqu'à ce que, épuisé, vous lâchiez prise et qu'enfin, comme le couple enlacé sous la bourrasque, vous entrevoyiez, à travers l'œil du cyclone, comme un ciel bleu de paradis.

# BONVOISIN Bernie (français, né en 1956)

**FILMOGRAPHIE :**
*Les Démons de Jésus (1997)* • ***Les Grandes bouches (1999)*** • *Blanche (2001)*

Fondateur, chanteur et auteur de Trust, le groupe rock phare des années 1980, Bernie Bonvoisin, qui continue après la séparation du groupe à chanter en solo la rébellion qui l'anime, aborde parallèlement le cinéma comme acteur. Les liens qu'il noue dans le milieu professionnel lui permettent d'aborder la réalisation et de traduire sur grand écran l'univers qu'exprimaient déjà ses textes. *Les Démons de Jésus* et *Les Grandes bouches*, portés par les mêmes comédiens, font preuve d'une sorte de boulimie dans l'utilisation des ressources techniques qu'offre le cinéma et d'un joyeux désordre dans la mise en place de personnages, de situations, de thèmes, de dialogues, qui inscrivent la modernité dans le sillon référentiel de toute une tradition. Avec un goût affirmé pour la parodie et la liberté rebelle, que *Blanche* traduit aussi à sa manière, dans sa façon de dynamiter l'Histoire.

## LES GRANDES BOUCHES (1999)

### avec Gérard Darmon, Thierry Frémont et Nadia Farès

**Les démons de Bernie.** Voudraient-ils devenir adultes ? En tout cas, pour Lamar, Esther et Zed, la décision qu'ils prennent de laisser les petits coups minables où ils traînent leur galère pour jouer dans la cour des grands passe par une épreuve plutôt sanglante. Saignante même, puisque le parrain sous la protection duquel ils se placent, le signor Armand, mafieux grand style, chaussures vernies et voix caverneuse (exceptionnel Victor Lanoux), leur propose, comme examen de passage, un coup pas particulièrement tendre : il s'agit de rien de moins que de rapporter la tête sectionnée de la victime désignée dans un carton à chapeau. Le contrat ainsi formulé mêle habilement plusieurs univers : celui du film noir de la grande époque – un zeste de *Scarface*, un doigt de *Soif du mal* –, celui, baroque et violent, du Peckinpah d'*Apportez-moi la tête d'Alfredo Garcia*, et celui plus nettement déjanté de la modernité gore – une grosse louche parodique de *Massacre à la tronçonneuse*. Mais la façon dont Bernie Bonvoisin et ses trois lascars mènent à bien leur mission de décapitation vaut son pesant de surprise. Et la scène en question, avec son humour décapant, apparaît comme emblématique d'un film qui navigue entre hier et aujourd'hui, entre un cinéma de genre et de référence et une modernité branchée. Et peut-être même, et plus profondément, entre deux âges.

Car, à y bien regarder, le trio de pieds nickelés qui occupent l'écran représente une façon de vivre, de parler, de se mouvoir et, conséquemment, de faire du cinéma, propre à ce que l'on pourrait considérer comme l'aujourd'hui d'une jeunesse qui rejette avec ostentation les vieilles lunes, codes et conventions. Dans cette volonté libératoire, passe un esprit libertaire, qui envoie promener les bonnes mœurs et les usages reçus pour cultiver la provocation, le mauvais goût, les paradis artificiellement sniffés, la grossièreté assumée, l'humour à froid et la libido à chaud. Pourtant, et c'est tout l'intérêt d'un film ovni qui déjoue allègrement toute identification, la notion de code y apparaît particulièrement forte, non seulement dans la façon même dont se conduisent et se définissent les personnages, mais plus profondément encore dans la façon dont le réalisateur mène sa barque cinématographique. Et, du coup, il y a deux manières de voir le film.

Extérieurement, on a affaire à une comédie déjantée, qui, entre subversion et esprit potache, s'amuse à réinventer des formes, à se frayer un langage, à agiter un cocktail de scènes délirantes, de bande-son omniprésente, de personnages allumés, d'apophtegmes ravageurs, le tout dans une tonalité rock, trash, kitsch et Tarantino free style. De quoi défriser sans vergogne la ménagère de plus de quarante ans, dont l'un des trois lascars, assumant jusqu'au bout sa sexualité dépravée, se fait d'ailleurs une spécialité. Mais derrière, ou en dedans, il y a autre chose. Il y a d'abord cette nostalgie sensible d'un cinéma d'avant, figuré symboliquement dans le film par ce parrain sorti tout droit d'une autre époque, celle où les films étaient faits pour des acteurs, regorgeaient de seconds rôles, faisaient la place belle au décor, et surtout confiaient aux dialogues le soin de véhiculer la vie. Or, dans leur volonté de rejoindre un univers qui les dépasse, les trois pieds nickelés rejoignent en fait ce cinéma-là.

D'où l'importance donnée ici à ces éléments d'une tradition qui s'est perdue, et que Bernie Bonvoisin reprend à son compte, et à sa manière. Certes, ses dialogues ne sont pas à mettre entre toutes les oreilles, mais ils témoignent d'une vraie écriture, quelque chose comme de l'Audiard-Blier revu et corrigé à la langue du jour et au rythme syncopé de la nuit. Et la même invention préside à l'image, pas toujours très fermement maîtrisée, mais se payant quelques petits plaisirs solitaires, private jokes, gimmicks et autres affûtiaux dont certains tombent à plat, mais dont d'autres offrent un caractère jubilatoire dans leur belle audace à vouloir réinventer le cadre, le champ et le hors-champ. Et puis, derrière ce crépitement, auquel le trio central Darmon/Frémont/Farès apporte une consistance et une originalité jamais en défaut, s'agitent aussi toute une série de seconds couteaux, dont un Patrick Dupond étonnant, qui, en deux plans trois mouvements, juste le temps de se faire traiter de danseuse, impose un personnage ambigu avec une belle présence. Une ambiguïté qui, à y bien regarder, est le propre même d'un film qui, sous l'apparence éclatée et clinquante d'un vilain et joyeux pétard, laisse percevoir quelques cicatrices intimes et quelques questions éternelles sur le temps qui passe, les femmes qui trahissent, ou la vie qui n'est pas tendre. Sous l'humour endiablé, les démons de Bernie.

## **BOORMAN John** (anglais, né en 1933)

**Premier long métrage :**
*Sauve qui peut (1965)*
**Filmographie depuis 1985 :**
*La Forêt d'émeraude (1985)* • ***Hope and Glory (1987)*** • *Tout pour réussir (1990)* • *Rangoon (1994)* • *Lumière et compagnie (1995), co-réalisation* • *Le Général (1998)* • ***The Tailor of Panama (2001)*** • *In my country (2004)*

Né en Angleterre, habitant tout enfant dans la banlieue londonienne avant de venir s'installer avec sa famille sur les bords de la Tamise, tout près des studios de Shepperton, John Boorman est d'abord anglais. Et son amour précoce du cinéma, né en assistant au tournage de films dans les studios voisins, a vite marqué sa vie : critique de cinéma dans la presse et à la radio à 18 ans, engagé à 22 ans au département montage d'une chaîne de télévision, puis documentaliste, avant de tourner pour la BBC des courts métrages et, promu à la tête du service documentaire de la télévision publique, d'y réaliser une cinquantaine de docu-drames, il attire l'attention des producteurs de cinéma, ce qui lui permet de passer, en 1965, à la réalisation de son premier long métrage. Mais cette formation anglaise, Boorman va la mettre en pratique essentiellement aux États-Unis. Lors d'un séjour en Amérique, il réalise en 1967 *Le Point de non-retour*, thriller violent, dont le style visuel percutant et les références initiatiques font un succès et lui ouvrent les portes d'Hollywood. Cette façon qu'il a de donner une expression paroxystique à la violence, à travers des scénarios construits comme des quêtes initiatiques, va marquer les chefs-d'œuvre que, de *Délivrance* à *La Forêt d'émeraude*, il réalise aux États-Unis dans les années 1970, et où il exprime une vision pessimiste et sans espoir du monde et de l'homme. *Hope and Glory*, en 1987, en le ramenant à son enfance londonienne, le ramène à ses origines britanniques. Son cinéma, prenant alors ses distances avec Hollywood, montre une philosophie de l'existence moins radicalement désespérée, et retrouve un détachement ironique tout britannique, que son dernier film, *The Tailor of Panama*, traduit avec virtuosité, en même temps qu'une fibre humaniste toujours prête à vibrer, comme c'est le cas pour dénoncer l'apartheid dans *In my country*.

### HOPE AND GLORY (1987)
#### avec Sarah Miles et David Hayman

**La drôle de guerre.** Dieu ! que la guerre est jolie, quand on n'a que 7 ans et que l'ouverture des hostilités, en septembre 1939, vient mettre un peu d'animation dans cette morne banlieue londonienne où l'on passait une enfance jusque-là sans surprise. Les premières alertes, les bombes, les tirs de DCA dans la nuit, le bruit assourdissant des escadrilles, tout cela compose un prodigieux feu d'artifice, un son et lumière grandeur nature, dont on ne se lasse pas. Et si l'on plaint un peu la voisine dont la maison a été détruite, on ne se cache pas que demain, avec les copains, on pourra faire dans les décombres de merveilleuses découvertes. Et puis, cette guerre, elle met tout le monde en émoi : papa, qui rêve d'exploits militaires ; maman qui, tout en s'occupant de sa petite famille, redécouvre qu'elle est belle et désirable ; et Dawn, la grande sœur, qui confond boogie-woogie et partie de jambes en l'air, et dont le ventre s'arrondit à mesure que les tickets d'alimentation se font plus rares ! Et quand on est un garçon et que les hommes sont partis, on se retrouve avec tant de femmes autour de soi, qui papotent, qui se racontent leurs petites affaires, qui pleurent, qui rient, qui vous serrent dans leurs bras, qu'on en reste marqué à tout jamais. Comme grand-père qui prétend qu'il faut les aimer toutes, mais ne jamais chercher à les comprendre. La guerre, c'est ça : de grandes vacances, où l'on apprend la vie, la mort. Et quand par-dessus le marché, une bombe a la bonne idée de tomber sur l'école, alors là, au diable le patriotisme, on peut le dire à cet Hitler qui a parfois de bonnes idées : merci Adolf !
Après bien d'autres, John Boorman a donc choisi de raconter son enfance. Pour lui, ce fut la guerre en culottes courtes, au sein d'une famille tendre et un brin ridicule, comme toutes les familles. Mi-*Radio Days* mi-*Quatre cents coups*, son film a la précision de la chronique et la chaleur du souvenir. Montrant la tragédie par les yeux à la fois candides et malicieux d'un enfant, il donne aux jours terribles un parfum de nostalgie. Drôle de guerre, drôle de drame, qui restera à jamais pour lui le temps de la découverte, et qui porte en germe toute sa vie d'homme, sa vocation de cinéaste, et son œuvre à venir. Cet enfant qui regarde le monde à travers l'objectif d'un viseur, qui joue au petit soldat dans une forêt enchantée et qui, au milieu des remous du monde, se laisse porter par le cours magique d'une rivière, il trouve en ces eaux profondes un imaginaire qui nourrira, d'*Excalibur* à *La Forêt d'émeraude*, en passant par *Délivrance*, une œuvre cinématographique majeure. Ah Dieu ! que la guerre est jolie, quand c'est John Boorman qui s'en souvient.

## THE TAILOR OF PANAMA (2001)
### avec Pierce Brosnan, Geoffrey Rush et Jamie Lee Curtis

**L'espion qui venait du chaud.** À Panama, il y a tout ce qu'il faut pour concocter un excellent cocktail d'espionnage : un canal entre deux continents qui attire toutes les convoitises, des banques où transitent des fonds de provenance douteuse, des hôtels discrets où l'on peut traiter discrètement des affaires confidentielles, et cet esprit du lieu interlope qui, de Casablanca à Macao, d'Aden à Tanger, a toujours attiré les pêcheurs en eaux troubles. Et, en plus, il y a Harry Pendel, tailleur et britannique, venu exercer ses talents dans ce pays où le port du chapeau, que nécessite la chaleur ambiante, n'exclut pas que les gens influents, riches et corrompus, dont il est devenu à la fois le tailleur et le confident attitré, n'aient besoin de costumes trois-pièces coupés à la meilleure mode anglaise.
Lorsque Andy Osnard, un espion en délicatesse avec sa hiérarchie, se retrouve muté à l'ambassade de Grande-Bretagne, il trouve donc à Panama le cadre idéal pour exercer ses talents, et découvre même, avec Harry Pendel, le correspondant parfait qui pourra lui faire pénétrer les secrets de l'endroit. Et comme ledit Harry se trouve dans une passe financière difficile, lui-même voit d'un œil intéressé les bénéfices que pourraient lui apporter les renseignements qu'il pourrait fournir à l'agent secret. Le problème est qu'il n'y a rien à dire. La guerre froide ayant plié bagage, le temps des espions venus du froid est bel et bien révolu. Et dans la chaleur moite de Panama, les as du renseignement n'ont plus rien à se mettre sous la dent. Mais qu'à cela ne tienne ! Puisqu'il n'a aucune information qui vaille à fournir, Harry se dit qu'il peut fort bien en inventer et que, dans ce cas, le mieux est de les inventer les plus conformes qui soient à l'attente de son espion. Commence alors un énorme bidouillage, où le tailleur de Panama invente un complot fait sur mesure, propre à mettre le feu à la planète, et où son partenaire d'espion, pas dupe de ce qui lui est servi, se charge lui-même de faire prendre la sauce. Chacun y trouvant son compte, le mécanisme de l'espionnage fonctionne à plein, broyant du vide avec une efficacité telle que bientôt les forces armées des États-Unis sont amenées à intervenir, dans une de ces opérations militaires qui font les délices des faucons du Pentagone.
L'énormité des effets est à la mesure de l'énormité du mensonge. Ce qui permet à John Boorman, qui ne craint pas de forcer le trait et de jouer à fond le ton de la charge parodique, de mettre à nu ce qu'est la réalité même de l'espionnage : une énorme bulle d'illusion, où tous les intérêts politiques et économiques trouvent matière à se nourrir de leurs propres fantasmes. Son film, où John Le Carré, adaptateur de son propre roman, semble comme prendre un malin plaisir à dégonfler l'outre vide des énormes sacs de nœuds qu'il n'a jamais cessé de confectionner, constitue une réjouissante et très cynique réflexion sur les vertus de la poudre aux yeux. Pierce Brosnan s'y donne le plaisir, que 007 ne saurait s'offrir, de la plus immorale indélicatesse. Et, avec son tailleur qui taille un costard au prêt-à-porter cinématographique, John Boorman se paie le luxe de faire un vrai film avec strictement rien dedans.

# BOUCHAREB Rachid (franco-algérien, né en France en 1953)

**FILMOGRAPHIE :**
*Bâton rouge (1985)* • *Cheb (1991)* • *Poussières de vie (1995)* • ***Little Senegal (2000)*** • *Indigènes (2005)*

Cinéaste algérien, né en 1953 en France, Rachid Bouchareb y commence sa carrière dans l'audiovisuel à la télévision française où, assistant réalisateur, il tourne plusieurs courts métrages dont un porte un titre qui dit bien où sont ses racines : *Exil Algérie*. Et lorsqu'il passe au cinéma, c'est sur des sujets qui lui tiennent à cœur et qui explorent systématiquement les aspects éclatés du métissage et du déracinement : l'émigration dans *Bâton rouge*, histoire de copains de banlieue qui rêvent de partir en Amérique ; le retour douloureux en Algérie pour le jeune Algérien expulsé de France dans *Cheb* ; l'enfermement dans un centre de rééducation pour un fils de mère vietnamienne, après le départ de son père, un officier américain, dans *Poussières de vie* ; le pont jeté entre l'Afrique de l'esclavage et l'Amérique des Blacks dans *Little Senegal* ; et l'enrôlement dans l'armée française pour ceux qu'au temps des colonies on appelle les *Indigènes*, chargés de défendre une patrie qui n'est pas vraiment la leur dans la grande boucherie de 1914.

## LITTLE SENEGAL (2000)
### avec Sotigui Kouyaté, Sharon Hope et Roschdy Zem

**Black and Noir.** De l'île de Gorée, au large de Dakar, à celle de Sullivan, en Caroline du Sud, il y a un océan. Celui-là même que les négriers franchirent pour amener des côtes d'Afrique jusqu'en Amérique leurs cargaisons d'esclaves noirs. Celui-là aussi que, deux siècles plus tard, Alloune, guide à la Maison des Esclaves de Gorée, décide de franchir à son tour pour partir, lui l'Africain, sur les traces des descendants américains de ses ancêtres déportés. Curieux voyage, qui plus qu'une recherche des racines, est en fait le désir de retrouver, à travers une filiation lointaine, une identité perdue. Comme si l'Afrique avait été amputée d'une part d'elle-même avec tous ceux qui lui furent ainsi arrachés. Alloune, vieil homme qui porte sur lui la maigreur émaciée d'un continent pauvre, part donc en Amérique. Là où, aujourd'hui, d'autres Africains, jeunes, émigrent clandestinement, portés par le rêve américain. Le voyage du vieil homme est doublement porteur d'une charge symbolique. D'abord par sa propre aventure personnelle qui, le faisant remonter dans ses recherches jusqu'à une vieille femme, Ida, sa lointaine cousine, voit naître entre eux un sentiment d'amour qui pourrait être le signe des retrouvailles des Blacks d'Amérique et des Noirs d'Afrique. Mais les choses ne sont pas si simples, et cette idylle qui s'esquisse se heurte à des obstacles insurmontables, dont le moindre n'est pas le racisme violent des Afro-américains pour ces Africains miséreux avec qui ils ne veulent plus rien avoir de commun. Et les personnages émigrés qui entourent Alloune dans son périple new-yorkais, de son neveu Hassan qui vit mal sa clandestinité, à Karim, qui est prêt à tout pour obtenir un statut de résident, disent bien la complexité de la situation. De fait, si Alloune retrouve bien ceux qu'il est venu chercher, ce qu'il leur apporte n'est pas de l'ordre de la solution euphorique et consensuelle dans un monde où tout se trouverait réglé comme par miracle. C'est autre chose, que traduisent parfaitement le choix et l'interprétation de Sotigui Kouyaté. Le second aspect symbolique du film tient en effet dans l'allure même du comédien, longue silhouette surgie du cœur de l'Afrique – celle de l'ancêtre, du griot, du sage –, et dans cette façon à la fois pleine de détermination et d'aisance qu'il a de traverser l'univers urbain du Nouveau Monde. Il est l'Afrique qui marche, comme la conscience d'un continent perdu qui vient se faire reconnaître de ceux qui l'ont quitté. Le film de Rachid Bouchareb laisse certes la porte ouverte à un espoir de rencontre possible. Mais, dans les méandres de ses rebondissements, qui viennent singulièrement compliquer le voyage, et dans le retour empreint de nostalgie funèbre au point de départ, il y a toute l'intelligence et la sensibilité d'un film qui refuse la facilité du message complaisant pour laisser la porte ouverte à toutes les interrogations.

# BOUGHEDIR Férid (tunisien, né en 1944)

**FILMOGRAPHIE**

*Halfaouine, l'enfant des terrasses (1990)* • ***Un été à La Goulette (1995)***

Né à Tunis, Férid Boughedir a eu très tôt le désir de devenir cinéaste. Après son bac, il décide de présenter l'Idhec, mais le refus paternel l'amène à préparer d'abord une licence de français. Il vient donc en France, s'inscrit à l'université de Rouen, mais passe surtout son temps à Paris, y fréquentant assidûment la Cinémathèque et achetant, avec sa bourse d'étude, une caméra 16 mm avec laquelle il réalise ses premiers films. Rentré à Tunis, il y devient journaliste et se fait vite connaître comme un des tout meilleurs critiques cinématographiques d'Afrique et du monde arabe, réalisant deux documentaires, *Caméra d'Afrique* en 1983 et *Caméra arabe* en 1987, qui sont présentés à Cannes. Multipliant les expériences, assistant de Robbe-Grillet et d'Arrabal, professeur de cinéma à l'université de Tunis, il décide de passer à la fiction et obtient une aide du ministère de la Culture tunisien pour tourner, en 1989 à Tunis, *Halfaouine*, dans le but déclaré, dit-il, d'« ouvrir des portes à un cinéma tunisien qui a un rôle à jouer dans le futur ».

## UN ÉTÉ À LA GOULETTE (1995)
### avec Gamil Ratib, Michel Boujenah et Claudia Cardinale

**Un été 66.** Ce qui fait un pays, dit-on, c'est sa langue. À écouter la bande sonore d'*Un été à La Goulette*, on se rend vite compte que la Tunisie des années 1960, c'était le melting-pot linguistique, l'intégration langagière, la tolérance faite langue. Car tout le petit monde que fait revivre Férid Boughedir parle en plusieurs langues à la fois : arabe, certes, mais tellement mâtiné de français et d'italien que le tout donne un sabir original, un espéranto pratique avec lequel chacun se débrouille et se comprend. Et si le film est fort heureusement projeté en version originale, ladite v.o. est à la fois nécessaire pour traduire la lettre des mots, mais peu utile au fond quant à leur esprit, car ce qui y passe avant tout, c'est l'entente et la compréhension. On se parle, et cela est déjà à soi seul toute une façon de vivre ensemble. Le scénario du film de Férid Boughedir mêle en effet, de façon qu'on pourra trouver certes un peu systématique, la reconstitution d'une époque et la leçon morale. En recréant, à partir de ses propres souvenirs d'enfance, la vie quotidienne du petit port de la banlieue de Tunis où tout le monde se retrouvait pour de grandes parties de pêche ou de plage, le cinéaste propose la vision nostalgique d'une sorte d'âge d'or, dont on sent constamment qu'il est présenté comme l'exact contrepoint de la violence intolérante et fanatique des temps présents. Ce qui donne au film un côté un peu lourdement démonstratif, mais qui n'enlève rien pour autant à la justesse de sa tonalité, à cette façon de retrouver l'air d'un temps à travers des gestes, des situations, des personnages, et surtout un langage, un accent, des expressions, qui semblent comme avoir été enregistrés en direct, et que le cinéma restitue comme par magie, trente ans après, alors que ces voix se sont tues à jamais.

Il y avait donc une fois, à La Goulette, des petites gens venues d'un peu partout, au gré des grandes migrations de l'Histoire, et formant un petit coin de cette civilisation méditerranéenne qui a vu, de siècle en siècle, passer bien des empires et des religions, tout en réussissant à rester elle-même. Il y avait Youssef le musulman, contrôleur au TGM, le petit train poussif reliant la ville à la mer ; et Jojo, le juif, spécialiste du brick à l'œuf et de la rhétorique fleurie ; et Giuseppe, le Sicilien, pêcheur et catholique, fidèle à sa femme tout en collectionnant les maîtresses. Et il y avait leurs trois filles, Meriem, Gigi et Tina, avec toute la grâce et la sensualité de leurs 16 ans, et ce désir qui les titillait de sauter le pas, en cet été 1966, et d'offrir à la Madone, pour sa fête, leur virginité, histoire de ne pas rester vierges jusqu'à leur mariage, comme y avaient été contraintes leurs mères et, avant elles, des générations de femmes soumises. L'air des temps nouveaux, en quelque sorte, l'avènement d'un âge de liberté pour les femmes, mais encore en pointillé, à en juger par la réaction tonitruante des trois pères, peu convaincus des vertus de l'émancipation des filles. Toute l'intrigue, un peu mince, de cet été ensoleillé à La Goulette, repose donc sur cette entorse projetée aux règles traditionnelles, d'autant que les trois filles, jetant carrément leur voile par-dessus les préjugés, décident de choisir elles-mêmes le garçon avec lequel elles connaîtront le grand frisson et de le prendre d'une autre religion que la leur. Or là est bien le tabou suprême, suffisamment fort pour que les trois pères, oubliant leur amitié, en viennent à se déclarer la guerre sainte. Mais comme on est à La Goulette, entre les figues juteuses, les brochettes grillées et la fraîcheur de l'anisette, et qu'on est surtout entre gens de bonne compagnie, les querelles religieuses ne valent pas qu'on leur sacrifie l'amitié. Et qu'importe qu'on soit musulman, juif ou catholique, lorsque le ciel est bleu, les filles jolies, la musique légère, et que la gloire du pays, Claudia Cardinale en personne, revient visiter les lieux de son enfance et apporter le charme de son sourire et de ses baisers !

Pour dire cette époque bénie, où la tolérance était inscrite dans l'art de vivre ensemble, Férid Boughedir reprend ce qui faisait la trame de son premier film, *Halfaouine, l'enfant des terrasses* : des personnages multiples, vivant les menus faits de leur vie quotidienne, et se croisant dans les entrelacs d'une intrigue nonchalante, le long des ruelles tortueuses, dans l'ombre rafraîchissante des cours ou dans la lumière chaude des terrasses. Les petits personnages – de TSF le candide accroché à sa radio, que personne ne croit même quand il annonce la vérité, à Taïta la marieuse, jamais en reste de bons partis à accorder, à Maxo « Delon », beau ténébreux plus beau qu'Alain Delon lui-même, ou à Méry, la veuve callipyge en mal de nouveau mari sensible à ses charmes – y vivent de petites aventures, restituées avec le naturel, mais aussi la maladresse, des comédiens non professionnels qui les incarnent. Et cet été 66, sans rester inoubliable, offre comme une petite musique, suffisamment entêtante pour qu'on ait plaisir à l'entendre, surtout lorsqu'on la compare au bruit assourdissant des bombes du fanatisme.

## BOURDON Didier (français, né en 1959)

**FILMOGRAPHIE :**

*Les Trois frères (1995), co-réalisation • Le Pari (1997), co-réalisation • L'Extraterrestre (2000) • Les Rois Mages (2001), co-réalisation* • ***7 ans de mariage (2003)***

L'itinéraire de Didier Bourdon est en tout point comparable à celui d'Alain Chabat : lui aussi a commencé par la télévision, avec l'équipe des Inconnus, lui aussi a suivi sa propre voie en devenant d'abord comédien dans des films d'autres réalisateurs tout en tournant avec ses complices plusieurs films, co-écrits et co-réalisés avec eux, inspirés de leur univers comique et de leurs sketches. Puis, chacun suivant sa propre route, lui-même aborde véritablement la réalisation en solitaire, avec *7 ans de mariage*, une comédie de mœurs qui, tout en bénéficiant de l'esprit d'observation critique qui était celui des sketches des Inconnus, cherche à traduire aussi un regard personnel sur le couple, le sexe et la société moderne.

### 7 ANS DE MARIAGE (2003)
### avec Didier Bourdon, Catherine Frot et Jacques Weber

**Sexe au logis.** Pour Audrey et Alain, sept ans de mariage, c'est quelque chose qui ressemble à des noces de cactus : installés dans leur routine bourgeoise, accaparés par leurs boulots respectifs, elle banquière, lui médecin urgentiste à l'hôpital, ne se parlant vraiment que pour ne rien se dire et pour s'envoyer des piques dans le dos de leur petite fille Camille, ils ont laissé peu à peu la vie quotidienne émousser leur désir. Et tandis qu'Alain compense en matant la voisine d'en face et en naviguant sur les sites coquins du web, elle lui sert la soupe à la grimace. Ambiance... ! C'est ici, en médecin avisé se rendant bien compte que quelque chose ne tourne plus rond dans leur libido respective, qu'Alain décide de consulter un sien collègue et ami, sexologue averti, pour trouver le traitement apte à ranimer leur flambeau lamentablement flapi. Et c'est ici qu'en comédien formé à l'école des Inconnus, Didier Bourdon, pour son premier véritable envol en solitaire, braque sa caméra sur ce sujet de société qui fait la une des magazines – la sexualité du couple – vu à travers son versant scientifico-fantaisiste – la sexologie appliquée.
C'est dire que *7 ans de mariage* s'essaie à conjuguer la comédie de mœurs et la charge satirique. Entreprise ambitieuse et risquée, au demeurant, le sujet choisi ouvrant la porte à toutes les gaudrioles égrillardes : d'emblée, sous les grasses plaisanteries, le porno voyeuriste guette. Or c'est sans doute le principal mérite du réalisateur que d'en éviter soigneusement l'écueil, et de réussir une comédie finalement assez tenue. Le mérite en revient, pour beaucoup, à l'interprétation sur le fil de Catherine Frot, aussi à l'aise en bourgeoise hermétiquement coincée qu'en épouse vaillamment décoincée, envoyant promener ses inhibitions et se laissant aller à ses fantasmes les plus intimes. Didier Bourdon, pour sa part, occupé qu'il est à interpréter le mari titillé par le démon du sexe qui essaie d'entraîner sa femme dans des jeux propres, pense-t-il, à la réveiller un peu et qui se retrouve vite dépassé par le mécanisme qu'il a mis en marche, hésite quelque peu, en tant que scénariste et réalisateur, sur la tonalité à adopter. D'un côté, son film entend parler d'un problème sérieux, d'autant plus difficile à traiter qu'il garde un caractère largement tabou : la vie intime d'un couple. Mais de l'autre, entendant bien en faire une comédie, il ne résiste pas à faire appel aux clichés attendus. On a donc droit, des sex-shops aux soirées échangistes, des gadgets érotiques au triolisme, du beau-frère homo au beau-père fréquentant les partouzes travesties pendant que sa femme se console avec un curé défroqué, à une sorte de catalogue complet des mœurs libertines du temps.
Cela plombe évidemment le propos, d'autant que le film peine à maintenir le rythme au niveau de certaines répliques ou de certaines situations parfaitement hilarantes, qui laisseraient espérer un ensemble plus enlevé. Et l'on en arrive à regretter que, dans ce regard gentiment amusé porté sur la sexologie, le sexe lui-même soit finalement quelque peu occulté. Comme si, se contentant d'exploiter le filon des comportements façonnés par la libération érotique, le film ne parvenait pas à cerner ce qui fait l'obscur objet du désir...

---

## BOWMAN Rob (américain, né en 1960)

**FILMOGRAPHIE :**
*Airborne (1993)* • ***X-Files (1998)*** • *Le Règne du feu (2002)* • *Elektra (2005)*

La série télé *The X Files*, dont le sous-titre *Aux frontières du réel* définit bien le programme, repose sur l'exploitation de tout ce qui – conspiration mondiale, contamination, expériences transgéniques, mutants, revenants, succubes, vampires, ovnis et autres extraterrestres – fait du paranormal une réalité parallèle et mystérieuse, où se mêlent mythes anciens et mythologies modernes. Son succès, dès son lancement en 1993, en fait vite un phénomène. Les affaires non classées, dont s'occupent les deux agents du FBI Fox Mulder et Dana Scully, étant inépuisables, les épisodes se succèdent et génèrent, au-delà des États-Unis, un engouement sur les petits écrans du monde entier. Les possibilités ouvertes sur le grand écran par les effets spéciaux numériques amènent donc tout naturellement l'adaptation au cinéma. Et, pour garder le film dans la continuité de la série, on fait appel non seulement aux deux acteurs qui incarnent les deux héros depuis l'origine, mais à un des réalisateurs les plus familiers de la série, Rob Bowman, qui en a signé vingt-cinq épisodes et qui, ayant déjà avec *Airborne* une expérience du cinéma d'action, est tout désigné pour développer ce fantastique qui fait basculer la réalité du côté du virtuel.

## X-FILES (1998)

### avec David Duchovny, Gillian Anderson et Martin Landau

**De série.** Ils étaient donc là bien avant nous. La séquence d'ouverture du film de Rob Bowman situe même assez précisément leur venue : 35 000 ans avant J.-C. Et les deux formes humaines à faciès simiesque qui s'avancent, vêtues de peaux de bêtes, dans un Texas qui en est encore à l'âge glaciaire, et qui tombent malencontreusement dans une sorte de caverne préhistorique ne s'attendent évidemment pas à les trouver là. D'autant que ces deux-là n'ont vu, forcément, ni *Les Envahisseurs* à la télé, ni *E.T.* au cinéma. Ils ne sauraient donc se douter de ce que peut bien être cette créature apparemment gélifiée et difficilement identifiable qui grommelle dans l'ombre. Ils n'ont d'ailleurs pas même le temps de se poser la question qu'illico ladite créature les déchire, les étripe et s'insinue en eux. Et lorsque 37 000 ans plus tard, autant dire aujourd'hui, un gamin qui s'amuse, dans le même coin du Texas, tombe dans la même caverne, il lui arrive la même chose, ainsi qu'aux malheureux pompiers qui veulent le tirer d'affaire. D'où l'on peut donc conclure qu'ils sont toujours là. « Ils » ? Mais qui peuvent-ils bien être ? Seuls des spécialistes des cas tordus, des affaires bizarres, de ces fameux dossiers non classés qui figurent dans les « X Files » pourraient apporter la réponse. Or, justement, voilà que l'agent Mulder, flanqué de son inséparable Scully, se trouve au même moment en train d'essayer de repérer une bombe qu'une alerte a décelée en plein cœur de Dallas. Et si Mulder a assez de flair pour trouver la bombe en question, il ne peut empêcher qu'elle explose, entraînant dans sa déflagration un immeuble entier et causant quelques morts au passage. Terrorisme ? Mulder a des doutes et il a raison d'en avoir. Car il va bien vite découvrir ce que tout spectateur normalement déductif avait compris avant lui : l'explosion avait en fait pour but de camoufler des cadavres déjà froids. Ceux-là mêmes qui proviennent de la mystérieuse caverne. « Ils » sont donc très forts ! Si forts que l'organisation humaine qui s'est mise à leur service, en espérant pouvoir s'en débarrasser, se retrouve dépassée par les événements. Et il faut bien se rendre à l'évidence : « ils » sont là et bien là, et leur grande attaque a commencé !

Pour ceux qui n'auraient pas identifié les mystérieux visiteurs, le film de Rob Bowman apporte toutes les précisions nécessaires. Même si tout cela est forcément quelque peu embrouillé, on arrive quand même à comprendre qu'ils ont l'arme absolue, celle contre laquelle la science est toujours en retard d'une épidémie : le virus. Oh, pas le sida, pas l'Ebola, pas de ces petits virus à rayon limité : non, le virus inconnu, venu d'ailleurs, qui est prêt à phagocyter la Terre entière. C'est dire que la tâche de l'agent Mulder est importante : il a entre ses mains le sort de l'humanité. Ce qui n'est pas pour le gêner : du moment qu'il peut compter sur sa chère Scully, que ne ferait-il pas ? Et que ne feraient pas les scénaristes hollywoodiens pour exploiter sur grand écran le filon du mystère, développé avec le succès que l'on sait par la plus branchée des séries télé cultes ? D'autant que le grand écran et les gros moyens financiers permettent de multiplier, à grand renfort de numérisation, les effets spéciaux, les décors, les scènes d'action et autres ingrédients du spectaculaire. Or, curieusement, c'est là que le bât blesse. Là où la série télé avait sa tonalité propre, imposait son climat, maintenait dans les limites étroites du petit écran le trop-plein du mystère, l'étalement sur grand écran banalise quelque peu l'entreprise. Et même si, dans une des rares pointes d'humour que se permet le réalisateur, le héros se laisse aller à uriner, en un geste très symbolique, sur une affiche d'*Independence Day*, en devenant un film d'action, *X-Files* met vite ses pas dans les films qui l'ont précédé. Et, entre *E.T, Alien, James Bond* voire *Indiana Jones*, il a du mal à se frayer son chemin. Du coup, il emprunte un peu à chacun, ce qui donne forcément une impression de déjà-vu. Et il n'est pas jusqu'à l'acteur qui incarne le héros qui ne fasse lui-même un peu ersatz, tant David Duchovny a des faux airs de Richard Gere. Reste que l'enchaînement des péripéties, le rythme plutôt bien soutenu, la façon dont Mulder n'arrive toujours pas à embrasser Scully, le scénario qui n'hésite pas à mettre une pincée de monstre gélatineux, un brin de maïs transgénique et une bonne dose de virus pour faire une bonne ratatouille mystère : tout cela compose un divertissement consommable. Et qui offre un avantage non négligeable : ça se digère aussi vite que ça s'avale.

## BOYLE Danny (anglais, né en 1956)

**FILMOGRAPHIE**

*Petits meurtres entre amis (1994)* • ***Trainspotting (1996)*** • *Une vie moins ordinaire (1997)* • *La Plage (2000)* • *28 jours plus tard (2002)* • *Alien love triangle (2002)* • *Millions (2004)* • *3000 degrees (2004)*

Ayant débuté par le théâtre, Danny Boyle devient directeur adjoint du prestigieux Royal Court Theatre et signe plusieurs mises en scène pour la Royal Shakespeare Company, avant de s'orienter, à la fin des années 1980, vers la production télévisée puis de réaliser, pour la BBC, plusieurs téléfilms et épisodes de séries. Il s'y constitue une équipe d'acteurs et de techniciens qui participent en 1994 à son premier long métrage pour le cinéma, *Petits meurtres entre amis*. Le film impose un humour grinçant, mais aussi une virtuosité formelle que confirme *Trainspotting*, film qui devient très vite culte et installe son réalisateur comme auteur à la mode, ce qu'accentue encore le tournage de *La Plage* avec Leonardo DiCaprio. Le formalisme est bien, de fait, la marque de Danny Boyle, comme le montrent encore les films qui suivent, que ce soit le film d'horreur post-apocalyptique *28 jours plus tard* ou la fable à l'humour sulpicien joyeusement décalé de *Millions*.

### TRAINSPOTTING (1996)
### avec Ewan McGregor, Ewen Bremner et Robert Carlyle

**Enfer artificiel.** Sous acide, d'emblée, le film de Danny Boyle, dopé aux amphétamines, ou plutôt piqué à l'héroïne, celle que s'injectent à doses plus qu'homéopathiques Mark et ses pieds nickelés de potes, que le pré-générique montre courant comme des dératés dans les rues d'Édimbourg pour échapper aux flics qui les poursuivent et faisant les guignols tout en piquant leur sprint. Ça commence donc à fond la caisse, tant visuelle que sonore, et ça prend son rythme de croisière lorsque la voix off de Mark, le junkie en chef, explique que, s'ils se dopent, c'est que, plutôt que de se traîner une vie de cons comme les pékins moyens attachés à leur télé-frigo-boulot-bobonne, eux ont choisi la défonce comme la ligne droite la plus courte vers le plaisir. Une philosophie du paradis artificiel qui sent malgré tout son enfer, lorsque Mark, dans une scène ahurissante, entre dans « les chiottes les plus répugnantes d'Écosse » (comme prévient charitablement le panneau sur la porte) et passe carrément dans la cuvette infâme et dans sa fange merdeuse pour plonger dans un océan bleu ciel, où il fait si bon planer. Mais dont, remontant vers la surface, il veut malgré tout se sortir.

Et c'est bien là, d'ailleurs, l'ambiguïté même d'un film qui, n'adoptant sur ce qu'il montre aucun point de vue si ce n'est celui, tout extérieur, de la forme, donne l'impression que sa virtuosité est à la hauteur de son côté malin. D'un côté, donc, Mark, décidé à raccrocher, se désintoxique. Et la scène atteint là encore, dans un déluge d'images choc et de cadrages décadrés, une sorte de surenchère dans le cauchemardesque qui a tout autant de quoi fasciner que repousser. Mais, de l'autre, lorsque ses copains reviennent à la charge, il trouve le moyen de les bananer dans les grandes largeurs, prenant avec ce qu'ils représentent la distance d'une sorte de supériorité cynique qui lui tient lieu de morale. Tout se passe, du coup, comme si la provocation des images et du propos était constamment lestée d'une ironie décontractée et d'un humour pas dupe caressant la bête dans le sens du poil. D'un côté, la drogue dure, de l'autre les yeux doux...

Car, pour ce qui est de l'histoire de Mark, de la façon dont il coupe un temps avec l'héroïne, avec ses potes et avec sa vie d'Écossais minable pour se faire une virginité de mec clean et d'agent immobilier londonien, et de la façon aussi dont sa vie antérieure, ses potes et, forcément, l'héroïne le rattrapent, le film de Danny Boyle le raconte avec, en permanence, ce formalisme dopé au sexe et au rock qui agit bel et bien comme un stupéfiant, d'autant que la musique d'Iggy Pop, annonçant d'entrée de jeu qu'il faut « de la luxure avant toute chose », en offre la traduction sonore rêvée. Mais d'un rêve artificiel.

## BRANAGH Kenneth (anglais, né en Irlande en 1960)

**Filmographie :**
*Henry V (1988)* • *Dead again (1991)* • *Peter's friends (1992)* • *Beaucoup de bruit pour rien (1992)* • ***Frankenstein d'après Mary Shelley (1994)*** • *Au beau milieu de l'hiver (1995)* • *Hamlet (1996)* • *The Betty Schimmel story (1999)* • ***Peines d'amour perdues (2000)*** • *Listening (2003)*

Shakespearien : l'épithète sied parfaitement à Kenneth Branagh, mais, sans rien perdre de sa composante théâtrale et tout en restant attachée à une tradition dont Laurence Olivier avait été, dans les années 1940-1950, le héraut inspiré, adaptée à un temps et à un esprit qui en renouvellent la vision. Comédien d'abord, ayant étudié à la Royal Academy of Dramatic Art, puis entrant à la Royal Shakespeare Company pour y interpréter le rôle-titre de *Henry V*, avant d'y être le roi de Navarre dans *Peines d'amour perdues* puis Laertes dans *Hamlet*, fondant ensuite la Renaissance Theatre Company où il met en scène *La Nuit des rois* et interprète *Beaucoup de bruit pour rien, Comme il vous plaira* et *Hamlet*, qu'il joue à nouveau, ainsi que *Coriolan*, pour la Royal Shakespeare Company, Kenneth Branagh présente un parcours shakespearien sans fautes. Et d'autant plus dense qu'à ses interprétations et ses mises en scène de théâtre, il ajoute, dès qu'il passe au cinéma, des adaptations sur grand écran – *Henry V, Beaucoup de bruit pour rien, Hamlet, Peines d'amour perdues* – qu'il traite de façon chaque fois inédite, donnant des drames historiques une version pleine de bruit et de fureur, aux couleurs contrastées, et des comédies une vision virevoltante, enlevée, qui va même jusqu'à rejoindre l'univers de la comédie musicale. Et l'esprit de troupe que traduit la présence de comédiens eux-mêmes souvent formés, et notamment Emma Thompson, au théâtre se retrouve aussi dans les films plus personnels : ainsi du suspense retors de *Dead again*, de la petite réunion entre amis, à la fois douce et cruelle, de *Peter's friends*, de la relecture spectaculaire du mythe dans *Frankenstein d'après Mary Shelley*, ou de la mise en abîme d'une représentation de *Hamlet* par des comédiens au chômage dans *Au beau milieu de l'hiver*. Comédien avant tout, il apporte à ses réalisations la virtuosité dramatique du théâtre, sans jamais cesser, dans ses films comme dans ceux des autres, de jouer. Au double sens du terme.

### FRANKENSTEIN D'APRÈS MARY SHELLEY (1994)
#### avec Robert De Niro, Kenneth Branagh et Tom Hulce

**La beauté du monstre.** Il s'appelle Victor. Victor Frankenstein. Jeune homme ambitieux, brillant, élevé dans l'affection d'une famille aimante que semble avoir touchée la grâce des dieux. Et sur laquelle soudain, aussi radicale que le bonheur, vient fondre la mort. Alors Victor, révulsé, fait le serment d'engager toute son énergie à combattre ce qui lui apparaît comme l'injustice suprême. Et, comme on est à la fin de ce XVIII$^e$ siècle porté par les Lumières, où s'annonce déjà la grande révolution de la science, Victor se met à étudier l'anatomie, la chimie, l'électricité, porté par cette idée que la connaissance scientifique est capable d'infléchir la destinée humaine et peut-être même, suprême pouvoir, de vaincre la mort. Commencent alors pour lui de mystérieuses expériences où, enfermé dans son laboratoire et rompant peu à peu tout lien avec ceux qu'il aime, le jeune savant s'engage dans des voies interdites, tandis qu'autour de lui le choléra qui infeste la ville lui fournit sa cargaison de cadavres, sur lesquels il prélève des organes encore chauds. Jusqu'au jour où, enfin, dans une explosion de feu électrique, il fait surgir, des chairs et des membres qu'il a cousus en un monstrueux assemblage, un être informe et qui, soudain, s'anime.
De cette créature sans nom, créée par l'homme même, la mémoire collective conserve, indélébile, l'image d'une face blafarde, au front immense et aux yeux enfoncés dans leurs orbites, avec des boulons qui vissent la tête au tronc : le masque à la fois terrible et pathétique de Boris Karloff, fixé à jamais dans l'imaginaire cinéphilique. Le premier défi à relever pour Kenneth Branagh était bien là, dans l'existence de cette ombre immense qui continue à planer sur le personnage de la créature. Pour la conjurer, en metteur en scène anglais et shakespearien qu'il est, il a choisi d'être fidèle et au roman originel et à lui-même. Son *Frankenstein* est ainsi une adaptation fidèle à l'œuvre de Mary Shelley, et non seulement parce qu'il en suit le récit au plus près. C'est en fait tout un esprit, une atmosphère, une inspiration que le cinéaste s'est efforcé de retrouver. Ceux d'une grande histoire romantique, inspirée par la veine à la fois macabre et flamboyante du gothique. Raconté par Kenneth Branagh, *Frankenstein* retrouve toute sa force romanesque : l'histoire du savant y est tour à tour et tout à la fois un drame familial, un grand roman d'amour, un récit d'aventure, un

itinéraire symbolique. Bals somptueux, vie brillante, beauté raffinée des scènes XVIIIe ; force réaliste, poussière acre, foule déchaînée, brutalité insoutenable des pendaisons expéditives dans une ville en proie au mal ; travellings aériens, blancheurs immaculées, immensité des paysages enneigés ; et feu et sang surtout, depuis l'antre du savant, prodigieux capharnaüm, jusqu'aux grandes scènes de mort et de vie, confondant dans un même flux l'hémorragie des entrailles sanguinolentes, la viscosité du liquide amniotique, la palpitation morbide des organes arrachés.
Il y a là, avec les ressources conjuguées des décors, de la musique, des couleurs, du maquillage, un de ces grands spectacles qui font frémir, y compris de plaisir. Kenneth Branagh est tout entier dans cette vision, non seulement parce qu'il prête son corps – complaisamment montré – à Frankenstein lui-même, mais aussi parce qu'il fait de son film une tragédie shakespearienne, où ce sont les grandes questions de la vie et de la mort, de la responsabilité humaine, du bien et du mal, qui sont en jeu. Où l'imaginaire opère un brassage de tout ce qui agite le cœur et l'âme. Et où la créature qui en sort (superbe De Niro), toute couturée, suturée, difforme, apparaît soudain comme le reflet de son créateur, assoiffée d'amour, de pureté et d'absolu, et faisant retomber sur notre monde de sang gâté et de manipulations génétiques le poids d'une lancinante interrogation.

### PEINES D'AMOUR PERDUES (2000)
### avec Kenneth Branagh, Nathan Lane et Alessandro Nivola

**Shakespeare in dance...** 1939. Dans un royaume de Navarre et d'opérette, alors que les nuages s'amoncellent à l'extérieur, le jeune roi et ses trois compagnons font le serment de consacrer les trois années qui viennent à l'étude et de mener une vie austère, éloignés de tous les plaisirs, et des femmes en particulier. Et puis, le destin passant par là, avec sa manie de faire se rencontrer les garçons et les filles, voici que la jeune princesse de France, entourée de ses trois amies, vient mettre le feu au cœur des damoiseaux et à leurs promesses d'abstinence.
Cela donne une des comédies les moins connues de Shakespeare, et pourtant l'une des plus pétillantes, ce qui, évidemment, n'a pas échappé à Kenneth Branagh, adaptateur shakespearien numéro un de l'actuel cinéma anglais, cinéaste et comédien hors pair, et qui sait mieux que personne qu'on ne saurait trouver meilleur scénariste que le vieux maître de Stratford-on-Avon. S'agissant de la comédie, il avait déjà donné dans la fantaisie à l'italienne avec *Beaucoup de bruit pour rien*. Il lui fallait donc trouver autre chose. Et, le sujet tout autant que la structure quasi chorégraphique de l'intrigue s'y prêtant, il a eu l'idée, lumineuse, de faire de cette pièce-ci une comédie musicale. Si donc c'est Shakespeare qui fournit les personnages et cet étonnant quadrille sentimental où, de feintes en déguisements, de parjures en méprises, la vérité du cœur parvient malgré tout à se faire jour, c'est la comédie américaine des années 1930-1940 qui apporte le cadre et le ton de cette joyeuse farandole. Du coup, enchaînant comme naturellement la langue éclatante et les images ébouriffantes de la pièce originelle avec les standards musicaux signés de George Gershwin, Cole Porter ou Irving Berlin, le film mêle la plus pure des traditions théâtrales anglaises à ce qui a fait le meilleur du champagne des grandes chorégraphies hollywoodiennes, de Busby Berkeley à Esther Williams, de Fred Astaire et Ginger Rogers à Bing Crosby et Cyd Charisse. La transposition dans l'Europe de 1940, où des images en noir et blanc font le lien entre la légèreté de l'intrigue et le drame de la guerre, apporte la part de gravité qui colore ces jeux échevelés d'une discrète ironie sur les plaisirs et les vicissitudes de la vie. Et lorsque, dansant *Cheek to cheek*, Kenneth Branagh et sa troupe s'envolent dans les nuages en chantant *Heaven, I mean Heaven*, c'est bien à un ciel qu'ils touchent : celui de la comédie musicale.

## BRAOUDÉ Patrick (français, né en 1954)

**FILMOGRAPHIE :**
*Génial, mes parents divorcent ! (1990)* • *Neuf mois (1993)* • ***Amour et confusions (1996)*** • *Iznogoud (2005)*

D'abord comédien, Patrick Braoudé se fait aussi connaître par l'écriture de scénarios de comédies de mœurs, avant de réaliser lui-même les films qu'il écrit et qu'éventuellement il interprète. Ce sont d'ailleurs les sujets qu'il choisit qui font l'essentiel des films en question : le divorce, la grossesse, la rencontre forment successivement la trame de *Génial, mes parents divorcent !*, *Neuf mois* et *Amour et confusions*, où, tant par les situations que par les relations amoureuses et gentiment lestes sur lesquelles ceux-ci sont construits, il s'essaie à des sortes de comédies américaines à la française.

D'ailleurs les deux premiers films donnent lieu à deux remakes hollywoodiens. Mais l'absence de mise en scène et le formatage quelque peu racoleur empêchent lesdites comédies, tout autant que leurs épigones américains, de réussir à être autre chose que des divertissements qui volent plutôt bas.

### AMOURS ET CONFUSIONS (1996)

#### avec Patrick Braoudé, Kristin Scott-Thomas, Gérard Darmon et Valeria Bruni-Tedeschi

**Lingerie (pas) fine.** Il y a une idée, dans le scénario d'*Amour et confusions*, qui pourrait, si elle était exploitée par un cinéaste, inspirer un type de film qui fait quelque peu défaut au cinéma français : la comédie sentimentale, celle-là même que les Américains savent parfaitement trousser. Mais il y faudrait autre chose que ce qu'y met Patrick Braoudé. Car les ressources dramatiques et comiques ne manquent pas à cette histoire de première rencontre, purement passagère, entre Dan et Sarah, lui séparé de sa femme et menant une vie de célibataire patachon et blasé, elle *executive woman* tout entière dévouée à sa réussite et voyant arriver l'âge sans avoir jamais rencontré l'âme sœur. Et que cette coucherie d'un soir se révèle, pour l'un comme pour l'autre, non simplement une histoire de sexe mais une histoire d'amour, et que, selon la bonne vieille recette du malentendu, Dan égare le numéro de téléphone de Sarah et ne puisse la retrouver : cela aurait pu constituer le point de départ d'un de ces chassés-croisés amoureux où la confusion des situations n'est que la traduction de la confusion des sentiments, et où démêler le fil emmêlé revient à débrouiller et les unes et les autres.
Le problème est que, pour y réussir, il faut avoir la main légère. Braoudé, lui, l'a plutôt leste, qui situe son histoire dans une entreprise de lingerie fine, occasion évidemment d'exhiber avec toute la complaisance voulue les dessous chics des ravissantes créatures chargées de les présenter. Ce qui donne l'occasion à Gérard Darmon, en cousin étourdi par tout cet étalage coquin, de passer le film à montrer langue pendante et yeux exorbités. Pendant ce temps, la cause des femmes a une fâcheuse tendance à régresser, avec une Kristin Scott-Thomas réduite à écorner son chic british dans cette galère gauloise et une Valeria Bruni-Tedeschi contrainte à jouer la copine nunuche de service. Quant à Patrick Braoudé lui-même, en petit gros qu'il est, il a quelque mal à faire croire à sa séduction ravageuse. Et sa comédie de l'amour a la finesse des plus épais vaudevilles.

---

## BREILLAT Catherine (française, née en 1948)

**PREMIER LONG MÉTRAGE :**
*Une vraie jeune fille (1975)*
**FILMOGRAPHIE DEPUIS 1985 :**
*36 fillette (1987) • Sale comme un ange (1990) • À propos de Nice, la suite (1995), co-réalisation • Parfait amour ! (1996)* • ***Romance (1998)*** • *À ma sœur ! (2000) • Brève traversée (2001) • Sex is comedy (2002) • Anatomie de l'enfer (2004)*

Romancière, scénariste pour d'autres cinéastes (et non des moindres : Fellini, Cavani, Pialat...), Catherine Breillat est aussi très vite réalisatrice, intéressée d'emblée par la cause des femmes. Ses premiers films (*Une vraie jeune fille, Tapage nocturne, 36 fillette, Parfait amour !*) explorent les rapports amoureux de façon assez classique, en suivant les règles des genres – comédie, mélodrame – choisis, tout en en privilégiant déjà le regard féminin. Avec *Romance* et les films qui suivent, le propos se fait plus ouvertement militant : le sexe y apparaît comme le révélateur de la soumission sociale de la femme. Et la façon directe et provocatrice dont elle le met en scène vise ostensiblement à renverser, à travers les tabous moraux, ledit ordre social.

### ROMANCE (1998)

#### avec Caroline Ducey, Sagamore Stévenin, Rocco Siffredi et François Berléand

**Sexes faibles.** Un couple. Au milieu d'une arène, avec tout autour des techniciens en train de préparer une séance de photos. L'homme et la femme sont en habit de lumière, lui matador à l'œil noir, un peu gêné par sa taille modeste, elle beauté andalouse. Le photographe conseille au garçon d'avoir l'air viril, dominateur, et surtout, au moment du flash, de se mettre sur la pointe des pieds pour dépasser sa partenaire qui, elle, doit avoir les yeux un peu baissés, façon de marquer qu'elle lui est soumise.

La première séquence du film de Catherine Breillat en annonce assez pesamment la couleur : il sera question de ce rapport entre les hommes et les femmes qui pourrait s'appeler l'amour, placé d'emblée sous le signe du rapport de force dominant/dominé, et où la virilité de l'homme tente comme elle peut de se hausser au niveau du désir de la femme. Sans toujours y parvenir, comme c'est précisément le cas avec Paul, le beau torero qui, revenu à la vie civile, est l'amant de Marie. Ou plutôt qui l'est très épisodiquement, ne l'honorant que de façon fort lacunaire, ce qui ne satisfait pas les envies de madame. Laquelle s'efforce donc par toute manipulation doucereuse de ranimer la flamme vite éteinte de son partenaire défaillant. Mais rien à faire : c'est au niveau intello que ça se passe. Paul n'est pas impuissant, il n'a tout simplement pas envie et préfère aux petites gâteries intimes le plaisir plus onaniste d'aller lire Charles Bukowski et son *Amour est un chien de l'enfer* au bistrot du coin. Pendant ce temps, Marie se ronge les pouces et part donc draguer dans un bar de nuit.

Elle a, il faut le dire, une certaine chance dans son malheur, puisqu'elle tombe sur le beau Paolo, version latine de son Paul français et amorphe, et qui n'est autre en fait que Rocco Siffredi, la star incontestée du porno, dont les mensurations bien connues de tous les amateurs de X sont, dans le besoin où elle se trouve, une assurance tous risques. Après une étreinte plutôt hard qui, au passage, engendre des réflexions hautement philosophiques sur le côté rabat-joie du préservatif, Marie qui, à côté de ses problèmes nocturnes, assume aussi le jour la fonction d'institutrice, découvre, là encore avec une certaine chance, que son directeur d'école est un sexologue averti qui, se rendant compte qu'elle a des problèmes, lui propose aussitôt une thérapie sado-maso. François Berléand, impayable dans sa façon de garder son sérieux devant ce qu'on lui fait faire, lui rejoue donc une version allégée d'*Histoire d'O*, s'emmêlant au passage quelque peu les pinceaux dans tout l'attirail nécessaire à lier, bâillonner, menotter, écarter et mettre le corps en souffrance extatique. La douce Caroline Ducey, pour qui un tel rôle n'a pas toujours dû être une partie de plaisir, endure tout ça avec constance, pleurant bien un peu ça et là, mais en tirant surtout la conclusion, dans une voix off qui ne révolutionne pas l'art du récit, que son corps et sa tête ne marchent pas ensemble.

D'un côté il y a donc la pensée, le cœur et l'âme, tout purs, et de l'autre le sexe, cet affreux jojo, qui réclame constamment son dû, comme le traduit un rêve érotique des plus explicites. Qui donc veut faire l'ange, doit aussi, pour être complet, faire la bête. C'est à ce prix que Marie, la vierge, pourra devenir Marie, la mère, après avoir naturellement subi, devant la caméra à qui rien n'échappe, tous les examens gynécologiques pour que naisse, enfin, le divin enfant. Catherine Breillat, poursuivant une démarche qui, brassant le désir et les fantasmes, cherche à aller au plus profond de la vie intime, le fait en femme qui s'interroge, au sens propre, sur son sexe et sur les rapports de celui-ci avec l'autre. Cela ne va pas sans une belle audace, même si l'on ne peut s'empêcher de penser que celle-ci, largement orchestrée par la rumeur du Landerneau médiatique, est aussi une façon d'attirer vers le film nombre de spectateurs plutôt désireux de se rincer l'œil que sensibles au fait que le film soit coproduit par Arte. Et même si l'héroïne prétend que ses problèmes de sexe relèvent de la métaphysique, si elle s'interroge sur la vie et sur la mort et si elle se livre à de savantes considérations étymologiques sur les mots de l'amour, au bout du compte il est possible que ce que l'on retienne de cette romance, ce ne soient les paroles, mais les actes…

## BREITMAN Zabou (française, née en 1959)

**FILMOGRAPHIE :**
***Se souvenir des belles choses (2002)*** • *L'Homme de sa vie (2005)*

Longtemps comédienne, au théâtre d'abord, puis au cinéma, Zabou a choisi, pour passer derrière la caméra, de retrouver son nom de famille, qu'elle avait publiquement repris pour jouer *La Jeune fille et la mort* quelque temps auparavant. Identité revendiquée de façon révélatrice, dans un film plein de sensibilité et de vie, co-écrit avec son père, et où, à travers l'amnésie du personnage principal, la question de l'identité se trouve liée de façon symptomatique à celle de la mémoire.

### SE SOUVENIR DES BELLES CHOSES (2002)
### avec Isabelle Carré, Bernard Campan et Yves Le Coq

**La mémoire perdue.** Un mot, soudain, qui manque. Cela arrive tous les jours, à tout le monde. Mais pour Claire, qui a 32 ans, les mots font de plus en plus régulièrement défaut, et les trous de mémoire créent des béances où, de façon insidieuse, se profile l'ombre de la maladie. Maladie de vieux, peut-on penser, et qui porte un nom –

Elzheimer –, mais maladie pourtant qui peut toucher des gens jeunes. Le cas de Claire en est un exemple extrême, laquelle rejoint un institut spécialisé, Les Écureuils, où tout un éventail de cabossés de la mémoire vivent dans leur monde d'absence et d'aphasie.

Il y a une grande finesse de l'observation clinique dans cette présentation, mais aussi un humour constant qui fait de l'endroit une sorte de collège papillon, où la gaieté est de mise, et où l'humour circule en permanence, sans que jamais la sympathie de Zabou, la réalisatrice, pour ceux qu'elle regarde ne se démente. Et non sans que, non plus, le fil ténu qui sépare la mémoire ordinaire de l'oubli ne soit plaisamment souligné. Mémoriser un numéro de téléphone, se rappeler un nom propre, ne pas oublier son agenda : autant de petites fêlures fréquentes pour les gens ordinaires dans leur belle ordonnance mentale, lesquelles, face à ces malades qui, de leur côté, connaissent par cœur la liste des apôtres ou les phases de la lune, ne manquent pas de relativiser les choses. Mais, pour autant, le film de Zabou – son premier en tant que réalisatrice – est tout autre chose que la description clinique d'une maladie. La rencontre que fait Claire, aux Écureuils, avec Philippe fait d'abord du film une histoire d'amour, dont l'originalité attachante réside dans le fait qu'elle réunit deux handicapés de la mémoire : elle qui perd progressivement ses repères, lui qui a tout oublié de l'accident où il a causé la mort de sa femme et de son enfant. En mettant en commun leur mémoire défaillante, tous deux vont s'aider mutuellement : elle en l'aidant à retrouver douloureusement son passé et à guérir, lui en l'aidant non moins douloureusement à s'enfoncer dans la brume épaisse de l'oubli absolu et à y perdre son identification.

Histoire d'amour dont on voit bien qu'elle est aussi l'histoire d'une transmission, l'une donnant à l'autre sa mémoire pour qu'il retrouve son histoire perdue. Et c'est là sans doute que la question centrale de la mémoire et de l'oubli déborde, dans le film d'une Zabou qui signe ici de son nom de famille, Zabou Breitman, la seule dimension individuelle pour prendre un sens collectif essentiel. La présence, parmi les malades, d'un vieux juif qui, soudain, retrouve dans une vieille visiteuse la jeune femme tondue du camp où ils avaient été déportés et avec qui il avait échangé son premier baiser, montre bien que le devoir de mémoire est d'abord ressenti ici comme la peur menaçante d'un oubli qui irait jusqu'à effacer, au sein même de l'horreur et en même temps qu'elle, les traces du bonheur possible. L'interprétation lumineuse d'Isabelle Carré, et celle non moins surprenante de Bernard Campan, donnent à leurs personnages cette valeur forte, qui parle à tous et à chacun. Et si Zabou cède un peu trop pour finir à la musique des violons, son film, où le sourire apparaît comme la politesse de l'émotion, traduit un beau regard de cinéaste sur ce qui est aussi un art de vivre : se souvenir des belles choses.

## BRENTA Mario (italien, né en 1942)

**Premier long métrage :**
*Vermisat (1975)*
**Filmographie depuis 1985 :**
*Maicol (1988)* • ***Barnabo des montagnes (1994)***

Cinéaste secret, peu exposé aux lumières médiatiques, Mario Brenta offre l'exemple d'une carrière dont l'exigence accroît la difficulté : peu de films (trois en trente ans), quelques courts métrages, dont l'un, *Effetto Olmi*, réalisé sur le tournage d'*À la poursuite de l'étoile*, témoigne des liens qui le rattachent au groupe de Bassano et à son maître, lequel l'aide à revenir à la réalisation en 1989 avec *Maicol*, quinze ans après son premier film, *Vermisat*, et inspire le naturalisme dépouillé, l'emploi de comédiens non professionnels et le sens de la nature qui caractérisent *Barnabo des montagnes*.

### BARNABO DES MONTAGNES (1994)
**avec Marco Pauletti, Carlo Casserotti et Duilio Fontana**

**Le monde du silence.** En 1988, dans *Maicol*, film métropolitain, qui se situe à Milan et montre les rapports difficiles d'une mère et de son jeune fils, Mario Brenta, en faisant la chronique d'une journée de la vie de ses personnages, montrait le difficile cheminement d'êtres qui sont avides de s'aimer mais qui multiplient les obstacles pour y parvenir. Loin de cette agitation à la fois urbaine et intime, *Barnabo des montagnes* apparaît au contraire comme un film de nature et de silence. Dans le cadre grandiose des Dolomites du Frioul, le film, adapté de Buzzati, raconte l'itinéraire intérieur d'un jeune garde forestier, rêvant d'héroïsme dans la lutte ancestrale qui oppose les gardes aux

contrebandiers, mais qui, à l'heure de l'affrontement, recule. Il lui faut alors passer par un long retour à la terre et à la dure vie d'une ferme de la plaine pour prendre la mesure du chemin qui lui reste à accomplir. Et lorsqu'il regagne les montagnes, ce n'est plus le désir de revanche mais l'acceptation de soi qu'il va retrouver.
Cet itinéraire, Mario Brenta le traduit par des images d'une beauté fascinante, scandées par un silence qui donne soudain aux choses leur vrai visage. Son film parle peu. Le silence y est comme une caisse de résonance, qui donne l'occasion de découvrir ce qu'un monde de bruit et de vitesse ne permet plus de voir ni d'entendre. Film de contemplation, qui prend une dimension quasi spirituelle de méditation, *Barnabo des montagnes* est un film exigeant, ascétique, au rythme lent, et d'une pureté difficile d'accès, comme ces montagnes abruptes nimbées de mystère et denses d'un vide qui appelle une présence.

## BRIGHT Matthew (américain, né en 1952)

**FILMOGRAPHIE :**
***Freeway (1996)*** • *Modern vampires (1998)* • *Freeway II: confessions of a Trickbaby (1999)* • *Ted Bundy (2002)* • *Tiptoes (2003)*

La plupart du temps, les contes donnent matière à dessins animés ou à adaptations directes gardant valeur d'illustration : Pinocchio, par exemple, a suscité des films d'animation traditionnels ou mêlant marionnette de synthèse et acteurs, et aussi des films, comme ceux de Comencini en 1972 ou de Roberto Benigni en 2002, racontant la même histoire mais en la faisant interpréter par des comédiens. Toutefois, la nature même du conte, sa portée morale et sa valeur mythique, le rendent susceptibles de variations qui utilisent le récit original pour lui donner une application nouvelle. Dans le cas du *Petit Chaperon rouge*, si la version d'Alberto Cavalcanti et de Jean Renoir lance, dès 1929, les adaptations directes, la parodie que signe Francis Blanche, en 1950, pour le film de Raoul André, montre que la matière du conte est susceptible de traitements plus libres et moins directement destinés à la jeunesse. Ce que confirme, en 1997, la version très noire et à ne pas mettre entre toutes les mains qu'en offre Matthew Bright, cinéaste venu à la réalisation par l'écriture de scénarios, après s'être spécialisé, à l'université, dans l'étude du latin et la traduction de livres d'histoire sur le Ier siècle.

### FREEWAY (1996)
### avec Reese Whiterspoon, Kiefer Sutherland et Brooke Shields

**Le Petit Chaperon rouge sang.** Avec ses bottines lacées haut, ses jeans coupés façon bermuda, son bustier mini qui semble avoir rétréci au lavage et son petit air mutin et buté d'ado trop vite grandie, Vanessa offre une vision plutôt coquine du gentil Petit Chaperon rouge. Elle en a pourtant tous les attributs ; un panier, une grand-mère et le fameux capuchon rouge, ici relooké en blouson de cuir. Il faut dire que l'univers où elle vit n'a rien d'un conte de fées. Dans un quartier plutôt crasse de la jungle urbaine, côté Californie, son foyer familial se réduit à une mère toxico qui se prostitue devant la maison pour faire entrer un peu d'argent et un beau-père carrément allumé, qui la pelote, et plus encore, depuis qu'elle est en âge tendre. Les parents en question, un jour où ils sont encore plus déjantés que de coutume, se font arrêter par la police, qui n'y va pas de main morte pour les embarquer sans espoir de retour immédiat, vu qu'ils en sont à leur trente-sixième arrestation. Alors, ne sachant trop que faire, Vanessa vole la voiture de l'assistante sociale et, le temps d'embrasser son chéri adoré, qui lui passe un flingue pour la route avant de se faire descendre aussitôt qu'elle a le dos tourné, la voilà qui prend la freeway qui monte vers Stockton, où elle veut rejoindre sa grand-mère, qu'elle n'a jamais vue mais qui constitue peut-être le seul point d'ancrage dans une existence déjà passablement à la dérive.
La route de Vanessa est donc, dès l'abord, plutôt mal engagée. Et si conte il y a, il ne peut s'agir que d'une version hard, ce que confirment non seulement la réalité sociale et la violence inhérente au milieu urbain, mais aussi le langage minimal et pas vraiment châtié qu'utilisent Vanessa et les siens. C'est qu'on est ici carrément dans la sous-culture, et ce n'est pas pour rien que le film commence par une leçon d'apprentissage de la lecture, Vanessa s'efforçant de déchiffrer la phrase que son institutrice a écrite au tableau : « Le chat boit du lait. » En fait de chaton, Vanessa va plutôt se révéler du genre tigresse, et le long de son chemin, ce n'est pas tant de lait qu'il va être question que de sang, bien rouge et bien épais, le conte empruntant vite la direction trash et l'histoire pour enfants

sages se transformant en apologue sanguinolent. Tombant en effet en panne sur l'autoroute, Vanessa est secourue par un automobiliste apparemment sympathique, qui se dit psychologue pour enfants mal dans leur peau. Mais, à la façon inquiétante qu'il a de s'intéresser aux profondeurs troubles de la vie sexuelle de la jeune fille, on ne tarde pas à subodorer qu'il pourrait bel et bien s'agir du tueur en série qui sévit sur les autoroutes du coin et dont la télévision rapporte les tristes exploits. Après le gentil Chaperon rouge, voici donc qu'entre en scène, pour compléter le tableau, le grand méchant loup. Il a l'allure et les façons d'un bourgeois respectable mais, sous la patte de velours, les griffes sont acérées. Vanessa, cependant, qui connaît l'art et la manière de se défendre en milieu hostile, entend vendre chèrement sa peau et sa cavale va vite prendre l'allure d'une course infernale. C'est que la pauvre fille se trouve en fait confrontée à tout ce que la société américaine, puritaine, libérale et avancée, peut produire de violences, d'hypocrisies et de frustrations. Et il y a presque du chemin de croix dans la route semée d'embûches où l'adolescente tente de se frayer un passage. Or, comme elle est ennemie de toute compromission et qu'elle ne veut connaître que les solutions les plus purement radicales, elle ne transige jamais, et quand elle dit qu'elle tue, elle tue.
A-t-elle raison, a-t-elle tort ? Cela semble bien être l'enjeu moral du film. Mais, au-delà de la valeur de fable de l'histoire, qui dit sur le côté caché de l'Amérique moderne des choses assez rudes, ce qui surprend surtout dans le (premier) film de Matthew Bright, c'est ce mélange détonant des genres, qui relit Perrault à la lumière de Tarantino, avec une façon particulièrement décapante et acide de revisiter le conte célèbre. Dans ce petit Chaperon couleur rouge sang, la surprise est du coup constante et l'on ne sait jamais trop s'il faut en rire ou en pleurer. À l'image des réactions qu'on peut avoir devant l'étonnante interprète de la jeune Vanessa, Reese Witherspoon, qui donne à son personnage un côté à la fois horripilant et désarmant de petite chose perdue dans la forêt d'aujourd'hui et se débrouillant avec ses armes à elle, acérées, tranchantes, perforantes, explosives, dans un film qui brosse une vision du monde aussi désespérée que jubilatoire, où la violence règne à l'état brut mais où l'humour, le plus noir évidemment, ne fait jamais défaut.

## BRISSEAU Jean-Claude (français, né en 1944)

**PREMIER LONG MÉTRAGE :**
*Un jeu brutal (1983)*
**FILMOGRAPHIE DEPUIS 1985:**
***De bruit et de fureur (1988)*** • *Noce blanche (1989)* • *Céline (1992)* • *L'Ange noir (1994)* • ***Les Savates du Bon Dieu (1999)*** • *Choses secrètes (2002)*

*Un jeu brutal, De bruit et de fureur*: le titre des deux premiers films de Jean-Claude Brisseau illustre parfaitement la tonalité âpre et cruelle d'un cinéma marqué à la fois par le mal radical, tant individuel que social, et par la quête quasi mystique d'une rédemption. Le fait que le réalisateur, avant d'aborder le cinéma, ait été longtemps professeur dans un établissement de banlieue (où il a commencé à faire en super-8 des films qui, aidés ensuite par l'Institut national de l'audiovisuel, lui ont ouvert les portes de la télévision) n'est pas pour rien dans le fait que son cinéma met en scène la plupart du temps des adolescents mal dans leur peau et dans leur vie. Mais le style de Brisseau, même s'il fait place à une vision directe et brute de la réalité, et notamment du désir, dépasse le naturalisme par l'aspect symbolique et spirituel qui sous-tend et transcende chacun de ses films.

### DE BRUIT ET DE FUREUR (1988)
**avec François Négret, Vincent Gasperitsch, Fabienne Babe et Bruno Cremer**

**Graine de souffrance.** Banlieue béton, terrains vagues, parkings lugubres : c'est dans ce monde gris que le jeune Bruno se retrouve, à 14 ans, à la mort de sa grand-mère, dans un appartement que sa mère, qui travaille, laisse vide toute la journée. Seul avec un oiseau en cage, il se laisse aller à rêver à une jeune femme en blanc qui lui apparaît, virginale et tendre, porteuse d'un monde d'amour et de douceur. Pourtant, la réalité est là, parmi ces gamins déshérités qu'il rencontre à l'école, et auxquels une jeune prof essaie tant bien que mal d'apprendre quelque chose. Parmi eux, Jean-Roger, forte tête, mal aimé et mal compris, se rapproche de Bruno. Entre les deux adolescents s'esquisse

comme une amitié sur fond de violence et de misère morale. Au doux Bruno qui nourrit une passion pour les oiseaux et que le mystère des espaces infinis attire, répond la frénésie destructrice de Jean-Roger, dont le monde tourne autour d'un père mi-facho mi-anar, et de copains zonards qui l'intègrent à leurs jeux vicieux et cruels. Quel horizon pour ces chiens perdus ? Le dévouement de la prof, qui donne à Bruno des leçons particulières, se heurte bien vite à la loi de la jungle. Et l'apparition qui revient hanter l'esprit du jeune garçon l'amène à regarder la réalité en face, dans une scène hallucinante où, poussé par cette voix qui lui suggère qu'il y a, ailleurs, des portes de lumière, il choisit, pauvre oiseau enfermé, de quitter pour de bon la cage.
Cruel, le film de Jean-Claude Brisseau porte bien son titre. Le monde qu'il décrit est bien cet univers frénétique qu'un dieu pervers semble avoir imaginé pour s'amuser avec ses créatures. Mais derrière ce constat terrible sur une société qui ne donne à ses laissés-pour-compte d'autre solution que le désespoir ou le sang de la révolte se profilent d'autres préoccupations, plus personnelles. C'est ce que manifeste l'aspect le plus original du film, celui qui n'hésite pas à mêler les tons et à montrer la réalité sans misérabilisme, mais qui au contraire, avec une sorte de dérision bouffonne, ne recule ni devant l'outrance ni devant l'énorme. Bruno Cremer, en maniaque du fusil à pompe qui utilise son appartement comme un champ de tir et qui justifie sa crapulerie par un discours en forme sur la liberté, atteint en la matière à une grandeur grotesque et tragique, qui porte en soi le sens du film. C'est Shakespeare à Bagnolet ! Du coup, on passera volontiers sur certaines insuffisances, du côté des moyens ou de l'interprétation, ou sur le poids un peu pesant de symboles fortement répétitifs, pour entrer de plain-pied, à travers cette histoire amère et qui laisse un goût de cendres, dans l'univers d'un cinéaste moins préoccupé sans doute de la réalité que de ce qu'il y a derrière. Et même au-delà.

## LES SAVATES DU BON DIEU (2000)
### avec Stanislas Merhar, Raphaële Godin et Emile Abossolo M'Bo

**Les Enfants du purgatoire.** Au départ, il y a la réalité, pas vraiment gaie – HLM de cité et misère sociale –, et un jeune type immature, Fred, qui est marié à Élodie avec qui il a une petite fille, mais qui est incapable d'assumer, qui se fait virer de son boulot, et qui se retrouve face à la pire des choses : Élodie le plaque, et il reste seul avec la violence de son amour envolé et sa douleur d'enfant meurtri. Et il lui arrive alors ce qui ne peut manquer de lui arriver : il pète les plombs, braque une banque, distribue l'argent aux pauvres, et taille la route de la délivrance, embarquant avec lui dans sa cavale sa copine Sandrine, amoureuse de lui, et l'improbable Maguette, fils de roi africain et vaguement marabout, qui se prépose vite au rôle non moins empreint de magie douce d'ange gardien. C'est dire que la route qu'empruntent les personnages de Jean-Claude Brisseau, sans jamais perdre de vue le paysage de la réalité, bifurque vite sur des chemins moins rationnellement balisés. C'est qu'en fait, ces *Savates du bon Dieu* sont un peu des bottes de sept lieues, capables de franchir, de leurs semelles ironiques et fantasques, les frontières qui habituellement cloisonnent les genres. Commencé comme une chronique sociale, le film se transforme progressivement et alternativement en road-movie, en récit d'apprentissage, en conte philosophique, où, de brisures de narration en ruptures de ton, se dessine peu à peu non pas tant une morale qu'une leçon initiatique. C'est que, dans une société du désordre et de l'injustice, où tous les repères ont disparu, il faut bien malgré tout chercher un sens à sa vie. Arrivé au bout de sa route, Fred aura certes appris bien des choses : l'écriture, la lecture, l'amour même, différent de ce qu'il croyait. Mais ce sera, pauvre enfant d'un éternel purgatoire, pour continuer à tourner en rond sur un circuit automobile, où, au volant d'une voiture de sport nourrie toujours de ses rêves d'enfant, il ne sera pas maître d'un destin que d'autres auront tracé pour lui.
Le salut est-il possible dans ce monde, si d'aventure il n'y en avait pas d'autre ? Jean-Claude Brisseau, à travers les déambulations drolatiques et cruelles de ses enfants perdus, se prend à poser la question, dans un film qui s'amuse à être inclassable et détonant et qui, quitte à défriser, choisit de trancher avec toute fadeur ambiante.

## BROCA Philippe de (français, 1933-2004)

**PREMIER LONG MÉTRAGE :**
*Les Jeux de l'amour (1959)*
**FILMOGRAPHIE À PARTIR DE 1985 :**
*La Gitane (1985)* • *Chouans (1988)* • *Les Mille et une nuits (1989)* • *Les Clés du Paradis (1990)* • *Côté cour, côté jardin (1992)* • *Le Bossu (1997)* • *Amazone (1999)* • ***Vipère au poing (2004)***

Assistant de Chabrol et de Truffaut, Philippe de Broca s'est glissé comme tout naturellement dans le sillage de la Nouvelle Vague, s'y faisant remarquer à ses débuts par des comédies enlevées et des marivaudages brillants, aussi prestes et élégants que leur interprète principal, Jean-Pierre Cassel. Le même brio, manifesté en 1961 dans un *Cartouche* qui relevait moins de la reconstitution historique que du film d'aventures, allait faire bifurquer sa carrière vers des comédies d'aventures, menées tambour battant par un Jean-Paul Belmondo courant les grands chemins et passant de Rio à la Chine avec le même bonheur. Cette inflexion vers le grand cinéma populaire, pour talentueuse qu'elle ait été, semble avoir quelque peu réduit les ambitions propres du cinéaste. De loin en loin pointe, pourtant, tant dans les aventures à grand spectacle que dans les comédies gentiment formatées, un goût de la pointe vive et saugrenue qui témoigne, sous le métier et le savoir-faire, d'un esprit plus personnel, au fil d'une carrière qui se ralentit progressivement pour s'achever, avec *Vipère au poing*, sur un retour vers l'enfance.

### VIPÈRE AU POING (2004)
**avec Catherine Frot, Jacques Villeret et Jules Sitruk**

**Carabosse.** Ah ! Folcoche. Dans la catégorie des peaux de vache, vieux chameaux et autres mères Fouettard, elle tient sans discussion le haut de l'affiche. Non pas tant sans doute par la sévérité des traitements qu'elle fait subir à son pauvre Brasse-Bouillon que par la haine inextinguible qui sous-tend leurs relations. Et c'est bien ce qui donne, parmi tous les récits d'enfance malheureuse, sa spécificité scandaleuse au roman d'Hervé Bazin que cette inversion quasi dénaturée des sentiments maternels et filiaux, sensible dans un titre qui oppose en une image iconoclaste la rage vipérine de la mère au poing serré de l'enfant.
Philippe de Broca, dont le talent a toujours cultivé la légèreté élégante, a choisi délibérément une vision adoucie pour une histoire qui n'est pas douce. Cela donne un film qui déplace sensiblement la tonalité du roman : non pas le récit cruel d'une éducation transformant le vert paradis de l'enfance en enfer de la haine et de la souffrance, mais le monde magique des contes de fées où, dans une grande maison qui prend des allures de château fantastique revisité par la comtesse de Ségur, entre une tendre Mère-Grand, trop vite disparue, et un Papa Gâteau dont la gentillesse n'est qu'une forme de faiblesse, surgit une fée Carabosse porteuse de tous les mauvais sorts et de toutes les pires vexations.
S'ensuit donc un récit d'enfance fait d'abord pour les enfants, où le choix d'une voix off racontant les souvenirs introduit au « Il était une fois… », et où chaque protagoniste se retrouve exactement à la place qu'on attend : la méchante Carabosse d'un côté, le malin Petit Poucet de l'autre. Comme tout cela se passe dans les années 1920, la reconstitution fait dans le léché des décors, la beauté des sous-bois en automne et la grâce des photos d'autrefois. Le temps d'une partie de chasse buissonnière et on se retrouve du côté de *La Gloire de mon père*, d'une balade au bord d'un étang et voilà que Jacques Villeret semble sortir des *Enfants du marais*, et d'une fronde enfantine face à une autorité sadique et on pourrait se croire dans *Les Choristes*. C'est dire que la nostalgie est plus que jamais ce qu'elle était. Mais Folcoche, dont quelques explications surajoutées viennent curieusement essayer d'humaniser le personnage, se retrouve engoncée dans la figure figée d'un épouvantail qui ne laisse guère à Catherine Frot d'autre choix que la raideur. Et quant au petit Jules Sitruk, il n'a à offrir à son Brasse-Bouillon que sa bonne bouille…

## BROOKS James L. (américain, né en 1940)

**PREMIER LONG MÉTRAGE :**
*Tendres passions (1983)*
**FILMOGRAPHIE DEPUIS 1985:**
*Broadcast news (1987)* • *I'll do anything (La Petite star) (1994)* • ***Pour le pire et pour le meilleur (1997)*** • *Spanglish (2004)*

Formé à la télévision, où il crée nombre de séries et d'émissions populaires, James L. Brooks passe au cinéma en 1979, d'abord comme scénariste, puis comme scénariste-producteur-réalisateur de *Tendres passions*, qui lui rapporte trois Oscars. Se partageant ensuite entre sa maison de production, la mise en scène de théâtre et la production de séries télévisées, il revient de temps à autre à la réalisation, où il met en scène le milieu de la télévision, qu'il connaît bien, avant de signer avec *Pour le pire et le meilleur* une comédie faite sur mesure pour Jack Nicholson.

### POUR LE PIRE ET POUR LE MEILLEUR (1997)
### avec Jack Nicholson, Helen Hunt et Greg Kinnear

**Le désordre amoureux.** Melvin a un foutu caractère : vieux garçon, râleur, maniaque de l'ordre et obsédé de la propreté, il a réglé sa vie selon un ordre immuable où le moindre geste s'apparente à un rite méticuleux. Et il tient par-dessus tout à ce qu'on lui fiche la paix, pour pouvoir s'enfermer chez lui et écrire en toute tranquillité misanthropique les romans d'amour qui ont fait sa notoriété. Mais ce n'est pas si simple, et tout semble se liguer contre lui. Parmi les aversions obsessionnelles de Melvin, trois catégories figurent en effet en première place : il a horreur des homos, des chiens et des femmes. Or justement, Simon, son voisin de palier, ne se contente pas d'être ostensiblement gay, il possède aussi une affreuse boule de poils, qui lève la patte juste devant la porte de Melvin et constitue un défi permanent à ses phobies hygiénistes. Et quant aux femmes, voilà que la seule qu'il supporte, Carol, la serveuse du restaurant où il se rend chaque jour à heure fixe pour retrouver la même place à la même table, supporte de plus en plus mal ses manies et son sale caractère. Du coup, Melvin a plus que jamais un problème avec les homos, avec les chiens et avec les femmes.
Ainsi exposée, la situation qui sert de point de départ à l'intrigue du film de James L. Brooks pose clairement la question : comment ce misanthrope invétéré, ce maniaque affligé de toutes les lubies, va-t-il pouvoir guérir de ses obsessions ? Lui qui ferme toujours sa porte en donnant cinq tours de clefs à sa double serrure, trouvera-t-il quelqu'un qui lui fera suffisamment perdre la tête pour qu'il en vienne un jour à laisser sa porte ouverte ? Et cet obsédé des conduites ritualisées, qui pour rien au monde ne poserait le pied sur les lignes qui quadrillent les trottoirs, en viendra-t-il, et pour qui, à oublier ses superstitieuses façons de mettre un pied devant l'autre pour marcher en toute liberté sans craindre d'écraser les dessins du pavement ? La réponse est, naturellement, inscrite dans l'environnement immédiat du maniaque : le voisin homo, le chien pisseur et la serveuse souffre-douleur de service. Et tout le plaisir que suscite la comédie de James L. Brooks tient précisément dans la manière dont les trois intrus vont entrer chacun à son tour dans la vie de ce mal embouché de Melvin. Ce qu'il en adviendra, on peut certes s'en douter. Mais le film offre cet avantage que, tout en flirtant avec les poncifs du mélo sentimental, il ne s'y laisse jamais prendre. Car mettre dans le même récipient un affreux grincheux, un toutou mignon, une fille-mère courageuse et un gentil homo, et arriver à mélanger le tout sans verser dans le sirupeux ni le lacrymal, cela tient de la performance. Comme tient de la performance l'art de donner à Jack Nicholson l'occasion de solliciter tous ses tics et manies, haussements de sourcils, plis de la bouche, mouvements d'oreilles, de façon parfaitement naturelle et irrésistible puisque correspondant à son obsédé de personnage. À quoi s'ajoutent le brio des dialogues, le rythme généralement bien soutenu, le talent des deux (et même trois, avec le chien) partenaires du grand Jack, et aussi, et peut-être même surtout, cette façon légère de dire des choses épineuses. Car cet hygiénisme obsessionnel qui débouche sur la phobie du microbe social – chiens, homos, femmes, blacks, vieux, juifs, etc. –, on sait à quoi il peut conduire. Et la meilleure façon de lui régler son compte, c'est d'y introduire le grain de sable de l'amour et de l'humour. Et de faire en sorte que ce Melvin qui, par crainte de la contagion, a peur de toucher et d'être touché, se retrouve pour finir amené à donner à pleines lèvres un gros baiser bien juteux et bien fondant. De quoi fondre, en effet…

## BROOKS Mel (américain, né en 1926)

**Premier long métrage :**
*Les Producteurs (1968)*
**Filmographie depuis 1985 :**
*La Folle histoire de l'espace (1987)* • ***Chienne de vie (1991)*** • *Sacré Robin des Bois (1993)* • *Dracula, mort et heureux de l'être (1995)*

Mel Brooks partage avec Woody Allen ses origines juives et new-yorkaises – il est né Melvin Kaminsky à Brooklyn – et son humour, lequel a très tôt constitué pour lui une défense contre les difficultés de la vie : la mort de son père lorsqu'il a 3 ans, le modeste emploi de couturière grâce auquel sa mère essaie de faire vivre ses quatre fils, et la Grande Dépression qui n'arrange pas les choses. Devant très vite gagner sa vie, passionné de cinéma et de batterie et doté d'un solide tempérament comique, il se fait vite remarquer par ses qualités de gagman, qui le font engager à la radio, puis sur les scènes de cabarets et de théâtre, où son sens de la parodie et son goût du burlesque font merveille. Comme ils font merveille dès qu'il se consacre à la réalisation, avec le ton grinçant et le burlesque échevelé des *Producteurs*, avant qu'il ne passe à la moulinette de sa vision parodique, n'hésitant jamais à forcer le trait, le western, le film fantastique, le thriller, le film historique, le film de science-fiction, le film d'aventures. Non sans conserver, comme réalisateur et comme producteur, son regard critique, hérité d'une jeunesse pauvre, sur un monde où les riches font la loi et qu'il ne se prive jamais, au nom de la justice sociale, de dénoncer par le rire.

### CHIENNE DE VIE (1991)
### avec Mel Brooks et Lesley Ann Warren

**Une vie de chien.** Mel Brooks fait partie de ces amuseurs publics qui, tout en divertissant leurs contemporains, leur tendent un miroir où ils peuvent, entre deux rires, se regarder vivre. Fin observateur de la société et de l'air du temps, il n'est guère étonnant qu'il ait trouvé l'inspiration de son dernier film dans un sujet, actuel s'il en est : celui des « nouveaux pauvres » engendrés par un capitalisme qui, pour être libéral, n'en est pas moins sauvage pour ceux qui n'arrivent pas à le suivre. Son personnage principal est un patron dominateur et arrogant, qui a fait fortune dans les opérations immobilières, et qui règne sur une bonne partie de Los Angeles. Voulant étendre encore son empire, il jette son dévolu sur une zone de taudis où ne vivent que des malheureux soumis au dénuement le plus complet. À la suite d'un défi que lui lance un promoteur concurrent, il joue la possession de ce quartier en pariant d'y vivre un mois plein, comme le dernier des pauvres, et de s'y débrouiller tout seul, sans argent ni secours d'aucune sorte. Voilà donc le magnat habitué aux limousines, au champagne et à la vie de château, précipité dans la débine absolue, au milieu d'un univers soumis à la plus terrible des lois de la jungle : celle de la survie. Et naturellement, les mésaventures de ce clochard d'occasion vont lui faire découvrir les abîmes de la misère sociale, mais aussi, de rencontres saugrenues en équipées inattendues, la solidarité et la chaleur humaine.
Le film de Mel Brooks ressemble à une fable dont la morale apparaît dans un finale trépidant, où tel est pris qui croyait prendre et où les derniers seront les premiers. Message certes estimable, mais qui ne fait pas l'originalité du film. Celle-ci réside plutôt dans la fantaisie très particulière de l'auteur, mélange du burlesque le plus échevelé (et parfois le plus lourd), de la satire la plus corrosive et d'une sorte de folie qui fait basculer le récit dans la logique de l'absurde et même, aux meilleurs moments, dans une fantaisie poétique proche de celle de Charlot, autre clochard célèbre, qui inspire manifestement plusieurs des séquences du film. Le jeu de Mel Brooks lui-même, qui se compose un personnage de dur dont les circonstances se chargent de faire craquer la carapace, repose sur un côté quasi mécanique : mines ahuries, grimaces diverses, corps souffre-douleur roué de coups… Et si l'abattage de l'acteur ne parvient pas totalement, dans la première partie du film, à cacher la convention sous le savoir-faire, le film, à mesure qu'il avance, trouve progressivement son ton et son rythme. Il déborde alors de son tracé balisé pour acquérir un vrai souffle, qui culmine dans une délirante scène d'hôpital puis dans une réception mondaine transformée en chaos originel par l'irruption d'une armada de traîne-savates. *Chienne de vie* rejoint alors la grande tradition de la comédie américaine, celle de Capra, pour qui la parabole sociale n'est jamais absente de la fantaisie. Et le titre original prend alors tout son sens : *Life stinks*, « la vie pue », parce que l'argent n'a pas d'odeur.

## **BRUNI-TEDESCHI Valeria** (italienne, née en 1964)

**FILMOGRAPHIE :**
***Il est plus facile pour un chameau... (2003)***

Comédienne très générationnelle, ayant joué sous la direction de Chéreau, de Doillon, de Tanner, de Laurence Ferreira-Barbosa, de Noémie Lvovsky, de Pascal Bonitzer, de Claire Denis, mais aussi, de l'autre côté des Alpes, de Pupi Avati, de Mimmo Calopresti, de Marco Bellocchio, Valeria Bruni-Tesdeschi est passée à la réalisation avec un film très personnel, où, sur un ton de comédie, elle raconte son inadaptation au monde, matrice sans doute de sa vocation de comédienne, et en tout cas source d'une première réalisation très réussie.

### IL EST PLUS FACILE POUR UN CHAMEAU... (2003)
**avec Valeria Bruni-Tedeschi, Chiara Mastroianni, Jean-Hugues Anglade et Lambert Wilson**

**Chacun cherche son chas...** Le chas de l'aiguille, dont parle l'Écriture sainte, par où il faut être rudement fort pour faire passer un chameau, Federica sait ce que c'est : riche à ne pas même savoir à combien s'élève sa part d'héritage, elle culpabilise devant cette richesse qui l'empêche de vivre. Au point même d'aller s'en confesser comme d'un péché. Ce qui à la fois ne manque pas de surprendre le jeune prêtre qui entend sa confession, et de faire naître sur les lèvres du spectateur ce petit sourire que suscitent les situations incongrues. Et c'est bien d'ailleurs dans cette incongruité même que réside la tonalité, pleine d'originalité, du (premier) film de Valeria Bruni-Tedeschi. Nourri à l'évidence d'éléments très personnels, celui-ci n'a rien pour autant des confidences people d'une comédienne racontant ses secrets. Que Federica fasse partie d'une famille richissime qui, par peur des enlèvements d'enfants, a quitté l'Italie pour venir s'installer à Paris ; que le personnage de sa mère soit interprété par la propre mère de la réalisatrice ; que les rapports avec sa sœur soient difficiles ; et qu'au moment même où le père est en train de mourir, elle-même éprouve le besoin d'échapper au carcan oppressif de la fortune sociale : tout cela, qui appartient tout autant au personnage qu'à la cinéaste qui raconte son histoire et, qui plus est, qui en est l'interprète, n'est pas l'essentiel.
Ce qui transparaît, en fait, à travers le mal-être de cette jeune femme trop aimée par son père, jusqu'à en être étouffée, c'est une incapacité à se débrouiller avec sa propre vie, qui entraîne des efforts aussi maladroits que plaisamment touchants pour tenter de redresser la barre. D'où une succession de situations qui, autour de la mort annoncée du père, mettent Federica aux prises avec ses doutes et ses malaises. Sa liaison orageuse, qui sent quasiment sa lutte des classes, avec un garçon d'origine modeste ; son autre liaison non moins délicate avec un amant de passage, marié et père de famille par ailleurs ; et de façon générale ses relations parfaitement compliquées avec tous ceux qui l'entourent : autant de difficultés qui lui font trouver refuge dans l'imaginaire. Et les fantasmes de Federica, tant dans la façon dont elle revoit et revit son enfance, que dans la manière dont elle se construit une vie parallèle, valent leur pesant de drôlerie, même s'il y passe bien des choses graves – le mal, l'injustice sociale, le terrorisme mafieux, la maladie, la mort : la vie, en un mot. Entourée de toute une bande de comédiens sympas de sa génération, qui se font un plaisir de l'enfoncer dans son malaise existentiel, et naviguant entre le ciel, que sa culture religieuse italienne lui rend toujours présent, et la terre, où elle a bien du mal à se trouver sa place, la pauvre petite fille riche a le bon goût de ne pas jouer les martyres. Son autoportrait, plein d'autodérision, s'amuse de ses fragilités. Si la trame en est un peu lâche, l'allure en est plaisamment zigzagante et les couleurs, acidulées, joliment réussies. Et sur les traces de Valeria, chacun va désormais vouloir chercher son chas...

## **BUI Tony** (américano-vietnamien, né au Vietnam en 1973)

**FILMOGRAPHIE :**
***Trois saisons (1999)***

Né à Saigon et arrivé aux États-Unis à l'âge de 2 ans, Tony Bui n'a guère eu le temps de connaître son Vietnam natal. Il passe sa jeunesse en Californie et étudie le cinéma à la Loyola Marymount University. À 19 ans, pour la première fois, il se rend au Vietnam. Passionné par son pays d'origine, il y effectue alors plusieurs voyages et en tire un court métrage, *Yellow lotus*, un des premiers films étrangers dont le tournage en toute liberté est autorisé par les autorités vietnamiennes. Le film, primé dans de nombreux festivals, lui permet de tourner son premier long métrage, produit par des producteurs américains indépendants, mais tourné au Vietnam. *Trois saisons*, présenté à Sundance en 1999, y rafle tous les prix.

### TROIS SAISONS (1999)

#### avec Don Duong, Nguyen Ngoc Hiep, Zoë Bui et Harvey Keitel

**Contes du lotus blanc après la pluie.** Qu'y a-t-il de commun entre cette jeune fille que l'intendant du domaine vient chercher pour rejoindre les ouvrières qui, dans leur petite barque à ras de l'eau, cueillent les lotus blancs pour le compte d'un maître qui fut autrefois poète et bel homme, et que la lèpre a transformé en spectre monstrueux reclus dans sa maison dont il ne sort jamais ? Et ce conducteur de cyclo-pousse qui emmène une prostituée à ses rendez-vous dans les grands hôtels de luxe, qui inlassablement l'attend pour la ramener chez elle dans son quartier miteux, et qui s'engage dans une course de pousse-pousse avec l'espoir d'y remporter la poignée de dollars qui lui permettrait de passer une nuit avec elle ? Et ce gosse qui erre sur les trottoirs pluvieux à la recherche du client qui lui achètera la pacotille qu'il vend pour un patron qui lui mène la vie dure ? Et cet ancien GI qui revient, trente ans après, avec l'espoir de retrouver la fille qu'il a laissée derrière lui ? Qu'y a-t-il de commun, si ce n'est un pays, le Vietnam, et une ville, Saigon ? Et cette moiteur de l'air, cette brume sur les marais, ce grouillement incessant de la vie, cette misère omniprésente, et cette pluie qui tombe à seaux, comme pour laver les hommes de leurs impuretés ? C'est toute la force d'envoûtement du film de Tony Bui de faire sentir cette atmosphère, et d'en faire comme passer la torpeur dans l'image, au fil d'un récit qui imbrique subtilement les différents personnages et les différentes histoires. Et c'est tout l'art d'une narration en contrepoint qui les fait se rejoindre dans un finale qui éclaire le film de sa vision chaleureuse. Après les nuages sombres et les bourrasques de la pluie, la jeune fille au lotus recevra de son maître le plus précieux des cadeaux, l'enfant des rues retrouvera sa mallette volée, le GI aura sa fille en face de lui, et le conducteur de pousse-pousse rendra, par l'amour, sa pureté à la femme perdue.
Nulle mièvrerie, pourtant, dans cette leçon de vie. Mais un récit qui avance à son rythme, tranquille et alangui, porté par toute une sagesse à la fois fataliste et obstinée, qui est celle d'un peuple de douceur, de dignité et de courage. Et celle aussi d'un film conçu comme un recueil de contes de la vie ordinaire, où la beauté tient lieu de morale, où l'image se charge d'une force d'envoûtement par la couleur flamboyante de ses plans. Et où, en arrière-plan, les difficultés d'une réalité sociale lourde de toutes les misères et l'évidence des mutations profondes qui traversent un pays qui voit s'éloigner peu à peu les traditions venues du fond de sa culture se trouvent comme transfigurées par l'espoir qui naît, tout simple, au coin des rues, pour qui veut avoir la force d'y croire. Ce retour au pays, accompli par un tout jeune cinéaste américain d'origine vietnamienne, il a toute la force émouvante de qui veut retrouver ses racines perdues. Mais il a aussi l'assurance tranquille, en terre hollywoodienne, d'un autre cinéma.

## BURTON Tim (américain, né en 1959)

**Filmographie :**
*Pee-Wee big adventure (1985)* • *Beetlejuice (1988)* • *Batman (1989)* • *Edward aux mains d'argent (1990)* • *Batman – Le Défi (1992)* • *Ed Wood (1994)* • *Conversations with Vincent (1995)* • *Mars attacks! (1996)* • ***Sleepy Hollow (1999)*** • *La Planète des singes (2001)* • ***Big Fish (2004)*** • *Charlie et la chocolaterie (2005)* • *Les Noces funèbres de Tim Burton (2005), co-réalisation*

Dans un cinéma américain qui a tendance à formater l'imaginaire lui-même et à devenir une usine à rêves conditionnés, Tim Burton représente la liberté de la fantaisie et de l'indépendance d'esprit. Créateur, au sens fort du terme, il se sert des genres les plus traditionnels pour y faire passer, par des prouesses visuelles toujours renouvelées, son propre univers. La prédilection qu'il nourrit pour le fantastique, sensible dès un de ses premiers courts métrages, *Frankenweenie*, variation inventive sur le mythe de Frankenstein, traduit un plaisir de l'imagination, qu'il développe à travers toutes les variétés et les tonalités du merveilleux, de l'étrange, du cocasse, dans des films qui se présentent souvent comme des contes ou des légendes : maison hantée et humour noir de *Beetlejuice* ; exploits et aventures extraordinaires de *Batman*, le super-héros de BD ; conte de fées poignant du personnage attendrissant d'*Edward aux mains d'argent*, avec ses doigts en lames tranchantes ; cinéma fauché et bricolé d'*Ed Wood*, le cinéaste le plus saugrenu des années 1950 ; attaque fantastico-fantaisiste des Martiens de *Mars attacks !* ; gothique un tantinet gore des cous coupés de *Sleepy Hollow* ; histoires merveilleuses de *Big Fish* ; et, derrière le récit pour enfants de Roald Dahl, façon de montrer, avec *Charlie et la chocolaterie*, un univers enchanté prenant toutes ses distances avec le prêt-à-rêver et ses valeurs traditionnelles. Habité par l'esprit d'enfance, Tim Burton est cet affreux jojo, adepte du poil à gratter, qui n'hésite pas à faire enlever le Père Noël dans *L'Étrange Noël de Monsieur Jack*, de Henry Selick, dont il est l'auteur et le producteur, et qui, ayant commencé par l'animation (chez Disney, avec un court métrage, *Vincent*) et y revenant avec *Les Noces funèbres*, a décidé une fois pour toutes de continuer à rêver et à penser comme un enfant dans le monde empesé des adultes.

## SLEEPY HOLLOW (1999)
### avec Johnny Depp, Christina Ricci et Christopher Walken

**Cous coupés.** Il a beau avoir l'esprit rationnel et penser que les méthodes scientifiques d'investigation peuvent résoudre les prétendus phénomènes surnaturels qui agitent la petite bourgade de Sleepy Hollow, Ichabod Crane doit bien se rendre à l'évidence : la série de crimes atroces qui frappe les habitants du lieu, dont on retrouve les corps décapités sans qu'on puisse en retrouver la tête, échappent à l'explication logique. Et lorsque lui-même se trouve en présence du sinistre cavalier noir qui, d'un coup de sabre, tranche la tête de ses victimes, et qu'il se rend compte que ledit cavalier qui chevauche ainsi sabre au clair est lui-même sans tête, l'inspecteur Ichabod Crane, malgré tous ses grands principes positivistes, ne peut mieux faire que tourner de l'œil ! Il faut dire que, rivé à son fauteuil, le spectateur se laisserait aller assez facilement à faire de même, tant la façon dont Tim Burton joue avec ses nerfs se révèle efficace. Rien n'y manque. Pour porter à l'écran un des grands classiques du récit fantastique, *La Légende du cavalier sans tête* de Washington Irving, l'affreux et talentueux gentil jojo du cinéma américain ne s'interdit en effet aucun des moyens qui depuis toujours font frissonner le chaland. Son film est ainsi d'abord un hommage aux films de genre, tels que, de Dracula en Frankenstein, ils ont nourri l'imaginaire de plusieurs générations et de la sienne en particulier. D'où le plaisir constant qu'il s'accorde de la référence, qui va jusqu'à flirter, parfois, avec les limites de la parodie. Mais d'où aussi la présence attendue des éléments chargés du poids de toute une tradition : décors brumeux, forêt menaçante, arbres aux branches torturées, cercueils qu'on déterre, et bien sûr têtes coupées qui roulent, qui roulent. Et aussi, et peut-être surtout, sous ces vieux contes horrifiques, la présence, à l'aube d'un XIXe siècle appelé à être scientifique, de l'Amérique des origines, de cette Nouvelle Angleterre engoncée dans ses principes puritains, ses hypocrisies, ses sordides affaires d'intérêt, ses refoulements, ses fantasmes.
Au cœur de ce dispositif passe donc, romantique et gothique à souhait, l'étrange figure du cavalier sans tête, opérateur lui-même d'impressionnants massacres à l'épée tronçonneuse, qui – Tim Burton, là non plus, ne s'en prive pas – offrent les plus saisissants des effets gore possibles. Et, face à lui, une incroyable collection de têtes, de trognes, de gueules, d'autant plus marquantes qu'on les sent, dès le départ, destinées à la décollation. Se frayant comme il peut, au milieu de ce jeu de massacre, un chemin hésitant entre la frousse et le courage, Johnny Depp, en inspecteur légèrement ridicule dans ses a priori, en fait discrètement juste assez trop pour montrer qu'il n'est pas dupe de son personnage. Il y a là une fantaisie de jeu qui s'accorde en profondeur à l'esprit d'un cinéaste qui s'amuse à se faire peur, comme le grand enfant qu'il n'en finit pas d'être. Ce qui donne à son film ce double avantage d'être un parfait film d'épouvante, et un irrésistible film d'humour.

## BIG FISH (2004)
### avec Albert Finney, Ewan McGregor, Jessica Lange et Marion Cotillard

**Les Contes des mille et une vies.** La vie rêvée d'Edward : c'est celle qu'il raconte, intarissable, à tous ceux qu'il embarque dans ses récits, et en particulier à son fils Will qui, depuis l'enfance, a entendu cent et cent fois son père lui décrire la sorcière à l'œil de verre, dans lequel on voit comment on va mourir, le géant qui souffre de vivre dans un monde trop petit pour lui, le directeur de cirque qui sous ses crocs de loup-garou n'est pas si méchant qu'on le croit, le gros poisson qui ne mord qu'à l'hameçon d'un anneau d'or, le poète paresseux qui écrit trois vers en vingt ans, les sœurs siamoises qui font rêver l'armée chinoise par leur numéro de chanteuses glamoureuses, et bien sûr la blonde Sandra dont lui, Edward, est tombé amoureux au premier coup d'œil, et qu'il a séduite en lui offrant carrément un champ de jonquilles, sa fleur préférée.

Ahurissantes, saugrenues, merveilleuses, surréalistes, poétiques, felliniennes, bizarres, inspirées, drôles, captivantes, magiques, colorées, émouvantes, naïves, éblouissantes : les histoires que raconte Edward réinventent le monde. Mais, pour son fils Will, elles ne sont que des contes à dormir debout, des fables sous lesquelles n'a jamais cessé de se cacher son affabulateur de père. Et comme il ne veut plus les entendre, il coupe les ponts avec lui, et part vivre au loin. Jusqu'au moment où son père se meurt. Alors le fils revient à son chevet, pour essayer de comprendre qui est l'homme qui se dissimule derrière toutes ces histoires incroyables. Et ce qu'il découvre prouve que la fiction, à sa façon, ne dit jamais que la réalité.

Étonnante découverte, qui, à travers un film non moins étonnant, apparaît comme la métaphore même de Tim Burton, cinéaste de la cocasserie merveilleuse, du bric-à-brac bricolé et de la fantaisie fantastique, s'interrogeant sur la validité de son cinéma. Et prouvant, images magiques à l'appui, qu'il a bien raison de jeter cette poudre d'or aux yeux que ses films font briller à foison, et celui-là plus et mieux encore que tous ceux qui l'ont précédé. Car il y a dans *Big fish* mille et un contes pour mille et une vies, portés par cet art de l'illusion triomphante que son réalisateur illustre à la perfection : le cinémagination…

E

D

# C

## CABRERA Dominique (française, née en 1957)

**FILMOGRAPHIE :**
*L'Autre côté de la mer (1996)* • *Demain et encore demain (1998)* • ***Nadia et les hippopotames (1999)*** • *Le Lait de la tendresse humaine (2000)* • *Folle embellie (2003)*

Marquée par ses origines (elle est née en Algérie dans une famille pied-noir qui regagne la France en 1962) et par ses engagements sociaux et politiques, Dominique Cabrera donne à la réalité quasi documentaire une place de choix au sein même des fictions qu'elle développe dans de nombreux courts métrages d'abord, puis dans ses longs métrages, où les événements historiques (l'Algérie dans *L'Autre côté de la mer*, l'Occupation dans *Folle embellie*) et les rapports sociaux (la grève dans *Nadia et les hippopotames*, le voisinage d'immeuble dans *Le Lait de la tendresse humaine*) servent de révélateurs à la vérité intime des personnages.

### NADIA ET LES HIPPOPOTAMES (1999)
**avec Ariane Ascaride, Marilyne Canto et Thierry Frémont**

**La grève du cœur.** Lorsqu'elle débarque au milieu des grévistes, avec son mouflet sur les bras, Nadia est moins préoccupée des revendications sociales qui agitent les cheminots que du désir tout personnel de retrouver parmi eux le type qui l'a engrossée et qui l'a tout bonnement plantée là. Or, précisément, ce vilain coco, elle pense l'avoir reconnu au journal télévisé en train d'agiter la banderole de la grève. L'arrivée de la jeune femme et de son poupon perturbe quelque peu les militants qui, évidemment, tout à leur volonté de solidarité, veulent l'aider. Les trois responsables chargés d'aller toute la nuit soutenir le moral des troupes décident donc de l'embarquer dans leur virée nocturne. Et c'est ainsi que Nadia la RMiste se retrouve au côté des trois grévistes, une femme et deux hommes, en train de faire la tournée des popotes syndicales.
Curieuse équipée, à vrai dire et qui manifeste tout le côté saugrenu et attachant du film de Dominique Cabrera. La grève dont il est question, c'est une grève bien réelle, celle des cheminots qui paralysa la France durant l'hiver 1995. Elle apporte au film son matériau premier, celui de l'enquête sociale et de l'engagement politique. Le discours syndical, avec toutes ses revendications, ses discussions et son militantisme convaincu face aux jaunes à qui on fait vite sentir de quel bois on va leur chauffer les oreilles : tout y passe, avec une vérité qui ne s'interdit ni la sympathie ni l'ironie. Mais le plus intéressant réside, derrière cette forte présence d'une vérité sociale, dans la découverte, à la fois cruelle et amusée, d'une autre vérité, intime, qui est celle des individus eux-mêmes. Ces hippopotames que sont les grévistes ont, sous la carapace épaisse de leur peau dure, un cœur qui bat et sur lequel la présence de Nadia, avec son caractère mal embouché d'empêcheuse de dormir sur ses deux oreilles, va jouer comme un révélateur. Le temps d'une nuit, ces deux types et ces deux femmes vont se révéler pour ce qu'ils sont, avec leurs fêlures, leurs doutes, leur envie d'amour et leur soif de tendresse. Et lorsque leur camionnette tombe en panne d'essence en pleine nature, avec le bébé qui n'arrête pas de brailler et les voitures qui passent sans s'arrêter, ils apparaissent bien tels qu'en eux-mêmes : des paumés plutôt frigorifiés, dans une société de l'indifférence égoïste, mais qui trouvent dans leurs petites misères humaines mises en commun le moyen, malgré tout, de se réchauffer.

## CAIN Christopher (américain, né en 1943)

**PREMIER LONG MÉTRAGE :**
*Elmer (1977)*
**FILMOGRAPHIE DEPUIS 1985 :**
*That was then, this is now (1985)* • *Quand la rivière devient noire (1986)* • *Le Proviseur (1987)* • ***Young Guns (1988)*** • *Miss Karaté Kid (1993)* • *The New Karaté Kid (1994)* • *Pêche Party (1997)*

Titulaire d'une licence de musique, Christopher Cain entreprend lorsqu'il s'installe à Los Angeles une brève carrière musicale avant de se tourner vers le monde du spectacle qu'il aborde comme comédien au théâtre et à la télévision. Puis, en 1977, il écrit, produit (pour un budget modique) et réalise son premier film, *Elmer*, histoire d'un jeune aveugle et de son chien, qui va devenir un classique du cinéma junior. Il continue d'ailleurs à cultiver cette veine de films pour enfants et adolescents, comme le prouvent ses plus récentes réalisations, loin toutefois de l'ambition et du style que manifestent ses meilleures réussites, et notamment ce western fidèle à la grande mythologie de l'Ouest qu'est *Young guns*, dont la distribution, avec six jeunes acteurs de la nouvelle génération, apporte au genre, en 1988, comme un air de jeunesse retrouvée.

### YOUNG GUNS (1988)
### avec Emilio Esteves, Jack Palance, Charlie Sheen et Lou Diamonds Philips

**Il était toujours une fois dans l'Ouest.** On peut être rassuré : le western n'est pas mort, et il bouge encore. Il bouge même beaucoup avec ces *Young Guns* que Christopher Cain a réunis pour raconter une nouvelle fois la légende de Billy-le-Kid. Certes, on la connaît depuis longtemps, l'histoire de William Bonney : elle est tout entière inscrite dans la mythologie de l'Ouest. Pourtant, et c'est cela qui surprend d'abord, on a ici l'impression de la redécouvrir. Comme si elle était débarrassée de sa part de chromo, pour apparaître telle qu'en elle-même : une histoire de jeunes chiens fous, jetés comme malgré eux dans l'engrenage de la violence, et s'embarquant dans une équipée sauvage dont on sent qu'elle ne pourra finir que dans le sang. Au départ, ils sont six garçons abandonnés à eux-mêmes, vaguement déclassés, et que recueille un fermier anglais, tout pétri d'esprit de justice. Tout en les faisant travailler à son ranch, il leur apprend à se discipliner, à ne pas seulement s'exprimer avec leurs poings, mais avec leur esprit, à respecter les autres et eux-mêmes. Pourtant, dans un monde où règne la loi du plus fort, son enseignement n'ira pas à son terme, et lui-même est lâchement assassiné dans une embuscade. Pour le venger, les six garçons se proposent aux autorités comme défenseurs de l'ordre afin d'arrêter les coupables. Et ils épinglent l'étoile des justiciers au revers de leurs vestons. Étoile filante pour Billy, le plus sauvage d'entre tous : lui ne croit pas aux grands sentiments, se moque de la morale, et pour que justice soit faite, il pense que le moyen le plus rapide, c'est encore de faire parler la poudre.
Voilà donc les justiciers transformés en tueurs, entraînés dans une dérive que rythment les rires joyeux de leur nouveau chef. Car, dans cette sombre histoire, ce qui domine, c'est la jeunesse échevelée, vaguement anarchiste, joyeusement immorale. Rebelles sans véritable cause, les six garçons vont jusqu'au bout, par plaisir, par défi, par désir de ne pas reculer devant les autres. On est loin dans ces conditions de l'image habituelle des héros de l'Ouest. Tout ici repeint la légende aux couleurs de la réalité. Dans des paysages de poussière et de boue, gris de chaleur, passent six jeunes garçons mal élevés, sales à faire peur, et qui vivent leur jeunesse à la manière forte. Ils pourraient s'appeler Bonny ou Clyde. Ils sont simplement la bande à Bonney, traqués par la meute dans une maison où ils sont assiégés, et qui, semant le vent, récoltent la tempête. Le choix qu'à fait Christopher Cain, pour interpréter ces personnages, de comédiens qui ont l'âge des rôles, et qui sont comme la génération montante, donne toute son authenticité à un western qui n'a certes pas oublié les leçons de Sergio Leone, mais qui n'entend pas non plus se présenter comme une vision au second degré du genre. *Young Guns* est un western authentique, qui raconte une histoire simple de façon directe. Et qui dit qu'il était une fois dans l'Ouest une bande de gamins mal léchés. Leur meneur s'appelait Billy. C'était un gosse, un kid. Après quoi vint la légende. Mais c'est une autre histoire.

## CALOPRESTI Mimmo (italien, né en 1955)

**FILMOGRAPHIE :**
*La Seconda volta (1995)* • *Mots d'amour (1998)* • ***Je préfère le bruit de la mer (2000)*** • *La Felicità (2003)*

Mimmo Calopresti aborde le cinéma par des documentaires sociaux, et notamment par un film qu'il consacre au travail dans les usines Fiat et aux mutations techniques et économiques que le groupe connaît. Ce souci de la réalité sociale, qu'anime un regard politique, fait le fond de son cinéma de fiction, et apparaît dès son premier film comme la marque d'un réalisateur appartenant à une nouvelle génération qui s'interroge sur le passé de son pays : la rencontre que fait, dans *La Seconda volta*, un homme qui a été victime d'un attentat des Brigades rouges avec celle qui avait tenté de l'assassiner fait resurgir le passé dans le présent et cherche à lui donner sens. Ce type d'interrogation se trouve, dans les films suivants, lié à des crises existentielles, à des moments de doute, que ce soit la détresse d'une femme cherchant à se raccrocher à un nouvel amour, dans *Mots d'amour*, ou la rencontre d'un adolescent de Calabre qui vient remettre en question la vie bourgeoise d'un homme d'affaires turinois dans *Je préfère le bruit de la mer*, ou encore l'accident qui amène un homme à reconsidérer sa vie et à larguer ses amarres familiales et sociales dans *La Felicità*.

### JE PRÉFÈRE LE BRUIT DE LA MER (2000)
**avec Silvio Orlando, Michele Raso, Paolo Cirio et Mimmo Calopresti**

**Le visiteur.** Il vient du sud de la Calabre, où sa mère a été assassinée et où son père est en prison. Un adolescent de cette Italie des laissés-pour-compte qui, grâce à un de ses parents en visite dans sa région natale, se retrouve à Turin dans un foyer de réinsertion. Face à cette aide qu'on lui apporte, Rosario ne dit rien. Avec son regard sombre, son teint mat, et cet air de fierté qui entend ne jamais baisser les yeux, il apporte avec lui à la fois l'intransigeance et la pureté. Tout ce qui manque à la vie de Luigi, ce lointain cousin qui l'a fait venir. Lui est un homme d'affaires arrivé, gendre d'un grand patron dont il gère l'entreprise. Séparé de sa femme, il mène la vie affairée des gens du Nord, entre une maîtresse qu'il délaisse et un fils, Matteo, adolescent triste qui supporte mal l'autorité de son père. L'arrivée de Rosario joue, dans le film de Mimmo Calopresti, un peu le même rôle que celui que jouait l'arrivée de l'ange dans le *Théorème* de Pasolini. Ce que le bel et ombrageux adolescent fait entrer dans cette famille installée dans ses compromissions, c'est en effet le vent ravageur de la prise de conscience et de la vérité. Du coup, tout ce qui est apparemment lisse révèle des fractures secrètes. Le père découvre la vanité d'une vie qu'il ne contrôle pas, comme son fils mesure l'inanité infantile de sa rébellion, jusqu'à vouloir, dans un geste de solitude ultime, en tirer la leçon la plus radicale et la plus désespérée.
La vie n'est ainsi pas très gaie dans le Turin grisâtre et pluvieux qui, une nouvelle fois, sert de cadre à l'histoire que raconte le réalisateur de *La Seconda volta*. Comme n'est pas très gaie la vision de l'Italie d'aujourd'hui, confrontée plus que jamais à ses complexes et à sa mauvaise conscience. Toute la subtilité de ce film qui brille par sa simplicité et sa finesse tient précisément à cette façon qu'il a, en parlant des gens, de parler de la société elle-même : de la vieille coupure jamais refermée entre le Sud et le Nord ; du système mafieux ici, patronal là, qui continue à régner ; de la fracture entre les générations ; du poids toujours, des vieilles croyances et de ces nouveaux désirs qui passent par la drogue ou l'homosexualité. Face au troupeau de ceux qui reproduisent les schémas ancestraux, Rosario, rentré au pays, préfère ne rien dire et lire son livre, face à l'immensité de la mer. Et c'est simple comme bonjour la vie.

## CAMERON James (canadien, né en 1954)

**PREMIER LONG MÉTRAGE :**
*Piranha 2 : les tueurs volants (1981)*
**FILMOGRAPHIE DEPUIS 1985 :**
*Aliens, le retour (1986)* • *Abyss (1989)* • ***Terminator 2 : le Jugement dernier (1991)*** • *True lies (1994)* • ***Titanic (1997)*** • ***Les Fantômes du Titanic (2003)*** • *Aliens of the deep (2005)*

La rencontre d'un cinéaste passionné à la fois par l'exploration du futur et par les ressources spectaculaires du fantastique, d'un acteur dont le physique incarne une force telle qu'elle paraît extra-naturelle, et d'un sujet – un cyborg arrivant du futur, mi-créature humaine mi-créature mécanique – vaut en 1984 à James Cameron, à Arnold Schwarzenegger et à *Terminator* un succès planétaire. Le réalisateur, au lieu de profiter de la vague, prend son temps pour préparer le deuxième volet. Et le soin qu'il y apporte, illustrant sa réflexion sur l'intelligence artificielle par une utilisation de toutes les ressources des effets spéciaux de la haute technologie, rend celui-ci plus intéressant que le film original. Ce qui ne l'empêche pas d'arrêter là la série. Mais c'est pour connaître en 1997 un nouveau triomphe mondial avec *Titanic*, qui, envoyant le grand paquebot devenu mythique par le fond, propulse le film – et son interprète principal, Leonardo DiCaprio – vers des sommets jamais atteints du box-office. Or l'intérêt pour la réalité physique des choses et pour l'aventure dont elle est porteuse, que le cinéaste passionné de SF manifeste par ailleurs en développant avec des experts de la Nasa un projet de mission sur la planète Mars ou en produisant et réalisant un documentaire de deux heures, *James Cameron's expedition : Bismarck*, sur le vaisseau de guerre allemand, se traduit, à la suite du grand film romanesque, où il déploie toutes les séductions de la fiction et du grand spectacle, par une plongée sur les lieux mêmes du naufrage. Cela lui permet d'aller voir de près le véritable *Titanic*, pour en faire un document à la fois de technologies avancées – par la mise au point d'un système de prises de vue en 3 D et en relief grâce au Reality Camera System TM qu'il invente pour l'occasion –, de sciences – sollicitant experts en microbiologie, en mécanique sous-marine, en histoire –, et, au bout du compte, d'aventure – qui fait revivre l'expédition dans toute sa dimension et substitue au paquebot fictif du film hollywoodien la vision émouvante et mystérieuse, vingt mille lieues sous les mers, de son épave réelle.

## TERMINATOR 2 : LE JUGEMENT DERNIER (1991)
### avec Arnold Schwarzenegger, Linda Hamilton et Earl Boen

**Les robots ne meurent jamais.** Il fallait bien, alors que Rambo en est à 5 ou 6, et Rocky à peu près au même point, que Terminator qui, malgré sa musculature, faisait un peu rikiki avec son seul numéro 1, reprenne du service. C'est désormais chose faite : on a resserré tous ses boulons, astiqué tous ses cuivres, huilé toutes ses articulations, et on l'a renvoyé sur Terre pour une de ces missions impossibles dont il a la spécialité. Tant il est vrai que les robots sont immortels, et les tiroirs-caisses insatiables… Il a bien du mal, pourtant, le brave Terminator (brave, car cette fois-ci, il est venu pour protéger et non pour détruire), il a bien du mal, parce qu'on n'arrête pas le progrès, et que les cerveaux supérieurs qui pensent pour lui ont en fait inventé mieux : lui n'est jamais, en effet, que le T. 800, c'est-à-dire le cyborg de base ; depuis, on a sorti le T. 1000. Celui-là, c'est le modèle de luxe, la Rolls du tout-automatique. Étonnant même, car, à partir d'une enveloppe humaine de base (il a pris la peau d'un flic), il est fait de métal liquide, ce qui lui donne la particularité de pouvoir se couler comme il veut dans les formes qui lui conviennent. Et, avec le sale boulot pour lequel il est programmé, les formes qu'il prend ne sont évidemment pas tendres… Car T. 1000 a reçu l'ordre d'éliminer John Connor, le chef des combattants de la liberté, celui-là même que les malfaisants cosmiques avaient déjà décidé de tuer dans le ventre de sa mère, lors du film précédent. Mais si on n'arrête pas le progrès, on n'arrête pas non plus le futur, et l'enfant est né et a grandi. Maintenant qu'il a 13-14 ans, il faut l'abattre. T. 1000 s'en chargera. Mais T. 800, le brave Arnold, ne l'entend pas de cette oreille métallique. Et, aidé de la mère de John (la revoilà, elle aussi), il va tout faire pour que l'enfant survive.

Tout faire, c'est le cas de le dire. En multipliant le budget du premier film par quinze (et le cachet de Schwarzie à l'avenant !) et en arrivant au chiffre record jamais atteint jusque-là dans l'histoire du cinéma de 100 millions de dollars, James Cameron disposait en effet de tous les grands moyens pour faire tout ce qui lui passait par la tête. Et il ne s'en prive pas. Son film est, dans tous les sens du terme, un feu d'artifice : ça saute, ça éclate, ça explose, avec un luxe d'effets spéciaux, élaborés par ordinateur, jamais vus. Le clou étant bien sûr le fameux T. 1000, sorte de mercure liquide à transformation, qu'on voit sans cesse se reconstituer sous nos yeux : à n'y pas croire ! Autour de lui, il y a toutes les poursuites, tous les écrasements, tous les bings et les bangs possibles, y compris, et véritablement terrifiante dans sa reconstitution prémonitoire, l'apocalypse nucléaire. Le film atteint là une dimension quasi onirique, qui donne vie au cauchemar absolu. Mais, car le réalisateur ne manque pas d'humour et ce second volet comporte une dose d'ironie réconfortante, Arnold le Terminator traverse toutes les épreuves parfaitement imperturbable, avec une femme et un enfant sur les bras. À leur contact, il élargit son vocabulaire, assimile le langage par gestes, apprend même à tirer dans les jambes plutôt que de désintégrer ses adversaires, s'humanise en un mot. Ce qui fait que, finalement, il y a de l'espoir : le robot sent, sous sa carapace de métal, vibrer une espèce de cœur. Et il comprend, pour la première fois, ce que c'est que les larmes. Encore un effort et, dans le troisième numéro, il finira peut-être par apprendre à rire !

## TITANIC (1997)
### avec Leonardo DiCaprio et Kate Winslet

**Le naufrage du siècle.** Du film événement de James Cameron, de cet incroyable déploiement de gros moyens qui donne, clou du grand spectacle, le naufrage le plus impressionnant que l'on ait certainement jamais vu sur grand écran – et l'on n'oubliera pas de sitôt, après la longue préparation que constituent l'embarquement, l'idylle qui se noue entre un jeune clandestin et une riche héritière, et les conflits sociaux qui se font jour à travers leur histoire de

Roméo et de Juliette embarqués sur le même bateau, le moment où l'énorme paquebot, éventré par la lame d'un iceberg, commence inexorablement à s'enfoncer dans les eaux sombres, coupé en deux, sa poupe se dressant soudain vers le ciel et entraînant, dans un effarant toboggan, les malheureux restés sur le pont, dans un mouvement qui, filmé en plongée surplombante, les précipite vers le fond, et le spectateur avec eux… –, de ce film événement, donc, illustration même de ce que peut réussir l'union des gros moyens hollywoodiens, d'un cinéaste de talent et d'un sujet propre à faire vibrer la mémoire collective, on retiendra peut-être moins l'efficacité spectaculaire que les hauts-fonds symboliques sur lesquels il emporte sa cargaison de rêves et de tragédies.
Et d'abord cette volonté clairement affichée par le cinéaste de faire de sa ville flottante comme le microcosme d'une société. Les différents étages du bateau sont, en effet, clairement superposés comme les strates sociales, les classes de tarification représentant très exactement les classes sociales, avec, au bas de l'échelle, et quasiment à fond de classe, tous les malheureux, les sans-grade, les émigrants, les pauvres, les anonymes, que le navire emporte dans ses flancs, comme les soutiers propres à alimenter la grande machine économique du Nouveau Monde. Lequel se trouve être, par la force symbolique des choses, très largement le monde nouveau, celui de la technologie et de la science – dont le fier paquebot est comme l'illustration flottante –, mais dont l'avènement se fait dans la douleur de la tragédie. Et ces victimes qui tombent, en 1912, dans le froid glacial de l'océan, ils donnent comme un avant-goût de la grande hécatombe qui, deux ans plus tard, va précipiter le vieux monde dans l'enfer de la guerre. Car – le choix de la structure narrative n'est pas indifférent –, la perspective même du siècle est tout entière inscrite dans un récit qui se fait sous forme rétrospective, comme la confidence d'une survivante transmettant à ses arrière-petits-enfants la leçon du naufrage : dans un monde que les luttes sociales, l'*ubris* scientifique et la folie des hommes vont rendre de plus en plus inhumain, seul l'amour a valeur salvatrice et éternelle. Et c'est une femme qui le dit, qui a survécu au naufrage là où le beau Leonardo disparaît inexorablement dans les profondeurs de l'Histoire : ce qui, autre symbolique forte, traduit que ce siècle qui vient est celui de l'avènement de la femme. *Fluctuat, nec mergitur…*

## LES FANTÔMES DU TITANIC (2003)
### avec Bill Paxton

**Le cimetière marin.** C'était en 1912, au sud de Terre-Neuve, par une nuit étoilée. L'orchestre jouait sur le pont, les derniers canots de sauvetage s'éloignaient sur la mer immense, et les quelque mille cinq cents malheureux qui restaient à bord sentirent soudain le grand paquebot piquer vers le fond et, dans une gerbe immense, plonger dans l'abîme. Quatre-vingt-dix ans après, le *Titanic* est toujours là, reposant par plus de 4 000 mètres de fond, dans sa tombe océane. En 1995, lorsqu'il préparait son film sur le plus fameux naufrage de l'histoire, James Cameron avait effectué une plongée sur l'épave. Bouleversé par la vision qui s'offrait à lui, il se promit alors, une fois son film terminé, de revenir sur les lieux et de réaliser un autre film, sur l'épave elle-même, comme un hommage au bateau englouti. Quatre années après la sortie du film et onze Oscars en poche, le cinéaste a tenu promesse. En août 2001, épaulé par des spécialistes d'histoire, de biologie, de mécanique, et ayant mis au point à la fois des appareils de prises de vues et surtout deux robots submersibles dernier cri, pilotés à distance, il est donc parti à nouveau à la rencontre du *Titanic*. Et le résultat est aussi émouvant que fascinant.
D'abord parce qu'il s'agit d'un véritable documentaire d'aventure, comme on n'en voit plus beaucoup aujourd'hui, le récit d'une de ces expéditions où l'impossible semble à portée de la main. Et la prouesse technologique, avec sa part de haute sophistication mais aussi son côté bricolage avancé, offre à elle seule un spectacle, par exemple lorsque l'un des deux submersibles en train de filmer l'intérieur de l'épave se plante, batterie morte, et que son alter ego tente un sauvetage désespéré pour le sortir de là. À ce moment-là, on sent bien que c'est un cinéaste qui est aux commandes, et que son documentaire est construit comme un récit, avec ses poussées dramatiques, ses temps de récupération et d'humour, sa formidable densité humaine, que traduit le commentaire en voix off de l'acteur-présentateur, Bill Paxton, qui tisse le fil narratif, et surtout son tournage en 3 D qui, lunettes à l'appui pour la projection, donne au spectateur un sentiment de profondeur qui le fait plonger lui-même dans les abysses.
Pour autant, rien ne semble apprêté, tant la force des images impose sa charge d'émotion : la proue, imposante, qui surgit de l'ombre, l'immensité des flancs du navire, la poupe, d'où les derniers passagers furent précipités dans les flots glacés, et l'intérieur même du paquebot, les coursives, les chambres, le grand escalier, les salons, dont les vitres et les arabesques décoratives brillent encore dans la lumière des projecteurs. Et la carafe et le verre qui reposent, intacts, sur la table de nuit d'un voyageur. James Cameron, jouant de la projection de personnages de synthèse, peut alors faire surgir les fantômes du *Titanic* : ils sont là, à jamais présents dans leur immense cimetière marin.

## CAMPBELL Martin (néo-zélandais)

**Filmographie :**
*La Loi criminelle (1988)* • *Sans aucune défense (1991)* • *Absolom 2022 (1994)* • *Goldeneye (1995)* • ***Le Masque de Zorro (1998)*** • *Vertical limit (2000)* • *Beyond borders (2003)* • *La Légende de Zorro (2004)*

Les épithètes qui, dans les films qui lui sont consacrés, le caractérisent disent assez les ressources héroïques et spectaculaires qu'offre Zorro : l'indomptable, le vengeur, l'intrépide, le diable noir, le rebelle… L'homme qui signe d'une zébrure n'en finit pas, sous les traits masqués de Douglas Fairbanks, de Tyrone Power, d'Alain Delon, de promener son masque de la Californie au Mexique, et même de la cour d'Espagne, dans la version italienne de Luigi Capuano, en 1962, à la cour de Louis XIII, dans *Zorro et les trois mousquetaires* du même Capuano l'année suivante. C'est dire que le héros a de la ressource, et qu'il n'est pas étonnant, que, dopé par une des séries télévisées parmi les plus populaires, il reprenne l'épée du justicier de façon régulière, allant même, effet de la surenchère, jusqu'à se dédoubler et à offrir, sous le même masque, le double visage d'Anthony Hopkins et d'Antonio Banderas dans la version qu'en propose en 1998 Martin Campbell, réalisateur familier des héros récurrents, puisqu'il avait auparavant relancé la série des James Bond avec *Goldeneye*, en y imposant la figure nouvelle de Pierce Brosnan, et qu'il relancera six ans plus tard le même Zorro-Banderas pour une suite reprenant les ingrédients de l'original.

### LE MASQUE DE ZORRO (1998)
#### avec Antonio Banderas, Anthony Hopkins et Catherine Zeta-Jones

**Avec deux Z.** À travers deux fentes percées dans une méchante bâche, deux yeux regardent ce qui se passe sur la grand-place où une troupe de paysans mexicains manifestent contre les exactions des soldats de Don Rafaele, le cruel gouverneur espagnol. Symbole de cette répression féroce : les malheureux péons attachés, yeux bandés, au poteau d'exécution, attendant la salve qui va les faucher. Les deux yeux qui regardent ainsi par les fentes de la bâche, et qui sont en fait quatre, appartiennent à deux enfants, attendant comme le messie qu'un justicier vienne sauver les malheureux promis à la mort. La séquence qui ouvre le film de Martin Campbell porte en elle une attente symbolique : celle de tout spectateur enfant, ou plus largement qui l'a été et qui l'est forcément resté un peu, de penser que les mythes sont éternels, que les justiciers ne meurent pas, et qu'il n'est donc pas possible que Zorro n'arrive pas. En quoi ils ont parfaitement raison. Les scénaristes hollywoodiens, toujours prompts à satisfaire les désirs de leur public, se sont évidemment employés à faire resurgir ce Zorro tant attendu. Et on n'est donc que modérément surpris lorsque, au moment où le peloton d'exécution se présente pour sa sinistre besogne, une silhouette tout de noir vêtue vient se mettre à la traverse, dans un prodigieux ballet qui le voit pirouetter dans des bonds aériens, se lancer dans le vide attaché à la corde de son lasso, manier l'épée avec une dextérité qui transforme ses adversaires en victimes pataudes, détourner d'un seul geste la salve criminelle, et saluer pour finir la foule qui l'acclame en traçant de la pointe de sa lame la marque à valeur de paraphe qui vient signer son passage : Z.
Z comme Zorro donc, et même, pour faire bonne mesure, comme Judex, comme Scaramouche, comme Robin des bois, et même un peu comme James Bond et comme Indiana Jones ! Car si Zorro est de retour, il transporte avec lui tous les caractères qui font du justicier mythique qu'il est l'aventurier non moins légendaire que le cinéma hollywoodien ne peut manquer d'y voir. Pourtant, et c'est là la bonne surprise du film, les effets spéciaux, qui ont pris la fâcheuse habitude de transformer les héros en ectoplasmes virtuels, semblent ici judicieusement passer à la trappe, pour laisser le devant de l'écran à un vrai scénario, qu'animent de vrais personnages. La séquence d'ouverture, avec les yeux des deux enfants rivés sur les exploits de leur héros, n'est en fait ici qu'un chapitre d'ouverture, qui porte en lui les développements à venir d'une intrigue à la Dumas, qui pourrait faire penser à quelque remake de *Monte-Cristo*. Le Zorro du premier épisode n'est autre en effet que Don Diego de la Vega, qui, derrière ses habits et son masque de justicier, mène la vie d'un riche aristocrate, amoureux fou de son épouse et de leur fille Elena. Mais le fourbe Rafaele va détruire ce bonheur familial, provoquant la mort de la femme et enlevant la fille à son père, qu'il envoie croupir dans un cachot. Anthony Hopkins, qui aime les rôles à transformation, est ce premier Zorro, d'abord fringant, puis bâillonné, réduit au malheur et au silence, mais concoctant, du fond de sa cellule, un plan qui lui permettra de redevenir le justicier qu'il a été. Toutefois, comme il ne parvient à s'échapper de sa geôle qu'au bout de vingt années, il ne se retrouve à la sortie plus tout à fait en âge de faire des pirouettes.

Et c'est là que les deux enfants qui, vingt ans avant le regardaient par la fente de la bâche, resurgissent eux aussi. Et c'est l'un d'entre eux qui, ayant dû subir à son tour la cruauté des sbires de Rafaele, va se trouver, aux yeux de Zorro senior, comme pouvant parfaitement jouer le rôle d'un Zorro junior.
Le schéma romanesque se double ici d'un récit de formation et de transmission, le maître apprenant à l'élève les secrets de son art. Il y a donc du romanesque à foison dans ce récit. Mais, ce qui ne gâte rien, le second Zorro étant tout d'abord nettement moins performant que son mentor, il y a aussi dans la façon de revivifier le mythe une distance constamment ironique qui assure à tout cela le sourire nécessaire pour ne pas trop se prendre au sérieux. Antonio Banderas, en latin lover sûr de son charme, s'exerce avec brio à devenir la fine lame qu'on sent qu'il est. Il faut dire que le charme de Catherine Zeta-Jones est de nature à vous tournebouler son homme. Ce qui donne, entre les duels et les cascades, quelques duos nettement plus piquants et parfaitement réjouissants, où le masque de Zorro cache, à l'évidence, des désirs moins avouables.

## CAMPION Jane (néo-zélandaise, née en 1954)

**FILMOGRAPHIE**

*Sweetie (1989)* • *Un ange à ma table (1990)* • ***La Leçon de piano (1992)*** • *Portrait de femme (1996)* • ***Holy smoke (1999)*** • ***In the cut (2003)***

Venant d'un pays neuf, la Nouvelle-Zélande, où l'influence d'une civilisation importée n'occulte pas totalement la présence d'une nature et d'une civilisation primitives, Jane Campion réunit dans son cinéma ces deux composantes dont elle traque jusqu'au fond de l'intimité des êtres l'affrontement : la nature et la culture. Sa formation même – des études d'anthropologie d'abord, puis les Beaux-Arts, peinture et cinéma – semble tracer la voie de ce que son œuvre développe de façon continue : le vernis de la civilisation qui recouvre les forces brutes du désir et du sexe. Cela passe toujours chez elle à travers des portraits de femmes : c'est que, dans la mesure même où elle a longtemps été, dans la société occidentale, soumise et contrainte, la femme exprime de façon exacerbée cette dichotomie profonde, trouvant, dans les tréfonds de son intimité, les forces mêmes qui lui permettent de se libérer. C'est déjà le cas de la jeune héroïne de *Sweetie*, qui appréhende la vie et cherche à connaître l'homme qui lui convient par une cartomancienne ; ce l'est plus encore, dans *Un ange à ma table*, avec le long, difficile et tragique cheminement qui amène, en trois étapes de sa vie, la petite Janet Frame à décider de devenir écrivain ; et ce l'est aussi avec Ada, débarquant, dans *La Leçon de piano*, de son Écosse victorienne dans une Nouvelle-Zélande encore sauvage, et dont le talent de pianiste va devoir se soumettre à la loi du désir érotique, lui donnant, à elle la muette, accès à la parole de son corps. À partir de ce film qui lui assure la renommée internationale, Jane Campion trouve la possibilité de productions importantes, où elle reste fidèle à ses personnages de femmes à la poursuite de leur indépendance : la jeune Américaine idéaliste de *Portait de femme*, qui voit son indépendance mise à mal par la rencontre d'un amant pervers et intrigant ; Ruth l'Australienne qui, dans *Holy smoke*, sentant le vide d'une existence que la culture occidentale est incapable de combler, va chercher sa voie dans la sagesse indienne ; ou encore la très rangée professeur de lettres de *In the cut* qui voit son existence basculer dans les zones troubles des pulsions secrètes : toutes éprouvent les mystères, les affres, les fulgurances du désir et de la passion.

### LA LEÇON DE PIANO (1992)
### avec Holly Hunter, Harvey Keitel et Anna Paquin

**L'Apassionata.** D'abord, il y a les vagues. Énormes, tumultueuses, qui déferlent le long d'une anse sauvage, à l'autre bout du monde. Des vagues qui laissent sur la plage, comme des objets venus s'échouer sur le sable, deux femmes, avec leurs robes à crinoline et leurs chapeaux à rabat. La mère et la fille, Ada et Flora. Ada ne parle pas, mais ce qu'elle veut dire, elle l'exprime d'une autre manière, par un piano qui traduit sa voix profonde et qu'elle a fait transporter jusqu'ici depuis l'Écosse, pour ce long voyage vers la Nouvelle-Zélande où son père l'a mariée à un homme qu'elle ne connaît pas. Et qu'elle attend, avec sa fille et son piano, échouée sur la plage. Stewart, l'époux, arrive enfin, accompagné d'une équipe de Maoris en guise de déménageurs. Or, pour traverser le bush, pour gagner le lieu où ils vont vivre, ils ne peuvent emporter le piano qui reste là, muet lui aussi, échoué sur la plage.

Alors il y a la boue, la forêt inextricable, la végétation qui envahit tout. Le monde se referme sur Ada et sur sa fille, dans ce pays hostile, au milieu de ces êtres étranges, dans cette nouvelle famille où Stewart vit encore sous la coupe d'une mère autoritaire, imbue de principes, victorienne jusqu'au bout de ses airs pincés et de sa servante idiote. Les pluies noient tout sous leurs orages, les grands arbres jettent leur ombre, Ada se mure dans son silence. Mais son piano arrive. Récupéré par Baines, un voisin, qui l'a fait acheminer jusque dans sa maison. Baines, taillé à la hache, illettré, de bizarres tatouages sur le visage, vivant en osmose avec le pays, la nature, les Maoris, les forces primitives. Baines, l'homme à l'état brut. Qui attire Ada chez lui, et offre de lui rendre son piano, à condition pour elle qu'elle le rachète touche par touche en se pliant à son bon plaisir.
Commence alors un jeu subtil et pervers à la fois entre l'homme et la femme, le rustre et la musicienne : une leçon de piano, mais où est le maître et où est l'élève ? Ce n'est là, pour autant, que le début d'une longue histoire. Le film de Jane Campion a en effet cette vertu première du romanesque de se déployer dans la longueur. Une fois mis en place, il déroule ses fils à partir d'une trame qui reste serrée et qui, à travers ses méandres, ses échos, ses rebondissements, suit sa ligne pour finir par imposer la force de son évidence. Il y a là une maîtrise du récit qui n'est pas pour rien dans l'aspect proprement captivant d'un film qui vous prend, vous enveloppe, et ne vous lâche plus.
Film de femme, écrit et tourné par une femme, et qui donne à une femme le premier rôle. Cette Ada, fille de la société victorienne, engoncée dans ses habits, dans les interdits de la morale, dans les lois d'une société qui l'a livrée cœur et mains liés à un mari inconnu, et qui soudain, au sein de cette forêt profonde qui figure le fond même de son être le plus intime, laisse, elle la silencieuse, parler son désir. Et c'est la vie, alors, qui parle. Non sans ambiguïté ni sans trouble. Car il y a les hommes : Baines, la virilité même, qu'elle prend à son propre jeu ; Stewart, l'époux inhibé, dont elle libère aussi les instincts profonds, jusqu'à la violence la plus absolue. Et il y a aussi l'enfant, ange pur, ange radieux, truchement sonore de sa mère, messagère ailée de sa liaison, mais instrument de son malheur aussi. Et il y a ces sauvages Maoris, qui connaissent mieux que ceux qu'on dit civilisés les forces de la vie. Et il y a des paysages de nature brute, la boue qui colle, des histoires de Barbe Bleue à faire couler le sang. Il y a le lyrisme des images, la musique entêtante du piano, l'incroyable présence des comédiens, l'émotion, la cruauté parfois insoutenable, le romantisme, la beauté. Et, au terme du voyage, la musique de la vie qui reprend ses droits, plus forte que le vertige des grandes solitudes abyssales, plus éclatant que le silence de la mer.

## HOLY SMOKE (1999)
### avec Kate Winslet et Harvey Keitel

**Sexothérapie.** Parce qu'elle cherche désespérément la pureté qui donnerait un sens à sa vie, Ruth, une jeune Australienne en séjour touristique en Inde, trouve dans les yeux magnétiques d'un gourou la grande révélation. Renonçant à revenir chez elle et larguant toutes les amarres avec sa culture occidentale, elle entre dans une communauté où tout est pur amour, pour vivre sa nouvelle sagesse baba. Sur quoi sa famille de solides terriens, voulant la soustraire à cet embrigadement, parvient à la faire revenir au pays, et fait appel à un désintoxicateur professionnel, sorte d'exorciste made in USA, dont le job est de ramener au bercail de la raison familiale les brebis malencontreusement égarées dans l'enfer des sectes. Surgit alors Harvey Keitel, lunettes noires, roulement d'épaules, décontraction étudiée. L'histoire, commencée ainsi comme une variation plutôt dramatique sur les dérives du voyage à Katmandou, semble alors bifurquer vers le registre de la comédie de mœurs. Mais ce n'est là que le premier changement de ton d'un film qui inscrit la rupture comme sa ligne de récit et sa vision du monde, et dont le dessein ultime apparaît bien de faire voler en éclats tout ce qu'il touche.
Car si la sagesse orientale, avec son côté sectaire affleurant, en prend d'emblée un sérieux coup dans l'ashram, l'image que Jane Campion donne de la vie à l'occidentale se révèle vite tout aussi fumeuse et hypocrite. C'est que la famille de Ruth ne vole pas dans les hauteurs et, entre le vieux beau de père avec sa perruque, la mère popote, les deux fils qui jouent l'un dans la catégorie virile, l'autre dans la catégorie homo, et la belle-fille qui passe ses rêves nocturnes à forniquer avec Tom Cruise, on comprend que la pauvre Ruth ait envie de prendre un peu l'air et que le voyage en Inde lui apporte ce souffle tant souhaité.
Mais là où le film prend toute sa dimension, c'est bien lorsque commence la cure de désintoxication spirituelle. Avec le corps affolant qu'elle a et les désirs qu'elle manifeste, Ruth a tôt fait de transformer son face-à-face avec P.J., son médecin d'âme, en brûlant rapprochement charnel. Et la jeune femme, inversant le rapport de forces, prend progressivement le pas sur celui qui est censé la dominer. L'amour physique, qui est le vecteur de cette transformation, inverse ainsi le rapport traditionnel homme-femme, comme cela apparaît dans une scène à la fois pathétique et grotesque où l'homme, maquillé et vêtu d'une robe rouge, se traîne misérablement aux pieds de celle qui est devenue, au sens fort, sa maîtresse. Le propos de Jane Campion laisse alors sentir toute sa force de dynamite : dans un univers où rien n'est sûr

et où la relation amoureuse ne se révèle pas moins fallacieuse que l'embrigadement sectaire, à chacun de se débrouiller comme il l'entend. Et surtout à chacune, car c'est bel et bien la femme qui, cherchant sa liberté, apparaît comme le point nodal de l'histoire. Et d'ailleurs Kate Winslet, formidable, vole la vedette à Harvey Keitel : c'est dire !

### IN THE CUT (2003)
### avec Meg Ryan, Mark Ruffalo et Jennifer Jason Leigh

**Noirs désirs.** Extérieurement, Frannie n'a rien qui puisse faire douter de l'équilibre et de la plénitude de sa vie personnelle. Prof de lettres, étudiant l'argot auprès de ses élèves, menant une vie solitaire et rangée, elle se tient à l'abri de ce qui, tout autour d'elle, traduit le désordre chaotique des choses. Et puis un jour, dans un bar plutôt glauque où un de ses étudiants lui a donné rendez-vous, elle descend au sous-sol et s'y retrouve témoin d'une scène de fellation entre un homme, dont elle repère le tatouage, et une prostituée. Cette descente, dans une pénombre ambiguë chargée des remugles d'une sexualité brutale, Jane Campion la traite comme le basculement de l'extérieur vers l'intérieur, vers les zones les plus troubles d'une intimité qui, jusque-là, ne s'est jamais vraiment révélée. Fascinée par l'intensité du spectacle qu'elle surprend, Frannie remonte à la surface avec tout le chaos brûlant du désir qui bouillonne en elle, lequel va trouver très vite à se cristalliser sur la personne d'un flic, Malloy, chargé d'enquêter sur le meurtre d'une femme dont on vient de retrouver la tête tranchée tout près de là dans le quartier.
Le film de Jane Campion, d'emblée, suit donc deux voies parallèles, dont l'une semble comme le support scénaristique de l'autre : en surface, un thriller, avec une enquête qui avance difficilement, à mesure que le meurtrier réitère son acte, se rapprochant de façon inexorable de Frannie elle-même, agressée dans la rue par un homme masqué, puis découvrant sa propre sœur assassinée et, comme dans les meurtres précédents, découpée par son meurtrier. Et le doute s'amplifie, à partir du moment où Frannie découvre, sur Malloy lui-même, le tatouage qu'elle avait vu dans le sous-sol du bar. Mais, comme un contrepoint à cet aspect premier, une autre trame structure le film, réunie à la première par la même sauvagerie quasi bestiale : celle des rapports entre Frannie et Malloy, celle de la noirceur des désirs et de la violence de l'attirance sexuelle, celle au fond de l'intimité de l'être et des profondeurs du cœur et du corps humains. Et c'est bien là, plus que la solution de l'enquête, ce qui intéresse une réalisatrice qui, de *Sweetie* à *La Leçon de piano*, de *Portrait de femme* à *Holly smoke*, n'a jamais cessé d'explorer les tréfonds de l'intimité. Ici, Jane Campion offre toute une série de pistes symboliques qui permettent d'apporter quelques lumières à son personnage : des visions d'enfance, entre rêve idyllique et cauchemar tranchant, qui en offrent la clef psychanalytique ; la présence d'une sœur, très symptomatiquement d'ailleurs demi-sœur, call-girl dont le sexe est le métier, et qui représente la part sombre de Frannie ; le fil conducteur d'un roman – *Vers le phare*, de Virginia Woolf –, que Frannie étudie avec ses élèves, et qui est lui-même une sorte de marche vers l'identité et la conscience, avant d'offrir le point final de l'histoire au pied d'un énorme phare rouge, planté comme un phallus sous le Washington Bridge.
Cette surcharge symbolique alourdit sans doute quelque peu le propos et, surtout, fait vite passer l'aspect proprement noir du polar au second plan. Mais ce qui intéresse Jane Campion, c'est l'atmosphère : en plongeant la fragile Meg Ryan dans la violence poisseuse du désir refoulé, en trouvant avec Mark Ruffalo une sorte de prototype de l'homme primaire et ambigu à la fois, et en montrant les corps au plus près sous la lame coupante du couteau ou sous la perforation non moins tranchante du sexe, la cinéaste signe un film brutal et envoûtant. Qui donne le sentiment, à la fois attirant et malsain, de regarder, comme par le trou d'une serrure, ce qui ne se regarde pas.

---

## CANTET Laurent (français, né en 1961)

**FILMOGRAPHIE :**
*Les Sanguinaires (1997)* • *Ressources humaines (1999)* • ***L'Emploi du temps (2001)*** • *Vers le sud (2004)*

Passé par l'Idhec, Laurent Cantet réalise d'abord plusieurs courts métrages où, à travers le regard qu'il porte sur ses jeunes personnages – lycéens préparant une manifestation, bande de jeunes gens en vacances dans une station balnéaire –, il manifeste une précision minutieuse dans l'observation tant des personnages et des comportements que des réalités sociales où ceux-ci s'expriment. Ce côté quasi documentaire trouve toute son illustration dans le film qui, après le moyen métrage des *Sanguinaires*, l'impose véritablement : *Ressources humaines*, où les rapports entre un père et un fils s'inscrivent, sur fond de restructuration sociale et de violence économique, au sein d'une usine où le père est ouvrier et le fils cadre dirigeant. Et la même force brute de document, qui peut faire penser à Pialat, se confirme dans la façon dont le fait-divers de l'affaire Romand nourrit une réflexion très personnelle sur le travail et sur le statut qu'il occupe dans la vie de l'homme moderne dans *L'Emploi du temps.*

### L'EMPLOI DU TEMPS (2001)
**avec Aurélien Recoing et Karin Viard**

**Trouble vie.** C'est une curieuse histoire, qui rappelle forcément l'incroyable affaire Romand. Pourtant, le film de Laurent Cantet va bien au-delà d'un fait-divers, non seulement par la volonté qu'il manifeste d'évacuer tout ce qui précisément faisait de cette histoire un fait-divers, et notamment ses meurtres tragiques, pour s'arrêter à ce qui constitue le vrai mystère, profond, qui se profile derrière : qu'est-ce qui fait qu'un homme sain d'esprit – car le personnage n'est ni fou ni mythomane – a envie de vivre une double vie et d'échapper à la logique économique, sociale, professionnelle, familiale dans laquelle le commun des hommes se trouve pris ? Et comment alors remplit-il sa vie lorsque son agenda soudain est vide ? Ces questions, chacun a pu se les poser un jour ou l'autre, et peut-être même renvoient-elles à une envie fugace qui, en des temps où le travail est la grande affaire, peut traverser l'esprit de tout candidat à l'évasion.
Vincent, le personnage de *L'Emploi du temps*, a choisi, lui, de vivre dans l'imposture : il prétend devant sa femme et ses amis qu'il occupe un poste de cadre supérieur dans un organisme international à Genève, alors qu'en fait il ne travaille plus depuis plusieurs mois. Et, pour survivre, il développe une mécanique du mensonge qui l'amène à escroquer d'abord, puis, de fil en aiguille, à se livrer à un trafic de faux. Mais cette fausseté de la double vie n'est peut-être que la voie confuse vers une autre vie à laquelle il aspire, et vers laquelle il se laisse porter. Tout n'est pas clair, d'ailleurs, dans ses motivations et ses réactions, parce que c'est sans doute dans le flou même qui préside à la façon dont il cherche à se situer face au travail et à la vie qu'il est censé devoir mener pour exister familialement et socialement, que réside sa vérité. La part d'obscur qui émane du film en fait du coup le prix. Après avoir consacré au monde du travail un premier film étonnant de naturel, *Ressources humaines*, Laurent Cantet récidive avec cet *Emploi du temps*, dont le titre même renvoie à l'occupation qu'un homme peut faire de son temps de vie : au travail abrutissant et aliénant succèdent ici l'inoccupation, le vide, le mensonge. Et la liberté, de façon cruelle, n'est pas davantage au rendez-vous. D'une histoire elle-même trouble, le cinéaste tire ainsi de troublantes résonances. Dans un décor de montagnes enneigées et de nature pluvieuse et grise, son récit a quelque chose de fantomatique. La limite qu'il trace entre la vérité et la fausseté y apparaît bien mince. Comme, justement, au cinéma.

## CARAX Leos (français, né en 1961)

**PREMIER LONG MÉTRAGE :**
*Boy meets girl (1984)*
**FILMOGRAPHIE DEPUIS 1985 : :**
***Mauvais sang (1986)* • *Les Amants du Pont-Neuf (1991)*** • *Pola X (1998)*

Cinéaste maudit ? Étoile filante dans le ciel étoilé qu'il avait fait briller dans son premier film, *Boy meets girl* ? En tout cas, artiste confronté, dans un cinéma tributaire des contraintes de l'argent plus encore que les autres formes artistiques, aux lois du financement et de la rentabilité, et s'y brûlant les ailes. S'il est un cinéaste qui symbolise la force d'un cinéma nouveau, nourri en profondeur de toute la mémoire du cinéma passé, c'est bien Leos Carax. Son apparition au milieu des années 1980 fit l'effet d'une bombe, tant elle dynamitait les habitudes molles pour redonner au cinéma une pureté, une ambition, un désir : rêves d'enfant, poésie pure, envie de voler sur des images en état d'apesanteur. Et l'amour, l'amour fou, comme réponse au désespoir, dans *Boy meets girl*, comme façon de lutter contre le virus de mort de l'amour sans amour, dans *Mauvais sang*, comme la richesse donnée aux miséreux dans *Les Amants du Pont-Neuf*, comme la rencontre mystérieuse qui vient changer la route sociale toute tracée, dans *Pola X*. L'amour : la grande affaire du cinéma de Carax, porté par le visage et le corps de cet acteur étrange, Denis Lavant, et porté aussi par un amour éperdu du cinéma. Tout cela pour inventer des images époustouflantes sur des dialogues ciselés, pour dire que le cinéma, qui a tant dit et tant montré, a encore tant et tant à dire et à montrer. Mais l'exigence, la malchance, les problèmes vite insolubles, et sans doute une part auto-destructive dans la raideur de l'intransigeance, font du tournage des *Amants du Pont-Neuf* une aventure catastrophique, dont le cinéaste ne se relève pas, d'autant que *Pola X*, réalisé sept ans plus tard, ne trouve pas à le remettre en selle. En attendant un nouveau film qui, peut-être, ne viendra pas, reste quatre éclats de cinéma, à l'état brut. Étincelants.

## MAUVAIS SANG (1986)
### avec Juliette Binoche et Denis Lavant

**Étoiles, étoiles.** Carax ne raconte pas, il montre. Hanté par le silence éternel des espaces infinis, il rêve d'un cinéma muet, celui de Griffith et de Chaplin, où l'on n'entendrait que la voix essentielle venue des profondeurs, comme celle de son héros, ventriloque ; ou comme celle du muet quand il devient parlant ; ou comme celle de la tragédie originelle, celle de Grémillon, par exemple, et de sa *Petite Lise*, dont les images et les sons flottent tout au long d'un film qui bâtit le futur du cinéma sur la mémoire de son passé. Dans cette histoire qui n'en est pas une, où il est question d'un mal d'amour qui rôde, de deux bandes qui luttent pour s'approprier ce virus de ceux qui font l'amour sans amour, d'un père mort et d'un fils qui, destin oblige, met les doigts dans un engrenage qui finira par le broyer, et d'une histoire d'amour fulgurante, comme l'éclair et comme la foudre, le récit part en éclats, le film vole en images, comme attiré dans le vide vers la voûte céleste qu'éclairent des milliers d'étoiles, reflets des lumières de la ville, et où passe, elle aussi fulgurante, une comète de feu.
C'est peu de dire que Leos Carax est un inventeur. Son film est un incroyable crépitement d'images, un feu constant d'artifices, une débauche de plans, une mosaïque de cadrages, une alchimie de couleurs, où la tache constamment présente d'un rouge sang éclaire des gris qui ne sont eux-mêmes que les variations du noir et blanc des origines. Comme il ne doute de rien pour ce qui est déjà son second film, Carax, certes, en rajoute : boulimie de jeunesse, appétit de cinéaste qui confond parfois virtuosité et trop-plein et qui n'a pas encore totalement réglé son complexe godardo-œdipien. Mais qui oubliera jamais la façon dont il fait courir le long d'un mur Denis Lavant (une tête inoubliable) ou dont il fait littéralement s'envoler la petite Binoche, diaphane, évanescente, bouleversante ? Qui oubliera leur étreinte sous l'immense toile d'un parachute glissant silencieusement dans un monde délivré de la pesanteur ? Et qui pourra dire qu'avec Carax, le cinéma ne s'offre pas un ciel nouveau, rejetant du même coup nombre de vieilles lunes dans le caniveau ?

## LES AMANTS DU PONT-NEUF (1991)
### avec Juliette Binoche et Denis Lavant

**Enfants de l'enfer, enfants du paradis.** Les enfants qui s'aiment... Lui venu de nulle part, avec son crâne pelé, croûtes sous le cheveu ras, guenilles, démarche titubante, se raclant le front sur le bitume, se faisant écrabouiller la cheville par une voiture qui lui passe dessus. Elle, guère plus brillante, vêtements qui suintent la débine, qui arrive au galop, un œil borgne, l'autre qui se voile, la démarche pas claire non plus, carton à dessins sous le bras, pauvre gamine à la dérive. Et tous les deux réunis là où finissent les rêves et les illusions perdues : sous les ponts. Ou plutôt, ici, dessus. Sur ce Pont-Neuf qui s'effrite, et que des travaux de réfection ferment aux passants et aux voitures. Pour eux seuls, du coup, le Pont-Neuf, comme une île amarrée au milieu de la Seine, au milieu de leur vie, comme un pont jeté entre leurs solitudes, comme un dernier bateau où s'embarquer, le Pont-Neuf de la cloche de bois, du gros rouge qui tache et qui fait tout oublier, des nuits passées sur le froid de la pierre, avec un manteau troué en guise de couverture et une serviette sur la figure pour se protéger du froid.
De ce monde du pavé, dur et sans grâce, de cette jungle où chacun défend âprement son territoire, de ce dernier rivage où viennent s'échouer les épaves, Leos Carax fait surgir l'amour. Comme une fleur fragile et indécise, poussée on ne sait comment ni pourquoi. Son film commence sur la vision d'horreur des loques humaines ramassées dans la nuit, pour une douche au dépôt. Autobus de rafle, chairs fanées, corps squelettiques, nudités dérisoires : cela rappelle d'autres images, de nuit et de brouillard. De ce bout de la nuit, sort Alex, le corps tout cabossé, qui rencontre Michèle, cœur cabossé aussi. Et ils frottent leurs bosses, leur mal de vivre, leur abandon. Alors leur démarche hésitante peu à peu s'assure et se trouve emportée dans un mouvement, un rythme, un tourbillon, une lumière. Carax passe par là, et le cinéma avec lui : art du mouvement, lanterne magique. La réalité débouche sur l'illusion, se poétise. Dans un décor du grand Trauner, dans des images insoupçonnées, dans un déluge de feu d'artifice, leur pauvre vie devient un film. Et les enfants de l'enfer deviennent les enfants du paradis.

On attendait Carax. On a bien fait d'attendre. Son film est un éblouissement. Porteur de toute une mémoire du cinéma, il filme à sa façon, avec ses images à lui, son rythme, sa foi. Visions fugitives des reflets de l'eau, jambes de couples emportés par la danse, vol d'oiseaux noirs, murs de feu qui allument le fleuve où l'on glisse comme dans un couloir, ricochet sans fin d'un caillou dans l'eau comme un sillage saisi au vol. Avec deux acteurs qui ont la grâce : Denis Lavant, tête de têtard, corps de fœtus, chien battu, chien fidèle, faisant soudain jaillir le feu et, de sa jambe qui boîte, sautant, virevoltant, pirouettant, réinventant le mouvement. Et Juliette Binoche, l'œil fermé, petite mine chiffonnée, petite vie brisée qui se reprend à rire, à vivre, à voir, réinventant la lumière, et dont la beauté éclate, radieuse. Bout du rouleau, sauvés des eaux, pour eux les portes de la nuit se déchirent enfin, tandis que le Pont-Neuf brille de tous ses feux et que les emporte vers Le Havre, vers le port, une péniche qui pourrait s'appeler *l'Atalante*...

## CARPENTER John (américain, né en 1948)

**PREMIER LONG MÉTRAGE :**
*L'Étoile noire (1974)*
**FILMOGRAPHIE DEPUIS 1985:**
*Starman (1985)* • *Les Aventures de Jack Burton. Dans les griffes du Mandarin (1986)* • *Invasion Los Angeles (1988)* • *Les Aventures d'un homme invisible (1992)* • *Body Bags (1993), co-réalisation* • *L'Antre de la folie (1994)* • *Le Village des damnés (1995)* • *Los Angeles 2013 (1996)* • ***Vampires (1997)*** • *Ghosts of Mars (2001)*

Fils d'un père musicien, compositeur lui-même, John Carpenter s'est passionné très tôt pour le fantastique et la science-fiction. Dès 14 ans, il réalise des courts métrages au titre évocateur : *Revenge of the colossal beasts, Warrior and the Demon, Sorcerer from outer space*... Il achève en 1972 ses études de cinéma en réalisant un moyen métrage, *Electric Dutchman*, qu'il transforme en long et qui devient *L'Étoile noire*, film qui donne d'emblée un modèle dont Hollywood va faire grand usage : un équipage lancé dans un voyage intergalactique et qui est en proie à ses phobies ainsi qu'aux menaces d'un extraterrestre embarqué dans le vaisseau spatial. À partir de là, le cinéaste arpente toutes les voies du film d'action (*Assaut*), de science-fiction (*Starman, Los Angeles 2013, Ghosts of Mars*), d'épouvante (*Fog, The Thing*), d'horreur (*Halloween*), et toutes les formes du fantastique (*Invasion Los Angeles, Les Aventures de Jack Burton..., Le Village des damnés*), dont, avec *Vampires*, cette forme jamais éteinte depuis *Nosferatu* que constitue le film de vampires et qu'il réinterprète à sa façon. Et, chaque, fois, c'est la même maîtrise technique, le même art de jongler avec les codes et les schémas, la même invention narrative et visuelle, la même puissance de suggestion, qui en font le maître incontesté d'un genre qu'il renouvelle en permanence et sur lequel lui-même s'interroge dans *L'Antre de la folie*, film fantastique construit en abyme en même temps qu'œuvre théorique sur la peur, sur la nature du fantastique et sur ses rapports avec le cinéma.

### VAMPIRES (1997)
#### avec James Woods, Daniel Baldwin et Sheryl Lee

**La horde sauvage.** Chasseur de vampires, Jack Crow les connaît mieux que personne, et il a même un compte œdipien à régler avec eux, son propre père ayant été lui-même mordu par un vampire et ayant à son tour mordu son épouse, entraînant du coup le jeune Jack à devoir éliminer ses géniteurs pour ne pas basculer lui aussi du côté des suceurs de sang. C'est dire s'il sait à qui il a affaire. Et, à un prêtre exorciste qui s'en fait une idée quelque peu exaltée, il prend bien soin de préciser les choses : « Oublie tout ce que tu as vu au cinéma, lui dit-il. Ils ne sont pas romantiques, ils ne portent pas de tenues de cérémonie, ils ne se transforment pas en chauve-souris, les croix et les gousses d'ail n'ont aucun effet sur eux, et ils n'ont pas besoin de cercueil pour dormir. »
Ainsi définis, les vampires que pourchasse Jack Crow n'ont, à l'évidence, pas grand-chose à voir avec l'image traditionnelle qu'en ont façonnée la littérature et le cinéma. Et cette spécificité que définit le personnage, elle est bien aussi celle d'un film qui illustre à nouveau à quel point son auteur, John Carpenter, sait s'emparer, en créateur, des genres pour les traiter à sa façon, et pour en faire autre chose. Car, dans *Vampires*, d'emblée, les repères semblent brouillés : on est dans un paysage – les étendues désertiques du Nouveau-Mexique –, dans un format – le cinémas-

cope –, avec des personnages – une bande de types armés jusqu'à la gueule –, dans un décor – une ferme abandonnée –, baignant dans une musique – des riffs de guitare lancinants mâtinés de sons électroniques –, qui installent un tout autre imaginaire que celui du film de vampires. Comme presque toujours chez le cinéaste d'*Assaut*, c'est bel et bien d'un western qu'il s'agit. Avec cette différence que ce ne sont ni des Indiens, ni des hors-la-loi, ni des voleurs de bétail que Crow et ses hommes traquent, mais des créatures sorties de la nuit, et même de la nuit des temps, leur maître, Valek, n'étant autre qu'un dissident brûlé par l'Église au XIVe siècle. Et le combat que le dévampirisateur, dératisant à tout va, mène contre eux, c'est celui-là même que les héros de westerns n'ont jamais cessé de mener contre les démons intérieurs et les démons sociaux : avec son jean, son cynisme décontracté, sa démarche de cow-boy et ses cigares qu'il mâchouille comme Clint Eastwood le faisait chez Sergio Leone, James Woods est le justicier qui reprend à son compte un genre mythique, en un temps où Hollywood a tendance à le ranger au rayon des accessoires. Le film a ainsi l'impeccable dramaturgie du professionnalisme inflexible à la Hawks, des grands règlements de compte à la Sturges et de la violence absolue des hordes sauvages à la Peckinpah. L'attirail du gothique, la présence d'un cardinal, l'ombre du Vatican, le crucifix et la crucifixion n'ont ici valeur que décorative. Car les vampires, au bout du compte, ne représentent pas le Mal diabolisé auquel les réduit l'optique manichéenne d'une imagerie que le réalisateur fait voler en éclats. Peu distincts, somme toute, de ceux qui les pourchassent, ils sont en fait la face autre de l'homme, et ils lui ressemblent comme un frère. D'ailleurs, l'associé de Jack Crow tombe amoureux d'une prostituée elle aussi vampirisée. Regarder l'autre pour ce qu'il est : telle est la morale de l'histoire, et sans doute, dans le monde crépusculaire et quasi apocalyptique tel que le met en scène John Carpenter, en visionnaire désabusé qu'il est, le seul espoir de survivre.

## CARRIÈRE Christine (française, née en 1959)

**FILMOGRAPHIE :**
***Rosine (1994)*** • *Qui plume la lune ? (1999)*

Formée à la Femis, Christine Carrière, après plusieurs courts métrages, aborde le long avec deux premiers films qui témoignent d'un regard attachant porté sur les gens ordinaires, sur les relations parents-enfants, sur le noyau familial. La tonalité peut être plus sombre, dans *Rosine*, ou plus légère, dans *Qui plume la lune ?*, mais c'est la même justesse d'approche, et la même intelligence du cœur.

### ROSINE (1994)
### avec Mathilde Seigner, Éloïse Charretier et Laurent Olmédo

**L'amour violé.** Petites vies, grandes misères. L'existence de Rosine est à l'image du décor où elle s'inscrit : morne, triste, ciel de pluie, rangée interminable des maisons de la cité ouvrière, toutes les mêmes, alignées le long de la nationale où, jour et nuit, passent inlassablement voitures et camions, en route vers un ailleurs où l'on n'ira jamais. Rosine a 15 ans. Elle vit là, avec sa mère Marie, qui en a 30 à peine, jolie fille encore, mais qui commence à se faner, entre le boulot à l'usine, les sorties du soir dans les boîtes, et les retours tard dans la nuit. Elle a encore son cœur de midinette, Marie, toujours prête à croire au prince charmant, mais sentant bien qu'elle a laissé passer sa chance, et qu'enceinte et plaquée à 15 ans, elle y a gagné cette réputation de fille facile qui lui colle à la peau et dont elle ne se défera plus. Rosine, à ses côtés, la couve de son amour, exclusive, maternelle presque, plus adulte que cette mère immature qui traîne au lit, ne pense qu'à se faire belle pour aller danser, et qui y récolte surtout des bleus à l'âme, quand ce n'est pas sur son corps battu et son visage meurtri. Et puis arrive Pierre. Il revient, quinze ans après, et Rosine un jour, en rentrant de l'école, se découvre un père. Celui-ci s'installe dans la maison, dit vouloir reprendre la vie familiale, fait miroiter le mariage auprès de Marie tout en cherchant à amadouer Rosine, cette fille qu'il regarde comme il regardait sa mère au même âge, quinze ans avant. Ambiguïté des gestes, réticence marquée de Rosine, d'autant que Marie ne voit rien, ne veut rien voir. Jusqu'à l'irréparable.
Christine Carrière met en place de façon minutieuse les composantes du drame. Elle insère ses personnages dans une détermination tant sociale qu'affective qui à la fois leur donne la justesse de la vie et leur ôte toute chance d'échapper à leur pauvre destin. D'où le double sentiment que le film peu à peu fait naître : celui, chaleureux, de la sympathie ; celui, désespéré, du constat impuissant. Le Nord sert de cadre à cette tragédie des gens sans importance, ce qui accentue quelque peu un côté misérabiliste dont le film pourrait aisément se passer. Car le vrai sujet

est intérieur. Il est dans le cœur pris au piège de cette fille de 15 ans, dont le besoin éperdu d'amour qu'elle manifeste vis-à-vis de sa mère tient peut-être au sentiment obscur d'une culpabilité première, celle d'avoir été l'enfant non voulue qui a fait de la Marie de 15 ans celle qu'elle est devenue à 30. Et dans cet attachement viscéral de la fille pour sa mère, l'irruption de l'homme ne peut que répéter, à travers l'inceste, le schéma originel de l'amour violé. Pour dire cela, Christine Carrière a choisi une sorte de minimalisme naturaliste : pas d'explication, mais le fil de la vie avec ses mots simples, ses gestes de tous les jours, ses moments de joie, ses accès de souffrance. Il y a assurément beaucoup de travail dans ce naturel, à l'image d'une direction d'acteurs dont la précision est révélatrice. Éloïse Charretier, Mathilde Seigner, Laurent Olmédo, tous trois débutants, apportent à leurs personnages une authenticité qui tient tout autant à leur talent naissant qu'à la façon dont la réalisatrice les met en situation constamment juste, sans jamais faire de son objectif cet œil voyeur qui transforme la réalité en reality-show. Pas de masque, ici, à prétendument mettre bas, mais, captée par un vrai regard, la force aveuglante de la vie.

## CASSAVETES Nick (américain, né en 1959)

**FILMOGRAPHIE :**
*Décroche les étoiles (1996)* • ***She's so lovely (1997)*** • *John Q. (2002)* • *N'oublie jamais (2004)* • *Alpha dog (2005)*

Après avoir étudié à l'American Academy of Dramatic Arts, Nick Cassavetes commence par être comédien, tenant divers rôles dans des films de Ted Demme, de John Woo, de Philip Noyce et de divers autres cinéastes, ainsi que dans des séries et des téléfilms. Le passage au cinéma se fait dans la droite ligne de son riche héritage familial : il met en scène sa mère, Gena Rawlands, dans son premier film, *Décroche les étoiles*, histoire d'une veuve qui change de vie au moment où ses enfants quittent le foyer. Et il la dirige à nouveau dans *She's so lovely*, qu'il tourne sur un scénario de son père John. Après quoi, prenant quelque peu ses distances, il s'essaie à traduire son goût pour les scénarios solides et romanesques dans des genres différents : le thriller, avec *John Q.*, puis le mélo sentimental avec *N'oublie jamais*, où Gena Rawlands se trouve à nouveau impliquée, y interprétant le rôle d'une vieille femme atteinte de la maladie d'Elzheimer.

### SHE'S SO LOVELY (1997)
#### avec Sean Penn, Robin Wright Penn, John Travolta et Gena Rowlands

**L'amour fou.** Des murs pisseux, une moquette élimée, un corridor sinistre : la vie de Maureen et d'Eddie a la couleur du décor crasseux où ils vivent. Si ce n'est que l'amour en illumine la grisaille. Un amour de bric et de broc, dans une vie à la dérive : Eddie n'est jamais là, Maureen est enceinte, l'alcool sert à faire avaler la pilule amère des jours qui se traînent. Dehors, il pleut des cordes. Maureen cherche Eddie, qui a disparu depuis trois jours. Avec ses cheveux à la diable, ses longues jambes perchées sur des talons hauts, sa robe de trois fois rien, elle arpente les rues et les bars, se fait payer un whisky par le voisin d'en face, qui l'attire dans sa chambre et qui la tabasse méchamment pour lui faire comprendre qu'elle doit se montrer gentille. Maureen en ressort avec un œil au beurre noir, des lèvres tuméfiées, et un gros bleu à l'âme. Et quand Eddie, qui réapparaît au bar du coin, s'en aperçoit, ses idées, pas vraiment claires jusque-là, se brouillent encore plus. Une virée nocturne, un slow langoureux dans un dancing minable, quelques bouteilles de plus et quelques fêlures de trop : et au bout du compte, un revolver pointé sur les infirmiers qui viennent le chercher, une cavale dans les rues, pour finir sur un banc, le pantalon baissé sur les chevilles, et la tête en pleine déconfiture.
La folie traverse à grand train la première partie, très réussie, du film de Nick Cassavetes. Une folie qui n'est pas seulement dans le crâne d'Eddie, mais qui est bel et bien dans la violence même de la passion, entre deux êtres paumés, pas vraiment servis par la vie, plutôt vacillants sur leurs jambes, mais inflexibles dans leurs sentiments. Ils s'aiment, et tout le reste ne compte pas. Pourtant, la démesure du cœur bascule, chez Eddie, dans la démence. Et ce n'est pas pour rien que le scénario du film a été écrit par John Cassavetes lui-même, qui devait le tourner, juste avant que la mort ne vienne l'en empêcher. Son Eddie, c'est un peu, au masculin, ce que représentait déjà Gena Rowlands, dans *Une femme sous influence* : la marche inéluctable d'une névrose. Et John Cassavetes avait, déjà, pensé à Sean Penn pour incarner cet amoureux véritablement fou. En reprenant le projet pour le réaliser, Nick Cassavetes

a eu la bonne idée de s'en tenir au choix de son père et de faire appel, plusieurs années après, au même Sean Penn. Comme il a eu la bonne idée de proposer le rôle de Maureen à la femme de celui-ci, Robin Wright Penn. Les deux comédiens, si proches l'un de l'autre, incarnent leurs deux personnages avec une sorte de fureur dans le paroxysme. Cela tient à des gestes brusques, une manière de marcher, des attitudes, des regards, où une douceur infime vient soudain comme bercer la violence. Grâce à eux, et à une réalisation discrète, pudique presque, Eddie et Maureen existent, comme ils auraient pu exister chez John Cassavetes. Et il n'y a ni complaisance ni misérabilisme dans la façon de donner vie à leur pauvre vie. Eddie donc sombre dans la folie, Maureen, qui l'a fait interner, lui affirme qu'il en a pour trois mois. Et de fait il ressort, guéri semble-t-il, mais dix ans après. Depuis, Maureen a, comme on dit, refait sa vie : elle a divorcé et élève Jeannie, la fille d'Eddie, auprès d'un autre homme, qu'elle a épousé, dont elle a eu deux autres filles, et qui lui fait vivre une existence désormais stable et confortable. Mais lorsqu'Eddie quitte l'hôpital, tout ce qui était resté au fond du cœur remonte à la surface. Et l'amour, toujours aussi fou, reprend le dessus.
La seconde partie du film, construit comme une sorte de contrepoint par rapport à la première, dit en fait la même chose : si les temps ont changé, si Maureen est devenue une respectable mère de famille et a troqué l'appartement minable d'autrefois pour une maison cossue, si Eddie lui-même a désormais comme une sorte de fatalisme résigné au fond des yeux, et si curieusement chacun d'entre eux a échangé la couleur de ses cheveux d'avant, elle blonde devenue brune, lui noir devenu blond, la folie de l'amour est toujours là, contre laquelle Joey, le second mari de Maureen, a beau se débattre, il part battu d'avance. Et d'ailleurs, peu à peu, le vernis craque, et la violence resurgit, déchirant l'enveloppe de respectabilité et de normalité. Le film, plus que jamais, est sur le fil du mélo, mais il sait garder l'équilibre jusqu'au bout, de façon un peu plus appliquée que dans la première partie, mais avec toujours la même force et la même justesse. Après avoir rendu hommage, dans *Décroche les étoiles*, à sa mère Gena Rowlands, voici donc que Nick Cassavetes rend hommage ici à son père John. L'entreprise était encore plus délicate et l'hommage, à force d'être évident, tend à gommer quelque peu la personnalité du réalisateur lui-même. Mais, par le désir de traquer ce qu'il y a au plus profond des êtres, par l'importance donnée à l'interprétation, par la recherche de la vérité au bout du paroxysme, le cinéma du fils parvient à s'inscrire vaillamment dans les traces de celui du père.

## CATON-JONES Michael (écossais, né en 1957)

**Filmographie :**
*Scandal (1989) • Memphis Belle (1990) • Doc Hollywood (1991) • Blessures secrètes (1993) •* ***Rob Roy (1995)*** *• Le Chacal (1997) • Père et flic (2002) • Shooting dogs (2004) • Basic instinct 2 (2005)*

Né dans une petite cité minière de la région d'Édimbourg, Michael Caton-Jones a découvert le cinéma dans l'unique salle de la ville, s'y découvrant une passion pour les grands réalisateurs américains, John Ford, Frank Capra, Howard Hawks. Se fixant à Londres, il y travaille d'abord comme machiniste de théâtre, puis, se mettant à l'écriture, écrit et tourne un premier court métrage, que suivent plusieurs documentaires et, pour la télévision, des séries et des téléfilms. Le succès de son premier film, *Scandal*, inspiré du fait-divers politico-sexuel autour de Christine Keeler, lui ouvre la porte des productions américaines, où il tourne des films de genres divers dans lesquels il fait preuve d'une grande sûreté dramatique. Il revient dans son pays pour y raconter, avec *Rob Roy*, l'histoire d'un héros national légendaire, dans un film qui est le plus personnel, et le plus lyrique, de sa carrière.

### ROB ROY (1995)
#### avec Liam Neeson, Jessica Lange, John Hurt et Tim Roth

**Une ballade écossaise.** Là-haut, dans les montagnes des Highlands, les Mac Gregor maintiennent jalousement l'honneur du clan. Lorsque des voleurs de bétail viennent leur prendre les troupeaux dont ils ont la charge, ils les poursuivent sans trêve au long des immenses landes désolées, jusqu'à leur faire rendre grâce. Et ils font entière confiance à Rob Roy, leur chef, pour les guider à travers les embûches politiques qui déchirent l'Écosse en ce début du XVIIIe siècle où la misère et les jeux de pouvoir, que mène une noblesse corrompue, font peser sur les rudes paysans qu'ils sont la pire des menaces. Or voici que Rob lui-même, le fier, l'intraitable, se trouve pris au piège par la perfidie d'un bâtard sournois, anglais de surcroît. Il a pour nom Cunningham, est poudré comme une donzelle,

emperruqué comme un perroquet, mais, sous ses airs de damoiseau efféminé, il cache l'âme la plus noire et l'épée la plus agile. Face à lui, avec ses grosses chaussettes montantes sur ses genoux calleux, son kilt d'étoffe grossière, sa longue chevelure mal peignée qui flotte dans le vent des hautes terres, Rob Roy fait plutôt figure de rustaud. Et Cunningham, le bougre, non content de lui dérober son argent et de lui tuer son meilleur ami, lui viole encore sa femme par-dessus le marché. Ce sont, on en conviendra, des choses difficiles à pardonner, surtout lorsqu'on s'appelle Mac Gregor et qu'on a l'honneur chevillé au kilt. Et qu'il faille, pour faire triompher la vérité et la justice, entrer en rébellion contre son seigneur n'est pas pour faire reculer le brave Roy. D'autant qu'en volant le triste sire, il ne fait que redistribuer plus justement ses biens.
On le voit, Robin des bois, quoique anglais, est presque son cousin. Et pas seulement parce que l'histoire du chef du clan des Mac Gregor est celle d'un rebelle bien-aimé, défenseur de la morale face à la perfidie et à la corruption et de l'honneur face à la traîtrise ; mais aussi parce que *Rob Roy*, le film de Michael Caton-Jones, renoue avec un type de cinéma d'aventures qui eut son heure de gloire dans les années 1950, et dont les héros – Robin des bois, Ivanhoe, Quentin Durward – étaient bons, généreux, fiers, et qu'il était dans l'ordre des choses et du scénario qu'après avoir triomphé des plus rudes épreuves, ils châtient à la fin le coupable. Il en va de même ici. Si le sort du méchant Cunningham ne fait donc structurellement guère de doute, il est assez réjouissant, pendant les 2 heures 17 du film, de le voir accumuler avec un plaisir sadique toutes les turpitudes, rassuré que l'on est dès l'abord par les larges épaules et la haute stature de Rob Roy, dont on sent bien qu'il est capable de supporter le choc. Pourtant, le temps des joyeux collants moulants et colorés qui seyaient si bien à Errol Flynn et à ses amis est révolu. Depuis, les mœurs (et les costumes) ont évolué, et l'aventure entend se nourrir de réalité plus brute. Les héros sont donc désormais vêtus quasiment de peaux de bêtes, leurs chaumières font vraiment masures primitives perdues dans la lande, et le ciel lourd de nuages se reflète dans des lochs dont l'eau sombre n'est guère rassurante. Question mœurs, Cunningham pratique sans problème la bisexualité et il pisse dans un pot de chambre métallique avec son en direct. Les hommes du clan semblent tout droit sortir d'un Moyen Âge gothique et leurs épouses – à en juger par la belle Marie, l'épouse aimante de Rob – pratiquent l'amour conjugal pas seulement par devoir, mais aussi visiblement par plaisir. Ainsi *Rob Roy* est bien un film de 1995, même s'il utilise tous les schémas traditionnels sans s'en écarter d'un inch. Liam Neeson a belle stature, Jessica Lange n'est pas mal non plus, et quant à l'affreux Tim Roth, il se souvient qu'il a tourné avec Peter Greenaway et Quentin Tarantino pour composer un méchant qui mêle joliment les deux. Avec ça, les paysages écossais apportent la garantie d'un tournage en décors authentiques et les cornemuses donnent de temps en temps de la voix. Bref, il ne manque pas un fil d'Écosse. Ce qui, pour un film à kilts, est bien la moindre des choses !

## CAVALIER Alain (français, né en 1931)

**PREMIER LONG MÉTRAGE :**
*Le Combat dans l'île (1961)*
**FILMOGRAPHIE DEPUIS 1985 :**
***Thérèse (1986)*** • *24 portraits (1988-1990)* • *Libera me (1993)* • *La Rencontre (1996)* • *Vies (2000)* • *René (2002)* • *Le Filmeur (2005)*

Singulier, le parcours d'Alain Cavalier paraît quelque peu sinueux : deux films, d'abord en 1961 et 1964, *Le Combat dans l'île* et *L'Insoumis*, qui, en prise directe avec les événements d'Algérie, donnent l'impression d'ouvrir la voie à un grand cinéma politique ; puis un virage vers le film policier et l'adaptation d'un roman à succès de Françoise Sagan qui semblent réduire les ambitions ; puis, nouveau virage surprenant, des films qui relèvent quasiment du cinéma expérimental et qui, du *Plein de super* (passé inaperçu en 1976, mais dont une nouvelle sortie en 2004 montre toute la liberté de facture et d'inspiration) et de *Ce répondeur ne prend pas de message*, en 1978, filmant en direct l'enfermement d'un homme, mènent directement à ces expériences radicales que sont *Thérèse*, *Libera me* (filmé tout en plans fixes, sans décors ni paroles), *La Rencontre* (sorte de journal vidéo tenu par un cinéaste d'une rencontre avec une femme) et *Vies* (quatre itinéraires individuels filmés et réunis, pour un quintette filmique, par le réalisateur, leur ami). Plus que jamais, dans cette singularité qui tranche avec les frilosités de la production courante, le cinéaste fait, si l'on peut dire, cavalier seul : filmeur, comme dans le film qui porte ce titre, du monde et de lui-même.

## THÉRÈSE (1986)
### avec Catherine Mouchet, Aurore Prieto et Sylvie Habault

**La divine surprise.** On sait qu'au cinéma, il y a tout à redouter des vies de saints : cela donne en général dans l'hagiographie pontifiante ou, pire, dans le gnangnan sulpicien. La première reconnaissance que l'on doit à Alain Cavalier est d'avoir su échapper totalement aux travers du genre. Son film, qui raconte l'entrée au Carmel de la toute jeune Thérèse de Lisieux, puis sa vie et sa mort au cloître, est tout autre chose qu'une bondieuserie cucufiante. C'est d'abord un vrai film de cinéaste, une recherche sur les images (filmées comme des tableaux animés), sur les décors (à la fois nus et riches, comme la vie des carmélites), sur la façon de raconter, en plans très courts, sur les couleurs, sur les formes, sur le ton du récit. Aucune sécheresse dans ce dépouillement, mais une invention constante, qui donne au spectateur un plaisir qui est à la fois de l'œil et du cœur.
Car, pour être austère par son sujet, le film n'a rien d'une ascèse pascalo-bressonienne : il est, au contraire, une sorte d'hymne à la joie, qui raconte la sainteté comme une aventure quotidienne, avec ses moments de bonheur et de souffrance, ses pleins et ses déliés de doute et d'assurance, ce mélange de passion quasi charnelle et d'humiliation volontaire que constitue le dialogue des carmélites avec Dieu.
Illuminant cette quête d'amour, l'étonnante Catherine Mouchet donne à son personnage une fraîcheur et une vie comme irradiantes, qui éclairent l'implacable loi de fer du Carmel d'élans de douceur et de drôlerie. Avec elle, Thérèse devient un être de chair et d'âme, tout à sa passion comme n'importe quelle jeune fille en fleur : mais elle, petite fiancée du bon Dieu, belle du Seigneur…

# CEYLAN Nüri Bilge (turc, né en 1959)

**FILMOGRAPHIE**
*Kasaba (La Petite ville) (1997)* • *Mayis Sikintisi (Nuages de mai) (1999)* • ***Uzak (2003)*** • *Les Climats (2005)*

La mort, en 1984, de Yilmaz Güney, juste après le triomphe international de son dernier film, *Le Mur*, marque un changement d'époque pour le cinéma turc. L'évolution politique, le rapprochement progressif de la Turquie et de l'Occident avec, à terme, l'idée de sa possible intégration dans l'Europe, amènent la disparition d'un cinéma militant au profit d'un cinéma plus individualiste, centré sur les problèmes existentiels et sur la vie intime, mais aussi, à travers l'inscription des personnages dans la Turquie nouvelle, sur les grandes évolutions politiques, sociales, culturelles du pays. Une nouvelle génération, qui s'affirme dans les années 1990, traduit ce cinéma nouveau : au côté d'Ömer Kavur, de Zeki Demirkubuz, de Yesim Ustaoglu, Nüri Bilge Ceylan en est le représentant le plus emblématique. Formé à l'école de Bresson, d'Ozu, d'Antonioni, de Kiarostami, il développe, dans un cinéma de la rigueur, de l'ellipse, de la contemplation, une vision à la fois drôle et désenchantée de l'homme moderne.

## UZAK (2003)
### avec Muzaffer Özdemir et Mehmet Emin Toprak

**L'ultra-moderne solitude.** Proches. Et si lointains. L'arrivée de Yusuf, un cousin qui a dû quitter leur village natal où il est réduit au chômage pour venir à Istanbul dans l'espoir d'y trouver à s'embarquer comme matelot, vient déranger, au double sens du terme, l'appartement et l'existence bien ordonnés de Mahmut. Celui-ci, qui a laissé derrière lui ses idéaux de jeunesse et d'artiste, a trouvé la réussite sociale dans la photographie publicitaire et commerciale, ce que traduit son appartement cossu, propre, où tout est bien rangé, à l'image d'une vie qui lui offre tout le confort voulu : voiture, télé, cassettes, maîtresse, bureau, cuisine intégrée. Pas de place pour la poussière, pour les mauvaises odeurs, pour la malheureuse souris qui se fait scotcher inéluctablement au papier collant-piège qu'il tend pour l'attraper. Dans ce décor qui respire l'ordre, mais aussi le vide de la solitude, l'arrivée de ce rustaud de Yusuf agit à la fois comme un bouleversement et comme un révélateur. Le jeune garçon, sorti de sa Turquie profonde, rurale, ancienne, voit la ville comme un éblouissement et s'installe dans l'appartement de son cousin comme dans un monde jusque-là inconnu, apportant sans même y faire attention le désordre dans l'univers méticuleusement rangé de son cousin: des mégots par terre, des chaussures qui puent, des miettes et des vêtements qui traînent partout. Cette cohabitation forcée du Turc d'hier et de celui d'aujourd'hui, dans le huis clos d'un appartement où leur cousinage-voisinage se transforme vite en guerre larvée, traduit en profondeur ce choc de deux mondes et de deux cultures que la Turquie, au carrefour qui est le sien, illustre sans doute mieux qu'aucun autre pays. Ce choc, Nüri Bilge Ceylan lui donne d'autant plus de force évidente que son film, loin de tout discours et de tout psychologisme, le traduit par une mise en scène qui privilégie ces moyens simples que sont le silence, l'ellipse, les regards, le minimalisme cocasse, et drôle souvent, du détail. Les deux personnages, bien que dans le même cadre, ne sont pas dans le même plan, ce que traduit le flou qui distingue visuellement l'arrière-plan du premier ; et ils ne se disent pratiquement rien, ce qui rend d'autant plus violent leur affrontement lorsque celui-ci éclate, quand Mahmut accuse Yusuf de vol, alors même que la caméra montre qu'il retrouve, mais sans rien en dire, l'objet du litige – une montre, prétendument disparue. Et de même, les rêves, les désirs, les attentes de Yusuf ne sont jamais explicitement dits ni formulés : mais sa façon silencieuse de suivre une jeune femme, de se promener dans la ville, de regarder un bateau qui part, suffit à traduire tout ce qui bouillonne en lui.

Car, dans cette impossible cohabitation entre deux univers, le cinéaste donne à voir autre chose, qui dépasse le seul cadre de la réalité turque contemporaine : dans cette modernité où l'un et l'autre personnages ont à vivre, la solitude est leur lot commun. La vision d'une Istanbul hivernale, où la neige ajoute le froid glacé à la grisaille ambiante, apparaît comme le paysage d'âme d'un univers dépossédé de lui-même. Et l'arrivée de Yusuf renvoie Mahmut au vide de sa vie passée, tout comme l'impossibilité pour Yusuf de communiquer avec Mahmut lui fait ressentir le vide de sa vie à venir. Le dénouement, lui aussi tout en ellipse éloquente, ne peut du coup qu'enregistrer l'irrémédiable abandon des êtres, et la perte d'une chaleur humaine que ne saurait combler le feu dérisoire et coupable de la cigarette que Mahmut, qui s'était promis de ne plus fumer, allume dans le froid de sa solitude.

## CHABAT Alain (français, né en 1958)

**FILMOGRAPHIE :**
*Didier (1997)* • *Astérix et Obélix : Mission Cléopâtre (2002)* • ***RRRrrrr !!! (2004)***

Le cinéma comique français s'est toujours nourri de l'apport des fantaisistes venus du cabaret, de la scène ou, plus tard, de la télévision : de Fernandel à Bourvil, de Robert Lamoureux à Michel Serrault ou à Coluche, la tradition en est constante. Dans la plupart des cas, toutefois, c'est en comédiens que les fantaisistes exercent leurs talents comiques sur grand écran ; parfois, même si c'est plus rarement – Pierre Richard en est un exemple –, la reconversion va jusqu'à la réalisation. À cet égard, l'itinéraire d'Alain Chabat est révélateur. Ayant commencé par la télévision, avec l'équipe des Nuls, il suit sa propre voie en devenant d'abord comédien dans des films d'autres réalisateurs tout en tournant avec ses complices un film – *La Cité de la peur* – inspiré de leur univers comique et de leurs sketches, puis il franchit enfin la barrière du solo en devenant scénariste et réalisateur. Dans cette nouvelle voie, après un premier film au sujet pour le moins original – un chien fait homme –, les deux films suivants, à très gros budgets, traduisent la place importante dévolue au néo-cinéaste par la production, qui voit à juste titre en lui un représentant talentueux de cet esprit à la fois mordant, décalé et parodique qui constitue l'apport principal d'un nouveau comique, né à la télévision dans les années 1980-1990.

### RRRRRRR !!! (2004)
### avec Alain Chabat et les Robins des Bois

**L'écho des cavernes.** Les Robins des Bois ayant déjà, de par leur nom, épuisé les charmes de l'époque médiévale, et Alain Chabat, sortant d'Astérix et de Cléopâtre, ayant déjà réglé son compte à l'Antiquité, il était dans la logique chronologique des choses que les uns et l'autre faisant film commun remontassent jusqu'à la préhistoire. Au vu de la façon dont ils abordent ladite époque préhistorique, préhystérique conviendrait d'ailleurs sans doute mieux à cette évocation de l'homme des cavernes, tant il est vrai que le fil conducteur du scénario mène du bonheur primitif et du paradis sur terre à la perte de l'innocence et à tous les ennuis qui vont avec. L'élément déclencheur de la chute originelle est même ici double : d'un côté, la tribu des Cheveux sales jalouse le secret du shampooing qu'utilisent leurs voisins de la tribu des Cheveux propres ; et de l'autre, un serial killer à gros gourdin

commet le premier meurtre de l'humanité. Comment l'un et l'autre événements se trouvent liés constitue en fait le prétexte narratif d'un film qui vise essentiellement à donner à la joyeuse équipe monty-pythonesque à la française l'occasion de se payer une bonne tranche de Cro-Magnon, en l'agrémentant de tous les piments de la logique de l'absurde, du pied de la lettre, de l'esprit potache, de l'à peu près tout et du n'importe quoi, qui font l'ordinaire de leur humour décalé.
Sur ce plan, l'ouverture du film, passé un gag pré-générique de la meilleure veine qui annonce le film qu'on ne va pas voir, vaut son pesant de comique estampillé à la massue primitive : entre les différents mammouths, vers-mouths, et autres ani-mouths à corne d'aurochs qui forment l'arrière-plan animal, les pré-humains, à peine descendus du singe, mènent une vie sociale où l'on reconnaît sans peine la représentation gentiment moqueuse de l'*Homo* prétendument *sapiens* du futur. Et les décalages, sans trop céder à la facilité de la parodie ni de l'anachronisme, offrent suffisamment de surprises inventives et de gags furtifs pour que la machine à rire donne l'impression de trouver d'emblée sa bonne carburation. L'ennui est qu'assez vite, l'engrenage commence à grincer. Non que la fantaisie baisse ni que la prestation des hommes des bois s'essouffle, mais le scénario, peinant à créer une vraie intrigue et de vrais personnages, cède progressivement au piège de la succession de sketches, où chacun joue sa partition attendue et où même les guests stars de passage, de Jean Rochefort à Dominique Besnehart, de Joey Starr à Valérie Lemercier, ne parviennent pas à créer la surprise. On rit encore, mais c'est de plus en plus de façon sporadique et du bout des lèvres. Forcés qu'on est de constater que le pari n'est pas tenu jusqu'au bout et que, si l'esprit de l'un – Chabat – et l'esprit des autres – les Robins – sont bien là, ils ne suffisent pas à faire un film. Et le RRRrrrr du plaisir se transforme en ronronnement.

## CHABROL Claude (français, né en 1930)

**Premier long métrage :**
*Le Beau Serge (1958)*
**Filmographie depuis 1985 :**
*Inspecteur Lavardin (1985)* • *Le Cri du hibou (1987)* • *Masques (1987)* • ***Une affaire de femmes (1988)*** • *Jours tranquilles à Clichy (1989)* • *Docteur M. (1990)* • *Betty (1991)* • ***Madame Bovary (1991)*** • *L'Œil de Vichy (1992)* • *L'Enfer (1993)* • *La Cérémonie (1995)* • *Rien ne va plus (1997)* • *Au cœur du mensonge (1998)* • ***Merci pour le chocolat (2000)*** • *La Fleur du mal (2003)* • *La Demoiselle d'honneur (2004)* • *L'Ivresse du pouvoir (2005)*

En 1976, Claude Chabrol, racontant sa vie, avait intitulé son autobiographie *Et pourtant, je tourne.* Titre galiléen et ironique certes, mais surtout parfaitement adapté à une carrière au long cours, marquée par une boulimie bien en accord avec un tempérament de fine gueule tout autant que d'affamé de cinéma. Chabrol n'a jamais cessé en effet de prouver le cinéma en tournant. Durant la période maigre qui suivit ses fastes débuts, il préféra ainsi réaliser des films ouvertement alimentaires plutôt que de s'arrêter. Son choix était le bon, non seulement parce que l'on retrouve, même dans ses films apparemment les plus anodins, ce qui fait son univers, mais aussi parce qu'il lui permit, quelques années plus tard, de revenir à des films plus personnels. Les années 1970 le voient en effet développer les thèmes qui lui sont chers, à travers une peinture acide de la bourgeoisie des années Pompidou et Giscard, dont Michel Bouquet, alors son acteur fétiche, est l'incarnation emblématique. Le succès en fait alors un réalisateur installé, auquel les producteurs font confiance. Il tourne dès lors de façon régulière, au rythme d'un film annuel en moyenne, creusant un sillon que certains de ses premiers films, comme *Les Bonnes femmes*, à l'époque rejeté, avait tracé : celui d'un cinéma de la dérision, observant avec une cruauté goguenarde le spectacle inépuisable de la bêtise humaine, et fouillant en profondeur, avec une caméra utilisée comme un scalpel et au son d'une musique volontairement grinçante, les plus troubles replis humains. Il y montre une prédilection pour les crimes de sang que, de *Landru* à *Violette Nozière*, du *Boucher* à *La Cérémonie*, il n'en finit pas de collectionner, et pour les turpitudes et les médiocrités bourgeoises que, de *Madame Bovary* à *Merci pour le chocolat*, Isabelle Huppert continue d'incarner avec un talent d'interprète, à la fois lisse et distancié, qui sied parfaitement à l'univers du cinéaste.

## UNE AFFAIRE DE FEMMES (1988)
### avec Isabelle Huppert, François Cluzet et Marie Trintignant

**L'avorteuse.** Ah ! les bonnes femmes : Chabrol n'aura jamais fini d'en fouiller les mystères. Tous ces secrets qu'elles se chuchotent à l'oreille, ces rires complices, ces regards échangés, et ces affaires qu'elles ont entre elles : histoires de mecs, de ventre, de règles qui n'arrivent pas. Marie est une de ces bonnes femmes, toute simple, insouciante et légère malgré la dureté des temps. Avec ses deux gamins, son mari prisonnier en Allemagne, son deux-pièces crasseux au fond d'une impasse, les patates qu'il faut acheter au marché noir, elle traverse le monde de l'Occupation en gardant sa petite idée en tête : devenir un jour chanteuse. En attendant, le soir, elle va danser avec sa copine Rachel – qui a de beaux yeux, tu sais – au bistrot du coin, derrière les volets clos pour cause de couvre-feu. Et puis un jour, tout se complique. Son mari, libéré, revient, pauvre bougre à la fois incolore et sans saveur dont elle sent, aux gestes maladroits qu'il fait pour l'enlacer, qu'elle ne l'aime plus, si elle l'a jamais aimé. Et voilà que Rachel, qui est juive, est prise dans une rafle, et emmenée dans un camp d'où elle ne reviendra plus. Alors insensiblement, parce qu'il y a tant de femmes enceintes dont les hommes ne sont pas là, Marie, à la guerre comme à la guerre, et pour rendre service, fait bouillir de l'eau avec du savon noir et, par un tuyau de caoutchouc qu'elle introduit dans le ventre des pauvres candidates à l'avortement, les soulage de leur fardeau, faisant des enfants du péché de petites bulles d'anges ! Et comme sa copine Lucie, qui fait le tapin, a aussi besoin d'aide, Marie, qui a déménagé, lui loue une chambre. Ainsi, d'avortements en proxénétisme camouflé, Marie prospère : elle s'habille, se fait belle, se prend une bonne, et même un amant collabo. Mais la société veille et l'ordre moral : travail, famille, patrie. Pour offense à la sainte trinité vichyste, Marie, dénoncée par son mari même, va être jugée par un tribunal d'exception. Et elle aura la tête tranchée. Pour l'exemple.

Le film de Chabrol est terrible. Avec un détachement à faire froid dans le dos, il ne juge pas : il constate. Une caméra à laquelle rien n'échappe enregistre l'itinéraire insouciant de Marie, puis, de façon plus glaciale encore, fait basculer son destin dans l'horreur. Les dix dernières minutes du film transforment alors l'aventure individuelle en affaire d'État et de société. Quelle culpabilité porte Marie, si ce n'est, symboliquement, celle que tout un pays vaincu et soumis veut se cacher à lui-même ? Et celle qu'un État français collabo met sur le dos d'un bouc émissaire qu'il a décidé de sacrifier au nom d'un moralisme érigé en ordre moral ?

Isabelle Huppert incarne, de la légèreté à la révolte, cette criminelle inconsciente de son crime et qui ne comprend pas ce qui lui arrive. Sur son visage se reflète toute l'ambiguïté d'une femme et d'une époque attachées, malgré tout, à survivre, fût-ce au prix des pires arrangements. Époque terrible, tache difficile à effacer : l'enfant de Marie qui, désespérément, se tape la tête contre les murs, pourra-t-il jamais oublier ? Pour ceux qui auraient la mémoire courte, le film de Chabrol en tout cas, à travers un superbe portrait de femme, offre, mieux que de longs discours, l'analyse la plus aiguë de ces années noires. C'est sec, définitif, acéré. Tranchant comme le couperet d'une guillotine.

## MADAME BOVARY (1991)
### avec Isabelle Huppert, Christophe Malavoy et Jean-François Balmer

**Huppert, prénom Emma.** Fidèle ? La question revient, lancinante, chaque fois qu'une œuvre littéraire est adaptée à l'écran, et elle se pose à plus forte raison lorsque cette œuvre, comme c'est le cas avec *Madame Bovary*, fait partie de ces textes énormes, intouchables, qu'une vénération sourcilleuse protège de toute atteinte et de tout sacrilège. Claude Chabrol a donc, sage précaution, pris les devants, en affirmant haut et fort qu'il avait recherché avant tout une absolue fidélité, et que son ambition avait été de faire le film tel que Flaubert lui-même aurait pu le concevoir. Modestie vraie ou fausse, le plus extraordinaire, à regarder son film, c'est qu'on se dit qu'il n'a peut-être pas tort ! Si la question de la fidélité est bien souvent un faux problème, car le propre d'une grande œuvre, c'est de pouvoir nourrir mille lectures, avec cette *Madame Bovary*-là c'est bien, pour une fois, de fidélité vraie qu'il s'agit. Mais il faut s'entendre. Ce qui est le plus visible, dans le film de Chabrol, n'est peut-être pas le plus important. Certes, la reconstitution est d'une exactitude et d'une minutie impressionnantes : les décors, les meubles, les accessoires, les costumes reproduisent au plus près une réalité qui est celle-là même qu'indique le roman. Il ne manque pas une doublure de soie aux rideaux, pas un carreau cassé à la fenêtre de la nourrice, pas une inscription sur la vitrine du pharmacien Homais. Mais, et c'est ce qui pourra surprendre, Chabrol n'utilise jamais tout cela que comme des signes extérieurs. Il ne s'y attarde pas. Toute cette profusion décorative, loin d'en jouer, il l'élude presque. Symptomatiques, à cet égard, de grandes scènes comme celles de la noce ou des comices agricoles : la caméra montre le décor, puis s'en détache presque aussitôt pour se concentrer sur cela seul qui compte : le personnage. En d'autres termes, Chabrol ne montre pas pour montrer, pas plus que Flaubert ne décrit pour décrire.

De même le cinéaste, qui a choisi de tout axer sur le personnage d'Emma Bovary, et qui, de ce fait, laisse de côté certains éléments du début et de la fin du roman, respecte-t-il, une fois ce parti pris, le découpage même du texte. La rencontre d'Emma Rouault, fille de paysan aisé, et du brave Charles Bovary, officier de santé ; leurs noces campagnardes ; leur arrivée à Yonville, où Charles s'installe et où Emma s'étiole dans une vie qu'elle découvre morne et bien loin de ses rêves romanesques ; la façon dont elle trompe son ennui et son mari avec le beau Rodolphe, qui la quitte, puis avec Léon, le clerc de notaire ; ses dettes qui s'accumulent, ses illusions qui se perdent, sa détresse qui s'accroît, et jusqu'à l'arsenic dont elle s'empoisonne : rien ne manque, et tout est à sa place. Si l'on ajoute que les dialogues eux-mêmes et le récit en voix off qui les accompagne sont scrupuleusement tirés du texte de Flaubert, on voit que Chabrol a vraiment suivi le roman au mot et à la lettre.
Mais l'essentiel n'est pas là. La vraie fidélité du film, elle est bien davantage dans la cohérence entre le dessein du cinéaste et celui du romancier. Comme Flaubert tordant le cou à l'attendrissement et s'efforçant à la sécheresse, Chabrol filme Madame Bovary sèchement. Purement et simplement. En choisissant des angles qui épousent le point de vue même du romancier : caméra virevoltante, à hauteur des robes qui valsent, quand il s'agit du bal à la Vaubyessard, où la tête tourne à Emma ; panoramique aérien qui se perd dans les grands arbres, lorsque son cœur s'envole de bonheur dans les bras de Rodolphe ; plongée froide, pesante, médicale presque, sur son lit de mort, tandis qu'elle agonise.
Cette vision à la pointe sèche, au scalpel presque, qui est bien celle de Flaubert, se trouve encore renforcée par le jeu d'Isabelle Huppert, qui trouve là un personnage que manifestement elle attendait, même si, à quelques rides au coin des yeux, on se dit parfois qu'il lui vient un peu tard. Sur son visage lisse, elle fait passer le pauvre bouillonnement intérieur de cette âme étroite et la souffrance de cette héroïne de province qui voudrait tant que sa vie soit un roman. Mais ce n'est qu'une vie, épinglée par un romancier de génie, qui, aujourd'hui aurait pu en faire un film. Comme Chabrol.

## MERCI POUR LE CHOCOLAT (2000)
### avec Isabelle Huppert et Jacques Dutronc

**Noir et fondant.** Tout, apparemment, est lisse. Une de ces grandes familles bourgeoises, comme Chabrol les aime. On s'y marie entre gens du beau monde, on s'y remarie même, comme André Polonski, le pianiste virtuose, qui réépouse Mika Muller, la patronne des chocolats Muller, qu'il avait épousée une première fois avant de se remarier avec Lisbeth. Mais la malheureuse est morte. Et la vie a repris ses droits. Tout est lisse donc. La Suisse est propre, les villas sont cossues, le lac est calme. Si ce n'est qu'un premier doute vient effleurer la surface de ces eaux tranquilles : se pourrait-il que la mignonne Jeanne Polet, qui prépare un concours de piano, ait été à sa naissance substituée à un autre enfant ? À peine a-t-elle le temps de se poser la question et de venir la poser à André Polonski, qui pourrait être, pourquoi pas ? son père, qu'un autre mystère vient éclipser le premier : se pourrait-il que Mika Muller, qui prépare de si délicieux chocolats, les assaisonne de quelque substance vénéneuse ? Et le doute qui s'installe gagne vite de cercle en cercle, jusqu'à s'insinuer partout.
Bien d'autres mystères viennent, en effet, s'ajouter aux premiers, que Claude Chabrol, fidèle à sa manière, met à nu sans pour autant, en bon hitchcockien qu'il est, se préoccuper de les éclaircir. C'est comme si le suspense qu'il installait débouchait sur autre chose, de plus profond et de plus intéressant, et qui touche aux êtres mêmes, et sans doute à nous-mêmes à travers eux. On pourra simplement remarquer qu'il est ici question, comme dans d'autres de ses films, de cette présence obsédante du mal, entrevu sous sa forme la plus accomplie d'une perversité quasi angélique. Qu'il y est question aussi d'empoisonnement de famille, comme Violette Nozière – déjà Isabelle Huppert – empoisonnait ses parents. Qu'il y est question encore de filiation floue, laissant chacun à cette incertitude première de sa venue au monde et de tout ce qui s'ensuit. Que toute cette histoire n'offre aucune espèce de vraisemblance rationnelle, et que pourtant la vérité la plus intime s'y fait jour. Que l'ironie constante et le grincement acide sont en harmonie avec une de ces musiques un peu dissonantes, signée du fils, Matthieu Chabrol, qui correspond si bien à l'esprit du père, Claude. Que les comédiens s'accordent parfaitement à cet univers constamment décalé, des nouveaux venus, Anna Mouglalis et Rodolphe Pauly, aux plus confirmés : Dutronc, fidèle à lui-même, et qui n'a pas à se forcer pour faire passer le plus improbable, et Isabelle Huppert, plus lisse que jamais, qui laisse apercevoir sous son apparence mondaine enjouée des abîmes insondés. Que la photo claire et froide de Renato Berta épingle tout ce petit monde comme des papillons dans la lumière glacée d'un monde hivernal. Et que le dernier plan, époustouflant, dans un long silence qui n'en finit pas, dit tout ce qu'il y a à dire, et explique tout ce qu'il y a à comprendre.
Ceux qui n'aiment pas le cinéma de Chabrol n'aimeront pas ce chocolat amer sous ses allures faussement onctueuses. Mais ceux qui l'aiment ne pourront que lui dire : merci pour le chocolat.

## CHAHINE Youssef (égyptien, né en 1926)

**Premier long métrage :**
*Baba Amine (1950)*
**Filmographie depuis 1985 :**
*Adieu, Bonaparte (1985)* • *Le Sixième jour (1986)* • *Alexandrie, encore et toujours (1989)* • *L'Émigré (1994)* • ***Le Destin (1997)*** • *L'Autre (1999)* • *Silence... On tourne (2001)* • *11'09''01 (2002), co-réalisation* • ***Alexandrie... New York (2004)***

Dans un cinéma égyptien à la production prolifique, mais qui s'exporte peu en dehors de sa zone d'influence proche-orientale, Youssef Chahine représente un cas à la fois exemplaire et particulier. Exemplaire, car formé dès son enfance à la vision du cinéma populaire de son pays, il en recueille les traditions, les formes, les thèmes ; mais particulier aussi, car parti faire des études aux États-Unis, il s'y frotte au cinéma américain. Revenu dans son pays, où le pionnier du cinéma égyptien, l'opérateur Alvise Orfanelli, lui ouvre les portes de la production, il manifeste, dès ses premiers films, à la fois un enracinement très fort, qui se marque, par exemple dans *Saladin*, en 1963, par une prise de position pro-nasserienne et anti-occidentale nettement affirmée, mais aussi une ouverture d'esprit et une largeur de vues qui le font vite connaître et reconnaître hors d'Égypte. Progressivement, son œuvre, plongeant dans l'histoire et la vie du peuple égyptien, accompagne son engagement social d'une ample matière autobiographique, qui domine dans la trilogie que composent *Alexandrie pourquoi*, en 1979, *La Mémoire*, en 1982, et *Alexandrie encore et toujours*, en 1990. Veine que prolonge, par un retour sur sa jeunesse, son plus récent opus, *Alexandrie... New York*, en 2004. Entre-temps, Youssef Chahine s'est ouvert à diverses co-productions : avec l'Algérie, d'abord, dans les années 1970, avec la France, ensuite, à partir des années 1980. Et son œuvre, au contact de deux continents et de deux civilisations, résonne des grandes questions qui agitent le monde contemporain.

### LE DESTIN (1997)
#### avec Nour el Cherif et Laïla Eloui

**Il était une fois... aujourd'hui.** Dans l'Andalousie du XII^e^ siècle régnait le calife Mansour. Face à lui, un philosophe, Averroes, élaborait une pensée de tolérance et de raison, que refusait une secte de fous de Dieu, menés par le puissant et redoutable cheikh Riad. Ainsi commence le film de Youssef Chahine, comme un conte oriental. Mais un conte qui, entre intégrisme et humanisme, parle d'aujourd'hui, tout en racontant une histoire qui se passe dans le haut Moyen Âge. Et en lui donnant des couleurs, un souffle, un rythme, qui mélangent allègrement tous les styles, toutes les formes, tous les enchantements du cinéma. Cela tient du grand cinéma populaire égyptien, où le réalisateur a fait ses armes. Cela tient aussi de la comédie musicale, du western, du film d'espionnage, de la fresque historique, capables de rivaliser avec Hollywood, et peut-être même avec Bollywood... Avec du kitsch en veux-tu en voilà, des costumes et des décors joyeusement fauchés balançant entre péplum et art naïf, des scènes de bruit et de fureur, des bûchers qui flambent, des poignards qui égorgent, des autodafés sinistres. Et cela tient encore de la tragédie antique, du destin qui pèse sur les hommes, mais aussi de la force de l'esprit qui triomphe de l'extrémisme intolérant de la pensée.
Plus jeune que jamais, Youssef Chahine désigne aujourd'hui à travers le Il était une fois... d'hier et, s'en prenant de front à l'intégrisme avec des moyens susceptibles de parler aussi bien au public populaire de son pays qu'aux spectateurs occidentaux auxquels il donne à voir un film-conte qui livre sans peine les clefs de sa signification, il regarde en face les drames et les terreurs de notre temps. Avec une allégresse, une vitalité, un mouvement qui font de son cinéma le meilleur remède contre l'immobilisme figé de ce qu'il dénonce, et une lumière, des couleurs, des images bariolées qui renvoient tous les intégrismes dans la nuit de l'obscurité et de l'obscurantisme.

### ALEXANDRIE... NEW YORK (2004)
#### avec Mahmoud Hémeida, Yousra et Ahmed Yéhia

**L'Amérique perdue.** *America, America...* Pour Yéhia, le jeune Égyptien, le rêve américain avait été d'abord celui d'un cinéma de la grâce et de la beauté. Et c'est ce rêve-là, où Fred Astaire et Rita Hayworth donnaient à l'imagination les ailes du désir, qui, à 19 ans, l'avait poussé à quitter Alexandrie et à partir étudier en Californie, dans un institut

d'art dramatique. Il y avait rencontré Ginger, et, faisant fi des préjugés et de l'intolérance, lui l'Arabe et elle l'Américaine s'étaient aimés d'un amour fou, qu'ils s'étaient juré éternel. Avant que la vie ne les sépare, puis ne les réunisse une seconde fois, à New York, longtemps après, lui ayant réalisé toutes les promesses de sa jeunesse et étant devenu dans son pays un réalisateur important, elle, moins gâtée par l'existence, ayant tout raté de sa vie professionnelle et sentimentale. Et, de ce moment unique, les traces ne s'étaient pas effacées : neuf mois après, un enfant était né, dont Yéhia, jamais, n'avait appris l'existence.
C'est tout le charme ébouriffant du mélo qu'une nouvelle fois, fidèle à la grande tradition lacrymale et délicieusement sirupeuse du cinéma populaire égyptien, Youssef Chahine convoque pour un film qui affirme de façon irréductible, par cette tonalité reconnaissable entre toutes, son appartenance à son pays. Or cette sentimentalité du mélo, il la conjugue à l'autre grande veine de son cinéma, elle à connotation plus nettement hollywoodienne : la comédie musicale. Et se trouvent ainsi réunis deux cinématographies et deux cultures, qui sont en fait les deux pôles entre lesquels la vie et le cinéma du réalisateur égyptien se seront inscrits.
Car, revenant une nouvelle fois, après sa trilogie autobiographique, sur lui-même, Youssef Chahine trace ici, à 78 ans, entre Alexandrie et New York, l'itinéraire personnel, sentimental et artistique qui a été le sien. Ce qu'il raconte, c'est sa jeunesse de jeune étudiant étranger fasciné par le rêve américain, puis, progressivement, au fil d'une carrière qui le voit devenir un cinéaste internationalement reconnu, la désillusion née du rêve progressivement perdu : l'Amérique de Stallone n'est plus celle de Fred Astaire, et le pays de la démocratie ne se reconnaît plus dans celui de l'intervention en Irak... Bien loin d'une Alexandrie qui avait donné au cosmopolitisme et à la tolérance droit de cité, la New York d'aujourd'hui a perdu le secret de la tendresse.
Pour dire cet amour déçu, Youssef Chahine invente à son double Yéhia un fils américain qui, devenu danseur étoile, refuse ce père arabe dont il apprend soudain l'existence, à l'occasion d'un hommage qui est rendu aux films de celui-ci à New York. Et la rencontre du fils et du père, loin alors du schéma attendu du fils perdu retrouvé, traduit l'irréconciliable fracture qui désormais les sépare, donnant à cette histoire de famille la valeur métaphorique d'une fable culturelle et politique sur les rapports entre le monde arabe et l'Amérique. Et donnant en même temps au cinéaste l'occasion de se pencher sur son propre cinéma, en intégrant dans son film des extraits de ses films passés et des images de sa propre carrière, et d'en affirmer la fibre nationale, en faisant tenir les rôles des Américains par des comédiens égyptiens parlant arabe. Le tout donnant ainsi un savoureux mélange de kitsch et de narration en abyme, chef-d'œuvre d'art naïf et malicieux à la fois...

## CHALONGE Christian de (français, né en 1937)

**PREMIER LONG MÉTRAGE :**
*O Salto (1967)*
**FILMOGRAPHIE DEPUIS 1985:**
***Docteur Petiot (1990)*** • *Le Voleur d'enfants (1991)* • ***Le Bel été 1914 (1996)*** • *Le Comédien (1997)* • *Volpone (1998)*

Ayant commencé par un film à caractère social, *O Salto*, qui s'intéressait à l'émigration portugaise en France, Christian de Chalonge a tout de suite manifesté, dès son deuxième film, *L'Alliance*, un goût pour le fantastique, qu'on retrouve tout autant dans la réflexion philosophique sur le devenir de l'humanité à l'ère atomique, dans *Malevil*, que dans l'interrogation morale sur la question du mal qui sous-tend le portrait quasi fantasmagorique du *Docteur Petiot*. Mais la volonté du cinéaste de traiter de grandes questions dans des œuvres d'accès populaire s'est vite heurtée aux contraintes économiques. Du coup, l'ambition s'est réduite, et les films se sont faits rares.

### DOCTEUR PETIOT (1990)
### avec Michel Serrault et Bérangère Bonvoisin

**Le Mabuse des années noires.** En décidant de lever un coin du voile, Christian de Chalonge a délibérément choisi de dépasser la simple reconstitution réaliste. « Le film, dit la présentation, est librement inspiré de la vie du docteur Petiot. » Et, de fait, plus que le détail et le décompte des meurtres, c'est tout ce qu'ils recèlent dans leur profondeur qui a visiblement attiré le cinéaste. Non pas que la vérité des faits, pour autant qu'on la connaisse, soit

absente du film. On y voit bien cet homme installé, ayant plaque et pignon sur rue, attirer dans son cabinet tous ceux, juifs pour la plupart, qui, désirant fuir la France occupée et les menaces qui pèsent sur eux, s'en remettent à lui du soin de les faire passer à l'étranger. Crédules et faisant toute confiance à un homme si charitable, et médecin de surcroît, les malheureux vont aller finir leurs jours, découpés en morceaux et leurs restes jetés dans une fosse de chaux vive, au fond de la cave dudit docteur. Trafic lucratif, évidemment, puisque tous les biens transportés par les fugitifs sont récupérés par leur bourreau. Et c'est bien là, d'ailleurs, que le cas individuel du docteur Petiot rejoint le grand massacre collectif entrepris, au même moment, sur une tout autre échelle.
Dans le film de Christian de Chalonge, le docteur Petiot apparaît en effet comme la quintessence même d'une époque. Son génie se développe sur fond de crime d'État, de razzias systématiques, de rapine organisée et de veulerie collective, comme si une telle fleur du mal ne pouvait s'épanouir que sur le fumier des temps. Le cinéaste le montre bien, non seulement en reliant Petiot aux agissements de la Gestapo française, mais surtout en donnant à tout son film une couleur sombre, vaguement vert-de-grisée, qui renvoie à la tonalité même de ces années noires. Mais la réalisation va plus loin encore. Par des scènes emblématiques (comme celle qui ouvre le film et qui, de l'exposition sur « Le Juif et la France », tourne au cauchemar d'un film de vampire) ; par une musique grinçante et glaçante de Michel Portal, qui instille un malaise dont on ne se défait pas ; par des décors de souterrains, de tunnels, de caves, de bric-à-brac, qui donnent l'impression d'un monde apocalyptique où grouillent les rats, il apporte à sa vision un aspect d'expressionnisme fantastique qui, transcendant l'anecdote macabre, lui donne valeur symbolique. Et l'interprétation hallucinée de Michel Serrault ajoute à la folie du personnage comme une dimension démoniaque. Par son maquillage outrancier, ses ruptures de ton, et cette démence d'autant plus inquiétante qu'elle s'appuie sur le plus froid calcul, il trouve non seulement à exprimer cette démesure qu'il affectionne, mais, faisant de Petiot une sorte de docteur Mabuse sorti du fond des années troubles, il fait resurgir, comme d'un mauvais rêve, l'ombre du mal, la bête immonde.

### LE BEL ÉTÉ 1914 (1996)
**avec Claude Rich, Maria Pacôme, Marianne Denicourt et Philippe Torreton**

**Les dernières vacances.** Cet été-là, comme tous les étés, les Mercadier débarquent chez le comte de Sainteville, leur oncle, pour passer les vacances dans le vieux château niché au cœur de la campagne. La présence de nouveaux locataires, la chaleur orageuse, une certaine tension dans l'atmosphère poussent chacun à aller au bout de ses propres découvertes et de ses propres sentiments : les enfants vivent les premiers émois de la sensualité, les parents s'essayent à la passion réparatrice, les plus âgés exercent leur cynisme jaloux. Mais le climat s'alourdit insensiblement, l'orage gronde, chacun prend conscience du glissement des choses vers l'abîme. C'est l'été 14. Dans quelques jours, la guerre éclatera.
À partir d'un épisode des *Voyageurs de l'impériale*, le roman d'Aragon, Christian de Chalonge, sensible comme toujours au destin collectif, raconte à travers quelques personnages emblématiques la fin d'une société, et même la fin d'un monde. Les couleurs vives de l'été s'obscurcissent peu à peu, la nature riante se fait menaçante, les sentiments s'exacerbent. Le mal rôde, et gagne. Et même si la reconstitution d'époque sent un peu trop son chromo, même s'il n'échappe pas toujours aux pièges du film d'époque, et même si ce *Bel été 1914* ressemble à s'y méprendre à celui vécu par les personnages des *Dernières vacances*, le beau film oublié (mais manifestement pas par la scénariste) de Roger Leenhardt, cette évocation d'un autrefois perdu et d'un monde qui s'achève a un parfum un peu délétère et vénéneux qui ne manque pas de charme.

## CHAREF Mehdi (franco-algérien, né en Algérie en 1952)

**FILMOGRAPHIE :**
*Le Thé au harem d'Archimède (1985) • Miss Mona (1987) • Camomille (1988) • Au pays des Juliets (1991) • Marie-Line (2000) •* ***La Fille de Keltoum (2002)***

Né en Algérie, Mehdi Charef est arrivé enfant en France et il y a vécu la vie des immigrés : une vie difficile de famille ouvrière, et un emploi d'affûteur, d'abord, pendant treize ans, dans une usine parisienne. La publication en 1983 de son roman *Le Thé au harem d'Archimède*, récit des quatre cents coups d'un jeune beur et de son ami français, l'amène, sous les encouragements de Costa-Gavras, à le porter à l'écran deux ans plus tard, ce qui le fait bifurquer vers le cinéma. Mais, nourris de son expérience et de son origine, ses films disent tous les difficultés d'adaptation de ceux que la société maintient en marge : Samir le clandestin sans papiers et son copain le travesti dans *Miss Mona*, Martin le petit mitron du périph' et Camille sa copine paumée de *Camomille*, les trois prisonnières d'*Au pays des Juliets*, ou les femmes de l'équipe de nettoyage de nuit de *Marie-Line*. Et l'histoire qu'il raconte dans *La Fille de Keltoum*, qu'il revient tourner en Algérie, marque, à travers ses retrouvailles avec son pays natal, la force jamais effacée des racines.

### LA FILLE DE KELTOUM (2002)
**avec Cylia Malki, Jean-Roger Milo et Fatma Ben Sadeine**

**La mère natale.** Quand elle descend du bus poussiéreux, sous un soleil qui chauffe les pierres à blanc, Rallia se retrouve dans un paysage désolé, face à une muraille de rochers qu'il lui faut gravir. Marche longue et difficile, dont le sens apparaît aussitôt évident : pour cette jeune femme, cheveux coupés courts, tee-shirt et pantalons à la saharienne tout droit sortis d'une pub branchée, le retour au pays se traduit par une montagne culturelle, faite de coutumes, de rites, de croyances, de préjugés, qu'il va lui falloir franchir. Car, pour l'Algérien Mehdi Charef, ce scénario qui ramène au pays cette fille élevée en Suisse pour retrouver Keltoum, sa mère, qui l'a abandonnée tout enfant, se présente comme une quête des racines, une recherche tout autant de la mère que de la terre natale. Laquelle se présente dès l'abord comme rude, inhospitalière, à l'image de ces montagnes arides, où rien ne pousse que des ronces sous lesquelles pointent quelques rares asperges sauvages. Pays de terre brûlée, où il faut aller chercher un filet d'eau à des kilomètres, et où ne restent plus que des vieillards, les jeunes, qui n'y trouvent plus de quoi survivre, l'ayant quitté. Et pays, aussi, qui ne veut pas de cette incursion de l'étrangère, de cette fille aux cheveux courts qui ne se voile pas et qui se maquille. Dès son arrivée, Rallia doit faire face à l'hostilité de Nedjma, sa tante, sorte de sorcière illuminée qui court parmi les rochers, mais dont la tâche – elle apporte l'eau et soigne les malades – dit assez qu'elle représente la vie même de la communauté. Symbolique lourde, on le voit, que cette confrontation entre la modernité et la tradition, l'Occident et le Maghreb, la fille libérée et l'islam qui asservit les femmes ; et d'autant plus lestée que le réalisateur la greffe sur un véritable scénario de mélodrame, de mère indigne et de fille abandonnée, qui entraîne le personnage dans un itinéraire dont le terme est forcément celui des retrouvailles et de la reconnaissance d'identité.
Il y avait donc tout à craindre d'un itinéraire si fortement fléché. Or la bonne surprise vient de ce que Mehdi Charef trouve le ton juste : entre la chronique réaliste et la fable, il donne à l'histoire de Rallia et de sa tante Nedjma, qui va l'accompagner le long d'une route semée de tous les obstacles culturels et de toutes les déchirures du pays, une sorte d'évidence simple et têtue, qui ne cède ni au lyrisme complaisant ni à la démonstration didactique. Et, dans des paysages qui envahissent l'écran et dont la dureté est d'une beauté à couper le souffle, cette terre terrible se retrouve, au bout du compte, être la vraie mère nourricière.

## CHATILIEZ Étienne (français, né en 1952)

**Filmographie**
*La vie est un long fleuve tranquille (1989)* • *Tatie Danielle (1990)* •
***Le bonheur est dans le pré (1995)*** • *Tanguy (2001)* • *La confiance règne (2004)*

Venu de la publicité, dont il était l'un des réalisateurs phares, Étienne Chatiliez a apporté au cinéma comique un ton percutant et une façon cruelle de traiter ses personnages qui donnent à son humour un côté délibérément mauvais coucheur. Le côté très caustique de ses films, bien en phase avec une ironie volontiers cultivée par la publicité, s'exerce dans la satire sociale, à travers des personnages généralement médiocres, souvent mal embouchés, et dont le progressisme n'est pas la vertu première. Jouant finement de la complicité qu'il établit entre lesdits personnages et le public, il crée un comique acerbe, reposant sur une écriture très précise, qui, sous la fantaisie, s'intéresse à des sujets sérieux qu'il ne craint pas de traiter à rebrousse-poil. Il y a là un mauvais esprit qui n'existait guère encore dans le cinéma français au début des années 1990, et qu'il a contribué à rendre familier.

## LE BONHEUR EST DANS LE PRÉ (1995)
### avec Michel Serrault, Eddy Mitchell, Carmen Maura et Sabine Azéma

**La philosophie du foie gras.** D'un côté, Dole, Jura. Son viaduc en pierres grises qui surplombe ses petites rues étroites, sa pluie de saison, sa zone d'activité industrielle et sa fabrique de lunettes de W.C. Le patron s'appelle Francis, ses ouvrières lui mènent la vie dure, il a un contrôle fiscal sur le paletot, l'Urssaf lui réclame ses arriérés, et, pour tout arranger, sa femme, genre bourgeoise pincée-coincée, est en train de préparer le mariage de leur fille, style aussi coincé que sa mère, avec un héritier local du même gabarit. De l'autre, Condom, Gers. Ses douces collines qui ondulent dans la lumière de l'aube, son marché du matin sur la place publique, ses vieilles fermes où les canards font coin-coin dans le pré avant de finir joyeusement en confit dans l'assiette de convives connaisseurs. D'un côté la France bourgeoise du tissu industriel, des conflits sociaux, des soucis financiers, du stress et du mauvais cholestérol ; de l'autre la France profonde des campagnes, de la vie au grand air, de la chaleur humaine, du foie gras et de l'autre cholestérol, le bon. Et sans doute est-ce le rêve inconscient d'un pays qui a toujours du mal à digérer sa grande mutation vers le libéralisme avancé que de revenir à cet autre lui-même, laissé derrière soi comme un paradis perdu, qu'il ne peut plus guère retrouver que dans les reportages du 13 heures de TF1, grand spécialiste en matière de nostalgie de terroir.
Ce n'est d'ailleurs pas un hasard si, dans le film d'Étienne Chatiliez, le lien entre les deux univers, entre les deux France, s'opère par ce qui en reste le seul dénominateur commun : la télé. Celle des reality-shows, de « Perdu de vue » et de « Bas les masques », et ici d'une émission intitulée de façon symptomatique « Où es-tu ? », qui, un beau soir, fait apparaître la figure d'un disparu dénommé Michel, qui a plaqué sa femme et ses deux filles il y a vingt-huit ans, lesquelles lui demandent par petit écran interposé de rentrer à la maison, s'il les entend. Or, ledit Michel a la tête de Francis, à tel point que tout le monde reconnaît en celui-ci le disparu et le soupçonne d'être le fugueur en question. Comment l'idée va germer dans la tête du fabricant de balayettes sanitaires (impeccable Michel Serrault) de se glisser dans la peau et dans la vie de l'autre, de troquer Dole pour Condom et sa mégère pincée en faux tailleur Chanel (épatante Sabine Azéma) pour l'accueillante fermière du Gers (rayonnante Carmen Maura), c'est ce que raconte le scénario de Florence Quentin, l'habituelle complice du réalisateur depuis *La vie est un long fleuve tranquille* et *Tatie Danielle*. Et c'est d'ailleurs l'intérêt du film que de raconter ainsi une histoire qui, pour étonnante qu'elle puisse paraître au premier abord, et pour quelque peu laborieuse que puisse être sa mise en action, se révèle porteuse de toute une réalité riche d'arrière-plans sociaux et de fantasmes collectifs. Car, comme dans ses deux précédents films, Étienne Chatiliez épingle la France des profondeurs, avec un œil satirique qui n'exclut pas la tendresse. Ses personnages, et tout ce qu'ils représentent, ne font certes pas toujours dans la dentelle, et l'on pourra juger cette vision d'un bonheur campagnard quelque peu franchouillarde, voire un tantinet réac, de même que ce qui l'accompagne – notamment les rapports entre les hommes et les femmes – pas très flatteur ni pour ceux-là ni surtout pour celles-ci. Mais les gens sont comme ils sont. Et, à cet égard, le personnage de Gérard (succulent Eddy Mitchell), le pote indéfectible de Francis qui l'encourage et l'accompagne dans sa métamorphose, apparaît bien comme le personnage emblématique du film : sa grossièreté, qui n'y va pas de main morte, cache des trésors d'amitié et d'amour, et sa façon, comme il dit poétiquement, de « dégager les écoutilles » de la femme de son ami a pour heureux effet de décoincer celle-ci illico. Tout cela n'est sans doute pas très moralement correct, comme ne l'est pas davantage, dans cette histoire d'imposture et de double jeu, la vérité cachée au fond du puits. Mais, si l'argent est sale, le bonheur est à ce prix. Et il lui faut cette pincée de poivre et sel qu'Étienne Chatiliez distribue, parfois un peu généreusement, sur les rognons sauce madère, le lapereau au bouillon de pomerol, la brandade de morue à la chantilly d'ail, et surtout ce foie gras et ce confit de canard où se retrouve, outre le plaisir de la comédie, toute la saveur d'un art de vivre.

## CHECHIK Jeremiah (canadien, né en 1955)

**FILMOGRAPHIE :**
*National Lampoon's Christmas vacation (1989)* • ***Benny & Joon (1993)*** •
*Tall tale : The unbelievable adventures of Pecos Bill (1995)* • *Diabolique (1996)* •
*Chapeau melon et bottes de cuir (1998)* • *This man, this woman (2002)*

Diplômé d'art dramatique de la McGill University de Montréal, Jeremiah Chechik s'installe à Toronto dans les années 1970 pour se consacrer à la peinture et à la photographie, puis entame une carrière de photographe de mode à Milan, avant de revenir aux États-Unis où il se taille une solide réputation dans le domaine de la publicité et des vidéo-clips. Au cinéma, il commence par le troisième épisode de la série des *National Lampoon's*, avant, avec *Benny & John*, d'imposer sa propre marque, faite d'un mélange élégant de tendresse et de cruauté. Ce que ne confirmeront pas toujours les films, à plus gros budget, qui suivront.

### BENNY & JOON (1993)
### avec Johnny Depp, Mary Stuart Masterson, Aidan Queen et Julianne Moore

**Doux dingues.** Benny et Joon sont frère et sœur. Encore que Benny soit aussi, et tout à la fois, le père, le tuteur, l'ange gardien, l'homme à tout faire dans la vie de sa jeune sœur, laquelle, bien qu'ayant l'âge de raison, nécessite une surveillance constante par suite de troubles mentaux dont l'origine remonte à la petite enfance. Et plus précisément à un traumatisme familial que le film a l'ingéniosité de n'évoquer que de façon rapide et allusive, laissant ouvertes les explications profondes à cette relation fraternelle si forte qu'elle fait de Benny et Joon comme un vrai couple, aussi indissociable que conflictuel. Car dans la vie bien tranquille de Benny, partagé entre son travail (il est garagiste et soigne les voitures avec le même zèle de bon Samaritain que sa sœur), ses amis (pour des soirées de poker où l'on joue en nature) et sa maison (une pagaille indescriptible, où il y aurait besoin d'un bon coup de remise en ordre), Joon est comme un fardeau absolu, dont il n'entend pas se libérer. Elle a beau épuiser toutes les aides-soignantes préposées à sa garde, passer ses journées à barbouiller des toiles avec une application psychédélique et réclamer comme un enfant sa ration de beurre de cacahuètes ou sa dose de tapioca, Benny se sent investi auprès d'elle d'une responsabilité supérieure : il veut son bonheur, et refuse de la confier à l'hôpital psychiatrique où le médecin qui la suit voudrait la faire admettre.

Ainsi lancé, le film de Jeremiah Chechik fait craindre d'emblée ce que l'on pourrait appeler le syndrome de *Rain Man*, et l'on s'attend avec une certaine appréhension aux variations hollywoodiennes habituelles sur le cas des débiles légers, qui ont la fâcheuse tendance, par un principe de vases communicants, d'engendrer des scénarios légèrement débiles. Or, et c'est là la bonne surprise, apparaît, sur un arbre perché, un drôle de clown triste, qui s'est fait la tête de Buster Keaton, et qui, lui aussi considéré comme un esprit simplet, mène la vie dure au cousin chez qui il a trouvé refuge et qui ne demande qu'à s'en débarrasser. Ainsi, à la suite d'un poker dont il est l'enjeu, le jeune garçon (c'est Johnny Depp), échoue auprès de Joon. Et, d'une innocence à l'autre, le courant passe entre ces deux allumés, à tel point que c'est Benny lui-même qui en est perturbé, comme si on lui volait sa sœur et sa raison de vivre. Mais, comme on est à Hollywood et dans un scénario qui laisse à penser qu'entre la folie douce et la raison commune il n'y a qu'un pas qu'un peu de compréhension et de tolérance mutuelle suffit à combler, Benny finira par comprendre que Sam, le pierrot lunaire, n'est pas le simple imbécile que l'on croit, ce que Joon pour sa part – pas si folle ! – avait compris bien avant lui.

On n'épiloguera pas sur la roublardise d'un scénario qui sait tirer, et même étirer, les ficelles des bons sentiments, tout en présentant de la débilité mentale une image rassurante qui autorise tous les happy ends dans le meilleur des mondes fraternels possible. On remarquera plutôt l'allure vagabonde d'un film qui musarde tranquillement le long des clichés et des joliesses douceâtres sans jamais y tomber, grâce en particulier à une façon légère d'introduire la cocasserie dans le monde du quotidien. La prestation de Johnny Depp, à cet égard, est une réussite : avec la canne de Charlot, le chapeau de Keaton, la cravate d'Harold Lloyd, l'idiot de la famille n'est autre en fin de compte que la réincarnation de ces poètes du rêve qui firent les beaux jours d'un art alors naissant : le cinéma. Et ce n'est pas le moindre intérêt de ce petit film que la façon qu'il a de chanter les louanges de la folie douce auprès des gens normalement constitués, en leur disant que si la raison est sans doute la chose du monde la mieux partagée, il y a, et heureusement, des doux dingues dont la folie donne du sel à la vie et qui, d'une pirouette, sont encore et toujours capables de vous faire prendre les plus tristes et les plus incolores des vessies pour la plus éblouissante des lanternes magiques.

## CHÉREAU Patrice (français, né en 1945)

**Premier long métrage :**
*La Chair de l'orchidée (1974)*
**Filmographie depuis 1985:**
*Hôtel de France (1987)* • ***La Reine Margot (1994)*** • *Ceux qui m'aiment prendront le train (1998)* • *Intimité (2000)* • ***Son frère (2003)*** • *Gabrielle (2005)*

Maître prestigieux de la scène où, des Amandiers à Bayreuth, il a monté quelques-unes des mises en scène les plus talentueuses que le théâtre et l'opéra aient connues dans la seconde moitié du XXe siècle, Patrice Chéreau, intéressé très tôt par le cinéma, a eu quelque mal à s'y faire sa place. Ses premières réalisations, hésitantes, manifestaient toutefois, par l'approche formelle, par le sens du décor, par la façon de filmer les corps, un regard qui ne demandait qu'à s'affermir. C'est chose faite avec les films des années 1990-2000, où le metteur en scène de théâtre laisse place au cinéaste, et montre, des grandes fresques aux récits les plus intimes, une précision et une maîtrise dans la réalisation qui lui permettent de faire passer, à travers des sujets qui vont loin dans l'interrogation sur les deux grands thèmes qui les traversent – le sexe et la mort –, l'univers personnel qu'il porte en lui.

### LA REINE MARGOT (1994)
#### avec Isabelle Adjani, Daniel Auteuil, Virna Lisi, Pascal Gregory et Jean-Hugues Anglade

**Du sang, de la volupté, de la mort.** On pourrait aligner les qualificatifs. Certains seraient là pour souligner le côté pictural du film : goyesque, caravagesque, ténébriste, avec un tragique à la Greco, une lumière à la Rembrandt, des lances dressées à la Uccello, et un côté fauve, même. D'autres diraient l'atmosphère, le style, l'écriture : lugubre, violent, funèbre, d'un romantisme plus noir que rutilant, d'un baroque plus maniéré que lyrique. D'autres encore chercheraient leurs références chez des dramaturges : le Shakespeare de *Macbeth* et d'*Hamlet*, le Racine de *Phèdre* ou d'*Athalie*, le Victor Hugo de *Lucrèce Borgia* ou de *Marie Tudor*. Ou chez des cinéastes, bien sûr, et ce serait forcément le Visconti des *Damnés*, mais aussi, pour la saga mafieuse, le Coppola du *Parrain* et, pour l'insoutenable sacrifice des corps, le Pasolini de *Salo*. Et pourtant, avec toutes ces références, il manquerait quelque chose encore pour définir *La Reine Margot*, une autre référence en somme : Chéreau lui-même.
Chéreau l'homme de théâtre, d'abord, tant on peut parler ici, avant même de réalisation, de mise en scène. Le Paris de la Saint-Barthélémy n'a rien chez lui d'une reconstitution historique : il est un décor de théâtre, admirable (de Richard Peduzzi et Olivier Radot), fait de parois grises, de murs sombres, d'intérieurs qui se referment comme des prisons et où s'ouvrent des recoins dans lesquels on cherche à se glisser pour échapper à la meute assassine. Et les costumes, admirables aussi (de Moidel Beckel), portent la sueur, les larmes, le sang, dans leurs étoffes passées, froissées, déchirées, et la blancheur souillée, et la mort qui rôde. Et sur cette scène sombre qu'éclairent seuls les éclats du drame, les comédiens, dirigés comme une troupe, donnent chair à des personnages venus certes de l'Histoire mais qui, comme dans toute vraie tragédie, se chargent du poids du mythe. Famille terrible, à mi-chemin des antiques Atrides et des modernes Corleone, regroupée autour de cette terrible veuve noire, Catherine de Médicis, à qui Virna Lisi offre un visage vieilli saisissant, à la fois cruel et pathétique. Et entre le Charles IX fantasque et vicieux, drôle parfois, et terrifiant, d'Anglade, le Henri III rapace, un peu bohème avec son œil de velours, de Greggory, le Guise lointain et sadique de Bosé, et surtout le Henri de Navarre à l'œil d'oiseau effrayé mais déjà retors et faisant ses armes d'Auteuil, Margot, la reine à la robe de sang, donne à Adjani un de ses plus beaux rôles, bien loin de l'image d'Épinal de la dévoreuse d'hommes, combinant la beauté à l'obstination têtue, au désir de vivre et d'aimer, à la résistance.
Film théâtral donc, au meilleur sens du terme, trouvant aussi, dans cette fusion des arts chère à son créateur, les chemins de l'opéra, de ces autres mises en scène que Chéreau a faites de Wagner ou de Berg, à travers la musique – lamento funèbre, oratorio lugubre – de Goran Bregovic. Et film de cinéaste aussi, pour tout dire, offrant au sens propre une vision du monde que transmet l'objectif : des cadrages constamment serrés, refusant à la fois le piège du tableau d'Histoire et la dilution facile du regard, pour se concentrer sur les visages, souillés, salis, sur les corps, convulsés, disloqués, déjetés, sur les nudités, froides, ambiguës, chairs tristes qui célèbrent les noces du sexe et de la mort. Le romanesque est là, à travers le poison, les dagues acérées, les intrigues, les trahisons et la tête de La Mole sur les genoux de Margot devenue, presque, pour finir, héroïne stendhalienne. La longueur aussi, parfois, et une certaine complaisance à composer avec l'horrible. Mais telle est bien la recherche toujours renouvelée de Chéreau :

transformer en beauté l'horreur du monde, donner à l'émotion première un autre champ esthétique. Chéreau l'artiste qui, d'un matériau historique et romanesque convenu, fait un fascinant spectacle, qui renvoie à l'homme déchiré d'aujourd'hui l'image de cette barbarie à visage humain qui, des charniers de la Saint-Barthélémy aux fosses d'Auschwitz, n'en finit pas de tracer sa macabre chorégraphie.

## SON FRÈRE (2003)
### avec Bruno Todeschini et Éric Caravaca

**Frères de sang.** Une chambre d'hôpital, un lit, et le corps de Thomas étendu dans sa souffrance et sa peur. Deux infirmières qui entrent et qui, avec des gestes précis et doux, préparent le corps : étrange rituel, comme le serait ailleurs celui de l'embaumement d'un cadavre. Si ce n'est qu'ici on vient raser le corps du malade pour l'opération qu'il va subir. Draps de plastique qu'on lui glisse sous le dos ; tondeuse que, méthodiquement, on lui passe sur la poitrine, sous les bras, sur le ventre, autour du sexe ; mousse qu'on étale comme un onguent et qui précède le rasoir ; et la caresse du gant de toilette, les draps de plastique qu'on retire, les derniers poils qu'on époussette. Et Thomas qui, soudain, se laisse faire, s'abandonne aux mains qui, avec la tendresse d'une caresse, forcent son intimité physique et prennent possession de son corps, tandis que, dans le recoin de la fenêtre, Luc regarde, prend sur lui la souffrance, partage l'humiliation, et pour la première fois retrouve celui avec qui il avait depuis si longtemps distendu les liens : son frère.

La scène, terrible, est à l'image du film de Patrice Chéreau. Racontant la lente dégradation physique d'un homme, jeune encore, atteint d'une incurable maladie du sang, le cinéaste inscrit celle-ci dans une double perspective qui fait toute la force de sa visée. D'un côté, la vie de Thomas s'organise autour de ses séjours de plus en plus fréquents et prolongés à l'hôpital. La caméra de Chéreau opère ici, avec une rigueur quasi documentaire, comme une anatomie de la détresse humaine : froideur des couloirs d'hôpital, traitements qu'on essaie sans résultats, corps qui souffrent, dureté clinique des diagnostics, visites et malaises des proches, solitude devant le mal qui étend inexorablement son empire.

Mais, en même temps, dans ce huis clos sans espoir, Luc est là : appelé comme au secours par ce frère qui l'a rejeté à cause d'une homosexualité qu'il n'admettait pas. La maladie les rapproche, les rend à leurs sentiments profonds, aux souvenirs de l'enfance, à la maison familiale de Bretagne où, entre deux hospitalisations, ils vont ensemble respirer face à la mer. Et où ils retissent ces liens du sang qui les unissent, rejetant à l'arrière-plan tous les autres, celui du père et de la mère, celui de la compagne pour Thomas, celui du compagnon pour Luc. Avec ce prolongement homosexuel inattendu : la fraternité ressentie comme le premier amour entre deux garçons, comme la première expérience du corps de l'autre, comme l'intimité partagée. Cette intimité qui faisait le titre et le sujet du dernier film de Patrice Chéreau et qu'on retrouve ici, dans sa façon de filmer les corps à nu, rejoignant l'autre thématique que développait son autre film précédent, « Ceux qui m'aiment prendront le train » : la mort de l'être cher vécue par ceux qui l'aiment.

Porté par l'interprétation hallucinante d'un Bruno Todeschini qui, s'amaigrissant pour les besoins du rôle, semble porter sur lui les stigmates de la passion qu'il est en train de vivre, et par la justesse bouleversante du regard d'Éric Caravaca, le frère, le film de Patrice Chéreau, dans la simplicité absolue qu'il a de capter les gestes, les regards, les silences, a la pudeur et la compassion lumineuses des grandes Pietas. Celles qui donnent à la douleur tout son poids d'humanité.

# CHOUINARD Denis (canadien, né en 1964)

**FILMOGRAPHIE :**
*Clandestins (1998), co-réalisation* • ***L'Ange de goudron (2001)*** •
*Voir Gilles Groulx (2002)*

Né à Montréal, Denis Chouinard, après des études universitaires à Montréal puis aux États-Unis, réalise six courts métrages avant de passer au long en 1998, dans un film qu'il co-réalise avec Nicolas Wadimoff, *Clandestins.* Sensible aux problèmes de peuplement propres à l'histoire du Canada et réactualisés par les formes nouvelles que prend l'émigration d'aujourd'hui, il s'y intéresse aux sorts de six émigrés enfermés dans un container, à fond de cale, et qui, alors que le bateau approche des côtes, ne savent rien encore de ce qui les attend. *L'Ange de goudron* apparaît un peu comme la suite du voyage : l'émigration venue d'Algérie au Québec, très forte dans la dernière décennie du siècle, y fournit le cadre dramatique où s'inscrit une réflexion plus générale sur le déracinement et sur la douleur que porte toute émigration.

### L'ANGE DE GOUDRON (2001)

#### avec Zinedine Soualem, Catherine Trudeau et Hiam Abbass

**Les émigrants.** Émigré avec sa famille au Québec, Ahmed attend avec impatience son statut de citoyen canadien, en supportant vaillamment le travail pénible qu'il a trouvé dans une entreprise de goudronnage. Alors qu'il rêve d'intégration, son fils, Hafid, qui milite dans un groupe d'activistes, participe à un coup de force pour s'opposer aux expulsions de réfugiés. Son action menace du coup directement l'obtention des papiers canadiens tant attendus par la famille. En compagnie d'Huguette, la petite amie de son fils, Ahmed part à la recherche de Hafid pour essayer de le raisonner. Et son périple, dans les paysages glacés du nord du pays, est aussi un voyage du père à la découverte de ce fils que finalement il ne connaît pas.

Dans un film qui a l'allure d'un long périple à travers un pays de froid et de neige que découvre un homme du sud et du soleil, le Canadien Denis Chouinard, en choisissant l'hiver et les grands paysages blancs d'un désert de glace, met la lumière sur tous les problèmes d'intégration que peut rencontrer une famille d'émigrés algériens, projetée dans une terre d'adoption si éloignée de la sienne. Entre la soumission du père et la revendication rebelle du fils, il montre non seulement les différences de générations, mais aussi le quotidien à la fois fragile et obstiné de ces êtres déracinés. Et le regard critique porté sur la société canadienne, qui ne cherche pas vraiment à savoir qui sont ces hommes qui viennent travailler pour elle, ne leur accordant qu'un regard au mieux d'indifférence, au pire d'exclusion, et sur le sort qu'elle réserve aux émigrés, va de pair avec la justesse du regard humain porté sur les personnages.

## CHOURAQUI Élie (français, né en 1950)

**PREMIER LONG MÉTRAGE :**
*Mon premier amour (1978)*
**FILMOGRAPHIE DEPUIS 1985:**
*Man of Fire (1987)* • ***Miss Missouri (1990)*** • *Les Marmottes (1992)* • *Les Menteurs (1996)* • *Harrison's flowers (2000)* • *Beyond Friendship (2005)*

Ayant débuté au cinéma, à 20 ans, par l'écriture, Élie Chouraqui a travaillé avec de nombreux réalisateurs français avant de passer lui-même à la réalisation. Il s'y fait remarquer par des comédies chorales mettant en scène un grand nombre de comédiens, comme dans *Qu'est-ce qui fait courir David ?*, *Les Marmottes* ou *Les Menteurs*, mais aussi par un goût du cinéma américain et de ses sujets politiques, qui lui inspire des films plus ambitieux, tournés avec des comédiens américains, comme *Man on fire*, où il met en scène un ancien du Vietnam, ou *Harrison's flowers*, qui raconte la disparition d'un correspondant de guerre pendant le conflit yougoslave. Toutefois son cinéma reste un peu éparpillé, sans véritable épine dorsale, et il cède souvent à la facilité, malgré une efficacité de mise en scène qui, avec la mode des comédies musicales, a tendance à abandonner le grand écran pour les plateaux des grandes scènes de spectacle.

### MISS MISSOURI (1990)

#### avec Richard Anconina et Hélène de Saint-Père

**Paris-Kansas.** Les raisons pour lesquelles le héros, Nathan, quitte comme ça Paris pour Chicago sur les traces d'Helen, cette Américaine qu'il a rencontrée en France et qu'il n'a pas su retenir, se découvrent peu à peu, au fil du voyage, des confidences et surtout d'une voix off bien pratique, qui explique parfaitement ce qui s'est passé entre eux. On comprend donc tout sans difficulté, et en particulier pourquoi, alors qu'ils s'aiment, ils en sont amenés ainsi à se courir après sans parvenir à se rejoindre. Le tout, puisqu'il y a problème entre eux, est manifestement que

chacun parvienne à exorciser ses démons. Et c'est bien au fond, le sens du voyage de Nathan qui, à mesure qu'il traverse l'Amérique, traverse du même coup sa propre vie intérieure, jusqu'au cœur, là où ça lui fait mal.
Richard Anconina rend son personnage attachant, même si, pas vraiment dirigé, il abuse un peu trop de ces oui-non bredouillés et de ces regards clignotants qui font son charme, lorsqu'ils sont bien dosés. Et il se débrouille plutôt bien avec un texte qui ne recule jamais devant les clichés. Sans compter que les références qui nourrissent le rêve américain de son personnage, à savoir Hemingway et Charlie Parker, font passablement décalées par rapport à la génération à laquelle il est censé appartenir. Et puisqu'il est question d'invraisemblance, la version française, qui lui fait rencontrer une série d'Américains purs jeans parlant tous français avec accent, vaut son pesant de francophonie miraculeuse.
En fait, ce qui compte dans *Miss Missouri*, ce n'est pas ce que le film raconte, mais ce que, derrière ses naïvetés et ses facilités, il parvient parfois à saisir : les paysages américains, les autoroutes qui s'étirent à perte de vue dans les plaines du Midwest, les lumières dans la nuit de Chicago, cette Amérique de road-movie qui fait penser, de très loin, à Wenders et que traduit bien la musique, très bluesy, de Michel Jonasz. Et aussi, ce désir, ce manque, cette absence, ce vide à remplir, qui pousse le personnage à poursuivre sa route. On sent là une sincérité qui suscite la sympathie et qui donne envie de suivre le personnage jusqu'au bout, même si l'on se doute bien un peu de ce qui l'y attend. Ne serait-ce, même, que pour vérifier si, dans son générique de fin, le réalisateur a pensé à remercier Delsey ou Samsonite, qui lui ont fourni une valise aussi résistante que dans les pubs, jusqu'à ce que, dans un geste hautement symbolique, le héros l'abandonne enfin, signifiant clairement par là qu'il est arrivé au terme de son voyage.

## CIMINO Michael (américain, né en 1943)

**PREMIER LONG MÉTRAGE :**
*Le Canardeur (1974)*
**FILMOGRAPHIE DEPUIS 1985 :**
***L'Année du Dragon (1985)*** • *Le Sicilien (1987)* • *La Maison des otages (1990)* • *Sunchaser (1996)*

Ce que Michael Cimino apporte au cinéma américain, à la charnière des années 1970-1980, c'est la mauvaise conscience. Il le fait en revisitant deux genres fondamentaux du système hollywoodien, le film de guerre et le western, qui lui servent à relire l'histoire américaine en dehors des mythes héroïques et des légendes glorieuses que le cinéma a contribué à lui forger. C'est d'abord *The Deer Hunter*, en 1978, où le Vietnam est bel et bien envisagé comme un *Voyage au bout de l'enfer* ; puis en 1981 *Heaven's Gate*, cette *Porte du Paradis* qui ouvre sur l'enfer d'une conquête de l'Ouest marquée par le massacre des Indiens et l'élimination des minorités. Le lyrisme flamboyant des deux films ne suffit pas à éviter leur rejet par un pays traumatisé par la déroute vietnamienne et peu disposé à regarder ainsi en face l'inversion de ses plus chères valeurs. L'échec retentissant du second film perturbe fortement la carrière du cinéaste : réduit dans les années 1980-1990 à tourner des films moins ambitieux, il y manifeste toujours toutefois cette façon violente de traquer les tares et les corruptions d'un pays qu'il interroge à travers ses genres favoris : ainsi du film noir, qu'il renouvelle à sa manière avec *L'Année du Dragon*. Mais, son élan brisé, ses films se font de plus en plus rares…

### L'ANNÉE DU DRAGON (1985)
### avec Mickey Rourke, Ariane et John Lone

**Série jaune.** Réalisé avec des moyens considérables, le film de Michael Cimino est d'abord, pendant plus de deux heures de projection, un extraordinaire spectacle. La richesse des décors, la solidité du scénario, le sens du rythme, l'efficacité du découpage, la qualité de l'image et de l'interprétation, rien ne manque, pour rappeler cette leçon toute simple : le cinéma, c'est d'abord le plaisir des yeux. Mais un plaisir qui n'est pas gratuit. Renouant avec la grande veine du film noir, *L'Année du Dragon* n'exploite pas la violence pour la violence, mais met en scène, sous la fiction du thriller, toute une société, traquée dans ses contradictions, ses antagonismes, mais aussi son incroyable vitalité.
Stanley White, le héros de l'histoire, n'est pas seulement un flic new-yorkais intègre qui essaie de ramener l'ordre à travers un Chinatown soumis à la rage meurtrière née de l'ascension irrésistible d'un nouveau parrain. Son action,

dans la mesure où elle bouleverse l'équilibre d'un statu quo fondé sur la corruption et les compromis, se heurte à des intérêts et à des forces qui le dépassent. Mais, s'il va jusqu'au bout, quitte à semer le bruit et la fureur dans sa propre vie intime, c'est qu'il a des comptes à régler : avec lui-même, avec son passé d'ancien du Vietnam, avec cette défaite qui pèse sur sa génération. Son voyage au bout de l'enfer, commencé en Asie, finit à Chinatown.
Brassant avec maîtrise le film d'action et la peinture morale, Cimino prouve qu'un film peut être ambitieux sans être forcément ennuyeux. Sa mise en scène est directe, efficace, sans un gramme de lourdeur ni de complaisance. Démonstration brillante d'un cinéma à l'américaine, mais dénué ici de tout manichéisme simpliste. La pathétique interprétation de Mickey Rourke, fort jusqu'à l'obstination, mais tendu jusqu'à la déchirure, éclaire tout le film d'une dimension humaine. Dans cette énorme saga jaune, qui met en avant la violence d'une communauté aux prises avec ses démons, il fait brûler, du sourire aux larmes, l'éclat fragile d'un regard transparent.

## CISSÉ Souleymane (malien, né en 1940)

**Premier long métrage :**
*Den Muso (La Jeune fille) (1975)*
**Filmographie depuis 1985 :**
***Yeelen (La Lumière) (1987)*** • *Waati (Le Temps) (1994)*

Dans une Afrique où, jusqu'aux années 1960 et à l'indépendance, les Africains n'avaient pas le droit de faire du cinéma, Souleymane Cissé fait partie de cette génération qui, dès les années 1970, sut se réapproprier l'art interdit et, au-delà du regard ethnologique ou colonial porté jusque-là sur le continent par des cinéastes extérieurs à lui, montrer enfin le regard des Africains sur eux-mêmes. Ce ne fut pas sans difficulté. Né à Bamako, dans un milieu musulman très croyant, le jeune Souleymane, cinéphile précoce, dut échapper en permanence à la surveillance de son père pour aller voir en salle jusqu'à deux films par jour, entre l'âge de 7 et 15 ans. Puis, après des études secondaires à Dakar et l'apprentissage du cinéma à Moscou au sein de la prestigieuse VGIK, il peut, rentré au pays, travailler pour la télévision et y réaliser films d'actualités et documentaires. Mais son premier film de fiction, *Den Muso*, histoire du viol d'une jeune fille muette par un garçon au chômage, déchaîne les foudres du ministère de la Culture et lui vaut l'emprisonnement, tandis que le film est interdit pendant trois ans. Pourtant, le cinéaste acquiert vite une renommée internationale, et la trilogie qu'il entreprend en 1982 avec *Le Vent*, et qui se poursuit en 1987 avec *La Lumière* puis en 1995 avec *Le Temps*, montre l'importance d'un univers cinématographique porté par le souffle rebelle de la jeunesse et qui, se refusant à la rupture entre la tradition et la modernité, garde aussi toute sa force au lien profond qui unit la fiction et la réalité.

### YEELEN (1987)
### avec Issiaka Kane et Aoua Sangare

**Et la lumière fut...** L'éternel affrontement du père et du fils, en ce moment charnière du passage de l'enfance à l'âge adulte. Mais l'on est ici au cœur de l'Afrique. Et la connaissance plonge ses racines dans la tradition ancestrale et les rites magiques, ceux qu'un jeune Bambara va apprendre à découvrir, au cours d'un long voyage qu'il entreprend, pour échapper à son père qui supporte mal de le voir partager ses pouvoirs, et au cours duquel, de rencontres en épreuves, il va acquérir peu à peu la connaissance. Jusqu'à ce que, au bout de la route, jaillisse la lumière.
*Yeelen* est un film d'une beauté étrange, magique même, où les mystères et les symboles initiatiques n'alourdissent jamais un récit d'une parfaite linéarité, et où l'imaginaire d'un continent s'enracine dans les gestes, les paysages, les couleurs d'une Afrique venue du fond des âges. Pour un regard occidental, le spectacle est constamment surprenant. Mais cela ajoute à la force du mythe, et à ces images qui, pour un Africain, sont en fait des symboles unanimement compris et partagés. Ainsi, l'homme qui marche à reculons, c'est le signe de la mort ; les abeilles qu'on voit en rêve présagent la guerre ; et les êtres figés dans leur élan le sont par la puissance de la parole des Dogons, parole sacramentelle, chargée d'humidité, qui féconde l'oreille qui la reçoit. Tout raconte la tradition, la légende, la vie d'une vieille civilisation rurale qui connut son apogée au temps de l'Empire du Mali, au XIVe siècle, et que Souleymane Cissé convoque aujourd'hui, parce qu'elle est susceptible de parler non seulement aux Africains, mais à tous les

hommes confrontés depuis toujours aux mystères de la vie et de la mort. Que cela passe par un film dont le tournage fut une incroyable aventure, où les forces mystérieuses mises à jour dans le film semblaient se dresser contre lui, avec la mort du comédien principal, la maladie du chef opérateur, des conditions climatiques exécrables, des déplacements périlleux, ajoute à la beauté mystérieuse et irradiée de lumière qui émane de la somptuosité des plans, de la fluidité du langage, de la sérénité du rythme. Apportant au spectateur un sentiment de paix profonde, comme s'il retrouvait dans ce monde mythique et étrange ses propres racines imaginaires.

## CLARK Larry (américain, né en 1943)

**FILMOGRAPHIE :**
*Kids (1995)* • ***Another day in Paradise (1998)*** • *Bully (2001)* •
*Ken Park (2003), co-réalisation* • *Wassup Rockers (2004)*

Photographe, un des plus importants des années 1970-1980, Larry Clark a publié en 1971 *Tulsa*, un album regroupant les photographies qu'il avait prises de lui-même et de ses amis rebelles entre 1962 et 1970. Le livre, devenu culte, et ceux qui suivirent ont inspiré toute une génération de photographes et de réalisateurs, parmi lesquels Martin Scorsese, pour *Taxi driver*, ou Gus Van Sant, pour *Drugstore cowboy*. C'est d'ailleurs grâce aux encouragements et à l'aide de ces deux derniers qu'il réalise en 1995 *Kids*, racontant une journée, entre drogue et sexe, d'adolescents à Manhattan. Son deuxième film, *Another day in Paradise*, aperçu saisissant sur la vie marginale du début des années 1970 dans le Middle West, apparaît comme la contrepartie filmée de son œuvre photographique. Le réalisme grinçant et provocateur que les deux films illustrent se retrouve, amplifié encore, dans les réalisations suivantes, et notamment *Bully*, récit d'un meurtre abominable commis par des adolescents sur un des leurs, et surtout *Ken Park*, où la plongée dans les profondeurs de l'adolescence se résout en violence et en abjection.

### ANOTHER DAY IN PARADISE (1998)
### avec James Woods, Melanie Griffith, Natasha Gregson Wagner et Vincent Kartheiser

**L'équipée sauvage.** Bonnie et Clyde, version *seventies*? Le scénario du film de Larry Clark pourrait le laisser croire, qui raconte la cavale sanglante de deux personnages, Mel et Rose, couple infernal qui joue de l'arme à feu comme d'autres du piano, et qui, dans leur façon de passer d'un braquage à un autre sans se préoccuper de la loi ni de la morale, ont, de fait, un petit air de ressemblance avec le couple mythique. Ils ont même tous deux un côté allumé, lui en proie à des crises de colère violentes, elle n'hésitant jamais à intervenir fusil à la main pour recoller les morceaux, qui donne à leur virée une frénésie dont on se rend vite compte qu'elle relève moins d'une fureur de vivre que d'un défi permanent à la mort. Et comme le réalisateur situe leurs exploits dans le Midwest américain des années 1970, il y a même, *via* les décors, les costumes et surtout la musique, comme un petit air rétro qui colle à l'image. Avec ça un James Woods dont les yeux perçants semblent démentir en permanence le sourire, et une Mélanie Griffith qui conjugue la douceur un peu nunuche à la dureté la plus soudaine : deux personnages qui ont tout pour devenir des anti-héros cultes, comme ceux qu'incarnaient Warren Beaty et Faye Dunaway dans le film d'Arthur Penn. Avec une différence, pourtant, et de taille : le couple en question, pour se faciliter la tâche, embarque dans son sillage un autre couple, plus jeune : deux ados plutôt mal barrés, lui, Bobbie, petit malfrat qui fracture les machines à sous, elle, Rosie, sa copine, qui ne pense qu'à fumer et à s'envoyer en l'air avec son mec. Et du coup, tout change. Les rapports qui s'établissent entre les personnages prennent presque des allures de rapports familiaux, comme si les adolescents laissés-pour-compte trouvaient des parents les prenant enfin sous leur aile. Lesquels, en guise d'initiation, les entraînent dans la plus sauvage des équipées : l'argent, le sang, la drogue et, en guise de paradis promis, un enfer assuré au bout de la route. Vincent Kartheiser, qui a des allures de Leonardo DiCaprio jeunot, gouape et rieur, et Natasha Gregson Wagner (la fille de Natalie Wood), qui brûle sa vie avec application, donnent à leurs personnages une sorte de sauvagerie naturelle, qui répond bien à cet univers des kids marginaux et rebelles dont Larry Clark avait fait le sujet de son précédent film. Tout cela avec un réalisme qui n'y va pas de main morte et une violence radicale qui s'applique à donner à cet univers sombre une tonalité à la fois poisseuse et désespérée.

## COEN Joel et Ethan (américains, nés en 1955 et 1957)

**PREMIER LONG MÉTRAGE :**
*Sang pour sang (1984)*
**FILMOGRAPHIE À PARTIR DE 1985 :**
*Arizona Junior (1987)* • *Miller's crossing (1990)* • ***Barton Fink (1991)*** •
*Le Grand saut (1994)* • *Fargo (1996)* • *The Big Lebowski (1998)* • *O Brother (2000)* •
***The Barber (2001)*** • *Ladykillers (2004)*

Diplômés l'un, Joel, de la New York University Film School, l'autre, Ethan, de Princeton, les frères Coen forment un duo à la fois indissociable et complémentaire, se partageant l'écriture et se réservant plutôt la réalisation, pour le premier, et plutôt la production, pour le second. Ils se ménagent de la sorte une indépendance que leur premier long métrage, *Sang pour sang*, financé grâce à l'apport d'une soixantaine de petits commanditaires, érige en principe et en méthode. Et si, le succès venant, les sollicitations des grands studios se font plus fortes et s'ils tournent en 1994 *Le Grand saut* pour la Warner, ils restent à partir de là fidèles à une petite société européenne indépendante, Working Title Films, avec qui, par le biais de leur propre maison de production The KL Line, ils produisent tous leurs films. Cette liberté financière qu'ils se donnent est pour eux la garantie d'une totale indépendance esthétique. Car le cinéma est d'abord pour eux affaire de style : cinéastes du visuel, travaillant tout particulièrement la composition du cadre, les angles de prises de vues, les mouvements de caméra, le choix des décors, l'éclairage, ils font parler les images pour montrer, dans la banalité des choses et des êtres, ce qu'il y a de particulier et de bizarre. Inspirés tout particulièrement par le film noir – qui est la référence de *Sang pour sang*, de *Miller's crossing*, de *The Big Lebowski*, de *Fargo*, de *The Barber* –, ils lui rendent hommage, notamment par l'utilisation du noir et blanc, mais en prenant avec lui la distance constante d'un humour qui peut aller jusqu'à la parodie légère, et en développant des atmosphères sombres (les paysages enneigés de *Fargo* ne sont pas les moins sombres), inquiétantes, glissant parfois vers l'insolite, comme dans *Barton Fink*. Les êtres qu'ils montrent sont pourtant des êtres ordinaires, mais pris dans un mécanisme qui les entraîne inexorablement vers des situations dont ils ne sont pas maîtres. Cela donne des tragédies, souvent violentes, mais cela peut donner aussi, dans le registre de la désinvolture et de l'hétéroclite, des sortes de comédies noires, comme c'est le cas avec *Arizona junior, Le Grand saut, The Big Lebowski, O'Brother* ou *Ladykillers*. Tout est toujours inattendu chez eux, étrange, inhabituel : noir et blanc…

### BARTON FINK (1991)
### avec John Turturro, John Goodman et Michael Lerner

**Humour noir, noir…** Tout commence, pourtant, de façon apparemment banale : on est en 1941, et Barton Fink, un jeune dramaturge new-yorkais, vient d'obtenir son premier véritable succès à Broadway, ce qui lui vaut aussitôt de se voir offrir un contrat par un studio hollywoodien qui lui propose de l'engager comme scénariste. Malgré ses réticences, Fink finit par céder aux sirènes de la facilité et s'embarque pour Los Angeles. Mais ce qu'il y trouve ne ressemble guère au rêve californien. Comme si le cinéma n'était qu'un mirage, un piège à illusions. Le Hollywood des frères Coen n'apparaît, en fait, qu'en creux : ils n'en montrent jamais que l'envers du décor. Et en particulier cet hôtel où Fink descend : immense couloir conduisant on ne sait trop où, ascenseur rococo dont le liftier arbore une tête de momie, chaleur lourde et étouffante qui poisse tout. Le seul client que Fink croise est son voisin de chambre : un colosse au cou énorme et aux chairs flasques, qui se dit agent d'assurances et qui prend l'habitude de venir chaque jour remonter le moral du jeune homme. Car Barton Fink est en panne d'inspiration. Chargé d'écrire le scénario d'un film de série B, il est en proie au vertige de la page blanche. Il a beau faire, il ne parvient pas à faire sortir quoi que ce soit de son Underwood. C'est le vide, un vide qui se meuble du silence environnant et des petits bruits qui viennent le troubler : un lit qui grince, une voix qui rit, et, imperceptible, le clapotis glauque du papier peint qui se décolle…

On a rarement aussi bien montré au cinéma cette vacuité, cette absence, ce sentiment irrépressible d'abandon, de solitude absolue. L'atmosphère du film, portée par un rythme lent, s'épaissit progressivement de ce vide. Tout se met à respirer l'angoisse, à donner le sentiment d'un mal qui rôde. Ce côté oppressant, les frères Coen le rendent sensible par un art étourdissant du cadre : les angles les plus inattendus font sortir de la réalité toute une part d'étrangeté latente. Et le jeu de John Turturro, qui lui a valu le prix d'interprétation à Cannes, accentue la bizarrerie d'une coiffure en lame de proue, d'une mine à la fois ahurie et souffrante, et d'un côté hésitant de pierrot lunaire flottant dans ses chaussures. Le tout traduisant un blocage de tout son être, qui manifeste de façon ostensible la difficulté de la création. La thématique est au centre du film et les frères Coen en démontent le mécanisme tout en faisant avec brio, par l'invention constante dont témoigne leur propre travail cinématographique, la contre-démonstration. De ce vide de l'inspiration, qui habite leur personnage, ils nourrissent une œuvre dense, riche de prolongements inattendus vers des sujets multiples, comme l'antisémitisme ou encore, plus profondément, le thème biblique de la présence du mal, faisant de cet hôtel où se passe l'action un lieu quasi démoniaque, où s'embrasent les flammes de l'enfer. À moins que cet enfer, le personnage ne le porte en lui-même, comme un mauvais rêve. Un cauchemar dans lequel le spectateur plonge lui aussi, et dont il a du mal à s'éveiller, n'en finissant pas, avec Barton Fink, d'interroger l'immense corridor menaçant, menant on ne sait où...

### THE BARBER (2001)
### avec Billy Bob Thornton, Frances McDormand et James Gandolfini

**L'homme tranquille.** Il y a un univers des frères Coen, reconnaissable entre tous. Et il y a un plaisir très particulier que distillent leurs films, une atmosphère, une tonalité, une spécificité de l'image, qui donnent cette impression que le cinéma a cette puissance formidable de se réinventer sans cesse. Et pourtant, ce qui fait le fond premier de *The Barber* semble sorti tout droit d'un genre et d'une époque qui ne sont pas spécialement nouveaux : le film noir des années 1940. Film-hommage, pourrait-on même dire, et presque exercice de style, tant tout y renvoie à des romanciers, à des films et à des réalisateurs sur lesquels on mettrait facilement des noms : le James M. Cain d'*Assurance sur la mort* et du *Facteur sonne toujours deux fois*, ou encore le Hitchcock de *L'Ombre d'un doute*, dont l'action se situe dans la même petite ville californienne de Santa Rosa. Le décor, les costumes, la reconstitution d'époque, et jusqu'au noir et blanc qui retrouve les contrastes d'ombre et de lumière : tout renvoie à un cinéma qui a manifestement nourri l'imaginaire des deux frères. Et qui leur inspire un film totalement personnel.

Le titre original place au centre du film l'absence : *L'Homme qui n'était pas là*. Cet homme, c'est Ed Crane (impressionnant Billy Bob Thornton), un type ordinaire, dont le caractère principal est le côté taciturne : il parle peu, avec une passivité qui traduit apparemment une sorte de soumission, mais qui n'est en fait que l'attente d'autre chose. Barbier, il coupe les cheveux, dans une boutique qui appartient à son beau-frère, un incorrigible bavard. Et quand il rentre chez lui, pour retrouver sa femme, là encore c'est elle qui parle et lui qui se tait. Un jour, pourtant, l'occasion se présente de changer de vie. Ed, sans rien dire, saisit l'occasion. Mais rien ne se déroule exactement comme prévu. Car c'est là que se met en place une mécanique diabolique qui l'entraîne, et tous ceux qui l'entourent, dans un engrenage tragique. Comme si le destin s'amusait à broyer les êtres, comme si l'homme n'avait rien à dire, comme si la mort était la seule issue, en espérant qu'elle ouvre sur un monde où, peut-être, les mots enfin existent pour dire les choses.

Tout est décidément très noir dans le film des frères Coen. Sous la lenteur de la narration, tout y est inexorablement à sa place, maîtrisé, pensé, filmé par des esthètes de l'image. Le côté dérisoire de la nature humaine y trouve une envoûtante illustration.

## COHEN Peter (suédois, né en 1946)

**FILMOGRAPHIE :**
***L'Architecture du chaos (1989)*** • *Homo Sapiens 1900 (1998)*

Fils d'un père juif ayant fui Berlin en 1938, Peter Cohen commence par être photographe professionnel avant de se former au cinéma à la Stockholm School of Cinema et d'aborder le documentaire. Un premier moyen métrage, *The Story of Chaim Rumkowski and the Jews of Lodz*, témoigne de l'intérêt qu'il porte à l'élucidation du nazisme, qui fait l'objet de son travail de documentariste, à la fois historien et analyste des dévoiements d'une idéologie dont il démonte les fondements, des conceptions esthétiques frelatées qu'il dévoile dans *L'Architecture du chaos*, aux théories eugéniques et hygiénistes dont il retrace les origines dans *Homo Sapiens 1900*.

### L'ARCHITECTURE DU CHAOS (1989)

**L'esthétique de l'horreur.** *L'Architecture du chaos* n'est pas un documentaire de plus sur l'histoire du régime hitlérien. Il est en fait porteur d'une explication de ce régime qui repose sur cette idée, troublante, qu'à l'origine du nazisme il y a un projet de nature artistique. À partir de documents divers, dont beaucoup ont été peu exploités jusqu'ici, Peter Cohen montre la permanence d'une idée-force : celle d'une beauté fondée sur le mythe de la pureté. Mythe originel, que traduit une beauté classique à l'antique, et que le jeune Hitler, peintre, aquarelliste, passionné d'opéra, essaie d'atteindre d'abord par des créations artistiques personnelles. Puis, de cette vocation qui ne parvient pas à s'affirmer par la réussite, naît un projet plus global, bien vite investi par tout un groupe qui l'entoure, avant de l'être plus tard par toute une masse le suivant aveuglément : créer un monde pur. Cela commence par la dénonciation, dans des expositions spécialement organisées pour cela, de l'art dit dégénéré, où l'on inclut le cubisme, le surréalisme et autres arts d'expression biscornue. Puis cela passe à la mise en parallèle des formes artistiques avec les réalités humaines : tel portrait cubiste est assimilé à tel visage de malade mental. D'où l'idée que la pureté physiologique et ethnique relève du même combat que la pureté artistique, ce qui entraîne et explique l'euthanasie bientôt pratiquée sur les handicapés, les informes, les vieux, et, de là, le meurtre de masse et les chambres de la mort. Ce projet esthétique dévoyé trouve son second volet dans l'édification d'une cité nouvelle répondant aux normes de la pureté harmonieuse : architectures grandioses, immenses défilés conçus comme des scénographies théâtrales, sculptures offrant les canons de la beauté à l'antique, films véhiculant l'image de l'Aryen. Tout concourt à l'exaltation de cette pureté, y compris l'apocalypse de l'écroulement final, trouvant dans le feu les échos wagnériens d'un crépuscule des dieux.

Réalisé avec une grande sobriété, qui ménage des plages de noir et de silence entre les séquences, et porté en France par la voix de Jeanne Moreau, qui apporte une charge de vibration frémissante au commentaire, le film de Peter Cohen montre, de façon édifiante, comment l'idée même de la beauté peut engendrer l'horreur.

## COHEN Rob (américain, né en 1949)

**PREMIER LONG MÉTRAGE :**
*Un petit cercle d'amis (1979)*
**FILMOGRAPHIE DEPUIS 1985 :**
*Dragon, l'histoire de Bruce Lee (1992)* • *Daylight (1996)* • *Cœur de dragon (1996)* • *The Skulls, société secrète (2000)* • *Fast and furious (2001)* • ***XXX (2002)*** • *Furtif (2005)*

Au long de sa longue vie cinématographique, James bond a suscité des épigones divers : la voie de la parodie avait été ouverte dès 1967 par *Casino Royale*, mais aussi par le moins connu *Opération frère cadet*, où Alberto de Martino mettait en scène Neil Connery, le propre frère de Sean, dans le rôle du frère de 007 ! Et, en 1983, Michael Sloan avait réalisé pour la télévision un *Retour des agents très spéciaux*, où George Lazenby, 007 pour la seconde fois, prêtait main-forte à Napoléon Solo et à Illya Kuryakin. Ces variations autour de Bond n'ont pas manqué de lui susciter des rivaux, prêts à prendre sa place. Ainsi, dans le film de Rob Cohen, grand spécialiste du film d'action et des effets spéciaux, qui propose avec *XXX* un clonage à peine déguisé du modèle original.

### XXX (2002)

#### avec Vin Diesel, Samuel L Jackson et Asia Argento

**Agent 007,5.** Le vénérable agent 007 fait des émules : son successeur, ou du moins celui qui se veut tel, vient d'arriver. Il se nomme Xander Cage, porte la calvitie très mode et les traits épais de Vin Diesel, et, surtout, au lieu de l'humour flegmatique et si anglais du fidèle serviteur de Sa Majesté, il a toutes les mauvaises manières culottées de l'Américain qui n'a peur de rien. Car Xander Cage est bien de son temps : ce qu'il aime, ce sont les sports extrêmes, et, plutôt que le smoking, il préfère la tenue de cuir du motard tout-terrain, la combinaison de l'homme-oiseau qui surfe sur sa planche en plein ciel, ou l'équipement du grimpeur qui fait de l'escalade à mains nues. Et lorsqu'une armada de méchants, montés sur des scooters des neiges, entreprend de l'arrêter, lui voit immédiatement la parade : il déclenche une énorme avalanche, devant laquelle il surfe avec une virtuosité de prodige, tandis que le souffle de la cataracte volatilise les malheureux qui se sont risqués à le provoquer.

Tel est donc le James Bond cloné new-look : crâne tondu, gros godillots, maillot Marcel, des tatouages partout, et une façon de s'engager pour son pays qui sent moins la fibre patriotique que le frisson de l'aventure extrême. Autour de lui, l'environnement est à l'avenant : un responsable des services secrets qui se trouve être non pas un vieux monsieur respectable mais ce grand escogriffe black de Samuel L. Jackson, qui s'est fait sur un côté du visage une cicatrice à la Freddy ; un bricoleur tout jeunot qui lui équipe sa voiture de tous les gadgets informatiques qu'il a appris à bidouiller au MIT ; et, bien sûr, une créature de rêve qui, plutôt que la blonde Barbie attendue, a la moue sulfureuse et le regard noir d'Asia Argento, elle aussi tatouée jusqu'au nombril, et même au-delà ! Avec ça de la musique à fond la caisse, des méchants venus forcément de l'Est – ici d'ex-militaires russes reconvertis en fanatiques sans cause – et un enjeu qui touche naturellement à rien de moins qu'au salut du monde.
Rien de neuf, donc, si ce n'est justement la manière : XXX, c'est du 007 qui se veut multiplié par trois, de l'agent secret, de l'agent double, de l'agent triple même, taille extra-large, du James Bond du III^e millénaire, dont les références sont moins le livre d'espionnage que la console vidéo. Et d'ailleurs, quand Xander Cage apprend à la sulfureuse Yelena qu'il est agent secret, celle-ci se met à rire sans pouvoir s'arrêter, n'arrivant pas à le prendre au sérieux. C'est qu'on est ici dans un univers ouvertement virtuel, où le nouveau héros n'a décidément pas la tête de l'emploi.
Il n'en est que plus surprenant. Car ce qui ressort du film de Rob Cohen, c'est une efficacité évidente tant de scénario que de mise en scène qui, renouvelant sans en changer les fondements la formule du genre, propose, pour voir, ce qui pourrait être le numéro pilote d'une série à venir. En attendant donc XXX contre tous les docteurs No que l'informatique, les effets spéciaux et la mode trash pourraient lui mettre à la traverse, on prendra tout son plaisir à le voir commencer ici par sauver Prague de la destruction chimique, dans un assez ébouriffant finale où même les statues baroques font une haie d'honneur à ce Mister X. Comme elles, on n'en croit pas ses yeux !

## COLLARD Cyril (français, 1957-1993)

**Filmographie :**
***Les Nuits fauves (1992)***

« Il nous reste l'amour », disait Hippo, le héros d'*Un monde sans pitié*. Rien n'est moins sûr : l'apparition du sida, détecté et diagnostiqué au milieu des années 1980, vient totalement inverser la donne et mettre un terme aux années hédonistes qu'avait engendrées la grande libération sexuelle née de 1968. La décennie 1990 s'ouvre sous le signe du nouveau mal du siècle. Et le film de Cyril Collard, par la résonance qu'il lui donne, dépasse le cadre simplement cinématographique et concourt largement à la prise de conscience par la société française de la réalité terrible du mal. D'autant que le jeune cinéaste, qu'on avait jusque-là vu dans le sillage de Pialat, notamment comme comédien dans *À nos amours*, raconte une histoire dont le côté personnel se trouve tragiquement authentifié quelques mois après la sortie du film par sa propre mort, laquelle donne aux *Nuits fauves* valeur de poignant témoignage.

### LES NUITS FAUVES (1992)
### avec Cyril Collard et Romane Bohringer

**Le mal qui court.** 1986 : le début des années sida. Pour Jean, qui a 30 ans, qui est cinéaste, et bisexuel, la séropositivité fait désormais partie de cette vie qu'il brûle par les deux bouts. Les dragues le soir le long des quais, les rencontres furtives, l'amitié jalouse de Samy lui permettent d'assouvir ses penchants homos. Mais l'arrivée de Laura, qui a 17 ans, l'entraîne en même temps dans une histoire d'amour violente, romantique, passionnée, qu'il veut vivre totalement. Et lorsqu'il fait l'amour avec elle, il ne lui dit rien du mal dont il est porteur. Le poids de cette responsabilité, joint à la menace qui pèse sur lui, vont l'ouvrir au monde et aux autres. Et l'ombre de la mort devient pour lui une invitation à vivre.
Cyril Collard, séropositif lui-même, s'est finalement résolu, lorsqu'il a décidé d'adapter son roman au cinéma, non seulement à le réaliser lui-même mais aussi à l'interpréter. C'est dire à quel point *Les Nuits fauves* est un film personnel, porté tout à la fois par l'envie frénétique de vivre et par la conscience de la mort à l'œuvre dans son propre corps infecté. Et c'est bien le premier film qui aborde vraiment le sida de face, sans cacher les réalités

troubles sur lesquelles il repose, mais en se refusant à toute attitude ambiguë, de condamnation comme de pitié. Ce qui en fait le prix, c'est la formidable leçon de vie qu'il porte, et qui ne prend tout son sens que parce qu'elle s'inscrit dans la peinture d'une société malade de ses propres désirs et de ses propres comportements. À cet égard, le trio central, deux hommes et une jeune femme, renvoie au malaise de toute une génération marquée à la fois par le désir d'aller jusqu'au bout et par une confusion des sentiments et des sexes, qui n'est peut-être qu'une façon d'exprimer ses angoisses. La justesse du regard, servie par un ton, une lumière noire, un rythme, une bande-son, et surtout une interprétation pleine de sensibilité bouleversante de Romane Bohringer, font du film de Cyril Collard un moment marquant, et fort : celui où le cinéma traduit la vérité profonde de son temps.

## COLOMBANI Laetitia (française, née en 1976)

**Filmographie :**
***À la folie... pas du tout (2002)***

L'école Louis Lumière en section cinéma, la réalisation de deux courts métrages tout en menant parallèlement une activité de comédienne de théâtre, et puis la rencontre, *via* un scénario qu'elle a écrit, avec un producteur, Charles Gassot, qui décide de développer le projet : c'est, pour Laetitia Colombani, l'aventure du premier film. Celui-ci dénote une vraie intelligence narrative, et une belle aisance dans le maniement des tons et des genres.

### À LA FOLIE... PAS DU TOUT (2002)
**avec Audrey Tautou, Samuel Le Bihan et Isabelle Carré**

**L'amour fou.** D'abord, c'est un beau roman, c'est une belle histoire. À regarder la mine épanouie, les sourires rayonnants, les petites moues entendues de la mutine Audrey Tautou, qui porte ici le doux prénom d'Angélique, on se dit que tout va bien pour elle dans la meilleure des romances possibles. Et on la comprend : celui qu'elle aime, et qui l'aime, c'est ce beau mec de Samuel Le Bihan, *alias* docteur Le Garrec, belle situation, belle maison, belle femme aussi. Et c'est bien la seule ombre au tableau des deux amoureux, d'autant plus que ladite épouse n'est autre que la jolie, elle aussi, Isabelle Carré, et qu'elle est passablement enceinte, ce qui, évidemment, complique un peu la séparation d'avec son mari. Mais pour Angélique, ce n'est qu'une épreuve à surmonter et dont elle est sûre que leur amour triomphera. Bref, elle voit la vie en rose, et le film de Laetitia Colombani la voit de la même couleur. Une couleur qu'on dirait tout droit sortie des comédies à l'américaine, avec voix suave de crooner chantant l'amour en fond sonore, petits cadeaux qu'on s'envoie, soupirs et rêveries : une collection de clichés presque, joliment éclairés par le sourire de la petite Audrey, qu'on ne peut manquer de prendre une fois encore pour la gentille Amélie, dont elle semble décidément avoir épousé le destin. Si ce n'est que, à quelques indices – un rendez-vous où il ne vient pas, un voyage à Florence pour lequel il fait faux bond et même, ce qui ne saurait tromper, un désir soudain de se coucher, d'ouvrir le gaz, et de fermer à jamais les yeux –, on sent bien que, derrière la jolie façade de l'amour en rose, il y a quelque face sombre à une lune qui n'est pas que de miel.
Et c'est là toute la belle trouvaille du film de Lætitia Colombani, que de tromper joliment son monde et, derrière la romance, de faire naître le doute puis, à mesure que celui-ci se confirme, de susciter une angoisse sourde, celle-là même qui accompagne l'amour lorsqu'il est fou. Tout ce qui, en effet, a été vu d'abord comme l'indice même d'un bonheur sentimental partagé change soudain de sens. Que le point de vue s'inverse, et alors les mêmes images disent autre chose, de beaucoup moins rassurant. Par un retournement non pas de situation mais de vision, le film quitte ainsi la romance pour le thriller inquiétant et fait voir la même histoire de façon radicalement différente, sans que pour autant un petit sourire ne cesse de donner à cet embrouillamini du cœur une forme de légèreté au sein même de ce qu'il peut y avoir de maladif dans la passion. L'interprétation à double face d'Audrey Tautou y est pour beaucoup, mais aussi un scénario qui joue avec une vraie ingéniosité de la surprise et sait la ménager jusque dans son dénouement. Quant au fond du problème – l'amour, toujours ! – il fait une nouvelle fois, et plutôt brillamment, la preuve que le cœur a ses déraisons, que la raison ne connaît pas...

## COLUMBUS Chris (américain, né en 1958)

**FILMOGRAPHIE :**
*Nuit de folie (1987)* • *Heartbreak Hotel (1990)* • *Maman, j'ai raté l'avion (1990)* •
*Ta mère ou moi ! (1991)* • ***Maman, j'ai encore raté l'avion (1992)*** •
*Madame Doubtfire (1993)* • *Neuf mois aussi (1995)* • *Ma meilleure ennemie (1998)* •
*L'Homme bicentenaire (1999)* • *Harry Potter à l'École des Sorciers (2001)* •
***Harry Potter et la chambre des secrets (2002)***

Très tôt attiré par l'image et le cinéma – lycéen, il crée ses propres bandes dessinées et réalise de petits films de fiction en super-8 –, Chris Columbus arrive à Hollywood par l'écriture de scénario. En trois ans, de 1984 à 1986, il enchaîne, pour les productions de Steven Spielberg, trois scénarios originaux – *Gremlins, Goonies* et *Le Secret de la pyramide* – qui l'imposent aussitôt comme un des talents les plus créatifs en matière de films pour la jeunesse. Passant à la réalisation, c'est vers ce cinéma qu'il se dirige très vite, y obtenant, des *Maman, j'ai raté l'avion* à la série des *Harry Potter*, des succès qui figurent parmi les plus importants de l'industrie hollywoodienne.

### MAMAN, J'AI ENCORE RATÉ L'AVION (1992)
**avec Macaulay Culkin, Joe Pesci et Catherine O'Hara**

**Voyage de Noël.** On ne change pas une formule qui gagne. Forts d'un succès qui avait propulsé au sommet du box-office les aventures de leur jeune héros malencontreusement oublié par une famille assez distraite pour prendre l'avion sans lui, le réalisateur Chris Columbus et son scénariste et producteur John Hughes se sont dit qu'il serait dommage de ne pas réitérer, tant que leur interprète a encore l'âge de porter des culottes courtes. Et comme l'aéroport de Chicago, ville où vivent les McCallister, est une des plaques tournantes du trafic aérien, ils n'avaient que l'embarras du choix quant à la nouvelle destination à donner à leurs personnages. Ils ont donc choisi d'embarquer le jeune Kevin sur un vol Chicago-New York, alors que dans le même temps ses parents, toujours plus préoccupés de leurs bagages que de leur progéniture, ont pris de leur côté le vol Chicago-Miami. Ainsi, tandis que sa famille se retrouve à quelques milliers de kilomètres de là, Kevin débarque, seul comme un petit grand, dans l'énorme métropole new-yorkaise, semée d'embûches et de dangers, mais aussi de quelques bonnes surprises. Car tout se passe pour les fêtes de fin d'année et – c'est le second élément du cocktail – le film prend du même coup l'allure d'un vrai conte de Noël. Rien n'y manque : l'enfant confronté à un univers d'abord hostile ; les problèmes que lui pose son face-à-face avec les adultes ; les menaces qui se font jour avec la réapparition des deux malfrats qu'il avait fait arrêter dans le précédent film et qui, échappés de prison, resurgissent à point nommé ; les rencontres diverses, dont celle d'une femme aux pigeons qui, d'épouvantail, se transforme en bonne fée ; enfin la visite dans un grand magasin de jouets, sorte de grotte merveilleuse où le rêve est roi, et dont le P.-D. G., dans la droite ligne des meilleurs patrons paternalistes, se métamorphose en Père Noël pour enfants sages.
On est donc aux portes du sirupeux, mais tout l'intérêt du film est qu'il n'y sombre jamais. D'abord parce que le duo Hughes-Columbus en profite pour se faire plaisir : plaisir de grands enfants qui, à coup de millions de dollars, recréent l'univers enchanté de leur enfance. Et d'une enfance américaine qui mélange allègrement Dickens à Tex Avery et qui introduit dans l'univers balisé du conte les gags et les effets visuels du cartoon. Sur ce plan, la séquence la plus réussie du film est celle qui met aux prises le jeune Kevin et les deux affreux jojos qui le poursuivent, dans une maison abandonnée que le garçon a auparavant transformée en boîte à surprises et à malices. Et ce qui s'y passe, les chutes diverses qui s'abattent sur la tête des deux ahuris, les distorsions physiques auxquelles ils sont soumis, le côté rebondissant et caoutchouteux des personnages et la frénésie mécanique du rythme : tout cela renvoie au monde délirant et hilarant du dessin animé.
Pour autant, la vraie vie n'est pas absente de ce voyage au pays des merveilles cartoonesques. Car, et c'est l'autre dimension du film, New York offre un cadre qui n'est pas seulement enchanteur. Certes Kevin descend au Plaza et ne plonge pas vraiment dans l'enfer profond de la cité. Mais, au fil de ses pérégrinations, des trottoirs envahis par les sans-abri à la solitude glacée et menaçante de Central Park la nuit, des ombres se profilent qui disent, comme en filigrane, que le labyrinthe est lourd de menaces. Et que ce soit la fraîcheur débrouillarde d'un enfant qui en vienne à bout porte peut-être, en fin de compte, le sens profond du film : ce rêve américain d'un retour aux sources et d'une confiance en l'avenir pour faire obstacle, en ces temps de crise absolue, au cauchemar qui monte.

## HARRY POTTER ET LA CHAMBRE DES SECRETS (2002)
### avec Daniel Radcliffe, Rupert Grint, Emma Watson et Kenneth Branagh

**Harry, un ami qui vous veut du bien.** Qui donc a pénétré dans la chambre des secrets ? Et quelle obscure malédiction, venue de ce lieu sinistre, pèse-t-elle sur Poudlard ? Le vaillant Harry Potter, qui entame sa deuxième année à l'école des sorciers de façon quelque peu chaotique, se trouve d'emblée confronté à une menace qui se révèle nettement plus radicale que celles qui avaient marqué son année d'apprentissage. C'est qu'il ne s'agit plus ici d'acquérir simplement les techniques de base en matière de sorcellerie bon enfant, mais bel et bien de se trouver confronté à la mort.

C'est tout l'enjeu, et la nouveauté, de ce second volet des aventures du jeune héros à lunettes que de le mettre face au grand mystère. Et c'est toute l'ingéniosité du scénario adapté au plus près du roman original que de placer, dans les entrailles de l'école, une chambre secrète, véritable antre diabolique, où les forces du mal mijotent leurs mauvais coups. La présence d'un énorme dragon dinausorien, qui s'enroule dans les canalisations de l'établissement et qui a le pouvoir, en légendaire basilic qu'il est, de pétrifier d'un regard ses victimes, rend le face-à-face particulièrement dangereux pour le courageux petit sorcier. Mais la rencontre est néanmoins nécessaire. Car ce à quoi Harry Potter va se mesurer, ce n'est pas seulement à un monstre terrifiant, c'est en fait au secret même de son identité, et à sa propre nature de sorcier marqué au front d'un signe indélébile. En pénétrant à son tour dans la chambre des secrets pour y sauver la petite sœur de son copain Ron, enlevée par la force mystérieuse qui hante Poudlard, Harry pénètre aussi dans le passé, là où s'est scellé son propre destin.

Cet itinéraire à caractère initiatique, qui passe par la mort pour faire renaître la vie de ses cendres, vaut surtout par le nouvel attirail fantastique qui se trouve déployé au long du chemin. Commencé sur le mode de la fantaisie sympathique, avec l'irrésistible elfe domestique dénommé Dobby, sorte de E.T. mâtiné de gremlin, le bestiaire s'enrichit de quelques créatures nettement plus épouvantables, de l'armada d'araignées géantes qui grouillent dans une forêt noire à donner la chair de poule, jusqu'au monstre reptilien à crocs empoisonnés qui rôde dans les replis de l'établissement. Hanté par de telles rencontres, le second volet des aventures de Harry, impeccable pour ce qui est des décors et des effets spéciaux, est nettement plus sombre que le précédent. Et malgré les facéties qui scandent le début du film et la présence flamboyante, mais trop épisodique, du trouillard professeur Lockhart, auquel Kenneth Branagh apporte un côté bellâtre réjouissant, le récit se plombe progressivement. Les fantaisies de sorcellerie courante, réduites un peu au rôle d'accessoires gentillets, ne suffisent plus à l'aérer, et ce qui faisait la légèreté de touche du premier épisode fait place ici à une longue descente au fond du sombre boyau de l'inconnu. De la magie blanche, dont le fonctionnement paraît désormais un peu dérisoire, le monde de Harry Potter passe à la magie noire. Et si Harry est toujours cet ami qui ne peut que vouloir du bien à ses amis fidèles, le mal laisse sur lui la trace de son ombre. Du coup, si l'on frémit nettement plus, on s'amuse plutôt moins.

# COMENCINI Francesca (italienne, née en 1961)

**PREMIER LONG MÉTRAGE :**
*Pianoforte (1984)*
**FILMOGRAPHIE DEPUIS 1985 :**
*La Lumière du lac (1988)* • *Annabelle partagée (1991)* •
*Zeno, le parole di mio padre (2001)* • *Un altro mondo è possibile (2001)*, co-réalisation •
***J'aime travailler (2004)***

Fille de son père, Francesca Comencini a d'emblée essayé de faire oublier qu'elle était une fille « d'arte », en choisissant pour son premier film, *Pianoforte*, sur le thème de la drogue et du couple, un sujet intimiste et autobiographique très éloigné de l'univers de Luigi Comencini. Pour autant, ayant délaissé ses études de philosophie, c'est auprès de lui qu'elle approfondit son expérience du cinéma, participant aux scénarios d'*Un enfant de Calabre* en 1987 et de *La Bohème* en 1988, ce dernier produit par Daniel Toscan du Plantier, qu'elle épouse, ce qui l'amène à poursuivre sa carrière en France, où elle réalise La *Lumière du lac* et *Annabelle partagée*. Elle revient en Italie pour assister son père dans *Pane e vino* en 1991, puis se détourne du cinéma pendant une dizaine d'années, avant d'y revenir par le biais du documentaire, puis, après l'adaptation de deux chapitres du roman d'Italo Svevo dans *Zeno, le parole di mio padre*, elle s'engage dans des films portant témoignage militant sur la réalité sociale et politique, participant au documentaire collectif tourné autour des événements dramatiques du G8 de Gênes, *Un altro mondo è possibile*, en 2001, avant de mêler réalité documentaire et fiction dans *J'aime travailler*.

### J'AIME TRAVAILLER (2004)
#### avec Nicoletta Braschi et Camille Duguay Comencini

**Un monde sans pitié.** Une femme simple. Dans une histoire simple. Elle s'appelle Anna, vit seule avec sa fille, et se dévoue à son travail dans le service comptable d'une grande société. Et puis un jour, la société est rachetée par une multinationale. Et là, tout bascule : progressivement, elle se sent mise à l'écart, on la change de poste, de bureau, ses collègues commencent à l'éviter, les vexations se multiplient, on ne lui confie plus bientôt que des tâches subalternes et inutiles. Elle essaie de résister, mais la mise à l'écart est de plus en plus humiliante et cruelle. Rejetée, niée dans son identité même de travailleuse, Anna voit son monde s'écrouler, sans que rien ne puisse arrêter l'engrenage du « mobbing », ce harcèlement destiné à la faire craquer, pour qu'au bout du compte on puisse la virer tranquille.
Le film de Francesca Comencini renoue avec la grande veine sociale du cinéma italien. Appuyant la fiction sur des faits réels filmés avec la précision d'un documentaire, interprété par des acteurs non professionnels, à la seule réserve de Nicoletta Braschi (Madame Benigni), qui donne au personnage d'Anna le côté à la fois pathétique et hagard de qui ne comprend pas ce qui lui arrive, il démonte de façon minutieuse une mécanique froide qui, au nom d'une logique économique, vise à broyer les êtres, pour mieux s'en débarrasser. Et le plus terrible est que ladite mécanique intègre le comportement des collègues de la malheureuse victime, qui, eux-mêmes peu sûrs pour leur propre emploi, se détournent d'elle et la considèrent comme une pestiférée. La véritable descente aux enfers que constitue cette éviction programmée, dont les conséquences psychologiques sont telles que l'intéressée perd progressivement pied jusqu'à toucher le fond, forme la trame d'un film dont le côté quasi clinique est proprement sidérant, et plus convaincant que l'épilogue qui, avec une volonté certes louable de didactisme et d'espoir, trace un peu lourdement la voie d'une solution. Mais c'est moins celle-ci qui prime que la lucidité du regard porté sur ce qui n'est qu'une histoire simple, une histoire comme les autres, en un temps de plans sociaux, de restructurations et de délocalisations. Un regard terrible sur un monde sans pitié.

---

## COMENCINI Luigi (italien, né en 1916)

**PREMIER LONG MÉTRAGE :**
*De nouveaux hommes sont nés (1948)*
**FILMOGRAPHIE DEPUIS 1985 :**
***La Storia (1985)*** • *Un enfant de Calabre (1987)* • ***La Bohème (1987)*** •
*Joyeux Noël, bonne année (1989)* • *Marcellino (1991)*

Dans l'œuvre très foisonnante de Luigi Comencini, dont les premiers succès au début des années 1950, *Pain, amour et fantaisie*, puis *Pain, amour et jalousie*, purent paraître augurer d'un simple cinéma de confection, la diversité d'inspiration et la grande maîtrise manifestée dans les genres les plus divers laissèrent bien vite apparaître un cinéaste original, capable de traiter avec autant d'aisance le film d'époque, comme dans *Casanova, un adolescent à Venise*, que la comédie douce-acide à l'italienne, comme dans *L'Argent de la vieille*, le film de guerre tragi-comique, comme dans *La Grande pagaille*, le policier à fond social, comme dans *La Femme du dimanche*, ou le film-opéra, comme dans *La Bohème*. Mais, d'un film à l'autre, certains thèmes apparurent vite comme le véritable fil conducteur d'un cinéaste attaché en priorité à traduire les émerveillements et les épreuves de l'enfance, et à s'intéresser aux petites gens et aux malheureux. Et de *Tu es mon fils* à *L'Incompris*, des *Aventures de Pinocchio* à *Eugenio*, de *Cuore* à *Un enfant de Calabre* ou à *La Storia*, c'est cette sensibilité qui exclut toute sensiblerie et cette justesse d'un regard porté sur la misère humaine, et notamment celle des plus humbles, qui animent une œuvre parmi les plus attachantes du cinéma, dont la force de dénonciation est égale à sa capacité de compassion.

## LA STORIA (1985)
### avec Claudia Cardinale et Lambert Wilson

**Le non-sens de l'Histoire.** Aux humiliés et aux offensés. À tous ceux que l'Histoire, avec une grande hache, a battus, abattus, écartelés. À Ida, la femme violée par un soldat allemand, qui enfante dans la honte et qui accepte ce fils, l'élève et le protège dans la tourmente, de toute la force de son amour. À Useppe, l'enfant de la guerre, qui regarde de ses grands yeux étonnés ce monde où il découvre la haine, la barbarie et les wagons plombés. À Nino, son frère, qui joue le jeu comme un homme qu'il n'est pas encore et qui meurt sans s'apercevoir que les règles ont changé. À Carlo, son ami, l'anarchiste au doux regard que la folie du temps transforme en assassin halluciné. À Santina, la prostituée au grand cœur, égorgée par son maquereau. À Cucchiarelli, trop vieux pour faire la guerre, et à Mariolina, trop jeune pour lui échapper. Au fils mort et à la mère démente. Aux humbles et aux persécutés qui souffrent et qui meurent sans comprendre. Aux humiliés et aux offensés. Et à tous ceux que l'Histoire, avec un grand H, a battus, abattus, écartelés. À eux tous, *La Storia*, comme un hommage.
C'est peu de dire que le film que Luigi Comencini a tiré du roman d'Elsa Morante est émouvant. Au-delà du pathétique et de la sensibilité, il dégage un sens profond de la misère humaine qui, plutôt que de tirer sur la corde facile du mélo, cherche à brosser une immense fresque qui déborde les lieux et les temps. Point de néo-réalisme, de reconstitution vériste ou tapageuse de la Seconde Guerre mondiale ; mais un long cheminement, presque abstrait, et faisant place aux peurs et aux rêves enfouis, avec les figurants et les sans-grade de l'Histoire. Pour dire ce tragique de la condition humaine, Comencini a préféré la lenteur, l'intériorité, le silence. À l'image d'Ida, qui parle peu et qui finit dans l'hébétude, et d'Useppe, l'enfant trop sensible qui meurt de tous ces malheurs trop lourds à vivre. Le jeu tout en retrait, en soumission patiente, en effacement modeste de Claudia Cardinale – qui trouve ici un de ses meilleurs rôles – répond à la sensibilité qui émane du jeune Antonio Spada, qui porte avec lui ce génie de l'enfance, lumière du monde, et victime à l'avance désignée de l'éternel massacre des innocents.

## LA BOHÈME (1987)
### avec Barbara Hendricks et Luca Canonici, et la voix de José Carreras

**Sous les toits de Paris.** Le pari était risqué. *La Bohème*, à la différence de *Don Giovanni* ou de *Carmen*, ses précédentes productions, n'offrait à Daniel Toscan du Plantier ni les fastes du grand spectacle, ni même les ressources d'une action riche en péripéties. Rien de plus simple, on le sait, que cette histoire simple : quatre jeunes gens fauchés, artistes et bons compagnons, qui tirent le diable par la queue dans une chambre sous les toits, mais qui partagent l'amitié, la jeunesse, le goût de vivre. Et, à côté, Mimi la douce, dont la chandelle est morte et qui n'a plus de feu, et qui vient demander à Rodolphe, le poète de la bande, de lui ouvrir sa porte. Toute l'intrigue est inscrite dans cette première rencontre : l'amour fou, le plaisir, le bonheur d'être deux ; mais aussi le froid, les ombres, la maladie qui couve et la séparation. Jusqu'à ce que Mimi revienne dans la mansarde et, tandis qu'un pauvre rayon de soleil entre par la fenêtre, soit prise d'une dernière quinte de toux, pousse un dernier soupir, et que ses yeux se ferment. Mélo, tout ça ! Exactement, et fier de l'être. Car, derrière ces gens sans importance, ce que dit la musique de Puccini c'est la fragilité du bonheur, mais aussi sa splendeur unique ; c'est la jeunesse, périssable et immortelle ; c'est la vie, douce et cruelle, tout simplement.
Comencini, cinéaste de l'émotion, n'a pas cherché à gommer la sensibilité de l'œuvre. On s'étonnerait même, à la limite, que lui, si habile à faire pleurer, n'ait pas tiré davantage sur la corde sensible. Les meilleurs moments du film sont ceux où il se laisse aller, jusqu'au chromo, dans les décors, l'éclairage, les attitudes, les cadrages. À cet égard, le duo de Rodolphe et de Mimi, à la fin du premier acte, atteint à une grandeur d'émotion exceptionnelle, porté tout autant par l'inspiration du réalisateur que par les voix éclatantes des deux interprètes : Barbara Hendricks, dont le timbre a quelque chose à la fois de cristallin et de velouté, une force jamais exempte de fragilité, ce qui correspond exactement au personnage tel que, par de subtiles sollicitations, le présente Comencini. Mais surtout peut-être, absent physiquement à l'écran, mais imposant toute la puissance harmonieuse de sa voix, José Carreras, dont on regrette plus que tout qu'il ne soit pas là, malgré les efforts méritoires de Luca Canonici pour lui donner corps.
Le film avance ainsi, de moments superbes – Musette au café Momus, les deux amants sous la neige à la barrière d'Enfer – en scènes un peu statiques, moins riches d'invention et d'émotion, où la musique domine par trop l'image et donne l'impression qu'elle pourrait se passer d'elle. Il serait vain, pourtant, de rouvrir à ce propos le débat, finalement oiseux, sur la légitimité du film-opéra. *La Bohème* est en fait une œuvre fragile, qui trouve son prix dans ses lacunes mêmes. Ce que Comencini a cherché, sans toujours le trouver, c'est la vérité de l'opéra de Puccini, par le moyen le plus honnête et, partant, le plus délicat : la voix du cœur. Et quand cette voix passe, en de purs moments de grâce, brille alors, fugace autant que fulgurant, l'éclat même de la beauté.

## COPPOLA Francis Ford (américain, né en 1939)

**PREMIER LONG MÉTRAGE :**
*Tonight for Sure (1962)*
**FILMOGRAPHIE DEPUIS 1985 :**
***Peggy Sue s'est mariée (1985)*** • *Jardins de pierre (1987)* • ***Tucker (1988)*** •
*New York Stories (1989), co-réalisation* • ***Le Parrain III (1991)*** • *Dracula (1992)* •
*Jack (1996)* • *L'Idéaliste (1997)*

S'il est devenu une des pièces maîtresses du cinéma américain des années 1970-1980, Francis Ford Coppola – Francis comme son grand-père maternel Francesco, musicien, et Ford, comme l'émission radio « Ford evening hour », à laquelle collaborait son père Carmine, compositeur et chef d'orchestre – le doit sans doute d'abord à la passion que, tout enfant, il manifestait déjà pour le cinéma, s'exerçant à 8 ans à remonter de petits films d'amateurs en 8 mm. Diplômé d'études théâtrales, fondateur de troupe, écrivant le livret d'une comédie musicale, puis entrant à l'école de cinéma de l'UCLA, c'est à ce moment-là, alors qu'il poursuit son apprentissage, que, remarqué par Roger Corman, dont l'influence sur la nouvelle génération de cinéastes est alors prépondérante, il est engagé par celui-ci pour remonter deux films russes destinés au marché américain, puis pour diriger des secondes équipes, pour réaliser enfin par lui-même. Le jeune cinéaste possède ainsi dès le départ un métier solide qui explique pour beaucoup à la fois l'efficacité de ses mises en scène et le côté entreprenant avec lequel il aborde le cinéma. Réalisateur, il est aussi scénariste ; puis très vite producteur. En 1969, il se donne les moyens de ses ambitions en installant à San Francisco l'American Zoetrope, centre de production destiné à attirer les jeunes cinéastes désireux de créer en dehors du contexte hollywoodien. Puis, en 1971, il fonde avec deux autres cinéastes de sa génération, Peter Bogdanovich et William Friedkin, la Director's Company, qui produira notamment *Conversation secrète*. Entre-temps, la notoriété est venue avec *Le Parrain I* et *II*, en 1972 et 1975, suivis en 1979 du choc d'*Apocalypse Now*. Coppola est, à ce moment-là, au cœur et au sommet du cinéma américain. L'acquisition qu'il fait, en 1980, des anciens studios de la Hollywood General à Los Angeles, les productions qu'il y met sur pied sous l'égide de la Zoetrope, les bases qu'il pose du cinéma électronique, les multiples projets auxquels il est associé, dont ceux tout récents de sa fille Sofia, sans oublier son activité de plus en plus importante dans le domaine vinicole : autant d'éléments qui, sans le détourner de la réalisation, limitent son activité de metteur en scène à des projets qui lui tiennent à cœur et dont les plus aboutis, *Peggy Sue s'est mariée*, *Tucker* (un de ses projets les plus anciens), *Le Parrain III*, volet ultime de sa grande trilogie, viennent davantage parachever son œuvre que la lancer sur des terrains nouveaux.

### PEGGY SUE S'EST MARIÉE (1985)
#### avec Kathleen Turner, Nicolas Cage et Barry Miller

**Le paradis perdu.** La machine à remonter le temps est une de celles qui ont beaucoup servi au cinéma. Et à voir la gentille Peggy Sue, venue fêter l'anniversaire de son lycée, se retrouver, sous l'effet d'un évanouissement subit, vingt-cinq ans auparavant, en plein cœur des années 1960, comme si le temps avait suspendu son vol, on se dit que ce voyage dans le passé commence par emprunter un itinéraire un peu trop bien fléché. Pourtant, naviguant à vue entre les sortilèges du rétro, style *American graffiti*, et les pièges du flash-back, genre *Retour vers le futur*, *Peggy Sue s'est mariée* trouve vite un ton bien à lui, et une originalité dont la première et la dernière image du film donnent la clef : on y voit l'héroïne réfléchie dans un miroir et la caméra, par un mouvement de recul, passer de l'apparence à la réalité. Et c'est bien, en fait, de l'autre côté du miroir que Coppola a décidé d'aller faire un tour. Embarquée dans le souvenir de son adolescence, Peggy Sue se retrouve à l'âge des grands rêves et des grands espoirs, mais en sachant déjà toutes les désillusions qui l'attendent et toutes les déceptions dont l'avenir est porteur. Dans ce livre qu'elle feuillette à l'envers, elle retrouve la page blanche de la virginité, comme un paradis qu'elle sait perdu d'avance, mais dont cette redécouverte lui donnera, sans qu'elle s'en doute, beaucoup plus que l'arrière-goût amer des destins manqués.
Réflexion sur le passé et sur la vie, le film de Coppola est aussi une métaphore des temps d'avant l'*Apocalypse Now*, de cette époque où l'on rêvait encore de décrocher la lune. Mais le regard, pour attendri qu'il soit, n'a rien de nostalgique. C'est même le propre de cet apologue que d'être parfaitement lucide sur l'époque qu'il fait revivre, à l'image

de son interprète principale, Kathleen Turner, dont la carrure épanouie de femme mûre fait apparaître un brin freluquet le monde des teen-agers boutonneux où elle se retrouve. Variation mi-tendre mi-grave sur le vieux proverbe « Si jeunesse savait… », le film de Coppola est plus encore une contribution, fine et légère, à cette science inexacte, et partant difficile, qu'est l'art de devenir adulte.

## TUCKER (1988)
### avec Jeff Bridges, Joan Allen et Lloyd Bridges

**Un rêve américain.** Amérique, fin des années 1940 : dans un pays dont l'expansion économique a été fouettée par la guerre, un homme a décidé de construire son rêve. Tout à la fois ingénieur, inventeur, bricoleur, un brin de génie, un grain de folie, il veut donner vie à une idée qui se trouve mieux que d'autres incarner l'esprit même de l'Amérique : une automobile. Mais une automobile toute différente de celles que construisent les trois firmes géantes de Detroit, les Ford, General Motors et Chrysler. L'automobile d'une ère nouvelle, bourrée d'innovations techniques, faisant intervenir ces paramètres nouveaux que sont alors la sécurité, l'aérodynamisme, l'économie, la vitesse. Visionnaire, vaguement mégalo, d'un optimisme à toute épreuve que nourrit une foi ardente dans les valeurs de la libre entreprise, aidé par une femme, des enfants, des assistants qu'il entraîne, par sa vitalité contagieuse, dans son formidable désir de réussir, il passe un à un tous les obstacles, convainc un financier de lui trouver des fonds, récupère des moteurs d'hélicoptères dans une usine en faillite, achète d'énormes bâtiments désaffectés pour en faire ses ateliers, et se lance dans une tapageuse campagne de promotion, vendant son image, son sourire, son rêve fou : la Tucker.
Pourtant, même au pays de la liberté d'entreprendre, les visionnaires sont dangereux pour les puissances en place. Redoutant les effets que pourraient avoir sur leur propre production les inventions de ce constructeur hors norme, les grands groupes se liguent pour faire échouer l'entreprise. Le film de Francis Coppola raconte cette histoire de grandeur et de décadence : plus hautes et belles sont les ambitions, plus dure sera la chute. Il passe, certes, dans cette parabole du créateur en butte aux forces du pouvoir et de l'argent, beaucoup de l'expérience propre du cinéaste, contraint lui aussi de fermer les portes de ses studios devant la concurrence concertée des major compagnies. Mais, au-delà de cette dimension vécue, *Tucker* traduit en profondeur tout l'univers de Coppola : cette soif d'action, ce désir de s'intégrer et de s'imposer, lui le fils d'émigrés, cette confiance absolue dans les valeurs de liberté que représente un pays qui en a fait sa raison d'être. Et son film a la couleur même de ce rêve : cinéma de grand spectacle, de rythme, d'images, de jubilation, il avance à la vitesse des idées, porté par un extraordinaire Jeff Bridges, toute volonté, tout sourire, tout charme dehors, et par le tempo endiablé de *Tiger rag*, la musique même de ces années de foi et de fièvre.
Retrouvant le ton des grandes fables humanistes et chaleureuses à la Capra, apportant un soin méticuleux à la reconstitution de l'époque, accumulant les scènes chocs, distillant en permanence l'humour, l'émotion, le suspense, le plaisir, Coppola donne à voir le mouvement même d'un pays et d'un peuple. *Tucker* est son *Il était une fois l'Amérique* et, pour ce qu'il affirme être son dernier film américain, sinon le sommet, au moins la somme de son œuvre. Dans un pays dont la dérive économique lui semble trahir ses fondements mêmes, Coppola, par la bouche de son héros vaincu, mais non brisé, conclut, magnifique, par ce qui pourrait bien être aussi la clef de son cinéma : « L'important, c'est l'idée. C'est le rêve. »

## LE PARRAIN III (1991)
### avec Al Pacino, Diane Keaton et Andy Garcia

**Chant funèbre.** Michael Corleone a vieilli. Il atteint cet âge où l'on a soif de respectabilité. Parrain toujours, mais décidé à effacer tout ce qui porte la trace de cette longue série de trafics, de violences et de crimes sur lesquels s'est construite la fortune de sa famille. Ce souci de prendre ses distances avec le passé, il le traduit à travers ses deux enfants : Anthony, qui va devenir chanteur d'opéra, et Mary, dont il a fait la présidente de la Fondation Vito Corleone, chargée de distribuer généreusement des dons à l'Église et des secours aux nécessiteux. Or, précisément, l'Église lui offre un moyen d'accéder à une position reconnue, indiscutable, qui le dédouanera définitivement. Par l'intermédiaire de l'archevêque Gilday, directeur de la Banque Vaticane, il obtient le contrôle d'une puissante société immobilière dont le Vatican est co-propriétaire. Ce qui avive l'appétit des chefs de la Mafia, désireux d'obtenir leur part d'un si beau gâteau. Michael essaie de régler les choses, mais il ne parvient pas à convaincre Joey Zasa, qui répond à coups de rafales de mitraillettes. De nouveau le sang coule, et le vieux parrain se trouve malgré lui amené à défendre les intérêts des siens, surtout lorsqu'un voyage en Sicile lui découvre les secrets de l'affaire

vaticane, et qu'il s'y retrouve mêlé. Mafia, loge P2, politiciens, financiers et hauts dignitaires de l'Église : cela fait beaucoup d'ennemis, et qui vont entraîner Michael et ses enfants dans le cycle infernal…
Voilà donc Francis Ford Coppola parvenu au terme de la route. Depuis que Vito Corleone, de la voix caverneuse de Brando, a lancé la grande saga, près de vingt ans se sont écoulés. *Le Parrain I* et *Le Parrain II* avaient laissé Michael à la tête de la famille. Il lui restait à aller au bout de son destin, et à Coppola au bout d'une entreprise à laquelle il s'est de plus en plus identifié, la nourrissant de ses racines italiennes, et poussant le rapprochement jusqu'à confier ici à sa propre fille Sofia le rôle de Mary, la fille de Michael. Opéra rouge sang, épopée d'une société vue à travers l'émigration, le crime organisé, l'intégration au Nouveau Monde, *Le Parrain* est une œuvre immense, dont ce troisième et dernier volet constitue, comme un oratorio funèbre, le terme nécessaire. Si le rythme y semble se ralentir, si les choses semblent plus convenues, moins pittoresques, c'est que le temps a passé, posant son empreinte sur les personnages, les emportant vers un destin inéluctable, que le mot « Fin » vient inscrire, comme le paraphe ultime de ce qui est, déjà, une des œuvres marquantes de l'histoire du cinéma.

## COPPOLA Sofia (américaine, née en 1971)

**FILMOGRAPHIE :**
*Virgin Suicides (1999)* • ***Lost in translation (2003)*** • *Marie-Antoinette (2005)*

Les fils et les filles ont toujours été nombreux dans le cinéma qui, élevés dans le sérail, en sont venus un jour ou l'autre à s'essayer à prendre la suite de leur père ou de leur mère, en s'efforçant de tracer leur propre route d'acteur ou de réalisateur. Se faire un prénom, quand on s'appelle Chaplin, Fonda, Cassel, Mastroianni, Cassavetes, Schoendoerffer, Audiard, Makhmalbaf, n'est pas chose facile. La réussite est d'autant plus intéressante quand la gloire du père n'inhibe pas le talent créatif du fils et que celui-ci parvient à imposer son propre univers, à être Dumas fils après Dumas père… Encore qu'elle n'en soit qu'à ses tout débuts de réalisatrice, Sofia Coppola apparaît très représentative de cette relève de générations par laquelle se transmet une mémoire du cinéma et s'affirme un renouvellement de la création. Très proche, durant toute sa jeunesse, des tournages de son père et baignant dans une atmosphère tout entière imprégnée de cinéma, elle se forme au California Institute of Arts, présente un premier court métrage, *Lick the star*, à Venise, et se révèle à Cannes avec un premier long, *Virgin suicides*, témoignant d'une remarquable maturité par sa façon de traiter un sujet difficile entre tous – le destin tragique, marqué par le suicide, de cinq adolescentes dans l'Amérique profonde d'une petite ville puritaine des années 1970. La sensibilité dans l'analyse des personnages, la maîtrise dans la conduite du récit, la façon d'imposer visuellement un univers, et la sécheresse terrible d'une tragédie exposée sans effet racoleur ni surenchère mélodramatique : autant d'aspects qui témoignent d'une vision de cinéaste, laquelle se confirme dans un tout autre registre, celui de la comédie, avec *Lost in translation*, où la rencontre de personnages très différents, deux Américains en voyage rapprochés par la solitude dans le cadre d'un hôtel de passage, au cœur d'un Japon lointain, développe tout à la fois une relation humaine riche de toute une gamme de sentiments et une sorte de métaphore sur la communication dans un monde de plus en plus mondialisé. Petit film, produit de façon indépendante, mais dont le sujet et la manière traduisent une ambition que ne dément pas son projet suivant qui, après les États-Unis de 1970 puis le Japon des années 2000, l'amène à se transporter dans la France de l'Ancien Régime et de la Révolution pour raconter le destin de Marie-Antoinette. Le cinéma n'en finit pas de (re)visiter le monde…

### LOST IN TRANSLATION (2003)
### avec Bill Murray et Scarlett Johansson

**Cœurs en transit.** Brève rencontre. Entre un homme et une femme qui se croisent, qui soudain se trouvent attirés l'un vers l'autre et qui, inexorablement, parce qu'ils ne sont là que de passage, doivent se séparer à l'heure programmée du départ. Mais, à la différence du film célèbre de David Lean, où les deux personnages se rencontraient entre deux trains dans le décor familier et un peu misérable d'un buffet de gare, ceux du film de Sofia Coppola se trouvent plongés dans un monde autrement dépaysant – le Japon (où lui, acteur hollywoodien, est venu tourner un spot publicitaire alimentaire, et où elle, toute jeune épouse, accompagne son mari, photographe branché, dans un de ses reportages) – et dans le décor luxueux et protégé d'un hôtel de luxe pour Américains en transit. Et, autre différence essentielle, s'ils trimbalent chacun de leur côté un même mal-être qui les rapproche, il y a entre eux cette séparation radicale et incompressible de l'âge : lui a 50 ans, une vie professionnelle et conjugale déjà pleine derrière lui ; elle sort tout juste de ses études de philo et ne sait pas encore vraiment ce qu'elle va faire de la vie qui s'ouvre devant elle. Et c'est d'ailleurs dans cette double composante – la rencontre éphémère et la différence d'âge – que le film trouve sa tonalité propre. Et son sens profond.

Cela commence comme une comédie. Irrésistible tout autant dans ses situations que dans ses dialogues, et parfaitement en phase avec le talent comique d'un Bill Murray qu'on n'a pas vu si manifestement à la fête depuis longtemps. Et le choc central que constitue toute incursion dans un Japon occidentalisé en surface mais dont la culture profonde est aussi difficile à déchiffrer que l'alphabet idéographique, donne lieu d'abord à une de ces fantaisies du décalage où, après l'atmosphère terrible de *Virgin Suicides*, Sofia Coppola démontre qu'elle a un talent multiforme et qu'elle est aussi à l'aise dans la légèreté de la romance sentimentale que dans le drame le plus noir.

Pourtant, insensiblement, à mesure que les deux personnages rapprochent leurs deux solitudes et révèlent leurs propres fêlures, le film évolue vers une atmosphère à la fois plus tendre et plus grave. Cette escapade qu'ils s'offrent hors de leur deux vies rangées est marquée du sceau de l'impossible. Parce qu'ils ont leur existence propre, qu'elle aime son mari, même si elle entrevoit que tout dans sa vie de couple ne sera pas si rose, et que lui, même s'il sait qu'il rejoindra son foyer, sait bien aussi tout ce qu'il a laissé en route de rêves inassouvis. Et aussi parce que le poids du temps colore d'emblée leur rencontre de passage de sa couleur nostalgique. À quoi s'ajoute que, s'il n'y a rien de proprement sexuel dans leur rapport, la part de subconscient qui s'y exprime n'est probablement pas négligeable, dans cette histoire d'une jeune femme dont l'interprète, Scarlett Johansson, ressemble de façon troublante à Sofia Coppola elle-même, et qui vit un moment hors du temps avec un homme (de cinéma !) qui pourrait être son père…

Ou peut-être, tout simplement, n'est-ce que l'histoire de deux vies qui, le temps d'une escale et d'un décalage horaire, se regardent dans le miroir fugitif de l'autre, y trouvant l'occasion d'une plongée lucide en soi-même et s'y forgeant des raisons, malgré tout, pour continuer à vivre. Ce qui donne *in fine* à l'impeccable comédie sentimentale de Sofia Coppola la profondeur entêtante d'un vrai film existentiel.

## CORBIAU Gérard (belge, né en 1941)

**FILMOGRAPHIE :**
*Le Maître de musique (1987)* • *L'Année de l'éveil (1990)* • *Farinelli (1994)* •
***Le Roi danse (2000)***

D'abord chef monteur, puis auteur d'une cinquantaine de documentaires pour la télévision, Gérard Corbiau tire de son activité principale d'animateur du service musique-opéra à la RTBF une prédilection pour la musique et le chant qu'il fait passer dans son œuvre cinématographique. Son premier film l'illustre bien, qui, sur un sujet de fiction – un concours de chant et la préparation que suivent deux élèves d'un grand artiste lyrique, leur *Maître de musique* –, donne à voir un XVIIe siècle baroque et à entendre des voix prestigieuses, comme celle de José Van Dam. Après un détour plein de sensibilité vers le récit d'apprentissage, avec *L'Année de l'éveil*, le réalisateur développe et amplifie sa vision baroquisante dans l'évocation d'abord du castrat *Farinelli*, puis dans la somptueuse mise en scène d'un Grand Siècle où Lully et Molière animent la scène du prince, quand *Le Roi danse*.

### LE ROI DANSE (2000)
#### avec Benoît Magimel, Boris Terral et Tcheky Karyo

**Tout le soleil du monde.** Donc, le Roi danse. Et le monde se met à danser autour de lui. Car telle est bien la grande idée du jeune monarque, ce Louis XIV qui, prenant le pouvoir, décide, en artiste qu'il est, que l'art sera l'artisan de sa puissance et de sa gloire. Et tel est aussi le fil conducteur choisi par Gérard Corbiau, dont le film s'attache à montrer ce que l'on pourrait appeler les années-lumière du Grand Siècle, cette décennie 1661-1671 où, entre Lully et Molière, le génie se partage la scène. On est loin, du coup, de la vision traditionnelle du grand roi compassé et

confit dans son « État c'est moi ». De fait, le film de Gérard Corbiau tire son esprit et sa forme de la réévaluation baroque du XVIIe siècle, et de ce portrait nouveau, que les historiens des arts et du spectacle ont progressivement mis au jour, du roi artiste. Au cœur du règne qui commence est la musique. Ce qui fait du personnage de Lully, logiquement, le point focal du film, celui à partir duquel non seulement l'histoire est racontée, mais celui qui en détient en quelque sorte la clé de *sol*. Que le film débute, à cet égard, par la scène célèbre où, se transperçant le pied avec sa canne à marquer la mesure, il en meurt emporté par la gangrène, est aussi une façon de placer cet extraordinaire moment d'éclat qui est celui du soleil levant sous le signe menaçant des ombres à venir qui le guettent. Mais, avant que le Roi arrête de danser, que Molière meure dans les quintes de toux de son *Malade imaginaire*, que Lully lui-même soit frappé par la disgrâce, et que le *Te Deum* final prenne des accents funèbres de soleil mourant, le règne aura brillé de tous les feux de son grand art.
Avec un beau talent décoratif, sans en rajouter dans l'outrance baroque, mais en gardant même une forme de classicisme dans la façon de conduire le récit et de composer les plans, Gérard Corbiau s'emploie à capter la couleur politiquement et esthétiquement musicale d'une époque. Si Molière en est le créateur inspiré, rêvant d'une fusion des arts dans un spectacle total, Lully en est le maître de musique, faisant don au Roi de la musique que celui-ci attend. Les interprètes de ce trio unique – Benoît Magimel, Boris Terral, Tcheky Karyo – sont impeccables, la musique et la danse sont surprenantes, et l'image a des couleurs rutilantes de toiles peintes. On a le sentiment, devant ce Grand Siècle qui danse si bien, qu'une imagerie en remplace définitivement une autre. Et qu'on ne perd pas au change.

## CORNEAU Alain (français, né en 1943)

**PREMIER LONG MÉTRAGE :**
*France, société anonyme (1973)*
**FILMOGRAPHIE DEPUIS 1985 :**
*Le Môme (1986)* • *Nocturne indien (1989)* • ***Tous les matins du monde (1991)*** •
*Un nouveau monde (1995)* • ***Le Cousin (1997)*** • *Le Prince du Pacifique (2000)* •
*Stupeur et tremblements (2003)* • *Les Mots bleus (2005)*

On a, au vu de ses premiers films, rapidement considéré Alain Corneau comme un spécialiste du film noir, apportant à ses réalisations un soin perfectionniste dans le traitement de l'image et du son. C'était le réduire un peu vite au seul film de genre : *Série noire*, sur un scénario envoûtant où Georges Pérec adaptait à sa manière l'univers de Jim Thompson, traduisait plus d'ambition que le seul souci de réaliser un simple polar à la française. En fait, le cinéaste allait démontrer, dans la suite de son œuvre, une belle habileté à traiter tous les genres, à passer d'une grande saga romanesque au budget impressionnant, comme *Fort Saganne*, à des adaptations plus modestes, et très réussies, de romans pourtant difficiles, comme *Nocturne indien* ou *Stupeur et tremblements*, et même à mettre toute la France à l'heure de la musique baroque, avec *Tous les matins du monde*. Un tel éclectisme est rendu possible par la facture toute classique d'une mise en scène constamment maîtrisée, même si les qualités techniques qu'on lui reconnaît ont quelque peu tendance à occulter ce qu'il y a de très personnel chez un cinéaste passionné de musiques, de cultures, de voyages et de quête spirituelle.

### TOUS LES MATINS DU MONDE (1991)
**avec Jean-Pierre Marielle, Guillaume Depardieu, Gérard Depardieu et Anne Brochet**

**La leçon des ténèbres.** Il s'appelait Sainte-Colombe. On ne sait rien de lui, si ce n'est qu'il s'était retiré du monde et qu'il s'était fait construire une cabane de planches pour y jouer sa musique. Et aussi qu'il était considéré comme un maître, que Marin Marais fut son élève et qu'il avait inventé une septième corde pour sa viole, afin de mieux capter les basses, les graves, les soupirs de la musique. On sait cela. Et rien de plus. Il n'en a pas fallu davantage à Alain Corneau et à Pascal Quignard, son scénariste, pour s'infiltrer dans les interstices de cette vie obscure et pour construire, à partir de ce personnage énigmatique, une prodigieuse descente au cœur de la musique baroque et, mieux encore, au plus profond de la création artistique. Et même, car il y a beaucoup de choses dans ce film si dense, si harmonieux, si beau, pour faire surgir l'âme même d'un siècle, celui qui fut dit « le Grand » : le XVIIe. En choisissant de raconter le retrait du monde de Sainte-Colombe, c'est tout le versant noir, austère, rigoureux, janséniste en un mot, qui en est mis en avant. Le côté français du baroque, celui tout intérieur d'un mysticisme rigoureux : un extrémisme, mais du dépouillement, une folie, mais de l'ascétisme. Quelque chose qui ressemble à la nudité zen ou aux jardins de pierre du Japon. Et non la surcharge des fastes, des ors, des dorures, de la parade. Cela, c'est pour Marin Marais, l'élève qui choisit le monde, la carrière, Versailles. Et que l'on voit, à la première image du film, vieilli sous sa perruque cendrée, les traits las, chercher à retrouver au fond de lui-même et de sa mémoire le secret de la musique que Sainte-Colombe lui a fait entrevoir.

Comment Marin Marais, à travers ses liens de chair avec la fille de celui-ci, Madeleine, parvient à approcher ce secret, à le partager, à le vivre. Et comment, enfin, sa musique parvient à ce degré ultime pour quoi elle est faite et vers quoi elle tend – ramener les morts à la vie –, c'est toute l'histoire que raconte Alain Corneau. Rien de compliqué, de cérébral, d'intellectuel dans cette démarche : au contraire, un film où les images se chargent du poids concret de la réalité matérielle des objets, des meubles, des habits, des lieux. Et une admirable mise en images, par l'utilisation des plans fixes et par tout un travail sur la lumière, de ces natures mortes, *vanités* peintes par Baugin, le peintre ami de Sainte-Colombe, qui, dans une courte scène, centrale, dit sur le mode sarcastique et paradoxal ce qu'il en est du rapport de l'art avec le nouveau dieu : l'argent. Rien, non plus, de compassé, de hautain, de pincé dans la trame musicale qui nourrit le film. Recréée par Jordi Savall, la musique baroque déploie la subtilité et la richesse affective de son inspiration et le côté envoûtant de sa sonorité. Et rien, non plus, de m'as-tu vu et de poudre aux yeux dans l'interprétation. Avec un sens très aigu de la distribution, Alain Corneau a choisi ses comédiens tant pour leur présence physique (et leur talent) que pour leurs rapports les uns avec les autres. Ils vont par couples, antithétiques : les deux filles (Anne Brochet et Carole Richert), l'une toute maigreur et rigueur, l'autre toute chair et rire ; le vieux et le jeune (Depardieu père et fils, ce qui ajoute comme les liens subtils des comédiens aux personnages) ; l'élève et le maître, Marais et Sainte-Colombe, celui-là poudré, ambitieux, celui-ci sombre, révolté, inflexible : Jean-Pierre Marielle, sublime figure d'un noir janséniste, solitaire, tout de tension intérieure. Le tout composant un film quasi pictural, traduisant les exigences de l'âme sans rien omettre de la vigueur de la chair et de la sensualité. Et qui, reliant le cinéma à la musique, à la peinture, à la littérature, réalise cette fusion des arts propre au Grand Siècle. Et aux grandes œuvres.

## LE COUSIN (1997)
### avec Alain Chabat et Patrick Timsit

**Série grise.** Au premier plan de la première séquence qui ouvre le film d'Alain Corneau, on a d'emblée le choix des armes. Plein écran, un flingue énorme : un Police Python 357, celui-là même qui faisait l'objet du film du même nom il y a un peu plus de vingt ans, en 1975. Mais ici, différence essentielle : l'arme apparaît sur un écran de télévision. Les temps ont changé, les armes aussi, et la société avec : le polar, du coup, se doit de faire de même. Délaissant l'image du petit écran, la caméra porte donc son regard sur le monde d'aujourd'hui. Et ce qu'elle y saisit aussitôt, ce sont des flics qui n'ont plus rien des héros d'hier mais qui au contraire se débattent dans la mouscaille ambiante : les planques jusqu'à point d'heure, les flags qui ratent, les soucis personnels, et avec ça une jeune juge style Madame Propre qui vous convoque dans son bureau parce que vous menez un jeu dangereux avec votre indic et qu'entre flic et voyou, la loi veut maintenant y regarder de près. Alors vous rentrez chez vous, vous vous engueulez avec votre femme, vous ne voyez plus d'issue. Et, parce que vous avez une arme à disposition, vous la sortez, vous vous la mettez dans la bouche, et vous faites tout voler en éclats.

Par cette ouverture en forme de fin, avec générique qui s'inscrit sur fond de funérailles, le film d'Alain Corneau franchit le pas. On n'est plus ici à l'extérieur des choses, on pénètre à l'intérieur. À l'intérieur de ces vies de flics, qui sont des hommes comme les autres, et qui trimbalent leur vie et leurs problèmes avec eux. Pour Gérard Delvaux, son problème, c'est Nounours, l'indic de son partenaire suicidé dont il est maintenant le seul répondant. Parce que Nounours est le parfait « cousin » : toujours prêt à vous filer le bon tuyau, à vous aiguiller sur la belle affaire. Mais à condition de jouer avec lui les règles du jeu. Lesquelles règles ne sont pas exactement ce que la justice tolère, et pas non plus tout à fait ce que la morale courante admet. Pourtant Nounours est un homme lui aussi, prévenant pour sa vieille voisine, amoureux de sa femme, veillant à donner à ses deux filles la meilleure éducation, et aspirant à vivre en famille, dans son appartement bien propret, une vie rangée. Et lorsque Gérard débarque, les filles de Nounours le considèrent presque comme leur parrain, on se met tous à table et on cause. On cause de came, de deal, de trafic, de ce qui fait vivre Nounours et où Gérard, pour obtenir des renseignements, commence à mettre la main. Curieux échange, où les frontières entre l'interdit et le licite s'abolissent, où les identités deviennent floues, où les repères n'existent plus.

Et c'est précisément toute la force du film d'Alain Corneau que de raconter simplement et efficacement une histoire où rien n'est simple. Au départ, il y a un scénario de Michel Alexandre, ex-flic lui-même, connaissant les rouages du métier comme un horloger connaît ses mécanismes. Mais venant se greffer sur cette matière première, il y a le travail du cinéaste, renouant volontairement et explicitement avec le film de genre. Matière à polar il y a, et donc polar il y aura. C'est-à-dire structuration dramatique, avec enchaînement progressif des épisodes, du plus mince au plus important, jusqu'au gros coup final, celui qui constitue le point crucial, là où tout se joue et où la tension savamment créée par un rythme sans relâche atteint son point extrême. Avec ça des moyens qui ne trompent pas : une mise en scène qui joue ostensiblement des plans, des cadrages, des mouvements de caméra, des décors, de la musique. Et qui dit qu'on est dans un film, c'est-à-dire un spectacle, une fiction, une illusion de vérité. D'où des personnages forts, des situations multiples, des acteurs qui font le poids. Le choix, dans les deux rôles principaux, de deux comédiens qu'on n'y attendrait pas forcément, ne fait que renforcer l'attente. Attente comblée, avec un Patrick Timsit qui fait de Nounours un personnage aussi attachant qu'inquiétant et qui brouille les cartes comme à plaisir ; et avec un Alain Chabat impeccable, tout en finesse, enfermé dans ses impossibles dilemmes, rien d'un superman, tout d'un homme moyen. C'est la série noire fin de siècle. Série grise, plutôt, où rien n'est vraiment tranché, où on se débat dans un monde fuyant. Et où, fidèle à un cinéma qui cherche à montrer plus qu'à démontrer, Alain Corneau raconte une histoire d'aujourd'hui, mettant en place, pour un genre moins défunt que jamais, une nouvelle mythologie. Où les cousins font désormais vraiment partie de la famille.

## CORSINI Catherine (française, née en 1956)

**Filmographie :**
*Poker (1987)* • *Les Amoureux (1993)* • *Jeunesse sans Dieu (1996)* • *La Nouvelle Ève (1998)* • *La Répétition (2001)* • ***Mariées mais pas trop (2003)***

Les femmes sont au cœur du cinéma de Catherine Corsini, de la joueuse de *Poker* qui joue pour subvenir aux besoins de son frère à la jeune femme qui revient dans son village et suscite la fascination de son demi-frère dans *Les Amoureux*, de la célibataire qui, dans *La Nouvelle Ève*, jette son dévolu sur un homme marié aux deux amies d'enfance de *La Répétition*, qui se retrouvent dix ans plus tard dans des relations qui deviennent vite passionnelles, et bien sûr, même si le film abandonne le côté volontiers âpre et exigeant qui fait jusque-là la manière de la cinéaste pour les facilités d'un divertissement plus grand public, au curieux couple que forment la grand-mère et la petite-fille qui jouent les croqueuses d'hommes dans *Mariées mais pas trop*. Et dans tous les cas, c'est la même force directe dans l'observation et la mise à nu des rapports humains.

### MARIÉES MAIS PAS TROP (2003)
### avec Jane Birkin, Émilie Dequenne et Pierre Richard

**Femmes (plutôt) fatales.** Attention ! grand-mère... D'un genre, il est vrai, un peu spécial : perruques avantageuses, faux cils favorisant l'œillade, moues suggestives, tenues affriolantes, et capacité à toujours repérer le gogo de haut vol, à lui mettre le grappin dessus et, une fois les justes noces prestement expédiées, à l'envoyer illico *ad patres*, pour se retrouver veuve apparemment éplorée mais en réalité parfaitement joyeuse, héritière comblée récupérant la fortune du défunt et prête déjà à de nouvelles aventures. Renée est une de ces croqueuses d'hommes, dénicheuse de pigeons richissimes à déplumer, avec qui elle convole avant de les enterrer dans la foulée. Et la chose est d'autant plus surprenante pour Laurence, sa petite-fille, que la tendre oiselle, qui retrouve cette aïeule qu'elle n'a pas revue depuis l'enfance, est, elle, du genre fleur bleue, totalement naïve avec les hommes qui lui promettent le grand amour et qui la plaquent sans ménagement. Du coup, quand elle découvre de quelle riche nature est dotée sa grand-mère, elle ne peut qu'admirer le travail et se prêter de bonne grâce aux leçons que celle-ci va généreusement lui prodiguer.
La comédie de Catherine Corsini repose entièrement sur cette idée scénaristique, déjà souvent exploitée, de femmes du genre mantes religieuses, expertes à manipuler et à exploiter les hommes qui tombent dans leurs pattes. La spécificité, ici, est que les deux femmes sont grand-mère et petite-fille, et que le film devient du coup un récit d'apprentissage, mais facétieusement inversé, la plus âgée apprenant à la plus jeune tout ce que la sagesse et la

morale traditionnelles réprouvent. L'immoralité, qui ne dédaigne pas une petite dose de cynisme cruel, est donc de mise, mais utilisée dans une tonalité délibérément ironique, qui fait du film une joyeuse comédie noire qui envoie prestement promener tous les bons principes, et qui s'autorise même pour le faire toutes les surenchères burlesques et débridées. La chose est assez rare dans le cinéma français pour n'être pas appréciée à sa juste audace, et les modèles en sont à en chercher plutôt du côté de la comédie anglaise ou américaine, d'*Arsenic et vieilles dentelles* à *Veuve mais pas trop*. Et même si le scénario se leste d'un peu trop de grand-guignolade et si le rythme a parfois du mal à suivre, les situations ont suffisamment de piquant et les actrices (Jane Birkin, relookée en veuve sexy initiant la petite et ronde Émilie Dequenne jusqu'à en faire à son tour une beauté fatale) et leurs victimes (parmi lesquels le toujours aussi ahuri et ahurissant Pierre Richard) suffisamment d'abattage pour que le film distille le plaisir léger d'une fantaisie apte à séduire tout autant les femmes, qui se diront que les hommes n'ont que ce qu'ils méritent, que les hommes, qui penseront que, nouvelle Ève ou pas, l'éternel féminin est indécrottable.

## COSTA-GAVRAS Constantin (grec, né en 1933)

**PREMIER LONG MÉTRAGE :**
*Compartiments tueurs (1965)*
**FILMOGRAPHIE DEPUIS 1985 :**
*Conseil de famille (1985)* • ***La Main droite du Diable (1988)*** • *Music box (1989)* • *La Petite Apocalypse (1992)* • *À propos de Nice, la suite (1995), co-réalisation* • *Mad city (1997)* • ***Amen (2001)*** • *Le Couperet (2005)*

Grec, né en Arcadie, ayant fait ses études secondaires à Athènes, Costa-Gavras est aussi largement un cinéaste français, non seulement parce qu'il possède la nationalité française, mais surtout parce que, formé à la Sorbonne puis à l'Idhec, il décide à la fin de ses études supérieures de rester en France et y devient assistant de réalisateurs aussi prestigieux que René Clair, Jacques Demy, René Clément, Yves Allégret ou Henri Verneuil. Et lorsqu'il aborde lui-même la mise en scène, en 1965, il prouve, à travers deux films de genre, deux policiers, un savoir-faire acquis au contact des meilleurs artisans du cinéma français. Mais sa véritable personnalité, et son véritable intérêt, éclatent en 1969, avec *Z*, où il démonte et dénonce la dictature du régime des colonels en Grèce. Mettant au service d'une réflexion politique une mise en scène guidée avant tout par l'efficacité de la narration, il enchaîne alors toute une série de films qui vont en faire un grand cinéaste politique, d'abord en France, puis aux États-Unis où il trouve à la fois les gros moyens et les grands sujets qu'il affectionne : politique américaine en Amérique latine, conflit israélo-palestinien, racisme anti-noir, question juive. À cet égard, sa contribution à la réflexion sur la Shoah trouve, avec *Amen*, une audience internationale qui prouve que son cinéma n'a rien perdu de sa force de conviction.

### LA MAIN DROITE DU DIABLE (1988)
**avec Debra Winger et Tom Berenger**

**Les racines du mal.** Une ferme, à l'américaine, quelque part au cœur du Middle West : des plaines immenses et monotones qui s'étendent sous le soleil et la poussière, des champs de blé à l'infini. C'est l'Amérique profonde, celle des petits Blancs, de ces fermiers que les soubresauts du maelström économique emportent à la moindre vague. Du rêve américain d'une terre nourricière et généreuse aux ombres d'une crise dont les termes sont désormais planétaires, les racines du mal trouvent là le plus fertile des fumiers. Que les ennuis financiers s'accroissent soudain, que les cours du blé commencent à fléchir, que la vie, déjà dure, devienne plus difficile encore, et la bête qui sommeille ne demande qu'à se réveiller. Il faut alors trouver un coupable, désigner un bouc émissaire, et le charger de tous les maux pour mieux les exorciser. Face à la pourriture décadente des villes tentaculaires, retrouver la pureté d'une civilisation de la terre, exterminer la vermine, c'est-à-dire, pêle-mêle, les Juifs, les drogués, les pédés, les Noirs, les Rouges, les Jaunes, et tous autres parasites colorés.
Costa-Gavras, fidèle à ses engagements, entreprend, dans *La Main droite du Diable*, de débusquer ce racisme made in USA. Il choisit pour cela l'histoire très symbolique d'une jeune femme, inspecteur du FBI, qui s'introduit dans une communauté de fermiers, en apparence pacifiques, mais que la police soupçonne d'un meurtre raciste. Sur fond de

bière et de country music, elle rencontre l'homme qui mène le groupe et devant son sourire calme, sa force tranquille et les deux enfants qu'il élève avec courage depuis qu'il est revenu du Vietnam et que sa femme l'a quitté, elle craque. Le film commence ainsi comme une enquête policière, menée avec minutie, à laquelle l'intrigue sentimentale apporte la touche de sensibilité nécessaire. Pourquoi faut-il alors que, à partir de ces données initiales, le réalisateur, dans le désir sans doute de convaincre, se croie obligé d'en rajouter ? Fallait-il, pour parfaire la démonstration, accumuler tous les clichés : chasse de nuit sur gibier humain, réunion en cagoule autour des bûchers du Ku-Klux-Klan, camp d'entraînement néo-nazi avec endoctrinement de base, complot politique contre candidat à la présidence, et même, par les vertus de l'ordinateur, organisation secrète s'étendant à tout le pays ? Tout cela est certes filmé avec une parfaite efficacité, et Costa-Gavras, pour son premier film américain, montre qu'il est capable de rivaliser avec les meilleurs faiseurs d'Hollywood. Mais, si le rythme reste percutant, le propos, sous l'outrance, perd de sa force. Transformé en gadget pour film d'action, le racisme ordinaire que le film se proposait de disséquer se voit, comme les pauvres fermiers du Middle West, victime à son tour d'une dangereuse inflation...

### AMEN (2001)
### avec Ulrich Tukur, Matthieu Kassovitz et Michel Duchaussoy

**La machine infernale.** Qui savait ? Qui, devant la barbarie absolue du crime, pouvait sans rien dire accepter l'inacceptable ? Depuis plus de cinquante ans, la question, lancinante, se pose. Et elle se pose avec d'autant plus de force que, depuis cinquante ans, le soupçon pèse tout particulièrement sur l'attitude du Vatican, accusé plus ou moins explicitement de n'avoir rien fait pour empêcher le génocide des Juifs. En 1963, jetant un énorme pavé dans la mare du silence, Rolf Hocchuth avait porté à la scène, avec *Le Vicaire*, l'épineux problème de l'attitude de Pie XII face à l'Holocauste. Reprenant la pièce comme fil conducteur de son film, Costa-Gavras, qui aime les sujets forts, pose à nouveau, de façon qui se veut moins polémique mais non moins aiguë, la scandaleuse question.
Le mérite premier de son film est qu'il le fait avec une clarté d'exposition qui, loin de verser dans un manichéisme simplificateur, montre au contraire toutes les ambiguïtés de la situation. À cet égard, son personnage principal, officier SS chargé des problèmes sanitaires de purification, et à ce titre directement engagé pour fournir, avec le gaz Zyklon B, les solutions techniques de l'extermination, offre une curieuse figure de nazi tenant son rôle – important – dans la machine à éliminer, et en même temps d'homme et de protestant, révolté dans sa conscience de croyant, et tentant d'informer les Alliés et le Vatican de la réalité des camps. Costa-Gavras, en montrant la dualité de l'individu, saisit en fait de l'intérieur le processus même qui transforme l'homme en rouage d'un engrenage qui le dépasse. Une fois lancée, la machine infernale de la solution finale ne saurait s'arrêter. Les trains partent à l'heure, avec leurs cargaisons : on les voit qui passent, pleins à l'aller, vides au retour. Le cinéaste ne montre rien d'autre de ce qui ne se montre pas. Et c'est insoutenable.
À ce premier engrenage, celui de la logistique administrative de l'extermination, Costa-Gavras ajoute avec son second personnage – celui d'un jeune jésuite tentant vainement d'infléchir la ligne de prudence et de réserve du Vatican – l'autre engrenage funeste, non plus du côté des nazis, mais de la papauté et des Alliés : celui de la diplomatie et de la raison politique, autre machine à broyer. La façon, toujours aussi efficace, avec laquelle le cinéaste démonte le mécanisme du silence officiel est une rude leçon de réalisme cynique. Le silence qui lui répond – celui de la salle à la fin de la projection – dit assez qu'il touche juste.

## COSTNER Kevin (américain, né en 1955)

**FILMOGRAPHIE :**
***Danse avec les loups (1990)*** • *Postman (1997)* • *Open Range (2003)*

Né en Californie, Kevin Costner a toujours voué une véritable passion au western. Il lui doit son premier grand succès en tant que comédien, dans le *Silverado* de Lawrence Kasdan, avec qui il tournera également *Wyatt Earp*. Parallèlement à sa carrière d'acteur, il crée, produit et anime le documentaire télévisé *500 Nations*, qui retrace l'histoire des tribus indiennes depuis les origines du continent américain. Et lorsqu'il passe à la réalisation, il choisit pour son premier film de tourner un western : le succès de *Danse avec les loups* montre qu'outre ses qualités de comédien, qui s'illustre par ailleurs dans de nombreux films d'action, il a une vision de l'Ouest qui rend aux Indiens la place première qui est la leur et qui dénonce les injustices dont ils ont été les victimes. Mais, en même temps, il témoigne d'un intérêt pour un mode de vie disparu, proche de la nature et porteur de valeurs fortes, qu'il exprime dans une réalisation à visée épique. Et cet hommage rendu au vieil Ouest formera encore le sujet de son troisième film, *Open Range*, autre western qui oppose à la violence et à la dureté des conditions de vie un code de l'honneur, de la justice et de la loyauté.

## DANSE AVEC LES LOUPS (1990)

### avec Kevin Costner, Mary McDonnell et Graham Greene

**À la recherche de l'Ouest perdu.** Le voilà, le rêve américain ! Le vrai, celui des origines, des grands espaces, de la terre vierge. Quelque chose comme le paradis. Mais un paradis perdu, et perdu à jamais, dans ce qui fut le saccage d'une civilisation : le massacre des Indiens. Au cœur de la prodigieuse expansion vers l'Ouest, qui recula toujours plus loin la nouvelle frontière, il y a cette tache indélébile, comme une faute originelle. Kevin Costner a eu la volonté et le culot formidable de revenir vers cet Ouest-là. Si son film retrouve le grand souffle du western, c'est que, comme John Ford, auquel il pense et fait même parfois penser, il dit le mythe fondateur. Il le dit d'abord par un hymne à la nature : celle des ciels immenses rougis sous le soleil, celle des herbes folles qui ondulent sous le vent, celle des eaux qui courent au milieu de la prairie, celle des plateaux découpés et du moutonnement des plaines. Car, au commencement, il y a l'espace. C'est lui que découvre le lieutenant Dunbar, héros de la sanglante guerre de Sécession, lorsque, rescapé de la boucherie, il demande à être affecté dans un poste lointain, à la limite extrême de la frontière, là où commencent les territoires indiens. Lui qui a échappé à la mort, il cherche à donner un sens à sa vie. Il vient donc s'installer dans un campement abandonné, au milieu d'une nature qui lui semble inhospitalière et, là, il commence à s'acclimater à la solitude, au silence, à l'immensité. Les jours passent, pleins seulement des travaux ordinaires et du temps lui-même, dont la longueur semble accordée à l'infini de l'espace. Un jour, enfin, c'est la rencontre : les Indiens sont là, des Sioux, qui parlent leur langue, à laquelle il ne comprend rien, eux-mêmes à la fois agressifs et inquiets devant cet homme seul qui vient jusque sur leurs terres. Messager de paix ou de malheur ? Il faudra bien des tâtonnements de part et d'autre et une approche semée d'obstacles pour qu'enfin ils arrivent à se parler puis, peu à peu, à s'entendre. Et l'homme blanc comprendra que ces êtres emplumés ont leurs coutumes, leurs croyances, leurs noms, leur morale. Il comprendra que cette terre est leur royaume et qu'ils y vivent en harmonie. Et se rapprochant de leur peuple jusqu'à s'y fondre, il en viendra à changer de nom et deviendra, au milieu d'eux, Danse avec les loups, comme ils ont décidé de l'appeler en le voyant apprivoiser un loup sauvage.

Il y a là le symbole essentiel d'un film qui affirme le respect de l'autre comme valeur première, qui choisit sans détour la voie de l'intégration et du métissage des cultures, et qui dit haut et fort que la conquête de l'Ouest se paya du prix fort d'un pays perdu. Le miracle, pourtant, est que Kevin Costner retrouve à sa façon ledit pays, en revenant à ce qui est, dans la culture américaine, l'équivalent de l'épopée : le western. Son film a l'ampleur des grandes fresques (plus de trois heures de projection, sans une seconde qui paraisse de trop) ; il en a aussi l'ambition, une façon de filmer à la fois lyrique et naturelle, qui redécouvre la vertu de la simplicité et qui fait de l'homme la mesure des grands espaces. Avec une justesse quasi ethnographique, il raconte la civilisation indienne, en version originale et sous-titrée, ce qui est une grande première dans le cinéma américain ! Et il fait trembler, s'émouvoir, rire, en redonnant leur vrai sens à ces images oubliées : le calumet de la paix, la danse autour du feu, les sentiers de la guerre, les scalps, les tipis sous la neige. Avec même, en prime, une de ces romances avec une Indienne, enlevée enfant à ses parents blancs, et qui est comme un hommage à *La Prisonnière du désert*. Il brasse la vie et la mort, l'amitié, la sagesse, l'honneur, la violence. Il capte le regard d'un loup, le hennissement d'un cheval qui meurt, le tonnerre assourdissant des bisons déferlant sur la plaine. Il dit le rêve écologique, les bons sauvages et la mauvaise conscience d'un monde qui a placé la civilisation au bout de ses fusils. En plongeant au cœur de cet imaginaire américain, il accède à l'universel. Et le vrai miracle, c'est que, le temps d'un film, il entrouvre à nouveau la porte du paradis.

## **CRAVEN Wes** (américain, né en 1939)

**PREMIER LONG MÉTRAGE :**
*La Dernière maison sur la gauche (1973)*
**FILMOGRAPHIE DEPUIS 1985 :**
*Chiller (1985)* • *L'Amie mortelle (1986)* • *L'Emprise des ténèbres (1988)* • *Shocker (1989)* • *Le Sous-sol de la peur (1991)* • *Freddy sort de la nuit (1994)* • *Un vampire à Brooklyn (1995)* • ***Scream (1997)*** • *Scream 2 (1998)* • *La Musique de mon cœur (1999)* • *Scream 3 (2000)* • *Cursed (2003)* • *Red Eye, sous haute pression (2005)*

Wes Craven, il le dit lui-même, « fait des films sur la peur ». Avec constance, application, dans une continuité qui ne se dément pas : dès son premier film, *La Dernière maison sur la gauche*, où deux jeunes filles sont enlevées, violées et torturées par des voyous et où ce sont leurs parents qui les vengent, il choisit un sujet propre à susciter la répulsion et le pousse à ses limites extrêmes. À partir de là, allant toujours plus loin dans son exploration de l'horreur et donnant au gore ses lettres de noblesse, il fait surgir tous les monstres tapis au plus profond des peurs intimes. Famille décimée par un prédateur dans *La Colline a des yeux*, persécution par une secte religieuse dans *La Ferme de la terreur*, métamorphose monstrueuse d'un savant fou dans *La Créature du marais*, retour à la vie d'un homme en état d'hibernation dans *Chiller*, implantation d'un cerveau humain dans un robot dans *L'Amie mortelle*, envoûtement, vaudou et zombies dans *L'Emprise des ténèbres*, affrontement cauchemardesque avec un tueur dans la dimension virtuelle de la télévision dans *Shocker*, séquestration dans une cave au cœur d'une maison à pièges dans *Le Sous-sol de la peur*, prince vampire venant écumer New York dans *Un vampire à Brooklyn*, loup-garou mordant un frère et une sœur dans *Cursed* : tout l'attirail du fantastique, de l'horreur, de l'angoisse y passe, avec des bonheurs inégaux, mais toujours avec un sens de la provocation et une ironie qui donnent, dans les grandes réussites, un cocktail surprenant. La création en 1984, dans *Les Griffes de la nuit*, de Freddy, créature au visage dantesque, surgie des cauchemars d'une jeune fille, et le masque de caoutchouc du tueur de *Scream*, en 1997 – films appelés l'un et l'autre à de multiples séquelles – montrent chez Wes Craven une faculté unique à jouer avec les peurs primales, tout en faisant du film d'horreur, qu'il inscrit toujours dans des contextes sociaux et familiaux réalistes et symptomatiques, un révélateur aigu de la psyché humaine.

### SCREAM (1997)
#### avec David Arquette, Neve Campbell et Courteney Cox

**La vie : un film d'horreur.** Cela commence en douceur, comme dans un film d'horreur. D'abord le calme apparent : une petite ville américaine, un quartier résidentiel avec ses rues bien propres, ses maisons bien alignées, ses pelouses bien tondues. C'est la nuit tombante. Dans un de ces « *home, sweet home* », une jeune fille est en train de préparer des pop-corn. Tout respire la quiétude, le bonheur tranquille. Soudain le téléphone sonne. Au bout du fil, une voix d'homme, douce d'abord qui, suite semble-t-il à une erreur de numéro, engage comme incidemment la conversation. La jeune fille, sans méfiance, répond. L'homme l'interroge, lui demande ses goûts en matière de cinéma et notamment de films d'horreur. L'adolescente minaude un peu, veut raccrocher. Alors la voix change de ton, se fait menaçante, interdit à la fille de couper et, découvrant soudain ses intentions, la menace d'une mort aussi horrible que celle des films les plus terribles en la matière. Une musique lugubre résonne, la fille court fermer toutes les issues, éteint la lumière, se barricade. Mais la voix est toujours là, sortant d'on ne sait où, qui l'entraîne dans un jeu pervers de questions-réponses, toujours sur les films d'horreur, avec à chaque réponse, une véritable horreur à la clef. Par exemple, si elle se trompe, c'est son fiancé qui le paiera de sa vie. Et de fait, elle aperçoit le jeune garçon, dehors sur la pelouse, bâillonné et saigné à blanc. La panique la gagne, elle crie, gémit, appelle à l'aide, tente de s'enfuir. Mais une ombre se faufile dans son sillage : une sorte de fantôme noir, à tête de mort caoutchouteuse, qui brandit un couteau au fil acéré. Terrorisée, elle se met à courir dans la nuit. Inutile : l'ombre la rattrape. Et lorsque ses parents, arrivant quelques instants plus tard, cherchent leur fille au milieu du désordre de la maison, ils la découvrent étripée et pendue à un arbre du jardin.
Ouverture plutôt saignante, on le voit, mais qui donne bien le ton de ce qui va suivre. Car ce meurtre apéritif n'est que le premier d'une série qui va mettre en émoi la petite ville de Woodboro, et en particulier le milieu des jeunes lycéens, autour desquels semblent se concentrer les apparitions du tueur à tête de mort caoutchouteuse. Le point

focal de ses agissements sauvages se trouve être plus précisément la jeune Sidney, dont la mère a elle-même été assassinée, après avoir été violée, il y a tout juste un an. Et l'enquête que vont mener sur cette trouble et sanglante affaire le jeune adjoint du shérif et une blonde star de la télévision nationale attirée par l'odeur, semblerait devoir engager le film dans la lignée traditionnelle des films de serial killers, tandis que la sauvagerie des meurtres fait appel à tout l'attirail sanguinolent du gore. Mais c'est là que le réalisateur vient en quelque sorte subvertir le jeu, en se jouant des codes mêmes qu'il utilise. Et il les utilise d'autant mieux qu'il les connaît parfaitement, étant même un des maîtres incontestés du genre : Wes Craven en personne.
*Scream* est en effet un film d'horreur, mais dont la particularité est d'être constamment joué comme tel. Les adolescents qui en sont les protagonistes sont en effet amateurs de tous les grands classiques de l'effroi, et il n'est pas une situation, un personnage, un meurtre sanglant dont ils ne connaissent parfaitement les termes. Du coup, ce qui se passe autour d'eux est vécu par eux comme un film dont ils seraient les héros. Leur vie même devient un film d'horreur, qu'ils interprètent et qu'ils regardent comme tel. L'abominable massacreur qui se cache sous le masque tordu de la mort est naturellement lui aussi un de ces amateurs, très éclairé, et même carrément illuminé, à en juger par l'utilisation plutôt retorse qu'il fait de toutes les abominations dont il a trouvé le modèle au cinéma. Cette distance prise avec le contenu et la manière du film de genre donne à *Scream* une forte coloration ironico-parodique qui fait que, alors même que les choses les plus effroyables se déroulent sur l'écran et que les frissons de la peur saisissent immanquablement le spectateur, celui-ci, dans le même temps, ne peut manquer d'en rire. Curieuse sensation qui procure ainsi deux émotions apparemment contradictoires et mêle en fait la bonne et vieille trouille première à ce sourire plus intellectuel qui est celui du déchiffrage d'un film agencé comme un jeu de signes et de pistes. Dans ce festival de second degré, les moindres références ne sont pas celles que Wes Craven s'autorise à faire à ses propres films, dont il n'hésite pas à comparer les mérites à ceux d'autres vieux routiers du genre, John Carpenter en particulier. Qu'est-ce qui est donc le plus horrible : *Halloween* ou *Les Griffes de la nuit* ? Attention ! Si vous répondez mal, un tueur à tête de mort caoutchouteuse comme dans *Scream*, au coutelas aussi acéré que dans *Psychose* et aux intentions aussi mal embouchées que dans *Le Silence des agneaux* vous attend au coin du film. Juste derrière la porte de sortie du cinéma…

## CRIALESE Emanuele (italien, né en 1965)

**Filmographie**
*Once we were strangers (1999)* • ***Respiro (2002)*** • *The Golden door (2004)*

Ayant terminé ses études à Rome et voulant faire du cinéma, Emanuele Crialese, se disant qu'il aurait sans doute plus de chance d'y parvenir en Amérique, part pour New York. Il y trouve un job de serveur dans un restaurant, tout en écrivant un scénario qu'il montre aux clients du lieu, lesquels, intéressés, décident de le sponsoriser. Ainsi réunit-il la somme qui lui permet de tourner son premier film, en anglais, *Once we were strangers*. Le film, présenté au Festival de Sundance, attire l'attention, et notamment d'un producteur italien qui permet au réalisateur, rentrant au pays, de tourner *Respiro*. Ce schéma classique de l'immigration, ici revisité par un cinéaste faisant le détour américain pour se faire reconnaître dans son propre pays, dit bien à la fois les difficultés du jeune cinéma italien mais aussi sa capacité à les surmonter. *Respiro* : le titre du film sonne, plus que jamais, comme un manifeste.

### RESPIRO (2002)
### avec Valeria Golino et Vincenzo Amato

**La Vénus de l'île.** Le paysage de l'île est aride, tout blanc de pierre et de poussière. Ceux qui y vivent lui ressemblent : violents, avec une sorte de sauvagerie primitive que traduisent bien les jeux cruels des enfants et, enfermés dans une baraque près du phare, la meute de chiens errants prêts à mordre et à déchirer.
Le film d'Emanuele Crialese commence comme une chronique sociale, mettant en place une communauté de pêcheurs, sur une île accablée de soleil, au sud de la Sicile. On est en Méditerranée, du côté du Visconti de *La terre tremble* ou du Rossellini de *Stromboli*. Et la peinture y est celle d'une société qui porte les traces d'un ordre archaïque, où les femmes sont soumises, où les hommes sont les maîtres, et où les enfants reproduisent le schéma ancestral. Pourtant, avec l'apparition de Grazia, la mère, la veine naturaliste fait place à autre chose. D'abord, parce

que c'est Valeria Golino, que sa sensualité paraît d'emblée comme un défi aux contraintes imposées, et qu'elle détonne dans cet univers fermé et figé. Mais surtout parce que, dans les rapports qu'elle entretient avec ses enfants, et notamment avec Pasquale, le cadet, à qui la lie une relation fusionnelle, mais aussi avec son mari, qu'elle aime à sa manière, sans se soucier des tabous, éclate une liberté naturelle qui, forcément, apparaît vite comme source de désordre.
C'est dans cette façon qu'il a de mettre son personnage à l'écart, d'entretenir autour de lui la suspicion d'un village qui voit en elle une malade qu'il faut s'empresser de soigner, que le réalisateur fait glisser insensiblement son film vers une autre tonalité. La mer, qui à la fois emprisonne l'île et la fait vivre, joue, ici, comme une force quasi mythique : Grazia est une fille de la mer, une Vénus sortie des ondes, porteuse de toutes les pulsions, de toutes les passions, de tous les fantasmes. Et c'est vers la mer que son désir de liberté la conduit. La caméra d'Emanuele Crialese la suit, et lorsqu'elle plonge dans les profondeurs, le monde réel s'ouvre sur un monde onirique et même fantastique, où la rudesse des mœurs fait place à la poésie du rêve. Et, dans la cérémonie où les pêcheurs viennent pour finir sacrifier au rite purificateur, c'est la mer qui les attire, dans un finale qui regarde alors plutôt du côté de De Sica et de *Miracle à Milan*. Emportant le film dans des eaux troublantes.

## CRONENBERG David (canadien, né en 1943)

**Premier long métrage :**
*Stéréo (1969)*
**Filmographie :**
*La Mouche (1985)* • ***Faux-semblants (1988)*** • *Le Festin nu (1991)* • *M. Butterfly (1992)* • *Crash (1996)* • *Existenz (1999)* • ***Spider (2002)*** • *A History of Violence (2005)*

Toute l'œuvre de David Cronenberg apparaît comme une interrogation troublante sur la réalité et les illusions de l'esprit qui la modèlent et la transforment – rêves, cauchemars, souvenirs, images, visions, hallucinations. Rien n'est, pour lui, réellement vrai, et tout récit est subjectif. Ce qui pourrait ainsi, au départ, ressembler à une spécialisation dans les films de genre – fantastique, angoisse, horreur – représente en fait une sorte d'exploration systématique de l'univers mental de l'homme. Très vite attiré par l'étrangeté – il écrit, tout jeune, des récits de science-fiction et des histoires fantastiques –, il met en place, dès ses premiers films, un réseau thématique qui trouve à s'exprimer, à mesure que son œuvre se développe, dans des films de plus en plus ambitieux : des parasites libérant la sexualité de *Frissons*, en 1974, à l'enfantement d'êtres mutants réalisant les haines meurtrières de leur génitrice, dans *Chromosome 3*, en 1979, il passe avec *Videodrome* et *Dead Zone*, au début des années 1980, à des sujets plus ancrés dans la réalité apparente : la télévision, le pouvoir politique. La voie est ouverte pour plonger de plus en plus profond dans les zones opaques où les éléments organiques et la violence du monde se rencontrent : l'horrible métamorphose de *La Mouche*, la gémellité trouble de *Faux-semblants*, le monde halluciné de la drogue dans *Le Festin nu*, l'aveuglement de la passion dans *M. Butterfly*, l'union du plaisir, de la souffrance et de la mort dans *Crash*, l'univers virtuel du jeu électronique dans *Existenz*, et jusqu'aux replis les plus labyrinthique du cerveau malade d'un psychopathe dans *Spider* et à la présence obsédante de la violence dans l'ordre apparent des êtres et des choses, qui transforme le rêve américain en cauchemar dans *A History of Violence*. Cronenberg n'en finit pas de tendre au spectateur un miroir où se reflètent les profondeurs de l'être, et le récit lui-même faisant partie du dispositif, le malaise qu'il distille a valeur d'auto-analyse.

### FAUX-SEMBLANTS (1988)
#### avec Jeremy Irons et Geneviève Bujold

**Vrais jumeaux.** Deux. Et pourtant un. *Faux-semblants*, le film de David Cronenberg, porte bien son titre, dans la mesure même où il repose sur cette opération qui défie les lois de la logique arithmétique : les jumeaux Mantle sont deux, et pourtant ils ne forment qu'un seul être. Sur cette équation de base, le réalisateur a donc fait appel à un seul comédien, Jeremy Irons, pour donner chair à chacun des deux frères, tellement siamois qu'on ne les distingue qu'à peine. Et pourtant, tout en n'étant qu'un, ils sont deux. Le premier, le seul caractère fantastique de *Faux-semblants*

tient dans cette double prouesse technique : celle du réalisateur qui maîtrise à tel point l'effet spécial du split-screen qu'on oublie totalement qu'un seul comédien se trouve sur l'écran pour incarner les deux personnages, et celle de l'acteur qui parvient à créer totalement l'illusion et à faire percevoir par les seules ressources de son jeu les nuances qui distinguent Elliot, plus extraverti, cynique, mondain, de Beverly, plus renfermé sur lui-même, sur ses recherches, sur une sensibilité plus douce et plus faible.
Ce qui n'apparaît, au départ, que comme une mince ligne de partage, si mince même que les deux frères en jouent, en se refilant tranquillement leurs petites amies, devient peu à peu une ligne de séparation lorsque entre dans leur vie Claire Niveau, une actrice célèbre qu'Elliot ne considère que comme une belle conquête de plus, mais dont Beverly tombe amoureux pour de bon. Dès lors, la belle unité se lézarde. La femme, élément perturbateur, vient arracher Beverly à Elliot : arrachement qui n'est autre que la douloureuse séparation qui coupe le cordon ombilical, qui tranche à vif dans la chair jumelle, pour donner à chacun son identité, et que David Cronenberg donne à voir dans une séquence hallucinée de cauchemar, qui justifierait à elle seule le grand prix obtenu par le film à Avoriaz.
On aurait tort, pourtant, de penser trouver dans *Faux-semblants* les effets habituels du cinéma fantastique. Tout repose ici sur une lente, inquiétante, dérive mentale. Dans des décors froids, métalliques, une seule couleur vient éclabousser un écran livide : le rouge sang des habits chirurgicaux. Car les deux frères sont gynécologues, passionnés par les secrets intimes de la physiologie, comme s'ils cherchaient à percer les mystères de leur gémellité dans l'analyse des organes génitaux, dans ces ventres de femmes qu'ils auscultent avec les instruments qu'eux-mêmes ont créés. Passion révélatrice où la chair génétique et le métal de l'écarteur se rejoignent pour donner naissance à une opération monstrueuse de vivisection : celle que porte en soi l'insécable lien qui les unit, jusqu'à la mort. Par sa façon entêtante de distiller le malaise et, à travers les replis de la gémellité, de cerner les zones sombres de la dualité sexuelle, David Cronenberg, dans un film qui a la force inéluctable de la tragédie, va au plus profond de la nature humaine. Ses jumeaux, chacun les reconnaîtra : ils nous ressemblent comme un... frères.

## SPIDER (2002)
### avec Ralph Fiennes, Gabriel Byrne et Miranda Richardson

**Une araignée dans la tête.** Il y a d'abord ce que l'on voit : un homme qui descend d'un train, seul, après la foule pressée des autres. Un homme hésitant, replié sur lui-même, le regard perdu, marchant d'un pas hagard, bredouillant des mots informes. La vision hallucinée que Ralph Fiennes donne du personnage suffit d'emblée à faire sentir le dérangement mental qui l'habite. Sortant d'un asile, l'homme se rend dans un foyer de réinsertion. Mais le décor des lieux – rues désertes, maisons vides aux ouvertures murées et, par-dessus tout, immense usine à gaz enserrant la silhouette de l'homme dans ses tubulures métalliques – balise aussitôt un autre univers que celui-ci d'une simple réalité sociale : l'espace où évolue l'homme est comme un labyrinthe mental, et ses déambulations sont un retour sur les zones les plus profondément enfouies de son être et sur le trauma originel qui l'a marqué à jamais.
Car ce que l'on voit, c'est ce que lui voit : une mère adorée, un père qui passe ses journées au pub, et une autre femme, créature veule et sensuelle, qui vient déranger l'ordre familial. Et un jour, le père qui tue la mère, l'enterre dans le jardin et installe sa maîtresse à sa place : de quoi perturber, en effet, l'enfant témoin du drame. Mais de quoi perturber aussi le spectateur, qui se rend compte que tout passe par le cerveau malade de l'homme : c'est lui qui se revoit enfant assister au drame, c'est lui qui reconstruit une mémoire dont le moins qu'on puisse dire est qu'elle est ambiguë. Symbole de cette ambiguïté, la même actrice (étonnante Miranda Richardson) incarne les deux femmes, la mère attentive et pure, et la femme de désir et de sexe. Deux femmes, ou peut-être au fond une seule, dont le dédoublement sent son nœud œdipien.
Le film de David Cronenberg brise du coup le statut de certitude qui prévaut d'ordinaire dans le récit. En se plaçant délibérément à l'intérieur même du cerveau de son personnage, il vient détraquer par la schizophrénie de celui-ci la perception normale des choses. Film cérébral s'il en est, *Spider*, qui prend pour titre le nom que la mère donnait à l'enfant et qui renvoie à la toile arachnéenne que celui-ci filait dans sa chambre, tisse lui-même une redoutable toile d'araignée cinématographique. Dans des tons d'un vert-de-gris glacial, le cinéaste construit une implacable machine à donner le vertige. Celui-là même que l'on ressent devant le gouffre de la folie.

## CROWE Cameron (américain, né en 1957)

**FILMOGRAPHIE :**
*Say anything... (1989)* • *Singles (1992)* • *Jerry Maguire (1996)* • *Presque célèbre (2000)* • ***Vanilla Sky (2001)*** • *Rencontres à Elizabethtown (2005)*

Une des spécialités hollywoodiennes est, lorsqu'un film produit dans un pays étranger possède un potentiel d'adaptation au marché américain et qu'il est susceptible d'offrir un rôle intéressant à une star, d'en racheter les droits pour en effectuer un remake rapide. C'est le cas par exemple avec un petit thriller espagnol, *Ouvrons les yeux*, qui révèle en 1997 Alejandro Amenabar. Avant même que celui-ci ne soit appelé à Hollywood pour y réaliser lui-même *Les Autres*, avec Nicole Kidman en tête d'affiche, Tom Cruise et sa productrice associée Paula Wagner voient très vite l'intérêt de ce scénario, envisagent aussitôt un remake destiné à mettre Tom Cruise en vedette, et font appel pour le réaliser à Cameron Crowe avec qui ils ont obtenu, quatre ans auparavant, un succès important avec *Jerry Maguire*.

### VANILLA SKY (2001)
### avec Tom Cruise, Penelope Cruz et Cameron Diaz

**Double je.** Qui est le vrai David ? Est-ce le jeune patron de presse à qui tout réussit et qui dirige son empire avec un flegme plein de fantaisie, en passant l'essentiel de son temps à séduire les jolies femmes, comme la blonde Julie qu'il éblouit de ses performances amoureuses ? Ou n'est-ce pas le jeune homme plus tendre qui, dans le monde impitoyable où il évolue, rêve de rencontrer le grand amour, et qui le rencontre avec la lumineuse Sofia aussi brune que Julie est blonde ? Dès le début, le film de Cameron Crowe ouvre, avec ces deux personnages féminins, deux pistes aussi séduisantes que Cameron Diaz et Penelope Cruz au très veinard Tom Cruise. Mais cette dualité se dédouble vite elle-même dans ce qui n'est que le début d'un assez diabolique jeu de piste. Car, victime d'un accident de voiture, David en ressort défiguré. Et cette transformation de son visage le met soudain face à face avec lui-même, à la recherche de son identité. Qui est alors le vrai David ? Celui d'avant, à la beauté et à la réussite insolentes, ou le monstre aux traits difformes que nul n'ose plus – même lui – regarder en face ? À peine a-t-on le temps de se poser la question qu'un nouveau dédoublement vient compliquer la réponse. Car les chirurgiens confectionnent au jeune homme un masque qui occulte son visage tout en continuant de vivre avec lui. Qui est donc le vrai David ? Celui qui est sous le masque, ou le masque lui-même ?
On pourrait s'en tenir là dans les questions binaires et les réponses à deux touches, mais le scénario de *Vanilla Sky* ne reculant devant aucune des possibilités ouvertes fait à nouveau rebondir le problème. Et les progrès de la chirurgie esthétique étant considérables, voilà qu'une nouvelle opération rend à David son visage d'avant. Le cas posé aurait-il enfin trouvé sa solution et tout est-il réglé dans le meilleur des mondes plastiques et virtuels possibles ? Ce serait mésestimer le concept sur lequel est conçu le film de Cameron Crowe, et qui est d'offrir à Tom Cruise un rôle à transformations multiples, gage d'une performance d'acteur comme on les aime à Hollywood. Est donc convoquée, pour lui offrir la gamme la plus large possible, toute une série de variations sur des thèmes divers – la belle et la bête, le rêve et le cauchemar, l'illusion et la réalité, le masque et le visage, la blonde et la brune –, ce qui donne forcément un film long, non seulement par sa durée (2 h 15), mais surtout par son côté accumulatif. Et à tant de questions posées, on a progressivement le sentiment que les réponses tardent un peu trop à venir. D'autant que lorsque arrive le moment de l'explication finale, c'est encore une tout autre voie qui s'ouvre, à la fois totalement logique pour ce qui est des rebondissements du scénario, et totalement irrationnelle quant à la réalité des choses. Le film bascule alors dans une nouvelle dimension qui, même si là aussi le réalisateur traîne encore avant de se décider à mettre le mot « Fin », fait s'envoler le tout du côté de la fable. Dans un futur d'utopie, où le ciel aurait la couleur vanille d'une toile de Monnet, et où l'horizon new-yorkais se reconnaîtrait à la silhouette élancée des deux Twin Towers. Un vrai rêve, quoi...

F

E

# D

## **DAHAN Olivier** (français, né en 1967)

**FILMOGRAPHIE :**
*Frères (1994)* • *Déjà mort (1997)* • ***Le Petit Poucet (2001)*** • *La Vie promise (2002)* • *Les Rivières pourpres 2 : Les Anges de l'Apocalypse (2003)*

Il y a chez Olivier Dahan une recherche visuelle et esthétique qui, formée par les nombreux clips qu'il a réalisés avant de passer au court métrage, évite l'écueil de la simple virtuosité formelle pour s'essayer à donner vie et vérité à un monde et à un imaginaire personnels, qu'il exprime à travers des genres différents : chronique noire d'une adolescence marquée par la drogue et la violence dans *Déjà mort*, conte de fées d'hier revisité par les images d'aujourd'hui dans *Le Petit Poucet*, itinéraire à la fois spatial et intérieur d'une femme à la recherche de son passé dans *La Vie promise*, thriller d'action spectaculaire et fantastique avec le numéro 2 des *Rivières pourpres*, dans le sillage d'un Mathieu Kassovitz dont il partage l'efficacité visuelle tout en affichant la volonté de s'en démarquer et de tracer sa propre voie.

### LE PETIT POUCET (2001)
### avec Nils Hugon, Romane Bohringer, Élodie Bouchez et Catherine Deneuve

**Il était une nouvelle fois...** À y regarder de près, c'est une histoire plutôt affreuse. Il y est question d'enfants misérables qui n'ont rien à manger, de parents tellement pauvres qu'ils choisissent d'abandonner leur progéniture au fin fond des bois, et d'ogre sanguinaire qui se nourrit de chair fraîche et qui ne trouve rien de mieux que de dévorer ses propres filles. Bref, ça fait froid dans le dos, et d'ailleurs, c'est fait pour ça ! Car depuis Charles Perrault, les enfants à qui on raconte *Le Petit Poucet* exorcisent en fait leurs cauchemars intimes et leur peur panique d'être abandonnés en retrouvant, grâce à l'ingénieuse astuce des petits cailloux blancs, le chemin de la chaumine familiale et du cœur de leurs parents chéris. Mais le problème, avec les contes, et avec celui-là en particulier, c'est que chaque enfant puis, l'âge venant, chaque adulte en a une image personnelle, nourrie à la fois de son propre imaginaire et de l'édition où il les a découverts. Et si celle-ci est illustrée, les images qu'elle met sur les mots risquent bien de se graver à jamais dans la mémoire. Qui a découvert l'ogre amateur de chair fraîche sous les traits terribles que lui a donnés Gustave Doré a bien du mal à se l'imaginer autrement ! Olivier Dahan a relevé courageusement le défi de mettre sur les vieux mots du conte et sur les multiples images qui n'ont cessé de les accompagner d'autres images, mais cette fois-ci de cinéma. Et comme il a voulu donner à ces images-là leur style et leur personnalité, il s'est construit son *Petit Poucet* comme il l'entendait, en cinéaste qu'il est, nourri d'autres films, et aussi en homme d'images, nourri tout autant de peintures et de décors.
Le résultat en est un fort beau travail visuel, déclinant toute la gamme chromatique, jouant du vieux principe des toiles peintes – celui-là même qu'utilisaient les troupes de théâtre itinérantes du temps de Perrault –, et proposant pour les différents lieux et personnages de l'histoire de quoi faire travailler à nouveau l'imaginaire enfantin. Pour que celui-ci ait d'ailleurs un vaste champ à labourer, le cinéaste n'a pas craint d'aller chercher ses angles chez les expressionnistes allemands, ni de faire basculer les pauvres petits paysans du monde réaliste des frères Le Nain dans un univers fantastique, où, sous des ciels fauvistes, des cris s'élèvent qu'on dirait sortis d'une toile de Munch. Toutes ces références, et bien d'autres encore, passeront certes inaperçues de la classe enfantine, mais elles suffisent à souligner l'ambition formelle qui préside à cette adaptation du conte. Pour le reste, et pour faire bonne mesure dans le fantasmagorique, Olivier Dahan a choisi même d'en rajouter sur l'original. Ainsi les loups, vieille hantise, qui ne figurent dans le texte de Perrault que comme menace lointaine, sont ici directement mis en scène, dans une scène de poursuite nocturne où leurs crocs acérés et leurs hurlements féroces ont de quoi faire frémir les enfants les plus courageux et faire tempêter les écolos défenseurs de la cause des canidés. De même pour concentrer l'action, le nombre des frérots a été réduit de deux unités, tandis qu'une des petites ogresses, échappant à la loi atavique, devient la belle et bonne âme sœur de Poucet. L'ogre, pour sa part, tout de rouge sang vêtu, porte un masque à la Goldorak ; et, pour représenter face à lui l'ordre et la paix, il y a même une reine par qui la justice finit par triompher. C'est Catherine Deneuve : un vrai conte de fées...

## DAHL John (américain, né en 1956)

**Filmographie :**
***Kill me again (1989)*** • *Red Rock West (1992)* • *Last seduction (1993)* • *Mémoires suspectes (1995)* • *Les Joueurs (1998)* • *Une virée en enfer (2002)*

John Dahl a débuté au cinéma comme concepteur de story-boards pour des films d'action, comme *Robocop*, et surtout des comédies policières comme *Dangereuse sous tous rapports* ou *Veuve mais pas trop*. Devenu assistant réalisateur, il tourne des clips musicaux avant de passer au long métrage. D'emblée il y manifeste le goût qu'il a pour l'univers du film policier, qu'il traite dans des tonalités variées : hommage ostensible au film noir, avec *Kill me again* et *Last seduction*, plus mâtiné d'humour avec *Red Rock West*, allant faire un tour dans le monde du poker avec *Les Joueurs*, ou tendant carrément vers le thriller avec *Mémoires suspectes* et *Une virée en enfer*.

### KILL ME AGAIN (1989)
### avec Val Kilmer, Joanne Whalley-Kilmer et Michael Madsen

**Morts à crédit.** Un privé, marqué par la vie et qui traîne la poisse après lui. Son nom, Jack Andrews, s'inscrit sur la porte vitrée d'un bureau miteux où, aidé d'une secrétaire au dévouement inversement proportionnel à son salaire, il se débat entre des enquêtes minables, des souvenirs amers et des dettes sans fond, à la mesure de son mal de vivre. Et puis, un jour, une femme qui entre, mystérieuse, séduisante, et qui lui propose une affaire tordue, avec 10 000 dollars à la clef. D'emblée, on se croirait dans un roman de Raymond Chandler. Tout y est : le décor, l'ambiance, les personnages, et une intrigue qui ne craint pas de nouer des fils apparemment lointains pour les faire se rejoindre dans une pelote inextricable de complications, de coups fourrés, de retournements inattendus.
Ce n'est pas le moindre charme de *Kill me again*, le premier film de John Dahl, que d'offrir ainsi comme des points de repère balisés dans ce qui a été et reste une des veines les plus riches du roman et du cinéma américains. Mais ce n'est pas, non plus, une de ses moindres qualités que de parvenir, à partir de ces références, plus en forme d'hommage que de clin d'œil, à développer sa propre modernité. Car, si le réalisateur a manifestement vu tous les films de John Huston, de Tay Garnett ou de Howard Hawks, il n'ignore pas non plus ce que, depuis, les couleurs et les cadrages hyperréalistes d'un Wenders ou d'un Lynch ont apporté à l'univers noir et blanc du polar originel. L'Ouest de *Kill me again* a la tonalité rouge du désert d'Arizona : couchers de soleil fauves sur les roches découpées et les immensités poussiéreuses, flamboiement des néons qui éclairent les nuits de Las Vegas, rouge du sang qui coule tout au long d'un périple en forme de descente aux enfers. Car l'intrigue a la cruauté sèche des vrais thrillers : la femme est naturellement, au sens plein du terme, une femme fatale, qui trimbale le destin avec elle, sous forme d'une valise bourrée de liasses de 100 dollars, et subtilisée à deux sbires de la Mafia. Dès lors, le mécanisme de la fatalité tragique est en marche : traqués de tous côtés par tous ceux qui veulent récupérer le magot, le privé et la fille s'embarquent dans une cavale qu'on sent devoir être sans retour, le long de highways sans fin, de motels minables, de stations branlantes plantées au bord de routes désertes. Mais la façon dont John Dahl raconte cette histoire connue lui apporte, par le traitement même de l'image, comme une tonalité nouvelle, que renforce la présence d'acteurs qu'on découvre : Val Kilmer, qui ressemble à Jeff Bridges en plus jeune et plus nonchalant, Joanne Whalley-Kilmer, qui sait être garce tout en restant fragile, ou Michael Madsen, qui a la violence inquiétante du tueur fou. En se promenant le long de chemins familiers, *Kill me again* relève ainsi le défi de réserver constamment des surprises. Y compris la dernière, qui ajoute un brin d'ironie dérisoire à une histoire qui ne se berce guère d'illusions sur la nature humaine.

## DALDRY Stephen (anglais, né en 1961)

**Filmographie :**
***Billy Elliot (2000)*** • *The Hours (2002)*

D'abord metteur en scène de théâtre et directeur du Royal Court Theater de Londres, Stephen Daldry produit et met en scène une centaine de pièces, avant de passer au cinéma. Surfant sur la vague du film social revisité par l'humour et porteur d'une énergie positive, il trouve avec *Billy Elliot* un succès qui l'amène avec *The Hours* à tourner aux États-Unis un film où, mettant en scène des actrices stars – Meryl Streep, Julianne Moore, Nicole Kidman –, dans un scénario mêlant plusieurs fils autour de Virginia Woolf et de *Mrs Dalloway*, il est chargé d'apporter la touche culturelle anglaise et européenne à une production de prestige américaine.

### BILLY ELLIOT (2000)
#### avec Jamie Bell, Gary Lewis et Julie Walters

**Petit danseur deviendra grand.** Il n'a pas beaucoup de chance, le pauvre Billy Elliot : dans la ville minière de l'Angleterre profonde où il vit, son père et son frère aîné, tous deux mineurs, sont entièrement occupés par une grève dure, aussi dure que les coups que font pleuvoir les forces de l'ordre envoyées pour mater les grévistes. Et pendant ce temps-là, à la maison, comme sa mère est morte, c'est lui qui doit s'occuper de sa grand-mère qui perd la boule. Et quant à ses loisirs, il doit les occuper, pour faire plaisir à son père, à l'entraînement de boxe qui, selon ce que l'on pense à la maison, vous forme son homme. Or, du haut de ses 11 ans, Billy rêve d'autre chose : en voyant le cours de danse que Mrs Wilkinson donne aux fillettes de la ville, il s'est soudain senti naître une vocation. Aux gants de boxe, il préfère les chaussons : il veut être danseur. À partir de là, le film de Stephen Daldry, empruntant le chemin de la comédie sociale balisé par ses deux glorieux prédécesseurs, *Les Virtuoses* et *The Full monty*, mène de front deux veines : celle du récit d'apprentissage d'un gamin habité par une passion et qui va tout tenter pour pouvoir la réaliser, et de l'autre la peinture sociale d'un milieu, d'un décor et d'une situation : l'Angleterre ouvrière touchée de plein fouet par la politique conservatrice de Margaret Thatcher. La chose est bien faite, le gamin est attachant et se révèle plutôt bon danseur, les scènes à la Ken Loach sont efficaces, et tout le monde devrait fondre devant tant de misère sociale et tant de force morale réunies. Si ce n'est qu'à mesure que les éléments se mettent en place, le tout sent de plus en plus sa recette et que, le réalisateur ayant tendance à en rajouter en permanence une couche, ce ripolinage donne vite l'impression que ce qui faisait la fraîcheur et l'invention des comédies précédentes devient ici complaisance plutôt roublarde de produit formaté. Cette accumulation de scènes attendues et de bons sentiments déversés culmine dans le dénouement, lui aussi prévisible, d'une histoire forcément édifiante : alors que le réalisateur aurait dix fois la possibilité de clore un récit manifestement parvenu à son terme, il ne se prive d'aucune scène propre à faire verser aux spectateurs une dernière larme devant le petit danseur devenu forcément grande étoile. Comme ça, en sortant, tout le monde est sûr d'avoir compris…

## DARABONT Frank (américain, né en France en 1959)

**FILMOGRAPHIE :**
*Les Évadés (1994)* • *La Ligne verte (1999)* • ***The Majestic (2001)***

Frank Darabont, né en France, où ses parents, hongrois, s'étaient réfugiés après l'insurrection de Budapest avant d'émigrer aux États-Unis, débute comme décorateur et assistant de production, puis passe ensuite à l'écriture de scénarios, travaillant en particulier sur des récits fantastiques, tout en tournant pour la télévision, où il réalise des séries et des téléfilms essentiellement d'aventures, d'horreur et de fantastique. Ses débuts dans le long métrage avec *Les Évadés* se font par l'adaptation d'une nouvelle de Stephen King (qui lui avait déjà fourni le sujet de son premier court métrage, *The Woman in the room*), et son deuxième film, *La Ligne verte*, mêle également le fantastique au suspense. Dans les deux cas, une préoccupation sociale et politique s'y fait jour, ce que confirme de façon plus accomplie *The Majestic*.

### THE MAJESTIC (2001)
#### avec Jim Carrey, Martin Landau et Laurie Holden

**L'écran noir.** Comment peut-il se faire que Peter Appleton se réveille en étant Luke Trimble ? Par quel concours de circonstances se peut-il que le jeune et brillant scénariste à qui Hollywood sourit se retrouve dans la peau de l'enfant d'une modeste bourgade californienne, Lawson (nom bien symbolique), qui a payé un lourd tribut à la guerre où sont morts tant de ses fils, parmi lesquels précisément le jeune Luke qui y a été porté disparu ? Et comment est-

il possible que, alors même que soudain la vie de Peter bascule et qu'il se voit porté sur la liste noire, accusé de sympathies communistes et mis au ban d'Hollywood, simultanément le malheureux Luke, dont tout le monde pleurait la fin héroïque sur les plages de Normandie, refasse surface sept ans après et retrouve tout son monde familier? Cocteau se posait déjà la question dans *La Belle et la Bête*: comment de telles choses sont-elles possibles? La réponse est simple, et le poète cinéaste la connaissait bien: on est au cinéma, et les faits les plus improbables peuvent y devenir réalité, pour peu qu'un scénariste ingénieux agence les événements de façon à y faire prendre les plus grosses vessies pour les plus lumineuses lanternes magiques.
Et ce n'est pas pour rien, évidemment, que le film de Frank Darabont commence à Hollywood, en mettant en scène un personnage qui est lui-même scénariste et inventeur d'histoires. Or ce qui lui arrive – la liste noire, la Commission sur les activités anti-américaines, le maccarthysme, la chasse aux sorcières, l'exclusion –, tout cela renvoie au versant sombre du cinéma hollywoodien, à ses années de plomb, de haine et de délation. La belle idée du scénario signé Michael Sloane, c'est d'opposer à cet écran devenu tragiquement noir un autre écran, qu'impose le titre du film, avec son côté flamboyant: *The Majestic*. Il s'agit d'une vieille salle provinciale, que les malheurs de la cité saignée par la guerre ont progressivement fait déserter par les spectateurs, et qui croupit sous la poussière et l'abandon. Enfant du pays devenu son héros, Luke, dans sa nouvelle vie, décide de reprendre en mains le cinéma de son père et, aidé par toute la ville, de le reconstruire et de lui redonner vie. La seconde partie de *The Majestic* fait ainsi passer de *La Liste noire* à un cinéma inspiré de ces grands chantres de la démocratie américaine que sont John Ford ou Frank Capra. Ce qui se remet en route ici, porté par l'énergie et les valeurs de toute une communauté, c'est une certaine idée de l'Amérique. Et donc, forcément, de son cinéma.
Là est bien tout l'intérêt excitant du film de Frank Darabont que de mettre joliment le cinéma dans le cinéma, tout en identifiant le rêve américain à l'âge d'or de sa cinématographie, comme si l'écran n'était que le plus fidèle miroir d'un pays et d'une civilisation. Au versant noir, le film oppose le versant lumineux, plein d'une foi et d'une espérance dans la justice qu'on aurait tort de juger un brin naïve ou complaisante. Car, porté par la plasticité formidable de Jim Carrey et par une reconstitution des années 1950 qui, plus qu'un hommage au grand cinéma hollywoodien, apparaît comme une vraie recréation de sa manière et de ses thèmes, le film parvient au bout du compte, dans un vrai happy end, à réconcilier l'Amérique avec son âme, et à rouvrir The Majestic. Comme un paradis du cinéma. Perdu, et miraculeusement retrouvé.

## DARDENNE Jean-Pierre et Luc (belges, nés en 1951 et 1954)

**FILMOGRAPHIE :**
*Falsch (1986)* • *Je pense à vous (1992)* • *La Promesse (1996)* • ***Rosetta (1999)*** •
*Le Fils (2002)* • *L'Enfant (2005)*

Cinéastes du réel, les frères Dardenne ont grandi dans un pays – le Nord – et un paysage social – une région industrielle cadre de grandes luttes ouvrières et actif foyer syndicaliste –, qui les ont très tôt orientés vers des préoccupations sociales et politiques, que leurs études de théâtre, sous la houlette d'Armand Gatti, n'ont fait que renforcer. Eux-mêmes ouvriers sur un chantier de centrale nucléaire, ils y tournent leurs premiers films en vidéo, avant de fonder un collectif, « Dérives », qui s'érige en atelier de création et qui produit leurs premiers documentaires à la fin des années 1970. Retrouvant Armand Gatti en Irlande, et produisant en 1981 son film *Nous étions des noms d'arbres*, où ils sont aussi assistants, ils y découvrent un mélange de documentaire et de fiction, qui les incite, après huit années de documentaires en vidéo, à passer à la fiction. Après deux premiers films marqués par l'insuccès – *Falsch*, tiré d'une pièce de théâtre, qui traite de la Shoah à travers les relations d'un père et d'un fils, puis *Je pense à vous*, qui prend pour sujet la crise de la sidérurgie en Wallonie –, ils tirent les leçons de ces premières expériences en mettant sur pied, avec *La Promesse*, ce qui va devenir leur manière propre: un budget resserré, une coproduction assurée par eux mêmes dans une structure qu'ils maîtrisent, un sujet tiré de la vie ordinaire (un fait-divers, une histoire dont ils ont été témoins), des interprètes encore vierges de cinéma, et une mise en scène précise, refusant tout effet de style, vive, rapide, menée comme dans l'urgence. Cela leur permet de coller à la réalité, de se saisir des cas anonymes qu'ils observent, ces gens du Nord acculés à la misère et à la lutte: le fils d'un marchand de sommeil qui, devant l'exploitation d'un travailleur immigré, s'éveille à la conscience dans *La*

*Promesse*; l'empoignade avec la vie de *Rosetta*, pour mener une existence décente; la difficulté à surmonter qu'éprouve, dans *Le Fils*, le professeur de menuiserie amené à s'occuper du jeune délinquant qui a tué son fils; le père, lui-même encore enfant immature, qui vend son bébé dans *L'Enfant*. Sans pathos misérabiliste, avec la conscience aiguë de la vérité humaine, ils donnent à voir aux spectateurs leurs frères de misère.

### ROSETTA (1999)
### avec Émilie Dequenne et Fabrizio Rongione

**L'énergie du désespoir.** Elle fonce, Rosetta. Les mâchoires serrées, la tête rentrée dans les épaules, le ventre tordu de douleurs, petit taurillon marqué au fer rouge, boule de nerfs, de colère, de rage, d'instinct. Elle fonce, refusant que son patron la licencie, résistant aux flics qui viennent la mettre dehors, tannant la femme de la boutique jusqu'à ce qu'elle lui achète son lot de fringues, poursuivant le proprio du commerce de gaufres pour qu'il l'embauche, dénonçant son copain pour prendre sa place. Elle fonce, pataugeant dans la boue avec ses grosses bottes de caoutchouc, tenant à bout de bras sa mère hébétée par l'alcool, se débattant dans le froid, la pluie, l'eau du marécage où elle s'enfonce dans la vase. Elle fonce, avec sa jupe plissée, son blouson rouge, sa bouteille d'eau qu'elle tète comme un sein maternel. Elle fonce, au milieu d'un horizon triste comme la désolation, d'une vie bouchée comme un ciel d'orage, d'un monde froid comme la mort. Elle fonce, avec toute la force de l'instinct, toute l'énergie du désespoir, pour simplement survivre. Elle fonce, et la caméra des frères Dardenne, qui s'essaie à la suivre sans jamais la quitter de vue, fonce avec elle, dans un film qui se crée son propre mouvement, son propre langage, sa propre façon de faire vivre un personnage à l'écran. De Rosetta, on ne sait rien. De ceux qui l'entourent, pas davantage. Tout est réduit à une sorte d'état des lieux : une caravane dans un parking, une mère qui a baissé les bras, un jeune garçon qui se débrouille, un autobus dans les matins pluvieux, la zone où le paysage urbain se fond dans les sous-bois d'une forêt vaguement inquiétante. La misère, mode d'emploi.
Ce pourrait être pathétique, mélo, glauque, misérabiliste. Ce pourrait être aussi du naturalisme à la Zola, de la revendication sociale, du cinéma engagé. Ce n'est rien de tout cela. C'est simplement le mouvement de la vie, capté comme au vol avec cette fille qui ne s'arrête pas. Parce qu'elle est cette force quasi primitive, instinctive, qui veut surnager dans un monde qui s'acharne à détruire l'humanité. Rosetta, petite fleur qui n'a plus que ses épines, petit bouton aux joues rosées qui n'en peut plus de ne pas fleurir. Rosetta, incroyable Émilie Dequenne, qui vaut bien toutes les palmes. Rosetta, la jeune fille en fleur profanée, la promesse de tous les printemps perdus.

---

## DAVIES Terence (anglais, né en 1945)

**FILMOGRAPHIE :**
***Distant voices (1988)*** • *The long day closes (1991)* • *La Bible de Néon (1994)* • *Chez les heureux du monde (2000)*

Né à Liverpool dans une famille modeste et nombreuse, élevé dans une école catholique, Terence Davies travaille comme employé dans une agence maritime puis comme comptable, tout en consacrant ses loisirs à l'écriture et à la mise en scène. En 1973, il entre à l'école d'art dramatique de Coventry, écrit un premier scénario, *Children*, et grâce à une bourse, peut tourner le film, qui raconte l'histoire d'un homme adulte, malheureux, confronté à ses souvenirs d'enfance. En 1980, il tourne le deuxième volet, *Madonna and child*, qui montre le même personnage parvenu à la cinquantaine et coincé entre sa foi catholique et son homosexualité, puis en 1983, le troisième volet, *Death and transfiguration*, qui voit le personnage en paix avec lui-même affronter la mort. Tournés en 16 mm, les trois films sont réunis en 1984 sous le titre *The Terence Davies Trilogy*, qui obtient plusieurs prix internationaux et le fait connaître. Les deux films en 35 mm et en couleurs qu'il réalise alors en 1988 et 1991, *Distant Voices* et *The long day closes*, s'inspirent très directement de ses propres souvenirs et brossent le portrait d'une famille ouvrière catholique de Liverpool dans les années 1940 et 1950. Les échos de la mémoire en constituent la trame et font entendre une voix sensible et originale, que l'on retrouve dans les deux films suivants, moins personnels, (il s'agit de deux adaptations, de John Kennedy Toole pour *La Bible de Néon* et d'Edith Wharton pour *Chez les heureux du monde*), mais traités avec la même sensibilité nostalgique.

### DISTANT VOICES (1988)
**avec Freda Dowie, Angela Walsh et Pete Postlethwaite**

**L'inflexion si chère des voix qui se sont tues.** Une simple image : celle d'une fenêtre, fermée, avec, à côté, une porte ouverte. Il pleut. Une pluie humide, obstinée, grise comme un ciel anglais. On entre. Plein cadre, une montée d'escaliers et, venant de la pièce à côté, les voix de la famille : celles du père, de la mère, des deux filles, du garçon. Et une chanson, un blues triste, qui dit la pluie et le malheur d'aimer. Dès le premier plan de la première séquence, le ton est donné. Le film de Terence Davies (son premier) ne raconte pas : il capte l'instantané du temps, les petites choses de la vie. On est à Liverpool, dans les années 1950. Une famille ouvrière, comme les autres, avec ses petites joies, son quotidien incolore, et la présence violente d'un père brutal, fermé sur lui-même, tyrannisant sa femme, marquant à jamais ses enfants. Les jours passent, entre un baptême, un mariage, un enterrement ; cycle d'une vie qui défile, au rythme d'images qui sont comme les photos d'un album que l'on feuillette, le cœur nostalgique, en se rendant compte soudain de toute la charge d'amour que contenait cette vie banale, et de tout ce qu'on n'a pu su dire, par maladresse, par malentendu, par simple négligence. Et comme l'on aimerait alors revenir en arrière !
*Distant voices* est le plus poignant des films-souvenir. Non pas tant par ce qu'il dit, mais par la façon qu'il a de le dire. Par un art subtil de la composition, le cinéaste parvient à saisir le temps qui passe. Son film, divisé en deux parties tournées à deux ans d'intervalle (*Distant voices... Still lives*, comme le dit, en en marquant la césure, le titre original) confronte l'écho des voix lointaines au bruit d'un présent lourd de tout ce passé. Constamment intégrées à la texture du récit, les chansons qui ont accompagné cette vie en font surgir l'évocation. La musique populaire porte la mémoire même du groupe social, dans le souvenir de *radio days* patinés par le temps. Et la couleur, elle aussi passée, porte la teinte de tout ce qui fut et qui n'est plus, et qui s'éloigne dans la grisaille de la mémoire. On chercherait en vain, dans *Distant voices*, quelque chose qui sonne faux. Tout y est minutieusement et harmonieusement juste, et constamment surprenant : l'interprétation, toute anglaise dans sa force et sa densité ; les cadrages, étonnants d'invention ; le découpage, savamment vagabond ; les décors, si vrais qu'ils semblent familiers. Il y a là, sur le thème rebattu de l'enfance et du souvenir, un film d'une originalité totale et qui impose ce qui est la marque des vrais cinéastes : un regard.

## DAYAN Josée (française, née en 1943)

**Premier long métrage :**
*Simone de Beauvoir (1979)*
**Filmographie depuis 1985 :**
*Plein fer (1990)* • *Amour et chocolat (1992)* • ***Cet amour-là (2001)***

Formée à l'Idhec, Josée Dayan travaille d'emblée pour la télévision, où elle se fait remarquer par des mises en scène efficaces, sur des sujets souvent ambitieux : *Le Deuxième sexe*, qu'elle réalise avec Simone de Beauvoir, une version polar de Hamlet, *L'Embrumé*, une adaptation du roman de Patrick Besson, *Le Deuxième couteau*. Devenue au fil des années une des réalisatrices les plus prisées du petit écran, elle se fait une spécialité de l'adaptation des grandes œuvres du patrimoine littéraire et des fresques d'Histoire spectaculaires, réunissant les plus grandes vedettes du cinéma français. Son œuvre proprement cinématographique est plus réduite, mais témoigne de l'éclectisme de ses choix et d'une vision toujours très personnelle des sujets : ainsi de cette sorte de western provençal sur fond de tournois de boules et de vengeance d'honneur qu'est *Plein fer*, ou de cette ambitieuse et réussie évocation de Marguerite Duras dans *Cet amour-là*.

### CET AMOUR-LÀ (2001)
**avec Jeanne Moreau et Aymeric Demarigny**

**L'amante.** Un soir, donc, il vient frapper à sa porte. Là, aux Roches Noires, dans ce grand hôtel proustien, sur la plage immense de Trouville. Il surgit de la nuit, de l'extérieur, et il entre dans sa vie. Elle a vieilli déjà, et elle a écrit bien des livres. Lui les a lus, est tombé sous le charme, comme hypnotisé. Un soir donc, il vient frapper à sa porte pour le lui dire : qu'elle habite sa vie, qu'elle est l'élue, la préférée, la seule et l'unique. Qu'importe alors la diffé-

rence d'âge, lui jeune, elle sur le dernier penchant de l'âge? Qu'importe qu'elle soit célèbre et lui inconnu? Elle le fait entrer, lui offre de coucher là, s'amuse de cette vénération et en même temps s'en méfie. Elle le garde et le repousse, le traite avec cruauté et lui donne sa tendresse, le met à la porte et couche avec lui.
Cet amour-là, ce n'est, à l'évidence, pas n'importe quel amour, puisque la femme qui écrit, dans sa chambre noire des Roches Noires, ce n'est autre que Marguerite Duras, et que lui, le jeune garçon qui vient s'immiscer dans sa vie, il s'appelle, d'un nom qu'elle a elle-même imaginé, Yann Andréa, et que cette passion folle prise entre déchirements et réconciliations, litres de vin rouge et cure de désintoxication, elle fait partie de la vie et de l'œuvre de Marguerite Duras. Et c'est Yann Andréa lui-même qui l'a racontée dans le livre qui sert de base au beau film de Josée Dayan.
Film difficile à faire, parce que raconter la vie sentimentale d'un écrivain, et à plus forte raison lorsque celle-ci a une incidence directe sur son écriture, relève de l'exercice quasiment impossible. Et difficile aussi parce qu'il s'agit au sens propre d'un huis clos, elle et lui enfermés derrière la porte de l'appartement, à se rendre la vie impossible et pourtant à y trouver la seule façon de vivre, d'écrire, d'aimer. Or c'est tout l'intérêt du film que de montrer cette histoire comme une grande aventure intérieure. Le choix du Cinémascope, qui donne aux gros plans des visages l'immensité de l'expérience intime, la façon de saisir la naissance de l'écriture dans la voix qui la dicte – belle manière d'échapper au cliché de l'écrivain s'escrimant plein écran sur sa feuille blanche – et, pardessus tout, la justesse d'une distribution recréant, de la célébrité de Jeanne Moreau à l'anonymat de son partenaire Aymeric Demarigny, les conditions mêmes du rapport entre Marguerite Duras et Yann Andréa : tout cela, venant d'une réalisatrice connue surtout pour l'efficacité de ses fresques télévisées, relève d'une bonne surprise de cinéma. Moins surprenante, finalement, est la performance de Jeanne Moreau. Magnifique, forcément magnifique, dans ses élans, ses coups de gueule, ses formules vachardes, les modulations de sa voix, son sourire dans les yeux, mais, habillée par Hermès, nettement plus séduisante que la Duras avinée à la silhouette alourdie, cette femme-là, dans ce film-là, frôlant de façon toujours chaste le corps du beau jeune homme dont curieusement rien ne dit que, lors de ses sorties nocturnes, c'est vers d'autres corps, plus jeunes et masculins, qu'il va chercher d'autres satisfactions, elle rend quasi naturelle une liaison dont on a peine, du coup, à sentir le caractère extrême et scandaleux. La superbe Duras de Moreau est presque trop belle, comme le serait une amante soft, dans un tendre chromo.

## DEL TORO Guillermo (mexicain, né en 1964)

**FILMOGRAPHIE :**
*Cronos (1993)* • ***Mimic (1997)*** • *Blade II (2000)* • *L'Échine du Diable (2001)* • *The wind in the willows (2003)* • *Hellboy (2004)*

Né à Guadalajara, Guillermo Del Toro, après ses études universitaires, s'est formé auprès de l'expert en maquillage et effets spéciaux Dick Smith, avant de créer dans sa ville natale son propre studio d'effets et de maquillages, Necropia. Produisant et réalisant au départ de nombreuses émissions pour la télévision, il passe en 1993 à la réalisation de son premier long métrage pour le cinéma, choisissant d'emblée son genre de prédilection : le fantastique. La suite de ses films va en décliner la veine sous toutes ses formes : films de monstres avec *Mimic*, de vampires avec *Blade II*, de fantômes avec *L'Échine du Diable*, de créatures infernales avec *Hellboy*. Et les multiples projets qu'il développe, entre histoires gothiques et fantastiques à la Lovecraft, montrent que le réservoir est loin d'être épuisé...

### MIMIC (1997)
### avec Mira Sorvino, Jeremy Northam et Josh Brolin

**Cafardnaüm.** Dehors, il pleut. La ville est sale et triste, ravagée par une épidémie étrange qui s'attaque aux enfants. Le docteur Susan Tyler et son mari, tous deux spécialistes de génétique et de biologie, parviennent à enrayer le mal en neutralisant ses vecteurs, des insectes qui propagent la maladie. Pour cela, ils trafiquent leur code génétique et inventent les « judas » (un nom qui fleure bon la trahison), espèce mutante qui doit détruire ses congénères sans pouvoir jamais se reproduire. Mais quand on manipule ainsi la matière, c'est bien connu, on risque de mauvaises surprises. Celles-ci se signalent au bout de trois ans, alors que le mal semble définitivement éloigné. Voici en effet que soudain, des profondeurs de la cité, de curieuses créatures font leur apparition. Masse informe et noire, elles n'apparaissent que pour se saisir de victimes qu'elles font aussitôt disparaître dans les bouches d'ombre des égouts. Qu'y a-t-il donc dans ces souterrains obscurs, quelle terrible menace y rôde ? À certains indices, Susan Tyler comprend que l'espèce qu'elle a créée, loin de disparaître comme elle l'avait programmée, s'est au contraire reproduite et développée, jusqu'à sauter plusieurs stades génétiques par mutations express et à parvenir à un état qu'elle n'ose imaginer : celui-là même de ses prédateurs, l'espèce humaine. Il ne reste donc qu'une seule chose à faire : détruire lesdites créatures au plus vite, pendant qu'elles sont encore tapies dans leurs trous, avant qu'elles ne montent à la surface et n'envahissent la ville.

Voici donc, par la grâce d'un scénario facilement identifiable, la jolie et frêle Susan, accompagnée de son vaillant époux et, au fil des péripéties, d'un flic noir, rondouillard et pétochard et d'un cireur de chaussures à la recherche de son fiston, qui descend dans les profondeurs glauques de la ville, passant de caves en égouts, de galeries en tunnels, de boyaux en catacombes. Autant dire qu'on n'y voit goutte. Et comme le réalisateur, pour faire peur plus sûrement, laisse tout cela dans une pénombre constante, l'essentiel du travail du spectateur consiste en un effort visuel intense pour essayer d'identifier ce qui se passe sur l'écran. Et ce qu'il y voit, lorsqu'il parvient à le voir, ne le convainc pas toujours. Certes, il sent bien que, tout entier à ses peurs d'enfant, Guillermo Del Toro entreprend de retrouver le filon des films d'épouvante fauchés tel que le pratiquaient les séries Z des années 1950-1960. Ses créatures se veulent les descendantes des espèces diverses – hannetons géants, cafards monstrueux, mantes non orthodoxes – qui, dans les bricolages fantastiques d'avant l'ère des effets spéciaux, remuaient leurs mandibules et roulaient leurs yeux globuleux comme des robots mécaniques.

Voulant ainsi remettre au goût du jour des anciennes terreurs en les adaptant à l'époque, sur fond de manipulations génétiques et d'épidémie rampante, c'est sciemment que le réalisateur collectionne tous les clichés du genre : musique alternant le funèbre et l'assourdissant, décor souterrain ressemblant à un capharnaüm dévasté par quelque apocalypse post-moderne, bestioles tenant du cafard et du monstre de Frankenstein, matière gluante par-ci et pinces coupantes par-là. Comme le budget, par ailleurs, n'est pas celui d'une super-production, les personnages sont limités, comme sont limitées les apparitions des créatures malfaisantes qui les guettent. Tout se réduit ainsi la plupart du temps à des attaques sournoises tellement rapides qu'on n'a pas le temps d'y voir grand-chose. On remarque simplement que les troupes s'amenuisent, à mesure que le bruit des insectes grouillants devient de plus en plus fort. Mais comme il faut deux heures pour apprendre comment les héros courageux qui, de fait, ne font que réparer la bêtise qu'ils ont commise en voulant jouer avec la nature, vont parvenir à se tirer d'affaire et à sauver la ville de l'invasion des cloportes, on se prend parfois à penser que, malgré le charme gentiment rétro que dégagent ces gros cafards gluants, leur sort aurait pu être plus rapidement réglé avec un flacon de Baygon vert !

## DELVAUX André (belge, 1926-2002)

**PREMIER LONG MÉTRAGE :**
*L'Homme au crâne rasé (1966)*
**FILMOGRAPHIE À PARTIR DE 1985 :**
*L'Œuvre au noir (1987)* • ***Babel Opéra (1985/1999)***

D'abord vouée aux lettres et à la musique, la carrière d'André Delvaux au cinéma, initiée par le goût que suscitent en lui les images des films muets qu'il accompagne au piano à la Cinémathèque de Bruxelles, se développe dans ce territoire proche du fantastique que lui-même appelle alors « le réalisme magique ». Il y déploie, dans une recherche formelle et narrative continue, une manière très personnelle où, entre surréalisme et fantasmagorie, le réel se fond dans l'imaginaire. Ce formalisme, qui prend les voies de l'étrange pour dessiner l'espace intérieur du cinéaste, laisse progressivement place aux bruits du monde : à partir de *Femme entre chien et loup*, en 1979, son cinéma s'ouvre davantage au politique et au social, sans que jamais ceux-ci ne cessent de s'inscrire dans l'art, la philosophie, l'histoire. Les derniers films – *Benvenuta*, en 1983, *L'Œuvre au noir* en 1987 et *Babel Opéra*, réalisé en 1985 mais repris en 1999 pour un montage définitif – font ainsi le lien entre un cinéma du réel et une interrogation quasi métaphysique sur le monde des formes, qui constitue le socle d'une œuvre rare, dont l'exigence fait le fond.

## BABEL OPÉRA (1985/1999)
### avec José Van Dam, Stuart Burrows et Alexandra Vandernoot

**D'un Don Juan l'autre.** Lorsque, faisant l'ouverture du film d'André Delvaux, l'ouverture du *Don Giovanni* de Mozart résonne, la caméra d'emblée offre à l'opéra un décor plutôt inattendu, par un long panoramique qui se déploie sur un paysage urbain. Et le fait que le mouvement se termine sur une tour qui s'élève au-dessus des autres constructions de la ville, moderne figuration de la tour de Babel, et que précisément l'image du célèbre tableau de Breughel vient s'y inscrire en fondu enchaîné, montre bien que le mythe de Babel représente la clef d'une œuvre qui parle en effet plusieurs langages.
À un premier niveau, quasi documentaire, le langage est celui de la musique et du chant : le cinéaste filme la répétition de l'opéra de Mozart, pour une représentation qui va en être donnée au théâtre de la Monnaie à Bruxelles. Chanteurs et voix prestigieuses, de José Van Dam à Christine Eda-Pierre, travail des chanteurs et du chef à la table avec un simple piano d'accompagnement, réglages de mise en scène, mise en place des costumes et des décors, répétitions avec orchestre : Delvaux promène sa caméra sur la scène, dans la fosse, dans les loges, monte même dans les cintres avec les machinistes, saisit à l'improviste gestes et regards, attitudes et éclats de rire, décontraction et fébrilité. *Don Giovanni*, côté coulisses.
Dans lesquelles coulisses, précisément, un jeune assistant, passant d'escaliers en couloirs, fait le lien avec un deuxième niveau, qui réunit autour d'un metteur en scène, de cinéma celui-là, qui veut porter l'opéra à l'écran, le petit groupe de personnes qui l'entourent : ses collaborateurs, sa compagne, une autre femme, qu'il veut séduire. Et le jeu amoureux du personnage vient comme se superposer à celui que mène sur scène le héros de l'opéra, au point que le livret de Da Ponte et la musique de Mozart semblent accompagner, en voix off, l'histoire de tromperie et de jalousie qui est aussi celle de cet avatar de Don Juan.
Lequel personnage, tout en menant ainsi ses entreprises séductrices, part dans la nature faire des repérages pour le décor de son film : paysages du Nord, plaines mouillées du plat pays, forêts sous la brume, pluie qui tombe sur les arbres qui se reflètent dans l'eau des marais, longue péniche qui glisse au fil de l'Escaut. À l'inverse des paysages italiens et des villas palladiennes que Losey avait choisis pour sa propre adaptation de l'opéra, André Delvaux imagine ici un *Don Giovanni* du Nord, où les canaux flamands remplacent ceux de la Vénétie, et où l'âme belge parle à travers la musique de Mozart. Le propos prend alors tout son sens, à travers précisément ce Babel Opéra qui parle français en Wallonie, flamand en Flandres, italien sur la scène, anglais pour la communication courante. Et qui parle réalité d'un côté, fiction de l'autre, images documentaires ici, images mentales là, faux décor de théâtre sur la scène, vrai décor rêvé de routes droites encadrées d'arbres filant vers l'horizon, de ciels lourds chargés de pluie, de rails de chemin de fer qui, un soir, un train, semblent ne mener nulle part. Si ce n'est, comme toujours chez Delvaux, vers les territoires mêmes de l'imaginaire.

---

# DEMME Jonathan (américain, né en 1944)

**PREMIER LONG MÉTRAGE :**
*Caged heat (1974)*
**FILMOGRAPHIE DEPUIS 1985 :**
*Dangereuse sous tous rapports (1986)* • *The Making of Sun City (1986)* • *Swimming to Cambodia (1987)* • *Haïti dreams of democracy – Part I (1987)* • *Veuve mais pas trop (1988)* • *Famous all over town (1988)* • ***Le Silence des agneaux (1990)*** • *Cousin bobby (1992)* • ***Philadelphia (1993)*** • *The Complex sessions (1994)* • *Storefront Hitchcock (1998)* • *Beloved (1998)* • *La Vérité sur Charlie (2002)* • *The Agronomist (2003)* • *Un crime dans la tête (2004)*

S'intéressant au cinéma depuis ses études à l'université de Floride, Jonathan Demme entre d'abord au service de presse de deux studios, puis part en Irlande collaborer à un film de Roger Corman, pour la société duquel, de retour aux États-Unis, il écrit et produit *Angels hard they come*, avant de réaliser, pour un budget modique, ses deux premiers films, *Caged heat* et *Crazy Mama*. Il tourne ensuite pour la Paramount, et ses films sont salués comme faisant partie des plus prometteurs de la nouvelle génération, pour leur sens du bizarre et pour l'intérêt qu'ils manifestent pour des personnages marginaux.

Alternant thrillers et comédies, il obtient la consécration en 1990 avec *Le Silence des agneaux*, portrait angoissant d'un génie du mal, succès confirmé par *Philadelphia*, un des premiers films grand public à traiter du sida. Il poursuit parallèlement une carrière de producteur et de documentariste, s'intéressant tout particulièrement à Haïti, auquel il a consacré plusieurs films.

## LE SILENCE DES AGNEAUX (1990)
### avec Jodie Foster, Anthony Hopkins et Scott Glenn

**Descente aux enfers.** Le cabinet du docteur Lecter, comme celui du docteur Caligari, a quelque chose à voir avec l'enfer. Si ce n'est que le psychiatre, ayant franchi les limites de la raison et ayant basculé dans une démence cannibalesque qui lui fait assassiner ses victimes pour se repaître de leur chair, est maintenant enfermé dans un asile pour criminels fous où la toute jeune Clarice Sterling, agent stagiaire du FBI, vient lui rendre visite. Envoyée là par son mentor et chef Jack Crawford, qui n'arrive pas à arrêter un serial killer qui sévit depuis plusieurs mois et qui pense que seul le docteur Lecter, familier qu'il est des ressorts intimes des psychopathes, peut les mettre sur la piste du tueur, la jeune femme descend dans le sous-sol de l'asile comme on descend aux enfers. Devant traverser un long couloir où elle est l'objet des obscénités que déversent sur elle les prisonniers excités par sa présence, elle se retrouve devant une cellule qui a tout d'un cabinet médical et où le docteur Lecter, la regardant s'approcher, la jauge et la soupèse, pour savoir à quelle sauce il va la dévorer.
L'ouverture du film de Jonathan Demme établit d'emblée entre la jeune héroïne et le psychiatre cannibale une relation trouble, dont on voit bien qu'elle dépasse le simple rapport du flic et du tueur. En fait, ce que Clarice Sterling vient chercher auprès du docteur Lecter, ce sont certes les indices qui pourront permettre l'arrestation de ce Buffalo Bill qui, enlevant en série des jeunes filles obèses, découpe leur peau pour s'en faire un vêtement. Et le temps presse d'autant plus que c'est la fille d'une importante personnalité politique qu'il vient d'enlever. Mais progressivement, la blancheur apparente de la jeune Clarice révèle, dans son moi profond, des troubles enfouis que le docteur Lecter, en psychiatre qu'il est, décèle aussitôt, et dont, en manipulateur démoniaque qu'il est aussi, il va jouer dans un jeu de donnant-donnant où, à mesure que la jeune femme met à nu ses propres zones d'ombre, il lui livre les indices qui la rapprochent de l'identification du serial killer. Dans ce jeu du chat et de la souris, c'est en fait le joli petit museau de Jodie Foster qui est au centre du dispositif. Et cela apparaît dès la première séquence où, dans une forêt sombre et menaçante, la jeune femme court à perdre haleine pour son entraînement quotidien de flic. Cette forêt, il va lui falloir en percer les ombres, et le fait que celles-ci soient liées à la mort de son père et à un cauchemar récurrent d'agneaux innocents qui crient devant le couteau qui va les sacrifier, fait de la relation qu'elle va tisser avec Lecter à la fois la projection d'un rapport père-fille fantasmatique et le chemin initiatique qui permet, en allant voir le mal de près, de se débarrasser de ses propres démons intérieurs.
Cette dimension à la fois symbolique et fantastique donne au thriller de Jonathan Demme une profondeur intérieure qui, loin des déploiements d'effets spéciaux et des complaisances sanguinolentes du genre, choisit d'explorer le labyrinthe angoissant de la pathologie criminelle, mais aussi les troubles intimes de la personnalité. Et cette descente aux enfers, avec la sécheresse d'un récit construit sur un contrepoint haletant – la progression de l'enquête de Clarice alternant avec le cheminement criminel du tueur en série –, avec une science très concertée des éclairages et des décors – glauques, froids, comme dans un conte fantastique –, avec l'interprétation elle aussi toute de sécheresse glaçante d'Anthony Hopkins, face à la fragilité et à la détermination d'une étonnante Jodie Foster, petite victime sacrificielle qui refuse de se laisser faire, et avec surtout cette approche au plus près d'un malin génie qui a quelque chose du Mal absolu : tout cela fait du film de Jonathan Demme un chef-d'œuvre du genre. Et qui, dans la longue lignée des grandes figures diaboliques, fait du docteur Lecter le digne successeur de ces autres docteurs, Caligari ou Mabuse, qui furent eux aussi, en des temps troublés, le symptôme angoissant d'un Mal qui court.

## PHILADELPHIA (1993)
### avec Tom Hanks, Denzel Washington et Jason Robards

**Ce mal qui répand la terreur.** Andrew Beckett a le sida et il le sait. Lorsque le film commence, le sort en est déjà jeté : le mal est là, définitif, qui a commencé son œuvre de mort. Reste donc tout ce qui l'entoure, c'est-à-dire sa dimension sociale. Le premier souci, et la première réussite, de *Philadelphia* tient dans ce parti judicieusement pris de traiter non le sida pour lui-même – encore que l'évolution de la maladie du personnage central soit au cœur même du récit – mais de l'envisager dans ses implications collectives, comme ce mal qui répand la terreur et qui, du même coup, fait le vide autour du malade, ce pestiféré de l'an 2000. Dans cette optique, le spectateur fait directement partie du propos : ces réactions de peur et de rejet, qui, au fond de lui-même, n'y est pas sensible ? Et – c'est le film aussi qui le dit, et c'est une autre de ses réussites – la chose est naturelle. On le voit bien avec Joe Miller, le second personnage principal : noir, avocat doué pour les affaires, bien dans sa vie et dans sa peau, il nourrit vis-à-vis d'Andrew qui vient le voir pour lui confier son affaire une répulsion instinctive, faite de la crainte de la contagion, pour lui, pour sa femme, pour l'enfant qui vient de leur naître, et aussi du dégoût de l'hétéro un brin macho qu'il est pour les homosexuels... Tout est donc clairement posé dès le départ. Et c'est toute l'ingéniosité du film de Jonathan Demme que d'inscrire l'idée de cette exclusion sociale dans un scénario qui en fait le procès. Tout se passe en effet dans le milieu judiciaire : Andrew Beckett est lui-même un jeune avocat pour qui s'ouvre la plus brillante des carrières, mais que ses employeurs, un prestigieux cabinet d'affaires de Philadelphie, s'empressent de congédier, sous couvert de faute professionnelle, dès que les premiers signes de l'infection apparaissent sur son visage. Le film commence là, au moment où Andrew, abusivement licencié, décide de se défendre et fait appel pour cela à Joe Miller, qu'il prend pour avocat. Le procès peut donc commencer et l'on sait qu'en matière de film de prétoire, les Américains sont les maîtres. Le champ clos du tribunal, les deux parties face à face, l'interrogatoire des témoins, les « Objection ! Votre Honneur » : rien ne manque à la panoplie. La machine est impeccable, usinée au millimètre, fonctionnant au quart de tour. Car, et c'est là encore un point fort, ce procès apparaît vite comme celui de la société elle-même face à la maladie. L'histoire d'Andrew Beckett se charge d'une dimension symbolique, dans cette ville de Philadelphie qui est à la fois celle où fut adoptée la Déclaration d'Indépendance, fondement de la nation américaine, et celle de l'amour fraternel, fondement du melting-pot et de la tolérance. Le problème du sida se trouve ainsi enserré dans tout un réseau de fils qui en montrent les diverses implications et qui ne laissent guère d'issue au procès intenté. Tout spectateur est prié de sortir à la fois son sens civique, son esprit de tolérance et, naturellement, son mouchoir. Et ce d'autant plus que la performance assez hallucinante de Tom Hanks, dans un rôle à Oscar, et celle, rassurante dans son engagement, de Denzel Washington dans sa défense du malade, sont un élément supplémentaire pour emporter la conviction. On serait donc mal venu de remarquer que tout fonctionne parfois trop bien, dans un univers peut-être un peu trop clean pour être totalement honnête. On n'a pas le temps, ni le mauvais esprit, de s'y arrêter, tout convaincu et entraîné qu'on est par la rigueur de la démonstration, la virtuosité du découpage, le souffle qui anime certaines séquences (dont une, magnifique, sur grand air de la Callas), et surtout par cette façon impeccable qu'à Jonathan Demme de traiter d'un grand sujet en donnant, après avoir fait entendre le silence des agneaux, la parole au pauvre mouton enragé qui se refuse à être la victime expiatoire d'une société sacrificielle.

## DEMME Ted (américain, 1964-2002)

**Filmographie :**

*Who's the man (1993)* • *Tel est pris qui croyait prendre (1994)* • *Beautiful girls (1996)* • *Monument Ave. (1998)* • *Life (1999)* • ***Blow (2001)*** • *A Decade under the influence (2002)*

Amorcée à la télévision en 1988, où il crée une série et réalise plusieurs épisodes d'une autre série à succès, *Homicide*, la carrière de Ted Demme commence, au cinéma, par des comédies de tonalités diverses : humour noir avec *Tel est pris qui croyait prendre*, amours adolescentes avec *Beautiful girls*, fantaisie avec *Life*. Tout en développant parallèlement une activité de producteur, il aborde avec *Blow* la chronique sociale, sous forme d'enquête consacrée à un seigneur de la drogue, problème aigu dont lui-même sera tragiquement l'année suivante la victime.

### BLOW (2001)
### avec Johnny Depp, Penelope Cruz et Ray Liotta

**Ma petite entreprise.** La petite entreprise que monte George Jung ne connaît pas la crise, et pour cause : on est aux États-Unis, au début des années 1970, et le jeune homme, débarquant en Californie, y trouve un paradis de liberté, dont il entreprend aussitôt de développer les verts pâturages en fournissant de l'herbe à fumer à toute la jeunesse qui en demande. Sans se poser de question, porté presque par l'air du temps, organisant son trafic comme une sorte de petit job entre amis, il crée le premier réseau de drogue de Californie. Ce qui, malgré les quelques ennuis qu'il connaît, attire sur lui l'attention des gros fournisseurs, intéressés par sa réussite, et en particulier le maître du cartel de Colombie, Pablo Escobar en personne. Et c'est ainsi que, presque sans l'avoir voulu, George Jung se retrouve être le premier à importer massivement sur le sol américain la cocaïne venue d'Amérique du Sud. C'est le temps où l'argent coule à flots, où la vie est belle, où tout réussit : la petite entreprise est devenue une affaire énorme, et George nage dans le bonheur. Naturellement, et même si le film de Ted Demme prétend ne raconter qu'une histoire véridique (car le vrai George Jung existe, et Johnny Depp qui l'incarne à l'écran est même allé le rencontrer dans sa prison) et s'il entend montrer le trafic de la drogue tel qu'il est, sans porter de jugement, le récit, après avoir détaillé complaisamment et longuement la réussite du dealer, en évoque aussi la chute. George va payer cher ce qu'il a fait, et le repentir viendra, mais bien tard, juste à temps malgré tout pour compléter les 1 h 50 consacrées à l'aventure exaltante d'une réussite qui pourrait être celle de n'importe quel businessman, par les dix minutes de rédemption finale qui rachète toutes les mauvaises actions passées. Ce qui n'est pas suffisant pour qu'on puisse s'empêcher de penser que *Blow*, sous ses apparences documentaires affichées, est en fait un film roublard, qui banalise de façon plutôt suspecte le sujet qu'il traite. On a l'impression, tout au charisme de Johnny Depp en beau trafiquant, que la drogue, ici, n'existe pas, non plus que les drogués. On dirait même que George vend de la poudre aux yeux. Comme le film.

## DEMY Jacques (français, 1931-1990)

**PREMIER LONG MÉTRAGE :**
*Lola (1961)*
**FILMOGRAPHIE À PARTIR DE 1985 :**
*Parking (1985)* • ***Trois places pour le 26 (1988)***

Quelques courts métrages, une douzaine de longs : la filmographie de Jacques Demy n'est pas très longue. Et, pourtant, elle constitue, au sens fort du terme, une œuvre. Avec un port d'attache : Nantes, la ville de l'enfance, la ville de la mer, celle des souvenirs et des rêves, qu'il va magnifier à travers des mélodrames enchantés, des comédies musicales à la fois romanesques et populaires, des contes de fées passant le merveilleux aux couleurs d'une poésie d'aujourd'hui. Mais, prisonnier d'une forme qu'il avait portée à la perfection, il eut bientôt du mal, aux yeux des producteurs et du public, à s'en éloigner. Et sa carrière, subissant douloureusement en France un creux de la vague, se poursuivit certes en Angleterre, en Allemagne, au Japon, mais sans retrouver le succès qui l'avait lancée. Cause ou effet de cette désaffection, ses films étaient devenus plus graves, plus sombres même, comme si l'enchanteur ne s'enchantait plus de sa propre magie, comme si l'amour qu'il avait fait chanter et danser n'était plus aussi heureux, et comme si le chant d'Orphée, dont il modernisait le mythe dans *Parking*, était empreint d'une tristesse désabusée. Restait donc à revenir aux sources, pour retrouver la grâce, et, renouant avec soi-même, faire sentir que la légèreté n'exclut pas la gravité, et que l'élégance est faite de pudeur : *Trois places pour le 26*, film bilan, en était comme l'annonce et la promesse.

### TROIS PLACES POUR LE 26 (1986)
**avec Yves Montand, Françoise Fabian et Mathilda May**

**Le retour au port.** Yves Montand chanteur. De retour à Marseille, la ville de ses débuts, il y est accueilli par la foule de ses fans, venus applaudir la comédie musicale où il évoque sa propre carrière, ses chansons, son ascension vers la gloire. Parmi ses admirateurs, une jeune parfumeuse qui rêve des feux de la rampe, et parmi ses rencontres, son amour de jeunesse. Sorti des pagnolades et du Papet, revoici Mister Montand, smoking et chapeau claque, l'élégance du geste, le velours de la voix : tel qu'en lui-même enfin quarante années de music-hall l'ont érigé en monument. Tout le charme du film de Jacques Demy est d'animer cette image, de la faire danser, chanter, rire, s'attendrir, en mêlant tout à la fois la réalité même de la carrière du chanteur, ses débuts marseillais, son premier amour, ses premiers succès, ses femmes, Piaf, Monroe, Signoret, et sa mythologie propre à lui, Jacques Demy, telle que du Nantes de *Lola* au Cherbourg des *Parapluies* et au Rochefort des *Demoiselles*, il en a nourri le décor de ses films. Le tout au rythme d'une vraie comédie musicale, avec Michel Legrand à la musique, avec des boys, des girls, des strass et des lumières, qui retrouve la grâce et le tempo des beaux mélos musicaux d'autrefois, et qui semble, après la couleur sombre d'*Une chambre en ville*, redonner des couleurs plus apaisées, plus sereines et plus optimistes aux amours chantées et enchantées qu'incarnent ici, aux deux versants de l'âge, une Françoise Fabian impériale et une Mathilda May qui n'est pas sa fille pour rien. Face à un Montand-champagne, éblouissant, assurément dans son vrai rôle, à l'unisson d'un film qui fait à nouveau chanter la vie.

## DENIS Claire (française, née en 1948)

**Filmographie :**
*Chocolat (1988)* • *Man no run (1989)* • *S'en fout la mort (1990)* • *Keep it yourself (1991)* • *J'ai pas sommeil (1994)* • *À propos de Nice, la suite (1995), co-réalisation* • *Nénette et Boni (1996)* • ***Beau travail (1999)*** • *Trouble every day (2001)* • *Vendredi soir (2002)* • *Ten minutes older (2002), co-réalisation* • ***L'Intrus (2004)*** • *Vers Mathilde (2004)*

Révélée par un premier film assez classique, *Chocolat*, où, racontant son enfance au Cameroun, elle évoque avec subtilité l'Afrique noire coloniale, Claire Denis manifeste, dans les films qui suivent, une personnalité qui se traduit par la façon très élaborée dont elle mêle fiction et réalité quasi documentaire, par le choix de décors inattendus et de climats insolites, par des sujets forts allant parfois, comme dans *Trouble every day*, aux limites du soutenable, et par un style qui multiplie les recherches formelles, le tout en faisant une des créatrices les plus talentueuses du cinéma français, qui poursuit, dans des œuvres toujours exigeantes, une voie solitaire et originale.

### BEAU TRAVAIL (1999)
### avec Denis Lavant, Michel Subor et Grégoire Colin

**Le pas des légionnaires.** Des couleurs, le rythme syncopé des filles de Djibouti qui dansent dans la nuit d'une discothèque, des tee-shirts noirs accrochés à un étendage, la poussière d'une piste qu'à grands coups de pics et de pelles des hommes creusent dans la rocaille, le blanc éclatant des pierres alignées pour former un enclos, et la trompette qui, sèchement, accompagne de la sonnerie aux morts le cercueil qui s'avance au pas ralenti des légionnaires qui le portent : le film de Claire Denis raconte moins qu'il ne montre. Ou plutôt il raconte en montrant, par des images, constamment surprenantes, des plans dont la beauté étrange est à couper le souffle, de lents travellings, des fondus au noir, des ellipses de montage qui relient des scènes en apparence éloignées, la force envoûtante d'une musique qui accompagne le ballet des corps. Car, bouleversant la vieille tradition du film colonial, style *Bandera*, *Morocco* et beau légionnaire sentant bon son sable chaud, la réalisatrice traite comme une chorégraphie ce qui est moins une adaptation du *Billy Budd* d'Herman Melville que son prolongement fantasmé dans un film où la danse des corps et des images donne naissance à ce que l'on serait tenté d'appeler un ciné-opéra, quelque chose de non totalement encore identifié et qui invente son propre langage cinématographique.
Certes, il y a bien un récit, et la voix off de l'adjudant-chef Galoup en trace la ligne, qui revient sur ses rapports tendus avec le légionnaire Sentain, sous les yeux lourds du commandant Forestier. Et certes, il y a bien un sens à donner à ce puzzle d'images à recomposer, chargé d'une amertume en forme de remords nostalgiques, avec un goût de sable au fond de la gorge. Mais l'important, ici, c'est la sensation. Elle émane du film par la force de sa composition visuelle : un ballet, réglé comme tel, où la vie des soldats se transforme en un rituel chorégraphié, et où la réalité devient comme un décor peint, tant les couleurs, les ombres, les lumières se chargent de tout un imaginaire de l'Afrique et d'une légion au sens plein étrangère. Et aussi par la force d'une bande-son où le chant des légionnaires et le rythme de leur pas répondent à la musique de l'opéra de Benjamin Britten, lui-même faisant écho au sifflement du vent, au bruit des vagues et, plus fascinant encore, au silence d'un monde comme suspendu au bord du désert.

### L'INTRUS (2004)
### avec Michel Subor, Grégoire Colin et Béatrice Dalle

**La recherche du temps perdu.** Qui est-il ? D'où vient-il ? On n'en sait trop rien. Il vit seul, dans les forêts du Jura, à deux pas de la frontière suisse. Il a un fils, qu'il ne voit guère. Et des chiens de neige, ses seuls amis, qui montent la garde. Et un cœur qui se fatigue lorsqu'il force un peu, et qu'il décide de changer pour un tout neuf, qu'il se fera greffer. Alors, il part, avec le magot qu'il a mis en réserve, bien planqué dans un coffre en Suisse. Il part pour la Corée, et, par des voies sinueuses, où interviennent des mafieux russes qui lui trouvent un cœur de contrebande, il reçoit la précieuse greffe, dont la cicatrice, qui lui ouvre le corps, se referme sous les doigts caressants et doux d'une masseuse aveugle. Et, avec ce cœur qui bat désormais au rythme retrouvé de sa jeunesse, il gagne les îles lointaines de la Polynésie, là où, dans sa vie d'autrefois, il a laissé un fils naturel, qu'il entreprend de retrouver.
Tout paraît simple. Tout, pourtant, est nimbé, dans le film de Claire Denis, d'un mystère absolu. Non pas tant pour ce qui touche à l'itinéraire de ce vieux loup solitaire, partant à la recherche de sa propre jeunesse, à la recherche de

lui-même, en remontant l'espace, du Jura à la Corée puis au Tahiti de ses voyages de jeune aventurier, et le temps, de sa retraite solitaire et de ce fils qu'il délaisse à cet îlot du bout du monde et à cet autre fils qu'il ne connaît pas et qui le relie à son passé. Et symboliquement, d'ailleurs, lorsqu'il commence son voyage en s'arrêtant à Genève pour y prendre son argent, il en profite pour changer de montre, de temps, comme il va changer de cœur. Mais, de cette trajectoire dont les trois parties s'articulent chronologiquement, la cinéaste, rompant les lois habituelles du récit, donne à voir non pas tant le déroulement logique que la ligne poétique : celle qui passe par la réalité vécue, mais, et tout en même temps, par les rêves et les cauchemars qui surgissent sans crier gare, par les images qui remontent de la mémoire, par le rythme même d'un cœur dont les battements irréguliers traduisent les pulsations profondes. Voyage largement énigmatique, où les images se télescopent, où les plans s'allongent jusqu'à la rupture, où la beauté de l'image, se dilatant jusqu'à l'extrême de l'absolu, en devient suffocante. Et voyage dans le cinéma, avec un Michel Subor revenant, longtemps après, le corps lourd et fatigué, du *Petit soldat* qu'il fut et qu'il reste à jamais, pour remonter le film à l'envers et tenter de renouer le fil perdu.

## DENIS Jean-Pierre (français, né en 1946)

**Premier long métrage :**
*Histoire d'Adrien (1981)*
**Filmographie depuis 1985 :**
*Champ d'honneur (1987)* • *Les Blessures assassines (2000)* •
***La Petite Chartreuse (2005)***

Un premier film surprenant, *Histoire d'Adrien*, tourné en occitan sous-titré français, qui lui vaut la Caméra d'or à Cannes. Deux films qui suivent, *La Palombière* et *Champ d'honneur*, qui gardent le même ancrage régional dans le Périgord, et qui dénotent un regard direct et simple sur des personnages humbles liés à la vie rurale, loin des clichés dont les affuble traditionnellement une vision parisienne lointaine. Mais, après ces trois premiers films pourtant porteurs d'un vrai talent et d'une vraie vision de cinéaste, l'impossibilité de réaliser deux nouveaux projets et de pouvoir poursuivre dans la voie étroite choisie amènent Jean-Pierre Denis à quitter le cinéma et à reprendre son activité professionnelle d'origine : l'inspection des douanes. Et c'est là que, treize ans après, on vient lui proposer un sujet difficile entre tous : une nouvelle version d'une affaire criminelle ayant inspiré déjà nombre d'écrivains et de cinéastes, celle des sœurs Papin. Le cinéaste en tire *Les Blessures assassines*, où il transcende par sa mise en scène la reconstitution du fait divers, avant de retrouver, cinq ans après, et après un nouveau retour à son métier d'inspecteur des douanes, un autre livre et un autre film, *La Petite Chartreuse*, étonnant conte moderne où la nature, ici de montagne et de forêt, sert de décor à la solitude, à la douleur, et *in fine* à l'espérance.

### LA PETITE CHARTREUSE (2005)
**avec Olivier Gourmet, Marie-Josée Croze et Bertille Noël-Bruneau**

**Les voix du silence.** Dès qu'elle sort de l'école et qu'un gros plan fixe sa petite bouille ronde, ses tâches de rousseur, ses yeux clairs, et ses cheveux tout roux sous la queue-de-cheval, on se dit que c'est bien elle, la petite Chartreuse du roman de Pierre Péju, la fillette solitaire qui, un jour où sa mère a encore oublié de venir la chercher, rentre à pied et, traversant la rue sans faire attention, vient se jeter contre le camion du libraire Vollard. Et dès qu'on le voit, lui, avec sa figure épaisse, ses épaules larges, sa démarche empruntée de géant mal léché, on se dit que c'est lui le libraire, le colosse, l'homme qui lit, qui se souvient par une étrange hypermnésie de tous les livres et de tous les mots qu'il a lus. Et lorsque la mère arrive, plus tard, chez elle, et que deux policiers l'attendent pour lui apprendre l'accident de sa fille, on la reconnaît tout de suite aussi, cette jeune femme mal embarquée dans la vie, flottant entre une dérive qui la guette et un désir d'assumer malgré tout un rôle de mère manifestement trop lourd pour elle. Et ce sentiment de familiarité que l'on éprouve aussitôt pour les trois protagonistes traduit bien la première réussite de Jean-Pierre Denis par rapport au roman qu'il adapte : un art de donner chair à ces êtres de papier que sont des personnages de roman, mais avec une intelligence du texte qui fait que les comédiens choisis (et tous trois le sont de façon idéale) viennent comme tout naturellement répondre à l'imagination qu'on a pu s'en faire.

Et s'il y a une vertu dans le film de Jean-Pierre Denis, c'est bien celle-là : de rendre nulle et non avenue le fastidieux et récurrent débat sur la fidélité qu'un film est censé devoir au roman qu'il transpose. Car *La Petite Chartreuse*, le film, c'est à la fois l'intrigue du roman, ses personnages, ses décors, son atmosphère : ce cheminement de trois solitudes qui, soudain, se rencontrent ; cette fillette qui se réveille muette du coma sur son lit d'hôpital et que le libraire va accompagner dans son retour au monde, prenant la place, qu'elle lui demande d'assurer, de cette mère qui, elle, ne s'en sent pas la force ; ces trois silences qui en viennent ainsi à s'ouvrir à l'autre ; ce lent cheminement dans le labyrinthe d'une montagne qui fait du silence l'écho des interrogations essentielles. Et de cet accident tragique qui les réunit, naît quelque chose qui, chez Jean-Pierre Denis, modulant à sa façon le désenchantement du livre, débouche sur une espérance.

Car, et c'est là ce qui fait les vraies adaptations, tout en étant lié au roman, le film est fondamentalement autre chose : il est la vision de son auteur, la façon dont celui-ci choisit certains éléments du livre et en laisse d'autres de côté, dont il construit certains aspects des personnages – par exemple, en donnant au mal-être de Vollard l'explication d'un drame conjugal et de l'alcoolisme –, et dont, loin de chercher à dévider l'écheveau serré de tous les thèmes et de tous les sens que tissaient les mots du romancier, il tire son fil à lui, son film à lui. Sensible sans sensiblerie, pathétique sans pathos, émouvant dans sa simplicité, chaleureux dans sa façon de donner voix et vie aux enfants du silence et du froid.

## DE PALMA Brian (américain, né en 1940)

**PREMIER LONG MÉTRAGE :**
*Le Mariage (1964)*
**FILMOGRAPHIE DEPUIS 1985 :**
*Wise Guys (1986)* • ***Les Incorruptibles (1987)*** • *Outrages (1989)* • *Le Bûcher des vanités (1990)* • *L'Esprit de Caïn (1992)* • *L'Impasse (1993)* • *Mission : Impossible (1996)* • *Snake Eyes (1998)* • ***Mission to Mars (1999)*** • *Femme fatale (2001)* • *Greetings (2003)* • *Le Dahlia noir (2005)*

De Palma, le virtuose, De Palma l'esthète d'un cinéma spectaculaire, De Palma, l'intellectuel jouant à plein des ambiguïtés spéculaires d'un voyeurisme inspiré d'Hitchcock : autant d'étiquettes qui, pour être parfaitement légitimes, jouent aussi parfois comme un écran. Car si la démesure baroque, le goût des effets forts, l'utilisation virevoltante de toutes les ressources de la caméra font du cinéaste un maître de la prouesse technique et de l'efficacité, il y a aussi chez lui, d'un film à l'autre, une façon de réfléchir le monde et, à travers lui, de s'interroger sur le cinéma qui le représente, qui en fait un des réalisateurs à coup sûr parmi les plus complexes et les plus retors. Il faut toujours, en fait, se méfier de l'apparente simplicité avec laquelle il traite les sujets qu'il aborde : jouant le jeu hollywoodien, il en pervertit insidieusement les règles. Avec lui, *Scarface* devient l'opéra sanglant de la violence, *Blow Out* et *Body Double* une réflexion sur les faux-semblants du son et de l'image, *Les Incorruptibles* et *Mission : Impossible* une démonstration de la supériorité du grand écran sur le petit, et *Mission to Mars* une fable philosophique. La virtuosité, toujours aussi manifeste, n'exclut pas la densité…

### LES INCORRUPTIBLES (1987)
### avec Robert De Niro, Kevin Costner, Sean Connery et Andy Garcia

**BD de luxe.** Il y a deux manières de voir *Les Incorruptibles.* La première, c'est d'y chercher un film de De Palma. Cinéaste fasciné par le spectacle de la violence, jusqu'à en faire cet opéra délirant et macabre qu'était *Scarface*, De Palma est un spécialiste du rouge sang, du crépitement des mitraillettes, des bombes qui explosent, des corps déchiquetés. Comme on est ici au temps des gros bras de la prohibition, dans un Chicago soumis à la loi des gangs, le sang peut couler à profusion et composer de temps à autre de superbes tableaux : ainsi d'une tête écrasée dont le contenu dessine, sur une table filmée d'en haut, comme la carte de quelque pays imaginaire, ou du corps d'un gangster qui tombe du sommet d'un building et dont le vol, pris en gros plan, devient la chute aérienne d'un ange déchu et bientôt écrasé.

En matière de cinéma, De Palma, il est vrai, connaît ses classiques. Comme dans tous ses films, il y a ici d'autres films en filigrane. À ce jeu de la citation, c'est bien sûr à Hitchcock que renvoient la plupart des références, et notamment cette extraordinaire séquence au cours de laquelle une poussette d'enfant dévale marche à marche un escalier potemkinien, tandis qu'éclate tout autour une fusillade nourrie, que la mère hurle, que le son devient assourdissant, que l'image se dilate dans un ralenti crispant, et que l'enfant, imperturbable, sourit du fond de son landau. Il y a là tout le savoir-faire éblouissant, le maniérisme contourné, l'humour auto-dérisoire d'un virtuose de la caméra. Comme son prénom l'indique : brillant, De Palma.

Ceci dit, le reste du temps, le cinéaste se met plutôt en veilleuse et laisse la place à l'honnête faiseur chargé de mettre en scène une superproduction de la manière la plus efficace. Seconde façon, donc de voir *Les Incorruptibles* : comme une bande dessinée à grand spectacle, à l'action soutenue et au rythme sans faiblesse, où il ne manque pas un fil aux costumes des deux mille figurants, où les calandres des voitures d'époque brillent de tous leurs chromes et ou les cigares des méchants sont gros comme les barreaux de la prison qui les attend. L'hyperréalisme rétro fonctionne à plein, donnant aux aventures d'Eliot Ness la dimension dolby-couleur-grand écran, là où la série télévisée faisait dans le document noir et blanc et la quasi-sécheresse.

Parfaitement accordée au rythme infernal des balles dum-dum, l'interprétation est en plomb massif. Kevin Costner a un côté Canada Dry (l'allure de Robert Stack, les épaules de Robert Stack, le sourire de Robert Stack, mais en parvenant à ne pas être Robert Stack). En Irlandais épais et râleur, Sean Connery ressemble de plus en plus à John Wayne. Quant à De Niro, irrésistible, il compose un Al Capone plus faux que nature, tout en moues, en rictus, en sourcils, en voix caverneuse et en force extérieurement tranquille. On dirait un Rastapopoulos made in USA, dans un remake de luxe de *Tintin en Amérique*.

## MISSION TO MARS (1999)
### avec Gary Sinise, Tim Robbins et Connie Nielsen

**La planète des signes.** Allô Houston, ils ont vraiment un problème ! À peine débarqués sur Mars, aux alentours de 2020, les vaillants spationautes envoyés là par la Nasa se retrouvent en effet devant un paramètre imprévu : une sorte d'immense bloc montagneux, surmonté d'une curieuse arête métallique, dont ils voudraient bien savoir ce qu'il cache. Mais la planète rouge n'étant pas du genre vraiment hospitalier, à peine ont-ils braqué leur rayon radar qu'une tempête cosmique se lève sur l'énigmatique proéminence, en faisant sortir un entonnoir à typhon, genre aspirateur géant, qui les avale illico dans sa bouche d'ombre. Heureusement, le brave commandant Luke a échappé à la tornade aspirante (« Pourquoi moi ? », se demande-t-il avec à-propos mais sans parvenir à apporter une réponse, ce qui ne facilite guère l'explication) et dans le dernier souffle de son appareillage de transmission, il parvient à alerter les responsables de la Nasa, lesquels se disent qu'en effet il y a vraiment un problème et qu'il faut dare-dare envoyer une mission de secours.

Voilà donc un second équipage dépêché sur les lieux, trois hommes et une femme, tous le regard pareillement tendu sur la ligne rouge de la planète mystérieuse, droits dans leurs bottes de héros, le petit doigt sur la couture de leur combinaison spatiale. Pas un pli de travers, pas l'ombre d'un doute sous le gros casque à visière chez ces conquérants d'un nouveau monde, à tel point même qu'on se dit qu'il y a dans le côté propre et lisse de leur entreprise quelque chose comme la nostalgie non seulement d'une époque où la science-fiction vibrait de grands rêves et de grands idéaux, mais peut-être plus profondément de celle où le cinéma s'offrait de belles images et de grandes aventures sans trop se poser de questions. Car le film de Brian De Palma, rompant avec les scénarios biseautés et les personnages retors qui ont fait, de *Body Double* à *Snake Eyes*, l'essentiel de son cinéma, se révèle comme une sorte d'illustration naïve du récit de conquête spatiale. Ce qui ne va pas sans un côté simpliste, qui, par moments, semblerait presque appeler la parodie. Mais ce qui ne va pas non plus sans une sorte de force visuelle épurée qui, refusant toutes les machines à gaz technologico-virtuelles mises au goût du jour par le cinéma de la guerre des étoiles, s'emploie plutôt à offrir la vision d'un monde nu, portant la marque des origines. Cela surprend d'autant plus venant d'un cinéaste familier – voir *Scarface* – de la démesure baroque. Mais cela trouve son sens dans la leçon dont est porteuse cette conquête héroïque menée sur une planète riche de signes, et qui n'est autre que la quête du mystère même de la vie et de l'humanité.

Lorsque donc enfin le Martien ou plutôt, variation signifiante, la Martienne paraît, voici que se découvre, sur la face cachée de Mars, ce sur quoi l'Homme depuis toujours s'interroge. Et cette odyssée de l'espace du nouveau millénaire se découvre alors pour ce qu'elle est : une fable optimiste appelée à apaiser les angoisses métaphysiques. On peut donc dormir tranquille…

## DEPARDON Raymond (français, né en 1942)

**Premier long métrage :**
*Numéros Zéro (1977)*
**Filmographie depuis 1985 :**
*Empty Quarter, une femme en Afrique (1985)* • *Urgences (1987)* • *La Captive du désert (1990)* • *Délits flagrants (1994)* • *Afriques: comment ça va avec la douleur? (1996)* • *Muriel Leferle (1996)* • *Paris (1998)* • *Profils paysans: l'approche (2000)* • *Un homme sans l'Occident (2002)* • ***10e Chambre, instants d'audience (2004)*** • *Profils paysans: le quotidien (2004)*

Fils d'agriculteurs, Raymond Depardon a fait ses premières photos dans la ferme de ses parents: ce rapport à la réalité la plus concrète, au travail, à la terre, est sans doute un des fils conducteurs d'une carrière de photographe d'abord – co-fondateur en 1967 de l'agence Gamma avant de rejoindre l'agence Magnum en 1979 –, de cinéaste ensuite, tournant en 1974 son premier long métrage documentaire sur la campagne présidentielle de Valéry Giscard d'Estaing (le film, bloqué pendant vingt-huit ans, n'est sorti en salles qu'en 2002 sous le titre *1974, une partie de campagne*) puis la naissance du journal *Le Matin de Paris* en 1977, dans *Numéros Zéro*. À partir de là, tout en continuant à pratiquer la photographie, il construit une œuvre cinématographique essentiellement consacrée à l'observation politique et sociale et traquant avec un œil et un cœur d'humaniste les injustices, les douleurs, les grandes misères et les petites grandeurs des travaux et des jours: regards sur l'Afrique, à travers une réalité qu'il exprime par le biais de la fiction dans *Empty Quarter, une femme en Afrique*, dans *La Captive du désert*, dans *Un homme sans l'Occident*, ou du document, dans *Afriques: comment ça va avec la douleur?*; monde de la police et de la justice dans *Urgences*, dans *Délits flagrants*, dans *10e Chambre, instants d'audience*; et retour à la terre de son enfance avec ces *Profils paysans* qui disent, au début du millénaire nouveau, l'état d'un monde ancien.

### 10e CHAMBRE, INSTANTS D'AUDIENCE (2004)

**Scènes de la justice ordinaire.** Justice est donc faite. Du moins un verdict est-il chaque fois rendu, à la suite de la comparution, en audience publique, des prévenus convoqués devant la 10e Chambre du Tribunal correctionnel de Paris, entre mai et juillet 2003, et que filme en direct Raymond Depardon. Il filme, c'est-à-dire que, non pas simple reporter mais bel et bien metteur en scène, il choisit d'emblée la posture du cinéaste. L'impression de vérité et de spontanéité que l'on ressent à la vision du film pourrait être à cet égard trompeuse: ce que le spectateur voit, ce n'est pas la réalité brute, rendue comme cela tout à trac, mais c'est un regard sur cette réalité. Et quand c'est un regard aussi affûté et fort que l'est celui de Depardon, cela donne un film passionnant.
Car Depardon pense son film: d'abord dans le choix des douze affaires qu'il retient, en éliminant sur la masse des cas beaucoup plus nombreux dont il dispose. Ce choix initial détermine un montage qui donne au document non seulement sa vie et son rythme mais qui lui fournit, plus profondément, une véritable trame narrative. Cela commence par de petites affaires, qui suscitent surtout le rire moqueur ou complice: un type qui reconnaît avoir bu un verre de trop avant de reprendre le volant, pas de quoi fouetter un chat, même s'il veut bien admettre que c'était un grand verre…; ou un chef de chantier qui gare sa camionnette en double file pour charger des sacs de gravats, et qui, une contractuelle survenant, la traite illico de gentils noms d'oiseaux… Mais, insensiblement, au fil des prévenus appelés à la barre, les cas se font plus complexes et le climat s'alourdit: un jeune type qui harcèle au téléphone sa copine qui l'a quittée, et dont on découvre, lorsque sa victime parle, qu'il l'a battue pendant plusieurs années; un Noir, clandestin et sans papiers, dont l'identité est plutôt floue, même pour les fiches de police, et qui lui-même ne sait pas trop de quelle nationalité il est; un garçon sorti d'une cité, qui gagne sa vie comme chauffeur-livreur, alors que son permis de conduire lui a été retiré, et qui dit sans biaiser qu'il préfère ça à dealer ou à braquer, quitte à être en infraction…
Scènes de la justice ordinaire, c'est-à-dire de la comédie humaine, qui se jouent ainsi devant la caméra, avec toute la palette des origines sociales, des niveaux de langage, des apparences physiques, des voix, des gestes, des regards. Avec des acteurs prodigieux, les accusés, qui n'ont pas besoin d'être professionnels pour faire passer l'émotion, la douleur, le mensonge, l'indignation, l'abattement. Et avec d'autres comédiens malgré eux, dont les formes convenues du rituel judiciaire soulignent parfois cruellement les carences – avocats incompétents, procureurs

cédant un peu trop facilement aux effets de manche et de rhétorique, et même juge prise parfois par les prérogatives de sa charge et ne refrénant pas quelques mouvements furtifs d'autoritarisme ou de condescendance.
Le spectacle est là, intense, varié, chaque fois renouvelé. Et l'interrogation est là elle aussi, de plus en plus forte : sur le fonctionnement de la justice, sur la difficulté de faire la part des choses et des êtres, et sur la différence écrasante qui existe entre le quidam, filmé de près, seul avec sa responsabilité, et ses juges, filmés en plans larges, avec tout l'apparat imposant du cérémonial. Tandis qu'un cas en chasse un autre et que, dernier mot du film, la présidente, renvoyant l'accusé à sa peine, appelle déjà : « Affaire suivante »...

## DERAY Jacques (français, 1929-2003)

**Premier long métrage :**
*Le Gigolo (1960)*
**Filmographie à partir de 1985 :**
*On ne meurt que deux fois (1985)* • *Maladie d'amour (1987)* • *Le Solitaire (1987)* • *Les Bois noirs (1989)* • *Netchaiev est de retour (1990)* • ***Un crime (1993)*** • *L'Ours en peluche (1994)*

Le nom de Jacques Deray restera lié à un genre – le polar à la française – et à un trio d'acteurs vedettes – Belmondo, Delon, Ventura – qui ont marqué la plupart de ses films. Mais s'il n'a pas offert au premier de rôle véritablement marquant, il a su faire évoluer de façon troublante Alain Delon dans les eaux troubles de sa *Piscine*, et donné à Lino Ventura, dans *Un papillon sur l'épaule*, un itinéraire quasi kafkaïen totalement inhabituel dans la carrière du comédien et qui, en tout cas, traduit bien certaines ambitions, par ailleurs pas toujours confirmées, d'un cinéaste moins lisse qu'on ne pourrait le penser. Bon faiseur, technicien au style économe, Jacques Deray est un bel exemple du système de production dominant dans le cinéma français des années 1970. Lorsque ce système, fondé sur le couple moteur Delon-Belmondo, qu'il avait réuni dans *Borsalino*, commença à s'essouffler, la carrière du cinéaste fit de même. Ce qui lui donna l'occasion de venir à des films sans doute plus personnels. La réflexion sur l'identité d'*On ne meurt que deux fois*, la lassitude politique de héros fatigués dans *Netchaiev est de retour*, le retour à Lyon, la ville natale, pour en débusquer les ombres, dans *Un crime*, et peut-être plus encore une part secrète de féminité exprimée en 2002 dans un ultime télé-film, *Lettre d'une inconnue* : au-delà (et en dépit) de leur savoir-faire, les derniers films, marqués par le temps qui passe, donnent d'un réalisateur finalement secret une image plus complexe, et plus attachante.

### UN CRIME (1993)
### avec Alain Delon et Manuel Blanc

**Coupable ou non coupable ?** Frédéric Chapelin-Tourvel a-t-il, comme l'accusation le prétend, commis le crime suprême du parricide, en assassinant la même nuit, dans le riche appartement de famille sis au cœur d'un quartier bourgeois de Lyon, son père et sa mère ? Ainsi posée, la question qui fait l'objet du procès sur lequel s'ouvre le film de Jacques Deray résume à la fois le sujet même de l'intrigue, mais plus fondamentalement encore le problème humain et moral qui en est l'enjeu. Car l'ingéniosité du scénario de Jean Curtelin est d'ouvrir, sitôt le verdict prononcé, la voie du doute. Et ce doute s'empare au premier chef de l'avocat de l'accusé, maître Dunand, ténor du barreau, comme on dit, mais qui, pour une fois, se retrouve avec un chat douloureux dans la gorge. Car ce jeune garçon dont il vient d'assurer brillamment la défense échappe à toute approche rationnelle. Son extrême sensibilité, ses airs de révolte, cette façon qu'il a de passer d'une vérité (d'un mensonge ?) à l'autre : tout semble donner à sa mythomanie une origine lointaine, profonde, soigneusement tenue cachée, et dont la révélation pourrait bien être la clef de sa personnalité et de son crime, si du moins c'est bien lui qui l'a commis.
La réalisation de Jacques Deray traduit au plus près cette plongée dans l'intimité d'un être, par une descente dans les profondeurs d'un passé porteur des explications du présent. D'abord par le procédé du retour en arrière, sur lequel tout le film est construit, qui fait que, alors que tout semble dit lorsque l'histoire commence, tout reste en fait à découvrir. Et sur ce plan, le film entretient un suspense savamment dosé, qui subsiste insidieusement au-delà même du mot « Fin », lié qu'il est alors moins au problème initial de la culpabilité qu'à celui, en quoi il s'est trans-

formé, de la responsabilité. Mais, plus symboliquement encore, Jacques Deray a conçu son film lui-même comme une sorte de tiroir à double fond, où il s'agit d'aller chercher, derrière les apparences, la vérité cachée. Cela passe d'abord par un décor : Lyon, ville de tous les mystères bourgeois enfouis derrière les façades imperturbables d'entre Saône et Rhône, des cadavres cachés dans des placards secrets, et des revenants qui viennent troubler la surface des choses. Un Lyon nocturne, tapi dans la nuit de ses non-dits, et dont la caméra du réalisateur montre, dès le premier plan, par un large panoramique, la ligne serrée des toits dont il va, l'instant d'un film, comme le diable de Cazotte, soulever le couvercle.
Le décor du film est donc tout naturellement celui d'un huis clos : un appartement cossu, éclairant par des lampes de style moderne des meubles de famille, des tableaux académiques accrochés au mur, tout le poids d'une tradition étouffante. Un appartement à couloirs, à recoins, plein d'escaliers et de portes dérobées, labyrinthique, et renfermant dans ses entrailles le trou noir du grand mystère. Dans ce décor, où tout le drame est contenu, deux hommes s'affrontent. Un jeune, frêle à première vue, mais tendu, revêche, réglant ses comptes avec ses aînés, avec son milieu, avec lui-même : Manuel Blanc, découvert chez Téchiné dans *J'embrasse pas*, et qui confirme un vrai talent. Face à lui, beau encore, mais sentant venir l'âge et avec lui craquer ses certitudes : Alain Delon, avocat qui pourrait être le père du jeune accusé, et qui est tout à la fois son défenseur et son ennemi, celui chargé en fait de le révéler. D'où cet autre symbole, perceptible à chaque image : le jeune acteur qui monte et qui rêve de tuer le père, la star, le cinéma de papa. Cet affrontement-là a aussi son pathétique. Y faut-il forcément un vainqueur ? Ou comme dans le film, n'est-ce pas le doute qui subsiste ? Même si l'on remarque que c'est Deray, un vieux routier, qui raconte cela, et que c'est Delon, au bout du compte, et du film, qui a le dernier mot.

## DERUDDERE Dominique (belge, né en 1957)

**FILMOGRAPHIE :**
*L'amour est un chien de l'enfer (1987)* • ***Bandini (1989)*** • *Suite 16 (1994)* • *Hombres complicados (1997)* • *Everybody famous! (2000)* • *Pour le plaisir (2004)*

Né en Belgique flamande, à Turnhout, réalisant son premier film en super 8 à 14 ans, Dominique Deruddere, après avoir étudié le cinéma à Saint-Lucas à Bruxelles, signe deux courts métrages de fin d'étude, devient assistant caméraman puis assistant réalisateur, avant de passer lui-même à la réalisation de son premier long métrage en 1987. Il adapte d'emblée et successivement deux écrivains américains emblématiques, Charles Bukowski et John Fante, dont l'univers décalé correspond bien à son propre univers. Un univers où la distance du second degré désamorce la noirceur de la vision, selon une philosophie que trace le titre d'un autre de ses films, *Pour le plaisir*, où un sujet de film noir est traité de façon humoristique et donne lieu à une histoire décalée, entre fantasme et réalité.

### BANDINI (1989)
### avec Faye Dunaway, Joe Mantegna, Michael Bacall et Ornella Muti

**Dans la chaleur de l'hiver.** Arturo Bandini a 12 ans, en ce mois de décembre 1928. Dans la petite ville de Rocklin, au pied des montagnes du Colorado, l'hiver est froid : la neige est partout et le vent souffle. Les Bandini sont pauvres : le père, maçon italien, émigré dans ce trou perdu d'Amérique profonde, n'a pas de travail à cause des intempéries, et la mère a toutes les peines du monde à assurer l'ordinaire pour son mari et ses trois jeunes fils. Arturo est l'aîné, ce qui lui donne des responsabilités, surtout lorsque son père Svevo, trouvant enfin un petit boulot chez une riche et jolie veuve du patelin, en oublie de rentrer à la maison. La vie devient vraiment dure pour Arturo. Non seulement il a ses propres soucis : Rosa, son amour d'école, l'ignore superbement ; son frère cadet, qui veut devenir prêtre, lui reproche sans cesse ses péchés et, en classe, son institutrice ne cesse de le houspiller parce qu'il rêve. Mais surtout sa mère n'arrête pas de pleurer, de ce mari qui la trompe au su et au vu de tout le monde et qui la laisse sans ressources. Alors Arturo prend les choses en main. Et, face aux épreuves, il garde cette seule idée en tête : ramener ce père prodigue à cette mère tant aimée.
On retrouve, dans l'adaptation que Dominique Deruddere propose du premier roman de John Fante, tous les événements, les lieux, les personnages de l'œuvre originale : le père, joueur, menteur, bon à tout et à rien, mais intraitable sur le chapitre de l'honneur et pas si mauvais bougre au fond ; la mère, aimante, douce, courageuse, mais qui a sa

fierté elle aussi ; et Arturo entre les deux, comprenant tout, souffrant en silence, mais suffisamment malin pour venir mettre son grain de sel dans la marmite familiale. Belle histoire d'amour et de famille, qui est aussi celle d'une enfance d'immigré, dans un monde pas forcément accueillant, mais où l'on s'intègre à force de volonté et de désir de devenir comme les autres. Arturo, fils d'Italiens, rêve pour Noël du plus américain des cadeaux : une batte de base-ball.
Pour raconter cette enfance, John Fante donnait à son récit une force directe où la tendresse n'excluait jamais le dérisoire et où la cruauté pointait sans cesse sous l'ironie. Le cinéaste, en transposant, a choisi un autre registre : préférant Dickens à Bukowski, il donne à l'histoire les couleurs d'un conte de Noël. La dureté du monde disparaît quelque peu sous le décor ouaté du village enneigé, et les personnages ont, même dans leurs pires moments, une bonté foncière qui ne demande qu'à s'exprimer. En gommant ainsi la dureté de l'univers de John Fante, Dominique Deruddere lui enlève à coup sûr beaucoup de ce qui faisait sa force. Mais son adaptation n'en a pas moins son originalité. Sur fond de neige et de froidure, il offre un film chaleureux.

## DESPENTES Virginie (française, née en 1969)

**Filmographie :**
***Baise-moi (2000), co-réalisation***

Romancière à succès et à scandale, faisant du sexe son fonds de révolte féministe, Virginie Despentes, dont l'écriture ne se dérobe jamais à appeler une chatte une chatte, poursuit logiquement dans sa démarche en portant à l'écran son roman le plus directement explicite : *Baise-moi*. Cinématographiquement, l'entreprise ne va pas sans quelques flottements. Mais le film existe, et montre *hard*iment ce qu'il a à montrer : ce qui répond à son ambition première.

### BAISE-MOI (2000)
**avec Raffaëla Anderson et Karen Bach**

**Le porno existentiel.** Il y a deux façons de voir *Baise-moi*. La première, sensible au désespoir qui peut se lire dans la cavale infernale qui entraîne deux filles dans l'enfer de la drogue, du sexe, de la violence et du sang, mettra en avant cette revendication que le titre indique : la volonté des femmes de trouver leur liberté face à ces hommes qui les violent, les avilissent, les prennent comme des objets pour mieux les jeter ensuite, et le désir qu'elles ont de prendre le pas sur eux en retournant à leur compte le sens de la relation sexuelle. Manu et Nadine porteraient ainsi avec elles l'étendard du pouvoir féminin enfin conquis. Dans cette optique, le film de Virginie Despentes dirait par la crudité sans complaisance des images ce que la romancière disait par les mots également directs et crus de son roman. La barrière des prétendues convenances n'ayant donc plus cours, l'appel à deux hardeuses pour interpréter les deux personnages et à une ancienne du X (Coralie Trinh Thi) pour co-signer film et scénario s'inscrirait dans cette volonté de donner au sexe sa vérité. Si les scènes chaudes sont ainsi montrées comme dans les films X, et si la violence la plus insoutenable les accompagne, c'est que serait enfin brisé le tabou ultime sur lequel bute le cinéma bien pensant. Et si le film, tourné en vidéo, offre une image constamment sale, c'est qu'il montrerait par là la saleté de la vie. *Baise-moi*, donc, ou le porno existentiel.
À cette vision qui offre une caution intellectuelle à ce qui risquerait sans cela de passer tout bêtement pour un vulgaire film de cul, on peut en substituer une autre. Y voir par exemple, sur le canevas de *Tueurs-nés*, une façon roublarde d'étaler l'ultra-violence en se donnant l'alibi, qui a bon dos, de la fiction. Ou encore remarquer que tout, dans la façon de cadrer, de filmer, d'outrer le scénario, sent son amateurisme, et que la prétendue esthétique mode du hard et du crade donne en fin de compte une assez bonne idée de la laideur. Ou observer que les deux interprètes sont nettement plus à l'aise pour exercer leur métier de hardeuses que pour se débrouiller avec un texte qui ne fait pas spécialement dans la dentelle fine. Ou se dire que tout le tam-tam médiatique et le site Internet ouvert pour l'occasion semblent jeter quelque doute sur la pureté absolue des intentions. Et s'interroger enfin pour savoir si forcer un homme à faire la truie avant de le sodomiser d'une balle mortelle relève plutôt de la conquête culturelle ou du cinéma cochon…

## DESPLECHIN Arnaud (français, né en 1960)

**FILMOGRAPHIE :**
*La Vie des morts (1990)* • ***La Sentinelle (1991)*** • *Comment je me suis disputé… (ma vie sexuelle) (1996)* • *Esther Kahn (2000)* • *Léo – En jouant dans la compagnie des hommes (2003)* • ***Rois et reine (2004)***

Avec (et chronologiquement après) Leos Carax, Arnaud Desplechin représente le talent le plus novateur apparu dans le cinéma français des vingt dernières années. Révélé par un moyen métrage, *La Vie des morts*, film mélancolique sur le passé d'une famille qui se réunit autour du suicide et de l'agonie d'un des siens, il confirme dans *La Sentinelle* à la fois une ambition et un style qui détonnent dans le paysage commercial par leur côté intellectuel. De fait, passé par l'Idhec, grand cinéphile et grand lecteur, révélant dans ses films une nouvelle génération d'acteurs passés souvent par le théâtre, il appartient à un milieu nourri de culture et de références : son cinéma s'en ressent, qui manie les complexités narratives et structurelles, les jeux de miroirs, l'intérêt pour les sujets philosophiques, politiques, artistiques, la mise en scène de personnages appartenant à un milieu social intellectualisé, et le souci très littéraire de l'écriture. Pour autant, ses films, qui cherchent à faire un cinéma elliptique, complexe, nourri de tout ce qui fait l'air nouveau du temps, et qui mêle aussi bien le théâtre que la chanson, la politique que la science, les films que la vie, débordent vite l'étiquette étroitement « rive gauche » qu'on leur a au départ accolée, pour susciter plus largement des émotions, dire des choses, parler des amours et de la vie. De l'esprit étudiant qui imprègne les films du début, on passe, avec le temps, à un romanesque plus ample, avec des personnages plus imprégnés par les tours et les détours de l'existence : *Rois et reine*, à cet égard, premier film véritablement populaire de Desplechin, montre l'évolution du cinéaste qui, tout en touchant un plus large public, reste fidèle à sa volonté de faire un cinéma du présent, jouant des genres traditionnels, pour raconter des histoires de familles, de groupes, d'hommes et de femmes aux prises avec le monde comme il va.

### LA SENTINELLE (1991)
### avec Emmanuel Salinger, Marianne Denicourt et Valérie Dreville

**La mémoire au scalpel.** Le film d'Arnaud Desplechin ne ressemble à rien de connu : une sorte d'objet non identifié dans le paysage cinématographique, même si, à y regarder de près, on peut lui trouver plusieurs lignes de filiation – Hitchcock, pour l'impeccable mécanique manipulatoire, John Le Carré, pour l'atmosphère d'espionnage labyrinthique, Truffaut, présent à travers certains acteurs (Jean-Louis Richard, Philippe Laudenbach), mais, plus que tout, tant pour les thèmes traités que pour la façon de les traiter, Alain Resnais, l'homme de la mémoire.
*La Sentinelle*, c'est l'histoire d'un jeune garçon d'aujourd'hui, héritier d'un monde au passé lourd. Fils de diplomate (son père était en poste en Allemagne, placé là comme pour surveiller la ligue de coupure entre l'Est et l'Ouest), Mathias, à la fois européen et français, rentre à Paris pour y poursuivre ses études de médecine légale. Dans le train du retour, on lui glisse dans sa valise la tête d'un cadavre. Tête encombrante, comme tous les cadavres qui se trouvent au fond des placards de l'Histoire et que la vieille Europe se garde bien de trop ressortir. Mais Mathias, lui, est jeune : le monde dans lequel il vit, il le veut sans les ombres ni les brouillards du passé. Et cette tête, il veut savoir ce qu'elle cache. Avec le regard froid du pathologiste, qui n'exclut pas une sensibilité presque maladive, il en entreprend donc la dissection, ouvre le crâne, fouille les replis de la chair morte, sonde les dents et les mâchoires, analyse les tissus. Et tandis qu'il se livre à cette mise à plat, autour de lui se noue un étrange ballet d'intrigues – amour, amitié, espionnage –, comme si son attitude à la fois gênait, effrayait, empêchait de vivre.
Ce que le personnage fouille ainsi au scalpel, c'est la mémoire de l'Histoire. Ce qu'Alain Resnais fit avec *Muriel* pour la guerre d Algérie, Arnaud Desplechin le fait ici avec l'Europe sortie de la guerre, chargée de ses crimes, de ses millions de morts, de ses camps et de ses goulags. Avec une façon de filmer en accord avec son propos : son film est construit en chapitres quasi cloisonnés, annoncés chacun par un carton, comme à l'époque du muet, et constituant autant de points de repère. La caméra filme en se moulant de l'intérieur au ton choisi, sans fioritures, sans esthétisme. Le son est direct, la lumière aussi. Et les acteurs, presque tous inconnus, ont le naturel travaillé d'une interprétation elle aussi très directe. Un monde ainsi se met en place, compliqué sans doute, et pourtant évident. À la fois envoûtant et tenace, imposant sa marque, et donnant le sentiment qu'on assiste à quelque chose qui compte : la naissance d'un style et d'un univers de cinéaste.

### ROIS ET REINE (2004)
**avec Emmanuelle Devos, Mathieu Amalric et Maurice Garrel**

**Cases noires, cases blanches.** Si le titre du film d'Arnaud Desplechin évoquait un jeu, on pourrait penser qu'il s'agit d'un jeu d'échecs. Cases noires, Nora, la Dame, forte de toute l'évidence de sa réussite, qui tient une galerie d'art, qui va épouser l'homme riche qui lui convient, et pourtant, en proie à tout ce qui, de l'intérieur, l'assaille : la mort de son premier mari, disparu avant même la naissance de leur fils et qu'elle n'a épousé que *post mortem* ; et la mort qui arrive de son père, à la fois aimé et craint, qu'elle va voir à Grenoble, et dont elle découvre qu'il faut qu'on l'opère d'urgence, et qui agonise. En face, cases blanches, le roi, qui a tout du fou : Ismaël, qui est en proie à tous les ennuis possibles, qui vit agité et reclus, poursuivi par le fisc, aidé par un avocat encore plus agité que lui, et qui se retrouve interné dans un hôpital psychiatrique sur demande d'un tiers, il se demande bien qui ; et pourtant, lumineux, funambulesque, semant le bonheur et le rire, vivant joyeusement sa déchéance sociale et prétendument mentale. Et, entre cases noires et cases blanches, le petit pion, Elias, l'enfant de Nora, qui n'a pas connu son père, qui va perdre son grand-père, et à qui Nora voudrait donner comme père adoptif Ismaël, dont elle fut la compagne et qu'elle a quitté.
De ces deux côtés de l'existence, noir et blanc, bonheur et malheur, homme et femme, vie et mort, Arnaud Desplechin tire un film à deux tons, à deux voix : celle, sèche, d'Emmanuelle Devos, tendue comme la tragédie ; celle, bourdonnante, de Mathieu Amalric, bouffonne comme la comédie. Et de ces deux postulations, de ces deux films en un, qui se font dans l'alternance, le contrepoint, le parallèle, le croisement, il tire un film qui roule des thèmes multiples, des vers de Yeats et de Nerval, des *tu quoque* et des impedimenta, des prénoms lourds de sens, des scènes de genre irrésistibles, des faux raccords entre le vécu et le fantasmé, des familles décomposées qui se recomposent différemment, et surtout un homme et une femme qui ont, pour la première fois dans son cinéma volontiers cérébral, cette densité du corps et du cœur, qui fait la pâte humaine.
Et si le titre du film d'Arnaud Desplechin évoquait un conte, où il serait question de rois et de reine, on pourrait penser à un conte mythologique, tant le parcours des personnages se trouve parsemé d'images qui renvoient aux dieux et demi-dieux antiques, descendus sur terre de leur Olympe pour mêler leur divinité à la petite humanité, pour empêcher celle-ci de vivre tranquille, et pour faire des hommes et des femmes d'éternels orphelins, en quête d'un père, d'un frère, d'une famille, et dont la sagesse consiste sans doute, *in fine*, à apprendre à se débrouiller tout seuls.

## DEVERS Claire (française, née en 1955)

**Filmographie :**
*Noir et Blanc (1985)* • *Chimère (1989)* • ***Max et Jérémie (1992)*** • *Les Marins perdus (2003)*

Critique aux *Cahiers du cinéma*, devenue assistante de réalisation puis obtenant pour son premier film la Caméra d'or à Cannes, Claire Devers se signale d'emblée par une façon directe, acide, violente même, d'aborder les relations entre personnages masculins. Mais, après deux films tournés dans l'urgence, avec des moyens limités, et témoignant d'une sorte d'intransigeance à la fois intellectuelle et formelle, le passage, avec *Max et Jérémie*, à un cinéma plus accessible n'est pas vraiment couronné de succès. Dès lors, la réalisatrice tourne peu : quelques téléfilms, et, en 2003, *Les Marins perdus*, adaptation d'un roman de Jean-Claude Izzo, retour ambitieux mais un peu empesé vers le cinéma de ses débuts, là non plus pas vraiment marqué par le succès.

### MAX ET JÉRÉMIE (1992)
**avec Philippe Noiret, Christophe Lambert et Jean-Pierre Marielle**

**Fausse paire.** Il y a comme ça des bonnes idées dont on se demande après coup si elles étaient si bonnes que ça… Lorsque Claire Devers, désireuse de quitter le côté branché et confidentiel de ses deux premiers films – *Noir et blanc* et *Chimère* – s'est arrêtée, pour un projet plus large et plus populaire, au roman de Ten White, *Les Lamentations de Jeremiah* ; lorsqu'elle s'est adjoint l'aide, pour l'adaptation et les dialogues, de ce bon spécialiste qu'est Bernard Stora ; et lorsque surtout elle a décidé de confier le rôle des deux protagonistes à deux comédiens, Philippe Noiret et Christophe Lambert, si différents que leur réunion ne pouvait que constituer une alléchante tête d'affiche ; lorsque donc elle a conçu ce *Max et Jérémie* comme une addition de bonnes formules, elle a dû se dire qu'elle tenait

le bon filon. Il lui restait seulement à réaliser son film. Or, c'est là que le bât blesse. Le scénario, en effet, tient pour sa part plutôt bien la route. Cette histoire de deux tueurs, dont l'un est chargé d'éliminer l'autre et qui, jeune chien fou, se prend peu à peu d'amitié pour le vieux bouledogue qu'il doit abattre, cette histoire, variante d'une histoire mille fois racontée sur les écrans, présente le mérite sinon de l'originalité du moins de l'efficacité. Comme, avec ça, on est entre mauvais garçons, mais sympathiques, la succession de meurtres, attentats et explosions en tout genre n'offense pas vraiment la morale et relève plutôt de la convention tacite avec un spectateur gagné d'avance à la loi du genre, et d'autant plus acquis à l'entreprise qu'il y retrouve deux acteurs qu'il aime.
Pourtant dès les premières séquences, il faut bien se rendre à l'évidence : tous les ingrédients y sont, mais la sauce ne prend pas. Et la raison en apparaît bien vite : Claire Devers s'applique trop à trop vouloir bien faire. Ses deux personnages sentent d'emblée la confection : le calme face à l'agité, le retraité face au nouveau venu, une génération, celle du beau langage, des belles manières, des beaux costumes, face à une autre, celle de la télé, de Starsky et Hutch, des baskets et du parler hip-hop. Les dialogues, du coup, semblent sortis d'un manuel de conversation comparée, dont les deux acteurs ont le plus grand mal à traiter les travaux pratiques. Si Noiret par son expérience sauve parfois la face, mais encore pas toujours, le malheureux Christophe Lambert nage dans un personnage auquel il n'arrive pas à donner vie. La direction d'acteurs faisant ainsi plutôt défaut, on pourrait attendre de la réalisation qu'elle compense par une ligne stylistique assurée. Mais là aussi, tout flotte : un ton qui se veut d'humour noir mais qui ne se déride pas, une succession de scènes froides qu'interrompent quelques morceaux de bravoure (un appartement qui brûle, un meurtre dans un jardin anglais) qui semblent posés là pour animer un peu, et une façon de filmer qui accumule les citations sans parvenir à s'inventer un style. Certes, peu à peu et laborieusement, il passe quelque chose des bonnes intentions de la réalisatrice. Notamment l'impeccable Jean-Pierre Marielle, en quelques scènes et quelques inflexions, impose un personnage de flic tout en nuances et en humanité. Et la fin, plus tendue et nerveuse, trouve enfin le rythme et le ton après lesquels le film courait depuis le début. Mais au bout de près de deux heures, c'est un peu tard.

## DEVILLE Michel (français, né en 1931)

**Premier long métrage :**
*Une balle dans le canon (1958), co-réalisation*
**Filmographie depuis 1985 :**
*Péril en la demeure (1985)* • ***Le Paltoquet (1986)*** • *La Lectrice (1988)* • *Nuit d'été en ville (1990)* • *Toutes peines confondues (1991)* • *Aux petits bonheurs (1993)* • ***La Divine poursuite (1996)*** • *La Maladie de Sachs (1999)* • *Un monde presque paisible (2002)* • *Un fil à la patte (2005)*

Contemporain de la Nouvelle Vague, Michel Deville en est toujours resté à l'écart, même s'il partage avec elle, dans ses tout premiers films, une liberté de scénario et une économie de production indépendante. Sa carrière montre surtout qu'il a suivi une route très personnelle : d'abord des films de commande, nécessités par des contraintes financières ; puis une longue et fertile collaboration avec Nina Companeez dans des films marqués au sceau du libertinage ; enfin, à partir de *La Femme en bleu*, en 1972, une œuvre plus personnelle qui, tout en étant constamment attentive aux problèmes de la narration, s'organise autour de grands thèmes récurrents : la désillusion, l'appel à l'imagination, le désir, la féminité, la jeunesse, la mort. Avec, plus nettement marqué dans les deux derniers films, *La Maladie de Sachs* et *Un monde presque paisible*, le poids de la souffrance et de l'horreur. Sans que jamais la virtuosité narrative ne fasse défaut, quitte, parfois, à prendre toute la place…

### LE PALTOQUET (1986)
### avec Michel Piccoli, Jeanne Moreau et Daniel Auteuil

**Huit personnages en quête d'acteurs.** Ou peut-être, d'abord, huit acteurs en quête de personnages. Le premier, Michel Piccoli, enfile une blouse grise et terne sur un corps velu, passe des mitaines, se fait l'échine souple et les manières visqueuses : et il devient le paltoquet, serveur improbable dans un improbable café, quelque part dans un port, au bout d'un monde poisseux dont il semble l'ordonnateur, lorsqu'il pose le bras de son électrophone sur un disque, toujours le même, qui règle l'entrée des personnages et les soubresauts du drame.

À côté de lui, femme tronc, enfilant les vulgarités comme d'autres les perles d'un chapelet, Jeanne Moreau, en tripotière aux airs de maquerelle un peu godiche. De l'autre côté du bar, les habitués, occupés à une interminable partie de cartes : Piéplu, ambigu comme un professeur un peu trop particulier ; Bohringer, en médecin qui sent son avorteur ; Auteuil, en journaliste fouille-poubelles ; et Léotard, commerçant avachi et douteux. Les uns et les autres, sortes d'épaves, dont les fantasmes s'éveillent quand paraît Fanny Ardant, toute de blanc vêtue, puis dévêtue. Et, comme un crime a été commis, complétant la distribution, Jean Yanne, en flic qui vient épingler dans ses filets ces étranges papillons de nuit.
Le film de Michel Deville ne peut que surprendre. Non seulement parce qu'il est un huis clos absolu, ou huit comédiens de haute volée peuvent jouer au millimètre. Mais surtout parce que tout – décor, musique, lumière, dialogues – y relève d'un mécanisme minutieux, par lequel le réalisateur jongle avec le vrai et le faux, le rêve et la réalité, le spectacle et le spectateur. Curieux film, à la fois labyrinthique et arachnéen, surprenant jusqu'au bout, jusqu'à faire penser, quand tout est fini, que rien n'a peut-être jamais commencé.

## LA DIVINE POURSUITE (1996)
### avec Antoine de Caunes et Emmanuelle Seigner

**Le faucon malien.** Qui parviendra à s'emparer du faucon maltais ? On se souvient que John Huston avouait que, dans le film qu'il avait adapté du roman de Dashiell Hammett, plus personne, et lui le premier, ne comprenait plus rien à l'histoire à mesure qu'elle avançait, et que la fameuse statuette n'était rien qu'un objet vide, et faux qui plus est, dont la vraie valeur était en fait de révéler les passions dont il était l'objet. Dans *La Divine poursuite*, il est pareillement question d'une statuette, et même pour faire bon poids, d'une dizaine : en l'occurrence celles représentant un dieu dansant, dont l'original, volé dans un musée du Mali, arrive en France en fraude, mêlé à neuf copies destinées aux membres d'un comité qui doivent les recevoir en cadeau. Or un fâcheux concours de circonstances fait que les caisses contenant la vraie statuette et les fausses se trouvent mélangées, et que la bonne, en or massif et valant son million de dollars, se trouve récupérée sans qu'il le sache par un des membres en question. Ce qui n'est du goût ni des organisateurs de la combine, ni d'Alex, le livreur, qui, sentant la bonne affaire, met dans le coup toute sa petite famille de sœurs, beau-frère, belle-sœur, sœur du beau-frère, et même, sans qu'il soit invité, amant de sa frangine. Cela fait beaucoup de monde, entre ceux qui ont les statuettes et ne veulent pas les donner, et ceux qui n'en ont pas et veulent les récupérer, personne ni d'un côté ni de l'autre ne sachant d'ailleurs quelle est la vraie au milieu de toutes les fausses.
La statuette du dieu dansant sert donc, comme le faucon maltais de John Huston, d'attrape-gogos, si ce n'est qu'à la différence du roman très noir de Dashiell Hammett, c'est ici un roman de Donald E. Westlake qu'adapte Michel Deville, c'est-à-dire d'un des maîtres du pastiche, dont l'univers donne plutôt dans le dérisoire et le saugrenu. Et comme le cinéaste choisit en prime de transposer tout cela en France et même en France profonde – entre Lyonnais et Savoie – et qu'il choisit comme protagonistes de son histoire toute une troupe de jeunes comédiens qui en rajeunissent singulièrement l'atmosphère, on se retrouve du coup moins du côté d'Humphrey Bogart que du Tintin de *L'Oreille cassée*. À cette réserve près que les ambitions de Michel Deville sont conformes à ce goût qu'il a toujours nourri pour les comédies virevoltantes, dont la légèreté apparente repose en fait sur un mécanisme de haute précision.
L'ambition est ici patente de mettre en marche une machine à fabriquer du cocasse, de l'invraisemblable, voire de l'absurde pur et simple, et à faire reposer l'ensemble sur rien, car les fameuses statuettes ne valent évidemment pas tous les espoirs qu'on met en elles. Mais à flirter ainsi avec le vide, le cinéaste n'évite pas toujours d'y tomber. Cela tient à peu de choses : quelques faiblesses dans l'interprétation, quelques répliques pourtant ciselées qui n'arrivent pas à faire mouche, quelques embrouillaminis un peu trop complaisamment recherchés, et voilà que là où le côté léger devrait dominer s'installe une lourdeur fugitive et que la mécanique comique montre ses rouages, et du coup, ne fait plus vraiment rire.
Pour autant, le cinéaste n'est à l'évidence jamais dupe de son propre jeu : un générique à la Guitry et quelques plans ironiques montrant en cours de film le film en train de se tourner disent suffisamment que la distance ironique est sa loi. Et la façon qu'il a de tenir tous les fils d'un scénario foisonnant, menant de pair et sans difficulté apparente trois ou quatre scènes de concert, montre bien sa maîtrise du découpage et du montage. Et si le désir d'en rajouter crée parfois un effet de trop-plein, reste cette belle ambition de se frotter à la logique de l'absurde, et ce goût de retrouver un cinéma du jeu, de la jeunesse et du mouvement, qui se résout dans ce pur plaisir de la poursuite que savait si bien, par exemple, cultiver René Clair et que Michel Deville, même s'il le laisse parfois filer, arrive à capter par moments.

## DeVITO Danny (américain, né en 1944)

**FILMOGRAPHIE DEPUIS 1985 :**
*Balance maman hors du train (1987) • La Guerre des Rose (1989)* • ***Hoffa (1992)*** • *Matilda (1996) • Crève, Smoochy, crève (2002) • I married a witch (2003) • 1 duplex pour 3 (2004)*

Danny DeVito s'est d'abord intéressé au théâtre. Après des études à la New York Academy of Dramatic Arts, il se produit dans plusieurs pièces, et notamment *Vol au-dessus d'un nid de coucous*, qu'il interprétera plus tard, en 1975, dans le film de Milos Forman, qui marque ses débuts d'acteur au cinéma. Tout en enchaînant à partir de là les rôles à l'écran sous la direction des plus grands cinéastes, il devient un producteur influent, et passe également à la réalisation, y montrant une prédilection pour des comédies de mœurs à l'esprit caustique et, avec *Hoffa* (comme pour plusieurs des films qu'il produit), pour des films spectaculaires à forte connotation politico-sociale.

### HOFFA (1992)
### avec Jack Nicholson, Armand Assante et Danny DeVito

**L'anti-héros.** Malfrat habile à détourner des fonds, crapule bâtissant sa réussite sur ses malversations et sur son alliance avec la Mafia ? Ou syndicaliste pur et dur, préoccupé de justice et de solidarité sociale ? Le film de Danny DeVito, même s'il penche pour la seconde interprétation, laisse planer le doute sur la vérité profonde de Jimmy Hoffa. Mais il offre à Jack Nicholson un de ces rôles où il excelle. D'emblée, celui-ci occupe la place. Immobile, le visage bouffi avec des bajoues qui tombent sur l'épaisseur grasse du cou, le nez épaté, le cheveu coupé ras au-dessus de l'oreille, la lèvre supérieure légèrement proéminente, il ne dit rien, ou presque. Tendu, toute l'agitation intérieure passant dans le mouvement des doigts qui pianotent avec impatience, il attend, impassible, impavide, imperturbable, imposant d'autorité sa démesure jusque dans le minimalisme : Jack Nicholson, tel qu'en lui-même, qui s'est fait pour l'occasion la tête – à s'y méprendre – du leader syndicaliste musclé que fut Jimmy Hoffa. Et à vrai dire, les amateurs ont davantage à se régaler devant la performance du comédien, devant son génie de la transformation et devant cette manière qu'il a d'en faire toujours plus qu'il n'en faut, que devant la statue dressée par Danny DeVito à ce Jimmy Hoffa qui reste, pour les Américains, plutôt un sale type et qui risque de ne pas dire grand-chose aux jeunes générations de spectateurs, surtout français, pour qui les années 1930-1960 sont déjà à des années-lumière.
Retour en arrière, donc, sur les temps héroïques d'un avant-guerre où le capitalisme sauvage l'était tout particulièrement pour ses travailleurs. Et parmi eux, les camionneurs, soumis aux diktats des grandes compagnies de production et de fret. C'est dans ce milieu de gros bras exploités et qui ignorent encore leur force que le jeune Jimmy Hoffa pointe le bout de son nez. Il a le verbe facile, le goût de l'action et de l'agitation, un vrai dévouement, et surtout un côté proche des préoccupations de la base : il vient du peuple, et il sent le peuple. Et avec ça un sens aigu de l'organisation, et des scrupules qui ne l'étouffent pas. Pour parvenir à ce qu'il veut, tous les moyens sont bons : des bagarres à coups de barre de fer aux affrontements directs avec la police, mais aussi, à mesure que l'organisation prend de l'ampleur, à des jeux financiers plus secrets et jusqu'à une entente occulte avec l'autre syndicat, autrement redoutable : celui du crime. Danny DeVito raconte tout cela en autant de flash-back, retrouvant à travers l'irrésistible ascension de son personnage la toile de fond d'une Amérique où la loi du plus fort tente de faire la loi. La reconstitution, qui va des lendemains de la Grande Dépression aux années fastes de l'après-guerre et au tournant des années 1960, ne manque ni de moyens ni de souffle ; et les presque deux heures et demie du film passent sans temps mort, grâce à une réalisation efficace et à un scénario nerveux dû à David Mamet. Bref, on a là une de ces grandes sagas comme les aime l'Amérique, où passent des figures connues, et par exemple Bob Kennedy, jeune loup se faisant les dents sur ce syndicaliste douteux et si éloigné du monde dont lui-même est issu.
Le seul problème du film réside dans le fait de savoir si, en présentant Hoffa comme une conscience syndicale, le réalisateur ne cherche pas à imposer une image un peu trop pieuse de celui qu'on a toutes les bonnes raisons de considérer surtout comme un voyou. Certes le syndicalisme à l'américaine, avec ses redoutables pouvoirs financiers, n'est pas un monde qui génère spécialement des tendres. Mais les ombres qui pèsent sur Jimmy Hoffa, et que le film n'élude d'ailleurs pas totalement, rendent quelque peu problématique son héroïsation. En fait, c'est bien d'un anti-héros qu'il s'agit, et qui n'intéresse vraiment que dans la mesure où c'est Jack Nicholson qui l'incarne. Le seul vrai héros du film, c'est lui.

## DiCILLO Tom (américain, né en 1954)

**Filmographie :**
*Johnny Suede (1991)* • *Ça tourne à Manhattan (1994)* • *Box of moonlight (1996)* •
***Une vraie blonde (1997)*** • *Double Whammy (2001)*

Figure de la nouvelle génération du cinéma indépendant des années 1990, Tom DiCillo, après avoir obtenu son diplôme de mise en scène à l'université de New York, travaille comme directeur de la photographie sur plusieurs longs métrages, dont *Stranger than Paradise*, qui révèle Jim Jarmusch en 1984. Dans le même temps, et tout en réalisant lui-même des courts métrages, il participe à de nombreuses productions théâtrales indépendantes, dont une première version de *Johnny Suede* sous forme de one-man-show, et une pièce dont il est l'auteur et où il tient le rôle principal, *Fuorescent hunger*. C'est en portant à l'écran, avec Brad Pitt dans le rôle du jeune fan de Ricky Nelson et des chaussures en daim chantées par Elvis Presley, son *Johnny Suede* qu'il passe au long métrage, et qu'il s'y fait aussitôt remarquer par une mise en abyme virtuose du cinéma lui-même, avec *Ça tourne à Manhattan*, film sur le film dans le film, où il développe, outre une passion pour le cinéma et pour la création artistique, une thématique qui revient dans chacun de ses films, celle du rêve confronté à la réalité, qu'il exprime à travers des personnages purs, un peu naïfs, représentant l'idéalisme face au cynisme ambiant.

### UNE VRAIE BLONDE (1997)
### avec Matthew Modine, Catherine Keener et Daryl Hannah

**La couleur des rêves.** Les vraies blondes existent-elles ? À Manhattan, toutes les filles sont apparemment blondes, mais il ne faut pas se fier aux apparences. Bob, apprenti comédien et surtout séducteur invétéré, rêve de trouver une fille qui lui offre enfin cette blondeur profonde après laquelle il court. Pour y arriver, il ne craint pas de rabaisser un peu ses principes purs et durs de comédien et d'accepter à la télévision un rôle dans un soap dégoulinant de clichés et de débilité mentale, qui le propulse évidemment au top de l'audience et de la célébrité. Joe, lui, se refuse à ce type de compromis. Il vit depuis six ans avec Mary, maquilleuse de mode, et son espoir est de pouvoir devenir un jour le comédien qu'il sait qu'il est. Pour l'heure, comme il faut bien faire face aux fins de mois, le seul costume qu'il endosse est celui de serveur dans un restaurant de luxe, en smoking noir et nœud papillon. Mary, elle, a des problèmes avec son moi affectif et sexuel : toutes les solutions qu'elle trouve – un psy sexagénaire, un professeur de self-control – débouchent toujours sur le désir qu'elle éveille chez les hommes. Et ce n'est pas Joe, enferré dans ses propres difficultés d'être, qui peut vraiment lui permettre d'assumer les siennes. Le couple trimballe donc, on le voit, nombre de problèmes existentiels qu'on dirait tout droit sortis d'un film de Woody Allen. Et il est vrai qu'il y a beaucoup de points communs entre le Manhattan de Tom DiCillo et celui du philosophe juif new-yorkais à caméra et clarinette, qui en a fait le haut lieu de la crise de l'homme contemporain. Et le fait que le film de DiCillo situe son action dans le monde ultra-in de la mode, de la publicité et de la télévision est encore une façon d'être en phase avec tout ce qui fait l'écume d'une ville et d'une société et qui constitue le cœur même de la modernité branchée. Pour autant, les personnages et la manière de DiCillo sont bien à lui. Le regard très satirique qu'il porte sur l'univers de la superficialité passe par une sorte de sympathie ironique pour tous ceux qui y évoluent, ce qui donne au film un ton de comédie elle-même branchée, qui épouse parfaitement l'air du temps. Comme si le cinéaste n'était pas dupe du fait qu'il participe lui-même de cet univers.
Pourtant, il y a plusieurs façons de bien ou de mal tourner à Manhattan. La différence qui existe entre Bob et Joe, les deux amis de galère, le montre bien. Le premier accepte la compromission, sans que la réussite à laquelle il parvient lui apporte autre chose qu'une insatisfaction profonde. Le second, au contraire, persiste dans ses rêves d'être ce qu'il veut devenir et de ne pas céder aux sirènes fallacieuses. Ce n'est pas pour rien que son morceau de bravoure, qu'il propose à chaque audition à laquelle il est convoqué, est le monologue de Biff, dans *Mort d'un commis voyageur* : le cri du cœur d'un personnage incompris, enfermé dans un monde qui le force à ne pas pouvoir montrer ce qu'il est vraiment. Le film de DiCillo, pour autant, n'a rien de la tension dramatique de la célèbre pièce d'Arthur Miller. On est ici dans la comédie de mœurs, tendance new-look : de l'ironie, du second degré, des citations, et un regard aigu et acide sur les petits travers et les grandes misères d'une société du spectacle et de la frime, qui ne craint pas au passage le mauvais goût assumé de quelque effet sonore et pétant, comme une façon irrévérencieuse de montrer le revers de la médaille et, dans un monde du clinquant, où il passe des plateaux de télévision aux séances de photos-mode, du bureau des agents aux clips de Madonna, et des paillettes du spectacle à la réalité bohème, qui s'amuse joyeusement à renverser les fausses idoles.

## DIOP MAMBÉTY Djibril (sénégalais, 1945-1998)

**PREMIER LONG MÉTRAGE :**
*Badou Boy (1970)*
**FILMOGRAPHIE DEPUIS 1985 :**
*Parlons grand-mère (1989)* • *Hyènes (1992)* • *Le Franc (1994)* •
***La Petite vendeuse de Soleil (1998)***

Né dans la banlieue de Dakar, Djibril Diop Mambéty manifeste très tôt un intérêt pour les histoires à raconter, à mettre en scène, à mettre en film ensuite, dès qu'il peut, en 1968, passer à son premier court métrage, *Countras City*, petit film chaleureux et pittoresque sur Dakar et sur ses habitants. Tout au long de sa carrière, d'ailleurs, il manifeste un intérêt constant pour le petit peuple sénégalais. Le regard qu'il porte sur son pays témoigne d'une lucidité empreinte de sympathie. Tous ses films, depuis *Badou Boy* en 1970 et *Touki-Bouki*, en 1973, jusqu'à *Hyènes*, en 1992, racontent la vie comme elle va, dans une Afrique sortie de la colonisation mais ayant bien du mal à s'organiser. Le poids des traditions et des légendes héritées de la matière orale n'y occulte jamais l'attention portée aux réalités du présent, comme le montre *Parlons grand-mère*, qui raconte de façon colorée le tournage de *Yaaba*, le film d'Ouedraogo. Et c'est particulièrement sensible dans le projet qu'il met en œuvre après *Hyènes* : un triptyque qu'il entreprend pour raconter ce qu'il appelle des « histoires de petites gens ». Le premier volet en est *Le Franc*, histoire d'un jeune musicien qui a gagné à la loterie et qui se voit déjà millionnaire ; puis c'est *La Petite vendeuse de Soleil*, bel hommage aux enfants des rues ; mais le troisième volet ne verra pas le jour, le cinéaste disparaissant pendant le montage de *La Petite vendeuse*, privant le cinéma africain d'une liberté de ton et d'un sens du rêve, de la dérision et de la sérénité qui en font la référence de la nouvelle génération qui se dessine.

### LA PETITE VENDEUSE DE SOLEIL (1998)
**avec Lissa Baléra et Taïrou M'Baye**

**Enfant d'Afrique.** Avec sa jambe morte, prise dans une attelle métallique, et l'autre à moitié folle, qui bat la chamade, la petite Sili se déplace comme elle peut sur ses béquilles. Mais cela ne l'empêche pas de marcher, et lorsqu'il s'agit de quitter son bidonville à la périphérie de Dakar pour venir en ville chercher la possibilité d'y gagner le peu qui permettra de subvenir aux besoins de sa famille, et notamment de sa grand-mère aveugle, elle n'hésite pas : elle se met en route. Et c'est cette marche et cette démarche qui font la matière même du second film sur les « petites gens » dont Diop Mambéty a entrepris de raconter « des histoires ». Ce qui donne d'abord à son film valeur de document sur une réalité que le cinéma africain ne montre guère – la misère quotidienne. Sur ce plan, le regard que le cinéaste porte, en de larges panoramiques ou en de longs travellings sur les rues de Dakar, procède du même souci de témoigner d'une pauvreté sociale que celle qui animait le néo-réalisme italien des années d'après-guerre. Et sa petite handicapée qui, pour faire survivre les siens, se fait vendeuse de journaux, a quelque chose des petits cireurs de chaussures de *Sciuscia*. La dureté de la rue est bien la même : les autres enfants crieurs de journaux, qui voient arriver sur leur territoire cette concurrente dont ils considèrent le handicap, propre à susciter la pitié des acheteurs, comme une sorte de concurrence déloyale, lui mènent la vie dure, n'hésitant pas même à lui voler ses béquilles. Mais, comme dans le bidonville des pauvres de *Miracle à Milan*, l'espoir fait vivre Sili : elle est sûre de sa bonne étoile, et un acheteur providentiel, qui lui achète tout son lot de journaux, vient la conforter dans sa conviction.
C'est bien là, d'ailleurs, dans le sourire qui ne quitte jamais le visage radieux de l'enfant, même dans les pires épreuves, que Diop Mambéty apporte ce qu'on pourrait appeler la tonalité proprement africaine de son cinéma : pas de misérabilisme ni d'apitoiement, mais un sentiment mêlé de fatalisme et de joie de vivre, pour affronter les duretés de la vie. Rien n'arrête Sili : comme elle le dit à son copain, lorsqu'elle se retrouve sans béquilles et qu'elle monte sur ses épaules : « Allez ! on continue. » Dans cette vision d'une enfant incapable de marcher et qui pourtant marche en s'appuyant sur l'autre, il y a, au-delà du constat social, la vision symbolique et forte d'un continent blessé mais qui veut continuer à avancer. Le journal que vend Sili porte un titre qui éclaire cette volonté : il s'appelle le Soleil. Et sa petite vendeuse, porteuse de toute la misère des laissés-pour-compte, mais dont le visage irradie l'espoir, on voit bien ce que, pour Diop Mambéty, elle représente : elle s'appelle l'Afrique.

# DISNEY studios

**Filmographie des dessins animés Disney depuis 1985 :**
*Taram et le chaudron magique (1985) • Basil, détective privé (1986) • Oliver & Compagnie (1989) • La Petite Sirène (1990) • Bernard et Bianca au pays des kangourous (1991) • La Belle et la Bête (1991) •* ***Aladdin (1993)*** *•* ***Le Roi Lion (1994)*** *• Pocahontas, une légende indienne (1995) • Le Bossu de Notre-Dame (1996) • Hercule (1997) • Mulan (1998) • Pocahontas II – Un monde nouveau (1998) • Le Roi lion II – L'Honneur de la tribu (1998) • Tarzan (1999) • Fantasia 2000 (2000) • Dinosaure (2000) • Les Aventures de Tigrou (2000) •* ***Kuzco, l'empereur mégalo (2000)*** *• Lilo et Stitch (2001) • Atlantide, l'empire perdu (2001) • La Planète aux trésors (2002) • Peter Pan 2. Retour au pays imaginaire (2002) • Frère des ours (2004) • La ferme se rebelle (2004) • Chicken Little (2005) • Bambi 2 (2005)*

## ALADDIN (1993)
### de Kevin Lima et Chris Buck

**Les merveilles de la lampe.** Avec *Aladdin*, les studios Disney ont réussi un triple tour de force. Le premier, et non des moindres, est que dorénavant les millions de petits Français qui vont rêver au héros des *Mille et une nuits* vont l'écrire dans leurs rêves avec deux « d », à l'américaine, entérinant ainsi dans les faits orthographiques la suprématie culturelle hollywoodienne. Le deuxième, et le plus révélateur, est que, dans la ligne amorcée avec *La Petite Sirène* et *La Belle et la Bête*, le dessin animé franchit ici un palier décisif sur le plan technique. Comme pour *Jurassic Park* et ses dinosaures de synthèse, la machine Disney s'est mise en effet à l'ère informatique. À l'âge de *Terminator*, le dessin ne suffit plus : il lui faut la technologie numérique, l'infographie programmée, l'ordinateur suprême. D'où une nouvelle façon de pénétrer l'univers de l'animation. Dans *Aladdin*, le monde est vu sur grand écran dans le même espace tri-dimensionnel que l'on peut voir dans les images de synthèse obtenues sur le petit écran de l'ordinateur ou de la télévision. Et l'extraordinaire tapis volant qui emporte le héros et sa belle dans le ciel mouvementé de la félicité amoureuse s'anime, se meut, se contorsionne en véritable personnage à partir d'une création entièrement programmée. Or, curieusement, cette animation ultra-sophistiquée, si elle emporte la conviction par la qualité de sa réalisation, offre moins de force d'enchantement que l'animation traditionnelle, pourtant plus simple et plus statique. C'est que, en se mettant au goût du jour technologique, le monde Disney rejoint l'univers des jeux vidéo et des films de synthèse et qu'il s'aligne sur cette banalisation de l'extraordinaire qu'offre aux têtes blondes nourries au Nintendo le fantastique informatisé.

Pour autant, la lampe merveilleuse d'Aladdin ne se prive pas de faire des merveilles. C'est là que réside le troisième tour de force, celui qui consiste à fondre de façon parfaitement dosée ces nouvelles techniques aux caractères qui ont fait depuis toujours la qualité Disney. On retrouve ainsi dans les aventures du gentil garnement oriental confronté aux visées du grand méchant vizir et déployant toute son énergie pour lui arracher la belle Jasmine, la fille du sultan d'Agrabah, les ingrédients du conte qui font rêver grands et petits. D'autant qu'ils sont agrémentés d'un humour constant qui fait glisser le dessin animé vers le cartoon et qui même, par tout un ensemble de références burlesques, offre la dimension du second degré. Pour le reste, et même en en restant au degré premier, on a largement de quoi se satisfaire d'une histoire menée à un rythme sans faiblesse, d'une bande-son particulièrement travaillée qui offre des moments de pure comédie musicale, de gags inventifs, de couleurs et de décors recherchés, et de personnages pittoresques. Et parmi eux, au côté du héros qui, avec son petit air à la Tom Cruise, aligne le type oriental au standard du goût américain, la palme de l'originalité revient sans conteste au fameux génie de la lampe. De cette créature qui symboliserait assez bien à elle seule la magie du cinéma – né lui aussi d'une lampe merveilleuse, d'une lanterne magique –, on ne peut qu'admirer l'extraordinaire puissance d'illusion, qui se manifeste à travers un génie de la transformation proprement ahurissant. Tour à tour chien, dinde rôtie, dragon, lapin rosé, abeille, abat-jour, fusée, sous-marin, hamac, hôtesse de l'air, tailleur, tambour-major, cuisinier, et même paire de lèvres, il endosse aussi les traits de héros de cinéma, Pinocchio, Groucho Marx, De Niro, Nicholson et jusqu'à Schwarzenegger… C'est *Terminator 3*, la violence en moins, la fantaisie en plus. Et les mêmes millions de spectateurs et de dollars à la clef…

## LE ROI LION (1994)
### de Roger Allers et Rob Minkoff

**Tu seras un homme...** Cela commence comme dans les contes et les légendes : il était une fois..., au cœur de l'Afrique, un lion qui régnait en maître sur le royaume des animaux. Il s'appelait Mufasa, et il faisait régner la paix. Mufasa avait un fils, un lionceau mignon tout plein, tellement fier d'être le fils d'un si grand roi qu'il écoutait avec respect les leçons que celui-ci lui inculquait sur le sens de la vie, les valeurs à respecter et l'art d'être un bon souverain. Mais en même temps, Simba – c'était le nom du petit lion – était comme tous les enfants de son âge, joueur, espiègle, prêt à toutes les bêtises. Or, Mufasa avait un frère, Oscar, vieille peau décharnée ruminant son dépit de ne pas être roi et nourrissant vis-à-vis de Simba, l'héritier du trône, les plus noirs desseins. Tellement noirs que, profitant de la crédulité du lionceau, il réussit à l'entraîner dans un piège mortel, le mettant à la merci d'un troupeau de gnous déchaînés fondant sur lui et prêts à le réduire en bouillie si Mufasa, par une intervention désespérée, ne parvenait à sauver son fils, mais en y laissant la vie.
Ainsi commence la belle histoire. Et ce qu'il advint du pauvre Simba découvrant son père mort puis se retrouvant chassé de son royaume par l'affreux Oscar, c'est ce que raconte *Le Roi Lion*, ce film Disney qui, par cette ouverture, fait naturellement penser, plus de cinquante ans après, à un autre grand film des mêmes studios, l'inoubliable *Bambi*. Si ce n'est qu'on est ici en Afrique, la terre nourricière, et que le récit s'installe d'emblée dans le mythe. C'est en effet au cycle même de la vie qu'on assiste, dans un embrasement solaire qui enflamme des espaces immenses. Et l'on est au centre du monde, dans une histoire éternelle, où il est question du passage initiatique de l'enfance à l'âge adulte, des rapports du père et du fils, de la place de l'être vivant au sein de la nature, du combat du Bien et du Mal. Cette leçon universelle, propre à être comprise à travers tous les pays et tous les continents, évite soigneusement toute note qui pourrait paraître discordante : pas un Noir dans cette Afrique, pas une allusion au régime carnivore des lions dans cette faune écolo, et pas un révolutionnaire dans cette monarchie éclairée où règne un ordre très moral. Et elle préfère se parer d'un exotisme qui lui apporte sa couleur propre.
Car, parmi les multiples aspects techniques qui témoignent de ce que le savoir-faire Disney est aujourd'hui capable de produire avec les nouvelles technologies informatiques, le jeu sur les couleurs constitue la première source d'émerveillement, et la qualité de l'animation, comme toujours chez Disney inégalable, y gagne encore en beauté formelle. Pour autant, l'utilisation des techniques d'assistance par ordinateur ne vient jamais contrecarrer le côté humain des personnages, et le film offre même un beau défilé de têtes nouvelles, dignes du grand bestiaire de la maison Disney : entre Zazou le calas au bec en forme de banane, Rafiki le babouin mystique, Timon le suricate survolté et l'ineffable Pumbaa, le phacochère péteur, le roi de la jungle est entouré d'une haute et d'une basse cours colorées, qui offrent tout le pittoresque nécessaire et qui apportent la touche constante de fantaisie propre à faire passer en douceur le message.
Car, avec son animation high-tech, *Le Roi Lion* renoue en fait avec les grands thèmes et les grandes valeurs Disney. Voici la pureté primitive retrouvée, la philosophie sous les étoiles, les mystères de la vie et de la mort, et le père qui dit à celui qui lui succédera et prolongera la chaîne infinie des êtres : tu seras un homme, mon fils. Et tout est pour le mieux dans le meilleur des Disneyworlds possible.

## KUZCO, L'EMPEREUR MÉGALO (2000)
### de Mark Dindal

**Ils sont fous, ces Incas.** Pas vraiment politiquement correct, ce Kuzco qui règne sur l'empire des Incas. Il n'en fait qu'à sa tête, se moque de ses sujets, a un ego surdimensionné, et ne rêve que de se construire une annexe de Disneyland sur un de ces sites protégés, genre Machu Picchu, où de braves paysans ont établi leur village. Et pas vraiment non plus moralement correcte, cette Yzma qui lui sert de conseillère : vieille peau qui veut porter beau, elle cache sous les fards et les tenues sexy ses rides et ses chairs flapies, flanquée qu'elle est d'un jeune éphèbe au corps d'athlète et à la cervelle de petit pois qui lui sert de garde du corps et de cuisinier, en assurant aussi toutes autres fonctions moins avouables. C'est dire que, d'emblée, le nouveau dessin animé de la maison Disney prend quelques libertés avec les normes généralement retenues pour l'édification de la jeunesse.
Heureusement, il y a Pacha, le brave villageois qui, venant à la ville découvrir la turpitude de son empereur, va se retrouver amené à faire l'éducation de ce jeune tyran mégalo. C'est que Kuzco, ne voyant rien venir, se trouve trahi par son affreuse conseillère, laquelle, voulant l'éliminer, ne réussit qu'à le métamorphoser en lama. Et comme un lama, ça doit savoir se débrouiller dans la jungle si ça veut avoir quelque espoir de survie, Pacha, qui connaît la jungle et les lamas comme la poche de son poncho, va se charger de ramener Kuzco à son palais et à sa forme

humaine et, par la même occasion, à de meilleurs sentiments. La morale est donc sauve au bout du compte. Mais, entre-temps, la plus débridée des fantaisies règne, entraînant le dessin animé de Mark Dundal sur les chemins assez peu habituels chez Disney du déjanté et du second degré. Si l'animation offre toutes les qualités habituelles de mouvement et de rythme, le dessin est, quant à lui, stylisé de façon originale, tracé qu'il est aux mesures pré-colombiennes. Et les dialogues, qui enchaînent jeux de mots loufoques et répliques décalées, font que l'on se passe sans difficulté des traditionnelles chansons, ici signées Sting mais réduites à leur plus simple expression. Quant à la distance ironique dont le récit fait preuve, elle tendrait à démontrer que la mégalomanie impérialiste, péché mignon de Disney, trouve, avec *Kuzco*, une façon inattendue, et joyeusement créative, de se moquer d'elle-même.

## DOILLON Jacques (français, né en 1944)

**Premier long métrage :**
*L'An 01 (1972)*
**Filmographie depuis 1985 :**
*La Vie de famille (1985)* • *La Tentation d'Isabelle (1985)* • *La Puritaine (1986)* • *Comédie ! (1987)* • *L'Amoureuse (1989)* • *La Fille de 15 ans (1989)* • *La Vengeance d'une femme (1989)* • *Le Petit criminel (1990)* • *Amoureuse (1991)* • ***Le Jeune Werther (1992)*** • *Du fond du cœur (1994)* • ***Ponette (1996)*** • *Trop (peu) d'amour (1998)* • *Petits frères (1998)* • *Carrément à l'ouest (2000)* • *Raja (2003)*

Il peut paraître surprenant de considérer Jacques Doillon comme un cinéaste classique, alors même que la façon dont il a mené sa carrière, délaissant les quelques tentatives de productions lourdes de ses débuts pour en venir à des petits budgets et à des équipes légères, semblerait indiquer une volonté accrue d'indépendance. Pour autant, il y a chez lui un des éléments essentiels qui fait la grande tradition du cinéma français : l'importance donnée à la psychologie. Doillon s'intéresse en priorité aux relations des personnages avec eux-mêmes et avec les autres. Il conçoit la mise en scène comme une sorte d'introspection, fouillant les passions au plus profond, en choisissant en priorité des personnages à la sensibilité riche – enfants, adolescents, personnages féminins – qu'il filme au plus près, dans des huis clos où se font jour les affrontements et les déchirures. En marge certes de la production courante, il est pourtant un des cinéastes qui, avec son style propre, répond le mieux à ce cinéma d'analyse qui, aux yeux de certains, traduit le nombrilisme impénitent du cinéma français.

### LE JEUNE WERTHER (1992)
#### avec Mirabelle Rousseau, Ismaël Jolé-Ménébhi et Faye Anastasia

**L'âge tendre.** Werther est mort, le film de Doillon commence. Deux siècles après, dans un lycée parisien, les émules en herbe du héros de Goethe sont élèves de troisième. Ils ont entre 13 et 14 ans, ne connaissent pas encore grand-chose à la vie, et, entre deux cours qui ne les passionnent guère, ont cette disponibilité et cette attente qui prédisposent aux grandes passions. Pour l'heure, leur vie amoureuse est encore balbutiante, enserrée dans un langage codé – il faut « sortir avec » –, des actes obligés – on se doit d'embrasser – et des désirs qui pointent – on espère bien « coucher avec »... Ils sont ainsi sept ou huit, copains copines, qui n'en finissent pas d'entrecroiser leurs relations, leurs expériences, leurs confidences. Vivant entre eux leur âge tendre, ils découvrent la vie. Mais aussi, soudainement, la mort. Un des leurs, Guillaume, qui a redoublé et qu'ils ont un peu perdu de vue, se suicide. Comme ça, sans prévenir, sans laisser d'explication. Et eux, qui restent, se sentent coupables : de n'avoir rien vu, rien senti, rien fait. Ismaël surtout, avec sa tête d'angelot bouclé à la peau brune et métissée et ses yeux aussi vifs que son sourire, est le plus directement affecté par cette mort qu'il ressent d'autant plus cruellement qu'il était le meilleur ami de celui qui s'est tué. Devant l'inexplicable, il décide d'essayer de comprendre : avec les autres, garçons et filles, il se met à remonter dans la vie de Guillaume, à enquêter sur ce qu'il a vécu. Et l'évidence pour Ismaël prend vite corps : l'explication de tout, c'est une fille, Miren, que Guillaume devait aimer sans espoir. Guillaume, nouveau Werther, serait-il donc mort d'amour, comme ce héros dont Ismaël découvre, en livre de poche, les souffrances romantiques ? Et dont il va, tombant à son tour amoureux de cet amour impossible qu'à vécu son ami disparu, éprouver lui-même les tourments.

Inutile, pour autant, de chercher dans le film de Doillon un nouveau romantisme à l'usage des teenagers de notre fin de siècle. S'il est possible que ce *Jeune Werther* fasse un malheur dans les lycées et si le tirage du roman de Goethe en édition Folio risque fort de grimper (après tout, pourquoi s'en plaindre?), le vrai propos du film n'est pas là. Il est dans cette enquête quasi documentaire que propose le réalisateur, en montrant un groupe d'adolescents d'aujourd'hui tels qu'en eux-mêmes les adultes ne les voient pas. Significative, à cet égard, est l'absence des parents et des profs. C'est des ados, et uniquement d'eux qu'il s'agit, avec leur façon de parler, de s'habiller, de prendre la vie. Et s'ils ont des traits de toujours, si l'on retrouve en eux des accents qui font penser à tel ou tel garçon ou fille de leur âge tels que, déjà, Truffaut ou Rohmer ont su les montrer, ils ont aussi autre chose, qui appartient à l'époque. Et qui appartient à Doillon. Car ce qui est particulier au cinéaste, c'est qu'il fait passer ses propres préoccupations à travers cette mise en scène d'adolescents. Il est en fait constamment là dans la direction de ses jeunes acteurs, dont il tire un naturel confondant (surtout du côté des filles, à qui il donne justement une maturité plus riche et plus complexe que les garçons) ; mais surtout dans ce cheminement de cœurs qui se cherchent.

Le territoire de Doillon, c'est, et ça a toujours été, la confusion des sentiments, les voies obliques de la passion, les égarements et les désordres amoureux. En géomètre du cœur, il arpente la carte de Tendre dans ce qu'elle a d'obscur, d'inavoué, d'informulé même. Quand il s'enlise et coupe les amours en quatre, cela donne un bavardage et des postures qui peuvent être insupportables. Quand il réussit, comme ici, il va au plus profond, il capte le plus fugace, il saisit l'insaisissable. Il atteint alors à cet équilibre où, constamment sur le fil, il ne tombe jamais, habité qu'il est par la grâce.

## PONETTE (1996)
### avec Victoire Thivisol, Delphine Schiltz et Mathias Bureau

**La petite fille et la mort.** Très vite, son papa met Ponette devant la terrible réalité : alors qu'il vient de dessiner sur le plâtre qui enserre son poignet fracturé un petit bonhomme pour lui servir de compagnon, il lui annonce que dans l'accident, sa maman est morte, son corps tout cassé contre le volant. Ponette a 4 ans. La mort, pour elle, ce n'est qu'un mot, mais qu'elle remplit vite du sens qu'il prend dans sa propre vie : sa maman n'est plus là, elle est partie, et elle ne la reverra pas. Tout le monde le lui dit : quand on est mort, c'est pour toujours. Son cousin, qui a 5 ans et qui réfléchit, a même, devant le cercueil, une remarque de professionnel : c'est bien vissé, elle ne pourra plus jamais sortir... Quant à sa tante, elle croit au Bon Dieu, et elle est sûre que la morte est maintenant au ciel, bien à l'aise dans le paradis.

Alors Ponette s'interroge. Et elle résiste. Tout l'intérêt du scénario de Jacques Doillon est là, dans cette idée de donner à ce petit bout de chou, pas plus haut que deux pommes, tout fragile, tout perdu, tout triste, une sorte de volonté têtue, qui consiste à refuser l'inéluctable, à dire non à la mort. Comme si la mort, c'était une invention des autres, des grands, des raisonnables. Ponette, elle, est sûre que tout cet amour qu'elle a pour sa maman, et tout cet amour que sa maman a pour elle, ne peuvent pas être perdus, évanouis, enfermés dans une grosse boîte en bois qu'on enterre au fond d'un trou. Elle sait bien que sa maman ne peut pas l'avoir abandonnée comme ça, dans le silence et la solitude. Alors Ponette décide d'appeler sa maman, de lui parler, de la retrouver coûte que coûte. Et cette recherche fait la trame de la belle histoire que raconte Jacques Doillon : celle d'une fillette face à la mort, celle de la vie face à l'insondable, celle de la pureté et de la force de l'enfant, avant que, grandissant, il ne renonce à son désir d'un monde comme il le veut, comme il le rêve, comme il le fait.

Ce qui est évidemment extraordinaire, dans cette affaire-là, c'est que le cinéaste ait réussi à faire jouer à des tout petits enfants un jeu que les grandes personnes se réservent, jeu interdit en quelque sorte : jouer avec la mort. Et ce qui est non moins extraordinaire, c'est que lesdits enfants font tout naturellement « comme si », et que devant la caméra, ils donnent l'impression de prendre « pour de vrai » cette fausseté qu'est une réplique, un rôle, un personnage. Combien d'artifices et de travail n'a-t-il pas fallu pour obtenir ce naturel ! Et combien de discrétion, dans le maniement de la caméra, dans le maniement aussi de ces petits êtres, pour ne rien brusquer, et pour parvenir à capter ce qui relève, d'ordinaire, chez un comédien, du métier et du talent : faire naître l'émotion. Or, précisément, c'est là que le bât blesse quelque peu. Non pas dans le mauvais procès qu'on pourrait faire au cinéaste : Doillon est tout, sauf un manipulateur, et la pureté et l'intégrité de son projet ne sont pas en cause. Tout son cinéma le prouve, qui cherche précisément à aller voir au fond des cœurs et des êtres pour saisir l'indicible. Mais ici, sur ce sujet qui, à lui seul, suscite le pathétique – l'enfant orphelin –, centrant tout sur son petit personnage, le cadrant au plus près dans des gros plans continus, il en vient à donner l'impression de la regarder faire comme on regarde un peu un chien savant. Et l'on regarde aussi, en admirant tout autant la manière d'un cinéaste capable d'obtenir de telles choses que le « jeu » de la petite Victoire, si confondant, que certains, à Venise, lui ont même décerné un prix d'interprétation.

Mais, tout à cette admiration, on en oublie d'être ému. Peut-être parce que, dans cette volonté farouche et orgueilleuse qu'il a de dépouiller son propos à l'extrême et de ne s'en tenir qu'à des enfants qu'on peut penser n'être pas en âge de « faire du cinéma », Doillon vise l'inaccessible, confronte le cinéma à ses limites extrêmes et que cela pèse sur le film. Peut-être aussi, tout simplement, parce que si réussi que soit le pari de tourner avec cette classe enfantine, il ne l'est pas continûment et que, le cinéaste jouant constamment sur le fil, il arrive que celui-ci casse ou tourne un peu en pelote et qu'on sente alors la ficelle. Jusqu'à se demander même parfois si les mots que prononcent les bambins, et qui sont certes des propos d'enfants, sont bien à leur place dans leur petite bouche. D'autant que, ne cédant rien à son dessein, Doillon s'en tient à un cadrage volontairement serré, étouffant presque, où seul compte ce face-à-face d'une petite fille avec la mort, pas si facile à supporter malgré tout le cœur et la volonté qu'y met Ponette. Mais ce qui est beau, et réussit *in fine* à être vraiment émouvant, c'est quand ce cœur et cette volonté parviennent à leur but. On entre alors vraiment dans le monde de l'enfant et on partage son rêve. On est même prêt, dans un ultime sacrifice, à y renoncer avec elle pour affronter la vie. Et c'est la fin du film.

## DOLMAN Bob (canadien)

**FILMOGRAPHIE :**
***Sex fans des Sixties (The Banger sisters) (2002)***

C'est comme beaucoup de ses confrères par l'écriture de scénario que Bob Dolman débute d'abord à la télévision, où il travaille notamment pour des séries comiques, puis au cinéma, où il donne de nombreuses contributions anonymes. Associé à Ron Howard dès 1983, il lui écrit *Willow* sur un sujet de George Lucas, puis *Horizons lointains*, avant de passer lui-même à la réalisation avec *Sex fans des Sixties*, sur un scénario personnel dont l'idée initiale lui était venue d'une chanson de Jim Morrison : « Une nuit d'été, sur un quai, j'ai rencontré deux filles ; la blonde s'appelait Freedom, et la brune Enterprise. »

### SEX FANS DES SIXTIES (2002)
### avec Goldie Hawn, Susan Sarandon et Geoffrey Rush

**Trente ans après.** Que reste-t-il de leurs amours, et de cette jeunesse folle de groupies fanatiques, collées aux basques de tous les musicos déjantés qu'elles accompagnaient le long des années rock ? Que reste-t-il de Jim Morrison – le dieu de la musique ait son âme ! – dont la tombe est aujourd'hui au Père-Lachaise ? Et que reste-t-il de cette liberté qu'elles cultivaient, sexe, drogue et nuits blanches, comme une philosophie jouissive de l'existence ? Trente ans et quelques poussières après, Suzette n'a pas raccroché : pantalons moulants, bustiers plongeants sur une poitrine refaite au silicone, crinière toujours blonde et tatouages toujours rebelles, elle continue à y croire, vaille que vaille. Mais, les temps évoluant, la chose devient de plus en plus difficile, notamment lorsqu'elle se retrouve, seule et sans le moindre dollar, brutalement virée du bar où elle travaille. L'idée lui vient alors d'aller chercher secours auprès de sa sœur de cœur, Lavinia, celle qui partageait avec elle les années glorieuses, et qui est maintenant mariée, à Phoenix, Arizona.

Naturellement, lorsque Suzette débarque chez son amie, c'est pour trouver celle-ci respectablement rangée : mari avocat, grosse fortune, superbe maison, deux filles dans les meilleurs collèges, et une vie bourgeoise qui a tout effacé des folies de sa jeunesse, que son entourage ignore totalement. Et naturellement, l'arrivée de la bombe tatouée agit comme le détonateur qui fait illico exploser tout ce bel ordre bien correct. À la fois par les situations que ne manque pas d'engendrer la liberté d'allure et de parole de celle qui n'a rien désavoué de sa manière de vivre et d'aimer, mais aussi par l'irruption du souvenir qui ramène la désormais très sévère Lavinia, dont la vie est aussi bon chic bon genre mais aussi grise et monotone que les tailleurs dadames qui forment sa garde-robe, à sa jeunesse, et surtout à sa vérité.

Le film de Bob Dolman ne vise pas à autre chose qu'à divertir. Il y réussit d'autant mieux qu'il est servi par un duo d'actrices impeccables : Goldie Hawn en groupie pétulante qui garde la fleur aux lèvres et qui prend un plaisir manifeste à remuer son popotin, et Susan Sarandon en bourgeoise coincée qui se décoince en coupant ses cheveux et en enfilant un pantalon lézard qui lui moule à son tour les fesses, et les deux copines de choc accompagnées d'un écrivain de rencontre, lui aussi coincé dans ses parties intimes et qui se décoince également grâce au traitement de choc que lui dispense la toujours fringante Suzette. Bref, c'est plutôt léger. Mais l'avantage, c'est que ça ne prétend pas à autre chose et qu'au passage ça se permet tout de même de mettre un peu de folie dans l'ordre moralement et politiquement correct d'une génération qui a un peu trop vite oublié ses idéaux de jeunesse pour se ranger sous la bannière étoilée de la respectabilité. Du coup, les chevelues refaisant surface, ça décoiffe !

•

## DONALDSON Roger (néo-zélandais, né en Australie en 1945)

**PREMIER LONG MÉTRAGE :**
*Sleeping dogs (1977)*
**FILMOGRAPHIE DEPUIS 1985 :**
*Marie, justice criminelle (1985)* • *Sens unique (1987)* • *Cocktail (1988)* • *Cadillac Man (1990)* • *Sables mortels (1992)* • *Guet-apens (1993)* • *La Mutante (1995)* • *Le Pic de Dante (1996)* • ***Treize jours (2001)*** • *La Recrue (2002)* • *Burt Munro (2005)*

Commençant sa carrière par la production et la réalisation de films publicitaires pour la télévision, Roger Donaldson se fait remarquer dès son premier film, *Sleeping dogs*, dont le sujet de politique-fiction, autour des dérives fascistes d'un groupe anti-terroriste, amène les autorités néo-zélandaises à créer une commission du cinéma ; et le succès international de son deuxième film, *Smash Palace*, amène Hollywood à lui proposer la réalisation d'une nouvelle version du célèbre *Bounty*, qu'il tourne en 1984, et qui inaugure pour lui une série de films de genre dans lesquels il associe la maîtrise du récit, le sens du rythme et la science de l'action spectaculaire. Se succèdent ainsi thrillers et polars, alternant avec d'autres veines : chronique de mœurs, comédie, fantastique, film catastrophe, « biopic » (biographie filmée), et même récit politique, avec *Treize jours*.

### TREIZE JOURS (2001)
### avec Kevin Costner, Bruce Greenwood et Steven Culp

**Octobre rouge.** Dans un XX$^{e}$ siècle qui fut fertile en conflits de toutes espèces et en guerres apocalyptiques, jamais sans doute le pire ne fut-il plus proche que pendant ces treize jours d'octobre 1962 où, face à face, les États-Unis et l'Union soviétique furent à deux doigts de faire basculer la guerre froide dans la fournaise atomique. L'occasion en fut donnée par les missiles nucléaires que le camp soviétique avait décidé d'installer à Cuba, mettant toutes les villes américaines à portée de son feu destructeur. De la réaction de la Maison-Blanche allait dépendre le déclenchement d'une nouvelle guerre mondiale et, vu les armements en jeu, la mise en question du sort de l'humanité tout entière. Dans ce contexte explosif, un homme sut gérer la crise et, par son attitude ferme et inflexible, parvint à dénouer la situation et à préserver la paix. Que cet homme ait été J.F. Kennedy, président mythique s'il en est, ne pouvait que constituer un sérieux risque d'hagiographie pour Roger Donaldson dans son entreprise de raconter ces treize journées fatidiques. Or la bonne idée scénaristique, qui consiste à présenter le récit du point de vue non pas de J.F.K. lui-même, ni même de son frère Bobby, mais de leur plus proche conseiller et ami, Kerry O'Donnell, assure au film une assise historique plus vraisemblable, en même temps qu'un beau rôle pour Kevin Costner. Et, à ses côtés, Bruce Greenwood et Steven Culp présentent un air de ressemblance avec les frères Kennedy suffisant pour rendre l'identification plausible sans pour autant verser dans le piège de la copie conforme.
Et c'est d'ailleurs le mérite même du film que d'offrir un rapprochement vraisemblable avec ce que fut la réalité historique tout en préservant la part nécessaire de la fiction. L'Histoire ainsi racontée devient alors un excellent thriller politique, dont l'enjeu, pour le coup, est bel et bien le sort du monde, mais où aucun super-héros ne détient la clef définitive. Dans la décision même de J.F.K. de décréter le blocus de Cuba pour forcer les Russes à reculer, entrent en effet bien des doutes, des déchirements, des hésitations, et la valse des opinions contradictoires qui l'accompagnent, de l'interventionnisme agressif des faucons de l'armée aux tentatives de conciliation diplomatiques, donne une image de la situation politique et stratégique, pourtant complexe, parfaitement claire.
C'est toute la force du cinéma américain que de savoir servir le genre choisi : ici, la reconstitution historique passe par des personnages forts et par un découpage précis. Et les deux heures et demie nécessaires pour reconstituer ces treize jours d'un octobre rouge filent à la vitesse même du temps qu'on ne voit pas passer. Certes, on pourra regretter que, pour fêter le dénouement de la crise, le réalisateur se croie obligé, dans les dernières minutes de

son film, de faire vibrer la corde des violons patriotiques et entonne le grand air de l'Amérique conscience du monde. Mais sans doute cette entorse à une sobriété qui avait été jusque-là plutôt bien respectée est-elle à mettre sur le compte du grand rêve américain dont le film est, à sa manière, une projection fantasmatique. Et probablement aussi nostalgique.

## DONNER Richard (américain, né en 1930)

**Premier long métrage :**
*X 15 (1961)*
**Filmographie depuis 1985 :**
*Les Goonies (1985)* • *L'Arme fatale (1987)* • *Fantômes en fête (1988)* • *L'Arme fatale 2 (1989)* • *Radio Flyer (1991)* • ***L'Arme fatale 3 (1992)*** • *Maverick (1994)* • *Assassins (1995)* • *Complots (1997)* • ***L'Arme fatale 4 (1998)*** • *Prisonniers du temps (2002)* • *Sam and George (2003)* • *16 blocs (2005)*

Sous la férule d'un réalisateur efficace et expérimenté, Richard Donner, *L'Arme fatale* qui réunit en 1987 Mel Gibson et Danny Glover dans le double rôle de deux policiers contraints de faire équipe, l'un blanc, bouillant et monté sur piles, l'autre noir, calme et proche de la retraite, offre une variation originale sur le tandem mal assorti, en mêlant les ressorts de la comédie à ceux du film policier, et l'humour à l'action. Le duo fonctionne si bien, et le film est si spectaculaire, que des suites interviennent très vite avec le même réalisateur et les mêmes comédiens. Mais la veine, forcément, s'épuise. Et si l'humour et le second degré donnent encore le change dans le troisième épisode, le quatrième, qui oppose les deux héros à des adversaires chinois pratiquant les arts martiaux, traduit de façon symbolique l'épuisement d'un type de cinéma d'action devant son concurrent asiatique.

### L'ARME FATALE 3 (1992)
### avec Mel Gibson et Danny Glover

**Du plomb dans l'air.** À vrai dire, on s'ennuyait un peu de les avoir perdus de vue. C'était à se demander si le ténébreux Martin Riggs, à force de chercher la mort pour oublier ses malheurs, n'avait pas fini par la trouver, et si le brave Roger Murtaugh, à force de rêver à ses pantoufles, n'avait pas fini par les enfiler. Aussi est-ce avec un certain soulagement qu'on les retrouve, encore en chair et en os et à peu près entiers, même si d'emblée, dans cette troisième mouture de leurs exploits, il s'en faut de peu que l'arme fatale ne devienne proprement pour eux l'arme à gauche. Commis en effet à la surveillance d'un immeuble piégé, les deux compères se lancent dans une hasardeuse entreprise de déminage qui, vu leur maladresse naturelle, se solde par une explosion phénoménale, ce qui leur vaut de se retrouver à la rue, entendons par là chargés de régler la circulation et de distribuer des PV. Destinée peu glorieuse pour deux super-flics, d'autant que Murtaugh est en passe de terminer sa carrière et de prendre enfin cette retraite à laquelle il aspire. Mais on ne raccroche pas si facilement les armes, surtout lorsque celles-ci font l'objet d'un vilain trafic au sein même de votre commissariat. Aussi le duo terrible ne peut-il s'empêcher de poursuivre sa propre enquête, laquelle se corse tout particulièrement lorsque débarque un autre super-flic, appartenant à la police des polices, et chargé de démêler ledit trafic. Ce qui ajoute quelque piment à l'ordinaire et brouille même totalement les cartes, vu que le dit super-flic est en fait une super-woman, bardée de cicatrices qui illustrent assez qu'elle ne craint personne, pas même les hommes, du côté action. Et comme question balafres, Martin Riggs est lui aussi pas mal pourvu, il ne peut s'empêcher de comparer son anatomie couturée avec celle de la jeune femme, ce qui entraîne inévitablement quelques complications à fleur de peau, plutôt extra-professionnelles ; Murtaugh, pour sa part, n'est pas en reste, puisqu'une autre femme-flic, elle du genre super-mama, jette sur lui ses appas et son dévolu.
Comment les deux casse-cou et casse-cœur parviendront-ils à se tirer de leurs affaires de cœur tout en démasquant le méchant coupable ? C'est ce que *L'Arme fatale* troisième édition se propose d'expliciter, sans se donner à vrai dire beaucoup de mal du côté scénario. Mais la chose, il est vrai, importe peu : on est venu voir les deux cascadeurs cascader, retrouver Gibson et Glover comme on retrouverait deux showmen dans leur numéro bien réglé, et faire le compte des bagarres, des poursuites, des cadavres et des déflagrations. Sur ce plan, on est comblé : il y a vraiment du plomb dans l'air, et ça tire, ça saute, ça vole, ça pétarade dans tous les coins. On en oublie, tout au plaisir de ces

explosions tonitruantes, rythmées par la musique elle aussi explosive d'Eric Clapton, le pourquoi et le comment de l'histoire. Tout au plaisir aussi de sentir tout au long d'un film à rebondissements une bonne dose d'humour qui ne fait pas toujours dans la douceur, mais qui a au moins le mérite de montrer que les premiers à ne pas trop prendre le film au sérieux pourraient bien être ceux-là mêmes qui l'ont conçu.

### L'ARME FATALE 4 (1998)
#### avec Mel Gibson et Danny Glover

**Les papies flingueurs.** Martin Riggs et Roger Murtaugh ont un problème : à force de jouer les casse-cou et de transformer Los Angeles en terrain d'expérimentation pour explosions en tout genre, ils ont pris des rides sans s'en rendre compte. D'ailleurs, le chiffre 4 qui accompagne ce nouveau volet de leurs aventures prouve suffisamment que la suite s'est transformée en série, et que le difficile désormais pour eux, c'est de durer. Tous deux s'en rendent compte, d'ailleurs : Martin, dont la compagne est enceinte, hésite à franchir le pas ultime du mariage et à enterrer une bonne fois son passé et ses amours mortes. Quant à Roger, sa fille va sous peu le faire grand-père, ce qui n'est pas pour lui donner envie de risquer sa peau pour des broutilles. Comme il le dit avec une louable lucidité à son partenaire déjà convaincu : « On est trop vieux pour tout ce bordel. » Avec l'âge, en effet, les coups marquent davantage. Et ce n'est pas pour rien que les deux amis terminent ce numéro 4 complètement escagassés. Il faut donc bien se rendre à l'évidence : les héros sont devenus des hommes, soumis à la loi inéluctable du temps. Néanmoins, et c'est tout le sujet de ces nouvelles aventures, ils ont encore de beaux restes.

On a beau prendre des responsabilités familiales, voir même sa compétence professionnelle reconnue et abandonner l'insigne plutôt modeste de sergents pour celui nettement plus reluisant de capitaines, on ne renie pas si facilement ses démons de jeunesse et on ne résiste pas aux fourmis de l'action qui vous titillent. Il suffit pour cela de trouver l'occasion. Or, celle-ci se présente, un jour où les deux amis pêchent tranquillement le requin en compagnie de l'inénarrable Léo, leur nain de jardin ambulant : un cargo passe par là, dont ils croisent incidemment la route, laquelle est parsemée de coups de feu, du fait d'un équipage qui sort l'artillerie lourde. C'est qu'en fond de cale, la cargaison transportée est franchement illicite : des dizaines d'immigrés clandestins, importés de Chine pour servir de main-d'œuvre à un réseau de trafiquants lui-même relié aux sinistres Triades. Voilà donc que les deux héros hollywoodiens, en voie de prendre leur retraite du film d'action, trouvent, pour se relancer dans la course, la filière chinoise du cinéma de Hong-Kong. C'est là toute l'intrigue du film, où l'on pourrait assez facilement voir la métaphore d'un cinéma hollywoodien demandant à John Woo et consorts leurs recettes pour insuffler à un genre qui s'essouffle un peu de vitalité et d'énergie nouvelles. Ladite énergie, élégante et froide, est ici représentée par le redoutable Sing Ku, qui connaît le kung-fu et les autres arts martiaux sur la pointe de sa tatane et qui en fait un usage intensif dont les deux flics californiens, plus familiers du coup de poing américain, font à plusieurs reprises les frais : d'où leurs visages de plus en plus tuméfiés, signe évident, même s'ils ont le dernier mot, que leur cinéma en a un coup dans le nez. Et face à ces Chinois qui frappent décidément forts, on se dit qu'ils seraient bien inspirés d'arrêter, et qu'un numéro 5 pourrait carrément leur être fatal !

## DREAMWORKS studios

**Filmographie des dessins animés DreamWorks :**
*Fourmiz (1998) • Le Prince d'Égypte (1998) • La Route d'Eldorado (2000) •* ***Shrek (2001)*** *• Spirit, l'étalon des plaines (2002) • Sinbad, La légende des sept mers (2003) • Shrek 2 (2004) • Gang de requins (2004) • Madagascar (2005)*

### SHREK (2001)
#### de Andrew Adamson et Vicky Jenson

**Il était une fois un ogre virtuel.** Ils sont venus, ils sont tous là, convoqués par la bande à Spielberg pour un rendez-vous qui ne devrait laisser personne indifférent, puisqu'il rassemble tout ce que les contes de fées et les histoires merveilleuses ont produit comme héros et comme héroïnes pour faire rêver les enfants et, souvenirs obligent, leurs parents. Pas un n'y manque, des trois petits cochons bien roses aux sept nains bien barbus, de Pinocchio et de son nez qui s'allonge au carrosse citrouille de Cendrillon. Et ce qui les réunit, c'est un grand escogriffe d'ogre tout vert, aux oreilles en forme d'écoutilles et à l'esprit à la fois bougon et cynique, qu'accompagne un âne bavard qui veut à toute force devenir son ami. Le duo en question se trouve confronté à un défi qui n'est pas mince, puisqu'il s'agit de délivrer, sous les yeux attentifs de toute la compagnie, la jolie princesse Fiona, qui se trouve prisonnière d'un abominable dragon. Lequel dragon, on va vite le découvrir, est d'un rose coquin, et laquelle princesse n'a pas sa langue ni son caractère dans la poche.

Cette façon pas très respectueuse de traiter la tradition légendaire correspond bien à l'esprit général de l'entreprise, puisque si *Shrek* est bien un conte merveilleux, il est aussi une joyeuse parodie de tous les contes de fées convoqués pour l'occasion. Et qui dit parodie dit que tous les moyens sont bons, de la grosse blague de potache au détournement insidieux, du gag millimétré à la fantaisie la plus débridée, comme ce chœur qui réunit, pour finir, tous les personnages dans une délirante session endiablée. Comme toujours, dans les grands films d'animation américains, une leçon morale se détache : elle prône ici le respect de la différence, et, à travers la laideur apparente du gros ogre vert, elle découvre un cœur d'or qu'on ne peut pas ne pas aimer. D'autant, et c'est la seconde leçon, moins morale que cinématographique, qui se dégage, que ledit ogre est une créature virtuelle, parfaitement animée par ordinateur, et que tous ceux qui l'entourent donnent comme lui l'impression d'être des êtres bien réels : leurs cheveux bougent, leurs poils se dressent, leurs yeux clignent, leur visage exprime tous les sentiments possibles. Du coup, dans l'ère qui commence des créatures de synthèse, le message adressé par Hollywood aux spectateurs est clair : les êtres virtuels sont certes différents, mais fussent-ils gros, verts, rotant et pétant, c'est une raison supplémentaire pour les aimer…

## DRIDI Karim (franco-tunisien, né en 1961)

**Filmographie :**
*Pigalle (1994)* • ***Bye-bye (1995)*** • *Hors jeu (1998)* • *Cuba Feliz (2000)* • *Fureur (2003)*

De mère française et de père tunisien, Karim Dridi a fait du métissage l'axe central de ses films. Passionné par la boxe – son court métrage *Zoé la boxeuse* est, en 1992, le film qui le fait vraiment remarquer –, mais aussi par les différences culturelles, par les inégalités sociales, par les relations inter-communautaires, il mêle ces divers thèmes tout au long de ses films : dans son premier, *Pigalle*, il montre le quartier le plus populaire de Paris comme un lieu avant tout métissé ; dans le suivant, *Bye-bye*, il envisage les Arabes en dehors des clichés négatifs convenus pour traiter, à travers l'un d'eux, du thème de la culpabilité ; dans *Hors jeu*, il aborde la question de la différence à partir du personnage d'une Espagnole, avant de se tourner vers les musiciens cubains, pour *Cuba Feliz*, et vers la communauté chinoise pour *Fureur*, où son héros, qui plus est, est fils d'immigrés espagnols et fait carrière dans la boxe thaï.

### BYE-BYE (1995)
### avec Sami Bouajila, Nozha Jhouadra et Ouassini Embarek

**Marseille, Maghreb.** Rien n'est simple. Pour Ismaël qui raccompagne son jeune frère Mouloud en Tunisie, Marseille ne devrait être qu'une étape de transit. Mais lorsque tous deux débarquent dans la famille de leur oncle et s'y installent le temps d'organiser leur départ, la réalité qu'ils portent en eux leur saute au visage. Mouloud, qui a 12 ans et qui a toujours vécu en France, ne veut pas de ce retour au pays qui est en fait pour lui comme le départ vers une terre étrangère. Et si Ismaël, en grand frère qu'il est, essaie de le convaincre d'obéir à l'ordre de leur père, les raisons qu'il lui donne sont moins dictées par la raison que par le poids d'une culpabilité qu'il a en lui : la mort d'un autre frère, dont il se sent responsable. Ainsi, tandis que Mouloud, entraîné par son cousin Rhida, fugue pour échapper au sort qu'on lui réserve et croise la route d'un dealer prêt à l'entraîner sur la voie toute tracée de la délinquance, Ismaël vit ses propres contradictions de manière douloureuse, cherchant tout à la fois à ramener son frère vers lui et à y voir clair en lui-même.

Ismaël et Mouloud sont certes deux jeunes beurs, fils d'une origine, d'une culture et d'un milieu. Mais ce qui donne sa force au film de Karim Dridi, c'est qu'ils sont d'abord des individus, et que la vérité sociale n'occulte jamais en eux la vérité humaine. Il y a ainsi dans *Bye-bye* deux approches complémentaires qui, loin de s'exclure, s'enrichissent mutuellement. D'un côté, le cinéaste, lui-même d'origine franco-tunisienne, montre de l'intérieur la vie d'une famille d'immigrés arabes, partagée entre la tradition rigide qu'incarne le père et la faculté d'adaptation que représente la mère, superbe personnage tout d'amour et de compréhension, mais aussi de force et de volonté. Et, entre l'aïeule muette, mémoire impassible d'une sagesse ancestrale, et les enfants bruyants qui ont déjà basculé dans un autre monde, ce sont deux cultures qui se télescopent, de façon d'autant plus conflictuelle que les tensions internes de la famille se doublent, à l'extérieur, de toute la violence et de l'incompréhension du racisme ordinaire. Rien n'est simple donc. Et ce l'est d'autant moins que, pris dans cette réalité sociale, les personnages ont la complexité de la vie. Le silence et la douceur d'Ismaël sont ainsi porteurs de déchirures intimes, et porteurs eux aussi de trahison, de désir brutal, de violences soudaines. Le drame, ici, est personnel, lié au fantasme de la faute et à une difficulté de vivre auxquels l'interprétation épurée de Sami Bouajila apporte sans pathos la profondeur d'une sensibilité. Il y a là la force même d'une vérité : celle d'un sujet pourtant piégé, que le réalisateur traite en dehors de tout cliché complaisant et manichéen ; celle d'une façon de filmer pleine de vie, accordée aux rythmes qui se donnent libre cours dans un creuset musical porteur de toutes les musiques de la Méditerranée ; celle surtout d'une ville, Marseille, filmée dans sa lumière, ses couleurs, ses sons, ses odeurs presque, une Marseille d'aujourd'hui et de toujours, ville blanche, ville du sud, où les petits-fils de Pagnol ne parlent certes plus avec le même accent, mais où ils sont toujours capables de vous fendre le cœur.

## DUBROUX Danièle (française, née en 1949)

**PREMIER LONG MÉTRAGE :**
*Les Amants terribles (1984)*
**FILMOGRAPHIE DEPUIS 1985 :**
*La Petite allumeuse (1987)* • ***Border line (1991)*** • *Journal du séducteur (1995)* • *L'Examen de minuit (1998)* • *Eros thérapie (2004)*

Avant de venir au cinéma, Danièle Dubroux a exercé divers métiers : traductrice, barmaid, hôtesse de l'air, mannequin, pigiste à *Détective*, enquêtrice, mannequin. Une expérience de la vie qui n'est sans doute pas étrangère à l'esprit d'observation dont témoignent ses films, lorsque, après être devenue rédactrice aux *Cahiers du cinéma*, elle passe en 1984 à la réalisation. Des couples qui se cherchent et se défont dans *Les Amants terribles*, à l'ado qui essaie de séduire son professeur dans *La Petite allumeuse*, de la femme qui a un doute sur sa maternité dans *Border line*, à la relation entre une étudiante et un romantique ténébreux autour du *Journal du séducteur* de Kierkegaard, de l'existence mouvementée d'une jeune femme et des hommes qu'elle rencontre dans *L'Examen de minuit*, aux jeux de l'amour et de la mort qui relient les personnages d'*Eros thérapie* : les rapports amoureux et le sexe tiennent une place essentielle dans un cinéma qui, nourri de psychanalyse, fouille l'intimité au plus près, non sans une forme d'humour qui lui apporte son grain de folie.

### BORDER LINE (1991)
### avec Danièle Dubroux, David Léotard et André Dussollier

**Décalages.** Hélène semble bien dans sa vie et bien dans sa tête. Un époux cardiologue, séduisant et amoureux, un métier passionnant de restauratrice d'art, une vie sociale aisée, des amis, des relations. Et puis, un jour, survient comme un léger décalage : voulant revoir Charles, un homme avec qui elle a eu une liaison autrefois, elle tombe sur son fils Julien. Délaissant peu à peu sa vie conjugale et professionnelle, elle vit avec Julien une histoire qui elle aussi se décale peu à peu : et si cet amant était le fils qu'elle aurait pu avoir, qu'elle a peut-être eu, avec Charles ? Obsédée par cette idée de filiation, Hélène suit la logique de son raisonnement jusqu'au bout, même si cela l'amène à vouloir supprimer la réalité pour la remplacer par une autre : la sienne.
Curieux film, analysant le fantasme maternel comme un cas clinique, en partant d'une hypothèse qui paraît aberrante et paradoxale : celle d'une femme qui a un doute sur une maternité qu'elle aurait eue, alors qu'en général, c'est plutôt sur la paternité qu'il peut y avoir des doutes ! Et ce cas pathologique est analysé comme tel : une histoire de folie, regardée dans le détail, disséquée d'autant plus minutieusement que le mari de cette femme est lui-même médecin et qu'il opère, face à cette folie, comme le médecin qu'il est, diagnostiquant le mal, puis engageant une thérapie appropriée, non sans une certaine ambiguïté dans sa façon de faire. Car ce qu'il veut avant tout, c'est récupérer sa femme. D'où le curieux sentiment que suscite cette folie ordinaire, presque insensible, qui amène le spectateur,

lié au point de vue de l'héroïne, à suivre la démarche de celle-ci, voire à l'épouser, en cherchant à résoudre cette énigme pathologique comme il chercherait à résoudre une énigme policière dans un thriller à la Hitchcock. Et face à ce curieux glissement de la raison qui flirte avec les limites de la déraison, c'est la réalité même qui vacille, qui se dédouble, comme dans ce tableau sur lequel travaille la jeune femme et qui, sous le sujet peint, laisse apparaître ce qu'il y a sous la surface de la toile, un autre sujet caché. Ce qui pourrait être, si on veut, la métaphore même du sujet du film, une histoire de maternité qui renvoie à une autre histoire, vieille comme le monde, celle d'Œdipe, mais ici inversée. Et Danièle Dubroux, réalisatrice, scénariste, interprète, brouille si malicieusement les pistes, de la façon en apparence la plus simple qui soit, que son film distille autant de plaisir que d'insidieux malaise.

## DUCASTEL Olivier (français, né en 1962) et MARTINEAU Jacques (français, né en 1963)

**FILMOGRAPHIE :**
***Jeanne et le garçon formidable (1998)*** • *Drôle de Félix (2000)* • *Ma vraie vie à Rouen (2002)* • *Crustacés et coquillages (2005)*

Travaillant à deux, Olivier Ducastel, le cinéaste, longtemps monteur avant de passer à la réalisation, et Jacques Martineau, l'universitaire, plus spécifiquement dévolu à l'écriture, introduisent dans la comédie à la française la subtilité d'une approche où l'esprit gay revisite les relations sentimentales. Cela passe, dans *Jeanne et le garçon formidable*, par le contrepoint inattendu entre un sujet grave – le sida – et une forme légère – la comédie musicale. Cela passe, dans *Drôle de Félix*, par la poésie et le pittoresque rythmant un road-movie marqué par la recherche du père. Cela passe par la légèreté de touche d'une caméra numérique enregistrant le quotidien d'un adolescent découvrant le monde et son homosexualité dans *Ma vraie vie à Rouen*. Cela passe par le vaudeville revu et corrigé avec malice et sensualité dans *Crustacés et coquillages*. Autant de variations sur des formes connues, mais dont l'originalité dessine un univers et un style.

### JEANNE ET LE GARÇON FORMIDABLE (1998)
**avec Virginie Ledoyen, Mathieu Demy et Jacques Bonnafé**

***Fa, sol, la, sida.*** Ce pourrait être un beau roman et même une belle histoire, une de ces romances d'aujourd'hui qui se seraient chantées, il y a quelque vingt ans en arrière, sur un air à la Michel Fugain. Mais on est à la fin des années 1990, et les filles qui croisent des garçons, qui en tombent amoureuses, et qui vivent avec eux la grande passion de leur vie, courent forcément, aujourd'hui, un risque. Celui-là même que court Jeanne, une fille simple, gaie, bosseuse, qui est standardiste chez Jet Tours, qui couche un peu, beaucoup, mais encore jamais passionnément, qui a une sœur qui vient la chercher à la fin de la journée et à qui elle raconte tout, qui le dimanche va manger chez ses parents et qui le soir rentre chez elle par le métro. Et c'est là, tout bêtement, tout simplement, qu'elle rencontre Olivier : en deux regards et deux baisers, tout est dit. Ou plutôt, tout est chanté. Car, alors même que l'on entre dans la vie de Jeanne, une certaine couleur vive des décors, une façon balancée et glissante qu'ont les personnages de se déplacer, une distance perceptible avec le quotidien banal des gestes et des mots, tout fait pénétrer en même temps dans un monde d'emblée chorégraphié. Et lorsque les balayeurs noirs, à 18 heures tapantes, entrent avec leurs seaux et leurs balais, l'aiguille de l'horloge s'arrête dans un temps suspendu, et la danse commence. Comme elle commençait dans *Les Parapluies de Cherbourg* ou dans *West Side Story*. Si ce n'est qu'ici, les balayeurs chantent l'immigration et les lois Pasqua, et que lorsque Jeanne elle-même se met à chanter pour dire à sa sœur à quel garçon elle rêve, elle use des mots d'aujourd'hui, pas spécialement à mettre dans la bouche des demoiselles de Rochefort d'autrefois.
On est donc bel et bien dans une comédie musicale, mais branchée sur l'air du temps, c'est-à-dire, puisqu'il est question de sexe et de liberté des corps, forcément sur le sida. Et la belle histoire d'amour entre Jeanne et Olivier bute ainsi sur le mal sournois : Olivier a tâté autrefois de la drogue, il a été contaminé en se piquant, et depuis sept ans il vit sous la menace du virus. Jusqu'au jour où il tombe malade pour de bon, et où il choisit de disparaître. Jeanne se retrouve seule, avec son amour volatilisé. C'est le sida vécu par ceux qui restent, c'est la maladie qui grignote tout, c'est le grand vide de l'absence par disparition annoncée.

Ce pourrait être sombre comme la mort qui rôde. C'est lumineux comme un moment de grâce, comme un pas de deux aérien, comme une comédie en chansons, en danse et en musique, qui sait trouver le ton qui convient et chanter les mots qu'il faut. Il y avait de l'audace, et pas mal de risques, à faire ainsi du sida la matière d'un film de genre plus habitué aux fantaisies qu'aux drames, Encore que l'hommage avoué à Jacques Demy – filiation que traduit, dans le rôle d'Olivier, Mathieu Demy lui-même – renvoie à un univers qui disait, déjà avec la légèreté de la danse, les déchirements de la vie. Mais ce qui est nouveau ici, et qui appartient bien aux deux auteurs, Olivier Ducastel et Jacques Martineau, qui signent conjointement le film, c'est cet engagement direct dans leur temps : des manifs d'Act Up aux tenues de Jeanne, robe chinoise fendue ou petit pull rétréci sur nombril coquin, de la fièvre de la consommation à l'amour sous préservatif, la vie est là, gaie et triste, déchirante même parfois, mais c'est la vie. Et Virginie Ledoyen en donne la mesure, en rythme le tempo. Si le garçon qu'elle aime est formidable, elle l'est plus encore, par la vitalité, la grâce du corps, la façon de bouger, et cette mobilité d'un visage tour à tour boudeur, emporté, abattu, rieur, et fou d'amour. Elle donne à son personnage comme une force et une énergie qui portent tout le film. Un film qui, dans sa forme même, refuse le lamento obligé et qui au contraire, par toute une chorégraphie et par toute une présence de rôles secondaires introduisant, entre un plombier déboucheur de cuvette et un libraire sachant vendre sa marchandise, des moments poétiques ou burlesques, se prend au plaisir du mouvement et du jeu. Et qui, surtout, par des scènes d'amour qui font la nique aux préjugés et par une façon directe de regarder les choses en face, dit la légitimité du désir et la volonté de vivre. Plutôt que d'édulcorer le réel et de faire entendre la voix de la condamnation, de la peur ou du désespoir, il choisit de chanter. Et il chante juste.

## DUGAN Dennis (américain, né en 1946)

**FILMOGRAPHIE :**
*Junior le terrible (1990)* • *Lame Ducks (1991)* • *Brain donors (1992)* • *Happy Gilmore (1996)* • *Le Ninja de Beverly Hills (1997)* • ***Big Daddy (1999)*** • *Diablesse (2001)* • *National Security (2003)*

Dennis Dugan, comme nombre de réalisateurs hollywoodiens, fait ses classes à la télévision, où il réalise plusieurs dizaines d'épisodes de séries populaires. Il y est parfois lui-même interprète, et cette activité de comédien l'amène à jouer aussi au cinéma dans plus d'une vingtaine de films. Passant derrière la caméra, il y réalise surtout des comédies, et sa rencontre avec Adam Sandler, comique populaire de la nouvelle génération, dans *Happy Gilmore*, l'amène à le diriger à nouveau dans *Big Daddy*, parfait exemple de la comédie gentillette et faussement irrespectueuse.

### BIG DADDY (1999)
### avec Adam Sandler, Joey Lauren Adams et Cole Sprouse

**Grand dadais.** Sonny a 32 ans. Et il ne se résout pas à grandir. Parfaitement installé dans son univers d'adolescent prolongé, il refuse de s'engager dans la vie d'adulte et regarde avec compassion ses amis endosser des responsabilités. Lui glande consciencieusement, profitant des rentes d'une assurance qui lui assure un gentil train de vie, et passe son temps à dormir, regarder la télé, encourager son équipe favorite, traîner de-ci de-là, et tenter de faire valoir à sa copine que ne rien faire est la meilleure façon de vivre. Mais cette philosophie se heurte au scepticisme des copains et de ladite copine, ce qui amène Sonny à décider de leur montrer ce dont il est capable. Et l'occasion va lui en être fournie avec l'arrivée inopinée du jeune Juan, un gamin de 5 ans que, par un tour de passe-passe, Sonny parvient à faire passer pour son fils et qu'il entreprend d'éduquer à sa manière.
Le film de Dennis Dugan, une fois ainsi mis en route, arpente le chemin bien connu de l'éducation joyeusement non conformiste. Désireux d'apprendre à l'enfant à ne pas trop s'en faire, et peu enclin lui-même à trop s'en faire pour lui, Sonny lui inculque quelques solides principes de pédagogie libérée, comme de faire pipi contre la devanture du restaurant voisin, de jouer aux cartes en trichant, de balancer sournoisement un bâton sous les rollers des patineurs pour leur faire faire la culbute. Mais ce qui donne à cette éducation d'affreux jojo son caractère particulier, c'est que Sonny lui apporte une sorte de gentillesse béate, de nonchalance sympathique, qui forment le fond du comique et de la personnalité du comédien qui l'interprète, Adam Sandler. Véritable vedette aux États-Unis, celui-ci incarne en effet un type de comique gentillet, qui ne ferait jamais vraiment de mal à une mouche, même s'il épingle, en

brassant large, les homos, les vieux, les filles à gros nénés et autres êtres représentatifs de la société libérale avancée, mais sans aller pour autant jusqu'à remettre en question quoi que ce soit. L'affirmation de liberté dont se teinte la démarche du grand dadais débouche ainsi pour finir sur le plus classique et édifiant des conformismes, dans une scène, d'ailleurs parfaitement réussie, où tout le monde se réconcilie avec son père, où le vieil ado devient enfin adulte, et où tout rentre dans l'ordre familial et moral, scellant ainsi le nécessaire happy end de la comédie et la parfaite insignifiance du propos.

## DUGUAY Christian (canadien, né en 1957)

**Filmographie :**
*Scanners II : La Nouvelle génération (1991)* • *Scanners III : La Conquête (1992)* • *Explosion immédiate (1992)* • ***Planète hurlante (1995)*** • *Contrat sur un terroriste (1997)* • *L'Art de la guerre (2000)* • *The Extremists (2002)*

Christian Duguay, après ses études de cinéma à la Concordia University, débute comme monteur puis comme directeur de la photographie. Il s'y fait remarquer comme premier opérateur steadycam d'Amérique du Nord, et lorsque, après avoir tourné documentaires d'actualité et films publicitaires, il aborde les séries télévisées, son travail d'opérateur le fait vite engager comme directeur de la photo et réalisateur de seconde équipe sur des films d'action de série B. Et c'est comme tel qu'on fait appel à lui pour réaliser la suite du film de David Cronenberg, *Scanners*, dont il donne deux séquelles qui marquent ses débuts en tant que réalisateur. Cultivant le cinéma d'action dans tous ses genres – fantastique avec les deux *Scanners* et *Planète hurlante*, policier avec *Explosion immédiate*, espionnage avec *Contrat sur un terroriste* et *L'Art de la guerre* –, ses qualités techniques lui ouvrent les portes des productions américaines, sans que pour autant il renonce à assurer sur la plupart de ses films les fonctions de cameraman, surtout lorsque, fan de sports extrêmes et de sensations fortes, il peut filmer lui-même en caméra portée toutes les cascades, comme il le fait dans *The Extremists*.

### PLANÈTE HURLANTE (1995)
**avec Peter Weller, Roy Dupuis et Jennifer Rubin**

**Attention, robots !** C'est un monde gris, de poussière sableuse et de neige sale. Il ne s'y passe rien. On est en 2078, aux confins de l'univers, sur la planète Sirius B, dans un bunker où quelques survivants de la guerre nucléaire attendent, improbables guetteurs, devant le silence menaçant d'un désert des barbares. Car, sous le sable, l'ennemi est tapi. Créés par les hommes mêmes comme devant leur servir d'arme infaillible contre l'ennemi, il s'agit de robots hurleurs (les *Screamers* du titre original) qui lancent sous la surface du sol leurs tentacules de pieuvres métalliques, mécanismes acérés de lames et de scies qui broient les chairs, découpent les membres, hachent menu les corps de leurs malheureuses victimes. Or le problème est que lesdits robots sont parvenus à s'auto-reproduire et à se transformer, en échappant au contrôle de l'homme et en se retournant contre lui. Pour le colonel Hendricksson, le chef de cet ultime camp retranché, le salut passe par un voyage périlleux pour gagner le QG des forces adverses et tenter d'y négocier la paix. Accompagné d'un seul de ses hommes, il s'embarque pour cette traversée d'étendues désolées, où les robots hurleurs l'attendent sous des formes qu'il est bien loin d'imaginer, mais que Christian Duguay, adaptant une nouvelle de Philip K. Dick, imagine pour sa part parfaitement. Compensant en effet par un vrai travail d'invention ce que son budget ne pouvait sans doute pas lui permettre, il propose, dans une unité chromatique et tonale, la vision d'un univers post-apocalyptique où les effets spéciaux, tant numériques que mécaniques, gardent quelque chose d'un bricolage artisanal. Assez loin des énormes machines hollywoodiennes à images hologrammatiques et à morphing sophistiqué, on a là des procédés de synthèse un peu fauchés, typiques de la série B, mais où les créations les plus extraordinaires gardent quelque chose d'humain. C'est même toute l'ambiguïté des fameux robots que de se transformer en mécaniques animées, androïdes clones ou sauriens préhistoriques miniatures…
Dans un monde crépusculaire, où le futur semble décidément n'avoir aucun avenir, un homme lutte donc seul pour maintenir l'humanité contre la robotisation exterminatrice. Vieux thème, s'il en est, de la science-fiction, et d'ailleurs ici choisi comme tel, et traité de façon d'autant plus efficace que la peur est engendrée moins par ce qu'on voit que par ce qu'on ne voit pas et qu'on devine. Certes, il y a bien ici et là quelque vaisseau spatial à carénage d'avant-

garde, des armes à visée télescopique et faisceau lumineux, des rayons destructeurs, des ordinateurs parlants et autre attirail futuriste convenu. Mais il y a aussi des choses plus simples et non moins réjouissantes : un walkman à extension optique coquine, des cigarettes rouges pour lutter contre les radiations, la carcasse d'un Golden Gate foudroyé, un avion déchiqueté qui ressemble à un Boeing désaffecté, ou un mercenaire à Ray-Ban aux allures de maître nageur. Et il y a aussi une femme, qui n'est peut-être pas celle qu'on pourrait penser qu'elle est, mais qui apporte dans cet univers glacé le seul message propre à réchauffer les cœurs. Encore qu'il ne faille jurer de rien. Et qu'on aurait tout intérêt, par exemple, à se méfier des enfants et de leur innocence présumée. Le héros, ainsi, en fait un joyeux massacre : preuve, à tout le moins, que sur cette planète hurlante de série B, la transgression a aussi son mot à dire !

## DUMONT Bruno (français, né en 1958)

**FILMOGRAPHIE :**
***La Vie de Jésus (1997)*** • *L'Humanité (1999)* • *Twentynine Palms (2003)* • *Flandres (2005)*

Si Bruno Dumont a commencé par des films publicitaires de commande, ses études initiales de philosophie sont tout aussi importantes dans la genèse de ses films de fiction. D'emblée, *La Vie de Jésus*, tourné à partir d'un fait-divers raciste, déborde les lourdeurs moralistes du film à thèse pour poser, à partir de l'observation humaine et sociale, la question centrale du Mal. Et la même exigence de profondeur philosophique se retrouve dans *L'Humanité*, au titre révélateur, où l'enquête sur l'assassinat d'un enfant devient enquête sur l'inhumain de l'homme. Cinéaste exigeant et volontiers radical, Bruno Dumont, même si le Nord, auquel il revient avec *Flandres*, est le lieu géométrique de son inspiration, n'entend pas pour autant confiner son cinéma au même décor et aux mêmes personnages : *Twentynine Palms*, expérience tout aussi radicale tournée en Californie pour capter, dans son espace même, l'imprégnation mentale du cinéma hollywoodien, en témoigne.

### LA VIE DE JÉSUS (1997)
### avec David Douche, Marjorie Cottreel, Geneviève Cottreel et Kader Chaatouf

**En ce temps-là, Freddy...** Le Nord. Frappée de plein fouet par la crise, la petite ville est triste et déserte. Au café du coin, les clients sont rares. La patronne regarde la télé, avec son cortège de massacres et d'horreurs. Pour Freddy, le fils unique, les jours passent, sans qu'il y ait grand-chose à faire. Il a 20 ans, de longs silences et, de temps à autre, des crises d'épilepsie. Avec ça une copine, Marie, caissière au supermarché, et des copains, qui ont 20 ans comme lui, le même ennui, le même vide. Scènes de la misère ordinaire. Rien de misérabiliste, pourtant, dans ce tableau. La caméra de Bruno Dumont prend tout le temps qu'il faut pour épouser la vie de ses personnages. Des personnages qui ont l'épaisseur, l'accent, la présence de ce qu'ils sont : non des acteurs professionnels, mais des gars du Nord, pris dans une histoire qui doit bien être quelque peu la leur. Et ce qui se profile dans ce quotidien sans grâce, c'est précisément la confrontation inéluctable avec le Mal qui rôde. Pris dans l'engrenage du désœuvrement et de la bêtise, Freddy et ses copains glissent vers l'abject : une grosse fille, d'abord, qu'on chahute et qu'on viole, comme ça. Et puis, parce que Marie s'est laissée approcher par Kader, un jeune beur, Freddy entraîne ses copains dans l'irréversible : le racisme assassin, la ratonnade meurtrière. Une sauvagerie dont ces êtres innocents se rendent coupables, et que Bruno Dumont montre sans juger : qu'y a-t-il donc dans le cerveau de Freddy, que même le scanner où il passe régulièrement ne parvient pas à déceler ? Et si le Mal était le propre de l'homme, tapi au creux de ses pulsions, mis à jour et réactivé par l'injustice sociale ?
Vaste question, qui relève de la métaphysique tout autant que de la morale, et qui est au cœur de *La Vie de Jésus*. Car, derrière ces images brutes, on a bel et bien affaire à une exigence de spiritualité, un peu comme dans le *Mouchette* de Bresson, autre parabole sur la misère et la cruauté. Pour autant, le film de Bruno Dumont n'a rien d'une réflexion intellectuelle. Il cherche avant tout à susciter l'émotion ; la réflexion viendra après. À contre-courant du déferlement de violence contemporaine et des messages trop bien pensants des films à thèse, Bruno Dumont redonne au cinéma sa valeur humble de simplicité et de sympathie : cette charité du cœur qui, face au Mal, partage la peine des pauvres humains et qui s'appelle non la pitié, mais la compassion.

## DUPEYRON François (français, né en 1950)

**Filmographie :**
*Drôle d'endroit pour une rencontre (1988)* • *Un cœur qui bat (1990)* • *La Machine (1994)* • ***C'est quoi la vie ? (1999)*** • *La Chambre des officiers (2001)* • *Monsieur Ibrahim et les fleurs du Coran (2003)* • *Inguélézi (2004)*

Après une dizaine d'années consacrées, à sa sortie de l'Idhec, à tourner des documentaires puis des courts métrages, François Dupeyron, arrêtant tout, écrit le scénario de *Drôle d'endroit pour une rencontre*. Le soutien d'un producteur, René Cleitman, lui permet de mener son projet à bien, et d'obtenir même une distribution inespérée pour un premier film : Catherine Deneuve et Gérard Depardieu. Le film, avec son décor unique de parking d'autoroute, une nuit d'hiver, et ses séquences rythmées de façon quasi théâtrale, traduit une vision forte de mise en scène que les films suivants développent, lesquels, tout en s'attachant à des sujets et des genres très différents, reconduisent toujours le même schéma : celui d'une crise qui, après l'effondrement, conduit à une reconstruction.

### C'EST QUOI LA VIE ? (1999)
**avec Eric Caravaca, Isabelle Renauld, Jacques Dufilho et Jean-Pierre Darroussin**

**Regain.** Oui, c'est quoi la vie ? La façon dont François Dupeyron, en posant la question, la résout dans son film inciterait, dès l'abord, à quelque prudente réserve. Dans l'histoire de Nicolas, ce jeune agriculteur qui travaille dans la ferme de son père et qui se retrouve face aux difficultés du monde paysan, lesquelles entraînent un drame qui marque la fin de l'exploitation familiale, on pourrait facilement retrouver quelques riches clichés qui fleurent bon le lyrisme rural. D'autant que la rencontre d'une jeune femme marquée par la vie, qui a trouvé refuge dans une ferme perdue sur le Causse, va amener le héros, après plusieurs expériences malheureuses pour vivre éloigné de la terre, à revenir vers elle, et à faire revivre un mas abandonné, où, entre la cueillette des châtaignes, les premiers fromages et le soc de la charrue labourant les champs laissés à l'abandon, cela sent son regain à plein sillon. Et le fait que la sagesse ancestrale, qu'incarne un Dufilho plus vieil aïeul noueux que nature, soit finalement présente au dernier plan pourrait facilement donner au film un relent un peu douteux de retour à la terre. Pourtant, à la question posée, le film de Dupeyron apporte une autre réponse. C'est quoi la vie, pour un garçon qui se cherche et qui se pose aujourd'hui les questions que l'on s'est toujours posées à son âge ? Nicolas n'a rien d'un paysan ontologique, et il ne marche pas avec de la paille dans ses sabots. Et les problèmes du monde agricole – vache folle, endettement, productivisme à tous crins – ne sont pas sa préoccupation première. Ce qu'il aime, en fait, et qui le pousse à revenir à cette vie qu'il a quittée, c'est la nature. Non pas en écolo – et la vision des mystiques du vert méditant à pas comptés comme une secte en offre une vision plutôt moqueuse – mais en type d'aujourd'hui, qui a envie encore de grands espaces où être soi. Du coup, l'extraordinaire photo du Japonais Tetsuo Nagata, qui donne à voir une nature cuivrée comme le chant du monde, devient le moyen par lequel le réalisateur dit ce qu'il a à dire : l'homme face à l'immensité et à la beauté de la terre originelle. À l'heure des banlieues surpeuplées, des villes polluées, du temps qui court à tombeau ouvert, le film de François Dupeyron donne à respirer.

## DURRINGER Xavier (français, né en 1963)

**Filmographie :**
***La Nage indienne (1992)*** • *J'irai au paradis car l'enfer est ici (1996)* • *Chok Dee (2004)*

Homme de théâtre, écrivain et metteur en scène tout à la fois, un des plus talentueux de la scène française contemporaine, Xavier Durringer se tourne de temps à autre vers le cinéma, où son sens de la dramaturgie le conduit vers des histoires fortes, empruntant souvent la voix du cinéma de genres : dérive incertaine d'un road-movie générationnel dans *La Nage indienne* ; observation détachée et débarrassée de tout cliché romantique du milieu des gangsters dans le polar melvillien qu'est *J'irai au paradis car l'enfer est ici* ; et film de boxe retraçant l'itinéraire spirituel d'un homme dans *Chok Dee* : forts ou faibles, les héros de ses films sont toujours de vrais personnages.

## LA NAGE INDIENNE (1992)
### avec Karin Viard, Antoine Chappey et Gérald Laroche

**Les néo-valseuses.** Pas vraiment speedés, Max et Lockeed, mais prenant plutôt la vie de façon cool. Si ce n'est qu'ayant passablement traîné en route, et ayant envie d'air pur et d'horizons dégagés, ils ont décidé de prendre un nouveau départ. Max a donc quitté le garage où il travaillait et, avec son pote Lockeed, lequel considère la vie civile comme le meilleur moyen de ne rien faire, il a mis en commun ses économies pour acheter une voiture, faire ses bagages, constituer un pécule de mise de fonds, et prendre la direction d'Annecy, de son lac, de ses montagnes et de son atmosphère débarrassée des relents de banlieue. Comme Lockeed a entre-temps retrouvé Clara, une copine à lui qui s'exhibe dans un peep-show, histoire de ne pas pointer à l'ANPE, et qu'il trouve qu'elle ferait bien dans le paysage, le duo se transforme en trio et, plus on est de fous plus on rit, met le cap sur la nature espérée et la terre promise. À l'arrivée, ils retrouvent Petit-Louis qui les attend dans un hangar à bateaux dont il assure le gardiennage. Ce n'est pas tout à fait la villa annoncée, mais ça peut faire l'affaire. D'autant que le soleil brille, que l'eau est à portée de plongeon, et que le temps se prête au farniente. Et, à vrai dire, ces spécialistes du pas-grand-chose trouvent vite leur rythme de croisière dans cette vie au jour le jour. Cigarettes par ci, joints par là, cuisine maison, petites combines et grosse paresse. Lockeed a tout le temps de tomber amoureux de Clara. Max suit : d'où jalousie, engueulades, œil au beurre noir. Et la vie passe... Et Xavier Durringer la saisit au passage.
Car le premier intérêt de cette *Nage indienne*, qui marque les débuts derrière la caméra d'un jeune écrivain et metteur en scène de théâtre, c'est l'impression de naturel qui s'en dégage. La direction d'acteurs y est pour beaucoup : la nonchalance et ce côté « laissons venir » que partagent les deux amis, ils trouvent leur juste traduction dans le jeu de cette paire impayable que forment Antoine Chappey et Gérald Laroche. L'un, œil noir et mâchoire carrée, ramenard, querelleur, macho pas si sûr de lui qu'il veut bien le dire ; l'autre, la mine de chien battu, la lippe un peu pendante, un œil triste et l'autre rigolard. Et avec eux, digne égérie qui sème le désordre, Karin Viard, aussi à l'aise avec que sans fringues, qui parle avec l'accent du jour en appuyant sur les « e » et en débitant un dialogue taillé dans le vif qui va au plus rapide et ne s'embarrasse pas de périphrases. Xavier Durringer joue beaucoup de cette complicité des comédiens entre eux, avec lui-même et avec leurs personnages, pour montrer une vie pas si rose que ça, dans un monde décidément sans pitié. Des décors tristounets, un air d'accordéon au détour du chemin, et des séquences qui s'enchaînent au fil des jours, des humeurs, des petites dérives... Parfois, ça traîne et ça s'essouffle un peu dans une histoire qui ne raconte pas grand-chose ; et comme les personnages ont tendance à faire du surplace, le scénario ne manque pas de les suivre. Pourtant, de ces moments mis bout à bout, de cette amitié qui se heurte aux aléas de l'existence, de ces amours qui se cherchent et qui se trouvent ou qui se perdent, de cette chronique du temps qu'il fait et du temps qui passe, il émane comme un petit parfum tenace : celui de l'époque. Et celui d'une génération qui, ne regardant pas davantage derrière que devant, se contente d'essayer de surnager en faisant la planche ou, à l'indienne, en prenant le courant de biais. Des aventuriers d'un quotidien plutôt plat et, dans la petite musique d'un monde qui sonne creux, des valseurs et valseuses qui tournent en rond.

G F **E**

## EASTWOOD Clint (américain, né en 1930)

**PREMIER LONG MÉTRAGE :**
*Un frisson dans la nuit (1971)*
**FILMOGRAPHIE DEPUIS 1985 :**
*Pale Rider (1985) • Le Maître de guerre (1986) • Bird (1988) • Chasseur blanc, cœur noir (1990) • La Relève (1990) • Impitoyable (1992) • Un monde parfait (1993) •* ***Sur la route de Madison (1995)*** *• Les Pleins pouvoirs (1996) • Minuit dans le jardin du Bien et du Mal (1997) •* ***Jugé coupable (1999)*** *• Space Cowboys (2000) • Créance de sang (2002) •* ***Mystic River (2003)*** *• The Blues (2004), co-réalisation • Million Dollar Baby (2005)*

Étrange cas que celui de Clint Eastwood. Longtemps considéré de façon un peu condescendante comme un acteur de genre – tant pour ses premières apparitions, modestes, dans les films fantastiques de Jack Arnold ou dans les lourdes comédies d'Arthur Lubin que, une fois passé aux premiers rôles, dans les westerns spaghettis de Sergio Leone ou dans les films policiers violents de Don Siegel –, le réalisateur qui commence dans les années 1970 une carrière qui, en une trentaine d'années, va lui voir réaliser une des œuvres majeures du cinéma américain, n'attire d'abord qu'une attention elle aussi condescendante. Ce n'est que progressivement qu'il s'impose et qu'on prend enfin au sérieux une filmographie qui se construit à l'écart des modes et qui témoigne d'une véritable indépendance de manière et d'inspiration. Il y a, dans le cinéma de Clint Eastwood, une forme de liberté narrative qui lui fait aborder tous les genres avec la même aisance et avec la même économie de moyens. Ses mises en scène, tendues, dépouillées, cherchent à traduire de la façon la plus directe d'abord une philosophie violente de la lutte pour la vie – qu'on lui a longtemps reprochée –, et dont *Pale Rider*, en 1985, marque en quelque sorte l'apogée. Puis, peu à peu, le regard sur les hommes devient plus apaisé et serein : ses héros composent avec les faiblesses humaines, non sans garder toujours cette volonté de lucidité qui fait leur caractéristique première. Et, à cet égard, les films des années 1990, marqués de plus en plus par l'âge, traduisent sans la moindre complaisance le poids inexorable du temps : de l'hymne funèbre et crépusculaire qu'est *Impitoyable* et du romanesque empreint de nostalgie que traduit *Sur la route de Madison*, on passe, avec les aventuriers vieillis qui repartent une ultime fois pour l'espace, dans *Space Cowboys*, et avec la mise en scène, par Eastwood lui-même, de son corps vieilli et malade, dans le trop négligé *Créance de sang*, à cette vision radicalement noire et désespérée que charrient les eaux de la *Mystic River* et que disent les vies brisées de *Million Dollar Baby*.

### SUR LA ROUTE DE MADISON (1995)
#### avec Clint Eastwood et Meryl Streep

**Out of Iowa.** Quatre jours dans la vie de Francesca Johnson. Quatre jours dont elle sent bien qu'ils vont marquer toute sa vie, et si intensément qu'elle éprouve aussitôt le besoin d'en garder la trace dans un journal intime. Confidence du cœur, gardée secrète tout le restant de ses jours, bien serrée dans un coffret fermé à clef. Et quand les années ont passé, que les enfants ont quitté la ferme et que son mari est mort, sentant venir son tour, elle laisse dans son testament, comme vœu ultime, le désir d'être incinérée et que ses cendres soient dispersées au vent du haut du pont de Roseman. Michael et Caroline, venus régler la succession de leur mère, découvrent à la fois ces dernières volontés, auxquelles ils ne comprennent rien, et la clef qu'elle leur a laissée, pour qu'ils ouvrent le coffret, le tiroir secret de sa vie. Ils y trouvent quelques photos d'elle qu'ils ne connaissaient pas, deux appareils photo, une lettre signée d'un inconnu – Robert Kincaid – et les trois carnets du journal intime, qu'ils ouvrent et qu'ils commencent à lire.
Cet été-là, c'était en 1965, Richard avait emmené les enfants dans l'Illinois, laissant Francesca seule dans la ferme perdue au fin fond de l'Iowa. Pour elle, quatre jours de vacances, de rupture avec les routines du quotidien, quatre jours à ne pas devoir se réduire à être épouse et mère, mais à s'occuper d'elle-même, et à s'évader par le rêve de cette vie rangée et monotone. Quatre jours et, sans le savoir, toute une vie devant soi. Car, dans la solitude de Francesca, voici soudain qu'un homme se présente : Robert Kincaid. Reporter photographe, il est venu réaliser un reportage sur les vieux ponts couverts du comté et, ayant perdu son chemin, il s'arrête à la ferme de Francesca. Il lui demande sa route, elle lui propose de l'accompagner, ils commencent à parler… Et c'est le premier jour.

Face à cet étranger qui a roulé son existence un peu partout dans le monde, Francesca ressent tout ce qui lui manque depuis qu'elle a quitté son Italie natale pour venir s'enterrer dans cette Amérique profonde ; tout ce qui lui manque et qu'elle a toujours rêvé de connaître : les voyages, l'aventure, l'art, et aussi – car l'homme est séduisant sous ses cheveux gris et ses traits burinés – le désir. Les quatre jours qui vont suivre, Clint Eastwood les raconte à travers les confidences de Francesca. Alors que lui-même interprète le rôle de l'homme, il laisse ainsi à la femme la conduite du récit. Choix qui n'est pas innocent, car c'est bien le point de vue de l'héroïne qui donne au film toute sa force romanesque, le chargeant de cette illumination de la passion qui fait soudain irruption dans une vie terne et bouleverse tout, apportant l'immensité du plaisir et du bonheur, mais aussi le poids terrible du renoncement.
Par son jeu même, sobre et réservé, Clint Eastwood décharge son personnage de l'image convenue du baroudeur homme à femmes, et il le met à l'unisson du personnage féminin. Car c'est d'une vraie rencontre qu'il s'agit. Et ce qu'il montre, c'est le cheminement et la force de l'amour entre deux êtres. Certes, tous les schémas du romanesque sont là, et jusqu'à cette sorte de caution morale qu'apporte, longtemps après, la compréhension par les enfants de l'amour apparemment coupable de leur mère. Mais l'essentiel, heureusement, n'est pas là. Il est dans la façon dont Clint Eastwood traite l'histoire. Dans un cinéma américain soumis à la tyrannie de la rapidité à tout prix, il se paie le luxe de la lenteur, des longs plans-séquences, des petits gestes – une main qui frôle un genou, une question apparemment anodine –, des progrès imperceptibles d'une action réduite à sa plus simple expression. À la question que, dès le départ, tout le monde se pose – quand s'embrasseront-ils ? –, il faut attendre 1 h 10 la réponse… C'est là tout le plaisir qu'offre, et tout le talent que démontre ce film que de tracer ainsi la carte du tendre sentiment, avec ses petits chemins, ses impasses, ses retours en arrière et l'irrésistible mouvement qui entraîne deux êtres l'un vers l'autre. Le tout offrant deux rôles en or, pour Meryl Streep (en brune) et pour lui-même (qui vieillit bien) ; apportant en prime la présence de la nature, des couchers de soleil, des vieux ponts de bois, des routes poussiéreuses dans la lumière. Se payant le luxe de dialogues ciselés, citant même Yeats et Byron au détour et allant jusqu'à donner à entendre la voix sublime de la Callas chantant *Mon cœur s'ouvre à ta voix*… Surprenant, décidément, et diablement talentueux, Mister Eastwood !

## JUGÉ COUPABLE (1999)
### avec Clint Eastwood

**Le justicier de l'Ouest.** Frank Beechum est condamné à mort. Derrière les grilles de Saint-Quentin, il attend son exécution, laquelle est fixée à minuit une, le soir même. Et rien ne semble pouvoir arrêter le processus fatal, tant l'horreur du crime – une jeune étudiante, enceinte de six mois, assassinée pour une poignée de dollars – plaide pour l'exécution de la sentence. Frank Beechum aborde donc son dernier jour, et lorsqu'il se réveille ce matin-là à 6 h 31, il ne lui reste que quelques heures à vivre. Et ce n'est pas, a priori, Steve Everett qui pourrait y faire grand-chose. Journaliste sur le retour, il a certes abandonné l'alcool, mais pas son autre vice favori : les femmes. Et ce soir-là, après avoir dragué sans succès une jeune journaliste, il s'est rabattu sur la femme de son rédacteur en chef. Aussi, quand il arrive au bureau le lendemain matin, prend-il plutôt un profil bas pour ne pas trop se faire remarquer. Mais c'est là que le petit grain de sable du destin vient se glisser dans la mécanique : c'est lui, Everett, qui se retrouve chargé de l'article sur l'exécution du condamné.
Or Everett, c'est Clint Eastwood. Un type qui a traîné ses bottes de justicier dans les westerns, qui a joué les flics solitaires et les redresseurs de tort dans les polars et les films d'action, et qui, s'étant découvert sur le tard des talents de réalisateur, s'est complu à tourner des films crépusculaires ou des romances nostalgiques, en imposant chaque fois, l'âge venant, un personnage de vieux loup solitaire marqué par la vie. Ce qu'est très précisément le dénommé Everett. Sa vie, elle ressemble à la capote de sa voiture pourrie : toute rapiécée, pour essayer de colmater les déchirures, mais ne parvenant pas pour autant à masquer l'usure des ans. Journaliste de talent dans la grande presse new-yorkaise, il s'est retrouvé en Californie sur une voie de garage pour n'avoir jamais voulu mettre de l'eau dans son whisky. Alcoolo, fumeur, cabochard, séducteur invétéré, il a tout gâché, y compris l'amour de sa femme, qui est en train de le quitter.
Or, ce papier dont on le charge, il va en détourner le sens, comme Clint Eastwood, réalisateur, détourne le film de genre dont il utilise le cadre. Au lieu de faire un reportage lénifiant sur les dernières heures d'un condamné à mort, le journaliste, se fiant à son flair, commence à enquêter sur le meurtre dont l'homme est accusé. Et, d'emblée, il sent que sa culpabilité n'est pas évidente, et qu'on l'a jugé coupable avant même d'avoir envisagé son innocence. D'un côté donc commence un compte à rebours classique, avec l'horloge qui égrène inexorablement le compte des heures et des minutes, tandis que le journaliste, ultime justicier de la vraie justice, celle qui récuse tout autant l'erreur judiciaire que la peine de mort, essaie de trouver les preuves qui innocenteraient le condamné. Ce film-là,

Clint Eastwood le mène avec une rigueur de narration impeccable, par un enchaînement minutieux des fils croisés de l'intrigue et par un montage alterné des scènes de prison, où le processus de mise à mort suit froidement son déroulement, et des sinuosités et rebondissements de la course contre la montre que mène le journaliste cherchant à faire toute la lumière sur le meurtre. Jusqu'à un dénouement dont on peut certes se faire quelque idée à l'avance, mais dont le suspense est suffisamment bien ménagé pour que, jusqu'au bout, on attende avec anxiété le moment fatal. Et si l'enquête elle-même donne des résultats quelque peu attendus, c'est que le fond de l'affaire – et du film – ne se situe pas là.
De l'autre côté, en effet, c'est d'une autre enquête qu'il est question. Celle que le journaliste mène sur sa propre culpabilité : en essayant de sauver celui qu'on a jugé coupable, c'est lui-même et sa vie en lambeaux qu'il cherche à sauver, face à son propre jugement d'abord, mais face aussi à une société qui ne lui pardonne rien et dont il découvre avec froideur et lucidité les vices cachés. Et sur ce plan, Clint Eastwood reste le plus impitoyable des justiciers. Politiquement incorrect, faisant de l'Ouest d'aujourd'hui, loin du New York branché et corrompu qu'il a quitté, cette toujours nouvelle frontière d'où il vient dénoncer, en les mettant dans le même sac, la presse à sensations, les prédicateurs qui portent beau, les braves gens assoiffés de vengeance, et jusqu'à l'appareil judiciaire lui-même, toujours prêt à lyncher des innocents. Le héros désormais cabossé n'a rien à opposer à toute cette bonne conscience collective que ses propres doutes. Vieux, fatigué, revenu de tout, et surtout de lui-même, il cherche simplement à sauver cette seule valeur qui vaille qu'on se batte pour elle : la condition humaine. Avant de se retrouver, plus vieux et fatigué encore, seul devant son verre de whisky. À tout jamais poor lonesome cow-boy...

## MYSTIC RIVER (2003)
### avec Sean Penn, Tim Robbins et Kevin Bacon

**L'innocence perdue.** D'emblée, le destin frappe. Alors que Jimmy, Sean et Dave, trois copains inséparables, s'amusent dans la rue à faire des bêtises de gosses, une voiture s'arrête, et deux types qui se disent policiers embarquent Dave. En fait, ce sont deux pédophiles, et l'enfant subira les pires traitements avant, quatre jours plus tard, de parvenir à s'échapper. Ce traumatisme premier, il va peser de manière inéluctable non seulement sur le devenir de Dave lui-même, mais sur celui de ses deux copains, qui auraient pu être enlevés à sa place, et qui partagent avec lui la même tragédie.
Le prologue du film de Clint Eastwood contient en germe tous les développements d'un scénario qui trouve son origine et son explication dans cette perte irrémédiable de l'innocence. Trente ans plus tard, une autre tragédie va rapprocher à nouveau les routes, qui s'étaient jusque-là éloignées, des trois copains d'enfance. L'un, Sean, est devenu flic, l'autre, Jimmy, a suivi la voie opposée et a tâté de la prison ; quant à Dave, désormais marié et père d'un garçon, il n'a jamais pu vraiment évacuer les démons qui le hantent. Or l'assassinat qui survient de la fille de Jimmy, l'enquête qui commence menée par Sean, les soupçons qui peu à peu se portent sur Dave lui-même : autant d'éléments d'un drame nouveau qui tissent, de l'un à l'autre des protagonistes, des liens de complicité, de suspicion et d'affrontement qui vont faire resurgir le passé dans un présent dont on se rend bien compte qu'il est lui-même la résultante de ce qu'ils ont vécu enfants.
Car, ce qui est le plus désespérant dans un film par ailleurs d'une noirceur absolue, c'est que rien ne peut arrêter le cours inexorable des choses. Victimes d'une puissance qui les dépasse, les trois personnages vont payer au prix le plus fort cette innocence perdue. Dans le quartier populaire et chaud de Boston qui est le décor du drame et qui tend, avec la spéculation immobilière, à devenir un quartier bourgeois, intégré à une société de la bonne conscience, le mal est là, et les trois copains en sont les jouets et les acteurs. Victimes et coupables à la fois, pareillement broyés par l'engrenage du malheur, comme l'étaient déjà les héros de la tragédie antique.
Rarement le cinéma de Clint Eastwood est apparu aussi personnel dans ses choix, aussi solitaire par rapport à la production américaine, aussi ambitieux et profond dans son propos. Le long d'un fleuve dont le nom dit à lui seul tout ce que ses eaux charrient – Mystic River – Sean Penn, Tim Robbins et Kevin Bacon, aussi inspirés l'un que l'autre, vivent la tragédie de la condition humaine. Et c'est impitoyable.

## EBERHARDT Thom (américain, né en 1947)

**FILMOGRAPHIE :**
*Night of the comet (1985)* • *The Night before (1988)* • ***Élémentaire, mon cher... Lock Holmes (1989)*** • *Gross anatomy (1990)* • *Captain Ron (1992)*

Dans la galerie des héros récurrents, Sherlock Holmes occupe une place privilégiée. Cela tient d'abord, bien sûr, à la multiplicité des aventures que lui a prêtées Conan Doyle, matière inépuisable à adaptations nouvelles. Mais, au-delà des œuvres originales, le héros, prototype de l'enquêteur ingénieux, a suscité par lui-même l'imagination de scénaristes lui inventant en permanence de nouvelles énigmes à résoudre. Lancé ainsi, tant au cinéma que plus tard à la télévision, dans des histoires policières à répétition, voire à recette, le personnage déborde son modèle littéraire. Et il devient lui-même matière à variations diverses, dont les plus iconoclastes ne sont pas les moins intéressantes. Très vite, dans *Sherlock Junior*, en 1924, Buster Keaton l'avait lancé dans la voie du burlesque. Billy Wilder, en 1970, n'avait pas craint de le démystifier, dans *La Vie privée de Sherlock Holmes*, et Gene Wilder, en 1975, lui avait même inventé, avec un Sigerson Holmes, un frère plus futé ! En poursuivant dans ce sillage de la parodie, Thom Eberhardt, spécialiste au départ de documentaires et de scénarios de science-fiction, ne fait, en 1990, qu'épaissir le mystère Holmes, et prolonger le plaisir.

### ÉLÉMENTAIRE, MON CHER... LOCK HOLMES (1989)
### avec Michael Caine, Ben Kingsley et Jeffrey Jones

**Holmes, sweet Holmes.** Savez-vous qui est, en vérité, le véritable génie de la logique et de la déduction, celui qui est capable, à partir de trois fois rien – des traces de boue sur un parquet, la marque d'une chaussure, une pipe en bois de rose – de reconstituer la trame du crime le plus ténébreux, et de tout connaître de l'identité de l'assassin, de son âge, de son sexe, de sa taille, de ses goûts, et de tous autres menus détails ? Sherlock Holmes, évidemment... Eh bien, vous vous trompez ! Derrière le détective le plus fameux de la littérature et de l'écran se cache en fait le vrai coupable : le brave docteur Watson. Sherlock Holmes n'est en effet qu'une invention pratique, une légende que celui-ci a créée de toutes pièces, un mythe pur, qui lui permet de mener en toute tranquillité ses propres enquêtes et d'en faire profiter, sous le couvert de ce héros de papier, les lecteurs des magazines. L'ennui est que la célébrité du personnage déborde à ce point celle de l'auteur que celui-ci se voit obligé de donner chair à sa créature. Le docteur Watson a donc engagé, pour endosser la casquette, le manteau, la pipe et les rouflaquettes, un acteur de théâtre sur le retour qui, depuis dix ans, tient vaille que vaille le rôle du détective. Reste que ledit comédien a un goût prononcé pour l'alcool, le jeu et les femmes, et que ses qualités intellectuelles sont très en dessous de celles de son personnage. Il est même, à vrai dire, franchement borné, ce qui ne facilite pas la tâche du docteur Watson, surtout lorsqu'il s'agit, comme ici, de sauver la banque d'Angleterre, et même le sort de l'Empire britannique, menacés par une invasion de faux billets de 5 livres.
À partir d'un postulat de base qui fleure bon sa supercherie, le film de Thom Eberhardt joue la parodie avec un mélange de sérieux imperturbable et de petites notations saugrenues qui ne manque pas de sel. Sur un scénario qui mêle allègrement le vrai et le faux, puisqu'on y trouve aussi bien faussaires et fausse monnaie que fausse vierge et faux décors, la question est de savoir si le vrai-faux détective qu'est ce Sherlock Holmes de confection ne pourrait pas devenir un faux-vrai détective, capable de damer le pion à ce vrai maître et faux ami qu'est le docteur Watson. Inutile de chercher plus loin dans cette sympathique et un peu longue fantaisie, dont le charme très britannique et l'humour très anglais n'ont d'autre fonction que d'écorner un peu plus un héros qui fait figure de monument national. Pourtant, tout semble conforme : le cadre victorien, la brume, les personnages fameux, les trognes rougies à la bière des pubs, et l'ombre du terrible Moriarty. Mais les apparences sont trompeuses, et le cinéma, art de l'illusion s'il en est, est là pour les épaissir encore. On avait déjà prêté à Sherlock Holmes un frère ; on lui avait soupçonné une vie privée passablement libertine ; on lui avait même fait rencontrer le docteur Freud, qui nous en avait appris de bien bonnes sur son compte. Voici donc qu'entre un Michael Caine, parfait en pochard ahuri, et un Ben Kingsley non moins excellent en créateur jaloux de sa créature, on nous dévoile ici qu'il n'est pas même celui que l'on croyait. Avec *Élémentaire, mon cher... lock Holmes*, les preuves existent désormais : le vrai mystère de Sherlock Holmes, c'est Sherlock Holmes lui-même !

## ÉCARÉ Désiré (ivoirien, né en 1939)

**PREMIER LONG MÉTRAGE :**
*Concerto pour un exil (1968)*
**FILMOGRAPHIE DEPUIS 1985 :**
***Visages de femmes (1985)***

Après avoir suivi les cours de la rue Blanche à Paris puis s'être inscrit à l'Idhec, Désiré Écaré, rompant avec un certain conformisme du cinéma africain, s'essaie à un cinéma novateur, donnant une large place à la musique, traitant de sujets graves sur un ton humoristique, à travers les deux films qu'il tourne en France à sa sortie de l'école : *Concerto pour un exil*, en 1968, et *À nous deux France*, en 1970. Après quoi, rentré en Côte d'Ivoire, il y exerce divers métiers – fonctionnaire, éleveur, restaurateur, et même candidat à la députation – avant de pouvoir y réaliser, après plus de dix ans d'effort pour en trouver le financement, son premier film africain : *Visages de femmes*, symbole tout à la fois des difficultés et des espérances d'un cinéma africain à la recherche de lui-même.

### VISAGES DE FEMMES (1985)
#### avec Eugénie Cissé Roland, Albertine N'Guessan et Sidiki Bakaba

**African Queens.** Femmes des villages de brousse, gaies et sensuelles, soumises à l'autorité du mari, mais trouvant vite les moyens de le tromper avec celui qu'elles aiment. Jeunes beautés noires faisant l'amour dans la rivière, au milieu d'une nature luxuriante et primitive, avec laquelle elles semblent comme communier dans la recherche d'un plaisir édénique. Femmes de la ville, ayant travaillé toute leur vie et découvrant soudain que le fruit de leurs efforts disparaît, englouti par une famille de mâles paresseux, occupés seulement à profiter de leur énergie. Toutes ces destinées féminines sur lesquelles s'attarde Désiré Écaré, à travers l'histoire de trois femmes qui, chacune à sa manière, entreprennent de sortir de la tutelle du mâle, sont le reflet d'une société africaine où, après l'indépendance, bien des libertés restent à conquérir, et notamment pour les femmes.
Ce regard porté par un cinéaste ivoirien sur son propre pays risque de surprendre : il est loin de tous les clichés habituels, débarrassé même de cette tentation ethnologique qui accompagne souvent l'œil des caméras prétendument documentaires. S'il se moque ou s'attendrit, c'est en toute complicité avec ce qu'il montre : des dialogues pris au vol, des saynètes décousues, des images furtives. L'important ici n'est pas dans la manière : le style est maladroit, les défauts techniques abondent, et la construction est tout entière à la diable. Ce qui compte bien davantage, c'est cette sorte de morale tranquillement subversive qui se dégage d'un film conçu comme un conte, avec, comme fil directeur, le rythme d'une danse où la caméra suit le mouvement des corps et montre, images d'un continent qui ose enfin se regarder en face et se montrer tel qu'il est, tous ces visages de femmes, jeunes et vieilles, belles ou fanées, animées de la même force tranquille. Les vraies reines d'Afrique.

## EDEL Uli (allemand, né en 1947)

**PREMIER LONG MÉTRAGE :**
*Der Harte Handel (1977)*
**FILMOGRAPHIE DEPUIS 1985 :**
***Dernière sortie pour Brooklyn (1989)*** • *Body (1993)* • *Le Petit vampire (2000)* • *Les Brumes d'Avalon (2001)* • *Kingdom in twilight (2004)*

Formé à l'université de Munich puis à l'Académie du cinéma, Uli Edel, à la fin de ses études, débute à la télévision et travaille de façon intermittente comme monteur, notamment sur un court métrage de Douglas Sirk. Il commence sa carrière de réalisateur en 1977, et son deuxième film, *Moi Christiane F., 13 ans, droguée, prostituée*, tourné en 1980 avec un budget modeste, devient une des plus grosses recettes du cinéma allemand. À la fin des années 1980, il commence une carrière américaine, avec l'adaptation du roman de Hubert Selby Jr., *Dernière sortie pour Brooklyn*, dont il avait essayé de faire en 1971 son film de fin d'études, mais dont il n'avait pu alors obtenir les droits. À partir de là, et du film suivant, *Body*, un polar spécialement conçu pour mettre Madonna en vedette, il enchaîne pour la télévision et pour les grands studios téléfilms et films de genre.

### DERNIÈRE SORTIE POUR BROOKLYN (1989)
**avec Stephen Lang, Jennifer Jason Leigh et Burt Young**

**Asphalt jungle.** L'enfer, tout simplement. C'est là, à New York, en 1952, dans Brooklyn paralysé par la grève. Au milieu des poubelles et des bouches d'égouts qui fument, dans l'encoignure d'une rue, des types se cognent jusqu'au sang : trois militaires en vadrouille et une bande de loubards, qui s'étripent pour quelques injures obscènes, dans des relents d'alcool et de sexe. Le quartier tout entier a cette odeur-là. La foule y grouille d'ouvriers sans travail, de drogués piqués jusqu'à la moelle, de syndicalistes musclés jouant de la barre de fer, d'ivrognes traînant leur soûlerie dans les bars à filles. Pour Harry, employé du syndicat, veule et mou derrière ses airs de gros bras, et qui soudain, devant un travesti aguicheur, découvre son homosexualité ; pour Tralala, la prostituée à la tignasse décolorée et à la poitrine généreuse offerte au désir des mâles et qui, exploitée par son mec, rencontre sans le vouloir quelqu'un qui pourrait lui apprendre l'amour et la tendresse ; pour Spook, le gamin fou de moto et d'évasion, et qui découvre que le monde où il vit est bien loin de ses rêves ; pour Vinnie le loubard et Georgette le travelo ; pour les grévistes qui se battent devant les grilles de l'usine, et pour les marins en goguette qui se font plumer par les filles ; pour ceux-là et pour tous les autres venus échouer sur les quais, Brooklyn c'est le bout du voyage, la dernière sortie vers le bas. Après, ne reste que le néant.
Lorsque Hubert Selby avait, en 1964, publié ce brûlot terrible, cette éructation charriant pêle-mêle la misère, l'obscénité, le désespoir absolu, dans une langue-torrent, pleine de boue et de miasmes, le livre avait fait scandale. Sa charge était trop forte, trop noire, trop absolue dans la déchéance, trop insoutenable dans le réalisme. Il aura fallu vingt-cinq ans et pas mal de tentatives avortées pour que le livre, enfin, devienne film. Depuis, il est passé pas mal d'eau sous les ponts de l'horreur, et d'autres cris se sont fait entendre, plus terribles encore. Pourtant, la force émotionnelle du roman reste intacte. Le grand mérite d'Uli Edel, le réalisateur du film, est d'avoir tenté de la préserver. Sans doute son adaptation prend-elle le parti de ne pas tout dire : mais comment faire autrement devant un tel foisonnement ? En se concentrant sur deux ou trois personnages autour desquels se tissent les fils multiples de l'histoire, il fait quelque peu disparaître l'impression globale de pessimisme qui se dégageait d'une vision uniformément noire de l'humanité. Ici, il y a place pour quelque lueur d'espoir : un gamin qui pleure sur la poitrine d'une fille qui sèche ses larmes, les grilles de l'usine qui s'ouvrent sur les ouvriers retrouvant leur travail. Il n'est pas sûr pourtant que, malgré ces adoucissements, le film soit moins impressionnant que le livre. C'est que la force de l'image y égale la puissance des mots. Avec une efficacité et un savoir-faire tout américains, Uli Edel, qui est allemand, donne à son récit l'allure d'une danse de mort. Puissance lyrique de l'animation des foules, décors d'un naturalisme total, éclairages tout en ombres et en contrastes, musique entêtante, jeu exacerbé d'acteurs portant leurs rôles à incandescence : tout renvoie ici à un cinéma de rythme et d'action, à une de ces grandes sagas, sur fond de tension sociale, de misère et de haine, qui constituent le fond même de l'autre Amérique, celle de la pauvreté et du paradis perdu. Mais où, pourtant, dans les rues pavées de violence de l'enfer urbain, le vieux fonds chrétien resurgit, pour dire que le salut existe et que, plus dure sera la chute, plus profonde aussi sera la rédemption.

## EDWARDS Blake (américain, né en 1922)

**PREMIER LONG MÉTRAGE :**
*Bring Your Smile Along (1955)*
**FILMOGRAPHIE DEPUIS 1985 :**
***That's Life ! (1986)*** • *Un sacré bordel (1986)* • *Boire et déboires (1987)* • *L'amour est une grande aventure (1988)* • *Meurtre à Hollywood (1988)* • *Dans la peau d'une blonde (1990)* • *Le Fils de la panthère rose (1993)*

Dans la veine fertile que constitue la comédie à l'américaine, Blake Edwards occupe une place de choix. Sa formation à toutes les formes de spectacle n'est pas pour rien dans la diversité dont fait preuve son œuvre cinématographique. Entré dans le cinéma par la petite porte – il y fut d'abord coursier, puis figurant –, il devient ensuite acteur de complément et occupe de petits rôles dans une vingtaine de productions, avant de jouer en vedette dans quelques films à la fin des années 1940, puis de devenir producteur, de lancer un feuilleton radiophonique, de travailler à la télévision, où il crée plusieurs séries célèbres, de poursuivre son activité au cinéma en devenant le scénariste attitré de Richard Quine, puis de passer enfin à la réalisation au milieu des années 1950, d'abord pour le compte d'Universal, puis en freelance. Dans une filmographie riche d'une quarantaine de titres, il cultive tous les genres, du thriller au film d'espionnage, du film de guerre au drame social, de la satire au film musical. Mais c'est dans la comédie qu'il imprime sa marque, à travers des films à la fois acides et sophistiqués, romantiques et délirants, et dont la série des huit épisodes de *La Panthère rose* synthétise l'esprit : tradition du slapstick, humour cartoonesque, vaudeville, fantaisie burlesque. Ce qui n'exclut jamais chez lui un regard amusé sur les malheurs humains.

### THAT'S LIFE ! (1986)
### avec Julie Andrews et Jack Lemmon

**La maladie du bonheur.** Bénigne ou maligne ? De la réponse à cette question toute bête dépend la vie de Gillian Fairchild. Elle a tout pour être heureuse : la beauté, l'amour, la famille, la richesse. Mais il y a cette tumeur, grain de sable capable de détraquer toutes les mécaniques et de vous peindre la vie en rose, ou en noir. Gillian se fait donc faire une biopsie, sans rien dire à personne, et rentre chez elle pour attendre les résultats. Et là, tout lui tombe dessus : son mari, architecte comblé, qui, à l'approche de la soixantaine, remet en question sa carrière, ses ambitions et jusqu'à sa virilité, et qui lui pique une crise de déprime convulsive ; sa fille aînée, enceinte, qui supporte mal sa grossesse et croit que personne ne l'aime ; la cadette, qui s'est disputée avec son petit ami et y va de son vague à l'âme ; et le fils, qui se prend dans la vie pour le héros macho qu'il est sur les écrans télé. Tous ne pensent qu'à leurs petits malheurs, sans soupçonner un seul instant l'angoisse de Gillian. Avec une telle famille, comment diable pouvoir être cancéreux tranquille ?
Le film de Blake Edwards joue avec ces choses graves que sont la maladie, le vieillissement et la mort. On sait, depuis Molière, que c'est le secret des bonnes comédies. Pas d'apitoiement, donc, mais les ennuis du quotidien qui, pour peu qu'on les confronte à l'essentiel, apparaissent pour ce qu'ils sont : des trois fois rien, ridicules et touchants, où l'égoïsme de chacun se donne libre cours. Dans cette surenchère narcissique, Jack Lemmon, en mari qui a du mal à se voir vieillir, emporte la palme : se croyant atteint de tous les maux possibles, il promène ses petites misères de gag en gag avec une dégaine impayable. Face à lui, Julie Andrews donne à son personnage, vivante image de l'inconscient matriarcal américain, un côté silencieux et sensible qui maintient le film dans sa tonalité souriante, sans lui enlever sa valeur humaine. Et le microcosme agité que s'amuse à épingler le réalisateur apporte un côté de satire sociale à cette aimable promenade dans les petits chemins du bonheur, pavés parfois, comme l'enfer, des plus bénignes (ou malignes ?) intentions.

## EGOYAN Atom (canadien d'origine arménienne, né au Caire en 1960)

**PREMIER LONG MÉTRAGE :**
*Proches parents (1984)*
**FILMOGRAPHIE :**
*Family viewing (1987) • Speaking parts (1989) • The Adjuster (1991) • Montréal vu par… (1991), co-réalisation • Calendar (1992) • Exotica (1994) • Bath Cello Suite #4: Sarabande (1997) • De beaux lendemains (1997) •* ***Le Voyage de Felicia (1999)*** *• Krapp's last tape (2000) • Ararat (2002) • La Vérité nue (2005)*

Atom Egoyan – cairote, arménien, canadien – pratique le cinéma comme semble l'y pousser la variété mêlée de ses origines : en faisant sauter les frontières. D'emblée, dans les courts métrages qu'il réalise au début des années 1980, il s'intéresse au statut de l'image, réfléchissant à la coupure traditionnellement établie entre le cinéma et la vidéo. En introduisant l'une dans l'autre, il fait sauter cette distinction, jouant d'une relation qui perturbe les codes habituels. Ses longs métrages sont tous axés sur cette sorte de trafic d'images, qui amène une constante interrogation sur le vrai et le faux, les apparences et la réalité : que ce soit la perturbation que cause la télévision parmi les membres de la famille de

*Family viewing*; l'influence sur la désagrégation d'un couple de la censure cinématographique, qui est le domaine dans lequel travaille la femme, dans *The Adjuster*; le rapport à la réalité que traduisent les clichés qu'un photographe canadien part réaliser en Arménie pour illustrer un calendrier, dans *Calendar*; le manège de séduction qui se joue entre une strip-teaseuse et un de ses clients sous l'œil de son ex-petit ami, dans *Exotica*; l'exploitation du deuil dans une communauté qui vient de perdre ses enfants dans un accident de bus scolaire, dans *De beaux lendemains*; le rapport à l'enfance dans les souvenirs d'images du prédateur du *Voyage de Felicia*; la mémoire diffractée du génocide arménien à travers le témoignage de plusieurs personnages, dans *Ararat*; les abîmes tragiques que cache l'intimité du duo de fantaisistes comiques dans *La Vérité nue*. Partout, avec parfois des bonheurs inégaux, Egoyan interroge les images, et son interrogation représente une façon nouvelle pour le cinéma de se regarder dans le miroir qu'il lui tend.

### LE VOYAGE DE FELICIA (1999)
#### avec Bob Hoskins et Elaine Cassidy

**L'enfance de l'ogre.** En deux plans, tout est dit. D'un côté, sur fond de musique sirupeuse des années 1950, un lent panoramique s'attarde sur l'intérieur d'une maison proprette, où sont sagement alignés des souvenirs d'enfance et où, telle une icône révérée, trône la photo d'une femme, tandis que la caméra débouche sur une cuisine aux allures de laboratoire où officie un petit homme rondelet. De l'autre, la tristesse nostalgique d'une ballade irlandaise accompagne une toute jeune fille, juchée sur des talons trop hauts, qui se serre dans sa pauvre veste à capuchon sur le pont du bateau d'où elle voit s'éloigner les côtes de son île. Ces deux destins-là, le film d'Atom Egoyan va les faire se rencontrer avec ce côté inexorable qui est celui des contes, où les petits chaperons rouges sont toujours guettés par les grands méchants loups. Si ce n'est qu'ici l'immémoriale mémoire mythique s'ancre dans une réalité que le film impose d'emblée.
La pauvre fille perdue, c'est Felicia, victime d'un garçon trop empressé qui l'a mise enceinte et qui l'a quittée pour gagner l'Angleterre. Le poids du conservatisme, la rigueur paternelle et le désir de retrouver le garçon qu'elle aime ont poussé la jeune fille à partir à son tour. Et c'est là, dans la grande ville laborieuse de l'ère post-industrielle, que sa route croise celle du gros petit homme, Hilditch, directeur de cantine dans une usine, dont toute l'occupation d'homme seul se passe, une fois rentré chez lui, à reproduire les recettes que sa mère trop aimée – la femme de la photo – donnait à la télévision, quand lui-même n'était encore qu'un gros garçon joufflu et qu'elle le forçait à ingurgiter du foie cru devant les caméras.
Or Hilditch, avec ses manières douées et son sourire de bon Samaritain, est un tueur en série qui collectionne les filles perdues. Atom Egoyan, plongeant dans les profondeurs de l'enfance de l'ogre, fait comme l'anatomie de la pulsion de mort qui l'habite. Dans cet étonnant portrait du loup, que Bob Hoskins dessine avec cette façon qu'il a de rendre le débonnaire inquiétant et l'inquiétant pathétique, le plus étonnant est bien que cette rencontre avec la pauvre victime désignée – Elaine Cassidy, elle aussi remarquable – marque la réunion de deux âmes finalement sœurs, qui vont trouver l'une par l'autre, par ce voyage au bout de leur nuit, la délivrance. Dans un film dont l'écriture subtile n'en finit pas de laisser, longtemps après, son entêtante trace.

## EL HAGAR Khaled (égyptien, né en 1963)

**FILMOGRAPHIE**

*Ahlam Saghira (1993)* • *Boukralina (1998)* • ***Room to rent (2001)*** • *Girl's love (2004)*

Égyptien, c'est en Égypte que Khaled El Hagar débute dans le cinéma en 1986, comme assistant réalisateur et directeur de casting sur plusieurs films égyptiens et internationaux au sein de Misr International, la société de production de Youssef Chahine. Après un court métrage remarqué, il tourne son premier long, *Ahlam Saghira*, en Égypte, produit par la Misr. Il part alors s'installer à Londres pour y poursuivre son apprentissage à la National Film and Television School. C'est là qu'il tourne son film de fin d'études, *A gulf between us*, un moyen métrage, et c'est là qu'il commence une seconde carrière, avec des films produits en Angleterre mais où – *Room to rent* le montre bien – la question de l'émigration et de l'intégration est au cœur de ses préoccupations.

### ROOM TO RENT (2001)
### avec Saïd Taghmaoui et Juliette Lewis

**Au vrai souk londonien.** Que faire, quand on s'appelle Ali, qu'on est égyptien émigré à Londres, que votre visa expire dans quelques semaines, que vous vous faites expulser de votre logement, et que, malgré tout cela, vous voulez coûte que coûte réussir dans la voie que vous vous êtes choisie : devenir un scénariste célèbre ? Que faire, si ce n'est naviguer au gré des courants, coucher un soir ici, un autre là, enseigner la danse du ventre à des bourgeoises en s'arrangeant pour leur ménager après la séance un petit cours particulier, poser nu en saint Sébastien percé de flèches pour un photographe gay non insensible à la beauté orientale, et surtout chercher par tous les moyens le mariage blanc qui constituera la solution miracle génératrice du permis de séjour définitif? C'est donc ce que fait Saïd Taghmaoui, impeccable en jeune Arabe décidé qui se frotte à la vie londonienne, dans un film qui est lui-même comme un curieux mélange des genres et des cultures. Car le réalisateur, Khaled El Hagar, a manifestement connu le type de galère qu'il prête à son personnage, et, s'il a gardé de ses origines égyptiennes le goût du cinéma aux couleurs de chromos, où les loukoums bien sucrés du mélo voisinent avec les senteurs plus subtilement acidulées de la comédie, il a manifestement découvert à Londres un autre type de souk non moins épicé et coloré.
Car, entre les salons bourgeois de la bonne société, les maisons cossues des vieilles fortunes, les studios d'artistes branchés, les chambres minables pour émigrés, la variété des décors traduit un monde kaléidoscopique haut en couleur que le cinéaste entreprend de restituer. C'est ce qui fait le charme bigarré de son film, mais c'est ce qui en fait aussi le défaut interne : à trop vouloir en dire et en montrer, celui-ci se perd vite dans une profusion qui le rend quelque peu indigeste, comme une pâtisserie orientale où les couches de sucreries s'empilent les unes sur les autres. Si certaines sont carrément bourratives, d'autres apparaissent heureusement plus légères, comme celle qui concerne cette autre créature en mal de réussite qu'est une jeune actrice – parfaite Juliette Lewis – qui se prend pour Marilyn : tout, de ses cheveux blonds à sa robe blanche, de sa moue mutine à ses mines pou-pou-pi-dou, reproduit l'original à l'identique, et le brun Ali ne peut que tomber amoureux de cette poupée blonde, à vrai dire aussi paumée que lui. Mais le plus surprenant, et qui permet au film de se clore sur une note à la fois sentimentalement cocasse et quasi magique, c'est que les tribulations du petit Égyptien à Londres débouchent sur une rencontre incongrue et troublante, où se mêlent le merveilleux des contes orientaux et le parfum mystérieux des histoires de vieilles ladies. Le film y trouve *in extremis* une justesse de ton et une finesse de touche qui lui avaient jusque-là fait défaut.

## EMMERICH Roland (allemand, né en 1955)

**PREMIER LONG MÉTRAGE :**
*The Noah's ark principle (1984)*
**FILMOGRAPHIE DEPUIS 1985 :**
*Joey (Making contact) (1985)* • *Ghost Chase (1987)* • *Moon 44 (1990)* • *Universal soldier (1992)* • *Stargate (1994)* • *Independence Day (1996)* • *Godzilla (1998)* • *The Patriot (2000)* • ***Le Jour d'après (2004)***

Formé à la peinture et à la sculpture, Roland Emmerich suit des études de décoration à l'École de cinéma de Munich. Il passe à la réalisation avec son film de fin d'études, *The Noah's ark principle*, qui témoigne, avec un budget et des ambitions inhabituels pour un film d'étudiant, d'un sens visuel impressionnant. Présenté en ouverture du Festival de Berlin 1984, le film obtient un succès considérable en Allemagne et lance la carrière du cinéaste, qui fonde sa propre maison de production pour tourner son deuxième film, *Joey*, un récit fantastique où il fait la preuve de sa maîtrise des effets spéciaux, ce que confirme *Moon 44*, où il aborde la science-fiction. Ce cinéma spectaculaire intéresse Hollywood, qui l'engage pour tourner *Universal soldier*. Dès lors sa carrière américaine est lancée : il enchaîne les films de science-fiction à gros budget, casting de luxe et effets spéciaux, devenant le spécialiste des blockbusters d'anticipation – *Independence Day, Le Jour d'après* –, non dénués, derrière le spectaculaire de la mise en scène, d'une réflexion sur le rôle et le devenir de l'Amérique.

### LE JOUR D'APRÈS (2004)
**avec Dennis Quaid, Jake Gyllenhaal et Emmy Rossu**

**Apocalyptique en fin de journée.** Ça commence par un craquement à peine perceptible. Rien de bien grave en apparence, mais qui pourtant gagne vite en intensité menaçante, puisque c'est la banquise tout entière, où est installée une base scientifique américaine, qui se lézarde et se coupe carrément en deux. Et ledit craquement trouve vite un écho de tonnerre à l'échelle planétaire, comme si c'était le ciel même qui tombait sur la tête des hommes : pluie de grêle géante à Tokyo, ouragan dévastateur sur Hawaï, neige sur New Delhi, la météo devient folle, le temps semble perdre le nord. Le climatologue Jack Hall, qui a travaillé sur la modélisation de l'âge glaciaire, se rend vite compte que ces conditions épouvantables dépassent le simple avis de tempête : c'est en fait le réchauffement de la planète qui met en cause l'équilibre climatique et qui menace la Terre d'un nouvel âge de glace.

Voici donc qu'après les envahisseurs venus de l'espace, Roland Emmerich fait succéder à son *Independence Day* un *Jour d'après* plus apocalyptique encore, dans la mesure même où le danger vient directement des conditions climatiques qui régulent la vie terrestre. Que le déchaînement des éléments intervienne au moment même où les États-Unis refusent de signer le protocole de Kyoto pour lutter contre les menaces écologiques donne d'emblée au film un parti pris de sensibilisation, d'autant plus à remarquer qu'il n'est pas exempt d'esprit critique sur la politique américaine en la matière. Et même si là n'est sans doute pas l'essentiel, la mobilisation de tous les gros moyens propres au film catastrophe apparaît, pour une fois, s'appuyer sur des éléments crédibles et jouer sur des peurs bien réelles.

À partir de là, scénaristes, spécialistes d'effets spéciaux et metteur en scène peuvent entrer en piste. Et comme on a affaire à ce qui se fait de mieux sur ce plan à Hollywood, le résultat est à la mesure de l'attente : *Le Jour d'après* est un spectacle assez ahurissant, qui relègue au rayon du bricolage les blockbusters de série habituels. Car ce que Roland Emmerich entreprend de montrer, ce n'est rien de moins que la glaciation progressive de tout le nord du continent américain, sous forme d'un énorme ouragan, aux dimensions tellement gigantesques que les astronautes qui font leur petit tour dans la stratosphère ne peuvent que constater le phénomène avec des yeux plus ronds que leur hublot et que les scientifiques eux-mêmes en perdent leurs formules. La catastrophe est telle qu'elle offre naturellement au réalisateur matière à des scènes grandioses : énorme vague engloutissant New York et projetant ses flots dans une Cinquième Avenue transformée en mer intérieure où passe, fantomatique, un énorme navire ; tornade qui fait tomber sur Los Angeles l'équivalent de plusieurs 11 septembre météorologiques ; statue de la Liberté qui voit son flambeau se figer dans la glace ; et, petit sourire ironique, souffle énorme de la tempête qui fait se volatiliser les lettres célèbres d'Hollywood trônant du haut de leur colline.

C'est dire l'ampleur du désastre. Et c'est dire aussi l'ampleur du spectacle. Et que les rares rescapés, face au froid qui congèle tout, ne trouvent à se réchauffer et à survivre qu'en brûlant les livres de la Bibliothèque nationale américaine apporte, à cet égard, un symbole qui n'est pas seulement teinté d'humour. C'est Nietzsche en effet qui, le premier, fait les frais de cet autodafé salutaire : la folie humaine, à travers le mythe du surhomme prétendant dominer la nature, en prend définitivement un bon coup... !

---

## ENRICO Robert (français, 1931-2001)

**PREMIER LONG MÉTRAGE :**
*La Belle vie (1962)*
**FILMOGRAPHIE À PARTIR DE 1985 :**
*Zone rouge (1986)* • ***De guerre lasse (1987)*** • *La Révolution française. Les Années lumière (1989)* • *Vent d'est (1992)* • *Fait d'hiver (1998)*

Ses débuts avaient été éclatants : un court métrage, en 1961, *La Rivière du hibou*, lui rapportant, outre un Oscar à Hollywood et une Palme d'or à Cannes, une considération immédiate. Puis un premier long métrage en 1962, *La Belle vie*, sur les lendemains de la guerre d'Algérie, lui valant quelques démêlés avec la censure. Et, à partir de là, un changement de registre, avec des films à la Howard Hawks, racontant des histoires d'hommes, des amitiés viriles, des aventures fortes en sueur, mais aussi des récits romanesques et tragiques, dont le très césarisé *Vieux fusil* : du grand cinéma populaire, où court comme un fil conducteur la présence obsédante de la guerre, cette guerre qui était là dès *La Rivière du hibou*, avec la guerre de Sécession, et *La Belle vie*, avec la guerre d'Algérie, et qui, du *Vieux fusil* à *Au nom de tous les miens*, mène à *De guerre lasse* et à *Vent d'est*. Toujours Robert Enrico aura aimé les histoires fortes. Son cinéma, classique et de belle facture technique, a donné au scénario et aux acteurs la part belle. Lui qui avait commencé avec la Nouvelle Vague aura rejoint une qualité française dont il aura été un des meilleurs artisans.

### DE GUERRE LASSE (1987)
#### avec Nathalie Baye, Pierre Arditi et Christophe Malavoye

**Mon bel amour, ma déchirure.** 1942. Ils sont trois. Elle, Alice, était mariée à un chirurgien autrichien, et juif, que le nazisme a eu tôt fait d'emporter. Lui, Jérôme, l'a entraînée dans la résistance. Bravant l'occupant, ils font passer la ligne de démarcation à des clandestins et comme ils ont besoin pour cela d'un abri sûr, Jérôme a choisi la maison de Charles, son ami d'enfance. Celui-ci, industriel en chaussures, se préoccupe peu de la guerre. Il a bien assez de mal à faire tourner son usine et laisse à d'autres l'engagement et les choix. Pourtant, l'irruption dans sa vie de cette femme qui aussitôt l'attire va bouleverser sa tranquillité, mettre à mal son amitié avec un Jérôme dont l'impuissance accroît la jalousie et l'entraîner là où jamais il n'aurait envisagé d'aller.
*De guerre lasse*, c'est d'abord une de ces histoires d'amour comme les aime Enrico, tendre et violente, où la guerre est là comme un simple cadre, soulignant l'urgence des choses, le désir de vivre avant que la tragédie ne vous rattrape. Comme dans *Le Vieux fusil*, il y flotte un parfum tenace, celui du bonheur menacé. Et aussi cette alchimie fascinante de l'amour partagé : une femme aimée de deux hommes et qui les aime tous les deux à la fois, comme on aime l'ombre et la lumière, l'eau et le feu. Il y a du *Jules et Jim* dans la façon dont Enrico a su préserver l'équilibre des sentiments et mettre à nu la vérité des cœurs, suggérant que la guerre qui va happer les personnages n'est qu'une façon de les révéler à eux-mêmes, et que, au-delà de la folie des temps, l'important, toujours, c'est d'aimer.
La sensibilité des comédiens, sur ce point, sert grandement le dessein du réalisateur. En Pierre Arditi, Enrico trouve des tourments secrets et des peurs qui explosent en un courage fou et des fureurs incontrôlées. De Christophe Malavoy, il sait capter la pointe d'ironie moqueuse, et cette aisance en proie, soudain, à l'inconnu. Quant à Nathalie Baye, elle n'a sans doute pas l'aura éclatante du personnage tel que l'avait imaginé Sagan. Il y eût fallu Romy Schneider ou Catherine Deneuve, il y a dix ans. Et pourtant, telle qu'elle est, moins rayonnante qu'obstinée et avide de bonheur, elle donne à son personnage un côté humain qui en accroît le pathétique et qui ajoute une harmonie de douceur à la petite musique de Sagan.
Pour le reste, pas de surprise. Image, décor, musique, découpage : tout est garanti pure qualité française. Dans cette machine bien huilée, ne manque au fond que ce petit grain d'insolite qui, faisant décoller le film, pourrait donner des ailes au désir.

## ENYEDI Ildiko (hongroise, née en 1955)

**FILMOGRAPHIE :**
***Mon XX^e^ siècle (1989)*** • *Chasseur magique (1994)* • *Tamas et Juli (1997)* • *Simon le mage (2000)*

Ayant commencé par des études de littérature française pendant les deux années qu'elle passe en France, Ildiko Enyedi bifurque, à son retour en Hongrie, vers des études d'économie, avant de suivre des cours de mise en scène à l'École supérieure du film de Budapest, puis de devenir en 1979 membre du studio Béla Balazs et de siéger à son bureau de direction en 1987. Avec *Mon XXe siècle*, elle aborde la réalisation en jetant sur les promesses du XXe siècle naissant un regard très personnel, à la fois intéressé par les rapports entre la science et la technique mais aussi porté par une réflexion philosophique, ce qui se retrouve dans ses films suivants qui nourrissent la fiction romanesque de préoccupations intellectuelles.

## MON XXe SIÈCLE (1989)
### avec Dorotha Segda, Oleg Jankowski et Gabor Mathé

**La traversée du siècle.** Tout commence, comme le siècle qui s'approche, en 1880 à New York, avec l'éclatante démonstration de Thomas Edison offrant aux hommes la lumière électrique. Loin de là, en cette même année, deux sœurs jumelles voient le jour à Budapest. Devenues orphelines, elles se retrouvent contraintes à la mendicité, jusqu'à ce que deux bienfaiteurs viennent leur apporter leur aide. À partir de là, leurs routes se séparent. L'une, Dora, évolue dans le monde du luxe et du plaisir et devient femme fatale et escroc de haut vol ; l'autre, Uli, épouse la cause des anarchistes et, voulant changer le monde, s'apprête à se lancer dans des attentats terroristes. Et dans la nuit de la Saint-Sylvestre 1899, toutes deux sont dans l'Orient-Express en route pour Budapest. Mais ignorant chacune la présence de l'autre, elles ne se rencontrent pas, filant chacune de leur côté vers le xxe siècle qui s'annonce.
Le film d'Ildiko Enyedi est un voyage. Un voyage en noir et blanc à la source même du cinéma – la lumière –, et à ces films muets qui en constituent le premier âge, celui de l'innocence, et que rappellent les changements de séquences avec fermetures à l'iris. Mais c'est aussi un voyage au cœur du xxe siècle, dont il mélange joyeusement les images et les mythologies, demandant à chaque spectateur d'entrer dans l'imaginaire du siècle, en laissant lui-même au vestiaire son rationalisme cartésien. Le tout avec une constante fantaisie, une invention échevelée et un plaisir sans cesse renouvelé du récit. Car ce qui fait avancer le film, son carburant, c'est bel et bien le bonheur, celui que dispense une espèce de tendresse pour une tradition perdue du cinéma, perdue depuis l'avènement du parlant, celle de cinéastes comme Griffith, Feuillade, ou le Renoir des débuts : une tradition du mélo et du romanesque qui, transfigurant ce qui perce à travers les soubresauts d'un siècle chaotique ne réalisant pas toutes les promesses qu'il portait en lui, à savoir une angoisse presque tarkovskienne, lui donne le sourire contagieux du bonheur.

# EPHRON Nora (américaine, née en 1941)

**FILMOGRAPHIE**
*This is my life (1992)* • *Nuits blanches à Seattle (1993)* • *Mixed nuts (1994)* • *Michael (1996)* • ***Vous avez un message (1998)*** • *Le Bon numéro (2000)* • *Ma sorcière bien-aimée (2004)*

Fille d'un couple d'écrivains à succès, auteurs de célèbres comédies et comédies musicales des années 1950, de *Papa longues-jambes* à *La Joyeuse Parade*, Nora Ephron mène d'abord une brillante carrière de journaliste et d'essayiste à New York, avant de passer au cinéma comme scénariste. Les réussites qu'elle y rencontre (*Le Mystère Silkwood, La Brûlure*, adapté de son propre roman, *Quand Harry rencontre Sally*) favorisent son passage à la réalisation, lequel lui vaut aussi très vite un succès d'importance avec *Nuits blanches à Seattle*, comédie sentimentale élégante, qui reprend les conventions du genre en les adaptant à l'air nouveau du temps. La recette est bonne : elle lui vaut un nouveau grand succès avec *Vous avez un message*.

## VOUS AVEZ UN MESSAGE (1998)
### avec Tom Hanks et Meg Ryan

**C'est écrit sur le Web.** En scénariste avisée qu'elle est, et en bonne faiseuse de comédies sentimentales, Nora Ephron s'est dit sans doute qu'après *Nuits blanches à Seattle*, il y aurait quelque avantage à réunir à nouveau le couple sympathique qu'elle y avait formé, et qu'il conviendrait pour ses retrouvailles de lui donner une de ces histoires de toujours propre à faire craquer les chaumières. D'où cette Cendrillon blanche comme neige, qu'on dirait sortie tout droit de *The Shop around the corner*, la petite boutique aux merveilles de l'inégalé Lubitsch. Idée d'autant plus séduisante que, pour être craquante, on ne fait pas mieux que Meg Ryan et que, s'il fallait trouver aujourd'hui une réplique à James Stewart, c'est assurément à Tom Hanks, avec son air de dadais un peu emprunté et irrésistiblement bon, qu'on ne pourrait manquer de penser. La bonté qui émane du comédien ne rend d'ailleurs que plus méritoires les efforts qu'il fait pour rendre un tout petit peu antipathique le personnage qu'il incarne de Joe, un capitaliste sauvage qui fait dans le culturel comme d'autres dans les surgelés. La grande surface de librairie qu'il vient installer dans l'Upper West Side, un des derniers quartiers protégés de New York, transformant l'esprit de village qui y règne en anonymat confortable et

aseptisé de galerie commerciale, sonne en effet le glas des petites librairies alentour. Et notamment de ce délicieux petit coin de paradis qui a repris pour enseigne le titre du film de Lubitsch, et où la non moins délicieuse Kathleen exerce son métier de libraire pour enfants avec toute la disponibilité, la gentillesse et la culture qu'on puisse rêver.
Petit commerce contre grande surface, donc. Un enjeu économique qui pourrait paraître un peu pesant pour ce qui se veut avant tout une comédie légère, si la belle astuce de Nora Ephron n'était de doubler ce premier fil de l'intrigue d'un second, sentimental et informatisé celui-là. Sans le savoir, le méchant Joe et la gentille Kathleen confient chaque soir par courrier électronique leurs soucis et leurs espoirs à un correspondant qui n'est autre, sous son nom de code, que d'un côté Kathleen et de l'autre Joe. L'affrontement commercial qui les oppose au grand jour se double ainsi d'une romance qui s'ébauche dans l'intimité du message en ligne. Et plus ils se querellent et se déchirent dans la réalité de leur face-à-face quotidien, plus ils se rapprochent dans le réseau informatisé du web, nouveau messager ailé de l'amour. Là est bien, de fait, la trouvaille. La lettre d'amour, aujourd'hui, se fait e-mail, et c'est à un écran qu'on confie son cœur. Toute la question étant évidemment de passer du virtuel à la réalité : en d'autres termes, du nom de code à la personne bien physique qui se cache derrière. À force de nuits blanches à New York à taper sur leur clavier, il apparaît dès le départ qu'un jour, fatalement, Joe rencontrera Kathleen, et vice versa. C'est écrit sur le Web. Et c'est surtout écrit dans la loi du genre, cette comédie romantique qui a fait les grandes heures du cinéma américain, et à laquelle Nora Ephron rend hommage avec une fidélité légèrement distanciée, qui aboutit pour finir à ce constat, qui sert de morale au film : malgré tout son charme, le temps des *shops around the corner* a disparu ; il n'en reste qu'un ersatz qui ne manque pas d'agrément, sous la forme d'une modernité clean et formatée, à laquelle il faut bien se faire. Leçon qui pourrait presque s'appliquer à l'entreprise elle-même, et à un film qui, refaisant avec ingéniosité, en l'adaptant au nouveau goût du jour, ce que d'autres faisaient hier avec cœur, a lui aussi quelque chose d'un ersatz de grande surface par rapport au petit commerce original d'un Lubitsch d'autrefois.

## ESPOSITO Marc (français, né en 1952)

**FILMOGRAPHIE :**
***Le Cœur des hommes (2003)*** • *Toute la beauté du monde (2005)*

Longtemps critique de cinéma, fondateur et animateur du magazine *Studio*, Marc Esposito, connaissant mieux que personne le cinéma, passe en 2003 à la réalisation avec, en tête, des références qu'il ne cache pas : celle de ces films de quadragénaires en route vers la cinquantaine qu'il a pu voir dans les années 1970, lui né en 1952, alors qu'il avait 20 ans. Hommage ainsi à *Mes chers amis*, de Monicelli (1975), et plus encore à *Vincent, François, Paul et les autres...*, de Sautet (1974), *Le Cœur des hommes* en est comme une suite lointaine, où les personnages, pareillement amis et quadra-quinquagénaires, sont au fond les frères, ou plutôt les fils, de ceux qui, dans la génération précédente, vivaient les mêmes problèmes, mais dans une société et un monde différents, dont le film permet de mesurer à quel point ils ont changé.

### LE CŒUR DES HOMMES (2003)
#### avec Bernard Campan, Gérard Darmon, Jean-Pierre Darroussin et Marc Lavoine

**Trente ans après.** En 1974, Vincent, François, Paul et les autres abordaient les $50^{e}$ rugissants. C'étaient les années Pompidou ; on allait passer le dimanche dans une maison de campagne en Sologne ; la France de la croissance triomphante ne voyait pas venir sa crise pétrolière ; on enterrait ses engagements de jeunesse dans la société de consommation ; on discutait politique, boxe et boulot dans des restos enfumés où on tenait de grandes tablées bruyantes ; la pluie tombait, on avait des ennuis d'argent et des problèmes de femmes ; on rongeait son stress, on faisait le bilan de sa vie, et l'infarctus guettait.
Trente ans après, Ludmila Mickael, qu'on avait quittée toute jeune maîtresse d'Yves Montand, est encore là, mais comme épouse depuis longtemps larguée de Gérard Darmon, qui s'est refait une vie sentimentale avec une fille qui a l'âge de ses filles ; on ne parle plus boxe mais PSG/OM ; on n'a plus vraiment d'ennuis d'argent ; on mange vite fait et on picole en fumant des joints ; on discute de rien, on passe le temps, on se tape dans le dos ; on marie sa fille ; on découvre que sa femme vous trompe ; on enterre son père. On a toujours des problèmes de femmes, mais à vrai dire on n'a pratiquement plus que ça : des amours, des emmerdes...

Les quadras-quinquas de Marc Esposito sont un peu comme les fils des quadras-quinquas de Claude Sautet, tout pareils, et pourtant tellement différents. Vivant plutôt l'écume des jours que les vieilles lames de fond sociales, économiques, politiques, idéologiques mêmes, qui animaient les chers amis d'autrefois. C'est ce qui frappe : cette sorte de vide existentiel, comme un mode de vie assumé. Reste l'amitié, les téléphones portables, les blagues, le loto sportif, un mas-piscine dans le Luberon, et les femmes, bien sûr. Chez Sautet, elles étaient là, à l'arrière-plan, chaleureuses, et fortes. Chez Esposito, elles sont là, toujours à l'arrière-plan, ayant conquis leur liberté, mais faibles, et finalement soumises.

Question de génération : à 50 ans, aujourd'hui, les mecs font plus jeunes qu'hier. Darmon porte ses cheveux blancs comme une coquetterie, et aux autres – Campan, Darroussin, Lavoine – on donnerait tout juste la quarantaine. Ils sont tous les quatre impeccables, dans leurs costumes noirs ou leurs jeans décontractés. Ils sont drôles et touchants. On se verrait bien aller au cinéma avec eux, pour tuer le temps, et pour voir un film sympa, plutôt léger, plein d'amours et d'emmerdes, qui parlerait du cœur des hommes…

H

G

# F

## FANSTEN Jacques (français, né en 1946)

**PREMIER LONG MÉTRAGE :**
*Le Petit Marcel (1976)*
**FILMOGRAPHIE DEPUIS 1985 :**
***États d'âme (1986)*** • *La Fracture du myocarde (1991)* • *Roulez jeunesse (1993)* • *C'est pour la bonne cause (1996)*

Sorti de l'Idhec, assistant réalisateur, notamment de Claude Chabrol, scénariste, producteur, réalisateur de documentaires puis de très nombreux téléfilms pour la télévision, Jacques Fansten a toujours eu dans le cinéma une activité multiple, dont les cinq longs métrages qu'il a réalisés pour le grand écran ne représentent qu'une partie. Il y fait preuve d'un sens aigu du scénario et de la narration, autour de sujets (l'enfance, la jeunesse, les rapports de générations) qui traduisent une attention chaleureuse portée aux hommes et à la vie.

### ÉTATS D'ÂME (1986)
### avec Robin Renucci, François Cluzet, Jean-Pierre Bacri, Xavier Deluc, Tcheky Karyo, Sandrine Dumas et Zabou

**Bertrand, Romain, Pierre et les autres.** Dans les années 1970, ils s'appelaient Vincent, François ou Paul ; ils avaient la quarantaine, une entreprise à faire tourner, une femme et une maîtresse, des copains qu'ils retrouvaient au bistrot et, le dimanche, dans leur maison de campagne : les choses de la vie, dans les années Pompidou. Dans les années 1980, ils s'appellent Bertrand, Pierre, Romain, Maurice et Michel ; ils ont la trentaine, un passé commun de lycéens contestataires ; ils commencent à s'installer dans leur métier, dans leur famille, dans leur vie ; et ils votent à gauche : l'air du temps, dans les années Mitterrand.
En situant très précisément le cadre chronologique de son film, Jacques Fansten a tenté une gageure : capter, au plus près, l'histoire immédiate. Son récit commence le 10 mai 1981, dans l'euphorie d'une élection présidentielle qui apporte aux cinq copains la concrétisation de leur rêve. Chacun vit enfin ce « changer tout » qui fera chanter des lendemains qu'on voit désormais roses. Un monde nouveau va naître, que symbolise Marie, la fille qu'ils rencontrent le 10 mai à la Bastille, et qui accouche cette nuit-là, en même temps que la République… Comment cet état de grâce va faire place, en cinq ans, à des états d'âme ; comment Marie, passant de l'un à l'autre, les laisse finalement à leurs propres jeux ; et comment le souffle de la jeunesse a bien du mal à résister au temps qui passe : c'est ce que raconte le film de Jacques Fansten. Métaphore politique, sans doute, où tout le monde d'ailleurs devrait trouver son compte, en faisant – à gauche – le compte des enthousiasmes ou – à droite – celui des déceptions. Mais film surtout sur l'amitié et l'amour, et sur l'âge qui vient et qui, lui, au bout du compte, change tout. En choisissant, pour interpréter ses personnages, cinq acteurs nouveaux, à l'aube d'une carrière prometteuse, Jacques Fansten a su donner un visage à toute une génération : l'élégance cynique de Renucci, la force fragile de Bacri, la fébrilité inquiète de Cluzet, le charme blond de Deluc, la tendresse cachée de Karyo. La belle équipe…

## FARRELLY Peter et Bobby (américains, nés en 1956 et 1958)

**FILMOGRAPHIE :**
***Dumb et Dumber (1994)*** • *Kingpin (1996)* • ***Mary à tout prix (1998)*** • *Fous d'Irène (2000)* • *Osmosis Jones (2001)* • *L'Amour extra-large (2002)* • *Deux en un (2004)* • *Fever pitch (2005)* • *Les Trois Stooges (2005)*

Après des études littéraires pour Bobby, l'aîné, et un diplôme d'ingénieur géologue pour Peter le cadet, les frères Farrelly ont obtenu leur premier succès professionnel en écrivant deux épisodes d'une série TV culte, *Seinfeld*, puis en enchaînant par plusieurs scripts comiques, avant de décrocher le gros lot, en 1994, avec *Dumb et Dumber*, comédie à petit budget qui, atteignant les sommets du box-office, leur a permis de se faire à Hollywood une place qu'allaient très vite confirmer l'humour tordu et les gags gros, gros, gros de *Mary à tout prix*. Et le film qu'ils projettent depuis longtemps sur les trois Stooges n'est que l'hommage de deux héritiers zélés et fidèles aux trois insurpassables maîtres du comique débile.

## DUMB ET DUMBER (1994)

### avec Jim Carrey, Jeff Daniels et Lauren Holly

**Attention, débiles !** Il y aurait sans doute deux façons d'aborder *Dumb et Dumber*, le film qui a fait sauter la caisse des salles américaines. Première façon : le premier degré. À ce niveau-là, l'histoire déroule les aventures catastrophiques de deux amis, Harry et Lloyd (hommage avoué au plus drôle des grands burlesques du muet), dont la caractéristique première est qu'il est pratiquement impossible de décider lequel est le plus stupide des deux. Rapprochés par cette stupidité congénitale, les deux bas du QI rêvent d'un avenir commun, où ils se voient faire fortune en élevant des vers de terre. Mais la réalité est sans pitié pour les imbéciles, fussent-ils un peu poètes et écolos sur les bords : fauchés, renvoyés de leur job respectif, ils ne peuvent que constater qu'ils sont plutôt mal partis. D'où l'idée de partir pour de bon, par exemple pour le Colorado, de l'autre côté des États-Unis, afin de rapporter à une jolie fille la mallette qu'elle a malencontreusement oubliée à l'aéroport au moment de prendre l'avion, et qu'ils ont récupérée. Voilà donc le duo d'enfer embarqué dans un très improbable road-movie qui, dès le départ, se signale par quelques excentricités. Ainsi leur camionnette est-elle travestie en chien de berger, avec langue pendante, grosses oreilles et poils partout. Et quand on fait le plein d'essence, il faut lui lever la patte... Dans un tel attelage, ils ne passent évidemment pas inaperçus, d'autant qu'ils ont l'art d'attirer sur leurs têtes candides toutes les catastrophes. Ainsi leur suffit-il de s'arrêter dans un restauroute et de balancer le sel (et la salière) par-dessus l'épaule gauche afin de conjurer le mauvais sort, pour que ledit sel et ladite salière atterrissent dans l'assiette du routier le plus musclé et le moins sympa de l'endroit. Ou encore, pressé d'un besoin urinaire urgent, Lloyd a-t-il à peine le temps, sans même arrêter la voiture, de se soulager dans trois ou quatre cannettes vides qu'un policier les arrête pour consommation abusive de bière, et qu'il demande à goûter...

On voit le genre, et surtout le ton : bien gros, et souvent même bien gras, style pipi-caca, stade anal premier âge. Il est vrai que les deux nigauds sont deux grands enfants, et que leur sottise a quelque chose de l'innocence première, mâtinée d'esprit farceur. Ce qui leur assure d'emblée une sorte d'impunité : ils peuvent bien dire toutes les bêtises et subir toutes les avanies, on sent bien que tout cela ne prête guère à conséquence et qu'au bout du compte, ils s'en tireront toujours. Même si dans certains cas c'est difficile : ainsi lorsque Harry, dans une station de sports d'hiver, se retrouve la langue congelée contre la barre métallique du remonte-pente ; ou lorsque, bénéficiant d'un rendez-vous galant, il avale juste avant de s'y rendre une potion laxative à effets foudroyants...

Et la débilité est tellement ancrée dans ce qui tient lieu de cervelle aux deux oiseaux rares que lorsqu'ils rêvent, ils rêvent débile ! Ce qui permet au passage au réalisateur de s'amuser à quelques joyeuses parodies de mélos, de films de karaté ou de westerns, sans jamais perdre de vue que le duo de choc s'insère dans une veine bien référencée à Hollywood : le film de doux dingues, quelque part dans la lignée des Laurel et Hardy, Abbott et Costello, voire Dean Martin et Jerry Lewis. Rapprochement d'autant plus justifié que Jim Carrey ressemble beaucoup au dernier nommé. Ici, c'est Jeff Daniels – cheveux blonds ébouriffés, air affligé d'un gros toutou ahuri – qui lui donne la réplique. Mais le roi de là fête, c'est l'homme caoutchouc : on a donc droit à ses époustouflantes contorsions, et surtout à cette prodigieuse façon qu'il a de se tordre la bouche dans tous les sens, à s'en décrocher les mâchoires. Avec, en prime, une dent ébréchée qui donne le vertige quand il sourit, et une coupe au bol qui complète sa mine d'imbécile heureux. Avec ça, les gags défilent au pas de charge, souvent drôles, et ne faisant jamais dans la dentelle. On est là pour rire. À vos rires, donc. Avec une ultime précision : la seconde manière de voir *Dumb et Dumber* serait le second degré. Mais on a beau chercher, il n'y en a pas.

## MARY À TOUT PRIX (1998)

### avec Cameron Diaz, Ben Stiller et Matt Dillon

**Gel (dé)coiffant.** Quand elle arrive sur sa bicyclette, cheveux blonds au vent, serrée dans son mignon pantalon rose, sourire éclatant, formes à l'avenant, tous les garçons du lycée n'ont d'yeux que pour elle. Ben, en particulier, qui, timide comme il est, avec ses dents qui pointent malgré le double appareil métallique qui s'essaie à en contenir la plantation proéminente, n'ose guère aller lui déclarer sa flamme. Et pourtant, lorsque l'occasion se présente de montrer qu'il a un cœur gros comme ça, il se précipite et, miracle !, c'est Mary elle-même qui, tout sourire, l'invite à venir la chercher pour l'accompagner à la surboum du soir. Et c'est là que tout se complique et que le film des frères Farrelly, commencé

comme une gentille bluette d'amours de collège, tourne à la grosse farce carrément scato. Ben, donc, se pointe le soir même chez Mary, laquelle, avec sa belle robe longue, a tout d'une princesse : on nagerait presque dans la féerie si Ben, voulant se soulager, n'allait faire un tour aux toilettes et là, par suite d'une braguette malencontreusement manipulée, ne se coinçait proprement la zigounette dans sa fermeture Éclair. Sur quoi, l'énormité douloureuse de la chose constituant un spectacle assez rare, voilà que tout le monde se précipite pour contempler ladite zigounette coincée, faisant déborder la petite salle de bains en un gag digne des Marx Brothers remplissant leur cabine de bateau.
C'est dire que d'emblée, on navigue, sur fond de romance roucoulante, entre le loufoque et le prout-prout. Et, le ton ainsi donné, le développement de l'intrigue va rester fidèle à cette ligne, y ajoutant même, pour que la plaisanterie soit complète, les bonnes vieilles recettes de la comédie de situation. Tout se passe en effet dix ans plus tard, lorsque Ben a perdu de vue Mary, depuis la malencontreuse soirée où, signe d'une timidité inhibante qui ne trompe pas, sa virilité s'est fait des nœuds dans son pantalon. Or voici que, toujours aussi timide et inhibé, il retrouve la trace de son amour disparu du côté de Miami, et qu'il envoie illico un détective voir là-bas si elle y est bien. Lequel détective, sapé façon petite moustache macho et chemise à fleurs voyante, repère bien vite la jolie Mary, toujours aussi mignonne, et s'empresse, pour jouer son propre jeu avec elle, de faire croire à Ben qu'elle est devenue grosse, moche et mère de quatre affreux moutards. À partir de là, un mensonge en entraînant un autre, les divers soupirants de Mary – car outre Ben et son détective, il y en a quelques autres par l'odeur alléchés – tissent autour d'elle un lacis de quiproquos, de chassés-croisés et de faux-semblants, tous plus énormes les uns que les autres, tant et si bien qu'on ne sait plus vraiment qui est qui et qui fait quoi.
Tout ce que l'on peut relever, au fil d'épisodes de la plus haute fantaisie, c'est que les frères Farrelly, non contents de donner dans le mauvais goût et la plaisanterie salace (allant même jusqu'à transformer une auto-production spermatique malencontreuse en gel coiffant inédit !), y ajoutent, pour faire bonne mesure, un joyeux iconoclasme, n'hésitant pas même, dans deux scènes ahurissantes et irrésistibles, à faire rire de deux catégories particulièrement taboues : les handicapés et les chiens. C'est dire qu'ils ne manquent pas de culot, d'autant qu'en dignes émules de W.C. Fields qu'ils sont, ils ajoutent à ces deux preuves d'irrespect absolues toute une série de plaisanteries sur quelques autres grands sujets sociaux – le sida, les meurtres en série, l'homosexualité, la psychanalyse, la masturbation, les causes humanitaires – qui ne peuvent qu'aggraver leur cas. Tout l'intérêt du film est d'ailleurs là, dans cette façon de prendre un genre convenu – la comédie sentimentale – et de lui injecter des amphétamines que la morale réprouve. Plus que de la parodie pure et simple, c'est une sorte de dynamitage de l'intérieur, dont on peut d'ailleurs se rendre compte, *in fine*, qu'il aurait pu aller plus loin encore. Car, reprenant cette manie qu'ont aujourd'hui les réalisateurs de comédies, en guise de générique de fin, de faire défiler les gags les plus marquants de leur film, les frères Farrelly accompagnent ingénieusement ledit générique d'images toutes différentes, qui donnent en un raccourci saisissant l'idée du film tel qu'il aurait pu être : pire !

## FAYE Safi (sénégalaise, née en 1943)

**PREMIER LONG MÉTRAGE :**
*Lettre paysanne (1975)*
**FILMOGRAPHIE DEPUIS 1985 :**
***Mossane (1996)***

Première femme d'Afrique à réaliser un long métrage, Safi Faye fait figure de pionnière dans un continent peu favorable à l'émancipation féminine. Elle-même, d'abord institutrice puis diplômée d'ethnologie en Sorbonne, a fait de la lutte pour la reconnaissance des droits des femmes l'épine dorsale de son cinéma, soit à travers ses documentaires, soit à travers ses courts (une dizaine) ou longs métrages de fiction (*Lettre paysanne* en 1975, *Fadjal* en 1979, *Man sa yay* en 1980), où elle développe amplement le thème de la jeune fille mariée contre son gré. C'est le cas, en particulier, dans le film qui lui a valu la reconnaissance internationale, *Mossane*, présenté à Cannes en 1996. Longtemps, Safi Faye a représenté, avec la Camerounaise Thérèse Seta Bella et la Guadeloupéenne Sarah Maldoror, dont l'essentiel des films porte sur l'Afrique, le seul exemple de cinéaste féminine sur le continent noir. Depuis les années 1990, une évolution se dessine avec l'émergence d'une nouvelle génération de femmes qui, surtout à travers le documentaire, entendent donner de l'Afrique un regard différent, plus détaché des traditions et en phase avec la réalité contemporaine. La Malienne Kadiatou Konaté, l'Ivoirienne Valérie Kaboré, la

Togolaise Anne-Laure Folly, la Burkinabé Fanta Regina Nacro, la Kenyane Wanjiru Kinganjui, la Sud-Africaine Julie Henderson : autant de réalisatrices qui, pour être encore peu connues sur le plan international, témoignent de la vitalité prometteuse du cinéma féminin sur un continent qui en a bien besoin.

### MOSSANE (1996)
#### avec Magou Seck, Isseu Niang et Moustapha Yade

**Fille d'Afrique.** Elle est belle comme une Vénus sortant de l'onde, et lorsqu'elle se baigne à marée basse, les esprits du village eux-mêmes viennent la contempler. À 14 ans, Mossane a la beauté de son nom qui, justement, signifie beauté. C'est dire que, d'emblée, Safi Faye donne à son histoire la dimension d'une allégorie. Comme si, avec la souplesse gracile de son corps d'adolescente et cette beauté qui tourne la tête de tous les hommes, Mossane représentait, bien au-delà d'elle-même, la jeunesse d'une Afrique partagée entre le respect dû aux traditions, à la famille, au village, et le désir de vivre, d'aimer, et de prendre en main son propre destin. La mise en scène de Safi Faye préserve avec bonheur cette double composante de l'histoire. D'un côté, une attention constante, quasi documentaire, portée aux faits les plus simples, à la vie du village, à ses coutumes, à ses rituels, et à la situation difficile de la toute jeune fille, qui sent son cœur battre pour un étudiant sans ressources, de retour au village par suite d'une grève à l'université, et qui se trouve confrontée au choix intéressé de ses parents, qui l'ont promise en mariage à Diogoye, le fils de leurs cousins, lequel travaille à Paris, au Concorde Lafayette, et envoie l'argent et les cadeaux propres à conclure l'affaire. La précision avec laquelle Safi Faye montre comment l'autorité parentale se pare du poids de la tradition pour imposer ses vues, met en pleine lumière l'hypocrisie d'une mère intéressée par un mariage avantageux et d'un père soumis à sa femme et qui croit pouvoir, en soutenant son choix, affirmer un pouvoir de chef qu'il n'assure pas vraiment. Et autour d'eux s'agitent toute une foule de personnages – du griot qui joue le rôle d'entremetteur à un autre soupirant, éconduit parce qu'il est le plus pauvre du village – dont la présence replace dans son cadre social et coutumier cette histoire, vieille comme le monde, de mariage arrangé.
Mais, avec Mossane elle-même, un autre aspect se fait jour. La résistance de la jeune fille, la façon qu'elle a, alors même que la cérémonie s'organise, de clamer son amour et sa volonté de disposer d'elle-même, donnent à sa révolte valeur de combat pour une liberté féminine dont elle semble elle-même l'incarnation, jusque dans la puissance que son corps a de susciter les désirs, y compris les plus troubles, ceux de l'inceste chez son frère, ceux de l'amitié particulière chez sa compagne de jeux et de bains. La beauté comme façon de rendre le monde à sa vérité : le discours de Safi Faye, fasciné par le rituel ancestral des traditions tout autant que révulsé par le carcan qu'elles représentent et par la dureté de cette terre d'Afrique sevrée d'eau et pourtant suffocante de beauté dans ses paysages de nature originelle, donne à l'histoire de la jeune fille d'Afrique valeur de légende. Forcément tragique, comme l'est la réalité d'un continent où la modernité est vécue comme un arrachement, et comme le sont aussi, de Tristan et Yseult à Juliette et Roméo, toutes les grandes histoires d'amour et de mort.

## FELLINI Federico (italien, 1920-1993)

**PREMIER LONG MÉTRAGE :**
*Les Feux du music-hall (1950), co-réalisation*
**FILMOGRAPHIE À PARTIR DE 1985 :**
***Ginger et Fred (1985) • Intervista (1986) • La Voce della luna (1990)***

Lorsque Fellini meurt, en 1993, sa disparition est aussi très largement celle de l'âge d'or d'un cinéma italien qui a, sans interruption, des chefs-d'œuvre du néo-réalisme aux feux éblouissants de la comédie à l'italienne, marqué le cinéma de son empreinte. Mais les temps ont changé : Visconti est mort en 1976, emportant avec lui une culture, une exigence esthétique, une conscience morale ; Pasolini l'a accompagné en 1975, autre versant d'un cinéma de poésie, de création, de fulgurances tragiques ; et Antonioni, frappé par la maladie et la paralysie, se fige à partir de 1982 et d'*Identification d'une femme* dans un silence que seule la passion de Wim Wenders parviendra à rompre, avec *Par-delà les nuages* en 1995, complété par un moyen métrage figurant en 2005 dans *Eros*, au côté des contributions de Steven Soderbergh et de Wong Kar-wai. Et, dans le même temps, l'évolution historique marque l'essoufflement de cette conscience aiguë du politique qui, à travers les affrontements idéologiques, a si fortement pesé sur le grand cinéma social. L'ère de la consommation de masse, de la politique spectacle et du nivellement culturel s'annonce, avec la disparition des salles populaires – ces cinémas *Paradiso* ou *Splendor*, qu'évoqueront Tornatore et Scola – devant plier fauteuils devant la toute-puissance de la télévision, dont Fellini annonce et dénonce les ravages dans ses derniers films. Films difficiles à faire : le maître tourne une dernière fois en 1990. Mais, si on lui rend tous les honneurs, on ne lui dispense plus les fonds nécessaires pour continuer à créer. Sa mort physique, c'est aussi une mort d'épuisement moral, de souffle coupé, de condamnation au silence. Symbolique, au sens fort, de tout un cinéma.

## GINGER ET FRED (1985)
### avec Giulietta Masina, Marcello Mastroianni et Franco Fabrizi

**Eh bien ! dansez maintenant.** Nostalgie... Trente ans après, ils se retrouvent. Elle, devenue veuve et bourgeoise, avec son petit chapeau, son petit tailleur, son petit visage ridé. Lui, à la dérive, les poches vides, le crâne dégarni, les traits lourds, jetant sur le monde un regard ironique et fatigué. Trente ans avant, danseurs mondains, ils triomphaient dans un numéro de claquettes, sous le signe hollywoodien et le nom mythique de Ginger et Fred. Réunis pour danser à nouveau dans une émission de télévision, ils se reconnaissent à peine – comme le temps passe ! –, renouent le fil interrompu et, le temps d'une danse, font leurs trois petits tours de piste, et puis s'en vont.

Dans cette évocation de la vieillesse qui vient, des rêves qui ont fui et des amours mortes, Fellini apparaît d'une infinie pudeur et d'une déchirante sensibilité. Grâce à deux acteurs hors du commun (Giulietta Masina et Marcello Mastroianni), qui, depuis *La Strada* et *La Dolce vita*, semblent avoir vieilli avec son œuvre, il raconte, par petites touches – une perruque sur des cheveux blanchis, une crampe dans le mollet, un souffle court, un clignement des yeux – une histoire à la fois cocasse et pathétique, une histoire simple comme bonjour, et comme adieu.

Nostalgie, mais aussi amertume... Au royaume du spectacle, les dieux ont changé. Fini le temps du cinéma, de Fred Astaire et de Ginger Rogers : voici, salmigondis de flashes, de clips et de pubs, l'ère télévisée. Pour traduire ce fleuve ruisselant d'images, Fellini se déchaîne. Dans les coulisses d'un immense studio où se prépare ce nouveau jeu du cirque qu'est une émission de variétés, il fait passer, en un étourdissant défilé de têtes, tous les petits chefs et les grands prêtres de cette religion du faux, assistants acculturés, travestis pathétiques, sosies ignares et surtout, sourire vide et langage creux, le médium nouveau, l'idole des foules : le présentateur, offrant à un public abêti l'image de la débilité triomphante. Sous le signe d'un énorme cochon et d'une vache à pis multiples, le monstre télévision étend son empire. Et dans une cité symbolique où s'amoncellent les sacs-poubelle, les feux clignotants des petits écrans sont désormais les seules lumières de la ville, tandis que, ultime image du film, et peut-être même, se dit Fellini, du cinéma, un train s'éloigne dans la nuit, emportant – vers où ? – celle qui fut Gelsomina.

## INTERVISTA (1986)
### avec Marcello Mastroianni et Anita Ekberg

**Voyage au cœur du cinéma.** Cinecittà, la cité des rêves, à l'heure où une aube de projecteurs commence à éclairer la nuit. La caméra, sur sa grue, s'élève au-dessus des toits du studio et, de là-haut, domine la réalité. Silence ! Fellini tourne et, une fois encore, le monde se met à tourner avec lui.

La première séquence d'*Intervista*, c'est un passeport vers le bonheur, un sésame qui ouvre les portes de l'illusion. Fellini est là, en train de filmer sur le plateau romain une *Amérique* inspirée de Kafka, lorsque débarque une équipe de télévision japonaise venue l'interviewer. Et lui, qui déteste les interviews et la télévision, leur répond à sa manière : par un film. Mais pas n'importe quel film : un film qui contient le film qu'il est en train de tourner, et qui contient tous les films qu'il a tournés, et qui contient encore toute la mémoire de ce royaume imaginaire qui a pour nom le cinéma. Film en forme de voyage, qui commence au rythme de ce petit train bleu qui l'emportait pour la première fois, âgé de 18 ans, vers ces studios que, depuis, il n'a plus quittés. C'était le temps où les divas étaient divines et où d'immenses décors de toc et de stuc dressaient leurs fausses colonnades et leurs éléphants de carton. L'adolescent émerveillé découvrait la terre promise. Depuis, l'émerveillement n'a jamais cessé. De ces caméras, de ces décors, de ces éclairages, de ces acteurs, de ces figurants, de ces producteurs, de ces techniciens, de tout cet assemblage de gens étranges et de choses bizarres, il a fait sa vie. Et il fait son film : *Intervista*, c'est l'*Amarcord* du cinéaste, porté par la mémoire de l'imagination, qui transfigure les souvenirs et qui recrée un monde.

Ce monde pathétique et bouffon, le voici donc qui défile à nouveau, au son aigrelet des musiques de Nino Rota, le vieux complice aujourd'hui disparu. Car, insensiblement, le temps a fait son œuvre. La dolce vita n'est plus ce qu'elle était : Mastroianni est toujours magicien, mais c'est pour les besoins d'un clip publicitaire, et Anita Ekberg a pris trente ans, et autant de kilos, de plus. Pourtant, il suffit, sur une simple toile blanche, de faire apparaître leurs ombres, et les voilà qui s'enlacent à jamais dans la fontaine des amours. Tout Fellini est là, et tout le cinéma, sa magie, sa poudre aux yeux, ses poussières d'étoiles. Trois fois rien, un faux vent qui souffle, de faux nuages sur une toile peinte, un faux rayon de soleil qui vient réchauffer un studio désert. Car l'ennemi approche : sortant du décor, des Indiens attaquent, armés d'antennes de télévision. Face à cette horde cathodique, à ces sauvages réducteurs de têtes et d'images, que faire ? Fellini répond : un film. Et le générique de fin en inscrit le titre sur l'écran : *Intervista.*

### LA VOCE DELLA LUNA (1990)
**avec Roberto Benigni et Paolo Villaggio**

**Éclairs de lune.** Et si la lune, comme la vérité, sortait du puits ? C'est ce que croit Ivo, une sorte de Pierrot lunaire, lorsqu'il entend la voix céleste qui l'appelle du fond de la bouche d'ombre. Candide comme il est, et désireux d'en croire ses oreilles, il passe de l'autre côté du miroir d'eau, là où il pourra, pense-t-il, retrouver son Aldina, la blonde Cendrillon dont il a dérobé l'escarpin. Cette Aldina si belle, si blanche qu'elle est comme un rayon de lune qui illumine ses nuits lorsque, résistant aux charmes rebondis de sa joufflue de sœur, il s'introduit dans sa chambre pour la regarder dormir. Car la lune est femme, au pays des merveilles. Et elle fait tourner la tête des hommes, de tous ces gentils lunatiques qui, comme Ivo ou son ami Nestore, semblent vivre sur un nuage. Nestore, pour sa part, est tombé amoureux de la belle manucure. Avec son mètre soixante et ses cinquante-cinq kilos tout habillé, barbe comprise, il ne fait pas vraiment le poids face à sa Marisa, qui le dépasse de la tête, des épaules, et surtout de la poitrine, qu'elle a abondante. Mais qu'importe, quand on s'aime ! Le couple convole en justes noces, et Nestore découvre alors la prodigieuse vitalité amoureuse de sa plus-que-moitié, laquelle se transforme dans l'amour en locomotive fumante, capable de faire décoller, dans un teuf-teuf aussi infernal que divin, son partenaire jusqu'au septième ciel. Mais au pays des nuits de pleine lune, rôdent aussi des ombres maléfiques. Et le vieux Gonella, préfet révoqué pour cause de sénilité proche, a son idée sur la question. Pour lui, le monde est plein de faux jetons, de faux amis, d'êtres illusoires qui font croire qu'ils sont vrais. Et quand il reconnaît en Ivo un être pur, il ne manque pas de lui faire découvrir les dessous de la mascarade et ces mauvais génies qui ont nom publicité, télévision et autres divertissements tapageurs. En laissant sa raison s'égarer, Fellini, une fois encore, ouvre toute grande la porte à son imaginaire. Son héros, Ivo, auquel Roberto Benigni apporte sa bouille et ses mines de clown, est un de ces gentils illuminés qui roule sur le monde des yeux aussi ronds que la lune et dont la folie douce n'est que la forme poétique d'une sagesse profonde. Passé au crible de ce regard innocent, le monde apparaît pour ce qu'il est devenu : une foire gigantesque et bruyante, où les écrans de télévision ont remplacé l'astre des nuits, et où l'antique sagesse des campagnes a fait place au délire de villes bric-à-brac, hérissées d'antennes, peintes aux couleurs de la publicité et vibrant de musiques barbares. Totalement éclaté, le film de Fellini renvoie ainsi l'image d'un monde en morceaux, où seuls les fous savent encore regarder et entendre. Pourtant, le moindre paradoxe n'est pas que ce vagabondage du rêve, qui dénonce les faux messages d'une société dite de communication et qui en appelle à la vertu ultime du silence, soit lui-même un peu bavard. Comme si, préoccupé de donner un sens rationnel à sa démonstration, Fellini n'osait pas délirer autant qu'il en est capable. Car il est capable de tout. Et, quand il lâche la bride à ses fantasmes et à ses souvenirs, le film, dans le grotesque comme dans le poétique, s'illumine de visions étourdissantes, parmi les plus surprenantes que le maître magicien ait jamais sorties de son sac à malices. Les rayons de lune, alors, laissent filtrer les éclairs du génie.

---

## FÉRET René (français, né en 1945)

**PREMIER LONG MÉTRAGE :**
*Histoire de Paul (1975)*
**FILMOGRAPHIE DEPUIS 1985 :**
***Le Mystère Alexina (1985)*** • *L'Homme qui n'était pas là (1986)* • *Baptême (1989)* • *Promenades d'été (1991)* • *La Place d'un autre (1993)* • *Les Frères Gravet (1995)* • *Rue du Retrait (2000)* • *L'Enfant du pays (2002)*

Acteur de théâtre, formé au TNS de Strasbourg, René Féret a abordé le cinéma par le biais de la réalité sociale, avec un premier film ayant pour cadre un asile psychiatrique, et même régionale, en ancrant son film suivant, *La Communion solennelle*, inspiré de sa propre histoire familiale, dans la réalité ouvrière du

Nord. Il y développait une vision à la fois intimiste et historique, qu'on retrouve dans *Baptême*, autre film personnel, mais aussi dans *Le Mystère Alexina*, inspiré d'un fait-divers authentique. Mais, malgré les aides publiques, ce cinéma sincère et fragile n'a pu assurer à son auteur une audience suffisamment large pour lui permettre de concrétiser des projets qu'il s'est vu souvent contraint de reporter sur la télévision.

### LE MYSTÈRE ALEXINA (1985)
### avec Philippe Vuillemin, Valérie Stroh et Marianne Basler

**Le sexe des anges.** Alexina Barbin est-elle un homme ? Mystère… Mais mystère que René Féret dissipe bien vite. En évoquant le destin de cette jeune institutrice qui, tombant amoureuse d'une de ses collègues, se découvre soudain des attributs masculins qu'elle ne soupçonnait pas, le réalisateur s'empresse de lever le voile. Ce n'est pas tant l'histoire d'un hermaphrodite qu'il entend raconter que celle des tabous sociaux qui entourent l'univers sexuel, dans la France bourgeoise et puritaine du milieu du XIXe siècle. L'ambiguïté que renferme l'histoire de la véritable Alexina (de son vrai nom Herculine Barbin), telle qu'on peut la connaître d'après les Mémoires qu'elle a laissés, était difficilement transposable au cinéma. René Féret, soucieux d'éviter le côté scabreux de la chose, adopte un ton neutre, presque froid, où la seule couleur tient à la beauté d'images aux teintes chaudes, comme peintes au chevalet. La découverte puis le constat par l'autorité médicale du véritable sexe de l'intéressé(e) donne lieu surtout à une chronique de mœurs, très soignée dans la reconstitution, et à une enquête dont le ton fait parfois penser au Truffaut de *L'Enfant sauvage*. La transsexualité devient presque le prétexte du récit, Alexina apparaissant victime moins d'une fantaisie de la nature que de l'esprit étroit de la société qui la condamne.
Le choix, pour interpréter Alexina, d'un homme – en l'occurrence Vuillemin, le dessinateur de bandes dessinées – confirme le parti pris du réalisateur et concourt à ce glissement de sens. Bien que ses traits et sa taille présentent quelque chose d'efféminé, l'acteur ne devient curieusement ambigu que dans la seconde partie du film, lorsque, ayant coupé ses cheveux et pris un habit de garçon, il semble flotter dans sa nouvelle identité. Son sexe alors devient plus flou, comme le sexe des anges. Et la fin du film, avec force et lyrisme, dit bien toute la souffrance intime d'un être tragiquement indéterminé.

## FERRAN Pascale (française, née en 1960)

**FILMOGRAPHIE :**
*Petits arrangements avec les morts (1993)* • ***L'Âge des possibles (1996)*** •
*Lady Chatterley (2005)*

Proche, à l'Idhec, d'Arnaud Desplechin, pour lequel elle collabore au scénario de *La Sentinelle*, Pascal Ferran, après l'écriture de plusieurs scénarios pour les autres, passe à la réalisation de ses propres courts métrages, puis, en 1994, de son premier long, qui lui vaut une reconnaissance immédiate et se voit couronné de la Caméra d'or à Cannes. Sa façon d'y parler de la mort, sous forme d'un triptyque, en adoptant une attitude détachée et minutieuse de quasi-entomologiste, est impressionnante de maîtrise. Et elle révèle aussi un talent très sûr pour faire vivre plusieurs personnages en groupe, ce que l'on retrouve dans son second film, où elle transforme une commande de télévision en véritable film de génération.

### L'ÂGE DES POSSIBLES (1996)
### avec Anne Cantineau, Christèle Tual, Antoine Pirson et Anne Caillère

**Petits arrangements avec la vie.** A comme Agnès, B comme Béatrice, C comme Catherine, D comme Denise et ainsi de suite jusqu'à J comme Jacques. Un générique en forme d'abécédaire, un film qui commence comme un alphabet qu'on égrène et que confirment les premières séquences : une série de scènes rapides, mettant en place les personnages – cinq garçons et cinq filles de 20 à 25 ans –, en une succession de portraits réduits à quelques gestes, quelques phrases, quelques situations prestement esquissées. On a quelque peine d'abord à identifier chacun, d'autant que, jeunes comédiens débutants, leurs têtes sont encore inconnues et qu'elles ressemblent fort à celles de tous les garçons et les filles de leur âge qu'on croise ici et là, sur les bancs de la fac, dans des petits boulots, à la terrasse d'un bistrot. C'est d'ailleurs cette sensation qui s'impose très vite devant le film de Pascale Ferran que

d'entrer de plain-pied dans la vie des gens, de les surprendre comme à l'improviste dans leur quotidien puis, progressivement, de les suivre et de s'attacher à eux. Car peu à peu les occupations des uns et des autres les amènent à se croiser, à se réunir, à se séparer, à se retrouver. La grande affaire de leur vie, c'est bien d'ailleurs ce désir de trouver, de copain à copine, celui ou celle avec qui établir une relation plus profonde. Le cœur est là qui, pour meubler la solitude, pour calmer les désirs et les angoisses, pour satisfaire le corps et l'âme, frappe à la porte. Petits arrangements, donc, avec la vie…
À mesure ainsi que des couples se cherchent, se forment, se défont, se reforment différemment, les possibilités peu à peu se resserrent. Car tout le propos du film est bien dans cette façon de capter la jeunesse au moment où elle choisit sa voie. Après, rien ne sera plus pareil et tout retour en arrière sera impossible. Devant ce choix, chacun réagit à sa manière, mais ce qui ressort de l'attitude des uns et des autres, c'est une commune peur devant l'avenir. Peur qui est certes celle de cette génération Danette-Figolu face aux difficultés qui l'attendent dans un monde où le chômage, la maladie et l'intolérance règnent. Mais, plus profondément, c'est celle d'un âge – 20 ans –, dont le film de Pascale Ferran entend ne laisser dire à personne que c'est le plus bel âge de la vie. Il passe en effet beaucoup de désarroi, d'instabilité, de chagrin dans ces jeux de l'amour et du hasard qui se jouent à la croisée des chemins, et, pour une fille qui décide de laisser là celui qu'elle aurait pu aimer et de partir pour Paris suivre le chemin qu'elle s'est tracé, combien d'autres restent en rade. Tout cela est dit sans phrases – même si l'on parle beaucoup – dans un film dont le prix est tout entier dans le rythme, le découpage, le montage : un chassé-croisé qui finit par tisser une vraie toile d'araignée où c'est l'esprit même de la jeunesse qui vient se prendre. Cela est dû pour beaucoup à dix élèves comédiens qui y vont de tout leur cœur, eux-mêmes en situation de franchir ce pas devant lequel leurs personnages hésitent, et pour lesquels le film en soi, les engageant dans la voie de leur futur métier, est une première réponse. Cela est dû aussi à cette façon très personnelle qu'a Pascale Ferran de répondre à la commande qui lui a été faite : traiter son film en dehors de toute contrainte comme un exercice, une expérience de laboratoire, un défi à relever. D'où cette belle liberté prise avec les règles habituelles du scénario, de la distribution, du tournage. Et lorsque, pour finir, tout débouche sur une chanson de *Peau d'âne*, reprise en chœur par tous les jeunes protagonistes, l'ombre du cinéma de Jacques Demy passe sur un film dont la légèreté n'est en fait que le voile élégant d'une gravité profonde.

## FERRARA Abel (américain, né 1951)

**PREMIER LONG MÉTRAGE :**
*Driller killer (1979)*
**FILMOGRAPHIE :**
*China Girl (1987)* • *Cat chaser (1989)* • *King of New York (1990)* • *Bad lieutenant (1992)* • *Body Snatchers (1992)* • *Snake Eyes (1993)* • *The Addiction (1995)* • ***Nos funérailles (1996)*** • *The Blackout (1996)* • ***New Rose Hotel (1998)*** • *Christmas (2001)* • *Mary (2005)*

La personnalité d'Abel Ferrara imprègne la tonalité même de son cinéma : la frénésie, le désordre, l'obscurité, les expériences extrêmes, le défi constant jeté aux limites, aux contraintes, à l'ordre, à la raison, le tout guidé par une interrogation existentielle dont cet œil du serpent qui se mord la queue qu'est *Snake Eyes*, à travers la mise en scène autobiographique des liens entre vie privée et vie professionnelle et des affrontements entre réalisateur et acteurs, donne de façon paroxystique la clef, ou comme le traduit encore le chaos brut et complexe de *New Rose Hotel*, film cérébral et abstrait sur la manipulation et sur les images. En choisissant le cinéma plutôt que le rock, entre quoi il hésitait, Ferrara a conservé une part de violence musicale à ses films, variations sur des genres traditionnels – le fantastique pour *Driller killer, Body Snatchers, The Addiction*, le polar pour *China Girl, Bad lieutenant, Christmas*, le film de mafia pour *King of New York* et *Nos funérailles* –, mais surtout confrontation de l'homme avec la violence, la souffrance, la drogue, la corruption, la mort, menée de façon quasi systématique avec le même scénariste, Nicholas St. John, le même acteur récurrent, Christopher Walken, le même directeur de la photo, Ken Kelsch. Il y a un univers Ferrara, qui transcende les genres et qui, dopé à l'énergie et à d'autres substances moins contrôlables, va fouiller au-delà des limites, porté de façon latente par une interrogation qui, *Mary* en fait foi, a quelque chose d'une quête spirituelle.

## NOS FUNÉRAILLES (1996)
### avec Christopher Walken, Chris Penn et Isabella Rossellini

**Requiem pour une mafia défunte.** Johnny Tempio est mort. Il avait 23 ans et il aimait Humphrey Bogart. Et là, sur le trottoir, en sortant du cinéma, une rafale l'a vidé de son sang. Le cercueil est déposé, encore ouvert, au milieu du salon de la maison familiale, et tandis que les femmes pleurent, les hommes s'apprêtent à régler les comptes. Le film d'Abel Ferrara s'ouvre sur un cercueil, il se clôture de même, sa durée épousant très exactement celle de la veillée funèbre. Et c'est bien d'un requiem qu'il s'agit, d'une pavane pour un enfant défunt : Johnny, le plus jeune des trois fils Tempio, le plus idéaliste, le plus généreux, le plus fougueux aussi. Un mafioso, certes, comme on l'est de père en fils dans la famille, mais ayant du mal à se fondre dans le moule, préférant prendre parti pour les syndicats plutôt que de jouer les briseurs de grèves, et poussant la folie jusqu'à prendre pour maîtresse la femme du boss de la famille rivale. Et ce qui devait arriver arrive. Johnny est mort, et pour ses deux frères sonne donc l'heure de la vengeance. Ray, l'aîné, le chef du clan, sait bien qu'il lui faut à son tour tuer pour défendre l'existence des siens, pour préserver leur territoire. Il le sait depuis que, enfant encore, il s'est vu lui-même remettre dans la main par son père un revolver, avec l'ordre de tuer un homme qui avait trahi. Cesarino, le cadet, n'est pas moins assoiffé de vengeance. Sous son air débonnaire de patron de bar un peu joufflu, il cache une violence sourde qui éclate en colères meurtrières et en crises de démence incontrôlées. La mort est inscrite dans les gênes, dans la vie, dans les traditions de la famille Tempio : ses membres doivent lui rendre son dû. Terrible malédiction, à laquelle Abel Ferrara, utilisant strictement les codes du film de mafia, donne tout son sens et toute sa profondeur tragiques. Ce qui est en jeu, dans cet engrenage auquel apparemment personne n'échappe, ce n'est rien de moins que la libre volonté humaine, le choix de faire le bien ou d'accomplir le mal. Du coup, il est beaucoup question de Dieu dans cette histoire de truands. Il en est question d'abord parce qu'on est dans un milieu italo-américain, où l'on prie le bon Dieu et ses saints, où le prêtre vient donner l'absoute, où l'on se signe devant un mort. Et les femmes, cortège noir des pleureuses, assurent vaillamment cette déférence religieuse à laquelle les hommes, pris dans leur violence meurtrière, n'ont plus guère le temps de sacrifier. Mais il est question de Dieu de façon plus radicale aussi : si le mal existe, n'en est-il pas responsable ? Et s'il a fait l'homme mauvais, à qui la faute ?

Abel Ferrara donne à voir la réponse. Son film est noir, baigné d'une lueur constamment crépusculaire, quasiment mortuaire. On est dans les ténèbres, avec ce sentiment terrible que rien ne viendra en déchirer le voile, que la lumière jamais ne pourra jaillir. Le rythme et la tonalité, d'une sorte de lourdeur oppressante, font passer des relents de mort, comme il en passe dans ces familles dont Eschyle ou Shakespeare ont raconté l'histoire. Avec cette impression que le rituel doit s'accomplir et que rien ne pourra l'arrêter. On est certes dans la Mafia des années 1930, et dans un film de genre, avec ses limousines noires, ses chapeaux rabattus sur les yeux, ses revolvers qui sortent comme par enchantement des costumes cintrés. Mais on est aussi, par l'effet d'une stylisation extrême, d'une réduction à l'essentiel, d'une épure du récit, dans la tragédie sans âge, face aux questions que l'homme n'en finit pas de se poser sur sa vie et sur son destin. Le choix des acteurs, de Christopher Walken, irréductible dans sa froideur tranchante, à Chris Penn, impressionnant dans sa folie secrète, en passant par ces beaux portraits de femmes tentant de se débattre que composent Isabella Rossellini et Annabella Sciorra ; l'accompagnement d'une musique lancinante comme un oratorio ; la gestuelle des corps qui semblent pris dans une mécanique réglée d'avance ; et, par-dessus tout, la tension presque insoutenable d'une sorte de poésie funèbre, élégiaque et vénéneuse : tout fait qu'on n'en finit pas, avec les personnages de Ferrara, de veiller les morts. Jusqu'à ce que, par un finale aussi brutal que définitif, ce requiem prenne toute sa terrible ampleur. Et qu'il faille bien laisser aux morts le soin d'enterrer les morts.

## NEW ROSE HOTEL (1999)
### avec Christopher Walken, Willem Dafoe, Asia Argento et Annabella Sciorra

**Chambre noire.** Un œil. Dans une bande-vidéo, où défilent des flashes comme arrachés à l'obscurité, prises de vues manifestement clandestines où passe un couple, une femme blonde au bras d'un homme qu'on devine japonais. Le film d'Abel Ferrara commence par un regard : celui d'une caméra qui vole des images, celui d'un homme qui observe, celui d'un spectateur qui ne sait trop ce qu'il voit. Car ce qui défile sur l'écran n'est montré que par fragments, et c'est l'œil qui regarde qui donne sens aux images. Comme si c'était au spectateur lui-même de faire le film, de se faire son propre cinéma. La chose est d'autant plus nécessaire que, lorsque l'histoire commence et que les personnages prennent forme et consistance, l'obscurité apparaît vite comme la loi du monde où ils évoluent. On est dans l'univers de l'espionnage industriel, avec ses maîtres de l'ombre que sont Fox et X, son assistant, et l'opération qu'ils sont en train de mettre sur pied repose tout entière sur le secret. Pour livrer à une multinationale, qui est prête pour cela à les payer au prix fort, un généticien qui travaille pour un groupe adverse, Fox a repéré l'arme

absolue, celle qui va lui permettre de produire son chef-d'œuvre : Sandii, une jeune femme, genre call-girl, dont la sensualité brune exerce un étrange pouvoir de séduction dont il entend aussitôt tirer parti. La fille sera donc chargée de séduire la proie désignée et de la prendre dans ses filets, pour la livrer aux commanditaires.
Le plan est simple, mais un grain de sable s'est pourtant d'emblée glissé dans la mécanique : la fille est la maîtresse de X, et celui-ci n'accepte que de mauvaise grâce de la livrer à un autre, fût-ce pour quelques millions de dollars. Le piège, donc, se met en place, tout entier fondé sur la manipulation : Fox et X manipulent Sandii, qui elle-même va manipuler sa victime. Pourtant, dans cette trouble équation, une inconnue subsiste : qui, en fait, manipule qui ? Est-il si sûr que X, pris par les sentiments qui le lient à la jeune femme, ne joue pas double jeu ? À moins que Sandii ne soit pas tout à fait cet instrument soumis que Fox a imaginé et qu'elle-même n'agisse pour son propre compte ? Ou pour le compte de la multinationale ? Ou même pour le compte de sa rivale ? Or, dans ce labyrinthe d'incertitudes, rien dans la façon dont le film est mené ne permet de s'y retrouver. Toute l'action est en effet rejetée hors cadre, et rien ne passe sur l'écran que sa préparation – au sens propre : sa mise en scène – par les deux protagonistes centraux. Lesquels mettent ainsi sous nos yeux un leurre dont ils ne se rendent pas compte qu'ils sont peut-être les premiers à s'y laisser prendre. Du coup, si film noir il y a, il est tout entier cérébral, fonctionnant dans la tête de ses acteurs. Et livré comme tel, sans qu'eux-mêmes soient sûrs d'autre chose que de leur propre construction. Et lorsque le filet patiemment tendu commence à craquer, lorsque la mécanique s'emballe, lorsque le piège se referme sur ceux qui l'avaient posé et que la mort rattrape les démiurges qui avaient cru se donner l'arme absolue et, en pénétrant, comme le dit Fox lui-même, dans le secret des dieux, s'approprier leur pouvoir, il ne reste plus à celui qui échappe au massacre qu'à se repasser les images nées de son imagination.
Cela ce passe au New Rose Hotel, sorte d'Hôtel Terminus dans cette plongée au cœur du mystère. Et c'est ici qu'à nouveau le film défile, dans ses fragments, ses éclats, ses bribes, démonté-remonté dans un second montage, sous les yeux de celui qui le revoit et qui cherche à le comprendre. Le personnage, bien sûr, mais aussi le spectateur qui épouse son regard et qui, comme lui, voudrait savoir. Et qui comprendra au fond ce qu'il veut, tant le vrai manipulateur, celui qui détient les secrets du film ou peut-être ne les détient pas, est Ferrara lui-même, qui repasse sous nos yeux son propre film et nous laisse, pour finir, à notre perplexité inquiète et fascinée, tandis que Christopher Walken, son vieux complice et plus que jamais ici son double, l'échine brisée, l'air las, esquisse un pas de danse avec sa canne, homme de spectacle jusqu'au bout, tireur de ficelles, démiurge, seul maître à bord. Portrait de l'artiste devant son chef-d'œuvre qu'il croit immortel. Et qui en meurt.

## FERRARI Alain (français, né à Damas en 1939)

**Premier long métrage :**
*Béatrice et les deux sœurs (1966)*
**Filmographie depuis 1985 :**
*Un jour dans la mort de Sarajevo (1993)* • *Bosna! (1994), co-réal* • ***Milice, film noir (1997)***

Après un premier prix au Concours général en philosophie, des études de lettres et un diplôme de l'Idhec en section réalisation, Alain Ferrari commence comme assistant réalisateur de Robert Bresson sur *Le Procès de Jeanne d'Arc* puis, après avoir réalisé *Béatrice et les deux sœurs*, passe à la télévision, y réalisant (pour la télévision ivoirienne) un feuilleton, *Où vas-tu Koumba ?*, des émissions musicales, plusieurs dramatiques, mais surtout de très nombreux documentaires. Tous ses films témoignent de ses engagements politiques en même temps qu'ils illustrent une conception du documentaire qui se veut, selon la définition que Jean Vigo donnait de *À propos de Nice*, « un point de vue documenté ». Répondant à cette définition, les documentaires cinématographiques qu'il consacre à la Serbie (avec Bernard-Henri Lévy) comme à la Milice unissent la rigueur de la documentation à une construction et un montage très élaborés, qui préservent la part de la vision personnelle.

### MILICE, FILM NOIR (1997)

**Comment peut-on être milicien ?** Plus de cinquante années ont passé. Et pourtant, parmi les nombreux cadavres qui dorment dans les placards de l'Occupation, celui-là reste un des moins bien identifiés. Comme si la honte, ou la mauvaise conscience, empêchait qu'on ne le mette trop en lumière. À ce titre, le film d'Alain Ferrari se présente comme une entreprise d'exhumation particulièrement salutaire, car si les années d'Occupation furent des années noires, la Milice constitua sans aucun doute, dans la noirceur, ce qui se fait de plus sombre ! Et le fait que la justice soit officiellement passée lors de l'épuration pour condamner et exécuter les coupables ne signifie pas pour autant que ce soit, aux yeux de la mémoire, pour solde de tout compte. Reste en effet la question, qui n'est pas seulement à poser à l'Histoire, mais dont la réponse engage aussi certains choix d'aujourd'hui : comment peut-on être milicien ? Louis Malle, dans un film sensible et dont l'ambiguïté fit scandale, avait bien retracé ce qu'il put y avoir de bêtise, de hasard, d'inconscience, dans l'engagement de certains : son Lacombe Lucien, se mettant au service de la police allemande tout en sauvant une famille juive, disait certes que tout ne fut pas si simple. Mais il disait aussi qu'il y a des choix que ni la bêtise, ni le hasard, ni l'inconscience ne sauraient justifier. Le film d'Alain Ferrari ne dit pas autre chose, mais il le dit différemment. Et la leçon est terrible. D'abord parce qu'elle s'appuie sur une histoire de la droite française prise dans le long terme. La Milice fut certes créée le 31 janvier 1943 par Pierre Laval, mais son histoire vient de loin : ce que les documents choisis par le cinéaste montrent bien, c'est que la création de ce corps appelé à être le fer de lance du régime de Vichy n'est lui-même que la résultante des lignes de force d'un extrémisme de droite nourri des rancœurs patriotiques des ligues, de l'esprit maurrassien de l'Action française, du populisme PPF, des coups tordus de la Cagoule : bref de tout ce qui, dans la mouvance de février 1934 et en réplique au Front populaire de 1936, en vint à constituer l'idéologie de l'État français. Armée de cette idéologie, qu'affirment clairement les 21 points de ses statuts constitutifs, la Milice se présente comme l'expression même de la collaboration pure et dure. Et les images d'archives recueillies par Alain Ferrari montrent que ledit bras armé n'y va pas de main morte : coups de main, arrestations, tortures, exécutions, tueries diverses. Inutile d'en jeter davantage, la coupe du dégoût est pleine.

Mais, plus intéressant encore que ces faits et que ces documents, pour la plupart connus mais qu'il est toujours bon de remettre en mémoire, apparaît l'autre versant du film : les témoignages. Ils sont ici de deux ordres : ceux des victimes, ceux des bourreaux. À la dignité frémissante des premiers – anciens résistants, parents des victimes, comme la fille de Georges Mandel ou la petite-fille de Victor Basch – s'oppose l'incroyable portrait que brossent d'eux-mêmes trois anciens miliciens, ressortis des oubliettes de la tragédie. Il était important de recueillir leur témoignage. Tous trois, rattrapés par l'âge, sont morts depuis : il était donc temps ! Car le visage qu'ils montrent est éclairant. Un monarchiste baroudeur, d'origine ouvrière, passé par toutes les ligues et toutes les cagoules, activiste ne renonçant jamais, jusqu'à se faire parachuter en France après l'effondrement du régime pour venir y créer un maquis blanc et poursuivant toujours, cinquante après, son rêve fou. Un ex-PPF, évoluant dans les instances mêmes du pouvoir, secrétaire d'État à la Propagande, co-fondateur de la Milice, avant de s'engager dans la Waffen SS puis, bien plus tard, de devenir négationniste à tous crins. Un militant de l'Avant-Garde, le mouvement de la jeunesse milicienne, animé d'une foi de boy-scout et s'engageant à 16 ans après avoir été, dit-il, gaulliste à 15. Trois hommes, trois itinéraires différents, mais un même dénominateur commun : l'aveuglement, qui leur fait avouer l'inavouable en toute bonne conscience et sans l'ombre d'un remords. Il y eut certes, dans la Milice, des gros poissons et des lampistes, des convaincus et des salauds, des lâches et des vicieux, des pauvres types et des voyous. Mais ce que le film d'Alain Ferrari démontre bien, c'est qu'il y eut surtout des cons. D'une connerie noire, pour un film noir.

## FERREIRA-BARBOSA Laurence (française, née en 1958)

**FILMOGRAPHIE :**
*Les gens normaux n'ont rien d'exceptionnel (1993)* • ***J'ai horreur de l'amour (1997)*** • *La Vie moderne (1999)* • *Ordo (2004)*

Révélée en 1993 par son premier long métrage, récompensés par plusieurs prix, Laurence Ferreira-Barbosa y montre, jusque dans le titre très révélateur du film – *Les gens normaux n'ont rien d'exceptionnel* – l'intérêt qu'elle porte à la notion fluctuante de normalité. Son cinéma, introduisant un décalage léger dans sa façon de regarder les êtres et les choses, découvre avec finesse les malaises et les incertitudes de la vie. Cela passe par des constructions subtiles – contrepoint des rencontres dans *J'ai horreur de l'amour*, parallélisme de trois histoires dans *La Vie moderne*, équivoque entre souvenir et réalité dans *Ordo* –, par un mélange des tons et des genres, et par un savant équilibre entre intellect et sensibilité, qui donnent une vraie personnalité à son univers cinématographique.

## J'AI HORREUR DE L'AMOUR (1997)
### avec Jeanne Balibar et Laurent Lucas

**Le mal du siècle.** Ça commence comme dans *Journal intime* : une balade à scooter, dans les rues de la ville, au mois d'août. Même liberté, même musique légère donnant le rythme, même impression de glisser dans la lumière douce d'un matin d'été. Sauf que, contrairement à la Rome du film de Nanni Moretti, on est ici à Paris, que le scooter est conduit par une jeune femme, et que, à un feu rouge où elle s'arrête, la chanson de Joe Dassin qui l'accompagne se voit proprement recouverte par un air de rap assourdissant que diffuse la sono d'un scooter voisin. Générique révélateur, et qui donne d'emblée le ton et la ligne du film de Laurence Ferreira-Barbosa. Car au départ, tout semble aller bon train dans la vie d'Annie Simonin. Médecin généraliste, elle sillonne le 13e arrondissement pour apporter soins et secours moral à ses patients. Une vie bien réglée, entre les visites, les heures de cabinet et les soirées avec les amis. Pourtant, voici qu'un double événement perturbateur vient bouleverser ces apparences de tranquillité, et qu'une musique discordante vient troubler le rythme de sa vie. Un malade, d'abord, un jeune homme, Laurent, dont les analyses révèlent qu'il est séropositif. En médecin responsable, Annie l'engage à commencer un traitement ; mais Laurent n'en veut pas et refuse d'admettre la maladie. Or, dans le même temps, Annie rencontre lors d'une soirée un autre homme, Richard, personnage original, un peu lunaire dans son comportement, et qui tranche précisément sur la monotonie du quotidien, ce qui ne manque pas de la séduire. Mais alors même qu'elle est prête à se laisser aller, Annie découvre que la bizarrerie de son nouvel ami est en fait carrément paranoïaque, qu'il a une sorte d'obsession de la maladie, et qu'à la suite de leur étreinte pourtant furtive, il a la conviction d'avoir été contaminé et qu'il a le sida. D'un côté donc, un vrai malade qui refuse de l'être, de l'autre un homme bien portant qui est persuadé qu'il ne l'est pas. Et, dans les deux cas, l'ombre portée du mal du siècle, de ce sida qui infecte tout, et qui ne va pas manquer d'infecter l'existence d'Annie. Mais – et c'est là tout l'intérêt du second film de Laurence Ferreira-Barbosa – les gens normaux peuvent être beaucoup plus surprenants qu'ils n'en ont l'air, et la réalité des choses ne correspond pas forcément à leurs apparences. Ainsi, là où l'on s'attendrait à une chronique de mœurs autour du sida, on a droit à tout autre chose : une comédie qui prête constamment à sourire sur un sujet grave, lequel n'est précisément pas celui qu'on croit, mais qui, à partir de la maladie, parle en fait et plus radicalement de la difficulté à vivre avec ces maux courants que sont la solitude, les peines de cœur, la peur de la mort.

Ce devrait être sinistre, c'est constamment drôle et surprenant, à l'image de personnages et de situations toujours un peu décalés. À mesure que les événements se multiplient, la vie d'Annie devient en effet carrément infernale, à la fois parce qu'il lui faut accompagner Laurent dans la lutte qu'il engage en renâclant contre le mal, mais surtout parce qu'elle devient elle-même la cible de la folie qui gagne Robert, lequel en vient à la poursuivre et à la persécuter jusqu'à menacer sa vie. Ce chassé-croisé qu'orchestre la maladie autour de la jeune médecin n'est lui-même que le reflet inversé d'un autre chassé-croisé, sentimental, qui fait qu'elle va croire pouvoir aimer qui elle n'aime pas et qu'elle va être amenée à aimer qui elle ne pense pas. Tout cela fait bien des complications. Mais la mise en scène toute en fluidité, construite sur une série de séquences brèves qui se succèdent, s'entrecroisent, se répondent, donne aux mésaventures sentimentalo-existentielles de l'héroïne une sorte de ton léger, que l'interprétation de Jeanne Balibar maintient en permanence à la lisière de la réalité et de l'insolite, dans un film que l'on pourrait classer dans ce genre favori des rubriques cinématographiques en mal de définition : la comédie dramatique. Si ce n'est qu'ici, la comédie, à y bien réfléchir, est aussi bel et bien un drame. Et qu'on pourrait l'appeler la comédie humaine…

---

## FERRERI Marco (italien, 1928-1997)

**PREMIER LONG MÉTRAGE :**
*L'Appartement (1958), co-réalisation*
**FILMOGRAPHIE À PARTIR DE 1985 :**
***I love you (1986)*** • *Y'a bon les blancs (1987)* • *La Maison du sourire (1991)* • *La Chair (1991)* • *Journal d'un vice (1993)* • *Faictz ce que vouldras (1995)* • *Nitrate d'argent (1996)*

Provocateur : le mot s'impose pour désigner l'art et la manière de Marco Ferreri. Des sujets volontairement scabreux, une prédilection pour la crudité, une forme ne cherchant jamais à séduire, mais au contraire un penchant pour le grotesque, la difformité, l'animalité, où l'on a vu volontiers un plaisir de choquer pour choquer et un mauvais goût érigé en principe. Et pourtant, sous les fables bouffonnes, les femmes à barbe, les grandes bouffes et les rêves de singe, l'énorme et le cocasse sont la forme prise par un humour noir et cruel, qui est bel et bien un regard sur le monde, sur ses dérives mortelles et ses folies outrancières. Regard à la fois politique et moral, mettant à nu les vices d'une société moderne déshumanisée, et enregistrant la faillite du couple, de la famille, de l'amour même. Regard de poète poil à gratter, racontant à sa façon, émouvante jusque dans sa trivialité, les contes de la folie ordinaire et tendant jusqu'au bout à l'homme moderne le miroir grossissant de sa barbarie.

### I LOVE YOU (1986)
#### avec Christophe Lambert, Eddy Mitchell et Anémone

**Un amour de poche.** Copocléphiles aigus, ce film est pour vous. Il est même, à vrai dire, pour quelques autres, tous ceux que hante la solitude et qui rêvent d'un amour impossible, à l'image de Michel, le héros de l'histoire. Marchand de voyages (le rêve, toujours...), style branché-sympa-cool, il habite un loft new-look, entre un copain pot de colle et un gamin qui élève un cochon noir au biberon. Pour meubler les longues soirées, il a les filles, qui lui courent après, les virées sur son gros cube, les potes qui jouent du rock dans un hangar, ou encore, refuge ultime, la vidéo qui meuble son espace Habitat. Pas grand-chose : la vie... Jusqu'au jour où il tombe sur une fille épatante : visage de poupée, cils en rayon de lune, lèvres rouge baiser, et voix douce qui lui murmure « *I love you* ». Le pied ! ou plutôt la poche, car la fille en question, qui ne répond que quand on la siffle, a la particularité d'être un porte-clefs ! Dès lors, sa compagne en poche, Michel n'arrête plus de siffler, et la figurine, imperturbablement, de lui répondre : « *I love you* ». Passion exclusive, plaisir qui, le renvoyant à lui-même, n'est jamais qu'un plaisir solitaire, mais plaisir quand même. Fragile, pourtant, puisqu'il suffit d'une dent cassée, qui vous empêche de siffler, pour que la femme-objet de votre désir devienne muette, et que le rêve se brise. Il ne vous reste plus alors qu'à partir, pour essayer de rattraper cette figure de proue de vos rêves, sur un voilier qui vous emporte au bout de la mer. La mer, la mère, toujours recommencée...
*I love you* est une comédie passablement désespérée, où l'on retrouve l'univers unique de Ferreri. Dans un monde nu et froid, l'homme cherche toujours à briser sa solitude, mais toute passion ne renvoie jamais qu'à soi-même. En héros lunaire, Christophe Lambert donne au personnage de Michel la profondeur un peu trouble et émerveillée de son regard. Et Eddy Mitchell, en porte-guigne absolu, ajoute le saugrenu de sa mine béate et de ses répliques ahuries à un monde où il ne suffit même pas d'être imbécile pour être heureux.

---

## FIELD Todd (américain, né en 1964)

**FILMOGRAPHIE :**
***In the bedroom (2001)***

La carrière de Todd Field est double : acteur, il joue dans des films à grand spectacle (*Twister, Hantise*) aussi bien que dans des œuvres plus ambitieuses (*Eyes Wide Shut*) ; et photographe, il expose et publie de façon régulière. Il aborde la réalisation en 1993 par un court métrage, *When I was a boy*, présenté au Festival de Sundance, et passe au long avec *In the bedroom*, présenté en compétition au Festival de Deauville.

### IN THE BEDROOM (2001)
#### avec Sissy Spacek, Tom Wilkinson et Marisa Tomei

**Family life.** Une famille sans problème, les Fowler : le père, médecin, la mère qui tient parfaitement la jolie maison, et le fils, Frank, qui se pose la question de savoir s'il ne va pas redevenir pêcheur, comme son grand-père, plutôt que de faire les études à quoi son entourage familial le destine. Une famille heureuse, avec pourtant une sorte de menace qui plane : Frank sort avec Natalie, une femme mariée en instance de séparation, mère de deux enfants. La façon dont les parents de Frank voient cette liaison indique déjà que, derrière les mots, passent des sentiments plus forts, plus troubles peut-être aussi. Et la présence constante du mari de Natalie, qui ne se résigne pas à la séparation, concrétise le malaise latent. Lorsque le drame éclate, un premier film, déjà, s'est mis en place, qui démontre l'habileté de Todd Field, pour sa première réalisation, à créer un climat, à peindre un milieu social et familial, à tracer des personnages à travers de petites notations simples, à peine perceptibles. C'est alors, la menace représentée par l'époux

jaloux se concrétisant, que la mort survient, et que commence un deuxième film, qui s'attache au travail de deuil. Sur une intrigue proche alors de celle du film de Nanni Moretti, *La Chambre du fils*, le récit devient plus lent, comme les jours qui passent, sans que jamais la douleur ne s'efface, avivant la plaie béante, faisant surgir les tensions, les déchirements, les non-dits qui soudain éclatent au grand jour.
Dans cette peinture de la profondeur des sentiments, là encore le cinéaste se montre d'une grande justesse et d'une grande maîtrise, même si, à force de donner du temps à la lenteur, il semble engluer quelque peu le rythme d'une histoire qui pourrait d'ailleurs fort bien s'arrêter là. Le contraste n'en est que plus fort à découvrir comme un troisième film, qui a germé progressivement tout au long du long travail de deuil, et qui dirige le récit là où on ne l'attendait pas. La sécheresse froide avec laquelle intervient ce dénouement découvre soudain, sous l'histoire de cette famille frappée par le malheur, bien autre chose qu'un simple drame familial : l'histoire même d'un corps social, travaillé par des pulsions, des violences, des soifs de vengeance. Sous l'apparence tranquille et ordonnée des maisons bien alignées, quelque chose comme le chaos primitif. Qui laisse en état de choc.

## FIGGIS Mike (anglais, né en 1948)

**FILMOGRAPHIE :**
*Stormy Monday (1988)* • *Affaires privées (1990)* • *Traumatismes (1992)* • *Mister Jones (1993)* • *Les Leçons de la vie (1994)* • *Leaving Las Vegas (1995)* • *Pour une nuit (1997)* • *La Fin de l'innocence sexuelle (1999)* • *Mademoiselle Julie (1999)* • ***Time Code (2000)*** • *Hôtel (2001)* • *La Gorge du Diable (2002)* • *The Blues – Red, white and blues (2004), co-réalisation* • *Coma (2005)*

Né en Angleterre mais ayant passé son enfance au Kenya, Mike Figgis, revenu en Angleterre, se tourne d'abord vers la musique, jouant dans plusieurs groupes, puis à partir de 1980 se consacre à l'écriture et à la mise en scène de théâtre, avant d'aborder le cinéma. Après un film en Angleterre, il part pour les États-Unis, où il débute avec *Affaires privées*, film policier de facture classique, avant de réaliser des films plus personnels, dans des genres très divers : suspense (*Traumatismes*), comédie (*Mister Jones*), drame (*Les Leçons de la vie*), chronique sentimentale (*Pour une nuit*), adaptation (*Mademoiselle Julie*, d'après Strindberg). Dans une filmographie très variée, deux fils conducteurs marquent la continuité de l'œuvre : une importance accordée dès *Stormy Monday*, qui se déroule dans un club de jazz, à la musique, lui-même composant souvent celle de ses films, et une réflexion sur la création, sensible tout particulièrement dans *Leaving Las Vegas*, portrait d'un scénariste miné par l'alcool, et que l'on retrouve, sous une forme polyphonique quasi musicale, dans le côté très expérimental de *Time Code*.

### TIME CODE (2000)
**avec Stellan Skarsgärd, Salma Hayek et Holly Hunter**

**La preuve par quatre.** La question qui se pose à voir le (quadruple) film de Mike Figgis est de savoir si la multiplication qu'il opère sur l'écran, en proposant, sur un écran découpé en quatre, quatre longs plans racontant chacun leur histoire, renforce d'autant les moyens de l'art cinématographique, ou si, au contraire, en brisant le rapport habituel du spectateur à l'écran, elle n'éloigne pas l'expérience du cinéma lui-même pour aller plutôt du côté des performances propres à l'art contemporain, grand amateur de ces tripatouillages vidéo. Qu'un cinéaste s'emploie d'ailleurs à refuser la convention type de la narration en proposant une vision simultanée de plusieurs images à la fois n'est pas spécialement neuf : Abel Gance, qui en a inventé bien d'autres, s'y essayait déjà il y a plus de soixante-dix ans ! Ce qu'il y a en fait d'original dans *Time Code*, c'est plutôt la façon même dont a été conduite l'expérience : quatre caméras filmant en continu une seule prise, et des comédiens improvisant sur le canevas fourni – une histoire racontant les heurts et les malheurs du microcosme hollywoodien – avec pour seule exigence le timing précis (d'où le titre) pour que les quatre histoires, déterminées par la seule durée d'une cassette digitale, soit 93 minutes, soient parfaitement synchrones. Au bout du compte, cela donne un objet assez bizarre, mais parfaitement identifié, où les personnages qui se croisent et s'entrecroisent donnent une vision, joyeusement satirique, d'un Hollywood passablement azimuté. Et cela donne surtout, par tout un jeu d'échos qui finalement font se rejoindre les quatre fils du récit, un vagabondage non dépourvu de liberté. Même si, biaisant quelque peu, le réalisateur se permet quelques privautés par rapport à son *dogma* visuel en transférant sur le mixage sonore ce qu'il se refuse sur le montage de l'image : c'est par le son, plus ou moins haut et perceptible, qu'attirant l'oreille du spectateur, il attire son œil de tel ou tel côté de l'écran. À quoi s'ajoute que, en plein milieu de ce déluge visuel, débarque une artiste qui vient présenter à des producteurs hollywoodiens un projet fumeux de film tourné à quatre caméras, lequel se trouve illico traité de « merde ». Mike Figgis, introduisant le ver de l'auto-ironie dans son propre film, démontre alors brillamment qu'il s'agit, pour le spectateur, de n'être pas plus dupe de son film que lui-même ne l'est.

## FINCHER David (américain, né en 1962)

**FILMOGRAPHIE :**
*Alien 3 (1992)* • ***Seven (1995)*** • *The Game (1997)* • ***Fight Club (1999)*** • *Panic room (2002)*

Venu de la publicité et des clips, ayant travaillé pour les marques les plus prestigieuses et, des Rolling Stones à Madonna, pour les pop stars les plus importantes, David Fincher, outre la virtuosité formelle dont il fait preuve, démontre, dès qu'il passe au long métrage, un sens tout particulier de la narration dense et serrée, et une capacité à créer un climat oppressant, où le noir domine. Cela apparaît dès *Alien 3*, où il enferme les rescapés du film précédent de James Cameron sur une planète prison ; cela se confirme de manière éclatante dans *Seven*, thriller uniformément sombre, qui lance la mode du film de serial killer, et où le traitement visuel qu'il fait du film noir, avec une surenchère de violence et de cruauté, devient une sorte de référence culte pour toute une génération, et aussi pour les cinéastes qui s'essaient au genre à sa suite. Mais, en appuyant plus fort encore sur les effets dans ses films suivants, toujours dispensateurs de frissons et d'émotions fortes, il semble cultiver de façon un peu complaisante sa propre manière.

### SEVEN (1995)
### avec Brad Pitt, Morgan Freeman et Gwyneth Paltrow

**Pluie noire.** Il pleut. Et le jeune inspecteur Mills, qui vient prendre son poste dans la grande métropole où il est enfin affecté, dégouline de partout, alors que le vieux Somerset, qu'il vient remplacer et qui est à huit jours de la retraite, a lui un chapeau et un imperméable qui le mettent à couvert des trombes d'eau. Et dans cette façon dont la pluie tombe sur les deux hommes appelés pour quelques jours à faire équipe, il y a toute la différence entre le flic méthodique et appliqué, dont la vie est réglée comme le métronome qu'il met en marche chaque soir pour s'endormir et qui ne nourrit plus guère d'illusion sur la nature humaine, et le côté chien fou, idéaliste, pressé de vivre et de terrasser le crime du jeunot désordonné et idéaliste qui vient lui succéder. Et cette opposition du vieux et du jeune, du Noir (Morgan Freeman) et du Blanc (Brad Pitt), du solitaire et du jeune marié, de l'absence d'illusions et de l'enthousiasme, qui oppose de façon systématique les deux personnages et qui est au départ source de conflits attendus entre eux, s'estompe à mesure que le film avance, que l'horreur des crimes sur lesquels ils enquêtent les rapproche et que, tragiquement, chacun apprend à ses dépens à accepter les idées de l'autre : Somerset, tout en restant persuadé que le monde reste soumis au mal inéluctable, admet qu'il vaut la peine qu'on se batte pour lui ; et le jeune Smith, que le tueur confronte à l'absolu de la cruauté, finit dans un état d'hébétude totale alors même que ses rêves et sa vie sont à jamais brisés.
Il pleut. Et le halo gris et humide qui noie le paysage urbain donne à l'atmosphère ambiante un côté glauque et sombre, qui est la tonalité même d'un film où l'obscurité est traitée comme une entité en soi par un chef opérateur talentueux, Darius Khondji, qui, par un procédé utilisé dans la publicité (le CCE), rend les noirs plus charbonneux, désature les couleurs et crée un effet de contraste en jouant sur la profondeur des ombres : noir, ici, c'est plus noir que noir, et cela vaut aussi pour le genre dont s'empare David Fincher – le film noir – dont il propose un traitement à la fois visuel et thématique qui le renouvelle en profondeur. Car, à travers une forme sophistiquée, qui accompagne le travail sur l'image d'un même travail sur la bande sonore et sur les mouvements de caméra, le cinéaste crée non seulement une tonalité : il définit un monde, dont le rapport à la réalité n'est plus le point central. Tout ici relève, en fait, de la construction d'esprit et d'une sorte d'abstraction mathématique que traduit bien le titre même du film : *Seven*, comme les sept péchés capitaux que le tueur en série a choisis comme articulation de son entreprise de meurtres à répétition, et comme les sept jours de la semaine – Genèse macabre et inversée de la Création – qui rythment l'enquête et le film et qui aboutissent, au septième jour, à une destruction absolue. En allant chercher dans

la Bible et, lors d'une incursion dans la cathédrale du savoir d'une immense bibliothèque, chez les grands écrivains du Paradis et de l'Enfer – Dante, Milton, Shakespeare – l'explication des meurtres perpétrés par un tueur qui se prend pour un ange exterminateur et qui, privé de nom (il se fait appeler John Doe, Monsieur Tout-le-monde) et d'empreintes digitales (il s'est coupé la peau pour les faire disparaître), se donne comme la quintessence de l'homme, David Fincher ancre le film noir dans cette zone obscure qui mêle esprit religieux, croyances occultes et folie meurtrière. Le trouble qui en naît, lié au sentiment de la perte définitive du Bien dans une société atteinte de maladie mortelle, s'insinue chez le spectateur comme l'humidité de la pluie qui tombe.
Il pleut donc, sans discontinuer. Et lorsque, pour finir, la pluie s'arrête enfin, dans une dernière séquence dont le décor est un désert nu que traverse une forêt de lignes à haute tension, malgré les rayons d'un soleil rougeoyant qui éclaire un dénouement qui a la couleur du sang, la lumière n'est plus.

### FIGHT CLUB (1999)
### avec Brad Pitt, Helena Bonham Carter et Edward Norton

**En un combat douteux.** C'est un type comme un autre, genre cadre BCBG, meublé Ikea et sapé Calvin Klein, qui vit dans le luxe confortable et la consommation courante. Et qui pourtant n'y trouve pas son compte, à en juger par les insomnies à répétition qui agitent ses nuits et par les thérapies de groupe auxquelles il s'essaie pour trouver une solution à ses problèmes. Et puis un jour, le voilà qui rencontre Tyler Durden. Et là, tout change. Parce que le beau Tyler, sous sa figure d'ange à la Brad Pitt, professe des idées capables de tout dynamiter. Pour libérer l'homme de ce qui l'opprime, à commencer par tous les biens qu'il croit posséder et qui en fait le possèdent, rien de mieux que de lui faire retrouver la force brute, sauvage, primitive, qu'il porte en lui et d'organiser des combats clandestins à mains nues, où l'on se cogne jusqu'au sang. Ainsi commence le film de David Fincher, faisant insensiblement passer des étages et des bureaux cleans de la société libérale avancée aux sous-sols glauques qui en constituent comme la face cachée. C'est là que se mettent en place ces clubs de boxe, mi-sociétés secrètes, mi-sectes, où l'on vient évacuer dans la sueur et la souffrance son trop-plein de frustrations et de virilité inhibée. Et c'est là que le dessein de Tyler Durden chemine jusqu'à prendre un sens hautement inquiétant : de ces réseaux de lutteurs de l'ombre qui gagnent l'ensemble du pays surgissent des milices noires – crânes rasés, commandos de choc – dressées à placer leurs bombes terroristes pour tout faire sauter.
Le cinéma de David Fincher n'y va pas par quatre moyens : il cogne. Et le sang gicle, dans cette explosion de violence sourde qui distille un insidieux malaise. Car, dans ce film pour fin de millénaire, destiné sans doute à devenir culte, il n'est pas évident que le cinéaste ne s'embarque pas lui-même en un combat douteux. Non pas tant du fait qu'il laisse croire, dans un finale d'ailleurs ambigu, que la solution préconisée est elle-même aussi terrible que le mal et que l'aliénation de la violence ne vaut pas mieux que celle de l'exploitation. Mais il déploie, pour en arriver là, un tel déferlement d'images chocs, de stridences sonores, d'effets coups de poing, que tout spectateur, même résistant, en sort groggy. Ce qui pourrait bien être la preuve que le film, au bout du compte, utilise les moyens mêmes qu'il prétend dénoncer.

## FLEDER Gary (américain, né en 1965)

**Filmographie :**
*Dernières heures à Denver (1995)* • ***Le Collectionneur (1997)*** • *Pas un mot (2001)* • *Impostor (2002)* • *Le Maître du jeu (2003)*

En 1995, le personnage du serial killer trouve son film de référence avec *Seven* de David Fincher. Le succès du film, ses qualités aussi, en font aussitôt une sorte de modèle que des artisans plus appliqués, convoqués par les studios pour exploiter le champ ainsi ouvert, s'efforcent de copier. On voit donc, dans les années qui suivent, fleurir des tueurs en série partout. Et comme il faut bien essayer de leur donner quelque originalité, les scénarios leur prêtent un côté de plus en plus retors, qui fait vite dans la surenchère. Mais leur prétendue spécificité ne dupe personne, surtout lorsque, comme dans *Le Collectionneur*, réalisé par Gary Fleder, qui a réalisé auparavant deux épisodes de la série télé « Les Contes de la crypte » et un honnête film policier, l'inspecteur chargé de l'enquête se retrouve être le même Morgan Freeman qui, au côté de Brad Pitt, traquait le meurtrier aux sept péchés capitaux.

## LE COLLECTIONNEUR (1997)
### avec Morgan Freeman et Ashley Judd

**Seven 2.** Huit. Le chiffre parle tout seul. Dans la région de Durham, en Caroline du Nord, une huitième jeune fille vient de disparaître, apparemment victime du même ravisseur. Alex Cox, inspecteur de police et docteur en psychologie, a toutes les raisons de s'intéresser à ce cas, même s'il est situé en dehors de sa juridiction : c'est sa nièce Naomi qui vient d'être enlevée. Or il y a urgence. On vient de retrouver en effet une des disparues, morte après avoir enduré les pires traitements, le corps ligoté à un arbre au fin fond de la forêt qui entoure la ville. Alex Cox, bravant les susceptibilités des flics locaux, pas spécialement heureux de voir débarquer de Washington un flic célèbre, et noir qui plus est, sur leur territoire, commence sa propre enquête. Il s'aperçoit que le ravisseur enlève non seulement des filles très belles mais aussi remarquablement intelligentes. Il acquiert ainsi la conviction qu'il a affaire à une sorte de collectionneur, qui fixe lui-même les règles d'un jeu pervers auquel il soumet ses victimes, lesquelles, lorsqu'elles se révèlent incapables de jouer ce jeu qui leur est imposé, sont sauvagement assassinées. Les déductions de Cox se trouvent vite confirmées lorsqu'une des plus jolies et plus brillantes internes de l'hôpital se trouve à son tour enlevée. Mais celle-ci, après avoir été droguée et enfermée dans une cave aménagée en chambre close, réussit à échapper au maniaque et à s'enfuir dans une course hallucinante au cœur de la forêt. Grâce à son aide, Alex Cox va pouvoir faire des progrès sensibles dans son enquête. Pour autant, il n'est pas au bout de ses surprises, ni le tueur en série au bout de ses crimes.

Huit : le nombre, on le verra vite, n'est pas définitif, et d'autres victimes risquent de suivre. Mais le chiffre dit bien ce qu'il veut dire : huit, comme une suite arithmétique à *Seven*. Le film de David Fincher semble en effet avoir si fortement marqué ce genre particulier du thriller qu'est l'histoire de meurtres en série que le quasi-débutant Gary Fleder – dont on avait remarqué le brillant premier film, *Dernières heures à Denver* – s'est dit sans doute qu'il pouvait essayer de poursuivre la veine, comme on suit un filon, en y apportant sa propre touche. Celle-ci ne se voit pas toujours. Comme dans le film de référence, le décor est sombre, et la pluie ajoute à l'atmosphère ; les meurtres sont également horribles, et le tueur, là aussi, suit un plan diabolique dont la clef n'est pas dans la Bible mais dans la référence libertine au prince des amants, Casanova. Mais, ici comme là, l'inspecteur est capable de déchiffrer les messages, et comme c'est Morgan Freeman qui à nouveau enquête, il y a plus qu'un parfum de ressemblance : un air de déjà-vu.

À cet égard, comme l'efficacité se mesure souvent à la façon d'utiliser les recettes les plus sûres, le réalisateur ne se prive d'aucun des moyens qui garantissent le frisson : décor de forêt sinistre, souterrains labyrinthiques et suintants, scène de nuit où un homme masqué s'introduit dans la maison d'une femme seule, soupçons portés, d'un simple plan un peu trop insistant, sur des coupables possibles, et, accompagnant la plongée dans les ténèbres, musique lugubre jouant sur les nerfs à coups d'explosions sonores. Ainsi conditionné, et n'ayant rien d'autre à chercher, puisque le docteur Cox cherche pour lui, le spectateur consentant n'a qu'à se laisser porter, et il est sûr d'arriver à bon port, après 1 h 56 de bons et loyaux sévices.

# FOLEY James (américain, né en 1953)

**Filmographie :**
*Reckless (1985)* • *Comme un chien enragé (1986)* • *Who's that girl? (1987)* •
*After dark, my sweet (1990)* • *Glengarry GlennRoss (1992)* • *Instant de bonheur (1995)* •
*Fear (1997)* • *L'Héritage de la haine (1996)* • *Le Corrupteur (1998)* •
***Confidence (2003)***

Dès sa première réalisation, *Reckless*, une comédie de mœurs, James Foley manifeste un sens du suspense qui se développe tout au long d'une carrière marquée par de nombreux polars et thrillers, depuis *Comme un chien enragé* jusqu'au *Corrupteur*, en passant par le très sombre *After dark, my sweet*, adapté d'un roman de Jim Thomson, et l'angoissant *Fear*, mais aussi, lorsque, abandonnant le cinéma pour la télévision, il y réalise pour David Lynch plusieurs épisodes de la série *Twin Peaks* et, pour Robert Altman, de *Gun*. Et son retour au cinéma, avec *Confidence*, en est encore la brillante illustration.

## CONFIDENCE (2003)
### avec Edward Burns, Dustin Hoffman, Andy Garcia et Rachel Weisz

**Une arnaque peut en cacher une autre.** L'arnaque est une spécialité qui donne à l'acte criminel et répréhensible une sorte de beauté du geste et d'élégance de l'esprit qui en ferait presque, lorsqu'elle est réussie, moins un fait crapuleux qu'une performance artistique ! D'où l'affection sensible que le cinéma a toujours manifestée pour les rois de l'embrouille, les maîtres de l'escroquerie, tous ceux qui en montant un coup ne sauraient en faire qu'un coup fourré.
D'emblée, dans le film de James Foley, on sent cette sympathie s'exprimer pour le dénommé Jake Vig, non seulement parce qu'on le voit entuber un pigeon de main de maître, mais aussi parce que, dès le premier plan du film, on le trouve, étendu par terre, baignant dans son sang, et disant d'une voix off funèbre : « Et voilà, je suis mort. » Le récit qui commence de ses exploits d'arnaqueur est donc, forcément, un retour en arrière, pour permettre de comprendre comment il en est arrivé là et comment lui, le roi de l'illusion, s'est pris les pattes dans ses tours d'illusionniste.
Et, de fait, il y a bien de quoi s'embrouiller dans une embrouille si énorme que, au fil de ses ramifications, elle prend l'allure d'un énorme embrouillamini, impliquant de plus en plus de personnages et d'intérêts divers et opposés, ce qui fait qu'il devient de plus en plus évident que les millions de dollars pour lesquels Jake et son équipe dépensent des trésors d'ingéniosité risquent bien de leur passer au bout du compte sous le nez. Et comme, dans ce sac de nœuds, s'agitent des types aussi peu recommandables qu'un caïd ayant pignon sur rue, qu'un autre caïd qui le hait pour sa réussite et qui veut prendre sa place, que quelques flics de Los Angeles véreux et pourris, qu'un inspecteur du FBI poursuivant une vengeance personnelle, qu'une beauté non seulement fatale mais dangereusement pick-pocket, qu'un gros bras qui cache sous ses biceps gonflés une cervelle pas forcément minuscule, et que d'autres gros et menus fretins de même acabit, Jake, le cerveau de l'opération, a quelques gros soucis à se faire. Car tel est forcément pris qui croyait prendre…
Voire. Car, en fait d'embrouilleur en chef, outre le troublant Edward Burns qui oppose un faciès de menteur impénétrable à des pointures pourtant aussi fortes et averties que Dustin Hoffman ou Andy Garcia, il se pourrait bien qu'un autre manipulateur tire les vraies ficelles. Et la métaphore qui est filée tout au long du film entre l'art de l'arnaqueur et celui du comédien incite à tendre le même fil métaphorique entre le récit et le film lui-même. Comme si la réussite de *Confidence* (confiance, en v.o. ; autrement dit : méfiance !) était, dans la façon dont son réalisateur s'y prend pour faire passer des vessies pour des lanternes, à la fois de jouer de façon impeccable le jeu du film d'arnaque, y compris à travers ses clichés, et de mener en fait, par toute une stratégie narrative elle-même en trompe-l'œil, le spectateur par le bout du nez, jusqu'à en faire le pigeon ultime. Plumé jusqu'à l'os, mais, face à un coup si bien mené, ravi de l'être…

# FONTAINE Anne (française, née au Luxembourg en 1959)

**FILMOGRAPHIE :**
*Les histoires d'amour finissent mal en général (1992)* • *Augustin (1994)* • ***Nettoyage à sec (1997)*** • *Augustin roi du kung-fu (1999)* • *Comment j'ai tué mon père (2001)* • *Nathalie (2003)* • *Entre ses mains (2005)*

Après une enfance passée au Portugal jusqu'à l'âge de 16 ans puis des études de philosophie à Paris, Anne Fontaine devient danseuse et comédienne pendant plus de dix ans. Elle accède à la mise en scène au théâtre en 1986, en collaborant au spectacle que Fabrice Luchini tire du *Voyage au bout de la nuit* de Céline, puis réalise son premier film en 1992, *Les histoires d'amour finissent mal en général*, qui lui vaut le prix Jean-Vigo et qui, sélectionné à Cannes, attire l'attention par sa spontanéité, ses trouvailles de mise en scène et l'étonnante composition de son actrice principale, Noria, une inconnue. La même surprise prévaut devant le jeu de son frère, Jean-Chrétien Sibertin-Blanc, à qui elle confie le rôle d'Augustin dans un film à la fois comique et poétique dont elle donne deux versions successives. Passant alors à un cinéma plus riche de moyens et de casting, elle confirme avec ses films suivants une prédilection pour la direction d'acteurs, pour la précision d'écriture et pour les sujets dérangeants.

### NETTOYAGE À SEC (1997)
**avec Miou-Miou, Charles Berling et Stanislas Mehrar**

**Le visiteur du soir.** Une réunion de petits commerçants, une discussion animée sur les problèmes du quartier et les animations commerciales à entreprendre, et puis le café qui ferme, le groupe qui se dit bonsoir, et les plus fringants qui vont terminer la soirée dans la boîte du coin : le film d'Anne Fontaine commence comme une chronique provinciale, un film réaliste où la caméra s'attache à des gens ordinaires, représentatifs d'un groupe social, un peu comme on en voit dans les reportages télé. Pourtant, sitôt cette première séquence terminée, changement de décor : éclairages tamisés, pénombre complice, et sur scène, dans le faisceau des projecteurs, deux corps qui s'enlacent. Et pour Nicole et Jean-Marie, le couple de teinturiers, un trouble fugitif qui s'installe à regarder ce spectacle, comme à la dérobée. D'autant qu'il s'agit d'un numéro de travestis et que, lorsque les deux artistes viennent ensuite les rejoindre à leur table, la beauté de Loïc et de Marilyn, le frère et la sœur, prolonge le trouble et suscite l'attirance. Dans cette irruption soudaine du sexe et du désir, le frisson à la fois délicieux et dangereux de l'interdit vient troubler l'ordre établi, et comme réveiller le couple assoupi. Mais ce qui pourrait se résoudre en vulgaire partie carrée, comme l'amorce une scène rapide et vite interrompue dans une chambre d'hôtel, change de nature lorsque Marilyn part exercer ses talents ailleurs et laisse Loïc seul. Nicole et Jean-Marie, inversant les rôles, le prennent alors sous leur aile et le font entrer dans leur maison, dans leur ménage, dans leur vie bourgeoise – pressing, travail, enfant, belle-mère. Et le visiteur du soir, ange pasolinien à la belle gueule d'enfant fragile et voyou, va tout naturellement les révéler à eux-mêmes.
Le glissement se fait en douceur, quittant la chronique réaliste pour installer une sorte de trajectoire fantasmatique, où d'un côté l'épouse trouve à assouvir avec ce jeune mâle encore enfantin ses désirs profonds, et où de l'autre l'ambiguïté du garçon semble éveiller chez l'époux une part d'homosexualité qui n'ose se dire. Le tout sur fond de nettoyage du linge sale que la clientèle de la petite ville – Belfort, trou perdu, France profonde – vient faire laver, sécher, repasser au pressing de Nicole et de Jean-Marie, désormais aidés de Loïc, qui se révèle expert en cela aussi. Mais la morale veille, et peut-être plus encore le poids du refoulé. L'obsession de la blancheur immaculée – avec tout ce linge qui sèche en permanence dans le tambour des machines – s'accommode mal avec les taches qui maculent les draps et les vêtements intimes. Et lorsque le sexe et la mort auront fini par se rejoindre, on rincera à grande eau la tache sanglante, pour la faire disparaître.

## FORMAN Milos (tchécoslovaque, né en 1932)

**PREMIER LONG MÉTRAGE :**
*L'As de pique (1964)*
**FILMOGRAPHIE DEPUIS 1985 :**
***Valmont (1989)* • *Larry Flint (1996)*** • *Man on the moon (1999)* • *Embers (2003)*

Comme plusieurs de ses pairs issus des Nouvelles Vagues porteuses de liberté et de contestation, nées dans une Europe de l'Est soumise au joug de l'idéologie et de l'occupation soviétiques, Milos Forman a eu deux vies. La première dans sa Tchécoslovaquie natale, où il signa, dans les années 1960, de *L'As de pique* aux *Amours d'une blonde* et à *Au feu, les pompiers*, trois films très caractéristiques de l'esprit léger et frondeur qui allait faire vibrer le printemps de Prague. Puis survint l'été 68, les chars russes dans les rues de Prague, et la remise au pas d'un pays qui avait pris un peu trop de libertés avec son sourcilleux mentor. Expatrié aux États-Unis, Forman y commença donc, comme tant d'autres avant lui, une nouvelle carrière, où, tout en s'adaptant au système hollywoodien, il sut rester fidèle à lui-même. Car si la critique a quelquefois fait la fine bouche devant les superproductions qui, de *Vol au-dessus d'un nid de coucou* à *Hair*, lui ont valu un succès planétaire, n'y retrouvant plus la subtilité des comédies de la première manière, *Amadeus*, tourné à Prague comme un retour aux sources, fit l'unanimité. Il y apportait à la somptuosité d'un film très hollywoodien une finesse de touche qu'on se plut à juger comme très européenne. Depuis, Forman a poursuivi dans la même voie, s'attachant en particulier à des personnages – qu'ils soient américains comme Larry Flint ou Andy Kaufman (dans *Man on the moon*), ou européens comme les héros des *Liaisons dangereuses* – dont le côté individualiste, créatif, animé par un esprit d'indépendance et d'insoumission, conserve à l'univers du cinéaste toute la charge détonante qui en fait, depuis ses débuts, la caractéristique.

## VALMONT (1989)
### avec Annette Bening, Colin Firth et Meg Tilly

**Voltiges au-dessus d'un nid de frelons.** *Valmont*, et non pas *Les Liaisons dangereuses*. Le titre choisi par Milos Forman annonce la couleur : d'un livre, il tire un film, ou plutôt une variation. Ce sont bien les mêmes personnages : Valmont le séducteur, Merteuil la perverse, Cécile l'ingénue, Tourvel la douce et honnête. Et c'est bien la même histoire : une stratégie de conquête amoureuse et de manipulation, entre deux libertins pour qui ne comptent ni dieu ni diable et qui ne prennent plaisir qu'à leur plaisir, lui en collectionnant les victoires sur canapé, elle en dirigeant la manœuvre et en tenant les comptes. Pourtant, si l'on voulait s'amuser au petit jeu des différences, on n'en finirait pas de relever tout ce qui éloigne le film de Forman du roman de Laclos : d'omissions en interprétations, d'interprétations en modifications, de modifications en trahisons, le dénombrement serait fastidieux. Et surtout, il serait inadéquat.
D'abord parce que toute adaptation est libre : Stephen Frears, dans son adaptation des mêmes *Liaisons dangereuses*, bien que beaucoup plus fidèle au roman, n'en tirait pas moins les personnages de Laclos dans son propre univers de décadence et les entraînait dans une danse de mort qui constituait une vision très personnelle de l'œuvre. Forman fait autre chose. Même si les lecteurs du roman peuvent être choqués des libertés qu'il prend avec celui-ci, il n'en reste pas moins que c'est son film qu'il s'agit de considérer. Et comme tel, *Valmont* ne manque pas de mérites. Non seulement parce que c'est un prodigieux spectacle. Décors, ameublements, costumes : la mise en scène est somptueuse, certaines scènes n'ayant même, semble-t-il, d'autre fonction que l'éblouissement du spectateur. Comme Forman sait mieux que personne faire évoluer sa caméra, il donne du XVIII$^e$ siècle galant et mondain une vision tellement riche que le luxe en devient presque tapageur : on sent l'argent là derrière, pas tant celui de l'époque que celui de la production…
Au milieu de cette surenchère de parcs et de châteaux, de salons et d'alcôves, évoluent des êtres qui parlent un anglais tellement impeccable qu'ils rendent les sous-titres quasiment inutiles. C'est suprêmement élégant, enlevé juste ce qu'il faut, accompagné de musiques sublimes à faire pâmer les oreilles, et rehaussé de couleurs éclatantes à faire chavirer les yeux. On peut rêver, donc. Tout comme Forman lui-même, qui a laissé aller son imagination. Il a pensé à ce qu'aurait pu être Valmont, derrière sa façade de séducteur : un être romantique, dont la tombe, au pied d'un arbre séculaire, mériterait bien une rose discrète. Il a entrevu en Cécile une délicieuse oie blanche qui, apprenant le plaisir, ne s'en porte pas si mal. Sous la dévote Tourvel, il a cherché la passionnée. Et quant à la marquise, il l'a sentie moins vipérine que piquée de domination, et, histoire de doucher sa superbe, il lui a infligé un bain cuisant dans sa baignoire. Au fond, dans cette superproduction, anglaise par l'interprétation, française par le financement et américaine par la tonalité, Forman le Tchécoslovaque n'a pas oublié sa qualité première : l'ironie. Le clin d'œil final de sa Cécile engrossée, mariée et heureuse, a de quoi faire sourire : et si ces liaisons, en fin de compte, n'étaient pas si dangereuses… ?

## LARRY FLINT (1996)
### avec Woody Harrelson, Edward Norton et Courtney Love

**Le Citizen Kane du porno.** Larry Flint existe. Milos Forman l'a rencontré. Héros ou anti-héros ? Le film ne tranche pas, et c'est ce qui fait à la fois tout son intérêt et toute son ambiguïté. Car il est hors de doute que Larry Flint n'est pas un personnage spécialement reluisant. Et si la cause qu'il défend est juste, on n'est pas assuré pour autant que les raisons pour lesquelles il le fait soient particulièrement bonnes. Jamais, pour autant, le cinéaste ne le juge. Il laisse ce soin, à travers la série de procès qui ponctuent le déroulement du film, à la justice de son pays, des petites cours provinciales du Midwest profond jusqu'aux instances les plus prestigieuses, pour finir par la Cour suprême des États-Unis. Mais, avant d'en arriver là, Larry Flint fait des siennes ! Et son histoire – une de ces *success story* à scandale dont l'Amérique raffole – vaut en effet la peine d'être racontée.
Cela commence dans la misère la plus noire, lorsque Larry et son frère, encore tout enfants, distillent au fond des bois, où la famille vit dans une espèce de cabane, de l'alcool frelaté qu'ils vont vendre à de vieux poivrots édentés, tandis que leur père, soûlard invétéré, leur boit tout leur bénéfice. Mais Larry fait preuve déjà d'un sens des affaires et d'une volonté qui trouvent vite à s'affirmer lorsque, quelques années plus tard, il se retrouve propriétaire d'un bar à strip-tease. La boîte, plutôt minable, est prête à fermer lorsque Larry, pour la sauver, a l'idée d'en faire la publicité en lançant un magazine porno. Un scoop – des photos clandestines montrant Jackie Onassis nue – lui vaut un succès foudroyant, qui marque aussi le début d'un long combat, douteux par bien des points. Car Larry, flanqué désormais de sa compagne Althéa, une de ses effeuilleuses particulièrement douée, ne cache pas que ce qui l'intéresse avant tout dans cette presse du sexe dont il est devenu un des grands patrons, c'est l'argent. Et à tous les procès qui lui

sont intentés pour obscénité, il réplique chaque fois par des provocations supplémentaires, qui sont autant de scandales propres à faire marcher ses affaires. Pour autant, les vrais ennuis commencent lorsque, après être passé par une phase mystique, il va se trouver comme crucifié dans une passion christique inversée : touché par là où il a péché, il se retrouve, victime d'un attentat, paralysé et impuissant à vie. Mais du fond de son fauteuil d'infirme, emprisonné chez les fous ou cloué sur son lit de morphinomane, il continue à aller de l'avant et à mettre, à travers ses journaux, le doigt là où ça fait mal, dans une croisade de subversion qui ébranle les valeurs sociales et morales.
Néanmoins – et l'on touche là au cœur du propos de Milos Forman – Larry Flint mène son combat au nom d'une autre valeur, qu'il juge la valeur suprême, et dont, à défaut d'en être le héros idéal, il se fait du moins le héraut tapageur : la liberté. Cette liberté de parole et de presse inscrite dans le premier amendement de la Constitution américaine, liberté imprescriptible et indivisible, garantie de la vitalité même du corps social. Et c'est cette liberté-là que Larry Flint, à sa manière, scandaleuse, fait triompher.
On voit bien, du coup, ce qui a attiré Milos Forman dans cette saga d'un self-made-man ambitieux et ne lésinant pas sur les moyens. D'ailleurs, le cinéaste ne se prive pas d'en rajouter en faisant de l'itinéraire de son personnage une sorte de fable drolatique où ce dernier, détestable par sa violence, sa mégalomanie et son absence totale de scrupules, devient comme l'élément cristallisateur de tous les démons qui agitent le corps social : la pornographie, la drogue, la violence, le sida, le pouvoir dévastateur de l'argent… Le film brasse tout cela avec une sorte de frénésie dévastatrice, sensible à une mise en scène emportée, lyrique même, mais avec toujours cette pointe sèche de l'humour et de la dérision qui suscite la distance critique et qui pousse à la réflexion. Cela peut aller très loin, jusqu'à l'utilisation obscène du drapeau américain, jusqu'à une crucifixion blasphématoire, jusqu'à la question posée par un Larry Flint provocateur de savoir où est le vrai scandale, des corps nus de partouzards emmêlés dans des postures obscènes ou des cadavres décharnés jetés à la pelle mécanique dans les fosses communes des camps d'extermination. La question est énorme, comme l'est ce film qui charrie tout d'un même mouvement. Halluciné, comme le jeu de ses deux interprètes principaux, Woody Harrelson, qui a bien quelque chose du provocateur-né, et Courtney Love, aussi sulfureuse que pathétique. Hallucinant aussi, comme l'audace qu'il révèle, et la maîtrise totale qu'il illustre. Avec, sensible derrière tout cela, l'admiration d'un cinéaste venu lui aussi de bas et de loin pour un de ces êtres qui ont su s'élever en franchissant tous les obstacles. Et avec surtout la reconnaissance d'un rescapé du nazisme et du stalinisme envers son pays d'adoption, l'Amérique, ce pays qui accueille ceux qui y débarquent par une statue de la Liberté.

## FORSTER Marc (allemand, né en 1969)

**FILMOGRAPHIE :**
*Loungers (1996)* • *Everything put together (2000)* • ***À l'ombre de la haine (2002)*** • *Neverland (2004)* • *Stay (2005)*

Né en Allemagne, élevé en Suisse, faisant ses études de cinéma à New York, commençant par deux documentaires pour des télévisions européennes, puis partant s'installer à Los Angeles et s'y faisant connaître par un premier film indépendant, *Loungers*, qui lui permet d'avoir accès à de plus gros budgets, Marc Forster représente bien cette nouvelle génération de cinéastes européens travaillant indifféremment des deux côtés de l'Atlantique, et pour qui le cinéma de genres est en quelque sorte un acquis culturel : thriller (*Everything put together*, *Stay*), évocation biographique (*Neverland*, qui raconte l'histoire de J.M. Barrie, le créateur de Peter Pan), et bien sûr mélodrame (*À l'ombre de la haine*).

### À L'OMBRE DE LA HAINE (2002)
**avec Halle Berry et Billy Bob Thornton**

**Les bourreaux sont fatigués.** Les bourreaux ont-ils un cœur ? À regarder Hank Grotowski, on aurait des raisons d'en douter. Maton comme son père l'était avant lui dans le couloir de la mort, il ne craint pas de taper sur son fils qui fait ses débuts comme gardien dans la même prison, parce que celui-ci ne manifeste pas une détermination suffisamment trempée. Et lorsqu'il s'agit de conduire sur la chaise électrique Lawrence Musgrowe, un Noir condamné à mort, et que le jeune garçon, ne résistant pas à la pression, se met à vaciller, Hank le renie pour sa faiblesse coupable. Sur quoi, ne supportant pas d'être ainsi rejeté par son père, ledit fils se suicide devant lui.

D'emblée, le scénario d'*À l'ombre de la haine* frappe fort. Et l'on n'est pourtant qu'au tout début d'une histoire qui ne craint pas d'accumuler les situations les plus lourdement symboliques. Dans ce Sud nourri de racisme profond, Hank, qui n'a pas d'affection particulière pour les Noirs, va trouver par hasard sur sa route Leticia, la femme (noire) de l'homme qu'il vient d'exécuter. Et de la même façon qu'il vient de perdre son fils, celle-ci, perd à son tour le sien dans un accident. Ce qui forcément les rapproche et amène Hank à réviser ses conceptions et à changer de valeurs et de vie. Autant dire que cela fait beaucoup pour un seul homme et une seule femme. Et surtout pour un seul film. Mais Marc Foster y va carrément, brassant les grands sujets avec une sorte de boulimie : la peine de mort, le racisme, les relations père-fils, et autres problèmes typiques de la société américaine, comme l'obésité et la consommation de crème glacée. Sans oublier, plus osé encore par rapport aux codes convenus, l'amour physique entre un Blanc et une Noire, dans une scène de sexe qui ne cache rien, même pas les tatouages intimes des deux partenaires. Bref, on est dans un curieux mélo sudiste, qui a le mérite de renverser ostensiblement pas mal de tabous et qui réussit à faire passer les choses, même les plus improbables, grâce à une interprétation au cordeau de la superbe Halle Berry et d'un Billy Bob Thornton toujours impressionnant dans le minimalisme. Reste qu'au bout de ces deux heures de rédemption, où le bourreau, ayant abandonné son sinistre emploi, gagne l'amour d'une femme dont il a fait griller le mari, on ne peut s'empêcher de penser qu'il trouve là une sorte de récompense à forte valeur de rachat ajoutée. Ce qui est encore plus fort que tout le reste !

## FRANKENHEIMER John (américain, 1930-2002)

**Premier long métrage :**
*Mon père, cet étranger (1957)*
**Filmographie à partir de 1985 :**
*Le Pacte Holfcroft (1985)* • *Paiement cash (1986)* • *Dead Bang (1989)* • *The Fourth War (1990)* • *L'Année de plomb (1991)* • *Andersonville, le camp de la mort (1995)* • *L'Ile du docteur Moreau (1996), co-réalisation* • *Ronin (1998)* • ***Piège fatal (2000)***

Formé à la télévision, dont il devient un des premiers maîtres, réalisant entre 1954 et 1960 plus de cent cinquante dramatiques télévisées et d'innombrables épisodes de multiples séries, John Frankenheimer, lorsqu'il passe au cinéma en 1956, s'y fait aussitôt remarquer à la fois par une grande virtuosité technique et un sens de la rapidité et du réalisme, qui triomphent en particulier dans le thriller d'action, mais aussi par un regard très personnel sur la réalité américaine, dont il va donner une vision cruelle et désenchantée. Il se découvre ainsi comme un grand cinéaste politique, tant dans *The Manchurian candidate*, vision prémonitoire en 1962, quelques mois avant Dallas, d'un attentat contre le président des États-Unis, que dans *Sept jours en mai*, étonnante fiction sur le danger fasciste. Et le peu de crédit qu'il accorde au système politique et à l'individualisme américains, accentué par le traumatisme que constitue pour lui l'assassinat de Robert Kennedy, pour lequel il réalisait des films de campagne et avec qui il avait passé les heures précédant immédiatement son assassinat, l'amène à s'exiler en Europe, où il réalise plusieurs films dans les années 1970, avant de revenir à Hollywood dans les années 1980. Mais il n'y tourne plus que des produits formatés, sur des scénarios sans intérêt : à cet égard, ses deux derniers films, *Ronin*, tourné en France, et *Piège fatal*, traduisent bien, derrière l'efficacité toujours présente du style, l'indigence du propos, dans une fin de carrière bien éloignée des œuvres ambitieuses et exigeantes où s'était exprimée sa personnalité.

### PIÈGE FATAL (2000)
#### avec Ben Affleck, Gary Sinise et Charlize Theron

**Noël blanc (et noir).** Pourquoi Rudy Duncan, en sortant de prison, a-t-il la fâcheuse idée de se faire passer pour son pote Nick, qui s'est fait saigner deux jours avant dans une bagarre au couteau, auprès de la blonde créature que celui-ci a connue par courrier du cœur et qui l'attend à la porte du pénitencier ? Et pourquoi ladite blonde et somptueuse Ashley lui tombe-t-elle aussitôt dans les bras, en prétendant avoir été séduite par ses lettres et trouver auprès de lui la considération et l'amour après lesquels elle courait en vain depuis toujours ? Et pourquoi le bonheur tout neuf des deux tourtereaux tourne-t-il à l'aigre lorsque se pointe Gabriel, le frère d'Ashley, archange passablement déjanté,

entouré d'une bande de lascars à gros bras et à gros calibres ? Et pourquoi Rudy se trouve-t-il entraîné malgré lui par Gabriel dans le braquage d'un casino indien, quelque part dans un trou perdu du Midwest, alors que la neige de Noël tombe à gros flocons ? Et pourquoi les choses ne tournent-elles pas comme prévu, faisant le vide autour de Rudy et le transformant, au bout du compte, en Père Noël distribuant des liasses de dollars qu'il tire de sa hotte ?
La réponse est dans le scénario abracadabrant, signé Ehren Kruger, avec lequel le malheureux John Frankenheimer, qui en a certes vu d'autres, doit se débrouiller comme il peut pour donner un semblant d'ossature à un film qui, en fait de machination et de variation autour du « qui trompe qui ? », accumule les invraisemblances et les énormités. Plutôt donc que de tenter de s'attacher à l'histoire qu'il raconte, le réalisateur se préoccupe surtout de lui donner une couleur et un style. Il les trouve, cédant à la mode Tarantino, dans un curieux mélange d'humour noir à la *Reservoir Dogs* et de décor enneigé et glacé qu'on dirait avoir déjà servi pour le *Fargo* des frères Coen. Embarquant son grand dadais de Ben Affleck dans un hold-up catastrophique, il dégonfle en permanence la violence des situations et des personnages par le détachement avec lequel il les traite. Et si le sang coule sur la neige, les couleurs dénaturées jusqu'au noir et blanc, tout comme la profondeur d'un champ où les personnages sont réduits à la silhouette de pantins, donnent à ce faux thriller une tonalité bizarre et passablement ironique. Comme si le cinéaste désabusé qu'a toujours été Frankenheimer était le dernier à croire à la rédemption qu'il raconte, et au film qu'il tourne...

## FREARS Stephen (anglais, né en 1941)

**PREMIER LONG MÉTRAGE :**
*Gumshoe (1971)*
**FILMOGRAPHIE DEPUIS 1985 :**
*My beautiful laundrette (1985) • Prik up your ears (1987) • Sammy et Rosie s'envoient en l'air (1987) • Les Liaisons dangereuses (1988) • Les Arnaqueurs (1990) • Héros malgré lui (1992) • The Snapper (1993) • Mary Reilly (1996) • The Van (1996) •* ***The Hi-Lo Country (1998)*** *• High fidelity (2000) •* ***Liam (2000)*** *•* ***Dirty Pretty Things (2003)*** *• Mrs Henderson presents (2005)*

La variété de genres fait le caractère premier du cinéma de Stephen Frears. Mais, derrière cette apparente diversité, des thèmes récurrents courent, et une manière très personnelle, qui en font un des cinéastes les plus originaux que le cinéma britannique ait révélés dans les vingt dernières années. Après avoir participé à la Nouvelle Vague anglaise en assistant Karel Reisz, Albert Finney, Lindsay Anderson, il passe à la réalisation en 1971, avec *Gumshoe*, histoire d'un pauvre type se prenant pour Humphrey Bogart, pastiche cruel et désenchanté des films noirs. Mais il trouve vraiment sa voie à partir de 1985 avec *My beautiful laundrette*, qui inaugure une série de films montrant de façon corrosive la vie londonienne dans son agitation, sa liberté sexuelle, ses problèmes de drogue et d'immigration. Et s'il change d'époque et de milieu avec l'adaptation des *Liaisons dangereuses*, il jette le même regard perçant et cruel sur la déliquescence de la société décrite par Laclos. Les luttes de classes, de races, de sexes sont, pour lui, l'essentiel, et cela est plus particulièrement sensible dans ses films anglais – *The Snapper, Liam, Dirty Pretty Things* –, alors que les films qu'il tourne aux États-Unis laissent surtout voir sa virtuosité à aborder tous les genres, du polar noir avec le brillant *Les Arnaqueurs*, adapté de Jim Thompson par Donald E. Westlake et produit par Scorsese, au western, qu'il traite de façon nostalgique dans *The Hi-Lo Country*, en passant par le fantastique, avec cette troublante variation féminine sur Dr Jekyll et Mr. Hyde qu'est *Mary Reilly*, ou par la comédie sentimentale avec *High fidelity*. Et, dans tous les cas, c'est la même élégance formelle et le même désenchantement raffiné, qui font la marque de son univers.

### THE HI-LO COUNTRY (1998)
**avec Billy Crudup, Woody Harrelson et Patricia Arquette**

**L'adieu à l'Ouest.** Il y a l'espace, à perte de vue, la terre poussiéreuse du Nouveau-Mexique, le soleil rouge à l'horizon, le ciel immense ; et il y a la ferme, le troupeau qu'on ramène au ranch, les veaux que l'on marque au fer rouge ; et il y a aussi le saloon où l'on boit le bourbon au petit verre, le chanteur de country qui fait danser les couples, et la table de poker où l'on joue sa paie ; et il y a encore les bagarres où l'on se roule dans la poussière, et le rodéo où le taureau vous envoie valser cul par-dessus tête. Et il y a surtout la saveur de l'amitié, entre Pete et Big Boy. Lorsque la guerre éclate, ils partent chacun de leur côté, l'un en Normandie, l'autre dans le Pacifique. Et quand ils reviennent, tout est encore là, mais pourtant tout, insensiblement, a commencé à changer. Les petites exploitations laissent la place aux grands propriétaires qui se sont enrichis pendant que les autres se faisaient trouer la peau et qui regroupent les terres, rachètent les parcelles, donnent du travail comme salariés aux petits fermiers qu'ils embauchent, et au lieu de faire convoyer les bêtes par des cow-boys, les font transporter dans des wagons à bestiaux.

Pete et Big Boy, au nom des valeurs de leur Ouest à eux, refusent de se laisser embrigader. Cow-boys ils sont, cow-boys, ils entendent rester. Pour le plaisir des chevauchées, pour le sang qui coule sur les lèvres après la bagarre, pour le goût du whisky dans la bouche, pour le bonheur d'être libre. Et l'on dirait aussi volontiers pour la gloire du western, pour ces figures de cinéma dont ils sentent bien qu'ils sont désormais les incarnations.

Stephen Frears regarde les derniers soubresauts d'une réalité transformée en mythologie, la caméra fascinée par les images que lui-même a cent fois vues dans les westerns. Il les reproduit comme un peintre hyperréaliste, les chargeant de tous les thèmes qui les accompagnaient : les frères ennemis, la trahison, la rivalité amoureuse – et Mona est là, avec sa sensualité aguicheuse, pour mettre le feu aux passions –, et l'amitié, surtout, indéfectible et qui résiste à tout. Il y a, dans cette vision d'un monde et d'un genre qui ont fait leur temps, une sorte de beauté, attendrie et calme, qui innerve tout le film. Car, comme le prouve la voix off qui raconte l'histoire, tout maintenant n'est plus que récit. Raconté par un amoureux du cinéma.

## LIAM (2000)
### avec Ian Hart, Claire Hackett et Anthony Burrows

**Enfant de pauvre.** Il a une drôle de bouille, le petit Liam, rieuse et triste à la fois, et déjà cabossée par la vie. Et quand il essaie de parler, tout se bloque, et les mots n'arrivent pas à sortir. Comme si son désir de vivre, de rire, d'être heureux, se heurtait à la dureté de la vie, au chômage qui frappe sa famille, à cette violence de la Grande Dépression qui envahit le Liverpool des années 1930. Car, commencée dans la joie d'un jour de l'an copieusement arrosé, comme seuls les Anglais savent le faire, l'année va se révéler porteuse de toutes les misères, mettant à vif le tissu ouvrier : les docks ferment, les hommes ne travaillent plus, la solidarité s'effrite, les rancœurs et les haines surgissent, et les démons de la xénophobie et du fascisme se profilent. Le père de Liam glisse sur la pente mauvaise, tandis que l'enfant, soumis à un ordre moral et catholique qui lui promet en permanence tous les feux de l'enfer, voit ses peurs le paralyser toujours davantage.

C'est bien là, d'ailleurs, la grande force du film de Stephen Frears que de s'emparer d'un récit d'enfance pour en faire non pas une reconstitution naturaliste, mais la vision, déformée par la peur, d'un gamin traumatisé par les malheurs qui déchirent sa vie. Aussi éloigné d'un discours de dénonciation et de revendication à la Ken Loach que de l'imagerie lénifiante qui fait complaisamment danser les Billy Elliot, *Liam* est une histoire à la fois attirante et terrible, comme les contes qu'aiment à entendre raconter les enfants. Avec cette différence qu'ici, l'histoire est vécue, et que les bonheurs d'une tartine de confiture ou d'un sourire maternel ne suffisent pas à dissiper toutes les menaces qui rôdent. Toutes ne sont pas d'ailleurs sociales : ainsi la question de la nudité des femmes et de leur pilosité intime est pour l'enfant un sujet de trouble qui ne le perturbe pas moins que les disputes entre ses parents ou l'argent qui manque désespérément à la maison. Mais l'enchaînement inexorable du mécanisme de la misère emporte tout.

Enfant de pauvre, Liam voit ses hantises se réaliser. La grisaille froide dans laquelle baigne le film de Stephen Frears, porté par des comédiens d'une rigueur et d'une retenue exemplaires, débouche sur la brûlure insoutenable du drame. Devant lesquels, comme Liam, on ne peut que rester sans voix.

## DIRTY PRETTY THINGS (2003)
### avec Audrey Tautou, Chiwetel Ejiofor et Sergi Lopez.

**Les immigrés du nouveau monde.** Lui Nigérian, elle Turque, tous deux immigrés à Londres, clandestins et sans papier, et se débrouillant comme ils peuvent pour survivre. Lui, Okwe, est chauffeur de taxi le jour et réceptionniste dans un grand hôtel la nuit. Elle, Senay, est femme de chambre dans le même hôtel et, quand elle prend son service à 5 heures du matin, elle lui passe les clefs de son appartement, où il va se reposer quelques heures avant de reprendre le cycle infernal : chauffeur le jour, réceptionniste la nuit…

Le film de Stephen Frears, renouant avec son inspiration londonienne première, renoue aussi avec cette manière, qu'on avait découverte dans *My beautiful laundrette*, de restituer l'atmosphère d'une ville, d'un quartier, d'une communauté. Ici, il s'agit du Londres souterrain, celui des immigrés, face cachée peu ragoûtante d'une société dont la respectable façade british ne laisserait pas imaginer de telles lézardes intérieures. Et c'est la première réussite du film que de constituer une sorte d'enquête intraitable, et passablement hallucinante, sur les pratiques d'exploitation qui font des travailleurs immigrés le nouveau lumpen prolétariat du monde libéral avancé. Mais au-delà même de l'impitoyable constat social et politique, ce qui donne au projet de Stephen Frears son originalité première et qui traduit sa véritable ambition, c'est qu'il constitue le prototype parfait d'un cinéma proprement cosmopolite, accordé au sujet même qu'il traite. Une Française, Audrey Tautou, pour interpréter une jeune Turque, un black anglais d'origine nigérienne, Chiwetel Ejiofor, pour incarner un réfugié nigérian, et, entre eux deux, un Catalan gominé à l'espagnole, Sergi Lopez : autant de façons de parler l'anglais avec un accent originel différent ; autant de comportements et de traditions, qui se télescopent dans une sorte de maelström multi-ethnique et multi-culturel ; autant de misères vécues dans un monde qui trafique tout, y compris les êtres humains dans leur chair même.
Et, si le réalisateur ne résiste pas, pour finir, à une pointe de sensiblerie censée apporter un peu de chaleur humaine, la véritable leçon de son film réside dans la manière dont ses immigrés renvoient à ceux qui les exploitent la monnaie de leur mauvaise pièce, donnant à la chronique valeur de fable cruelle et d'avertissement prémonitoire.

## FRIEDKIN William (américain, né en 1935)

**Premier long métrage :**
*Good Times (1967)*
**Filmographie depuis 1985 :**
*Police fédérale, Los Angeles (1985)* • *Le Sang du châtiment (1987)* • *La Nurse (1990)* • *Blue Chips (1994)* • *Jade (1995)* • ***L'Enfer du devoir (2000)*** • *Traqué (2003)*

William Friedkin fait partie de ces cinéastes hollywoodiens, formés à la télévision (où il a réalisé, entre 1956 et 1964, plus de deux mille émissions et dramatiques) puis à l'école du documentaire, qui, passant au cinéma, sont susceptibles d'y pratiquer tous les genres avec la même efficacité : ce qui se vérifie dans une filmographie qui le voit connaître des succès notables tant dans le polar urbain, avec *French Connection* ou *Cruising*, que dans le film fantastique, avec *L'Exorciste*, ou dans la comédie avec *The Brink's Job* ou *Deal of the Century*. De ce cinéma de genre, il perpétue la tradition par des films spectaculaires, s'attachant à des aspects sombres et violents de la société, tant à la télévision, où il poursuit une carrière prolifique (de la série des *Contes de la crypte* à la version télé de *Douze hommes en colère*), qu'au cinéma, à travers des œuvres solides, allant du remake (*Le Convoi de la peur*) au thriller (*Le Sang du châtiment*), du polar sensuel (*Jade*) au film d'horreur (*La Nurse*), sans oublier le film d'action militaire, non dénué d'arrière-plan idéologique.

### L'ENFER DU DEVOIR (2000)
**avec Tommy Lee Jones, Samuel L. Jackson et Ben Kingsley**

**Les Feux de la guerre.** Impressionnant, Terry Childers. Guerrier hors pair, il s'est taillé une réputation de brave tout au long d'une carrière remplie de faits d'armes exemplaires et d'opérations rondement menées. Cela dès le Vietnam, où sa détermination a évité le massacre de ses hommes lors d'un accrochage dans la jungle et lui a permis de sauver Hays Hodges, son meilleur ami. Trente ans après, alors que Hodges s'est retiré, Childers, devenu colonel, est envoyé pour une intervention en urgence au Yémen. Opération a priori sans grands risques, mais qui se révèle piégée : l'ambassade qu'il s'agit de défendre est assiégée par une foule hostile, les jets de pierres fusent, puis les armes crépitent, semant la mort parmi les Marines. Childers, qui réussit à sauver l'ambassadeur, ordonne le feu. C'est un carnage. Une centaine de victimes civiles, femmes, enfants, vieillards, gisent dans leur sang. Les États-Unis sont montrés du doigt sur la scène internationale. Et la raison d'État veut que Childers soit désigné comme seul coupable et envoyé en cour martiale.

Les événements que raconte William Friedkin sont certes vraisemblables, et sans doute même inspirés de faits réels. Mais la raideur du trait avec lequel il les dessine sent, d'emblée, son film à thèse. Le fait que Childers fasse appel pour se défendre à son vieil ami Hodges, qui s'est réfugié dans l'alcool et la pêche à la ligne, laisse vite soupçonner que le procès auquel on va assister sera aussi chargé d'une valeur de rédemption pour l'un comme pour l'autre des deux amis. Or, si la question posée de la responsabilité des militaires face aux populations civiles au cœur d'un conflit est bien un vrai problème, rendu plus aigu par la prise de conscience qui suivit cette guerre du Vietnam qui figure ici comme la toile de fond lointaine, la façon dont le cinéaste met tous les atouts du côté de son accusé l'absout d'avance aux yeux du spectateur. Et les valeurs que ce vaillant colonel défend, sous les grands noms de courage, d'honneur, de service et de patriotisme, cachent aussi des sentiments plus troubles, qui sentent insidieusement leur xénophobie méprisante, voire leur impérialisme pur et dur. En ce combat douteux, où la bannière étoilée, méchamment mitraillée par les balles des méchants terroristes musulmans, sort finalement pure comme neige d'un bain de sang, le film de William Friedkin donne moins à juger la responsabilité du chef de guerre qu'à applaudir à ses sanglants exploits.

## FROT-COUTAZ Gérard (français, 1952-1992)

**FILMOGRAPHIE :**
***Beau temps mais orageux en fin de journée (1986)*** • *Rose (1988)* • *Après après-demain (1989)* • *Peinture fraîche (1991)*

Quelques courts métrages, à partir de 1974, puis trois films de fiction et un documentaire (*Rose*), et, à peine le temps de se signaler comme un jeune réalisateur porteur d'un regard très personnel sur la vie et sur le cinéma, et voilà que Gérard Frot-Coutaz a vu le mot Fin interrompre sa trop courte carrière. Il aura eu le temps, pourtant, de développer, dans ses trois longs métrages, ce que son premier laissait voir et que, présentant son deuxième, il exprimait ainsi : « Dans une tradition chaplinesque, j'ai toujours ressenti le rire comme quelque chose d'étroitement lié au drame et à l'émotion, c'est-à-dire à la vérité. Vérité des êtres, des rapports, des situations. Non pas rire à tout prix, mais rire parce que l'on ne peut plus faire autrement. »

### BEAU TEMPS MAIS ORAGEUX EN FIN DE JOURNÉE (1986)
**avec Micheline Presle et Claude Piéplu**

**Météorologie conjugale.** Il y a beaucoup à rire dans la comédie de Gérard Frot-Coutaz, dans le spectacle de ces deux sexagénaires infernaux qui n'arrêtent pas de se chamailler. Elle, évaporée, bavarde, délicieusement insupportable ; lui, placide, attentionné, un peu gros chat. Et tous deux avec leurs petites disputes, petites préoccupations, petites conversations, petits plats dans les grands pour fêter l'arrivée du fils chéri et de sa copine venus, sans rien dire, annoncer leur prochain mariage. Émoi, gaffes, rires, attendrissement : la vie qui va, au quotidien, avec ses mots drôles, ses situations cocasses, sa poésie de trois-pièces-cuisine.

Il y a beaucoup à pleurer dans le drame de Gérard Frot-Coutaz, dans le spectacle de ces deux sexagénaires touchants qui n'arrêtent pas de se chamailler. Elle, nerveuse, dépressive, trop sensible, à fleur de peau et de cœur ; lui, passif, silencieux, excédé sous ses airs calmes. Et tous deux avec leurs petits gestes, petites conversations, petit univers, petite vie, que rend plus étroite encore l'arrivée du fils trop chéri et de sa copine, décalés, définitivement différents, et qui vivent d'ailleurs avec autant de difficulté leur propre couple. La vie qui va, au quotidien, avec ses déchirements, ses rides à l'âme, ses grands espoirs et ses illusions perdues.

Il y a beaucoup à rire et à pleurer dans la tragi-comédie douce-amère de Gérard Frot-Coutaz, dans la vieillesse qui s'en vient de Micheline Presle et de Claude Piéplu, dans la jeunesse qui s'en va de Tonie Marshal et de Xavier Deluc, et dans cette façon qu'a le réalisateur de capter le temps qui passe et de dire qu'il n'y a pas d'âge pour aimer, pas d'âge non plus pour souffrir, et que l'on est toujours seul, même à deux.

## FUQUA Antoine (américain, né en 1966)

**FILMOGRAPHIE :**
*Un tueur pour cible (1998)* • *Bait (2000)* • *Training day (2001)* •
***Les Larmes du soleil (2003)*** • *Le Roi Arthur (2004)*

Assistant de production puis assistant réalisateur pour une société de clips et de publicités, Antoine Fuqua affiche, dans les multiples spots qu'il tourne, un style visuel qui s'exprime dans les films qu'il réalise ensuite pour le cinéma et qui, tout en répondant aux critères des genres – film policier, thriller humoristique, film d'aventures, film de chevalerie –, ménagent une large place aux effets visuels, aux décors, aux couleurs, aux cadrages sophistiqués, aux ellipses narratives, selon une esthétique héritée du clip, plus soucieuse de l'effet que du contenu.

### LES LARMES DU SOLEIL (2003)
### avec Bruce Willis et Monica Bellucci

**Saga Africa.** On ne va pas aller reprocher au lieutenant Waters et à ses marines de vouloir s'immiscer dans les affaires intérieures du Nigeria. Au départ, la mission qui leur a été confiée est même très claire : purement humanitaire, elle consiste à aller récupérer une femme médecin et ses collègues d'une association caritative, en situation critique dans un hôpital de brousse, alors même qu'un coup d'État militaire a plongé le pays dans le chaos. Et Bruce Willis pense bien, malgré les réticences que manifeste la courageuse Monica Bellucci à abandonner les blessés dont elle s'occupe, que tout va se dérouler dans les règles : les hélicoptères chargés de les récupérer sont au rendez-vous. Et la troupe s'envole sans la moindre casse : mission accomplie.
Si ce n'est qu'on en est alors au tout début d'un film qui, réduit à cette première péripétie, ne donnerait guère plus qu'un modeste court métrage. Force est donc bien pour les scénaristes de rallonger la sauce et de corser un peu l'affaire. Et c'est ici qu'intervient le cas de conscience qui transforme radicalement la donne. Les rebelles massacrant sauvagement les malheureux blessés laissés sur place, faut-il leur abandonner les quelques survivants qu'on n'a pas embarqués dans les hélicos salvateurs ? Bruce Willis, sourcils froncés et mâchoire serrée, dans une attitude qu'il affectionne et qui constitue sa principale performance de comédien, soupèse le problème et, n'hésitant pas à braver les ordres, décide de faire demi-tour et de venir prêter main-forte à la petite troupe d'indigènes laissés en rade, pour leur permettre de gagner la frontière voisine. Laquelle frontière n'étant accessible que par une marche forcée à travers les mille dangers de la brousse la plus épaisse, le film s'embarque donc dans un périple au cœur de la jungle, ce qui lui fait retrouver un parfum d'aventure qui a maintes fois flotté dans les bons vieux films de guerre hollywoodiens. Avec cette nouveauté, passablement problématique ici, que le contexte géo-politique d'aujourd'hui plombe irrémédiablement le récit d'arrière-fonds plutôt troubles. Cette façon, pour le héros de guerre américain, de se donner bonne conscience en assortissant son intervention militaire de toutes les valeurs morales les plus éminentes – défense de la démocratie, reconnaissance de la dignité de l'autre, mea culpa sur ses propres aveuglements précédents –, le tout en se prenant pour le bon Samaritain et en se plaçant sous la bénédiction divine : tout cela, qui sent un peu sa justification interventionniste, n'apparaît pas, dans le contexte immédiat, tout à fait gratuit. Et donne même, en étalant généreusement la souffrance des victimes abattues par la sauvagerie des tyrans locaux, le désagréable sentiment d'une récupération non exempte d'arrière-pensée.
Mieux vaut donc, sans doute, ne regarder que l'apparence du film, et y voir un spectacle de guerre et d'action pour temps de vacances, à regarder d'un œil purement distrait, sans chercher à compter tous les clichés qu'il collectionne, mais en se contentant d'admirer les larmes très seyantes de la bellissima Bellucci et en observant que la longueur de la barbe de Bruce Willis, malgré les jours et les nuits de marche, ne bouge pas d'un poil, pas plus d'ailleurs que l'expression de son visage. Vu comme cela, la chose ne manque au moins pas de piquant...

I H **G**

## GABRIEL Enrique (argentin, né en 1957)

**FILMOGRAPHIE :**
*Krapatchouk (1992)* • ***Putain de rue ! (1997)*** • *Les Traces effacées (1999)* •
*Suspiros del corazon (2003)*

Né à Buenos Aires, Enrique Gabriel vient étudier la littérature et le cinéma à Paris, avant de partager sa vie entre la France et l'Espagne, où il crée en 1994 sa propre maison de production. Après avoir été assistant sur de nombreux films, il réalise en 1991 un premier long métrage, *Krapatchouk*, primé dans divers festivals, qui évoque deux ouvriers émigrés d'un pays de l'Est venus travailler en France et s'efforçant de rentrer chez eux. À la fois latino-américain et européen, il représente bien une génération trans-culturelle, à cheval sur les pays et les continents, et si l'émigration, également présente dans *Putain de rue !*, tient chez lui une place centrale et inspire un cinéma dont les préoccupations sociales apparaissent essentielles, c'est qu'il est sensible aux grands problèmes du monde, comme on le voit encore dans *Les Traces effacées*, histoire d'un village recouvert par les eaux et microcosme où se révèlent les rapports à la nature et les antagonismes humains.

### PUTAIN DE RUE ! (1997)
### avec Ramon Barea, Luis Alberto Garcia et Magalis Gainza

**Une époque (pas si) formidable.** En 1956, dans un film cruel et poignant, le cinéaste Juan Bardem rendait compte d'une Espagne fermée sur elle-même, sous la loi d'airain du franquisme : c'était *Grand-Rue*, un des chefs-d'œuvre du cinéma espagnol. Quarante ans plus tard, les rues de Madrid sont plus animées que celle de la petite bourgade provinciale où Bardem situait son film : mais la rue n'est pas moins cruelle. Elle est maintenant le lieu de refuge de ceux que touche le nouveau mal social : le chômage. Et c'est bien une *Putain de rue* celle que montre Enrique Gabriel, dans le film qui porte ce titre et qu'interprète, dans un des deux rôles principaux, le comédien cubain Luis Alberto Garcia. Le film raconte en effet le croisement de deux itinéraires, la convergence de deux destins : d'un côté, Juan, électricien qui a perdu son travail, et qui, quittant sa province, vient en chercher un à Madrid. De petites annonces bidons en faux espoirs, il se rend vite compte que la recherche d'un emploi est un vrai parcours du combattant, dont on n'est jamais sûr de voir le terme. Et sa trajectoire, inexorable, le conduit à la rue des sans-emploi et des sans-logis. C'est là qu'il rencontre un autre pur produit de la misère des temps : un immigré. Celui-là est cubain, clandestin et débrouillard. Et il va apprendre à Juan que, en matière de misère, il faut connaître la loi de la rue si l'on veut se tirer d'affaire. Car, question misère, celle du tiers-monde, notamment du côté des Caraïbes et de l'Amérique latine, est sans commune mesure avec cette misère des pays riches dont le film brosse un tableau réaliste tout autant qu'humoristique. Dans la noirceur du tableau, l'humour introduit en effet cette distance de la relativité qui donne au film d'un réalisateur de culture ibérique, mais lui-même argentin, la valeur d'une internationale des laissés-pour-compte et de la misère sans frontière qui fait de *Putain de rue !*, à l'heure du miracle économique espagnol, une belle leçon de fraternité universaliste.

## GANS Christophe (français, né en 1960)

**FILMOGRAPHIE :**
*Necronomicon (1993), co-réalisation* • *Crying freeman (1996)* •
***Le Pacte des loups (2001)*** • *Silent hill (2005)*

Cinéphile, mais, à la différence de la génération Nouvelle Vague, passionné surtout par le cinéma de genres et par ses formes tenues longtemps pour secondaires – en particulier le fantastique et l'horreur –, Christophe Gans, après avoir lancé très jeune son premier fanzine, fonde avec des amis le magazine *Starfix* pour y défendre des auteurs alors méconnus ou décriés. Vers la fin des années 1980, se souvenant qu'il est passé par l'Idhec, où il avait réalisé en 1982 un court métrage, *Silver Slime*, dédié à Mario Bava et Dario Argento, il développe plusieurs projets de films, écrivant d'abord des scénarios puis signant avec Brian Yuzna et Shusuke Kaneko *Necronomicon*, évocation de Lovecraft et de son univers magique, avant de réaliser seul *Crying freeman*, récit d'aventures qu'il adapte d'une bande dessinée japonaise. Cette culture de la BD et du récit d'aventures (il travaille deux ans à un *Nemo*, relisant de façon très personnelle *Vingt mille lieues sous les mers*) trouve son illustration accomplie dans *Le Pacte des loups*, où se croisent l'Histoire, la légende, la série B, le grand spectacle, le fantastique et les effets spéciaux.

## LE PACTE DES LOUPS (2001)
### avec Samuel Le Bihan, Vincent Cassel, Émilie Dequenne et Monica Bellucci

**L'esprit des ténèbres.** Elle rôde, la bête ! Et depuis plus de deux siècles, on ne sait toujours trop qui elle est. Christophe Gans a, pour sa part, son idée sur la question, et il en fait la matière d'un film surprenant, composite et ambitieux, poétique et boursouflé, frisant parfois le ridicule – mais qui ne risque rien n'a rien ! –, flirtant souvent avec l'outrance et le m'as-tu-vu, et pourtant plein de souffle et d'amour du cinéma, et toujours excitant.
Retour, donc, sur la fameuse bête qui fit du Gévaudan, dans les années 1760, un champ de cadavres déchiquetés. Un loup énorme ? C'est du moins ce que voulut faire croire le pouvoir royal, menacé dans sa puissance par cet ennemi introuvable narguant toute traque et continuant comme si de rien n'était de semer la mort. Pour le chevalier Grégoire de Fronsac, naturaliste élève du grand Buffon, qui revient de la Nouvelle-France flanqué de son Indien Mani et qui arrive en Gévaudan pour tenter de faire le portrait du monstre, la chose est vite entendue : ce n'est pas d'un loup qu'il s'agit, mais bien d'une bête monstrueuse, mue par il ne sait trop quelle force, qu'en esprit libre et rationnel qu'il est il entend bien découvrir. Cette quête de la lumière, dans un siècle qui est précisément celui des nouvelles Lumières des philosophes, elle va se heurter à la part d'ombre d'une société que travaillent en profondeur les superstitions, les intolérances, les peurs ancestrales, le refus de tout changement. Et ce n'est pas pour rien que le film s'achève sur une Révolution qui, quelques années plus tard, parachève la grande mutation déjà patente dans l'histoire de la bête du Gévaudan.
Ainsi transcrit sous forme de métaphore politique et quasi philosophique, le scénario pourrait donner lieu au type de film académique dont la tradition française s'est fait une spécialité. Or, et c'est tout l'intérêt de sa démarche, Christophe Gans introduit, sous le vernis social du film historique, un virus porteur de subversion formelle : le cinéma, sous sa forme la plus populaire de films de genres et de séries B – gore, kung-fu, western, horreur, fantastique, cape et épée –, et avec les moyens technologiques dont il dispose aujourd'hui – morphing, effets numériques, images virtuelles. Cela donne ainsi un curieux mélange de raffinement et de brutalité, à l'image d'un Samuel Le Bihan, pur produit d'un XVIIIe siècle policé, mais aussi être de chair et de nerfs, et chasseur implacable. Et cela donne aussi une belle histoire à tiroirs, dont l'un des moindres n'est pas que, de château en bordel, d'amour pur en viol incestueux, de belle en bête, il renferme bien des tabous et révèle bien des fantasmes inavoués. Et cela donne surtout un film français qui ne craint pas de regarder en face la grosse bête qui monte, qui monte, et qui menace de dévorer le cinéma : le petit écran des jeux vidéos, qui imposent leurs nouvelles images. Face à elles, cet amoureux du cinéma sous toutes ses formes qu'est le réalisateur réplique par un film à grand spectacle, regorgeant de références cinématographiques, où les décors de grisaille et de boue, les sous-bois menaçants, les architectures baroques, les cathédrales de ravins et de catacombes brillent d'un éclat sombre et imposent leur soleil noir et leur mythologie de loups et de dragons. Sur écran géant.

# GARCIA Nicole (française, née en 1948)

**FILMOGRAPHIE :**
*Un week-end sur deux (1989)* • *Le Fils préféré (1993)* • *Place Vendôme (1997)* • ***L'Adversaire (2002)*** • *Selon Charlie (2005)*

Comédienne, tant de théâtre que de cinéma (où elle commence, en 1974, sous la direction de Tavernier puis de Rivette), Nicole Garcia exprime intensément, dans les divers personnages qu'elle incarne à la scène et à l'écran, une sensibilité vive, qui caractérise aussi son cinéma lorsqu'elle aborde, quinze ans plus tard, la réalisation. Ses films explorent chaque fois le monde des sentiments, à partir de situations familiales ou sociales qui poussent les personnages à se révéler tels qu'en eux-mêmes. Et cette opacité du monde intérieur, qu'avec un regard qui sait équilibrer la froideur perçante de l'analyse et la chaleur humaine de la sympathie, elle s'essaie à éclairer, l'amène à conférer à la fiction, même lorsqu'il s'agit au départ d'un fait-divers bien réel comme dans *L'Adversaire*, valeur d'investigation tout autant que valeur dramatique.

## L'ADVERSAIRE (2002)
### avec Daniel Auteuil, Géraldine Pailhas, François Cluzet et Emmanuelle Devos

**Le deuxième homme.** La pluie qui tombe sur un paysage gris ; la route anonyme qui défile derrière les vitres mouillées ; les parkings d'autoroute avec, en fond sonore, le bruit assourdissant du trafic ; les heures qui passent sans rien d'autre à faire que de tuer le temps ; et, le soir, le retour à la maison, comme après une journée de travail harassante : d'emblée, la vie de Jean-Marc Faure apparaît prise dans un tourbillon. Celui qui, vu de l'extérieur, semblerait correspondre à l'existence de l'homme affairé, médecin en poste à l'OMS à Genève, toujours entre deux rendez-vous et deux congrès, et dont la réussite fait la fierté de sa famille, lorsqu'il rentre, dans sa petite ville tranquille de Ferney, de l'autre côté de la frontière. Frontière symbolique, au demeurant, puisque si tourbillon il y a dans cette vie, c'est moins celui du travail que celui du mensonge : faux travail, fausse activité, agenda désespérément vide. En passant de l'autre côté de la frontière, Jean-Marc Faure ne fait que traverser de l'autre côté de sa vie, vers ce versant obscur où il retrouve ce deuxième homme qu'il a inventé, et qui n'est jamais que lui-même.

Parmi tous les mystères qui donnent à ce fait-divers unique qu'est l'affaire Romand son côté énigmatique, Nicole Garcia et ses deux co-scénaristes, refusant de sacrifier à l'enquête documentaire, ont délibérément choisi de ne pas répondre au plus immédiat : pourquoi ? qu'a-t-il bien pu y avoir dans la vie et dans la tête de cet homme pour expliquer qu'il se soit inventé une telle double vie, et qu'il en ait poussé jusqu'au drame l'implacable logique ? Refusant le risque d'un psychologisme faussement explicite, la cinéaste évite donc toute interprétation, n'offrant que quelques pistes rapidement suggérées, comme celle qui montre que le personnage traîne derrière lui une image de son enfance comme un rêve de pureté perdue : chez ses parents, dont la maison est nichée au milieu des bois, rien n'a changé dans sa chambre d'enfant, tout est à sa place, comme dans un sanctuaire préservé…

Or ces parents, il les tuera, comme il tuera sa femme et ses deux enfants. Maladie ? Démence ? Monstruosité ? Nicole Garcia choisit de ne pas choisir, au risque de laisser croire à une absence de regard. C'est que son film, en fait, est ailleurs : ce qu'il montre, c'est l'engrenage d'une manipulation qui en est venue à former un nœud inextricable. Face aux velléités d'aveu du personnage, chaque fois un élément fortuit vient se mettre à la traverse. Et l'engrenage du faux s'emballe, tue même d'abord sans qu'il le veuille vraiment, et l'entraîne vers l'irrémédiable, le poussant à éliminer ceux qui sont à la fois les moteurs et les témoins de son mensonge : quelque chose comme le *fatum* antique, qui est depuis toujours le ressort de la tragédie.

Dans le film oppressant de Nicole Garcia, dont on sort fortement ébranlé, comme plombé par l'insondable abîme de l'être humain, deux facteurs transforment la réalité anecdotique du fait-divers en vérité profonde de tragédie. Les lieux, d'abord : un Jura de froideur et d'humidité, de ciels bas et lourds qui pèsent comme un couvercle, de forêts obscures et d'épais manteau de neige qui ensevelit tout. Plus qu'un décor : un paysage d'âme. L'interprétation, ensuite : face à la justesse d'une distribution qui oppose le côté lisse, presque asexué, de l'épouse (Géraldine Pailhas) et la sensualité lourde, quasi fantasmée, de la maîtresse (Emmanuelle Devos), la présence rassurante de l'ami (François Cluzet) et les pesanteurs sociales de la famille, il y a un homme seul, muré dans son silence intérieur, dépassé par ce destin qu'il s'est lui-même forgé. Non plus tant Jean-Claude Romand, le vrai, que Jean-Marc Faure, le fictif, c'est-à-dire Daniel Auteuil, qui lui apporte véritablement chair et vie, et qui, à travers toute l'épaisseur intime qu'il fait sentir, donne le vertige, en faisant sourdre une question lancinante : et si l'anormalité du monstre, elle était dans sa normalité d'homme ?

---

# GARREL Philippe (français, né en 1947)

**PREMIER LONG MÉTRAGE :**
*Anémone (1966)*
**FILMOGRAPHIE DEPUIS 1985 :**
*Elle a passé tant d'heures sous les sunlights (1985)* • ***Les Baisers de secours (1988)*** • *J'entends plus la guitare (1991)* • *La Naissance de l'amour (1993)* • *Le Cœur fantôme (1995)* • *Le Vent de la nuit (1999)* • *Sauvage innocence (2001)* • *Les Amants réguliers (2005)*

Après avoir débuté, très jeune, par deux films d'inspiration intime et personnelle, Philippe Garrel s'est engagé au cours des années 1970 dans un cinéma d'avant-garde, marqué par une recherche formelle et une interrogation sur le cinéma lui-même qui, par son côté radical, et passablement hermétique, l'a conduit à poursuivre une carrière forcément marginale, très largement ignorée du grand public. Et pourtant, il y a là, dans la radicalité même de ces films ascétiques et quasi muets, une des tentatives les plus originales pour traduire la difficulté d'être. Et qui témoigne d'une haute idée, quasi existentielle, de qui répond à la question : qu'est-ce que le cinéma ? par une formule qui dit tout de ses convictions et de son œuvre : « C'est une manière de survivre… si on croit qu'on est différent. »

### LES BAISERS DE SECOURS (1988)
#### avec Brigitte Sy, Philippe Garrel et Anémone

**Vivre son film.** Pourquoi Mathieu, qui est cinéaste, refuse-t-il à Jeanne, sa femme, de jouer son propre personnage dans le film qu'il prépare sur leur propre couple et veut-il engager une actrice pour tenir son rôle ? Pourquoi la vie et le cinéma, ce n'est pas la même chose ? Et pourquoi, quand on s'aime, est-ce si difficile à la fois d'aimer et d'être aimé ? Et pourquoi l'amour ne va-t-il pas sans déchirure ? Et pourquoi les déchirures sont-elles parfois si nécessaires à l'amour ?
Le film de Philippe Garrel répond à ces questions, et à quelques autres, et ce de la seule manière qui soit pour un cinéaste : par un film. Un film où Brigitte Sy, la femme de Philippe Garrel, joue le rôle de la femme du cinéaste, qu'interprète lui-même Philippe Garrel, dont le père Maurice joue le rôle du père, et dont le fils Louis joue le rôle du fils. Confusion entre la vie et le cinéma ? Exorcisme de l'un dans les variations de l'autre ? Il y a de cela dans *Les Baisers de secours*, dont l'aspect autobiographique est si ostensiblement affiché. Mais il y a surtout la manière toute personnelle qu'a Philippe Garrel de traiter son sujet. Les tensions du couple, le ressentiment de la femme, l'incapacité de l'homme à lui répondre (parce que la création, ça ne s'explique pas), il choisit de les montrer non par un cinéma de l'effusion ostentatoire, mais par une manière toute de rigueur austère, où il filme en noir et blanc les noirs et les blancs de la vie. C'est à la fois totalement artificiel, avec des dialogues très musicaux et apprêtés de Marc Cholodenko et une musique très écrite et sophistiquée de Barney Wilen, et en même temps ça paraît totalement naturel. Et ça confirme la personnalité d'un réalisateur qui se paie la belle audace de prendre en tête d'affiche une comédienne connue, Anémone, et de la faire disparaître proprement au bout d'un quart d'heure, pour laisser la place à un autre cinéma, qui ne serait pas une interprétation de la vie, mais qui serait la vie.

## GATLIF Tony (français d'origine gitane, né en Algérie en 1948)

**PREMIER LONG MÉTRAGE :**
*La Tête en ruines (1975)*
**FILMOGRAPHIE DEPUIS 1985 :**
*Rue du Départ (1985)* • *Pleure pas my love (1989)* • *Gaspard et Robinson (1990)* • ***Latcho Drom (1993)*** • *Mondo (1996)* • ***Gadjo dilo (1998)*** • *Je suis né d'une cigogne (1999)* • *Vengo (2000)* • *Swing (2002)* • *Exils (2004)*

Tony Gatlif réunit dans son identité des racines multiples, qui constituent les fils conducteurs de son cinéma. D'origine gitane, né en Algérie, il quitte sa terre natale dans l'exode de 1960 pour se retrouver, quand il débarque en France, livré à la délinquance de la rue. La recommandation de Michel Simon, la fréquentation d'un cours d'art dramatique, la scène du TNP où il se retrouve dans un spectacle mis en scène par Claude Régy, décident de la nouvelle orientation de sa vie. Dans le même temps, il écrit des scénarios, tourne un premier film, inédit, *La Tête en ruines*, puis développe dans les films suivants ce qui fait son univers propre : l'appartenance à la communauté pied-noir, qu'il affiche dès 1978 dans *La Terre au ventre*, évocation de la guerre d'Algérie ; mais aussi l'appartenance à la communauté gitane, qu'il revendique dans *Corre gitano*, puis dans *Les Princes*, en 1983, qui le fait remarquer de la critique et lance véritablement sa carrière cinématographique. À partir de là, il développe de film en film, porté par un lyrisme formel qui trouve sa correspondance dans les éclats de la musique, les faces multiples de ce qui le constitue, à travers le thème récurrent chez lui de la route : une route qui, de l'Asie d'où viennent les Gitans de *Latcho Drom*, traverse l'Europe et la Roumanie de *Gadgo dilo*, pour, passant par l'Andalousie de *Vengo*, filer vers l'Algérie d'*Exils*.

## LATCHO DROM (1993)

**La route des Roms.** Ils viennent du fond des temps, chantait Léo Ferré. Portant avec eux bien des images qui suscitent autant de curiosité que de crainte vague. Bohémiens, et on les catalogue voleurs de poules ; Tsiganes, on écoute leurs violons ; Gitans, on les voit ombrageux et jouant du couteau ; et Gypsys, on les fait entrer dans la danse… Tony Gatlif est l'un d'entre eux. Il fait partie de ces Roms dont l'origine se perd en effet dans le temps et même dans l'espace, condamnés qu'ils semblent être à parcourir la terre et les siècles, peuple errant, traînant sa misère et sa fierté avec lui. Pour dire leur âme et raconter leur histoire, il a choisi sans doute le meilleur moyen qui soit : la musique. Son film, quoique pratiquement sans paroles, relate en effet de façon explicite les péripéties de cette longue route qui prend peut-être ses origines du côté de l'Inde et qui, par des cheminements éclatés et labyrinthiques, serpente de l'Asie à l'Afrique et à l'Europe. À mesure que le film avance, on passe ainsi de pays en pays mais aussi, sans trop qu'on s'en rende compte, des temps lointains et des chariots à roues de bois à l'époque contemporaine, avec ses caravanes et ses Mercedes un peu défraîchies. Mais, quel que soit le moyen de locomotion, ce qui se déroule toujours à l'infini d'horizons sans cesse renouvelés, c'est la route. Et les pas qui inlassablement arpentent ce long ruban de sable, de terre, de boue, d'asphalte, créent un rythme à la fois lancinant et entraînant qui scande la vie même du peuple errant et qui l'accompagne dans sa marche. La musique est, au plus profond, la pulsation de cette existence, le sang qui l'irrigue et qui passe de génération en génération, porteur d'une mémoire et d'une destinée.

Cette musique, on la voit naître sous l'objectif du cinéaste, du côté du Rajasthan, lors d'une cérémonie nuptiale sortie du fond des âges. Elle chemine ensuite, mêlée aux mélopées arabes, dans les oasis du désert égyptien. Traversant la mer sur le bateau des émigrants, elle débarque à Istanbul, à la jointure de l'Asie et de l'Europe, gagne la Roumanie, se fond dans les rythmes slaves, devient danse hongroise, puis se fait chant funèbre pour une polonaise qui évoque l'hiver glacé d'Auschwitz et le demi-million de Tsiganes anéantis dans les camps, retrouve le tempo de la marche sur les routes d'Allemagne, gagne l'Europe du Sud au rythme du swing qu'illustra Django et débouche, au bout du périple, sur le soleil d'Espagne et la guitare du flamenco. La musique des Gitans a ainsi cette particularité de porter en elle trace de tous les pays traversés, mais sans jamais rien perdre de sa personnalité propre. Elle répond de la sorte à ce qui fait l'être même d'un peuple qui n'est lui-même que dans l'incessant mouvement qui l'entraîne. Et les paroles des chants tsiganes disent la joie et la beauté du voyage, comme elles disent les souffrances endurées et les exclusions souffertes.

Le film de Tony Gatlif est musical, et pas seulement parce qu'il est fait d'une succession de chansons, de danses, de voix, mais parce qu'il est lui-même construit comme une longue partition, alternant les tempos, s'arrêtant pour musarder sur le quai d'une gare perdue dans la brume ou sur les bords d'une rivière ensoleillée, pressant le pas à nouveau, s'introduisant dans l'intimité du groupe, se mêlant à la fête collective, saisissant le sourire et la cambrure des filles, scrutant les rides des vieillards, écoutant le chant d'un enfant qui veille et qui, sur le fil ténu de l'écho, trace d'une voix poignante l'éternel cheminement des fils du vent.

## GADJO DILO (1998)
### avec Romain Duris et Rona Hartner

**Mes potes les Gitans.** Le paysage est nu et plat sous la neige. La route qui le traverse fuit vers l'horizon, incertaine et verglacée. Un homme, jeune, les chaussures trouées prêtes à rendre l'âme, avance tant bien que mal, accompagné du seul croassement des corbeaux et du froid qui glace tout. Soudain, le voyageur s'arrête et décide de ne plus marcher. Et c'est là que commence le film de Tony Gatlif. Cette ouverture en pré-générique donne en fait la mesure et le sens du récit : toute l'histoire qui commence ne va en effet qu'inverser ces images initiales, faire disparaître le froid pour le remplacer par la chaleur humaine, transformer la solitude en rencontre avec les autres, partir du silence pour faire naître la musique, et donner un nouveau sens à la vie errante de Stéphane, le jeune marcheur, en mettant sur sa route un vieil ivrogne, coiffé d'un chapeau improbable, qui noie dans une vodka frelatée le chagrin d'avoir vu son fils arrêté et conduit en prison le matin même. Qui est Stéphane et ce qu'il vient faire dans cette Roumanie de grisaille qui semble à peine sortir d'une époque arriérée, on l'apprendra peu à peu, à mesure précisément qu'il arrivera tant bien que mal à se faire comprendre du vieil Isidore. Car le premier obstacle qui se dresse, c'est celui de la langue. Isidore, dans les brumes et la fraternité de la vodka, conduit Stéphane chez lui et s'endort en oubliant même qu'il l'a rencontré, si bien que celui-ci, au réveil, se retrouve la cible de toutes les curiosités mais aussi de toutes les méfiances de ceux qui le découvrent couché sur la paillasse du vieillard. Pour ces Tziganes confinés dans leur village ghetto, le gadjo, l'étranger, qui ne parle pas leur langue, est suspect : dans un bel élan, qui ne manque pas de sel ironique, ils ne tardent pas à le traiter de voleur de poules. On est toujours le Bohémien de quelqu'un !

Mais Isidore, se souvenant enfin de cet étranger que le ciel lui a envoyé dans son malheur, s'improvise aux yeux de toute la communauté comme son protecteur et son professeur : Stéphane va donc apprendre le rom, tout en traduisant lui aussi en français, pour les villageois qui peu à peu l'adoptent, les mots de sa vie nouvelle.
La première musique qui chante dans le film de Tony Gatlif, c'est bien en effet celle des mots. Et c'est peu de dire que la façon dont parlent les Roms défie les lois de la pudibonderie. Comme leur façon de s'habiller, de boire, de faire l'amour, de marier leur fille, de chanter, de danser, de jouer du violon jusqu'à fendre l'âme, de vivre en un mot, défie les normes standardisées de toute société dite avancée. Ce que Stéphane découvre en fait, et le spectateur avec lui, c'est une civilisation. Et débarrassés des clichés qui les recouvrent, rendus à l'authenticité de leur existence au quotidien, les Tziganes apparaissent pour ce qu'ils sont : pas précisément des modèles de finesse ni de moralité, mais des gens de cœur avant tout, qui ont les emportements et les débordements de la passion, qui en ont aussi toute la chaleur, pour peu que, comme Stéphane, le gadjo soit accepté au sein de la tribu. Tout cela, Tony Gatlif l'avait déjà montré, mais d'une autre façon, dans les deux films qu'il avait déjà consacrés à ses potes les Gitans. Si la musique est encore le sésame qui ouvre la porte de la fraternité, ce qui constitue ici la trame, c'est l'immersion de l'étranger. Et ce n'est pas pour rien que Stéphane découvre aussi l'amour. Avec Sabina, elle-même fille en marge, il accède à tout ce qu'il peut y avoir de sauvage, d'indompté, de libre dans l'âme tzigane. De tragique aussi. Car, dans cette route immémoriale, le peuple du vent, toujours, a connu des tempêtes. Pour ces Roms de Roumanie, vivant entre eux sous le regard semble-t-il indifférent des Roumains, le péril guette, comme la bête immonde, assoupie mais prompte à se réveiller. D'un génocide trop occulté dont il avait en quelques images poignantes rappelé la mémoire dans *Latcho Drom*, Tony Gatlif fait le terme implacable de son film. L'apparente désinvolture du scénario, le rythme échevelé et volontiers buissonnier, le lyrisme lui-même souvent débordant, la liberté anarchique, qui ne va pas sans quelques scories, de la manière et du récit : tout cela mène en fait à un finale de feu et de cendres, écho d'autres crémations, qui change à jamais la vision des choses. En faisant voler des oies au-dessus d'une cabane en feu, en enterrant dans une tombe d'infortune la musique d'un peuple et en versant sur la tombe, libation ultime et dérisoire, l'alcool de l'ivresse, tandis qu'un sourire de femme vient malgré tout éclairer la route qui se poursuit, Tony Gatlif, en quelques plans, atteint alors à l'émotion la plus profonde. Celles des vrais élans du cœur, et des vrais moments de cinéma.

## GIBSON Mel (australien, né en 1956)

**Filmographie :**
*L'Homme sans visage (1993)* • ***Braveheart (1995)*** • *La Passion du Christ (2004)*

Né dans l'État de New York, mais ayant grandi à Sydney, où sa famille s'installe alors qu'il a 12 ans, c'est en Australie que Mel Gibson a commencé sa carrière. Le succès de *Mad Max* de George Miller, en 1979, en fait très vite une vedette planétaire, ce que va confirmer une carrière américaine où il tourne toute une série de films à gros budget – films d'action et d'aventures essentiellement, mais aussi comédies sentimentales, drames romanesques, polars. Avec le désir aussi de passer de l'autre côté de la caméra : pour produire, d'abord, et il crée sa propre maison de production en 1990 ; pour réaliser, ensuite. Et, d'emblée, il exprime dans les films qu'il signe une violence venue tout à la fois des rôles qu'il a interprétés, mais peut-être plus profondément de son engagement religieux et d'une véritable fascination qu'il a pour le sacrifice du Christ, ce que l'on pressent déjà, dans *Braveheart*, avant même que *La Passion* ne vienne en apporter l'image exacerbée.

### BRAVEHEART (1995)
### avec Mel Gibson, Patrick McGoohan et Sophie Marceau

**Gibson cœur de lion.** La ballade des pendus trotte dans la tête du jeune William Wallace depuis que, tout enfant encore, il a découvert ce que les Anglais ont fait aux nobles écossais venus parlementer avec eux. Et la vision des corps se balançant au bout de leur corde rejoint vite, dans ce qui va être son propre chemin de croix, une autre vision : celle de son père et de son frère morts, le flanc déchiré par les épées anglaises. Plus tard encore, lorsque, aspirant à vivre en paix sur sa terre, il choisit la douce Murron qu'il épouse en secret, la tyrannie anglaise, violant, pillant, éventrant tout sur son passage, vient briser net ce rêve pacifique. Alors, le William Wallace agneau et victime se transforme en cœur de lion, prêt à tout pour faire justice et apporter à son pays cette liberté qu'on lui a prise.

Ainsi commence la saga de *Braveheart*, immense geste héroïque à la gloire du héros écossais dans sa lutte – authentique – pour l'indépendance de son pays. Mais le cinéma n'étant jamais, dans ce genre de films, que de l'Histoire écoutée aux portes de la légende, sous la caméra de Mel Gibson, interprète qui plus est du rôle, le personnage historique se transforme bien vite en héros. Et même en héros de BD, genre Mad Max dans les Highlands, à voir ses cheveux longs et sales et ses biceps qui saillent sous des tuniques moyenâgeuses qui cultivent le style punk – homme des cavernes. Car Wallace-Gibson est bien le Zorro rêvé de ce péplum médiéval. Constamment présent à l'écran (on n'est jamais si bien servi que par soi-même), il est tout à la fois fin stratège, combattant infatigable, chef intransigeant, et plus noble sous sa roture que les nobles corrompus qui font allégeance à l'Anglais. Car, comme dans toute histoire de ce type, il y a des méchants : ce sont eux qui attirent le plus sûrement l'attention. Ici, si le roi Edouard (épatant Patrick McGoohan) a bien le côté cruel qui convient à un Anglais, et si son fils est une mignonnette très réussie, toute pincée dans son justaucorps dernier cri, les vrais méchants font un peu défaut : à peine ont-ils le temps d'apparaître que Wallace-Gibson leur règle leur compte. Seule, dans ce combat tout blanc ou tout noir, la figure du prétendant écossais Robert Bruce offre un côté moins lisse, et dans les relations avec son père, vieillard rongé par la lèpre et s'en allant en pourriture, il passe une vraie vision des replis troubles du pouvoir, où l'on sentirait même quelque chose de shakespearien. Mais Wallace-Gibson ne s'arrête guère au personnage, et ce qui aurait pu être de l'ordre de la stratégie historique revient vite à l'aventure d'estoc et de taille. Avec ses réussites : l'Écosse est belle et, même si l'on y patauge beaucoup dans la boue, la pluie qui délave les paysages leur donne une lumière que le chef opérateur sait capter. L'action, tout au long des trois longues heures que dure le film, parvient tant bien que mal à garder son rythme, ce qui n'est pas une mince affaire. Et au milieu d'une galerie de trognes et de kilts révélant, sous le vent, la vitalité des vaillants Écossais, la douce Sophie Marceau tire même miraculeusement son épingle du jeu, parvenant à donner chair et crédit à un personnage d'épouse de giton réduite à la portion congrue.

Il y a donc beaucoup à voir dans une telle saga, et les scènes évidemment les plus attendues sont celles de batailles. Sur ce plan, des petites échauffourées aux grandes batailles rangées, on est servi : on s'y étripe avec un entrain qui fait plaisir à voir et qui dénote même, dans les scènes à grand spectacle, un vrai sens de la chorégraphie. Ce qui n'empêche pas le sang de couler d'abondance, les corps de s'empaler à pieu que veux-tu, les membres d'être coupés, arrachés, morcelés, les têtes tranchées, et les sexes n'en parlons pas. Tout ceci culminant dans une longue scène de supplice à prétention christique qui, de la pendaison à l'écartèlement et à l'éventration, sent sa visite au musée des horreurs. Un vrai supplice ! Heureusement, pour faire passer tout ça, il y a le mot-clef : liberté. Un vrai sésame censé justifier toutes les barbaries. Même si on se demande quel est le plus barbare des deux : d'un Moyen Âge montré de façon prétendument réaliste, ou du film qui, complaisamment, se fait un plaisir de le présenter ainsi.

## GILLIAM Terry (anglais, né en 1940)

**Premier long métrage :**
*Monty Python, Sacré Graal (1974), co-réalisation*
**Filmographie depuis 1985 :**
***Les Aventures du baron de Münchhausen (1988)*** • *Fisher King (1990)* • *L'Armée des douze singes (1995)* • *Las Vegas Parano (1998)* • *Les Frères Grimm (2005)*

Avec Terry Gilliam et les Monty Python, l'humour anglais trouve une forme à la fois nouvelle et ancrée dans la tradition, qui développe tout à la fois un goût du nonsense et une irrévérence qui, prenant souvent la forme de la parodie, fait référence à toute une culture plaisamment moquée. Ce second degré, qui traduit un iconoclasme qui ne s'interdit aucune cible, y compris soi-même, marque une forme de libération par le rire qui prolonge la mouvance des années post-68 en faisant sauter tous les tabous et qui, après les parodies médiévales de *Sacré Graal* et de *Jabberwocky*, triomphe en 1984 avec l'explosif *Brazil*, film culte de la comédie fantastique et de la satire sociale. Poursuivant sa démarche dans la voie du conte fantastique à portée utopique, Terry Gilliam place l'imagination au pouvoir dans la version qu'il donne des *Aventures du baron de Münchhausen*, revisite la légende de la Table ronde dans *Fisher King*, propose une version de *La Jetée* de Chris Marker relue à la lumière du sida et des virus de fin du millénaire finissant dans *L'Armée des douze singes*, et traite de l'empire de la drogue dans *Las Vegas Parano*. Son cinéma, fidèle à ses engagements de jeunesse, continue à faire la part belle à la dérision et à l'imaginaire.

## LES AVENTURES DU BARON DE MÜNCHHAUSEN (1988)
### avec John Neville, Eric Idle, Sarah Polley et Sting

**L'imagination au pouvoir.** Il y a plusieurs façons d'être fou. En portant à l'écran les aventures du baron de Münchhausen, Terry Gilliam, fidèle à son esprit Monty Python, a choisi la voie royale : celle de l'imaginaire. Il faut dire que les exploits du célèbre baron avaient de quoi exciter la verve de l'auteur de *Brazil*. Car, enfin, il y a de tout dans cette histoire : une ville assiégée par les Turcs, un sultan sanguinaire au milieu de ses eunuques, un voyage dans la lune, une retombée au centre de la terre du côté des forges de Vulcain, un séjour dans le ventre d'une baleine, un aller-retour aérien accroché à un boulet de canon et bien d'autres pérégrinations fantastiques du même tonneau. Le risque, face à une telle histoire, était de n'être pas visuellement à la hauteur du côté constamment inventif qu'offre le récit. Or, de ce côté-là, on peut faire confiance à Terry Gilliam : son film est une vraie fête de l'esprit et des yeux, où il fait passer un vibrant éloge de la folie par un délire créateur qui largue lui-même toutes les amarres. Cela est dû, pour une bonne part, au soin tout particulier accordé aux décors, œuvre du maître ès inventions felliniennes, Dante Ferretti. Et il y a bien, d'ailleurs, du Fellini dans ces beautés callipyges, dans cette mer qui se gonfle sous une houle de toile peinte, dans ce monstre marin à l'œil torve, ou dans toutes ces trognes de soldats, de saltimbanques, de monstres divers qui traversent l'écran. À chaque nouvelle aventure, et elles sont nombreuses, interviennent de nouveaux trucages et de nouvelles inventions, si bien que le scénario, qui souffre quelque peu de cette succession discontinue d'épisodes, tient finalement assez bon la rampe. Car l'intérêt du film de Terry Gilliam est tout entier dans cet esprit d'enfance qui ne se lasse pas de découvrir le monde fantastique qui s'ouvre devant lui. Son baron, il lui fait revivre ses exploits pour les beaux yeux grands ouverts d'une petite fille qui veut les voir pour les croire. La parabole est claire : dans un monde qui est parvenu à l'âge froid, blasé, méthodique, scientifique, de la rationalité, un bain de jouvence du côté de l'imaginaire est nécessaire, pour retrouver ces vertus premières que sont l'émerveillement, la surprise, la poésie.

Le film de Terry Gilliam offre tout cela : moments de magie, lorsqu'une Vénus belle comme le jour, sort de sa coquille, et qu'elle se lance avec le baron dans une valse cosmique, tandis que des angelots à petites ailes papillonnantes les enroulent dans un long ruban rosé ; moments d'effroi lorsque la mort hideuse, énorme oiseau noir à la faux ravageuse et aux serres crochues, vient arracher au mourant sa petite lumière de vie ; moments de grâce et d'hilarité, lorsqu'une montgolfière rebondie, confectionnée avec les petites culottes de ces dames, s'élève dans le ciel. Tout cela avec un côté très british, qui cultive le mot d'esprit et l'humour à froid, et une bonne humeur constante qui réchauffe le cœur. Un monde fou, fou, fou !

# GILOU Thomas (français, né en 1955)

**Filmographie :**
*Black Mic Mac (1986) • Raï (1995) • La Vérité si je mens ! (1996) • Chili con carne (1999)* ***• La Vérité si je mens ! 2 (2000)***

Le cinéma français a toujours, comme le cinéma américain, essayé d'exploiter ses films à succès et de leur donner des suites, transformées parfois même en série : entre l'Adémaï de Noël-Noël, le Piédalu de Ded Rysel, le Don Camillo de Fernandel et le Gendarme de Saint-Tropez de Louis de Funès, les héros populaires l'ont souvent été à répétition. À la fin du siècle, le phénomène continue, accentué par le modèle économique américain et par la logique commerciale. Une très grosse réussite au box-office pose presque quasi systématiquement la question d'une suite. Celle-ci, parfois, peut être mieux maîtrisée que l'original : c'est le cas par exemple avec *La Vérité si je mens !*, petit film au départ, et dont le succès surprise amène un second numéro nettement plus élaboré que le premier.

## LA VÉRITÉ SI JE MENS ! 2 (2001)
### avec Richard Anconina, José Garcia, Bruno Solo et Gilbert Melki

**Le Sentier lumineux.** Plus filous qu'eux, tu meurs ! Il faut dire que la fine équipe du Sentier doit sortir le grand jeu pour se tirer d'affaires. Le petit commerce périclitant et la grande distribution imposant son implacable loi commerciale, la solution réside, apparemment, pour eux dans une reconversion comme fournisseurs de grandes surfaces. Les as de la fringue décident donc, pour se sortir de la mauvaise passe ambiante, de faire affaire avec une chaîne européenne d'hypermarchés. Ça, c'est du gros ! Du tellement gros même que les pieds nickelés se font rouler dans la farine par leur client, un requin de la crapulerie habitué des grands fonds et à côté duquel ils font figure de petits poissons d'eau trouble. Voilà donc les rois du mensonge victimes de plus menteur qu'eux ! Et voilà le numéro 2 de *La Vérité*... lancé sur les rails d'une histoire parfaitement ficelée, qui réserve à chacun des membres de la joyeuse équipe un personnage à la fois fidèle à ce qu'il était dans la première mouture mais enrichi et comme épaissi par un développement joliment structuré autour de ce ressort comique inépuisable : la belle arnaque. Arnaque qui, naturellement, va engendrer sa réplique, et qui va donc propulser les potes du Sentier sur les chemins lumineux de la gloire.

Il y avait une vraie gageure dans le fait de vouloir donner une suite à un film dont le succès avait reposé, pour beaucoup, sur l'effet de surprise. Et le moindre danger n'était pas celui, en forçant le trait, de la caricature, qui risquait de transformer les personnages en pantins et le numéro 2, comme souvent, en clone insipide de l'original. Pour éviter l'obstacle, Thomas Gilou a eu la bonne idée d'articuler son film sur un scénario beaucoup plus solide que le premier, et qui donne notamment à chacun des copains de la bande un rôle équilibré. La façon dont est, du coup, mené l'entrelacement de leurs aventures respectives et dont le retournement de situation permet, au bout du compte, de les tirer chacun d'une situation catastrophique, garantit la dose de suspense et le réservoir de rebondissements qui maintient la pression. La première qualité du film, c'est ainsi son rythme, qui ne faiblit pas, mené qu'il est par une troupe de copains qui s'envoient leurs répliques sans avoir besoin de se chercher. À ce jeu, entre l'énormité pétaradante et pavanante de José Garcia, la gentillesse craquante mais décidée d'Anconina, la mauvaise foi soupe au lait de Bruno Solo, la frime grand seigneur de Gilbert Melki, auxquels viennent s'adjoindre les états d'âme de Gad Elmaleh, la fripouillerie intégrale de Daniel Prévost et le poi-poi-poi d'Enrico Macias, le film apparaît comme une belle partie chorale, où chacun tient son rôle pour concourir à la réussite de l'ensemble.

D'autant que, s'il y a du Shalom et du Mazel Tov dans l'air, la vision du Sentier et de sa communauté apparaît moins schématiquement folklorique que dans le premier numéro. En se mesurant aux arnaqueurs de la haute, les petits menteurs sont devenus grands : et pour ce qui est de l'embrouille de haute fantaisie, on peut leur faire confiance ! La vérité si on ment !

## GIORDANA Marco Tullio (italien, né en 1950)

**PREMIER LONG MÉTRAGE :**
*Maudits, je vous aimerai (1980)*
**FILMOGRAPHIE DEPUIS 1985 :**
*Appuntamento a Liverpool (1988)* • *Le Dimanche de préférence (1991), co-réalisation* • *L'Unico paeso del mondo (1994), co-réalisation* • *Pasolini, mort d'un poète (1995)* • *La Rovina della patria (1997)* • *Les Cent pas (2000)* • *Nos meilleures années (2002)* • ***Une fois que tu es né... (2004)***

Milanais, Marco Tullio Giordana, tout en signant des mises en scène de théâtre et d'opéra et en écrivant romans et essais, a toujours donné aux expériences collectives une part importante dans son activité de réalisateur. Il commence au sein de la Coopérative Jean Vigo, en participant au film de montage de Roberto Faenza, *Forza Italia*. Et c'est au sein de cette même coopérative qu'il tourne en 1980 son premier film, *Maudits, je vous aimerai*. Cinéaste engagé, participant régulièrement à des films collectifs, il manifeste un intérêt continu pour les questions sociales et politiques, qui sous-tend le film qu'il consacre au terrorisme des années de plomb, *Les Cent pas*, où il aborde de front la question de la Mafia, et qui fait le fond du film-bilan qui en 2002 lui assure une notoriété qui déborde les frontières italiennes, *Nos meilleures années*. L'histoire italienne des quatre dernières décennies s'y développe, sous forme d'une saga tournée pour la télévision en deux parties de plus de six heures, à travers l'histoire de deux frères dont l'itinéraire personnel croise les grands événements qui ont joué un rôle crucial dans la vie du pays. Ce goût pour traduire, sous forme romanesque, les grands enjeux collectifs, se retrouve dans *Une fois que tu es né...*, où il traite, à travers une sorte de fable, de la question de l'immigration.

### UNE FOIS QUE TU ES NÉ... (2004)
**avec Alessio Boni, Michela Cescon et Matteo Gadola**

**Passager clandestin.** Sandro est mort. À 13 ans. Noyé. Parti avec son père, un riche entrepreneur de Brescia, faire une croisière en Méditerranée, l'enfant, accidentellement, tombe à l'eau en pleine nuit, sans que personne ne s'en rende compte. Seul en pleine mer, voyant le voilier s'éloigner sans espoir de retour, peu à peu il abandonne et se laisse couler à pic dans les profondeurs. Mais voici que soudain quelqu'un plonge, le remonte à la surface, le ramène à la vie. Sandro sauvé des eaux, donc, vivant à nouveau, et qui se retrouve sur un rafiot surchargé d'émigrés clandestins venus d'un peu partout et cherchant à gagner les côtes italiennes. Une plongée brutale, pour ce garçon choyé par la vie, dans un monde de déréliction et de violence impitoyable, celui des laissés-pour-compte de la misère, tendus vers la survie et vers l'espoir d'une nouvelle existence dans ce paradis que représente pour eux l'Occident de la richesse et de la consommation.
Le scénario du film de Marco Tullio Giordana, construit sur cette structure et sur cette thématique de l'enfant précipité dans la mer et sauvé des eaux, traduit, par ce passage de la vie à la renaissance, un récit quasi initiatique d'apprentissage. Mais si, par cette expérience qui le précipite du milieu social protégé qui est le sien dans les soutes les plus immondes de la misère du monde, l'enfant apprend à grandir, son itinéraire recouvre symboliquement le travail de prise de conscience auquel le réalisateur entend conduire ses spectateurs. Car, à travers l'aventure du jeune Sandro, ce qui apparaît, c'est bel et bien le choc que représente, pour une société occidentale qui ferme les yeux, l'arrivée massive de tous ceux qui, sans espoir de vivre dans des pays en perdition, se jettent carrément à l'eau pour aller chercher un monde qu'ils espèrent meilleur. Encore faut-il, pour eux, l'atteindre. Et, sur ce plan, le bateau pourri sur lequel ils s'entassent, terrible radeau de la Méduse où les plus faibles n'ont aucun espoir de survivre, représente bien ce monde surchargé des pays pauvres qui déverse de façon continue le flux de ses migrants attirés fatalement par les lumières des pays nantis.
Énorme problème, que Marco Tullio Girodana expose, dans un film ample et romanesque, de façon volontairement et un peu lourdement didactique, en prenant soin néanmoins d'apporter les nuances nécessaires. Ainsi les deux jeunes Roumains, le frère et la sœur, qui sauvent Sandro de la noyade puis des passeurs prêts à le rejeter à la mer, ne sont-ils pas les archanges tout blancs que leur beau geste pourrait laisser croire. Eux-mêmes victimes de ce système de la misère, ils en ont la dureté et la violence. Et l'impossible intégration, malgré toute la bonne volonté que Sandro et ses parents veulent y mettre, révèle *in fine* qu'aucune solution simpliste n'est possible pour un problème qui se pose collectivement. Et dont le film entend montrer qu'il nécessite une conscience et une volonté collectives.

## GIOVANNI José (français, 1923-2004)

**PREMIER LONG MÉTRAGE :**
*La Loi du survivant (1967)*
**FILMOGRAPHIE DEPUIS 1985 :**
*Les Loups entre eux (1985)* • *Mon ami le traître (1988)* • ***Mon père... Il m'a sauvé la vie (2000)***

La vie de José Giovanni ressemble à celle de nombre des personnages qu'il a portés à l'écran. Et pour cause : lui-même fut d'abord un truand, fiché au grand banditisme, condamné à mort pour un braquage sanglant, puis gracié par le président Vincent Auriol, et purgeant onze années de détention à la centrale de Melun. À sa sortie, résistant à l'envie de venger son frère en allant tuer le patron de bar niçois qui l'avait abattu, il se tourne vers l'écriture et voit son premier récit, autobiographique, *Le Trou*, publié chez Gallimard et adapté au cinéma par Jacques Becker. Dès lors il change de vie, devient écrivain, et offre des romans et des scénarios à nombre de cinéastes : Melville, Sautet, Enrico, Deray, Verneuil. Devant le succès des films des autres, lui-même décide de passer à la réalisation. Il signe alors, à partir de 1966, des films qui exaltent, à travers de solides histoires de gangsters, l'amitié virile et les sentiments forts, et dans lesquels il offre des rôles sur mesure à Jean Gabin, à Alain Delon, à Jean-Paul Belmondo, à Lino Ventura. Cinéma éminemment populaire, au meilleur sens du terme, doté de solides qualités dramatiques, qui triomphe dans les années 1970, avant, à mesure que ses interprètes vieillissent ou disparaissent, de faire insensiblement comme eux.

## MON PÈRE… IL M'A SAUVÉ LA VIE (2000)
### avec Bruno Cremer, Vincent Lecœur et Rufus

**Au nom du fils.** « Mon père » : le titre du film de José Giovanni en dit bien la nature profonde. Dans cette formule toute simple, il y a comme l'adresse d'une lettre que son fils, bien longtemps après, envoie à son père disparu, et comme l'appropriation possessive, enfin revendiquée avec fierté, d'une relation paternelle trop longtemps rejetée. Cette lettre, elle prit d'abord la forme écrite des mots, avant de devenir un film. On reconnaît là les deux formes d'expression – la littérature et le cinéma – qui permirent précisément au jeune José Giovanni, entraîné dans les années d'après-guerre sur la voie de la grande criminalité, arrêté, jugé puis condamné à mort, de se sortir du trou. Mais le véritable responsable de ce salut, celui qui, pendant toutes les années où son fils était dans la cellule des condamnés en train d'attendre la guillotine, lutta inlassablement, sans rien dire, pour le tirer de là, c'est son père.
Son père, cet anti-héros type : flambeur professionnel, se montrant faible face à l'éducation de ses enfants, empêtré dans les tensions familiales, absent pour tout dire. Une absence qui, pour le plus jeune de ses fils, s'interprète comme un désamour, et qui entraîne chez lui colère, révolte, mépris. Un père, sans doute, mais qui ne parle plus à son fils et auquel celui-ci ne dit plus rien non plus.
Or, de cette communication rompue, José Giovanni, minutieusement, reconstruit le fil. Si son film est bâti sur une succession de retours en arrière, c'est que le procédé de narration rejoint le processus même de la prise de conscience, née d'une ré-interprétation du passé. Ce père qu'il a longtemps tenu pour perdu, José Giovanni le retrouve en recomposant la vérité de celui qu'il fut et qu'alors, il ne sut pas voir. Le sujet est fort, et l'émotion, née de l'authenticité de la démarche, ne l'est pas moins. Et du coup, ce qui pourrait apparaître comme un cinéma de reconstitution pas spécialement novateur, et ce qui, de certaines faiblesses d'interprétation à certaines séquences qui sentent le cliché, plombe un peu la démarche, ne saurait empêcher le film d'apparaître pour ce qu'il est : celui d'un cinéaste qui sait toujours aussi bien raconter une histoire et qui, parvenu au crépuscule de sa vie et de sa carrière, et fidèle à ce cinéma des sentiments forts qui a toujours été le sien, fait revivre cette figure d'un père qui eut, comme Goriot, sa manière à lui, sublime, d'incarner la paternité, et à qui, rompant ce silence qui régnait entre eux, il ose dire tout simplement qu'il l'aime.

# GIRAUDEAU Bernard (français, né en 1947)

**FILMOGRAPHIE :**
*L'Autre (1991)* • ***Les Caprices d'un fleuve (1996)***

Si la carrière cinématographique de Bernard Giraudeau est d'abord celle d'un comédien – ayant tourné, depuis le début des années 1970, dans plus d'une cinquantaine de films –, elle est aussi celle d'un réalisateur débutant tardivement (en 1988 avec un téléfilm, *La Face de l'ogre*) mais qui, en deux films, fait entendre une voix particulière : celle d'un homme (qui est aussi un marin et un écrivain) ouvert au vent du large, de l'aventure, des horizons lointains et peut-être surtout ouvert, comme l'indique le titre de son premier film, à… *L'Autre*.

## LES CAPRICES D'UN FLEUVE (1996)
### avec Bernard Giraudeau, Richard Bohringer et France Zobda

**Lumières d'Afrique.** Un duel, dans la lumière grise et froide d'un petit matin. Jean-François de La Plaine, ayant tué son adversaire, doit s'exiler sur ordre royal en Sénégambie, quelque part à la limite de la mer et des sables d'Afrique. Pour une dernière soirée, le monde qu'il va quitter le fête : perruques poudrées, visages transformés en masques sous le blanc et le rouge violent des fards, pantins de cour à l'esprit mordant et désabusé, violence des instincts sous l'apparente élégance des formes. En trois plans qu'on dirait sortis de *Barry Lyndon*, Bernard Giraudeau en dit long sur la décomposition d'une société aristocratique à la veille d'une Révolution qui couve. Et en trois plans aussi, la ligne du film est tracée. Ce noble amoureux de la musique et des femmes, parfait produit d'un monde égoïste, se retrouve précipité dans ce qui est bien un autre monde. Car l'Afrique de l'Ouest attend le voyageur. Une Afrique à mi-chemin de l'Histoire et du rêve, celle-là même qu'on pourrait trouver dans de vieux livres d'aventures. Un comptoir colonial, une garnison militaire, quelques administrateurs qui s'ennuient ou qui traficotent, des commerçants qui ne se cachent pas d'être des trafiquants... Gouverneur de ce pays de sable et de chaleur, Jean-François se sent peu à peu envahir par lui. Invitation au voyage, le fleuve qui s'enfonce dans les territoires mystérieux, l'attire : par lui s'ouvre l'aventure, la remontée vers l'intérieur des terres, vers les tribus maures, les rois nègres, les caravanes qui s'enfoncent dans le désert, le souvenir des lointains conquérants dont la trace subsiste dans d'étranges chevaliers des sables portant cotte de maille et croix sur la poitrine. Par le fleuve aussi s'ouvre la découverte d'un monde où le colonisateur, cherchant la seule loi de son profit, est partie prenante dans ce qui structure l'économie du continent : le trafic d'esclaves. Jean-François reçoit en cadeau, d'un potentat local, une toute jeune Noire destinée à devenir sa chose. Il s'attache à elle, lui donne un nom – Amélie –, lui apprend à lire et à compter. Peu à peu, l'esclave conquiert le maître ou plutôt lui ouvre les yeux sur l'horreur de la traite et sur la somme d'exclusion et de brutalité qu'un pays comme la France, que les Lumières des philosophes devraient pourtant éclairer de leur esprit de tolérance, continue d'accumuler. Désormais, le voyage de Jean-François a un sens : en aimant Amélie, c'est le choix de la différence qu'il va faire.

Le film de Bernard Giraudeau est ainsi une quête initiatique portée par la volonté d'effacer, par l'amour, la lèpre purulente de l'esclavagisme. Les échos assourdis d'une Révolution qui proclame les Droits de l'homme et qui marque aussi la fin des privilèges de cette noblesse dont le personnage est issu, rythment de loin ce qui, pour autant, reste aussi un vrai film d'aventures. Sans jamais chercher le chromo, c'est d'abord l'Afrique, continent des rêves, que le cinéaste donne à voir : couleurs ocre, ciels blancs, poussière, vent qui gonfle les voiles des bateaux, terres séchées, dunes qui ondulent sous la lumière éclatante. Il y a là un décor qui a la force d'un mirage et que le film capte comme une toile orientaliste. Et il y a aussi, d'un fort dressé aux confins du désert à la beauté hautaine et sensuelle d'une mulâtresse, comme un parfum de vie antérieure. Sans doute, à mesure que le récit s'avance dans les sables, le film s'y perd-il un peu, alourdissant le rythme de trop de péripéties. Mais, par la sobriété et la justesse de l'interprétation, par la composition inspirée des images, par la volonté maintenue d'ancrer le grand spectacle de l'aventure dans une réflexion sur la condition des hommes, *Les Caprices d'un fleuve* a tout autant de quoi faire rêver que réfléchir. Le cinéma français offre rarement ce genre d'ambition.

## **GIRERD Jacques-Rémy** (français, né en 1952)

**FILMOGRAPHIE :**
*L'Enfant aux grelots (1998)* • ***La Prophétie des grenouilles (2003)***

Préférant l'École des beaux-arts de Lyon aux études de médecine qu'il avait engagées, Jacques-Rémy Girerd, après un passage par l'enseignement, fonde en 1984 le studio Folimage à Valence. Cette structure, unique en France, et qui s'organise autour d'une réflexion sur le cinéma d'animation destiné à la jeunesse, se développe d'abord grâce au marché de la télévision, puis, après avoir obtenu le César du meilleur film d'animation en 1988, avec *Le Petit cirque de toutes les couleurs*, passe à la production cinématographique en 1998 avec *L'Enfant au grelot*, moyen métrage qui obtient un grand succès en salles et qui engage le réalisateur à passer au long métrage. *La Prophétie des grenouilles* est ainsi le premier long métrage animé intégralement fabriqué en France depuis *Le Roi et l'Oiseau* de Paul Grimault en 1980. Maîtrisant les diverses techniques de l'animation, de la pâte à modeler aux marionnettes en passant par le dessin classique, le studio, qui met en chantier un nouveau projet de film long, *Mia et le Migou*, devient un centre important de production, qui s'articule autour d'une École européenne de réalisation et qui produit de jeunes réalisateurs dans le cadre d'une résidence d'artistes.

### LA PROPHÉTIE DES GRENOUILLES (2003)

**L'Arche d'alliance.** Devant nous, le déluge ! Ou plutôt, pour l'heure, devant cette belle maisonnée que le dessin animé de Jacques-Rémy Girerd réunit autour de Ferdinand, un vieux loup de mer rond comme une barrique et brave comme un capitaine Haddock à la retraite. Lequel est accompagné de sa douce et tendre Juliette, aussi noire que l'ébène de son Afrique natale, et du petit Tom, leur fiston adoptif, que vient rejoindre la mignonnette Lili, pendant que ses parents sont partis à la pêche aux crocodiles pour compléter la panoplie du zoo qu'ils exploitent en bas de la colline. Bref, tout un petit monde qui vit dans la plus heureuse tranquillité, lorsque les grenouilles du voisinage, expertes comme on sait en météo, leur délivrent un bulletin d'alerte alarmant : il va pleuvoir quarante jours et quarante nuits, et tout sera recouvert par les eaux.

Et c'est ainsi que le vieux mythe biblique du déluge se trouve recyclé sur une planète d'aujourd'hui en proie aux dérèglements climatiques et aux catastrophes écologiques. Et, comme au temps du père Noé, le patriarche barbu embarque dans sa maison, transformée en embarcation par la grâce d'une chambre à air géante, non seulement toute sa famille, mais aussi tous les animaux de la ferme et du zoo voisin. Mais, dans cette nouvelle arche, la mésentente ne tarde pas à faire des ravages, les carnivores, agacés par la faim, regardant d'un œil gourmand les herbivores qu'ils mangeraient bien tout crus. Et le drapeau de la discorde flotte sur la marmite de frites qui constitue le seul et triste ordinaire de la compagnie…

Belle fable, dont on voit bien de quelle densité symbolique elle se trouve chargée. Cette arche de la mésalliance, elle est celle de toutes les exclusions et de toutes les intolérances. Mais, délivrées en chansons par un capitaine éclairé et exerçant de façon juste l'autorité nécessaire, la leçon de solidarité et la prise de conscience collective deviennent la seule voie du salut possible, comme une bouteille à la mer envoyée non seulement aux protagonistes de l'histoire, mais à tous les hommes, petits et grands, qui devraient y trouver matière à méditer.

Que tout cela passe par un simple dessin animé, dont l'originalité graphique, la qualité de l'animation, la beauté chromatique, la richesse musicale et sonore, et la pointe d'humour tendre et un peu nostalgique sont porteurs d'une vraie personnalité, dit assez toute la puissance magique de l'esprit d'enfance. Et le charme d'un film en tout point étonnant, et en tout point réussi.

## GIROD Francis (français, né en 1944)

**Premier long métrage :**
*Le Trio infernal (1974)*
**Filmographie depuis 1985 :**
*Descente aux enfers (1986)* • *L'Enfance de l'art (1988)* • ***Lacenaire (1990)*** •
*Contre l'oubli (1991), co-réalisation* • *Délit mineur (1993)* • *Lumière et compagnie (1995), co-réalisation* • *Passage à l'acte (1996)* • *Terminale (1998)* • *Mauvais genres (2001)* •
*Un ami parfait (2005)*

Producteur, et parfois ambitieux, Francis Girod s'est essayé, dès son premier film en tant que réalisateur, à cet exercice entre tous difficile qu'est le maniement du mauvais goût. Pour mettre à nu les laideurs de la nature humaine et les saletés de la vie sociale, il choisit délibérément la charge, la surcharge, l'excès. Cela donne parfois, sur des sujets difficiles, des résultats surprenants, où le côté baroque de la forme parvient, dans des tonalités aussi différentes que le burlesque satirique ou le macabre sanguinolent, à créer une sorte d'atmosphère étrange. Mais la manière se fait répétitive, et l'échec (immérité) de *Lacenaire*, film à gros budget dans lequel le cinéaste développe non sans audace, autour de la figure mythique du dandy criminel, une narration à la fois claire et complexe, où la violence s'exprime avec une élégance désinvolte, l'amène à des films de circonstances, peu conformes à ses goûts et à ses ambitions, et où la caricature et le cliché prennent vite le pas sur l'invention.

### LACENAIRE (1990)
### avec Daniel Auteuil, Jean Poiret et Jacques Weber

**L'artiste du crime.** Tranchant, le film de Francis Girod commence par la fin, par la dernière journée de Lacenaire recevant dans sa prison deux médecins phrénologues qui viennent lui prendre un moule du visage, partageant un dernier repas de réconciliation avec le complice qui l'a dénoncé, puis, réveillé au petit matin, partant vers la guillotine la tête haute, un sourire désinvolte au coin des lèvres, heureux en quelque sorte d'être parvenu à son but : une mort programmée par la perpétration de meurtres commis volontairement pour lui valoir ainsi d'être guillotiné, une forme élégante de suicide par le crime ! Les quelques dizaines de mètres qui le mènent vers l'échafaud marquent donc le terme et le triomphe d'une trajectoire que le réalisateur, dilatant l'espace qui sépare le condamné de la lame qui va lui trancher le cou, entreprend de retracer depuis ses débuts, non pas par simple artifice de construction, mais

bien parce que le retour en arrière que constituent les flash-back qui vont structurer le récit répond à ce qui est, de fait, le dernier acte et la dernière volonté du condamné : laisser par les mots l'explication de sa vie, en se racontant à travers les Mémoires qu'il a rédigés dans sa prison et qu'il confie pour publication au policier qui l'a arrêté. La publication de ce texte, qui donne du crime l'image séduisante d'une posture romantique, entraîne du coup, par les problèmes qu'il pose à la censure, une lecture détaillée de ses éditeurs, et c'est cette lecture, qui, au fil des épisodes sur lesquels ceux-ci discutent, découpe, comme autant d'épisodes sur lesquels la lumière est portée, les différents retours en arrière.
Ainsi la conduite de Lacenaire trouve-t-elle, sous la plume de Francis Girod et de Georges Conchon, son co-scénariste, une illustration qui est bel et bien, au sens forme du terme, une lecture du personnage, à partir de l'image que Lacenaire lui-même a voulu laisser de lui. Et ce qui en ressort, que ne développait pas la fascinante et noire interprétation du personnage par Marcel Herrant dans *Les Enfants du paradis*, c'est un héros certes escroc, voleur, assassin, mais chez lequel le crime renvoie à une révolte profonde, nourrie dès l'enfance, contre une éducation, une famille, un milieu, un ordre social et moral dont il découvre l'hypocrisie. Il y a du rebelle chez Lacenaire, et de l'artiste, mettant sa vie en scène avant de la mettre en mots, figure romantique à mi-chemin d'un Vautrin et d'un Don César de Bazan, gardant dans le crime et dans l'abjection une sorte de hauteur élégante. Daniel Auteuil, comédien de haut vol, apporte cette posture théâtrale au personnage : par sa diction, son maquillage de dandy canaille, ses sourires assassins et charmeurs, la distinction constante et le fond de mélancolie qu'il fait briller dans son œil, il lui donne plus que chair et vie : comme une âme.

## GITAÏ Amos (israélien, né en 1950)

**Premier long métrage :**
*Journal de campagne (1982)*
**Filmographie depuis 1985 :**
*Esther (1985) • Brand New Day (1987) • Berlin Jérusalem (1989) • Naissance d'un Golem (1991) • Golem, l'esprit de l'exil (1991) • Wadi, 10 ans plus tard (1991) • Queen Mary (1993) • Dans la vallée de la Wupper (1993) • Le Jardin pétrifié (1993) • Devarim (1995) • Milim (1996) • L'Arène du meurtre (1996) • Kippur – War memories (1996) • Guerre et Paix à Vesoul (1997) • Une maison à Jérusalem (1998) • Zion, auto-émancipation (1998) • Yom Yom, jour après jour (1998) • Tapuz (1998) • Kadosh (1999) • Kippour (2000) • Eden (2001) •* ***Kedma (2002)*** *• 11'09''01 (2002), co-réalisation • Alila (2003) • Terre promise (2004) • Free zone (2005) • New from home, news from house (2005)*

La boulimie d'images dont témoigne l'œuvre prolifique d'Amos Gitaï manifeste à la fois une quête d'origine et d'identité, un désir de témoigner et l'urgence d'une expression confrontée en permanence au drame. Né à Haïfa d'une mère professeur de théologie juive, née en Israël, et d'un père, né en Pologne, ayant étudié au sein du Bauhaus et émigrant en Israël pour y réaliser nombre de projets architecturaux novateurs, le jeune Amos étudie d'abord l'architecture puis, pendant la guerre du Kippour, intègre une unité de secours aérien au sein de laquelle il tient avec une caméra super-8 un *Journal de guerre*. À partir de là, le cinéma devient son moyen d'expression : des documentaires filmés un peu partout dans le monde ; un *Journal de campagne* tourné pendant la guerre du Liban et qui déclenche la polémique, l'amenant à partir pour Paris, où il continue à développer une thématique de l'exil et de l'émigration dans des films qui mêlent documents et fictions ; puis, élargissant ses mises en scène au théâtre, il fait jouer des acteurs de différentes nationalités, utilise leur mélange de langues et d'accents et fait appel à des textes antiques et modernes. En 1993, il rentre en Israël, où il développe, dans le contexte d'une nation déchirée en proie à la guerre interne, une réflexion qui s'appuie sur les destins croisés des Israéliens et des Palestiniens, tout en établissant une sorte d'état des lieux du pays. Un cinéma habité par la conscience, comme une sorte de réponse à l'irrationalité des passions exacerbées, et un engagement politique et critique qui donne au cinéma et à l'art valeur militante.

### KEDMA (2002)
### avec Andrei Kashkar, Helena Yaralova et Yussef Abu Warda

**Les racines du mal.** Le paysage est lugubre : une route mouillée sous un ciel bas, qui serpente vers un horizon lointain au milieu d'un paysage gris et pierreux, et un convoi de rescapés boueux, emportant ses morts et ses blessés – vers quel avenir ? Et le temps s'éternise, comme une errance sans fin, jusqu'à ce que, point minuscule, la petite troupe se perde au loin. Le long plan-séquence sur lequel s'achève le film d'Amos Gitaï – qu'on dirait presque sorti d'un film d'Angelopoulos – en traduit l'esprit et le sens. Ces combattants meurtris, triste troupe dans un triste décor, ils viennent d'un passé sans espoir, celui des camps de la mort : on est en 1948, et le cargo *Kedma* a débarqué sur la terre de Palestine les survivants de la barbarie. Pris en charge par l'armée clandestine, ceux-ci se retrouvent d'emblée au cœur d'un nouvel enfer. Dans un pays encore sous mandat britannique, à quelques jours de la naissance de ce qui va devenir l'État d'Israël, les affrontements sont ouverts entre le peuple juif, venant s'installer dans le pays, et les villageois arabes qui y vivent et dont ils viennent occuper les terres. Au désir de survivre, que manifeste, dans la première séquence du film, la vision d'un couple tentant, au milieu du cargo surchargé et dans l'étroitesse d'une couchette, de faire l'amour, succède aussitôt ce qui attend les rescapés dans leur nouvelle patrie : jetés dans la réalité grise et froide d'une terre âpre, au milieu de combattants qui doivent s'y faire leur place les armes à la main, ils se retrouvent pris dans le feu d'une guérilla sanglante. Eux-mêmes devant prendre les armes, ils sont aussitôt happés par le mécanisme d'une Histoire qui va les broyer : et de ceux-là mêmes qui arrivent de l'enfer, plusieurs vont se retrouver étendus sur la terre qui les accueille, la rougissant de leur sang.
Amos Gitaï raconte l'histoire de la naissance d'Israël. Dans la façon qu'il a de suivre ainsi ce groupe d'exilés arrivant sur la terre promise, il y a comme la force brute du documentaire. Les séquences qu'il enchaîne, et notamment celle de l'embuscade qui se déploie autour d'une maison d'où partent les coups de feu des combattants arabes qui tentent de couper aux Juifs la route de Jérusalem, semblent comme enregistrées par la caméra d'un observateur. Mais cette réalité brute se trouve à la fois sous-tendue et transcendée par la mise en scène qui la théâtralise, comme une tragédie. Tout – le décor, le cadrage et la durée des plans, le gris de l'image – vient exacerber la dureté d'une réalité qui a la force brute du destin.
Car nul, ici, n'échappe à l'inéluctable. Les Juifs, éternel peuple errant, croisent la route de ces pauvres paysans palestiniens qui fuient devant eux. Et, entre le vieil Arabe jetant au ciel ses incantations douloureuses, annonciatrices d'une guerre sans fin, et maudissant ceux qui lui volent son âne et qui font exploser sa maison, et le survivant juif hébété, pleurant devant le cadavre d'un jeune rescapé des camps qui vient, à peine débarqué en Palestine, d'y tomber sous une balle ennemie, et renvoyant son peuple à son éternel statut d'exilé, il y a comme le chant lyrique du malheur à venir : le regard lucide et douloureux d'un cinéaste qui, en faisant entendre toutes les voix, met à nu les racines du mal et du malheur d'être juifs et palestiniens, aujourd'hui, sur une même terre.

---

## GLEN John (anglais, né en 1932)

**PREMIER LONG MÉTRAGE :**
*Rien que pour vos yeux (1981)*
**FILMOGRAPHIE DEPUIS 1985 :**
***Dangereusement vôtre (1985)*** • *Tuer n'est pas jouer (1987)* • *Permis de tuer (1989)* • *Aigle de fer III (1992)* • *Christopher Columbus: the discovery (1992)* • *The Point men (2001)*

Lancée en 1962 avec *James Bond contre docteur No*, de Terence Young, la saga de l'agent 007, inspirée des romans de Ian Fleming de façon d'abord précise puis de plus en plus libre, ne s'est depuis jamais arrêtée. Après Sean Connery, qui tint le rôle sans discontinuer jusqu'en 1971, à la réserve de l'unique intermède constitué en 1969 par *Au service secret de Sa Majesté*, où il fut remplacé par George Lazenby, et qui le reprit une ultime fois dans *Jamais plus jamais* en 1983, Roger Moore fut à partir de 1973 le nouveau Bond pour sept films successifs, dont trois réalisés par John Glen, et notamment le dernier, *Dangereusement vôtre*, en 1985, le réalisateur faisant la transition avec le James Bond suivant, Timothy Dalton, qu'il dirigea dans deux films de la série, en 1987 et 1989, avant que Martin Campbell ne lance Pierce Brosnan, dans *Goldeneye*, en 1995.

## DANGEREUSEMENT VÔTRE (1985)
### avec Roger Moore, Grace Jones et Patrick Macnee

**007 sur 10.** Le nouveau Bond, en l'occurrence le seizième de la série, est arrivé. À le juger comme le cru de l'année, on peut dire que le produit est bien emballé, relativement bien fait, mais à vrai dire sans véritable surprise. Côté intrigue, pas de problème particulier : d'un côté, le bon – ou le Bond, si l'on préfère – de l'autre, les méchants, ici un docteur ancien nazi et sa créature diabolique, un archange blond en rupture de KGB. Le terrain d'affrontement? L'Alaska d'abord, pour une séquence éblouissante de cascade à skis, puis Paris (la tour Eiffel pour le vertige, Chantilly pour le prestige) et la Californie (Silicone Valley, San Francisco et l'inévitable Golden Gate, surtout vu d'en haut – re-vertige !).
Côté gadgets, on retrouve les menues broutilles électroniques habituelles, le plus bel effet restant dû néanmoins à un simple chat, tout bête. Pour ce qui est des Bond's girls, rien à dire : toujours aussi sexy-pudiques, la nouveauté tenant à la présence de Grace Jones, très panthère noire, mais dont le rôle se réduit à quelques effets de muscles. Rien qui décoiffe vraiment. Côté messieurs, on sent les années qui passent : Roger Moore commence à faire dangereusement son âge, et le malheureux Patrick Macnee s'est tellement empâté que, sans chapeau melon, il semble traîner des bottes de plomb. Le plus à l'aise est finalement Christopher Walken, parfait en mégalo parano. Pour le reste, si les effets spéciaux sont toujours aussi spectaculaires, si les clins d'œil sont toujours aussi nombreux et si la musique (signée Duran Duran) est toujours aussi réussie, le doublage en v.f., réservé à la majorité du grand public, est quant à lui de plus en plus catastrophique. Ceci dit, on ne s'ennuie pas vraiment, même si on a le sentiment qu'on a déjà vu mieux dans le genre. Le tout vaut donc un honnête 007 sur 10, assorti de l'annotation suivante : peut mieux faire.

---

# GODARD Jean-Luc (suisse, né à Paris en 1930)

**PREMIER LONG MÉTRAGE :**
*À bout de souffle (1959)*
**FILMOGRAPHIE DEPUIS 1985 :**
***Détective (1985)*** • *Aria (1986)* • *King Lear (1987)* • ***Soigne ta droite (1987)*** • *Nouvelle vague (1989)* • *Histoire(s) du cinéma (1989-1997-1998-2004)* • *Allemagne année 90, neuf zéro (1990)* • *Hélas pour moi (1993)* • *J.L.G./J.L.G. (1994)* • *For ever Mozart (1996)* • *Éloge de l'amour (2000)* • ***Notre musique (2004)***

Si le nom de Jean-Luc Godard reste pour beaucoup lié à la Nouvelle Vague, il n'est pas sûr que son appartenance au groupe des *Cahiers du cinéma* et la part essentielle que prirent ses films des années 1960 dans l'avènement d'un cinéma moderne suffisent à définir un œuvre et un itinéraire avant tout personnels, et largement inclassables. Ce qui apparaît, en effet, avec le recul du temps, c'est que le jeune auteur d'*À bout de souffle* et de *Pierrot le fou* a poursuivi dans sa passion exigeante du cinéma en empruntant des voies originales, qu'aucun de ses premiers compagnons n'a véritablement suivies. D'abord en assortissant très vite ses engagements esthétiques d'engagements idéologiques. Cela fut particulièrement sensible dans la façon dont il vécut les années post-68, se mettant alors, au sein des groupes Vertov et Medvedkin, au service d'une création collective et révolutionnaire. Mais cela se vérifie aussi lorsque, revenu dans les années 1980 à un cinéma individuel, il poursuit de film en film cette analyse politique de la société et du monde qui fait que, bien loin du non-engagement si souvent reproché à la Nouvelle Vague, son œuvre apparaît sans aucun doute comme une des plus fortement politisées et des plus constamment inscrites dans l'actualité que le cinéma ait produites. À quoi s'ajoute une inlassable recherche formelle, technique et narrative menée par un créateur qui, fasciné par la littérature, rêvait de devenir écrivain. Le cinéma de Jean-Luc Godard apparaît en profondeur comme une quête permanente de l'expression, laquelle n'est jamais qu'une quête quasi mystique du sens, pour celui qui a défini le cinéma comme un mystère que, de *Détective* en *Histoire(s) de cinéma*, il n'arrête pas de fouiller.

## DÉTECTIVE (1985)

### avec Nathalie Baye, Johnny Hallyday et Claude Brasseur

**Le mystère de la chambre noire.** Un hôtel. Un homme et une femme, couple branlant, pas très clairs. Un manager de boxe, pas net non plus. Des millions envolés. Un vieux mafioso accompagné d'une petite fille blonde. Des détectives qui filment, écoutent, espionnent, se cachent dans les doubles rideaux. Un boxeur amoureux d'une princesse et qui s'entraîne avec ses gants de boxe sur la poitrine nue de la fille. Une télé, une caméra. une enseigne lumineuse vantant une marque de vidéo, un écran où passent *La Belle et la Bête* et Erich von Stroheim en version originale. Des livres, des boules de billard, un lustre rétro. Et une fille qui répète : « Je ne suis pas sûre de bien comprendre », ce qui, d'ailleurs, rassure le spectateur en lui montrant qu'il n'est pas le seul à essayer de recoller les morceaux.

Le film de Jean-Luc Godard se présente comme un puzzle, une série de plans, d'images (superbes, signées Bruno Nuytten), de mots, d'instants volés au temps, qu'il s'agit de rassembler pour leur donner un sens. À moins qu'il n'y ait pas de sens. En tout cas, le véritable détective, c'est le spectateur, chargé par Godard de trouver la solution d'un film en forme d'énigme, de résoudre ce mystère de la chambre noire que constitue toute pellicule impressionnée, développée, projetée sur grand écran.

D'autant que le démiurge qui tire les ficelles, à savoir Godard lui-même, emmêle tellement les fils qu'il donne l'impression de s'emmêler lui-même un peu les pinceaux, et, faute de mieux, de jouer du procédé répétitif : personnages qui parlent de façon inaudible, recouverts qu'ils sont par une musique évidemment classique ; banalités proférées sur le ton de sentences définitives ; considérations se disant shakespeariennes, assorties de mots clefs : cul, queue, merde et autres poétismes. Tout cela sera jugé très chic, ou très choc, selon qu'on répondra par le génie ou par l'esbroufe au mystère Godard. Ceci dit, entre une Nathalie Baye passive et un Claude Brasseur sous-employé, le seul à prouver quelque chose est bien Johnny Hallyday, traits tirés, visage défait, toute la fatigue du monde sur ses épaules. La vraie trouvaille du film, c'est lui.

## SOIGNE TA DROITE (1987)

### avec Jean-Luc Godard, Jacques Villeret, Jane Birkin et François Périer

**Le cinéma selon Jean-Luc.** Godard, toujours, tel qu'en lui-même ni les années ni les modes ne le changent, inlassablement inclassable, délibérément provocant. À cet égard, *Soigne ta droite* ne décevra personne : ni les irréductiblement contre, qui y verront logiquement un bric-à-brac fumeux, voire fumiste ; ni les inconditionnellement pour, qui penseront, à juste titre, que c'est un des films les plus aboutis du cinéaste, un des plus beaux et, à coup sûr, un des plus ambitieux. Quant aux indifférents et aux non avertis, si, sur la foi du titre, ils pensent avoir droit à un reportage sur le monde pugilistique, ils en seront pour leur compte, et même KO pour le compte, bien avant la fin.

Titre, d'ailleurs, qui n'en est pas un, qui avait été choisi par Godard pour un autre film qu'il n'a pas tourné, et dont le fait qu'il l'ait mis sur celui-là est à lui seul très révélateur. Un titre, en effet, cela devrait désigner un contenu, indiquer la trame d'une histoire. Or d'histoire, ici, il n'y en a pas. Ou plutôt, la seule histoire que raconte le film, c'est précisément celle d'un film à la recherche d'une histoire. Le découpage le dit clairement, qui juxtapose, en contrepoint, d'un côté une sorte de document sur les Rita Mitsouko en train de travailler : recherches sonores, répétitions, collages de paroles et de musiques, impasses, reprises, puis, peu à peu, harmonie qui se crée, ligne mélodique qui s'impose ; et de la sueur, des ratages, des ratures, de la souffrance même, naît la chanson : « Ce qu'il faut de sanglots pour un air de guitare », dit Godard, citant Aragon.

Répondant à cet accouchement musical, il y a, de l'autre côté, des personnages qui cherchent leur place : l'idiot ou le prince, qu'interprète Godard lui-même ; l'individu, pataud et terrien ; l'homme, qui raconte une histoire qu'il ne comprend pas ; l'amiral qui, comme son grade ne l'indique pas, commande l'équipage d'un avion. Les uns et les autres se croisent, se quittent, se retrouvent embarqués, les uns dans un avion qui reste surtout immobile, les autres dans un train qui roule vers une frontière improbable. Puis, peu à peu, harmonie qui se crée, ligne mélodique qui s'impose : de la sueur, des ratages, des ratures, de la souffrance même, naît une œuvre qui parle du regret et du sourire, de la nuit et de la lumière, de la terre et du ciel. De la difficulté de vivre sort un désir de comprendre, d'ordonner toutes ces images fragmentées d'une réalité où s'entrechoquent les morts du Heysel, les barbelés des camps, Racine et Lautréamont, et un idiot dostoïevskien qui essaie de filmer tout cela et d'apporter à sa manière la bonne nouvelle. Et qui en meurt.

De ces éclats d'images, de musiques et de mots, naît insensiblement un sens, naît un film, comme un sens à la vie, et qui réserve à chacun (sous le titre, le sous-titre), « une place sur la terre comme au ciel ». Pour ce cinéma de création, on vous salue Godard...

### NOTRE MUSIQUE (2004)
**avec Sarah Adler, Nade Dieu, Rony Kramer et Georges Aguilar**

**Vita nuova.** Film de Jean-Luc Godard, en trois tableaux dantesques : l'Enfer, d'abord, avec huit minutes d'images de guerre mêlant archives et extraits de films de fiction, et montrant la folie destructrice sous toutes ses formes à travers un kaléidoscope d'Histoire ; le Purgatoire, ensuite, en l'occurrence Sarajevo, le lieu de toutes les guerres, où, à l'occasion d'une foire du livre, des personnages divers, vrais et faux, parlent du monde en général et de la situation d'aujourd'hui en particulier ; le Paradis, enfin, avec une jeune fille, morte en Israël pour la paix, et qui erre dans un jardin gardé par des soldats américains et où, dans un Éden à recommencement, elle rencontre un homme avec qui elle croque à nouveau la pomme. Comme si, de l'Enfer au Paradis, l'espoir subsistait, après l'Apocalypse, d'une vie nouvelle.
Film de Jean-Luc Godard, faisant défiler des images, apparemment sans liens entre elles, des mots, apparemment sans queue ni tête, des citations, des collages, des sous-titres, des Peaux-Rouges, des discussions sur le champ-contrechamp, des fragments de pensée et de mitraille, des hommes, des femmes, l'humanité entière, et des éclats éblouissants de poésie et de cinéma.
Film de Jean-Luc Godard, intitulé *Notre musique*, comme pour mettre Mozart *forever* à l'unisson de notre temps.
Film de Jean-Luc Godard, fulgurant, foudroyant, fourre-tout, fumeux, fumiste, fragmenté, fantasque, fantastique, futuriste, flamboyant. Avec un F, comme Film.

## GONDRY Michel (français, né en 1963)

**FILMOGRAPHIE :**
*Human Nature (2001)* • ***Eternal sunshine of the spotless mind (2004)*** •
*The Science of sleep (2005)*

Le cinéma de fiction n'intervient qu'assez tardivement dans l'itinéraire de Michel Gondry. Voulant au départ devenir peintre ou inventeur, passionné par les arts graphiques et la musique, il étudie le graphisme dans une école d'art française tout en réalisant le clip du groupe musical dont il est le batteur. Il se retrouve ainsi lancé dans une carrière de réalisateur, ses clips musicaux lui forgeant très vite une réputation internationale, qui s'accroît encore lorsque, à partir de 1993, il devient le réalisateur attitré de Björk. Son succès lui ouvre les portes de la publicité et, travaillant en priorité aux États-Unis, il y réalise des spots pour les plus grandes marques internationales, avant de passer en 2001 au cinéma de fiction, avec *Human Nature*, un conte burlesque et philosophique écrit par Charlie Kaufman, qui raconte les aventures et mésaventures d'un scientifique obsessionnel. L'humour et une certaine tendresse pour le délire y sont mis au service d'une grande virtuosité formelle, ce que confirme et amplifie son deuxième film, *Eternal sunshine of the spotless mind*, écrit à nouveau par Charlie Kaufman.

### ETERNAL SUNSHINE OF THE SPOTLESS MIND (2004)
**avec Jim Carrey et Kate Winslet**

**Lavage de cerveau.** Ils s'aiment, et en même temps ils ne se supportent plus. Alors elle craque la première : elle décide de faire disparaître de sa mémoire toute trace de cet amour. Et pour cela, elle s'adresse au cabinet du docteur Mierzwiak, qui a inventé un procédé qui permet, en appuyant sur la touche adéquate de l'ordinateur, d'effacer les souvenirs encombrants. Le lendemain, lorsque Joel se retrouve devant Clémentine, celle-ci, n'ayant plus aucune image de lui en tête, ne le reconnaît pas. Alors il craque à son tour et décide lui aussi d'effacer toute trace d'elle dans sa propre mémoire. Le problème, et c'est ce qui fait la touche de poésie fantaisiste du film de Michel Gondry, c'est que l'opération de lavage de cerveau, loin des hautes technologies futuristes, fait plutôt dans le bidouillage informatique et que les techniciens chargés de l'opération sont du genre carrément maladroit. Ce qui laisse quelque place à l'imprévu, notamment lorsque Joel, endormi pour l'opération et voyant ses souvenirs défiler, se prend à regretter progressivement de les voir disparaître. Il se met alors, de toute la force de son inconscient, à lutter contre le processus d'effacement et commence bel et bien à échapper au contrôle des opérateurs.

Ce qui donne l'occasion à Michel Gondry d'abord de faire la preuve de sa virtuosité technique. Son film joue en effet avec des techniques qui, refusant les facilités du numérique, renouent avec les vieux procédés d'illusionniste, en faisant proprement apparaître et disparaître, comme purement virtuelles, les images mémorielles qui forment l'histoire de son personnage. Celui-ci se retrouve pris dans une sorte de mauvais rêve, où il voit s'écrouler autour de lui des pans entiers de sa vie, ce qui se traduit par la fissuration puis par l'effacement des images elles-mêmes sur l'écran. La frontière entre le vrai et le faux, le vécu et le rêvé, l'immédiat et le souvenir, se trouve du coup abolie, emportant non seulement le personnage mais le spectateur avec lui dans un puzzle dont les pièces se dispersent et s'évanouissent, et qu'il lui faut rattraper et reconstruire s'il veut leur donner un sens.
Le scénario apparaît ainsi comme une excitante opération cérébrale, pas toujours très claire au demeurant et se perdant parfois un peu en route, mais qui ne saurait surprendre venant de ce même Charlie Kaufman qui avait déjà imaginé de plonger un de ses personnages dans la peau de John Malkovich. Ici ce n'est plus de dédoublement de personnalité qu'il est question, mais de plongée dans les zones opaques de la mémoire et de l'oubli. Ce qui, au demeurant, présente les mêmes risques : les opérateurs chargés d'effacer la mémoire de leurs clients ne se gênent pas en effet pour s'approprier leurs souvenirs et pour vivre leurs amours à leur place.
Car le plus nouveau, sans doute, dans ce film en forme de mauvais rêve éveillé, est qu'il raconte une histoire d'amour en train de se défaire et qui, par la vertu d'un retour sur soi, recolle ses morceaux. À ce jeu, Jim Carrey, loin de ses grimaces habituelles, profite de son élasticité cérébrale pour regagner une Kate Winslet dont la fantaisie se marque aux couleurs sans cesse renouvelées de sa tignasse. Couleurs qui sont, par la même occasion, un fil conducteur à travers les différentes strates du souvenir. Fil cocasse et surprenant comme un cheveu sur la soupe, à l'image d'un film dont l'apparence farfelue se révèle *in fine* être une subtile construction mentale.

## GONZALEZ INARRITU Alejandro (mexicain, né en 1963)

**FILMOGRAPHIE :**
***Amours chiennes (1999)*** • *11'09''01 (2002), co-réalisation* • *21 grammes (2003)*

Le cinéma mexicain semble, au tournant du XXIe siècle, renouer avec l'esprit de création : la révélation en 2002, avec *Japon*, d'un cinéaste aussi original et dérangeant que Carlos Reygadas en témoigne, tout comme l'illustre la confirmation, en quelques années et quelques films, d'un talent aussi personnel que celui d'Alejandro Gonzalez Inarritu. Celui-ci, formé à l'école de la musique rock (il commence comme réalisateur, producteur et disc-jockey de la principale radio rock du Mexique), puis de la télévision (où il devient directeur de création), puis de la publicité (où il crée une société de production qui devient un des groupes de communication le plus important d'Amérique latine), représente bien cette génération, formée par les clips télé et les spots publicitaires, qui, passant au cinéma, y développe une culture et une esthétique nouvelles, dans le sillage brillant ouvert par Quentin Tarantino. Avec une virtuosité qui ne le cède en rien à celle de son modèle américain, le cinéaste mexicain fait preuve, dès son premier film, d'une maîtrise du récit et de la forme qui, pour autant, ne se laisse pas enfermer dans le brio du seul formalisme mais qui trouve dans le rythme et l'éclatement des images le langage idéal pour traduire un univers urbain lui-même traversé des forces et des pulsions les plus violentes.

### AMOURS CHIENNES (1999)
**avec Emilio Etchevarria, Gael Garcia Bernal et Goya Toledo**

**Chiennes de vies.** Un choc. Celui qui, d'entrée de jeu, projette deux voitures l'une contre l'autre dans les rues de Mexico, avec une violence inouïe, qui éclabousse de sang et de hurlements les premières images du film d'Alejandro Gonzalez Inarritu. Mais, plus encore, un choc émotionnel et esthétique qui s'impose, à la vision d'un premier film qui frappe décidément fort.
D'abord par la virtuosité narrative qui, autour de cet accident sur lequel s'ouvre le récit, noue trois intrigues parallèles qui, se succédant et s'entremêlant, forment la triple trame sur laquelle est tissé le scénario. D'un côté, les deux adolescents qui foncent dans leur voiture, poursuivis par un 4 x 4 menaçant, viennent des quartiers les plus pauvres de la ville. Et le molosse ensanglanté qui gît sur la banquette arrière renvoie au milieu cruel des combats de chiens, des rivalités de bandes, des paris clandestins et des règlements de comptes, qui ne sont eux-mêmes que la

traduction d'une sauvagerie sociale, que le réalisateur montre dans toute sa violence et sa crudité. Sauvagerie faites de multiples tensions – sexuelles, familiales, urbaines – qui, à travers ces jeunes mâles qui s'affrontent par chiens interposés, renvoient aux instincts les plus primitifs, et à la lutte pour la vie, dans une ville – Mexico – qui apparaît comme l'image même de la jungle moderne.
Car, jouxtant les quartiers déshérités, la richesse s'étale dans les quartiers chics, ceux-là mêmes où vit la jeune femme qui conduit l'autre voiture. Mannequin vedette, elle est en train de vivre une de ces romances sentimentales qui font la manne des feuilletons télé et de la presse people. Et son adorable petit chien, qui aboie sur la banquette arrière, symbolise parfaitement ce monde du luxe et du clinquant. Le choc des deux voitures traduit, du coup, non seulement la rencontre frontal de deux mondes que tout sépare et oppose, mais l'accident va à son tour précipiter la jeune femme dans un cauchemar dont la cruauté ne le cède en rien à celle qui règne dans la jungle des bas quartiers.
Cette seconde intrigue fait basculer du thriller urbain à une comédie noire, teintée d'un fantastique inquiétant, tonalité que transcende et réunit tout à la fois le personnage témoin de l'accident – un clochard qu'accompagne une ribambelle de chiens des rues – et dont l'histoire réunit et confronte les deux mondes : ancien guérillero, ayant abandonné sa famille bourgeoise, il survit à la fois comme vagabond mais aussi comme tueur à gages travaillant pour le compte de commanditaires corrompus, qui lui désignent les cibles à abattre dans le monde des riches et des puissants. Et lui aussi, en recueillant le chien blessé dans la voiture accidentée, va être victime de la chiennerie de l'existence. Si ce n'est que, à la différence des deux autres protagonistes, cette plongée dans la sauvagerie primitive va lui permettre de se réconcilier avec lui-même, et de partir, avec son chien à ses côtés, vers un avenir que la dernière image du film montre à la fois noir, immense et désertique, comme un champ de cendres après l'embrasement général.
Il y a là, au-delà de la virtuosité formelle, un de ces plans inspirés qui disent assez que, à partir d'un univers bien réel – celui d'une ville où semblent se concentrer toutes les formes démesurées d'un enfer moderne –, un cinéaste construit son propre univers fictionnel. Ce n'est pas le moins fascinant.

## GOUPIL Romain (français, né en 1951)

**Premier long métrage :**
*Mourir à 30 ans (1982)*
**Filmographie depuis 1985 :**
***Maman (1989)*** • *Lettre pour L... (1993)* • *À mort la mort! (1999)* •
*Une pure coïncidence (2002)*

Assistant opérateur d'abord, puis assistant réalisateur (de Deray, de Godard, de Polanski, de Chantal Akerman, entre autres), Romain Goupil a débuté en fanfare avec *Mourir à 30 ans*, un film conçu dans l'esprit contestataire de 1968 et qui, à partir d'images tournées à l'époque en amateur, sonne le glas quinze ans après, avec le suicide de son meilleur ami, des espoirs de toute une génération. Depuis, Goupil est resté fidèle à ses engagements, tant à travers les combats qu'il mène dans sa propre vie qu'à travers sa conception d'un cinéma militant, où la teinte de fiction qu'il introduit dans les histoires qu'il raconte n'est toujours qu'une façon de parler des causes qui l'intéressent au fil des années et à travers lesquelles il perpétue ses rêves de jeunesse.

### MAMAN (1989)
**avec Anémone et William Lafon**

**La grande cavale.** La mère méritante qui sort de prison et qui, récupérant ses gosses et ceux de sa copine restée à l'ombre, entreprend de les sortir de la misère : bonjour le mélo ! Mais l'on est chez Romain Goupil, qui réalisa un jour ce film aigu et déchirant, *Mourir à 30 ans*, et avec lui le mélo n'a rien qui puisse faire pleurer Margot. Il ferait plutôt trembler le bourgeois, voire la société tout entière. Car Lulu, ladite mère taularde, n'y va pas par quatre chemins : ses gamins, graine de saleté et de violence, elle les sort de leur squat pour les embarquer dans une équipée sauvage où l'on vole allègrement tout ce qui vous tombe sous la main et où, de combines tordues en coups fourrés, on se retrouve en train de braquer une banque. Car l'argent, pense Lulu, c'est fait surtout pour les pauvres.

C'est eux qui en ont le plus besoin, ne serait-ce que pour réaliser leur rêve, et surtout son rêve à elle, Lulu, qui est que sa quille éclate et qu'elle aille à la mer, sur un grand bateau blanc, qui larguerait enfin les amarres, laissant loin derrière ce monde pourri.

Romain Goupil, qui, dans les années 68, fit la révolution, n'a rien oublié, ni rien renié. *Maman*, sous ses dehors de fantaisie zonarde, est un brûlot passablement subversif, qui dit aux prolos d'aujourd'hui, aux loubards de HLM, aux délaissés de la croissance, aux basanés des cités minguettes, que le bonheur existe, et qu'il est à portée de la main de ceux qui savent le saisir. L'éducation qu'en bonne mère Lulu apporte à ses gamins leur enseigne la façon de s'y prendre : là où la loi et la morale dressent des interdits, les contourner par l'astuce, les piéger en étant plus malins qu'eux. Puisqu'on ne peut changer le monde, en profiter à ses dépens.

Maman, c'est Anémone. Elle a le cœur grand comme ça. Avec sa jupe Prisu qui vole sur ses jambes joliment découvertes, avec sa poitrine généreuse qu'elle exhibe en bas résilles et bustier serré quand elle joue à la maman et à la putain pour les besoins de la cause, avec cet air de ne pas y toucher et cette volonté de fer qui renverse la morale et ouvre les coffres des banques, elle est une sorte de Mère Courage, version zone, semant le vent pour récolter la tempête. Formidable actrice qui peut tout faire. Et qui rend d'autant plus sensible le manque de densité de ses partenaires enfants, trop souvent empruntés et manquant de naturel. Ce décalage nuit malheureusement à la crédibilité d'un film qui en a d'autant plus besoin qu'il joue à mêler les tons et les registres. Entre la comédie et le tableau de mœurs, entre la caricature (ah ! ces deux beaufs gardiens de parking ! tout est dit en un plan) et la tranche de vie quasi documentaire, entre le constat et la fable, entre la réalité et l'utopie, le récit se veut constamment sur le fil. Périlleux exercice d'équilibre qui ne résiste pas toujours à des décors qui en rajoutent dans la crasse ni à des dialogues qui ne font pas spécialement dans la dentelle rose. Reste pourtant un film plein d'idées et d'intentions, et qui, sous ses airs bravaches, est passablement écorché vif.

## GOWARIKER Ashutosh (indien, né en 1964)

**FILMOGRAPHIE :**
*Pehla Nasha (1993)* • *Baazi (1995)* • *Lagaan (2001)* • ***Swades (2004)***

Ashutosh Gowariker représente, dans le cinéma bollywoodien, une forme d'ouverture qui, sans se couper en rien de la tradition, entend aborder des sujets plus nouveaux. Longtemps acteur, intervenant dans des films de réalisateurs importants et populaires, comme Ketan Mehta, Mahesh Bhatt, Saeed Mirza Akhatar, Jalel Agha, Rajiv Mehra ou Kundan Shah, il se frotte à tous les genres du cinéma bollywoodien avant de passer lui-même derrière la caméra. Si ses deux premiers films, deux thrillers, restent assez traditionnels, avec *Lagaan*, qui lui assure une audience internationale (le film est retenu pour l'Oscar) et qui, à travers une partie de cricket entre villageois indiens et soldats britanniques, aborde la question du colonialisme anglais et du système des classes, il infléchit sensiblement le film bollywoodien vers des préoccupations politiques et sociales, que l'on retrouve plus nettement encore dans *Swades*, où la question du rapport entre tradition et modernité se trouve explicitement posée.

### SWADES (2004)
### avec Shah Rukh Khan et Gayatri Joshi

**India song.** Le jour même où il apprend qu'il va recevoir la nationalité américaine, Mohan, brillant ingénieur à la Nasa, se souvient qu'il est indien et qu'il a laissé là-bas, après la mort de ses parents, sa vieille nounou qui l'a élevé. Prenant quelques jours de congés, il décide de partir pour son pays natal, bien décidé à ramener sa chère Kaveriamma avec lui. Mais une fois parvenu jusqu'à elle, dans un petit village à l'écart de tout, il se retrouve face à l'Inde éternelle, celle des traditions, des coutumes, des castes, celle aussi de la misère et de l'injustice. Attiré par ce pays qu'il retrouve et que, largement, il découvre, il a d'autant plus envie de lui apporter ce qu'il peut lui offrir, pour l'ouvrir au progrès, qu'il trouve sur place une jeune femme, Gita, qui, comme lui, veut lutter pour l'avenir du pays. Et comme, en plus, elle est divinement belle et qu'elle le regarde avec un air qui ne trompe pas, Muhan se sent de moins en moins de raisons de repartir.

À Bollywood, tout film passe forcément par une romance sentimentale, par les détours croisés du mélodrame et de la comédie et, naturellement par l'explosion des chansons et des danses. Et à peine le personnage principal a-t-il quitté le centre d'études spatiales américain où se concentre le nec plus ultra de la haute technologie que, traversant l'Inde dans un camping-car, il prend en stop un homme surgi du fond des âges qui se met illico à entonner une ballade qui dit au voyageur : « Oublie tes difficultés, regarde ces fleurs, le monde est plein de couleurs. » Cette invitation à ouvrir les yeux sur le monde, elle annonce ce qui va être l'itinéraire de retour au pays de Muhan, pur produit du modèle américain, brutalement confronté à la terre de ses ancêtres. La forme bollywoodienne est bien là, et les chants vont revenir, à intervalles réguliers, rythmant une intrigue où rien ne manque, ni l'émotion des retrouvailles avec la vieille nounou, ni la vibration de l'amour. Mais Gita, qui est institutrice, veut donner l'éducation à tous les enfants et, libre de ses choix, va jusqu'à refuser le mariage qu'on a arrangé pour elle. Du coup, la forme traditionnelle du cinéma indien se charge, sans rien abandonner de ce qui fait sa nature profonde, d'une préoccupation sociale tout à fait nouvelle. Celle-ci se trouve illustrée de façon fortement explicite par l'itinéraire du héros qui, découvrant la misère du peuple, lutte pour dénoncer le système des castes et, dans le même temps, en fournissant de l'électricité au village, veut montrer à ses compatriotes que le progrès est à portée de leurs mains et de leur volonté. La leçon est claire : en restant fidèle, y compris dans la forme du film, à ce qui fait la culture et la tradition du pays, Ashutosh Gowariker instille, dans un grand film populaire, l'esprit de la modernité. Il lui faut trois heures trente pour cela. Mais le temps ne compte pas, porté par le chatoiement des couleurs, par la découverte passionnante de l'Inde profonde, et par ce suspense, dont la portée symbolique est évidemment lourde, de savoir si Muhan repartira aux États-Unis ou restera dans son pays.

## GRANDPERRET Patrick (français, né en 1946)

**Premier long métrage :**
*Courts-circuits (1981)*
**Filmographie depuis 1985 :**
*Mona et moi (1989)* • *L'Enfant lion (1992)* • ***Le Maître des éléphants (1995)*** •
*Les Victimes (1996)*

Diplômé de l'Essec, assistant de Maurice Pialat, passionné de moto (comme pilote d'abord, dans les années 1970, avant de lui consacrer son premier long métrage, *Courts-circuits*, en 1981), Patrick Grandperret s'est tourné surtout vers la production, tout en réalisant, sur des sujets (l'Afrique) et avec des acteurs (Jacques Dutronc) qu'il aime, des films très différents, témoignant d'un côté nomade et itinérant, qui n'est pas un des moindres charmes que peut offrir, avec des cinéastes aussi inclassables que lui, le cinéma français.

### LE MAÎTRE DES ÉLÉPHANTS (1995)
**avec Jacques Dutronc, Erwan Baynaud et Victor Tige Zra**

**Une enfance africaine.** Il était une fois un garçon d'une douzaine d'années dont la mère venait de mourir. Ne sachant trop que faire de lui, sa famille l'envoie rejoindre son père, qu'il ne connaît pas, en Afrique, où celui-ci est parti il y a déjà longtemps, abandonnant sa famille, pour aller s'occuper d'une réserve animalière. Il était donc une fois un enfant triste et seul, qui débarque de l'avion à l'aéroport de Yaoundé, et qui, soudain, sent l'Afrique lui sauter au visage.

Le film de Patrick Grandperret commence sur des sentiers connus : ceux d'une histoire romanesque, dont le héros est un enfant, appelé à vivre des aventures qui vont avoir valeur d'apprentissage. Que cette éducation se passe en Afrique lui fait vite prendre, au surplus, la forme d'une initiation. Car le jeune Martin découvre un monde passablement étrange, dont les deux amis qu'il ne va pas tarder à se faire lui offrent chacun une facette contrastée. D'un côté, il y a Victor, sorte de titi du coin, qui, plutôt que l'école, a choisi la voie de la débrouille, et qui vend de l'essence de contrebande avec l'espoir, un jour, de partir pour New York et d'y devenir musicien. De l'autre, il y a Fofana, dont la tribu Hama vit toujours dans son village selon les anciennes coutumes, et qui lui-même arrive à l'âge où il va devoir affronter les épreuves qui feront de lui un initié. Face à Victor, symbole d'une Afrique moderne rêvant d'une vie à l'américaine, Fofana représente ainsi la force profonde et ancestrale des mythes, avec cette part de mystère envoûtant dont sorciers et féticheurs détiennent le secret. Cette découverte d'une réalité si éloignée de lui, pour le jeune Blanc qui se retrouve à l'école au milieu de centaines de têtes noires qui soulignent sa différence, se double

encore pour lui des difficultés qu'il rencontre à établir des liens avec un père qui, lui aussi, lui échappe, blanc et noir à la fois, et dont l'esprit est visiblement moins préoccupé par l'arrivée de son fils que par la disparition inexpliquée des éléphants, dont on ne trouve plus trace dans la réserve.
Tous les éléments se trouvent ainsi réunis pour que cette éducation africaine, et son volet proprement familial dans les relations du père et du fils, suivent les voies traditionnelles du récit d'aventure initiatique. Or l'intérêt du film de Patrick Grandperret est que, si aventure et initiation il y a, l'une et l'autre passent par ce qui, au-delà des personnages et des situations qu'ils vivent, constitue bien le cœur véritable du film : l'Afrique. Ce à quoi *Le Maître des éléphants* conduit, c'est à la découverte d'un continent que le cinéaste a voulu filmer dans sa réalité profonde. Or cette réalité, s'il faut l'écouter aux portes de la légende, c'est que tout ici passe par une vision animiste des choses, qui fait de la nature la matrice universelle et l'âme vivante du monde. Le périple des enfants, dans leur recherche aventureuse des éléphants disparus, n'est du coup qu'une façon de lever un coin du voile, et d'approcher le sens même du mystère de la vie. Cette façon de déboucher sur l'essentiel tranche heureusement avec les bouillies prédigérées et les rêves agencés sur ordinateur à quoi se réduit souvent le cinéma pour enfants. Elle ne va pas toutefois sans quelques scories. La mise en place de tous les aspects du récit – le volet romanesque, l'aspect familial, l'intrigue animalière – prend du temps, et le rythme s'en ressent. D'autant que l'ensemble apparaît si dense qu'on a parfois l'impression d'un trop plein, et que les divers éléments ne s'agencent pas de façon toujours très souple, amenant les rouages du récit à grincer un peu. Reste pourtant, portés par une interprétation aussi juste des enfants que des adultes et par un désir de ne pas céder, y compris dans l'image, aux clichés convenus, une ambition et, parfois, un souffle rares dans le cinéma français, et plus encore dans le cinéma pour enfants, où il y a pour chacun beaucoup à apprendre. Et tout autant à rêver.

## GRANIER-DEFERRE Pierre (français, né en 1927)

**Premier long métrage :**
*Le Petit garçon de l'ascenseur (1962)*
**Filmographie depuis 1985 :**
***L'Homme aux yeux d'argent (1985)*** • *Cours privé (1986)* • *Noyade interdite (1987)* • *La Couleur du vent (1988)* • *L'Autrichienne (1990)* • *La Voix (1991)* • *Archipel (1992)* • *Le Petit garçon (1994)*

Pierre Granier-Deferre représente parfaitement la continuité d'un cinéma français de qualité. Longtemps assistant avant de devenir metteur en scène, il applique de façon talentueuse les leçons qu'il a prises auprès des bons artisans qui l'ont formé : un cinéma qui fait en priorité appel à l'adaptation littéraire, un scénariste qui sait transformer le roman en solide histoire filmique, une attention portée à la description des milieux et des sentiments, une mise en scène qui cherche à donner au spectateur ce qu'il attend, des interprètes populaires, et – cela serait peut-être sa marque personnelle – un discret érotisme, longtemps assumé par sa comédienne favorite, Élisabeth Bourgine. La recette est bonne, et vaut au réalisateur de belles réussites. Mais, n'évoluant guère, elle vieillit avec lui, et ses dernières réalisations, de moins en moins convaincantes, en font foi.

### L'HOMME AUX YEUX D'ARGENT (1985)
**avec Alain Souchon, Lambert Wilson, Jean-Louis Trintignant et Tanya Lopert**

**L'arbre au magot.** Un homme, condamné à quinze ans de prison pour un hold-up sanglant, revient chez lui chercher le butin qu'il a caché. L'ennui est que des constructeurs, ces fossoyeurs de l'écologie, sont passés par là, et qu'à la place de la verte campagne qu'il a laissée, il retrouve une cité toute neuve, avec pavillons bien alignés, réverbères au cordeau, jardins privatifs et bonheur en béton. L'arbre au pied duquel il a enfoui son magot trône désormais au milieu du parking de la bibliothèque. Difficile, dans ces conditions, de faire son trou, d'autant qu'un flic un peu sadique continue à lui coller au train, qu'un jeune inspecteur passablement pervers joue son propre jeu, et que la bibliothécaire, directement concernée, entend bien elle aussi dire son mot.
De cet imbroglio somme toute assez classique, Pierre Granier-Deferre ne retient que ce qui l'intéresse. L'histoire proprement policière, bien menée, sinon toujours vraisemblable, est en fait un prétexte à faire s'affronter des êtres en proie à leurs démons intérieurs. La violence, du coup, est moins dans l'action que dans le heurt d'individus soumis

à leurs pulsions inavouées. Et tout l'art du réalisateur consiste à faire sortir cette part profonde, dans sa nudité et sa sécheresse. Il en résulte un film froid comme une lame de poignard, aux teintes métalliques, comme cet argent qui dort au fond de sa cachette et qui, on s'en doute, ne fera le bonheur de personne.
À côté d'un Alain Souchon un peu mou dans son idée fixe et d'un Jean-Louis Trintignant qui semble s'amuser parfois à jouer du Trintignant, la véritable ambiguïté tient surtout à l'interprétation de Lambert Wilson, archange aussi blond que diabolique, et de Tanya Lopert, secrète et déchirée. C'est la bonne surprise d'un film solide et charpenté, par ailleurs assez peu dérangeant, qui se regarde sans ennui mais sans passion.

## GRAY F. Gary (américain, né en 1970)

**Filmographie :**
*Friday (1995) • Le Prix à payer (1997) • Négociateur (1998) • Un homme à part (2003) •* ***Braquage à l'italienne (2003)*** *• Be cool (2005)*

Le malin génie d'Hollywood est d'aller chercher, pour les remettre au goût du jour, des petits films oubliés, dont la qualité scénaristique apparaît comme la garantie d'un remake ayant toute chance de réussite, sans que les spectateurs nouveaux, qui n'auront évidemment pas vu l'original, puissent être tentés de faire le rapprochement. Ainsi ceux qui voient en 2003 le très enlevé *Braquage à l'italienne*, dans la réalisation menée tambour battant par le cinéaste black F. Gary Gray, formé au vidéo-clip et aux films d'action, n'ont-ils que peu de chances de se rappeler le petit polar anglais de Peter Collinson qui lui sert de modèle, *L'or se barre*, datant de 1969, et bien oublié depuis.

### BRAQUAGE À L'ITALIENNE (2003)
#### avec Mark Wahlberg, Charlize Theron et Edward Norton

**De l'or en barre.** Si on cherche un film de pur divertissement, qui vous goupille d'entrée de jeu un incroyable braquage dans un cadre rêvé – Venise, sa lagune, ses palais, ses canaux, et sa poursuite infernale entre gondoles et embarcations diverses – et qui, pour pimenter la sauce, vous offre à l'autre bout du récit un remake du même braquage, mais cette fois-ci à Hollywood – sa colline, ses lettres géantes, et ses rues encombrées par un gigantesque embouteillage, avec nouvelle poursuite, mais automobile pour changer un peu –, on n'a pas besoin d'aller chercher ailleurs : le film de F. Gary Gray offre toutes les garanties.
Et d'abord celle d'un scénario qui sait ce que rebondissement veut dire. C'est d'ailleurs sans doute ce qui a donné aux producteurs l'idée de ressortir des cartons un petit film de casse anglais bien emballé, signé Peter Collinson et datant de 1969, où Michael Caine tenait la vedette, *L'or se barre*, pour en proposer une transposition à la fois à l'identique, question scénario, et totalement renouvelée, côté gadgets et action. Car le braquage revu et corrigé bénéficie évidemment des progrès de la haute technologie moderne, tant pour ce qui est de l'informatique (et c'est là le domaine d'un des émules de Bill Gates qui est aux commandes de son ordinateur), de la mécanique (avec notamment une customisation très particulière de la nouvelle Minnie Cooper qui pourrait donner des idées à ceux qui veulent transporter leurs lingots en empruntant les voies souterraines du métro) ou des explosifs (qui permettent désormais de se faire servir tout chaud tout rôti à disposition le coffre-fort qu'on veut ouvrir).
Si on y ajoute une caractérisation de chacun des membres de la fine équipe qui les rend aussitôt sympathiques, avec son exploseur sourd d'une oreille, son pilote rouleur de mécaniques et son génie du logiciel qui s'amuse comme un fou ; si on leur donne un chef charismatique, escroc mais pas trop (idéal Mark Whalberg), et doté d'un génie de l'organisation qui prévoit tout avant même que la difficulté se présente ; et si on leur adjoint une somptueuse créature (ah ! Charlize Theron), qui a hérité de son père l'art d'ouvrir les coffres-forts plus facilement qu'une boîte de sardines et qui, en prime, agit non pour le profit mais pour l'amour et la vengeance de son défunt papa : la cause est entendue.
Et d'autant mieux que lesdits braqueurs vengeurs ont un compte à régler avec la méchante crapule qui les a doublés sur le premier coup, et que celle-ci a le regard et le poil noirs d'un Edward Norton qui s'est fait la tête de l'emploi.
Tous les ingrédients étant donc réunis, il suffit d'agrémenter l'ensemble d'une bonne dose d'humour pour maintenir la légèreté du propos, de mettre en route la mécanique des deux casses successifs, le second conçu comme un pied de nez au premier, et de faire confiance à l'efficacité de comédiens visiblement gagnés par la jubilation du beau coup réussi : bingo, ça marche ! Et c'est de l'or en barre.

## GRAY James (américain, né en 1969)

**FILMOGRAPHIE :**
*Little Odessa (1994)* • ***The Yards (2000)***

Natif de New York, James Gray étudie le cinéma à l'université de Californie du Sud. Son film de fin d'études, *Cowboys and angels*, un polar affichant fortement la couleur noire, est remarqué par le producteur Paul Webster qui l'encourage à écrire un premier long métrage. D'origine juive russe, et voulant mettre en scène une tragédie américaine moderne, il choisit de la situer au sein de la communauté russe de Brighton Beach, dans la banlieue de New York : c'est *Little Odessa*, qui remporte le Lion d'argent à Venise en 1994. Toujours désireux d'approfondir le rapport entre la tragédie et le polar, il poursuit avec *The Yards*, pour lequel il choisit comme décor son quartier natal, le Queens.

### THE YARDS (2000)
**avec Mark Wahlberg, Joaquin Phoenix, James Caan, Charlize Theron et Faye Dunaway**

**Le noir de la tragédie.** Dès les premiers plans du film de James Gray, il y a comme le souffle d'une malédiction. Quelque chose d'à la fois glacial et pesant, qui accompagne ce garçon à l'air sombre dans le métro qui le ramène chez lui. Il s'appelle Léo, il vient de purger une peine de prison, et il revient avec l'intention de s'intégrer à la société et de répondre enfin aux attentes de sa mère, dont la santé chancelante est minée par le chemin douteux qu'il a pris. Pourtant, malgré sa sincérité de fils prodigue rentrant au bercail, son désir de rachat va se heurter aussitôt à des obstacles dont il n'est pas le maître et dont sa famille est comme le creuset matriciel.
Si l'on regarde *The Yards* comme un film de genre – ce qu'il est –, on y verra d'abord un superbe retour aux grands films noirs du cinéma américain, dont les affaires de famille, au sens mafieux du terme, sont un des thèmes dominants. Ici, le parrain du clan s'appelle Franck, il est l'oncle par alliance de Léo, et il dirige une entreprise, l'Electric Rail Corporation, qui truste les contrats juteux du métro new-yorkais. Extérieurement respectable, comme son entreprise, il pratique de fait la corruption, laissant à son exécuteur des basses œuvres, Willie, le soin de faire ce qu'il faut pour écarter la concurrence. Ce qui passe par les dessous-de-table, le chantage et, forcément, le meurtre. C'est ce que découvre Léo en accompagnant Willie dans ses expéditions secrètes. Le ver est ainsi dans le fruit familial, comme il est dans la grosse pomme new-yorkaise, avec ses politiciens véreux, ses flics qui touchent, ses marchés publics répartis d'avance moyennant liasses d'argent cash remises de la main à la main. La préoccupation politique, qui a toujours été un des axes forts du cinéma comme du roman noir, reprend ici du vrai poil de la bête : sous sa facture classique, et sans jamais élever le ton, le film de James Gray sonne juste et fort. Mais il y a plus. Ce ver de la corruption, il traduit aussi la présence des forces de dissolution et de déchirement qui minent de l'intérieur la famille. Du sujet politique on passe ici au mythe antique, celui-là même qui, depuis la tragédie grecque, dit le poids de la fatalité et l'inégal combat de l'homme contre les forces qui le dépassent. C'est là que se manifestent sans doute le mieux la réussite du film et le talent de son auteur. Tout en étant fortement ancré dans une réalité sociale, politique, urbaine, le film est aussi conçu comme une tragédie immémoriale, qui échappe au lieu et au temps. L'indétermination des costumes et du décor, le traitement pictural de la lumière, l'accompagnement lancinant de la musique quasi sépulcrale d'Howard Shore, l'opposition d'acteurs qui met face à face la génération des pères et celle des fils, et par-dessus tout l'emboîtement inexorable qui, à partir des passions individuelles, joue comme un engrenage où la famille va se broyer elle-même : on est là, bel et bien, dans la tragédie la plus pure. Celle qui fait remonter, sous l'apparence policée, la sauvagerie originelle, et qui rend problématique l'idée même du rachat. Si Léo, au bout du compte, joue le rôle du repenti, c'est au prix du malheur et de la mort. Dans cette magistrale topographie de la condition humaine, l'horizon est désespérément noir.

# GREENAWAY Peter (anglais, né en 1942)

**Premier long métrage :**
*The Falls (1980)*
**Filmographie depuis 1985 :**
*Z.O.O. (1985)* • ***Le Ventre de l'architecte (1987)*** • *Drowning by numbers (1988)* • *Le Cuisinier, le voleur, sa femme et son amant (1989)* • *Prospero's books (1991)* • *The Baby of Macon (1992)* • *The Pillow book (1996)* • *The Bridge (1997)* • *Huit femmes et demie (1998)* • *The Tulse Luper Suitcases: I, II, III The Moab Story (2003-2005)*

Avec Peter Greenaway, le cinéma se révèle art ludique et cérébral. D'abord peintre décorateur, il aborde le cinéma par le montage, puis commence à réaliser des courts métrages en 1966 tout en continuant à peindre, à écrire et à illustrer des romans. Lorsqu'il aborde le long métrage, il se signale aussitôt par un sujet insolite, l'histoire de 92 personnes dont le nom commence par F.A.L.L., dans *The Falls.* Son deuxième film, *Meurtre dans un jardin anglais*, en 1982, utilise les lignes et la perspective comme un dérèglement insidieux de l'ordre social, dans une histoire où la peinture joue comme manière et comme matière, ce qu'elle est encore dans *Z.O.O.,* dont l'atmosphère morbide baigne dans une lumière et des couleurs qui renvoient à Vermeer. Le volume et la rotondité dans *Le Ventre de l'architecte*, le jeu des chiffres dans *Drowning by numbers*, le canal de la nourriture figurant le corps humain dans ses pulsions et ses instincts et emboîtant les personnages dans un carré amoureux et social dans *Le Cuisinier, le voleur, sa femme et son amant*, les volutes de la calligraphie sur le corps humain dans *The Pillow book*, l'incarnation des fantasmes masculins par *Huit femmes et demie* réunies dans un bordel privé, et jusqu'à cette ingénieuse et complexe construction interactive qui prolonge vers la vidéo, le DVD, le livre et le site internet la construction elle-même savamment agencée du triptyque de *The Tulse Luper Suitcases*: tous ses films se construisent sur de savantes combinatoires, jouant avec les images comme lui-même joue avec les mots et les textes de Shakespeare dans *Prospero's books*, et élaborant de multiples faisceaux de signes à déchiffrer, où la sagacité du spectateur est constamment sollicitée, non sans que celui-ci ait le sentiment permanent que l'humour (noir) du cinéaste ne cesse de se jouer de lui.

## LE VENTRE DE L'ARCHITECTE (1987)
### avec Brian Dennehy, Chloe Webb et Lambert Wilson

**La quadrature du rond.** Rond, le ventre de Stourley Kracklite, architecte américain en route pour Rome, et qui profite du voyage en train, au passage de la frontière, pour poser sa rondeur stomacale sur le ventre accueillant de son épouse. Et rondes, les formes utopiques imaginées par cet architecte du XVIIIe siècle, dont le nom évoque lui-même la rotondité: Boullée. Et rond le ventre qui s'arrondit de la femme de Kracklite, dont la grossesse accompagne les neuf mois de cette autre gestation qu'est, pour son mari, la préparation de l'exposition sur Boullée qu'il est venu mettre en place à Rome, gestation qui d'ailleurs se passe mal: Kracklite est en proie en permanence à des maux de ventre qui – coliques, empoisonnement, cancer? – le laissent d'autant moins en repos qu'il voit le séduisant Caspasian, jeune architecte italien censé lui faciliter les choses, l'évincer progressivement de son exposition pour se l'approprier et, dans le même temps, lui piquer sa femme.
Le film de Peter Greenaway se promène ainsi entre une multitude de sphères et de rondeurs, à partir des dômes imaginés par ce maître mystérieux des formes que fut Étienne-Louis Boullée, lequel s'inspire, pour les idéaliser dans un rêve visionnaire, d'autres arcs, d'autres sphères, d'autres formes rondes, dont Rome offre, du forum antique aux places baroques et aux constructions mussoliniennes, toutes les variations et tous les modèles, comme la matrice toujours régénérée d'une civilisation se rebâtissant en permanence sur les ruines des âges précédents.
Tout est codé dans le film de Peter Greenaway, et le fascinant réseau de signes et de signaux fonctionne, pour qui veut bien s'y laisser prendre, comme un véritable jeu de pistes, qui conduit inévitablement vers une mort inscrite dans l'Histoire: le médecin qui annonce à Kracklite son cancer le fait devant une série de bustes représentant les empereurs romains morts empoisonnés ou éviscérés, et le terme de la grossesse de sa femme – naissance d'un côté –, marque le terme de son arc de vie – mort de l'autre. Mais malgré cette mort annoncée, le film ne laisse

jamais jouer l'émotion : son registre est celui de l'intellect, des chiffres mathématiques et des lois physiques pour ce qui concerne les calculs d'architecture, de l'humour froid et de l'ironie distanciée pour ce qui est de la démarche cinématographique. Comme il traçait les lignes de perspective de son tableau dans son désormais célèbre *Meurtre dans un jardin anglais*, Peter Greenaway, passant de la peinture à l'architecture, élabore son décor de boules et de rondeurs comme une construction mentale, où s'inscrit son film. Y a-t-il une clef à trouver à toutes ces références et tous ces indices ? De même que les bâtiments imaginés par Boullée – dont le fameux cénotaphe de Newton, hymne à l'inventeur de cette loi universelle qu'est la pesanteur – sont basés sur la géométrie platonicienne du cercle, du carré et du triangle, de même le film, en se jouant des formes, offre-t-il une subtile et malicieuse variation sur cette figuration de l'impossible résolution qu'est la quadrature du rond.

## GRLIC Rajko (croate, né en 1947)

**PREMIER LONG MÉTRAGE :**
*Coûte que coûte (1974)*
**FILMOGRAPHIE DEPUIS 1985 :**
*Il faut être trois pour être heureux (1986)* • ***L'Été des roses blanches (1990)*** • *Charuga (1991)* • *Josephine (2000)* • *Novo, novo vrijeme (2001)*

Né à Zagreb, Rajko Grlic fait partie de cette génération de cinéastes – les Sijan, Kusturica, Markovic, Karanovic, Paskaljevic – sortis de la Famu de Prague et des écoles de cinéma yougoslaves, apparue au début des années 1970, mais dont les films, à quelques exceptions près, dont celle de Kusturica, n'ont guère bénéficié d'une distribution internationale. Diplômé en même temps que Paskaljevic, il réalise d'abord de nombreux documentaires ainsi que deux séries télévisées dont le succès lui permet d'aborder le long métrage. Ses films sont présentés dans de nombreux festivals et y obtiennent tous des récompenses : *Coûte que coûte* en 1974, *Bravo Maestro* et *On n'aime qu'une seule fois* en 1978, *Les Dents de la vie* en 1984, *Il faut être trois pour être heureux* en 1986. Mais c'est *L'Été des roses blanches*, tourné avec une distribution internationale, qui le fait véritablement reconnaître, et qui lui ouvre une activité de producteur et de réalisateur de séries, de documentaires et de longs métrages, à cheval sur l'Europe et les États-Unis.

### L'ÉTÉ DES ROSES BLANCHES (1990)
**avec Tom Conti, Rod Steiger et Susan George**

**Un été 44.** Une rivière qui coule doucement au creux d'une vallée calme, ménageant, le long de ses berges, de petites plages abritées où l'on vient chercher la fraîcheur. C'est l'été. Les enfants pataugent, un gros monsieur dort sur une chaise longue, les guêpes bourdonnent, un chien s'étire, des petits malins, cachés sous les cabines de bain, regardent les filles se déshabiller, tandis qu'au milieu de l'eau, sur une barque, à l'abri des regards indiscrets, derrière un paravent, une beauté blonde offre son corps au soleil. Andria, le maître nageur, surveille la baignade, répare les barques, va et vient sous les plaisanteries amusées des habitués qui se moquent de ce sauveteur qui n'a jamais sauvé personne…
La première partie du film de Rajko Grlic respire la quiétude et le bonheur de vivre. On se dirait un dimanche à la campagne, dans un de ces chroniques tendres et intimistes qui racontent les plaisirs simples qui remplissent, plus tard, les albums de souvenirs. Pourtant, insensiblement, le récit glisse vers autre chose. Andria a un ami, un vieux pêcheur philosophe, auquel il rend parfois visite la nuit. La rivière, alors, devient noire et se charge de profondeurs inquiétantes, habitée qu'elle est par un démon des eaux, par des fées mystérieuses et par un silure énorme qui guette les baigneurs imprudents et qui, autrefois, a emporté le père d'Andria au fond des eaux glauques. Depuis, Andria, le fils du fleuve, frémit quand le vent souffle sur les roseaux et fait crépiter la crête des vagues, comme s'il était en relation avec ces forces mystérieuses qui habitent la nature. Aux couleurs vives de la journée au bord de l'eau, la vision nocturne apporte comme une tonalité féerique, assez proche de celle que l'on trouve dans les films de Kusturica. Il est vrai que Rajko Grlic est lui aussi yougoslave et qu'il partage la même culture. La même mémoire aussi. Car son film prend encore, à mesure qu'il avance, une autre dimension qui lui donne un tout autre sens. Le long de ce cours immuable, dans ce paysage à la fois calme et mystérieux, l'Histoire vient en effet jeter son ombre. On

est à l'été 44, et le pays est soumis à la botte nazie. Derrière l'apparente tranquillité des choses, c'est la violence, la terreur, la guerre. Et Andria, malgré lui, va se trouver pris dans ce piège infernal, le jour où, sauvant enfin son premier noyé, il ramène sur la rive l'officier de la garnison allemande. Le récit, alors, devient fable et le héros se découvre pour ce qu'il est : un Candide perdu dans les jeux cruels de la guerre et qui offre son innocence en pâture à un monde de cruauté. Tom Conti, dans une composition à la Dustin Hoffman, a les sourires, la retenue, les étonnements, la candeur du personnage. Il apporte à cette chronique des temps barbares la chaleur de la vraie bonté. Et il donne une certaine unité à un film qui semble hésiter un peu entre les genres et qui, entre des images un peu trop léchées et une musique un peu trop insistante, n'évite pas toujours la complaisance, même si, dans cette évocation nostalgique, qui coule lentement le long de ce fleuve tranquille de la mémoire, il réussit à faire passer comme l'image fugace d'un paradis perdu.

## GUÉDIGUIAN Robert (français, né en 1952)

**PREMIER LONG MÉTRAGE :**
*Dernier été (1980)*
**FILMOGRAPHIE DEPUIS 1985 :**
*Ki lo sa ? (1985)* • *Dieu vomit les tièdes (1989)* • *L'argent fait le bonheur (1992)* • *À la vie, à la mort ! (1994)* • ***Marius et Jeannette (1996)*** • *À la place du cœur (1998)* • *À l'attaque ! (1999)* • *La ville est tranquille (1999)* • *Marie-Jo et ses deux amours (2001)* • *Mon père est ingénieur (2004)* • ***Le Promeneur du Champ-de-Mars (2005)***

Commencée symboliquement par un film qui disait son départ de Marseille, qu'il quittait alors pour « monter » à Paris faire du cinéma, la carrière de Robert Guédiguian est tout entière marquée par cette ville dont il est originaire, et où il est revenu pour construire une œuvre qui témoigne tout autant de son enracinement provincial que d'un engagement politique fidèle aux idéaux communistes. Tous ses films, réalisés avec la même équipe d'amis et les mêmes comédiens complices qui reviennent comme des personnages récurrents, racontent les grandes causes sociales à travers des êtres simples, populaires, vivant dans l'intimité de leur vie personnelle des joies et des drames qu'il s'attache à traduire, renouvelant par la sincérité du ton et de la mise en scène ces grands genres populaires que sont le mélodrame ou le roman d'amour, revisités sur fond de réflexion politique et de conviction militante. Ce que traduit, d'autre façon, le portrait sensible qu'il offre de François Mitterrand dans *Le Promeneur du Champ-de-Mars*, dans une veine politique pas si fréquente dans le cinéma français.

### MARIUS ET JEANNETTE (1996)
#### avec Ariane Ascaride, Gérard Meylan et Jean-Pierre Darroussin

**Le bonheur est à l'Estaque.** C'est une mappemonde, comme un gros ballon transparent, qui flotte sur les eaux du port. C'est une mappemonde, mais c'est aussi Marseille, et c'est l'Estaque, et c'est la petite cour sur laquelle s'ouvre la petite maison où Jeannette vit sa petite vie. La première séquence du film de Robert Guédiguian en donne la mesure : délocalisée, mais pourtant universelle. Tout va se dérouler en effet dans un décor circonscrit à quelques rues étroites, à quelques toits de tuiles, dans le quartier nord de la ville, avec en toile de fond la mer et Notre-Dame de la Garde. Un espace presque clos, réduit, comme semble réduit l'horizon de ceux qui y vivent. Et pourtant, dans cette histoire de rien du tout, dans ces vies de gens de peu qui, à défaut de grand destin tragique, n'ont à se mettre sous le cœur que les drames courants d'une vie ordinaire, il y a à prendre et à respirer pour tout le monde.
Jeannette a déjà eu deux hommes. Le premier l'a quittée, le second a disparu lui aussi, écrasé par un échafaudage. Depuis, elle élève seule ses deux enfants, Magali, la grande, et Malek, le petit brun. Caissière dans un supermarché, elle fait comme elle peut pour joindre les deux bouts, soutenue par l'amitié de ses voisins, Caroline et Justin, Monique et Dédé. Des couples qui, eux aussi, ont leurs problèmes, mais qui partagent en commun cet espoir qui fait vivre, dans une sorte de communauté de cœur et de cour qui est la vivante incarnation de ce à quoi ils ont toujours cru, le grand rêve d'un communisme qui changerait la vie. Mais les temps ne sont plus ce qu'ils

étaient, la grande cimenterie qui faisait vivre tout le quartier est en démolition, et les pauvres sont toujours aussi pauvres, un peu plus chômeurs simplement, et plus facilement virés. Comme c'est le cas pour Jeannette qui, pour avoir dit un peu trop directement à son chef ce qu'elle pensait de son travail abrutissant, se retrouve à la porte. Mais Marius est là. Elle l'a rencontré en volant deux pots de peinture sur le chantier qu'il est chargé de garder. Pudiquement, gauchement, sans dire grand-chose, il vient lui apporter les deux pots en question et offrir par la même occasion la largeur de ses épaules et la vastitude de sa tendresse à ce petit bout de femme, bavarde pour deux. Car on est à Marseille et les mots fusent, dans une sorte de dramaturgie permanente où les phrases qu'on se lance sont toujours comme des répliques de théâtre. Et, bien sûr, avec l'accent, c'est Pagnol qui se profile, et ses silhouettes gentiment populaires, ses drames de famille à vous fendre le cœur et ses mots qui n'en finissent pas de résonner.

Pourtant, ce qui fait la tonalité du petit théâtre de Guédiguian, c'est plus du côté de Renoir qu'il faudrait le chercher. Du côté d'un cinéma fait entre amis, presque en troupe, et qui porte l'idée d'une communauté sociale. Un cinéma qui capte la vie, qui donne la parole à ceux qui d'ordinaire ne l'ont pas, qui montre que les gens simples ne sont pas si simplets et qu'un film tourné sans grands moyens n'est pas forcément un film à petites ambitions. Car Guédiguian sait filmer, avec une propreté des plans et une fixité des cadrages qui est celle d'un cinéma qui ne tremble pas. Et sa mise en scène, toute de subtilité sous ses airs de flânerie marseillaise, organise une construction, des images, des échos qui, sous-tendant la ligne toute simple de l'intrigue, lui apportent sa profondeur d'émotion et de sens.

Lorsque le film commence, une chanson suit le parcours du ballon-mappemonde poussé par le courant et les paroles disent qu'il pleut sur Marseille. Cette pluie, elle est dans l'intimité de vies marquées par les malheurs, par l'abandon, par la solitude, par l'enfermement dans les camps, par l'irrémédiable de la mort. Mais pourtant, lorsque le film se termine, c'est une autre chanson qui s'élève et c'est « O Sole mio ». Et ce soleil, c'est celui des rapports entre les êtres, entre une mère et sa fille, entre un homme et une femme, entre des femmes entre elles, entre des hommes entre eux. Ce soleil, c'est celui qui, avec un optimisme tranquille et assuré, réchauffe les cœurs et fait croire qu'il fera beau demain. Ce soleil, c'est celui d'un film lumineux et chaleureux qui dit que la vie vaut malgré tout la peine d'être vécue et que le bonheur est là tout près : à l'Estaque, dans le film de Robert Guédiguian.

## LE PROMENEUR DU CHAMP-DE-MARS (2005)
### avec Michel Bouquet

**Le vieil homme et la mort.** Mitterrand, d'abord. Qui, survolant la Beauce et la profonde houle et l'océan des blés, contemple la cathédrale de Chartres en récitant les vers de Péguy. La première séquence du film de Robert Guédiguian donne d'emblée au personnage un attachement à la terre de France et aux racines auquel la scène suivante – où il caresse les gisants des rois reposant dans la cathédrale de Saint-Denis – donne toute sa densité de sens, d'autant que, dans une autre scène qui lui répond à l'autre bout du film, lorsque la mort sera proche et que la polémique fera rage sur l'emplacement qu'il s'est choisi pour son tombeau, il se couchera sur la dalle froide d'une nef d'église, gisant parmi les gisants, monarque prenant sa place pour l'éternité dans la longue chaîne de ceux qui firent la France. Cette vision d'histoire – qui a quelque chose de gaullien – donne par contrecoup tout son prix à l'autre aspect que développe le film : la vision familière d'un président en fin de mandat qui se trouve être surtout un homme en fin de vie. Et, comme tel, confiant à un jeune journaliste – image un peu appuyée de la transmission – ce qu'il ressent face à l'échéance de plus en plus inéluctable. Mitterrand parlant de lui-même, retors, espiègle, irritable, attentionné, indifférent, caustique, ondoyant, citant Chateaubriand et lisant Chardonne, rangeant ses livres, souffrant le martyre, parlant des femmes, de son père, de sa fille, et laissant flotter, toujours, cette ombre qui enveloppe les années sombres, celles de 1942-1943, celles d'une jeunesse française… Un Mitterrand mis à nu, vieil homme dans son bain, corps décharné et sentant le squelette : voici la nudité, le reste est vêtement…

Bouquet, ensuite. Étonnant, comme toujours, et même un peu plus. Parce qu'il a l'œil rieur de l'amour de la vie d'un côté, et le masque de la mort qui vient de l'autre. Et marchant à l'identique, portant chapeau et casquette en toute ressemblance, et parvenant à rester toujours lui-même en incarnant idéalement l'autre.

Guédiguian, enfin. Cinéaste engagé, militant, sans concession face à celui qui a roulé les communistes dans la farine, mais découvrant aussi la stature de l'homme d'État, et le montrant qui incarne, vaille que vaille, l'idée de la gauche. Ce n'est pas, d'ailleurs, le moindre paradoxe ni la moindre réussite de ce film ambitieux – politique au sens fort et noble du mot – que l'intransigeance qu'il manifeste pour son modèle vienne en quelque sorte cautionner la fascination qu'il témoigne pour lui. Loin des cris d'orfraie des thuriféraires patentés et des piaillements des adversaires irréductibles, il se contente de dresser à François Mitterrand un juste et sensible tombeau.

## **GUIGUET Jean-Claude** (français, 1943-2005)

**Premier long métrage :**
*Les Belles manières (1975)*
**Filmographie depuis 1985 :**
*Faubourg Saint-Martin (1986)* • ***Le Mirage (1992)*** • *Une nuit ordinaire (1996)* •
*Les Passagers (1998)*

Cinéaste rare, à la fois par sa filmographie restreinte et par l'équilibre fragile entre observation naturaliste et grâce poétique qui caractérise ses films, Jean-Claude Guiguet, avec quelques autres cinéastes de sensibilité proche, comme Jacques Davila, Gérard Frot-Coutaz ou Jean-Claude Biette (ces deux derniers prématurément disparus), illustre un type de cinéma indépendant, se développant en marge de la production officielle et touchant un public restreint mais fidèle.

### LE MIRAGE (1992)
#### avec Fabienne Babe, Louise Marleau et Véronique Silver

**La grande illusion.** Mariane a 50 ans. Elle vit au bord du lac Léman avec sa fille, son fils et une amie qui lui tient lieu de confidente, au cœur d'une nature admirable, qu'elle aime et qui lui insuffle la vie. Fille du printemps, elle a gardé l'éclat de la jeunesse, même si bien des saisons ont passé dans sa vie. Et la présence d'un jeune Américain qui la trouble suscite en elle une flambée de désir qui repousse le vieillissement, qui la rajeunit et la rend femme à nouveau. À moins que ce ne soit qu'un leurre et que la mort, sans rien dire, fasse son œuvre, renvoyant la vie à ce qu'elle est : un mirage qui se dissipe forcément un jour.
Pour traiter ce thème plein de si intimes résonances, Jean-Claude Guiguet, cinéaste d'une sensibilité extrême, dont la finesse est celle de la nuance et de l'acuité, a composé une sorte d'opéra visuel, où l'on retrouve, dans l'intensité des images et de la musique, quelque chose du Visconti de *Mort à Venise*, même si les caractères de femmes ici présentées rappellent surtout les cris et chuchotements de Bergman. Autant de références qui disent toute la qualité du cinéaste et de son film, même si *Le Mirage* a surtout quelque chose qui n'appartient qu'à lui : cette violence sourde, cachée, cette menace inscrite au cœur des images du bonheur et que fait parfaitement sentir le jeu des trois comédiennes : Louise Marleau, la femme, Véronique Silver, l'amie, et surtout Fabienne Babe, la fille, éclatante.
Film subtil, entêtant, plein de voies souterraines (car cette réflexion sur l'âge inexorable et sur la lutte sournoise entre les forces de vie et les forces de mort confronte aussi deux mondes, l'ancien et le nouveau, l'Europe et l'Amérique). Film qui a son rythme, lent, sa manière, au sens maniériste du terme : une affectation qui n'est pas froideur, mais plutôt façon de montrer que la réalité n'est pas ce qu'elle paraît, que le mirage est au cœur des êtres et des choses. Petit film sans doute, mais dont la petite musique résonne à coup sûr de façon bien plus profonde que celle de bien des grosses machines tape-à-l'œil dont l'écume envahit si souvent l'écran.

J

I

# H

## HAAS Philip (américain, né en 1954)

**Filmographie :**
***La Musique du hasard (1992)*** • *Des anges et des insectes (1994)* • *The Blood oranges (1997)* • *Il suffit d'une nuit (2000)*

La carrière de Philip Haas, né à San Franciso puis ayant étudié à Rome et à Harvard, commence par le théâtre, lorsqu'il travaille d'abord en Angleterre comme assistant réalisateur à la Royal Shakespeare Company puis en tant que metteur en scène indépendant à Londres et en Asie. Elle se poursuit à partir de 1981, avec *The World of Gilbert & George*, par une activité de documentariste, dont des films, à la croisée du cinéma et des nouvelles formes d'expressions plastiques, sont projetés, du Centre Georges-Pompidou à la Tate Gallery et au Museum of fine Arts de Boston, dans tous les plus grands musées d'art moderne. Elle passe à la réalisation de fictions lorsque, en 1992, le cinéaste rencontre, avec l'adaptation de *La Musique du hasard*, un univers proche du sien : celui du romancier Paul Auster, dont les fascinants emboîtages, mi-polar mi-conte de fées, sous-tendent une réflexion philosophique sur l'identité disloquée de l'homme contemporain. Ce côté à la fois élégant et troublant que Philip Haas développe pour traduire l'univers du romancier se retrouve dans les films qui suivent : *Des anges et des insectes*, où un jeune naturaliste épouse une femme qui a tout d'une mante religieuse, ou encore *Il suffit d'une nuit*, où en 1938, à Florence, une jeune veuve anglaise se voit courtisée par deux hommes à la fois, dans une atmosphère vénéneuse et trouble inspirée d'un roman de Somerset Maugham.

### LA MUSIQUE DU HASARD (1992)
#### avec James Spader, M. Emmett Walsh et Mandy Patinkin

**Poker menteur.** La route, qui semble se dérouler à l'infini, et une voiture de sport rouge, qui file à travers de verts paysages de collines et de forêts : le film de Philip Haas commence comme un road-movie, cet avatar cinématographique et motorisé du roman picaresque. Au volant de la BMW, un homme, Jim Nashe, qui a hérité quelque 200 000 dollars d'un père qu'il n'a pas connu, ce qui lui a permis de quitter son emploi de pompier à Boston et de partir au hasard, dans cette voiture qui l'emporte il ne sait où. Quelque part du côté de la Pennsylvanie, il tombe sur un type en sang, qui se traîne sur le bas-côté. Il le prend en stop, et de ce croisement inopiné de leurs deux existences, naît un bout de chemin qu'ils vont faire ensemble. Le blessé, Jack Pozzi, est un flambeur professionnel, un de ces types qui ne sait compter que par paires et par brelans et qui guette le gogo pour lui vider les poches autour d'une table de poker. Or justement, Jack a repéré deux de ces proies faciles, deux dingues qui ne pensent qu'aux cartes et qui sont d'autant plus intéressants qu'ils sont milliardaires. Jim, tenté par l'aventure, propose à Jack de lui donner la mise de fonds nécessaire et de s'associer à lui pour cette partie où il y a gros à gagner. Les deux hommes se retrouvent donc dans la résidence de leurs futures victimes, extravagante demeure gothique dont les propriétaires semblent se livrer à d'étranges rituels dont le jeu occupe le centre. Et la partie commence. Mais loin d'offrir à Jack et Jim les gains attendus, elle va vite se révéler pour eux un redoutable piège où acculés, ils vont bien devoir se laisser prendre. Et le spectateur avec eux.

Car le propre du film de Philip Haas, parfaitement fidèle en cela à l'univers lui-même piégé de Paul Auster dont le film adapte le roman du même titre, apparaît comme une savante et fascinante manipulation, qui joue avec le spectateur, tout comme le romancier, donnant des coups de pouce au hasard, se joue des deux héros de son histoire. En fait, commencé comme une sorte de balade pleine de fantaisie, le film débouche sans qu'on s'en rende compte sur un vrai labyrinthe kafkaïen, dont les personnages ne peuvent plus sortir. Avec, pour le spectateur embarqué dans la même aventure et pris dans la même nasse, le sentiment que, en dehors du champ, quelqu'un (le réalisateur ? le romancier ? quelque dieu invisible ?) tire les ficelles et les plans avec une précision de géomètre, comme dans un film de Peter Greenaway. Les coups de dés sur lesquels s'articule ainsi le récit, loin d'abolir le hasard, le transforment progressivement en destin tragique et, dans cette partie de poker menteur, on découvre que c'est la vie même des personnages qui est en jeu. Le tout montré, autre piège, avec une caméra toute de fluidité, sans le moindre effet apparent, comme si tout cela allait de soi. Pourtant, la beauté du décor agreste devient vite menaçante, comme le côté débonnaire du gardien affecté à la surveillance des deux compères devenus prisonniers et travailleurs de force cache, on le sent bien, la force la plus meurtrière. Il y a ainsi, porté par une musique elle-même trompeuse, qui chante la douceur là où la violence sourde s'installe, un récit qui, sous les dehors du hasard, suit une ligne inexorable. Et les deux héros de cette étrange aventure, auxquels James Spader et Mandy Patinkin apportent une interprétation elle-même troublante dans son apparente simplicité, deviennent vite, par une opération d'osmose, comme nos semblables, nos frères, avec qui nous souffrons, espérant bien avec eux voir le bout de ce traquenard absurde, apparemment sans rime ni raison, et qui pourrait bien s'appeler, au bout du compte, la condition humaine.

## HACKFORD Taylor (américain, né en 1944)

**Premier long métrage :**
*Le Temps du rock'n roll (1980)*
**Filmographie depuis 1985 :**
*Soleil de nuit (1985)* • *Chuck Berry : Hall ! Haïl ! Rock'n roll (1987)* • *Everybody's All-American (1988)* • *Les Princes de la ville (1992)* • *Dolores Claiborne (1995)* • ***L'Associé du Diable (1997)*** • *L'Échange (2000)* • *Ray (2004)*

Passionné par l'Amérique latine, où il a servi en Bolivie dans le corps des Volontaires de la Paix, Taylor Hackford en fait souvent la toile de fond des films de gangsters ou d'action qu'il affectionne : *Les Princes de la ville* évoque les gangs chicanos, et *L'Échange* raconte un kidnapping en Amérique du Sud. Mais, cinéaste éclectique, il aborde tous les décors et tous les genres : l'armée, dans *Officier et Gentleman*, dont le succès le lance en 1982, la Russie communiste sur fond d'espionnage et de danse dans *Soleil de nuit*, le thriller new-yorkais dans *Dolores Claiborne*, la biographie musicale avec *Ray*, et le film de prétoire basculant dans l'univers du fantastique avec *L'Associé du Diable*.

### L'ASSOCIÉ DU DIABLE (1997)
### avec Al Pacino, Keanu Reeves et Charlize Theron

**Satan and Co.** Un prétoire, un accusé, un témoin, et un avocat qui mène l'interrogatoire de façon serrée, tandis que celui de la partie adverse essaie vainement d'endiguer le flot à coups d'« Objection ! Votre Honneur » : le film de Taylor Hackford commence en pays connu, dans un genre que le cinéma américain affectionne et où il est passé maître. Ici, c'est un procès pour pédophilie que l'on juge. À la défense, un jeune ténor du barreau, Kevin Lomax, fait preuve d'une redoutable efficacité. Toute la question est de savoir si la malheureuse gamine qui accuse son prof d'attouchements que la morale réprouve dit bien la vérité. Or à voir comment l'accusé accompagne d'un mouvement de la main suggestif la déclaration de la fillette, Kevin Lomax doute soudain de l'innocence de son client. Va-t-il donc défendre un prévenu dont il est maintenant persuadé qu'il est coupable ? La morale voudrait que non. Mais, en face, il y a sa vanité et son plaisir de tenir le jury sous son pouvoir. Kevin plaide donc l'innocence, et gagne. Et ce qui devait arriver arrive. Sa réputation d'avocat qui monte lui vaut en effet d'être contacté par un des plus gros cabinets de la côte Est, et Kevin accepte la proposition qu'on lui fait de venir travailler à New York. Accompagné de sa jeune épouse, il y découvre soudain un univers de luxe, auquel ses premiers succès lui permettent vite d'accéder. Car le président du cabinet, le tout-puissant John Milton en personne, l'a remarqué et pris sous sa protection. Guidé par son mentor, Kevin, sûr de lui et ambitieux, s'implique totalement dans les affaires de plus en plus importantes que celui-ci lui confie. Y compris lorsque l'innocence du client à défendre paraît plus que douteuse. Et tandis que Kevin, défendant le crime, ne vit plus que pour sa carrière, sa femme, qu'il néglige de plus en plus, erre comme une âme en peine dans leur luxueux appartement, en proie à des anxiétés incontrôlables qui se transforment bientôt en de monstrueuses hallucinations. Car une curieuse atmosphère règne dans l'immeuble qui abrite les bureaux du groupe. Et dans sa tour terrasse qui, au dernier étage, domine New York, John Milton semble faire peser sur la ville la force envoûtante de son regard perçant.

Qui est donc cet homme au pouvoir et au charme si étranges ? Et quelle est donc cette firme dont tout le travail consiste à faire acquitter des coupables et à perpétuer le mal ? Et pourquoi la mère de Kevin, le voyant tout sacrifier à sa réussite, compare-t-elle ce New York où il ambitionne de triompher à la nouvelle Babylone ? À mesure que le film avance, ces questions vont trouver leurs réponses. Car, commencé comme une histoire classique de prétoire, voici que subrepticement le film glisse vers un fantastique oppressant, que renforcent des décors gothi-

ques, une musique insidieusement planante, et bientôt de curieux effets de morphing qui transforment fugitivement les personnages en des créatures démoniaques. Cette plongée dans un monde incertain, où l'horreur gagne, conduit inexorablement vers le cœur d'un mystère qu'on pressent, d'autant plus que le titre du film ne laisse guère de doute sur la question. Cette firme qui, de New York, étend ses ramifications sur la Terre entière, elle n'est autre donc que la figuration de l'empire du Mal. Et celui qui la dirige ne saurait être que le Malin.
Cette découverte étant un peu longue à venir, cela vaut, lorsque les choses se décantent, une seconde partie du film nettement plus surprenante que la première. Et surtout, dans un déchaînement de violence et de mort, cela permet à un Al Pacino carrément shakespearien de donner toute sa mesure – quitte à en faire beaucoup – et d'étendre son ombre ironique sur un monde dont il est le mauvais génie. Face à lui, Keanu Reeves oppose son air de beau jeune homme bien lisse, seul et ultime rempart dans la lutte qui se livre entre le Bien et le Mal. L'affrontement des deux comédiens vaut son pesant de conflit œdipien. Et dans cette surprenante parabole où l'on donne à méditer des versets de la Bible et où l'on débat de rien moins que du libre arbitre et de la possibilité pour l'homme d'être ou non maître de son salut, la démesure baroque du film de Taylor Hackford apparaît tout à la fois comme la métaphore d'une angoisse millénariste et comme l'illustration d'un cinéma efficace et musclé, gonflé qu'il est aux doubles amphétamines de la spiritualité et du satanisme.

## HALLSTRÖM Lasse (suédois, né en 1946)

**Premier long métrage :**
*A lover and his lass (1975)*
**Filmographie :**
*Ma vie de chien (1985)* • *The Children of Bullerby village (1986)* • *More about the children of Bullerby village (1987)* • *Ce cher intrus (1990)* • ***Gilbert Grape (1993)*** • *Amours et mensonges (1995)* • *Lumière et compagnie (1995), co-réalisation* • *L'Œuvre de Dieu, la part du Diable (1999)* • *Le Chocolat (2000)* • *Terre-Neuve (2002)* • *Une vie inachevée (2005)* • *Casanova (2005)*

Découvrant le cinéma par son père, cinéaste amateur, et tournant à 10 ans son premier film en 8 mm, Lasse Hallström, lorsqu'il passe professionnel, commence par la télévision, où il tourne et monte des inserts, avant de passer à la réalisation. Il tourne également des vidéo-clips, notamment pour le groupe Abba, sur lequel il réalise en 1977 un semi-documentaire, *Abba : the movie*. À partir de là, il enchaîne les films, se spécialisant au départ dans des comédies de mœurs sur la société de son pays, avant que le succès international de *Ma vie de chien*, chronique douce-amère d'une enfance suédoise dans les années 1950, n'attire sur lui l'attention des studios hollywoodiens et ne l'amène à signer en 1990, avec *Ce cher intrus*, son premier film américain, lequel l'amène à tourner à la suite d'autres films à budget important et casting de prestige, et notamment des comédies, romantiques ou dramatiques, dont il se fait une spécialité.

### GILBERT GRAPE (1993)
### avec Johnny Depp, Mary Steenburgen, Juliette Lewis et Leonardo DiCaprio

**Iowa dream.** Il n'y a rien à Endora. Que la route qui s'étire à perte de vue, comme une invitation à partir, mais où ?, et à laisser derrière soi les rues vides, les rares maisons, la boutique de l'épicier, le château d'eau, et les jours qui n'en finissent pas de ne rien apporter. Pour Gilbert Grape, qui vit là, dans ce trou perdu de l'Iowa, Endora, c'est le piège qui s'est refermé sur lui avec la mort de son père, qui s'est pendu, et la déprime de sa mère, qui fut belle autrefois mais, qui, depuis, s'est laissée grossir, jusqu'à devenir une masse énorme, monstrueuse, éléphantesque, bloc de graisse à jamais immobilisé, mère nourricière dévoyée qui s'est empiffrée sans se soucier de ses enfants et qui maintenant les retient auprès d'elle, dans une sorte de chantage aux sentiments, où l'affection le dispute à la honte. Et Gilbert, l'aîné, devenu le chef de famille, doit s'occuper de tout : de ses deux sœurs, Amy qui fait la cuisine et Ellen qui grandit en restant toujours aussi peste, et surtout d'Arnie, son jeune frère, handicapé mental, doux dingue qui aura bientôt 18 ans, s'il ne tombe pas avant du haut du château d'eau où il grimpe et d'où il faut aller le déloger avec la grande échelle des pompiers. Il n'y a rien à Endora, pas d'espoir, pas de lendemain, rien que la vie qui s'écoule, que le malheur qui s'installe insidieusement avec l'ennui. Rien, si ce n'est, une fois par an, des caravanes qui passent sur la route, comme le rêve, et que Gilbert emmène Arnie voir passer. Pourtant, un jour, une panne immobilise l'une d'entre elles à l'orée de la bourgade. Et Becky en descend, une fille venue d'ailleurs, qui, elle, a parcouru le monde sans trop savoir où aller. Et qui remarque aussitôt Gilbert, son doux sourire, ses cheveux longs, et cette façon qu'il a de s'occuper des autres et d'Arnie, et d'être bon sans le savoir. Et avec elle, soudain, les choses changent. C'est comme si Gilbert découvrait sa propre vie, comme s'il observait pour la première fois les couchers de soleil à l'horizon immense, comme s'il lui fallait coûte que coûte secouer son enveloppe de dévouement et de contrition pour être enfin lui-même, et pour que sa vraie vie commence.

L'histoire que raconte *Gilbert Grape* est simple. Sur fond de musique country, c'est en fait une sorte de ballade américaine qui, à petites touches et à traits fins, trace la mesure d'un pays qui s'est englué et comme refermé sur lui-même. L'espace, ici, s'est étriqué et le désir a fui. Symbolique, l'ombre du père mort, cadavre pendu, rôde dans la cave de la maison vermoulue, où Gilbert a peur de mettre les pieds et qu'il s'efforce pourtant tant bien que mal de faire tenir debout avec des madriers. Et pourtant, il y a tout pour vivre : la nature, l'espoir de son copain d'ouvrir un nouveau fast-food où l'on boirait du vrai lait et où l'on mangerait de vrais hamburgers, la joie innocente d'Arnie quand il joue à cache-cache, et, surtout, tous ces trésors d'amour cachés qui ne demandent qu'à éclater au grand jour. Sans doute fallait-il une vision extérieure, en l'occurrence celle du Suédois Lasse Hallström, pour regarder ainsi l'Amérique au fond des yeux. Son film, où l'on retrouve les qualités de récits déjà remarquées dans *Ma vie de chien*, est à la fois une chronique familiale aussi chaleureusement drôle que triste ; c'est surtout une descente au plus profond d'un rêve américain qui s'est écorné au fil des désillusions et qui s'est enlisé dans la désespérance. Mais qui, à l'image de Johnny Depp et de son personnage de Gilbert Grape à la bonté foncière, ne demande qu'un peu de confiance et d'amour, comme le sourire de Juliette Lewis, pour mettre une fois pour toutes le feu à ses mauvais rêves. Et pour repartir.

## HANEKE Michael (autrichien, né en Allemagne en 1942)

**FILMOGRAPHIE :**
*Le Septième continent (1988)* • ***Benny's video (1992)*** • *71 fragments d'une chronologie du hasard (1994)* • *Lumière et compagnie (1995), co-réalisation* • *Le Château (1997)* • *Funny games (1997)* • *Code inconnu (2000)* • ***La Pianiste (2001)*** • *Le Temps du loup (2003)* • *Caché (2004)*

Michael Haneke est venu relativement tard au cinéma, mais ses expériences antérieures expliquent pour une bonne part les aspects dominants de son œuvre cinématographique. Né à Munich en pleine Seconde Guerre mondiale et devenu citoyen autrichien, il grandit au cœur même de ce qui a été le lieu géométrique du nazisme et fait partie de cette génération pour qui la question du mal présente une prégnance toute particulière. Après des études de philosophie et de psychologie, il se tourne vers le théâtre puis, de 1967 à 1970, travaille pour la télévision allemande, avant de devenir scénariste et réalisateur indépendant, de signer des mises en scène de théâtre et, à partir de 1988, de s'affirmer comme un des réalisateurs les plus originaux et les plus forts du cinéma européen. Les sujets qu'il aborde intéressent en effet très directement le fonctionnement intime et de la société et de l'individu. Il observe comme un entomologiste des comportements en apparence étranges, mais dont il débusque de façon sèche et analytique les mécanismes internes. Que ce soit l'enfant du *Septième continent* qui se prétend aveugle et s'enferme dans une prison volontaire, l'adolescent de *Benny's video* fasciné jusqu'au meurtre par les images, l'étudiant qui tire dans la foule dans *71 fragments d'une chronologie du hasard*, les deux jeunes hommes qui séquestrent une famille dans *Funny games*, la mendiante qui tient entre ses mains le destin croisé de quatre personnages dans *Code inconnu*, les ressorts pervers qui relient une mère à sa fille dans *La Pianiste*, les rescapés d'un cauchemar de fin du monde dans *Le Temps du loup*, le surgissement d'un passé enfoui par le biais de cassettes vidéo le ramenant à la surface dans *Caché* : quel que soit le sujet, il n'est jamais qu'une interrogation sur la culpabilité profonde, laquelle passe toujours par une interrogation sur la façon dont le cinéma retransmet la réalité.

## BENNY'S VIDEO (1992)
### avec Arno Frisch et Angela Winkler

**Vidéo-drame.** Un adolescent bien tranquille. Il s'appelle Benny, a 14-15 ans, mène en Allemagne une vie aisée dans un milieu bourgeois, avec des parents absents. Pour tromper sa solitude et son vide affectif, il dispose d'un équipement vidéo sophistiqué, qui l'accapare tout entier. À tel point que, gorgé d'images, il en vient imperceptiblement à perdre le sens des réalités. Tout ce qu'il voit passe par l'œil de sa caméra et par la projection sur son écran vidéo. Un jour, il rencontre une fille de son âge et, profitant de l'absence de ses parents, il l'emmène chez lui. Le flirt qui s'esquisse dérive alors, avec caméra interposée, vers la violence, puis, sous l'œil froid de l'objectif, vers l'horreur absolue.

Le propos de Michael Haneke touche à un problème essentiel des sociétés contemporaines : l'envahissement de la vidéo transforme non seulement la perception du monde mais, isolant les individus, sape insidieusement toute communication. Soumis à un monde factice, l'individu y perd vite la notion même des valeurs. Et si, dans le monde du faux, tout est possible, alors, forcément, tout est permis… La façon dont le réalisateur le montre tient du constat : son film a un côté froid, neutre, gris, sec, minimal, qui met à nu et à plat l'insoutenable. La société qu'il révèle, dans une fiction qui semble bien être, pour le coup, la réalité, est comme enregistrée par une image-témoin. Et si intervient un jeu entre l'image cinéma et l'image vidéo, celui-ci a pour effet d'estomper, pour le spectateur lui-même, les points de repère. Le malaise alors s'installe, face à un monde désincarné dont les images qui défilent sur l'écran ne sont, au sens fort du terme, que la projection.

## LA PIANISTE (2001)
### avec Isabelle Huppert, Benoît Magimel et Annie Girardot

**Partition intime.** La coiffure stricte, les manières sèches, les chaussures à petits talons, un imperméable sans grâce : Erika Kohut a l'apparence de ce qu'elle est – une quadragénaire coincée, dont le statut social de professeur de piano au conservatoire de Vienne, s'il lui assure le respect des parents et des élèves dans une société où la musique traduit l'exigence culturelle même du pays, cache aussi une part sombre, qui est celle de l'intimité. Erika mène en fait une vie renfermée sous l'emprise de sa mère avec qui elle vit, dont elle partage la chambre, et qui la tyrannise de ses cris, de ses appels, de ses chantages au sentiment. La dévotion que la vieille femme porte à sa fille, ainsi que ses espoirs déçus de la voir devenir concertiste, engendrent entre les deux femmes une violence sordide, où les coups ne sont pas rares, où la mère déchire consciencieusement les robes de sa fille lorsque celle-ci rentre trop tard, et où la fille, enfermée dans la salle de bains, répond à une sexualité qu'elle n'a pas connue par des pratiques masochistes, quand ce n'est pas, pour briser ce renfermement, la fréquentation des peep-shows et le voyeurisme devant les couples enlacés au drive-in. Dans cet univers de la sexualité déjà morte, et de la mort tout court, qui rôde dans cet appartement lugubre – et dont la télévision, comme souvent chez Haneke, déverse imperturbablement les images –, la vie, soudain, fait son apparition, sous sa forme la plus vive : celle d'un jeune pianiste, blond, beau, brillant, sûr de lui, et séducteur, qui s'empresse aussitôt qu'il la voit de séduire Erika. Mais les jeux pervers que lui impose Erika, la relation sadique qu'elle s'efforce d'établir entre eux, et cette abjection qu'elle oppose à l'amour et au plaisir transforment vite leur relation en un sinistre chassé-croisé morbide, où la vie, au bout du compte, ne peut prendre le dessus.

Il y a quelque chose de glaçant dans le film de Michael Haneke, qui ne vient pas seulement du roman d'Elfriede Jelinek dont il est l'adaptation, même si le réalisateur y trouve un sujet qui correspond parfaitement à ce cinéma troublant, perturbant même, qu'il affectionne. La violence et la longueur des plans qui épuisent les scènes jusqu'à leur limite ultime, la crudité des images, la force exhibitionniste dans la façon de fouiller les zones les plus secrètes engendrent ici un climat d'autant plus froid qu'Isabelle Huppert, dont le visage lisse laisse saisir toute la souffrance profonde qui l'habite, loin de se laisser happer par la morbidité du personnage, s'essaie à lui donner des soubresauts de vie, à lui rendre un peu de tout ce dont sa formation, son enfance, ses rapports avec sa mère l'ont privée. Elle apporte à son personnage à la fois une sécheresse et une vibration qui en traduisent les déchirements intimes. C'est cet effort désespéré qui, brisant la froide mécanique puritaine du cinéaste, non sans complaisance dans la façon qu'il a de traiter du sexe, apporte au film la part de chaleur qui l'humanise. Et qui en préserve le mystère.

# HÄNSEL Marion (belge, née en France en 1951)

**PREMIER LONG MÉTRAGE :**
*Le Lit (1982)*
**FILMOGRAPHIE DEPUIS 1985 :**
*Dust (1985)* • ***Les Noces barbares (1987)*** • *Il Maestro (1989)* • *Sur la terre comme au ciel (1989)* • *Li (1995)* • *The Quarry (1998)* • *Nuages (2001)*

Née à Marseille mais élevée à Anvers, Marion Hänsel s'est dirigée très tôt vers le théâtre. Après avoir suivi des cours d'art dramatique dans plusieurs écoles, dont l'Actor's Studio de New York, elle joue sur scène à Bruxelles et à New York, mais également à la télévision et au cinéma, notamment sous la direction d'Agnès Varda dans *L'une chante, l'autre pas*, en 1977. Cette même année 77, elle crée sa propre maison de production pour pouvoir réaliser un premier court métrage. Après plusieurs documentaires, elle passe au long métrage en 1982, adaptant dans ses premiers films des romans de Dominique Rolin (*Le Lit*), de J. M. Coetze (*Dust*), de Yann Queffélec (*Les Noces barbares*), dans lesquels elle élargit progressivement sa palette à des drames de plus en plus forts, veine qui court encore dans ses films suivants, *Il Maestro, Sur la terre comme au ciel*, tout en ménageant au plus fort de la violence des situations et des sentiments une place pour le rêve, comme le montre cette sorte de rêverie poétique que constitue *Nuages*.

## LES NOCES BARBARES (1987)
### avec Mariane Basler, Thierry Frémont et Yves Cotton

**L'amour fou.** Dans le grenier, il y a Ludo. Il vit là, solitaire, muré dans son mutisme, au milieu de la saleté et des déjections. Enfant sauvage, enfant-chien, qui vient quémander une caresse et qui ne reçoit que des coups. Avec ses oreilles écartées, ses cheveux roux, ses yeux ébahis qui regardent sans comprendre, il est le martyr de toutes les douleurs, la trace vivante de la misère du monde. Car ce qu'il porte en lui, sans qu'il le sache, c'est la tache originelle, la tare honteuse et indélébile : il est l'enfant du viol, de la sauvagerie, de la haine, celui qui a détruit la vie de cette mère qui ne veut pas le reconnaître et dont lui, désespérément, cherche l'amour. Partout, de ses pauvres gestes, de ses pauvres mots, c'est elle qu'il appelle : dans la nouvelle famille où elle l'emmène, auprès de l'homme qu'elle va épouser, puis au centre d'attardés mentaux où elle le place, comme pour s'en débarrasser ; plus loin encore, sur cette épave échouée que l'océan ballote et où il s'est réfugié, c'est à elle qu'il écrit, jetant son message d'amour comme une lettre à la mer. Et lorsqu'elle vient et qu'enfin, pour la première fois, il l'appelle « Maman », c'est tout l'amour du monde qui éclate dans ce simple mot, l'amour fou, l'amour fort. Comme la mort.
Il y avait dans le roman de Yann Queffélec – prix Goncourt 1985 – une force et une sensibilité que le film de Marion Hänsel, miraculeusement, préserve. Avec ses moyens à lui, et notamment un découpage qui surprendra peut-être les 1 500 000 lecteurs du livre, mais qui ne devrait pas les choquer, tant l'adaptation, à travers les libertés qu'elle prend avec le texte, lui reste en profondeur fidèle. Et l'on peut même penser que la réalisatrice a eu raison de ne pas commencer par la séquence du viol qui ouvrait le récit : de la sorte, le rythme de son film se met en place progressivement, passant sans rupture du Ludo enfant au Ludo adolescent, atteignant peu à peu toute sa force dans la scène terrible où le garçon apprend qui il est, pour culminer dans cette reconnaissance finale où l'eau maternelle, océan des rêves, mer de pureté, matrice originelle, emporte ce couple à jamais réuni : un enfant et sa mère.
La musique propre au film de Marion Hänsel, c'est le poids du silence, des regards furtifs, des gestes esquissés, des mots à peine prononcés. C'est la lourdeur sensuelle de la chair, dans la beauté pulpeuse de Mariane Basler, héroïne d'un drame qui la dépasse et transforme son insouciance juvénile en blessure absolue. Et c'est le désir d'amour éperdu de l'enfant renié, débilisé, culpabilisé : étonnant Yves Cotton, dont c'est le premier rôle, et qui donne à Ludo enfant comme un entêtement inspiré ; et superbe Thierry Frémont qui ajoute au personnage adolescent toute une fragilité pathétique. À la violence insoutenable du roman, le film de Manon Hänsel apporte sa propre tonalité. Et dans la difficulté d'aimer de cet enfant rejeté passe une tendresse qui fait parfois penser à Truffaut, et à cet enfant sauvage qui rêvait de la mer. De la mère.

## HANSON Curtis (américain, né en 1945)

**Premier long métrage :**
*Sweet Kill (1976)*
**Filmographie depuis 1985 :**
*Faux témoin (1987)* • *Bad influence (1990)* • *La Main sur le berceau (1991)* • *La Rivière sauvage (1994)* • *L.A. Confidential (1997)* • *Wonder Boys (2000)* • ***8 Mile (2002)*** • *In her shoes (2005)*

Très tôt cinéphile, fondateur d'une revue, *Cinema*, qu'il lance au sortir de ses études secondaires et à laquelle il collabore pendant plusieurs années, Curtis Hanson commence en 1970 une carrière de scénariste qui le fait écrire en particulier pour Samuel Fuller, lequel le parraine lorsque, après quatre films indépendants, il est admis à la Directors Guild. Il enchaîne à partir de là les thrillers – *Faux témoin, Bad influence, La Main sur le berceau* – puis passe au drame d'action avec *La Rivière sauvage*, au polar à résonances sociales et politiques, avec *L.A. Confidential*, adapté de James Elroy, à la comédie de mœurs avec *Wonder Boys*,à la chronique sociale sur fond de rap, de jeunesse désœuvrée et de problèmes raciaux, avec *8 Mile*, puis à la comédie familiale et sentimentale avec *In her shoes*. Quel que soit le genre abordé, le métier de Curtis Hanson, sensible à une solidité dramatique et à une direction d'acteurs qui tire le meilleur parti de distributions prestigieuses, se signale, sans rien offrir de vraiment révolutionnaire, par une façon de mêler le divertissement propre à l'industrie hollywoodienne à une préoccupation discrète mais bien réelle pour les problèmes d'une société américaine dont chacun de ses films explore les diverses strates et examine les ressorts.

### 8 MILE (2002)
### avec Eminem et Kim Basinger

**Je rappe, donc je suis.** À s'en tenir à l'affiche, avec, tout en haut et pour la première fois, Eminem le sulfureux, et à l'histoire, un affrontement de rappeurs sur fond de misère sociale et de problèmes raciaux dans un quartier défavorisé de Detroit, on aurait tout lieu de subodorer un brûlot rebelle, lourd de toutes les violences et de toutes les subversions possibles. Las ! il faut déchanter. Non que le film de Curtis Hanson ne présente de l'intérêt, mais celui-ci ne se situe pas exactement là où on l'attend. On serait même tenté de dire que *8 Mile* se recommande surtout par son côté bien sage, à travers une qualité narrative qui tire l'essentiel de son efficacité de vertus on ne peut plus traditionnelles. Les « battles » au cours desquelles s'affrontent les plus talentueux rappeurs du coin ne sont rien d'autre en effet que la resucée hip-hop des bonnes vieilles joutes et tournois ou, pour s'en tenir à une référence moins lointaine, des combats de boxe dont le cinéma a cent fois fait ses choux gras. À cet égard, la première bataille que livre le héros, incapable de chanter et qui jette le micro et l'éponge avant même d'avoir combattu, en laisse forcément attendre une seconde où le fiasco initial sera vengé par une retentissante victoire. Ce qui ne manque pas d'advenir, la préparation de ce nouveau défi occupant l'essentiel d'un récit qui culmine donc dans la rencontre finale où le rappeur, abandonnant tout mutisme, montre qu'il a plus d'un mot dans son sac.
Cette progression dramatique, même si elle ne brille pas par la nouveauté, a l'avantage de maintenir la pression jusqu'au bout, d'autant – c'est l'autre intérêt du film – qu'elle s'appuie sur la description d'un milieu présenté avec la minutie d'une enquête ethnologique. Les groupes de rappeurs, constitués en tribus claniques, fonctionnent avec des rites, des codes et surtout un langage dont Curtis Hanson fait la matière même de son film. Car on se bat ici avec des mots, avec des rimes, avec des inventions verbales, qui sont autant de crochets et d'uppercuts balancés dans la tchatche de l'adversaire. À ce jeu, le jeune Jimmy Smith a des ressources évidentes, qui bénéficient évidemment du métier et du talent de celui qui l'incarne, Eminem, même si le personnage paraît bien éloigné de l'image homophobe et va-t-en-guerre de l'interprète.
Jimmy, en effet, se bat courageusement non seulement pour préserver la pureté de son art, mais aussi pour assurer son rôle de chef de famille auprès d'une mère du genre indigne, qui ne trouve rien de mieux que d'avoir pour amant un gigolo de l'âge de son fils (courageuse Kim Basinger, qui n'hésite pas à donner dans la pocharde un brin cra-cra), et d'une petite sœur toute blonde toute pure, victime innocente de la misère ambiante. Et, en ouvrier consciencieux qu'il est, prêt même à faire des heures supplémentaires, le champion du rap sauvage apparaît plutôt comme une sorte d'enfant de chœur, qui ne chante finalement que pour la bonne cause. Un brave petit mec, dans un brave petit film.

## HARDWICKE Catherine (américaine, née en 1955)

**Filmographie :**
***Thirteen (2003)*** • *Les Seigneurs de Dogtown (2005)*

Diplômée d'architecture, Catherine Hardwicke choisit de bifurquer vers le cinéma. Après une formation à l'université de Californie à Los Angeles, elle devient chef décoratrice, créant les décors de plus d'une vingtaine de longs métrages, dont *Les Rois du désert* de David O. Russell, *Vanilla Sky* de Cameron Crowe, *Mad City* de Costa-Gavras, ou *Suburbia* de Richard Linklater, dont elle dirige aussi la seconde équipe. C'est en observant la jeune Nikki Reed, qu'elle connaît bien pour avoir été la compagne de son père, qu'elle décide d'écrire avec celle-ci (qu'elle prend comme interprète de son propre rôle) l'histoire de son adolescence tourmentée et de cette « girl culture » dont elle fait le sujet de *Thirteen*, son premier film en tant que réalisatrice. Et la façon, à la fois spectaculaire et mélancolique, dont elle fait revivre les jeunes rebelles pratiquant le skate dans les années 1970, dans *Les Seigneurs de Dogtown*, confirme l'acuité de son regard, la force brute de sa mise en scène et la finesse de sa sensibilité.

### THIRTEEN (2003)
**avec Holly Hunter, Evan Rachel Wood et Nikki Reed**

**L'âge dur.** Treize ans, et déjà toutes ses dents ! Tracy, la fillette bien sage, avec ses petites socquettes et ses chemisiers blancs, ses cheveux bien peignés et ses nounours gentiment alignés dans sa chambre d'enfant, se transforme en quelques semaines en Lolita aguicheuse, obsédée par les fringues sexy, jouant de son corps comme d'une invite, se faisant tatouer ci et percer là, emperlée de la langue et du nombril, sniffant, buvant, contraignant son corps à des régimes de plus en plus violents et jusqu'aux scarifications qui inscrivent dans sa chair même la brûlure du mal-être et de la souffrance qu'elle porte en elle.
La force du film de Catherine Hardwicke est de pousser à l'excès la crise de la puberté, en lui donnant la forme de cette « girl culture » qui envahit aujourd'hui l'Amérique, et qui voit de toutes jeunes ados se forger un code culturel radical, en rupture affichée avec leur milieu familial et social, dans une quête éperdue d'identité. Le cas de Tracy est à cet égard un cas extrême. Souffrant de l'absence d'un père qui a quitté le foyer et de la présence à sa place du copain de sa mère qui sort tout juste de prison, supportant de plus en plus mal sa vie de petite écolière sans histoire, elle se donne pour modèle, afin d'échapper à ce qu'elle ne veut plus être, la fille la plus sexy du collège, Evie Zamora l'insolente, qui fait saliver tous les garçons, qui fauche dans les magasins, qui trafique de la dope, et qui mène sa vie comme il lui plaît. À son contact, Tracy s'initie à tous les jeux dangereux, à la drogue, à la violence, au sexe, sous les yeux de plus en plus effarés de sa mère, qui n'y comprend rien et qui ne peut plus établir le contact avec elle.
L'engrenage est inexorable, porté par le jeu de deux jeunes actrices étonnantes, en filles perdues en proie à leurs démons, et par la justesse dramatique de Holly Hunter, en mère dépassée et qui pourtant tient bon. Et ce d'autant que la caméra de la réalisatrice, ne lâchant pas Tracy d'un pouce, accentue l'effet de maelström qui emporte le personnage dans une dérive suicidaire, semant le désordre et le désespoir autour d'elle. Rien ne semble devoir arrêter ainsi le tourbillon infernal. Si ce n'est peut-être que le trop plein de violence, de douleur, de bruit et de fureur, par son effet assourdissant, désamorce un peu la force d'un film qui finit par être victime de la furie qu'il porte en lui.

## HAREL Philippe (français, né en 1956)

**Filmographie :**
*Un été sans histoires (1992)* • *L'Histoire du garçon qui voulait qu'on l'embrasse (1994)* • *Les Randonneurs (1996)* • *La Femme défendue (1997)* • *Journal intime des affaires en cours (1998), co-réalisation* • *Extension du domaine de la lutte (1999)* • ***Le Vélo de Ghislain Lambert (2001)*** • *Tristan (2003)* • *Tu vas rire, mais je te quitte (2004)*

D'abord cadreur et monteur vidéo, Philippe Harel réalise pour la télévision de nombreux reportages d'actualités. Cette expérience première de journaliste se retrouve d'une certaine manière lorsque, passant à la fiction, il cherche, à travers des histoires de gens simples qu'il s'efforce de regarder simplement, à capter la réalité du quotidien. Tous ses films ne prennent la forme discrète de la comédie de mœurs que pour peindre la comédie humaine dans ses petites misères, ses petits défauts, ses petits ridicules : mais si c'est pour en rire, ce n'est jamais pour s'en moquer. Et son cinéma dégage une constante tendresse pour ses personnages.

### LE VÉLO DE GHISLAIN LAMBERT (2001)
**avec Benoît Poelvoorde et José Garcia**

**Forçat de la route.** Les portes de la gloire, sur un vélo de course, elles s'ouvrent pour quelques-uns, et elles se referment brutalement sur le nez des autres. Ainsi, à l'époque du mercxisme triomphant, le dénommé Ghislain Lambert, porté par ses rêves, entreprend une carrière cycliste dont il est sûr qu'elle devrait le porter, de succès en succès, jusqu'au panthéon des héros de la petite reine. Le problème, c'est qu'il n'a ni tout à fait les jambes ni le talent de ses ambitions. Et toute l'originalité du film de Philippe Harel consiste justement à pénétrer dans le peloton, pour y dénicher ses secrets les mieux gardés, non pas en braquant le feu des projecteurs sur un champion mais en éclairant un de ces *gregarii* qui restent traditionnellement dans l'ombre, réduits qu'ils sont à porter l'eau de leur leader et à se dévouer cœur et mollets pour lui. Du coup, le cyclisme vu ainsi par le petit côté du pédalier et débarrassé tout autant de l'amplification lyrico-mythique qui le transforme en épopée que de la démystification vacharde qui en fait un repaire de dopés retrouve des couleurs plus simplement humaines. Et comme c'est le toujours aussi étonnant Benoît Poelvoorde qui porte le maillot et le cuissard avec une vérité proprement ahurissante, le cyclisme, dans sa version coureur de base, apparaît à la fois comme un petit monde cruel, qui soumet au sens propre ses forçats de la route au régime de la galère, mais aussi comme un microcosme drôle et touchant, dont l'esprit belge qui baigne le film, de fêtes de bourgades en joyeuses kermesses, donne parfaitement le ton.
Dans l'histoire de la fugitive grandeur et de la longue décadence de Ghislain Lambert, Philippe Harel pointe ainsi les illusions et surtout les désillusions d'un brave type qui rêve de décrocher la lune à la seule force de son braquet, mais qui apprend bien vite qu'il faut composer avec les intérêts du sponsor, la loi de l'équipe, les exigences du leader, la trousse officielle et surtout la non officielle du soigneur. Et, pour un seul jour quasiment volé de triomphe, combien de souffrances physiques, de honte morale et de déceptions intimes ! Du coup, si le film relève bien de la comédie, ce n'est pas au sens burlesque du terme, mais plutôt, à travers l'histoire aussi drôle que pathétique d'un obscur, d'un sans-grade, par la vision complice qu'il donne de la comédie humaine.

## HARK Tsui (chinois, né au Vietnam en 1951)

**PREMIER LONG MÉTRAGE :**
*Butterfly murders (1979)*
**FILMOGRAPHIE DEPUIS 1985 :**
*Working class (1985) • Peking opera Blues (1986) • The Master (1989) • Le Syndicat du crime III (1989) • The Raid (1991), co-réalisation • Histoire de fantômes chinois 3 (1991), co-réalisation • Il était une fois en Chine (1991) • Double dragon (1992), co-réalisation • The King of chess (1992), co-réalisation • Il était une fois en Chine II – La Secte du Lotus blanc (1992) • Green snake (1993) • Il était une fois en Chine III – Le Tournoi du Lion (1992) • Il était une fois en Chine V – Dr Wong et les pirates (1994) • The Lovers (1994) • Le Festin chinois (1995) • Tristar (1996) • Dans la nuit des temps (1995) • The Blade (1996) • Double Team (1997) • Piège à Hong-Kong (1998) • Histoire de fantômes chinois (version animée) (2000), co-réalisation •* ***Time and Tide (2001)*** *• La Légende de Zu (2001) • Black Mask 2 : City of Masks (2002) • Initial D. (2004) • Seven swords (2005)*

Tsui Hark représente comme la quintessence du cinéma de Hong-Kong, dont il est non seulement la figure la plus célèbre, cumulant, en tant que réalisateur et que producteur, les films qui trustent dans les années 1980-1990 les premières places au box-office en Asie, mais dont il illustre aussi, de façon constamment originale et personnelle, la formidable créativité. Ayant commencé à la télévision à la fin des années 1970, où il met en scène des séries qui deviennent vite classiques, il s'y fait remarquer par une virtuosité stylistique qui l'appelle naturellement au grand écran. Il y développe toutes les tendances du cinéma local, à travers ses genres de prédilection : aventures, comédies, reconstitutions historiques, mélodrames, fantastique, arts martiaux (selon les techniques traditionnelles ou en combats câblés). Cela donne de grandes séries : ainsi *Il était une fois en Chine*, autour du héros récurrent Wong Fei Hung, sorte d'emblème du pays et de son histoire, qu'incarnent Jet Li puis Chiu Man-chuk ; les *Histoires de fantômes chinois*, de Ching Siu Tung, qu'il produit, et dont il réalise la version animée ; ou encore la trilogie du *Syndicat du crime*, dont il signe un épisode, les deux autres étant réalisés par John Woo. Après un séjour à Hollywood, où il réalise deux films, *Double Team* et *Piège à Hong-Kong*, il revient à Hong-Kong pour y réaliser *Time and Tide*, un des sommets de son œuvre, *Black Mask 2*, avec ses personnages de catcheurs venus de la BD, puis *Seven swords*, tiré d'un classique de la littérature chinoise et proche, par le sujet, des *Sept Samouraïs* de Kurosawa, films dans lesquels il se livre, à son habitude, à toutes les expérimentations, poussant le cinéma d'action vers une sorte de délire abstrait, à la fois violent et facétieux, dont la force poétique et visuelle offre l'étrange sensation du jamais-vu.

### TIME AND TIDE (2001)
**avec Nicholas Tse, Wu Bai et Cathy Tsui**

**Le péril jaune.** À tous ceux qui considèrent *Yamakasi* ou *Taxi 2* comme le fin mot du film de cascade et d'action, il est conseillé d'aller prendre quelques cours de révision avec le dernier film de Tsui Hark, revenu, après une escapade américaine, à son bercail de Hong-Kong, comme pour un retour aux sources. *Time and Tide*, c'est en effet du pur extrait de dynamite, du concentré de voltige, de la quintessence d'arts martiaux, du big bang de musique rock et de bande-son à vous défoncer les oreilles : un défi permanent jeté aux lois communément admises de la pesanteur et de la condition humaine. Ça vole, ça explose, ça tire, ça se jette dans le vide attaché à un filin, ça donne des coups à assommer un troupeau de buffles, ça en encaisse en sourcillant à peine, ça plane, entre film de mafia et jeu vidéo, dans le plus visuel et le plus virtuel des mondes possibles.
Le sujet n'est certes qu'une variation sur un des thèmes les plus souvent rebattus du cinéma d'action – la fraternité d'armes –, mais il est ici traité avec ce sens fracassant du rythme et cette esthétique de la violence qui font tout l'art et la manière du plus explosif des cinéastes de Hong-Kong. Les relations qui unissent le jeune Tyler, qui veut réussir en devenant homme de main dans un service musclé de sécurité, et Jack, mercenaire professionnel revenu du Brésil avec à ses trousses ses anciens acolytes, se forgent dans l'action. Jack, qui a épousé une jeune Chinoise dont le père est lui-même à la tête d'une toute-puissante triade, se retrouve pris entre plusieurs feux, et Tyler, qui de son côté fait le difficile apprentissage de garde du corps, se retrouve embarqué dans une cavale infernale.
La situation impossible où se retrouvent les deux amis, luttant à la fois l'un contre l'autre et côte à côte, est rendue plus ahurissante encore par la grossesse, arrivée à son terme, de Hu, la jeune femme de Jack, qui traîne son gros ventre au milieu des balles qui crépitent, des coups qui pleuvent, des immeubles qui explosent… Mais qu'à cela ne tienne ! La promesse d'une naissance est comme le fil rouge de l'espoir, le bonus ultime, dans une intrigue qui apparaît plus comme une sorte de conte informatique que comme un récit cherchant la vraisemblance sociologique ou psychologique, Ce qui permet à Tsui Hark de se concentrer sur ce qui est pour lui l'essentiel : une façon impulsive de faire du cinéma, en en exploitant toutes les ressources d'images et de sons, en traversant de sa caméra l'acier opaque d'un canon de fusil pour suivre la mise à feu de la balle et sa trajectoire, en sautant dans le vide à la suite de ses cascadeurs, en fixant en gros plan le détail saugrenu, et en entraînant son spectateur dans un spectacle dont il sort comme groggy. Mais assuré, comme les personnages, de s'en tirer vivant…

## HARMON Robert (américain, né en 1953)

**FILMOGRAPHIE :**
***Hitcher (1985)*** • *Les Yeux d'un ange (1991)* • *Cavale sans issue (1992)* • *Le Peuple des ténèbres (2003)* • *Higwaymen (2004)* • *Ike : the countdown to d-day (2004)*

Photographe de formation, exerçant à ses débuts dans la publicité mais aussi sur les plateaux de petits films indépendants, Robert Harmon est employé à plusieurs reprises comme cameraman de longs métrages et de films publicitaires. Décidant de se lancer à son tour, il écrit, produit et réalise un court métrage, *China Lake*, où la combinaison d'action et de suspense et le style visuel qui s'y fait jour attirent l'attention des producteurs de *Hitcher*, qui lui en confient la réalisation. Le film lance sa carrière, et il aborde à partir de là divers genres : la comédie dramatique, avec *Les Yeux d'un ange*, le film d'aventures avec *Cavale sans issue*, le fantastique avec *Le Peuple des ténèbres*. Mais il reste suffisamment marqué par le road thriller de ses débuts pour y revenir près de vingt ans après, mais avec moins de réussite, avec *Highwaymen*.

### HITCHER (1985)
#### avec Rutger Hauer et Jennifer Jason Leigh

**Un cauchemar américain.** Il y a comme cela quelques grosses peurs bien horribles qui sommeillent le long des autoroutes américaines, dans ces grands espaces qui n'en finissent pas d'aller vers l'ouest à travers des paysages tellement déserts que le moindre motel défraîchi, la moindre pompe à essence déglinguée prend l'allure d'un havre inespéré. Et il en aurait bien besoin, de ces haltes réparatrices, le malheureux Jim Halsey. Depuis que, sous un déluge, il a pris en auto-stop une sorte d'archange aux yeux métalliques, ses ennuis n'arrêtent pas. Il faut dire que le passager en question n'est autre qu'un tueur fou, dont le plaisir essentiel consiste à couper bras, jambes, têtes et autres appendices qui passent à sa portée, et qui pousse même le sadisme jusqu'à lui mettre sur le dos tous les meurtres dont il parsème sa route. Dans ces conditions, la balade vers l'ouest se transforme vite en cauchemar halluciné, où passe toute une mythologie de la violence et de la peur, avec sirènes des voitures de flics, poursuite rodéo, cascades et explosions diverses, cadavres en tous genres, et même un hélico, qui ajoute un parfum d'apocalypse now… On pense à Spielberg (le premier, celui de *Duel* et de *Sugarland Express*), à Eastwood ou à Peckinpah (pour les ralentis sur les corps transpercés), à Hitchcock (pour le côté *Psychose*). On pense… ou plutôt on ne pense pas, car la vertu première de ce qu'on voit est bien l'efficacité : le film fonce à plus de 55 miles à l'heure, sans trop se poser de question, avec à la réalisation un nouveau venu qui connaît déjà son métier sur le bout de sa caméra. Et qui parvient même, dans un scénario qui ne fait pas précisément dans la dentelle, à glisser quelques broderies pas maladroites : comme, par exemple, à montrer l'étrange rapport qui se noue entre le tueur et sa victime. Il faudrait pouvoir psychanalyser tout cela, dégager ce qui lie la répulsion à la fascination, chercher même quelque explication plus lointaine à cette lutte du Bien et du Mal, à cet exorcisme puritain qui conduit, au bout du compte, à ce que la Bête meure. Il faudrait… mais on ne le fera pas, parce qu'on n'en a pas le temps. Et qu'on n'est pas venu pour ça.

---

## HARRON Mary (canadienne, née en 1956)

**FILMOGRAPHIE :**
*I shot Andy Warhol (1996)* • ***American psycho (2000)*** • *The Ballad of Bettie Page (2005)*

Fille de Don Harron, célèbre acteur de théâtre et de cinéma canadien, épouse de John C. Walsh, réalisateur de *Ed's next move*, née au Canada et diplômée de l'université d'Oxford, Mary Harron a d'abord été journaliste spécialisée dans la musique rock, avant de se tourner vers l'image et de commencer par réaliser des documentaires pour la télévision britannique. En 1996, elle aborde le cinéma, en signant le scénario et la réalisation de *I shot Andy Warhol*, fiction autour de l'artiste dont elle avait fait plusieurs années auparavant un portrait pour une revue musicale. Le film, couronné d'un prix du jury au Festival du cinéma indépendant de Sundance, lui donne accès à des budgets et castings plus importants. Mais *American psycho* semble, par une certaine forme de convention appliquée, payer quelque peu le prix de cette moindre indépendance.

### AMERICAN PSYCHO (2000)
#### avec Christian Bale, Willem Dafoe, Jared Leto et Reese Witherspoon

**Serial broker.** D'un côté, Docteur Yuppie : Patrick Bateman est un de ces jeunes golden boys à qui tout réussit. Soucieux de ne porter que des vêtements de marque, d'avoir une table réservée dans les meilleurs restaurants de Manhattan, de se faire graver la carte de visite la plus distinguée, il incarne la réussite accomplie du libéralisme américain des années Reagan. Mais qu'y a-t-il derrière les apparences ? Les mêmes pulsions qui le poussent dans la vie sociale l'entraînent, dans l'intimité, vers d'autres territoires. De l'autre côté du miroir où il ne cesse de se

contempler, il y a un Mister Hyde. Le roman de Bret Easton Ellis décrivait avec une minutie terrifiante cette plongée dans les abîmes de la folie criminelle. Voulant dénoncer les dérives d'un système sauvage porteur de toutes les violences, il faisait du personnage un héros sanglant, sans rien épargner au lecteur de l'horreur de ses crimes. La mise à l'écran de cette violence-là était pratiquement impossible. On ne saurait donc en vouloir à Mary Harron d'avoir tenté une adaptation qui impose sa propre lecture du roman. Le choix qu'elle a fait est celui d'une sorte de métaphore glaciale, relevée d'humour noir, où le personnage perd progressivement toute réalité humaine pour n'être qu'un monstre froid, en proie à une psychose qui, Christian Bale faisant de loin penser à Anthony Perkins, ramènerait presque par moments à cette autre psychose que développait le film d'Hitchcock. Mais on est très loin ici, malgré douche et couteau, de la terreur distillée par le maître.
On serait plutôt du côté d'abord élégamment aseptisé, avec appartement aux murs blancs et aux meubles métalliques faisant penser à une salle de dissection, avant de plonger dans le grand-guignol, avec laboratoire de découpage lorgnant du côté de *Massacre à la tronçonneuse* et armoire à cadavres se souvenant de *Barbe bleue*. Le tout débouchant sur une tentative d'explication qu'on peut juger doublement réductrice. D'abord en donnant comme explication principale aux pulsions meurtrières du tueur la seule misogynie, mais surtout en suggérant pour finir que tous ses crimes ne sont peut-être que des fantasmes, ce qui enlève du coup beaucoup à la force du message. Le serial killer ne serait plus dès lors qu'un pauvre petit broker prenant ses vilains désirs pour des réalités, là où c'était chez l'écrivain la réalité même d'une civilisation qui engendrait l'abjection des plus noirs désirs.

# HAYNES Todd (américain, né en 1961)

**FILMOGRAPHIE :**
*Superstar: The Karen Carpenter story (1987)* • *Poison (1991)* • *Safe (1995)* • *Velvet Goldmine (1998)* • ***Loin du Paradis (2002)*** • *Corporate ghost (2004), co-réalisation*

Il y a une manière de revisiter les œuvres originales qui, loin de les reproduire en s'efforçant de les adapter à une période et à un contexte nouveaux, font du modèle l'objet même de l'investigation. Le remake, alors, n'est pas répétition, mais approfondissement du film premier. Le cas est flagrant avec Todd Haynes lorsque, après avoir retracé l'épopée du glam rock dans *Velvet Goldmine*, il rend hommage au grand maître du mélodrame des années 1950, Douglas Sirk. Prenant comme structure de son film un des chefs-d'œuvre du cinéaste, *Tout ce que le Ciel permet*, il effectue dans *Loin du Paradis* une relecture du mélo, plongeant à ses sources mêmes et exprimant ce que la morale de l'époque maintenait dans le non-dit : comme un prolongement explicite du film originel, qui en dévoile la face cachée, tout en retrouvant la force d'émotion dont il était porteur.

## LOIN DU PARADIS (2002)
### avec Julianne Moore, Dennis Quaid et Dennis Haysbert

**Tout ce que l'Enfer promet.** Dès les premiers plans de *Loin du Paradis*, à cet ample travelling qui glisse le long des arbres, à cette couleur rouge et or de l'été indien, aux robes des femmes, aux voitures bicolores, aux meubles new-look, l'illusion joue à fond : non seulement celle de se retrouver dans le chromo nostalgique d'une Amérique des années 1950, mais plus encore celle de s'y retrouver dans un film de Douglas Sirk. Et l'illusion n'est pas que d'optique : Todd Haynes, de façon délibérée, entre comme si c'était hier dans un univers cinématographique et dans un genre – le mélodrame – vieux d'un demi-siècle, non par la voix ironique de la parodie, mais bel et bien par celle, autrement délicate à manier, de la copie conforme, du tableau naïf, de la reconstitution à l'identique.
On la reconnaît donc immédiatement, Cathy Whitaker. Avec ses jupes évasées, son maquillage impeccable, ses petits chapeaux bon genre, son intérieur aussi méticuleusement rangé que sa vie – un mari gloire de l'entreprise locale, deux beaux enfants, garçon et fille, une servante noire dévouée, des amies adorables avec qui elle papote l'après-midi –, elle représente la bourgeoise respectable, l'épouse et mère modèle, à laquelle ses qualités valent même un reportage de la part de la commère de service dans la feuille de chou locale d'Hartford, Connecticut, année 1957. Et la façon dont Julianne Moore incarne ladite Cathy, sa manière de marcher empressée, sa voix douce, ses moues délicates, son maintien : tout fait penser à ces femmes qu'incarnait Jane Wyman ou Lana Turner dans les grands mélos de l'époque, *Le Mirage de la vie*, ou, mieux encore, *Tout ce que le Ciel permet*, qui sert de socle réfé-

rentiel au film de Todd Haynes. Et ces couleurs éclatantes qui font de son jardin comme un jardin d'Éden, ce sont celles-là mêmes qui coloraient, comme des compositions hyperréalistes, un univers dont le Technicolor permettait de recouvrir les ombres. Car la souffrance était bel et bien inscrite au cœur de ces vies lisses et heureuses en apparence. Et il suffisait d'un beau jardinier – incarné par exemple par Rock Hudson – pour que la passion s'en mêle et vienne tout bouleverser. Et les larmes pouvaient couler.
Elles vont couler aussi, sur le beau visage de Cathy. Mais pour des raisons que jamais Douglas Sirk, en 1955, n'aurait pu dire, même si elles étaient là, tapies au cœur des préoccupations sociales dont ses films étaient emplis, et dans la présence même de Rock Hudson, dont rien ne devait évidemment laisser apparaître qu'il était homo. Or, ici, les choses sont simples : arrivant un soir à l'improviste dans le bureau de son mari, Cathy trouve celui-ci dans les bras d'un homme. Et, alors que son univers bascule, elle cherche par tous les moyens à n'en rien laisser paraître, ne trouvant à se confier qu'à quelqu'un qui, différent, lui permet d'être elle-même : son jardinier, fort, grand, rassurant, beau. Et noir. Surprise elle-même en sa compagnie, elle suscite aussitôt les ragots enflammés dans une ville où le racisme règne en maître. La souffrance est dès lors son lot, dans une chute qui la chasse sans retour de ce Paradis qu'était sa vie conjugale et sociale. Et l'émotion qui naît de cette souffrance, Todd Haynes, loin de l'occulter, la verse à profusion, jouant explicitement de ce plaisir sadique qui fait le fond même du mélo. Et lorsque, quittée par son mari, parti vivre ses amours gays ailleurs, et allant dire adieu, sur le quai de la gare, à celui avec qui elle aurait pu vivre et que le poids des contraintes sociales et raciales éloigne inexorablement, Cathy se retrouve seule avec ses enfants dans la petite ville provinciale qui se referme sur elle, la souffrance sèche est à son comble. Et l'émotion aussi.

## HELGELAND Brian (américain, né en 1960)

**Filmographie :**
*Payback (1998)* • ***Chevalier (2001)*** • *Le Purificateur (2003)*

D'abord patron de pêche dans le Massachusetts, Brian Helgeland abandonne la mer en 1985 pour passer à l'écriture. Scénariste, il signe le script de deux thrillers pour Richard Donner avant d'être couronné à l'Oscar pour le scénario de *L.A. Confidential* de Curtis Hanson. Lorsqu'il passe à la réalisation, il le fait sur des histoires qu'il écrit lui-même, et où il manifeste un goût prononcé pour l'action, avec un côté moderne qui lui fait, dans *Chevalier*, revisiter le Moyen Âge pour le dynamiser par une vision contemporaine, mettant le film de chevalerie classique au goût du public ado des années 2000.

### CHEVALIER (2001)
### avec Heath Ledger, Mark Addy et Rufus Sewell

**L'homme de fer.** Ah ! la jolie cuirasse ! D'abord harnaché tout de travers comme le pauvre paysan qu'il est, le jeune William, après avoir revêtu l'armure de son noble maître qui vient de mourir et être allé livrer à sa place, sous le casque, la joute que celui-ci devait disputer, change de nom et, du même coup, de cuirasse. Sous son titre d'emprunt, qui sent un peu sa principauté d'opérette – Ulrich Von Lichtenstein de Gelderland –, il devient un combattant émérite, et, sous son armure souple, en alliage léger, bien à lui celle-là puisqu'elle a été réalisée à ses mesures par une jolie forgeronne qui prouve que les femmes peuvent déjà exercer tous les métiers habituellement dévolus aux hommes, il vole de succès en succès en brisant brillamment des lances dans tous les tournois de coupe d'Europe. Car si les aventures de l'Ivanhoe en herbe se déroulent bien au Moyen Âge, la façon dont la compétition sportive est organisée a des allures contemporaines très affichées : le scénario passe en effet des éliminatoires aux rencontres du tour final, avec quarts et demis, la dernière joute étant même créditée du titre officiel de championnat du monde et se terminant par l'ovation traditionnelle faite au vainqueur par la foule reprenant en chœur l'immortel *We are the champions* de Freddie Mercury. Embarqué dans une telle compétition, le valeureux jouteur parle forcément comme parle un garçon d'aujourd'hui, malgré les exemples d'un langage plus châtié que s'efforce de lui inculquer son ami, le poète Chaucer (ultra-sympa, mais dont on se demande bien ce qu'il vient faire dans cette arène). Quant à la musique qui l'accompagne tout au long de ses exploits, martelée sur des tambours qui font penser à ceux du Bronx, elle donne dans le heavy metal : quelque chose comme *Rock around the casque*...
Bref, *Chevalier* est un petit film astucieux et sympathique, qui s'efforce de renouveler le genre du film d'aventures médiévales en le mettant au goût ado du jour. Le ton est donc délibérément fun, les costumes ont un petit côté Mad

Max, le beau chevalier a les cheveux blonds aux mèches négligemment disposées en savant désordre, alors que son rival a les yeux sombres et le poil noir, et la distribution (où apparaît en meilleur espoir féminin la jolie Bérénice Bejo) dose en un savant équilibre les carrures et les allures, la force brute et le sourire moqueur. En d'autres termes, on est dans un Moyen Âge très rock'n roll. Cela donne parfois de jolies trouvailles comme cette marque, qui signe la nouvelle armure du logo d'un célèbre équipementier de champions (en quatre lettres). Et l'humour allège parfois un peu la lourde leçon morale, qui défend le droit de tout individu à faire la preuve de sa noblesse naturelle, même s'il n'est pas noble de naissance. Les combats eux, sont toujours les mêmes : le poids des armures, le choc des lances. Comme la production était sans doute un peu courte, on a même le sentiment que les mêmes images servent plusieurs fois. Soumis à un régime infernal et à un bruit d'enfer, les chevaux résistent. Les spectateurs, finalement, aussi.

## HEREK Stephen (américain, né en 1958)

**Filmographie :**

*Critters (1985)* • *Bill and Ted's excellent adventure (1987)* • *Panique chez les Grandell (1991)* • *Les Petits champions (1992)* • ***Les Trois mousquetaires (1994)*** • *Professeur Holland (1995)* • *Les 101 Dalmatiens (1996)* • *Holy man (1998)* • *Rock star (2001)* • *Sept jours et une vie (2002)* • *Garde rapprochée (2005)*

Parfois, un genre se confond presque avec l'œuvre qui en fixe les caractères. Ainsi en va-t-il pour le roman de cape et d'épée avec *Les Trois mousquetaires*. La multiplicité des adaptations du roman de Dumas à l'écran montre, outre la prodigieuse vitalité de l'œuvre, que, en passant au cinéma, le roman transmet au film sa valeur d'archétype. Avec, à partir de là, toutes les variations et toutes les appropriations possibles qui dépassent, évidemment, les frontières. Depuis la première version, anglaise, de 1898, le sujet a été porté plus de cent fois à l'écran, inspirant des réalisateurs français, mais aussi italiens, allemands, espagnols, anglais, turcs, américains, mexicains, argentins... Et si les versions américaines de George Sydney et de Richard Lester restent sans doute des versions de référence, il n'en va pas tout à fait de même de celle de Stephen Herek, qui, pliant strictement son film à l'esprit maison des studios Disney, en limite quelque peu la portée.

### LES TROIS MOUSQUETAIRES (1994)
**avec Chris O'Donnel, Kiefer Sutherland, Oliver Platt et Charlie Sheen**

**Sale temps pour le cardinal.** Tous les sept ou huit ans, de façon régulière, les mousquetaires sont de retour sur les écrans. Indice de l'immortalité d'une œuvre devenue quasi mythique, et surtout belle façon pour un réalisateur de se frotter à la plus belle des histoires de cape et d'épée, comportant tous les éléments d'aventure et d'amour qui font les grands films d'action romanesque. Le fait que la nouvelle version produite par les studios Disney soit signée Stephen Herek indique déjà à quel type de produit on a affaire. Là où certains des cinéastes les plus originaux ou les plus iconoclastes, d'Abel Gance à Richard Lester, de Max Linder à Mauro Bolognini, ont choisi de donner leur marque propre à l'adaptation qu'ils proposaient du roman de Dumas, c'est ici à un quasi-débutant, dont le mérite essentiel est d'avoir réalisé pour Disney un film en direction des 8-15 ans, *Les Petits champions*, qui a été choisi. Avec pour mission de donner une vision la plus consensuelle, c'est-à-dire la moins personnelle, de la célèbre histoire. En d'autres termes, il s'agit de livrer au public junior de 1994 – qui n'a pas forcément vu les films précédents ni, cela va sans dire, lu le roman de Dumas – une version au goût du jour, selon des recettes qui ont fait leurs preuves. Et d'abord, un scénario bien carré et bien musclé, style western chez le cardinal, où l'on saura immédiatement distinguer les bons des méchants. D'où le choix, pour incarner Rochefort, du sombre Michael Wincott, que son bandeau de borgne désigne sans ambiguïté comme le sale type numéro un. Et quant à Richelieu, comme si le sourire sadique et lubrique de Tim Curry ne suffisait pas, chacune de ses apparitions est ponctuée par une musique sépulcrale qui donne le ton sans risque d'erreur. À partir de là, et dans la logique d'un film destiné d'abord au marché américain, on peut transformer ledit cardinal en dictateur fou assoiffé de pouvoir, dont un Louis XIII qu'on a rajeuni en ado fragile, devra forcément se débarrasser pour asseoir sa royauté. D'où la disparition finale de Richelieu, qui finit englouti dans les eaux sombres d'une rivière souterraine. Et voilà comme on écrit l'Histoire !

Cela, à vrai dire, n'a que peu d'importance, dans un genre où Dumas lui-même s'est permis, avec la vérité historique, toutes les libertés possibles. L'ennui ici, c'est que ce qui fait la réussite du roman – l'éclat d'une imagination et d'un style – fait totalement défaut. On assiste en fait à une sorte de bande dessinée consciencieusement illustrée, où il ne manque pas une plume au chapeau des mousquetaires, ni un baril de poudre aux explosions diverses qui accompagnent leurs exploits. Les femmes sont jolies – avec une mention à Julie Delpy – et leurs décolletés savamment dosés. La figuration ne fait pas défaut, et les tuniques rouges et bleues des mousquetaires et des gardes sont du plus bel effet. Et quant aux héros eux-mêmes, ils sont beaux, jeunes, sympathiques, surtout d'Artagnan, lui aussi transformé, avec Chris O'Donnel, en ado bouclé à la portée directe du public de son âge. Kiefer Sutherland est un Athos blond, Oliver Platt s'est fait la tête d'un Porthos pirate, et Charlie Sheen semble un peu s'ennuyer en Aramis. Tous quatre endossent leurs rôles et leurs tuniques avec application, même si les traits d'humour censés leur donner quelque distance avec leurs personnages tombent régulièrement à plat. Les duels sont bien réglés, les cascades un peu moins bien. Quelques scènes sont belles, comme celle où l'on voit Constance, qui a perdu son Bonacieux en route, couchée à plat ventre sur un grand escalier et serrant la main de d'Artagnan épuisé. La musique est figurative et envahissante, les décors sont autrichiens, et la morale finale souligne la blancheur étoilée du bien qui triomphe des forces obscures qui veulent gouverner le monde.

## HERMAN-WURMFELD Charles (américain, né en 1967)

**FILMOGRAPHIE :**
*Fanci's persuasion (1994)* • ***La Tentation de Jessica (2002)*** •
*La blonde contre-attaque (2003)*

D'abord enseignant de théâtre dans le Vermont, Charles Herman-Wurmfeld s'établit ensuite à San Francisco où il commence par mettre en scène trois opéras rock, tout en réalisant des vidéos musicales, des courts métrages et des installations multimédias. Il passe au long métrage en 1994, avec un film en 16 mm à très petit budget, tout en poursuivant une carrière à la télévision, où il réalise en particulier des documentaires musicaux. *La Tentation de Jessica*, son premier long métrage en 35 mm, produit par le département recherche de la Fox, révèle ses qualités d'observateur aigu des mœurs du temps, et lui vaut de se voir confier la suite de *La Revanche d'une blonde*.

### LA TENTATION DE JESSICA (2002)
**avec Heather Juergensen et Jennifer Westfeldt**

**Elle et elle.** Il fut un temps où la comédie sentimentale américaine pouvait sans problème choisir des titres du genre *Elle et lui*. En cette époque déjà lointaine, le doute n'était pas permis. Aujourd'hui, les choses sont moins simples. Et lorsque la très séduisante Jessica Stein, journaliste au *New York Tribune*, décide qu'à 28 ans, il serait temps qu'elle trouve l'âme sœur, tous les hommes qu'elle rencontre lui apparaissent comme fades et peu attirants, si bien que, poussée par la curiosité, elle répond à une petite annonce parue dans la rubrique « Femmes cherchent femmes ». Et ce qu'elle trouve donc, c'est forcément une femme, la non moins séduisante Helen Cooper, qui travaille dans une galerie d'art et qui, tout en étant homo déclarée, ne déteste pas pratiquer l'hétéro aussi.
Voici donc, conforme en apparence aux canons de la bonne vieille comédie sentimentale, Elle et Elle, toutes deux aussi ravissantes, fines, branchées et irrésistibles l'une que l'autre. Si ce n'est – et c'est toute la subtilité enjouée du film de Charles Herman-Wurmfeld, écrit, co-produit et (parfaitement) interprété par deux jolies donzelles, Heather Juergensen et Jennifer Westfeldt – que Jessica est un peu coincée : par ses réserves face à l'homosexualité féminine, par son appartenance à une famille juive avec mère envahissante qui cherche à la marier ; par le regard des autres sur une liaison qu'elle n'ose pas avouer ; par ses propres inhibitions, enfin, qu'elle a du mal à surmonter. Toutes ces hésitations, un baiser en avant, une caresse en arrière, font la matière d'une comédie brillante, bien dans l'air du temps, où le trait est toujours vif, et où il s'agit moins du fameux « *coming out* », déjà souvent traité, que de l'expérience de deux filles qui essaient pour voir. Et la façon dont elles le font, même si elle est un peu longue à se mettre en route et si elle n'échappe pas *in fine* à une certaine correction qui rétablit l'ordre plus conforme des choses, traduit une belle vitalité dans le scénario, les dialogues et le regard porté sur les personnages, et, en jouant ingénieusement avec les stéréotypes du genre, compose une comédie de mœurs enlevée qui, l'air de rien, envoie valser joyeusement bien des conventions.

## HERZOG Werner (allemand, né en 1942)

**PREMIER LONG MÉTRAGE :**
*Signes de vie (1967)*
**FILMOGRAPHIE DEPUIS 1985 :**
*Cobra Verde (1987)* • *Les Gauloises (1988)* • *Wodaabe, les bergers du soleil (1989)* • *Échos d'un sombre empire (1990)* • *Le Cri de la roche (1991)* • *Lessons of darkness (1992)* • *Glocken aus der tiefe (1993)* • *Little Dieter needs to fly (1997)* • *The Lord and the Laden (1999)* • ***Ennemis intimes (1999)*** • *Invincible (2000)* • *Pilgrimage (2001)* • *Ten minutes older – The Trumpet (2001), co-réalisation* • *Wheel of time (2003)* • *The White diamond (2004)* • *Grizzly Man (2005)* • *The Wild blue yonder (2005)*

Né et élevé dans un village de la montagne bavaroise, Werner Herzog grandit loin des villes et du modernisme : pas de cinéma, pas de téléphone, pas de voyage. Pendant ses études, il travaille la nuit comme soudeur dans une aciérie pour produire son premier film, *Herakles*, qu'il réalise à 19 ans. À partir de là, il ne s'arrête plus de filmer : plus de quarante films, courts et longs, où il manifeste un goût pour les personnages marginaux, les esprits originaux, les êtres romantiques que leurs passions poussent jusqu'à la folie. La dilection qu'il montre pour l'acteur Klaus Kinski, lequel est lui-même porté par une sensibilité exacerbée et un génie fou, et à qui il confie cinq rôles à l'avenant, dans des films de la démesure (*Aguirre, la colère de Dieu, Nosferatu, fantôme de la nuit, Woyzeck, Fitzcarraldo* et *Cobra Verde*), traduit une fascination pour le personnage mais aussi une relation avec lui faite de haine et de folie partagées. Huit ans après la mort de Kinski, survenue en 1991, il fait de cette étrange relation un documentaire, sorte de making-of de la partie la plus riche et la plus tourmentée de sa carrière.

### ENNEMIS INTIMES (1999)
#### avec Klaus Kinski

**Éloge de la folie.** Il y a quelque chose de fascinant dans le film-document que Werner Herzog, revenant sur une collaboration qui a marqué sa carrière de réalisateur, consacre à son acteur fétiche, celui avec lequel il a tourné ses cinq films les plus marquants : Klaus Kinski. Fascinant d'abord comme la personnalité hors normes du comédien, dont le film montre, documents à l'appui, qu'il appelle toutes les épithètes extrêmes : démesuré, égomaniaque, exacerbé, mégalo, dément même, d'une folie qui confine au génie. Et, à cet égard, les rôles que lui confia le cinéaste en renvoient, par l'outrance même dont ils sont porteurs, une image à l'identique, comme si le comédien et les personnages s'y confondaient. Aguirre, Fitzcarraldo, Woyzek, Nosferatu, Cobra Verde : autant d'êtres dépassant la raison, portés par des rêves fous, et dont Kinski, confondant le réel et la représentation fictive, fut plus que l'interprète, l'incarnation.
Mais il y a une autre fascination qui naît à la vision d'un document où Werner Herzog, revenant sur ce passé partagé avec un comédien qui apparaît à bien des égards comme son double maléfique, un alter ego avec lequel ses relations sont tout autant d'amour que de haine, met lui-même en scène une autre folie : la sienne, celle de ses rêves eux-mêmes démesurés, de ses films défiant la raison, de ses expéditions traversant la jungle, de ce bateau qu'il veut que l'on hisse jusqu'au sommet de la montagne, comme une métaphore de la création. Du coup l'on sent, tout au fil d'images tour à tour dérangeantes, comiques, émouvantes, à quel point le couple formé par le créateur et son interprète se confond dans une alliance, explosive certes, et les poussant l'un et l'autre jusqu'à des envies de meurtre, mais nécessaire, irréductible, amoureuse : « Nous étions comme deux masses critiques qu'il suffisait de rapprocher pour qu'elles explosent », dit le cinéaste. Tout son film montre la force détonante de leurs rapports, et comment l'œuvre naît de ces éclats de colère, de haine, de passion, de démence. Il montre aussi le vide laissé par la disparition de l'acteur, dont les dernières images – celle de Cobra Verde se laissant mourir, roulé par les vagues de la mer – disent jusqu'où le sacrifice peut aller, et permettent de comprendre pourquoi, depuis et pendant plusieurs années, Werner Herzog n'a plus rien tourné pour le cinéma. En mourant, c'est aussi une part de son créateur que la créature a emportée avec elle.

## **HEYNEMANN Laurent** (français, né en 1948)

**Premier long métrage :**
*La Question (1976)*
**Filmographie depuis 1985 :**
*Les mois d'avril sont meurtriers (1987)* • *Faux et usage de faux (1990)* •
***La Vieille qui marchait dans la mer (1991)*** • *Un aller simple (2001)*

Les premiers films de Laurent Heynemann, dans les années 1976-1983, font voir en cet ancien assistant de Tavernier un jeune réalisateur original, qui ne craint pas, ce qui est assez rare dans le cinéma français, d'aborder de face des sujets politiques brûlants, comme la torture en Algérie dans *La Question*, le terrorisme allemand dans *Il faut tuer Birgit Haas*, la collaboration dans *Stella*. Puis s'en tenant par la suite à des sujets plus convenus, sous la forme qu'il affectionne du polar, il perd quelque peu de ce côté cruel qui se dégageait d'un regard très personnel. Se consacrant dès lors pour l'essentiel à la télévision, où il signe de très nombreux téléfilms, il ne retrouve que par intermittence sur grand écran ce qui fait sa vision à la fois douce et acide des choses.

### LA VIEILLE QUI MARCHAIT DANS LA MER (1991)
#### avec Jeanne Moreau, Michel Serrault et Luc Thuillier

**Arrière-saison.** La vieillesse, dit-on, est un naufrage. Heureusement, il y a quelques bouées de sauvetage qui permettent de surnager et de garder le plus longtemps possible la tête hors de l'eau. Pour Lady M., son ballon d'oxygène, c'est l'arnaque. Cette vieille dame excentrique qui, chaque jour, maquillée et chapeautée, se promène le long de la mer, plongée dans l'eau jusqu'à la taille, pour soigner une arthrose tenace, quoique boiteuse n'en mène pas moins grand train. En compagnie de Pompilius, ex-diplomate, autrefois roumain, d'âge aussi canonique qu'elle, et que les scrupules n'étouffent pas davantage, elle écume les clubs de vacances chics, les hôtels de luxe, les réceptions mondaines, tous lieux où elle peut trouver le gibier de gogos qu'elle pourchasse. Car Lady M. est une virtuose de l'entourloupe, une diva du coup fourré. Entre ses mains, le vol se fait haut vol, et l'escroquerie devient un art. Mais Lady M. est femme, aussi. Et qui se sent vieillir. Son amitié pour Pompilius, dont la tendresse se traduit par la façon qu'elle a de le traiter en permanence de tous les noms d'oiseaux qui lui passent par la bouche, ne suffit pas à apaiser ce démon de la chair fraîche qu'elle sent encore, si fort, bouger en elle. Et la rencontre du jeune Lambert, dont elle voit tout de suite qu'il vaut mieux que ce destin de garçon de plage bellâtre à quoi il semble voué, lui donne l'occasion d'insuffler un peu de sang neuf dans une existence qui se rabougrit. Prenant en main l'éducation du jeune homme, elle le forme à ses grandes manœuvres frauduleuses, ce qui ne manque pas d'exciter la jalousie de Pompilius, qui se voit supplanté par ce blanc-bec à la beauté insolente. Et qui sent bien que Lady M. trouve dans ce jeune corps la tentation de vivre un dernier amour. Même si c'est trop tard…
Il y a quelque chose de pathétique dans cette histoire de corps qui se fane, de beauté qui s'enfuit, de mort qui vient. Mais, et c'est d'ailleurs en quoi le film de Laurent Heynemann correspond bien à l'esprit même de San Antonio dont il s'inspire, cette vision de la vieillesse cache constamment son pathétique sous l'énormité bouffonne. Le langage, d'une crudité roborative, manifeste une verdeur qui est, au sens propre, le signe de la vie : c'est par là que passe la sève. Et sur ce plan, les dialogues du film font entendre la plus belle collection de grossièretés dont on puisse rêver. Prononcées avec une distinction qui les rend d'autant plus incongrues, celles-ci constituent une petite musique qui fait comme de la dentelle dans l'énormité. Il faut, évidemment, un art consommé de l'éloquence et même de l'élocution pour faire passer sans vulgarité un tel chapelet de perles. Jeanne Moreau et Michel Serrault le possèdent au plus haut point. Lui, Pompilius, pomponné, touchant, un peu ridicule, le délire sans cesse sous-jacent, sait être grossier avec une sorte de politesse, la politesse du désespoir. Quant à elle, elle offre une finesse souveraine, une gouaille moqueuse, un abattage, et cette voix aux inflexions uniques qui cisèle les injures comme des mots d'amour. Trouvant là, à coup sûr, un rôle en or massif, elle s'y met à nu, sans cabotiner, montrant en gros plan les rides qui la fripent, comparant même, dans une scène terrible où elle regarde des photos d'autrefois, la beauté de sa jeunesse avec son visage flétri de vieille femme. Vieille peau, vieille carcasse, recluse de rhumatismes, mais continuant à porter beau, à se tenir droite, à dominer les choses et les êtres. Même si, le temps faisant son office, son cerveau se ramollit parfois en des crises soudaines de sénilité. Alors elle se reprend, se rajuste, et reconstruit le monde à sa manière, histoire de faire la nique au temps.
Belle et sensible comédie que le film de Laurent Heynemann : on y rit sans cesse, et de tout cœur. Mais cette fantaisie légère a sa gravité. Elle fait du rire comme une philosophie de l'existence, une réponse à ces tristes compagnons de toute vie humaine, qui manquent, eux, désespérément d'humour : la vieillesse et la mort.

## HOBLIT Gregory (américain, né en 1944)

**FILMOGRAPHIE :**
*Peur primale (1996)* • *Le Témoin du mal (1998)* • ***Fréquence interdite (2000)*** •
*Mission Evasion (2002)* • *Emperor Zehnder (2003)*

Diplômé en cinéma et télévision de l'université de Californie à Los Angeles, Gregory Hoblit se spécialise, dès ses débuts, dans la production télévisée, devenant rapidement producteur associé de séries et de téléfilms, relevant essentiellement des genres policier et fantastique, dont le succès l'amène à travailler pour les principales compagnies majeures. Son passage au cinéma n'intervient qu'assez tard, et il y retrouve ses genres de prédilection : thriller avec *Peur primale*, suspense mâtiné de fantastique dans *Le Témoin du mal*, fantastique dans *Fréquence interdite*, film de guerre dans *Mission Evasion*.

### FRÉQUENCE INTERDITE (2000)
**avec Dennis Quaid et James Caviezel**

**Univers parallèles.** Trente ans ont passé depuis ce jour de 1969 où Frank Sullivan, courageux soldat du feu, a trouvé la mort dans l'incendie d'un entrepôt. Trente ans que son fils John pense à son père, ce héros, avec qui le dialogue de la vie a été inexorablement interrompu. Et puis voici qu'un jour d'aurore boréale, par le biais d'un vieux poste de radio amateur qui appartenait au disparu, John rétablit le fil coupé. La voix grésillante qu'il capte semble venir d'ailleurs : d'où ? est-ce d'outre-tombe ? d'outre-temps ? En tout cas, c'est la voix de son père. Et le fils, à nouveau, peut parler avec celui dont le silence de mort assourdissait sa propre vie.
Le scénario de *Fréquence interdite* conjugue deux paramètres également troublants : le saut temporel qui, opérant un va-et-vient par-delà les années entre une époque et une autre permet à un personnage de vivre simultanément dans deux moments du temps ; mais aussi le paradoxe qui offrant au personnage d'aujourd'hui d'intervenir dans le passé et d'en modifier le cours induit une modification du présent dans lequel il vit. Car John, le fils, devenu inspecteur de police, parvient, grâce à ce contact établi avec son père, à sauver celui-ci de la mort qui l'attend. Et, inversement, son père, par l'action qu'il mène contre les agissements d'un criminel qui menace leur famille, apporte sa solution à l'enquête que mène son fils sur l'étrange vague de meurtres qui s'est abattue sur la ville. Les deux mondes du passé et du présent apparaissent ainsi comme deux univers parallèles, entre lesquels, par le contact radio qui s'opère, un pont est jeté. Ce pont, c'est celui de l'étrange, propre aux scénarios de science-fiction, et tout particulièrement à ces séries américaines des années 1960-1970, type *La Quatrième dimension*, dont le film pourrait facilement constituer un épisode type. Mais c'est aussi, plus insidieusement, celui des profondeurs du cœur, qui permet au fils vivant de rétablir le lien avec son père mort et de lui dire tout ce qu'il n'a pas pu lui dire. Remonter le temps, modifier le cours des choses, agir pour transformer ce qui a été, revivre ce qui a inexorablement disparu : le désir intime et immémorial tient lieu ici de réalité.
Mais il y a plus. Dans ce dialogue qui se renoue entre les deux personnages, la machine joue le rôle du médium technologique qui permet l'échange. Le schéma est alors celui de l'interactivité, chaque question du fils au père apportant de multiples réponses possibles. L'histoire racontée se démultiplie du coup en une infinité de dérivations, et les modifications que cela entraîne s'en font aussitôt sentir dans le fil même du récit, ce qui ouvre la voie à la fascination excitante de l'infini. Le réalisateur, pour autant, ne cède pas au vertige de l'illusion. Il conduit son film là où il l'entend. La séquence finale de son film rétablit l'ordre profond, qui est celui du cœur : elle réunit les membres de la famille dans l'unité heureuse d'une cellule dont on voit bien qu'elle constitue la valeur de référence. Celle qui transcende le temps, et qui survit à la mort.

## HOCHHAÜSLER Christoph (allemand, né en 1972)

**FILMOGRAPHIE :**
***Le Bois lacté (2003)*** • *L'Imposteur (2005)*

Christoph Hochhäusler, après des études d'architecture, travaille d'abord comme guide touristique, illustrateur et story-boarder. Reprenant ses études pour intégrer l'École de télévision et de film de Munich, il se tourne alors vers le cinéma, réalise cinq courts métrages, fonde la revue de cinéma

*Revolver*, et passe en 2003 au long métrage, avec *Le Bois lacté*, que la critique place d'emblée dans la ligne de la mythique *Nuit du chasseur* de Charles Laughton.

### LE BOIS LACTÉ (2003)
#### avec Judith Engerl, Sophie Conrad, Leonard Bruckmann et Miroslaw Baka

**Enfants perdus.** Un ciel d'un gris laiteux, une plaine sans fin, une route qui la traverse, épais ruban de bitume qui épouse la molle ondulation du terrain. Et, sur le bas-côté, deux enfants qui avancent, comme perdus dans l'immensité du paysage. Impression fausse, puisqu'une voiture s'arrête, celle de leur belle-mère, qui les a ratés à la sortie de l'école et qui vient les récupérer. Impression vraie, pourtant, car bien vite, dans la voiture, les relations tendues entre les deux gamins et leur marâtre amènent celle-ci, excédée, à les laisser sur le bord de la route. Et lorsque, étant partie calmer ses nerfs un peu plus loin, elle revient les récupérer, les gosses ont disparu.

Enfants bel et bien perdus, donc, à la fois dans un territoire à la symbolique géographiquement forte, puisqu'on est tout à l'est de l'Allemagne et que les gamins se retrouvent lâchés dans la nature de l'autre côté de la frontière, en Pologne, mais aussi dans un contexte littéraire qui en fait deux avatars modernes des petits Hänsel et Gretel, héros d'un des plus célèbres contes de Grimm. Et c'est précisément dans la façon qu'il a de réinvestir le conte que le film de Christoph Hochhaüsler prend toute son inquiétante dimension. Car si les enfants se trouvent ainsi tous deux égarés dans un paysage qui d'emblée les jette dans une forêt profonde, celle-là même des grandes peurs enfantines où, grand méchant loup potentiel, rôde un type ambigu qui les recueille à bord de sa fourgonnette, leur égarement ne fait que traduire l'égarement général des êtres. Car personne ici n'est totalement innocent : ni les enfants, dont l'un, la fille, a un comportement de petite peste vacharde et l'autre, le garçon, de geignard attardé ; ni leur belle-mère, Silvia, qui, une fois qu'elle les a abandonnés et perdus, cache la vérité à son époux et s'enferme dans la mécanique du mensonge par omission, comme si elle ne voulait pas voir ce qu'elle a fait ; ni même son mari qui, dans son angoisse affolée, se masque par lâcheté les yeux pour ne pas voir ce que l'attitude de sa femme peut laisser supposer ; ni le type à la fourgonnette qui, tout en recueillant les gosses, voit vite l'intérêt financier qu'il y a pour lui à ne les relâcher que contre récompense. Le mal est à l'œuvre partout, et apparaît comme la loi d'un monde auquel la mise en scène et la musique lancinante qui l'accompagne donnent une froideur obsédante : décors de grisaille blanchâtre, paysages mornes, parkings et restoroutes sans âme, maison des parents inachevée où tout semble en suspens dans des pièces vides.

Il y a beaucoup d'ambition et de fulgurance dans ce film d'un cinéaste débutant, emblème d'une nouvelle génération, et dans sa manière, à travers un conte célèbre, qui fait partie du patrimoine germanique, de dire l'Allemagne d'aujourd'hui, avec tout ce que sa réunification ramène avec elle de fantômes enfouis dans les sordides placards de l'Histoire, du côté de l'Est précisément, et de la Pologne des sombres forêts. Et il y a aussi une beauté formelle, qui prend toute sa puissance de suggestion dans un somptueux dernier plan, qui n'en finit pas de durer, et qui, plutôt que d'apporter des réponses, laisse le mot « Fin » en suspens sur une inquiétante interrogation.

## HOGAN Paul John (australien, né en 1962)

**FILMOGRAPHIE :**
*The Humpty Dumpty Man (1986)* • *Muriel (1994)* • ***Le Mariage de mon meilleur ami (1997)*** • *Peter Pan (2003)* • *Amours suspectes (2003)* • *Let's make friends (2004)*

Ayant commencé, comme scénariste et comme réalisateur, à la télévision australienne, Paul John Hogan (généralement crédité P.J. Hogan) se fait remarquer, dès sa première réalisation au cinéma, avec *Muriel*, une comédie irrévérencieuse, présentée à Cannes, qui lui vaut un succès international et lui ouvre les portes de Hollywood. Ce qui lui permet de tourner aux États-Unis *Le Mariage de mon meilleur ami*, comédie sentimentale destinée à mettre en vedette Julia Roberts, dans le même temps où sa femme, Jocelyn Moorhouse, qui l'a suivi, tourne non loin de là *Secrets*, avec Jessica Lange et Michelle Pfeiffer. Il est également l'auteur d'une cinquième adaptation cinématographique du personnage de Peter Pan, la plus fidèle au roman de Barrie.

### LE MARIAGE DE MON MEILLEUR AMI (1997)
**avec Julia Roberts, Dermot Mulroney, Rupert Everett et Cameron Diaz**

**Noces de cactus.** Julianne et Michael, ayant transformé leur brève liaison amoureuse de jeunesse en une indéfectible amitié, se sont promis de se marier un jour en se jurant de se prendre pour époux si jamais, lorsqu'ils auraient 28 ans, ni l'un ni l'autre n'avait à ce moment-là trouvé alliance à son doigt. Depuis, neuf années ont passé, et leur vingt-huitième anniversaire approche. Julianne pense à leur promesse avec un peu de vague à l'âme et pas mal d'excitation, lorsque Michael lui téléphone de Chicago pour lui annoncer son mariage. Avec une autre. À cette nouvelle, Julianne sent bien que, sans se l'avouer, elle n'a jamais cessé d'aimer Michael. Et comme celui-ci lui demande de venir pour être de la fête et faire connaissance avec Kimmy, sa fiancée, Julianne s'embarque illico pour Chicago, bien décidée à tout faire pour faire capoter cette union. Voici donc Julianne (Julia Roberts) retrouvant son beau Michael (Delmot Mulroney) dans les bras de la charmante Kimmy (Cameron Diaz), ces deux-là étant apparemment fous l'un de l'autre. Et la jalousie de Julianne est d'autant plus forte que Kimmy a décidément toutes les qualités, et qu'elle en ferait même volontiers sa meilleure amie si la situation le lui permettait. Mais venue là pour regagner le cœur de Michael, si tant est qu'elle l'ait jamais perdu, elle entreprend toute une série de manœuvres insidieuses pour détacher celui-ci de sa poupée blonde. Et le temps presse, car le mariage est fixé à dans quatre jours, et en grandes pompes bien entendu.
Sur une situation de départ que n'auraient pas renié un Leo McCarey ou un Billy Wilder, le traditionnel triangle amoureux – un homme pour deux femmes – se trouve rapidement transformé en quatuor avec l'intervention amicale de George, l'éditeur de Julianne, lequel a l'avantage d'être beau, célibataire, attentionné, brillant mais, ce qui complique un peu les choses, homosexuel. Il est donc tout indiqué pour que Julianne le fasse passer pour son propre fiancé, espérant bien par-là susciter la jalousie de Michael. L'intérêt de ce chassé-croisé est sans doute moins dans l'originalité de la situation que dans la gamme des sentiments qu'il permet. Sur ce plan, les efforts de Julianne, prise entre l'amour, l'amour-propre, l'espoir, l'abattement et la mauvaise conscience, et voyant chacune de ses tentatives l'enferrer de plus en plus dans une situation qu'elle croit contrôler mais qui lui échappe chaque fois davantage, offrent à Julia Roberts l'occasion de mettre en valeur l'éclat pétillant de son regard, la mobilité sensible de son visage, et l'élégance d'un charme irrésistible jusque dans les situations et les postures les moins avantageuses. Et de prouver qu'elle a cette présence et cette aura qui, joints à ses talents de comédienne, lui apportent ce quelque chose en plus qu'avaient en leur temps une Katharine Hepburn ou une Rita Hayworth. Elle trouve en tout cas, avec ce personnage de grande fille qui a peur d'aimer et qui est amoureuse de ses rêves, un vrai bonheur de rôle. Mais la belle réussite de distribution est aussi que, dans deux personnages forcément en retrait, puisque soumis aux manœuvres de Julianne qui mène le jeu, Cameron Diaz parvient à imposer une Kimmy sympathique et nullement godiche, qui tire parfaitement son épingle du jeu, et Delmot Mulroney, un homme pris entre deux femmes sans paraître en être pour autant le jouet. Et le quatrième membre de l'équipe n'est pas à négliger non plus : Rupert Everett l'impose même comme l'axe quasiment moral de l'histoire et, par le brio et l'élégance qu'il lui donne, il en fait l'indispensable maillon de cette chaîne conjugale compliquée, à tel point qu'il y a fort à parier que nombre de filles à marier se diront que, gay ou pas, il ferait un bien beau parti. Et d'ailleurs, que toute cette histoire embrouillée trouve pour finir un dénouement pas forcément attendu, où les apparences sont respectées sans que pour autant ne dégouline le sirop d'un trop prévisible happy end, montre de la part du réalisateur australien qu'est P.J. Hogan une liberté qui a su garder ses distances avec les conventions hollywoodiennes, et dont le ton gentiment impertinent s'inscrit plutôt dans la ligne de *Muriel*, son précédent film, où il était déjà question de mariage. Et qui fait qu'en réalisant la plus américaine des comédies, il reste finalement fidèle à lui-même.

## HOLLAND Agnieszka (polonaise, née en 1948)

**PREMIER LONG MÉTRAGE :**
*Niedzielne dzieci (1977)*
**FILMOGRAPHIE À PARTIR DE 1985 :**
*Amère récolte (1985)* • *Le Complot (1987)* • ***Europa, Europa (1990)*** • *Olivier, Olivier (1991)* • *Le Jardin secret (1993)* • *Rimbaud Verlaine (1995)* • *Washington Square (1997)* • *The Third miracle (1999)* • *Julie walking home (2002)* • *Copying Beethoven (2005)*

Née dans le Varsovie d'après-guerre, formée au cinéma à la Famu de Prague, Agnieszka Holland a commencé par travailler comme scénariste pour Andrzej Wajda, collaborant à tous ses films entre 1977 et 1989, avant de collaborer aussi au scénario de *Trois couleurs: Bleu* de Kieslowski en 1993 et d'écrire également pour le théâtre et pour la télévision. Sa carrière de réalisatrice, commencée en Pologne puis se poursuivant en Europe (notamment en France) et aux États-Unis, fait apparaître une œuvre marquée par les drames de l'histoire contemporaine (en particulier avec *Europa, Europa*) et par les problèmes de son pays, puis, à mesure qu'elle tourne avec des budgets et des acteurs internationaux, s'infléchissant vers des films de genre: mélodrame (*Olivier, Olivier*), aventures (*Le Jardin secret*), biographie (*Rimbaud Verlaine, Copying Beethoven*), adaptation littéraire (*Washington Square*, tiré du roman de Henry James).

### EUROPA, EUROPA (1990)
### avec Marco Hofschneider, Delphine Forest et André Wilms

**Le Juif errant.** Juif d'abord. Et allemand. Puis passant en Pologne et se faisant récupérer par les Russes, qui l'envoient dans un komsomol où il devient une parfaite petite créature de Staline. Fait prisonnier par les Allemands et se faisant passer pour un des leurs, il est alors enrôlé dans la Wermacht et se distingue sur le front russe, ce qui lui vaut l'honneur d'être versé dans une école d'élite pour la jeunesse du Führer. Engagé à Berlin dans les ultimes combats lors de la prise de la ville et se rendant aux Russes en se rangeant à leurs côtés, il retrouve enfin son frère, rescapé des camps de la mort, et récupère entre ses bras, dans la honte et la douleur, son identité juive.
Tel est l'itinéraire proprement ahurissant et pourtant parfaitement authentique de Sally Perel. Pris dans les remous de la guerre, le jeune garçon en épouse toutes les absurdités. Dans une errance qui le pousse d'un camp à l'autre, portant tour à tour et avec la même détermination, le costume des jeunesses staliniennes et l'uniforme des jeunesses hitlériennes, il se moule successivement dans la peau des personnages que les circonstances lui imposent, cherchant même à faire disparaître sa judéité en infligeant à son sexe circoncis un traitement contre nature. Rarement la connerie de la guerre, comme disait poétiquement Prévert, n'apparaît aussi fortement que dans le récit de cette vie emblématique. Et qui pose bien des problèmes de fond. Agnieszka Holland, elle-même originaire de Pologne, pays où la question juive – voir *Shoah* – a trouvé, on le sait, des solutions radicales, construit son film pour aller à l'essentiel, quitte à mettre parfois à mal quelques idées reçues. Son héros, ou plutôt son anti-héros, apparaît comme un enfant perdu dont l'héroïsme accidentel n'est que le résultat de lâchetés successives. Parce que c'est le seul moyen de sauver sa peau; parce que le destin se joue de lui; parce que l'individu est broyé par des forces collectives qui le dépassent, l'entraînent, le roulent, le dépossèdent de lui-même. Il y a là non seulement une réflexion sur la limite extrême de toute culture, de toute religion, de toute appartenance nationale, mais plus encore la démonstration de la parfaite inanité du racisme et de l'intolérance. Et une dénonciation, qui n'évite pas toujours la lourdeur didactique, de la perversion de tout pouvoir absolu: avec un humour féroce, la grande farce macabre du totalitarisme, tant stalinien qu'hitlérien, emporte les deux dictateurs dans une danse macabre qui touche au fantastique, tant il est vrai que la réalité de l'horreur dépasse l'imagination. Mais l'errance du jeune Sally, c'est aussi l'apprentissage de la vie, de l'amitié, de l'amour. D'où des scènes qui, au milieu du bruit et de la fureur, font passer des éclairs de fantaisie, de tendresse, de bonheur même. Et l'interprétation de Marco Hofschneider, tout à la fois ingénu et malin, tremblant de peur mais animé d'une rage de survivre, éclatant en rires clairs et fondant en pleurs de souffrance trop longtemps contenue, apporte toute son humanité rayonnante à cette tragi-comédie inhumaine, qui, par la sympathie profonde qu'elle suscite, prouve à l'évidence que, face aux folies de l'Histoire, nous sommes tous des Juifs allemands.

## HONG Sang-soo (sud-coréen, né en 1960)

**Filmographie**

*Le Jour où le cochon est tombé dans le puits (1996)* • *Le Pouvoir de la province de Kangwon (1998)* • *La Vierge mise à nu par ses prétendants (2000)* • *Turning Gate (2002)* • ***La femme est l'avenir de l'homme (2004)*** • *Conte de cinéma (2005)*

Étudiant en cinéma à l'université de Chungang à Séoul puis aux États-Unis, où il obtient un diplôme au College of Arts and Crafts de Californie et à l'Art Institute de Chicago, Hong Sang-soo, après quelques courts métrages tournés pendant son séjour américain, découvre *Le Journal d'un curé de campagne* de Bresson, qui le marque si fortement qu'il vient passer plusieurs mois à Paris pour y parfaire sa culture cinématographique à la Cinémathèque. Il rentre ensuite en Corée, pour y réaliser en 1996 son premier long métrage, où il manifeste une exigence artistique et un univers personnel qui le font aussitôt remarquer de la critique internationale. Les films suivants confirment l'originalité d'un cinéma marqué par l'interrogation sur les rapports entre hommes et femmes, et par une manière subtile, apparemment simple et pourtant infiniment complexe, qui donne la plus grande place aux détails, aux choses fugaces, au flottement d'un monde qui semble embué dans les vapeurs de l'alcool et dans la désespérance de l'être.

### LA FEMME EST L'AVENIR DE L'HOMME (2004)
**avec Yoo Ji-tae, Sung Hyun-ah et Kim Tae-woo**

**L'irrémédiable inanité des choses.** La première séquence du film de Hong Sang-soo en donne à la fois la couleur et la clef. Sous un ciel gris, dans un paysage de neige, deux amis se retrouvent, le premier faisant entrer le second dans la cour de sa maison, mais sans lui en ouvrir la porte, et lui offrant simplement de faire un tour dans la neige du jardin ; ce que l'autre s'empresse de faire, mais en marchant à reculons, avant de revenir en mettant ses pas dans les traces qu'il a laissées sur le sol, donnant ainsi l'impression qu'il est revenu sur place sans être jamais parti. Ainsi en est-il du film lui-même, qui raconte ce voyage incertain que les deux hommes, anciens copains d'université, font à la recherche d'une fille qu'ils ont aimée autrefois, et qu'ils retrouvent dans une ville de province, pour une virée fortement arrosée où ils vont se rendre compte que l'avenir que le vers d'Aragon prétend octroyer à la femme est en fait sans espoir de futur : un retour en arrière qui fait du sur-place, une tentative de revivre un passé irrémédiablement enfui et qui ne repassera pas. Glacé par le froid ambiant, réchauffé par les vapeurs illusoires de l'alcool, le périple des deux amis est d'autant plus incertain que la manière même du réalisateur laisse en permanence planer le flou. Hong Sang-soo raconte en effet à sa manière, brouillant les temps, mêlant le passé et le présent, la réalité et le fantasme, et interrompant brutalement ses scènes pour les laisser en plan, à l'image précisément d'un dernier plan qui laisse son personnage dans la rue, attendant un hypothétique taxi, seul avec sa solitude.
Dans ce cinéma minimaliste, où le tragique de l'existence naît des incongruités comiques qui parsèment les scènes les plus simples, et où les temps morts n'en finissent pas de remplir l'écran et la vie de leur vide, le cinéaste coréen donne aux errances sentimentales de personnages à la Rohmer une incommunicabilité désespérée qui ferait plutôt penser à Antonioni. C'est dire les références ! Lesquelles pourtant, et c'est bien la marque même de l'originalité de Hong Sang-soo, n'écrasent jamais un cinéma imprévisible, qui tend son récit sur un fil arachnéen, qui s'attache à saisir le moindre détail, le moindre mot, le moindre objet, qui joue du cocasse et du pathétique sans qu'on puisse toujours délimiter les frontières de l'un et de l'autre. Et qui dit que le plaisir est fugace, que le sexe est triste hélas, que le passé n'existe plus et que l'avenir n'existe pas. Et qu'il faut donc se contenter de la légèreté fugace du présent, comme de ces plans volés à l'instant dont Hong Sang-soo nourrit son film, et qui traduisent, dans leur vacuité même, l'irrémédiable inanité des choses.

## HONKASALO Pirjo (finlandaise, née en 1947)

**PREMIER LONG MÉTRAGE :**
*250 grams, a radioactive testament (1983)*
**FILMOGRAPHIE DEPUIS 1985 :**
*Da Capo (1985)* • *Mysterion (1991)* • *Tanjuka et les 7 diables (1993)* • *Atlan (1996)* • *Tullenniellïä (1998)* • ***Les 3 chambres de la mélancolie (2004)***

Première femme à signer en Finlande la photographie d'un long métrage (en 1969, pour *Pilvilinna*, de Sakari Rimminen), Pirjo Honkasalo, après avoir complété ses études de cinéma aux États-Unis, rentre en Finlande où elle devient assistant réalisateur, puis participe en 1973 au scénario de *La Terre de nos ancêtres* de Rauni Molmberg, avant de passer elle-même à l'écriture et à la réalisation de films documentaires, d'abord en collaboration avec Pekka Lehto, puis seule. Si elle s'intéresse à la fiction, son domaine de prédilection reste le documentaire. En utilisant des moyens légers de tournage et en se portant vers des sujets sensibles, elle y développe une vision du monde à travers une grande maîtrise de l'écriture, du style visuel et de la trame sonore, comme cela est sensible dans la trilogie du Sacré et du Mal (*Mysterion, Tanjuska et les 7 diables, Atman*) qu'elle tourne en Russie et en Inde, et dans *Les 3 chambres de la mélancolie*, film sur la guerre de Tchétchénie, qu'elle tourne dans des conditions très difficiles, sans jamais céder sur ce qu'elle entend dire et montrer.

### LES 3 CHAMBRES DE LA MÉLANCOLIE (2004)

**Les enfants tristes.** Ils ont le regard vague, l'air presque hébété, une sorte de douleur infinie qui semble ne jamais les quitter. Des enfants tristes, des enfants de la guerre. Sans jamais montrer cette guerre elle-même, Pirjo Honkasalo en révèle le vrai visage en choisissant de montrer les enfants qui, d'une manière ou d'une autre, la subissent. Et d'abord les petites têtes rasées sous la chapka des cadets de l'Académie de Krondstadt, presque tous orphelins ou placés là par leurs familles et qui apprennent l'art et la manière de devenir soldats, la façon de saluer, de marcher au pas, d'identifier l'ennemi – en l'occurrence ces Tchétchènes dont la télévision montre, après l'assaut des forces spéciales russes, les corps sans vie, lors de la prise d'otages qu'ils ont menée dans un théâtre de Moscou. La discipline, les petits matins dans le froid, les exercices, et une voix qui simplement présente en quelques mots chaque enfant sur lequel la caméra s'attarde, donnant à leur silence la profondeur d'une histoire personnelle. Après quoi, en noir et blanc, un long, long travelling, qui parcourt les rues de Grozny et qui, à perte de vue, ne filme que des immeubles éventrés, des ruines où errent des chiens faméliques, la boue et la grisaille d'un paysage ravagé, et qui s'introduit avec Hadzihat, une femme qui s'essaie à sauver ce qui peut l'être, dans un appartement où une mère malade, dont le mari a été tué, ne peut plus s'occuper de ses trois enfants. Larmes qui n'en finissent pas de couler, soupirs gros comme tout le chagrin du monde, caresses, baisers, étreintes, arrachement : la douleur brute, désespérée. Et ces enfants séparés de leur mère et de leur vie, on les retrouve, avec d'autres, au visage fermé, au regard pareillement perdu, à quelques kilomètres au-delà de la frontière, dans les montagnes d'Ingouchie, où un camp de réfugiés les réunit. Un troupeau de moutons donne l'image d'un monde paisible, mais la fracture est là, au plus profond de l'intimité de ce garçon ou de cette fillette, violés à 12 ans par des soldats russes, et dans ces visages qui regardent, attirés déjà par cette façon de répondre à leur désespérance, les hommes du village sacrifier un agneau et célébrer un rituel musulman.
Les trois chambres que la réalisatrice finlandaise ouvre à la mélancolie – et qui traduisent successivement la nostalgie, la respiration et le souvenir – sont trois fenêtres lumineuses entrouvertes sur une guerre cachée. Sans chercher à expliquer, en montrant par de longs plans fixes ou par des travellings et des panoramiques que rien ne semble pouvoir faire dévier de leur mouvement et qu'elle accompagne simplement d'une musique qui en prolonge l'infinie tristesse, elle offre un regard où s'inscrit la douleur de l'autre, où les silences sont porteurs de toute la violence et de toute la haine qui les a fait naître. Où la mélancolie est l'impolitesse du désespoir.

## HOU Hsiao-hsien (taïwanais, né en Chine en 1947)

**PREMIER LONG MÉTRAGE :**
*Cute girl (1980)*
**FILMOGRAPHIE DEPUIS 1985 :**
*Un temps pour vivre, un temps pour mourir (1985)* • *Poussières dans le vent (1987)* • *La Fille du Nil (1987)* • *La Cité des douleurs (1989)* • *Le Maître de marionnettes (1993)* • ***Good men, good women (1995)*** • *Goodbye South, Goodbye (1996)* • *Les Fleurs de Shanghai (1998)* • *Millennium Mambo (2001)* • *Café Lumière (2004)* • *Three Times (2005)*

Né en Chine mais ayant grandi, vivant et travaillant à Taïwan, Hou Hsiao-hsien est sans conteste le maître d'un cinéma asiatique qui s'est imposé dans les dernières décennies du XXe siècle par sa vitalité et son esprit créatif. D'abord assistant réalisateur, il se révèle, au début des années 1980, comme le plus talentueux des réalisateurs de ce que l'on appelle alors le Nouveau Cinéma taïwanais et qu'on compare volontiers à la Nouvelle Vague, au côté d'Edward Yang, de Jim Tao, de Chang Yi, de Chen Kun-hou, de Ke Yi-cheng et de nombreux jeunes auteurs qui rompent radicalement avec un cinéma jusque-là entièrement dédié aux films de genres, kung-fu ou drames sentimentaux. Dès ses premiers films, où la composante autobiographique est forte, il manifeste l'ambition de rendre compte, d'abord à travers sa propre expérience puis de plus en plus en se mettant en retrait, de l'histoire collective de son pays, Taïwan, au destin fluctuant, pris entre le Japon et la Chine. Cela passe souvent par un récit qui multiplie les époques abordées : ainsi dans *Un temps pour vivre, un temps pour mourir*, qui raconte les trois âges de la vie d'une femme, ou dans *Good men, good women*, qui s'organise aussi sur ce rythme ternaire de trois époques différentes, et plus encore dans cette sorte de film-bilan que constitue *Three times*, qui raconte trois histoires à trois moments – 1966, 1911 et 2005 –, eux-mêmes évoqués dans des films précédents, le temps des amours dans *Les Garçons de Feng-kuei* en 1983, le temps de la liberté dans *Les Fleurs de Shanghai* en 1998, le temps de la jeunesse dans *Millenium Mambo* en 2001. Dans ce cinéma qui déploie ainsi ses préoccupations historiques dans la longue durée, un thème récurrent revient : le désir de trouver sa juste place, sensible aussi bien chez les jeunes montagnards qui partent pour la capitale dans l'espoir d'y trouver du travail, dans *Poussières dans le vent*, que chez les petits gangsters minables qui rêvent de créer une entreprise à Shanghai, dans *Goodbye, South, goodbye*, ou que chez le montreur de marionnettes qui, inlassablement, pendant quarante ans, peaufine son art dans *Le Maître de marionnettes*. Cette façon de s'insérer dans le tissu social, de s'accommoder avec la vie, d'avoir le juste regard sur la réalité trouve son explication et son accomplissement dans la démarche d'un cinéaste réfléchissant sans cesse sur le cinéma – celui de Ozu, dans *Café Lumière*, le sien propre dans tous ses films – et sur le regard, la distance, la forme qu'il requiert.

## GOOD MEN, GOOD WOMEN (1996)
### avec Annie Shizuka Inoh, Lim Giong et Jack Kao

**Des héros très discrets.** On n'entre pas dans un film de Hou Hsiao-hsien comme dans un produit hollywoodien de consommation courante, prédigéré et vendu en package avec cornet de pop-corn et canette de Coca-Cola. Il y faut déjà ce premier effort qui est celui de la curiosité : curiosité pour un pays et une civilisation éloignés, pour lesquels les repères font souvent défaut à un esprit occidental ; curiosité aussi pour un cinéma qui raconte à sa manière, à la fois lente et elliptique, préférant procéder par résonances et par métaphores plutôt que de dire et montrer les choses directement.

Il s'ensuit un double sentiment d'étrangeté qui n'est pas un des moindres charmes de ce *Good men, good women*, dont la compréhension nécessite au bout du compte moins des connaissances approfondies sur l'histoire chinoise que le désir de se laisser porter par les méandres d'un récit qui confond trois époques pour établir, de l'une à l'autre, de troublants effets d'écho.

Le temps premier est le temps présent : aujourd'hui, à Taïwan, Liang Ching, une jeune actrice, s'apprête à tourner un film qui s'intitule *Good men, good women*. Elle vit seule, collectionnant les aventures de passage, en proie à un lancinant mal de vivre qu'attise un inconnu qui l'appelle constamment au téléphone et lui faxe des pages entières de son journal intime, qu'il lui a dérobé. Lesquelles pages renvoient comme un remords à un passé de quelques années – la deuxième époque – celui de l'histoire d'amour qu'elle a vécue avec son amant Ah Wei, avant que celui-ci ne soit abattu par des truands et qu'elle-même n'accepte une forte somme d'argent pour prix de son silence. Depuis, elle vit avec le sentiment d'avoir trahi son amour et d'en avoir vendu jusqu'au souvenir. Et cette honte de la femme vénale qu'elle est interfère avec la pureté d'une autre femme, celle dont elle répète le rôle en vue du film à tourner, Chiang Bi-Yu. Celle-ci – et c'est le troisième temps – a vécu, dans les années 1940-1950, les soubresauts de l'histoire de son pays. Jeune étudiante, elle a quitté Taïwan avec son époux Hao-Tung, pour aller en Chine continentale s'engager au côté des résistants contre l'envahisseur japonais. Arrêté comme espion, échappant de justesse à l'exécution, le couple prend ensuite une part active à la lutte. Après la défaite japonaise, il rentre à Taïwan pour y défendre l'idéal communiste, face aux forces nationalistes. Un combat qui rejoint la grande fracture historique lorsque Taïwan, passant aux mains des nationalistes, se sépare de la Chine. Arrêté, Hao-Tung va alors payer de sa vie son engagement, tandis que Chang Bi-Yu, son épouse, accomplit sur son corps sacrifié le rituel des morts. Ce rituel que Liang Ching n'en finit pas pour sa part d'accomplir sur le corps disparu de son amant mort. Comme si le passé de l'héroïne qu'elle incarne lors des répétitions du film donnait un sens à sa propre et misérable aventure.

Les temps ainsi se rejoignent, à mesure que la jeune actrice d'aujourd'hui confond sa vie avec celle de la jeune héroïne d'hier qu'elle interprète. C'est toujours le même combat des hommes et des femmes pour la pureté et pour l'amour, et c'est toujours le même drame des intérêts contradictoires, du pouvoir qui brise, de l'argent qui corrompt, même si les idéaux collectifs du passé se dissolvent aujourd'hui dans un monde individuel dégradé. Cette présence obsédante d'un temps à la fois renouvelé et immobile, que traduisent bien les deux plans similaires qui ouvrent et qui ferment le film, en faisant se rejoindre la boucle, Hou Hsiao-hsien la marque par un subtil jeu sur l'image : noir et blanc granuleux du passé historique ; chromatisme gris-bleu, comme d'une nuit intérieure, du passé personnel ; éclairage neutre et normalisé du présent. La même variété se retrouve dans le cadrage, la position de la caméra, le découpage, composant soudain des images venues d'on ne sait où, tandis qu'une musique triste et douce crée un sentiment poignant d'irrémédiable. Faisant de ces êtres si lointains nos proches, nos semblables, nos frères.

## HOWARD Ron (américain, né en 1954)

**Premier long métrage :**
*Lâchez les bolides (1974)*
**Filmographie depuis 1985 :**
***Cocoon (1985)*** • *Gung Ho (1986)* • ***Willow (1988)*** • *Portrait craché d'une famille modèle (1989)* • *Backdraft (1990)* • *Horizons lointains (1992)* • *Le Journal (1993)* • *Apollo 13 (1995)* • *La Rançon (1996)* • *En direct sur ED TV (1999)* • *Le Grinch (2000)* • *Un homme d'exception (2002)* • *Les Disparues (2004)* • *De l'ombre à la lumière (2005)* • *Da Vinci Code (2005)*

Nul ne représente mieux la polyvalence hollywoodienne que Ron Howard. Débutant à la scène à... 18 mois, puis jeune comédien vedette, il anime pendant sept ans, au sortir de ses études secondaires, la série télé *Happy days*, et continue en tournant dans de nombreux courts et longs métrages, comme *Le Dernier des géants*, de Don Siegel, au côté de John Wayne, en 1976. Mais il est déjà, à ce moment-là, passé lui-même à la réalisation, avec *Lâchez les bolides*, qu'il tourne pour Roger Corman en 1974. Fondant très vite sa propre société de production, il enchaîne alors les films, passant d'un genre à l'autre et d'un succès à l'autre. La comédie, le film d'action, le fantastique, la biographie filmée, le western, l'aventure, le thriller, le film de boxe : l'éclectisme est la marque même du cinéaste, mais aussi du producteur, qui produit tout aussi bien *Psycho* de Gus Van Sant que *La Famille Foldingue* de Peter Segal.

### COCOON (1985)
### avec Don Ameche, Wilford Brimley et Brian Dennehy

**Les aventuriers du troisième âge.** Dans l'usine à rêves que n'a jamais cessé d'être Hollywood, les années 1980 auront donné naissance à une nouvelle féerie, qui ne manque pas de charme. Partant sans doute de l'idée que les Américains sont de grands enfants, Spielberg, Lucas et les autres ont décidé de leur raconter des histoires merveilleuses, où les grands mythes tiendraient lieu de Sésame, et les effets spéciaux de caverne d'Ali-Baba. *Cocoon* s'inscrit dans cette veine du conte moderne, mais avec ce petit zeste de nouveauté qui fait la différence. La parabole ici est celle de la fontaine de jouvence, en l'occurrence une piscine privée, dans une somptueuse résidence de Floride, où un trio de vieillards espiègles viennent faire trempette en douce, en l'absence des propriétaires. Or soudain, voici que des visiteurs venus d'ailleurs immergent dans ladite piscine d'énormes cocons qu'ils sont allés pêcher en pleine mer. Et, du jour au lendemain, l'eau du bain transforme les vieillards souffreteux en de fringants partenaires, danseurs, noceurs et amoureux frénétiques, devant leurs épouses qui n'en croient ni leurs yeux, ni le reste.
Les développements de cette fantaisie en forme d'apologue font le sujet d'un film plutôt drôle, qui accumule les effets cocasses et fait alterner avec un équilibre savamment dosé l'humour et la tendresse. Il y a dans cette histoire un côté douillet, vaguement fœtal, lié à l'eau, à la mer, à la conque de ces cocons venus du fond des âges et des océans. Le mythe de la jeunesse éternelle y prend un coup de jeune, et la figure même des extra-terrestres baigne dans un optimisme angélique et saugrenu, à l'image de Tahnee Welch, aussi belle que sa mère, et qui quitte sa peau comme on quitte sa chemise pour devenir un délicieux et gentil ectoplasme. Très à l'aise, Ron Howard mène son récit de façon sage, tout juste parfois un peu irrespectueuse, sur fond d'asile de vieux et de mort aseptisée à l'américaine. Et si le rythme faiblit un peu sur la fin, il n'empêche que dans cette histoire de vieillards, qui donne en outre le plaisir de revoir quelques glorieux vétérans d'Hollywood, passe un petit souffle de jeunesse.

### WILLOW (1988)
### avec Val Kilmer, Joanne Whalley et Warwick Davis

**Démons et merveilles.** Fantastique ! Dans le sens du moins où l'entend la fameuse usine à rêves de George Lucas. Après *La Guerre des étoiles* et *L'Arche perdue*, voici donc la saga des mythes et des légendes, dans un prodigieux cocktail qui brasse toutes les vieilles histoires venues du fonds des âges. Ça commence par la naissance d'un enfant marqué du signe sacré, appelé à détrôner une reine cruelle qui fait régner l'empire du mal. Comme celle-ci, pour éviter la réalisation de la prophétie, ordonne à ses sbires un vaste massacre des innocents, la nourrice du bébé parvient à le soustraire aux tueurs et à le placer dans un berceau d'osier qu'elle confie au fil d'une rivière. Tout cela, on le voit, pourrait faire croire à quelque resucée biblique. Erreur ! Car les choses se compliquent avec l'intervention des

Nelwyns, aimable peuplade naniforme, aux rivages desquels aborde le fragile esquif. C'est Willow, le plus gentil des nains, qui est chargé d'emmener le bébé à bon port et, pour ce faire, il va s'adjoindre deux Brownies, facétieux Lilliputiens, et Madmartigan, sorte de Mad Max moldo-celtique. Inutile de dire qu'il faudra pour réussir au vaillant petit héros franchir pas mal d'obstacles, où l'on reconnaîtra au passage une magicienne émule de Circé et des métamorphoses porcines, un monstre bicéphale, cerbère sorti tout droit de quelque Donjons et dragons, une sorcière hystérique qui a dû voir les films de Walt Disney, un bon vieux druide qui cueille des glands, une gentille fée qui n'y va pas avec le dos de la baguette, des chevaliers vaguement teutoniques; des lucioles nymphes des bois; un duel de magiciennes; une chèvre blanche, quelques King Kong, et un raton laveur. Tout ce pot-pourri, où un spécialiste du folklore, aurait du mal à retrouver les siens, baigne dans une sombre lumière médiévale et déroule de fastueux décors et des effets spéciaux étourdissants. Mais si la magie opère, c'est peut-être moins dans tout l'attirail des transformations à vue qui prouvent surtout le savoir-faire des maquilleurs et des machinistes, que dans cette sorte de rêve enfantin qui se dégage de l'ensemble. À cet égard, le monde des nains, sur lequel s'ouvre le film, constitue le plus surprenant des microcosmes, à la fois monstrueux et poétique, qui multiplie par des centaines les Grincheux et les Simplet de l'histoire pour en faire toute une société de petits hommes, qui nous ressemblent comme de petits frères, repoussants et fascinants. On le savait déjà, mais *Willow* le confirme de façon éclatante : les Américains sont de grands enfants. Et comme ils sont capables de mettre les grands moyens pour réaliser leurs rêves, on ne s'étonnera pas que cette histoire de démons et merveilles, joliment troussée par Ron Howard, réponde plus que jamais au fameux sésame de l'illusion : il était une fois... Hollywood.

## HUBERT Jean-Loup (français, né en 1949)

**PREMIER LONG MÉTRAGE :**
*L'Année prochaine si tout va bien (1981)*
**FILMOGRAPHIE DEPUIS 1985 :**
*Le Grand Chemin (1986)* • *Après la guerre (1989)* • ***La Reine blanche (1990)*** • *À cause d'elle (1992)* • *Marthe (1997)* • *Trois petites filles (2004)*

Avec Jean-Loup Hubert, la nostalgie est toujours ce qu'elle était. Adepte d'un cinéma qui ne renie pas l'émotion et admirateur de la grande qualité française des années 1930, de Duvivier et de Grémillon, il situe volontiers ses films dans un passé lié souvent à l'enfance, qui lui permet de ressusciter le souvenir d'époques encore proches, mais définitivement disparues. Il en résulte des films simples, qui disent simplement les lieux, les objets, les sentiments, les gens, et où le romanesque ne s'interdit jamais une légère touche mélodramatique. Mais ce cinéma discrètement nostalgique, marqué par de beaux succès publics, comme avec *Le Grand Chemin*, paraît moins à l'aise lorsqu'il s'essaie à faire vivre directement le présent, comme c'est le cas avec *Trois petites filles*.

### LA REINE BLANCHE (1990)
**avec Catherine Deneuve, Bernard Giraudeau et Richard Bohringer**

**Que reste-t-il de nos amours...** Ce pourrait être un de ces films comme le cinéma français aimait à les faire à une époque où il savait ce que raconter veut dire, et où l'épithète de « populaire » n'était frappée d'aucune suspicion. Mais c'est tout simplement, après *La Smala*, *Le Grand Chemin* et *Après la guerre*, un film de Jean-Loup Hubert. Et qui, comme les précédents, se préoccupe surtout de raconter une belle histoire, simple, forte, toute bête, comme ces vies de tous les jours où, soudain, le romanesque fait irruption. Lili, à 20 ans, fut la reine d'un jour : nul ne l'a oubliée, radieuse sur son char de carnaval, dans sa robe blanche éclatante. Et de ses deux amoureux d'alors, l'un, Yvon, le chien fou, est parti, emporté par l'appel du large, la laissant à Jean, terre à terre, lui, et plombier, pour qui la houle se réduit à l'eau des baignoires qu'il installe, jusque dans son salon, pour servir de démonstration aux clients. Il a repris l'affaire de ses beaux-parents, fait quatre enfants à Lili, lui a donné un bonheur calme de petite-bourgeoise qui s'ennuie sans le savoir, portant en elle le poids un peu mélancolique de la beauté de ses 20 ans, dont sa robe blanche, bien rangée dans l'armoire, conserve le souvenir dans la naphtaline. Univers étroit, avec ses habitudes, son gâteau du dimanche, et la TSF où l'on entend Gréco chanter qu'il n'y a plus d'après... Mais Yvon revient. Avec une femme, noire, des enfants café au lait, une chemise à fleurs, et un singe sur l'épaule : le vent des îles, qui vient faire souffler sur Lili le parfum de tout ce qu'elle n'a pas connu, et lui rappeler ce choix qu'elle a fait d'une vie qui aurait pu être différente, si...

Vingt ans après, que reste-t-il de ses amours? Pour raconter le drame qui éclate, Jean-Loup Hubert s'y prend avec des moyens simples. Un décor, d'abord : le pays nantais, de l'autre côté de l'estuaire, petite bourgade alanguie le long des quais, avec ses maisons basses, ses intérieurs petits-bourgeois modestes, buffet-lino-papier peint fleuri. Et une époque : le début des années 1960, plus proche encore de l'après-guerre que de l'avant-68. Et avec ça, un scénario plein d'histoires qui s'entrecroisent, et qui ménage de vrais seconds rôles. Et un thème pratiquement jamais exploité, celui du corso fleuri, de la reine de carnaval, des enfants d'un paradis de carton-pâte et de fanfare municipale. Avec, au milieu, un trio d'acteurs qui prennent plaisir à endosser leurs personnages : Richard Bohringer, tout en dedans, retenu, souffrant, meurtri ; Bernard Giraudeau en oiseau de paradis, mais la barbe un peu trop mal rasée pour être honnête, l'euphorie un peu trop voyante pour ne pas cacher quelque douleur. Et, prise entre deux hommes, entre deux vies, entre deux âges, Catherine Deneuve, dans un rôle charnière, jouant avec cette image d'une beauté qui la poursuit, comme un rêve dont elle finira par se réveiller. Et pour que le mélo soit complet, Jean-Loup Hubert trouve le moyen de dénouer tout ça comme on ne s'y attendait pas, avec une liberté qui est aussi un regard sur la vie.

## HUDSON Hugh (anglais, né en 1936)

**PREMIER LONG MÉTRAGE :**
*Les Chariots de feu (1981)*
**FILMOGRAPHIE À PARTIR DE 1985 :**
***Révolution (1986)*** • *Le Carrefour des innocents (1989)* • *Lumière et compagnie (1995), co-réalisation* • *My life so far (1999)* • *Je rêvais de l'Afrique (2000)*

Hugh Hudson fait ses débuts cinématographiques comme monteur dans une société de production de documentaires à Paris. Rentrant à Londres, il crée sa propre maison de production, spécialisée également dans le documentaire, avant de faire équipe avec Ridley Scott et de tourner avec lui des films publicitaires immédiatement remarqués par leur esprit novateur et imaginatif. Il passe au long métrage, documentaire d'abord, avec un film sur Fangio, le pilote automobile argentin, puis de fiction, avec *Les Chariots de feu* qui, couronné à l'Oscar, l'amène aux productions américaines : il tourne *Greystoke, la légende de Tarzan*, en 1984, où il confirme un talent pour une narration classique et un sens de l'action et des décors, mais dont le succès est contrebalancé, deux ans plus tard, par le mauvais accueil réservé par le public américain à *Révolution*, dont l'échec financier rend plus chaotique la suite de sa carrière.

### RÉVOLUTION (1986)
### avec Al Pacino, Donald Sutherland et Nastassja Kinski

**Autant en emporte l'Histoire.** Au premier abord, *Révolution* peut apparaître comme une énorme fresque historique, avec reconstitution qui ne lésine pas sur les moyens, bataille en panoramique, torrent d'images et de symboles, montrant la difficile naissance de cette liberté que les États-Unis, depuis, ont érigée en statue éclairant le monde. Et il est vrai qu'il ne manque pas un bouton aux uniformes et pas un détail à l'imagerie : les Anglais, en affreux occupants, sont sadiques à souhait ; face aux perruques poudrées de la méchante bourgeoisie, le peuple révolutionnaire est sale et beau à la fois ; et le drapeau de l'indépendance vole haut dans le ciel du courage et du sacrifice. Pourtant, insensiblement, le film glisse de l'épopée au romanesque. Hugh Hudson, fidèle à ce goût du spectacle dont témoignaient déjà *Les Chariots de feu* et *Greystoke*, entreprend de raconter l'Histoire par le biais des individus. Si son film y perd en rigueur, il y gagne en chaleur humaine, et peut-être même en profondeur. Car il montre que les révolutions ne sont pas aussi propres que l'image qu'elle conserve dans la conscience collective, et qu'elles sont faites d'abord de la souffrance des hommes. Tom Dobb, le personnage central (Al Pacino, solide sous l'orage), n'est qu'un héros malgré lui, anonyme, qui se trouve entraîné sans le vouloir dans la guerre et qui risque d'y perdre le seul bien qui lui reste : son enfant. La guerre d'Indépendance devient, du coup, le chemin de l'aventure personnelle d'un père et d'un fils, auxquels vient s'ajouter l'amour d'une femme, sous les traits d'une jeune pasionaria (Nastassja Kinski, belle sinon toujours convaincante). Il faut donc, pour goûter *Révolution*, laisser son esprit critique au vestiaire, ne pas trop s'arrêter aux couplets grandiloquents ni aux symboles pesants et se laisser emporter par l'aventure. Et sur ce plan, il y a tout ce qu'il faut pour rêver, pour s'émouvoir et pour frémir : des bons et des méchants, des paysages grandioses, des scènes d'action, des Indiens, des lacs, des forêts. Et le souffle de la vie qui passe sur les destins individuels, les emportant dans le grand vent de l'Histoire.

## HUGHES Albert et Allen (américains, jumeaux nés en 1972)

**Filmographie :**
*Menace II Society (1992)* • *Dead president (1995)* • *American pimp (1999)* •
***From Hell (2001)***

Comme celle du Masque de fer, mais sans véritable support littéraire comme modèle de référence, l'histoire de Jack l'Éventreur a toujours excité l'imagination, à la fois parce que l'identité de l'assassin n'a jamais été mise à jour mais aussi parce que le cadre de ses sinistres exploits, les bas quartiers d'une Londres victorienne vue ainsi sous sa face noire, autorise toutes les interprétations sociales, voire politiques, possibles. Si c'est essentiellement le cinéma anglais qui s'est, logiquement, penché sur l'énigme, offrant, de John Brahm à Robert S. Baker et Monty Berman, les versions les plus classiques, d'autres avatars, suisses, italiens, américains, ont également vu le jour. La version des frères Hugues, jumeaux noirs nés à Detroit, inspirée d'une bande dessinée culte, montre que, à l'aube du XXIe siècle, l'histoire n'a rien perdu ni de son charme vénéneux ni de son mystère.

### FROM HELL (2001)
### avec Johnny Depp, Heather Graham et Ian Holm

**Crimes de sang.** Une nouvelle fois, dans les ruelles sombres de Whitechapel, l'Éventreur a frappé. Sa victime, une prostituée, gît dans le caniveau, la gorge tranchée et, sous les robes relevées, le ventre ouvert, éviscéré. Une boucherie ou, plutôt, pour l'inspecteur Abberline, une leçon d'anatomie. Qui suppose, de la part de l'Éventreur, de solides connaissances scientifiques et une vraie pratique chirurgicale. D'où l'idée qu'il a, en flic qui a du flair, d'orienter son enquête non pas du côté où on serait tenté de le faire – crime crapuleux appartenant au monde des souteneurs ou des déséquilibrés sexuels fréquentant ces dames –, mais au contraire du côté de la haute, des bourgeois bien installés, des chirurgiens spécialisés dans les opérations les plus délicates.
L'avantage, avec Jack l'Éventreur, c'est que si l'on sait tout de la série de crimes qu'il a commis, on ne sait rien de son identité. Le mystère n'ayant pas été résolu à l'époque, et risquant fort de ne l'être jamais, tout l'arsenal des supputations peut donc sans problème se déployer. S'appuyant sur un roman graphique devenu culte d'Allan Moore et Eddie Campbell, les frères Hughes développent l'hypothèse, parfois évoquée, d'un complot maçonnique et même, allant plus loin, d'une affaire d'État impliquant le régime victorien lui-même. L'enquête que mène le jeune inspecteur, qu'incarne dans la lignée de *La Neuvième porte* et de *Sleepy Hollow*, un Johnny Depp parfaitement rompu à l'exercice, bénéficie à la fois de l'esprit méthodique qu'il déploie en criminologue rationnel, mais aussi des visions quasi fantastiques qui lui traversent le cerveau lorsque, dans la fumée des pipes d'opium et les effluves de l'absinthe, il essaie de fuir le monde cruel de la réalité pour naviguer dans la thérapie des fantasmes. Et c'est bien d'ailleurs cette double tonalité qui fait tout l'intérêt du film des frères Hughes, lequel ne porte pas pour rien comme titre cette mention « De l'Enfer », par laquelle commence une lettre qu'adressa l'Éventreur à la police. D'un côté, avec un souci de reconstitution sociale et topographique minutieux, l'histoire criminelle est traitée comme un thriller sombre, dans des bas-fonds qui sont comme la face cachée et honteuse de la puissance victorienne de l'Angleterre du XIXe. Mais de l'autre, c'est aussi tout un imaginaire fantastique qui colore une histoire d'amour habitée par la mort. Et qui, au bout du compte, a quelque chose de shakespearien.

## HUNG Tran Anh (franco-vietnamien, né au Vietnam en 1963)

**Filmographie**
*L'Odeur de la papaye verte (1993)* • ***Cyclo (1995)*** • *À la verticale de l'été (1999)* •
*Night dogs (2003)*

Né au Vietnam, mais ayant dû, tout jeune, fuir son pays pour se réfugier en France, Tran Anh Hung choisit en 1985 de préparer une école technique du cinéma, l'école Louis Lumière, à la sortie de laquelle il réalise deux courts métrages inspirés le premier par une légende vietnamienne (*La Femme mariée de Nam Xuong*, 1987), le second par la tragédie des boat people et de l'exil (*La Pierre de l'at-*

*tente*, 1991). Remarqué par le producteur Christophe Rossignon, il peut alors partir tourner son premier long métrage au Vietnam, opérant, par ce retour dans son pays, un retour à ses racines et à ce qui nourrit en profondeur, de film en film, son cinéma et son imaginaire.

### CYCLO (1995)
### avec Le Van Loc, Tran Nu Yên Khê et Pham Ngoc Lieu

**Taxi boy.** La ville grouille. Dans un enchevêtrement de véhicules hétéroclites, au milieu d'une circulation qui ne semble régie par aucune règle rationnelle, un jeune garçon de 18 ans se fraie son chemin. Il est, comme on dit ici, « cyclo », sur un engin à mi-chemin entre le pousse-pousse et le vélo-taxi, dans un Saigon qui s'appelle désormais Ho-Chi-Minh Ville. Le film de Tran Anh Hung commence en plans larges. Il englobe une cité entière, un pays, une civilisation. Attentif aux gestes, aux bruits, au spectacle de la rue, au lacis sombre des ruelles, à la couleur des étoffes, aux odeurs mêlées, il raconte en images volées au quotidien une histoire qui pourrait, toutes distances dans le temps et dans l'espace égales, être de celles que racontaient les néo-réalistes italiens, avec leur *sciuscia* cireur de chaussures ou leur voleur de bicyclette. Car le jeune garçon est pauvre, ayant perdu père et mère, et vivant avec son grand-père et ses deux sœurs dans un quartier misérable. Le cyclo est sa seule ressource, qu'il exerce avec constance et application, attentif à satisfaire la sourcilleuse patronne qui lui loue son véhicule. Or, un jour, ayant franchi sans presque le faire exprès la frontière d'un territoire interdit, sa vie bascule. On lui vole son instrument de travail : autant dire sa vie. Il lui faut donc survivre. C'est ici qu'intervient le poète. Personnage énigmatique, silencieux, inquiétant, il dirige une des bandes de la mafia locale. Dans un monde qui se révèle soumis à la loi des clans, il est celui qui tient la vie et la mort entre ses doigts. Le jeune cyclo va donc devoir se soumettre à ses ordres. L'engrenage se met en route, qui passe d'abord par de petits sabotages, puis par des missions plus périlleuses, par l'assassinat enfin. Tandis que, dans ce mécanisme infernal du crime, un autre rouage est entré en action : le poète a fait de la sœur du cyclo sa favorite et il la prostitue.
Commencé de façon quasi documentaire, le film abandonne progressivement sa vision réaliste pour suivre cette plongée aux enfers du sexe, de l'argent et du sang. La caméra procède alors par plans de plus en plus rapprochés, cherchant des angles insoupçonnés qui soulignent le côté onirique et presque fantasmatique que prend le récit. Il y a beaucoup de virtuosité dans cette façon de donner à voir, et un sens formel qu'on avait déjà pu admirer dans cette *Odeur de la papaye verte*, entièrement réalisée en studio, qui montrait que le Vietnam du réalisateur est d'abord une construction intérieure, un kaléidoscope d'images plus rêvées que vécues. Curieusement, le contact avec la réalité même du pays où Tran Anh Hung, opérant son retour au Vietnam, est allé tourner *Cyclo* ne change rien à cette approche. Certes, le Vietnam est là, dans sa matérialité vivante et grouillante. Mais, ce grouillement même semble introduire à un monde du derrière, du dessous des choses. Par des personnages épurés que leur nom même réduit à des fonctions – le cyclo, le poète, la sœur, le fils fou, la dent, le couteau ; par des acteurs surprenants, dont le jeu est à la fois hiératique et sensuel ; par un décor sorti tout droit d'un cauchemar imaginaire et qui offre un extraordinaire bric-à-brac d'objets, d'accessoires, d'animaux ; par des entrelacements audacieux de lignes et de couleurs ; par toute une atmosphère de touffeur oppressante ; par tout ce qui constitue un style à la fois sophistiqué et se nourrissant, avec un peu de complaisance, à son propre formalisme, *Cyclo*, lyrique et ascétique, occidental et oriental tout ensemble, apparaît comme un film étrange et à bien des égards fascinant.

## HUSTON Anjelica (américaine, née en 1951)

**FILMOGRAPHIE :**
*Bastard out of Carolina (1996)* • ***Agnes Browne (1999)***

La carrière d'Anjelica Huston a forcément été influencée par le fait d'être la fille de John Huston. Dès 15 ans, elle fait ses débuts de comédienne sous sa direction, dans *Promenade avec l'amour et la mort*, avant de le retrouver en 1985 avec *L'Honneur des Prizzi*, puis une dernière fois, en 1987, avec *Gens de Dublin*. Entre-temps, elle enchaîne les rôles sous la direction d'autres grands réalisateurs – Coppola, Frears, Mazursky, Allen – avant de passer elle-même en 1996 derrière la caméra, pour un premier film, *Bastard out of Carolina*, adapté d'un roman racontant l'enfer vécu par une fillette victime d'un père incestueux. *Agnes Browne*, sa seconde réalisation, développe comme en contrechamp un personnage

– qu'elle interprète – de mère courageuse affrontant les difficultés et les misères de la vie, dans un Dublin chargé de ses racines irlandaises. Elle y manifeste tout son intérêt pour les personnages de femmes énergiques, comme en témoignent encore les projets de réalisation qu'elle développe et que, malgré plusieurs reports, elle essaie de mener à bien – *A time to be born*, sur l'ascension sociale d'une femme écrivain dans le New York des années de guerre, et *The White rose*, sur la résistance au nazisme d'un groupe d'étudiants allemands, parmi lesquels une jeune fille occupe la place centrale.

## AGNES BROWNE (1999)

### avec Anjelica Huston, Marion O'Dwyer et Arno Chevrier

**Veuve courage.** Mr. Browne est mort, paix à son âme ! Le problème est qu'il faut l'enterrer, et qu'il ne laisse à sa veuve, la belle Agnes, que ses larmes pour pleurer et ses sept moutards à élever. D'où la nécessité, pour la pauvre héritière, d'aller emprunter à l'usurier du quartier, le patibulaire Mr. Billy, qui ne prête jamais rien pour rien, de quoi offrir au défunt les funérailles qu'il mérite. Et de fait, l'enterrement est de première classe, et l'on ne s'y ennuie pas, puisqu'on va même, pour finir, jusqu'à se tromper de cortège et de tombe ! Ainsi va la vie, dans les années 1960, pour Agnes Browne et pour tous ces gens du Dublin populaire qui l'entourent. On est pauvre, mais on lutte pour vivre, et comme on est nombreux, on se serre les coudes. Pour Agnes, qui vend des légumes au marché, ce sentiment de solidarité, elle l'éprouve avant tout avec Marion, sa copine, mais aussi avec Pierre, le boulanger français qui lui fait les yeux doux, et toujours avec sa marmaille qui lui apporte son lot de soucis et de bonheurs quotidiens.
Et ainsi va le film d'Anjelica Huston, construit non comme une chronique sociale, mais comme une sorte de conte de fées, où le mélo n'est jamais loin, mais où la vie passe, parce qu'elle est belle, comme elle l'était dans les films de Frank Capra, auxquels la réalisatrice a visiblement pensé plus encore qu'à ceux de son père. La solidarité, l'honnêteté, la bonté, l'amitié, l'amour : cela fait beaucoup de beaux et bons sentiments qui, mis bout à bout, risqueraient fort de tomber dans la mièvrerie. Pourtant, ici, et même si le récit emprunte des voies attendues et ne cherche pas à briller par l'originalité, il y a un ton, une chaleur, une vitalité qui emportent tout, à l'image de l'interprétation d'Anjelica Huston, elle-même, femme jusqu'au bout du bec et des ongles, défendant sa couvée comme une mère poule qui est aussi une mère courage, mais menant aussi sa vie de femme et adorant faire à sa copine des confidences, pas piquées d'ailleurs des hannetons ! Naturellement, le mal et le malheur rôdent. Mais Agnes Browne a l'espoir chevillé au cœur, et elle veut croire à ses rêves. Comme celui d'entendre chanter Tom Jones en chair et en os. Et comme dans les contes il faut bien un prince charmant, voilà donc le crooner qui resurgit de notre mémoire, un peu enrobé certes, mais qui chante toujours de sa voix veloutée. Et devinez quoi ? *She's a Lady*. On ne saurait mieux dire.

---

# HUSTON John (américain, 1906-1987)

**PREMIER LONG MÉTRAGE :**
*Le Faucon maltais (1941)*
**FILMOGRAPHIE À PARTIR DE 1985 :**
***L'Honneur des Prizzi (1985) • Gens de Dublin (1987)***

1941 : *Le Faucon maltais*. Coup d'essai, coup de maître : la carrière de John Huston avait commencé par un de ces grands films noirs qui marquèrent le cinéma américain. Et elle s'était poursuivie par une éblouissante série, visitant le cinéma de genres, pour développer à travers lui à la fois une force vitale et une fatalité de l'échec courant à travers l'œuvre entière. Du western au cinéma d'aventures, du film de boxe aux grandes adaptations littéraires, et même, Hollywood étant aussi un business, du tout-à-filmer commercial aux grosses machines ronflantes qui lui attireront la suspicion des jeunes loups de la Nouvelle Vague, Huston incarne, jusque dans ses excès, la prodigieuse vitalité d'un cinéma américain jamais à court de scénarios, de genres, de spectacle. Et il fait mieux que personne le lien entre la première grande génération d'Hollywood, celle des John Ford et des Howard Hawks, et la génération des Robert Aldrich, Arthur Penn, Nicholas Ray, qui va en prendre la relève. Boxeur dans sa jeunesse, le cinéaste n'a en fait jamais cessé de frapper. Ses deux derniers films le disent, chacun à sa façon : le temps de l'action d'abord, encore et toujours, puis le temps du souvenir et de la méditation, et une façon de disparaître qui apporte à l'œuvre le paraphe émouvant et nostalgique d'une grande signature.

## L'HONNEUR DES PRIZZI (1985)
### avec Jack Nicholson, Kathleen Turner et Anjelica Huston

**Sainte Famille, tuez pour nous...** L'Amérique du crime organisé, la guerre des gangs, un vieux parrain à la voix cassée, des mafiosi en tout genre, clan des Siciliens, Cosa nostra, grandes familles : le sujet a déjà servi cent fois et pourrait paraître usé jusqu'à la corde. Seulement voilà ! Confiez-le à un vieux routier comme John Huston, et regardez le résultat. Sur un scénario qui joue avec les conventions du genre, qui ne rate aucune des scènes à faire et qui n'oublie aucun archétype (flics corrompus, banquiers véreux, réunions des chefs, meurtres sur contrat), Huston fait délibérément autre chose. En racontant l'histoire de Charley Partanna, neveu du parrain, partagé entre un amour fou pour une superbe créature, polak et tueuse de surcroît, et les règles sacro-saintes de l'honneur familial, Huston introduit dans le thriller à la sauce italo-américaine les éléments de la tragédie classique.

*L'Honneur des Prizzi*, c'est un peu Corneille à Brooklyn : même violence, mêmes conflits implacables, même débat « cornélien ». Mais en même temps, brouillant les pistes, le réalisateur construit sa tragédie sur un ton surprenant : légèreté, sourire, un côté comédie irrésistible, sous-tendue par un tempo envoûtant, qui commence en douceur pour s'accélérer progressivement, au rythme des allers-retours du héros, partagé entre la côte Est (famille, honneur, tradition – le vieux monde) et la côte Ouest (passion, jeu, bonheur individuel – le nouveau monde).

Ambiguïté totale, mélange des tons, subversion des codes : tout cela est parfaitement mis en valeur par le jeu de Jack Nicholson, époustouflant dans cette manière qu'il a d'en faire constamment un peu trop, et dont on sent que le plaisir qu'il a de jouer est juste à la mesure du plaisir que John Huston prend à le filmer. Plaisir au demeurant contagieux, puisqu'il donne au spectateur, devant cette leçon de cinéma, l'impression délicieuse qu'à chaque instant il redécouvre l'Amérique.

## GENS DE DUBLIN (1987)
### avec Anjelica Huston et Donald McCann

**Fin.** Un dîner bourgeois, un soir de neige, en 1904, à Dublin. À la table des vieilles demoiselles Morkan sont réunis parents et amis. On plaisante, on danse, on écoute Mary Jane jouer du piano, on parle d'opéras, et on évoque le temps passé. Gabriel, le neveu, découpe l'oie rôtie et prononce le discours d'usage pour remercier les bonnes hôtesses. Et l'on se sépare dans la nuit, tandis qu'une dernière chanson résonne, qui fait frissonner Gretta, lui rappelant son amour de jeunesse, mort d'amour à 17 ans, depuis si longtemps, mais dont la présence a marqué toute sa vie de femme.

*The Dead*, les morts, dit le titre original du film, inspiré de la nouvelle de James Joyce. Et c'est bien à une méditation essentielle que se livre John Huston, sur le temps perdu et jamais retrouvé, sur la mort qui vient, et qui recouvre tout, comme la neige qui tombe sur l'Irlande. Construit comme une pièce musicale, où les thèmes, d'abord traités en mineur, se rejoignent dans un pathétique finale, *Gens de Dublin* est un de ces films dont la petite musique vous gagne insidieusement, pour ne plus cesser de vous trotter dans le cœur. Pénétré d'une tristesse douce et d'une sagesse qui n'exclut pas le désespoir, le dernier film de John Huston est un bouleversant adieu au monde, la façon unique dont le vieil homme a utilisé cet art qui était le sien – le cinéma – pour mettre le mot « fin » à ses films et à sa vie, et, sur un ultime fondu au noir, pour se fondre dans l'éternité.

# HYAMS Peter (américain, né en 1943)

**PREMIER LONG MÉTRAGE :**
*Les Casseurs de gangs (1974)*
**FILMOGRAPHIE DEPUIS 1985 :**
*Running scared (1986)* • *Presidio, base militaire, San Francisco (1988)* • *Le Seul témoin (1990)* • *Stay tuned (1992)* • *Time cop (1994)* • *Mort subite (1995)* • *Relic (1997)* • ***La Fin des temps (1999)*** • *D'Artagnan (2001)* • *A sound of thunder (2002)*

Formé au jazz et à la peinture, puis journaliste présentateur à la CBS, pour laquelle il réalise un documentaire sur la guerre du Vietnam, Peter Hyams aborde le cinéma, lorsqu'il rentre aux États-Unis, en vendant son premier scénario en 1970, puis, après avoir tourné quelques films pour la télévision, en réalisant son premier long métrage en 1974, *Les Casseurs de gang*, film policier où il démontre à la fois des qualités de rythme et un sens visuel très sûr. Un des rares cinéastes à éclairer lui-même ses films et à en signer la photo, il aborde les genres les plus divers : la science-fiction, le thriller, le film d'action, le film de cape et d'épée, et, avec *La Fin des temps*, le fantastique, qu'il taille aux larges mesures d'Arnold Schwarzenegger, qui en est le héros musclé.

## LA FIN DES TEMPS (1999)
### avec Arnold Schwarzenegger, Gabriel Byrne et Rod Steiger

**L'Apocalypse selon Schwarzy.** Apocalypse now, ou presque : plus que quelques jours en effet avant l'échéance, ce fatidique 31 décembre 1999, où, les écritures le disent (pour peu que ce soit un scénariste hollywoodien qui en soit l'exégète), le Diable, profitant du changement de millénaire, doit venir s'incarner et, répandant sa semence maléfique dans le ventre d'une jeune fille, engrossera à l'heure dite, entre onze heures et minuit, ladite vierge. Et le fruit de ses entrailles sera maudit. Soit donc la fin du millénaire à New York, et une certaine Christine York (Christ/in/N-York...) qui a été désignée pour servir de réceptacle à Satan depuis qu'elle est née, lors d'une nativité noire qui ouvre d'ailleurs le film et qui, d'emblée, impose une atmosphère glauque et oppressante, avec rite satanique en guise de baptême et serpent qu'on éventre et dont le sang asperge le corps du bébé ! Vingt ans plus tard, la pauvre Christine est régulièrement visitée par des rêves qui lui annoncent la venue, pour une opération copulatoire qui n'est pas précisément celle du Saint-Esprit, de son satanique visiteur. Celui-ci s'est bien sûr fait homme et il a pris les traits, à la fois séduisants et inquiétants, de Gabriel Byrne, ce qui constitue à coup sûr la première surprise réjouissante du film. La seconde, c'est qu'il va trouver en face de lui un ex-flic, terriblement cabossé par la vie, et dont le nom – Jéricho – sonne évidemment comme une trompette symbolique. Ledit Jéricho, impliqué malgré lui dans cette diabolique affaire, ne tarde pas à comprendre que l'adversaire qu'il traque a des pouvoirs surnaturels. Il faut dire que le doute n'est guère permis, lorsqu'il retrouve un prêtre, au nom lui aussi transparent de Thomas Aquinas, proprement crucifié au plafond dans une posture christique qui laisse à penser qu'il y a du rififi céleste dans l'air. Et, de fait, entre émissaires du Vatican, brigades d'extrémistes de la foi et allumés des sectes sataniques, les règlements de compte ne font pas précisément dans la dentelle de sacristie. D'autant que Jéricho, auquel un Arnold Schwarzenegger touché par la grâce efficace apporte sa stature impressionnante et son talent incontestable à manier les armes de gros calibre, n'envisage pas un seul instant de céder aux tentations auxquelles ne manque pas de le soumettre ce malin de Satan.

Comme donc il fait vaillamment face au prince des ténèbres et lui rend coup pour coup, cela lui occasionne évidemment pas mal de plaies et de bosses, jusqu'à l'embarquer dans une Passion selon saint Schwarzy où, prêt à sauver les hommes par son sacrifice, il va tout faire pour renvoyer Satan se faire voir aux enfers. Le tout constitue, on le voit, une version passablement échevelée de l'Apocalypse. Et traduit surtout ce culot gonflé propre au cinéma américain de recycler toute la mythologie sacrée et l'imagerie satanique pour en faire une sorte de thriller millénariste explosif, aussi spectaculaire qu'ahurissant, où les effets spéciaux tiennent lieu de viatique et où l'entrée dans les temps incertains qui s'annoncent trouve dans la figure schwarzeneggerienne l'incarnation forte en biceps du Sauveur nouveau. Forcément made in Hollywood.

K

J

I

## IGLESIA Alex de la (espagnol, né en 1965)

**FILMOGRAPHIE :**
*Action mutante (1992)* • *Le Jour de la bête (1995)* • *Perdita Durango (1997)* •
*Muertos de risa (1999)* • ***Mes chers voisins (2000)*** • *800 balles (2002)* •
*Le crime farpait (2004)*

Né à Bilbao, voulant dans son enfance être paléontologue, Alex de la Iglesia se retrouve finalement diplômé en philosophie, tout en dessinant et en publiant des bandes dessinées et en se forgeant une solide culture cinématographique dans l'horreur et le fantastique. Dès ses premiers courts métrages, il manifeste un goût pour les formes, les genres et les héros décalés que ses longs métrages vont développer. Pirates intersidéraux dans la comédie satirico-gore d'*Action mutante*, curé, disquaire heavy-metal et star de la voyance dans la comédie fantastique du *Jour de la bête*, héroïne lynchienne de *Perdita Durango* remise en selle dans un western survolté, duo comique se vouant une haine féroce dans *Muertos de risa*, héros vieilli qui continue à jouer les cow-boys après que les décors du western ont été démolis dans *800 balles*, respectables habitants d'un immeuble se transformant en tueurs fous dans *Ces chers voisins*, ou assassin contraint d'épouser une femme qui le fait chanter dans la farce grand-guignolesque du *Crime farpait*: le cinéma d'Alex de la Iglesia, fils d'une *movida* passé au moule bunuelien du surréalisme, et animé par la loufoquerie, la cruauté et la démesure, met en pratique, avec une virtuosité qui ignore les règles du bon goût, la fameuse théorie du bordel ambiant.

### MES CHERS VOISINS (2000)
### avec Carmen Maura, Eduardo Antuna et Paca Gabaldon

**Jeu de massacre.** Mais qu'est-ce que c'est que cet appartement que Julia, en bonne vendeuse immobilière, essaie de refiler au jeune couple de clients qui vient le visiter? Autant l'immeuble apparaît vétuste et le hall d'entrée décrépit, autant, une fois qu'on a poussé la porte, on pénètre dans un espace cossu et confortable, qui donne envie d'y poser ses valises et de s'y installer. C'est d'ailleurs ce que Julia, séduite par l'endroit, entreprend de faire en l'occupant, sans rien en dire à son agence, pour une soirée qu'elle espère pleine de promesses.

Mais qu'est-ce que c'est que ces cafards qui tombent du plafond et qui viennent s'écraser sur le lit où Julia, qui a fait venir son ami, s'efforce de relancer sa vie de couple un peu raplapla? Voulant en avoir le cœur net, Julia grimpe à l'étage supérieur, entre dans l'appartement qui est au-dessus du sien, et y découvre un cadavre tout pourri, au milieu d'un capharnaüm infâme.

Mais qu'est-ce que c'est que cette histoire qui, commencée comme une comédie de mœurs, tourne soudain au cauchemar, et qui même, dès qu'on commence à faire la connaissance des voisins, prend très vite des allures de film d'angoisse? Car il est évident que ceux-ci nourrissent des sentiments pour le moins menaçants vis-à-vis de l'intruse, sentiments que l'on comprend mieux lorsque ladite Julia met la main sur un magot que guignent évidemment tous les habitants de l'immeuble.

Mais qu'est-ce ce que c'est que ce curieux film qui, bifurquant constamment, devient alors carrément sanglant et qui, convoquant tout l'attirail de l'horreur – du coutelas de boucher au corps s'écrasant dans une cabine d'ascenseur –, guigne alors tantôt vers le grand guignol, tantôt vers le suspense à la Hitchcock, tantôt vers une fugitive guerre des étoiles, tantôt vers le burlesque le plus délirant?

Et qu'est-ce que c'est que ce foutoir aussi labyrinthique que l'immeuble en question, où l'on est en permanence sur le fil du rasoir, entre sérieux et parodie?

La réponse est toute simple: on est dans un film espagnol d'Alex de la Iglesia, encore plus fou qu'un film d'Almodóvar à ses débuts. Il y est question d'une valise en forme de coffre au trésor et de boîte à malices, d'une communauté de gens ordinaires qui se révèlent finalement plutôt bizarres, et de petits meurtres entre voisins où Carmen Maura mène rondement la danse. Et le tout forme un de ces joyeux jeux de massacre surréalistes, où l'humour est aussi noir et épais que le sang qui coule.

## IM Kwon-taek (sud-coréen, né en 1936)

**PREMIER LONG MÉTRAGE :**
*Dumang-A Jal Ikkora (Adieu fleuve Duman) (1962)*
**FILMOGRAPHIE DEPUIS 1985 :**
*Gilsottum (1985) • Le Ticket (1986) • Sibjij (Mère porteuse) (1986) • Yonsang Ilji (Chroniques de Yonsan) (1987) • Adada (1987) • Aje Aje Bara Aje (Viens, viens, viens plus haut) (1989) • Chang-Gun Ui Adeul (1990) • Chang-Gun Ui Adeul II (1991) • Kae Byok (La Création) (1992) • Chang-Gun Ui Adeul III (1992) • Sopyonjie (La Chanteuse de pansori) (1993) • Taebak Sanmaek (1994) • Ch'Ukje (1996) • Chang (1997) • Chunhyang (Le Chant de la fidèle Chunhyang) (2000) •* ***Chihwaseon (Ivre de femmes et de peinture) (2002)*** *• Haryu Insaeng (La Pègre) (2004)*

Si le cinéma sud-coréen a longtemps été absent de la scène internationale, où il ne s'est véritablement fait connaître qu'à partir des années 1990, marquées par la fin de la dictature militaire, par l'essor économique et par l'ouverture du pays, il a toujours néanmoins été actif localement. Dans les années 1960, il produisait plus de 200 films par an, mais, non montrés à l'extérieur, les films de Yu Hyon-mok, de Sin Sang-ok, de Kim Ki-yong ou de Kim Yu-song restèrent totalement inconnus en dehors du pays. Après une période de déclin dans les années 1970, un nouveau cinéma coréen se fait jour dans les années 1980 : Yi Chang-ho, Yi Tu-yong, Kim Ho-son marquent cette nouvelle vague, et plus encore Im Kwon-taek. Si l'Occident n'a découvert que tardivement celui-ci, notamment par l'hommage que lui rendit le Festival des Trois Continents de Nantes en 1989, il avait déjà réalisé près d'une centaine de films lorsque ses plus récentes réalisations, *La Chanteuse de pansori*, *Le Chant de la fidèle Chunhyang* et surtout *Ivre de femmes et de peinture*, furent distribuées internationalement. Ayant commencé, après avoir quitté le collège, par gagner sa vie en réparant des bottes pour l'armée, il est venu au cinéma presque fortuitement, par l'intermédiaire de connaissances. À partir de 1962, date de son premier film, il ne s'arrête pas de tourner, contribuant de façon décisive à l'avancée du cinéma coréen, en menant à travers son œuvre une réflexion sur l'histoire, la culture et la sensibilité coréennes, qu'il illustre par des sujets divers, idéologiques, religieux, ou artistiques.

### IVRE DE FEMMES ET DE PEINTURE (2002)
**avec Choi Min-Sik et Ahn Sung-Ki**

**Tableau de maître.** Le trait. Fragile, ténu, tout en pleins et en déliés, et l'encre que la brosse souple du pinceau imprime sur la feuille blanche, soie ou papier, faisant jouer toutes les nuances du noir au gris et au délavé, et jusqu'à l'arachnéen transparent. On entre dans l'extraordinaire film de Im Kwon-taek par ce qui en fait la substance : l'acte de la peinture. Parce que, au-delà même de ce que le récit développe – la vie d'un peintre bien réel, Ohwon, qui vécut dans une Corée en proie au chaos politique et à la misère sociale, dans la seconde moitié du XIXe siècle –, ce que le cinéaste coréen fait passer à travers son film, c'est à la fois la création picturale saisie à sa source, et tout ce qui la nourrit : la personnalité de l'artiste et sa quête de la forme et du sens, mais aussi la nature, les paysages, les objets, un ruisseau qui grossit sous la pluie, le vol d'une nuée d'oiseaux dans le ciel, la courbe délicate d'une toiture de tuiles, le frémissement des feuilles sous le vent. Et, avec cela, la force vitale qui anime l'artiste, sensible tout autant dans sa manière jamais rassasiée de boire pour répondre aux besoins du corps et aux douleurs de l'âme que dans sa passion charnelle et frénétique pour les femmes. Une scène fulgurante le montre faisant l'amour à une prostituée qui se donne tout à lui et qui attend sa semence pour être fécondée par son génie créateur. Surviennent alors brutalement des soldats qui viennent interrompre l'étreinte, et les gouttes de sperme tombent sur le sol.
Un tableau, dit un des maîtres d'Ohwon, n'est jamais achevé. Tout l'itinéraire d'Ohwon, peintre errant, ne se pliant jamais aux facilités économiques de ventes qui le soumettraient à l'argent et aux acheteurs, et ne se pliant pas davantage aux facilités d'inspiration qui – peintures pornographiques pour amateurs licencieux ou réalisations académiques au sein de l'Office royal de peinture – viendraient entraver sa recherche d'un art personnel, tout cet itinéraire est de fait tendu vers la perfection inaccessible. La qualité unique du film de Im Kwon-taek est de rendre sensible, y compris pour des regards d'Occidentaux peu familiarisés avec l'histoire de la Corée et avec les subtilités d'une peinture dont ils ne connaissent pas les normes, ce qu'est la peinture elle-même. Rarement le cinéma aura-t-il su

rendre compte, à propos d'un art avec lequel il partage certes l'élaboration d'une image et d'une représentation, ce qui fait l'essence de la peinture. Et y parvenir précisément par une forme purement cinématographique.
Ohwon, dans le film d'Im Kwon-taek, traverse lui-même, en quelque sorte, des toiles de maître. Car les décors du film, la reconstitution d'un pays dont est saisi l'esprit profond, la gamme chromatique de plans élaborés comme des tableaux, la grâce hiératique des gestes ou l'explosion de la force brutale, la musique et la poésie des formes qui se dégagent d'une vision porteuse de tout un imaginaire, et, pour finir, la disparition du peintre dans son œuvre même, tout cela, qui fait la matière d'un film aussi dense et complexe que captivant, c'est bel et bien une série de toiles de maître. Signée d'un cinéaste majeur, pour qui toute création est toujours réflexion sur cette création elle-même.

## IM Sang-soo (sud-coréen, né en 1962)

**FILMOGRAPHIE :**
*Girls night out (1998)* • *Tears (2001)* • ***Une femme coréenne (2003)*** •
*The President's last bang (2005)*

Après avoir suivi des études de sociologie, Im Sang-soo, dont le père est un célèbre critique de cinéma, s'inscrit à la Korean Film Academy. Assistant tour à tour de Park Jong-won puis d'Im Kwon-taek, il passe à la mise en scène en 1988, réalisant un premier film, *Girls night out*, qui d'emblée affirme une liberté de regard face à la société coréenne (et à un cinéma longtemps bridé par la censure), en racontant le quotidien de trois filles de la nouvelle génération, aux mœurs sexuelles très libérées. Le même esprit passe, plus radical encore, dans *Tears*, histoire de jeunes marginaux de la périphérie de Séoul, et dans *Une femme coréenne*, centré sur la liberté conquise par la femme dans une société où elle a longtemps été réduite à la soumission. Et ce goût pour les sujets brûlants se manifeste encore dans *The President's last bang*, évocation d'une page sombre de l'histoire du pays, l'assassinat, dans des conditions restées obscures, du président Park Chung-hee en 1979, dont le réalisateur fait, sur fond d'intrigues de palais et de corruption morale, un drame aux couleurs shakespeariennes.

### UNE FEMME CORÉENNE (2003)
#### avec Moon Sori, Hwang Jungmin et Bong Tae-kyu

***Libera me.*** Hojung est belle. Mais elle ne le sait pas vraiment. Parce que son mari, un des avocats les plus en vue de Séoul, la considère un peu comme faisant partie de ses meubles et qu'il la laisse s'occuper seule de l'éducation de leur fils adoptif, pendant que lui préfère goûter le plaisir dans les bras de sa maîtresse, Hojung, qui souffre de sa vie recluse et monotone, commence à s'intéresser aux assiduités de son jeune voisin, un garçon de 17 ans, qui la suit, l'épie, la presse. Et lorsqu'un drame vient faire basculer l'équilibre fragile de son couple, la jeune femme, prenant sa liberté à bout de sexe, se donne à son jeune soupirant et, découvrant sa propre force dans l'enfant qu'elle porte de cette liaison adultère, décide de vivre seule. Et libre.
Le milieu social que décrit Im Sang-soo et la génération dont font partie ses personnages – la quarantaine, la bourgeoisie montante – apparaissent caractéristiques d'une Corée nouvelle, née du développement économique et de la démocratie. Dans ce contexte de transformation radicale, l'évolution des mœurs et les rapports entre hommes et femmes semblent, eux, avoir pris quelque retard. Et c'est précisément la hâte à rattraper le temps perdu qui émane de l'histoire d'Hojung. Lorsque le film commence, elle est l'épouse soumise et largement délaissée par son mari, seigneur et maître, mais porteur d'une faiblesse profonde, que le film met à nu avec violence. Au bout du film, qui condense en deux heures trente-cinq un cheminement qui opère une inversion radicale, elle se retrouve libérée et prenant en main son propre destin. Que le sexe soit l'instrument de cette libération n'est pas pour surprendre : c'est par la libre disposition de son corps et par le plaisir qu'elle en tire que la femme de 40 ans, puisant dans la jeunesse de son partenaire toute la force et l'énergie d'une nouvelle vie, en vient à ouvrir, avec l'enfant qu'elle porte et qu'elle décide d'élever seule, la perspective d'une Corée entrant enfin dans l'ère de la modernité. Et que cette modernité se traduise, sous la caméra d'un cinéaste appartenant lui aussi à cette génération, par l'accent mis sur les scènes de sexe et sur les corps qu'il filme sans tabou, dit bien aussi toute la force nouvelle de la représentation, produit et reflet de ce qu'elle donne à voir.

## IMAMURA Shohei (japonais, né en 1926)

**PREMIER LONG MÉTRAGE :**
*Désir volé (1958)*
**FILMOGRAPHIE DEPUIS 1985 :**
*Zegen, le seigneur des bordels (1987) • Pluie noire (1989) • L'Anguille (1997) • Kanzo Senseï (1998)* • ***De l'eau tiède sous un pont rouge (2001)*** • *11'09''01 (2002), co-réalisation • L'Évaporation de l'homme (2002)*

S'il y a une grande singularité du cinéma de Shohei Imamura, son origine est sans doute à chercher dans le parcours quelque peu chaotique qui l'a amené au cinéma. Fils d'un père médecin qui, durant la guerre, ne peut être incorporé, alors que ses deux fils aînés le sont, et que le plus âgé meurt au front, le jeune Shohei, laissé à lui-même, grandit dans les milieux interlopes du marché noir, des petits truands et des prostituées. Ce qui ne favorise guère ses études : il échoue à l'examen d'entrée à la faculté d'agriculture où il est candidat, se rabat sur une école technique sans grand prestige, avant de trouver enfin sa voie à l'université Waseda de Tokyo où, tout en étudiant pendant six ans l'histoire occidentale, il s'occupe de théâtre universitaire, montant des pièces qu'il écrit lui-même et y tenant parfois quelques rôles. À sa sortie de l'université, en 1951, il entre à la Shochiku, un des principaux studios japonais, où il apprend la mise en scène comme assistant des grands réalisateurs de la maison, Ozu, Kobayashi et Nomura. En 1954, il quitte la Shochiku pour l'autre grand studio concurrent, la Nikkatsu, où il assiste Yamamura, Tanaka, et surtout Yuzo Kawashima dont il devient le co-scénariste. Ce qui l'amène à réaliser lui-même son premier film, en 1958, avant de fonder en 1965 sa propre société, Imamura Production, qui va lui donner la liberté de produire les films indépendants qu'il ambitionne. Cette longue route, et l'éclectisme qu'elle lui apporte, nourrissent un cinéma qui à la fois est attentif aux réalités et aux milieux sociaux les plus variés, sur lesquels il porte un regard précis d'entomologiste, mais qui en même temps les transfigure par des thématiques récurrentes, comme celles de l'eau ou de la féminité, et par un symbolisme qui renvoie aux grands mythes et aux grandes questions.

### DE L'EAU TIÈDE SOUS UN PONT ROUGE (2001)
**avec Koji Yakusho et Misa Shimizu**

**Histoire d'eau.** La première fois que le geyser jaillit, Yosuke n'en croit pas ses yeux. Et le spectateur non plus, tout aussi éberlué que lui devant cette femme qui, sous le coup du plaisir sexuel, se met à évacuer un flot d'eau tiède qui, s'échappant de son corps, court, par les rigoles et les canaux, rejoindre la rivière qu'elle fertilise aussitôt, et la mer du Japon, où elle produit des pêches quasi miraculeuses.
La surprise est grande, dans le film d'Imamura, de voir ainsi basculer dans la dimension fantastique une histoire commencée sur le mode réaliste – celle d'un cadre d'entreprise licencié qui se retrouve au chômage et qui, ne sachant plus que faire, choisit de suivre le conseil d'un vieux philosophe qui vient de mourir et qui lui a laissé en héritage le secret d'un trésor qu'il aurait caché dans une maison près d'un pont rouge, sur la presqu'île de Noto. Arrivé sur les lieux, Yosuke repère la maison et, s'y introduisant, se retrouve devant le désir sexuel et le flot aquatique de la jeune femme qui l'habite. Et c'est ainsi que de l'eau tiède commence à couler de façon de plus en plus abondante sous le pont rouge, et que le film du plus inventif des vétérans du cinéma japonais embarque son spectateur dans un flot de cocasserie, d'humour, de farce énorme, mais aussi de parabole philosophico-écologique, où il est dit que le seul moyen de survivre dans un monde menacé est de retrouver le flux vital de l'amour.
Ce flux, ce n'est pas pour rien, dans une société qui en a fait longtemps ses esclaves, qu'il passe par une femme, et par sa matrice fertilisatrice. Et ce n'est pas pour rien, dans ce pays d'archipels cerné par la mer et par la pollution, que l'eau que celle-ci fait couler soit l'eau de la pureté, celle du désir vierge de toute souillure mercantile ou sociale, celle, lustrale, qui lave de toutes les impuretés du monde.
Il y a, dans le film surprenant et jubilatoire d'Imamura, une vitalité qui se traduit par l'inventivité d'un cinéma touché par la grâce, comme lorsqu'un simple travelling glisse lentement sur un pont rouge, tandis que passe en sens inverse une femme sous une ombrelle. Ou encore lorsque, dans le dialogue savoureux de trois vieillards pêchant à la ligne sur les berges de la rivière, se fait jour une réflexion sur le monde comme il va et surtout comme il ne va pas. C'est le privilège des grands cinéastes d'installer un monde, en faisant prendre toutes les vessies possibles pour de lumineuses lanternes. Imamura en fait partie. Dans une histoire improbable, qui revendique explicitement

une vérité qui échappe au rationnel et qui se présente gorgée de gags et de plaisanteries mais aussi de symboles et de références complexes, dont beaucoup à coup sûr échappent à un œil occidental, il donne chair et vie à une fable totalement farfelue et pourtant universelle du fait qu'elle touche à la nature même de l'existence humaine, à travers un des plus beaux films sur la féminité qui soit. Et dans ce flot étonnant, où les petits ruisseaux du plaisir font la grande rivière de la vie, le spectateur a la sensation délicieuse et le bonheur rafraîchissant de se sentir comme un poisson dans l'eau.

## IOSSELIANI Otar (géorgien, né en 1934)

**PREMIER LONG MÉTRAGE :**
*La Chute des feuilles (1966)*
**FILMOGRAPHIE DEPUIS 1985 :**
*Le Petit monastère en Toscane (1988)* • *Et la lumière fut (1989)* • *La Chasse aux papillons (1992)* • *Brigands (Chapitre VII) (1996)* • ***Adieu, plancher des vaches ! (1999)*** • *Lundi matin (2002)* • *Jardins en automne (2005)*

Il y a, comme pour beaucoup de cinéastes nés dans l'ancien bloc de l'Est, deux époques dans la vie d'Otar Iosseliani : celle, soviétique d'abord, des études de musique et de mathématiques, interrompues pour entrer à l'Institut de cinéma de Moscou. Puis, de 1959 à 1965, dix courts métrages, où apparaissent, sous la nonchalance et la fantaisie, le désir de montrer les rapports humains et la douceur de la vie, ce que ses premiers longs métrages, dans les années 1960-1970, *La Chute des feuilles, Il était une fois un merle chanteur, Pastorale*, développent à travers une façon toute buissonnière de traiter le récit et de rendre compte du réel peu conforme aux normes du fameux réalisme socialiste. À partir de 1982, Iosseliani quitte son pays et s'installe en France. Une nouvelle vie commence, mais où le cinéaste poursuit sur sa lancée d'un cinéma gentiment subversif, où la recherche du plaisir se fait sur fond de désenchantement léger, et passe par un cinéma du geste, du trait, de l'élégance truculente et de la folie douce, qui n'est pas sans rappeler celui de René Clair et de Jacques Tati.

### ADIEU, PLANCHER DES VACHES ! (1999)
### avec Nico Tarielashvili, Lily Lavina et Otar Iosseliani

**Bonjour ivresse.** La petite embarcation qui, larguant les amarres, dit adieu au plancher des vaches, au dernier plan du film d'Otar Iosseliani, et qui emmène vers le large les deux marins d'eau forte passablement avinés qui en forment l'équipage, elle pourrait certes faire penser à la belle liberté poétique de quelque bateau ivre – Oh ! que ma quille éclate. Oh ! que j'aille à la mer ! Mais, en l'occurrence, elle est plutôt chargée de tout l'univers gentiment délirant et baroque de ce burlesque empreint de nostalgie qu'est le cinéaste géorgien. Revenu de pas mal de choses, assurément, à l'image de ce père aristo (que lui-même interprète) qui passe ses journées, dans son grand château, entre deux rasades, à faire circuler des trains électriques, à lutiner la soubrette et à tirer au pigeon d'argile sur des boomerangs que lui lance son maître d'hôtel. Pendant ce temps, sa femme, superbe créature à la beauté épanouie, fait des affaires pas très claires, se déplace en hélicoptère et, le soir, chante en recevant ses invités dans les immenses salons croulant sous la décoration, tandis qu'un marabout placide promène sa silhouette emplumée emmanchée d'un long cou au beau milieu de la réception. Les fillettes, elles, font du cheval dans le parc, avec cravaches, toques et bottes de cavalières, et le fils, Nico, passe ses vingt ans dans le Paris voisin à laver les carreaux, faire le plongeur dans un restaurant, fréquenter clochards et sdf et, même, à l'occasion, se faire coincer en flagrant délit de braquage et aller passer quelques saisons à l'ombre d'une cellule.
Et, comme toujours, chez Iosseliani, à ces personnages tout droit sortis du cerveau d'un conteur à l'âme slave et éméchée, viennent, par empilements successifs, s'en ajouter d'autres, au fil des croisements de rues, des rencontres esquissées, des allées des uns et des venues des autres, formant un film en apparence éclaté mais dont, avec une sûreté de main incomparable, le cinéaste tire les fils de façon minutieuse. Car, de cette mosaïque bigarrée, surgit un Paris à la fois réaliste et rêvé de bistrots du coin, de petites vieilles allant faire leurs courses, de vendeuses d'icônes sous le manteau, de dragueurs roulant leurs mécaniques en Harley empruntée, et tout un monde où des chiens débonnaires regardent les hommes, ces curieux animaux, faire tous leurs petits et leurs mauvais tours.

Pour autant, tous ces favoris de la lune embarqués dans leur jolie chasse aux papillons, voilà qu'ils se heurtent à la réalité. Et lorsque Nico, revenant de l'ombre, revient à l'air libre, ce n'est pas la lumière qui l'accueille, mais l'ordre social qui a repris le dessus. Et, lui aussi revenu de loin, et constatant que son père s'est fait la belle en chantant, prend sa place au château et, entre deux rasades, entonne à son tour la petite musique reconnaissable entre toutes de l'hédoniste géorgien : bonjour ivresse !

## ISAAC Jim (américain, né en 1960)

**FILMOGRAPHIE :**
*House III : the horror show (1991), co-réalisation* • ***Jason X (2001)***

Champion quasiment toutes catégories de la réincarnation, Jason, tueur en série affublé d'un masque de hockey, n'en finit pas de refaire surface. Découvert en 1980 dans un petit film de série B signé Sean S. Cunningham, il resurgit de séquelle en séquelle, toujours aussi psychopathe et malfaisant, incarnation parfaite du serial killer semant l'effroi autour de lui, et devenant au fil de ses méfaits un héros culte du cinéma populaire. Les titres mêmes des divers opus qui se suivent disent assez que sa résurgence devient le sujet même des films : *Un nouveau départ – Jason est vivant – Du sang neuf*... Et si le neuvième épisode l'envoie en enfer, le dixième, qui engage humoristiquement David Cronenberg dans l'aventure et que réalise Jim Isaac, spécialiste d'animation animatronique et d'effets spéciaux, le projette cryogénisé dans le futur lointain, et le fait resurgir en l'an 2455.

### JASON X (2001)
### avec Kane Hodder, Lexa Doig et David Cronenberg

**Le monstre décongelé.** Pourquoi changer ? À plus forte raison lorsqu'il s'agit d'un tueur en série aussi insatiable que le dénommé Jason et doté d'une plasticité aussi malléable, sous son masque de hockey, que la première baudruche venue. Comme il ne parle qu'avec ses mains, pour étrangler, et qu'avec les lames diverses qu'il affectionne, pour saigner, on ne risque même pas de le voir ouvrir la bouche pour prononcer la moindre parole, ce qui permet de faire des économies de dialogue, et partant de dialoguiste ! Machine à tuer, il n'est bon qu'à ça, avec en prime, ce qui ne gâte rien, un côté quasiment indestructible qui fait qu'on peut le réutiliser à loisir. Et d'ailleurs, le X du titre n'est pas le signe d'un quelconque anonymat, encore que sans visage, Jason soit aussi sans la moindre personnalité, mais c'est plus simplement la preuve de son caractère increvable : on en est tout simplement au numéro X de la série !
Pour fêter cette dixième apparition du monstre masqué apparu dans *Vendredi 13*, il fallait naturellement songer à renouveler un peu la teneur de ses aventures. Aussi Jim Isaac, le réalisateur, et Todd Farmer, son scénariste, n'ont-ils pas craint d'embarquer Jason dans l'espace et même, pour faire bonne mesure, dans le temps, en allant voir à plus de quatre siècles en avant dans le futur ce que pouvait donner son caractère de nuisance. C'est ce qui explique qu'on retrouve ici Jason dans un caisson à cryogénisation, les scientifiques ayant jugé que le transformer en glaçon était le seul moyen pour l'immobiliser et l'empêcher de nuire. Ceux-ci s'apprêtent donc à le conserver au frigo lorsque, trompant leur vigilance, il les étripaille illico. Il fait même particulièrement fort, en envoyant d'emblée *ad patres* le grand David Cronenberg lui-même qui, interprétant non sans humour le savant chargé de l'opération glaçon, voit son existence s'aplatir lamentablement dans un crash bien sanglant. Après quoi l'affreux Jaja réussit encore à transpercer une jolie brunette qui parvient in extremis à le congeler malgré tout. Jusqu'à ce que quatre cent cinquante ans plus tard, un vaisseau spatial en mission scientifique, qui transporte un professeur et ses accortes assistantes, très mimis dans les petits sweet-shirts mode qui leur laissent le nombril à l'air, ne vienne faire un tour juste là où Jason repose à côté de sa jolie savante elle aussi frigidifiée. Que les progrès de la science et des effets spéciaux permettent de ressusciter la mignonne est certes heureux ; mais qu'ils réaniment aussi la créature infâme, voilà qui lance le film du côté d'un nouvel *Alien*, le vaisseau spatial embarquant dans son périple intergalactique la créature venue d'ailleurs, qui s'empresse aussitôt d'éliminer méthodiquement tous ses compagnons de voyage par les moyens les plus tranchants possibles. Bref, on ne s'ennuie pas une minute avec Jason à bord. Et le film de Jim Isaac exploite de belles manières le filon de la série B, non sans une pointe de second degré qui n'hésite pas à verser parfois dans le carrément surréaliste. Ainsi, si Jason enfin pulvérisé trouve encore le moyen de recoller ses morceaux et de renaître plus indestructible qu'avant, il trouve aussi avec qui lutter, le moindre de ses adversaires

n'étant pas une ravissante androïde, qui rêve de se faire greffer de vrais seins et qui, sans bras ni tronc ni jambes, autrement dit réduite à sa seule jolie tête coupée, continue à faire des commentaires pleins d'à-propos sur la situation. Et que, pour finir, Jason soit transformé en étoile filante venant plonger dans un lac sous le regard de deux amoureux dit assez que, tapie dans les eaux profondes du futur, la créature n'est toujours pas morte et qu'elle bouge encore. Ce qui peut toujours servir.

## IVORY James (américain, né en 1928)

**PREMIER LONG MÉTRAGE :**
*The Householder (1963)*
**FILMOGRAPHIE DEPUIS 1985 :**
*Chambre avec vue (1986)* • ***Maurice (1987)*** • *Esclaves de New York (1989)* • *Mr & Mrs Bridge (1990)* • *Retour à Howard Ends (1992)* • *Les Vestiges du jour (1993)* • *Jefferson à Paris (1994)* • *Lumière et compagnie (1995), co-réalisation* • *Surviving Picasso (1996)* • *La Fille d'un soldat ne pleure jamais (1998)* • *La Coupe d'or (2000)* • ***Le Divorce (2003)***

On le prendrait facilement pour un Anglais, tant son cinéma présente une sorte d'élégance et de quant-à-soi tout britanniques. Mais la chose s'explique : la carrière cinématographique de ce pur Californien qu'est James Ivory, né à Berkeley et diplômé en cinéma de l'université de Californie du Sud, passe en effet par la route des Indes. Intéressé par les échanges de cultures différentes et le devenir des civilisations, c'est en travaillant sur un documentaire, *The Delhi Way*, qu'il rencontre en Inde le producteur local Ismail Merchant, avec qui il fonde en 1961 une maison de production et avec qui il s'associe pour tourner, avec le troisième membre du trio, la scénariste Ruth Prawer Jhabvala, les quelque trente films qui constituent son œuvre. La plupart sont adaptés d'œuvres littéraires, et notamment d'Henry James (*Les Européens, The Bostonians, La Coupe d'or*) et d'E.M. Forster (*Chambre avec vue, Maurice, Retour à Howard Ends*). Tous se caractérisent par un raffinement de la forme, une acuité des analyses psychologiques et sociales, et un goût du romanesque qui leur ont assuré un succès international. Quitte, parfois, à tourner à la recette et à perdre l'équilibre harmonieux qui, dans les meilleurs cas, en font de véritables objets précieux.

### MAURICE (1987)
### avec James Wilby, Rupert Graves, Hugh Grant et Ben Kingsley

**À l'ombre des garçons en fleur.** Dans l'atmosphère studieuse et rigoriste d'un collège anglais, Cambridge, Maurice sent naître en lui une indicible attirance pour son ami Clive. Les deux adolescents, l'esprit plein des dialogues platoniciens sur l'amour, vivent cet éveil de l'homosexualité de façon furtive et prude, d'autant que la société victorienne du début du XXe siècle veille jalousement sur la pureté des mœurs, et que le vice grec y est considéré comme la pire des infamies et puni comme un crime. À la sortie du collège, leur amitié, faite de gestes chastes, de complicité heureuse, de déclarations enflammées, se heurte à la réalité sociale. Et tandis que Clive, issu d'un milieu élevé, s'engage dans une carrière politique qui l'amène à refouler ses sentiments et à prendre femme, Maurice reste seul, déchiré par cette difficulté à vivre ses pulsions. Survient, pourtant, un troublant garde-chasse, un brin vulgaire, mais si beau ! Et, dans ses bras, Maurice, enfin, pourra être lui-même.

L'homosexualité vue par James Ivory a un délicieux côté soft qui lui enlève, avec un chic très anglais, tout caractère trop shocking. Les images sont léchées, raffinées, et la caméra glisse délicatement le long des corps, capte les caresses les plus osées de la façon la plus chaste, et laisse deviner plutôt que voir le vice honteux par qui le scandale arrive. Tout ici est beauté douce, luxe calme et voluptueux : chaleur des intérieurs victoriens, où l'on se réchauffe devant la cheminée tandis que la pluie crépite au dehors ; romantisme ophélien des jardins à l'anglaise ; délectable partie de cricket sur une pelouse impeccablement verte ; et, dans l'obscurité des fourrés, hantant les rêves de jeunes lords Chatterley, un garde-chasse passe, assez ténébreux pour chavirer les cœurs des immoralistes en herbe. Il y a beaucoup de justesse dans tout cela, et notamment dans la peinture d'une société puritaine, qui couvre du voile hypocrite de la morale ses propres démons intérieurs. Et le style élégant du cinéaste sait montrer ce qui se cache sous l'apparence lisse des choses. Même si cette douceur de forme, un peu trop douce, a parfois tendance à noyer le diable dans le bénitier des raffinements esthétiques. Ce Maurice-là est si beau, si pur, si comme il faut jusque dans ses errements, que bien des belles-mères se diront avec regret qu'il y a des gendres qui se perdent. Et dans ce jardin anglais, à l'ombre de ces homos en fleurs, si l'on trouve à foison les variétés les plus délicates, il est plus difficile de rencontrer des espèces véritablement vénéneuses.

## LE DIVORCE (2003)

### avec Kate Hudson, Naomi Watts, Thierry Lhermitte et Melvil Poupaud

**Mésentente cordiale.** Amour – désamour : l'histoire de Roxy et de Charles-Henri est une histoire comme tant d'autres, de coup de foudre réciproque, de mariage d'amour, puis de routine qui s'installe, de sentiments qui se relâchent, et, un beau jour, de mari qui, en ayant rencontré une autre, se tire en douce, alors même que sa femme est enceinte. Histoire banale, donc, mais à laquelle la situation des deux époux apporte une dimension particulière, qui fait tout le sel, et tout le poivre, de l'histoire : lui est français, elle est américaine. Et c'est elle qui, pour vivre pleinement son grand amour, est venue vivre à Paris. À quoi s'ajoute que, comme dans tout film de James Ivory, le statut social ne saurait être que de bonne venue : haute bourgeoisie friquée pour lui, *upper middle class* pour elle, avec des fortunes très respectables, que risquent d'ailleurs de multiplier par quelques millions de dollars la toile apparemment anodine qui vient de famille et qui se découvre pouvoir être un chef-d'œuvre inconnu de Georges de La Tour ! Ce qui, lorsque Charles-Henri quitte Roxy, ajoute aux problèmes habituels de toute séparation la difficulté soudain plus délicate du partage des biens.

Cette chronique d'un divorce annoncé prend du coup une amplitude que ses données initiales ne laissaient pas forcément soupçonner. Et le choix de raconter le déroulement de l'histoire à partir de l'arrivée à Paris d'Isabel, qui débarque de sa Californie natale pour venir aider sa sœur Roxy le jour même où le mari de celle-ci la quitte, élargit encore la visée. Car, dans le même temps que Roxy se débat dans son divorce, Isabel tombe amoureuse d'un séduisant diplomate, plus âgé qu'elle, qui se trouve être l'oncle de son beau-frère. Complications familiales et scandale dans les chaumières, qu'accentuent les nombreuses liaisons antérieures du bel amant, dont celle avec une romancière américaine installée à Paris, qui est elle-même l'amie de Roxy…

Tout se croise donc, dans le petit monde de James Ivory, mais ce qui rend évidemment le chassé-croisé intéressant, c'est que, naviguant entre le français et l'anglais, entre culture française et culture américaine, entre lois d'ici et règles de là-bas, l'amour et le désamour apparaissent à la fois comme le fruit de mésententes personnelles mais aussi surtout comme celui de différences de comportements, de malentendus de langue, d'incompréhensions culturelles. Cette analyse du cœur, traitée sur le mode léger et élégant de la comédie de mœurs, en dirait presque du coup pas mal sur le choc des cultures, et même, comment ne pas y penser ?, sur les aléas des relations entre la France et l'Amérique, alternant de la bonne entente à la séparation passionnelle. Le rapprochement des peuples n'est pas une mince affaire, et le multi-culturalisme n'est pas un sujet léger. Le mérite du film de James Ivory est d'en parler avec élégance et fantaisie, dans un film qui se perd parfois dans des surcharges inutiles et dans un cinéma certes académique, mais dont on peut mesurer la maîtrise au fait que, reposant sur une distribution mi-américaine mi-française et sur le partage absolu des deux langues, il intègre parfaitement le tout, loin de ces co-productions bâtardes où chacun perd son âme. Du coup, ce divorce franco-américain a tout d'une savoureuse mésentente cordiale.

L

K

# J

## JACKSON Peter (néo-zélandais, né en 1961)

**PREMIER LONG MÉTRAGE :**
*Bad taste (1983)*
**FILMOGRAPHIE DEPUIS 1985 :**
*Meet the Feebles (1989)* • *Brain dead (1992)* • *Créatures célestes (1994)* • *Forgotten silver (1996), co-réalisation* • *Fantômes contre fantômes (1996)* • *Le Seigneur des anneaux 1 – La Communauté de l'anneau (2001)* • ***Le Seigneur des anneaux 2 – Les Deux tours (2002)*** • *Le Seigneur des anneaux 3 – Le Retour du Roi (2003)* • *Kink Kong (2005)*

Passionné de science-fiction et de toute forme de fantastique, Peter Jackson, quittant l'école à 17 ans, entame une formation de photograveur, faute de pouvoir trouver du travail dans l'industrie cinématographique néo-zélandaise. Avec la caméra 16 mm qu'il s'achète avec son salaire, il tourne un court métrage de science-fiction, histoire d'extra-terrestres dévoreurs d'humains, qui devient trois ans plus tard son premier film long, *Bad taste*. Les qualités visuelles et l'efficacité dramatique de ses films suivants – le film d'animation *Meet the Feebles*, mettant en scène des animaux marionnettistes, le film d'horreur *Brain dead* racontant la transmission d'un virus par une femme infectée par un rat, la comédie noire *Créatures célestes*, avec ses deux adolescentes amies jusqu'au meurtre, ou le film fantastique *Fantômes contre fantômes* relatant les mésaventures de chasseurs de fantômes – lui donnent la notoriété suffisante pour pouvoir entreprendre le projet qui lui tient à cœur de transposer à l'écran le chef-d'œuvre de Tolkien, *Le Seigneur des anneaux*. Il met sept ans pour écrire, produire et réaliser les trois volets de la trilogie, s'appuyant sur les possibilités qu'ouvrent les techniques informatiques pour créer de façon réaliste un monde totalement imaginaire. Le rêve trouve alors dans la virtualité numérique sa réalité, comme le prouve encore brillamment *King Kong*, hommage à l'imaginaire du cinéma des origines revisité par les nouvelles technologies.

### LE SEIGNEUR DES ANNEAUX 2 – LES DEUX TOURS (2002)
#### avec Elijah Wood, Ian McKellen, Liv Tyler et Viggo Mortensen

**Les chevaliers de la bague ronde.** Se laisser porter : d'emblée, on sait qu'on n'aura rien d'autre à faire pour profiter à plein du voyage. Car la Communauté de l'Anneau est à présent séparée et ses membres, scindés en trois groupes, se retrouvent chacun embarqués dans des voies parallèles. Et leurs routes, soumises à tous les aléas, se compliquent des multiples dangers qui viennent se mettre à la traverse. Le deuxième volet de la trilogie de Peter Jackson, épousant au plus près la saga mythique de Tolkien, est donc celui des affrontements. Il est loin, déjà, le début du chemin, lorsque Frodon Sacquet, le gentil Hobbit, accompagné de sa troupe, avait entrepris de rejoindre les Crevasses du Destin, pour y détruire l'Anneau. Et il est manifestement bien loin encore le bout du périple, et cette Terre du Mal dont les feux menaçants se profilent à l'horizon. Comme tout itinéraire initiatique, le salut ne peut passer, pour des héros transfigurés en chevaliers de la bague ronde, cet Anneau unique qui est l'instrument du pouvoir absolu et de la corruption qui va avec, que par l'expérience du mal, et la vie ne peut renaître que de la mort surmontée. Ainsi donc, pris entre les deux tours – celle de Saroumane, le magicien des forces obscures, et celle de Sauron, le Seigneur ténébreux du Mordor –, les voyageurs vont connaître les expériences ultimes. Et c'est là que se déploie, plus encore que dans le premier épisode, l'extraordinaire vision stylistique d'un cinéaste qui impose, sur l'imaginaire de Tolkien, son propre univers formel. Tout ici est en noir et gris, couleurs de cataclysme sombre. Dans des paysages désolés, de pierre et de cendre, s'ouvrent les profondeurs glauques du Marais des Morts, où des cadavres ophéliens attirent leurs victimes entre deux eaux ; à travers des landes immenses, le peuple du Rohan lance ses chevauchées fantastiques ; sur des hauteurs arides se dresse la citadelle d'Edoras, où le roi Théoden sombre dans une folie shakespearienne ; et, au flanc d'une muraille tellurique, la forteresse du gouffre de Helm sert de dernier rempart à l'assaut furieux de l'immense armée dont le pas fait trembler la terre, sous les mugissements rauques des Orques chevauchant leurs monstrueuses montures.
Ce qui domine, dans cette lutte apocalyptique où la barbarie déferle sur la Terre du Milieu, c'est d'abord, bien sûr, une mise en scène qui, mêlant paysages naturels et décors grandioses, accessoires et maquillages, univers sonore et effets numériques, crée de toutes pièces un monde. Mais ce qui transparaît aussi, de plus en plus, sous le scénario qui mène, en trois chemins séparés, la Communauté éclatée vers ce qui sera, forcément, sa réunion finale, c'est que les affrontements extérieurs, nés de tous les périls rencontrés, se doublent de luttes intérieures qui rendent sensibles, en chaque personnage, la dichotomie entre le Bien et le Mal. À cet égard, l'étonnant Gollum Sméagol, sorte de créature

dénaturée qui autrefois posséda l'Anneau et qui, sous son influence corruptrice, a vu son corps devenir monstrueux, garde en lui cette part d'humanité qu'il partage avec les Hobbits et qui offre à Frodon l'image de ses propres démons. Rien n'est donc facile, sur la voie qui mène au triomphe du Bien. Les deux tours se dressent sur la route, sinistres. Et l'ombre qu'elles portent sur ce deuxième volet de la trilogie en fait, sur tous les plans – visuel, esthétique, mythique, imaginaire et, pour tout dire, cinématographique –, un spectacle à l'imaginaire virtuel assez époustouflant.

## JACQUOT Benoît (français, né en 1947)

**PREMIER LONG MÉTRAGE :**
*L'Assassin musicien (1975)*
**FILMOGRAPHIE DEPUIS 1985 :**
*Corps et biens (1985) • Les Mendiants (1987) • La Désenchantée (1990) • La Mort du jeune aviateur anglais (1993) • La Fille seule (1995) •* ***Le Septième ciel (1997)*** *• La Vie de Marianne (1997) • L'École de la chair (1998) • Par cœur (1998) • La Fausse suivante (1998) • Pas de scandale (1999) • Sade (2000) • Tosca (2001) •* ***Adolphe (2002)*** *• À tout de suite (2004)*

Dans une carrière prolixe, Benoît Jacquot s'est d'abord vu taxé d'intellectualisme, à la fois sans doute parce qu'il avait commencé comme assistant de Marguerite Duras, parce que, s'intéressant à la psychanalyse, il s'était fait remarquer par un documentaire consacré à Lacan, et parce que son style initial, rigoureux et minimaliste, avait vite fait de lui un émule de Bresson. Mais des films plus amples, faisant appel à des vedettes confirmées, ont élargi son audience, et lui ont permis d'en venir à ce qui est sa marque : d'un côté, l'adaptation littéraire et surtout théâtrale – il fut aussi l'assistant de Rivette –, qui en fait aussi un des réalisateurs favoris de la télévision en la matière, et de l'autre un cinéma de l'introspection, intéressé notamment par les portraits de femmes, et filmant de façon volontairement sèche les désordres intérieurs.

### LE SEPTIÈME CIEL (1997)
**avec Vincent Lindon, Sandrine Kiberlain et François Berléand**

**Fermer les yeux pour voir.** Chapitre 1 : Mathilde. L'air absent, les yeux dans le vague, l'imper passe-partout jeté sur une tenue négligée, elle vole des jouets dans les magasins, et s'évanouit pour un rien. Une kleptomanie furtive, vite couverte par le silence lorsqu'elle rentre chez elle, qu'elle jette ce qu'elle a volé à la poubelle, et qu'elle s'occupe de son gosse et de son mari. Lui est chirurgien, pressé, jamais vraiment là, ne se rendant compte de rien, et d'ailleurs ne cherchant pas à voir quoi que ce soit. Il se contente de prendre son plaisir vite fait, avec une femme qui visiblement n'éprouve pas grand-chose. Mais Mathilde rencontre un homme, qui se dit médecin, et qui lui fait subir quelques séances d'hypnose. Sous son influence, elle expulse ce qui l'oppresse, réapprend à être elle-même, retrouve la vie, reprend le travail, découvre le plaisir.
Chapitre 2 : Nico. En voyant sa femme comme il ne l'avait encore jamais vue et en l'entendant même gémir pour la première fois quand il lui fait l'amour, il sent son univers vaciller. Il ne comprend pas, et plus Mathilde semble être bien dans sa peau, plus lui-même se sent mal à l'aise. Pour un peu, lui aussi tâterait de l'hypnose. Mais ne s'endort que qui veut bien fermer les yeux. Et Nico a désormais trop besoin de voir et de savoir pour se laisser endormir, jusqu'à épier sa femme et à la soupçonner de tout. Ce qui fait qu'il ne ferme plus l'œil, qu'il ne va plus travailler, qu'il boit, qu'il s'enfonce, et que peu à peu il perd pied. Mais Mathilde est là, qui veille.
L'histoire que raconte Benoît Jacquot est un peu un conte à dormir debout. Non pas tant parce que l'hypnose en est une des composantes centrales, mais plutôt parce que le cœur même du sujet renvoie à cette curieuse façon que l'on a de ne pas pouvoir, ou peut-être de ne pas vouloir, ouvrir les yeux. Entre Mathilde et Nico, qui s'aiment, il y a des choses cachées, que chacun se cache à soi-même et que chacun cache à l'autre. Du coup, ils vivent l'un à côté de l'autre plutôt que l'un avec l'autre. La crise qui survient chez Mathilde, et dont l'origine remonte à ce qu'il y a de plus secret en elle, va servir à la fois de révélateur et de déclencheur. L'équilibre de l'indifférence, qui faisait jusque-là la trame du couple, se rompt. Et lorsque Mathilde trouve sa vérité, elle n'est plus alors sur le même plan que Nico, qui se sent comme laissé de côté.

Benoît Jacquot excelle à se mouvoir dans les labyrinthes du corps et du cœur. Non pas tant qu'il connaisse très précisément tous les territoires qu'il explore : au contraire, sa cartographie est plutôt brouillée et ménage bien des zones floues. Ces zones, la psychanalyse leur a désormais donné un nom : l'inconscient. Lequel pourrait s'appeler aussi bonnement le sexe. Or, toute la différence entre Mathilde et Nico est qu'elle accepte de regarder en face cet inconscient auquel, grâce à l'hypnose, elle a un accès direct : ainsi elle s'en trouve libérée, prête à vivre avec, et elle connaît enfin la jouissance dont elle était jusqu'ici privée. Alors que Nico a peur de regarder ce qui est enfoui au fond de lui-même. Lui dont la spécialité de chirurgien orthopédiste est de remettre d'aplomb ce qui cloche se sent désarmé face à ses propres claudications intimes. Il boite du sexe, et partant, il ne marche plus droit.
Dans *Le Septième ciel*, il est question de ce mystère qui s'appelle vivre et aimer. Pour tenter d'y voir un peu plus clair, Benoît Jacquot n'impose ni n'explique rien : il suit ses personnages dans leur navigation à l'aveugle, dans les pièces d'un appartement à transformation, à long couloir, à portes multiples, qui a tout d'une boîte à malices. Sans que l'on soit jamais sûr que ce qu'il nous montre soit autre chose qu'une image illusoire, un fantasme imaginaire. Mathilde a-t-elle été vraiment hypnotisée, ou a-t-elle simplement rêvé qu'elle l'était ? Sandrine Kiberlain, qui interprète le personnage avec un côté parfaitement lisse, laisse planer de façon très subtile l'ombre du doute et suscite chez le spectateur le même type de trouble que celui qui s'empare de Nico, auquel Vincent Lindon apporte au contraire son côté constamment nerveux et agité. Tous les deux traduisent, au-delà de leurs propres déséquilibres, les vertiges de l'amour et les incertitudes de l'être. Ce qui ne peut manquer d'impliquer le spectateur, soumis qu'il est lui aussi de la part du réalisateur à un travail hypnotique, qui n'est pas le moins intéressant dans cette tentative d'un cinéma qui demande, pour être vu, à ce que l'on ferme les yeux.

## ADOLPHE (2002)
### avec Isabelle Adjani, Stanislas Merhar, Jean Yanne et Romain Duris

**Abîmes de l'amour.** Les yeux d'Adjani, sous l'arc sombre des cils. Ces yeux surpris, frappés, éblouis presque lorsque, se retournant, elle découvre ce jeune homme qu'on vient d'introduire et qui, immédiatement, l'attire. Ses yeux perdus, affolés, mais cherchant désespérément à rester impassibles lorsque ledit jeune homme, Adolphe, entreprend de la séduire et que, tant bien que mal, du haut des dix années qui les séparent, elle s'essaie à le raisonner et à le détourner d'elle. Ses yeux qui chavirent et qui s'abandonnent, lorsque leur liaison, qu'elle a tant désirée tout en cherchant à la fuir, devient toute sa vie. Ses yeux interrogatifs, à mesure qu'elle se rend compte des réticences qui naissent, puis inquiets, puis hagards, quand se confirment les soubresauts de la conduite d'un amant irrésolu, et dont elle sent bien qu'il ne l'aime pas comme il voudrait se faire croire à lui-même qu'il l'aime. Ses yeux qui vacillent, incapables de supporter l'abandon annoncé, puis qui se ferment à jamais sous l'effet d'une passion au sens propre fatale.
Tout le talent de Benoît Jacquot, confronté à cette double gageure de traduire à l'écran le roman le plus introspectif qui soit et de diriger Isabelle Adjani dans le rôle d'une femme qui, sous la plume de Benjamin Constant, n'occupe pas le rôle central, lequel est dévolu au personnage masculin par l'auto-analyse de leur liaison et de ses propres sentiments, tout ce talent donc éclate dans la façon qu'il a de donner à sa comédienne la juste place qui lui revient. Et, plutôt que de laisser le champ libre à cette façon qu'elle a de faire de l'Adjani, il choisit délibérément de la transcender en la soumettant à sa propre vision des choses, comme seuls de vrais metteurs en scène en sont capables. Du coup, Adjani s'efface derrière le personnage d'Ellénore, et elle met à le servir ces dons uniques et cette intelligence du cœur que Truffaut, jadis, sut si bien capter.
Les yeux d'Adjani, donc, pour traduire simplement, sans complaisance torturée, l'effet, sur cette femme prise par l'amour, des complications mêmes du cœur de son amant et de cette sorte de fatalité intérieure qui le pousse à poursuivre une liaison dont il ne veut pas. Masochisme sentimental, complaisance narcissique, ennui romantique cultivé avec une amère volupté, ou labyrinthes insondables de l'amour, mystères du cœur qui a ses raisons que la raison ne connaît pas ? En tout cas, texte admirable, qui ne lâche jamais ceux qui ont la chance de le découvrir à l'âge du héros. Et réussite d'autant plus éclatante d'un film qui, avec ses propres moyens, rend au plus juste l'insondable de ces abîmes que cernent les mots de Benjamin Constant. Cela passe par une reconstitution tellement épurée qu'elle sait se faire oublier et par une mise en scène toujours subtilement présente : cheval au galop se découpant sur la ligne des arbres, puis passant au trot, puis au pas, tandis qu'un zoom avant indique le ralentissement d'une passion qui semblait au départ fougueuse ; amants qui se disent les mots de la rupture sur fond de paysage rêvé, tandis qu'un vent léger soulève le voile qui cache le visage de la femme trahie ; neiges de Pologne, qui enserrent d'une chape de froid une passion qui se fige ; impassibilité traversée de brusques revirements d'un Adolphe avec qui Stanislas Merhar semble faire corps ; petite musique lancinante et obsessionnelle d'une pièce de Schumann, comme une flamme qui s'obstine malgré tout à brûler.

## JANN Michael Patrick (américain, né en 1970)

**FILMOGRAPHIE :**
***Belles à mourir (1999)***

Étudiant à la New York University, Michael Patrick Jann fonde une troupe de comédiens qui se produit à Broadway, tout en travaillant au noir pour MTV, chez qui il se fait engager pour écrire et réaliser la série *The State*, où il est également comédien. Passant par la publicité, où il réalise des spots, il aborde le cinéma avec *Belles à mourir*, qui témoigne d'un regard aigu et cruel sur une Amérique profonde qu'il se plaît à mettre à nu.

### BELLES À MOURIR (1999)

**avec Denise Richards, Ellen Barkin, Kirsten Dunst et Kirstie Alley**

**L'Amérique au vitriol.** Pour qui veut connaître l'Amérique bien profonde, il suffit de s'arrêter à Mount Rose, Minnesota, au milieu des prairies du Midwest, des usines de saucisses et des églises luthériennes. Et si l'on veut y vivre un concentré de culture made in USA, il faut choisir d'y venir lors de l'élection annuelle de Miss Mount Rose. Sachant sans doute que tout le monde ne pourrait faire le voyage, Michael Patrick Jann a eu la bonne idée d'envoyer sur place une équipe pour filmer l'événement. C'est ce pseudo-reportage qui sert de trame à son film. Et même si Mount Rose ne figure pas sur les cartes, le voyage qu'il propose vaut le déplacement. Il faut dire que le concours des jeunes beautés locales, seul événement à venir mettre quelque animation dans ce trou perdu, cristallise tous les espoirs, les ambitions, les illusions, les jalousies et les pulsions les plus secrètes. La gagnante devant aller concourir ensuite pour le titre de Miss Minnesota et, qui sait, de Miss Amérique, la compétition est sans merci. Et d'ailleurs, le fait que la présidente, organisatrice et sponsor du concours, présente cette année-là sa propre fille et qu'elle entend bien lui voir remporter la couronne n'est peut-être pas tout à fait étranger au fait que diverses autres candidates sont éliminées brutalement avant même la compétition, par une explosion qui les volatilise ou par un choc qui les assomme pour le compte. C'est que tout est permis pour répondre à ce qui fait l'esprit même du pays : gagner ! Et c'est d'ailleurs là que le cinéaste, donnant à son concours de misses la force d'un révélateur, débusque tout ce qu'il peut y avoir de violence, d'hypocrisie, d'intolérance et de bêtise crasse dans le fier pays de la liberté.
Utilisant l'arme de l'humour de la façon la plus irrespectueusement incorrecte, il passe tout en revue : la façon de s'habiller, les chansons country, les obèses, la frime commerciale, la liberté de port d'armes, et cette variété première du nationalisme qu'est l'esprit de clocher. Les jeunes donzelles qui se lancent dans le concours ne font pour leur part que répéter le schéma que leurs parents leur ont inculqué. La fière jeunesse américaine en prend du coup autant pour son grade que ses pères et mères si « fiers d'être américains » (c'est le slogan du concours de l'année). Et la façon dont le film lui règle son compte vaut son pesant de fous rires. Car tout ici respire la charge joyeusement féroce et impertinente. Pas de pitié donc pour les misses. D'ailleurs, on achève bien les juments…

## JAOUI Agnès (française, né en 1964)

**FILMOGRAPHIE :**
*Le Goût des autres (1999)* • ***Comme une image (2004)***

Même s'ils mènent l'un et l'autre leur carrière respective de comédiens, Agnès Jaoui et Jean-Pierre Bacri apparaissent indissociables en tant qu'auteurs : à travers les scénarios et les pièces de théâtre qu'ils écrivent en commun se reconnaît un univers qui leur est propre, fait d'observation lucide des mœurs, d'humour caustique et parfois cruel, de dialogues à l'emporte-pièce, de personnages dont ils excellent à stigmatiser les travers. Si Bacri n'est jamais passé derrière la caméra, Agnès Jaoui a franchi le pas de la réalisation, imposant dans ses films ce qui fait leur griffe – au double sens du terme –, même si le trait, guidé avec l'âge par plus de tolérance, a tendance à s'y faire moins méchant.

## COMME UNE IMAGE (2004)
### avec Jean-Pierre Bacri, Marilou Berry, Laurent Grévill et Agnès Jaoui

**Le (dé)goût des autres.** Tyrannique, autoritaire, misanthrope, égoïste, râleur : Étienne trimbale sa mauvaise tête permanente, son humeur massacrante et son dégoût des autres avec une telle constance qu'on ne voit guère que Jean-Pierre Bacri pour pouvoir l'incarner à l'écran. Et Agnès Jaoui, qui le connaît bien, réserve d'ailleurs à son habituel complice quelques gros plans de faux ahuri, qui fait mine de ne rien comprendre aux réactions qu'il provoque, qui valent leur pesant de mauvaise foi triomphante. Ce serait même d'ailleurs le risque principal encouru par le film que d'offrir à nouveau au mauvais caractère le plus avéré du cinéma français l'occasion de faire son numéro habituel, irrésistible certes, mais qui risque la redite.

Or la grande qualité du scénario co-écrit par les deux compères est, cette fois-ci, dans une composition chorale qui leur est chère, de mettre l'accent moins sur le grincheux détenteur du pouvoir que sur ses victimes et, du coup, de placer au cœur du film les petits, les sans-grade, les souffre-douleur soumis aux humiliations et aux coups de gueule du seigneur et maître. Si celui-ci est ici un écrivain célèbre et adulé, ce n'est pas à proprement parler le monde de l'édition qui intéresse les Jaoui-Bacri, mais plutôt ce qu'il révèle du jeu social, et de cette façon qu'ont ceux qui approchent le grand homme de s'écraser platement devant lui. Comédie du pouvoir, ou plutôt éternelle comédie humaine, saisie dans ses aspects les plus actuels : ceux d'une société du paraître, où les bruits les plus assourdissants et les plus futiles recouvrent tout et empêchent d'entendre la voix de l'autre.

Ainsi Étienne vit avec sa fille Lolita, dont le prénom cache mal des rondeurs qui la complexent, mais sans jamais faire attention à elle. Et la pauvre fille a beau tout faire pour attirer l'affection de ce père sourd et aveugle, elle passe son temps, toute honte bue, à subir toutes les avanies de l'égoïste et à pleurer dans son coin. Et il en va de même de Karine, la jeune femme d'Étienne, qui se fait moucher en permanence, qui en a assez et qui même décide de partir, mais qui revient. Et aussi de Pierre, le jeune écrivain qui, pour parvenir, entre dans le jeu d'Étienne, son mentor, quitte à trahir ses amis et sa femme, et même à aller faire le pantin de service dans l'émission du samedi soir à la télé. Et Sylvia, sa femme, prof de chant de Lolita, et elle aussi tout éblouie par l'aura du grand homme, est prête à faire taire ses scrupules et à jouer double jeu avec la fille pour mieux approcher le père

On navigue ainsi, entre faiblesse et hypocrisie, compromissions et petites bassesses, dans les troubles méandres de l'apparence, au cœur d'un monde où personne ne voit ni n'entend personne, et ne cherche finalement qu'à s'écouter soi-même. Comédie de l'incommunicabilité, qui n'a rien certes d'un drame antonionien, mais qui, plus amère que douce, offre, avec la vision pessimiste des vrais moralistes, un miroir cru et cruel des faiblesses humaines et des mesquineries à la mode. Et que, dans cette cacophonie relationnelle, ce soit le chant qui, couvrant tous les couacs, parvienne à faire entendre un peu d'harmonie et à mettre malgré tout un brin de tendresse dans ce monde de brutes constitue à la fois le dénouement que l'on attend d'une comédie et une preuve de confiance toute artistique mise dans la musique, seule capable d'adoucir les mœurs.

# JARMUSCH Jim (américain, né en 1953)

**PREMIER LONG MÉTRAGE :**
*Permanent vacation (1980)*
**FILMOGRAPHIE DEPUIS 1985 :**
***Down by law (1985)*** • *Mystery train (1988)* • ***Une nuit sur terre (1991)*** •
*Dead man (1995)* • *Year of the Horse (1997)* • *Ghost dog, la voie du samouraï (1999)* •
*Ten minutes older – The Trumpet (2001), co-réalisation* • *Coffee and cigarettes (2004)* •
*Broken flowers (2005)*

Dans un pays qui a inventé Hollywood, Jim Jarmusch est un cas exemplaire de ce cinéma de la marge qui flirte parfois avec le système, mais qui lui reste fondamentalement étranger : *Stranger than Paradise* s'intitulait, symboliquement, en 1984 son deuxième film, où il racontait sans raconter, au fil d'une errance qui conduisait trois personnages vaguement paumés vers une Floride froide et venteuse, une Amérique déprimée et déprimante, radicalement différente des clichés d'un rêve américain complaisamment élaboré, comme un paradis artificiel, par l'usine à rêves hollywoodienne. Loin de son Ohio natal, Jarmusch promène ses personnages dans des voyages nonchalants et existentiels, qu'il suit avec un mode et un rythme de narration accordés à leurs pas, que ce soit dans les rues de New York, où le jeune vagabond de *Permanent vacation* erre pendant deux jours et demi ; ou dans les marécages de Louisiane où pataugent les trois évadés de *Down by law*; ou à Memphis, Tennessee, où se croisent les héros des trois histoires différentes de *Mystery train*; ou dans les cinq villes tout autour du monde où divers protagonistes passent chacun à sa façon la même *Nuit sur terre*; ou dans la longue route qui emmène vers l'Ouest les deux compères de rencontre de *Dead Man*; ou au fil de la tournée qu'effectuent Neil Young et ses musiciens dans *Year of the Horse*; ou dans l'itinéraire largement intérieur qu'est la voie du samouraï dans *Ghost dog*; ou dans ce « quelque part en Californie » qui ouvre les conversations légères comme la fumée rassemblées dans *Coffee and cigarettes*, et jusqu'à ce voyage de retour vers les cinq femmes qu'il a connues et qui pourraient être chacune la mère d'un fils inconnu de 19 ans, dont il apprend soudainement l'existence, dans lequel s'embarque le héros désabusé de *Broken flowers*, à la recherche d'une pureté perdue. Ce qui est bien, sans doute, rythmé toujours par des musiques entêtantes, le sens même du cinéma contemplatif, discrètement humoristique et doucement mélancolique, de Jim Jarmusch.

## DOWN BY LAW (1985)

### avec Tom Waits, John Lurie et Roberto Benigni

**Ciné-lumière.** On va au cinéma, histoire de passer un moment. On s'installe, les lumières s'éteignent. Et là soudain, sur l'écran, le choc, en noir et blanc, comme si le cinéma revenait à la case départ. Ça commence par un travelling étonnant, le long des rues sales et des maisons poisseuses du Bayou, dans la lumière blanchâtre d'une Louisiane avachie. Ça continue par une musique entêtante, minimale, et des dialogues à l'économie mais qui intègrent tout, le bruit, le silence, la vie. Ça se poursuit par des cadrages, des angles, des jeux de lumière, des plans, surprenants, léchés, à la fois sophistiqués et totalement naturels, et qui donnent d'emblée comme un coup de vieux à tout ce qu'on avait l'habitude de voir. Et avec ça, une histoire qui se met en place à son rythme et qui impose, à mesure qu'elle avance, comme une tonalité changeante, qui passe du sordide à l'hilarant, de l'ombre à la lumière. Car la mésaventure qui amène les trois héros, personnages incertains, à se retrouver en prison et, comme dans les films, à s'en évader, c'est aussi une aventure qui les promène, tout au long d'un itinéraire fléché, vers ce qui est beaucoup plus qu'une dérive dans les marécages où ils pataugent. En chemin, les barrières s'effondrent, les obstacles tombent ; et au bout de la route, il y a l'amour et l'amitié, dans un monde plus étrange encore que le paradis.

C est la liberté. La liberté d'une interprétation qui jette la tradition par-dessus bord : la dégaine impossible de John Lurie, la masse compacte et glauque de Tom Waits, le saugrenu irrésistible de Roberto Benigni. Et c'est la liberté d'un cinéma qui crée sa propre route, en se moquant des codes et des convenances. Ce à quoi, incrédule, on assiste, c'est à l'invention d'un langage qui redonne au cinéma sa capacité de création. Du noir et du blanc des origines, Jim Jarmusch fait jaillir une nouvelle lumière. Lumière : comme ces frères du même nom qui, un beau jour, inventèrent le cinéma.

## UNE NUIT SUR TERRE (1991)

### avec Winona Ryder, Gena Rowlands, Béatrice Dalle et Roberto Benigni

**Taxi blues.** Sans atteindre sans doute à la réussite des deux films qui l'ont imposé, *Stranger than paradise* et *Down by law*, *Une nuit sur terre* confirme ce talent tout particulier qu'a Jim Jarmusch pour capter l'air du temps, et dire légèrement des choses graves. On pourrait croire, à regarder superficiellement, qu'il s'agit d'un film à sketches, puisque le scénario met bout à bout cinq petites histoires, dont le dénominateur commun est constitué par cinq courses en taxi qui, dans cinq villes différentes, font se rencontrer chaque fois un chauffeur et ses passagers. Mais le morcellement n'est qu'apparent. D'abord parce que le film obéit à une unité de temps, rendue possible par les décalages horaires : une nuit, de la tombée du jour à l'aube du lendemain. Or cette nuit n'est pas seulement un élément de structuration chronologique. Elle fait du film un véritable nocturne, où montent à la surface les zones d'ombre, où les rencontres se colorent de cette complicité née de la nuit, où on laisse libre cours aux confidences, aux confessions, aux moments de vérité profonde, avant que la lumière du jour ne ramène la vie affairée et bruyante.

Et ce qui passe, d'un taxi à l'autre, dans cette nuit des secrets avoués, c'est un même thème, qui courait déjà dans les films précédents du cinéaste : la solitude, toujours la même, qu'on soit à Los Angeles dans l'univers factice du cinéma, à New York, du côté black de Brooklyn, à Paris sur les pas d'un aveugle, à Rome au milieu des fantasmes érotiques d'un Italien pittoresque, ou à Helsinki, dans le froid glacé qui pétrifie tout. Partout, c'est la même recherche d'un peu de chaleur humaine. Mais c'est aussi, partout, d'un bout de la Terre à l'autre, la même séparation qui laisse les êtres seuls face à eux-mêmes.

Le film de Jim Jarmusch est, comme toujours chez lui, une sorte de dérive qui, dans l'espace étroit d'un taxi qui avance dans la nuit, fait surgir des visages, des sensations, des émotions. Des destins se croisent, dont on entrevoit la diversité et les ressemblances. Ces personnages saisis au vol, Jarmusch les montre, puis les reprend. Mais ces quelques instants passés avec eux suffisent à les rendre familiers, à travers des rencontres cocasses, tendres, drôles, parfois un peu lourdement bouffonnes (comme c'est le cas avec Benigni, à Rome), parfois aussi complètement poignantes : comme celle de cet homme venu d'Allemagne de l'Est, où il était clown, et qui se retrouve chauffeur de taxi à New York, sans savoir conduire et sans rien connaître de cette ville où on le laisse se perdre. Ou comme ce Finlandais, qui fait la connaissance brutale du malheur et qu'on abandonne, assis sur le trottoir enneigé, alors que se lève une aube blême.

La façon dont Jarmusch filme correspond à ce qu'il montre : tout semble en liberté, mais tout y est en fait subtilement ordonné. Son film est comme un unique travelling le long de la nuit, comme un unique panoramique autour de la Terre, comme une plongée au cœur des ténèbres. Avec, au point focal, au centre du film, une aveugle qui voit et un Ivoirien qui n'y voit guère. Comme une plaisanterie en forme d'apologue. Comme une petite musique de nuit ironique sur fond de taxi blues…

## JEFFS Christine (néo-zélandaise, née en 1963)

**FILMOGRAPHIE :**
***Rain (2001)*** • *Sylvia (2003)*

Diplômée de sociologie et de géographie, Christine Jeffs s'initie au cinéma en suivant les cours de l'Australian Film, Television and Radio School. Commençant par des films publicitaires et des documentaires, elle tourne un court métrage en 1994, *Stroke*, puis prépare longuement son premier long métrage de fiction, en adaptant un roman à succès de Kirsty Gunn, *Rain*. Le film, présenté dans divers festivals et distribué internationalement, lui permet de tourner un second film, *Sylvia*, avec Gwyneth Paltrow en tête d'affiche, racontant les amours tragiques du poète anglais Thomas Hughes et de la poétesse américaine Sylvia Plath.

### RAIN (2001)
### avec Alicia Fulford-Wierzbicki et Sarah Peirse

**Emma Bovary aux antipodes.** Une maison au bord de la mer, en Nouvelle-Zélande. Une famille ordinaire – le père, la mère, les deux enfants. La mère s'ennuie : c'est Emma Bovary aux antipodes. Passe un beau photographe, sur son bateau. La mère n'y résiste pas. Le père observe, malheureux. Et la fille, jeune ado, elle aussi sensible au charme de l'étranger, à la fois jalouse de sa mère et envieuse de son amant, est bien décidée à faire sa propre initiation amoureuse comme elle l'entend.

La mise en place de ces relations familiales fait la meilleure part, subtile, du film de Christine Jeffs. Et le mode de vie néo-zélandais, dans un décor de mer et de plage qui a sa propre lumière, lui offre un cadre inhabituel qui ne manque pas d'intérêt. Mais la mise en scène, se laissant aller à des joliesses censées enjoliver l'ensemble – de ralentis accrocheurs en bande-son sirupeuse – affadit la justesse par ailleurs sensible du regard. Jusqu'à ce que, porté par une sorte de menace contenue dans un rythme un peu lent et dans la voix off du souvenir d'enfance, l'histoire bascule dans le drame, apportant au film un dénouement à la fois surprenant et brutal, dont la force suscite le malaise en même temps que le sentiment d'un malheur irrémédiable, brouillant le paysage serein d'un paradis définitivement perdu.

# JENKINS Patty (américaine, née en 1973)

**FILMOGRAPHIE :**
***Monster (2003)***

Ayant toute jeune, à 14 ans, tâté du cinéma en obtenant un stage d'assistante sur le documentaire *The River City Reunion* tourné par Allen Ginsberg et William Burroughs, Patty Jenkins suit parallèlement des études de peinture et de cinéma. Commençant comme assistante caméra, elle travaille pendant cinq ans sur des films publicitaires, des bandes-annonces, des clips vidéo, collaborant avec nombre de jeunes cinéastes indépendants comme Dominic Sena ou Ted Demme qui commencent là leur carrière, et rencontrant en particulier Bret Ratner, qui va favoriser son passage derrière la caméra. Après une nouvelle formation à l'American Film Institute et trois courts métrages (dont deux, *Just Drive* et *Velocity Rules*, très remarqués), elle passe au long métrage avec *Monster*, où elle développe l'histoire (vraie) d'Aileen Wuornos, condamnée à mort pour six assassinats, qu'elle approche dans sa prison et dont elle recueille le témoignage juste avant son exécution.

## MONSTER (2003)
### avec Charlize Theron, Christina Ricci et Bruce Dern

**L'équipée sauvage.** Monstrueuse ! Avec ses cheveux gras, ses bajoues tombantes, ses dents jaunies, son tee-shirt crasseux et son jean élimé qui fait l'accordéon sur des chaussures informes, elle fait le tapin le long des highways, où elle promène sa dégaine de camionneur, roulant des hanches et des épaules, pour venir claquer ses maigres dollars dans la fumée d'un bar à routards et à gros bras tatoués. Et le premier client venu aurait bien du mal à reconnaître, dans cette maritorne aux formes épaisses et au visage boursouflé, la longiligne et superbe Charlize Theron, ex-mannequin et top model, dont la beauté glamoureuse et le corps de rêve se trouvent ainsi métamorphosés par l'effet conjugué d'un régime grossissant (quatorze kilos ! presque autant que ceux qu'avait pris De Niro pour *Raging Bull*) et de prothèses en tout genre. Et l'on comprend bien ce qui a pu pousser une femme dont la beauté fut, dit-on, lors de ses débuts au cinéma, plus un handicap qu'un avantage, à se lancer ainsi dans ce défi de la transformation : prouver qu'elle est bel et bien une comédienne, en gommant en quelque sorte ce visage et ce corps à quoi on avait tendance à la réduire. Mission réussie, si l'on en juge par l'Oscar qui a salué la performance. Mais pas forcément, si l'on juge le film à la seule mesure de cette interprétation.

Car l'omniprésence envahissante de cette métamorphose physique et de ce jeu lourdement appuyé, dans un rôle un peu trop calibré pour décrocher la fameuse statuette, plombe d'une certaine manière ce qui fait la partie la plus intéressante du film de Patty Jenkins. L'histoire, vraie, que raconte *Monster*, celle d'une prostituée devenue serial killeuse et reconnue coupable du meurtre de six de ses clients, apparaît en effet, sous la caméra de la réalisatrice, comme une équipée sauvage dont les tenants et les aboutissants méritent mieux que d'être réduits à un simple numéro d'acteur. Cette Aileen qui traîne sa misère morale dans une Amérique profonde, où passent bien des fantômes encombrants, dont le moindre n'est pas celui d'un Vietnam lointain dont les échos ne sont pas encore totalement éteints, elle trouve ce qui pourrait être son chemin de grâce en la personne d'une jeune ado, tout juste majeure, en rupture de famille, dont elle tombe éperdument amoureuse. Et, dans le jeu passionnel que suscite cet embarquement pour Lesbos, la petite Selby, à la fois câline et retorse, devient vite le mauvais ange qui entraîne celle qui pourtant apparaît beaucoup plus forte qu'elle, sur une pente qui, d'un premier meurtre en état de défense légitime, la fait passer à d'autres assassinats de plus en plus crapuleux, et jusqu'à l'insoutenable massacre des innocents. Une atmosphère poisseuse baigne de ses couleurs glauques et de ses épisodes désespérés la dérive sentimentale et criminelle des deux femmes, avatars écornés de Thelma et Louise, lancées sur des chemins qui ne sont plus ceux de la liberté mais de l'abjection. Et l'ambiguïté trouble que fait naître l'interprétation de Christina Ricci donne le sentiment que, derrière le monstre un peu trop apparent qu'incarne Charlize Theron, un autre monstre, secret, se profile. Et celui-là est nettement plus inquiétant.

# JEUNET Jean-Pierre (français, né en 1953)

**Filmographie**

*Delicatessen (1990), co-réalisation • La Cité des enfants perdus (1995), co-réalisation • Alien, la résurrection (1997)* • ***Le Fabuleux destin d'Amélie Poulain (2001)*** • ***Un long dimanche de fiançailles (2004)***

S'il fallait trouver des références lointaines au cinéma de Jean-Pierre Jeunet, c'est sans doute du côté du cinéma français des années 1930 – celui de Carné et Prévert, notamment – qu'il faudrait aller chercher. Derrière les prouesses et les virtuosités d'une mise en scène qui utilise de façon abondante les technologies numériques et les effets spéciaux les plus en pointe, on y retrouve en effet un sens de l'atmosphère, un goût du cocasse, un plaisir de l'inventaire chers aux auteurs de *Drôle de drame* et des *Enfants du Paradis*, et la même propension à ce qu'il est convenu d'appeler un réalisme poétique, qui s'exprime tout autant à travers des décors, des costumes et des accessoires qu'à travers des personnages populaires qui semblent souvent sortir de *Sous les toits de Paris* et de cet autre univers très français que représente René Clair. Dès ses courts métrages, *Le Bunker de la dernière rafale*, *Foutaises*, Jean-Pierre Jeunet impose, par un art très personnel du cadre et du plan, une ligne formelle et un style qui trouvent, dans le côté saugrenu et bizarre de *Delicatessen*, sur fond de cannibalisme, puis dans l'île où règne le voleur de rêves d'enfants de *La Cité des enfants perdus*, une expression où le côté cocasse ne manque pas d'être menaçant. Lorsque, délaissant son complice Marc Caro, il part seul réaliser aux États-Unis pour la Fox le numéro 4 d'*Alien, la résurrection*, sa virtuosité, qui n'a pas été pour rien dans la commande que lui a passée le studio hollywoodien, laisse percer encore ce fond de noirceur qui colore la saga d'une touche particulière. Pour autant, lorsque, rentrant en France, il décide de poursuivre seul dans sa propre voie, c'est pour créer une héroïne dispensatrice de bonheur et apte à panser les douleurs des gens : Amélie, emblème d'une douceur de vivre à la française, promenant son minois espiègle dans un monde d'images et de clichés, entre Montmartre et nains de jardins. Un univers qui a quelque chose d'un conte familier, et qui, *Un long dimanche de fiançailles* le montre encore, qui impose la même tonalité à la grande boucherie de la guerre de 14, donne à l'imaginaire une emprise poétique sur la réalité.

## LE FABULEUX DESTIN D'AMÉLIE POULAIN (2001)

### avec Audrey Tautou, Mathieu Kassovitz et Rufus

**Jolie fleur de papillon.** Sous les toits de Paris, chers à René Clair, entre la butte Montmartre et la Foire du Trône, voici que Jean-Pierre Jeunet ajoute un nouveau chapitre, tout de tendresse cocasse, à la poésie des petites gens. La mignonne figure d'Amélie Poulain en est l'âme et le cœur. Ayant perdu à la fois son poisson rouge, rejeté dans un vulgaire bassin municipal, et sa mère, écrasée par une suicidaire canadienne se jetant du haut des tours de Notre-Dame pour venir bêtement l'aplatir sur le parvis, et voyant son père s'enfermer dans son pavillon de banlieue et sa vie étriquée en reportant toute son affection sur un nain de jardin, la petite Amélie décide, une fois devenue grande, de se faire raccommodeuse des faïences et des porcelaines brisées de la vie des autres. En d'autres termes, Amélie Poulain se fait bienfaitrice d'un genre humain dont le pavé parisien, qu'on dirait ici dessiné par Tardi, offre de bien curieux spécimens. Il y a l'homme de verre, dont les os se brisent, et qui, avec son bonnet et sa misanthropie à la Léautaud, peint inlassablement les couleurs vives des canotiers de Renoir. Il y a aussi la concierge de l'immeuble qui, devant son chien empaillé, pleure comme une madeleine, ou comme une fontaine Wallace – d'où son nom de Madeleine Wallace –, son homme envolé à tout jamais. Et l'épicier Collignon, bête comme ses pieds et méchant comme une teigne, qui bave son fiel sur son commis Lucien, doux gentil préposé aux livraisons et au maniement amoureux des endives. Et Joseph, le jaloux maniaque, et Georgette, la buraliste mal dans sa peau qui rougit quand ça ne va pas bien, et Gina, la serveuse qui impose les mains aux clients qui ont le torticolis, et Suzanne, la limonadière qui boîte, rapport à une chute de cheval qu'elle fit autrefois par amour au cirque Medrano. Tout cela compose un petit monde qui a des bleus à l'âme, ce qui donne bien du travail à la jolie Amélie. Mais elle a de la ressource, la petite souris au minois de chatte, et ses trouvailles font de son entreprise de SOS Détresse une mine d'inventions toutes plus épatantes les unes que les autres. Inventions scénaristiques, évidemment, mais inventions visuelles aussi, et sonores, décoratives, narratives, filmiques : une idée par minute, dix plans surprenants par séquence, vingt bonheurs à la fois dans une même scène. Un vrai plaisir de cinéma.

On retrouve dans cette vie d'une héroïne du quotidien ce qui faisait déjà l'univers saugrenu et attachant de *Delicatessen*, mais ici transposé dans le décor tendre et coloré d'un Paris d'accordéon et de bistrot du coin. Mené par cette idée toute simple qu'Amélie pourrait bien un jour trouver son Nino (qui s'appelle Quincampoix, comme la rue, et qui collectionne les photos d'identité, comme Prévert collectionnait les têtes), le film de Jean-Pierre Jeunet déroule son histoire à la façon d'une BD animée, racontant son petit bout de femme de rien du tout comme le fabuleux destin d'une héroïne de trois sous. Et trouvant avec les grands yeux étonnés et les petites mines timides d'Audrey Tautou l'Amélie jolie, délicate et saine, qui met de la fleur bleue à la grisaille des jours, le rayon magique qui illumine le printemps.

### UN LONG DIMANCHE DE FIANÇAILLES (2004)
**avec Audrey Tautou, Gaspard Ulliel, Ticky Holgado et Dominique Pinon**

**Grande Guerre.** Entêtée, Mathilde, et pas disposée à croire ce que tout le monde s'accorde à admettre, à savoir que Manech, son fiancé, serait mort à la guerre. Parce qu'elle a la conviction chevillée au cœur qu'un amour comme le leur, ça ne peut pas disparaître comme ça, pulvérisé dans la grande fosse collective, elle décide, elle, toute frêle, toute menue, infirme même avec cette claudication qui lui fait traîner la patte, de partir à la recherche de celui qu'elle aime. Le film de Jean-Pierre Jeunet, qui raconte en voix off cette histoire d'amour et de guerre, s'ouvre sur Manech, que l'on voit aux premières images, dans son uniforme de poilu, condamné à mort pour mutilation volontaire avec quatre de ses camarades et emmené avec eux pour être exécuté, avant, à partir de là, de s'attacher à la recherche obstinée de Mathilde qui, refusant de croire à la mort de son fiancé, va, suivant l'intrigue compliquée et haletante du roman de Sébastien Japrisot, débrouiller fil à fil et pas à pas l'écheveau compliqué noué sur le champ de bataille, là-haut dans la Somme, sous la mitraille, dans la boue infecte des tranchées. Car l'histoire de Mathile et de Manech s'inscrit là, sur la toile de fond de la guerre, la grande, celle de 14-18. Et la reconstitution sur laquelle s'ouvre le film en donne à voir l'horreur, avec la caméra qui, au son funèbre d'une musique d'Angelo Badalamenti, avance inexorablement le long des boyaux creusés dans la terre, sous une pluie froide qui transforme les hommes en statues de boue, dans un silence de mort qui, soudain, fait place aux obus qui explosent, au feu, au sang, et aux corps qui disparaissent dans la fange.
Mais cette entrée brutale sur le champ de bataille – dont on n'avait pas vu, depuis *Les Sentiers de la gloire* de Kubrick, pareille évocation – n'est que le seuil d'un récit qui, passant aux lendemains de guerre, passe progressivement aux individus eux-mêmes, à leur histoire, à leur destin. Et le film devient alors foisonnant de toutes ces vies que croise la route de Mathilde, et qui, comme toujours chez Jean-Pierre Jeunet, font surgir un défilé de personnages, de gueules, de lieux, de décors, d'objets, de meubles, de chansons : tout un bric-à-brac étourdissant qui s'essaie à restituer un monde. Pour autant, rien ici ne relève du pseudo-naturalisme qui tient lieu la plupart du temps de viatique aux réalisateurs sans imagination. Sa guerre de 14-18 et ses lendemains qui déchantent, Jeunet ne les tire pas tant d'une volonté de reconstituer une réalité forcément perdue que de les retrouver tels que l'imaginaire les a, depuis, façonnés. Son évocation, c'est celle, sépia, des photos jaunies, des cartes postales écornées, des images sautillantes des films muets, sur lesquelles lui-même a rêvé : moins une réalité qu'un regard porté sur elle. Du coup, même si le Paris de 1920, où Mathilde poursuit son amour disparu, n'est pas tout à fait le Montmartre où Amélie Poulain cherchait elle aussi son amoureux, les deux films ont comme un air de ressemblance populaire, et la jolie frimousse d'Audrey Tautou, pour devenir plus grave, n'est pas moins disposée au bonheur. Et si les moyens sont ici énormes, ils offrent toujours la même poésie cocasse, la même distribution chaleureuse, la même façon de filmer en gros plans surprenants, en travellings virtuoses, en cadrages saugrenus. Avec un talent d'artisan respectueux qui sait en mettre plein l'écran sans chercher à en mettre plein la vue.

## JEWISON Norman (américain né au Canada en 1926)

**PREMIER LONG MÉTRAGE :**
*Des ennuis à la pelle (1963)*
**FILMOGRAPHIE DEPUIS 1985 :**
*Agnès de Dieu (1985) • Éclair de lune (1987) • Un héros comme tant d'autres (1989) • Larry le liquidateur (1991) • Only you (1993) •* ***Bogus (1996)*** *• Hurricane Carter (1999) • Crime contre l'humanité (2003)*

Ayant commencé comme acteur et scénariste à la télévision anglaise, Norman Jewison, revenant travailler dans son pays d'origine comme scénariste pour la télévision canadienne, se voit vite engagé par les chaînes américaines voisines. Et c'est aux États-Unis que, passant du scénario à la réalisation, il commence pour le grand écran une carrière où son sens de l'action et son goût des effets le désignent tout naturellement pour mettre en scène de grands films de studios, destinés à mettre en valeur les vedettes maison. Si le choix de grands sujets – le racisme, pour *Dans la chaleur de la nuit*, la toute-puissance mafieuse des syndicats, pour *F.I.S.T.* – donne à certains de ses films une résonance sociale, il triomphe surtout dans le cinéma de genres – film de jeu, dans *Le Kid de Cincinnati*, thriller dans *L'Affaire Thomas Crown*, anticipation dans *Rollerball* –, ce qui lui permet de poursuivre une carrière éclectique, marquée par des sujets variés, des genres divers, où toujours les têtes d'affiche sont privilégiées, d'Anne Bancroft et Jane Fonda (dans *Agnès de Dieu*) à Cher (dans *Éclair de lune*), de Bruce Willis (dans *Un héros comme tant d'autres*) à Denzel Washington (dans *Hurricane Carter*), et même à Gérard Depardieu (dans *Bogus*).

## BOGUS (1996)
### avec Whoopi Goldberg, Gérard Depardieu et Haley Joel Osment

**Le grand magic Bogus.** Les lumières brillent à Las Vegas. Et elles brillent d'autant plus pour le jeune Albert, 7 ans, qu'il vit au côté d'une mère qu'il adore et qui est danseuse dans un show. Son univers, c'est le strass, les paillettes, les clowns, et la magie surtout, celle que lui apprend M. Antoine, le roi des illusionnistes, qui chaque soir fait voler sa partenaire et disparaître tout ce qui lui passe entre les mains. Albert vit dans son rêve, petit garçon bien décidé à devenir grand magicien, pour qui la réalité n'est que la porte ouverte à l'imagination. Et puis soudain, avec une brutalité froide, le rêve se transforme en cauchemar. Un soir, sa mère ne rentre pas, fauchée dans un banal accident de circulation. Et Albert se retrouve seul, sans autre famille qu'une lointaine tutrice à qui, par testament, sa mère l'a confié. Adieu Las Vegas, les lumières et l'illusion, bonjour Newark, l'Est austère et affairé, et bonjour une nouvelle vie qui ne s'annonce pas très gaie, avec cette Harriet qu'il ne connaît pas, qui trouve le moyen d'être en retard à l'aéroport quand il arrive, qui ne pense qu'à ses affaires, et qui, célibataire endurcie, se serait manifestement bien passée de cet enfant qui lui tombe sur les bras comme un fardeau.

Heureusement, il y a Bogus. Celui-là, il n'appartient qu'à Albert : grand, fort, jovial, avec son gros nez de clown vaguement fellinien, son long manteau et ses éclats de rire, il est le seul à apporter à l'enfant un réconfort. D'autant plus qu'il n'existe que pour lui : sorti comme par enchantement d'un livre d'images, il est le bon génie, le compagnon invisible, l'ange gardien. Mais un ange pas très bien léché, qui se baigne tout habillé dans la baignoire et qui dévore sans façon les sandwiches au beurre de cacahuètes. Avec Bogus, la froide réalité retrouve sa chaleur : pas étonnant, il n'existe que dans l'imaginaire.

Il est bien présent, pourtant, et il tient toute sa place, avec la démarche chaloupée et l'air à la fois lourdaud et léger que lui donne Gérard Depardieu. C'est même ce qui caractérise d'emblée le film de Norman Jewison que ce passage en douceur entre le monde réel et le monde illusoire. S'il y a une magie de *Bogus*, c'est bien d'abord celle-là qui, jouant de cette usine à rêves qu'est Las Vegas, installe une sorte de passerelle toute trouvée entre le vrai et le faux. Et comme le cinéma est aussi une machine à illusions et que l'image fausse s'y donne pour vraie, la présence de Bogus, matérialisée sur l'écran par la forte stature d'un Depardieu gros nounours, y semble aller de soi. Et l'on ne demande qu'à y croire. Comme finalement finira bien par y croire la pourtant coriace Harriet. Car, pour elle aussi, tout à son business et à sa petite vie étriquée, l'arrivée d'Albert va constituer comme un retour à l'enfance et à la vérité profonde de son être. Et la femme d'affaires (plutôt affairée : c'est Whoopi Goldberg !) va elle aussi entendre et voir Bogus, jusqu'à danser avec lui sur une scène imaginaire, sortie tout droit de la comédie musicale façon Las Vegas, et façon Hollywood.

L'imaginaire n'est pas une affaire facile, et le cinéma s'y est souvent cassé les dents. L'intérêt du film de Norman Jewison est qu'il sait créer un univers d'illusion sans complication, naturel en quelque sorte. Tout se passe dans la vraie vie, celle que mène cette Harriet Franklin à qui Whoopi Goldberg apporte son côté pétaradant. Autoritaire, stressée, maladroite, elle ne sait comment s'y prendre avec ce gosse qui vient bouleverser sa vie. Et lui non plus ne sait pas, ou ne veut pas, se laisser prendre par cette fausse mère, qui jamais ne pourra remplacer la vraie. Le gentil orphelin et la mégère non apprivoisée : ce pourrait être larmoyant, ou sirupeux. C'est drôle et enlevé, avec la pointe d'émotion requise. Et entre une Whoopi plus vrombissante que jamais et un tout jeune et parfait Haley Joel Osment, petite caboche volontaire qui a le bon goût de ne pas jouer les singes savants, Gérard Depardieu est un épatant Bogus à l'accent français, tout en souplesse dans son rôle de génie pataud, qui donne au film sa juste tonalité : une féerie sympa, chaleureuse, marrante, qui, malgré une ou deux baisses de régime, tient vaille que vaille la distance.

# JIA Zhang-Ke (chinois, né en 1970)

**FILMOGRAPHIE :**
*Xiao Shan Going home (1995), co-réalisation • Du Du (1996), co-réalisation • Xiao Wu artisan pickpocket (1997) • Platform (2000) • Plaisirs inconnus (2002) •* ***The World (2004)***

De la jeune vague du cinéma chinois, Jia Zhang-Ke représente parfaitement l'esprit d'indépendance. Né dans la province de Shanxi, au nord du pays, il y étudie à l'École des beaux-arts de Taiyuan. En 1993, il est admis à l'Académie du film de Pékin et, pendant ses études, fonde en 1995 le Youth Experimental Film Group, première structure de production indépendante en Chine, au sein duquel il tourne ses deux premiers films en vidéo. Diplômé de l'Académie en 1997, il réalise cette année-là son premier film personnel, *Xiao Wu artisan pickpocket*, qui est acclamé par la critique internationale mais qui, comme ses films suivants, est interdit de distribution en Chine. Tournant dans sa province natale, il y enregistre les mutations, tant économiques que culturelles, qui affectent la Chine profonde. Qu'il raconte la difficulté de réinsertion d'un jeune pickpocket à sa sortie de prison ou, dans *Platform*, les tribulations provinciales d'une petite troupe de théâtre soumise, dans les années 1980, aux sautes de vent de l'Histoire, ou encore dans *Plaisirs inconnus* la crise existentielle de la jeunesse chinoise des années 2000 dans une société où l'individu se dégage de la mainmise du collectif, il assigne à son art une liberté de regard et d'analyse critique qui offre de la Chine contemporaine l'image la plus fouillée qui soit, image qu'il élargit de la vie de province à la vie urbaine, avec *The World*, qui montre la Chine à l'heure de la mondialisation et dont il obtient des autorités qu'il soit distribué en Chine même.

## THE WORLD (2004)
### avec Zhao Tao, Chen Taisheng et Jing Jue

**Quand la Chine s'éveille.** Le monde est là, à portée de main. Pour les visiteurs de The World, le parc d'attraction situé aux portes de Pékin, la Terre entière offre ses merveilles : la tour Eiffel et la place Rouge, le Taj Mahal et la tour de Pise, la Grande Pyramide et le Sphinx, et même les Twin Towers, toujours debout. Car ce monde est un faux monde, un monde en miniature, mais dont la présence même dit bien cette ouverture à la mondialisation qui est celle de la Chine nouvelle à l'aube du XXIe siècle. C'est dans ce décor à la fois symbolique et factice que vit Tao, une jeune danseuse qui se produit dans le pavillon des attractions. Comme toutes celles et ceux qui travaillent là, elle vient de la Chine profonde, en l'occurrence cette Chine du Nord dont est originaire Jia Zhang-Ke lui-même. Chine des champs, dont le poids des traditions continue à exercer son influence : Taisheng, l'ami de Tao, est gardien chef dans le parc, et il s'occupe activement des jeunes gens qui arrivent de son village natal pour travailler à la ville, maintenant à travers eux le lien avec la communauté familiale restée au pays. Mais Taisheng et Tao ont définitivement quitté cette terre natale pour une autre Chine, celle des villes, de l'activité industrielle et commerciale, du portable et des habits à l'occidentale. Même si cette globalisation dont ils sont en quelque sorte l'illustration – et Tao danse habillée aussi bien en Indienne qu'en Russe – n'est encore pour eux très largement qu'un leurre. Dans une séquence qui offre comme un raccourci saisissant de leur situation, Tao et un jeune garçon venu comme elle du nord, discutent sur le toit d'un immeuble en construction : à perte de vue, ce ne sont que grues et poutrelles, immense chantier de la Chine nouvelle élevant ses immenses buildings. Et tandis qu'ils parlent, un avion proche de l'aéroport traverse le ciel juste au-dessus d'eux. Le garçon alors demande à la fille : « Dis-moi, qui sont ces gens, dans les avions ? »
Tout est dit, et le film de Jia Zhang-Ke se situe comme en équilibre sur cette arête fragile d'une modernité qui est là, toute proche, et qui n'est pas encore pour ceux qui la construisent. La grande métamorphose que connaît le pays ne va pas sans incidences humaines profondes. Si la présence de l'État est toujours effective, le mouvement qui voit le collectivisme faire place à l'économie mondiale s'accompagne de l'émergence d'un individualisme, qui n'a pas encore les moyens de se réaliser pleinement et qui se retrouve écrasé par le rouleau compresseur de la croissance à tout va. Le cinéaste qui avait jusque-là décrit la société chinoise du côté provincial la regarde ici du côté le plus avancé : Pékin, la ville qui s'ouvre au monde. Et ce qu'il y voit, c'est une génération à qui on promet le monde mais à qui on refuse les passeports pour le parcourir. Et ce qu'il y voit aussi, c'est qu'en devenant des individus responsables d'eux-mêmes, Tao et Taisheng, les deux protagonistes de l'histoire, doivent affronter

comme un séisme intérieur, dont leurs relations amoureuses, de plus en plus difficiles et marquées par le mensonge, sont comme la traduction romanesque. Et, sur ce plan, l'infinie délicatesse de l'analyse va de pair avec une sombre désespérance qui gagne le récit, donnant le sentiment que, certes, la Chine s'éveille, mais que cet éveil se fait dans la douleur. Une douleur cachée à qui, en cinéaste libre et inspiré qu'il est, Jia Zhang-Ke donne la parole.

## JOANOU Phil (américain, né en 1961)

**FILMOGRAPHIE :**
*Three o'clock high (1987)* • *U2 Rattle and Hum (1988)* • ***Les Anges de la nuit (1990)*** • *Sang chaud pour meurtre de sang-froid (1992)* • *Vengeance froide (1996)* • *Entropy (1999)*

Au sortir de ses études de cinéma en Californie du Sud, Phil Joanou débute en réalisant pour NBC deux épisodes d'une série produite par Steven Spielberg, et enchaîne directement en tournant son premier long métrage puis, immédiatement après, un film consacré au groupe U2, dont il a été chargé de suivre la tournée. Ces deux premières réalisations lui permettent d'aborder, avec des castings de luxe, où successivement Sean Penn, Richard Gere et Alec Baldwin tiennent le premier rôle, l'univers du thriller, auquel il apporte une sorte de lyrisme froid dans le traitement de la violence et dans l'itinéraire complexe et lourd d'ambiguïtés qu'il donne à ses personnages.

### LES ANGES DE LA NUIT (1990)
### avec Sean Penn, Gary Oldman et Ed Harris

**Asphalt jungle.** La délinquance, comme la pauvreté, a sa nouvelle génération. Les polars des années 1990 ont la sécheresse, la violence, la sauvagerie du monde de la rue, tel que l'a façonné la société de consommation avancée. Lieu géométrique de cet univers où se côtoient la richesse la plus agressive et la misère la plus absolue, New York cristallise, mieux que tout autre paysage urbain, la brutalité des temps. De cette grosse pomme, Phil Joannou choisit un des quartiers les plus pourris : Hell's Kitchen, à l'ouest de Manhattan. L'endroit porte bien son nom : dans les pubs enfumés, les arrière-cours sordides, les immeubles délabrés, se mijote une cuisine d'enfer. La zone est tout entière aux mains des Irlandais. Cabochards, flics ou voyous, la pinte de Guiness aussi facile que la détente du revolver, ils sont installés là depuis des générations. Mais les choses changent : des promoteurs lorgnent sur les taudis et chassent les occupants pour réaliser de juteuses opérations immobilières. Et les Italiens, en bons mafieux qu'ils sont, cherchent à étendre leur emprise sur cet empire déclinant. Ils ont trouvé en Frankie Flannery, racketteur qui rêve de se tailler un royaume, la parfaite courroie de transmission. Pour eux, celui-ci se charge des basses besognes, comme d'exécuter Stevie, un rouquin un peu trop autonome qui, en bon Irlandais qu'il est, refuse de se soumettre à la loi de la Mafia. Mais Frankie a un frère, Jackie, incontrôlable : le blouson noir sur des chemises infectes, le cheveu gras, l'hystérie sans cesse imbibée d'alcool, il a l'honneur du sang irlandais chevillé au corps. Et avec son pote Terry, qui vient de revenir dans le quartier après plusieurs années d'absence, il rêve de rétablir la Little Ireland… Mais qui est Terry ? Que cache sa longue disparition ? Et que peut-il sortir de l'amour qui le lie à Kathleen, la sœur de Frankie et de Jackie, qui a elle-même quitté la zone pour les hôtels chics ?
La tragédie se noue dans l'ombre. Phil Joanou (un jeunot, 29 ans, c'est son troisième film) agence tout cela comme dans les tragédies antiques : frères ennemis, trahisons, sacrifices, et mécanique implacable du destin. Il y a du bruit et de la fureur, comme ceux d'un drame shakespearien qui aurait été transporté sur l'asphalte d'un New York fin de siècle, fin de race. La guerre des gangs, plus qu'un simple fait-divers mettant aux prises petites frappes et voyous, prend des airs d'opéra funèbre, filmé dans des teintes sombres, qu'accompagne une musique lancinante et que ponctue un somptueux finale où la caméra maniériste du réalisateur retrouve le ralenti flamboyant et la barbarie éblouissante du Peckinpah de *La Horde sauvage*. Sean Penn, au jeu aussi ambigu que le visage, Gary Oldman, sale et teigneux, Ed Harris, froid et carré, sont les protagonistes de ce drame impitoyable. Ils sont les Bogart et les Cagney de ces nouveaux anges aux figures sales. Et dont le paradis est décidément à jamais perdu.

# JOFFÉ Roland (anglais, né en 1945)

**PREMIER LONG MÉTRAGE :**
*La Déchirure (1984)*
**FILMOGRAPHIE DEPUIS 1985 :**
***Mission (1986)*** • *Les Maîtres de l'ombre (1989)* • *La Cité de la joie (1992)* • *Les Amants du Nouveau Monde (1995)* • *Goodbye Lover (1997)* •
***Vatel (2000)***

Licencié en anglais et en art dramatique, Roland Joffé, né à Londres d'une famille d'origine française, commence par s'intéresser au théâtre comme producteur et comme metteur en scène, avant de passer à la télévision où il devient assez vite un réalisateur important, tournant des séries très populaires et des téléfilms récompensés dans divers festivals. Il aborde le cinéma en 1984 avec *La Déchirure*, film choc sur le départ des Américains du Cambodge au moment de l'arrivée des Khmers rouges. Le film, couronné de trois Oscars, installe sa réputation de cinéaste spectaculaire et osant aborder les grands sujets, ce que confirment son deuxième film, *Mission*, Palme d'or à Cannes en 1986, puis ceux qui suivent : *Les Maîtres de l'ombre*, sur la fabrication de la bombe atomique ; *La Cité de la joie*, sur Calcutta et la misère en Inde ; *Les Amants du Nouveau Monde*, adaptation de *La Lettre écarlate* de Nathaniel Hawthorne ; et même *Vatel*, évocation moins anecdotique qu'il n'y paraît du siècle de Louis XIV.

## MISSION (1986)
### avec Robert De Niro et Jeremy Irons

**La croix et la bannière.** Ah, ces Jésuites ! Pas étonnant qu'ils aient remporté la palme. Dans le film de Roland Joffé, on en voit un (Jeremy Irons, beau comme un dandy proustien dans sa soutane seyante) escalader à mains nues d'affreuses falaises, franchir des cascades impressionnantes, remonter en pirogue le fleuve immense et s'enfoncer dans la jungle amazonienne pour aller, d'un coup de flûte enchantée, convertir ces bons sauvages que sont les Indiens Guaranis et fonder avec eux une sorte de démocratie populaire, où l'on partage tout, le pain et le vin, la terre et les revenus. À ses côtés, un autre aventurier de la croix, d'abord trafiquant d'esclaves puis, comme il a tué son frère, touché par la grâce : Robert De Niro, qui, à mesure que le film avance, prend de plus en plus la tête du Christ, ce qui ne l'empêche pas de manier le sabre avec plus d'aisance encore que le goupillon. Et il faut dire que son aide n'est pas de trop : les intrigues politico-vaticanes amènent la fermeture de ces missions modèles, malgré le bonheur édénique qui y règne. Les troupes espagnoles mettent donc à feu et à sang ce havre de paix, et les valeureux Jésuites donnent leur vie pour défendre, aux côtés de leurs frères Guaranis, une certaine idée de l'homme et une certaine idée de Dieu.
Énorme sujet, qui brasse tout : la foi, l'héroïsme, la charité, le remords, la honte, l'amour, la haine, la barbarie, la civilisation, et tout ce qui touche de près ou de loin à la condition humaine. Énorme budget, qui permet un spectacle à la mesure des moyens déployés : décors prodigieux, scénario impressionnant, musique grandiose, monstres sacrés. Il n'y a pas à dire : Roland Joffé frappe un grand coup. On sort de son film les yeux et les oreilles tout chavirés. Pour le cœur et l'âme, toutefois, on n'est pas totalement converti.

## VATEL (2000)
### avec Gérard Depardieu, Uma Thurman et Tim Roth

**L'envers du décor.** La marée, on le sait, n'arrivera pas. Ou du moins Vatel le croira-t-il et, ne pouvant résister à cet ultime coup du sort, il se passera l'épée au travers du corps. L'histoire est connue, ou devrait l'être, et ce n'est donc pas le suspense quant à l'issue de l'affaire qui constitue l'intérêt majeur du film de Roland Joffé. Ce poids préalable du destin funeste apporte même, au contraire, cette part d'inexorable qui donne au récit, sous ses airs de fête, le ton d'une tragédie. Une tragédie classique, forcément, et qui en suit les règles : un lieu unique, le château de Chantilly, où le prince de Condé, vieillissant et malade, reçoit, en août 1671, le jeune roi et sa cour ; un temps resserré aux trois journées de cette fête, le suicide du maître d'hôtel intervenant à l'aube du troisième jour ; une action concentrée enfin sur cette pression qui s'exerce sur l'homme chargé du déroulement des réjouissances et qui, voyant tout s'écrouler par suite de cette maudite marée qui n'arrive pas, met donc fin à ses jours.

Pour autant, sur cette structure classique, Roland Joffé construit un film qui relèverait plutôt d'une vision baroque du règne de Louis XIV. D'abord parce que ce que raconte le scénario de Jeanne Labrune qui devait initialement réaliser le film, c'est une fête où le plaisir fait partage avec la mort, où l'ombre de l'orage et de la nuit rivalise avec l'éclat emblématique du soleil, et où la grande Histoire – celle de la guerre et de la paix, celle du petit monde des nobles et de l'immense armée des va-nu-pieds – s'inscrit sur fond de la petite histoire des gens. L'histoire d'un homme, en particulier, chargé certes d'un rôle non négligeable, moins cuisinier qu'intendant de Condé, mais dont la charge croise, et il en est conscient, des intérêts d'État, au moment où, par l'amour qui naît entre lui et une des grandes dames de la cour, elle-même livrée pour une nuit au lit royal et partiellement prise dans l'engrenage du système, il mesure l'impossibilité du rêve inaccessible qu'il porte en lui. Dans les interstices de l'Histoire, la scénariste invente ainsi une réalité qui n'a peut-être qu'un lointain rapport avec la vérité, mais qui a la pertinence d'une analyse profonde. Et le fait que Roland Joffé choisisse la voie d'un déploiement spectaculaire de costumes, de décors, de fantaisies baroques de toutes natures – jeux, jardins, feux d'artifice, sculptures de glace, spectacle emplumé, machines à effets, airs d'opéra, tables dressées, et, côté cuisine, l'activité de centaines de petites gens préparant les sauces, plumant les volailles, découpant les viandes, montant la chantilly, tous appliqués, sous la conduite du Vatel hélas étrangement passif de Gérard Depardieu, à faire de la cuisine un art ; le fait aussi que, dans une photo léchée et des cadrages ingénieux, il saisisse au vol la comédie de la cour ; le fait surtout que, passant de l'autre côté du décor, il montre la somme d'énergie, de désirs, de passions, mais aussi d'illusions dont est fait l'apparat somptueux de la fête ; tout cela, qui se clôt sur l'image des reliefs du festin et qui, quoi qu'on dise, dépasse le simple chromo décoratif, fait voir de manière aiguë et brillante ce qui est bien l'essence même de la fête baroque : elle ne brille que pour mieux disparaître, elle n'est faite que pour passer.

## JOHNSTON Joe (américain, né en 1950)

**Filmographie :**
***Chérie, j'ai rétréci les gosses (1989)*** • *Rocketeer (1991)* • *Richard au pays des livres magiques (1994), co-réalisation* • *Jumanji (1995)* • *Ciel d'octobre (1999)* • *Jurassic Park 3 (2001)* • *Hidalgo (2004)*

Se destinant au départ à une carrière d'illustrateur commercial, Joe Johnston change d'orientation en venant travailler comme dessinateur sur *La Guerre des étoiles*. Il devient alors un collaborateur à temps plein d'Industrial Light & Magic, l'atelier d'effets spéciaux de George Lucas, y travaillant comme dessinateur de personnages et comme concepteur de trucages et d'effets visuels sur les films de la trilogie *Star Wars*, mais aussi sur les *Indiana Jones* de Steven Spielberg. Sa spécialité l'amène donc tout naturellement, lorsqu'il passe à la réalisation, vers des films riches en effets spéciaux et s'adressant en priorité à un public d'enfants et d'adolescents.

### CHÉRIE, J'AI RÉTRÉCI LES GOSSES (1989)
**avec Rick Moranis, Marcia Strassman et Matt Frewer**

**Lilliputiens en herbe.** Il y a une scène à la fois irrésistible et grandement révélatrice au début de *Chérie, j'ai rétréci les gosses*. Wayne Szalinski, un inventeur génial mais passablement farfelu, a si bien manœuvré que sa dernière trouvaille, un appareil capable de miniaturiser tout ce qu'il touche, attrape dans son faisceau laser ses deux gamins et les deux gosses des voisins et les réduit au modèle lilliputien. Les quatre enfants, pas plus hauts désormais que trois pépins, essaient désespérément d'attirer l'attention de leur père pour qu'il les ramène à la taille normale. Mais celui-ci, bien que portant lunettes, ne voit goutte aux signaux des malheureux. Bien plus, en père de famille respectueux de l'ordre et de la propreté, il décide de nettoyer le plancher de toutes les saletés qui l'encombrent et, saisissant un balai, fait le ménage, sans se rendre compte qu'il balaie purement et simplement les gamins, qu'il les pousse dans la pelle et de là dans le sac à détritus et, hop ! qu'il jette les enfants à la poubelle. Il faudrait sans doute psychanalyser ce geste, certes non conscient, mais qui en dit long sur les désirs inavoués des parents américains, et peut-être même des parents tout court. Dans une société où les enfants sont de vrais kids et font à peu près tout ce qu'ils veulent, quel père exaspéré par sa progéniture n'a-t-il pas dû rêver, dans les zones les plus obscures de son subconscient, de réduire ainsi son infernale engeance à la taille d'un insecte avant, plus radicalement, de la jeter aux ordures !

Naturellement, s'étant rendu compte de sa bévue, le brave et catastrophique professeur va s'empresser de rechercher ses tout-petits, petits à la loupe. Et si finalement il les retrouve, c'est, autre geste hautement symbolique, au moment même où il va avaler le plus petit d'entre eux, son fils, tombé par hasard dans le bol de corn-flakes de papa. Tout est donc bien qui finit bien. Mais, pour être un parfait divertissement familial, le film de Joe Johnston, comme tous les vrais contes dits pour enfants, ne manque ni de vérité cachée ni même d'une touche de cruauté perverse. On n'ira pas, pourtant, chercher forcément la petite bête dans cette histoire de robinsons miniatures affrontant les dangers d'un jardin familial transformé pour eux en jungle sauvage et trouvant dans leur périple un vrai voyage d'initiation. Car le rythme et les effets spéciaux sont là surtout pour assurer le spectacle. Des circonvolutions aériennes des enfants accrochés au flanc d'une abeille au combat titanesque entre une gentille fourmi et un méchant scorpion, en passant par les gouttelettes d'arrosage tombant en énormes cataractes et par l'aspiration béante de la tondeuse à gazon happant tout dans ses mâchoires d'acier : il y a constamment à rire, souvent à trembler, parfois même à s'émouvoir dans cette variation parfaitement réussie sur le royaume de Lilliput. Un royaume où les enfants sont rois mais où les parents, retombant pour le coup en enfance et rétrécis à la taille de leurs bambins, devraient eux aussi trouver leur… conte.

## JOLIVET Pierre (français, né en 1952)

**FILMOGRAPHIE :**

*Strictement personnel (1985)* • *Le Complexe du kangourou (1986)* • *Force majeure (1987)* • *Simple mortel (1991)* • *À l'heure où les grands fauves vont boire (1992)* • *Fred (1996)* • *En plein cœur (1998)* • ***Ma petite entreprise (1999)*** • *Le Frère du guerrier (2002)* • *Zim and Co (2005)*

Acteur de théâtre, chanteur, sketchman formant pendant plusieurs années avec son frère Marc un duo comique sur scène puis à la télévision, Pierre Jolivet aborde le cinéma par une collaboration avec Luc Besson : ensemble ils fondent une maison de production, Les Films du Loup, et montent avec mille difficultés le premier long métrage réalisé par Besson, *Le Dernier Combat*, dont Jolivet est à la fois le co-scénariste, le co-producteur et l'interprète. Il co-écrit encore avec son partenaire *Subway*, avant que leurs routes ne divergent et qu'ils ne se séparent, Jolivet n'étant pas disposés à suivre les options à ses yeux trop commerciales de Besson, et préférant traduire sa vision du cinéma dans ses propres films : *Strictement personnel*, en 1985, marque le début d'une carrière de réalisateur qui se signale à la fois par l'éclectisme des sujets et des genres abordés – comédie, drame, fantastique, chronique sociale, aventures médiévales –, mais aussi par une attention constante portée à des personnages simples, saisis dans leur milieu social, qui renoue avec une veine populaire et artisanale, au meilleur sens des termes, du cinéma français.

### MA PETITE ENTREPRISE (1999)
### avec Vincent Lindon, Roschdy Zem, François Berléand et Zabou

**Mes amours, mes amis, mes emmerdes.** Côté amours, pour Ivan Lansi, c'est pas vraiment le beau fixe. Depuis que Nathalie, sa femme, l'a plaqué en emmenant Christophe, leur fils, pour aller vivre avec Sami, son meilleur pote, il donne dans les rencontres de passage et les copines de substitution, mais c'est pas vraiment le pied. Côté amis, en plus, de son pote Sami, le prof de gym, qui se révèle un vrai monte-en-l'air, à Louis, son ouvrier, qui a tâté de la prison, et surtout à Maxime, son assureur, qui l'assure sans l'assurer en détournant les primes au passage, tous ne sont pas vraiment clairs. Et côté emmerdes, alors là, ça déborde ! Parce que lorsque la petite entreprise de menuiserie qu'Ivan a héritée de son père et qu'il s'efforce de faire marcher au milieu de tous les problèmes quotidiens – Urssaf en souffrance, traites qui tombent, commandes en retard – a la mauvaise idée de brûler, ce n'est que le début de la série noire. Surtout lorsqu'il se rend compte que, faute d'assurance, l'incendie risque de sonner le glas de l'atelier. Heureusement, les amis sont là, et comme ils se révèlent tous plus experts en magouilles les uns que les autres, rien n'est perdu.
Commencé sur un ton et sur un rythme qui font penser aux films de Claude Sautet, entre *Max et les ferrailleurs* et *Vincent, François, Paul et les autres…*, le film de Pierre Jolivet, sans couper avec la description précise et chaleu-

reuse de la réalité sociale, prend vite, avec la solution imaginée pour se tirer d'affaire, une autre direction : celle de la comédie d'arnaque, où toute la sympathie va du côté des arnaqueurs, belle équipe de bras cassés qui mènent vaillamment leur petite entreprise d'escroquerie. Avec, pour le spectateur, ce sentiment jubilatoire et rassurant qu'au fond ils ont bien raison, ce qui permet de suivre en toute quiétude leurs exploits. À ce jeu, Vincent Lindon, en petit patron prenant vaillamment les choses en main, François Berléand, en escroc de petite envergure, mais habité d'une sorte de grandeur slave et fataliste, ou Roschdy Zem, en fonctionnaire de l'Éducation nationale qui n'a pas perdu les bonnes habitudes de son enfance de banlieue, font preuve d'une efficacité aussi réjouissante qu'efficace. Dans un film qui renoue avec le cinéma populaire, en racontant une vraie histoire, avec des dialogues au petit poil, des personnages qui ont l'épaisseur de la vie et des situations qui ne manquent jamais de sel. Et en cultivant même parfois l'incongru, le bizarre et jusqu'à la jolie poésie du sacrifice. Tout cela sent son travail bien fait de petit entrepreneur ayant gardé son âme d'artisan et mériterait bien l'hommage complice et admiratif que Raymond Bussières adressait à un autre artiste du bois, amoureux de la belle ouvrage, dans *Casque d'or* : « Boulot, boulot ! Menuise, menuise ! »

## JONZE Spike (américain, né en 1969)

**FILMOGRAPHIE :**
***Dans la peau de John Malkovich (1999)*** • *Adaptation (2003)*

Figure phare du nouveau cinéma indépendant, Spike Jonze se forge d'abord une réputation dans le vidéo-clip, le court métrage institutionnel et la publicité, où il conjugue son goût pour l'image – qui en fait par ailleurs un photographe coté – et pour la musique contemporaine. Sa première réalisation, *Blind Video Days*, co-signée avec Mark Gonzales, est un documentaire sur une équipe de skateboarders aveugles. Il y témoigne d'un sens du rythme et de l'effet visuel qui fait la marque des clips et des spots qui vont suivre, ainsi que des premiers courts métrages qu'il tourne pour le cinéma, *How they get there* et *Amarillo by morning*, et qui préparent son passage au long avec *Dans la peau de John Malkovich*, que lui écrit Charlie Kaufman. Le film, curieuse fable sur l'identité et sur le brouillage entre le vrai et le faux, trouve son prolongement dans *Adaptation*, où Charlie Kaufman, à nouveau scénariste, cette fois-ci avec son frère Donald, se retrouve lui-même mis en scène avec son jumeau autour d'une histoire d'écriture de scénario entreprenant de faire une fiction de la propre vie des deux.

### DANS LA PEAU DE JOHN MALKOVICH (1999)
**avec John Cusak, Cameron Diaz, Catherine Keener et John Malkovich**

**Je est un autre.** Le sentiment premier est celui d'une étrangeté : quelque chose qui est la réalité, mais qui donne aussi le sentiment d'être autre chose. Est-ce dû à cette marionnette surprenante qui semble échapper aux fils qui la font mouvoir ? Est-ce dû à la personnalité du marionnettiste, Craig Schwarz, sorte de rêveur tout entier voué à son art et qui paraît vivre en dehors de la réalité quotidienne ? Ou à sa compagne, qui s'occupe d'une boutique d'animaux et qui se préoccupe surtout de faire psychanalyser son singe qui a un trauma d'enfance ? Ou encore, et surtout, à cet emploi que Craig trouve dans un bureau curieusement situé au septième étage et demi ? Le niveau ne figure pas au programme de l'ascenseur, et il faut s'arrêter entre deux paliers et forcer la porte, pour se retrouver dans des bureaux au plafond si bas qu'on doit marcher en se courbant, comme si on évoluait dans une maison de poupées. Pourtant, au bout du temps nécessaire d'adaptation, ce côté cocasse de la situation, du décor et des protagonistes paraît si naturel qu'on n'y prête plus guère attention. Et l'on n'est pas autrement étonné lorsque Craig, égarant un dossier derrière un meuble, découvre une sorte de porte secrète, qui ouvre sur un boyau noir et gluant où il se trouve soudain aspiré.

La surprise est moins dans cette façon de passer ainsi de l'autre côté du miroir de la réalité que dans ce qui attend le personnage au bout de son tunnel magique : rien de moins que John Malkovich lui-même, dont il se trouve soudain épouser le regard, vivant et voyant à travers lui, en entrant véritablement dans sa peau. Avant d'en être rejeté comme sur un siège éjectable, pour se retrouver tel qu'en lui-même. Encore que cette expérience d'être devenu un autre ne le laisse pas intact, non plus que sa femme qui tente à son tour l'aventure. Ce qu'il va advenir d'eux, et de John Malkovich ainsi investi par des intrus qui passent en lui, le scénario véritablement étourdissant de Charlie Kaufman le raconte en donnant à ce va-et-vient du soi à l'autre une profondeur de conte philosophique, que la réalisation de Spike Jonze préserve par son côté à la fois simple et constamment décalé. Ce qui passe ainsi dans ce film qui constitue à coup sûr une très curieuse surprise, c'est une fable sur l'altérité, sur la transgression de l'identité qui ouvre sur une liberté dépassant les âges, les sexes, les êtres. Que ce soit un acteur qui soit le canal de cette multiplication de l'être n'est pas pour surprendre, et que ce soit une marionnette qui veuille devenir marionnettiste et tirer à son tour les fils du mouvement de la vie ajoute à la dimension à la fois démiurgique et enchantée d'un film dont l'humour est aussi la clef. À l'image du jeu de John Malkovich lui-même, complice de la chose jusqu'à jouer sciemment de son image et de son être. En comédien qu'il est.

## JORDAN Neil (irlandais, né en 1950)

**PREMIER LONG MÉTRAGE :**
*Angel (1982)*
**FILMOGRAPHIE DEPUIS 1985 :**
*Mona Lisa (1986)* • *High spirits (1988)* • *Nous ne sommes pas des anges (1990)* • *The Crying game (1992)* • *L'Étrangère (1992)* • *Entretien avec un vampire (1994)* • *Michael Collins (1996)* • *Butcher Boy (1997)* • *Prémonitions (1998)* • ***La Fin d'une liaison (1999)*** • *L'Homme de la Riviera (2002)* • *Borgia (2003)* • *Breakfast on Pluto (2005)*

Dans certains cas, le remake peut apparaître comme plus authentique que l'original. Ainsi, lorsque Graham Greene publie en 1951 *La Fin d'une liaison*, qui s'inspire de sa propre liaison avec Catherine Walston, le roman est aussitôt adapté par Edward Dmytrick qui en fait, en 1954, avec *Vivre un grand amour*, un drame passionnel plus américain qu'anglais. Lorsque Neil Jordan, un des acteurs les plus importants du renouveau du cinéma britannique dans les années 1980, qui a signé, en particulier avec *The Crying game* et avec *Michael Collins*, des films forts sur l'Irlande et sur les drames de l'indépendance, porte à nouveau le roman à l'écran, c'est moins le cinéaste américain qu'il prend comme point de départ que le livre original, dont, en Britannique (et en romancier) qu'il est, il traduit plus fidèlement l'esprit. Même s'il en profite pour rendre hommage à un genre, le drame passionnel, dont Hollywood reste, avec ses grands mélodrames, la référence absolue.

### LA FIN D'UNE LIAISON (1999)
### avec Ralph Fiennes, Julianne Moore et Stephen Rea

**L'amant anglais.** C'est une histoire de haine. Ou d'amour. Lorsqu'il commence à l'écrire, sur sa Remington des années 1940, Maurice Bendrix, quoique romancier, ne sait trop comment la qualifier. Qu'en est-il en effet de cette folle passion qu'il a partagée avec la troublante Sarah Miles ? C'était juste avant la guerre : une rencontre, une attirance immédiate, une liaison qui les emporte, un amour que rien ne semble pouvoir briser. Et puis survient la guerre, qui les rapproche plus encore dans de folles étreintes sous le feu qui embrase le ciel de Londres. Jusqu'à ce qu'un jour une bombe vienne, dans le souffle de son explosion, faire voler leur amour en éclats. Que s'est-il passé ? Et pourquoi Sarah, depuis, n'a-t-elle plus jamais voulu revoir Maurice ? Pour le savoir, celui-ci engage un détective, fouille dans l'intimité de celle qui fut sa maîtresse. Curieuse investigation, qui est en fait une façon pour l'amant écrivain d'essayer d'y voir clair dans l'opacité de ses propres sentiments, où la jalousie et la rancune font mauvais ménage avec les cris toujours violents du cœur.
Et curieux film, qui joue sans la moindre réserve le grand jeu du romanesque et du mélo. Neil Jordan, en émule d'un cinéma disparu, celui d'un John Stahl, d'un Douglas Sirk, voire d'un Edward Dmytrick, qui avait déjà à sa sortie porté à l'écran le roman de Graham Greene dont le film est l'adaptation, met toutes les cartes dans sa manche et ne craint pas de les abattre l'une après l'autre, comme autant de clichés attendus et pourtant assumés jusqu'au bout. De la couleur sépia des images de pluie et de temps de guerre, des costumes et des feutres mous de Ralph Fiennes aux bibis mutins perchés sur la tête de Julianne Moore, de ces personnages obligés – le prêtre confesseur, l'enfant qui porte une tache au visage, le mari trompé mais qui garde sa dignité et son amour –, de cette passion et de cette rupture inexplicable, de ces quintes de toux sèche qui ne présagent rien de bon, de ce Dieu même qui vient mettre

son grain de ciel au milieu des plus lascives étreintes : rien ne manque, le compte est bon ! Tout cela coule en de lents mouvements de caméra, porté par une Julianne Moore qui se souvient de Gene Tierney et, bien sûr, de Deborah Kerr, et par un Ralph Fiennes qui n'est pas passé par *Le Patient anglais* pour rien. C'est du cinéma comme on n'en fait plus et comme on n'oserait plus en faire, mais comme Neil Jordan, pourtant, de belle façon, ose le faire quand même. Au risque de passer pour nostalgique ou même, pourquoi pas ? pour irrésistible.

## JUGNOT Gérard (français, né en 1951)

**PREMIER LONG MÉTRAGE :**

*Pinot simple flic (1984)*

**FILMOGRAPHIE DEPUIS 1985**

*Scout toujours (1985) • Sans peur et sans reproche (1988) •* ***Une époque formidable (1991)*** *• Casque bleu (1994) • Fallait pas !... (1996) • Meilleur espoir féminin (1999) • Monsieur Batignole (2001) • Boudu (2005)*

De toute l'équipe du Splendid, Gérard Jugnot est sans aucun doute celui qui a su le mieux imposer, dans ses propres films, un univers personnel, lié pour beaucoup à son personnage de petit gros, pas spécialement beau ni sympathique, râleur et pas veinard, et souffrant mille avanies de la part d'un monde sans pitié. Mais si ses premiers films donnent plutôt dans la charge satirique un peu lourde et convenue, progressivement le trait s'affine, les sujets deviennent plus ambitieux, et le ton se fait plus cruel. On s'aperçoit alors que le cinéaste qu'il est devenu, interprétant lui-même ses personnages de Français moyens, se fait l'observateur aigu des grands et des petits malheurs du temps. Le chômage, les guerres civiles, les sectes, et jusqu'aux ombres de l'Occupation : rien n'échappe à son esprit moqueur et à son regard pénétrant. Et ses mises en scène, résolument fidèles à la grande veine populaire du cinéma français, en font, pour les années 1980-2000, le digne successeur, quarante ans après, de cet autre grand comique familier des Français, Noël-Noël.

### UNE ÉPOQUE FORMIDABLE (1991)
### avec Gérard Jugnot, Richard Bohringer et Victoria Abril

**La nouvelle débine.** « Salaud de pauvres » : le mot fameux, lâché par Gabin dans *La Traversée de Paris*, retrouve son plein-emploi dans cette *Époque formidable* qui marque, enfin, la confirmation de Gérard Jugnot comme cinéaste à part entière. Non que le comédien sorti du Splendid ne se soit déjà fait sa place et, avec sa bouille ronde, sa calvitie précoce et son air de Français plus moyen que nature, ne se soit taillé un personnage bien à lui, entre l'affreux jojo, le beauf réac et le petit gros ramenard. Mais Jugnot réalisateur avait d'autres ambitions, que ses trois premiers films, mal reçus parce que pas toujours bien compris, manifestaient déjà. Sous la fantaisie hachée gros y perçait un regard pas toujours amène sur les vices cachés d'une société impitoyable pour les petits, les faibles, les laissés-pour-compte. Derrière l'amuseur, pointait le moraliste, Ce décalage, qui pouvait surprendre, entre l'image farcesque du comédien et le ton plus pénétrant du cinéaste, *Une époque formidable* le gomme totalement. Parce que Gérard Jugnot y réussit une comédie originale, qu'on dirait « à la française » si l'on n'était tenté de dire « à l'italienne », tant on y retrouve ce mélange du rire et de l'observation, des gags, des situations, des mots qui font mouche et de ce qui apparaît presque, derrière la chronique de mœurs, comme une philosophie de l'existence.

Car, si l'on rit constamment tout au long de cette *Époque formidable*, ce dont on rit n'est pas vraiment si drôle et pourrait même, vu par d'autres yeux, être franchement sinistre, puisqu'il s'agit de pauvres bougres rejetés par la vie. Mais la misère, on le sait depuis le vagabond génial au chapeau rond et à la petite moustache et tous les affreux, sales et méchants qui ont pris la suite, porte en soi de belles réserves de rire. Ce n'est pas avec de bons sentiments qu'on fait de la bonne comédie. Dans le film de Gérard Jugnot, le personnage qu'il interprète fait lui-même l'expérience de la cruauté des temps. Cadre supérieur dans une entreprise où qui n'a pas les dents longues risque d'en prendre plein les gencives, il fait connaissance avec le mauvais revers de la médaille de la réussite : le chômage. Mal préparé à cette situation, brûlant ses derniers crédits et ses dernières ressources, il se retrouve bientôt, et presque sans s'en apercevoir, dans la débine la plus totale, rejoignant le troupeau de ces nouveaux pauvres que secrète désormais en série la société de consommation avancée.

Et c'est quand il perd tout qu'il trouve, sur le pavé, ce qu'il n'avait jamais vraiment rencontré jusque-là : des compagnons d'infortune, des potes en misère : des amis. L'odyssée de cette fine équipe, qui se révèle vite spécialiste de la débrouille à minimum, réserve plus d'une surprise. C'est moins un voyage au bout de la dèche qu'une virée pleine de fantaisie de l'autre côté de la rue. Avec des personnages pittoresques, comme Ticky Holgado, qui boite de la jambe et un peu du cerveau, ou Chick Ortega, sorte de Rambo du pauvre, et surtout, en toubib approximatif reconverti dans les soins expéditifs, Richard Bohringer, le cœur à la cloche, qui porte sur le monde le regard d'un sage revenu de pas mal de choses. Sans oublier Jugnot, en victime sociale supportant comme il le peut le revers de la fortune. Tout un monde qui a ses lois, son parler (superbe dans ses raccourcis, ses inventions, sa vie), sa fierté aussi. Et même, ce qu'on ne s'attendrait pas à y trouver, sa tendresse.
Il y a bien longtemps que le cinéma comique français n'avait regardé aussi bien et avec autant d'aplomb les choses en face. Il y a même à parier que, dans quelques décennies, les sociologues verront dans ce film un parfait témoignage sur l'époque. En attendant, on peut toujours en rire.

M L **K**

## KAHN Cédric (français, né en 1966)

**Filmographie :**
*Bar des Rails (1992)* • *Trop de bonheur (1994)* • ***L'Ennui (1998)*** • *Roberto Succo (2001)* • *Feux rouges (2003)* • *L'Avion (2005)*

Il y a, chez Cédric Kahn, l'exigence d'un cinéma d'auteur, mais nullement enfermée dans une approche théorique : son cinéma témoigne d'un travail sur le scénario (mené en collaboration avec Laurence Ferreira-Barbosa), d'un intérêt porté moins à la psychologie qu'à des personnages pris dans un décor et une atmosphère, et d'un rapport très fort avec ses interprètes. Ses films racontent des histoires de folie (l'obsession du sexe dans *L'Ennui*, le meurtre dans *Roberto Succo*, l'alcool dans *Feux rouges*), donnent une place essentielle aux corps (ceux de la jeune mère et de l'adolescent dans *Bar des Rails*, celui de la jeune fille dans *L'Ennui*), vont faire un tour du côté de l'enfance, du deuil et de la féerie (dans *L'Avion*), et imposent un ton où l'intensité sombre et violente ne va pas sans, parfois, une forme d'humour et même, dans *Trop de bonheur*, à travers la lumière d'été qui baigne les vacances d'un groupe d'adolescents, d'une certaine légèreté heureuse.

### L'ENNUI (1998)
#### avec Charles Berling, Sophie Guillemin et Arielle Dombasle

**Cet obscur objet...** Dans l'état maniaco-dépressif qui est le sien, la rencontre que Martin, prof de philo qui a de plus en plus de mal à trouver un sens à sa vie, fait de Cécilia pourrait n'être qu'une péripétie. Mais la forme même que prend cette rencontre traduit comme un infléchissement du cours habituel de sa vie : c'est par l'intermédiaire d'un homme croisé au hasard, qu'il découvre être un peintre et dont, venant le visiter quelques jours après dans son atelier, il apprend qu'il est mort la veille, qu'il se retrouve, au milieu des toiles du disparu, devant un corps que celui-ci a peint, dans sa nudité offerte, de toutes les façons. Et ce corps, il lui donne un visage lorsque, revenant sur les lieux, il y trouve le modèle : Cécilia, une toute jeune fille aux formes épanouies, qui était aussi la maîtresse du peintre, et qui, par la frénésie que celui-ci mettait à lui faire l'amour et qui l'a proprement tué au cours d'une étreinte, a été la cause même de sa mort. Dès cet instant, fasciné à la fois par cette histoire et par cette fille dont la nudité peinte l'a immédiatement troublé, Martin prend en quelque sorte la place de l'artiste mort (qu'interprète d'ailleurs le cinéaste Robert Kramer, dans un jeu de transmission avec le personnage qui peut se lire aussi métaphoriquement par rapport au jeune cinéaste qu'est Cédric Kahn lui-même).
Dès cette ouverture, la question de la fidélité au roman de Moravia, dont *L'Ennui* est l'adaptation, ne se pose même plus : la transposition dans une réalité sociale, locale et chronologique totalement différente (Paris, les années 1990 et la petite bourgeoisie intellectuelle se substituant à la Rome très grande bourgeoise des années 1960) lance bien en fait le récit sur les traces même de cet ennui dont Moravia fouillait les profondeurs, de cette vacance, de ce trouble existentiel, que va remplir, prolonger, et précipiter dans l'abîme de la folie obsessionnelle la rencontre avec la jeune femme – qui est à la fois la jeunesse, la féminité, le sexe, l'amour, la mort, et d'autres choses encore, parmi lesquelles on peut compter l'art, sa représentation précédant de façon symptomatique son apparition en chair et en os. Ou plutôt en chair, tant les formes rondes et pleines de la jeune Sophie Guillemin imposent son corps et son sexe comme cet objet du désir qui va, pour Martin, révéler, alors même qu'il s'offre le plus naturellement du monde, une obscurité fondamentale, une opacité à proprement parler impénétrable, et que sa frénésie de possession physique ne fait qu'accroître inexorablement. La passion du personnage, de plus en plus dépendant de cette fille, jusqu'à perdre tout contrôle, toute raison, tout autre lien avec l'extérieur, devient, dans le plaisir même que cela lui apporte, une souffrance, ou mieux une passion, qui le laissera *in fine* les membres en croix sur un lit d'hôpital.
Ce pourrait être une infernale descente aux enfers. C'est tout autre chose. Par la grâce d'une réalisation qui, imposant un rythme haletant, entre ellipses et séquences longues, capte au plus juste, y compris dans des scènes d'amour physique vues à l'exacte bonne distance qui exclut tout autant le chromo porno chic que le voyeurisme pervers, la tonalité qu'apportent les deux interprètes : un incroyable naturel, chez Sophie Guillemin, au sens où elle est la nature même, directe, neutre, ne se posant pas plus de questions intellectuelles que sentimentales, mais offrant son corps simplement, faisant l'amour, pas les mots. Et, face à ce roc douillet de féminité, tout le désir, toute la faiblesse de l'homme qui vient comme s'y fracasser, mais avec un tel empressement, un tel entêtement à se poser des questions (il est philosophe, en disponibilité, mais philosophe quand même !), un tel ridicule inconscient

– et Charles Berling donne ici toute sa mesure d'acteur quasi burlesque – qu'on ne peut qu'en rire. L'humour est ainsi constamment au rendez-vous de cette quête qui est au cœur même de la vie, de cet *eros* à odeur de *thanatos* qui flotte dans un film qui, subtilement, apporte sa lumière à cet obscur objet du plaisir.

## KAIGE Chen (chinois, né en 1952)

**Premier long métrage :**
*Terre jaune (1984)*
**Filmographie depuis 1985 :**
*La Grande parade (1986)* • *Le Roi des enfants (1986)* • *La Vie sur un fil (1991)* • ***Adieu ma concubine (1992)*** • *La Jeune maîtresse (1996)* • *L'Empereur et l'assassin (1999)* • *Feu de glace (2001)* • *Ten minutes older – The Trumpet (2001), co-réalisation* • *L'Enfant au violon (2003)* • *The Promise (2004)* • *Wu Ji, la légende des cavaliers du vent (2005)*

Chen Kaige est avec Zhang Yimou le représentant le plus emblématique de ce qu'il est convenu d'appeler, dans l'histoire du cinéma chinois, la « cinquième génération », c'est-à-dire celle des cinéastes qui, ayant vécu une adolescence contrainte sous la Révolution culturelle, ont pu étudier le cinéma après sa chute, pour arriver à la réalisation dans les années 1980. Dès son premier film, *Terre jaune*, il s'est trouvé confronté, alors même que son film attirait l'attention internationale à la fois par son sens visuel et par sa puissance idéologique, aux autorités de son pays qui lui reprochaient d'exposer la pauvreté des paysans chinois aux regards étrangers. Cette position inconfortable s'est accrue à mesure que son audience internationale est devenue de plus en plus importante. Traitant en effet dans tous ses films des questions sensibles pour un pays dont l'ouverture ne va pas sans atteintes à la liberté, il n'hésite pas, par son cinéma, à transgresser les tabous et à braver les interdits : *Adieu ma concubine*, couronné d'un côté à Cannes et projeté de l'autre à Pékin avec des réaménagements pratiqués sans son accord par les autorités, illustre bien la longue marche d'un cinéma reconnu d'abord sur tous les écrans du monde avant de l'être dans son pays même.

### ADIEU MA CONCUBINE (1992)
**avec Leslie Cheung, Gong Li, Zhang Fengyi et Lu Qi.**

**De chants et de fureur.** Il s'en passe des choses, dans le film de Chen Kaige, des années 1920, où les seigneurs de la guerre mettent à mal la toute jeune République de la Chine unifiée, jusqu'aux années 1970, qui voient la fin de la Révolution culturelle, en passant par l'occupation japonaise des années 1930, la guerre civile entre nationalistes et communistes dans les années 1940 et la mainmise des communistes sur le pouvoir au début des années 1950. Il s'en passe, donc, des soubresauts de l'Histoire, qui pourraient nourrir des dizaines et des dizaines de films. Et le grand pari, tenu, de Chen Kaige, c'est bien non seulement d'arriver à concentrer dans les deux heures cinquante d'un film-fresque ces cinquante ans d'histoire, mais peut-être surtout d'évoquer tous ces événements sans pratiquement les montrer. Car ce qu'il raconte, c'est certes toute l'histoire moderne de la Chine, mais à partir d'un point de vue qu'il se donne, et dont le choix n'est pas indifférent, puisque c'est celui de l'artiste, dans une société qui à la fois l'adule et le méprise et lui fait connaître la gloire tout autant que l'humiliation.
L'histoire est en effet celle d'un jeune garçon, Douzi, que sa mère place tout enfant dans une école où l'on apprend cet art très particulier, fait de chant, de mime, de musique, de poésie, d'arts martiaux, qu'est l'opéra de Pékin. Pour inculquer la connaissance des traditions et la maîtrise technique, mentale et physique nécessaire, les maîtres font régner dans l'école une discipline de fer, qui surpasse en cruauté tous les supplices et vexations qu'ont pu connaître les pauvres héros de Dickens, modèles occidentaux des souffrances enfantines. C'est cette cruauté qui lance le film, qui lui donne sa première couleur, grise et froide, et sa curieuse tonalité quant à la sensibilité et à l'identité du jeune Douzi : garçon, mais si féminin qu'on dirait une fille, et qui se trompe d'ailleurs toujours lorsqu'il doit réciter un texte qui précise son sexe. Et l'amitié qu'il noue avec celui qui va devenir son frère de scène, Shitou, est plus qu'une amitié d'enfance : elle va perdurer tout au long de leur vie, lorsque devenant l'un et l'autre les étoiles de la scène, ils interprètent, sous leur nom de comédiens, Dieyi et Xiaolou, l'opéra qui fait leur gloire, *Adieu*

*ma concubine*. Un opéra dont l'intrigue porte largement le sens même du film : alors que Xiaolou y interprète un roi déchu, Dieyi incarne, avec toute la grâce étudiée de ses gestes et de sa voix, sa concubine, laquelle se tranchera la gorge avec son épée pour ne pas avoir à le quitter. Les développements de leur intrigue personnelle, qui amèneront d'un côté Xiaolou à rencontrer, à aimer, à épouser même une courtisane, provoquant la jalousie et les souffrances de Dieyi qui, de son côté et par dépit, deviendra le favori d'un riche amateur d'opéra puis se laissera glisser vers l'opium, les péripéties politiques qui feront des deux amis des stars idolâtrées puis les victimes humiliées des remises au pas culturelles : tout cela, fait des chants sublimés et codifiés de l'opéra et du poids dramatique des réalités, les mènera vers un dénouement inscrit dans l'histoire même qu'ils interprètent. La splendeur visuelle du film – décors, costumes, maquillages, lumières, couleurs –, en rupture avec la manière plus austère des précédents films de Chen Kaige, est de ce fait moins une concession à une esthétique occidentale qu'une façon de mettre en scène, au sens propre, des destins pris dans la fureur de l'Histoire. Entre le théâtre, où Dieyi peut aimer Xiaolou, et la réalité, où le tabou de l'homosexualité le lui interdit, le cinéaste, en brassant tout à la fois les sentiments individuels et la réflexion sur la violence du pouvoir, construit et donne à voir (et à entendre) un fascinant chant – contre-chant.

## KANEVSKI Vitali (russe, né en 1935)

**Filmographie :**
*Bouge pas, meurs, ressuscite (1990)* • ***Une vie indépendante (1992)*** •
*Nous, les enfants du xx^e^ siècle (1993)*

Curieuse carrière que celle de Vitali Kanevski, et qui illustre bien le gel et le dégel qu'a pu connaître le cinéma russe, de l'ère soviétique à l'éclatement de l'URSS. Né à Soutchan, près de Vladivostok, en 1935, le jeune Kanevski, dont le père, musicien, est mort pendant la guerre, entre en 1960 au VGIK, la célèbre école de cinéma de Moscou. En 1966, accusé faussement de viol, il est mis en prison. Il y reste enfermé jusqu'en 1974, et reprend ses études à sa libération pour obtenir son diplôme de réalisateur en 1977. Mais, mis à l'écart, il ne trouve que des emplois d'assistant, tournant seulement un court métrage, puis en 1981, sur un scénario imposé, un moyen métrage, *Une histoire campagnarde*, qui, remanié sans qu'il soit consulté, est jugé sans intérêt et l'interdit de réalisation. Travaillant alors comme régisseur de plateau, il est renvoyé sans que le parti intervienne pour le réintégrer, et il ne peut tourner aucun des cinq scénarios qu'il propose. Ce n'est qu'en 1989 que, poussé par Alexei Gurman, il se lance, avec les pires difficultés de financement, dans le tournage de *Bouge pas, meurs, ressuscite*, chronique de sa propre jeunesse à Soutchan à l'époque de Staline. Et c'est Alan Parker, de passage à Moscou, qui, visionnant une cassette du film, le propose au Festival de Cannes, où le film, qui reçoit la Caméra d'or, fait figure de révélation et ouvre au cinéaste la possibilité d'en tourner la suite, avec *Une vie indépendante*, où il raconte, avec le même jeune interprète, l'adolescence de son personnage.

### UNE VIE INDÉPENDANTE (1992)
#### avec Pavel Nazarov et Dinara Droukarova

**Avoir 20 ans sur le fleuve Amour.** Après avoir vécu ses quatre cents coups, Valerka a grandi et quitté l'enfance. Mais la vie à Soutchan, ce bout du bout du monde soviétique, est toujours aussi cruelle et difficile ; et ce n'est pas la tendresse de Valka, la sœur que Vitali Kanevski invente ici à cette Galia qui avait été la complice du jeune garçon et qui avait trouvé la mort, tuée par des bandits, à la fin de *Bouge pas, meurs, ressuscite*, qui peut vraiment le retenir. Toujours aussi tête brûlée, rebelle et chien fou, l'adolescent qu'il est devenu en a marre de ce bled perdu dans le froid, le brouillard et la boue. Il en a marre de cette violence qui lui charcute, sous les couteaux de tueurs avinés, le pauvre cochon familial qui le regarde dans les yeux avant de mourir, marre de cette école où règnent la barbarie et le vice et dont le directeur le renvoie en lui filant une raclée cuisante avant de violer la fille que les élèves avaient violée avant lui, marre de la misère, des coups, de la vodka qui noie tout dans les brumes abrutissantes de l'ivresse. Alors Valerka, sans rien dire à personne, et même pas à Valka, avec qui il a fait l'apprentissage de l'amour, quitte Soutchan et s'en va plus au nord encore, le long du fleuve Amour, jusqu'à une petite ville de l'estuaire où il pense retrouver une tante qu'il n'a jamais vue.

Ce voyage du jeune héros, initiation à une vie nouvelle et indépendante, Vitali Kanevski le filme comme il avait filmé le premier volet de son histoire. La seule différence apparente est que la couleur a remplacé ici le noir et blanc ; mais ce n'est qu'une fausse couleur, grise, froide, nimbée de brume glaciale : rien ne s'éclaire vraiment dans cette adolescence qui trouve sur sa route la même réalité terrible que celle de l'enfance. Et même plus terrible encore, tant le jeune garçon, loin de sa contrée natale, se retrouve seul, déboussolé dans un monde qui ne l'est pas moins. On est vers le milieu des années 1950, au moment où Staline disparaît. Sur les rives de l'Amour, tout part à vau-l'eau : les ivrognes, pintés à l'antigel, croupissent dans la neige, et il faut même leur pisser dessus pour les réchauffer, et la pauvre fille qui a vendu sa vache pour partir avec son amant reste en rade, en chemise de nuit, sur le bord de la voie ferrée... Vitali Kanevski, fidèle à sa manière, entrechoque les séquences, dans un rythme d'autant plus brut et violent qu'il entremêle ici les scènes vécues et les scènes fantasmées. Une sorte de fantastique grimaçant s'étend pour finir sur la vision de la réalité, avec des rats enflammés qui échappent au brasier ambiant, avec un mausolée étrange où le garçon entrouvre la porte de sa vie passée et où un couple nu court, comme des rats, à même le sol. Dans ce cauchemar où il se trouve plongé, l'apprentissage de Valerka, au milieu des trahisons et des mensonges, le mûrit et lui apporte cette indépendance d'homme qu'il cherche. Valka, qui l'a rejoint, le sent bien, qui le quitte et le laisse à sa nouvelle existence, disparaissant elle-même sur (et peut-être même dans – mais rien n'est sûr) ce fleuve Amour où s'achève le film. L'itinéraire de formation de Valerka le laisse seul, face à la terre ferme qu'il regagne à la nage, en sortant des eaux glacées : formidable énergie, formidable force vitale, qu'il traduit en exposant ce que signifie l'étoile qu'il s'est fait tatouer sur la poitrine – deux triangles inversés, en forme de croix de David, symbolique des principes masculins et féminins, indissociables et ne se rejoignant jamais. Et il le dit en s'exprimant face à la caméra : face à lui-même, face au spectateur, dans un face-à-face qui rejoint le premier plan du film – un cheval dans la neige, et une voix off, celle du réalisateur, disant : « Ce n'est pas ça, on recommence » – et qui met en fait, à travers un personnage qu'il tire de sa propre histoire, Vitali Kanevski face à lui-même et face à son cinéma.

## KAPUR Shekhar (indien, né en 1945)

**FILMOGRAPHIE :**
*Masoom (1985)* • *Mr. India (1989)* • *La Reine des bandits (1994)* • *Elizabeth (1998)* •
***Frères du désert (2002)***

Les remakes interviennent parfois comme des remakes de remakes, si nombreux que la référence à l'œuvre originale s'enrichit des multiples variations que celle-ci a pu susciter. Ainsi le célèbre roman de A.E.W. Mason, *Les Quatre plumes blanches*, voit-il une première adaptation, américaine, en 1929, avec un film en noir et blanc co-réalisé par Ernest Schoedsack, Merian Cooper et Lothar Mendes. Suit, en 1939, la version de référence, anglaise cette fois-ci, en couleurs, et signée par Zoltan Korda, lequel en tire en 1955 une nouvelle version en scope, co-signée avec Terence Young. Et Don Sharp, en 1977, y va d'une quatrième version, américaine à nouveau. La version que réalise en 2002 Shekhar Kapur peut apparaître comme une belle synthèse : indien, parti en Angleterre pour y devenir comptable puis revenant à Bombay pour y tourner ses premiers films, le cinéaste renoue à la fois avec le passé britannique de son pays et avec le grand cinéma d'aventures qui, comme *Les Trois lanciers du Bengale*, en avait exalté l'héroïsme, dans ces *Frères du désert* qu'il tourne dans un esprit très anglais en Angleterre (et au Maroc pour les extérieurs) et que produit Hollywood.

### FRÈRES DU DÉSERT (2002)
**avec Heath Lodger, Wes Bentley et Kate Hudson**

**Les lanciers du Soudan.** *British, so british !* Ça commence par une partie de rugby : le sport, valeur éminemment britannique, dit déjà tout ce qu'il y a à savoir sur ces brillants jeunes gentlemen qui se plaquent dans la boue et s'envoient d'honorables coups de poing pour la fierté de planter un essai à l'adversaire. On est en pleine ère victorienne, et le drapeau anglais flotte sur l'Empire. Fils de général, Harry Feversham reçoit l'éducation militaire de son milieu au sein d'un des plus prestigieux régiments de l'armée. Uniformes rutilants, parades, exercices : Harry partage une jeunesse exaltée avec quatre de ses camarades les plus chers. Et, pour parfaire son bonheur, il y a la

rayonnante Ethne, à qui il est fiancé. L'avenir lui ouvre les bras. Si ce n'est que, au moment critique, il vacille. Lorsque son régiment reçoit l'ordre de partir pour le Soudan mater la rébellion du Mahdi, un chef musulman, Harry, qui réalise soudain qu'il va lui falloir faire la guerre, recule et démissionne. La honte s'abat sur lui, traduite par quatre plumes blanches – symbole de couardise – que lui envoient Ethne, qui rompt avec lui, et ses camarades, lesquels partent eux pour l'Afrique, et s'y illustrent de la plus belle des façons.
Comment Harry pourra-t-il regagner son honneur perdu et redevenir lui-même ? C'est ce que le célèbre roman d'A.E.W. Mason, adapté une nouvelle fois à l'écran, raconte en deux heures d'aventures qui s'efforcent de redonner des couleurs à ces grandes sagas de l'Empire britannique qu'avaient illustrées, en noir et blanc, tant d'inoubliables *Lanciers du Bengale*. Ici, on serait plutôt entre *Lawrence d'Arabie* – pour les dunes, les chameaux, les musulmans fanatisés et les paysages fabuleux du désert – et *Les Chariots de feu*, pour l'exaltation des vertus viriles, pour la gloire de l'Empire, et surtout pour cette valeur forte qui transcende tout : l'amitié. Les exploits de Harry qui, se déguisant sous la tunique des indigènes, participe à la lutte comme un ange tutélaire venant sauver ses amis pris dans la nasse soudanaise ; mais aussi le chemin qu'il fait en compagnie d'un esclave noir qui apparaît à ses côtés en bon génie venu le guider sur les chemins de la rédemption : tout cela constitue une histoire évidemment exaltante autant qu'édifiante. Dans laquelle Shekhar Kapur ne fait certes pas preuve d'une originalité fracassante, mais où il a le bon goût de jouer honnêtement la veine de l'aventure exotique et de faire souffler le vent chaud du désert. Le retour, pour finir, aux paysages de pluie de l'Angleterre et au verre de whisky pris entre amis retrouvés n'en a, pour être attendu, qu'un goût plus savoureux.

## KÀRI Dagur (islandais, né à Paris en 1973)

**Filmographie :**
***Nói Albinói (2003)*** • *Voksne Mennesker (2005)*

Formé au Danemark, à la Danish Film School, où son film de fin d'étude, *Lost week-end*, obtient en 1999 onze prix dans divers festivals internationaux, Dagur Kàri choisit de revenir dans son pays d'origine, l'Islande, pour y tourner son premier long métrage, un projet qu'il avait élaboré avant même de se lancer dans des études de cinéma et dont il hésitait sur la forme qu'il lui donnerait, pensant même à une bande dessinée ou à un film d'animation. C'est que, nourri d'une atmosphère propre à la nature et à la géographie islandaises, le film, du fait se son ancrage nordique, donne au thème universel du passage à l'âge adulte une résonance à la fois très originale et très symbolique.

### NÓI ALBINÓI (2003)
#### avec Tómas Lemarquis, Thröstur Leó Gunnarsson et Elin Hansdóttir

**Le garçon qui venait du froid.** Une montagne gelée en forme d'énorme éperon posé sur une mer grise, une lumière crépusculaire qui baigne sans fin le paysage, le vent qui souffle en rafales, et la neige qui envahit tout, obligeant Nói, pour sortir de la maison, à creuser un passage en déblayant l'énorme masse neigeuse qui bouche la porte : d'emblée, le décor glacial, inhumain et vaguement inquiétant que Dagur Kàri pose comme cadre de son film constitue une force tellurique dont on sent bien qu'elle va peser sur les personnages ainsi soumis à une nature extrême. Et l'impression de cette étrangeté s'accroît avec Nói lui-même, grande gigue d'adolescent à l'allure empruntée, et que son crâne chauve et ses traits d'albinos signalent comme différent. D'ailleurs, dans la petite bourgade, on le traite un peu comme l'innocent du village, même si les bêtises qu'il fait exaspèrent son professeur, qui voit en lui un fauteur de désordre. Et, de fait, Nói est à la fois différent des autres, mais d'une différence qui ne fait qu'accentuer le malaise qui est celui de tout adolescent en passe de quitter l'enfance pour entrer dans l'âge adulte. Rêveur, dormeur, maladroit, désœuvré, il n'a autour de lui qu'un horizon à la fois immense et bouché : un père alcoolique, qui n'accorde à son éducation qu'un intérêt plutôt chaotique, une grand-mère quasi muette avec qui il vit et qui se préoccupe de son avenir en allant consulter un voyant, et toute une petite communauté repliée sur elle-même, qui ne lui offre comme perspective de travail que d'aller creuser des tombes au cimetière…
Dans cet environnement hostile, auquel il donne une place centrale par de longs plans récurrents sur le paysage glacé et par une musique (dont il est l'auteur) qui en signale dramatiquement l'insidieuse menace, le réalisateur offre symboliquement à son personnage trois ouvertures en forme d'échappatoire : d'abord une trappe qui donne accès,

dans le sous-sol de la maison, à un antre en forme de caverne maternelle, où l'adolescent vient se réfugier pour se plonger dans ses rêves ; et puis, cadeau d'anniversaire de sa grand-mère, une visionneuse d'images fixes, où Nói s'évade en regardant les cocotiers d'une île du Pacifique ; enfin et surtout Iris, une fille de son âge, qui est partie tenter sa chance à Reykjavik et qui est revenue ici, au bout du bout du monde, pour tenter d'y faire sa vie. Avec elle, l'adolescent rêve de partir vers cette autre île, Hawaï, dont il voit le nom sur la carte, comme antipode parfait de l'île nordique et glacée où la neige et la glace les retiennent prisonniers. Ce rêve d'évasion, qui structure l'intrigue, Dagur Kàri lui apporte une sorte de poésie naïve, silencieuse, à la fois vaguement clownesque et un peu triste, à l'image du personnage. Comme si l'attachement à ce paysage islandais était une contrainte à laquelle finalement on se résigne. Car le rêve de partir reste un rêve ; et lorsque, dans un dénouement surprenant, la nature reprend tragiquement ses droits, le garçon qui vient du froid ne peut qu'y rester, tapi dans son antre, et regardant sur sa machine à rêves la mer et les palmiers de l'île des mers du Sud quitter la fixité du cliché pour frémir doucement, sous le souffle des vents du large et de l'imagination.

## KARMANN Sam (français, né en 1953)

**FILMOGRAPHIE :**
***Kennedy et moi (1999)*** • *À la petite semaine (2003)*

Acteur, au théâtre sous la direction de Jean-Louis Barrault ou de Robert Hossein, au cinéma surtout, chez Arcady, Bob Swaim et même Samuel Fuller, et surtout chez Roger Hanin, qu'il accompagne à la télévision dans la série des *Navarro*, Sam Karmann réalise en 1992 un unique court métrage, *Omnibus*, qui lui vaut et la Palme d'or à Cannes et l'Oscar à Hollywood. Ce qui ne l'empêche pas de devoir attendre sept ans et de voir un projet déjà avancé avorter au moment du tournage, avant de pouvoir passer à la réalisation. De la comédie douce-amère de *Kennedy et moi* au film choral réunissant un groupe d'amis et faisant la part belle aux figures pittoresques et aux dialogues ouvragés de *À la petite semaine*, il y manifeste un sens aigu de l'observation et un regard chaleureux porté sur ses personnages.

### KENNEDY ET MOI (1999)
### avec Jean-Pierre Bacri et Nicole Garcia

**Grosse fatigue.** Analysant le comportement de Simon, son éditeur diagnostique rapidement le mal dont il souffre : « C'est ce que les Américains appellent, dit-il, la *middle-life crisis.* » Et de fait, cette déprime de la cinquantaine, Simon en présente apparemment tous les symptômes. Écrivain qui n'a plus envie d'écrire, regardant ses 48 ans comme autant d'années perdues à ne pas faire grand-chose, observant, dès le petit-déjeuner, la noria familiale d'un œil désabusé, ne comprenant pas ses enfants et ne cherchant surtout pas à les comprendre, et se rendant compte, par-dessus le marché, que sa femme le trompe, il se retrouve devant le grand vide d'une existence qui lui semble sans le moindre intérêt. Que faire alors ? Brûler son fauteuil d'écrivain pour commencer, puis essayer d'occuper les heures à attraper les mouches au vol, et aller, à l'occasion, se faire soigner par l'amant de sa femme qui est médecin, pour voir un peu la tête d'imbécile qu'il a. Mais cela ne suffit pas vraiment à remplir ses jours. Heureusement, Simon trouve quelque façon de se donner des raisons de continuer à vivre : par exemple lorsqu'il va régulièrement promener dans son fauteuil roulant un vieux monsieur figé dans sa paralysie et son mutisme. Dans le silence de l'autre, il trouve le moyen de parler et de se faire comprendre, mieux même qu'il n'y réussit auprès de son psychanalyste. Pourtant, c'est auprès de celui-ci qu'il va trouver l'objet autour duquel il va cristalliser son désir de faire en sorte que pour lui le temps ne s'arrête pas : une montre, une simple montre, mais qui n'a pas marqué n'importe quelle heure, puisque c'est celle que portait John Kennedy, un jour fatal à Dallas.
Grosse déprime, assurément, et plutôt mauvaise passe que celle que vit le personnage du film de Sam Karmann, d'autant plus aiguë qu'elle touche un observateur impitoyable de la comédie humaine, et surtout un censeur sans concession de soi-même, auquel Jean-Pierre Bacri apporte ce côté de misanthrope ironique et mordant qu'il semble porter sur lui. Mais plus profondément, si la dépression est à mettre au compte de l'âge d'un homme faisant le bilan de son existence, elle sert de révélateur à une vision quelque peu désenchantée de la vie qui dépasse la simple crise existentielle. La distance que prend Simon avec les êtres et les choses en isole, sous son

regard froid, tout le ridicule et la vanité. Et il y a comme une amertume discrète qui court dans cette philosophie également désespérée, faite de tous les rêves inaboutis et de toutes les illusions perdues. Mais pourtant, à ce tragique sous-jacent, Sam Karmann apporte la légèreté de touche d'une lucidité rieuse : son Simon souffre certes, et fait souffrir ceux qui l'entourent, mais sa souffrance n'est jamais triste. Cela tient certes à l'humour caustique et passablement ravageur que Jean-Pierre Bacri manie avec virtuosité, mais cela tient aussi au lumineux personnage qu'interprète Nicole Garcia, sa femme, sa complice, celle qui l'aime et cherche à le comprendre. Et qui donne au film sa tonalité, comme elle en porte la leçon : la lucidité n'empêche pas la tendresse, et le désespoir n'est jamais totalement à désespérer.

## KARMEL Pip (australienne, née en 1964)

**FILMOGRAPHIE :**
*It could be you (1994)* • ***La Chance de ma vie (1999)***

Scénariste, réalisatrice de courts métrages, de documentaires et de téléfilms, Pip Karmel travaille depuis le milieu des années 1980 comme monteuse auprès du réalisateur Scott Hicks (pour qui elle a monté notamment *Shine*). Développant une idée qu'elle avait déjà traitée dans un court métrage (le face-à-face d'une jeune fille de 17 ans avec elle-même à l'âge de 7 ans), elle écrit le scénario de *La Chance de ma vie*, qui se place de façon ingénieuse dans le sillage bien tracé de la comédie sentimentale à l'américaine.

### LA CHANCE DE MA VIE (1999)
#### avec Rachel Griffiths, David Roberts et Sandy Winton

**Le mariage de ma meilleure moitié.** C'est une belle crise de la trentaine qu'elle se paie, la gentille Pamela : journaliste de talent, elle a, par suite de sa réussite professionnelle, fait largement l'impasse sur sa vie privée. Et quand elle regarde le résultat, seule dans sa vie et dans son appartement, et qu'elle pense au beau Robert que, treize ans auparavant, elle a aimé et qu'au lieu d'épouser elle a laissé filer, il lui vient une grosse déprime qui la conduirait presque à la solution ultime si le destin, d'un coup de tonnerre, ne venait lui donner un coup de main. Lequel destin frappe encore lorsqu'elle se fait renverser par une voiture en traversant la rue. Le nez sur le bitume, complètement sonnée, voici qu'elle voit venir la conductrice qui l'a accrochée : et c'est à n'y pas croire ! La jeune femme avec qui elle se retrouve nez à nez, c'est en effet... elle-même. Ou plutôt celle qu'elle aurait pu être si elle avait épousé Robert et si la vie avait suivi son cours, lui donnant un mari, trois enfants et une existence bourgeoise. Et elle n'est pas au bout de sa surprise, puisque son alter ego, cette autre elle-même, mariée et mère de famille, disparaît et lui laisse la place. Voilà donc Pamela forcée de vivre la vie dont elle avait rêvé. Mais entre les ardeurs qui ont eu le temps de se refroidir du mari, les manières insupportables des gamins, et même les amours adultères pour mettre un peu de sel à l'insipide du quotidien, le rêve en question perd vite de son éclat. Alors : Pamela 1 ou Pamela 2 ? La carrière ou la vie de famille ? L'ambition ou le train-train ?
Le film de Pip Karmel joue sur une idée que le cinéma a déjà souvent utilisée : que serait devenue une existence si une décision, un événement, un coup de dés du hasard, l'avait engagée sur une autre voie ? Cette virtualité, les images peuvent naturellement lui donner consistance et la vraie vie ne se distingue guère sur l'écran de la fausse. Alors pour Pamela, Smoking ou No Smoking ? Ainsi posée, la comédie pourrait se réduire à un choix bien tranché. Or, l'intérêt du scénario tient pour beaucoup au fait que les choses ne sont pas si simples. Et la façon dont Pamela s'insère dans son autre vie fait que bien des interférences jouent entre ce qu'elle est effectivement et ce qu'elle vit virtuellement. L'ingéniosité des situations, la confusion des sentiments et la touche de magie, qui rappelle (de très loin) la tonalité des films de Capra, donnent à cette histoire de retour vers le futur antérieur, une fantaisie agréable et un charme sympathique, que n'altèrent pas quelques sérieuses baisses de rythme et une réalisation qui prend bien garde de ne pas s'éloigner des schémas attendus. Et même si elle n'a ni le sourire éclatant de Julia Roberts ni le chien aguicheur de Meg Ryan, la quasi-inconnue Rachel Griffiths s'efforce de jouer comme elles dans la cour des grandes. Comme le film, elle montre de bonnes et encourageantes dispositions pour cela.

## KASDAN Lawrence (américain, né en 1949)

**PREMIER LONG MÉTRAGE :**
*La Fièvre au corps (1982)*
**FILMOGRAPHIE DEPUIS 1985 :**
***Silverado (1985)*** • *Voyageur malgré lui (1988)* • *Je t'aime à te tuer (1990)* • *Grand Canyon (1991)* • *Wyatt Earp (1994)* • *French kiss (1995)* • *Mumford (1999)* • *Dreamcatcher (2003)*

Diplômé de littérature anglaise, Lawrence Kasdan commence sa vie professionnelle comme rédacteur publicitaire, tout en essayant de placer divers scénarios. Remarqué par Steven Spielberg et George Lucas, il leur écrit successivement *Les Aventuriers de l'arche perdue*, *L'Empire contre-attaque* et *Le Retour du Jedi*. C'est avec le soutien de George Lucas qu'il peut passer à sa première réalisation en 1982. Il se fait immédiatement remarquer par une virtuosité qui lui permet d'être à l'aise dans des genres très différents : le film noir (*La Fièvre au corps*, en 1982), la chronique de groupe (*Les Copains d'abord*, en 1983), et surtout le western, genre auquel il rend hommage en 1985 avec *Silverado*, et auquel il reviendra une seconde fois avec *Wyatt Earp*. Considéré à ses débuts comme le jeune surdoué du cinéma hollywoodien, il prouve, par la suite de sa carrière, sa capacité à pratiquer avec talent toute la gamme des grands genres, de la chronique de mœurs (*Grand Canyon*) au mélodrame (*Voyageur malgré lui*) et de la comédie romantique (*French kiss*) au film fantastique (*Dreamcatcher*), mais sans toutefois imposer une personnalité que ses premiers films laissaient entrevoir et espérer.

### SILVERADO (1985)
### avec Kevin Kline, Scott Glenn, Kevin Costner et John Cleese

**Au western : *in memoriam*.** On commençait à désespérer… Bel et bien perdu dans un Ouest passé de mode, le western semblait avoir définitivement rendu l'âme. Et c'est sans doute parce qu'il s'est dit qu'il y avait encore matière à spectacle dans un genre qui a déjà rendu tant de bons et loyaux services que Lawrence Kasdan, le wonder-boy hollywoodien, a décidé de prendre la route de Silverado. En l'occurrence une de ces villes poussiéreuses chères à la mythologie du genre, battue par le vent du désert, et qui, le long de sa rue centrale et unique, aligne les lieux emblématiques : le bureau du shérif, avec la prison en arrière-salle, l'église avec son clocher pointu et, endroit où se cristallisent toutes les intrigues et toutes les passions, le saloon, son bar où l'on commande directement sa bouteille de whisky, ses tables de jeux, ses filles, et son mobilier de bois promis à être pulvérisé dès que la première bagarre se déclenchera.
Et, à vrai dire, ça ne tarde pas. Car tout est exactement à la place voulue et au rendez-vous espéré : il y a même, lorsque débarquent dans la ville trois cavaliers que le hasard a réunis, une bonne vieille potence où l'on est en train de préparer le nœud de la corde qui, le lendemain, doit pendre le jeune frère de l'un d'entre eux, qu'il s'agit donc de faire sortir au plus vite de la prison avant qu'on ne lui passe ladite corde au cou. Comme, par ailleurs, chacun des cavaliers, vite au nombre de quatre dès qu'ils ont libéré le jeunot, a sa propre raison de venir à Silverado, l'intrigue peut nouer ses fils divers, lesquels mettent donc en jeu toute une galerie de personnages pittoresques tels que le western en a le secret : une vieille crapule qui prend l'étoile de shérif pour s'acoquiner avec le gros propriétaire du coin, lequel voit forcément d'un mauvais œil la caravane de nouveaux venus qui viennent s'installer dans le pays ; un vieux paysan noir qui a été chassé de ses terres par les racistes du coin ; une tenancière de saloon à la taille de naine mais au cœur gros comme ça ; un joueur professionnel venu tenter sa chance pour plumer les pigeons ; et une troupe du genre milice, menée par un sale borgne qui, même avec un seul œil, vise juste. Face à toutes ces grandes figures du genre, les quatre cavaliers ont fort à faire : mais ils ont évidemment des ressources, tant dans la virtuosité équestre que dans la sûreté balistique, qui vont leur faire mener à bien leur mission. Et on s'en réjouit d'autant plus qu'ils sont en parfait accord avec un décor lui aussi retrouvé : les grands espaces, les canyons escarpés, les troupeaux de vaches emballés, les bandits masqués qui tirent dans le dos, la bagarre générale, la maison qui brûle, et, au bout du compte et de la rue, le duel dans la poussière, colt au côté, à qui dégainera le plus vite.
Lawrence Kasdan revient donc au Far-West d'autrefois, avec des couleurs discrètement sépias qui disent bien la nostalgie, avec un rythme qui ménage la rapidité de l'action et les moments de repos où l'on souffle, avec un ton

qui sait mêler la violence, le comique et la petite touche de tendresse (les femmes étant, on s'en doute, réduites à une portion congrue), et avec aussi un discret soupçon de second degré qui, enfilant les références, montre qu'il s'agit bien d'une entreprise d'exhumation, qui sent un peu son hommage nécrologique. Mais qui, par le plaisir qu'il procure, donne envie que le moribond retrouve vite sa santé.

## KASSOVITZ Mathieu (français, né en 1966)

**FILMOGRAPHIE :**
*Métisse (1993)* • ***La Haine (1995)*** • *Assassin(s) (1997)* • *Les Rivières pourpres (2000)* • *Gothika (2003)*

En 1973, au premier plan des *Valseuses*, un caddy, poussé par deux loubards, déboulait sans prévenir à l'angle d'un immeuble de cité périphérique et, entrant dans le champ, marquait l'entrée fracassante de la société de consommation et de la banlieue dans le nouveau champ social. Quelque vingt ans plus tard, la banlieue est devenue un des grands problèmes de la société française, porteuse d'une violence à la fois réelle et fantasmatique, miroir des maux et des peurs d'un pays ayant du mal à assumer ses mutations profondes. En 1995, un film en assène, comme un coup de poing, la démonstration, dont le titre – *La Haine* – véhicule à lui seul toute une charge explosive. Et Mathieu Kassovitz y gagne ses galons de cinéaste générationnel, qu'il galvaudera quelque peu par la suite par des films tape-à-l'œil, nettement moins convaincants.

### LA HAINE (1995)
### avec Vincent Cassel, Hubert Kounde et Saïd Taghmaoui

**Sous le béton, la rage.** Cela pourrait s'appeler *La Cité des enfants perdus*. Parce qu'il y a une cité ; elle porte même ici, comme souvent, un nom de fleur : les Muguets. Et parce qu'il y a des enfants perdus ; ils sont trois, trinité symboliquement représentative : un Arabe, un Juif, un Black. Qui, comme tous leurs potes, n'ont rien à faire, et qui traînent, avec la haine au cœur. Petits deals par ci, petits vols par là, des joints, de la musique, des merguez sur le toit d'un immeuble, et le sport local – l'affrontement avec les flics – avivé par une de ces bavures qui sont, semble-t-il, dans l'ordre des choses : un de leurs copains, Abdel, victime d'un interrogatoire musclé, est à l'hôpital entre la vie et la mort. Plus près de la mort que de la vie. Pour Saïd, Vinz et Hubert, c'est donc une journée ordinaire. Les carcasses de voitures brûlées et les vitres brisées témoignent de la violence qui est là, tapie sous le béton inhumain, dans les montées d'escaliers taguées à l'encre de la révolte, dans les coursives froides et crasseuses, dans la salle de sport ravagée, dans les boîtes qui tiennent lieu d'appartements, comme des cages à fauves que la caméra de la télé vient filmer, pour ouvrir le 20 heures et donner le frisson à la France profonde. Une journée ordinaire dans la vie d'une banlieue ordinaire. Avec, comme élément déclencheur d'une dramaturgie tragique, une arme, perdue par un policier et récupérée par un des trois copains. Le mécanisme est donc en marche, et le décompte des heures qui défilent implacablement en trace d'avance le cheminement, en un compte à rebours inéluctable. Au bout de ce jour, au bout de cette nuit, il y aura forcément une explosion de mort. Et c'est là qu'il faut distinguer, dans le film de Mathieu Kassovitz, ce qui relève du document social et ce qui participe d'un dessein proprement cinématographique.
*La Haine*, dans son titre même, met tellement le doigt sur l'abcès qui démange aujourd'hui une société aux prises avec ce que les sociologues désignent du doux euphémisme de « malaise des banlieues », qu'il y a fort à parier que le film sera regardé avant tout comme une sorte de documentaire naturaliste, où la clientèle bourgeoise, cautionnée par la grande cérémonie cannoise, pourra aller se renseigner à moindres frais sur ce monde parallèle, tout proche – juste de l'autre côté du périph' – et pourtant si lointain. Et où le risque est fort, aussi, que, sans recul, les émules bien réels de Saïd, Vinz et Hubert, descendant de leurs cités vers les salles obscures, puissent s'identifier à ces héros du mal-être et de la baston, se sentant comme sanctifiés par eux lorsqu'il s'agira, à la sortie, d'aller casser du flic. Pour autant, si l'on compte sur Kassovitz pour approfondir le diagnostic et pour proposer le remède miracle, il y a gros à parier qu'on se trompe d'officine. Car *La Haine* est un film, d'abord, et qui mérite à ce titre d'être regardé comme tel. Et, pour le coup, on y apercevra, derrière un constat à l'évidence terrible, ce qui est surtout une mise en forme très concertée. Non que le cinéaste s'amuse avec son sujet : il lui tient manifestement à cœur. Mais il se trouve que cette culture de la tchatche et de la frime est largement un spectacle, qui se nourrit d'attitudes, de

gestes, d'expressions qui tracent comme une chorégraphie de l'affrontement. En choisissant un noir et blanc très artistiquement contrasté, porteur lui-même de cet affrontement, Kassovitz marque à l'œil nu son refus du document brut. Pas un seul élément de son film qui ne soit ainsi travaillé : l'image, le son, l'allure des personnages, et le dialogue qui, sous son apparent naturel, est d'une écriture constamment soutenue. « Nique ta mère » peut-être, mais passé par le moule d'une esthétique. À ce titre les ambiguïtés, les raccourcis et jusqu'aux compromissions d'un film rebelle lancé à grand renfort médiatique apparaissent secondaires. Kassovitz touche juste, et *La Haine* a un style. C'est ce qui fait sa force.

## KAUFMAN Philip (américain, né en 1936)

**Premier long métrage :**
*Goldstein (1964)*
**Filmographie depuis 1985 :**
*L'Insoutenable légèreté de l'être (1988)* • *Henry & June (1990)* • ***Soleil levant (1993)*** • *Quills, la plume et le sang (2000)* • *Instincts meurtriers (2002)*

Étudiant en droit à Harvard puis diplômé d'Histoire à Chicago, commençant par l'écriture d'un roman tout en gagnant sa vie comme facteur et comme représentant de commerce, venant enseigner l'anglais en Grèce et les mathématiques à Florence, découvrant en Europe les premiers films de la Nouvelle Vague, rencontrant Anaïs Nin qui l'encourage à se consacrer au cinéma, réalisant en 1964 son premier film, *Goldstein*, une « comédie mystique » à petit budget et à grand retentissement (prix de la critique à Cannes), Philip Kaufman devient à partir de là un des scénaristes et des réalisateurs les plus originaux du cinéma américain : westerns, expéditions polaires, fantastique, aventures spatiales, chroniques adolescentes, reconstitutions historiques et autres films de genre alternent avec des adaptations de Milan Kundera, d'Anaïs Nin, de Tom Wolfe ou d'Henry Miller. Et la facilité qu'il démontre à faire se rencontrer le grand spectacle et les sujets politiques, culturels, psychologiques, donne à un cinéma qui ne déroge jamais vraiment aux critères hollywoodiens une couleur toujours très personnelle.

### SOLEIL LEVANT (1993)
#### avec Sean Connery, Wesley Snipes et Harvey Keitel

**Le péril jaune.** Au tout début de *Soleil levant*, sous forme de boutade, un des personnages, faisant allusion à un groupe financier japonais qui, dans une négociation serrée, essaie de prendre le contrôle d'une entreprise high-tech, vitale pour l'industrie de l'armement américaine, pose cette question toute simple : « Depuis que l'Est s'est effondré, ne devons-nous pas nous inventer un nouvel ennemi ? » Le film de Philip Kaufman répond sans ambages : dans le rôle des méchants, les Japonais font parfaitement l'affaire. Si le business, c'est la guerre poursuivie par d'autres moyens, la façon dont la Nakamoto Corporation s'y prend pour parvenir à ses fins a tout d'une stratégie militaire, sous la forme technologique et ultra-sophistiquée de l'espionnage. La salle où ont lieu les discussions est en effet placée sous la surveillance de caméras vidéo qui enregistrent tout, y compris les confidences que s'échangent à voix basse les négociateurs américains. Mais où la chose se complique, c'est lorsque, le soir même, alors qu'une immense réception réunit dans la tour de verre du groupe japonais la fine fleur de la politique et de l'économie américaines, une superbe et blonde créature s'envoie proprement en l'air sur la table de négociation, sans savoir évidemment que le moindre de ses râles est dûment enregistré, comme sa propension perverse à trouver l'extase dans la suffocation. Et le vaillant partenaire qui lui serre le cou en lui faisant l'amour est lui aussi filmé en direct, et même lorsque ses doigts serrent si fort que la jeune femme se retrouve étranglée. Des coulisses de la guerre économique, on passe ainsi sans trop prévenir au thriller sexuel, catégorie instinct basic. Et l'arrivée de Web Ellis, lieutenant de police chargé des relations avec la communauté asiatique de Los Angeles, semble confirmer la nouvelle orientation du film.
Mais là encore, les choses ne sont pas si simples. D'abord parce que Web Ellis est noir, qu'il traîne après lui une sale histoire de corruption, et surtout parce qu'on lui a adjoint, sans qu'il le demande, un policier officiellement retraité, John Connor, qui connaît les Asiatiques sur le bout de la courbette pour les avoir beaucoup pratiqués. Entre le vétéran à la sagesse orientale et le bouillant défenseur de l'ordre américain, le thriller se transforme vite en récit

d'initiation, où les relations maître-élève sont ici *senpaï-kohaï*, ce qui fait plus couleur locale. On se retrouve ainsi dans un kung-fu multiracial, où c'est l'Américain blanc qui enseigne à l'Américain noir les subtilités de la culture jaune, parmi lesquelles, évidemment, les arts martiaux viennent à point pour donner du nerf aux scènes d'action. Pendant ce temps, les Japonais continuent d'avancer leurs pions dans les négociations et un sénateur très kennedien se laisse prendre à leurs arguments, ce qui oriente l'enquête du côté du document politique. Mais le disque laser qui a enregistré la scène du meurtre se révélant avoir été trafiqué, un détour vers un labo spécialisé permet de tout apprendre sur les manipulations que rendent possibles les technologies de la vidéo et de l'informatique associées. On se retrouve ainsi dans le polar informatique. Et l'assassin, quant à lui, court toujours... On n'a d'ailleurs plus tellement envie de le rattraper, d'autant que le dénouement, loin de tout éclaircir, complique encore les choses.
Philip Kaufman jongle ainsi pendant deux heures avec les genres et les styles sans trop savoir lequel choisir. Ses interprètes – Sean Connery, sorti tout droit de *Highlander*, et Wesley Snipes, qui joue consciencieusement le Noir de service – le laissent faire prudemment. Quant aux Japonais, ils tiennent vaillamment le rôle qui leur est assigné de nouveaux envahisseurs, dans un film qui apporte au fameux moulin du péril jaune une eau plutôt trouble, nourrie à la fois des réalités économiques du nouvel ordre mondial, mais aussi de quelques vieux démons cachés dans les placards secrets, mais toujours fertiles, de cette peur de l'autre qui s'appelle le racisme.

## KAURISMAKI Aki (finlandais, né en 1957)

**PREMIER LONG MÉTRAGE :**
*La Geste de Saimaa (1981), co-réalisation*
**FILMOGRAPHIE DEPUIS 1985 :**
*Calamari union (1985) • Shadows in Paradise (1986) • Hamlet goes business (1987) • Ariel (1988) • Leningrad cowboys go America (1989) •* ***La Fille aux allumettes (1990)*** *• J'ai engagé un tueur (1990) • La Vie de bohème (1992) • Total Balalaika show (1993) • Les Leningrad cowboys rencontrent Moïse (1994) • Tiens ton foulard, Tatiana (1994)* ***• Au loin s'en vont les nuages (1996)*** *• Juha (1997) • L'Homme sans passé (2001) • Ten minutes older – The Trumpet (2001), co-réalisation*

« La vie est dure, mais divertissante » : cette sentence, qui introduit *J'ai engagé un tueur*, pourrait servir d'épigraphe à l'œuvre d'Aki Kaurismaki. Elle caractérise parfaitement un univers à la fois triste et noir, et en même temps tendre, chaleureux, porté par un humour qui apparaît comme une politesse du désespoir. Le cinéma de Kaurismaki vient du froid : un style minimaliste, une économie de moyens, une sorte de dénuement dans l'image, une simplicité banale dans les décors, les dialogues, les personnages. Formé sur le tas (à la différence de son frère Mika, passé par l'École de cinéma de Munich), cinéphile d'abord, tout en étant employé dans le bâtiment, puis, après une première réalisation (*La Geste de Saimaa*, un documentaire tourné avec Mika), signant quelques adaptations littéraires (*Crime et châtiment*, en 1983, *Hamlet goes business*, en 1987, où le drame shakespearien est transposé dans l'univers de la spéculation boursière, et *La Vie de bohème*, en 1992), c'est avec une trilogie « prolétarienne » qu'il se forge son style : *Shadows in Paradise*, *Ariel* et *La Fille aux allumettes* s'intéressent à de petites gens, ouvriers soumis à l'aliénation de l'outil de travail, réduits à la misère sociale, dans des emplois sans gloire de conducteur de benne à ordures, de caissière de supermarché, de mineur ou de conducteur de tramway frappé par le chômage. Le monde qu'il décrit, c'est un monde qui disparaît, frappé par une modernité qui laisse sur le bord de la route les malheureux et les sans-grade. Face à cette vie désespérément brumeuse et glacée, la chaleur de l'humour, dans toutes les gammes du burlesque, de l'ironie, de la démesure, de la parodie, apparaît comme une rasade nécessaire – au même titre que l'alcool – pour se réchauffer : l'humour noir de *J'ai engagé un tueur*, la veine burlesque et décoiffée de la saga des *Leningrad cowboys* parcourant l'Amérique, la plaisanterie du road-movie « finno-russo-estonien » de *Tiens ton foulard, Tatiana*, sont l'autre face, rieuse, d'un univers nostalgique d'un passé perdu, du cinéma – comme dans *Juha*, film muet en hommage au cinéma des origines – ou de l'individu – comme dans *L'Homme sans passé*, où l'amnésie vient couper le personnage de lui-même –, et sans illusion sur un avenir sombre. Même si, au bout du compte (et de son film sans doute le plus révélateur et le plus accompli) *au loin s'en vont les nuages*...

## LA FILLE AUX ALLUMETTES (1990)
### avec Kati Outinen, Elina Salo et Vesa Vierikko

**Chronique du désespoir ordinaire.** Qu'est-ce qui fait qu'Iris, la jeune ouvrière au nom de fleur, bonne fille, travailleuse obéissante et sage, en vienne un jour à commettre l'acte qu'elle commet ? Qu'est-ce qui se passe dans la tête de ces êtres simples dont elle est le banal modèle, pour en faire soudain des anges du péché, et les transformer malgré eux en héros de fait-divers sordide ? Rien. Il ne se passe rien. L'explication est là : dans cette vie si neutre, si terne, qu'elle ne s'emplit que de vides. Dans ces parents quelconques, trop quelconques, lui bourru, elle alcoolique, et qui ni l'un ni l'autre ne savent aimer. Dans ces gestes mécaniques, chaque jour recommencés, à la fabrique d'allumettes, où le travail n'est qu'un automatisme. Dans ce monde sans joie et sans surprise où, quand on est plutôt pas très belle, et mal fagotée de surcroît, les garçons vous laissent faire tapisserie au bal du samedi soir. Dans cette chambre nue, que décorent de pauvres objets personnels et où la maigre part du rêve se concentre dans quelques volumes d'*Angélique, la marquise des Anges*, qui garnissent l'unique étagère qui tient lieu de bibliothèque. Or, que dans cette vie sans horizon surgisse un jour une aventure, vécue comme la grande aventure, mais qui se révèle vite pour ce qu'elle est : la passade d'une rencontre sans lendemain, alors, soudain, la vacuité des choses apparaît, le désespoir est là, nu, total, sans porte de sortie. Monde clos, vie creuse, pauvre petite vie d'une pauvre petite fille triste que rien, jamais, ne viendra effleurer de sa tendresse. Alors l'idée germe, sous le visage fermé, et le geste irrémédiable s'accomplit, comme pour donner, enfin, un sens à la vie.
Qu'on ne se méprenne donc pas sur les allumettes qui font le cadre de l'univers d'Iris : elles sont dénuées de toute chaleur, à l'image d'un récit qui fait véritablement froid dans le dos. Sous des couleurs glacées, dans le décor triste d'une Finlande grisâtre, en longs plans fixes presque muets, une vie se révèle à vif, décortiquée comme au scalpel par un janséniste de la caméra, qui sait ce qu'économie veut dire, et qui, en ne montrant presque rien, dit tout. On peut penser, certes, à Bresson, ou encore, dans la volonté de regarder les êtres et les choses en face, au néoréalisme sans fard d'un Rossellini. Mais il y a autre chose encore, chez Aki Kaurismaki, qu'il a sans doute hérité de sa Finlande natale : un regard venu du froid, le sentiment d'être du bout du monde. Il y a dans son film comme un désespoir sec, gelé, que distille un style totalement épuré. Et, si chaleur il y a, elle est tout intérieure. Dans tout ce qu'on sent d'énergie contenue, de désir de vivre dans ce personnage à la surface lisse, auquel Kati Outinen, son interprète, donne toute l'épaisseur qui fait la nature humaine. Et qui, au-delà du silence sur lequel se clôt le film, n'en finit pas de nous parler.

## AU LOIN S'EN VONT LES NUAGES (1996)
### avec Kati Outinen, Elina Salo et Kari Vaananen

**Météorologie existentielle.** C'est un couple comme les autres, de gens moyens, dans une existence bien modeste mais qui, pour eux, a le charme du bonheur conjugal. Elle, Ilona, est maître d'hôtel dans un restaurant, et lui, Lauri, conduit un tramway. Et puis arrive ce qui fait aujourd'hui le lot quotidien de centaines de millions de gens : le chômage. Lauri est licencié, et le restaurant où travaille Ilona ferme. Commence alors, pour l'un et pour l'autre, le douloureux apprentissage de la recherche d'un improbable emploi, la solitude désespérante, la tentation de la dérive dans l'alcool, l'acceptation de petits boulots sous-payés. Lauri se laisserait volontiers aller, mais Ilona a cette énergie indomptable qui fait qu'au bout du compte, les nuages qui se sont accumulés finiront bien par s'en aller un jour.
Le film d'Aki Kaurismaki, tourné en plans fixes, dans des décors de quatre sous, avec une économie de moyens qui déleste la mise en scène de tout le superflu pour ne laisser apparaître que l'essentiel, est une petite merveille. Dans le décor démodé d'une Finlande triste, qu'on dirait sorti des années 1950, une sorte de nuit bleutée s'étend sur la vie de personnages frappés par le malheur. Pauvres héros d'une pauvre histoire, mais que le réalisateur transfigure par une sorte de sourire compatissant, de tendresse amusée, de complicité aussi ironique que chaleureuse. Sur un sujet grave, *Au loin s'en vont les nuages*, avec son titre en forme de météorologie sociale et existentielle, est un film triste et gai où l'on s'attache à des décors, des situations, des personnages. Et d'où l'on sort heureux, comme l'on sortait des films de Capra. Par la magie du cinéma.

## KAWASE Naomi (japonaise, née en 1969)

**Filmographie :**
*Suzaku (1996) • Somaudo monogotari (L'Histoire de Somaudo) (1997) • Kaleidoscope (1999) • Hotaru (2000) • Kya ka ra ba a (Dans le silence du monde) (2001) • Tsuioku no dansu (La Danse des souvenirs) (2002) •* ***Shara (2003)***

Diplômée de l'École de photographie d'Osaka, Naomi Kawase y enseigne pendant quatre ans avant de se lancer dans la réalisation de courts métrages expérimentaux à la fin des années 1980. En 1992, son documentaire *Étreinte* lui vaut le premier prix d'encouragement du Festival Forum de l'image de Tokyo. Quatre ans plus tard, Naomi Kawase réalise son premier long métrage, *Suzaku*, une fiction située dans sa ville natale de Nara. Lauréate de la Caméra d'or au Festival de Cannes 1997, elle retourne à Nara en 2000 pour *Hotaru* après un détour par l'expérimental avec son *Kaleidoscope*, qui évoque sa collaboration avec le photographe Arimoto Shinya en 1999, puis elle y revient une nouvelle fois pour une troisième fiction, *Shara*, en 2003, présenté en compétition officielle au Festival de Cannes. Le cinéma de Naomi Kawase est intimement mêlé à sa vie : que ce soit à travers ses *Carnets intimes* (où elle se filme depuis 1988 à travers une quinzaine de films tournés en 8 mm et en vidéo), dans ses courts métrages, dans ses documentaires ou dans ses trois films de fiction, c'est son identité qu'elle recherche, à travers un passé familial, une ville, des traditions, une vie quotidienne, qu'elle fouille avec une caméra constamment en éveil, jetant sur les êtres et sur les choses un regard chargé tout à la fois de mystère et d'émotion, et imposant une vision, un style, un univers qui sont d'une cinéaste à coup sûr parmi les plus importantes de la nouvelle génération.

### SHARA (2003)
#### avec Kohei Fukunaga, Yuka Hyodo, Katsuhisa Namase et Naomi Kawase

**La disparition.** Un plan-séquence, virtuose, qui partant de l'ombre d'une pièce enfile portes et corridors et débouche sur une cour où deux enfants jumeaux en train de jouer essaient de laver les taches qui les barbouillent, puis l'un des deux, Kei, qui se lève, se met à courir, et son frère, Shun, qui lui colle au train, et la caméra derrière lui, qui prend de plein fouet la lumière aveuglante de l'extérieur, puis qui s'essaie à ne pas lâcher les basques de l'enfant, lequel court à une dizaine de mètres derrière son jumeau, passant par là où il passe, touchant ce qu'il touche, faisant tout ce qu'il fait, enfilant les petites rues étroites de la vieille ville, tournant à droite, bifurquant à gauche, passant sous les arbres, accélérant le train, Kei devant, Shun toujours derrière à dix mètres, et la caméra qui s'accroche, et Kei qui va toucher un mur à gauche, puis qui enfile une ruelle à droite, Shun qui va toucher le mur à gauche, qui se tourne vers la droite, et la caméra avec lui : et là, le temps d'arriver au coin, dix mètres, quelques secondes, et Shun se retrouve devant une ruelle vide, et la caméra avec lui, et le spectateur aussi. Vertige sidérant de la disparition, et mystère dont le poids ne va cesser de peser sur un film tout entier construit à partir de ce vide.

Car cinq ans plus tard, Shun n'a toujours pas pu se faire à cette disparition de l'autre moitié de lui-même, dont il cherche à retrouver les traits dans le portrait qu'il peint à l'atelier de peinture, et dont il parle à Yu, son amie d'enfance, qui, attirée par lui, s'efforce de le faire sortir de sa mélancolie. Et pour Taku et Reiko, ses parents, le vide est tout aussi immense : mais ils choisissent de vivre. Taku s'occupe de la fête de Basara, qui fait revivre les danses traditionnelles et redonne vie à Nara, la capitale du Japon d'autrefois, tandis que Reiko se retrouve enceinte. Deux promesses de (re)naissance, qui donnent lieu aux deux autres grandes scènes qui ponctuent le film, et que Naomi Kawase filme de telle façon que la réalité et la fiction semblent se confondre : Yu, l'amie, mène la fête, surmontant le secret qu'elle vient d'apprendre de sa propre naissance, tandis que sous la pluie qui tombe soudain en déluge, faisant participer l'eau du ciel à la danse, Taku le père fait revivre la vieille ville et lui redonne un présent. Et c'est au tour de Reiko, la mère, qu'interprète dans une appropriation troublante de l'intimité Naomi Kawase elle-même, de donner naissance au garçon d'un avenir rachetant le passé, dans une scène d'accouchement filmée au plus près, avec toute la famille qui entoure la mère en train d'enfanter, dans un cinéma de douceur, de tendresse humaine et de beauté, où les déchirures intimes s'adoucissent du spectacle d'un chat lové dans l'herbe, d'une toile d'araignée tendue entre deux plantes, d'une calligraphie à l'encre de Chine traçant l'idéogramme de la lumière, et d'un ultime plan-séquence refaisant le trajet de la disparition, mais cette fois-ci, fort de la naissance du nouveau-né, s'envolant dans le ciel de Nara, au-dessus des toits serrés des maisons où vivent les hommes, avec leurs douleurs et leurs espoirs.

# KECHICHE Abdellatif (franco-tunisien, né en Tunisie en 1960)

**Filmographie :**
*La Faute à Voltaire (2001)* • ***L'Esquive (2003)***

Né en Tunisie, Abdellatif Kechiche, émigré en France, y commence sa carrière comme acteur, d'abord au théâtre, où il joue notamment García Lorca et Eduardo Manet, puis au cinéma, où il tient en 1984 le rôle principal d'un jeune Algérien venu vivre à Paris et qui cache à sa famille restée au pays qu'il vit d'expédients et de petites combines, dans *Le Thé à la menthe* d'Abdelkrim Bahloul. Après plusieurs films où il est comédien, et après avoir commencé à écrire des scénarios, il trouve l'opportunité, après sept ans de préparation et de difficultés, de passer enfin à la réalisation, avec un premier film, *La Faute à Voltaire*, où il raconte l'arrivée à Paris d'un jeune Tunisien, qui n'a qu'un permis de séjour provisoire et qui tombe amoureux d'une fille paumée. Et son second film, tourné lui aussi à l'économie et reprenant un projet qu'il avait essayé de monter dix ans auparavant et dont aucun producteur ni aucune chaîne télé n'avaient alors voulu, traite encore des enfants de l'émigration : la razzia de récompenses que le film fait aux Césars montre en tout cas que, en 2003, le sujet n'effraie plus.

## L'ESQUIVE (2003)
### avec Osman Elkharraz, Sara Forestier et Sabrina Ouazani

**Kiffer Marivaux.** Le langage, d'abord : entre « nique ta mère » et « sur le Coran de La Mecque », un ton, un débit, un accent, une façon de parler qui est, d'emblée, une façon d'être. Et qui, du coup, pour l'oreille du spectateur moyen, commence par paraître largement incompréhensible avant, bien vite, de devenir familier. Parce qu'Abdellatif Kechiche, au lieu de parler de la banlieue en passant par les cases obligées, a la belle idée de la laisser parler elle-même. Et ces jeunes désœuvrés, réunis au bas de la cage d'escaliers, et dont l'agressivité apparente passe par cette façon de parler haut et fort qui est surtout un code de communication, on voit vite que ce sont des garçons et des filles comme les autres. Abdelkrim, par exemple, beau ténébreux plutôt timide, que tout le monde appelle Krimo, a des problèmes de cœur : il vient de rompre avec Magali, et il n'a d'yeux que pour Lydia, laquelle, toute pimpante dans la robe XVIII$^e$ que vient de lui confectionner un Chinois dans son atelier clandestin, répète avec d'autres copains et copines de la cité *Le Jeu de l'amour et du hasard*, qu'une prof leur fait travailler en classe pour la fête de fin d'année.

Voilà donc Marivaux, le plus raffiné des dramaturges de la scène classique, parachuté plus de deux siècles et demi après dans une cité de banlieue. Et, le plus épatant, c'est qu'il n'y est pas si mal, et que cette façon qu'il a de prêter aux riches et aux pauvres, aux maîtres et aux serviteurs, sinon le même langage, du moins les mêmes émois et les mêmes complexités de cœur, se retrouve parfaitement en situation quand des ados du coin – beurs, blancs, blacks – non seulement se mettent à interpréter les rôles qu'il a créés, mais éprouvent pour de bon les sentiments qu'il décortique. À ce compte-là, la fine mouche qu'est Lydia se retrouve nettement plus à l'aise que le malheureux Krimo. Et lui a beau échanger contre quelques paires de Nike le rôle d'Arlequin avec son pote Rachid, les mots ont du mal à sortir et le jeu de l'amour se transforme pour lui en calvaire.

Certes, la banlieue est là, et bien là : les barres d'immeubles, la violence latente, les pères en taule, les grands frères en vigie, et les flics qui surgissent et qui n'y vont pas de main morte. Mais tout cela n'est qu'un cadre, qui fixe une réalité vécue non pour l'utiliser comme matière à un discours militant mais pour en faire le décor, tout simplement, d'un marivaudage amoureux. Voilà qui tranche heureusement avec les clichés, et qui renouvelle totalement l'image que le cinéma donne habituellement de la banlieue. Et voilà aussi qui révèle toute une bande de jeunes comédiens débutants, aussi doués pour trouver le ton juste que le ton faux – parce que Krimo est, décidément, un bien piètre Arlequin ! –, et un réalisateur qui sait mener tout cela avec un naturel total, fruit sans doute de beaucoup de travail, et qui, au bout du compte, entre le rire et l'émotion, fait kiffer Marivaux, et la banlieue, mieux que personne.

# KHOURI Callie (américaine, née en 1957)

**FILMOGRAPHIE :**
***Les Divins secrets (2002)***

Formée au théâtre et débutant comme productrice de spots publicitaires et de vidéo-clips, Callie Khouri passe au cinéma comme scénariste. Son premier scénario, *Thelma et Louise*, qu'elle écrit en 1990 pour Ridley Scott, lui vaut d'emblée l'Oscar ; et le second, *Amour et mensonges*, écrit en 1995 pour Lasse Hallström, la confirme comme une scénariste sachant parler des femmes et offrir de beaux rôles aux actrices, et à qui on peut donc faire appel pour des projets à résonance féminine. Ce qui se passe avec la proposition qu'on lui fait de porter à l'écran un roman de Rebecca Walles, *Les Divins secrets des petites Ya-Ya*, qui lui permet de signer sa première réalisation.

## LES DIVINS SECRETS (2002)
### avec Sandra Bullock, Ellen Burstyn et Ashley Judd

**Entre femmes.** Telle mère, telle fille. Mais la ressemblance qui existe entre Sidda Lee Walker et sa mère Vivi, il va leur falloir beaucoup de temps, à l'une comme à l'autre, pour la découvrir et pour l'admettre. Car Sidda a quitté la maison familiale de Louisiane pour devenir dramaturge et faire carrière à New York. Et les confidences qu'elle fait à une journaliste sur son enfance et sur la façon plutôt rude dont sa mère s'est occupée d'elle mettent, lorsque l'interview paraît, le feu entre les deux femmes. Heureusement, en femme de ressources qu'elle est, Callie Khouri – déjà scénariste de cette décapante histoire de femmes qu'était *Thelma et Louise* –, dispose autour de Vivi son trio d'amies d'enfance, lesquelles formaient avec elle, lorsqu'elles étaient jeunes, l'inséparable clan des Ya-Ya, unies par le sang à la vie à la mort. Devenues de vieilles dames pas vraiment dignes et passablement alcooliques, elles ont gardé leur esprit intrépide et volontiers excentrique. Et, allant purement et simplement enlever Sidda Lee à New York, elles la ramènent en Louisiane pour que, une fois pour toutes, la mère et la fille se disent en face tout ce qu'elles ont à se dire.
Et des secrets de famille, il y en a dans le film de Callie Khouri, comme dans toutes ces histoires romanesques et gentiment mélodramatiques qu'aime à raconter Hollywood. Il y en a même tant que le scénario en paraît quelque peu encombré, mêlant dans le même grand flot romanesque une reconstitution nostalgique du Sud des années 1930 et 1940, une comédie de mœurs sur la différence des générations et sur la libération des femmes, une classique analyse de l'incompréhension et des malentendus qui accompagnent les relations entre une mère et une fille, et, coiffant le tout, le portrait sur toute une vie d'une héroïne qui rêve d'un destin et dont les vicissitudes de l'existence trahissent les espoirs. Cela fait beaucoup, d'autant que toutes ces femmes entre elles ont un beau tempérament, que les dialogues fusent, souvent ciselés à l'humour vitriolé, et qu'au bout du compte, ce qui oppose la mère et la fille n'apparaît pas aussi insurmontable que cette débauche de cris et de tensions pouvait le laisser supposer. Reste, pour le bonheur du film, de belles actrices, qui tiennent fermement en main leurs personnages. Elles font le spectacle.

# KHUDOJNAZAROV Bakhtiar (tadjik, né en 1965)

**FILMOGRAPHIE**
*Bratan (1991)* • *Kosh ba kosh (1992)* • ***Luna Papa (1999)*** • *Le Costume (2003)*

Le premier film de Bakhtiar Khudojnazarov a fait connaître non seulement son réalisateur, mais aussi le Tadjikistan, petite république d'Asie centrale, coincée entre l'Afghanistan et la Chine, et sortant passablement déglinguée de l'ère soviétique : *Bratan* raconte en effet le voyage en train, à travers le pays, de deux gamins partant retrouver leur père à Douchanbe, la capitale, qui est la ville natale du cinéaste. Celui-ci, alors débutant, avait réalisé trois courts métrages entre 1986 et 1988, pendant ses études à la célèbre VGIK de Moscou. Le succès international remporté par *Bratan* puis par *Kosh ba kosh*, Lion d'or à Venise en 1992, lui permet de s'installer à Berlin en 1993, où il trouve plus de facilités pour produire et réaliser. Mais son cinéma, comme le montre *Luna Papa*, tourné au carrefour du Tadjikistan, de l'Ouzbékistan et du Kirghizstan, reste foncièrement tourné vers l'Asie centrale. Et il ne se départit pas d'une énergie qui puise sa vitalité dans un imaginaire riche de toutes les folies et de tous les débordements.

### LUNA PAPA (1999)
### avec Chulpan Khamatova, Ato Mukhamedshanov et Moritz Bleibtreu

**Tadjik ? vous avez dit Tadjik ?** Une fille de 18 ans qui rêve d'un bel acteur de passage et qui, une nuit, au clair de lune, se laisse prendre aux assauts de l'inconnu, avec, conséquence bien vite lourde à porter, son ventre qui ne tarde pas à s'arrondir : ce qui arrive à Mamlakat n'a rien de particulièrement exceptionnel et s'inscrirait même plutôt dans la froide logique des statistiques. Avec, toutefois, cette différence qu'on est ici dans les steppes de l'Asie centrale, et plus précisément dans une petite bourgade dont le nom de Far Chor ne permet pas vraiment de la situer sur la carte, mais dont on voit bien qu'elle se situe dans ce pays sans frontières qui est celui de l'imaginaire. Or, l'imaginaire, chez Bakhtiar Khudojnazarov, c'est quelque chose ! Le cinéaste, en effet, n'est assurément pas tadjik pour rien. Et son imagination vibre d'une sensibilité si fertile qu'elle fait de son film, entre souk et bazar, un trésor de bric-à-brac aussi insensé qu'inventif.
L'histoire elle-même emprunte les chemins du road-movie, mais aux confins du Caucase et du désert, le sol est pour le moins chaotique et le voyage du père, qui se lance à la poursuite du séducteur envolé de sa fille, prend vite des allures de périple surréaliste. L'oiseau qu'il recherche étant un comédien, le père bafoué écume donc tous les théâtres entre Tachkent et Samarcande, déboulant au beau milieu d'*Othello* ou d'*Œdipe roi*, pour démasquer le coquin. Ce qui transforme les représentations en foire d'empoigne, où les coups pleuvent avec une ferveur qui fait plaisir à voir, habitués qu'on est à la rudesse de la vie. Il faut dire qu'entre des miliciens juchés sur un char et jouant de la kalachnikov sous leurs lunettes noires, des vendeurs d'insecticides larguant leur gaz sur une pétarelle à trois roues, des mafieux qui se trompent de victimes et s'excusent d'être venus vous mettre en sac, un jeune demeuré revenu d'Afghanistan le cerveau en compote et qui pourchasse le mal en se prenant pour un bombardier, un bouclier qui plane comme une soucoupe volante, un amoureux qui cueille des fleurs électriques, un faux médecin qui fait du trafic de transfusion sanguine, un vrai bœuf qui tombe du ciel et, pour finir, le toit d'une maison qui se transforme en vaisseau spatial : il faut dire donc, qu'entre tout ça et bien d'autres choses encore, on n'a jamais le temps de s'ennuyer en route. D'autant que les plans, surprenants, sont à l'avenant : images bleu sombre d'un bac brinquebalant embarqué sur une mer d'orage, poussière d'immenses étendues caillouteuses sous le vent, avion à hélices sillonnant le décor comme un oiseau tombé du ciel, cavalcade d'une horde de chevaux traversant la steppe toutes crinières dehors, ou ciel lumineux servant d'auréole à une fille qui danse en robe blanche sur le toit d'une voiture. Ça crie, ça court, ça pleure, ça rit, ça vole : on se dirait dans un film de Kusturica. D'ailleurs, il n'y manque ni lapin, ni âne, ni chameau, ni veau, ni vache, ni poule, ni même couvée : le futur bébé qui raconte l'histoire en voix off depuis le sein de sa mère en est le témoin !

---

## KIAROSTAMI Abbas (iranien, né en 1940)

**PREMIER LONG MÉTRAGE :**
*Le Passager (1974)*
**FILMOGRAPHIE DEPUIS 1985 :**
*Les Élèves du cours préparatoire (1985) • Où est la maison de mon ami ? (1987) • Devoirs du soir (1989) • Close up (1990) •* ***Et la vie continue (1992) • Au travers des oliviers (1994)*** *• À propos de Nice, la suite (1995), co-réalisation • Le Goût de la cerise (1997) • Le vent nous emportera (1999) • ABC Africa (2001) • Ten (2002) • Five (2004) • 10 on ten (2004) • Tickets (2004), co-réalisation*

Des cinéastes qui se sont révélés à partir des années 1980 et qui, en vingt ans, ont marqué de leur empreinte l'histoire en cours du cinéma, Abbas Kiarostami apparaît comme une figure incontestée, à la fois par l'exigence cinématographique que ses films traduisent mais aussi par le profond humanisme dont son œuvre est empreinte. Venu d'un pays, l'Iran, dont l'histoire récente illustre les soubresauts du monde présent, il fait entendre une voix qui, attachée aux choses simples, retrouve des valeurs universelles. Né à Téhéran, s'intéressant très jeune aux arts graphiques, il travaille tout au long des années 1960 à la conception de films publicitaires et de génériques de films, tout en suivant des cours à la Faculté des beaux-arts et en occupant un modeste emploi de bureau pour subvenir à ses besoins. En 1969, il fonde le service cinéma de l'Institut pour le développement intellectuel des enfants et des jeunes adultes, qui va devenir très vite l'un des principaux studios du cinéma iranien. Lui-même vient à la réalisation par des courts métrages, puis à partir de 1974, enchaîne les longs métrages. Son sujet favori est toujours l'enfance, qu'il traite en plaçant devant sa caméra de jeunes non-professionnels, à qui il propose de se laisser aller à l'improvisation à partir d'un simple schéma. Ce goût de la réalité directe, qui ne va pas sans dessein pédagogique, se traduit aussi par des décors naturels et par une fluidité du récit, attaché aux réalités sociales et à la vie au quotidien, qui ne sont pas sans faire penser aux néo-réalistes italiens. Dans le même temps, cet intérêt porté aux gens et aux choses se double d'une réflexion sur le cinéma lui-même et sur la création : la place du cinéaste dans la société tout comme le rapport entre fiction et réalité sous-tendent *Close up*, puis le triptyque constitué par *Où est la maison de mon ami ?, Et la vie continue* et *Au travers des oliviers*, puis *10 on ten*, enchaînant sur *Ten* mais aussi sur *Le Goût de la cerise*. Et quel que soit le film, les réalités de l'Iran débouchent toujours chez lui sur une réflexion sur la condition humaine, qui célèbre le triomphe de la vie sur les incertitudes de l'Histoire et les assauts toujours renouvelés de la mort.

## ET LA VIE CONTINUE (1992)
### avec Farhad Kheradmand et Puya Paevar

**La terre tremble.** En 1990, un terrible tremblement de terre ravage le nord de l'Iran. Là même où, trois ans auparavant, Abbas Kiarostami était allé tourner *Où est la maison de mon ami ?* Que sont devenus les deux jeunes garçons qui étaient les héros du film ? Pour le savoir, Kiarostami, dès le surlendemain, part, accompagné de son fils, dans la région sinistrée. Il en revient sans avoir retrouvé les enfants, mais en ayant vu, dans l'immense chaos de mort qu'est devenue la région, la vie renaître des décombres. Aussitôt rentré de son périple, il en écrit un film : c'est le scénario de *Et la vie continue*, qui raconte comment un père et son fils (pour lesquels il choisit deux interprètes) partent à la recherche des enfants de *Où est la maison de mon ami ?* dans une vieille R5 jaune : voyage vers un pays dévasté, où le séisme a laissé des plaies béantes, vers des villages détruits, vers des malheurs insoutenables. Et pourtant voyage vers la vie, vers tout ce que l'enfant regarde, montre, découvre, et que la caméra de Kiarostami découvre avec lui. Car le cinéma est ici aux frontières de la réalité. Le réalisateur, comme Rossellini le faisait, organise la fiction comme un document, partant d'éléments réels dont il transfigure le sens. Son film, il le tourne sur les lieux mêmes du séisme, où il revient avec son équipe technique cinq mois après et même, pour retrouver les conditions de la saison, une nouvelle fois onze mois plus tard pour terminer son tournage. Ainsi les effets du tremblement de terre, les paysages désolés, les crevasses qui labourent le sol, l'invraisemblable amas de pierre, de poussière, de poutres, d'objets, de carcasses de voitures, et, au milieu de tout cela, la misère des hommes qui égrènent la liste de tous ceux et ce qu'ils ont perdu : tout cela est la vérité même du tremblement de terre, mais reconstitué, joué, intégré dans un film qui découvre, au fil de la route, à la fois l'étendue du désastre et la force irrépressible aussi de la vie.

Cette découverte, elle prend la forme d'un voyage qui, d'abord, emprunte la route nationale : mais tout est embouteillé, et on ne peut rien voir. Du coup, le conducteur prend un chemin de traverse, sans trop savoir où il va. Ceux qu'ils croisent lui disent que le passage est impraticable, qu'il n'arrivera pas à passer. Mais il s'entête. Et, tout au long de la route, il trouve ce qu'il est venu chercher : des hommes et des femmes qui lui racontent leur histoire, avec une dignité et une sorte de sérénité qui a tout d'une philosophie de l'existence ; des objets tout simples – une bouteille de gaz, une bouilloire, un tapis coincé sous les décombres ; et des scènes tour à tour touchantes (un bébé qui pleure dans un hamac de fortune), drôles (un enfant qui a été pris dans les ruines de sa maison au moment où la télévision passait le match de Coupe du monde Écosse-Brésil et qui, lorsque le conducteur lui demande ce qui s'est passé, répond tout simplement : « L'Écosse a marqué un but »), et toujours symboliques de la vie qui continue : l'eau de la source qui coule dans des canalisations réparées, le vieil homme qui rapporte un bidet tout neuf qu'il vient d'acheter, le jeune couple qui a profité de la catastrophe pour se marier sans attendre le consentement de la famille...

Avançant lui aussi sur des chemins de traverse, à l'écart des routes toutes tracées, Kiarostami filme le réel. Dans un plan final saisissant, qui montre en plan large le paysage tourmenté, il amène la voiture poussive au bas d'une pente si raide qu'elle ne parvient pas d'abord à la gravir. Le conducteur, redescendant, s'élance à nouveau, et cette fois-ci, il franchit l'obstacle, s'élevant vers le haut de la montagne où, cheminant sur la cime, deux ombres se détachent, toutes petites dans l'immensité : sont-ce les deux enfants qu'il est venu chercher ? Sans doute. Mais, refusant la facilité d'une fin de cinéma, le film laisse la question sans réponse, parce que ce qu'il est venu chercher, et qu'il trouve dans la vision à la fois respectueuse et empreinte de sympathie des gens qu'il filme, ce sont toutes les raisons qu'il y a de continuer à vivre. Et pour un cinéaste comme Kiarostami, qui exerce son art comme une conscience dans un pays qui a tendance à faire taire la liberté, toutes les raisons qu'il a de continuer à filmer.

## AU TRAVERS DES OLIVIERS (1994)
**avec Hossein Rezai et Mohamad Ali Keshavarz**

**Le film de la vie.** Le cinéma, le cinéma, toujours recommencé. En 1987, Abbas Kiarostami tournait, dans le nord de l'Iran, ce qui était alors son quatrième film : *Où est la maison de mon ami ?*, une histoire d'enfants touchés par la grâce, qui faisait soudain découvrir en Occident ce cinéaste venu d'ailleurs. Trois ans plus tard, un terrible tremblement de terre ravageait la région même où le film avait été tourné. Sans nouvelles des interprètes de son film, Kiarostami partait alors, accompagné de son jeune fils, et se rendait sur place. Ce voyage, il le reconstituait aussitôt, faisant jouer son propre rôle par un comédien, et en faisait un nouveau film, *Et la vie continue*, sorti en France en 1992, périple au cœur d'une terre ravagée et pourtant vivante, mais périple aussi aux confins de cette région indécise où le document et la fiction se rejoignent. Dans ce film, une scène montrait un jeune couple s'efforçant de survivre au milieu des décombres causés par la catastrophe. Kiarostami, isolant cette scène, en raconte le tournage. Et c'est *Au travers des oliviers*, un nouveau film, qui est ainsi un film sur un film, lequel était déjà un film sur les suites d'un film.
Film gigogne donc, troisième volet d'une aventure cinématographique où d'un film sort un autre film, et de celui-ci un autre film encore, mais film aussi ayant sa propre autonomie, ce qui fait qu'il peut être vu même si on n'a pas vu les deux précédents. Ce qu'on y découvre, c'est un pays en ruines. Mais sur ces ruines, la vie qui continue. Ainsi les personnages principaux de l'histoire sont un jeune garçon, engagé pour tenir un petit rôle, et une jeune fille, qui doit jouer sa femme. Or, dans la réalité de leur vie personnelle, ce garçon aime cette fille et veut l'épouser, mais il se heurte au refus de sa famille et à son silence obstiné. Et ses problèmes de cœur viennent interférer avec le rôle qu'il doit tenir. La vie s'insère donc dans la fiction du cinéma. Le tout étant observé par le réalisateur en train de tourner *Et la vie continue* et qui, devant les difficultés que lui causent ses deux interprètes, essaie d'intervenir pour régler leurs problèmes : le cinéma, à son tour, s'insère dans la vie. Et c'est à ce tournage mouvementé qu'on assiste, tournage à la fois réel – celui de *Et la vie continue* – et fictif – celui de *Au travers des oliviers*.
Il pourrait y avoir, dans la subtilité de ce jeu de miroirs, la froideur d'un exercice formel. Avec Kiarostami, c'est tout le contraire. C'est que pour lui, la vie est la matière même du cinéma. La terre, la lumière, les regards, les sons, les silences, composent le kaléidoscope d'une réalité saisie simplement, directement, de plain-pied. En des plans d'une beauté fulgurante, comme cette dernière séquence où, au travers des oliviers, puis sur le versant d'une colline, le jeune homme poursuit la jeune fille. Obtiendra-t-il qu'elle lui réponde ? La caméra les suit, de loin, et enregistre tout, pudique et attentive. Et l'on retient son souffle.

# KIESLOWSKI Krzysztof (polonais, 1941-1996)

**PREMIER LONG MÉTRAGE :**
*Le Personnel (1975)*
**FILMOGRAPHIE À PARTIR DE 1985 :**
*Tu ne tueras point (Décalogue – 5) (1987)* • ***Brève histoire d'amour (Décalogue – 6) (1988)*** • *Le Décalogue (1988)* • *La Double vie de Véronique (1990)* • ***Trois couleurs : Bleu (1993)*** • *Trois couleurs : Blanc (1994)* • *Trois couleurs : Rouge (1994)*

Étonnant géomètre, projetant sur l'écran de subtiles constructions mathématiques : les dix films illustrant les dix commandements du *Décalogue* ; la trilogie franco-polono-helvétique des *Trois couleurs : Bleu, Blanc, Rouge* ; et l'écriture en projet, alors même qu'il s'était retiré du cinéma – définitivement affirmait-il –, d'une autre figure emblématique : un triptyque Enfer-Purgatoire-Paradis qui, lié à un pays de vieille tradition catholique comme la Pologne, eût sans doute éveillé de nouveaux et subtils échos avec le *Décalogue*. La notoriété de Krzysztof Kieslowski fut tardive : elle date de 1988, et de la présentation à Cannes de *Tu ne tueras point*. À ce moment-là, le cinéaste avait déjà derrière lui une longue carrière consacrée depuis plus de vingt ans au documentaire, puis, à partir de 1975, à la fiction, avec cette entreprise unique de dix films fouillant, à travers les dix commandements, les tréfonds de l'âme humaine. Consacré internationalement, le cinéaste peut réaliser, dans les années 1990, des films à capitaux étrangers, qui lui offrent des budgets plus importants. Le succès public et les récompenses de festivals sont au rendez-vous, mais sans que lui-même déroge en rien à ses principes cinématographiques, et à cette entreprise de longue haleine visant à construire de savants dispositifs narratifs pour traquer le cours des choses et épingler les conduites humaines. Entreprise interrompue par son retrait volontaire, puis par sa mort impromptue, l'un et l'autre n'étant en fin de compte que la forme extrême de ce grand mystère autour duquel l'œuvre tout entière est construite.

## BRÈVE HISTOIRE D'AMOUR (1988)
### avec Grazyna Szapolowska et Olaf Lubazenko

**Fenêtre sur cœur.** Le voyeur. Il est là, derrière sa fenêtre, tapi dans l'ombre, l'œil collé au viseur de sa lunette. Sous ses yeux, épinglée dans l'objectif, une femme, jeune, belle, qui vit sa vie et ses amours sans se douter du regard qui observe le moindre de ses gestes, de ses râles, de ses pleurs. Il s'appelle Tomek, il a 19 ans, un visage doux et rond, les traits un peu mous ; il travaille à la poste et loue une chambre chez une dame âgée, dans un immeuble anonyme, où s'alignent des rangées de fenêtres aussi anonymes que la sienne. Un voyeur. Et pourtant, qui veut se faire voir de celle qu'il épie. D'abord, il lui téléphone ; puis il la convoque, sans motif, au bureau de poste. Un jour enfin, il l'aborde et lui avoue qu'il la guette ainsi, dans son viseur, depuis plus d'un an, et qu'il sait tout d'elle. Jusque-là, le film de Kieslowski pourrait apparaître comme une simple variation sur un thème connu, une sorte de *Fenêtre sur cour* à la polonaise. Le rituel de l'observation, le téléobjectif qui fouille, l'image capturée et qu'on ne lâche plus. Mais, avec l'aveu, tout change. En se confiant à la jeune femme, c'est comme si Tomek renversait sur lui-même l'objectif, comme s'il dirigeait le faisceau lumineux au plus profond de ses propres sentiments. Magda, sa victime, découvre alors dans ce garçon timide un amour total et sans partage, et dans ce regard qui l'observe, un désir inconscient d'en préserver la pureté. Et le drame qui naît lorsque ce rêve se heurte à la réalité sensuelle du corps de la jeune femme va à son tour amener celle-ci à regarder au fond d'elle-même et, pour la première fois, à y voir clair dans sa vie.

Le film de Kieslowski a quelque chose d'envoûtant. Parce que, de façon insidieuse, il installe un univers. Dans ces immeubles sans âme, dans ce pays gris et triste, dans cette vie aussi étroite que les murs d'une chambre, la lunette du voyeur constitue la seule évasion possible : vers la beauté, l'amour, l'inaccessible. Mais la chair est triste, hélas, et Kieslowski, s'il a vu les films d'Hitchcock, a surtout dû méditer ceux de Bresson. Le lyrisme ici est celui du silence, du dépouillement, d'une sensibilité qui transparaît dans l'austérité des plans et la discrétion de la musique. Rien n'est dit, que l'essentiel. Et ce que Kieslowski montre, dans ce style dont la sécheresse même offre une certaine douceur, c'est la désespérance de vivre, et la petite lueur qui, malgré tout, brille dans la nuit : ce carré de lumière, cette fenêtre sur cœur, cet absolu qui attire, même s'il porte la mort en soi, parce qu'il offre aussi cette assurance fragile qu'on n'est peut-être pas tout seul au monde. Et lorsque, dans un plan surprenant, Magda, l'observée, colle son œil au viseur de la lunette et se met à observer sa propre vie, on se dit qu'à coup sûr, cette lunette du voyeur plonge loin dans l'âme humaine. Et qu'elle amène en fin de compte chacun de nous à s'y regarder.

## TROIS COULEURS : BLEU (1993)
### avec Juliette Binoche et Benoît Régent

**La petite musique de vie.** Est-ce cette façon unique que Kieslowski a d'agencer ses films comme des puzzles dont on n'est jamais sûr que les pièces, révélées peu à peu, soient complètes, comme s'il manquait toujours le fragment ultime, celui qui permettrait de donner enfin un sens à l'œuvre achevée ? Est-ce l'originalité d'une démarche qui se construit comme un assemblage – naguère les dix commandements du *Décalogue*, aujourd'hui les trois couleurs bleu-rouge-blanc de la Liberté, de l'Égalité et de la Fraternité ? Est-ce tout simplement cette atmosphère de mystère qui baigne l'univers d'un cinéaste qui excelle à percevoir échos, correspondances, signes invisibles, mais qui se refuse à interpréter ces signes et laisse entière la clef de l'énigme ? Est-ce parce qu'il est à la fois dans la ligne des précédents films, et tout particulièrement de *La Double vie de Véronique*, mais qu'en même temps il offre sa propre tonalité, unique, surprenante, que *Bleu* fascine à ce point ? Fascine et inquiète, au sens où il interroge plus qu'il n'affirme, où il provoque plus qu'il n'apaise.

La question posée est simple pourtant (mais qui jamais en aura la réponse ?) : peut-on vivre libre ? Depuis que le monde est monde, qu'il y a des philosophes qui pensent et des maîtres spirituels qui s'interrogent sur le libre arbitre face à la nécessité, il y a place pour le doute. *Bleu* se présente presque comme la mise en pratique expérimentale du problème théorique de la liberté. Julie, l'héroïne, perd brutalement, sur une route de campagne, sa

raison de vivre : une simple fuite dans le système de freins, un dérapage, un arbre au tournant de la route, et c'est l'accident, bête comme le hasard, inéluctable et réglé comme lui. Son mari, compositeur célèbre, et sa fillette de 5 ans y trouvent la mort ; elle survit. Avec une alternative : se suicider ou continuer à vivre. Elle choisit, parce qu'elle ne peut pas faire autrement, la seconde solution, avec cette idée précisément qu'ayant tout perdu, elle peut recommencer une autre vie, détachée, libre de tout, et que n'affecterait plus aucun lien d'aucune sorte.
Mais peut-on échapper à ce qu'on est et au monde où l'on est ? Diderot et son Jacques le fataliste prétendaient que tout était écrit quelque part, sur un grand rouleau. Ici, c'est sur la portée d'une partition, le long de ces lignes horizontales, équidistantes et parallèles sur lesquelles chacun trace les notes de sa propre musique, que tout s'écrit. Car la musique est, comme dans *La Double vie de Véronique*, le fil conducteur d'un récit labyrinthe : fil d'araignée, qui à la fois enserre Julie dans les mailles serrées de sa toile (car, malgré qu'elle en ait, son mari et sa fille continuent à infléchir sa propre vie, par tous les propres fils qu'ils ont tissés et qui continuent à se dévider pour elle). Mais fil d'Ariane aussi qui, au bout du compte, par le choix de terminer la partition laissée inachevée par la mort de son époux, permet de trouver une sortie. Qui vaut ce qu'elle vaut, et qui n'est peut-être qu'une façon de se soumettre. Le sourire final de Juliette Binoche a toute l'ambiguïté énigmatique qui convient.
Parfaite Juliette, qui a la froideur brûlante du rôle. Et superbes couleurs, avec ce bleu d'un éclairage cristallin qui vient donner au brun de la vie une profondeur, un velours, et comme un reflet de blues. Images somptueuses, parfois de trois fois rien : le bord d'une soucoupe, un reflet dans une cuillère, la plongée dans une piscine bleu nuit. Musique surtout, très (trop ?) proche de celle de *La Double vie de Véronique*, due au même Zbigniew Preisner, qui ponctue l'itinéraire de l'héroïne, arrête l'image, dans un fondu au noir qui est comme la pulsation du silence. Musique impalpable, plus forte que tout, dont on ignore qui est l'auteur, mais qui impose ses notes bleues. Musique qui éclaire la nuit de la déréliction, petite musique de la vie.

## KIKOÏNE Gérard (français, né en 1946)

**PREMIER LONG MÉTRAGE :**
*L'Amour à la bouche (1974)*
**FILMOGRAPHIE DEPUIS 1985 :**
*Le Feu sous la peau (1985)* • *La Ronde (1985)* • *Dragonard (1987)* • ***Dr Jekyll et Mr. Hyde (1988)*** • *Master of Dragonard Hill (1989)* • *Enterré vivant (1990)*

La double personnalité du docteur Jekyll et de Mister Hyde a fait du personnage de Robert Louis Stevenson un des héros récurrents les plus prolifiques du cinéma. Les implications psychanalytiques, morales, sociales, mais aussi les ressources spectaculaires et le fantastique dont le sujet est porteur expliquent que, depuis la version réalisée en 1920 par John S. Robertson et par la libre transposition donnée la même année par F.W. Murnau dans *Le Crime du docteur Warren*, le personnage à double face n'ait jamais cessé d'exciter l'imagination des réalisateurs, de Rouben Mamoulian à Victor Fleming, de Terence Fisher à Roy Ward Baker, de David Winters à Seymour Friedman (imaginant un *Fils du Dr Jekyll*) et même à Jerry Lewis le transformant en *Docteur Jerry et Mister Love*. Dans les dernières décennies du siècle, il est plus que jamais présent, illustrant les fantasmes et les angoisses du temps, comme en témoignent les versions anglaises de David Wickes en 1990 et de David Price en 1995, ou celle, moins connue, du Français Gérard Kikoïne, spécialiste du film érotique et du porno (une trentaine de titres dans les années 1970 !), mais aussi du remake (comme ce *Dr Jekyll et Mr Hyde*, ou encore *Enterré vivant*, qui reprend un film de Roger Corman de 1962).

### DR JEKYLL ET MR. HYDE (1988)
**avec Anthony Perkins et Glynis Barber**

**Sous l'ange, la bête.** Je est un autre. Dans les profondeurs troubles de l'inconscient, dans ces zones obscures où règnent l'instinct et le désir brutal, repose l'être secret, le double noir. Le fameux docteur Jekyll en est l'exemple emblématique. Personnage brillant de la société victorienne, chirurgien réputé, il donne l'image du notable respecté de tous. Pourtant, dans le secret de son laboratoire, le docteur Jekyll se livre à de mystérieuses expériences. Sous la surface austère et lisse du puritain vibre un être de pulsions et de passions. Qu'une manipulation un peu plus

poussée que les autres intervienne, et voilà le double démoniaque qui remonte à la surface, qui fait craquer les traits du visage, qui gonfle les chairs et distend les formes. Le masque de la morale et de la respectabilité tombe et laisse la place au monstre criminel, à l'être assoiffé de plaisirs et de sang. La créature se découvre double : sous l'ange perce la bête infâme.
Le plus célèbre dédoublement de personnalité de la littérature a naturellement tenté très tôt les cinéastes, le roman de Stevenson fournissant à la fois la matière du plus riche des scénarios, la possibilité de somptueux effets d'épouvante, et l'occasion d'une belle performance d'acteur pour qui serait tenté par ce double je. Parmi les multiples versions qui ont donc marqué l'histoire cinématographique du duo Jekyll-Hyde, quelques-unes sont restées célèbres par l'interprétation qu'elles en ont fournie. Ainsi, en 1931, Rouben Mamoulian cherchait la clé du dédoublement au sein de l'intériorité même du personnage, qu'interprétait Fredric March. Dès la première scène du film, il utilisait toutes les ressources de la caméra subjective, identifiant en quelque sorte le public à son héros, dont le champ de vision délimitait le cadre de l'image. Toute l'ouverture du film montrait ce que Hyde lui-même voyait, jusqu'à ce qu'un panoramique de 180 degrés permette de le découvrir dans le regard de ses étudiants en train de suivre son cours. Jeu de regards fascinant, comme si Hyde ne s'appartenait pas et n'était que la projection d'une conscience sociale : celle du monde puritain de l'Angleterre victorienne, cachant soigneusement son refoulé. Dix ans plus tard, en 1941, Spencer Tracy prêtait ses traits débonnaires au personnage, dans une réalisation sans surprise de Victor Fleming. Mais le morceau de bravoure que constituait la métamorphose du beau chirurgien en une créature difforme et satanique prenait, en ces temps de guerre, une étrange résonance. Comme si la barbarie ne demandait qu'à remonter à la surface, et comme si l'essentiel était désormais de tout faire, pour que la bête meure. Vingt ans après, en 1963, le cauchemar était passé. En ces temps de libération des mœurs, il revenait à l'inimitable Jerry Lewis de donner une interprétation parodique du mythe. Son docteur Jerry, sorte de professeur Nimbus, se transformait en un démentiel Mister Love dans une débauche de tubes, d'alambics et de fumigènes qui traduisait l'irruption de la fantaisie dans le monde bien ordonné de la science.
Aujourd'hui, en cette fin des années 1980, la version que propose Gérard Kikoïne est elle aussi marquée par l'époque. C'est sur la drogue que le docteur Jekyll mène ses expériences, et c'est la drogue qui libère en lui l'esprit du mal. Le film devient ainsi une parabole sur le mal qui mine la société contemporaine. Pour en traduire toute l'horreur, le réalisateur n'a pas hésité à faire de l'affreux Mister Hyde la réincarnation de cet autre criminel mythique qu'est Jack l'Éventreur. Et pour que l'épouvante soit complète, il a demandé à Anthony Perkins d'être le personnage, sans autre maquillage que ses traits vieillis, ravagés par ce trouble intérieur et cette fêlure qu'il traîne depuis *Psychose*. Une fois encore, dans ce miroir déformant, ce n'est jamais que notre monde qui se regarde…

## KIM Ki-duk (sud-coréen, né en 1966)

**Filmographie :**
*Crocodile (1996)* • *Wild animal (1997)* • *Birdcage inn (1998)* • *L'Île (1999)* • *Real fiction (2000)* • *Adresse inconnue (2001)* • *Bad guy (2002)* • *The Coast guard (2002)* • ***Printemps, été, automne, hiver… et printemps (2003)*** • *Samaria (2004)* • *Bin-jip (2004)* • *Locataires (2005)* • *L'Arc (2005)*

Dans le sillage du vétéran Im Kwon-taek, le maître incontesté, une génération de jeunes cinéastes arrive à la réalisation dans les années 1990, qui se fait aussitôt remarquer par des films novateurs, brillants, souvent étonnants, et qui commence, grâce à l'ouverture internationale du marché des films, à se faire connaître à l'extérieur. Au côté de Lee Chang-dong, de Song Hae-sung, de Park Chon-wook, de Bong Joan-ho, de Hong Sang-soo, Kim Ki-duk apparaît comme un des plus talentueux de ce nouveau nouveau cinéma coréen. Élevé dans les montagnes, avant de venir à Séoul à 9 ans, celui-ci se retrouve dans une école d'agriculture, puis en usine, puis dans la marine, dans une église enfin, où il passe deux ans avec l'idée de devenir prêtre. C'est à cette époque qu'il commence à s'intéresser à la peinture. En 1990, il quitte la Corée pour la France, où il découvre le cinéma. Passant à la réalisation en 1996, il s'impose aussitôt par des films qui traduisent une sensibilité à vif, fortement marquée par les ambiguïtés de la société de son pays, par le mélange de violence et de sérénité qui l'habite, mais aussi par ses propres obsessions et ses propres expériences, la moindre n'étant pas, de l'athéisme au christianisme puis au bouddhisme, la quête spirituelle qui l'anime.

## PRINTEMPS, ÉTÉ, AUTOMNE, HIVER… ET PRINTEMPS (2003)
**avec Oh Young-su, Kim Ki-duk et Kim Young-min**

**Les âges de la vie.** Un temple, flottant au milieu d'un lac entouré de montagnes. Et une porte, qui s'ouvre sur l'eau, comme l'accès à cette sérénité bouddhique qui est celle de l'occupant de l'endroit, un vieux moine silencieux, qui partage sa solitude avec un enfant. Le gamin, espiègle, s'amuse à capturer poisson, grenouille, serpent même, et à leur attacher une pierre pour entraver leurs mouvements. Jeu innocent ? Pas tant que cela, puisqu'il touche, avec une cruauté coupable, à l'ordre même de la nature. Et comme Confucius, enfant, qui avait tué un oiseau et en avait traîné toute sa vie le remords, le disciple se voit puni par le maître, qui le condamne à traîner lui aussi une énorme pierre et à subir le supplice qu'il a fait endurer aux animaux innocents.

Poids d'une leçon qui, de saison en saison et d'un âge de la vie à l'autre, va marquer la vie du coupable : le film suit, en plusieurs volets successifs, la trace de cette faute à travers la vie mouvementée du personnage, devenu adolescent tiraillé par la chair, quittant le temple et son maître, avant, meurtrier par jalousie, de revenir expier son crime et de retrouver dans la solitude et la méditation une sérénité perdue. Preuve qu'il n'y a pas d'innocence naturelle et que le bonheur ne peut pour l'homme s'acquérir, loin des satisfactions matérielles ou corporelles, que par une discipline de l'esprit.

La quête spirituelle qui anime le film de Kim Ki-duk se dit certes par une fable chargée de symboles pas toujours compréhensibles pour qui n'en a pas la clef culturelle. Mais elle se dit plus encore, ce qui la rend universelle, par une façon d'inscrire la nature sur l'écran, de composer des plans comme des tableaux, de tracer des inscriptions dans le bois, de sculpter un bouddha dans la glace, de faire passer les saisons – les feuilles rouges de l'automne, le lac gelé de l'hiver, les pluies annonciatrices du printemps, le soleil éclatant des beaux jours revenus –, comme une leçon de beauté et de vie.

# KITANO Takeshi (japonais, né en 1947)

**FILMOGRAPHIE :**
*Violent cop (1989)* • *Jugatsu (1990)* • *A scene at the sea (1991)* • *Sonatine (1992)* • *Getting any ? (1995)* • *Kids return (1996)* • *Hana-Bi (1997)* • *L'Été de Kikujiro (1999)* • ***Aniki, mon frère (2000)*** • ***Dolls (2002)*** • ***Zatoichi (2003)*** • *Takeshi's (2005)*

Complexe Kitano. Héritier tout autant d'un père peintre en bâtiment, maître de danse traditionnelle et proche du monde mafieux des yakuza, et d'une mère diplômée, issue d'une famille d'officiers, et représentant au contraire une certaine idée de l'ordre. Lui-même, élevé à Tokyo dans le quartier défavorisé d'Akasuka, suit d'abord des études scientifiques à l'université Meiji, avant d'en être renvoyé, de faire mille petits boulots et de se retrouver engagé comme caissier dans un cabaret de strip-tease, où il décroche un numéro de comique travesti, y apprend la danse et les claquettes et se spécialise dans le *manzaï*, une forme de comique satirique fondé sur l'improvisation, la virtuosité verbale et la pantomime. Il forme alors avec un compère le duo des Two Beats, avant de devenir à la télévision, sous le nom de Beat Takeshi, le comique le plus célèbre du pays. Loin encore du cinéma, qu'il croise en 1982, lorsque Nagisa Oshima lui fait jouer le rôle du sergent Hara dans *Furyo*, puis surtout lorsque, devant interpréter le rôle d'un flic violent dans un film noir réalisé par Kenji Kukusaku, il se voit chargé par la production, lorsque celui-ci se retire du projet, de réaliser lui-même le film. Il réécrit le scénario, et développe un style sec, incisif, où la violence et l'ironie vont de pair. C'est *Violent cop*, qui donne une première idée de ce que sera son univers cinématographique : une prédilection pour les histoires de yakuza, une violence sèche, une recherche visuelle et stylistique que l'on retrouve sans *Sonatine*, dans *Jigatsu*, dans *Kids return*, dans *Aniki, mon frère*. Mais, déjouant les classifications, Kitano enchaîne avec des films de tonalités toutes différentes : émotion et regard attendri sur la jeunesse, dans *A scene at the sea* puis, plus tard, dans *L'Été de Kikujiro* ; parodie et charge auto-destructrice dans *Getting any ?* ; gravité, réflexion sur la maladie et bilan d'une vie sous forme de mélodrame bouleversant dans *Hana-Bi* ; réinterprétation très personnelle des formes traditionnelles – le bunraku dans *Dolls*, le film de sabre dans *Zatoichi*. Kitano, artiste complet et créateur puissant, transfigure de sa personnalité complexe les genres qu'il aborde.

## ANIKI, MON FRÈRE (2000)
### avec Takeshi Kitano, Omar Epps et Tatyana Ali

***Black and Jap.*** Le silence. Derrière ses lunettes noires, Yamamoto ne dit rien. En débarquant à Los Angeles, il ne répond ni au chauffeur de taxi qui lui propose de l'emmener voir les filles, ni au garçon d'hôtel qui l'accompagne dans sa chambre. À croire qu'il ne connaît pas l'anglais. Pourtant, lorsqu'un jeune Noir veut le racketter dans la rue, sa réaction, qui envoie l'imprudent se faire refaire le visage, montre qu'il le comprend parfaitement. Mais rien, pour autant, ne saurait troubler son impassibilité. Cette impassibilité qu'il manifeste comme comédien dans le rôle de Yamamoto, Takeshi Kitano la manifeste plus encore comme réalisateur tout au long de son film. Ce que raconte *Aniki, mon frère*, ce n'est rien de moins en fait que la prise de possession, par un Japonais, du territoire américain. Mais pour y faire ce qu'il a envie d'y faire. Et cela sans rien dire, ou presque. Yamamoto est un yakuza qui, par suite d'une guerre des clans, a dû quitter le Japon. Venu rejoindre son demi-frère en Californie, il commence par imposer sa loi à ceux qui règnent sur la rue : petits dealers, gangs de jeunes voyous qui se prennent déjà pour des chefs. Mais, bien vite, il passe à des choses plus sérieuses et règle la question des Chicanos qui tiennent le haut du pavé, en faisant parler la poudre et en les éliminant sans leur laisser le temps de respirer. Après quoi, il développe son business, s'alliant même avec un rival japonais qui lui permet de s'agrandir encore. Cela toujours de la même manière, forte, sanglante et radicale. Ne reste plus, pour faire régner totalement sa loi, qu'à se mesurer à la Mafia elle-même. Cela va être une autre histoire, par le fait même que, derrière cette guerre des gangs, c'est un autre enjeu qui se profile.

En fait, avec Kitano et ses yakuza, c'est bel et bien le cinéma japonais qui débarque dans le champ le plus hollywoodien qui soit : le film de gangsters, celui qui de *Scarface* au *Parrain* a imposé sa loi cinématographique et sa culture au monde entier. Les gangsters de Kitano viennent d'ailleurs : leur rituel est celui d'une chevalerie orientale, où les notions de discipline, de sacrifice, de fidélité et d'honneur sont strictement appliquées. L'extrême violence qu'ils manifestent se fait au nom d'un ordre supérieur, celui-là même auquel répond Yamamoto qui a choisi de venir aux États-Unis pour y trouver une mort digne de sa fidélité à ses valeurs. Mais celui-là aussi que Kitano, le cinéaste, introduit dans le genre le plus codé du cinéma américain. Les exécutions collectives, les doigts coupés, les ventres ouverts à l'arme blanche, les baguettes enfoncées dans les narines et qui font éclater le cerveau : loin de tout réalisme, la violence devient, comme dans les films d'arts martiaux, une forme de chorégraphie sèche. Un nouveau type de film noir se profile, qui ne saurait vraiment s'entendre avec celui-là même sur les terres duquel il vient chasser.

Yamamoto réussira-t-il dans son entreprise d'imposer la loi des yakuza dans la pègre de Los Angeles ? Si le dénouement apporte une réponse, et si la transmission – porteuse de quel avenir ? – se fait du yakuza japonais au Black issu de la rue, Kitano, lui, fait son film aux États-Unis, en réussissant à y imposer son univers. En silence.

## DOLLS (2002)
### avec Miho Kanno et Hidetoshi Nishijima

**La corde sensible.** Le monde est un théâtre, où s'agitent des marionnettes. Comme celles, poupées hiératiques et surprenantes, qui apparaissent au générique du film de Takeshi Kitano et qui lui donnent son titre : elles viennent du lointain de la civilisation japonaise, et elles racontent l'histoire des amants maudits.

Revenu des États-Unis où il était allé, avec *Aniki, mon frère,* exporter son cinéma de yakuza, le cinéaste, rentré chez lui, retrouve ses racines. Et, loin de la violence explosive de ses films de gangsters, mais avec une sorte de douceur tragique qui n'est pas moins cruelle, il signe un film où il fait vibrer la corde sensible, matérialisée par ce fil rouge qui lie à jamais Matsumoto et Sawako, les mendiants errants, comme ce lien indissoluble qu'est l'amour immortel. Car c'est de cela, et de rien d'autre, qu'il est ici question : de la force d'un sentiment que rien ne peut jamais rompre, et que pourtant tout, dans la vie, s'attache à contrecarrer. Matsumoto et Sawako sont jeunes, ils s'aiment. Mais la pression familiale et le poids social s'unissent pour les séparer : lui la trahit, accepte d'en épouser une autre ; elle ne s'en remet pas, tente de se suicider, en ressort mutique et hébétée. Alors, rompant toutes les amarres, il vient la chercher, s'attache à elle avec cette corde rouge, et, couple devenu errant, tous deux traversent les saisons de la vie pour aller vers leur destin, comme dans une tragédie du théâtre bunraku, où les marionnettes vont inexorablement là où le fil dramatique les conduit.

Étonnante histoire, et plus étonnante encore dans la façon qu'a Kitano de la raconter en l'entrelaçant subtilement à deux autres récits de passion, de choix et de trahison : un gangster vieilli, qui porte en lui le souvenir d'un amour de jeunesse et qui, au terme de sa vie, retrouve celle qu'il a aimée et quittée, fidèle, sur le banc même où ils se sont séparés ; et un garçon amoureux d'une idole, fan d'une chanteuse pop, Lolita enfermée dans le monde starisé des poupées de son, et qui, pour preuve de son amour, lui fait don de la prunelle de ses yeux. Et, ici comme pour les amants errants, au bout de leurs errances et de leurs retrouvailles, aux uns comme aux autres, il y a forcément le destin qui les attend. Un destin inscrit dans la vie, dans la couleur des saisons qui se succèdent, dans l'explosion de blancheur des cerisiers en fleur, dans l'éclat aveuglant de la mer sous le soleil d'été, dans la splendeur rouge des feuilles d'automne, dans la blancheur froide du linceul neigeux de l'hiver. La nature, ici, est plus qu'un décor : elle est le cadre de la vie même, la nature à la fois immuable et toujours recommencée que traversent les amants enchaînés. Dans cette longue errance empreinte de nostalgie tendre, de larmes furtives, de soupirs étouffés, la corde ne rompt pas. Et un sourire esquissé est porteur à lui seul de toutes les rédemptions et de tous les bonheurs. Telle est la philosophie de Kitano, regardant la vie, et la mort, en face. Dans un de ses plus beaux films, somptueuse variation chromatique sur le temps qui passe et sur la flamme qui brûle depuis toujours dans le cœur des hommes, et qui ne s'éteint pas.

### ZATOICHI (2003)
#### avec Takeshi Kitano et Tadanobu Asano

**La danse des sabres.** Kitano maître de sabre. Interprétant lui-même Zatoichi, héros vagabond venu de la mythologie romanesque, qui traverse le Japon du XIXe siècle appuyé sur sa canne d'aveugle. Laquelle se transforme en un tournemain prodigieux en sabre meurtrier, prêt à frapper les hommes du clan Ginzo. Car dans cette bourgade où le voyageur arrive, des hommes en noir font régner la terreur, et la présence en leur sein d'un ronin redoutable, fier samouraï à la dérive, ajoute aux déchaînements de la violence la note grise d'une secrète mélancolie. Comme ajoute son parfum de mystère la présence de deux geishas ambiguës, aussi attirantes que dangereuses, lesquelles sont en fait elles-mêmes à la recherche des assassins de leurs parents, avec pour seul indice un nom – kuchinawa – et un signe – le tatouage d'un serpent. Et comme ajoute sa fulgurance la façon dont Zatoichi, réglant tous les comptes, dégaine et, le regard vide, cisaille, découpe, embroche ceux qui croient pouvoir le plier à leur loi.
Kitano, du coup, calligraphe. Écrivant à la lame du sabre de Zatoichi de complexes idéogrammes et traçant avec le sang qu'il fait gicler et qui éclabousse les murs et le sol de subtiles figures, qui composent comme un alphabet symbolique de la trahison, de la honte et de la violence châtiées.
Mais Kitano, aussi, chorégraphe. S'emparant du film d'arts martiaux et transformant le rituel des combats en autant de gestuelles rythmées par les sons qui les accompagnent : bruit sourd des pioches que les paysans enfoncent dans la terre, clapotements cristallins de la pluie, ahanement rauque des combattants, zébrures métalliques des lacérations qu'inscrit la lame dans la peau qu'elle déchire, cliquetis sourd du sabre qui, en tournoyant dans l'air, rejoint prestement son fourreau. Et, pour finir en beauté, ahurissant ballet où la danse traditionnelle devient pur numéro de comédie musicale et où les souliers de bois du folklore se transforment en semelles à claquettes et à tip-tap dance…
Kitano, plus que jamais, visionnaire. Et dont le personnage, avançant à l'aveugle dans un monde qu'il capte par ses autres sens toujours en éveil – un bruit, une odeur, une pression de la main – suit une voie bien tracée pour, sans y voir (à moins que… ?), y voir plus loin que ceux qui voient. Et, pour sa première incursion dans les arts martiaux et le film d'époque, portant sur eux l'œil (unique, car il est borgne, comme le furent tant de grands réalisateurs) d'un cinéaste qui en renouvelle habilement les formes. Créant, par la stylisation des costumes, l'unité chromatique, la richesse sonore, la beauté hiératique des gestes, la subtilité du cadre, la composition des plans, la texture narrative, mais aussi par un humour froid qui prend avec la matière traditionnelle la distance de l'ironie et par une continuité thématique qui renvoie, par-delà le genre, à son propre univers cinématographique, une œuvre insolite et ébouriffante, qui témoigne d'autant d'invention que de maîtrise. En un mot, dans ce film surprenant et inspiré : Kitano, plus que jamais, artiste.

## KLAPISCH Cédric (français, né en 1961)

**FILMOGRAPHIE :**
*Riens du tout (1992)* • *Le Péril jeune (1994)* • *Chacun cherche son chat (1995)* •
*Un air de famille (1996)* • *Peut-être (1999)* • ***L'Auberge espagnole (2001)*** •
*Ni pour ni contre (bien au contraire) (2003)* • *Les Poupées russes (2005)*

Cédric Klapisch a étudié tout à la fois la philosophie et le cinéma, à Paris d'abord, à New York ensuite. Cette diversité n'est sans doute pas pour rien dans la richesse d'un univers cinématographique conjuguant à la fois un regard aigu et critique sur le monde et une chaleur humaine qui s'exprime notamment dans l'idée de communauté et de groupe, où ses personnages trouvent à vivre au mieux la déshumanisation sociale : employés d'un grand magasin remis en selle par un patron original dans

*Riens du tout*, lycéens et étudiants formant bande à part *dans Le Péril jeune* et dans *L'Auberge espagnole*, puis se retrouvant, devenus jeunes adultes, dans *Les Poupées russes*, vie de quartier intégrant toutes les individualités dans *Chacun cherche son chat*, relations familiales reconstituées, avec *Peut-être*, dans un futur qui répond de façon utopique aux déchirements familiaux d'*Un air de famille*, et jusqu'au gang protecteur des mauvais garçons de *Ni pour ni contre (bien au contraire)*. Le tout formant un univers de cinéaste dont la variété de ton fait la popularité, et dont la cinéphilie ne va jamais sans humour, comme le montrait brillamment, dès 1989, *Ce qui me meut*, un court métrage offrant une biographie hautement fantaisiste d'Étienne Jules Marey, un des pionniers du cinéma.

### L'AUBERGE ESPAGNOLE (2001)
**avec Romain Duris, Judith Godrèche et Audrey Tautou**

**L'Europe buissonnière.** Tout étudiant européen connaît l'existence du programme Erasmus qui lui permet de bénéficier d'un échange universitaire et d'aller étudier dans un des pays de la Communauté. Cédric Klapisch, qui se souvient que lui-même fut en son temps un étudiant étranger – c'était, pour sa part, aux États-Unis – et qui se souvient aussi qu'il s'était intéressé, dans *Le Péril jeune*, aux années de lycée d'un groupe de potaches, s'est dit qu'il était donc doublement logique de poursuivre sur sa lancée en envoyant un de ses personnages poursuivre ses études supérieures quelque part hors des frontières. Il a donc choisi celui qui tenait le rôle principal dans la bande de lycéens de son film précédent – à savoir Romain Duris –, et il l'a envoyé préparer un DEA d'économie à Barcelone. Le choix de la ville est plutôt bien venu : on y sent le sud, les jeux de la lumière avec l'ombre, une vitalité odorante et tapageuse, et les nuits y sont chaudes. Et l'on peut imaginer que le séjour du dénommé Xavier aurait été beaucoup moins chargé en expériences de tous ordres s'il se fût retrouvé dans une austère ville nordique !
Et c'est bien là, d'ailleurs, qu'apparaît l'idée centrale d'un film qui entend donner de l'Union européenne une image souriante. Cette auberge espagnole, en l'occurrence un appartement que Xavier partage avec un groupe d'étudiants venus d'un peu tous les pays européens, elle est un vrai capharnaüm, où chacun ajoute au bordel ambiant son propre désordre. Cela ne se sent pas seulement à la cacophonie qui règne lorsque chacun s'essaie à parler la langue de l'autre pour tenter de se faire comprendre, mais, plus profondément, à la vie qui s'y mène, affranchie de toutes les contraintes de la morale et du rendement économique. Certes, cela relève d'un joyeux esprit potache, et il faut bien que jeunesse se passe ! Mais, plus profondément, l'apprentissage européen de l'étudiant promis à la vie morne d'un bureau au ministère des Finances change radicalement son rapport à sa propre vie et à sa propre ville – Paris – et lui donne l'idée que l'Europe pourrait être autre chose qu'une affaire de fonctionnaires. Le réalisme de la peinture et la justesse du trait qui président au récit de ce séjour linguistique haut en couleur se révèlent en fait ici au service d'une jolie utopie : et si l'on faisait une Europe poétique, bordélique et inspirée ?

## KOLLEK Amos (israélien, né en 1947)

**FILMOGRAPHIE :**
*Goodbye, New York (1985)* • *Forever, Lulu (1987)* • *High Stakes (1989)* • *Double edge (1992)* • *Bad girls (1994)* • *Sue perdue dans Manhattan (1997)* • *Fiona (1998)* • *Fast food, fast women (1999)* • ***Queenie in love (2001)*** • *Bridget (2002)* • *Happy end (2003)*

Né à Jérusalem (dont son père est le maire pendant vingt-huit ans à partir de 1965), faisant son service militaire dans l'armée israélienne, licencié en psychologie et en philosophie de l'université hébraïque de Jérusalem, romancier d'abord, puis journaliste, Amos Kollek effectue ses débuts de réalisateur en 1985 avec *Goodbye, New York*, une comédie sur une Américaine en Israël, qu'il tourne à New York, à Jérusalem, à Tel-Aviv et dans le kibboutz d'Ein Gev où il a grandi. C'est dire que son cinéma offre d'emblée une double composante américaine et israélienne, d'autant plus révélatrice que lui-même partage sa vie entre New York et Jérusalem. Ses films sont donc toujours à la croisée des deux pays, tantôt tournés en Israël, comme *Double edge*, plus souvent à New York, comme *Forever, Lulu, High Stakes, Bad girls, Sue perdue dans Manhattan, Fiona, Fast food, fast women* ou *Queenie in love*. Tous mettent en scène des femmes, souvent embarquées dans une sorte de voyage ou de dérive au cours duquel elles découvrent leur propre vérité en se frottant à une réalité qu'Amos

Kollek montre avec la même acuité frondeuse, que ce soit le conflit israélo-palestinien ou la vie des petites gens dans le Lower East Side.

### QUEENIE IN LOVE (2001)
#### avec Valerie Geffner, Victor Argo et Louise Lasser

**Indifférence d'âges.** Amos Kollek aime les cœurs perdus dans Manhattan. Ici, pour faire bonne mesure, il en choisit deux qui n'ont rien, apparemment, pour se rencontrer, si ce n'est qu'ils habitent tous les deux le même Lower East Side, et qu'ils sont pareillement mal dans leur vie et pareillement solitaires dans le grand maelström urbain. Elle, Queenie, jeune héritière qui refuse le confort que pourrait lui apporter la richesse bourgeoise de ses parents, a décidé de venir habiter ce quartier modeste et pas vraiment fréquentable et de devenir actrice plutôt que d'épouser le jeune broker auquel on la destine. Lui, Horace, n'est qu'un vieux flic à la retraite, qui grille ses deux paquets par jour pour tuer le temps, et à qui son toubib annonce un beau jour que son cancer aux poumons ne lui laisse plus que quelques mois à vivre. Elle et lui, donc. Mais version Manhattan, tant il est vrai qu'on retrouve chez le réalisateur cette double composante que ne renierait pas Woody Allen lui-même : New York, et l'humour juif.
Car ce qui fait le charme à la fois léger et un peu amer du film d'Amos Kollek réside précisément dans ce mélange de fantaisie, à laquelle le personnage de Queenie apporte une sorte de folie excentrique, et de vision presque poétique d'un quartier de New York, saisi à travers des personnages pittoresques, tout aussi risibles que touchants, comme ce couple de voisins vieillis, lui ancien taulard, elle qui l'a attendu quinze ans, qui bouclent leurs fins et même leurs débuts de mois difficiles en organisant dans leur appartement des soirées sado-maso gentillettes. Le tout étant par ailleurs chapeauté par un psy lui-même ébouriffé, qui pour venir en aide au malaise de ses patients organise l'improbable rencontre entre la jeune fofolle et le vieux au bout du rouleau. Et le plus incroyable, c'est que ça marche ! À l'image d'un film buissonnier qui ne recule pas devant les invraisemblances, et qui préfère enchaîner les saynètes cocasses et parfois un peu brinquebalantes plutôt que construire une intrigue tristement linéaire et réaliste. En faisant la part belle à une actrice quasiment novice et à un vieux comédien blanchi sous le harnais des seconds rôles – l'étonnante Valérie Geffner, au physique à la fois troublant et clownesque, et le superbe Victor Argo, qui semble traîner après lui tout le cinéma de Scorsese et de Woody Allen – que, par un tour de passe-passe, il projette sur le devant de la scène, pour leur faire vivre une histoire sentimentale qui échappe à tout formatage hollywoodien. Une jeune qui aime un vieux, et un vieux qui aime une jeune : amour et humour, même combat !

## KONCHALOVSKI Andreï (russe, né en 1937)

**PREMIER LONG MÉTRAGE :**
*Le Premier maître (1965)*
**FILMOGRAPHIE DEPUIS 1985 :**
*Runaway Train (1985) • À bout de force (1985) • Duo pour un soliste (1986) • Le Bayou (1987) • Tango et Cash (1989), co-réalisation • Voyageurs sans permis (1989) • Le Cercle des intimes (1991) •* ***Riaba, ma poule (1994)*** *• Lumière et compagnie (1995), co-réalisation • St George, the bell and the dragon (1998) • La Maisons des fous (2002)*

Il y a chez Konchalovski, plus encore que chez son frère Mikhalkov, une sorte de vitalité volontiers débordante qui donne à son cinéma une couleur particulière : l'âme slave y vibre tout entière, portée par une croyance en la vieille Russie et par un sens de la liberté artistique qui lui valurent, sous le régime soviétique, quelques ennuis, et qui ne furent pas pour rien dans sa décision de quitter son pays pour les États-Unis, où les gros budgets que Hollywood mit à sa disposition lui permirent de faire valoir tout son talent de metteur en scène efficace. Il semblait loin, alors, de l'exigence de ses débuts, à l'époque où, renonçant à une carrière musicale, il étudiait le cinéma à Moscou et où il se liait d'amitié avec Tarkovski. Mais l'évolution de la situation politique et sans doute le désir de retrouver ses racines artistiques l'ont ramené en Russie. Loin des blockbusters hollywoodiens dont il était devenu un spécialiste reconnu, ce dont témoigne encore la spectaculaire adaptation télévisée de *L'Odyssée* qu'il réalise en 1997 pour Francis Coppola, *Riaba, ma poule*, produit en Russie de façon beaucoup plus modeste, traduit un retour au pays qui est aussi un retour à l'esprit même de son cinéma.

## RIABA, MA POULE (1994)
### avec Inna Tchourikova et Alexandre Sourine

**La grande désillusion.** « Avant, il n'y avait que les communistes pour voler. Maintenant, tout le monde peut le faire. C'est ça, la démocratie. » D'emblée, le ton est donné : cinglant, provocateur, celui d'une comédie, certes, mais où Konchalovski regarde son pays au cœur avec autant d'ironie mordante que de dérision chaleureuse. Son pays, pour l'heure, il ressemble à cette paysanne qui porte elle-même un nom cher au cinéaste – Assia – dont il avait montré, voici trente ans, « le bonheur » socialiste et soviétique. De cette époque-là, Assia n'en est jamais vraiment revenue. Fidèle à Brejnev dont elle conserve soigneusement le portrait chez elle, elle est rétive aux bouleversements qui ont emporté les valeurs et l'ordre auxquels elle croyait. Pour quel résultat ? Au marché où elle va vendre ses œufs, la loi est désormais celle de la jungle et du profit. Au village où les structures de l'ancien kolkhoze semblent la dernière barrière face au déferlement des intérêts égoïstes et individualistes, la vie est toujours aussi difficile, et même plus, avec cette nouvelle tyrannie de l'argent, qui gouverne tout. Et dont Tchirkounov, un de ses voisins, donne un bel exemple : sur un terrain que lui a cédé la commune, il a construit une scierie moderne, qui ronfle jour et nuit, et qui empêche le village de dormir tranquille. Et, avec les profits ainsi accumulés, il nargue tout le monde de son sourire éclatant de toute la dentition en or massif qu'il s'est fait poser. Et avec ça, cuisine ultra-moderne, deux voitures, et cabinet hygiénique avec carrelage rutilant et chasse d'eau automatique : le fin du fin pour tous ces habitués de la fosse d'aisance puante dans une baraque en planches vermoulues au fond du jardin… Le conflit qui s'élève bien vite entre cet adepte du travail et du système capitalistes et les villageois habitués à un équitable partage de la paresse assistée se trouve compliqué de deux éléments qui échappent à la froide raison politique : Tchirkounov, depuis toujours, est amoureux d'Assia et il essaie de la séduire par cette nouvelle forme de bonheur que constitue l'équipement ménager ; et Assia, de son côté, découvre dans la ponte de la poule qui est sa plus fidèle compagne un trésor inexplicable : un œuf en or ! Le heurt des sentiments individuels et des appétits que suscite cet œuf miraculeux va alors réveiller tous les démons éternels qui dorment dans le cœur de ces paysans, qui sont autant de Russes profonds, venus du fond des âges de l'éternelle Russie. Et, pour ajouter à la confusion ambiante, Sergueï, le fils d'Assia, qui est parti tenter sa chance à la ville, revient avec la mafia à ses trousses, laquelle représente une autre façon – radicale – de concevoir la loi du profit.
Comment, au bout du compte, par la vertu de cet œuf finalement moins miraculeux que symbolique, tout le monde sera berné : c'est ce que raconte cette fable dont la morale pourrait être double. Vue de l'extérieur, cette énorme farce sonne d'abord comme une désillusion générale, et la vision que Konchalovski donne de la Russie et des Russes n'est pas spécialement tendre, à travers la violence, l'alcoolisme, l'irresponsabilité et autres tares diverses qu'il expose complaisamment. Mais, vue sous un autre angle, la même farce montre aussi que cette sauvagerie ambiante n'est peut-être rien d'autre qu'une façon de retrouver la grande loi naturelle, celle qui survit à toutes les idéologies, à tous les bourrages de crâne, à tous les enrégimentements. Et que, pas plus fait pour un capitalisme sauvage et prétendument démocratique qu'il ne l'était pour un marxisme totalitaire et prétendument socialiste, le peuple russe, éternel et fidèle à lui-même dans sa brutalité, son fatalisme, ses espoirs, ses chants, son âme, continuera à être tel qu'il est. Indécrottable, croyant toujours à la poule aux œufs d'or. Et ayant sans doute, pense le réalisateur, raison d'y croire, même si ce n'est qu'un leurre. S'il y a ainsi quelque chose de désespéré dans le constat de cette grande déconfiture, le cinéma de Konchalovski, tonique, inventif, charriant images et symboles, fait à tout le moins la preuve d'une vitalité qui laisse quelques raisons d'espérer. Sinon de la Russie, du moins du cinéaste.

---

# KOPPLE Barbara (américaine, née en 1952)

**PREMIER LONG MÉTRAGE :**
*Harlan County USA (1976)*
**FILMOGRAPHIE À PARTIR DE 1985 :**
*American dream (1991)* • *Beyond JFK: the question of conspiracy (1992)* • ***Wild man blues (1998)*** • *Woodstock 94 (1998)* • *Conversation avec Gregory Peck (1999)* • *My generation (2000), co-réalisation* • *Havoc (2004)* • *Bearing witness (2005), co-réalisation*

Diplômée en psychologie, c'est dans le cadre de ses études que Barbara Kopple commence à tourner des films. Trouvant sa voie dans le cinéma, elle commence par assister des réalisateurs de documentaires comme monteuse, ingénieur du son et cameraman. De 1972 à 1976, elle passe quatre ans dans la région minière de Harlan County et y filme la lutte des mineurs en grève et la répression qui s'ensuit. Le film qu'elle en rapporte agit comme un électrochoc : Oscar du meilleur documentaire, il sera classé, quinze ans après, « classique du cinéma américain ». Il lance en tout cas sa carrière de documentariste, tant pour le cinéma que pour la télévision. Et à travers la variété des sujets qu'elle aborde – la politique, l'industrie, le sport, les femmes et, plusieurs fois, la musique (de *No Nuke* en 1980 à *Wild man blues, Woodstock 94* et *My generation* dans les années 1998-2000) –, elle donne à ses documentaires à la fois la force percutante de l'enquête et la mise en forme élaborée d'un cinéma du réel.

## WILD MAN BLUES (1998)
### avec Woody Allen

**Allen 2.** Et si le vrai Woody Allen était un passionné de jazz New Orleans, se voulant musicien avant tout, travaillant d'arrache-pied à sa clarinette et rêvant d'entreprendre un jour une grande tournée européenne pour se produire sur scène avec un vrai orchestre et apporter à la vieille Europe cette musique oubliée qu'y avait fait entendre avant lui le légendaire Sidney Bechet ? Et si Woody Allen était un petit homme, timide et caustique à la fois, apparemment poli et en réalité incorrigiblement irrespectueux, bourré de problèmes intimes, bougonnant sans cesse, l'œil aussi rieur que la mine triste, et promenant sa silhouette menue dans des corridors d'hôtels labyrinthiques trop grands pour lui ? Et si le vrai Woody Allen était cet autre lui-même, son double, son sosie, son Zelig en quelque sorte, cet Allen 2 que le film de Barbara Kopple parvient à saisir de façon si subtile qu'il donne l'impression que le Woody Allen que l'on connaît, celui des films, n'est que la projection, le prolongement, le reflet réfracté en mille éclats de celui-là ?
Qui est donc Woody Allen ? Question apparemment sans réponse, y compris pour l'intéressé lui-même, mais à laquelle, avec ce beau courage de cinéaste accrochée à la réalité qui la caractérise et qu'on avait pu admirer dans le formidable *Harlan County USA* qui lui avait valu l'Oscar, Barbara Kopple entreprend de répondre. L'occasion lui en est fournie précisément par cette tournée de jazz que le cinéaste reconverti en musicien a effectuée en février 1996 à travers l'Europe et qui fut, les images le montrent, un incroyable succès, que n'explique évidemment pas à lui seul le talent de clarinettiste de Woody Allen. Car même si, là encore la bande sonore du film en est témoin, celui-ci est un musicien fort respectable, capable d'étonner les sceptiques, il n'est pas toujours à l'abri de quelques notes hasardeuses. Barbara Kopple suit donc Woody Allen en tournée : concerts qui se succèdent, accueil des officiels, foules enthousiastes, réceptions d'après spectacle, compliments des invités, réponses souriantes, rentrée à l'hôtel avec Soon Yi, chambres luxueuses, petits-déjeuners en peignoir, discussions avec l'entourage immédiat, coup de fil aux parents, promenade en gondole, fans attroupés dans la rue attendant sa sortie et le suivant pas à pas, euphorie, fatigue, rythme infernal. Woody en star du show-biz, vedette internationale, fêté, adulé, acclamé, porté aux nues et n'en croyant pas lui-même ses propres yeux. Voilà pour l'homme public. Mais constamment en représentation, puisque la caméra est là qui le suit et ne le lâche pas, voici que l'homme intime pointe aussi le bout de son nez de clown triste. Déprimé même puisqu'il lui faut comme il le dit son petit quart d'heure de déprime quotidien, seul dans son coin, les yeux dans le vague, l'air d'un chien battu. Fragile aussi, réprimant difficilement une nausée sur le bateau qui tangue ou cachant mal sa peur claustrophobe de rester enfermé au milieu de la foule qui l'assaille. Ironique surtout, et constamment, sur les autres et sur la comédie humaine, dont il fait lui-même partie. Sur ce point, la façon dont il reçoit les compliments dont on l'abreuve dit assez qu'il n'en est jamais dupe. Et lorsqu'il joue à Milan, devant un parterre de personnalités richissimes venues voir l'oiseau rare, il promène au milieu des smokings son pantalon fripé, en émaillant sa traversée de la jet-set de remarques qui en dynamitent le sérieux affiché et qui la transforment illico en décor social pour un film de Woody Allen.
Car le cinéma est là en permanence. Dans la façon de regarder Rome du haut d'une terrasse en se souvenant d'un panoramique de Fellini, dans le souvenir de Marlon Brando privé de l'Oscar, dans l'évocation furtive de Bergman. Mais pas seulement le cinéma des autres, celui de Woody lui-même : art du dialogue, mise en scène de soi-même, doutes et angoisses, dérision, humour de New-Yorkais ayant un irrésistible besoin de New York lorsqu'il n'y est pas et une irrésistible envie d'en partir lorsqu'il y est. Mais, plus encore, cinéma de Barbara Kopple, avec cette réussite de ce qu'il est convenu d'appeler un documentaire et qui serait plutôt un cinéma du réel, construisant sa trame à partir d'images authentiques, organisant sans en avoir l'air une mise en scène qui, à force de tourner autour et de plus en plus près du personnage, en met à nu toute la complexité, en fait saisir l'insaisissable. Jusqu'à cette rencontre finale et matricielle tout à la fois, avec les géniteurs, avec cette mère juive dont Woody plaisante le côté abusif et dont la présence, le physique, la voix, cette façon qu'elle a de donner le clap final en disent à eux seuls, sur l'homme et sur son œuvre, plus qu'une longue psychanalyse ou qu'une savante exégèse.

## KOUNEN Jan (français, né aux Pays-Bas en 1964)

**Filmographie :**
***Dobermann (1996)*** • *Blueberry, l'expérience secrète (2004)* • *Darshan (2005)*

Diplômé des Arts décoratifs, Jan Kounen travaille, en France, en Hollande et en Angleterre, dans la réalisation de clips, de films d'animation et de films publicitaires, avant de tourner son premier court métrage, *Gisèle Kérosène*, en 1989. Il apporte à son cinéma une virtuosité technique acquise dans la publicité et le clip, privilégiant résolument l'aspect visuel dans une débauche formelle qui ne craint pas le tape-à-l'œil et à l'estomac. Le côté à la fois ludique et provocateur qu'il déploie dans ses films courts se heurte, dans ses films longs, à la question du contenu : cela débouche, dans *Dobermann*, sur un discours confus et violent et, dans *Blueberry*, sur la transformation de la bande dessinée célèbre en aventure initiatique gonflée à un chamanisme fumeux et enfumé. Jan Kounen, comme ses compères générationnels Gaspard Noé ou Mathieu Kassovitz, sait à l'évidence filmer. Reste à savoir quoi…

### DOBERMANN (1996)
### avec Vincent Cassel, Monica Bellucci et Tchéky Karyo

**L'esthétique du pitbull.** Il y a deux manières de voir *Dobermann*. Première approche : celle des gens avertis, nourris à la BD destroy, en connaissant les codes, et se gargarisant de tout ce qui en fait le mauvais goût. Ceux-là prendront donc comme il convient de les prendre les aventures du Dobermann et de sa bande. Le braqueur de banques, spécialiste des armes gros calibre, a donc tout loisir de mettre sur pied le plus phénoménal des braquages. S'il a autour de lui une collection de tarés sortis tout droit du catalogue des bizarreries sado-maso, on sait que, face à lui, les flics ne sont pas non plus du genre angélique, et notamment le dénommé Christini, dont le nom christique cache en fait le démon nazillard le plus infâme qui se puisse voir. Que commence donc la fiesta !
Du côté Dobermann – Vincent Cassel, cheveux gras pour changer de *La Haine*, et manteau long lui battant les jambes, comme dans les westerns de Sergio Leone revus à la mode cuir –, il y a Nat, la belle muette, qui compense son absence de voix par une présence physique aussi pulpeuse que peut l'être celle de Monica Bellucci. Il y a aussi l'Abbé, le tueur à bréviaire qui vous envoie en deux coups de goupillon à grenade voir là-haut si Dieu y glande toujours. Et aussi Moustique, vicelard agité, toujours entre deux transes, ou Pitbull au cerveau aussi épais que sa peau de pachyderme, ou encore Sonia, le travelo à la langue agile. Bref, des allumés nocifs, des tontons flingueurs à la mode trash. Ces mauvais garnements, jamais en mal d'un sale coup à faire, évoluent dans un monde qui navigue entre terrain vague (papiers gras, pavés luisants, poubelles) et boîte branchée (techno, fluo, rave). Un monde qui convient parfaitement à Christini, le flic sadique (épatant Tchéky Karyo qui se fait un plaisir d'en rajouter dans l'abominable) pour qui tous les moyens sont bons pour arriver à éliminer le Dobermann et sa bande : par exemple trouver le maillon faible, en l'occurrence Sonia le travelo, et se mettre à le torturer sous les yeux de sa famille, et lui faire même un chantage au sentiment paternel en donnant à son bébé une grenade explosive pour faire joujou !
On aura compris que tout cela n'est pas à prendre au sérieux et que c'est avant tout un prétexte pour jouer avec un monde de références BD-ciné et, pour le cinéaste, de s'amuser comme un fou avec toute la panoplie des effets spéciaux, tant visuels que sonores, de trafiquer des images de synthèse, de cultiver les flashes subliminaux, les vignettes multi-screen, les déformations visuelles et autres joyeusetés numériques. En prouvant au passage qu'on peut faire ça ici à peu près aussi bien qu'à Hollywood, ce qui n'est pas forcément une bonne nouvelle ! Parce que, tel qu'il est – un jeu de massacre en forme de western des années destroy – le film de Jan Kounen a beau flirter constamment avec le second degré, il n'en reste pas moins tributaire de ce qu'il étale à l'écran : à savoir une violence cultivée comme à plaisir, évidemment outrancière, mais suffisamment mise (et bien mise) en scène pour se parer de toutes les vertus du spectaculaire, sans même la profondeur d'une vision sociale ni d'une réflexion morale, mais comme un délire de l'imaginaire et de la sous-culture qui, quoi qu'on en pense, demande quelques clefs pour être appréciée à sa juste mesure. Or il n'est pas sûr que parmi tous ceux qui vont ainsi voir les assassins à l'œuvre sur grand écran et en son numérique, certains aient même jamais ouvert la première page d'une BD. Ils verront alors *Dobermann* pour ce qu'il n'est pas : un pseudo *Orange mécanique* de l'an 2000 où la vie se résume à tout un bric-à-brac de violence et de sexe, où l'on fourre joyeusement un godemiché dans la gorge d'un type pour le faire taire et où l'on s'apitoie sur un pitbull mort tout en se réjouissant de voir des corps disloqués de toutes les manières. Autrement dit : ça craint !

## KRAMER Wayne (sud-africain, né en 1965)

**FILMOGRAPHIE :**
***Lady Chance (2003)*** • *La Peur au ventre (2005)*

Diplômé de la Johannesburg School for Art, Drama and Music, Wayne Kramer s'installe aux États-Unis en 1986. Il y réalise des courts métrages et écrit plusieurs scénarios, avant de réaliser son premier film, *Lady Chance*, hommage original, sinon entièrement réussi, à la grande veine du film noir et à un de ses thèmes de prédilection : la déveine.

### LADY CHANCE (2003)
### avec William H. Macy, Alec Baldwin et Maria Bello

**Mister Poisse.** Chaque jour, quand Bernie demande à la barmaid une goutte de lait dans son café, le pot est immanquablement vide. Et ça le rassure ! Car c'est la preuve flagrante, et chaque fois renouvelée, de l'insolente déveine qui le poursuit. Une déveine telle, même, qu'elle a une sorte de puissance contagieuse : il suffit qu'au casino de Las Vegas, où on l'a engagé pour ça, il se mette à la table d'un type en train de gagner, et aussitôt la chance tourne et le type perd tout jusqu'à son dernier jeton. Profession porte-poisse : Bernie a transformé la malchance qui s'acharne sur lui en job qui le fait vivre, ou plutôt survivre. Car sa vie minable ne va que d'échecs en échecs, et ce n'est pas son désir d'échapper au contrat qui le lie à Shelly Kaplow, le patron du casino, qui suffit à lui ouvrir un horizon prometteur.
Ce serait même tout le contraire. Car ledit Shelly, curieuse figure de boss violent et en même temps attaché à une certaine idée élitiste du jeu et de l'établissement qu'il dirige, entend bien garder son porte-poisse, comme il entend bien ne pas céder à ceux qui veulent transformer Las Vegas en vulgaire usine à touristes. Et il est prêt à tout pour ça. Bernie le sait bien, qui a déjà été proprement estropié par lui. Mais le coup que Shelly lui réserve cette fois-ci est autrement plus cruel : une femme, qu'il lui met dans les bras pour l'attacher. Et c'est là que le film de Wayne Kramer, prenant le contre-pied du schéma traditionnel du film noir, bifurque dans une direction très particulière : en fait de femme fatale, Natalie, pauvre fille manipulée (magnifique Maria Bello, qui a la justesse sans apprêt de son personnage), se révèle être une véritable Miss Fortune, qui porte bonheur, et qui, se prenant d'amour pour Bernie, fait du malchanceux qu'il est un veinard enfin comblé, et prêt à croire à sa chance. D'ailleurs, pour la première fois, le pot de lait que lui tend la barmaid est plein !
Les codes du destin, habituellement implacables, s'en trouvent du coup quelque peu bouleversés. Ainsi, le poids du malheur, qui se traduit dans l'accablement morne que William H. Macy donne d'abord à son personnage, fait place progressivement à une confiance qui éclaire son visage de chien battu. Et l'affrontement, pourtant d'une violence terrible, qui résulte de cette transformation de son être et qui l'amène à devoir régler ses comptes avec son patron et mentor (qu'interprète, à la De Niro, un Alec Baldwin ambigu), ne parvient pas totalement à donner au climat de dureté qui règne la couleur absolument noire dont le film est pourtant teinté. Comme si la malchance faisait partie intégrante de l'univers, des personnages, du thème et des décors mis en scène, et qu'à vouloir jouer avec cette poisse qui colle, on passait de la tragédie noire à la bluette un peu trop bleue. Du coup, le film de Wayne Kramer présente toutes les apparences du film noir, catégorie flambeurs et perdants, sans en offrir toutes les garanties. C'est son originalité ; c'est aussi sa limite : il donne l'impression de ne pas tenir entièrement le contrat implicite qu'il semblait avoir passé.

## KRAWCZYK Gérard (français, né en 1953)

**FILMOGRAPHIE :**
*Je hais les acteurs (1986)* • *L'Été en pente douce (1987)* • *Héroïnes (1997)* • *Taxi 2 (1999)* • *Wasabi (2001)* • ***Taxi 3 (2002)*** • *Fanfan la Tulipe (2003)* • *La vie est à nous ! (2005)*

Parfois, et même le plus souvent, les suites sont destinées à engranger les dividendes générés par la réussite de l'original. La répétition de la formule censée être gagnante prime alors sur l'invention. Le succès du *Taxi* de Gérard Pirès, en 1997, incite ainsi son producteur et scénariste Luc Besson à concevoir, à l'américaine, une première suite immédiate, puis une seconde, en confiant les deux à un réalisateur qui, adepte à ses débuts d'un cinéma plus intimiste et personnel, s'est surtout spécialisé dans la publicité. La mise en scène, de fait, ici importe peu, et encore moins le scénario : il s'agit de donner à un public jeune le spectacle qu'il attend. Mesuré à l'aune des seules entrées, le calcul n'est pas mauvais. Pour ce qui est du cinéma, c'est une autre affaire…

### TAXI 3 (2002)
### avec Samy Naceri et Frédéric Diefenthal

**Des ratés dans le moteur.** Et 1, et 2, et 3 : une affaire qui roule ! Qui roule même de façon suffisamment juteuse pour que Luc Besson, toujours à l'affût d'un cinéma américain à la française, ait eu envie d'exploiter le filon en reprenant les mêmes et en recommençant. Non sans, naturellement, ajouter au troisième numéro un certain nombre d'ingrédients censés relever la sauce. Au rayon donc des accessoires convoqués pour faire reluire le produit, on trouvera, en vrac, un générique qui fait dans le James Bond parodique, un invité surprise qui promène ses paupières alourdies sur ces petits Frenchies qui ne reculent jamais devant un excès de vitesse – en l'occurrence un Sylvester Stallone qui ne semble pas vraiment concerné, convoqué en guest star pour donner le label hollywoodien –, un aménagement du fameux taxi qui transforme la voiture de Monsieur Tout-le-monde en une fusée tout terrain, un petit tour du côté des pistes de ski pour faire de la pub à une station, et surtout, pour meubler une action qui patine un brin, des cascades en rollers ou en 4 x 4 géant qui semblent recycler les fonds de bobines de *Yamakasi* et du *Transporteur*.
Du coup, les deux occupants habituels du taxi ne semblent là que pour assurer la continuité. Comme il faut bien, malgré tout, justifier leur présence, Luc Besson, qui signe lui-même, de façon moins inspirée que dans les deux précédents numéros, ce que le générique appelle un scénario, les met face à un problème de société – les nouveaux pères – qui les recycle dans une variante de *Deux hommes et un couffin*.
Du côté de la mise en scène, Gérard Krawczyk fait de son mieux pour assurer le spectacle, sans toujours y parvenir, les situations n'étant jamais vraiment exploitées, quand elles ne sont pas carrément bâclées, et les cascades paraissant parfois même un peu laborieuses. De fait, la seule évolution sensible qu'il donne à son film est de le rapprocher de façon de plus en plus affirmée des aventures du désormais mythique gendarme Cruchot : en donnant ostensiblement la vedette à un commissaire Gibert entouré de sa brigade de pieds-nickelés, il recoupe l'uniforme du gendarme de Saint-Tropez aux mesures d'un Bernard Farcy qui, comme son personnage, vole la vedette à ses lieutenants et qui, d'ailleurs, a le dernier mot et le dernier plan. Quant au taxi, il va désormais si vite que même les radars de la gendarmerie ne le voient pas passer et qu'ils n'enregistrent que du vide sur leur écran. Un peu comme les spectateurs…

## KRICHTOFOVITCH Viatcheslav (ukrainien, né en 1947)

**FILMOGRAPHIE :**
*Femme seule veut faire connaissance (1986)* • *Autoportrait d'un inconnu (1988)* •
***La Côte d'Adam (1990)*** • *Un ami du défunt (1997)*

Né à Kiev, Viatcheslav Krichtofovitch achève ses études de cinéma en 1971 à l'Institut d'art théâtral de sa ville natale, où il commence sa carrière professionnelle en entrant aux studios Dovjenko. Entre 1976 et 1985, il réalise six films pour la télévision, dont deux adaptations de Tolstoï (*Les Deux hussards*, en 1984) et de Tchékhov (*Volodia le grand, Volodia le petit*, en 1985). Il aborde le cinéma dans les années mêmes qui voient l'écroulement du système soviétique. Son œuvre en est fortement marquée : formé sous l'ancien régime, il constate que la disparition du socialisme d'État, tout en libérant les individus, amène aussi une désintégration des rapports humains. Et après avoir, dans *La Côte d'Adam*, montré à travers plusieurs générations de femmes, les misères de la condition de vie dans l'Union soviétique, il montre, six ans après – interruption due à la dislocation totale de l'économie du cinéma en Ukraine dans les années 1990 – dans *Un ami du défunt*, adaptation du roman d'Andreï Kurkov qui prend pour toile de fond la Kiev post-communiste, toute la difficulté qu'il y a à trouver sa place dans la nouvelle société.

## LA CÔTE D'ADAM (1990)
### avec Inna Tchourikova, Svetlana Riabova et Macha Goloubkina

**Poupées russes.** Un trois-pièces sans confort et trois générations de femmes qui y vivent comme elles peuvent, y entassant leurs âges, leurs souvenirs, leurs vies, leurs amours... On est à Moscou et il faut bien se débrouiller comme on peut. La grand-mère, impotente, tient de la place et régente tout à partir du lit où elle est grabataire. La mère, qui a perdu ses illusions, est fatiguée de la patience et du dévouement dont toute sa vie a été marquée. Et les deux filles, qui n'ont plus elles non plus beaucoup d'illusions sur les lendemains qui chantent, se font un chemin à leur manière ; l'aînée, pas très futée, qui se laisse vieillir dans l'acceptation conformiste ; la plus jeune, rebelle, qui rêve d'amour et d'évasion. Il y a des hommes qui passent : les ex-maris, les petits amis, les soupirants. Il y a la vie de tous les jours, faite de mille petites choses, de disputes, d'émotions, d'attente. Et il y a l'âme russe, qui désespère et qui espère toujours.
Krichtofovitch est un fils de Tchékhov : son film est à la fois tendre et moqueur. Ses personnages représentent, comme dans un emboîtement de poupées russes, toutes les femmes – mères, épouses, amantes, filles – qui sont l'âme même d'une Russie éternelle, là où les hommes, moins à leur avantage, sont réduits au rôle de figurants. Dans une succession de petites scènes réalistes, il donne à voir le quotidien : dispositif un peu théâtral, scénario un peu mécanique, vision un peu convenue. Mais pourtant, dans ces trois pièces sans confort, ces trois générations, ces trois fois rien, il fait passer beaucoup de choses sur la vie, sur l'amour, sur les espoirs, sur les désillusions.

# KUBRICK Stanley (américain, 1928-1999)

**Premier long métrage :**
*Fear and Desire (1953)*
**Filmographie à partir de 1985 :**
***Full Metal Jacket (1987)* • *Eyes Wide Shut (1999)***

Le virtuose, le technicien, l'homme de tous les défis ; Kubrick le méticuleux, capable de tout, et y mettant le temps : une douzaine de films en tout et pour tout. Mais quels films ! Films noirs (*Le Baiser du tueur*, *Ultime razzia*), film de guerre (*Les Sentiers de la gloire*), péplum (*Spartacus*), adaptation littéraire (*Lolita*), science-fiction, fantaisiste ou sérieuse (*Docteur Folamour*, *2001 : l'Odyssée de l'espace*), fable sociale (*Orange mécanique*), reconstitution d'époque (*Barry Lyndon*), film de possession (*Shining*) : Kubrick a traité tous les genres et, chaque fois, les a renouvelés, les poussant dans des voies jusqu'alors inexplorées. Le souci du détail, l'extrême soin apporté à la bande sonore, la violence récurrente, les images fulgurantes : son cinéma semble charrier le siècle, ses outrances, ses débordements, ses pulsions, sa violence. Et il en donne une vision pessimiste, où l'homme est un loup pour l'homme, et où, guerre ou sexe, sentiers de la gloire ou désirs de Lolita, il est voué à se perdre. De plus en plus inquiet, de plus en plus sourcilleux, de plus en plus minutieux, Kubrick allonge ses tournages, remet sans cesse ses projets sur le métier. Ses films se font rares. Les deux derniers prendront huit ans, pour *Full Metal Jacket*, puis douze ans, pour *Eyes Wide Shut*, avant de voir le jour. Et ce dernier, point d'aboutissement d'une vie et d'une œuvre, porte un titre – « les yeux grands fermés » – qui paraît symbolique tout autant d'une attitude philosophique que d'un paradoxe ultime, et prémonitoire, pour un cinéaste dont le regard va, avant même que le film ne sorte sur les écrans, définitivement s'éteindre.

## FULL METAL JACKET (1987)
### avec Matthew Modine et Vincent D'Onofrio

**Violence mécanique.** Premier volet : un camp d'entraînement, à Parris Island, au fond de l'Amérique profonde. Tondus, soumis à l'autorité vociférante d'un sergent brutal, abrutis de coups et d'injures, les jeunes recrues apprennent à ne plus faire confiance qu'à leur arme, à perdre toute individualité pour devenir un simple rouage dans cette implacable machine à tuer qu'est le corps des Marines. Deuxième volet : les mêmes, au Vietnam, embarqués dans un coup pourri. Décor halluciné, balles traçantes, tireurs embusqués, et la nécessité de tuer ou de mourir, comme on vendrait son âme.

La construction de *Full Metal Jacket* porte à elle seule le sens du film. Car Kubrick est un maître. Son film n'est pas le énième film sur le Vietnam, la énième contribution platoonesque à la mauvaise conscience américaine. Il est autre chose : la rigoureuse démonstration d'un mécanisme qui consiste à brider toute psychologie individuelle, à faire voler en éclats le grain d'humanité qui fait la condition humaine et à libérer la violence pulsionnelle première.
La première partie du film est ainsi comme une mise en condition : des personnages, bien sûr, mais tout autant des spectateurs, sous le choc auditif de la voix d'un instructeur brisant toutes les barrières de la décence et de la dignité, sous le choc visuel d'images impressionnantes et de plans à couper le souffle. La seconde partie, totalement éclatée, semblant errer dans l'inconsistance d'un récit de guerre qui aurait perdu sa trame, est en fait l'effet même de la première : il n'existe plus que le désordre de la violence. Puis, peu à peu, au fil d'une mission de commando égarée dans la zone de feu, un ordre nouveau apparaît, implacable : le sang appelle le sang, l'horreur déchaîne l'horreur. Paroxysme de ce chemin de feu et de cendres : c'est une jeune fille, presque une enfant, qu'au bout du compte il faut abattre. À la fois pour respecter la logique de la guerre, mais peut-être aussi, malgré tout, pour préserver en soi une lueur d'humanité au milieu de ce monde métallique, plombé, où l'homme est devenu, comme l'arme qu'il porte, une chambre à munitions bourrée jusqu'à la gueule.
On a reproché à Kubrick sa violence, sans se rendre compte que c'est précisément au cœur de cette violence qu'il vise. Pas de complaisance chez lui, mais un cheminement rigoureux, celui-là même qui le faisait, au début de sa carrière, se lancer sur les sentiers douteux de la gloire, menant tout droit à la boucherie sanglante de la Grande Guerre. Et du même type, si l'on y réfléchit bien, que cette plongée prémonitoire dans la jungle urbaine qui transformait le Londres d'*Orange mécanique* en champ d'horreur. *Full Metal Jacket* : l'orange a disparu, ne reste que la mécanique. Impressionnant.

## EYES WIDE SHUT (1999)
### avec Tom Cruise, Nicole Kidman et Sydney Pollack

**Cet obscur objet du désir.** En surface, tout est calme. Bill Harford et son épouse Alice donnent l'image du bonheur. Lui, jeune et brillant médecin, elle ex-directrice d'une galerie d'art, une fillette adorable, un appartement haut de gamme dans un des plus beaux quartiers de New York : tout pour faire un couple parfait. Mais, dès la première scène, Stanley Kubrick, de façon insidieuse, en passant du salon aux toilettes et en faisant surgir de façon dérangeante l'intimité, introduit comme un effet tremblé dans cette ligne trop droite. Tout le film est déjà là : ses presque trois heures au cours desquelles le couple, précisément, va montrer, sous son image lisse, des lignes de fracture, qui ne sont rien d'autre que celles du désir.
Dans un film d'une densité extrême, on retiendra, pour faire court, deux thèmes, qui au bout du compte n'en font qu'un, et qui amènent plus que jamais à ne pas distinguer, comme chez tout grand artiste, le fond d'avec la forme. Et d'abord cette importance donnée à la sexualité qui, la promotion du film aidant, a entouré celui-ci d'une odeur de soufre. En avouant à son mari ses fantasmes érotiques, Alice lance celui-ci dans une sorte d'enquête nocturne où, sur son chemin, ces obsessions vont prendre chair à travers toute une série de rencontres qui, chaque fois, entraînent le personnage de plus en plus profondément au cœur des mystères de sa propre libido et, partant, de son être. Enquête qui se révèle ainsi une quête de soi et qui passe, comme une initiation, par tout un rituel dont le point culminant est une orgie collective où s'expriment, comme dans un moderne *Satyricon*, toutes les facettes de la sexualité d'une époque, celle du siècle finissant, que Kubrick explore avec la même ampleur créatrice qu'il avait pu en mettre à rêver l'odyssée de l'espace du siècle à venir.
Dans le périple nocturne de Tom Cruise, qui retrouvera au petit matin Nicole Kidman, on peut voir ainsi l'odyssée de notre temps, de nos interrogations, de nos fantasmes, à travers le voyage d'un couple au bout de la nuit, ou mieux de *la notte*, tant, quarante ans après, on pourrait établir sur ce plan, du film d'Antonioni à celui de Kubrick, de profondes résonances. Mais cette quête qui, au bout du compte, constate que l'obscurité du désir ménage des zones d'ombre avec lesquelles il faut bien vivre, c'est peut-être plus profondément encore celle de cet autre désir qui est au cœur même de l'interrogation de Kubrick sur son art : le cinéma.
Ce n'est pas pour rien qu'un des personnages qui, en sous-main, apparaît comme un des maîtres du jeu est joué dans le film par un metteur en scène (et producteur), Sydney Pollack. Pas pour rien, non plus, que la discussion finale entre les deux amants tourne sur la question de la réalité et du rêve. Pas pour rien qu'une des scènes essentielles du film se passe dans une étonnante boutique de costumier où, en quelques plans, tout le cinéma de Kubrick semble s'être donné rendez-vous. Pas pour rien que cette interrogation sur la vie, sur l'art et sur la mort, porte un titre qui constitue comme l'ultime et paradoxale leçon d'un cinéaste du regard : les yeux grands fermés.

# KUROSAWA Akira (japonais, 1910-1998)

**Premier long métrage :**
*La Légende du grand Judo (1943)*
**Filmographie à partir de 1985 :**
***Ran (1985)*** • ***Rêves (1989)*** • *Rhapsodie en août (1991)* • *Le Maître (1992)* • *Madadayo (1993)*

Il y avait eu Mizoguchi, bien sûr, et puis Ozu, et aussi Naruse, dont les longues carrières avaient couvert près de cinquante ans de l'histoire du cinéma japonais, des années 1920 aux années 1960. Kurosawa, à peine plus jeune qu'eux d'une dizaine d'années, avait débuté un peu plus tard, dans les années 1940, après avoir été assistant de Kajiro Yamamoto (disparu, lui, en 1974), faisant le lien avec la génération suivante des Imamura et des Oshima. Moins résolument tourné vers le passé que Mizoguchi, moins intimiste qu'Ozu, moins pessimiste face à la fatalité du quotidien que Naruse, il apporte au cinéma japonais une dimension épique et une vision humaniste, à travers les grands thèmes qu'il traite et les valeurs de rédemption et de compassion qui habitent son cinéma. Mais, par la richesse de ses scénarios, par la puissance de son style, par un universalisme qui, à partir de la réalité japonaise, traite de l'homme et s'adresse à tous les hommes, il est celui qui fait sortir le cinéma japonais de son pays et qui le fait connaître au monde. L'essor du cinéma asiatique lui doit, en profondeur, beaucoup. Ses dernières années, marquées par la reconnaissance internationale qui lui permet de tourner des films à capitaux occidentaux, comme *Ran* et *Rêves*, inégalement convaincants, sont marquées aussi par un retour au pays, et par un dernier film, *Madadayo*, où il évoque la figure d'un maître et ses relations avec ses élèves, comme un ultime regard sur la valeur de transmission.

## RAN (1985)
### avec Tatsuya Nakadaï et Akira Terao

**La beauté, mode d'emploi.** Se dire qu'on assiste à un chef-d'œuvre. Convoquer Dante et Shakespeare pour cautionner cette histoire d'un seigneur victime de l'ingratitude de ses fils et découvrant, au déclin de son âge, en une incroyable descente aux enfers, que rien ne se transmet de l'expérience d'un homme, que chacun mène son destin tout seul, et que les dieux s'amusent à regarder les hommes se battre et se débattre. Rêver longtemps à la prodigieuse image finale où, après l'apocalypse, sous le ciel plombé d'un chaos originel, un aveugle cherche en tâtonnant un sens, si sens il y a. Apprécier la puissance de la pensée, l'ampleur du message et sa profondeur universelle. Mais regarder aussi le film comme un spectacle somptueux. Se laisser porter par le flot des images et le jeu des couleurs, lorsque l'écran se fait toile de peintre et que lances et oriflammes déployées pour la bataille semblent sortir d'un tableau de Paolo Uccello. Admirer l'art du geste, la précision du détail, la composition des plans, la science du décor, l'harmonie du silence et de la musique. Et rester muet devant tant de beauté.
Et puis se demander pourquoi on n'adhère pas totalement. S'avouer que le Japon du XVIe siècle, c'est un peu loin, et que le kyogen et le nô ne sont pas à la portée du premier pékin qui passe. Trouver que le jeu de Tatsuya Nakadaï, le roi déchu, pèse bien lourdement. Admettre que la mise en place traîne en longueur, et que le rythme faiblit parfois. Trouver que tous les Japonais se ressemblent et s'y perdre un peu. Sentir confusément que le souffle épique reste froid, et que l'émotion qui sous-tendait des films comme *Barberousse* ou *Dersou Ouzala* fait ici parfois défaut. S'interroger alors pour savoir ce qu'il faut en penser et se dire que le mieux serait de revoir le film pour se faire une idée…

## RÊVES (1989)
### avec Mitsunori Isaki et Akira Terao

**La clef des songes.** Kurosawa partage avec Fellini et quelques autres ce privilège rare de nourrir sa création d'un imaginaire qui, tout en n'appartenant qu'à lui, fait vibrer celui de tous les spectateurs qu'il emporte dans son monde. Ainsi, en racontant ses rêves, c'est à tous les hommes qu'il parle. Il appartient pourtant à une civilisation lointaine, dont les valeurs culturelles et spirituelles peuvent paraître étranges, voire incompréhensibles. Et bien des formes prises par les huit songes successifs qui composent *Rêves* ne sauraient trouver tout leur sens qu'en référence à la pensée et aux traditions japonaises. La lenteur hiératique et les sonorités rauques héritées du nô, les costumes aux couleurs rutilantes, les fards expressifs, les gestes exactement mesurés jusque dans les attitudes

extrêmes, toute cette théâtralité familière au kabuki, et cet animisme serein où, dans un humanisme tranquille, se rejoignent le sens de la méditation bouddhiste et la sérénité calme du shintoïsme : tout cela sous-tend un film marqué par les images de toute une vie, de tout un peuple, de tout un monde.
Et pourtant, même si pour un esprit occidental le fait de voir les blancheurs altières du mont Fuji s'embraser de rouge représente plus un prodigieux spectacle pyrotechnique qu'une sorte de sacrilège touchant à un paysage vénéré, reste que la magie opère, et qu'en prenant la clef des songes, Kurosawa entraîne tout le monde à rêver avec lui.
Des rêves donc : huit au total. Depuis les rêves de l'enfant découvrant l'immensité mystérieuse de la forêt, où les troncs vertigineux des arbres sont comme les piliers d'un temple qu'illuminent les rayons du soleil qui jouent avec la pluie. Rêve encore du même enfant qui court après une apparition et qui découvre le merveilleux verger de l'amour. Rêve de l'homme, de l'alpiniste pris dans la tourmente et que berce la mort blanche du sommeil, du soldat d'une armée disparue qui essaie en vain d'échapper au tunnel noir de la mort. Rêves d'apocalypse, lorsque le mont Fuji s'embrase sous le feu nucléaire, lorsque les survivants sont acculés à la mort, lorsque revient l'âge de la barbarie.
Dans toutes ces séquences, Kurosawa avance à son rythme, lent, ponctuant son périple intérieur d'images fulgurantes : une armée d'ombres surgissant de l'ombre, un chien venu de l'enfer, un arc-en-ciel qui s'étend sur le monde, une fée maléfique s'évaporant dans les ondulations de son voile. Beauté étrange et pénétrante, respiration qui bat au rythme d'une conscience assoupie, où s'engouffrent des images et des sons comme échappés à l'insondable. Avec, prodigieux, éblouissant, un moment d'éternité : le rêve de beauté hanté par le temps, lorsque Vincent Van Gogh apparaît dans des paysages peints aux couleurs de ses toiles et que, par la magie des effets spéciaux, s'élève le vol noir des corbeaux sur la plaine des cauchemars. Et, pour finir, au bout de la longue nuit, de la longue vie, la vision d'un paysage apaisé, semé de fleurs, d'herbes, de roseaux, et où une eau douce et limpide, comme l'eau des origines, fait tourner la roue d'innombrables moulins. Avec un vieillard qui n'a plus d'âge et qui dit le bonheur de vivre dans la nature première. Comme un paradis perdu miraculeusement retrouvé. Le temps d'un film, le temps d'un rêve.

## KUROSAWA Kiyoshi (japonais, né en 1955)

**Premier long métrage :**
*Kandagawa wars (1983)*
**Filmographie depuis 1985 :**
*The Excitement of the do-re-mi-fa girl (1985) • They are back again (1989) • Sweet home (1988) • The Guard from the underground (1991) • Door 3 (1996) • The Revenge 1 : a visit from fate (1996) • The Revenge 2 : the scar that never fades (1996) •* ***Cure (1997)*** *• Serpent's path (1997) • Eyes of the spider (1997) • License to live (1998) • Charisma (1999) • Vaine Illusion (1999) • Séance (2000) • Kaïro (2001) • Jellyfish (2003) • Doppelgänger (2003)*

Dans un cinéma japonais qui, à la fin des années 1970, connaît une crise structurelle forte, une nouvelle génération arrive à la réalisation. Kiyoshi Kurosawa en est le représentant le plus talentueux. Tournant dans l'urgence des films qui ne bénéficient pour la plupart que de moyens modestes, il utilise l'économie de la série B et les conventions du cinéma de genres – y compris sous ses formes dégradées, comme le film érotique – pour imposer un univers personnel. Dans des films visuellement froids et élégants, souvent à la lisière du fantastique, il met ses personnages face à des angoisses profondes, qui reflètent un malaise existentiel et disent aussi le mal-être d'une société japonaise moderne qui a perdu ses repères. L'amnésie qui est au cœur de *Cure*, le film qui l'impose sur la scène internationale, est à cet égard parfaitement symptomatique.

### CURE (1997)
#### avec Koji Yakusho et Tsuyoshi Ujiki

**Meurtres pour mémoire.** Un client nu qui se met à frapper à mort une prostituée ; un instituteur calme et aimant qui soudain assassine sa femme ; un policier consciencieux qui exécute froidement son collègue ; une jeune femme médecin qui découpe la peau de sa victime : la série de meurtres sur lesquels enquête l'inspecteur Takabe

s'allonge. Et tous offrent les mêmes caractéristiques : des cadavres sauvagement lacérés d'une croix tracée dans leur chair, et des coupables qu'on retrouve hagards, reconnaissant leur geste, mais incapables de l'expliquer.
La succession de séquences macabres qui ouvrent le film de Kiyoshi Kurosawa fait naturellement penser à l'ouverture d'un film de serial killer, dans la lignée du *Seven* de David Fincher. Si ce n'est que très vite le genre semble se décaler vers un autre genre : la personnalité de Takabe, surmené et névrotique, et son environnement familial, avec une femme en proie à des troubles mentaux qu'elle soigne à l'hôpital psychiatrique, font en effet peser sur cette affaire criminelle l'ombre de profondeurs psychotiques, qui elles-mêmes ouvrent sur des zones plus troubles encore. Car, au fil de l'enquête, le responsable de ces meurtres en série est identifié : il s'appelle Mamiya, a fait des études médicales, et s'est intéressé tout particulièrement à l'hypnose. C'est lui qui, plongeant ceux qui croisent sa route dans un état hypnotique et les soumettant à une forme de possession, leur fait en quelque sorte réaliser leurs pulsions secrètes à travers ces meurtres qu'ils commettent comme des automates, dépossédés qu'ils sont de toute conscience et de toute volonté, et en perdant toute mémoire.
L'enquête de Takabe, face à ce mal qui rôde, prend vite l'allure d'une descente aux enfers, d'autant que les décors – plage immense et nue, ville déserte – reflètent une solitude qui a tout d'un paysage mental peuplé, en hors-champ visuel et sonore, de toutes les angoisses de l'invisible et de l'informulé. Avec, pour ajouter à un malaise qui, des personnages, passe insidieusement au spectateur lui-même confronté à ses angoisses, l'impression que ces meurtres privés de mémoire renvoient à une amnésie elle-même plus essentielle, à un mal enfoui au plus profond d'une société refoulant les démons de son histoire. Et ces démons, en insérant dans son film un petit film, parmi les tout premiers tournés au Japon à la fin du XIXe siècle, qui relie les meurtres du présent au passé, Kiyoshi Kurosawa assigne au cinéma lui-même l'ambitieuse fonction de les faire sortir.

## KURYS Diane (française, née en 1948)

**PREMIER LONG MÉTRAGE :**
*Diabolo menthe (1977)*
**FILMOGRAPHIE DEPUIS 1985 :**
*Un homme amoureux (1987)* • *La Baule-les-Pins (1989)* • *Après l'amour (1991)* • *À la folie (1994)* • ***Les Enfants du siècle (1999)*** • *Je reste (2003)* • *L'Anniversaire (2005)*

D'abord comédienne au théâtre et à la télévision, Diane Kurys puise largement dans ses expériences personnelles, et notamment dans une enfance marquée par le souvenir douloureux du divorce de ses parents, la matière de la plupart de ses films. Dans des comédies qui mettent souvent en scène des familles, elle s'exerce à épingler les comportements et les situations qui, entre le doux et l'amer, font le quotidien des gens. Dans les meilleurs cas, cela donne, comme avec son premier film, *Diabolo menthe*, des films qui deviennent pratiquement générationnels ; dans d'autres cas, dont le scénario manifeste par ailleurs plus d'ambition et d'originalité, comme dans *À la folie* ou dans *Les Enfants du siècle*, le cliché guette et la réussite n'est pas toujours au rendez-vous.

### LES ENFANTS DU SIÈCLE (1999)
#### avec Juliette Binoche et Benoît Magimel

**Les malheurs d'Alfred.** Certes, quel roman que leur vie ! Mais était-il si sûr pour autant que les tumultueuses amours de George Sand et d'Alfred de Musset, avec leur bruissement légendaire de romance à scandale, fussent un grand sujet de film ? On sait bien les difficultés qu'a toujours eues le cinéma à raconter la vie et les amours des gens célèbres, et cette quasi-incapacité à échapper au chromo que seuls quelques vrais créateurs, en choisissant l'imagination et la trahison pure et simple, ont su dépasser. On ne peut, en tout cas, que saluer le courage de Diane Kurys de s'être attelée à cette tâche de biographe de la passion la plus célèbre du siècle romantique, d'autant que les personnalités supposées des deux intéressés n'étaient pas spécialement faites pour faciliter les choses. George Sand, la muse féministe, la femme se choisissant un prénom d'homme, l'amazone portant culotte et fumant la pipe, l'amante boulimique : les clichés abondent. Et quant à Musset, le délicat, le fragile, le poète du cœur et de l'ironie, le Fantasio bouclé, son image n'est pas moins surchargée. Alors, prendre les deux ensemble, quel travail !

Diane Kurys s'y essaie vaillamment, en pensant mettre de son côté tous les atouts qui feraient les vraies reconstitutions: des décors somptueux, des costumes (signés Christian Lacroix) qui sentent la belle couture, une lumière empruntée aux peintures du temps, une musique qui ne lésine ni sur les envolées de piano ni sur les sanglots longs des violons, des deuxièmes et des troisièmes rôles à foison, des extraits de la correspondance des deux amants, elle qui écrit le soir à la chandelle, lui qui a la révélation soudaine de *Lorenzaccio* comme un génie béni des dieux. Et avec ça, des repères biographiques qui ne trompent pas: le frère Paul, le petit Maurice et la petite Solange, le médecin amant Pagello, l'éditeur Buloz, Venise et sa pluie, Nohant et ses confitures. Bref, tout y est, gravé dans le marbre patrimonial des amours célèbres. Et Sand et Musset, dans tout ça? La réalisatrice, trop occupée à brosser sa grande fresque à gros budget, oublie de donner un point de vue à sa vision des personnages. Du coup, Juliette Binoche a beau griffonner à longueur de film pour montrer qu'elle est écrivain et pleurer, pour finir, son amour perdu sur un élégant tapis de feuilles mortes, elle ne parvient pas à dessiner de George Sand un visage cohérent, mais en offre une figure curieusement plate, floue, incertaine. Le Musset de Benoît Magimel (la seule vraie réussite du film), plus excessif en dandy viveur, passe mieux la rampe. Mais il lui arrive tellement d'avanies, tout au long des interminables va-et-vient entre elle et lui qui tiennent lieu de scénario, que ça tourne carrément aux malheurs d'Alfred. Bref, on a beau essayer de s'intéresser à cette mise en scène de la passion, on a du mal à ne pas en voir le côté convenu. Sauf à regarder au fond le spectacle proposé pour ce qu'il est: une sorte de people magazine à la sauce XIX^e^, permettant de réviser les grandes sagas classiques en compagnie de clichés formatés pour.

## KUSAMA Karyn (américaine, née en 1968)

**FILMOGRAPHIE :**
***Girlfight (2000)*** • *Aeon Flux (2005)*

Karyn Kusama représente bien la toute nouvelle génération de jeunes femmes parvenant au cinéma dans les années 1990 et elle illustre bien aussi l'importance du cinéma indépendant pour les jeunes réalisateurs. Après des études à l'École d'arts de l'université de New York, dont elle sort en réalisant en 1991 un film de fin d'études, *Sleeping beauties*, très remarqué, elle participe à divers tournages, notamment en remplaçant Martha Griffin comme assistante de John Sayles, chef de file du cinéma américain indépendant. Elle-même passionnée par la boxe, qu'elle pratique, elle décide d'en faire le sujet de son premier film, qu'elle propose à Martha Griffin, laquelle décide d'en faire sa première production, aux côtés de Sarah Green et Maggie Renzi, deux autres productrices habituelles des films de John Sayles, qui se retrouve lui-même producteur délégué de *Girlfight*.

### GIRLFIGHT (2000)
### avec Michelle Rodriguez

**La puncheuse.** La boxe étant incontestablement un sport masculin et les combats de femmes relevant plutôt du spectacle de foire, il y avait a priori tout à craindre de voir une femme investir ce genre très codé qu'est le film de boxe – du type *Nous avons gagné ce soir* – pour le transposer sur une... boxeuse. La surprise est d'autant plus forte de découvrir, avec *Girlfight*, une œuvre que sa constante justesse de regard éloigne des pièges et des clichés que l'on pouvait redouter. L'histoire est celle de Diana, une jeune adolescente farouche et rebelle qui, chaque fois qu'une de ses copines de lycée lui fait une remarque qui ne lui plaît pas, lui en décoche illico une dans la mâchoire. Et elle cogne sec, la jeune Diana, tellement même qu'elle transforme la salle de classe en salle de boxe. Cette énergie et ce punch, elle veut en fait les exercer entre les quatre cordes d'un ring et elle parvient à convaincre l'entraîneur de son jeune frère, qui, lui, n'apprécie que très modérément ce sport, de s'occuper plutôt d'elle, pour en faire une véritable boxeuse. Cet apprentissage du noble art s'accompagne d'un autre apprentissage, sentimental celui-là, avec un des garçons rencontrés à l'entraînement et que, dans une réunion mixte, elle va affronter, dans un combat qui métaphorise de façon troublante leur relation. Il s'accompagne aussi d'indications discrètes sur les motivations intimes qui expliquent cette violence dont Diana est porteuse: une mère qui s'est suicidée, un père absent et qu'elle rend responsable de cette mort, une vie sociale difficile dans une cité de Brooklyn. Il n'en faut pas plus, sans misérabilisme ni complaisance, pour que l'énergie mise à frapper renvoie au désir de la jeune fille de s'en sortir, mais aussi de régler ses comptes avec le monde, en exorcisant par ses poings tout ce qu'elle porte en elle.

La façon dont Karyn Kusama, la réalisatrice, loin du déferlement d'images et de sons habituels aux films de boxe, filme les combats avec une sorte de légèreté de touche, n'exclut nullement la force ni la tension. Et l'extraordinaire présence physique de la jeune comédienne qui incarne la boxeuse, Michelle Rodriguez, rend inutile tout artifice. Dès le premier plan, qui la présente le front buté sous le casque, les yeux fixés dans un regard farouche, les traits tendus sous l'arête un peu courbe du nez, elle impose une gueule. Quelque chose comme un Brando au féminin. Ce qui n'est pas peu dire.

## KUSTURICA Emir (yougoslave, né à Sarajevo en 1954)

**Premier long métrage :**
*Te souviens-tu de Dolly Bell ? (1981)*
**Filmographie depuis 1985 :**
*Papa est en voyage d'affaires (1985)* • ***Le Temps des Gitans (1989)*** • *Arizona dream (1992)* • ***Underground (1995)*** • *Chat noir, chat blanc (1998)* • *Super 8 Stories (2001)* • ***La vie est un miracle (2004)***

Né à Sarajevo, formé à Prague à l'Académie du cinéma entre 1973 et 1977, Emir Kusturica appartient à une Yougoslavie vivant le régime communiste à sa manière et conservant au fond de soi, sous l'ordre artificiel du titisme, les germes des affrontements profonds qui ont fait des Balkans la principale poudrière européenne du XX^e siècle. Arrivant à la maturité créatrice au début des années 1980, le cinéaste est ainsi fortement ancré dans une Histoire qui, aux lendemains de la mort de Tito, survenue en 1980, mène à l'éclatement progressif de son pays jusqu'à la guerre ethnique et religieuse qui, à partir de 1991, dresse les anciens Yougoslaves les uns contre les autres. Son cinéma est à l'image de ce bouillonnement, d'autant que, enfant d'une culture slave qui a donné au baroque toute sa démesure, Kusturica élabore un style où le débordement est la norme. Mêlant réalisme et onirisme, politique et fantastique, il construit, face à la folie du monde, comme un monde parallèle qui en est à la fois le reflet poétique et l'exorcisme. Du coup, au-delà des luttes partisanes internes, il touche à un imaginaire universel, comme, dans un autre contexte et sous d'autres latitudes, peut le faire le réalisme fantastique d'un García Márquez. Avec, naturellement, ce qui n'appartient qu'à lui et à son univers propre : les gens, les animaux, les cris, les musiques, la route, la crasse, l'ivresse, les frasques, le plaisir, la folie, et, bravant la loi de la pesanteur, ces envols qui font planer, quel que soit le sujet abordé : la déportation qui touche, sous le régime de Tito, les enfants de Mesa, dans *Papa est en voyage d'affaires* ; le monde à la fois misérable et magique des Roms dans *Le Temps des Gitans* ; la guerre toujours recommencée dans la fable énorme, cruelle et drolatique d'*Underground*, épopée bouffonne et violente de la Yougoslavie depuis 1940 ; les trafics qui fleurissent sur les bords du Danube dans *Chat noir, chat blanc* ; et la guerre qui vient encore tout bouleverser, même si la fureur d'aimer et de vivre reste la plus forte, parce que *La vie est un miracle*...

### LE TEMPS DES GITANS (1989)
#### avec Davor Dujmovic, Bora Todorovic et Ljubica Adzovic

**Le chant du monde.** Ils viennent, dit-on, du fond des temps : jeteurs de sorts, voleurs de poules, ravisseurs d'enfants, ils traînent après leurs roulottes des siècles de suspicion et d'exclusion. Certains même, radicaux, envisagèrent pour eux une solution finale. Ces Tziganes, Bohémiens, Manouches, Gitans, Emir Kusturica, lui, les aime. Parce qu'ils sont comme le sel de la terre, liés aux mythes fondateurs, porteurs des secrets les plus anciens, comme ceux, par exemple, que Perhan a appris de sa grand-mère. Entre la vieille femme qui l'adore, sa demi-sœur infirme et son beau-frère joueur et coureur invétéré, le jeune garçon vit tant bien que mal à vendre des pierres à chaux, à dialoguer avec son dindon, et à faire voler des cuillers et des boîtes de conserves.
Ce mélange de réalité brute et de totale irrationalité, c'est tout le film de Kusturica. D'un côté, il y a la vie misérable des Roms, cette communauté gitane installée en Yougoslavie, dans des bidonvilles crasseux, avec des cabanes à lapins pour tout abri et de la boue partout en guise de jardin. Pour s'en sortir, il n'y a pas trente-six moyens, et Perhan, malgré ses scrupules, doit s'y résoudre. Il se retrouve donc malgré lui en Italie, à faire du trafic d'enfants pour le

compte d'un magnat de village. Douleur de la séparation, dureté de l'apprentissage, loi de la jungle d'un monde où c'est œil pour œil et dent pour dent. Mais Perhan n'est pas gitan pour rien. Il a aussi ses rêves qui l'accompagnent, cette faculté de passer au-delà de l'apparence des choses, de voir planer dans un voile blanc le fantôme de sa mère morte, de sentir la présence latente des forces obscures qui guident le chemin des hommes. Et ces rêves, il va s'efforcer de les vivre, même si la réalité s'acharne à les briser et à transformer le désir d'amour et de pureté qu'il porte en lui en autant d'illusions perdues.
De cet itinéraire picaresque, et passablement pittoresque, d'un adolescent apprenant douloureusement la vie, Emir Kusturica a tiré un immense chant lyrique. Ce que son film porte en lui, c'est tout un peuple, ses joies et ses souffrances, ses croyances et ses peurs, son goût de la vie et son sens de la mort. Par une mise en scène constamment chaleureuse, où passent des plans saugrenus de poésie et de tendresse, où le merveilleux le dispute au sordide, où la musique, débordante de vitalité et de douleur, semble comme exhaler l'âme d'un peuple, il offre une vision véritablement inspirée d'un monde qu'il élargit, par sa démesure même, aux dimensions de l'universel. *Le Temps des Gitans* est beaucoup plus et beaucoup mieux qu'un document sur la vie d'une communauté socialement et géographiquement déterminée. Par sa puissance, son outrance, sa folie visionnaire, ce qu'il fait entendre, c'est quelque chose comme le chant du monde.

## UNDERGROUND (1995)
### avec Miki Manojlovic, Lazar Ristovski et Mirjana Jokovic

**Yougoslavie année zéro.** Il y a d'abord un éléphant. Et des oies, des singes, un tigre, une clique de musiciens qui s'époumonent non seulement à souffler dans ses cuivres, mais à suivre au pas de charge la carriole brinquebalante sur laquelle Marko et Blacky rentrent, tout dépenaillés, d'un de ces virées nocturnes qui mettent le feu au monde. Et, pour couronner le tout, tandis que Blacky se fait recevoir en chien de faïence par sa femme, enceinte jusqu'au cou, et que Marko va finir la nuit dans les bras d'une des filles du bordel d'en face, les Allemands ne trouvent rien de mieux que de bombarder la ville. On est à Belgrade en 1941 ; c'est la guerre. Et sous les bombes, Marko s'envoie en l'air, pestant contre son *coïtus* si malencontreusement *interruptus*, tandis que Blacky laisse sa femme avec son gros ventre pour aller palper d'autres appas, ceux de la belle Natalja, comédienne de son état, et prête à tout pour réussir.
Le film d'Emir Kusturica commence en fanfare, au son des bombes et des trompettes, dans une série de scènes qui déclinent l'apocalypse sur le mode grotesque, et d'emblée le ton est donné. C'est la guerre, mais à la manière slave : énorme, romantique, débridée, baroque, balkanique. La première partie de ce qui se présente comme une visite de plus de cinquante ans de la vie d'un pays, se situe, de façon symptomatique, dans les années d'occupation nazie et de résistance à l'envahisseur. Marko et Blacky, moustaches viriles au vent, y mènent la guerre et l'amour sur le même mode frénétique. Dans la maison familiale, la cave abrite une vraie armée de réfugiés, qui fabriquent des armes que Marko écoule au marché noir et qui vont rejoindre la résistance, dont lui-même devient un des chefs, tandis que Blacky, avec son courage qui se moque de tout, enlève Natalja au nez et à la barbe de l'occupant, sur la scène du théâtre où elle est en train de jouer, pour l'emmener sur un bateau où il va l'épouser, maintenant que sa femme est morte dans la cave, en mettant au monde son fils Jovan. Destins croisés, amitié virile, déluge de feu, d'alcool, de musique, de morts : l'esthétique est à l'outrance et au surabondant. Avec cette façon qu'a Kusturica de donner aux choses un souffle, de prolonger la réalité par une part d'irrationnel qui la colore de fantastique. Mais avec aussi un côté débordant qui, au bout d'une heure de film, semblerait déjà en avoir rempli plusieurs. Et l'on n'est pourtant qu'au premier chapitre d'un récit qui en comporte trois, plus un épilogue.
C'est là sans doute que la coupe apparaît un peu pleine, et qu'elle déborde. Car, après ce démarrage tonitruant, la deuxième heure, justifiant le titre, précipite les personnages dans le sous-sol de la cave, où Marko fait croire à Blacky et aux réfugiés qu'en surface, la guerre continue. Et tandis que lui, à l'air libre, devient un des dignitaires du régime titiste, les autres, dans la soute, mènent une vie coupée de tout, figée dans un no man's land de l'Histoire : métaphore d'une glaciation, celle d'un régime communiste maintenant le pays dans l'illusion et faisant croire au mirage. Le film de Kusturica poursuit sur sa lancée, mais surchargé de sens, il s'englue alors quelque peu dans la symbolique, sans pour autant céder en rien sur la manière. Dans la cave transformée en sous-monde, Blacky marie son fils au son de la fanfare. Et, sur la table, la mariée vole. Le temps pourtant, même trafiqué, fait son œuvre. Troisième chapitre, retour à la surface. Par le long boyau d'un tunnel où transitent véhicules militaires et casques bleus, on retrouve l'air libre quelque part en Slavonie, sous le feu des armes lourdes. La Yougoslavie n'existe plus, mais la guerre est toujours là. Et les frères se retrouvent, pour se tuer.
En rejoignant la réalité d'aujourd'hui, Kusturica, par sa longue plongée dans les entrailles de son peuple et de sa terre, montre que le conflit actuel se nourrit d'amours et de haines profondes, d'une façon de brûler sa vie hors de la raison, d'un trop-plein de passions et de pulsions : de l'âme d'un pays, en fait. Message sans doute politiquement

pas très correct. Mais vision du monde qui déborde les froides réalités de la géo-politique, pour toucher à l'essentiel. Et qui, au-delà des complaisances du tape-à-l'œil, largue les voiles et fait décoller l'imaginaire. À l'image de cet épilogue en guise de paradis perdu retrouvé où, détaché des terres, vogue, comme un hommage fellinien, le navire de l'espérance.

## LA VIE EST UN MIRACLE (2004)
### avec Slavko Stimac et Natasa Solac

**À l'amour comme à la guerre.** Aucun doute possible : on est bien chez Kusturica ! D'emblée, il y a un âne, des chevaux, des moutons, des canards, des oies, un chat, un chien, des oiseaux, et même en prime quelques ours cruels venus de Croatie. Et tout ça braie à qui mieux mieux, caquette, piaille, cancane, fait un boucan d'enfer, qu'accompagnent la voix somptueuse de la femme de Luka, qui pousse l'air d'opéra comme une diva plantureuse, et la fanfare du village, qui y va à pleins poumons de sa musique slave et de ses refrains d'orphéon. Et avec ça, on descend les bouteilles, on flatte la croupe des femmes, on se tape dessus, on sort les revolvers pour jouer à Guillaume Tell, et on roule sous les tables, les uns sur les autres, ivres d'alcool et de bonheur. Car la fête bat son plein pour l'inauguration de la ligne de chemin de fer dont s'occupe Luka, et qui, construite dans les montagnes entre Serbie et Bosnie, va transformer la région en haut lieu touristique.
Pourtant, à ce début en fanfare, quelques menaçants bémols viennent imperceptiblement apporter une tonalité plus sombre. Le maire du pays, géant débonnaire, se fait tirer dessus comme du gros gibier, parce qu'il refuse de se prêter aux juteux trafics qui font florès ; et un match de football, commencé dans l'euphorie, tourne à l'empoignade générale. Luka ne veut rien voir des ombres qui se profilent. Il va bien lui falloir pourtant ouvrir les yeux : sa femme se fait la belle avec un musicien, son fils est appelé sous les drapeaux, et la guerre est déclarée !
Et c'est là que Kusturica, après avoir fait ce qu'il sait faire mieux que personne – du Kusturica ! – élargit sa palette, en faisant entrer en scène une jeune musulmane, dont le Serbe Luka apprécie vite la blondeur sensuelle et les appas charnus. La guerre alors peut bien faire son bruit d'enfer, les canons tonner, et la sanglante comédie transformer le pays en un immense bordel ambiant : l'amour est plus fort que tout ! Pour le dire, le cinéaste déploie tout l'arsenal de la truculence, de la vitalité effrénée, de l'invention cocasse. Et le tragique qui rôde ne va jamais sans une bouffonnerie énorme : tandis qu'autour d'eux la maison tremble sous les obus, Luka et Sabaha travaillent pour le rapprochement des peuples, tandis que le chat et le chien de la maison, ennemis jurés, les regardent faire côte à côte, dans la paix retrouvée !
La vie, la mort, l'amour, la guerre : tout se croise, les larmes et les rires, les cris et les chansons, et les trains qui passent, portant qui des armes et des soldats, qui des marchandises de contrebande, qui des filles en tenue légère et des petits malins qui en profitent pour se faire, au sens propre, un rail de coke... Car tout ici, au-delà même de la démesure baroque de la forme, est dans l'imaginaire du mythe. C'est Roméo et Juliette propulsés entre Serbes et Bosniaques, le roi Lear embarqué dans une farce grotesque, et l'âne de Jérusalem arrêtant le train pour prévenir le suicide du désespéré.
Kusturica croit que la vie est un miracle : son film le dit de toutes les manières, ébouriffées, ébouriffantes. Et son Apocalypse now, en guise d'hélicoptères, fait voler le lit de ses amants au-dessus des forêts rousses de l'automne, pour regarder d'en haut, depuis le ciel des amoureux, la folie des hommes.

N M **L**

## LABRUNE Jeanne (française, née en 1950)

**Premier long métrage :**
*Fenêtres (1976)*
**Filmographie depuis 1985 :**
*La Part de l'autre (1985)* • *De sable et de sang (1987)* • *Sans un cri (1991)* • *Si je t'aime, prends garde à toi... (1998)* • *Ça ira mieux demain (2000)* • ***C'est le bouquet ! (2002)*** • *Cause toujours ! (2004)*

Révélée par plusieurs films documentaires ou de fiction produits par l'Ina et par des téléfilms ambitieux (*Les Prédateurs, La Digue*), Jeanne Labrune aborde véritablement sa carrière de cinéaste avec *La Part de l'autre*, où elle ausculte les déchirures et les déchirements entre deux frères jumeaux avec une force, voire une violence, que l'on retrouve dans l'univers de la corrida, auquel elle s'intéresse dans *De sable et de sang*. Si la même tension règne encore dans *Sans un cri*, un virage s'amorce vers la comédie avec *Si je t'aime, prends garde à toi...* que confirme le triptyque que forment les trois films suivants, où la finesse de l'approche psychologique passe par la fantaisie et où le comique naît de subtils jeux de situations, d'objets, de mots.

### C'EST LE BOUQUET ! (2002)
### avec Sandrine Kiberlain, Jean-Pierre Darroussin, Dominique Blanc et Jean-Claude Brialy

**Le langage des fleurs.** On parle beaucoup, dans *C'est le bouquet !* Et, à écouter ce qui se dit, on a l'impression d'abord qu'on parle beaucoup pour ne pas dire grand-chose. Mais, à se laisser prendre peu à peu par le jeu des mots, toutes ces vétilles que sont les disputes, les confidences, les discussions sur trois fois rien s'organisent pour former comme un bouquet : et ces fleurs-là ont beaucoup à dire. Car, comme la commode qui se baladait dans son précédent film, Jeanne Labrune introduit dans le fil courant du quotidien un accessoire en forme de grain de sable : en l'occurrence ici un bouquet de fleurs que le dénommé Kirsch envoie à une jeune femme qu'il a connue quinze ans plus tôt, pour se faire pardonner de l'avoir dérangée à 7 heures du matin par un coup de fil intempestif. Le problème est que ces fleurs, détournées de leur destination prévue, vont se promener dans le voisinage, entrant comme par effraction dans l'intimité d'une série de personnages qui, à leur contact, se révèlent pour ce qu'ils sont. Or précisément, cette révélation passe par les mots, par ces conversations qui établissent la communication, toujours difficile, entre les êtres. Êtres au demeurant bien de leur époque : jeunes loups dans le vent, tout entiers dévoués à la réussite dans leur start-up qui croit dominer le monde ; auteur dramatique cossu bien installé dans son couple homo mais qui a du mal, dans sa recherche d'un théâtre-vérité, à comprendre la nouvelle société qui l'entoure ; petits bourgeois fureteurs toujours à l'affût des secrets de voisinage ; et surtout couple branché vivant, elle, de l'air du temps, et lui, de son inadaptation à la flexibilité cynique qu'on lui demande et à laquelle il répugne par timidité, ou par reste de bonne éducation.
Au milieu de ce défilé de têtes, que la réalisatrice brosse avec un enjouement où le trait acéré se colore toujours de tendresse amusée, passe le curieusement dénommé Kirsch, au nom qui suscite l'interrogation, et qui, tel un Buster Keaton impassible, met en branle la chaîne de rencontres, de quiproquos, de malentendus, de bavardages et d'inconséquences qui, progressivement, tissent la toile serrée d'une comédie de mœurs aussi aiguë dans son regard que brillante dans sa mise en scène, ses dialogues et son interprétation. Jeanne Labrune donne dans le comique intelligent : c'est vraiment le bouquet !

## LaBUTE Neil (américain, né en 1963)

**Filmographie :**
*En compagnie des hommes (1997)* • *Entre amis et voisins (1998)* • ***Nurse Betty (2000)*** • *La Possession (2002)* • *The Shape of things (2003)*

Passé par diverses formations, dans des universités américaines, mais aussi à la Royal Academy de Londres et au Sundance Institute, Neil LaBute conjugue l'écriture dramatique – il est l'auteur de plusieurs pièces de théâtre – et la réalisation. Son premier film, *En compagnie des hommes*, tourné de façon indépendante avec un budget modeste, le révèle aussitôt comme un observateur caustique et cruel de la vie sociale, à travers l'histoire de deux jeunes cadres qui, pour se venger de leur entreprise, séduisent une malheureuse secrétaire. Le sexe y apparaît comme un rapport de forces soumis à un rituel d'humiliation, ce qui apparaît encore dans *Entre amis et voisins*, toujours aussi cruel dans la description, ici autour d'un professeur d'art dramatique et de sa jeune maîtresse, d'un petit monde uniquement préoccupé par le sexe. Le côté décapant du propos s'y trouve toutefois quelque peu atténué par une mise en scène plutôt statique et théâtrale. En élargissant sa palette – de la comédie à composante parodique de *Nurse Betty* au récit sentimental de *La Possession* –, le cinéaste, bénéficiant de productions plus importantes et de distributions plus prestigieuses, gagne en vivacité dans la mise en scène, tout en restant fidèle à son côté dérangeant.

### NURSE BETTY (2000)
#### avec Renée Zellweger, Morgan Freeman, Chris Rock et Greg Kinnear

**Une vie de rêve.** Brave comme tout, Betty, mais un peu trop sentimentale et nunuche, à l'image de ce soap qu'elle regarde en boucle à la télé et dont le titre, *Amour et Passion*, dit tout ce à quoi elle rêve et dont la vie la prive. Elle qui depuis toujours voulait devenir infirmière, elle trouve dans son feuilleton favori, dont l'action se situe précisément dans un hôpital californien, non seulement le milieu où elle voudrait évoluer – et qui la changerait un peu de son job de serveuse de bar dans son trou du Kansas – et l'homme de ses rêves, un chirurgien beau comme pas permis, distingué, attentionné, tendre, et veuf inconsolable à consoler d'urgence : tout le contraire de son garagiste et goujat de mari.
D'emblée, Neil LaBute, tout en restant fidèle à la vision caustique que ses précédents films donnaient de la réalité, confronte celle-ci au monde du rêve, dont la vision qu'il en donne n'est pas moins caustique : son soap est plus sirupeux et dégoulinant que nature, et, outre le bel exercice de pastiche auquel il lui permet de se livrer, il ne donne comme échappatoire aux affres de la réalité que le ridicule d'un univers frelaté. Si ce n'est que, de l'un à l'autre, il y a ce que représente cette Betty dont le cinéaste raconte l'histoire : la capacité de rêver, et non seulement de prendre ses rêves pour la réalité mais, même, de faire que la réalité en vienne à se conformer à ses rêves. Il se trouve en effet que la vie réelle de Betty, déjà pas gaie, devient carrément cauchemardesque quand elle assiste, impuissante et choquée, à l'assassinat de son mari par deux truands. Refusant de regarder en face ce qu'elle a vu, elle se réfugie alors dans son rêve, et, quittant tout, s'embarque pour Los Angeles, bien décidée à retrouver le chirurgien de ses rêves et à vivre avec lui le grand amour auquel elle aspire.
Toute l'astuce de la comédie de Neil LaBute tient dans le fait que, sur une thématique de départ qui, depuis Don Quichotte, a déjà engendré nombre de chimériques, il construit un film où l'illusion de son personnage en vient insensiblement à déteindre sur la réalité elle-même au point de la transformer : le truand qui a tué son mari et qui la poursuit devient amoureux d'elle comme d'une héroïne rêvée, l'acteur qui joue le rôle du chirurgien et qu'elle confond avec son personnage se prête au jeu jusqu'à s'y prendre, et le film 2 dans le film 1, que constitue le soap, transforme le film 1 au point que celui-ci se termine comme le film 2. Dans cette mise en abyme qui flirte parfois avec le loufoque, la détermination de la gentillette, rêveuse et têtue Renée Zellweger impose finalement le pouvoir de l'illusion. Ce qui, tout en se moquant des clichés et du pouvoir de la télévision, les recycle joliment en réflexion sur le cinéma.

## LALOUX René (français, 1929-2004)

**Premier long métrage :**
*La Planète sauvage (1973)*
**Filmographie à partir de 1985 :**
***Gandahar (1988)***

Oserait-on dire qu'il fut l'homme d'un seul film ? Mais cela suffirait à lui réserver dans l'histoire du cinéma d'animation une place de tout premier plan. Sans doute parce que son univers formel sut rompre radicalement avec le dessin d'animation traditionnel et que sa formation et ses rencontres en firent un cinéaste particulièrement ouvert aux ressources de l'imaginaire. Moniteur, dans les années 1960, dans une clinique antipsychiatrique qu'animait Félix Guattari, il réalisa son premier court métrage d'animation dans le cadre de l'atelier d'ombres chinoises qu'il y tenait avec ses malades. Et sa rencontre, à ce moment-là, avec Topor, allait amplifier encore un univers explorant toutes les facettes de l'étrange et du mystère, à travers deux courts métrages d'abord, puis en 1973 avec ce grand œuvre que fut *La Planète sauvage*, adapté d'un roman de Stefan Wul. Dans un monde de l'animation où la mainmise de Walt Disney dictait alors sa loi, la beauté formelle d'une esthétique puisant aux sources du symbolisme et du surréalisme y apparut comme un renouveau absolu, et y imposa une vision totalement neuve de la science-fiction. Le succès du film, trop largement attribué à l'univers de Topor, pesa lourdement sur la suite de la carrière de René Laloux : deux films longs seulement, *Les Maîtres du temps* en 1982, d'après les dessins de Moebius, et *Gandahar*, en 1988, marquèrent l'impasse d'une œuvre qui, après un dernier court métrage, *Comment Wang Fo fut sauvé*, n'eut pas le temps d'aboutir à la réalisation d'un nouveau projet, que René Laloux, qui s'occupait d'un laboratoire d'imagerie numérique, était en train de préparer.

### GANDAHAR (1988)
### avec les voix de Georges Wilson, Anny Duperey et Pierre-Marie Escourrou

**La planète des songes.** On aime ou on n'aime pas la science-fiction et son attirail symbolico-métaphorique parfois un peu fumeux, où l'on retrouve tout à trac les grands thèmes et les vieux mythes, où l'on passe allègrement par la porte du temps pour enjamber les siècles et où les poules peuvent avoir des dents sans que cela ne gêne personne. Et sur ce plan, *Gandahar* n'est pas à court d'imagination, servi en cela par le roman de Jean-Pierre Andrevon, dont l'encrier à rêves est intarissable.

D'un côté, donc, une planète heureuse, douce et romantique comme le plaisir, où le pouvoir est tenu par des femmes magnifiques, tous seins dehors, et par un vieux mage savant, à la sagesse barbue. De l'autre, des hommes noirs et mécaniques, qui avancent au pas cadencé et pétrifient tout sur leur passage, expédiant les malheureux Gandahariens, transformés en statues, dans une sorte de TGV chargé d'œufs métalliques, qui les transporte au lieu de l'ultime métamorphose. Car derrière tout cela règne un esprit malin, sorte de prépuce cérébral à cellules molles, émanation inconsciente des fantasmes destructeurs de la douce planète. Laquelle cache encore comme un remords, au fond d'antres secrets, toute une cohorte de créatures improbables, variétés de mutants tarés aux membres assemblés de façon incohérente, résultats monstrueux de gauchissements génétiques coupables. Heureusement, Sylvain, le héros, à la longue chevelure et aux grâces un peu alanguies d'athlète interstellaire, est là pour séparer le bon grain de l'ivraie. Et lui seul parvient à franchir les mille ans qui le séparent du futur-passé, déjouant à la fois les pièges de la logique temporelle et ceux de la conjugaison verbale, et rétablissant ainsi le bonheur originel dans un présent d'éternité.

Le film de René Laloux, sur des dessins de Caza, vole au rythme des songes. Il ne manque ni d'invention visuelle, ni de souffle poétique, ni même, entre ses crabes à trois yeux et son dinosaure à langue râpeuse, d'un soupçon d'humour. Tout cela se voit comme on feuillette un livre d'images avec, curieusement, malgré la débauche d'imagination, un petit air de déjà-vu. Serait-ce que le fantastique de Caza s'est, au fil des ans, comme banalisé ? Ou que l'animation, réalisée, budget oblige, en Corée du Nord, apparaît un peu raide ? Toujours est-il que le scénario traîne un peu en route, que le héros manque un peu de nerf et d'originalité et que, dans cette planète des songes, malgré les oiseaux-miroirs, les ailes volantes et les vols planés, il n'y a guère que les rêves qui ont quelques difficultés à décoller.

## LANZMANN Claude (français, né en 1925)

**PREMIER LONG MÉTRAGE :**
*Pourquoi Israël (1973)*
**FILMOGRAPHIE DEPUIS 1985 :**
***Shoah (1985)*** • *Tsahal (1994)* • *Un vivant qui passe (1997)* • *Sobibor, 14 octobre 1943, 16 heures (2001)*

En 1969, un documentaire, *Le Chagrin et la Pitié*, de Marcel Ophuls, transforme radicalement l'image que la France se donne de la période de l'Occupation et lance le grand mouvement d'introspection d'un pays confronté à sa responsabilité, face à des cadavres qu'il a longtemps cachés dans les placards occultés de l'oubli. En 1985, un autre document, mais à nul autre pareil, change radicalement la vision que les hommes, au-delà de toute appartenance nationale, peuvent se faire de la radicalité du mal : Auschwitz, et son appareil de mort programmée. Le grand mérite de Claude Lanzmann est non seulement de réaliser *Shoah*, mais, à travers ce film, de penser le problème de la représentation d'un événement qui défie l'entendement tout autant qu'il constitue une atteinte fondamentale à la nature humaine. L'ancien résistant qu'il est, le diplômé de philosophie, l'ami et le collaborateur de Sartre, le journaliste engagé dans les luttes de la décolonisation, le directeur des *Temps modernes* : toute son expérience passée l'amène à choisir le cinéma comme moyen d'expression et, aussitôt après *Pourquoi Israël*, à commencer, dès 1974, à travailler à *Shoah*. Après plus de dix années d'enquête, de tournage, d'interviews, de montage, le film sort en 1985, monumental, inédit dans sa forme et dans sa durée (9 h 30), unique, fondateur. Apportant au cinéma du réel – et il s'agit ici de la réalité dans ce qu'elle a de plus extrême – tout à la fois un regard, une forme, une morale.

## SHOAH (1985)

**Voyage au bout de la nuit.** *Shoah* est un voyage, le vrai voyage au bout de la nuit. Celui qui, au rythme lancinant des trains de la mémoire, emprunte les voies mêmes de ces convois sans retour dont la destination s'inscrit désormais sur l'hallucinante carte ferroviaire de la barbarie : Treblinka, Sobibor, Auschwitz… Ces voies, toutefois, ne sont ni celles de la fiction, ni celles à proprement parler du documentaire. Ce que Claude Lanzmann cherche à saisir, c'est la réalité de l'extermination des Juifs d'Europe, ce sont les faits eux-mêmes, et c'est la confrontation d'un passé avec un présent qui le rend toujours présent. La même gare aujourd'hui qu'hier, le même sifflet du train, et le même conducteur penché hors de sa locomotive, avec en arrière-plan le panneau qui indique la même destination : Treblinka.

Avec une sagacité de journaliste, mais avec aussi une conscience artistique et morale aiguë de la nécessité de faire parler – les lieux, les gens –, le cinéaste entend donner à voir ce qui n'a laissé aucune trace visible et qui, pourtant, est toujours là. Disparues les fosses en entonnoir où on alignait les cadavres tête-bêche, disparus les fours crématoires, disparues les chambres à gaz : mais la caméra de Lanzmann emprunte le petit chemin où passait la voie ferrée qui conduisait au camp, elle avance sur l'herbe de la clairière, elle regarde en un lent panoramique les bois alentour avec les arbres plantés par les nazis pour faire disparaître toute trace, elle avance vers l'endroit même où le train s'arrêtait, et où les wagons déversaient leur sinistre cargaison. Et le survivant, revenu sur les lieux du crime, dit simplement : « C'est là. *Das ist der platz…* »

Pas d'images d'archives : il n'y en a pas, ou si peu, et les bourreaux ont fait disparaître les rares images du crime comme pour l'annihiler. Mais, plus profondément, refus de montrer ce qui est immontrable ; et refus aussi de le reconstituer par la fiction, ce qui le banaliserait et attenterait à son caractère unique. Mais au contraire, enquête, entretien, questions posées, doucement, insidieusement, brutalement parfois, aux victimes, aux témoins, aux bourreaux. Avec la caméra qui traque la réponse, qui scrute le visage, qui enregistre tout, l'hésitation, le malaise, le tremblement, la moue ironique, les larmes. Et les paysans polonais, qui répètent le geste de la gorge tranchée qu'ils faisaient aux Juifs entassés dans les trains : était-ce pour les prévenir de ce qui les attendait, ou pour d'autres raisons moins avouables ? Chacun donne son explication, mais c'est le film qui parle. Et ce qu'il dit se grave au plus profond : de l'enfant de Chemno, que les SS faisaient chanter parce qu'il avait la voix si douce, et qu'ils abattirent d'une balle, comme tous les autres, dont il réchappa miraculeusement, au conducteur du train de Treblinka, qui, pour faire avancer la machine, se soutenait à la vodka et à qui Lanzmann demande de refaire les gestes, de conduire à nouveau une locomotive toute semblable à celle qu'il conduisait ; du bureaucrate chargé d'organiser les convois et qui les géraient comme des trains de groupe, comme si le camp qui les attendait était un camp de vacances, au coiffeur qui, en coupant aujourd'hui les cheveux (ce que là aussi le cinéaste lui a demandé de faire, dans un salon loué pour la circonstance, car il n'est plus coiffeur), se souvient des cheveux des femmes qu'il coupait au seuil des chambres à gaz et qui, soudain submergé par l'émotion, s'arrête, incapable d'aller plus loin. Mais Lanzmann le pousse, lui demande instamment de dire, de parler, parce qu'il le faut, parce que faire sortir toute la réalité de l'horreur est à ce prix. Et Lanzmann encore qui presse les Allemands de parler : les anciens SS, comme Suchomel, qui officiait à Treblinka, ou comme Oberhauser, qui était lui à Belzec, et qu'il a convaincus de témoigner, mais qui résistent, qui se montrent impassibles. Mais la caméra enregistre tout : les regards fuyants, les excuses de l'ignorance, l'exaspération, la lueur soudain malsaine dans les yeux…

Le film de Claude Lanzmann est un monument, dans tous les sens du terme. Un monument dressé aux victimes, un sépulcre pour six millions de morts évanouis en fumée, et un monument dressé au génocide lui-même, auquel il donne désormais un nom – Shoah, le désastre, la catastrophe. Et un monument de cinéma aussi, qui invente son langage pour dire ce qui n'a jamais été dit, et qui est indicible.

## LARRIEU Arnaud et Jean-Marie (français, nés en 1965 et 1966)

**FILMOGRAPHIE :**
*Fin d'été (1997)* • ***La Brèche de Roland (2000)*** • *Un homme un vrai (2002)* •
*Peindre ou faire l'amour (2005)*

Frères, pyrénéens, et fortement attachés à leurs montagnes, Arnaud et Jean-Marie Larrieu, après avoir passé leur adolescence à écrire des scénarios et à les tourner en super-8 puis avoir tenté en vain l'entrée à la Femis, profitent de leurs études de cinéma parisiennes pour faire financer leurs premiers courts métrages par une association d'encouragement à la création cinématographique puis pour aborder, en 1997, le long métrage, ou plutôt le moyen long – 68 minutes. pour *Fin d'été*, 47 minutes pour *La Brèche de Roland* –, les deux films, distribués en salles, révélant leur talent singulier à travers deux comédies cocasses, décalées, confrontant les mœurs urbaines à la nature originelle. Car le décor naturel est l'élément premier de leur inspiration. Et la montagne tient encore son rôle de révélateur, pyrénéenne dans *Un homme un vrai*, alpine dans *Peindre ou faire l'amour*, avec, toujours, des couples qui, dans un cadre qui les dépasse, règlent leurs petites affaires sentimentales et leurs désirs en liberté.

### LA BRÈCHE DE ROLAND (2000)
**avec Mathieu Amalric, Cécile Reigher, Julien Rivière et Anaïs Chunleau**

**Haute montagne et petite famille.** D'emblée, voir Mathieu Amalric, acteur ultra-parisien et au physique pas spécialement sportif, équipé en alpiniste et grimpant avec sa petite famille le long d'un sentier creusé dans la roche, avec un abîme vertigineux sous les pieds, relève d'une incongruité qui fait le fond et la forme mêmes du film des frères Larrieu. Car cette fameuse *Brèche de Roland*, elle n'est autre qu'une énorme encoche de la montagne, chargée de légende – le héros de Roncevaux l'aurait ouverte de son épée –, et séparant la France de l'Espagne, que le père de famille qu'est justement le prénommé Roland a décidé d'atteindre, avec sa femme et ses deux enfants, dans une escalade familiale qui a tout d'une plongée freudienne. S'il veut en effet atteindre ce haut lieu, c'est que lui-même a été conçu, il y a trente-six ans de cela, lors d'une escapade qu'y firent, en compagnie d'un beau guide local, son père et sa mère – ce qui soulève toutes les interprétations possibles sur l'identité de son géniteur. Or ce retour aux sources, par le caractère à la fois burlesque et catastrophique que prend cette équipée d'alpinistes du dimanche, vire vite au déballage familial, le fils envoyant promener son père, la fille lui avouant ses penchants homos, et sa femme lui annonçant tout de go, au milieu d'engueulades qui résonnent d'autant plus que l'écho les répercute de falaises en vallées, qu'elle est enceinte.
Et c'est bien dans cette disproportion entre une situation habituellement réservée à la chronique de chambre et au vaudeville, et le cadre somptueux, épique, surdimensionné de la montagne, moyenne puis de plus en plus haute, où elle est ici placée que naît un comique cocasse et pince-sans-rire, où la nature tient un rôle déterminant. Car les frères Larrieu filment la montagne dans toute sa majesté, à la fois enivrante et menaçante, la cadrant large pour faire apparaître d'autant plus minuscule la famille Rikiki qui grimpe vers les sommets. Ou plutôt qui essaie : car, de fausses pistes en malentendus, de carte lue de travers en brouillard où l'on se perd, d'erreurs de parcours en éclatement familial, puis de descente éparpillée en retrouvailles finales le long d'une route bitumée qui ramène à la civilisation, la course en montagne aura pris des allures de règlement de comptes familial et le film de montagne de chronique intimiste, faisant joyeusement souffler le vent frais des cimes sur l'atmosphère généralement confinée de la comédie à la française.

## LAURE Carole (canadienne, née en 1948)

**FILMOGRAPHIE :**
***Les Fils de Marie (2002)*** • *Tour près du sol (2004)*

Nombreuses sont les actrices qui, l'âge venant et l'expérience de nombreux tournages aidant, s'essaient à passer derrière la caméra. Carole Laure en est un exemple : comédienne, danseuse, chanteuse, ayant acquis une notoriété internationale dépassant largement les frontières de son Québec natal, elle a, après avoir longtemps collaboré de façon très proche avec des réalisateurs sur les films dont elle était l'interprète, décidé de franchir le pas de la réalisation. Comme souvent, ses premiers films traduisent une inspiration personnelle : *Les Fils de Marie* racontent l'histoire d'enfants privés de mère, ce qui a précisément été son cas de fillette adoptée par deux femmes qui se prénommaient précisément… Marie. Et dans *Tout près du sol*, pour traiter d'un sujet qui lui tient à cœur, la musique et la danse, elle confie le rôle de la jeune danseuse décidée à tout pour exercer son art à sa propre fille, Clara Furey.

### LES FILS DE MARIE (2002)
#### avec Carole Laure, Jean-Marc Barr et Félix Lajeunesse-Guy

***Mater non dolorosa.*** A priori, au souvenir de la petite Canadienne, mignonne comme un cœur avec ses cheveux noirs, son nez joliment retroussé et sa pointe d'accent québécois qui débarquait sur les écrans français au cœur des années 1970 dans les films de son compatriote Gilles Carle, a priori donc, on aurait quelque peine à l'imaginer, trente ans plus tard, en *mater dolorosa*. Et pourtant, pour son premier film de l'autre côté de la caméra, Carole Laure, brouillant son image, n'a pas craint de s'attaquer à un sujet difficile : la perte d'un fils et le sentiment de vide absolu qu'elle entraîne. Mais, moderne Marie qui interprète elle-même le rôle de cette mère qui ne se résout pas à rester figée avec son fils mort dans une *Pietà* définitive, voici qu'elle prend son téléphone et appelle un journal pour y faire passer une annonce aussi surprenante que lourde de douleur et d'espoir : « Mère ayant perdu fils cherche fils ayant perdu mère ».

Ainsi commencent donc ces *Fils de Marie*, lourds sans doute de fêlures personnelles et intimes, transfigurées en fiction pour raconter comment une femme mal dans sa peau établit, après la mort de son fils et pour continuer à vivre en refusant de faire porter le deuil à ses sentiments maternels, des liens maternels avec quatre correspondants qui, en mal de mère, cherchent eux aussi à combler le vide d'une absence. Film qui pourrait être noir, vu son sujet, mais que la réalisatrice choisit de colorer, de barioler presque, de teintes chaudes et joyeuses, dans un Québec où l'été indien est comme un éclatement d'harmonies ocre, rouges, lumineuses : couleurs aussi d'un paysage intérieur où se dessine un désir de continuer à vivre. Et même si le tournage vidéo écrase un peu l'image, si la caméra n'est pas toujours très sûre et si ça sent le tout petit budget, il y a dans cette volonté de filmer la vie une fantaisie et une énergie qui, face au froid de la douleur, réchauffent le cœur.

## LAUTNER Georges (français, né en 1926)

**Premier long métrage :**
*La Môme aux boutons (1958)*
**Filmographie depuis 1985 :**
*La Cage aux folles III (1985)* • *Le Cow-boy (1985)* • *La Vie dissolue de Gérard Floque (1986)* • ***La Maison assassinée (1987)*** • *L'Invité surprise (1989)* • *Présumé dangereux (1989)* • *Triplex (1990)* • *Room service (1991)* • *L'Inconnu dans la maison (1992)*

Populaire, le cinéma de Georges Lautner l'est au sens plein du terme : *Les Tontons flingueurs* figure assurément parmi les films cultes non seulement de la génération qui, en 1963, fit un beau succès à cette parodie, teintée d'humour noir, du film policier, mais aussi des générations qui ont suivi, et qui ont même assuré depuis aux dialogues d'Audiard une longévité référentielle surprenante. Le film était bien en tout cas, dans la ligne du *Monocle noir*, représentatif de la première manière d'un cinéaste sachant cultiver avec brio la parodie. Par la suite, laissant la distance du sourire pour entrer de plain-pied dans le cinéma de genre – polars ou comédies –, le cinéaste s'est spécialisé dans des films de bonne facture mais plutôt conventionnels, servant surtout à mettre en valeur ses comédiens favoris, au premier rang desquels Jean-Paul Belmondo. Pas toujours avec bonheur, comme ce fut le cas pour leur dernière rencontre, un remake plutôt mou des *Inconnus dans la maison*. En revanche, l'intérêt porté aux seconds rôles, très représentatif du cinéma français des années 1930-1950, et la juste tonalité trouvée pour restituer l'atmosphère fantastique du roman de Pierre Magnan, dans *La Maison assassinée*, laissent penser que Georges Lautner aurait dû plus souvent changer de registre.

## LA MAISON ASSASSINÉE (1987)
### avec Patrick Bruel et Anne Brochet

**L'auberge rouge.** Il y a, dans *La Maison assassinée*, le souffle d'une mémoire collective : celle qui ramène du fond des âges les vieilles peurs enfouies, quand le vent rugit, que la pluie crépite, et qu'un voyageur égaré aperçoit, dans la lueur d'un éclair, la silhouette un peu sinistre d'une auberge sur la lande. Derrière les volets clos, il voit filtrer la lumière d'un feu dans la cheminée et, poussant la lourde porte, entre demander le gîte pour la nuit. Et le malheur entre avec lui. Au matin, la mort est passée par là, la mort sauvage qui égorge et qui éventre, et qui marque à jamais le lieu du crime du sceau de la malédiction.

La grande force du roman de Pierre Magnan était de faire sentir, avec les mots, ces terreurs cachées, ce mystère qui rôde. Nourri à la meilleure veine de la littérature populaire, et recréant un décor provençal farouche, plus proche de Giono que de Pagnol, son livre était construit comme une histoire haletante, racontant le retour au pays de l'enfant qui avait échappé au massacre de cette nuit noire. Son arrivée, soudain, réveillait les morts ; et le héros découvrait peu à peu sa propre histoire, pleine d'ombres, de lourds secrets de famille, de vérités cachées au fond d'un puits fait de mutisme et de mauvaise conscience et dont le retour à la surface précipitait, sur fond de vengeance, la mécanique implacable du destin.

En transposant tout cela à l'écran, Georges Lautner a su ne rien perdre de cette magie des choses et du lieu. Sa maison assassinée ressemble à s'y méprendre à celle que l'écrivain avait tracée dans l'imagination de ses lecteurs. Peut-être parce qu'elle est, en fait, inscrite dans toutes les mémoires, lugubre et fascinante. Et parce qu'en mettant des images sur les mots, le cinéaste n'a pas cherché à échapper au romanesque mélodramatique du roman. Son film, c'est une histoire, d'abord, riche, complexe, déroulant ses méandres sans jamais se dévoiler tout à fait. C'est un décor aussi, impressionnant, mêlant l'observation réaliste d'un village provençal au sortir de la Grande Guerre au souffle épique (même s'il est un peu court, parfois) d'une nature aride, rude, imbibée du sang des morts et habitée de forces mystérieuses. Ce sont des acteurs, connus et inconnus, dans de vrais rôles, épais, taillés dans la chair, disant des dialogues pleins, charnus eux aussi. Et le tout donne un vrai film populaire, ni complaisant ni méprisant.

# LAUZIER Gérard (français, né en 1932)

**PREMIER LONG MÉTRAGE :**
*T'empêches tout le monde de dormir (1980)*
**FILMOGRAPHIE DEPUIS 1985 :**
***Mon père ce héros (1991)*** • *Le plus beau métier du monde (1996)* •
*Le Fils du Français (1999)*

Le succès rencontré par ses bandes dessinées, dans le magazine phare de la BD des années 1960-1970, *Pilote*, n'est sans doute pas pour rien dans le désir de Gérard Lauzier de les transposer lui-même au cinéma. Il faut dire que l'observation sociale dont celles-ci témoignaient, tout autant que la vigueur du trait et la liberté de ton qui leur apportaient leur charge satirique, convenaient parfaitement à la comédie de mœurs. Et les trois premiers films, réalisés entre 1980 et 1984, s'efforçaient donc de reproduire au plus près le cynisme assez noir des pièces et des bandes dessinées dont ils étaient l'adaptation. Toutefois, n'ayant pas retrouvé à l'écran la même audience que dans ses bandes dessinées, Lauzier privilégia le théâtre et se tint éloigné du cinéma pendant une dizaine d'années. Il y est revenu avec une comédie à la tonalité plus tendre (et plus personnelle) sur les rapports d'un père et de sa fille, et à laquelle la présence en tête d'affiche de Gérard Depardieu a assuré un succès populaire que semblent depuis viser les comédies plus grand public du réalisateur.

## MON PÈRE CE HÉROS (1991)
### avec Gérard Depardieu et Marie Gillain

**Jeune fille en fleur.** Gérard Depardieu se promène dans le film de Lauzier avec cette aisance qui fait tout passer. Y compris un scénario dont la sincérité ne cache pas toujours le côté convenu. On a même la sensation, avec *Mon père ce héros*, de retrouver une de ces comédies de mœurs comme il en fleurissait dans le cinéma français des familles du côté des années 1970. Un problème de fond – les rapports d'un père divorcé et d'une fille à l'âge ingrat, 14 ans et demi, où elle aborde aux rives de l'adolescence – ; un zeste de provocation – ici la fille, pour se faire valoir auprès de son petit ami, s'invente un personnage de Lolita et fait passer son père pour son amant ; et le tout englobé dans un décor de rêve, l'île Maurice, où le père emmène sa fille en vacances, ce qui vaut au passage de longs plans sur des paysages enchanteurs, mer, sable fin, nature riante, qui sentent leur pub pour le Club Med, et qui expliquent que le ministère du Tourisme mauricien figure en bonne place au générique.

Ceci dit, on aurait tort de faire la fine bouche devant une comédie qui, si elle ne manque pas de facilité, ne manque pas non plus de charme. D'abord parce que, dans la filmographie de Lauzier, elle paraît comme nettement plus subtile que ses précédentes réalisations. Si le contexte social, auquel dans ses BD comme dans ses films, il se complaît d'ordinaire, n'est pas absent, le côté parisien et branché est vite évacué pour laisser place à l'essentiel : ce nœud œdipien entre une fille amoureuse de son père sous ses airs de sauvageonne, et un père amoureux de sa fille et qui ne sait comment la prendre. Dilemme éminemment freudien, et qui n'invente certes pas la poudre. Mais, dans ce duo à rebrousse-poil, qui se cherche en passant son temps à tout faire pour ne pas se trouver, il passe pas mal de vérité, de sentiment, et de tendresse. Les comédiens y sont pour beaucoup. Depardieu fait merveille, avec ses airs ahuris, ses colères contenues et qui parfois éclatent, et cette douceur de l'émotion qu'il fait soudain passer. En face de lui. Marie Gillain, toute en jambes et en formes juvéniles, apparaît comme une jeune fille en fleur, et même en bouton, idéale : ses moues, ses mines, ses mensonges, ce mélange de candeur et de malignité qui la rend aussi horripilante qu'attachante, témoignent d'un naturel qui est la preuve, déjà, d'un beau talent de comédienne. Le plus intéressant est là, dans ce rapport entre les personnages. Pour ce qui est du reste, il faut bien qu'Œdipe se passe…

## LAWRENCE Marc (américain, né en 1959)

**FILMOGRAPHIE :**
***L'Amour sans préavis (2003)***

Scénariste, Marc Lawrence commence à écrire pour la télévision, puis pour le cinéma, où il écrit en particulier deux comédies romantiques interprétées par Sandra Bullock. C'est pour elle qu'il a aussi l'idée d'esquisser un scénario qui la réunirait à Hugh Grant. La comédienne, intéressée, soutient le projet, jusqu'à non seulement interpréter *L'Amour sans préavis* mais à en devenir la productrice, tout en permettant à Marc Lawrence de débuter dans la réalisation.

### L'AMOUR SANS PRÉAVIS (2003)
**avec Sandra Bullock et Hugh Grant**

**(Encore) elle et (toujours) lui.** Prendre, d'un côté, une avocate engagée à fond dans les combats écolo-sociaux, qui a été éduquée dans le respect de toutes les bonnes causes par des parents militants, qui s'habille en jupes longues à l'indienne et gros pulls informes, qui mange exclusivement tofu-soja-bio, qui habite Coney Island dans l'appartement familial aussi réduit qu'encombré, et qui n'hésite pas à aller se coucher devant les bulldozers lorsque ceux-ci s'apprêtent à démolir un vieux théâtre au cœur de New York. Et mettre en face le séduisant et brillant jeune patron du plus gros empire immobilier de la ville, toujours entre deux parties de tennis, deux sandwiches, deux mannequins et deux couvertures de magazine, et qui ne se déplace qu'en limousine ou en hélico personnel pour rejoindre sa chambre d'hôtel, dans le palace cinq étoiles qu'il a acheté pour l'occasion. Et pour que leur rencontre puisse susciter des développements prometteurs, faire en sorte que ladite jeune avocate sorte de Harvard, qu'elle soit une tête aussi bien faite que bien pleine, et que sous son apparence de fille mal peignée et mal fardée on devine qu'elle est mignonne à croquer. Et faire que lui, sous son vernis de jolie gueule superficielle, cache un cœur qui n'est pas totalement insensible aux vraies valeurs ni aux vraies femmes. Et à partir de là, les faire se rencontrer et faire même engager ladite jeune avocate par ledit jeune patron, qui y voit un bon moyen de garantir les gros profits de sa société par une politique de contribution aux bonnes œuvres fiscalement déductible. Bref, mettre en rapport deux personnages que tout oppose, faire luire dans leur regard, dès la première rencontre, la petite lueur d'intérêt qui annonce la grande flamme à venir. Les faire mijoter dans des

séries d'affrontements qui ne font chaque fois que les rapprocher davantage. Saupoudrer le tout de dialogues enlevés et de situations piquantes. Et, pour gagner la partie, faire interpréter les deux antagonistes promis au baiser final par la rebelle et brune Sandra Bullock et par le plus que jamais irrésistible Hugh Grant : c'est, sans trop même se soucier de la qualité de la mise en scène, avoir à peu près l'assurance, puisqu'on a bien suivi la recette, d'avoir un résultat satisfaisant.
C'est précisément ce qui arrive dans cet *Amour sans préavis*, énième variation sur le thème de elle et lui, comme le cinéma américain sait si bien le faire, et divertissement idéal pour passer deux heures le sourire aux lèvres sans trop se poser de questions. Avec ici, en prime, un petit zeste non inintéressant de nouveauté. Dans un couple où elle avoue avoir pleuré le jour où Bush, le père puis le fils, ont été élus, et où lui représente l'establishment même du capitalisme pur et dur, les réunir revient à mettre un peu de bonnes causes morales et humanitaires au cœur réputé glacial du système. Et qu'en plus, se promenant tous les deux en hélico au-dessus des gratte-ciel new-yorkais, elle et lui se mettent à fondre à l'unisson devant la beauté des architectures et qu'ils se retrouvent ensemble à se raconter l'histoire de l'Empire State et du Chrysler Building, sur fond de paysage où l'on cherche en vain les deux silhouettes à jamais effondrées des Twin Towers, voilà qui sent sa réflexion sur le patrimoine à préserver, et qui fait de cette gentille bluette la première vraie comédie romantique de l'après-11 septembre.

## LECONTE Patrice (français, né en 1947)

**PREMIER LONG MÉTRAGE :**
*Les vécés étaient fermés de l'intérieur (1975)*
**FILMOGRAPHIE DEPUIS 1985 :**
*Les Spécialistes (1985)* • *Tandem (1986)* • *Monsieur Hire (1988)* • ***Le Mari de la coiffeuse (1990)*** • *Tango (1992)* • *Le Parfum d'Yvonne (1993)* • *Les Grands Ducs (1995)* • *Ridicule (1995)* • *Une chance sur deux (1997)* • *La Fille sur le pont (1998)* • ***La Veuve de Saint-Pierre (2000)*** • *Félix et Lola (2000)* • *Rue des Plaisirs (2001)* • *L'Homme du train (2002)* • *Confidences trop intimes (2004)* • *Dogora. Ouvrons les yeux (2004)* • *Les Bronzés 3. Amis pour la vie (2005)*

Les débuts de Patrice Leconte, longtemps dessinateur à *Pilote* avant de devenir metteur en scène attitré des facéties des *Bronzés* du Splendid, ne laissaient pas vraiment augurer d'une carrière qui, avec *Tandem*, en 1987, s'est engagée de plus en plus résolument dans une tout autre direction : celle, héritée du cinéma des années 1950, d'une mise en scène classique appliquée à l'étude psychologique d'êtres complexes sous leur apparente médiocrité. *Monsieur Hire*, adapté d'un roman de Simenon dont Julien Duvivier avait tiré un de ses meilleurs films, *Panique*, donne, par la réflexion sur le voyeurisme dont il est porteur, la mesure des nouvelles ambitions d'un cinéaste qui, depuis, collectionne les réalisations à la mise en scène toujours impeccable, dans des films de genres divers, qui font la part belle aux comédiens, mais où la maîtrise stylistique ne dégage pas toujours la personnalité d'un regard.

### LE MARI DE LA COIFFEUSE (1990)
#### avec Jean Rochefort et Anna Galiena

**Scènes de la vie capillaire.** Le paradis d'Antoine est capillaire. Enfant, il a connu l'extase : c'était dans le salon de coiffure pour hommes de l'opulente Madame Sheaffer. Là il a éprouvé l'ivresse de se laisser laver, sécher, onduler, parfumer les cheveux, de sentir des doigts experts et caressants lui masser doucement le crâne, de respirer l'odeur suave de cette présence féminine toute proche de lui, s'offrant à ses regards et à ses fantasmes. Définitivement subjugué, Antoine s est juré que, devenu grand, il épouserait une coiffeuse. Et, lorsqu'il a rencontré Mathilde au détour d'une coupe de cheveux, il a tout de suite senti qu'elle était celle qu'il cherchait et il lui a aussitôt demandé sa main. Ne quittant plus dès lors le salon de celle qui est devenue sa femme, il circonscrit sa vie à ce monde délicieux de crèmes, savons, parfums et autres brillantines. Entre deux clients, Mathilde le coiffe et le recoiffe : tendre giclement de la douche sur sa chevelure, frémissement des bulles du shampooing, cliquetis feutré des ciseaux, bruit mat du peigne qui glisse sur ses cheveux humides, tondeuse qui frôle délicatement le cou ; puis, glissements furtifs du désir et, soudain, Mathilde qui se donne dans une étreinte fougueuse… Le paradis dans un fauteuil.

On pouvait craindre que, dans ce récit d'une obsession tout entière concentrée sur un salon de coiffure, Patrice Leconte n'en vienne à couper les cheveux en quatre. Or c'est tout le contraire. Son film est d'une simplicité, d'une limpidité, d'une économie telles qu'il en paraît presque minimaliste. Tout y tient dans un décor unique, entièrement recréé en studio, et qui apparaît, avec sa décoration un peu vieillotte et son bonhomme pommadé au Pento qui trône dans la vitrine, comme un concentré des salons de coiffure, une image fixée dans le souvenir avant que ne survienne le règne du néon et du tape-à-l'œil. Là, deux êtres se rencontrent et s'aiment d'un amour fou, qui exclut le monde autour d'eux et qui s'abreuve d'un désir jamais éteint. Ils n'ont pas besoin de beaucoup se parler : ils se comprennent d'un regard, d'un signe, d'un sourire, d'une entente quasi alchimique de leurs corps. On retrouve, dans cette peinture de la passion, beaucoup de la sensibilité douce-amère de Truffaut, à qui le réalisateur rend directement hommage dans une scène rapide, tout droit sortie des *Quatre cents coups*. C'est la même délicatesse, la même tonalité, à la fois tendre et amusée. Avec, chez Patrice Leconte, une retenue constante, qui rend d'autant plus surprenants les moments de frénésie.

Car, dans cet amour fou, passe aussi comme une folie douce. Antoine se met parfois à danser sur une musique arabe et les ondulations délirantes de son corps font basculer la réalité dans un univers de fantaisie poétique. Le quant-à-soi, à la fois élégant et ahuri, de Jean Rochefort fait merveille dans ce rôle d'un homme tout entier porté par le désir et jouissant de la vie avec un air gourmand, tout en affichant une sérénité imperturbable. Face à lui, Anna Galiena incarne toute la sensualité et le mystère féminins. Généreuse, séduisante, éperdue d'amour et de reconnaissance, elle est bien la femme dont rêvent tous les hommes qui aiment les femmes. Et elle donne tout son charme à un film qui, tout simplement, sait faire sentir, comme un parfum entêtant, la douceur un peu triste du bonheur.

## LA VEUVE DE SAINT-PIERRE (2000)

### avec Juliette Binoche, Daniel Auteuil et Emir Kusturica

**Drame de la compassion.** Le raccourcira-t-on ? Ou ne le raccourcira-t-on pas ? Question terrible, surtout pour l'intéressé, qui attend de savoir s'il aura ou non la tête tranchée. On est en 1850, et c'est en effet le sort légal réservé aux condamnés à mort. Mais on est aussi à Saint-Pierre, îlot perdu aux confins des mers glacées, sous des brumes lointaines, et s'il y a bien dans l'île juge, tribunal et prison, il ne s'y trouve point de guillotine. D'où la nécessité de faire venir « la veuve », comme on l'appelle, ce qui, la traversée aidant, va prendre plusieurs mois. Plus qu'il n'en faut, en fait, à la douce Madame La, ainsi nommée parce qu'elle est La femme du capitaine, pour s'intéresser à l'assassin, Miels Auguste, qui, un soir de grande beuverie, a tué sans presque s'en rendre compte. En le prenant sous sa coupe et en lui faisant confiance, elle révèle vite, aux yeux de tous, que, sous le colosse aux allures de brute, se cache un homme brave, et même un brave homme, dont plus personne sur l'île ne veut du coup qu'il soit décapité. Plus personne, sauf les notables, pour qui la loi, c'est la loi. Alors, le raccourcira-t-on ? Et que fera le capitaine chargé du prisonnier devant la volonté manifestée par sa femme de sauver le condamné ?

L'histoire que raconte Patrice Leconte a le parfum des vieilles histoires, sentant la mâture et la marine à voiles, avec pour décor le vent, la neige et le froid d'un pays perdu, et pour seules couleurs, tranchant avec l'étoffe épaisse et grise des habits de pêcheurs et le noir des redingotes des bourgeois, les longues robes rouges de la femme du capitaine et l'uniforme rutilant de son bel officier. Il y a de la reconstitution soignée dans l'air, pour un de ces grands récits romanesques où l'on sent battre le cœur. Ici surtout, en l'occurrence, celui de Madame La, à qui Juliette Binoche apporte son sourire compatissant et ce trouble un peu flou du regard et des gestes qui donne à son attitude des profondeurs secrètes, tandis que son mari, dont l'amour exclut la jalousie, entend arrêter pour elle la mécanique infernale, quitte à ce qu'elle le broie.

Ainsi va ce drame de la passion et de la compassion, d'un classicisme de bon aloi, estampillé au label d'une qualité française un peu trop apprêtée sans doute pour vraiment surprendre, mais suffisamment forte de tous ses talents réunis pour offrir le beau spectacle attendu. Pourtant, il n'est pas sûr que le plus intéressant soit précisément là où on l'attend. Et c'est subrepticement qu'apparaissent les bonnes surprises, à l'image d'un Emir Kusturica, au départ improbable et qui, projeté devant la caméra, y apporte, avec sa gueule de forçat ébouriffé, un peu de cette force qu'on sent bouillonner dans les profondeurs. Ou encore d'un Daniel Auteuil sanglé dans un raide uniforme dont il fait peu à peu sentir qu'il s'y sent à l'étroit, jusqu'à se transformer en rebelle caracolant sur son cheval noir, pour finir par gagner, dans un ultime tableau, sulpicien à souhait, ses galons de martyr.

Moment unique qui apparaît presque comme un lapsus échappé à un film qui a choisi de montrer la démesure des situations, du décor et des sentiments sans déroger au bon ton ni au bon goût. Et qui, l'espace d'un instant, laisse filtrer l'image de son refoulé.

## LEE Ang (taïwanais, né en 1954)

**Filmographie :**
*Pushing hands (1992)* • *Garçon d'honneur (1993)* • *Salé, sucré (1994)* • *Raison et sentiments (1995)* • *Ice storm (1997)* • *Ride with the Devil (1999)* • ***Tigre et Dragon (2000)*** • *Hulk (2003)* • ***Le Secret de Brokeback Mountain (2005)***

Né à Taïwan, Ang Lee, après avoir étudié le théâtre dans son pays, s'installe aux États-Unis en 1978. Il y passe une licence d'art dramatique dans l'Illinois, puis complète sa formation par une maîtrise de producteur à l'université de New York, où il réalise un premier court métrage, *Fine line*, suivi en 1983 d'un second, *Dim Lake*, primé à Taïwan, où il revient travailler. C'est là que, passant au long métrage, il élabore sa trilogie *Father knows best*, qui constitue ses trois premiers films. Le succès international que ceux-ci rencontrent l'amène à tourner en 1995 son premier film anglophone, *Raison et sentiments*, puis, en 1997, à réaliser son premier projet entièrement américain avec *Ice storm*, une satire de l'Amérique des années 1970. La formation et la culture d'Ang Lee, à la fois asiatiques et américaines, en font un cinéaste aussi à l'aise avec des sujets américains, comme c'est le cas avec *Ride with the Devil*, consacré à la guerre de Sécession, ou avec *Le Secret de Brokeback Mountain*, étonnante relecture du western à la lumière de l'homosexualité, qu'avec les traditions du cinéma asiatique, comme le traduit *Tigre et Dragon*, et expliquent que son cinéma fasse de façon toute naturelle le lien entre les deux cinématographies.

### TIGRE ET DRAGON (2000)
#### avec Michelle Yeoh, Chow Yun Fat, Chang Chen et Zhang Ziyi

**La danse du sabre.** À s'en tenir à l'histoire que raconte le film d'Ang Lee, on a le sentiment, pour peu qu'on ne soit pas familier des récits de chevalerie de la tradition littéraire chinoise, que les personnages qui en sont les protagonistes sont en fait des types et qu'on ne dispose pas de toutes les clefs pour pouvoir précisément les identifier. Et de même, pour qui n'est pas expert en films d'arts martiaux et en wu xia pian (le film de chevalerie à la chinoise), le rituel des combats offre des codes qu'il n'est guère facile de déchiffrer. Autant dire qu'avec *Tigre et Dragon*, on se trouve donc face à un objet étrange, mais dont l'étrangeté même présente quelque chose de fascinant. D'autant qu'à lui appliquer les critères de jugement qui sont ceux d'une culture occidentale, on a tôt fait de sentir que les explications ne fonctionnent guère.
Ainsi apparaît-il vain de chercher des fondements psychologiques dans ce qui détermine la spécificité des personnages : un schématisme simplificateur règne, qui divise le monde entre bons et méchants. Ce qui offre au moins cet avantage que sur ce plan les choses sont claires et qu'on ne peut guère se tromper. Ainsi, du côté des bons, il y a Li Mu Bai, un virtuose des arts martiaux, qui, après avoir accompli de multiples exploits, aspire à quelque repos et décide de faire don à un sage de son épée, laquelle dispose de pouvoirs magiques. Il la confie, pour qu'elle la remette au seigneur Té, à la belle Shu-Lien, une aventurière pleine de bravoure à laquelle le lie un amour secret. Mais à peine celle-ci a-t-elle remis l'arme à bon port que, lors d'un audacieux hold-up nocturne, l'épée est dérobée par un voleur masqué. On apprend vite que ledit voleur n'est autre que la tendre Jen, la fille du gouverneur Yu, qui a été initiée aux techniques de combat par sa gouvernante, la terrible sorcière Jade la Hyène, meurtrière autrefois du maître de Li Mu Bai. Les choses étant ainsi présentées et les personnages mis en place, l'intrigue peut développer ses rebondissements et accumuler ses péripéties : même si on en laisse quelques bribes en route, on n'en perd pas le fil, porté que l'on est par la simplification très convenue d'un récit qui avance sans couper les nattes en quatre, et qui oscille entre l'enluminure des vieilles légendes et les vignettes de la bande dessinée.
Mais en fait l'intérêt n'est pas là. Et ce que l'on découvre, c'est autre chose. Lorsque le cinéaste fait parler les arts martiaux, voici en effet que son film prend soudain une autre dimension. Inscrivant ses personnages dans une chorégraphie qui remodèle l'espace et lance un constant défi aux lois de la pesanteur, il compose un époustouflant

spectacle visuel où les corps volent et bondissent, où les armes tracent un ballet métallique, où le mouvement se démultiplie. Les effets numériques donnent l'impression d'un immense jeu vidéo, les combats et les poursuites se succèdent, et une ironie souriante règne. On est dans un autre monde, où les femmes, dotées d'une détermination infatigable, rivalisent d'égal à égal avec les hommes. Jusqu'à avoir le dernier mot, dans ce qui est le plus romantique, poétique et ahurissant vol plané qui puisse vous emporter, pour finir, dans les nuages.

### LE SECRET DE BROKEBACK MOUNTAIN (2005)
**avec Heath Ledger et Jake Gyllenhaal**

**Tendres cow-boys.** C'est l'été 63, dans le Wyoming. Ennis et Jack viennent s'engager comme cow-boys, pour aller garder dans les hautes prairies de la montagne un troupeau de moutons. La solitude, la grandeur des paysages, l'eau de la rivière, le bivouac, la forêt, le feu qu'on allume entre les pierres, les courses à cheval, l'ivresse de la nature dans sa pureté première, et puis, un soir d'orage, la tente où l'on se retrouve à deux, l'étreinte furtive, et la passion violente qui emporte tout. Ennis et Jack, sans le vouloir vraiment, deviennent amants : chose impensable pour deux cow-boys, dans un pays où l'on règle vite fait leur compte à ces homos qui ne sont pas des hommes. Alors ils partent chacun de leur côté : Ennis épouse Alma, lui fait deux enfants, traîne avec elle une vie difficile ; Jack court les rodéos, rencontre Lureen, une fille riche, se marie avec elle, entre dans l'affaire de son beau-père. Mais aucun des deux ne peut oublier l'autre. Alors ils se retrouvent, se ménagent des moments furtifs d'intimité, tout le long d'une vie marquée par la séparation et par le malheur d'être ce qu'ils sont.
Rude entreprise que celle menée par Ang Lee : raconter une pareille histoire d'amour, cela relève quasiment du blasphème, eu égard à la valeur quasi mythique du genre fondateur – le western – et à tout ce que représente de virilité emblématique, des films de John Ford et de la stature de John Wayne au fumeur de Marlboro, la figure du cow-boy. Rude entreprise, mais réussite d'autant plus éclatante. Qui, loin de rabaisser le western, en quelque sorte l'humanise, et invite à relire nombre des chefs-d'œuvre du genre à l'aune de cette homosexualité latente que recouvraient tant de ces amitiés un peu trop viriles pour être honnêtes. Et, du coup, en assumant non sans mal ce qu'ils découvrent d'eux-mêmes, les deux personnages portent comme la nostalgie d'un monde perdu, d'un western désormais impossible. Car ce décor de nature idyllique, cette pureté première de la Brokeback Mountain, elle se charge, en redescendant dans les miasmes de la société bien pensante, d'une tache indélébile, celle du péché.
Il y a, dans cette mise à nu des tréfonds mêmes d'une société puritaine, un regard qu'un cinéaste venu d'ailleurs, de Taïwan, et installé aux États-Unis depuis près de trente ans, peut porter avec le juste recul du détachement que tempère la juste compréhension de l'intégration. Cela donne à son film tout autre chose que le côté graveleux qui en constituait le piège redoutable : ce que raconte Ang Lee, ce n'est rien d'autre qu'une histoire d'amour impossible, et d'autant plus émouvante qu'elle broie inexorablement non seulement les deux protagonistes mais aussi ceux qui les entourent – femmes, enfants, parents. La parfaite complémentarité physique des deux acteurs, Heath Ledger et Jake Gyllenhaal, concourt à l'évidence des sentiments exprimés et à la nuance que le cinéaste sait apporter à un western porté par la beauté de la passion et la souffrance du drame, comme la déchirante tragédie qu'il est.

---

## LEE Chang-dong (sud-coréen, né en 1954)

**FILMOGRAPHIE :**
*Green fish (1997)* • ***Peppermint candy (2000)*** • *Oasis (2002)*

Lee Chang-dong est arrivé au cinéma par l'écriture. D'abord écrivain, dans les années 1980, il aborde le cinéma par le scénario, écrivant pour Park Kwang-su deux films, *L'Île étoilée*, en 1993, et *A single spark*, en 1995. Cela l'amène à la mise en scène, et son premier film, *Green fish*, en 1997, lui vaut aussitôt l'attention de la critique et du public, ce que confirme son deuxième film, *Peppermint Candy*, choisi, grande première pour le cinéma coréen, pour faire l'ouverture du Festival de Pusan en 2000, avant d'être sélectionné à Cannes dans la Quinzaine des réalisateurs. C'est que les thèmes traités par Lee Chang-dong sont tout particulièrement représentatifs de la Corée, liés qu'ils sont à l'histoire et à la culture du pays, et renvoyant aux évolutions économiques et sociales qui viennent couper l'homme de traditions séculaires et, plus largement, broyer toutes les valeurs humaines. Ce qui, au-delà du cas coréen, prend une résonance universelle.

## PEPPERMINT CANDY (2000)
### avec Sol Kyung-gu, Kim Yeo-jin et Moon So-ri

**Le train de la mémoire.** Un après-midi de printemps, alors que, réunis au bord d'une rivière, des amis ont organisé un pique-nique pour fêter leurs retrouvailles, survient Yongho, qui ne leur avait pas donné de nouvelles depuis longtemps. Il semble absent, lointain, et l'étrangeté de son comportement se vérifie lorsque, soudain, alors qu'un train arrive, il court vers le ballast et, se plaçant au milieu des rails, reste là immobile. Et, dans cet instant même où le train approche, voici que son passé resurgit, et que sa vie défile devant ses yeux, en marche arrière. Or cette vie – où il a été, en remontant dans le passé, businessman entreprenant puis ruiné, flic tortionnaire, soldat pris dans une tragédie, adolescent idéaliste et amoureux –, cette vie traversée d'épreuves, inscrit, de 1979 à 1999, entre deux pique-niques au bord de la même rivière, son histoire personnelle dans l'histoire même de son pays, la Corée du Sud. Ce que raconte le film de Lee Chang-dong, c'est ainsi tout autant le destin d'un homme que le destin d'un pays, depuis l'instauration de la dictature militaire, le massacre de Kwangju, les désillusions, jusqu'à la conquête d'une démocratie sur fond de course au profit. Un passé difficile à passer, pour le personnage principal comme pour la Corée, et que le cinéaste, par le dispositif de narration choisi – une série de flash-back – fait surgir de l'oubli et de la mauvaise conscience, par un procédé qui en quelque sorte les tire de l'ombre pour les faire défiler dans la lumière de l'écran. Menant forcément là où, pris dans les rails de la mémoire, le film (et son personnage) ne peut que trouver la fin qui l'attend.

# LEE Spike (américain, né en 1957)

**FILMOGRAPHIE :**
*Nola Darling n'en fait qu'à sa tête (1986)* • *School daze (1988)* • ***Do the right thing (1989)*** • *Mo'better blues (1990)* • *Jungle fever (1991)* • *Malcolm X (1992)* • *Crooklyn (1994)* • *Clockers (1995)* • *Girl 6 (1996)* • *Get on the bus (1996)* • *4 little girls (1997)* • *He got game (1998)* • *Summer of Sam (1999)* • *The very black show (2000)* • *Ten minutes older – The Trumpet (2001), co-réalisation* • ***La 25ᵉ heure (2003)*** • *She hate me (2004)* • *Inside man (2005)*

Cinéaste et noir, Spike Lee est le premier, dans un cinéma américain longtemps réservé aux seuls Blancs, à associer son talent de réalisateur et sa condition ethnique, pour faire un cinéma qui, tout en parlant en priorité des Noirs, de leur condition sociale et de leur culture, est plus largement un observateur aigu et acide de la société américaine. Sa vision est d'ailleurs constamment teintée d'un humour satirique, que ce soit lorsqu'il observe la bourgeoisie noire de Brooklyn dans *Nola Darling n'en fait qu'à sa tête*, les fraternités universitaires noires dans *School daze*, les problèmes du racisme dans *Do the right thing* ou *Jungle fever*, le milieu musical dans *Mo'better blues*, ou celui du basket dans *He got game*. Et son portrait de *Malcolm X*, tout en montrant l'histoire douloureuse du militantisme noir à travers son leader charismatique, en montre aussi les ombres. En fait, né à Brooklyn, attaché à sa communauté, lui donnant enfin la parole à travers ses films, il garde à son cinéma un aspect militant mais lucide, où la sympathie qui se manifeste pour sa communauté, que traduisent bien de petits films plus personnels comme *Crooklyn* ou *Clockers*, n'exclut jamais le regard porté sur les dérives et les violences. Proche parfois du documentaire – ainsi dans *Get on the bus*, qui montre un groupe d'hommes se rendant à la Million Man March, ou dans *The very black show*, tourné dans les rues de Brooklyn avec des caméras numériques –, son cinéma s'élargit volontiers du côté de la comédie de mœurs, de *Mo'better blues* à *She hate me*, voire, comme dans *La 25ᵉ heure*, du drame existentiel.

## DO THE RIGHT THING (1989)
### avec Dany Aiello, Ossie Davis et Ruby Dee

**Dans la chaleur de Brooklyn.** Un matin comme un autre, au coin de Bedford et de Stuyvesant, à Brooklyn. Mister Love Daddy, l'animateur de la station *We Love* l'annonce sur un air de rap : la journée va être chaude. Torride même,

comme souvent l'été peut l'être à New York, humide, avec un air qui poisse, une moiteur qui vous colle à la peau. Le quartier se réveille : Sal, l'Italien, accompagné de ses deux fils Vito et Pino, vient d'ouvrir sa pizzeria ; Mookie, le livreur de pizzas, prend tout son temps pour aller à son boulot, bien décidé comme toujours à en faire un minimum ; Mother Sister, la commère, du coin de sa fenêtre, observe ce qui se passe et rembarre ce vieux poivrot de Mayor, qui se prend pour un philosophe ; Radio Raheem se balade en faisant hurler son énorme blaster et Buggin Out, l'activiste, s'efforce de ranimer la conscience politique, un peu avachie à son goût, de ses frères noirs. Un matin comme les autres, dans un quartier comme les autres, mais avec ces deux détails qui changent tout : c'est un quartier noir et il fait chaud. C'est dire que tout est en place pour que le bruit, les engueulades, les mille et un petits riens qui émaillent la journée fassent insensiblement monter la pression et accumulent au fil des heures comme une charge explosive. Et il suffira d'une petite étincelle pour que tout s'embrase.
Le film de Spike Lee est terrible. Parce qu'il traite du problème noir, sans lyrisme, sans mouvement de cœur ou de menton, mais comme ça, en direct, avec une vérité tellement nue et crue que tout s'explique. Par ses décors, plus vrais que nature ; par son scénario qui, semblant fragmenté en de multiples petites histoires, amène en fait inéluctablement à l'explosion finale ; par ses acteurs, qui paraissent tout droit sortis des quartiers déshérités ; par ses dialogues et sa musique, qui ne font qu'un, et qui disent la révolte sous-jacente, mais aussi l'insouciance et la joie de vivre, c'est tout l'univers noir des métropoles américaines qu'il représente. Rien de complaisant ni de racoleur dans tout ça, pas de misérabilisme ni de prêchi-prêcha : une simple chronique, pleine de vie, de répliques à l'emporte-pièce, de rythme, d'images, de personnages. Des attitudes, des dégaines impayables, des plaisanteries, des gamins qui courent, et Sal qui fait cuire ses pizzas, convaincu que vingt-cinq ans dans le quartier à nourrir tous ces gosses qu'il a vu grandir, ça règle tous les problèmes d'intégration. Sal qui se trompe et qui va découvrir à ses dépens que noir, c'est noir, et que les meilleures pizzas du monde ne peuvent suffire à nourrir ceux qui sont affamés de dignité et de justice. Il y a longtemps que l'Amérique traîne son problème noir comme un boulet et que son cinéma s'efforce de le faire comprendre. Mais rarement film sera allé aussi loin dans l'explication en profondeur. Parce qu'il se contente de montrer les choses de l'intérieur et que dans cette chronique d'une journée ordinaire, entre Bedford et Stuyvesant, il fait passer le rire et l'émotion, la dérision et la violence. La vie, tout bêtement.

## LA 25e HEURE (2003)
### avec Edward Norton, Philip Seymour Hoffman et Anna Paquin

**L'heure de vérité.** Vingt-quatre heures dans la vie d'un homme. Mais pas n'importe lesquelles : les dernières, celles qui le laissent encore jouir de la vie et de la liberté. Après quoi, il faudra qu'il gagne Otisville et son pénitencier, pour y purger la peine de sept ans de prison à laquelle il a été condamné. Vingt-quatre heures, donc, qui pourraient être celles, quelconques, d'une journée comme les autres et qui, par l'urgence terrible dont elles se trouvent chargées, se mesurent tout différemment. Ce temps qui sépare Monty Brogan des verrous, il est en fait comme la métaphore de ce qui sépare l'homme de sa mort : la vingt-cinquième heure, ou l'heure de vérité. Le moment où il ne sert plus à rien de tricher, l'heure du bilan, l'échéance ultime.
Ce poids d'un destin inexorable, on le sent constamment dans la tonalité à la fois tendue et funèbre du film de Spike Lee. Un de ses plus réussis, à l'évidence, un de ses plus ambitieux aussi, tant il charrie, dans cette variation cruelle sur un thème à la portée universelle, d'humanité profonde, d'ouverture à l'autre, de réflexion sur la condition humaine. Et que pour la première fois dans la carrière du réalisateur, son personnage principal soit un Blanc, dit assez l'inflexion d'une inspiration jusqu'ici plus volontiers tournée vers la seule cause des Blacks.
Mais surtout que le personnage en question soit un criminel, pas spécialement sympathique, dealer préoccupé surtout par son petit confort et par l'appât du gain, ne rend que plus forte la rencontre qu'il est amené à faire avec lui-même. Cela se traduit dans une séquence d'une intensité rare et d'une réussite formelle impressionnante, où, se regardant dans la glace, Monty y voit défiler ses fantasmes racistes, sa peur de l'autre, son égocentrisme étriqué et trouillard : une vision quasi fantastique d'un New York au sang mêlé, qui tout à la fois l'attire et le révulse. Et ce n'est pas pour rien que, dénoncé à la police, il n'imagine pas d'autre donneur possible que la femme qui partage sa vie, et dont le beau nom de Naturelle s'accorde bien à son origine portoricaine.
Les vingt-quatre dernières heures de liberté de Monty Bragan sont ainsi, à travers les contacts qu'il essaie de renouer avec ceux qui comptent vraiment pour lui – son père, ses deux amis d'enfance, et cette femme qu'il aime et qu'il repousse –, comme un retour sur soi, un désir d'y voir clair et d'être enfin soi-même. Comme un chemin de croix aussi, une Passion hérissée de toutes les épines et de toutes les douleurs de l'humiliation. Edward Norton apporte à cette quête angoissée une sensibilité qui met à nu l'homme intime, dans sa souffrance, sa peur et sa

déréliction. Et Spike Lee, inspiré jusqu'au bout, lui donne *in fine* le choix ultime, le laissant libre d'opter pour la fuite vers un rêve américain porteur de toutes les aspirations à un bonheur tranquille, mais frappé du sceau moral de la culpabilité. Une prison pour une autre : c'est l'homme qui, en fin de compte, reste maître de son choix. Séquence finale à la fois envoûtante et ironique, où l'on retrouve plus que jamais celui qui disait déjà, dès l'un de ses premiers films : *Do the right thing*...

## LEE Sung-gang (coréen, né en 1962)

**FILMOGRAPHIE :**
***Mari Iyagi (2002)*** • *Yeu-woo-bi (2005)*

L'histoire de l'animation coréenne commence en 1967, avec *Hong Gil Dong*, que réalise Shin Song-woo. Le succès du film en salles entraîne un véritable marché où s'engouffrent vite les productions japonaises et américaines, lesquelles, profitant de la qualité du travail des animateurs coréens et surtout du faible coût de la main-d'œuvre locale, utilisent les studios coréens comme sous-traitants pour la réalisation de leurs propres films. À la fin des années 1980, la concurrence d'autres pays, comme la Chine, au prix de revient plus bas encore, et l'accroissement de la demande locale suite à la mise en place de la télévision par câble, amènent les créateurs coréens, qui par ailleurs maîtrisent parfaitement les nouvelles techniques d'animation par ordinateur, à se lancer dans des réalisations entièrement coréennes. Des studios comme Digital Dream mettent en chantier plusieurs films, sollicitant les meilleurs dessinateurs et animateurs du pays. Ainsi Lee Sung-gang, qui, après avoir commencé par la peinture et la sculpture, se spécialise dans l'animation par ordinateur et réalise une douzaine de courts métrages à partir de 1995, peut-il, en 2002, réaliser son premier long, *Mari Iyagi*, qui ouvre la voie à un secteur qui ne devrait pas tarder à bénéficier de l'élan général du cinéma coréen.

### MARI IYAGI (2002)

**Le vert paradis perdu.** Au-dessus de Séoul et de ses gratte-ciel de verre et d'acier, un dirigeable traverse les nuages, comme un gros poisson dans le ciel, accompagné par une mouette qui vient se poser sur un arbre recouvert de neige. Derrière la vitre de son bureau, Nam-woo jette un regard mélancolique sur l'oiseau. Et la rencontre qu'il fait de Joon-ho, son ami de jeunesse, qui lui donne une bille magique témoin de leurs jeux d'autrefois, le ramène, sur les ailes de l'oiseau, vers ce pays perdu qu'il garde au fond du cœur : l'enfance.
Le film de Lee Sung-gang est d'abord, par un récit en flash-back, un retour au vert paradis de l'innocence enfantine : le village de pêcheurs où les deux garçons ont grandi, leurs baignades dans la mer, leurs balades en vélo, la petite Sook dont l'un était secrètement amoureux et qui n'avait d'yeux que pour l'autre, et surtout le vieux phare abandonné où ils allaient se réfugier et où, un jour, Nam-woo – était-ce un rêve, ou autre chose qui traduisait sa vérité profonde et qui échappe à la raison? – avait rencontré, guidé par un drôle de petit poisson volant, rond comme un dirigeable, et par un chien dont le pelage cotonneux se confondait avec les nuages, la belle et blanche Mari, créature éthérée, qui l'avait entraîné vers un monde inconnu, marquant à jamais sa vie. Ce souvenir des jours passés, où l'enfant trouve dans l'imaginaire les réponses à un monde douloureux, l'animation, toute en douceur, et le dessin, à la fois naïf et sans contours, en fournissent comme une évocation ouatée, à la fois tendre et nostalgique. Et la véritable mise en scène qui, de plans-séquences en travellings, de lents panoramiques en plongées vertigineuses, traite l'image comme si elle était réelle et non pas animée, contribue à donner un point de vue formel à un récit qui, comme tous les grands récits d'enfance, parle tout autant aux enfants qu'aux adultes qui l'ont été. Car l'enfance n'a qu'un temps, et la séparation douloureuse des deux amis, dans le village de leur jeunesse d'abord puis, lorsqu'ils se retrouvent, dans la solitude de la ville, dit bien que le paradis n'est pas éternel. Sauf pour ceux qui ont gardé leur âme d'enfant et qui, écrivain ou cinéaste, rencontrant ici un petit prince ou là une mystérieuse Mari, sont capables de dessiner toujours et encore des moutons ou, comme dans les rêves de Nam-woo, des nuages moutonneux comme le pelage d'un chien.

# LE GUAY Philippe (français, né en 1956)

**FILMOGRAPHIE :**
*Les Deux Fragonard (1989)* • *L'Année Juliette (1995)* • *Trois Huit (2001)* •
***Le Coût de la vie (2003)*** • *Du jour au lendemain (2005)*

Une tradition venue de Molière et de Musset, mais aussi de La Bruyère ; une façon de pratiquer la comédie qui n'oublie pas que le rire a partie liée avec la souffrance, du corps ou du cœur ; et un mariage des tons sensible dès le court métrage de fin d'études à l'Idhec, *Le Clou*, en 1983, primé partout et nommé même aux Oscars : un gamin s'y transperçait le pied comme épreuve pour aider à la guérison de sa sœur malade. Les longs métrages sont moins cruels, mais ils portent tous trace de ce lien entre la comédie et le drame, et de ce rapport du physique et du caractère que n'ont jamais manqué de souligner tous les grands auteurs comiques, et tous les grands moralistes.

## LE COÛT DE LA VIE (2003)
### avec Vincent Lindon, Fabrice Luchini et Géraldine Pailhas

**Plaies d'argent.** Quoi de commun entre Coway, qui a toujours une liasse de billets dans la poche, qui dépense sans compter, qui ne paie pas le fisc, qui a les huissiers aux trousses et qui galère inévitablement en filant tout droit vers le fiasco, et Brett qui est constipé du portefeuille, comme d'ailleurs aussi des intestins, qui s'arrange pour ne jamais payer l'addition, et qui est malade chaque fois qu'il doit sortir quelque chose de sa bourse ? Et quoi de commun encore entre Héléna, la call-girl de luxe, qui, femme vénale s'il en est, fait payer aux hommes les troubles comptes qu'elle a avec eux, et la toute jeunette Laurence qui s'essaie à travailler pour gagner de l'argent, à moins que ce ne soit pour ne pas toucher à tout celui qu'elle a hérité ? Et quoi encore de commun entre le richissime Nicolas de Blamond, qui vend toutes ses usines pour décider de vivre enfin de sa fortune et de s'acheter le bonheur, et le très modeste et travailleur Patrick, qui trime dur à faire la plonge dans le restaurant de Coway ? Là où il fait engager comme serveuse sa copine Laurence, et là aussi où Nicolas de Blamond vient dîner avec son amie, tout comme Brett aussi avec ses collègues de bureau, lequel Brett rencontre Héléna à sa banque, qui est celle aussi de Coway…
Bref, tout le monde se croise dans le film de Philippe Le Guay, selon une narration à fils multiples et à lieux gigognes qui fait naturellement penser à celle qu'affectionne Robert Altman. Mais ce qui est intéressant ici, c'est que cet entrecroisement narratif est, plus profondément, un entrecroisement thématique sur un sujet à la fois unique et multiple : l'argent. Tous ces personnages, en effet, traduisent chacun à leur manière une façon de vivre la relation avec l'argent : du dispendieux au radin, du complexé qui culpabilise au complexé qui règle ses comptes, du riche au pauvre et de celui qui paie pour avoir une fille à celui qui paie mais qui ne l'a pas : tous souffrent les plaies de l'argent, lesquelles, même si elles ne sont pas mortelles, n'en sont pas moins plutôt cuisantes. Et c'est la belle idée, et la belle maîtrise, de Philippe Le Guay, que d'avoir ainsi construit son film comme un puzzle où toutes les pièces s'emboîtent, sans pour autant leur apporter un agencement final sous forme de happy end qui viendrait donner un dénouement artificiel à une étude de caractères qui, n'ayant en fait jamais de fin, garde ainsi toute sa vérité intemporelle.
Car il se dit, en fin de compte, pas mal de choses sous l'apparence légère, dans cette comédie qui ne paie certes pas de mine, mais qui trace de façon plutôt enlevée et réussie un portrait au vif de l'*Homo argenticus*. La belle troupe de comédiens qui, de Vincent Lindon à Fabrice Luchini, de Claude Rich à Géraldine Pailhas, et de Lorànt Deutsch à Isild Le Besco, met ainsi joyeusement la main à la pâte, et à la poche, a le talent qui convient pour apporter à chaque personnage la justesse du type sans verser dans la caricature. Chacun y reconnaîtra les siens et, sans doute, s'y reconnaîtra un peu soi-même…

## LEIGH Mike (anglais, né en 1943)

**PREMIER LONG MÉTRAGE :**
*Bleak Moments (1971)*
**FILMOGRAPHIE DEPUIS 1985 :**
*High Hopes (1988)* • *Life is sweet (1991)* • *Naked (1992)* • ***Secrets et mensonges (1996)*** • *Deux filles d'aujourd'hui (1997)* • *Topsy-Turvy (1999)* • *All or nothing! (2002)* • *Vera Drake (2004)*

Formé à la Royal Academy of Dramatic Arts puis à la London Film School, Mike Leigh représente parfaitement une tradition britannique liée tout autant au théâtre qu'au cinéma. Auteur et metteur en scène de théâtre, il écrit et dirige plus d'une vingtaine de pièces ; réalisateur, il signe, dans les années 1970-1980, de très nombreux téléfilms, avant de revenir au cinéma, qu'il avait abordé en 1971 avec *Bleak Moments* et dont il s'était détourné pendant plus de quinze ans. Tournant dès lors régulièrement, il développe une veine sociale, marquée par la peinture d'êtres faibles et marginalisés, comme dans *High Hopes*, anti-héroïques et révoltés, comme dans *Naked*, illustrant les fractures sociales, comme dans *Secrets et mensonges*, menant des vies de gens simples et malheureux, comme dans *All or nothing!*, cherchant à s'entraider sans se poser les questions morales que se posent les nantis, comme le fait *Vera Drake*, l'avorteuse au grand cœur. Et lorsqu'il échappe à ce cinéma à la fois compatissant pour les faibles et critique pour les puissants, c'est pour traduire à l'écran son goût du théâtre, comme dans *Topsy-Turvy*, où il évoque de façon brillante la scène du XIX$^{e}$ siècle à travers les opérettes de Gilbert et Sullivan.

### SECRETS ET MENSONGES (1996)
#### avec Brenda Blethyn et Marianne Jean-Baptiste

**Photos de famille.** Elle s'appelle Hortense, elle a 27 ans, elle est noire. Et optométriste. Un métier qui n'appellerait pas particulièrement le commentaire, s'il n'était en fait très révélateur des intentions profondes de Mike Leigh. D'abord parce qu'il indique une réussite sociale. La jeune femme, quoique noire, fait visiblement partie de la frange aisée de la société anglaise : un métier valorisant, un appartement cossu qui traduit l'ordre et le bon goût, une garde-robe élégante, une façon d'être et de parler distinguée. Tout le contraire de Cynthia. Elle, elle est certes blanche, mais, ouvrière à la chaîne, elle passe sa vie à faire des trous dans des cartons d'emballage, et elle aborde une cinquantaine fripée dans un intérieur aussi décati et désordonné que l'est sa propre vie : cigarette sur cigarette, verre sur verre, dispute sur dispute avec sa fille Roxanne, qui a abandonné ses études pour devenir balayeuse municipale et traîner au pub du coin avec son petit copain. Rien de commun donc entre la vie pleine de promesses d'Hortense et l'existence à la dérive de Cynthia. Si ce n'est qu'Hortense a été abandonnée à sa naissance et que, sa mère adoptive venant de mourir, elle décide de retrouver sa vraie mère. Et cette vraie mère, il va se révéler que c'est Cynthia...
C'est sur cette amorce romanesque, qui s'inscrit dans la meilleure tradition du mélo, que Mike Leigh lance son film. Et les développements de la situation répondent au constat de départ : la famille de Cynthia, dont Hortense va faire la connaissance, est, comme toutes les familles, riches de drames enfouis, de secrets soigneusement tus, de mensonges derrière lesquels se cachent la souffrance, la jalousie, le désespoir. Ainsi le frère de Cynthia, Maurice, sorte de gros nounours à l'allure pataude, entoure-t-il Monica, sa femme, de toutes les attentions, alors qu'elle, seulement préoccupée de sa maison et de son confort, le traite sans le moindre ménagement. Maurice vient voir Cynthia en cachette, car entre sa femme et sa sœur c'est la guerre ouverte, compliquée du fait que lui et sa femme se sont beaucoup occupés de Roxanne lorsqu'elle était petite, et que le couple, n'ayant pas d'enfant lui-même, la considère un peu comme sa propre fille. Mais Roxanne ne veut plus aller chez son oncle, et elle s'enferme dans un mutisme agressif que Cynthia, par son caquetage incessant, ne fait qu'aggraver. Et c'est là que le métier d'Hortense – optométriste – prend encore un autre sens. Sur cette famille, elle vient en effet jeter un regard précis, minutieux, froid comme un constat scientifique. Ce regard même que Mike Leigh, par l'objectif de sa caméra, porte, en entomologiste, sur des êtres et, à travers eux, sur une société. Ce n'est pas pour rien, d'ailleurs, que Maurice est lui-même photographe et que, dans son studio, défilent sous l'œil de son appareil toute une série de gens venus poser pour des portraits, comme autant de vies soudain saisies et figées dans l'instantané d'un flash. Froideur terrible de l'observation, mise à nu de ce qui, derrière le sourire et la pose, constitue le fond intime,

avec ses déchirures et ses secrets. Mais pourtant, et c'est bien là toute la force et tout l'art de la mise en scène, cette froideur n'exclut pas la chaleur du regard ni la complicité profonde du cinéaste avec ses pauvres personnages. À l'image d'Hortense, extérieure à la famille et qui, parce qu'elle le veut, y entre, faisant exploser la chape de silence qui écrasait ces vies murées dans leur solitude.
Sur un schéma mélodramatique, Mike Leigh propose donc tout autre chose. Nul lyrisme ici, nul débordement, nulle sensiblerie complaisante, mais une caméra qui épingle minutieusement les personnages dans des décors, des discussions, de longues scènes en plan-séquence. Et peu à peu, sous la banalité du propos, émerge tout ce qui n'est pas dit, tout ce qui est hors du champ, hors du cadre serré où le cinéaste saisit les personnages et leur vie. Et ce qui apparaît, c'est un immense besoin de se parler, de s'épancher, de se toucher, de s'aimer les uns les autres. Là est la véritable émotion : celle qui naît de la vision d'une société du mal-être, qui vacille sur ses bases, mais où pourtant, dans un jardin anglais à l'abandon, où règnent le désordre et la misère, trois femmes enfin réunies, une mère et ses deux filles, peuvent prendre tranquillement le thé en discutant. Redécouvrant, sous le bouleversement âpre des temps, l'immuable et chaude assurance de l'amour.

## LELAND David (anglais, né en 1947)

**Filmographie :**
***Too much !! (1987)*** • *Checking out (1989)* • *Big man (1992)* •
*Trois Anglaises en campagne (1998)* • *Running wild (1999)*

Homme de théâtre, auteur de plusieurs pièces tout en étant acteur dans la troupe du Nottingham Playhouse puis du Royal Court Theater, David Leland aborde le cinéma par ces deux aspects de l'écriture et du jeu : auteur de plusieurs scénarios, il est aussi comédien dans des films de John Schlesinger, de Terry Gilliam, de Richard Loncraine. Lorsqu'il passe à la réalisation, avec *Too much !!*, c'est avec cette acidité, où la cruauté de l'observation n'est jamais exempte d'humour, qui fait la marque des comédies à l'anglaise, et que l'on retrouve, pour la violence sociale, dans *Big man*, histoire d'un chômeur qui essaie de s'en sortir en acceptant des combats de boxe illégaux, et, pour l'humour, dans *Trois Anglaises en campagne*, vision amusée du retour à la terre des femmes remplaçant les hommes à la ferme pendant la guerre.

### TOO MUCH !! (1987)
**avec Emily Lloyd et Tom Bell**

***Shocking or not shocking.*** Les années 1950, en Angleterre : celles des lendemains qui ne chantent pas, du chômage qui s'en vient, de l'Empire qui s'en va, des anciens combattants qui noient leur spleen dans la bière et d'une morale imperturbablement victorienne qui jette un œil soupçonneux sur le moindre écart aux bonnes mœurs. Lynda, qui a 16 ans, se trouve coincée dans ces années pas folles du tout : sa mère est morte, son père est coiffeur et pas gai pour un pence, et sa petite sœur est une chipie qui se fait passer pour une enfant sage. Lynda s'ennuie ferme, entre cette famille qui ne la comprend pas, les jeunes gogos qui lui font une cour maladroite et tous les vieux tromblons qui observent d'un œil agacé son adolescence en fleur. Alors, elle choisit la provocation : jambes au vent sur sa bicyclette, elle affole les jeunes et les vieux et, avec un langage à faire rougir les plus délurés, se met à faire voler en éclats les convenances et à choquer délibérément toutes ces oreilles trop polies pour être honnêtes. Accordant sa conduite avec ses mots, elle va même jusqu'à parfaire son éducation sexuelle dans les bras d'un ami de son père, qui a la cinquantaine titilleuse et qui l'engrosse sans coup férir. Et, shocking jusqu'au bout, elle brave le tabou suprême, goûtant à sa façon le goût amer d'une liberté bien difficilement conquise.
Le regard que David Leland porte sur l'Angleterre des *fifties* n'est empreint d'aucune nostalgie plus ou moins rétro. Ce qui l'emporte ici, c'est la dérision et la description cruelle d'un monde étroit, engoncé dans ses principes et borné dans son horizon : la mer qui vient battre les plages de la petite station balnéaire, ce n'est plus celle de l'aventure, mais celle de l'isolement d'un pays qui se replie sur lui-même. Lynda fait sauter tout cela et sa révolte porte en germe un changement profond, annonçant les temps où, au rythme de la musique des Beatles, l'Angleterre quittera enfin ce XIXe siècle où elle s'était si longtemps attardée. Le cinéma anglais est inégalable dans

l'auto-ironie. Le film de David Leland, mi-poivre mi-vinaigre, est un petit bijou d'acidité, décapant, dissolvant, une peinture au couteau où se détache, par son inconscience perverse et sa lucidité scandaleuse, le portrait d'une adolescente à la recherche d'elle-même, qui vient donner des couleurs à un monde de grisaille. Par son abattage insolent et son naturel provocant, Emily Lloyd donne au personnage toute sa force explosive. Pour sa première apparition à l'écran, la jeune actrice a sans doute trouvé un rôle en or, mais, à coup sûr, le cinéma anglais a trouvé un oiseau rare.

## LELOUCH Claude (français, né en 1937)

**PREMIER LONG MÉTRAGE :**
*Le Propre de l'homme (1960)*
**FILMOGRAPHIE DEPUIS 1985 :**
*Partir, revenir (1985) • Un homme et une femme, vingt ans déjà (1986) • Attention bandits! (1986) • Itinéraire d'un enfant gâté (1988) • Il y a des jours et des lunes (1990) • La Belle histoire (1991) • Tout ça... pour ça! (1993) • Les Misérables (1994) • Hommes, femmes: mode d'emploi (1996) •* ***Hasards ou coïncidences (1998)*** *• Une pour toutes, toutes pour une (1999) • 11'09''01 (2002), co-réalisation • And now... ladies and gentlemen (2002) • Les Parisiens (2004) • Le Courage d'aimer (2005)*

Fou de cinéma, le jeune Claude Lelouch a tout naturellement profité du grand bouleversement opéré par les cinéastes de la Nouvelle Vague pour s'engouffrer dans le mouvement et pour s'y faire aussitôt remarquer à la fois par un esprit volontiers anticonformiste, et surtout par une virtuosité virevoltante dans le maniement de la caméra. Puis, son désir de cinéma se concrétisant par la mise en place d'un système personnel de production lui permettant de se donner les moyens de ses tournages, il élabore, à un rythme soutenu d'un à deux films par an, une œuvre où il s'emploie à traduire les hasards de la vie et les complexités du destin. Ses intrigues et ses personnages, romanesques à souhait, et la leçon morale qu'il exprime à travers eux, tiennent plus du roman-photo que de la philosophie raisonnée. Et ses audaces narratives et formelles tendent à tourner à la recette. Du coup, les réussites des années 1970-1980 se font plus rares dans les années 1990 : le rythme, d'ailleurs, se ralentit, et le public, longtemps complice, ne suit plus vraiment.

### HASARDS OU COÏNCIDENCES (1998)
**avec Pierre Arditi et Alessandra Martines**

**Pas de veine...!** Lelouch filme le bonheur. Pour Alessandra, qui fut danseuse étoile et qui s'est arrêtée de danser pour élever son enfant, ce bonheur prend les traits de Pierre, qu'elle rencontre à Venise en train de peindre un faux Soutine. Et qui place au centre de sa toile de faussaire la tache rouge de sa robe. Pierre est séduisant, a les tempes déjà un peu grises, ment comme il respire avec un aplomb absolu, et il a tôt fait d'emporter la jeune femme, qui n'a pas vraiment envie de résister, dans le tourbillon de sa vie. Ce qu'il a fallu de coïncidences pour que ces deux-là se rencontrent, Lelouch est suffisamment expert en matière d'arrangements avec les inattendus de l'existence pour les organiser avec le talent d'horloger qu'on lui connaît. Tout s'enchaîne donc dans cet engrenage du bonheur avec la précision d'une mécanique bien huilée. La caméra n'arrête pas de tourner autour des deux élus du sort – ou plutôt du metteur en scène –, les entraînant dans cette grande spirale qui est, pour Lelouch, la vraie loi de la gravitation universelle. Survient, forcément, le grain de sable qui vient dérégler le mécanisme. Et les heureuses coïncidences débouchent sur le pire des hasards.
Lelouch filme le malheur. Celui d'Alessadra à qui la vie, après avoir tout donné, a tout repris. Et qui, du Grand Nord canadien aux falaises d'Acapulco, d'un village perdu de Turquie aux carrières de marbre de Carrare, d'une patinoire de Montréal à une boîte de jazz de New York, remonte pas à pas la trace des pas qui se sont effacés dans le silence éternel de la mer infinie. Le film opère ainsi en un long travelling arrière un travail de deuil qui, forcément chez Lelouch, est aussi un travail de (re)naissance. Et le plus intéressant du film, et qui en constitue la seule véritable nouveauté, est précisément que l'instrument qui relie le malheur au bonheur, la mort à la vie, est une caméra.

Lelouch filme le cinéma. C'est-à-dire un art du faux, qui enregistre et projette des images qu'il fait prendre pour vraies en vertu d'un pouvoir d'illusionniste qui s'apparente à celui d'un faussaire. Pas étonnant que le séducteur aux tempes grises – Pierre Arditi, le sourire au coin des yeux, plus irrésistible que jamais – soit un menteur : c'est qu'il est un artiste, et que l'art du faux qu'il pratique s'exprime précisément dans la façon qu'il a de mentir pour faire surgir la vérité. Ce qui se traduit d'ailleurs, lors d'une scène de séduction vénitienne apparemment convenue, par une des plus belles trouvailles cinématographiques du film : un dialogue oral qui se double d'un sous-titrage, celui-ci disant ce que celui-là s'emploie à cacher. Et ce qui donne aussi, dans cette grande sarabande de hasards heureux puis malheureux, un rôle central à une petite caméra d'amateur qui va subir tous les aléas de la fortune, volée, vendue, perdue, retrouvée, et faisant le lien à travers pays et continents entre passé, présent et avenir.

Lelouch filme l'espace-temps de l'existence humaine. Avec cette boulimie d'images, ce rythme d'action qui dit son amour et de la vie et du cinéma, l'une se confondant pour lui avec l'autre. Sa manière, à elle seule pareille, est toujours la même ; et ce qu'il dit – l'enchevêtrement des coïncidences et la loi inexorable des hasards – trouve naturellement ici à s'exprimer à plein. Tellement d'ailleurs que l'impression vient vite, paradoxale, que tout cet imprévu est par trop prévisible, et qu'à trop vouloir organiser l'inattendu, le cinéaste, plutôt que de donner sa chance à la fortune, se comporte en démiurge qui entend au contraire ne rien laisser au hasard. Et c'est ici d'autant plus sensible que, malgré les allées et venues, les tourbillons en tout genre, les derviches tourneurs qui n'arrêtent pas de tourner, le camionneur turc, le prof canadien, le bon géant noir, une carlingue d'avion écrasée dans la neige, une maison ronde dominant l'océan, un film qui se tourne dans les rues de Venise, une vente aux enchères, un ours blanc qui ouvre un réfrigérateur, les ruines d'un théâtre antique, une demande en mariage à un couple de parents flics, des plages, des fleuves, des chemins poussiéreux, le soleil couchant sur l'océan, et mille autres images fragmentées et entassées de tout ce qui fait la richesse sans limites de la vie, le film apparaît au bout du compte curieusement un peu vide et plat, pas assez fou dans sa démesure, programmé presque, pourrait-on dire, pour être du Lelouch.

Un vrai-faux, ou un faux-vrai Lelouch. Une auto-parodie.

## LEMERCIER Valérie (française, née en 1964)

**FILMOGRAPHIE :**
*Quadrille (1996)* • ***Le Derrière (1999)*** • *Palais Royal! (2005)*

Drôle de bonne femme, ayant imposé à la scène et à la télévision son univers de fantaisiste experte à épingler, à travers son personnage mi-lunaire mi-coincé, les ridicules de ses contemporains, Valérie Lemercier n'a eu avec le cinéma que des rapports épisodiques, comme comédienne surtout – de *Milou en mai* aux *Visiteurs* et à *Sabrina* –, mais aussi comme réalisatrice, d'abord dans une mise en scène reprenant le *Quadrille* de Sacha Guitry, puis dans un film plus personnel, *Le Derrière*, qui dénote un ton original et dévoile un univers inhabituel dans le cinéma français, avant de fustiger dans *Palais Royal!* à la fois la vie des altesses royales placées sous le feu des projecteurs, et la curiosité même d'un public friand de les observer.

### LE DERRIÈRE (1999)
#### avec Valérie Lemercier, Claude Rich et Dieudonné

**Pas si gay.** Lorsqu'elle apprend, à la mort de sa mère, que son mystérieux géniteur n'est autre que le respectable conservateur d'un grand musée parisien, Frédérique décide de régler son pas sur le pas de son père. Et comme ledit père se révèle être homosexuel, qu'il vit heureux en ménage avec son médecin proctologue (spécialité bien adaptée en l'occurrence, puisque versée dans les maladies du derrière) et qu'il fréquente les cercles mondains du Paris huppé, Frédérique, en jeune provinciale élevée rustiquement dans un haras de Normandie, décide de changer d'allure et, pourquoi pas, de sexe. Une perruque coupée court, des jeans, un blouson… et le tour est joué : Frédérique devient Frédéric, ce qui lui facilite l'accès à ce gay Paris où évolue son père, mais qui entraîne quelques situations ambiguës pour le gentil garçon qu'elle est devenue, et que certaines, et surtout certains, trouvent plutôt à leur goût.

Le scénario du *Derrière* flirte évidemment avec les grosses ficelles du vaudeville travelo-gay. Et la seule foi du titre laisserait même à penser qu'il s'agit d'une pantalonnade un brin polissonne. Or Valérie Lemercier ne fait pas tout à fait le film qu'on en attendrait. Déjouant les pièges de la grosse cavalerie graveleuse, elle construit au contraire, de façon un peu molle au départ, puis de mieux en mieux cernée, un personnage de gentil garçon un peu cruche, qui vient mettre ses gros pieds dans le plat en porcelaine élégante du beau monde homo. Ce qui donne un film dont la tonalité pourra surprendre, plus proche presque de Tati que de quelque pédale douce. La fantaisie présente d'ailleurs une touche d'amertume, et l'interprétation, qui préfère la finesse à la charge, du couple Dieudonné-Claude Rich se trouve confrontée à la gestuelle presque empruntée de Valérie Lemercier elle-même, ce qui donne à cette comédie de mœurs légères une densité de sentiments à la fois drôles et attachants, et finalement pas si gays…

## LEVANT Brian (américain, né en 1952)

**FILMOGRAPHIE :**
*Junior le terrible 2 (1991)* • ***Beethoven (1992)*** • *La Famille Pierrafeu (1994)* • *La Course au jouet (1996)* • *Les Pierrafeu à Rock Vegas (2000)* • *It's a dog life (2001)* • *Chiens des neiges (2002)* • *On arrive quand ? (2005)*

D'abord producteur et réalisateur de séries télévisées à succès, Brian Levant passe au cinéma en réalisant la suite d'un film pour ados, *Junior le terrible*, de Dennis Dugan et en écrivant lui-même une suite pour *Chérie, j'ai rétréci les gosses* (*Chérie, j'ai agrandi le bébé*, de Randal Kleiser, en 1992), avant de rencontrer le succès international avec *Beethoven*, variation originale sur le film animalier, et de signer plusieurs films destinés à un public junior.

### BEETHOVEN (1992)
### avec Charles Grodin, Bonnie Hunt, et Dean Jones

**Le meilleur ami de l'homme.** Première astuce : prendre un musicien célèbre – pom, pom, pom, pom – et donner son nom à un gros saint-bernard, du genre pataud-baveux irrésistible, qui, en fait de partition, va jouer dans sa famille d'adoption la symphonie catastrophique. Du coup, les milliers de petits Américains pour qui le produit est conçu vont, pour une génération, penser que Beethoven est un nom de chien et se demander pourquoi, si un jour ils haussent jusque-là leur culture musicale, un compositeur soi-disant génial a eu l'idée bizarre de vouloir s'appeler comme ça.
Deuxième astuce : choisir une famille américaine de la classe moyenne supérieure, bien propre, bien lisse, bien représentative. Lui, manager d'une petite entreprise qui fabrique des désodorisants d'atmosphère ; elle, femme au foyer du genre dynamique ; et trois enfants mignons tout plein, avec chacun leurs problèmes : l'aîné, 12-13 ans, qui sent pousser son acné juvénile ; le second, 9-10 ans, gringalet à lunettes qui rêve de biceps et de karaté ; la petite dernière, qui a suivi les cours de Schwarzenegger à la maternelle et qui en a gardé un sourire béat.
Troisième astuce : faire se rencontrer le saint-bernard et ladite famille. Tout petit encore, le futur gros toutou s'est enfui de l'officine d'un affreux vétérinaire qui fait du trafic de chiens, et s'est réfugié chez les Newton. Aussitôt adopté par les enfants sous l'œil bienveillant de leur mère, la masse à poils et à museau mouillé va faire progressivement la conquête du père, pas convaincu d'abord par l'irruption de ce mammifère encombrant, bien vite excédé même par les innombrables bêtises qu'il accumule et qui transforme le toit familial en annexe du dépôt d'ordures, mais pourtant séduit peu à peu par l'inaltérable amour que la grosse bête manifeste à la famille, la sauvant même de dangers multiples et justifiant ainsi son statut de saint-bernard.
Quatrième astuce : produire le film en ciblant bien le public, ce pour quoi est tout indiqué Ivan Reitman, producteur déjà de ces comédies à usage juvénile, voire infantile, que sont *S.O.S. fantômes* et *Un flic à la maternelle*. Et confier la réalisation à un tâcheron – Brian Levant –, spécialiste de séries TV (*Happy days, Beaver*) et de scénarios pour juniors (*Chérie, j'ai rétréci les gosses*).
Cinquième astuce : filmer cela à ras le toutou, avec une caméra qui se promène à hauteur canine, ce qui donne lieu (c'est le meilleur du film) à quelques justes et réjouissantes observations sur le comportement des humains face à toute grosse boule de poils à quatre pattes, à longues oreilles et à paupières lourdes sur des yeux tristes.

## LEVINSON Barry (américain, né en 1942)

**PREMIER LONG MÉTRAGE :**
*Diner (1982)*
**FILMOGRAPHIE DEPUIS 1985 :**
*Le Secret de la pyramide (1985)* • *Les Filous (1987)* • *Good morning, Vietnam (1987)* • *Rain Man (1988)* • *Avalon (1990)* • ***Bugsy (1991)*** • *Toys (1992)* • *Harcèlement (1994)* • *Jimmy Hollywood (1994)* • *Sleepers (1996)* • *Des hommes d'influence (1997)* • *Sphère (1998)* • ***Liberty Heights (2000)*** • *Bandits (2001)* • *Envy (2004)*

Diplômé de journalisme, travaillant à la télévision tout en écrivant et en jouant des sketches comiques dans des cabarets, Barry Levinson commence sa carrière dans le cinéma par le scénario. Au milieu des années 1970, il écrit pour Mel Brooks, puis pour Norman Jewison et Richard Donner, avant de passer lui-même derrière la caméra et de réussir d'emblée, avec *Diner*, un film de génération inspiré par le rock et par les *sixties*. Ses réalisations suivantes, notamment *Le Secret de la pyramide*, racontant à sa façon, parodique et ingénieuse, la jeunesse de Sherlock Holmes, en font vite un cinéaste en vue, qui devient un cinéaste à succès avec des films de tonalité différente, mais où l'humour a toujours sa place. Tour à tour *Good morning, Vietnam*, *Rain Man*, *Bugsy*, *Toys* montrent son aptitude à passer d'un genre à l'autre, et si, au fil des productions de prestige, le ton vif et ironique tend quelque peu à s'estomper, la sensibilité ne fait jamais défaut. *Liberty Heights*, retour ému sur Baltimore et sur sa jeunesse, en fait foi.

### BUGSY (1991)
#### avec Warren Beatty, Annette Bening, Ben Kingsley et Harvey Keitel

**Mégalo man.** Certes, ils ont déjà beaucoup servi. Mais dans un pays qui a transformé sa ruée vers l'or en épopée et fait de la réussite son credo, il était fatal que les gangsters, champions s'il en est de l'or et de la réussite, soient promus au rang de héros mythiques. À l'Olympe, ou au box-office si l'on préfère, des stars du crime, voici donc qu'après Al Capone, Lucky Luciano et autres parrains de l'honorable société, le cinéma hollywoodien fait reluire une autre de ces étoiles de l'ombre : Benjamin « Bugsy » Siegel. Moins célèbre sans doute que tel ou tel de ses pairs, mais qui mérite pourtant le déplacement et ne manque pas d'atouts dans son jeu. Le plus important, c'est sans doute qu'il apparaisse sous les traits de Warren Beatty. La cinquantaine fringante, le sourire toujours aussi ravageur, celui-ci promène la même silhouette à peine épaissie de séducteur qui lui a valu, comme à son personnage, un nombre incalculable de succès féminins, depuis l'époque où il personnifiait cette petite frappe de Clyde Barrow et faisait parler la poudre pour les beaux yeux de sa Bonnie Parker. Son Bugsy d'aujourd'hui serait même exactement un Clyde qui aurait pris quelques années et qui, de gangster plutôt minable promis à une fin anticipée, aurait suffisamment su tirer son épingle du jeu pour parvenir tout au sommet. Mais qui aurait gardé, dans cette ascension et cette réussite, toute la violence et la folie de ses débuts.
Folie que ne semble pas vraiment partager le réalisateur du film, tout occupé qu'il est à gérer au mieux l'énorme budget qu'on lui a confié. D'où une reconstitution irréprochable, genre BD de luxe, où il ne manque pas un fil aux costumes des gangsters, ni une bulle aux magnums de champagne. Le tout illustrant la saga du crime telle qu'on la connaît bien : le racket, les trafics en tous genres, les règlements de compte, et le partage entre requins des affaires juteuses, comme celle qui amène Bugsy en Californie pour mettre à la raison un caïd local. Mais une fois sur place, Bugsy s'installe, fasciné qu'il est par le mirage hollywoodien : les vedettes (dont son vieux copain George Raft), les boîtes de luxe, les villas somptueuses, les limousines noires, les palmiers de Beverly Hills. Et par-dessus tout, les femmes, « les plus belles poules de la terre », comme dit un connaisseur du cru. Exemple, cette Virginia Hill, superbe Annette Bening, sortie tout droit d'un film dans son fourreau en lamé, et qui, vraie tigresse, montre ses griffes quand il l'approche. Belle empoignade, et amour fou, qui va engendrer chez Bugsy un rêve à la mesure de sa folie : construire un château sur le sable, créer, au cœur du désert, la ville lumière, l'empire du jeu : Las Vegas. C'est cette folie qui rend le personnage attachant : folie furieuse, qui le jette dans des colères inouïes et meurtrières, mais folie qui a aussi son grain d'utopie, portée par cette machine à illusion qu'est Hollywood, le cinéma, les ombres qui s'enlacent sur l'écran. Sans doute eût-il fallu pour traduire la démesure de cette mégalomanie un cinéaste lui-même un peu plus fou que Barry Levinson. Son film reste sage, léché, fait pour plaire. Pas pour rêver…

## LIBERTY HEIGHTS (2000)
### avec Adrien Brody, Bebe Neuwirth et Joe Mantegna

**Une jeunesse américaine.** Dans ce genre particulièrement prolixe que constituent les souvenirs de jeunesse, difficile de trouver plus classique que le film de Barry Levinson. La façon même dont est racontée l'histoire, par la voix off de Ben, le plus jeune des deux fils Kurtzman, et le je qui en est le narrateur, placent d'emblée le récit sous le signe de l'autobiographie et laissent largement à penser que, derrière le personnage, c'est le cinéaste lui-même qui se souvient. Et le fait que cette jeunesse soit située à Baltimore, la ville natale de Barry Levinson, et que l'époque évoquée – 1954-1955 – corresponde à ses années de jeunesse ne peut que donner à cette chronique l'authenticité du souvenir. Les derniers mots, d'ailleurs, l'indiquent bien, qui disent que la jeunesse est faite de tas de petites choses, effacées par l'oubli, et que, si l'on savait, on s'efforcerait d'en garder mieux la trace dans sa mémoire plutôt que de les laisser disparaître à jamais.

*Liberty Heights*, c'est donc cette entreprise par laquelle un homme se penche sur son passé, pour lui redonner vie, et pour y trouver la source même de ce qu'il est. Or chez les Kurtzman, on est juif. Le quartier qu'ils habitent, et qui donne son titre au film, n'est habité que par des familles juives, et longtemps Ben pense qu'il n'y a que des Juifs sur terre, avant qu'il n'apprenne qu'ils ne sont finalement que très minoritaires. Si cette judéité tient une si grande place dans sa vie, c'est certes par le poids de la coutume et de la religion, mais c'est plus encore parce qu'elle établit une sorte de ligne de démarcation avec « tous les autres », comme les appelle la grand-mère de Ben. La grande surprise est bien d'ailleurs de découvrir que l'Amérique des années 1950 est un pays ouvertement antisémite : la ségrégation y règne, et Ben et ses copains ne peuvent aller se baigner à la piscine interdite, comme l'annonce le panneau, « aux chiens, aux juifs et aux nègres ». Rien de misérabiliste pour autant, ni même de revendicatif, dans cette évocation. Le ton est celui de la tendresse pour une famille, pour une époque, pour des amitiés. L'éveil de la sexualité, les maladresses et les bêtises, le rock'n roll et le lycée : autant de cases qui pourraient paraître obligées. Mais Barry Levinson met de la finesse et de l'humour dans sa nostalgie. Et il passe dans les souvenirs de cette jeunesse enfuie comme un gentil parfum de bonheur.

---

# LIMAN Doug (américain, né en 1966)

**FILMOGRAPHIE :**
*Getting in (Student body) (1994)* • *Swingers (1997)* • *Go (1999)* • ***La Mémoire dans la peau (2002)*** • *Mr. & Mrs. Smith (2005)*

Si les premiers films de Doug Liman révèlent un goût pour la comédie, il associe généralement celle-ci à un suspense qui ménage à l'action une part importante. Ce qui explique l'intérêt qu'il porte aux romans d'espionnage de Robert Ludlum et qui l'amène à produire et à réaliser *La Mémoire dans la peau*, d'autant que lui-même avait pu voir agir de vrais espions lorsque son propre père, Arthur Liman, travaillait comme enquêteur sur le scandale Iran-Contra. Le film, auquel Paul Greengrass donne en 2004 une suite, *La Mort dans la peau*, dont Doug Liman est le producteur exécutif, s'inscrit ainsi dans la continuité d'une carrière qui, typique de la nouvelle génération américaine, associe réalisation et production, à la fois au cinéma, à la télévision et dans la publicité.

## LA MÉMOIRE DANS LA PEAU (2002)
### avec Matt Damon et Franka Potente

**L'homme sans identité.** Qui est Jason Bourne ? Lorsqu'il revient à lui, sur un bateau de pêche qui l'a recueilli alors qu'il flottait inanimé en pleine mer, il a perdu toute mémoire. Seule une puce, greffée dans sa hanche, lui donne une piste à suivre : un numéro de compte dans une banque suisse. C'est là qu'il découvre, dans le coffre en question, des papiers qui lui révèlent son nom, Jason Bourne, et son lieu d'habitation, Paris. L'ennui est que ledit coffre contient aussi six autres passeports, tous avec sa photo, mais portant tous des nationalités et des noms différents.

Ainsi commence la quête d'identité du personnage, lancé à la poursuite de lui-même. Il dispose pour cela de deux atouts : des facultés étonnantes, dont il découvre à mesure qu'il les utilise toute l'étendue, comme de parler plusieurs langues, d'être doté d'une puissance d'observation hors du commun, et d'avoir des ressources physiques qui, du

close-combat au tir de précision, en font un lutteur quasi indestructible. Et, second atout, qu'il considère d'abord un peu comme un boulet, une jeune touriste vaguement marginale, rencontrée par hasard, et qu'il embarque dans son périple, lequel va les conduire à Paris où, illico, tout leur tombe dessus : des tireurs qui veulent leur peau, la police qui les traque, et, depuis la CIA, un bureau qui, dans la plus grande confidentialité, cherche à retrouver la trace de Jason, son agent programmé pour une mission secrète, et qui a mystérieusement disparu.
L'intérêt, dans cette poursuite infernale, tient bien sûr aux péripéties que déroule le livre de Robert Ludlum, classique du thriller d'espionnage, dont le film est l'adaptation. Mais il tient surtout à la façon dont Doug Liman, s'emparant d'un genre bien codifié, en renouvelle l'approche par une sorte de sécheresse haletante qui, sans jamais faiblir, a quelque chose d'hitchcockien. Au-delà même des embrouilles et des manipulations diverses qui resserrent l'étau autour des deux fugitifs, c'est cette impression d'avancer comme en aveugle dans un labyrinthe qui prévaut, chaque nouvelle piste ouvrant de nouvelles complications. Comme si le puzzle de l'histoire était le puzzle même de l'identité d'un personnage, auquel Matt Damon, avec son côté lisse, apporte une normalité qui, du coup, devient carrément étrange.

## LINKLATER Richard (américain, né en 1960)

**Filmographie :**
*Slacker (1991)* • *Dazed and confused (1993)* • *Before sunrise (1995)* • *Suburbia (1996)* • *The Newton boys (1998)* • *Waking life (2001)* • *Tape (2001)* • ***Rock Academy (2004)*** • *Before sunset (2004)* • *The Bad news bear (2005)*

Fondateur de l'Austin Film Society, qu'il crée en 1985 pour présenter aux cinéphiles texans des films de toutes origines, et parfait autodidacte du cinéma, Richard Linklater, dès qu'il passe à la réalisation, alterne les différents genres, passant de la chronique sociale avec *Slacker*, à la comédie romantique, avec *Before sunrise*, et sa suite *Before sunset*, aux adaptations de pièces de théâtre, avec *The Newton boys* et *Tape*, et surtout aux films d'ados faisant une large place à la musique, avec *Dazed and confused* et *Rock Academy*. Mais, quel que soit le genre, tous ses films ont toujours des jeunes pour protagonistes.

### ROCK ACADEMY (2004)
### avec Jack Black et Joan Cusack

***Rock around the school.*** *Les Choristes*, version US. À cette différence notable près qu'ici les jeunes musiciens sont les élèves très sages d'un collège BCBG qui fait dans la tradition haut de gamme, et que c'est le prof remplaçant venu les prendre en charge qui est lui du genre rebelle prolongé. Guitariste et chanteur d'un groupe en pleine galère, qui vient d'ailleurs de le virer pour incapacité chronique, il s'est en effet retrouvé dans une telle débine que, pour survivre, il a eu l'idée, pour obtenir ce job d'enseignant intérimaire, de bidouiller un énorme mensonge et de se faire passer pour un autre. Et une fois introduit dans la cage aux rossignols, ce qu'il va enseigner à sa classe de têtes blondes, aussi bien faites que bien pleines, ne correspond évidemment pas exactement aux programmes officiels. Car, lorsqu'il découvre que les gamins se débrouillent plutôt bien question musique et chant, il se met aussitôt en tête de leur transmettre sa passion du rock et de former avec eux le groupe dont il a toujours rêvé, susceptible de faire sauter la baraque au prochain concours qui doit mettre aux prises toutes les révélations de la région. Ce qui ne va pas sans quelque problème dans un établissement qui n'a pas spécialement les mêmes valeurs et dont la directrice est du genre si coincé qu'il ne peut pas, au passage, ne pas songer du même coup à la décoincer. La situation est donc clairement exposée, et toute la question qui se pose est de savoir comment le faux prof va insuffler à sa bande de jeunes prodiges, tous plus chouchous les uns que les autres, la vraie rock attitude.
Il y parviendra par des méthodes pédagogiques certes inhabituelles, mais qui ont l'avantage de donner au film de Richard Linklater une énergie communicative. Car l'avantage, ici, tient moins au déroulement d'un scénario tellement calibré qu'on voit dès l'abord où il mène, qu'à ce savoir-faire typiquement américain, qui joue le jeu sans se poser de questions. Emmenés par le tonitruant Jack Black, les marmots qui composent la classe de rock y vont donc de tout leur enthousiasme et de tout leur talent. Leur énergie ne faiblit pas, à l'image d'un film qui a de bout en bout le rythme dans la pellicule. Et le fait de faire du rock une matière d'enseignement et de la rébellion qu'il véhicule le fer de lance d'une nouvelle culture n'est peut-être, au bout du compte, pas si anodin qu'il y paraît.

## LIORET Philippe (français, né en 1955)

**FILMOGRAPHIE :**
***Tombés du ciel (1993)*** • *Tenue correcte exigée (1997)* • *Mademoiselle (2000)* • *L'Équipier (2004)*

Longtemps ingénieur du son, ayant travaillé comme tel sur une trentaine de longs métrages, Philippe Lioret a abordé la réalisation par la comédie, y révélant une solidité et une maîtrise dans la mise en scène qui le rattache d'emblée à un cinéma classique. Cela se sent dans sa façon de traiter le comique, qui évite les gros effets et travaille davantage dans la nuance, et dans sa manière, tant dans son premier que son deuxième film, d'ancrer la fantaisie dans une réalité dont il donne une image aiguë, très sensible aux problèmes du temps. Cela se sent aussi dans les deux films qui suivent, plus romanesques, qui racontent dans les deux cas une histoire d'amour elle aussi fortement marquée par le milieu et le décor où il les situe.

### TOMBÉS DU CIEL (1993)
### avec Jean Rochefort, Ticky Holgado, Marisa Parédès et Laura Del Sol

**Voyageurs sans bagages.** Arturo débarque en chaussettes. Dans la file de voyageurs qui arrivent de Montréal et qui s'apprêtent à passer au guichet de la police, il fait un peu négligé. D'autant que, lorsque le policier lui demande ses papiers, il ne peut les lui montrer, arguant du fait qu'au moment d'embarquer il s'est fait voler ses chaussures, son sac et son passeport. Le voilà donc qui arrive sur le territoire français dans une situation aussi fâcheuse qu'irrégulière, et qui se complique encore du fait qu'il a la double nationalité franco-canadienne, qu'il habite en Italie et qu'il est marié à une Espagnole... Et comme on est à la veille du pont du jour de l'An et que les administrations ont d'autres choses à faire qu'à se dépêcher de fournir le certificat et la photo qui pourraient faire la preuve de son identité, Arturo se voit intimer l'ordre de rester sous douane, en zone de transit, jusqu'à ce que son affaire s'arrange.

Le film de Philippe Lioret commence sur une de ces situations administrativement absurdes qui, de la comédie, peuvent facilement tourner au cauchemar. Mais le scénario de *Tombés du ciel* joue délibérément la carte de la fantaisie. Arturo est un doux rêveur, qu'on pourrait dire à côté de ses pompes s'il en avait, et qui promène un air ahuri mais finalement fataliste sur ce qui lui arrive. Et alors qu'il s'allonge sur une banquette pour dormir, surgit, comme un rêve, un petit Africain qui se prénomme Zola Emile, qui lui aussi est bloqué en zone de transit et qui, le prenant par la main, l'emmène dans les couloirs secrets de l'aéroport, jusqu'à une curieuse salle aménagée en cantine-dortoir et où d'autres laissés-pour-compte de la réglementation territoriale ont jeté l'ancre. Comme dans un monde parallèle, ceux-là se sont organisés pour survivre. Il y a là une jeune femme, expulsée d'Amérique latine et qui n'a plus de patrie où s'arrêter, un ancien soldat perdu qui a tout fait, l'Indo, l'Algérie, l'Afrique, comme mercenaire, et qui écrit ses mémoires (1 500 pages, cela s'appelle *30 ans de merdier*: une synthèse, comme il dit!). Et il y a encore Knak, un grand Noir, venu d'on ne sait où, et qui parle on ne sait quoi...

Les mésaventures de ces naufragés de l'espace aéroportuaire, en rade entre deux frontières, forment la trame d'un film qui balance constamment entre la comédie cocasse, le conte drolatique et, sans en avoir l'air, l'observation acérée de quelques impasses sur lesquelles débouche le monde d'aujourd'hui. Ces voyageurs délestés de leur identité, ils figurent bien les exclus d'une société peu charitable pour les personnes déplacées, immigrés, clandestins, apatrides et autres marginaux n'entrant pas dans les normes internationalement définies. Sortes de zombies vivant sous terre, ils survivent tant bien que mal, installés dans le provisoire, fixés dans le passager, établis dans le transit. Ce pourrait être sinistre ou kafkaïen, c'est tout le contraire. Parce que Philippe Lioret a le sens du dialogue vif et enlevé, de la situation saugrenue, des personnages pittoresques. Parce qu'il sait filmer un aéroport comme on n'a pas l'habitude de le montrer, de derrière, d'en dessous, transformant le monde aseptisé de la surface en surprenant labyrinthe intérieur. Parce que la distribution, de Jean Rochefort à Marisa Parédès, de Ticky Holgado à Laura Del Sol, est parfaite. Et parce que, malgré une petite baisse de régime en cours de route et une fin un peu convenue qui entend préserver la tonalité souriante de l'ensemble, le film dégage, au milieu des rires, une vraie émotion et offre un vrai regard sur ce qu'en passagers toujours pressés, on ne prend plus le temps de voir.

# LLOSA Luis (péruvien)

**Filmographie :**
*Dia Domingo (1985) • Hour of the assassin (1987) • Crime zone (1989) • Fire in the Amazon (1991) • Eight hundred leagues down the Amazon (1993) • Sniper, tireur d'élite (1993) • L'Expert (1994) •* ***Anaconda (1997)*** *• La Fiesta del chivo (2005)*

Issu d'une famille influente du Pérou, Luis Llosa a commencé sa carrière comme critique de cinéma et comme chroniqueur dans la presse péruvienne, avant de se tourner vers le documentaire et de réaliser un magazine d'actualités hebdomadaire pour la télévision. Et c'est au Pérou qu'il produit et réalise son premier film, *Dia Domingo*, une histoire inspirée par le plus célèbre romancier péruvien, qui est son parent, Mario Vargas Llosa. Passant aux États-Unis, il signe en 1989 *Crime zone* pour Roger Corman et s'installe alors à Los Angeles, où son sens de l'action l'amène à réaliser des films de genre – thrillers et films d'aventures –, toujours situés en Amérique centrale ou latine.

## ANACONDA (1997)
### avec Jon Voight, Jennifer Lopez et Eric Stoltz

**Les dents de la jungle.** Question : sachant que le bestiaire hollywoodien compte déjà dans ses rangs requins dentus, araignées géantes, loups carnassiers, dinosaures furieux et autres bestioles aussi traumatisantes, quel animal reste-t-il donc aux scénaristes désirant innover un peu pour procurer à leur public des sensations toujours plus fortes ? La réponse se cache au plus épais de la jungle amazonienne, avec ces serpents à la fois monstrueux et légendaires que sont les anacondas. Voilà en effet des reptiles qui se meuvent avec autant d'aisance sur terre que dans l'eau, qui atteignent des tailles impressionnantes et qui ont l'avantage de piquer, de mordre, d'étouffer, d'avaler et même de revomir les victimes qu'elles ont dévorées toutes crues ! Une vraie manne pour bidouilleurs d'effets spéciaux et pour spécialistes du marketing du frisson. D'autant que les anacondas présentent cet autre avantage de vivre dans une des régions les plus mystérieuses et les plus sauvages de la planète, dans un entrelacs touffu d'arbres, de lianes et d'eau, à côté de quoi le dernier Jurassic Park venu ferait presque figure de jardin domestique.
On comprend du coup que, malgré les difficultés prévisibles de tournage, Luis Llosa et son équipe aient décidé de mettre le cap sur l'Amazonie profonde. Comme il fallait bien malgré tout un semblant d'histoire pour fournir prétexte à voir surgir l'anaconda de son repaire et pour lui donner l'occasion d'exercer ses redoutables talents de prédateur, les scénaristes – qui se sont mis à trois pour l'occasion – ont donc imaginé, ce qui n'est pas spécialement original, une expédition vaguement scientifique et écolo, dont le but est de retrouver pour la filmer une tribu pratiquement inconnue. Le chef de groupe est un (forcément jeune et beau) scientifique spécialiste des Indiens, qui a regroupé autour de lui une équipe de quatre hommes et deux femmes, celles-ci ayant l'avantage, vu la chaleur ambiante, de porter des petites tenues légères qui révèlent des formes impeccables, ce qui ne peut qu'ajouter à l'intérêt ethnologique ! À cette équipe de base vient rapidement s'ajouter un dénommé Paul Sarone, que l'expédition rencontre sur le fleuve, où son bateau s'est emmêlé l'hélice dans des racines flottantes, et qui monte donc à bord. Très vite, le rictus peu engageant, les œillades pleines de sous-entendus et les manières brutales du personnage le désignent comme un sale type, qui certes semble connaître la forêt et le fleuve sur le bout de son fusil, mais qui poursuit un but non avoué, lequel va vite se révéler à mesure que l'action se décante : il est à la chasse d'un anaconda géant, avec qui il a déjà eu maille à partir, et qu'il veut capturer vivant. Comme le chef de l'expédition est bientôt victime à point nommé d'un accident de parcours qui le transforme en momie pour le reste de la partie, voici donc que le terrible Paul Sarone s'impose comme le nouveau guide, emmenant les membres de l'équipe dans les profondeurs inviolées de l'Amazonie, là où il est sûr – et les scénaristes avec lui – de trouver l'anaconda. Et en effet, ça ne tarde pas. Un frémissement à la surface de l'eau, une caméra indiscrète qui accompagne le bateau depuis la rive et qui montre bien qu'un œil étranger et peu bienveillant le surveille, une malheureuse panthère noire qui passait par là et qui se fait promptement énucléer par une créature sinueuse et rampante rapidement entrevue : il y a, à n'en pas douter, du gros serpent dans l'air moite.
Et c'est à partir de là que l'on comprend pourquoi l'expédition comporte le nombre indiqué de membres : la première attaque de l'anaconda contre le bateau arrivant à peu près au bout de trente minutes de film, et la durée de celui-ci étant d'une heure trente, à raison d'une attaque toutes les dix minutes, cela fait que l'un après l'autre les membres en question vont se retrouver entre les mâchoires et les anneaux du monstre, jusqu'à ce qu'il n'en reste que le minimum requis pour ramener le bateau au bercail, et non sans que le chef momifié ne retrouve *in extremis*

ses esprits pour embrasser la seule survivante et ajouter un baiser forcément hollywoodien à un dénouement qui ne l'est pas moins. D'où une question subsidiaire. Pour réussir à faire aussi convenu, à suivre à la lettre les recettes les plus éprouvées et à tirer les ficelles les plus grosses, quel intérêt peut bien offrir le film de Luis Llosa? La réponse est dans le monstre lui-même : cet anaconda géant, qui offre une allure d'énorme boyau pneumatique dont les évolutions, ponctuées d'une musique assourdissante, virent carrément au phénomène de foire, fait moins peur qu'il ne fait sourire...

## LOACH Ken (anglais, né en 1936)

**PREMIER LONG MÉTRAGE :**
*Pas de larmes pour Joy (1967)*
**FILMOGRAPHIE DEPUIS 1985 :**
*Fatherland (1985)* • ***Riff Raff (1990)*** • *Secret Défense (1990)* • *Raining stones (1992)* • *Ladybird (1994)* • *Land and Freedom (1994)* • *Carla's Song (1996)* • *The Flickering Flame (1997)* • *My name is Joe (1998)* • *Bread and Roses (2000)* • *The Navigators (2001)* • ***Sweet sixteen (2002)*** • *11'09''01 (2002), co-réalisation* • ***Just a kiss (2004)*** • *Tickets (2004), co-réalisation* • *The Wind That Shakes the Barley (2005)*

Jeune homme rebelle, Ken Loach est resté fidèle tout au long de sa carrière à un cinéma de résistance. Formé, après des études de droit, d'abord à la scène, comme comédien et comme assistant metteur en scène, c'est à la télévision qu'il trouve sa voie : il y devient un pionnier de la fiction réaliste, cherchant à capter le réel dans la lutte de ceux qui se battent pour faire changer les choses. Et lorsqu'il passe au cinéma, son engagement social va de pair avec une volonté d'inventer une nouvelle grammaire filmique, à travers l'emploi d'acteurs qu'il choisit souvent non professionnels et par l'usage, inspiré de la télévision, qu'il fait d'une caméra qui enregistre la réalité comme pour une enquête. L'intérêt qu'il porte aux petits, aux sans-grade et à tous les marginaux et oubliés de la prospérité économique, prend ses racines dans une conscience historique et politique qui trouve ses plus fortes illustrations dans les grands films des années 1990 : des ouvriers et des chômeurs exploités des années Thatcher, dans *Riff Raff* ou dans *Raining stones*, aux luttes sociales menées aussi bien par les employés d'une usine de nettoyage de Los Angeles, dans *Bread and Roses*, que par les cheminots bientôt privatisés des chemins de fer britanniques, dans *The Navigators*, de l'Espagne de la guerre civile, menée dans les rangs des républicains, dans *Land and Freedom*, à l'Irlande d'une autre guerre civile et du terrorisme d'État, dans *Secret Defense*, et du Nicaragua de la guérilla sandiniste dans *Carla's Song*, à l'Écosse de la drogue, de la prostitution, de la délinquance et des problèmes communautaires, dans *My name is Joe*, *Sweet sixteen*, ou *Just a kiss*, Ken Loach, inlassablement, parcourt le champ social, traquant la misère, l'injustice, la déshumanisation. Sans jamais, pourtant, désespérer de l'homme et de sa capacité à relever la tête.

### RIFF RAFF (1990)
#### avec Robert Carlyle et Ade Sapara

**Les années galère.** Londres, fin des années 1980. Dans l'Angleterre de Margaret Thatcher, la vie est dure pour tous les laissés-pour-compte d'un capitalisme décidément sauvage. C'est le cas pour Stevie, jeune Écossais en rupture de famille, qui sort de prison et qui débarque à la recherche d'un boulot. Faute de mieux, sous un faux nom, il se fait engager comme manœuvre sur un chantier de construction. Et vogue la galère... Car, dans le monde de la misère, la seule loi qui règne, c'est la loi de la jungle. Entre le contremaître, facho pur et dur, et son assistant, petit chef ramenard, les ouvriers ne peuvent que filer droit : sinon, ils n'ont qu'à aller se faire exploiter ailleurs. Or, de ce boulot, ils en ont tous besoin. Échoués de la croissance, venus d'un peu partout, blancs, noirs, bronzés, ils en sont tous au même niveau de débine, condamnés à faire ce qu'on leur dit de faire, s'ils veulent éviter le bout du chemin, la dégringolade ultime. Il faut donc survivre. Tuer les rats qui nichent dans le réduit infect qui sert de cantine, se débrouiller pour toucher le chèque de fin de mois en espérant qu'il ne sera pas de bois, squatter comme on peut en se faisant respecter des loubards qui occupent le terrain.

C'est que la misère n'est pas tendre, et la façon dont Ken Loach la montre n'a rien d'angélique ni d'édulcoré : la violence est là, sous-jacente, et chacun cherche plus malheureux que lui pour se dédouaner de sa propre décrépitude. D'où le racisme ambiant, le chacun pour soi et le diable pour tous. Cet enfer, pourtant, pour noir qu'il est, n'est pas pavé que des pires intentions. Au fil des jours, des liens se créent, la solidarité joue. Et, pour garder la seule distance possible avec cette vie de chien, il reste ces petites lumières intérieures qui brillent toujours : l'humour et le rêve. Le Noir qui ne pense qu'à rentrer au pays, l'ancien syndicaliste qui essaie de parlementer avec la direction, Susan, la fille paumée, qui chante faux et qui ne rêve que de devenir chanteuse : ils ont tous leur petit coin de ciel, même s'il s'obscurcit, même si la mort de l'un, le renvoi de l'autre et, pour la troisième, lorsque la musique tourne au blues, une petite piqûre au creux des veines, mesurent la distance qu'il y a de leurs espoirs à la réalité.
Stevie, pour sa part, prend une autre voie. Et dans sa révolte, froide, calculée, on retrouve toute la détermination de Ken Loach. Au lieu de s'apitoyer sur la misère du monde ouvrier, celui-ci la montre, en direct, avec des acteurs qui n'en sont pas, enregistrant sur le vif, mettant constamment le doigt là où ça fait mal. Mais avec une dose de sympathie, de chaleur humaine, et surtout un humour corrosif, acide, qui met *Riff Raff* à mille lieues du misérabilisme et du prêchi-prêcha. Sous ce regard, la vie, même la plus terrible, garde sa drôlerie. Et l'on rit beaucoup, tout au long de ce voyage picaresque au bout de la pauvreté. Même si le constat est accablant pour l'Angleterre des années Thatcher et pour ce monde de riches qui engendre tant de misères. Ken Loach, quant à lui, propose une solution finale, radicale, explosive. Un vrai brûlot.

## SWEET SIXTEEN (2002)
### avec Martin Compson et William Ruane

**Le petit criminel.** Pas mauvais dans le fond, le jeune Liam. Et l'on peut même imaginer que, dans un autre contexte, dans une famille moins fortement plombée par la misère morale et dans un milieu socialement plus favorisé par la prospérité économique, il pourrait devenir un type bien. Mais voilà ! On est dans un film de Ken Loach, et Liam vit en Écosse, dans une ville frappée par la crise et dans un système qui laisse sur le bord de la route les exclus du travail et de la richesse. Et, en guise de référence morale, il ne peut guère compter sur son beau-père, trafiquant minable et violent, et encore moins sur sa mère, qui finit de payer en prison une condamnation qui est comme la voie normale réservée à ceux qui n'ont pas d'autre moyen de survivre que de se mettre en marge de la loi.
D'emblée, le sourire de Liam, cette façon qu'il a de faire les quatre cents coups avec son pote Pinball, en agrémentant chaque combine ou chaque larcin d'une plaisanterie de gamin rieur – comme de soutirer la drogue que son beau-père planque dans la niche du chien en s'amusant à embarquer en même temps le dentier du papy –, et toute cette énergie qu'il met à faire juste ce qu'il faut d'illégal pour s'en sortir au mieux : tout cela, qui n'est d'abord pas bien méchant, sent pourtant sa pente dangereuse.
Et c'est toute la force oppressante du film de Ken Loach que de faire sentir, comme le poids même d'un destin inéluctable, que ce qui attend Liam, ce ne peut être ce à quoi il rêve, mais bien ce à quoi sa condition le condamne : petit criminel deviendra forcément grand. Et ce qui rend plus désespérant encore le constat, c'est que les valeurs qui, pour le jeune garçon, sont celles auxquelles il croit sont de vraies valeurs morales : l'amitié, qui le lie à son copain comme à un frère pour qui il donnerait tout ; la tendresse pour sa sœur Chantelle qui, seule avec son petit garçon, rejette l'exemple de leur mère pour essayer de vivre normalement et qui pousse son jeune frère à s'acheter une conduite ; et surtout l'amour que Liam porte à sa mère, ce désir qu'il a de lui faire plaisir, de changer de vie, de lui offrir lorsqu'elle sortira de prison un vrai toit, qui pourrait être le foyer de ses rêves, le cœur chaud comme un cocon d'une famille enfin retrouvée.
Pour parvenir à ses fins, Liam s'essaie à la seule solution qui lui soit possible : il se fait dealer et met même au point pour écouler ses doses un ingénieux système de vente à domicile, par livreurs de pizzas interposés, qui ne manque pas d'attirer l'attention intéressée de gros poissons de la drogue, qui l'attirent vite dans leurs eaux troubles. Cette descente progressive dans la délinquance pure et dure fait le fil conducteur du film de Ken Loach. Le cinéaste, fidèle à sa manière, met à le dérouler cette sécheresse d'exposition et cette rage contenue qui donnent à son regard une acuité dénonciatrice. Dans un décor de grisaille, où le fleuve, les quais et l'horizon de la mer entrouvrent comme une porte par où échapper à la triste réalité, le piège se referme inexorablement. Le petit criminel, auquel le jeune Martin Compson apporte une vérité troublante, ne peut qu'arriver là où son destin l'attend. Et la dernière réplique qu'il prononce, dans son double sens terrible, branche son téléphone portable d'aujourd'hui sur le fil immémorial de la tragédie.

## JUST A KISS (2004)
**avec Atta Yaqub et Eva Birthistle**

**Amour mixte.** Elle, Roisin, est blanche, blonde, et catholique. Lui, Casim, est brun, pakistanais, et musulman. C'est dire que Ken Loach fait d'emblée le choix affirmé de la différence. Et l'on peut tout naturellement craindre que cette accentuation affichée, choisie à l'évidence pour sa valeur démonstrative, n'entraîne son propos dans les pièges attendus du schématisme et de la caricature. Mais ce qui distingue un vrai cinéaste d'un simple faiseur, c'est le regard. Et l'on n'a guère à attendre pour se persuader que Ken Loach sait voir. Dès la première scène de son film, qui montre comme tout naturellement une scène de racisme ordinaire entre lycéens, la vérité est là, dans la justesse de la situation, du ton, des interprètes. Tout le désir d'intégration de la jeune Tahara, qui se considère comme écossaise sans rien renier de sa culture pakistanaise et musulmane, se heurte aux plaisanteries, qui tournent vite aux injures, de ses copains de classe. Et il faut toute la force apaisante de son frère aîné Casim pour éviter que la scène ne tourne à l'affrontement violent.

Ouverture symbolique, qui montre, avec la jeune lycéenne, une génération nouvelle, qui s'efforce de trouver son identité dans l'intégration. Mais qui introduit aussi, presque en catimini, l'intrigue centrale, qui va confronter ce désir d'être comme les autres avec tous les obstacles qui en rendent si difficile la concrétisation. Car Casim, venue chercher sa sœur, a remarqué Roisin, la jeune prof de musique. Et là commencent les problèmes... Pour en traduire à la fois la réalité et les enjeux, le cinéaste, fidèle à l'étude sociale qui sous-tend tous ses films, pénètre à l'intérieur de ces communautés qu'il met face à face, et s'invite aussi bien dans le petit appartement où emménage Roisin, seule depuis qu'elle a quitté son mari, que dans la maison familiale de Casim, où père et mère, émigrés pakistanais, ont élevé leurs trois enfants dans le respect absolu des traditions, lesquelles traditions passent par le mariage arrangé de Casim avec une cousine qu'il n'a jamais vue et qui va arriver dans quelques semaines du Pakistan. Deux mondes qui cohabitent, mais qui ne se connaissent pas, et que l'amour de Casim pour Roisin confronte soudain avec violence l'un à l'autre.

Ken Loach a l'art de mettre le doigt là où ça fait mal. Si son film est ancré dans une ville, Glasgow, et dans une situation précise, celle des émigrés pakistanais qui sont, pour la communauté catholique écossaise, la forme de l'autre, de l'étranger, du musulman, comme les Noirs ici, les Juifs là, les chrétiens ou les Arabes ailleurs, peuvent l'être dans d'autres villes, dans d'autres pays, pour d'autres communautés. Ce que le cinéaste montre dans cet affrontement de peuples, de cultures, de religions, c'est que le poids des traditions et des préjugés est aussi lourd d'un côté que de l'autre, et que les différences existent à l'intérieur même de chaque communauté.

Dans le choc communautariste qui nourrit les nouvelles guerres de religion, *Just a kiss*, avec son titre en forme de baiser volé, renvoie chacun à son propre miroir et, sans rien cacher des drames que cela peut comporter, choisit de fonder la mixité sur l'amour. Cela suffit à donner au film une forme de chaleur humaine, et au scalpel toujours aussi aigu avec lequel le cinéaste fouille la réalité sociale une douceur inhabituelle, peut-être utopique, mais qui fait du bien là où ça fait mal.

---

# LONCRAINE Richard (anglais, né en 1946)

**PREMIER LONG MÉTRAGE :**
*Le Cercle infernal (1975)*
**FILMOGRAPHIE :**
*Drôle de missionnaire (1993)* • *Bellman & True (1994)* • ***Richard III (1996)*** •
*La Plus belle victoire (2004)* • *Godspeed, Lawrence Mann (2004)* • *Firewall (2005)*

Les héros de cinéma viennent aussi souvent du théâtre. Et sur ce plan, Shakespeare a fourni, et notamment avec Othello, Hamlet, Roméo et Juliette, des personnages phares qui ont suscité non seulement adaptation des pièces mais variations et fictions diverses. Richard III n'est pas le moins intéressant de ces héros récurrents. Porté à l'écran dès l'époque du muet (la première adaptation, américaine, de John Stuart Blackston date de 1908), le personnage trouve en 1956 avec Laurence Olivier son réalisateur et interprète de référence. Mais la veine ne s'épuise pas pour autant : la très originale variation proposée par Al Pacino en 1995, avec *Looking for Richard*, en est la preuve, tout comme l'adaptation curieusement modern style que suscite le grand comédien shakespearien Ian McKellen et que réalise un cinéaste éclectique, spécialiste de spots publicitaires et de téléfilms, Richard Loncraine, en 1996.

## RICHARD III (1996)
### avec Ian McKellen, Annette Bening, Robert Downey Jr. et Kristin Scott-Thomas

**Shakespeare, années 1930.** Richard se lève et, s'approchant du micro, il regarde la salle où les York fêtent leur victoire : champagne, orchestre, chanteuse, piste de danse où des femmes gainées dans de longues robes du soir se laissent guider sur des rythmes langoureux. Alors l'homme de guerre, sanglé dans un uniforme noir qui cache sous une coupe martiale sa bosse et son bras atrophié, commence par le commencement : « Voici donc l'hiver de notre déplaisir… » On est bien dans Shakespeare, et dans *Richard III*. Et pourtant, le XVe siècle de l'œuvre originelle est loin. Le cadre ici est une Angleterre incertaine, située du côté des années 1930 : les casques et les uniformes ont des reflets vert-de-gris, les drapeaux sont rouges et barrés de noir, les gardes saluent en levant le bras, et les tanks qui éventrent le Q.G. des Lancastre ressemblent à s'y méprendre à ceux qui, en 1940, vont enfoncer le front des Ardennes. À mi-chemin ainsi de l'Histoire et de la fiction, à cheval sur les siècles, le film de Richard Loncraine offre d'emblée cette impression curieuse d'être et de ne pas être le drame shakespearien. Il l'est, par la force des mots, la langue violente, inouïe, les injures somptueuses, les images flamboyantes, et tout un texte qui semble aller de soi dans ce monde de bruit et de fureur. Et il l'est aussi par l'odeur du sang qui flotte sur cette famille déchirée de l'intérieur. Dans l'ombre du roi Edouard, Richard, son cadet, entreprend son irrésistible ascension vers le pouvoir. Son corps contrefait n'est que l'enveloppe d'une absolue monstruosité morale. Pour parvenir à son but, tous les moyens lui sont bons et, un à un, il élimine de la façon la plus cruelle ceux qui font barrage à son ambition : Clarence, le doux Clarence, son frère, saigné dans sa baignoire ; puis, après la mort d'Edouard, Rivers, le frère de la reine, proprement percé sur son lit d'amour ; Hastings, ensuite, qui refuse d'entrer dans le complot, et qui finit pendu haut et court ; et jusqu'aux malheureux enfants d'Edouard, étranglés dans la tour où ils ont été enfermés. Voici donc Richard roi d'Angleterre, par le fer et par le sang. Et voici le drame shakespearien qui déploie tous ses troubles replis, rendus soudain familiers, simples presque, tant les complications de l'intrigue épousent naturellement l'esprit tortueux du tyran assoiffé de puissance qui écrase tout sous sa botte de fer.
Que tout se passe dans de somptueux décors modern style, avec limousines chromées, architectures et mobilier Art déco, coiffures platine et longs fume-cigarette aux lèvres des femmes, y ajoute le charme curieusement rétro d'une reconstitution purement imaginaire, qui charrie dans ses tréfonds toute une mémoire collective : celle de trains blindés, de peste brune, de barbarie érigée en principe politique. On n'est donc plus à proprement parler dans l'univers de Shakespeare. On est dans les fantasmes mêmes d'un XXe siècle, où le mal rôde. Pourtant, ce mal, qui l'incarne mieux que le héros shakespearien, le difforme Richard ? Et, du Moyen Âge au temps présent, la barbarie est bien toujours ce qu'elle était. Si bien que Shakespeare ne semble nullement déplacé dans cette vision moderne d'un univers décadent, où il passe un peu du Visconti des *Damnés*, mais aussi du Coppola du *Parrain* ou du De Palma de *Scarface*. Mais il y a surtout, faisant sonner la langue en formidable acteur de théâtre qu'il est, Ian McKellen. Le Richard III qu'il compose n'est plus le bouffon tragi-comique, gnome rugissant la bave aux lèvres, auquel on l'a longtemps réduit. Lui est l'homme de pouvoir, le machiavélique tout entier tendu vers ses sombres desseins, la force qui avance par la séduction et la menace, le tueur d'État au mufle épais de sanglier, entrevu l'espace d'un instant dans un flash de cauchemar. Ciselant les mots avec cet inimitable accent anglais qu'ont les grands acteurs shakespeariens, il offre du chef-d'œuvre convenu une interprétation décapante, à la fois iconoclaste et respectueuse, portée par une vraie vision. Et quand, au milieu des tanks et des jeeps fumantes, il s'écrit : « Mon royaume pour un cheval », l'identification est telle que, tout anachronisme gommé, ce Richard-là n'a plus d'âge : il est éternel.

---

# LOUNGUINE Pavel (russe, né en 1949)

**FILMOGRAPHIE :**
***Taxi Blues (1990)*** • *Luna Park (1992)* • *Ligne de vie (1996)* • *La Noce (2000)* • *Un nouveau Russe (2003)* • *Familles à vendre (2005)*

Né à Moscou, fils d'un scénariste connu et d'une mère traductrice, Pavel Lounguine suit des études universitaires de linguistique tout en obtenant un diplôme de scénario et de mise en scène. Dès 1975, il écrit des scénarios, dont une dizaine sont portés à l'écran. Celui de *Taxi Blues* est acheté par les studios de Leningrad qui, comme il n'est pas lui-même réalisateur, projettent de le faire tourner par un cinéaste maison. Mais le producteur français Marin Karmitz propose à Lounguine de le tourner lui-même : une co-production franco-soviétique est mise en place, qui, court-circuitant les lourdeurs du système de production soviétique, fait que le film, signé en avril 1989, est tourné et terminé à l'automne, quelques semaines avant la chute du Mur. Le cinéaste précède ainsi la désoviétisation, dans un pays dont son film montre l'état de déliquescence. La suite de son œuvre, qui s'attache à montrer la nouvelle Russie, dans ses espoirs et surtout dans ses dérives, des gangs de nettoyeurs de *Luna Park* à la mafia de *Ligne de vie*, des mineurs de *La Noce* aux parvenus d'*Un nouveau Russe*, en fait le cinéaste le plus emblématique d'une Russie contemporaine en proie aux soubresauts d'une immense mutation.

### TAXI BLUES (1990)
#### avec Piotr Mamonov, Piotr Zaitchenko, Vladimir Kachpour et Natalia Koliakanova

**Déglingue.** Un feu d'artifice, d'emblée, qui fait exploser le ciel de Moscou, et deux hommes qui, dans la dérive de la nuit, vont faire route commune : Chlykov, le chauffeur de taxi, et Liocha, le saxophoniste qu'il a pris en charge et qui, à l'aube, s'évapore en laissant 70 roubles impayés au compteur. Ces deux-là, ils ne vont plus se quitter : car Chlykov retrouve Liocha et ne le lâche plus. Ils n'ont rien en commun, si ce n'est de vivre dans la même Russie déglinguée. L'un, le taxi, est un type du peuple, travailleur, violent, taciturne, entretenant ses muscles, et partageant un appartement communautaire avec un vieux stalinien radoteur. L'autre, le saxophoniste, est juif, artiste, parasite, constamment entre deux ivresses, et il tutoie le ciel avec son instrument : tout ce que Chlykov déteste. Du coup, pour « réformer son âme », comme il dit, il s'occupe de lui, l'installe dans l'appartement, puis, quand l'autre fait déborder la baignoire et inonde l'immeuble, il l'oblige à travailler pour lui, à laver sa voiture, à devenir quasiment son esclave. Et dans l'étrange relation de haine et d'amitié qui naît entre les deux, il passe bien des choses. Et d'abord, au fil de leurs virées picaresques, c'est la Russie déliquescente qui se donne à voir, avec ses décors rouillés, sa misère ambiante, ses flics corrompus, sa vodka frelatée comme médecine collective. Et c'est aussi, entre l'homme du peuple et l'artiste, représentant d'une intelligentsia qui se met au-dessus des circonstances, l'un d'ailleurs aussi fauché que l'autre, un face-à-face lourd de tout le poids d'une Histoire, et pas seulement à l'heure qui sonne de la nouvelle Russie, même si celle-ci exacerbe les vieilles haines recuites et fait resurgir quelques fantômes jamais disparus, comme ceux de l'antisémitisme. De ce pays lourd de toutes les violences, le film de Pavel Lounguine donne une vision brûlante, avec une frénésie qui, de séquence en séquence, accumule les tableaux les plus hétéroclites : les trafics, les bagarres, la trogne d'une vieille édentée, deux prostituées qui se cognent dans un commissariat, un campement de Gitans, et l'alcool partout, la vodka, la bière, l'eau de Cologne et, quand il n'y a rien d'autre, les cachets qu'on avale en buvant l'eau du pot de fleurs !

Dans ce foutoir absolu, pourtant, passe aussi une étonnante force de vie, que traduit un goût effréné de la fête : ça chante, ça rit, ça joue, ça partouse, ça se trémousse, ça avale ses verres à la file. À cette aune-là, Liocha est un génie, qui s'abrutit jusqu'à la syncope : ivre mort, carrément. Mais qui n'a sans doute pas tort, puisqu'un beau jour, un impresario américain le repère et l'emmène à New York, où il peut enfin jouer et enregistrer la musique qu'il porte en lui, faisant la nique à ce gros Russe de base de Chlykov, qu'il bafoue jusqu'au bout. Parabole sociale et politique ? Sans doute. Mais peut-être surtout, dans ce *Taxi driver* à la moscovite, liberté enfin trouvée d'un cinéma qui, par une extrême rigueur de construction, met magistralement en scène le désordre, et qui, par un montage qui donne au film un rythme que ne désavouerait pas Hollywood, fait la preuve d'une efficacité étonnante. Jusqu'à ce dernier plan, qui répond au premier, et qui dans un dénouement qui ménage jusqu'au bout la surprise, fait monter dans le petit matin de Moscou la fumée noire de deux voitures qui explosent, obscurcissant encore un ciel en effet déjà bien lourd.

---

## LUCAS George (américain, né en 1944)

**PREMIER LONG MÉTRAGE :**
*THX 1138 (1970)*
**FILMOGRAPHIE DEPUIS 1985 :**
*La Menace fantôme (1999)* • ***L'Attaque des clones (2002)*** • *La Revanche des Sith (2005)*

Étonnante aventure que celle de *Star Wars*, conçue dès le départ par son créateur George Lucas comme une énorme saga à neuf épisodes, où il entend traduire à la fois sa passion pour le merveilleux magique, sa volonté de transmettre des valeurs fondamentales de justice et de loyauté, et son intérêt pour la haute technologie. Dans un premier temps, il lance le cycle avec un premier volet de trois épisodes – *La Guerre des étoiles* (1977), *L'Empire contre-attaque* (1979) et *Le Retour du Jedi* (1983) – qui installe les personnages et l'univers fantastique où ils évoluent, ouvre véritablement une nouvelle ère pour les effets spéciaux, et devient un événement cinématographique majeur et rapidement une série culte qui enflamme l'imaginaire du jeune public. Mais dans l'esprit de Lucas, ces trois épisodes ne sont pas chronologiquement les premiers. Poursuivant donc son grand et long dessein, le cinéaste, plus de quinze ans après, reprend sa saga et conçoit une nouvelle trilogie, qui débute cette fois-ci une génération plus tôt et remonte aux origines du mythe. Préquelles, en quelque sorte, ces épisodes numérotés I, II, III, bénéficient évidemment des progrès techniques accomplis en plus de vingt ans, depuis le début de la saga en 1977.

### L'ATTAQUE DES CLONES (STAR WARS - EPISODE II) (2002)
**avec Hayden Christensen, Natalie Portman, Ewan McGregor et Samuel L. Jackson**

**Le retour des Jedi.** On les avait un peu perdus de vue dans une *Menace* qui portait bien son nom de *fantôme* et qui semblait un peu pâlichonne comparée aux couleurs flamboyantes de la première trilogie. Être rassuré donc on peut : avec *L'Attaque des clones*, les Jedi sont bel et bien de retour... Certes, il y en a qui ont disparu, et notamment Qui-Gon Jinn. Mais Obi-Wan Kenobi, son disciple, est devenu lui-même maître Jedi, et il a pris sous sa coupe le petit Anakin Skywalker, lequel est devenu un beau jeune homme au regard séducteur, sur lequel la princesse Padmé Amidala jette, lorsqu'elle le retrouve, un regard connaisseur, en se disant qu'il a bien grandi ! Et c'est d'ailleurs le principal volet de ce deuxième épisode de la saga des origines que de montrer l'éducation sentimentale du bel Anakin qui, malgré les lois qui réglementent la sexualité des chevaliers, noue avec la belle Padmé une idylle – fort chaste au demeurant – qui apporte à l'histoire un petit côté rose qui met un peu de tendresse dans le côté obscur qui se dessine. Car, et c'est le second fil conducteur du film, le gentil Anakin commence à n'en faire qu'à sa tête, et malgré les réprimandes et les conseils d'Obi-Wan, il passe par moments dans ses yeux des lueurs sombres qui ne présagent rien de bon. Il faut dire que de sales créatures ont enlevé sa mère et que, malgré son désir de la sauver, il n'a pu arriver que pour recueillir son dernier soupir. Anakin semble dès lors en vouloir à l'univers entier, et sans doute y a-t-il là l'origine de ce côté Dark qui en fera le méchant Vador que l'on sait. Mais on n'en est pas encore là.
Pour l'heure, et pour occuper les 2 h 12 de projection, George Lucas, conscient sans doute de s'être un peu endormi dans l'épisode précédent, se rattrape en démultipliant à l'infini les combats, ce que lui permet une impressionnante armée de clones. Et pendant qu'il y est, il y va plein pot pour ce qui est de l'imagination et des effets spéciaux, aussi bien dans les décors que dans les machines, dans les vols intergalactiques que dans les combats de cirque, dans les créatures boulonnées que dans les grosses bestioles monstrueuses qu'on dirait sorties d'un cauchemar de Jérôme Bosch ou de Jacques Callot. Du coup, devant ce noir qui gagne, le côté humour, toujours assuré par le duo mécanique R2-D2 et C-3PO, est nettement en recul, même s'il reste quelques gags involontaires : ainsi lorsque Padmé précipitée sans parachute du haut d'un engin volant s'écrase sur le sol et qu'elle se relève toute pimpante en disant : « Ça va » ! Il est vrai qu'au royaume des Jedi, les héros ne meurent jamais. C'est d'ailleurs heureux : ils seront là pour le prochain épisode.

## LUCHETTI Daniele (italien, né en 1960)

**Filmographie :**
*Domani, domani (1988)* • *La Semaine du sphinx (1989)* • ***Le Porteur de serviette (1991)*** • *Arriva la bufera (1993)* • *L'Unico paese al mondo (1994)* • *La Scuola (1995)* • *I piccoli maestri (1998)* • *Un altro mondo è possibile (2001)* • *Dillo con parole mie (2003)*

Daniele Luchetti est très représentatif de la génération nouvelle arrivée au cinéma dans les années 1980. Formé, après des études de lettres et d'histoire de l'art, à l'école de cinéma de la Gaumont, il se fait remarquer par son court métrage de fin d'études, *Nei dintorni di mezzanotte*, en 1983. Il devient alors l'assistant de Nanni Moretti sur *Bianca* en 1984 et *La messe est finie* en 1985, et c'est celui-ci qui, par le biais de la maison de production qu'il met alors en place, produit et interprète son premier long métrage, *Domani, domani*, histoire picaresque de deux jeunes gardiens de chevaux transformés en aventuriers dans l'Italie colorée et chaotique de 1848. À partir de là, Luchetti développe un cinéma qui, reprenant les genres traditionnels du cinéma italien, et notamment la comédie, y apporte une certaine violence sèche, un humour aigu, dont *Le Porteur de serviette*, à nouveau produit et interprété par Nanni Moretti, observation précise et amère de la vie politique, et *La Scuola*, avec à nouveau Silvio Orlando dans le rôle principal, chronique des mœurs pédagogiques dans un lycée technique de la banlieue romaine, constituent les exemples les plus réussis.

### LE PORTEUR DE SERVIETTE (1991)
#### avec Silvio Orlando, Nanni Moretti et Anne Roussel

**Comédie tragique à l'italienne.** Cela commence comme une comédie : Luciano, un jeune professeur de lettres, habite, sur la côte amalfitaine, une belle maison de famille qui se délabre et dont les plâtres lui tombent régulièrement sur la tête. Pour arrondir son salaire, il sert de nègre à un vieux journaliste, lequel décide un beau jour de se passer de ses services. Ce qui est gênant, car Luciano a besoin d'argent, ne serait-ce que pour aller retrouver sa fiancée, qui travaille à 800 kilomètres de là, dans le nord de l'Italie. Or une occasion unique se présente : ayant entendu parler de ses talents de plume, Cesare Botero, le ministre de l'Industrie, contacte Luciano et lui propose de travailler pour lui. Quittant ses élèves, l'apprenti sous-fifre intègre donc l'équipe du ministre, et commence à rédiger pour lui ses discours, lesquels font merveille aussi bien à la télévision que dans les conférences de presse ou dans la campagne électorale que le ministre est amené à engager pour repartir à la conquête de son siège de député à Mantoue.

Jusque-là, le ton est à l'observation allègre du fonctionnement des mœurs politiques, à travers les yeux d'un candide que Silvio Orlando, avec sa bouille ronde, son phrasé légèrement zozotant et son allure un peu souffreteuse, inscrit joliment dans la ligne burlesque des faux naïfs, moins innocents qu'on ne le pense. D'autant que, loin de toute vision humaniste, le jeune professeur, parachuté dans un milieu qui l'éblouit, se révèle vite suffisamment opportuniste pour en profiter, en tirant consciencieusement de juteux avantages financiers et se prenant même à lorgner sur la jolie Juliette, l'assistante du ministre. Mais soudain, le ton change : voilà que la comédie se met à grincer et que l'humour vire au noir. Mécontent d'un reportage vidéo, le ministre Botero, quittant son apparence charmeuse de jeune politicien dynamique, se révèle pour ce qu'il est : un homme de pouvoir, laissant éclater dans une crise de colère d'une violence extrême ce qui fait le fond même de sa nature oppressive. Et les magouilles dans lesquelles il se trouve impliqué font craquer le vernis d'honnêteté qu'il se donne, révélant l'hypocrisie et la manipulation par lesquelles s'exerce le pouvoir. Les velléités tardives d'honnêteté de Luciano n'y peuvent rien : la comédie du pouvoir révèle sa face cachée de tragédie. L'ambivalence de Nanni Moretti, aussi séduisant en homme politique faisant de la modernité son credo que glaçant en politicien assoiffé de puissance et sacrifiant tout pour sa réussite, fait pendant aux mines d'abord convaincues puis finalement désappointées du malheureux Silvio Orlando. Et la morale de l'histoire n'est pas vraiment pour faire rire : en prêtant au ministre ses propres mots, c'est la part la plus pure de lui-même que son porte-voix lui a donnée. Et en se compromettant ainsi avec la manière arrogante et purement gestionnaire de traiter la démocratie que représente l'homme de pouvoir moderne, le petit professeur, oubliant ses principes éthiques, porte évidemment sa part de responsabilité. Et de mauvaise conscience.

---

## LUHRMANN Baz (australien, né en 1962)

**FILMOGRAPHIE :**
*Ballroom dancing (1992)* • *Romeo + Juliet (1996)* • ***Moulin Rouge (2001)***

Homme de spectacle, Baz Luhrmann, après ses études au National Institut of Dramatic Art de Sydney, s'impose très vite par des mises en scène novatrices, tant au théâtre et à l'opéra que pour des événements transformés en spectacles : chaque fois, il y apporte un soin tout particulier aux décors et aux costumes, exubérants, et s'applique à donner une interprétation moderne et dynamique des œuvres, fussent-elles du répertoire, comme il le fait à l'opéra avec une *Bohème* griffée à sa façon à l'Australian Opera, ou au cinéma, où il débute avec un film de danse et de concours de danse, *Ballroom dancing*, au rythme endiablé, et où il poursuit avec une version relookée à la californienne de *Roméo et Juliette*, avant de repeindre aussi le Moulin-Rouge à ses couleurs baroques.

## MOULIN ROUGE (2001)
### avec Nicole Kidman, Ewan McGregor et John Leguizamo

**Plein la vue.** Ceux qui s'attendraient, sur la foi du titre, à retrouver dans le *Moulin Rouge* de Baz Luhrmann la mythologie d'un cabaret considéré comme un des hauts lieux historiques du gai Paris risquent d'en être pour leur billet d'entrée. Certes, Toulouse-Lautrec est bien dans les parages et même, pour faire bonne mesure, il est associé ici à Erik Satie. Et, s'il y a bien une scène de cancan, avec petites culottes aperçues sous les amples jupons, elle est proprement expédiée et pas du tout conforme aux canons de la Goulue. C'est que Baz Luhrmann, entrant dans ledit cabaret, a décidé, comme on dit, de le revisiter, et de revisiter par la même occasion la comédie musicale. Et comme il est un frénétique de la caméra, un assoiffé d'effets visuels et un amateur de pop-rock, il s'est dit qu'en mélangeant l'ensemble, cela donnerait un film haut en couleur, en sons et en rythme : une sorte d'immense bastringue post-moderne, où l'on trouve de tout, comme à la Samaritaine.
*Moulin Rouge*, c'est donc un assez incroyable méli-mélo. Côté méli, un montage à la moulinette, des plans au 1/10e de seconde, des zooms avant arrière, des décors en carton-pâte numérisé, des maquillages dégoulinants, des turbans hindous, un éléphant gros comme un mammouth, des moustaches frisottées, un Noir dénommé Chocolat, une naine qui danse, des yeux qui font tilt, une lune qui chante, miss Absinthe qui quitte l'étiquette de sa bouteille pour esquisser un pas de danse, et cent et mille autres incongruités, plaisanteries, surcharges, débordements, entassements, qui donnent l'impression d'une bizarroïde pièce montée, foisonnante, bourrative, étincelante et tape-à-l'œil. Quant au côté mélo, on y retrouve le pauvre poète, nouvel Orphée passé par *La Bohème*, le méchant amant, duc et anglais à fine moustache, et la belle héroïne qui répond au doux nom de Satine, qui chante et danse comme une déesse, mais qui tousse hélas comme une malheureuse dame aux camélias. Un triangle classiquement amoureux, qui oscille entre vaudeville et mélodrame, avec d'emblée annoncée la couleur d'un dénouement forcément romantique : ce sera rouge sang et noir funèbre. Et comme, à la place de la musique d'Offenbach ou de Puccini, Baz Luhrmann a décidé de mettre celle de David Bowie, de Madonna, d'Elton John, de John Lennon, de Paul McCartney, de Sting, de Kurt Cobain et même de Freddie Mercury, cela donne un assez beau télescopage d'époque, parfois joliment parodique – comme quand Ewan McGregor sur la trompe de son éléphant se prend pour Céline Dion sur la proue de son *Titanic* – mais parfois aussi systématique, et ressemblant plus à une compil qu'à une partition originale.
Bref, ce *Moulin Rouge*, avec son mauvais goût affiché, sa frénésie revendiquée et sa luxuriance fébrile, risquerait fort de se rendre insupportable s'il n'y avait, rendue plus éblouissante encore par la transparence absolue de son partenaire, la somptueuse Nicole Kidman. C'est peu de dire que le film est fait pour elle. Amoureusement effleurée par des très gros plans sur son visage érigé en icône, comme avaient pu l'être avant elle, sous d'autres caméras, d'autres stars devenues divines, de Garbo à Dietrich, de Rita Hayworth à Marilyn, elle est la perle rare dans ce bric-à-brac clinquant. Et dans un film qui cherche visiblement à en mettre plein la vue, finalement, on ne voit qu'elle.

# LUKETIC Robert (australien, né en 1972)

**FILMOGRAPHIE :**
***La Revanche d'une blonde (2001)*** • *Rendez-vous avec une star (2004)* • *Sa mère ou moi! (2005)*

Formé à l'école de cinéma du Victoria College of Arts, remportant son premier prix de réalisation à 15 ans, primé ensuite un peu partout pour son court métrage *Titsiana Booberini*, Robert Luketic a vite été approché par Hollywood. Et le succès public de *La Revanche d'une blonde*, son premier long métrage, lui a d'ores et déjà assuré un contrat de la part de Miramax, qui devrait lui permettre d'y développer ce type de comédie à la fois divertissante et caustique où il montre d'emblée un ton très personnel.

## LA REVANCHE D'UNE BLONDE (2001)
### avec Reese Whiterspoon, Luke Wilson et Raquel Welch

**Barbie avocate.** Elle – c'est son nom – est blonde. D'un blond californien, accompagné de tout le rose qui va avec et qui est sa couleur favorite, aussi bien pour ses tenues vinyle, pour son téléphone portable, pour son carnet en forme de cœur, que pour le ruban de son petit chien d'accompagnement. Parfaite gravure de mode, poupée Barbie

plus vraie que l'originale, Elle mène la vie insouciante des étudiantes de Los Angeles, n'attendant qu'une seule chose : que son beau Warner la demande en mariage. Las ! ledit Warner, voulant se lancer dans une carrière politique, ne saurait épouser une bimbo comme elle. Et le soir où elle pense qu'il va lui annoncer leurs fiançailles, il la plaque pour aller faire son droit à Harvard. La décision que prend alors la pauvre Elle fait tout le sel et toute la fantaisie de *La Revanche d'une blonde* : la présumée tête de linotte décide en effet à son tour de réussir le concours d'entrée à Harvard pour prouver à son presque fiancé qu'elle n'est pas la cervelle d'oiseau qu'il croit et, mettant tous ses atouts tant intellectuels que physiques dans son jeu, elle y réussit. Voilà donc la parfaite représentante d'une Amérique californienne, ne rêvant que mode, soins corporels et soirées sexy, qui intègre la plus prestigieuse université de la côte Est, temple du savoir et des bonnes manières puritaines de la Nouvelle-Angleterre.
De cette confrontation entre les deux côtes, où l'on peut voir la confrontation entre les deux versants de l'Amérique, Robert Luketic tire une comédie parfaitement enlevée, dont le scénario ménage de constantes surprises, y compris dans un dénouement qui décoiffe, et qui constitue une variation originale sur une scène classique du cinéma américain – un procès – où l'héroïne, devenue avocate, prouve que la connaissance des soins capillaires peut être un avantage décisif dans la façon de gagner une affaire. Car Elle, bien sûr, après avoir essuyé toutes les moqueries que ses tenues tape-à-l'œil, son côté écervelé et sa superficialité clinquante ne manquent pas de lui attirer, inverse progressivement la vapeur. Et c'est elle qui devient la plus brillante des étudiantes, soulignant du même coup le côté vaguement ridicule et compassé de tous ces bons esprits de l'élite, desséchés par leur sérieux et leur vanité. Le film ne se prive pas ainsi, au passage, de tendre un miroir joliment critique à cette Amérique BCBG, et la manière dont il montre la réussite de sa Barbie avocate n'est pas dénuée d'un esprit satirique plutôt percutant.
Mais l'essentiel n'est pas là : il est plutôt dans cette volonté, menée à bien, de réussir une vraie comédie de divertissement, où les situations, les dialogues, les personnages concourent d'abord à faire le plaisir du spectateur. Et, pour le coup, ici, celui-ci est servi, d'autant que, pour incarner Elle, Reese Whiterspoon en fait juste assez pour ne paraître ni trop nunuche ni trop carnassière ; et dans son personnage de blonde qui démontre qu'il ne faut pas se fier à la couleur des cheveux, elle apporte un piquant qu'on réserve d'ordinaire aux brunes.

## LUMET Sidney (américain, né en 1924)

**Premier long métrage :**
*Douze hommes en colère (1957)*
**Filmographie depuis 1985 :**
*Les Coulisses du pouvoir (1985)* • *Le Lendemain du crime (1986)* • *À bout de course (1988)* • ***Family Business (1989)*** • *Contre-enquête (1990)* • *Une étrangère parmi nous (1992)* • *L'Avocat du Diable (1993)* • *Dans l'ombre de Manhattan (1996)* • *Critical care (1996)* • *Gloria (1999)* • *Find me guilty (2005)*

Sa formation théâtrale a marqué durablement la carrière de Sidney Lumet. Fils de comédien, acteur, dès son plus jeune âge, à la radio et à l'écran, fondateur off-Broadway d'un atelier anti-stanislavskien et professeur d'art dramatique, metteur en scène de spectacles expérimentaux, il produit, à la télévision et à la scène, nombre de dramatiques et de pièces de théâtre, avant de se tourner, en 1957, vers la réalisation, où d'emblée l'influence de la télévision et de la scène se fait sentir : adaptations, comme *Vu du pont*, *Equus* ou *Piège mortel*, mais aussi huis clos, comme *Douze hommes en colère* ou *Le Crime de l'Orient-Express*, ou sujets liés au monde de la vidéo et de la télévision, comme *The Anderson Tapes* ou *Network*. Son cinéma y gagne une densité dramatique qui explique pour beaucoup la réussite des films qui appartiennent à son genre de prédilection : le thriller urbain, tourné la plupart du temps à New York, et où il met en scène son thème préféré : l'aspiration à se mieux connaître soi-même, pour survivre dans un monde hostile, soumis à la pression des institutions, du racisme, de la violence et des injustices.

### FAMILY BUSINESS (1989)
### avec Sean Connery, Dustin Hoffman et Matthew Broderick

**De pères en fils.** Il y a des hérédités lourdes à porter. Ainsi du père d'Adam McMullen, Vito McMullen. Qu'est-ce qu'il a donc à vouloir à toute force offrir les meilleures universités à son rejeton, lui inculquer les solides valeurs du travail et de la respectabilité, et faire de lui l'héritier choyé d'une belle et honnête fortune gagnée dans le commerce de la viande en gros ? À ce ciel bourgeois sans nuage, le jeune Adam, envoyant promener diplômes et carrière, préfère tout naturellement l'enfer séduisant que représente son grand-père Jessie, le père de Vito. Lui, à 60 ans passés, est resté fidèle à ses démons : filouteries, magouilles, escroqueries, vols, trafics en tous genres et autres joyeuses façons de tourner la loi. À ce rythme-là, le grand-père a su garder une jeunesse de vie que le fils Vito semble avoir perdue dans son confort douillet et que le petit-fils Adam entend bien pour sa part pratiquer. Aussi, au grand dam de son père et à la grande satisfaction de son grand-père, profite-t-il de sa brillante formation scientifique pour leur proposer une affaire en or : un braquage dans un laboratoire fabriquant des substances chimiques qui, à elles seules, valent au bas mot un million de dollars. Voilà donc les trois générations de McMullen embarquées dans le même coup fumant, le fils pour être digne de son grand-père, le grand-père pour montrer la voie à son petit-fils, et le père pour surveiller les deux autres. Mais si la fine équipe des braqueurs réunis pense avoir tout prévu, il y a toujours le petit grain de sable qui détraque la machine et qui, en l'occurrence, va donner des prolongements aussi inattendus que fâcheux à cette très discrète affaire de famille.

Commencé sur le ton de la comédie, le film de Sidney Lumet, insensiblement, change de tonalité. Dans cette histoire haute en couleur de grand-père terrible et de petit-fils prodigue, c'est le maillon central, le père, qui apporte au sujet sa véritable dimension. Ce dont il est question, c'est à la fois de l'éternel conflit des générations, mais c'est surtout du difficile et nécessaire apprentissage par lequel un homme devient ce qu'il est. Tout le sel de *Family Business* est d'envisager cet apprentissage selon l'optique passablement immorale d'un trio de monte-en-l'air. Et aussi d'avoir donné aux trois personnages une dimension humaine inscrite dans leur origine : un tiers écossais, un tiers sicilien, un tiers juif. Adam est l'héritier américain d'un parfait melting-pot, où il a parfois du mal à retrouver les siens. Entre la formidable santé et le charisme de son grand-père, les scrupules et le désir d'honorabilité de son père, et l'amour protecteur voire envahissant de sa mère, il cherche sa voie. Et si les moyens qu'il prend sont détournés, l'important est que finalement, il la trouve. Matthew Broderick, lunettes rondes et allure BCBG, est Adam. Entre un Dustin Hoffman, aussi parfait dans la sobriété retenue qu'il peut l'être dans l'expressivité, et un Sean Connery éblouissant en incorrigible vieux briscard de la filouterie, il parvient à imposer sa personnalité. Ce qui est bien, au bout du compte, la vraie morale de l'histoire.

## LVOVSKY Noémie (française, née en 1964)

**Filmographie :**

*Oublie-moi (1994)* • *La vie ne me fait pas peur (1998)* • ***Les Sentiments (2003)***

Scénariste, comédienne, Noémie Lvovsky est aussi, dans ses propres films, une cinéaste originale qui, sur des thèmes souvent rebattus – l'adolescence, dans *La vie ne me fait pas peur*, les va-et-vient du sentiment, dans *Oublie-moi* et dans *Les Sentiments* –, impose un regard à la fois drôle, précis et non dénué d'une certaine violence, dans des films toujours ingénieusement structurés et conduits.

### LES SENTIMENTS (2003)

#### avec Isabelle Carré, Jean-Pierre Bacri, Nathalie Baye et Melvil Poupaud

**Elle court, elle court, la maladie d'amour...** La situation est connue, et résulterait presque immanquablement de la disposition des lieux : deux maisons toutes proches, l'une en face de l'autre, avec juste une cour qui les sépare, ou plutôt les rapproche, et deux couples, l'un déjà installé, et l'autre tout juste marié qui vient emménager là, le jeune mari, médecin, venant reprendre le cabinet médical de son nouveau voisin et confrère. Les deux hommes sympathisent aussitôt, les deux femmes aussi, et tous quatre deviennent vite inséparables. Mais la jeunesse blonde et pleine de vie d'Édith (Isabelle Carré), la jeune épouse, a pour effet d'éveiller chez Jacques (Jean-Pierre Bacri), l'autre mari, à la cinquantaine un peu déprimée, comme une bouffée de désir retrouvé. Et ce qui devait arriver arrive : ils deviennent amants, en essayant de ne pas éveiller les soupçons de leurs conjoints respectifs (Melvil Poupaud et Nathalie Baye).

Autant dire que le quatuor fonctionne au départ selon les règles les plus convenues du vaudeville. Or la belle surprise du film de Noémie Lvovsky est précisément que, sur ce thème rebattu de l'adultère bourgeois, la réalisatrice parvient à jouer sa petite musique bien à elle : délibérément fantaisiste d'abord, dans une première partie irrésistible de drôlerie, puis soudainement dramatique et tendue, lorsque l'exaltation des sentiments fait place à la réalité des choses. Avec, pour porter sur l'ensemble un regard constamment ironique, une chorale qui, comme un chœur antique, scande les va-et-vient du cœur d'un accompagnement lyrique qui apporte la note de folie décalée propre à tordre le cou aux conventions et aux clichés. Sans que pour autant la précision du regard ne soit constamment là, donnant à ce jeu des sentiments, qui dépasse ceux-là mêmes qui y jouent, une fantaisie douce-amère que ne renierait pas Musset.

## LYNCH David (américain, né en 1946)

**PREMIER LONG MÉTRAGE :**
*Eraserhead (1977)*
**FILMOGRAPHIE :**
***Blue Velvet (1986)*** • *Sailor et Lula (1990)* • *Twin Peaks (1992)* • *Lumière et compagnie (1995), co-réalisation* • ***Lost Highway (1997)*** • *Une histoire vraie (1999)* • *Driven to it (1999), co-réalisation* • ***Mulholland Drive (2001)***

Le cinéma de David Lynch est une vision : à la fois un regard, un œil, fasciné par la beauté du plan, par la force envoûtante des images (ce n'est pas pour rien qu'il a été formé à l'Institut d'art de Boston puis à l'Académie des beaux-arts de Pennsylvanie) et une sensibilité visionnaire, une façon de voir au-delà des apparences et de fouiller l'inconscient. Dès son premier film, *Eraserhead*, il impose un univers, où le bizarre, l'inquiétant, le mystérieux se conjuguent pour, au-delà de l'histoire racontée, ouvrir sur des abîmes d'interrogations. La force des films de Lynch est précisément qu'ils ouvrent des voies, qu'ils suscitent des questions, qu'ils montrent des secrets, et qu'en même temps ils laissent les portes ouvertes, les questions sans réponses, les secrets sans dévoilement. La composante onirique ; le flirt constant de la raison avec les zones sombres de l'irrationnel, voire de la folie ; la confrontation du normal et du monstrueux (qu'*Elephant Man*, d'emblée, posait comme une équation au premier degré) ; tout ce qui relève du fantastique, de l'analyse, du rêve éveillé, du fantasme, des troubles de l'optique ou de l'inconscient, et de ces perversités cachées où le désir a affaire à la violence et à la mort : tout cela compose l'univers mental et visuel d'un cinéaste dont la personnalité retorse, à l'image de son cinéma, se laisse difficilement expliquer, pour mieux susciter l'émerveillement, au sens fort du terme : démons et merveilles ; bizarre, bizarre ; corridor labyrinthique ouvrant sur l'inconnu, et où il fait bon se perdre, tout en éprouvant le délicieux frisson de la peur.

### BLUE VELVET (1986)
### avec Kyle MacLachlan, Isabella Rossellini et Dennis Hopper

**Bleu comme l'enfer.** Il est bizarre, ce monde. À première vue, tout y est calme, ordonné, sans mystère : une petite ville, des enfants qui vont à l'école, une voiture de pompiers qui passe, un homme qui arrose tranquillement sa pelouse. Mais soudain, l'homme vacille et. dans l'herbe, une oreille coupée, toute bourdonnante de vermine, semble capter l'écho de bruits venus d'outre-terre. Sous la surface lisse des choses, le grouillement infect. Jeffrey, l'étudiant sage qui a fait la macabre découverte, se sent comme attiré par elle vers ce monde parallèle. À sa petite amie, aussi blonde que sans saveur, il préfère la troublante Dorothy, chanteuse de cabaret aux cheveux noirs et à la robe de velours bleu, dont il sent qu'elle est la voie qui l'emmènera de l'autre côté du miroir. Et par elle, il pénètre en effet dans ce monde glauque, fait de violence et de désespoir, où il va découvrir les pulsions cachées, les passions brutes, la fulgurance de l'amour et de la mort. Et lorsque, revenu de son voyage au fond de la nuit, il retrouvera sa blonde pour un bonheur calme, ordonné et sans mystère, il pourra comprendre, en regardant de son nid douillet un oiseau déchirer consciencieusement un insecte, pourquoi, décidément, il est bizarre, ce monde.
*Blue Velvet*, sous ses dehors satinés, est une envoûtante descente aux enfers. Avec une lenteur savante, trouée d'accélérations brutales, David Lynch entre dans le monde des profondeurs et en explore les zones d'ombre. En passant du côté de chez Sade, de chez Masoch, et en poussant jusque chez Freud, il embarque son héros dans une initiation douloureuse et sans doute nécessaire pour qui veut apprendre à vivre. Dans un décor que colore un éclai-

rage aussi sophistiqué qu'un maquillage, le monde de *Blue Velvet* est bleu. Bleu comme la robe de velours que porte Isabella Rossellini et qui, arrachée, laisse apparaître un corps nu, violé, meurtri. Bleu comme l'éclat métallique des yeux drogués de Dennis Hopper, dont la rage démente hurle le plaisir et la souffrance. Bleu comme la peur qui rôde. Bleu comme ce ciel d'azur que des tulipes sagement alignées viennent, à la première et à la dernière image du film, déchirer de leur éclat rouge sang.

## LOST HIGHWAY (1997)
### avec Bill Pullman, Patricia Arquette et Robert Loggia

**Je est un autre.** Générique : une route, la nuit. Dans le faisceau des phares, la ligne blanche s'inscrit en pointillés et l'asphalte défile à la vitesse de la voiture lancée dans sa course folle. Autour, c'est l'ombre qui enveloppe tout et qui réduit le monde à cette zone de lumière incertaine, mécanique et zigzagante, que découpent les phares. Qu'y a-t-il tout autour ? De quoi est peuplée l'épaisseur profonde de la nuit ? Et qu'y a-t-il au bout de ce *lost highway*, de cette route perdue ?

Le générique du film de David Lynch trace la voie. Dans une distorsion d'images comme volées au noir absolu, et dans une saturation de sons qui donnent à cette plongée au cœur des ténèbres l'intensité d'une chevauchée fantastique, le cinéaste installe le spectateur dans un monde dès l'abord inquiétant. Monde pourtant en apparence stable, ayant pignon sur rue et fenêtre sur allée bordée d'arbres et de parterres impeccables. La maison de Fred Madison est une grande bâtisse, blanche, sise dans un quartier tranquille de Los Angeles. L'intérieur en est feutré : les murs sont de couleurs sombres, la décoration est minimale, et un long couloir mène à une chambre insonore, où Fred, qui est saxophoniste, peut s'enfermer dans sa musique. Renée, sa femme, a la grâce féline d'une créature sortie d'un rêve. Le couple est apparemment sans histoire. Mais, dans cette vie lisse, il y a des plis secrets : les rêves de Fred, traversés de visions sanglantes, le passé de Renée, dont elle ne parle guère, et ces cassettes vidéo, qui arrivent mystérieusement à leur porte, et qui montrent, dans des images floues, leur propre intérieur, qui s'insinuent dans leur vie, suivent le long couloir, pénètrent dans leur chambre. Quel est cet œil extérieur qui, rivé à l'objectif de la caméra vidéo, fouille ainsi leur intimité ? Et est-il sûr qu'il soit si extérieur ? Ne serait-il pas plutôt dans les fantasmes psychotiques de Fred, dans une schizophrénie qui le dédouble en son propre reflet ? Lorsque le meurtre arrive – car tout y conduit – et que Fred est emprisonné, il emporte au fond de sa cellule, derrière les barreaux et les portes fermées à double tour, les replis dédoublés de sa personnalité. C'est ici que l'histoire bascule. Et c'est ici que le monde de David Lynch – fait de mystère, d'étrangeté, de plongée dans les zones troubles de l'inconscient – rejoint un autre univers, bien codifié par toute une tradition du cinéma américain : celui du film noir.

Car du personnage pris dans ses cauchemars et ses démons intérieurs, surgit, comme en un rêve fou, un autre personnage : Pete, petit mécano dans un garage du coin, et spécialiste des réglages de moteur. « La plus fine oreille » de la ville, comme le dit M. Eddy, qui vient lui faire régler sa Mercedes. Un caïd, ce M. Eddy, toujours encadré de ses armoires à glace à pistolet glissé dans la ceinture, et qui débarque un jour au garage avec une superbe blonde. Elle se retourne et Pete, subjugué, la découvre. Dès le regard qu'ils échangent, la messe est dite. Et le canevas du film noir se déroule comme il doit se dérouler : le désir, les rendez-vous cachés, et la blonde, fatale comme il se doit, qui embarque Pete dans un coup fourré, pour se débarrasser de son protecteur et lui voler son magot. Coup fourré, en effet, et doublement. Car la blonde en question ressemble à s'y méprendre à Renée, la femme de Fred, mais aussi blonde que l'autre était brune. Et c'est du coup tout l'univers du film noir qui vient se mouler dans l'univers fantasmatique de David Lynch et qui se trouve comme réécrit par le cinéaste.

Car ce que trafiquent aujourd'hui les gangsters passe par des téléphones portables, des bandes vidéo, des pornos *live* ; et ce que cachent leurs airs de durs et leurs sales histoires, c'est une réalité elle-même agitée de pulsions profondes, inavouables, incertaines. C'est alors le monde lui-même qui bascule dans l'étrange, le long d'une route perdue qui semble fuir la rationalité bien ordonnée pour s'enfoncer dans un désert hostile, sans limites et sans contrôle. La route qui ouvrait le film attend donc les personnages au bout du chemin. Personnages auxquels l'interprétation apporte une étrangeté insidieuse : Bill Pullman, déchiré jusqu'au fin fond de son cerveau malade, Patricia Arquette, garce idéale dans son rôle à double facette, Balthazar Getty, victime toute désignée, Robert Loggia, avec ses faux airs de Ray Milland vieilli, et Robert Blake, avec son faciès de mort aux sourcils rasés. Tous donnent sa tonalité vénéneuse à l'univers saturé d'images et de sons par lequel David Lynch fait un retour brillant à la veine entêtante de *Blue Velvet*. Sans craindre de se répéter parfois, d'en faire un peu trop souvent, mais surtout d'imposer, aux oreilles et aux yeux de spectateurs soumis à ce cinéma au sens propre stupéfiant, un voyage halluciné. Le long d'une route qui mène où ? Qui le sait ?

### MULHOLLAND DRIVE (2001)
### avec Naomi Watts et Laura Elena Harring

**Les mystères d'Hollywood.** Où mène donc Mulholland Drive, ce boulevard d'un crépuscule qui a fait place à la nuit noire et où une longue limousine glisse, au générique du film de David Lynch, emportant derrière ses vitres teintées quelques personnages mythiques tout droit sortis de l'univers hollywoodien, une femme à la beauté vénéneuse et un tueur qui, soudain, braque son pistolet sur elle ? Et vers quelle hallucination conduit-il, ce cauchemar récurrent qui assaille un jeune homme au restaurant du coin, et qui, à l'angle du mur de l'arrière-cour, fait soudain surgir un monstre menaçant ? Et vers quel rêve starisé ses espoirs l'emportent-ils, cette jeune fille blonde qui débarque de l'avion, prête à conquérir Hollywood, sous le regard bienveillant d'un vieux couple qui a fait le voyage avec elle et qui la quitte en lui recommandant d'être prudente ? Recommandation qui devrait bel et bien s'appliquer à tout spectateur du film, tant le vieux couple rassurant laisse soudain éclater un rire diabolique, et tant le cinéma de David Lynch excelle à ouvrir des directions dont on a vite fait de se rendre compte qu'elles ne mènent absolument pas là où on le croyait. À vrai dire, comme *Blue Velvet* entrouvrait les abîmes obscurs du monde grouillant des profondeurs, *Mulholland Drive* lance le récit sur des pistes multiples qui se révèlent comme autant de chausse-trapes, ou plutôt comme autant de rêveries hallucinées dont le propre est de dissoudre la réalité dans un halo de plus en plus épais.

Ce qui progressivement en émerge, c'est bel et bien le monde même du cinéma, à travers des personnages dont la réalité, liée à un univers de la fiction et de l'illusion, est constamment remise en cause. Des deux femmes qui occupent le devant de l'écran, l'amnésie de l'une, l'identité changeante de l'autre, et plus encore le transfert de personnalité de l'une à l'autre confondent les repères, laissant imaginer que ce que l'on voit n'est peut-être qu'une projection mentale. Ou, pour mieux dire, du cinéma... Car, de ce film foisonnant et obscur, ressort une évidence : à la façon de construire le moindre plan, sensible dès un générique qui impose une image à la fois hyperréaliste et totalement artificielle, à la tonalité menaçante que fait peser une musique lancinante comme un malaise, à cette manière de faire craquer le monde des apparences pour installer un climat oppressant et fascinant à la fois, David Lynch prouve la vérité du cinéma en choisissant tout simplement d'en faire. Et comme son film surplombe Los Angeles du haut des collines hollywoodiennes, comme il y passe, d'un cow-boy à la Tom Mix à un magicien qui fait tout disparaître et à une clef magique qui ouvre une boîte qui ouvre elle-même sur l'immensité d'un trou noir d'où surgissent tous les fantasmes et tous les fantômes, c'est bien un cinéaste seul, ouvrant la boîte de Pandore de son propre imaginaire, qui peut ainsi faire des mystères d'Hollywood le territoire de son film.

Un territoire dont on a le sentiment, parfois, que lui-même ne sait pas trop jusqu'où il mène, mais dont on ne peut manquer d'éprouver un frisson délicieux à le parcourir, en se laissant porter par cette mystérieuse limousine noire qui glisse dans la nuit, au dernier plan d'un film qui se referme sur lui-même, comme un ruban magique qui se mordrait la queue, sur un Mulholland Drive qui ne serait autre qu'un boulevard de ceinture, enserrant le spectateur dans son cercle magique, dans son cercle vicieux.

---

## LYNE Adrian (anglais, né en 1941)

**PREMIER LONG MÉTRAGE :**

*Foxes (1980)*

**FILMOGRAPHIE DEPUIS 1985 :**

*9 semaines 1/2 (1986)* • *Liaison fatale (1987)* • *L'Échelle de Jacob (1990)* • *Proposition indécente (1993)* • *Lolita (1997)* • ***Infidèle (2002)***

Le remake offre cet avantage à un réalisateur de pouvoir, à partir d'un modèle donné, imprimer sa propre marque à travers les variations qu'il fait subir au film original : sur ce plan, il peut être considéré comme une forme d'adaptation, qui s'inspire de l'œuvre première plus ou moins librement, comme c'est le cas lorsqu'il s'agit de faire passer un livre à l'écran. Et Hollywood sait parfaitement à qui faire appel pour que le remake transforme le film dont il part jusqu'à pratiquement l'occulter et à pouvoir se donner comme un film original. Ainsi la sensualité à la fois élégante et perverse dont Adrian Lyne se fait une spécialité à travers ces énormes succès (et scandales) que sont *9 semaines 1/2*, *Liaison fatale* ou *Proposition indécente*, justifie-t-elle qu'on fasse appel à lui pour proposer de nouvelles versions de *Lolita* ou de *La Femme infidèle*, qu'il réaménage à sa manière, en les pliant à cet érotisme chic qui fait sa marque et son style.

## INFIDÈLE (2002)
### avec Richard Gere, Diane Lane et Olivier Martinez

**Liaison coupable.** On connaît l'histoire. Celle d'un couple apparemment sans problèmes, bonne bourgeoisie friquée, un fils chéri, une superbe maison, une vie heureuse. Qui s'aime, mais qui ne se le dit plus. La routine, la rouille du temps. Et l'impensable qui arrive, en l'occurrence un coup de vent qui, de façon très symbolique, décoiffe toute cette belle ordonnance et précipite la femme dans les bras d'un bel étranger qui passe, expert en livres rares, et français de surcroît : tout pour tourner la tête d'une Américaine emportée par ce bouillon de culture et de romantisme, et plus que tout sans doute par la jolie gueule un brin canaille du beau Frenchie. On connaît donc l'histoire, ou plutôt on la reconnaît : c'est celle que racontait, il y a près de trente-cinq ans, Claude Chabrol, dans un de ces films acides où, à travers une peinture au scalpel, les passions bourgeoises en prenaient pour leur grade. *Infidèle*, presque au titre près, c'est donc *La Femme infidèle*, avec cette différence qu'on est passé de Paris à New York, de Michel Bouquet, Stéphane Audran et Maurice Ronet à Richard Gere, Diane Lane et Olivier Martinez, et surtout de Claude Chabrol à Adrian Lyne. C'est dire que tout ce qu'il y avait de subtilité psychologique dans le jeu de cruauté et de tendresse auquel se livraient les personnages s'efface largement ici derrière une sensualité qui, non plus suggérée mais largement mise à nu, donne au drame intime des allures de film élégamment érotique.
Car l'intérêt du réalisateur pour les scènes de sexe est évident. Ce qui vient bouleverser la vie de cette Américaine bien tranquille, c'est la passion dans ce qu'elle a de plus charnel, quitte à éveiller en elle après coup un terrible sentiment de culpabilité, quand elle considère tout ce qu'elle a et qu'elle risque de perdre : un mari séduisant – Richard Gere ! Que demander de mieux ? –, un foyer heureux, une position sociale, un ordre rassurant. C'est bien là d'ailleurs que réside l'intérêt propre du film d'Adrian Lyne : dans cette mise en péril du *home, sweet home*, contre laquelle, en mari justicier, l'époux trompé va tout faire pour éloigner le danger. Et même pour l'éliminer. Une troisième partie, qui ne figurait pas dans l'original chabrolien, montre, de façon explicite, comment les deux époux s'essaient à survivre ensemble, à recoller les morceaux, pour que rien ne paraisse de l'accroc fatal. Richard Gere retrouve alors, le temps d'un finale en suspens, sa force de héros. Un héros ébranlé, certes, mais remettant l'ordre qui convient dans la maison. Et, à ce titre, pardonné d'avance.

# LYNN Jonathan (anglais, né en 1943)

**FILMOGRAPHIE :**
*Clue (1985)* • *Mettons les voiles (1990)* • ***Mon cousin Vinny (1992)*** • *Monsieur le Député (1992)* • *Greedy (1994)* • *Sergent Bilko (1996)* • *Trial and error (1997)* • *Le Nouveau voisin (2000)* • *The Fighting temptations (2003)*

Ayant abandonné ses études de droit à Cambridge pour s'engager dans une troupe comme acteur comique, Jonathan Lynn, tout à la fois scénariste, comédien, auteur et metteur en scène, a toujours fait de la comédie son genre de prédilection. Il y a triomphé d'abord dans les années 1980 à la télévision britannique, avec deux séries satiriques, *Yes Minister* et *Yes Prime minister*, diffusées dans plus de cinquante pays, et dont les livres regroupant leurs scénarios, traduits dans une dizaine de langues, ont dépassé le million d'exemplaires. Passé au cinéma avec une comédie policière, il est tout naturellement appelé aux États-Unis, tant à la télévision, où il réalise le pilote de la série *Ferris Bueller*, qu'au cinéma, où il développe librement son goût pour la comédie de satire sociale.

## MON COUSIN VINNY (1992)
### avec Joe Pesci, Ralph Macchio et Marisa Tomei

**Le Colombo du prétoire.** Vingt-deux, voilà les *cops* ! D'où la nécessité de faire attention, surtout dans ces contrées perdues du fin fond de l'Amérique profonde, de l'Alabama par exemple, où lesdits cops sont bâtis comme des armoires à glace et souriants comme des croque-morts. Et quand ils vous arrêtent pour excès de vitesse, vous avez tout intérêt à filer doux. C'est ce que ne manquent pas de faire Bill et son copain Stan, deux étudiants qui ne font que passer dans le coin et qui croient qu'on les arrête pour une simple peccadille. Erreur : les flics leur collent sur le dos le meurtre d'un épicier, et les deux garçons, que tout semble en effet accuser, se retrouvent pris dans la nasse. La chaise électrique se profilant même à l'horizon, il leur faut trouver d'urgence l'avocat susceptible de les tirer d'affaire. C'est alors que Bill se souvient qu'il a un cousin, Vinny, qui exerce ses talents au barreau de New York et qui pourrait être l'homme providentiel. Contacté, le cousin Vinny accepte, et le voilà qui débarque illico. Mais surprise, surprise ! Car avec ses bottes western, ses fringues cuir pas vraiment discrètes, son accent pur mortadelle à couper au couteau, son débit impressionnant et sa syntaxe approximative, l'oiseau ressemble à un avocat à peu près autant que la brune et superbe créature qui l'accompagne, moulée elle aussi dans des tenues pas vraiment strictes, ressemble à une enfant de Marie… Bref, un avocat plutôt improbable qui, ne craignant pas de se présenter comme un champion du barreau new-yorkais, a vite fait de s'attirer les mauvaises grâces du juge local, une sorte de géant qui regarde du haut de ses deux mètres ce nabot comme un de ces gars du Nord qui veulent se payer la tête des ploucs du Sud, et qui, bien décidé à lui mener la vie dure, commence dès qu'il hausse le ton par lui filer une condamnation pour injure à magistrat.

Comment le Colombo du prétoire, flanqué de sa fiancée à chewing-gum, parviendra-t-il à déjouer les pièges de la justice et à prouver l'innocence de ses clients, c'est ce que raconte le film réalisé par Jonathan Lynn, qui n'est pas anglais pour rien. Son observation de l'Amérique ne manque en effet pas d'humour, et d'un humour suffisamment caustique pour épingler quelques-uns des rouages profonds de la société américaine. L'opposition entre gens du Nord, prétendument distingués, et gens du Sud, apparemment balourds, par exemple ; ou encore les relents expéditifs d'une justice de base qui, sous la forme extérieure d'un procès dans les formes, s'apparenterait plutôt à un véritable règlement de comptes. Cette satire, toutefois ne sert que de toile de fond à ce qui reste essentiellement une comédie burlesque, axée autour du personnage de Vinny Gambini. Dans le rôle de ce spécimen du genre farfelu, Joe Pesci, toutes grimaces et mines ahuries dehors, en fait des tonnes, avec un côté italien qui transparaît dans une gestuelle très *comediante* et un accent haut perché dont on peut craindre le pire dans la version doublée. Embarqué dans des situations-gags plutôt appuyées, mais souvent hilarantes, qui le font tomber, au sens propre, dans la mouise la plus épaisse, il a cette ressource bondissante du petit qui, par l'astuce et l'ingéniosité, triomphe finalement des gros. D'autant qu'il a dans son jeu un atout déterminant avec sa copine Lisa (somptueuse Marisa Tomei), shampouineuse de profession, portant des jupes pas possibles à ras d'un bonbon qu'elle a sucré à plaisir, mais capable aussi de ressources insoupçonnées. Par exemple d'expliquer dans le détail le fonctionnement d'un moteur à quatre temps et les secrets de l'allumage à retardement. Et quand elle commence à expliquer les lois qui régissent le parallélisme du train avant, on ne voit pas qui pourrait résister à une telle spécialiste de la mécanique ondulatoire…

# O N M

## MACDONALD Kevin (écossais, né en 1967)

**FILMOGRAPHIE :**
*Donald Cammell: the ultimate performance (1998)* • *Un jour en septembre (2000)* •
***La Mort suspendue (2003)***

Documentariste, notamment pour la télévision, Kevin Macdonald s'intéresse tout autant aux événements politiques (ainsi dans *Un jour en septembre*, consacré à la prise d'otages de l'équipe olympique israélienne à Munich en 1972) qu'au monde artistique (comme dans *Being Mick*, film sur la vie de Mick Jagger, ou *The Man who listened to Britain*, sur le peintre Humphrey Jennings, ou *Chaplin's Goliath*, sur les films courts de Charlot). Lorsqu'on lui propose d'adapter le livre de l'alpiniste Joe Simpson, qui raconte la tragédie dont celui-ci a été un des acteurs lors d'une expédition dans la Cordillère des Andes, il choisit d'en faire un film de cinéma et opte, vu l'absence d'images tournées par Simpson et son compagnon de cordée, de mêler leurs témoignages directs, comme dans un documentaire, et la reconstitution avec des acteurs, lors d'un tournage en montagne du film des événements, comme dans une fiction. On en arrive ainsi à ce type de film, familier à la télévision et dont le cinéma s'empare à son tour, de « docu-fiction » : entièrement vrai et totalement faux...

### LA MORT SUSPENDUE (2003)
#### avec Brendan Macket et Nicholas Aaron

**La corde.** Vient un moment où, forcément, la décision doit être prise : faut-il couper la corde ? On est en mai 1985, dans la partie sommitale du Siula Grande, un des sommets majeurs de la cordillère des Andes. Joe Simpson et Simon Yates, deux jeunes alpinistes anglais, ont atteint le sommet jusque-là inviolé, au prix de mille difficultés, à près de 7 000 mètres d'altitude. Mais, en abordant la descente, Joe glisse et se brise la jambe. Le seul moyen pour son compagnon est de l'encorder, hurlant de douleur, pour essayer de le descendre, longueur de corde après longueur de corde. Jusqu'au moment où Joe bascule et reste suspendu dans le vide, interdisant à Simon, qui ne le voit pas et ne comprend pas ce qui se passe, le moindre mouvement. Il fait moins 20 °C, la tempête fait rage, Simon glisse imperceptiblement sur la pente et ne peut lui-même plus tenir longtemps. Vient alors le moment où, forcément, la décision doit être prise : pour s'en sortir, l'unique solution est de couper la corde. Mais peut-il le faire ?
Cette corde à suspense, diaboliquement hitchcockienne, elle est au cœur du film haletant que Kevin Macdonald a tiré du récit que Joe Simpson a fait de sa propre aventure. Pour en garder le caractère authentique, le cinéaste anglais, en documentariste qu'il est, a choisi d'interroger directement, face à la caméra, les deux protagonistes du drame, tout en reconstituant sous forme de fiction leur terrible ascension et leur descente infernale. Le procédé, tout en ancrant le récit dans la réalité du témoignage, ménage habilement la tension, par le va-et-vient constant entre les scènes racontées et leur illustration en images. Images, au demeurant, impressionnantes, tournées sur les lieux de l'action : immenses façades verticales, crêtes balayées par le vent, ballet aérien des nuages, jeux de l'ombre et de la lumière sur la neige, crevasses et abîmes vertigineux. Le tout avec un blessé quasi invalide tentant désespérément de survivre, avec les jours qui déroulent implacablement leurs vingt-quatre heures, avec le désespoir qui gagne et la mort qui fait son œuvre. Rien ici de la grandiloquence héroïque, qui guette si souvent les films d'alpinisme. L'hallucinante aventure humaine que celui-ci raconte se suffit à elle-même. Et, dans sa sécheresse quasi documentaire, elle est, au sens propre, à couper le souffle.

## McTIERNAN John (américain, né en 1951)

**FILMOGRAPHIE :**
*Nomads (1985)* • *Predator (1987)* • *Piège de cristal (1988)* • *À la poursuite d'Octobre rouge (1990)* • *Medicine Man (1992)* • *Last action hero (1993)* • *Une journée en enfer (1995)* •
***Thomas Crown (1999)*** • *Le Treizième guerrier (1999)* • *Rollerball (2002)* • *Basic (2003)*

Familier des remakes de succès étrangers, Hollywood, de façon régulière, va aussi directement piocher dans ses propres succès pour reprendre, en les réactualisant, des films qui lui paraissent susceptibles d'un traitement nouveau, porteur d'une nouvelle réussite commerciale. Ces reprises, lorsqu'elles touchent à des films dont le souvenir reste fort, notamment à travers les acteurs qui les ont interprétés, nécessitent, pour leur remake, des contributeurs de talent. Ainsi, pour avoir quelque chance de rivaliser avec *L'Affaire Thomas Crown* de Norman Jewison, qui, en 1968, avait imposé un couple culte – Steve McQueen et Faye Dunaway –, fait-on appel à un des réalisateurs les plus cotés dans le film d'action, John McTiernan, qui a obtenu quelques-uns des plus gros succès des années 1980-1990, et à un nouveau couple, où, à côté de Rene Russo, Pierce Brosnan, auréolé de son personnage de James Bond, peut, pense-t-on, sinon faire oublier Steve McQueen, du moins susciter la curiosité et soutenir la comparaison.

### THOMAS CROWN (1999)
#### avec Pierce Brosnan et Rene Russo

**Copie non conforme.** Au fond, Thomas Crown s'ennuie. Il a tout : l'argent, la puissance, la séduction et une vue imprenable depuis son bureau sur ce New York qu'il domine. Mais les affaires ne lui apportent plus le frisson du risque. Il lui faut donc chercher ailleurs, et notamment du côté du Metropolitan Museum dont il est un visiteur assidu. Il est fasciné, en effet, par une toile de Van Gogh qu'il vient contempler chaque jour, sous l'œil bienveillant du conservateur qui ne comprend pas qu'il ne préfère pas l'inestimable Monet qui se trouve juste à côté. Mais Thomas Crown tient à son Van Gogh. Du moins en donne-t-il l'impression. Car, lorsque survient une audacieuse opération menée par un commando sur le musée, il profite de l'occasion, pour subtiliser, à la barbe de tous, non le Van Gogh, mais bel et bien le Monet.
Tout commence ainsi par ce vol qui dénote chez son auteur une virtuosité qui fait irrésistiblement penser à un Arsène Lupin qui aurait pris les traits de James Bond. Et rien d'étonnant à cela, puisque c'est Pierce Brosnan qui reprend le rôle tenu en son temps par Steve McQueen et qui relance ainsi, trente ans après, cette fameuse affaire Thomas Crown. Et comme dans le film premier, le vol amène sur le devant de la scène la séduisante Catherine Banning (ici interprétée par une Rene Russo dont le charme un peu vénéneux est bien dans la ligne de Faye Dunaway, l'originale), inspectrice de la société d'assurances qui se doute bien vite que ce businessman amateur d'art n'est pas si innocent qu'il le paraît. Commence alors un affrontement où chacun reconnaît en l'autre un adversaire à sa mesure, et bientôt même, l'attirance physique aidant, un partenaire qui ne l'est pas moins.
Tout semblerait donc réduire le film de John McTiernan à un simple remake si, par de subtils glissements, ne se dessinait progressivement autre chose. Tout comme le scénario tisse une toile en trompe-l'œil sur la notion picturale d'œuvre originale et de copie, le réalisateur joue à introduire dans son film autant de ressemblances que d'écarts par rapport au film premier. Le personnage, sous les traits de Pierce Brosnan, devient un véritable artiste qui pousse jusqu'à la manie le souci de la perfection, non sans une pointe d'humour, empruntée joliment à Magritte, qui répond parfaitement à la tonalité même du film : élégance, sophistication, qualité technique, ironie. Tout un jeu formel qu'on pourra juger sans doute un peu vain, mais qui fait que la copie n'est plus vraiment conforme et qu'elle parvient même à être, au bout du compte, plutôt originale.

## MADDEN John (anglais, né en 1949)

**FILMOGRAPHIE :**
*Ethan Frome (1993)* • *Golden Gate (1994)* • *La Dame de Windsor (1997)* •
***Shakespeare in love (1998)*** • *Capitaine Corelli (2001)* • *Proof (2004)*

Metteur en scène de théâtre, John Madden signe plusieurs dramatiques radiophoniques et télévisées pour la BBC, avant de partir en 1975 pour les États-Unis. Se partageant à partir de là entre l'Angleterre et l'Amérique, il y mène de front des mises en scène pour le théâtre, des séries pour la télévision et des longs métrages pour le cinéma, avec des films où il traite essentiellement des sujets dramatiques sur fond de reconstitution historique.

### SHAKESPEARE IN LOVE (1998)
#### avec Gwyneth Paltrow, Joseph Fiennes et Geoffrey Rush

**Roméo et Gwyneth.** Shakespeare amoureux… On peut effectivement supposer que, pour écrire son immortel *Roméo et Juliette*, le dramaturge ait pu avoir quelque connaissance intime et personnelle d'un sentiment dont il s'est fait, à jamais, le chantre inspiré. Un tel postulat a en tout cas paru parfaitement plausible à Tom Stoppard et Edward Zwick pour forger ce qui fait la meilleure part, et l'originalité brillante, de ce *Shakespeare in love* : son scénario. Les deux scénaristes, fidèles en cela au mélange de tendresse et de violence, de fantaisie et de drame, de réalité et de poésie, qui fait l'univers shakespearien, ont donc imaginé lesdites amours pour expliquer la genèse même de l'œuvre la plus célèbre de l'auteur. Laquelle, au départ, se présente assez mal, et sous un titre cocasse : *Roméo et Ethel, la fille du pirate*. C'est que le brave Will, pressé par son commanditaire ruiné, lui a promis une pièce et qu'il lui en a déjà donné le titre. Mais, pour le reste, l'inspiration ne vient pas. L'encre à sec sur la page blanche, il a beau se torturer, cette fille du pirate ne lui dit pas grand-chose, et il cherche en vain une muse qui pourrait lui donner quelque idée. Ce pourrait être Rosaline, mais celle-ci a une telle propension à dispenser ses faveurs à tout le monde qu'elle n'a rien à faire d'un Roméo. L'impatience gagne donc, dans ce théâtre de bois et de poussière que les décorateurs du film ont manifestement pris un plaisir scrupuleux à reconstituer. C'est qu'on est en 1593, et si la scène est un lieu plein de vie et de promesses, c'est aussi un lieu mal famé, soumis aux prêches enflammés des censeurs, toujours menacé d'un édit de fermeture par les autorités, et où il n'est guère séant pour les personnes bien nées de se montrer, en particulier pour les femmes que la morale et la loi tiennent éloignées de cet enfer de perdition. Interdiction qui, pourtant, n'est pas pour retenir la belle Lady Viola. Alors que son père est justement en train de conclure le maquignonnage qui la livrera au comte de Wessex, échangeant ainsi un nom prestigieux contre une dot confortable, elle ne rêve que de poésie et de théâtre. C'est-à-dire qu'elle ne rêve que de Shakespeare. Sans le connaître, mais enflammée par ses vers et décidée à jouer la pièce qu'il prépare, elle trouve le moyen de se déguiser en jeune homme et décroche, à la barbe naissante de tous les jeunes premiers, le rôle tant convoité de Roméo.

Voici donc, d'emblée, mis en place ce type de travestissement qui nourrit les histoires romanesques, et voici propulsée sur la scène shakespearienne une de ces fleurs vives, Gwyneth Paltrow, que sa beauté pâle et blonde, jointe à une vitalité qui porte en elle toute la sève de la jeunesse, désigne tout naturellement pour être la Juliette dont rêveraient tous les Roméo. Joseph Fiennes, à la beauté racée et ténébreuse du romantique que fut en effet peut-être le jeune Shakespeare, trouve en elle aussitôt tout ce dont il rêvait. Roméo a donc désormais sa Juliette, et leurs deux milieux étant bien de fait incompatibles – elle de haut rang et promise à un seigneur, lui pauvre rimailleur de ruisseau –, leur amour offre cette même impossibilité que s'ils étaient issus l'un et l'autre du clan des Capulet et de celui des Montaigu. On comprend, dès lors, que les fils de la fiction que représentent ces imaginaires amours de Shakespeare se croisent comme naturellement avec cette réalité qu'est la pièce de *Roméo et Juliette*.

Et l'on comprend que le film de John Madden, ainsi lancé sur un scénario si ingénieux, puisse développer à loisir tout ce qui fait la juste reconstitution d'une intrigue véritablement élisabéthaine. On y croise les concurrents de Shakespeare, Christopher Marlowe et le tout jeune encore John Webster, saisis dans la même astucieuse familiarité que lui. On s'y promène des auberges à putains à la cour de la reine (superbement fardée, et qu'on dirait sortie d'un portrait d'époque). On y croise le fer avec fougue, on y emporte la boue des ruelles à la semelle de ses bottes, on s'y promène en barque sur les eaux du fleuve, on y célèbre avec un appétit vorace et un enthousiasme débordant l'amour du théâtre. Et l'on s'y donne de nuit des rendez-vous galants, avec nourrice bienveillante, balcon où l'on a tôt fait de grimper, étreintes d'amour passionnées, et rossignol qui chante au petit matin. Bref, on est à mi-chemin d'Hollywood et de Vérone, du côté même de Stratford-sur-Avon, tant il y a de verve et de finesse dans cette imagerie shakespearienne, qui sait puiser là où il faut dans l'imaginaire pour offrir un spectacle flamboyant digne de son illustre héros. Des innombrables *Roméo et Juliette* que le cinéma a portés à l'écran, celui-là n'est ainsi pas le moins inspiré ni, jusque dans sa fantaisie, le moins subtilement séduisant. Et ce *Shakespeare in love* a tout pour se faire aimer.

## MAILLOT Jacques (français, né en 1962)

**FILMOGRAPHIE :**
***Nos vies heureuses (1999)***

Quelques courts métrages, un premier long remarqué : la carrière de Jacques Maillot est encore assez mince, mais elle témoigne, tant dans les premiers films courts – *75 centilitres de prière, Corps inflammables* – que dans *Nos vies heureuses*, d'une capacité à faire vivre un groupe de personnages et à raconter à travers leurs individualités une aventure collective. Et si la narration ne s'interdit pas quelques facilités, elle témoigne d'une sensibilité aiguë dans l'analyse, d'une justesse de ton dans la manière, et d'une volonté de brasser large qui ne manque pas d'ambition.

## NOS VIES HEUREUSES (1999)
### avec Camille Japy, Cécile Richard, Éric Bonicatto et Sami Bouajila

**Génération galère.** À les voir épinglés sur le mur, saisis dans l'instantané des photos de Cécile qui, tout au long de leurs années communes, les a flashés par surprise et qui maintenant les expose aux cimaises de sa première expo, on s'aperçoit qu'ils ont tous été passablement cabossés par la vie. À l'image de Cécile elle-même, le nez écrasé, le visage en sang, l'œil tout noir des coups qu'elle a reçus d'un routier pas vraiment sympa, et qui s'est empressée, avant même de se faire panser, de fixer sur la pellicule ses plaies et ses bosses. Cécile, la mal aimée par une mère à l'égoïsme frivole ; et Émilie sa copine, en rupture continuelle d'amour ; et Julie, qui a voulu se suicider, et qui tombe amoureuse d'Ali, le Marocain sans permis de séjour ; et Jean-Paul qui, à défaut de filles, milite au Secours catho ; et Lucas, qui se fait balancer par sa femme et qui vire homo ; et tous les autres, qu'ils croisent et qui partagent un moment leur vie, avant de disparaître dans leur propre galère. Génération des années 1990, génération fin de siècle, en équilibre sur le fil des incertitudes, pas vraiment aidée par la vie, mais pas vraiment aidée par les intéressés eux-mêmes non plus.
Pour brosser ce portrait de groupe, Jacques Maillot a choisi de procéder par l'entrelacement des personnages et des situations. La narration, pour complexe qu'elle soit et malgré quelques longueurs inutiles, coule comme naturellement, en réussissant à tracer dans leur devenir les itinéraires de chacun des personnages, jusqu'à un dénouement qui dresse en quelque sorte le bilan de leurs années de jeunesse et qui fixe une voie à leur avenir. Pour autant, cette belle maîtrise du récit semble, en sens inverse, engendrer une sorte de convention de la peinture, qui donne un peu à cette chronique de génération l'allure d'un catalogue de clichés mode, censés représenter l'esprit d'une époque. On trouve de tout, dans le film de Jacques Maillot, l'alcool, la drogue, la spiritualité, le sexe volontiers homo, le chômage, la débrouille, la déprime, le suicide, la violence, les fachos, les patrons exploiteurs, les parents débiles, et tout le reste à l'avenant. On sent là la boulimie d'un premier film, avide de tout dire. Il y manque la petite dose de nuance et de distance qui donnerait valeur d'analyse à ce qui, sans cela, n'évite pas le chromo attendu.

# MAKHMALBAF Mohsen (iranien, né en 1957)

**Premier long métrage :**
*Nassouh repentant (1982)*
**Filmographie :**
*Le Camelot (1986) • Le Cycliste (1988) • La Noce des bénis (1989) • Le Temps de l'amour (1990) • Les Nuits de Zayanderoud (1990) • Nasseredin Shah, acteur de cinéma (Il était une fois le cinéma) (1991) • L'Acteur (1992) •* ***Salam Cinéma (1994)*** *• Gabbeh (1995) • Un instant d'innocence (1996) • Une école emportée par le vent (1997) • Le Silence (1997) • Les Contes de Kish (1999) • Kandahar (2001) • L'Alphabet afghan (2002) • À cinq heures de l'après-midi (2003)*

Né dans un quartier pauvre du sud de Téhéran, recueilli et élevé par sa grand-mère après que son père l'a abandonné, lui et sa mère, Mohsen Makhmalbaf quitte à 15 ans le lycée pour travailler et subvenir aux besoins de la famille. S'engageant politiquement, il est emprisonné pendant plusieurs années et n'est libéré qu'en 1979, au moment de la révolution islamique. Autodidacte, il ne découvre le cinéma que tardivement, vers 1980, au moment où, délaissant la politique, il se tourne vers l'art, publie des nouvelles, des pièces de théâtre et un roman, et passe, en 1982, à sa première réalisation. Ses premiers films, liés à la fois à son expérience personnelle d'enfant pauvre et à ses idées politiques, prennent pour sujet les réalités sociales de son pays, et s'attachent surtout aux laissés-pour-compte, tout en étant attentifs aux évolutions qui marquent la société iranienne. Dans *La Noce des bénis*, il montre les difficultés d'un reporter-photographe à se réinsérer à son retour de la guerre contre l'Irak ; et en 1990, *Le Temps de l'amour* et *Les Nuits de Zayanderoud* tombent sous le coup de la censure, le pouvoir lui reprochant de s'éloigner des idées religieuses affichées à ses débuts. En fait, l'itinéraire de réflexion de l'intellectuel indépendant qu'il est l'amène, de *Gabbeh* à *Kandahar*, à jeter un regard sans concession sur l'Iran, sur sa culture, sur la dureté des relations sociales qui y règne. Et cette réflexion passe par une réflexion sur son art, comme le manifestent plusieurs films où il explore le cinéma lui-même : *Nasseredin Shah, L'Acteur, Salam Cinéma*.

## SALAM CINÉMA (1994)
### avec Azadeh Zangeneh, Maryam Keyhan, Feyzolah Ghashghai et Shaghayegh Djodat

**Attention, on filme !** La foule, comme une mer immense agitée par la houle. Ils sont quatre mille, cinq mille peut-être, qui se pressent dans un faubourg de Téhéran, attirés là par une petite annonce qui leur fait miroiter l'espoir de devenir acteur de cinéma. Mille fiches d'inscription seulement seront distribuées, parmi lesquelles une centaine de candidats seront finalement retenus pour une audition. Alors, c'est l'émeute, la cohue, le flot qui emporte tout et qui vient battre les portes du studio, lesquelles finissent par céder sous la poussée. Irrésistible pouvoir d'attraction du cinéma... Au milieu de la foule, s'adressant à elle avec un porte-voix, le réalisateur, Mohsen Makhmalbaf lui-même. Avec, autour de lui, caméra à l'épaule, ses opérateurs qui filment. En fait, sans que les candidats le sachent, le film a déjà commencé, dont les héros sont cette foule même et ceux-là qui, rêvant de devenir comédiens, vont, pour les heureux élus, devoir se prêter aux interviews que le metteur en scène va leur faire passer. Une salle en guise de studio avec, tracé sur le sol, un rectangle qui servira de cadre : le cinéaste, assis à une table de travail, caméra à ses côtés, fait défiler les candidats et les soumet, au sens fort du terme, à la question. Sous le feu de ses exigences, les auditions se transforment vite en effet en interrogatoires : dans la lumière aveuglante des projecteurs, les apprentis comédiens se retrouvent mis à nu, poussés dans leurs plus extrêmes retranchements. Mohsen Makhmalbaf les rudoie, leur demandant de pleurer ou de rire à volonté, cherchant à débusquer en eux ce qui les pousse à vouloir devenir acteurs et à faire sortir du plus profond d'eux-mêmes les émotions qu'ils sont capables de traduire. Et la caméra tourne. Car le sujet du film, ce sont ces auditions elles-mêmes. Et les rôles que doivent jouer les acteurs néophytes, ce sont leurs propres rôles de candidats, renvoyés par ce miroir grossissant qu'est le cinéma.

Au fil des entretiens, se dessine ainsi une double démarche : d'abord, un film se construit, à mi-chemin entre document et fiction, et dont l'apparent vagabondage s'inscrit en fait dans un ordre très élaboré. Du premier candidat qui, de façon symbolique, se fait passer pour un aveugle avant que, son jeu mis à jour par le cinéaste, il quitte ses lunettes et ouvre tout grand les yeux, aux derniers, deux jeunes filles qui occupent peu à peu l'écran et dont on assiste, en direct, à la transmutation qui les transforme véritablement en comédiennes, c'est en fait une réflexion sur les mystères même du cinéma qui prend naissance, et sur ce pouvoir d'illusion qu'il a de donner aux rêves, au moment même où ils passent sur l'écran, la force de la réalité. Poussant le paradoxe du comédien jusqu'à la limite du soutenable, le metteur en scène non seulement fait naître des acteurs, qu'il dirige à leur insu, mais se met lui-même en scène, approfondissant sa réflexion à son propre rôle de cinéaste.

Plus qu'une commémoration convenue et académique, Mohsen Makhmalbaf choisit ainsi de célébrer le centenaire du cinéma, prétexte au film qu'il tourne, par un cinéma en liberté et en action. À cet égard, le clap final, qui remplace le traditionnel « Fin » par un « Ça continue » plein d'espérance dans le futur du septième art, est on ne peut plus révélateur. Mais, dans ce film qui joue ainsi en virtuose sur les marges extrêmes où la fiction rejoint la réalité, il s'inscrit aussi autre chose sur l'écran : des garçons, des filles, des hommes, des femmes, avec leur propre imaginaire personnel, mais aussi avec la culture bigarrée de leur patrie, l'Iran, elle aussi traquée dans ses retranchements, interrogée sur ses replis secrets, lourde de ses interdits religieux, mais affamée de vivre. Mohsen Makhmalbaf en dit plus, mine de rien, sur son pays, par ce défilé d'aspirants à la gloire, tour à tour naïfs, risibles, touchants, que bien des analyses politiques ou sociologiques. Là aussi est le sujet de son film, iranien dans l'âme, et porteur par-là même d'une humanité qui lui donne valeur universelle. Ce qui est bien, dans tous les sens du terme, une vraie leçon de cinéma.

# MAKHMALBAF Samira (iranienne, née en 1980)

**FILMOGRAPHIE :**
***La Pomme (1998)*** • *Le Tableau noir (2000)* • *11'09''01 (2002), co-réalisation* • *À cinq heures de l'après-midi (2003)*

Samira Makhmalbaf a grandi sous le signe du cinéma : fille du cinéaste Mohsen Makhmalbaf, elle joue à 8 ans dans le film de son père, *Le Cycliste*. Puis, à partir de 14 ans, elle suit des cours de cinéma dans une école privée, tourne deux courts métrages (*Désert* et *École de peinture*), est assistante à la réalisation du *Silence*, que son père tourne en 1997, avant de passer l'année suivante, à 18 ans, à son premier long métrage, *La Pomme*. Le film, sélectionné à Cannes, attire aussitôt l'attention sur elle, ce que confirme, en 2000, *Le Tableau noir*, couronné à Cannes par le prix spécial du jury. Dans la suite thématique de son premier film sur l'enfance, elle y aborde la question de l'éducation, vue ici à travers adolescents et vieillards du Kurdistan iranien. Et c'est encore autour de l'école que tourne son troisième film, *À cinq heures de l'après-midi*, qu'elle tourne en Afghanistan, et qui raconte comment, après la chute des Talibans, au moment où les écoles s'ouvrent à nouveau pour les filles, l'une d'entre elles rêve d'accéder à la présidence de la République. L'engagement que traduisent ses films et la façon qu'ils ont de traiter les sujets majeurs – l'opposition entre tradition et modernité, le statut des femmes, l'importance fondamentale de l'éducation – donnent à la réalité politique, sociale, culturelle, religieuse de l'Iran et des pays qui lui sont proches, Irak et Afghanistan, une place essentielle. Mais ce réalisme, qui s'interdit de juger, procède d'une mise en forme très élaborée, laquelle traduit une sensibilité étonnante pour une si jeune femme.

## LA POMME (1998)

### avec Massoumeh Naderi, Zahra Naderi, Ghorbadenali Naderi et Azizeh Mohamadi

**Les enfants sauvages.** Une fleur rabougrie dans un pot, et une main secourable qui, maladroitement, approche un verre et verse un filet d'eau sur la terre desséchée : le plan qui ouvre *La Pomme* en indique métaphoriquement le sens. Cette fleur qui ne demande qu'à s'épanouir, ce sont les deux fillettes de la maison, Zahra et Massoumeh, que leur père, un vieil homme sans travail, pour complaire à sa femme aveugle qui ne veut pas que ses filles s'éloignent, tient enfermées dans la maison, derrière des grilles cadenassées à double tour. Et, comme la fleur dans son pot, les fillettes s'étiolent : privées de toute communication avec l'extérieur, elles ne parlent pas et ne savent qu'émettre de vagues borborygmes, et privées de toute activité physique, elles ne marchent qu'avec peine, traînant le pas et se balançant d'une jambe sur l'autre. Il leur faudrait donc une main secourable pour les sortir de cet état de quasi-séquestration. Cette main, le plan sur lequel défile le générique montre qu'elle est collective : quelqu'un tient la plume qui écrit la lettre qu'on va envoyer au Bureau d'aide sociale pour signaler le cas des deux fillettes, mais ce sont tous les habitants du quartier qui viennent apposer leur signature au bas du document. Non pas dénonciation de voisinage, mais bien acte de solidarité sociale, qui place d'emblée le film de Samira Makhmalbaf sous un signe politique. Cette fable qu'il raconte – et qui est d'ailleurs inspirée d'un fait-divers réel survenu dans un quartier pauvre de Téhéran –, il parle de l'Iran d'aujourd'hui, du statut qu'on y réserve aux femmes, et de ce rapport très particulier à l'éducation qu'entretiennent la misère et un attachement aveugle aux traditions. La cécité de la mère, à cet égard, est symbolique qui, ne voyant rien, veut priver ses filles à leur tour de la lumière, dans une transmission de la soumission plus radicale encore que l'attitude du père. Lui, vieillard à grosses lunettes, se débrouille comme il peut pour s'occuper tout à la fois de sa femme et de ses filles. Et la seule réaction que suscite chez lui la démarche des voisins est que l'accusation qu'elle porte d'avoir tenu les enfants non seulement prisonnières mais enchaînées, le couvre de honte. Pas mauvais bougre au demeurant, mais roublard, essayant de faire lanterner l'assistante sociale qui vient le sommer d'ouvrir sa porte, tant et si bien que celle-ci, pour le forcer à agir, inverse la situation, fait sortir les filles et l'enferme lui dans la maison, lui enjoignant de scier les grilles s'il veut en sortir.

Pendant, donc, qu'il scie, en se plaignant amèrement de son sort, les deux fillettes découvrent l'air libre. Et Samira Makhmalbaf les filme en liberté, avec une caméra qui capte la réalité au bond : des enfants qui s'amusent, qui mangent une glace, qui jouent à la marelle, et qui sautent pour essayer d'attraper la pomme qu'un petit garçon leur fait miroiter au bout d'une corde. La pomme de toutes les promesses, de toutes les découvertes, la pomme à croquer pour ces filles qui ne savent rien des saveurs de la vie. La fable est lumineuse, et elle l'est d'autant plus qu'elle s'appuie sur la réalité, non seulement celle du fait-divers qu'elle raconte, mais celle d'un cinéma préoccupé de fonder la fiction sur la vérité des décors, des personnages, des faits. Ce qui n'exclut nullement, au contraire, le souci formel de l'image : la pureté des plans, la science très concertée du cadre, la vision toute simple d'une ruelle comme un chemin qui s'ouvre sur le monde, tout ce qui fait le regard d'un cinéaste apparaît dans ce premier film d'une très jeune fille, il est vrai à bonne école, mais abordant pour sa première expérience un sujet grave, une situation lourde de tragique et de violence, et le traitant avec le naturel d'un récit qui ne juge pas et qui, au contraire, tant par rapport au père et à la mère que par rapport aux fillettes, fait apparaître toute la vérité humaine complexe dont ces gens simples sont porteurs. Et, ce qui ne gâte rien, évitant de céder aux facilités de la dramatisation pathétique pour garder tout au long le sourire malicieux de la sympathie.

## **MALICK Terrence** (américain, né en 1943)

**PREMIER LONG MÉTRAGE :**
*Badlands (1974)*
**FILMOGRAPHIE DEPUIS 1985 :**
***La Ligne rouge (1998)*** • *Le Nouveau Monde (2005)*

Quatre films en trente ans : la carrière de Terrence Malick est d'autant plus atypique, dans le cinéma hollywoodien, que ses deux premiers films (*Badlands* en 1974 et *Les Moissons du ciel* en 1978) le consacrent d'emblée comme un cinéaste de tout premier plan et lui ouvrent toutes les portes possibles. Mais lui préfère se retirer, travaillant des projets dans le long terme (dont celui de *Q*, un film ayant pour sujet la création du monde, et qu'il abandonne en route), et ne revenant que vingt ans après pour faire la preuve, avec *La Ligne rouge*, de la haute idée qu'il se fait du cinéma, de l'ambition de ses sujets, de la personnalité de sa manière, et de l'éblouissante maîtrise formelle qu'il apporte à son art, ce que confirme encore *Le Nouveau Monde*, où il aborde à sa manière ce grand sujet qu'est la découverte de l'Amérique.

### LA LIGNE ROUGE (1998)
#### avec Sean Penn, Nick Nolte, Jim Caviezel et John Cusak

**La guerre, toujours recommencée.** Quelque chose comme le paradis, d'abord : une île du Pacifique, et une communauté indigène qui vit là dans l'innocence première, en harmonie avec la nature sauvage qui l'entoure. Mais l'île s'appelle Guadalcanal, on est en 1942, et les Japonais ayant choisi d'en faire une tête de pont et d'y construire un aéroport, les forces américaines décident d'investir la place, devenue point stratégique dans la bataille qui s'engage du Pacifique. Le paradis alors fait place à l'enfer. Et pas seulement parce que Terrence Malick, pour son retour à l'écran, signe une des plus longues scènes de combat que le cinéma ait jamais tournée : la prise d'une colline, la cote 209, où les Japonais ont installé un dispositif de feu qui leur assure une position dominante, et contre laquelle, lancée dans l'offensive par un colonel va-t-en-guerre, une compagnie lance une attaque de front. La façon dont le cinéaste filme l'assaut, les soldats qui rampent dans les hautes herbes, les balles qui sifflent, l'artillerie qui fait tout exploser, le crépitement des mitrailleuses, les corps qui se figent sous l'impact, les membres qui giclent, les hommes qui tombent dans ce qui est l'équivalent en boucherie barbare d'un douloureux Chemin des Hommes, tout cela suffirait à faire de *La Ligne rouge* un des films de guerre les plus hallucinants que le cinéma américain ait produits depuis longtemps. Et le fait que le livre de James Jones, le romancier de *Tant qu'il y aura des hommes*, lui-même combattant et blessé à Guadalcanal, en fournisse la trame, vaut sur ce plan terrible certificat d'authenticité.
Mais le film de Terrence Malik n'est pas simple reconstitution spectaculaire d'un des plus glorieux faits d'armes de la guerre du Pacifique, entré très tôt, avec *Guadalcanal*, le film que lui avait consacré dès 1943 Lewis Seiler, dans le panthéon des hauts lieux de l'héroïsme US. Le cinéaste, poursuivant sur une ligne qui était déjà celle des *Moissons du ciel*, traite en fait de la guerre moins pour elle-même que par ce qu'elle révèle de plus profond et de plus immémorial : le rapport de l'homme et de la nature, la chute originelle et la poursuite d'un paradis perdu. Son film, plus qu'un film d'action, est un film de méditation. Cela est sensible dès l'ouverture, dès cette vision paradisiaque de cet île-Éden où, soudain, surgit un navire de guerre et qui, avant le déclenchement du chaos, semble baigné d'une sérénité alanguie : une musique envoûtante et comme éthérée d'Hans Zimmer, de longs travellings au sein d'une nature luxuriante, un crocodile qui glisse silencieusement dans les eaux, et, dans les arbres, tous les oiseaux de paradis. Et, au sein de ce jardin originel, une voix off – celle d'un soldat quasiment mystique –, qui n'est que la première des voix qu'on va entendre de ces hommes dont on va suivre l'attaque, microcosme réuni selon les lois du genre, où chacun des membres de la patrouille représente une forme particulière de cette humanité universelle qui est le véritable sujet du film. Car l'assaut de la colline 209 tel que le filme le cinéaste, il est le déchaînement même de la violence ancestrale qui renvoie l'homme à ses démons : lui-même a brisé l'innocence, lui-même a engagé la guerre avec la nature originelle, lui-même a précipité sa chute. Les vieux récits bibliques le disent, et toutes les plus antiques épopées (et ce n'est pas pour rien que le capitaine qui mène l'assaut est grec, et qu'il cite Homère dans le texte). Et Terrence Malik, jouant de la longueur des plans, des travellings, des séquences, dans un cinéma hollywoodien et dans un genre qui visent d'ordinaire à la rapidité, sème la route de ses hommes d'images qui les insèrent au sein d'une nature qui est leur berceau et que, dans une guerre toujours recommencée, ils s'acharnent à combattre.

## MALLE Louis (français, 1932-1995)

**PREMIER LONG MÉTRAGE :**
*Le Monde du silence (1956), co-réalisation*
**FILMOGRAPHIE À PARTIR DE 1985 :**
*Alamo Bay (1985) • God's country (1985) • À la poursuite du bonheur (1986) •*
***Au revoir les enfants (1987) • Milou en mai (1989) • Fatale (1992) •***
*Vanya, 42e Rue (1994)*

L'élégance et la distinction ; une fidélité au documentaire qui, avec *Le Monde du silence*, l'avait très jeune consacré, et une aisance dans la fiction sensible à sa façon de passer d'un genre et d'un registre à l'autre ; une œuvre marquée tout au long par une fascination répulsive pour cette bourgeoisie dont, fils d'une des plus grosses fortunes de France, il était issu ; et un art aussi de traiter librement de sujets jugés scandaleux, suscitant, du plaisir de l'adultère des *Amants* à l'inceste du *Souffle au cœur* ou à l'ambiguïté très modianesque du collabo *Lacombe Lucien*, des polémiques passionnées : Louis Malle a, dans une carrière de près de trente films, construit une œuvre qui a suscité tout autant la reconnaissance du grand public que celle de la critique. Assimilé à ses débuts à la Nouvelle Vague, figurant en 1968, barbu et revenant de l'Inde, au premier rang des contestataires cannois, se donnant les moyens de ses ambitions en créant sa propre société, il a été aussi celui qui a su profiter des gros budgets du système et faire tourner, de Bardot à Burt Lancaster, et de la France aux États-Unis, des stars prestigieuses. Jamais vraiment là où on l'attendait, il a fait preuve d'une invention dont ses derniers films donnent la mesure : après la chronique du racisme ordinaire dans un petit port du Texas et deux documents sur l'Amérique profonde, le retour en France est marqué par la douloureuse alchimie de la mémoire personnelle, par la fantaisie chorale d'une joyeuse troupe vivant à sa manière la révolution de 68, par les feux de la passion adultère, par la nostalgie tchékhovienne d'une ultime répétition dans un théâtre d'ombres. Une diversité rare, l'éclectisme brûlant d'un feu follet.

### AU REVOIR LES ENFANTS (1987)
**avec Gaspard Manesse, Raphaël Fetjo et Philippe Morier-Genoud**

**L'enfance nue.** Lorsque, à la dernière image du film de Louis Malle, le père Jean, le directeur de la pension, se retourne vers ses collégiens alignés sous les ordres de la police allemande et leur dit un simple et pathétique « Au revoir, les enfants », c'est aussi à leur enfance qu'il dit au revoir, à cet âge de l'ingénuité et de l'innocence que la violence des temps vient, d'un coup, de faire basculer dans le monde cruel des adultes. Être enfant, en 1944, c'est d'abord, pour le jeune Julien, fils de grande famille bourgeoise, devoir quitter le cocon douillet des bras de sa mère pour se retrouver, loin de Paris et de la guerre, dans un collège religieux. Crâneur et sensible, le jeune garçon mène la vie de tous les potaches de son âge. Et même si le rationnement, les alertes, la présence de l'occupant rendent tout plus difficile, il y a aussi les moments de joie, les petits trafics, les jambes d'une fille aperçues sous une jupe qui vole, les cigarettes fumées en cachette, les bagarres à la récré, et les lectures interdites, le soir, à la lueur d'une lampe de poche.

Monde clos de l'enfance, avec ses rites, ses règles, ses rires, ses cruautés aussi : lorsque arrive un nouveau, dont le nom trop simple de Bonnet semble cacher quelque mystère, celui-ci devient vite l'objet des railleries et des mauvais tours de la classe. Pourtant, cette présence de l'autre suscite en Julien des interrogations nouvelles : ce garçon aux cheveux noirs et bouclés, intelligent, musicien, doué, qui donne l'impression d'être toujours sur le qui-vive, qui est-il ? La jalousie première fait vite place à la curiosité, puis à l'intérêt, à l'amitié enfin. Entre les deux enfants, c'est le temps de la complicité et des secrets partagés, d'autant plus intensément que Bonnet s'appelle Kippelstein, qu'il est juif, et que son nom d'emprunt vise à le mettre à l'abri de la police allemande. Mais on est en 1944, en des heures de chagrin et de pitié, et la Gestapo ne fait pas de détails…

*Au revoir les enfants* est un film d'une limpidité bouleversante. Pour raconter ses souvenirs d'enfance et dire, comme en contrepoint de *Lacombe Lucien*, le poids qu'il porte en lui, celui d'un regard d'amitié devenu, malgré lui, regard de dénonciation, Louis Malle – dont la voix off vient, *in fine*, authentifier le récit – a choisi de dire les petites choses, celles qui restent gravées au fond de soi : la couleur grise des murs, les échasses dans la cour, le froid de l'hiver sous les minces couvertures, le jeu de piste au fond de la forêt hostile où l'initiation s'accomplit. Son film est, bien sûr, une chronique des années de cendres, et l'Histoire pèse sur les destins individuels de tout le poids de la barbarie. Mais au-delà de la reconstitution historique, c'est la peinture d'un âge qui fait le fond du film : ce moment où l'enfant quitte ses certitudes et où le monde se charge de lui ouvrir les yeux. Il fallait, pour le dire, de la sensibilité et de la justesse. De la maîtrise technique, aussi. La fluidité du récit, la sobriété du style, l'unité grise du décor, du son et de la lumière, et, par-dessus tout, le naturel préservé de l'interprétation : cette simplicité apparente est faite de beaucoup d'art. Et de beaucoup de cœur.

## MILOU EN MAI (1989)
### avec Michel Piccoli, Miou-Miou et Michel Duchaussoy

**Du côté de Tchékhov.** Une grande maison entourée de verdure sous le soleil du printemps. Les abeilles bourdonnent, la lumière joue à cache-cache avec l'ombre. Dans la cuisine, une vieille dame pleure à grosses larmes. La caméra recule et en saisit la cause : elle épluche des oignons... En trois plans, avant même que ne défile le générique, Louis Malle donne le ton de son film : tendre, souriant, nostalgique. Cruel, aussi. Car la vieille dame n'a pas le temps de faire mijoter son plat que soudain elle s'effondre, foudroyée par la mort. Son fils Milou, la soixantaine étourdie, va donc devoir organiser les funérailles. Vivant seul au domaine, il bat le rappel de la famille autour du cercueil de la défunte. Tous arrivent, les uns après les autres, plus ou moins pressés d'en finir et de se partager l'héritage. Car Milou est un piètre gestionnaire et le domaine, la maison, les vignes, tout cela pourrait facilement être vendu, et chacun y trouverait son compte.
Banale histoire de famille, qui pourrait vite devenir sordide, si un petit rien ne venait faire basculer la situation. On est en mai : le joli mai de 1968. À Paris, la révolte gronde, les pavés volent et dessous, c'est la plage. Les échos assourdis des événements arrivent par la radio, au cœur de la maison où chacun est suffisamment occupé à régler ses propres affaires pour accorder trop d'importance à la lutte finale que chantent les étudiants contestataires. Pourtant, la grève générale gagne le pays et paralyse tout, y compris les fossoyeurs chargés de l'enterrement. Voilà donc toute la famille échouée là, condamnée à des vacances forcées dans la vieille demeure de l'enfance. Est-ce les souvenirs qui s'y attachent, ou l'atmosphère de liberté qui emplit l'air et les ondes ? Toujours est-il que cette veillée funèbre prolongée se transforme par la force des choses en partie de campagne. Comme si le temps s'arrêtait et que chacun retrouvait le plaisir oublié sous le vernis des habitudes. Comme si la mort elle-même se mettait en vacances et que, l'espace d'une semaine de printemps, on réapprenait la vie.
Louis Malle ouvre donc tout grand l'album de famille. Son film, c'est d'abord l'odeur de l'enfance, des grandes maisons qui sentent le pain chaud et la confiture, des greniers remplis de malles, du chat qui ronronne, de l'horloge qui bat doucement sa breloque. Quelque chose comme le plaisir retrouvé d'un dimanche à la campagne ou des dernières vacances. Mais c'est aussi, dans un registre plus ironique, un savoureux portrait de famille, où rien ne manque des disputes, des jalousies, des rires et des complicités. De ce milieu bourgeois et provincial, le réalisateur épingle tous les défauts avec une ironie qui n'exclut pas la tendresse. Car ce monde, c'est un peu celui de Tchékhov : il est appelé à disparaître ; la mort est là, qui veille, et qu'il faudra bien, la parenthèse refermée, prendre en compte. Rien d'appuyé ni de complaisant dans cette évocation. *Milou en mai* est un film visiblement nourri de toute une vie, et même de toute une œuvre, tant on y perçoit d'échos d'autres films du réalisateur. Avec par-dessus tout cette jubilation contagieuse qui vient de ce cinéma d'acteurs enfin retrouvé, et qu'accompagne le violon sautillant de Stéphane Grappelli, brodant de façon légère et vaguement irrespectueuse sur les thèmes les plus sérieux. En parfaite harmonie avec un film qui égrène avec bonheur sa petite musique de vie.

## FATALE (1992)
### avec Juliette Binoche et Jeremy Irons

**L'amante.** L'ordre, d'abord. Dans toute sa rigueur froide, son quant-à-soi, son organisation impeccable. C'est l'univers de Stephen : homme politique brillant, carrière qui approche des sommets, vie de famille parfaite entre une femme belle et intelligente, un fils qui réussit dans le journalisme et une fillette peste comme on l'est à l'âge de l'acné juvénile. Tradition, sérieux, ennui léger, existence bien rangée et confortable, comme l'intérieur cossu où l'on vit la semaine et le domaine de famille où l'on va passer le week-end. Un monde ordonné, anglais jusqu'au bout de la distinction.
Et puis survient Anna. Le désordre. D'un coup, d'un seul, d'un regard échangé, d'un désir qui naît, irrépressible, et qui emporte tout. Jeune femme mystérieuse, lourde d'un passé d'où remontent des relents d'amour incestueux et de drame, elle est l'amie de Martyn, le fils de Stephen. Mais ce dernier n'en a cure, pas plus que de la différence d'âge. Seules comptent désormais pour lui cette femme et l'impérieuse nécessité de lui faire l'amour. Vertige qui le saisit, qui anéantit en lui toute résistance, qui ne le fait plus vivre que pour ces rendez-vous furtifs, ces rencontres

intenses de leurs corps. Et désir dont la force est telle qu'il entraîne Stephen sur une pente de plus en plus dangereuse : il essaie de rompre, mais il revient, et le tourbillon l'emporte plus que jamais. Jusqu'au terme, fatal, inévitable, inscrit dans l'ordre des choses et le désordre de la passion.

*Fatale* est probablement un des films de Louis Malle qui exprime le mieux l'originalité de son art. À première vue, son cinéma apparaît comme classique de facture, sobre, sans vagues. Mais à y regarder de près, il porte en lui comme le trouble des choses. Cinéma dérangeant, qui va chaque fois vers les zones d'ombre, qui fait effleurer les déchirures intimes, qui fouille l'intimité opaque des êtres. Il fallait être un prodigieux équilibriste du cœur pour ne pas verser, avec ce scénario de mélo familial, dans la chronique complaisante ou vaudevillesque et y faire sentir ce qui fait la force des vraies tragédies – et l'on pense bien sûr à *Phèdre* : cette confrontation de l'homme avec une force qui le dépasse. Il fallait être aussi un cinéaste très sûr de son art pour donner aux scènes érotiques une nécessité qui écarte tout voyeurisme, mais aussi toute pudeur. Et que le cadre soit britannique ajoute encore à la force de la chose : dans ce corps-à-corps absolu, tout vole en éclats, les principes, la vie sociale, la volonté, le flegme, l'establishment. Jeremy Irons, remarquable, fait sentir cette dérive incontrôlée d'un homme qui passe de l'autre côté de la raison. Et face à lui, Juliette Binoche, transformée par le metteur en scène en une créature d'ombre et de séduction, fatale non par dessein, mais par le seul fait qu'elle soit cette femme-là, avec sa fragilité, son intense besoin d'aimer et d'être aimée, est l'amante, la vraie. Celle par qui le scandale arrive. Et la mort.

## MAMET David (américain, né en 1947)

**Filmographie :**
*Engrenages (1987)* • *Parrain d'un jour (1988)* • ***Homicide (1991)*** • *Oleanna (1994)* • ***La Prisonnière espagnole (1997)*** • *L'Honneur des Winslow (1999)* • *Séquences et conséquences (2000)* • *Braquages (2001)* • *Spartan (2004)*

Auteur dramatique, un des plus talentueux de l'Amérique contemporaine, David Mamet s'est imposé aussi comme poète et comme romancier en même temps que, pour ce qui est du cinéma, comme scénariste, incidemment comme acteur, mais surtout, à partir de 1987, avec *Engrenages*, comme réalisateur. Le titre de ce premier film recouvre bien ce qui fait la caractéristique des histoires qu'il aime à raconter : des mécaniques complexes et parfaitement huilées, où la manipulation et les faux-semblants sont la loi. Un certain cynisme, une vision cruelle des rapports sociaux, et, au-delà, un regard aigu sur la condition humaine : tout ce qui fait l'originalité d'un univers théâtral qu'on a pu comparer à celui de Pinter se retrouve dans ses films, lesquels, du polar à secrets, comme *Homicide*, au thriller à tiroirs, comme *La Prisonnière espagnole*, en passant par la chronique judiciaire d'époque, avec *L'Honneur des Winslow*, la comédie satirique sur le cinéma dans *Séquences et conséquences*, et jusqu'au film mêlant action, espionnage et manipulation politique, autour de l'enlèvement de la fille d'un haut personnage de l'État, dans *Spartan*, explorent en tous sens les engrenages de la comédie humaine.

### HOMICIDE (1991)
### avec Joe Mantegna et William H. Macy

**Un polar peut en cacher un autre.** Au début, tout paraît clair. Pour Bobby Gold, inspecteur à la police criminelle de Chicago, l'affaire dont il est chargé avec son équipier Sullivan tient de la routine : il s'agit de piéger un dealer noir, que les as du FBI n'ont rien trouvé de mieux que de laisser filer, avec en prime deux hommes sur le carreau. Scènes de commissariat, rivalités entre les polices, planques, traques : le film de David Mamet commence comme un polar classique. Et puis, insensiblement, tout semble se brouiller et prendre une direction autre que celle que l'on attendait. Alors même qu'il se rend sur les lieux où doit avoir lieu l'arrestation du criminel qu'il poursuit, Gold se trouve par hasard mêlé à une autre affaire : une vieille femme, juive, qu'on a assassinée dans sa boutique, en plein quartier noir. Sans même qu'il ait le temps de se retourner, il se voit confier l'enquête sur ce meurtre, tandis qu'on le dessaisit de celle sur laquelle il travaillait. Peu disposé, malgré les ordres reçus, à s'occuper de ce qui n'est pour lui qu'une affaire banale et sans intérêt, il s'y trouve pourtant, et comme insensiblement, de plus en plus impliqué. Car, derrière ce crime en apparence crapuleux, il lui apparaît vite que c'est de tout autre chose qu'il est question : une sorte de vaste complot, sur fond de rivalités ethniques, où, de commandos sionistes en groupuscules néo-nazis, c'est le sort

même de la communauté juive qui est en jeu. Lui-même, qui se croit et qui se veut avant tout bon flic et bon Américain, découvre alors sa propre judéité. Mais c'est une judéité bâtarde, faible, mal assumée, de celle qui fait les boucs émissaires et les victimes des holocaustes. Là est donc bien la vraie piste qu'il doit suivre dans son enquête. Là est enfin pour lui l'occasion de comprendre qui il est, de donner un sens à sa vie. Sans pour autant que, débrouillant peu à peu les fils de l'écheveau, il ne puisse être assuré d'y voir plus clair. Car, dans ce monde du faux-semblant, les apparences sont trompeuses, et la seule vérité n'est peut-être que dans le leurre. Comme si, derrière ces portes qu'il pousse constamment à la poursuite de ceux qu'il traque, il n'y avait, désespérément, que le vide.
David Mamet, juif lui-même, utilise le canevas du polar pour résoudre une enquête qui déborde vite le simple fait-divers pour déboucher sur la question du racisme et de l'antisémitisme. Son film, pourtant, va bien au-delà de ce seul aspect, même si l'actualité, avec les affrontements entre Juifs et Noirs à Brooklyn, lui donne une étrange résonance. En fait, comme dans *Engrenages*, Mamet explore méthodiquement les voies filandreuses et complexes de ce mécanisme qu'est le corps social tout entier et, au-delà, la vie humaine elle-même. Ce qu'il montre, dans ce qui est aussi un thriller impeccable, filmé de façon froide à la Hitchcock, c'est un corps social malade, où tout le monde manipule tout le monde. C'est aussi, à travers ce héros un peu mou, brave type de plus en plus ébranlé à mesure que ses pauvres certitudes s'effondrent (remarquable Joe Mantegna), la figuration que la vie est un labyrinthe, qui n'a qu'une seule issue: la mort. À ce degré-là, le polar n'est plus seulement psychologique ni social: il est tout bonnement philosophique.

## LA PRISONNIÈRE ESPAGNOLE (1997)
### avec Campbell Scott, Rebecca Pidgeon, Ben Gazzara et Steve Martin

**Faux-semblants.** Qui est qui? Cette question que pose, au tout début du film de David Mamet, la jolie Susan, l'assistante qui accompagne Ross en voyage d'affaires sur une île paradisiaque de la Jamaïque, tout spectateur devrait lui aussi se la poser. Parce que, précisément, on est dans un film de David Mamet, spécialiste des engrenages en tout genre, des jeux de piste labyrinthiques, des apparences fallacieuses, et de cet art éminemment cinématographique qui, par un simple jeu d'ombres projetées sur un écran, crée l'illusion et fait croire à des images. Soit une situation en apparence simple: Ross, jeune et brillant chercheur, vient de mettre au point un système industriel susceptible de générer, pour qui le mettra en application, d'immenses retombées financières. Le cahier à la belle et voyante reliure rouge où il a noté sa formule est enfermé, en un seul exemplaire, sur papier non photocopiable, dans un coffre dont lui seul et son patron possèdent la clef. Pour qui voudrait donc s'emparer du système, l'équation est simple: comment faire sortir le cahier en question de son coffre? La chose se noue précisément à la Jamaïque, où Ross, venu discuter du devenir de son projet avec des financiers, fait la connaissance fortuite d'un riche homme d'affaires, Jimmy Dell, à qui il rend un service que celui-ci se promet de payer de retour. Rentré à New York, Ross retrouve son nouvel ami, qui le prend rapidement sous sa protection, en se chargeant en particulier de défendre ses intérêts auprès de la compagnie qui l'emploie et qui ne semble pas prête à rétribuer ses travaux à la mesure de leur intérêt. Entraîné dans la vie fastueuse que mène Dell, Ross aspire aussi à faire la connaissance de la sœur de celui-ci, dont il a vu la photo sur le bureau de son ami. Pourquoi faut-il alors que, en nous montrant cette photo, David Mamet prenne bien soin de ne la présenter que de biais, et que, lorsque Ross la regarde en face, un malencontreux reflet nous empêche de la distinguer nettement? Pourquoi? La réponse pourrait être une autre question: et si ce que nous voyons n'était qu'une apparence? Car, évidemment, parfaite victime naïve pour arnaqueurs de haut vol, Ross a mis le doigt dans un mécanisme dont la complication lui échappe et dans lequel le spectateur, lui aussi parfaite proie pour l'arnaqueur en chef qu'est le scénariste-réalisateur, met de la même façon le doigt, la main, le bras, les oreilles et les yeux.
Tout le film est là: dans ce jeu de cache-cache et de faux-semblants qui embarque le héros dans un piège inexorable: celui dit de la « prisonnière espagnole », dont le nom mystérieux désigne en fait une arnaque vieille comme le monde. Bien vite, Ross, et le spectateur avec lui, apprend donc à se méfier des apparences, surtout lorsqu'elles recouvrent en fait la vérité. Comment, s'étant fait subtiliser son cahier sans y voir goutte, le boy-scout pourra-t-il se sortir d'affaire et damer le pion aux princes de l'arnaque qui le manipulent? C'est là encore un autre rouage de la mécanique parfaitement huilée de David Mamet. Mécanique que l'on pourra peut-être juger quelque peu gratuite, mais d'autant plus jubilatoire pourtant qu'elle fonctionne à l'humour. Car ce qui compte ici, ce n'est pas tant ce que tout le monde veut avoir que la façon de s'en rendre maître. Comme autrefois le faucon maltais, le petit livre rouge, bien voyant et pourtant bien obscur, contient un secret qui, bien gardé d'abord, volé ensuite, récupéré enfin, garde en dernier ressort son secret. Comme le monde au fond, autre mécanique infernale mise en branle par un autre horloger, ou comme le film, plus simplement, épatant et diabolique exercice sur l'art et la manière de faire prendre au spectateur toutes les vessies qu'on lui montre pour des lanternes magiques.

## MANCHEVSKI Milcho (macédonien, né en 1959)

**FILMOGRAPHIE :**
***Before the rain (1994)*** • *Dust (2001)*

Né à Skopje dans une famille bourgeoise, Milcho Manchevski, orphelin à 14 ans, décroche une bourse qui lui permet de partir poursuivre ses études aux États-Unis. Il en revient diplômé du département de cinéma de l'université du Sud de l'Illinois, mais ne parvenant pas à s'intégrer dans le système cinématographique yougoslave, il part en 1985 s'installer à New York, où il travaille d'abord comme scénariste et réalisateur de spots publicitaires, de bandes-annonces, de films industriels, de documentaires et de vidéo-clips. Tout en développant une activité de journaliste, de romancier et de photographe, il aborde le long métrage avec *Before the rain*, qu'il tourne après un voyage qui le ramène dans son pays natal, au moment même où s'annonce la guerre en Slovénie et en Croatie.

### BEFORE THE RAIN (1994)
### avec Grégoire Colin, Katrin Cartlidge et Rade Serbedzja

**Contes de la guerre ordinaire.** Trois histoires qui, en apparence, semblent autonomes mais que les numéros et les titres qui les introduisent sur l'écran présentent d'emblée comme les trois chapitres d'un même récit. Chapitre I, donc : les mots. Ces mots que Kiril, le jeune moine orthodoxe, ne prononce pas, car il a fait le vœu de silence. Et lorsqu'une jeune Albanaise se réfugie dans sa cellule, il ne dit rien. Rien à la bande de soudards armés qui la recherchent, parce qu'ils la soupçonnent d'avoir tué l'un des leurs. Rien à son père supérieur, malgré la règle monastique qui lui fait devoir d'obéissance. Et rien non plus encore lorsque, la fugitive étant découverte, on le chasse du monastère. Il fait simplement sa valise et part avec sa nouvelle compagne. Sans savoir que, s'ils échappent aux uns, ils n'échapperont pas aux autres et que, de toute façon, la mort est au bout de la route. Chapitre II : les visages. Ceux que contemple Anne à Londres, dans l'agence de photos où elle travaille. Visages d'une réalité éclatée, prise dans l'engrenage de la guerre, et où, entre tous les clichés, son regard s'arrête sur le visage d'un jeune homme, assis sur sa valise, contemplant une jeune fille qui gît à ses pieds. Poids d'une mort et d'une guerre qu'Anne se refuse à affronter de face, lorsque Aleksandar, son amant, photographe qui revient de Bosnie, lui propose de le suivre en Macédoine, son pays où il aspire à rentrer. Et si Anne refuse, c'est sans se douter que la violence est partout, et capable de la rattraper jusqu'à Londres. Chapitre III : les images. Celles qu'Aleksandar, dont les photos sur la Bosnie lui ont valu le prix Pulitzer, se refuse désormais à capter dans son objectif parce que, revenu au pays, il pense enfin échapper à la guerre. Mais lui aussi, la guerre le rattrape, pour une obscure querelle entre les gens du village, pour une jeune Albanaise accusée d'avoir tué, et qui, échappant à ses poursuivants en armes, court vers le refuge d'un monastère qui se profile au loin. Trois chapitres qui se répondent ainsi, dans une construction circulaire dont on se rend compte soudain, parvenu au terme de la boucle, qu'elle repose sur un cercle doublement vicieux : celui du temps, qui progresse en spirale et ne revient jamais exactement sur lui-même, mais surtout celui de la guerre, toujours recommencée, et que ranime à chaque fois la haine renouvelée des hommes.
Car le film de Milcho Manchevski va jusqu'aux racines mêmes du mal. Dans des paysages d'une beauté sauvage, où la mer et les montagnes composent un décor de tragédie antique, le conflit des Balkans, ici évoqué à travers l'antagonisme entre Macédoniens orthodoxes et Albanais musulmans, plonge dans des affrontements claniques, aussi vieux que la terre qui les porte. Si parfois, par les paysages désolés et grandioses sur lesquels plane un oiseau de proie, le film fait penser au *Kaos* des frères Taviani, dont il offre aussi la même structure rhapsodique d'un recueil de contes, c'est que l'on est bien, sur ces rives de la Méditerranée, au cœur d'une civilisation dont un des mythes les plus anciens est celui des Atrides. Certes Milcho Manchevski ne résiste pas toujours à la fascination qu'exerce sur lui ce pays et cède-t-il, pour faire une belle image, comme son personnage de photographe, à quelque complaisance. Mais, derrière ces quelques scories, il y a un vrai regard et un vrai propos. Ceux d'un homme en colère, qui dit que la violence est au plus profond des hommes. Et qui dit aussi, à ceux qui croient être à l'abri, que l'orage qui gronde est susceptible d'éclater partout.

## MANGOLD James (américain, né en 1964)

**FILMOGRAPHIE :**
*Heavy (1996)* • *Copland (1997)* • *Une vie volée (1999)* • *Kate et Leopold (2002)* • ***Identity (2003)*** • *Walk the line (2005)*

Étudiant au California Institute of Arts, James Mangold entre à 21 ans par un concours de circonstances chez Disney, où il co-signe en particulier le scénario d'*Oliver et Compagnie*, avant de reprendre et de terminer ses études à l'université de Columbia. Il passe alors à la réalisation, commençant par un film écrit sous la direction de Milos Forman, *Heavy*, histoire d'un jeune obèse complexé par son poids, puis aborde le genre policier avec *Copland*, passe au drame avec *Une vie volée*, s'offre une comédie romantique avec *Kate et Leopold*, et revient au polar avec *Identity*, variation hitchcockienne mise au goût gore du jour, avant de proposer une biographie très réussie de Johnny Cash dans *Walk the line*.

### IDENTITY (2003)
**avec John Cusack et Ray Liotta**

**Le syndrome de *Psychose*.** Une pluie qui tombe à seaux, noyant tout sous son déluge, une voiture qui avance sous les trombes d'eau, et la lumière d'une enseigne lumineuse qui troue l'obscurité de la nuit : d'emblée, on a le sentiment d'avoir déjà vu ça quelque part, et lorsqu'on pousse la porte du motel, aussi glauque que l'œil du type de la réception, on se dit que l'ombre du vieil Hitchcock rôde quelque part et que les fantômes de *Psychose* doivent probablement hanter les lieux. Et de fait, le film de James Mangold commence en terrain connu : dans la plus pure tradition du film noir et du thriller d'angoisse. Les événements qui réunissent dans ledit motel perdu au milieu de nulle part une dizaine de voyageurs jetés là malgré eux, tandis que la pluie torrentielle les isole du reste du monde, sont autant d'enchaînements de hasards que le réalisateur, avec une virtuosité narrative assez ébouriffante, raconte à rebours, comme une sorte de reconstruction mentale, dont on comprendra plus tard qu'elle a, en effet, quelques raisons d'être.
À partir de là, le décor étant planté et les personnages en place, la mécanique de la peur peut se mettre en route : comme dans un jeu de massacre connu, les dix occupants des lieux commencent à être un à un victimes de mort violente, selon une logique de soustraction mathématique qui ne laisse à aucun d'eux la moindre chance : on se croirait dans *Les Dix petits nègres* ! On a raison, et on a tort. C'est que, déjouant les règles, le scénario bifurque en effet soudain vers autre chose, d'incompréhensible, du moins selon les normes de la raison. À moins que cet autre récit, raconté en contrepoint, d'un tueur en série qui attend son exécution et dont un psychiatre essaie de percer les troubles replis intimes, ait quelque chose à voir avec ce qui se passe dans ce motel décidément pas si éloigné de celui de *Psychose*, où sévissait déjà un dangereux psychopathe, adepte du dédoublement de personnalité. Mais comme depuis Hitchcock, le cinéma s'est mis à lésiner de moins en moins dans la surenchère, James Mangold, sans hésiter, en rajoute plusieurs couches : en fait de dédoublement de personnalité, un peu trop simpliste pour les temps qui courent, il opte carrément pour un généreux décuplement, aussi débordant dans ses effets que la pluie qui n'en finit pas de tout noyer. Les bons petits meurtres à la Agatha Christie et les douches froides à la Hitchcock font donc place aux sanglantes boucheries concoctées par le cerveau malade d'un serial killer. C'est *Psychose* tendance gore et puissance 10. Décidément, on n'arrête plus le progrès !

## MANKIEWICZ Francis (canadien, né en Chine, 1944-1993)

**PREMIER LONG MÉTRAGE :**
*Le Temps d'une chasse (1972)*
**FILMOGRAPHIE APRÈS 1985 :**
*The Sight (1985)* • *And Then You Are (1986)* • ***Les Portes tournantes (1988)***

Né en Chine mais citoyen canadien, Francis Mankiewicz, petit-neveu du grand Joseph Mankiewicz, incarne bien les espoirs du cinéma d'auteur tels que la Nouvelle Vague avait pu les faire naître au Québec, dans le sillage de Gilles Carle, le représentant le plus talentueux et le plus original du jeune cinéma québécois des années 1960-1970. Se destinant au départ à la géologie, le jeune Mankiewicz était parti en Angleterre étudier le cinéma à la London School of Film avant de revenir au Québec y réaliser, grâce à une aide de l'Office national du film, son premier film en 1972. L'écrivain Réjean Ducharme, séduit par ce premier essai, lui propose un scénario pour son deuxième film, *Le Temps d'une chasse*, en 1972, qui sera suivi de deux autres collaborations, en 1980 pour *Les Bons débarras*, puis en 1981 pour *Les Beaux souvenirs*. En 1988, le succès et la diffusion internationale sont au rendez-vous avec *Les Portes tournantes*. Les budgets plus importants qu'on lui propose alors, et les contraintes commerciales qu'ils entraînent, amènent le cinéaste à quitter le Québec pour Toronto, où il va réaliser deux séries télé pour la CBC, dans l'attente qu'il espère d'un retour au Québec et à un cinéma plus conforme à ses conceptions. Mais sa mort prématurée, en 1993, ne lui permettra pas de concrétiser son désir.

### LES PORTES TOURNANTES (1988)
**avec Monique Spaziani, Gabriel Arcand et Miou-Miou**

**Le charme du mélo.** Pourquoi s'en cacher ? Il y a dans le mélo une douceur secrète qui a son charme. À condition de ne pas jouer les blasés ou les cyniques, on en trouvera une bonne illustration dans ces *Portes tournantes* que Francis Mankiewicz (le neveu du grand Joseph) a tourné au Canada, avec des acteurs qui ont juste la pointe d'accent qu'il faut pour nous faire sourire, et dans des personnages qui ont juste la part de malheur nécessaire pour nous attendrir.
L'histoire est belle, de cette jeune Céleste Beaumont qui, dans les années 1920, quitte sa famille pour devenir pianiste dans un cinéma, jusqu'au jour où un *Chanteur de jazz*, parlant et chantant pour de bon, renvoie définitivement au silence les films muets et les pianistes qui les accompagnent. La jeune femme quitte alors le monde magique des images pour devenir l'épouse d'un héritier aussi triste que la vie bourgeoise qu'il lui fait mener, entre un beau-père mielleux et une belle-mère omnipotente et pincée. Céleste en a vite assez, et la guerre qui survient l'emporte loin de cette famille étouffoir, non sans qu'elle doive lui abandonner un fils qu'elle laisse ainsi en chemin, et auquel, bien des années plus tard, elle adresse sous forme de journal l'histoire de sa vie. Ici intervient le second plan que le réalisateur, habilement, a su mêler à celui du récit : c'est le petit-fils de Céleste, lui aussi pris dans une situation familiale difficile, partagé entre un père et une mère qui se sont séparés, qui va entendre le sens profond des confessions de cette grand-mère perdue et qui va entreprendre de la retrouver. Et entre cette femme qui s'est libérée des contraintes de la famille et de la morale pour vivre son rêve d'artiste, et cet enfant, mignon tout plein, qui vient lui prouver, au crépuscule de sa vie, qu'elle n'a pas eu tort, c'est le fil interrompu du temps qui se renoue.
Sur fond de piano-jazz et de romanesque, *Les Portes tournantes* joue donc la petite musique du cœur. Les interprètes, parmi lesquels Miou-Miou très fine dans un rôle trop bref, apportent beaucoup à cette ballade en forme de blues, qui chante aussi le cinéma lui-même, celui des images muettes, dans des retours en arrière auxquels une lumière savamment floue apporte la teinte douce de la nostalgie. Il y a là, d'ailleurs, la couleur propre du film : un peu trop léché pour être vraiment bouleversant, mais suffisamment sensible pour qu'on s'y laisse prendre et que, bercé par *You don't kill a piano player*, le refrain qui sert de leitmotiv musical, on n'ait nulle envie de tirer sur la pianiste.

## MANN Michael (américain, né en 1943)

**PREMIER LONG MÉTRAGE :**
*Le Solitaire (1981)*
**FILMOGRAPHIE DEPUIS 1985 :**
*Le Sixième sens (1986)* • *Le Dernier des Mohicans (1992)* • *Heat (1996)* • *Révélations (1999)* • ***Ali (2001)*** • ***Collateral (2004)***

Assurément un des plus brillants représentants de la génération des cinéastes occupant le devant des écrans hollywoodiens dans les années 1990-2000, Michael Mann a un parcours sinon atypique du moins très particulier : diplômé de littérature anglaise, il part pour l'Angleterre pour s'y former à la London International Film School, puis prolonge son séjour en Europe, et y fonde une petite société produisant spots publicitaires, courts métrages et documentaires. Il regagne les États-Unis au début des années 1970, débute à la télévision où il tourne, crée et produit plusieurs séries à succès, avant de réaliser son premier téléfilm, *Comme un homme libre*, tourné dans un quartier de haute sécurité avec la collaboration des détenus. Puis il enquête sur les milieux du cambriolage pour tourner son premier long métrage de cinéma, *Le Solitaire*, en 1981. Préparant longuement ses films, il aborde à partir de là des genres différents, montrant une prédilection pour le thriller et le film noir, qu'il traite avec un style visuel très personnel et avec une attention aux personnages et aux lieux qui apportent à ses réalisations, dans le cadre d'un cinéma qui ne déroge pas aux canons hollywoodiens, une touche très reconnaissable.

## ALI (2001)
### avec Will Smith, Jon Voight et Jamie Fox

**Plus dure sera la gloire.** Le travelling qui accompagne Mohammed Ali dans les rues pauvres de Kinshasa, pour un footing qu'escortent la foule des enfants dépenaillés et les cris d'encouragement de tout un peuple, traîne derrière lui des siècles de misère et d'humiliation. On est au Zaïre, en 1974, et le champion du monde déchu, après une longue interruption de carrière due à ses ennuis avec l'autorité militaire, revient au plus haut niveau pour affronter George Foreman, dans un combat que son organisation au cœur même de l'Afrique dote d'une dimension hautement symbolique. Les enjeux ici ne sont plus ceux d'un simple combat de boxe, ils impliquent en fait tout ce que Michael Mann a voulu traiter dans le film qu'il consacre à un des plus grands (le plus grand?) champions que la boxe ait jamais connus, et qui traduit bien le titre qu'il a choisi pour en résumer l'esprit: *Ali*.
Ali, c'est-à-dire d'abord Cassius, le jeune Noir élevé dans une famille chrétienne, et dont les souvenirs d'enfance, qui défilent en flash-back, font apparaître le sentiment de révolte qui très tôt l'habite devant les injustices dont est victime la communauté noire. Ce jeune garçon réservé et attentif trouve vite à s'exprimer dans et par la boxe. Il devient alors Cassius Clay, dont le premier combat pour le titre – sur lequel s'ouvre, sans round d'observation, le film, dans le bruit mat des coups qui pleuvent – campe déjà l'image: arrogant, sûr de lui, doté d'autant de vivacité d'esprit et de répartie dans ses déclarations que d'agilité et de vitesse de déplacement entre les cordes du ring. Mais à peine le combat est-il achevé que le réalisateur, dépassant la simple chronique sportive, s'intéresse à ce qui fait la spécificité même du boxeur, et qui se manifeste par ce changement de nom qui, le faisant devenir Mohammed Ali, traduit son engagement musulman au côté du très controversé Elijah Muhammad et du charismatique Malcolm X. La façon dont Michael Mann rend compte de cette dimension du personnage donne la tonalité du film: plus une réflexion sur les engagements d'un homme hors du commun qu'un document sur la carrière d'un boxeur d'exception, même si c'est la boxe qui reste le ressort dramatique du film. Le mouvement du scénario conduit d'ailleurs avec une efficacité infaillible vers ce sommet que constitue le combat africain. Et comme Michael Mann sait filmer, il apporte, dans ce genre particulier qu'est le film de boxe, une griffe personnelle qui trouve un juste équilibre dans la chorégraphie des corps et des coups, sans céder à la complaisance des faces tuméfiées, des poings qui écrasent le visage, du sang qui gicle.
Mais, ce qui surtout s'affirme à mesure que le film avance, c'est l'extraordinaire ressemblance qu'il impose avec le vrai Mohammed Ali. Cela est dû, certes, à un travail préparatoire minutieux, où rien n'est laissé au hasard, mais cela repose surtout sur l'identification à laquelle est parvenu, dans le rôle-titre, un étonnant Will Smith qui s'est fait la tête, le corps, les attitudes, et jusqu'à la voix d'Ali. Dans la série des grandes biographies par lesquelles Hollywood jette un regard trop souvent formaté et à gros budget sur les figures emblématiques de l'Amérique des années 1960, le film de Michael Mann, venant après *JFK* et *Malcolm X*, donne l'impression, même s'il évite prudemment les zones d'ombre du personnage et de sa carrière, de n'être pas le moins authentique. Et, comme il sait rendre compte avec éclat de ses fulgurances, il a souvent la force de son modèle.

## COLLATERAL (2004)
### avec Tom Cruise, Jamie Foxx et Mark Ruffalo

**Équipe de nuit.** Ça lui tombe littéralement dessus. Alors qu'il a garé son taxi en double file et qu'il attend son client qui s'est absenté quelques minutes pour un rendez-vous, Max voit soudain un cadavre venir s'écraser sur le toit de sa voiture, fracassant le pare-brise et mettant du sang partout. Et il se rend vite compte que la cause de ces dégâts importuns est le type qu'il a pris en course et qui a retenu son taxi pour le restant de la nuit. L'autre d'ailleurs le lui confirme: il est tueur de profession, les cinq adresses où Max doit le conduire cette nuit-là sont celles des cinq victimes qu'il est chargé d'éliminer, et le cadavre qui vient de passer par la fenêtre est le premier sur la liste.
Avec ce choc saugrenu d'un corps tombé du ciel, le film de Michael Mann embarque son personnage de brave type qui fait le taxi de nuit, tout en rêvant de créer un jour sa propre affaire de limousines de luxe, dans une aventure

à la fois incongrue et inexorable, qui ressemble passablement pour lui à la mécanique du destin. Lequel se présente sous les traits d'un Tom Cruise en complet impeccable, mallette élégante, cheveux argentés, barbe taillée de près : le parfait businessman. Si ce n'est que son job, c'est le meurtre sur commande, et qu'ayant besoin d'un chauffeur pour effectuer sa mission en quelques heures dans l'immensité de Los Angeles, la précision de la conduite de Max, son sens des itinéraires et son côté sympa le lui ont fait adopter illico. Entraînant son équipier malgré lui dans une nuit d'enfer…
Dans ce genre ultra-formaté qu'est le thriller d'action, *Collateral*, en respectant au millimètre les règles du genre, se signale d'emblée par un ton original. Non seulement parce que la surprise est forte de voir, pour la première fois, Tom Cruise jouer les méchants. Mais aussi parce que le scénario qui entraîne les deux hommes dans un périple qui respecte au plus près les trois grandes règles de l'unité de temps, de lieu et d'action les entraîne aussi, à travers l'improbable équipe qu'ils forment, dans une relation beaucoup plus complexe qu'on ne pourrait le croire, où les limites du bon et du mauvais perdent quelque peu de leur rigidité manichéenne. Forcé de se soumettre au tueur qui le menace, Max apprend de lui, au long de cette nuit, bien des choses sur lui-même. Et la réciproque est vraie, qui voit le tueur froid partager un moment de chaleur humaine qui l'amène aussi à se regarder en face.
Michael Mann, dans le système blockbusterisé d'Hollywood, a toujours manifesté une personnalité que *Collateral* confirme de façon brillante. Sa façon de filmer la nuit, la ville, et deux hommes dans l'espace clos d'un taxi qui les emporte vers leur destin, a quelque chose de discrètement poétique. L'action est là, bien sûr, les coups de feu, les poursuites, les scènes à suspense, et tous les flics et les trafiquants attendus lancés aux trousses du malheureux qui n'y est pour rien. Mais, face à ce monde de brutes, il y a la photo d'une île lointaine pour respirer un peu, ou encore une femme qui monte dans un taxi, qui commence à parler au chauffeur et qui se rend compte que c'est un homme, et qu'il pourrait lui plaire. Et quel metteur en scène oserait, comme se le permet celui-là, en plein milieu d'une scène lancée à pleine vitesse dans la nuit de Los Angeles, arrêter là son taxi et son film, et laisser passer un coyote poursuivant sa proie, comme une métaphore de son histoire et de la cruauté qu'elle met à nu ?

## MARBOEUF Jean (français, né en 1942)

**PREMIER LONG MÉTRAGE :**
*Bel ordure (1973)*
**FILMOGRAPHIE DEPUIS 1985 :**
*Vaudeville (1985)* • *Grand Guignol (1987)* • *Corentin ou les infortunes conjugales (1988)* • *Voir l'éléphant (1990)* • *Pétain (1993)* • *Temps de chien (1997)* • ***Le P'tit curieux (2003)***

Il y a chez Jean Marboeuf un goût de l'insolite et du cocasse qui lui fait détourner, en jouant sur les confins de la parodie, les genres qu'il aborde : récits policiers, comédies, films d'époque. Et la mise en place de situations et de personnages pittoresques, jointe à une mise en scène constamment inventive et inattendue, apporte une forme d'atmosphère très particulière à ses films, animés par ailleurs d'une sympathie pleine d'humour pour ses pauvres héros de la comédie humaine et de chaleur complice pour les comédiens qui les incarnent. Dans une filmographie d'une grande variété de genres mais d'une grande unité de ton, où *Pétain* est à mettre quelque peu à part et témoigne, à tout le moins, du courage du cinéaste à se charger d'un tel sujet, *Le P'tit curieux* donne la clef, sans doute très personnelle, d'une curiosité de la vie et des hommes qui anime tout son cinéma.

### LE P'TIT CURIEUX (2003)
**avec Alain Bashung, Andréa Ferréol et Jean-Claude Dreyfus**

**Le temps d'apprendre à vivre.** Il a l'œil, le jeune Clément. Et il a même un appareil photo numérique qui lui permet de fixer en un instantané toutes les scènes de la vie qu'il guette avidement, curieux qu'il est, du haut de ses 9 ans, d'essayer de comprendre les grandes personnes, qui sont pour lui autant de mystères. Dans sa petite ville de province, entre le libraire amateur d'Oscar Wilde et du garçon de café du coin, le couple de volaillers qui donne dans la cuisse dodue, l'opticienne aux grands yeux et à la bouche sensuelle, et la concierge qui est toujours dans l'escalier à faire sa pipelette, il a de quoi observer, et de quoi s'interroger. Car sa propre vie de famille à lui n'est

pas si claire : pourquoi sa mère est-elle tout le temps seule, et pourquoi son papa est-il parti regarder de plus près la belle opticienne ? Et la vie du quartier n'est pas non plus si simple : pourquoi la tapineuse du troisième a-t-elle été retrouvée morte, et pourquoi l'opticienne a-t-elle été découpée en morceaux, et pourquoi la concierge avale-t-elle sa langue au bout de la corde où on la retrouve pendue ? Et que cherche l'inspecteur à la paupière lourde et à l'imper avachi qui vient jouer les Colombo ?
Autant d'énigmes qui pourraient nourrir un thriller sur fond de crimes en série, mais que Jean Marboeuf détourne allègrement vers tout autre chose : un conte, à la fois drôle et cruel, s'interrogeant sur les hommes et sur l'existence à travers le regard d'un enfant désireux d'apprendre la vie. Le décalage qu'installe en effet la vision innocente et curieuse de l'enfance, et qui se traduit par un apprentissage cocasse des mots, des situations, des sentiments, et aussi, à travers la petite voisine délurée qui a les seins qui poussent, du corps et du sexe, donne au film une tonalité faussement naïve, qu'on pourrait situer quelque part entre *Delicatessen* et *Amélie Poulain*, si l'image de la vie qui s'en dégage n'avait un côté nettement plus désespéré.
Car si tout converge vers une fête de Noël digne des meilleurs chromos, avec neige qui tombe, sapin scintillant et père Noël au rendez-vous, le gentil conte trouve un dénouement qui traduit une sensibilité d'écorché vif, à laquelle seule la ronde des personnages pittoresques, qu'incarne une équipe de comédiens à l'avenant, est capable d'apporter, dans le froid ambiant, la chaleur humaine nécessaire pour vivre, et pour devenir grand.

## MARQUAND Richard (anglais, 1938-1987)

**PREMIER LONG MÉTRAGE :**
*Psychose phase 3 (1979)*
**FILMOGRAPHIE DEPUIS 1985 :**
***À double tranchant (1985)*** • *Hearts of fire (87)*

Originaire du pays de Galles, c'est à la BBC que Richard Marquand fait son apprentissage dans le documentaire, avant de réaliser en freelance une quarantaine de documentaires, puis de passer aux films de fiction. Son premier long métrage attire l'attention des amateurs de fantastique par sa maîtrise technique, laquelle se confirme dans un thriller, *L'Arme à l'œil*, ce qui amène George Lucas à lui confier la réalisation du troisième volet de *La Guerre des étoiles, Le Retour du Jedi*, en 1983. Le succès du film lui permet de poursuivre avec *À double tranchant* dans la voie du suspense qu'il affectionne, lorsqu'une crise cardiaque vient brutalement interrompre sa carrière au moment où celle-ci voyait s'ouvrir l'accès aux grands studios hollywoodiens.

### À DOUBLE TRANCHANT (1985)
### avec Glenn Close, Jeff Bridges et Peter Coyote

**Le faux vrai coupable.** Premier avantage avec le film de Richard Marquand : il annonce parfaitement la couleur. San Francisco, une villa luxueuse, un crime bien horrible, un mari suspect, une avocate convaincue de son innocence, une enquête serrée, un procès style « Objection ! Votre Honneur », le tout pimenté par les relations amoureuses qui ne manquent pas de jeter ladite avocate et son beau client dans les draps l'un de l'autre. Avec, pour corser l'histoire, une sombre affaire d'ambition politique et de comptes à régler. Bref, un scénario en béton armé, avec une intrigue à couper au couteau, aussi épaisse que les brumes qui planent sur le Golden Gate. Un peu de Hitchcock, dans l'art de tenir en haleine et de faire rebondir l'action ; beaucoup de *Dallas* mâtiné de *Dynastie* dans l'évocation d'un milieu riche et corrompu, avec juste ce qu'il faut de sang et de sexe en guise de psychologie pour ne déconcerter personne.
Second avantage : tout cela est mené grand train, par un réalisateur qui ne se pose pas de question en route, et qui manipule joyeusement son spectateur en lui faisant prendre sans vergogne toutes les vessies qui passent pour de vraies lanternes, histoire d'éclairer un peu l'obscurité savamment jetée sur l'identité du coupable. Comme l'interprétation est au-dessus de tout soupçon, avec une Glenn Close plus Meryl Streep que jamais et un Jeff Bridges ambigu à souhait ; comme le rythme ne faiblit pas et qu'en plus la caméra s'attarde parfois sur un San Francisco très photogénique, on ne voit vraiment pas les images passer. Ce qui veut tout dire…
Troisième avantage : quand on sort, on a tout compris.

## MARSHALL Garry (américain, né en 1934)

**PREMIER LONG MÉTRAGE :**
*Docteurs in love (1982)*
**FILMOGRAPHIE DEPUIS 1985 :**
*Rien en commun (1986)* • *Un couple à la mer (1987)* • *Au fil de la vie (1988)* • ***Pretty woman (1990)*** • *Frankie et Johnny (1991)* • *Exit to Eden (1994)* • *Dear God (1996)* • *Just married (ou presque) (1999)* • *L'Autre sœur (2000)* • *Princesse malgré elle (2001)* • *Un mariage de princesse (2004)* • *Fashion Maman (2004)* • *Lucky 13 (2004)*

Producteur, réalisateur, scénariste, Garry Marshall a derrière lui une longue carrière, tant pour le cinéma que pour la télévision et le théâtre. Créateur et producteur de plusieurs des plus célèbres sitcoms du petit écran américain, metteur en scène de succès prolongés off-Broadway et créateur d'un théâtre en Californie, comédien lui-même dans une série télévisée, il est aussi le réalisateur de comédies et de drames sentimentaux réunissant les acteurs les plus célèbres : Al Pacino et Michelle Pfeiffer dans *Frankie et Johnny*, Goldie Hawn et Kurt Russell dans *Un couple à la mer*, Diane Keaton et Juliette Lewis dans *L'Autre sœur*, et, à deux reprises, Richard Gere et Julia Roberts, qu'il réunit une seconde fois dans *Just married (ou presque)* après le succès planétaire de *Pretty woman*.

### PRETTY WOMAN (1990)
### avec Julia Roberts et Richard Gere

**La p... respectueuse.** Il était une bergère, et ron, et ron, petit patapon. Avec ses cuissardes noires sur ses jambes fuselées, sa jupe mini, son bustier échancré dévoilant une poitrine provocante, sa bouche fardée à la viens je t'invite, et le blond platine de sa chevelure artificielle, elle fait le tapin du côté de Hollywood Boulevard, histoire de boucler des fins de mois difficiles. Vient à passer un prince charmant : voiture grand sport à sièges profonds, costume trois-pièces impeccable, juste ce qu'il faut de tête en l'air pour ne pas remarquer tout de suite le charme de la belle, et une séduction virile à faire se pâmer même une tapineuse, habituée pourtant à en voir d'autres. D'autant que ledit sire est bel et bien un seigneur des affaires, une sorte de super-Tapie à l'américaine, rachetant à bas prix des entreprises qui battent de l'aile et en tirant des bénéfices fabuleux. Bref, entre Miss Trottoir et son raider de rencontre, il y a à peu près la distance qui existe entre un ver de terre et une étoile ou, pour faire plus conforme à la typologie des contes, entre une Cendrillon des rues et un prince charmant friqué. On ne s'étonnera donc pas que ce qui se passe entre eux soit parfaitement conforme au scénario de ces bonnes vieilles histoires, qui firent déjà les délices de la comédie américaine façon Donen, Wilder ou Minnelli. Pour que d'ailleurs on comprenne bien, la télévision de l'hôtel où se retrouve le couple passe justement la fin de *Charade*, où la délicieuse Audrey Hepburn tombe dans les bras du séduisant Cary Grant, ce qui donne quelques indications précieuses sur le dénouement qui ne devrait pas manquer d'intervenir. Et pour qu'on n'oublie pas non plus qu'il s'agit d'une histoire connue, la blonde enfant raconte ses rêves d'enfant, lorsqu'elle se voyait belle au bois dormant attendant un vaillant chevalier qui vienne la délivrer.
Ce qu'il y a donc de pratique dans *Pretty woman*, c'est qu'on ne risque pas de s'y perdre : tout y est parfaitement balisé avec, en plus et constamment, toutes les indications pour interpréter les flèches. Les scénaristes n'ont visiblement pas eu à se casser la tête : leur histoire est le remake parfait d'une bonne centaine de contes et de films. L'astuce est simplement d'avoir transposé tout cela dans les schémas d'une Amérique d'aujourd'hui où les Cendrillons ont laissé la pantoufle pour les talons aiguilles, ou les princes charmants parlent cash-flow et OPA et où les châteaux sont devenus des suites avec terrasse dans un hôtel de luxe hollywoodien. La bonne idée, c'est surtout d'avoir choisi, pour incarner ces personnages plutôt sans surprise, deux acteurs qui leur apportent une vraie touche d'originalité : Richard Gere, à la fois beau mec et fragile, se payant un Œdipe carabiné, qui se traduit par un vertige très hitchcockien chaque fois qu'il s'approche un peu trop d'une fenêtre. Naturellement, la demoiselle va rapidement lui décoincer tout ça, sur un escalier de secours que, surmontant ses inhibitions, le héros va gravir pour retrouver sa belle et le septième ciel par la même occasion. Il faut dire qu'avec Julia Roberts, il fait une sacrée trouvaille. Non seulement elle est grande, belle, carrossée de luxe, mais elle a un abattage redoutable tant dans le rire que dans l'émotion, dans la gaffe que dans le charme. Elle fait à peu près tout passer et mène un train d'enfer tel qu'on ne s'ennuie pas une seconde en sa compagnie.

Pour le reste, tout est léché, carré, efficace. Un produit parfait, conçu et programmé sur ordinateur, livré avec emballage et mode d'emploi, témoignant de ce savoir-faire hollywoodien toujours prêt à démontrer que c'est dans les vieux pots qu'on fait les meilleures confitures, celles qu'on ne peut que consommer avec plaisir sans se poser de question.

## MARSHALL Penny (américaine, née en 1942)

**FILMOGRAPHIE :**
*Jumpin'Jack flash (1986) • Big (1988) • L'Éveil (1990) • Une équipe hors du commun (1992) • Opération Shakespeare (1994) • La Femme du pasteur (1996) •* ***Écarts de conduite (2002)***

Diplômée de mathématiques et de psychologie, Penny Marshall vient s'installer à Hollywood après ses études, et y obtient plusieurs rôles dans des téléfilms et des séries télévisées. C'est avec une de ces séries qu'elle passe à la réalisation, avant de tourner pour le cinéma et d'y obtenir, dès ses deux premiers films, *Jumpin'Jack flash* avec Whoopi Goldberg et surtout *Big* avec Tom Hanks (qui y décroche un Oscar d'interprétation) de gros succès au box-office. On lui confie dès lors la réalisation de films à budgets et castings importants : *L'Éveil*, avec Robert De Niro, et *Une équipe hors du commun*, film sur le base-ball féminin, avec Tom Hanks, Geena Davis et Madonna, qui, grâce à son succès, donne naissance à une série télévisée dont elle réalise l'épisode pilote et assure la production. Réalisatrice efficace, elle illustre parfaitement la place prise à Hollywood par les femmes qui se sont assuré la confiance des studios.

### ÉCARTS DE CONDUITE (2002)
#### avec Drew Barrymore, Brittany Murphy et Steve Zahn

**La vie ratée des anges.** Elle en avait rêvé des choses, la petite Beverly, à la mesure de la vivacité de son intelligence et de la fertilité de son expression, tout entière au désir de faire des études pour, plus tard, devenir écrivain. Et elle rêvait avec elle, sa copine Fay, qui elle aussi avait envie de quitter son trou perdu du Connecticut pour réussir sa vie. Mais les rêves ont ceci de terrible qu'au réveil, ils se heurtent toujours à la réalité. Et la réalité de Beverly, elle lui tombe dessus alors qu'elle a à peine 15 ans et que, à la suite d'une soirée plutôt malencontreuse, elle se retrouve enceinte d'un garçon qui n'est pas celui qu'elle voulait et qu'elle se voit contrainte d'épouser. Ce mariage, la façon dont le filme Penny Marshall en dit toute la tonalité à la fois dérisoire et tragique : entre Beverly qui fait une tête d'enterrement et Ray, son compagnon, qui sourit d'un air béat, il y a tout ce qui sépare une fille talentueuse et de caractère, dont l'élan se trouve brutalement coupé, et un brave garçon, sympathique et amoureux, mais faible et sans envergure. Et il y a aussi toute l'originalité d'un regard de cinéaste qui balance constamment entre l'ironie souriante et l'observation sans complaisance mais sans méchanceté des médiocrités et des drames de l'existence. Car le désir de Beverly, comme celui de sa copine Fay, qui se retrouve enceinte en même temps qu'elle et qui voit sa vie pareillement gâchée, s'inscrit sur fond d'ordre moral et familial : le père de la jeune fille est flic, plein de grands principes et de grandes ambitions pour sa fille, lesquels vont se trouver mis à mal par la conduite de celle-ci et entraîner entre eux une coupure irrémédiable ; et Beverly elle-même, devenue mère d'un fils que d'abord elle ne veut pas, l'élève sans vraiment faire attention à lui, ne pensant, encore et toujours, qu'à ses propres rêves qu'elle désespère de voir s'accomplir.
Tout en soulignant cet aspect social, Penny Marshall centre toutefois délibérément son film sur le point de vue de son héroïne. En quoi elle a doublement raison. D'abord parce que, en racontant vingt ans de son existence, c'est toute une personnalité et tout un pan de vie qu'elle dessine. Mais aussi parce qu'elle trouve, avec Drew Barrymore, l'interprète idéale : des années 1960 aux années 1980, celle-ci traverse avec une belle aisance les époques et les modes. Maquillée, coiffée, habillée, et pas toujours à son avantage, en fonction de l'âge de son personnage, elle en fait juste assez trop pour faire de sa Beverly la fille à la fois mutine et déterminée, animée d'autant de désir que de volonté, qui réussit à être touchante et horripilante à la fois. Un peu comme un film qui offre suffisamment de sensibilité et d'originalité pour qu'on s'y attache, mais qui a aussi parfois du mal à se limiter dans ses élans sentimentaux et qui ne peut s'empêcher pour finir de faire vibrer les cordes de la réconciliation et de la sérénité, ce qui lui enlève *in fine* un peu de ce côté aigre-doux qu'il porte en lui, et qui fait son charme doux-amer.

## MARSHALL Rob (américain, né en 1960)

**Filmographie :**
***Chicago (2002)*** • *Mémoires d'une geisha (2005)*

Chorégraphe, Rob Marshall a chorégraphié plusieurs comédies musicales sur les scènes de Broadway avant d'aborder la mise en scène avec une reprise du célèbre *Cabaret*, de Kander et Ebb, puis de présenter une nouvelle production de *Chicago*, des mêmes Kander et Ebb. Le cinéma n'était donc pas loin : il y débute en chorégraphiant le film de Tim Robbins, *Broadway 39e Rue*, et passe lui-même à la réalisation, en chorégraphiant *Chicago*, dont les avatars scéniques et cinématographiques montrent bien les rapports, *via* la comédie musicale, de la scène et de l'écran. La pièce originelle de Maurine Watkins, créée en 1926, avait été suivie dès l'année suivante d'une première adaptation à l'écran, avant que William Welman n'en donne en 1942 une nouvelle version pour le cinéma avec *Roxie Hart*, puis que Kander et Ebb, associés à Bob Fosse, ne la ramènent à la scène en la transformant en une comédie musicale, et que Rob Marshall, la reprenant d'abord au music-hall, n'en fasse à son tour un film.

### CHICAGO (2002)
**avec Renée Zellweger, Catherine Zeta-Jones et Richard Gere**

**Show-biz.** En reprenant un sujet qui, depuis sa création en 1926, a connu déjà nombre d'adaptations, Rob Marshall, contrairement à un Baz Luhrmann repeignant de façon iconoclaste le Moulin-Rouge aux couleurs d'aujourd'hui, choisit de recycler tous les éléments venus de la tradition en prenant bien soin d'en faire un produit made in Hollywood, le plus conforme possible aux canons du genre. En résulte un curieux film, à la fois parfaitement emballé dans des décors, des costumes, des numéros de chant et de danse où ne manquent pas une plume ni une paillette, et pourtant quelque peu déficitaire du côté émotions et folie. Deux heures ou presque de revue à vous en mettre plein les yeux et plein les oreilles ; deux heures de lyrics sur des airs et des paroles conçus comme des tubes à la chaîne ; deux heures de chorégraphies réglées au millimètre, à admirer l'abattage de Renée Zellweger et la plastique superbe de Catherine Zeta-Jones, sans oublier les tempes joliment argentées du gigolo de charme que reste Richard Gere, faisant en plein tribunal un ébouriffant numéro de claquettes. Deux heures donc de pur spectacle, mais où les rêves et les malheurs de la pauvre Roxy, qui se voit déjà star et qui se retrouve meurtrière de son amant, ne suffisent pas à apporter à tout cet étalage de strass et de rythmes l'âme qui lui fait défaut. Et ce n'est pas non plus la petite pointe satirique portée sur une société médiatique faisant et défaisant les vedettes d'un jour qui compense d'un peu de poids la légèreté de l'ensemble. Bref, il faut se résoudre à ne prendre ce Chicago-là que pour ce qu'il est : un concentré de show-biz. Pas spécialement désagréable à regarder, et pas vraiment difficile à oublier.

## MARSHALL Tonie (française, née en 1951)

**Filmographie :**
*Pentimento (1989)* • *Pas très catholique (1993)* • *Enfants de salaud (1995)* • ***Vénus Beauté (Institut) (1998)*** • *Au plus près du Paradis (2002)* • *France Boutique (2003)*

Il y a dès le premier film de Tonie Marshall, *Pentimento*, un ton plein de verve, d'élégance et de tendresse qui fait penser aux comédies des années 1940 dans lesquelles triomphait sa mère, Micheline Presle. Et il y a aussi un regard qui se fait de plus en plus aigu, tant dans les portraits de femmes, comme dans *Pas très catholique* ou *Au plus près du Paradis*, que dans les portraits de groupe, dont *Vénus Beauté (Institut)* offre le meilleur exemple, où le comique de mœurs fait bon ménage avec la justesse de touche psychologique.

### VÉNUS BEAUTÉ (INSTITUT) (1998)
**avec Nathalie Baye, Bulle Ogier, Mathilde Seigner, Audrey Tautou et Samuel Le Bihan**

**Parfum de femmes.** Rose et bleu, couleur néon : c'est une petite boutique de quartier, légèrement kitsch, un concentré de salon de beauté lifté années 1950, quelque chose qui ressemble à un décor de Jacques Demy et à un bocal d'aquarium où, en petite blouse serrée, trois petites mains s'affairent, expertes en massages, peelings, drainages, enveloppements, gommages, épilations, rayons, masques et autres soins intimes destinés à raffermir les chairs, effacer les rides, dorer la peau, soigner les apparences physiques guettées inexorablement par le temps qui passe. Celles qui poussent la porte s'y retrouvent dans une sorte de lieu protégé, un peu magique, où l'on laisse dehors les soucis de la vie quotidienne, pour venir s'épancher auprès des esthéticiennes compatissantes et pour attendre d'elles les mots du réconfort qui, avec la caresse du massage, agissent comme un baume au cœur et au corps. L'institut de beauté, devenu, dans une société sacrifiant à la religion des apparences physiques, comme un succédané du confessionnal.

Les clientes de Madame Nadine, la pimpante directrice toujours pomponnée façon poupée Barbie avec bijouteries diverses en sautoir, apprécient tout particulièrement la douce Angèle. Comme le dit sa patronne, elle a des mains de fée. Et une vie d'enfer. Mais cela, personne ne le dit, et Angèle elle-même ne veut pas le laisser paraître. Blessée à vif par un amour malheureux, elle a décidé de ne plus faire confiance, ni aux hommes ni à ses sentiments, et elle se réfugie dans les rencontres de passage, qui lui laissent chaque fois le goût amer de la frustration. Et puis, un beau jour, un homme la croise, en tombe amoureux, le lui dit, et Angèle, plus méfiante que jamais, refuse de l'entendre, se ferme, avance d'un oui, recule d'un non, vit au plus profond de son être les souffrances agitées de la passion qui n'ose se dire. Tandis que chaque matin, impeccable, lisse et douce dans sa petite blouse serrée, elle reprend son visage accueillant et ses gestes apaisants d'esthéticienne : bleu et rose, sur ton pastel.

Il y a bel et bien un côté un peu féerique dans le film de Tonie Marshall, quelque chose qui passe de cet univers de l'apparence, où tout est luxe à tarif promotionnel, calme de salon de soins, beauté sur rendez-vous. La façon dont la réalisatrice campe son décor, fixe la tonalité tendre de ses couleurs, repose son récit par quelques échappées belles sur les rues mouillées, les toits de la ville, les lumières scintillantes de Noël, accompagne les palpitations sentimentales de ses personnages de musiques et de chansons douces, qui disent le premier bonheur du jour ou les émois de la passion : tout cela crée un climat, une atmosphère, une tonalité. Et surtout donne sa cohérence à un ensemble où la forme fait le fond. La double ligne du récit – la vie de l'institut de beauté et celle, intime, d'Angèle et de ses copines (car Samantha et Marie, elles aussi, ont leur histoire) – recouvre le thème central qu'illustrent les choix formels : l'apparence d'un côté, aux teintes douces, la vérité profonde de l'autre, plus contrastée.

Dans la façon qu'elle a d'établir entre les deux un contrepoint qui ménage les moments de calme et de sourire en alternance avec ceux de force et de tension, Tonie Marshall réussit à offrir une comédie curieusement douce et violente, souriante et parfois désespérée, mais finalement habitée de l'incurable soif de vivre et d'être heureux, avec le désir pour happy end d'un de ces baisers de cinéma où le monde enchanté de Demy rejoindrait les grandes étreintes hollywoodiennes, tandis que le mot « Fin » s'ouvrirait sur un infini d'avenir radieux. Tout un monde, où flotte un doux parfum de femmes, et qui est celui d'une femme cinéaste qui aime les femmes, mais aussi les hommes, et qui a pour les unes comme pour les autres une tendre complicité.

## MARTEL Lucrecia (argentine, née en 1966)

**FILMOGRAPHIE :**
***La Ciénaga (2001)*** • *La Niña santa (2004)*

Dans un pays n'ayant jamais connu, comme certains de ses voisins d'Amérique latine, Mexique ou Brésil, de grands mouvements cinématographiques, l'apparition d'une nouvelle génération à l'orée des années 2000 constitue un phénomène qu'on n'a pas manqué de vouloir identifier comme une « nouvelle vague » argentine. Parmi ces cinéastes, moins réunis en un véritable mouvement que liés par une approche à la fois personnelle et nouvelle du cinéma, Lucrecia Martel figure, au côté de Pablo Trapero ou de Lisandro Alonso, comme un des talents les plus prometteurs. Très vite remarquée par ses courts métrages, et notamment en 1995 *Le Roi mort*, elle impose en deux films à la fois un style et un univers thématique. Originaire du nord de l'Argentine, région subtropicale largement laissée pour compte dans le développement économique et très révélatrice, par son peuplement, son climat, son imprégnation chrétienne, de l'identité profonde du pays, la cinéaste, dans des œuvres manifestement très personnelles, sinon autobiographiques, dit à la fois la déliquescence d'un monde et, par l'acuité même du regard qu'elle pose et de la forme qu'elle lui donne, l'émergence d'une véritable force de renouveau.

## LA CIÉNAGA (2001)
### avec Graciela Borges, Mercedes Moran, Sofia Bertolotto et Juan Cruz Bordeu

**Paludes.** En quelques plans, tout est dit. L'étonnante ouverture de *La Ciénaga* montre, alors même que le film commence, que le processus de dégradation fait déjà depuis longtemps son œuvre. Des corps filmés à ras de la ceinture, sans tête ni pieds, étalent leurs chairs flasques, leurs membres flétris, dans un mouvement hagard qui leur fait traîner des chaises métalliques dont le raclement sur le sol produit un bruit grinçant, au bord d'une piscine dont les eaux verdâtres et croupissantes ont quelque chose de menaçant, comme sont menaçants le tonnerre qui gronde et la montagne napée de brumes qui se profile à l'arrière-plan d'une nature dont la végétation luxuriante et moite sent sa pourriture. Dans ce ballet désarticulé, qui suinte la dégénérescence, se met en place tout un système, à la fois familial, social, culturel, que vient colorer, fort à la fois de sa violence chromatique et de sa puissance symbolique, le rouge du vin qui coule dans les verres et le rouge du sang qui coule sur la poitrine de Mecha, la maîtresse de maison, lorsque, dans la torpeur de l'alcool, elle tombe lourdement et s'entaille les chairs sur le verre brisé. Les cicatrices sont des signes de ce monde couturé : le sang ne cesse de couler, marquant les visages, cassant les nez, tailladant les peaux ; et à ces stigmates s'ajoutent les difformités physiques, signes aussi de fin de race : tel enfant a une dent en trop, tel autre risque de perdre un œil, tel autre encore se fracasse en tombant d'une échelle.
Qu'en est-il de ce monde qui suinte le croupissement et la décrépitude ? C'est celui d'une région du nord de l'Argentine, dont le nom lui-même – les *ciénagas* sont des marécages, des régions inondées où tout pourrit et se flétrit – dit bien la nature. C'est celui aussi de la bourgeoisie décadente qui l'habite, descendants d'anciens colons déclassés, qui y vivent auprès des Indiens avec lesquels ils entretiennent des relations ambiguës de promiscuité et de domination. La famille que montre Lucrecia Martel traduit ce milieu et son mode de vie, mais en traduit surtout la décadence inéluctable. Une mère, Marta, dont l'alcool ronge le visage et le corps et qui ne bouge plus de son lit ; un mari, vieux beau dont les cheveux teints ne cachent pas la veulerie molle ; des enfants qui cherchent tant bien que mal à pallier la démission des adultes mais qui sont eux-mêmes embarqués dans un mode de vie détraqué, et dont les corps nus, vautrés sur les lits, disent à la fois la force de la sensualité et les troubles relations de l'inceste ; la servante indienne, fuyante et énigmatique ; et, à côté des hommes, d'autres menaces : les animaux – vache qui s'enlise dans un marais, tortue qui traverse les pièces inondées de pluie, chiens qui font l'objet de douteuses caresses, et même, hybride fantasmé, chien-rat à double rangée de dents –, et la nature – lourde, profonde, épaisse, sombre, engloutissant tout…
Lucrecia Martel dit ce croupissement d'une société et d'un monde. Mais elle le dit dans un film dont la forme même est éclatée : séquences brutes, scènes saisies dans la discontinuité et sans explication, incertitude des liens exacts qui relient tous ces êtres. Avec, omniprésent, le poids de la chair et donc, forcément, dans un pays de forte culture catholique, du sentiment de culpabilité qui l'accompagne. D'ailleurs, répondant à la mentalité magique des Indiens, la Vierge, d'après ce que montre la télévision, est apparue dans un village proche. Mais la jeune Momi, l'adolescente par les yeux de qui semble être vu ce qui se passe, a beau aller sur place pour constater l'apparition, elle ne voit rien. Dans le film terrible de Lucrecia Martel, tout est décidément bouché, sur la terre comme au ciel.

# MARTONE Mario (italien, né en 1959)

**Filmographie**

*Mort d'un mathématicien napolitain (1992) • L'Unico paese el mundo (1994) • L'Amour meurtri (1995) • Una storia saharawi (1996) • La Salita (1997), co-réalisation • Théâtre de guerre (1998) • Un posto al mondo (2000) • Lulu (2001) •* ***L'Odeur du sang (2004)***

Homme de théâtre, créateur en 1977 de la troupe des Falsi Movimenti, avec laquelle il met en scène des spectacles qui marient le théâtre, le cinéma et les arts visuels, Mario Martone, profondément attaché à sa ville natale de Naples, lui consacre un court métrage en 1985, *Nella città barocca*, puis passe au long métrage de fiction en 1992 avec *Mort d'un mathématicien napolitain*, où il évoque le suicide du mathématicien Renato Caccioppoli, neveu de Bakhounine, film qui, sur un sujet grave – les fêlures d'un homme déçu, s'interrogeant sur le sens de sa vie et de ses engagements –, fait apparaître tout son sens de la dramaturgie et sa conception d'un cinéma posant les questions essentielles. Les films qui suivent confirment ses qualités de cinéaste, mais ne l'éloignent pas du théâtre : en 1994, il filme *Rasoi*, le spectacle qu'il a mis en scène avec la compagnie des Teatri Uniti, qu'il a fondée, et en 1999 il devient directeur du Théâtre de Rome, où il multiplie les lieux et les spectacles. Son cinéma intègre cette dimension dramatique, que ce soit dans l'intériorisation de la douleur dans *L'Amour meurtri*, ou dans l'évocation de la guerre en Bosnie à travers la mise en scène des *Sept contre Thèbes* d'Eschyle à Sarajevo, dans *Théâtre de guerre*. Le tragique de la condition humaine est toujours la grande affaire de Mario Martone : *L'Odeur du sang*, adapté du roman de Parise, le dit encore d'une autre manière.

### L'ODEUR DU SANG (2004)
#### avec Fanny Ardant, Michele Placido et Giovanna Giuliani

**La chair est triste, hélas...** Dans le bar où la jeune Lu entraîne Carlo, son amant, tous deux se retrouvent dans la pénombre d'une arrière-salle où d'un regard à la fois attentif et gêné Carlo est amené à observer une femme en train de pratiquer une fellation. Et le sexe impudique que Mario Martone, dans une scène qui se donne volontairement l'allure d'un film porno, dresse aux toutes premières images de *L'Odeur du sang* apparaît bien comme ce autour de quoi tout va se jouer et que le cinéaste, dans un plan choquant, met à nu, comme il va le faire tout au long de l'histoire qu'il va raconter.

Cette histoire, adaptée du roman sulfureux de Goffredo Parise, c'est celle d'un quadrilatère amoureux dont, curieusement, un des côtés n'apparaît jamais. Carlo, écrivain et journaliste installé, la cinquantaine cossue, mène une vie sentimentale qui a tous les aspects de la compromission bourgeoise, entre Rome, où il délaisse sa femme, directrice de galerie, et sa maison de campagne, où il passe la plupart de son temps avec sa jeune maîtresse. Mais Silvia, la femme, se lasse de cette situation. Et, dans son ennui, elle se laisse prendre aux avances d'un jeune homme, dans une liaison qui prend vite le ton d'une dépendance sexuelle. Le plaisir qu'elle y trouve, en même temps que la personnalité mystérieuse et inquiétante de son jeune amant, lié à un groupe fasciste, épileptique, drogué, la soumettant de plus en plus à des jeux pervers et violents, la pousse à tout raconter, comme pour trouver un appui, à son mari. Lequel, dans un désir de savoir qui relève à la fois de la jalousie et d'une volonté de satisfaire ses propres obsessions sexuelles, la pousse toujours plus loin dans une confession qui à la fois ranime son désir pour sa femme et l'éloigne irrémédiablement de lui. Car le sexe, si ostensiblement montré dès le début du film, prend, par les confidences de Silvia, un aspect de plus en plus obsessionnel et cérébral. À tel point même que ce jeune amant, qu'on ne voit jamais et qui n'existe que par la parole de Silvia, pourrait presque paraître n'être que l'expression de ses fantasmes à elle, ou peut-être même une invention destinée à nourrir les fantasmes d'un mari vieillissant qui, devant ainsi la partager avec un amant représentant une force et une virilité qu'il n'a plus, y trouverait une excitation propre à le ramener vers elle. D'un côté, donc, l'ordre, social, économique, conjugal ; de l'autre, dans les profondeurs troubles d'un monde pasolinien, le désordre, le désir, le sexe, le sang. Car le roman qu'écrit Carlo sur la guerre, et où il montre la violence des corps déchiquetés, relève des mêmes replis que les violences sexuelles auxquelles Silvia se soumet. Et les chairs tuméfiées et les cicatrices sanglantes sont là, *in fine*, pour donner corps à ces fantasmes dans lesquels Silvia s'est enfoncée, comme dans une inexorable descente aux enfers.

Le film de Mario Martone, porté par une Fanny Ardant dont la performance relève moins du culot que de la volonté de pousser le champ de l'interprétation à ses limites extrêmes, est d'une froideur sidérante et d'une tristesse absolue. Il dit les rapports du sexe et de la mort, et que la chair est triste, hélas, même pour qui a lu tous les livres. Et il dit aussi, dans un film qui, à sa manière, a quelque chose d'Antonioni, toute l'impuissance des êtres et leur solitude irrémédiable.

## MASSON Laetitia (française, née en 1966)

**FILMOGRAPHIE :**
*En avoir ou pas (1995)* • *À vendre (1999)* • ***Love me (2000)*** • *La Repentie (2002)* • *Pourquoi (pas) le Brésil (2004)*

Il y a, dans le cinéma de Laetitia Masson, une curieuse juxtaposition de réalité et de romanesque qui lui donne un caractère tout fait original dans le jeune cinéma français. Formée à la Femis, passée par le court métrage, la réalisatrice s'intéresse d'emblée, avec *En avoir ou pas*, aux réalités sociales, mais en les accompagnant des exigences esthétiques d'un style qui transcende la vision purement réaliste et qui, dans *À vendre* ou dans *Love me*, donne à ses personnages et à leur histoire quelque chose qui les inscrit dans les grands mythes romanesques et qui les dépasse.

## LOVE ME (2000)
### avec Johnny Hallyday et Sandrine Kiberlain

**Sur la route de Memphis.** Qui est-elle ? D'où vient-elle ? Et qu'est-ce qui l'amène ainsi en Amérique, sans argent, sans nom, sans papiers, sans autre lien avec la vie que l'errance et l'amnésie, si ce n'est ces brusques évanouissements et ces visions – rêves ou souvenirs remontant à la surface ? – qui la renvoient vers un passé qu'elle veut fuir ? Et qu'en est-il de cette longue route qui la conduit jusqu'à Lennox, le rocker fatigué, lui aussi au bout d'un chemin chaotique, fait d'alcool, de femmes, de solitude ? Et qu'en est-il encore de cet autre homme qui la poursuit, mi-mafieux, mi-thérapeute, et de cette mère perdue dans la déchéance, et de ce marin rencontré au bord d'un quai et qui lui parle de voyage, et d'un autre port, au bout du monde, où elle pourrait le rejoindre ? Qu'en est-il donc de cette figure floue, de cette longue fille à la dérive, qui dit s'appeler Rose, comme la couleur qu'elle porte, et dont le double juvénile la suit et l'obsède ? Et qu'en est-il, ainsi, de ce film de Laetitia Masson, si ce n'est qu'il porte en lui l'envoûtement même du cinéma : des images dont le cadre et la couleur emmènent vers quelque imaginaire qu'on pourrait croire sorti de quelque film de Beineix ou de Wenders, une musique qui fait entendre la voix du King et celle, magnifique, de son double vieilli sous le harnais et poursuivant lui aussi sa vie déglinguée sur la route de Memphis ? Plutôt que de répondre à toutes ces questions, *Love me* incite à se laisser prendre par elles, sans forcément chercher à comprendre, jusqu'à ce que, par la structure insidieuse d'un découpage complexe, les éléments viennent s'emboîter les uns dans les autres et viennent donner son sens à cette histoire si compliquée, et pourtant si simple : une fille qui marche – Sandrine Kiberlain, étonnante icône d'aujourd'hui, que sa réalisatrice façonne de film en film de façon de plus en plus amoureuse, par une caméra qui l'enveloppe et la caresse – et qui trouve sur sa route un chanteur fatigué – non moins étonnant Johnny Hallyday, à la voix chaude et aux traits lourds, chargé de toute la tristesse poignante et de toute la nostalgie des refrains d'amour que chantait Presley. *Love me tender*, disait la chanson. Besoin d'amour, lui répond, comme en écho, tout le film de Laetitia Masson.

# MASUD Tareque (bangladi, né en 1957)

**FILMOGRAPHIE**
***L'Oiseau d'argile (2001)***

Après avoir obtenu un diplôme d'histoire à l'université de Dacca, Tareque Masud réalise ses premiers courts métrages expérimentaux et s'implique dans des films socialement engagés, qui l'amènent à co-fonder un forum pour réalisateurs alternatifs et à devenir le pivot d'un nouveau cinéma au Bangladesh. Réalisant plusieurs documentaires, dont l'un, *Mutir gaan*, sur la libération de son pays, il passe quelques années à New York avant de revenir s'installer à Dacca en 1995 et d'y poursuivre sa carrière cinématographique, en abordant en 2001 le long métrage de fiction, à travers *L'Oiseau d'argile*, qui traduit tout l'intérêt qu'il porte, et le nouveau cinéma bangladi avec lui, à l'histoire de son pays.

## L'OISEAU D'ARGILE (2001)
### avec Nurul Islam Bablu, Russel Farazi et Jayanto Chattopadhyay

**L'école de l'intégrisme.** Jeune homme, Kazi aimait la vie, les rires, les jeux de son frère, la beauté de sa jeune épouse. Et puis Kazi est devenu musulman, il s'est laissé pousser la barbe, il s'est mis à réciter ses prières de façon quasi obsessionnelle, il a imposé le foulard et l'isolement à sa femme, et il a décidé d'envoyer son fils Anou dans une madrasa. Là, l'enfant, dont on change le nom en Anouar, découvre la loi de l'intégrisme : un directeur d'une sévérité intraitable, un enseignement fondamentaliste, une discipline de fer, une intolérance érigée en principe, et le jihad prôné comme le seul moyen d'assurer la défense de l'islam. À l'école du Coran, tel qu'il est enseigné ainsi dans le foyer même de l'intégrisme, le jeune enfant, qui rêve de liberté et d'amour, découvre la haine de l'autre. Et s'il y échappe, c'est qu'il trouve à se raccrocher à ce qui reste de traces d'humanité vraie autour de lui : un autre enfant, Rokon, souffre-douleur de la madrasa, parce qu'il est différent et qu'il s'évade par l'imagination ; Milon, son jeune oncle, étudiant qui veut la liberté pour son pays et qui répugne à l'enfermement islamique ; Ayesha, sa mère, qui observe mélancoliquement le monde derrière les fenêtres de la maison ; Asma, sa jeune sœur, qui aime les fleurs et les papillons. Comment tout ce bonheur fragile va être mis à bas par l'aveuglement et la violence intégristes, c'est ce que raconte, avec une étrange poésie, ce film venu du Bangladesh, et qui explique lumineusement des choses qui pourraient nous paraître bien lointaines, et qui pourtant nous touchent au plus près. La situation politique du pays – on est en 1970, au moment de la lutte qui oppose le pouvoir des militaires pakistanais au peuple bengali réclamant son indépendance – fournit certes le cadre de l'histoire racontée. Mais, au-delà du contexte historique précis, ce que montre Tareque Masud, c'est l'étouffement de l'être et des relations humaines par ce mal insidieux qu'est le fanatisme religieux. La beauté des paysages gorgés d'eau et d'humidité, le charme envoûtant de la musique, l'étrangeté des rites et des mœurs : tout cela, loin de donner une image exotique et folklorique de la question traitée, lui apporte une vérité dont on sent bien, au contraire, qu'elle est plus que jamais universelle.

## MAZURSKY Paul (américain, né en 1930)

**PREMIER LONG MÉTRAGE :**
*Bob et Carole et Ted et Alice (1969)*
**FILMOGRAPHIE DEPUIS 1985 :**
*Le Clochard de Beverly Hills (1986)* • *Pleine lune sur Parador (1988)* • *Ennemies. Une histoire d'amour (1989)* • ***Scènes de ménage dans un centre commercial (1990)*** • *The Pickle (1993)* • *Faithfull (1996)*

Éclectique, Paul Mazursky a touché à peu près à toutes les formes de spectacle : comédien à la scène et à l'écran, passé même par le fameux Actors Studio, se produisant dans le circuit off-Broadway tout en tournant sous la direction de Stanley Kubrick ou de Richard Brooks, réalisateur à la télévision avant de s'engager dans une carrière de comique, en duo d'abord, en solo ensuite, ralliant la célèbre troupe de la Second City pour y pratiquer l'improvisation, collaborant au show télévisé de Danny Kaye, il en vient au cinéma à la fois par l'écriture de scénario et par la réalisation, s'y faisant le chroniqueur de la petite et moyenne bourgeoisie américaine. Il en dresse un portrait ironique mais plutôt bienveillant, attentif en particulier au désir d'indépendance que manifestent les femmes, et aux maladresses, aux gestes manqués et aux regrets qui émaillent la vie de héros du quotidien en mal d'adaptation face à un monde changeant. Et comme il sait choisir ses interprètes, ses films sont de fines chroniques, moins cruelles que chaleureuses.

### SCÈNES DE MÉNAGE DANS UN CENTRE COMMERCIAL (1990)
**avec Woody Allen et Bette Midler**

**Le syndrome conjugal.** Un couple parfait, les Fifer. Lui avocat d'affaires, elle psychologue versée dans les trémolos du cœur, deux enfants adorables, fille et garçon, une maison grand luxe sur les hauteurs de Los Angeles, des amis charmants à dîner ce soir, le téléphone qui n'arrête pas de sonner, et juste le temps de s'offrir une petite galipette amoureuse entre le breakfast et le bain chaud. Autant dire qu'ils ont tout pour être heureux, si ce n'est que le bonheur conjugal sans nuages a un petit défaut : il tend à s'éterniser. Ce jour-là en effet, les Fifer fêtent leurs seize ans de mariage. Dix-sept même pour être précis, comme Nick le fait remarquer à Deborah, en comptabilisant l'année prénuptiale qu'ils ont passée ensemble, et pendant laquelle lui seul a payé les impôts pour deux !
Comme c'est Noël, que les enfants sont en vacances, et qu'il faut aller chercher les sushis pour la réception du soir et les cadeaux respectifs pour fêter ce joyeux anniversaire, les Fifer se retrouvent donc dans un de ces malls de luxe qui sont aux centres commerciaux français ce que la Cadillac est à la 2 CV. Ascenseurs vitrés, profusion des marchandises, boutiques débordantes, bar mexicain, traiteur japonais, attractions diverses et ambiance aussi moelleuse que l'épaisseur des moquettes : les nouveaux temples de la consommation triomphante, les cathédrales du dernier grand rêve américain. C'est dans ce cadre qui symbolise à la fois la réussite sociale et le bonheur aseptisé qu'éclate tout naturellement ce qu'il advient aux couples qui vieillissent ensemble sans s'en rendre compte : une scène de ménage. Le prétexte en est que Nick avoue à Deborah qu'il a une maîtresse, et que Deborah réplique en lui avouant qu'elle a un amant. Pas de quoi fouetter un couple moderne de quadragénaires avertis ! Et pourtant, c'est l'étincelle qui met le feu aux poudres. Parce qu'en seize ans (et même dix-sept pour être précis) de mariage, on en a accumulé des rancœurs et des exaspérations, et que ça fait du bien de les voir sortir une bonne fois. Ah ! divorcer, se séparer, ne plus se voir ! Après quoi, toute colère évacuée, on pourra continuer ensemble…

Le scénario du film de Paul Mazursky ne brille pas spécialement par l'originalité. Les scènes de la vie conjugale ont nourri depuis belle lurette le théâtre de boulevard, les sketches des fantaisistes et les chroniques de famille. Et sans mari et femme se disputant pour cause d'amant réciproque, la comédie serait privée d'un de ses plus sûrs effets. L'intérêt de ces nouvelles *Scènes de ménage* n'est donc pas là. Comme il n'est pas non plus dans l'observation qu'elles offrent d'un couple américain à l'âge critique. Que tout cela relève d'une psychanalyse gentillette, à la portée du premier divan qui passe, n'est pas pour surprendre : en fait de problèmes de couple, d'inhibitions et d'Œdipe mal digéré, les Fifer sont dans la bonne moyenne et leur refoulé n'a rien de particulièrement explosif.
L'avantage, en fait, est d'ailleurs. Il est d'abord dans la bonne idée qu'a eue le réalisateur de réunir Bette Midler et Woody Allen. Elle plutôt enveloppée et pétaradante, lui plutôt maigrelet et coincé : leur simple union, sans même qu'ils aient à parler, en dit beaucoup. À quoi s'ajoute que le cinéaste offre une belle maîtrise dans la direction d'acteurs, non seulement en empêchant Bette Midler de cabotiner, mais aussi en sachant donner un air naturel à la flopée de figurants qui vont et viennent dans le centre commercial. Cette scène de ménage en public renouvelle même avantageusement le huis clos traditionnel dans la cuisine, avec crise de nerfs et vaisselle brisée. Et les sushis font plus neuf que la tarte à la crème. Dernier avantage : si l'on s'ennuie parfois un peu à une dispute qui se prolonge, la galerie marchande offre tout ce qu'il faut pour se distraire, des chanteurs, un mime, des vitrines, et même un cinéma où l'on peut voir un autre film.

## MAZUY Patricia (française, née en 1960)

**FILMOGRAPHIE :**
*Peaux de vaches (1988)* • *La Finale (1996)* • ***Saint-Cyr (2000)*** •
*Basse Normandie (2004), co-réalisation*

Assistante d'abord (de Yilmaz Güney), puis monteuse (d'Agnès Varda), Patricia Mazuy s'est affirmé en quelques films comme un des talents les plus originaux du jeune cinéma français. La force des sentiments mis en scène, la violence avec laquelle ils sont représentés, le côté très physique qui se fait jour dans la direction d'acteurs, le choix de décors et de paysages âpres et forts : autant d'éléments qui, tant dans la tragédie rurale qu'est *Peaux de vaches* que dans l'étonnante, et peu académique, reconstitution du *Saint-Cyr* de Madame de Maintenon, témoignent d'un vrai regard de cinéaste.

### SAINT-CYR (2000)
**avec Isabelle Huppert, Jean-Pierre Kalfon et Simon Reggiani**

**Les filles du Calvaire.** Le ciel est gris, le paysage, à perte de vue, est mouillé d'eau. Et la troupe de fillettes qui s'avance sur les chemins fangeux est toute crottée de boue. D'emblée, le film de Patricia Mazuy suinte la grisaille humide et distille comme une atmosphère glacée. L'arrivée des jeunes orphelines de la noblesse pauvre, à qui Madame de Maintenon a entrepris de donner cette éducation que le XVII$^{e}$ siècle finissant n'accorde pas aux filles, installe le film en dehors des clichés habituels de la reconstitution historique. La froideur plombée du décor et l'uniformité tout aussi froide des costumes, des meubles, des accessoires, imposent une image bien éloignée des fastes baroques de la cour du Roi-Soleil. On est ici à Saint-Cyr, dans cette zone marécageuse où Louis XIV a octroyé à sa morganatique épouse sa maison royale de Saint-Louis, pour qu'elle y installe le collège pour filles qui lui tient tant à cœur. Un roi certes vieillissant, mais qui aime passionnément cette femme qui s'est fait patiemment son chemin jusqu'à sa couche. Et qui, tout en lui consentant de réaliser son projet, souligne qu'il ne voit pas sans ironie cette volée de jouvencelles en leur offrant, en cadeau de bienvenue, un troupeau d'autruches ! La tâche est rude, il est vrai, ne serait-ce que pour apprendre à toutes ces petites oies blanches qui cacardent leur parler régional, provençal, normand, auvergnat ou gascon, à s'exprimer en français. Mais Madame de Maintenon et les femmes qu'elle a réunies autour d'elle ont la foi éducative chevillée au cœur et, loin de la règle compassée des couvents, elles entendent bien former ces esprits candides à affronter, en vraies femmes, la vie sociale.
*Saint-Cyr*, tel que le raconte avec une originalité et une maîtrise rares Patricia Mazuy, c'est l'enlisement progressif de ce rêve audacieux. L'esprit d'ouverture qui semble d'abord courir dans les salles du château trouve son point d'orgue lorsque les demoiselles, formées au théâtre, donnent devant la cour médusée une représentation de l'*Es-*

*ther* que Racine a tout spécialement écrite pour elles. Mais Madame de Maintenon, voyant dans ce triomphe même les dangers qui guettent et qui risquent de livrer ses filles à l'appétit du monde, mesure la vanité du rêve qu'elle a formé. Et, s'enfonçant de plus en plus dans une dévotion austère, elle transforme Saint-Cyr, sous la houlette d'un prêtre illuminé, en lieu de mortification et de rejet du monde.
Isabelle Huppert, extraordinaire interprète, habitée de l'intérieur par une foi dévorante, qui n'est peut-être pour le personnage qu'elle incarne qu'une façon de régler ses comptes avec son passé, se transforme insensiblement en gardienne sourcilleuse du temple. Et les deux filles qu'elle a façonnées à son image, et autour desquelles la réalisatrice construit son scénario, reproduisent, chacune à leur façon, les deux faces contradictoires de leur modèle : l'une qui fut pourtant la troublante Esther des temps heureux, devient la martyre de la foi, vivant son calvaire jusqu'au sacrifice ultime. L'autre, rebelle, indomptable, enfourchant un cheval apeuré, apporte enfin à la grisaille irrespirable de la tragédie les couleurs durement conquises de la liberté.

## MEDAK Peter (hongrois, né en 1937)

**PREMIER LONG MÉTRAGE :**
*Negatives (1967)*
**FILMOGRAPHIE DEPUIS 1985 :**
*The Men's club (1986)* • *Les Frères Kray (1990)* • *L'Âge de vivre (1992)* •
***Romeo is bleeding (1993)*** • *Pontiac moon (1994)* • *La Mutante II (1998)* •
*The Triangle (2004)*

Né en Hongrie, Peter Medak émigre en Angleterre en 1956 et c'est là qu'il commence sa carrière, se formant sur le tas en travaillant sur une quarantaine de films comme monteur, premier assistant, réalisateur de seconde équipe et producteur associé. Puis il part pour les États-Unis, où un contrat avec Universal le spécialise dans la réalisation de téléfilms de fiction. Réalisant son premier film pour le cinéma, il revient s'installer à Londres où il tourne deux nouveaux films, avant, pendant dix ans, de se tourner à nouveau vers la télévision. Il revient au cinéma dans les années 1980, repartant pour Hollywood où il s'essaie sans grand succès à plusieurs genres – le fantastique, la comédie –, ce qui le ramène à Londres où il réalise alors ses films les plus personnels, marqués par sa propre histoire d'émigré devant lutter pour survivre : *Romeo is bleeding*, par la façon dont il traite l'univers du film noir, en est l'illustration.

### ROMEO IS BLEEDING (1993)
### avec Gary Oldman, Annabella Sciorra, Juliette Lewis et Lena Olin

***Polar is polar.*** Un coin perdu de l'Arizona, avec un de ces restaurants déglingués qui montent la garde en plein désert le long d'une route rectiligne, façon Bagdad café ou pub pour jeans. À l'intérieur, un type qui a tout d'un zombie, et qui parle d'un rendez-vous impossible et d'un destin pourri. Et une voix off qui se met à raconter une histoire. Celle d'un flic, Jack Grimaldi, qui avait tout pour être heureux : une femme, un pavillon de banlieue, une maîtresse pour le zeste érotique, et de bonnes combines bien juteuses qui consistaient à refiler à la mafia new-yorkaise et à son parrain Don Falcone des renseignements à 30 000 dollars, histoire d'arrondir ses fins de mois et de remplir le sac-poubelle bien planqué dans un trou au fond du jardin, avec toutes ces liasses accumulées comme un trésor de guerre. Et cela aurait pu continuer longtemps si, un beau jour, Jack Grimaldi ne s'était cru plus malin qu'il ne l'était, et si sa route n'avait pas croisé celle de Mona De Markov, tueuse de son état, le feu au corps et au 6,35, prête à doubler Don Falcone et trouvant en Grimaldi la poire rêvée pour y parvenir.
Tout est là : le flic pourri, la femme fatale, la mafia, l'argent dans son trou noir, le sexe, la volupté, et forcément la mort. Avec, pour toile de fond, New York, ses hôtels miteux, ses rues défoncées, ses docks le long des quais déserts et, au scénario, un perdant tout désigné par son menton fuyant, sa barbe de trois jours, sa sueur sous les aisselles, ses airs de frimeur et, face à lui, des femmes qui le saignent : la légitime, comme un rêve de vie paisible, l'illégitime pour les fantasmes, et celle par qui la mort arrive, somptueuse avec ses dessous noirs, ses jambes fuselées, son sourire carnassier. La garce absolue, cynique, cruelle, ensorcelante, irrésistible. Grimaldi n'y résiste pas. Commence alors la spirale infernale.

Jusque-là, le film de Peter Medak suit la loi du polar de façon respectueuse, comme un hommage au genre, avec une voix off qui raconte de façon lancinante et une trompette jazzy qui accompagne le tout de sa sonorité métallique. Mais insensiblement le climat change, la mécanique s'emballe. À mesure que Jack Grimaldi s'enferre dans son double jeu, son sort lui échappe et sa dérive, qui l'entraîne de plus en plus vite vers les profondeurs, tourne au délire. Un incendie, une femme abattue à la place d'une autre, un bras scié, une tombe qu'il faut creuser pour y enterrer une victime vivante : le polar devient halluciné, hallucinant. Deux façons alors de voir le film : penser que le réalisateur s'emmêle les bobines, perd le fil de son propos et que son polar lui échappe, tournant au grand guignol et à l'opéra macabre. Ou plutôt observer que ce qu'il est en train de montrer, exacerbant les lois du genre jusqu'à leurs plus extrêmes limites, c'est l'enfer sur terre, sans espoir de retour. Dans les flammes qui crépitent et le sang qui coule, le personnage embarqué dans son destin cherche en vain à revenir à la surface, à respirer un air qui pourrait être celui du rachat. Mais le trou noir qu'il a creusé, c'est son propre tombeau, et cette femme avec laquelle il a cru pouvoir jouer, c'est bien la mort qu'elle apporte. Reste alors un autre trou, perdu au fin fond de l'Arizona, dans un restaurant déglingué où vient mourir ce qui lui reste : son rêve. Cauchemardesque comme un polar shakespearien où, c'est le titre qui le dit, Roméo n'en finit pas de saigner. D'un sang noir.

## MEDEM Julio (espagnol, né en 1958)

**FILMOGRAPHIE :**
*Vacas (1992)* • *L'Écureuil rouge (1994)* • *Tierra (1996)* • *Les Amants du cercle polaire (1998)* • ***Lucia y el sexo (2001)*** • *La Pelote basque : la peau contre la pierre (2003)*

S'intéressant très tôt au cinéma et réalisant à 18 ans ses premiers courts métrages en super-8, Julio Medem se lance dans des études de médecine avec le désir de se spécialiser en psychiatrie. Une fois diplômé, il opte pour le cinéma, mettant toutefois à profit sa formation médicale en accordant un soin tout particulier à l'aspect psychologique de personnages qu'il plonge dans des histoires complexes, souvent énigmatiques : ainsi dans *L'Écureuil rouge* confronte-t-il un jeune homme qui va se suicider à une jeune femme qui tombe par accident dans la rivière devant lui, ou dans *Tierra* place-t-il un homme chargé de traiter les vignes entre deux femmes totalement opposées dont il tombe amoureux, ou encore dans *Les Amants du cercle polaire* suit-il les amours de deux amants persuadés dès l'enfance qu'ils vivront un amour éternel. Cette complexité de la vie sentimentale, où le sexe tient fortement sa place, apparaît plus nettement encore dans *Lucia y el sexo*, où une femme découvre après coup les recoins obscurs de la relation qu'elle a vécue pendant six ans avec un écrivain.

### LUCIA Y EL SEXO (2001)
**avec Paz Vega, Najwa Nimri et Daniel Freire**

**La vie est un roman.** Serveuse dans un restaurant du centre de Madrid, Lucia, traumatisée par la déprime de son fiancé Lorenzo, un écrivain, et par l'annonce de sa disparition, s'enfuit sur une île pour faire le point sur son existence et chercher à reprendre goût à la vie. Là, dans une atmosphère chaude et ensoleillée, elle va remonter le temps, découvrant progressivement ce qui était à la source du malaise de Lorenzo. Et, pénétrant au cœur même des fantasmes de celui-ci, elle va les débrouiller et redonner la lumière à son cœur assombri.

Le film de l'Espagnol Julio Medem, fidèle à sa manière complexe et à son univers torturé, mêle de façon insidieuse la réalité vécue et la fiction rêvée, l'une et l'autre se rejoignant dans le roman qu'est en train d'écrire le personnage masculin. Lucia, qui le lit sur l'écran de l'ordinateur à mesure que son ami l'écrit, se trouve elle-même prise dans la fiction, dont elle est sans qu'elle s'en rende compte un des rouages. L'écheveau qui se tisse ainsi, entre la sensualité des corps et les zones troubles de l'imaginaire, donne à voir un film fascinant, où l'on n'est jamais au bout de ses surprises : car, de l'écrivain à la lectrice, du roman à la jeune femme qui en est l'objet et le sujet, de la main qui écrit et manipule au personnage qui en surgit et qui est manipulé, il y a tout ce qui à la fois distingue et confond la fiction et la réalité. Et que ce jeu trouble trouve son point focal sur une île irradiée de soleil, morceau de terre flottant sur les eaux, et par la bouche d'ombre du sexe, auquel la jeune femme se donne tant par la réalité que par l'imagination où l'entraîne le roman de son amant disparu, dit assez la part à la fois d'ombres secrètes et de lumière aveuglante que comporte cette histoire aussi sensuelle que cérébrale.

## MENDES Sam (anglais, né en 1965)

**FILMOGRAPHIE :**
*American beauty (1999)* • ***Les Sentiers de la perdition (2002)*** •
*Jarhead, la fin de l'innocence (2005)*

Metteur en scène de théâtre, formé à la grande école shakespearienne des scènes anglaises, notamment avec une mise en scène de *Richard III* pour la Royal Shakespeare Company, Sam Mendes, tout en consacrant l'essentiel de ses activités à la scène londonienne, débute au cinéma par une percutante comédie de mœurs réalisée aux États-Unis, *American Beauty*, dont le succès lui ouvre la porte des grands studios. Et c'est le producteur Richard D. Zanuck qui, s'associant avec Steven Spielberg à travers DreamWorks, lui propose la réalisation des *Sentiers de la perdition*, à partir d'un roman graphique qui revisite les films de gangsters des années 1930.

### LES SENTIERS DE LA PERDITION (2002)
**avec Tom Hanks, Tyler Hoechlin, Paul Newman et Jude Law**

**Les liens du sang.** Les gangsters aussi ont des fils. Et qui ne savent pas toujours ce que fait leur père. C'est le cas de Michael Sullivan Junior, 12 ans, qui grandit heureux entre sa mère, son jeune frère et ce père dont il voit bien qu'il revient le soir fatigué de son travail, mais dont il ignore tout de l'activité précise qu'il exerce. On est en 1931, dans l'Amérique d'Al Capone et de la Grande Dépression. Et Michael Sullivan, le père, travaille pour un parrain du crime, quasiment son père adoptif, John Rooney. Et celui-ci aussi à un fils, Connor, qui rêve de prendre un jour la place de son père et qui, en attendant, collectionne les crimes, les rackets et les exécutions sournoises. Autant dire que, d'emblée, le thème de la filiation est partout dans le film de Sam Mendes. Si le récit de ces quelques semaines sanglantes de 1931 est fait du point de vue de Michael Sullivan Junior, devenu grand depuis, l'histoire, elle déborde son simple cas, liée qu'elle est aux rapports entre pères et fils et entre fils et pères qui, depuis toujours, ont inspiré les dramaturges, avant d'encombrer les divans des psychanalystes. Le réalisateur des *Sentiers de la perdition* a simplement l'habileté de donner à cette tragédie vieille comme le monde un style graphique qui doit certes beaucoup au roman dessiné dont il est tiré, mais qui doit plus encore au talent des décorateur, costumier, designer et autre chef opérateur qui composent, dans une lumière bleutée, un fascinant ballet d'ombres, sous une pluie funèbre qui tombe inlassablement. Et si Tom Hanks, qui incarne le père découvrant soudain à son fils l'homme de basses œuvres qu'il est, garde sa part de mystère insondable, entre le mal absolu des crimes qu'il commet et les vertus qu'il veut inculquer à son enfant, il le doit certes à ce jeu tout en retenue et presque en mutisme qui est le sien, mais pour beaucoup aussi aux larges bords de son chapeau feutre, qui lui cache une part du visage et qui projette son ombre portée sur son regard.

Autant dire que le plus intéressant ici est la façon dont Sam Mendes, sortant du succès de son premier film, *American Beauty*, s'y prend pour renouveler le film de gangsters et le traiter à sa façon. Loin de la sécheresse noire d'un Abel Ferrara ou des inventions référentielles des frères Coen, il choisit la belle histoire, très conforme aux canons hollywoodiens, d'un bout de chemin entre un père et son fils. Car les deux Michael, père et fils, se retrouvent soudain confrontés, à la suite d'un règlement de comptes, au drame familial et à l'horreur absolue, et doivent fuir vers une ville dont le nom emblématique de Perdition dit assez vers quel enfer elle risque de les conduire. Cette route à forte valeur symbolique passe forcément par des étapes attendues, mais le cinéaste, par un rythme d'abord lent puis qui progressivement s'accélère, lui donne sa couleur propre, entre violence et nostalgie. On ne se parle pas beaucoup, entre hommes, mais pourtant les sentiments transitent à foison, dédoublés d'ailleurs avec la figure mythique du père qu'incarne cette autre icône de la transmission, Paul Newman, passant en quelque sorte le flambeau à ce fils spirituel qu'est Tom Hanks. Et si, en bonne logique psychanalytique, il y a forcément meurtre du père, le spectacle ne manque jamais sur cette route qui mène, par des sentiers bien balisés, vers une forme de rédemption.

## MENZEL Jiri (tchécoslovaque, né en 1938)

**PREMIER LONG MÉTRAGE :**
*Trains étroitement surveillés (1966)*
**FILMOGRAPHIE DEPUIS 1985 :**
***Mon cher petit village (1985)*** • *Les Aventures d'Ivan Tchonkine (1994)* •
*Ten Minutes Older – The cello (2001), co-réalisation*

Comme son compatriote Milos Forman, Jiri Menzel a été formé à la Famu, la célèbre école de cinéma de Prague. Comme lui, il a commencé, après avoir été l'assistant de Vera Chytilova, à réaliser dans les années 1960 des comédies pleines d'humour et d'indépendance. Comme lui, il a vu sa carrière interrompue par l'intervention militaire soviétique de 1968. Mais contrairement à Forman, il a choisi, après avoir vu un de ses films interdits et sa carrière interrompue, de rester au pays. Et, en 1975, de reprendre la caméra, pour poursuivre dans la voie de l'ironie légère et de la liberté de ton, y compris lorsque la comédie, comme dans *Les Aventures d'Ivan Tchonkine*, prend une tonalité plus sombre.

### MON CHER PETIT VILLAGE (1985)
**avec Janos Ban et Marian Labuda**

**L'humour est enfant de Bohême.** Chronique des jours heureux, dans un village sans histoire, au fin fond de la Bohême : vieilles maisons sous le soleil, ruisseau qui court dans la vallée, rue bordée de feuillages. On n'y voit pas le temps passer : le docteur aime à philosopher et à conduire en état d'ivresse ; la commère surveille les amours adultères du vétérinaire avec la femme du voisin ; la belle institutrice allume un incendie dans le cœur d'un adolescent transi ; et Pavel, l'ouvrier placide, supporte tant bien que mal les gaffes incessantes du grand Otic, son coéquipier, gentil demeuré au rire chevalin et à l'âme d'enfant. La vie est là, calme et tranquille, loin des rumeurs de la ville. Et lorsque Otic veut partir et laisser sa maison, son clocher, ses amis, pour une HLM de banlieue, c'est tout ce bonheur qui se trouve soudain menacé. À perdre son idiot, le village risque bel et bien de perdre son âme. Car, c'est bien connu, les innocents ont les mains pleines et le paradis leur appartient...
Derrière cette anecdote en forme de fable, Jiri Menzel plonge au plus profond d'une société. Ce qu'il montre, c'est un pays, avec ses traditions et ses racines rurales, confronté à un progrès technique et à un système économique qui voudraient tout bouleverser. Mais, plutôt que de cultiver la nostalgie d'une époque en voie de disparition, son film dit qu'il y a mille et une manières de rester soi-même.
Jiri Menzel, il est vrai, n'est pas tchèque pour rien : comme Milos Forman, il a cet esprit frondeur qui porte sur ses propres travers un regard moqueur, fait d'ironie et de bienveillance. Et il sait parler un langage qui déborde tous les systèmes et toutes les frontières : l'humour. Un peu comme Tati, par le don d'observation, le sens de la silhouette, le gag à froid. Beaucoup comme Pagnol, par la chaleur du regard, le pittoresque du décor et des personnages. Et par cet esprit buissonnier qui, en flânant, et mine de rien, sait dire le prix des choses et mettre du soleil au cœur.

## MERLET Agnès (française, née en 1959)

**FILMOGRAPHIE :**
*Le Fils du requin (1994)* • ***Artemisia (1997)*** • *L'Imbécile (2005)*

Passée par les Beaux-Arts d'Orléans puis par l'Idhec, Agnès Merlet témoigne, dès ses deux premiers films, d'une sensibilité exacerbée. Cela apparaît avec une évidence forte dans *Le Fils du requin*, histoire terrible et crue de deux enfants abandonnés par leur mère et se lançant dans une odyssée sauvage. Cela apparaît encore, sous un aspect un peu plus académique mais non moins violent, dans *Artemisia*, où la réalisatrice plie la reconstitution d'époque et les chromos des biographies de peintre à son univers propre. Mais le relatif échec de ce second film freine le développement d'une œuvre qui peine depuis à s'affirmer.

## ARTEMISIA (1997)
### avec Valentina Cervi, Michel Serrault et Miki Manojlovic

**La femme qui peint.** C'est un tableau qu'on n'oublie pas. Qui a vu Judith, dans un mouvement à la fois de détermination et de vague répulsion, trancher la tête d'Holopherne ; qui a regardé le fil acéré de l'épée découper le cou de l'homme renversé sur sa couche, levant le bras dans un ultime sursaut tandis que la main de celle qui l'égorge empoigne ses cheveux et que, derrière, d'une façon appliquée et comme détachée, une servante maintient la victime et l'empêche de se débattre ; qui a vu le contraste entre le blanc éclatant du drap et les ruisseaux de sang qui l'éclaboussent, jaillissant de la gorge tranchée ; qui s'est arrêté une seule seconde devant cette toile emblématique et qui apprend qu'elle a été peinte par une femme, qui plus est fille de peintre et compromise par son père dans un procès pour viol ; qui a rencontré, donc, une seule fois ce tableau et a découvert le nom du peintre – Artemisia Gentileschi – a de fortes chances de ne jamais les oublier.

C'est manifestement ce qui est arrivé à Agnès Merlet, qui a étudié aux Beaux-Arts avant de se tourner vers le cinéma, et qui, après un premier film tout de tension et d'énergie – *Le Fils du requin* – poursuit dans la même voie de la violence créatrice avec cette *Artemisia* dont elle raconte, et largement imagine, l'histoire. Soit donc un peintre connu, Orazio Gentileschi (Michel Serrault), vivant dans l'Italie du début du XVIIe siècle. À ses côtés, jeune animal farouche et déterminé, une adolescente, sa fille Artemisia. Il l'a mise d'abord au couvent pour faire son éducation, mais la fille – c'est là que le film commence –, bravant les interdits, scrute les nudités de son corps dans le miroir pour en dessiner les lignes. Orazio, l'enlevant aux bonnes sœurs, la prend dans son atelier et lui enseigne les techniques de la peinture. C'est dans cette relation entre le père et la fille que tout se joue : amour et admiration réciproques, mais aussi, de la part d'Artemisia, la nécessaire volonté, pour être elle-même, d'échapper au père et de devenir contre lui le peintre qu'elle sent qu'elle est. C'est ici qu'entre en scène le troisième personnage de l'affaire : Agostino Tassi (Miki Manojlovic), maître rompu aux techniques nouvelles de la perspective, artiste bien en cour et mêlant avec la même fringale fresques à peindre et frasques de débauche. Artemisia obtient de son père qu'il la confie à Agostino. Celui-ci, vite fasciné par la jeune femme, lui enseigne à voir autrement, pour peindre le monde. Il lui apprend aussi, et surtout, la passion, dans un rapport charnel où les corps ne sont plus simple objet d'études anatomiques, mais frénésie de la chair. Orazio, quand il le découvre, intente à Agostino un procès pour viol, où entrent à la fois rivalité d'artiste et jalousie de père. Artemisia, objet de cette lutte entre les deux hommes de sa vie et offerte au scandale public, dans une société qui refuse à la femme tout autant la liberté d'être peintre que celle d'être femme, fait de cette souffrance la matière même de sa peinture. Et dans une toile lourde de tous les interdits tranchés, de tous les viols figurés, de tous les flots de sang qui coulent du ventre des filles, elle peint, dans une inversion tranchante, la femme, Judith, décapitant l'homme, Holopherne.

Ce qui est intéressant, dans la démarche d'Agnès Merlet, c'est qu'elle raconte cette histoire en évitant tous, ou presque tous (on mettra la musique, inutilement redondante et illustratrice, dans cette rubrique) les pièges dont sont porteurs les films en costumes : aucun cliché d'Histoire ici, aucune complaisance à verser dans le chromo attendu, aucun souci de restituer un parler ou des événements d'époque. Mais, au contraire, par le biais des choses simples, souvent passées précisément par le médium de la peinture la plus réaliste de l'époque – celle du Caravage et de ses émules –, la volonté de traduire la vérité des êtres. Sur ce plan, la peinture qu'elle offre de l'artiste en jeune femme, se frayant sa voie dans un monde qu'elle découvre, offre une justesse qui, au-delà d'une authenticité historique forcément improbable, a le mérite de la cohérence et surtout de la finesse, que rend particulièrement sensible l'interprétation de Valentina Cervi.

Voilà, du coup, un film qui parle de la peinture avec des moyens de cinéma : caméra à l'épaule, souci des éclairages et du cadre, rythme des scènes, refus de montrer les tableaux autrement que dans le mouvement dramatique. Il y a là une ambition et des partis pris qui témoignent d'un vrai talent de mise en scène. Et un regard d'artiste sur son art qui, sans doute, établit de la femme peintre du XVIIe siècle à la jeune cinéaste du XXe comme une forme de connivence.

# MEYERS Nancy (américaine, née en 1949)

**FILMOGRAPHIE :**

*À nous quatre ! (1998)* • *Ce que veulent les femmes (2001)* • ***Tout peut arriver (2004)***

D'abord conseillère littéraire, Nancy Meyers aborde le cinéma par l'écriture de scénarios. C'est sa rencontre avec Charlie Shyer, scénariste lui-même, qui détermine le développement de sa carrière. Tous deux écrivent en 1980 pour Howard Zieff, et pour son interprète Goldie Hawn, une comédie,

*La Bidasse*, dont le succès au box-office les pousse à co-écrire et produire leurs propres films. C'est d'abord Charlie Shyer qui réalise toute une série de comédies sentimentales dont elle co-signe le scénario – *Divorce à Hollywood, Baby Boom, Le Père de la mariée 1* et *2, Les Complices* – jusqu'à ce qu'elle-même passe derrière la caméra et, en trois films, montre qu'elle a parfaitement assimilé et les lois du genre et les recettes du succès.

### TOUT PEUT ARRIVER (2004)
#### avec Jack Nicholson, Diane Keaton et Keanu Reeves

**L'amour mûr.** Soit le problème de société suivant : à une époque où l'espérance vitale s'est allongée de quelques décennies, où l'hygiène de vie maintient la forme physique, et où le Viagra remplace le bâton de vieillesse, n'est-il pas urgent de reconsidérer la fameuse question des relations entre les hommes et les femmes, et de ne pas réserver l'exercice sentimental aux seules générations post-pubères ? En d'autres termes, si Shakespeare vivait aujourd'hui, devrait-il forcément donner à son Roméo et à sa Juliette l'âge tendre qui est le leur ? Après avoir vu le film de Nancy Meyers, on peut penser qu'il serait prêt à réviser ses comptes, et à faire de ses amants éternels, pourquoi pas ?, de fringants sexagénaires…

En tout cas, la question qui désormais se pose est bien celle-ci : peut-on aimer, et aimer pour de bon, lorsqu'on est andro et ménopausé ? La réponse que donne la réalisatrice est plus que positive : ce que vivent Erica Barry et Henry Sanborne ressemble à s'y méprendre aux émois de l'adolescence, à cette réserve près qu'ils croisent l'un et l'autre autour du cap de la soixantaine. Lui, séducteur invétéré, dont l'engagement célibataire va de pair avec la fréquentation exclusive de filles de moins de 30 ans ; elle, divorcée refermée sur elle-même et ayant fait une croix sur toute vie sentimentale et à plus forte raison sexuelle.

La recette du scénario est simple, qui consiste tout bonnement à les mettre en présence et à observer ce qui se passe. Ça commence plutôt mal pour Henry qui, devant passer un week-end qu'il espère torride avec la jeune Marin, tire un peu trop sur la corde raide et y va de son infarctus ; et c'est là qu'Erica, la mère de Marin, arrivant à l'improviste, doit se transformer en aide-soignante. La cohabitation forcée entre les deux irréductibles va, naturellement, les rapprocher, même si cela ne va pas, pour l'un comme pour l'autre, sans de multiples hésitations. D'autant plus que Henry, qui se voit mal amoureux à son âge et avec sa réputation, a pris des habitudes qui ne vont guère avec la solitude d'Erica, laquelle se trouve carrément folle de se laisser aller ainsi à sa passion, mais qui y va quand même avec délice. Et comme on est dans une comédie de mœurs, qui entend élargir la question aux rapports entre générations, pour répondre à Henry qui ne regarde que les femmes jeunes, voici qu'un jeune et sublime médecin tombe amoureux fou d'Erica qui a bien vingt ans de plus que lui au compteur !

Que vont donc faire les deux tourtereaux de l'âge mûr ? La réponse tient à la fois dans le côté ludique et, forcément, sentimentalement correct du scénario, et dans le choix des comédiens retenus pour illustrer le problème soulevé. D'un côté, Jack Nicholson, juste alourdi ce qu'il faut pour faire son âge, a toujours l'œil aussi vif et le sourcil faussement candide pour jouer les jolis cœurs apparemment cyniques ; de l'autre Diane Keaton compense ses rides naissantes par une silhouette à faire pâlir un top model et par un côté bohèmo-intello-romantique irrésistible. Et que, à Long Island, dans sa maison de rêve au bord de l'océan, ou à Paris, dans un restaurant de luxe sous la tour Eiffel illuminée, elle ait finalement à choisir entre le sublime Keanu Reeves et le chevronné Jack Nicholson dit assez que l'on est au cinéma. Dans une de ces comédies aussi brillantes que légères, où en effet tout peut arriver.

## MICHELL Roger (anglais, né en Afrique du Sud en 1957)

**FILMOGRAPHIE :**
*My night with Reg (1996)* • *Titanic town (1998)* • ***Coup de foudre à Notting Hill (1999)*** • *Dérapages incontrôlés (2001)* • *The Mother (2003)* • *Délire d'amour (2004)*

Né en Afrique du Sud, élevé en Syrie puis en Tchécoslovaquie, Roger Michell se fait d'abord connaître comme metteur en scène de théâtre, puis comme réalisateur à la télévision où il signe en 1995 *Persuasion*, une adaptation d'un roman de Jane Austen, dont le succès l'amène à porter au cinéma son propre spectacle, *My night with Reg*, et, à partir de là, à développer une carrière cinématographique. Celle-ci connaît vite le grand succès, en 1999, avec *Coup de foudre à Notting Hill*, qui lui vaut de tourner en 2001 son premier film américain, *Dérapages incontrôlés*. Bon faiseur, possédant les qualités techniques que lui ont apportées la publicité et la télévision et une grande maîtrise de la direction d'acteurs, acquise par une pratique qui se poursuit des mises en scène de théâtre, il traduit bien le savoir-faire, que reconnaît facilement le cinéma hollywoodien, des nouveaux cinéastes britanniques.

## COUP DE FOUDRE À NOTTING HILL (1999)
### avec Julia Roberts et Hugh Grant

***Pretty man and woman.*** Depuis des lustres, ça marche : la bergère et le prince charmant ou, comme ici, le ver de terre amoureux d'une étoile... Il était donc une fois à Notting Hill, le quartier le plus branché de Londres, bigarré, populaire, cosmopolite, bohème, un petit libraire qui vendait des livres de voyage tout en restant sagement sédentaire entre sa boutique vieillotte et son appartement de l'autre côté de la rue. Et puis voici qu'un jour, sans crier gare, elle pousse la porte de sa boutique. Elle, à savoir Anna Scott, la star numéro un, l'étoile d'Hollywood, la woman la plus pretty qui se puisse rêver, et pour cause : c'est Julia Roberts ! Comme le dit le titre français qui ajoute un « coup de foudre » explicite au « Notting Hill » originel, le courant passe immédiatement entre eux, comme on peut d'ailleurs aussi en juger par la petite lueur qui se met à briller au coin des yeux de la jeune femme lorsqu'elle quitte ses lunettes noires, et par l'air à la fois digne et ahuri, mais prompt à la réplique humoristique, d'un libraire décidément de charme, à savoir Hugh Grant himself !
Ainsi lancé sur les rails prévisibles de la rencontre entre deux personnages que tout, au départ, éloigne, le film de Roger Mitchell s'amuse à enchaîner les péripéties et les figures de style attendues. Mais il le fait à sa façon qui, elle, est bien anglaise. D'abord en ancrant le récit dans un décor, un milieu, une façon de vivre ultra-britanniques, où l'auto-ironie est comme une seconde nature. Ce qui donne des dialogues inventifs, souvent percutants, et aussi une belle galerie de personnages secondaires, suffisamment surprenants, y compris avec une jeune femme resplendissante et paralysée, pour qu'on échappe aux normes standards. Mais le plus nouveau est assurément cette belle ingéniosité d'un scénario qui enchâsse dans le film comme une réplique en miroir des deux interprètes stars qui en constituent le casting. La vedette poursuivie par les tabloïds et les paparazzi, les conférences de presse à la chaîne, les salaires mirobolants, et même les contrats qui prévoient pour le dos dénudé de la star une doublure fesse : tout y passe, écornant gentiment au passage à la fois le monde du cinéma, celui des magazines sur papier glacé, et cette propension de tout un chacun à cristalliser ses rêves et ses fantasmes sur ces idoles inaccessibles. Et pour ce qui est d'elle et de lui, d'une Julia Roberts mignonne comme pas possible avec son sourire mouillé et d'un Hugh Grant qui dans son genre n'est pas mal non plus, leur amour impossible sera-t-il donc possible ? Si l'on se doute un peu de la réponse, le brio pétillant avec lequel le film l'apporte fait qu'on ne regrette pas que cette énième version du conte de fées persiste à poser la question.

# MIÉVILLE Anne-Marie (suissesse, née en 1945)

**PREMIER LONG MÉTRAGE :**
*Ici et ailleurs (1973), co-réalisation*
**FILMOGRAPHIE À PARTIR DE 1985 :**
*Mon cher sujet (1988) • Lou n'a pas dit non (1993) • Nous sommes tous encore ici (1996)*
***• Après la réconciliation (2000)***

Cataloguée longtemps comme la « fidèle collaboratrice » de Jean-Luc Godard pendant sa période post-clandestine et militante des années 1970, Anne-Marie Miéville accompagne le cinéaste lorsqu'il s'installe en Suisse et co-écrit pratiquement tous les films qu'il réalise dans les années 1980. Elle réalise durant cette période ses propres films : des courts métrages d'abord, puis, à partir de 1988, des longs métrages, où elle porte un intérêt particulier aux personnages féminins, mais aussi à la complexité des relations humaines et aux problèmes de la création. De ce cinéma exigeant, nourri de références philosophiques et littéraires et d'accès difficile, où Godard est fortement présent (parfois comme acteur), *Après la réconciliation*, dans sa complexité même, donne toute la mesure.

## APRÈS LA RÉCONCILIATION (2000)
### avec Anne-Marie Miéville, Claude Perron, Jacques Spiesser et Jean-Luc Godard

**Paroles, paroles.** Un sujet, la parole, et quatre personnages qui parlent, pour prouver la parole par sa pratique même. Ce qu'ils disent est très sérieux, nourri de citations d'écrivains, de philosophes surtout, et non des moindres ni des plus accessibles, et ce dont ils parlent est apparemment aussi très sérieux : il y est question de la vie ensemble, de l'amour, de la tentation, de la fatigue, de l'exaspération, de la sagesse, et autres propos d'entretiens denses et de discussions animées. En plein milieu, on se fait une scène et on s'injurie avec de beaux noms d'oiseaux, l'un prend la porte, l'autre va pleurer dans sa chambre. Mais, comme le titre l'indique, tout le monde se réconcilie, et le film suggère sans trop le dire ce qui se passe après cette réconciliation.
L'essentiel du film d'Anne-Marie Miéville tient donc dans une conversation. Il y a là une maîtresse de maison, Anne-Marie Miéville elle-même, très bon chic bon genre suisse ; une de ses amies, Cathos, habillée d'abord en précieuse XVII^e^ (siècle) puis en jeune femme libérée XVI^e^ (arrondissement) ; le compagnon de Madame, prénommé Robert, et qui n'est autre que Jean-Luc Godard donnant la réplique, dans le film comme dans la vie, à sa compagne ; enfin le dénommé Arthur, qui arrive pour venir compléter le quatuor et permettre ainsi que puisse se développer ce jeu des quatre coins conversationnel. Il y a de belles images d'intérieur bourgeois, une belle lumière tamisée, des gros plans et des panoramiques lents, et un refus manifeste de filmer la conversation par le biais du champ-contrechamp classique. Il y a aussi, meilleure surprise du film, Jean-Luc Godard, en interprète sensible, et même touchant, d'un film qui pourrait parfaitement être le sien, tant il mêle la sophistication au désordre apparent et l'art de parler beaucoup en embrouillant les choses. Comme lorsque son personnage dit par exemple ce genre de réplique blanc-noir qu'on trouve si fréquemment dans ses propres films, du style : « Qu'en sera-t-il si je pars, qu'en sera-t-il si je ne pars pas ? » À chacun d'apporter la réponse. L'ensemble n'est pas d'une clarté absolue, même si, se glissant dans l'intervalle des paroles ininterrompues, quelques silences viennent soudain ouvrir des arrière-plans de profondeur secrète, donnant l'impression que ces personnages qui parlent on ne sait pas toujours de quoi parlent en fait de nous-mêmes.

# MIHAILEANU Radu (franco-roumain, né en Roumanie en 1958)

**FILMOGRAPHIE :**
*Trahir (1993)* • *Train de vie (1998)* • ***Va, vis et deviens (2005)***

Radu Mihaileanu porte, à lui tout seul, la trace d'un monde éclaté : né en Roumanie d'un père communiste anti-stalinien qui avait dû changer son nom de Buchman en Mihaileanu, il quitte le pays pour fuir le régime de Ceaucescu en 1980, est d'abord considéré comme apatride, puis prend la nationalité française, tout en découvrant son vrai nom et ses racines juives. Son cinéma témoigne de ce melting-pot de nationalités, de cultures, de régimes et de communautés qui font de lui ce qu'il est : formé à l'Idhec, assistant de Marco Ferreri, il choisit pour son premier film, *Trahir*, d'évoquer la Roumanie et la trahison sous un régime stalinien, puis pour son deuxième, *Train de vie*, de raconter l'histoire d'un faux train de déportation imaginé, en 1941, par des villageois juifs d'Europe de l'Est pour échapper aux nazis, avant de traiter, à partir des Falashas d'Éthiopie, le thème du déracinement, de l'émigration et de l'insertion dans un nouveau pays, dans *Va, vis et deviens*.

## VA, VIS ET DEVIENS (2005)
### avec Roschdy Zem et Yael Abecassis

**L'enfant de Babel.** « Va » : c'est l'ordre déchirant que sa mère intime à son fils de 9 ans, petit Éthiopien réfugié avec elle dans un camp soudanais, et qu'elle pousse à se séparer d'elle pour échapper à la famine et à la mort, en se faisant, lui chrétien, passer pour un Juif, afin de pouvoir faire partie de ces Falashas que l'Opération Moïse emmène vers Israël. On est en 1984, et le gamin, cachant qui il est et se disant orphelin, arrive en Terre sainte, où il est adopté par une famille de Juifs séfarades. Sauvé, donc, mais à quel prix : ayant perdu sa terre, sa mère, son identité, et devant affronter le regard des autres, apprendre leurs langues, résister au racisme. Mais les deux autres injonctions que sa mère lui a faites le poussent à vivre, et à devenir ce qu'elle voulait qu'il soit : lui-même.

Les trois ordres qui donnent son titre au film de Radu Mihaileanu en structurent aussi les trois parties. Le film commence par l'arrachement au pays natal, cette terre d'Éthiopie que l'enfant foule de ses pieds nus et dont il va garder la trace indélébile. Pour autant, déraciné dans un monde qui n'est pas le sien, il va devoir apprendre à y vivre. D'abord en y prenant un nom : Schlomo, le petit Juif, dont l'insertion difficile dans un pays – Israël – qui à la fois l'accueille et le rejette, constitue le premier volet d'un film qui va suivre le personnage, incarné par trois jeunes acteurs successifs, dans les trois âges qui le mènent de l'enfance à l'adolescence puis à l'entrée dans la vie adulte.
De ces trois périodes, la première est la plus réussie. Cela tient pour beaucoup au jeu bouleversant de l'enfant (Moshe Agazai), vivant dans le mutisme son drame intérieur puis apprenant plusieurs langues, comme l'enfant de Babel qu'il est, au sein d'une famille que domine l'image irradiante d'une mère-femme, porteuse d'amour et d'espoir. Mais cela tient aussi à l'observation sans concession d'une société israélienne saisie dans ses diversités religieuses et politiques et, à travers elle, au regard plus large porté sur ces questions brûlantes que sont le déracinement, la judéité, le racisme. L'évocation qui suit du devenir de l'enfant, à travers ses problèmes d'ado puis dans le choix qu'il fait de venir étudier en France pour devenir médecin du monde, allonge le film de façon moins convaincante : le chromo guette, et la simplification. Mais ils n'entachent pas, pourtant, la vision universaliste d'un film émouvant qui ne craint pas de brasser de grands sujets et, passant au-delà des frontières, de regarder le monde tel qu'il va. Et surtout tel qu'il ne va pas.

## MIKHALKOV Nikita (russe, né en 1945)

**PREMIER LONG MÉTRAGE :**
*Le Nôtre parmi les autres (1973)*
**FILMOGRAPHIE DEPUIS 1985 :**
***Les Yeux noirs (1986)*** • *Urga (1990)* • *Anna (1993)* • *Soleil trompeur (1994)* •
***Le Barbier de Sibérie (1999)***

Frère cadet d'Andreï Konchalovski, Nikita Mikhalkov a été marqué, comme lui, par l'influence du milieu artistique auquel appartenait sa famille. Et comme son frère, il a toujours marqué une affection particulière pour l'âme russe, et pour la grande Russie forgée par l'Histoire et dont il a toujours jugé qu'elle retrouverait ses droits. Son cinéma en témoigne, qui évoque, à travers évocations historiques, adaptations de chefs-d'œuvre de la littérature russe et grandes sagas romanesques, la permanence d'une sensibilité vibrante, et aussi d'une forme d'ironie qui n'exclut pas un fatalisme ni une mélancolie très tchékhovienne. Cet esprit slave anime le film qui lui a valu son plus grand succès international, *Les Yeux noirs*, tourné en Italie, mais qui exprime mieux que d'autres œuvres, plus complaisantes, les qualités très personnelles d'un cinéma plein de flamme, de lyrisme et de rêve.

### LES YEUX NOIRS (1986)
### avec Marcello Mastroianni et Sylvana Mangano

**Maestroianni...** Ah, ce Romano ! Paresseux, menteur, il traverse la vie en faisant l'oiseau, picorant ci, picorant là, planant au-dessus des événements et prenant bien soin que ni les gens ni les choses n'aient de prise sur lui. Et quand le ciel s'obscurcit, il s'envole et part soigner des maux imaginaires dans une station thermale, où il passe d'une femme à l'autre, jamais en peine de bonnes fortunes. Architecte, il n'a jamais rien construit ; époux de la riche Elisa, il ne s'est jamais préoccupé de son amour. Et quand, presque par jeu, il séduit Anna, une jeune curiste, il faut que celle-ci, mariée et russe, le quitte en lui laissant une lettre d'amour pour qu'il se rende compte qu'il l'aime. Il part donc en Russie pour la retrouver, séduit tout le monde en se faisant passer pour un fabricant de verre incassable, s'enivre à la vodka, danse avec les Tziganes, et rejoint sa belle à qui il promet amours, délices et orgues. Mais, revenu en Italie, toujours paresseux, toujours menteur, il oublie ses promesses, jusqu'à ce que, devenu serveur de bar sur un paquebot, il rencontre un voyageur russe, marié à une femme plus jeune que lui, et qui sourit sous sa voilette...
*Les Yeux noirs*, c'est un peu l'Italie qui descendrait la Neva. Nikita Mikhalkov, le réalisateur, a les emportements lyriques, le souffle romanesque, la démesure onirique et satirique de l'âme russe. Et, sur un scénario inspiré de Tchékhov, il sait dire la nostalgie des vies inaccomplies, des rêves avortés, des petites lâchetés quotidiennes. Son film est, par moments, un miracle de fantaisie et de sensibilité, par moments aussi un torrent un peu fou, pas toujours

contrôlé, et qui se traîne ou qui s'emballe. Mastroianni, quant à lui, est époustouflant : comédien, filou, parasite et séducteur, il fait du mensonge un art de vivre. Et il donne à son personnage comme le poids d'une superficialité, l'épaisseur d'une transparence, qui apportent à cette méditation slave sur la fugacité des choses et la légèreté de l'être le charme doux-amer de la comédie italienne.

## LE BARBIER DE SIBÉRIE (1999)
### avec Julia Ormond, Oleg Menchikov et Richard Harris

**Star et tsar.** Annoncé comme le nouveau *Docteur Jivago* et présenté même expressément par son auteur comme la grande fresque épique de l'âme russe, dans la lignée du grand Tolstoï (ce n'est pas pour rien que l'héroïne lit *Anna Karenine* et que le héros s'appelle précisément Tolstoï, même si l'on fait remarquer avec humour qu'il n'a pas de lien familial avec l'écrivain !), *Le Barbier de Sibérie* ne parvient à être vraiment ni l'un ni l'autre.
Côté romanesque, le grand amour manque de passion, et le couple que forme une Julia Ormond sans grand éclat et un Oleg Menchikov à la mine ébahie de cadet dadais ne risque pas de faire oublier Julie Christie et Omar Sharif. Et côté épopée, malgré les moyens mis en œuvre, l'essentiel fait défaut : à savoir le souffle, ce souffle qui devrait tout emporter sur son passage, charrier et brasser les grands thèmes, offrir même une dimension mystique à l'âme slave, et qui se contente ici d'animer quelques vignettes attendues : la scène de beuverie, la bagarre dans la neige, la servante au grand cœur. Reste néanmoins que le dessein que révèle Nikita Mikhalkov à travers son film mérite qu'on s'y intéresse. D'abord parce que, voulant retrouver la Russie éternelle, il opère un retour en arrière révélateur vers l'époque tsariste, gommant tout ce qui s'est passé depuis et offrant du règne d'Alexandre III une vision quasi idyllique, où le bonheur est le lot commun, où la pauvreté n'existe pas, où les velléités de faire changer les choses se réduisent à un vague attentat anecdotique et où la vie militaire se résume aux gaietés de l'escadron. Et pour bien traduire cet âge d'or d'un pouvoir éclairé, Mikhalkov n'hésite pas à interpréter lui-même le rôle du tsar, comme une sorte de signe prémonitoire sans doute du destin qu'il s'assigne.
Sans oublier d'expliquer symboliquement pourquoi la Russie a perdu son âme : c'est largement la faute aux Américains. D'abord avec cette aventurière de Jane, qui porte le mal en elle (d'où cette longue et insupportable scène de confession où elle raconte comment elle a, toute jeune, été souillée par une liaison quasi incestueuse) et qui vient finalement pervertir le brave cadet qui sacrifie sa vie et son honneur pour elle. Ensuite, avec ce composé de professeur Nimbus et de docteur Mabuse qui invente une machine infernale à déboiser la Sibérie. Belle idée que ce monstre tentaculaire, représentant la technologie américaine aux dents d'acier qui rêve d'abattre l'immense forêt russe. Mikhalkov laisse entendre pour finir qu'elle s'y cassera les dents. Mais le fait que, pour illustrer sa thèse, il réalise largement lui-même un film formaté à la mode hollywoodienne laisse un doute sur son analyse.

# MILLER Claude (français, né en 1942)

**PREMIER LONG MÉTRAGE :**
*La Meilleure façon de marcher (1975)*
**FILMOGRAPHIE DEPUIS 1985 :**
*L'Effrontée (1985)* • ***La Petite voleuse (1988)*** • *L'Accompagnatrice (1992)* • ***Le Sourire (1994)*** • *La Classe de neige (1998)* • *La Chambre des magiciennes (1999)* • *Betty Fisher et autres histoires (2000)* • *La Petite Lili (2003)*

Si Claude Miller a été lié de près à la Nouvelle Vague, étant successivement l'assistant de Godard puis surtout de Truffaut, ses débuts dans la réalisation sont bien postérieurs et son cinéma n'est en rien réductible à celui de tel ou tel de ses aînés, même s'il partage avec Truffaut un même intérêt pour la dimension psychologique, privilégiée par rapport à la dimension sociale, et s'il n'a pas craint de porter lui-même à l'écran un scénario que Truffaut avait écrit comme un pendant féminin à ses *Quatre cents coups*, mais en l'intégrant si finement à sa propre filmographie que *La Petite voleuse* semble comme un prolongement naturel de *L'Effrontée*. Ce goût pour l'intimité profonde des êtres, y compris dans leurs replis les plus intimes, nourrit une œuvre qui a su constamment préserver sa personnalité, tout en répondant souvent à des commandes de production et en subissant souvent les aléas de projets longuement travaillés et finalement avortés. L'échec du *Sourire*, sans doute un de ses films les plus personnels, a été compensé depuis par de beaux succès : s'y découvrait pourtant une souffrance profonde, cachant une forme de désespoir qui est, sous l'apparence élégante, la constante d'un cinéma marqué par la cruauté, et qui a quelque chose de tchékhovien. *La Petite Lili*, réflexion d'un cinéaste sur le cinéma, emprunte d'ailleurs pour le dire le canevas de *La Mouette*.

## LA PETITE VOLEUSE (1988)
### avec Charlotte Gainsbourg, Didier Bezace et Simon de La Brosse

**L'enfant sauvage.** Avec sa façon de mentir en toute innocence, son côté tout à la fois candide et malin, cette manière d'accumuler les bêtises et de n'en faire qu'à sa tête, on pourrait voir en elle la petite sœur d'Antoine Doinel et retrouver dans les divers larcins qu'elle commence à semer sur sa route quelque chose comme des *Quatre cents coups* au féminin. Et il est vrai que *La Petite voleuse*, tourné par Claude Miller sur un scénario laissé par François Truffaut à sa mort, a un air de famille avec les personnages et l'univers du cinéaste disparu. Le film tout entier regorge d'ailleurs d'échos et de références, aux *Quatre cents coups* bien sûr, mais aussi à bien d'autres films, de *L'Amour à 20 ans* à *Baisers volés*, de *L'Argent de poche* à *La Nuit américaine*. C'est bien Truffaut, sa sensibilité, son côté écorché vif, tempéré d'un regard lucide et amusé. Et c'est bien un de ses personnages, cette enfant pas gâtée par le sort, fille d'une tondue de la Libération, élevée par son brave homme d'oncle et sa brave garce de tante, dans un village de la France la plus profonde qui soit et qui a envie de grandir plus vite, de laisser tomber l'école, d'entrer de plain-pied dans ce monde mystérieux des adultes qui la fascine. Enfant mal aimée, en quête d'amour ; enfant prisonnière, en quête de liberté, et qui s'évade à sa façon, dans les salles obscures, dans les petits chapardages qui glissent vite vers de vrais vols, dans la fuite vers la mer…

Et pourtant, si c'est bien Truffaut, c'est aussi et surtout Miller. Cette gamine chien battu, qui relève fièrement la tête, elle a d'abord été *L'Effrontée* ; ces enfants en rangs serrés, ils chantent *La Meilleure façon de marcher* ; cet itinéraire finalement sauvage et violent d'une fuite en avant, il a quelque chose d'une *Mortelle randonnée*. L'enfant, vue par Miller, devient femme, se découvre un corps, apprend le plaisir. Elle se heurte de face à un monde qui ne la favorise guère et, si elle apprend ce que pourrait être le bonheur, elle fait surtout très vite l'expérience de la dureté de la vie. Le film alors bascule dans une tonalité plus sombre, plus âpre, qu'éclaire pourtant *in fine* quelque espérance, avec le désir de mettre au monde l'enfant de l'amour.

Charlotte Gainsbourg est la petite voleuse. Elle en a la mine boudeuse, un rien butée, mais aussi cette soif de vivre et de savoir, cette frénésie d'être soi-même. Son corps, encore enfant, reflète au plus juste la métamorphose de l'adolescence, son entrée dans le monde de la sensualité. Elle a la grâce et la gaucherie de cet âge, elle en a aussi la révolte. C'est une vraie révélation, bien au-delà de tout ce qu'elle avait montré jusque-là. Autour d'elle, le réalisateur a su réunir des comédiens formidables, peu connus, qui donnent toute crédibilité à leurs personnages. Et il a su recréer les années 1950 par un décor, une musique, un éclairage, une atmosphère en un mot, qui renoue le plus heureusement avec une certaine qualité du cinéma français. Il n'y a guère de doute : par la justesse de ton, la finesse de touche, l'émotion en demi-teinte, mi-rire mi-larmes, qu'il suscite constamment, *La Petite voleuse* est tout simplement un grand film.

## LE SOURIRE (1994)
### avec Jean-Pierre Marielle, Emmanuelle Seigner et Richard Bohringer

**Adieu la vie, adieu l'amour.** Face au temps qui s'en va, l'ultime solution, dont parlait le poète, serait donc de cueillir les roses de la vie. C'est ce que se dit Pierre-François Le Clainche, professeur et psychiatre dans un institut pour personnes déprimées. Lui qui s'est occupé pendant toute sa carrière de ceux qui ont du mal à vivre se retrouve soudain, à la soixantaine, seul dans sa vieille peau, sous la menace d'un second infarctus qui sera, il le sait, fatal. La vie, alors, se colore pour lui d'une tonalité différente : ce qui lui semblait important lui paraît maintenant dérisoire, et la seule urgence désormais est de goûter, une fois encore, à ce que l'impuissance qui le gagne transforme en obsession : le plaisir d'amour. Refusant ce que la science lui dicte – régime, repos, abstinence de tout bord –, il envoie promener la raison par-dessus les moulins, tendant ce qui lui reste de forces dans son corps souffrant vers celle qui sera, dans la fraîcheur de sa jeunesse et la plénitude de ses formes, la dernière femme. Elle s'appelle Odile, elle a 25 ans, un sourire, une démarche, une poitrine, des cuisses légères sous la jupe qui vole, et une façon de vivre libre, sans se soucier des convenances, qui n'est autre peut-être que l'envie de donner cette beauté à tous ceux qui la désirent. C'est ce qu'a vite compris Jean-Jean, bateleur de tréteaux qui exploite un strip-tease forain et qui sait, dès qu'il la voit fascinée par ses effeuilleuses, qu'elle pourrait être la fleur de son harem.

Étrange trio, embarqué ainsi dans une aventure improbable, où le désir du vieil homme éveille chez la fille un émoi attendri, et où le bagout du montreur de femmes cache des profondeurs de chaleur humaine. Le film de Claude Miller est à l'image de ses trois personnages : cocasse, surprenant, éclaté. Tantôt il a la gouaille, les formules à l'emporte-pièce, le côté vaguement canaille d'un Richard Bohringer roulant Cadillac, portant chemise western, et trafiquant du strip sur une estrade foraine. Tantôt il a le sourire, l'éclat, le côté charnel d'Emmanuelle Seigner, belle plante prête à se faire cueillir, mais portant aussi en elle des déchirures troubles, des plaies qui saignent. Tantôt enfin il a la truculence et les élans tonitruants d'un Marielle qui rue dans les brancards, pour échapper au froid qui l'envahit, à la désespérance qui le gagne. Car, si comédie – et sourire – il y a, c'est sur fond de vague à l'âme, et même, à l'unisson d'une vie décidément pas si drôle, de violence et de cruauté.
Curieux film, où Claude Miller semble laisser libre cours à sa passion de cinéaste, comme pour conjurer les démons qui le hantent. Tout y passe donc, dans un patchwork étonnant et détonant, qui mêle Lacan à Bashung et à Ingmar Bergman, celui de *L'Heure du loup* qui, de l'aveu même de Marielle, « quand il s'agit de donner le blues, est vraiment chef d'escadrille ». Film planant, avec des rêves où l'on s'envole et une caméra qui vole sur les eaux ; film halluciné parfois, où des images mentales viennent interférer avec la réalité ; film qui étale la chair avec ostentation (et l'affiche, un brin racoleuse, ne s'en cache pas), et en même temps film pudique, où le profond des émotions ne se dévoile qu'au détour de gestes furtifs et d'aveux retenus. Film ambitieux, à coup sûr, qui s'essaie à inventer un langage pour dire l'informulé. Et qui, comme dans la dernière image où Marielle s'approche d'une porte entrouverte, jette un œil sur le grand trou noir.

## MINGHELLA Anthony (anglais, né en 1954)

**FILMOGRAPHIE :**
*Truly, madly, deeply (1991)* • *Mr. Wonderful (1993)* • ***Le Patient anglais (1996)*** • *Le Talentueux M. Ripley (1999)* • *Play (2000)* • ***Retour à Cold Mountain (2003)***

Né sur l'île de Wight, de parents italiens, Anthony Minghella enseigne l'art dramatique à l'université de Hull jusqu'en 1981, tout en mettant en scène plusieurs pièces de théâtre. Il passe alors à la télévision, par l'écriture puis la réalisation de séries diverses, tout en écrivant des dramatiques pour la radio. Il aborde le cinéma en 1991 où, après une comédie pleine de fantaisie et une adaptation d'une pièce de Samuel Beckett, il obtient avec *Le Patient anglais*, qui lui vaut neuf Oscars, une notoriété internationale. Sa carrière américaine, qui le voit s'associer pour la production avec Sydney Pollack, lui permet dès lors de tourner avec de gros budgets les films romanesques qu'il affectionne.

### LE PATIENT ANGLAIS (1996)
**avec Ralph Fiennes, Kristin Scott-Thomas et Juliette Binoche**

**Autant en emporte le vent du désert.** Tout y est. Le désert d'abord, vu d'en haut, d'un de ces coucous à hélices qui sentent bon le parfum de l'aventure. Les dunes qui défilent sous la carlingue du biplan déroulent, dans le soleil couchant, de molles ondulations qu'on dirait être celles d'un corps de femme. La sensualité, la lumière, l'ivresse du vol, l'immensité des sables et l'écharpe blanche d'une femme qui flotte dans le ciel : on entre dans le film d'Anthony Minghella comme on s'embarque pour le pays du romanesque. En laissant tout derrière soi, en se calant confortablement dans son fauteuil et en se laissant porter par le vent. Le voyage sera long (2 h 40 !) : mais cela, il est vrai, fait partie du genre, et les grandes aventures romanesques ont besoin de la durée pour faire vivre leur monde imaginaire. Tout y est donc, et de ce coucou à hélices, descendu en flammes – car c'est la guerre, autre puissant allié du romanesque –, on va retirer le corps affreusement brûlé d'un homme disloqué. Les onguents des tribus du désert vont le sauver de la mort, mais l'homme a perdu tout visage humain et ses traits ne sont plus qu'une plaie purulente, où deux yeux hagards s'ouvrent sur le vide de l'oubli. Rapatrié en Italie dans un convoi sanitaire canadien, l'homme – que, faute d'identité, on appelle « le patient anglais » – va être pris en charge par une jeune infirmière qui, elle aussi, souffre d'une plaie vive, l'homme qu'elle aimait ayant disparu dans la tourmente des combats. Et de ces deux solitudes et de ces deux souffrances va naître comme une connivence du cœur. L'infirmière décide de soigner son malade sur place et s'installe avec lui dans un monastère abandonné. On est au cœur de la Toscane ; les cyprès peignent l'horizon de leur pinceau dressé dans un ciel d'azur ; il y a des fresques à moitié effacées sur les murs de

la chapelle et, dans les ruines, un piano est là, comme une invitation. Dans ce décor à rêver, l'homme sans visage rêve, et ses songes lui ramènent par bribes les souvenirs du passé et de la grande passion qui fut l'affaire de sa vie. C'était en Égypte, dans les années 1930, au plus profond du désert, où une mission, dont il faisait partie, était chargée d'établir une cartographie des lieux. Et puis avait surgi, comme par enchantement, une femme : vive, distinguée, d'une beauté à couper le souffle. Mariée aussi, et accompagnée de son mari, photographe aérien, mais lié en fait à un réseau de renseignements. Car la guerre approchait, les cartes prenaient une importance stratégique et, du Caire à Tobrouk, elles dessinaient déjà les voies qu'allait prendre la bataille du désert. La grande Histoire planait, menaçante, sur la passion forcément brûlante qui allait naître entre deux êtres emportés dans le tourbillon du désir et qu'une tempête de sable allait isoler du monde, les jetant même dans la profondeur d'une caverne préhistorique dont les murs ornés de peintures rupestres représentaient des hommes qui semblaient voler. Ombre tutélaire du passé originel, antre protecteur pouvant aussi se transformer en tombeau, passions, déchirements, jalousie, puis la guerre qui éclatait, les événements qui se précipitaient, la trahison qui guettait... Tout y est, rien n'y manque. Et ce d'autant plus qu'ici, en Toscane, tandis que le patient anglais revit ainsi le souvenir de ses amours passées, la petite infirmière canadienne vit elle aussi un grand amour de rencontre, comme seule la guerre peut en offrir, avec un militaire d'origine indienne, Sikh à turban et à grands yeux noirs, démineur de profession, ce qui, en ces temps de routes piégées et de champs de mines, fait là aussi planer le risque haletant de la déflagration fatale. Sautera, sautera pas ? Et l'homme sans visage survivra-t-il assez longtemps pour aller au bout de son histoire ?
Anthony Minghella se donne deux heures quarante pour répondre. Ce qui lui permet, de retours en arrière en contrepoints entre passé et présent, désert égyptien et monastère toscan, de tisser patiemment une toile à laquelle le spectateur ne saurait que se laisser prendre. Car les images sont belles, la couleur léchée, la musique de Gabriel Yared pour une fois point trop envahissante et la reconstitution – décors, costumes, accessoires, voitures, avions – impeccable, à la mesure des (gros) moyens engagés. Avec ça, l'interprétation est haut de gamme : Ralph Fiennes porte le short anglais et la barbe naissante de façon irrésistible, Kristin Scott-Thomas a cette grâce et cet accent british qui font les grandes héroïnes romantiques et Juliette Binoche a un sourire à travers les larmes à faire chavirer l'âme. Tout est donc à sa place, dans un de ces produits culturels de luxe qui, sur les traces de *Lawrence d'Arabie*, renoue avec la grande tradition du romanesque. Sans chercher à s'éloigner du moule, ce qui en marque à la fois les qualités et les limites. Et en se prenant parfois un peu trop à son propre jeu, ce qui allonge les méandres du récit et qui fait que le désert, dans son immensité, apparaît parfois un peu long.

## RETOUR À COLD MOUNTAIN (2003)

### avec Jude Law, Nicole Kidman et Renée Zellweger

**Pour l'amour d'une femme.** Ça commence par un charnier. Par une de ces batailles fratricides où la guerre de Sécession montre ce que peut être la sauvagerie humaine. Pris dans la tourmente, Inman se retrouve enterré vivant, englué dans la boue, les chairs déchiquetées, le sang qui fait des flaques, mais tenant bon la photo que lui a donnée, en partant, la douce Ada Monroe. Et il revoit, sous le feu de la mitraille, les paysages paisibles de sa vallée de Cold Mountain, et, rayonnant, le sourire de celle qu'il a eu à peine le temps de connaître et qui, dans un unique baiser échangé, lui a promis qu'elle l'attendrait. Et il jure que, s'il s'en sort, il la rejoindra.
Le film d'Anthony Minghella annonce d'emblée la couleur, celle de la grande saga romanesque, construite sur des thèmes et des structures qui ont fait leurs preuves : l'immémorial combat de la passion et de la mort, dans un cadre qui ne peut pas ne pas faire penser à la référence en la matière – *Autant en emporte le vent* –, et selon une ligne de récit – le retour du guerrier et l'attente de la femme – qui plonge loin ses racines épiques, dans le périple d'Ulysse et la fidélité de sa Pénélope. Mais la spécificité, ici, est que la scène initiale colore l'ensemble du récit d'une tonalité sombre, comme si le sang qui coule à flots dans les premières images teintait tout de sa viscosité sombre. Le poids du malheur pèse sur les destinées, et une menace constante flotte tout au long du long voyage qui ramène Inman, qui a choisi de déserter, jusqu'à Cold Mountain. Non seulement sa route est semée d'embûches – rencontres dangereuses, milice qui le traque, Nordistes prêts à l'abattre, lascives sirènes venues pour le tenter –, mais à Cold Mountain même, Ada doit faire face à toutes les épreuves. Arrivée là comme fille de pasteur, élevée selon les règles d'une bonne éducation bourgeoise, elle se retrouve totalement démunie lorsque le malheur frappe : son père qui meurt, la ferme dont elle est incapable de s'occuper, et le chef de la milice qui la poursuit de son désir brutal.
Construit sur l'alternance de la route qui ramène Inman vers Ada et de la lutte pour survivre que celle-ci mène à Cold Mountain, le récit mène inexorablement vers la réunion finale des deux amants. La neige qui recouvre la vallée offre alors l'éclat d'une blancheur immaculée, comme un grand rêve blanc d'amour et d'innocence retrouvés, comme aussi un linceul menaçant où le sang pourrait laisser sa fatale empreinte.

Anthony Minghella a le souffle épique, même si celui-ci sent un peu son papier glacé et son apprêt glamour. Mais qui résisterait à l'ampleur de l'évocation, à la splendeur des paysages et des décors, au pittoresque des personnages ? Qui résisterait au charme à la fois mâle et fragile de Jude Law, dont le côté silencieux et la barbe naissante ajoutent encore à la séduction ? Et qui résisterait surtout à la beauté de Nicole Kidman ? De la jeune fille sage et rosissant à la femme prenant en main son destin, elle offre au guerrier qui rêve d'elle l'image idéale de la vierge et de l'amante. Et lorsque, sur la neige blanche, elle apparaît en long manteau noir, la vision qu'en a Inman, de retour enfin chez lui, vaut bien à coup sûr toutes les blessures et toutes les douleurs que lui a infligées la vie.

## MINKOFF Rob (américain, né en 1962)

**Filmographie :**
*Le Roi Lion (1994), co-réalisation* • ***Stuart Little (1999)*** • *Stuart Little 2 (2002)* • *La Maison hantée et les 999 fantômes (2003)*

Entré aux studios Disney comme animateur, et y travaillant sur la création de personnages et le développement de l'histoire dans des films comme *La Petite Sirène* et *La Belle et la Bête*, Rob Minkoff y signe sa première réalisation, en collaboration avec Roger Allers, avec *Le Roi Lion*. Il s'y familiarise avec les techniques d'animation assistées par ordinateur, ce qui lui permet, franchissant le pas, de concrétiser pour Columbia un projet de film mêlant personnages réels et personnages animés. *Stuart Little*, la petite souris numérique, entièrement créée par infographie, se meut avec aisance au milieu d'un décor et de personnages appartenant à une réalité où, vite adoptée, elle trouve presque naturellement sa place.

### STUART LITTLE (1999)
#### avec Geena Davis, Hugh Laurie et Jonathan Lipnicki

**Une souris et des hommes.** Bon choix, bon rat. Lorsque la très sympathique famille Little décide de s'agrandir et d'adopter un orphelin pour tenir compagnie à son charmant bambin de George, la visite que Monsieur et Madame font à l'orphelinat les convainc vite de porter leur choix sur le petit Stuart. C'est que leur cœur a parlé et que rien ne saurait dès lors les dissuader. Même si, détail évidemment énorme, ledit Stuart n'est autre qu'une… souris ! Oh ! bien sûr, une souris irrésistible, qui parle un langage châtié, qui porte à ravir sa veste à carreaux, son pantalon bleu et ses tennis rouges, et qui présente toutes les qualités de convivialité, de tendresse et d'ingéniosité qui devraient lui permettre de s'intégrer en douceur à une famille humaine. Pourtant, introduire une souris dans la maison ne va pas sans poser quelques problèmes. Au petit George, d'abord, pas spécialement ravi d'avoir pour frère un souriceau ; et plus encore pour le chat Snowbell, qui se voit mal faire ami-ami avec l'ennemi juré et héréditaire de son espèce. Du coup, le brave Stuart, qui pensait avoir trouvé une famille selon son cœur, doit d'abord se faire accepter dans la maison et échapper aux dangers qui aussitôt le guettent, du lave-linge où il se trouve malencontreusement lessivé jusqu'aux méchants pièges que lui tendent les chats du quartier, rameutés par le jaloux Snowbell.
La vaillante souris parviendra-t-elle à se tirer d'affaire ? Le plus extraordinaire, dans le film de Rob Minkoff, est qu'on se prend très vite à se poser la question, et que le fait que le personnage qui polarise ainsi l'intérêt soit une souris qui évolue parmi les hommes ne suscite apparemment aucune réticence suspicieuse. Avant même que la fable développée par le film ne fasse triompher sa morale de l'intégration, en montrant que la différence est une richesse et que l'exclusion est la pire des intolérances, il y a belle lurette que le spectateur a pour sa part intégré le paramètre souricier. Stuart Little est devenu son ami, porté par les vertus d'une technologie virtuelle qui l'intègre avec une virtuosité étourdissante dans le monde de la réalité. Du coup, on ne saurait s'étonner de rien, même pas de voir Stuart s'improviser skipper dans une régate animée sur le bassin de Central Park, poser en bombant le torse pour la photo de famille, ou piloter un cabriolet miniature au milieu des embouteillages du pont de Brooklyn. Il le fait avec un tel naturel, il arbore des mines tellement trognons, et il porte le nœud papillon avec une telle distinction que tous ceux qui, petits ou grands, ont le privilège de passer ainsi une heure et demie en sa compagnie, ne rêvent vite plus que d'une chose : faire comme les Little, et s'empresser de l'adopter. En tirant un coup de chapeau à cette capacité d'imagination toujours renouvelée d'un cinéma américain suffisamment candide pour croire que les souris parlent, et suffisamment malin pour réussir à vous en persuader…

## MITCHELL John Cameron (américain, né en 1963)

**FILMOGRAPHIE :**
***Hedwig and the angry inch (2001)***

C'est sur la scène d'un bar de drag queens new-yorkais que John Cameron Mitchell crée son personnage de Hedwig, avec la complicité du compositeur et parolier Stephen Trask. L'engouement suscité par cette création le pousse à développer et le personnage et le spectacle, ce qui débouche sur une comédie musicale off-Broadway, qui remporte un succès immédiat et apporte toutes les récompenses à son créateur, lequel était jusque-là surtout connu pour une carrière de comédien et de metteur en scène de théâtre. Et, le succès aidant, il porte Hedwig à l'écran, témoignant que la comédie musicale est aussi un reflet particulièrement sensible de l'évolution des mœurs.

### HEDWIG AND THE ANGRY INCH (2001)
### avec John Cameron Mitchell, Andrea Martin et Miriam Shor

**Rock'n roll attitude.** C'est l'histoire d'une cicatrice. Celle que porte Hedwig entre les jambes. Celle du garçon qu'il a été et qui, suite à l'opération ratée destinée à le faire devenir fille, lui a laissé ces quelques centimètres d'appendice indésirable – cet « *angry inch* » –, le confirmant dans son statut ambigu d'homme-femme et l'affublant de ce troisième sexe troublant, où il lui faut bien trouver son identité. Mais cette cicatrice, c'est aussi celle qui coupe le monde en deux, entre l'Est et l'Ouest. Hedwig est né en Allemagne de l'Est et, attiré par l'Amérique, il a voulu s'en échapper. Lorsque le mur est tombé, un immense espoir de réunification s'est levé, mais là aussi, l'opération n'a pas été vraiment réussie. Reste donc la déchirure. Laquelle n'est au fond, peut-être, que le vestige de la très ancienne partition de l'être humain en deux moitiés, masculine et féminine, que le désir de transsexualité ne serait qu'une façon d'effacer, pour retrouver l'unité originelle.
Vaste sujet, on le voit, lourd de déclinaison métaphorique, et dont toute l'originalité est de le voir traité sous forme de comédie musicale. Mais une comédie musicale que John Cameron Mitchell, son auteur et interprète sur les planches de Broadway, a choisi de faire passer au cinéma par un vrai travail de réalisation. Loin d'un spectacle filmé, on est ici dans une authentique forme cinématographique, où la musique, bien sûr, porte la narration, mais où interviennent, des décors aux costumes, du dessin d'animation au travail du cadrage, des choix résolus de mise en scène. Le style, à la fois nerveux et surchargé, est le reflet même de l'histoire d'Hedwig, porteuse de toutes les ambiguïtés et de toutes les souffrances d'un monde moderne à la recherche de lui-même. Le rock'n roll est l'émanation et la voix de ce malaise. Il est ici joué et interprété de façon époustouflante par un acteur-chanteur-réalisateur véritablement Protée, incarnant cette rock-star flamboyante et méconnue dont toute la force créative a été détournée par l'industrie du show-biz. Ce qui donne un spectacle aussi décoiffant qu'original, où la mise en scène répond à la rock'n roll attitude qui porte le personnage et le sens du récit. Troublant, excessif, séduisant, repoussant, drôle, pathétique : le film est à l'image de son héros ambigu. Tout, sauf indifférent.

## MIYAZAKI Hayao (japonais, né en 1941)

**PREMIER FILM D'ANIMATION EN TANT QUE RÉALISATEUR :**
*Le Château de Cagliostro (1979)*
**FILMOGRAPHIE DEPUIS 1985 :**
*Laputa, le Château dans le ciel (1986)* • *Mon voisin Totoro (1988)* • *Kiki la petite sorcière (1989)* • *Porco Rosso (1992)* • *Princesse Mononoké (1997)* • ***Le Voyage de Chihiro (2001)*** • ***Le Château ambulant (2004)***

Personnage phare du monde artistique japonais, Hayao Miyazaki voit, à la fin des années 1990, son audience s'élargir au monde entier, avec la diffusion de ses principaux films. On découvre alors la fécondité d'un imaginaire qui touche aux grands mythes, et la richesse créatrice d'un artiste dont les dessins figurent déjà aux cimaises d'un musée qui lui est consacré. La carrière de Miyazaki épouse et module l'évolution de l'animation japonaise. Né dans une famille de fabricants de gouvernails pour avions de chasse (ce qui explique sans doute, outre sa passion pour l'aviation, la présence forte d'un imaginaire aérien dans son œuvre), le jeune Miyazaki, diplômé d'économie, choisit le dessin, pour lequel il se passionne, en entrant à la Toei Animation. Intervalliste et animateur-clé sur de nombreuses séries télé, il imagine, avec son collègue Isao Takahata une animation plus subtile, ouverte tout autant aux adultes qu'aux enfants. Ne pouvant, malgré leur collaboration sur *Horus, le prince du Soleil*, parvenir à imposer leurs vues, les deux hommes quittent la Toei en 1971. Miyazaki passe alors par différentes maisons de production, avec l'ambition de réaliser, mais il met sept ans à y parvenir, avec la série *Conan le fils du futur* en 1978, puis avec son premier long métrage de cinéma, *Le Château de Cagliostro*, en 1979. Il entreprend alors sous forme de BD la saga de *Nausicaa de la vallée du vent*, qu'il adapte en dessin animé en 1984, y développant ses deux thèmes essentiels : le pacifisme et la relation entre l'homme et la nature. La création, en 1985, du studio Ghibli lui apporte l'indépendance nécessaire et lui permet de réaliser enfin les films qu'il ambitionne. Et à travers les machines volantes de *Laputa, le château dans le ciel*, les êtres fantastiques qui viennent en aide aux petites filles de *Mon voisin Totoro*, les décors baroques de *Kiki la petite sorcière*, les pirates de l'air de *Porco Rosso*, les sortilèges qui hantent le monde magique de *Princesse Mononoké*, du *Voyage de Chihiro* et du *Château ambulant*, il montre, dans un univers où règnent les métamorphoses, l'homme en lutte contre les forces de la guerre et de la barbarie cherchant, dans une union avec la nature, à retrouver la loi du monde.

## LE VOYAGE DE CHIHIRO (2001)

**Démons et merveilles.** Un tunnel. Noir, forcément. La petite Chihiro, pas vraiment rassurée, ne veut pas s'y risquer. Mais son père, rassurant, passe le premier. Et Chihiro, s'accrochant aux bras de sa mère, doit bien suivre. C'est que pour Chihiro, les choses changent : ses parents sont en train de déménager, elle doit quitter son école pour aller habiter ailleurs, et sur la route qui la mène vers sa nouvelle vie, le chemin détourné où la voiture s'engage les conduit vers une porte mystérieuse, qui ouvre sur ce tunnel où tous les trois donc s'engagent.
C'est dire que le film de Miyazaki, par ce tunnel qui fait passer d'un monde à un autre, comme Alice passait de l'autre côté du miroir, épouse dès l'abord le schéma traditionnel du voyage initiatique, en l'occurrence ici celui que va devoir suivre une fillette pour quitter son territoire premier, l'enfance. Et la moindre surprise n'est pas, au sortir dudit tunnel, que le trio débouche sur un village vide de tout habitant mais où, cédant à une gourmandise gloutonne, le père et la mère de Chihiro se précipitent sur la nourriture qui s'étale au comptoir des restaurants. Et, sanction symbolique immédiate de leurs méchants appétits, les voici tous deux métamorphosés en cochons… Métamorphose qui pourrait faire penser à quelque sortilège de quelque Circé égarée en terre nippone, tout comme, au bout du voyage, on pourra penser à quelque souvenir mythologique lorsque Chihiro, revenant du pays magique où elle vient de vivre des aventures étonnantes, pourra retrouver le royaume des humains à la condition de partir sans regarder en arrière. Mais, de fait, ce sentiment que l'on éprouve, parfois, de familiarité devant les épreuves traversées par la fillette, cède bien vite le pas à ce qui fait le véritable enchantement du voyage que trace Miyazaki : son côté, au sens propre, totalement dépaysant, peuplé qu'il est de créatures, de décors, de situations dont la symbolique orientale échappe à la fois certes largement à des yeux occidentaux, mais leur offre pourtant comme une correspondance avec un imaginaire universel, et qui, lui, parle à tout le monde.
Extraordinaire voyage, donc, dans ce pays que découvre Chihiro et qui, symboliquement là encore, s'articule autour d'un immense établissement thermal, où les esprits viennent laver leurs souillures. Dans ce purgatoire oriental s'affaire toute une armée de monstres biscornus, aussi effrayants que sympathiques : morpions poilus et rigolards, grossiums à têtes de grenouilles géantes, fantôme avaleur de tout ce qui lui passe sous le masque, ou énorme esprit putride venant, dans une séquence étourdissante, se purger des miasmes fétides qui émanent de sa masse informe. Que Chihiro doive, pour retrouver le bout du tunnel, faire la preuve de ses capacités de travailleuse et de bonne compagne, aussi courageuse que déterminée, dit assez la leçon morale qui se dégage de son itinéraire, et les vertus qui lui seront nécessaires pour, une fois quittée l'enfance, aborder sa vie de femme. Mais, au-delà de la leçon de la fable, ce qu'impose Miyazaki, c'est un monde fantasmatique très spécifique, où le fantastique et la poésie font constamment bon ménage, et où toutes les ressources de l'écriture, de l'animation, du graphisme et des effets spéciaux renouvellent le langage habituel en la matière. Chihiro ressemble certes à Alice comme une sœur orientale à sa sœur occidentale : mais son pays des démons et merveilles, totalement différent dans ses formes, marque l'arrivée d'un imaginaire nouveau, capable d'imposer, par la puissance de l'image et du récit, son propre univers. Disney n'a qu'à bien se tenir…

## LE CHÂTEAU AMBULANT (2004)

**Le feu de l'amour.** Mignonne à croquer, la petite Sophie, appliquée à sa tâche de modiste et cousant les rubans de ses chapeaux avec le sérieux d'une enfant sage. Et pourtant, soudain, par un sort maléfique, voilà la belle métamorphosée en vieille toute fripée, recluse de rhumatismes, et laide à faire peur.

Le film de Miyazaki, d'entrée de jeu, fait souffler le grand vent de la magie, d'autant qu'un premier plan surprenant a fait sortir de la brume un étrange château mobile, formé d'une invraisemblable pyramide de tuyauteries, tubulures, cheminées et rouages divers, qui marche sur ses pattes de gros crapaud métallique et avance en faisant teuf-teuf. Mais il n'y a guère à s'en étonner, dans un pays d'opérette où les carrosses et les chaises à porteurs voisinent avec les trains à vapeur, les scooters volants et les bombardiers géants. Et Sophie elle-même sait bien le pouvoir de la magie, surtout lorsque, poursuivie par des fantômes caoutchouteux, elle est sauvée par un beau jeune homme qui, d'un bond, la fait s'envoler avec lui dans le ciel. Lequel séducteur au pouvoir aérien n'est autre que Hauru, dont chacun craint les pouvoirs magiques. Mais Sophie est un cœur pur et lorsque, transformée en laideron chenu, elle quitte la ville et qu'un curieux épouvantail à tête de navet la guide jusqu'au château ambulant, elle s'y installe, découvrant qu'il s'agit de la demeure de Hauru, et bien décidée à percer son secret et à lever les sorts qui habitent les lieux.

Ce secret, il est lié, dans l'histoire merveilleuse que raconte Miyazaki, à un petit démon qui brûle dans la cheminée : le feu. Et c'est bel et bien le pacte qui lie ce feu à Hauru qui constitue le nœud d'une histoire qui, à sa manière, reprend le vieux thème mythique du feu prométhéen, en le liant, autour d'une variation sur le motif merveilleux de la belle et de la bête, à la toute-puissance de l'amour. Feux de l'amour, donc, mais aussi feux de la guerre, car les royaumes voisins se déchirent à coup de canonnières et de bombardiers. Les villes flambent, et la maison à tiroirs secrets où Sophie, empruntant telle ou telle sortie suivant la couleur de la serrure choisie, se retrouve projetée dans des mondes différents, menace d'être détruite. Mais Sophie traverse tout, courageuse et déterminée, bien décidée à faire triompher la paix.

Comme toujours, chez Miyazaki, l'imaginaire déborde, à chaque plan, à chaque dessin, à chaque rebondissement d'une intrigue qui vole dans un monde de l'enfance où les adultes ont beaucoup de grain à moudre : la vieillesse et la différence, la violence et la guerre, la terre et le ciel, la laideur et la beauté, et cette poésie qui sait donner un sens aux choses et préserver la jeunesse du monde, pour peu qu'on sache aimer.

# MOCKY Jean-Pierre (français, né en 1929)

**PREMIER LONG MÉTRAGE :**

*Les Dragueurs (1959)*

**FILMOGRAPHIE DEPUIS 1985 :**

*Le Pactole (1985) • La Machine à découdre (1985) •* ***Le Miraculé (1986)*** *• Agent trouble (1987) • Les Saisons du plaisir (1988) • Une nuit à l'Assemblée nationale (1988) • Divine enfant (1989) • Il gèle en enfer (1990) • Ville à vendre (1991) • Bonsoir (1992) • Le Mari de Léon (1993) • Noir comme le souvenir (1994) • Alliance cherche doigt (1996) • Robin des mers (1997) • Vidange (1998) • Tout est calme (1998) • La Candide Madame Duff (1999) • Le Glandeur (1999) • La Bête de miséricorde (2000) • Les Araignées de la nuit (2001) • Le Furet (2003) • Touristes, Oh Yes ! (2004) • Grabuge ! (2005)*

S'il a bénéficié du vent de liberté apporté par la Nouvelle Vague, commençant en même temps qu'elle, après avoir été comédien, sa carrière de réalisateur, Jean-Pierre Mocky a toujours fait preuve d'une singularité qui exclut qu'on puisse l'enrôler dans quelque école ou le rattacher à quelque groupe que ce soit. Car l'homme est, au sens plein du terme, foncièrement anarchiste, refusant l'ordre, la loi, les valeurs admises, les institutions sociales. Et, du coup, développant un cinéma en accord avec sa vision libertaire : d'abord dans des comédies grinçantes et des thrillers politiques, donnant à la satire un côté quasi irréaliste et poétique et ne répugnant jamais à pousser le trait jusqu'à la caricature ; puis, de plus en plus, se produisant et se distribuant lui-même, en réalisant à la va-vite des films souvent bâclés et en faisant en quelque sorte du désordre la loi de sa création. À ce rythme-là, qui cultive l'outrance et la provocation comme des vertus cardinales, sa filmographie s'enfle d'année en année, étonnante et détonante. Unique.

## LE MIRACULÉ (1986)
### avec Michel Serrault, Jean Poiret et Jeanne Moreau

**Les petits truands du bon Dieu.** Ah ! l'affreux Mocky. Iconoclaste surdoué, pourfendeur intarissable des tares sociales, il trouve avec *Le Miraculé* un sujet à la mesure de sa démesure. Dans cette histoire de faux-vrai paralytique, de muet qui n'a pas la langue dans sa poche, de dame patronnesse et de gentil curé travaillés par le démon des sens, il fait défiler tout un monde : celui de l'Église en costume trois-pièces, des œuvres un peu trop charitables, des pèlerinages à gogos et des marchands du temple. Allergique à la moindre chapelle, il dénonce ce qui est pour lui la grande escroquerie de l'âme. Sous son œil moqueur, le train qui emmène vers la grotte miraculeuse tout son lot de filous et de victimes consentantes devient une sorte de « Lourdes connection », où la grande truanderie de la foi, de l'espérance et de la charité transforme en lucrative affaire commerciale la crédulité et la misère humaines.
Ceux qui aiment le monde saugrenu de Mocky seront comblés : *Le Miraculé* est un magnifique défilé de têtes, excessif à souhait, plein de gags, de mots, de plans du plus mauvais goût. L'interprétation est irréprochable : le trio Poiret-Serrault-Moreau s'en donne à cœur joie dans le minable, le crasseux et le délirant, et tous les seconds rôles composent, comme toujours, une brochette inimitable de déchets, tarés et autres bizarroïdes. Le scénario, comme toujours aussi, ne fait pas dans la nuance et se perd facilement en route pour finalement se retrouver à bon port et déboucher sur un vrai miracle, qui arrive là où on ne l'attendait pas. Et tout est pour le mieux dans le plus dingue des mondes possibles.
Alors : anti-cléricalisme primaire ? Combat d'arrière-garde ? Entreprise blasphématoire et qui mérite l'excommunication ? Ou bien grande lessive tonique et décapante ? Droit du rire à disposer de lui-même ? Le débat est ouvert. Parce que face à cet anarchiste du cœur et de la pellicule, la question se posera toujours, comme au bon vieux temps de l'Inquisition : faut-il brûler Mocky ?

# MOLINARO Édouard (français, né en 1928)

**PREMIER LONG MÉTRAGE :**
*Des femmes disparaissent (1957)*
**FILMOGRAPHIE DEPUIS 1985 :**
*À gauche en sortant de l'ascenseur (1988)* • *Le Souper (1992)* •
***Beaumarchais l'insolent (1995)***

Classé un peu vite parmi les épigones de la Nouvelle Vague, parce qu'appartenant à la même génération que les Godard, Truffaut, Chabrol, et ayant commencé sa carrière en même temps qu'eux, Édouard Molinaro n'a en fait jamais cessé d'être un cinéaste attaché à la tradition. Cela donna, dans ses premiers films, notamment les comédies et les films policiers, des réussites au ton personnel, puis, le succès venant, un glissement vers un cinéma plus commercial. Avec toujours une grande maîtrise technique et un classicisme de narration que confirment ses deux dernières œuvres, adaptées de pièces de théâtre, et qui pourraient sans surprise figurer au rayon d'une qualité française aussi solide que convenue.

## BEAUMARCHAIS L'INSOLENT (1995)
### avec Fabrice Luchini, Sandrine Kiberlain et Michel Serrault

**Le conformiste.** Il n'est pas sûr, en découvrant le *Beaumarchais* d'Édouard Molinaro, que les spectateurs de 1996 n'aient pas un peu la sensation de se retrouver quelque quarante ans en arrière, devant un de ces films qui faisaient cette fameuse « qualité française » que dénonçaient, naguère, les jeunes turcs d'une vague montante qui apportait précisément dans ses vaguelettes Molinaro lui-même. Tout y est, en effet : un personnage haut en couleur, offrant toute garantie pour une grande reconstitution historique ; un scénario bien ouvragé et des dialogues parfaitement ciselés (et pour cause : ils sont signés Sacha Guitry) ; un réalisateur solide reprenant ce scénario inutilisé depuis plusieurs décennies, l'adaptant en compagnie d'un auteur dramatique à la mode (Jean-Claude Brisville) et entreprenant de le mettre en images en s'efforçant de faire un travail le plus propre possible.
Et, de fait, il y a dans *Beaumarchais l'insolent* une application évidente : de beaux décors soignés, une musique d'accompagnement mélodieuse, un soin tout particulier apporté aux lumières, au cadre, aux costumes. Les comédiens, comme il se doit, tiennent la vedette avec, en tête d'affiche, un Fabrice Luchini très star, depuis qu'il a été happé par

la gloire médiatique et, lui servant de faire-valoir de luxe, des acteurs confirmés – Michel Piccoli, Jacques Weber, Jean-Claude Brialy, Michel Serrault, et quelques jeunes qui montent : Sandrine Kiberlain, Manuel Blanc, Florence Thomassin. Et avec ça, un scénario ingénieux, qui choisit dans la vie remuante et aventureuse du héros la décennie la plus remuante et la plus aventureuse, celle qui mène du *Barbier de Séville* au *Mariage de Figaro*, en passant par des missions d'agent secret, un trafic d'armes avec la toute jeune Amérique, des procès, des duels retentissants et bien d'autres péripéties romanesques.
Avec un souci constant du détail, Édouard Molinaro découpe donc son scénario de manière à ménager la juste place qui convient à chaque élément. Un petit tour au théâtre, et voilà expédiée en trois plans la création de la Société des auteurs ; une rapide incursion chez Benjamin Franklin surpris dans sa baignoire, et les enjeux de l'indépendance américaine trouvent leur explication ; une courte séquence où l'on se passe une montre à réparer, et l'on saura que Beaumarchais, fils d'horloger, fut horloger lui-même ; une rencontre avec le chevalier d'Eon, et les charmes très charnels de Claire Nebout font sentir qu'il y a anguille sous roche quant au sexe du bel ange. Enfin, pour faire social, un plan rapide sur une famille du peuple toute mâchurée, regardant passer le carrosse d'un seigneur, et l'on subodore que 1789 n'est pas loin… Et, comme il ne s'agit pas d'oublier que Beaumarchais est l'auteur de deux pièces qui comptent dans l'histoire du théâtre (et surtout dans les programmes scolaires pour les troupes de potaches qui vont pouvoir ainsi venir faire en toute bonne conscience l'économie d'une lecture), deux répliques du *Barbier* de ci, trois de *Figaro* de là, et le tour est joué. Tout est clair, simple, propre à ne déplaire à personne. Et, de fait, on sort de là raisonnablement satisfait, En se disant simplement qu'il manque à ce spectacle sans aspérité quelque chose comme une vraie vision, qui aurait pu lui donner le piquant qui lui manque, et que, sous l'insolence annoncée dans le titre, on sent surtout le conformisme.

## MOLL Dominik (français, né en Allemagne en 1962)

**FILMOGRAPHIE :**
*Intimité (1993)* • ***Harry, un ami qui vous veut du bien (2000)*** • *Lemming (2004)*

À la fois français et allemand, étant parti étudier le cinéma aux États-Unis pour revenir finir ses études à la Femis, Dominik Moll, après avoir été assistant puis avoir réalisé quelques courts métrages, aborde le long métrage avec une adaptation très libre de Jean-Paul Sartre, dans *Intimité*, avant de se révéler avec *Harry, un ami qui vous veut du bien* et de confirmer, sur un schéma voisin – l'intrusion d'un élément étranger qui vient perturber l'ordre initial – avec *Lemming*. L'originalité de son parcours semble parfaitement en accord avec celle de son cinéma, lequel mélange volontiers les genres et les tonalités pour faire surgir, derrière l'apparence simple des choses et des êtres, la part plus secrète que ceux-ci recèlent, et pour susciter chez le spectateur un fort sentiment de trouble et de malaise.

### HARRY, UN AMI QUI VOUS VEUT DU BIEN (2000)
**avec Sergi Lopez, Mathilde Seigner, Laurent Lucas et Sophie Guillemin**

**Ange ou démon.** Vision d'en bas : on est dans la voiture surchauffée, sur l'autoroute des vacances. À l'arrière, les trois filles n'en finissent pas de crier et de faire des caprices. Claire essaie de les faire tenir tranquilles. En vain. Tendu au volant, Michel adopte un ton doux, puis peu à peu hausse la voix, se met à crier. La caméra est dans l'habitacle, proche, captant l'exaspération, l'atmosphère électrique, la chaleur suffocante. Quelque chose comme l'enfer au quotidien. Et soudain, vision d'en haut. À la verticale, la caméra suit la voiture qui glisse en douceur sur la bande rectiligne de l'asphalte, se déportant pour doubler, puis revenant prendre son couloir. Le paysage défile, tout semble s'agencer comme dans un gigantesque jeu vidéo que guiderait quelque main céleste invisible.
La séquence qui ouvre le film de Dominik Moll en donne le ton et en affiche les ambitions. Entre un regard de près, dont le naturalisme est poussé à bout, et un regard de haut, qui fait décoller le réel vers autre chose, il y a déjà inscrite la trace d'un film qui se fraie sa propre voie sans trop se soucier des genres et autres frontières convenues. Tout semblerait dire d'abord qu'on est dans une comédie. Le dénommé Harry, ancien copain de lycée, rencontré dans les toilettes du restoroute où Michel s'est arrêté pour se rafraîchir, apparaît comme un bon Samaritain tombant pile pour régler les problèmes de son ami. Accompagné de Prune, sa copine, il s'invite dans la maison de vacances que Michel et Claire essaient depuis cinq ans de remettre en état. Et, grâce à sa conception positive de l'existence et à

ses ressources financières, il a tôt fait d'apporter des solutions efficaces aux divers ennuis du jeune couple. Mais qui est donc cet ami tombé du ciel et qui veut tant de bien à Michel? Et pourquoi le pousse-t-il à reprendre l'écriture de ces poèmes et de ces récits qu'il donnait au bulletin du lycée et que, depuis, il a interrompus? Harry serait-il l'ange tutélaire de Michel? Ou ne serait-il pas son démon, son double noir, surgi peut-être de son inconscient, et accomplissant pour lui les plus noirs desseins qui gisent informulés au plus profond de son refoulé?
Dominik Moll n'apporte pas de réponse aux questions que le spectateur, forcément, se pose. Il se contente de faire basculer son récit de la comédie cocasse et saugrenue au drame quasi fantastique. Et cela par une mise en scène subtile, par une direction d'acteurs impeccable: Mathilde Seigner, donnant au personnage central de Claire la juste tonalité d'un amour à la fois protecteur, soumis et dominateur; Sophie Guillemin, idéale en poupée de chair apaisante et encombrante; Laurent Lucas, en bon fils, bon époux, bon père, confronté soudain à des rêves de création et des ambitions de liberté enfouies; Sergi Lopez, enfin, dont la rondeur sympathique et l'accent chantant cachent des desseins inquiétants. On ne peut pas ne pas penser à Hitchcock et à Chabrol, comme, dans le surgissement de ce visiteur venant révéler la vérité cachée, ne pas songer à Pasolini. Et même si le cheminement métaphorique apparaît dans la seconde partie du film un peu pesamment balisé, entraînant une petite baisse de régime, on ne peut pas non plus, dans cette ambition de raconter une vraie histoire qui, en même temps, raconte des tas d'autres choses, ne pas voir l'émergence d'un auteur de cinéma. Et le voyage de retour, réplique inversée du voyage de départ, le montre bien, qui accomplit la métamorphose de Michel, créateur comblé, roulant dans un monde enfin apaisé, ses ambitions satisfaites. Son film fait.

## MONICELLI Mario (italien, né en 1915)

**PREMIER LONG MÉTRAGE :**
*Au diable la célébrité (1949), co-réalisation*
**FILMOGRAPHIE DEPUIS 1985 :**
*La Double vie de Mathias Pascal (1985) • Pourvu que ce soit une fille (1986) • I Picari (1987) • Il male oscuro (1989) • La moglie ingenua e il marito malato (1989) • Rossini! Rossini! (1991) •* ***Une famille formidable (1992)*** *• Cari, fottutissimi amici (1994) • Facciamo Paradiso (1995) • Esercizi di stile (1996) • I Corti italiani (1997 – sketch Todi di appartamento) • Panni sporchi (1999)*

Parmi les réalisateurs qui firent triompher la comédie à l'italienne dans les années 1960-1970, Mario Monicelli figure assurément, au côté de Dino Risi, comme un des maîtres du genre. Non seulement parce qu'il sut dès ses débuts, dans toute une série de films co-réalisés avec Stefano Vanzina Steno autour du personnage de Totò, utiliser toutes les ressources du comique de gestes et de gags, mais surtout parce qu'il fit la preuve, seul ensuite, d'une capacité très personnelle à tirer tout le parti comique de personnages médiocres, souvent pitoyables, en les transfigurant par une sorte de grandeur dans le dérisoire. L'équipée désastreuse de la fine équipe du *Pigeon*, la charge parodique des *Brancaleone*, l'arrière-plan politique et social de *La Grande Guerre*, des *Camarades*, de *Mes Chers amis*, d'*Un bourgeois tout petit, petit*, tout chez lui traduit ce mélange unique de ridicule et de quasi-pathétique, qui fait que lorsqu'on vient d'en rire on pourrait facilement en pleurer... Comédie à la fois douce et cruelle, nourrie par la tradition de la commedia dell'arte et par l'interprétation d'une génération de comédiens d'exception, de Gassman à Sordi, de Tognazzi à Manfredi et à Mastroianni, qui sut si bien traduire, et pas seulement pour les Italiens, l'universelle comédie humaine, et dont, dans quelques rares films des années 1990 – et *Une famille formidable* en est le meilleur exemple – il retrouve miraculeusement la recette.

### UNE FAMILLE FORMIDABLE (1992)
**avec Paolo Panelli, Pia Velsi et Riccardo Scontrini**

**Les parents terribles.** Ils sont venus, ils sont tous là, du nord comme du sud de l'Italie, tous les Colapietro. Parce que c'est Noël et que, chaque année à la même date, la famille se réunit autour du père, Saverio, et de la mère, Trieste. Il y a là les quatre frères et sœurs, accompagnés de leurs femmes, maris et enfants. On se retrouve, on s'em-

brasse, on se donne des nouvelles. Les belles-sœurs papotent, les frères plaisantent, les enfants en profitent pour courir dans les jambes et faire des bêtises. Les rires fusent, les souvenirs s'égrènent. Dehors la neige tombe, mais dans la vieille maison de famille, il fait chaud au cœur.
La première partie du film de Monicelli est un hymne tendre et amusé à cette valeur quasi sacrée, si forte dans toute société méditerranéenne et en Italie notamment : la famille. Les années ont beau passer, les choses changer, la vie extérieure apporter son lot de bouleversements et de catastrophes, le foyer familial diffuse immuablement sa douce chaleur, protectrice, douillette, rassurante. Et le repas de Noël est comme la célébration d'un rite ancestral, qui préserve ses participants des atteintes du temps. Et puis, patatras ! À la fin du repas, la mère et le père annoncent que, désormais trop vieux pour vivre seuls, ils ont décidé de se retirer chez un de leurs enfants, peu importe lequel : à eux de décider lequel les accueillera. Gêne, silence... Chacun réfléchit. Et ici commence comme un second film, qui montre comment soudain la belle unité familiale vole en éclats. Qui va se charger en effet de ce fardeau inattendu ? Chacun des enfants est prêt à le refiler à l'autre. Les jalousies cachées remontent, les rancœurs éclatent au grand jour, la zizanie élargit les lézardes et révèle ce qu'il y a derrière la façade apparemment lisse du clan.
Tout cela apparaît dans une lumière d'autant plus crue que le réalisateur a pris, pour montrer les choses, le point de vue de Mauro, un des petits-enfants, qui enregistre ce qui se passe avec son regard innocent de 10 ans. Et qui apporte ainsi à ce tableau de famille la distance de l'ironie ingénue. Monicelli retrouve du coup la meilleure inspiration de la comédie italienne : comédie noire, acide, pleine de petites touches, d'observations incisives, de détails piquants, le tout enrobé dans un sourire pince-sans-rire, dans une vision comme détachée qui peut dire les pires horreurs avec l'air de ne pas y toucher. Et, en même temps, le film renoue avec une autre grande tradition de la comédie à l'italienne : comédie d'acteurs, de troupe, avec des rôles multiples, des personnages esquissés d'un trait, comme sous le masque, et qui aussitôt vivent, avec leurs côtés touchants, leurs manies, leurs ridicules. La belle-fille qui joue à la star, le fils homo, le mari complaisant, la fille laide... Le sourire de Monicelli est toujours chaleureux, ce qui l'empêche d'être cruel. Même si le rire qu'il suscite laisse un goût amer, pour peu qu'on y réfléchisse. Non pas tant parce qu'on a l'impression de retrouver, dans cette réalisation très classique d'un metteur en scène octogénaire, le parfum d'un cinéma italien largement disparu, mais parce que le regard ainsi porté sur des gens ordinaires renvoie le reflet, à peine déformé par la satire, d'une réalité humaine qui déborde le cadre italien. Car la façon très déton(n)ante dont Monicelli règle en fin de compte le problème familial non seulement fait voler en éclats la famille mais, au-delà du conflit œdipien de générations, traduit l'implosion d'une structure sociale. Avec son humour noir et ses airs de rien, la comédie touche en fait au cœur même d'un système et d'une civilisation.

## MONTEIRO João Cesar (portugais, 1939-2003)

**PREMIER LONG MÉTRAGE :**
*Fragments d'un film – Aumône (1972)*
**FILMOGRAPHIE À PARTIR DE 1985 :**
*À fleur de mer (1986)* • ***Souvenirs de la maison jaune (1989)*** •
*Le Dernier plongeon (1992)* • *La Comédie de Dieu (1995)* • *Le Bassin de J. W. (1997)* •
*Les Noces de Dieu (1998)* • *Blanche neige (2000)* • *Va et vient (2003)*

Si Monteiro fut un maître, et l'avenir devrait le confirmer en le mettant à sa juste place, il fut un maître ignoré, construisant dans une quasi-obscurité une des œuvres les plus singulières du cinéma. Jouant de son physique émacié et spectral, il se construit avec le récurrent et emblématique Jean de Dieu un personnage qui tient à la fois de Nosferatu et du Christ, mais un Christ blasphématoire, travaillé par le sexe, hanté par la folie et par la mort : le reflet même d'un siècle traversé de forces obscures, et où la dérision et la beauté sont les armes de la seule réponse possible. Premier volet de sa trilogie de Jean de Dieu (avant *La Comédie de Dieu* et *Les Noces de Dieu*), *Souvenirs de la maison jaune* infléchit l'œuvre de Monteiro dans la voie dostoïevskienne des interrogations métaphysiques, dont son dernier film, posthume, *Va et vient* – où Jean de Dieu revient sous le nom de João Vuvu – marquera, dans la mise en scène de sa propre déréliction physique et de sa mort, un point d'aboutissement à la fois burlesque et pathétique.

## SOUVENIRS DE LA MAISON JAUNE (1989)
### avec João Cesar Monteiro et Manuela de Freitas

**L'idiot de la ville.** Il y a des films surgis de nulle part, qui ressemblent à pas grand-chose de connu, et qui viennent comme cela, de temps en temps, prouver que le cinéma est toujours capable de surprendre. *Souvenirs de la maison jaune* est un de ces objets planants non identifiés, qui se présente dès le générique comme une comédie mais qui, dans le même temps, en voix off, fait entendre un texte lugubre tiré de Céline, où il est question de vieillesse et de lassitude, et de l'insupportable fardeau de l'être.
Il faut dire que le héros de l'histoire, un pauvre bougre au nom emblématique de João de Dieu, mène une vie qui n'a rien de particulièrement enthousiasmant. Il loge dans une pension de famille pas vraiment reluisante, près du port, dans un vieux quartier de Lisbonne. Une chambre plutôt triste, une propriétaire plutôt revêche, des journées plutôt longuettes, et surtout un corps plutôt mal foutu, agité de douleurs diverses, notamment au niveau de ses parties les plus intimes. Et quant aux punaises qui hantent sa couche, le pire est qu'elles pourraient bien n'être qu'imaginaires, indices aussi d'un cerveau malade. Bref, un idiot, mais un idiot très dostoïevskien, comme le titre même du film invite à le penser. Un de ces hommes sur qui s'inscrivent les tourments de l'humanité, et qui y répond avec la plus directe simplicité. Car João est un pur. Dans le petit monde des pensionnaires qui l'entourent, il y a la gentille Mimi, peu économe de son corps, et Julieta, à la beauté insolente. L'attirance physique qu'il sent pour les deux femmes va trouver à se satisfaire dans les rapports qu'il entretient avec elles, pas toujours de façon rationnelle. Mais le sexe a ses désirs que la raison ne connaît pas, comme par exemple, pour goûter à la féminité même, de boire l'eau savonneuse qui a servi à la toilette intime de la belle. Ces pulsions pas toujours contrôlées vaudront d'ailleurs à João de se retrouver expulsé de sa pension de famille, et d'aboutir dans cette maison jaune, à la fois prison, hospice et asile, d'où, interné, il repartira pour aller à nouveau arpenter la ville et l'empêcher de s'endormir dans la bonne conscience.
João de Dieu, c'est João Cesar Monteiro lui-même. En décidant d'interpréter le rôle, le réalisateur apporte à son personnage un physique et un jeu qui donnent le ton du film. D'une maigreur squelettique, flottant dans un manteau informe, économe de ses gestes et de ses mimiques, il impose une forme qui fait penser à Charlot, pour le côté vagabond, à Tati, pour la cocasserie, à Harry Langdon et à Buster Keaton, pour l'aspect lunaire et imperturbable. Et le rire qu'il suscite vient pour beaucoup de ce côté bizarre qui, d'un rien, souligne l'incongruité du monde. Rire, pourtant, qui, même dans le burlesque et la bouffonnerie, garde un côté grinçant, nourri d'une bonne dose de dérision. Le regard que le cinéaste porte sur les hommes n'est pas spécialement gai. Ironie d'un misanthrope, sourire farceur d'un dynamitero tranquille, satire lucide d'un observateur attentif : il y a tout cela dans ce regard sec que traduit une caméra elle-même comme détachée, réduisant ses effets à une neutralité quasi minimaliste, ascétique, bressonienne. C'est dire que, de cette comédie aux couleurs froides, on ressort quelque peu hébété. Moins de la léthargie qu'impose un rythme volontairement lent, ni même des interrogations pas toujours satisfaites que ne manquent pas de soulever nombre d'obscurités allusives, mais plutôt sous le coup de l'étrangeté d'ensemble qui se dégage d'un film qui fait surgir du réel bien des choses cachées. Un peu comme un tableau de Dalí.

# MOORE Michael (américain, né en 1954)

**FILMOGRAPHIE :**
*Roger et moi (1989) • Pets or meat (1992) • Canadian Bacon (1995) • The Big One (1998)* • ***Bowling for Columbine (2002)*** • *Fahrenheit 9/11 (2004)*

Provocateur toujours prêt à pousser le pamphlet plus loin que ne l'exige la stricte neutralité, Michael Moore s'est affirmé, dans une œuvre essentiellement consacrée au documentaire, comme le poil à gratter le plus urticant du cinéma américain. Né et élevé dans le Michigan, se destinant d'abord à la prêtrise, il s'engage très tôt en politique avant, à 22 ans, de se tourner vers le journalisme et de fonder *The Flint Voice*, un des journaux alternatifs les plus écoutés du pays. Désireux de pratiquer l'enquête non seulement par la plume mais par la caméra, il met au point, avec *Roger et moi*, autour des licenciements opérés par la General Motors à Flint, dans le Michigan, un type de documentaire fondé sur l'interview roublarde, sur le ton agressif et sur le choc des images. Après un rapide détour par la fiction, avec *Canadian Bacon*, où le président des États-Unis, se cherchant un ennemi pour se faire élire, choisit le… Canada, et tournant également pour la télévision des séries et des satires politiques, il revient au documentaire et y affine et y radicalise sa manière en s'attaquant au patronat, dans *The Big One*, puis au lobby favorable aux ventes d'armes dans *Bowling for Columbine*, pour en arriver au pamphlet pur et simple contre la politique présidentielle américaine dans *Fahrenheit 9/11*.

### BOWLING FOR COLUMBINE (2002)

**Balles explosives.** Dans le film de Michael Moore, la caméra ne s'embarrasse pas de faux-fuyants : elle tire à balles réelles. Ce qui constitue sans doute la meilleure façon de traiter ce problème qui non seulement fait le fond de la culture américaine mais qui donne aux États-Unis le triste privilège de détenir le record mondial des homicides par armes à feu : la vente libre de ces armes et de leurs munitions. Soutenue par de puissants lobbies, et notamment par la National Rifle Association, dont le leader charismatique est Charlton Heston, la libre disposition des armes à feu a entraîné des drames multiples, dont celui qui a sans doute le plus touché l'opinion est le massacre de Columbine en 1999, où deux élèves d'un lycée exécutèrent de sang-froid treize de leurs camarades et professeurs, avant de se donner la mort.
Michael Moore, originaire lui-même de la région, mène l'enquête à partir de cette Amérique profonde, celle du Michigan, du Colorado, de ce Middle West où les « petits Blancs » véhiculent une vision repliée sur elle-même de la vie communautaire. Le racisme anti-noir y reste sous-jacent, et la culture de l'autodéfense, nourrie par un sentiment diffus de peur, y a force de loi, garantie d'ailleurs par la Constitution. Du coup, en décidant d'aller aux sources du problème, le cinéaste plonge au cœur même de l'Amérique : le patriotisme ambiant n'est pas loin, pour lui, d'un sentiment qui se traduit, sur le plan international, par un impérialisme entendant dicter sa loi au monde. Et ce n'est pas pour rien, au fil de ce brûlot aussi explosif que provocateur, que surgissent les questions de fond : le rôle des États-Unis dans le monde, tout comme les attentats du 11 septembre.
Réflexion corrosive, le film doit beaucoup au culot impayable d'un cinéaste inquisiteur, constamment provocateur, qui, avec sa dégaine de gros ourson mal léché, ne craint pas de tout faire, y compris de mettre en scène à l'avance les actions qu'il filme ou de gruger ceux qu'il interroge (et Charlton Heston se fait piéger dans les grandes largeurs), pour obtenir ce qu'il veut, l'aveu qui dénonce, le mot qui fait mouche, la réaction qui trahit. On peut sans doute contester la méthode. Elle a l'avantage d'aller gratter là où ça fait le plus mal et d'offrir un document aussi aigu et pénétrant qu'irrésistible d'humour corrosif. Et en lui accordant son prix du 55e anniversaire, le Festival de Cannes l'a en quelque sorte légitimée. D'autant, et ce n'est finalement pas le moins révélateur, que dans l'indépendance même dont il témoigne, le film se trouve être l'illustration éclatante d'un pays qui, en même temps qu'il autorise les armes à feu, autorise aussi la liberté absolue de les dénoncer.

---

## MORDILLAT Gérard (français, né en 1949)

**PREMIER LONG MÉTRAGE :**
*Vive la sociale (1983)*
**FILMOGRAPHIE DEPUIS 1985 :**
*Billy Ze Kick (1985)* • *Fucking Fernand (1987)* • *Cher frangin (1989)* •
***Toujours seuls (1991)*** • *Paddy (1998)* • *Josy (2002)*

Il y a chez Mordillat une fibre politique dont le titre de son premier film, adapté de son propre roman, *Vive la sociale*, donne bien, entre communisme et socialisme, la tonalité. Cet engagement de gauche, il l'applique dans des comédies dont les sujets éminemment sérieux – de la France occupée des années 1940, dans *Fucking Fernand*, aux soubresauts de la guerre d'Algérie, dans *Cher frangin* – sont pour lui autant d'occasions de déployer une verve iconoclaste et volontiers scandaleuse, où perce un esprit anarchiste, qu'illustre parfaitement la famille gentiment loufoque et libertaire de *Toujours seuls*.

### TOUJOURS SEULS (1991)
#### avec Annie Girardot, Zabou, Marius Colucci et Claude Evrard

**La vie à loyer modéré.** Dès les premières images de *Toujours seuls*, on a le sentiment que l'alchimie ne jouera pas : des plans un peu mous, des acteurs un peu raides, des répliques un peu apprêtées, et l'on a du mal à entrer dans le film, et dans la famille Chevillard. Certes, on en identifie vite les membres, qui vivent treize à la douzaine dans un F4 de banlieue ; on fait connaissance avec les petites affaires privées de chacun ; on les regarde déballer leur linge sale – pas vraiment sale, d'ailleurs, plutôt gris – et le laver en famille. Mais on n'arrive pas vraiment à s'intéresser à leur vie, ni à se sentir bien dans cet appartement propret où ils s'entassent, si exigu que lorsque Rudi, le fils maudit, revient au foyer après un séjour en prison, il ne lui reste comme solution au manque de place et de lit qu'à coucher dans la baignoire. L'âme de la famille, c'est le père – chômeur, rêveur, fainéant, qui passe la journée devant la télé et la nuit devant le frigo – et c'est surtout la mère, qui va, qui vient, cœur d'artichaut qui donne une feuille à chacun de ses enfants, et qui garde au fond d'elle-même le souvenir désespéré d'un amour perdu, mort en Algérie avec le garçon qu'elle aimait. Lequel lui aurait fait une autre vie, d'autres enfants, si le destin l'avait voulu. Telle qu'elle est, malgré les disputes et l'étroitesse des lieux, cette famille Chevillard, style Groseille avancée, vit en bonne harmonie, heureuse à sa façon. Si ce n'est que mystérieusement, le mobilier disparaît : la télé d'abord, puis le canapé, le frigo, la machine à laver. Quel est donc le mystérieux déménageur qui fait main basse sur les objets du quotidien et qui déstabilise ainsi l'équilibre familial ?

La réponse à cette question constitue le fil directeur, un peu lâche, d'un récit qui, au moment de se dénouer, s'ouvre sur le rêve et l'utopie, comme une fenêtre qui s'ouvre sur la monotonie de l'existence. Mais c'est bien tard et il y a belle lurette qu'on ne regarde plus tout ce petit monde qu'avec un œil détaché. Pourtant, à l'évidence, Mordillat avait de vrais atouts dans son jeu : une idée de scénario qui en vaut bien d'autres ; la peinture d'un milieu social populaire qui lui a inspiré, avec *Vive la sociale*, son meilleur film ; et surtout une distribution riche et variée, mêlant des acteurs confirmés, des valeurs montantes et des quasi-débutants. Or, si chacun fait de son mieux pour ne pas trop en faire et se fondre dans l'entité familiale, les rôles, les situations, les dialogues ne servent pas toujours les comédiens. Reste alors un décor soigné, quelques scènes attachantes, quelques trouvailles cocasses, notamment dans la façon de jouer du réel et de l'imaginaire. Mais le tout découpé en rondelles, filmé sans mordant, et malgré la fusée sur laquelle s'ouvre et se clôt le film, ne parvenant jamais à décoller vraiment.

## MORETTI Nanni (italien, né en 1953)

**PREMIER LONG MÉTRAGE :**
*Je suis un autarcique (1976)*
**FILMOGRAPHIE DEPUIS 1985 :**
*La messe est finie (1985)* • ***Palombella rossa (1989)*** • *La Cosa (1990)* •
***Journal intime (1994)*** • *Aprile (1998)* • *La Chambre du fils (2001)* • *Le Caïman (2005)*

Dans les années de crise et de désillusion qui ont suivi la disparition du grand cinéma italien qui, du néo-réalisme à la comédie « à l'italienne », de Rossellini à Fellini, de Visconti à Antonioni, de Pasolini à Ferreri, de Risi à Rosi, des Taviani à Bertolucci, avait occupé le devant de l'écran pendant une quarantaine d'années, Nanni Moretti s'est révélé, au cours des années 1980, non seulement comme le chef de file d'une nouvelle génération de cinéastes, mais aussi comme le reflet même d'une époque de doute et de déchirement, emblématique et du cinéma italien et du pays lui-même. C'est sans doute parce que sa personnalité et son univers cinématographique cristallisent les évolutions et les fêlures d'une société passant d'une situation longtemps figée – tant politiquement, avec le duo Démocratie chrétienne-Parti communiste, que socialement, avec l'affrontement entre le Nord et le Sud, le poids du catholicisme, le rôle de la Mafia – aux incertitudes d'une modernité faisant éclater les anciens repères, que le cinéma de Moretti, par ce qui fait sa singularité même, atteint à l'universel. Il témoigne en effet d'un parcours intellectuel où l'homme intime affronte la réalité d'un monde problématique et déchiré. Ce qui se traduit par une forte dimension autobiographique, sensible dans la présence récurrente d'un film à l'autre d'un même personnage : Michele, dans les deux premiers films, *Je suis un autarcique* et *Ecce Bombo*, qui devient Michele Apicella (qui est le nom de jeune fille de la mère de Moretti) dans les films suivants, avant de laisser place à Nanni Moretti lui-même à partir de *Journal intime*. À travers son double et lui-même, le cinéaste représente les angoisses existentielles de l'homme confronté aux grands problèmes politiques, sociaux, artistiques, humains – la maladie, la mort –, et qui y répond par une œuvre où la dimension ironique, à la fois comique et tragique, révèle un auteur conscient de son art et de son talent, et soucieux aussi d'engagement politique et moral.

## PALOMBELLA ROSSA (1989)
### avec Nanni Moretti, Mariella Valentini et Asia Argento

**Comment peut-on être communiste?** Curieux film, à l'image de cette palombe rouge énigmatique qui lui donne son titre et qui désigne, en fait, un tir particulier, en forme de lob, qui constitue un des coups favoris du water-polo. Car, et c'est un exploit plus encore cinématographique que sportif, tout le film de Nanni Moretti se déroule bel et bien dans une piscine, où deux équipes disputent un match de water-polo. Parmi les joueurs, Michele, un député communiste, amateur de ce sport, mais qui se présente au match en état de semi-amnésie, par suite d'un choc dont il vient d'être victime dans un accident. Le match commence donc, mais de quelle partie s'agit-il vraiment? On assiste certes à une compétition de water-polo, superbement filmée, dans une piscine au bleu transparent; mais aussi, insidieusement, à une tout autre partie qui, elle, se joue dans la mémoire troublée du personnage, et qui est en fait celle de sa vie, et surtout de son engagement politique. Des souvenirs jaillissent ainsi par bribes, qui s'entrechoquent et se mêlent aux sollicitations de divers personnages qui viennent l'aborder. Et le match qui se déroule devient ainsi comme la représentation d'un autre jeu, celui qui se déroule sur la scène sociale, et dont l'enjeu véritable touche au sens même de la politique du parti communiste italien tout au long des années passées, dont la courbe tortueuse n'est pas sans rapport avec le tir lobé de la fameuse *palombella*, si bien nommée *rossa*, et qui aboutit à un présent de plus en plus problématique pour des militants qui s'interrogent sur le bien-fondé de leur engagement.
Comment ainsi peut-on être communiste aujourd'hui? C'est la question de fond que pose Nanni Moretti. En des temps de bouleversements à l'Est, elle prend un relief tout particulier. Et la tonalité grave et sans illusion que le cinéaste donne à sa comédie est à elle seule une réponse. Plus importante, à tout prendre, que le résultat du match de water-polo.

## JOURNAL INTIME (1994)
### avec Nanni Moretti, Carlo Mazzacurati et Silvia Nono

**Une Vespa nommée plaisir.** Une Vespa. Avec son bon gros ventre motorisé et ses petites roues mutines. Et un homme qui la conduit et que l'on reconnaît vite, sous le casque, comme Moretti lui-même. Elle avance dans les rues d'une Rome désertée par l'été, se faufile dans les artères étroites, zigzague sur les grandes avenues vides, épouse les virages qui serpentent à flanc de colline. Entre les façades aux volets clos, elle semble glisser là où la fantaisie de son conducteur la mène. Nous, spectateurs, nous sommes derrière elle, presque sur le tan-sad, embarqués dans ce pur plaisir qu'est une promenade matinale, dans une ville qui nous appartient soudain et où rien d'autre n'existe que la luminosité tendre de l'air, la brise légère et déjà chaude, le silence qui règne, les odeurs qui volent. Et quelques rencontres fugitives: sur l'écran d'une télé, dans un bar où l'on s'est arrêté pour boire une orange pressée, Silvana Mangano qui danse le mambo; une fille rencontrée au hasard, et qu'on prend pour Jennifer Beals, héroïne de *Flashdance*; un retraité enfermé dans ses certitudes; et au bout de longues plages tristes où traînent des papiers gras, au fond d'un terrain vague, la borne de ciment, monument dérisoire, qui marque l'endroit où fut assassiné Pasolini.
Le cinéma de Moretti est à l'image de cette première séquence, chapitre I d'un journal intime qui en comportera trois: un cinéma de liberté totale, porté par le seul bon plaisir de celui qui en est à la fois le sujet et l'objet, Moretti lui-même, qui ne prend même plus ici la peine de se cacher derrière son double – Michele Apicella – qui occupait la place centrale de ses précédents films, et qui se raconte à la première personne, au fil des jours. Moretti, la quarantaine sereine et, selon ses propres mots, splendide, qui regarde sa vie, et tout autour celle de son pays, cette Italie revenue de ses illusions, de son miracle économique, de ses engagements divers. Une Italie qui est celle des hommes et des femmes de sa génération, partis sur les îles enterrer leurs rêves.
C'est le chapitre II, « Les îles », promenade errante qui saute d'une île éolienne à l'autre, en compagnie d'un ami, intellectuel grand pourfendeur de télévision devant l'éternel, mais qui soudain succombe à la tentation des soaps américains. Tant et si bien que, tout au sommet du Stromboli, là où Rossellini filmait la lave et la cendre, le feu des passions et la tragédie brûlante de l'existence, Moretti se voit chargé par son compagnon de courir après des touristes américains pour chercher à connaître auprès d'eux la fin d'un feuilleton qui apaisera ses angoisses téléphages. Et, d'une île à l'autre, de parents en pleine régression soumis à la tyrannie de leurs enfants rois à un maire attendant les nouveaux messies japonais pour développer son espace touristique, ce sont toutes les ambiguïtés, les contradictions, le morcellement d'une société éclatée et vivant désormais à l'âge de l'autarcie égoïste que Moretti visite, neutre et détaché, portant sur ses semblables un regard froid, lucide, pince-sans-rire. De quoi faire rire et frémir à la fois.

À cet égard, le troisième volet donne la clé de l'ensemble. Moretti, atteint d'un cancer de la lymphe, a vu la mort en face. Son troisième chapitre met face à face le malade en proie à des démangeaisons inexpliquées et les médecins qui, les uns après les autres, prescrivent des ordonnances aussi ahurissantes qu'inefficaces. Ce défilé de têtes pensantes contraste avec le masque impavide de Moretti lui-même, allant jusqu'à filmer une de ses séances de chimiothérapie et la transformant en cérémonial hilarant. Cette liberté, que le scénario, le ton, la manière de filmer traduisent de façon si perceptible, elle tient sans doute à cette expérience directe de la mort : revenu de loin, Moretti n'est pas revenu de tout. À son pays, à ses amis, à ses semblables, à ses frères, il présente un miroir où chacun reconnaîtra les siens, et soi-même s'il regarde bien. Et où, s'il sait entendre la voix et suivre les images que lui offre le cinéaste, il se paiera cette joie toute simple de laisser là les choses prétendument sérieuses pour enfourcher, par un matin d'été, une simple Vespa nommée plaisir.

## MORRISSEY Paul (américain, né en 1938)

**PREMIER LONG MÉTRAGE :**
*Lonesome Cowboys (1968)*
**FILMOGRAPHIE DEPUIS 1985 :**
***Cocaïne (1985)*** • *Le Neveu de Beethoven (1986)*

Lié de près à Andy Warhol, qui apparaît en 1963 dans son premier court métrage, *Taylor Mead Dances*, Paul Morrissey a mené avec lui une association de près de dix ans, qui a donné les films les plus importants de l'underground new-yorkais des années 1960-1970, à l'époque où il prenait aussi la direction du groupe rock Velvet Underground formé par John Cale et Lou Reed. Se cantonnant d'abord à des courts et à des moyens métrages émanant de Warhol, il passe en 1968 aux longs métrages, réalisant trois films cette année-là, puis, lorsque Warhol est hospitalisé à la suite d'une tentative d'assassinat, il écrit, réalise et photographie *Flesh*, en 1969, premier volet, avec *Trash* et *Heat*, de la trilogie libertaire qui lui donne une place centrale dans l'avant-garde américaine. Mais qui marque aussi, à la suite de ces trois films cultes, son détachement d'avec Warhol et sa *Factory*, dont il se démarque nettement, laissant l'improvisation et les expériences quasi théâtrales qui caractérisaient les films de celui-ci pour un cinéma plus élaboré, où l'ironie, le sexe et la violence font bon ménage, et où se dessine un goût pour la comédie hérité tout autant de Cukor que du cinéma italien. Mais, en devenant indépendant et en se tournant vers un cinéma qui vise un public plus large, Paul Morrissey n'invente pas véritablement un style qui lui soit personnel, et il semble rentrer dans le rang.

### COCAÏNE (1985)
**avec Richard Vladia et Maria La Pera**

**Les petits-enfants du siècle.** Paul Morrissey a toujours été à l'écart du film-business : menant du côté de l'underground une carrière indépendante, il n'a jamais bénéficié de ces gros budgets et de ces grosses machines qui font les gros succès, ou les grosses catastrophes. *Cocaïne*, à cet égard, ne fait pas exception à la règle. Voilà un film dont le lancement commercial est d'une discrétion qui frise la nullité, dont la distribution en salles relève de la plus totale indigence, et dont le titre français, quelque peu racoleur, dit mal les intentions (que révèle nettement mieux le titre original, *Mixed Blood*). Ajoutez-y, calamité des calamités, un doublage infantile et constamment ridicule et, injure suprême, une censure rétrograde qui n'a rien trouvé de mieux que de couper une séquence essentielle et d'en obscurcir une autre, tout cela sans doute pour justifier une interdiction aux moins de 13 ans, qui laisse rêveur quand on considère la teneur du film !
Qu'avec tous ces handicaps, *Cocaïne* parvienne malgré tout à retenir l'attention suffit à prouver que ce n'est pas un film indifférent. D'abord par le lieu qu'il présente : New York, côté sale, et son Lower East Side, quartier apocalyptique, avec ses maisons éventrées, ses murs couverts de graffiti, et ses ordures qui s'entassent dans des terrains vagues. Dans l'Amérique de la croissance, l'envers du décor, le monde des communautés immigrées, Chinois, Africains, Portoricains, qui vivent l'univers de la violence et de la drogue. Ici, ce sont des Brésiliens, groupés autour d'une femme-tigresse qui exerce une domination absolue sur son fils, lui-même chef d'une bande de dealers embarquée dans une guerre de gangs contre une bande adverse. Schéma classique du film noir ; la différence étant que dans le cas présent les prota-

gonistes ont entre 13 et 14 ans, et qu'ils s'entre-tuent avec une frénésie suicidaire. Du coup, ponctuée par une musique aux rythmes sud-américains, présentée dans des images léchées avec un fort travail sur la couleur, oscillant entre le réalisme de la peinture sociale et le côté quasi mythologique qui sous-tend la relation complexe d'une mère et d'un fils, se profile la désespérance tragique d'une société qui dévore ses enfants et qui se nourrit de leur sang.

## MOSTOW Jonathan (américain, né en 1961)

**FILMOGRAPHIE :**
*Breakdown. Point de rupture (1997)* • *U-571 (2000)* • ***Terminator 3 : le soulèvement des machines (2003)*** • *L'Opération diabolique (2004)*

Lorsque, après le triomphe des deux premiers *Terminator*, Arnold Schwarzenegger, persuadé par ses producteurs, décide douze ans après de reprendre l'habit du cyborg, on fait appel, à la suite du refus de James Cameron de venir assurer la mise en scène, à un bon spécialiste du cinéma d'action, Jonathan Mostow. Celui-ci, qui a entamé sa carrière de cinéaste alors qu'il était étudiant à Harvard en vendant à HBO un court métrage à suspense qu'il a réalisé et monté lui-même, a alors déjà signé deux films qui montrent sa capacité à diriger efficacement un film spectaculaire à gros moyens ; et sa façon, en reprenant le fil de la série, de confronter l'acteur et son personnage mythique au temps renouvelle de façon originale leur prestation.

### TERMINATOR 3 : LE SOULÈVEMENT DES MACHINES (2003)
**avec Arnold Schwarzenegger, Nick Stahl et Claire Danes**

**Increvable !** Comme une douzaine d'années ont passé depuis que le malheureux John Connor a pu sauver l'humanité de sa destruction programmée, le cyborg schwarzeneggerien qui lui a alors prêté main-forte a lui aussi vieilli d'autant. Du coup, si, conformément à sa célèbre promesse (« Je reviendrai... ») et aux millions de dollars que son retour pouvait laisser prévoir, le grand Arnold reprend pour la troisième fois du service, force est de constater qu'il fait désormais son âge : en d'autres termes, fruit d'une technologie aujourd'hui obsolète, le Terminator a pris un sérieux coup de vieux.

Et c'est tout l'enjeu, qui ne manque pas d'un beau brin d'humour, du film de Jonathan Mostow que de résoudre cette quadrature du cercle : comment faire qu'un robot dépassé par l'évolution technologique puisse malgré tout tirer son épingle métallique du jeu ? La chose est d'autant plus délicate que cette fois-ci, pour défendre un John Connor désormais orphelin de sa mère, le Terminator doit non seulement endosser auprès du pauvre garçon une sorte de responsabilité morale de père, mais qu'il doit surtout se mesurer à un nouveau Terminator beaucoup plus sophistiqué que lui : le T-X, sorte de T-Rex de l'âge cybernétique, programmé pour achever la mission ratée par son prédécesseur. Lequel T-X, et ce n'est pas son moindre charme, offre, sur son endosquelette d'alliage métallique, une couche extérieure de métal liquide qui, en se moulant sur son appareillage comme une vraie peau, prend l'allure et les formes d'une... femme. Mais, quel que soit le sexe de l'adversaire, le grand Arnold ne saurait frémir d'un cil. Une fois qu'ayant retrouvé son blouson, ses bottes et ses lunettes noires, il endosse à nouveau sa tenue de Terminator secourable, rien ne saurait le faire dévier de sa mission.

Et pourtant, ce n'est ni l'imagination des scénaristes ni la virtuosité des concepteurs d'effets spéciaux qui manquent. Car tout le défi de ce numéro 3 est bien là : comment, avec un personnage vieux maintenant de deux décennies, faire du nouveau ? La réponse choisie tient moins dans un approfondissement de la réflexion sur l'homme face à l'intelligence artificielle, qui animait les deux films de James Cameron, que dans une surenchère visuelle et sonore visant à montrer ce qui peut se faire aujourd'hui de plus avancé et de plus spectaculaire dans les studios hollywoodiens en matière de robotique, d'infographique et de numérique. Et, à cet égard, entre une ahurissante poursuite menée par un camion-grue de 100 tonnes qui ravage tout sur son passage et un affrontement métallico-musclé entre le bon vieux Terminator et sa jeune collègue high-tech dans une salle de bains bien clean que tous deux fracassent et pulvérisent avec une application réjouissante, le film de Jonathan Mostow est un festival de bruits et de fureurs, qui laisse le spectateur à la fois sourd et ébloui. Et le fameux jour du Jugement dernier, depuis si longtemps annoncé, prend même, lorsqu'il arrive, des allures de science-fiction de série B : moins apocalyptique que ludique. C'est dire qu'on ne peut qu'y trouver son plaisir.

## MOURIÉRAS Claude (français, né en 1959)

**FILMOGRAPHIE :**
*Montalvo et l'enfant (1989)* • ***Sale gosse (1995)*** • *Dis-moi que je rêve (1997)* •
*Tout va bien, on s'en va (2000)*

D'abord directeur de la photo puis réalisateur de nombreux documentaires vidéo, Claude Mouriéras s'est d'emblée particulièrement intéressé à la danse, cherchant à capter par l'image les chorégraphies, notamment celles de Jean-Claude Gallotta, dont un ballet, *Pandora*, lui inspire son premier long métrage, *Montalvo et l'enfant*. Ce regard porté sur le mouvement des corps constitue la trame des films qui suivent : autour d'histoire de familles et de gens simples (une mère seule et son fils rebelle dans *Sale gosse*, des paysans dans *Dis-moi que je rêve*, un père revenant dans la vie de ses trois filles dans *Tout va bien, on s'en va*), il suit la trajectoire des êtres, leurs relations, ce mouvement qui anime les hommes, comme ce pas de danse, cette chorégraphie qu'est la vie, toujours en équilibre et en déséquilibre instables entre la comédie et le drame.

### SALE GOSSE (1995)
### avec Anouk Grinberg, Axel Lingee et Philippe Madala

**L'écorché vif.** Parce qu'il est mal dans sa peau, Martin rend la vie impossible à Nina, sa mère. Ce n'est pas pourtant qu'elle ne fasse tout pour l'entourer de son amour. Mais la mère courage qu'elle est est aussi un cœur d'artichaut qui voudrait bien vivre sa propre vie et ses propres sentiments, et qui se heurte à l'intransigeance exclusive de ce fils qui ne supporte pas d'autre homme à la maison. Car Martin vit dans l'absence du père. Et pour remplir ce vide envahissant, il l'a meublé de tout un rêve, celui d'un prince du désert, guerrier touareg, qu'un jour il rejoindra en suivant le fil du fleuve. La vérité, certes, est tout autre et, en fait de seigneur du Hoggar, le père de Martin est un Algérien anonyme, qui a disparu sans laisser de traces en plaquant tout bonnement Nina enceinte. Depuis celle-ci élève Martin du mieux qu'elle peut, dans une cité proprette de la banlieue lyonnaise où, certes, pour cause de factures impayées, on lui a coupé l'électricité, mais où Martin pourrait vivre, s'il le voulait vraiment, une enfance plutôt heureuse. Mais Martin rêve d'autre chose, de ce désert dont Tewfik, le vieil Africain qui garde le chantier d'à côté, lui raconte les mystères, et où lui, Martin, est sûr qu'il ira un jour retrouver son père, peut-être avec son copain Karim, le seul de ses camarades de classe avec lequel il partage ses secrets. Car les autres enfants, à l'école, sont impitoyables : pour eux, Martin, c'est l'autre, le différent – même pas vraiment arabe ! –, et ils ne se gênent pas pour lui envoyer dire que sa mère est une traînée. Alors Martin fait des bêtises ; il se réfugie dans la fugue, le mutisme, la rancœur, la violence. Et Nina, entre un Espagnol danseur de tango et un Italien fauché de passage, essaie tant bien que mal de le suivre, de le rattraper, de l'amener à ouvrir ses yeux et son cœur.
Éternelle déchirure de l'enfance, que Claude Mouriéras, entre le Truffaut des *Quatre cents coups* et le Doillon du *Petit criminel*, aborde avec pudeur et humilité. Pas de discours, de théorie, d'explication : une vérité que le réalisateur cherche à capter dans des regards, des gestes, des moments de violence ou de tendresse. Plus que les mots, ce sont les corps qui parlent. Cinéaste de la danse, Claude Mouriéras donne d'emblée au corps la place première : son film s'ouvre sur un tango mi-espagnol mi-arabe, où Nina et son amant du jour esquissent un pas de deux que la vie ne leur permettra pas de poursuivre. Cette caméra qui colle à la peau, jusqu'à en saisir dans l'image le grain même, le cinéaste la promène dans l'intimité des êtres et dans leur vie toute simple. Rien ne lui échappe, ni de la souffrance de Martin qui se transforme en réactions brutales, ni du désarroi de Nina, incapable de saisir cet écorché vif insaisissable. C'est d'ailleurs là toute la force d'un film qui, avare de grands mots, dit pourtant bien des choses, à l'image de l'interprétation d'Anouk Grinberg, fille-mère qui fait sentir qu'elle a eu autant de difficulté dans son enfance à être fille qu'elle en trouve maintenant à être mère. Et film qui parvient même, dans un univers social banal et lourd, à faire passer la grâce d'une poésie du départ, ouverte sur un grand ciel noir où s'éclairent malgré tout des étoiles filantes.

# MUCCINO Gabriele (italien, né en 1967)

**FILMOGRAPHIE**
*Ecco fatto (1997) • Comme toi... (1999) • Juste un baiser (2001) •*
***Souviens-toi de moi (2003)***

Romain, assistant de Pupi Avati et de Marco Risi, Gabriele Muccino, après des études au Centro sperimentale, réalise quelques courts métrages, ainsi qu'une trentaine de petits documentaires et vingt-cinq épisodes d'une série TV pour la Rai. Ses débuts dans le long métrage le font vite remarquer, notamment pour sa façon de se réapproprier sans complexe un genre qui a fait la renommée du cinéma italien des grandes décennies passées : la chronique sentimentale sur fond de peinture sociale. Et le succès que remporte *Juste un baiser*, film choral racontant les passions et les rêves de huit personnages dont les vies s'entrecroisent, puis de *Souviens-toi de moi*, où il observe à travers la vie d'une famille les évolutions de mœurs de la société italienne, trouvent un écho bien au-delà des frontières.

## SOUVIENS-TOI DE MOI (2003)
### avec Fabrizio Bentivoglio, Laura Morante et Monica Bellucci

**Crise de famille.** Installés. Dans leur vie de couple qui ne se regarde plus, leur appartement bourgeois où chacun s'enferme dans son coin, leur boulot-métro-dodo qui leur dévore le temps, leurs deux enfants, fille et garçon, qui leur échappent, et leur gros chien qui dort sur le canapé. Et puis, la quarantaine aidant et la fameuse crise du milieu de vie incitant aux remises en question, voici que leur existence d'adultes leur apparaît soudain pour ce qu'elle est, dans toute sa banalité médiocre, et que les rêves de leur jeunesse enfuie soudain refont surface. Elle, Giulia, a l'occasion de réaliser sa passion de toujours, le théâtre, et de monter enfin sur les planches ; et lui, Carlo, dans une réunion d'anciens élèves, tombe sur son amour de jeunesse, qui n'a pas pris une ride (c'est Monica Bellucci, somptueuse, évidemment) et qui refait monter en lui des bouffées de désir et de sentiment, jusqu'à reprendre là où il l'avait laissé le roman qu'il avait écrit pour elle, autrefois...
De quoi, en effet, se poser des questions sur tout ce qui a étouffé les ambitions et fait s'envoler les illusions. Et de quoi donner aux deux enfants une idée plutôt grise de la vie d'adulte, et l'envie de vivre eux aussi à fond leurs propres rêves. Et c'est là, d'ailleurs, que le film de Gabriele Muccino, à partir d'une situation, de personnages et de thèmes si souvent rebattus, notamment par ce qui fut la grande comédie à l'italienne, trouve sa propre tonalité. C'est que les temps ont changé et que cette chronique d'une crise de famille est aussi, plus largement, celle d'une époque : aujourd'hui.
Fini les grands idéaux, fini le temps du social et du politique, fini le groupe et la collectivité ! Comme le dit un des personnages du film, qui brigue un mandat politique comme on monte une campagne marketing : « Nous ne sommes ni des post-fascistes, ni des post-communistes, ni même des post-socialistes. Nous sommes nous-mêmes. » C'est-à-dire des individus, dont les rêves de réussite sont individualistes. Signe des temps, pour la génération nouvelle qu'incarne la jeune Valentina, être soi aujourd'hui, c'est passer à la télé, devenir une star du miroir aux alouettes, tortiller du popotin en faisant semblant de chanter dans une émission à paillettes. Et pour Paolo, ado encore boutonneux, c'est organiser une méga teuf en fournissant de l'herbe aux copains du lycée.
Chacun pour soi, et le rêve pour tous. Car ce que dit le film de Gabriele Muccino, c'est que chacun rêve d'être le héros qu'il ne sera jamais. Et que les cris, les déchirures, les remises en question, ce n'est jamais au bout du compte, comme le suggère la chanson de Françoise Hardy qui accompagne les efforts des uns et des autres pour se donner l'illusion de vivre, que « des ronds dans l'eau ». Simplement, les ronds d'aujourd'hui font leurs cercles à eux. La famille de Gabriele Muccino n'a plus grand-chose à voir avec celle qui donnait son titre, il y a plus de quinze ans, au film d'Ettore Scola, et dont le père se prénommait déjà lui aussi Carlo. Même s'il suit, dans sa narration chorale, les mêmes voies, le film offre un miroir social qui renvoie une tout autre image. Et même si, pour les adultes qui se retournent sur leur jeunesse, la nostalgie est bien toujours ce qu'elle était, chacun finit toujours par chercher ses petits arrangements avec soi-même. L'espoir fait vivre. Et c'est désespérant.

# MULCAHY Russell (australien, né en 1953)

**Premier long métrage :**
*Derek and Clive get the horn (1980)*
**Filmographie depuis 1985 :**
***Highlander (1985)* • *Highlander, le retour (1990)*** • *Ricochet (1991)* • *Blue ice (1992)* • *L'Affaire McCoy (1993)* • *The Shadow (1994)* • *Silent Trigger (1996)* • *Tales of the mummy (1998)* • *Résurrection (1999)* • *Swimming upstream (2001)*

Lorsque Russell Mulcahy, jeune réalisateur australien qui a essentiellement jusque-là tourné des clips vidéo et n'a qu'un film à son actif, se voit confier la mise en scène de *Highlander* et qu'il bénéficie en tête de distribution de Sean Connery et de Christophe Lambert, le film qu'il réalise trouve une sorte d'état de grâce et d'équilibre qui en fait aussitôt un succès international, tant auprès des jeunes spectateurs que d'un public plus large. Naturellement, les producteurs, entendant battre le fer de l'immortalité pendant qu'il est chaud, engagent la même équipe – réalisateur et comédiens – dans un deuxième volet où, le scénario se perdant dans la surenchère, le film subit la dure loi du réchauffé. Et les séquelles qui vont suivre (*Highlander III*, d'Andy Morahan, en 1994, et *Highlander : Endgame*, de Douglas Aarnikoski, en 2000), où seul de l'équipe initiale Christophe Lambert persiste et signe, illustrent plus encore la médiocrité où l'absence de véritable exigence créative et la seule logique de l'exploitation commerciale conduisent la plupart des suites.

## HIGHLANDER (1985)
### avec Sean Connery et Christophe Lambert

**Immortelle randonnée.** Depuis 1536, Connor Mac Leod court le monde. Depuis que, au cœur de ce clan dont il fait partie, dans les hautes terres d'Écosse, il a découvert l'étrange pouvoir dont il est doué : survivre. Cette force cosmique dont il est le dépositaire, un mentor de la même race que lui lui révèle qu'elle le mènera de siècle en siècle jusqu'à l'ultime rencontre avec un adversaire, immortel lui aussi, qui, en lui tranchant la tête, peut seul rompre le fil de son immunité. Lutte au finish, combat titanesque, auquel une New York nocturne et contemporaine va servir de cadre, dans le choc fulgurant de deux lames d'acier venues du fond des âges.

Saga énorme, *Highlander* est une sorte de légende des siècles à la mode clip, qui prend ses racines dans les profondeurs fauves des âges barbares pour s'achever au cœur de la violence du monde moderne. Avec une habileté surprenante, Russell Mulcahy passe d'une époque à une autre et, par une caméra sans cesse mouvante, fait alterner les paysages sauvages d'une terre primitive avec l'univers métallique et inhumain des métropoles du temps présent : c'est un choc des images et des civilisations, un délire de mise en scène, une forme de poésie du fantastique. Christophe Lambert, quant à lui, se promène à travers le temps avec la pureté originelle d'un Tarzan qui aurait troqué le slip léopard contre un kilt écossais et l'aura magnétique d'un voyageur des sous-sols, parkings et métros sorti tout droit de *Subway*, imposant sa présence et, surtout, son regard flou. Pour le reste, ce qu'il a à dire, quoique immortel, n'a rien d'impérissable. Brassant les mythes sans ménagement, la leçon de *Highlander* tiendrait en effet tout entière dans la bulle d'une BD. Mais là n'est pas la question : on est ici pour regarder, et le spectacle vaut le coup d'œil. Même si, saoulé d'images, de musique, de décors et de violence, on a parfois la tentation de se demander : l'immortalité ! Et après… ?

## HIGHLANDER, LE RETOUR (1990)
### avec Christophe Lambert et Sean Connery

**Retour funeste.** Le propre d'un immortel, c'est qu'il a du mal à mourir. Mac Leod a beau vieillir et se retrouver, aux alentours de l'an 2024, en septuagénaire ridé et souffreteux, son désir de devenir un simple mortel et de pouvoir mourir comme tout le monde va être une nouvelle fois déçu. Tout simplement parce que le ciel n'arrive pas à lui tomber sur la tête. Il se trouve en effet que la Terre, ayant été victime de la pollution criminelle des humains, a vu sa couche d'ozone trouée comme un manteau mité. Pour sauver l'humanité, Mac Leod a imaginé un immense bouclier qui garantit les Terriens des rayons auxquels ils seraient sans cela exposés. Louable invention, mais qui enferme les hommes dans une prison tristounette, où ils commencent à étouffer, menant une vie inodore et sans saveur qui les voue à disparaître. La société qui gère le bouclier protecteur en retire toutefois des bénéfices si substantiels qu'elle n'a aucune envie que ça s'arrête. Et elle s'efforce de faire taire les écolos, toujours là en 2024, qui prétendent qu'au-dessus du bouclier, la couche d'ozone s'est reconstituée et que le ciel bleu brille à nouveau pour tout le monde. Mac Leod, vieilli et ramolli, n'a rien à faire de toutes ces salades écologiques. Mais voilà, que sur la planète Zeist, qu'il a quittée il y a quelques siècles, ça s'agite à nouveau. Le dénommé Katana, qui règne sur ce monde lointain, se dit soudain que Mac Leod pourrait revenir et lui prendre sa place. Il envoie donc ses sbires sur Terre pour se débarrasser du gêneur potentiel. Mais, au lieu de se laisser abattre, Mac Leod se régénère dans le combat, retrouve ses muscles de 20 ans, triomphe de ses tueurs et s'amourache dans la foulée d'une jeune écologiste pleine de fraîcheur naturelle. Ce que voyant, l'immonde Katana décide de descendre pour voir, tandis que Mac Leod et son écolo décident de monter sur le bouclier pour voir aussi. L'un descendant, l'autre montant, il est fatal qu'ils se rencontrent. Bref, ça va, ça vient un peu dans tous les sens, au gré d'un scénario tellement touffu que même un spécialiste des voyages inter-séculaires comme Mac Leod a du mal à s'y retrouver. Il faut dire que les affreux jojos à crêtes de coqs et ailes de zinc qu'on lui envoie ont une telle tendance à lui jouer *Massacre à la tronçonneuse* que ça ne lui laisse guère le temps de réfléchir. Encore qu'on puisse se demander s'il est bien besoin de réflexion pour se repérer dans tout ça. Ce n'est pas en effet la lumière qui y manque : feux d'artifices en tous genres, pétarades diverses, étincelles sidérurgiques du genre lampe à souder, et combats à l'épée où l'on semble moins croiser le fer que la pierre à briquet. Avec le son, c'est pareil : ça crépite en permanence, beaucoup de bruit pour pas grand-chose. Le décor quant à lui hésite entre le clip SF et l'underground punko-apocalytique. Pour ce qui est des comédiens, on leur a taillé leurs rôles et leurs habits à la hache. Christophe Lambert a beau se forcer pour y croire, il n'y arrive manifestement pas. Quant à Sean Connery, à qui on ne donne guère qu'une scène affligeante, il a l'élégance de passer rapidement. Ce qui fait que, quand on pense à l'invention qui se dégageait du premier film, on se prend à regretter que l'immortel ne soit pas mort une bonne fois pour toutes. Cela lui aurait évité ce funeste retour.

## **MYRICK Daniel** (américain, né en 1964) et **SANCHEZ Eduardo** (américain, né à Cuba en 1968)

**FILMOGRAPHIE :**
***Le Projet Blair Witch (1999)*** • *Blair Witch 3 (2002)*

Un petit film, au budget ridicule ; une idée – se servir de la technique du reportage documentaire pour accréditer une fiction – ; un sujet – la peur – renvoyant tout à la fois à un cinéma de genre et aux fantasmes personnels : le succès considérable du *Projet Blair Witch*, et notamment la résonance qu'il trouve auprès d'un public adolescent (où il suscite des jeux de rôles, avec expéditions et nuits en forêt, où l'on joue à se faire peur), dépassent le simple phénomène cinématographique. Et d'ailleurs, la récupération hollywoodienne, à travers l'inévitable suite, tombe totalement à plat. Ce qui, de fait, rend le film des débutants Daniel Myrick et Eduardo Sanchez intéressant, c'est moins sa qualité propre (limitée !) que ce qu'il révèle d'une jeunesse recyclant les vieilles peurs enfantines en culture vidéo.

### LE PROJET BLAIR WITCH (1999)
#### avec Heather Donahue, Michael C. Williams et Joshua Leonard

**Peurs infantiles.** « En octobre 1994, trois étudiants en cinéma disparaissent dans une forêt du Maryland au cours d'un reportage sur la sorcellerie. Un an plus tard, on a retrouvé leur film. » Cette annonce sur laquelle s'ouvre *Le Projet Blair Witch* dit tout ce qu'il faut savoir sur l'intrigue du film et sur le procédé narratif que ses deux auteurs, Daniel Myrick et Eduardo Sanchez, ont choisi pour la raconter. Tout est, dès l'abord, présenté comme authentique, et les images que l'on va voir sont censées être celles-là mêmes qu'ont tournées les trois étudiants disparus, leur projet d'enquête filmée sur des pratiques de sorcellerie s'étant transformé ainsi en documentaire involontaire sur leurs propres mésaventures et en ultimes traces de leur mystérieux parcours. Or que voit-on donc, dans ces fameuses images retrouvées ? D'abord une sorte de reportage sur trois potaches s'attelant joyeusement à leurs devoirs de vacances : une marche dans la forêt de Black Hills, dans le but de nourrir un reportage sur une sorcière dont les pratiques se seraient exercées dans la région. Après un rapide micro-trottoir auprès de quelques habitants de la bourgade voisine, les trois apprentis reporters s'enfoncent dans la forêt, sans jamais cesser de filmer leur

progression. Bien vite, ladite forêt leur apparaît d'autant plus menaçante que les trois maladroits perdent la carte qui leur permettait de se repérer, et que leur navigation à la boussole est suffisamment incertaine pour qu'ils se rendent bientôt compte qu'ils ne font que tourner en rond. Or ce qui ne devrait se réduire qu'à un banal problème d'orientation se transforme progressivement en voyage au bout de la peur. La raison en est simple : en pénétrant dans la forêt, les trois adolescents pénètrent en fait dans ce territoire des grandes peurs originelles, celui qui nourrit les contes et les cauchemars de l'enfance. Cette histoire de sorcière, qu'ils ont voulu aller vérifier sur place, elle véhicule avec elle la peur du noir, la peur du grand méchant loup, la peur de l'inexplicable, la peur à l'état brut. Et c'est cette peur-là que les deux réalisateurs entendent retrouver, pour la faire partager à leurs spectateurs. Refusant tous les effets, spéciaux ou pas, qu'utilisent d'ordinaire les films d'horreur, lesquels exorciseraient à trop bon compte les démons intérieurs, ils pensent qu'en s'en tenant à une sorte de réalité brute, où finalement on ne voit rien, c'est l'imagination du spectateur lui-même qui viendra peupler le vide des images de ses propres fantasmes.
Or, c'est là que le bât blesse. Ce que le film donne à voir, c'est moins en effet l'œuvre achevée de réalisateurs sachant construire un univers de la suggestion que des images pâteuses de cinéastes véritablement amateurs. Et ces images n'ayant rien à enregistrer que des sous-bois touffus, tout le mystère se reporte sur une bande-son où passent cris d'enfants dans la nuit, gémissements venus d'on ne sait où, mais surtout hystérie bavarde des trois personnages, lesquels se répandent en hurlements geignards qui rendent vite leur périple insupportable. Du coup, le procédé révèle ses limites : faute d'y croire, on enregistre toutes les invraisemblances dont est truffé ce prétendu document brut, dont le faux côté amateur se révèle à l'usage moins horrifiant, ce qu'il visait à être, qu'horripilant, ce qu'il est en effet.

P O **N**

## **NAIR Mira** (indienne, née en 1957)

**FILMOGRAPHIE :**
*Salaam Bombay ! (1987) • Mississipi Masala (1991) • The Perez family (1995) • Kama Sutra (1996) • The Laughing Club of India (1999) •* ***Le Mariage des moussons (2001)*** *• 11'09''01 (2002), co-réalisation • Still the children are here (2003) • Vanity Fair – La Foire aux vanités (2004) • The Namesake (2005)*

Indienne, originaire d'une famille bourgeoise de la communauté Pendjabi, Mira Nair, diplômée de l'université de Delhi, partage sa vie entre son pays natal et l'Occident, et notamment les États-Unis, où, diplômée de Harvard, elle a enseigné la mise en scène à l'université de Columbia. Ses origines, et son ouverture, sont caractéristiques de son cinéma, attaché aux valeurs, aux traditions, aux coutumes, aux réalités de l'Inde, mais sensible aussi aux influences occidentales. Révélée, après plusieurs documentaires, par son premier film de fiction, *Salaam Bombay !*, où l'histoire d'un enfant cherchant à gagner l'argent pour retourner dans son village natal lui permet de montrer, loin du sirop bollywoodien, la rue et ses misères, la cinéaste alterne à partir de là sujets indiens (*Kama Sutra*) et productions internationales (*Mississippi Masala, Hysterical blindness*). *Le Mariage des moussons*, qui acclimate au goût occidental un sujet typiquement indien, en offre une synthèse qui lui vaut le Lion d'or à Venise et qui lui ouvre les portes de productions internationales de prestige, comme l'adaptation du roman de Thackeray, *Vanity Fair*.

### LE MARIAGE DES MOUSSONS (2001)
### avec Naseeruddin Shah, Vijay Raaz, Lillete Dubey et Shefali Shetty

**Delhicatessen.** La comédie nuptiale est en soi un genre qui n'a pas de frontière ni de nationalité. Lorsque c'est un cinéaste indien qui s'en empare, cela passe ordinairement par un certain nombre de clichés douceâtres et sirupeux qui font la caractéristique des productions bollywoodiennes. Mira Nair, loin de récuser cette tradition, s'en réclame ostensiblement, mais pour la teinter insidieusement des couleurs d'une modernité dont on voit bien qu'elle vient plutôt d'ailleurs. Le scénario lui-même inclut et justifie cette composante occidentale : la famille Verma, à l'occasion du mariage de sa fille, réunit toute la famille au grand complet. Et l'ouverture de l'Inde au libéralisme ayant entraîné le départ de nombre d'Indiens dans les universités et les entreprises américaines, plusieurs membres de ladite famille vivent aux États-Unis et profitent de l'occasion pour revenir au pays. Avec eux arrivent donc tout naturellement des éléments extérieurs, dont l'un, symboliquement, va faire courir le risque d'éclatement de la famille, à travers un personnage d'oncle (d'Amérique) dont les tendances pédophiles, dévoilées devant le clan au grand complet, entraînent l'exclusion honteuse du cercle familial.
Mais cet incident dramatique n'est que la pointe extrême d'un film qui, malgré quelques plans glanés le long des rues de Delhi pour montrer en contrepoint une réalité urbaine et sociale pas vraiment rose, se propose plutôt, sur le ton chaleureux de la comédie, d'évoquer, à travers la multiplicité de personnages d'une famille à rallonge, les mille et une péripéties qui surviennent tout au long des préparatifs de la noce. À ce jeu choral, Mira Nair et sa scénariste Sabrina Dhawan font preuve d'une belle dextérité dans la façon de faire se croiser les joies et les soucis d'une ribambelle de pères, oncles, cousins, frères, sœurs, fiancés, gamins, ouvriers, serviteurs, tous parfaitement identifiés, et tous parfaitement suivis au long d'intrigues qui multiplient les joies, les peines, les trahisons, les disputes, les problèmes, les tiédeurs conjugales, les amours adultères, les problèmes d'argent, les pannes d'électricité, et naturellement la pluie de la mousson qui arrive immanquablement le jour de la cérémonie et qui noie joyeusement le cortège sous son déluge. Et comme tout se passe dans la communauté Pendjabi, réputée aussi active que prompte à faire la fête, les festivités sont l'occasion de chants et de danses dans la grande tradition bollywoodienne, avec toutes les couleurs rutilantes et les décors kitsch attendus, mais sur une musique composée par un Canadien et selon des normes psychologiques et dramatiques plus internationales que strictement locales. Et comme tout est bien qui doit bien finir, la fiancée qui aime un autre homme (marié) s'en détache *in extremis* pour tomber amoureuse de son prétendant, tandis que sa servante, entre deux vaisselles, éveille l'amour du régisseur de la cérémonie. Le roman-photo se termine donc sur une photo de famille autour des jeunes mariés : triomphe du cliché, hommage à la famille, et clin d'œil amusé à un genre qui veut justement qu'ils se marient et qu'ils aient beaucoup d'enfants.

## NAKATA Hideo (japonais, né en 1961)

**FILMOGRAPHIE :**
*Ghost actress (1996)* • *Ring (1998)* • *Ring 2 (1999)* • *Sleeping bride (1999)* • *Chaos (2000)* • *Le Cerveau de verre (2000)* • *Last scene (2001)* • *The Embalmer (2001)* • *Dark water (2002)* • ***Le Cercle – The Ring 2 (2005)***

Comme Kiyoshi Kurosawa, et comme quelques autres – Shinji Aoyama, Takashi Miike, Shinya Tsukamoto –, Hideo Nakata fait partie de cette nouvelle vague nippone qui, dans les années 1980-1990, redonne vie à une cinématographie dévastée par la crise des grands studios. Engagé comme assistant à la Nikkatsu, il y commence par la télévision et le V cinéma (destiné à la seule sortie vidéo), tournant essentiellement des films de genre – action et érotisme – avant de pouvoir réaliser un premier film plus personnel, *Ghost actress*, où il s'engage dans la voie du fantastique. Mais c'est *Ring*, tribut avoué aux films de fantômes japonais – yurei eiga – qui, par le prodigieux succès qu'il remporte, fait connaître sa manière : moins de violence que de suggestion, une utilisation très concertée de la bande-son, une importance donnée au hors-champ, et un soin apporté au moindre objet familier pour le charger d'étrangeté, le tout conjugué à une fascination de l'image, sous-jacente et omniprésente dans un film qui raconte le pouvoir à la fois captivant et maléfique d'une cassette vidéo.

### LE CERCLE - THE RING 2 (2005)
**avec Naomi Watts et David Dorfman**

**L'eau-delà.** C'est bien le cercle infernal ! La cassette imaginée par le romancier Koji Suzuki et portée à l'écran en 1998 par Hideo Nakata n'en finit pas de passer en boucle. Et son pouvoir de malédiction, qui promet la mort dans les sept jours à celui qui a la malencontreuse idée de la regarder, se révèle toujours aussi efficace : *Ring* avait engendré *Ring 2*, et les deux films avaient eux-mêmes provoqué au Japon un phénomène quasi incontrôlable, relevant de la rumeur, et déferlant par les mangas, par les puri kura – ces photomatons qui permettent de se photographier avec un fantôme à ses côtés –, par des séries télévisées, et par toute une avalanche de films d'horreur dans le sillage des deux films originaux. Après quoi, la cassette avait traversé les mers pour s'introduire dans un magnétoscope américain, et pour y commencer avec *Le Cercle – The Ring* une seconde carrière, hollywoodienne et, donc, internationale. C'est cette carrière qui se poursuit avec sa suite, ce *Cercle* qui porte le numéro de *The Ring 2*, avec cette particularité qu'Hollywood est allé chercher cette fois-ci Nakata lui-même pour réaliser ce curieux produit, mi-remake, mi-sequel, et pour y imprimer sa marque, tout en conservant les interprètes américains – Naomi Watts et David Dorfman – du film réalisé par Gore Verbinski.
Revoici donc Rachel, la journaliste fouineuse qui a percé le mystère de la cassette, et qui, pensant bien s'être débarrassée du fantôme de Samara, vient se mettre au vert avec son fils dans un trou perdu de l'Oregon. Mais les fantômes rôdent partout, et naturellement celui de Samara, la fillette noyée, refait surface là où Rachel s'est retirée, et plus précisément en se glissant dans le corps de son fils, le petit Aidan. Nakata, qui connaît les histoires de fantômes chinois et japonais mieux que personne, plutôt que de jouer sur les effets spéciaux et le gore tapageur de l'horreur made in Hollywood, joue plutôt de l'atmosphère oppressante, des visions soudaines, des scènes étranges (comme une attaque de daims déchaînés contre la voiture de Rachel, qui traduisent l'hostilité des bêtes face à l'esprit maléfique de Samara). Il joue aussi de la thématique des rapports mère-fils, mais en en fouillant les zones d'ombre par une inversion subtile de la représentation habituelle du sentiment maternel, puisque Rachel, ici, entreprend de se débarrasser de son fils et de l'esprit maléfique qui l'habite, ce qui donne lieu à des scènes profondément subversives de mère tueuse. Il joue surtout de l'eau, le liquide de la vie mais aussi de la mort, dans des ruissellements qui coulent sous les portes, dans une baignoire à jets qui transforme une salle de bains en maelström aquatique, dans des plans de mer filmés à la verticale, dans les profondeurs gluantes d'un puits en forme de tombeau : une eau qui sent visiblement l'autre monde – l'eau-delà –, et dont le côté fantasmatique très japonais – le Japon est une île, cernée par les eaux – est ici américanisé avec une efficacité telle que, après la douche de *Psychose*, la baignoire et le puits de *The Ring 2* méritent à coup sûr une place de choix au musée des angoisses.

## NATALI Vincenzo (canadien, né aux États-Unis en 1969)

**Filmographie :**
*Cube (1997)* • ***Cypher (2002)*** • *Nothing (2003)*

Né à Detroit, mais arrivé au Canada à l'âge de un an, Vincenzo Natali, passionné très tôt par le cinéma, réalise en super-8, dès 11 ans, avec son ami Andre Bijelic, son premier court métrage, *Dark Empire*, un véritable space opera que suit un film d'anticipation post-apocalyptique, *Nuclear Memories*. C'est dire que les deux compères s'intéressent de près au cinéma fantastique. Vincenzo Natali se forme alors d'abord comme dessinateur de story-boards, puis au Canadian Film Centre's Resident Program, où son court métrage de fin d'études, *Elevated*, en 1989, le signale pour son art du suspense et son goût du fantastique scientifique, autour d'une histoire d'hybride mi-humain mi-animal dont son créateur tombe amoureux. Cela lui ouvre la voie du premier long métrage, avec *Cube*, brillant et terrifiant labyrinthe mathématique, tourné en moins d'un mois pour 350 000 dollars. La modestie du budget, qu'on retrouve dans *Cypher*, réduit les effets visuels et la part des techniques numériques au minimum requis, que s'efforcent de compenser une solidité dramatique et un découpage ingénieux. Le virtuel, ainsi réduit à des limites de quasi-série B, y trouve une sorte de poésie artisanale qui sollicite l'imaginaire.

### CYPHER (2002)
### avec Jeremy Northam et Lucy Liu

**Agent triple.** Au départ, tout semble clair : Morgan Sullivan, qui s'ennuie plutôt dans sa petite vie étriquée de comptable et dans son mariage avec une matrone autoritaire, se donne le frisson de la nouveauté en se faisant engager comme espion industriel par la société Digicorp. Là où déjà ça se complique, c'est quand, après lui avoir fait passer une batterie de tests, on lui donne une nouvelle identité, avec laquelle, progressivement, il a l'impression de faire corps. Comme si son Je était un Autre, et comme si son ego se trouvait projeté dans cet alter qui se trouve habiter une autre ville et une autre maison, avoir une autre femme, et mener une autre vie. L'agent de renseignement qu'il est devenu se retrouve pour le coup, au sens propre, agent double, ce qui ne va pas sans lui poser quelque problème personnel. D'autant qu'une mystérieuse espionne, asiatique qui plus est, vient semer en lui un trouble supplémentaire, sensuel, mais aussi réflexif, lorsqu'elle lui apprend qu'il est en fait manipulé, et que tout ce qu'il croit être provient d'un insidieux lavage de cerveau. Qui est donc Morgan Sullivan ? Retourné par la belle Rita aux yeux en amande, c'est désormais volontairement qu'il joue un double jeu. Mais cela serait encore trop simple pour le très cérébral Vincenzo Natali qui, adorant les labyrinthes mentaux, construit son film comme un parcours du combattant pour amateur d'identités coupées en quatre. Car le personnage qui se croit double ne l'est peut-être pas comme il le croit. Et comme Je est toujours un Autre, on peut bien imaginer, avant que lui-même ne s'en rende compte, qu'il n'est pas finalement ceux-là mêmes qu'il croit être.
Tout cela constitue un scénario plutôt bien ficelé. Pour ce qui est de la mise en scène, le réalisateur, ne disposant sans doute pas d'un budget lui permettant de multiplier les effets spéciaux, compense par une couleur gris-bleu métallique et froide, des décors alu, des gros plans déformés, et des projections d'images mentales. Jeremy Northam, impassible, a le côté un peu mou qui convient à son personnage à l'identité caoutchouteuse, et face à lui le regard oriental, un peu louche et même louchant, de la troublante Lucy Liu apporte la part d'éternel féminin à cette fable kafkaïenne où, comme toujours, il s'agit de chercher la femme…

## NEWELL Mike (anglais, né en 1942)

**Premier long métrage :**
*La Malédiction de la vallée des Rois (1980)*
**Filmographie depuis 1985 :**
*Dance with a stranger (1985)* • *The Good Father (1986)* • *La Force du silence (1987)* • *Soursweet (1988)* • *Into the West (1991)* • *Avril enchanté (1992)* • *Le Cheval venu de la mer (1993)* • ***4 mariages et 1 enterrement (1994)*** • *An awfully big adventure (1995)* • *Donnie Brasco (1996)* • *Les Aiguilleurs (1999)* • *Le Sourire de Mona Lisa (2003)* • *Harry Potter et la Coupe de feu (2005)*

Né dans une famille de professionnels du spectacle, Mike Newell, formé à la comédie durant ses études secondaires, s'oriente d'abord vers la mise en scène avant de passer professionnel et d'entrer comme stagiaire à la télévision. Il y réalise dans les années 1970 de très nombreuses séries et collabore à divers programmes avant de se spécialiser dans la réalisation de dramatiques. En 1977, il réalise son premier téléfilm, *L'Homme au masque de fer*, qui l'amène, trois ans plus tard, dans la même veine du récit d'aventures, à passer au grand écran avec *La Malédiction de la vallée des Rois*. Tout en continuant à signer d'autres téléfilms, il enchaîne à partir de là des films dans des genres très divers, mais où la résonance sociale et politique est toujours forte : drame sur la peine de mort inspiré d'un fait-divers criminel avec *Dance with a stranger*, fable politique sur les armes nucléaires avec *La Force du silence*, comédie psychologique avec *Avril enchanté*, film d'enfance et d'aventures avec *Le Cheval venu de la mer*, polar sur fond de famille mafieuse avec *Donnie Brasco*, chronique éducative à l'américaine avec *Le Sourire de Mona Lisa*. Mais son plus grand succès international lui vient d'une comédie, *4 mariages et 1 enterrement*, où l'observation sociale et la satire des mœurs passent par un humour tout britannique, très caractéristique de sa manière.

## 4 MARIAGES ET 1 ENTERREMENT (1994)
### avec Hugh Grant, Andie MacDowell et Kristin Scott-Thomas

**Le compte est bon.** Avec ces éléments si simples et pourtant suffisamment rares pour qu'on les remarque quand ils sont réunis – à savoir un vrai scénario, de vrais dialogues et de vrais comédiens qui prennent manifestement autant de plaisir à jouer que les spectateurs en prennent à les regarder faire –, *4 mariages et 1 enterrement* n'est rien d'autre qu'une comédie, enlevée, brillante, irrésistible, dont le but avoué est de faire rire et qui, pour autant, ne se prive pas de toucher au passage à quelques questions essentielles, même si ce ne sont ostensiblement pas celles qui sont au goût du jour – drogue, violence, sida, corruption et autres malaises divers. Ici, il n'est question en fait que de cette institution gentiment surannée et qui, pourtant, surtout dans une société britannique lourde du poids de toutes les traditions, reste marquée d'une valeur particulière : le mariage. Ce bon vieux et vaillant mariage qui résiste à toutes les tempêtes – libéralisation des mœurs, sirènes de l'union libre, montée en puissance de l'homosexualité affichée – et qui, à intervalles réguliers, continue à se mettre en scène dans des cérémonies rituelles où l'on convoque le ban et l'arrière-ban de la famille et des amis, où l'on sort smokings, robes froufroutantes, chapeaux impossibles, où l'on fait briller les chromes des limousines et où l'on essuie une larme discrète en entendant la *Marche nuptiale* résonner sous les voûtes d'une église gothique, tandis que volettent les anges et que s'échangent les anneaux symboliques. Lesquels anneaux, justement, font soudain défaut à Charles, témoin patenté à tous les mariages de ses amis et qui, traditionnellement en retard, a tout bonnement oublié dans sa hâte, ce jour-là, de se munir des alliances fatidiques. Heureusement pour lui, une astuce de dernière minute va lui permettre de sauver la situation et même, alors qu'il s'apprête avec toute sa bande de copains à vivre cette cérémonie de façon aussi ennuyeuse que d'ordinaire, de trouver parmi les invités une jeune femme qui attire son attention de séducteur pourtant blasé : Carrie, américaine, élégante, désinvolte et qui ne se prive pas pour lui faire comprendre qu'elle le trouve à son goût.

Premier mariage, première nuit, qui, en bonne logique arithmétique, appellent d'autres mariages et d'autres nuits, mais pas exactement selon le schéma prévu. Car le scénario joue avec bonheur de toutes les situations possibles et rebondit à l'anglaise, comme un ballon de rugby, là où on ne l'attend pas. Le film de Mike Newell ménage ainsi plus d'une surprise, la moindre n'étant pas son côté ostensiblement et délicieusement british. Tous ces jeunes gens du meilleur monde qui, au milieu des comportements les plus excentriques, gardent un imperturbable quant-à-soi ; ces cérémonies où se côtoient la gentry, les vieilles dames, les gais compagnons, les jeunes filles à marier et même – on se dirait dans *Brigadoon* – les kilts et le whisky écossais ; ces jeux du hasard qui se jouent de l'amour et ces raisons du cœur que la raison hésite à connaître ; cette façon de conjuguer l'esprit, l'insolence, le brio ; ces comédiens tellement anglais, à l'image de Hugh Grant, qu'on dirait sorti tout droit d'Oxford ou de quelque film de James Ivory ; et même pour faire bonne mesure, au milieu de ces rires qui déferlent, une bonne larme d'émotion qui coule car, pour quatre mariages, il y a forcément aussi un enterrement ; bref, tout ce qui donne cette sensation de fraîcheur d'un bonbon à la menthe qu'on laisse fondre sur la langue : c'est là toute la séduction irrésistible, à la fois frivole et décapante (car le mariage, la société, les traditions, la vie qui passe, l'amour qui complique tout, la mort qui joue ses vilains tours, en prennent au passage pour leur grade), d'une comédie qui se refuse à être sotte, plate ou débile et qui se contente d'être anglaise et talentueuse.

# NICCOL Andrew (néo-zélandais, né en 1964)

**FILMOGRAPHIE :**
*Bienvenue à Gattaca (1997)* • ***Simone (2001)*** • *Lord of war (2005)*

Originaire de Nouvelle-Zélande, Andrew Niccol a commencé sa carrière à Londres comme scénariste et réalisateur de films publicitaires, avant de venir s'installer à Los Angeles où tout en écrivant un scénario pour Peter Weir, *The Truman show*, il passe lui-même à la réalisation. Son premier film, *Bienvenue à Gattaca*, manifeste, sur fond de manipulations génétiques, l'intérêt qu'il porte aux développements de la science et de la technique et aux problèmes éthiques que cela pose, type de préoccupations qu'il manifeste encore dans *Lord of war*, cette fois-ci à propos du trafic des armes. Et sa façon d'aborder la question du virtuel, en la posant précisément à partir du cinéma dans *Simone*, témoigne à la fois des progrès techniques accomplis en la matière mais aussi d'une interrogation sur l'utilisation de ce type d'images.

## SIMONE (2001)
### avec Al Pacino et Catherine Keener

**L'ère du faux.** Qu'est-ce qu'une star de cinéma ? Un rêve incarné, une image illusoire, une projection des fantasmes et des désirs de ceux-là mêmes qui l'adulent. Autrement dit, un être virtuel, qui n'existe que sur un écran de fumée. Ou plutôt qui ne devrait exister que là, car, dans la vie réelle, les stars, c'est bien connu, sont des êtres impossibles, capricieux, qui se prennent pour le nombril du monde et qui font suer tous ceux qui les entourent, et en particulier leur metteur en scène. Viktor Taransky, par exemple. Lui qui a été un réalisateur reconnu et qui pense que le cinéma a quelque chose à voir avec l'art, se retrouve, une fois que le succès a commencé à le fuir, soumis aux caprices de sa vedette féminine, qui lui fait faux bond en plein tournage, et à la dure loi des studios, qui décident aussitôt d'arrêter son film. Que lui reste-t-il alors, puisque c'est son ex-femme elle-même, qui dirige la production, qui le lâche ?
Apparemment rien, si ce n'est peut-être pousser la logique du système à son comble, pour le prendre à son propre jeu. Et c'est là que survient l'idée lumineuse sur laquelle repose la comédie cynique et décapante d'Andrew Niccol, en la personne d'un ingénieur, bidouilleur de génie, qui a mis au point l'arme informatique absolue : une femme virtuelle. Pas un de ces clones de studio malhabiles qui ont commencé à faire leur apparition sur les écrans : non, une vraie femme, capable sur programmation d'incarner toutes les vertus des stars les plus mythiques, un zeste de Marilyn, un soupçon de Grace Kelly, une inflexion de Bacall, une larme de Garbo... Viktor Taransky, en désespoir de cause, saute le pas : et, sans rien dire à personne, il termine son film avec sa créature numérisée, laquelle, naturellement, possédant toutes les qualités de toutes les stars, remporte un triomphe. Commence alors la spirale étourdissante du faux dans laquelle le cinéaste se voit entraîné, grugeant non seulement Hollywood mais, bien vite, le monde entier. Cet être qui n'existe pas autrement que par l'image qu'il en projette, il la livre à la planète entière, en faisant la pop-star absolue, le leurre idéal, le virtuel féminin à l'état pur.
La belle gageure d'Andrew Niccol est d'arriver à tenir son récit de façon suffisamment serrée pour que l'apparent délire de la situation apparaisse comme une métaphore parfaitement crédible à la fois du cinéma, mais aussi de toute une civilisation entièrement soumise à l'apparence. Tout défile donc : les journaux, la télévision, les opérations humanitaires, les grandes messes du show-biz, tout ce monde du clinquant et du leurre, cette ère du faux qui, *via* les images, étend inexorablement son empire. On pourra voir ainsi dans *Simone* – joli prénom de code pour *Sim... ulation... one* – une fable sur le cinéma confronté à la montée du numérique et des effets spéciaux ; on pourra y voir, grâce à Al Pacino, qui prend une jouissance visible à débiter des horreurs sur le cinéma et sur les stars, un formidable numéro d'acteur réel, face aux virtualités du virtuel ; on pourra y voir aussi, malgré le côté un peu convenu et hollywoodement très correct de la romance sentimentale qui accompagne l'histoire, une belle leçon d'autodérision, témoignant de cette capacité qu'à Hollywood à se mettre en scène et, en se moquant de lui-même, à aborder les sujets les plus sérieux pour toucher, mine de rien, en plein cœur de cible.

## NICHETTI Maurizio (italien, né en 1948)

**PREMIER LONG MÉTRAGE :**
*Ratataplan (1979)*
**FILMOGRAPHIE DEPUIS 1985 :**
*Il Bi e il Ba (1986)* • ***Le Voleur de savonnettes (1988)*** • *L'Amour avec des gants (1991)* • *Stefano Quantestorie (1993)* • *L'Eroe dei due mundi (1994)* • *Palla di neve (1995)* • *Luna e l'altra (1996)* • *Honolulu Baby (2001)*

Architecte et dessinateur puis acteur de théâtre, arrivant au cinéma par l'écriture de scénarios pour films d'animation puis par l'exercice du mime, Maurizio Nichetti se met en scène dans son premier film, *Ratataplan*, sous les traits d'un jeune chômeur cherchant à survivre, dans un film tout de mimique à la Keaton et de silhouette à la Charlot. Il poursuit dans cette veine du burlesque avec *Ho fatto splash* en 1980 et *Domani si balla* en 1982, avant de l'infléchir dans le sens de la satire sociale avec *Le Voleur de savonnettes*, où, derrière la parodie, il révèle un talent de moraliste à la fois aigu et poétique qu'on retrouve dans ses films suivants, *L'Amour avec des gants*, histoire d'un doubleur de cartoons dont les mains deviennent des gants de dessin animé, ou *Luna e l'altra*, où une institutrice napolitaine mutée à Milan exprime ses frustrations par le biais de… son ombre.

### LE VOLEUR DE SAVONNETTES (1988)
**avec Maurizio Nichetti, Caterina Sylos Labini et Federico Rizzi**

**Néo-(télé)réalisme.** Qu'arriverait-il donc aux spectateurs de 1990 qui entreprendraient de regarder, sur leur écran télé, l'immortel *Voleur de bicyclette* qui, en 1948, émut tous les cœurs sensibles et marqua le triomphe du néoréalisme italien ? Il leur adviendrait sans doute ce qu'il arrive à ceux qui regardent le film de Maurizio Nichetti, lorsque celui-ci, ou plutôt le personnage qu'il incarne, décide, en cinéaste amoureux du film de De Sica, de réaliser en guise d'hommage un film qui raconte les malheurs d'une famille frappée par le chômage : le père attend désespérément que s'ouvrent pour lui les portes de l'usine, sous le regard critique de son fils de 7 ans déjà mûri par la vie, tandis que la mère cherche tant bien que mal à mettre des spaghettis dans la marmite en chantant dans un beuglant et que son bébé en profite pour explorer à quatre pattes les prises électriques et autres accessoires tranchants qui passent à portée de ses menottes. Avec un scénario pareil, Nichetti, sûr de faire pleurer dans les chaumières, vient donc présenter son film à la télévision. Reçu par le spécialiste cinéma maison, qui ne lui laisse pas placer un mot, il a à peine le temps de cligner des yeux sous les projecteurs que son *Voleur de savonnettes* est illico projeté à l'antenne. Tout est donc pour le mieux, si ce n'est que la famille de téléspectateurs moyens qui regarde le film n'en saisit que les bribes que lui laissent percevoir ses occupations diverses : la mère, enceinte, téléphone à sa maman pour l'entretenir du bébé qui bouge dans son ventre, le père est tout entier absorbé par son journal et le fiston porte toute son attention à un passionnant jeu de construction. Tous ne semblent se préoccuper de ce qui se passe sur le petit écran que lorsque, au bout de dix minutes de film, une première pause publicitaire vient interrompre la projection. La mère alors se dépêche de prendre des notes sur les produits vaisselle, le père zieute les superbes créatures qui traversent les spots et le fiston ne perd pas une goutte de la boisson pétillante dont on lui vante les mérites. Le cinéaste, quant à lui, a beau s'insurger contre cette interruption abusive, son film, pris dans l'engrenage télévisuel, ne lui appartient plus. Insensiblement même, voulant arrêter la machine infernale, Nichetti s'y trouve happé tout entier, pour se retrouver enfermé, lui et son film, dans cette grille de programme et cette chaîne de télévision qui deviennent, pour le coup, une vraie prison.
Nichetti aime le cinéma. Celui d'hier, et son hommage à De Sica, dans un superbe noir et blanc, en est la preuve formelle. Mais celui d'aujourd'hui aussi, comme le montre cette façon qu'il a de réaliser le premier véritable film de l'ère télévisée, incluant dans le film même ce qui l'attend lors de sa projection télé : un découpage en tranches, des flashes publicitaires, un zapping intempestif, et tous les procédés d'une moulinette TV qui mêle indistinctement le vrai et le faux, l'art et le commerce, en un innommable salmigondis. Et la maîtrise technique avec laquelle, jouant ainsi du cinéma dans le cinéma, il passe du noir et blanc à la couleur, du grand au petit écran, du film réalisé par le cinéaste au film reçu par le téléspectateur, montre que le cinéma est encore capable d'inventer des formes qui lui sont propres, d'autant plus originales et fertiles qu'elles sont ici le fait d'un auteur complet, à la fois producteur, scénariste, réalisateur et (double) acteur de son film. Bourré de gags, d'inventions, de trouvailles, de fantaisie, ce *Voleur de savonnettes* fait à coup sûr les bulles les plus légères et les plus brillantes que la comédie italienne ait produites depuis longtemps.

## NICHOLS Mike (américain, né à Berlin en 1931)

**PREMIER LONG MÉTRAGE :**
*Qui a peur de Virginia Woolf? (1966)*
**FILMOGRAPHIE DEPUIS 1985 :**
***La Brûlure (1986)*** • *Biloxi Blues (1987)* • *Working Girl (1988)* • *Bons baisers d'Hollywood (1990)* • *À propos d'Henry (1991)* • *Wolf (1994)* • *The Birdcage (1996)* • *Primary Colors (1998)* • *De quelle planète viens-tu ? (2000)* • *Closer. Entre adultes consentants (2004)*

Né à Berlin d'un père russe et d'une mère allemande, Mike Nichols, arrivé aux États-Unis avec sa famille à l'âge de 7 ans, représente parfaitement ces réalisateurs issus de l'émigration qui s'intègrent si parfaitement dans la société américaine que leur œuvre s'en fait comme le miroir fidèle. Formé à la comédie et ayant commencé sur les planches et à la télévision en duo comique avec sa partenaire Elaine May, passé ensuite au théâtre, où il devient un metteur en scène important, Mike Nichols s'est tout de suite imposé au cinéma par des succès populaires, qui lui valent l'Oscar dès son deuxième film, *Le Lauréat*, en 1968, et qui en font un des meilleurs représentants de la comédie dramatique et sentimentale, où, sur fond de peinture sociale, de grandes vedettes hollywoodiennes traduisent les préoccupations, les fantasmes et les problèmes divers de la bourgeoisie américaine, blanche et aisée.

### LA BRÛLURE (1986)
#### avec Meryl Streep et Jack Nicholson

**Nous deux.** Une histoire simple : ils sont tous deux journalistes, plus vraiment tout jeunes, bien décidés, après une expérience malheureuse, à ne plus s'embarquer dans le mariage. Et puis ils se rencontrent, ils s'aiment, et les voilà, tout feu tout flamme, qui tentent à nouveau l'aventure : cérémonie, emménagement, confidences sur l'oreiller, petits plats, dîners entre amis, papotages quotidiens, et une grossesse qui pointe. C'est la chaleur du foyer, une chaumière et un cœur. Là-dessus, patatras ! Elle découvre soudain qu'il a une maîtresse. Dur à croire, dur à vivre, même si elle continue à l'aimer, même si une seconde grossesse les rapproche, même si tous deux essaient de renouer le fil interrompu. Mais il y a des brûlures qui cicatrisent mal, et qui vous laissent comme une plaie ouverte. Cœur brûlé, cœur blessé, cœur lourd, le temps de s'aimer est bien court…
*La Brûlure*, on l'a deviné, est une belle histoire d'amour, souriante et pathétique, et qui choisit d'accrocher le romanesque aux choses de la vie. Un peu comme du Sautet, à l'américaine. Ça n'est pas très neuf, mais ça marche toujours. D'autant que Mike Nichols (on le sait depuis *Le Lauréat*) excelle à peindre une certaine bourgeoisie américaine. avec ses tics et ses petits ridicules, et qu'il le fait avec humour, sans gros tambour ni grande trompette. D'autant, surtout, qu'il dispose, avec Meryl Streep et Jack Nicholson, du couple idéal. Lui, en mari tendre, a toujours de ces mines béates, satisfaites, ténébreuses, qui sont irrésistibles. Elle, actrice jusqu'au bout du ventre, porte ses enfants, ses lunettes, ses états d'âme avec la même aisance. Elle sait tout faire, rire, préparer une tarte aux poires, héler un taxi, prendre un avion, creuser les joues, pincer les lèvres. Et pleurer, à chaud, à froid, sans en avoir l'air, à cils couverts, ou découverts. C'est *Elle*, à la sauce *Nous deux*.

## NOÉ Gaspar (français, né en Argentine en 1963)

**FILMOGRAPHIE :**
*Seul contre tous (1998)* • ***Irréversible (2002)***

Ayant vécu sa jeunesse en Argentine, rentré en France et y obtenant un brevet de technicien en cinématographie, Gaspard Noé travaille d'abord comme assistant, avant de réaliser quelques courts métrages, dont l'un, *Carne*, en 1991, est présenté à Cannes et à Sundance et l'impose à l'attention. Il y déploie une sorte de fascination morbide pour le sang, dont le rouge dégouline tout au long d'un film qui impose le malaise comme la loi du regard, malaise qu'engendrait déjà son film précédent, *Pulpe amère*, à l'atmosphère poisseuse et bestiale. Et malaise qui se prolonge dans ses premiers films longs :

*Seul contre tous*, où le boucher de *Carne* reprend du service, et surtout *Irréversible*, où la virtuosité d'une narration inversée débouche sur la sombre lueur d'un boyau où s'accomplit le viol, et où, violemment, bestialement, une nouvelle fois le sang coule.

### IRRÉVERSIBLE (2002)
#### avec Monica Bellucci, Vincent Cassel et Albert Dupontel

**Viol de nuit.** Au début, on a le désagréable sentiment que Gaspar Noé développe une maladie de Parkinson. Incapable de tenir sa caméra d'aplomb, il aligne des images qui tremblent, qui sautent, qui tentent sans vraiment y parvenir de montrer quelque chose. Si l'on arrive malgré tout à comprendre qu'il s'agit d'une boîte d'homos, c'est que son nom, *Le Rectum*, est, il est vrai, une indication ! Deux types s'y fraient un passage en gueulant. L'un a la haine – normal ! c'est Vincent Cassel – et l'autre, en ami charitable qui s'essaie à parler le langage de la raison – c'est Albert Dupontel – s'efforce de le calmer ; et tous deux sont à la recherche d'un troisième, nommé Le Ténia, qui – son nom le dit bien – a quelque chose à voir avec la bestialité intestinale. Quand enfin, ils l'ont trouvé – ou du moins le pensent-ils, car dans le noir ambiant, on n'est jamais sûr de qui est qui –, la violence jaillit, pas d'ailleurs d'où on aurait pu le croire, puisque c'est l'ami philosophe qui écrase salement le visage du type, en le réduisant en une bouillie informe. On pense être au sommet de l'insupportable. Erreur ! En tremblant toujours autant, Gaspar Noé fait faire un demi-tour complet à sa caméra et reprend les deux types furibonds un peu plus tôt dans la soirée alors qu'ils se dirigent vers *Le Rectum*. Ainsi se met en route le procédé sur lequel fonctionne le film et qu'annonçait le générique de fin, présenté au début et défilant à l'envers avec des lettres curieusement inversées : *Irréversible* est un film où le récit progresse en régressant. Et la violence finale, à laquelle d'abord on ne comprend rien, trouve progressivement sa logique dans un récit rétro-explicatif. Tout ce tremblotement parkinsonien n'est que le résultat vengeur de ce qui en est à la fois l'origine et le contraire : un long, long, long plan fixe. Plus insupportable encore. Celui d'une femme – superbe, c'est Monica Bellucci – qui emprunte un passage souterrain et qui, dans la lumière rouge du boyau, se fait agresser par un homme qui la viole sauvagement, qui s'insinue en elle comme une bête – c'est Le Ténia –, et tout cela sous l'œil d'une caméra immobile qui enregistre les cris, les halètements, les éructations, l'instinct à l'état brut. Et qui, plus loin encore dans l'horreur, regarde sans bouger la beauté frappée à mort, le visage réduit en charpie, le ventre roué de coups.

Ce ventre, on l'apprendra plus avant encore, il était porteur de la vie. Car, à mesure que l'on remonte dans l'histoire, les choses se colorent de lumière : ces deux hommes et cette femme plongée dans la nuit de la violence, ils se sont aimés, ils ont connu la douceur des caresses, ils ont cru à l'éternité du bonheur. Or, ce qui est à l'œuvre dans le film de Gaspar Noé, c'est le temps. Ce temps qui, comme le dit le premier personnage rencontré, détruit tout. Et ce même temps que l'on retrouvera au dernier plan du film, le premier en fait de l'histoire racontée, sur la couverture du livre que lit cette fille couchée dans une herbe verte comme l'espoir d'un monde meilleur, cette même fille qui connaîtra le rouge sang du boyau funeste. Peut-on arrêter le temps, remonter en arrière, faire que ce qui a eu lieu puisse être effacé ? Non, répond le film de Gaspar Noé, en martelant sa réponse de la plus violente et dérangeante des façons. La terre continue inexorablement de tourner, et tout est irréversible. Ce qui rend du même coup le procédé narratif, qui prend les choses à l'envers, parfaitement vain, et qui jette quelque doute sur la pertinence formelle d'un film dont les intentions morales elles-mêmes, qui se donnent la caution d'une interrogation philosophique pour filmer un viol dans sa plus absolue bestialité en se servant de Monica Bellucci comme appât, ne manquent pas non plus de poser question…

## NOLAN Christopher (anglais, né en 1970)

**FILMOGRAPHIE :**
*Following (1999)* • ***Memento (2000)*** • *Insomnia (2002)* • *Batman begins (2004)*

Formé à la littérature anglaise à Londres, d'où il est originaire, et réalisant très jeune des films en super-8, Christopher Nolan se fait connaître en 1989 par un court métrage d'inspiration surréaliste, *Tarantella*, qui est diffusé sur la chaîne PBS. Cela lui permet de tourner d'autres films courts, avant de passer au long avec *Following*, sélectionné dans plusieurs festivals internationaux, et d'attirer véritablement la curiosité avec son premier film américain, le très subtil et très retors *Memento*, qu'il présente au

Festival du cinéma indépendant de Sundance, et qui lui vaut l'année suivante d'être engagé par la Warner pour tourner le remake d'un petit film norvégien d'Erik Skjodbjaerg, *Insomnia*, qui a eu un beau succès dans son pays et qu'il adapte aux deux vedettes autour desquelles le film est construit, Al Pacino et Robin Williams, puis, ayant ainsi fait ses preuves et acquis la confiance des studios, de se voir charger du nouvel épisode de *Batman*.

### MEMENTO (2000)
#### avec Guy Pearce et Carrie Anne Moss

**Le passé recomposé.** La photo sort d'un Polaroïd. Elle représente le cadavre d'un homme. À mesure que le générique défile, et alors qu'une main secoue le cliché pour qu'il sèche, progressivement ses teintes s'altèrent, comme si l'instantané séchait en sens inverse. Et lorsque le générique se termine, toute forme a disparu : le cliché est blanc. Ces premiers plans du film de Christopher Nolan en contiennent comme l'essence. D'abord parce que la photo ici montrée est en fait le dénouement de l'intrigue, comme si le film commençait par la fin. Mais aussi parce que l'inversion représente la forme narrative choisie par le réalisateur pour raconter son histoire. En fait, le personnage qui a pris la photo et qui la fait sécher est atteint d'un trouble étrange, forme curieuse d'amnésie : il perd tout souvenir de son passé proche. Aussi, pour garder trace de ce qu'il fait, choisit-il les seuls moyens pratiques qui s'offrent à lui : des clichés de Polaroïd, où il enregistre tout ce qu'il voit, et des tatouages qu'il se fait faire partout sur le corps et qui tracent à l'encre noire le fil de sa vie.

Ce retour vers le passé, le cinéaste le traduit de façon concrète en présentant les événements qui ont amené au meurtre final exactement en sens inverse. Du coup, l'antériorité devient l'enjeu même du film, la découverte que le personnage en fait modifiant en permanence l'angle d'explication sous lequel il l'interprète. Autant dire que le spectateur, ne pouvant que percevoir les effets de causes qu'il ne découvre qu'a posteriori, voit lui-même se modifier constamment la perception qu'il a de ce qu'il découvre à mesure que de nouveaux éléments inconnus interviennent. Léonard a-t-il donc tué le véritable coupable, a-t-il été victime d'une manipulation, son cerveau malade l'est-il bien comme il croit qu'il l'est, et est-il lui-même celui qu'il croit être ? Autant de questions auxquelles le cinéaste répond de façon morcelée, doublant le récit en sens inverse et en couleurs d'un autre récit en noir et blanc, qui interfère avec lui, et qui voit Leonard voyager dans sa mémoire. Cette dualité narrative ménage de subtils effets de dérèglement rationnel. La frontière devient floue entre l'illusion et la réalité. Privé de repères, Léonard erre dans un monde indéchiffrable. Et, captivé, le spectateur s'essaie à reconstruire avec lui le puzzle compliqué et passionnant de sa mémoire en morceaux.

---

## NORTON Edward (américain, né en 1969)

**FILMOGRAPHIE :**
***Au nom d'Anna (2002)***

Licencié de Yale en 1991, Edward Norton commence sa carrière comme comédien au théâtre, avant de faire ses débuts à l'écran en 1996 dans *Peur primale* de Gregory Hoblit, au côté de Richard Gere. Sa carrière d'acteur l'amène à être dirigé par des réalisateurs importants – Milos Forman, Woody Allen, David Fincher –, avant que lui-même ne passe à la réalisation et ne choisisse, pour son premier film, la veine de la comédie sentimentale.

### AU NOM D'ANNA (2002)
#### avec Edward Norton, Ben Stiller et Jenna Elfman

**Aimons-nous les uns les autres.** Ce pourrait être Jules et Jim. On pourrait même le croire d'autant plus volontiers que Jake et Brian sont, depuis les bancs du collège, amoureux de la même Anna Reilly et que leurs jeux d'enfants – comme cette course où la fille démarre avant les deux garçons et les coiffe sur le fil – présentent quelque air de ressemblance avec les fantaisies auxquelles se livraient les deux amis du film de Truffaut en compagnie de leur commune amoureuse. Mais, si ici aussi il est question d'une femme et de deux hommes, l'amour qui les unit se heurte à une situation qui ne manque pas d'eau bénite, et qui constitue l'idée même sur laquelle est conçu le scénario du

film d'Edward Norton. Devenus adultes, Jake et Brian ont en effet trouvé leur voie : c'est celle de la foi. Comme Jake appartient à une famille juive, il est rabbin ; et comme Brian est d'origine irlandaise, il est prêtre. Ce qui fait que lorsque la belle Anna refait surface, après avoir disparu de leur champ d'horizon pendant douze ans, et que tous deux retrouvent une créature à faire rêver, qu'à Yahvé ou à Dieu ne plaise ou ne plaise pas, ils se mettent illico à rêver…
On voit le parti que ne peut manquer de tirer le réalisateur d'un tel scénario : la beauté rayonnante de la jeune femme sème le trouble chez les deux hommes du Seigneur, et si rien ne vient altérer leur amitié, chacun va mener auprès de la belle son propre jeu. Or, à ce jeu-là, un rabbin pouvant se marier, Jake prend forcément l'avantage sur un Brian handicapé dès le départ par la question du célibat des prêtres. Si l'on peut donc assez facilement prévoir les développements de leur histoire sentimentale, celle-ci engendre des péripéties qui, pour être attendues, ne manquent pas de faire mouche. Et si la religion n'est plus ce qu'elle était, les deux compères pratiquent chacun la leur de manière suffisamment moderne pour paraître parfaitement au goût du jour.
Edward Norton, prenant modèle sur les comédies américaines de la belle époque, s'efforce de garder, malgré le côté caricatural de l'histoire, une élégance à son récit. Et s'il cède parfois à la scène à faire, il a le bon goût de ne jamais trop appuyer. Et comme Ben Stiller a une allure de petit brun ténébreux irrésistible qui séduit toutes les filles à marier de la communauté juive que leurs mères essaient en vain de lui refiler, comme Edward Norton, quand il troque la casquette du réalisateur pour le col clergyman du prêtre, a le côté bien propre d'un enfant de chœur à qui on donnerait le bon Dieu sans confession, comme Jenna Elfman, avec son petit air à la Gwynneth Paltrow, est craquante à souhait, et comme New York est vue comme un décor romanesque à faire rêver, cela donne une comédie enlevée et parfaitement bon chic bon genre, et qui se garde bien sûr de tout sacrilège. D'ailleurs, trouvant un moyen de contenter tout le monde sans offenser le seigneur, le réalisateur organise pour finir un joyeux karaoké prénuptial. Alléluia, la messe est dite, et les fidèles, qui ont bien ri, peuvent partir en paix !

## NOYCE Phillip (australien, né en 1950)

**PREMIER LONG MÉTRAGE :**
*Backroads (1977)*
**FILMOGRAPHIE DEPUIS 1985 :**
*Echoes of Paradise (1986)* • *Calme blanc (1988)* • *Vengeance aveugle (1989)* • ***Jeux de guerre (1992)*** • *Sliver (1993)* • *Danger immédiat (1994)* • *Le Saint (1997)* • *Bone Collector (1999)* • *Le Chemin de la liberté (2001)* • *Un Américain bien tranquille (2003)*

La première partie de la carrière de Phillip Noyce est australienne : né en Nouvelle-Galles du Sud, il se fixe à Sydney où, formé à l'Australian National Film School, il réalise courts métrages et documentaires, avant de tourner ses premiers longs métrages, dans lesquels il montre un intérêt tout particulier pour l'histoire sociale et politique de son pays. Mais c'est un thriller, *Calme blanc*, qui lui donne en 1988 une audience internationale, et qui lance pour lui une carrière américaine. Celle-ci commence, en 1989, par un film à suspense, *Vengeance aveugle*, puis se poursuit, dans la même veine, par *Sliver*, puis surtout, adaptés de Tom Clancy, par deux films d'action et d'espionnage, *Jeux de guerre* et *Danger immédiat*, avec le même héros et le même acteur, Harrison Ford, dans lesquels, sous le voile de la fiction et de l'action, son intérêt pour la politique ne se dément pas. Et l'adaptation qu'il donne en 2003 du roman de Graham Greene, *Un Américain bien tranquille*, mêle encore action, histoire sentimentale et intrigues politiques, dans un Vietnam colonial des années 1950 où les Américains ne vont pas tarder à s'engager.

### JEUX DE GUERRE (1992)
**avec Harrison Ford, Anne Archer et Richard Harris**

**Le temps du terrorisme.** Les Soviétiques ayant eu la mauvaise idée de tordre eux-mêmes le cou à leur système, les scénaristes des films d'action et d'espionnage, habitués depuis la guerre froide à désigner le grand méchant rouge comme l'ennemi numéro un, se trouvent aujourd'hui quelque peu dépourvus pour lui trouver un remplaçant. Heureusement, il y a les terroristes : Irlandais, Libyens, Palestiniens et autres allumés de l'explosif, qui apparaissent tout désignés pour prendre la relève. Jack Ryan n'a donc pas de chance. Lui, le brillant analyste de la CIA, qui, après

avoir réglé avec succès l'affaire d'Octobre rouge, a décidé de raccrocher pour se consacrer à son couple qui bat de l'aile et s'est transformé en bon époux et bon père, pense pouvoir enfin couler des jours tranquilles à Londres où il passe ses vacances avec sa petite famille. Mais c'est sans compter avec l'imagination de Tom Clancy, l'auteur du roman, et avec la détermination des extrémistes irlandais qui, n'y allant pas de main morte, organisent un attentat contre un membre de la famille royale. Or, Ryan, qui passait justement par là, se trouve pris dans l'explosion et, pour protéger les siens, met en fuite les terroristes. Ceux-ci vont dès lors faire peser sur lui et sa famille une menace directe car, déjouant les précautions de la CIA, ils vont s'introduire aux États-Unis. Avec une seule idée en tête : se venger. Et l'on sait que les Irlandais ont la tête dure. Mais Jack Ryan n'est pas n'importe qui, puisqu'il s'agit de Harrison Ford. L'œil noir, les traits décidés, il a cette peau dure de baroudeur qui a déjà fait merveille depuis une bonne dizaine d'années un peu partout où ça chauffe sur les écrans. Tout juste sorti de la dernière croisade d'Indiana Jones, il lui faut donc reprendre du service, et il trouve là un nouveau rôle si bien taillé à ses mesures qu'il appelle probablement quelques suites à venir.
Mais l'intérêt du film de Phillip Noyce n'est pas seulement dans cet aspect spectaculaire de l'action. Il traduit, à un moment où les gadgets à la James Bond ont été rattrapés par la technologie, un nouvel âge du film d'espionnage. La guerre secrète se déroule ici sur écran vidéo, *via* quelque satellite espion. Et les méchants eux-mêmes ont des méthodes explosives et sophistiquées qu'ils apprennent dans des camps d'entraînement, quelque part dans le désert du côté de chez Kadhafi. C'est bien là que se révèle le dessous des cartes : désormais, le mal est partout dans le monde, et Jack Ryan, le nouveau croisé, ne lutte plus tant pour la liberté du monde libre que pour une cause plus repliée sur elle-même, où la famille, flanquée de la patrie, apparaît comme le dernier refuge face à la violence terroriste. Le titre américain du film, *Patriot games*, le dit de façon assez claire. Quant aux explications qui sont données de cet état du monde – la folie destructrice de quelques fanatiques – elles ne laissent pas d'être un peu elliptiques, d'autant que le scénario prend bien garde de ne pas trop s'engager sur un terrain miné. Mais on peut sans peine sentir derrière tout cela une sorte de retour à l'individuel, un repliement sur soi, une tendance à la frilosité qui accompagne, dans une Amérique moins sûre d'elle-même, la tentation sécuritaire d'un ordre moral. À cet égard, le fait que la femme de Ryan soit enceinte en dit long sur ce cocon familial retrouvé. À la fin du film, elle est prête à mettre au monde le bébé de l'ordre rétabli. On s'en réjouit pour elle, encore qu'on se demande comment, après tous les traitements de choc, poursuites, menaces et explosions diverses auxquels elle a été soumise, elle a pu réussir à ne pas faire de fausse couche !

## NUYTTEN Bruno (français, né en 1945)

**FILMOGRAPHIE :**
***Camille Claudel (1988)*** • *Albert souffre (1991)* • *Passionnément (2000)*

Chef opérateur très réputé, directeur de la photographie dans près d'une quarantaine de films des années 1970-1980, signés des plus grands noms – Duras, Blier, Téchiné, Leconte, Miller, Zulawski, Resnais, Corneau, Berri, Godard, et d'autres –, Bruno Nuytten n'a abordé la réalisation que sollicité par Isabelle Adjani pour mettre en scène et en images le projet qui lui tenait à cœur d'une vie de Camille Claudel. Cette première expérience a entraîné quelques autres réalisations, qui se signalent plus par la qualité de l'image que par l'expression d'une véritable vision personnelle.

### CAMILLE CLAUDEL (1988)
**avec Isabelle Adjani et Gérard Depardieu**

**La femme brisée.** Un génie fou. Mais dont la folie invite à dépasser la fameuse, et même fumeuse, vision romantique de l'artiste que sa sensibilité exacerbée porterait sans cesse aux confins de la démence. Sans doute Camille Claudel fut-elle « folle », et traitée comme telle par une médecine accordant au seul enfermement valeur thérapeutique et par une famille pour qui toute volonté de différence ne pouvait relever que de la déraison. Mais que cette femme douée de tant de talent et de beauté ait dû finir ses jours au fond d'un asile, et que cette flamme créatrice ait été irrémédiablement éteinte dans un internement, ou plutôt un étouffement, de trente longues années : là est le vrai scandale d'une vie brisée. Le grand mérite du film de Bruno Nuytten est d'avoir voulu recomposer les fragments épars d'une vérité éclatée. Par l'ampleur du récit (près de 3 heures de projection), la densité du scénario et la

reconstitution minutieuse de l'époque, il montre que Camille Claudel fut avant tout une victime. Victime d'une famille d'abord, d'un père qui la chérit trop, d'une mère qui la refuse, d'un frère qui à la fois l'adore et la craint. Victime de Rodin ensuite, qui reconnaît son génie, mais qui l'accapare vite dans un rapport amoureux où il est tout ensemble l'amant et le maître, et qui à la fois l'encourage et l'exploite, la façonne et la détruit. Victime d'un temps aussi, qui ne reconnaît pas à la femme valeur pleine et entière, et qui se méfie de cette excentrique qui sculpte comme un tailleur de pierres, qui vit seule et qui mène sa vie comme elle l'entend. Et puis victime d'elle-même, bien sûr, de cette passion dévorante qui la pousse à tout investir dans son art, à travers cette liaison avec un homme de vingt-quatre ans son aîné, où elle voit comme la fusion de l'art et de l'amour, du plaisir et de la beauté : tout ce qui donne son sens à une vie et qui soudain, lorsque l'élan retombe, bascule dans le vide.
Par une telle femme et par un tel destin, Isabelle Adjani ne pouvait qu'être fascinée. L'écho de cette fascination passe tout au long d'un film où elle fait corps, au plus profond, avec le personnage. Elle est proprement Camille, dans sa vivacité, sa volonté, ses désirs, sa démesure, son égarement. À un tel degré, l'interprétation relève de l'identification. Face à elle, Depardieu, lui aussi habité par son rôle, donne à Rodin une sensualité tactile, une force brute, un élan où passent d'étranges faiblesses. Monstres sacrés, et sacrés monstres, qui se déchirent jusqu'à l'âme et qui sculptent dans le marbre leur passion, comme la caméra de Bruno Nuytten, enveloppant leurs œuvres dans de lents mouvements circulaires, parvient à le montrer dans une vision puissamment romanesque, qui se contente de se mettre tout au service du personnage et de son interprète, et qui place cet art et cette femme dans la juste lumière du génie.

Q P

# O

## OCELOT Michel (français, né en 1964)

**Filmographie :**
***Kirikou et la sorcière (1998)*** • *Princes et princesses (2000)* •
*Kirikou et les bêtes sauvages (2005), co-réalisation*

Après des études d'art en France et aux États-Unis, Michel Ocelot se consacre au cinéma d'animation : il réalise pour le cinéma et la télévision une trentaine de courts métrages et de séries qui lui assurent dans le milieu de l'animation une solide notoriété et qui amènent un producteur, Didier Brunner, à lui, proposer de tourner un long métrage pour la structure de production qu'il est en train de mettre en place, Les Armateurs, dans le but de développer une véritable politique d'auteur dans l'animation. Le projet de *Kirikou et la sorcière* voit donc le jour, après quatre ans de travail : la liberté de création du réalisateur s'y donne libre cours, répondant ainsi parfaitement à l'esprit de la société qui le produit, comme elle produit dans la même ligne de création *Les Triplettes de Belleville* de Sylvain Chomet en 2003, tandis que Michel Ocelot, après un dessin animé en six épisodes, *Princes et Princesses*, donne à un *Kirikou* auréolé d'un beau succès critique et populaire, une suite attendue.

### KIRIKOU ET LA SORCIÈRE (1998)

**Le petit prince d'Afrique.** Avant même de voir le jour, Kirikou a une vitalité et une soif d'action qui font merveille. Demandant résolument à sa mère, dont le ventre lourd montre qu'elle est prête à accoucher, qu'elle veuille bien l'enfanter au plus tôt, il reçoit de celle-ci une réponse pleine de sagesse : « Un enfant qui parle dans le ventre de sa mère s'enfante tout seul. » Aussitôt dit, aussitôt né : de sous le pagne coloré sort un petit corps tout noir qui, d'un geste à la fois décidé et symbolique, coupe lui-même le cordon et qui, accompagnant son acte de naissance de son baptême identitaire, déclare se nommer Kirikou et plonge en riant aux éclats dans un bol d'eau fraîche et lustrale pour laver son corps impur. Il y a, dans cette séquence qui ouvre le dessin animé de Michel Ocelot, comme la déclaration d'intention d'un petit artisan têtu, bien décidé à s'affirmer dans un monde pas forcément facile. Et décidé aussi à s'affranchir de toutes les tutelles pour se frayer sa propre voie, ce qui pourrait symboliquement se lire comme le dessein même de cette petite entreprise française enfantant son propre dessin animé sans rien demander à personne et surtout pas aux studios américains qui exercent en la matière, depuis plusieurs décennies, un quasi-monopole. Mais ce serait réduire le propos du film, qui est à regarder d'abord pour ce qu'il est : une belle histoire, propre à séduire non seulement le public des tout-petits, qui trouveront facilement à s'identifier à ce minuscule bonhomme découvrant le monde et se posant sans cesse des questions pour savoir comment il fonctionne, mais aussi tous ceux qui ne désespèrent jamais de chercher le pourquoi des choses.

Car l'idée centrale du conte en question, c'est bien de savoir pourquoi le village de Kirikou se trouve soumis au sort maléfique que lui a jeté la sorcière Karaba, laquelle assèche la source, fait disparaître les hommes qui vont lui demander des comptes et même, dit-on, les mange. Du coup, il ne reste plus au village que des femmes apeurées, une bande d'enfants laissés à eux-mêmes et un vieux radoteur qui se contente de colporter toutes les vieilles lunes de la superstition et d'entretenir la peur et la soumission. Face à cette attitude de l'acceptation pure et simple, Kirikou veut lutter, c'est-à-dire qu'il veut savoir : savoir pourquoi la source est sèche, pourquoi les hommes ne reviennent pas et surtout pourquoi Karaba est si méchante. Dans sa quête d'explication, l'enfant obstiné va rencontrer bien des obstacles, devoir affronter bien des adversaires, d'un serpent venimeux à un hargneux phacochère ou à une huppe piquante. Il va devoir traverser la forêt, ramper dans les boyaux d'une galerie souterraine, franchir la montagne magique. Mais, fidèle à son désir de savoir, il va enfin comprendre que si Karaba est méchante, c'est qu'elle porte une souffrance en elle et que, pour la rendre à elle-même, c'est de cette douleur qu'il faut la délivrer.

Conte africain, sans doute, par son cadre, par ses personnages, par ses thèmes, dont le moindre n'est pas la confiance ici apportée à l'esprit de liberté face à la croyance ancestrale aux sorciers. Et décor africain, évidemment, dans la couleur ocre de la terre, les grands arbres sous le soleil, la richesse luxuriante d'une jungle naïve sortie tout droit d'un tableau du douanier Rousseau. Et musique africaine aussi, avec les instruments et les percussions donnant leur rythme aux compositions et aux chansons de Youssou N'Dour. Et inspiration africaine d'ensemble, jusque dans la fantaisie de ces fétiches robotisés par lesquelles la sorcière observe et tyrannise ses victimes et qui, en se prenant pour des figurines de cinéma hollywoodien, gardent leur bonne vieille allure de statuettes sorties tout droit de l'art nègre. Mais, en même temps, conte universel, qui dit les rapports de l'enfant et du monde, qui parle des liens d'amour entre la mère et le fils et qui raconte comment l'enfant peut devenir un homme. Que Michel Ocelot, pour le dire, choisisse le dessin animé. Qu'il donne au graphisme et surtout à la couleur valeur d'émerveillement et de poésie. Qu'il refuse de se plier aux tabous qui accompagnent traditionnellement l'animation : ici, les animaux ne parlent pas ; Kirikou, en garçon qu'il est, a un petit zizi, et les seins des femmes africaines, les flasques et les vieux comme les jeunes et les fiers, se montrent en liberté. Et que la vieille magie du « Il était une fois », refusant les effets spéciaux, les budgets astronomiques et le marketing du produit programmé, puisse ainsi passer par un « petit » film : tout cela, dans un paysage du long métrage d'animation trop longtemps déserté par les cinéastes français, fait que *Kirikou* marque une date et constitue une excellente surprise. À saluer comme telle.

## OLIVEIRA Manoel de (portugais, né en 1908)

**PREMIER LONG MÉTRAGE :**
*Aniki-Bobo (1942)*
**FILMOGRAPHIE DEPUIS 1985 :**
***Le Soulier de satin (1985)*** • *Mon cas (1986)* • *Les Cannibales (1987)* • *Non ou la vaine gloire de commander (1990)* • *La Divine comédie (1991)* • *Le Jour du désespoir (1992)* • *Le Val Abraham (1993)* • *La Cassette (1994)* • *Le Couvent (1995)* • *Party (1996)* • *Voyage au début du monde (1997)* • *Inquiétude (1998)* • *La Lettre (1999)* • *Parole et utopie (2000)* • *Je rentre à la maison (2001)* • *Porto de mon enfance (2001)* • *Le Principe de l'incertitude (2002)* • ***Un film parlé (2003)*** • *Le Cinquième empire (2004)* • *Le Miroir magique (2005)*

En 2005, quasiment centenaire, Manoel de Oliveira poursuit une œuvre qui témoigne non seulement d'une belle santé artistique, mais aussi d'une curiosité toujours attentive au monde présent et à ses problèmes. Certes, pour un homme de son âge, le cinéma est forcément un moyen de se retourner sur son passé. En témoigne de façon lumineuse, en 2001, *Porto de mon enfance*, retour à sa ville natale, celle qui avait nourri la genèse même de son cinéma avec son tout premier film, *Douro, faina fluvial*, un court documentaire commencé en 1929, au temps encore du muet, et terminé en 1931, au moment où le cinéma commençait tout juste à parler. Mais, si la nostalgie a forcément sa part, elle s'inscrit en fait dans le fil d'une œuvre qui n'a jamais cessé de s'interroger sur le temps, sur le réel et sur l'illusoire, sur la vie et sur la mort, sur *le passé et le présent*, comme en témoigne le film qui porte ce titre et qui marque le démarrage de sa seconde carrière, en 1971. Car le parcours cinématographique du cinéaste est passablement chaotique : athlète d'abord, et coureur automobile, il devient acteur dans sa jeunesse, et incarne le jeune premier dans le premier film parlant portugais, *A Cançao de Lisboa*, avant de passer derrière la caméra. Son premier long métrage, *Aniki-Bobo*, en 1942, est un drame sombre, dans la veine du néo-réalisme italien, qui est aujourd'hui un des films portugais les plus populaires, mais dont l'échec commercial à sa sortie l'éloigne pour vingt ans des plateaux. Lorsqu'il revient à la réalisation, au milieu des années 1960, c'est le collectif des jeunes réalisateurs réunis dans le Centre du cinéma qui lui confie, comme à une figure tutélaire, la réalisation du premier film réalisé par le Centre : *Le Passé et le présent*, adapté d'une pièce, où Oliveira développe cette idée qui lui est chère du cinéma comme préservation audio-visuelle du théâtre. À partir de là, sa carrière se développe de façon ininterrompue, dans un mouvement qui s'accélère même à partir des années 1980, où son cinéma déploie toute son ambition : méditation sur l'histoire du Portugal, et plus largement sur le théâtre du monde et sur les malheurs humains. Le tout mêlant à la fois une sagesse, une insouciance des modes et une liberté de ton que seul le très grand âge peut apporter.

### LE SOULIER DE SATIN (1985)
**avec Luis Miguel Cintra, Patricia Barzyk et Anne Consigny**

**Long, long, long... et beau à la fois.** Il y a d'abord la pièce de Claudel. Énorme, boursouflée, cosmique, monstrueuse, lyrique, grotesque, épique, pathétique, cocasse, torrentueuse, espagnole, atlantique, barbare, fulgurante, baroque, insupportable, or et boue, bric-à-brac, incroyable pont jeté entre l'Ancien et le Nouveau Monde, entre la terre et le ciel, entre l'homme et Dieu. Soulier de satin par moment léger comme le vent, aérien comme les pas d'un ange ; mais parfois aussi semelles de plomb, lourd comme le poids de mots qui n'en finissent pas de parler, bavards, intarissables. L'amour de Prouhèze et de Rodrigue, l'Espagne des moines et des conquistadores, l'arrogante armada, le mystère de la croix et la colère de Dieu : Claudel charrie tout, dit tout, mélange tout. Prodigieux magma, à prendre en bloc, comme on prend un coup sur la nuque ou un coup de pied – fût-il de satin – dans le fondement. À en rester assommé et pantois, de quasi-extase pour les uns, de sommeil définitif pour les autres. Et puis il y a le film de Manoel de Oliveira, fidèle dans son adaptation, original dans son esprit, et qui place le théâtre au cœur même de l'acte cinématographique : moins du théâtre filmé que du cinéma théâtral, où la scène vient peu à peu s'inscrire dans le cadre de l'écran et où défilent d'extraordinaires toiles peintes, comme autant de tableaux où se joue le drame. Personnages qui ne se regardent jamais et qui nous fixent, nous spectateurs, droit dans les yeux ; inventions visuelles prenant le texte au pied de la lettre, faisant parler la lune, animant les cartes de tarot, peuplant la mer de baleines sauteuses. Et une floraison de costumes bariolés, une profusion d'acteurs, de plans, d'images, de couleurs, de jeux d'ombre et de lumière. Comme chez Claudel, il y a de tout dans ce film : à pleurer et à rire, à s'exalter et à s'endormir, à boire et à manger. Ce qui, étant donné que la projection dure près de sept heures, permet d'ailleurs, vaille que vaille, de tenir vaillamment le coup...

### UN FILM PARLÉ (2003)
### avec Leonor Silveira, John Malkovich, Catherine Deneuve, Stefania Sandrelli et Irène Papas

**Mon beau navire, ô ma mémoire...** Étonnant bateau que celui qu'affrète, à 90 ans et des poussières, le plus jeune des cinéastes en activité : ce Manoel de Oliveira qui, en Portugais héritier des grands navigateurs qui découvrirent un nouveau monde, tourne sa *Nave va* à lui, comme une *Odyssée* des temps modernes. Et ce qu'il embarque sur son navire de croisière, ça n'est rien de moins, excusez du peu, que quelques millénaires de l'histoire d'une civilisation : la nôtre.
La fable est édifiante : quittant Lisbonne par la mer, en compagnie de sa toute jeune fillette, une professeur d'histoire part rejoindre son mari qu'elle doit retrouver à Bombay. C'est pour elle l'occasion, à chaque escale, de visiter les lieux qui ont vu se succéder la grande histoire, chargée de bruit et de fureur, des civilisations et des religions nées autour de la Méditerranée. Marseille, Naples, Athènes, Istanbul, Le Caire sont ainsi les points d'ancrage sur une carte initiatique, dont elle explique chaque fois à sa fille ce qu'ils représentent, les mythes dont ils sont porteurs, les cultures qu'ils ont engendrées.
La première partie du voyage est ainsi comme un panorama quasi documentaire, une révision d'Histoire lumineuse, où le cinéaste raconte ce qui fit la grandeur d'un monde, mais aussi, à travers ses ruines, ce qu'entraînèrent ses forces d'affrontement et de destruction. Mais l'évocation du passé s'enrichit, en cours de route, d'une discussion critique sur le bilan et sur le devenir de cette civilisation elle-même que mènent, à la table du capitaine, un Américain d'origine polonaise, trois passagères célèbres, une Française, une Italienne et une Grecque. Là encore, la fable est claire : à cette table dont les convives sont les héritiers emblématiques de la civilisation occidentale, chacun parle sa langue et chacun comprend la langue de l'autre. Et dans cette Babel enfin accomplie, où la culture, l'élégance et la beauté sont réunies pour s'entendre, l'Occident se pose des questions sur son propre avenir, alors même que le bateau s'avance vers l'Orient et que se profile, menaçante, l'ombre du terrorisme.
Qu'en sera-t-il de cette odyssée ? Vers quoi vogue le navire, et qu'est-ce qui attend cette civilisation ? La façon, terrible et explosive, dont Manoel de Oliveira répond à la question ne laisse pas de doute, et si elle peut apparaître comme un repliement sur soi dicté par la peur de l'autre, elle témoigne en tout cas de la densité d'un film fait de trois fois rien, d'images naïves presque, mais qui ont la force primitive de l'épopée, pour brasser une matière immense, et pour parler avec une acuité éblouissante du monde d'hier, d'aujourd'hui et de demain. En héritier inspiré d'Homère et de Fellini.

## OLMI Ermanno (italien, né en 1931)

**PREMIER LONG MÉTRAGE :**
*Le temps s'est arrêté (1959)*
**FILMOGRAPHIE DEPUIS 1985 :**
***Longue vie à la Signora ! (1987)*** • *La Légende du saint buveur (1988)* • *Lungo il fiume (1992)* • *Il segreto del boscho vecchio (1993)* • *Genesi : la creazione e il diluvio (1994)* • *Il denaro non esiste (1999)* • ***Le Métier des armes (2000)*** • *En chantant derrière les paravents (2003)* • *Tickets (2004), co-réalisation*

Il y a quelque chose de bressonnien chez Ermanno Olmi, dans la rigueur de l'artisan forgeant son écriture cinématographique, dans l'exigence ambitieuse attachée à son art, dans la hauteur morale qui sous-tend chacune de ses créations. Lesquelles, comme chez Bresson, sont rares et sont chaque fois le fruit d'une longue maturation. Car le cinéma, pour Olmi, n'est pas jeu gratuit et futile ; il est le moyen de dire ce qui est, pour lui, l'essentiel : la vie, dans ses dimensions les plus simples, celle des gens humbles, des paysans, des ouvriers, des hommes attachés à leur labeur. « Certains metteurs en scène, dit-il, trafiquent l'image pour la faire entrer dans le cadre au lieu de faire entrer le cadre à l'intérieur de la vie authentique. » Cette définition de sa manière et de son dessein, il la tire de ses origines mêmes : fils d'une famille modeste, catholique et paysanne, un père cheminot licencié pour antifascisme, une mère ouvrière en filature puis embauchée à l'Edisonvolta, la société de distribution d'électricité, où lui-même trouve à 16 ans un petit emploi. Et où il aborde la culture par le biais des activités de loisirs de la firme, dont il s'occupe, et qui vont lui permettre de tourner une quarantaine de documentaires industriels. C'est là qu'il acquiert à la fois sa maîtrise technique et qu'il approfondit les questions qui vont faire le fond de son cinéma de fiction : les rapports de l'homme et de la machine, le sens du travail, la vision humaniste de l'Histoire. L'œuvre qu'il développe depuis, à l'écart dans ses montagnes, poursuit cette voie étroite, que le public international a appris à connaître depuis *L'Arbre aux sabots*, en 1978 et qui, après une terrible maladie qui l'a frappé en 1984, l'a vu revenir au cinéma, pour des films toujours aussi exigeants, où il continue d'ausculter l'histoire des hommes, y mettant en avant, face à ce *Métier des armes* qui a engendré la guerre moderne, et le terrorisme, les valeurs de paix, à travers la grandeur d'humilité qui consiste à savoir rendre les armes, comme l'illustre, sur fond d'Orient et de pirates, l'étonnante fable d'*En chantant derrière les paravents*.

## LONGUE VIE À LA SIGNORA ! (1987)

### avec Simona Brandalise, Marco Esposito et Stefania Busarello

**La vie est un banquet.** Qui sont-ils, tous ces invités qui viennent, selon un cérémonial parfaitement agencé, prendre leur place autour de l'immense table dressée pour le banquet ? Et qui est-elle, cette vieille femme en noir, dont la voilette dissimule le curieux visage ridé de batracien et qui, sans dire un mot, de la place d'honneur qui lui est réservée, scrute les convives d'un face-à-main menaçant ? Qu'est-il donc, ce château transformé en hôtel de luxe, et quels secrets renferme-t-il dans la profondeur de ses caves ? Et que comprendre à cette cérémonie secrète, à ces rites, à ces pompes et à ces œuvres ?

Libenzio, lui, n'y comprend pas grand-chose. Élève d'une école hôtelière, il a été recruté pour servir tout ce beau monde, mais ce repas étrange ne ressemble à rien de ce qu'il connaît. De son regard étonné d'adolescent myope, il observe ces gens mystérieux, la hiérarchie qui semble les répartir autour de la table, les rapports de force, de crainte ou de soumission qui se tissent entre eux. Et il cherche à comprendre.

Le spectateur aussi. Car la grande force, l'idée lumineuse du film d'Ermanno Olmi est de ne rien révéler que ce qu'il nous montre par l'œil du jeune garçon qui découvre ce spectacle bizarre. Les gestes des convives, leurs confidences murmurées, leurs regards lourds de sens : tout est à interpréter. Par le jeune garçon, certes, qui fait là son apprentissage, sentant, à certains signes, des bouffées de son enfance remonter en lui et jetant un œil innocent sur ce monde adulte qui lui échappe encore. Mais aussi par le spectateur, confronté comme lui à cette métaphore énigmatique, où la longue table garnie est à l'image de la vie, où les convives forment comme un microcosme de la société, et où passent des éclairs d'amour, de haine, de jalousie, de mortification, de bonheur et de souffrance.

*Longue vie à la Signora !* est un film qui ne ressemble à aucun autre. Il est à la fois un repas de fêtes, grotesque et tragique ; un apologue pittoresque sur le banquet de la vie avec, en bout de table, un squelette vivant qui semble attendre chaque convive ; une variation originale sur le passage de l'adolescence à l'âge d'homme ; et même, en prime, un documentaire irréprochable sur l'art de la table. Et si l'on fait l'effort de goûter, quel régal !

## LE MÉTIER DES ARMES (2000)

### avec Hristo Jivkov et Sandra Ceccarelli

**La machine de guerre.** En 1526, Jean de Medicis, capitaine d'une armée pontificale, mène la guerre contre les troupes de Charles Quint qui déferlent sur l'Italie. En dépit de sa jeunesse, le combattant qu'il est jouit de l'estime de tous les guerriers valeureux pour sa dextérité et sa maîtrise dans le maniement des armes blanches. Rien ne semble devoir l'arrêter et lui-même, amoureux de la vie, des femmes et des plaisirs, ne songe guère à la mort. Pourtant, les choses changent, et l'apparition des armes à feu, qui va bouleverser l'art de la guerre et le métier des armes, va venir le frapper de plein fouet. Et de dos.

Fidèle à un cinéma de la rigueur, Ermanno Olmi, loin du grand spectacle et des gros effets, observe la guerre comme un élément révélateur des grandes forces sociales et des lames de fond de l'Histoire. La fresque qu'il compose, à la manière d'un somptueux peintre de combats – et certaines de ses images, sortant de la brume, révèlent soudain aux yeux du spectateur comme un tableau de maître, où les lances dressées, le lourd harnachement des chevaux et des hommes en armure semblent prolonger les batailles peintes par Uccello –, est en fait une analyse de tout un pan de l'Histoire et des grandes évolutions qui ont marqué la Renaissance. Le bruit et la fureur ne sont pas ceux ici des effets spéciaux et des cascades, mais ceux qui, comme dans *L'Arbre aux sabots*, disent, dans un film économe de mots inutiles et où l'on entend résonner le bruit sourd des armées en marche, l'histoire des hommes. Cette machine de guerre qui se met en place, dans l'anonymat sans gloire des armes nouvelles et de leur force de destruction, elle mène en fait à la guerre moderne. Et Olmi, en humaniste qu'il est, montre que le progrès de la science et de la technique ne garantit pas à l'homme un progrès moral équivalent.

## OMAROVA Guka (kazakhe, née en 1968)

**FILMOGRAPHIE :**
***Shizo (2004)***

D'abord actrice (elle tient à 14 ans le rôle principal dans un film de Sergueï Bodrov), Guka Omarova, fille de journalistes, abandonne la comédie et se lance dans des études de journalisme, qu'elle abandonne pour revenir vers le cinéma. Après avoir obtenu un diplôme de l'Académie des beaux-arts dans la section « Documentaire », elle commence par le court métrage et par l'écriture de scénario, puis part s'installer aux Pays-Bas, avant de co-écrire, avec Sergueï Bodrov qu'elle retrouve comme co-scénariste et comme producteur, son premier film, Elle vient le tourner au Kazakhstan, dans un pays peu accessible, peu équipé en infrastructures cinématographiques, peu ouvert aux femmes, et où l'indépendance acquise en 1991 se marque surtout par l'émigration massive, le bouleversement des structures ancestrales, les inégalités sociales et les trafics en tout genre.

### SHIZO (2004)
### avec Olzhas Nusupbaev, Eduard Tabyschev et Olga Landina

**Kazakh noir.** La première scène du film de Guka Omarova en trace métaphoriquement la ligne. Un adolescent, lancé par un adulte, s'essaie à piloter une moto ; d'abord malhabile, il trouve bientôt son équilibre et, sur fond de steppe qui s'étend à l'infini et de ciel au bleu métallique, le voilà qui prend sa route. C'est très exactement ce qui arrive au jeune héros du film, Shizo, ainsi surnommé parce que son attitude mutique est vaguement assimilée à un côté demeuré. Le garçon vit avec sa mère et l'ami de celle-ci. L'homme – c'est celui qui possède la moto – entraîne le jeune garçon dans ses propres activités : rabatteur pour un mafieux local, il recrute parmi les chômeurs des pauvres types qui, pour un salaire de misère, acceptent d'aller mordre la poussière dans des combats de boxe clandestins. Mais parfois, les matches se terminent mal, comme le jour où un type ainsi recruté se fait tabasser à mort. Au moment de mourir, celui-ci confie à Shizo l'argent qu'il a gagné en lui demandant d'aller le remettre à la femme avec qui il vit. La rencontre avec cette femme, et avec l'enfant triste et solitaire qu'elle élève, ouvre soudain les yeux de l'adolescent : son apprentissage de la vie commence, et son passage à l'âge adulte. Décidé à prendre la situation en main pour subvenir lui-même aux besoins des deux malheureux, il trouve les moyens, plutôt ingénieux, pour prendre les mafieux à leur propre jeu et pour leur soutirer l'argent dont il a besoin. Mais, naturellement, cela ne va pas sans réaction des intéressés, et l'éducation de Shizo passe forcément par la violence. Elle passe aussi par la tendresse, par les bras de la jeune femme qui l'initie à l'amour, par le sourire de l'enfant qui trouve en lui comme un grand frère sur qui se reposer.

Récit donc d'une éducation, le film de la cinéaste kazakhe est aussi, second volet de la métaphore, une vision figurée, à travers la situation du héros, du Kazakhstan lui-même, que l'indépendance vient, en 1991, de laisser dans le plus total des chaos et qui s'essaie tant bien que mal à trouver sa voie. Celle-ci ne va pas sans douleur : et le côté quasi documentaire avec lequel la réalisatrice montre la sauvagerie des combats clandestins, la cruauté des gros bras de la mafia, l'ivresse générale d'un peuple trouvant dans la vodka une échappatoire à ses misères, traduit, à l'image de ces faces tuméfiées, de ces bouches édentées, de ces gueules ravagées, l'état de délabrement social et moral d'un pays éclaté, en quête de lui-même. La finesse de touche qui préside à la façon dont est racontée l'histoire de Shizo, et la beauté de plans qui donnent aux paysages et à l'espace sans fin comme un décor fugitif de paradis perdu, font d'autant plus ressentir en contrepoint la violence sèche qui se dégage de la vision brute d'une réalité abîmée, chaotique, elle aussi tuméfiée. Même si, *in fine*, ayant assumé le chaos de son jeune âge et ayant payé sa dette, Schizo, devenu homme, trouve sa route : celle-là même qui laisse filtrer l'espoir d'un Kazakhstan enfin devenu adulte et trouvant lui aussi sa voie.

## OSHII Mamoru (japonais, né en 1951)

**PREMIER LONG MÉTRAGE :**
*Only you (1983)*
**FILMOGRAPHIE DEPUIS 1985 :**
*Lunettes rouges (1986)* • *Patlabor (1989)* • *The Watchdog of Hell (1991)* • *Talking Heads (1992)* • *Patlabor II (1993)* • *Ghost in the shell (1995)* • ***Avalon (2001)*** • *Patlabor III (2002)* • *Ghost in the shell 2 : Innocence (2004)*

Maître, parmi les plus grands, de l'animation japonaise, ayant commencé au sein de la compagnie Tatsunoko puis du studio Pierrot par plusieurs séries, Mamoru Oshii choisit en 1985 de quitter le carcan des studios pour devenir cinéaste indépendant et pour pouvoir développer sa conception d'une animation futuriste, sous-tendue par une réflexion philosophique. Il s'en donne d'abord les moyens en réalisant des films conçus uniquement pour la vente vidéo (Original Animation for Video – OAV), puis en concevant des films, tant d'animation que *live*, où il développe à la fois ses visées formelles et les sujets qui, entre mythologie, philosophie et spiritualité, lui tiennent à cœur. Ses dessins animés, et notamment *Ghost in the shell*, portent essentiellement sur les questionnements nés de l'ère informatique. Et sa réflexion sur le futur, et plus profondément sur la nature d'un monde virtuel trouve, dans les choix formels numérisés d'*Avalon*, décryptant la logique sociale des videogames, sa plus pénétrante illustration.

### AVALON (2001)
#### avec Malgorzata Foremniak, Wladyslaw Kowalski et Jerzy Gudejko

**Futur antérieur.** Le passé a-t-il un futur ? À moins, comme semble le montrer le film de Mamoru Oshii, que le futur ait un passé, et que ce soit là qu'il faille aller en chercher la trace. En tout cas, dans le monde de Ash, l'héroïne d'*Avalon*, le seul moyen d'échapper à la réalité présente et de se projeter dans l'avenir est de s'embarquer dans un jeu vidéo de guerre, où les images virtuelles prolongent le monde du réel. La jeune femme, stratège hors pair, fait partie de l'élite des joueurs et sa vie est tout entière partagée entre la plongée dans cet univers fictif, où elle fait preuve de ses qualités de guerrière, et le retour à son quotidien modeste, dans une chambre où la seule note de chaleur et presque d'humanité lui est apportée par un basset affectueux qui la lèche de toute sa langue quand elle rentre. Or ce virtuel dans lequel elle se projette, il a la même couleur – en noir et blanc sépia et granuleux – et la même tonalité monocorde et pesante qu'une réalité qui semble surgir du passé de l'Histoire. Ces tanks qui avancent dans des rues tristes, cette foule qui essaie de les ralentir, ce monde gris et oppressant, ils donnent l'impression de sortir tout droit d'une Europe de l'Est des années de fer et de plomb – Hongrie, Tchécoslovaquie, Pologne (où le film a d'ailleurs été tourné) : futur ou passé d'un univers sous le joug de la dictature ? Une esthétique de bunker et d'acier, proche de celle de Bilal, dessine ainsi un monde archaïque, où le réel et le virtuel se confondent. Et c'est toute l'atmosphère insolite et envoûtante d'un film qui brouille les points de repère entre réalité et apparence, que de rendre ainsi sensible l'oppression suprême, celle qui vient dicter sa loi à l'imaginaire lui-même. Car au cœur d'Avalon – c'est le nom du jeu de guerre – une zone centrale interdite renferme la clef du mystère. La joueuse peut-elle l'atteindre ? Et qu'y a-t-il au bout du voyage et au terme du jeu ? La surprise, colorée, débouche sur un présent en apparence plus rassurant, mais qui n'est sans doute qu'un leurre. Et la confusion reste entière, à l'image de ce basset bien réel soudain disparu et finalement retrouvé, mais qui n'est plus alors qu'une image. Semblable en cela à un film où toute réalité passe par des procédés virtuels et des trucages numérisés, et où ce que l'on croit voir n'est jamais finalement ce que l'on croit, ni même peut-être ce que l'on voit.

## OSHIMA Nagisa (japonais, né en 1932)

**Premier long métrage :**
*Une ville d'amour et d'espoir (1959)*
**Filmographie depuis 1985 :**
***Max mon amour (1986)*** • *Gohatto – Tabou (1999)*

« J'ai passé ma vie à briser les tabous. » Cette phrase, prononcée à l'occasion à la sortie de *Tabou*, en 1999, pourrait servir d'épigraphe à l'œuvre entière d'Oshima, polémiste, essayiste, critique, tout autant que cinéaste. Diplômé de droit, entré dès 1954 aux célèbres studios de la Shochiku, il commence par y être scénariste et assistant, avant de se voir confier sa première mise en scène. Et, d'emblée, il témoigne d'un esprit contestataire, remettant en cause les valeurs traditionnelles tant sur le plan social qu'esthétique, qui en fait aussitôt le porte-drapeau de la nouvelle vague japonaise : ses films exaltent le malaise et la révolte de la jeunesse, manifestent un goût prononcé pour la violence et pour le sexe, et adoptent une forme dont la nouveauté radicale fait penser à Godard. Créant ensuite sa propre société de production, Sozosha, il acquiert une audience internationale en 1975 avec le provocant *Empire des sens*, couvert d'éloges à Cannes, mais qui sort dans une version censurée au Japon. Le film lui ouvre une carrière largement internationale (*Furyo*, en 1983, puis *Max mon amour*, en 1986), que viennent perturber, alors qu'il continue à réaliser pour la télévision des films sur le Japon (*Kyoto, my mother's place*, 1991) et sur son cinéma (*Les Cent ans du cinéma japonais*, 1995), l'échec d'un projet hollywoodien, *Hollywood Zen*, et une attaque cérébrale en 1996. *Tabou*, produit par la Shochiku, marque en 1999 son retour au Japon, et à la réalisation.

### MAX MON AMOUR (1986)
**avec Charlotte Rampling et Anthony Higgins**

**L'empire des singes.** Surprenant, le film d'Oshima l'est finalement moins par son sujet (saugrenu, oh combien !) que par le ton qu'il adopte et le propos qu'il tient. On pourrait certes, à première vue, s'étonner de voir la très belle et distinguée jeune épouse d'un diplomate anglais se prendre de passion dévorante pour un primate velu, gros chimpanzé tout juste descendu de son arbre, et s'embarquer avec lui dans une liaison zoophilique qui sème le trouble et le scandale dans une vie jusque-là bourgeoisement réglée. Croustillant en diable… Pourtant, les amateurs de fantaisies sexuelles et de déviations câlines risquent d'en être pour leurs frais : le film d'Oshima est aussi chaste que possible, et il parvient même à donner un air de normalité à cette relation qu'on pourrait croire monstrueuse.
C'est que, plus qu'une variation sur l'empire des sens dans sa version simiesque, *Max mon amour* est une fable sur la tolérance, sur l'amour de l'autre accepté dans sa différence. Dans cette famille, où l'on communique déjà aussi facilement en français qu'en anglais (très occidentale, en somme), le mari et l'enfant, loin de rejeter cette passion coupable, en viennent à la partager et à établir eux aussi un lien profond avec cet étranger venu d'ailleurs en leur maison. Le singe sale étant ainsi lavé en famille, tous apprennent à vivre en commun le bonheur d'aimer.
Pour son premier film français, Oshima apporte à cet apologue un humour raffiné et une élégance formelle très haute couture à la japonaise. Il lui donne aussi une tendresse constante. Son singe descend de l'homme, à s'y tromper. Et ses évolutions pataudes et désopilantes se trouvent comme humanisées par la présence chaleureuse, rayonnante, toute de distinction et de douceur gaie de Charlotte Rampling. Jamais bête n'aurait pu rêver belle plus belle. Happy Max !

## OUEDRAOGO Idrissa (burkinabé, né en 1954)

**Filmographie :**
*Yam Daabo (Le Choix) (1986)* • *Yaaba (1989)* • ***Tilaï (1990)*** • *Karim et Sala (1991)* •
*Le Cri du cœur (1994)* • *Lumière et Compagnie (1995), co-réalisation* •
*Kini et Adams (1997)* • *11'09''01 (2002), co-réalisation* • *La Colère des dieux (2003)*

Dans un cinéma africain qui n'a jamais cessé d'accumuler les difficultés depuis les indépendances, rejetant sciemment les structures héritées de la colonisation mais ne les remplaçant par rien de solide et, du coup, rendant la production quasiment impossible, Idrissa Ouedraogo apparaît, avec son énergie vitale et cette force de conviction qui lui fait écarter les obstacles pour faire ce qu'il a envie de faire, comme un des très rares cinéastes africains à se donner les moyens de construire une œuvre et de l'inscrire dans la durée. Le fait qu'il soit burkinabé n'y est sans doute pas pour rien, son petit pays étant, avec le Cameroun, le seul à s'être doté d'une réglementation et d'un système de production, et à organiser, avec le Festival de Ouagadougou, une vitrine régulière du cinéma africain. Ayant pour sa part créé sa propre maison de production, tournant de façon régulière, il s'est imposé dès ses premiers films, et notamment avec *Yaaba* et *Tilaï*, présentés à Cannes et, pour le second, couronné du grand prix du jury. Dépassant le clivage, qui divise la production africaine, entre films contemporains et populaires, distribués dans leurs propres pays, et films-légendes intemporels, mieux distribués sur le marché international que sur le continent africain, il s'essaie à donner naissance à un cinéma africain diversifié, dépassant les clichés misérabilistes et ouvert à une réalité multiforme, où la tradition et la modernité composent un curieux dialogue.

### TILAÏ (1990)
**avec Rasmane Ouedraogo, Ina Cisse et Assane Ouedraogo**

**La loi de la tragédie.** Les tragédies ont ceci d'universel que le mécanisme qui les déclenche et qui les structure est toujours le même, depuis la nuit des temps : et le propre du film d'Idrissa Ouedraogo est que l'histoire qu'il raconte pourrait sortir de la Bible, ou des grandes tragédies antiques, ou même des drames de Shakespeare ou des tragédies de Corneille. La structure en est la même, si le décor en est différent. On est ici au nord du Burkina Faso, dans un désert sahélien qui en fait une des régions les plus arides et les plus pauvres d'Afrique. La terre y est craquelée de poussière et de sécheresse, imposant une vie rude et exigeante. Saga, un jeune villageois qui est parti pendant deux ans chercher fortune ailleurs, revient au village pour y épouser Nogma, la fiancée qui lui est promise. Mais la loi – Tilaï – qui régit la société traditionnelle à laquelle il appartient a permis que, durant son absence, son propre père prenne Nogma pour seconde épouse. Se dressant face à la loi, Saga et Nogma, qui s'aiment, bravent l'interdit et deviennent amants : pour le village, c'est un inceste, que seule la mort peut laver. Et c'est Kougri, le frère cadet de Saga, que le sort désigne pour exécuter la sentence. Celui-ci, qui aime son frère, le laisse vivre, à la condition qu'il ne revienne jamais. Saga part donc vivre au loin, dans un autre village, où Nogma le rejoint et où, bientôt, elle attend un enfant. Tout semble donc réglé : mais Saga apprend un jour que sa mère se meurt, et il décide de revenir chez lui : et rien, dès lors, ne va pouvoir enrayer la mécanique aveugle de la tragédie.
Car ce que *Tilaï* montre, loin de tout pathos mais en présentant au contraire avec un naturel total des personnages simples, aspirant à vivre simplement et qui, pour cela, de transgressions en arrangements, prennent quelques libertés avec les interdits et s'essaient à construire leur petit bonheur, c'est cet engrenage implacable qui, au nom de la loi, de l'honneur et de la vengeance, broie les êtres. La tradition, ici, dépasse les individus, et leur destin est écrit, quoi qu'ils fassent. Le tragique est d'autant plus fort qu'il s'écrit dans une terre désolée, à travers des personnages qui n'ont rien que leur bonne volonté et leur désir de vivre et d'aimer. Le décor, que le cinéaste filme en plans larges, figure cette force originelle et chaotique où est pris l'individu. Et les hommes et les femmes, filmés à la juste distance de plans rapprochés, ont beau faire : la loi, c'est la loi. Et elle est dure.

## OURY Gérard (français, né en 1919)

**PREMIER LONG MÉTRAGE :**
*La Main chaude (1959)*
**FILMOGRAPHIE DEPUIS 1985 :**
*Lévy et Goliath (1986)* • *Vanille-Fraise (1989)* • *La Soif de l'or (1993)* •
*Fantôme avec chauffeur (1995)* • ***Le Schpountz (1999)***

Acteur honorable, mais abonné aux seconds rôles, Gérard Oury, passé à la réalisation en 1959, n'a guère attendu pour trouver ce qui lui a assuré, depuis, une place toute particulière dans le cœur du public populaire : la comédie à grand spectacle, réunissant en priorité des couples d'acteurs aimés des spectateurs, Bourvil, de Funès, Belmondo, Montand, Pierre Richard, dans les années 1960-1970, puis Coluche, Arditi, Clavier, Noiret, Jugnot, dans les années 1980-1990. Avec, pour faire fonctionner le tout, un soin tout particulier apporté à la mécanique des gags et des situations, et des scénarios ficelés ingénieusement autour de grands événements d'histoire ou d'actualité, et n'hésitant pas même à revisiter Hugo en 1971, dans *La Folie des grandeurs*, ou, pour son dernier film, Pagnol, dans *Le Schpountz*. Mais, entre les deux, près de trente ans ont passé, et le mécanisme, visiblement, ne fonctionne plus si bien.

### LE SCHPOUNTZ (1999)
#### avec Smaïn, Sabine Azéma et Ticky Holgado

**Faute d'accent.** Soixante ans après, voilà donc *Le Schpountz*, version fin de siècle. Entreprise audacieuse que celle de faire descendre ce monument pagnolesque du piédestal où le patrimoine l'a désormais installé, et peut-être plus encore de la mémoire collective où Fernandel l'a solidement implanté, faisant à jamais résonner aux oreilles, avec ses mines et son accent inimitables, la maxime ultime du code pénal : « Tout condamné à mort aura la tête tranchée. » D'autant qu'il y a désormais quelque anachronisme, la peine de mort ayant été abolie, à reprendre ce futur d'injonction définitive. Mais enfin, on ne peut qu'admirer Gérard Oury, en glorieux vétéran qu'il est de la grande comédie populaire à succès, de vouloir permettre à la jeunesse de l'an 2000 d'aller visiter ses classiques. Ira-t-elle ? Et si elle y va, y trouvera-t-elle son compte ? C'est ici que les questions commencent à se poser.
Et d'abord, au vu de ce que l'on peut considérer comme la vraie/fausse bonne idée du film : le choix de Smaïn pour interpréter le gentil simplet, amoureux fou du cinéma, qui rêve d'un autre horizon, sur écran large plutôt que réduit aux boîtes à anchois de l'épicerie de son oncle, fussent-ils anchois des tropiques, comme c'est la spécialité de la maison ! Que Smaïn puisse se mouler dans des personnages différents de celui qu'il s'est forgé dans ses numéros de fantaisiste, *Les Fourberies de Scapin* revues et corrigées à la sauce hip-hop en avaient apporté la preuve. Mais là, le problème est plus délicat. Il tiendrait presque tout entier dans ce fameux accent marseillais que Fernandel prenait naturellement, accent évidemment nécessaire, car Pagnol sans l'accent, c'est comme Marseille sans la Canebière ! Smaïn s'y essaie donc, mais malgré ses efforts, force est de constater qu'il flotte, et que le film tout entier flotte avec lui. N'arrivant pas à prendre les inflexions de son personnage, il ne parvient à donner à celui-ci ni chair ni cohérence. Du coup, centré autour de lui, le scénario, qui reste fidèle à l'original tout en entreprenant de le mettre au goût du jour, se trouve réduit à un enchaînement de situations qui paraissent elles-mêmes sans vraie consistance.
Certes, on voit bien ce qui a pu attirer Gérard Oury dans cette histoire : moins la critique des milieux du cinéma, qui faisait le fond du film de Pagnol, que la réhabilitation de la dignité du comique que le cinéaste prend directement à son compte. Mais les tirades sur la question passent mal, même dites par une Sabine Azéma qui semble réciter sans vraiment y croire des morceaux choisis. Seul Ticky Holgado, en jouant son jeu sobrement et avec cœur, et sans prétendre faire oublier Charpin, montre dans le rôle de l'oncle affirmant à son neveu qu'il n'est pas bon à rien, mais mauvais à tout, ce qu'aurait pu être l'esprit d'une adaptation réussie : de la sincérité et de l'âme, plus qu'une recette dont on a le sentiment, Smaïn à l'appui, qu'elle relève plus du marketing que de l'amour du cinéma.

## OZ Frank (anglais, né en 1944)

**PREMIER LONG MÉTRAGE :**
*Dark Crystal (1982), co-réalisation*
**FILMOGRAPHIE DEPUIS 1985 :**
*La Petite boutique des horreurs (1986)* • *Le Plus escroc des deux (1988)* • *Quoi de neuf, Bob ? (1991)* • *Fais comme chez toi (1992)* • *L'Indien du placard (1995)* • ***In & out (1997)*** • ***Bowfinger, roi d'Hollywood (1999)*** • *The Score (2001)* • *Et l'homme créa la femme (2004)*

Anglais, et journaliste, Frank Oz rencontre à 17 ans Jim Henson, le père des Muppets, qu'il suit à New York, où il va travailler plusieurs années à ses côtés, jouant un rôle déterminant, à la télévision puis au cinéma, dans le succès des célèbres personnages. Tout à la fois scénariste, producteur et interprète, il tourne, lorsqu'il s'éloigne de l'univers des Muppets, plusieurs comédies à travers lesquelles il observe la société américaine et son cinéma, avec un humour très britannique, à la fois dans l'ironie de l'observation et la pointe de cruauté de la satire. Non sans contribuer à nourrir son imaginaire en interprétant, pour George Lucas, le désormais légendaire Yoda de *La Guerre des étoiles*.

## IN & OUT (1997)
### avec Kevin Kline, Joan Cusack, Tom Sellek et Matt Dillon

**L'être ou ne pas l'être.** En être ou pas. C'est le dilemme que doit bien se poser le malheureux Howard Brackett, qui voit son homosexualité supposée lui tomber carrément sur la tête au moment où il s'y attend le moins. Jusque-là, pourtant, il jouissait de la meilleure réputation dans la petite ville de son Indiana natal où, professeur de littérature au lycée, il passe pour un être cultivé, serviable, chaleureux, parfaitement fréquentable en un mot ; et le fait que, célibataire prolongé, il ne se décide pas à épouser la timide Emily avec qui il est fiancé depuis trois ans, et ce malgré les pressions insistantes de sa mère qui le pousse à prendre femme, n'apparaît que comme une sorte de paresse de vieux garçon qui hésite à sauter le pas nuptial. D'ailleurs, cédant enfin aux pressions générales, Howard se décide : il épousera Emily à la fin de la semaine. Et c'est là que, patatras, tout dégringole. Cette semaine-là, en effet, la remise des Oscars couronne à Hollywood un ancien élève d'Howard, le beau Cameron, qui s'est distingué en interprétant à l'écran le rôle d'un soldat gay. En venant chercher le trophée, Cameron remercie tous ceux à qui il en est redevable. Et il réserve un merci spécial à son ancien professeur, qui a été son premier inspirateur. Et il ajoute, pour quelques centaines de millions de spectateurs qui regardent en direct la cérémonie, parmi lesquels toute la population de Greenleaf, les élèves du collège, le père, la mère, le frère d'Howard, et Howard lui-même qui est devant son poste avec Emily : « Howard Brackett… qui est gay. »
À partir de ce postulat de base, qui transforme la vie tranquille du héros en enfer rosé, le film de Frank Oz suit un double chemin, qui en fait l'originalité. D'un côté, il s'attache à la réaction du personnage, confronté à une homosexualité sur laquelle lui-même se pose alors des questions qu'il ne s'est jamais posées. Cette façon qu'il a de remuer les hanches en dansant, cette élégance naturelle des gestes, cette horreur d'être mal attifé, ce penchant pour la bicyclette, et par-dessus tout ce goût immodéré qu'il a pour Barbra Streisand : ne s'agit-il pas là d'indices concordants et révélateurs ? Pour le savoir, Howard s'achète une cassette qui lui propose de tester sa masculinité, ce qui génère non seulement une scène pas piquée des gros bourdons mais qui constitue en fait la première clef d'un scénario dont le dessein est bel et bien de poser en termes d'un aujourd'hui, repeint aux couleurs pastel de la libération des mœurs, la vieille question shakespearienne et existentielle : l'être ou ne pas l'être ?
Si la réponse constitue, naturellement, le nœud du film, celui-ci, empruntant résolument les traces des fables sociales à la Capra, élargit son propos à l'ensemble de la communauté qui entoure le héros. Greenleaf, Indiana, c'est en effet comme un concentré d'Amérique profonde. La façon dont la nouvelle de l'homosexualité du professeur de littérature s'y répand et y fait des ravages met naturellement à mal le vieux fond puritain et coincé d'une société pas encore aussi libérée qu'on pourrait le croire. Que le film de Frank Oz milite ouvertement pour cette libération se traduit non seulement par l'ingéniosité d'un scénario qui ménage par exemple un finale inattendu et consensuel ; mais le coup d'œil gentiment satirique qu'il porte sur cette Amérique blanche et fière de l'être – on a beau chercher, il n'y a pas trace d'un Noir à Greenleaf – épingle aussi largement quelques-uns de ses maux quotidiens et intimes : la boulimie des jeunes filles obèses mal dans leur peau, le machisme à casquette des jeunes sportifs, la monomanie du mariage, la télémanie galopante, sans oublier la dévotion portée à un cinéma hollywoodien dont la scène de remise des Oscars constitue une parodie parfaitement délirante. C'est d'ailleurs lorsque le film largue ainsi les amarres qu'il est le plus percutant. Et la distribution des rôles – d'un Kevin Kline qui en fait juste des tonnes dans la légèreté ambiguë à une Joan Cusack engoncée dans ses rondeurs femelles comme une potiche – apporte la fantaisie nécessaire à une fable qui, malgré quelques baisses de rythme, a la vitalité contagieuse. Et la gayté itou.

## BOWFINGER, ROI D'HOLLYWOOD (1999)
### avec Steve Martin et Eddy Murphy

**Les cinglés de la bobine.** La façade, à elle seule, laisse songeur : le fronton porte fièrement l'inscription « Bowfinger International Pictures », mais en dessous les murs sont lézardés, et en fait de maison de production, on a affaire à un bureau décrépi, qui n'est autre que le modeste appartement où vit Bobby Bowfinger lui-même. C'est dire que celui-ci ne roule pas sur l'or. Criblé de dettes, il n'en continue pas moins à se nourrir d'illusions, persuadé qu'un jour enfin il pourra tourner le film dont il rêve et qui fera de lui un réalisateur à succès. Or, justement, un obscur comptable de ses amis lui apporte un scénario à base d'hommes-légumes et d'aliens pleuvant sur la terre dans des gouttes de pluie molle, qui lui apparaît aussitôt comme le script idéal. Réunissant vite sa petite équipe d'inconditionnels, il entreprend donc la production dudit film, pour lequel il décide même d'engager la superstar des films d'action, Kit Ramsey en personne. Lequel l'envoie promener sans ménagement. Qu'à cela ne tienne : puisque Kit ne veut pas tourner de lui-même, on tournera avec lui mais en se passant de sa permission, et même sans le prévenir. Ainsi commence le tournage le plus ahurissant qu'ait sans doute jamais connu l'histoire du cinéma.

Et ainsi commence la comédie de Frank Oz, écrite et interprétée par Steve Martin, qui montre là un beau talent d'observation et d'imitation. C'est que ce film improbable qu'entreprend de tourner Bowfinger, et qui va se faire dans des conditions hautement fantaisistes, il porte en lui toute l'autodérision dont Hollywood est capable. En réalisant sa série Z avec du matériel escamoté aux studios, des voitures empruntées à leurs propriétaires, de la pellicule achetée avec une carte de crédit dérobée, des immigrés clandestins comme équipe technique, la chienne de la maison comme préposée aux effets spéciaux, et un casting hétéroclite de théâtreuse sur le retour, de starlette ambitieuse et de jeune premier emprunté, le cinéaste parvient malgré tout à son but, dans une joyeuse parodie des mœurs et coutumes de La Mecque du cinéma. Et il n'est pas jusqu'à Eddy Murphy, dans son rôle de vedette black légèrement agitée du psychique et soumise à l'influence d'un gourou passablement escroc sur les bords, qui ne s'amuse à jouer en charge le star-system. Face au monde des majors compagnies et des blockbusters, le système D mis au point par Bowfinger et son équipe ferait plutôt penser à ces bricoleurs de films fauchés, dont Ed Wood reste l'exemple tutélaire, et dont les procédés sont un défi permanent au rationalisme et à l'organisation, mais qui sont animés d'un tel amour du cinéma qu'au bout du compte, ils prennent leurs illusions pour la réalité et en font un film. Celui de Frank Oz, produit par une grande compagnie – Universal – montre une sympathie évidente pour ces cinglés du cinéma, ce qui n'en rend que plus efficace sa réussite, tant il met tout son savoir-faire hollywoodien, son gros budget, ses grosses vedettes et ses solides qualités de réalisation, à paraître le film catastrophique et fauché qu'il n'est pas.

## OZON François (français, né en 1967)

**FILMOGRAPHIE :**
*Regarde la mer (1997)* • *Sitcom (1998)* • *Les Amants criminels (1998)* • *Gouttes d'eau sur pierres brûlantes (1999)* • *Sous le sable (2000)* • ***8 femmes (2002)*** • *Swimming pool (2003)* • ***5 x 2 (2004)*** • *Le Temps qui reste (2005)*

Dès ses courts métrages, et notamment le subtil et entêtant *Une robe rouge*, François Ozon s'est affirmé à la fois comme un cinéaste du corps et du cœur, excellant à fouiller les pulsions du désir comme les méandres du sentiment, et comme un styliste fasciné par la forme et attiré par la sophistication du maniérisme. Héritier de toute une tradition française de l'analyse, son cinéma est aussi traversé de références à une culture où l'on retrouve pêle-mêle Disney et Hitchcock, Fassbinder et Cukor, Douglas Sirk et Josef von Sternberg, les contes de fées et les chansons populaires, la haute couture et le prêt-à-porter. Typique d'un temps post-moderne, où l'art se fait dans la diversité, et où l'on passe comme naturellement du meurtre d'un adolescent par ses camarades de classe, dans *Les Amants criminels*, à la vie d'un couple homo, dans *Gouttes d'eau sur pierres brûlantes*, de la disparition d'un homme et des difficultés du deuil, dans *Sous le sable*, au huis clos ludique et cruel d'une énigme à la Agatha Christie, dans *8 femmes*, des troubles rapports entre deux femmes autour d'un homme, dans *Swimming pool*, à la dissolution d'un couple, dans *5 x 2*, chaque film répondant à une structure narrative, à un décor, à une tonalité, à un genre même, chaque fois différents. Le brillant est la marque la plus évidente de ce cinéma, mais aussi la présence obsédante du désir et du temps qui joue avec lui, ce temps toujours à l'œuvre dans les films eux-mêmes, comme l'indice d'une angoisse secrète qui, sous l'éclat diversifié de la forme, révèle un cinéma dont le fond n'est pas le moins riche ni le moins intéressant.

### 8 FEMMES (2002)
### avec Catherine Deneuve, Isabelle Huppert, Fanny Ardant, Emmanuelle Béart, Ludivine Sagnier, Danielle Darrieux, Virginie Ledoyen et Firmine Richard

**Féminin plurielles.** Ce pourrait être une partie de Cluedo, où l'on connaîtrait d'emblée le lieu du crime – la chambre du maître de maison – et l'arme – le couteau qui lui est planté dans le dos. Ce pourrait être un roman d'Agatha Christie, où les dix petits nègres seraient huit, réunis dans une maison coupée de l'extérieur, ce qui fait que l'assassin serait donc forcément parmi eux. Ce pourrait être un film de Cukor, *The Women* par exemple, où les personnages ainsi rassemblés ne seraient que des femmes. Car telle est bien la situation, qu'affiche clairement le titre – *8 femmes* –, et telle est bien aussi l'inspiration du film de François Ozon, qui regarde ostensiblement vers la comédie

d'intrigue sophistiquée à l'américaine, à la fois glamoureuse et ludique, en jetant d'innombrables clins d'œil à des films hollywoodiens mythiques, de *Laura* aux *Hommes préfèrent les blondes*, de *Gilda* à *La Comtesse aux pieds nus*, sans oublier les comédies musicales à la Vincente Minnelli ni les mélos flamboyants à la Douglas Sirk. Ce pourrait être ainsi un regard porté sur ce passé de cinéma et, plus largement, surtout un passé de spectacle, de danse, de musique, de théâtre, tant il est patent que tout – le décor, les costumes, les maquillages, les éclairages – se trouve choisi, travaillé, magnifié, diorisé, pour renvoyer à des années 1950 largement fantasmées, telles qu'elles pourraient figurer dans un imaginaire de rêve. Ce pourrait même être un film qui ne serait qu'un rêve, celui de réunir huit actrices, et parmi elles les plus grandes stars du cinéma français, et de leur faire jouer une histoire qui, tout en étant tirée d'une pièce policière de boulevard, serait en fait tout autre chose : une peinture au scalpel de la nature humaine, des secrets jalousement gardés et d'un éternel féminin qui, passé à la moulinette des individualités, serait moins singulier que pluriel, et où, en tout cas, d'une femme à l'autre, tout l'éventail des liens familiaux – épouse, mère, fille, sœur maîtresse –, tous les rapports sociaux et ethniques – patronne, servante, bourgeoise, putain, blanche, noire –, toutes les variations sentimentales – amour, haine, tendresse, jalousie –, toutes les relations amoureuses – conjugales, extra-conjugales, ancillaires, hétérosexuelles, homosexuelles, incestueuses même –, bref où tout se rencontrerait dans un éblouissant chassé-croisé narratif, dans un subtil jeu de dames offrant toutes les combinaisons possibles
Ce pourrait être tout cela. Et ce serait autre chose encore : un film de François Ozon, réussissant ce tour de force d'être à la fois une comédie légère comme du champagne et insidieuse comme du poison, d'aligner des dialogues irrésistibles de drôlerie et terribles de cruauté, de rendre hommage au théâtre tout en prenant toutes les distances du traitement ironique avec lui, et d'être un chef-d'œuvre d'artifice en révélant impitoyablement la vérité. Et se payant le luxe d'affubler Isabelle Huppert du chignon d'une vieille fille refoulée, de faire enfiler à Emmanuelle Béart les bottines fétichistes d'une femme de chambre bunuelienne, de précipiter Catherine Deneuve sous les lèvres de Fanny Ardant, et de mettre tout bonnement la grande Danielle Darrieux au placard, non sans lui avoir cassé une bouteille sur la tête. Bref, un monde fou, fou, fou, et à la fois manifestant toute la finesse de l'intelligence et toute la maîtrise du talent.

## 5 X 2 (2004)
### avec Valeria Bruni-Tedeschi et Stéphane Freiss

**1 + 1.** Ça commence par la fin. La fin d'un couple. Assis de chaque côté du bureau du juge, Marion et Gilles écoutent le magistrat lire d'une voix neutre les articles qui règlent leur divorce et qui mettent fin dans la froideur du style administratif à toute la somme de passions qu'a été leur vie à deux. Sans que pour autant puisse être effacé ce qui les a liés et qui les lie encore. Et lorsqu'ils se retrouvent, une fois la séparation prononcée, dans une chambre d'hôtel, c'est pour essayer de prolonger ce qui pourrait l'être, mais qui ne le sera pas, le désir violent, et violant, de Gilles forçant le corps de Marion, dans une scène dont la brutalité dit avec une nudité quasi insoutenable la déchirure désormais irrémédiable. Quand la porte se referme donc sur Marion constatant simplement que c'est fini et laissant Gilles seul avec ses regrets, on se dit que le film de François Ozon s'engage sur la voie bien balisée de ces chroniques sentimentales dont le cinéma français, en héritier du roman d'analyse, s'est fait une spécialité. Pourtant, à la chanson italienne qui vient clore ce premier épisode, et qui apporte comme une note populaire et joliment mélo de roman-photo, on sent que tout, ici, va être une nouvelle fois dans le récit et dans la forme.
Et le second épisode, tout en expliquant l'arithmétique quelque peu mystérieuse du titre, vient confirmer une originalité décidément talentueuse. Car l'idée narrative, qu'il n'a certes pas inventée mais qu'il utilise avec une virtuosité qui lui est propre, montre suffisamment que chez Ozon, tout est d'abord dans la manière. L'histoire de cette désunion, il la raconte en effet en remontant en arrière, à travers cinq épisodes marquants et révélateurs qui en tracent l'itinéraire à rebours : le divorce ; une soirée en compagnie du frère de Gilles et de son jeune ami gay ; la naissance de l'enfant ; le mariage ; la rencontre. Dévidée ainsi de la fin jusqu'au début, avec, entre chaque épisode, des romances italiennes qui chantent le bonheur et le malheur d'aimer, la vie du couple apparaît dans ses profondeurs, mettant en avant tout ce qui explique progressivement la mésentente puis la séparation ; mais, en même temps, ce récit à l'envers donne l'impression, ou l'illusion, que l'on passe de la désunion finale à l'union première, et que le couple divorcé se reforme. Et, à cet égard, la dernière image, logiquement puisque le film commence par la fin, finit par le début, dans un long plan romantique qui est porteur de toute la puissance de l'amour – ce qui curieusement clôt le film sur une sorte de note optimiste – et pourtant, aussi, de toute cette mécanique de la mésentente qui commence inéluctablement à se mettre en route.
Et cette narration est d'autant plus troublante qu'elle permet comme a posteriori de fouiller les zones d'ombre qui, en profondeur, expliquent ce qui fait que cet homme et cette femme, attirés irrésistiblement l'un par l'autre, sont

aussi irrésistiblement poussés à s'éloigner et à se séparer. L'ambiguïté du désir, chez Gilles, dont la présence de son frère gay mais aussi d'autres éléments récurrents semblent suggérer qu'il n'est pas exempt d'une part d'homosexualité, répond à la force d'un désir non toujours contenté chez Marion. Car tout passe, d'abord, par là, et Ozon n'est si fin cinéaste du cœur que parce qu'il est d'abord cinéaste du sexe. Et en choisissant ses deux interprètes – Valeria Bruni-Tedeschi, dont le corps charpenté est d'une féminité qu'on n'avait jamais vue jusqu'ici, répondant à la séduction masculine de Stéphane Freiss, dont le physique laisse voir en regard un côté plutôt frêle –, comme en tournant dans l'ordre chronologique inversé, avec une séparation de plusieurs mois, les séquences de la séparation puis celles de la jeunesse, François Ozon donne à son histoire d'amour et de désamour une subtilité de touche qui traduit le regard non moins subtil d'un metteur en scène accompli.

## OZPETEK Ferzan (italo-turc, né en Turquie en 1959)

**FILMOGRAPHIE :**
***Hammam (1997)*** • *Le Dernier harem (1999)* • *Tableau de famille (2001)* • *La Fenêtre d'en face (2003)* • *Cuore sacro (2005)*

Né à Istanbul, Ferzan Ozpetek s'installe en Italie à 19 ans pour y étudier l'histoire du cinéma. Au sortir de l'Accademia Navona et de l'Accademia d'Arte drammatica de Rome, il devient l'assistant de nombreux réalisateurs, travaillant notamment avec Massimo Troisi, Maurizio Ponzi, Lamberto Bava, Ricky Tognazzi, Sergio Citti, Francesco Nutti et Marco Risi. Lorsqu'il passe à son tour derrière la caméra, c'est d'emblée pour revenir à ses origines turques : *Hammam*, c'est en quelque sorte le retour fantasmé à sa terre et à sa culture natales, alors que *Le Dernier harem*, qui raconte l'histoire d'amour entre une concubine du sultan et un eunuque dans le dernier harem de l'Empire ottoman, traduit les interrogations qui sont les siennes sur les raisons qui lui ont fait quitter la Turquie. *Tableau de famille*, qui relate comment une veuve découvre que son mari avait un amant, est son premier film vraiment italien : concentré sur le quartier d'Ostiense où lui-même vit, il marque son intégration à un pays dont il observe la vie chaleureuse et animée et dont il partage désormais la culture.

### HAMMAM (1997)
### avec Alessandro Gassman, Francesca d'Aloja et Carlo Cecchi

**L'autre vie.** Madame est morte. Tandis que défile le générique, une femme prépare un petit déjeuner puis, prenant son plateau, monte lentement un vieil escalier branlant et tourne à l'angle d'un couloir. On n'en voit pas plus. Mais aux cris qu'elle pousse soudain, on en déduit que la mort est là et qu'un drame est arrivé. La femme ouvre la fenêtre, interpelle les voisines, lesquelles répercutent de fenêtre en fenêtre la triste nouvelle. Mais toutes parlent une langue étrangère, le turc en l'occurrence, et l'absence volontaire de sous-titres empêche de comprendre exactement ce qui se passe. Procédé ingénieux : la barrière de la langue joue ainsi d'emblée comme la mise à distance d'une réalité autre, dans laquelle le personnage, comme le spectateur, devra progressivement entrer. Second signe révélateur : ce personnage, Francesco, on ne le découvre d'abord qu'indirectement. On entre chez lui par le décor de sa vie : un appartement luxueux au cœur de Rome ; une servante philippine ; et sa femme, architecte comme lui, et prise comme lui dans le tourbillon d'une vie affairée. Lorsque, enfin, Francesco paraît, il est ainsi déjà comme identifié par un certain mode de vie, tandis qu'en contrepoint, par plans rapides et successifs, on suit le cheminement d'une lettre qui vient de Turquie et qui lui apprend que Madame est morte : Madame, une tante dont il ignorait tout et qui fait de lui son héritier. Francesco parvient à libérer deux ou trois journées dans son emploi du temps surchargé pour se rendre à Istanbul, bien décidé à en finir au plus vite avec cet héritage. Tout le propos, subtilement captivant, du film de Ferzan Ozpetek est de montrer pourquoi il n'en reviendra pas. Ce qui revient à dire pourquoi, abandonnant sa vie d'homme d'affaires à l'occidentale, il va choisir une autre vie à l'orientale, rythmant différemment le compte des heures, mettant en avant d'autres valeurs, donnant à l'existence un autre sens.
En fait, ce que Francesco va découvrir, c'est d'abord son propre corps. C'est par les sens que le personnage s'ouvre à cette approche nouvelle des choses et du monde : saveurs épicées, couleurs vives des murs marqués par le temps, bruits sonores des ruelles, fraîcheur de la pluie sur la peau moite, beauté alanguie des corps. D'autant que, autre élément symbolique, la maison qu'il hérite est un vieux hammam, qui attend dans la pénombre qu'il lui redonne vie.

Et c'est pour ce hammam qu'il va remettre en état que Francesco s'installe dans la famille qui l'a accueilli ; c'est aussi pour la chaude promiscuité des corps masculins, dont il découvre abruptement l'attrait et qui lui révèle une sexualité qu'il n'imaginait pas. Mais c'est aussi pour cette correspondance retrouvée au fond d'un tiroir et qui lui fait comprendre pourquoi sa tante est venue s'installer là, qui elle était et pourquoi elle a trouvé ici un sens à sa vie. Bien des années plus tard, il va donc accomplir le même voyage.
Le scénario du film de Ferzan Ozpetek, turc lui-même et installé à Rome, est ainsi non seulement l'histoire d'une immersion progressive dans un pays et une culture dont il offre une approche quasi charnelle, mais aussi l'itinéraire d'un homme et même, à mesure que le film avance, d'un couple. Car Marta, la femme de Francesco, arrive à son tour à Istanbul. Et l'homme qu'elle retrouve n'est plus l'époux qu'elle a laissé quelques semaines auparavant. Elle-même n'est pas indifférente à ce qu'elle trouve, dont elle veut d'abord refuser la présence obsédante, mais que finalement elle vivra à son tour comme sa propre libération. Ce n'est pas le moindre attrait de ce récit entêtant que de mêler ainsi les fils de destins multiples. Ce n'est pas non plus la moindre originalité d'un film qui, de façon savamment nonchalante, impose le rythme et les images d'une Turquie venue du fond des temps et elle-même en train de disparaître devant la civilisation du béton et du téléphone portable. Et face à laquelle il y a une saveur de nourriture terrestre à retrouver, comme un rêve de liberté à vivre.

R Q P

## **PAKULA Alan J.** (américain, 1928-1998)

**Premier long métrage :**
*Pookie (1969)*
**Filmographie à partir de 1985 :**
*Dream Lover (1985) • Les Enfants de l'impasse (1987) • See You in the Morning (1989) • Présumé innocent (1990) • Jeux d'adultes (1992) • L'Affaire Pélican (1993)* • ***Ennemis rapprochés (1997)***

Pas vraiment un maître, un petit-maître plutôt, mais efficace et connaissant son art sur le bout de la caméra. Avec, au départ, des ambitions manifestes : des études supérieures à Yale, des mises en scène de théâtre, un apprentissage hollywoodien chez MGM puis au département des dessins animés de la Warner, une activité de production à travers une société fondée en compagnie de Robert Mulligan, dont il produit les films entre 1957 et 1969, le passage enfin à la réalisation en 1969, avec *Pookie*. Et, tout de suite, après un détour réussi par le film noir (*Klute*), deux grands films politiques, l'un sur l'assassinat de Kennedy (*The Parallax View*), l'autre sur le Watergate (*Les Hommes du Président*), qui lui valent la réputation de cinéaste engagé. Mais l'échec de son incursion dans le western, avec *Le Souffle de la tempête*, semble réduire ses ambitions : les films qui suivent servent surtout à mettre en valeur ses interprètes féminines dans de grandes machines typiquement hollywoodiennes, Jane Fonda dans *Une femme d'affaires*, Meryl Streep dans *Le Choix de Sophie*. Son savoir-faire en fait alors le réalisateur idéal pour de grands films d'action et de suspense, formatés pour les stars des studios californiens : ses dernières réalisations en font foi, témoignage d'un talent qui se manifeste plus désormais par ses qualités techniques que par l'expression d'un univers personnel.

### ENNEMIS RAPPROCHÉS (1997)
#### avec Harrison Ford et Brad Pitt

***Stars war.*** L'Irlande, la mer, les falaises, le ciel lourd sur la lande, la petite maison de pierre avec la fumée qui sort de la cheminée. Et le père, pêcheur, qui rentre d'une journée en mer avec son fiston Frankie, sept/huit ans, un petit homme fier, qui regarde son géniteur comme un dieu. C'est la paix du foyer, la mère qui sert le repas, le père qui remercie Dieu d'un bénédicité, et Frankie qui le dévore des yeux. Et soudain la porte qui s'ouvre, un homme encagoulé qui surgit, qui braque son arme sur le père, qui l'abat froidement : le bruit sec des balles, le sang qui gicle, les cris affolés de la mère et les yeux horrifiés de Frankie qui voit son père tomber, et son monde basculer. C'est la guerre, la terrible guerre d'Irlande, et c'est le début du film d'Alan J. Pakula, une ouverture en forme de tragédie, ou plutôt de crépitement d'armes. Du cinéma coup de poing, coup de feu, coup de massue, une mise en condition immédiate, et une belle idée de scénario. Car ce crime, on sait bien qu'il devra être vengé, et comme le sang appelle le sang, il ne reste donc plus qu'à attendre la suite, qui sera forcément en forme de règlement de comptes.
On n'aura d'ailleurs pas longtemps à attendre. À peine expédié le générique, on se retrouve vingt ans plus tard, en 1992, dans une rue de Belfast. Tout semble calme : des mères attendent leurs enfants à la porte de l'école, des gamins jouent, des passants passent. Mais à quelques signes – une voiture qui attend, des hommes qui font le guet, la musique qui se fait lourde – on sent qu'une menace plane. Et le jeune homme barbu que l'on retrouve, planqué dans une maison délabrée, donnant des ordres secs, on le reconnaît vite : c'est Frankie. Il est devenu ce qu'il ne pouvait pas ne pas devenir : un membre de l'armée secrète, un de ces activistes que la police et l'armée sont en train de traquer dans une souricière qui va, bien vite, transformer la petite rue de Belfast en véritable champ de bataille, tandis que Frankie, une fois encore, échappe à ses poursuivants.
Jusque-là, on est en pleine guerre civile, dans l'horreur au quotidien d'un pays ravagé par ses luttes intestines. Mais le terrain étant politiquement glissant, Alan Pakula et ses scénaristes ont l'astuce très hollywoodienne de vite le déplacer. À partir de cette double ouverture irlandaise, la scène se transporte en effet à New York où Frankie débarque sous une fausse identité, envoyé par les siens pour acheter de nouvelles armes. Des sympathisants de la cause lui trouvent un hébergement qui lui servira de couverture : chez un flic. Et c'est ainsi que Brad Pitt, *alias* Frankie – star montante et belle gueule à la James Dean –, rencontre – star confirmée et belle gueule déjà burinée par l'âge – Harrison Ford, *alias* Tom O'Meara, sergent de police intègre, blanchi sous le harnais, brave type qui incarne à lui tout seul les vertus d'une Amérique morale, juste et bienveillante. Avec ça, père de famille comblé – jolie femme, trois filles, petite maison très *home sweet home* : en fait, tout ce que Frankie a perdu le jour où son

père a été exécuté. Et tout ce qu'il va retrouver en gagnant la confiance de Tom, image même du père qu'il a perdu et qu'il cherche depuis, dans cette guerre où il mêle ses exigences de justice pour son pays à son obscur désir de vengeance personnelle.
La situation ainsi posée, le film peut dérouler sa mécanique implacable. D'un côté Frankie menant ses tractations avec de sombres trafiquants d'armes ; de l'autre Tom menant ses habituelles activités de policier new-yorkais et tentant de faire régner l'ordre sans violence. Jusqu'au jour où, forcément, cette violence entre dans sa propre maison, sous forme de types encagoulés qui viennent directement menacer la paix familiale. Et Tom alors se rend compte que tout cela vient de Frankie, de celui-là même qu'il considérait comme son fils. Le problème politique de l'Irlande est bien loin alors. Comme il est loin du spectateur américain moyen, sans doute peu enclin à se passionner pour une cause dont il ignore tout, mais au contraire tout prêt à voir en découdre le chevronné Harrison Ford et le beau Brad Pitt. Il y a donc comme un parfum de western dans l'air, transposé dans le monde violent d'aujourd'hui, et dans la lumière grise d'un New York lyriquement filmé avec d'amples mouvements de caméra. Le film se donne alors pour ce qu'il est : un film d'action, parfaitement ficelé et mené par un cinéaste dont le savoir-faire est le talent majeur et dont l'efficacité est sans défaut. Nul besoin au fond de réfléchir : reste simplement à se laisser porter par le rythme, les décors, la musique, les sinuosités du scénario, et le beau défi qui consiste à faire que, en ce combat apparemment douteux, ni Harrison Ford ni Brad Pitt ne sorte véritablement vaincu par l'autre. La fin du film est, sur ce point, éclairante. Pour Frankie, elle est irlandaise. On peut penser qu'il se trompe : elle est hollywoodienne.

## PANG Oxide et Danny (thaïlandais, nés en 1965)

**FILMOGRAPHIE :**
*Who's running (1997, Oxide Pang seul)* • *Bangkok dangerous (1999)* • *One take only (2000, Oxide Pang seul)* • ***The Eye (2002)*** • *The Tesseract (2003, Oxide Pang seul)* • *The Eye 2 : Infinity (2004)* • *Ab-normal beauty (2004, Oxide Pang seul)* • *Jian Gui 10 (2005)*

Nés à Hong-Kong, les jumeaux Oxide et Danny Pang y commencent tous deux leur carrière : Oxide, le premier, est engagé comme coloriste chez Centro Digital Pictures et devient un des meilleurs étalonneurs couleur du cinéma asiatique, ce qui l'amène à poursuivre sa carrière de coloriste à Bangkok, dans la première société de postproduction de la ville. C'est là qu'il réalise ses premiers films publicitaires, puis en 1997, un premier long métrage expérimental, *Who's running*, qui le fait aussitôt remarquer de la critique. Parallèlement, son frère Danny, qui s'est lui spécialisé dans le montage, devient un des meilleurs monteurs de Hong-Kong, avant de rejoindre son jumeau en 1999 en Thaïlande et d'y réaliser avec lui *Bangkok dangerous*, puis *The Eye*, où, reprenant les grands thèmes du cinéma d'horreur asiatique, en particulier les fantômes, les deux frères développent un cinéma de genre renouvelé, qui par l'écho qu'il éveille non seulement en Asie mais en Occident, contribue largement à l'essor de la cinématographie thaïlandaise dont ils apparaissent, dans le cinéma de genre, comme les chefs de file.

### THE EYE (2002)
### avec Lee Sin-Jie et Lawrence Chow

**Visions troubles.** N'aurait-il pas mieux valu rester aveugle ? C'est ce que ne peut manquer de se dire Mann lorsque, grâce à une greffe de cornée révolutionnaire, elle retrouve l'usage de ses yeux, qu'elle avait perdu depuis l'âge de deux ans. Car, outre les difficultés qu'il lui faut surmonter pour faire l'apprentissage d'une réalité dont elle découvre les formes visibles, la jeune femme se rend vite compte qu'elle a récolté, en même temps que les yeux qu'on lui a greffés, les visions qui allaient avec. Visions est bien, d'ailleurs, le terme qui convient, car non seulement sa vue, du fait de son opération, se trouve physiquement brouillée, et la jeune femme n'a au début qu'une perception floue du monde qui l'entoure. Mais ce flou se révèle aussi comme étant celui de visions fugitives, d'ombres fantomatiques, d'apparitions qui semblent bien appartenir à un autre monde qu'au monde sensible.
Et c'est précisément dans ce glissement du trouble visuel au trouble fantastique que les frères Pang, jouant de toutes les ressources d'un savoir-faire qui, avec des moyens minimums, parvient à obtenir des effets maximums, tissent leur troublant cauchemar optique. L'originalité de leur entreprise réside moins dans le sujet que dans la façon qu'ils ont

de le traiter. Plongeant leur héroïne, et avec elle le spectateur, dans le décor froid et minimaliste d'une chambre d'hôpital, ils instillent dès la mise en place de l'histoire un rythme lent et oppressant, qui n'offre rien à quoi se raccrocher, si ce n'est précisément la réalité que découvre, en ouvrant les yeux, la jeune femme transplantée. Et cette réalité étant difficilement perceptible, le spectateur, plongé dans une profondeur de champ trouble, comme si le point n'arrivait pas à se faire, devient l'œil même par lequel le malaise visuel s'installe.
À partir de là, s'appuyant sur les croyances orientales à la réincarnation et à l'errance des morts cherchant douloureusement la paix de l'âme pour pouvoir goûter au repos éternel, les deux frères, originaires de Hong-Kong (où ils situent l'action) et travaillant en Thaïlande (où ils embarquent leur personnage à la recherche du donneur qui lui a donné ses yeux), font glisser insensiblement le récit de la vision fantomatique à la voyance prémonitoire. Mais là encore, sur une thématique convenue, ils font preuve d'un vrai talent personnel, sensible dans deux séquences hallucinantes et hallucinées : l'une en noir et blanc, qui fait remonter du tréfonds de la mémoire visuelle les images d'une vie disparue ; l'autre, qui sert de point d'orgue spectaculaire au récit, déclenchant une énorme catastrophe annoncée, avec le poids inexorable d'un destin que rien ne peut arrêter. On voudrait presque alors fermer les yeux pour ne pas voir. Et pourtant, dans la logique implacable d'une vision, non dénuée de voyeurisme, procurant au spectateur le frisson qu'il est venu chercher, les frères Pang montrent tout, comme si la réalité, décidément, était terrible à voir. Et le dénouement, qui apporte à l'héroïne le bonheur rose du cœur, apporte aussi, de façon plus noire et cruelle, une réponse à la question posée : ne vaudrait-il pas mieux être aveugle ? Ce qui, pour un septième art où, de l'œil de l'objectif à celui du spectateur, le rapport visuel est fondamental, constitue un ultime clin d'œil pour le moins troublant.

## PANH Rithy (cambodgien, né en 1964)

**Filmographie :**
*Site II (1989) • Cambodge, entre guerre et paix (1992) • Les Gens de la rizière (1994) • The Tan's family (1995) • Bophana, une tragédie cambodgienne (1996) • Un soir après la guerre (1997) • Van Chan, une danseuse cambodgienne (1998) • La Terre des âmes errantes (1999)* ***• S 21, la machine de mort khmère rouge (2002)*** *• Les Artistes du théâtre brûlé (2005)*

Cambodgien, Rithy Panh a 21 ans lorsque les Khmers rouges prennent le pouvoir à Phnom Penh. Comme tous ses compatriotes, il se retrouve dans un camp de travail, tandis que la machine génocidaire se met à fonctionner à plein régime, faisant plus de deux millions de morts. En 1979, il parvient à s'échapper et, *via* un camp de réfugiés en Thaïlande, gagne la France. Et c'est en réalisant un film sur sa classe dans le lycée grenoblois où il passe le bac que sa carrière de cinéaste se dessine. Il entre à l'Idhec en 1985 et, dès sa sortie de l'école, lie sa pratique du cinéma à tout un travail de retour sur le Cambodge, auquel il entend restituer la mémoire du génocide. Son premier film, *Site II*, évoque la vie d'une femme dans un camp de réfugiés, avant que *Les Gens de la rizière*, où il raconte la vie d'un paysan et de sa famille, rythmée par la culture du riz, ne soit présenté à Cannes et ne donne à son travail une résonance internationale. Depuis, préférant le documentaire à la fiction, il construit patiemment, autour de la tragédie qui l'a frappé, la mémoire historique de son pays.

### S 21, LA MACHINE DE MORT KHMÈRE ROUGE (2002)

**Le lieu du crime.** Comment filmer l'infilmable ? La question, qui est au cœur de la démarche de Claude Lanzmann dans *Shoah*, et qui, concluant à l'idée qu'aucune image, à plus forte raison de fiction reconstituée, ne saurait être montrée de ce qui attente à la nature humaine sans être elle-même proprement inhumaine, apparaît, pour tout cinéaste, comme un préalable moral et déontologique à toute volonté d'évoquer l'holocauste. Rithy Panh, avec une rigueur absolue, a fait de cette question l'enjeu premier de son travail de cinéaste. Et la réponse qu'il lui apporte dans *S 21* témoigne de la pertinence à la fois cinématographique et morale de son choix.
Du génocide perpétré par les Khmers rouges entre 1975 et 1979, on ne verra donc aucune image : à la fois parce que les voir ferait de celui qui les regarde un voyeur, et aussi parce que, comme tous les bourreaux attentifs à ne pas laisser de traces de leurs crimes, les assassins n'ont pas laissé d'images. C'est tout juste si, pour mettre en place le dispositif mémoriel élaboré par le réalisateur, quelques rapides documents filmés sont présentés en ouverture du

film pour remettre en situation l'époque, la guerre contre le Vietnam, l'arrivée des Khmers rouges, et le grand silence de mort qui s'abat alors sur un pays qui se referme sur lui-même et sur une entreprise d'anéantissement massif au sens propre inimaginable.
Comment comprendre, comment expliquer, comment dire surtout? C'est là que Rithy Panh montre toute la force du cinéma. Car il choisit de faire de la caméra l'instrument même de la reconstitution mémorielle. Il amène celle-ci dans ce qui fut, au moment du génocide, le principal bureau de la Sécurité : S 21, un centre de détention au cœur de Phnom Penh, où près de 20 000 personnes ont été enfermées, interrogées, torturées, puis systématiquement éliminées. Ne reste donc que les lieux, vides, anonymes, muets a priori. Sauf si la caméra leur donne la parole. Et c'est ce que fait le cinéaste qui réussit ce tour de force de ramener sur les lieux de la barbarie à la fois les victimes et les bourreaux. D'un côté, il y a donc Nath et Chum Mey, les deux derniers des sept survivants qui en ont miraculeusement réchappé ; et, en face d'eux, il y a Houy, qui fut chef adjoint du centre, et une dizaine de ceux qui, membres du groupe interrogatoire, préposés aux registres ou simples geôliers, furent les rouages de la machine. Et de cette confrontation, qui ne cherche ni à juger ni à condamner, mais à mettre les uns et les autres, vingt-cinq après, face à face dans une confrontation où, des deux côtés, chacun, en disant ce qui fut, à la fois s'en libère pour lui-même et en démonte pour le spectateur le fonctionnement, qui permet de comprendre, autant que faire ce peu, à la fois le mécanisme et, plus subtilement, sa force brut d'entraînement : une machine de mort. Et, sur ce plan, l'importance prise par le moindre objet, le moindre détail, le moindre geste, fait soudain surgir la vérité insoutenable de ce qui fut – et la séquence où un gardien répète les gestes et les mots fait soudain resurgir la violence machinale, mécanique, inhumaine du processus d'avilissement et de destruction. Le tout étant consigné administrativement dans des cahiers, bien écrits, bien tenus, avec pour chaque supplicié la photo d'identification épinglée sur sa fiche. Et le seul fait d'ouvrir enfin et de feuilleter ce martyrologe, dans un film qui en respecte tout le poids de souffrance et d'absurdité barbare, suffit à dire et la nécessité et la réussite du film de Rithy Panh.

## **PARK Chan-wook** (sud-coréen, né en 1963)

**Filmographie**

*The moon is... The sun's dream (1992)* • *Trio (1997)* • *JSA : Joint Security Area (2000)* • *Sympathy fot Mr. Vengeance (2002)* • *If you were me (segment N.E.P.A.L.) (2003), co-réalisation* • ***Old Boy (2004)*** • *Lady Vengeance (2005)*

Passionné de cinéma depuis son plus jeune âge, travaillant très vite dans les studios, où il effectue les tâches les plus diverses sur les tournages avant de devenir assistant puis de tourner son premier film, lequel se solde par un échec public cinglant, Park Chan-wook doit attendre cinq ans (pendant lesquels il se lance dans la critique cinématographique) avant de pouvoir tourner à nouveau. Mais son deuxième long métrage n'est pas davantage un succès et entraîne deux nouvelles années d'inactivité. Il en profite pour tourner un court métrage, *Judgement*, inspiré de l'effondrement d'un grand magasin de Séoul, qui attire à nouveau l'attention des producteurs sur lui. À partir de là, sa carrière est lancée, dans un cinéma coréen alors en pleine explosion. En 1999, vingt-deux premiers films sont produits, et la Corée devient le leader asiatique du cinéma de genres, qui était jusque-là l'apanage de Hong-Kong. Park Chan-wook représente parfaitement cette nouvelle génération : tout en se moulant efficacement dans les lois du genre, et notamment du thriller, qu'il pratique sans craindre la surenchère de la violence, il lui apporte, à travers une grande virtuosité formelle et une vision sombre de la nature humaine, une touche très personnelle.

### OLD BOY (2004)

#### avec Choi Min-sik, Yoo Ti-jae et Gang Hye-jung

**Vengeance refroidie.** La vengeance, on le sait, est un plat qui se mange froid. Et on peut le regretter pour le film de Park Chan-wook. Car tout commence de façon impressionnante, avec la disparition du dénommé Oh Dae-soo qui, un soir de bringue, alors qu'il a beaucoup bu et qu'il revient chez lui avec des ailes d'ange qu'il a achetées comme cadeau pour sa fillette, se volatilise purement et simplement devant une cabine téléphonique, pour se retrouver, victime d'un enlèvement, dans une cellule déguisée en studio, où il va devoir vivre enfermé pour un motif qu'il ignore et pour une durée indéterminée.

La maîtrise visuelle, la rapidité elliptique des plans, la violence de la situation, l'absence sèche de toute explication, et le jeu quasi hébété de Choi Min-sik, dans le rôle de cet homme pris dans un cauchemar kafkaïen et soumis à la pire des tortures mentales, lancent le film sur la voie d'un mauvais rêve, aussi éprouvant pour le spectateur que pour le personnage. D'autant que le cauchemar dure et que les années défilent, comptées par le prisonnier qui trace pour chacune une barre en se scarifiant la peau. Puis vient le jour où, alors que la quinzième barre est tracée, il est relâché sans plus d'explication.
Là commence la seconde partie du film, qui va progressivement révéler les raisons de l'enlèvement et de la séquestration. Le nœud central en est la vengeance, comme c'était déjà le cas avec l'enlèvement qui lançait le précédent film de Park Chan-wook, *Sympathy for Mr. Vengeance*. Thème parfaitement accordé au genre du thriller, et dont les ressources scénaristiques sont ici parfaitement exploitées, les replis de l'intrigue étant nombreux et la solution du mystère, terrible en effet, savamment distillée à mesure que le film avance.
L'ennui est que le film dure et que, pour le remplir, le cinéaste se lance dans des effets de plus en plus extrêmes : confondant violence et précipitation, virtuosité et paroxysme, il passe allègrement du sanglant au sanguinolent, tranche par ci, coupe par là, jusqu'à un finale qui n'en finit pas et où le trash rejoint la grand-guignolade. Entre-temps, la vengeance, qui en quinze ans a eu le temps de refroidir à point, se glace carrément, donnant l'impression que le grand film que la première partie laissait entrevoir s'est perdu en route, sur les chemins d'une surenchère dont on peut du coup comprendre que, tarantinesque à souhait, elle ait flatté le maître et ait valu, de sa part, à l'élève, un grand prix cannois.

## PARK Kwang-su (sud-coréen, né en 1955)

**Filmographie :**
*Chilsu et Mansu (1988)* • *La République noire (1990)* • *Berlin report (1991)* •
***L'Île étoilée (1993)*** • *A single spark (1995)* • *The upsrising (1999)* •
*If you were me (2003)*

Ayant grandi à Pusan, dans le sud de la Corée, Park Kwang-su étudie d'abord la sculpture à l'université de Séoul, tout en rejoignant un groupe de jeunes cinéastes au sein duquel il réalise ses premiers courts métrages en super-8. À sa sortie de l'université, il fonde lui-même un nouveau groupe, le Seoul Film Group, qui va jouer un rôle important dans le développement du cinéma indépendant dans le pays. Pour parfaire sa formation, Park Kwang-su vient étudier en France et, à son retour en Corée, il travaille comme assistant réalisateur de Lee Chan-ho, un cinéaste avant-gardiste, ce qui l'amène à sa première réalisation en 1988, avec *Chilsu et Mansu*, considéré comme le premier film du nouveau cinéma coréen. Un cinéma travaillé par l'Histoire, ce que traduit bien *L'Île étoilée*, métaphore symbolique d'un pays isolé et qui a découvert, dans la lutte fratricide et la séparation, le fracas du monde. Comme dans *La République noire*, où un intellectuel s'essaie à panser les blessures et à résoudre les problèmes, le cinéaste donne à ses films fonction de prise de conscience, pour tenter d'apaiser le malaise né d'un passé dont les plaies ne sont toujours pas refermées.

### L'ÎLE ÉTOILÉE (1993)
#### avec Ahn Sung-ki, Moon Sung-keun et Shim Hae-jin

**La Corée au cœur.** Il pleut sur la mer et sur le bateau qui ramène Dukbae au pays. Il pleut sur son cercueil et sur la petite barque ornée de fleurs qui porte le catafalque. Et il pleut sur Chae-ku son fils, et sur Chul, son vieil ami, qui accompagnent le vieillard décédé à sa dernière demeure, sur cette île où se trouve le village natal du défunt et où il a demandé à être enterré. Mais lorsque le cortège funéraire s'approche du rivage, les habitants du lieu refusent de le laisser aborder : ils ne veulent pas de ce mort sur leur terre. Et en essayant de parlementer avec eux, Chul, manquant de se noyer, se retrouve parmi les villageois, dont il se fait reconnaître. Quarante ans plus tôt, il vivait là, tout jeune enfant, avec son père l'instituteur. Et les souvenirs lui reviennent en mémoire. Le soleil brillait alors sur l'île, sur la plage où les enfants s'amusaient et où Oknim, la jeune innocente, se mêlait à leurs jeux. Il brillait aussi sur la veuve joyeuse qui oubliait son veuvage dans les bras du joyeux rétameur ambulant. Il éclairait les plaisanteries des hommes et les cris des femmes, les travaux et les jours, les joies et les souffrances, Opsuné la femme battue, et

Bannim sa petite bossue, et Dukbae, le mari, qui les délaissait pour aller retrouver sa maîtresse. Cette plongée dans le passé, Park Kwang-su l'opère comme un double retour. Retour à l'enfance, d'abord, pour un homme mûr qui revit le temps de l'insouciance et qui retrouve les paysages, les voix, les couleurs d'un passé à jamais enfui. Mais retour aussi à un autre temps, pas seulement celui qui rythme l'existence d'un individu, mais celui d'un pays tout entier, la Corée, telle qu'elle était avant la guerre et avant la division. Ce que Chul revoit, ce n'est pas pour autant le paradis : les misères y sont nombreuses, et la vie difficile. Mais c'est l'harmonie d'une civilisation ancestrale, où les différends se règlent selon l'antique loi coutumière, et où malgré les tourments et les drames qui les frappent, les habitants forment une vraie communauté, d'autant plus unie que leur situation sur cette île écartée les préserve de l'extérieur. Le film de Park Kwang-su a ce mérite de mêler intimement la vie simple des hommes à l'histoire de son pays. Cette Corée lointaine, il la rend proche par un récit d'une fluidité exemplaire et où les scènes qui s'enchaînent offrent, du cocasse au pathétique, toutes les nuances de la vie. À travers son personnage principal, Chul, l'adulte qui revit son enfance, il incarne aussi l'esprit de son peuple : Chul est un artiste, un intellectuel, impuissant sans doute à résoudre les conflits, mais apte à les comprendre et à montrer le chemin à suivre. Les déchirures d'aujourd'hui, il montre bien qu'elles ont leur origine dans les drames du passé. L'évocation de cette période de la guerre, vers laquelle tend tout le film, en constitue une démonstration poignante. Dans la macabre comédie qui s'y joue, les hommes perdent leur âme. Et comme toujours dans les grands soubresauts de l'Histoire, c'est l'innocence qu'on assassine.

## PARK Nick (anglais, né en 1958)

**Filmographie :**
*Wallace et Gromit: La Grande excursion (1992)* • *Wallace et Gromit: Un mauvais pantalon (1993)* • ***Wallace et Gromit : Rasé de près (1995)*** • ***Chicken Run (2000), co-réalisation*** • *Wallace et Gromit: Le Mystère du lapin-garou (2005)*

Nick Park est l'animateur vedette du studio Aardman, créé à Londres en 1972 par David Sproxton et Peter Lord. Lassés des procédés d'animation traditionnels, les deux hommes ont l'idée de figurines de plasticine qui vont devenir la marque de fabrique de la maison, à travers des films réalisés par plusieurs jeunes animateurs qui les rejoignent. Parmi ceux-ci, Nick Park, qui depuis l'enfance s'intéresse aux techniques d'animation et qui s'est formé à la National Film and Television School, où il a mis en chantier les deux petits personnages de *Wallace et Gromit*, rejoint le studio en 1985. Il y termine son film, dont le succès va l'amener à réaliser plusieurs suites, tout en réalisant des clips vidéo, des habillages de génériques, des animations pour émissions enfantines, et aussi d'autres films, dont, en 1990, *L'Avis des animaux*, qui remporte l'Oscar du meilleur court métrage d'animation. Associé à Peter Lord, il développe avec lui le projet d'un premier long métrage animé : c'est *Chicken Run*, parfaitement anglais par sa fabrication, son humour, son observation sociale et ses références parodiques, tout en bénéficiant, pour la production, de la collaboration de l'américain DreamWorks...

### WALLACE ET GROMIT : RASÉ DE PRÈS (1995)

**Bonnes pâtes.** C'est toujours un vrai plaisir que de retrouver le maître inventeur et son imperturbable chien. Cette fois-ci, fidèles à leur génie inventif, Wallace et Gromit ont mis sur pied un ingénieux service de nettoyage de vitres. Tout irait pour le mieux dans le plus transparent des mondes possibles si Wallace, soudain, ne se sentait vibrer, suite à une brève rencontre, pour sa voisine, la fort appétissante Wendolene Ramsbottom, qui exploite le magasin de laine local. Or qui dit laine dit mouton, et justement de fil en aiguille à tricoter, il advient que la laine se fait rare car les moutons disparaissent. Ce que constatant, Wallace et Gromit enquêtent et découvrent que tout vient d'un odieux trafic organisé par le redoutable Preston, chien méchant diabolique, qui n'est autre que le molosse favori de la douce Wendolene. Wallace, tout à ses amours, ne songe guère à compter les moutons, Gromit se retrouve donc seul à devoir essayer de déjouer les menées de l'infâme Preston. Cela ne va pas sans mal, et va même jusqu'à une palpitante course contre la mort, où le flegmatique Gromit doit affronter un Preston-Terminator, échapper à l'énorme hachoir que celui-ci a mis au point en transformant la machine à tricoter conçue par le toujours ingénieux Wallace, et même, prenant les grands moyens, poursuivre à bord d'un avion de chasse l'affreux molosse entraînant sa cargaison d'innocentes victimes vers l'abîme.

Autant dire qu'on vole en plein délire, alors même que tout est présenté sur fond de notations psychologiques et sociales parfaitement sérieuses. Comme si ce monde de pâte à modeler ne faisait que se modeler fidèlement sur le nôtre, et comme si les deux figurines animées étaient bel et bien les héros d'un vrai film de chair et d'os. D'autant plus que les multiples références cinématographiques, de *Brève rencontre* à *Indiana Jones* en passant par *Le Troisième homme*, *Robocop* et *Terminator*, abondent, rendant l'illusion complète. La qualité du mouvement, de la couleur, de la bande-son, le soin apporté au cadrage, la science du gag, la maîtrise technique et la liberté d'inspiration : c'est bien de cinéma qu'il s'agit. Quant à la fameuse plasticité des acteurs, autant dire que sur ce plan, bonne pâte comme ils sont, Wallace et Gromit ne craignent personne !

### CHICKEN RUN (2000)
### de Nick Park et Peter Lord

**La cause des poules.** La ferme de la mère Tweedy, c'est carrément un camp d'internement, avec fils de fer barbelés, miradors de surveillance et rondes de nuit assurées par le père Tweedy, accompagné de ses deux énormes molosses aux dents pointues. Mais, comme on le disait déjà dans *La Grande illusion*, un camp ça sert à quoi ? sinon à s'évader... Toute l'idée sur laquelle repose le scénario du film de ces deux drôles de zigs que sont Nick Park et Peter Lord est donc de reprendre un des grands schémas du film de guerre et d'aventure, le récit d'évasion, et de l'appliquer à cette engeance particulière que les procédés modernes d'élevage intensif ont développée : les batteries de poules enfermées dans leur basse-cour fortifiée. Ici, la meneuse s'appelle Ginger, et elle met à toutes ses tentatives d'évasion une imagination toujours renouvelée, mais qui chaque fois pourtant la conduit à l'échec. Que faire donc, d'autant que le danger d'anéantissement de toutes les poules prisonnières se précise, avec l'achat par la sinistre mère Tweedy d'une énorme machine industrielle destinée à transformer les cocottes en tourtes à la poulette ? C'est ici qu'intervient le valeureux Rocky, coq volant qui va faire naître chez Ginger de doux sentiments en même temps qu'une belle idée d'évasion aérienne.

Ce qu'il en adviendra, l'invention débordante des deux auteurs du film va le développer à travers toute une série de scènes qui sont autant de morceaux de bravoure, les plus réussies étant une soirée de danse endiablée sur un rythme de be-bop, l'engloutissement de Ginger et de Rocky dans la machine tourtière qui se transforme en odyssée carrément chaplinesque, l'évasion enfin à bord d'un engin aussi saugrenu qu'efficace. Mais l'imagination tient peut-être plus encore à l'animation de ces prodigieuses figurines qui roulent des yeux ronds, font des moues en cul-de-poule, et ont des soupirs aussi attendrissants et des mines aussi ahuries que ceux d'une poule qui aurait trouvé un couteau. Les voix françaises, parfaitement bien adaptées, de Balasko et Depardieu à Valérie Lemercier et Claude Piéplu, assurent la continuité, gentiment loufoque sous le sérieux apparent, de la version originale. Et la cause de la libération des poules obtient là un vrai triomphe, qui a de quoi convaincre même les coqs gaulois les plus irréductibles.

## PARKER Alan (anglais, né en 1944)

**PREMIER LONG MÉTRAGE :**
*Bugsy Malone (1975)*
**FILMOGRAPHIE DEPUIS 1985 :**
*Angel heart (1986)* • ***Mississippi burning (1988)*** • *Bienvenue au Paradis (1989)* • *Les Commitments (1990)* • *Aux bons soins du Dr Kellogg (1993)* • *Evita (1996)* • *Les Cendres d'Angela (1999)* • ***La Vie de David Gale (2003)***

Venu de la publicité, auteur de plus de 500 spots, Alan Parker est le premier réalisateur anglais à s'imposer dans le long métrage au niveau international et à ouvrir, pour un cinéma anglais qui, dans les années 1970, a perdu quelque peu de sa vitalité des années 1960, la brèche vers le cinéma américain. Son premier film, produit en Angleterre, *Bugsy Malone*, parodie musicale des films de gangsters des années 1920 entièrement interprétée par des enfants, obtient un succès qui lui ouvre les portes d'Hollywood : coup sur coup *Midnight express* et *Fame*, en 1978 et 1980, lui valent deux Oscars chacun, lançant sa carrière américaine et lui donnant la réputation d'un cinéaste-choc, qui, quel que soit le genre qu'il investit, fait preuve du même style direct et du même esprit fonceur et frondeur. D'ailleurs, caricaturiste renommé, il témoigne dans ses dessins humoristiques du même regard aigu, même si le système hollywoodien l'amène progressivement à signer des films moins incisifs et plus consensuels.

## MISSISSIPPI BURNING (1988)
### avec Gene Hackman et Willem Dafoe

**Voyage au centre de la bête.** Première image : un lavabo crasseux, avec deux éviers, un pour les Blancs, l'autre pour les Noirs. Générique : une maison qui flambe, tandis que s'élève, déchirant, un gospel qui demande le secours de Dieu. Le ton est donné : on est en 1964, dans le Mississippi, au cœur de l'Amérique profonde. C'est la nuit. Sur une route déserte, une voiture roule, avec trois occupants à bord. L'un d'entre eux est noir. Soudain, dans le rétroviseur, des phares qui s'approchent. La bête est là, immonde, prête à bondir et à tuer. La route des trois garçons va s'arrêter là, têtes éclatées, corps enterrés dans la boue, parce qu'ils ont commis le crime de lutter pour les droits civiques et que, sous la cagoule blanche marquée au sigle des trois K – Ku-Klux-Klan –, le racisme une fois encore a frappé.

Partant d'un fait divers authentique, Alan Parker entreprend de remonter la trace de ce crime. Confiant l'enquête à deux policiers du FBI, il construit son film comme un polar, mais où il s'agit moins de démasquer les coupables – on les repère vite, et ils ne se cachent guère – que de démonter le mécanisme de la haine. Et le résultat est édifiant : dans ce Sud des petits Blancs, où la vie est dure et où la pauvreté règne, il faut, pour survivre, trouver plus pauvre que soi. Les Noirs sont là, à point nommé, pour servir de boucs émissaires et permettre d'exercer une prétendue supériorité, sans laquelle on ne serait que ce qu'on est : un pauvre type. Cette complainte de la bêtise et de la misère, Anderson, l'un des deux inspecteurs, la connaît bien : il est lui-même originaire du Mississippi, et il a appris, en regardant son père, ce qu'est le racisme ordinaire. À son côté, Ward, son collègue, semble appartenir à un autre monde : formé dans les universités du Nord, il fait partie de ces « Kennedy boys » bien décidés, le code civil en bandoulière, à faire appliquer les tables de la loi libérale. À chacun sa méthode : là où Ward se montre intransigeant, convaincu de sa mission, sans concession, Anderson agit en douceur, en tenant compte du pays et des gens, et sans craindre d'utiliser les mêmes méthodes que ceux qu'il traque. De cet affrontement entre les deux hommes naît pour une bonne part la tension d'un film qui, comme toujours chez Alan Parker, frappe fort, vite et juste. S'emparant du problème du racisme, le réalisateur en fait l'ossature d'un scénario haletant : la venue des deux inspecteurs ne tarde pas, en effet, à réveiller les pires démons. Fermes incendiées, ratonnades, pendaisons : la peur rôde, entre le silence des victimes terrorisées et le mutisme de ceux qui regardent, bardés de leurs préjugés et de leur intolérance. Et le Mississippi soudain s'embrase, à la lueur des croix sinistres dressées par le Klan.

Le film d'Alan Parker est une terrifiante plongée au ventre de la bête, et un réquisitoire absolu contre le racisme. Certes, on pourra s'étonner que cette croisade pour l'égalité des races et des droits soit menée par deux agents d'un FBI qui, dans les années 1960 et sous la férule du célèbre Edgar Hoover, n'avait sans doute pas l'esprit si ouvert ! Mais, à cette réserve près, tout est parfaitement à sa place et d'une efficacité totale. Sur un rythme qui ne faiblit jamais, avec une sûreté de moyens et d'effets, le film avance, servi par une interprétation solide et contrastée : d'un côté Gene Hackman, qui donne à son personnage comme une blessure secrète, de l'autre Willem Dafoe, tendu à craquer, et animé d'une flamme plus forte encore que les brasiers de la haine. C'est rapide, fort, violent, et ça vous laisse vissé à votre fauteuil, avec juste assez de lucidité pour vous demander : et si ça n'était pas du cinéma ?

## LA VIE DE DAVID GALE (2003)
### avec Kevin Spacey, Kate Winslet et Laura Linney

**Jugé coupable.** Coupable ou non coupable ? La question, qui ne manque pas de se poser, apparaît d'autant plus capitale que David Gale attend son exécution dans le couloir de la mort et que, les autorités du Texas ne lésinant pas sur la question, la sentence sera appliquée dans quatre jours, à 18 heures, heure légale.

Quatre jours, c'est peu. Mais c'est juste ce qu'il faut à Bitsey Bloom, une jeune femme reporter spécialisée dans les affaires délicates, pour réaliser une ultime interview du condamné et, ayant recueilli sa version des faits, pour essayer d'interrompre l'engrenage de la mise à mort. Et quatre jours, c'est surtout la durée à la fois réduite et inéluctable qui permet d'enclencher le processus d'une course contre la montre et d'un suspense qui, depuis Hitchcock, a largement fait ses preuves, par exemple dans un film au scénario fort proche, *Jugé coupable*, dans lequel Clint Eastwood, en journaliste essayant d'interrompre lui aussi le compte à rebours fatal, essayait pareillement de sauver la tête d'un condamné à mort.

On pourrait donc croire, à voir l'efficacité du thriller réalisé de façon méthodique par Alan Parker, que l'enjeu est ici le même et que le film mène, comme beaucoup avant lui, une croisade abolitionniste, d'autant plus en situation qu'elle a pour cadre le Texas, dont on sait que tel gouverneur célèbre, appelé depuis à de plus hautes fonctions, n'a jamais lésiné sur le nombre de gens à envoyer *ad patres*. Pourtant, la personnalité de David Gale – un intellectuel brillant, sorti de Harvard, victime d'une plainte pour viol injustifiée qui brise sa carrière, et par ailleurs militant actif de la cause abolitionniste – déplace quelque peu le propos politique du film. Si c'est bien de peine de mort qu'il s'agit, la façon dont elle est ici traitée passe par la façon dont ses adversaires les plus acharnés essaient de se faire entendre dans un système qui, certes, les laisse parler, mais qui se refuse à les entendre. Du coup, *La Vie de David Gale* porte en elle-même la ferveur d'un combat, mais aussi les moyens pas forcément recevables que celui-ci se donne pour parvenir à ses fins.
Qu'un militant luttant de toute la force de ses idées contre la peine de mort en soit lui-même victime : voilà qui apporte en effet au film des ressources romanesques dont Alan Parker, sachant parfaitement les exploiter, tire un film rythmé mais plutôt routinier, dont on sent bien que l'enjeu dépasse le simple sort de l'individu qui en est le centre. Coupable ou non coupable, donc ? Le jeu très lisse de Kevin Spacey et l'acharnement plein de foi de Kate Winslet entretiennent jusqu'au bout le doute nécessaire. Et la réponse apportée *in fine*, dans un dénouement à multiples détentes, ne manque pas de réserver bien des surprises. Et de poser en même temps bien des questions. Nul en tout cas n'en ressort indemne. Même pas, dans son ambiguïté savamment calculée et pas spécialement crédible, le film lui-même.

## PARKER Trey (américain, né en 1969)

**FILMOGRAPHIE :**
*Cannibal: the musical (1994)* • *Orgazmo (1997)* • ***South Park, le film (1999)*** •
*Team America, police du monde (2004)*

Formé à l'école de cinéma de l'université de Boulder, dans le Colorado, c'est là que Trey Parker rencontre celui qui devient aussitôt son complice en écriture, en production et en mauvais esprit, Matt Stone. Les deux amis, contrairement à leurs condisciples qui choisissent des genres sérieux, décident de réaliser des courts métrages comiques à l'esprit frondeur, qui se taillent vite un beau succès. Après avoir autofinancé un premier long métrage en prises de vues réelles, *Cannibal: the musical*, inspiré par l'histoire vraie d'un cannibale du Colorado, ils sont contactés pour réaliser une petite vidéo devant faire office de carte de vœux : c'est *The Spirit of Christmas*, petit film iconoclaste de cinq minutes où Jésus et le Père Noël se disputent la paternité de Noël sous les yeux amusés des gamins de South Park. Le succès est immédiat et les pousse à en tirer une série qui devient vite un phénomène de télévision, avant qu'ils n'en tirent *South Park, le film*. Ils y développent cet esprit de dérision absolu qui, cultivant le mauvais goût, utilise l'animation comme un moyen de faire passer un humour fait de parodie, de satire et de provocation, qu'on retrouve dans leur production suivante, *Team America*, où ils se moquent, à travers des héros marionnettes, des films d'action à la mode hollywoodienne du temps.

### SOUTH PARK, LE FILM (1999)

**Affreux jojos.** « Nique ton oncle ! » : tel est le fier programme que Stan, Kyle, Kenny et Carlman, la joyeuse bande de loupiots de South Park, brandissent comme un étendard à la sortie du film de Terance et Philip auquel, malgré tous les interdits, ils ont réussi à assister. Il faut dire que le facétieux duo de réalisateurs canadiens n'y va pas de main morte et que, enfilant les plaisanteries les plus grossières, les injures les plus salaces et les prouts les plus retentissants, il offre à la pure jeunesse américaine un bien fâcheux exemple de mauvais goût et de langage ordurier. Les chères têtes blondes, d'ailleurs, ne se le font pas répéter deux fois et les voilà, dès la sortie de la projection, qui envoient tous leurs copains de classe « niquer » leur oncle, leur tante, leur père, leur mère, et le restant de la famille avec. La contagion gagnant, et la jeune génération tout entière risquant d'être contaminée, les mères horrifiées prennent les choses en main, organisent pétitions et meetings, interpellent le gouvernement, sollicitent le président Clinton lui-même, lequel ne peut faire moins que d'envoyer un ultimatum au Canada pour qu'il mette

un terme aux saletés cinématographiques de ses deux représentants. Mais tout cela ne donnant rien, reste donc le moyen ultime : la guerre, les bombardements, le nettoyage par le vide. Ce qui, aux enfers, réjouit naturellement Satan et surtout Saddam Hussein, son âme damnée...
On voit comment, à partir de quelques joyeusetés proférées par un simple film d'animation, le feu est mis carrément à la planète. Ce qui n'est pas pour déplaire, naturellement, à Trey Parker qui, faisant passer sa célèbre série du petit au grand écran, s'efforce de ne rien perdre de cet esprit anarchisant et subversif qui a fait la réputation du petit monde animé des joyeux garnements de South Park. Et il faut dire que, question mauvais esprit, le réalisateur-scénariste y va carrément à la louche. À tel point même qu'il y a fort à parier que, conçus dans un système de références purement nord-américain, nombre des allusions, parodies et détournements au second degré qui émaillent le film ne puissent qu'échapper à un public étranger, lequel retiendra peut-être plus facilement le chapelet de grossièretés, certes hautes en couleur, mais qui ne constituent que l'écume de cet océan d'iconoclasme. Car, à y bien regarder, sous ses apparences de dessin animé à l'esprit affreux jojo, *South Park* apparaît bel et bien comme un miroir grossissant qui ne s'interdit aucun tabou. Hitler, Saddam Hussein, les Juifs, les gays, Hollywood, l'armée, la peine de mort, le sexe, le racisme, l'ordre moral : tout y passe. Si bien que, le long métrage accentuant la charge dénonciatrice, peu à peu la fantaisie se crispe, et que la plaisanterie ordurière de potache cède la place à un rire de plus en plus grinçant. Surtout pour des gencives made in USA.

## PASKALJEVIC Goran (serbe, né en 1947)

**PREMIER LONG MÉTRAGE :**
*Le Gardien de la plage en hiver (1976)*
**FILMOGRAPHIE :**
*Ange gardien (1987)* • *Le Temps des miracles (1990)* • *Tango argentino (1992)* • ***L'Amérique des autres (1995)*** • *Baril de poudre (1998)* • *Mon cher ennemi (2002)* • *Le Songe d'une nuit d'hiver (2004)*

Goran Paskaljevic illustre bien, à travers les aléas d'une vie et d'une carrière semées de difficultés, les conditions dans lesquelles les cinéastes des pays de l'Est sont amenés à exercer leur art au milieu des bouleversements de la vie politique. Né à Belgrade, fils d'un professeur d'histoire et d'une journaliste, il part étudier tout naturellement à la Famu de Prague. Lorsqu'il revient en Yougoslavie en 1969, il réalise plusieurs courts métrages avant de commencer à travailler pour la télévision nationale. Peu convaincu des valeurs du régime, il cherche à quitter le pays et part tourner à Hollywood *Twilight time*, qui s'avère pour lui une expérience décevante. Lorsqu'il rentre en Yougoslavie, serbe sans être nationaliste, il se trouve peu à l'aise dans le régime qui remplace l'ex-Yougoslavie et il quitte à nouveau son pays en 1992 pour venir s'installer à Paris. Il rentre en Serbie en 1998 pour tourner *Baril de poudre*, mais le film, qui raconte une nuit dans la vie des habitants de Belgrade, entraîne des réactions hostiles de la part des nouvelles autorités, ce qui le pousse à s'exiler à nouveau et à aller tourner son film suivant, *Mon cher ennemi*, en Irlande, avant que la chute de Milosevic ne l'amène enfin à rentrer pour de bon.

### L'AMÉRIQUE DES AUTRES (1995)
#### avec Maria Casarès, Miki Manojlovic et Tom Conti

**L'autre Amérique.** Beyo a quitté son Monténégro natal pour aller gagner sa vie en Amérique, attiré par le rêve américain et par l'espoir d'une vie stable, décente, heureuse. Se retrouvant travailleur clandestin à New York, il survit tant bien que mal, grâce surtout à l'aide de son ami Alonso, un Espagnol propriétaire d'un bar minable dans un coin de Brooklyn. Sa famille, à qui il fait parvenir le peu qu'il gagne, décide de le rejoindre, entraînée dans l'aventure par son fils aîné qui, lui aussi, est attiré par le mirage du dollar. Mais le voyage d'émigration tourne au drame. Et le rêve américain devient cauchemar.
Le film de Goran Paskaljevic jette sur l'Amérique le regard des émigrants : la terre promise se transforme en territoire hostile, où pourtant, parmi les humbles et les sans-grade venus d'ailleurs, la solidarité, l'amitié, la chaleur humaine trouvent leur place. Cela donne un film à la fois tragique et comique, plein de poésie et de sourire, et où

des comédiens eux-mêmes venus d'un peu partout, de Tom Conti à Miki Manojlovic ou à la grande Maria Casarès, apportent une couleur et une vie pittoresques et chaleureuses à cette Amérique des autres, dont le titre est à prendre au sens plein : l'autre Amérique, celle des Espagnols, des Mexicains, des Yougoslaves, des Chinois émigrés, qui essaient de se faire une place dans une société moins accueillante qu'il y paraît. Et pour le cinéaste serbe, qui a lui aussi connu la tentation d'Hollywood, cette Amérique, c'est un peu son *America, America* à lui, version 1995, à travers laquelle il jette un regard attachant sur les émigrants d'aujourd'hui, tout en étant revenu des illusions sur l'intégration sociale et la réussite dont était porteur le film d'Elia Kazan. Il y a de cela quarante ans.

## PAYNE Alexander (américain, né en 1961)

**FILMOGRAPHIE :**
*Citizen Ruth (1996)* • *L'Arriviste (1999)* • *Monsieur Schmidt (2002)* •
***Sideways (2004)*** • *Reeker (2005)*

Son film de fin d'études, *The Passion of Martin*, réalisé au département cinéma de l'université de Los Angeles et présenté en 1991 au Festival de Sundance, a immédiatement attiré l'attention sur Alexander Payne. On y découvrait un regard à la fois personnel et caustique sur la société américaine, ce que ses premiers films ont ensuite largement confirmé, qu'ils revisitent la comédie lycéenne, comme *L'Arriviste*, pour en faire une satire provocante de l'ambition et du désir, qu'ils confrontent un Américain moyen, à l'âge de la retraite, avec tout ce qui a jusqu'ici fait sa vie pour en mesurer l'inanité, comme *Monsieur Schmidt*, ou qu'ils tissent sur la structure d'un road-movie une subtile comédie du malaise existentiel, comme *Sideways*.

### SIDEWAYS (2004)
### avec Paul Giamatti, Thomas Haden Church, Virginia Madsen et Sandra Oh

**Le verre de l'amitié.** Pour les deux vieux potes qui, échappant à la famille et aux amis, prennent la route dans la décontraction et la bonne humeur, la virée qui commence s'annonce sous les meilleurs auspices. Miles, qui brûle de savoir si son premier roman va être publié, va pouvoir tromper l'attente et surtout oublier son récent divorce, qu'il n'arrive pas à supporter. Pour Jack, qui se marie dans huit jours, c'est l'occasion rêvée d'enterrer sa vie de garçon et, en séducteur invétéré qu'il est, de se payer du bon temps avec toute jolie fille de rencontre. Et comme Miles, qui s'est fait une spécialité en matière de vin, a proposé comme itinéraire d'aller visiter les meilleures caves de Californie, cela va leur permettre de lever tous les verres de l'amitié possibles.

Sur la route bien connue du road-movie, le film d'Alexander Payne apporte cette variante nouvelle et buissonnière qu'est la route des vins. Et la façon dont les deux amis l'abordent – l'un, introverti et exigeant, converti aux mystères complexes du pinot, l'autre, plus extraverti et primaire, se satisfaisant du premier merlot venu – détermine d'emblée deux personnalités que tout différencie – le physique, le tempérament, les sentiments, la façon d'aborder la vie – mais qu'une vieille complicité unit. Sur ce chemin à la fois viticole et existentiel, la rencontre de deux filles elles aussi versées dans le divin breuvage va servir de révélateur : folle fiesta sexuelle avec la chaude Stéphanie pour Jack, qui en oublierait presque son désir de se ranger et de prendre épouse ; difficultés à aimer et à s'assumer pour Miles, loser-né, à qui la tendre et sensible Maya offre comme une seconde chance, qu'il s'évertue avec toute sa maladresse à tout faire pour ne pas saisir.

Dans cette virée insouciante qui fait ainsi soudain remonter à la surface tous les sentiments profonds, la joie des bouteilles ouvertes et partagées fait surgir aussi du coup l'amertume de l'ivresse comme façon de noyer ses peines dans le gouffre de l'oubli : et les rires font place, le temps de cuites assumées, à tous les sombres états d'âme du vin triste. Sans que pour autant la cruauté ne garde au film le ton qui est le sien d'une comédie enlevée, baignant dans cette douce euphorie qu'entretient le vin. Ce vin dont Alexander Payne sait parler avec autant de naturel que de subtilité, dans un voyage à l'américaine où l'on compare avec l'enthousiasme des vrais amateurs les mérites du sauvignon et du chardonnay et où l'on boit un Cheval blanc 1961 dans un gobelet de plastique, au fast-food du coin, dans une scène qui, à l'image du film, sait faire passer l'émotion tout en se montrant joyeusement iconoclaste. Prouvant à l'évidence que – dût une fierté nationale trempée dans le bordeaux et le bourgogne en souffrir – en matière de vin comme de cinéma, la Californie peut donner des crus excellents...

## PENN Sean (américain, né en 1960)

**Filmographie :**
*Indian Runner (1990) • Crossing guard (1995) •* ***The Pledge (2001)*** *•*
*11'09''01 (2002), co-réalisation*

Fils d'un père, Leo Penn, réalisateur, et d'une mère, Eileen Ryan, ayant fait carrière à Broadway, Sean Penn se tourne tout naturellement vers le théâtre et vers le cinéma. Après avoir travaillé comme technicien de plateau dans une troupe de théâtre, il débute à la télévision comme comédien, y tourne sous la direction de son père, puis commence au début des années 1980 une carrière d'acteur de cinéma qui va le voir tourner sous la direction des plus grands, de Brian De Palma à Neil Jordan, d'Oliver Stone à Terrence Malik, de John Schlesinger à Woody Allen. Mais il tourne aussi beaucoup avec des réalisateurs indépendants, ou en marge du système – Dennis Hopper, Tim Robbins, Philip Haas, Spike Jonze, Julian Schnabel. Il fait preuve de la même exigence dans ses choix lorsqu'il passe à la production et à la réalisation : tant *Indian Runner*, histoire de deux frères, dont l'un, de retour du Vietnam, est tout entier dans la révolte, que *Crossing guard*, histoire de culpabilité et de vengeance après la mort accidentelle d'une jeune fille, sont des sujets forts, touchant aux questions essentielles, qu'il traite avec une rigueur et une pénétration exemplaires, comme le traduit encore *The Pledge*, autre drame plongeant loin dans les profondeurs de la nature humaine.

### THE PLEDGE (2001)
**avec Jack Nicholson, Benicio Del Toro et Robin Wright Penn**

**Le massacre des innocents.** Des corbeaux noirs traversent le ciel. Une ombre maléfique obscurcit le ciel plombé du Nevada. Ce pourrait être l'ombre qui se profile pour Jerry Black d'une retraite qui va l'amener à quitter ses activités d'inspecteur de police pour aller tuer le temps en pêcheur solitaire sur des lacs de montagne. Mais c'est plus encore l'ombre menaçante des sous-bois glacés où un jeune garçon, en panne de scooter des neiges, découvre l'innommable : le corps mutilé et violé d'une fillette. Jerry Black, à l'heure même de son départ, promet solennellement à la mère de la petite victime qu'il retrouvera l'assassin. Et il jure sur le salut de son âme. C'est dire que le film de Sean Penn engage d'emblée la responsabilité de l'homme face à la grande question qui rôde : celle du mal.
Extérieurement, le récit emprunte le schéma classique d'une enquête policière, avec une énigme à résoudre et un assassin à découvrir. Car Jerry se persuade vite que le pauvre type qu'on a arrêté et qui a bredouillé des aveux incohérents n'est pas le vrai coupable. Pour étayer son soupçon, il remonte à d'autres crimes de même nature et qui n'ont pas été élucidés. Et peu à peu, il cerne le profil de cet assassin de l'ombre, sacrifiant des fillettes en robe rouge aux plus obscurément pervers de ses instincts. Pour le débusquer, il vient acheter une petite station-service à l'endroit où se croisent les pistes qu'il a découvertes. Et, en pêcheur qu'il est, il attend pour, le moment venu, ferrer le poisson et le prendre à son hameçon. Le problème, c'est que l'appât qu'il utilise l'amène à flirter dangereusement avec ce mal que lui-même poursuit. C'est toute l'ambiguïté d'un personnage magnifiquement défendu par Jack Nicholson qui se fait jour ici : qu'y a-t-il derrière la promesse de Jerry Black (son nom n'est pas indifférent), et pourquoi cet acharnement à débusquer le coupable en mettant en péril le salut même de son âme, sur lequel il a précisément juré ?
Le fait que le film soit adapté d'une nouvelle de Friedrich Dürrenmatt, le romancier d'un monde promis à la mort spirituelle et où la loi ni la justice, jamais, ne sauraient être efficaces pour apporter à l'homme la réponse à la question du mal, invite à voir le film de Sean Penn comme autre chose qu'une enquête : une quête, au sens quasi spirituel du terme, pour un homme qui bascule dans la vieillesse et qui lutte, désespérément, pour préserver la part d'innocence du monde. Il le fait par des chemins obscurs, et Jack Nicholson excelle à traduire, par un jeu étrangement retenu, cette volonté tendue d'un homme vieilli de faire justice en sacrifiant tout : l'amour d'une femme, la vie même d'une fillette, et, au bout du compte, sa propre raison. Le cadre froid d'une Amérique profonde, la surface lisse des lacs du Nevada, cachant on ne sait quelles eaux troubles, les ciels lourds qui étendent leur chape de plomb sur des paysages sauvages, disent la menace qui pèse. Sean Penn la rend sensible, dans un film superbement maîtrisé, entêtant, à la lenteur obsédante, et qui traduit ce constat terrible que nul, innocent ou coupable, justicier ou assassin, ne saurait avoir prise sur les mécanismes qui règlent le monde et ressortir indemne de la vie.

## PENN Zak (américain, né en 1968)

**FILMOGRAPHIE :**
***Incident au Loch Ness (2004)*** • *John Doe (2005)*

Revoici Werner Herzog. Lui qui, depuis la mort de Klaus Kinski, a plus ou moins abandonné le cinéma pour les mises en scène d'opéras wagnériens et la réalisation de quelques documentaires pour la télévision, vit en 2004 à Los Angeles et y prépare un film sur le monstre du Loch Ness. Et son producteur est un jeune cinéaste, Zak Penn, par ailleurs scénariste (de *Last action hero*, de *X-Men 2*, d'*Elektra*) apprécié à Hollywood, dont une équipe filme sa rencontre avec Herzog, comme un document pouvant servir de making-of au film que va réaliser celui-ci. On est donc, semble-t-il, dans le documentaire. Sauf que la réalité présentée comme telle n'est peut-être qu'une forme prise par la fiction, celle d'un film où Werner Herzog n'est pas réalisateur, mais comédien jouant le rôle de réalisateur, dans un film totalement fictionnel de Zak Penn. Jeu de la réalité et de la fiction, illusion créée par un style de tournage en direct qui donne l'impression d'un document alors qu'il n'est qu'une mise en scène : comme le monstre du Loch Ness, la fiction habite dans les profondeurs de la réalité. Et, à l'en faire surgir, on brouille vite les frontières entre le vrai et le faux, entre le documentaire et la fiction.

### INCIDENT AU LOCH NESS (2004)
**avec Werner Herzog**

**Le vrai du faux.** Ça s'emboîte, comme plusieurs films gigognes. Le premier, c'est celui qu'est censé tourner Werner Herzog, le cinéaste à l'inspiration délirante d'*Aguirre* et de *Fitzcarraldo*, qui entreprend d'aller enquêter au Loch Ness, moins pour y chercher le fameux monstre que pour s'interroger sur les raisons qui font que depuis si longtemps les gens y croient. Ce film-là, intitulé *Enigma of Loch Ness*, est produit par le dénommé Zak Penn, qui vient régler chez le réalisateur, à Los Angeles, les derniers détails avant leur départ en Écosse. Or il trouve chez son hôte une équipe en train de tourner un film sur la vie et sur l'œuvre de celui-ci, réalisé par un certain John Bailey et intitulé *Herzog au pays des merveilles*, laquelle équipe enregistre donc du coup tous les préparatifs puis bientôt le tournage d'*Enigma of Loch Ness*, réalisant en direct une sorte de making-of du film en train de se tourner.
Or ce film, il ne se tourne pas tout à fait comme prévu. Le Loch Ness se révèle en effet très vite redoutable pour Herzog et son équipe, du fait même que le producteur Zak Penn double le réalisateur et tourne dans son dos des scènes qui n'ont rien à voir avec son projet et qu'il destine à donner un caractère plus commercial à l'entreprise. Lorsque Herzog s'en rend compte, il veut lâcher le tournage, mais d'étranges événements surviennent qui l'en empêchent, et il se retrouve bientôt seul à la caméra, devant un mystère qui s'épaissit de plus en plus. Mystère étonnant, en effet, comme ce fameux monstre qui n'existerait pas, qu'on ne voit jamais et qui pourtant surnage toujours, et qui doit bien avoir quelque réalité puisque l'expédition, en proie à des remous tragiques, se termine par un vrai naufrage.
Où est donc le vrai, où est donc le faux ? Qu'est-ce que ce cinéma où Werner Herzog joue à être Werner Herzog ? Et qu'est-ce que ce film qui se prétend un documentaire et qui n'est qu'un emboîtement de fictions ? La réponse est dans un troisième film, intitulé lui *Incident au Loch Ness*, joué par Werner Herzog, réalisé par Zak Penn, et co-produit par Werner Herzog et Zak Penn. Deux cinéastes, autant dire deux montreurs d'ombres. Deux vrais menteurs.

## PERRIN Jacques (français, né en 1941)

**FILMOGRAPHIE :**
***Le Peuple migrateur (2001), co-réalisateur*** •
*L'Empire du milieu du sud (2002), co-réalisateur*

Comédien, très tôt, en France et en Italie, Jacques Perrin, sans jamais abandonner son métier d'acteur, s'intéresse très vite à la production. Les premiers films qu'il produit au début des années 1970 – *Z, État de siège, Section spéciale*, de Costa-Gavras – témoignent d'un engagement qui se traduit aussi dans la production du documentaire d'Yves Courrière et Philippe Monnier consacré en 1971 à *La Guerre d'Algérie*. Lorsque, à la fin des années 1980, il crée Galatée Films, son activité de production l'amène à s'impliquer dans des films à forte résonance politique ou sociale, comme *Hors la vie* de Maroun Bagdadi ou *Guelwaar* d'Ousmane Sembene, préoccupation qui va de pair avec l'intérêt qu'il porte à la réalité sous toutes ses formes et aux documentaires qui en rendent compte : *Le Peuple singe* de Gérard Vienne, en 1988, *Microcosmos* de Claude Nuridsany et Marie Pérennou en 1996, ou cette forme particulière qu'est le documentaire fictionnalisé, avec *Himalaya, l'enfance d'un chef* d'Éric Valli, en 1999, sont, avec la série qu'il présente de 1991 à 1999 à la télévision, *La Vingt-Cinquième Heure*, l'illustration d'une implication documentariste qui débouche avec *Le Peuple migrateur* sur la co-réalisation.

## LE PEUPLE MIGRATEUR (2001)

**À tire-d'aile.** Ils volent, donc. Des régions boréales au désert du Sahara, des hauts plateaux de l'Himalaya jusqu'à la mer de Chine, de la Sibérie au Japon, de la toundra arctique aux rives de la mer Noire, du Groenland à la Méditerranée, du nord au sud et de l'est à l'ouest, ils volent. Et la première impression, forte, que suscite le film de Jacques Perrin, c'est que ces vols qui traversent océans et continents, ce n'est pas une mince affaire, et qu'au contraire c'est quelque chose de long, de difficile, d'épuisant, où l'on n'est jamais sûr d'arriver à bon port. À voir ainsi les oiseaux de passage non pas simplement passer, mais voler, voler toujours, à entendre le battement régulier de leurs ailes, à observer la façon dont ils tendent le corps pour pénétrer dans l'air, à voir cette formidable machinerie volante solliciter leur énergie, leurs forces, leur vie tout entière, on se dit que ce sont vraiment de vaillants voyageurs. Et à entendre soudain, claquant de façon tragiquement incongrue, le coup de fusil qui, soudain, stoppe net leur élan et qui, après des milliers de kilomètres de vol, les précipite, petits soldats courageux devenus désarticulés, vers le sol où ils viennent s'écraser, le bec dans l'eau et les pattes en l'air, on a, avec eux, soudain comme du plomb dans l'aile. Cette proximité (parce qu'on vole à leur côté), qui crée comme une empathie du spectateur avec les grues cendrées, les bernaches nonnettes, les oies à tête barrée, ou ces infatigables arpenteurs des airs que sont, à la fois trapues et aériennes, les bernaches à col roux, elle est à coup sûr le résultat d'un prodigieux défi technique, qui a consisté à habituer les oiseaux à voir voler à leur côté des créatures étranges sur de drôles de machines, fixant en permanence sur eux l'œil de verre de leur caméra.
Mais si la prouesse est là, sensible, d'où vient alors cet autre sentiment qui peu à peu gagne, que le film ne répond pas totalement à tout ce qu'on en attendait ? Est-ce, après *Microcosmos*, que l'on est devenu plus difficile ? Ou n'est-ce pas cette sensation qui se fait jour que tout cela est certes magnifique, mais que tout a été un peu trop fait pour ça. Et cette impression de produit préparé, mêlant à un grand sujet écologique le vertige né des images de la Terre vue d'en haut, auquel n'est sans doute pas étranger le succès de l'album de Yann Arthus-Bertrand, on le ressent d'autant plus que la répétition des images, si somptueuses soient-elles, crée comme une sorte d'habitude. Et si l'on ajoute que les battements d'ailes créent un rythme lui-même répétitif, propice à l'assoupissement, on ne peut s'étonner de voir que quelques battements de paupières viennent ici et là les accompagner. La surprise en fait viendrait plutôt de ce qui, échappant au grand lyrisme des vols, un peu lourdement souligné par une musique elle aussi un peu trop *ad hoc*, crée soudain comme la rupture de la vie, ou de la mort : l'oiseau qui, désespérément cloué sur le sable, voit autour de lui les crabes qui s'approchent pour le dévorer ; ou encore ce vol d'oies sauvages traversant de son vol régulier la baie de New York et se profilant sur des Twin Towers fièrement dressées dans la beauté d'un crépuscule. L'on ne peut s'empêcher alors de penser à d'autres grands oiseaux, et à leurs ailes de métal venant frapper leur proie.

# PETERSEN Wolfgang (allemand, né en 1941)

**PREMIER LONG MÉTRAGE :**
*Einer von uns beden (1973)*
**FILMOGRAPHIE DEPUIS 1985 :**
*Enemy (1985)* • *Troubles (1991)* • *Dans la ligne de mire (1993)* • *Alerte ! (1995)* • ***Air Force One (1997)*** • *En pleine tempête (2000)* • *Troie (2004)* • *Poseidon (2005)*

Ayant commencé par la mise en scène de théâtre puis par la réalisation de séries et de téléfilms à la télévision allemande, Wolfgang Petersen aborde le cinéma à la fin des années 1960 par le court métrage, avant de réaliser en 1973 son premier film long. Il acquiert en 1981 une audience internationale avec son troisième film, *Le Bateau*, récit de l'équipée d'un sous-marin allemand pendant la Seconde Guerre mondiale, qui lui vaut six nominations à l'Oscar, et qui, par sa mise en scène spectaculaire et par le sens de l'action et du suspense qu'il y démontre, attire aussitôt l'attention des studios hollywoodiens. Dès 1985, il se retrouve donc à Hollywood où on lui propose des films de genre à distribution et à budgets de plus en plus importants : il enchaîne ainsi successivement, faisant le tour des grandes spécialités hollywoodiennes avec toujours le même savoir-faire dans la maîtrise du récit et l'efficacité de l'action, un film de science-fiction, *Enemy*, avec Dennis Quaid, *Troubles*, un film à suspense, avec Tom Berenger, *Dans la ligne de mire*, un polar sur fond d'attentat politique, avec Clint Eastwood, *Alerte !*, un film catastrophe, avec Dustin Hoffman, *Air Force One*, un thriller d'action mettant en scène le président des États-Unis lui-même, avec Harrison Ford, *En pleine tempête*, un nouveau film catastrophe, avec George Clooney, *Troie*, enfin, retour au vieux genre du péplum, avec Brad Pitt jouant les Achille en jupette devant les murs de Troie.

## AIR FORCE ONE (1997)
### avec Harrison Ford, Gary Oldman et Glenn Close

**Indiana Jones président.** Ça commence fort : sur fond de générique, dans un ciel de nuit brouillé, une petite dizaine de parachutes descendent en silence sur le palais présidentiel du Kazakhstan, ex-république socialiste soviétique passée aux mains du général Radek, despote sanguinaire, qui menace la paix du monde. Le commando qui tombe ainsi du ciel est en fait russo-américain, les deux anciennes grandes puissances ennemies s'unissant maintenant pour faire régner la paix dans le monde. Et la façon dont les soldats d'élite neutralisent les gardes et vont proprement tirer le général Radek du lit, pour le subtiliser au nez et à la barbe de ses troupes et de son pays, vaut son pesant de balles traçantes et de bombes explosives. Après cette ouverture en fanfare, lors d'un grand dîner réunissant le gratin russe et américain au Kremlin, le président russe Petrov donne la parole à l'inspirateur de ce coup de force, le président Ford (Harrison), *alias* dans le film président Marshall, d'un nom qui fleure bon son shérif de western. Lequel président Marshall, laissant parler son cœur et faisant fi des précautions diplomatiques habituelles, déclare la guerre aux terroristes de tout bord, au nom des valeurs de la justice et de la paix. Ce qui n'est pas tout à fait du goût de ses conseillers politiques, qui pensent surtout à sa réélection et savent bien que le langage du cœur n'est pas forcément compatible avec les réalités politiques. Après ce vibrant discours, le président, qu'accompagnent sa fort belle femme et sa non moins mignonne fille, s'embarque pour regagner les États-Unis à bord du jet présidentiel, *Air Force One*, la forteresse la mieux équipée du monde, véritable Maison-Blanche volante, réputée totalement inviolable. Mais une réputation qui n'est pas pour refroidir un commando de fidèles du général Radek, lesquels parviennent à embarquer aussi. Et à peine l'avion a-t-il décollé que le commando, mettant son plan à exécution, se rend maître de l'appareil. Seul le président Marshall parvient, de justesse, à leur échapper. C'est donc avec la vice-présidente Bennett (Glenn Close, habituée à ce type de fonction pour avoir déjà été l'épouse du président dans *Mars attacks !*), que les terroristes, depuis l'avion, font connaître leur exigence – la libération de Radek – et leur plan diabolique – un otage exécuté toutes les trente minutes. Commence donc un compte à rebours dramatique et d'autant plus dramatique que le président semble bel et bien avoir disparu. Qu'est-il donc devenu ?

C'est là tout le pari – gonflé ! – du film de Wolfgang Petersen que de prendre le président des États-Unis lui-même comme héros de l'aventure. Qui peut en effet sauver l'avion et ses otages, mais surtout la paix du monde, si ce n'est justement l'homme réputé le plus puissant du monde ? Voici donc que Harrison Ford, se rappelant qu'il a été Indiana Jones, retrousse ses manches et, face au sinistre chef du commando (Gary Oldman, plus méchant méchant que jamais), montre ce qu'un Américain, et à plus forte raison lorsqu'il est président, sait faire. À partir de là, le film d'action décolle dans toutes les directions possibles, passant du film de commando au film d'otages, puis au thriller politique à visée internationale, pour bifurquer vers le film catastrophe lorsque le 747 présidentiel commence à perdre ses moteurs et qu'il n'y a plus de pilote dans l'avion. Et qui croyez-vous donc qui va se mettre aux commandes ? On le laisse à deviner, d'autant que le déroulement du scénario vaut moins par ses rebondissements incessants que par les situations de plus en plus insensées qu'il propose.

C'est tellement énorme que ça devrait frôler le ridicule, mais deux éléments sauvent la mise. Un humour constant, d'abord, manié par un réalisateur qui ne craint manifestement pas de s'amuser en permanence de sa propre audace. Et un savoir-faire indiscutable, qu'on avait déjà remarqué dans les films précédents de Wolfgang Petersen et qui, bénéficiant ici de moyens considérables et d'effets spéciaux à l'avenant, maintient le rythme et le suspense jusqu'au bout, dans une surenchère d'actions toutes plus ahurissantes les unes que les autres. Le tout sur fond de valeurs premières : civique – la foi dans la Constitution et la loi –, morale – le bien comme seule arme contre le mal – et familiale – le président étant aussi bon mari et bon père. C'est gros donc comme un 747 présidentiel, mais le plus extraordinaire, c'est que ça marche à peu près aussi bien !

## PHILIBERT Nicolas (français, né en 1951)

**PREMIER LONG MÉTRAGE :**
*La Voix de son Maître (1978), co-réalisation*
**FILMOGRAPHIE À PARTIR DE 1985 :**
*La Ville Louvre (1990)* • *Le Pays des sourds (1992)* • *Un animal, des animaux (1994)* • *La Moindre des choses (1996)* • *Qui sait ? (1998)* • ***Être et avoir (2002)***

Après des études de philosophie, Nicolas Philibert est d'abord assistant de René Allio et d'Alain Tanner, puis décorateur de Claude Goretta. En 1978, il aborde la réalisation en signant avec Gérard Mordillat un long métrage documentaire, *La Voix de son Maître*, ainsi qu'un film de trois heures pour la télévision, *Patrons/Télévision*, qui met en scène une quinzaine de dirigeants des grands groupes industriels français et qui, censuré, ne sera diffusé que treize ans plus tard en 1991. Il enrichit alors sa formation en diversifiant ses activités, tourne de nombreux documentaires d'aventure, réalise plusieurs portraits pour la télévision, publie deux livres, accompagne en Chine Joris Ivens et Marceline Loridan en 1986 pour le tournage d'*Une histoire de vent*. Et c'est en 1990 qu'il aborde véritablement, avec cette vision insolite et nocturne qu'il donne du grand musée dans *La Ville Louvre*, ce qui fait à la fois son but et sa manière : le documentaire de long métrage, envisagé comme un moyen d'investigation de la société et qui, donnant la parole à ceux-là mêmes qu'il filme – les jeunes sourds du *Pays des sourds*, l'instituteur et la classe enfantine de *Être et avoir* –, vise à restituer par l'art du découpage et du montage le naturel et la vérité profonde de la vie.

### ÊTRE ET AVOIR (2002)

**La classe enfantine.** Le pays est rude, la neige tombe serrée, le froid glace le paysage. Les enfants qui, dans le petit matin, montent dans la camionnette du ramassage scolaire, sont emmitouflés dans leur manteau. D'emblée, Nicolas Philibert place l'accès à l'école sous le signe de l'effort, de la difficulté. Mais aussitôt, par la présence cocasse de deux tortues qui se baladent tranquillement dans la classe, tandis que le feu ronfle dans le poêle, il introduit l'autre versant, accueillant et chaleureux, de l'école. Et cette double tonalité, dure et tendre à la fois, est celle-là même d'un film qui se donne pour objet de filmer au jour le jour, le temps d'une année scolaire, une classe unique, dans une petite école du Puy-de-Dôme où, sous la conduite d'un maître attentif, une douzaine d'enfants apprennent à apprendre et à découvrir la vie. La méthode du cinéaste est bien celle d'un documentariste : ce qu'il filme, c'est bien l'école de Saint-Étienne-sur-Usson, et le maître c'est bien Monsieur Lopez, et les enfants, ce sont bien Julien, Nathalie, Marie, et ce nouveau petit Gibus qui s'appelle ici Jojo. Et ce à quoi l'on assiste, les coloriages qui débordent, les lettres tracées laborieusement au tableau, la dictée, la sortie scolaire, le passage en sixième, tout cela, c'est la vie même de l'école en question.
Mais c'est autre chose aussi, qui déborde le cadre de la simple reproduction. En laissant parler les images, en dirigeant sa caméra vers tel geste esquissé, telle phrase commencée, en s'arrêtant sur les difficultés de l'un et les petits malheurs de l'autre, le cinéaste crée une dramaturgie qui brasse toute une thématique. Ce que montre le film, c'est le mystère de la transmission, l'apprentissage de l'autre, et les questions qui soudain se posent – l'infini, la peur, la maladie, la mort. Rien de pesant, pour autant, mais la vitalité même de la vie, avec ces comédiens extraordinaires que sont les gamins et ces bons mots qu'ils font sans s'en rendre compte et dont serait jaloux le moindre dialoguiste. On rit beaucoup, dans le film de Nicolas Philibert, et l'on y est ému aussi, car même s'il refuse toute nostalgie passéiste, il fait résonner en chacun toute une mythologie de la communale, des blouses grises, des doigts barbouillés, des verbes auxiliaires – être et avoir –, et des accords du participe passé. Il offre à chaque adulte qui fut un écolier sa petite madeleine. Mais, en le ramenant, avec sa pensée d'adulte, aux questionnements dont sont porteurs ces enfants, il l'incite à s'interroger non plus tant sur la conjugaison des auxiliaires que sur l'être et l'avoir en tant que tels : sur le sens même de la vie.

## PIALAT Maurice (français, 1925-2003)

**Premier long métrage :**
*L'Enfance nue (1968)*
**Filmographie à partir de 1985 :**
***Police (1986) • Sous le soleil de Satan (1987) • Van Gogh (1990) • Le Garçu (1995)***

Pialat, l'écorché vif, l'homme au poing brandi, le marginal, la grande gueule, le directeur d'acteurs poussant ses comédiens aux limites d'eux-mêmes ; Pialat le révolté, l'intransigeant jamais sûr de lui, aussi dur envers son œuvre qu'envers celle de ses collègues ; Pialat le râleur, le solitaire, le mal-aimé. Mais Pialat aussi l'homme à la sensibilité toujours en éveil, le cinéaste aux films à fleur de cœur et de passion, captant l'intensité unique du moment dans la vérité du tournage, en proie sans cesse à ses démons, mais plaçant toujours au plus haut l'exigence de l'art. Pialat le peintre, regardant vivre les gens avec compassion, et nourrissant son cinéma de ce regard porté sur les êtres et sur les choses.
Il avait commencé tard : une petite dizaine de courts métrages, dans les années 1960, et un premier long, en 1968, à 43 ans. La Nouvelle Vague était passée sans le prendre, le laissant amer et seul. Mais son cinéma, puisant dans cette solitude une sorte de rage existentielle, s'était vite imposé comme unique, apportant, par un équilibre très personnel faisant sans cesse évoluer la fiction sur le fil aigu de la réalité, une modernité dont on n'avait jamais vraiment vu jusqu'ici la pareille. Entre 1968 et 1985, il ne tourne que six films, mais, à 60 ans, il en est à ses œuvres majeures : *Loulou*, *À nos amours*. Et il continue : *Police*, *Sous le soleil de Satan*, *Van Gogh*, poursuivent le combat corps à corps avec le monde, avec la vie, avec l'art, avec le cinéma. Et puis, Maurice Pialat se tait, se retire, se saborde presque : dans un silence qui est moins de stérilité créatrice ni même de contrainte de production que de refus de tourner, de doute sur son art, de rupture affichée avec le cinéma. Mais un fils lui vient, à 66 ans, qui lui donne l'envie de créer à nouveau. Mais c'est pour dire, derrière l'enfant, la mort du père. En attendant, miné par la maladie et par les films qui ne se feront pas, sa propre mort à lui.

### POLICE (1986)
#### avec Gérard Depardieu, Sophie Marceau et Sandrine Bonnaire

**Identification d'un flic.** Depardieu, Anconina, Sophie Marceau, Sandrine Bonnaire, Pascale Rocard : autant dire tout ce qui se fait de mieux en fait d'acteurs dans le cinéma français du temps. Avec ça, un budget important, une production haut de gamme, une présentation en vedette au Festival de Venise : c'est clair, Pialat saute le pas. Des petites chroniques à bouts de ficelle, style *Passe ton bac d'abord*, aux films plus élaborés, mais sentant encore la bricole, comme *Loulou* ou *À nos amours*, le voici qui passe, avec *Police,* au rendez-vous des grandes machines. Pour un cinéaste cabochard, en marge du système, tournant volontiers sans scénario avec une équipe et des moyens réduits, le pari était périlleux. Il est parfaitement réussi.
*Police* est tout simplement un film admirable, où Pialat reste totalement lui-même, fidèle à ce cinéma du regard nu, de la violence intime, de la vérité captée au vol. Filmant à sa façon flics et voyous, trafic de drogue et règlements de compte, il dépoussière d'un coup le genre de toute mythologie, envoie les productions courantes au rayon des vieilles lunes, et trace la voie de ce qui pourrait bien être le vrai néo-polar, plus proche de Depardon que de *Parole de flic*.
Loin des héros simplistes et manichéens, ses personnages sont ce qu'ils sont : il y a dans *Police* des Arabes qui trafiquent, des femmes qui trompent, des avocats qui se compromettent, et des flics qui font leur boulot comme ils peuvent. Mais dans les uns et les autres, au-delà des contingences sociales et des tabous moraux, Pialat cherche la faille, pour savoir qui ils sont. Noria, la voleuse (Sophie Marceau, fermée, butée, dans son meilleur rôle), a beau mentir à tout le monde : elle finira par avouer. Et Mangin, le flic, emporté, violent, aussi massif que Depardieu sait l'être, laisse apparaître, dans un amour insensé, ce qui est sa fragilité intime. Traquant ses personnages dans des séquences longues, où la caméra les suit comme pour un interrogatoire, Maurice Pialat conduit son film à la manière d'une recherche d'identité. Et, au bout du compte, il fait jaillir la vérité, lumineuse comme le cinéma.

## SOUS LE SOLEIL DE SATAN (1987)
### avec Gérard Depardieu, Sandrine Bonnaire et Maurice Pialat

**De par Dieu…** Soleil noir, immense cimetière sous la lune des âmes tourmentées, démon de minuit qui vient poser sur les lèvres de l'abbé Donissan le baiser qui scelle sa rencontre avec le Mal : c'est peu de dire que le roman de Bernanos brille d'un éclat sombre, de la profondeur des ténèbres intérieures, là où l'aspiration à la lumière divine se heurte à la nuit diabolique. Il fallait, pour traduire en images ce combat avec l'ange noir, plus que du respect à la lettre : le souffle de l'esprit.

Ce souffle, le film de Pialat en est constamment inspiré. Si miracle il y a, il est là : dans cette façon de dire avec des images ce qu'un des textes les plus forts de la littérature disait avec des mots. Pialat le fait à sa manière. Là où Bresson, en des plans ascétiques, quasi jansénistes, traduisait la souffrance d'une âme asséchée, lui, en de longs plans-séquences, dans un découpage au rythme puissant et elliptique, empoigne son affaire à bras-le-corps. Il brasse, à pleine pâte, des images éclairées d'ombre ; on y sent le poids de la boue, qui colle aux semelles, de la terre qui englue l'âme, et cette lutte qu'il faut mener pour échapper à la pesanteur du corps.

En athlète mystique, Depardieu, comme inspiré par son nom, est admirable. Il est tout en cou, en épaules, en ventre ; et avec ça, une légèreté, une souplesse, des élans de douceur. En face de lui, Sandrine Bonnaire, étonnante, donne à Mouchette comme une perversité innocente, une insouciance grave, une vérité qui se cherche et qui se trouve peu à peu. Et Pialat lui-même, en grand acteur qu'il est, a un côté solide, où passe le sentiment d'une impuissance devant cet énorme gouffre du Mal et de la sainteté.

S'il y a un film qui se moque de l'accessoire et qui choisit de se colleter avec l'essentiel, c'est bien celui-là. Certes, on y respire difficilement, et, en des temps de tiédeur blasée et de facilité molle, il risque de paraître lassant ou, pire, déplacé. Mais il y a des efforts qui en valent la chandelle. Parce qu'au bout du compte, le film de Pialat est animé d'un mouvement et d'une force qui emportent tout sur leur passage : cela s'appelle la grâce.

## VAN GOGH (1990)
### avec Jacques Dutronc, Alexandra London et Bernard Le Coq

**Sous la peinture, la vie.** Il y a quelque chose qui rôde dans le film de Pialat, qu'on ne sait trop comment définir : une violence, une folie latente, l'ombre de la mort. Ce quelque chose, qu'on sent plus qu'on ne le voit, ce pourrait être tout simplement la peinture, celle qui se nourrit des profondeurs de l'âme et des tourments secrets. Car, à un ou deux plans près, on ne voit pratiquement jamais Van Gogh peindre dans le film. Cela évite tous les pièges des chromos habituels, où l'on voit l'artiste torturé en proie à la fureur créatrice. Pialat ne montre pas l'acte de peindre, parce que cela relève d'un autre art – la peinture –, il montre l'homme qui peint.

Celui-ci se nomme Vincent Van Gogh, et il débarque un jour d'un train poussiéreux à la gare d'Auvers-sur-Oise. Ses biographes, depuis, savent qu'il ne lui reste que quelques mois à vivre. Mais lui, le sait-il ? Pialat ne donne pas d'explication a priori. Tout ce qu'il dit, c'est que Vincent vient là, sur la recommandation de son frère Théo, consulter le docteur Gachet. Et il vient peindre. Cent toiles en trois mois. Il arrive donc, boit un coup avec le chef de gare, loue une chambre à l'auberge, rencontre l'idiot du village, se fait ausculter par le docteur, qui a une fille, qui lui sourit, et qu'il peint. Autour de lui, il y a la vie : des bruits, une charrette qui passe, des hommes qui travaillent, une jeune fille qui joue du piano. Vincent est un homme parmi les hommes : timide, un peu laconique, souffrant peut-être dans sa tête de quelque mal réel, mais souffrant surtout de sa peinture que personne ne reconnaît et que son frère n'arrive pas à vendre, tout simplement peut-être parce qu'il ne l'aime pas. Quand il peint la fille du docteur Gachet, celle-ci le rabroue : « Ma robe, elle n'est pas comme ça. Et ces teintes violettes, on dirait du dégueulis ! » Van Gogh sourit, et ne dit rien. Et lorsque son voisin de chambre, qui peint aussi, démolit sa peinture : « Non, mais regarde ça. Tu ne sais pas faire un glacis. Ce sont des épaisseurs les unes à côté des autres, des touches, des touches, des touches. Et rien n'est aéré. On ne sent rien dans ta peinture », d'un air las, il se contente de dire : « T'as fini ? » Parce que sa peinture, il la porte en lui, comme une croix. En silence.

Alors Pialat montre l'homme. Il le suit dans les champs, dans le jardin du docteur, sur les bords de l'Oise, au bordel avec les filles. Et ce qu'il montre, c'est tout un monde, et tout un regard sur ce monde, que la peinture a, pour toujours, transfiguré. Il y a les reflets des arbres dans l'eau, et l'on dirait une toile impressionniste ; des canotiers, et on dirait du Seurat ; un french-cancan (scène éblouissante), et on dirait du Toulouse-Lautrec. Et il y a des champs de blé, une plaine sous le bleu du ciel, la tignasse ébouriffée d'un garçon, et on dirait du Van Gogh.

Parce que, sous la peinture, il y a la vie. Il y a les femmes, et leurs bras maternels, la douceur de leur peau caressée ; il y a le vin et l'absinthe ; les rires d'un déjeuner sur l'herbe ; les petits, les gens de rien, ceux qui voyagent en troisième sur des sièges étroits parce que, forcément, les pauvres ont le derrière moins gros que les riches. Il y a le souvenir de la Commune, l'accordéon déchirant qui chante *La Butte rouge* qui a bu le sang des ouvriers, et *Le Temps des cerises* que fredonne une femme dont le fils est mort là-haut, à 15 ans.

Il y a le monde de Pialat, ces dialogues qui respirent la vie vraie, cette façon de montrer les gens pour ce qu'ils sont, cette recherche bourrue et désespérée d'amour. Il y a le monde de Dutronc, sec et doux, qui brûle du dedans mais sans éclat de feu, et qui a ce côté à côté qui fait de Van Gogh son ami, son frère. Et ce qu'il y a de plus lumineux, c'est qu'il y a le monde de Van Gogh, restitué par des acteurs formidables de vérité, dirigés par un cinéaste qui a un regard, comme un peintre, dans un film où l'on rit et où l'on a envie de pleurer, tant tout est dit, et tant l'émotion est forte. Van Gogh, décidément, tel qu'en lui-même Pialat et Dutronc à jamais le changent.

## LE GARÇU (1995)
### avec Gérard Depardieu et Géraldine Pailhas

**Au nom du père et du fils.** Une histoire simple, comme la vie. Et comme telle représentant sans doute ce qu'il y a de plus difficile à faire passer à l'écran. Trois fois rien : un homme, Gérard, une femme, Sophie, plus jeune que lui, et leur fils, Antoine, 4 ans. Entre Gérard et Sophie, les choses vont et viennent, le désir est toujours là, mais Gérard lui est déjà ailleurs. Et pourtant, il voudrait rester. Parce qu'il y a Antoine, sa chair, son sang, ce petit bout de vie qu'il couve sans cesse du regard, de sa grosse patte maladroite et de son attention maladive. Gérard est entré en paternité, sans même s'en rendre compte. Mais il y a tant et tant qui vient compliquer les choses. Il y a les autres femmes, l'ex-épouse, la maîtresse de l'heure que Sophie supporte plutôt mal ; il y a aussi cette brusquerie autoritaire, qui ne se complique pas de tendresse. Gérard quitte Sophie. Mais sans pouvoir la quitter vraiment. Et sans vouloir quitter Antoine. Sans rien dire, il va l'attendre à la sortie de l'école, l'emmène à cheval sur sa grosse moto. Et quand Sophie, lassée, décide de vivre avec un autre, il fait irruption chez eux en pleine nuit, avec un petit camion à moteur tonitruant, qu'Antoine, réveillé, se met à conduire dans l'appartement, au milieu d'un vacarme infernal.

La paternité : sur ce thème balzacien, Pialat brode une narration d'aujourd'hui. Celle d'une époque où les familles éclatent, où l'on ne se marie plus et où l'on n'arrête pas de se quitter. Mais le sentiment est là, tapi dans les replis du cœur, et surgissant plus fort encore lorsque soudain, là-bas, au village natal, le père de Gérard meurt dans un dernier râle, sans autre mot que ce rendez-vous fataliste et serein avec la mort : « Ça y est », dit-il. Une vie qui part, et qui ramène Gérard à ce père qui, pour lui, fut toujours « le garçu », comme on dit des enfants mâles en Auvergne. De père en fils, on est toujours le garçu de quelqu'un.

Celui de Pialat, le vrai, s'appelle, comme dans le film, Antoine. Et c'est lui qui est l'enfant du film. D'où l'idée que, père à 65 ans, le cinéaste tiendrait, avec sa caméra, comme un journal intime. Idée fausse, même si l'omniprésence de l'enfant dit assez ce qu'il peut représenter pour son père. Fausse, parce que *Le Garçu*, malgré son inspiration éminemment personnelle, est un film qui a sa vie propre, qui raconte son histoire à lui, qui dépasse celle d'un homme – le réalisateur – et même d'un personnage – Gérard – pour toucher à des sentiments que tout le monde peut ressentir. Dans le cinéma de Pialat, en effet, tout semble toujours aller de soi. C'est l'art et la manière de saisir des relations, des sentiments, des situations, avec un naturel si confondant que tout semble facile. Et pourtant, il y a là un enfant – et de 4 ans –, c'est-à-dire l'être le plus délicat à manipuler devant une caméra. Et face à lui, il y a Depardieu, l'acteur, formidable, retrouvant un rôle et une justesse de ton qu'il semblait avoir perdus dans des entreprises multiples et moins risquées. Et Géraldine Pailhas, toute jeune, et qu'on dirait pourtant avoir été mère toute sa vie. Et même Dominique Rocheteau, qui fait passer son personnage de deuxième homme avec des nuances qu'on ne soupçonnait pas. Comment réunir tous ceux-là, qui se ressemblent si peu, et les mettre à l'unisson d'une histoire ? C'est là tout le grand art de Pialat, cinéaste de la vie. À la recherche, comme toujours, de ce qui fait l'homme. Et qui le trouve ici par cette façon de faire entrer le spectateur dans son film sans qu'il s'en rende compte : ça commence alors que tout est déjà commencé ; ça se poursuit à son rythme, les choses sont là, puis plus là, tout naturellement ; et ça se termine comme ça, autour d'un appareil à trancher le jambon, qui pourrait trancher les doigts de l'enfant, et aussi rompre le fil du sentiment, mais qui ne découpe que des tranches de jambon, qu'Antoine s'amuse à faire avaler à son père derrière la vitre.

Ça se termine, et ça ne se termine pas. Comme la vie. Comme un film de Pialat, ce *Garçu* qui, à y bien réfléchir, représentait au départ ce qu'il peut y avoir de plus casse-cou pour un cinéaste : la complaisance, l'impudeur, l'émotion facile. Et qui, au bout du compte, montre le regard d'un homme sur la vie, fait sentir l'inquiétude constamment là devant le danger qui guette la fragilité de tout être, mais qui fait sentir aussi, derrière les déchirures, le bonheur d'aimer.

## PIÑEYRO Marcelo (argentin, né en 1953)

**FILMOGRAPHIE :**
*Tango Feroz (1992)* • *Caballos Salvejes (1995)* • *Cenizas del Paraiso (1998)* •
*Vies brûlées (2001)* • ***Kamchatka (2002)***

Associé à Luis Puenzo dans une société de production de films publicitaires, Marcerlo Piñeyro, après avoir produit *L'Histoire officielle* de son partenaire, passe lui-même assez tardivement à la réalisation en 1992. Ses films s'inscrivent dans le renouveau d'un cinéma argentin qui, dans un pays sortant des années de la dictature, prend avec elles la distance du jugement et de la liberté retrouvée. Sans oublier, comme *Kamchatka* en fait foi, les leçons d'un passé douloureux, qui prennent, dans le contexte de crise où l'Argentine se retrouve plongée à l'orée du nouveau siècle, une utile et troublante résonance.

### KAMCHATKA (2002)
### avec Cecilia Roth, Ricardo Darin et Matias del Pozo

**Les chemins de la liberté.** Ils fuient. Vite, en douce, parce que le temps presse. Ils fuient, en laissant tout derrière eux. Et lorsque leur mère vient les chercher à l'école, lui et son petit frère Microbe, Harry ne comprend pas pourquoi elle les emmène ainsi, loin de leur maison, de leurs amis, de leur vie bien installée à Buenos Aires, et pourquoi il leur faut tout quitter pour aller se cacher dans une maison qu'il ne connaît pas, et où il lui faut désormais tout faire pour passer inaperçu : ne parler à personne, changer de nom, et même ne pas téléphoner à son copain Bertuccio qu'il a laissé à l'école sans même avoir le temps de lui dire qu'il partait.
Cette fuite, la date qui s'inscrit, aux premiers plans du film de Marcelo Piñeyro, en donne d'emblée la clef : 1976, le coup d'État en Argentine, l'arrivée des militaires au pouvoir et la dictature qui installe dans le pays son régime de terreur. Les parents d'Harry, lui avocat, elle prof de fac, sont des intellectuels engagés, et ce qui les attend inévitablement, c'est l'arrestation, la torture, la mort. Alors, ils fuient, vite, en douce, parce que le temps presse. Et ils embarquent avec eux leurs deux enfants. Ce voyage inopiné, c'est par les yeux du jeune Harry que le cinéaste a choisi de le raconter, et le choix de ce point de vue n'est certes pas innocent, qui donne au film sa tonalité propre. Harry, qui choisit ce prénom de clandestinité parce qu'il voue une admiration sans bornes au grand Harry Houdini, le roi de l'évasion, ne comprend pas d'abord ce qui se passe. Pour lui, le voyage s'assimile plus ou moins à de grandes vacances, où il peut enfin disposer de sa mère et de son père, visiter même ses grands-parents, qu'ils ne vont pas voir si souvent, et s'amuser avec Lucas, un jeune type que ses parents cachent avec eux ; et même s'il souffre de ne plus pouvoir mener sa vie d'avant, il compense en prenant tout cela comme une sorte de jeu, où lui, nouvel Houdini, échappe toujours à ceux qui veulent l'attraper.
Mais, progressivement, à mesure que l'étau se resserre et qu'il surprend ses parents de plus en plus inquiets, au point à nouveau de fuir en toute hâte le refuge où ils se sont installés, Harry comprend que c'est leur liberté même qui est en jeu, et le sens à donner à leur vie. Que cette compréhension passe par un jeu, dont il dispute des parties passionnées avec son père et où celui-ci, envers et contre tout, parvient à se préserver un territoire – le Kamtchatka – comme ultime terre de liberté, donne à ce voyage toute sa symbolique, celle d'un itinéraire d'apprentissage où, face à la dictature, l'enfant découvre, dans la douleur ultime de la séparation, la valeur profonde que son père a voulu lui transmettre, comme une leçon de vie : la résistance.

## PINOTEAU Claude (français, né en 1925)

**PREMIER LONG MÉTRAGE :**
*Le Silencieux (1972)*
**FILMOGRAPHIE DEPUIS 1985 :**
***L'Étudiante (1988)*** • *La Neige et le Feu (1990)* • *Cash cash (1993)* •
*Les Palmes de M. Schutz (1996)*

Claude Pinoteau est tombé tout enfant dans la marmite du cinéma : fils d'un régisseur, qui travaillait entre autres pour Julien Duvivier et René Clair, il passe sa jeunesse à Neuilly, dans l'appartement familial situé juste en face des studios des Films d'Art. Et, grâce à ce voisinage et au métier de son père, c'est dans les langes qu'il débute, étant recruté chaque fois que les studios ont besoin d'un bébé ! En grandissant, il continue à faire de la figuration, et on aperçoit sa silhouette de gamin dans de grands films des années 1930 : *Sans famille, Poil de carotte, La Charrette fantôme, La Fin du jour*... Puis, la guerre survenant, il se retrouve, grâce aux connaissances paternelles, engagé comme accessoiriste. D'accessoiriste, il devient régisseur de plateau, puis second assistant, puis premier assistant, travaillant aux côtés de Max Ophuls, de Jean Cocteau, de René Clément, d'Henri Verneuil, de Claude Lelouch, devenant même conseiller technique de Jean Cocteau, de Jean Giono, de Marcel Ophuls, puis réalisateur adjoint de René Clair et réalisateur de deuxième équipe pour Henri Verneuil, avant que Lino Ventura ne le réclame pour mettre en scène *Le Silencieux* en 1972. Il commence donc sur le tard une carrière de réalisateur, tournant une dizaine de films seulement, tous marqués par une grande maîtrise technique et un goût de la narration classique, et plutôt à l'aise dans la comédie de mœurs, où il a connu ses plus grands succès avec *La Gifle* puis *La Boum*, même s'il semble depuis en avoir perdu la recette.

### L'ÉTUDIANTE (1988)
#### avec Sophie Marceau et Vincent Lindon

**Recalée.** Ça commence dans un œuf. Aux sports d'hiver. Édouard y rencontre Valentine tout emmitouflée dans son foulard et ses affaires de ski, et pour lui, c'est le coup de foudre. Pour elle, c'est plus compliqué. Dans son planning ultra-affairé qui se partage entre le CES de banlieue où elle est maîtresse auxiliaire et la Sorbonne où elle suit des cours de lettres classiques, Édouard n'a guère sa place. D'autant qu'il est artiste, lunaire, pagailleux, oiseau de nuit, incapable de se fixer et de finir ses phrases. Alors qu'elle a un but dans la vie : réussir l'agrégation, couronner ses cinq années d'étude par la palme finale : le concours. Entre les deux, l'affaire s'emmanche donc plutôt mal. Et puis, de coups de fil en rendez-vous manqués, de petits câlins en grosses disputes, les voilà qui deviennent indispensables l'un à l'autre. Ce qui perturbe aussi bien la vie de musicien bohème de l'un que les plans studieux et ordonnés de l'autre.
Qu'adviendra-t-il alors de leur drôle de couple ? C'est toute la question. Une question vieille comme le monde, depuis que les affinités électives nourrissent les désordres amoureux. Une question, en tout cas, qui apparaît ici tellement téléphonée (c'est le cas de le dire, vu que l'essentiel des conversations s'y passe de cabine téléphonique en répondeur automatique) que la réponse, dès la deuxième minute du film, ne fait plus guère de doute. Il faut donc bien pour le spectateur s'intéresser à autre chose. Ayant pensé à tout, Claude Pinoteau et sa scénariste Danielle Thompson (qui furent mieux inspirés dans *La Boum*) lui proposent un échantillonnage de clichés divers, où il n'a qu'à choisir : scène d'amour avec caméra plongeante et tournante ; gros plan sur les lèvres boudeuses de la jolie Sophie Marceau ; considérations convaincues sur le malaise de la condition enseignante ; plans de coupe sur les copains sympas qui agrémentent l'ordinaire ; et surtout délicieux effets de pluie. Bien que tout en effet soit censé se passer à l'approche des beaux jours, le printemps est décidément pourri dans le film car il y pleut sans cesse, ce qui facilite les baisers mouillés, les yeux embués et la publicité pour les essuie-glaces. Pour le reste, Sophie Marceau ne trouve pas un rôle impérissable, campant une agrégative passablement improbable qui confond Molière avec Ménie Grégoire et qui prend l'oral de l'agrégation pour une séance de psychanalyse appliquée. Vincent Lindon, pour sa part, excelle en ahuri. Et le tout évolue entre l'à-peu-près et le presque rien.

## PINTILIE Lucian (roumain, né en 1933)

**PREMIER LONG MÉTRAGE :**
*Dimanche à 6 heures (1965)*
**FILMOGRAPHIE :**
***Le Chêne (1992)*** • *Un été inoubliable (1994)* • *Lumière et Compagnie (1995), co-réalisation* • ***Trop tard (1996)*** • *Terminus Paradis (1997)* • *L'Après-midi d'un tortionnaire (2001)* • *Niki et Flo (2003)*

Lucian Pintilie a vécu, dans sa carrière même, les soubresauts de l'histoire de son pays. Formé à l'Institut d'art cinématographique et théâtral de Bucarest, il s'exprime d'abord, dans son pays, à travers trois domaines : le théâtre, pour lequel il monte entre 1956 et 1972 une trentaine de spectacles, dont beaucoup sont invités à l'étranger ; la télévision, où il réalise des dizaines de reportages et de retransmissions en direct; le cinéma enfin, où il débute en 1965, tournant quatre films dont, en 1979, *Scènes de carnaval*, qui est interdit pendant dix ans, et qui ne sortira en Roumanie qu'en 1991. Entre-temps, sa mise en scène au théâtre du *Revizor* étant arrêtée sur décision gouvernementale, il choisit en 1972 de partir travailler à l'étranger. Invité en France, il collabore pendant plus de quinze ans avec le Théâtre de la Ville, où il monte plus de dix spectacles, mais travaille aussi pour la télévision américaine et pour le théâtre et l'opéra en Angleterre. La révolution de 1988 et les bouleversements politiques qu'elle entraîne l'amènent à regagner la Roumanie en 1990. C'est là que, depuis, il travaille, mais sans rien perdre d'un regard critique qui l'amène à donner de la Roumanie nouvelle une image bien éloignée des espoirs qu'il mettait en elle.

## LE CHÊNE (1992)
### avec Maia Morgenstern, Razvan Vasilescu et Victor Rebengiuc

**Paysage après la tourmente.** Un cadavre, et comment s'en débarrasser? C'est en Roumanie, à Bucarest, en 1988, la dernière année de l'ère Ceaucescu. Le père de Nela, colonel de la Securitate, meurt, et la jeune femme voudrait bien léguer son corps à la science: mais personne n'en veut, car les frigos de la morgue sont en panne. Alors Nela part en province pour y enseigner. La route est longue, le train bondé, et la pluie emporte tout, jusqu'au ballast de la voie ferrée. À l'arrivée, après avoir manqué de se faire violer, elle rencontre Mitica, un médecin, qui partage sa dérive et sa révolte. À eux deux, ils vont tout traverser – le pays en plein naufrage, les catastrophes naturelles, les champs de mines, la terreur – jusqu'à ce chêne, fier, solide, dressé dans la bourrasque comme un phare dans la nuit.
Lucian Pintilie, qui avait quitté son pays, y est revenu pour tourner cette fable féroce, grand-guignolesque, truculente et macabre, à la mesure même de ce qui arrive à la Roumanie: un pays à la dérive, un vaisseau fantôme emporté dans la tempête, où le post-communisme semble mettre ses pas dans les traces de ceux qui l'ont précédé. Les situations et les personnages de son film ont une outrance baroque, une frénésie furieuse, qui se retrouvent dans une mise en scène où le cinéaste a visiblement fait passer tout ce qu'il a sur le cœur: sa révolte, sa souffrance, mais aussi son espoir dans un avenir que symbolise ce chêne inébranlable, dont les racines plongent au plus profond de sa terre.

## TROP TARD (1996)
### avec Razvan Vasilescu, Cecilia Barbora et Victor Rebengiuc

**Il n'y a plus d'après.** Noir, d'abord, comme un film noir, une sorte de thriller politique, où il s'agit de trouver un coupable à une série de meurtres. Mais noir aussi comme le décor: une mine au fin fond de la Roumanie des profondeurs, dans une vallée nommée – c'est tout un programme – la vallée des Pleurs. La mine, c'est la bouche d'ombre, les entrailles de la terre: les mineurs, noirs, crasseux, statues de poussière, de charbon et de boue, y sont comme des hommes descendus au plus profond de la condition humaine. Mais dans la Roumanie de 1996, ces mineurs, ce sont aussi ces hommes que le pouvoir a lancés à plusieurs reprises sur Bucarest, fer de lance manipulé d'une violence d'État qui est celle du nouveau régime qui a succédé à la dictature communiste.
Noir, alors, aussi, comme le constat dressé. Car l'histoire que raconte Lucian Pintilie est une énorme métaphore, et pas seulement de l'état de son pays, mais peut-être même plus radicalement de l'état de l'humanité après la chute du communisme. Dans cette mine, en effet, des crimes inexpliqués se succèdent et les cadavres qu'on découvre, les uns après les autres, sont broyés, déchiquetés, les membres disjoints, la tête dévorée par les rats. Non reconnaissables, ils n'ont plus rien d'humain. Costa, un procureur stagiaire, est désigné pour mener l'enquête. Contre la routine, contre les pesanteurs, puis de plus en plus contre les obstacles qu'on dresse contre lui, il cherche à découvrir un coupable dont il se rend compte que personne, ni la direction de la mine, ni les mineurs, ni la justice, ni le pouvoir, ne souhaite qu'il soit découvert. Comme si le secret enfoui au fond de la mine se devait d'y rester, garantie en quelque sorte d'une abolition de la mémoire et d'une occultation de la conscience. Costa, pourtant, cherche, fouille, creuse, aidé par Alina, une jeune topographe qui est devenue sa maîtresse et qui, comme lui, rêve d'autre chose. Peut-être d'un pays comme celui que montre la photo géante qui sert de décor à leurs ébats amoureux, avec mer, soleil et ciel bleu sous la brise. Mais ce paradis de lumière n'est plus de ce monde où vivent Costa et Alina. Ici, c'est le noir, la saleté qui colle à la peau et qu'on ne peut parvenir à laver puisque l'eau manque, que les robinets s'arrêtent et que la propreté est définitivement impossible à retrouver.
Noir, alors, le cheminement du film au milieu d'une terre ravagée, au milieu des décombres et des déchets, au milieu d'un pays fou, où le délire est dans les mots, dans les gestes, dans la façon quasi bestiale de se comporter,

dans la grossièreté brutale d'une vie réduite à ses fonctions organiques et que trouble à peine la petite musique d'un quatuor de jeunes musiciens jouant *La Jeune fille et la Mort* à la cantine de la mine, tandis que des enfants contrefaits se battent pour voler les restes de nourriture qu'on leur jette. Dans sa noirceur absolue, la vision que Lucian Pintilie offre de son pays détruit fait penser à celle que Rossellini traçait de l'Allemagne de l'année zéro. Rapprochement qui n'est pas que formel mais qui engage aussi le sens même du film. Car ce que dit *Trop tard*, c'est que la catastrophe a eu lieu et qu'on ne peut pas revenir en arrière. Il est définitivement trop tard et il n'y a plus d'après. Si ce n'est, dans cet enfer désespéré, la mince lueur de petites lumières qui parviennent malgré tout à percer le noir : un couple qui s'aime, un homme qui cherche à comprendre, et ce désir d'aller voir ailleurs, maigre solution de fuite, mais seule façon de survivre. Ce que fera Costa, après avoir réussi à faire sortir du puits l'insoutenable vérité. Moment terrible, que Lucian Pintilie filme comme un retour à l'âge des cavernes. Le cinéma ici transcende le propos, et l'on retrouve cette sorte de démesure qui, à sa façon, est une révolte. Comme – autre forme de respiration dans cette atmosphère irrespirable, où les hommes meurent d'asphyxie – l'humour, noir lui aussi, mais qui traduit le regard ironique et satirique de ce qui est capable de prendre ses distances, de juger, de dénoncer. Ou tout simplement de dire l'indicible.

## PITOF (français, né en 1957)

**FILMOGRAPHIE :**
***Vidocq (2001)*** • *Catwoman (2004)*

Pionnier de l'imagerie numérique française, Pitof (de son vrai nom Jean-Christophe Comar), qui a commencé comme assistant réalisateur et monteur de films et de spots publicitaires avant de s'orienter vers l'enregistrement musical, l'écriture de programmes informatiques et le graphisme, aborde le domaine des effets visuels dès 1986, notamment pour des films de Jeunet et Caro, de Wim Wenders et de Luc Besson. Collaborant ensuite à la création du premier programme français d'effets numériques pour le cinéma, il dirige, en 1997, la seconde équipe d'*Alien – La Résurrection* que Jean-Pierre Jeunet réalise pour la Fox. Il y assure, au sein de Duboi, la société parisienne spécialisée dans le numérique, les effets visuels, avant de passer lui-même à la réalisation avec *Vidocq*, premier film français en Haute Définition. Celui-ci attire l'attention des studios hollywoodiens et la Warner propose à son tour au cinéaste de venir tourner aux États-Unis *Catwoman*, dont la distribution – Halle Berry, Sharon Stone – est à la mesure du budget engagé et des effets spéciaux induits.

### VIDOCQ (2001)
### avec Gérard Depardieu, Inès Sastre et Guillaume Canet

**De Balzac à Matrix.** Vidocq est mort. Le film de Pitof commence par la fin, en réglant d'entrée son compte au héros éponyme. Le personnage mythique de l'ex-bagnard devenu policier poursuit en effet, dès la séquence initiale, un être qui lui échappe et dont la cape noire enveloppe une identité mystérieuse. La façon dont est filmée la poursuite ajoute encore à l'étrangeté : la caméra grossit démesurément les visages, s'attarde sur un œil exorbité, s'envole pour surplomber la scène, redescend pour s'enfoncer le long de murs suintants qui défilent de part et d'autre comme sur un écran vidéo. Distorsion de l'image, éclatement du cadre, succession elliptique et accélérée des plans, bombardement visuel et sonore, éclairs fulgurants, noirceurs menaçantes, décors de cauchemar. Avec, au bout du tunnel infernal, l'affrontement entre la masse épaisse de Vidocq-Depardieu, suant, soufflant, éructant, et l'agilité bondissante de la créature noire, semblant sortie de *Tigres et dragons*, et dont le visage soudain apparaît : c'est un masque-miroir, qui réfléchit celui qui le regarde. Dans ce combat de titans, c'est Vidocq qui cède : sa mort survient comme un aveu de défaite lorsque, dans un dernier souffle, il demande à son adversaire de voir son visage et que, découvrant ce qui se trouve sous le masque, il se laisse tomber dans la fournaise qui l'engloutit.
Tout le film de Pitof est dans cette ouverture. Le grand héros populaire, venu du roman-feuilleton du XIXe siècle et passé par le moule de la série télé du XXe, se trouve ici, à l'aube du XXIe, confronté à une créature qui n'a pas visage humain et à qui il serait tentant de donner un nom : le virtuel. On est d'ailleurs d'autant plus fondé à le faire que le film, entièrement numérique, participe d'un univers façonné par le jeu vidéo, la pub et les effets spéciaux. Vidocq

filmé par Pitof, c'est Balzac en version Matrix, le roman transformé en console de jeux, le mythe devenu clip. Et c'est, visuellement, assez extraordinaire, avec des décors où les visions fantastiques et picturales de Gustave Moreau se mêlent à l'atmosphère poético-décadente de Jeunet et Caro, pour donner aux mystères de Paris les couleurs d'un imaginaire à mi-chemin d'Eugène Sue et d'Edgar Poe. Le combat entre le héros d'hier et la créature porteuse des potentialités fantastiques qu'une nouvelle science entrouvre, est-il donc inégal? On peut trouver dans le film une double réponse. La première, manifeste, donne la victoire à la technologie virtuelle. Et, sur ce plan, les énormes moyens déployés entraînent un déluge d'effets spéciaux qui envahissent l'écran au point qu'on a le sentiment que le réalisateur cherche surtout à se faire plaisir avec ses fabuleux jouets technologiques. Et, à ce compte-là, on est tenté de se dire que trop, c'est trop. Mais une seconde leçon, peut-être inconsciente, perce aussi à travers l'histoire de Vidocq ainsi revisitée. Gérard Depardieu, avec son énorme masse de chair, résiste vaillamment à tous les pièges virtuels qui lui sont tendus. Et au bout de l'enquête menée sur la mort de Vidocq par le jeune enquêteur qu'incarne Guillaume Canet, il apparaît que les vrais héros ne meurent jamais. Et que Vidocq, même réduit en cendres, n'a sans doute pas dit son dernier mot.

## PIXAR studios

**Filmographie des dessins animés Pixar-Disney :**
*Toy story (1995)* • *1001 pattes (1998)* • ***Toy story 2 (1999)*** • ***Monstres & Cie (2001)*** • ***Le Monde de Nemo (2003)*** • *Les Indestructibles (2004)*

### TOY STORY 2 (1999)
### de John Lasseter

**Jouets inanimés, avez-vous donc une âme?** Pour les jouets aussi, tout finit au cimetière. À savoir dans la poubelle qui les attend lorsque, ayant fait leur temps, reclus de poussière et d'inutilité, ils sont abandonnés par leur maître qui, un beau jour, les voyant ainsi en souffrance, les jettent tout de go aux ordures. Et c'est bien ce qui risque d'arriver à Woody le cow-boy, comme le lui annonce un sinistre cauchemar, lorsque, le bras déchiré, il se retrouve abandonné sur une étagère, étape ultime avant la fosse commune. Il est temps pour lui de réagir, d'autant que, par suite d'un fâcheux concours de circonstances, il se fait enlever par un collectionneur qui projette de le rafistoler pour mieux pouvoir le vendre à un musée japonais. Voilà donc le jouet chéri du petit Andy enlevé à sa maison, à son maître et à ses copains les jouets et enfermé dans une maison étrangère, où il découvre une petite troupe de congénères promis au même sort que lui. Avec cette différence que là, Jessie, la cow-girl qui a tellement souffert d'être rejetée par sa maîtresse Emily lorsque celle-ci, ayant atteint l'âge dit de raison, l'a jetée comme une vulgaire chaussette, préfère encore l'immortalité embaumée dans une vitrine d'exposition que la grande douleur muette des jouets qui ne sont plus aimés. Woody se trouve ainsi confronté à un terrible choix, d'autant qu'il se sent un faible pour la jolie Jessie : va-t-il rester avec elle et avec ses nouveaux compagnons pour devenir un objet qu'on expose, ou va-t-il tout faire pour essayer de regagner sa maison et le cœur d'Andy, même si celui-ci, un jour, grandira et ne voudra plus entendre parler de lui?
De ce dilemme quasi cornélien, John Lasseter tire un scénario riche en action et en rebondissements. Car la troupe des joyeux jouets trouve, dans cette douloureuse circonstance, à reprendre du service. Ses copains entendent bien en effet aller sauver Woody. Les voilà donc qui se mettent en route pour un voyage de tous les dangers. Mais Buzz l'éclair et sa tenue de cosmonaute, Monsieur Patate et sa grosse tête de pomme de terre, Bayonne le cochon rosé, Rex le dinosaure affectueux, et Zigzag le toutou à ressorts ont plus d'un tour dans leur mécanique. Et le cinéaste et son équipe d'animateurs ont plus d'un effet spécial et d'un logiciel d'animation pour leur donner la pêche nécessaire. C'est même une des meilleures surprises de cette suite que de retrouver les mêmes personnages, mais enrichis par les progrès technologiques, et aussi, ce qui est plus surprenant encore, par un scénario plein de trouvailles, de références amusées au monde de la BD et même de joyeuses parodies des nouvelles manies du cinéma, comme celle de projeter sur le générique de fin les chutes non retenues et les gags de tournage. Naturellement, tout ici est détourné dans le sens de la fantaisie, laquelle ne se prive de rien, et n'hésite pas à faire danser les poupées Barbie sur un air disco, à se rejouer *La Guerre des étoiles* ou à se donner des airs de comédie musicale. Plus besoin dès lors de se poser la lancinante question de savoir si les jouets inanimés ont une âme. Dans le monde virtuel animé de John Lasseter, la réponse est définitivement oui.

## MONSTRES & CIE (2001)
### de Pete Docter, Lee Unkrich et David Silverman

**Dans les placards hollywoodiens.** Derrière les portes de la nuit, il y a des monstres qui, dès que le marchand de sable est passé, surgissent du placard pour apporter aux chères têtes blondes leur dose de terreur nocturne et pour faire jaillir de leurs rêves les horribles cris d'effroi qui témoignent que le cauchemar est réussi. Or, à peine le premier monstre s'est-il manifesté dans la chambre d'un gentil bambin qui vient de fermer les yeux, que la caméra, se reculant, découvre la terrible réalité : tout ceci n'était qu'un exercice, filmé en direct, destiné à tester les capacités de suggestion des créatures illusoires, dont les performances sont la garantie de la bonne santé économique de l'usine à rêves. *Monstres & Cie* n'est autre en effet qu'une firme dont la fonction est de susciter auprès des enfants endormis des visions de monstres rugissants, pour leur arracher des cris qui fourniront l'énergie nécessaire à la vie de l'entreprise.
Il y a, du coup, deux façons d'entrer dans le film à la fois délirant et prodigieusement inventif de Pete Docter, fruit de la technologie et du savoir-faire de plus en plus performants des studios Pixar. À s'en tenir au genre – le film d'animation – et à toute l'incroyable virtuosité informatique dont il témoigne, on peut y voir une belle histoire à dormir debout, destinée en priorité à ces amateurs de cauchemars dans les placards que sont les enfants. Et, sur ce plan, du gros Sulli avec ses petites cornes diaboliques et son abondante fourrure turquoise à taches violettes, à Bob Razowski, mini-cyclope vert rond comme la grosse bille de son œil unique, en passant par Léon Bogue, le lézard à huit pattes et à écailles gluantes, ou par Henri Waternousse, avec sa tête à œil multiple et ses pattes de crustacés, le bestiaire monstrueux sorti de l'imagination des animateurs vaut son pesant d'originalité cocasse. Et le scénario, qui fait passer de l'autre côté de la porte une adorable fillette, ce qui a pour effet de terroriser les terreurs et de semer la pagaille dans l'usine à cauchemars, ménage son lot de rebondissements, de poursuites, de courses infernales – dont une superbe séquence en forme de grand huit, dont les wagons sont en fait les portes qui ouvrent sur le monde de la réalité et qui projettent les créatures qui les franchissent du sable blond des îles du Pacifique aux neiges de l'Himalaya, en passant par un petit tour du côté de la tour Eiffel sur un air d'accordéon. Bref, ça avance bon train, malgré deux ou trois petites baisses de régime en cours de route, et ça débouche sur un finale qui réconcilie la petite belle et la grosse bête, dans le meilleur des mondes et des monstres possibles.
Reste, néanmoins, que, si l'on veut y regarder de plus près, on s'aperçoit que le film renferme un autre type de fable, et que cette firme pourvoyeuse de monstres ressemble à s'y méprendre à la grande usine à rêves qu'est Hollywood. Or les ennuis qui touchent ici celle-ci renvoient à l'idée d'une crise qui n'est pas que d'inspiration : derrière la porte, il risque en effet d'y avoir pas mal de cadavres dans des placards hollywoodiens qui sentent de plus en plus le formatage, le virtuel, l'effet de synthèse, le monstre fabriqué. À moins que, reprenant le dessus, la petite touche d'humanité ne vienne se glisser dans la mécanique pour la faire exploser. Et, réinventant son cinéma, ne lui redonne la vie.

## LE MONDE DE NEMO (2003)
### d'Andrew Stanton

**Comme un poisson dans l'eau.** Petit poisson deviendra grand, si du moins les dieux de l'océan lui prêtent vie. Or, justement, ça ne se présente pas très bien pour Nemo. Fils unique, ayant perdu mère, frères et sœurs dans un affreux massacre sous-marin, et qui plus est doté d'une nageoire atrophiée, il n'écoute pas les conseils de prudence de son papa, le gentil poisson-clown (qui ne fait d'ailleurs rire personne), et il brûle d'aller découvrir les merveilles du monde marin. Sans se méfier des hommes qui pêchent… Et ce qui devait arriver arrive : le petit curieux, s'approchant trop près du danger, se fait capturer par un plongeur qui l'embarque sur son bateau. Et voilà comment le petit poisson orange se retrouve dans un bocal, ou plus précisément dans un aquarium trônant dans le cabinet d'un dentiste de Sydney. L'Australie, c'est loin, même pour un poisson. Mais n'écoutant que son amour paternel, le père de Nemo décide d'aller sauver son fils. Ainsi commence une prodigieuse odyssée où, tandis que le fiston essaie tout, avec ses nouveaux amis de l'aquarium, pour échapper à sa prison de verre, son géniteur, accompagné d'une mignonne poissonne bleue, qui a la particularité redoutable d'oublier tout ce qu'on vient de lui dire, va traverser les mers et affronter tous les dangers – requins affamés, dentelles de méduses, ventre de la baleine – pour retrouver son poissonneau.
Le charme irrésistible du film d'Andrew Stanton tient d'abord à l'histoire de ce sauvetage impossible : comment faire sortir un poisson prisonnier d'un aquarium et comment lui faire retrouver son père dans l'immensité de l'océan ? Or c'est là que l'imagination intervient, peuplant le fond des mers, et leur surface aussi, d'une faune colorée, de requins

suivant un régime sans poisson, de pélicans faisant la nique aux mouettes, de tortues pratiquant l'art de naviguer dans les courants, et de centaines d'autres créatures bleues, jaunes, vertes, zébrées, grandes, petites, à pinces ou à nageoires, parlant baleine ou parlant français...
Le monde de Nemo est un monde enchanté, où l'extraordinaire animation par ordinateur autorise toutes les fantaisies et toutes les trouvailles, ne fixant aucune limite à la création du bestiaire le plus étourdissant qui se puisse rêver. Et l'esthétique très lisse et colorée qui préside à cette création rend les habitants des mers aussi familièrement sympathiques que les petits poissons de baignoire dont tout enfant agrémente l'eau de son bain. C'est sans doute ce parfum d'enfance heureuse qui destine en priorité le film aux enfants, mais qui, habilement, le rend d'autant plus accessible aussi aux adultes – ces anciens enfants – que l'histoire racontée est, elle, vécue en priorité du côté du père, et qu'elle véhicule, de la mort de la mère au rapt du petit Nemo, toute une fantasmatique tragique du malheur familial qui, *in fine*, sera victorieusement surmontée, donnant tout loisir aux adultes d'apaiser leurs craintes.
D'autant que, dans cet univers des eaux profondes, l'humour et la tendresse sont les éléments dominants, face à la dureté de la nature. Et ce sont eux qui, forcément, triomphent de tout, y compris d'un chameau de gamine dont l'appareil dentaire tranchant et acéré illustre à merveille la cruauté humaine. Dans le monde de Nemo, l'humanité est du côté des poissons...

## PLANCHON Roger (français, né en 1931)

**FILMOGRAPHIE :**
*Dandin (1987)* • ***Louis enfant roi (1993)*** • *Lautrec (1998)*

Metteur en scène de théâtre parmi les plus importants de son époque, comédien lui-même, Roger Planchon a abordé tout naturellement le cinéma par Molière, adaptant au grand écran une mise en scène de *George Dandin* qu'il avait donnée sur les planches. Se donnant alors les moyens de réalisations plus importantes, en impliquant en particulier la région Rhône-Alpes, où il travaille, dans une véritable politique de soutien au cinéma, il montre, dans les deux films qu'il entreprend sur l'enfance de Louis XIV puis sur Toulouse-Lautrec, sinon un regard de cinéaste, du moins un sens du spectacle et de la beauté des formes acquis au fil d'une carrière prestigieuse de plus de cinquante années au théâtre.

### LOUIS ENFANT ROI (1993)
**avec Maxime Mansion, Carmen Maura, Jocelyn Quivrin et Michèle Laroque**

**L'Apprenti-Soleil.** D'abord, on n'y comprend pas grand-chose, au milieu de tous ces personnages qui s'agitent, de ces gens qui intriguent, de ces alliances qui se font et se défont, de cette sorte de fébrilité contagieuse qui règne. Et l'on se sent comme le jeune Louis, ballotté par les événements, pris dans les soubresauts de la Fronde et de ses jeux d'influence et de rébellion où le pouvoir et la raison vacillent. Et puis, peu à peu, les choses trouvent leur place, le monde prend son sens : Louis grandit, il observe, il ressent, il s'informe, il se forme. Ce qu'il voit là, autour de lui, c'est le spectacle de l'agitation humaine, le désordre d'un univers qui a perdu son centre. Et s'impose à lui la leçon de son maître de cosmographie, qui indique que le mouvement des planètes ne se conçoit que par rapport à un point fixe, central : le soleil.
Le film de Roger Planchon s'ouvre sur cette représentation du système solaire ; il se clôt sur un spectacle, donné par le roi lui-même, où, au milieu d'un chœur de ballet, celui-ci figure l'astre roi dans un rayonnement que ne vient désormais plus troubler l'éclat désordonné des princes frondeurs. Entre ces deux scènes symboliques, Planchon inscrit l'apprentissage du pouvoir et de la vie, pour un enfant qui n'est pas tout à fait comme les autres, puisqu'il est ce jeune roi promis à l'absolu d'un règne éclatant, saisi ici dans ses tréfonds, à ce moment privilégié où tout est encore en devenir, en potentialités : Louis le jeune, futur XIV, à peine sorti de la petite enfance, et jeté à l'âge de 11 ans dans une crise qui risque de tout emporter de son pouvoir.
Défilent donc ici tous les acteurs du drame, ou plutôt du roman de cape et d'épée, que Planchon montre, en fin connaisseur du XVIIe siècle qu'il est. Non pas des figures figées dans la pose des clichés d'Histoire, mais des êtres de chair, de mots, de gestes, pour la plupart violents, grossiers, fougueux, caracolant, jurant, faisant l'amour et la guerre avec la même frénésie, flamberge au vent. Planchon, qui sait mettre en scène, fait sentir cette couleur et

presque cette odeur de la Fronde. En des tableaux éclairés à la flamande, avec des costumes flamboyants et des dialogues, dont il est lui-même l'auteur, qui ne mâchent pas les mots, il donne à cette fresque à la fois l'authenticité historique et les séductions de l'imaginaire. Son film peut se regarder, certes, comme une leçon d'Histoire (un peu longue – 2h40 –, difficile et compliquée), mais plutôt et surtout comme un spectacle : le grand spectacle d'un roi encore enfant, mais comprenant vite précisément la force du spectacle, et se mettant lui-même en scène pour asseoir son pouvoir par la représentation qu'il en donne. Tout en étant aussi, comme tout enfant, à l'affût de la vie qui s'ouvre devant lui, des sensations et des plaisirs dont il découvre, dans le baiser d'une servante puis dans les bras d'une dame de la cour chargée de le déniaiser, toutes les troublantes délices.
Autour de l'enfant roi (Maxime Mansion, joufflu et emprunté, et qui réussit ce tour de force de prendre de l'assurance et de s'imposer comme le héros du film), Planchon a réuni plus que des acteurs : une troupe de comédiens, dirigés de telle façon qu'ils donnent à chaque personnage, même épisodique, une personnalité reconnaissable. L'Espagnole Anne d'Autriche a l'accent et la force de Carmen Maura, l'Italien Mazarin la finesse toute florentine de Paolo Graciozi, le jeune duc d'Anjou est déjà folle, Condé est beau comme un dieu, Conti bête comme ses pieds, la duchesse de Chatillon a le feu au derrière, Gaston d'Orléans virevolte, et la grande Mademoiselle fait tonner le canon avec la bouche en cul de poule et des mines façonnières irrésistibles. Ça vit, ça bouge, ça aime, ça meurt, ça mêle la boue et la pourriture à l'or et à l'encens. C'est le Grand Siècle vu par un grand homme de spectacle.

## PLATTNER Patricia (suissesse, née en 1953)

**Filmographie :**
*Piano Panier ou la recherche de l'Équateur (1989)* • *Le Livre de cristal (1994)* •
***Les Petites couleurs (2002)***

Formée aux arts graphiques et plastiques, artiste produisant plusieurs expositions et performances, Patricia Plattner se tourne vers le cinéma en fondant sa propre maison de production en 1985, ce qui lui permet de produire (Manoel de Oliveira, Danièle Dubroux, Laurence Ferreira-Barbosa), mais également de réaliser de nombreux documentaires, consacrés en particuliers à des peintres, des écrivains, des musiciens, puis de passer aux longs métrages de fiction. Ceux-ci traduisent des thématiques récurrentes : l'amitié entre femmes, à travers le récit d'un voyage au Portugal d'une jeune Suissesse et de son amie portugaise, dans *Piano Panier*, ou de la rencontre des deux héroïnes des *Petites couleurs* ; mais aussi l'ouverture aux autres cultures, qu'elle développe dans plusieurs documentaires, et qui sert de toile de fond au *Livre de cristal*.

### LES PETITES COULEURS (2002)
#### avec Bernadette Laffont et Anouk Grinberg

**La vie en rose.** Avec sa mine de chienne battue, ses yeux noircis par les coups et sa valise de bleus à l'âme, Christelle est en pleine dérive quand elle débarque au *Galaxy*. Trompée, meurtrie, frappée par un époux qui la prend pour son souffre-douleur, elle a vu son dernier rêve de coiffeuse s'écrouler quand celui-ci a confié à une autre la nouvelle machine à coiffer futuriste qui lui était destinée. Pour la première fois de sa vie, Christelle la soumise s'est donc décidée à prendre son destin en main : assommant son mari et lui fauchant sa voiture, elle est partie avec la machine en question. Et c'est ainsi qu'elle débarque au *Galaxy*. Autant dire sur une autre planète. Car le décor donne ici le ton. À la fois relais routier, motel de campagne, resto de famille, dancing de nuit et refuge pour âmes en peine, le *Galaxy* est un peu comme la bonne auberge inscrite dans les livres : on y trouve de tout, du Polonais improbable qui vend des dessous féminins et en profite pour séduire les dames à la brochette de camionneurs sympas au cœur aussi gros que leur 35 tonnes. Sans oublier la maîtresse de maison : Madame Mona, la bonne hôtesse, veuve et plantureuse, grande sœur et bonne mère, qui va prendre Christelle sous son aile et lui redonner goût à la vie.
Cela sent certes un peu son déjà-vu, et il y aurait là, en version suisse, comme l'équivalent d'un *Bagdad Café* débordant de chaleur humaine, de figures pittoresques et de bons sentiments qui risquerait fort de ne donner qu'une pâle copie de l'original si, par la grâce de deux comédiennes et par la magie de jolies trouvailles, le film de Patricia Plattner ne se frayait son propre chemin. Côté interprétation, Bernadette Laffont, en fiancée du pirate

qui aurait pris quelques années et quelques kilos de plus sans rien abandonner de son esprit de liberté, et Anouk Grinberg, avec ses mines souffreteuses et sa façon soudaine de s'illuminer de l'intérieur, constituent un de ces tandems qui sentent bon la complicité féminine et qui font passer le courant de la tendresse humaine. Et côté trouvailles, l'idée de tout repeindre – le motel, la camionnette poussiéreuse et les chevelures des femmes – dans des teintes de rose, fuchsia, mauve, parme et autre violet, redonne des couleurs à la vie grise de la pauvre Christelle. Tout comme cette autre idée d'offrir, en contrepoint de ses aventures sentimentales, un inénarrable soap opera en version western qui passe en feuilleton à la télé, donne au gentil mélo qui guette la distance constante d'une réjouissante ironie.

## PLYMPTON Bill (américain, né en 1946)

**Filmographie :**
***The Tune (1992)*** • *L'Impitoyable lune de miel (1998)* • *Les Mutants de l'espace (2001)* • *Hair high (2004)*

Bill Plympton représente, dans un pays où l'animation est, depuis Walt Disney, le terrain de chasse quasi réservé des grandes firmes spécialisées, la solution alternative d'un cinéma totalement indépendant. Installé à New York depuis 1968, il s'y forme à la School of Visual Arts tout en travaillant comme cartoonist et comme illustrateur. Graphiste pour plusieurs magazines spécialisés, illustrateur pour de grands journaux, créateur d'un strip politique, *Plympton*, pour *The Soho Weekly News*, il est déjà une figure connue de la contre-culture lorsqu'il se lance, en 1983, dans le film d'animation, avec *Boomtow*, un dessin animé musical sur la guerre froide et les absurdités de l'armement militaire qu'elle a entraînées. Passant au long métrage avec *The Tune*, entièrement autofinancé et pour lequel il réalise 30 000 dessins à lui tout seul, il développe, dans de nombreux courts métrages et dans quelques longs, un esprit résolument irrévérencieux, où s'entremêlent, dans un graphisme très personnel qui rompt avec toutes les lignes convenues, mauvais esprit et mauvais goût assumés, fantaisies surréalistes et poétiques, et surtout humour décapant, utilisant toutes les ressources de la parodie et de la satire.

### THE TUNE (1992)

**Piano vole.** Dans la catégorie ovnis cinématographiques, les dessins curieusement animés de Bill Plympton méritent indubitablement le détour. Non seulement parce qu'ils ne ressemblent à rien de ce qui se voit d'ordinaire sur les écrans, mais surtout parce qu'ils révèlent un univers délirant, où l'absurde fait bon ménage avec l'humour dévastateur, et où l'imagination a quelque chose de proprement surréaliste.

Ainsi du héros de *The Tune*, le dénommé Del, grand dadais à l'air un peu ahuri, qui, compositeur à la recherche du tube qui le rendra célèbre, souffre toutes les affres de la création lorsqu'il lui faut donner à son patron, l'infect propriétaire de Mega Music, un hit que celui-ci lui intime de lui remettre dans les 47 minutes qui suivent. Del, cherchant désespérément les notes qui le fuient, prend la route à bord de sa petite voiture et, au sortir d'un énorme nœud autoroutier planté là comme un cheveu sur la soupe, se retrouve embarqué dans une curieuse bourgade, répondant au nom très swing de Flooby Nooby.

Et c'est là que commence le délire, en forme de comédie musicale azimutée, Del rencontrant successivement une série de créatures qui lui apportent l'inspiration qui lui manque, en entonnant chacune un air caractéristique du *musical* américain qui vaut son pesant de loufoque saugrenu. Défilent ainsi un chien coiffé d'une banane agressive qui imite à la perfection le King Elvis, puis un chauffeur de taxi dépourvu d'appendice nasal et qui chante le blues déchirant de celui qui a perdu son nez, puis des hamburgers qui dansent le quadrille sur un champ de marguerites, et encore un groom mélancolique qui entonne la complainte de l'hôtel de la Tristesse, puis un couple éblouissant qui danse un tango argentin interrompu par des devinettes sorties de derrière les gros fagots, sans oublier des danseurs de claquettes, une famille BCBG qui chante son *home sweet home*, et un vieux sage à tête de caoutchouc qui se métamorphose à loisir et dont les recommandations absconses enfilent les lapalissades comme des perles. À l'écoute de toutes ces notes qui dansent, Del finit, inspiré par l'amour, par voler en plein bonheur créatif, et son piano s'envole avec lui.

Le tout est bricolé dans des dessins de trois sous, mais dont le trait est constamment inventif, et animé avec un art de l'enchaînement graphique qui crée ce que l'on pourrait appeler le dessin animé transformiste. Et l'humour à la fois ironique et cocasse qui préside à l'ensemble fait du fantasque un petit frère du fantastique.

## PODALYDÈS Bruno (français, né en 1961)

**FILMOGRAPHIE :**
*Versailles rive gauche (1991)* • *Dieu seul me voit (Versailles-Chantiers) (1998)* • *Liberté Oléron (2001)* • ***Le Mystère de la chambre jaune (2003)*** • *Le Parfum de la dame en noir (2005)*

Bruno Podalydès a, d'emblée, fait la preuve d'un talent très personnel de la dramaturgie comique avec la désopilante soirée infligée à son amoureux transi, soumis à l'arrivée d'un fâcheux et aux catastrophes que celle-ci entraîne, dans son premier film, un moyen métrage, *Versailles rive gauche* qui, en 1991, eut l'heur de sortir en salles puis de susciter, sous forme de long métrage, une suite, avec *Dieu seul me voit*. Le héros, ici et là, en est incarné par son frère Denis, présent dans tous ses films, et dont le côté lunaire et gentiment maladroit colle idéalement à l'esprit d'un cinéma de l'observation ironique et tendre, du cocasse et de l'enfantin, et qui se situe quelque part sur la planète de l'imaginaire entre Tati et Tintin.

### LE MYSTÈRE DE LA CHAMBRE JAUNE (2003)
### avec Denis Podalydès, Pierre Arditi, Sabine Azéma et Claude Rich

**Le petit Rouletabille illustré.** Deux questions se posent au moment d'aborder la nouvelle version que Bruno Podalydès offre du célébrissime roman de Gaston Leroux. La première touche bien sûr à l'énigme du huis clos et à cette quadrature du cercle dont il est apparemment bien difficile de sortir : comment l'agresseur de Mathilde Stangerson a-t-il bien pu, une fois perpétrée sa tentative d'assassinat, s'y prendre pour disparaître d'une chambre hermétiquement close, et fermée de l'intérieur ? La réponse étant déjà dans le roman, ceux qui l'ont lu ne peuvent manquer de la connaître. D'où la seconde question, plus essentielle encore : à un siècle de distance (le roman est de 1907), le presbytère, revisité par le cinéma du nouveau millénaire, n'a-t-il rien perdu de son charme, et le jardin de son éclat ?

La réponse est ici tout entière dans le film. Et la bonne surprise est qu'elle est doublement positive. D'abord parce que dans sa façon d'adapter à l'écran les aventures de Rouletabille, Bruno Podalydès a tenu à respecter au plus près l'œuvre originelle. Tout y est donc : le laboratoire du professeur Stangerson, la mystérieuse agression dont est victime sa fille, l'arrivée sur les lieux du crime de l'inspecteur Larsan, les soupçons qui pèsent sur les familiers du château, l'apparition nocturne du coupable et sa disparition incompréhensible au coin de la galerie. Et Rouletabille et son fidèle Sinclair qui enquêtent, et qui se demandent ce que peut bien vouloir dire ce Sésame, seul capable sans doute d'ouvrir la porte close de la chambre jaune : le presbytère n'a rien perdu de son charme, ni le jardin de son éclat…

Tout y est donc, et le premier plaisir qu'offre le film est bien celui des retrouvailles. Avec, en prime, le charme discret de la nostalgie. Car – et c'est là que cette nouvelle version trouve toute son originalité – Bruno Podalydès apporte à son adaptation un regard bien particulier, où la tendresse se teinte constamment d'un petit sourire en coin. Tout en jouant le jeu de la reconstitution, il s'en amuse. Comme le Rouletabille qu'incarne son frère Denis. Petite casquette, veste cintrée sur un pantalon court laissant apparaître chaussettes et chaussures bicolores : un uniforme de jeune reporter intrépide à la Tintin et qui, courant une échelle sur l'épaule dans le parc obscur qu'éclaire la lune, a la grâce bondissante d'un pierrot lunaire à ressort. Avec, autour de lui, une galerie de comédiens épatants, manifestement ravis d'ajouter leur petite couche personnelle à des personnages déjà ripolinés par la tradition.

Mais il y a mieux encore. Dans ce mystère de la chambre jaune flottent déjà les effluves non moins mystérieux du parfum de la dame en noir. Et le jeune Rouletabille, avec ses yeux qui roulent comme des billes et son nez qui furète partout, ne manque pas de les sentir. Cela fait remonter en lui, de façon quasi proustienne, comme des vapeurs d'enfance. À l'image même d'un film dont le véritable enjeu est là : retrouver le charme perdu de l'enfance.

Pour cela, Bruno Podalydès a imaginé un petit train qui remonte le temps : les machines biscornues du professeur Stangerson, avec leurs invraisemblables mécanismes poétiquement bidouillés, génèrent une bille qui roule, qui roule, et qui vient prendre place dans le petit train en question. Et celui-ci, panache au vent, roule sa bille dans les territoires aux couleurs vives, et parfois teintées de sépia, de l'imaginaire.

## POIRÉ Jean-Marie (français, né en 1945)

**PREMIER LONG MÉTRAGE :**
*Les Petits câlins (1978)*
**FILMOGRAPHIE DEPUIS 1985 :**
*Twist again à Moscou (1986)* • *Mes meilleurs copains (1988)* • *Opération Corned Beef (1990)* • ***Les Visiteurs (1992)*** • *Les Anges gardiens (1995)* • *Les Visiteurs II (1997)* • *Les Visiteurs en Amérique (2001)* • *Ma femme... s'appelle Maurice (2002)*

Chanteur, puis assistant et scénariste, avant de devenir réalisateur, Jean-Marie Poiré, élevé, avec son père directeur de la firme, dans le sérail de la Gaumont, s'est d'abord appliqué à mettre en scène l'univers à la fois bouffon et caustique, venu du café-théâtre, de l'équipe du Splendid. Dans ces comédies qui firent quelques-uns des plus grands succès du début des années 1980, il montrait pour sa part un esprit volontiers frondeur, qui dénotait une belle liberté d'esprit. Et sans doute entendait-il faire œuvre véritablement personnelle et rompre avec un comique à gros effets pour montrer davantage de nuance et de sensibilité lorsqu'il entreprit, en 1988, de raconter sa génération dans *Mes meilleurs copains*. L'échec, immérité, du film, doucha ses velléités. Il s'est donc depuis tenu plus prudemment à des comédies aux recettes plus sûres, ce qui lui a valu, avec *Les Visiteurs*, en jouant ingénieusement de l'anachronisme, un énorme succès populaire, exploité avec moins de bonheur dans une suite et même dans une version américaine.

### LES VISITEURS (1992)
**avec Christian Clavier, Jean Reno et Valérie Lemercier**

**De pas tristes sires.** En l'an de grâce 1122, le sieur Godefroy de Montmirail, vaillant chevalier tout dévoué à son roi, obtient de celui-ci, pour bons et loyaux services, la main de gente demoiselle Frédégonde de Pouille. Mais envoûté par une sorcière, il flanque un coup d'arbalète à son futur beau-père, ce qui ne favorise guère le mariage prévu. Comment donc empêcher la fatale flèche d'atteindre son but ? Seul l'enchanteur Eusæbius détient la solution. Mais comme il est un peu distrait, il se trompe dans son filtre magique et expédie Godefroy, flanqué de son écuyer Jacquouille, là où ni l'un ni l'autre ne pensaient devoir se retrouver : aux alentours de l'an 1992 !
La découverte du XXe siècle, avec ses routes goudronnées, ses facteurs blacks en voiture jaune des PTT, ses salles de bains à WC et à eau courante, ses téléphones et ses lampes électriques, n'est pas sans surprendre les deux voyageurs du temps. Surtout lorsqu'ils se retrouvent face à leurs propres descendants, qui leur ressemblent comme des sosies conformes. Que faire donc à l'aube de l'an 2000, quand on parle, qu'on pense et qu'on réagit comme un homme du haut Moyen Âge ?
C'est ce que le film de Jean-Marie Poiré, exploitant à sa façon le vieux thème du saut dans le temps et jouant avec un bonheur certain de cet exercice difficile qu'est l'anachronisme burlesque, développe dans une comédie menée bon train et qui se signale par le soin apporté au scénario et à la réalisation. Jouant du fantastique à coup d'effets spéciaux – ce qui, jusque-là, n'était guère la spécialité du cinéma français, et notamment de la comédie – il exploite au mieux tous les décalages qu'offre la présence, dans le monde automatisé du présent, de deux représentants d'un Moyen Âge primitif. Et il offre au tandem Reno-Clavier un terrain de choix pour déployer, entre l'impassibilité statique de l'un et l'agitation frénétique de l'autre, ce comique du grand et du petit et du gros et du maigre qui, de Don Quichotte et Sancho Pança à Laurel et Hardy ou à Obélix et Astérix, fait les bons duos comiques. Et surtout, mettant le très ancien français médiéval (relu et corrigé pour l'occasion) en contact avec la langue d'aujourd'hui, il offre un de ces jeux sur les mots qui, inventant quasiment une nouvelle variété linguistique, donne quelques bonheurs d'expression farfelue et, avec Pouille et Jacquouille, quelques tentations de rime riche, appelées à faire florès dans les cours d'école.

## POIRET Jean (français, 1926-1992)

**FILMOGRAPHIE :**
***Le Zèbre (1992)***

Il aura, comme réalisateur, été l'homme d'un seul film. Mais sa longue expérience du cabaret et du théâtre ; le duo de fantaisistes qu'il a formé avec Michel Serrault, avec qui il a tourné, à ses débuts en 1956, sous la direction de Sacha Guitry, dans *Assassins et voleurs* ; le succès mondial obtenu sur la scène d'abord, à l'écran en suite, par sa *Cage aux folles* ; et aussi une carrière d'acteur dans une bonne cinquantaine de films, marquée par des rencontres fertiles avec Jean-Pierre Mocky, avec François Truffaut, avec Claude Chabrol : tout cela le prédisposait à passer à son tour derrière la caméra. Il n'aura eu le temps de le faire qu'une seule fois : le résultat, qui témoigne d'une connaissance en profondeur du rire, et de sa nature, donne à le regretter.

### LE ZÈBRE (1992)
### avec Thierry Lhermitte et Caroline Cellier

**L'amour fou, fou, fou.** Le zèbre a cette caractéristique d'offrir une alternance de rayures qui font qu'il est bien difficile de dire, lorsqu'on l'observe, s'il est blanc ou s'il est noir. Il en va de même pour la comédie de Jean Poiret : à y bien réfléchir, une fois qu'on l'a vue, on se demande de la même façon si elle est blanche ou noire, s'il faut en rire ou en pleurer. Et si l'humour, comme on l'affirme, est la politesse du désespoir, nul doute que la façon dont l'auteur, à peine terminé son film, a tiré sa révérence, est bien l'ultime paraphe d'un humoriste distingué.
Car si *Le Zèbre* est, à l'origine, un roman bondissant et allègre de ce jeune homme doué qu'est Alexandre Jardin, le film est, à l'arrivée, tout autre chose : l'œuvre d'un homme mûr, voyant arriver l'âge et – qui sait ? – se profiler la mort. Étrange alchimie de l'adaptation qui, dans la peau d'un zèbre, en fait ainsi surgir un autre, sous les traits d'emprunt de Thierry Lhermitte, marié pour l'occasion à Caroline Cellier, autrement dit à la femme de Jean Poiret lui-même. Quand la fiction s'emmêle ainsi les fils avec la réalité et que même, pour parfaire l'illusion, l'auteur du film pousse la plaisanterie jusqu'à disparaître lui-même, au moment où il fait disparaître son héros, le rire se fige. Et le fond d'angoisse sur lequel il s'était déployé resurgit au grand jour, laissant un goût de cendres...
Et pourtant, l'on rit beaucoup tout au long de ce film testament, à tel point même qu'on se dit, entre deux répliques cocasses et deux facéties saugrenues, qu'il y a là un type de comédie qui a tout à la fois l'efficacité du théâtre de boulevard – le meilleur, celui d'un Guitry ou d'un Anouilh, ces grands observateurs de la nature humaine – et la finesse enjouée et douce-amère des comédies américaines de la grande époque. Avec cette pointe de dérision, sous le masque du sérieux, qui faisait le propre de Jean Poiret lui-même. Et de fait, on commence par rire d'abondance en observant les sauts du zèbre, Hippolyte, notaire de son état et fantaisiste invétéré de vocation, inventant tous les jours quelque nouvelle cabriole pour séduire sa femme Camille, professeur de lettres, amoureuse de son farfelu de mari, mais qui s'essouffle à le suivre dans ses trouvailles insensées. Car Hippolyte ne veut connaître de l'amour que la folie : l'amour fou... Le reste, la tendresse qui vient avec l'âge, l'assoupissement du désir, l'habitude du couple, il n'en a que faire. Quinze ans de mariage, deux enfants qui grandissent, une étude respectable, un train de maison, une vie sociale : tout cela n'a pas refroidi ses ardeurs de jeune homme. Alors, pour prouver à sa femme qu'il est toujours celui qu'il a été, pour réinventer l'amour et ranimer la flamme, il se lance dans les stratagèmes les plus compliqués, allant jusqu'à organiser la perte de son épouse pour mieux la reconquérir.
Tout cela passe par des situations, des mimiques, des mots enlevés, auxquels les deux comédiens apportent une conviction et un entrain jamais en défaut. Cela passe aussi par un rythme de la mise en scène, qui montre à quel point Poiret avait le sens de cette mécanique de précision qu'est le rire. Et cela passe surtout par un glissement insensible de tonalité qui, à suivre les méandres et les émois du cœur, découvre progressivement sous le voile de la fantaisie la menace pas si drôle du temps qui passe. Et le zèbre blanc semble alors, soudain, se rayer de noir.

# POIRIER Manuel (français, né au Pérou en 1954)

**Filmographie :**
*La Petite amie d'Antonio (1992)* • *À la campagne (1994)* • *Marion (1996)* • ***Western (1997)*** • *Te quiero (2001)* • *Les Femmes... ou les enfants d'abord (2002)* • *Chemins de traverse (2003)*

Tous les petits métiers qu'il a exercés avant de tourner ses premiers courts métrages – ouvrier, ébéniste et même visiteur de prison – sont sans doute pour beaucoup dans le goût que Manuel Poirier manifeste, à travers ses films, pour les gens simples, pour les décors populaires, pour les situations de la vie courante. Il les évoque à travers des thèmes récurrents – la vie à la campagne, les enfants, l'errance –, en faisant appel, de film en film, au même Sergi Lopez, à la fois son complice et son double ; et si le ton est plutôt celui de la comédie tendre et cocasse, il évolue, avec *Chemins de traverse* et les relations que le film évoque entre un père et un fils, vers un côté plus tendu, où l'émotion l'emporte.

## WESTERN (1997)
### avec Sergi Lopez, Sacha Bourdo et Elisabeth Vitali

**À l'Ouest, du nouveau.** Il y a des vaches dans le champ, derrière Paco et Nino. C'est à peu près là que s'arrête, malgré le titre, la ressemblance avec le western hollywoodien. Pas de cow-boy, pas de colt, pas de shérif, pas de diligence. Tout au plus, dans le choix du format – le cinémascope –, l'envie de filmer large, à la mesure d'un décor qui fait le cadre de l'errance des deux protagonistes. Un décor d'Ouest, certes, mais d'un Ouest made in France, du côté du Finistère, avec des petits ports de pêche, des landes où souffle le vent, des routes mouillées, des maisons de pierre. Une atmosphère que les dépliants touristiques appelleraient « typique », comme les gens que croisent Paco et Nino : une noce qui danse à la salle des fêtes, un fermier pas commode, un client au comptoir du coin. Des gens sans importance et qui, précisément parce qu'ils sont tels, intéressent Manuel Poirier. D'ailleurs, Paco et Nino sont eux-mêmes tout le contraire de héros. Le premier est représentant en chaussures et il se fait voler sa voiture par le second. Il en perd son boulot, ce qui fait que, lorsqu'il retombe par hasard sur son voleur, il lui flanque illico une volée qui l'envoie à l'hôpital. Ça pourrait donc s'arrêter là et la gendarmerie pourrait dresser procès-verbal. Mais Paco a menti dans la déclaration qu'il a faite au commissariat et comme entre-temps il est tombé sur Marinette, que celle-ci lui a lui a ouvert son lit mais que, pas très sûre de ses intentions, elle lui a imposé trois semaines de séparation, voilà que, n'ayant rien à faire, il se laisse convaincre par Nino, remis de sa raclée, de prendre la route avec lui. Et l'aventure commence.

Une aventure au petit pied, sur des routes buissonnières qui ne mènent nulle part, puisqu'il s'agit en fait pour Paco de passer le temps en attendant de revenir à son point de départ et, pour Nino, d'aller ici ou là, peu importe, puisqu'il est lui-même en errance, depuis qu'ayant quitté sa Russie natale pour épouser une Française, il a été plaqué par la fille et, ne voulant pas rentrer chez lui, s'est retrouvé avec la route pour seul horizon. Deux paumés donc, dans un décor trop grand pour eux, et qu'ils arpentent à leur rythme et de toutes les façons ; en stop, à pied, sur les mains, à vélomoteur, en brouette et par tous autres moyens de locomotion. Deux types même pas à la dérive, mais lancés sur une piste incertaine, qui mettent en commun leur propre solitude pour faire un bout de chemin ensemble. Paco est grand, baraqué, porte beau, et son accent catalan comme son œil de velours impressionnent les filles ; Nino est petit, rabougri dans sa veste élimée, doté d'un accent à couper au couteau et son côté malingre ne lui attire pas vraiment les succès féminins. Ces deux-là ressemblent presque, à s'y méprendre, aux deux compères de *Macadam cow-boy*, le grand et le petit, le beau et le minus. Et, comme eux, ils arpentent l'asphalte des rêves et des illusions.

À cette différence près qu'on est en France, en 1997, au fin fond du fond de la Bretagne bretonnante et que l'itinéraire des deux personnages n'a rien du road-movie à l'américaine. Il ressemblerait plutôt, par sa structure, au vieux récit picaresque, où les (anti)héros se retrouvent embarqués dans un périple sans but ni issue, passant par les hauts et les bas des hasards quotidiens. La route de Paco et de Nino, sur ce plan, est pleine de surprises, tantôt bonnes, tantôt mauvaises, et de rencontres, qui font trois petits tours et puis s'en vont. Mais elle est surtout l'occasion, pour chacun, d'apprendre à connaître l'autre et, finalement, à se connaître soi-même. La grande aventure, elle n'est donc pas pour eux. Mais pourtant, sur ces chemins de France profonde, le Catalan mâtiné d'Espagnol et le Russe mâtiné d'Italien trouvent chaussure à leur pied, chemise à leur taille et même cœur à leur mesure. Sans pour autant que leur avenir soit assuré. Parce que, comme dans tout récit picaresque, la route n'a pas de fin et que demain sera un autre jour.

## **POLANSKI Roman** (polonais, né en France en 1933)

**Premier long métrage :**
*Le Couteau dans l'eau (1962)*
**Filmographie depuis 1985 :**
*Pirates (1986)* • *Frantic (1987)* • *Lunes de fiel (1992)* • *La Jeune fille et la mort (1994)* •
***La Neuvième porte (1999)*** • ***Le Pianiste (2001)*** • *Oliver Twist (2005)*

Surdoué, assurément, et largement inclassable. Né à Paris de parents polonais, il a grandi en Pologne, y étudiant à l'École des arts de Cracovie puis à la fameuse École de cinéma de Lodz, avant de faire ses débuts d'acteur à 14 ans, de participer à une émission de radio très populaire dans son pays, de jouer des petits rôles dans plusieurs films, notamment de Wajda, de réaliser ses premiers courts métrages en étant encore étudiant, et d'obtenir le prix de la critique à Venise pour son premier long, *Le Couteau dans l'eau.* À partir de là, sa carrière a été vagabonde, internationale, marquée par une vie privée agitée et parfois tragique, et par des relations difficiles avec les États-Unis, où il avait débuté en fanfare en 1968 avec *Rosemary'Baby*, avant d'y remporter l'Oscar du scénario en 1974 pour *Chinatown.* Tournant depuis lors essentiellement en Angleterre, en Italie et en France, signant mises en scène de théâtre et d'opéras, intervenant plusieurs fois comme acteur dans les films d'autres réalisateurs, il est surtout un cinéaste brillant, jouant habilement avec les divers genres qu'il touche, capable de passer du film d'épouvante au thriller, de la reconstitution historique au film de pirates, du drame shakespearien au film d'espionnage, et d'en dynamiter chaque fois les formes, en faisant preuve d'une impeccable maîtrise technique. Mais si sa manière a paru perdre un peu de la cruauté détachée et de l'humour froid que manifestaient ses premiers films pour se perdre quelque peu dans des films plus convenus, le tragique qui fait le fond de sa vision des choses ne s'est jamais sans doute mieux exprimé que dans *Le Pianiste*, qu'il a porté longtemps en lui, et qui, rétrospectivement, éclaire d'une lumière noire l'ensemble de son parcours et de son œuvre.

### LA NEUVIÈME PORTE (1999)
#### avec Johnny Depp, Emmanuelle Seigner et Lena Olin

**Le nom de la chose.** Qu'y a-t-il derrière la neuvième porte? Le secret se trouve dans les trois exemplaires du traité de démonologie que Dean Corso est chargé de confronter. Spécialiste en livres anciens, il a en effet été engagé par un bibliophile éminent, dont la collection renferme tout ce qui a jamais été écrit sur Satan et sur ses œuvres, pour retrouver les deux exemplaires restants de ces fameuses *Neuf portes du Royaume des ombres* et pour les comparer avec l'exemplaire que lui-même possède. Corso se met donc en chasse. Mais ce qui semblait n'être au départ qu'une simple recherche bibliophilique se transforme vite en une enquête semée de traquenards. En suivant le fil du livre mystérieux, le chasseur est en effet amené à décrypter les énigmes que celui-ci renferme, lesquelles semblent chaque fois se réaliser en parsemant sa route de cadavres. Jusqu'à la gravure ultime, représentant cette neuvième porte où réside le nœud du mystère, et où le film vient inéluctablement frapper au bout de deux heures d'un labyrinthique cheminement. Pour y arriver, Johnny Depp, avec son allure de jeune intello à lunettes, progresse en suivant plus volontiers les traces de Tintin que celles d'Indiana Jones. Le scénario, adapté du roman de l'écrivain espagnol Arturo Perez-Reverte, en garde en effet le côté d'aventure un brin ado. Mais comme Roman Polanski sait s'y prendre pour entretenir le suspense, sa façon de mener l'intrigue, de faire grincer les portes et de créer une atmosphère étrange a aussi un petit côté hitchcockien, style l'homme qui n'en savait guère et qui cherche à en savoir trop. Le réalisateur, qui connaît son Satan mieux que personne, laisse naturellement penser que ce que son héros cherche à savoir sent le soufre, que la quête est démoniaque, et que le grand secret porte la marque du prince de l'ombre. Mais il faut se méfier des apparences et le cinéaste en profite surtout pour régler gentiment ses comptes avec les sectes sataniques et les allumés des ténèbres infernales. Il ne peut pour autant s'empêcher de lester cette recherche du mystère d'une sorte de leçon ironique, qui n'est pas sans faire penser à cette autre histoire à secrets, signée Umberto Eco, de livre mystérieux, de bibliothèques qui brûlent et de cadavres qui s'accumulent. Si le rapprochement est sans doute un peu flatteur pour ce qui, sous la caméra de Polanski, reste avant tout un thriller ingénieux, il s'impose peut-être avec plus de pertinence pour ce qui est du dénouement, qui révèle enfin ce qu'il y a derrière la neuvième porte. Sans en dévoiler la nature, on dira simplement que cela pourrait être le nom de la chose. Et que c'est au spectateur, comme à Dean Corso, de comprendre enfin ce que cela veut dire.

## LE PIANISTE (2001)
### avec Adrien Brody, Thomas Kretschmann et Emilia Fox

**Le silence de la mort.** Varsovie, 1939. Les gens se promènent, les voitures circulent, les boutiques regorgent de clients, la vie, légère et insouciante, va son cours. Mais les images sont en noir et blanc, et le petit vendeur de journaux qui brandit les grosses manchettes menaçantes dit déjà que le feu couve et qu'il est prêt à s'enflammer. Dans les studios de la radio, Wladyslaw Szpilman, pianiste virtuose, est en train de jouer le *Nocturne en ut dièse mineur*, de Chopin : toute l'âme polonaise, et toute l'âme de la musique. Soudain, un grondement sourd, et le souffle d'une explosion qui vient faire voler en éclats les vitres du studio. Le pianiste s'arrête. Pendant six ans, ce sera le silence, le silence implacable de la mort.
La scène qui ouvre le film de Polanski dit toute la force de destruction physique que traduit l'invasion de la Pologne par les Allemands ; mais elle dit plus encore la puissance d'anéantissement moral, culturel, spirituel dont cette violence est porteuse. Avec cette musique interrompue, c'est l'esprit qui se trouve mis à bas, et c'est l'homme qui se trouve en proie à la barbarie. Car Wladyslaw Szpilman est juif. Et le déluge de feu qui tombe sur la ville n'est que le prélude lugubre de l'entreprise d'extermination qui va bientôt s'abattre, de façon irrémédiable, sur sa communauté. Ce qui va dès lors survenir, les interdictions et les vexations, les horreurs d'un ghetto promis à l'extermination, l'implacable machine à éliminer qui va envoyer à la mort tous les siens et laisser, par la loterie tragique du destin, le pianiste en vie ; toutes les péripéties terribles qui vont lui faire traverser la nuit et en faire, au bout du compte, un survivant ; et cette façon qu'il aura, retrouvant six ans après son piano, de reprendre son *Nocturne* là où il l'avait interrompu : tout cela, qui fait la trame du film de Polanski, en traduit aussi le dessein profond.
À la question tant et tant débattue – comment parler de l'extermination des Juifs sans trahir son essence quasi indicible ? –, le cinéaste, rescapé lui-même du ghetto de Cracovie, répond par un film qu'il a porté toute sa vie, et qui, choisissant de raconter l'itinéraire de quelqu'un qui en est revenu, veut dire d'abord le triomphe de la vie sur la mort. Et, s'agissant d'un pianiste et de sa musique, sauvés qui plus est par un Allemand, qui dit aussi la force de l'esprit sur les pulsions obscures de l'anéantissement. Mais si l'idée est claire et belle, la façon de la porter à l'écran était particulièrement délicate. Notamment parce que, parmi tous les pièges, celui de la reconstitution, avec ses clichés, ses accessoires de studio, sa part de fiction, et cette propension au pathos quasi inéluctable, n'est pas le moins redoutable. Le premier mérite du *Pianiste*, et non des moindres, est de se garder de toutes ces complaisances et d'éviter au mieux les chausse-trapes du genre choisi. Avec une sorte de sécheresse et de rigueur d'autant plus remarquables qu'elles ne sont pas toujours le propre de son cinéma, Polanski renoue avec le côté implacable de ses premiers films polonais. Ici, dans des tons uniformément gris, en attachant sa caméra en permanence à son personnage et en soulignant le tragique universel à travers la focalisation extrême sur un individu au demeurant ordinaire, en trouvant aussi avec Adrien Brody l'acteur qui, tant physiquement que par son jeu ténu, incarne cette humanité ballottée par les forces du mal et par le destin aveugle, le réalisateur signe un de ses films assurément les plus ambitieux, parce que les plus difficiles.

# POLISH Michael (américain, né en 1972)

**Filmographie :**
*Les Frères Falls (1999)* • *Jackpot (2001)* • ***Northfork (2003)***

Remarqué dès ses premiers courts métrages, et notamment *Bajo del Perro*, un film sur les boxeurs mexicains, Michael Polish mène sa carrière cinématographique en compagnie de son frère jumeau Mark. Il joue à ses côtés en 1996 dans *Hellraiser : bloodline*, de Kevin Yagher. Et c'est avec lui qu'il écrit son premier long métrage, *Les Frères Falls*, dont il assure la réalisation, tout comme il produit et coécrit avec lui *Northfork*, où se confirme et s'affirme un style visuel sophistiqué, mis au service d'un riche univers imaginaire.

## NORTHFORK (2003)
### avec Nick Nolte, Darryl Hannah, James Woods et Peter Coyote

**Les anges de la mort.** L'Apocalypse, ici, sera comme un déluge : les eaux vont monter, noyant le village, et Northfork, bientôt, ne sera plus qu'un souvenir, enseveli sous le lac du barrage. Dans deux jours, la mort aura fait son œuvre. Mais à vrai dire, dès les premiers plans du film des frères Polish, elle est déjà là : immensités désolées,

paysages arides, lumière grise qui plombe le ciel et fait peser comme un couvercle sur les terres poussiéreuses où l'on ne trouve plus âme qui vive. À quoi s'ajoute la silhouette de fossoyeurs – longs manteaux noirs, chapeaux noirs, regards noirs – des six hommes chargés de vérifier que tout le monde a bien quitté sa maison et de convaincre les derniers irréductibles de vider les lieux, tandis que, sur le lit d'un orphelinat désaffecté, le pasteur veille sur un enfant abandonné, cloué au lit par la maladie, et qui va mourir. Autant dire que tout est carrément lugubre et sans espoir. Et pourtant, sur son lit de souffrance, l'enfant a des visions : et ce qu'il voit, ce sont des créatures bizarres, à qui il semblerait qu'il ne manque que des ailes pour voler. Or ces ailes, sorties du livre saint, ce pourrait bien être des ailes d'ange. Car toute l'habileté des frères Polish est d'instaurer un climat onirique, où la réalité se retrouve habitée d'êtres qui manifestement lui échappent. La ligne formelle, et très esthétisante, choisie est celle d'un monde vide mais traversé de forces cosmiques et éthérées, dont l'allure emprunte à la fois au surréalisme et à une imagerie saugrenue. D'où le côté à la fois glacé et glaçant de cette fable sur la mort, mais aussi son aspect poétique et cocasse. Comme si le passage vers l'autre monde nécessitait un regard d'enfant, et que la mort n'était autre qu'un envol dans le ciel à bord d'un vieil avion à hélices des années 1950.
Certes, pour dire la fin d'un village et la disparition des êtres et des choses, le récit prend son temps et n'est pas toujours d'une clarté absolue ; et certes il y a chez les jumeaux Polish, Michael à la réalisation et à l'écriture, Mark à l'écriture et à la production, une certaine complaisance boulimique à truffer leur film de symboles, de références et de métaphores. Pour autant, il y a là, porté par une troupe de comédiens convaincus, un véritable univers, à la fois visuel et thématique. Qui dénote une vraie personnalité et déjà, à coup sûr, un style.

## POLLACK Sydney (américain, né en 1934)

**Premier long métrage :**
*Trente minutes de sursis (1965)*
**Filmographie depuis 1985 :**
***Out of Africa (1986)*** • *Havana (1990)* • *La Firme (1993)* • *Sabrina (1995)* • *L'Ombre d'un soupçon (1999)* • *L'Interprète (2005)*

Étudiant d'abord l'art dramatique et commençant sa carrière comme acteur avant de devenir réalisateur de télévision, Sydney Pollack aborde le cinéma au milieu des années 1960. D'emblée, il se révèle comme un grand cinéaste lyrique, apte à passer d'un genre à l'autre avec le même bonheur, et aimant traiter de grands sujets à travers de belles histoires, comme le montre *Propriété interdite*, son deuxième film en 1966, drame social sur la grande crise économique de 1930. Suivront, tous animés d'une même passion pour défendre l'individu et d'une même recherche de l'innocence première, un film de guerre sans concession, *Un château en enfer*, un western sur les rapports de l'homme avec la nature, *Jeremiah Jonhson*, une chronique de mœurs évoquant les ravages du maccarthysme, *Nos plus belles années*, un film d'espionnage à suspense, *Les Trois jours du Condor*, des charges aiguës contre les errements des institutions et des médias, *La Cavalier électrique, Absence de malice, La Firme*. Et une grande veine sentimentale et romanesque qui, en 1986, l'emmène tourner en Afrique un film qui marque à la fois un des sommets du système hollywoodien et, dans les années qui suivent, le relatif ralentissement d'une carrière qui se tourne davantage alors vers la production, même si, on le voit avec le retour au thriller politique que constitue *L'Interprète*, elle reste fidèle à ses idéaux politiques humanistes et à sa maîtrise efficace de la réalisation.

### OUT OF AFRICA (1986)
#### avec Meryl Streep, Robert Redford et Klaus Maria Brandauer

**African Queen.** « *I had a farm in Africa…* » : la voix est nostalgique, portée par un accent vaguement nordique qui lui donne le charme de l'étrangeté, et le lent mouvement de caméra qui, quittant le bureau où la femme écrit, glisse jusqu'à la fenêtre et regarde tomber la neige, dit d'emblée que cette Afrique-là a disparu, et que, face à la froide et grise réalité, elle était porteuse des couleurs et de la chaleur d'un paradis perdu.
« *I had a farm in Africa…* » : les premiers mots du livre de Karen Blixen évoquant ses années africaines ouvrent aussi le film de Sydney Pollack qui en est l'adaptation. Mais délaissant à juste titre le processus même de l'écriture qui

noircit ses pages et n'en conservant qu'un pré-générique fait d'images rapides qui s'entrechoquent et dont le désordre et la rapidité amènent la femme qui va écrire à vouloir tout remettre en ordre pour se raconter l'histoire depuis le début, le cinéaste choisit donc de laisser là le livre de mots pour commencer son film, et la première image, somptueuse, d'une nuit orangée descendant sur la savane, dit assez que le film en question sera d'abord un grand livre d'images.
Car dans *Out of Africa*, il y a avant tout l'Afrique : le Kenya des années 1910, l'immensité des paysages, les animaux en liberté, les colons et les indigènes, la poussière de la sécheresse et les pluies qui noient tout, et cette ferme au pied des collines où la jeune Karen, débarquée de son Danemark natal, vient s'installer avec son mari. Mariage ni d'amour ni d'intérêt, mais de désintérêt plutôt, puisqu'elle épouse par dépit presque et par défi le frère de son amant qui la délaisse, et que le mari qu'elle se choisit ainsi n'est qu'un vaurien invétéré mais irrésistible qui, au lieu d'acheter le troupeau promis pour l'élevage, choisit de planter du café sur les hauts plateaux, avec tous les risques que cela comporte. Après quoi, une fois qu'elle est là, il la laisse en plan pour aller chasser le gros gibier et les jolies femmes. Et c'est ainsi que Karen se retrouve avec une ferme sur les bras, là-bas, au cœur de l'Afrique.
L'arrivée, l'acclimatation, les rapports avec les Noirs qui lui servent d'ouvriers et avec la petite communauté très british qui la regarde d'abord de haut, le lent enracinement, la guerre qui éclate, l'expédition insensée dans laquelle elle se lance, traversant le pays et ses dangers, pour aller apporter des fournitures aux hommes qui se battent, les ennuis qui s'abattent sur elle, dont la syphilis que lui refile son mari et qu'elle part soigner au Danemark, les mille et un travaux et jours qui la transforment en une femme libre, sorte d'*african queen* portant haut l'étendard du dévouement, de l'entêtement, du courage : tout cela, et bien d'autres choses encore, forme la trame d'un ample récit qui brasse large et long, comme une saga, et qui donne à voir une Afrique photogénique, aux couleurs sépia d'un autrefois disparu, dans des teintes et des lumières ocre, des décors léchés, des plans surprenants, comme ces guerriers Masaïs surgissant de nulle part et traversant en courant l'immensité désertique. Il ne manque pas une loque aux pagnes des miséreux, pas une visière aux casques coloniaux, pas un lion rugissant ni un hippopotame lorgnant de son gros œil au parc animalier. Film d'images éblouissantes sur papier photo glacé, safari de luxe pour visiteurs privilégiés, deux heures trente-cinq de dépaysement et de beauté en continu, le film de Sydney Pollack, fait pour être irrésistible, a cette qualité première : il l'est.
Comme est irrésistible, forcément aussi, celui par qui cette Afrique s'incarne, et qui vient apporter à l'itinéraire intérieur de l'héroïne la dimension sans laquelle le romanesque ne serait pas ce qu'il est : la passion. Il s'appelle Dennis, il est chasseur de fauves, il porte la veste et le chapeau de l'aventurier avec une élégance naturelle, il écoute Mozart sur un phonographe à manivelle, et il a la petite ride aux coins des yeux et de la bouche de Robert Redford. Meryl Streep n'y résiste pas. Mais qui résisterait, lorsqu'il l'emmène découvrir son territoire, lorsqu'il l'enlace sous la moustiquaire, lorsqu'il l'emporte dans son coucou volant au-dessus du monde pour la faire monter, en de longs travellings aériens, jusqu'au (septième) ciel? Et qui ne verserait sa larme lorsque, apportant à la passion l'inexorable de la tragédie qui la transcende, la mort vient le cueillir au vol, offrant en guise de dénouement un de ces enterrements en communion avec la nature éternelle qui vient comme abolir le temps? De ceux qui font les grandes histoires d'amour et les grands mythes hollywoodiens, et qui laissent le spectateur ébloui se dire qu'encore une fois, autant en emporte le vent de la savane…

## POULETTE Michel (canadien, né en 1950)

**Filmographie :**
***Reality Show (1993)*** •
*La Conciergerie des monstres (1997)*

Réalisateur de publicités, de clips et de téléfilms, comme *Cœur de nylon* et *Les Bottes*, Michel Poulette se fait surtout connaître par ses séries et ses émissions télévisées, notamment *Gérard D. Laflaque* et *Rock et belles oreilles*, qui en font un des humoristes les plus appréciés du Québec. Il passe au long métrage avec *Reality Show*, qui remporte au Canada, sous son titre original de *Louis 19, le roi des ondes*, un énorme succès : le film, inspiré de l'expérience que lui-même a acquise dans un monde télévisuel qu'il connaît bien, annonce de façon prémonitoire l'ère de la télé-réalité qui, des écrans américains, va gagner toutes les chaînes mondiales à la fin des années 1990.

## REALITY SHOW (1993)
### avec Martin Drainville, Agathe de la Fontaine et Dominique Michel

**L'*Homo cathodicus*.** Avec ses costumes étriqués, sa démarche plutôt gauche, son côté passe-partout et sa bouille quelconque de Québécois moyen, Louis Jobin, qui n'a, à l'évidence, pas inventé la poudre, mène consciencieusement une existence appliquée, entre son boulot de vendeur dans un magasin de matériel électronique, sa mère sexagénaire et pimpante, du genre envahissant et castrateur, et sa petite vie bien rangée et bien plate. Seul rayon de lumière dans cet univers un tantinet grisâtre : la télévision. Lorsqu'il allume la boîte magique, Louis se projette dans l'écran et il se met à rêver d'être une fois, une fois seulement, celui pour qui brillent les feux de la célébrité, la vedette du jour. Or, voilà que Canal 19, la chaîne câblée et branchée, lance le concours de la « Big star », dont le vainqueur deviendra la première personne au monde à voir sa vie filmée en direct vingt-quatre heures sur vingt-quatre, pendant trois mois. Louis se porte candidat et, comme il n'y a pas plus neutre et plus anonyme que lui, il remporte le prix et se retrouve, du jour au lendemain, avec une caméra enregistrant ses moindres faits et gestes. Le premier matin, il ouvre les yeux, s'étire dans son lit, se lève, se brosse les dents, passe sa chemise et son pantalon et, crac, coince la fermeture éclair de sa braguette ! Premier accroc, mais formidable moment de vie.
Le public accroche et se met à suivre, minute par minute, ce reality show dont la réalité est authentifiée par le caractère même de son héros, un type comme tout le monde, aux prises avec les difficultés courantes de la vie : les relations pas toujours faciles avec son patron, les visites à sa mère qui le traite comme un gamin et qui, se propulsant au premier rang, se met à préparer, sous l'œil de la caméra, une délicieuse recette de côtelettes à l'orange. Le public, illico, prend un stylo, note les proportions et le temps de cuisson. Et ça continue pour Louis. Comme il mange et boit en direct, les sponsors se disent qu'il pourrait faire un formidable homme-sandwich. On lui offre donc la voiture qu'il conduit, les nouveaux vêtements dont il s'habille, les disques qu'il écoute. Et le public suit, passionné par ce héros du jour le jour. Comme Louis est célibataire, les filles le regardent d'un œil envieux. Il rencontre en particulier Julie, mignonne à craquer – et à croquer ! – et lui qui n'a jamais eu beaucoup de succès, le voilà qui l'emballe en direct, faisant grimper le voyeurisme et l'audimat vers des sommets jamais atteints.
Jusqu'où cela ira-t-il ? Michel Poulette, le réalisateur, pourrait facilement conduire son histoire vers des zones angoissantes et cauchemardesques, mais il préfère rester fidèle au ton qu'il a choisi dès l'abord : la fantaisie. Aussi, plutôt que de tirer la fable vers une moralité dénonçant l'aliénation de l'individu par le médium télévisé, maintient-il une vision optimiste des choses en montrant la métamorphose qui s'opère dans son personnage. Soumis à la toute-puissance du monde de l'image, Louis découvre en fait qu'il est autre que ce qu'il se voyait et se croyait. Devant le côté factice et trompeur de la comédie dont il est le jouet (car, sans qu'il le sache, le jeu est truqué), il prend conscience qu'il y a en lui, l'homme moyen, de quoi ne pas forcément désespérer de l'homme. Du coup, *Reality show* affirme la liberté humaine, dont le cinéaste donne lui-même l'illustration par la façon qu'il a de dynamiter le totalitarisme télévisuel par ces joyeux pétards que sont le burlesque, la satire, la parodie, l'humour, meilleurs des pieds de nez envoyés joyeusement à tous les manipulateurs d'images et autres marchands d'illusion.

# POULIOT Jean-François (canadien, né en 1957)

**FILMOGRAPHIE :**
***La Grande séduction (2004)***

Diplômé en arts de la communication de l'université Concordia, à Montréal, Jean-François Pouliot débute comme assistant à la caméra, notamment sur *Il était une fois en Amérique* de Sergio Leone et *Hôtel New Hampshire* de Tony Richardson, puis passe à la publicité, d'abord comme directeur artistique puis comme réalisateur. Il s'y impose, notamment dans la série publicitaire récurrente de *Monsieur B.*, par une efficacité visuelle et un humour que l'on retrouve dans son premier long métrage, *La Grande séduction*, variation réussie sur des thèmes sociaux locaux mais qui, par les problèmes qu'elle aborde, entre économie et écologie, remporte un succès qui dépasse vite les frontières du Canada.

### LA GRANDE SÉDUCTION (2004)
**avec Raymond Bouchard, Benoît Brière et Lucie Laurier**

**Mon village au Canada.** Il a beau s'appeler « la mauderne » (avec orthographe et prononciation à la québécoise), le petit village de Sainte-Marie a tout du trou perdu au fin fond du fond du Canada lointain, et sa modernité se réduit à la baraque en bois qui tient lieu de bureau de poste et où, chaque mois, arrivent les allocations chômage qui permettent aux 125 habitants du coin de survivre. Il faut dire que Sainte-Marie-la-Mauderne, sur son îlot isolé dans les immensités océanes et nordiques, n'offre absolument rien à faire à sa population, laquelle se souvient avec émotion du temps où la pêche donnait du travail à tout le monde. Or précisément, une usine envisage de s'installer sur l'île, et l'espoir renaît pour chacun de retrouver un job. Un seul problème : les investisseurs demandent qu'un médecin soit installé à demeure. Or, de toubib, point ! Qu'à cela ne tienne ! Le finaud Germain Lesage qui, en l'absence du maire qui a prudemment mis les voiles, s'improvise premier magistrat, réussit à attirer le médecin tant espéré. Mais comme celui-ci n'est là que pour une période probatoire d'un mois, il s'agit pour les gens de l'île de lui faire valoir tous les charmes de l'endroit, afin de le convaincre de rester de façon définitive. Le problème est bien néanmoins que les charmes en question sont proches de zéro. L'imagination de Germain et de ses amis va donc avoir à créer de toutes pièces un village de rêve, destiné à leurrer leur hôte en lui donnant de Sainte-Marie et de la vie qui s'y mène une image paradisiaque. Ce qui constitue évidemment pour le scénariste Ken Scott une source de situations et de gags inépuisables, tant il est vrai que la bonne volonté partagée de l'ensemble des villageois parvient à dresser devant les yeux du visiteur un décor totalement factice, en contraste absolu avec la réalité nettement moins reluisante et la médiocrité ambiante qui sont le lot de l'endroit.

À cette fertilité scénaristique, Jean-François Pouliot apporte la vitalité d'une mise en scène qui doit beaucoup au côté malicieux et chaleureux de l'interprétation. Non seulement parce que les habitants de Sainte-Marie offrent, à travers la troupe de comédiens hauts en couleur qui les interprètent, un défilé de têtes, de gueules et de trognes d'autant plus surprenant et convaincant que pas une de ces figures, familières au Canada, n'est ici connue. Mais aussi, sans doute, parce que le parler et l'accent québécois apportent à cette histoire d'un petit village d'irréductibles, prêt à tout pour conserver sa raison de vivre, le pittoresque rieur de leur tonalité et de leurs expressions. Et le côté tout à la fois dépaysant et familier de l'ensemble n'est pas pour rien dans le charme un brin exotique qui s'en dégage. À quoi s'ajoute que la fable rieuse comporte une morale qui ne manque pas de surprendre. Dans cette lutte truculente pour conserver à leur île son identité, les habitants de Sainte-Marie ne sont nullement menés par un quelconque dessein écologique, qui viserait à préserver authenticité du site et virginité naturelle. L'usine qui vient s'installer sur l'île produit en effet… des matières plastiques, ce qui n'est pas idéal pour la préservation de la nature ! Mais en rendant à chacun la dignité du travail, elle permet à Sainte-Marie de survivre : là est bien, sans doute, la « maudernité » de la fable.

## PROYAS Alex (australien, né en Égypte en 1963)

**FILMOGRAPHIE :**
*Spirits of the Air, Gremlins of the Clouds (1987)* • *The Crow (1994)* •
*Dark City (1998)* • *Garage days (2002)* • *Berserkers (2002)* •
***I Robot (2004)***

Né en Égypte de parents grecs, Alex Proyas arrive à l'âge de 3 ans en Australie et grandit à Sydney où il est admis à l'Australian Film and Television School. Il y commence sa carrière de cinéaste par des courts métrages, tout en réalisant des vidéo-clips et des films publicitaires, avant de tourner en 1987 son premier film de long métrage, un western apocalyptique, *Spirits of the Air, Gremlins of the Clouds*, couronné dans plusieurs festivals. Et sa deuxième réalisation, *The Crow*, lui vaut une audience internationale, accrue par la disparition accidentelle, lors du tournage, de son interprète principal, Brandon Lee. Il y impose, à travers les conventions de l'intrigue et des décors fantastiques, un univers à la fois lyrique et sombre qui signe la ligne esthétique de tous ses films, y compris lorsqu'il passe, comme dans *I Robot*, aux gros budgets hollywoodiens et aux effets spéciaux que ceux-ci permettent.

## I ROBOT (2004)
### avec Will Smith et Bridget Moynahan

**Robopolis.** 2035, un brave new world. Dans les rues de Chicago, les robots sont chargés des tâches domestiques et subalternes : promener les chiens, livrer le courrier, ramasser les poubelles. Pour autant, malgré leur caractère éminemment utile, l'agent Spooner n'aime pas vraiment ces machines qui sont progressivement devenues les serviteurs zélés des hommes. Car ce qu'il craint, c'est qu'un jour lesdites machines veuillent pour de bon se mettre à leur place. Qui peut en effet prétendre que ces êtres qui ont l'allure des humains, le parler des humains, les fonctions des humains, ne puissent parvenir à avoir aussi ce qui fait l'essence des humains : une âme ?
Or précisément, c'est ce qui semble se profiler à l'horizon lorsque le docteur Alfred Lanning, l'inventeur du NS-5, un robot de la toute dernière génération, se suicide de façon inexplicable, au moment même où la firme qui l'emploie s'apprête à lancer ce modèle révolutionnaire sur le marché. Et Spooner, chargé de l'enquête, a, de fait, bien raison d'être méfiant. Car reprenant, à partir d'une nouvelle d'Asimov, le vieux thème de la machine qui échappe à son créateur, Alex Proyas lâche dans la nature une armée de robots dont l'intelligence n'est plus seulement artificielle, mais s'accompagne d'un libre arbitre qui en fait, pour le coup, de véritables clones des humains. Avec, en prime, et parce qu'ils ont été conçus pour cela, une force de nuisance qui les transforme en créatures du mal, prêtes à instaurer le règne du totalitarisme. Ce qui est donc en jeu, c'est comme toujours le salut de l'humanité. Et, à ce compte-là, Will Smith, plus *man in black* que jamais, a toutes les qualités requises pour défendre la bonne cause. Y compris une prothèse elle-même artificielle et robotisée qui le rend capable de se mesurer à tous les robots, et même aux plus sophistiqués.
Si l'affrontement, amplifié par les grands moyens du dernier cri de la haute technologie, offre toutes les poursuites, cascades, et actions spectaculaires attendues, les effets spéciaux et l'animation virtuelle sont d'autant plus réussis qu'ils restent soumis à une vision de metteur en scène, assez rare pour un blockbuster, et qui fait en tout cas de celui-ci un vrai film d'auteur. Car Alex Proyas opte pour une utilisation de la caméra et pour une ligne graphique porteuses du sens même qu'il entend donner à son histoire. Dans des décors où se remarquent encore de-ci de-là, par des graffiti sur les murs, des papiers gras qui traînent, des façades bancales, les traces vivantes d'une liberté en train de disparaître, s'impose une architecture froide, métallique, aseptisée, où domine une transparence qui tend à neutraliser toute différence. Et le côté mécanique des gestes qu'accomplissent les robots, agrémentés de leur voix neutre et de leur visage lisse, semble préfigurer une humanité automatisée à laquelle s'oppose le côté résolument détonant de Will Smith, habillé de noir, chevauchant une vieille moto, habitant un appartement vieillot dans un quartier sale à l'écart de l'ordre nouveau.
Et lorsque les robots nouveaux attaquent, en bataillons serrés qui envahissent une ville qui prend alors des allures de Metropolis du futur, la virtuosité de la caméra aérienne qui suit les évolutions de l'agent Spooner préserve, face à la raideur uniforme des machines, la libre souplesse de l'homme. Assurant à la fable un dénouement optimiste, même si les cicatrices que le héros y gagne disent assez qu'il n'en sort pas indemne.

# PUENZO Luis (argentin, né en 1946)

**PREMIER LONG MÉTRAGE :**
*Luces de mis zapatos (1973)*
**FILMOGRAPHIE DEPUIS 1985 :**
***L'Histoire officielle (1985)*** • *Old Gringo (1989)* • *La Peste (1992)* •
*La Puta y la ballena (2004)*

Dans un cinéma argentin réduit pratiquement au silence, l'arrivée de Luis Puenzo, venu de la publicité, marqua, au début des années 1970, l'avènement d'une nouvelle génération dont on pouvait espérer, dans un pays soumis à un régime de dictature militaire, qu'elle allait jouer à plein son rôle critique. Et, de fait, les espoirs mis dans le cinéaste se concrétisèrent, en 1985, avec *L'Histoire officielle*, dont un prix d'interprétation féminine à Cannes et un Oscar du meilleur film étranger à Hollywood marquèrent le retentissement international. Ce qui valut à Luis Puenzo de se voir confier aussitôt par Hollywood de gros budgets pour des réalisations de prestige. Mais le double échec d'*Old Gringo* et de *La Peste* devait vite sonner le glas de cette carrière américaine, dont le réalisateur, rentré au pays, a mis plus de dix ans à se remettre.

## L'HISTOIRE OFFICIELLE (1985)
### avec Norma Aleandro, Hector Alterio et Hugo Arana

**Vérité, j'écris ton nom...** Mars 1983 : l'Argentine sort, meurtrie, de la guerre des Malouines. La junte militaire tient encore le pouvoir, mais, à de multiples frémissements, on sent que l'édifice se lézarde. Sur la place de Mai, les mères des opposants disparus poursuivent leur ronde obstinée, et sur les bancs des lycées, les étudiants croient de moins en moins à l'histoire officielle qu'on leur enseigne, et leur chahut prend déjà des airs de révolte. Alicia est un de ces professeurs qui dispense, sans trop se poser de questions, la vérité inscrite dans les livres. Le chignon strict, la quarantaine bourgeoise, elle mène une vie aisée, entre un mari, homme d'affaires arrivé, et une fillette adoptée, à présent âgée de 5 ans. Intérieur confortable, dîners en ville, futilités : le bonheur est là, sourd à tout le reste. Soudain, l'Histoire, la vraie, vient frapper aux oreilles d'Alicia : une amie, qui lui raconte comment elle a été torturée et violée, un collègue, qui lui ouvre les yeux, et l'embarras de son mari devant les questions qu'elle lui pose, viennent donner aux mots comme un autre sens. Et si l'Histoire officielle n'était que mensonge ? Si, sous la chape du silence, c'était la vérité qu'on étouffe ? Si cette enfant adoptée était la fille d'une de ces disparues sans nom et sans visage ? Et si la richesse, les amitiés, le bonheur de son couple étaient construits sur la complicité et sur le crime ?
Tout l'intérêt du film de Luis Puenzo – poignant sans outrance, efficace sans didactisme – est de mêler cette quête d'une femme à la poursuite de sa vérité à celle d'un pays à la recherche de lui-même. À travers l'histoire d'Alicia, c'est l'histoire d'un peuple qui s'écrit, avec sa prise de conscience progressive, ses souffrances devant l'horreur, et son désir de regarder la vérité en face. Grand prix d'interprétation féminine à Cannes, Norma Aleandro est Alicia. Toute de force intérieure, elle incarne admirablement l'image d'une Argentine déchirée mais qui, patiemment, à travers le chagrin et la pitié, avance sur les chemins de la liberté.

T S **R**

## RADFORD Michael (anglais, né en Inde en 1946)

**Premier long métrage :**
*Les Cœurs captifs (1983)*
**Filmographie depuis 1985 :**
*Sur la route de Nairobi (1987)* • ***Il Postino (1995)*** • *B. Monkey (1998)* •
*Dancing at The Blue Iguana (2002)*

Né à New Delhi d'un père anglais et d'une mère autrichienne, Michael Radford, après des études de sciences politiques et économiques et de philosophie à Oxford, travaille d'abord comme enseignant, puis s'essaie au métier de comédien, avant de se tourner vers le cinéma qu'il découvre en tournant avec ses élèves de petits films en 16 mm. Il réalise ainsi plusieurs documentaires pour la BBC, s'intéressant dans les sujets qu'il traite à l'Italie, à l'Écosse, à l'Irlande, avant de passer à la fiction. Il y manifeste le même intérêt pour pays et cultures divers : *Les Cœurs captifs* dépeint la rencontre de paysans écossais et de prisonniers italiens, pendant la guerre, et tandis que *Sur la route de Nairobi* se déroule au Kenya, sur fond de décadence coloniale britannique, *Il Postino* confronte, sous sa caméra britannique, le poète chilien Pablo Neruda à un brave Italien fruste d'une île de l'Italie du Sud. Il se plaît ainsi à mettre en scène des acteurs de traditions différentes, marquant bien là son goût pour un métier qu'il a lui-même pratiqué, comme le montre encore tout particulièrement *Dancing at the Blue Iguana*, film qu'il tourne en le basant entièrement sur l'improvisation.

### IL POSTINO (1995)
### avec Massimo Troisi, Philippe Noiret et Maria Grazia Cucinotta

**Cher ami...** Quand la nouvelle se répand, sur cette île immobile du Sud italien, que le grand poète Pablo Neruda, banni du Chili, va venir jeter l'ancre dans ce coin perdu, c'est moins l'aura idéologique de l'exilé que son pouvoir de séduire, grâce aux mots, le cœur des femmes qui trouble le brave Mario lorsqu'il voit, en suivant les actualités cinématographiques, le poète accueilli à Rome par de ferventes admiratrices, toutes plus belles les unes que les autres. Rêve inaccessible pour Mario, pauvre fils de pêcheur, dont l'élocution empruntée semble répondre, de façon héréditaire, au quasi-mutisme de son père. Pourtant, lorsque se présente la possibilité d'approcher Neruda, Mario saute sur l'occasion. Le grand homme reçoit en effet tant de courrier qu'un poste de facteur adjoint se trouve devenir nécessaire. Or, Mario sait à peu près lire et surtout il possède le vélo indispensable pour monter, par les chemins rocailleux qui surplombent la mer, jusqu'à la petite maison où le poète et sa compagne se sont installés. Voici donc le nouveau facteur, quasi illettré, face à l'homme qui fait chanter les mots. Et voici qu'à partir de leurs rencontres quotidiennes, d'abord réduites à quelques rapides formules de politesse, s'instaure peu à peu un échange, puis bientôt un dialogue. Mario veut savoir le secret des mots et Pablo Neruda, touché par la force de cette pureté, se prend d'intérêt pour son facteur, jusqu'à lui expliquer des choses inconnues : ce qu'est une métaphore, par exemple. Ce qui ouvre à Mario des horizons insoupçonnés. Notamment lorsque, tombant amoureux de la brune et rebelle nièce de l'aubergiste, il se dit qu'une métaphore bien trouvée pourrait lui gagner, à lui le timide, l'attention et, qui sait ?, le cœur de la belle. Surtout si son ami Pablo lui donne un coup de pouce...
Ainsi vont les jours, sur l'île baignée de chaleur et de lumière, et ainsi va le cœur de Mario, si candide et si touchant que Pablo Neruda trouve à son exil un charme qu'il n'avait pas imaginé. Même si, un beau jour, il lui faut partir, en laissant derrière lui Mario, le cœur lourd, et en lui promettant qu'il ne l'oubliera pas. Ce qu'il adviendra de la promesse de Pablo Neruda et de la vie ultérieure de Mario, marié maintenant à sa brune Béatrice, Michael Radford le raconte dans la seconde partie de son film, lequel change alors de ton. Aux images chaleureuses de l'amitié succèdent celles, plus grises, de la nostalgie. Comme si la joie de vivre qui avait gagné le cœur de Mario et, symboliquement, celui de toute une Italie caressant, à travers la figure tutélaire du poète communiste chilien, le rêve d'une fraternité humaine faisant chanter les lendemains, se heurtait soudain à la dure réalité des choses. La fantaisie et la simplicité du bonheur cèdent le pas à la tristesse d'un désenchantement collectif, qu'accentue, comme le poids cruel d'une réalité implacable venant se confondre avec la fiction, la disparition de Massimo Troisi lui-même à la fin du tournage. Or, c'est peu de dire que le comédien napolitain porte le film : il en est l'âme. Avec son visage émacié dont la mâchoire crispée semble avaler les mots, avec son air de brave type prêt à tout donner, avec sa dégaine de miséreux qu'enrichit soudain la découverte de la poésie, il apporte à son personnage de

facteur une authenticité bouleversante et à cette histoire toute simple la force de la vérité. La réalisation solide, mais presque volontairement neutre, de Michael Radford, tout comme la sobriété de Philippe Noiret, nerudien jusqu'au bout de sa silhouette, semblent en fait n'être là que pour faire valoir son interprétation inspirée. Grâce à lui, le rêve passe : un rêve de beauté, d'amitié, d'amour des êtres et des choses, né dans un cœur simple qui, au fond, s'invente peut-être une belle histoire. Qui en vit. Et qui en meurt. À cette carte postale envoyée d'une Italie elle-même rêvée – bleu de la mer et du ciel, village de pêcheurs sorti tout droit d'une imagerie de folklore, avec curé bouffant du rouge, tante tromblon veillant sur la vertu de sa nièce, candidat politique prêt à toutes les promesses et à tous les oublis –, la sincérité sensible de Massimo Troisi apporte la fantaisie légère d'un plaisir partagé et la profondeur d'une émotion : un goût de miel, un goût de cendres.

## RAIMI Sam (américain, né en 1959)

**PREMIER LONG MÉTRAGE :**
*Evil dead (1981)*
**FILMOGRAPHIE DEPUIS 1985 :**
*Mort sur le grill (1985)* • *Evil dead 2 (1987)* • *Darkman (1990)* •
*L'Armée des ténèbres (1993)* • *Mort ou vif, duels à Rédemption (1995)* •
*Un plan simple (1998)* • *Pour l'amour du jeu (1999)* • *Intuitions (2000)* •
***Spider-Man (2002)*** • *Spider-Man 2 (2004)*

Parmi les héros populaires, ceux venus de la bande dessinée marquent particulièrement l'esprit et la culture des jeunes lecteurs qui les découvrent : liés à l'image, ils s'incarnent, à travers les petites vignettes, par un visage, une silhouette, un costume, que les spectateurs de cinéma brûlent tout naturellement de retrouver sur grand écran. Mais le passage n'est pas toujours facile, car il s'agit de répondre aux attentes des fans tout en développant des scénarios propres à répondre aux exigences d'un récit filmique. Hollywood, toujours à l'affût, s'est toujours intéressé à ces héros susceptibles de nourrir suites et épisodes multiples : l'univers des *comics*, notamment celui des plus célèbres et des plus inventifs d'entre eux, les Marvel comics, lui a en la matière fourni une riche moisson. Superman dans les années 1970, puis, dans les années 1990, Batman, X-Men, Daredevil, Elektra et autres être dotés de pouvoirs extra-humains envahissent l'écran de la fin de siècle, de plus en plus en phase avec les moyens nouveaux qu'offrent les effets spéciaux et les images de synthèse. À cet égard, Spider-Man, l'homme-araignée, dispose de moyens que Sam Raimi, spécialiste du fantastique mâtiné d'humour, peut traduire, non sans un sourire, avec toutes les ressources informatiques nécessaires.

### SPIDER-MAN (2002)
#### avec Tobey Maguire, Willem Dafoe et Kirsten Dunst

**Supergrimpeur.** Comme le lui dit sans rire sa brave tante May, en considérant son allure binoclarde de bon petit jeune homme appliqué : « Tu n'es pas Superman. » Et il est vrai qu'à bien regarder Peter Parker – et Tobey Maguire qui lui apporte ce côté un peu gnangnan qui le catalogue aussitôt dans la catégorie des gentils mous –, on ne peut guère se douter qu'il est doté de pouvoirs extraordinaires. Lui-même d'ailleurs n'en croit pas ses yeux lorsqu'il découvre, après avoir été malencontreusement piqué par une araignée traficotée en laboratoire, qu'il développe l'agilité de ladite bestiole et qu'il a même la capacité de sécréter des fils aussi solides que des filins d'acier, qui lui permettent de tisser une immense toile dans l'espace et de faire toutes les galipettes possibles dans le ciel new yorkais. Son ahurissement apporte d'ailleurs une note d'humour qui donne aux premières séquences du film de Sam Raimi, adaptation d'un des plus célèbres *comics* de la BD américaine, une sorte de fantaisie rafraîchissante qui laisse bien augurer de la suite. Pour autant, à peine le jeune Peter a-t-il découvert ses pouvoirs arachnéens et endossé sa seyante combinaison d'homme-araignée que la plaisanterie n'est plus de mise, et que la grosse machinerie hollywoodienne se met en branle pour offrir au spectateur un spectacle prudemment conforme au modèle original. Comme il ne s'agit pas évidemment de heurter les fans de la BD, les multiples exploits du héros sont ingénieusement intégrés dans une trame scénaristique qui reprend les grandes lignes de l'histoire mère : Peter est

orphelin, il a été recueilli et élevé avec amour par son oncle Ben et sa tante May, il est amoureux depuis sa tendre enfance de sa voisine, la jolie Mary-Jane, et il est l'ami du richissime Harry Osborne, dont le père, docteur Jekyll qui, victime d'un accident chimique, se retrouve lui aussi doté de pouvoirs surhumains mais maléfiques, se transforme en Mister Hyde satanique, sous l'apparence terrifiante du Bouffon vert. Un tel canevas ne pouvait, il est vrai, que séduire les studios, tant le côté spectaculaire que confère au héros et à son adversaire leur capacité de se mouvoir dans les airs offre, à travers leurs cascades et leurs affrontements étourdissants, comme autant de terrains d'exercices rêvés pour déployer la grande panoplie des effets spéciaux, informatiques, animatroniques et même, paraît-il ici, photogrammétriques !
Autant dire une débauche de procédés visuels, dont le côté synthétique évidemment éblouissant finirait presque à la longue par devenir banal. Le plus réjouissant, au bout du compte, réside dans la personnalité de ce Spider-Man, brave garçon qui s'acquitte vaillamment de sa tâche, et héros boutonneux qui cherche manifestement à devenir adulte. À passer son temps dans les airs, à grimper aux façades et à faire du saute-gratte-ciel, il n'a guère le loisir de se forger une virilité que sa copine, la pulpeuse Mary-Jane, appelle pourtant de ses vœux. Elle a beau prendre les devants et le gratifier d'un très inédit baiser à l'envers, rien n'y fait : tout à sa mission arachnéenne, Spider-Man ne peut lui offrir que son amitié. Il faut donc bien se rendre à l'évidence : chez l'homme-araignée, il n'y a que l'araignée qui grimpe !

## RAMIS Harold (américain, né en 1944)

**Premier long métrage :**
*Caddyshack (1980)*
**Filmographie depuis 1985 :**
*Club Paradise (1986) • Un jour sans fin (1993) • Stuart saves his family (1995) • Mes doubles, ma femme et moi (1996) •* ***Mafia Blues (1999)*** *• Endiablé (2000) • Mafia Blues 2 – La Rechute (2002) • Faux amis (2005)*

Diplômé de littérature anglaise, infirmier dans une clinique psychiatrique, journaliste à *Playboy*, improvisateur dans une troupe de Chicago, Harold Ramis aborde l'écriture comique avec des expériences riches et variées derrière lui, qui confèrent à son écriture une vraie densité d'observation vécue. Cela explique sans doute que ses scénarios soient très vite prisés par Hollywood, et qu'il écrive pour John Landis puis pour Ivan Reitman des comédies mêlant joyeusement réalité et fantaisie. Et c'est dans cette veine que lui-même poursuit lorsqu'il passe à la réalisation et qu'il donne à ses comédies une fantaisie qui peut aller jusqu'au fantastique, sans pour autant jamais perdre de vue la réalité.

### MAFIA BLUES (1999)
### avec Robert De Niro et Billy Crystal

**Al Capone chez le docteur Freud.** Paul Vitti ne craint personne. Chef d'une des plus puissantes familles new-yorkaises, il s'est acquis dans le milieu une réputation qui doit faire de lui le prochain Parrain de la côte Est, lors de la réunion au sommet qui va rassembler tous les pontes de la mafia. Pourtant, à quelques jours de ce rendez-vous capital, Paul Vitti se sent tout chose : de soudaines anxiétés lui oppressent la poitrine, des crises de mélancolie lui mettent le cœur au bord des lèvres, et de gros accès de vague à l'âme le font éclater en sanglots. Pour un gangster de son calibre, ça la fiche plutôt mal, et les gros bras qui l'entourent commencent à se faire du souci. Heureusement, une solution se présente en la personne de Ben Sobel, psychanalyste de son état, qui mène une vie pépère à préparer son futur mariage et à écouter d'une oreille distraite les affligeantes névroses de ses patients. Mais, avec son nouveau client, voilà que ça change ! Car le caïd mal dans sa peau trouve que les premiers conseils de son nouveau toubib lui soulagent agréablement l'inconscient, à tel point qu'il ne peut bien vite plus s'en passer et qu'il le sollicite jour et nuit, y compris en pleine cérémonie conjugale. La vie du docteur Sobel devient du coup un véritable enfer, surtout lorsqu'il décèle chez son client un méchant accroc du côté œdipien, ce qui, pour un mafieux italo-américain qui révère plus que tout père et mère, est une révélation difficile à admettre ! Et le malheureux psy va se rendre compte à ses dépens que psychanalyser le Parrain, ce n'est pas vraiment une sinécure !

Mais c'est un excellent sujet de comédie. Et Harold Ramis s'en est saisi de façon manifestement jubilatoire, redoublant le plaisir jusqu'à faire de son film à la fois une joyeuse parodie des films de gangsters et une satire non moins joyeuse de la psychanalyse, épinglant du même coup deux des grands piliers de la culture américaine. Côté mafia, il a fait appel au spécialiste numéro un, le grand Bob De Niro lui-même, qui s'amuse à se jouer de sa propre image de mafioso de l'écran et n'a guère à forcer son talent pour en faire quelques tonnes de plus que d'habitude. Face à ce festival de la charge, le jeu de Billy Crystal, parfait en psy coincé par son patient, apparaît curieusement plus retenu, comme si le fantaisiste, poussant la cure jusqu'au bout, transférait son pouvoir comique sur son partenaire. D'autant que le scénario ménage ingénieusement des liens profonds entre les deux personnages, le psy étant affublé lui aussi d'un gros Œdipe, ce qui, entre fils à papa, permet aux deux hommes de parfaitement se comprendre et facilite un transfert parfait du gangster à son docteur, et vice versa. La comédie enfile ainsi les situations saugrenues et les dialogues percutants à un rythme qui ne se dément pas, pour parvenir *in fine* là où visent tout autant les gangsters que les psychanalystes : régler définitivement le problème. Avec cette variante qui ne court pas tous les jours les divans ni les règlements de compte : la rigolothérapie.

## RAPP Bernard (français, né en 1946)

**FILMOGRAPHIE :**
*Tiré à part (1996)* • ***Une affaire de goût (2000)*** • *Pas si grave (2002)* • *Un petit jeu sans conséquence (2004)*

Le cinéma peut être une seconde carrière. C'est le cas pour Bernard Rapp, longtemps journaliste et qui, quittant la télévision pour le cinéma, s'est découvert un champ nouveau où, de film en film, il construit un monde très personnel, à la fois élégant et insidieusement cruel, où les limites tonales entre la comédie et le drame sont quelque peu brouillées, et où la réalité se découvre comme étant à faces multiples.

### UNE AFFAIRE DE GOÛT (2000)
**avec Bernard Giraudeau et Jean-Pierre Lorit**

**Dis-moi qui tu manges…** « Goûtez-moi ça ! » L'invitation que Frédéric Delamont, un riche industriel, fait à Nicolas Rivière, l'intérimaire qui est en train de le servir dans le grand restaurant où il déjeune, pourrait apparaître comme la simple méfiance d'un client sourcilleux devant une assiette qui ne lui donne pas satisfaction. Mais l'invitation ne surprend pas outre mesure le jeune homme, qui met illico la fourchette à la bouche et qui, sans s'en rendre compte, met du même coup le doigt dans un engrenage insidieux où il va se trouver proprement haché menu. Le film de Bernard Rapp a en effet ce caractère particulier de mettre en branle un mécanisme et d'y prendre ses personnages mais aussi les spectateurs, selon une logique imparable, qui est celle d'un glissement progressif du plaisir pris à être manipulé. Car ce qui va se jouer entre le brillant et raffiné homme d'affaires (impeccable Bernard Giraudeau) et le jeune garçon au départ plutôt falot qui se prête à son jeu (surprenant Jean-Pierre Lorit) va bien au-delà du simple service d'un homme riche engageant un serviteur. D'abord parce que l'emploi que Delamont offre à Nicolas peut surprendre : goûteur, chargé de goûter tous ses plats avant que lui-même ne les porte à sa bouche. Mais cette exigence curieuse cache en fait autre chose de plus radical : une mainmise progressive exercée par un homme sur un autre, une identification programmée de l'autre par l'un. Ce que le maître exige de son homme lige, c'est qu'il se moule à ses propres goûts, à ses propres mesures et même à sa propre vie, jusqu'à sentir comme lui, à éprouver comme lui, à être comme lui. La nourriture apparaît ici comme la métaphore d'une sorte d'ingestion quasi cannibale, qui renvoie aux abîmes les plus profonds de l'être. Mais rien de pesant dans cet étrange cérémonial manipulateur.
Bernard Rapp met en scène cette cuisine intime avec la distinction d'un gourmet, non sans garder ouvertes toutes les pistes d'interprétation et en prenant bien soin de construire toute son histoire comme un film noir, où Hitchcock, pour les instruments tranchants et le suspense narratif, fait bon ménage avec Greenaway pour le raffinement de l'esprit et la logique du jeu, mais peut-être surtout avec Buñuel, pour l'humour noir, pour le fétichisme pervers et pour ce qui reste, plus que jamais, cet obscur objet du désir.

## RAPPENEAU Jean-Paul (français, né en 1932)

**PREMIER LONG MÉTRAGE :**
*La Vie de château (1965)*
**FILMOGRAPHIE DEPUIS 1985 :**
***Cyrano de Bergerac (1990)* • *Le Hussard sur le toit (1995)*** •
*Bon voyage (2003)*

Sept films en pratiquement quarante ans : Jean-Paul Rappeneau n'est pas un réalisateur prolixe. Cela a suffi, pour autant, à lui assurer une place non négligeable dans le cinéma français. Il le doit à ses qualités de raconteur d'histoires, qu'il tient de son métier premier de scénariste, assumé auprès de réalisateurs comme Yves Robert, René Clair, Louis Malle, Philippe de Broca, ou encore Alain Cavalier, son ami de jeunesse. Il le doit aussi à un côté très précis et minutieux dans la réalisation qui, après des comédies enlevées mettant en scène les plus grandes vedettes, lui a valu de se voir confier de très gros budgets pour des films de prestige, longuement et minutieusement préparés. La réussite de *Cyrano de Bergerac* et du *Hussard sur le toit*, co-écrits avec des scénaristes de talent – Jean-Claude Carrière, associé à Nina Companeez pour le second –, et leur succès populaire ont quelque peu éclipsé le retour à un sujet et à une veine plus personnels, ceux de *La Vie de château*, pourtant brillamment développés, avec la complicité au scénario de Patrick Modiano, dans *Bon voyage*.

### CYRANO DE BERGERAC (1990)
### avec Gérard Depardieu, Anne Brochet et Vincent Pérez

**Depardieu de Bergerac.** Depardieu a du nez. Entendons bien sûr l'appendice postiche, aux proportions importantes mais non démesurées, qui prolonge de façon quasi naturelle son propre organe nasal, et qui lui vaut de pouvoir prendre au plus près le visage de son personnage. Mais entendons aussi cette intuition, qui lui a fait accepter ce rôle au juste moment où il pouvait, où il devait l'interpréter. Car, lorsqu'un film épouse à tel point la performance du comédien, c'est de celui-ci qu'il convient de parler d'abord.

Cyrano, c'est donc Depardieu. C'est même tellement lui qu'on devrait plutôt dire, à le voir évoluer dans ce rôle taillé à ses dimensions : Depardieu, c'est Cyrano. Il en a la violence, la force, les rugissements. La façon dont il entre dans le film, bousculant tout, emplissant le théâtre de sa voix, de ses gestes, de sa superbe, c'est bien le côté fougueux et flamboyant du héros de Rostand. Mais il en a aussi la douceur, la tendresse, la sensibilité, et même cette pointe constante de fragilité secrète qu'on sent en lui et qui épouse la blessure profonde que porte le personnage. Cyrano a attiré bien des acteurs. Depardieu a cela d'unique qu'il attire Cyrano à lui et qu'il rend comme évidente l'identification du comédien et du rôle.

Portée par un tel interprète, l'entreprise audacieuse de Jean-Paul Rappeneau trouve d'emblée le ton juste. Car la plus grande difficulté était assurément là : dans un problème de voix, de tonalité, d'inflexion, de rythme. Le pari de porter au cinéma, en 1990, un texte en vers, même si Rostand n'a pas son pareil pour tordre le cou à ce grand niais d'alexandrin, ce pari était loin d'être gagné. Or l'interprétation d'ensemble, à l'unisson du personnage titre, emporte haut la voix la partie. Partie d'autant plus difficile que l'œuvre est un monument de la scène et que, comme tous les monuments, il est téméraire de vouloir le revisiter hors des sentiers battus. Pourtant, là est bien l'audace de Jean-Paul Rappeneau et de son scénariste, Jean-Claude Carrière, et là est leur réussite : en transposant *Cyrano* de la scène à l'écran, ils ont résolument choisi d'en faire un film. Ils ont donc osé toucher au texte, par des suppressions, et même des réécritures, et à son découpage. Mais cette atteinte à la lettre n'est en rien une atteinte à l'esprit. Au contraire : le *Cyrano* de Rappeneau est, au sens propre, une lecture de celui de Rostand, et une lecture qui en dégage de façon lumineuse le sens.

*Cyrano*, c'est du mouvement, du spectacle, de la vie. La reconstitution de l'époque Louis XIII est, à cet égard, pleine de couleur et de justesse, dans les décors, la lumière, les costumes, la musique, la figuration. Sans que pour autant les moyens (énormes : 10 milliards de centimes) ne nuisent jamais à la dimension intérieure, intimiste même, d'une histoire dont le film souligne bien, sans outrance mélodramatique, le pathétique. Voilà, pour le coup, un film plein de panache. Et plein d'idées. Comme celle de faire découvrir Cyrano par les yeux d'un enfant, qui pourrait être le petit Jean-Baptiste Poquelin. Et le regard que tous deux échangent, c'est un bel hommage rendu par Rappeneau à Rostand, à Cyrano, à Molière. Un bel et juste hommage du cinéma au théâtre.

## LE HUSSARD SUR LE TOIT (1995)
### avec Olivier Martinez et Juliette Binoche

**À la mort, à la vie.** Il galope, Angelo, à la hussarde, traversant à perdre haleine cette Provence de 1832 qui, tout d'un coup, est en train de se transformer en charnier. Car, dans le soleil éclatant de l'été, la mort s'abat sur les hommes. Ils tombent les uns après les autres, dans des convulsions frénétiques, la bave aux lèvres, avec le froid qui raidit leurs membres. Et, sous le vol inquiétant des corbeaux, les cadavres se mettent soudain à bleuir. C'est le choléra, ce compagnon de route non désiré, mais qui, d'une certaine façon, va révéler Angelo à lui-même et surtout, dans ce monde bouleversé par la mort, lui faire rencontrer une âme égale à la sienne, fière, libre, forte : la lumineuse Pauline de Théus, qu'il va, faisant bifurquer sa route, accompagner jusqu'à son château, là-haut, sur les contreforts des Alpes. Double voyage : d'un homme, vif, jeune, la fibre aristocrate, l'énergie brute et l'élégance innée : une force qui va. Mais voyage à deux aussi, vers ce bonheur fou, plein de folie, dont parle Giono et auquel le film de Jean-Paul Rappeneau, à travers le couple surprenant et convaincant que forment Olivier Martinez, le débutant, et Juliette Binoche, qui sait depuis longtemps tout faire, donne la meilleure part. On attendait beaucoup de cette adaptation réputée impossible, dix fois entreprise, dix fois repoussée, du flamboyant roman de Giono. Il n'y a pas lieu d'être déçu, même si à l'impossible nul n'est tenu. On ne fera donc pas grief à Jean-Paul Rappeneau et à ses co-scénaristes d'avoir bricolé une intrigue politico-policière pour donner au voyage du héros une ligne dramatique bien perceptible à l'écran, là où le tracé même du style de Giono suffisait à tendre, comme la flèche à l'arc, cette route vers sa cible. Et l'on ne regrettera pas davantage cette inflexion du voyage solitaire vers le voyage à deux, tant le film respecte la sensibilité de ces deux êtres portés par la pulsion de vie, au milieu de la mort qui gagne.

Avec son savoir-faire, son honnêteté et son exigence, Jean-Paul Rappeneau raconte donc le voyage d'Angelo vers les sommets. Parti de la plaine, le hussard rencontre la mort en route. Pour lui échapper et pour fuir les peurs paniques de la populace déchaînée, il grimpe sur les toits. Séquence magique du héros funambule, en équilibre sur le ciel, tandis qu'en bas la mort fait ses ravages. Et magie aussi, dans la grande maison vide, de la rencontre avec l'autre et du thé qu'elle lui sert, alors que, dans la rue, on pourchasse les empoisonneurs d'eau. Le film est lancé, la route ouverte. Elle passe par des paysages admirables où – et c'est un des grands mérites du film – le réalisateur sait capter ce qui fait l'esprit même de la géographie imaginaire du roman : l'ouverture sur l'espace, la vastitude des vallées et des plateaux, l'ondulation à perte de vue des collines qui s'élèvent insensiblement vers des pentes abruptes. On quitte le soleil ardent et l'ombre portée de la mort pour s'enfoncer dans l'épaisseur secrète des forêts où la brume et la pluie enveloppent l'amour d'Angelo et de Pauline. Jusqu'à ce qu'auprès d'un feu qui crépite, une étrange nuit d'amour transforme la mort en souffle de vie.

Le film de Jean-Paul Rappeneau atteint alors son but. Un peu laborieusement commencé, il trouve progressivement son rythme, galope au juste train des chevaux qui emportent les deux héros dans ce qui, entre western et récit de chevalerie, est avant tout un prodigieux roman d'aventure et d'amour. La variété des décors, la parfaite reconstitution d'une Provence de lumière et d'ombre, les costumes qui sentent la poussière des chemins, le souci du détail, la justesse du moindre troisième couteau, la jolie gueule de picaro aristocrate d'Olivier Martinez qui a la mèche rebelle et une flamme dans les yeux, la subtilité, toute en force et en finesse, de Juliette Binoche : tout concourt à donner au film un équilibre, une solidité, qui sentent la belle ouvrage. Et qui, au-delà de l'illustration de luxe qu'il aurait pu se contenter d'être, traduisent une véritable vision, romantique et passionnée, qui culmine dans la dernière partie, la plus personnelle et la plus réussie. Où l'on retrouve, en un éclair, ce supplément d'âme dont le roman, par son écriture, est constamment porteur : ce qui s'appelle un style.

# RATNER Brett (américain, né en 1969)

**FILMOGRAPHIE :**
*Argent comptant (1997)* • *Rush hour (1998)* • *Family man (2000)* • *Rush hour 2 (2001)* • ***Dragon rouge (2002)*** • *Coup d'éclat (2004)* • *X-Men 3 (2005)*

Une variété particulière de la suite consiste non dans la séquelle – qui raconte ce qui se passe après – mais dans la « préquelle » – qui imagine ce qui s'est passé avant. L'existence de ce type de suite nécessite évidemment que le héros ait déjà acquis une notoriété telle que l'évocation de son passé puisse exciter la curiosité du public et même apporter à l'œuvre matricielle quelque éclairage nouveau. Le cas est particulièrement sensible avec un personnage aussi retors qu'Hannibal Lecter, le psychopathe découvert en 1990 dans *Le Silence des agneaux*, de Jonathan Demme. Lorsque, en 2000, Ridley Scott réalise la suite, avec *Hannibal*, il raconte les nouvelles aventures du personnage dix ans après son évasion et évoque l'amour inavoué qu'il porte à l'agent Clarice Starling, sentiment né de leur confrontation dans le film original. Mais lorsque Brett Ratner, jusque-là spécialisé dans la comédie d'action, retrouve, en 2002, le même Hannibal Lecter dans *Dragon rouge*, c'est pour raconter et expliquer ce qui l'a conduit là où on le trouve dans le premier épisode : la genèse d'un tueur...

### DRAGON ROUGE (2002)
### avec Anthony Hopkins, Edward Norton, Ralph Fiennes et Emily Watson

**Le silence des brebis.** On pouvait bien se douter que, disposant d'un criminel aussi performant que l'abominable docteur Lecter, Hollywood allait chercher tous les moyens de le remettre en activité. Ridley Scott avait ainsi déjà imaginé une suite au *Silence des agneaux* en retrouvant le tueur gourmet dix ans après son évasion de prison. Comme l'avenir du diabolique Hannibal était donc déjà tracé, il ne restait guère à Dino de Laurentiis, le producteur, et à Brett Ratner, convoqué pour la mise en scène, qu'à se tourner vers son passé. Voici donc Hannibal d'avant Hannibal, ou, si l'on préfère, le détail de sa toute première arrestation, qui l'amène dans cette cellule où, au dernier plan du film, on lui annonce qu'une jeune femme du FBI demande à lui rendre visite. Avant que n'entre en scène Clarice Starling, *alias* Jodie Foster, on découvre donc que Hannibal Lecter s'était fait la main sur diverses victimes, dont un musicien d'orchestre symphonique dont il avait généreusement fait goûter la chair à un cercle d'amis mélomanes. C'est d'ailleurs à cette occasion que l'inspecteur Will Graham, pénétrant la psychologie du tueur, avait réussi à le confondre. Et, comme on ne change pas une formule qui gagne, le film de Brett Ratner met très exactement ses pas dans ceux du film originel, en lançant ledit inspecteur Graham sur les traces d'un nouveau tueur en série, particulièrement retors et pervers, et dont il entreprend de percer le jeu en s'appuyant sur le seul criminel capable de le comprendre : le docteur Hannibal Lecter. Anthony Hopkins, avec ses yeux perçants et son sourire froid de carnassier, se trouve ainsi à nouveau sollicité. Et à nouveau le tueur, dont il est seul à pouvoir véritablement appréhender le fonctionnement, n'y va pas de main morte : si lui ne cherche pas à utiliser la peau de ses victimes, il leur plante, après énucléation, des bouts de miroir à la place des yeux. C'est dire qu'on a affaire à un tordu ! Et toute l'enquête menée par le jeune inspecteur (Edward Norton, très bon chic bon genre) révélera les raisons, très hitchcockiennes, qui ont fait, par le biais d'une mère castratrice, d'un brave gamin cet affreux jojo psychopathe.

Parfaitement mené et interprété, le film de Brett Ratner procure donc toute la gamme des sensations fortes qu'on est venu y chercher. N'y manque sans doute que l'essentiel : la surprise de la première fois. Et du coup, accentué par le décalque auquel le réalisateur se livre en racontant des événements antérieurs sur le mode même des événements postérieurs que l'on connaît déjà, naît le sentiment insidieux que, à se répéter ainsi avant l'heure, même Hannibal devient banal...

## RAY Satyajit (indien, 1921-1992)

**Premier long métrage :**
*Pather Panchali (1955)*
**Filmographie à partir de 1985 :**
*La Maison et le monde (1985)* • *Ganashatru (1989)* • *Les Branches de l'arbre (1990)* • ***Agantuk (1991)***

On aurait évidemment tort d'identifier Satyajit Ray avec le cinéma indien. Il n'en représente en fait que le versant bengali, et, dans le paysage cinématographique indien, Calcutta et son cinéma raffiné vient loin derrière Bombay et sa grosse industrie « bollywoodienne ». Pourtant le jeune cinéaste qui, fasciné par Renoir, qu'il rencontre en 1950 lorsque celui-ci vient tourner *Le Fleuve* en Inde, et qui débute en 1955 en adaptant le roman le plus célèbre de la littérature bengalie, *Pather Panchali*, aura incarné plus largement pour l'Occident l'Inde elle-même et sa culture. Car la trilogie bengalie de ses débuts, avec *Aparajito* et *Le Monde d'Apu*, qui le rend aussitôt célèbre internationalement, trouve son prolongement dans des œuvres – *Le Salon de musique*, *Les Joueurs d'échecs* – où passe l'esprit même de la civilisation, de la société et de l'histoire indiennes. Curieusement mieux reconnu dans le monde entier que dans son propre pays,

Satyajit Ray, en panne de financement et de considération, doit d'ailleurs à l'aide de deux Français admirateurs de son œuvre, Daniel Toscan du Plantier et Gérard Depardieu, de pouvoir revenir au cinéma à la fin des années 1980. Il tourne alors trois derniers films qui, d'Ibsen, qui sert de référence à *Ganashatru*, au retour au Bengale, qui fait la trame d'*Agantuk*, traduisent le regard profond d'un cinéaste ouvert à l'Occident mais profondément enraciné dans son pays originel, où son dernier film situe de façon symptomatique une réflexion sur l'avenir de la civilisation, sujet qui n'aura jamais cessé de nourrir son œuvre.

### AGANTUK (1991)
#### avec Uptal Dutt et Mamata Shankar

**Le retour aux sources.** Que vient-il faire à Calcutta, cet oncle disparu depuis trente-cinq ans et qui écrit à sa nièce, qui était encore bébé lorsqu'il est parti, pour lui annoncer qu'il revient et lui demander l'hospitalité ? En recevant sa lettre, Anila ne sait trop que penser, et son mari, riche homme d'affaires, est encore plus soupçonneux et réservé qu'elle sur le retour de cet inconnu, qui pourrait bien n'être qu'un imposteur. Mais l'homme arrive, et il faut bien l'accueillir dans les formes, d'autant qu'on est dans un pays où on ne plaisante pas avec la famille ni avec les traditions. Anila le reçoit donc comme il convient, non sans avoir mis à l'abri, par précaution, quelques objets de valeur. Pourtant, bien vite, le visiteur conquiert tout le monde par sa jovialité et son exubérance, et Anila a de moins en moins de doute : il est bien l'oncle qu'il dit qu'il est. Mais, en lisant un roman d'Agatha Christie, un soupçon nouveau s'insinue en elle : et si ce retour impromptu n'était qu'un retour intéressé ? Car, en mourant, son grand-père a laissé un testament. Et il se pourrait bien qu'une part de l'héritage y soit justement réservée à l'oncle.
Histoire de testament, donc, qui ne peut pas ne pas faire penser au fait que ce film aura été le dernier de Satyajit Ray, disparu quelques mois avant la sortie du film en France. Et, de fait, c'est bien d'un testament spirituel qu'il s'agit, celui d'un cinéaste qui n'aura cessé de parler de son pays et de sa culture bengalis en les élevant au rang de l'universel. Autour du thème directeur de l'argent, il construit une fable sociale sur la civilisation matérialiste, où la reconnaissance de l'autre est soumise au seul intérêt. Dans le milieu bourgeois qu'il observe avec autant de minutie que d'humour, s'arrêtant aux gestes quotidiens, aux habitudes touchantes comme aux petites mesquineries, il fait entrer, avec le visiteur, l'ombre du doute et du désordre. Car l'oncle, face à ce Bengale qui, entre tradition et modernité, représente la civilisation, ramène des expériences puisées dans les sociétés tribales et primitives, au sein desquelles il a séjourné dans le monde entier. Et le fait que le vieil homme débonnaire se retrouve soumis à un interrogatoire quasiment policier pour faire la preuve de ce qu'il est vraiment joue comme le révélateur d'une société qui se trompe de cible.
La façon dont le cinéaste résout les tensions de sa chronique familiale et le débat latent entre le civilisé et le sauvage, lors d'une scène d'une force émotionnelle peu commune, où, au cours d'une danse des femmes, chacun en vient à reconnaître l'autre pour ce qu'il est, dit la sagesse profonde, sans illusion mais sans désespoir, d'un cinéaste qui, limité par la maladie à tourner en studio cette histoire intimiste, élargit son propos à tous les hommes, pris dans l'engrenage d'une modernité qui leur fait oublier qui ils sont, et qui est l'autre.

## REDFORD Robert (américain, né en 1937)

**PREMIER LONG MÉTRAGE :**
*Des gens comme les autres (1980)*
**FILMOGRAPHIE DEPUIS 1985 :**
*Milagro (1987)* • ***Et au milieu coule une rivière (1992)*** •
*Quiz Show (1994)* • *L'Homme qui murmurait à l'oreille des chevaux (1997)* •
*La Légende de Bagger Vance (2000)*

Acteur star, ayant tourné dans les années 1960-1970 quelques-uns des films les plus importants, et les plus typiques, du système hollywoodien, Robert Redford, au moment où il est passé à la réalisation, a commencé comme une seconde carrière, plus en phase avec ses conceptions personnelles d'un cinéma libre et indépendant. Cela se traduit par des films porteurs de thématiques fortes, liées à la nature et à l'innocence, comme un contrepoint au monde de l'esbroufe et de l'escroquerie télévisée, qu'il dénonce dans *Quiz Show*. Cela s'illustre aussi par la politique d'encouragement à la création indépendante, dont son centre et son Festival de Sundance sont devenus les symboles et le moteur.

## ET AU MILIEU COULE UNE RIVIÈRE (1992)
### avec Brad Pitt, Craig Sheffer et Emily Lloyd

**Les pêcheurs de paradis.** Cela commence par des photos jaunies, comme un album de souvenirs que l'on feuillette, et par une voix qui raconte : le Montana du début du siècle, les montagnes, les forêts, la rude vie des hommes. Et l'eau, présente partout : dans l'écume vive des torrents, dans les cascades et les rapides qui descendent des gorges profondes et, se faufilant entre les rochers, dans le scintillement éblouissant des rivières à truites. C'est là que vit la famille McLean, dans ce cadre qui lui rappelle la beauté sauvage de son Écosse natale et qui la confronte au mystère divin. Le père est pasteur et élève ses deux fils, Norman et Paul, dans le respect austère de la morale presbytérienne. Vie heureuse, pour autant, entre la chaleur de l'amour maternel et la sollicitude complice d'un père qui emmène ses deux fils le long de la rivière et les initie aux mille et un secrets de la pêche au lancer. Difficile d'imaginer plus différents que ces deux-là : Norman, l'aîné – dont on se rend vite compte qu'il est la voix qui parle – est sage, réservé, obéissant ; Paul, le second, est tête dure, charmeur, ne cédant jamais devant rien. La façon dont ils pêchent révèle mieux que tout leur opposition de tempérament : à l'attention appliquée et calme de Norman répondent la fantaisie, l'improvisation, le goût du risque de Paul. Frères que tout pourrait séparer, comme les frères ennemis de la Bible, mais inséparables pourtant, et complémentaires, jusque dans leurs chemins qui divergent. Norman, bardé de diplômes universitaires, se prépare à la carrière de professeur qui l'attend au loin, tandis que Paul, devenu journaliste dans le quotidien local, reste fidèle au pays et à ses passions : le jeu, et la pêche, toujours. Les jours passent ainsi, rythmés par les parties de pêche au fil de la rivière, et par cette communion avec la nature qui les aide à vivre. Et qui va les aider à aimer, à souffrir, à mourir aussi, puisque tel est le terme inexorable de la route. La vie, dans le film de Robert Redford, est une longue rivière tranquille où l'homme, inlassablement, lance dans le courant un fil arachnéen. Plus qu'une activité sportive, la pêche, ici, est une métaphore qui court à travers tout le récit et qui relie l'homme à la nature, l'amenant à aller pêcher en son sein le mystère et le sens des choses. Et ce que ramène Redford au bout de sa ligne est riche de tout un univers. Celui de l'enfance d'abord, du vert paradis, des racines profondes qui modèlent l'existence. À cet égard, le choix des deux comédiens est riche lui aussi de signification : aux traits un peu lourds et au teint brun de Craig Sheffer s'oppose la blondeur juvénile, d'une beauté insolente, à mi-chemin de James Dean et de Redford lui-même quand il était plus jeune, de Brad Pitt, le fils prodigue, qui, dans ses débordements mêmes et son indépendance, trace le chemin incertain d'une liberté. Et qui renvoie à l'Amérique sa propre image.
Car, dans ces paysages somptueux du Montana, on a l'impression que c'est un pays tout entier qui retrouve ses sources profondes et ce sens de la nature, ordonnée selon une loi éternelle et immémoriale, où elle puise une leçon de vie. Le soin tout particulier que le cinéaste apporte aux images, en harmonie avec la beauté du décor, traduit plus qu'une simple volonté d'esthétisme léché. C'est l'essence même de la beauté qu'il fait transparaître, comme une réponse aux tempêtes et aux doutes de la vie. La réponse est là : dans ces eaux, bouillonnantes et apaisées, qui font le lien avec l'origine des temps. « Un fleuve sortait de l'Éden pour arroser le jardin », dit la Bible. C'est vers ce fleuve-là que les pêcheurs de Redford lancent leur ligne : pêcheurs de rêve et de beauté, pêcheurs de paradis.

---

# RESNAIS Alain (français, né en 1922)

**PREMIER LONG MÉTRAGE :**
*Hiroshima, mon amour (1959)*
**FILMOGRAPHIE DEPUIS 1985 :**
***Mélo (1986)*** • *I want to go home (1989)* • *Smoking/No smoking (1993)* •
***On connaît la chanson (1997)*** • ***Pas sur la bouche (2003)***

À le regarder avec le recul du temps, on s'aperçoit que le parcours d'Alain Resnais est à la fois parfaitement cohérent et parfaitement surprenant. Celui dont les premiers films, faisant appel à des scénaristes pas spécialement réputés pour leur facilité – de Duras à Robbe-Grillet, de Cayrol à Semprun –, apparaissaient comme de complexes mécaniques et s'attiraient souvent le reproche d'intellectualisme, n'a jamais, en fait, renoncé à cette complexité structurelle qui, par la mise en scène, transforme en œuvre cinématographique ce qui, au départ, ne l'est pas. Simplement, prenant le relais des scénarios très « Rive gauche » qui, jusqu'à *Providence*, en 1977, sous-tendent ses films, son goût personnel pour les formes d'expression populaires – bande dessinée, science-fiction, mélodrame, chanson, opérette – trouve, à mesure que l'âge vient, à s'exprimer de façon de plus en plus libre. Du coup, le cinéaste, longtemps jugé comme abscons, devient un auteur à succès répétés. Est-ce à dire que les films des années 1990, plus accessibles au grand public, sont foncièrement plus légers que ceux qui, d'*Hiroshima mon amour* à *Muriel*, de *La guerre est finie* à *Providence*, s'inscrivaient, après *Nuit et brouillard*, dans le fil d'une évocation des grandes tragédies de l'histoire du siècle ? Pas si sûr : c'est toujours du destin de l'homme, de la mémoire, de la modernité et de la nostalgie qu'il est question. Et si la forme est moins ostensiblement complexe, la thématique n'en est que plus dense, qui, s'interrogeant sur le temps et sur la représentation, renvoie l'homme et la société modernes à eux-mêmes.

## MÉLO (1986)

### avec Sabine Azéma, Pierre Arditi et André Dussollier

**L'émotion intacte.** Au théâtre ce soir, ou plutôt un soir de 1929. Rideau. Trois personnages sont en scène : le mari, la femme et l'ami, qui va devenir l'amant. Conversation, premier rendez-vous, adultère, amour fou, mari qui ne voit rien, et la vie qui tourne soudain au noir : séparation, empoisonnement, suicide, et ceux qui restent avec leur peine, cherchant qui à savoir la vérité, qui à la cacher. Un drame ; ou plutôt un mélodrame, somptueux, comme on les aimait quand on allait au théâtre pour sortir son mouchoir à dentelle et y pleurer avec Margot.
Resnais a joué le jeu, en allant dénicher dans les oubliettes cette pièce d'Henry Bernstein et en la restituant telle quelle, sans la moindre distanciation, avec sa peinture psychologique au couteau et son style un peu fané. Charme du bibelot, dira-t-on. Sans doute. Mais il y a plus. Ce n'est pas de théâtre mais de cinéma qu'il s'agit. Et c'est bien là l'extraordinaire. Tout, du décor au découpage, de l'éclairage aux mouvements de caméra, révèle, au sens premier du terme, une « mise en scène ». C'est Bernstein qui parle, et c'est Resnais qu'on entend. Un Resnais entomologiste de l'espèce humaine, attentif comme personne aux comportements et aux errements du cœur, et tirant d'un trio d'acteurs qui lui sont familiers le meilleur d'eux-mêmes : Pierre Arditi, idéal en mari trop tendre et trop faible, fait pour perdre ce qu'il aime ; André Dussollier, tout en nuances, élégant jusque dans la souffrance ; Sabine Azéma espiègle avec son nez retroussé et pathétique avec son cœur qui saigne. Et rien ne manque à leur histoire, ni des roses rouges, ni un air de musique, ni une lettre dont l'encre s'efface. Tout est parfaitement à sa place, comme une évidence. C'est que c'est si simple, un grand film. Et que c'est si bête, la vie. À en pleurer.

## ON CONNAÎT LA CHANSON (1997)

### avec Pierre Arditi, Sabine Azéma, Jean-Pierre Bacri, Agnès Jaoui, André Dussollier et Lambert Wilson

**Y'a d'la joie.** Il fallait y penser ! La chanson a cela de formidable qu'elle fait partie de la vie de tout le monde. Il suffit qu'on attrape un refrain au vol, et hop, la voilà qui revient, la chansonnette, et qui joue son petit rôle proustien de madeleine du pauvre. À chacun ses airs fétiches, liés à des souvenirs de joies et de peines. On naît, on grandit, on aime, on vit, on meurt, accompagné par des chansons. Alain Resnais, pour qui la vie est toujours un roman et qui, en matière d'imaginaire, connaît la musique mieux que personne, a donc eu l'idée d'une sorte d'opéra d'aujourd'hui, mais dont le livret serait un mélange de vrais dialogues, comme il y en a au théâtre et au cinéma, et de vraies chansons, comme on les entend et comme on les fredonne dans la vie.
Pour écrire le livret, camper les personnages, choisir les arrangements, il a fait appel à ces spécialistes du double jeu que sont Jean-Pierre Bacri et Agnès Jaoui, lesquels lui ont aménagé une partition idéale. Ce qu'ils racontent, en effet, c'est un beau roman, c'est une belle histoire. Et c'est aussi une chanson qui nous ressemble. Il y a des hommes et des femmes. L'un, Nicolas, resurgit à l'improviste dans la vie d'Odile, femme d'affaires affairée, beaucoup plus que son Claude de mari qui donne plutôt dans l'indécision molle et la passivité résignée. Odile a une sœur, Camille, qui fait la guide dans Paris pour pouvoir terminer sa thèse. Elle rencontre Simon, qui écrit des pièces pour la radio et qui, pour vivre, s'essaie à vendre sans enthousiasme des appartements pour le compte de Marc, agent immobilier à grandes dents et sourire charmeur. Camille tombe amoureuse de Marc, et Simon amoureux de Camille, tout en devenant l'ami de Nicolas, tandis que Claude s'apprête à quitter Odile, au moment même où celle-ci emménage dans le superbe appartement que lui a vendu Marc…
Dans cet enchaînement des situations et des sentiments, on retrouve la griffe du tandem Bacri-Jaoui, plus que jamais à l'aise pour épingler, sous une forme apparemment enjouée, les cruautés de l'existence vécues par un groupe de personnages pas vraiment bien dans leur peau, et qui ont comme un air de famille avec ceux de *Cuisine et dépen-*

*dances*. Par le côté percutant des dialogues, par la finesse ironique de l'observation, par la ronde infernale des masques qui finissent par tomber, les scénaristes signent lisiblement leur scénario. Mais, pourtant, si le livret est d'eux, le film, lui, est bien de Resnais. Un Resnais humoriste, dans la veine déjà filée depuis *I want to go home* et *Smoking/No smoking*, mais qui, ici, ajoute une note à sa gamme : la chanson populaire.
Et c'est peu de dire que la surprise est grande et l'effet réussi. Expert dans l'art et la manière de construire une mise en scène, le cinéaste, qui fit longtemps de la complexité formelle une marque de style, semble aller avec l'âge vers plus de simplicité. Mais, à y regarder de près, la subtilité est toujours là. Elle est dans la façon apparemment naturelle d'enchaîner la vie et les chansons, de donner la voix d'un autre à celui qui parle et de lui faire dire pourtant exactement ce qu'il pense ; de tisser entre les personnages ces liens de l'amour et du hasard en apparence désordonnés et pourtant rigoureusement conduits le long d'un parcours où chacun cherche son chemin, son appartement, sa place dans la vie. Et elle est aussi dans une direction d'acteurs qui repose sur une sorte de complicité d'esprit, et qui, aux habitués (Arditi, Azéma, Dussollier), agrège tout en souplesse les nouveaux venus, Bacri, Jaoui, Wilson.
Et cela donne, à les voir et à les entendre, une de ces jubilations qui fait du cinéma un vrai plaisir, lorsque Dussollier en garde républicain entonne *Vertiges de l'amour*, qu'Azéma serre le poing et chante avec France Gall *Résiste*, que Bacri chez le docteur se plaint qu'il a la rate qui se dilate, l'estomac qui est pas droit, et que Lambert Wilson roucoule qu'il aime les filles de chez Castel... Il y en a pour tous les goûts et, de Dranem à Téléphone, pour tous les âges. Un Resnais pour tout le monde, avec des refrains de quatre sous, mais qui, fidèle à lui-même et à son cinéma, confronte toujours le réel à l'imaginaire, débusque le mensonge des apparences, et se paie le luxe de faire voler une méduse quasi surréaliste sur fond de pendaison de crémaillère. Et, le plus épatant, c'est que ça marche, que ça ne ressemble à rien de connu, ni comédie musicale, ni film chanté, ni opérette filmée. Que c'est autre chose, de lumineux et de farfelu, et qui, en sortant, vous donne envie de chanter à tue-tête : Y'a d'la joie ! bonjour, bonjour les hirondelles, y'a d'la joie...

## PAS SUR LA BOUCHE (2003)
### avec Sabine Azéma, Pierre Arditi, Lambert Wilson et Isabelle Nanty

**L'opérette de quat'sous.** Étonnant ! Et qui donne aussitôt envie de s'interroger sur le pourquoi et sur le comment. Pourquoi diable, en effet, aller ainsi chercher une opérette créée en 1925, et la transposer à l'écran près de quatre-vingts ans plus tard ? Même si les chemins de la création sont toujours obscurs, le film d'Alain Resnais porte en lui-même quelques réponses possibles. Et d'abord dans son générique joliment dessiné (par Floc'h) en ombres chinoises, où la voix amicale d'André Dussollier annonce un film sonore, parlant et chantant. 1925 : le cinéma muet vit ses derniers moments, bientôt un chanteur de jazz à la bouille de cirage va venir pousser sa chanson sur l'écran, et les théâtres vont fournir à la pelle comédies, vaudevilles, opérettes, pour alimenter le septième art nouveau ! Alain Resnais, né en 1922, a connu ce moment du passage, et son film en est sans doute inconsciemment nourri, comme une manière, longtemps après, de faire dire et chanter au cinéma d'aujourd'hui, avec les moyens d'aujourd'hui, ce qu'il n'a d'abord, à ses débuts maladroits, que balbutié.
Et à cet égard, l'opérette de Barde et Yvain est un choix qui se justifie d'autant mieux que, outre le fait que ce type de comédie musicale à la parisienne triomphait dans les Années folles, il représente parfaitement ces genres de quat' sous, jugés peu sérieux, qu'a toujours affectionnés un cinéaste amateur de bande dessinée, de *musical*, de théâtre de boulevard et de chansonnettes, et s'amusant à les mettre en films, de *La vie est un roman* à *Mélo*, de *I want to go home* à *On connaît la chanson*.
Et s'il fallait une raison supplémentaire, outre la folie douce et carrément surréaliste qui règne dans cette histoire biscornue, avec autant de couples embarqués dans le jeu de l'amour et du quiproquo qu'il y a de portes qui s'ouvrent et qui se ferment, elle serait peut-être tout simplement dans ce duo de hérissons incongrus, entr'aperçus le temps d'un plan, et qui rappelleraient, avec *Mon oncle d'Amérique*, que le comportement humain ne diffère pas forcément de celui de l'animal, et que chez les hommes et les femmes, comme chez les hérissons, l'attirance sexuelle ne va pas sans piquant...
Le pourquoi disant ainsi suffisamment qu'il s'agit d'un film d'Alain Resnais, reste le comment. Et ce n'était sans doute pas la moindre difficulté que de trouver à cette opérette exhumée d'autrefois sa traduction d'aujourd'hui, sans céder au sourire facile du second degré ni verser dans la reconstitution archéologique. Or c'est là tout l'art et la manière d'un cinéaste ludique que d'inventer pour l'occasion un style. Et il est éblouissant. Thé, bridge et porto : le salon de Gilberte Valandray sent son décor Art déco, comme les robes et les coiffures, les chinoiseries et les bibelots, les fines moustaches et les parfums Coty. Et rien ne manque à la liste des personnages attendus, ni un mari ayant sa théorie chimique sur la fidélité féminine, ni un Américain à accent, ni un séducteur gominé à la Valentino, ni surtout une femme du monde allumant le feu des désirs et des minauderies. À ce jeu endiablé, les Arditi, Azéma,

Wilson, Nanty, Prévost, Tautou, Laspert ou autre Darry Cowl – en Pauline Carton travestie – y vont à un train d'enfer. Chantant eux-mêmes des refrains qui valent leur pesant de fantaisie absurde et saugrenue. Et comme le chante, dans l'air resté le plus fameux, la concierge indiscrète : on en voit des choses par le petit trou, le petit trou de la serrure. Surtout quand c'est Resnais qui regarde…

## REVACH Zeev (israélien, né au Maroc en 1940)

**Premier long métrage :**
*Only today (1976)*
**Filmographie depuis 1985 :**
*Bouba (1987)* • *Batito (1987)* • *Prête-moi ta femme (1989)* • ***Un brin de chance (1992)*** • *Buskila Twins (1998)*

Né à Rabat, dans une famille juive séfarade, Zeev Revach, fils de rabbin, part à 9 ans pour Israël, lorsque son père décide qu'il est temps pour sa famille de gagner la terre promise. L'intégration n'est pas si facile, et le jeune Zeev, plutôt que de suivre les traces de son père et de trouver un soulagement dans la prière, choisit de s'exprimer par le jeu et par le rire. Après avoir suivi des cours de théâtre, il commence une carrière de comédien qui, du théâtre au cinéma et à la télévision en fait, au fil des rôles qu'il joue sur scène et à l'écran, des chansons qu'il interprète, et des films – une quinzaine – qu'il réalise, un des acteurs les plus populaires d'Israël. Mais lorsqu'il raconte, dans *Un brin de chance*, comment il est arrivé dans son pays, il touche, au-delà même de l'émigration des Juifs vers Israël, un phénomène qui, de l'Amérique des Mexicains ou des Portoricains à l'Allemagne des Turcs ou à la France des Africains et des Maghrébins, est proprement mondial.

### UN BRIN DE CHANCE (1992)
**avec Zeev Revach et Zehava Ben**

**Comme là-bas, dis !** Un goût de miel. Tellement mielleux que, pour qui ne serait pas prévenu, le film de Zeev Revach risque assez vite d'entraîner quelques haut-le-cœur. On est là en effet dans un de ces mélos douceâtres qui fait penser à ces pâtisseries orientales, grasses et sucrées, qui vous en mettent plein les doigts avant de vous en mettre plein la bouche. Un de ces films dont la production égyptienne, rayonnant dans tout l'Orient, s'est fait une spécialité incontestée. Certes, Zeev Revach n'est pas arabe, mais juif, et il vit en Israël où il est même considéré comme une sorte de Raimu-Coluche national. Pourtant, avec *Un brin de chance*, tout s'explique. L'histoire que le film raconte permet de comprendre ce syncrétisme troublant qui fait que, du Maroc à Israël, tout se fond dans un mode de vie et de pensée commun, où les ennemis héréditaires trouvent, au-delà de leurs haines, comme un terrain d'entente. L'origine de Jojo Ben Shoshan, le héros du film, éclaire en effet les choses : il fait partie de cette communauté juive séfarade qui vit en Afrique du Nord et qui par la façon qu'elle a de parler, de gesticuler, de s'habiller, de chanter, a un côté méditerranéen beaucoup plus proche de la culture arabo-orientale que de celle véhiculée par d'autres juifs, les Ashkénazes, venus du nord et de l'est de l'Europe pour fonder Israël. Or précisément, le malheureux Jojo, qui respire dans son Maroc natal la joie de vivre et de chanter, décide, par foi et par engagement, aux alentours des années 1950, d'émigrer pour rejoindre sa Jérusalem. Ce qui n'est pas du goût de sa femme, danseuse du ventre de son état, qui profite de l'occasion pour aller jouer du nombril ailleurs et pour s'enfuir avec un séducteur, laissant honteusement tomber son époux et leur jeune « fifille », Vivi. Le drame, à forte senteur de mélo, se noue donc dès ce départ, qui n'est lui-même que le début des multiples malheurs qui vont s'abattre sur Jojo. Israël, dès qu'il y débarque, se transforme vite en effet, de terre promise, en parcours du combattant. Et, malgré l'amitié et la solidarité de ses compagnons d'émigration, Jojo sombre dans la déprime et l'alcoolisme, tellement que – diabète et mélo obligent – il devient aveugle. Par bonheur, Vivi est là : elle a grandi, est devenue une belle (à l'orientale) jeune fille, et surtout elle possède une voix à faire se pâmer tout l'Orient d'Oum Kalsoum. Et c'est bien sûr par elle et par son sacrifice que la malédiction sera levée et que le bonheur familial reviendra…
*Un brin de chance* ne triche pas : il aligne sans sourciller tous les poncifs d'un genre propre à faire pleurer, de Rabat à Jérusalem, en passant par Alger, Le Caire, Beyrouth ou Damas, aussi bien Jacob que Mustapha. Le tout dans un étonnant sabir qui mêle l'hébreu, l'arabe, le français et autres langages moins identifiables, et dans un non moins étonnant pot-pourri musical où les rythmes, les voix, les paroles (ultra-sucrées elle aussi) des chansons font glisser

constamment le mélo vers la comédie musicale. On danse donc, on rit, on chante, on crie, on pleure beaucoup dans le film de Zeev Revach. Le moindre sentiment s'y exprime sur le mode le plus direct et naïf qui soit, avec les gestes et avec l'accent. Et les mines de Zeev Revach lui-même, qui incarne Jojo, ses yeux qui roulent, sa voix qui roucoule, ses manières expansives, son comique à la Zavatta engendrent curieusement une double façon de voir le film. D'un côté, pour ceux qui partagent cette culture, les heurs et les malheurs du personnage véhiculent une forte charge d'émotion teintée de nostalgie, qui explique sans doute l'énorme succès du film en Israël. De l'autre, pour qui goûte à ce rahat-loukoum en simple observateur, le film apparaît comme un document en lui-même, révélateur à la fois d'une réalité historique et d'une forme de cinéma. Qui, avec ses schémas et son esprit convenu, raconte finalement, sur fond d'émigration et de drame familial, des déchirures vieilles comme le monde, qui appartiennent à tous les hommes et qui ont encore, avec un brin de chance, pas mal de beaux jours devant elles.

## REYGADAS Carlos (mexicain, né en 1971)

**FILMOGRAPHIE :**
*Japon (2002)* • ***Bataille dans le ciel (2005)***

Après des études de droit au Mexique et des travaux en droit international aux Nations unies, Carlos Reygadas quitte son pays pour la Belgique en 1997, où il décide de se consacrer à ce qui est sa vraie passion : le cinéma. Il réunit une petite équipe technique, composée de débutants comme lui, avec laquelle il tourne quatre courts métrages qu'il produit lui-même, comme autant d'exercices destinés à acquérir la maîtrise technique nécessaire pour mettre en œuvre un projet plus ambitieux. C'est *Japon*, qu'il écrit, produit et tourne avec ceux qui l'ont accompagné jusque-là et qui, présenté aux Festivals de Rotterdam et de Cannes, révèle un cinéaste puissamment original. Le film, à travers l'itinéraire d'un homme qui se prépare à la mort et qui retrouve l'ivresse de la sensualité et le goût panthéiste de la vie dans les bras d'une vieille métisse, est animé d'un souffle tellurique et d'un sens de la nature et de la densité des corps, que l'on retrouve dans le surprenant *Bataille dans le ciel*, exaltation du sexe en même temps que vision baroque, spiritualiste et bunuelienne du Mexique,

### BATAILLE DANS LE CIEL (2005)
### avec Marco Hernandez, Anapola Mushkadiz et Berta Ruiz

**Le corps du délit.** Qui est Carlos ? Avec ses traits épais, sa peau basanée, ses cheveux noirs, et surtout ce corps lourd, tout en rondeurs flasques, d'Indien adipeux, il semble traîner, sous son apparence placide, un tourment secret. C'est à Ana, la fille du général dont il est le chauffeur et l'homme à tout faire, qu'il se confesse : lui et sa femme ont enlevé un bébé, pour obtenir une rançon, mais l'enfant est mort. Et Carlos, ébranlé, traîne au fond de lui le poids du crime. Cette découverte d'une culpabilité qui, jusque-là, ne l'avait même pas effleuré, passe moins par le repentir moral que par la réaction physique : c'est son corps qui le travaille, ce corps qu'il cherche à apaiser dans des étreintes amoureuses avec sa femme, indienne comme lui et plus énorme encore, et dans d'autres étreintes, portant le poids de la transgression, avec la jeune Ana, blanche, venue d'un tout autre milieu social que le sien, et qui se prostitue dans une maison de rendez-vous.
La première séquence qui ouvre le film de Carlos Reygadas, avant même le générique, et dont le pendant se retrouvera, tout à la fin, dans la séquence qui le clôt et qui porte le sens symbolique de l'itinéraire du personnage, a de quoi surprendre. On y voit d'abord le visage d'un homme, Carlos, l'air calme et comme recueilli ; puis la caméra descend, découvre son corps obèse et nu, descend encore, et capte en plan serré les cheveux d'une femme la bouche collée à son sexe et appliquée à le faire jouir, et la caméra poursuit, dans un lent mouvement latéral qui, en contrechamp, vient offrir le visage de la jeune fille, rivée au sexe de l'homme et les yeux clos, d'où coule une larme de souffrance. Cette fellation, dont la lenteur et le recueillement imposent le sens quasi mystique, dit bien la manière de Carlos Reygadas : une façon de montrer les corps sans en rien cacher ni sans les occulter de la moindre joliesse pudibonde, mais en magnifiant plutôt la chair, les courbes, la peau, tant dans les débordements de graisse rubéniens de l'épouse que dans la gracilité juvénile de la jeune partenaire.
Car ce langage du corps dit tout : il dit l'amour de Carlos pour sa femme, comme il dit la distance infinie, d'âge, de beauté, de condition sociale, qui le sépare de cette Ana dont le contact le plus intime ne fait que souligner la

différence. Un autre plan, lent panoramique à 360°, filme leurs corps unis dans l'étreinte puis s'ouvre sur la ville, sur l'activité des hommes, sur la circulation de la métropole grouillante, sur l'espace et le temps urbains, avant de revenir sur les deux protagonistes saisis dans la fin de l'étreinte et la séparation des corps. La vie est là, les englobant, les expliquant, ce Mexique de drame et de violence, de fractures sociales et de relents militaristes, mettant en scène et comme en rituel l'affrontement de la vie et de la mort sous l'ombre portée de la croix, où gît le crucifié offrant son corps au sacrifice. Et on pense à Buñuel, au baroquisme des martyrs suppliciés, et à ces extases mystiques où le corps se tend vers le ciel tant espéré de la félicité.

## REYNOLDS Kevin (américain, né en 1952)

**Filmographie :**
*Une bringue d'enfer (1985)* • *La Bête de guerre (1988)* • ***Robin des bois, Prince des voleurs (1991)*** • *Rapa Nui (1994)* • *Waterworld (1995)* • *One Eight Seven (1997)* • *La Vengeance de Monte Cristo (2001)* • *Tristan et Yseult (2005)*

Douglas Fairbanks, en 1922, dans le film d'Allan Dwan ; Errol Flynn, en collants moulants irrésistibles, dans la version de référence de Michael Curtiz, en 1938 ; Richard Todd, reprenant le flambeau en 1952 sous la direction de Ken Annakin ; et aussi Don Taylor, Barrie Ingham, Lex Barker, Dee Lockwood, Giuliano Gemma, et tant d'autres encore : les Robins des bois de l'écran se comptent par dizaines, et jusque dans les versions animées. La légende du justicier de la forêt, symbole de fidélité à son roi et prenant aux riches pour donner aux pauvres, n'a évidemment pas d'âge. D'où les adaptations récurrentes qui fleurissent de façon régulière. Rien d'étonnant ainsi à ce que, en 1991, deux grosses productions concurrentes s'en disputent une nouvelle fois l'exclusivité : et si la version de John Irvin, avec Patrick Bergin en vedette, peut se prévaloir de la tradition anglaise, la version américaine de Kevin Reynolds, ex-avocat reconverti dans le film d'action, a un atout qui lui assure à coup sûr la suprématie : Kevin Costner, idéal prince des voleurs.

### ROBIN DES BOIS, PRINCE DES VOLEURS (1991)
**avec Kevin Costner, Morgan Freeman, Christian Slater et Mary Elizabeth Mastrantonio**

**Danse avec les flèches.** Le Robin des bois des deux Kevin (Costner, l'interprète, et Reynolds, le réalisateur) ne faillit pas à la règle. D'abord parce qu'on y retrouve tous les faits, les personnages, les décors de la légende : l'Angleterre du XIIe siècle, soumise au cruel shérif de Nottingham, qui profite de l'absence du roi Richard Cœur de Lion pour faire peser sa loi de fer sur le peuple qu'il affame et détrousse. Et le jeune Robin de Locksley, au retour des Croisades, qui retrouve son père mort et son château détruit. Poursuivi par les hommes de main du shérif, il se réfugie dans la forêt de Sherwood où il rassemble autour de lui et de quelques compagnons – Petit Jean le colosse, Will Scarlett l'emporté, Frère Tuck le moine gaillard – une troupe de paysans et de manants qui se dresse contre l'usurpateur. Grâce à sa folle audace et à son habileté diabolique dans le maniement de l'arc et des flèches, il fait peser une menace de plus en plus lourde sur Nottingham, faisant main basse sur ses coffres et redistribuant l'argent aux pauvres. Et lui disputant aussi le cœur de la belle Mariane, qui choisit bien vite ce feu follet intrépide et loyal face au tyran brutal qui, joignant la jalousie à la haine, enlève la jeune femme pour la forcer à l'épouser. Mais Robin veille, et avec lui la justice et l'amour.
Le Robin des bois de Costner-Reynolds est donc bien fidèle à sa légende, mais il respire aussi, ce qui le rend attachant, notre air du temps, grâce à un ingénieux travail de scénario. Ainsi Robin, ayant un père, se voit doté à son endroit de rapports œdipiens passés à l'évidence par le moule de la psychanalyse. D'autant qu'il se découvre un demi-frère bâtard, et que le thème des frères ennemis vient expliquer trahisons et rachats. Riche ainsi d'un passé intime qui le transforme en individu, Robin, avant d'être un héros, apparaît comme un homme, dont les exploits ne sont autres que la quête d'une rédemption personnelle. Il est aidé en cela par le personnage d'Azeem, un musulman ramené des Croisades, et noir de surcroît, auquel le lie une dette de sang. Celui-ci apparaît comme une sorte de puissance protectrice, mais il incarne aussi une sagesse orientale et islamique qui relativise les valeurs occidentales et chrétiennes. Et la leçon de tolérance qu'avec humour il distribue autour de lui vaut pour la Jérusalem des Croisades tout autant que pour celle d'aujourd'hui. Ce n'est pas pour autant qu'il faille faire de ce Robin des bois un film

intellectuel. Les prolongements du scénario ne sont, en fait, qu'une façon de donner plus d'assise à ce qui reste le but premier du film : le grand spectacle. Et sur ce plan-là aussi, on est servi. La virtuosité technique du réalisateur, qui éclate dans certains plans surprenants et dans d'étourdissantes scènes de combat, la musique omniprésente qui en rajoute même dans le conditionnement sonore, la profusion pyrotechnique des effets spéciaux, les décors et les costumes lourds d'une violence barbare, contrastant avec la plongée dans l'univers démoniaque de la sorcellerie ou avec le romantisme pré-raphaélique d'une Mariane-Ophélie à la longue chevelure, mais qui sait aussi ce que féminisme veut dire. Et, par-dessus tout, un humour souvent ravageur qui garde juste la petite distance ironique qu'il faut pour ne pas trop se prendre au sérieux : il y a là de quoi se remplir les yeux, les oreilles et l'imagination pendant plus de deux heures. Et si Kevin Costner a remplacé l'immortel collant vert d'Errol Flynn par du cuir tanné à la mode d'Indiana Jones, c'est que les héros d'aujourd'hui ont la peau durcie par les épreuves.

## RICHARD Pierre (français, né en 1934)

**PREMIER LONG MÉTRAGE :**
*Le Distrait (1970)*
**FILMOGRAPHIE DEPUIS 1985**
***On peut toujours rêver (1991)*** • *Droit dans le mur (1997)*

D'abord fantaisiste de scène et de cabaret, en duo avec Victor Lanoux, Pierrre Richard, passé comédien, s'est fait très vite une place centrale dans le cinéma comique français, en y imposant sa silhouette lunaire de personnage distrait, congénitalement maladroit, et subissant avec une sorte d'inconscience poétique toutes les avanies que les scénarios de Francis Veber et les réalisations d'Yves Robert ou de Gérard Oury concoctaient pour lui avec autant de métier que de malin plaisir. Pour autant, lui-même n'était pas étranger à la définition de son emploi et de son personnage, non seulement par l'interprétation qu'il en donnait, mais aussi par le fait que, très vite, dès son quatrième film, il s'en était fait lui-même le metteur en scène, dans *Le Distrait* en 1970 puis dans *Je sais rien, mais je dirai tout* en 1971. *Les Fugitifs*, de Francis Veber, en 1986, marque, en duo avec Gérard Depardieu, le dernier des très grands succès populaires obtenus sans discontinuer par le comédien tout au long des années 1970-1985, Depuis, Pierre Richard s'est fait plus rare, revenant à la mise en scène avec deux films au ton plus dur, non exempt d'une certaine distance, à la fois critique et mélancolique, avec le nez rouge du clown qu'il a si souvent porté.

### ON PEUT TOUJOURS RÊVER (1991)
**avec Pierre Richard et Smaïn**

**Le grand blond et le petit beur.** Entre sa Rolls avec chauffeur, son épouse insomniaque qui cherche le repos dans les bras de la sophrologie, ses enfants programmés pour la réussite et les beaux mariages, ses syndicats en grève, ses scandales à la une du *Canard*, ses conseils d'administration, son château, son golf et sa maîtresse, l'Empereur s'ennuie... Pour Charles de Boylesve, dit l'Empereur, magnat de la presse, de l'industrie et des grosses affaires en tout genre, la vie de milliardaire n'offre plus de surprise. Seule récréation dans la longueur monotone de sa triste existence de riche, ses escapades au supermarché où il se livre à la kleptomanie et où, dérobant lampes de poche ou mousse à raser, il se donne l'impression de redevenir un homme. Ce qui n'est pas du goût de Rachid Merzahoui, beur jusqu'au bout du nom, des cheveux et de l'accent, aide-coiffeur à Châtillon et voleur à la tire à ses moments perdus. Tout en dérobant au P.-D.G. sa ceinture Hermès, il se paie le culot de l'insulter. Ce qui a pour effet de rendre Charles de Boylesve à la vie. Lui qui cherchait un homme, un vrai, il trouve sa tasse de thé avec ce petit beur dont il fait illico son homme de compagnie.
À partir de là, la comédie de Pierre Richard semble partie pour emprunter des chemins connus : depuis que le cinéma comique existe, le couple du grand et du petit, du gros et du maigre, du riche et du pauvre a toujours constitué la panacée des scénaristes en mal de gags. Pourtant, rien ne se déroule ici exactement comme on l'attendrait. Non que quelques scènes, ici ou là, n'utilisent les vieilles ficelles. Mais le propos de Pierre Richard va plus loin. Réalisateur, scénariste, interprète, il a conçu ce film en y mettant beaucoup de lui-même, de son âge, qui avance, de sa conception d'un humour à la fois doux et amer, où la drôlerie débouche presque immanquablement sur un brin

de mélancolie, quand ce n'est pas de gravité. Il y a même, dans *On peut toujours rêver*, une scène assez poignante, qui donne au film toute sa dimension et qui en révèle le vrai dessein. Cet Arabe, si bien à l'aise dans ses baskets, créant sa vie tous les jours qu'Allah fait, il est tout ce que le P.-D.G. n'est plus, tout ce dont le vieux monde, fatigué, se sent désormais privé. Une nuit, les deux hommes s'introduisent clandestinement au Louvre et, se retrouvant devant la *Joconde*, ils interrogent ce sourire énigmatique, lourd de lassitude. Et le grand blond vieilli demande au jeune beur de secouer une bonne fois ce symbole d'une civilisation béate pour lui rendre ce qu'elle a perdu : sa jeunesse. Comédie de l'air du temps, plus profonde qu'il n'y paraît, et dont le dénouement, en forme de pirouette, laisse la porte ouverte au sérieux de toutes les interprétations, le film de Pierre Richard traduit l'ambition de son auteur et, ce qui ne gâte rien, les interrogations qui sont les siennes. Comique, en faisant rire, il s'interroge sur le rire. Homme de bonne volonté, en montrant de façon volontairement féerique le rapprochement de communautés qui ont tant de mal à s'entendre, il apporte, dans un sourire, une réponse optimiste, mais que le titre de son film, à lui tout seul, tempère d'autant de scepticisme que d'espoir : on peut toujours rêver.

## RICHET Jean-François (français, né en 1966)

**Filmographie :**
*État des lieux (1995)* • ***Ma 6. T va crack-er (1997)*** • *De l'amour (2000)* •
*Assaut sur le Central 13 (2005)*

Enfant des banlieues, titulaire d'un CAP d'imprimeur et ouvrier pendant plusieurs années en usine, Jean-François Richet risque sa prime de licenciement, qu'il choisit de jouer au casino (et il gagne !) pour financer son premier film, *État des lieux*. Il y raconte la vie d'un ouvrier, les conflits de classes, les tensions sociales, les difficultés économiques, avec une précision authentiquement réaliste, mais avec un souci de l'image et du rythme qui traduit un regard et un savoir-faire très personnels. La vision des cités qu'il offre dans son film suivant, *Ma 6. T va crack-er*, trouve le langage de violence et de révolte accordé au sujet, même si la réflexion politique censée s'y faire jour apparaît moins nette. Mais l'efficacité évidente qu'il montre à filmer l'action au plus près et le poids social qu'il met dans ses sujets – *De l'amour*, histoire d'un vol dans une grande surface, le confirme encore –, l'amène tout naturellement à vouloir se frotter au cinéma américain de genre : *Assaut sur le Central 13*, remake tourné outre-Atlantique d'un original de John Carpenter, en est l'illustration réussie.

### MA 6. T VA CRACK-ER (1997)
### avec Arco Descat, Jean-Marie Robert et Malik Zeggou

**Allons enfants de la cité !** Une cité comme tant d'autres, dans une banlieue chaude, avec ses HLM plutôt crasses, son décor sans âme, ses problèmes ordinaires. Au lycée, Arco, Malik et Mustapha n'en fichent pas une rame. Au beau milieu d'un cours d'anglais, qui ressemble plus à un souk organisé qu'à un lieu où soufflerait le moindre petit vent de l'esprit, on vient les chercher pour aller se faire remonter les bretelles par la directrice. Laquelle, après leur avoir rappelé qu'un lycée n'est pas forcément une arène sanglante et qu'on pourrait y faire autre chose qu'éclater la tête de son voisin, ne peut que clamer son impuissance devant leur morgue amusée, leur façon de nier l'évidence, leur langage minimal, leur mauvaise foi érigée en système. Car Arco, Malik et Mustapha ont en fait tous les droits qu'ils se donnent, y compris celui de la bonne conscience, en vertu du principe érigé en axiome de base par Jean-François Richet : tout ça, c'est la faute à la société. À partir de quoi, tout est non seulement permis, mais recommandé. Que les trois lascars volent, se battent, brûlent des voitures, transforment un match de basket en rencontre de catch, sortent les *guns* (l'anglais leur sert quand même à quelque chose !) et trompent le vide de leur existence (à moins que ce ne soit celui de leur cervelle) en exprimant leur trop-plein de « haine » : tout ça, c'est la faute à la société, qui ne leur offre en guise d'horizon qu'un chômage annoncé et, en guise d'espoir, que celui de tout foutre en l'air. D'ailleurs, pour Djeff, J.M., Pète et Hamouda, qui ont cinq à dix ans de plus, c'est la même chose. Eux en sont déjà au no man's land post-ANPE, vivotant de trafics et de petits braquages, se tirant la bourre avec leurs homologues des cités voisines, réduisant leurs activités sportives à la chasse aux meufs et aux courses ventre à terre pour échapper aux flics qui les poursuivent. Et avec ça – âge et responsabilité obligent –, de vrais *guns*, pas de la grenaille, du canon scié, du flingue à répétition, de la balle explosive.

Ces divers problèmes existentiels occupant le plus clair du temps des 1 h 45 du film de Jean-François Richet, il faut bien leur trouver une porte de sortie et un dénouement. Une étincelle (ou plutôt une pétarade) va mettre le feu aux poudres : une bavure, forcément policière, qui étend raide sur le pavé le brave Malik (condamné à l'avance, symboliquement, par son prénom), enflamme en effet la cité. Alors la musique se déchaîne, l'émeute vire au grand soir, les paroles du rap font rimer sédition et révolution, et le générique de fin confirme le propos ouvertement révolutionnaire de l'entreprise : remerciements à Marx, Engels, Lénine (pour la caution historico-idéologique), à Eisenstein et Dziga Vertov (pour la filiation cinématographique revendiquée), et (on respire !) à Daniel Toscan du Plantier, moins sans doute pour ses opinions révolutionnaires que pour sa place dans l'économie – au demeurant fort bourgeoise – d'un cinéma qui, lui, échappe par miracle au grand feu purificateur. On ne mettra certes pas en doute la sincérité du propos, ni la justesse d'un regard sans doute prémonitoire, ni même l'efficacité d'un cinéma coup de poing, filmant la violence de façon violente et ne cherchant pas à faire propre pour montrer ce qui est sale. Mais si tout ce qui dans le film relève du constat incite bien à réfléchir, tout ce qui relève de la réflexion inciterait plutôt à dresser un constat de carence. Le drapeau noir (ou rouge ? on ne sait trop) que Jean-François Richet fait flotter sur sa marmite sociale apparaît largement comme un leurre. Faut que ça saute ! Et après ?

## RINTARO (japonais, né en 1941)

**PREMIER FILM D'ANIMATION EN TANT QUE RÉALISATEUR :**
*Galaxy Express 999 (1979)*
**FILMOGRAPHIE DEPUIS 1985 :**
*The Dagger of Kamui (1985)* • *Phoenix (1986)* • *X (1996)* • ***Metropolis (2002)***

De son vrai nom Shigeyuki Hayashi, Rintaro est très caractéristique de cette génération de cinéastes qui ont révolutionné l'animation japonaise. Ayant débuté sa carrière à la Toei en tant que coloriste, il passe dès leur création en 1960 aux studios Mushi que fonde Osamu Tezuka. Il y participe à la création de plusieurs séries télévisées, assumant, au fil de ses collaborations, tous les postes de l'animation : animateur, coloriste, storyboarder, intervalliste, concepteur, producteur, superviseur de l'animation, réalisateur. Lorsqu'il passe à la réalisation, il adapte plusieurs mangas célèbres de Matsumoto (avec *Galaxy Express 999*), de Clamp (avec *X*) et, bien sûr, de son maître Tezuka (avec *Phoenix* et *Metropolis*). Tout en travaillant pour le cinéma, il continue à diriger pour la télévision, y appliquant le même principe d'animation, qui combine les techniques traditionnelles et les outils numériques, dans un style visuel très simple, qui projette des personnages semblant sortis d'un imaginaire enfantin dans des décors futuristes en images de synthèse.

### METROPOLIS (2002)

**Le futur virtuel.** L'épigraphe peut surprendre, empruntée à Michelet : « Chaque époque rêve à celle qui va lui succéder. » Non qu'on ne puisse faire crédit à un créateur japonais de placer son film sous l'égide d'un des grands historiens français, mais plutôt parce que, si rêve il y a ici, c'est bel et bien d'un cauchemar qu'il s'agit, celui-là même que dans son film visionnaire Fritz Lang avait imaginé en 1927 et que le maître de l'animation japonaise, Osamu Tezuka, avait adapté vingt ans plus tard, dans un feuilleton dessiné devenu un des grands classiques du manga. En portant aujourd'hui à l'écran, à l'aube d'un XXIe siècle où le virtuel n'est plus une fiction, le mythe de la cité future, Rintaro ne rend pas seulement hommage à ses prédécesseurs, et notamment à Tezuka dont il s'inspire directement, mais, en représentant un futur robotisé par des techniques de tournage elles-mêmes largement informatisées, il met directement le mythe futuriste aux prises avec sa propre réalité.
Dans *Metropolis*, la cité du futur, il y a donc, comme chez Fritz Lang, le monde d'en haut et le monde d'en bas. Mais, comme l'avait imaginé Tezuka, le monde souterrain des esclaves réunit ici tout à la fois les pauvres, condamnés à subir, et les robots, créés pour accomplir toutes les tâches utilitaires en fonction d'une hiérarchisation stricte qui leur interdit l'accès aux zones où ils n'ont rien à faire. Le monde supérieur est, lui, occupé par la zone des humains, au-dessus de laquelle s'élève, sommet de la pyramide, le gigantesque gratte-ciel de Ziggurat, lieu du pouvoir et de l'élite, là où un savant fou est en train de mettre au point, pour le compte d'un étrange Duc Rouge, une créature idéale, à la fois sur-robot et surhomme, destinée à exercer le pouvoir suprême sur le monde. Tout est donc en place,

dans cette nouvelle Babel des temps à venir, pour que s'affrontent les forces antagonistes d'un futur partagé entre l'humain et le technologique avec, à la clef, la soif nietzschéenne de puissance.
Dans des décors en 3 D qui représentent parfaitement, par la sophistication extrême du graphisme et l'imagination délirante des formes, ce futur riche de toutes les virtualités possibles, se meuvent – et c'est une surprise – des personnages dont le dessin apparaît au contraire d'une simplicité quasi naïve. Et le détective Shunsaku Ban qui, accompagné de son assistant Kenichi, est en charge d'une mission qui consiste en rien de moins que de préserver le monde de sa perte, n'est qu'un petit bonhomme à moustache et à chapeau mou, sanglé dans un vieil imper qui sent bon son humanité profonde. Cet ancrage humain, il est au cœur du film de Rintaro. Non seulement parce que la créature idéale imaginée par la science répond au doux nom de Tima et qu'elle a des yeux ronds à faire craquer pas seulement Kenichi, qui craque d'ailleurs, mais aussi parce que la révolte du monde souterrain, emmenée par un jeune garçon aux allures de Gavroche, débouche sur une incroyable apocalypse, où le monde s'écroule sur la voix chaude de Ray Charles chantant *I can't stop loving you*... Les robots auraient-ils donc un cœur ? Cette question, sur laquelle s'interrogeait Spielberg dans *A.I.,* trouve ici une réponse finale qui fait penser à d'autres créatures imaginaires, visiteurs du soir d'un monde lui aussi apocalyptique, et dont, au-delà de la mort, on entendait le cœur qui bat, qui bat, qui bat, comme celui de Tima, Tima, Tima...

## RIPSTEIN Arturo (mexicain, né en 1943)

**PREMIER LONG MÉTRAGE :**
*Un temps pour mourir (1965)*
**FILMOGRAPHIE DEPUIS 1985**
*L'Empire de la Fortune (1986)* • *Mensonges pieux (1988)* • *La Femme du port (1991)* • *Début et fin (1993)* • *La Reine de la nuit (1996)* • ***Carmin profond (1998)*** • *Divine, l'évangile des merveilles (1998)* • *Pas de lettre pour le colonel (1999)* • *C'est la vie (2000)* • *La Vierge de la luxure (2003)* • *Les Héros et le Temps (2004)*

Si Arturo Ripstein a semblé longtemps représenter presque à lui seul l'âme du cinéma mexicain, il le doit sans doute à cette double influence qui l'a formé en tant que cinéaste : celle de Luis Buñuel, d'abord, lorsque celui-ci vient s'installer au Mexique et le prend comme assistant en 1962 pour *L'Ange exterminateur* ; celle des grands romanciers d'Amérique latine ensuite, dont il se fait, de Gabriel García Márquez à Carlos Fuentes, l'adaptateur dans nombre de ses films. Du premier, il a tiré l'exemple d'un cinéma où s'exprime, à travers obsessions sexuelles, spiritualité et cruauté, une satire acide de la société ; des autres, il a suivi le lyrisme baroque, dans des films où, dénonçant sans cesse l'intolérance, il traduit par des personnages démesurés et des situations exacerbées l'âme profonde d'un pays où cohabitent la grandeur et la misère.

### CARMIN PROFOND (1998)
### avec Regina Orozco, Marisa Paredes et Daniel Gimenez Cacho

**Les liens du sang.** Elle est énorme, Coral. D'une obésité pachydermique, qui la fait se dandiner sur des jambes éléphantesques lorsqu'elle s'avance en remuant ses hanches larges comme des plateaux de balance. Avec ça, un derrière, des seins, des bras de maritorne, et un visage aux traits lourds, comme bosselé par la vie. Une vie morne, avec ses deux gosses, ses longues journées d'infirmière passées à s'occuper de vieillards grabataires, et ses rêves inassouvis d'amour, qu'elle nourrit en contemplant les photos de Charles Boyer, son idole, son idéal inaccessible. Un jour, par petites annonces interposées, se pointe le dénommé Nicolas, séducteur gominé, au regard sombre et aux manières élégantes de caballero, qui cache sa calvitie sous une perruque soigneusement ajustée. Elle en tombe instantanément amoureuse, même si lui, après lui avoir fait consciencieusement l'amour, se paie en lui raclant ses économies et en se faisant illico la malle. Mais Coral le retrouve, le rattrape, s'accroche à lui, va même jusqu'à abandonner pour le suivre ses deux enfants dans un pensionnat, et vient se livrer tout entière à celui qui lui a fait connaître l'ivresse de la chair. Lequel s'attache aussi à elle, par faiblesse d'abord, mais aussi parce que, peu à peu, la force plantureuse de cette femme sensuelle qui se donne ainsi le rassure, le protège, lui apporte la volonté et la détermination qu'il n'a pas. Et les voilà unis par le corps et par le cœur, n'ayant pas d'autre ressource que la passion qui les unit. Ce qui ne nourrit pas son homme ni sa femme. D'où l'idée qui germe dans l'esprit de Coral que Nicolas, avec son œil de velours et ses manières d'hidalgo, séduise d'autres femmes en mal de tendresse et d'étreintes, pour les détrousser à leur tour. Les veuves, sur ce plan, font particulièrement l'affaire, elles qui se morfondent dans la solitude et offrent la garantie d'économies substantielles héritées de leur défunt époux. Coral et Nicolas se mettent donc en chasse, et le gibier ne manque pas.

Jusque-là, le film d'Arturo Ripstein a le ton d'une sorte de comédie drolatique et gentiment ironique, où deux personnages à la fois minables et pathétiques conjuguent leur mal de vivre de façon aussi touchante que ridicule. Pourtant, lorsque le couple commence son périple, insensiblement le ton change. Les femmes qu'ils rencontrent sont des vieilles femmes sèches, brûlant de désirs, prêtes à tout pour connaître le plaisir de la chair. Flanqué de son énorme maîtresse, qui se présente comme sa sœur, Nicolas accomplit au mieux son rôle de séducteur, jusqu'à ce que la mécanique ainsi enclenchée débouche inexorablement sur le drame : les amants estourbissent leurs victimes et poursuivent leur route en laissant derrière eux des têtes écrabouillées et des flaques de sang. La balade devient cruelle, même si le côté confit en dévotion et en hypocrisie des victimes n'attire sur leur sort qu'une bien rapide compassion, et si la pointe constante d'ironie que le cinéaste apporte à sa mise en scène maintient, face à ces assassins presque touchants dans leur entreprise brinquebalante, la distance d'un sourire. Mais, selon une ligne mélodique insensible, le film s'enfonce dans la noirceur. L'arrière-pays mexicain déroule ses paysages arides et désertiques ; et dans la poussière et l'ombre d'appartements refermés sur eux-mêmes et de chambres d'hôtel minables où le couple vit sa folle odyssée, le film prend de curieuses teintes sépia, comme si l'univers lui-même se racornissait telle une photo jaunie par le temps. Le mal est là, qui rôde, en de longs travellings, dans la dérive sanglante d'une passion emportée par la folie et tissant ses liens dans le sang des autres. Et ce mal arrive comme malgré soi, poussant Nicolas dans les bras des femmes, et forçant Coral à fracasser la tête d'une victime avec la statue d'une Vierge comme massue. Cela sent son Buñuel, par la cruauté, et presque son Shakespeare, par la force d'un destin inéluctable qui vient orchestrer la tragédie.

La dernière partie du film mène à son terme cette trajectoire terrible et donne au film d'Arturo Ripstein tout ce qui fait son étrange fascination. Les victimes, là, ne sont plus ni vieilles ni desséchées : mais c'est d'une superbe jeune femme et de sa fillette, mignonne tout plein, qu'il s'agit. L'insoutenable arrive, on le sent venir, et les assassins eux-mêmes les premiers : mais peut-on échapper au mal ? Le spectateur, que le cinéaste a ainsi entraîné dans les mailles du filet, se retrouve lui-même pris au piège, ne sachant plus trop comment regarder ces êtres grotesques devenus soudain répugnants, et pourtant touchants encore jusque dans l'horreur. Et Arturo Ripstein, lui aussi fasciné par ses personnages, choisit alors, pour les juger, une justice expéditive, comme pour s'en débarrasser en dehors de toute loi humaine. Mais, et ce n'est là que l'ultime paradoxe d'un film constamment paradoxal, l'image finale qui les enlace à jamais est, dans sa cruauté même, d'une beauté à couper le souffle. On y voit le rouge profond d'une robe, tache de sang limpide, dans l'eau glacée d'une flaque où se mire, en un pur reflet, le bleu argenté du ciel.

## RISI Dino (italien, né en 1916)

**PREMIER LONG MÉTRAGE :**
*Vacanze col gangster (1951)*
**FILMOGRAPHIE DEPUIS 1985 :**
***Le Fou de guerre (1985)*** • *Je ne vous dérangerai plus (ou Valse d'amour) (1990)* • *Les Derniers monstres (1992)* • *Esercizi di stile (1996)* • *Giovanni e belli (1996)*

Si Dino Risi a su, tout au long de sa carrière, porter sur les hommes, sur leurs ridicules et sur leurs misères un regard aussi lucide que désopilant, il le doit sans doute à ce milieu médical dans lequel il a été formé : fils de médecin, étudiant en médecine lui-même, passionné de psychiatrie, il a tout naturellement, notamment dans les films à sketches où il excelle, collectionné les cas de folie douce et de névropathies diverses, qui font des individus normaux ces *Monstres* d'hypocrisie, de mauvaise foi, d'égoïsme, de cruauté, dont il s'est plu à rassembler les cas. Et la galerie est inépuisable, engendrant de *Nouveaux monstres*, plus tragiquement comiques encore, et plus amèrement dérisoires, que les premiers. Car, dans la comédie telle que la conçoit Risi, le rire n'est jamais loin de l'amertume. Et lorsque ces fanfarons magnifiques, Tognazzi, Mastroianni, Gassman, Sordi, Manfredi, croisent la route du fascisme ou de la guerre, leur cabotinage personnel rejoint la folie collective et donne à la charge ironique valeur de comédie humaine. Mais le temps passe, la comédie à l'italienne se dissout dans l'ère de la télévision berlusconienne triomphante, les comédiens tirent leur révérence, Tognazzi le premier en 1990, Manfredi le dernier en 2004, et les *Derniers monstres* n'ont plus la saveur des originaux. Seul Coluche, avant lui aussi de disparaître l'année suivante, incarne encore en 1985 ce *Fou de guerre* propre à rivaliser, une ultime fois dans l'univers du cinéaste, avec ses glorieux collègues italiens.

### LE FOU DE GUERRE (1985)

#### avec Coluche, Bernard Blier et Fabio Testi

**Risi... ble.** Dans la galerie de monstres dont il s'est fait le spécialiste incontesté, Dino Risi ajoute aujourd'hui un superbe spécimen en la personne du capitaine Oscar Pilli. Celui-ci exerce ses talents et ses psychoses en 1940, dans un poste sanitaire de l'armée italienne perdu au cœur du désert libyen. La date et le lieu ne sont pas indifférents. Derrière la silhouette un peu grassouillette du fantoche qui se donne des allures martiales, se devine, comme en ombre portée, une autre silhouette, au menton pareillement volontaire sur un corps pareillement un peu enveloppé : celle du Duce, cet autre fou de guerre, rêvant de se tailler un empire colonial et embarquant son pays dans la démence de l'aventure fasciste.

Pour autant, le regard que porte Risi sur cet officier dont le cas relève de la psychiatrie épouse la double attention, à la fois médicale et humaine, qu'il suscite chez l'autre protagoniste du film, qui raconte l'histoire en voix off, le lieutenant Marcello Luppi. Celui-ci, dont la spécialisation est précisément la psychiatrie – ce qui en fait le porte-parole à peine déguisé d'un cinéaste qui, dans sa jeunesse, eut lui aussi l'idée de devenir psychiatre –, a vite fait de diagnostiquer, lorsqu'il arrive sur place, ce que cachent les étranges lubies d'un personnage qui commence sa journée, nu dans les dunes, à faire se lever le soleil, et la poursuit en faisant entrer sous sa tente une nuée de mouches pour leur faire l'amour ! Cette folie douce, qui lui fait vouer un culte maladif tant à sa mamma qu'au Duce, n'est encore que divertissante tant qu'elle ne prête pas à conséquence. Mais lorsque le capitaine Pilli, dans ce psychodrame permanent qu'est la guerre, se voit promu commandant du poste, sa folie douce, trouvant dans l'exercice du pouvoir un champ sans limite, devient carrément folie furieuse.

C'est là que, fidèle à son univers dérisoire et cruel, Dino Risi fait insensiblement glisser la comédie vers la tragicomédie et le drame. Et le rire se fige, à mesure que le bouffon, devenant dangereux, leste la comédie militaire de sa terrible charge de souffrance et de mort, laquelle culmine dans une scène aussi hilarante que cruelle, où, se prenant pour le chirurgien qu'il n'est pas, le bonhomme transforme une opération en boucherie, saignant proprement un malheureux blessé qu'il charcute si bien que l'autre ne s'en relève pas.

La compassion, pour autant, ne quitte jamais le regard du lieutenant Lippi, même lorsque lui-même a à souffrir des lubies de son chef : c'est que le fou, ce bouffon qui fait rire, est d'abord un dément, qu'il faudrait soigner, mais qui, se retrouvant parfaitement à sa place dans la guerre, révèle du même coup, derrière son propre cas d'homme malade, une folie collective dont il est en quelque sorte le symptôme exacerbé. Porteur ainsi, en quelque sorte, de la folie des hommes, Oscar Pilli, auquel Coluche, en bouffon délirant et en clown triste, apporte à la fois démesure et humanité, trouve, dans un ultime délire, la voie d'une mort dérisoire et sacrificielle, suscitant tout autant l'émotion que le rire. Risi... ble, pour tout dire !

## RITCHIE Guy (anglais, né en 1969)

**FILMOGRAPHIE**

*Arnaques, crimes et botanique (1998)* • ***Snatch (2000)*** • *À la dérive (2003)* • *Revolver (2005)*

Ayant grandi à Londres, Guy Ritchie commence dans le cinéma par le bas de l'échelle : en y travaillant comme coursier. Puis, franchissant rapidement les échelons, il se retrouve, au milieu des années 1990, réalisateur de publicités et de clips vidéos pour des groupes musicaux. Avec l'argent gagné en tournant ses spots, il écrit et réalise un court métrage, *The Hard case*, puis un premier long, *Arnaques, crimes et botanique*, où il s'essaie à marier film de gangsters et comédie sans sacrifier l'un à l'autre, veine dans laquelle il poursuit avec *Snatch*, où l'humour n'exclut pas la violence, gardant au film un ton original et très anglais malgré son interprétation américaine.

## SNATCH (2000)
### avec Benicio del Toro, Brad Pitt et Jason Flemyng

**La théorie du bordel ambiant.** Soit un petit malfrat qui se retrouve avec un diamant de 84 carats en poche, suite à un braquage dans la bijouterie juive la plus surveillée d'Anvers ; soit le même malfrat qui, devant livrer ledit diamant à un caïd new-yorkais, ne trouve rien de mieux, en passant à Londres, que de miser un bon paquet sur un combat de boxe clandestin et de se faire subtiliser la précieuse marchandise ; soit deux novices qui font leurs premiers pas d'organisateurs dans ces réunions d'un genre plutôt violent et qui, au lieu du boxeur qu'ils ont prévu d'aligner, sont contraints de se rabattre sur un Gitan qui, plutôt que de se coucher sagement au quatrième round comme on le lui demande, n'en fait qu'à sa sale tête et casse illico celle de son adversaire ; soit le commanditaire véreux du combat qui, n'y retrouvant pas son compte, est prêt à faire subir à ses associés indélicats le traitement qu'il réserve à ceux qui lui déplaisent, à savoir découper leur corps en six quartiers, et donner les six morceaux en question à dévorer aux cochons ; soit un Russe mafieux qui se préoccupe de récupérer le diamant ; soit deux Noirs du genre étourdi qui croient faire la bonne affaire en se chargeant de faire de même pour le compte d'un autre qui agit en douce ; soit une Gitane brûlée toute vive dans sa roulotte ; soit un chien qui avale un jouet en plastique et qui fait pouet-pouet à chaque fois qu'on lui caresse le ventre ; soit une mallette attachée à un poignet et dont la récupération nécessite l'amputation dudit poignet ; soit une brique de lait qu'on balance imprudemment par une portière et qui cause un accident imprévu ; soit un hold-up raté, un combat foireux, des combines qui prennent l'eau, un gros Black qui a du mal à s'extraire d'une voiture, des cadavres qui font désordre, et un cuisinier qui passe son temps à faire cuire des saucisses. Soit donc un prodigieux méli-mélo de pieds nickelés en tout genre et de situations abracadabrantesques : et l'on obtient au final un inventaire joyeusement bordélique. Et, de fait, le film de Guy Ritchie, malgré un rythme qui s'essouffle un peu à suivre tout au long la cadence, constitue un panachage plein d'entrain entre l'humour décalé d'*Un poisson nommé Wanda* et, Brad Pitt aidant, la baston saignante de *Fight Club*. Le tout totalement allumé, construit à l'emporte-pièce, plein d'inventions dans l'image, le découpage et le montage. Et réussissant à faire à peu près tout avec n'importe quoi.

# RIVETTE Jacques (français, né en 1928)

**PREMIER LONG MÉTRAGE :**
*Paris nous appartient (1961)*
**FILMOGRAPHIE DEPUIS 1985 :**
*Hurlevent (1985)* • *La Bande des quatre (1988)* • ***La Belle Noiseuse (1991)*** • *Jeanne la Pucelle (1993)* • *Haut, bas, fragile (1994)* • *Secret défense (1997)* • ***Va savoir (2001)*** • *Histoire de Marie et Julien (2003)*

*Secret défense* : le titre d'un des films récents de Rivette pourrait facilement servir à définir une œuvre habitée, dès ses premiers films, par l'idée du complot et du mystère. Mais, chez le cinéaste, le thème ne relève pas du récit d'espionnage : il renvoie, *via* le théâtre – l'autre grande thématique de l'œuvre – à l'alternative qui lie la fiction et le jeu à la réalité et à la vérité, dans une complexité de rapports qui nourrit depuis ses débuts une réflexion à la fois sur la vie et sur le cinéma. Ce qui a toujours intéressé Rivette, dès *Paris nous appartient* et *La Religieuse*, c'est, dans les entrelacs de récits à tiroirs et dans les jeux spéculaires du théâtre, l'émergence de la vérité, par des moyens – le cinéma – qui sont forcément mensongers. Dans *La Bande des quatre*, Claude, une des protagonistes, apprentie comédienne, déclare que « jouer, ce n'est pas mentir, c'est chercher la vérité ». La formule vaut pour la démarche même du cinéaste, cherchant à capter la vérité de l'acte théâtral à travers les répétitions, les mises en place, le travail en train de se faire, et à percer les mystères qui entourent les liens compliqués qui relient les êtres entre eux à travers les complicités entrevues, les coups joués, les conspirations ténébreuses. Or ce *work* constamment *in progress*, c'est le cinéma même de Rivette, lui-même fait de scénarios obscurs et d'intrigues filandreuses, et d'une création saisie à travers sa propre élaboration, à l'œuvre sur elle-même. Ce jeu-là, à la fois intrigant et subtil, le spectateur en est le complice voyeur, qui y trouve un plaisir ludique, que son aspect à la fois répétitif et constamment renouvelé prolonge et amplifie de film en film.

## LA BELLE NOISEUSE (1991)
### avec Michel Piccoli et Emmanuelle Béart

**L'œil du peintre.** Frenhofer est peintre. Et il ne peint plus. Depuis plusieurs années, il a pratiquement abandonné son art, depuis qu'il a laissé inachevé un grand tableau qui devait être son chef-d'œuvre, *La Belle Noiseuse*. Liz, sa femme et son modèle, a vieilli comme lui, et la belle noiseuse (ou casse-pieds, si l'on préfère !) est restée la belle endormie. Pourtant l'arrivée d'un jeune peintre, Nicolas, et de Marianne, sa compagne, donne à Frenhofer le désir de reprendre sa toile. Car Marianne, que son ami Nicolas vient en quelque sorte lui offrir, peut être le modèle dont il a besoin pour ranimer son souffle et sa flamme. En cinq journées, la jeune fille, d'abord réticente, va poser pour le peintre : cinq journées de relations complexes, de manipulation, de pouvoir d'un côté et d'humiliation de l'autre, d'inversion des rôles aussi, où la victime exige et où le maître suit, cinq journées de création intense, où la tension va croître entre eux, mais aussi entre les couples, entre les hommes, entre les femmes, comme si l'œuvre se nourrissait de tous ces déchirements de la vie.
Étonnant et admirable Rivette. À l'écart des modes, des courants, de l'écume des jours, il poursuit son œuvre. Car l'essentiel, pour l'artiste, est de créer. C'est ce que montre cette *Belle Noiseuse*, dont le sujet, tiré de Balzac, est une parabole sur l'acte même de la création, sur sa difficulté, sur les souffrances qu'elle entraîne, sur les illusions qu'elle nourrit, et sur la vérité des êtres et du monde que l'art met à nu. Mais aussi sur ce qu'elle est au plus profond : une victoire de l'homme sur la mort, sur le temps. Pour traduire la densité et l'intensité de cette lutte, et la force du sillon tracé sur la toile – tableau ou écran (car le tableau que peint le peintre n'est autre que la mise en abyme du film lui-même) –, Rivette prend son temps : quatre heures de création continue, de travail sur la matière, le trait, le dessin, l'image. Pour qu'enfin le tableau existe, pour qu'enfin le film soit achevé.
Le cinéma a toujours eu du mal à traduire la peinture. La façon dont Rivette s'y prend témoigne de sa sensibilité d'artiste. Dès le début du film, il impose une ambiance, une atmosphère, avec cette grande maison méridionale, un vrai château, meublée de bric et de broc, sentant la vie, chaleureuse, ouvrant sur un jardin. Dans ce lieu qui a quelque chose de magique, peu de mots sont échangés : les dialogues sont murmurés, feutrés, le silence domine. Laissant la place à cet autre langage qu'est la peinture. On le voit bien dans cette scène emblématique, et qui a tout d'un rituel, où le peintre retrouve son atelier : pendant un quart d'heure, sans un mot, il se remet dans l'odeur de la peinture, range ses pinceaux, déplace ses toiles, entre dans son art comme on entre dans un vieil habit qu'on retrouve. Piccoli a le regard du peintre, qui s'accorde à la main qui dessine (et qui est d'un vrai peintre, elle). Et la nudité splendide d'Emmanuelle Béart, offrant son corps comme modèle, lui permet de réinvestir son art, son rêve. Et d'atteindre au chef-d'œuvre inconnu.

## VA SAVOIR (2001)
### avec Jeanne Balibar, Sergio Castellitto et Jacques Bonnaffé

**Marivaudage pirandellien.** Ça commence par un plateau de théâtre, celui où la troupe italienne que dirige Ugo est venue jouer une pièce de Pirandello, avec Camille, l'épouse d'Ugo, en comédienne vedette. C'est la première fois depuis trois ans que Camille revient à Paris, où elle a laissé Pierre, l'homme avec qui elle vivait. Elle va donc le revoir. Ces retrouvailles ne sont pas vraiment du goût d'Ugo, ni de Sonia, la compagne de Pierre, qui eux-mêmes ne sont pas insensibles, chacun de son côté, au charme de Do et d'Arthur, couple de demi-sœur et frère qu'unit une tendre affection.
Bref, cela fait beaucoup de jeunes hommes et de jeunes femmes qui se croisent, se décroisent, se poursuivent, apparaissent, disparaissent, dans un jeu de l'amour et du hasard mené tambour battant, au rythme de ses talons hauts résonnant sur les toits de Paris, par une Jeanne Balibar épatante, au milieu d'une troupe non moins inspirée – Jacques Bonnaffé, Sergio Castellitto, Marianne Basler, Hélène de Fougerolles, Bruno Todeschini, sans compter Catherine Rouvel et Claude Berri qui passent. Et cela donne un merveilleux film de ce fou de théâtre qu'est Jacques Rivette, qui croise ici ses deux passions dans un film pirandellien, virtuose, rebondissant, où il est question d'amour et d'identité, de mouvement et de grâce, et de plaisir sur fond de gravité. Où, comme toujours, le jeu, au sens à la fois théâtral et ludique du terme, façonne les évolutions des personnages. Et où, des itinéraires imprévus pris par les uns et les autres, le labyrinthe des passions et des sentiments, dans ses intersections hasardeuses, ses fausses pistes, ses voies sans issue, ses petits chemins buissonniers, donne vie à cet autre labyrinthe qui, seul, intéresse Rivette et dont il trouve, dans ces 2 h 34 de chassés-croisés et de virevoltes inspirées, miraculeusement la solution : la création d'un film.

## ROACH Jay (américain, né en 1957)

**FILMOGRAPHIE :**
*Zoo Radio (1990)* • ***Austin Powers (1997)*** • *Austin Powers, l'espion qui m'a tirée (1999)* • *Mystery Alaska (1999)* • *Mon beau-père et moi (2000)* • *Austin Powers dans Goldmember (2002)* • *The Party (2003)* • *Used guys (2003)* • *Mon beau-père, mes parents et moi (2004)*

Ayant étudié la production cinéma à l'université de Californie du Sud, Jay Roach s'y fait remarquer par son premier court métrage, *Asleep at the Wheel*. Il commence ensuite à écrire pour le cinéma et la télévision, participant à la production de films et de séries, dirigeant aussi des secondes équipes, avant de passer lui-même à la réalisation. Le succès mondial d'*Austin Powers* en fait un spécialiste de la parodie, l'amenant à mettre en scène à trois reprises, avec le même Mike Myers, les aventures délirantes de l'agent secret catastrophique.

### AUSTIN POWERS (1997)
### avec Mike Myers, Elizabeth Hurley et Michael York

**L'agent 000.** Londres, années 1960. Photographe de mode le jour, Austin Powers est aussi, de nuit, agent secret et sex-symbol. Avec ses dents jaunes et proéminentes, ses gros yeux qui roulent, sa chevelure qui refuse le peigne et son système pileux abondant qui transforme sa poitrine en forêt broussailleuse, il est irrésistible et aucune femme ne lui résiste. D'autant qu'il a à sa disposition une pompe, made in Suède, dont la particularité est de développer les attributs virils de dimension réduite. À ces atouts maîtres, Austin Powers ajoute des talents variés : danseur, hypnotiseur, amateur de calembours douteux, il est surtout l'ennemi numéro un de l'ennemi numéro un du genre humain, le Docteur Denfer, dont le nom infernal dit assez qu'il est lié aux puissances maléfiques. Chargé par le chef des services secrets de neutraliser le sinistre docteur, Austin parvient presque à le capturer mais, lui échappant in extremis, le satanique génie du mal se fait cryogéniser dans sa capsule interstellaire et se met en orbite autour de la Terre, en attendant des jours plus horribles pour y revenir. Sachant que le seul moyen de réduire l'infâme est de le suivre dans la congélation, Austin Powers se fait donc congeler à son tour, jusqu'à ce que, trente ans plus tard, la capsule du docteur regagnant la Terre, les services secrets décident de décongeler leur agent.
Voici donc Austin Powers qui débarque en 1997 et à qui on donne pour adjointe la fille de son amour de jeunesse, qui, elle, a pris trente ans de plus ! Commencées dans les années 1960 en Angleterre, les aventures d'Austin Powers se présentent d'abord comme une sorte de resucée de *Polly Magoo* : couleurs, coupes de cheveux, habits, musique, tout suit la mode psychédélique du temps. La reconstitution d'époque fonctionne d'autant mieux que le héros, n'ayant rien d'un Apollon, donne de l'agent secret des années 1960 – style James Bond – une image parodique qui se nourrit de tous les gags les plus énormes, de toutes les plaisanteries les plus approximatives et de tous les clichés les plus éculés. Et avec ses pantalons rayés, sa chemise à jabot, ses boots et ses breloques, on le dirait tout droit sorti d'un musée des antiques. Mais, où la chose se corse, c'est lorsque, reprenant du service trente ans plus tard, le même James Bond au rabais se retrouve, comme son ennemi le Docteur Denfer, projeté dans un monde – le nôtre – où les idéaux libertaires des années 1960 ont fait long feu et où tous les rêves véhiculés par les utopies d'alors débouchent sur des réalités moins exaltantes. La naïveté a fait place au cynisme et la libération sexuelle au préservatif. La parodie du film d'espionnage débouche alors sur le constat de carence d'une société où même le Docteur Denfer a du mal à se faire sa place.
On aurait tort, pour autant, de prendre les exploits d'Austin Powers pour autre chose que ce qu'ils sont. Le film de Jay Roach, même s'il offre un regard assez aigu sur l'évolution des temps, se veut avant tout une énorme farce, dans la tradition débile avancée qui a fait quelques-unes des gloires du cinéma américain élémentaire. Jouant le double rôle d'Austin Powers et du Docteur Denfer, Mike Myers confirme des dons de comique évidents, lesquels le placent dans la double ligne de Jerry Lewis et des Monty Python. Ses facéties, énormes, sont d'un parfait mauvais goût, qui atteint parfois à la grandeur lorsqu'une mise en scène ingénieuse s'acharne par exemple à cacher les charmes dénudés du héros et de sa petite amie par toute une série d'objets de substitution qui font écran : théière, melon, tableau, vase de fleurs, bougie et autres ustensiles divers judicieusement placés dans le champ pour éviter la censure. Cela, certes, n'a rien de particulièrement raffiné et la leçon du film ne mérite en rien de figurer dans les grandes pensées du siècle. Mais dans le genre parodique allumé, avec le zeste d'humour qui donne à la moindre

séquence un parfum affirmé de second degré, il y a là ce que l'on pourrait appeler une franche rigolade, dont les qualités proprement visuelles, particulièrement travaillées, traduisent un vrai travail de mise en scène. Et dont l'humour, gros comme on n'ose pas dire quoi (même si c'est une des préoccupations essentielles du héros), pourra apparaître, selon la façon dont on le regarde, comme le sourire en coin de qui n'est pas dupe ou comme la forme la plus avancée de l'esprit zéro.

## ROBBE-GRILLET Alain (français, né en 1922)

**Premier long métrage :**
*L'Immortelle (1963)*
**Filmographie depuis 1985 :**
***Un bruit qui rend fou (1995)*** • *C'est Gravida qui vous appelle (2005)*

Pape, ou éminence grise, si l'on préfère, du Nouveau Roman, Alain Robbe-Grillet a prolongé ses recherches sur le récit d'abord en se faisant scénariste, pour Alain Resnais, de *L'Année dernière à Marienbad*, puis en devenant lui-même cinéaste et en réalisant parallèlement à son œuvre d'écrivain une dizaine de films. Commencée en 1963 avec *L'Immortelle*, sa carrière de cinéaste semblait s'être achevée en 1983 avec *La Belle captive*. Depuis, alors qu'il continuait à publier, Robbe-Grillet avait en effet délaissé le cinéma. Son retour en 1995, avec *Un bruit qui rend fou*, n'est-il que feu de paille ? Devenu académicien, le romancier nouveau des années 1950 aurait, semble-t-il, encore quelques velléités de cinéma, comme en témoigne, dix ans après encore, une nouvelle réalisation qui montre en tout cas qu'il n'a rien changé de sa manière ni de ses fantasmes.

### UN BRUIT QUI REND FOU (1995)
**avec Arielle Dombasle et Muriel Jacobs**

**Fausses pistes.** Si Alain Robbe-Grillet revient aujourd'hui au cinéma avec *Un bruit qui rend fou*, il le doit pour beaucoup à la rencontre avec un de ses étudiants, le jeune Dimitri de Clercq, dont il a fait connaissance à la New York University. C'est celui-ci, fils du producteur belge Jacques de Clercq, qui l'a poussé en effet à travailler à l'adaptation d'un scénario original qu'il avait écrit, puis qui insensiblement, de la co-adaptation est passé à ses côtés à la co-réalisation. C'est ainsi que le film a pris forme, à partir d'une sorte de partition à deux voix, où les deux imaginaires de l'écrivain-cinéaste, âgé aujourd'hui de 73 ans, et de son élève de 27 ans, se rencontrent.
Le schéma pourrait en être assimilé à celui d'un polar quelque peu mélodramatique. Dans une île grecque, un homme solitaire évoque une jeune fille disparue, laquelle pourrait bien être la jeune pensionnaire d'une maison de rendez-vous voisine (lieu éminemment robbe-grilletien !). Mais rien n'est sûr : ni le marin mystérieux qui rôde sur son vaisseau fantôme, ni les circonstances d'un drame obscur sur lequel enquête aussi un inspecteur de police, ni même la réalité de toute cette histoire, qui n'est peut-être qu'un scénario de film inventé.
En revenant au cinéma, Alain Robbe-Grillet reste fidèle à lui-même et à son univers. Réunis sous le soleil d'une île grecque que viennent brouiller des images d'Extrême-Orient, ses personnages semblent tout droit sortir de ses livres. Et le spectateur, amené à n'en pas croire ses propres yeux, tant il est vrai que ce qu'il voit n'est qu'une des formes possibles, peut-être illusoire, d'un récit qui offre de multiples variations, se retrouve, comme le lecteur des romans, au cœur d'un monde de faux-semblants, de fantasmes lancinants, d'entrelacements d'un récit lui-même en train de se faire. Jeu d'images labyrinthique, mais aussi de sons, entre Wagner que chante (bien) Arielle Dombasle, le bruit des vagues et du vent, et le grondement terrible de l'ivoire des dominos du majong, auquel jouent d'improbables Chinois. Un bruit qui, de fait, dans cet entrelacs de fausses pistes, a de quoi rendre fou…

## ROBBINS Tim (américain, né en 1958)

**FILMOGRAPHIE :**
***Bob Roberts (1992)*** • *La Dernière marche (1995)* • *Broadway 39e Rue (1999)* • *Embedded/Live (2004)*

Ayant commencé sa carrière de comédien à 12 ans, dans des spectacles de rue au sein d'une troupe de théâtre expérimental, Tim Robbins crée en 1981 sa propre compagnie théâtrale, The Actor's Gang, dont il continue à être le directeur artistique et le producteur. Ses débuts au cinéma, comme acteur, dans *No small affair* de Jerry Schatzberg, l'amènent vite à passer des seconds aux premiers rôles, et notamment au film de Robert Altman où on le découvre vraiment, *The Player*, en 1992. Cette même année, il passe lui-même à la réalisation avec *Bob Roberts*, comédie satirique sur la politique spectacle, où s'exprime un engagement politique progressiste qui transparaît dans la plupart des films qu'il interprète et des causes qu'il défend, et qu'il partage avec son épouse Susan Sarandon, laquelle se retrouve comme interprète dans les deux autres films qu'il réalise au cours des années 1990 : *La Dernière marche*, réflexion sur la peine de mort, et *Broadway 39e Rue*, chronique sur le bouillonnement artistique et intellectuel des années 1930.

### BOB ROBERTS (1992)
### avec Tim Robbins, Gore Vidal, Rebecca Jenkins et Susan Sarandon

**Le mauvais rêve américain.** Faites dans le démago ! Il en restera toujours quelque chose, même dans un pays comme les États-Unis, champion du libéralisme et de la démocratie. Ce qu'il y a précisément de terrible, et de troublant, dans le film de Tim Robbins, c'est qu'il montre avec une force qui emporte la conviction que les valeurs les plus respectables – la foi, le patriotisme, la rectitude morale – peuvent faire le lit des sentiments et des entreprises les plus troubles. Et si un politicien avisé, qui sait qu'à caresser la bête dans le sens du poil, on ne peut que la flatter, décide de récupérer à son compte ces mauvaises graines qui ne demandent qu'à pousser sur le fumier de la démagogie, il y a fort à parier qu'il risque de faire un malheur. C'est justement le cas de ce Bob Roberts. Un vrai cas d'école, puisqu'il réunit pratiquement en lui tout ce que l'Amérique de ces trente dernières années a pu engendrer dans les replis de son histoire. Beau gosse (ça compte à l'ère de la télé et des clips publicitaires), doté d'une épouse blonde et BCBG, ce qui rassure face aux mœurs dissolues que le puritanisme réprouve, jeune évidemment, ambitieux et ne se cachant pas de l'être, il a dans son jeu tous les atouts pour réussir. En particulier parce que, chanteur et homme de scène, il sait ce que politique-spectacle veut dire, poussant même la perfection jusqu'à entrer au top-50, avec un répertoire folk qui chante les valeurs traditionnelles sur fond de musique country et de pays profond. Avec ça, entouré d'un staff à l'américaine : jeunes loups formés chez les raiders de Wall Street, qui pianotent en permanence sur leur clavier d'ordinateur pour de juteuses opérations financières, et vieux renards sortis des rangs de la CIA et de tous les trafics d'armes et d'influences et qui mènent leur campagne électorale comme on mène une guerre secrète, avec une stratégie bétonnée, capable de tout briser sur son passage. Armé d'un tel appareil promotionnel, le candidat Bob Roberts ne peut que séduire, et face à lui, le sénateur Brickley Paiste, avec ses convictions sociales et son rêve de justice hérité des années 1960, fait vite figure de vieillerie à ranger au rayon des utopies défuntes.
La façon dont Tim Robbins filme, pour sa première réalisation, l'irrésistible ascension de son apprenti sorcier, est elle-même révélatrice d'une vraie vision de la politique. Tout s'y passe en effet sur fond d'enquêtes, de reportages, sous l'œil constant d'une caméra investigatrice, et d'images relayées à la fois pour l'information et pour la propagande, les deux ayant souvent une fâcheuse tendance à se confondre. Et les compromissions auxquelles le quatrième pouvoir – la presse – doit parfois se soumettre en disent long sur les limites de la transparence démocratique. C'est peut-être ici d'ailleurs que la charge, à force d'accumuler tout ce que la démocratie américaine peut receler d'ombres et cacher de cadavres dans ses placards, devient un peu lourde. Lorsque la mécanique s'emballe – attentat, coup fourré, implication de la CIA et de l'appareil d'État lui-même –, le film, à vouloir expliquer et dénoncer plus qu'à simplement montrer, perd de sa force. Reste pourtant, au bout du compte, un étonnant pamphlet, sorte de farce énorme et destructrice, qui montre qu'un cinéma engagé n'est pas forcément un pensum propre à endormir, mais que le punch, la dérision, et ce sens impeccable du spectacle qui fait partie de la meilleure tradition du cinéma américain, peuvent être des armes redoutables, qui valent tous les discours électoraux.

## ROBERT Yves (français, 1920-2002)

**Premier long métrage :**
*Les hommes ne pensent qu'à ça (1954)*
**Filmographie à partir de 1985 :**
*La Gloire de mon père (1990)* • ***Le Château de ma mère (1990)*** •
*Le Bal des casse-pieds (1991)* • ***Montparnasse-Pondichéry (1993)***

Un artisan, exerçant son métier avec le goût du travail bien fait. Cinéaste populaire, au sens noble du terme, car venant du peuple, et connaissant les humbles : famille modeste, débuts comme typographe, passage par les auberges de jeunesse et l'école d'Uriage, avant d'arriver à Paris dans le Saint-Germain-des-Prés de l'après-guerre, d'y commencer comme animateur au cabaret de La Rose rouge, de s'y forger, de Boris Vian à Marcel Aymé et de Raymond Queneau à Paul Léautaud, un univers de référence et une famille de cœur, puis d'en venir au théâtre, qu'il n'abandonnera jamais, et au cinéma, où il commence en 1954 une carrière de réalisateur prolifique : vingt-trois films, marqués dans les années 1960 par les triomphes de *La Guerre des boutons* et d'*Alexandre le bienheureux*, et dans les années 1970 par d'irrésistibles comédies de l'amitié et des petites lâchetés quotidiennes, *Le Grand blond avec une chaussure noire, Un éléphant ça trompe énormément, Nous irons tous au paradis.* Et puis, tout en poursuivant une activité de producteur, le vieux projet de porter les souvenirs d'enfance de Pagnol au cinéma : et là encore, la sympathie est au rendez-vous, avec le grand succès populaire, au terme d'une carrière dont le dernier film, aux accents plus personnels, aura achevé la courbe dans la même tonalité de tendresse bonhomme et de fantaisie chaleureuse.

### LE CHÂTEAU DE MA MÈRE (1990)
#### avec Nathalie Roussel et Philippe Caubère

**Le Petit Pagnol illustré.** Les collines de Provence, la bastide au détour du chemin, le thym qui embaume, les cigales qui chantent, les courses dans la garrigue avec Lili des Bellons : tout cela, le petit Marcel, rentré a Marseille, ne peut s'empêcher d'y penser. Les souvenirs de vacances lui emplissent la tête et le cœur, et ce n'est pas la préparation intensive au terrible examen des Bourses qui suffit à le détourner de ses rêveries vagabondes. Heureusement, il y a Augustine, sa mère. À elle aussi, la maison des collines manque, et le bonheur que toute la famille y a connu. Sans avoir l'air d'y toucher, elle prépare son plan : pourquoi ne retournerait-on pas là-haut pour les vacances de Noël ? Et pour celles de Pâques ? Et pourquoi même ne pas y aller chaque fin de semaine : ça ferait du bien aux enfants. Peu à peu, donc, l'habitude est prise. Mais, après le terminus du tramway, la route est encore longue et les kilomètres s'étirent pour tout ce petit monde surchargé de bagages. On arrive à la nuit et le lendemain, il faut repartir tôt. C'est alors que survient Bouzigue, l'ancien élève un peu cancre, devenu maintenant surveillant, le long d'un canal qui traverse plusieurs riches propriétés. Grâce à la clef qui ouvre toutes les portes du parcours, il offre à la famille un raccourci inespéré même s'il n'est pas tout à fait légal, qui lui fait gagner deux bonnes heures à l'aller et autant au retour. Et c'est avec un frisson de peur coupable qu'Augustine convainc son mari de prendre, malgré tout, la fameuse clef des champs.
Voici donc le petit Marcel revenu sur ses terres de bonheur. Ce retour a non seulement le charme des retrouvailles, mais il apporte son lot de rencontres nouvelles. Passent ainsi toute une galerie de personnages colorés, le garde à la jambe raide, le poète alcoolique, le comte balafré, le jardinier gesticulant. Et surtout, Marcel découvre la femme. Ou plutôt la fillette. Cette Isabelle aux trop belles manières, aux doigts de fée qui courent sur le piano, aux jeux compliqués où il devient son chevalier servant, lui tourneboule le cœur. Mais tout n'a qu'un temps. Et le temps passe. L'émotion de ce second épisode tient pour beaucoup à cette nostalgie qui, insidieusement, gagne et vient donner aux images ensoleillées du bonheur comme une patine mélancolique. Il y a un côté furtif de ces instants inoubliables, comme s'ils étaient volés au temps. Et la voix de Jean-Pierre Darras, parfaitement accordée aux mots et à l'accent de Pagnol, traduit cette tonalité particulière du souvenir, qui à la fois conserve images et impressions mais affirme aussi la distance désormais infranchissable du retour en arrière. Un charme particulier se dégage ainsi du film d'Yves Robert. Il tient sans doute au fait que *Le Château de ma mère* est plus riche en péripéties que *La Gloire de mon père*. Mais il tient aussi à une connivence, plus sensible encore ici, qui s'établit entre le monde de Pagnol et celui du réalisateur d'*Alexandre le bienheureux* et de *La Guerre des boutons*. Et surtout, ce château entrevu par effraction, c'est celui de la mère. Augustine (Nathalie Roussel, rayonnante) révèle ici des trésors d'imagination et de sensibilité dont on sent à quel point ils ont marqué à jamais le jeune Pagnol. Et il n'y a pas de honte à éprouver tant

de bonheur et tant de peine à la voir ainsi vivre et mourir : la mère de Pagnol, c'est la mère, tout simplement. Non plus qu'il n'y a pas de honte à dire tout le plaisir qu'apporte un tel film. Il est l'œuvre d'un vrai artisan du cinéma, dont l'amour du travail bien fait est manifeste à chaque plan et dont le savoir-faire (ce que chez d'autres cinéastes plus huppés on n'hésiterait pas à appeler l'art) a un côté enraciné, patrimonial, qui, par la vertu de la simplicité, rend à l'œuvre originale le meilleur hommage qui soit : celui du respect.

### MONTPARNASSE-PONDICHÉRY (1993)
**avec Yves Robert et Miou-Miou**

**L'âge tendre.** D'un côté, Julie. La quarantaine qui tourne un peu en rond, entre son boulot qui ne lui offre plus guère de surprise, sa fille qui va quitter la maison et sa liaison avec Félix qui s'installe dans la routine. Là-dessus, comme une bouffée d'oxygène, la possibilité d'aller voir ailleurs, dans un pays dont le nom à lui seul fait rêver – Pondichéry –, où on lui propose d'aller enseigner l'art de dessiner à l'indienne. Encore faut-il pour cela qu'elle soit diplômée. Et, pour obtenir ce bac qu'elle n'a pas, la seule possibilité pour elle est de retourner sur les bancs du lycée. Mais quand on a 40 ans et qu'on se retrouve mêlé à des lycéens qui ont l'âge de vos enfants et confrontée à des profs dont on dérange les habitudes, ce n'est pas si facile de réussir sa reconversion en potache. Et Julie, découragée, se décide à tout laisser tomber. Or c'est là qu'intervient Léopold. Bonhomme, c'est son nom – et il lui va bien, tant il est bon, comme du bon pain – est veuf, et il a plus de quarante ans de fosse d'orchestre à l'opéra, où il était trompettiste. Or lui aussi, sur le dernier penchant de l'âge (il est septuagénaire) a repris ses études. Et sa route studieuse croise ainsi celle de Julie dans les couloirs du métro Montparnasse où celle-ci, revenue de ses espérances de changer de vie, enterre ses illusions dans une mémorable cuite. Mais, avec Léo, elle se redresse vite et retrouve le désir de continuer. Parce que pour elle, il est celui qui lui redonne confiance en elle et lui réapprend la vie. Et que, pour lui, elle est un dernier rayon de soleil, inespéré, dans une vie qui, fatalement, file vers son terme. Et, entre eux, ce qui va naître, c'est quelque chose qui, sur la carte du pays de Tendre, se situe quelque part entre tendresse et complicité, même si, dans les voies labyrinthiques du cœur, il y a place aussi, furtivement, pour les chemins secrets du désir.
Belle histoire de passion que celle de cet amour qui, à défaut de pouvoir défier le temps – et la différence inexorable d'âges –, se crée son propre espace, en se constituant sa petite bulle d'innocence et de bonheur partagé. Belle, parce que l'on sent, tout au long, qu'Yves Robert a offert là à Miou-Miou un de ces rôles qui l'habille à ses plus exactes mesures, et où la fiction du personnage se nourrit à l'évidence de la réalité même de la femme. Et belle aussi parce qu'avec Léopold « le bienheureux », Yves Robert le réalisateur donne à Yves Robert l'acteur à interpréter quelqu'un qui ressemble comme un frère à Yves Robert l'homme, septuagénaire lui aussi, et comme lui plein d'une sagesse mi-épicurienne mi-sceptique, qui transparaît à travers la façon même qu'il a de voir, et de faire voir, le monde. Voilà, en fait, un film où les gens sont bons, où les proviseurs font pousser du persil dans leur petit jardin privé, où les lycéens semblent sortis tout droit d'un éternel lycée Papillon, où les peaux de vaches (rares, mais il y en a !) ont des dessous cachés qui les humanisent, et où même les escrocs sont sympathiques. Parce qu'en vendant de l'illusion, ils donnent des couleurs à la vie, et que la vie, chez Robert, rejoint toujours le rêve. Avec son côté gentiment libertaire, son respect sourcilleux des vertus laïques de l'école, son esprit frondeur à la Marcel Aymé, son ton cocasse et lunaire, où le pathétique se donne l'élégance de ne jamais se montrer qu'en habits de fête, Yves Robert, sur cette ligne de métro qui commence par « Mon... » et qui finit par « ... chéry », propose un trajet qui mène plus loin qu'on ne pourrait croire. Du côté de ce jardin à cultiver dont parlait Candide, un autre incorrigible optimiste, et qui s'appelle l'art de vivre.

## ROCHANT Éric (français, né en 1961)

**FILMOGRAPHIE :**
***Un monde sans pitié (1989)*** • *Aux yeux du monde (1990)* • *Les Patriotes (1993)* • *Anna Oz (1996)* • *Vive la République ! (1997)* • *Total western (2000)* • *L'École pour tous (2005)*

La fin des années 1980 marque sans doute la vraie fin du siècle : la chute du mur de Berlin, en novembre 1989, scelle en tout cas la disparition d'un état du monde et, dans le crépuscule qui apparaît des idéologies qui ont dominé le siècle, entraîne le diagnostic sans appel d'une fin de l'Histoire. L'état de vacuité qui en résulte, indice d'une perte des repères, modèle la physionomie d'un monde qui semble comme en suspens. Le cinéma, caisse de résonance à la fois sensible et prémonitoire, enregistre ce moment fort de l'Histoire en train de se faire : le premier film d'Éric Rochant – au titre évocateur : *Un monde sans pitié* –, sous l'apparente minceur du propos, le dit mieux que bien des analyses. Et son héros, Hippo, emblématique de toute une génération, n'a plus désormais à vivre qu'un présent désœuvré, où les désillusions du passé déterminent une perte de confiance dans l'avenir.

### UN MONDE SANS PITIÉ (1989)

**avec Hippolyte Girardot, Mireille Périer et Yvan Attal**

**L'ère du vide.** Hippo se débrouille : il ne travaille pas, ne pointe pas au chômage, glande tranquille, assurant l'essentiel par quelques parties de poker ou par l'aide d'un frangin et d'un pote qui lui donnent à l'occasion un coup de main. Génération 89 : génération pas vraiment révoltée, pas vraiment intégrée, pas vraiment bien ni mal dans sa peau. Génération qui vit au présent, sans trop se soucier de son passé et sans trop d'illusion sur son avenir. Génération fin de siècle, et génération nouveau monde. L'irruption, dans la vie d'Hippo, de Nathalie, jeune étudiante brillante, ambitieuse, qui, elle, bosse dur et qui a un but dans la vie, va être le déclic. Le monde des autres devient pour Hippo terriblement dur à vivre : sans pitié, parce que sans considération pour les types comme lui. Reste l'amour, seule passerelle mais terriblement fragile. Et Hippo va en faire la douloureuse expérience.

Il y a comme ça des films qui marquent leur temps. Celui d'Éric Rochant, son premier, en fait partie. D'abord parce qu'il renvoie de façon lumineuse l'image d'une génération qui, héritière de la mort des idéologies, n'a plus rien à penser ni à espérer. Dans l'appartement encombré, tout de portes et de fenêtres qu'on enjambe, où le frère d'Hippo et ses copains tuent le temps entre deux courants d'air à ne rien faire, une télévision passe, au milieu du brouhaha ambiant, des images en noir et blanc de 1968 et des drapeaux noirs et rouges flottant sur la Sorbonne : autre temps, autre façon de vivre, relégués aux archives de la fin de l'Histoire. Et lorsque les parents d'Hippo et de son frère les reçoivent pour un repas de famille, où les deux frangins arrivent en retard, c'est pour leur faire part de leur incompréhension de travailleurs, qui ont trimé dur, et de communistes, ayant une conscience politique, face à cette façon de vivre sans rien faire et sans rien croire. Hippo lui-même, dans le langage minimal qui le caractérise, et où les expressions les plus courtes – « putain, fait chier » – traduisent une façon de se définir en rupture avec le monde bien pensant et bien parlant, le dit de façon imagée : « On est des nuls. »

Or cette nullité, et c'est toute la ligne dramatique ingénieuse du film, elle se trouve croiser, de façon imprévue – dans deux voitures garées côte à côte – une autre façon d'appartenir à la même génération : en face de lui, difficile à rejoindre parce que la portière de sa caisse pourrie ne s'ouvre même pas et qu'il lui faut enjamber les sièges pour s'en extraire par-derrière, Hippo rencontre Nathalie. Elle sort d'une grande école, parle plusieurs langues, travaille, veut s'intégrer à cette société qui pour elle a un avenir. Toute la différence qui les sépare s'inscrit d'ailleurs dans une topographie parisienne qui le place lui du côté rive gauche, et elle rive droite. Paris, seul point d'attache finalement, est comme un territoire protecteur pour Hippo qui ne veut pas en bouger, alors que Nathalie part pour Boston et pour le Nouveau Monde. Paris, paradis des amoureux, que dans une séquence de pure poésie, où pour une seule fois dans le film, il trouve les mots pour le dire, Hippo déclare son amour en faisant disparaître la tour Eiffel éclairée dans la nuit et où, sous des toits à la René Clair, il voit dans l'ombre les amoureux qui investissent la ville. « Qu'est-ce qui nous reste, dit-il dans un accès de réflexion en forme de manifeste, qu'est-ce qu'ils nous ont laissé ? Le grand marché économique européen ? Tu parles ! il nous reste que l'amour. » Mais, là non plus, rien n'est facile et le monde est sans pitié. Hippo rejoindra-t-il donc un jour Nathalie ? Possible, mais pas gagné d'avance. Comme il le dit encore, dans une de ses phrases lapidaires mais pleines de (double) sens : « Putain, il va falloir bosser. »

## RODRIGUEZ Robert (américain d'origine mexicaine, né en 1966)

**FILMOGRAPHIE :**

*El Mariachi (1992) • Desperado (1995) • Four rooms (1995), co-réalisation • Une nuit en enfer (1996) •* ***The Faculty (1998)*** *• Spy Kids (2001) • Spy Kids 2 : Espions en herbe (2002) • Desperado 2 – il était une fois au Mexique (2002) • Spy Kids 3 : Mission 3D (2003) • Sin City (2004), co-réalisation • Les Aventures de Shark Boy et Lava Girl en 3D (2005)*

Formé à la bande dessinée, Robert Rodriguez commence sa carrière par un record : celui du budget le plus modeste (7 000 dollars), pour un film, *El Mariachi*, qu'il finance en se prêtant à des tests pharmaceutiques et qu'il tourne en tenant à peu près tous les rôles derrière la caméra. Le succès de cette sorte de BD survitaminée, qui déborde largement le Mexique pour lequel elle a été conçue, lui ouvre la porte des studios américains et lui permet d'entamer une fructueuse collaboration avec Quentin Tarantino, puis de réaliser des films de genre, tant d'action que de fantastique, en direction d'un public jeune, comme avec *The Faculty*, ou très jeune, comme avec la série des *Spy Kids*.

### THE FACULTY (1998)
### avec Elijah Wood, Jordana Brewster et Josh Hartnett

***Campus horribilis.*** Il y a deux façons de voir *The Faculty*, qui, d'ailleurs, se complètent plus qu'elles ne s'excluent. La première est de faire confiance à son scénariste, Kevin Williamson, spécialiste incontesté de la nouvelle mode du film d'horreur, pour concocter une histoire bien horrible, à coup de scènes de genre, d'ironie mordante, de références cinéphiliques et, Hollywood oblige, d'effets spéciaux. Dans la lignée donc de ses précédentes productions – de *Scream* à *Halloween 20 ans après* –, son nouvel opus répond parfaitement à ce qu'on est en droit d'en attendre. Choisissant un cadre qui a l'avantage de s'adresser directement à la clientèle ado, grande consommatrice de ciné-pop corn, il imagine donc qu'un lycée, jusque-là apparemment tranquille, se trouve confronté à une invasion insidieuse : celle de créatures venues d'ailleurs qui, sous forme de parasites, phagocytent et métamorphosent les corps où elles viennent se fixer. On reconnaît là sans peine un vieux thème qui, de *L'Invasion des profanateurs de sépulture* à *Alien*, sans oublier la série culte des *Envahisseurs*, a nourri vaillamment, de génération en génération, les fantasmes qui s'attachent à la figure de l'Autre. Sur ce plan, le film de Robert Rodriguez cherche d'ailleurs moins à innover qu'à réutiliser des recettes qui ont fait leur preuve. Et ses créatures, sortes d'organismes cellulaires, qui, pour peu qu'ils parviennent à s'hydrater, prolifèrent jusqu'à devenir des sauriens squameux, à la fois pieuvres à tentacules et mollusques à mâchoires, ont assez fière allure et ont de quoi faire dresser le poil du frisson.
Mais, et c'est la seconde approche à laquelle invite le film, cette invasion d'E.T., se passant en milieu scolaire, entraîne quelques variations sur le thème qui ne manquent pas d'être intéressantes. Outre le panel habituel de lycéens qu'offre tout film de campus qui se respecte – le souffre-douleur timide, le sportif chéri de ces demoiselles, le beau ténébreux traficoteur, la laissée-pour-compte, l'ambitieuse branchée –, lesquels seront finalement les artisans courageux du retour à l'ordre, le film présente d'un lycée américain de base – on est dans l'Ohio, au cœur de l'Amérique profonde – une image qui, plus encore sans doute que les créatures venues d'ailleurs, a quelque chose d'inquiétant. Les élèves s'y promènent tranquillement avec un revolver et s'y livrent, en toute impunité, à des trafics prohibés. Les parents y sont absents ou incapables. Les professeurs y sont un ramassis de vieilles peaux alcooliques et frustrées, sur qui se fixent d'ailleurs en priorité les aliens parasites. Et enfin, le seul moyen de se débarrasser du désordre se trouve être dans le recours à la drogue. Sniffer donc pour être sauvé et retrouver la pureté perdue : tel est le programme, made in USA, proposé. On est bien dans un film d'horreur, à moins que ce ne soit d'anticipation…

## ROHMER Éric (français, né en 1920)

**Premier long métrage :**
*Le Signe du lion (1959)*
**Filmographie depuis 1985 :**
*Le Rayon vert (1986)* • ***Quatre aventures de Reinette et Mirabelle (1987)*** • *L'Ami de mon amie (1987)* • ***Conte de printemps (1989)*** • *L'Arbre, le maire et la médiathèque (1992)* • *Les Rendez-vous de Paris (1995)* • *Conte d'été (1996)* • ***Conte d'automne (1998)*** • *L'Anglaise et le Duc (2001)* • *Triple agent (2004)*

Doyen de la Nouvelle Vague, Éric Rohmer, avant d'être critique aux *Cahiers du cinéma*, fut professeur de lettres. Son œuvre en porte la trace : profondément littéraire, elle établit non seulement de subtils rapports entre littérature et cinéma, mais elle s'organise en fonction de cycles dont la structure et la thématique ressortissent aux genres littéraires. Les six contes moraux des années 1960-1970, où les personnages s'appliquent à narrer leur histoire, renvoient au romanesque, tout comme les six comédies et proverbes de la décennie 80, où les personnages s'occupent à se mettre eux-mêmes en scène, font référence au théâtre. Poursuivant dans cette veine, la série des contes des quatre saisons, qui occupe la décennie 90, est faite d'un jeu de croisement et d'alternance (le printemps rime avec l'automne, et l'été avec l'hiver) qui fait penser aux rimes alternées de la poésie. Or il n'y a pas là effet formaliste un peu vain. Les complexités narratives, que l'on retrouve dans les films qui n'appartiennent à aucun cycle, renvoient toujours chez Rohmer à la complexité des sentiments qu'il s'attache à démêler. Ses personnages sont, comme il les définit, « des êtres pensants, doués d'une psyché ». Les complications des intrigues où ils se trouvent plongés sont la figuration même de leur paysage intérieur. Le film consiste du coup à débrouiller les fils qu'il a lui-même noués. Lesquels fils, dans la variété des pensées qui agitent les personnages des contes des quatre saisons tout comme dans les liens qui les unissent à l'Histoire dans les plus récents films – la Révolution pour *L'Anglaise et le Duc*, l'Europe de l'entre-deux-guerres dans *Triple agent* –, se renouvellent en permanence, apportant aux films de Rohmer une nouveauté chaque fois surprenante tout en les situant dans la continuité d'un univers reconnaissable entre tous.

## QUATRE AVENTURES DE REINETTE ET MIRABELLE (1987)
### avec Joëlle Miquel et Jessica Forde

**Silence, on parle.** À une époque où les recettes d'un film se mesurent au nombre de milliards investis et où le grand art se confond plus ou moins avec le grand spectacle, Rohmer, imperturbable, choisit de tourner en 16 mm, avec deux débutantes, dans une absence de décor, et au lieu du traditionnel « Action » qui commande le tournage, on a l'impression qu'il doit dire « Parole » et que, par ce seul mot de passe, la magie opère... Ses *Quatre aventures de Reinette et Mirabelle*, au titre impossible mais qui sent bon les fruits frais et les jeunes filles en fleur, ont tout de bouts de ficelles assemblés à la va-vite pour faire un long métrage. Mais, à y regarder de près, les quatre saynètes en question ne sont pas si mal ficelées, et leur apparent vagabondage pourrait bien n'être qu'une façon habile de cerner, par touches successives, ce qui fait le cœur du film : le langage.
Dans la première histoire, *L'Heure bleue*, il est question de ce moment unique entre nuit et jour où la nature se tait. Les deux jeunes filles qui s'efforcent ainsi de capter le silence se retrouvent, dans les deux histoires suivantes, au milieu du tumulte de Paris où, de la terrasse d'un café aux rayons d'un supermarché, elles font l'expérience du bruit, du malentendu et du mensonge. Et les interminables discussions où elles cherchent à expliquer et à comprendre ne faisant que compliquer les choses, c'est en feignant le mutisme qu'elles parviendront, dans la dernière histoire, à se tirer d'affaire.
Il y a là, dans ce plaisir des mots, dans ces jeux du langage se mordant la queue, comme la métaphore du cinéma de Rohmer lui-même. Ici, l'on cause, à n'en plus finir, et l'on n'arrête pas de parler pour dire qu'on ne dit rien. Funambulisme gratuit, acrobatie vaine ? Sans doute. Le film de Rohmer flirte avec le vide au risque de s'y dissoudre. Mais, à prendre ainsi au piège le fugace et le volatile, il élabore comme un labyrinthe où l'on se laisse d'autant plus délicieusement embarquer qu'il vous donne constamment l'impression de n'être pas si bête. Et qu'il vous permet de retrouver ce monde épatant de coupeurs de cheveux en quatre, Luchini l'ineffable, Marie Rivière la pleurnicheuse, avec ici en prime les deux petites dernières, Joëlle Miquel et Jessica Forde, la Pomme et la Prune, acidulées à souhait dans leur fraîcheur printanière. Décidément, avec Rohmer, on n'arrête pas le plaisir.

## CONTE DE PRINTEMPS (1989)
### avec Hugues Quester, Florence Darel, Anne Teyssèdre, Sophie Robin et Éloïse Bennett

**À l'ombre des jeunes philosophes en fleur.** Inégalable Rohmer et toujours égal à lui-même, jusqu'à sembler même se parodier, dans ce sillon unique que, depuis plus de trente ans, il trace sans se soucier des modes, des complaisances et des contraintes économiques du cinéma. Qui d'autre que lui oserait aujourd'hui centrer un film sur un dîner où quatre personnes, entre tomates et rosbif, dissertent de Kant et de Husserl comme si de rien n'était ? Et pourtant, en se moquant des goûts du jour, qui d'autre que lui capte mieux l'air du temps, cette façon qu'a la jeunesse de s'habiller, de parler, de se mouvoir ? Il y a une justesse de regard et de ton dans les films de Rohmer qui fait qu'en étant minutieusement écrits et agencés, ils paraissent parfaitement naturels.
*Conte de printemps*, qui inaugure une nouvelle série, les *Contes des quatre saisons*, ne fait pas exception à la règle. Après la littérature, dans les *Contes moraux*, puis le théâtre dans *Comédies et proverbes*, c'est la philosophie qui sous-tend ici le film. Le personnage principal, Jeanne, est en effet une toute jeune prof de philo, passionnée par le travail de sa propre pensée et par ce qu'elle appelle « la vraie philosophie », pour la distinguer de la psychanalyse

ou autres sciences sociales, pas vraiment sérieuses à ses yeux. Et les personnages qu'elle rencontre – Natacha, la jeune fille en mal de mère, partie, et de père, absent ; Igor, la quarantaine séduisante, qui vit avec Ève, une étudiante en philosophie, encore, qui pourrait être sa fille –, tous ces personnages éprouvent des sentiments sur lesquels ils aiment réfléchir, pour ne pas être dupes, et s'expliquer, pour y voir plus clair.
D'où un film, comme toujours chez Rohmer, où l'on parle nettement plus qu'on n'agit. Pourtant, cette maîtrise d'eux-mêmes, il n'est pas sûr que les personnages la possèdent vraiment. D'abord parce qu'ils sont soumis à des lieux – studios, appartements, maisons de campagne –, où ils cherchent leur place sans toujours la trouver. Et aussi parce qu'ils se trouvent pris comme dans un mécanisme dont le déterminisme actionne le mouvement. Jeanne, la jeune prof, peut-elle aimer Igor, le père de Natacha, qui, pour arracher celui-ci à Ève, arrange leur rencontre ? Pour le savoir, il faut tenir compte, certes, de la volonté de chacun, mais aussi des merveilleuses surprises du hasard qui ne sont, comme on sait, que des choses écrites à l'avance, comme dans les contes. Un collier, objet mythique et magique s'il en est, porte en lui la réponse. Mais avant que celle-ci n'intervienne, il aura fallu bien des discussions, des brouilles, des incompréhensions, des malentendus, des considérations sur la vie, des va-et-vient dans ce jeu des quatre coins où un homme mûr se trouve pris entre trois jeunes filles. Bref, tout un art d'embrouiller et de débrouiller la quadrature des sentiments qui fait que, si Rohmer n'existait pas, il manquerait au cinéma un vrai géomètre du cœur.

## CONTE D'AUTOMNE (1998)
### avec Marie Rivière et Béatrice Romand

**Le mariage de ma meilleure amie.** Femme seule, 45 ans, viticultrice, enfants partis, cherche homme qui pourrait meubler sa solitude, pour rencontre et plus, si affinités : ce pourrait être une petite annonce. Et d'ailleurs Isabelle, la meilleure amie de Magali, voyant que celle-ci se morfond à cultiver seule son domaine et que sa vie, à l'image de ses vignes, se laisse un peu aller, décide de passer une annonce à son insu pour lui trouver l'oiseau rare. Et ça marche : il s'appelle Gérald, est séduisant, intelligent, et offre un cœur à prendre. À tel point qu'Isabelle qui, pour mener finement le stratagème, s'est fait passer pour son amie, tombe elle-même sous le charme. Tout serait-il donc perdu pour Magali ? Pas vraiment, puisqu'au même moment la toute jeune Rosine, que sa liaison avec le fils de Magali fatigue un peu, aimerait s'éloigner aussi d'Étienne, son prof de philo, avec qui elle a vécu une belle histoire d'amour mais qu'elle voudrait bien détacher d'elle pour qu'il reste simplement son ami. Or, comme Rosine aime beaucoup Magali et qu'elle voit bien que celle-ci est un cœur en peine, l'idée lui vient de lui faire rencontrer Étienne qui ferait pour elle un mari idéal.
Voilà donc la femme solitaire flanquée sans même qu'elle le sache de deux prétendants potentiels. Et voilà le film de Rohmer lancé, comme d'habitude, sur la piste labyrinthique d'un dédale des sentiments. Une fois la situation, le cadre et les personnages mis en place, la mécanique rohmerienne joue à plein, d'autant qu'elle prend ici la forme d'une double machination dont les rouages ménagent une série de scènes inéluctables. Et, comme dans un jeu de l'amour où le hasard viendrait mettre son nez, les beaux plans tracés par les manipulateurs se trouvent perturbés par les sentiments eux-mêmes : le cœur a manifestement ses raisons que les bonnes raisons de l'amitié ne connaissent pas forcément. Le tout donne donc lieu à une partie de poker menteur, où c'est finalement la vérité qui sortira du jeu, le cœur constituant en la matière la carte maîtresse.
Mais, pour en arriver là, Rohmer aura pris comme un malin plaisir à organiser la partie avec ce regard constamment ironique et tendre qui fait de chaque scène un festival pétillant d'intelligence et d'esprit. On rit beaucoup, du coup, à ce malicieux conte d'automne, même si la lumière en est plus subtilement voilée que dans certains des films précédents du cinéaste. À cet égard, l'âge des deux amies – 45 ans –, le fait que l'une et l'autre soient interprétées par deux des comédiennes – Béatrice Romand et Marie Rivière – qui, du *Genou de Claire* au *Rayon vert*, ont marqué certaines des grandes étapes de la route rohmerienne, et cette sensation curieuse que procure le fait de les retrouver toujours semblables à elles-mêmes, mais avec quelques années de plus : tout cela donne au film le poids du temps et de l'âge. Il y a bien, certes, avec la jeune Rosine, une de ces jeunes filles en fleur comme les aime Rohmer (et son interprète Alexia Portal a un charme vif et acidulé qui la rend digne de figurer dans cette galerie unique de portraits de jeunes filles qu'a constituée le cinéaste), mais les principaux protagonistes sont sur le penchant de l'âge. Il s'agit bien, de fait, d'un conte d'automne, presque d'arrière-saison. L'amour y a sa propre saveur, comme ce vin que Magali cultive et qu'elle veut bonifier en vieillissant. Et si les vendanges sont tardives, la récolte n'en est que plus savoureuse.
La lumière d'automne baigne aussi le paysage qui sert de cadre à l'histoire et qui, comme toujours chez Rohmer, en traduit le sens profond. Tout se passe ici sur les deux rives de la vallée du Rhône, dans une Drôme du Sud douce et

ensoleillée. Chacune des deux amies vit sur l'un des deux versants, l'une côté Drôme, l'autre côté Ardèche. Entre elles, le fleuve, qu'il faut traverser, et la vallée industrielle, sillonnée de routes et de rails et barrée par la masse imposante de l'usine atomique : le grand fleuve de l'activité industrieuse, auquel chacun essaie d'échapper pour se ménager son petit coin de terre sauvage et de paradis. Pourtant, ce n'est pas le professeur de philosophie qui l'emporte dans le cœur de Magali, mais bien l'homme d'entreprise, qui aime l'architecture nouvelle et la vallée animée. À l'âge maintenant avancé qui est le sien, Éric Rohmer donne ainsi non seulement une formidable preuve de jeunesse du cœur et, avec trois fois rien, une éclatante leçon de cinéma. Mais il y ajoute comme une sagesse douce de l'existence, une façon de dire qu'à tout âge et à tout siècle, l'homme est capable de trouver son bonheur. Parce qu'il est en lui.

## ROMANEK Mark (américain, né en 1959)

**FILMOGRAPHIE :**
*Static (1985)* • ***Photo obsession (2002)***

La carrière de Mark Romanek est caractéristique de ces cinéastes essentiellement tournés vers le vidéo-clip et le film publicitaire. Réalisateur de vidéo-clips pour les pop-stars les plus célèbres, de David Bowie à Madonna, de Michael Jackson à Lenny Kravitz, il obtient les plus prestigieuses récompenses pour son activité dans ce domaine ainsi que pour les publicités qu'il tourne pour les plus grandes marques. Après un premier passage au long métrage en 1985, avec *Static*, il revient au cinéma dix-sept ans après, avec *Photo obsession*, sur un sujet – les images et l'utilisation qu'on peut en faire – qui lui est particulièrement familier.

### PHOTO OBSESSION (2002)
#### avec Robin Williams, Connie Nielsen et Michael Vartan

**Arrêt sur images.** Sy Parrish est un homme seul. Employé dans une grande surface, il dirige depuis onze ans le rayon photo-express du magasin. Son seul lien avec les autres est constitué par ces images de leurs vies qu'il est chargé de développer. Attentif, zélé, cordial avec ses clients, il finit par les connaître par photos interposées. Ainsi des Yorkin, jeune couple bon chic bon genre, belle maison, vie aisée, auquel il s'attache, jusqu'à se voir comme faisant partie de la famille. Nina, la jeune femme, est belle et élégante, et son petit Jake est chou à croquer. Seul ennui : Will, le mari, n'est pas à la hauteur de ce couple idéal. Sy découvre en effet un jour, en développant les clichés que lui apporte une autre jeune femme, qu'il est l'amant de celle-ci. Alors Sy décide d'intervenir.
Cette façon dont un homme, apparemment normal, s'introduit ainsi dans la vie des autres a déjà quelque chose de glaçant, que le film de Mark Romanek accentue d'emblée par une atmosphère chromatique et par un décor eux-mêmes chargés d'une froideur angoissante. Dans des tons gris-bleu, qui font du centre commercial une sorte de monde aseptisé, le personnage, à l'unisson de ses vêtements inexpressifs et incolores, apparaît comme un type quelconque, couleur de muraille. Il est l'employé qu'on ne remarque pas, celui qui se fond dans le décor, et quand il regagne sa chambre, on s'aperçoit que le décor de sa vie est aussi triste et médiocre que son existence. Si ce n'est que, sur un mur, des centaines de clichés qu'il a détournés traduisent une obsession voyeuriste qui constitue l'autre aspect, intime et plus que trouble, du personnage.
Mark Romanek excelle à créer un climat inquiétant, en fouillant de façon insidieuse les dangers liés à la fascination de l'image. Et il brosse aussi un assez fascinant portrait d'homme désespérément seul, dont on sent bien que le comportement obsessionnel est porteur de toutes les menaces possibles. Robin Williams, d'ordinaire si prolixe dans ses interprétations, donne au personnage, par un jeu minimaliste d'une densité rare, une profondeur complexe dont on ne découvre qu'*in fine*, dans un dénouement qui détourne avec virtuosité les clichés du genre, qu'elle est porteuse d'un secret encore plus glaçant que tout le reste. Confirmant l'originalité d'un film qui distille le malaise avec une rare intensité.

## ROMERO George A. (américain, né en 1940)

**Premier long métrage :**
*La Nuit des morts-vivants (1968)*
**Filmographie depuis 1985 :**
*Le Jour des morts-vivants (1985)* • *Incidents de parcours (1988)* •
*Deux yeux maléfiques (1990), co-réalisation* • *La Part des ténèbres (1993)* •
*Bruiser (2000)* • ***Land of the dead (2005)***

Avec un petit film, réalisé pour un tout petit budget de 114 000 dollars, George A. Romero fait radicalement évoluer, en 1968, le cinéma fantastique : dans une Amérique marquée par la guerre du Vietnam, *La Nuit des morts-vivants*, rompant avec l'esthétique gothique du genre – Technicolor et surnaturel sans lien avec le quotidien –, impose une vision quasi réaliste, en noir et blanc, avec une histoire de ressuscités venant agresser les survivants d'une radiation atomique réfugiés dans une maison isolée. Le succès est énorme et le film devient rapidement culte, amenant le réalisateur à explorer les diverses formes du fantastique, avec toujours la même préoccupation de vérité mise au service d'une réflexion morale et politique, que ce soit pour aborder la condition de la femme dans *Season of the witch* en 1973 ou les limites de la démocratie dans *La Nuit des fous-vivants*, la même année, pour dépoussiérer le mythe du vampire et faire de son héros, dans *Martin*, en 1976, un pauvre malade victime de la société, pour tirer la comédie vers le macabre dans *Creepshow* en 1982, ou pour réfléchir à l'aliénation qu'engendre la société moderne dans *Bruiser* en 2000. Et surtout, fidèle à son premier film, il en suit et en approfondit la veine : une première fois en 1978, associé à un autre maître du genre, Dario Argento, comme producteur (avant de s'associer à nouveau à lui pour *Deux yeux maléfiques*), il tourne *Zombie*, où le film d'horreur sert surtout de support à une satire de la société de consommation ; puis il y revient, en 1985, avec *Le Jour des morts-vivants*, où il concentre l'action dans un étouffant huis clos, axant cette fois-ci sa critique sur l'armée et sur les tentations du pouvoir totalitaire. Vingt ans après, en 2005, *Land of the dead* ressuscite à nouveau les morts-vivants, dans un film qui présente cette fois-ci un monde dévasté, et où l'empreinte du 11 septembre module, une nouvelle fois, les formes de l'épouvante.

### LAND OF THE DEAD (2005)
#### avec Simon Baker, Asia Argento et Dennis Hopper

**L'armée des ombres.** L'avantage, avec les morts-vivants, c'est que, morts une fois pour toutes, ils sont disponibles pour ressusciter à tout moment. Et ce n'est pas le moindre intérêt du nouveau film de George Romero que de faire ainsi surgir, dans l'Amérique des années 2000, des zombies qu'à intervalles irréguliers, mais à date chaque fois révélatrice, il fait ainsi sortir de leurs tombeaux. Qu'en est-il donc ainsi, en 2005, de ces morts-vivants qui, dans les années 1960, charriaient toutes les traumatismes d'une société malade du Vietnam, puis, dans les années 1970, de sa frénésie de consommation, puis dans les années 1980, des dérives de sa puissance politique ? Ayant laissé filer les années 1990, le cinéaste, formé à la contre-culture et à la contestation underground, attendait sans doute son heure pour parler de l'Amérique du début de millénaire : le 11 septembre et l'intervention en Irak sont arrivés à point pour l'amener à redonner vie à ses spectres. *Land of the dead* est, en effet, dans la ligne des trois films précédents, mais de façon plus radicale encore, une parabole terrible sur les temps violents qui courent et sur la façon dont la société américaine, et sans doute plus largement occidentale, se trouve confrontée à des peurs nouvelles.
Le film, pour autant, reste un film de genre, fidèle au modèle que lui-même a créé : les morts-vivants, qui avancent d'une démarche hagarde et mécanique, présentent des faciès rongés par la vermine, des yeux révulsés, des lambeaux de chair qui laissent apparaître le squelette ; lorsqu'on les mitraille, leur consistance molle éclate en jets sanglants et ils explosent comme des baudruches ; et quand ils se saisissent d'un vivant, leurs dents se referment sur son corps qu'ils dévorent tout cru, de leurs dents goulues, arrachant la peau du ventre, tirant muscles et viscères, suçant les boyaux… Gore pas mort…
Mais, et c'est là que tout change, sous cet aspect attendu de zombies cannibales, voici que les visages cadavériques s'humanisent, que de leurs bouches closes vouées à un silence de mort s'élèvent des cris rauques comme de souffrance et de révolte, et que la masse informe de revenants qui errent comme des âmes en peine prend conscience de l'injustice dont elle est la victime et s'organise peu à peu, formant une armée des ombres surgies de l'inconscient collectif et qui, sous la conduite symbolique d'un mort plus vif que les autres – colosse qui présente cette double

caractéristique très symbolique d'être noir et pompiste, c'est-à-dire victime d'une exploitation à la fois raciale et pétrolière – se mettent en marche pour aller investir le territoire que se sont réservés les vivants. Ou plutôt que s'est construite une partie d'entre eux, société de riches privilégiés retranchée dans une tour orgueilleuse, temple du luxe et de l'argent, et qui se protège de toute agression extérieure en rejetant les pauvres et autres damnés de la terre hors des murs et des barbelés que protègent des milices armées.

Du coup l'assaut contre cette tour, symbolique de tout un système, par des morts-vivants qui ressemblent comme des frères aux miséreux que le système rejette, se charge de tout un poids de menace apocalyptique, dans laquelle ce qui ressort de ces cadavres qui s'animent pour venir dévorer les puissants, c'est bien la peur qui s'est emparée du monde occidental lorsque les tours de Manhattan se sont effondrées. Et le fait que le héros, chargé de sauver ce qui peut l'être, laisse volontairement filer les morts-vivants rescapés et le grand Noir qui les mène, et avec lequel il échange un regard de compréhension, dit assez de quel côté penche le cœur, plus que jamais politiquement incorrect, de ce fossoyeur de la bonne conscience américaine qu'est George Romero.

## RØNNOW KLARLUND Anders (danois, né en 1971)

**Filmographie :**
*The Eighteenth (1996)* • *Possessed (2000)* • ***Le Fil de la vie (2004)***

Alors qu'il n'est pas spécialiste du film d'animation et qu'il vient de réaliser, pour son second long métrage, *Possessed*, un thriller autour d'un redoutable virus prêt à se propager en Europe, Anders Rønnow Klarlund a l'idée, en voyant sur un écran de télévision une publicité avec des marionnettes, de réaliser un film mettant en scène précisément des marionnettes. Le projet, qu'il mène en commun avec son directeur artistique David Drachman, va prendre quatre ans et solliciter vingt-deux marionnettistes pour actionner les cent quinze figurines de l'histoire. Et, cherchant à retrouver les plus anciennes astuces du cinéma animé, le réalisateur, à contre-courant des technologies en 3 D, crée un film où tout est fait à la main.

### LE FIL DE LA VIE (2004)

**Le théâtre du monde.** Dans un sombre palais de pierre, sous une pluie qui noie tout de son humidité grise, l'empereur d'Hebalon, seul dans la pénombre, rédige ses dernières volontés, demandant à son fils Hal Tara de mettre un terme à l'opposition ancestrale qui oppose son royaume à ses ennemis de toujours, les Zérith. Lui-même, portant sur la conscience le poids d'affrontements sanglants, préfère quitter ce monde, et, d'un coup de dague ultime, il choisit de trancher le fil de sa vie. Et ce qui est étonnant, c'est qu'il le tranche au sens propre : le fil coupé se rompt bel et bien, et l'empereur tombe, créature soudain désarticulée et sans vie.

Car ce qui, d'emblée, fait la fascinante originalité du film d'Anders Rønnow Klarlund, c'est cette conjonction entre la puissance symbolique du fil de la vie et la réalité concrète du fil en question, qui n'est autre que celui qui anime la marionnette, la fait bouger et lui donne vie. Le réalisateur danois, au lieu de cacher les fils que tirent les marionnettistes, choisit en effet d'en faire en quelque sorte le sujet même de son film. Les marionnettes de bois, au visage immobile et pourtant doté de la force même de l'expressivité, figurent en fait des personnages qui savent qu'ils ne sont que des marionnettes, dont la vie tient à ces fils qui leur donnent le mouvement, et dont le faisceau se perd dans les cintres d'un ciel où s'inscrit le sens même de leur destinée. Mécaniques par lesquelles passe l'animation, les fils composent ainsi un étonnant faisceau tout autant visuel que thématique. Le fil coupé de la vie, il est à l'origine le cordon de la naissance, lorsque, dans une scène de nativité qui lui branche la vie, l'enfant paraît. Et il est aussi le lien des sentiments : la fraternité, l'amour, la haine, le courage, le désespoir même lorsque Hal Tara voit le fil de sa sœur tant aimée s'effilocher sous ses yeux, sans qu'il puisse l'empêcher de filer puis de se rompre, et qu'il laisse filer la corde du radeau où la jeune princesse, étendue sur son lit de mort, glisse silencieusement sur des eaux profondes qui l'emmènent pour son dernier voyage vers un ciel orangé à la Turner, où la guide un oiseau dont les fils agitent les ailes dans un vol enfin libéré.

Fable poétique, fable politique aussi, aux accents shakespeariens, portée par une intrigue de bruit et de fureur, où passent la violence du pouvoir et les sombres menées de la trahison, le film d'Anders Rønnow Klarlund est comme un théâtre du monde : un théâtre de marionnettes, qui renvoie aux spectateurs, petits et grands, l'image à la fois étrange et familière du fil de leur vie.

## **ROSI Francesco** (italien, né en 1922)

**PREMIER LONG MÉTRAGE :**
*Le Défi (1958)*
**FILMOGRAPHIE DEPUIS 1985 :**
***Chronique d'une mort annoncée (1987)*** • *Oublier Palerme (1989)* •
*La Trêve (1997)*

Formé comme assistant de Visconti, d'Antonioni, de Monicelli, puis comme scénariste (et notamment du *Bellissima* de Visconti), Francesco Rosi, dès son premier film, *Le Défi*, qui explore l'univers du crime organisé dans sa ville natale de Naples, a apporté au cinéma italien un engagement politique qui représente le prolongement le plus pertinent des préoccupations sociales du néo-réalisme, mais qui traduit surtout la réflexion intellectuelle menée par un cinéaste doté de sens civique et d'austérité morale sur l'histoire présente de son pays. Ses films-enquêtes, dont *Salvatore Giuliano* ou *Main basse sur la ville* donnent le meilleur exemple, fouillent les ressorts profonds d'une société clanique, où l'affairisme et la corruption, les vestiges du fascisme, les jeux politiques obscurs, mais aussi le poids des traditions, de la famille, de l'Église, rendent difficile à saisir une réalité dont il s'attache précisément à fouiller les ombres. Non par simple parti pris sociologique ou idéologique, mais par souci de valeurs fortes, comme la liberté, la fraternité, la solidarité, la justice sociale. Toutefois ce cinéma-vérité, qui sut dans les grands films des années 1960-1970 se donner les moyens quasi documentaires de son propos, perd quelque peu la rigueur qui faisait sa marque lorsqu'il cède la place, comme c'est le cas dans les derniers films, aux reconstitutions littéraires à grand spectacle et aux castings internationaux.

### CHRONIQUE D'UNE MORT ANNONCÉE (1987)
**avec Rupert Everett, Ornella Muti, Irène Papas, Lucia Bose, Gian Maria Volonte et Anthony Delon**

**Noces de sang.** On voit bien ce qui a pu attirer le Napolitain Francesco Rosi dans le roman du Colombien García Márquez : tous deux partagent la même culture d'un Sud ancestral, où les affaires d'honneur se lavent dans le sang, surtout lorsqu'il s'agit, comme ici, de la virginité d'une fille. Quand la belle Angela, le soir de ses noces, découvre à son mari qu'elle ne l'a pas attendu et que celui-ci la ramène à sa famille, ses deux frères se voient comme forcés par la tradition de laver l'outrage en abattant l'auteur présumé de la défloration. Tout le village, amis, notables, serviteurs, paysans, sait que la vengeance doit avoir lieu ; et tous, muets, observent, attendant que s'accomplisse ce fatum qui dépasse la libre volonté des hommes. Et quand l'ami de la victime revient, vingt-cinq plus tard, sur les lieux du crime, pour essayer de comprendre ce qui s'est passé, c'est bien, derrière le rite archaïque d'une société sortie du fond des âges, cette force du destin qui s'impose à lui comme la clef du drame.
Pour retrouver la vérité du mythe, dans son climat et sa lumière naturelle, Rosi est parti tourner en Colombie. Et sans doute s'est-il laissé prendre à la magie du lieu. Sa chronique, qui se déploie au rythme lent d'un fleuve amazonien, semble en effet, à mesure qu'elle avance, s'enliser dans la beauté des paysages. Ce qui, à grand renfort de filtres et de ralentis, multiplie les ciels immenses et sombres comme dans une pub pour café, ou les longues séquences sur la faune et la flore qui font, au demeurant, un excellent documentaire. Mais pendant ce temps, la vengeance refroidit, et les personnages en restent à des stéréotypes qui, pour mythiques qu'ils soient, manquent par trop d'épaisseur humaine. Anthony Delon, la seule bonne surprise du film, est finalement celui qui s'en tire le mieux. Pour le reste, Ornella Muti paraît un peu poupine, Rupert Everett un peu pâlement ténébreux, Gian Maria Volonte un peu sous-employé, et Lucia Bose un peu plus mal vieillie qu'Irène Papas. La photo, comme la mariée, est trop belle. La musique est à fendre l'âme. La mise à mort, dans l'arène d'une place de village, a un côté Carmen. Et la fin, avec ses tourtereaux blanchis sous le harnais de la maquilleuse, un côté oiseaux qui se cachent pour s'aimer. Bref, du drame annoncé, il ne reste guère que le mélo.

## ROSS Gary (américain, né en 1956)

**Filmographie :**
*Pleasantville (1998)* • ***Pur sang. La Légende de Seabiscuit (2003)***

Se destinant d'abord au théâtre, Gary Ross, fils du scénariste Arthur Ross, se tourne lui-même très vite vers l'écriture. Ses premiers romans attirent l'attention de la Paramount, pour laquelle il écrit trois scénarios avant d'être couronné à l'Oscar pour le scénario de *Big*, en 1987. À partir de là, il collabore comme scénariste à de nombreux films, notamment pour la jeunesse, tout en passant lui-même à la réalisation, avec *Pleasantville* d'abord, une comédie où deux adolescents de la fin du XX^e siècle se retrouvent projetés dans l'univers en noir et blanc d'une série des années 1950, puis avec *Pur sang*, où l'histoire d'un cheval célèbre lui permet de raconter tout un pan de l'histoire américaine, scénario bien en rapport avec son engagement politique dans le camp démocrate.

### PUR SANG. LA LÉGENDE DE SEABISCUIT (2003)
**avec Jeff Bridges, Tobey Maguire et Chris Cooper**

**On n'achève pas les chevaux.** Trois destins mal barrés par la vie, trois types que la déveine et la dureté des temps ont rattrapés, trois cœurs lourds prêts à dételer devant le malheur. Et, pas si différent d'eux, un cheval qui ne paie pas de mine, petit, vaguement cagneux, le tempérament aigri et ombrageux, et qui semble promis à l'abattoir. Comme l'Amérique de l'époque, celle de la Grande Dépression, qui jette sur les routes des centaines de milliers de pauvres types, qui met à bas les fortunes et les espérances, et qui semble sonner le glas d'un rêve.
Ce n'est pas pour rien que le film de Gary Ross, inspiré de l'histoire authentique d'un cheval qui eut son heure de gloire et qui symbolisa, pour un pays abattu, comme le symbole même du sursaut et de la victoire toujours possible, réunit, autour de ce fameux Seabiscuit, un trio de perdants qui, grâce à lui, redressent la tête et saisissent cette seconde chance que leur offre la vie de montrer ce qu'ils sont et ce qu'ils valent. Trois hommes – un vendeur de bicyclettes devenu magnat de l'automobile, mais que la mort de son jeune fils unique a brisé de façon apparemment irrémédiable ; un solitaire surgi des grandes prairies de l'Ouest et dont la soif de liberté a été mise à mal par l'avènement des barbelés ; et un jeune garçon aux grandes espérances déçues, et qui n'a récolté de la vie qu'un œil borgne et une carcasse cabossée –, trois hommes donc, et un cheval. Comment à tous les trois, le propriétaire, l'entraîneur et le jockey, ils vont transformer le tocard en numéro gagnant ; comment, à travers eux et à travers ce petit cheval ingrat qui semble incarner tous les laissés-pour-compte voués à la défaite et à la soumission et qui redressent la tête, Gary Ross raconte l'Amérique des années 1930, brisée par le krach économique, et qui, progressivement, reprenant confiance et surmontant ses blessures, redevient un pays qui gagne : c'est là toute la légende de Seabiscuit.
On pourra certes trouver que cela fait un récit bien formaté et que les belles histoires et les grands sentiments ne font pas forcément les films les plus légers ni les plus subtils. Mais on pourra trouver aussi que le mélange d'humour et d'émotion, la variété des épisodes, la multiplicité des décors, la qualité de l'interprétation, le rythme qui ne faiblit jamais, l'ampleur de la reconstitution, et la façon de filmer une course comme si le sort du monde en dépendait : cela n'est malgré tout pas rien, et constitue même à tout prendre du bel et bon spectacle.

## ROÜAN Brigitte (française, née en 1946)

**Filmographie depuis 1985 :**
***Outremer (1989)*** • *Post coïtum, animal triste (1997)* •
*Travaux. On sait quand ça commence… (2004)*

Une façon pour les femmes d'accéder à la réalisation, qu'avait illustrée Juliet Berto à travers les trois films qu'elle avait réalisés entre 1981 et 1986, est de passer derrière la caméra alors même que, comédienne, on serait tenue de rester devant. Les exemples en sont nombreux : ainsi celui de Brigitte Roüan qui, menant parallèlement une carrière d'actrice au théâtre, à la télévision et au cinéma depuis le début des années 1970, s'essaie en 1985 à un court métrage, *Grosse*, qui obtient le César, et qui l'amène à tourner un premier long à couleur autobiographique, dont la réussite ne facilite pas pour autant le démarrage d'une vraie carrière de réalisatrice : trois films seulement en quinze ans, mais où se dégagent un ton et une personnalité.

### OUTREMER (1989)
#### avec Nicole Garcia, Brigitte Roüan, Marianne Basler et Cédric Kahn

**Des bleus au cœur.** S'il y a un côté tchékhovien dans le film de Brigitte Roüan, il est certes dans les relations de ces trois sœurs qui, comme celles du dramaturge russe, partagent une complicité qui n'exclut ni les différences, ni les oppositions, ni même les déchirements. Mais il est surtout dans ce sentiment diffus d'un monde qui disparaît et qui emporte avec lui une certaine douceur de vivre, faite d'inconscience et d'insouciance : quelque chose comme la jeunesse. Pourtant, il y a loin de la cerisaie perdue au domaine tout engourdi de chaleur et de soleil où vivent Zon, Malène et Gritte. On est ici en Algérie, au cœur des années 1950, dans un grand domaine de colons aisés. La mère n'est plus là, le père s'efface derrière ses trois filles. Zon, l'aînée, élevée dans la rigueur d'une éducation stricte, en a gardé une façon de se tenir droite, physiquement et moralement, sans se poser trop de questions. Pour elle, le mariage est l'aboutissement logique et, même si parfois un rêve passe, elle se satisfait de ce mari officier de marine, toujours absent, qui, à chaque escale, lui fait un gosse de plus. Malène, la seconde, a, elle, épousé un doux rêveur, inapte à tout effort et qui la laisse s'occuper de tout : du domaine, de la famille, des ouvriers, des gamins. Comme le lui dit son père, elle est le garçon qu'il n'a pas eu. Gritte, la dernière, pourrait suivre la voie que lui montrent ses sœurs : mais elle hésite, regimbe, cherche ailleurs, elle ne sait quoi, comme pour se dérober à cette ligne tracée d'avance où elle sent bien qu'elle risque de s'enfermer pour toujours.

Vies de femmes, faites des petits riens qui font le fil des jours, des conversations autour d'une table, des disputes et des réconciliations, de la chaleur et de la poussière, des baignades et des jeux, d'une danse un peu folle dans les bras d'un cavalier qui vous emporte, des enfants qui pleurent, du cœur qui, parfois, s'alanguit. Ces vies, Brigitte Roüan en montre l'entrelacement dans un récit qui épouse successivement le regard de chacune des trois sœurs. Subtile narration qui fait découvrir les mêmes événements sous des angles différents et qui, progressivement cerne les contours de chaque personnalité et en éclaire les drames intimes. Car la joie de vivre n'aura qu'un temps. Pour Zon, pour Malène, pour Gritte, le malheur aura des couleurs différentes mais un même décor. Celui d'un univers qui bascule dans la violence, et d'une Algérie qui se croit toujours française et qui ne voit pas l'Histoire qui la rattrape et qui va l'emporter.

Ces événements, on en entend l'écho d'abord lointain, puis de plus en plus proche, jusqu'à ce qu'ils viennent éclater au cœur même du domaine familial. Et ce n'est pas une des moindres qualités de ce film tout en nuances que d'offrir de la guerre d'Algérie, sans pratiquement la montrer, une des vues les plus justes, les plus sereinement compréhensives que le cinéma français en ait montrées. Comme il montre, à travers l'objectif de Brigitte Roüan, cinéaste, un regard de femmes sur des femmes qui, en étant sans doute fort proches d'elle-même, ont chacune l'originalité propre de leurs interprètes : Nicole Garcia, tendue, vive, coquette, bouleversante ; Marianne Basler, incertaine, meurtrie ; Brigitte Roüan, volontaire, forte, refusant le découragement. Avec, pour éclairer cela, comme une luminosité : *Outremer* a la couleur de son titre, bleu de mer, bleu de ciel, mais aussi bleu d'azur du souvenir. Celui d'une vie où l'on a aimé, ri, pleuré et qui est partie à jamais, comme un paradis perdu.

---

## ROZIER Jacques (français, né en 1926)

**PREMIER LONG MÉTRAGE :**
*Adieu Philippine (1962)*
**FILMOGRAPHIE DEPUIS 1985 :**
***Maine-Océan (1986)*** • *Joséphine en tournée (1991)* • *Fifi Martingale (2001)*

Parmi les cinéastes qui, à la charnière des années 1950 et 1960, transforment en profondeur le paysage du cinéma français, Jacques Rozier est à coup sûr, au double sens du terme, le plus singulier : à la fois unique et original. Si la notion de cinéma en liberté peut être appliquée à une œuvre, c'est bien à la sienne. Libre de tout effet de mode ou de référence, tournant rarement mais toujours à son heure, donnant au naturalisme le ton du naturel, il raconte des histoires de personnages eux-mêmes libres de toute contrainte et les suit sur des routes où l'improvisation semble toujours avoir la part belle. L'impression de jeunesse inaltérée qui se dégage ainsi de ses films leur fait traverser les générations, même s'ils respirent fortement l'air du temps : l'errance vagabonde de Michel et de ses deux amies, dans *Adieu Philippine*, laisse se profiler, en arrière-plan menaçant, l'ombre de la guerre d'Algérie ; et les deux compères que sont en 1974 *Les Naufragés de l'île de la Tortue* naviguent dans des eaux largement visionnaires, qui annoncent le temps du tourisme de masse et des épreuves spectacles de la télé-réalité. Dans une filmographie finalement réduite (huit films en quarante ans), *Maine-Océan* représente sans doute le mieux cet esprit buissonnier qui est celui d'un cinéaste qui a su mener sa barque comme il l'a toujours entendu à travers les écueils économiques, qui ne l'ont pas ménagé, de la production et de la distribution.

### MAINE-OCÉAN (1986)
**avec Bernard Menez, Luis Rego et Yves Afonso**

**L'air du large.** Rozier n'a pas changé. Depuis qu'en 1962 il signait, avec *Adieu Philippine*, le film le plus désinvolte, le plus libre, le plus novateur du cinéma nouveau, il n'avait guère tourné. Là où Truffaut, Chabrol, Godard menaient la carrière que l'on sait, lui se contentait de quelques ronds dans l'eau. Et le voici qui revient sans crier gare, avec un petit film sans gros budget, sans grosse vedette, sans gros tapage, et qui, pourtant, fait passer un beau souffle d'air pur sur le cinéma français.

*Maine-Océan* est une de ces fantaisies en forme d'escapade où il est question de deux contrôleurs de la SNCF, d'une danseuse brésilienne, d'une avocate gentiment évaporée, d'un marin pêcheur qui ressemble à Popeye, d'un impresario mexicain et, lorsqu'on passe de la terre ferme à l'île d'Yeu, de tous les gars du Bar de la Marine. Et on danse, on chante, on se dispute et on s'embrasse. Et on oublie l'horaire des trains, et du train-train. C'est l'air du large, la route buissonnière, les chemins de la liberté.

Tout cela est peut-être monté à la va-comme-j'te-pousse, et le scénario, qui sent sa pochade, ne fait pas trop dans la rigueur. Pourtant, il y a là plus d'idées de mise en scène et d'intelligence du cinéma que dans 98 % de la production courante. C'est que Rozier est resté fidèle à un cinéma d'invention. Il lui suffit de quelques images pour imposer un rythme, un ton, une couleur. Dans une histoire doucement folle, il aime à dilater les moments creux, à prolonger les impressions légères, à capter les instants. Au milieu d'un brouhaha indescriptible, où il prend plaisir à faire se télescoper les langages, il sait faire parler l'image, de sorte que, si l'on n'entend rien, on comprend tout. Tout dans son film – acteurs, décors, dialogues – est si parfaitement naturel que tout semble improvisé. Suprême aisance d'un cinéaste incorrigiblement jeune et qui pourtant – qui le croirait ? – a aujourd'hui la soixantaine. Il était temps, on le voit, de lui décerner le prix Jean Vigo. D'autant qu'il le mérite plus que personne : son *Maine-Océan* navigue bien sur les mêmes eaux que *L'Atalante*.

## RUBEN Joseph (américain, né en 1951)

**Premier long métrage :**
*The Sister-in-law (1975)*
**Filmographie depuis 1985 :**
*Le Beau-père (1987)* • *Coupable ressemblance (1989)* • ***Les Nuits avec mon ennemi (1990)*** • *Le Bon fils (1993)* • *Money Train (1995)* • *Loin du Paradis (1998)* • *Mémoire effacée (2003)*

Diplômé de théâtre et de cinéma, Joseph Ruben se spécialise, au début de sa carrière professionnelle, dans les films destinés à la jeunesse, signant en 1976, pour sa deuxième réalisation, une des comédies adolescentes les plus populaires, *Lâche-moi les baskets*, que suivent *Joyride*, un road-movie entraînant quatre jeunes en quête d'aventures sur les routes de l'Alaska, puis *Our Winning season*, qui raconte l'éducation d'un jeune champion, et *Gorp*, une nouvelle comédie juvénile. C'est en 1984, avec *Dreamscape*, où il fait appel au fantastique, que son inspiration s'infléchit, le poussant vers le genre où il va désormais se spécialiser : le thriller. Successivement *Le Beau-père, Coupable ressemblance, Les Nuits avec mon ennemi, Le Bon fils* en illustrent la veine psychologique, qu'il tire vers le film d'angoisse, avant que *Money Train* et *Loin du Paradis* ne donnent davantage de place à l'action.

## LES NUITS AVEC MON ENNEMI (1990)
### avec Julia Roberts, Patrick Bergin et Kevin Anderson

**La mort était presque parfaite.** Pas vraiment bien lotie pour une fois, la belle Julia Roberts a pour mari, dans *Les Nuits avec mon ennemi*, une sorte de maniaque du rangement, qui n'admet pas qu'elle lève un cil plus haut que l'autre et qui veut que, des serviettes de la salle de bains aux conserves du placard, tout soit aligné de façon impeccable, sans rien qui dépasse. Avec ça, mélomane ravageur, ledit époux ne peut s'offrir une galipette amoureuse sans mettre à fond *La Symphonie fantastique*, ce qui a pour effet compréhensible de dégoûter à tout jamais sa partenaire de Berlioz. Et, pour couronner le tout, le parfait businessman, très BCBG, avec villa superbement new-look, voiture de sport, costumes ultra-smarts, et toute la panoplie de raider triomphant, se transforme, dans l'intimité du foyer, en vulgaire homme des cavernes, qui tabasse la pauvre enfant et lui fait des bleus partout. Bref, face à cet enfer conjugal, la jeune femme décide de prendre le large et, pour éviter que son névrosé de mari ne la poursuive, elle trouve le seul moyen radical : elle meurt. Ou du moins, elle le fait croire. Et tandis qu'on célèbre ses obsèques, elle se retrouve en route pour le fin fond du Middle West, là où elle pourra refaire sa vie sans qu'on vienne la déranger. Et justement, le hasard et le scénariste faisant bien les choses, elle se découvre comme voisin, à peine arrivée, un irrésistible et très légèrement barbu professeur de théâtre. Tout, en somme, pour lui faire oublier son cauchemar. À moins que l'époux n'en vienne à avoir des doutes sur son veuvage et, se mettant en chasse, ne retrouve, en limier démoniaque qu'il est, sa trace. La pauvre fille, dès lors, n'a plus qu'à trembler…

Le scénario, on le voit, ménage un suspense très hitchcockien que le réalisateur, en élève appliqué, fait tout, à grand renfort de travellings sournois et de cadrages à effets, pour transformer en guerre des nerfs. Non seulement pour l'héroïne, qui a du mal à se débarrasser de ses angoisses, mais aussi pour le spectateur, qui s'identifie vite à Julia Roberts, délicieuse de grâce, de jambes et de sourire, plutôt qu'au sombre moustachu qui lui sert de mari. Toutefois, au-delà de cette mécanique bien huilée qui sait que les grosses ficelles sont encore les meilleurs ressorts dramatiques, et au-delà même de la présence rayonnante de la belle Julia, *Les Nuits avec mon ennemi* offre un autre intérêt, moins perceptible au premier abord, mais qui prête à réfléchir. Derrière l'histoire de cette femme battue et traquée, il n'y a pas qu'une scène de ménage qui se transforme en tragédie passionnelle. Ce qui apparaît peu à peu, c'est un autre fantasme, et qui pourrait bien être celui de l'Amérique profonde à l'aube de l'an 2000. D'un côté, en effet, avec cette villa au luxe froid, qui symbolise parfaitement la réussite de son propriétaire, pur produit quant à lui d'un capitalisme agressif et arrogant, se profile l'image d'une modernité brutale, sans cœur, presque sans âme. Face à ce mâle, face à ce mal, l'héroïne n'aspire, elle, qu'à retrouver les valeurs stables, rassurantes, d'une Amérique traditionnelle, quelque part du côté de l'Iowa profond, là où les enfants jouent tranquillement sur les pelouses, où la bannière étoilée flotte sur une petite ville paisible, où le soir tombe sur un bonheur sans âge. Ainsi regardé, le film de Joseph Ruben fait surgir, de la peur épidermique et première, une autre peur, plus lancinante et plus subtile. Et ce cauchemar-là, comme le sinistre époux habillé de noir qui hante les nuits de la grande enfant innocente qu'est restée la jolie Julia, il a vraiment la peau dure.

---

# RUIZ Raoul (chilien, né en 1941)

**Premier long métrage :**

*Trois tristes tigres (1968)*

**Filmographie depuis 1985 :**

*Manoel dans l'île des merveilles (1985) • Régime sans pain (1985) • La Mémoire des apparences (1986) • L'Île au trésor (1986) • Richard III (1986) • La Chouette aveugle (1987) • Le Professeur Taranne (1987) • Tous les nuages sont des horloges (1988) • Derrière le mur (1988) • Palla y Talla (1989) • The golden boat (1989) • La Telenovella errante (1990) • L'Exode (1990) • L'Œil qui ment (1992) • Fado majeur et mineur (1994) •* ***Trois vies et une seule mort (1995)*** *• Généalogies d'un crime (1996) • Jessie (1997) • Le Temps retrouvé (1999) • Combat d'amour en songe (2000) • La Comédie de l'innocence (2000) •* ***Les Âmes fortes (2001)*** *• Ce jour-là (2003) • Dias de campo (2004) • Le Domaine perdu (2005) • Klimt (2005)*

Le Chili, d'abord, où il est auteur dramatique, scénariste pour la télévision, et déjà cinéaste. Puis, après la chute d'Allende, l'exil en France, et une nouvelle carrière qui commence : lié à l'Institut national de l'audiovisuel, il y tourne des films de recherche, qui le font vite connaître dans les cercles de cinéphiles, avant d'être nommé directeur de la Maison de la culture du Havre, où il élargit ses expériences cinématographiques en filmant des spectacles de théâtre et de danse. Tous ses films, où les thèmes de l'errance et de l'exil sont récurrents, développent un style à la fois maniériste et baroque, des recherches formelles et narratives, des effets de miroir, des labyrinthes et des enchâssements qui font le délice des connaisseurs, mais le tiennent éloignés du grand public. Des films plus accessibles, où il fait appel à de grandes vedettes – Marcello Mastroianni, Catherine Deneuve – lui attirent enfin, à partir de 1995, une plus large audience. Et les deux adaptations qu'il donne de Proust et de Giono révèlent, en même temps qu'une sensibilité extrême aux œuvres, un univers fantasmatique qui fait penser à Buñuel.

## TROIS VIES ET UNE SEULE MORT (1995)
### avec Marcello Mastroianni, Anna Galiena et Melvil Poupaud

**La raison en quatre.** Tout commence avec Pierre Bellemare qui, de sa voix de conteur des ondes, commence à raconter une histoire pour ses chers auditeurs. Celle d'un homme, André, qui se réveille un matin avec un mal de tête lancinant et descend chercher des comprimés à la pharmacie. Au passage, il s'arrête au café-tabac du coin où un client l'aborde, avec qui il engage la conversation. Au fil des heures et des verres, André se rend compte que son interlocuteur habitait autrefois l'appartement où lui-même habite et qu'en fait ce Mateo Strano – c'est son nom – n'est autre que le précédent mari de sa femme, qu'il croyait mort depuis longtemps. Mais le disparu est bien vivant. Il était simplement sorti, il y a vingt ans, et, au lieu de remonter, s'était installé en face, dans un autre appartement. Lequel appartement, sous des apparences tout à fait normales, apparaît lui-même comme un lieu bizarre, une sorte de machine à tout oublier, un endroit hanté par d'étranges fées chronophages. Et comme le brave André n'en croit pas ses yeux, Mateo se décide à lui faire entendre l'incroyable vérité à grands coups de marteau dans la tête. Après quoi, son hôte définitivement assommé, il peut rentrer chez lui, après vingt ans d'absence, comme si de rien n'était, accueilli à bras ouverts par sa tendre épouse !
Curieux ! Et difficile à croire. Mais la voix de Pierre Bellemare est là à nouveau pour rassurer les incrédules et pour, sur ce récit déjà peu ordinaire, enchaîner avec un deuxième, encore plus saugrenu. Il s'agit ici d'un certain Georges Vickers, respectable professeur d'université, tyrannisé par une mère un brin castratrice, et qui choisit de se faire clochard. Ce qui ne l'empêche pas, dans cette misérable situation, de séduire une superbe beauté brune qui hante les nuits de Pigalle, et dont il fait sa femme. Et comme si cela ne suffisait pas, Bellemare poursuit par une troisième histoire, celle d'un vieux majordome stylé qui offre mystérieusement un château à un jeune couple d'amoureux, alors même qu'il en est le propriétaire. Et non moins cocasse apparaît la quatrième histoire, celle de Luc Allamand, un homme d'affaires qui s'est inventé de toutes pièces une famille fantôme et qui, soudain, la voit débarquer. Et, pour couronner le tout, voilà que ce Mateo Strano, ce Georges Vickers, ce majordome stylé et ce Luc Allamand ont plus qu'un air de ressemblance : quatre hommes, quatre vies, et pourtant un même corps. Celui de Marcello Mastroianni, le roi des comédiens, l'illusionniste en chef, jamais plus à l'aise que dans ces rôles qui jouent sur les apparences.
Car tout ici n'est qu'illusion, trompe-l'œil, chausse-trape, propre à faire basculer la raison et à ouvrir toutes grandes les portes du rêve, du fantastique, de ce réel qui serait au-delà du réel. Raoul Ruiz, infatigable arpenteur de l'imaginaire, est le metteur en scène de ce délire. Délire en fait savamment organisé dans une construction où tous les fils qui se croisent, progressivement se rejoignent. Ces histoires multiples n'en font qu'une et ces héros divers n'en font qu'un, chaque fois ni tout à fait le même ni tout à fait un autre. Toutefois, pour que son public ne se perde pas trop dans le labyrinthe ainsi mis en place, le cinéaste dispose tout au long des signes, petits cailloux destinés à baliser le chemin et que le spectateur pourra s'amuser à repérer. De même qu'il pourra sourire à cette ironie qui donne aux visions les plus invraisemblables une allure parfaitement normale. Avec ce risque, pourtant, de n'être bientôt plus étonné par rien. Qu'un homme se promène avec un marteau enfoncé dans le crâne ou qu'un serpent fasse des contorsions sur un lustre, rien ne saurait surprendre, puisque la surprise est la loi du monde de Raoul Ruiz.
Du coup, les habiles mouvements d'une caméra incapable de se tenir tranquille et qui multiplie angles, cadrages et travellings recherchés, les stridences d'une musique décalée et lancinante, les décors à transformation, le bric-à-brac hétéroclite d'objets et d'accessoires, et jusqu'aux jeux sur les noms et sur les mots qui, en bon humour surréaliste, sont autant de clefs de l'énigme : bref, tout ce signifiant sous-jacent à un art qui se préoccupe avant tout de couper la raison en quatre apparaît vite comme un jeu où, pris dans d'interminables circonvolutions, le spectateur en visite a de plus en plus de mal à sortir. Ce qui fait qu'il se prend à faire comme le héros lui-même, qui s'endort sans voir le temps passé. Et qui, lorsqu'il se réveille, a tout oublié.

## LES ÂMES FORTES (2001)
### avec Laetitia Casta, Frédéric Diefenthal, Arielle Dombasle et John Malkovich

**La part d'ombre.** Qui est Thérèse ? Une fille de la campagne, une âme pure, qui, s'enfuyant avec son fiancé Firmin, découvre avec la belle et bonne Madame Numance ce qu'est la générosité, et qui, éperdue d'amour pour sa bienfaitrice, va se venger de Firmin, qui l'en a privée, en faisant disparaître celui-ci ? À moins que ce ne soit qu'une hypocrite, qui a constamment caché son jeu, pris Madame Numance dans ses rets pour parvenir là où elle voulait, et qui, entièrement dévolue au mal, s'est débarrassée de son complice encombrant pour mener enfin sa vie comme elle l'entendait ? Qui est Thérèse ? Il est probable que Giono lui-même, avec ce roman surgi d'une veillée funèbre et prenant soudain son envol, presque de lui-même, à partir des confidences alternées de Thérèse devenue vieille racontant son histoire et d'une autre vieille femme qui l'a bien connue et qui raconte cette même histoire d'une tout autre manière, il est probable donc que Giono lui-même ne le savait pas trop. Comme si la texture narrative complexe de son récit était elle-même porteuse du sens pluriel à lui donner. *Les Âmes fortes*, ou le roman de l'ambiguïté des êtres, de la part d'ombre à jamais opaque qu'ils portent en eux.
On comprend mieux, dès lors, que Raoul Ruiz, avec son côté bunuelien, ait pu être attiré par cette histoire à replis multiples, par ces personnages dont l'apparente simplicité recouvre des profondeurs sans fin, par ce territoire du Diois et du haut Trièves à mille lieues, avec son âpreté et ses grands chemins, de la Provence simpliste et ensoleillée des pagnolades. Et l'on comprend d'autant mieux qu'après avoir, par la fluidité d'un imaginaire s'accordant à son modèle, donné de Proust la plus subtile adaptation qui en ait jamais été faite, le cinéaste réussisse ce qui est probablement le film le plus proche de l'esprit de Giono qui se puisse concevoir. Si *Les Âmes fortes* risque, par son côté elliptique et complexe, de déconcerter, c'est que le film de Raoul Ruiz suscite de la part de son spectateur le même type d'interrogation que le roman lui-même le fait de son lecteur. Après quelques scènes un peu laborieuses de mise en place, où la reconstitution des années 1880 sent un peu trop son magasin des accessoires, le drame se noue à l'intérieur des lieux – l'auberge, la cabane, la maison des Numance, l'auberge du Village nègre sur le chantier du chemin de fer. Il se noue par de subtils mouvements de caméra, qui enveloppent les personnages sans jamais les enfermer, par des fenêtres et des miroirs où se diffracte la réalité, par une musique dont l'apparente douceur est toute de dureté lancinante. Il se noue surtout par la grâce d'une distribution parfaitement accordée au mystère des êtres et où, entre la bonté douce de John Malkovich, le côté à la fois rustre et fin de Frédéric Diefenthal, l'élégance ambiguë d'Arielle Dombasle, Laetitia Casta, femme enfant et femme forte tout à la fois, démontre la force d'un vrai talent.
Qui est Thérèse ? Jusqu'au bout, devant cette femme vieillie qu'elle est devenue, devant ce visage mangé de rides, le doute reste permis : est-ce Laetitia Casta étonnamment maquillée, ou Monique Mélinand qui lui ressemble et qui a pris sa place ? Et si c'était les deux à la fois ?

# RUNEBORG Johannes (suédois, né en 1965)

**FILMOGRAPHIE :**
***Sleepwalker (2001)*** • *Eleka Rune & Sune 4 – Domedagen (2003), co-réalisation*

Le cinéma scandinave ne s'inscrit pas seulement dans les recherches et les exigences dogmatiques que traduit la ligne de Lars von Trier et de ses amis. Une production régulière y cultive aussi volontiers le cinéma de genre, et notamment le thriller. Représentatif de ce type de films, à mi-chemin du film policier et du film d'épouvante, *Sleepwalker*, de Johannes Runeborg, développe une veine que son réalisateur avait déjà abordée dans un court métrage, *Dog walk*, en 1995. Et, à sa façon, la technique utilisée – une caméra vidéo – et le thème – l'enregistrement des faits et gestes d'un somnambule durant son sommeil – ajoutent à un scénario classique de thriller une interrogation sur les rapports de l'image et de la réalité.

## SLEEPWALKER (2001)
### avec Ewa Carlsson, Anders Palm et Ralph Carlsson

**Eaux dormantes.** Filmée par la petite caméra vidéo dont Ulrik, le père, s'amuse comme d'un jouet, la vie de la famille Hansson n'a rien qui la distingue de la moyenne des familles suédoises moyennes : un père architecte surchargé de travail, une mère belle et attentive, deux jeunes enfants encore à la maison, une troisième, plus âgée, qui a décidé de partir vivre toute seule et, dans la maison d'à côté, le couple de voisins amis avec qui on fait des parties de pêche. Pourtant, sous cette apparence tranquille, bien des cauchemars veillent, qui ne demandent qu'à remonter à la surface des mauvais rêves. C'est ce qui se produit lorsque Ulrik se réveille un matin avec, dans le lit à côté de lui, la place ensanglantée de sa femme disparue et, dans la chambre voisine, la même absence troublante de ses deux enfants. Rapidement, ses soupçons l'amènent à envisager une réalité terrible : et si ce sang, c'était lui qui l'avait versé ? Si ce crime, c'était lui qui en était l'auteur, lors d'une de ces crises de somnambulisme auxquelles il est couramment sujet ? Pour en avoir le cœur net, il s'attache au visage la petite caméra vidéo et la met en route quand il s'endort. Et la caméra filme ce qu'il fait dans son sommeil.

Au point de départ du film de Johannes Runeborg, il y a cette idée qui est d'enregistrer les actes d'un somnambule. Le moyen utilisé – une caméra amateur – donne comme une réalité effective à ce qui relève du rêve éveillé. Or se pourrait-il que cette réalité présumée ne soit elle-même qu'une projection fantasmatique ? Du coup, tout ce que nous voyons ne serait qu'une série d'images qui n'auraient peut-être d'autres réalités que mentales. Et il suffirait dès lors que l'éveil arrive pour que le cauchemar disparaisse. Mais cela n'est pas si simple. Et c'est tout l'intérêt de ce petit polar entêtant qui lorgne du côté du fantastique macabre et poisseux que d'ouvrir l'un après l'autre les tiroirs d'un assez diabolique scénario gigogne. Somnambulisme, cauchemar, torpeur comateuse, vraies-fausses pistes : il y a bien quelque cadavre dans le placard de l'inconscient, mais pas forcément là où on le croyait. Et il est recommandé à qui voudrait y voir clair de regarder de près non seulement les images du début, mais surtout celles de la fin qui, au-delà même du générique final, prolongent et expliquent ce que la camera amateur d'Ulrik avait enregistré et ce que la caméra très pro du réalisateur, par un art du découpage et du montage, sait dévoiler à son heure. Partant du principe qu'il ne faut jamais réveiller un somnambule et qu'il faut toujours se méfier de l'eau qui dort.

## RUSSELL Charles (américain, né en 1952)

**Filmographie :**
*Freddy 3, Les Griffes du cauchemar (1987)* • *Le Blob (1989)* • ***The Mask (1994)*** • *L'Effaceur (1996)* • *L'Élue (2000)* • *Le Roi Scorpion (2002)*

Formé sur le tas, puisqu'il est engagé, après ses études universitaires, comme… balayeur de plateau, Charles Russell gravit progressivement, sous la houlette de Roger Corman, les divers échelons qui l'amènent à écrire, réaliser et produire pour les studios hollywoodiens. Cinéaste éclectique, rompu aux divers genres, il remporte avec le troisième épisode de *Freddy*, qu'il écrit et réalise, un des succès les plus importants de la saga, ce qui le fait choisir pour co-rédiger et réaliser le remake du film de science-fiction, *Le Blob*, avant qu'il n'aborde le fantastique avec *The Mask*, le film d'action sur fond de technologie informatique avec *L'Effaceur*, le film d'épouvante et de surnaturel avec *L'Élue* et le film d'aventures dans une antiquité légendaire avec *Le Roi Scorpion*.

### THE MASK (1994)
#### avec Jim Carrey et Cameron Diaz

**Elastic Man.** Whaouuuuu… ! Aussitôt qu'il voit entrer, gainée dans un fourreau rouge qui dévoile de longues jambes fuselées et offrant au regard un système pulmonaire à faire craquer tous les décolletés, une somptueuse créature blonde qui vient s'asseoir à son bureau pour lui demander, d'une bouche qui cisèle les mots comme autant de baisers voluptueux, de bien vouloir lui ouvrir un compte en banque, le malheureux Stanley Ipkiss sent ses yeux prêts à lui sortir des orbites et sa langue toute disposée à pendre, comme celle du loup de Tex Avery quand il regarde passer une jolie pépée. Mais Stanley a beau être un grand amateur de cartoons, il n'est qu'un petit employé de banque, et il reste bien sagement assis à se tortiller la cravate, car sa timidité maladive l'empêche de traduire autrement que par un air embarrassé tout ce qu'il sent bouillonner en lui. Pourtant, cet être caché qui n'ose pas se montrer, il va suffire à Stanley, un soir particulièrement catastrophique où il rentre chez lui avec tous les malheurs du monde accumulés sur sa tête, de trouver un vieux masque et de se le mettre sur le visage pour qu'aussitôt il le voie remonter à la surface et que tous ses fantasmes les plus fous deviennent réalité. Par la vertu du masque magique, l'employé minable se transforme en effet en super-héros, dandy étincelant au sourire ravageur et au costard fluo. Et tout ce que les personnages des toons sont capables de faire, voilà que lui-même peut le faire à son tour : se trans-

former en tornade pétaradante, se déplacer à la vitesse de l'éclair, tomber de plusieurs étages et se ramasser sans accroc, éviter les balles que vous envoient de mauvais garçons par simple déhanchement, et surtout, lorsque la bombe explosive blonde reparaît dans son champ de vision, voir pour de bon ses yeux sortir des orbites et sa langue pendre jusque sur ses chaussures !
Ce passage de la réalité terne et monotone du quotidien au monde fou, fou, fou des cartoons – avec référence obligée au maître du genre, Tex Avery – est rendu possible par ce qui fait tout l'intérêt du film de Charles Russell : d'extraordinaires effets spéciaux. Un cran très nettement au-dessus du pourtant déjà intéressant *Roger Rabbit*, voici donc cette fois-ci un homme quelconque transformé en personnage de BD par la magie du scénario (tiré lui-même d'une bande dessinée), mais surtout de l'ordinateur. Le voici même, dans une séquence d'anthologie, qui avale la bombe à retardement que des méchants veulent faire exploser, laquelle lui explose à l'intérieur, en dilatant ses entrailles, sans pour autant qu'il en éprouve la moindre séquelle, si ce n'est un léger rot en forme de nuage enflammé ! L'ahurissante maîtrise technique dont font ainsi preuve les artificiers aux commandes des pupitres qui programment ces dessins de synthèse trouve d'autant mieux à s'illustrer que le héros de l'histoire se trouve incarné par un comédien – Jim Carrey – qui est lui-même un éblouissant contorsionniste, au visage et au corps de caoutchouc, accompagné d'un chien irrésistible qui, s'affublant lui aussi du masque, se transforme en créature canine non identifiée. Certes, le scénario vaguement policier qui sert de substrat à l'histoire ne casserait pas trois pattes à un canard, même de bande dessinée. Mais à vrai dire, on s'en moque un peu, tant on attend avec impatience chaque métamorphose par masque interposé. Avec, faut-il l'avouer, la même fébrilité que le héros devant chaque apparition de la sublime Cameron Diaz, capable, dans le noir de la salle, de vous faire sortir les yeux des orbites et de vous faire pendre la langue jusque sur la moquette... Whaouuuuu... !

## RUSSELL David O. (américain, né en 1958)

**FILMOGRAPHIE :**
*Spanking the monkey (1994)* • *Flirter avec les embrouilles (1996)* •
***Les Rois du désert (1999)*** • *I love Huckabee's (2004)*

Les deux premières réalisations de David O. Russell démontrent un goût affirmé pour la comédie qui marque également, quoique dans une tonalité nouvelle, le film qu'il écrit et réalise sur la guerre du Golfe, *Les Rois du désert*. S'appuyant sur une documentation solide, qui fonde le récit sur des faits authentiques, celui-ci traite le sujet avec un humour délibérément noir et grinçant qui n'est pas parfois sans faire penser au prototype du genre, le *M.A.S.H.* de Robert Altman, et qui démontre cette capacité satirique qu'a toujours eue le cinéma américain à regarder aussi les réalités de la guerre en dehors de l'héroïsation qui y est d'ordinaire de mise.

### LES ROIS DU DÉSERT (1999)
### avec George Clooney, Mark Wahlberg, Ice Cube et Spike Jonze

**Good morning, Irak.** Et voilà, c'est fait ! Avec cette liberté de ton qui le caractérise et ce courage de regarder en face ses plus vilaines cicatrices, le cinéma américain, après avoir disséqué sous ses facettes les moins reluisantes sa guerre du Vietnam, vient aujourd'hui jeter la lumière la plus crue sur un autre conflit où la bannière étoilée a cru bon de devoir aller faire briller ses étoiles, au risque de sérieusement les ternir : la guerre du Golfe. Et pourtant, l'irruption de CNN et de l'empire médiatique, tout autant que la précision high-tech des frappes dites chirurgicales, entourent la reconquête éclair du Koweït d'une réputation de guerre propre, qui la rend nettement moins sulfureuse que le douteux bourbier vietnamien. L'audace n'en était du coup que plus grande à montrer, sous la guerre officielle, l'autre guerre, la vraie, dont on voit bien qu'elle fut tout aussi sale que les autres.
C'est bien ainsi qu'elle apparaît en effet à travers les aventures de quatre zozos des forces spéciales, qui, frustrés de voir arriver la fin des opérations avant même d'avoir pu salir leur bel uniforme, entreprennent de s'octroyer une petite rallonge bien à eux, dont le but, en fin de compte, n'est pas si immoral qu'il y paraît, puisqu'il s'agit simplement de récupérer à leur propre compte les lingots d'or sur lesquels Saddam Hussein a fait main basse au Koweït. Que cela ne soit pas tout à fait conforme aux règles du cessez-le-feu n'est pas pour les arrêter. Et la facilité avec laquelle se déroule leur plan les confirme dans l'idée qu'il n'y avait pas là de quoi activer une tempête du désert !

Sauf que vient très vite le moment où la réalité se montre pour ce qu'elle est vraiment : les mines vicieuses qui sont toujours là, les bunkers creusés sous les sables par l'armée ennemie, les soldats de Saddam qui massacrent et torturent impunément les populations civiles, sans que la vaillante Amérique ne fasse autre chose que s'en laver les mains… Est-ce bien en libératrice que l'U.S. Army est venue jouer sa partition ? Pas si sûr…
Pour développer cette vision pas vraiment correcte des choses, David O. Russell n'y va pas par quatre chemins. Sous le schéma d'un film de guerre classique, avec un commando de têtes brûlées qui mène sa propre guerre à lui, il introduit le ver rongeur de l'humour noir, du regard cynique, de la violence froide. Il montre, caméra endoscopique à l'appui, ce que fait l'impact d'une balle lorsqu'elle perfore les organes. Il fait voir les femmes irakiennes réclamant du lait pour leurs enfants affamés et se faisant mettre la tête en bouillie lorsqu'elles osent protester. Il détaille les nouveaux butins de guerre – matériel vidéo, téléphones portables, cafetières express –, stocks dérisoires d'une consommation érigée en culture. Il jette un regard à la *Mash* sur la grande frime médiatique qui remplace les réalités de la guerre par les images contrôlées qu'on veut en donner. Même si progressivement, il se laisse reprendre par la tentation de sauver malgré tout ce qui peut l'être et rend pour finir un peu trop leur place aux bons sentiments, le film de David O. Russell a le mérite de lancer au plus chaud de l'action et du désert de drôles de rois mages. Et ce que ceux-ci traînent après eux dans les sables irakiens, ce n'est ni l'encens ni la myrrhe, mais bien plutôt le bruit et la fureur, et quelque chose aussi comme le chagrin et la pitié.

## RYDELL Mark (américain, né en 1934)

**Premier long métrage :**
*Le Renard (1967)*
**Filmographie depuis 1985 :**
*La Rivière (1985)* • ***For the boys (1991)*** • *Intersection (1994)* • *The Locked room (2002)*

Apprenant très tôt le piano et débutant comme pianiste de jazz à New York, Mark Rydell se tourne au début des années 1950 vers une carrière d'acteur. Se liant à l'Actor's Studio avec Steve McQueen, James Dean, Mike Nichols et Sydney Pollack, il alterne la scène et la télévision, où il joue dans plusieurs feuilletons, avant de passer à la réalisation de séries. Ses deux premiers longs métrages pour le cinéma, *Le Renard*, adapté de D.H. Lawrence en 1967, et *The Reivers*, tiré de Faulkner, en 1969, en font d'emblée, par la personnalité qu'ils affichent, un des jeunes espoirs de la vague montante du cinéma hollywoodien. Mais la suite de sa carrière, où il alterne drames et mélodrames convenus, paraît moins convaincante. Ses meilleures réussites sont liées à sa formation de pianiste, qui trouve à s'exprimer dans des films où la musique occupe une place centrale, qu'il évoque la carrière de Janis Joplin dans *The Rose*, en 1979, ou que, donnant à Bette Midler un nouveau rôle de chanteuse, il brosse à travers elle, dans *For the boys*, une chronique de l'Amérique confrontée aux trois grands conflits de la Seconde Guerre mondiale, de la Corée et du Vietnam, apportant ainsi au film de guerre un traitement original.

### FOR THE BOYS (1991)
### avec Bette Midler, James Caan et George Segal

**Swing, swing, swing.** Il y eut l'entrée en guerre des États-Unis, l'Angleterre sous les bombes, la bataille du Pacifique, puis le débarquement en Afrique du Nord, en attendant la Normandie et les plages du jour le plus long. Après, ce fut la Corée, cette guerre boueuse, premier véritable affrontement de face avec le bloc communiste. Vinrent ensuite la guerre froide et, à l'intérieur, les démons de la chasse aux sorcières, les listes noires du maccarthysme. Et, au bout de cet enfer pas toujours pavé de bonnes intentions, le bourbier du Vietnam, la sale guerre, la mort dans les rizières, le napalm, la mauvaise conscience. Il y eut, de 1940 à 1970, trente années à la fois glorieuses et sans gloire, où les boys de l'US Army firent flotter tant bien que mal une bannière étoilée souvent cousue de mauvais fil, mais portant haut et fort les vertus du pays. *America, America*…
Finalement, à quoi tout cela a-t-il servi ? Eh bien, entre autres, à fournir un scénario en béton à *For the boys*. Tant il est vrai qu'en Amérique, tout finit toujours sur un écran. Car ce qui fait souvent cruellement défaut au cinéma français – le sens de l'Histoire –, les Américains le possèdent au plus haut point. Pour redonner son éclat à une étoile qui,

depuis *The Rose*, a eu tendance à se ternir quelque peu, Bette Midler, faisant appel au même réalisateur fétiche, Mark Rydell, n'a pas craint de s'engager tout entière dans l'entreprise, produisant le film, en tenant le rôle principal, en interprétant toutes les chansons, et surtout se faisant confectionner sur mesure ce scénario qui, non seulement lui permet de mettre en valeur toutes les facettes de son abattage, mais aussi, mine de rien, de raconter à sa façon l'histoire même des États-Unis.
Lorsque Dixie Leonard, petite chanteuse de pas encore grand-chose, rencontre Eddie Sparks, animateur adulé des foules, le courant ne passe pas tout de suite entre eux. C'est à qui tirera la couverture et se taillera la meilleure part du succès. Mais, quoique se regardant en chiens de faïence, chacun apprécie suffisamment le talent de l'autre et surtout se rend compte qu'à deux, ils ont toutes les chances devant eux, si bien que, faisant contre mauvaise fortune bon cœur, ils décident de tenter l'aventure. Et c'est ainsi qu'ils deviennent vite le couple vedette du show-business, n'hésitant jamais à aller, d'une guerre à l'autre, des boys de 1942 à leurs fils des années 1960, soutenir le moral des troupes. Du coup, la traversée de ces trente années d'Histoire se double d'une traversée de trente années de musique américaine, du swing façon Glenn Miller au rock triomphant des *sixties*. Et, pour faire bonne mesure, ces trente années sont aussi celles de la vie d'un couple qui n'en est pas un, qui s'aime et se repousse tout à la fois, la personnalité très marquée de chacun des deux personnages permettant aux deux acteurs de s'en donner à cœur joie : lui, James Caan, irrésistible avec ses dents blanches, son brushing impeccable, ses chaussures double peau, sa décontraction ; elle, Bette Midler, toute de gouaille, de rythme, de battant. Le tout accompagné d'une reconstitution où rien ne manque, d'une musique sans failles, d'un maquillage qui ne lésine pas sur les effets, et surtout d'un sens de la narration qui sait conduire, par des flash-back savamment dosés, l'histoire jusqu'à son temps fort final, rire et émotion garantis. Du coup, même si Bette Midler en fait des tonnes, si certaines séquences, comme celle de la guerre du Vietnam, en rajoutent dans le démonstratif, et si le vibrato aux valeurs de l'Amérique éternelle résonne un peu fort, cette façon de réécrire l'Histoire en musique ne manque pas de charme. Ni de swing.

U T S

## SAKAGUCHI Hironobu (japonais, né en 1962)

**FILMOGRAPHIE :**
***Final Fantasy – Les Créatures de l'esprit (2001)***

Hironobu Sakaguchi n'est pas un cinéaste : concepteur et producteur de jeux vidéo, il dirige depuis 1986 le département du développement de Square Company, l'entreprise phare du secteur. Et c'est comme tel qu'il a produit plus de 40 millions de logiciels de jeux vidéo dans le monde et qu'il a vendu sa série de jeux *Final Fantasy* à plus de 33 millions d'unités. Ayant conçu dès le départ ses jeux vidéo dans une perspective visuelle s'efforçant de rivaliser avec le cinéma, il passe tout naturellement au film comme étape nouvelle du développement de ses jeux, et il le fait au sein même de Square Co., en partenariat avec Hollywood. Symbolique, à cet égard, le lieu d'implantation des studios spécialement créés pour passer du jeu vidéo japonais au film américain : à Honolulu, entre les deux...

### FINAL FANTASY (2001)

**Virtuellement vôtre.** Et voilà ! Depuis le temps qu'on le pressentait, il fallait bien que cela arrive : la belle Aki, avec sa beauté un brin aseptisée, ses 60 000 cheveux qui ondulent au vent du futur et son regard fixe noyé dans un ciel intergalactique où se reflètent des planètes inconnues ; la belle Aki, vedette et tête d'affiche de la nouvelle Odyssée de l'espace, programmée pour l'an 2065, et qui joue à merveille la peur, la décision, le courage, le dévouement, l'amour ; la belle Aki, donc, il faut bien s'y résoudre, n'est qu'un ectoplasme ! Créature entièrement virtuelle, elle a été conçue, tracée, animée par ordinateur. Sortant d'un jeu vidéo, elle a simplement sauté du petit au grand écran pour venir faire la nique à Greta Garbo, à Marlene Dietrich, à Marilyn Monroe, à Julia Roberts et autres créatures de rêve et de chair. Et si elle remporte l'Oscar, il faudra installer une console et un écran sur scène pour qu'elle puisse venir recevoir son trophée... *Final Fantasy*, malgré son titre, n'est en fait qu'un début : le début de l'ère virtuelle. Et c'est d'abord la performance technologique, véritablement sidérante, qui saute aux yeux. À mi-chemin du cinéma et de l'animation, le film propose une nouvelle vision du monde : un monde qui serait comme une doublure du monde réel, son clone, sa figuration gémellaire, mais où la projection virtuelle rend naturellement possible à peu près tout ce que l'on veut. Du coup, la belle Aki et son beau capitaine Gray peuvent sans problème se promener en l'an 2065, sur une Terre ravagée par l'invasion de fantômes extra-terrestres qui se nourrissent de l'énergie vitale dégagée par les malheureux survivants. Et ils peuvent résister à tous les pièges, dangers, explosions, cataclysmes, pour, au bout du compte, maintenir l'espoir d'une vie humaine sur une Terre où régnera encore l'esprit.

On voit que si, côté high-tech, le film évolue dans l'ultra-sophistiqué, côté récit, il retrouve les bonnes vieilles histoires qui font le fond de la SF ou, plutôt, de sa variante ado déclinée sur vidéo game : la « fantasy ». Et même si le film est assez éloigné, sur ce plan, du jeu lui-même, il développe une philosophie animiste et vaguement orientalisante, qui recycle les mythes antiques dans un grand melting-pot spiritualiste qui fait à vrai dire un peu cucul la praline. Car tel est bien le défaut majeur du film : cette dichotomie lourdement perceptible entre une science numérique qui réalise des prouesses et un discours qui en reste au niveau primaire avancé. La lutte que raconte le film entre les deux façons de préserver l'avenir de l'homme, avec d'un côté la force brutale d'un général faucon et de l'autre la confiance en l'esprit d'une héroïne colombe, associée pour l'occasion à un savant représentant la science mâtinée de conscience, débouche sur la victoire attendue du Bien sur le Mal. Ce qui est certes plein de bons sentiments mais qui ne fait pas forcément un bon film. Du coup, on reste dubitatif en voyant déployer autant d'effets, de moyens, d'invention, d'énergie créatrice, pour une telle tarte à la crème. Et l'on se dit que si le virtuel veut lutter avec la réalité, il lui reste à s'inventer un art propre et une pensée qui tienne la route. La technologie est là : elle attend son Kubrick pour devenir du cinéma.

## SALLES Walter (brésilien, né en 1956)

**FILMOGRAPHIE :**
*A Grande arte (1991)* • *Socorro nobre (1995)* • *Terre lointaine (1995), co-réalisation* • *Central do Brasil (1998)* • *O Primeiro Dia (1998), co-réalisation* • *Avril brisé (2001)* • *Castanha e Caju contra o encouraçado titanic (2002)* • ***Carnets de voyage (2004)*** • *Dark water (2004)*

Dans un paysage cinématographique brésilien des années 1980-1990 largement dévasté, incapable de s'opposer efficacement à la télévision, *Terre lointaine*, le film que Walter Salles réalise avec Daniela Thomas en 1995, marque le signal du renouveau, auquel se rallie toute une génération de cinéastes désireux de prendre à son compte le regard à porter sur l'histoire récente et sur les réalités présentes du pays. Le film, qui montre une jeunesse désenchantée, contrainte à l'exil par les mesures prises en 1990 par Fernando Collor, le premier président élu après quelque trente années de dictature militaire, se situe dans la ligne thématique que Walter Salles développait déjà dans de nombreux documentaires. L'errance, l'exil, la découverte de l'autre sont en effet au centre d'un travail qu'il poursuit à travers ses films de fiction, dont certains lui apportent vite une reconnaissance internationale, comme *Central do Brasil* (Ours d'or à Berlin en 1998), odyssée d'une vieille institutrice et d'un tout jeune garçon à travers le pays, ou *Carnets de voyage*, autre odyssée, celle du jeune Ernesto Guevarra, pas encore devenu le Che, découvrant sa voie en traversant le continent sud-américain dont il deviendra une figure emblématique. Et le succès que remportent les deux films explique qu'Hollywood fasse appel à lui pour tourner, avec *Dark water*, le remake américain de l'original japonais d'Hideo Nakata.

## CARNETS DE VOYAGE (2004)

### avec Gael Garcia Bernal et Rodrigo de la Serna

**L'enfance d'un Che.** On est en 1952, en Argentine. Il a 22 ans, termine son doctorat de médecine, et il a la vie devant lui. Avec l'envie de quitter le cocon familial pour aller voir du pays et connaître le monde. Il vit à Buenos Aires, ne s'appelle encore qu'Ernesto Guevara de la Serna, et avec son ami Alberto Granado, il décide de traverser l'Amérique latine, du sud au nord, sur une vieille Norton 500 datant de 1939 et déjà prête, avant même de partir, à rendre l'âme.

Et c'est ainsi que commence le voyage : casques de cuir, grosses lunettes, un empilement de sacs qui font tanguer dangereusement la moto, et les deux aventuriers qui s'élancent, évitant de justesse, au premier angle de rue, un autocar qui manque de les renverser. De façon symbolique, la route qui emmène ainsi Ernesto Guevara à la découverte du continent sud-américain et, plus profondément, de lui-même et de son destin, commence par deux ruptures : avec le milieu familial, d'abord, débordant d'affection et dont le rêve petit-bourgeois est de voir son rejeton devenir médecin ; avec sa fiancée, ensuite, riche héritière, qui l'aime, mais qui, pourtant, ne l'attendra pas. Rupture sentimentale, donc, mais surtout rupture sociale, avec un ordre, un milieu, une vie rangée possible. Et, tout aussi symboliquement, cet éloignement de la société établie se double, au fil des rencontres du voyage, d'un rapprochement avec les pauvres, les malheureux, avec tous les rejetés que l'injustice sociale exploite.

Le film de Walter Salles, qui illustre au plus près et de façon un peu lisse les carnets de route tenus par Ernesto Guevara et par son compagnon lors de leur périple de jeunesse, suit donc cette route qui prend très vite l'allure d'une route initiatique. L'adolescent timide mais déterminé qui quitte le monde douillet de l'enfance pour se confronter aux duretés de la vie va tout naturellement mourir à une vie pour renaître à une autre : il devient homme, et décide de lui-même et de son avenir. Le chemin est rude, et l'odyssée des deux amis, sur leur engin poussif, prend vite des allures picaresques, à la fois cruelle et risible, mêlant les incidents multiples aux situations cocasses, et les emportant dans une découverte de leur pays qui fait surtout du film une superbe balade à travers le continent sud-américain, des pampas argentines aux hauteurs enneigées des Andes puis, redescendant jusqu'à la forêt amazonienne, jusqu'au fleuve immense qui les emporte. Itinéraire au demeurant un peu lourdement symbolique, puisque, se frottant à la misère – petits paysans expulsés de leurs terres par les grands propriétaires terriens, mineurs vivant dans des conditions inhumaines et exploités durement par la compagnie qui les engage, lépreux exilés de l'autre côté de la rive de l'Amazone – le jeune Ernesto choisit définitivement son camp : celui, politique, d'une union de tout le continent sud-américain, rejetant les frontières nées de la colonisation ; celui, idéologique, d'un engagement visant à changer les choses. Et, dans une scène qui marque de façon appuyée le vrai terme du voyage, il se jette à l'eau, et, quittant les médecins installés sur une rive, traverse le fleuve, au péril de sa vie, pour rejoindre les lépreux de l'autre côté. Sa propre révolution est alors en marge : Ernesto Guevara, sortant de l'onde, est désormais le Che…

## SALOMÉ Jean-Paul (français, né en 1960)

**FILMOGRAPHIE :**
*Les Braqueuses (1993)* • *Restons groupés (1998)* •
***Belphégor, le fantôme du Louvre (2000)*** •
*Arsène Lupin (2004)*

Si c'est la littérature qui fournit au cinéma le gros bataillon de ses héros récurrents, la télévision, par le biais des séries ou des téléfilms, imprime aussi dans l'imaginaire populaire des personnages dont la célébrité ne manque pas d'intéresser le cinéma. Hollywood est coutumier de ce genre d'exploitation de séries cultes : des *X Files* aux *Mystères de l'Ouest* ou à *Chapeau melon et bottes de cuir*, nombreuses sont les adaptations qui font passer des héros du petit écran au grand. Le cinéma français n'est pas en reste : le cas de *Belphégor* est, à cet égard, symptomatique. Le personnage du fantôme du Louvre, né de l'imagination d'un romancier surtout connu pour avoir écrit le *Judex* de Louis Feuillade, Antoine Bernède, avait connu une première adaptation cinématographique avec un film en quatre parties réalisé en 1927 par Henri Desfontaines. Bien oublié, malgré le succès à l'époque du film, le personnage ressurgit au milieu des années 1960 avec un feuilleton télévisé, signé Claude Barma, qui passionne la France entière et marque durablement l'esprit populaire. C'est ce fantôme-là que le cinéma va chercher, confiant à Jean-Paul Salomé, jusque-là auteur de deux comédies, le soin de l'adapter au goût du jour et des effets spéciaux de l'an 2000, comme il le fera quelque temps plus tard pour un autre héros à la fois de la littérature populaire et de la télévision, *Arsène Lupin*.

### BELPHÉGOR, LE FANTÔME DU LOUVRE (2000)
#### avec Sophie Marceau, Michel Serrault, Frédéric Diefenthal et Julie Christie

**Un revenant.** Il n'y a pas de mystère ! Lorsqu'on élève une pyramide au-dessus d'un département d'égyptologie, comme c'est le cas au Louvre, on a de fortes chances de voir, un jour ou l'autre, sortir de quelque sarcophage ce fantôme au masque noir qui hante les couloirs du musée et la mémoire télévisuelle de tous les Français : le terrible Belphégor. On peut même s'étonner, à vrai dire, que les producteurs et les scénaristes aient attendu plus de trente-cinq ans pour dérouler les bandelettes de la momie et libérer l'être aux pouvoirs maléfiques qui l'habite. Car telle est bien la notable différence entre la série mythique des années 1960 et le film de Jean-Paul Salomé : Belphégor n'est plus ici un faux fantôme, au masque et à l'habit noirs empruntés, il est bel et bien un revenant, l'esprit d'un mort qui rôde en quête de repos éternel.

S'il y a là quelque liberté prise avec l'œuvre originale d'Arthur Bernède, elle se justifie d'autant mieux que toute l'atmosphère égyptienne n'y figurait pas et que celle-ci vient de la série elle-même. Et elle se trouve dans le film d'autant plus en situation que le Grand Louvre d'aujourd'hui réserve aux antiquités égyptiennes une place de choix, et qu'en matière de mystère, on n'a jamais trouvé mieux que d'aller fouiller dans les profondeurs des pyramides. Des *Cigares du pharaon* à *La Momie*, la BD et le film d'aventures fantastiques n'en ont pas fait pour rien leur territoire privilégié.

Le *Belphégor* de Jean-Paul Salomé est d'ailleurs au croisement des deux genres en question. Ne cherchant plus tant à faire peur qu'à faire frissonner, il choisit la voie du grand divertissement populaire, ici traité dans la catégorie belle qualité française. D'où une distribution haut de gamme, qui mêle habilement les générations, la plus éclatante que jamais Sophie Marceau servant idéalement d'axe central entre l'impayable vieux briscard Michel Serrault et le petit jeune qui monte, Frédéric Diefenthal. D'où aussi un scénario qui joue à fond la carte de l'obscur et du mystérieux, ce qui permet de faire appel à toute une gamme d'effets spéciaux spectaculaires, qui sont plus là pour faire admirer leur virtuosité à un public junior habitué des consoles et des images de synthèse, que pour faire naître l'effroi. D'où également pour l'édification de ladite jeune génération, et peut-être aussi des touristes potentiels, une agréable visite guidée du Louvre. Le tout filmé sans se prendre trop au sérieux, avec une bonne pincée d'humour et même de petits clins d'œil à la série culte, comme la reconstitution malicieuse d'un faux extrait, ou l'apparition de Juliette Gréco passant comme une ombre énigmatique entre les tombes d'un cimetière. Ces diverses intentions, mises ensemble, finissent même par composer un vrai film, qui trouve la juste voie entre le mystère et la technologie, entre l'imaginaire de la vieille veine populaire du feuilleton et les moyens high-tech de l'imagerie numérique.

## SALVADORI Pierre (français, né en 1964)

**Filmographie :**
*Cible émouvante (1993)* • *Les Apprentis (1995)* • *Comme elle respire (1998)* •
***Après vous (2003)***

Les personnages de Pierre Salvadori souffrent tous d'un mal de vivre qui se traduit, de la manie à la déprime, par un type de conduite qui pourrait facilement nourrir drames ou mélodrames, mais qui, chez lui, donne naissance à des comédies douces-amères, où le cocasse des situations renchérit sur l'originalité et la vulnérabilité de ses héros. Ce côté constamment décalé, outre qu'il engendre une sorte de tendresse qui ne manque pas de poésie, fait toujours naviguer le comique aux confins de la gravité. Et ses malheureux personnages sont bien, y compris dans leur côté gentiment ridicule et risible, des cibles toujours émouvantes face aux cruautés de la vie.

### APRÈS VOUS (2003)
### avec Daniel Auteuil, José Garcia et Sandrine Kiberlain

**Resto du cœur.** Pas drôle la vie ! Et tellement dure même pour Louis que, ne pouvant plus la supporter, il décide d'en finir et de se pendre à un arbre du jardin public, de nuit et sans témoin. Et c'est juste le moment que choisit Antoine, toujours pressé et toujours en retard, pour passer par là. N'écoutant qu'un cœur qu'il a incorrigiblement grand, celui-ci décroche donc l'apprenti pendu. Et il décroche, par la même occasion, le gros lot. Car la belle idée, qui certes a déjà pas mal servi en matière de comédie mais que Pierre Salvadori recycle avec efficacité en la transposant dans son univers doux-amer, c'est que de cette rencontre de circonstance naît un duo indissoluble, Louis le dépressif suicidaire s'accrochant comme une sangsue à son sauveur, mais Antoine se raccrochant de même à celui qu'il a sauvé, en éprouvant à son égard un sentiment de responsabilité qui le force à vouloir à tout prix lui redonner goût à la vie.
Les liens à la fois tendres et cocasses qui se tissent ainsi dès l'abord entre les deux hommes gagnent vite en saugrenu, lorsque Antoine, qui est maître d'hôtel dans une grande brasserie, y fait engager son nouvel ami comme sommelier, ce qui ne va pas sans quelques catastrophes œnologiques. Lesquelles catastrophes deviennent plus catastrophiques encore lorsque Antoine retrouve Blanche, celle pour qui Louis a voulu mourir, et qu'il entreprend de la lui ramener. Car subtilement une sorte de transfert s'opère qui, rendant Blanche de plus en plus chère au cœur d'Antoine, plonge celui-ci dans un état dépressif, tandis que Louis, revigoré par l'idée de retrouver l'amour, reprend du poil de la bête. Curieux contrepoint, qui correspond parfaitement à la tonalité d'un film où le comique s'assaisonne toujours d'une pointe de cruauté, et où le drame ne va jamais sans fantaisie. Et pari difficile, inégalement tenu, avec notamment un début qui peine à installer la situation et avec quelques baisses de rythme passagères qui plombent un peu la légèreté du propos. Mais pari au bout du compte gagné, grâce surtout à l'apparition, en fleuriste fleur bleue, de Sandrine Kiberlain, qui apporte de la grâce au propos et de l'inspiration à ses deux partenaires ; grâce aussi à cette atmosphère de brasserie chaleureuse, à la Sautet, où l'on brasse à foison de l'émotion et du rire, et surtout des sentiments : un vrai resto du cœur.

## SALVATORES Gabriele (italien, né en 1950)

**Premier long métrage :**
*Le Songe d'une nuit d'été (1983)*
**Filmographie depuis 1985 :**
*Kamikazen, ultima notte a Milano (1987)* • *Marrakesh Express (1989)* •
*Strada Blues (1990)* • *Mediterraneo (1991)* • *Puerto escondido (1992)* • *Sud (1993)* •
*Nirvana (1996)* • *Denti (2000)* • *Un altro mondo e possibile (2001)* • *Amnesia (2002)* •
***L'Été où j'ai grandi (2003)*** • *Quo vadis, baby ? (2005)*

Napolitain d'origine, Gabriele Salvatores mène d'abord une carrière théâtrale : en 1972, il fonde le Teatro dell'Elfo, où il signe plusieurs mises en scène. Et c'est par le théâtre qu'il accède au cinéma, avec un premier film, *Le Songe d'une nuit d'été*, où il adapte la pièce de Shakespeare en comédie musicale rock. Le film, primé à Venise, l'amène à poursuivre dans la réalisation, où il s'affirme par des films dans lesquels, sans couper avec le théâtre (*Strada Blues* raconte la tournée provinciale d'une troupe interprétant *La Cerisaie*), il diversifie ses thèmes, touchant même parfois à la science-fiction, comme dans *Nirvana*, mais se faisant surtout le chantre de ce Sud dont il est originaire, que ce soit en racontant l'isolement de soldats oubliés sur une île de la mer Égée en 1941, dans *Mediterraneo* (couronné de l'Oscar), ou en évoquant, à travers l'enlèvement d'un enfant, la situation misérable de l'Italie déshéritée des années 1970, dans *L'Été où j'ai grandi*.

## L'ÉTÉ OÙ J'AI GRANDI (2003)
### avec Giuseppe Cristiano, Diego Abatantuono et Dino Abbrescia

**Au fond du trou.** C'est un trou noir. Lorsque Michele enlève le couvercle de tôle qui le recouvre, la lumière du soleil, pénétrant dans la bouche d'ombre, n'y éclaire qu'une terre noire, quelques pierres éparses, de vieux sacs jetés dans un coin. Et aussi, sortant de sous l'amas informe, un pied, violacé et meurtri. Michele a 9 ans. Il est venu s'amuser là, dans cette ferme abandonnée, avec sa bande de copains, et, pendant que les autres rentraient au village, il y est revenu tout seul chercher des lunettes qu'il avait oubliées. En découvrant ce pied qu'il croit inerte mais qu'il voit soudain bouger et, alors qu'il se penche pour mieux y voir, en se retrouvant soudain devant une forme hirsute qui lui saute au visage comme une apparition, il s'enfuit, effrayé, traversant en courant à perdre haleine les immenses champs de blé qui s'étirent sous le soleil, puis enfourchant sa bicyclette et fonçant sur le chemin pierreux qui serpente à travers les collines, jusqu'au village, endormi immobile sous la chaleur accablante d'un été caniculaire.

Ce qui s'impose, d'abord, dans le film que Gabriele Salvatores adapte, avec l'aide au scénario de l'écrivain lui-même, de *Je n'ai pas peur*, le roman étrange et captivant de Niccolo Ammaniti, c'est ce décor de lumière aveuglante : une campagne de l'Italie du Sud, un village réduit à quelques maisons pauvres, l'immensité des champs de blé, le dos des collines sous un ciel immense, et dans les jeux innocents de l'enfance, l'irruption, soudain, de l'ombre, avec ce grand trou noir où Michele, revenant sur les lieux de sa découverte et surmontant sa peur, trouve que la créature qui y est enfermée n'est autre qu'un enfant de son âge, la jambe entravée par une chaîne, et qui, les yeux fermés par la nuit où il est retenu, lui réclame à boire.

Les liens qui se créent entre l'enfant prisonnier et celui qui, descendant dans le trou, vient lui apporter son aide, tissent un beau récit d'enfance qui, entre les grandes peurs enfantines et l'apprentissage de la vie, prend, dans le film comme dans le roman, la tonalité d'un conte fantastique. Car ce que Michele découvre, avec cet enfant surgi de l'ombre, c'est aussi l'inexplicable du monde : qui l'a enfermé là, et pourquoi ? Et que veulent dire ces longs conciliabules que tiennent son père et les autres habitants du village ? Et pourquoi cet homme venu du nord, qui a l'allure terrible d'un ogre, vient-il s'installer dans sa propre maison et jusque dans sa propre chambre ? Petit Poucet perdu dans un univers menaçant, Michele s'essaie tant bien que mal à trouver un sens à ce qu'il découvre.

Et ce sens, le film de Salvatores le dévoile progressivement : il est lié à la misère, à la rudesse d'une Italie déshéritée, à la violence des pauvres réduits à prendre aux riches leurs biens les plus précieux. Rien, pourtant, n'est dit explicitement de cette explication rationnelle du drame : tout passe par les yeux de l'enfant, par ses peurs surmontées, par son initiation douloureuse mais chaleureuse aussi. Et, de ce mélange entre la réalité terrible des faits et la vision qu'en a celui qui la découvre, et aussi d'une interprétation étonnante, tant des enfants que des adultes, le conte cruel que raconte le film tire une vraie force d'émotion que n'altèrent pas quelques mièvreries complaisantes dans la recherche de trop belles images et dans l'utilisation redondante de la musique. La magie est là. Et la vérité, lumineuse, sort bel et bien du puits noir de l'enfance.

## SANDERS-BRAHMS Helma (allemande, née en 1940)

**Premier long métrage :**
*Les Derniers jours de Gommorrhe (1973)*
**Filmographie depuis 1985 :**
*L'Avenir d'Émilie (1985)* • ***Laputa (1986)*** • *Manœuvre (1988)* • *Les Fruits du Paradis (1992)* • *Juifs à Berlin (1994)* • *A black guy in Nazi movies (1994)* • *Lumière et compagnie (1995), co-réalisation* • *Mon cœur à personne (1997)* • *La Couleur de l'âme (2002)* • *Papillon noir (2005)*

Née à Emden, un port de la mer du Nord, en 1940, Helma Sanders a fortement été marquée par l'histoire de son pays. Et le film qui lui valut en 1980 une large reconnaissance au-delà des frontières, *Allemagne, mère blafarde*, en était, à travers le récit d'un destin de femme recoupant l'histoire des années hitlériennes puis du miracle économique de l'après-guerre, la plus évidente illustration. Formée à l'école de théâtre de Hanovre, passée par l'enseignement puis par l'expérience de speakerine à la télévision, la cinéaste y a véritablement commencé sa carrière par une série de reportages sur plusieurs réalisateurs, et notamment Pasolini, dont elle devint l'assistante de réalisation. Son œuvre, souvent austère, cherche à trouver l'équilibre entre la réflexion sur l'Histoire et une attention portée aux problèmes sociaux et économiques à partir de sa vision de femme.

## LAPUTA (1986)
### avec Sami Frey et Krystyna Janda

**Je t'aime, moi non plus.** À vrai dire, il ne se passe pas grand-chose dans le film de Helma Sanders. Le sujet ? Un peu maigre. Un homme et une femme : lui, architecte, français, style sympa-ténébreux ; elle, photographe, polonaise, pressée, très « vie active » dans ses gestes, ses fringues, sa démarche. Ils se retrouvent à Berlin-Ouest où, entre deux avions, ils ont 1 h 32 exactement, juste le temps d'une séance, pour savoir si elle choisit de rester à l'Ouest et de venir s'installer à Paris, ou s'il vaut mieux qu'elle rentre en Pologne et que lui vienne l'y rejoindre. Les deux solutions ne sont pas plus réjouissantes l'une que l'autre : à Paris, lui a femme et enfant, et à Varsovie, elle a ami et vieille mère malade. Comme à Berlin, ils n'ont qu'un studio de passage pour faire l'amour à la sauvette, ça n'est décidément pas une vie. Ils ne savent donc trop que faire, alors ils se disputent, s'étreignent, se sourient, se disent qu'ils ne s'aiment pas, ou pis se disent qu'ils s'aiment. Ça les occupe et ça fait passer le temps, un peu trop vite pour eux, qui se sentent au bord du gouffre, entre deux mondes, entre deux vies ; plutôt lentement pour le spectateur qui a l'impression d'avoir déjà vu tout ça plusieurs fois déjà.
Heureusement, pour meubler un peu, la réalisatrice a introduit quelques signes à déchiffrer : un labo photo où l'on assiste à une séance complète de développement ; un match de hockey Suède-Tchécoslovaquie (suivez le symbole !), malheureusement sans indiquer le score final ; un vélo sans pédale pour se donner le vertige sur le haut d'un immeuble en terrasse (tomberont, tomberont pas ?). Et surtout, pour faire métaphorique, une longue citation en voix off d'un extrait des *Voyages de Gulliver*, où il est question de l'île de Laputa, île flottante où vivent des coupeurs de cheveux en quatre, qui doivent manifestement avoir quelque rapport avec le couple et son histoire. Sami Frey et Krystyna Janda, auxquels la réalisatrice a laissé libre cours, s'en sortent du mieux qu'ils peuvent, encore qu'ils donnent moins l'impression de jouer des personnages qui se cherchent que de chercher des personnages qui se jouent. Pour le reste, calme plat. De Berlin, on ne voit qu'un panoramique d'ouverture. Après, plus rien. Et des profondeurs du cœur, juste un petit bout qui affleure de temps à autre. Léger comme une émotion, et fugace comme elle.

# SARMIENTO Valeria (chilienne, née en 1948)

**FILMOGRAPHIE :**
***Notre mariage (1985)*** • *Amelia Lopes O'Neil (1990)* •
*Elle (1994)* • *L'Inconnu de Strasbourg (1998)* • *Rosa la Chine (2002)*

Née à Valparaiso, Valeria Sarmiento fait des études de philosophie et de cinéma à l'université du Chili et commence en 1972 un travail de documentariste avec *Un sueño como de colores*. Mais en 1973 les événements politiques la contraignent à l'exil. Elle se retrouve à Paris où elle mène de front la réalisation de films documentaires et un travail de chef monteuse, notamment pour Raoul Ruiz, son mari, pour Luc Moullet et pour Robert Kramer. En 1985, elle passe au long métrage de fiction, avec *Notre mariage*, qui obtient le grand prix du Festival de San Sebastian, avant de revenir en 1990 dans son pays natal pour y tourner *Amelia Lopes O'Neil*, et de poursuivre à partir de là une œuvre qu'habitent des thèmes récurrents – la mémoire, l'amour obsessionnel – et qui revisite de façon subtile et fantasmatique, comme dans *Elle*, adapté du roman de Mercedes Pinto, les grands genres convenus, du mélodrame au polar.

## NOTRE MARIAGE (1985)
### avec Nadège Clerc, Nicolas Silberg et Jean-Pierre Meilhade

**La rose pourpre du mélo.** Voilà un film qui a comme un charme vénéneux, un côté envoûtant et pervers sous des dehors anodins, à l'image de son héroïne, sorte de sainte-nitouche un peu molle, à la chair juteuse et aux désirs à fleur de peau. D'emblée, on nage dans les poncifs du roman de gare : une enfant mourante, sauvée puis adoptée par un homme déjà mûr, époux d'une femme stérile. Celle-ci ayant le bon goût de mourir, la fillette, qui est devenue femme, se sent attirée par son père adoptif. La réciproque étant vraie, cela finit par un mariage, ou plutôt commence, car au lieu de faire papa-maman, le couple se contente de faire papa-fillette. Du coup, voilà qu'on respire des effluves délicatement incestueux, qu'on se roule dans le transfert et l'œdipe, et qu'on foule joyeusement frustrations et interdits. Sous l'eau bénite affleurent des odeurs de soufre. Étrange entreprise que celle d'un film qui joue si ostensiblement le jeu d'un genre éculé qu'il en devient presque comme une épure. Exploitant à fond la grande veine du mélo, Valeria Sarmiento parvient à charger chaque image d'un sens latent. Elle suggère la profondeur, dans un univers apparemment lisse mais dont la sécheresse cache un feu intérieur. Sous des dehors à la Douglas Sirk, son film fait penser à Buñuel. Totalement maîtrisée, la mise en scène crée un univers de roman-photo où tout est exactement à sa place : pas un mouvement de caméra, pas un gros plan, pas un cadrage, pas un élément de décor qui ne sonne juste – ou faux –, ce qui, dans la convention, revient au même. Les acteurs épousent leurs personnages, et notamment Nicolas Silberg, étonnant dans sa quarantaine rebondie. Une musique à fendre les mœurs souligne chaque plan et rythme l'action. Et les dialogues de Raoul Ruiz, qui semblent tout droit sortis de *Confidences*, parviennent à dire ce que les mots ne disent pas, tout en faisant sentir le délicat et troublant parfum de l'eau de rose.

# SAURA Carlos (espagnol, né en 1932)

**PREMIER LONG MÉTRAGE :**
*Les Voyous (1959)*
**FILMOGRAPHIE DEPUIS 1985 :**
*L'Amour sorcier (1986)* • ***El Dorado (1987)*** • ***La Nuit obscure (1989)*** • *Ay, Carmela (1990)* • *Marathon (1992)* • *Sevillanas (1993)* • *Dispara (1993)* • *Flamenco (1995)* • *Tango (1997)* • *Taxi de nuit (1998)* • *Pajarico (1998)* • *Esa Luz (1998)* • *Goya (1999)* • *Buñuel et la table du roi Salomon (2001)* • *Salomé (2002)* • *Le Septième jour (2004)*

Le cinéma de Carlos Saura illustre mieux que d'autres les mutations profondes de l'Espagne et de son cinéma. Formé à l'Institut du cinéma de Madrid, il développe, dès ses premiers films, dans les années 1960, une critique acerbe de la société espagnole et, plus profondément, du régime franquiste. Son inspiration alors volontiers morbide et marquée par la présence oppressante de la mort triomphe en 1976 dans *Cria Cuervos* et dans ses autres grands films des années 1970, pour faire place, après la mort de Franco, à une tonalité plus légère. Mais c'est toujours l'Espagne, ses traditions, ses racines historiques, qui sont au cœur de ses films. Et, que ce soit avec l'évocation des conquistadores, dans *El Dorado*, avec la plongée spirituelle au cœur de la grande tradition des mystiques, dans *La Nuit obscure*, avec le flamenco ou le tango qu'exaltent les chorégraphies de Gades ou de Copes, dans *Carmen*, dans *Flamenco*, dans *Tango*, avec la lumière sombre de Zurbarán ou tragique de *Goya*, c'est toujours, à travers la peinture, la musique, la danse, l'âme espagnole que le cinéma de Saura, inlassablement, exprime.

## EL DORADO (1987)
### avec Omero Antonutti et Lambert Wilson

**Pris dans la jungle.** En 1560, sur l'ordre du roi d'Espagne, une expédition, menée par Pedro de Ursua, se lance à travers la forêt amazonienne pour tenter d'atteindre l'El Dorado, le pays de l'or. La troupe compte près de quatre cents hommes, nobles, mercenaires, aventuriers, Indiens. À mesure que les obstacles s'accumulent et que la progression devient plus difficile, des rivalités se font jour. Dans ces conflits de plus en plus sanglants, un homme peu à peu impose sa loi : Lope de Aguirre, assoiffé de pouvoir jusqu'à la folie.

Déjà raconté par Werner Herzog, dans un film qui offrit à Klaus Kinski son plus grand rôle, le périple d'Aguirre et de ses hommes relève, chez Carlos Saura, d'un autre registre. À la vision baroque et hallucinée du cinéaste allemand, le réalisateur a préféré la fresque historique à grand spectacle, sous-tendue par une réflexion sur les mécanismes de la lutte pour le pouvoir. Tourné dans des décors grandioses, avec de grands moyens, le film est d'abord un film d'aventures. Il se veut aussi, dans cette dérive vers l'échec, une méditation profonde sur l'appétit de puissance et la folie des hommes. Mais, en se déployant comme une grande fresque formatée, il se perd dans une imagerie convenue et un rythme lent qui devient vite soporifique. Du coup, loin de faire oublier la superbe folie du film d'Herzog, il ferait plutôt oublier, ce qui est plus gênant, le talent généralement plus flamboyant de Carlos Saura.

## LA NUIT OBSCURE (1989)
### avec Juan Diego et Marie Delpy

**Leçon des ténèbres.** Il y a chez Carlos Saura, en vrai Espagnol qu'il est, une dimension mystique. Rien d'étonnant donc à ce qu'il trouve aujourd'hui sur sa route saint Jean de la Croix, le passionné de Dieu, luttant pour une pauvreté monastique qui soit un véritable dialogue avec le Seigneur. Poursuivi, enfermé, il utilise la nuit de sa prison pour résister aux délires de ses fantasmes et à la violence des tentations qui l'assaillent. Et les poèmes qu'il compose sont autant de prières qui vont faire jaillir de cette nuit obscure la lumière éclatante de la foi.
Noir et flamboyant, le film de Carlos Saura a les couleurs du mysticisme. Composé de plans qui sont, par le cadre comme par l'éclairage, autant de tableaux à la Zurbarán, son luminisme est un chemin vers l'illumination. Et l'on retrouve, dans un film qui semble renouer avec la manière à la fois sèche et tendue du réalisateur, un attrait de l'ombre et une violence qui ont toujours marqué son cinéma. Mais, comme dans toute quête spirituelle, la voie est étroite, et le chemin austère.

# SAUTET Claude (français, 1924-2000)

**Premier long métrage :**
*Bonjour sourire (1955)*
**Filmographie à partir de 1985 :**
*Quelques jours avec moi (1987)* • ***Un cœur en hiver (1992)*** •
***Nelly et Monsieur Arnaud (1995)***

Si l'on mesure la qualité d'un artiste au vide qu'il laisse lorsqu'il disparaît, nul doute que Claude Sautet est à classer parmi les grands. La place centrale qu'il a tenue pendant plusieurs décennies dans le cinéma français, non seulement comme réalisateur mais aussi plus largement comme scénariste, comme conseiller, comme recours ultime – on le surnommait d'ailleurs à une certaine époque « le Docteur Sautet » – dans nombre de films qui, sans lui, n'auraient pas vu le jour, n'est jamais mieux apparue que lorsque, avec la discrétion même qui fut la qualité de son cinéma, il quitta les plateaux.
Il y a un univers Sautet : celui de l'amitié, de la chaleur humaine, des amours et des emmerdes, des joies et des tracas partagés de la vie. Il y a aussi un regard aigu et sensible, qui en fait un observateur privilégié de la France des années 1960-1970 et dont le cinéma offre, dans sa justesse clinique, comme un constat sociologique. Mais il y a également une maîtrise de la technique, une prédilection pour les acteurs, un sens du rythme, une solidité recherchée du scénario et des dialogues, qui le rattachent à la grande tradition classique d'une qualité française qui, à l'heure des remises en cause opérées par la Nouvelle Vague, le fit longtemps considérer comme le tenant d'un cinéma du passé.
C'était mal le juger : se remettant sans cesse en question, passant du polar de ses débuts, avec *Classe tous risques* et *L'Arme à gauche* (il désavouait *Bonjour sourire*, mise en scène assurée au pied levé après le départ de Robert Dhéry, le réalisateur initialement prévu) aux chroniques sociales et sentimentales des films de sa maturité, il revient, alors même qu'on pense qu'il a fait son temps, avec trois derniers films admirables, où s'expriment les qualités profondes de son art : la liberté ludique de *Quelques jours avec moi*, la sécheresse vibrante d'*Un cœur en hiver*, et la nostalgie funèbre de *Nelly et Monsieur Arnaud*, comme un dernier cri feutré du cœur.

## UN CŒUR EN HIVER (1992)
### avec Daniel Auteuil, André Dussollier et Emmanuelle Béart

**La corde sensible.** On ne s'en était pas rendu compte, mais il nous manquait. Depuis les années 1970, Claude Sautet s'était fait discret : deux films en dix ans. Et puis ses interprètes fétiches avaient disparu : Romy, Yves Montand, et Patrick Dewaere, le mauvais fils. Et c'était comme si Mado, César et Rosalie, François, Vincent, Paul et les autres s'étaient définitivement éloignés dans le passé de nos mémoires. Et puis voici *Un cœur en hiver*, et on se retrouve soudain à nouveau bien au chaud dans cet univers familier, celui des brasseries bruissantes et enfumées, des grandes tablées sous les arbres d'une maison de campagne, et des paquets de pluie qui tombent en rafales dans les rues de Paris, faisant des grosses bulles sur le toit des voitures et douchant un couple qui court se mettre à l'abri d'une terrasse de bistrot.
C'est comme si les choses de la vie étaient toujours là, bien en place. Bien sûr, le temps a passé – car le temps passe toujours dans les films de Sautet, faisant sournoisement son œuvre –, mais les histoires d'amour recommencent toujours. Parce qu'il y a toujours des cœurs qui se cherchent et qui se déchirent, qui se rencontrent et qui se quittent. Ici, ils sont trois. Maxime et Stéphane, deux amis de jeunesse qui, après le conservatoire, ont choisi d'exercer ensemble l'art difficile de la lutherie. Survient Camille : violoniste surdouée, et belle à faire pâlir une vierge de Botticelli. Maxime est élégant, chaleureux, séduisant : il la séduit. Stéphane de son côté est taciturne, silencieux presque : une sorte d'indifférence, qu'on pourrait croire de sécheresse ou, pire, de cynisme, mais qui n'est peut-être qu'un refus de soi-même. Par jeu, il décide d'enlever Camille à Maxime. Il y parvient. Trop bien. Car on ne joue pas impunément avec le plus secret des êtres.
Une histoire simple, en apparence. Mais Sautet, qui s'y connaît mieux que personne pour démêler la confusion des sentiments, introduit le désordre amoureux là où tout semblait ordonné et comme allant de soi. Et, derrière l'apparent bavardage des mots, il parvient à faire monter à la surface les zones cachées de l'indicible. À cet égard, le personnage central de Stéphane – outre qu'il offre à Daniel Auteuil l'occasion d'une interprétation minimaliste assez époustouflante dans ses ambiguïtés – apparaît comme une fascinante analyse du silence, dans un monde où la musique porte les émotions.
Cette musique qui intervient pour la première fois de façon aussi fondamentale dans un film de Sautet, et qui en est la clef : complexe, tendue comme les sonates et les trios de Ravel qui lui servent de trame. Et vibrante aussi comme la beauté d'Emmanuelle Béart, dont le cinéaste montre toute la volonté, la force, le désir, mais aussi la fragilité, la souffrance, dans des scènes dont la tension n'a d'égale que celle des cordes du violon dont elle joue. Ce violon qu'en artisan impassible, Stéphane a préparé pour la jeune femme et qui, sous ses doigts, va se mettre à vibrer, à pleurer, à crier, à se tendre jusqu'à la pointe extrême. Faisant de ce *Cœur en hiver* un film musical jusqu'au plus profond de l'âme. Où se joue, en virtuose, la petite musique du cœur.

## NELLY ET MONSIEUR ARNAUD (1995)
### avec Michel Serrault et Emmanuelle Béart

**Une amitié particulière.** Elle arrive enfin. Au bout de presque une heure de film : la pluie, cette vieille compagne des films de Sautet, dont le crépitement accompagne de son bruit feutré les vrais moments de chaleur humaine. Et si elle arrive si tard et une seule fois, ici, c'est que l'histoire qui se noue entre Nelly et Monsieur Arnaud n'a rien de ces coups de foudre et de ces orages tonitruants à quoi la plupart des tâcherons du cœur réduisent leur météorologie sentimentale. Chez Sautet, le cœur prend son temps, peut-être parce qu'il a des raisons que la raison ne connaît pas et qui pourraient, sous un autre éclairage et sous le regard d'un cinéaste moins pénétrant, se réduire à une vague et nauséeuse liaison entre un homme âgé et une fille beaucoup trop jeune pour lui.
Que peut-il bien se passer en effet entre Nelly, dont la vie affective et professionnelle souffre de tous les maux du temps – les difficultés de travail, les ennuis d'argent, les sentiments en panne, le divorce qui se profile – et le vieux monsieur distingué, riche et solitaire qu'est Monsieur Arnaud ? Et pourquoi, lorsqu'ils se rencontrent pour la première fois, par amie interposée, à la table d'un bistrot, en vient-il à lui proposer tout de go de l'argent pour régler ses dettes, puis un travail, en lui proposant de venir saisir sur ordinateur le livre de souvenirs qu'il est en train d'écrire ? Tout ce qui fait le prix du film de Claude Sautet est dans la façon dont il répond à ces questions. Sans jamais expliquer quoi que ce soit, et dans un récit dont la simplicité apparaît lumineuse, il montre le fil d'un sentiment qui naît chez chacun des deux personnages d'un manque que l'autre vient combler.
Pour Monsieur Arnaud, au soir d'une vie agitée, la solitude est là, et le sentiment qu'il aurait pu vivre autre chose, qu'il a laissé filer. L'apparition de cette jeune femme fière, réservée, rétive, et en même temps attentive, est le

souffle de vie qui vient aérer son existence confinée. Dans un geste symbolique, il vend sa bibliothèque et, aidée par Nelly, il écrit lui-même le livre de sa vie. Pour Nelly, le vide sentimental n'est pas moindre. Elle est à un de ces moments où la route semble déboucher sur une impasse, où le vide gagne. Avec cet étrange compagnon, qui l'introduit comme naturellement dans son appartement et dans ses souvenirs, elle découvre autre chose, qui lui apporte obscurément la confiance, l'attention et la force dont elle a besoin. Dans ce couple qui se forme, et où les rapports de séduction, les mensonges, les disputes, les confidences prennent leur place comme dans toute histoire de couple, la différence d'âge joue son rôle. Et Nelly va chercher ailleurs ce que Monsieur Arnaud ne peut plus lui donner. C'est le milieu du film : la pluie arrive. Nelly couche avec Vincent, l'éditeur qu'elle a rencontré en lui apportant le manuscrit de Monsieur Arnaud. Et tandis que la pluie résonne contre les vitres de la chambre où les amants s'enlacent, elle vient battre aussi les fenêtres de la cuisine où Monsieur Arnaud, seul dans la nuit, se verse un verre de lait qu'il ne boira pas.

Moment suspendu, dans un montage qui à lui seul dit tout. Mais il y en a bien d'autres dans un film qui se donne à dire l'indicible et qui – effet de l'âge, de la maîtrise, de la recherche obstinée de style ? – le fait de façon épurée, réduite à l'essentiel. C'est toujours l'univers de Sautet, les amis sont toujours là, et les restaurants avec leurs joyeuses tablées en arrière-fond, les petits noirs qu'on boit sur le zinc, la vie qui va. La modernité même y entre en douce : les ordinateurs, qui ont une mémoire et pas de souvenirs, comme le dit joliment Monsieur Arnaud, et l'infographie qui permet de trafiquer sur ordinateur le *Joueur* de La Tour. Mais le monde extérieur se fait plus discret, tout se resserre, le temps fait son œuvre. La génération de Monsieur Arnaud va devoir céder la place. Mais elle a encore de beaux restes, à l'image d'un Michel Serrault dirigé avec un doigté quasi fraternel qui fait vibrer en lui les cordes les plus profondes. Et la génération de Nelly a la mine un peu boudeuse, le goût de l'indépendance et la beauté de la jeunesse, celle d'Emmanuelle Béart, toute de retenue et de passions intériorisées. Et tous deux, dans cette amitié particulière qui les réunit, disent la tendresse, les blessures intimes, le besoin d'aimer. Tout ce qui fait la petite musique, inimitable, de ce cinéaste qui est assurément à classer parmi les grands : Claude Sautet.

## SAYLES John (américain, né en 1950)

**PREMIER LONG MÉTRAGE :**
*Return of the Secaucus Seven (1978)*
**FILMOGRAPHIE :**
*Matewan (1986)* • *Les Coulisses de l'exploit (1987)* • *City of hope (1991)* • ***Poisson d'amour (1992)*** • *Le Secret de Roan Inish (1994)* • *Lone star (1996)* • *Men with guns (1997)* • *Limbo (1999)* • *Sunshine State (2002)* • *Casa de los babys (2002)* • *Silver City (2003)*

Figure importante du cinéma américain indépendant, John Sayles, après une jeunesse voyageuse, se lance dans l'écriture de romans puis de scénarios qu'il propose à Roger Corman, et où, usant de dialogues percutants, il détourne habilement les genres qu'il aborde. Avec les moyens financiers qu'il en tire, il écrit et tourne en 1978 son premier long métrage, hommage doux-amer à la génération des années 1960. Les films qu'il réalise à la suite marquent tous un intérêt pour les réalités sociales et utilisent les conventions des divers genres pour traduire une vision très personnelle de la société américaine.

### POISSON D'AMOUR (1992)
#### avec Mary McDonnell, Alfre Woodard et William Mahoney

**La vie devant soi.** Ce pourrait être un mélo empêtré dans les multiples conventions du genre. C'est tout le contraire : une histoire pleine de vie, d'émotion, de sourire. Avec deux beaux personnages de femmes, et deux actrices qui ne le sont pas moins. Tout y est, et d'abord ce moteur indispensable du mélo : le malheur, qui frappe d'emblée May-Alice. Actrice de télévision, vedette d'un soap inepte qui lui vaut la célébrité dans toutes les chaumières de l'Amérique profonde, la chance lui claque soudain au nez avec cette portière de taxi, qui, percutée par une autre voiture, se referme sur elle et la laisse inerte, privée de ses jambes, condamnée à vie au fauteuil roulant. À partir de là, la jeune femme se mure dans la vieille maison de famille au bord d'un bayou de Louisiane, referme les volets, cherche dans l'alcool l'oubli et l'apaisement, et se met à collectionner les infirmières qui se relaient à son chevet et se dépêchent de déguerpir devant son sale caractère. Jusqu'au jour où arrive Chantelle, une jeune Noire elle aussi passablement en délicatesse avec sa vie. À partir de là, deuxième composante attendue : entre la Noire et la Blanche, la valide et l'infirme, c'est d'abord l'affrontement puis, progressivement, l'entente et, au bout du compte, le sauvetage réciproque et l'amitié qui naît.

Le canevas du film est clairement tracé et l'on sait où l'on va. Mais ce dont on ne se doute pas, c'est la façon dont John Sayles nous y mène. Car le plus surprenant dans *Poisson d'amour*, c'est qu'alors que tout est bien balisé et qu'on peut très vite, vu les ingrédients, imaginer ce qui va suivre, le film se joue de toutes les conventions dont il est issu. Comme si le réalisateur s'était fixé des codes contraignants pour mieux s'en jouer et pour construire, à partir de schémas stéréotypés, une vraie histoire, avec de vrais personnages et de vrais sentiments. Très symptomatique, à cet égard, le fait que l'héroïne est au départ une star télévisée que le destin oblige à couper tout lien avec le monde artificiel des séries conçues sur ordinateur, pour retrouver, en même temps que son pays d'origine, la vérité de la vie et sa propre vérité. Ce que John Sayles propose métaphoriquement ainsi, c'est un retour au cinéma : comment rendre vie aux images, comment raconter une histoire sans être prisonnier de structures toutes faites, comment rétablir dans la fiction l'authenticité du réel ? La réponse est dans le film, et elle est multiple.

Elle est dans un décor – la Louisiane – et une culture – celle des Cajuns – non frelatés, mais restés à l'état brut, et que Chantelle et May-Alice découvrent, à travers deux hommes hauts en couleur, et à travers aussi une nuit magique dans les bayous qui leur ouvre les yeux sur la nature qui les entoure. Elle est dans un récit attentif aux choses et aux êtres, et qui dote chaque personnage, même à peine entrevu, d'une épaisseur de vérité : gourdes provinciales faisant les mijaurées, oncle alcoolique traînant ses désillusions, jeune actrice condamnée, pour son premier rôle, à ne dire qu'une seule réplique débile... Elle est dans ces touches discrètes qui jalonnent le récit et lui donnent son sens : l'enfance qui remonte à la surface, la maison en lisière des eaux, la photographie comme un nouveau regard sur le monde, et la solide cuisine du Sud qui vient régler leur compte à l'alcool et à la drogue. Elle est dans une histoire qui refuse l'attendrissement tout autant que l'optimisme béat, mais qui trace son sillon au milieu des crises de découragement, des colères, des vexations, tout en gardant un ton souriant, où l'ironie et la distance désamorcent constamment le sentimentalisme qui guette. Elle est surtout dans deux actrices talentueuses, Mary McDonnell, la Blanche, et Alfre Woodard, la Noire, qui embarquent leurs personnages dans deux registres différents, la révolte pour l'une, la soumission pour l'autre, mais dont on se rend vite compte, au fil de dialogues coupés au rasoir, qu'elles sont bien plus complexes qu'elles n'en ont l'air et qu'elles trimbalent toutes deux des tonnes de déchirures, qui ne demandent qu'à se refermer, lorsque l'amitié s'en mêle et qu'elle donne enfin un sens à la vie, qui est là, devant soi, pour peu qu'on sache la prendre.

## SCHATZKY Olivier (français, né en 1949)

**Filmographie :**
***Fortune Express (1990)*** • *L'Élève (1996)* • *Monsieur Naphtali (1998)* • *L'Incruste (2001)*

D'abord monteur à la télévision, puis assistant réalisateur avant de réaliser lui-même des films scientifiques et des reportages pour le petit écran, Olivier Schatzky passe au cinéma par l'écriture de scénarios, collaborant à l'écriture de films de Diane Kurys et de Pierre Jolivet, avant d'écrire et de réaliser en 1990 son premier film, *Fortune Express*. Il y montre un regard sans complaisance et une forme de sensibilité discrète, qui se retrouvent dans ses films suivants, peu nombreux, et dont il compense la rareté en continuant de tourner pour la télévision.

### FORTUNE EXPRESS (1990)
### avec Thierry Frémont, Cris Campion et Valeria Bruni-Tedeschi

**Un monde sans pitié.** L'ouverture de *Fortune Express* donne la mesure du film : au désir de verticalité que symbolise l'ascension vers les cimes, la cruauté du sort impose un monde désormais horizontal, celui de l'immobilité définitive. Pascal, spécialiste de l'escalade en solo, qui, insolent de jeunesse et de talent, enchaîne les courses les plus difficiles, se retrouve en effet soudain disloqué, les jambes à jamais mortes, dans un fauteuil roulant. À partir de là, l'histoire que raconte Olivier Schatzky pourrait n'être qu'une histoire comme les autres : un regard complaisant, lénifiant, attendri sur le malheur. Or c'est tout le contraire. Pascal, sur son fauteuil, débarque dans un centre

pour handicapés où le responsable de l'équipe de basket l'a fait venir, persuadé que ses qualités physiques devraient faire merveille. Mais en fait, le véritable responsable de sa venue, c'est Gadouille. Handicapé lui aussi, mais pas comme les autres : alors que tous les pensionnaires du centre sont paralysés des jambes et disposent du reste de leurs muscles, lui est totalement inerte. Sa mobilité se réduit à quelques mouvements des doigts, pour actionner les commandes de son fauteuil électrique. Atteint de myopathie, sachant son mal incurable et son destin scellé, il refuse tout embrigadement, vit à l'écart du groupe, en compagnie du seul Marko, son fidèle, paralysé lui aussi, mais dont il utilise les bras pour agir. Et précisément, ce sont les bras de Pascal qui intéressent Gadouille : ces bras de grimpeur, capables d'escalader les parois les plus lisses et de réaliser le plan qu'il a conçu, comme une revanche sur la vie et sur une société de gens riches et valides : cambrioler une banque.
L'idée peu sembler folle, mais l'univers du handicap, tel que le décrit Olivier Schatzky, n'a rien qui la rende invraisemblable. Car la grande originalité du film, elle est précisément dans cette volonté de ne pas regarder les handicapés avec un œil compatissant. Le cinéaste, au contraire, montre ce monde du malheur animé d'une violence sourde, qu'exacerbe encore la nécessité de vivre en huis clos à laquelle ces hommes sont condamnés. Quelque chose comme un univers carcéral, avec ses lois, sa hiérarchie, ses règlements de compte. En jouant d'un décor et d'une atmosphère volontairement noirs, qui tiennent plus d'une sorte de fantastique social que d'un réalisme documentaire, et grâce à des comédiens qui dépassent le handicap extérieur de leurs personnages pour faire sentir le bouillonnement intérieur qui les agite, *Fortune Express* est porté de bout en bout par une tension extrême. Celle-là même qui anime des êtres qui ont un compte à régler, avec les autres, avec eux-mêmes, avec la vie. Et s'ils ne sont pas tendres, c'est que ce monde est sans pitié.

## SCHEPISI Fred (australien, né en 1939)

**PREMIER LONG MÉTRAGE :**
*The Devil's playground (1976)*
**FILMOGRAPHIE DEPUIS 1985 :**
***Plenty (1985)*** • *Roxane (1987)* • *Un cri dans la nuit (1988)* • *La Maison Russie (1990)* • *Six degrés de séparation (1994)* • *L'Amour en équation (1995)* • *Créatures féroces (1997), co-réalisation* • *Last orders (2001)* • *Une si belle famille (2002)* • *Picasso at The Lapin Agile (2003)*

Autodidacte, ayant commencé par travailler dans la publicité puis dans les relations publiques, Fred Schepisi débute dans la réalisation par un film autobiographique, racontant son adolescence dans un collège catholique, et enchaîne en 1978 avec un deuxième film, *The Chant of Jimmie Blacksmith*, qui est le premier film australien invité en compétition à Cannes. Cela lui permet d'aborder une carrière américaine, avec un western, *Barbarosa*, puis un film fantastique, *Iceman*, avant de passer au drame romanesque avec *Plenty* et d'enchaîner par des films ressortissant aux genres les plus divers.

### PLENTY (1985)
#### avec Meryl Streep, Sam Neill, Charles Dance et John Gielgud

**L'épouse du diplomate anglais.** Elle est anglaise. Pendant la guerre, elle fait de la résistance en France, juste le temps de faire la connaissance d'un parachutiste qui (la) saute au passage. Moment inoubliable. Après la guerre, elle est à Bruxelles, où elle rencontre un jeune attaché d'ambassade. Elle rentre en Angleterre, se fait une copine, Alice, sorte de marginale folklo-sympa libérée. Brève idylle avec le diplomate. Boulot pas très marrant dans un bureau, sentiment de perdre sa vie. Elle essaie de prendre son envol, envoie promener boulot et diplomate, vit avec sa copine, et décide de se faire faire un gosse par un copain qui se porte volontaire. Fiasco, déprime, retour opportun du diplomate qui la tire de là, et l'épouse. Monde feutré, salons confortables, qui lui pèsent bien vite et qu'elle essaie d'envoyer promener par quelques éclats scandaleux. Son mari, choqué, l'emmène en Jordanie, où il est nommé, et en profite pour la soustraire à l'influence pernicieuse de sa copine et à ses velléités de femme libre. Mais le désert a des limites : retour à Londres, nouveau scandale, cris, larmes et désespoir. Grâce au parachutiste retrouvé, qui vient faire encore un saut au passage, elle essaie de retrouver son passé et ses rêves de jeune fille. Mais autant en emporte le vent...

Elle, c'est Meryl Streep. Impressionnante, comme d'habitude, tenant à bout de bras, de nerfs, de force destructrice et de fragilité intime ce personnage de Susan, taillé à sa mesure. Autour d'elle, quelques rock-stars, Tracey Ullman et Sting, et le haut de gamme du théâtre shakespearien, Charles Dance et Sir John Gielgud. Tout cela fait parfaitement chic, mélange très british d'establishment et d'excentricité. *Plenty*, réalisé par un Australien, est une saga romanesque à l'américaine, avec un parfum anglais très prononcé. C'est l'histoire d'une femme et d'une époque. Le scénario est foisonnant comme il convient. Les dialogues ne manquent pas d'élégance ni de cruauté. La reconstitution est très réaliste, et les sentiments très romantiques. Si les violons jouaient parfois un peu moins fort, si les images étaient un peu moins impeccablement léchées, si les clichés romanesques n'étaient pas si constamment sollicités, cela pourrait même être un excellent film.

## SCHIEL Thierry (luxembourgeois né en 1965)

**FILMOGRAPHIE :**
***Tristan et Iseut (2002)*** • *Le Roman de Renart (2004)*

Formé à l'École des Gobelins, le Luxembourgeois Thierry Schiel passe plusieurs années à Londres comme animateur et superviseur d'animation dans des studios travaillant pour des firmes américaines, et notamment pour Steven Spielberg. La rencontre qu'il fait de Sophia Kolokouri qui, elle, travaille pour la sous-traitance Disney, l'amène à s'associer avec elle dans un projet de création de dessin animé personnel, détaché des studios américains et produit en Europe. Ensemble, et grâce à des fonds privés, ils fondent Oniria Pictures, dont la première production est, en 2001, *Tristan et Iseut*. Premier film européen comportant des personnages entièrement animés en images de synthèse, le film, réalisé en 3 D, recherche le rendu 2 D par un procédé qui aplatit les images et qui permet une animation à 24 images par seconde, au lieu du 12 images seconde de l'animation traditionnelle. Le résultat, souffrant d'un budget modeste, laisse apparaître des limites techniques, auxquelles répond avec bonheur le film suivant, *Le Roman de Renart*, lui aussi en 3 D, mieux maîtrisé et bénéficiant d'une équipe d'animation élargie.

### TRISTAN ET ISEUT (2002)

**Jolis cœurs.** *Tristan et Iseut*, le beau conte d'amour et de mort que, de Béroul à Thomas, la légende médiévale a transmis à travers les siècles, trouve avec Thierry Schiel une illustration inattendue, mais finalement heureuse pour la classe enfantine : sa transposition dans un film d'animation, conçu et réalisé en Europe, et qui entend faire la pige aux studios Disney. À vrai dire, l'influence de l'usine à rêves californienne y reste fort sensible : des héros beaux comme de jeunes premiers, des petits personnages secondaires chargés d'assurer le côté fantaisiste – côté ici un peu maigrelet, puisque réduit au seul Puck, farfadet aux pouvoirs magiques emprunté à Shakespeare, qu'accompagne une jolie fée papillon aux ailes arc-en-ciel –, un vilain méchant Ganelon ayant la gueule de l'emploi, des rois et des reines, et un château merveilleux qui fait immanquablement penser à Disneyworld. Et avec ça une petite pointe d'humour dans les dialogues, quelques gags réussis autour d'une catapulte infernale et quelques coquineries fugitives dans les bikinis des fées papillons et dans le wonderbra de la piquante Iseut. Il faut dire que l'histoire de Tristan de Loonois (devenu ici de Lyonnesse) se prête parfaitement à une adaptation animée et qu'elle offre, du duel contre l'immense géant Morholt au combat contre le dragon, de la tempête au philtre magique, de la prison et du bûcher à la salle de bal et à la promenade sous les étoiles, tous les ingrédients d'un récit haut en couleur, en faits d'armes et en romance sentimentale. À cet égard, si les combats ont, mode asiatique oblige, un côté art martial, genre tigres et dragons, l'idylle entre les deux héros tient lui davantage d'une autre mode, non moins ravageuse : celle de ces comédies musicales qui, de *Notre-Dame de Paris* en *Roméo et Juliette*, occupent les scènes, les écrans et les ondes et imposent un style de musique, de chansons et de voix auquel n'échappe pas la bande sonore du film. Pour le reste, et comme il ne faut pas tuer trop vite, surtout pour les têtes blondes à qui est destiné le film, des héros si riches en développements possibles, l'histoire d'amour et de mort exclut délibérément le second terme de l'histoire. Point donc de voile noire à l'horizon, et point de ronce jaillissant du tombeau pour unir à jamais les amants défunts : on s'en tient ici prudemment à l'amour-toujours, sans évoquer bien sûr le mariage de Tristan avec l'autre Iseut, celle aux blanches mains.

Tout cela paraît donc quelque peu aseptisé. Mais, avec son dessin bien léché, ses décors en toiles peintes, son animation en images de synthèse aplatie en 2 D et un peu maigrelette, et son côté gentillet et fleur bleue, ce *Tristan et Iseut* sent tout au moins ses bonnes intentions.

## SCHLÖNDORFF Volker (allemand, né en 1939)

**Premier long métrage :**
*Les Désarrois de l'élève Toerless (1966)*
**Filmographie depuis 1985 :**
*Mort d'un commis voyageur (1985)* • *Colère en Louisiane (1987)* • *La Servante écarlate (1989)* • *The Voyager (1991)* • ***Le Roi des Aulnes (1996)*** • *Palmetto (1998)* • *Les Trois vies de Rita Vogt (2000)* • *Le Neuvième jour (2004)*

Venu à Paris comme étudiant et formé à l'Idhec, Volker Schlöndorff y devient assistant de Louis Malle et d'Alain Resnais. Dès son retour en Allemagne, au milieu des années 1960, il fait passer sur le cinéma allemand un souffle de renouveau, dans le droit-fil d'une Nouvelle Vague dont il a vécu les années effervescentes, en adaptant de façon magistrale *Les Désarrois de l'élève Toerless* de Robert Musil. Plusieurs autres grandes adaptations vont suivre, la plupart co-écrites avec son épouse Margarethe von Trotta, et où les grandes questions qui se posent à une Allemagne sortie traumatisée de la guerre trouvent à s'exprimer, comme dans *L'Honneur perdu de Katharina Blum*, d'après Heinrich Böll, ou dans *Le Tambour*, adapté de Günter Grass. Moins convaincante, la tentative d'adaptation de Proust, dans *Un amour de Swann*, marque en 1984 un tournant dans la carrière du cinéaste, qui tente l'aventure américaine, sans réel succès. Avant de revenir à des films allemands, et aux problèmes politiques et moraux qu'il affectionne, comme le traduisent son adaptation du *Roi des Aulnes* ou encore son film le plus récent, *Le Neuvième jour*, traversé par la réflexion sur le nazisme et le refus de compromission avec le mal qui parcourt toute son œuvre.

### LE ROI DES AULNES (1996)
### avec John Malkovich, Armin Mueller-Stahl et Marianne Sägebrecht

**En deçà du Bien et du Mal.** Il faudrait pouvoir distinguer. Faire la part, d'abord, de l'adaptation (due à Jean-Paul Carrière) d'un roman trouble et fascinant, dont la complexe densité symbolique est pour beaucoup dans la puissance de suggestion qu'il génère. Et, du coup, adapter amène forcément à choisir entre les strates celles qu'on va privilégier, ce qui revient forcément à se priver des autres. Tout comme, et l'on touche là à la mise en scène elle-même, mettre des images réelles sur ce qui relève plutôt d'images mentales conduit à en limiter la force évocatoire. Pour autant, on comprend parfaitement pourquoi Volker Schlöndorff, Allemand ayant longtemps vécu en France, a pu être attiré par l'œuvre de Michel Tournier, regard français sur l'Allemagne d'un Français ayant lui-même vécu une partie de son enfance outre-Rhin. Et on le comprend d'autant mieux que ce qu'il peut y avoir d'ambigu dans le livre par rapport au nazisme permettait au cinéaste de montrer la force de séduction d'un régime dont on sait à quel point il a su jouer de la mise en scène pour séduire. Et c'est bien là, dans cette façon de recréer des images elles-mêmes dangereusement troublantes, que le cinéaste situe l'enjeu même de son film.
Si ce *Roi des Aulnes* est donc bien un film de Volker Schlöndorff, c'est moins dans ce qu'il conserve du roman que dans la façon qu'il a de se tirer à moindres frais du triple handicap d'une distribution européenne hétéroclite, d'une co-production à gros budget et à valeur culturelle intégrée, et d'une reconstitution historique dont les moyens doivent forcément se voir à l'écran. Avec (ou malgré) tous ces lourds paramètres, le fait que le film conserve à l'itinéraire du personnage la force obscure du conte montre que le réalisateur sait maintenir le récit dans les zones obscures de l'imaginaire, là où précisément le roman le place. Car Abel, ce géant à l'esprit simple et au cœur pur, dont le fond de l'être est tout entier voué à la protection des enfants, il vient du fond des vieux mythes et légendes, germaniques comme chrétiens, tout à la fois ogre et saint. Et le film, mal à l'aise dans l'évocation de son enfance, qui sent un peu trop les récits de collège, prend peu à peu, à mesure qu'il s'enfonce dans les profondeurs de la guerre, sa dimension de récit mythique. Dans la forêt d'abord, où, fait prisonnier, l'ogre se retrouve sur le territoire des ogres, y côtoyant le grand prédateur, amateur de gros gibier, qu'est Goering, ombre portée lui-même de son

maître Hitler, le prédateur suprême, réclamant sa provision de chair fraîche pour en faire de la chair à canon. Dans le château perdu aux limites de la Prusse orientale, ensuite, où le régime élève ses enfants, et qu'Abel, fasciné par ce qu'il prend pour le royaume glorieux de la jeunesse, alimente du rapt des enfants qu'il chasse à travers la campagne, guidé à la piste par le flair de deux énormes molosses.
Et si là, le trouble joue à fond, c'est dû tout à la fois à la vision de cauchemar que la mise en scène fait sentir, mais aussi, et sans doute surtout, à l'interprétation que John Malkovich donne du personnage. Tout est ici dans le visage : le regard légèrement strabique, comme absent, ou plutôt transparent, regardant au travers, il a cette douceur enfantine de gentil méchant ogre, dont les actes monstrueux ne se départent jamais d'une innocence première. Jeté dans un monde où le Mal rôde, il le côtoie sans cesse sans se laisser happer par lui. Et il réussit ce tour de force que, face à un ordre nietzschéen, lui semble se situer en deçà même du Bien et du Mal. Offrant de petits enfants blonds en sacrifice à l'ogre nazi pour finir par sauver un enfant juif qu'il porte sur ses épaules à travers les marécages fangeux de la barbarie.

## SCHMID Daniel (suisse allemand, né en 1941)

**PREMIER LONG MÉTRAGE :**
*Cette nuit ou jamais (1972)*
**FILMOGRAPHIE DEPUIS 1985 :**
***Le Baiser de Tosca (1985)*** • *Jenatsch (1987)* • *Hors saison (1992)* • *Visage écrit (1995)* • *Berezina ou Les Derniers jours de la Suisse (1999)*

Révélé dès son deuxième film, *La Paloma*, en 1974, Daniel Schmid, né en Suisse mais étudiant puis pratiquant le cinéma en Allemagne, apparaît comme un des artisans du renouveau du cinéma germanique du début des années 1970. Assistant d'abord de Fassbinder, dont il est proche et dont il adapte la pièce, *L'Ombre des anges*, en 1975, il fait prévaloir tout au long de son œuvre une vision d'esthète, qui confronte le monde réel à sa représentation imaginaire, tant littéraire que théâtrale, picturale ou musicale. Cela est particulièrement sensible dans les rares films qu'il donne à partir des années 1980 : après une fascinante adaptation de l'*Hécate* de Paul Morand, il approfondit sa réflexion sur les rapports de l'art et de la vie, et du présent avec le passé : *Le Baiser de Tosca*, pour l'opéra, comme *Visage écrit*, pour le kabuki, en sont de lumineuses, et ténébreuses, illustrations.

### LE BAISER DE TOSCA (1985)

**La vieillesse en chantant.** À Milan, piazza Buonarotti, une grande maison de style néo-Renaissance. C'est Verdi qui la fit construire, pour ce qu'il considérait comme son œuvre la plus importante : laisser aux anciens chanteurs d'opéra, chefs d'orchestre, musiciens, un lieu de retraite où ils puissent passer une vieillesse tranquille, à l'abri du besoin. Longtemps gérée grâce aux droits des opéras, la Casa Verdi vit aujourd'hui plus difficilement de dons publics et privés. Soixante-cinq pensionnaires l'habitent, qui ont entre 80 et 95 ans, et dont certains furent en leur temps des célébrités internationales. Daniel Schmid est venu, avec une équipe légère, et comme sur la pointe des pieds, filmer ces hommes et ces femmes qui vivent là les dernières années d'une existence tout entière consacrée à une passion unique : la musique. Passion ardente, et qui semble donner à ces corps vieillis, ces jambes lourdes, ces cheveux blancs comme une jeunesse intérieure, un souffle de vie.
Plus qu'un document, *Le Baiser de Tosca* est un vrai film, sans complaisance mais sans ironie, qui fait une large place au travail sur l'image, sur le montage, sur le son, et même sur la mise en scène. En faisant écouter à tel chanteur un disque de lui vieux de cinquante ans ; en faisant sortir à tel autre ses habits de scène de la malle où ils reposent ; en confrontant les uns et les autres aux photos, aux lettres, aux affiches témoins de leur gloire passée ; en les faisant chanter puis venir saluer, comme à la fin d'un opéra, Daniel Schmid fait du présent le miroir du passé, et montre la vieillesse comme le dernier acte d'un spectacle. Son film est un hommage sensible rendu à l'opéra. Il est surtout une méditation bouleversante sur le temps qui passe, à la fois émouvante et drôle, pathétique mais jamais désespérée. À l'image de la grande Sara Scuderi, ancienne gloire de la Scala et Tosca de légende, qui, superbe dans ses 80 ans, continue de chanter. « Deux heures après ma mort, je chanterai encore », dit-elle. Cigale à jamais. Diva. Divine.

# SCHOENDOERFFER Frédéric (français, né en 1962)

**Filmographie :**
***Scènes de crimes (2000)*** • *Agents secrets (2004)*

Fils de son père, auquel il doit le sens de l'action dans les histoires qu'il raconte mais aussi le regard d'observateur aigu des milieux qu'il met en scène, Frédéric Schoendoerffer a su en deux films imposer son prénom : tant dans *Scènes de crimes*, où il traite du sujet convenu du tueur en série avec une précision quasi entomologique bien éloignée des clichés courants, que dans *Agents secrets*, où il s'intéresse là encore moins aux images attendues qu'à la réalité intime des personnages derrière leur façade d'espion, il apporte à des genres très codés la précision du documentariste en même temps que le spectaculaire du film d'action, dans un cocktail jusque-là plutôt rare dans le cinéma français.

## SCÈNES DE CRIMES (2000)
### avec Charles Berling et André Dussollier

***Profession flic.*** Cela commence comme toutes les enquêtes. Et comme tous les polars. Une fille disparaît, laissant des traces de sang derrière elle. La police interroge les témoins, fouille les abords, lance ses chiens sur des traces éventuelles. Rien. Pour Gomez et Fabian, les deux inspecteurs du SRPJ chargés de l'affaire, le travail commence. Et c'est là que le film de Frédéric Schoendoerffer, sans qu'on s'en rende vraiment compte, change insidieusement de direction. Non que l'enquête ne continue à constituer la matière même du récit. Celle-ci se complique même lorsque deux corps sont découverts, la tête coupée, ce qui interdit toute identification immédiate. Un de ces deux cadavres est-il celui de la jeune disparue ? L'énigme s'épaissit encore, et tout semble parti pour suivre les sentiers battus d'une enquête complexe et tarabiscotée. Mais la façon même dont celle-ci se déroule, l'extrême précision donnée aux moindres actions des policiers, la façon scientifique dont ils traitent tous les indices, puis, prenant le relais, l'intervention du médecin légiste et la séance de dissection et d'éviscération en direct des cadavres : tout semble progressivement concentrer l'attention moins sur les crimes eux-mêmes que sur les méthodes de la police pour essayer de les élucider. Du coup, le film passe d'une enquête de police à une enquête sur la police elle-même, et de là sur les policiers. Et l'impression s'en confirme avec la façon dont le réalisateur, insensiblement, brosse à petites touches successives le portrait de chacun des deux flics : Gomez, le plus âgé, en rupture conjugale, et qui se retrouve seul devant ses verres de whisky et sa vie ratée ; Fabian, plus jeune, à la vie personnelle plus stable et trouvant une sorte d'assurance dans la présence de son partenaire, tout en essayant de colmater les brèches de sa dérive. Des flics qui ne sont que des hommes, avec des journées de galère, des nuits difficiles, des réveils agités. Deux amis qui, soudain, vont se trouver séparés par la plus brutale des échéances : celle de la mort de l'un, qui va laisser l'autre seul. Ce qui, au passage, constitue, de la part du metteur en scène, une belle audace de faire ainsi disparaître, au beau milieu de son récit, un de ses personnages principaux qu'il a rendu familier et attachant aux spectateurs, lesquels se trouvent ainsi devant l'évidence cruelle du vide, le tragique de la disparition brutale.
Ce n'est pas là un des moindres mérites d'un film dont on voit bien qu'il emprunte les chemins rebattus d'un genre – le film policier, avec sa tendance nouvelle à s'organiser autour de crimes en série – pour mieux les infléchir dans une direction particulière, qui est celle de la réalité à la fois professionnelle et humaine. Charles Berling et André Dussollier, dans une distribution elle aussi assez surprenante, donnent tout leur poids de vraie humanité à ces deux personnages de flics qui sont le cœur même du propos. Et Frédéric Schoendoerffer, tout en menant de façon haletante l'enquête à son terme, mène surtout son film là où il le voulait : à la vision neutre et précise d'une réalité qui débarrasse le polar de pas mal de ses conventions.

## SCHOENDOERFFER Pierre (français, né en 1928)

**PREMIER LONG MÉTRAGE :**
*La Passe du Diable (1956), co-réalisation*
**FILMOGRAPHIE DEPUIS 1985 :**
*Dien Bien Phu (1991)* • ***Là-haut. Un roi au-dessus des nuages (2004)***

Les premiers films de Pierre Schoendoerffer, *La Passe du diable*, *Pêcheurs d'Islande*, exaltent l'esprit d'aventure. Mais dès *Ramuntcho*, en 1958, apparaît le grand thème qui va marquer sa vie et structurer son œuvre : la guerre d'Indochine, qu'il couvre en tant que cameraman au Service cinématographique des armées, et où il est fait prisonnier à Dien Bien Phu. Elle inspire, ainsi que ses prolongements à travers la guerre d'Algérie, le film qui l'impose, *La 317e section*, et ceux qui suivent : *Objectif 500 millions, La Section Anderson, Le Crabe-tambour, L'Honneur d'un capitaine, Dien Bien Phu.* Entre-temps, devenu reporter, écrivain et membre de l'Académie, Pierre Schoendoerffer développe, dans la même veine des grandes aventures humaines, le dévouement à des valeurs fortes – l'amitié, la mer, l'héroïsme –, dans des romans qui en font un digne successeur des écrivains aventuriers, dans la ligne de Malraux et de Kessel. Et il ne renie rien de ses passions de jeunesse, comme en fait foi ce retour sur le passé même de son œuvre que constitue son dernier opus, adapté d'un de ses romans, *Là-haut*, dont le sous-titre dit bien l'esprit qui continue à l'animer : *Un roi au-dessus des nuages*.

### LÀ-HAUT. UN ROI AU-DESSUS DES NUAGES (2004)
#### avec Bruno Cremer, Claude Rich, Jacques Perrin et Florence Darel

**L'adieu aux armes.** Cinquante ans déjà : l'Indo, les Viets, les rizières, et Dien Bien Phu, comme la grande fosse commune des illusions perdues. Pierre Schoendoerffer, comme tous ceux qui y sont passés, n'a jamais oublié. Mais comment en parler encore, aujourd'hui, cinquante ans après, sans que l'évocation passe au mieux pour un rabâchage d'ancien combattant, au pire pour une douteuse nostalgie colonialiste ? *Là-haut*, de façon directe, répond à la question. Curieux film, stratifié par plusieurs couches de mémoire : la guerre d'Indochine, d'abord, vécue par Schoendoerffer comme cameraman au Service cinématographique des armées ; puis, vingt-sept ans après, un roman, *Là-haut*, écrit par le même Schoendoerffer devenu écrivain ; puis, vingt-trois ans après encore, ledit roman adapté et porté à l'écran par le même Schoendoerffer, cinéaste autrefois de *La 317e section*, et rempilant, plusieurs décennies après, pour un film que structure lui-même cette triple couche du temps : tourné aujourd'hui en 2004, mais racontant une histoire située en 1977, deux ans après la chute de Saigon, et dont l'intrigue trouve son explication dans la guerre des années 1950.
Le nœud dramatique en est la disparition d'un cinéaste, Henri Lanvern, qui, tournant dans les hautes régions de la Thaïlande, à la frontière vietnamienne, a brusquement quitté son équipe et n'a plus reparu. À Paris, une jeune journaliste, intriguée par cette disparition et attirée par la personnalité du cinéaste, enquête. Les témoins qu'elle rencontre ont tous connu de près le disparu, mais surtout ont tous connu avec lui la guerre d'Indochine. Et ce qui se dessine, derrière cette disparition, c'est en fait une histoire de fraternité d'armes, tout autant que l'ultime retour vers un certain esprit d'aventure et vers de vieilles valeurs passées aux oubliettes de l'Histoire. Cette confrontation de la jeunesse, en la personne de la journaliste, avec une génération désormais bien éloignée d'elle fournit donc le fil conducteur d'une intrigue dont le côté plutôt convenu apparaît, de façon parfois laborieuse, comme un simple prétexte. Car, dans cette histoire tordue, où la manipulation tient largement sa place, ce qui intéresse manifestement le cinéaste, et ce qui donne à son film sa tonalité propre, c'est bien la façon de faire resurgir aujourd'hui cette Indochine oubliée. Et, comme Pierre Schoendoerffer en fut le cinéaste privilégié, c'est aussi une façon de revenir à ses propres images.
Là est le côté fascinant du film, et là est sa véritable originalité. En donnant aux comédiens qui furent au cœur de ses films d'autrefois – Cremer, Rich, Perrin, Dufilho – des rôles qui en font les mêmes personnages, vieillis, que ceux qu'ils furent, jeunes, dans *La 317e section*, dans *Le Crabe-tambour*, dans *Objectif 500 millions* ; en renvoyant à leur jeunesse à travers des extraits de ces films, tous uniformisés en noir et blanc et accompagnés d'autres images d'archives, tournées lorsqu'il était cameraman aux armées ; en intégrant au présent le passé de son cinéma et le passé de l'Histoire, le réalisateur sauve en quelque sorte l'un et l'autre de l'oubli, tout en faisant mesurer l'épaisseur du temps qui passe. Et en racontant cette histoire d'un cinéaste parti tourner un film sur l'Indochine et disparaissant sur les hauts plateaux aux confins du Vietnam, le cinéaste Schoendoerffer projette comme l'image de son double fantasmé dans un film qui, lui bien réel, apparaît comme le tombeau enfin refermé sur la pureté préservée de ses rêves de jeunesse.

## SCHRADER Paul (américain, né en 1946)

**Premier long métrage :**
*Blue Collar (1977)*
**Filmographie depuis 1985 :**
*Mishima (1985)* • *Electric Blue (1987)* • *Patty Hearst (1988)* • *Étrange séduction (1990)* • *Light sleeper (1991)* • *Touch (1997)* • *Affliction (1997)* • *Les Amants éternels (2000)* • ***Auto Focus (2003)***

*Obsession*: le titre du scénario qu'il signe en 1976 pour Brian De Palma pourrait servir de ligne directrice à la carrière et à l'univers de Paul Schrader. Pour le jeune garçon élevé selon les plus stricts principes calvinistes et qui entre au séminaire pour devenir prêtre, le poids de la faute, qui lui inspire une vision noire de la nature humaine et une défiance vis-à-vis de la chair, trouve vite son terrain d'élection lorsque, à 18 ans, il peut voir son premier film. Le cinéma va dès lors constituer le moyen d'expression et d'exorcisme privilégié de ses fantasmes, de ses doutes, de ses tortures intérieures. Auteur d'une thèse sur trois cinéastes particulièrement austères – Ozu, Bresson, Dreyer –, il se lance d'abord dans l'écriture de scénarios, notamment pour Martin Scorsese dont, de *Taxi Driver* à *À tombeau ouvert*, en passant par *Raging Bull* ou *La Dernière tentation du Christ*, il signe quelques-uns des films majeurs. L'univers italo-américain du cinéaste, lui aussi marqué par une éducation chrétienne, lui permet d'exprimer ses propres obsessions, lesquelles se traduisent de façon plus directe et personnelle encore lorsqu'il passe à la réalisation à partir de 1977. Tous ses films, sensibles aux réalités sociales, sont surtout traversés par des interrogations sur la corruption, sur la faute, sur la culpabilité, sur la rédemption. Le sexe, dans ses formes les plus agressives, y tient la place centrale, de ses débuts à la charnière des années 1970-1980, avec *Hardcore* et son univers porno, ou *American Gigolo*, une réflexion sur l'immoralisme et la corruption, jusqu'aux films des années 1990-2000 qui, d'*Étrange séduction*, un thriller érotique, à *Auto Focus*, une fable sur la chute, n'en finissent pas de ne pas épuiser ses obsessions coupables.

### AUTO FOCUS (2003)
#### avec Greg Kinnear et Willem Dafoe

**Plus dure sera la Chute.** Il y a plus que jamais chez Paul Schrader un calviniste qui sommeille, celui qui élevé dans un strict puritanisme se destinait, après des études en séminaire, à devenir pasteur. Mais il y a aussi le cinéaste, celui qui, abandonnant ses projets religieux pour les studios, est devenu le scénariste de Scorsese avant de passer à ses propres réalisations. Ces deux composantes de sa vie, on les retrouve, comme dans tous ses films, dans *Auto Focus*. À partir d'une histoire authentique – celle de la dérive morale et professionnelle d'un animateur vedette de radio, devenu dans les années 1960 le héros d'une série télé, avant de terminer dans la déchéance –, le cinéaste investit le destin du personnage de ses propres préoccupations morales et de son propre univers fantasmatique.
Bob Crane, apparemment, a tout pour figurer l'Américain socialement et moralement correct : un côté sympa, un bon job, une femme qu'il aime et avec qui il est marié depuis quinze ans, de beaux enfants, et tout le confort possible. Mais voici que lui tombent dessus deux éléments qui vont le faire glisser sur la pente : la célébrité, d'abord, à travers une série au comique plutôt dégradant, et la rencontre de Johnny Carpenter, technicien vidéo, qui introduit ces nouvelles technologies que sont alors la vidéo et le magnétoscope. Mais qui, aussi, en âme damnée, en double démoniaque figurant assez bien la figure du démon tentateur, introduit dans sa vie le ver insidieux de la libération des pulsions sexuelles. Tout ce que Bob Crane avait jusque-là refoulé de ses désirs intimes, son ami le lui rend possible et, qui plus est, en multiplie la jouissance en filmant leurs ébats partouzards et en offrant au sexe le dédoublement amplificateur de l'image. Perdant tout repère, l'homme respectable ouvre toutes grandes les vannes à sa libido : sa carrière, dans un pays dont les défoulements hédonistes des années 1960 finissantes montrent à quel point il garde forte l'empreinte du puritanisme, en pâtit forcément. Viennent alors les tournées minables, les ennuis de famille et d'argent, la dépendance incontrôlée du plaisir maladif.
La chute de Bob Crane, c'est, filmée par Paul Schrader, l'innocence perdue. Les images colorées et nettes du début se dégradent progressivement : à mesure que le personnage tombe de plus en plus bas, l'image devient sale, les couleurs sombres, les lignes floues. Le poids obsédant de la faute est là. Et plus dure que jamais est toujours, au sens biblique, la Chute…

## **SCHROEDER Barbet** (français, né à Téhéran en 1941)

**Premier long métrage :**
*More (1969)*
**Filmographie depuis 1985 :**
*Barfly (1987)* • *Le Mystère von Bülow (1990)* •
*J.F. partagerait appartement (1992)* • *Kiss of death (1995)* •
***Before and after (1996)*** • *L'Enjeu (1997)* •
*La Vierge des tueurs (2001)* • *Calculs meurtriers (2002)*

Collaborateur des *Cahiers du cinéma*, assistant stagiaire de Godard sur *Les Carabiniers*, co-fondateur de la société de production des Films du Losange, qui produit les premiers *Contes moraux* de Rohmer, producteur aussi de Chabrol et de Rivette, Barbet Schroeder, après avoir accompagné les belles années de la Nouvelle Vague, réalise lui-même, dans la mouvance hédoniste de 1968, le film culte des années drogue, sexe et liberté, *More*, avant de signer, parmi plusieurs documentaires, le terrible *Général Idi Amin Dada*, et de commencer, par le biais de Bukowski, auquel il consacre un film en 1982, une carrière américaine avec *Barfly*, en 1987. Suivent alors divers films hollywoodiens, essentiellement des thrillers à résonance sociale, en alternance avec des productions en France ou avec des réalisations plus personnelles, comme *La Vierge des tueurs*, tourné au cœur du royaume de la drogue, en Colombie.

### BEFORE AND AFTER (1996)
### avec Meryl Streep, Liam Neeson et Alfred Molina

**À chacun sa vérité.** Il y a avant. La vie ordinaire de gens ordinaires, dans une petite ville du Massachusetts, où Ben, Carolyn et leurs deux enfants mènent l'existence commune d'une famille comme les autres. Le bonheur simple des jours tranquilles. Et puis, un jour, on trouve un corps sur la neige, celui d'une adolescente, le visage écrasé. C'est Jacob, le fils de Ben et de Carolyn, qui a été vu le dernier avec la jeune fille, et c'est lui que la police recherche. Et désormais, rien n'est plus pareil. Il y a donc un après. D'abord, l'affolement des parents, qui ne savent que croire, d'autant que leur fils a disparu. Ben, fouillant dans la voiture de celui-ci, y découvre vite des indices accablants : des gants tachés de sang et un cric, lui aussi maculé, que tout désigne comme l'arme du crime. Alors, avant que la police n'arrive, le père fait disparaître ces preuves trop évidentes et il s'apprête à tout nier. Parce que seul compte pour lui le désir de sauver son enfant. Carolyn, elle, n'est pas persuadée de la culpabilité de Jacob : peut-être y avait-il une troisième personne, qui est le véritable assassin et que les objets que Ben a soustraits à l'enquête accusaient… Que croire ? Que faire ? La petite ville, elle, s'est rapidement fait son idée : il n'y a qu'un coupable et c'est Jacob, que sa fuite désigne comme tel. Du jour au lendemain, la famille se retrouve regardée comme celle d'un assassin. Le bonheur tranquille des jours ordinaires, la vie d'avant, font place à la suspicion, aux coups de téléphone anonymes, aux regards qui se détournent, aux clients qui se décommandent, et même aux excités qui, le soir, viennent briser les carreaux de la maison et mettre le feu à la grande sculpture en bois du jardin.

Dans un film qui commence comme un film policier classique, avec meurtre, enquête et présumé coupable, un premier glissement s'opère qui n'est pas le moins révélateur : avant même que le suspect soit jugé, la cause est entendue. Le microcosme social que constitue la petite ville renvoie à l'Amérique profonde et à une justice populaire du genre expéditif. La culpabilité commence là, et elle a un visage collectif. Mais il y a plus. Car Jacob revient. Et ce qu'il va raconter, loin d'apaiser les choses, les complique encore. Ben et Carolyn ont l'un et l'autre leur propre idée de la vérité. Et la question qu'ils se posent – faut-il dire le vrai ou le faux ? – se charge pour chacun d'un sens différent. Tous deux sont animés du même amour pour leur fils, mais chacun a sa personnalité. Laquelle, et c'est sans doute ce qui rend le film de Barbet Schroeder un peu lourdement symbolique, se trouve en quelque sorte inscrite dans leur activité. Lui est artiste, sculpteur, qui travaille sur la matière, le bois, le fer, l'acier : homme brut en quelque sorte, créateur, tout entier dans ses instincts premiers, prêt à tout pour défendre sa progéniture, y compris à braver la loi et à se heurter de front à la justice. Elle est médecin, soignant les enfants, insérée dans le fonctionnement social, respectueuse des normes et des lois. Face à un événement qui remet en cause la cellule familiale et qui met soudain les parents face à l'écrasante responsabilité d'être eux-mêmes les juges de leur fils et de décider, par l'attitude qu'ils vont tenir, de son devenir, l'enjeu est tel qu'il déborde vite le cadre du simple drame familial pour devenir un cas de conscience posé à chaque spectateur, américain en particulier, puisque c'est du fonctionnement de la justice aux États-Unis qu'il est surtout ici question. Or, dans cette entreprise quelque peu perturbante qui voit un cinéaste s'ingénier à semer le doute dans l'esprit de son public et à ébranler ses certitudes, la façon dont l'affaire est finalement réglée montre que Barbet Schroeder ne parvient pas à mener jusqu'à son terme son pari. La norme – et les exigences du dénouement selon Hollywood – reprennent assez pesamment leurs droits. Et le cas moral et social posé de façon assez excitante se dilue dans la résolution heureuse d'un conflit œdipien nettement plus convenu. Reste une tentative de sortir des chemins trop souvent battus, et ce beau couple que forment un Liam Neeson plus brut de décoffrage que jamais, mais dont la sollicitude vis-à-vis de son fils a quelque chose de maternel, et une Meryl Streep, qui incarne à merveille l'épouse, l'amante, la mère, la femme en un mot, mais qui représente au bout du compte le principe masculin. Ce qui, *in fine*, ne manque pas d'être subtilement subversif.

## SCHUMACHER Joel (américain, né en 1939)

**PREMIER LONG MÉTRAGE :**
*The Incredible shrinking woman (1981)*
**FILMOGRAPHIE DEPUIS 1985 :**
*St. Elmo's fire (1985) • Génération perdue (1987) • Cousins (1989) • L'Expérience interdite (1990) • Le Choix d'aimer (1991) • Chute libre (1992) • Le Client (1994) •* ***Batman forever (1995)*** *• Le Droit de tuer ? (1996) • Batman et Robin (1997) • 8 millimètres (1998) • Personne n'est parfait(e) (1999) • Tigerland (2000) • Bad Company (2001) • Phone Game (2003) •* ***Veronica Guerin (2003)*** *• Le Fantôme de l'Opéra (2004)*

La carrière de Joel Schumacher est typique de la génération de cinéastes qui arrivent à Hollywood dans les années 1980 et qui vont devenir les réalisateurs phares des studios dans les années 1990-2000. Styliste de formation, celui-ci commence par être directeur artistique de films publicitaires pour la télévision, avant d'aborder le cinéma par la création de costumes, puis de se tourner vers l'écriture de scénario. Lui-même passe à la réalisation d'abord à la télévision avant de réaliser son premier long métrage pour le cinéma, *The Incredible shrinking woman*, un hommage appuyé à Jack Arnold et *L'Homme qui rétrécit*. Son éclectisme le fait dès lors passer d'un genre à un autre avec la même efficacité, l'attention qu'il porte aux ambiances et aux contextes sociaux étant toujours à la base de ses centres d'intérêt, avec une prédilection pour les sujets chocs, qu'il traite de façon directe et souvent brutale.

### BATMAN FOREVER (1995)
#### avec Val Kilmer, Nicole Kidman, Tommy Lee Jones et Jim Carrey

**La chauve-souris de l'an 2000.** Tout est calme dans Gotham City. Et Bruce Wayne, le jeune et brillant patron du consortium le plus important de la cité, accumule des succès qui devraient lui assurer tranquillement la puissance et la gloire. Mais, à cette face diurne et lumineuse répond, heureusement pour le spectateur, une face nocturne : celle des mystères intimes, de l'imaginaire fantastique, et de l'oiseau de nuit qui prend son vol chaque fois qu'il s'agit d'aller aider les victimes et punir les coupables. Or précisément, la chauve-souris a de quoi se mettre sous les ailes. Car voici que soudain deux ennemis se déclarent, qui ont juré sa perte. D'un côté, l'ancien procureur Harry Dent, défiguré dans un accident, en rend responsable Batman et veut l'éliminer par tous les moyens. Devenu le hideux Double Face, il offre l'image d'un être à deux profils : l'un intact, nostalgie de la pureté perdue, l'autre mutilé, dont l'aspect horrible traduit l'esprit du mal qui désormais l'habite. À cette personnification de la vengeance à double visage vient s'ajouter une autre figure emblématique : le savant fou. Ed Nygma, c'est son nom, est un jeune chercheur qui mène de troubles expériences sur la manipulation des pensées. Or il est sèchement remis à sa place par Bruce Wayne et, dépité de ne pas se trouver reconnu, il décide lui aussi de se venger. Il devient alors l'Homme Mystère, qui cache son jeu pervers sous des énigmes (voir son nom) porteuses de mort.

Voici donc qu'aux deux identités du héros – Bruce de jour, Batman de nuit – répondent deux ennemis eux-mêmes porteurs d'une dualité qui apparaît, du coup, comme la ligne directrice de ce troisième épisode des aventures du justicier masqué. Car, poussant le jeu sur le double à fond, Joel Schumacher fait intervenir un nouveau héros de la BD, jusqu'ici absent du grand écran : Dick Grayson, lui aussi victime de la folie de Double Face. Toute sa famille étant tuée lors d'un attentat fomenté par le criminel, le jeune Dick se retrouve à partager le même sort que Bruce-Batman, lui aussi marqué à vie par le meurtre de ses parents. Il n'aura dès lors de cesse, ayant percé le secret de l'identité du justicier masqué, de vouloir devenir son partenaire, son double, et, nouveau Robin des bois, de l'accompagner dans sa croisade pour le bien et la justice. Et, pour que toute cette part double des personnages trouve son explication, l'héroïne féminine n'est autre qu'une psy, appelée à démêler les nœuds emmêlés de ces dualités et finissant par y voir clair dans son propre cœur, en choisissant Bruce plutôt que Batman, l'homme plutôt que le héros.
Ces diverses variations, pour autant, cherchent moins à donner aux personnages une épaisseur psychanalytique qu'à meubler un scénario dont l'essentiel reste beaucoup plus en surface que dans les eaux profondes. En reprenant, après Tim Burton, les aventures de Batman, Joel Schumacher s'est efforcé en effet de leur apporter une touche personnelle, mais sans pour autant bousculer ce qui constitue la loi du genre et l'esprit de la BD. On retrouve donc dans *Batman forever* tout ce qu'il faut attendre d'un épisode de la série, ingénieusement relooké au goût du jour : décors, costumes, accessoires, effets spéciaux ont un petit air futuriste qui fait résolument entrer le héros, sa cape, son masque et ses oreilles pointues de chauve-souris dans le XXIe siècle. Mais comme il faut bien l'aider un peu, l'essentiel reste dans la nécessité de l'entourer de partenaires qui apportent eux-mêmes un souffle nouveau. Si l'on peut passer assez vite sur les bons – la mignonne Nicole Kidman qui, quoique psychiatre, joue un peu les potiches de service, et le brave Chris O'Donnel, qui met beaucoup d'application à être aussi terne que Val Kilmer, son Batman de modèle –, on réservera une mention spéciale aux deux méchants : Tommy Lee Jones et son maquillage, et surtout Jim Carrey qui, poursuivant sa randonnée vers le succès, compose un Homme Mystère tout en grimaces et contorsions, qui tire le film vers l'opéra burlesque, la comédie musicale et le numéro de cirque, lui apportant de temps à autre le grain de folie qui lui fait défaut. Car, avec tous ses ingrédients, son savoir-faire, son efficacité, le *Batman* de Joel Schumacher ne trouve pas toujours son rythme. Et entre les hauts et les bas, le vol de la chauve-souris décolle, mais ne plane pas vraiment.

## VERONICA GUERIN (2003)
### avec Cate Blanchett

**Les risques du métier.** Morte au champ d'honneur, ou plutôt sur ce champ d'infamie qu'est le trafic de drogue : Veronica Guerin, journaliste d'investigation, enquêtait sur le crime organisé pour le compte du principal journal irlandais, le *Sunday Independent*. Le 26 juin 1996, dans la banlieue de Dublin, deux hommes à moto s'approchèrent de sa voiture arrêtée à un stop et, brisant la glace de la portière, tirèrent à bout portant six balles sur elle, la tuant net.
Le film de Joel Schumacher commence là, par la fin, par cet assassinat qui eut un retentissement considérable dans toute l'Irlande et qui précipita l'action de la police contre les mafias de la drogue que la journaliste dénonçait dans ses articles, et qui venaient ainsi de l'éliminer de la plus brutale des façons. Et ce début qui, d'emblée, annonce la fin de l'histoire traduit bien ce qui fait à la fois l'intérêt du film, et ses limites.
Cinéaste efficace, sachant mieux que personne raconter une histoire, le réalisateur prouve, en reprenant l'histoire à ses débuts et en en dévidant minutieusement le fil, qu'il sait conduire une intrigue et lui donner un rythme tel que le spectateur en oublierait presque le dénouement, pourtant connu, vers lequel elle mène inexorablement. C'est toute la puissance du romanesque, sensible dans l'art de camper un décor, de mettre l'accent sur des scènes fortes, de réduire la complexité des choses à un mécanisme dramatique inexorable. Et sensible surtout dans l'interprétation de Cate Blanchett, forcément irrésistible en parangon du journalisme indépendant et courageux, et d'autant plus qu'elle est une femme dans un monde de brutes. Cela sent d'ailleurs fortement son rôle à Oscar, avec l'investissement que cela suppose de la part de la comédienne, avec aussi un jeu démonstratif qui ne lésine pas sur les moyens de sa démonstration.
Et c'est sans doute là que le film de Joel Schumacher, pour passionnant qu'il soit, manque de la vraie dimension socio-politique, et sans doute morale, qui pourrait en faire autre chose que l'honnête illustration qu'il est. Passée au moule de la biographie spectaculaire, Veronica Guerin devient une sorte d'héroïne passe-partout. Elle mène l'enquête comme une héroïne de série, face à des truands qui ont la tête de l'emploi et à un monde de la drogue qui sent son cliché. Et sa mort apparaît du coup très hollywoodiennement correcte.

## SCOLA Ettore (italien, né en 1931)

**PREMIER LONG MÉTRAGE :**
*Parlons femmes (1964)*
**FILMOGRAPHIE DEPUIS 1985 :**
*Macaroni (1985)* • ***La Famille (1987)*** • *Splendor (1988)* • *Quelle heure est-il? (1989)* • *Le Voyage du capitaine Fracasse (1990)* • *Mario, Maria, Mario (1993)* • *Le Roman d'un jeune homme pauvre (1995)* • ***Le Dîner (1998)*** • *Concurrence déloyale (2001)* • ***Gente di Roma (2003)***

Formé, dans les années 1950, à l'école du journalisme, de la radio, puis du scénario, Ettore Scola, dès qu'il a abordé la réalisation, n'a jamais cessé de s'intéresser à la situation sociale et politique de son pays, à travers des thèmes récurrents – l'amour, l'amitié, le spectacle –, faisant de son œuvre le miroir sans doute le plus net et le plus pénétrant d'une Italie voyant les idéaux généreux nés de la Résistance se heurter aux médiocrités et aux compromissions de la réalité. Il y a, dans les films de Scola, une conscience intellectuelle toujours en éveil, qui fait preuve d'une lucidité à la fois cruelle et nostalgique, dont *Nous nous sommes tant aimés*, brossant en 1974 le bilan de trente années de désillusions, fournissait l'exemple emblématique. Depuis, Scola n'a en fait jamais cessé de faire le même film : dans un décor souvent unique, les mouvements de sa caméra tracent le mouvement même de l'Histoire en marche et du temps qui passe. L'intérêt critique porté en France à son œuvre s'est, au fil des films, de la crise du cinéma italien et des transformations politiques de l'Italie, fortement émoussé. Et, taxant trop vite son cinéma de vieillot, l'on n'a pas su voir que la manière y était toujours aussi virtuose, le regard d'analyste toujours aussi aigu, et la chaleur humaine toujours aussi complice, colorée simplement, avec le temps, d'une mélancolie plus présente. Laquelle n'exclut nullement l'attention portée aux changements en cours : à cet égard, *Gente di Roma*, aussi marqué par le poids du passé que par les formes les plus actuelles du présent, dit assez que le cinéma de Scola, même s'il a son âge, est toujours bien vivant.

### LA FAMILLE (1987)
#### avec Vittorio Gassman, Stefania Sandrelli, Fanny Ardant et Philippe Noiret

**La vie derrière soi.** Quatre-vingts ans : le temps d'une vie. Celle de Carlo, que l'on baptise lorsque s'ouvre le film et qui, lorsque l'histoire s'achève, est devenu ce patriarche octogénaire dont toute la famille réunie fête l'anniversaire. Quatre-vingts ans : le temps qui passe, et que l'on sent passer, à des petits riens, des taloches aux enfants pas sages, des jeux idiots, des caresses furtives, des allées et des venues, des départs et des retours. Quatre-vingts ans : le temps d'aimer Adriana et, comme un imbécile, de la laisser partir. Et, faiblesse ou sagesse ?, d'épouser sa sœur à sa place, et, tandis qu'elle poursuit au loin une carrière de pianiste, de devenir professeur, père de famille, bourgeois de gauche, d'avoir des enfants, une vie rangée, et ce vide au cœur qui vous saisit parfois lorsque vous vous retrouvez seul avec vous-même. Quatre-vingts ans : le temps d'apprendre à vivre, et il est déjà si tard…
Ettore Scola, qui avait tenu la gageure de raconter une journée particulière, raconte ici – autre gageure – une vie entière, une vie comme tant d'autres, où il ne se passe rien, que des choses ordinaires. Dans le cocon douillet d'un appartement où passent les générations, où l'ameublement change imperceptiblement et où les acteurs eux-mêmes – Gassman, Fanny Ardant, Stefania Sandrelli, tous éblouissants – vieillissent sans qu'on s'en rende compte, le temps file, semblable au couloir du grand appartement où la caméra avance, au fil du temps. C'est la vie, comme un travelling avant. Et lorsqu'on arrive au bout, reste le retour en arrière des souvenirs, avec l'idée, fugace, que les choses auraient pu être différentes, si… Mais l'on ne refait pas sa vie. Dans un film de virtuose, qui manie l'ellipse avec légèreté, Ettore Scola feuillette avec une tendresse amusée et un rien nostalgique ce qui pourrait être comme le livret de toutes les familles. De ces familles où, comme dans son film, on rit et on pleure : familles protectrices et étouffantes, douces et insupportables, refuges et prisons, enfers et paradis, et à qui l'on a envie de dire : « Familles, je vous haime… »

### LE DÎNER (1998)
#### avec Fanny Ardant, Vittorio Gassman et Giancarlo Giannini

**Pain, amours et nostalgie.** On s'est tant aimé dans les films de Scola, il y a eu tant de passions d'amour, tant de drames de la jalousie, tant de musiques de bal, tant de soirées sur la terrasse, tant de journées particulières, qu'il y a comme un plaisir spécifique à se retrouver tous à table avec lui, avec cette petite musique qui vous introduit dans son restaurant et qui, d'emblée, vous fait vibrer le cœur. Et l'on a l'impression que rien n'a changé : ils sont bien là, fidèles au rendez-vous, tous ces personnages que la comédie à l'italienne savait faire rire et pleurer comme personne dans les lointaines années 1960-1970. Naturellement, ils ont pris un bon coup de vieux : Vittorio Gassman, tout en rides, s'est reconverti en sage qui observe et qui ne peut plus dire à la belle restauratrice qu'un désabusé : « Ah, si vous aviez trente ans de plus ! » Et Giancarlo Giannini, en professeur de philo blanchi sous le harnais des idées, peut bien s'offrir pour un soir le plaisir d'une jeunesse, il sait que sa femme l'attend à la maison et que sa philosophie a du plomb dans l'aile. Quant à Stefania Sandrelli, la poitrine un peu trop généreuse et la lèvre un peu trop fardée, elle qui ne vivait que pour le sexe doit se résoudre à voir sa fille choisir la voie du couvent...

Ainsi va la vie, dans le restaurant de la belle Flora. D'une table à l'autre, par la grâce d'une caméra qui glisse entre les convives, qui surprend les conversations, qui capte les regards et les soupirs, voici qu'à nouveau les petits drames et les petits bonheurs se donnent rendez-vous. On parle théâtre, politique, évasion fiscale, manière d'accommoder les pâtes. Il y a la beauté brune qui réunit tous ses amoureux pour qu'enfin on s'explique entre soi ; le cuisinier qui peste contre l'inculture politique de ses gâte-sauce ; et aussi la maîtresse qui dîne à la table de son amant et qui correspond avec lui par téléphone portable pour que le mari, assis à côté, ne s'aperçoive de rien ; et la fille enceinte qui ne se rend pas compte que son fiancé fait de l'œil à la belle solitaire assise juste en face...

Ettore Scola excelle dans ces conversations croisées, ces destins saisis dans le flash d'un instantané et qui, le temps d'une soirée au restaurant, laissent voir les plaies et les bosses de la vie. Certes, cela sent son déjà-vu, et l'impression que le cinéaste n'en finit pas de poursuivre un film commencé il y a bien des années n'est pas tout à fait fausse. Et s'il y a bien quelques nouveaux convives à la table – des Japonais, appareil photo à portée de main, ou des jeunes lycéens réunis pour un anniversaire et apportant au menu percing, engagement humanitaire, et autres nouveaux goûts du jour –, le cinéma de Scola reste bien tel qu'en lui-même, à la fois léger et cruel, et comme figé dans une forme qui n'entend pas changer. Pourtant, dans cette épaisseur de la durée, où se glisse la petite musique de la nostalgie et des illusions perdues, passe aussi le sourire de la magie, et la fantaisie pleine d'espoir d'un balai de sorcière qui, comme dans *Miracle à Milan,* emporterait les pauvres gens vers le ciel. Si ce n'est qu'ici, ironie des temps, c'est sur l'écran d'un jeu vidéo que s'inscrivent désormais les galipettes célestes...

## GENTE DI ROMA (2003)
### avec Stefania Sandrelli

**Scola Roma.** Il est 4 heures, Rome s'éveille. Et le film d'Ettore Scola commence là, dans ce petit matin brumeux où, dans un appartement modeste, une femme se lève pour préparer le casse-croûte à son homme qui, comme tous les matins, part à l'aube pour aller travailler. Porte qui se ferme, arrêt d'autobus, petit signe de la main à la femme qui referme les volets, et le bus qui emporte le travailleur vers le centre. Où on le retrouvera, quelques heures après, grignotant sa *fritata* sur un banc : il a perdu son travail, il est chômeur, et n'a rien encore osé dire à sa femme.

Ainsi commence l'évocation de Rome, par ceux qui l'habitent aujourd'hui, et par ce double fil conducteur que sera la ligne spatiale de l'autobus traversant la ville et la ligne temporelle d'une journée comme les autres, du petit matin à l'aube du jour suivant. Fils conducteurs déroulés de façon suffisamment libre pour que Scola, laissant promener sa caméra, capte à son aise les mille et un visages d'une ville éternelle saisie dans sa configuration la plus immédiate et la plus actuelle. Film patchwork, tissé de dizaines de séquences et de centaines de personnages, les uns juste entrevus, les autres un peu plus longuement suivis, le tout formant une mosaïque qui, peu à peu, prend forme et donne de Rome l'image multiforme, multicolorée, grouillante, animée qui est aujourd'hui la sienne. Et où l'on retrouve à la fois les préoccupations éthiques et politiques du cinéaste, mais aussi un souci manifeste d'écouter le temps présent.

Scola s'est sans doute suffisamment entendu dire que ses derniers films cultivaient la nostalgie et que son cinéma datait d'un temps révolu : prenant le taureau par les cornes et infligeant un cinglant démenti à ceux qui l'avaient enterré avec le cinéma italien, il offre un film surprenant, plein d'une vitalité nouvelle. Où l'humour à l'italienne fait flèche de tout bois, mais sur des sujets – le racisme, l'émigration, la perte du politique, la vieillesse, lourdement présente – qui à la fois témoignent des changements de Rome, et de l'âge du cinéaste.

Ce qui donne à cette promenade romaine, loin de l'imaginaire débordant d'un Fellini l'investissant de ses fantasmes, le charme à la fois vagabond et cruel d'un regard d'observateur aigu. Chaleureux et complice, tendre et amusé, mais grave aussi devant le bouillonnement de plus en plus débordant de la vie. Et la présence de plus en plus obsédante de la mort.

## SCORSESE Martin (américain, né en 1942)

**Premier long métrage :**
*Who's That Knocking at My Door ? (1969)*
**Filmographie depuis 1985 :**
*After Hours (1986)* • *La Couleur de l'argent (1986)* • ***La Dernière tentation du Christ (1988)*** • *New York Stories (1989), co-rélisation* • ***Les Affranchis (1990)*** • *Les Nerfs à vif (1991)* • *Le Temps de l'innocence (1993)* • *Casino (1995)* • *Kundun (1998)* • *À tombeau ouvert (1999)* • ***Gangs of New York (2002)*** • *Mon voyage en Italie (2002)* • *The Blues (2004), co-réalisation* • *Aviator (2004)* • *The Departed (2005)*

De son origine et de son enfance, Martin Scorsese, né dans une famille d'émigrés italiens et élevé à New York dans le quartier de la Little Italy, tire l'inspiration première, et constante, de son œuvre. La place qu'il y fait à tous ceux que le côté riche et conquérant de l'Amérique laisse sur le bord de la route et qui, issus de minorités défavorisées ou marqués par l'injustice d'un système social dur envers les faibles, doivent se battre pieds et poings pour se faire leur place au soleil, montre que, totalement intégré à ces États-Unis qui sont son pays, il n'en garde pas moins vis-à-vis d'eux la part de jugement critique que son origine lui permet, mieux que d'autres, d'exercer. L'univers de Scorsese, urbain, nocturne, marginal souvent, est celui d'une Amérique des fêlures profondes, dont Robert De Niro, en chauffeur de taxi mal remis du Vietnam, dans *Taxi Driver*, ou en champion de boxe arrivé au faîte de la gloire pour être laminé par la déchéance sociale, dans *Raging Bull*, a été le révélateur inspiré dans les grands films des années 1970. Depuis, Scorsese est devenu la référence d'un cinéma exigeant et personnel, toujours fidèle à ses grands thèmes, et les élargissant même à une vision globale, comme le montre *Gangs of New York*, pendant noir et violent du film fondateur de Griffith, *La Naissance d'une nation*. Et travaillant par ailleurs à conserver la mémoire du cinéma, à travers son laboratoire de restauration de films, mais aussi la mémoire de ses propres origines, comme le montre ce long et beau travail de plongée dans les films italiens qui ont nourri son enfance, dans son *Voyage en Italie* à lui.

### LA DERNIÈRE TENTATION DU CHRIST (1988)
#### avec Willem Dafoe, Harvey Keitel, Verna Bloom et Barbara Hershey

**Faut-il crucifier Scorsese ?** On l'a vu, enfin ! Malgré les œufs pourris et les anathèmes. Et l'on doit bien se rendre à l'évidence : il n'y a pas là de quoi fouetter un intégriste ! Tout simplement parce que, au-delà de la pertinence ou non de ses choix, le film de Scorsese est profondément religieux. L'erreur serait de le jauger à l'aune des Écritures : qui cherchera l'esprit et, à plus forte raison, la lettre de l'Évangile dans cet itinéraire d'un Christ passablement imaginaire risque fort d'en être pour ses exégèses. Mais la vision d'un Dieu fait véritablement homme, qui constitue la ligne de force spirituelle du film, ne saurait être jugée iconoclaste que par ceux qui confondent le Père et le Fils et qui pensent sans doute que la couronne du Crucifié était de roses et non d'épines. Cet homme (un William Dafoe charnel, très loin du genre baba cool souffreteux de l'habituel Christ de cinéma), cet homme donc, charpentier, charpenté, rugueux, massif, soumis à la faiblesse d'être homme ; ce Jésus, homme parmi les hommes, qui dit son incompréhension et même sa peur devant ce qui lui tombe du Ciel ; ce supplicié qui souffre et qui rêve que tout pourrait être différent, que, descendu de la croix, il pourrait vivre heureux avec sa Madeleine ou sa Marie, leur faire quelques enfants et vieillir comme tout un chacun, ce n'est rien d'autre que la volonté d'être homme jusqu'au bout : plutôt que de revendiquer une divinité qui passe par le sacrifice, le désir d'assumer une humanité qui passe par la chair, périssable et mortelle. Quelque chose comme un anti-Faust, qui donnerait son corps au diable pour échapper à l'immortalité.
On en pensera ce qu'on voudra. Mais qui pourra nier la force d'une telle vision, ce côté brut et quasi primitif, qui fait toucher du doigt le vrai mystère : celui de l'Incarnation ? Dans cette Judée reconstituée avec une minutie extrême, dans ces paysages de poussière et de feu, dans cet Orient ancien qui grouille de peuples, de races, de sectes, un homme avance, en proie à ses propres doutes. Et il se passe quelque chose, que la caméra de Scorsese enregistre : le temps se dilate au rythme des ralentis de l'image ; de très gros plans fixent les clous dans la chair ; une musique lancinante martèle la montée au calvaire sous les quolibets d'une foule aux trognes réjouies ; et soudain le cadrage bascule, et le monde avec lui, quand la croix est dressée vers le ciel.

Faut-il donc pour cela crucifier Scorsese ? Que celui qui n'a jamais douté lui jette la première boule puante, et que la foi des uns ne nourrisse pas la mauvaise foi des autres. Certes, son film est long ; certes, les incongruités n'y manquent pas ; certes, il y a à boire et à manger dans son eucharistie. Mais certes aussi, il y a là une œuvre, avec ses défauts, mais aussi avec sa beauté propre. Capable de faire naître une vraie émotion et, pourquoi pas ?, de la faire partager à ceux qui croient au Ciel comme à ceux qui n'y croiraient pas.

## LES AFFRANCHIS (1990)
### avec Ray Liotta et Robert De Niro

**Grandeurs et servitudes de la vie de gangster.** « D'aussi loin que je me souvienne, j'ai toujours voulu être gangster. » Cette réflexion, qui ouvre le film de Scorsese, c'est le rêve de son héros, Henry Hill. Il faut dire que tout l'y prédispose. Que faire d'autre quand on est comme lui irlando-sicilien, né dans cette Petite Italie où le seul moyen de s'élever est de faire partie de l'Organisation, et où on a sous les yeux, juste en face de chez soi, l'exemple vivant de la réussite : Paul Cicero, un des chefs de la mafia new-yorkaise ? À longueur de journées, le jeune Henry voit défiler ces messieurs de la grande famille du crime, qui mènent grand train avec leurs limousines longues comme des corbillards, leurs énormes bagues aux doigts et leurs escarpins vernis. Comment devant eux ne pas ressentir une étrange fascination, mêlée d'envie ? Et comment, si on est malin, ne pas chercher à les rejoindre ? C'est ce que fait le jeune garçon : sachant se rendre utile, il se fait remarquer de Cicero, qui le prend sous sa protection. Commence alors pour l'apprenti gangster une longue route qui, l'intégrant progressivement au monde du crime, va en faire un de ces affranchis qu'il rêvait d'être. En compagnie de James Conway, un des hommes les plus redoutés du milieu, il va brûler toutes les étapes, s'élever dans la hiérarchie, connaître l'argent, les femmes, le luxe. Mais bientôt, aussi le sang et les larmes, la peur et la souffrance, jusqu'au jour où l'amitié fera place à la solitude et la confiance à la trahison.

Ce qu'il y a d'extraordinaire dans le film de Scorsese, c'est que tout y paraît ordinaire. Loin de la saga mythique du *Parrain*, le cinéaste choisit de raconter le monde du crime tel qu'il est : commun. Avec lui, les gangsters apparaissent pour ce qu'ils sont : des types quelconques, attirés par la vie facile, liés entre eux par quelques valeurs simples, le respect, l'esprit de famille, l'honneur. Et se foutant du reste. Des primaires, faisant leur boulot sans états d'âme, et dont le côté fruste se manifeste par un comportement tapageur et grossier, et un penchant marqué pour le mauvais goût. Ils collectionnent les Cadillac roses, les intérieurs criards, les femmes fardées comme des poupées, les grosses plaisanteries. Henry Hill s'insère d'autant plus vite dans ce milieu qu'il est lui-même un type quelconque, assez veule, fait pour jouer les seconds rôles. Pas taillé pour être un parrain : tout juste un filleul. Le choix, pour tenir le rôle, de Ray Liotta, est une trouvaille : il a le visage mou, un peu fuyant, du beau gosse sans caractère. À ses côtés, De Niro, en génie froid de la violence, porte tout le côté menaçant d'un univers qui perpétue l'antique loi de la jungle.

Le film de Scorsese raconte tout cela sans concession. Sans jugement non plus. Ces seigneurs du crime, ils ont leur côté ridicule, leurs tics parfois attachants, et cette sensation qu'ils donnent de vivre comme dans un film dont ils seraient les premiers spectateurs. Un film noir, signé Scorsese.

## GANGS OF NEW YORK (2002)
### avec Leonardo DiCaprio, Cameron Diaz et Daniel Day-Lewis

**Naissance d'une nation.** Il était donc une fois New York, dans les années 1840-1860 : des baraques en bois, des petits immeubles de briques, des rues grossièrement pavées, des brasseries et des beuglants, des bordels et des fumeries d'opium, des saloons et des antres caverneux, comme celui où Priest Vallon, à la tête de son groupe d'immigrants irlandais, se prépare, aux premières images du film de Martin Scorsese, pour aller affronter le clan des Natifs, qui se prétendent Américains pure souche et qui veulent réduire tous ces loqueteux d'Irlandais débarquant de leur île et de leur famine pour venir investir la cité.

On est bien loin ici de l'imagerie des grands espaces et des grands sentiments où l'Amérique hollywoodienne a, depuis John Ford, forgé son mythe des origines. L'antre où se prépare le combat a tout d'une taverne du diable, d'une de ces cavernes venues du fond des âges, où les hommes, habités par une sauvagerie primitive, vêtus de peaux et de cuirs, armés de gourdins et de massues, se livrent à la lutte ancestrale pour la conquête de leur territoire. Et c'est bien dans cet esprit de violence première que Martin Scorsese construit sa Naissance d'une nation. Blackboulant les mythes fondateurs, mettant à bas l'imagerie d'un Nouveau Monde qui aurait inventé la démocratie par le partage des grands idéaux de justice, de tolérance et de liberté, il brosse avec un souffle épique le tableau d'un creuset où brûlent les pulsions les plus viles, les instincts les plus primaires, les racismes les plus violents.

Le premier affrontement, qui ouvre le film, voit Vallon, le meneur irlandais, proprement mis en pièces par le leader du clan adverse, le terrible Bill le Boucher, bardé de tous ses ustensiles de découpage et de dépeçage qu'il exerce sur les cochons avant de les mettre en pratique sur les hommes. Quinze ans plus tard, Amsterdam, le fils de Vallon, sortant d'une maison de redressement où il s'est forgé un caractère de fer, revient à Five Points, le quartier malfamé de la cité, pour y venger son père. L'histoire que raconte *Gangs of New York* emprunte donc le vieux schéma tragique de la vengeance qui se double, chemin faisant, de la relation père-fils qui ne manque pas de s'établir entre le sanguinaire Boucher et le jeune Amsterdam qui trouve en lui comme un père de substitution, alors même qu'il est venu le mettre à mort. Mais, au-delà de cette épine dorsale narrative, qui offre deux grands rôles à Leonardo DiCaprio et à Daniel Day-Lewis (lequel, impressionnant, comme son personnage, dame le pion haut la main à son jeune rival), le film de Martin Scorsese apparaît comme un de ces moments forts de cinéma où, par la maîtrise éblouissante de la mise en scène tout autant que par l'ambition du propos, se font jour à la fois l'univers d'un cinéaste et toute une culture, une société, une civilisation qui s'expriment à travers lui.
Que la loi de l'Amérique originelle soit ici celle de la jungle ; que les affrontements tribaux annoncent, de clans en gangs, de groupes ethniques en mafias, le glissement de la lutte communautariste vers la criminalité et que Bill le Boucher préfigure déjà Scarface ; que la guerre de Sécession ne soit pas la noble et pieuse entreprise abolitionniste inspirée par Lincoln, mais que l'affrontement des deux personnages du film intervienne sur fond de sanglantes émeutes new-yorkaises contre la conscription et de lynchage de nègres pendus et brûlés aux réverbères de la ville ; que l'Amérique du melting-pot soit d'abord ce chaudron de lave en fusion où, bible dans une main et couteau dans l'autre, se forge un nouveau monde : il fallait sans doute, pour le dire, un Américain né de l'immigration et un cinéaste de la stature des plus grands, de Griffith et de Ford. Comme Scorsese.

## SCOTT Ridley (anglais, né en 1939)

**Premier long métrage :**
*Duellistes (1977)*
**Filmographie depuis 1985 :**
*Legend (1985)* • *Traquée (1987)* • *Black rain (1988)* • *Thelma et Louise (1990)* • *Christophe Colomb (1992)* • *Lame de fond (1996)* • *À armes égales (1997)* • ***Gladiator (1999)*** • *Hannibal (2000)* • ***La Chute du Faucon noir (2001)*** • ***Les Associés (2003)*** • *Kingdom of Heaven (2005)* • *A good year (2005)*

Ridley Scott représente sans doute le meilleur exemple de ces cinéastes étrangers appelés par Hollywood à illustrer le grand cinéma de genre, et qui le servent d'autant mieux qu'ils le renouvellent en y apportant leur touche personnelle. Formé en Angleterre, son pays natal, s'y imposant dans la vidéo et la publicité, il se signale dès son premier long métrage, anglais, *Duellistes*, par la façon dont il traite l'histoire de deux officiers de la Grande Armée se poursuivant en duel sur tous les champs de bataille européens, avec une élégance de la forme et un sens du spectacle qui ne peuvent que séduire les studios hollywoodiens, lesquels lui confient aussitôt la réalisation d'*Alien*. Le succès du film lance sa carrière américaine, laquelle est marquée par la réussite dans pratiquement tous les genres qu'il aborde : de la science-fiction avec *Blade Runner* au thriller avec *Traquée*, du road-movie dans sa version féminine avec *Thelma et Louise* à la reconstitution historique avec *Christophe Colomb*, de la suite à succès avec *Hannibal*, séquelle du célébrissime *Silence des agneaux*, au film d'arnaque, avec *Les Associés*, tous films où il apporte à un sens aigu de l'action et du spectacle une sorte de distance très britannique. Et, dans ces grands genres que sont le péplum, le film de guerre et la comédie d'arnaque, il prouve avec *Gladiator*, *La Chute du Faucon noir* et *Les Associés*, que le cinéma de genre n'exclut nullement la personnalité du regard.

### GLADIATOR (1999)
### avec Russell Crowe, Joaquin Phoenix et Connie Nielsen

**Arènes saignantes.** Ça commence en Germanie, sur un champ de bataille boueux, en lisière de forêts lugubres. Les légions romaines ont face à elles des barbares à peaux de bêtes. Lorsque le combat s'engage, les catapultes lancent des boulets incendiaires qui embrasent le ciel, le sang gicle sous les armures, les têtes coupées roulent dans la fange, il y a de la tuerie sauvage et primitive dans l'air. Somptueux morceau de bravoure, la scène qui ouvre *Gladiator* donne d'emblée le ton du film de Ridley Scott. Le péplum, revu et corrigé par la haute technologie et les grands moyens hollywoodiens d'aujourd'hui, ce n'est plus le chromo en technicolor qui sentait son carton-pâte, c'est *La Guerre du feu* revenue du fond des âges en son dolby et en images virtuelles. Dans la brutalité ambiante se dresse la noble figure de Maximus, le général romain. Marc-Aurèle, qui le regarde combattre et remporter la victoire, sait bien que c'est à lui qu'il faut confier l'empire, et non à son fils Commode, assoiffé d'ambition et de cruauté sournoise. Marc-Aurèle, à vrai dire, ce n'est pas rien : c'est la caution de la sagesse, c'est le rêve d'une Rome pacifique et d'un pouvoir juste. Mais Marc-Aurèle meurt, étouffé par son héritier, lequel s'empresse de briser Maximus en le condamnant à mort et en faisant crucifier sa femme et son enfant. Maximus s'en tire, mais c'est pour être vendu comme esclave à un marchand de gladiateurs. Dès lors, il ne rêve plus que d'une chose : revenir à Rome et se venger. Et justement, Commode, qui a appris de Néron que pour tenir le peuple il faut lui donner du pain et des jeux, rétablit les combats de gladiateurs au Colisée. C'est ainsi que Maximus se retrouve dans l'arène romaine, où il va appliquer les préceptes que son entraîneur, versé dans la psychologie et la communication, lui donne : gagner le cœur de la foule et se faire acclamer comme dieu du stade, pour devenir le détenteur du vrai pouvoir.

La lutte entre Maximus et Commode, qui fournit la trame de l'histoire, apparaît ainsi comme un affrontement où l'on peut voir tout autant une réflexion sur la communication politique qu'une parabole sur la puissance des images. Entre l'empereur organisateur de spectacles et le champion soignant sa prestation, c'est à qui saura le mieux se faire valoir auprès du public. À ce jeu-là, Maximus devient vite une vedette. Les combats qu'il livre sont un condensé de tous les arts martiaux, filmés au ralenti ou en accéléré comme une chorégraphie et qui ont de quoi séduire non seulement les spectateurs romains, mais plus largement encore ceux qui, dans leur fauteuil de cinéma, assistent à un spectacle grandiose, rythmé et agencé par un metteur en scène qui retrouve, avec des moyens évidemment sans commune mesure avec ceux de ses débuts, le côté acéré de ses *Duellistes*. Et dont l'ambition, au-delà du défi spectaculaire, est à l'évidence de refaire du péplum ce qu'il était chez Shakespeare ou chez Corneille : une tragédie. La lutte pour le pouvoir sur fond d'intrigues politiques, la force des sentiments en butte aux pulsions les plus violentes, la noblesse de l'idéal incarné par un héros de chair : rien n'y manque. Et tout est réussi.

## LA CHUTE DU FAUCON NOIR (2001)
### avec Josh Hartnett, Ewan McGregor et Tom Sizemore

**Les portes de l'enfer.** Le film de guerre est un genre qui eut longtemps ses heures de gloire hollywoodiennes et qui s'y entendait pour faire reluire les étoiles du drapeau américain. Mais comme le dit le sergent Matt Eversmann, à la fin de *La Chute du Faucon noir*, alors que, le visage en sang, il se recueille devant le cadavre d'un de ses hommes : « Désormais, tout a changé. » Et c'est bien le sentiment premier qu'on ne peut s'empêcher de ressentir en voyant le film de Ridley Scott, conçu, écrit et réalisé bien avant le 11 septembre, et pourtant chargé, au moment où il sort, d'une vision des choses radicalement transformée. Le film y prête d'autant plus que ce qu'il raconte, c'est en effet le piège le plus infernal dans lequel soient tombées les forces américaines depuis l'enlisement vietnamien. Conçue comme une mission relativement simple, qui consistait à s'emparer de deux chefs de clan localisés dans un quartier de Mogadiscio contrôlé par les milices au pouvoir, l'opération, au lieu des 45 minutes prévues, allait précipiter pendant 18 heures les troupes dans un véritable traquenard. Cela se passait en 1993, en Somalie, dans le cadre d'une mission des Nations unies. Et ce fut le plus cinglant camouflet militaire subi par l'administration Clinton.

Pour en rendre compte, Ridley Scott ne s'est pas posé la question de la légitimité de l'intervention. En donnant, sur les 2 h 24 du film, quelque 30 secondes de parole à un combattant somalien pour exprimer le point de vue de l'adversaire, il ne cherche manifestement pas à faire une analyse politique de la situation. Ce à quoi il se limite, et qui fait l'intérêt propre de son film, c'est de raconter au plus près, minute par minute, le déroulement de l'opération, en suivant les troupes au sol, prises dans le guêpier et ayant toutes les peines du monde à s'en sortir. Du coup, il retrouve la grande veine du film de guerre, dont il joue le jeu sans plus se poser de questions, mais à sa manière propre. Envisagé comme tel, son travail est d'autant plus remarquable que l'entreprise, ici, était techniquement difficile. Refusant en effet de privilégier quelques personnages et d'en faire des types représentatifs, il choisit de raconter une aventure collective, mal embringuée, et où les catastrophes s'enchaînent inexorablement les unes aux autres : les hélicos se crashent, les troupes d'intervention se trouvent coupées de leur base, les jeeps et les camions explosent, et les hommes, pris sous le feu d'un ennemi qui surgit de toutes parts, tombent les uns après les autres. Dans un bruit infernal, les armes crépitent, le sang gicle, les corps se déchiquettent : la guerre n'est plus que la mécanique infernale de la violence brute et de la mort sauvage. Le spectacle est apocalyptique, ce qui explique sans doute que le cinéaste, dans le brio qu'il déploie à l'animer, se laisse lui aussi à son tour prendre quelque peu au piège. Deux heures et 24 minutes de boucherie sanglante, cela finit par sentir sa complaisance, d'autant plus que la maîtrise impressionnante qui préside à la reconstitution des événements en renforce encore l'efficacité visuelle et sonore. Saoulé de sang, de bruit et de fureur, on sort donc de là avec un goût amer dans la bouche : celui qui accompagne ces soldats US hébétés, revenant dans leur camp en courant comme des lapins, escortés par des enfants somaliens rigolards qui se moquent d'eux. Et l'on a la sensation que la guerre hollywoodienne, quoique toujours aussi spectaculaire, n'est décidément plus ce qu'elle était.

### LES ASSOCIÉS (2003)
**avec Nicolas Cage, Sam Rockwell et Alison Lohman**

**Tics – Tocs.** Roi de l'arnaque, Roy, capable de monter avec Frank, son associé, les plus subtiles embrouilles et de plumer les meilleurs pigeons. Mais roi du tic et du t.o.c., aussi, en permanence agité de tremblements nerveux, en proie à tous les troubles obsessionnels compulsifs qui passent, n'ouvrant jamais sa porte qu'en comptant jusqu'à trois, et ne supportant pas qu'un seul poil de sa moquette dépasse. Son appartement est à l'image de sa personnalité : rangé avec un soin si méticuleux qu'il dénote l'obsession sous-jacente. Tout doit être à sa place, impeccablement récuré et astiqué, sans quoi le tic nerveux guette, la suffocation surgit, le bégaiement bloque les mots dans la gorge.

Naturellement, tout le plaisir que distille d'emblée le film de Ridley Scott tient à cette astuce de scénario qui consiste à introduire dans cet univers à l'ordre maladif et à l'équilibre précaire un élément perturbateur, qui va venir mettre la pagaille tout autant dans l'appartement que dans la vie de Roy. Et que cet élément soit une fille de 14 ans, souvenir jamais digéré d'un mariage raté, qui resurgit un beau jour pour venir réclamer de ce père qu'elle ne connaît pas l'affection et la reconnaissance qu'elle attend, suffit à lancer le film et la grosse arnaque que Roy et Frank sont en train de préparer dans une direction pas tout à fait conforme à celle qu'ils avaient imaginée.

Du coup, le film d'arnaque se trouve heureusement renouvelé par la quête problématique de paternité, qui influe forcément sur les tics et les tocs de Roy, jusqu'à jouer progressivement le rôle d'une thérapie. Et c'est évidemment dans cette psychanalyse en action que Nicolas Cage donne toute sa mesure. Irrésistible en maniaque du rangement et en agité de la compulsion, il donne à son personnage une authenticité telle qu'on en vient à se demander s'il ne va pas chercher en lui-même les tics et les blocages dont celui-ci est affecté.

D'autant que le fil scénaristique du genre – la belle arnaque – continue à fonctionner, intégrant même à l'univers des deux arnaqueurs associés la fille retrouvée, ce qui ajoute à la valeur d'apprentissage une bonne dose de mauvaise conscience du côté d'un père qui se retrouve malgré lui professeur en combines et en coups fourrés. La morale en prend ainsi un sacré coup. Encore qu'elle a finalement son mot à dire, vu que les bons maîtres font les bons élèves et que bon sang ne saurait mentir… Ou, si l'on préfère, que tel est pris qui croyait prendre ! Notamment quand on est spectateur d'un film aussi jubilatoire et aussi bien ficelé que celui-là…

---

## SCOTT Tony (anglais, né en 1944)

**Premier long métrage :**
*Les Prédateurs (1983)*
**Filmographie depuis 1985 :**
*Top Gun (1986)* • *Le Flic de Beverly Hills 2 (1987)* • *Revenge (1990)* •
*Jours de tonnerre (1990)* • *Le Dernier Samaritain (1991)* • *True Romance (1993)* •
*USS Alabama (1995)* • ***Le Fan (1996)*** • *Ennemi d'État (1998)* • *Spy game (2002)* •
*Man on fire (2004)* • *Domino (2005)*

Étudiant en dessin et en peinture, titulaire d'une maîtrise d'art, Tony Scott s'associe en 1973 avec son frère aîné Ridley pour fonder à Londres une société de production de spots publicitaires. Il devient rapidement un réalisateur reconnu dans la spécialité, tout en réalisant par ailleurs des téléfilms et des documentaires pour la télévision. Il passe au cinéma en 1983, aux États-Unis, où son frère a déjà réalisé *Alien* et *Blade runner*, commençant lui aussi par le fantastique, mais passant vite, avec *Top*

*Gun*, à ce qui va devenir sa spécialité : le film d'action, qu'il traite sous des formes diverses, souvent avec de gros budgets, que ce soit sous forme de polars musclés, de films d'espionnage, de films d'aventures, de récits de politique-fiction, ou plus souvent encore, de thrillers à effets et à moyens spectaculaires.

## LE FAN (1996)
### avec Robert De Niro, Wesley Snipes et Ellen Barkin

**Nous avons perdu ce soir.** Gil Renard est apparemment un brave type. L'œil rigolard, la plaisanterie facile, il n'a qu'une passion dans la vie : le base-ball. Pour rien au monde, il ne manquerait un match des Giants, son équipe favorite. Et lorsque Bobby Rayburn, le batteur prodige, rejoint lesdits Giants, suite à un transfert record, Gil exulte : le rêve de sa vie se réalise, le plus grand joueur du pays va apporter à son club la puissance et la gloire de la victoire. L'enthousiasme de Gil est d'autant plus fort que, du côté de sa vie privée, tout se déglingue. Son divorce ne lui laisse que de rares moments de visite auprès de son fils, toujours rendus pénibles par la mauvaise volonté de sa femme qui lui reproche sans cesse d'être un aussi mauvais père qu'il a été un mauvais mari. Et, pour ce qui est du boulot, ça ne brille guère non plus : l'entreprise de coutellerie que son père a créée est devenue une entreprise importante, mais dont la croissance l'a tout bonnement largué en route. Piètre représentant, peu doué pour le commerce, il accumule les mauvais résultats, jusqu'à ce que la direction, un beau jour, le mette proprement à la porte. Reste donc le base-ball, et Bobby Rayburn, le magnifique, sur lequel Gil reporte tous les espoirs que sa propre vie ne lui offre plus. Or, précisément, Rayburn semble lui aussi dans une mauvaise passe : l'acclimatation dans son nouveau club se fait mal, ses résultats sont décevants, et les supporters commencent à douter de ses capacités et à mettre en question la pertinence de son transfert. Tous, sauf Gil : lui est persuadé que Bobby va remonter la pente, qu'il va redevenir le vainqueur qu'il se doit d'être, et que ce sale type de Primo, un Mexicain que sa réussite insolente propulse au rang de star de l'équipe, va rendre au champion la place qui lui revient. Car Gil n'en doute pas : Primo a volé à Bobby la vedette, comme on lui a volé, à lui Gil, sa propre réussite dans la vie. Et si Bobby ne parvient pas à retrouver son rang, Gil, en vrai fan qu'il est, peut l'aider. D'autant qu'en ancien représentant en articles tranchants et coupants, il a gardé toute sa panoplie de couteaux à lames acérées. Et qu'il sait à l'occasion s'en servir.

Insidieusement, le film de Tony Scott bascule. Commencé comme une sorte d'enquête anodine et pittoresque sur le base-ball et sur ses supporters, il prend, en s'attachant à la personnalité trouble de Gil, une autre direction. Celle qui consiste à rappeler que dans « fan », il y a « fanatisme », c'est-à-dire passion exacerbée, exclusive, totalitaire, pathologique à la limite. L'histoire de ce supporter que son zèle enthousiaste pousse à la folie devient du coup l'anatomie d'une passion morbide. Gil s'identifie au champion que lui, le looser, n'a pas pu être : en supportant la vedette, c'est lui-même qu'il porte au pinacle. Cette descente vers ce qui fait le fond obscur de l'être – les rêves inassouvis, la rancœur, l'échec, le sentiment de l'injustice – fait du film de Tony Scott comme une psychanalyse. Laquelle, dans la volonté d'être bien lisible, accumule entre le fan et son idole les parallélismes : chacun a un jeune fils qu'il veut façonner à son image ; chacun a un rival – le second mari d'un côté, le nouveau champion de l'autre – qui s'installe à sa place. Mais, dans ce tracé bien balisé, un autre élément peu à peu s'impose, qui n'est pas le moins intéressant : le personnage du médiocre, le fan anonyme, le minus qui a échoué en tout, vole peu à peu la vedette au champion, à la star adulée. Ce n'est pas tant le fait du scénario, même s'il entend mettre l'accent, le titre le prouve, sur le supporter plus que sur le sportif, mais bel et bien l'effet de l'interprétation. Dans le face-à-face qui les lie avant de les opposer, Robert De Niro, l'air de rien tout en en faisant des tonnes, impose sa masse, ses tics, sa figure pâteuse, ses sourires en coin, et cette sorte de lueur hagarde qui passe furtivement dans son regard, face au côté bien lisse, bien propre, bien nettement cadré de Wesley Snipes. La vraie vedette ici, c'est lui : celui qui se nourrit de la gloire de son idole et qui vit par procuration, jusqu'à même endosser ses habits et vouloir lui voler sa vie.

La dernière partie du film tourne ainsi au délire : le sang coule, les sirènes de police font entendre leur son strident, le fan s'est transformé en tueur fou. Et tandis que l'orage gronde sur San Francisco, que le ciel se met à l'unisson de la démence humaine, que la pluie redouble, le fanatique, tout à son rêve d'absolu, réclame ce « home run » qui ramènera son champion à sa base de départ, et qui le ramènera, lui, à son enfance, à cet âge de la pureté où tout était encore possible. Le base-ball, comme métaphore de la vie.

## SEHR Peter (allemand, né en 1951)

**FILMOGRAPHIE :**
*Und nicht ein Tohuwabohu (1988)* • *La Jeune fille serbe (1990)* •
***Kaspar Hauser, enfant de l'Europe (1993)*** • *Love the hard way (2000)*

Les grandes énigmes historiques offrent un réservoir où les scénaristes de cinéma ont souvent puisé matière à adaptations offrant tout à la fois les ressources de la reconstitution historique et celles du film d'enquête propre à susciter mystère et suspense : Louis XVII, Anastasia, Rodolphe et Marie Vetsera, et leurs confrères en destin mystérieux excitent ainsi toujours la curiosité des spectateurs et, partant, l'imagination des scénaristes. Connu en France par le poème de Verlaine plus que par les drames, aujourd'hui oubliés, de Dupeuty et Fontan d'un côté, de Anicet-Bourgeois et Dennery de l'autre, le cas de Kaspar Hauser a eu en Allemagne davantage d'écho, depuis le poème faussement attribué à Heine, jusqu'aux innombrables ouvrages publiés sur la question (on compte plus de dix mille publications répertoriées) et surtout à la pièce de Peter Handke, dont Peter Brook fit la mise en scène. Au cinéma, Werner Herzog s'intéresse en 1974 à *L'Énigme de Kaspar Hauser*, sur laquelle revient en 1993 Peter Sehr, dont la nationalité allemande et la formation à la fois anglaise et française trouvent à se projeter parfaitement dans ce héros allemand dont il fait un enfant de l'Europe.

### KASPAR HAUSER, ENFANT DE L'EUROPE (1993)
### avec André Eisermann, Uwe Ochsenknecht et Katharina Thalbach

**Itinéraire d'un enfant perdu.** L'histoire est connue : en 1828, le lundi de Pentecôte, à Nuremberg, sur l'Unschlittplatz, on trouve un garçon totalement perdu, effrayé, pratiquement muet, qui parvient seulement à dire qu'il s'appelle Kaspar Hauser, et qui porte sur lui une lettre anonyme affirmant simplement qu'il s'agit d'un enfant abandonné à sa naissance, seize ans plus tôt. Des diverses recherches qui sont alors entreprises pour percer le mystère de son identité, se fait jour peu à peu une explication possible, dont le caractère extraordinaire enflamme aussitôt les imaginations. Le pauvre Kaspar ne serait-il pas l'héritier du Grand-Duché de Bade, déclaré mort en bas âge, mais qui aurait en fait été victime d'une substitution ? Le film de Peter Sehr s'attache d'emblée à démêler les fils embrouillés de cette incroyable affaire. Se fondant sur tout ce que l'on peut en savoir, il développe la thèse historique en montrant le contexte dynastique qui la sous-tend : le mariage du Grand-Duc Karl von Baden avec Stéphanie de Beauharnais, nièce de Joséphine et fille adoptive de Napoléon. L'enfant qui naît de cette union en 1812, et qui est donc l'héritier de la maison de Bade, est victime d'un complot de cour. On le remplace dans son berceau par un nouveau-né qu'on fait mourir et qu'on enterre à sa place, tandis qu'on le confie lui à une gardienne pour le faire disparaître. Mais il tombe aux mains des Bavarois qui, voyant l'avantage politique qu'ils peuvent en tirer, le gardent dans un cachot pendant plus de douze ans. L'enfant perdu devient alors un enfant sauvage, grandissant dans un obscur réduit, privé de tout contact et de toute éducation, jusqu'au jour où ses geôliers, pour faire avancer leur jeu politique, décident de le relâcher. On est en 1828, l'enfant a 16 ans, et sur l'Unschlittplatz de Nuremberg, on le trouve, perdu, effrayé, pratiquement muet, parvenant tout juste à dire qu'il s'appelle Kaspar Hauser.

La mise en place de l'énigme, qui constitue la première partie du film, est un modèle d'exposition. S'attachant à l'écheveau compliqué de l'affaire, le réalisateur parvient à dévider avec subtilité les entrelacs du complot dynastique. La brutalité des moyens mis en œuvre, dans le cadre luxueux d'un palais baroque, éclaire le drame du sombre éclat d'une tragédie politique où l'enfant victime, simple jouet dans une partie qui le dépasse, n'apparaît qu'à peine. Il refait surface en sortant du cachot où, de l'ombre où on l'a tenu, il se trouve soudain projeté en aveugle au grand jour d'une liberté pleine de périls. Ici commence la deuxième partie de l'histoire, la plus longue, dont les méandres suivent cette fois-ci l'éveil progressif d'une conscience au monde. Méandres eux aussi complexes et où, dans le souci de tout dire, le réalisateur a tendance à s'enferrer quelquefois dans un didactisme un peu pesant. Du maître qui prend en charge le premier l'éducation de l'enfant, au lord anglais perverti qui se charge de l'élever à sa manière, puis aux responsables politiques qui l'utilisent au fil des fluctuations de leurs intérêts, jusqu'à l'abandon final où il se retrouve, l'histoire de Kaspar se confond alors avec un long récit d'apprentissage, où la pureté et l'innocence se trouvent confrontées à l'hypocrisie et à la dureté. L'interprétation inspirée et, par moments, hallucinée d'André Eisermann traduit dans ses moindres nuances ce cheminement d'un cœur pur qui ne s'ouvre à la vie que pour en découvrir la face la plus noire. Les petits bonheurs de l'enfant sombrent vite devant la machine infernale qui règle le cours de son existence. La fin du film le voit, de son pas encore malhabile, sorte de Pierrot lunaire à la poursuite de lui-même, courir dans un parc solitaire et glacé. Pathétique et semblant nous dire, avec les mots de Verlaine : « O vous tous, ma peine est profonde : Priez pour le pauvre Kaspar ! »

## SEIDELMAN Susan (américaine, née en 1952)

**PREMIER LONG MÉTRAGE**

*Smithereens (1982)*

**FILMOGRAPHIE DEPUIS 1985 :**

***Recherche Susan, désespérément (1985)*** • *Et la femme créa l'homme parfait (1987)* • *Cookie (1989)* • *La Diable (1989)* • *Confessions of a suburban girl (1992)* • *The Dutch master (1994)* • *Gaudi afternoon (2001)*

Styliste d'abord, avant d'abandonner le milieu de la mode pour se tourner vers le cinéma, Susan Seidelman a gardé de sa première activité à la fois une connaissance approfondie des milieux branchés de New York et un intérêt pour tout ce qui touche à l'apparence et au vêtement. Cela se sent tout particulièrement dans le film qui la fait connaître internationalement, *Recherche Susan, désespérément*, où, en prenant les habits et l'allure d'une autre femme, l'héroïne prend en quelque sorte son identité. Le film est important dans l'histoire du cinéma américain en ce que, le premier, sur des schémas qui, de Leo McCarey à Frank Capra ou à George Cukor, avaient fait la grande comédie à l'américaine, il apporte un regard de femme sur un pays et une ville qui en constitue l'avant-garde, New York, et qui du coup en renouvelle largement à la fois les thématiques et la sensibilité. Et si les films suivants ne retrouvent pas toujours le pétillant et l'acuité de *Recherche Susan…*, ils continuent à tracer la voie d'une visée féminine des choses, à travers des héroïnes – la publiciste dynamique créant un androïde de *Et la femme créa l'homme parfait*, la petite garnement de *Cookie*, la femme trompée versant dans la magie noie de *La Diable* – qui s'emploient toutes à affirmer leur place dans un monde d'hommes.

### RECHERCHE SUSAN, DÉSESPÉRÉMENT (1985)
### avec Rosanna Arquette, Madonna et Aidan Quinn

**Échangerait identité…** L'une est bourgeoise et new-yorkaise, et s'ennuie ferme entre son mari vendeur de baignoires et sa belle-sœur chipie ; l'autre est du genre bohème, a l'art de se fourrer dans des situations pas possibles, et vit à droite à gauche de l'air du temps. Et la première, Roberta, est fascinée sans la connaître par les amours que la seconde, Susan, mène par petites annonces avec un dénommé Jim. Or comme l'annonce qui paraît dans le journal du jour fixe un rendez-vous à New York, Roberta décide de s'y rendre pour voir à quoi ressemble cette Susan qui la fait rêver. Elle a tout juste le temps de l'apercevoir que l'autre, après avoir échangé son blouson contre des bottes chez un marchand de fringues, disparaît. Roberta décide d'acheter le blouson et à peine l'a-t-elle enfilé que les événements se précipitent et que tous ceux qui cherchent Susan se mettent à la prendre pour elle, d'autant que le blouson, avec sa pyramide dans le dos, ne passe pas spécialement inaperçu. Et comme le gangster qui veut récupérer les boucles d'oreilles que Susan a volées tout comme le copain projectionniste chargé par Jim de la surveiller ne la connaissent tous deux que par ledit blouson, ils prennent donc forcément Roberta pour elle. Et de quiproquos en malentendus, de coups fourrés en imbroglios, d'amnésies partielles en coïncidences totales, la pauvre Roberta, devenue Susan pour tout le monde, se trouve prise dans un maelström qui transforme sa vie jusque-là plutôt calme en joyeux bastringue.
Le film de Susan Seidelman joue à fond sur les méprises chères à la comédie de situation. Mais, sur cette structure convenue, il greffe un décor et une tonalité qui en rafraîchissent totalement la forme. D'abord parce que Roberta, changeant d'habit, change de peau, et qu'en lieu et place de son New York bon chic bon genre, elle découvre un New York nouveau style, mêlant le glauque des bas quartiers à la culture de la nuit et de la marge. Et même plus : car en endossant le blouson tape-à-l'œil de Susan, puis en se maquillant, en se coiffant et en s'habillant comme elle, la petite-bourgeoise soumise et coincée qu'est Roberta devient véritablement la fille libérée qu'est Susan. Et d'autant plus libérée que ladite Susan a la dégaine inimitable de la rock star absolue, Madonna, laquelle, jouant à ne pas être « *like a virgin* », impose à la fraîche, nunuche et adorable Roberta qu'est Rosanna Arquette une façon de vivre,

d'aimer, de parler, de se comporter, qui envoie promener vie rangée, mari et bonnes manières, et qui les remplace par un joyeux cocktail de fantaisie, de style branché, et naturellement d'amour libre entre les bras accueillant du beau projectionniste. Happy end en forme de clin d'œil : les deux couples – Susan et Roberta avec leurs deux copains – se retrouvent dans les bras l'un de l'autre dans une salle de cinéma, là où la grande comédie à l'américaine des Cukor et des McCarey, revue et corrigée par la caméra féminine d'une jeune réalisatrice, trouve une nouvelle jeunesse, accordée à l'air du temps.

## SELTZER David (américain, né en 1940)

**Filmographie :**
*Lucas (1986)* • *Punchline (1988)* • ***Une lueur dans la nuit (1992)*** • *Nobody's baby (2001)*

Ayant commencé par collaborer à des émissions de jeux, David Seltzer fait ses débuts de réalisateur à la télévision à New York, avant de partir se fixer à Los Angeles, où il se lance dans une carrière de scénariste, producteur et réalisateur de séries, tout en étant scénariste et réalisateur pour *National Geographic* et le commandant Cousteau. Au début des années 1970, il aborde le cinéma par la réalisation d'un documentaire sur les insectes, qui reçoit l'Oscar, mais surtout par l'écriture de scénarios, qu'il signe pour des réalisateurs comme John Frankenheimer, Richard Donner ou John Badham, et où il aborde les genres les plus divers : fantastique (*La Malédiction*), mélodrame (*Un jour une vie*), comédie d'action (*Comme un oiseau sur la branche*). Les films qu'il réalise lui-même (*Lucas*, qui met en scène le monde des adolescents, *Punchline*, comédie consacrée aux acteurs comiques, *Une lueur dans la nuit*, espionnage à suspense sur fond de Seconde Guerre mondiale), témoignent du même éclectisme hollywoodien, rompu à tous les genres.

### UNE LUEUR DANS LA NUIT (1992)
### avec Michael Douglas, Melanie Griffith et John Gielgud

**L'espionne qui m'aimait.** Avec son côté délicieusement rétro, ses nazis en grand uniforme qui semblent sortir de l'atelier d'un habilleur de théâtre, son atmosphère wagnérienne et apocalyptique, la meute des chiens, l'ombre des miradors, et cette mort collective qui plane sur le destin des individus jetés dans le grand maelström de l'Histoire, la guerre – la seule, la vraie, celle que chérissent par-dessus tout les amateurs : celle de 40 –, la guerre, donc, a eu au moins un avantage : celui d'offrir aux cinéastes un sujet inépuisable. Parce qu'elle est porteuse d'images, nées tout autant de la réalité tragiquement vécue que de la mythologie qui aussitôt en est sortie.
David Seltzer, le réalisateur d'*Une lueur dans la nuit*, n'a pas connu la guerre. Mais il a vu tous les films, et notamment tous ceux qui, dans le cinéma américain des années 1940, ont trouvé la matière à nourrir l'irrépressible besoin de rêve qui naît des heures les plus sombres de la nuit. La lueur de son film, c'est bien celle-là même qui éclairait de sa lumière brumeuse les inoubliables brouillards de *Casablanca*. Alors, *play it again*, oncle Sam ! Et que l'Histoire recommence ! Avec, cette fois-ci, une jeune secrétaire, mi-juive mi-irlandaise, Linda Voss, qui a le menton accrocheur et l'air fonceur de la jolie Melanie Griffith. Et qui trouve auprès de son patron, l'avocat Edward Leland, *alias* Michael Douglas, le même menton volontaire et la même allure décidée. Car Leland est agent secret, et pas n'importe lequel : un des chefs de l'agence d'espionnage militaire américaine, qui tire les fils d'un complexe toile d'araignée qu'il a tissée au cœur même du dispositif ennemi. Or, précisément, un de ses hommes, infiltré en Allemagne, est tué alors qu'il venait de découvrir l'existence d'une arme terrible préparée dans le plus grand secret par les nazis. Linda, qui parle un allemand impeccable, et qui a de la famille juive à aller voir à Berlin, ne se le fait pas dire deux fois. Et comme elle a l'espionnite dans le sang, elle se charge de convaincre son patron, devenu entre-temps son amant, qu'elle est la femme de la situation. La voilà donc partie pour Berlin. Et pour une Juive, agent secret de surcroît, chargée d'endormir la méfiance des plus hauts dignitaires du régime hitlérien pour leur soutirer un secret dont dépend largement le sort de la guerre et du monde, inutile de dire que ce voyage n'est pas d'agrément et qu'il révèle plutôt de la mission impossible.
Mais impossible n'est pas américain. Surtout pour un cinéaste qui sait à peu près se servir des ingrédients qu'il a à sa disposition et à qui on a manifestement donné tous les grands moyens nécessaires. Tourné en Allemagne de l'Est (le tournage a commencé deux jours avant la chute du Mur), le film a même un petit parfum d'espion qui venait du froid et qui connaît les classiques de l'espionnage, du *Troisième Homme* à *L'Affaire Cicero*. Qui connaît aussi la musique du

suspense et qui en joue avec une efficacité d'autant plus hitchcockienne que Melanie Griffith est la fille de Tippi Hedren, ce qui explique la présence de l'inévitable paire de ciseaux. Avec ça, un amour évidemment fou, pour lequel Michael Douglas, lui aussi fils de son père, serre les mâchoires et n'hésite pas à se jeter dans la gueule du loup, afin de venir prêter main-forte à son espionne de charme mal en point dans les griffes desdits loups, et même des louves, d'Hitler. Les deux courageux amants, blessés, traqués et porteurs du grand secret, parviendront-ils à s'échapper de cette Allemagne qui sent déjà son année zéro, où les bombes éclatent, où les balles crépitent, où les chiens aboient et où passent les anges de la mort ? On a l'impression de connaître déjà la réponse, et celle d'avoir vu tout cela plusieurs fois quelque part. Mais l'étonnant, pourtant, c'est que ça marche assez bien. Et qu'on en redemanderait presque...

## SEMBENE Ousmane (sénégalais, né en 1923)

**PREMIER LONG MÉTRAGE :**
*La Noire de... (1966)*
**FILMOGRAPHIE DEPUIS 1985 :**
*Camp de Thiaroye (1987)* • *Guelwaar (1992)* • *Faat-Kiné (2000)* • ***Moolaadé (2004)***

S'il est considéré comme le patriarche du cinéma africain, Ousmane Sembene n'a en fait abordé que tardivement, à plus de 40 ans, le cinéma. Cela tient d'abord à la réalité politique de l'Afrique coloniale ; cela tient aussi à une vie riche en expériences diverses. Né à Ziguinchor, dans le sud du Sénégal, le jeune Ousmane est tour à tour pêcheur, maçon, mécanicien, tirailleur sénégalais, docker, et même responsable CGT à Marseille, avant de se tourner vers la littérature et, à partir de 1956, de devenir romancier. Rentré au Sénégal en 1959, puis faisant le tour du continent africain, il choisit alors de s'exprimer par le cinéma, les images lui apparaissant comme un langage plus directement accessible pour un continent africain qui parle des langues multiples et que son œuvre de romancier, écrite en français, ne touche guère. Il part donc pour Moscou faire son apprentissage au Studio Gorki avec Marc Donskoï et Sergueï Guerassimov, réalise son premier court métrage en 1962, et obtient dès son premier long métrage, *La Noire de...*, en 1966, à la fois le prix Jean Vigo en France et le grand prix du Festival des arts nègres à Dakar. Et son deuxième film, *Mandabi*, en 1968, obtient à Venise un prix spécial du jury qui assure sa renommée internationale. L'engagement socialiste, qui a toujours été celui de l'homme, est aussi celui du cinéaste qui accompagne la naissance des indépendances d'un regard connaisseur, à la fois bienveillant et critique, sur l'Afrique. Et l'attention qu'il continue à porter, dans les décennies suivantes, au devenir du continent noir, portée par la même conviction et le même engagement, est toujours aussi aiguë et virulente, que ce soit pour jeter un regard sans complaisance sur la faillite du système d'aide et de coopération, dans *Guelwaar*, ou pour partir en guerre contre le poids de traditions retardataires, comme l'excision, dans son tout dernier opus, *Moolaadé*.

### MOOLAADÉ (2004)
### avec Fatoumata Coulibaly, Maïmouna Hélène Diarra et Salimata Traoré

**Femmes d'Afrique.** Dans le petit village du Burkina Faso où vit Collé Gallo, le temps semble n'avoir pas d'âge : les cases ocre de terre séchée, les femmes qui ramènent les bassines d'eau en équilibre sur leur tête, les hommes qui palabrent autour de la mosquée, les poules qui picorent dans la cour, le soleil qui n'en finit pas de jouer avec l'ombre. Sur la place, celui qu'on appelle le Mercenaire a déployé son étal de marchand, proposant son pain rassis, ses chemises colorées, des friandises pour les gamins, et surtout les piles qui serviront à alimenter les postes de radio. Car, signe du progrès qui s'introduit au fin fond de la brousse, la radio diffuse partout sa musique et les femmes, tout en vaquant aux travaux domestiques, en sont les principales utilisatrices. Et ces ondes qui brisent le cercle de l'isolement, ce n'est pas pour rien que Ousmane Sembene en fait comme les messagères de la modernité. Car, alors même que Collé Gallo envoie sa fille Amsatou acheter les piles dont elle a besoin, quatre fillettes viennent lui demander sa protection – *moolaadé* – pour échapper à l'excision à laquelle la coutume ancestrale les soumet. Or Collé Gallo a refusé, il y a sept ans, lors de la précédente cérémonie, qu'Amsatou soit ainsi mutilée. Et en accordant son aide à ces fillettes qui viennent chercher refuge auprès d'elle, elle ne fait que prolonger cette attitude de refus qui la rend suspecte aux autres femmes, soucieuses de respecter la tradition, et surtout aux hommes, inquiets de ce que son

insoumission peut engendrer. Les choses ainsi sont simples: dans ce village qui vit replié sur lui-même depuis toujours, voici qu'un vent nouveau semble souffler: Collé Gallo en est la voix, qui, en douceur, prend les enfants promises à l'excision sous son aile et tend à l'entrée de la maison une corde qui, symboliquement, en interdit l'entrée tant qu'elle n'aura pas prononcé le mot fatidique qui brisera son pouvoir de protection. Seule d'abord, déterminée, se contentant d'opposer un sourire à tous ceux qui veulent la convaincre de rentrer dans la norme coutumière, elle met vite le village face à un choix crucial, qu'accentue le retour du fiancé promis à Amsatou. Celui-ci, qui revient de France, pourra-t-il en effet épouser une fille non excisée, considérée comme impure? La tragédie se joue, dans sa banalité, lorsque la voix des Anciens somme Collé Gallo de plier. Celle-ci refuse et, fouettée en public, en subit dans sa chair les conséquences. Mais, les lèvres serrées, elle ne cède pas. Et les autres femmes la rejoignent dans sa résistance, tandis que le drame couve, qu'une des fillettes, rattrapée par les exciseuses, meurt sous leur couteau rituel et que le Mercenaire, chargé de tous les maux de la modernité, le paie de sa vie.
Dans ce village dont, en vieux routier africain, il montre avec minutie et bonhomie la vie, peignant à travers lui, avec les couleurs les plus vives, le fonctionnement même de toute une société, Ousmane Sembene, fidèle à ses engagements de toujours, dénonce l'excision comme la coutume barbare qu'elle est, dramatisant de plus en plus son histoire, jusqu'à la faire basculer dans la violence magique de forces déchaînées, contre lesquelles il dresse une femme comme figure de la résistance et incarnation de la liberté. Sans être dupe pour autant des dangers de la modernité dans un pays pétri de tradition: dans le grand bûcher final, en même temps que les couteaux des exciseuses, il fait brûler aussi les transistors…

## SERREAU Coline (française, née en 1947)

**PREMIER LONG MÉTRAGE:**
*Mais qu'est-ce qu'elles veulent? (1975)*
**FILMOGRAPHIE DEPUIS 1985:**
***Trois hommes et un couffin (1985)*** • *Romuald et Juliette (1989)* • *La Crise (1992)* • *La Belle verte (1996)* • *Chaos (2001)* • ***18 ans après (2003)*** • *Saint-Jacques… La Mecque (2005)*

Cinéaste femme, sensible à tout ce qui touche la cause des femmes, mais aussi plus largement tournée vers l'observation satirique des mœurs du temps et de l'état de la société, dans des films qui fonctionnent souvent comme des fables, Coline Serreau rencontre un énorme succès, en 1985, avec *Trois hommes et un couffin*, qui anticipe sur une évolution sociale – ce qu'après elle on appellera « les nouveaux pères » – et qui devient un film référence, à la fois commercialement et culturellement. Après plusieurs films qui, dans les années 1980-1990, poursuivent dans la même voie de la comédie à valeur de chronique sociale, la réalisatrice réunit les mêmes comédiens et, imaginant que le bébé du couffin original a grandi, elle se propose d'observer ce que les personnages, et la société, sont devenus… *18 ans après*. Et le tournage en numérique traduit lui-même techniquement que les choses ont changé.

### TROIS HOMMES ET UN COUFFIN (1985)
**avec Michel Boujenah, André Dussollier et Roland Giraud**

**Les nouveaux Pampères.** Depuis le temps qu'on en parle, ça devait arriver: les vraies mères, aujourd'hui, ce sont les pères. Prenez trois célibataires endurcis, vivant à l'aise dans un appartement confortable, dragueurs effrénés, mais bien décidés à préserver leur liberté. Mettez-leur sur les bras, sans qu'ils le demandent, un bébé tout mignon tout rose. Vous allez les entendre rouspéter, crier qu'ils n'en veulent pas et envoyer le mouflet se faire langer ailleurs. Insistez, laissez-les se débrouiller tout seuls, et alors, de biberons en couches-culottes, vous allez les voir se laisser prendre aux délices du lait en poudre, s'inquiéter pour la première dent qui perce, se mettre à bercer, laver, talquer, se lever la nuit, guetter des risettes et faire des guili-guili. Encore quelques semaines de ce régime, et plus rien ne compte pour eux: les amis, les copines, le boulot, les voyages, tout leur semble inodore et sans saveur à côté du pipi-caca-dodo de la chère petite chose qui est désormais leur enfant, la chair de leur chair.
Jouant à fond du comique de situation, avançant sur un rythme enlevé et qui ne faiblit pas, *Trois hommes et un couffin* fait naître constamment le rire gentil et l'émotion douce. Coline Serreau sait parler des hommes, en trouvant le ton

juste, amusé et complice. Sur un fait de société qui aurait pu se prêter à de pesantes considérations psycho-socio, elle construit une comédie légère et tendre, couleur rose bonbon, assortie parfois de discrètes touches de mélancolie aux teintes plus amères. Irrésistibles en papas-gagas, pouponnant à qui mieux mieux, Michel Boujenah, André Dussollier et Roland Giraud campent à eux trois, à travers trois personnages différents, ce qui pourrait bien être le père idéal. Et au fond du couffin, leur donnant la réplique et cabot comme pas deux, la vedette incontestée du film, et peut-être même du temps : le bébé nouveau, l'enfant-roi.

### 18 ANS APRÈS (2003)
#### avec Michel Boujenah, André Dussollier et Roland Giraud

**Petit couffin deviendra grand.** Eh oui ! Dix-huit ans après, le petit poupon, qui était venu semer le désordre et susciter la fibre paternelle chez les trois compères réunis dans le premier film de Coline Serreau, se retrouve forcément, à l'âge de la majorité légale, sous les traits d'une ado qui passe son bac. Autour d'elle, ses trois pères sont toujours là, toujours aussi attentifs et touchants, et lorsque le réveil sonne, aux premiers plans du film, les tirant de leur lit, on dirait, malgré les années en plus qui accentuent quelques rides et soulignent quelques épaisseurs d'allure, qu'ils se réveillent du film précédent comme si c'était d'hier. C'est toujours le même appartement, toujours le même empressement auprès du petit bout dont ils ont la charge, toujours le même air inquiet devant ce qui risque de lui arriver.
Pourtant, les choses ont changé. Non seulement parce que la petite Marie est devenue une jeune fille dont la façon de s'habiller, les mines boudeuses, l'exaspération qu'elle manifeste devant ces pères qu'évidemment elle adore mais dont la présence envahissante la saoule un peu, traduisent qu'elle est bien une enfant de son temps et de son âge ; mais peut-être surtout parce que les familles décomposées et recomposées, les pères de substitution et les enfants élevés en dehors de la famille traditionnelle, loin d'être l'exception, sont aujourd'hui devenus quasiment la norme. Du coup, l'histoire que raconte Coline Serreau n'offre plus la même surprise que son couffin originel. Là où, en 1985, l'accent mis sur une image de l'homme qui rompait de façon audacieuse avec le statut de seigneur et maître qu'on lui attribuait depuis des siècles, pressentait les évolutions à venir et même anticipait sur elles, l'image qu'offrent dans le nouveau volet les trois célibataires endurcis qui mènent, chacun de leur côté, leur vie sentimentale, pour se retrouver réunis autour de l'ado boutonneuse et mal dans sa peau, paraît au contraire tellement dans l'air du temps qu'on a l'impression que le film prémonitoire d'hier se trouve rattrapé, dans le film d'aujourd'hui, par l'évolution des temps, et même qu'il se contente de la suivre.
Car le scénario sur lequel reposent ces nouvelles aventures du trio et de leur rejeton chéri donne l'impression un peu fâcheuse d'accumuler les situations qu'on trouve traditionnellement dans les feuilletons qui font l'ordinaire de la télévision. Et le tournage en numérique accentue encore la ressemblance. La mère remariée avec un Américain speedé qui vit au pas de course, comme son beau blond de fils qui met le feu dans le cœur de la petite Marie, laquelle ne remarque même pas son frère binoclard, qui naturellement se meurt d'amour pour elle ; la superbe maison dans le Luberon, où tout le monde se retrouve autour de grandes tablées et de situations gentiment explosives ; la présence rassurante et sympa d'une mamie nounou qui comprend tout et qui veut le bonheur des uns et le bonheur des autres (et Line Renaud excelle à ce genre d'emploi) ; et par-dessus tout le sentiment qu'on a que tout devra forcément se terminer dans la joie, la fête et la réconciliation générale : tout cela sent un peu son goût du jour. Et si, de-ci de-là, la Coline Serreau qui n'a pas la langue dans sa poche pointe un peu le bout de son nez, pour s'en prendre aux Américains, à la mondialisation, au Viagra, aux cathos coincés du XVI$^{e}$ et aux wonderwomen habitant des lofts décorés métal minimaliste, le tout reste dans la comédie gentillette. Sympa. Et anodine.

## SHADYAC Tom (américain, né en 1960)

**FILMOGRAPHIE :**
***Ace Ventura, détective chiens et chats (1994)*** • *Le Professeur Foldingue (1996)* • *Menteur, menteur (1997)* • *Docteur Patch (1998)* • *Apparitions (2002)* • *Bruce tout-puissant (2003)*

Débarquant à Los Angeles à 23 ans, Tom Shadyac y fait ses armes comme plus jeune des gagmen engagés dans l'équipe de Bob Hope. À bonne école, il se spécialise très vite dans la comédie, adaptant la personnalité de ses acteurs vedettes au ton de ses comédies : pétulant, pour Eddie Murphy, dans *Le Professeur Foldingue* ; clownesque, pour Robin Williams, dans *Docteur Patch* ; carrément délirant pour Jim Carrey, qu'il dirige à trois reprises, jusqu'à le mettre en situation telle que celui-ci se prend carrément pour un dieu, dans *Bruce tout-puissant*...

## ACE VENTURA, DÉTECTIVE CHIENS ET CHATS (1994)

### avec Jim Carrey, Sean Young et Courteney Cox

**La stratégie du rigolo.** Dans une Amérique morose, se cherchant une tête d'amuseur public depuis la retraite de Jerry Lewis et la déculottée de Pee Wee Herman, il y avait manifestement une place à prendre. Tout le génie de Jim Carrey est de survenir à point, en ayant su transformer la pâle comédie qu'on lui proposait en vitrine de ses talents de clown. Talents au demeurant variés, mais dont l'essentiel se concentre dans une élasticité corporelle qui donne toute sa mesure dans des postures et des déhanchements qui le transforment quasiment en pantin désarticulé, et surtout dans une virtuosité faciale proprement étourdissante. Dans *Ace Ventura*, Jim Carrey ne porte pas de masque et pourtant on pourrait croire le contraire, à voir la façon qu'il a de tordre la bouche, d'étirer les joues, de faire les yeux ronds, de se démancher le cou, de se disloquer les mâchoires et autres joyeuses mimiques qui appellent le gros plan et qui laissent à penser à quelle intense gymnastique il doit soumettre son visage pour arriver à de tels résultats. La grimace ayant toujours grande vertu comique, on ne s'étonnera donc pas outre mesure de l'hilarité qui accompagne ces prouesses, lesquelles ont d'ailleurs parfois pour support quelques fantaisies bondissantes susceptibles de mettre également en action les zygomatiques de base.
Pour autant, le film de Tom Shadyac, même s'il consacre l'entrée de Jim Carrey dans le cercle des vrais clowns de cinéma, ne devrait pas laisser un souvenir impérissable, alors même que l'idée sur laquelle est construit le scénario – les aventures d'un détective spécialisé dans la recherche des animaux disparus – aurait pu être porteuse d'une vraie comédie de mœurs, pour peu qu'elle eût choisi d'observer le comportement des humains à partir de cet angle privilégié que constituent les animaux qui leur servent de compagnie. Et, à Miami, entre milliardaires à aquariums géants et stars à toutous, il y avait probablement de quoi observer ! Au lieu de quoi, cherchant à ne faire aucun ombrage, fût-il animalier, à ce singe savant qu'est à lui seul Jim Carrey, les auteurs du film ont bien pris soin de s'en tenir à une intrigue convenue, modèle sitcom télévisé, avec les ingrédients nécessaires pour satisfaire tous les grands enfants du public US, sur fond d'équipes de football, de pom-pom girls et de superbowl. Avec ça, des dialogues hachés gros et gras, des gags qui ne cherchent jamais à faire dans la finesse et une débilité d'ensemble, style *Police Academy*, qui laisse perplexe quant à l'âge mental que les scénaristes présupposent à leurs spectateurs.
Dans de telles conditions, que Jim Carrey parvienne à montrer qu'il est de la lignée des grands rigolos n'est pas un mince exploit. On se désintéresse bien vite en effet, au bout de quelques séquences, de ce qui peut bien arriver au dénommé Ace Ventura dans son enquête pour retrouver le dauphin mascotte, kidnappé, de l'équipe qui doit disputer la finale de foot. Et l'on reporte toute son attention, pour passer le temps, sur les contorsions de l'homme caoutchouc, et sur cette aisance corporelle qui lui permet par exemple de mimer un mouvement d'abord comme une séquence de film projetée au ralenti, puis de la poursuivre en marche arrière, comme si on rembobinait le film ! Et, derrière ses multiples transformations, on observe avec intérêt cette capacité qu'il a de s'inventer une silhouette, une démarche, un style. À coup sûr, Jim Carrey arrive au bon moment. Car il coïncide avec cet âge du cinéma où les effets spéciaux tendent à devenir la règle. Grâce à sa bouche à déformation, à son nez qui s'allonge, à ses yeux qui font le triple salko, il est le héros rêvé. Celui qui, avec son morphing intégré, a tout pour devenir le zinzin d'Hollywood de l'an 2000.

# SHERIDAN Jim (irlandais, né en 1949)

**FILMOGRAPHIE :**
*My left foot (1989)* • *The Field (1990)* • *Au nom du père (1993)*
• *The Boxer (1997)* • ***In America (2002)*** • *Réussir ou mourir (2005)*

Né dans un quartier populaire de Dublin, Jim Sheridan est toujours resté fidèle à son Irlande natale. Très tôt attiré par le théâtre, il assure à la fin des années 1970 la direction artistique du Projects Art Center de Dublin avant de partir pour New York, où il dirige dans les années 1980 l'Irish Art Center, troupe théâtrale spécialisée dans le répertoire irlandais. C'est durant ce séjour new-yorkais qu'un producteur de Dublin lui propose de porter à l'écran la vie de l'artiste et écrivain paralytique Christy

Brown, qui marque ses débuts de réalisateurs avec *My left foot*, et qui lui vaut d'emblée la notoriété internationale. Restant fidèle, malgré les sollicitations d'Hollywood, à l'Irlande, Jim Sheridan devient le catalyseur du renouveau du cinéma irlandais, à la fois par les films qu'il réalise – et où l'inspiration irlandaise, sous ses aspects sociaux, culturels, politiques, est toujours présente – mais aussi par les scénarios qu'il écrit (comme celui du *Cheval venu de la mer*, pour Mike Newell) et par les nombreux films qu'il produit (*Agnes Browne* d'Anjelica Huston, *Borstal Boy* de Peter Sheridan, *La Vie à la folie* de John Carney, *Bloody Sunday* de Paul Greengrass).

### IN AMERICA (2002)
### avec Samantha Morton et Patty Considine

**Deuil pour deuil.** Au vu du titre, on pourrait facilement se tromper de film : n'y voir ainsi que ce que propose, d'emblée, la petite famille irlandaise que Jim Sheridan fait entrer en douce aux États-Unis, à savoir un récit d'émigration et d'insertion difficile dans une société qui pratique allègrement la loi de la jungle. Et de fait, installés dans un immeuble délabré d'un quartier de New York qui ne l'est pas moins, Johnny, Sarah sa femme, et leurs deux fillettes vont d'abord ne vivre du rêve américain que le cauchemar. De galères en désillusions, le courage ne suffit pas à nourrir son homme ni sa famille. Et Jim Sheridan, qui a connu ce type d'expérience, raconte son *America, America* à lui avec une densité et une force terribles, qui pourtant n'excluent pas l'humour, et qui donnent à la première partie de son film une vitalité pleine d'espoir.
Pour autant, sous ce récit premier en affleure progressivement un autre, plus sombre, qui le nourrit et lui donne son sens. Dans cette famille unie, une absence pèse de tout son vide : le petit Frankie, mort tout enfant, et dont la disparition a laissé en chacun une cicatrice qui ne se referme pas. Et, du coup, l'installation dans cette Amérique où Johnny et les siens sont venus chercher la terre promise apparaît vite comme une façon d'essayer, à toute force, de se détacher d'un paradis à jamais perdu. Mais, pour recommencer à vivre, il faut faire le deuil de son passé. Le film, alors, devient comme une cérémonie funèbre : le long processus qui mène de la mort assumée à la vie nouvelle. La façon dont Jim Sheridan traite ce second volet de l'histoire, à travers le regard d'une des deux fillettes, et la rencontre à la fois inquiétante et magique avec un voisin artiste maudit, n'échappe pas totalement au débordement sentimental ni au pathétique exacerbé du mélo. Mais il y a dans ce récit nourri de vérité personnelle, qui est aussi une belle parabole sur l'émigration – deuil, toujours, de ce qu'on laisse derrière soi –, une sensibilité à vif qui ne peut qu'émouvoir au plus profond. Et qui rend indispensable une bonne provision de Kleenex.

## SHOKRIAN Babak (irano-américain, né en Iran en 1965)

**FILMOGRAPHIE :**
***America so beautiful (2002)***

Né en Iran, Babak Shokrian, dont la famille émigre aux États-Unis, y arrive à l'âge de 6 ans. Il grandit donc comme un jeune Américain et sort de l'UCLA avec un diplôme d'anthropologie, mention cinéma, tout en suivant en parallèle des cours d'art dramatique et de mise en scène. Après ses études, il travaille dans le cinéma comme producteur, monteur et directeur artistique, avant de tourner, en 1993, un court métrage, *Peaceful Sabbath*, sur l'identité iranienne et l'intégration des Iraniens dans le monde occidental. Après quoi il vient étudier pendant deux ans à la Cinémathèque de Paris, y commençant l'écriture de son premier long métrage, *America so beautiful*, qu'il réalise lorsqu'il rentre aux États-Unis et où il traite de ce même problème de l'intégration vécu douloureusement par sa communauté iranienne.

### AMERICA SO BEAUTIFUL (2002)
### avec Mansour, Alan Desatti et Diane Galdry

**Mauvais rêve.** 1979, les années disco. À Los Angeles, pour Houshang, jeune Iranien immigré, c'est la fièvre du samedi soir, avec l'idée que s'il veut réussir dans cette Amérique où il se retrouve exilé, c'est une discothèque qu'il lui faut acquérir. Alors il se débrouille comme il peut pour réunir les dollars nécessaires à l'investissement, intéressant à l'affaire son meilleur ami et volant même un peu son parent qui l'a accueilli.

1979, la révolution iranienne, la chute du shah, le retour de Khomeiny, et les étudiants de Téhéran qui prennent une soixantaine d'Américains en otages. Du coup, aux États-Unis, les Iraniens n'ont plus la cote, et la vie devient difficile pour Houshang et ses amis exilés. Mais, face à son copain qui ne vit qu'avec le désir de rentrer au pays, lui veut malgré tout croire que le rêve américain est possible. Et que, devenu patron de discothèque, il s'intégrera à cette société où il veut se faire sa place.
Le propos de Babak Shokrian, lui-même iranien et immigré comme ses personnages, est clair : emportée par le grand flot de l'Histoire qui s'est écrite sans eux, sa petite communauté d'exilés ne retrouvera jamais son pays. Et, ce qui est peut-être plus terrible encore, elle ne trouvera pas davantage à réaliser les espoirs d'intégration qu'elle nourrit. Le grand rêve américain se heurte en effet ici à une réalité constamment décevante, dans un film qui, entre satire amusée et colère rentrée, fait le compte désespérant de toutes les illusions perdues.
D'un côté, certains s'essaient à rester fidèles à leurs traditions, qui apparaissent vite comme totalement décalées dans une société qui est à mille miles de leur culture. Et de l'autre, ceux qui comme Houshang veulent tourner la page et devenir américains font l'amère expérience de l'intolérance et du mépris. Cette route qui ne mène nulle part prend, dans le film, la forme métaphorique d'une virée nocturne catastrophique, qui se termine en eau de boudin. Les péripéties de l'équipée prêtent constamment à rire ; le ton, en revanche, se charge insensiblement de cruauté. Et le finale, qui voit l'investiture de Reagan et la libération des otages, consacre, dans un contrepoint édifiant, le sort humiliant qu'une société toute-puissante réserve à ceux qu'elle exploite. Décidément, même pour ceux qui continuent à crier « *America, America* », l'Amérique n'est plus ce qu'elle était.

## SHOLDER Jack (américain, né en 1945)

**Premier long métrage :**
*Alone in the dark (1982)*
**Filmographie depuis 1985 :**
*La Revanche de Freddy (1986)* • ***Hidden (1988)*** • *Flic et rebelle (1990)* • *Sélection naturelle (1994)* • *Wishmaster 2 (1999)* • *Supernova (2000), co-réalisation* • *Arachnid (2002)*

Se destinant d'abord à la profession d'ingénieur chimiste, Jack Sholder envisage très vite de se lancer dans une carrière cinématographique. Mais malgré plusieurs courts métrages récompensés dans divers festivals, il ne peut mener à bien un projet de long métrage qu'il développe à travers sa propre maison de production. Il se tourne alors vers la télévision, où il écrit divers scénarios qui, en 1982, lui permettent de passer enfin au cinéma. Son premier film, *Alone in the dark*, un thriller qui crée le suspense par des effets étranges et angoissants, le spécialise aussitôt dans la veine du fantastique : on lui confie ainsi la réalisation de la première séquelle des *Griffes de la nuit*, le film devenu culte de Wes Craven. Et à partir de là, il aligne les films fantastiques, dans lesquels il excelle à faire naître la peur tout en gardant toujours la distance d'un humour discret.

### HIDDEN (1988)
#### avec Kyle MacLachlan, Michael Nouri et Claudia Christian

**Créature intérieure.** Ça commence sur des chapeaux de roues, celles d'une rutilante Ferrari en l'occurrence. À la suite d'un hold-up sanglant, une espèce de fou du volant entreprend un rodéo dans les rues de la ville. Poussant à fond sa superbe mécanique, dans les hurlements d'une musique hard-rock qui sort de son autoradio, il met à mal toutes les voitures de police lancées à ses trousses et perfore sans sourciller les barrages qui tentent de l'arrêter. Finalement immobilisé et criblé de balles, l'affreux loustic n'est pourtant pas mort, car il bouge encore. Ou plutôt bouge en lui une sorte de créature intérieure, qui l'a comme squattérisé : ectoplasme gélatineux, mi-pieuvre, mi-lézard, le monstre est en fait un alien venu d'ailleurs, qui a la caractéristique de passer de corps en corps, transformant chaque fois l'hôte qui l'accueille en monstre carnassier, assoiffé de sang. Le mal rôde ainsi, prenant tantôt les traits d'une call-girl tout juste sortie de son strip-tease, tantôt ceux d'un gentil toutou transformé en loup inquiétant, tantôt même ceux d'un vénérable candidat à la présidence, qui se retrouve métamorphosé en tyran fou prêt à embraser le monde.

L'originalité de *Hidden* tient, toutefois, moins à son thème (l'inconnu commence, dans le cinéma fantastique, à être bien connu) qu'à l'efficacité de son scénario. L'affreuse créature ayant la propriété de se réincarner chaque fois qu'elle abandonne la dépouille mortelle qui lui a servi de véhicule, son périple prend vite en effet des allures d'épidémie. Et il faut, pour en venir à bout, tout le savoir-faire de deux flics avertis, dont l'un, d'ailleurs, a quelque chose de suffisamment mystérieux pour qu'on se doute que, lui aussi, n'est pas exactement ce qu'il paraît être. Du coup, à l'image de la créature qui se glisse dans le corps, le fantastique se moule ici dans le thriller. L'étrange vient se greffer sur une enquête classique, comme la part d'instinct sauvage qui repose au fond de chaque être. Monde trouble, visqueux, venu des profondeurs, que le film de Jack Sholder explore sans temps mort, et avec une pointe constante d'humour qui accroche un sourire à l'innommable. Et le bouquet final, variation surprenante sur le principe du bien opposé à l'esprit du mal, couronne par un clin d'œil la trajectoire fertile en rebondissements de cette petite bête qui monte, qui monte…

## SHYAMALAN Manoj Nelliyatu (Night)
(américain d'origine indienne, né en 1970)

**FILMOGRAPHIE :**
*Praying with Anger (1992)* • *Wide awake (1998)* • ***Sixième sens (1999)*** • *Incassable (2000)* • *Signes (2002)* • ***Le Village (2004)***

En quelques films M. Night Shyamalan s'est installé au sommet du box-office américain, ce qui dénote à tout le moins un vrai savoir-faire. Mais, au-delà, il y a chez ce cinéaste qui s'est imposé d'abord par ses qualités de scénariste, une personnalité du regard qui tient sans doute à son origine. Né en Inde, de parents médecins, et élevé aux États-Unis, dans la banlieue chic de Philadelphie, le jeune Shyamalan a reçu une double éducation religieuse, hindouiste en famille, catholique à l'école. S'il est et se revendique américain, le recul que lui apportent ses racines indiennes n'est pas pour rien dans la façon très analytique dont il observe son pays d'adoption. Et son attachement à Philadelphie, sa ville, traduit une même distance avec Hollywood, par rapport auquel il entend garder son indépendance, y compris financière (ce qui l'amène, ainsi, à se produire). Cinéphile passionné, nourri aux films d'Hitchcock et de Spielberg, il met dans ses films un fond de spiritualité qui répond en quelque sorte aux peurs profondes qu'il entreprend d'explorer. Et l'extrême minutie qu'il apporte à son travail – réalisant d'avantage ses films au story-board, où il met en place tous ses plans, qu'au montage – fait de ceux-ci, construits sur des scénarios à la fois inventifs et très précis, de redoutables mécaniques à explorer les ombres.

### SIXIÈME SENS (1999)
**avec Bruce Willis, Haley Joel Osment et Toni Collette**

***De profundis.*** Alors qu'il est venu assister le jeune Cole, terrassé par une de ces crises que le sens commun désigne, faute de mieux, du terme de folie, le docteur Malcolm Crowe, spécialiste des pathologies mentales infantiles, raconte à l'enfant apeuré et muré dans son silence une histoire pour le mettre en confiance. Et cette histoire, c'est sa propre histoire : celle d'un psychiatre passionné par son métier et dont les résultats auprès de nombre d'enfants malades lui ont valu la reconnaissance officielle. Mais qui, pourtant, un jour, s'est retrouvé face à un de ses patients, qu'il pensait avoir guéri tout enfant et qui, devenu adulte, lui a brutalement renvoyé l'image de la folie pour laquelle il l'avait traité. Et l'irruption violente de cet homme dans sa vie, et jusque dans son intimité conjugale, a eu une telle incidence sur son destin que plus rien, depuis, n'a été pareil. La peur désormais l'habite, et cette forme de remords de n'avoir pu véritablement venir en aide à celui qu'il était censé devoir sauver. Et c'est alors qu'est survenu un autre enfant, où Cole n'a aucune peine à se reconnaître, malade lui aussi, en proie à des phénomènes bizarres, fermé dans son mutisme et dans ses terreurs, en qui Malcolm a aussitôt décelé ce qui pourrait être la solution à son propre malaise si, parvenant à cerner l'origine des troubles qui font de la vie du gamin un enfer, il pouvait, en l'en soulageant, rattraper avec lui ce qu'il n'a pas réussi avec l'autre.
Ce récit, que le réalisateur-scénariste M. Night Shyamalan propose comme une explication rationnelle à l'histoire qu'il est en train de raconter, a évidemment pour but d'offrir aux spectateurs comme un point de repère, une balise

fixe dans un film dont le propos apparaît au contraire constamment étrange, instable, nappé d'une brume mystérieuse et inquiétante. Impression que renforce une narration qui avance sur un rythme dont la lenteur entêtante donne l'impression, constamment ressentie mais jamais clairement formulée, d'un monde feutré, sans écho. Le décor mouillé, aux couleurs curieusement uniformes, d'une Philadelphie silencieuse ; les longs mouvements d'une caméra qui se déplace comme en état d'apesanteur ; et, dans ce contexte au calme bizarre, l'irruption soudaine et assourdissante de visions de sang et de mort : tout concourt à distiller un malaise que l'interprétation conjuguée d'un Bruce Willis sobre, portant toute la tristesse du monde, et du tout jeune et surprenant Haley Joel Osment, habité de peurs inconnues et émouvant dans sa volonté de vaincre sa propre fragilité, porte à un point extrême. Qu'en est-il de ce curieux couple de l'homme et de l'enfant, du psychiatre et de son patient, embarqués dans la même galère de la condition humaine, et cherchant l'un par l'autre une aide qui leur permette d'assumer leur propre mal-être ? La réponse, évidemment, profile l'ensemble du récit vers un horizon d'attente qui fait naître d'abord une anxiété diffuse, puis une angoisse de plus en plus oppressante, dont le fin mot, qu'explique un dénouement qui éclaire soudain tout le film d'une lumière noire, rejoint la prière que prononce l'enfant : « *De profundis clamo a te*… » Car c'est bel et bien au plus profond des ténèbres qu'entraîne le film de M. Night Shyamalan. Il en acquiert une étrange et pénétrante résonance.

## LE VILLAGE (2004)
### avec Joaquin Phoenix, Bryce Dallas Howard, Adrien Brody, William Hurt et Sigourney Weaver

**L'enfer, c'est les autres.** Au-delà, c'est le royaume des ombres. Indistinctes, menaçantes, tapies dans l'ombre de la forêt. Les habitants du village ne s'aventurent jamais plus loin que la lisière des bois. Vivant repliés sur eux-mêmes, ils forment une communauté unie par les mêmes valeurs, trouvant dans leur strict modèle de vie la seule façon de préserver l'innocence originelle. Car, au-delà des bois et des créatures maléfiques qui les hantent, il y a l'autre monde, celui des villes, de la corruption, du mal. Et ils ne veulent plus rien à voir avec lui.
Ce village des origines, M. Night Shyamalan lui donne tous les signes extérieurs des communautés primitives. On est en 1897, mais l'on vit là comme dans les premiers villages fondés par les pères pèlerins, ou comme dans ces communautés d'Amishs ou de Quakers qui en perpétuent les traditions, dans un puritanisme et un respect des lois naturelles sur lequel veille le conseil des Anciens. Pourtant, Lucius Hunt, un jeune garçon presque mutique, a envie d'aller voir au fond des bois ce que sont ces créatures terribles qu'on n'ose même pas nommer. Sa curiosité entêtée rejoint l'innocence de son ami Noah, l'idiot du village, qui lui-même, dans sa folie, n'hésite pas à se risquer dans la forêt. Et tous deux sont amoureux d'Ivy, la jeune aveugle, qui ne voit pas et qui pourtant sent bien des choses.
Ce curieux trio du muet, du fou et de l'aveugle – qui représente bel et bien l'accès à un savoir autre que rationnel – va être, en fait, l'instrument du désordre. Tous trois, à leur manière, en allant affronter l'inconnu sur son propre terrain, vont amener le bouleversement de l'ordre communautaire si soigneusement établi. Et comme toujours chez M. Night Shyamalan, la découverte de ce qui se cache dans les ténèbres épaisses du mystère constitue le fil conducteur d'un récit construit à la fois comme une énigme – et tout en fin de compte trouvera son explication – mais aussi comme une montée insidieuse de la peur. Et c'est bien là le cœur du film, comme le disent les moyens utilisés : une lenteur crispante, de longs travellings inquiétants, des jeux d'ombre et de flou, le tout souligné par une musique entêtante. Et les minutieux décors recréant la vie primitive des fermiers, dans un village aux couleurs sépia qu'entoure une forêt porteuse de toutes les hantises (et qu'on dirait sortie de *Blair Witch*), s'ils soulignent la maîtrise d'un cinéaste connaissant à fond tous les ingrédients susceptibles de créer un climat d'angoisse, sont dans le droit-fil de ce qu'il avait déjà montré dans ses précédents films.
Pour autant, l'intérêt propre du *Village* est ailleurs, et tient plutôt à son sujet même. Dans la panoplie des peurs premières qui hantent l'homme, M. Night Shyamalan en choisit ici une qui semble refléter de manière à peine voilée l'inconscient collectif de l'Amérique traumatisée d'aujourd'hui. Cette fermeture communautaire sur soi-même, cette peur de l'autre considéré comme le vecteur du mal, cette quête d'une innocence originelle et, par-dessus tout – car le scénario sur ce plan offre quelques belles surprises – le mensonge sur lequel tout repose : tout renvoie à cette double peur d'une agression venue des autres, ces ennemis extérieurs, et, plus profondément encore, cette angoisse née d'une civilisation urbaine du profit et de la violence dont on ne se sent plus maître, et qui fait resurgir le rêve d'un retour au village primitif. Sur ce plan, le film de M. Night Shyamalan, avec son titre rassurant, pourrait bien être l'indice inquiétant d'une crispation et d'un repli sur soi porteurs, pour tous les autres rejetés dans les ténèbres de l'Enfer, des vraies menaces.

## SILBERLING Brad (américain, né en 1962)

**Filmographie :**
*Casper (1995)* • ***La Cité des anges (1998)*** • *Moonlight Mile (2002)* •
*Les Désastreuses aventures des orphelins Baudelaire (2004)* • *The Machinist (2004)*

Le cinéma américain, toujours très attentif à ce qui se fait partout dans le monde, préfère souvent, plutôt que de distribuer les films originaux aux États-Unis, en acheter les droits d'adaptation et en tourner lui-même des versions nouvelles, en les modelant à l'esprit et au public américains. La stratégie commerciale dicte la plupart du temps ce type de remakes ; parfois, néanmoins, le projet paraît guidé par une ambition plus artistique. Ainsi, en adaptant *Les Ailes du désir*, film auquel Wim Wenders avait lui-même donné une suite dans *Si loin, si proche*, Brad Silberling, jeune réalisateur spécialiste d'abord de séries télévisées puis lancé par Steven Spielberg avec *Casper*, un film pour enfants, transforme-t-il assez profondément le film original en le transposant à Los Angeles, dans une *Cité des anges* qui a sa propre originalité.

### LA CITÉ DES ANGES (1998)
### avec Nicolas Cage et Meg Ryan

**Le fantôme du paradis.** Qui est donc cet étrange visiteur, assis au chevet d'une fillette brûlant de fièvre qu'on emmène au service des urgences pour tenter de la sauver ? D'où viennent ce long manteau noir et cet air de commisération douce dont il enveloppe l'enfant ? Et qui est-il pour la prendre par la main et l'emmener dans la lumière tandis que derrière eux s'élèvent les cris déchirants de la mère pleurant sa fille morte ? Le pré-générique du film de Brad Silberling installe tranquillement un climat mi-onirique mi-merveilleux, où la mort d'une enfant est vécue dans une sorte de tranquillité pleine de tendresse. Tout cela par la grâce d'un ange. Car il ne faut que le temps de quelques plans pour se rendre compte que ce personnage immobile, dont la bonté se lit sur un visage par ailleurs impassible, échappe au commun des humains. Et comme une fois le générique passé, on le retrouve perché avec un de ses collègues, tout de noir vêtu comme lui, sur un panneau signalétique à une bonne dizaine de mètres au-dessus d'une autoroute embouteillée, le doute n'est plus permis : Los Angeles est bien, au sens propre, la cité des anges !
Mais ce qui ne va pas tarder de paraître plus surprenant encore, c'est que ces anges, qui se promènent au-dessus de gratte-ciel qui n'ont jamais mais mieux porté leur nom, ont plus qu'un air de ressemblance avec d'autres créatures également célestes et aériennes, découvertes, il y a une dizaine d'années, dans un autre ciel, celui du Berlin des *Ailes du désir*. Ladite ressemblance n'est évidemment pas fortuite, car la scénariste Dana Stevens, même si rien ne le dit au générique, a bel et bien entrepris de transposer l'intransposable, de faire passer Berlin à Hollywood et d'offrir à son réalisateur Brad Silberling l'occasion de se prendre pour Wim Wenders. Mesuré à l'aune de son modèle, le film, c'est le moins qu'on puisse dire, souffre de la comparaison. Et là où le cinéaste allemand disait l'esprit et l'âme d'une ville, le faiseur américain se contente de cartes postales portant la mention attendue : « Bons baisers d'Hollywood », transformant un film inspiré en une romance au souffle un peu court. Reste que, malgré tout, cette cité des anges n'est pas aussi désespérément insipide qu'on pourrait le craindre. Et d'abord parce que dans l'art de réécrire une histoire et de bidouiller un scénario, la machine à rêves hollywoodienne connaît parfaitement les ficelles et sait les tirer comme il faut. L'histoire de cette fille sympa, qui fait tout pour ses malades, qui mène une vie de dévouement et de sacrifice et qui, pour récompense, trouve le grand amour, mais qui constate illico que le beau ténébreux qui l'a subjuguée d'un seul regard est une sorte d'ectoplasme insensible, un fantôme venu du paradis mais incapable de lui faire connaître le septième ciel, a quelque chose d'excitant pour la curiosité. Surtout quand ladite fille sympa a le charme mutin de Meg Ryan. On comprend l'émoi de Nicolas Cage, même si sa situation de créature céleste le contraint à un sourire forcément angélique, figé dans une raideur quasi hiératique. Et l'on prend un plaisir certain à voir comment ces deux-là, qui sont manifestement faits pour s'entendre, même s'ils ont du mal à se voir, vont finir par se trouver. Cela passe par des épisodes gentiment romanesques et des émotions joliment sirupeuses qui font que tout est baigné d'une sorte de douceur émolliente, que la mort même est facile à vivre, et que l'amour est donné comme capable de donner enfin un sexe aux anges. Et, puisque les anges volent, la caméra a parfois la bonne idée de faire de même. Ce qui offre de Los Angeles une vision surplombante du plus bel effet, surtout lorsque des anges noirs veillent en sentinelles immobiles sur la ville tentaculaire. La vision, alors, devient comme un rêve, et dans ce film pas spécialement habité par l'esprit, voici soudain qu'un ange passe.

## SILVERA Charlotte (française)

**Premier long métrage :**
*Louise... l'insoumise (1984)*
**Filmographie depuis 1985 :**
*Prisonnières (1988)* • ***C'est la tangente que je préfère (1997)*** •
*Les filles, personne ne s'en méfie (2001)*

Dirigeante dans les années 1970 d'une association de production en vidéo légère, Charlotte Silvera tourne d'abord, dans un cadre indépendant, plusieurs courts métrages sur support vidéo, avant de passer en 1982 au 16 mm, avec *B.P. 96*, puis d'aborder le long métrage en 1984 avec *Louise l'insoumise*. D'emblée, dans cette histoire d'une femme qui se rebelle contre les contraintes de la société dans les années 1960, elle porte un regard à la fois complice et engagé sur la condition féminine, ce que confirmera son deuxième film, *Prisonnières*, tourné dans la prison de Rennes. Depuis, tant dans ses téléfilms (*Tout va bien dans le service* en 1993, *L'Embellie* en 1995) que dans ses quelques longs métrages de cinéma, elle offre cette vision d'une femme attentive aux autres femmes et, à travers elles, au monde où elles vivent, que ce soit à travers l'éducation sentimentale d'une ado surdouée en maths, dans *C'est la tangente que je préfère*, ou à travers la découverte du cinéma par deux toutes jeunes filles, dans *Les filles, personne ne s'en méfie*.

### C'EST LA TANGENTE QUE JE PRÉFÈRE (1997)
**avec Julie Delarme et Georges Corraface**

**Les équations sentimentales.** Question équations, vecteurs, tangentes, inconnues, abscisses et ordonnées, Sabine s'y entend mieux que personne, au point même qu'elle fait payer ses services à ses copains de classe pour leur résoudre leurs problèmes de maths et que, fierté de sa prof, elle se prépare à un concours international réunissant les jeunes génies de l'abstraction mathématique. Mais cette précocité intellectuelle de surdouée ne va de pair ni avec son milieu social – ses parents, chômeurs et Rmistes, étant plutôt retardés pour tout ce qui touche à l'éducation et aux choses de l'esprit – ni avec son corps d'adolescente, encore en sommeil virginal. C'est précisément par la rencontre avec un homme venant d'ailleurs – un Tchèque émigré, homme de théâtre, dont la quarantaine virile et ténébreuse cristallise très vite les désirs de la fille de 15 ans qu'elle est – que Sabine découvre, par l'éveil de sa sexualité, le monde du désir puis, bien vite, celui du sentiment. Et le trouble qui s'ensuit fait la matière du film, ingénieux et souvent subtil, de Charlotte Silvera. Car l'idée est ici d'envisager une éducation sentimentale à partir du point de vue de celle qui la vit : la voix off de Sabine est celle de la découverte. Et cette voix est d'autant plus originale que l'adolescente utilise pour analyser ce qui lui arrive le langage qu'elle maîtrise parfaitement : celui des mathématiques. La concordance des termes – angle d'inclinaison, inconnue, corps des complexes et corps des réels, et bien sûr, la fameuse tangente qui fait que, ado mal dans sa peau, elle ne touche au cercle familial et social que par un tout petit point et qu'elle rêve, cette fameuse tangente, de la prendre pour de bon : tout cela fait la meilleure part d'un film qui donne des mathématiques une image ludique, et qui dessine avec finesse les courbes et les contre-courbes d'un tempérament d'ado sauvageonne à laquelle la toute jeune Julie Delarme apporte un corps gracile et un tempérament affirmé. Pour le reste, et notamment dans la façon de planter en arrière-fond l'environnement familial et social, le film n'offre pas la même originalité et dessine à plus gros traits. Et la grâce poétique qui se dégage du monde cérébral de Sabine rend nettement plus pataude la réalité qu'elle apprend à connaître. Même si, *in fine*, la fameuse tangente lui permet d'y échapper.

## SIMON Claire (française, née au Maroc en 1955)

**Filmographie :**
*Les Patients (1989)* • *Récréations (1992)* • *Coûte que coûte (1995)* •
*Sinon, oui (1997)* • ***800 km de différence (2002)*** • *Mimi (2003)* •
*Est-ce qu'on a gagné ou est-ce qu'on a encore perdu ? (2005)*

Autodidacte, militante dans les années post-68, Claire Simon aborde le cinéma par le biais du montage, tout en réalisant de façon indépendante des courts métrages et des documentaires en super-8, en 16 mm ou en vidéo. Elle s'intéresse à la vérité humaine, derrière des situations qu'elle filme au plus près : les visites à domicile d'un médecin dans *Les Patients*, une cour d'école maternelle dans *Récréations*. Cet intérêt porté tout à la fois à la réalité objective et à ce qui fait agir les êtres, à leurs relations, à leurs sentiments, se traduit chez elle par un va-et-vient entre documentaires et fictions : *Coûte que coûte* raconte la vie et la mort d'une petite entreprise, qu'elle suit pendant six mois, tout en montrant derrière l'écume des jours les liens forts qui unissent le groupe de copains embarqués dans l'aventure. *Sinon, oui* utilise la fiction pour évoquer la grossesse fictive, imaginaire, d'une jeune femme qui dit sa vérité à travers le mensonge. *Mimi* revient au documentaire pour, à travers le portrait d'une femme, Mimi Chiola, raconter le roman d'une vie dans toute sa singularité. Et, poussant à l'extrême cet entremêlement du vécu et du narré, du réel et du fictif, *800 km de différence* raconte un premier amour à la fois comme une romance sentimentale et comme un documentaire de famille.

### 800 KM DE DIFFÉRENCE (2002)
**avec Manon Garcia et Joseph Mutti**

**Premier amour.** Est-ce un documentaire, est-ce une fiction? La frontière est mince de la vérité à l'artifice, de la réalité à sa représentation. Or c'est précisément sur cet entre-deux incertain que Claire Simon travaille depuis qu'elle a commencé à filmer, pour sonder à la fois ce qu'est la vie, mais aussi ce qu'est le cinéma qui la montre, brouillant les pistes entre ce qui est vrai, ou semble l'être, et ce qui ne l'est pas, ou semble ne pas l'être. Son nouveau film s'inscrit dans cette ligne, mais en renchérissant encore. Car ce que raconte *800 km de différence* implique directement la cinéaste elle-même : dans l'œil de sa caméra, c'est sa propre fille, Manon, qu'elle regarde. Et l'histoire qu'elle raconte, c'est celle du premier amour de l'adolescente de 15 ans, en vacances dans un village du Midi, et tombant amoureuse de Greg, le fils du boulanger. Mais si la chronique sentimentale fait le fil conducteur du récit, le contexte où elle s'inscrit en élargit considérablement le champ. Car Manon est une petite souris des villes, Parisienne pur-sang, née dans un milieu intellectuel, et Greg est déjà un gros rat des champs, lié à son village et au fournil de son père boulanger, qu'il aide toutes les nuits à faire cuire le pain. Et il y a aussi le grand-père, arrivé d'Italie tout enfant avec ses parents, exilés politiques du régime fasciste, et qui a transmis à son fils ce métier de la boulange. Le film ici se fait document : le geste de l'artisan, la pâte qu'on pétrit, les rapports de silence ou de mots bruts entre le père et le fils, la mystérieuse alchimie de la transmission. Et, quittant le fournil, la bande d'ados qui passe le temps à ne rien faire, dans le bruit pétaradant de ses mobylettes, l'apprentissage à deux de l'attente, de la jalousie, de l'excitation, les petits câlins et les grands projets, les gros dodos dont on n'arrive pas à se réveiller et les pâtisseries dont on s'empiffre.
Chronique du temps qui passe, à l'ombre d'une jeune fille en fleur, dans la lumière éclatante du Midi, avec le bruissement du vent dans les arbres. Mais aussi juste distance prise par la cinéaste pour filmer en direct cette vérité de la vie. Avec tout ce que dit la banalité même, tout ce qu'elle renferme de non-dit et que le film, en creux, laisse entendre : le bonheur d'aimer pour la première fois, mais aussi la fragilité inscrite dans tout ce qui, en fait, sépare les deux amoureux, socialement, culturellement, géographiquement. Entre eux, comme le dit joliment Manon, et comme le filme dans le mystère même de l'apparente simplicité sa cinéaste de mère, il y a bel et bien « 800 km de différence »...

## SINGER Bryan (américain, né en 1965)

**FILMOGRAPHIE :**
*Public access (1993)* • ***Usual suspects (1995)*** • *Un élève doué (1998)* •
*X-Men (2000)* • *X-Men 2 (2003)*

Formé à la School of Visual Arts de New York, Bryan Singer débute par la réalisation d'un film d'entreprise, avant d'écrire et de réaliser un court métrage, qui l'amène à tenter l'aventure du long : après un premier film qui obtient le prix du jury à Sundance, il tourne en 35 jours, et avec un budget modique de 6 millions de dollars, *Usual suspects*, qui se révèle être un des thrillers les plus ingénieux et les plus brillants produits par la jeune génération. Sur sa lancée, il réalise un autre thriller, inspiré d'une nouvelle de Stephen King, *Un élève doué*, avant d'aborder la science-fiction avec l'adaptation d'une BD Marvel, qui va lui valoir un triomphe planétaire et engendrer une inévitable suite : *X-Men* et *X-Men 2*.

## USUAL SUSPECTS (1995)
### avec Kevin Spacey, Stephen Baldwin et Gabriel Byrne

**Malin génie.** Tout commence par la fin. Sur un cargo amarré dans le port de San Pedro, Californie, la violence d'une explosion déchire soudain les ombres de la nuit. En moins de cinq minutes, tout s'embrase, et il ne reste que vingt-sept cadavres carbonisés, et 91 millions de dollars envolés dans la nature. Assis dans son fauteuil, le spectateur a tout vu. Et pourtant… Cette caméra qui s'avance sur le quai et qui, dans un travelling avant, vient poser l'œil de son objectif sur un amas de cordes enchevêtrées, ne lui dit-elle pas que les fils sont plus complexes qu'il ne pourrait le croire ? Ces nœuds qu'elle lui montre, qui les a noués ? Qui donc se cache derrière cet embrouillamini ? Cette question, le spectateur ne peut pas manquer de se la poser tout au long d'un film construit sur des retours en arrière censés éclairer le présent. Car, de ce massacre en forme de règlement de comptes, deux hommes ont survécu : un Hongrois, atrocement brûlé, qui profère sur son lit d'hôpital des phrases énigmatiques. Et Verbal Kint, un petit escroc infirme à la patte folle, cinquième roue d'un attelage qui, quelques semaines auparavant, s'est mis en route à New York. Comme il le raconte, en essayant lui-même de comprendre, à l'agent des douanes qui l'interroge, il sait bien que tout a commencé cette nuit-là où, à la suite du détournement d'un camion transportant des armes, la police new-yorkaise a arrêté cinq suspects et les a cuisinés en vain pendant des heures. Verbal était l'un d'eux, le malfrat le plus modeste comparé aux quatre autres gros calibres pris dans la nasse : Dean Keaton, l'ancien flic qui, renvoyé de la police pour corruption, poursuit de son esprit de vengeance ses anciens collègues ; McManus et son pote Fenster, un tandem passé maître dans l'art du braquage ; et Todd Hockney, le garagiste expert en explosifs.
Ces cinq hommes, qui se connaissent à peine et que la descente de police réunit dans la même suspicion, les voilà donc qui, à peine relâchés, décident de faire équipe. Pour leur premier coup, ils mettent la main sur un énorme paquet d'émeraudes brutes. Désireux de les négocier auprès d'un receleur californien, ils mettent le cap sur Los Angeles. À peine arrivés, ils se voient proposer une nouvelle affaire, laquelle s'achève dans un bain de sang. Pris dans l'engrenage de la violence, ils sont alors mis en relation avec un certain Kobayashi, qui se présente lui-même comme le simple exécutant de celui qui pilote toute l'opération, le légendaire génie du crime : Keyser Sôse. Mais qui est donc Keyser Sôse ? Existe-t-il seulement ? L'interrogation est d'autant plus justifiée que règne autour du personnage une ombre de mystère. Peu à peu, au fil de l'interrogatoire où, tenaillé par la peur, le petit escroc assemble les pièces du puzzle, on a le sentiment qu'il y a, au centre même de l'affaire, comme une absence, un immense trou noir. L'incroyable mécanisme qui enserre les personnages dans des rouages auxquels ils ne peuvent se soustraire fonctionnerait-il à vide ? Ou y a-t-il derrière, actionnant dans l'ombre l'engrenage, un génie de la manipulation, mystifiant tout son monde ?
Toute l'ingéniosité diabolique du film de Bryan Singer est là : cette mécanique impeccable du polar, le réalisateur la fait fonctionner comme un leurre. La construction même du film croise les fils du récit, apportant à chaque nouvel éclaircissement un peu plus d'ombre épaisse. Les personnages, comme les spectateurs, essaient d'y voir clair. Mais, alors même qu'ils ont progressivement toutes les pièces en mains, ils n'arrivent pas à les assembler. Réalisé avec une étonnante maîtrise et bénéficiant d'une interprétation sans failles, *Usual suspects* est un de ces jeux d'assemblage qui procure un vrai plaisir intellectuel, sans pour autant négliger les émotions plus violentes de l'action. Au bout du compte tout finit par le commencement : le quai de San Pedro, le cargo qui explose, et le tas de cordages. Qui se cache donc derrière cet amas de cordes et de nœuds ? La réponse est lumineuse, et la dernière scène la donne enfin avec brio. En laissant toutefois la question ouverte : et si le véritable manipulateur, le vrai Kayser Sôse du film, c'était finalement le metteur en scène lui-même… ?

---

# SINGLETON John (américain, né en 1968)

**Filmographie :**
*Boyz'n the hood (La Loi de la rue) (1991)* • *Poetic justice (1993)* • *Higher learning (1995)* • *Rosewood (1997)* • ***Shaft (2000)*** • *Baby Boy (2001)* • *2 Fast 2 Furious (2003)* • *Four brothers (2005)*

Ayant grandi à Los Angeles, où il obtient son diplôme de cinéma, John Singleton, après avoir obtenu trois bourses d'écriture, rédige et vend le scénario de ce qui va devenir son premier film, *Boyz'n the hood*, qui en fait en 1991 le premier et le plus jeune Afro-Américain cité à l'Oscar du meilleur réalisateur. Le succès du film, qui montre de façon frontale les quartiers noirs du sud de Los Angeles, lance d'emblée sa carrière de réalisateur, et l'engage à poursuivre dans la voie d'un cinéma mettant en scène la communauté noire et ses problèmes. La plupart de ses films sont ainsi des drames sociaux, liés à la misère et à la violence, mais son sens de l'action le tire aussi vers le polar : *Shaft*, qui reprend trente ans après un film (*Les Nuits rouges de Harlem*) et un héros emblématique de la blaxploitation des années 1970, en est l'illustration symptomatique, qui réactualise le genre à la lumière d'un contexte social qui a lui-même évolué.

### SHAFT (2000)
### avec Samuel L. Jackson, Vanessa L. Williams et Toni Collette

**Série Black.** Shaft. John Shaft. Avec son long manteau de cuir noir, son crâne rasé, ses yeux perçants et sa haute stature qui s'éloigne dans la nuit de New York, on le reconnaît aussitôt à son allure. Avec lui, on sent qu'il y a de fortes chances pour que le crime ne paie pas et qu'il ait même quelques comptes à rendre. Et le meurtre raciste que vient de commettre, dans un bar de Manhattan, le nommé Walter Wade Jr., risque de lui coûter cher, même s'il est le fils d'un des gros pontes de la ville et s'il croit pouvoir échapper à la justice. Shaft, qui a été appelé pour enquêter sur l'affaire, identifie en effet très vite le jeune homme comme coupable, et la façon dont lui, le Noir, regarde ce Blanc arrogant qui vient de sauvagement agresser un de ses frères de couleur dit assez qu'il ne le lâchera pas. Il dispose d'ailleurs pour cela d'un moyen sûr : une des serveuses du bar qui a été témoin de la scène. Mais celle-ci disparaît avant qu'il puisse s'assurer de sa déposition. Et l'impensable arrive : profitant de la fortune de son père, Wade est libéré sous caution et s'enfuit en Europe, laissant Shaft à sa colère à et son écœurement. Deux ans plus tard, pensant la situation plus sûre, Wade décide de revenir. Mais c'est mal connaître Shaft, qui ne lâche jamais sa proie et qui, prévenu par un indic, cueille le fugitif à sa descente d'avion. Une nouvelle fois, Wade passe devant le tribunal, une nouvelle fois l'argent paternel lui obtient une libération sous caution.
C'est ici que commencent véritablement les aventures qui donnent à Shaft, parmi tant de héros de sagas et de séries, sa coloration particulière. Celle-ci est black, ostensiblement. Rendant son insigne de policier, Shaft agit désormais en enquêteur privé, et sa liberté de mouvement lui permet de côtoyer sans problème tous les milieux : les bas-fonds ne sont pas pour le rebuter, et ses méthodes sont aussi expéditives que celles qu'utilisent ceux qui cherchent à l'éliminer. Le monde de Shaft est largement un monde de Noirs et de minorités. Ses références sont celles de la communauté à laquelle il appartient, et dont il est à sa façon, brutale mais guidée par l'esprit de justice, un héros emblématique. Ce qui lui vaut une forte notoriété parmi ses frères de couleur. On comprend du coup que John Singleton, noir lui-même, et dont le premier film, *Boyz'n the hood*, avait montré tout l'intérêt qu'il porte au monde de la rue et des gangs dans la communauté noire, soit allé rechercher ce personnage de Shaft là où il était né, dans un film de la blaxploitation de 1971, pour le remettre au goût du jour. Son film s'inscrit dans l'Amérique d'aujourd'hui, celle des dealers latinos, des flics corrompus, du pouvoir de l'argent. Pour montrer cet univers de l'ombre, il utilise avec une efficacité redoutable la violence et le rythme du cinéma d'action. Relançant son héros dans un film qui apparaît, dès son générique, comme formaté pour être le pilote d'une série qui ne devrait pas manquer de suivre, il trouve avec Samuel L. Jackson le comédien idéal pour l'emploi. D'ailleurs celui-ci, dès la fin du film, se lance dans une nouvelle enquête. *Shaft 2*?

## SINISE Gary (américain, né en 1955)

**FILMOGRAPHIE :**
*Rien à perdre (1988)* • ***Des souris et des hommes (1992)***

Les grands romans ont toujours fourni matière privilégiée à adaptation cinématographique. Œuvre majeure de la littérature américaine du XX^e^ siècle, ceux de Steinbeck ont été particulièrement sollicités : *Les Raisins de la colère, Tortilla flat, The Moon is down, La Perle, Le Poney rouge, À l'est d'Eden, Les Naufragés de l'autocar, Cannery row* ont donné respectivement à John Ford, Victor Fleming, Irving Pichel, Emilio Fernandez, Lewis Milestone, Elia Kazan, Victor Vicas, David S. Ward, matière à des films parfois importants, parfois médiocres. *Des souris et des hommes*, par sa construction resserrée qui met côte à côte deux personnages centraux, a très vite entraîné, outre une version théâtrale dès l'année même de sa publication (1937), une adaptation cinématographique, réalisée deux ans plus tard par Lewis Milestone, avec un duo formé de Lon Chaney Jr. et Burgess Meredith. Gary Sinise, acteur d'abord de théâtre puis de cinéma et de télévision, ayant joué plusieurs fois à la scène les versions théâtrales des *Raisins de la colère* et de *Des souris et des hommes*, propose donc tout logiquement, au sens théâtral presque du terme, une nouvelle mise en scène de ce dernier texte, qui lui permet de prolonger au cinéma le rôle qu'il tenait sur les planches tout en proposant sa propre vision de l'œuvre.

## DES SOURIS ET DES HOMMES (1992)
### avec John Malkovich et Gary Sinise

**Le syndrome de *Rain Man*.** Avec sa bouche ouverte, qu'on dirait prête à gober toutes les mouches qui passent ; avec ses yeux ronds qui se croisent sous le strabisme ; avec, quand il enlève sa casquette, son crâne buté de dolichocéphale attardé ; avec ses mains incapables de se tenir tranquilles et sa démarche empruntée ; et surtout avec son immense carcasse dont on a l'impression qu'il ne sait trop que faire : John Malkovich a bien quelque chose du Lennie de Steinbeck, tel que des millions de lecteurs ont pu se l'imaginer un jour. Lennie, le colosse à l'âme d'enfant, force de taureau et cerveau d'oiselet, et poigne qui transforme la moindre caresse en étreinte mortelle. Comme pour les souris dont il flatte le poil et qu'il étouffe sans s'en rendre compte ; ou comme le chiot dont il s'amuse et qu'il laisse sans vie ; ou encore comme la trop belle femme de Curley dont il caresse les cheveux et à qui il rompt l'échine parce qu'elle commence à se débattre. John Malkovich trouve là un rôle en or, entendons de l'or dont on fait les Oscars, appelés à récompenser une performance programmée précisément pour ça, en fonction de ce que l'on pourrait appeler ici le syndrome de *Rain Man*. Celui qui consiste à prendre deux personnages, dont la normalité de l'un est faite pour mettre en valeur l'anormalité de l'autre, permettant ainsi à l'heureux bénéficiaire du beau rôle (celui du débile) de jouer sur toute la gamme possible des gestes, des mimiques, des postures, des regards et des bredouillis. Le grand talent de Malkovich, en l'occurrence, réside ici dans la retenue qu'il met à ne pas trop en faire et à exprimer sans trop de gros sabots le côté taillé dans la masse de son personnage, qui renvoie bien à l'univers de Steinbeck. Car, pour le reste, ces souris et ces hommes revus par Gary Sinise ont un côté aseptisé qui ne rappelle que de loin ce qui fait la force du roman : son style sec, qui ne s'attache aux apparences que pour faire sentir la profondeur trouble des réalités. C'est même ici tout le contraire. Le réalisateur, avec un côté appliqué, s'en tient à l'extérieur, racontant fidèlement toute l'histoire et l'illustrant par de belles images bien léchées, avec reflets de soleil dans la blondeur des blés, personnages impeccables dans leur costume western et figures stéréotypées pour éviter qu'on ne s'y trompe. George, le copain de Lennie, qui lui sert de père et mère, est d'une bonté à toute épreuve qui se lit sur son visage ; Curley, le méchant patron, a la tête de l'emploi ; le vieux et brave Candy est bien vieux et bien brave ; et la femme de Curley, qui s'ennuie dans son ranch, est une allumeuse dont on comprend vite qu'elle devrait mettre le feu à la paille. Mais toute la sauvagerie latente et, partant, toute l'humanité du regard porté en retour par le romancier sont gommées, comme sont supprimés le contexte historique de la Grande Dépression et l'arrière-plan social et économique qui donnent son sens à l'histoire. Reste, dans cette mise en images consciencieuse, un produit bien fait et bien empaqueté. Qui peut plaire, à condition qu'on ne cherche pas trop à ôter l'emballage. Sous peine de ne pas trouver grand-chose à l'intérieur…

---

# SMITH Kevin (américain, né en 1970)

**FILMOGRAPHIE :**
*Clerks (1994)* • *Mallrats (1995)* • *Méprise multiple (1997)* • ***Dogma (1999)*** •
*Jay et Job contre-attaquent (2002)* • *Père et fille (2004)*

Figure parmi les plus représentatives du cinéma indépendant américain, Kevin Smith, né, élevé et habitant dans le New Jersey, entreprend, dès un premier long métrage au tout petit budget financé en empruntant à droite à gauche, de raconter les expériences diverses qu'il y a vécues : c'est *Clerks* l'histoire de deux employés, l'un caissier dans une épicerie (ce que lui-même a été), l'autre travaillant dans un vidéoclub, qui voient défiler des clients de tout poil, véritable microcosme de la société américaine. Le film, à la fois plein d'humour et révélateur d'une façon générationnelle de vivre et de penser, remporte un succès à la fois critique et populaire, qui incite le jeune cinéaste à poursuivre, avec des fortunes et des réussites diverses, ses chroniques du New Jersey dans les films qui suivent, où ses deux héros de glandeurs patentés, Jay et Silent Bob, l'un intarissable, l'autre taciturne, affichent un côté grunge accentué qui en fait même des héros de bande dessinée. Ce qui répond d'ailleurs à la culture du cinéaste, créateur d'une petite librairie de comic-books à l'enseigne de « Jay and Silent Bob's Secret Stash ».

### DOGMA (1999)
#### avec Ben Affleck, Matt Damon, Linda Fiorentino et Salma Hayek

**Mauvaise foi.** Les anges sont de retour. Ou plutôt deux spécimens pas vraiment recommandables, renégats qui ont fait les quatre cents mauvais coups dans tous les hauts lieux de la mythologie biblique, mais qui, las de vivre loin du Seigneur, ont décidé de rentrer en grâce. Ils ont trouvé pour cela une église du New Jersey qui devrait leur ouvrir la porte du Paradis. Mais ce serait prendre Dieu qui les a chassés à son propre piège, nier sa toute-puissance, et du coup détruire toute existence dont il est le Créateur. Sentant le danger, l'éminence suprême dépêche donc sur terre, pour arrêter les deux vauriens, sa meilleure équipe, laquelle représente une joyeuse bande de bras cassés : un ange porte-voix au teint marqué par des occupations pas forcément catholiques, une muse céleste strip-teaseuse sur les bords, un treizième apôtre black, deux prophètes du genre retardé, et surtout son arrière-arrière-arrière-petite-nièce, qui travaille dans un centre d'IVG. C'est dire que la bande à Jésus fait plutôt dans le côté post-moderne. Et que le système mis en place par Kevin Smith, plutôt que blasphématoire, relève de la grosse blague de potache, d'ailleurs souvent bien grasse, surtout lorsque paraît un démon merdeux qui donne carrément dans le scato-dégueu.
Il n'y a assurément pas là de quoi fouetter un ange, ni même un démon, et si l'on apprend au passage que certaines vérités théologiques communément reçues sont à revoir et que Dieu pourrait bien, par exemple, être un Noir ou, mieux encore, une femme, cela ne devrait à coup sûr pas faire vaciller l'Église ni ses dogmes. Il y a même, et c'est bien là que le film est surprenant, un recyclage sous-jacent de tout un discours de bondieuseries qui en dit long sur le côté faussement iconoclaste de l'entreprise. Cet affreux jojo de Kevin Smith et son univers cartoonesque cachent en fait un petit côté crapaud de bénitier, qui transparaît à travers d'interminables sermons prétendument remis au goût du jour. Et le film, qui pourrait avoir quelque vertu caustique s'il gardait la légèreté d'aile qu'on serait en droit d'attendre de ses anges, s'enlise dans le prêchi-prêcha de plaisanteries lourdes comme des péchés capitaux. Du coup, on lui refusera absolument l'absolution.

## SNYDER Zack (anglais, né en 1966)

**FILMOGRAPHIE :**
***L'Armée des morts (2004)***

Les films de genre, et tout particulièrement ceux qui parmi eux sont devenus des films cultes, suscitent un jour ou l'autre des remakes : soit pour exploiter le filon de l'œuvre première en la mettant à la portée d'un nouveau public, soit parfois pour se mesurer à une œuvre sur laquelle veille le regard sourcilleux de spectateurs fanatiques et pour leur en proposer, au risque de leur déplaire, une nouvelle vision. Ainsi en reprenant le petit film d'horreur indépendant de George A. Romero, *Zombie*, de 1979, second volet lui-même de sa *Nuit des morts-vivants* de 1968, et vite agrémenté de sa séquelle, *Le Jour des morts vivants*, en 1985, le débutant Zack Snyder, formé à la publicité et amateur lui-même du film original, entend-il réinterpréter son modèle en lui insufflant l'énergie d'une époque différente et en l'agrémentant d'effets, notamment de maquillages, rendus possibles par les progrès techniques.

### L'ARMÉE DES MORTS (2004)
#### avec Sarah Polley, Ving Rhames et Jake Weber

**Attention ! ils mordent…** Il y a des journées, comme ça, qui commencent mal. Pour Ana Clark, infirmière débordée et sympa, la nuit de repos dans sa jolie maison, avec son gentil mari et sa mignonne fillette, est, après une dure journée de labeur à l'hôpital, amplement méritée. Mais la malheureuse ne se doute pas qu'à son réveil, lorsque sa fille frappe à la porte de la chambre conjugale, c'est l'horreur qui pointe son affreux visage, en l'occurrence celui tout sanguinolent de la gamine, laquelle, dans un rictus effrayant, saute à la gorge de son père et le mord jusqu'au sang. Et ledit mari, à peine vidé de son hémoglobine, se transforme à son tour en créature fantomatique et vampirique, qui veut faire subir à la malheureuse Ana la même morsure mortelle. Autant dire que la jeune femme n'a que le temps de s'enfuir par la fenêtre, mais c'est pour découvrir qu'une véritable armée de morts-vivants a envahi la contrée, s'auto-multipliant en tuant tout ce qui bouge.

Après une telle entrée en matière, le générique vient à point pour souffler un peu, et permet de lancer plus calmement l'histoire sur sa trajectoire narrative. Dans une ville ravagée, où les rares survivants essaient désespérément d'échapper aux créatures revenues des ténèbres, Ana va donc se retrouver en compagnie de quelques rescapés. Et comme ils ne savent trop où se mettre à l'abri, ils ont la bonne idée d'aller se réfugier dans un immense centre commercial, ce qui à la fois leur assure la nourriture et la boisson, mais qui surtout, du parking jusqu'aux toits, offre suffisamment de coins et de recoins pour que l'armée des ombres puisse à tout moment s'y glisser. Car les morts, ex-consommateurs ayant gardé outre-tombe leurs habitudes consuméristes, se pressent à l'entrée de la galerie marchande. La petite équipe, décidée à vendre chèrement sa peau, n'a donc plus que la ressource de s'organiser en commando et, armée jusqu'aux dents, de tirer sur tout ce qui bouge, même si techniquement ça pose toujours un problème de tuer un mort! Heureusement, les zombies ont un talon d'Achille, la tête en l'occurrence, qu'il s'agit de faire éclater pour les envoyer définitivement *ad patres*.

Comment les valeureux survivants parviendront-ils à échapper à cette furia d'énervés cadavériques qui veulent les dévorer à tout prix? C'est ce que, suivant le schéma classique du film catastrophe, le film de Zack Snyder raconte en s'attachant au petit groupe qui, à mesure que le film avance, va voir ses rangs inexorablement décimés. Au bout du compte, il restera malgré tout quelques valeureux survivants, nécessaires pour que le film puisse aller à son terme, d'autant que la route a été tracée il y a plus de vingt ans par le film culte de George Romero, dont celui-ci n'est que le remake ripoliné à la technologie des maquillages et des effets spéciaux. Et si le réalisateur s'amuse en cours de route à mêler une touche bienvenue d'humour distancié à ses horreurs, celles-ci, d'un accouchement monstrueux à un massacre à la tronçonneuse, ne se privent pas d'accumuler toutes les recettes connues du gore et de l'angoisse. Bref, on n'a guère le temps de s'endormir, ni de chercher les peurs collectives secrètes que tout cela est censé représenter. Et, lorsque la fin arrive, on n'a pas vraiment non plus le temps d'être soulagé. Car, si on regarde le générique final jusqu'au bout, on s'aperçoit qu'en matière de morts-vivants, quand il y n'en a plus, il y en a encore...

## SODERBERGH Steven (américain, né en 1963)

**FILMOGRAPHIE :**

***Sexe, mensonges et vidéo (1989)*** • *Kafka (1991)* • *Le Roi de la colline (1993)* • *À fleur de peau (1995)* • *Gray's anatomy (1996)* • *Schizopolis (1996)* • *Hors d'atteinte (1998)* • *L'Anglais (1999)* • *Erin Brockovich seule contre tous (2000)* • ***Traffic (2000)*** • *Ocean's eleven (2001)* • *Full Frontal (2001)* • *Solaris (2003)* • *Ocean's twelve (2004)* • *Eros (2005), co-réalisation* • *Bubble (2005)*

Le premier long métrage de Steven Soderbergh, *Sexe, mensonges et vidéo*, couronné à Cannes d'une Palme d'or, a immédiatement attiré l'attention sur un cinéaste brillant, virtuose tout à la fois de l'écriture scénaristique et de l'écriture visuelle. De fait, passionné par l'image, le jeune Soderbergh avait commencé très tôt à tourner de petits films, dès 13 ans, puis, après être passé par le montage, à réaliser des courts métrages et à écrire des scénarios, avant de tourner un long métrage documentaire sur le groupe musical Yes et de filmer un de leurs concerts, *9012 Live*, remarqué comme une des meilleures vidéos musicales de 1986. La carrière du cinéaste, commencée de façon éclatante, a vite confirmé un talent qui, tout en accédant aux grosses productions hollywoodiennes, s'est toujours réservé une part expérimentale: le noir et blanc, d'un expressionnisme inquiétant, de *Kafka*, le labyrinthe mental de la fable de *Schizopolis*, centré sur l'avilissement de l'homme par les systèmes de communication, le puzzle structurel et visuel de *Full Frontal*, traduisent la permanence chez lui d'un cinéma de recherche, alors même que d'*Erin Brockovich*, embarquant Julia Roberts dans une croisade écologiste, à *Ocean's eleven* et à sa séquelle *Ocean's twelve*, réunissant la plus brillante distribution hollywoodienne dans une fantaisie policière sur fond de braquage de casinos, il signe quelques-uns des films dont le succès au box-office international dit assez qu'ils visent large. Il y a ainsi, chez Soderbergh, l'alliance réussie entre une insertion dans le système de production, lui-même étant producteur, qui en fait une personnalité importante du cinéma hollywoodien, et une exigence constante dans la réalisation qui se traduit par un goût pour la complexité narrative et par le brio d'un style incisif, quel que soit le sujet ou le genre abordé.

## SEXE, MENSONGES ET VIDÉO (1989)
### avec Andie MacDowell, James Spader, Peter Callagher et Laura San Giacomo

**Le jeu de la vérité.** Il y avait, aux temps héroïques du péché, le confessionnal. Il fut remplacé, à l'époque de la libido triomphante, par le divan. Voici qu'apparaît aujourd'hui, à l'âge de la communication, la séance vidéo. Renvoyés au rayon des accessoires la bénédiction du prêtre et les trois *Ave Maria* de rédemption ; terminés l'oreille attentive du psychanalyste et le transfert salvateur : tout maintenant se passe sous l'œil froid de l'objectif et vient se fixer sur les particules magnétiques d'une pellicule haute résolution. Mais, si les techniques évoluent, le fond du problème reste le même : ce qu'il s'agit d'avouer, c'est toujours cette chose si difficile à dire, même si, depuis le docteur Freud, on en a isolé les symptômes et défini le nom : le sexe.
Ainsi de John et d'Ann. Tous deux sont beaux, jeunes, riches et américains. Lui est avocat d'affaires, a un superbe bureau, une maison luxueuse et une maîtresse torride, qui n'est autre que sa belle-sœur. Car Ann, sa femme, est désespérément coincée : dès qu'il la touche, elle fait de l'urticaire. Le psychanalyste qui écoute la jeune femme raconter ses inhibitions a une bonne tête, mais manifestement, ça ne suffit pas : Ann reste froide. Jusqu'au jour où survient Graham, un vieux copain de fac de son mari. Tête d'ange bouclée, un peu mou, décontracté et pourtant mal à l'aise dans ses blue-jeans. C'est qu'il souffre lui aussi d'un dysfonctionnement quelque part, comme on dit dans les manuels psy. En d'autres termes, il est impuissant. Le seul plaisir qu'il puisse prendre, il le trouve à enregistrer sur cassettes vidéo les confidences des femmes qui, à défaut de leur corps, lui livrent les secrets de leur vie sexuelle. Cynthia, la sœur d'Ann, attirée par tout ce qui bouge, se prête aussitôt à l'expérience. Le résultat est foudroyant : de chauds, ses ébats amoureux deviennent carrément torrides. Ann, à son tour, s'y laisse aller. Mais les effets de cette interview vont être cette fois-ci surprenants. Car il suffit d'introduire dans un univers de mensonge un atome de vérité pour qu'aussitôt tout explose.
Ce qu'il y a de plus remarquable dans le film de Steven Soderbergh, c'est le naturel. Ces quatre jeunes gens, qui semblent manifestement n'avoir qu'une chose en tête, vident leur sac sexuel avec une aisance parfaite. Pas question ici de pudeur ni même d'impudeur : le sexe fait partie des meubles ; il est même le plus encombrant, d'où la difficulté de lui trouver la bonne place. Naturellement, comme le jeu social exige le jeu de rôles, chacun y va de ses petits mensonges. Mais l'objectif de la caméra, objectif par définition, débusque bien vite tout ça.
Il y a là d'ailleurs, à l'intérieur du film, comme la métaphore de l'entreprise même du cinéaste. Pour dire aujourd'hui toute cette alchimie subtile de la pulsion, du désir et du sentiment que recouvre le doux vocable de sexe, il faut un cinéma de thérapie, qui serve à la fois de révélateur et d'exorcisme. Steven Soderbergh, par sa maîtrise technique, son extraordinaire direction d'acteurs et l'habileté qu'il met à faire d'une cure analytique un film, apporte au problème très classique du mari, de la femme et de l'amant, l'air vif de la modernité, pour en faire un (petit) chef-d'œuvre de légèreté acide.

## TRAFFIC (2000)
### avec Michael Douglas, Don Cheadle, Benicio Del Toro et Catherine Zeta-Jones

**Poudre noire.** La drogue, toujours recommencée… Lorsque Javier Rodriguez et son équipier Manolo arrêtent, sur la route qui mène du Mexique aux États-Unis, un camion bourré de poudre, ils peuvent légitimement croire qu'en bons policiers qu'ils sont ils ont fait avancer la lutte contre les trafiquants. Et pourtant, à peine se sont-ils rendus maîtres de la cargaison que celle-ci passe illico sous le contrôle d'un général officiellement responsable de la lutte anti-drogue pour le Mexique, mais dont ils ne vont pas tarder à découvrir qu'il est en fait l'homme des trafiquants, qui joue un cartel contre un autre. Et de même, à peine Robert Wakefield, juge à la Cour suprême de l'Ohio, est-il appelé à Washington pour y être nommé lui aussi à la tête des services anti-drogue américains que, dans sa propre famille, il doit faire face aux ravages de la toxicomanie lorsqu'il découvre que sa fille Caroline est devenue accro aux drogues dures. Au même moment, à San Diego, Helena Ayala croit voir le monde doré où elle vit s'écrouler quand on vient arrêter son mari dans leur somptueuse villa et qu'on l'accuse d'être un des principaux responsables du trafic des stupéfiants avec le Mexique. Elle découvre alors ce que cachait la façade de

respectabilité derrière laquelle elle avait vécu. Pourtant, refusant de baisser les bras, elle-même décide de reprendre en main le juteux trafic.
La drogue est donc partout dans le film de Steven Soderbergh. Ce qui la rend pratiquement insaisissable. Pour tenter d'en saisir les rouages, le cinéaste a choisi ingénieusement de construire son film comme un puzzle dont les pièces diverses, d'abord éparpillées, peu à peu s'assemblent. Les trois histoires qu'il mène de front, facilement repérables à la couleur des filtres qui donnent à chacune sa tonalité, s'enchaînent pour tracer, au bout du compte, une sorte de tableau général du trafic de la drogue. Car tel est bien le but avoué : celui d'un film-enquête, où l'image est traitée comme un élément de reportage dont l'authenticité ne ferait pas de doute. Tout est donc fait, ici, pour donner cette impression première de vérité irréfutable, dévoilant de façon documentée et précise le fonctionnement des filières et de ce qui les accompagne : les coups fourrés, la corruption, la cruauté, les astuces des passeurs, les règlements de compte, les témoins gênants qu'on élimine, et naturellement les tenaces mais souvent vains efforts de la police et de la justice pour essayer d'endiguer le flot.
Le film de Steven Soderbergh montre ainsi, avec une belle virtuosité dans la construction du scénario et dans le maniement de la caméra, les formes prises par cette guerre déclarée à la drogue. Et le récit en est passionnant, même s'il n'est peut-être pas aussi totalement neutre qu'il prétend l'être. Car, des Mexicains pourris qui expédient la marchandise aux Noirs vicieux qui la vendent dans les quartiers crasseux des métropoles US, la poudre a visiblement une couleur plutôt basanée, d'autant plus identifiable qu'elle se donne pour cible une Amérique blanche bien décidée à défendre sa pureté. C'est dire que sous l'objectivité affichée du reportage pointe comme l'esquisse d'une thèse.

## SOKOUROV Alexandre (russe, né en 1951)

**Premier long métrage :**
*La Voix solitaire de l'homme (1978)*
**Filmographie depuis 1985 :**
*Patience – Travail (1985)* • *Élégie moscovite (1986)* • *Élégie (1986)* • *Les Jours de l'éclipse (1988)* • *Sauve et protège (1989)* • *Simple élégie (1990)* • *Aux événements du Transcaucase (1990)* • *Élégie soviétique (1990)* • *Le Deuxième cercle (1990)* • *Un exemple d'intonation (1991)* • *Élégie de Russie (1992)* • *La Pierre (1992)* • *Pages cachées (1993)* • *Les Voix spirituelles (1995)* • *Hubert Robert, une vie heureuse (1996)* • *Élégie orientale (1996)* • *Mère et fils (1996)* • *Une vie humble (1997)* • *Confession (1998)* • *Dolce (1999)* • *Moloch (1999)* • *Taurus (2000)* • *Élégie de la route (2001)* • *L'Arche russe (2002)* • ***Père, fils (2003)*** • *Le Soleil (2005)*

Né en Sibérie, d'un père militaire, Alexandre Sokourov a grandi en grande partie, au hasard des garnisons, en Pologne et au Turkestan. Après des études d'histoire à l'université de Gorki, il entre à l'École de cinéma de Moscou, où son film de fin d'études – *La Voix solitaire de l'homme* – est refusé par l'école et par le gouvernement soviétique, comme vont l'être tous les films qu'il réalise ensuite pour les studios du film documentaire de Leningrad. Pendant près de dix ans, le régime empêche donc la diffusion de ses films, lesquels, soutenus par Tarkovski, ne sont finalement autorisés qu'en 1986. Depuis, le cinéaste poursuit dans la double voie du documentaire (une vingtaine de titres) et de la fiction (treize films jusqu'à *Soleil*). Il s'y montre à la fois, dans la ligne de Tarkovski (à qui il rend hommage dans *Élégie moscovite*), inspiré par une pensée religieuse, mais chez lui sans idée rédemptrice, et par la quête d'une Russie qui a traversé les régimes et les idéologies et dont il retrouve la force naturelle, dure et froide. Son cinéma, construit loin des circuits de production et de distribution, interroge sans cesse la réalité, utilisant le documentaire et la fiction en une sorte de contrepoint indissociable, construisant des cycles (la série des Élégies, la trilogie des relations familiales) et jouant de toutes les ressources de l'image, du son, des mouvements de caméra, du montage, ou de son absence, comme dans cette traversée unique de l'histoire, de la culture et de l'art de la Russie que constitue *L'Arche russe*, filmé en un unique plan-séquence, tourné en une seule prise et en temps réel à travers le musée de l'Ermitage.

## PÈRE, FILS (2003)
### avec Andrei Shchetinin et Aleksei Neymyshev

**Fusion d'amour.** Ils s'aiment. D'un amour sans partage, viscéral, exclusif. Tel que nul autre – ami, fiancée – n'y est admis. Ils vivent tous deux, seuls, dans un appartement au dernier étage d'un vieil immeuble, qui donne sur les toits. Le ciel est leur royaume.
Le film s'ouvre sur leurs deux corps nus, enlacés, unis. Le père tient dans ses bras le fils, apaise ses cauchemars, le berce d'un geste maternel. Douceur de l'étreinte, mais force athlétique des musculatures. Douceur aussi des mots, comme des caresses, mais virulence aussi des disputes, comme des coups de poing.
Un père et un fils, soudés par la vie, ne vivant que l'un pour l'autre, que l'un par l'autre. Le fils pourrait partir avec son amie, lui faire un enfant, le père quitter la ville et se remarier : impossible ! Ils ne peuvent se séparer, leur amour est plus fort que leur volonté.
Le fils est inscrit dans une école militaire, pour suivre la voie de son père, militaire lui aussi autrefois, mais qui depuis a quitté l'armée. Matin, soir, ils n'ont qu'une hâte : se retrouver. Le fils est fier du père, qu'il trouve beau comme un dieu ; le père est fier du fils, qu'il regarde d'un œil tendre, prévenant. Ils éprouvent tous les sentiments qui vont avec l'amour : la jalousie, la joie, l'inquiétude.
Qui sont-ils exactement ? Le film de Sokourov se garde bien de le dire. On ne sait trop quelle est cette ville qu'ils habitent, mélange d'Ukraine et de Portugal, d'Odessa et de Lisbonne. On ne sait trop non plus quelle est leur histoire, si ce n'est que le père n'a aimé qu'une femme, qui lui a donné ce fils, et qu'elle est morte. Et sans doute y a-t-il, dans l'amour qui les lie, la trace indélébile de cette absence qui les a laissés seuls l'un à l'autre. On ne sait pas trop non plus de quoi leur avenir sera fait. En fait, on n'a pas besoin de savoir. Ils sont le Père et le Fils, comme une entité intemporelle et universelle, que Sokourov incarne et allégorise dans un film étonnant, où les corps inscrivent leur présence sensuelle, où le décor crée un univers mythique, où la beauté formelle de chaque plan dit la beauté absolue du lien paternel et filial. Et où la lenteur narrative a quelque chose d'envoûtant, comme un poème visuel, comme une parabole, comme un film obscur, et pourtant lumineux.

# SOLDINI Silvio (italien, né en 1958)

**Filmographie :**
*L'Air paisible de l'Occident (1990)* • *Une âme divisée en deux (1993)* • *Les Acrobates (1997)* • *Rom Tour (1999)* • ***Pain, tulipes et comédie (2000)*** • *Brucio nel vento (2001)* • *Agata e la tempesta (2004)*

Formé aux sciences politiques, puis allant étudier le cinéma à la New York University, où il réalise son premier court métrage, *Drimage*, en 1982, Silvio Soldini s'impose dès son premier film long, *L'Air paisible de l'Occident*, en 1990, où, à travers quatre personnes vivant dans une grande ville occidentale à la fin des années 1980, il saisit, par le croisement polyphonique de leurs quatre histoires, les mutations de la vie contemporaine. L'observation de la société fait d'emblée le fond de son cinéma, mais aussi l'attention portée aux individus, à leurs habitudes, à leurs malaises, et surtout à leur désir d'échapper à la monotonie de l'existence en commençant une nouvelle vie, comme la Rosalba de *Pain, tulipes et comédie* s'embarquant dans une route buissonnière qui l'emmène vers Venise, ou comme l'Agata d'*Agata e la tempesta*, quittant sa librairie pour répondre à l'appel doux-amer de l'amour.

## PAIN, TULIPES ET COMÉDIE (2000)
### avec Licia Maglietta, Bruno Ganz et Giuseppe Battistoni

***Rondo veneziano.*** Ah ! la jolie surprise. Qui est d'abord de ne correspondre en rien à ce titre raccrocheur dont on a cru bon de l'affubler en France, en souvenir sans doute des attributs lollobrigidesques et de la fine moustache du commandatore De Sica. Si comédie il y a, c'est ici une comédie à la fois tendre et nostalgique, poétique et pleine de folie douce. Et si le pain et les tulipes sont au rendez-vous, c'est pour rappeler que les femmes demandaient, pour se libérer, du pain et des roses, et qu'avec un sourire, Silvio Soldini a choisi de leur offrir des fleurs qui riment mieux encore (*Pane e tulipani* en italien), ces tulipes qui transforment Rosalba, la rose domestique, en marchande de fleurs symbole d'amour et de beauté. Car Rosalba, ménagère moyenne, la quarantaine encore belle, un mari dans le commerce du sanitaire, une meilleure copine qui en profite pour être la maîtresse dudit mari, et deux enfants dans les nébuleuses de la crise ado, passe les vacances en famille et en voyage culturel organisé, à visiter les ruines antiques. Et comme elle mène une vie parfaitement insipide et incolore, voilà qu'on l'oublie sur une aire d'autoroute. C'est ici que se met alors à souffler ce doux vent de folie d'une liberté non surveillée. En auto-stop, négligeant de reprendre la route de Pescara où l'attend son train-train conjugal et familial, la fugueuse pousse jusqu'à Venise. Cette Venise, Silvio Soldini la représente dans des couleurs et des images qui n'ont rien à voir avec les clichés attendus. À l'image de l'héroïne, en rupture de vie quotidienne, elle se présente comme la ville de l'insolite, des ruelles, des placettes et des quartiers où l'on ne va jamais, loin du Grand Canal et du flux touristique. On y rencontre un maître d'hôtel islandais qui prépare la corde pour se pendre, un vieux fleuriste anarcho-libertaire qui cultive son jardin secret, une masseuse qui cherche désespérément à se mettre le grand amour sous les doigts, un gros bébé joufflu à sa mamma qui joue au détective privé. Un petit monde où le désespoir est à fleur de peau, mais où le désir de vivre est aussi tout prêt à se libérer, pour peu qu'un sourire vienne éclairer la grisaille de la vie. Ce sourire, c'est précisément celui de Rosalba, magnifique Licia Maglietta, qui casse tout quand elle fait le ménage, mais dont les doigts enfin libérés pianotent sur les touches d'un accordéon à bretelle le plus léger et séduisant rondo veneziano que le cinéma italien se soit offert depuis longtemps.

## SOLONDZ Todd (américain, né en 1959)

**FILMOGRAPHIE :**
*Fear, Anxiety and Depression (1989) • Bienvenue dans l'âge ingrat (1995) • Happiness (1998) • Storytelling (2001) •* ***Palindromes (2004)***

Parmi les cinéastes indépendants, Todd Solondz apparaît comme un des réalisateurs les plus personnels et assurément les plus doués. Né dans le New Jersey, il fait ses études à la New York University Film School, où il réalise plusieurs courts métrages, dont l'un, *Schatt's last shot*, attire l'attention du directeur de la Fox qui lui passe un contrat pour l'écriture de trois films, contrat suivi d'un autre du même type avec la Columbia, tandis qu'il réalise pour Polygram son premier long métrage, *Fear, Anxiety and Depression.* L'échec complet du film arrête net ces débuts prometteurs avec les majors compagnies et l'amène à quitter le cinéma pour se recycler comme professeur d'anglais pour les immigrants russes. Ce n'est que six ans plus tard qu'il revient à la réalisation, mais par un tout autre circuit, celui de la production indépendante, tournant un film sur la pré-adolescence, *Bienvenue dans l'âge ingrat*, dont il avait écrit le scénario plusieurs années auparavant. Il y montre une acuité dans la peinture des Américains de la classe moyenne, que l'on retrouve à travers les trois sœurs dont il raconte l'histoire dans *Happiness.* On y trouve aussi un goût pour la complexité narrative, que développe encore, autour de sujets aussi denses que les races, le sexe, l'exploitation, les deux parties – de fiction et de non-fiction – de *Storytelling* et la construction en boucle de cette étonnante expérience formelle qu'est *Palindromes.*

### PALINDROMES (2004)
**avec Ellen Barkin, Jennifer Jason Leigh et Richard Masur**

**Aviva la vie.** Ni tout à fait la même, ni tout à fait une autre… Quelle qu'elle soit, qu'on la regarde d'un côté ou de l'autre, petite ou grande, noire ou blanche, énorme ou filiforme, brune ou rouquine, Aviva est toujours Aviva. Comme son nom, qui peut se lire, parfait palindrome, dans un sens ou dans l'autre. Ce qui veut dire que, tout en grandissant, en évoluant, en changeant, elle ne change pas. Et pour le prouver, Todd Solondz, décidément l'un des cinéastes américains les plus novateurs et les plus audacieux, a recours à un procédé totalement inédit, et particulièrement troublant : son Aviva, il la fait interpréter, d'une séquence à une autre, chaque fois par une personne différente : deux femmes, quatre ados, un garçon et une fillette de 6 ans.
Cette façon d'incarner son personnage a, certes, de quoi surprendre. Mais le plus surprenant, sans doute, est qu'une fois la première surprise passée, on s'y fait très vite. Et que l'on regarde Aviva d'un regard chaque fois différent, tout

en sachant bien qu'elle est toujours la même. Ce qui, au passage, amène à s'interroger sur le statut même de l'acteur : on est aux antipodes ici de ces comédiens qui s'approprient leur personnage, puisque c'est au contraire le personnage qui s'approprie chaque fois les acteurs qui l'interprètent.
Mais le plus intéressant est qu'il n'y a pas là simple exercice de style intello, à l'usage seul de ceux qui savent ce que palindrome veut dire. L'histoire d'Aviva, qui déjà toute petite ne rêve que d'avoir un bébé et qui, enceinte à 12 ans, se fait avorter sur l'injonction de ses parents, l'entraîne, après sa grossesse et ses rêves de maternité définitivement charcutés, dans une fugue où elle va trouver une autre famille, qui elle préserve la vie sous toutes ses formes, en allant même jusqu'à tuer les avorteurs. On retrouve là un de ces sujets de société particulièrement sensible aux États-Unis, mais que Todd Solondz traite de manière tout à fait personnelle, en refusant ostensiblement le film à thèse prenant parti pour l'un ou l'autre choix. Ce qu'il entend montrer, en revanche, c'est que tout est programmé d'avance, et que le seul choix est de comprendre que le monde est comme il est, et que chaque individu est ce qu'il est. Rien ne change, tout se répète : dans un sens ou dans l'autre, qu'on le prenne de ci ou de là, tout s'enroule en une boucle infinie, comme un palindrome. La construction par séquences, qui réunit dans la dernière toutes les Aviva en une seule, et qui joue constamment sur la réversibilité, des noms, des chiffres, des personnages, en est la plus subtile et excitante des illustrations cinématographiques.

## SOMMERS Stephen (américain, né en 1962)

**FILMOGRAPHIE :**
*Les Aventures d'Huckleberry Finn (1993) • Le Livre de la jungle (1994) • Un cri dans l'océan (1998) •* ***La Momie (1999)*** *• Le Retour de la momie (2001) • Van Helsing (2003) • Flash Gordon (2004) • The Big love (2004)*

Né dans le Minnesota (à Saint-Cloud !), Stephen Sommers part étudier en Espagne, passe une licence à Séville, puis parcourt l'Europe comme acteur de rue et régisseur de divers groupes de rock, avant de rentrer aux États-Unis, d'y passer une licence de cinéma, de commencer par l'écriture et la réalisation d'un court métrage, et d'entrer chez Disney pour y réaliser successivement deux adaptations de Mark Twain et de Rudyard Kipling. Il y démontre un goût pour les grandes aventures qui se concrétise dans son film suivant, *Un cri dans l'océan*, histoire de mer et de contrebandiers, et surtout dans *La Momie*, lointainement inspiré du film de Karl Freund de 1932, mais renouant surtout avec la grande veine des films de George Stevens, comme *Gunga-Din*, ou de Michael Curtiz, mettant Errol Flynn en vedette, mais avec des moyens techniques et des effets spéciaux apportant au grand spectacle les ressources nouvelles du numérique.

### LA MOMIE (1999)
#### avec Brendan Fraser, Rachel Weisz et John Hannah

**Debout les morts !** Il ne faut jamais réveiller une momie qui dort. Surtout lorsque, comme ici, il s'agit de celle d'Imhotep, le grand prêtre de Thèbes qui, quelque 1719 ans avant Jésus-Christ, a poussé l'audace et l'inconscience jusqu'à souffler au pharaon sa copine. Ce qu'il a payé illico du plus terrible des supplices qui soient : être momifié vivant. Depuis, sa momie rumine au fond de son cénotaphe une vengeance dont on sait qu'elle n'est jamais meilleure que lorsqu'elle se mange froide. Et, en l'occurrence, Imhotep est servi, puisqu'il lui faut attendre pratiquement quatre millénaires pour que, un beau jour de 1923, trois aventuriers du genre maladroit viennent ouvrir son tombeau pour voir s'il y est. Mais ce que Rick O'Connell, petit frère d'Indiana Jones, la charmante Evelyn, égyptologue mutine, et son frère Jonathan, aimable bon à rien, ignorent, c'est que la momie n'est pas tout à fait morte, qu'elle n'attend que l'occasion de se régénérer, et qu'en retrouvant forme humaine, elle devient immortelle et prête à faire pleuvoir sur l'humanité des fléaux pires encore que les dix plaies d'Égypte. C'est dire que les trois casse-cou qui ont eu la mauvaise idée de réveiller le mort-vivant se retrouvent avec un vrai problème sur les bras : il leur faut annihiler une bonne fois pour toutes la créature ectoplasmique, sous peine ni plus ni moins de fin du monde.
Le schéma du film de Stephen Sommers est donc clair : non seulement il reprend l'idée de base du célèbre classique de Karl Freund, qui valut à Boris Karloff d'inaugurer une exceptionnelle carrière de monstre en tout genre, mais il développe un scénario directement emprunté aux films d'aventures hollywoodiens, mâtiné à la fois de péripéties

sorties tout droit de l'univers de la BD et d'effets spéciaux numériques et animatroniques qui en multiplient à plaisir le caractère spectaculaire. Le tout, passé au moule de l'humour et de l'ironie, donne un curieux mélange, où le second degré semble constamment désamorcer le premier. En fait, on a bien affaire à deux mondes : celui, d'un côté, de l'imaginaire égypto-mythique, avec tombeau sacré, trésor des pharaons, aventures dans les sables, pyramides et malédictions ; et celui, de l'autre, des procédés informatiques, de l'animation virtuelle et du frisson programmé. Les héros évoluant dans une dimension et la momie dans l'autre, l'intérêt pour le spectateur est d'avoir droit à deux films pour le prix d'un seul.

## SONNENFELD Barry (américain, né en 1953)

**Filmographie :**
*La Famille Addams (1991)* • ***Les Valeurs de la famille Addams (1993)*** •
*Le Concierge de Bradbury (1993)* • *Get shorty (1995)* • ***Men in Black (1997)*** •
*Les Mystères de l'Ouest (1999)* • *Men in Black 2 (2002)* • *RV (2005)*

Barry Sonnenfeld a commencé dans le cinéma comme directeur de la photo, travaillant pour les frères Coen, pour Danny DeVito, pour Rob Cohen, pour Penny Marshall, avant de passer lui-même à la réalisation. Sa technique de chef opérateur, qui lui vaut aussi d'être un des réalisateurs les plus recherchés de films publicitaires, explique que, à côté de quelques pures comédies comme *Le Concierge de Bradbury* ou *Get shorty*, on lui confie en priorité des films à gros budget, adaptant bandes dessinées et séries télévisées à succès, où il peut développer à loisir son style visuel et son sens de l'humour : *La Famille Addams*, *Men in Black*, ou *Les Mystères de l'Ouest*.

### LES VALEURS DE LA FAMILLE ADDAMS (1993)
### avec Anjelica Huston, Christina Ricci et Raul Julia

**Plus on est d'affreux...** Lorsque l'enfant paraît, le cercle de la famille Addams s'agrandit certes, mais il se trouve surtout confronté à un épineux problème : comment les deux rejetons déjà en place, avec leur caractère plutôt entier, vont-ils accepter de se pousser un peu pour accueillir le nouveau-né, portrait craché de sa mère par le noir de sa chevelure et de son père par la fine moustache de séducteur latin qui orne son joli minois rosé ? Et, à vrai dire, l'arrivée de ce nouveau membre de la famille, venu au monde sans que le maquillage impeccable et le sourire impénétrable de sa mère ne souffrent en quoi que ce soit des affres de l'accouchement, va donner à ses deux frère et sœur des envies de meurtre. Ce qui, comme toujours chez les Addams, se traduit par une surenchère macabre qui prouve que mauvais sang ne saurait mentir. Enfin, le fragile bébé ayant réussi à échapper au vol plané organisé pour lui du haut des toits de la sinistre demeure familiale et même à la lame tranchante d'une guillotine sournoisement chargée de le raccourcir, il se retrouve victime d'un envoûtement qui lui teint sa noire tignasse en un blond éclatant. Blond, c'est aussi la couleur des cheveux de la jolie nurse aux appâts profilés que les Addams engagent pour s'occuper du marmot. Ladite Debbie, sûre de son charme, a vite fait de repérer dans la chaîne familiale le maillon faible, et même carrément fêlé : l'oncle Fester. Certes, celui-ci, avec son crâne rasé, ses oreilles pointues, ses yeux de charbon et son sourire inquiétant, a tout d'un ersatz de Nosferatu, mais la jeune fille sait ce qu'elle veut : épouser l'oncle, c'est faire main basse sur la fortune de la famille. Méfiez-vous des blondes… C'est ce que se disent aussi les deux aînés, qu'on a envoyés dans un camp de vacances style boy-scout, plein de jeunes et jolies héritières blondes toutes sorties du même moule et qui portent haut et droit le chapeau étoilé de l'*american way of life*.
Comment les deux affreux jojos tout noirs, unis pour l'occasion à un jeune garçon juif, vont régler leur compte à ce microcosme des valeurs établies et comment, dans le même temps, l'intrigante Debbie sera pulvérisée : c'est l'histoire abracadabro-délirante que raconte le film de Barry Sonnenfeld. Il ne brille évidemment pas par le bon goût ni par la nuance. Tout y est plutôt bien épais, bien morbide, à l'image de cette main coupée qui accompagne la famille et qui n'y va jamais de main morte dans ses évolutions. Pourtant, si l'on se fatigue bien un peu en cours de route de ce musée des horreurs organisé, le second volet des aventures de l'étrange famille prend soudain une dimension insoupçonnée. C'est que cette sorte d'idée fixe de la mort qui l'obsède se polarise ici sur une blondeur symbolique d'une Amérique blanche, clean et bien pensante, qui a la phobie du noir. Or, avec les Addams, en fait

de noir, on est servi. Comme si, en portant sur soi, à défaut de la peau, le noir maléfique, la famille portait le deuil de valeurs trop polies pour être honnêtes. Ce que les Addams représentent, c'est le monde de l'autre, de l'étrange, de l'étranger – black, juif, indien, qu'importe : le cauchemar américain. Sortis tout droit d'un mauvais rêve, les Addams n'en font qu'à leur mauvaise tête. Et la façon dont ils règlent leur compte aux blondes créatures qui les regardent d'un œil soupçonneux et voudraient les réduire, dit assez la valeur iconoclaste et insidieusement subversive d'un film finalement moins anodin qu'il ne s'en donne l'air.

## MEN IN BLACK (1997)
### avec Will Smith, Tommy Le Jones et Linda Fiorentino

**Les petits hommes noirs.** L'agent K a du travail. Depuis qu'il fait partie des hommes en noir, la brigade spéciale chargée de faire la chasse aux aliens qui, mine de rien, se sont installés sur Terre, sa mission ne lui laisse guère de répit. D'autant que, parmi tous les extra-terrestres qui sont venus émigrer sur la planète ronde, il y a certes de braves bougres, mais il y a aussi de mauvais coucheurs, sales types toujours prêts à chercher des noises à tout le monde. Or justement, alors même que son coéquipier, atteint par la limite d'âge, ne parvient plus à dégainer assez vite pour envoyer sur les envahisseurs menaçants les décharges propres à les atomiser, l'agent K se trouve confronté à un gros problème : un alien particulièrement nuisible débarque à bord de sa soucoupe volante, se pose dans la basse-cour d'une ferme de l'Amérique profonde, désosse et ingurgite proprement le fermier qui l'accueille et, après l'avoir étripé, se moule dans sa peau pour aller accomplir sa basse besogne. Laquelle consiste à rien de moins qu'à s'emparer d'une sorte de galaxie miniature, qui représente en fait l'énergie même de l'univers.

Il n'y a donc pas de doute : on est bel et bien dans un film d'extra-terrestres. Et pourtant, dès le générique, on devrait se méfier : on y voit un moustique faire des voltiges le long d'une autoroute, et le bruit régulier de ses ailes, la conformation allongée et crénelée de son corps, les globules de ses yeux et cette façon qu'il a de faire du rase-mottes en évitant les obstacles, font immanquablement penser qu'on a affaire à une créature redoutable, sans doute venue d'ailleurs : pourtant lorsque ladite créature, à la fin du générique, finit par s'écraser sur le pare-brise d'une vulgaire camionnette et que le conducteur, d'un geste rageur, actionne l'essuie-glace pour nettoyer sa vitre du magma jaunâtre qui vient de l'emplâtrer, on se dit qu'avec une telle ouverture, le film de Barry Sonnenfeld n'est pas à prendre absolument au sérieux.

Et, de fait, l'explication vient vite. Pour lui servir de partenaire, l'agent K enrôle un jeune flic râleur et rétif à l'autorité, qui devient l'agent J, et qu'il initie à l'art et à la manière de reconnaître les envahisseurs et surtout aux moyens explosifs et désintégrateurs de les anéantir. L'agent J étant doué et apprenant vite, son apprentissage se fait du coup à un rythme trépidant, et, sur ce plan, la première partie du film de Barry Sonnenfeld est un vrai régal. Car – et c'est là la belle idée du scénario – les extra-terrestres sont partout, parfaitement intégrés au monde quotidien, et surtout exactement à son image. S'il y en a de menaçants, il y a en a aussi de sympas, comme il y a parmi eux de joyeux drilles, des peureux, des gourmands, et autres tempéraments divers. À tel point qu'on finit par se demander ce qui les distingue des êtres humains. Or, c'est toute la science des hommes en noir que de savoir les débusquer. Dans leur quartier général, des écrans montrent ainsi les photos d'aliens célèbres : on y reconnaît, par exemple, au passage Sylvester Stallone et Steven Spielberg ! Celui-ci étant le producteur du film, on voit que la distance ironique ne fait pas défaut et que Barry Sonnenfeld joue à la fois le jeu des films d'extra-terrestres et celui de leur parodie. Cela apparaît dans le choix même qu'il fait de son duo central, en mettant côte à côte l'imperturbable et plutôt réfrigérant Tommy Lee Jones et le nettement plus remuant et fantaisiste Will Smith : les deux font indéniablement la paire, selon les bonnes vieilles recettes des duettistes qui se renvoient la balle, le petit et le grand, le gros et le maigre, ici le blanc et le noir, le vieux et le jeune, le calme et le survolté. Face à eux, les aliens sont aussi la bonne surprise de l'affaire. Non que les effets spéciaux et les maquillages soient particulièrement révolutionnaires. Mais il y a plutôt, dans leur utilisation, une sorte de sourire en coin constant, qui donne à ces créatures improbables un côté ludique et jubilatoire, y compris dans la figure du méchant, lequel cache sous sa peau humaine une sorte d'énorme cafard qui déborde aux entournures. La thématique du cancrelat, renvoyant à la vermine intergalactique, est d'ailleurs ici joyeusement traitée, les moyens les plus simples, comme les écraser avec le pied, se révélant pour finir plus efficaces que les armes les plus sophistiquées. Et si, après une ouverture en fanfare, ce jeu ironique se perd un peu en route, et si la chasse aux aliens en vient alors, en suivant des chemins plus traditionnels, à être plus attendue et moins réjouissante, le film, pour autant, ménage suffisamment de ressorts au scénario et de plaisanteries aux dialogues, pour que l'on soit convaincu que ces petits hommes noirs sont parfaitement fréquentables et que l'on suive jusqu'au bout leur entreprise de nettoyage avec un plaisir sans cesse renouvelé.

## SORIN Carlos (argentin, né en 1944)

**FILMOGRAPHIE :**
***La Pelicula del Rey (1986)*** • *Eterna sonrisa de New Jersey (1989)* • *Historias minimas (2002)* • *18 – J (2004), co-réalisation* • *Bombon el perro (2004)*

Lauréat du Lion d'argent à Venise pour son premier film, Carlos Sorin enchaîne avec un deuxième film qui connaît un échec cuisant. Sa carrière de cinéaste se trouve déterminée largement par cette double expérience. Abandonnant le grand écran, pour lequel il nourrissait une passion au départ exclusive, il se consacre pendant treize ans à la réalisation de films publicitaires, avant de revenir au cinéma avec *Historias minimas*. Il y renoue avec le décor de ses deux premiers films, la Patagonie, terre de l'extrême, bien accordée aux personnages eux aussi extrêmes que sont le cinéaste parti filmer l'histoire d'un souverain patagon dans *La Pelicula del Rey* ou le dentiste fou de *Eterna sonrisa de New Jersey* quittant sa famille et son métier pour gagner ce bout du monde. Et, dans ces étendues désertiques, la banalité des gens ordinaires (interprétés par des non-professionnels), comme le vieux retraité, le représentant de commerce et la jeune femme qui voyagent ensemble dans *Historias minimas*, ou le chômeur accompagné de son chien, dans *Bombon el perro*, se trouve soudain prendre une dimension particulière, du fait même de la démesure du paysage.

### LA PELICULA DEL REY (1986)
**avec Ulises Dumont, Julio Chavez et Villanueva Cosse**

**Mon royaume pour un film.** Voici un bien étrange monstre, à mi-chemin entre Shakespeare et Fellini, une de ces perles baroques éclatantes et biscornues, à la curieuse séduction. Au départ, il y a l'histoire – authentique – de cet illuminé parti, au milieu du XIXe siècle, de son Sud-Ouest natal pour le fin fond de l'Argentine, en rêvant de se faire couronner roi par les Indiens du cru et d'installer en ces lieux du bout du monde un royaume de justice et de paix. Séduit par cette odyssée picaresque, un jeune cinéaste argentin décide d'en faire un film. Il rassemble comédiens et matériel nécessaire et s'embarque avec toute son équipe pour les terres désolées de la Patagonie sur les traces d'Orélie Antoine de Tounens, roi des Patagons. Troupe hétéroclite, à l'image des personnages qu'elle veut incarner : un doux rêveur à tête de Christ, une énorme matrone ramassée sur le trottoir, un homosexuel pédophile, quelques Indiens dépenaillés. Et tandis qu'Orélie s'enfonce de plus en plus loin dans son rêve délirant, ballotté par les événements, soumis aux rigueurs terribles du pays, trahi par ses compagnons, le film lui-même essaie de se frayer un chemin au milieu des pires difficultés : l'argent manque, l'équipe se disloque, les moyens font défaut. Mais Orélie avance toujours, et le réalisateur continue, jusqu'au bout, jusqu'à l'impossible : abandonné de tous, réduit à utiliser des mannequins en guise d'acteurs et à jouer lui-même le rôle d'Orélie, il veut tourner encore, toujours, pour réaliser son rêve, son film. *La Pelicula del Rey*, c'est la grandeur des folies : celle de l'utopie, celle de la création. Celle aussi d'un récit qui, commencé sur le ton calme et froid d'un documentaire, bascule progressivement dans le délire et qui, dans des paysages aux allures de décors fantasmatiques, finit en cauchemar pathétique et flamboyant. Avec, au bout de ce royaume de l'illusion, un rêve de celluloïd enfin réalisé : un film.

## SPHEERIS Penelope (américaine, née en 1945)

**PREMIER LONG MÉTRAGE :**
*Suburbia (1984)*
**FILMOGRAPHIE DEPUIS 1985 :**
*The Boys next door (1985)* • *Hollywood vice squad (1986)* • *Dudes (1987)* • ***Wayne's world (1992)*** • *Les Allumés de Beverly Hills (1993)* • *Les Chenapans (1994)* • *Black sheep (1996)* • *Supersens (1998)*

La réalisation, en 1992, de *Wayne's world*, comédie cultivant l'humour débile et parodique, assure à Penelope Spheeris le statut envié de cinéaste à succès à qui les studios peuvent confier des films populaires, avec la quasi-assurance d'un bon retour sur investissement. Formée à l'école de cinéma de l'université de Californie à Los Angeles, elle avait commencé sa carrière par des réalisations de vidéos et des collaborations à des émissions télévisées. C'est par un documentaire sur le hard rock (*The Decline of western civilization*) en 1981, auquel elle donnera une suite en 1988, qu'elle passe au cinéma. Elle s'y spécialise dans la comédie et, après *Wayne's world*, adapte des séries célèbres tant de la télévision (*Les Allumés de Beverly Hills*) que du cinéma (les « little rascals » des *Chenapans*) et explore la voie du comique burlesque (avec le « mouton noir », frère catastrophique d'un homme politique, dans *Black sheep*) et du comique social (avec le jeune étudiant noir transformé en cobaye pharmaceutique de *Supersens*).

### WAYNE'S WORLD (1992)
#### avec Mike Myers, Dana Carvey et Rob Lowe

**Méga-débile et super-nullos.** Bien que sa composante intellectuelle soit voisine du zéro absolu, *Wayne's world* amène à l'esprit deux questions, aussi angoissantes l'une que l'autre. La première concerne le succès phénoménal du film aux États-Unis, qui pousse évidemment à s'interroger sur l'âge mental du public américain. Car l'histoire de ces deux ados déjantés qui, depuis le sous-sol de leur maison, réalisent une émission censée reposer sur un humour branché, relève en fait du plus pur stade anal. Les deux copains, Wayne et Garth, en sont en effet toujours à pipi-caca. Ils y ajoutent simplement, pour épicer un peu, la panoplie au goût du jour : télé, pub, clips, hard-rock, et surtout langage codé. Une langue qui, jouant comme d'un signe de reconnaissance pour les ados fans de leur émission, laisse quelque peu rêveur quant aux capacités d'apprentissage des têtes blondes, du fait qu'elle consiste essentiellement en éructations, borborygmes, euh traînants, et préfixations limitées à un « méga » qui sert de passe-partout : mégateuf, mégameuf, mégabombe, mégacool. Pour tout dire, mégadébile.
Resterait donc à savoir si cet infantilisme régressif serait chargé de sens, et s'il traduirait une volonté revendiquée de ne pas grandir, de contester la vie adulte sous toutes ses formes, et d'offrir comme rêve aux juniors à casquettes et à jeans troués une adolescence prolongée ? On pourrait le croire, encore que l'entreprise, pour planante qu'elle se donne, ne laisse pas de garder les pieds sur terre. Car tout en s'affichant comme parodie du système – télévision, commerce, civilisation du spot – l'entreprise donne naissance, après une série TV qui a déjà rapporté son pesant d'audimat, à un film qu'accompagne tout l'attirail du merchandising publicitaire. Il y a comme de la récupération dans l'air, d'autant plus que les Américains, bons princes, ne manquent pas de refiler le produit, tout empaqueté, au public européen.
Ce qui amène la seconde question : comment expliquer qu'un tel produit, fabriqué pour la jeunesse américaine et nourri de références purement US, puisse ainsi s'exporter ? Même si l'on a fait appel pour l'adaptation à deux ex-Nuls, que le monde de Wayne puisse ainsi sortir de sa sphère d'origine pour envahir l'Europe poserait presque la question de l'impérialisme culturel en termes de lavage de cerveaux. Et ce d'autant plus que le produit n'est pas mal fait et qu'il offre même des idées séduisantes du côté de la parodie ou des trois fins au choix qu'il propose pour faire bonne mesure. Et d'ici à ce que des esprits bien (ou mal) pensants en viennent, pour faire jeunes, à trouver dans cette esthétique de la débilité le fin mot du bon mauvais goût, il n'y a qu'un tout petit pas : celui qui mène d'un film cucul à un film culte…

## SPIELBERG Steven (américain, né en 1946)

**PREMIER LONG MÉTRAGE :**
*Duel (1971)*
**FILMOGRAPHIE DEPUIS 1985 :**
*La Couleur pourpre (1986) • Histoires fantastiques (1986), co-réalisation • Empire du Soleil (1987) •* ***Indiana Jones et la dernière croisade (1989)*** *• Always (1990) • Hook (1991) • Jurassic Park (1993) •* ***La Liste de Schindler (1993)*** *• Jurassic Park II, Le Monde perdu (1997) • Amistad (1997) • Il faut sauver le soldat Ryan (1998) •* ***A.I. Intelligence artificielle (2001)*** *• Minority Report (2002) • Arrête-moi si tu peux (2003) • Le Terminal (2004) • La Guerre des mondes (2005) • Munich (2005)*

Dans cette usine à rêves qu'est Hollywood, le fabricant suprême, et le plus doué, est sans nul doute Steven Spielberg. Arrivé en Californie au milieu des années 1960, il s'y fait d'abord sa place à la télévision, pour laquelle il tourne *Duel* en 1971, avant de passer au grand écran et d'y marquer les années 1970 par des films qui conjuguent le spectaculaire et le fantastique. Les succès mondiaux que connaissent de 1975 à 1984 *Les Dents de la mer, Rencontres du troisième type, Les Aventuriers de l'arche perdue, E.T., Indiana Jones et le temple maudit* non seulement le propulsent aux sommets du box-office mais lui assurent une place privilégiée dans le système hollywoodien : il fonde en 1984 la société Amblin Entertainment, qui va assurer la production de quelques-uns des plus gros succès des années 1980-1990, avant de s'associer en 1994 avec Jeffrey Katzenberg et David Geffen à la tête du studio DreamWorks, qui enchaîne lui aussi les succès populaires et critiques. Tout en tenant cette place centrale dans la production hollywoodienne, Spielberg poursuit avec régularité son œuvre de réalisateur. Les années 1990-2000 le voient même élargir sa palette : s'il continue dans la voie du film d'aventures, avec le troisième volet d'*Indiana Jones et la dernière croisade*, il renchérit dans le spectaculaire et les effets spéciaux avec les deux *Jurassic Park*, aborde la fantaisie de la comédie avec *Arrête-moi si tu peux* et la fable humaniste du *Terminal*, développe son goût pour le fantastique et l'anticipation dans le sens d'une réflexion philosophique, comme en témoignent *A.I. Intelligence Artificielle*, *Minority report* et *La Guerre des mondes*, où la violence noire de l'invasion des extra-terrestres est chargée du poids fantasmatique des attentats du 11 septembre. La gravité est, de fait, derrière la composante magique venue des émerveillements de l'enfance (celle que l'on trouve dans *Always* ou dans *Hook*), une des constantes de l'univers mental de Spielberg. Elle explique qu'il mette son sens du spectacle et son formidable talent narratif au service de sujets forts : la question noire (avec *La Couleur pourpre*), la guerre et ses séquelles (de *Empire du Soleil* à *Il faut sauver le soldat Ryan*), et jusqu'à l'Holocauste, qu'il aborde avec *La Liste de Schindler*, film ambitieux et sensible, qu'il tourne comme un devoir à la mémoire juive et qui, tant par les controverses qu'il suscite que par le succès mondial qu'il obtient, marque un des moments cruciaux dans la rencontre du cinéma et de la Shoah.

## INDIANA JONES ET LA DERNIÈRE CROISADE (1989)
### avec Harrison Ford et Sean Connery

**Jones père et fils.** Ainsi donc Indiana Jones avait un père, et nous ne le savions pas ! Fâcheuse lacune, à présent réparée puisque *La Dernière croisade* nous offre l'occasion de faire enfin la connaissance de Henri Jones, archéologue et professeur comme son fils et comme lui spécialiste pour se fourrer dans les situations les plus invraisemblables. Avec en plus, chez le père, une tendance à considérer son fiston comme un gamin mal peigné, à ne regarder qu'avec un œil sceptique et vaguement réprobateur toute cette agitation qui lui tient lieu d'occupation et à s'obstiner à l'appeler « Junior », ce qui a pour effet de remplir de colère et de honte ledit rejeton qui pensait bien, après avoir triomphé de l'arche perdue et du temple maudit, avoir gagné ses galons de héros et d'adulte ! À vrai dire, le torchon brûlait entre ce père-Tournesol, plongé dans ses travaux scientifiques et ce fils-Tintin, toujours à courir le monde. Et il fallait une circonstance exceptionnelle pour que leurs routes, divergentes, en viennent à se rejoindre. Avec *La Dernière croisade*, c'est fait. Il faut dire que l'enjeu est de taille, à la mesure de la boulimie de découvertes et d'aventures qui les font courir l'un et l'autre : il ne s'agit en fait de rien de moins que de retrouver le saint Graal, la coupe mythique et mystique qui recueillit le sang du Christ et qui confère l'immortalité. Mais comme le miel attire les mouches, le dit Graal attire les envieux : un milliardaire qui donnerait tout l'or du monde pour boire à ce calice, une espionne blonde capable de tourner le cœur du fils après avoir tourné la tête du père, et d'affreux nazis toujours à l'affût du moindre mythe d'immortalité qui passe. Voici donc les deux chevaliers des temps modernes, lancés dans la quête fameuse. Et, comme pour leurs prédécesseurs du Moyen Âge, leur route va être semée d'obstacles. Simplement, comme les temps ont changé et que la civilisation du cheval a fait place à celle du cheval-vapeur, les moyens de locomotion qu'ils empruntent sont nettement plus pétaradants : trains, bateaux, avions, tanks et même zeppelins. Mais il y a place aussi, que les amateurs se rassurent, pour ces bons vieux compagnons de route de tout aventurier qui se respecte : des rats, des souterrains, des serpents, des crevasses, des tempêtes, des flammes. Et l'on en passe. Car Steven Spielberg, qui a conservé toute pure son âme d'enfant et qui a une imagination remplie de tout ce qui habite le monde enchanté de l'aventure, ne lésine pas sur les (grands) moyens. Et avant d'arriver à ce sacré Graal, Jones père et fils auront tout loisir de vérifier qu'il y a loin de la coupe aux lèvres et tout loisir, aussi, d'apprendre à se connaître. Car comme toute belle histoire, celle-ci a une morale, qui pourrait être que la sagesse est intérieure et que chacun trouve son Graal en l'autre. Pour le coup, Henry Jones se découvre un fils et Indiana Jones se retrouve un père. Et comme ce dernier à les traits, la stature et l'humour de Sean Connery, Harrison Ford n'est désormais plus orphelin. Ce qui laisse à croire, sinon à espérer, que Spielberg et Lucas, qui ont affirmé que ce troisième volet mettait un trait final aux aventures de leur héros et que cette croisade était la der des der, y regarderont de plus près et, qu'après avoir rendu un père à Indiana Jones, ils auront la bonne idée de lui trouver un fils.

## LA LISTE DE SCHINDLER (1993)
### avec Liam Neeson, Ralph Fiennes et Ben Kingsley

**Holocauste.** Comment, pour un cinéaste, parler de l'Holocauste ? Steven Spielberg, réalisateur de grands films d'aventures et de divertissement, répond comme il sait le faire : par un film où la réalité se donne à voir à travers la fiction et le romanesque. Et comme, en la matière, il est à coup sûr un maître, le résultat est à la hauteur de l'ambition et des moyens mis dans le projet, de la sensibilité personnelle que, juif lui-même, il y apporte, et évidemment de la gravité toute particulière du sujet.

*La Liste de Schindler*, c'est donc le massacre des Juifs d'Europe vu à partir d'une histoire choisie à la fois pour son caractère exemplaire et, puisqu'il y est question d'un Juste qui sauve plus d'un millier de Juifs de l'extermination programmée, pour la confiance qu'elle permet de garder, malgré tout, dans la nature humaine et pour le triomphe de la vie sur la mort et de l'humanité sur la barbarie. La personnalité du personnage central, Oscar Schindler, est à cet égard d'autant plus intéressante que l'homme, un industriel qui arrive à Cracovie dans les fourgons de l'occupant nazi, est au départ pas vraiment recommandable : venu là avant tout pour faire des affaires et s'enrichir du malheur des autres, il mène grand train, pense surtout à ses conquêtes féminines et, s'il soudoie par de fastueux pots-de-vin les officiers SS qui lui permettent d'engager de la main-d'œuvre juive dans la fabrique d'articles culinaires qu'il vient de racheter à bas prix, c'est essentiellement parce que cela va lui permettre d'amasser une immense fortune personnelle. Or, au fil des mois, sous l'influence en particulier d'Itzhak Stern, le comptable juif qu'il a engagé pour mener à bien l'affaire et pour régler toutes les questions concernant la communauté juive, l'homme évolue : la brutalité dont il est témoin, notamment lorsque le commandant de la place, le sinistre Amon Goeth, dont la violence quasi pathologique traduit une soif effrénée de puissance, procède au nettoyage du ghetto de la ville et enferme les Juifs dans le camp de Plaszow, lui fait prendre conscience que ce qui est à l'œuvre, dans cette entreprise d'avilissement et de meurtre collectif, c'est bel et bien la négation de la nature humaine. Dès lors, sans jamais cesser d'appartenir au parti nazi et en continuant de jouer sur ses relations et d'acheter les responsables à tous les niveaux, Schindler s'efforce d'abord de soustraire ses ouvriers au camp de travaux forcés puis lorsque, en 1944, la solution finale passe par Auschwitz, de se débrouiller pour que ceux-ci échappent aux convois de la mort. Près de onze cents Juifs, inscrits sur la liste qu'il a dressée, survivent ainsi grâce à lui à l'Holocauste.

Histoire émouvante, fondée sur des faits réels, et que l'interprétation de Liam Neeson, dans son ambiguïté savamment prolongée, fait échapper au cliché simplificateur. Et histoire passionnante, par la qualité de la reconstitution, la multiplicité des péripéties, le rythme qui accorde la longueur du film (plus de trois heures) à la longueur de l'épreuve, la force terrible des scènes où la barbarie s'exerce sur les victimes, et cette façon de raconter qui, en tenant le spectateur rivé à l'écran, est sans doute la forme la plus large et la plus utile de la sensibilisation.

Mais, dans sa réussite même, film ambigu et problématique. Car Spielberg fait du cinéma : un somptueux noir et blanc, magnifié par tout un travail sur l'éclairage, les costumes, les décors ; une musique qui accompagne et souligne, en apportant à chaque scène un accent lyrique, tragique, funèbre ; des gros plans sur des visages apeurés, sur des vieillards, sur des enfants ; une scène de chambre à gaz, où les femmes dénudées attendent la mort et où c'est l'eau qui vient, pour une douche réparatrice ; des milliers de figurants, un ghetto, des camps, et la porte de Birkenau en sinistre ombre portée dans une scène de nuit hallucinée où le train débarque son chargement humain sur la rampe : des images faites pour qu'on ne les oublie pas. Mais des images… Là où précisément il n'y en a pas, et où on peut se poser la question de savoir s'il convient d'en mettre, et s'il ne s'agit pas alors d'un trafic et de sentiments et d'émotions. Comme cette unique touche de couleur, le rouge d'un manteau porté par une fillette entrevue dans le ghetto de Cracovie et qu'Oskar Schindler, retrouve, fugitivement, lorsqu'on porte le cadavre de l'enfant sur l'immense bûcher où les nazis font disparaître les corps. Une toute petite touche de couleur dans un film en noir et blanc, mais dont on ne peut s'empêcher de trouver qu'elle relève du maquillage. Et qu'elle donne toute sa profondeur à la remarque de Godard, disant qu'un travelling est une affaire de morale.

## A.I. INTELLIGENCE ARTIFICIELLE (2001)
### avec Jude Law, Haley Joël Osment et William Hurt

**Mais c'est un robot pensant.** De *E.T.* à *A.I.*, il y a plus que la ressemblance formelle de deux titres en forme d'initiales. Une fois encore, en effet, l'Autre, surgi des peurs, des fantasmes et des rêves, est au rendez-vous de l'imaginaire de Steven Spielberg. Mais cette fois-ci, il ne vient plus du silence éternel des espaces infinis pour mettre l'homme en contact avec l'extra-terrestre, il naît du cerveau humain lui-même, qui s'invente un clone parfait : un robot qui a non seulement l'apparence, la peau, les traits de l'homme, mais qui en possède aussi l'esprit et, mieux encore, le cœur. Créé pour être l'enfant idéal, David est cet être artificiel à qui on a programmé ce qui en est la composante essentielle : l'amour pour sa mère. Celle-ci, pourtant, ne l'a pas conçu, et si elle a accepté de recevoir dans son foyer cette créature purement artificielle, c'est parce que son propre fils, victime d'une grave maladie, ne survit que cryogénisé, à l'état de glaçon comateux. On est dans un futur lointain, à une époque où la fonte des glaces a submergé une large partie des terres, et l'homme, tentant de survivre dans cet univers désormais réduit, s'entoure de robots, parce qu'ils ont l'avantage de ne pas consommer de ressources vitales et qu'ils lui permettent de se décharger de toutes les tâches subalternes. David, pourtant, est le premier être de son espèce, unique en son genre : affecté du sentiment, il ne demande qu'à aimer. Et à être aimé.

Et c'est là, bien sûr, que la fable présentée par Steven Spielberg prend toute son ampleur. Si le point de départ donne naissance à une première partie décrivant le monde futur de façon suffisamment glacée pour rappeler que le projet du film fut d'abord conçu par Stanley Kubrick, la quête d'amour qui va constituer le développement de l'intrigue ramène, elle, directement à l'univers de Spielberg. Ce futur qu'il imagine, il est certes celui de la violence déchaînée. Et deux scènes superbes, qui emmènent David dans une Foire à la Chair où règne la violence des jeux du cirque et de leurs sauvages mises à mort, puis dans une Cité Rouge, où le sexe le plus effréné et le plus décadent impose sa loi, sont là pour donner au récit de science-fiction les couleurs rouges d'un futur de cauchemar. Mais Spielberg préfère définitivement les rêves qui font rêver. Puisant tout droit dans sa propre sensibilité d'enfant, il accompagne son David d'un ours en peluche tout doux, et plus malin qu'il n'y paraît, et même, en cours de route, d'un robot gigolo, dansant et virevoltant, irrésistible. Avec ses amis, David ira donc jusqu'au bout de son besoin d'amour. Et Haley Joël Osment, revenu du royaume des morts de *Sixième Sens* pour faire le bond le plus prodigieux qui soit vers le futur, apporte à son personnage artificiel une sensibilité qui lui donne, pour le coup, véritablement vie et réalité humaine. Même si, au bout du compte, dans un finale qu'on pourra juger un peu trop guimauve pour un film par ailleurs parfaitement tenu, la quête d'humanité que poursuit l'être fictif débouche sur un dénouement qui paraît bien résolument optimiste, par rapport à toutes les questions que soulève le récit. Dont celle qui amènerait à réviser la fameuse Pensée de Pascal et à donner à sa proposition célèbre sur l'homme-roseau une nouvelle version : la créature artificielle n'est qu'un robot, le plus faible de l'univers ; mais c'est un robot pensant...

## STÉVENIN Jean-François (français, né en 1944)

**Premier long métrage :**
*Le Passe-montagne (1978)*
**Filmographie depuis 1985 :**
*Double Messieurs (1986)* • ***Mischka (2002)***

Acteur, après avoir débuté comme technicien – comme on le voyait dans *La Nuit américaine* de Truffaut –, Jean-François Stévenin, qui a joué aussi chez Godard, Rivette, Demy, Mocky, Blier et bien d'autres cinéastes de première importance, s'est essayé lui-même trois fois à la réalisation. C'est peu, mais cela suffit à révéler un cinéaste au monde insolite, mêlant aventure et grain de folie, et portant sur les gens un regard chaleureux, comme l'illustre, en une sorte de synthèse de son style et de son inspiration, son tout dernier film, *Mischka*.

### MISCHKA (2002)
**avec Jean-Paul Roussillon, Jean-François Stévenin et Rona Hartner**

**Adoption de famille.** Il y a comme cela des films surprenants, qui arrivent sans qu'on les attende et qui font souffler un petit vent de liberté qui fait du bien à l'atmosphère. Qu'en l'occurrence le film ici en question soit signé Jean-François Stévenin n'est pas pour surprendre : le bonhomme est un marginal qui n'en fait qu'à sa tête, mais dont les films – rares : trois en vingt-cinq ans – traduisent un vrai regard sur les gens et sur les choses. *Mischka* ne faillit pas à la règle. Ce qui semble en faire la trame, c'est un beau désordre, celui qui embarque allégrement dans une odyssée improbable des personnages qui ne le sont pas moins : un vieil ours en robe de chambre qui fausse compagnie à sa famille sur une aire d'autoroute, une ado fugueuse qui part avec son petit frangin à la recherche de leur père, un infirmier cabossé par la vie et par l'alcool qui se fait virer de l'hospice où il travaille, une ex-

rockeuse qui a quitté la scène pour un Gitan qui lui préfère la prison. Et, avec ceux-là, au fil des rencontres, d'autres traîne-misère, qui prennent la vie du côté buissonnier. Beau désordre, donc, que celui qui fait se croiser tous ces personnages, mais qui n'est peut-être que la traduction d'un ordre différent, lequel relève à la fois d'une conception du cinéma et d'une philosophie de la vie.
Côté cinéma, ce désordre apparent pourrait bien n'être que la forme extrême prise par la liberté de filmer, d'attraper la vie au vol, d'en capter les instants, les images fugitives, les bifurcations inattendues. Jean-François Stévenin semble laisser traîner sa caméra, insère des images furtives, saute du coq à l'âne, accompagne les errances de l'un pour passer à celles de l'autre. Et, au bout du compte, de cette cacophonie visuelle, naît une vision attentive à la beauté des paysages comme à celle des êtres, et filmant les uns et les autres avec une sorte de gourmandise chaleureuse.
Cette indépendance de démarche est en phase avec ce que le film dit en profondeur. Ces mal-aimés, en rupture chacun de famille, s'attirent comme des aimants qui s'aiment, et se recomposent une famille selon leur cœur. Même si ce bonheur n'a qu'un temps, il est toujours ça de pris au temps qui passe. Quelque chose comme un rêve magique, comme une montgolfière qui disparaît derrière l'ondulation d'une colline, comme une idole qui pourrait être Johnny Hallyday et qui descendrait du ciel dans son hélicoptère pour venir panser la plaie des cœurs purs que la vie fait saigner.

## STONE Oliver (américain, né en 1946)

**PREMIER LONG MÉTRAGE :**
*Seizure (1973)*
**FILMOGRAPHIE DEPUIS 1985 :**
*Salvador (1985)* • ***Platoon (1986)*** • *Wall Street (1987)* • *Talk radio (1988)* • *Né un 4 juillet (1989)* • *Les Doors (1990)* • *J.F.K. (1991)* • *Entre Ciel et Terre (1993)* • ***Tueurs nés (1994)*** • *Nixon (1995)* • *U-Turn (1997)* • *L'Enfer du dimanche (1999)* • *Alexandre (2004)*

Baroudeur, tour à tour instituteur au Vietnam, matelot dans la marine marchande, chauffeur de taxi, coursier, vendeur de films sportifs, Oliver Stone a surtout été marqué, comme toute sa génération, par la guerre du Vietnam, où il a servi dans l'infanterie, a été blessé deux fois et a reçu la médaille de bronze de la valeur militaire. Ayant, à son retour du Vietnam, entrepris des études de cinéma à l'université de New York, il a axé une large partie de son œuvre sur cette expérience traumatisante : le cinéaste ancien héros du Vietnam qui part réaliser un reportage sur la guerre civile dans *Salvador*, les combattants pris dans la spirale de la violence et de la barbarie dans *Platoon*, le blessé de guerre qui devient le porte-drapeau du désengagement militaire en Asie du Sud-Est dans *Né un 4 juillet* : autant de films qui traduisent la profondeur d'un choc qui, aux yeux du cinéaste, imprègne de sa violence une société dont il cherche à débusquer la dureté sourde, dans la politique, la presse, la finance, le sport. Il y a toujours chez lui, dans l'efficacité de mises en scène spectaculaires, une volonté de montrer la face cachée d'une Amérique face à laquelle il garde un recul critique, mais dont la violence même le fascine, au point d'en faire le thème central de son cinéma.

### PLATOON (1986)
### avec Tom Berenger, Willem Dafoe et Charlie Sheen

**La sale guerre.** Il aura donc fallu vingt ans pour que l'Amérique ose regarder sa guerre en face : le Vietnam, déchirure dans une bannière qui se croyait chargée d'étoiles, fosse commune de toutes les illusions ; le Vietnam, ou la pourriture. C'est cela qu'Oliver Stone a voulu traduire. Son film, lourd de tout le poids des souvenirs qui ne s'effacent pas, est comme un catalogue de la violence, de la misère et de l'absurdité. Ici pas de héros, mais des pauvres types qui cherchent à survivre comme ils peuvent, au milieu de la souffrance et de la saleté : des Noirs, des fauchés, des ploucs, des enfants trop vite grandis, la piétaille de toute une société, sa chair à mitraille favorite. Avec des officiers incapables, des chefs de patrouille maniaques ou idéalistes, mais tous illuminés, l'ennemi qui déferle, les sangsues qui vous vampirisent, la chaleur qui vous étouffe, la pluie qui vous transperce, la jungle qui vous menace. Avec la

drogue, seul moyen de chasser la peur. Et la barbarie qui est en vous, et qui ne demande qu'à sortir : alors on brûle, on viole, on tue, on tue… à en perdre la raison, l'âme et la conscience. C'est l'apocalypse vécue au présent, la mort en direct, l'enfer au quotidien. Sans doute fallait-il ce film-document pour causer le choc salutaire. L'exorcisme était à ce prix, et il semble avoir joué à fond : avec ses huit nominations aux Oscars, ses millions de dollars de recette en tête du box-office, *Platoon* réconcilie l'Amérique avec elle-même, en lui donnant à éprouver, devant l'aventure vietnamienne, le chagrin et la pitié, pour solde de tout compte.
L'entreprise, pourtant, n'est pas exempte d'ambiguïté. Pour authentique qu'il soit, le témoignage d'Oliver Stone, dans son efficacité même, relève plus du grand spectacle que de la morale : le jeu très physique des acteurs, le sang et la boue qui maculent leurs traits ravagés par les vertus du maquillage, leurs râles en dolby stéréo, le feu d'artifice des fusées multicolores, des balles traçantes et des bombes au napalm, tout cela dégage une fascination trouble qui n'est sans doute pas pour rien dans le succès du film. Et l'on peut rester songeur devant une expiation collective de la violence qui passe par le spectacle de cette même violence, montrée certes sans concession, mais non sans complaisance, sur grand écran, en long, en large et en travers.

## TUEURS NÉS (1994)
### avec Woody Harrelson, Juliette Lewis et Tommy Lee Jones

**Jeu de massacre.** Anges impurs, anges radieux, Mickey et Mallory seraient-ils l'incarnation du mal, les démons venant hanter la mauvaise conscience d'une époque de violence physique et mentale ? C'est ce que veut faire croire Oliver Stone, en racontant l'odyssée infernale de ce couple de tueurs fous, traversant les grands espaces de l'imaginaire américain en semant sur leur route, en petits poucets qui prennent bien garde de baliser leur chemin, une longue traînée de cailloux sanglants. Elle, Juliette Lewis, a l'air d'une poupée trop vite grandie, avec ses lèvres ventouses, sa langue obscène de serpent, ses allures provocantes sous ses mines de fillette. Lui, Woody Harrelson, anneau dans l'oreille, regard vide, mâchoire et épaules carrées, respire la force brute et animale. Des caricatures, pour tout dire, du sexe et de la violence, affublés d'accessoires qui leur donnent l'allure de ce qu'ils sont et qui les signalent à l'attention : perruque blonde pour elle, petites lunettes noires et rondes pour lui, indispensables pour devenir stars. Et ils le deviennent. À force de tirer sur tout ce qui bouge, y compris sur père et mère, ils écrivent au fil de leur virée folle un scénario de mort qui ne peut qu'attirer les charognards de la télé. Les meurtres qu'ils commettent deviennent ainsi la matière d'un feuilleton qui se déroule en direct, obscène reality-show qu'orchestre un bateleur de l'écran, présentateur vedette qui suit, et même précède, les carnages perpétrés par les deux allumés de la gâchette.
Le message est clair : ces deux tueurs sont à la fois le reflet de leur époque, mais ils en sont plus encore le produit. Ce sont les médias, et notamment la télévision, qui leur donnent vie, en les proposant en spectacle à un public friand dont on flatte les plus bas instincts. Le problème est que, pour bien le montrer, Oliver Stone emprunte à cette culture visuelle dénaturée ses propres moyens. Son film présente en effet, dans un montage d'une virtuosité tellement éblouissante qu'elle en donne le vertige, toutes les techniques, les procédés et les formes produits par la société de l'image : cocktail hallucinant de couleurs, de noir et blanc, d'images en super-8 ou en 16, de bandes vidéo, de clips, de BD, d'incrustations électroniques, d'effets spéciaux. La machine s'emballe, dans un déluge visuel et sonore qui semble ne plus pouvoir être maîtrisé. Et pourtant… Cette surenchère de la violence, et pas seulement de la violence des meurtres commis par les deux héros mais plus encore celle qui résulte de la manipulation des images, laisse sceptique. Pour des raisons morales sans doute primaires, d'abord, car il n'est pas sûr que tous les spectateurs, façonnés par le matraquage télé, prendront cette folie meurtrière au second degré. Mais il y a plus : le vrai manipulateur, ne serait-ce pas Oliver Stone lui-même ? En jouant ainsi des images, y compris de façon quasi subliminale, il dissout sur l'écran toute possibilité de recul. Si ironie il y a, le déluge est tel qu'il emporte tout, et qu'il soumet le spectateur au même traitement que le téléspectateur abruti d'images qui lui lavent le cerveau. Le film agit ainsi comme une drogue, alors même qu'il prétend démontrer la puissance hallucinogène de l'image. Il n'y a pas lieu, certainement, de mettre en doute l'honnêteté intellectuelle du réalisateur. Pour autant, on ne peut s'empêcher de penser que dans cette orange mécanique, électronique et informatique à gros budget, qui récupère sans sourciller les procédés et la fascination trouble de ce qu'elle dénonce, il y a comme un ver insidieux qui s'est glissé : la roublardise.

## STRAUB Jean-Marie et HUILLET Danièle
(suisses d'origine française, nés en 1933 et 1936)

**PREMIER LONG MÉTRAGE :**
*Non réconciliés (1965)*
**FILMOGRAPHIE DEPUIS 1985 :**
*La Mort d'Empédocle, ou Quand le vert de la terre brillera (1987)* • *Antigone (1991)* • *Du jour au lendemain (1996)* • ***Sicilia ! (1998)*** • *Ouvriers, paysans (2001)* • *Le Retour du fils prodigue – Humiliés (2002)*

Radical, le cinéma de Jean-Marie Straub et de sa collaboratrice et épouse Danièle Huillet n'a jamais cessé d'être en totale rupture non seulement avec le système de production, mais aussi avec les formes narratives elles-mêmes. À l'image de Straub lui-même, fuyant dans sa jeunesse la France pour l'Allemagne, par refus d'effectuer son service militaire pendant la guerre d'Algérie, et poursuivant, à partir de cet exil allemand, une œuvre élaborée à distance, du dehors, à la marge. Le côté expérimental de cette œuvre, lié à une recherche aride et souvent hermétique sur les modes de la représentation cinématographique, notamment dans ses rapports avec le texte, la maintient dans une semi-confidentialité et la fait rejeter même, parfois, par la critique, comme franchissant les limites du cinéma lui-même. Il n'en reste pas moins que ce cinéma austère, aride, abscons et refusant toute concession, est porteur d'interrogations sur le cinéma lui-même, et que le fait même qu'il dérange lui apporte une fonction réflexive et critique essentielle.

### SICILIA ! (1998)
#### avec Gianni Buscarino et Angela Nugara

**Cinéma parlant.** Un homme de dos, qui parle, sur un quai, avec un vendeur d'oranges, puis qui discute sur le pays avec les passagers d'un train, puis qui va rendre visite à sa mère et règle avec elle les comptes de son enfance, enfin qui fait aiguiser son couteau par un rémouleur avec qui il échange des vues sur les dérives du monde et sur la nécessité de la résistance : c'est ce que les Straub, fidèles à leur façon de fonder leurs films sur un texte, empruntent à *Conversation en Sicile*, le livre d'Elio Vittorini. Si leur film n'était, au sens où le cinéma le pratique habituellement, qu'un simple travail d'adaptation, il serait loisible de remarquer à la fois l'extrême fidélité de dialogues directement empruntés à l'œuvre littéraire, tout autant que le choix propre aux deux cinéastes de ne garder du livre que ces quatre épisodes, en coupant en particulier toute la fin, qui voit l'homme visiter, en compagnie de sa mère, des femmes auxquelles celle-ci va faire des piqûres, puis rencontrer, autour du rémouleur, d'autres personnages pour finir, dans un finale fantasmatique, par dialoguer avec les morts. Mais l'on est chez les Straub, et le rapport qu'ils établissent avec le texte est d'une tout autre nature. Ce qu'ils recherchent, comme toujours, c'est de faire du visuel avec du textuel, de faire du cinéma avec des mots. Or le livre de Vittorini, lui-même complexe dans son statut, se prête admirablement à la chose : loin de la linéarité narrative et de la facilité psychologique, il raconte moins une histoire qu'il ne dit une attitude, qu'il ne traduit une posture idéologique et politique. C'est le livre du retour : retour à la Sicile natale, mais retour surtout à la vertu de résistance, à l'exigence d'une attitude propre à rendre à l'homme sa dignité – dont la nécessité se fait sentir d'autant plus fortement qu'on est alors sous le fascisme.

Les Straub ne font rien d'autre que ce que Vittorini écrit. Mais ils le font à leur manière, cinématographique : à l'exigence idéologique répond leur exigence formelle, qui fait de leur film un film de résistance, proprement et en profondeur anti-fasciste. Le retour, sur lequel se fonde la démarche de Vittorini, ils en font eux le retour à l'essence même du cinéma : le muet. Ce qui est d'autant plus paradoxal, en apparence, que leur film enregistre une conversation, des mots, des paroles échangées. Et c'est bien là tout leur art, que de proposer une voie étroite, neuve, austère, porteur du cinéma tout entier : quelque chose comme un film muet, qui parle. Dans un noir et blanc dont ils explorent toutes les zones fascinantes d'ombre et de lumière – comme le fait en Sicile le soleil éblouissant, qui peint de blanc et de noir tout ce qu'il éclaire –, ils laissent parler les plans : à la fois par les paroles échangées, mais aussi et surtout par le cadrage qui les met en écran, par le rythme qui les profère, par l'image fixe qui les prolonge, comme l'espace et le temps laissés à leur lente imprégnation dans l'œil et dans l'esprit du spectateur qui les reçoit. Et cela vaut aussi pour ces plans muets qui déroulent longuement, par la fenêtre du train, le paysage de pierre et de mer, ou par ce panoramique circulaire qui balaie la campagne, trois fois strictement semblable et trois fois radicalement différent, par les bruits, la lumière, le vent qui souffle ou ne souffle pas. Et cela vaut surtout pour cette façon radicale d'imposer un cinéma différent, qui refuse de se soumettre – comme le texte de Vittorini prône le refus de l'aliénation. Du livre au film, c'est la même démarche et la même ambition, la même voie étroite, inspirée, têtue : la poésie, comme retour à l'essentiel.

## STREISAND Barbra (américaine, née en 1942)

**PREMIER LONG MÉTRAGE :**
*Yentl (1983)*
**FILMOGRAPHIE DEPUIS 1985 :**
***Le Prince des marées (1991)*** • *Leçons de séduction (1996)*

Chanteuse vedette, star incontestée, dont la voix fait vibrer la corde sentimentale américaine, Barbra Streisand a tout naturellement abordé le cinéma, à la fin des années 1960, par la comédie musicale. Le succès de *Funny girl* puis de *Hello, Dolly* la pousse à élargir son registre de comédienne, et elle tourne sous la direction de réalisateurs importants, de Vincente Minnelli à Sydney Pollack, de Peter Bogdanovich à Peter Yates. La tentation est grande, du coup, de passer elle-même à la réalisation, ce qu'elle fait en 1983 avec *Yentl*, une comédie musicale sur fond d'identité juive, où la part d'implication personnelle est manifestement forte. Mais lorsqu'elle s'essaie, avec *Le Prince des marées*, au mélodrame et, avec *Leçons de séduction*, à la comédie sentimentale, l'essai est moins concluant.

### LE PRINCE DES MARÉES (1991)
**avec Barbra Streisand et Nick Nolte**

**La diva du divan.** Dans la descendance bigarrée du bon docteur Freud, il faudra désormais faire une place à part à la grande Streisand. Celle-ci vient en effet d'investir un nouveau territoire : celui de la psychanalyse de supermarché, rayon produits emballés, à faire réchauffer chez soi dans son subconscient à micro-ondes pour consommation personnelle. Grâce à la star des stars, le refoulé se trouve ainsi mis à la portée de toutes les bourses avec, pour qui aurait perdu le mode d'emploi, toutes les explications nécessaires pour s'en servir. D'un côté, donc, un grand blond, avec un œdipe bien noir : Tom Wingo, marié, père de trois adorables fillettes, qui aurait tout pour être heureux s'il ne traînait son enfance derrière lui. Une enfance passée au sein d'une famille conflictuelle, genre Atrides, avec père brutal, mère sournoise, grand frère courageux à en mourir, et sœur jumelle suicidaire. Un vrai cas d'école… Lequel beau blond tombe sur une psy qui le trouve trop beau pour le laisser filer. Il faut dire qu'elle-même est assez mal dans son surmoi. Avec un mari virtuose du violon qui pense plutôt à faire vibrer son archet sur d'autres cordes que conjugales et un fiston du genre ado bloqué impossible, la pauvre psy aurait bien besoin d'une analyse. Et comme son divan se présente à point nommé, il ne peut que réunir ces deux candidats à la névrose, le patient et la psychanalyste conjuguant vite leurs libidos pour leur plus grand bien réciproque.
Sur un scénario qui, on le voit, ne recule devant aucune audace, Barbra Streisand se multiplie pour qu'on n'oublie pas qu'elle est là, et bien là. Derrière la caméra, elle aligne les images léchées de chromos fondants comme des sucettes, qu'elle assaisonne d'une musique violoneuse et tonitruante chaque fois que les pulsions s'agitent un peu. Devant la caméra, en psy de luxe, elle arbore des toilettes qui mettent en valeur le galbe d'un corps impeccable, qu'elle détaille avec une certaine complaisance sous l'objectif. Et pour qui ne serait pas convaincu, elle fait dire à son partenaire, à intervalles réguliers, qu'elle est belle, craquante, superbe. Bref, au royaume de l'ego, miss Streisand est la reine. Pour le reste, entre deux considérations sur la vertu formatrice du sport et les charmes de la pêche aux crevettes, Nick Nolte, en bon gars du Sud qui découvre le cloaque new-yorkais pour finalement se rendre compte qu'il a aussi du bon, a bien besoin de toute sa forte carrure pour supporter le passé en forme de grand-guignol dont le scénariste l'a chargé. Et quant à la morale de l'histoire, les deux dernières minutes du film, qui valent bien qu'on les attende plus de deux heures, en proposent la synthèse finale, sous forme d'un éblouissant morceau d'anthologie à la gloire de la normalité conjugale, professionnelle et américaine.

## SULEIMAN Elia (palestinien, né en 1960)

**FILMOGRAPHIE :**
*Chronique d'une disparition (1996)* • ***Intervention divine (2002)***

Né à Nazareth, Elia Suleiman vit de 1982 à 1993 à New York, où il tourne ses deux premiers courts métrages : *Introduction à la fin d'un argument*, en 1991, qui traite de la représentation des Arabes dans le cinéma hollywoodien et dans les médias, et, l'année suivante, *Hommage par assassinat*, qui évoque une nuit à New York pendant la guerre du Golfe. À la fois préoccupé par l'aspect politique de la situation en Palestine et par le statut réservé aux cinéastes palestiniens, dont il juge qu'on ne les considère que comme des « cinéastes exotiques à qui l'on donne de l'argent pour faire des films sur la paix », il aborde avec *Chronique d'une disparition*, son premier long métrage, qu'il produit lui-même, la question du retour, à la recherche d'un pays, d'une mémoire, d'une culture. Jouant de l'ambiguïté entre la fiction et la réalité, il s'y met lui-même en scène, revenant en Israël pour y réaliser un film où il observe la perte d'identité de la population arabe. Sensible à la forme et entendant inscrire sa réflexion entre fantaisie et gravité, il approfondit son regard sur la situation intenable qui règne en Palestine avec *Intervention divine*, tout en y développant un humour lucide qui fait sa marque.

### INTERVENTION DIVINE (2002)
**avec Elia Suleiman, Manal Khader et Nayef Fahoum Daher**

**L'humour kamikaze.** Comment parler de la Palestine ? La façon dont Elia Suleiman répond à la question dit non seulement l'importance qu'il confère au cinéma, mais impose aussi l'émergence d'un style. Car dans ce que le sous-titre du film présente comme « une chronique d'amour et de douleur », l'arme pacifique, mais ô combien efficace, que le cinéaste choisit d'emblée, c'est celle de l'humour. Et d'un humour puisé à deux sources maîtresses, et non des moindres : Tati d'abord, Keaton ensuite.
Lorsque le film commence, plutôt que de raconter une histoire, il présente de front, en de longs plans fixes, Nazareth engourdie sous le soleil, comme frappée de stupeur sous le poids de ce qui lui arrive. À un coin de rue, quelques maisons, un grincheux qui ne veut pas qu'on passe devant chez lui, un gamin qui jongle avec son ballon et l'envoie sur la terrasse du type en question, un goujat qui sort régulièrement de chez lui pour balancer son sac-poubelle dans le jardin du voisin, deux vieux qui observent en silence, un malotru qui bouche la sortie du garage d'à côté, un superstitieux qui trouve toujours le moyen de glisser un 6 dans la conversation, et d'autres figures encore, pittoresques et fugitives. Au silence ouaté qui règne, aux bruits comme bredouillés des voix qu'on entend à peine, au côté mécanique des scènes qui se répètent, aux gestes, aux silhouettes, et à ce sourire qui naît de l'observation laconique, on croirait voir *Mon oncle en Palestine*, comme si la grande carcasse de Monsieur Hulot venait se promener dans le paysage.
Ce regard à la fois tendre et sans complaisance, qui souligne, en même temps que le désir de vivre tranquille, l'exaspération qui naît de la difficulté des temps, Elia Suleiman, entrant en scène, lui donne bientôt, avec son corps immobile, son visage fixe de clown triste, et son impassibilité de témoin qui juge et qui, soudain, agit, une autre forme : celle d'un jeune homme qui ressemble comme un frère à Buster Keaton, qui vit à Jérusalem et qui, pour rencontrer la jeune femme qu'il aime, est obligé de lui fixer rendez-vous sur le parking du check-point où les soldats israéliens contrôlent le passage depuis Ramallah. Et dans le même temps, son père, touché par une crise cardiaque, se meurt à l'hôpital. Le jeune homme ne dit rien, il regarde sans bouger un cil le manège des soldats et les humiliations qu'ils font subir aux Palestiniens qu'ils contrôlent. Et aux longs plans fixes qui ne le quittent pas, on sent qu'il porte en lui toute la tension d'un peuple qui bout, qui bout, comme la cocotte-minute qui siffle sur la cuisinière de l'appartement. Et soudain, d'un geste, d'un plan qui soudain s'anime, il fait sauter au passage un char qui se volatilise, fait exploser en l'air un hélicoptère, transforme sa fiancée en ninja virevoltante qui à coups de grenades et de lance-pierres pulvérise un escadron ennemi. Et, comble du culot et de la poésie, il gonfle un ballon à l'effigie de Yasser Arafat, et il l'envoie se promener dans les airs par-dessus le poste frontière, comme une baudruche propre à attirer les gogos d'en face. Dans un film en forme d'arme muette, de colis piégé, où l'humour kamikaze apparaît comme l'arme ultime du désespoir.

## SUMAR Sabiha (pakistanaise, née en 1961)

**FILMOGRAPHIE :**
***Khamosh Pani (2004)***

Née à Karachi, Sabiha Sumar doit à ses études de cinéma et de sciences politiques à New York puis de relations internationales à Cambridge de pouvoir envisager une carrière de cinéaste alors même que son pays, le Pakistan, n'offre ni soutien logistique et technique ni réservoir de professionnels. Commençant par des documentaires de critique sociale, pour sensibiliser à la vie des femmes au Pakistan et dans les pays voisins, elle approfondit la question, en la reliant à l'histoire toute récente de son pays, dans son premier long métrage de fiction, *Khamosh Pani*, qu'elle parvient à financer grâce à des coproductions européennes, mais qu'elle tient, malgré toutes les difficultés, à tourner au Pakistan même.

### KHAMOSH PANI (2004)
**avec Kirron Kher et Aamir Malik**

**Femme sous influence.** Il y a, dans les premières images du film de Sabiha Sumar, une lumière colorée et sereine qui donne du Pakistan l'image d'un pays de tolérance, sachant cultiver la douceur de vivre. Salim y mène l'existence heureuse d'un adolescent choyé par sa mère Aïcha, et amoureux de la jolie Zoubida, qui le lui rend bien. Et autour d'eux, le village vit dans la paix. Paisible chronique provinciale, silhouettes pittoresques des villageois saisis dans leurs occupations : le marchand de légumes ambulant qui passe avec sa charrette, le notable local qui marie sa fille, le coiffeur qui plaisante en coupant les cheveux de ses clients, les femmes qui entonnent des chansons d'autrefois ou qui plient de grands draps rouges, que le vent fait voler sur le toit en terrasse de la maison. Mais on est en 1979, et à Lahore, le général Zia vient de prendre le pouvoir et de décréter l'islamisation du pays. Dans le village arrivent deux militants politiques dont le fondamentalisme musulman instaure vite, dans la petite communauté, la loi de fer de l'intolérance et du fanatisme. Laquelle va rapidement trouver à s'exercer lorsque des Sikhs, à présent intégrés à l'Inde, reviennent dans le village, où ils habitaient autrefois, pour un pèlerinage à leur sanctuaire.
L'irruption de l'islamisme d'État forme la double trame du récit : d'un côté, ce qui est raconté, c'est l'histoire même du Pakistan, dont la réalisatrice entreprend d'évoquer, de la séparation d'avec l'Inde en 1947, jusqu'à la situation présente, en 2002, tous les soubresauts ; de l'autre, c'est aussi l'histoire d'une femme, Aïcha, qui voit son fils verser peu à peu dans le fondamentalisme et qui, dans le même temps, voit remonter à la surface son passé sikh, marqué par un traumatisme terrible lié au sort réservé aux femmes et aux massacres survenus lors de la partition. Le fait de recourir ainsi à la fiction d'une histoire individuelle pour traduire la complexité d'une situation historique ne va pas, vu la volonté de tout embrasser, sans une certaine raideur démonstrative et manichéenne qui nuit quelque peu à la subtilité du récit. Mais la force de la dénonciation, à travers un portrait de femme attachant, s'impose par la montée irrémédiable d'une violence tragique. Et le film fait alors comprendre bien des choses, et qui ne valent pas seulement que pour le Pakistan.

## SZABO Istvan (hongrois, né en 1938)

**PREMIER LONG MÉTRAGE :**
*L'Âge des illusions (1964)*
**FILMOGRAPHIE DEPUIS 1985 :**
***Colonel Redl (1985)*** • *Hanussen (1988)* • *La Tentation de Vénus (1991)* • *Chère Emma (1992)* • *Les Secrets d'Offenbach (1996)* • *Sunshine (1999)* • *Taking sides. Le cas Furtwängler (2001)* • *Ten minutes older – The cello (2001), co-réalisation* • *Adorable Julia (2003)*

Né à Budapest, élève de l'École supérieure de théâtre et de cinéma de Budapest, ayant commencé et poursuivi sa carrière de cinéaste à Budapest, où il vit toujours, Istvan Szabo apparaît comme le représentant le plus éminent, après Miklos Jancso, du cinéma hongrois de l'après-guerre. Plus jeune que le réalisateur de *Psaume rouge* (né, lui, en 1921), il fait partie de cette génération qui a fait ses débuts dans le frémissement porteur de liberté des années 1960. Très attaché à son pays, il en a souvent interrogé l'histoire, prise dans le double étau des idéologies totalitaires du nazisme et du communisme. À cet égard, si *Méphisto*, histoire d'un acteur dévoré par l'ambition et l'amour du succès, lui a valu, en 1981, la reconnaissance internationale, *Colonel Redl* poursuit en 1985 une voie réflexive sur l'Histoire qu'avaient déjà tracée *25 rue des Sapeurs*, en 1973, et *Contes de Budapest*, en 1976, et que poursuivront *Chère Emma*, en 1992, histoire de deux jeunes femmes qui tentent de survivre dans la Budapest post-communiste, ou l'interrogation sur la responsabilité de l'artiste que traduit *Taking sides*, en 2001, à travers le cas du grand chef d'orchestre Wilhelm Furtwängler face à la dénazification en 1946. Et si la notoriété internationale d'Istvan Szabo lui a permis, depuis *La Tentation de Vénus* en 1991, de tourner en langue anglaise avec des budgets de grosses productions et des vedettes internationales, *Sunshine*, en 1999, démontre, à travers l'histoire d'une famille juive de Hongrie sur trois générations, le regard qu'il n'a jamais cessé de porter sur les soubresauts de son pays.

## COLONEL REDL (1985)
### avec Klaus Maria Brandauer et Gudrun Landgrebe

**L'homme de verre.** L'Autriche-Hongrie à la fin du XIXe siècle : un empire d'apparence solide, mais miné de l'intérieur et tout prêt à éclater dans le grand vent de l'Histoire. Istvan Szabo raconte cette désagrégation d'un monde à travers le destin d'un individu, Alfred Redl. D'origine modeste, issu de la minorité ruthène, celui-ci se dévoue corps et âme au pouvoir impérial qui lui a permis de sortir du rang. Sa fidélité sans failles lui vaut une carrière rapide qui l'amène jusqu'aux plus hauts postes de la hiérarchie militaire. Mais le pouvoir, c'est bien connu, se nourrit de ses serviteurs : le piège que le colonel Redl est amené à inventer pour le bénéfice de ses maîtres se referme sur lui et le broie inexorablement. La tragédie personnelle sert ici de révélateur à l'Histoire : le coup de feu qui emporte Alfred Redl fait écho à celui qui, de Sarajevo, va précipiter le monde dans l'apocalypse.

Grandeur et servitude du métier des armes, donc. Mais surtout enquête sur un homme amené à bâtir sa vie sur un leurre et qui se retrouve à nu lorsque tombent les masques. Homme de fer, à la rigueur inflexible ; homme de verre aussi, à l'homosexualité latente et refoulée, et qui se trouve brisé par la machine même qu'il a contribué à forger. On apprécie que le jury du Festival de Cannes ait accordé son prix spécial à cette œuvre ambitieuse, au rythme lent mais continuellement tendu, et qui parvient à reconstituer, en des teintes chaudes, les charmes déliquescents d'une société et d'une époque. On aurait aimé aussi que le prix d'interprétation couronnât l'extraordinaire performance de Klaus Maria Brandauer. Par sa présence, ses gestes, ses silences et son ambiguïté, il donne à son personnage une densité extrême, faite de sincérité et de veulerie, d'obéissance et de feu intérieur, de dureté et de fragilité secrète.

V U

# T

## TACCHELLA Jean-Charles (français, né en 1925)

**Premier long métrage :**
*Voyage en grande Tartarie (1973)*
**Filmographie depuis 1985 :**
***Escalier C (1985)*** • *Travelling-avant (1987)* • *Dames galantes (1990)* • *L'Homme de ma vie (1992)* • *Tous les jours dimanche (1994)* • *Les Gens qui s'aiment (1998)*

Lié au cinéma de toutes les manières – journaliste à *L'Écran français*, fondateur et animateur de ciné-club, co-créateur du Festival du Film maudit, auteur de livres sur l'histoire du cinéma et sur de nombreux cinéastes, gagman à ses débuts, puis scénariste, réalisateur enfin de courts et de longs métrages –, Jean-Charles Tacchella représente bien toute une génération qui, dans les années d'après-guerre, accorda à la cinéphilie valeur de vision du monde et d'expérience existentielle, ouvrant la voie aux jeunes loups de la Nouvelle Vague. Lui-même a raconté ces années cinéphiles dans *Travelling-avant*, film qui, par l'intérêt qu'il porte à l'observation des mœurs, s'inscrit bien dans la veine d'inspiration qui nourrit la plupart de ses films : des comédies subtiles et gentiment insolentes, qui épinglent les travers du temps et les difficultés de l'existence à travers des personnages regardés avec sympathie, et dont la légèreté apparente n'est pas exempte d'une forme de gravité.

### ESCALIER C (1985)
**avec Robin Renucci, Jean-Pierre Bacri et Jacques Bonnaffé**

**Voisins, voisines.** Un ton, mi-tendre mi-acidulé ; une façon d'imposer des personnages par petites touches ; une histoire simple, où il y a à rire et à pleurer ; et cet art finalement pas si fréquent de créer une atmosphère, comme autrefois René Clair ou Renoir : il y a, dans le film de Jean-Charles Tacchella, un côté typiquement français, qui devrait plaire aux Américains qui ont raffolé de *Cousin, cousine*. Et qui devrait plaire aussi à tous ceux qui aiment, dans le cinéma, les chemins gentiment buissonniers, à l'écart des grosses machines à gros budget et à gros effets. *Escalier C* est un film fait de presque rien, d'une idée, d'un décor et de quelques comédiens tout neufs, mais qui, sous ses apparences de légèreté, sait dire des tas de choses.
Dans cette montée d'escalier, où vivent, d'une porte palière à l'autre, une dizaine de locataires, les relations humaines vont et viennent, au fil des aléas de la vie. Tout en haut, un ivrogne rieur et une vieille femme malheureuse sont comme les dieux tutélaires qui font peser sur les jeunes pensionnaires des étages inférieurs le double signe de la joie et de la souffrance. Il y a là un couple d'amoureux qui aime à se chamailler, un don juan qui aspire à jeter l'ancre, un homo à fleur de peau, une fillette un peu peste, et même un chat et un toucan. Il y a surtout Forster, jeune loup aux dents acérées, qui promène sur les femmes, sur l'art et sur le monde un regard cynique, mais que les circonstances vont se charger de démonter. L'histoire de cette crise fournit le canevas d'un film qui parle de jeunesse et de maturité, d'amitié et d'amour, de relations entre les sexes, entre les âges. Le tout dans un décor à la fois stylisé et familier, avec des jeux de lumière et de pénombre qui reflètent les mouvements du cœur, et avec une distribution qui révèle toute une nouvelle génération d'acteurs : Jean-Pierre Bacri, Jacques Bonnaffé, Catherine Leprince, Fiona Gélin. Et surtout, vinaigre et miel, poivre et sel, passant d'un registre à l'autre avec la plus parfaite aisance, Robin Renucci : dans cet *Escalier C*, il monte, il monte…

## TAKAHATA Isao (japonais, né en 1935)

**Premier long métrage :**
*Horus, prince du Soleil (1968)*
**Filmographie depuis 1985 :**
*Histoire du canal Yanakawa (1987)* • ***Le Tombeau des lucioles (1988)*** • *Only yesterday (1991)* • *Pompoko (1994)* • *Mes voisins les Yamada (1999)*

Isao Takahata a mis longtemps à être connu en Occident. Et il a fallu attendre les années 1980-1990 pour mesurer l'importance d'un créateur qui a totalement révolutionné l'animation japonaise, et qui, dès 1968, réalisait, en compagnie de son partenaire Hayao Miyazaki, le premier long métrage animé indépendant (c'est-à-dire entièrement pensé et conçu par des artistes, et non par des producteurs) de son histoire, *Horus, prince du Soleil* (dont la distribution n'a été assurée en France qu'en... 2004 !). Très tôt, après des études de littérature française à l'université de Tokyo, Takahata avait intégré les grands studios d'animation Toei, où il avait commencé par collaborer à l'écriture de scénarios pour des séries télévisées, tout en travaillant comme assistant sur plusieurs longs métrages réalisés en prise de vues directes. Ayant, pour le film d'animation, une ambition à la fois artistique et intellectuelle, il fonde, avec Miyazaki, ce qui devient leur propre société de production, le studio Ghibli. C'est là qu'il peut développer les projets qui lui tiennent à cœur. Alors que Miyazaki assure lui-même l'animation et privilégie le merveilleux et les mondes imaginaires, lui travaille plus spécifiquement à la mise en scène et enracine ses films dans la réalité et le quotidien. Persuadé que le film d'animation n'est pas réservé aux seuls enfants, il aborde ainsi les grands sujets. *Le Tombeau des lucioles* en est la meilleure illustration.

## LE TOMBEAU DES LUCIOLES (1988)

**Le massacre des innocents.** Japon, 1945. L'orgueilleux Empire du Soleil-Levant courbe la tête. Là-haut, des armadas de bombardiers déversent leur cargaison de mort sur le pays. Hiroshima et Nagasaki ne sont pas loin. Et Kobé flambe. Dans les décombres de la ville, deux enfants – Seita, un garçon de 14 ans, et sa petite sœur Setsuko, âgée de 4 ans – se retrouvent seuls. Leur mère gît au milieu des ruines, sous les yeux de son fils. Les deux enfants, désormais seuls au monde, vont tenter de survivre. On n'est pas loin, on le voit, de la situation initiale de *Jeux interdits*. Et pourtant, si le thème est semblable, la manière est toute différente : Seita et Setsuko ne sont que des images dessinées, le film d'Isao Takahata est un film d'animation.
La surprise est grande, du coup, de voir traité ainsi un sujet aussi grave que la guerre. Et grande aussi de voir ce sujet abordé par le biais de deux enfants. Mais c'est là tout l'intérêt du film de Takahata que d'épouser la vision même de ses deux petits personnages, que de regarder par leurs yeux candides le spectacle insoutenable de la déraison humaine et de sa cruauté. Dans leur détresse, les deux enfants, réfugiés d'abord chez une parente cupide, ne trouvent autour d'eux qu'égoïsme et souci unique de sauver sa peau : Seita, qui doit voler quelques légumes pour nourrir sa sœur malade, en fait la douloureuse expérience. Et c'est bien là que le film de Takahata apparaît le plus terrible. Dans cette ombre qui s'étend, où trouver un rayon de lumière ? Les deux enfants, pour leur part, se réfugient dans un abri écarté qu'ils s'aménagent. Mais là non plus, la paix n'existe pas. Et la mort les rattrape.
Amer et insoutenable constat, d'autant plus fort que les images soulignent le moindre détail, Takahata filmant le monde animé comme un monde réel. Certes, il y a bien quelques touches mélodramatiques dans ce tableau ; mais le réalisme de la vision, la sensibilité d'un récit qui entremêle habilement les thèmes jusqu'à l'insoutenable (ainsi, cette boîte de bonbons qui sert d'abord à renfermer des lucioles, puis se transforme en ossuaire pour recueillir les os de Setsuko) donnent au film une vraie force. Et, dans la nuit qui descend sur ce monde ravagé, la lumière vacillante des lucioles est celle de l'espoir, la volonté d'imaginer un monde meilleur, d'où serait banni le massacre des innocents.

# TAMAHORI Lee (néo-zélandais, né en 1950)

**FILMOGRAPHIE :**
*L'Âme des guerriers (1994)* • *Les Hommes de l'ombre (1996)* •
*À couteaux tirés (1997)* • *Le Masque de l'araignée (2001)* •
***Meurs un autre jour (2002)*** • *XXX – The next level (2005)*

Lorsque Pierce Brosnan prend la relève de Timothy Dalton en 1995, les producteurs de la série décident de changer de réalisateur à chacune de ses nouvelles apparitions : après Martin Campbell, c'est ainsi Roger Spottiswoode et Michael Apted qui sont sollicités pour les deux épisodes suivants, puis, pour le dernier en date de la série (que Pierce Brosnan hésite à poursuivre), le réalisateur d'origine maori Lee Tamahori, attiré aux États-Unis après le succès de son premier film néo-zélandais, *L'Âme des guerriers*.

## MEURS UN AUTRE JOUR (2002)
### avec Pierce Brosnan, Halle Berry et Madonna

***Big Bond.*** A priori, pas de surprise : son nom est Bond. James Bond. Et sa profession bien connue : agent 007, au service secret de Sa Majesté. Si ce n'est – et c'est la trouvaille sur laquelle s'ouvre le film de Lee Tamahori – que le héros sans peur et sans reproche se retrouve ici soupçonné d'avoir trahi son camp et d'avoir, sous la torture, livré le nom d'un espion américain récemment exécuté en Corée du Nord, là où précisément il vient de passer plusieurs mois dans les geôles du pouvoir communiste. Autant dire, donc, que Bond n'est plus digne de confiance. Et d'ailleurs, M lui retire le statut d'agent 00 qui lui donne droit de tuer, et l'envoie ruminer sa honte aux Malouines. Du coup, le nouveau défi auquel se trouve confronté le beau James consiste non seulement, comme cela va de soi, à sauver le monde, mais surtout à retrouver sa véritable identité et son numéro porte-bonheur. Et la façon dont il s'y prend vaut comme toujours son pesant de gadgets explosifs, d'effets très spéciaux, de méchant plus affreux jojo que jamais, et naturellement de Bond girl encore plus affriolante que les précédentes. Sur ce plan, l'irréprochable plastique de Halle Berry, qui lui est plus utile en l'occurrence que ses talents de comédienne oscarisée, lui vaut de sortir de l'onde comme la première Vénus de la série, l'inoubliable Ursula Andress, en bikini copie conforme. Le séducteur impénitent qu'est 007 n'y résiste pas. Comme il ne résiste pas au plaisir de se mesurer à un génie du mal qui a assimilé les possibilités de se refaire une tête toute neuve grâce aux progrès de la chirurgie esthétique et des manipulations génétiques. Et qui, en prime, a trouvé le moyen de réchauffer la planète jusqu'à y mettre le feu.

Comme toujours à la pointe du progrès, le nouvel épisode de la saga 007 intègre en effet le dernier cri à la fois de la science high-tech et de la politique planétaire. Le cœur stratégique de l'action est donc ici la Corée du Nord, dernier bastion irréductible, avec comme prolongement, et pour varier un peu les paysages, la chaleur de Cuba et les étendues glacées d'Islande. Aussi à l'aise ici que là, James Bond dispose pour venir à bout de ses adversaires de talents qu'on ne lui soupçonnait pas (ainsi se révèle-t-il fine lame également à l'escrime) et aussi d'un ensemble d'accessoires dernier cri dont le plus sympathique est le retour de sa bonne vieille Aston Martin, super-équipée et dotée même d'un système de camouflage qui la rend invisible. Ainsi paré, l'agent secret peut à nouveau faire des merveilles : rythme haletant, poursuite ahurissante sur la glace, humour constant qui s'offre le luxe, pour les amateurs, de clins d'œil références aux grands moments de la série, engins divers volants, glissants, surfants, non identifiés, mort dix fois imminente et toujours repoussée au dernier instant, le tout avec le petit sourire au coin des lèvres et l'élégance suprême de Pierce Brosnan, aussi impeccable frais rasé en smoking que hirsute et barbu en pyjama informe. Ainsi paré de tous les éléments conformes, *Meurs un autre jour* peut confirmer que 007 est bien fidèle à lui-même. Plus que jamais son nom est Bond. James Bond.

# TANNER Alain (suisse, né en 1929)

**PREMIER LONG MÉTRAGE :**
*Charles mort ou vif (1968)*
**FILMOGRAPHIE DEPUIS 1985 :**
*No man's land (1985)* • ***Une flamme dans mon cœur (1986)*** • *La Vallée fantôme (1987)* • *La Femme de Rose Hill (1989)* • *L'Homme qui a perdu son ombre (1991)* • *Le Journal de Lady M. (1992)* • *Les Hommes du port (1994)* • *Fourbi (1995)* • *Requiem (1997)* • *Jonas et Lila, à demain (1999)* • *Fleurs de sang (2001), co-réalisation* • *Paul s'en va (2003)*

Ce n'est sans doute pas un hasard si le film (*Charles mort ou vif*) qui, d'emblée, imposa Alain Tanner, et bien au-delà de sa Suisse natale, comme un cinéaste emblématique, date de 1968 : son héros, bourgeois en rupture de confort matériel et moral, qui fuyait le monde de l'argent roi et du capitalisme installé pour se lancer dans la dérive de l'utopie et de la liberté, y incarnait mieux que personne l'esprit d'une époque de contestation et de rêves. Ce n'est pas pour rien non plus que la transmission de ce pouvoir de rêver et de s'insurger court comme un fil conducteur au long d'une œuvre qui, de *Jonas qui aura 25 ans en l'an 2000*, en 1976, aux *Années-lumière* en 1981 puis à *Jonas et Lila, à demain*, en 1999, fait vivre le même personnage dans la poursuite d'une contestation et d'une indépendance données comme énergie vitale et seul moyen d'échapper aux désenchantements de la vie. Et ce n'est pas un hasard non plus si la conception narrative du réalisateur, fondée sur une distanciation qui laisse toute sa place à la réflexion et à l'ironie, a toujours arpenté des chemins nouveaux. Cela a pu donner des films-phares, comme *La Salamandre*, voire un chef-d'œuvre, comme *Dans la ville blanche*. Cela continue de donner des films excitants, dont les audaces, jusque dans leur côté parfois systématique, font le prix.

### UNE FLAMME DANS MON CŒUR (1986)
**avec Myriam Mézières et Benoît Régent**

**Mise à nu.** Dur... Dur de vivre et d'aimer. Mercedes, comédienne, rêve du grand amour. Ce n'est pas son amant, Nord-Africain sympa mais collant, qui le lui apporte. Elle veut le quitter, mais lui s'accroche, continue à lui faire l'amour. Elle laisse faire : le corps a ses raisons... Un soir, dans le métro, elle croise le regard de Pierre, journaliste, un côté grand gamin, gêné, pur. Elle lui tombe dessus, s'accroche, lui fait l'amour. Lui laisse faire : le corps a toujours ses raisons... Et ils se disent qu'ils s'aiment, et se séparent, et se retrouvent, et partent ensemble. Au Caire, ville de l'ailleurs, de la foule, de la solitude, du bout du chemin, Mercedes quitte Pierre, et se perd dans la marée humaine. Fin du voyage, et fin du film.
Myriam Mézières, auteur du scénario, joue Mercedes avec une franchise totalement impudique : elle se déshabille, physiquement, moralement, sentimentalement, jusqu'à faire voir la nudité absolue de son corps et de son cœur. Comme si de se projeter sous le regard des autres lui découvrait sa propre vérité : l'écran, comme le divan d'un psychanalyste.
Alain Tanner enregistre. En noir et blanc, dans des plans ascétiques à la Bresson, des images nues de désert nocturne et d'incommunicabilité entre les êtres, à la manière d'Antonioni. Il traque le corps de l'actrice, scrute les plis de sa peau, capte ses soupirs et ses râles, l'embarque dans un strip-tease sauvage avec un babouin sous les yeux voyeurs d'un public de fête foraine, métaphore du public qui est là dans la salle. C'est le déballage intégral, la mise à nu comme avant-goût de la mise à mort. Il y a beaucoup de désespoir dans tout cela, une recherche de tendresse qui se heurte au monde, aux autres et à soi-même. Et la flamme qui brûle un instant dans le cœur de l'héroïne et dans le titre fait long feu. Comme si, en voulant avoir la précision objective et détaillée d'un constat, le film de Tanner ne pouvait qu'en avoir aussi la froideur.

## TANOVIC Danis (bosniaque, né en 1969)

**FILMOGRAPHIE :**
***No man's land (2001)*** • *11'09''01 (2002), co-réalisation* • *L'Enfer (2005)*

Dans une fin de siècle qui voit l'idée européenne progresser de façon significative, la guerre qui embrase l'ancienne Yougoslavie apparaît d'autant plus violente que non seulement elle dresse les unes contre les autres les communautés ethniques et religieuses, mais qu'elle met en exergue, dans ces Balkans qui ont toujours joué le rôle d'une poudrière, les lignes de fracture profondes d'un passé sur lequel l'Europe à venir doit se construire. Le film de Danis Tanovic en offre la représentation emblématique : non seulement parce que le cinéaste qui a participé au conflit du côté bosniaque et qui l'a couvert comme reporter de guerre avant de partir s'installer en Belgique, enregistre ce qu'a été la réalité cruelle des affrontements, mais aussi parce que, donnant à son scénario valeur de fable, il met en avant la puissance d'absurdité et de haine dont cette guerre a été porteuse.

### NO MAN'S LAND (2001)
**avec Branko Djuric, René Bitorajac et Filip Sovagovic**

**Tuons-nous les uns les autres.** Ça commence en plein brouillard, avec une patrouille bosniaque affectée à la relève et qui se perd dans les brumes de la nuit entre les deux lignes de front : belle métaphore, d'emblée, d'une guerre où la confusion règne ; et bel incipit pour un film qui entend démontrer l'absurdité de la guerre et dont la leçon finale confirme ce que la scène d'ouverture suggérait : tout cela n'a pas de sens. Car la façon dont Danis

Tanovic aborde le conflit serbo-bosniaque a tout d'une fable cruelle : la patrouille perdue, dès que le jour se lève et dissipe le brouillard, se retrouve prise sous le feu des Serbes, et seul un des soldats en réchappe qui, blessé et mal en point, trouve refuge dans une tranchée abandonnée entre les deux camps. Où une patrouille serbe vient vérifier s'il y a des survivants, et se retrouve à son tour surprise par le Bosniaque qui les attend en embuscade. Tant et si bien que, les uns tirant sur les autres et les autres sur les uns, les deux ennemis, le Serbe et le Bosniaque, se retrouvent coincés tous deux dans le même boyau, et d'autant plus contraints à cette cohabitation forcée qu'un des autres soldats bosniaques, qu'ils croyaient morts, ne l'est pas, mais que, les Serbes ayant piégé son corps par une mine, il ne peut bouger sous peine de tout faire exploser.
No man's land, donc, que cet espace intermédiaire entre les deux camps, mais aussi que cette sorte de temps suspendu qui, dans un entre-deux saugrenu, amène les deux adversaires à devoir survivre ensemble, à se parler, à échanger une cigarette, à découvrir qu'ils ont connu tous deux la même fille, à redevenir des hommes... Pour autant, la guerre continue, et sa mécanique ne s'arrête pas. Et, en l'occurrence, puisqu'il s'agit d'un no man's land entre les belligérants, c'est à la force internationale préposée à la surveillance du conflit, qu'il incombe d'intervenir. Et, avec cette entrée en lice de la Forpronu, le drame tourne carrément à la farce : art de ne rien faire, responsables qui se défilent, impuissance déguisée en stratégie de la neutralité. La volonté d'un sergent français de tenter quand même quelque chose pour dénouer cette situation absurde et l'idée qu'il trouve pour cela de faire donner le grand cirque médiatique des correspondants de guerre transformant la tranchée en show télévisé donnent à l'histoire des deux adversaires piégés dans leur trou l'ampleur ironique et mordante d'une parabole, d'où personne ne sort intact : ni les Serbes, ni les Bosniaques, ni l'Onu, ni la télévision, ni, bien sûr, les deux pauvres types qui, n'arrivant pas à régler leurs problèmes par eux-mêmes, sont inévitablement promis au rôle de victimes. Sans que pour autant rien ne soit réglé : la mine meurtrière, comme un piège à retardement, n'est toujours pas désamorcée...

## TARANTINO Quentin (américain, né en 1963)

**FILMOGRAPHIE :**
*Reservoir Dogs (1992)* • ***Pulp Fiction (1993)*** • *Four rooms (1995), co-réalisation* • *Jackie Brown (1997)* • ***Kill Bill, Volume 1 (2003)*** • ***Kill Bill, Volume 2 (2004)***

Avec Quentin Tarantino, la culture pop fait son entrée en force et en fanfare non seulement dans un cinéma américain auquel elle apporte de nouvelles références, mais de façon plus large un peu partout sur la planète cinéma, où le réalisateur suscite, depuis *Reservoir Dogs*, d'innombrables émules. Avec un prénom qui lui vient du forgeron métis de la série western *Gunsmoke*, le jeune Tarantino, né dans le Tennessee mais élevé et installé au sud de Los Angeles, semble d'emblée voué au monde des images et à une culture populaire qu'il développe en grandissant dans un quartier multiethnique, où il se forme aux genres les plus divers – westerns, polars, mélos, fantastique, mais aussi films d'arts martiaux, dont il devient un familier boulimique et, après divers petits boulots, un vrai spécialiste dans la boutique de Video Archives où il se retrouve vendeur et dont il fait vite, avec ses deux acolytes Roger Avary et Jerry Martinez, une sorte d'école du cinéma bis. Les scripts qu'il se met alors à écrire ne trouvent pas tout de suite preneur, jusqu'à ce que Harvey Keitel, ayant en main celui de *Reservoir Dogs*, arrive à en mettre sur pied la production. Le film lance en 1992 la carrière de Tarantino, à la fois comédien et réalisateur, et impose un style, que *Pulp Fiction* voit l'année suivante couronner d'une Palme d'or à Cannes. Nourri de références multiples, fruit d'une culture à la fois bédéphile et cinéphilique donnant toute sa place aux comic books, aux pulps, et au cinéma populaire des séries B, des films noirs, des arts martiaux asiatiques, des séries télé, il joue de façon virtuose de distributions brillantes, avec des acteurs utilisés de façon décalée, et de toutes les ressources de l'ironie, dans les dialogues, dans le choc des tonalités, dans le second degré, tout en donnant à la violence droit de cité par toute la gamme des effets spéciaux, des cadrages, des chorégraphies. *Jackie Brown*, hommage au polar et au cinéma d'action black des années 1970, tout comme les deux volets de *Kill Bill*, variation étourdissante sur les grands genres martiaux chinois et japonais, donnent toute son ampleur et sa cohérence à un univers filmique à la fois largement référentiel et inventant de façon constamment originale et personnelle son propre territoire.

## PULP FICTION (1993)
### avec John Travolta, Samuel L. Jackson, Uma Thurman, Bruce Willis et Harvey Keitel

**Bien secouer avant usage.** Deux tueurs pas vraiment futés, un gangster plutôt violent, sa copine qui se défonce à mort, un boxeur habitué à se coucher et qui se relève, sa petite amie made in France, un dealer qui a le sens de l'amitié, un caïd qui porte beau ; et aussi une voiture éclaboussée de sang, une mallette mystérieuse, une montre de famille… Il faut de tout pour faire un monde, dans ces « pulps » qui furent la nourriture populaire des années 1930-1940, ces magazines à trois sous où s'illustrèrent entre autres Hammet et Chandler, Goodis et Himes. Et que Quentin Tarantino, à qui rien de ce qui fait la nouvelle culture pop n'est étranger, reprend dans un film-hommage jubilatoire.
Avec tous les ingrédients qui ont fait le succès de son premier film, déjà culte, *Reservoir Dogs* : la violence, la noirceur, la folie, et des personnages qui semblent autant de références à l'univers du polar et qui offrent à des acteurs au mieux de leur forme des numéros irrésistibles (comme Travolta ressuscité des disparus pour quelques numéros musicaux ébouriffants, ou Bruce Willis prouvant qu'il a plus d'une expression dans sa panoplie). Avec ici l'humour en plus, le décalage ironique, la science du découpage, qui mêle les fils d'histoires parallèles qui finissent par se rejoindre, le jeu virtuose avec les codes du genre, le mélange de violence ébouriffante et de lyrisme échevelé, et un goût du collage qui donne un film bariolé et constamment surprenant. Le tout avec un brio indubitable. Ce qui vaut bien une palme.

## KILL BILL, VOLUME 1 (2003)
### avec Uma Thurman, David Carradine, Daryl Hannah et Lucy Liu

**Tuez-les tous…** Ça commence par un mariage, en plein désert. Et puis tout explose : un commando fait irruption et massacre toute la noce, laissant pour morte la mariée et l'enfant qu'elle porte dans son sein. Heureusement pour elle, et pour le scénario, la jeune femme en réchappe. Et après quatre ans de coma, retrouvant ses esprits, elle n'a naturellement qu'une seule hâte : se venger. Elle peut d'autant mieux le faire qu'elle connaît parfaitement les membres du gang des assassins, dirigé par le sanguinaire Bill, pour en avoir autrefois fait partie comme tueuse. Retrouvant donc ses vieux réflexes, et redevenue la redoutable Black Mamba du Détachement international des Vipères assassines, elle se met à la tâche, traquant un à un les tueurs et les envoyant rejoindre leurs victimes.
Et un, et deux, et trois… Le film de Quentin Tarantino procède selon le principe simple de l'élimination successive, où l'on garde le chef de troupe, le Bill qu'il faut *kill… er*, pour la fin. Cette fin qu'il faudra toutefois attendre jusqu'au prochain épisode. Commencé comme un opus unique, le film a en effet pris rapidement une ampleur telle que la décision a été prise de le sortir en deux parties, les deux formant un tout mais ayant aussi leur tonalité propre, qui permet de les voir indépendamment.
Pour le volume 1, la couleur choisie est donc asiatique, tendance action en tout genre. Entendant en effet rendre hommage au cinéma de genres populaires – westerns spaghetti, films de kung-fu, films de samouraïs, animation – dont il s'est, en tant que spectateur, nourri pendant des années, Tarantino axe cette première partie sur le personnage du ninja Hattori Hanzo, qu'il a tout spécialement recréé pour le maître sabreur Sonny Chiba dont il est un inconditionnel, et qui en était l'interprète dans des films d'action hyper-violents. Sonny Chiba, qui est également le chorégraphe kejutsu du film, retrouve à ses côtés un autre héros légendaire des films d'arts martiaux, le Chinois Gordon Liu Chia-hui, qui incarne ici le chef de l'équipe de gardes du corps nippons, tout de noir vêtus, à la *Reservoir dogs*. Quant au terrible Bill, qui n'apparaît qu'à peine dans ce premier volume, il n'est autre que cette autre légende qu'est David Carradine, qui fut Caine, l'inoubliable maître eurasien de la série *Kung-Fu*.
On est donc en pays connu. Et la féline Uma Thurman, muse depuis *Pulp Fiction* du cinéaste, qui a attendu qu'elle en ait fini avec une grossesse non programmée pour commencer le tournage du film, sait ce qui l'attend sur la route de la vengeance : un déchaînement de violence, de musique, de références cinéphiliques, et de mélange des genres qui fait la touche unique de Tarantino, et qui culmine dans un combat final au sabre qui dure vingt bonnes minutes, éblouissant d'agilité de la part des interprètes et de virtuosité de la part du cinéaste, à n'en pas croire ses yeux, et dont on sort littéralement vidé…

## KILL BILL – VOLUME 2 (2004)
### avec Uma Thurman, David Carradine et Michael Madsen

**Sabre au noir.** Que s'est-il effectivement passé dans la petite chapelle de Two Points, et pour quelles raisons les tueurs et tueuses de la bande à Bill avaient-ils fait irruption pour transformer la noce en enterrement collectif ?

Le second volume de *Kill Bill* recommence là où tout avait commencé : au pied de l'autel. Et la séquence est en noir et blanc : blanc, couleur de la robe de la mariée, noir, couleur de la tonalité que va prendre désormais le film. Car, cette fois-ci, Bill est à l'écran : et les relations qu'il entretient avec celle qui portait un enfant de lui méritent, en effet, d'être explicitées.

Tarantino, donc, passe aux explications. Et, du coup, remise l'action au rayon des accessoires : le fameux sabre forgé par Hattori Hanzo ne va plus guère servir qu'en une seule occasion, époustouflante il est vrai, puisque la Mariée se retrouve aux prises, en un combat décisif, avec sa pire ennemie, Elle la borgne, et que, poussant la symétrie jusqu'au bout, elle fait sienne la devise « Œil pour œil, dent pour dent ». Mais de fait, les combats sabre au clair qui avaient amené la Mariée à affronter pendant vingt bonnes minutes de chorégraphie asiatisée l'armée des sabreurs fous font place ici à d'autres façons de régler ses comptes. Et d'abord, passant du Japon à la Chine et de l'épée des samouraïs à l'art du kung-fu, la vengeance se mijote comme un long apprentissage, une sagesse acquise auprès du maître. Keith Carradine, héros kung-fu s'il en est, ne manque pas de le savoir, et son personnage de Bill en tire ce qui fait la ligne même de ce second volet, et qui donne son sens à l'ensemble. Et sans doute est-ce lui qui, consciemment ou non, a tout organisé : tuer Bill, certes, mais le tuer parce qu'il faut bien que le message se transmette, que la mort succède à la vie, et que le maître meure pour laisser le disciple détenir à son tour le savoir.

Que cette leçon passe par une série de chapitres qui remplacent l'agitation des combats par de longues discussions qui risqueront de surprendre les amateurs d'action directe ; que toute cette histoire de vengeance et de haine ne soit finalement qu'une romanesque histoire d'amour ; et que, dans les rayons de ses références favorites, Quentin Tarantino choisisse d'aller, comme en un retour aux sources, du côté du western, et plus encore du film noir : tout cela, qui joue avec la mythologie et les clichés du cinéma, dit assez que, derrière l'ahurissant brio d'un film-jouet, se révèle l'esprit même d'un cinéaste qui a décidé, une bonne fois pour toutes, de vivre par procuration. Quitte, pour cela, à devoir tuer son superman, Bill. Pour le remplacer par son double féminin, son élève, sa maîtresse, image emblématique de la femme et de la mère. Laquelle, dans une séquence saisissante, ressuscite bel et bien du royaume des morts : on n'achève pas les héros…

## TARKOVSKI Andreï (russe, 1932-1986)

**Premier long métrage :**
*L'Enfance d'Ivan (1962)*
**Filmographie à partir de 1985 :**
***Nostalghia (1983 – sorti en 1985) • Le Sacrifice (1986)***

1962-1986 : sept films en vingt-cinq ans. À cela se résume l'œuvre filmique de Tarkovski, disant bien que si le cinéaste ne fut jamais proprement empêché de créer par le système soviétique, il fut néanmoins suffisamment tenu en laisse pour ne pouvoir réaliser qu'une œuvre au bout du compte réduite, et dont la distribution dans son propre pays fut d'ailleurs toujours problématique. Et pourtant, le peu de films qu'il laisse suffit à faire sentir l'étendue d'un génie parmi les plus grands que le cinéma ait connus, aussi puissant dans son style et dans son inspiration qu'Eisenstein, aussi fondamental dans ses interrogations et dans sa profondeur que Bergman. De *L'Enfance d'Ivan*, revisitant le réalisme historique soviétique à l'aune d'une liberté humaniste et onirique, à l'itinéraire philosophique complexe de *Solaris*, confrontant l'homme à l'univers, puis du *Miroir* brassant l'Histoire dans le flot torrentueux de la subjectivité personnelle, au cheminement métaphysique à travers la zone interdite de *Stalker*, les voies de la création ont toujours été pour Tarkovski des chemins de la liberté. Son deuxième film, *Andreï Roublev*, l'avait montré, en 1965, de façon exemplaire : dans une vaste vision d'histoire, il interrogeait le rapport de l'artiste avec le pouvoir, avec son temps, avec son art, avec son dieu. La dimension mystique y était sous-tendue par l'amour de la vieille Russie, comme un fil conducteur que ses deux derniers films, ultimes chefs-d'œuvre, dévident encore et toujours. Entre la Russie et cet Occident, où en 1984 il choisit de venir vivre et où il meurt deux ans après, *Nostalghia* dit le pays perdu, comme *Le Sacrifice* dit la mission même de l'artiste en sauveur d'un monde menacé. Les deux films répondent à cette exigence et à cette rigueur que le cinéaste exprimait dès *Andreï Roublev* : « Tout art a un sens poétique qui lui est propre, et le cinéma ne fait pas exception. Il est apparu pour refléter un aspect particulier de la vie et du monde qui ne l'avait été par aucun autre art avant lui. Toute forme d'art nouvelle vient en réponse à un nouveau besoin spirituel. Son rôle est dès lors de poser les questions les plus essentielles de son temps. » Mission accomplie !

## NOSTALGHIA (1983)

### avec Oleg Jankovski et Domiziana Giordano

**Spleen et idéal.** Attention, chef-d'œuvre ! À aborder avec prudence : on n'entre pas dans l'univers de Tarkovski comme dans le dernier moulin à images venu. Ici, tout est intériorité, concentration et lenteur. Si l'on veut céder à l'envoûtement, prière donc d'accrocher son impatience au vestiaire, et de se laisser emporter par des images qui coulent comme un fleuve immense, en d'interminables plans-séquences, vastes comme les étendues sibériennes, ou comme une phrase de Dostoïevski. À l'image de ce long voyage au bout de l'ennui de vivre, où le personnage principal, un poète russe venu travailler en Italie sur un compositeur du XVIII^e^ siècle, russe lui aussi et séparé de son pays, vit l'éloignement comme un exil. Nostalgie donc au sens premier du terme, mal du pays, de la terre natale, des paysages de l'enfance, du bonheur perdu et d'autant plus tragiquement ressenti sans doute que, après *Nostalghia*, Tarkovski a choisi la dissidence. Mais nostalgie plus radicale, celle de l'inadaptation et du mal de vivre de l'homme embarqué dans une traversée vers l'inconnu. La réponse à ses doutes et à ses interrogations, le héros la trouvera auprès d'un fou, d'un illuminé qui lui montrera la lumière.
Ainsi, à travers les brumes d'une Italie initiatique, derrière le visage entrevu d'une madone de Piero della Francesca, dans un long voyage rythmé par les éléments, par l'eau et par le feu, la lumière de l'esprit jaillit pour donner son sens à cet itinéraire spirituel. Au terme du film, le héros traverse un bassin thermal, une bougie à la main : flamme fragile, menacée par le vent, mais qu'il parvient, après plusieurs essais, à porter jusqu'au bout du chemin tracé. Alors le plan se fixe, en noir et blanc, dans une image extraordinaire, où le pays perdu devient une immense cathédrale dressée en plein ciel. Récompense suprême (et plan magique offert au spectateur courageux) pour celui qui aura attendu, espéré, appelé de tout son être le terme du voyage.

## LE SACRIFICE (1986)

### avec Erland Josephson, Susan Treetwood et Valérie Mairesse

**Cela s'appelle l'aurore.** Une maison au bout de la lande, dans le paysage désertique d'une île nordique, une de ces nuits d'été où le soleil ne se couche pas. Un homme, Alexandre, déjà vieux, écrivain et ancien acteur, plante un arbre mort en compagnie de son fils, à qui il apprend que tout pousse, pour peu qu'on l'arrose. L'enfant, muet, écoute ; le père parle, comme il va parler toute la nuit, au petit cercle familial qui l'entoure, mais surtout à lui-même, à ses peurs, à ses doutes ; et à la servante Maria, qui le console ; et à Dieu, interlocuteur ultime dans la nuit qui l'entoure. Face aux périls qui s'annoncent, à ce feu nucléaire qui couve et qui menace l'humanité, Alexandre met sa vie, son œuvre, son bonheur dans la balance : et il en fait le don, pour que les hommes vivent et que son fils comprenne que l'espoir n'est pas mort, mais que de la constance et de la foi jaillit toujours l'aurore d'une aube nouvelle.
Dans une œuvre résolument mystique, Tarkovski pousse le dépouillement à l'extrême. Son film est une longue méditation, ascétique, hiératique, qui met à nu le plus profond de l'âme. Le temps y coule comme un fleuve immobile. Tout y est murmures, silences, cris et chuchotements. Tout y est grâce et beauté : l'arbre planté comme un long fantôme, l'extase mystique de la servante au grand cœur, l'embrasement final de la maison, comme un feu rédempteur qui purifie tout. Film nu, aride, qui fait penser à Dreyer, à Bresson, à Antonioni, à Bergman bien sûr, qui en est d'ailleurs le producteur, à Tarkovski, surtout, celui d'*Andreï Roublev* et de *Nostalghia*. Film exigeant qui impose au spectateur plus de deux heures d'attention soutenue, difficile, épuisante – ce qui est bien, pour lui, un sacrifice –, film chemin de croix, cette Passion selon Tarkovski emporte dans l'air raréfié des cimes. Certains, au souffle court, auront du mal à y respirer. D'autres y sentiront le souffle de la grâce.

## TARR Béla (hongrois, né en 1955)

**PREMIER LONG MÉTRAGE :**
*Le Nid familial (1977)*
**FILMOGRAPHIE DEPUIS 1985 :**
*Damnations (1987)* • *City life – The Last boat (1988)* • *Satantango (1991-1994)* • *Voyage sur la plaine hongroise (1995)* • ***Les Harmonies Werckmeister (2000)***

Il y a chez Béla Tarr une façon radicale de penser et de pratiquer le cinéma qui en fait un des créateurs les plus originaux, et les plus importants, du cinéma contemporain. D'emblée, lorsqu'il commence à filmer à 22 ans, il rompt avec la narration classique et choisit de tourner en noir et blanc et en 16 mm, et de filmer caméra à l'épaule non des acteurs mais des gens, qu'il cadre en gros plans, comme pour regarder au plus près la vie réelle. Ses premiers films, à la fin des années 1970, *Le Nid familial, Hôtel Magnezit, L'Outsider*, liés à la Hongrie de l'après-guerre, gardent une perspective sociale et politique, s'intéressant à des problèmes comme le chômage ou la crise du logement. Puis, approfondissant sa démarche et élargissant son propos, le cinéaste fixe à son cinéma une ligne plus essentielle : traduire les problèmes de l'être et, pour cela, dépasser l'Histoire, et même les histoires, pour saisir le mystère de la nature et de la condition humaines. *Damnations*, en 1987, envoûtant film d'atmosphère montrant un monde au bord du gouffre, donne au cinéma valeur contemplative et réflexive, à travers une forme qui se fraie des voies nouvelles, à la recherche d'un langage qui réinvente le cinéma en revenant à ses origines et en rompant avec les lois mêmes de la narration mises en place depuis Griffith. *Les Harmonies Werckmeister*, dont le titre renvoie à un musicien allemand du XVIIe siècle ayant cherché à élaborer un système musical radicalement inédit pour obtenir des harmonies nouvelles, en est l'illustration accomplie.

### LES HARMONIES WERCKMEISTER (2000)
### avec Lars Rudolph, Peter Fitz et Hanna Schygulla

**Chaos.** On est on ne sait où, dans un pays qui pourrait être de l'Est mais qui pourrait être aussi d'ici et d'ailleurs, et qui pourrait bien être le monde. Dans un noir et blanc à valeur originelle, où le blanc lutte avec le noir et la lumière avec l'ombre, un messager, jeune garçon qui sert de factotum, parcourt une ville en proie à la rumeur d'une invasion toute proche. Le désordre est là, qui arrive de nuit, dans un plan proprement sidérant où, le long d'une rue qu'éclairent ses phares, un tracteur roule lentement, traînant une sorte de cabane en tôle dont l'ombre qui s'avance obscurcit les murs des maisons, projetant la peur du monstre qu'elle renferme : une baleine mystérieuse surgie des profondeurs. Le désordre est là, annonciateur d'une catastrophe, mais laquelle ? M. Ezter, qui cherche à retrouver l'harmonie introuvable élaborée autrefois par le musicien Werckmeister, ne répond guère à sa femme qui le presse de prendre la tête d'un comité chargé de rétablir l'ordre. Ordre qu'un prince mystérieux, arrivé en compagnie de la baleine et dont on ne voit que l'ombre, menace de façon diabolique en annonçant une destruction générale.
Le chaos d'un côté, l'impossible moyen de s'y opposer de l'autre : le film de Béla Tarr met donc en route l'apocalypse et lance une horde armée dans la nuit, foule hagarde et brutale marchant à l'unisson, dans un plan-séquence dont la longueur interminable emporte tout dans un mouvement et une durée qui font eux-mêmes éclater la norme ordonnée de la temporalité filmique, jusqu'à un hôpital où elle détruit tout, renversant les meubles, saccageant les locaux, tabassant les malades, avant de s'arrêter brusquement devant le corps nu et flétri d'un vieillard debout dans une baignoire, figure même de la fragilité humaine.
Cette scène vertigineuse, au pouvoir d'envoûtement absolu, donne la mesure d'un film qui ne raconte pas, mais qui montre et fait sentir. La longueur des plans, la complexité quasi maniériste des cadrages, les lents mouvements de caméra instaurent une atmosphère étrange, au pouvoir quasi hypnotique : ainsi de deux hommes cheminant de conserve et qui, dans un paysage lugubre, se séparent à une bifurcation de la route et dont la caméra suit le cheminement séparé dans un plan qui s'accorde à la durée même de leur lente progression et qui n'en finit pas de ne pas finir. Dans le désordre du monde, Béla Tarr introduit la seule réponse possible : la beauté. Son film trouve en effet comme une harmonie, née de la forme, alors même qu'il montre le monstrueux : le factotum, dont le nom de Janos (Jonas...) a quelque chose de mythologique, regarde le chaos à travers l'œil mort de la monstrueuse baleine. Il ne juge pas, il est l'innocent qui a des visions : il est l'œil même d'un cinéaste qui, pour dire le monde, invente une manière de le regarder et de le montrer.

## TAVERNIER Bertrand (français, né en 1941)

**PREMIER LONG MÉTRAGE :**
*L'Horloger de Saint-Paul (1973)*
**FILMOGRAPHIE DEPUIS 1985 :**
*Autour de minuit (1986)* • *La Passion Béatrice (1987)* • *La Vie et rien d'autre (1989)* • *Daddy nostalgie (1990)* • *La Guerre sans nom (1991)* • ***L. 627 (1992)*** • *La Fille de d'Artagnan (1994)* • ***L'Appât (1995)*** • *Capitaine Conan (1996)* • *De l'autre côté du périph (1998)* • *Ça commence aujourd'hui (1999)* • *Histoires de vies brisées : les « double peine » de Lyon (2001)* • *Laissez-passer (2002)* • *Holy Lola (2004)*

S'il est un cinéaste qui s'inscrit parfaitement dans le fil de cette qualité française héritée de Duvivier et d'Autant-Lara, c'est à coup sûr Bertrand Tavernier. Lui-même n'a d'ailleurs jamais nié la filiation, allant chercher dès son premier film les scénaristes phares des années 1950, Jean Aurenche et Pierre Bost, et les ramenant au cinéma en les tirant de l'oubli auquel les avaient condamnés les attaques de Truffaut. Cette fidélité à un cinéma de scénario et de studio, dont il a, dans *Laissez-passer*, retracé au plus près l'histoire dans les années sombres de l'Occupation, Tavernier la doit aussi au goût qu'il a toujours manifesté, et ce dès l'époque où il était critique avant même d'être cinéaste, pour le grand cinéma américain de genre. Cela explique chez lui à la fois l'importance donnée à la maîtrise technique et à l'écriture, mais aussi une propension à alterner les genres, et un engagement politique sur de grands sujets de société (qu'il aborde aussi parfois dans le registre du documentaire) plus dans la ligne historique des grands studios hollywoodiens que dans celle d'un cinéma français traditionnellement plus frileux en la matière.

### L. 627 (1992)
### avec Didier Bezace, Paul Comart et Charlotte Kady

**Constat de police.** Police ! On ne bouge plus… Et l'on regarde pendant près de 2 h 30, sans avoir le temps de souffler une minute, l'enquête impitoyable lancée par un cinéaste qu'on sent animé d'un irrésistible souci de vérité et d'une non moins irrépressible et sacro-sainte colère. Parce qu'il y a urgence. Parce que là, sous nos yeux qui ne veulent pas voir, derrière notre bonne conscience qui s'endort à bon compte, il y a la loi de la rue, et la drogue qui déferle et pourrit tout. Et face à cette lame de fond, un barrage, mais si mince et doté de moyens si dérisoires qu'il prend l'eau de tous les côtés : les flics…
Le film de Bertrand Tavernier est une descente de police, une vraie : celle d'une brigade des stupéfiants qui chasse les dealers dans les rues de Paris. Pas de grand spectacle, de poursuites infernales ni d'armes fatales : mais les réalités de la traque, les planques interminables dans les voitures de filature, les types qu'on serre et ceux qui vous filent entre les doigts, et les papiers carbone qui n'en peuvent plus, sur des machines qui ne savent pas que l'électricité existe. Pas la police des films policiers, mais celle des jours et des nuits du quotidien, des bureaux pourris, de l'administration ubuesque. Avec des flics qui font leur boulot, plutôt bien, et où la proportion des types réglos est plus importante qu'on ne le pense et qu'on ne le dit. Des types comme tout le monde, mal payés, avec leurs propres caractères, leurs problèmes personnels, leurs façons de faire.
Dans la brigade, il y a Lulu, celui auquel s'attache le cinéaste : pas vraiment bien dans sa peau, la tête vide mais le cœur gros à l'ouvrage, décidé à faire son travail et à le faire bien, mais revenu de pas mal de choses, et prenant ses propres distances avec le règlement, par exemple, c'est le métier, pour garder ses indics, ou pour essayer de sauver Cécile, la petite tapineuse, qu'il voudrait arracher à la dope, et qui est déjà positive. Tous les jours, Lulu recommence un boulot qui n'a pas de fin, un vrai tonneau des Danaïdes. Avec autour de lui une équipe ni blanche ni noire : humaine. Dodo, le chef, pas très sûr du côté caboche ; Manu, qui carbure au Ricard ; Marie la fliquette. Et autour d'eux – parce que Tavernier appelle un chat un chat et un dealer un dealer – des blacks, des beurs, des Pakistanais, et le grand maelström de la poudre à 200 francs le gramme de paradis artificiel, et de la mort au bout de la seringue. Avec pour décor le métro, les squats, les terrains vagues, les quartiers lépreux, sur fond d'odeurs, de cris, de déjections diverses.
Tavernier filme tout, avec une boulimie nerveuse, comme si les images, en capturant la réalité, pouvaient exorciser le mal. Et cette caméra qui enregistre, qui traque, qui scrute, il en fait aussi l'œil de Lulu, qui observe le manège de la drogue et en fait des films. C'est là, dans ce rapport ambigu entre la réalité et la fiction, que le cinéaste construit

son propre réalisme. En réalisant un film qui est un document, mais pas un documentaire : un film mal pensant, qui refuse les stéréotypes commodes et qui rue dans les brancards. Un film avec un scénario, des personnages, une vision, des acteurs (formidables), qui font tellement vrais qu'on dirait du cinéma. Et ça en est...

## L'APPÂT (1995)
### avec Marie Gillain, Olivier Sitruk et Bruno Putzulu

**L'enfance du crime.** Vous avez dit « monstres » ? Sans doute. Mais qu'y a-t-il derrière ce que, faute d'un autre mot, on serait en effet tenté de qualifier de monstrueux ? Comment désigner ces trois jeunes gens qui, parce qu'ils veulent aller faire fortune en Amérique, le pays, pensent-ils, de la réussite rapide, et qu'ils ont besoin pour cela d'une mise de fonds qu'ils n'ont pas, décident de se procurer l'argent en choisissant le moyen pour eux le plus simple – le vol – et le plus expéditif – le meurtre – ? Pourtant, tous trois ne sont ni des déclassés ni des zonards, et ils ne sortent ni des banlieues chaudes ni des milieux défavorisés. La fille, Nathalie, possède même un petit appartement, à deux pas de Neuilly, dont sa mère lui laisse la disposition. Son copain, Éric, a des parents dans la fringue qui, même s'ils doivent supporter un contrôle fiscal, ont à l'évidence des moyens. Et quant au troisième larron, il n'est pas sûr qu'il soit, comme il le prétend, un enfant de l'Assistance. Ce qui les distingue tous les trois, c'est qu'en fait ils sont comme des milliers d'adolescents de leur âge : branchés musique, clips, boîtes à la mode, éblouis par tout ce qui brille – Mont-Blanc, Dupont, Hermès – et décidés à se faire du fric le plus vite possible. Le moyen choisi ne brille pas par la subtilité : comme Nathalie a un carnet d'adresses bien rempli et qu'elle fréquente toute une série de types qui portent beau – avocats, médecins, gens du show-biz – lesquels ne se font jamais prier pour l'emmener passer la nuit chez eux, elle servira d'appât. Et, une fois dans les lieux, elle ouvrira la porte à ses copains, lesquels se font fort de dégotter le coffre qui ne doit pas manquer de se trouver quelque part, quitte à travailler un peu la victime au corps, pour lui faire dire où il planque son argent. Que tout cela soit bricolé en dépit du bon sens, que leur plan mirobolant ne tienne pas debout, ils ne le voient même pas. Et lorsque la mécanique qu'ils mettent en marche les entraîne infailliblement vers la catastrophe, ils sont non seulement incapables de l'arrêter, mais ils s'y laissent prendre presque inconsciemment, basculant soudain sans presque s'en rendre compte dans l'horreur de la violence, de la torture et du meurtre.

En filmant au plus près, jusqu'à épouser par une caméra nerveuse, sans cesse en mouvement, accordée au rythme de la vie de ses personnages, la dérive de ces trois enfants perdus, Bertrand Tavernier ne raconte pas seulement une odyssée criminelle : il va chercher au cœur même de la violence ce qui pourrait permettre de la comprendre. Son film ne se veut pas un réquisitoire ; il se garde de tout jugement et, tout en fournissant toutes les explications possibles, il ménage même cette part d'inexplicable qui laisse à chaque spectateur sa liberté d'interprétation. Révélateur à cet égard, le fait qu'il ne montre pas les meurtres eux-mêmes, mais que, comme Nathalie qui reste dans la pièce d'à côté et qui hausse le volume de son walkman pour ne pas entendre les cris de ceux qu'on assassine, sa caméra reste derrière la porte préservant le mystère de l'indicible. Pour autant, le film, avec une sûreté de touche sensible dans les décors, dans le découpage, et dans un ton qui mélange l'horrible et le dérisoire qui font les vraies tragédies, va droit au but. Ces assassins, ils sont des enfants du siècle, élevés dans une société de la frime, de l'argent facile, de l'inculture télévisée élevée à la hauteur d'un mode de pensée. L'interprétation des trois jeunes comédiens nourrit, à cet égard, les trois personnages – inspirés des tristes héros d'un fait-divers authentique – en leur donnant une vérité tellement aveuglante qu'elle en fait mal aux yeux. Immatures et fragiles, plus sots que méchants, ils n'ont en fait rien de tueurs-nés, comme le film de Tavernier n'a rien à voir avec celui d'Oliver Stone. Au délire visuel, jouant le jeu de l'image trafiquée pour prétendument en dénoncer le pouvoir pervers, il oppose une vision directe, dont la simplicité apparente est assurément le fruit d'un travail rigoureux, pour livrer l'image la plus probe possible d'un constat social et moral. En ce sens, *L'Appât* est non seulement une réflexion sur la violence du temps, mais aussi une réflexion sur le cinéma, et sur sa propre moralité.

# TAVIANI Paolo et Vittorio (italiens, nés en 1929 et 1931)

**PREMIER LONG MÉTRAGE :**
*Un homme à brûler (1962), co-réalisation*
**FILMOGRAPHIE DEPUIS 1985 :**
***Good Morning Babilonia (1987)* • *Le Soleil même la nuit (1990)*** • *Fiorile (1993)* • *Les Affinités électives (1995)* • *Tu ridi (Kaos II) (1998)* • *Résurrection (2001)* • *Luisa San Felice (2003)*

Frères, toscans, nés à San Miniato, près de Pise, Paolo et Vittorio Taviani n'ont jamais envisagé le cinéma qu'ensemble. Le choc né de la découverte, en 1946, de *Paisa* de Rossellini, décide en effet de leur carrière commune : d'abord le théâtre, qu'ils abordent en se liant avec un ex-résistant, membre du PCI, Valentino Orsini, avec qui ils partagent engagement politique et création de spectacles expérimentaux, avant de passer avec lui au cinéma. Poussé par Cesare Zavattini, le trio réalise un documentaire, *San Miniato, juillet 44*, histoire d'un village massacré par les nazis, et qui se retrouvera, sous forme plus accomplie, dans une de leurs œuvres majeures, *La Nuit de San Lorenzo*. Cette première expérience cinématographique les amène à Rome, où ils réalisent à trois une dizaine de documentaires inspirés par une réflexion politique sur l'histoire de l'Italie des deux derniers siècles, réflexion qui nourrit les deux premiers longs métrages qu'ils réalisent encore avec Orsini, en 1962 et 1963, avant de se séparer d'avec lui et de poursuivre en duo. De 1967, avec *Les Subversifs*, à 1984, avec *Kaos*, ils réalisent huit films, tous marqués par une vision politique de l'Histoire et par une façon à la fois militante et lyrique de parler de la société, de l'homme, de la nature. Si, dans les années 1980-1990, ils poursuivent dans la même voie, leur activité cinématographique, dans un cinéma italien touché par la crise, se ralentit. C'est toujours le même esprit, la même ambition, la même puissance formelle ; mais les nécessités de la production les poussent à devoir choisir des distributions plus européennes et des sujets moins personnels, notamment des adaptations de grandes œuvres littéraires, qu'ils mettent d'ailleurs en scène désormais plus souvent pour la télévision que pour le cinéma.

## GOOD MORNING BABILONIA (1987)
### avec Vincent Spano et Joaquim de Almeida

**L'enfance de l'art.** Qui d'autre que les frères Taviani, Paolo et Vittorio, aurait pu raconter les aventures de ces frères Bonanno, Andréa et Nicola, partis tenter fortune dans l'Amérique du début du siècle ? Qui d'autre que les Taviani, nés à San Miniato, province de Pise, aurait pu montrer comment les deux Toscans, fils de maître maçon, restaurateurs d'églises, dépositaires de toute une tradition, s'en vont exercer leur art sur les chantiers d'un Nouveau Monde sans passé, en train de s'inventer un avenir ? Qui d'autre que les Taviani, fous de cinéma depuis leur enfance et réalisateurs bicéphales d'une œuvre unique en son genre sur la planète-films, aurait pu envoyer les deux émigrants dans ce pays du cinéma naissant et leur faire rencontrer à Hollywood le maître des lieux, le grand D.W. Griffith, préparant *Intolérance* et engageant, pour lui sculpter les éléphants géants de sa Babylone de stuc et de carton, les deux héritiers de Michel-Ange et de Léonard ? Qui d'autre que les Taviani, frères, italiens, artistes, aurait pu raconter de telle manière une histoire de fraternité, d'émigration et de création ?
Comme les chefs-d'œuvre des maçons médiévaux, *Good Morning Babilonia* est l'hommage dédié par ses architectes à leur art. Jetant un pont audacieux entre le passé et le présent, entre l'Ancien et le Nouveau Monde, les Taviani font des films comme leurs ancêtres pisans peignaient des fresques ou dressaient des cathédrales. Car le cinéma, c'est pour eux l'art de notre siècle, le septième sur la liste, mais tout aussi riche et respectable que ceux qui l'ont précédé. La preuve ? Il y a dans *Good Morning Babilonia* un imaginaire qui se nourrit de l'expérience personnelle pour atteindre aux dimensions de l'universel. Foisonnant d'images et de thèmes, naïf comme une fable, coloré comme un conte, lyrique comme un chant d'amour, ce retour aux sources du cinéma a la magie et l'évidence de la beauté : l'enfance de l'art…

## LE SOLEIL MÊME LA NUIT (1990)
### avec Julian Sands, Nastassja Kinski et Charlotte Gainsbourg

**La recherche de l'absolu.** Les voies du Seigneur, on le sait, sont impénétrables. On pourrait s'étonner qu'elles croisent celles du baron Sergio Giuramondo, jeune officier promis à un bel avenir dans la Naples aristocratique du XVIIIe siècle. Au moment de faire un brillant mariage, qui va définitivement l'imposer dans la société noble, celui-ci apprend que sa future épouse a été la maîtresse du roi. Tout à sa désillusion, le jeune homme décide alors de quitter la cour et de devenir moine. Mais la vie monastique, trop liée encore aux lois sociales, ne suffit pas à apaiser sa soif de mortification et d'ascèse. Renonçant alors à toute compagnie humaine, il choisit la solitude de la retraite, dans un ermitage retiré sur les pentes rocailleuses et hostiles du mont Petra. Là, dans le silence et la méditation, celui que tout appelait à la gloire terrestre s'applique à l'humilité totale, comme façon d'accéder à une autre gloire, divine celle-là. Mais sous le soleil de Dieu, Satan se profile aussi, apportant la tentation dans le désert et maintenant, dans la vocation même du saint, cette part d'égoïsme dont il lui faudra se départir pour enfin, par ses chutes mêmes, trouver sa vraie dimension : celle de l'homme.

À partir du texte de Tolstoï qui leur sert de libre canevas, les frères Taviani construisent un récit dont la simplicité et la sobriété ont quelque chose de lumineux. L'itinéraire de leur personnage suit une trajectoire qui est non seulement la voie étroite et tortueuse de la sainteté, mais plus largement celle de la recherche d'un absolu dont le sens, ici religieux, a valeur véritablement universelle. C'est dire que les deux frères, nourris à l'école marxiste, ne changent pas de chapelle. Mais approfondissant, peut-être à la lumière des bouleversements présents du monde, leur propre pensée, ils sentent et ils montrent que ce qu'il y a de plus profond en l'homme, c'est ce désir de trouver sa propre vérité au milieu des doutes et des écueils. Et cette vérité humaine, les Taviani, comme toujours, la trouvent en ancrant leur récit dans sa réalité de leur pays : terres desséchées de l'Italie du Sud, paysans rugueux attelés au travail d'un sol aride, lumière éblouissante, force tellurique des éléments dans des paysages qui sentent le *kaos* originel.
Porté par le souffle d'une musique qui donne aux choses les plus simples comme une transcendance, par des visions fulgurantes d'une nature bruissante de la vie et des sens, par une reconstruction aiguë qui saisit une société dans le tréfonds de ses rouages, le film a toute la force lyrique des plus grandes réussites des deux frères. D'où vient alors cette réticence qu'on ne peut manquer d'éprouver, et comme ce sentiment d'inachevé ? On aurait tort de conclure trop vite à l'aridité du sujet. Car, même si, après un début éblouissant, le film semble, en s'éloignant du monde, épouser la sécheresse et la dure et longue voie où s'engage le personnage, les Taviani mettent tant de force dans le récit qu'ils font passer toutes les longueurs. Non, si malaise il y a, il vient plutôt du caractère hétéroclite et peu satisfaisant d'une distribution, européenne pour les besoins de la production, mais peu conforme à l'univers même des deux cinéastes italiens. Non que Julian Sands, à grands regards sombres et à barbe savamment mal rasée, ne parvienne à se faire une tête d'ermite. Mais son hiératisme donne moins l'impression d'une profondeur de méditation que d'un quant-à-soi tout britannique. Et si Nastassja Kinski a tous les charmes requis, Charlotte Gainsbourg a bien du mal à faire croire qu'elle soit capable de faire damner un saint. Le poids de l'artifice pèse ainsi sur un film dont l'authenticité aurait sans doute eu besoin de moins d'éclat factice. Ne serait-ce que pour être dans l'esprit de cette humilité dont il se fait l'écho.

## TAYMOR Julie (américaine, née en 1952)

**FILMOGRAPHIE :**
***Titus (1999)*** • *Frida (2003)*

Le titre d'un livre qui lui a été consacré dit bien la ligne autour de laquelle s'articule la carrière de Julie Taymor : *Playing with fire : Theater, Opera, Film.* Passionnée par la scène et par toutes les formes de spectacle, celle-ci s'est acquis la réputation d'une des personnalités les plus originales et les plus imaginatives de la création contemporaine. Ayant commencé par former à la fin des années 1970 une compagnie de masques et de danse en Indonésie, elle enchaîne à partir de là les mises en scène de théâtre et d'opéras dans le monde entier. Elle en tire des films expérimentaux ou enregistrant ses spectacles (*Fool's fire, Œdipe Roi*), avant de passer à la réalisation proprement dite de longs métrages. D'abord avec *Titus*, qu'elle tire du *Titus Andronicus* de Shakespeare dont elle avait donné une mise en scène off-Broadway en 1994, puis avec l'évocation forte et colorée qu'elle donne de la vie de Frida Khalo et de Diego Rivera dans *Frida*.

### TITUS (1999)
### avec Anthony Hopkins, Jessica Lange et Osheen Jones

**De bruit et de fureur.** Où est-on ? Sur fond sonore à vous arracher les tympans, un enfant, comme en un jeu fou, se livre à un sanglant carnage où le ketchup gicle sur le corps disloqué de ses jouets de bois et de ses robots d'acier, avant qu'un colosse sanglé de cuir ne l'emporte tout gesticulant et ne vienne le déposer au milieu de l'arène. Et là, soudain, tandis que la clameur monte, les soldats de plomb s'animent, le défilé commence, époustouflante parade militaire où les armures romaines et les chars antiques voisinent avec des motards casqués de noir, des automitrailleuses à chenilles, des prisonniers vêtus de peaux de bête : quelque chose à mi-chemin de *Mad Max* et d'un défilé destroy de Jean-Paul Gaultier. Et le choc des époques et des visions devient plus fort encore quand Titus, le général romain victorieux, commence, de la belle voix profonde qui est celle d'Anthony Hopkins, à faire entendre les mots de Shakespeare. Car on est bel et bien dans *Titus Andronicus*, le drame le plus violent du plus violent des dramaturges. Et le parti que Julie Taymor choisit, c'est celui non d'une fidélité historique, mais au contraire d'une réappropriation portée par ce que l'on pourrait appeler l'esprit du siècle qui vient de s'achever. Le *Titus* ici montré charrie en effet avec lui tout ce que le XXe siècle a produit en matière d'invention esthétique, des collages surréalistes au futurisme des grands décors mussoliniens, du cinéma de Fellini aux tambours du Bronx ou aux images numériques et animées des jeux vidéo. Ce post-modernisme fin de siècle, qui mêle tout en un immense spectacle, avec une unité chromatique de gris et de brun qui fait froid dans le dos, s'empare des vieux mythes antiques pour leur donner, par des effets de résonance, une saisissante force de suggestion. Le drame qui se joue, drame de la vengeance, où la cruauté la plus insoutenable démembre et disloque les corps, et où la hache tranche la main du père qui se sacrifie avant que, sous sa toque blanche de cuisinier, il ne serve à ses bourreaux une viande de sa façon, c'est le grand théâtre shakespearien issu du fond des pulsions humaines. Et la façon dont la cinéaste construit ce drame comme un opéra sanglant et l'invention constante dont témoignent les décors, les cadrages, les lumières, le rythme, le découpage, l'interprétation : voilà bien le plus incroyable Shakespeare qui se puisse concevoir. Un vrai choc !

## TÉCHINÉ André (français, né en 1943)

**Premier long métrage :**
*Paulina s'en va (1969)*
**Filmographie depuis 1985 :**
*Rendez-vous (1985)* • *Le Lieu du crime (1986)* • *Les Innocents (1987)* • ***J'embrasse pas (1991)*** • *Ma saison préférée (1993)* • *Les Roseaux sauvages (1994)* • *Les Voleurs (1996)* • ***Alice et Martin (1998)*** • *Loin (2001)* • *Les Égarés (2003)* • *L'Emprise (2004)* • ***Les Temps qui changent (2004)***

André Téchiné est un cinéaste complexe, non seulement parce que son cinéma n'est pas toujours d'un accès facile, mais surtout parce qu'il est fait d'éléments souvent contradictoires dont la tension fait précisément la particularité. Il y a ainsi chez lui un goût du romanesque, qui s'exprime dans de grandes et amples productions, et qui alterne avec un cinéma de l'intimité, donnant lieu à des films au budget nettement plus modeste. Mais, dans tous les cas, ce qui l'intéresse, c'est le trouble intérieur, les zones secrètes du désir, le poids de la sexualité : tout ce dont il s'applique à montrer le surgissement et la prise de conscience chez les adolescents qui sont les personnages d'un de ses films les plus personnels, *Les Roseaux sauvages*. Cette plongée intérieure, qui côtoie constamment le gouffre, s'est exprimée dans les premiers films par une écriture volontiers compliquée ; elle tend, à mesure que son œuvre avance, à se dire de plus en plus par un langage fluide qui donne à une mise en scène qui fait la part belle aux personnages une forme de classicisme épuré.

### J'EMBRASSE PAS (1991)
### avec Manuel Blanc, Philippe Noiret et Emmanuelle Béart

**Illusions perdues.** En 1991, il y a toujours des Rubempré et des Rastignac, qui quittent leur morne province pour venir affronter la capitale et dire, du haut de leurs vingt ans conquérants : « À nous deux Paris. » Pierre, le héros du film d'André Téchiné, n'est pas exactement de cette race-là : lui ne vient pas poussé par l'ambition. Ce qu'il veut simplement, c'est vivre sa vie, loin de ce trou perdu au fond d'une vallée pyrénéenne, bordé de montagnes qui l'enserrent et qui étouffent sa jeunesse, au sein d'une famille elle-même étroite et bornée, sans horizon. Alors Pierre prend le train, avec une vague adresse en poche : celle d'une femme rencontrée à Lourdes, où il était brancardier. Et tout frais, tout tendre, il débarque à Paris pour vivre une vie nouvelle, dont il ne sait pas trop bien lui-même ce qu'elle pourrait être. Il a bien l'idée de devenir comédien, mais un rapide essai dans un cours d'art dramatique a vite fait de lui remettre les idées en place : face au monologue d'Hamlet, il ne comprend rien et, penaud, la tête vide, le mal au ventre, il s'enfuit. Toutes les autres expériences qu'il fait se révèlent aussi ingrates : plongeur à la cantine d'un hôpital, il n'arrive même pas à garder son job ; amant de la femme qu'il a retrouvée, et qui aurait l'âge d'être sa mère, il se refuse à la compromission de l'argent qu'elle lui propose et la quitte ; remarqué par un présentateur de télévision, qui serait prêt à l'aider, il recule devant l'homosexualité de celui-ci et s'enfuit encore. Alors, que lui reste-il une fois que, abandonné, volé, démuni, il n'a plus aucune ressource ? Malgré son désir d'y échapper, il n'y a plus guère d'autre solution que la rue, le pavé, le trottoir, les allées du Bois, la nuit où glissent des ombres furtives. L'univers malsain de la drague, où l'on vend son corps à des hommes de tout âge ; la prostitution, comme un ultime recours, où il veut garder malgré tout l'illusion de rester libre : « J'embrasse pas », dit-il, prêtant son corps mais ne le donnant pas, comme pour préserver sa part d'intimité. Cette part de lui-même qu'il réserve pour une fille, prostituée comme lui, et qui pourrait être cette lumière qu'il cherche. Mais l'amour n'est pas pour les enfants du trottoir et les innocents, aujourd'hui, ont les mains sales.

De cette jeunesse qui veut vivre sa vie tant mal que bien, André Téchiné observe avec une froideur dure et sans complaisance la dérive tragique. Dans un film très largement nocturne, où passent le froid, la neige, la pluie, il montre le vain combat, perdu d'avance, pour préserver cette pureté qui passe pour être celle de l'enfance. Son personnage n'a rien d'un héros : le sourire et la décontraction qu'il affiche, la bonne volonté même, se heurtent vite à un monde qui lui échappe. Un brin sauvage, un peu rustre, plutôt buté, il n'a que l'espoir d'une vraie vie, à peine un rêve, tout au plus des illusions, vite perdues. Dans un récit d'une linéarité exemplaire, Téchiné jouent avec les clichés et les situations convenues. Par une direction d'acteurs d'une extrême justesse, il impose la sobriété aux pièges de la caricature : Noiret qu'on sent écorché sous son personnage de vieil homo sur le retour ; Emmanuelle Béart, prête à vibrer sous la dureté noire de sa perruque de fille ; Manuel Blanc, inconnu, étonnant de vie, de détermination : tous se moulent dans son univers. Un univers ici plus classique que dans ses films précédents, plus sobre, mais gardant tout son sens exacerbé du tragique, toute sa sensibilité latente, tout son art de la construction qui, selon un cheminement implacable, prend les pauvres papillons au leurre brûlant des lumières de la nuit. Et qui, ouvert sur un cadre oppressant de montagnes, débouche sur l'eau lustrale de la mer. Comme pour laver le monde de ses taches, comme pour lui rendre sa pureté perdue.

## ALICE ET MARTIN (1998)
### avec Juliette Binoche, Alexis Loret et Carmen Maura

**Cœurs lourds.** D'abord, il y a Martin. Enfant, fils de la coiffeuse, qui se la coule douce avec une mère qui le laisse faire plus ou moins ce qu'il veut. Et qui, un beau jour, doit aller vivre avec son père, qu'il ne connaît pas et dont il ne veut pas. De cette rupture avec la mère, de ce passage sous l'autorité d'un homme avec lequel immédiatement il entre en conflit, de ce statut de fils bâtard qui est le sien au sein de sa nouvelle famille, de cette déchirure première de l'enfance, Téchiné montre peu de choses : mais cela suffit. L'enfant de 10 ans qui se déshabille dans le froid de l'hiver et qui ouvre toute grande la fenêtre sur la nuit et la neige qui tombe, c'est toute la volonté de celui qui veut à toute force, fût-ce au prix de sa santé, échapper à cette famille qui se referme sur lui, comme des tenailles qui l'enserrent. Dix ans plus tard, dans une ellipse qui à elle seule dit le poids inexorable d'une adolescence contrainte, c'est Martin encore qu'on voit fuir la maison familiale et se sauver dans la montagne pour y mener une vie errante. C'est la mort de son père qui l'a conduit là. Et c'est cette nouvelle déchirure que Martin, débarquant à Paris, apporte avec lui, dans cette façon qu'il a de ne rien dire, de rester fermé au monde, de n'avoir aucun dessein.

Alors, il y a Alice. Dont Martin force la porte comme par surprise, parce qu'elle partage l'appartement de Benjamin, son demi-frère. Alice est violoniste, elle a bien dix ans de plus que Martin ; elle est bosseuse, indépendante, fière. Elle vit à côté de Benjamin comme une âme sœur, partageant tout avec lui, sauf le sexe, qu'il préfère homo. D'emblée, Martin est fasciné par Alice, en tombe amoureux fou, le lui dit avec cette sorte de brusquerie qui l'arrache soudainement au mutisme. Alice hésite, puis, consciencieuse, après s'être donné le temps de la réflexion, elle accepte d'aimer Martin.

Il y a donc Alice et Martin. Ou plutôt, il devrait y avoir. Car, dans cet amour qui les unit, chacun apporte avec lui et en lui sa propre part d'ombre. Pour Martin, Alice dit tout : en particulier la mort, enfant, de sa sœur, de ce double trop brillant d'elle-même, qui explique peut-être son propre effacement et cette volonté têtue qu'elle a de bien faire. Mais pour Alice, Martin ne dit rien. Sans doute parce que ce qu'il a au fond de lui-même est trop difficile à regarder en face et que les mots n'y suffisent pas. Lorsque Alice, en plein voyage d'amoureux en Espagne, lui annonce qu'elle est enceinte, Martin tombe. Inanimé. C'est là que le film d'André Téchiné bascule. Dans une subtile construction en deux temps, il a mis d'abord Martin au premier plan : c'est par son enfance que s'est ouvert le récit, c'est par un retour en arrière sur son adolescence qu'il se poursuit, permettant de comprendre ce qui s'est passé dans cet intermède des dix années qui en ont fait le garçon perdu qu'il est devenu. Mais, alors même que l'intimité de Martin est mise à nu, c'est Alice qui s'en trouve chargée : c'est sur elle que le film bifurque, et sur cet amour total, entier, dévoué, qu'elle donne à celui qu'elle entreprend de rendre à lui-même, en faisant à sa place ce retour vers l'enfance par lequel pourra seule s'assumer sa vie d'homme.

La plongée dans les zones troubles du traumatisme est ici lourde, comme toujours chez Téchiné, d'éléments familiaux, de fratries qui se déchirent, d'affrontements avec le père, d'amour inavoué, d'homosexualité honteuse, de bâtardise, d'ambitions déçues. Elle porte aussi trace de souvenirs plus lumineux, d'instants de bonheur entrevus dans ces instantanés que resserre, comme un tiroir à secrets, l'album de photos de famille. Il y a du Mauriac dans tout ça, avec la lourdeur de chape de la vie provinciale, le désir de Paris, la volonté de se libérer de ces liens du sang qui vous étranglent. Et il y a presque aussi du Sautet dans la manière dont Téchiné raconte son histoire, sans se refuser le rythme ni les rebondissements du romanesque, un peu comme si, toutes choses égales et dans un tout autre contexte, cette Alice et ce Martin étaient, aujourd'hui, ce que purent être un César et une Rosalie hier.
C'est que Téchiné, de film en film, non seulement trace son sillon, mais qu'il le fait en épurant son style. On est loin, sur ce plan, du foisonnement complexe de *Barocco*. C'est toujours, au fond, la même histoire ; ce sont toujours les mêmes traumatismes et c'est toujours le même monde chaotique. Mais le cinéaste, en avançant dans ses films et dans son âge, enlève tout ce qui tendait à farder, dans l'enjolivement parfois maniériste qu'il lui prêtait, cette vérité qu'il cherche. À cet égard, révélatrice est la façon dont il fait de Juliette Binoche celle par qui Martin, enfin, peut se regarder en face ; une Binoche sans fard justement, naturelle, visage lisse et nu, toute simple, menant son chemin de façon obstinée. Et faisant la lumière. Lumineuse. De cette lumière dont est tout entier éclairé un film qui porte la marque d'un grand cinéaste parvenu à la maturité classique de son art.

## LES TEMPS QUI CHANGENT (2004)
### avec Gérard Depardieu et Catherine Deneuve

**Amours vives.** Le choc est frontal. Lorsqu'il aperçoit, dans la foule d'un centre commercial, Cécile, qu'il est venu, sans qu'elle sans doute, retrouver à Tanger, Antoine est si troublé que, voulant se dérober à sa vue, il se précipite vers la sortie et va se fracasser le nez contre une paroi vitrée. Et ce sang qui coule, cette plaie vive, cette dureté d'une réalité qui le cabosse, ils sont le signe d'une violence intérieure qui, comme toujours chez Téchiné, habite, sous l'apparence simple des choses, des personnages en proie aux forces du désir, du sentiment, de la passion. Et ces personnages ici sont multiples, tous embarqués dans leur propre histoire, laquelle rejaillit sur celle des autres, dans un film au maillage si dense et si serré qu'on n'en finit pas d'en dévider le fil.
Le lieu géométrique qui les réunit est en lui-même comme une métaphore de leur situation : Tanger, la ville port, entre Afrique et Europe, la ville passage où Antoine vient diriger un chantier, mais surtout essayer de renouer un amour ancien avec Cécile, qu'il a toujours aimée et qui, elle, a fait et refait sa vie et qui vit là, à Tanger, mariée à Nathan, un médecin juif marocain plus jeune qu'elle. Et, au même moment, débarque Sami, leur fils, qui vient retrouver son partenaire de plaisir, Bilal, et qu'accompagne Nadia, qui partage sa vie dans une relation de couple chaste et qui, elle, vient rejoindre sa moitié jumelle, Aïcha. Chacun à la recherche de l'autre, et à travers l'autre, de soi-même, de son identité, et du sens à donner à sa vie. Les interférences de ces routes qui se croisent, avec toutes les oppositions et les fêlures qu'elles mettent à jour, forment la trame d'un récit qui, pour autant, ne s'enferme jamais dans la voie de l'introspection analytique ni du psychologisme laborieux. Tout ici est en fait dans le concret d'une matière bien réelle et sensible : la terre et la boue du chantier, les bruits de la ville, le vent qui vient du large et qui emporte tout par rafales, le sang de l'agneau sacrifié qui vient humecter la poussière du sol. Et les corps, surtout. Celui, dédoublé, de Nadia, partie en France, émancipée, et qui vit sous tranquillisants, et de sa jumelle Aïcha, restée au pays, et qui porte le foulard. Celui, ambigu, de Sami, moitié homme et moitié femme, comme le lui dit son jeune amant. Celui de Nathan, encore jeune, qui aime l'eau fraîche de la piscine et de la mer, qui le stimule face à l'endormissement de son couple. Celui d'Antoine, fort, épais, mais fragilisé aussi, et blessé, à la mesure de sa cicatrice affective. Et bien sûr, celui de Cécile, qui accuse les années qui passent et qui, pourtant, lorsque Antoine vient semer le désordre dans une vie qu'elle croyait bien réglée, finit par se regarder en face dans la glace. Et qui décide de se couper les cheveux.
Antoine et Cécile, Gérard et Catherine, Depardieu et Deneuve : l'assimilation est tellement prégnante que l'histoire paraît tout à la fois celle des personnages, celle des deux comédiens, et celles des images quasi mythiques dont ils sont porteurs. Et leurs retrouvailles, sous la caméra exigeante mais jamais impudique de Téchiné, ont quelque chose d'évident et d'émouvant. D'autant que, tout autour de leur histoire à eux, portée par le temps qui passe et par les temps qui changent, le temps passe aussi et les temps changent pour les autres : rien n'est fixe, la vie avance, les choses bougent, les clandestins venus d'Afrique rêvent de s'embarquer pour l'Europe, la pluie submerge le chantier, et la terre glisse, ensevelissant les rêves. Dans un film qui raconte le monde comme il va, et qui répète à sa façon le vers célèbre et la grande question : est-ce ainsi que les hommes vivent, et leurs baisers au loin les suivent…

## THOMAS Pascal (français, né en 1945)

**Premier long métrage :**
*Les Zozos (1972)*
**Filmographie depuis 1985 :**
*Les Maris, les femmes, les amants (1988)* • *La Pagaille (1989)* • ***La Dilettante (1999)*** •
*Mercredi folle journée (2001)* • *Mon petit doigt m'a dit (2005)*

Les premiers films de Pascal Thomas, peinture d'une province fleurant bon la France profonde, dégageaient un naturel qu'on étiqueta vite de l'épithète flatteuse de « nouveau ». Ils épousaient les sentiments d'un pays qui, passant de Pompidou à Giscard, entrait dans une époque nouvelle et regardait avec nostalgie l'âge de son enfance s'éloigner, comme un pays perdu. Les jeunes zozos des années 1960, dont il racontait les aventures et qui allaient chercher la liberté du sexe dans une Suède forcément illusoire, étaient antérieurs en tout cas au grand bouleversement de 1968. En prenant de l'âge, ils allaient devenir ces maris, ces femmes et ces amants dont Pascal Thomas, revenant au cinéma dix années plus tard, après une première éclipse, observait avec une malice non dénuée de tendresse les démêlés sentimentaux et conjugaux. Dix ans d'arrêt encore, et le voilà qui revient avec de nouvelles comédies de mœurs et de caractères qui témoignent d'un sens aigu de l'observation et d'une complicité chaleureuse avec des personnages ayant gardé leur esprit d'enfance.

### LA DILETTANTE (1999)
### avec Catherine Frot, Barbara Schulz, Didier Bezace et Marie-Christine Barrault

**La passante du sans-souci.** Un train l'amène. Un train la remmènera. Entre-temps, Pierrette Dumortier, la quarantaine bon chic, remariée en Suisse, deux grands enfants en France, décide de tout plaquer d'un mari qui la barbe et d'une vie helvète qui l'ennuie, pour venir tout recommencer à Paris. Elle débarque un beau matin à Bobigny chez son fils, découvre que celui-ci mène dans son studio minable la vie besogneuse d'un abonné aux 3x8, tout heureux qu'il est d'avoir trouvé du boulot. Après quoi, elle va faire un tour chez son ex-mari, qui a pris une nouvelle femme dans les beaux quartiers de Neuilly, et retrouve sa fille qui fait la fine bouche devant l'existence, hésite à dire oui au richissime héritier qui l'adore et se fond à merveille dans le vide maniéré d'une existence bourgeoise et dorée. Pierrette, elle, est tout le contraire de ces deux rejetons qui représentent, au fond, une double façon de s'endormir dans les conforts de l'insatisfaction. Et elle va le montrer. Prenant la vie au jour le jour, au petit bonheur des circonstances, elle navigue à vue dans une société qu'elle traverse d'un pas léger. Les difficultés de l'existence, elle les traite à sa manière, en cherchant dans chaque expérience ce que celle-ci peut lui apporter de plaisir. Qu'elle se fasse embaucher comme surveillante dans un bahut de banlieue, qu'elle tienne la caisse dans la brasserie du coin, qu'elle évolue dans les milieux ultra-friqués pour le compte d'un antiquaire haut de gamme, ou qu'elle se retrouve en prison, elle éprouve la même aisance tranquille et détachée. Irrémédiablement vagabonde, passante du sans-souci, elle s'installe, comme elle le dit joliment, de façon permanente dans le provisoire.

Il y a là, dans cette façon de voleter, une légèreté d'être qui, refusant le sérieux, n'en est pas pour autant dénuée de profondeur. Dans la ligne de ces grands philosophes du savoir-vivre que sont Montaigne ou Casanova, Pierrette Dumortier apporte, face à une époque morose, volontiers geignarde, pessimiste et assistée, la radieuse assurance des ressources de l'individu. Le film de Pascal Thomas est, au sens fort du terme, une comédie de caractère, qui sent presque son La Bruyère dans l'observation des hommes et des conduites sociales. Et le personnage de la dilettante – dans toute son acception étymologique, à l'italienne, d'amateur éclairé – traduit, de la part du cinéaste, ce regard à la fois amusé et complice qu'il a toujours porté sur ses contemporains. Il y trouve matière à un film tout de sourire discret, mais aussi de moments d'émotion poignante. Et c'est un plaisir de retrouver un cinéma où, malgré le côté parfois caricatural des situations et des personnages, l'écriture est constamment ciselée et où le soin le plus extrême est apporté à chaque élément, du choix des costumes à la distribution, des ellipses du récit à ces plans furtifs, comme celui d'un bateau glissant sur la Seine dans la nuit, qui prolongent et éclairent le récit. Et c'est aussi une agréable sensation que de voir comment, par les gestes, la démarche, le phrasé, les regards, Catherine Frot donne chair à un personnage qu'elle habite d'un talent arrivé à maturité. Comme si elle avait longtemps attendu ce rôle pour donner sa pleine mesure. Et pour s'imposer comme une comédienne rare et originale.

## THOMPSON Danièle (française, née en 1942)

**FILMOGRAPHIE :**
***La Bûche (1998)*** • *Décalage horaire (2002)* • *Fauteuils d'orchestre (2005)*

Une des voies d'accès à la réalisation peut être le scénario. L'exemple en est fourni par Danièle Thompson : née dans le sérail, fille de Gérard Oury, elle collabore régulièrement d'abord à toutes les grandes comédies de son père, co-signant avec lui le scénario de tous ses films entre *La Grande vadrouille* en 1966 et *Vanille-Fraise* en 1988, puis écrivant aussi scénarios et dialogues pour d'autres cinéastes, Claude Pinoteau, Jacques Deray, Élie Chouraqui, Patrice Chéreau, Gabriel Aghion, ainsi que pour de nombreux téléfilms ou adaptations télévisées d'œuvres littéraires. Ce travail d'écriture, et l'expérience du cinéma qu'il lui apporte, la conduisent tout naturellement à la réalisation, dans un genre qu'elle connaît bien, la comédie de situation, pas qu'elle franchit là encore en famille, en co-signant ses scénarios avec son fils Christopher Thompson.

### LA BÛCHE (1998)
### avec Sabine Azéma, Emmanuelle Béart, Charlotte Gainsbourg, Françoise Fabian et Claude Rich

**Comptes de Noël.** Noël a cet avantage, pour les scénaristes, de réunir autour de la table tous les membres de la famille. Pour la scénariste aiguisée qu'est Danièle Thompson, la préparation du fameux repas offrait ainsi tous les ingrédients nécessaires à un de ces films choraux où la réunion de famille est l'occasion idéale pour chacun de déballer allègrement son linge sale. Ou plutôt, ici, car on reste dans le registre de la comédie familiale, de déballer son linge intime, lequel, tout en étant terni par toutes les petites misères et les grandes détresses de la vie, garde les couleurs vives et légères de la fête qui vient.
L'ingrédient de base est naturellement la famille elle-même. Danièle Thompson la choisit nombreuse : trois filles d'abord, menant chacune leur vie, Sonia apparemment heureuse dans son mariage bourgeois mais, en fait, en passe d'être quittée par un mari avec qui elle ne s'entend plus ; Louba, qui perpétue la tradition familiale en faisant la chanteuse russe dans un cabaret, et qui se découvre, à 42 ans, enceinte d'un amant qui lui assure qu'il va bientôt quitter sa femme, alors qu'il vient de l'engrosser pour la cinquième fois ; et Milla, la petite dernière, en rupture avec la vie familiale, et qui traîne tristement sa solitude sous ses airs rebelles. Et avec ça un père et une mère du genre folklo : lui violoniste, juif russe émigré, âme slave, cœur d'artichaut, qui a couché avec toutes les femmes, et qui a hérité de ses frasques un fils illégitime, qu'il héberge comme soi-disant locataire, et dont il a décidé de révéler l'existence à ses filles justement pour ce Noël. Mais la date n'est pas très bien choisie car Yvette, sa femme, qui l'a quitté et qui a vécu le grand amour avec un de ses amis musiciens, enterre justement celui-ci, les funérailles représentant un autre de ces événements, comme le repas de Noël, où la famille se retrouve, mais ici, forcément, l'ambiance n'est pas vraiment à la fête.
Bref, avec un tel nœud familial, l'intrigue n'a plus qu'à dérouler les divers fils ainsi tressés dès l'abord, selon un découpage qui met en avant tantôt l'une, tantôt l'autre des trois sœurs, selon une technique narrative croisée dont tout l'art consiste à rester clair dans cet embrouillamini et à conduire en douceur vers un dénouement qui dénouera forcément tous les fils. Sur ce plan, le talent de scénariste et de dialoguiste de Danièle Thompson, experte à dessiner chaque personnage par les comportements et par les mots qu'elle leur prête, se prolonge dans une mise en scène qui joue sur la justesse et sur la qualité de la distribution, en offrant à quelques-uns des acteurs et actrices les plus populaires et talentueux du cinéma français des rôles en or. À quoi s'ajoutent quelques audaces, comme ces monologues offerts à chacun des cinq principaux protagonistes – le père, la mère et les trois filles – où chacun confie, face à la caméra, sa part intime : discrète touche théâtrale, dans un film qui entend faire vibrer une petite corde russe et tchékhovienne, au son des musiques juives et tziganes, mélange de désespoir profond et de tourbillon de gaieté.
La préparation de la dinde – qu'on truffe en oubliant les truffes – et de la bûche constitue l'autre ingrédient scénaristique et métaphorique de l'histoire : ce repas de fête qui doit en principe réunir toute la famille apaisera-t-il tous les malaises et les dissensions ? Or chacun commençant par mettre sur la table ses propres problèmes, les comptes se règlent les uns après les autres, d'autant plus cruels qu'ils sont lourds de la nostalgie de l'unité familiale perdue et qu'ils laissent entrevoir des horizons pas forcément très gais – vieillissement, mort, solitude, et même ombre de l'inceste. Les beaux Noëls blancs que chante Dean Martin de sa voix de crooner, en arrière-fond musical, n'appa-

raissent ainsi que comme un rêve d'enfance évanoui, même si les lumières de la fête sont faites pour mettre malgré tout du baume au cœur. Et la belle trouvaille du film est, tout en réglant au mieux la situation de chacun, de conclure sans conclure, avant même que ne commence le fameux repas de Noël : y viendra qui voudra…

## TITLE Stacy (américaine, née en 1964)

**Filmographie :**
***L'Ultime souper (1995)*** • *Let the Devil wear black (1999)*

Venue du journalisme, où elle crée le *New York Woman Magazine* et écrit pour *Harper's Bazaar, Premiere* et *US Magazine*, Stacy Title aborde le cinéma en 1993 par un court métrage de trente minutes, *Down on the waterfront*, tourné en deux jours avec un budget minime, et qui lui vaut une nomination aux Oscars. Cela lui permet de passer au long métrage, qu'elle aborde par le genre du polar, tournant son film en dix-huit jours, avec des moyens très réduits et une équipe tant de comédiens que de techniciens très jeune. Elle y démontre une personnalité originale, traitant la noirceur du propos par la légèreté d'un humour lui-même particulièrement noir.

### L'ULTIME SOUPER (1995)
**avec Jason Alexander, Mark Harmon et Cameron Diaz**

**Et l'on tuera tous les affreux.** Ça commence par un facho pur et dur, sorte de nazillon d'une Amérique profonde qui n'en est pas avare, et qui, invité à la table de cinq jeunes étudiants tout plein d'idées libérales, leur débite un discours à leur faire dresser les cheveux sur la tête : antisémite, révisionniste, et même carrément hitlérien. Dehors, l'orage se déchaîne, le tonnerre gronde, et dans l'excitation, ledit facho en vient même à jouer du poignard, à menacer de trancher la gorge d'un de ses hôtes, parce qu'il est juif, et en prime à lui promettre de violer sa petite amie. Dans cette ambiance plutôt stressée, face au Mal qui vient ainsi s'asseoir à leur table, les cinq copains réagissent et, comme en état de légitime défense, le Juif n'a pas d'autre ressource que de planter un couteau entre les omoplates de son agresseur. Complètement affolés, les amis retrouvent peu à peu leurs esprits, en constatant qu'ils n'ont fait que débarrasser le monde d'une mauvaise graine capable, si on l'avait laissée germer, de Dieu sait quelles horreurs. Ainsi, se disent-ils, si en 1910, on s'était retrouvé avec à sa table un type nommé Adolf Hitler, peintre raté développant dans son cerveau pourri des idées aussi fumeuses que dangereuses, n'eût-il pas été de salubrité publique de le faire disparaître, évitant ainsi à l'humanité quelques millions de morts à venir ?
Raisonnement en apparence imparable et qui, du coup, apporte aux cinq assassins de circonstance l'idée de se transformer en justiciers. Ils enterrent donc le cadavre du nazillon dans leur jardin, plantent des tomates sur sa tombe, et entreprennent d'inviter pour élimination éventuelle, et cette fois-ci de façon systématique, tous les échantillons d'affreux qui se puissent trouver. Et il n'en manque pas, du pasteur voyant dans l'homosexualité une pratique contre nature et dans le sida une justice divine, à l'antiféministe niant la notion de viol et désireux de remettre la femme à sa place, en passant par le partisan de l'extermination des sans-abri, par le fanatique de l'ordre moral s'opposant farouchement à l'avortement, par le défenseur de la tradition refusant toute modernité, par le militant anti-écolo, et par d'autres encore, reconnaissables à leur discours réactionnaire, à leur racisme agressif et à leur intolérance exacerbée. Face à ces diverses incarnations de ce que dans leur conscience libérale de gauche ils considèrent comme le Mal, les cinq apprentis justiciers ont de plus en plus de travail et leur jardin se transforme vite en fertile potager, où les plants de tomates se multiplient, débordants de fruits qui, mis en bocaux, ne tardent pas à remplir tous les placards de la maison.
On oscille, on le voit, entre l'horreur et la dérision. Le film de Stacy Title choisit en effet, sous l'apparence du film noir, le ton de la fable cruelle où, à partir d'un postulat – l'élimination du mal à sa racine – on pousse le jeu à ses plus extrêmes limites, jusqu'à faire sentir en quoi le raisonnement est vicié. Les cinq protagonistes de l'histoire, appliquant ainsi à leur façon la justice immanente, paraissent au départ de braves jeunes gens : trois garçons, deux filles, tous promis aux meilleurs diplômes dans les meilleures universités. Mais, à banqueter de la sorte en réservant chaque fois à leur table la place du mort, eux-mêmes se trouvent progressivement contaminés par les germes qu'ils veulent détruire. La tranquille quiétude de leur vie d'étudiants fait alors peu à peu place aux tensions nées de motivations finalement plus troubles qu'eux-mêmes n'auraient pu le croire. Comme si le mal n'était pas seulement chez les

autres, mais en chacun de soi. La parabole ne manque pas de pertinence ni même, pour finir, de leçon morale – car, il y en aura une, surprenante et ingénieuse. Et si cet *Ultime souper* offre un fumet particulier, il le doit à ce mélange très corrosif de cruauté et d'humour, qui a pour effet de susciter en même temps le rire et la mauvaise conscience, le plaisir et le malaise, avec une volonté déterminée, et particulièrement réjouissante, à cette table où la satire est servie saignante, de bien mettre les pieds dans le plat.

## TLATLI Moufida (tunisienne, née en 1947)

**FILMOGRAPHIE :**
*Les Silences du palais (1993)* • ***La Saison des hommes (2000)*** • *Nadia et Sarra (2005)*

Si les conditions économiques et politiques rendent difficiles pour les cinéastes la pratique du cinéma dans les pays du Maghreb, la difficulté est plus grande encore pour les femmes. Quelques-unes, pourtant, parviennent à la réalisation et produisent des œuvres fortes, comme, en Tunisie, Selma Baccar, Nejia Ben Mabrouk, ou, plus récemment, Moufida Tlatli. Élevée dans un milieu très attaché aux traditions, celle-ci doit à sa réussite à l'Idhec, dans le département montage, de pouvoir partir étudier en France entre 1965 et 1968. Rentrée en Tunisie en 1972, elle y devient scripte, productrice et surtout monteuse pour des réalisateurs comme Merzak Allouache, Farouk Belloufa ou Ferid Boughedir, et participe à pratiquement tous les films importants du cinéma arabe des années 1980-1990. Ce n'est qu'en 1993 qu'elle peut à son tour passer à la réalisation. Le succès des *Silences du palais*, à la fois critique à Cannes, et public dans les salles françaises, ne suffit pas pour autant à lui faciliter la tâche, et il lui faut attendre sept années pour revenir sur le sujet qui en fait le thème – la place des femmes et les évolutions de la société arabe – et pour le développer sous une autre forme dans *La Saison des hommes*.

### LA SAISON DES HOMMES (2000)
**avec Rabiaa Ben Abdallah, Sabah Bouzouita, Ghalia Ben Ali et Heend Sabri**

**Femmes entre elles.** Revenir à Djerba. Là où tout a commencé, là où Aïcha a épousé Saïd. Elle avait 18 ans et son mari, aussitôt marié, est parti comme tous les hommes de l'île travailler à Tunis, la laissant seule, à l'attendre… pendant onze mois sur douze. Tout un système, au demeurant : l'éloignement du mari allant mener double vie ailleurs, et les femmes qui pendant ce temps restent enfermées, sous l'autorité sourcilleuse et quasi dictatoriale de la belle-mère. Et d'autant plus dictatoriale que, celle-ci aussi, jeune, a connu le même sort et qu'à travers son autoritarisme, ce n'est que la force intangible de la tradition qui se perpétue. Mais Aïcha est de la race de celles qui résistent. Elle veut accompagner son mari à Tunis, fuir cette île où elle est tenue prisonnière. Lui, peu convaincu, y met une condition : qu'elle lui donne un fils. Or Aïcha a une fille, puis deux ; et elle reste donc là, avec elles, et avec toutes les autres, qui attendent la saison des hommes, ce mois où ils reviendront, avant d'hiberner à nouveau.
Dans un pays où la femme jouit, par rapport aux autres pays musulmans, d'un statut considéré comme nettement plus avancé, Moufida Tlatli, mettant en avant les pesanteurs héritées d'une longue tradition, montre tout ce qui entrave la volonté d'émancipation. Dans un décor à la fois réaliste – Djerba – et symbolique – une île, à la fois douce par ses couleurs, son climat, ses palmiers, et le bleu céruléen de la mer qui la baigne, mais doublement close, parce que loin de tout, et parce que monotone, alanguie, vide, et suscitant cette autre prison qui est l'ennui –, la réalisatrice laisse parler les femmes. Rires, complicité, confidences, espoirs, désillusions, peurs, le gynécée est le lieu de toutes les frustrations, de tous les désirs aussi. À cet égard, la place du corps, sans cesse lavé, épilé, massé, parfumé, dit bien ce qui a du mal à se dire par les mots : une sensualité d'autant plus brûlante qu'elle souffre d'un manque cruel. Il y a là comme une parabole, qui prend un tour parfois un peu appliqué et moins subtil que ne l'était l'envoûtant *Silences du palais* : le fils qui naît enfin à Aïcha, héritier de cette claustration, est autiste, et ce sont ses deux filles, qui ont souffert elles aussi dès l'enfance de leur condition, qui, illustrant les évolutions de générations, vont parvenir à accomplir cette liberté que leur mère n'aura pas trouvée. Mais dont elle s'emploie inlassablement à faire vivre la flamme, en revenant à Djerba, après s'être séparée de son époux, pour donner à son fils, loin de la ville, la tranquillité qui le calmera, et lui laisser reprendre le tapis que, inlassable Pénélope, elle tissait en attendant son mari, pour que lui, le garçon autiste (car les hommes sont eux aussi les prisonniers du système), trouve, dans cette trame toute féminine, le langage de sa propre liberté.

## TO Johnnie (chinois, né à Hong-Kong en 1955)

**PREMIER LONG MÉTRAGE :**
*The Enigmatic case (1980)*
**FILMOGRAPHIE DEPUIS 1985 :**
*Happy Ghost 3 (1986) • Seven years itch (1987) • The Big heat (1988) • The Eight happiness (1988) • All about Ah Long (1989) • The Fun, the luck and the tycoon (1990) • The Story of my son (1991) • Casino Raiders II (1991) • Royal scoundrel (1991) • Justice, my foot (1992) • Lucky encounter (1992) • The Bare-foot kid (1993) • The Heroic trio (1993) • Executioners (1993) • The Mad monk (1993) • Loving you (1995) • A moment of romance III (1996) • Lifeline (1997) • A hero never dies (1998) • The Mission (1999) • Where a good man goes (1999) • Running out of time (1999) • Needing you... (2000) • Help!!!! (2000) • Wu Yen (2001) • Love on a diet (2001) • Fulltime killer (2001) • Running out of time 2 (2001) • Fat Choi spirit (2002) • My left eye sees ghosts (2002) • Love for all seasons (2003) • PTU (2003) • Turn left, turn right (2003) • Running on karma (2003) •* ***Breaking news (2004)*** *• Throw down (2004) • Yesterday once more (2004) • Election (2005) • The Sparrow (2005)*

Véritable usine à films, le cinéma de Hong-Kong développe à partir des années 1960 toute une série de genres populaires – films de chevalerie, films d'arts martiaux, films d'action, films policiers, comédies – tournés rapidement et reprenant inlassablement les mêmes recettes. C'est contre ce cinéma de série que, à la fin des années 1970 et au début des années 1980, réagit une « Nouvelle Vague » qui entend bouleverser cette politique des genres. Mais les résistances sont fortes et la loi du marché amène ces nouveaux auteurs à devoir composer habilement avec les genres. Johnnie To est très représentatif de ce mouvement et de cette génération. Ayant commencé en 1973 à la télévision, il passe au cinéma en 1980, mais sa carrière ne s'y trouve véritablement lancée qu'à partir de 1986, quand il rejoint la compagnie Cinema City, pour laquelle il réalise, à un rythme de tournage soutenu, des films qui connaissent aussitôt le succès populaire. Au début des années 1990, il signe plusieurs films d'arts martiaux fantastiques, avant de créer sa propre compagnie, Milkyway Image, qui lui permet d'alterner films de commande et projets plus personnels et ambitieux. Ses films policiers, en particulier, où il apporte un réalisme inhabituel, dépassent vite le cadre de Hong-Kong et sont distribués internationalement, et *Breaking news* reçoit même, en 2004, la consécration d'une sélection cannoise.

### BREAKING NEWS (2004)
#### avec Richie Jen, Kelly Chen et Nick Cheung

**Le choc des images.** Une bande de malfrats réunis pour un hold-up ; des flics en planque qui les attendent dans la rue ; un contrôle inopiné pour faute de stationnement : et c'est la fusillade qui éclate, violente, générale, à gros calibres, armes de poing, mitraillettes, grenades, et quasiment bazookas. Autant dire que ça crépite, que ça explose, que ça gicle dans tous les sens ; et comme les gangsters ont pu s'enfuir au milieu de la confusion générale et qu'ils se réfugient dans une barre d'immeubles pour se fondre dans l'anonymat, l'équipe de l'inspecteur Cheng les y poursuit, bientôt rejointe par des centaines de policiers lancés sur la piste par un autre inspecteur, la belle et ambitieuse Rebecca, qui entend faire de l'intervention une opération de communication et qui pour cela la fait retransmettre en direct à la télévision.

On est à Hong-Kong, dans un film de Johnnie To, c'est-à-dire dans un cinéma de genre, le polar d'action, qui a ses règles, ici en tout point respectées : plus de projectiles que de dialogues, plus de violence que de vraisemblance. À cet égard, d'ailleurs, l'application que mettent flics et gangsters à se tirer dessus pratiquement à bout portant et à arroser l'ensemble du décor d'un nombre impressionnant de balles explosives tout en se ratant chaque fois consciencieusement, jette non seulement quelque doute sur leur adresse mais surtout souligne à quel point cette chorégraphie du canardage relève plus de la convention ludique que du document réaliste.

Pour autant, en cinéaste très personnel qu'il est, Johnny To, tout en jouant le jeu, l'utilise à ses propres fins. Et d'abord pour faire la preuve d'une virtuosité que la scène d'ouverture – un étourdissant plan-séquence de sept minutes qui balaie une rue, se faufile à l'intérieur des maisons, se promène le long des façades, redescend au ras du pavé – pose d'emblée comme la signature d'un maître. À quoi s'ajoute l'utilisation du décor urbain : un Hong-Kong d'immeubles termitières, sales et désolés, qui, lui, impose bien la réalité d'une société et d'un système de vie. Et, pour couronner le tout, les évolutions technologiques qui permettent au cinéma d'action d'être encore plus époustouflant, sont ici traitées sous l'angle du spectaculaire médiatique et de la manipulation de l'information. Les images peuvent mentir : en spécialiste du « plein les yeux » qu'il est, Johnny To s'amuse brillamment, et ironiquement, à en apporter la preuve.

## TORNATORE Giuseppe (italien, né en 1956)

**FILMOGRAPHIE :**
*Il Camorrista (1986)* • ***Cinéma Paradiso (1989)*** • *Ils vont tous bien (1990)* • *Le Dimanche de préférence (1992), co-réalisation* • *Une pure formalité (1994)* • *Marchand de rêves (1995)* • *La Légende du pianiste sur l'océan (1998)* • *Malena (2001)*

Sicilien, Giuseppe Tornatore lie, dès ses débuts, sa région d'origine à sa pratique du cinéma : il commence pour la Rai par une série de documentaires sur la Sicile, puis co-écrit *Cent jours à Palerme* de Giuseppe Ferrara, avant de passer lui-même à la réalisation avec *Il Camorrista* en 1986. Le triomphe international de *Cinéma Paradiso* élargit son registre, et lui ouvre la voie de plus gros budgets, notamment pour l'adaptation de *Novecento*, d'Alessandro Baricco, qu'il réalise à l'américaine dans *La Légende du pianiste sur l'océan*. Mais son cinéma reste lié à la nostalgie, comme dans le voyage du vieux Matteo pour revoir une dernière fois ses enfants dont l'égoïsme est bien éloigné de la convivialité de la famille italienne d'autrefois, dans *Ils vont tous bien*, comme dans *Marchand de rêves*, où un escroc fait rêver les pauvres Siciliens des années 1950 en leur faisant tourner des bouts d'essai avec une caméra vide de pellicule, ou comme dans *Malena*, où un gamin tombe amoureux, en 1940, d'une femme dont le mari est à la guerre.

### CINÉMA PARADISO (1989)
### avec Philippe Noiret, Salvatore Cascio et Jacques Perrin

**L'écran de la mémoire.** Le cinéma, c'est quoi ? De la pellicule, une toile blanche, des ombres qui s'agitent. De l'illusion, de la fumée, du rêve : trois fois rien. Et pourtant, pour ceux qui l'aiment, cette poudre qu'il vous jette aux yeux, c'est comme de la poussière d'étoiles. Un soir de pluie, à Rome, Salvatore rentre chez lui : quarantaine élégante, voiture haut de gamme, femme et appartement somptueux. La réussite. Un message de sa mère, restée en Sicile, l'attend, avec ces simples mots : Alfredo est mort. Et Salvatore alors se souvient. Sur l'écran de sa mémoire, c'est son propre film qui défile : l'enfance à Giancaldo, le village, la place blanche, les maisons pauvres, l'église où il servait la messe ; et surtout, ce lieu magique où tous voulaient entrer : le Paradiso. Car la salle de cinéma paroissiale portait ce nom édénique, promesse de toutes les félicités, même si monsieur le Curé prenait soin de se faire projeter à l'avance tous les films par Alfredo, l'opérateur, pour pouvoir censurer les étreintes et les baisers enflammés susceptibles de pervertir l'âme de ses ouailles. C'est là, au côté d'Alfredo le tendre, le bourru, le sage, que Salvatore avait appris à regarder la vie à travers l'œilleton du projectionniste. Dans la salle, c'était les peurs, les rires, les passions des gens de son village. Et sur l'écran, c'était Charlot, Gary Cooper, Toto, Mister Hyde, la Terre qui tremble, les péplums, les westerns, les mélos, et Silvana Mangano qui dansait le mambo. Le cinéma, Salvatore l'avait vécu comme la seule vie qui vaille, sous la protection tutélaire d'Alfredo, dont il avait pris la place derrière le projecteur. Mais la vie passe, et le temps, fait son œuvre. Salvatore avait grandi, il avait quitté la Sicile. Et le jour était donc venu où Alfredo était mort, et où l'on avait démoli le cinéma Paradiso. Le film de Giuseppe Tornatore, c'est quelque chose comme l'*Amarcord* d'un gamin fou d'images. Dans ce film du souvenir, c'est d'abord au cinéma que le cinéaste rend hommage : celui qu'il a appris à regarder et qui lui a donné l'envie un jour de prendre une caméra pour, à son tour, créer la magie. De Salvatore à Tornatore, c'est le même amour pour les affiches, les photos, les spectateurs qui se pressent dans la salle, les lumières qui s'éteignent, les yeux qui se fixent sur l'écran, et le monde, soudain, qui recommence. Mais ce film sur les films, c'est aussi un film sur la vie : sur l'enfance, sur la terre natale, sur une civilisation qui change, sur un univers qui disparaît. Qu'en reste-t-il à l'âge où la vieille salle désaffectée va faire place à un parking et où l'on porte en terre Alfredo, le montreur d'ombres ? Il en restera *Cinéma Paradiso*, une histoire pleine de trouvailles, qui mêle la fantaisie au pathétique, qui fait pleurer de rire, ou pleurer tout court, qui offre ce bonheur fugace et inoubliable de deux heures de plaisir : un de ces films qui, lorsque le mot « Fin » apparaît sur l'écran, vous donne envie de ne pas quitter tout de suite votre place, et qui vous laisse la certitude que le paradis du cinéma n'est pas encore tout à fait un paradis perdu.

## TORRE Roberta (italienne, née en 1962)

**FILMOGRAPHIE :**
***Mais qui a tué Tano ? (1997)*** • *Sud Side Stori (2000)* • *Angela (2002)* • *Mare buio (2005)*

Née à Milan, étudiant la philosophie puis le cinéma, Roberta Torre se rend à Palerme en 1990. Le choc culturel est total et elle, fille du Nord, décide de s'installer en Sicile pour commencer à y filmer, dans toute une série de courts métrages qu'elle réalise entre 1991 et 1996, les hommes et les femmes du pays, auxquels elle consacre des portraits qui relèvent à la fois de la fiction et de l'étude anthropologique. Passant au long métrage en 1997, elle conserve ce filtre grossissant que constitue la fiction, en choisissant d'aborder, dans *Mais qui a tué Tano ?,* le sujet redoutable entre tous de la Mafia, dans un registre – la comédie musicale – plutôt surprenant. Et elle poursuit dans son deuxième film dans le même registre de comédie musicale, en transformant, avec *Sud Side Stori*, l'histoire de Roméo et Juliette en fable sur l'immigration et sur les difficultés d'intégration dans l'Italie contemporaine. Et dans son troisième film, *Angela*, elle évoque la situation des femmes dans un univers mafieux, en construisant sa fiction à partir d'une histoire vraie, qu'elle fait interpréter par une jeune avocate sicilienne.

### MAIS QUI A TUÉ TANO ? (1997)
**avec Ciccio Guarino, Mimma De Rosalia et Enzo Paglino**

**Jeu de massacre.** Dans un cinéma italien longtemps présenté comme moribond, voire mort et enterré, le surprenant premier film de Roberta Torre apparaît au contraire comme un bel exemple de vitalité. Œuvre bien vivante, en effet, et parfaitement originale, qui ne craint pas de braver non seulement l'imagerie traditionnelle mais même les règles du bon goût consensuel, pour s'en prendre à la pieuvre insaisissable et toujours renaissante qui n'en finit pas d'étendre ses tentacules sur l'Italie : la Mafia. La première surprise est en effet que, plutôt que de se cantonner dans les genres habituellement dévolus au sujet – polars, enquêtes, voire récits-paraboles –, la réalisatrice, n'y allant pas par quatre chemins, choisit la forme en apparence la plus éloignée de son sujet : la comédie musicale. Et elle lui donne le ton le plus joliment iconoclaste, en optant résolument pour le registre burlesque et farcesque, quelque chose comme une énorme pochade, avec défilé de têtes, trognes énormes et mafieux réduits, par la caricature, à ce qu'ils sont : de vulgaires gros cons ! À l'image du dénommé Tano, boucher de son métier, homme d'honneur dans l'honorable société, et qui se fait saigner par un tueur de la famille rivale aussi vulgairement que les cochons qu'il débite sur son étal. Quoique d'abord tout à leurs cris de douleur, ses quatre sœurs, qu'il a enfermées dans le célibat et la virginité du fait de sa jalousie macho maladive, commencent à pointer le bout du museau : ainsi la grosse Franca, aussi plantureuse que sensuellement avide, qui, bien que quinquagénaire bon poids, décide de se marier.
Il n'est jamais trop tard pour bien faire et pour secouer le joug de l'oppression, de la violence et de la bêtise. C'est ce que s'est dit à coup sûr Roberta Torre qui, quoique faible femme, a jugé qu'il y en avait assez du pouvoir de ces gros bouchers de la Mafia, complaisamment entretenu par toute une mythologie. Elle a donc concocté une invraisemblable comédie-tragédie musicale, aux couleurs criardes, au mauvais goût absolu, à la vulgarité agressive, où l'on chante et où l'on danse dans les rues de Palerme au son des chansons napolitaines, des sambas, du rock, du rap et du disco. Et où la réalisatrice, dégainant l'arme absolue du ridicule, flingue allègrement ces vilains messieurs dans un jeu de massacre qui les voue au casse-pipe. Comme les pantins de foire qu'ils sont.

## TORRES Fina (vénézuélienne, née en 1957)

**FILMOGRAPHIE :**
*Oriana (1985)* • ***Mécaniques célestes (1995)*** • *Woman on top (1999)*

Après avoir étudié le design, la photographie et le journalisme au Venezuela, Fina Torres vient étudier le cinéma à Paris, à l'Idhec. Elle abandonne alors le photo-journalisme pour se consacrer entièrement au cinéma, commence comme monteuse, puis opératrice et scénariste, et réalise plusieurs courts métrages et documentaires avant de réaliser *Oriana*, histoire de l'apprentissage de la vie par une jeune femme que guide une vieille tante excentrique, qui lui vaut la Caméra d'or à Cannes. Mais il lui faut attendre dix ans pour passer à son deuxième film, *Mécaniques célestes*, une co-production internationale, et quelques années supplémentaires pour tourner (au Brésil) *Woman on top*.

## MÉCANIQUES CÉLESTES (1995)
### avec Adriana Gil, Arielle Dombasle et Frédéric Longbois

**Sous les toits de Paris.** Ça commence comme dans un film de René Clair. Ana, une jeune Vénézuélienne, débarque à Paris, fuyant un mariage sud-américain dont elle ne veut pas, et trouvant, du Sacré-Cœur à la tour Eiffel, sur fond d'accordéon musette, le Paris de carte postale qui répond à ses rêves de liberté. Et pour parfaire le côté romance populiste, elle est chanteuse, ce qui accentue la bohème chantante de la chambre sous les toits où elle est recueillie par trois copines, une quatrième, blonde et pointue, la regardant d'emblée d'un mauvais œil. De René Clair et de la jolie chanson de *Sous les toits de Paris*, on bifurque alors, culture espagnole oblige, vers un délire plutôt almodovarien, où vont passer successivement et dans le désordre un garçon de café homo amateur de bel canto, un professeur de piano russe blanc et italophobe, une psy post-lacanienne répondant au nom anagrammatique d'Alcanie, un marabout des Caraïbes au torse velu et aux gris-gris folklos, une caméra vidéo filmant façon Warhol relooké clip, un appartement blanc avec télés incorporées, un poster de la Callas chantant *Norma* à l'occasion, une soirée latino salsa, un rêve en images numériques, un réalisateur italien cherchant sa Cenerentola pour un film-opéra, un mariage blanc, un boxeur gay triste, un électrophone post-Teppaz donnant *Ave Maria*, une potion magique et un curé qui louche, dans un bric-à-brac où il ne manque guère qu'un raton laveur pour que l'inventaire soit complet.
De ce désordre érigé en loi du genre, la réalisatrice Fina Torres fait à la fois son style et sa philosophie. Car, comme le titre l'indique, les mécaniques célestes fabriquent du destin avec tout ce qu'elles peuvent moudre dans leurs rouages, et au bout du compte tout cela trouve sa place et son sens. D'autant que le schéma qui structure l'ensemble, est, lui, immuable : Ana, la pauvrette, a été remarquée par un prince charmeur (le cinéaste italien), à qui elle n'a guère laissé en guise de pantoufle qu'une cassette audio où elle a enregistré sa voix. Et comme ledit prince entreprend de la retrouver et d'essayer, sous forme d'audition, de voir à qui peut bien appartenir cette voix qui l'enchante, il ne fait guère de doute qu'au terme de l'histoire, ils se retrouveront, seront heureux et auront beaucoup de petits films à enfanter ensemble. L'intérêt n'est donc pas tant dans la surprise qui pourrait naître de cette moderne et plutôt ingénieuse transposition de l'inusable *Cendrillon*, que dans la façon dont la réalisatrice colore sa comédie. Les teintes qu'elle choisit sont en effet délibérément criardes et, pour ajouter au kitsch, ce patchwork bariolé a un petit côté passé. À l'image de Warhol et de Lacan, tout le côté prétendument branché a en effet coupé le jus depuis quelques années-lumière, et quant au pot-pourri musical qui mêle opéra, combo et new-wave, il semble déjà dater un peu. Ce n'est pas à dire pour autant que la fantaisie manque de fraîcheur. Elle bénéficie pour cela de quelques atouts, dont le moindre n'est pas le charme très latin de la brune Adriana Gil et l'auto-parodie, en chieuse maléfique et sophistiquée, de la blonde Arielle Dombasle. À quoi il faut ajouter une application méritoire à construire une comédie en dehors des facilités habituelles, des scènes et des personnages qui dégagent souvent le parfum du cocasse, et quelques délires soudains qui, brisant le cours rationnel des choses, font briller des éclairs dans un ciel de carton-pâte ou dans les yeux de chat d'une méchante fée Cruella, confirmant la gentillesse générale d'une entreprise joyeusement panachée et pas prétentieuse pour un bolivar.

# TOUSSAINT Jean-Philippe (belge, né en 1957)

**FILMOGRAPHIE :**
***Monsieur (1989)*** • *La Sévillane (1992)* • *La Patinoire (1998)*

Romancier d'abord – et, dans les années 1980, un des plus talentueux du nouveau nouveau roman publié par les Éditions de Minuit, et dont les œuvres sont vite traduites dans le monde entier –, c'est par ses romans que Jean-Philippe Toussaint arrive au cinéma. D'abord par l'adaptation que John Lvoff fait en 1988 de *La Salle de bain*, pour laquelle il co-signe avec le réalisateur l'adaptation et les dialogues, puis par ses propres réalisations, dans lesquelles il reprend ses propres œuvres : *Monsieur* en 1989 puis *L'Appareil-photo* (qui devient *La Sévillane*) en 1992, avant d'écrire et de réaliser en 1998 *La Patinoire*. Du minimalisme des romans à la manière également stricte, volontairement neutre, de son style cinématographique, porteur, par la façon qu'il a d'envisager la réalité, d'une sorte de poésie de l'ordinaire, il ouvre dans ses mises en scène une véritable liberté de regard au spectateur, tout en lui faisant partager le côté saugrenu, keatonien et burlesque de son univers.

### MONSIEUR (1989)
#### avec Dominic Gould, Wojciek Pszoniak et Alexandra Stewart

**Le conquérant de l'impassible.** Une 4L défraîchie qui s'arrête sur une place de la Défense entourée d'immeubles futuristes ; un homme qui en descend avec pour seuls bagages deux cartons d'Évian, et la 4L qui repart, pétaradante : la première image de *Monsieur* donne le ton. Cocasse, décalé. L'homme – Monsieur, puisque tel est son nom, est qu'on n'en apprendra pas plus sur son identité – a tout du jeune cadre : pardessus noir sur cravate stricte, attaché-case, dossiers, bureau fonctionnel. Mais la façon dont il se déplace dans cet univers de verre et de béton n'a rien, elle, du dynamisme agressif d'un jeune loup. Il donnerait plutôt l'impression de planer. En fait, Monsieur survole bel et bien le monde. Souvent, déployant ses bras, il lui prend l'envie de faire l'avion : comportement qui pourrait paraître bizarre, mais qui traduit bien ce détachement, cette hauteur qu'il garde sur les êtres et sur les événements. Que sa fiancée le quitte pour un autre, et il accueille son remplaçant avec les égards les plus attentionnés. Que son voisin, véritable sangsue, l'utilise de façon éhontée pour lui faire taper un manuscrit indigeste, et il se laisse exploiter sans sourciller. Que le père de son amie fasse démarrer un moteur de hors-bord sur le coin de la table de cuisine, dans un bruit épouvantable, et il se contente de continuer à parler en haussant la voix. Que la vie lui apporte joies, misères, surprises, et Monsieur la regarde du même œil neutre.
Car tout est là, dans le regard. Dans un dialogue révélateur, Monsieur dit à son interlocuteur : « Regarde » – « Quoi ? », demande l'autre – « Rien, répond Monsieur, regarde simplement ». Le film entier n'est lui-même que l'illustration de cette exigence : regarder, simplement. Avec une froideur, une impassibilité qui, enregistrant les choses sans y mettre le moindre sentiment, n'en modifie pas la substance. *Monsieur* est ainsi un regard porté sur les aspects les plus simples, les plus habituels de la vie qui, sous cette auscultation froide, détachée, prennent soudain le relief de l'étrangeté, du bizarre, de la fantaisie. La comédie humaine se donne pour ce qu'elle est : une comédie, qui prête à rire. Face à ce monde débarrassé de ses apparences, Monsieur évolue comme un équilibriste, semblable dans son côté de grand échassier un peu gauche à cet autre Monsieur, Hulot, qui lui aussi n'avait pas son pareil pour débusquer les ridicules sous les évidences. Dominic Gould, qui l'interprète, apporte au personnage un air de rêveur attachant. Et Jean-Philippe Toussaint, pour son premier film, a toutes les audaces. Dans un noir et blanc superbe, qui découpe les ombres comme sur un écran de lumière, il enchaîne les scènes avec la plus parfaite aisance, à coup de travellings ou de cadrages surprenants. Et il créé en permanence, derrière le saugrenu qu'il dégage des situations et des personnages, comme une beauté tranquille. Cette tranquillité que le héros recherche tout au long du film, dans la rêverie, dans les livres, dans les étoiles enfin. Car Monsieur rencontre une femme, qui le comprend. Sans rien dire, en scrutant comme lui le silence éternel des espaces infinis. Celui-là même qui donne sa mesure aux choses d'en bas.

## TRAPERO Pablo (argentin, né en 1971)

**FILMOGRAPHIE :**
*Mundo Grua (1999)* • ***El Bonaerense (2003)*** • *Voyage en famille (2004)*

Avec ses compatriotes Lisandro Alonso (*La Libertad, Los Muertos*), Lucrecia Martel (*La Ciénaga, La Nina santa*), Daniel Burman (*En attendant le Messie, Le Fils d'Elias*), Marcelo Pineyro (*Vies brûlées*), Fabian Bielinsky (*Neuf reines*), Mariano Torres Manzur (*Les Acharnés*), Alejo Hernan Taube (*Una de dos*), et d'autres encore, Pablo Trapero traduit aujourd'hui la vitalité retrouvée du cinéma argentin. Formé comme Lisandro Alonso à l'École de cinéma fondée par Manuel Antin, cinéaste intellectuel dont les films tracèrent, dans les années 1960-1970, une voie ambitieuse pour le cinéma de son pays, il s'intéresse tout particulièrement, comme ses jeunes collègues, aux réalités immédiates d'une Argentine en proie aux difficultés économiques, aux problèmes sociaux et aux dérives politiques.

## EL BONAERENSE (2003)
### avec Jorge Roman et Dario Levy

**Flic et voyou.** Zapa est serrurier. Brave type, il en profite un jour pour rendre service à son patron et lui ouvrir en toute illégalité un coffre-fort. Ce qui lui vaut d'être arrêté dès le lendemain par la police. Mais, comme on est dans l'Argentine profonde et dans un film qui s'attache à en montrer l'état absolu de décomposition morale et sociale, Zapa, le cambrioleur, se retrouve, par la grâce de recommandations familiales, envoyé dans un centre de formation pour intégrer la police locale de Buenos Aires, le fameux Bonaerense. C'est-à-dire une institution gangrenée de l'intérieur, soumise à toutes les corruptions et toutes les incompétences. Et dont il ne va pas tarder, lui-même, à devenir un membre prometteur.
Le film de Pablo Trapero, révélateur du beau renouveau du cinéma argentin, a ceci de surprenant qu'il adopte, pour montrer le délabrement de son pays, une méthode quasi documentariste : le personnage de Zapa, loin d'apparaître comme le héros d'une fiction, est présenté comme le produit d'un système, dont il est en fin de compte la victime. Sa vie de provincial émigré dans la capitale se heurte d'abord à toutes les difficultés quotidiennes du dépaysement, des transports, du logement, de l'argent. Mais, plus révélateur encore, son comportement, dont on ne sait jamais s'il tient à une sorte d'apathie ingénue ou à une adaptation cynique au monde frelaté et violent dans lequel il doit évoluer, garde une sorte de mystère impénétrable, que traduit l'interprétation ambiguë de l'étonnant Jorge Roman. Ce qui a pour effet, au-delà du cas de l'individu ainsi présenté, de mettre en lumière la force d'engrenage d'un système perverti, où la bêtise la plus crasse le dispute à la brutalité la plus sauvage, dans un air vicié qu'empestent de nauséabonds relents fascistes.
La moindre surprise du film n'est pas, au bout du compte, de ramener le personnage à son point de départ. Comme si, parti de rien, il ne pouvait arriver que nulle part. Dans un pays où toutes les valeurs semblent foulées au pied par ceux-là mêmes qui sont censés les défendre et où l'horizon, comme le montre un ultime plan emportant Zapa dans une errance chaotique et hagarde, est désespérément flou.

# TRIER Lars von (danois, né en 1956)

**PREMIER LONG MÉTRAGE :**
*Element of crime (1984)*
**FILMOGRAPHIE À PARTIR DE 1985 :**
*Epidemic (1987)* • *Europa (1991)* • ***Breaking the waves (1996)*** • *Les Idiots (1997)* • *Dancer in the dark (2000)* • ***Dogville (2002)*** • *Manderlay (2005)*

Des cinéastes de la fin du XXe siècle, Lars von Trier est sans aucun doute un des plus inventifs, et celui qui a apporté le renouvellement le plus profond du langage cinématographique. Non pas tant parce qu'il est l'initiateur et la cheville ouvrière de cette charte que, entouré de quelques amis scandinaves, il se donne comme impératif catégorique : Dogma 95, dans la volonté radicale et dogmatique du « vœu de chasteté » qu'il s'assigne à travers dix règles à suivre impérativement pour filmer, n'est en fait qu'une forme de ce type d'exercice qu'est l'écriture à contraintes. Lesquelles contraintes, tout en jouant leur rôle dogmatique, sont naturellement appelées à être dépassées. Elles indiquent toutefois de manière claire dans quelle voie travaille un cinéaste héritier de Dreyer et de Bergman, qui, refusant toutes les facilités spectaculaires, cherche à établir un rapport direct entre la réalité et sa représentation, dans le dessein de retrouver une forme épurée et pure du cinéma, pour aller fouiller au plus profond des êtres et pour traduire, par tout un jeu thématique et symbolique, ce qui fait la grandeur et la misère du monde. Ses premiers courts métrages, conçus comme des explorations stylistiques, développent déjà cette exigence, qu'illustre de façon plus élaborée sa première trilogie, centrée autour des traumatismes de l'Europe – *Element of crime, Epidemic* et *Europa*. Mais c'est en réalisant en 1994 pour la télévision *The Kingdom*, filmé caméra à l'épaule, dans des images granuleuses aux couleurs dénaturées, et refusant les règles classiques de l'éclairage, de la continuité et du montage, qu'il élabore ce qui va devenir le concept de Dogma. Mais, s'il en applique les règles, il les transcende par une puissance visionnaire et par une force émotive que traduit sa deuxième trilogie – *Breaking the waves, Les Idiots* (répondant le plus strictement aux règles de Dogma), et *Dancer in the dark*. Cette

« Goldenheart Trilogy » lui est inspirée par un roman pour enfants de sa jeunesse, sur une petite fille toujours prête à se sacrifier pour les autres. Cette thématique du sacrifice, centrale chez lui, se retrouve dans la trilogie suivante, consacrée à l'Amérique, pays des opportunités, et où le système austère et quasi théâtral de la mise en scène qu'inaugure *Dogville* montre jusqu'où le cinéaste danois, tout en tenant un discours critique très dur sur l'Amérique, peut aller pour concevoir un cinéma qui refuse tout ce qui fait le langage hollywoodien convenu.

## BREAKING THE WAVES (1996)
### avec Emily Watson et Stellan Skarsgard

**Le sacrifice.** Innocente Bess. Un peu simplette, l'esprit dérangé par la mort d'un frère, exprimant ses enthousiasmes comme ses déceptions avec la même virulence sauvage. Or là, au moment où commence le film de Lars von Trier, elle est en plein émoi : elle va se marier avec un type dont on ne sait trop où elle l'a trouvé, un grand blond qui travaille sur une plate-forme pétrolière et qui débarque comme une star en hélico avec ses deux copains. Et ça détonne dans le paysage, dans ce village perdu sous le ciel gris, au fond des landes désolées de l'extrême nord de l'Écosse. Une bourgade noire comme la redingote noire de son pasteur, comme les costumes sombres des membres du conseil de l'Église, comme la loi austère et puritaine qui pèse de tous ses interdits sur la petite communauté sortie du fond des âges. On se dirait chez Dreyer, ce qui n'est pas étonnant vu que Lars von Trier, danois comme lui, en a fait son maître à filmer, ou chez Bergman, ou chez Tarkovski. Chez ces cinéastes du froid, des grands espaces nus, du souffle glacé. Là où l'air se raréfie, là où l'on aspire au ciel. Le ciel, d'ailleurs, Bess fait ses petits arrangements avec lui. Son mariage avec Jan, elle le consomme goulûment, découvrant avec une avidité friande les plaisirs de la chair et envoyant bouler cul par-dessus lit tous les interdits. Parce que Bess parle directement au bon Dieu, faisant elle-même les questions et les réponses, et qu'elle lui donne son âme tout emplie de ce bonheur immense qui est le sien. Un bonheur trop grand pour qu'il puisse durer. Jan doit repartir sur sa plate-forme. Bess s'accroche à lui, hurle, et son cri est rauque comme celui d'une bête blessée. Elle sait bien qu'elle se conduit en enfant trop gâtée. Et quand elle apprend que Jan vient d'être victime d'un terrible accident sur sa plate-forme et qu'on le ramène sur un brancard entre la vie et la mort, elle a au fond d'elle-même le sentiment que c'est de sa faute. Mais elle a aussi cette force, cet océan d'amour dont elle déborde. Et elle sait que seul cet amour peut sauver Jan. Même lorsque celui-ci, paralysé et désormais incapable de lui faire l'amour, lui demande d'aller coucher avec d'autres hommes, seule manière pour lui de continuer à l'aimer à travers d'autres. Commence alors pour Bess une douloureuse descente aux enfers : donnant son corps, le prostituant, l'humiliant, acceptant la déchéance, supportant le jugement terrible des siens, de sa mère qui la renie, du conseil de l'Église qui la chasse et la maudit, des enfants qui lui jettent des pierres.

Le film de Lars von Trier raconte la passion de Bess. Passion amoureuse, charnelle, viscérale, du corps et du cœur. Passion christique aussi, celle du sacrifice, où l'on meurt pour sauver les autres. Et pour raconter cette énergie qui ébranle les lois morales et les certitudes toutes faites, il choisit le tremblement et le mouvement d'une caméra portée à l'épaule, le grain épais d'une image captant la lumière de la vie, le rythme accéléré des cris et des fureurs. Et il ne lâche pas le visage enfantin, clownesque presque dans ses moues et ses mines, d'une étonnante petite bonne femme, Emily Watson, qui a quelque chose de la Gelsomina de *La Strada*. Si ce n'est que sa route à elle est nordique, prise dans le froid et la grisaille, au bord de cet océan rugueux qui vient briser ses vagues sur la grève, comme Lars von Trier brise le cadre bien-pensant des récits traditionnels. Son film, il le compose comme un livre, en chapitres qu'annonce un titre, sur fond de paysages angoissants, de ciels immenses, de montagnes arides, mais aussi d'un petit vallon riant sous l'arche d'un pont, comme la promesse d'un paradis. Ces chromos sont chaque fois accompagnés d'une longue respiration musicale, venue du meilleur du pop des années 1970. Une musique porteuse du désir de changer la vie, comme ce film entend changer le cinéma, cet art comme la mer toujours recommencé. Et capable, avec *Breaking the waves*, de vous faire croire aux miracles.

## DOGVILLE (2002)
### avec Nicole Kidman, Lauren Bacall, Ben Gazzara et James Caan

**Chiens méchants.** À l'évidence, il n'y a rien à voir. Et d'abord, naturellement, on ne voit que ça : l'absence totale de décor, remplacé par un grand plateau noir où au sol, marqué à la craie, on repère l'emplacement des rues et des maisons. Rien d'autre, pas même un générique, et une histoire qui commence comme un récit, avec un prologue et neuf chapitres, inscrits sur l'écran comme sur une page noire, et dont les titres vont défiler, tandis qu'une voix off raconte…

Ce qu'elle raconte, c'est cette bourgade perdue au fin fond des Rocheuses, avec ses quinze habitants qui s'essaient à survivre dans l'Amérique miséreuse de 1929, et l'arrivée soudaine d'une jeune femme, belle comme son nom – Grace –, poursuivie par des gangsters, et qui vient ici chercher refuge. Sa beauté, sa douceur, cette façon tendre qu'elle a de se faire accepter par chacun convainquent bien vite la communauté de la prendre sous sa protection. Mais le risque couru à la protéger ainsi, attisant les sentiments mêlés que sa présence radieuse fait naître, de l'envie au désir, de la jalousie à la vindicte, amène les habitants à demander à l'étrangère quelques compensations. Lesquelles transforment la relation entre ceux qui exigent et celle qui doit accepter en rapport de maîtres à esclave. Glissement inexorable, que Lars von Trier, le saisissant dans cette sorte d'épure théâtrale et brechtienne qu'il s'est donnée pour norme, fait jaillir à vif. Avec, d'un côté, le surgissement, sous le vernis d'humanité, des instincts primitifs qui remontent à la surface : l'assouvissement sexuel le plus brutal, mais aussi la volonté tout aussi violente de domination et d'humiliation. Dogville devient alors cette ville, qui porte bien son nom, de chiens méchants, de horde sauvage, déchirant l'autre, l'étranger à la meute, où l'on peut voir comme une métaphore cruelle de l'humanité, dans un film dont le dénouement donne à la parabole une force terrifiante.
Mais, si Dogville peut se trouver partout, Lars von Trier la situe dans un contexte historique, idéologique, social, économique, moral, très précisément localisé : c'est bien de l'Amérique qu'il s'agit, avec son noyau fort qu'est l'esprit de communauté, avec ses valeurs profondes que tous chantent en chœur le 4 juillet, et avec ce pouvoir qu'elle a d'exercer sa domination sur l'autre, le faible, l'esclave, l'enchaîné, l'exploité, l'humilié. Nicole Kidman, extraordinaire figure de l'humanité souffrante, dans un rôle et une interprétation qui vont bien au-delà de tout ce qu'elle avait déjà montré jusqu'ici, porte en elle la question que se posent les opprimés, et la réponse qu'ils lui apportent face au traitement que les puissants lui font subir : grâce (Grace…), pardon, ou sanction nécessaire, jugement inflexible ? Le dénouement, qui choisit après mûre réflexion, trouve comme sa légitimité dans le générique de fin, qui défile sur fond d'images saisissantes de la Grande Dépression et, au-delà, de l'Amérique de la misère, de la violence, de la corruption, et même du mythe.
Film nu, vidé de tout ce qui fait ordinairement un film, et pourtant film à part entière, plein, dense, foisonnant, où c'est la caméra qui saisit les êtres au plus près, et où c'est un regard, un point de vue, une vision qui s'expriment, *Dogville* est à coup sûr la plus profonde des lectures du monde d'aujourd'hui et, au-delà, des tréfonds de la nature humaine. Un 11 septembre cinématographique.

## TROTTA Margarethe von (allemande, née en 1942)

**PREMIER LONG MÉTRAGE :**
*L'Honneur perdu de Katharina Blum (1975), co-réalisation*
**FILMOGRAPHIE DEPUIS 1985 :**
*Rosa Luxemburg (1985)* • *Trois sœurs (1987)* • *L'Africana (1990)* • *Il lungo silenzio (1993)* • *Les Années du Mur (1994)* • ***Rosenstrasse (2003)***

Actrice, au théâtre d'abord, puis dans les films de Fassbinder et de Volker Schlöndorff, dont elle devient l'épouse, c'est avec ce dernier qu'elle co-écrit et co-réalise en 1975 *L'Honneur perdu de Katharina Blum*, adapté du roman d'Heinrich Böll, et qui offre de l'Allemagne fédérale, de sa presse et de sa justice une vision cinglante. Réalisant seule à partir de là, elle garde à son cinéma cet engagement politique qui lui fait privilégier dans les années 1980 les grands sujets tant historiques que sociaux : terrorisme dans *Les Années de plomb* (1981) ; lutte révolutionnaire dans *Rosa Luxemburg* ; féminisme dans *Trois sœurs*. À partir du milieu des années 1990, elle tourne surtout pour la télévision, ne revenant au cinéma qu'en 2003 avec *Rosenstrasse*, pour, une fois encore, y confronter l'histoire de l'Allemagne à ses démons.

### ROSENSTRASSE (2003)
#### avec Katja Riemann et Maria Schrader

**Rue de la honte.** Une rue. Triste, grise, couleur des années sombres, de ce mois de février 1943 à Berlin, où l'on commence à sentir que le sort de la guerre, pris dans les neiges de Stalingrad, est en train de changer de camp. Et pourtant, plus que jamais, la chasse aux Juifs s'intensifie. Dans la Rosenstrasse, l'ancien centre de solidarité juive a été transformé en centre de tri. On y amène les conjoints juifs qui, mariés à un Allemand ou à une Allemande, n'avaient pas encore été arrêtés. Et, avant de les déporter, on les entasse là, dans des pièces trop étroites, à attendre ils ne savent trop quoi, sans pouvoir donner la moindre nouvelle à leurs familles. La grande machine de l'élimination finale s'est mise en route, sans que rien, apparemment, ne puisse l'enrayer. Et pourtant, dehors, une femme, puis deux, puis trois, puis dix, puis cinquante, puis cent, viennent là, sous les fenêtres, faisant le guet, attendant que leurs hommes sortent, refusant de bouger. Elles sont aryennes, mais ont choisi l'amour plutôt que la race. Et, devant les officiers qui refusent de les écouter, devant les soldats de plus en plus nerveux, devant les armes qui se lèvent contre elles, elles disent non à la machine infernale. Elles résistent. Ce cri qui s'élève d'un Berlin entièrement soumis à la botte nazie, il est la forme d'un espoir dont Margarethe von Trotta s'attache à faire briller la lueur fragile. Lueur bien faible, perdue dans les oubliettes de l'Histoire, et que l'enquête que mène une jeune Juive new-yorkaise vient ranimer. Car Hannah ne comprend pas pourquoi sa mère, Ruth, émigrée aux États-Unis, refuse absolument de parler de son passé, et pourquoi elle refuse tout aussi obstinément que sa fille épouse un non-Juif. C'est en revenant sur les lieux de ce passé, et sur cette tragédie dont Ruth, alors enfant, fut une des protagonistes, que la jeune femme va trouver l'explication.

Ce voyage dans le passé de la barbarie, Margarethe von Trotta le place d'emblée sous le signe de la mémoire : son film s'ouvre sur un cimetière juif. Non pas pour en ouvrir les tombes, mais pour les refermer. L'histoire qu'elle raconte, c'est celui d'une jeune fillette à qui la tragédie a enlevé deux mères : sa mère de sang, juive, dont la Rosenstrasse a été le point de départ vers le camp d'extermination ; et sa mère d'adoption, aryenne, venue attendre là son mari enfermé, et qui l'a recueillie avant, malgré elle, de devoir s'en séparer. C'est que dans cette arithmétique absurde du malheur, les comptes ne sont pas égaux, libérant les uns, emportant les autres : l'injustice s'ajoute à l'injustice, le malheur s'additionne au malheur. La réalisatrice, pour le dire, choisit de raconter en faisant passer constamment du présent au passé, d'une jeune femme cherchant à comprendre à une femme vieillie cherchant à se confier. Les souvenirs reviennent ainsi à la surface, teintés de la grisaille et de la froideur des temps, tandis qu'une musique déchirante, frêle comme la vie, accompagne ces destins meurtris par l'Histoire. La sobriété, le silence, la tension sont là. Et le pardon. Pour parler des crimes inscrits dans le passé de son pays, une réalisatrice, allemande, née en 1942, fait, soixante ans après, le retour en arrière nécessaire, en trouvant le ton juste. Et, par-là même, rend à l'espérance le droit de vivre.

## TRUEBA Fernando (espagnol, né en 1955)

**Premier long métrage :**
*Opera prima (1980)*
**Filmographie depuis 1985 :**
*Sé infiel y no mires con quién (1985) • L'Année des lumières (1986) • Le Rêve du singe fou (1989) •* ***Belle époque (1992)*** *• Two much (1995) • La Fille de tes rêves (1998) • Calle 54 (2000) • L'Envoûtement de Shanghai (2002) • Blanco y negro (2003) • Le Miracle de Candeal (2004)*

Après des études de philosophie et de cinéma, Fernando Trueba commence par être critique de cinéma au quotidien *El Pais*. C'est durant cette période qu'il réalise ses premiers courts métrages, entre 1974 et 1979, avant de fonder en 1980 la revue de cinéma *Casablanca*, au moment même où il tourne son premier long métrage, *Opera prima*. À partir de là, sa carrière se déroule de façon régulière, au rythme des réalisations, de l'écriture de scénarios, et de la production tant pour le cinéma que pour la télévision. Son cinéma, assez classique de facture et volontiers romanesque, à la fois porteur de sujets espagnols et de valeurs universelles, lui vaut d'être reconnu comme un des réalisateurs les plus importants du nouveau cinéma espagnol, au côté d'Almodóvar, et lui assure une reconnaissance internationale : l'Ours d'argent à Berlin pour *El año de las luces*, l'Oscar pour *Belle époque*, et une distribution hollywoodienne pour *Two much*.

### BELLE ÉPOQUE (1992)
#### avec Penelope Cruz, Fernando Fernán Gómez et Michel Galabru

**Un été 31.** Au début, il y a l'Espagne et le poids de l'Histoire. On est en 1931, à ce moment où la monarchie bat sérieusement de l'aile et où il y a de la république dans l'air. Période d'entre-deux, entre le calme et l'orage qui, bientôt, éclatera. Période de vacances, propice à prendre la vie comme elle vient. Pour Fernando, qui a déserté et qui fuit à travers la campagne, les choses commencent mal : arrêté par deux gendarmes, il voit se dessiner pour lui la perspective

fatale du sort réservé aux déserteurs. Mais le destin, ou plutôt l'absurdité de l'Histoire, intervient et le jeune garçon, profitant d'un désaccord entre les deux représentants de l'ordre, se retrouve libre, soustrait en quelque sorte à la justice publique. Libre désormais comme l'air du temps, comme l'été qui vient, comme la jeunesse qui aspire à vivre. Fait symbolique, c'est un bordel, lieu hautement initiatique, qui va être la première étape de son voyage, d'autant plus importante qu'il y rencontre Manolo, un vieux peintre retiré du monde et dont la philosophie, rétive à tous les pouvoirs, est faite d'une sagesse qui conjugue le scepticisme et la sérénité. Maître parfait pour le jeune apprenti, Manolo emmène Fernando chez lui, une grande maison aux lourds volets, où l'ombre est fraîche dans la chaleur de l'été. Un de ces lieux où il fait bon vivre, et où Fernando va se sentir d'autant mieux à l'aise que débarquent, plus fraîches et pimpantes l'une que l'autre, descendant du train comme une bénédiction sur la terre, les quatre filles de Manolo. À partir de là, la trajectoire de Fernando suit le chemin que lui tracent son désir et le jeu de la séduction auquel se livrent aussitôt les quatre sœurs, tout émoustillées par la présence de ce jeune tendron, suffisamment naïf pour qu'on ait envie de le déniaiser, mais suffisamment doué aussi pour qu'on ait envie de le laisser faire.
Une, deux, trois, quatre : le compte y est. Les aventures amoureuses de Fernando offrent au récit sa trame arithmétique et entraînent le film du côté des robes qu'on froisse, des dessous qu'on explore, des baisers qu'on vole, en attendant de voler le reste. Le film, du picaresque, passe au libertin, sans toutefois tomber dans le polisson. Fernando Trueba sait s'arrêter juste à temps, servi par quatre comédiennes propres à damner bien d'autres que le malheureux garçon, lequel d'ailleurs se sent de moins en moins malheureux à mesure que ses conquêtes l'affirment dans son rôle d'homme. Bien *belle époque* en effet, qui tire son charme d'une fluidité du récit, d'une juste lumière, d'une interprétation vive, et aussi de cette nostalgie discrète du temps passé, avec le souvenir des bruits et des voix, des robes légères, des grands chapeaux de paille sur la tête des filles, et de la mère, sorte de cantatrice fofolle à la Castafiore qui arrive un beau jour avec son amant – gros toutou compatissant (c'est Galabru, qui parle espagnol) – et qui éveille la maison d'un chant pur comme le matin du monde. Le film de Fernando Trueba reste certes à la surface des choses, mais il se déguste comme une coupe de fruits frais, juste sucrés comme il faut, avec une petite pointe acide – une pique par ci, une égratignure par là contre l'ordre moral, contre les institutions, contre les puissants. Et face à tout ce qui interdit et qui bride, son seul mot d'ordre est le plaisir. On s'y laisse prendre.

## TSAI Ming-liang (taïwanais, né en Malaisie en 1957)

**FILMOGRAPHIE :**
*Les Rebelles du dieu Néon (1992)* • *Vive l'amour (1994)* • *La Rivière (1996)* • *The Hole (1998)* • *Et là-bas, quelle heure est-il ? (2001)* • ***Good bye, Dragon Inn (2004)*** • *La Saveur de la pastèque (2005)*

Né en Malaisie, Tsai Ming-liang arrive à Taïwan en 1977. Il y obtient un diplôme d'art dramatique et fait ses débuts au théâtre, où il se fait remarquer par un talent original et un humour froid qu'il manifeste à la fois dans les pièces qu'il écrit et dans les scénarios qu'il procure à divers réalisateurs tout au long des années 1980. Lorsqu'il passe à la réalisation, en 1992, il se signale aussitôt par un côté visionnaire qui regarde déjà vers le XXI^e^ siècle. *Les Rebelles du dieu Néon*, qui tracent le portrait d'une jeunesse urbaine désenchantée, puis *Vive l'amour* (Lion d'or à Venise en 1994), qui approfondit le regard qu'il porte sur la solitude dans le Taipei moderne, tout comme *La Rivière*, où il observe froidement la vie familiale dans la société chinoise contemporaine, en font un cinéaste qui jouit vite d'une renommée internationale, ce qu'amplifie *The Hole*, en 1998, où il explore à nouveau son thème de prédilection, la solitude dans les grandes métropoles urbaines. Thème que reprennent, de façon formellement audacieuse et radicale, *La Saveur de la pastèque*, variation aux frontières du X sur l'impossible étanchement du désir sexuel, et *Good bye, Dragon Inn*, hommage à un cinéma disparu, sous une pluie qui tombe à verse, image, pour un cinéaste foncièrement pessimiste, d'un XXI^e^ siècle héritant du XX^e^ un environnement pollué et d'un monde en voie de destruction.

### GOOD BYE, DRAGON INN (2004)
#### avec Lee Kang-Sheng et Chen Shiang-Chyi

**Mémoire de fantômes chinois.** Il prend l'eau de toutes parts, le cinéma Fu-Ho. Et comme ce soir-là la pluie est forte, les seaux qui, dans les combles, sont placés sous les gouttières se remplissent à ras bord. Et d'ailleurs, l'eau

s'infiltre jusque dans l'immense salle quasiment déserte, où quelques rares spectateurs, cinq ou six, pas plus, perdus au milieu des quelque 1 500 fauteuils inoccupés, regardent un vieux film de sabre des années 1960, *Dragon Inn*.
Le jeune Japonais qui, pour se mettre à l'abri des trombes d'eau, s'est réfugié là, se retrouve soudain dans un monde bizarre : sur l'écran, une vieille légende chinoise qui dit l'immensité et la solitude du monde des arts martiaux, et dans la salle, outre une fille qui fait du bruit en mangeant ses pistaches et un type qui ne fait que passer, deux vieillards qui ressemblent étrangement aux acteurs du film. Et lorsqu'il se rend aux toilettes, il croise dans le couloir un homme qui lui dit, avec des airs mystérieux, que ce cinéma est empli de fantômes.
Le plus étonnant est qu'on en est alors à 45 minutes du début du film, et que ce sont là les premières répliques échangées. Jusque-là, Tsai Ming-liang, dans un défi quasiment bressonnien, a choisi le silence et la lenteur, dans des plans d'une infinie longueur, où rien n'est dit. Mais où tout pourtant suinte la fin d'un lieu et, avec lui, de tout un univers. Car le cinéma Fu-Ho va fermer ses portes, et pour raconter sa dernière séance, cette projection d'un film d'autrefois, chef-d'œuvre en son temps d'un genre devenu depuis le champ favori des effets spéciaux, le cinéaste fait un pari extrême : montrer non pas ce qui se passe sur l'écran, entrevu seulement par fragments dans un entrebâillement de porte ou à travers la vision parcellaire d'un spectateur, mais le cinéma lui-même. Et il choisit pour cela un guide, l'ouvreuse, qui est aussi la caissière et la femme de ménage, et qui, handicapée par un déhanchement qui la fait boiter bas, parcourt ces lieux dont elle est l'âme. Et cette errance solitaire, dans ce décor vide où résonne son pas claudiquant, transforme l'endroit en lieu fantomatique, d'où surgissent bel et bien de l'écran les fantômes d'un monde disparu : ceux d'un cinéma désormais aboli, et que regardent, vieillards nostalgiques, ceux qui en furent autrefois les acteurs et qui échangent, deuxièmes et dernières répliques à la toute fin du film, leurs brefs souvenirs.
La belle audace de Tsai Ming-liang est ainsi de dire la mort de son cinéma Paradiso à lui par le dépouillement absolu, la radicalité totale du vide. Son film pousse à l'extrême l'intensité des plans qui n'en finissent pas et du film qui n'a plus rien à raconter, créant de façon quasi physique, et même insoutenable, ce malaise même qu'il veut faire partager. Et lorsque l'ouvreuse, qui n'a jamais rencontré le projectionniste, le regarde partir au dernier plan et qu'elle s'éloigne sous la pluie qui redouble, une vieille chanson des années 1960, sirupeuse et mélancolique, l'accompagne en disant le regret du temps passé, qui jamais ne revient. Et c'est déchirant.

## TURTELTAUB Jon (américain, né en 1963)

**FILMOGRAPHIE :**
*Think big (1990)* • *Driving me crazy (1991)* • *Ninja Kids (1992)* • ***Rasta Rockett (1993)*** • *L'Amour à tout prix (1995)* • *Phénomène (1996)* • *Instinct (1999)* • *Sale môme (2000)* • *Benjamin Gates et le trésor des Templiers (2004)*

Le sport faisant partie intégrante de l'éducation américaine, Hollywood se doit d'offrir au public junior des films ayant pour sujet ou pour cadre l'univers sportif. D'autant que, outre ses aspects physique et technique, le sport développe des valeurs morales à fort potentiel, qui correspondent parfaitement, par exemple, à l'esprit des productions Disney. Et lorsque le sport choisi est lui-même spectaculaire et que les sportifs dont le film raconte les exploits offrent une originalité et une différence susceptibles d'enrichir la leçon, la recette est idéale. Il suffit dès lors de confier la réalisation à un cinéaste maison familier du film pour les jeunes – comme c'est le cas avec Jon Turteltaub qui, sur les neuf films à son actif, en compte cinq réalisés pour Disney, et qui, en 1992, signe avec *Ninja Kids* le film le plus rentable de l'année –, et l'on obtient *Rasta Rockett*, qui surfe et sur la neige et sur la mode rasta.

### RASTA ROCKETT (1993)
### avec Doug E. Doug, Malik Yaba et Rawle D. Lewis

**Bobsleigh à la Jamaïque.** Que faire lorsqu'on est jamaïcain, sprinter spécialiste du 100 mètres, promis à une quasi certaine médaille olympique et que, par malchance, on rate sa qualification et qu'on voit son rêve s'envoler ? La réponse est simple : puisqu'on ne peut concourir en athlétisme, reste à trouver une autre spécialité où la vitesse de course soit déterminante, et essayer de gagner là ce qu'on n'a pu obtenir ici. Or, parmi tous les sports olympiques, il n'y en a à peu près qu'un seul qui puisse faire l'affaire : le bobsleigh. L'ennui c'est que, avec 35 degrés à l'ombre et dans un pays où la neige n'a jamais mis un flocon, on ignore à peu près totalement de quoi il peut bien s'agir.

Et pour les quatre garçons qui décident de se lancer dans l'aventure de la grande glisse et de constituer la première équipe jamaïcaine de bobsleigh, l'entreprise semble relever de l'exploit impossible. Elle passe en tout cas aux yeux rigolards de ceux qui les regardent faire moins pour un défi sportif que comme un aimable folklore. Or c'est là qu'intervient un ancien champion olympique de la spécialité, Américain désabusé qui traîne dans les bars de Kingston sa déchéance et ses 120 kilos et qui trouve dans cette entreprise insensée une façon de régler ses comptes avec son propre passé sportif. Il accepte donc d'entraîner les quatre compères, ou plutôt de commencer par leur apprendre le b-o-b, c'est-à-dire ce que c'est qu'un bob, et à leur montrer que la glace ne se trouve pas que dans les réfrigérateurs !
Belle aventure, on le voit, et susceptible de variations multiples, que celle de ces Jamaïcains, fils du soleil, de la couleur et de la musique, embarqués dans le monde glacé du grand froid olympique, où la seule couleur bronzée de leur peau semble une atteinte à un univers de blancheur immaculée, où seuls les Blancs, évidemment, ont droit de cité. Le film de John Turteltaub, produit par les studios Disney, repose sur une histoire authentique. Mais il repose surtout sur un solide travail de scénario, où, sous les péripéties réjouissantes de l'intrigue, on trouve un certain nombre d'éléments sous-jacents qui montrent le savoir-faire bien connu de la maison. Ainsi ce droit à la différence qu'exalte le film à travers ces quatre Noirs sympas et fiers de leur couleur de peau et qui, par le sport, parviennent à se faire leur place dans un monde d'où ils étaient exclus. La leçon, destinée en priorité à un public jeune, a valeur pédagogique et ne peut-être que bénéfique, tout en traduisant cette capacité qu'a le système Disney de se mettre en phase avec les problèmes du temps. On peut y ajouter, dans la même ligne d'une efficacité imparable, cet art de mêler le rire à l'émotion et de raconter à côté des chutes, glissades, cabrioles et autres figures comiques imposées, l'itinéraire des personnages dont chacun présente un profil bien distinct : le meneur que guide son idéal, le grand méchant à tête rasée qui se révèle en fait un grand gentil, le fils à papa qui se libère de l'emprise paternelle, et le rigolo de service à tresses rasta et gros yeux ronds pour détendre l'atmosphère. À quoi on peut ajouter un soupçon de fierté nationaliste (pour ces Jamaïcains qui font briller les couleurs de leur pays), une larme de rédemption (pour cet entraîneur qui se rachète de ses fautes passées), une belle pincée d'idéal olympique (l'important, c'est de participer), une bonne rasade d'œcuménisme (grands et petits y trouveront leur compte) et surtout une grosse brassée de bonne humeur et de bonne conscience, qui donne son parfum à cette histoire de glace chaleureuse et qui relève de ce qui est bien finalement la grande spécialité Disney : la crème glacée.

# V

## VALLI Éric (français, né en 1952)

**Filmographie :**
***Himalaya, l'enfance d'un chef (1999)*** • *La Piste (2005)*

Photographe, grand voyageur, publiant régulièrement ses reportages photo dans de grands magazines internationaux, Éric Valli a d'abord tiré de ses voyages des livres et des documentaires (*Chasseurs de miel* en 1988, *Chasseurs des ténèbres* en 1990). Familier du Tibet et du Népal, auxquels il consacre plusieurs livres, il y tourne, dans la région du Dolpo, *Himalaya, l'enfance d'un chef*. Tout en gardant une assise documentaire, le film (produit par Jacques Perrin) fait appel à la fiction : Éric Valli invente une histoire, en écrit le scénario et engage les véritables protagonistes comme acteurs dans leurs propres rôles ou des comédiens occasionnels recrutés sur place pour interpréter des personnages réels. Le documentaire ainsi fictionnalisé raconte une réalité, mais en la rendant plus accessible pour le spectateur par un habillage fictionnel : la formule, reprise dans de nombreux films (comme *Le Dernier trappeur* de Nicolas Vannier ou *La Marche de l'empereur* de Luc Jacquet), fournit ainsi un hybride fertile entre réalité et fiction.

### HIMALAYA, L'ENFANCE D'UN CHEF (1999)
**avec Thilen Lhondup, Lhapka Tsamchoe et Karma Wangiel**

**La montagne magique.** Lorsqu'il voit revenir Karma guidant la caravane et que le corps de son fils mort repose sur le dos d'un yak, le vieux Tinlé, le chef du village, sait qu'il va devoir régler le plus délicat des problèmes qui se posent à sa communauté : le choix d'un chef. Lui que tous respectent avait fait de son fils son successeur. Mais c'est maintenant Karma qui, par son courage, ses qualités de meneur d'hommes et cet air altier qui force le respect, s'impose à l'évidence. Or, pour Tinlé, le jeune homme n'est pas seulement celui qui veut la place de son fils disparu, il est aussi celui qui, par sa liberté d'esprit et son défi constant aux lois immémoriales, représente la nouveauté face à la tradition. Ce qui apparaît bien lorsque, sans tenir compte de la coutume qui veut que l'on attende un signe des dieux pour se mettre en route, Karma forme la caravane de yaks qui emportera le sel vers la plaine. Pour Tinlé, le seul moyen d'imposer la loi de la tradition est de former à son tour une autre caravane et d'en prendre la tête. Et le vieillard, malgré son âge, s'élance dans la longue marche à travers les solitudes désolées des hauts cols himalayens, alors que la tempête menace.
Cet affrontement entre la tradition et l'esprit nouveau forme la trame, ingénieuse, du scénario du film d'Éric Valli. Et, dans ce lent cheminement où le jeune va apprendre de l'ancien à devenir un chef, passe non seulement un beau récit de formation et de transmission, mais aussi toute l'âme d'une civilisation lointaine dont le cinéaste, humblement, se fait le conteur. Il fallait pour cela une expérience réelle du pays, le Dolpo, cette province perdue sur les hauts plateaux du Népal, dernière terre de stricte culture tibétaine. Il fallait aussi la complicité des habitants, extraordinaires interprètes d'eux-mêmes. Il fallait surtout cette volonté d'aller tourner sur place ce document en forme de fiction à des altitudes et dans des paysages à couper le souffle. La beauté saisissante du film, qui n'altère jamais son authenticité, est la récompense qui attend le voyageur tout au long du chemin. Et ce passage du col, qui permet de basculer du versant d'un monde venu du fond des temps à un autre à venir, vibre, en ces temps de passage du siècle, d'une profonde résonance.

## VAN DORMAEL Jaco (belge, né en 1957)

**Filmographie**
***Toto le héros (1991)*** • *Lumière et compagnie (1995), co-réalisation* • *Le Huitième jour (1998)*

Né en Belgique, passant son enfance en Allemagne, Jaco Van Dormael revient dans son pays natal pour y exercer sa première activité : clown au Big Flying Circus de Bruxelles, avant de mettre en scène des spectacles pour enfants puis, étudiant la prise de vues à Paris et la réalisation à Bruxelles, d'écrire et de réaliser à partir de 1980 courts métrages de fiction, reportages et films publicitaires. Son rapport privilégié à l'enfance nourrit son cinéma lorsqu'il passe au long métrage, que ce soit pour traduire la volonté de son *Toto le héros* de retrouver l'enfance qu'il croit qu'on lui a volée, ou pour raconter dans *Le Huitième jour*, sans sensiblerie ni complaisance, l'esprit d'enfance qui habite ce garçon différent, Georges, que le très normal Harry rencontre sur son chemin et qui, en se présentant comme « Moi, Mongol », va infléchir sa route et son regard sur la vie.

### TOTO LE HÉROS (1991)
**avec Michel Bouquet, Joe De Backer et Mireille Périer**

**Retour à l'enfance.** Thomas, dit Toto, mène une double vie. La sienne, d'abord, celle d'un jeune garçon au sein d'une famille heureuse, et qui rêve d'être agent secret quand il sera grand. Mais aussi celle d'Alfred, son voisin, car il est convaincu que celui-ci a été échangé avec lui à sa naissance : Alfred, le fils de riches, plein de suffisance, qui a pris la place qui lui revenait. Et là où la vie se charge d'apporter à Toto son lot de médiocrité, Alfred poursuit aussi infailliblement qu'impunément une existence dorée. Alors dans l'esprit du vieillard qu'est devenu Toto se concrétise l'idée qu'il a en lui depuis son enfance : se réapproprier ce qu'Alfred lui a volé : sa vie…
Le premier long métrage du Belge Jaco Van Dormael est plein d'humour, belge comme il se doit : un mélange de fantaisie et de fausse naïveté, qui n'exclut pas une certaine cruauté d'observation. Pratiquant avec bonheur le mélange des tons, le réalisateur fait montre d'une étonnante maîtrise du découpage. Il entremêle les temps, de l'enfance à l'âge adulte et à la vieillesse, mais aussi le réel et l'imaginaire : ce que Toto vit, ce qu'il voudrait vivre, ce qu'il croit avoir vécu. Le résultat en est un puzzle qui, en se reconstituant, fait apparaître la vérité profonde d'un personnage auquel Michel Bouquet, en vieillard cabochard, donne tout son poids d'entêtement, mais aussi d'humanité. Un film qui met en joie et qui porte au bord des larmes, qui fait swinguer les fleurs sur une chanson de Trenet, qui flirte avec l'interdit des amours incestueuses, qui fait passer un parfum de nostalgie, et qui transforme en rêve la monotonie du quotidien : Toto est bien un héros, digne de s'inscrire dans la mythologie belge des grandes figures de l'enfance éternelle au côté de celui qui en est le héros suprême, Tintin.

## VAN EFFENTERRE Bertrand (français, né en 1948)

**PREMIER LONG MÉTRAGE :**
*Erica Minor (1973)*
**FILMOGRAPHIE DEPUIS 1985 :**
*Tumultes (1990)* • ***Poisson-lune (1993)*** • *Tout pour l'oseille (2004)*

Bertrand Van Effenterre appartient, de façon très personnelle, à ce courant d'analyse psychologique qui traverse tant le roman que le cinéma français. Ses portraits, de femmes en particulier, tout en nuances et en subtilités, sont à l'opposé d'un cinéma démonstratif. Ici, tout se passe dans le secret – travail de deuil dans *Tumultes*, découverte d'identité dans *Poisson-lune* – et la mise en scène, inventive et minutieuse, fuit tout expressionnisme bavard et s'interdit tout effet facile. Ce cinéma rare – trois films en vingt ans – n'a jamais totalement trouvé son public. Et la tentative de renouvellement du côté de la comédie, avec *Tout pour l'oseille*, là aussi éloignée des grosses charges convenues par un ton poétique et cocasse bien en accord avec des personnages gentiment saugrenus, n'est pas faite non plus pour vraiment élargir son audience.

### POISSON-LUNE (1993)
**avec Anémone et Robin Renucci**

**L'interdit.** Ce qui peut paraître, au premier abord, faire la faiblesse du film de Bertrand Van Effenterre en constitue aussi la force. Pour aborder ce sujet délicat entre tous – l'inceste –, le cinéaste, dont *Tumultes* avait déjà montré qu'il excelle à peindre les tensions et les déchirures familiales, a choisi de procéder par entrecroisement de thèmes et de fils. Son récit paraît ainsi quelque peu éclaté, sans que l'on sache d'emblée de quoi il est question. S'agit-il de l'initiation d'une adolescente, Fabienne, qui va bientôt fêter ses 16 ans et qu'un conflit traditionnel de générations oppose à sa mère Anne, laquelle ne trouve jamais le mot ni les gestes pour lui dire qu'elle l'aime ? D'autant que préparant l'ouverture d'un complexe hôtelier et sportif, la mère se trouve totalement accaparée par les ultimes

travaux et que le vague à l'âme et l'indolence de sa fille lui paraissent plus exaspérants encore à un moment où elle-même doit répondre aux mille et un problèmes de dernière minute. Fabienne trouve pour sa part plus de compréhension et de chaleur auprès de Tom, le frère de sa mère, dont la décontraction et le charme n'opèrent d'ailleurs pas que sur elle. Son amie Latifa, jeune beurette qui est de son côté en rupture avec l'univers paternel et la culture arabe qu'il représente, et qui a trouvé refuge auprès de Fabienne, cède sans trop se forcer aux avances du séduisant oncle de sa copine, laquelle s'en rend compte, comme s'en rend compte aussi Anne…
L'ambiance est donc plutôt chargée, et rendue plus étouffante encore par la chaleur d'un été méditerranéen que crèvent soudain de violentes pluies d'orage. Météorologie qui n'est pas seulement du ciel, mais bien surtout des sentiments et des désirs. Car, alors que le réalisateur semble s'intéresser tour à tour aux problèmes classiques de ces deux adolescentes à l'âge difficile où elles doivent affronter le monde des adultes, puis à la confrontation des deux cultures, occidentale et arabe, symbolisée par le centre de loisirs d'un côté, concentré de la civilisation occidentale, et par le camp des ouvriers maghrébins de l'autre, plus coloré et bruyant, la solution se fait jour progressivement dans une troisième voie qui recouvre un secret plus profond remontant à la surface : l'union incestueuse qui unit Anne et Tom, le frère et la sœur. C'est dans ce nœud tragique que viennent en fait se nouer tous les autres fils, et c'est dans son dénouement brutal, inexorable, que la tragédie familiale, comme dans les grandes œuvres grecques, trouve son accomplissement. Mais la façon dont Bertrand Van Effenterre résout le conflit correspond à la façon dont il mène son récit : aucune explication d'ordre psychologique, aucun diagnostic pseudo-psychanalytique. Seuls comptent les attitudes, les gestes, les regards, les sanglots, les silences, le langage des corps. Cela ne va pas parfois sans quelque complaisance, comme dans la scène de douche qui ouvre le film et qui s'attarde avec une certaine insistance sur le corps des deux adolescentes. Et cela ne va pas non plus sans quelques maladresses : la façon dont Fabienne découvre le terrible secret prend un peu trop l'allure d'une révélation en cinémascope et en couleurs sur écran panoramique. Reste pourtant, outre une interprétation impeccable, un film nourri d'une d'ambition et d'une finesse de touche qui font que cette histoire trouble d'un amour interdit, loin d'être scandaleuse, apparaît plutôt rafraîchissante.

## VAN SANT Gus (américain, né en 1953)

**Filmographie :**
*Mala Noche (1985) • Drugstore cow-boy (1989) • My own private Idaho (1991) • Even cowgirls get the blues (1993) • Prête à tout (1995) • Will Hunting (1997) • Psycho (1998) • À la rencontre de Forrester (2000) • Gerry (2002) •* ***Elephant (2003)*** *• Last days (2005)*

Formé à la Rhode Island School of Design, travaillant d'abord dans la publicité, puis, tout en exerçant ses talents de peintre, de photographe, d'auteur, de musicien, pratiquant le cinéma de façon totalement personnelle, écrivant, produisant et réalisant ses films, Gus Van Sant incarne parfaitement un cinéma indépendant, envisagé avant tout comme un art. Ses premiers films marquent fortement les années 1990, dont ils incarnent l'esprit : du jeune drogué de *Drugstore cowboy* qui décide de se désintoxiquer après la mort par overdose de son copain, aux deux garçons qui se prostituent et dont l'errance est tout à la fois physique et morale dans *My own private Idaho*, qui prend vite valeur culte pour toute une génération, et jusqu'au top model quittant la publicité pour retourner vers l'ouest, qui renouvelle à sa façon l'esprit du western dans *Even cowgirls get the blues*. L'audience que ces films éveillent, notamment auprès d'un public jeune, attire l'attention des grands studios, pour lesquels, quittant la production indépendante, Gus Van Sant tourne ensuite des films dans des genres et sur des sujets plus attendus, mais où il apporte un regard qui traduit sa liberté de traitement : ainsi du côté grinçant qu'il donne à la comédie de la réussite dans *Prête à tout*, des potentialités de la jeunesse qu'il développe dans *Will Hunting*, de la rencontre improbable qu'il ménage entre un jeune Noir du Bronx et un écrivain écossais refermé sur lui-même et sur son œuvre dans *À la rencontre de Forrester*. Fidèle toutefois à un cinéma de recherche, il pousse loin l'expérimentation en refaisant, plan par plan, le *Psycho* de Hitchcock, avant d'entreprendre une sorte de trilogie avec *Gerry*, *Elephant* et *Last days*, trois films tournés avec une distribution et une équipe technique réduites, en un lieu unique, et entendant rompre avec la convention narrative en accordant le style – comme d'utiliser plusieurs angles pour filmer une scène – au dessein d'utiliser la fiction pour interroger une situation réelle dont on ignore le fond : la disparition d'un des deux hommes perdus dans le désert, dans *Gerry*, les motivations des deux adolescents meurtriers venant semer la mort dans leur lycée, dans *Elephant*, et la réalité concrète des deux derniers jours de Kurt Cobain, dont il imagine l'itinéraire terminal comme une méditation sur l'isolement et la déréliction dans *Last days*.

## ELEPHANT (2003)

### avec Alex Frost et Eric Deulen

**Anatomie d'un massacre.** John, d'abord, un blondinet décoloré, qui prend le volant à la place de son père ivre mort et qui, une fois arrivé au lycée, appelle son frère, pour qu'il vienne récupérer la voiture et l'ivrogne. Dans le couloir, il croise Eli, qui arrive du parc, où il a pris en photo un couple punkie, et qui va au labo développer son film. Derrière eux, passe en courant la mocheté de service, visage ingrat, air timide, qui revient du cours de gym. Et, autour d'eux, dans les couloirs, les salles de classe, le terrain de sport, la cantine, se croisent Nate, le beau gosse, qui, après l'entraînement, rejoint Carrie, sa copine, sous le regard envieux des trois inséparables, Brittany, Jordan et Nicole, lesquelles vont au resto pour grignoter trois fois rien avant d'aller se faire vomir dans les toilettes, tandis qu'Acadia passe faire un tour au groupe de discussion qui disserte sur les homos et qu'au cours de maths, Alex se fait bombarder par les copains chahuteurs qui le prennent pour cible. Alex, un lycéen comme les autres, un peu introverti, vaguement souffre-douleur, et qui, rentré chez lui, joue du piano dans sa chambre puis regarde à la télé Hitler et les nazis qui défilent sur de vieilles bandes d'actualités, avant d'accueillir son pote Eric et de feuilleter avec lui un catalogue d'armes vendues par correspondance.
Car, inéluctables, les choses se mettent en place. Et c'est la manière même choisie par Gus Van Sant que de tracer comme le cheminement ordinaire d'une tragédie. Un lycée comme les autres, dans une Amérique moyenne et profonde, un jour comme les autres, avec des ados comme les autres : la caméra avance, suit l'un, puis l'autre, bifurque à nouveau, avance toujours. Puis, revenant en arrière, remonte le couloir dans l'autre sens, prenant la même scène du point de vue d'un autre, la reprenant une troisième fois en suivant un troisième élève. Légère distance, recul imperceptible de l'œil qui enregistre, ralenti soudain sur une image, bande-son qui laisse percevoir des bruits, une musique, un fusil qu'on arme, une détonation, des cris. À la cantine, Alex prend des notes sur la disposition des lieux. John, le blondinet, croise en sortant deux types en tenue de commando, qui entrent au lycée.
Le film de Gus Van Sant avance vers le massacre, décortique le temps, se fraie sa voie dans le labyrinthe des explications possibles – et les pistes sont nombreuses, qui expliquent tout, et qui n'expliquent rien. Et puis vient l'heure. Alex et Eric sont à pied d'œuvre. Ils entrent dans la bibliothèque, et la fille moche qui range les livres sur les rayons reçoit la première décharge et meurt là, sans comprendre. Et durant toute la tuerie, entraîné par la longue marche d'un film qui, rejetant tout autant le documentaire que la fiction, inscrit la vision du drame dans un rigoureux dessein formel, le spectateur, amené là par la main sûre d'un vrai cinéaste, s'interroge sur le sens de l'insoutenable qu'il doit maintenant regarder en face. Ce qui est la marque d'une conception exigeante du cinéma, tout le contraire de l'exploitation complaisante de la violence et tout le contraire d'une autre violence, celle qui impose ses vues. Avec, comme dérision ultime opposée à toute certitude, le poids de la loterie et du hasard, celui de la comptine enfantine qui décide *in fine* du jeu de massacre : am-stram-gram, pic et pic et colegram…

# VARDA Agnès (française, née à Bruxelles en 1928)

**PREMIER LONG MÉTRAGE :**
*La Pointe courte (1956)*
**FILMOGRAPHIE DEPUIS 1985 :**
***Sans toit ni loi (1985)*** • *Jane B. par Agnès V. (1987)* • *Kung Fu Master (1987)* • *Jacquot de Nantes (1990)* • *Les Demoiselles ont eu 25 ans (1993)* • *L'Univers de Jacques Demy (1994)* • *Les Cent et une nuits (1994)* • ***Les Glaneurs et la glaneuse (2000)*** • *Cinevardaphoto (2004)*

Si Varda est une pionnière, ce n'est pas seulement parce que, liée à l'aventure de la Nouvelle Vague et au groupe Rive gauche, elle a – plus encore que ses rares devancières, Germaine Dulac dans les années 1910-1920, Jacqueline Audry dans les années 1940-1950, toutes deux cas d'exception – ouvert véritablement aux femmes l'accès à la réalisation par l'indépendance d'une démarche dont son premier film, *La Pointe courte*, avait d'emblée donné l'exemple. Plus profondément, le caractère novateur de son cinéma tient sans doute au fait que, photographe de formation, elle a poussé plus loin qu'aucun autre cinéaste la réflexion sur les rapports entre photographie et cinéma, entre image fixe et image animée, entre l'enregistrement direct de la réalité par le cliché et sa mise en forme et en mouvement par le cinéma. Du coup la distinction, chez elle, entre documentaire et fiction est constamment mise en question. Car c'est précisément sur les marges entre les deux qu'elle joue, en abolissant les frontières : qu'elle applique la technique du reportage et mêle témoignages de non-professionnels et jeu de comédiens dans *Sans toit ni loi* ; qu'elle dresse entre réel et imaginaire le portrait de Jane Birkin et fasse suivre le volet document d'un volet fictif, dans *Jane B. par Agnès V.* suivi de *Kung Fu Master* ; qu'elle tourne un film sur un film, ou sur un cinéaste – son mari, Jacques Demy – dans *Les Demoiselles ont eu 25 ans* et dans *Jacquot de Nantes* ; qu'elle raconte le premier siècle du cinéma en mêlant conte et enquête dans *Les Cent et une nuits* ; qu'elle filme la réalité des rebuts d'une société de consommation tout en traçant un portrait d'elle-même dans *Les Glaneurs et la glaneuse* ; ou que, à partir de photos d'hier et d'aujourd'hui, elle réunisse trois films en un pour en faire ce *Cinevardaphoto* qui, dans un titre-valise révélateur, l'enserre entre les deux arts de l'image, comme une passeuse qui, de l'un à l'autre, n'en finit pas de tisser les liens.

## SANS TOIT NI LOI (1985)
### avec Sandrine Bonnaire, Macha Méril et Stéphane Freiss

**Voyage au bout de la vie.** C'est un film d'hiver, qui fait froid dans le dos et qui glace le cœur. Car rarement le cinéma est allé aussi loin dans le constat – froid, lui aussi – d'un voyage au bout de la vie, vers la liberté absolue et la mort ultime. La première image de *Sans toit ni loi* est celle du corps d'une jeune fille qu'on découvre dans un fossé, par un matin glacial : sale, maculée, tordue par le gel et par la rigueur cadavérique, anonyme et sans papiers. Les gendarmes bouclant rapidement l'enquête, le cadavre disparaît dans la fosse commune. Or qui était cette fille ? Une voix off se fait entendre, celle d'Agnès Varda, qui, derrière la froideur administrative du permis d'inhumer, cherche à retrouver celle sur laquelle se referme ainsi le linceul de l'inconnu. Par une série de retours en arrière, sous forme d'enquête menée auprès de ceux qui ont croisé sa route, se dessine alors le portrait du personnage : Mona, 20 ans, le désir de fuir la société, le choix de la route, les petits boulots pour subsister, l'auto-stop, l'errance. Marginale, le cheveu gras, sans feu ni lieu, sans toit ni loi, vivant au hasard des rencontres.
Cette route, Agnès Varda la fixe en de longs travellings qui accompagnent son héroïne sur la route où elle avance sans jamais se fixer vraiment, et par des flash-back quasi documentaires : bribes d'interviews, montage serré de séquences brutes, gens qui parlent à la caméra qui les interroge. À travers tous ces souvenirs, ces confidences, ces réflexions saisies au vol, on s'aperçoit soudain que cette inconnue, qui n'a fait que passer et qui n'a rencontré qu'une seule fois quelqu'un qui, véritablement, a cherché à l'aimer – un Tunisien, travailleur immigré, lequel conserve comme un souvenir chaleureux son écharpe rouge, seule tache de couleur chaude d'un film de grisaille –, révèle toute une société dont elle est comme la mauvaise conscience, comme le rêve et le remords. À l'image du pays où s'inscrit cette dérive – le Midi nîmois, mais saisi en plein hiver, sous le vent et la glace, loin des clichés estivaux des cartes postales –, c'est dans un monde figé et sans chaleur que Mona avance, et qu'elle meurt.
Reste, pour imprimer sa trace dans l'indifférence qui se referme sur elle, la voix off et le regard d'Agnès Varda, qui donnent un film (Lion d'or à Venise) unique dans sa démarche et dans les émotions qu'il suscite. Reste aussi la figure de Sandrine Bonnaire, extraordinaire Mona, toute d'entêtement et de liberté sans but, superbe dans sa crasse, et pathétique par cette flamme qu'elle s'obstine à faire brûler dans le grand froid qui nous entoure.

## LES GLANEURS ET LA GLANEUSE (2000)

**L'art d'accommoder les restes.** Elles sont presque aussi célèbres que l'*Angélus* qui sonne depuis plus d'un siècle sur les calendriers des Postes et les fonds d'assiettes : les *Glaneuses* de Millet n'en finissent pas de se pencher pour ramasser leurs épis tombés sur le sol, et Agnès Varda, qui les a vues au musée d'Orsay, s'est dit sans doute que leur indémodable notoriété devait bien toucher à quelque chose d'essentiel. Et elle a eu cette idée en apparence cocasse d'aller regarder ceux qui continuent à glaner, selon un droit séculaire qui permet de ramasser, entre le coucher et le lever du soleil et à condition que la récolte ait été faite, dans les champs, dans les vergers, dans les vignes, partout où il y a quelque chose à glaner…

Mais les temps changent, l'agriculture se modernise et s'intensifie. Et du coup, les rebuts de pommes de terre rejetées pour non-conformité au calibrage atteignent parfois la tonne. Énormité des déchets, énormité d'une situation où l'on jette par bennes entières, pendant qu'ailleurs on meurt de faim. Le RMiste, abandonné par sa femme et ses enfants, et qui s'est refait sa vie dans une roulotte, connaît les bons coins : à lui les grosses patates. Et il n'y a pas que le glanage, il y a aussi le grappillage, la récupération, le recyclage. Il y a ceux qui ramassent sur les marchés, les biffins qui mettent la main sur les vieux meubles, les artistes qui amassent ici et là les bris et débris dont ils feront le matériau de leur œuvre, les marginaux sans toit ni loi qui font les poubelles des supermarchés, les casseurs de télé qui récupèrent le cuivre, l'émule du facteur Cheval qui se construit un palais idéal avec des carcasses de poupées.
Et puis il y a Agnès Varda elle-même, qui glane à droite à gauche, du nord au sud, des images de récupération, et qui les recycle dans un film fait de bric et de brocante, de bouts et de ficelles, de hasards et de nécessités. Avec une petite caméra numérique qui permet de grappiller, de saisir au vol une image qui passe – un chien avec un gant de boxe rouge au cou, des choux qui font éclater leurs couleurs, des murs qui suintent sous l'infiltration et la gouttière et qui, mis dans le cadre, deviennent comme une toile abstraite.
Et dans le champ de la glaneuse, il y a la glaneuse elle-même, qui ramasse des morceaux de soi, qui regarde les veines et les rides de sa main, les traits un peu fanés de son visage, les trous de sa chevelure. Derrière les glaneurs, il y a Varda la glaneuse, qui trace son portrait fragmenté. Et qui construit son film comme elle conçoit le cinéma. Ce n'est pas pour rien qu'elle s'arrête au passage dans un musée consacré à Étienne Jules Marey, l'inventeur du fusil à images, l'ancêtre du cinéma. La saisie des images, leur mise bout à bout, leur montage : et voila le film fait. Avec des personnages étonnants que son œil de cinéaste a su glaner, avec des vrais moments d'hilarité et de purs moments de grâce un peu triste.
Au bout de la cueillette, il y a un autre tableau, mis à la réserve et ressorti à l'air libre, sous un ciel lourd, avec le vent qui fait bouger la toile : ce sont des glaneuses fuyant l'orage. Pour conjurer l'orage du temps, Varda, elle, a trouvé la solution : elle a récupéré une horloge sans aiguilles. Et elle l'a mise dans sa maison, au cœur de son film…

## VEBER Francis (français, né en 1937)

**Premier long métrage :**
*Le Jouet (1976)*
**Filmographie depuis 1985 :**
*Les Fugitifs (1986)* • *Three fugitives (1989)* • *Welcome to Buzzsaw (1991)* •
*Le Jaguar (1996)* • *Le Dîner de cons (1998)* • ***Le Placard (2001)*** • *Tais-toi (2003)* •
*La Doublure (2005)*

Scénariste avant tout, pour Georges Lautner, pour Yves Robert, pour Édouard Molinaro, pour Philippe de Broca, pour Pierre Granier-Deferre, pour Henri Verneuil, pour Jean-Jacques Annaud, pour Gérard Oury, Francis Veber a acquis, au contact des réalisateurs les plus populaires du cinéma français, la réputation d'un orfèvre en la matière, et tout particulièrement dans l'agencement de ces mécaniques de précision que sont les comédies. La qualité d'écriture, le sens des situations et des dialogues, l'invention créatrice dans la mise au point des gags, déployés pour les films des autres, se retrouvent dans ses propres mises en scène. Après ses quatre premiers films, conçus autour de Pierre Richard, les films tournés dans les années 1990 et 2000 poursuivent, avec d'autres grands comédiens en vedette – Depardieu, Villeret, Auteuil, Reno –, la veine des comédies de situation et de mœurs, méticuleusement structurées, qu'il prépare loin de l'agitation parisienne dans son domicile de Los Angeles, ce qui lui garantit aussi des contacts avec un cinéma américain dont il applique à sa manière, dans le cinéma comique français, le sens du scénario et le professionnalisme de réalisation.

### LE PLACARD (2001)
#### avec Daniel Auteuil, Gérard Depardieu et Michèle Laroque

**Un homme, une vraie.** François Pignon en est-il une, ou pas ? La question ne se poserait pas si le malheureux petit comptable n'apprenait par hasard qu'il va être licencié de la boîte où il a travaillé consciencieusement depuis plus de vingt ans. Elle ne se poserait pas si, en ayant décidément assez d'être cet être tellement falot que personne n'a la moindre considération pour lui, ni sa femme qui l'a quitté, ni son fils qui l'évite, ni ses collègues qui se moquent de lui, le futur licencié ne décidait de mettre fin à ses tristes jours. Elle ne se poserait pas si son nouveau voisin ne venait fortuitement dissuader le désespéré de mettre son geste à exécution. Elle se poserait encore moins si ledit voisin, psychologue de son état, ne suggérait à Pignon de se faire passer pour homosexuel dans son entreprise, façon par là d'attirer l'attention sur lui, et donc moyen imparable de lui éviter le licenciement. Elle ne se poserait surtout pas si l'on n'était pas dans une de ces mécaniques implacables et impeccables que sont les comédies de Francis Veber.

Ce François Pignon, qui porte un nom qui, de grand blond en emmerdeur et en gentil con invité au dîner, a derrière lui de solides références comiques, il partage avec ses devanciers ce privilège d'être un brave type qu'une particularité va confronter à la normalité sociale. Son signe distinctif, c'est ici cette présumée homosexualité qui, dès qu'elle se révèle, va totalement changer le regard que les autres portent sur lui. Dans une société libérale avancée et politiquement de plus en plus correcte, et dans une entreprise qui, étant spécialisée dans les produits en caoutchouc, réalise une large partie de son chiffre d'affaires dans les préservatifs, l'homo devient un être forcément précieux, qu'il s'agit de choyer sous peine d'être taxé d'homophobie coupable. Du coup, les poilus virils, qui pratiquent le rugby et bouffent du pédé, sont les plus directement concernés par cette remise en cause. Que ce soit l'énorme Depardieu, parfait en gros macho bien épais, qui se retrouve le plus déstabilisé par la présence supposée gaie de cette petite sainte-nitouche de Daniel Auteuil, fournit une de ces situations de duo comique qui fonctionne à plein, tant par le plaisir qu'y mettent les deux comédiens que par les qualités du comique tel que l'entend et le pratique Francis Veber.

Dans un genre ultra-convenu – la comédie de situation – et sur un ressort qui ne l'est pas moins – le quiproquo –, le scénariste-réalisateur investit un sujet tarte à la crème s'il en est – l'homo tel qu'on le pratique –, mais en le retournant ingénieusement pour enregistrer les évolutions de mœurs qui, de la folle dans sa cage des années 1970, amènent à la gay pride de l'an 2000, où Pignon se retrouve, une capote géante sur la tête, promu nouveau roi de la fête sociale. Les homos ne sont donc décidément plus ce qu'ils étaient. Mais la comédie méticuleusement maîtrisée de Francis Veber, où la précision des gags est égale à celle de l'interprétation, fait la preuve que le cinéma français peut offrir une qualité d'écriture qui n'est pas l'apanage de la seule comédie américaine.

## VECCHIALI Paul (français, né en 1930)

**PREMIER LONG MÉTRAGE :**
*Les Ruses du Diable (1965)*
**FILMOGRAPHIE DEPUIS 1985 :**
*Rosa la Rose, fille publique (1985)* • *Once more/Encore (1987)* • ***Le Café des Jules (1989)*** • *Wonderboy/De sueur et de sang (1993)* • *Zone franche (1996)* • *À vot'bon cœur (2004)*

Paul Vecchiali a été, dans sa jeunesse, cinéphile et polytechnicien. Après quoi, il est passé à la réalisation, avec la même passion que sa cinéphilie et la même rigueur que sa formation polytechnicienne. Mais sans doute est-ce la cinéphilie qui l'a toujours emporté, lui donnant l'envie, alors que la Nouvelle Vague enterrait les cinéastes de la tradition, de revenir précisément à ce cinéma des années 1930-1950 auquel il entendait rester fidèle. Et toute son œuvre porte l'empreinte, par les genres qu'il investit – mélodrame, comédie musicale, fantastique – comme par le goût du romanesque qu'il y déploie, de ce passé du cinéma. Toutefois les contraintes financières (et les évolutions formelles) rendent le défi impossible et l'amènent à opérer dans ses films un curieux effet de distanciation et de déconstruction, au demeurant très moderne, par rapport à la tradition classique dont il se réclame. Mais, de tournages rendus difficiles par des budgets plus que modestes en refus réitérés de la Commission d'avance sur recette devant ses divers projets, il se fait plus rare et semble même vouloir se retirer. Jusqu'à ce que, resurgissant à Cannes en 2004, il y présente un film qui est un peu, pour ce bressonnien convaincu, son *Argent* à lui et qui, sous son titre ironique en forme d'appel à la charité publique, *À vot'bon cœur*, traite précisément de cette difficulté quasi institutionnelle, pour un cinéaste indépendant, à pouvoir faire les films qu'il veut.

## LE CAFÉ DES JULES (1989)
### avec Jacques Nolot, Brigitte Roüan et Lionel Goldstein

**La ballade du café triste.** Terrible Vecchiali ! Avec lui, la poésie du zinc, la douce complainte des bistrots du coin se transforme en sinistre ballade du café triste : sous le comptoir, la rage, et tous les maux qu'engendre, comme dirait Prévert, la connerie humaine. Le café de Jules, il est comme les autres, quelconque, à l'angle de deux rues, quelque part dans une banlieue anonyme. Le soir tombe, un samedi de fin de semaine, de fin de boulot. Les habitués arrivent, commencent à payer leur tournée, bien décidés à trouver un peu de chaleur au fond des verres. Et ils boivent. L'un a le whisky triste, l'autre l'a rigolard. Quant à Jeannot, le plus teigneux, il l'a mauvais. Sa femme l'a plaqué, son gosse l'évite, et Christiane, la fille facile, lui préfère David, un représentant en lingerie, timide, un peu paumé à qui elle raconte sa vie entre deux gorgées. Les verres s'emplissent et se vident, les paroles commencent à s'égarer, les gestes aussi. Insensiblement, tout le trop-plein accumulé dans des vies désespérément ordinaires se débonde sous l'effet de l'alcool et des confidences de comptoir : les souvenirs, le refus de vieillir, le sentiment d'être toujours un homme, un vrai, avec tout ce qu'il faut pour faire plaisir à ces dames. Tout est donc en place pour la grande fiesta, on va pouvoir s'amuser. Avec David d'abord, l'autre, l'étranger, dont le prénom dit assez l'origine, et qui est un bouc émissaire tout trouvé. Mais il s'esquive, le trouillard. Reste Christiane, la femme : on va lui faire voir à celle-là ce que c'est qu'en avoir ou pas ! Et elle aura beau se débattre, à la casserole, la petite poulette ! Rien de bien grave, on le voit : le racisme, le viol, la violence ordinaire. Le dimanche matin, à l'heure du tiercé, on boit l'apéro, et la vie continue, comme si de rien n'était.
Le cinéma de Vecchiali a une force unique. Cela tient à son extrême densité : un lieu simple, quelques personnages, 1 h 05 de film – tout le contraire du lyrisme et du grand spectacle. Il suffit d'une image – la nuit, des rues banales, un coin de lumière, et la caméra qui s'approche, sur un air un peu triste d'accordéon –, voilà tout un monde épinglé, celui du zinc et du formica, celui des mecs et des bonnes femmes, celui de la vie de tous les jours. Avec des acteurs qui semblent sortis du bistrot d'en face, avec des mots tout bêtes, avec cette façon d'enregistrer ce qui paraît être la surface des êtres et des choses, Vecchiali fouille les profondeurs, descend droit au cœur et au sexe, et en fait surgir les monstres froids de la solitude, de la souffrance, de la bêtise, de la violence. Un cinéma sans esbroufe d'entomologiste du quotidien, unique dans le cinéma français d'aujourd'hui. Une caméra neutre, économe d'effets, transformant le manque de moyens en atout, et où le moindre gros plan, le moindre déplacement d'appareil prennent une force étonnante. Un regard froid sur un univers mis à nu. Avec Vecchiali, la tragédie est au coin de la rue.

# VERBINSKI Gore (américain, né en 1965)

**FILMOGRAPHIE :**
*La Souris (1997) • Le Mexicain (2001) • La Machine à explorer le temps (2002), co-réalisation • Le Cercle (2003) •* ***Pirates des Caraïbes (2003)*** *•
The Weather man (2005)*

Titulaire d'une licence de cinéma et de télévision, Gore Verbinski débute par la réalisation de vidéos musicales, tout en signant des spots télévisés et en réalisant de nombreux films publicitaires pour les plus grandes marques, qui lui valent de multiples prix et assoient sa réputation de réalisateur brillant. Passant au cinéma, il y apporte un sens de la concision narrative, une forme d'humour juvénile et une maîtrise des effets visuels qui s'expriment dans la comédie d'action tout autant que dans le fantastique, et qui prennent toute leur dimension dans sa façon de revisiter le film de pirates, en restant à la fois fidèle aux règles du genre et en les pliant à une vision et à un imaginaire très contemporains.

## PIRATES DES CARAÏBES (2003)
### avec Johnny Depp, Orlando Bloom, Geoffrey Rush et Keira Knightley

**Le vaisseau fantôme.** Ce qui est bien, avec les pirates, c'est qu'ils n'en finissent jamais de parcourir les mers. Increvables, inusables, malgré tous les vents et toutes les marées, tous les combats de haute mer et toutes les bordées de canons. Et ce qui est bien, avec le film de Gore Verbinski, c'est qu'il ne cherche précisément qu'à jouer le jeu. Partant du principe que le territoire privilégié de la flibuste, c'est l'aventure, et que tout enfant a un pirate qui sommeille dans le coin de son imaginaire, il met droit le cap sur ce qui fait l'imagerie même du genre : le film de pirates.

Qu'au demeurant ces *Pirates des Caraïbes* aient été produits pour mettre en valeur une des attractions vedettes des parcs Disney n'est en rien dommageable à l'entreprise. C'est que Gore Verbinski a pris soin de mettre tous les atouts dans son jeu, à commencer par un scénario surprenant qui génère les rebondissements avec une fertilité redoutable. Tellement même que le récit y prend une certaine complaisance à s'allonger, qui eût sans doute gagné de temps en temps à quelques ellipses. Pour le reste, tout y est, comme on l'attend : les décors – bateaux, cordages, grappins, voilures, tonneaux, et drapeau noir qui flotte en haut du mât – ; les costumes – uniformes anglais, chapeaux de marins, perle à l'oreille, œil de verre, et foulard noué autour de la tête – ; les personnages – trognes d'ivrognes édentés, capitaine à longue barbe, jeune héros au cœur pur, jeune beauté à l'avenant ; et un trésor fabuleux, des grottes cachées dans des criques profondes, des batailles enfumées, des cris, de la poudre, et des barques qui glissent, silencieuses, au clair de lune…
Et avec tout ça, en prime, ce qu'on n'attendait pas vraiment : un personnage sorti de nulle part, affublé de toute une quincaillerie de breloques exotiques et d'un tricorne fatigué, l'œil sombre fardé de mascara, et les manières excentriques d'un dandy décadent faisant dans la piraterie artiste : Johnny Depp, plus décalé que jamais, dans son monde à lui, en Jack Sparrow, aventurier de charme, à qui on a tout simplement volé son bateau, et qui va tout faire pour le récupérer. Ce qui est d'autant plus délicat que, autre surprise, l'infâme Barbossa et son équipage de pirates mutins, qui lui ont joué le mauvais tour de le débarquer tout seul sur un îlot désert, sont en quelque sorte inatteignables, du fait qu'une mystérieuse malédiction pèse sur eux, transformant le *Black Pearl* en vaisseau fantôme.
C'est là qu'entrent en jeu des effets spéciaux qui ont le bon goût de ne pas faire dans le clinquant, mais tout au contraire d'installer une sorte de vision troublante, entre l'ombre et la lumière, entre la vie et la mort. Le film de pirates se transforme alors en nuit des morts-vivants, suscitant moins la peur que l'excitation. Car, autre atout incontestable, l'humour veille en permanence, donnant à cette flamboyante aventure une sorte de jubilation permanente qui, soulignant bien qu'il ne s'agit que de cinéma, donne à ces aventures de pirates qui ne se prennent pas tout à fait au sérieux le charme léger de la fantaisie.

## VERHOEVEN Paul (hollandais, né en 1938)

**Premier long métrage :**
*Qu'est-ce que je vois ? (1971)*
**Filmographie depuis 1985 :**
*La Chair et le sang (1985)* • *Robocop (1987)* • *Total recall (1990)* • ***Basic instinct (1992)*** • ***Showgirls (1995)*** • *Starship troopers (1997)* • *Hollowman (2000)*

Passionné dès sa jeunesse par le cinéma américain, Paul Verhoeven, tout en poursuivant des études de physique et de mathématiques, tourne ses premiers courts métrages puis, une fois ses diplômes acquis, entre à la télévision hollandaise, où ses documentaires percutants et sa vision très aiguë des choses le font aussitôt remarquer. Ses premiers films, dans les années 1970, révèlent un style très personnel, où le réalisme passe souvent par la violence et par la sensualité, et où la visée critique s'exprime par un humour parfois acerbe. Hollywood s'intéresse vite à ce cinéaste atypique, et son premier film américain, *La Chair et le sang*, en 1985, évocation à la fois fidèle et brutale du Moyen Âge, lui ouvre la porte des grosses productions. Coup sur coup, la science-fiction et le thriller sensuel, à travers *Robocop*, *Total recall* et *Basic instinct*, le propulsent au sommet du box-office, dans une société du divertissement et du spectacle dont il ne tarde pas à montrer, avec la même efficacité, l'envers du décor dans *Showgirls*.

### BASIC INSTINCT (1992)
### avec Sharon Stone et Michael Douglas

**Certains l'aiment chaud, chaud…** Étonnant Paul Verhoeven. Son *Basic instinct*, parfaite variation sur le polar noir qu'il transforme illico presto en thriller sensuel, se paie le luxe de répondre parfaitement aux lois du genre tout en affichant sa propre singularité. Non pas tant sans doute par l'intrigue elle-même, au demeurant parfaitement ficelée et retorse, qui voit, dans une villa somptueuse au-dessus de l'océan, sur la côte nord de San Francisco, l'inspecteur Nick Curran enquêter sur un meurtre mystérieux, qui semble inspiré par un livre policier dont l'auteur, Catherine

Tramell, pourrait bien aussi être la coupable. Et le fait que ladite romancière soit une femme superbe et que l'inspecteur ne peut pas ne pas être insensible à ses charmes n'est jamais qu'une situation bien connue, celle qui met toujours le flic face à la tentation et qui le confronte inexorablement à la femme fatale. Mais là où le cinéaste hollandais n'y va pas avec le dos de la cuillère, c'est que, pour répondre à cet instinct de base que son titre affiche résolument, non seulement il baigne d'emblée son intrigue dans une atmosphère de sensualité particulièrement chaude, mais qu'il pousse ladite chaleur au torride, dans une scène d'interrogatoire où la splendide Sharon Stone, écartant les jambes, laisse deviner, dans l'ombre, un objet du désir dont l'obscurité suscite, chez les policiers qui l'observent, des sueurs dont on voit bien qu'elles ne sont pas froides.
Scène passablement vertigineuse, qui envoie promener toute une tradition de puritanisme et de code moral et qui flirte avec l'absolu de l'interdit, en concentrant tous les regards sur un sexe plus que jamais origine du monde, du désir, de l'instinct, de la violence, du sang… Et comme si cela ne suffisait pas, le réalisateur passe du chaud au froid, et impose, dans la collection des accessoires meurtriers dont le cinéma, depuis l'origine, a toujours développé la panoplie, une arme totalement inédite : un pic à glace. Pointu, phallique, toujours à portée de main sous le lit, lourd de sens et de symbole, et dont le plus surprenant est qu'il le rend tellement efficace qu'on en oublie de se poser la question de savoir ce qu'il peut bien faire dans une maison luxueuse, doté de tous les réfrigérateurs, congélateurs et distributeurs à glaçons possibles !

## SHOWGIRLS (1995)
### avec Elizabeth Berkley, Kyle MacLachlan et Gina Gershon

**Un univers (im)pitoyable.** Las Vegas, 342 miles. D'emblée, l'itinéraire est tracé. La jeune femme, surgie de nulle part, qui, aux tout premiers plans du film de Paul Verhoeven, fait de l'auto-stop en bordure de highway sous un panneau indiquant la direction, a un but bien précis. Comme elle l'indique au type qui la prend en charge, elle part pour la ville lumière avec le désir d'y réussir comme danseuse de revue et elle est bien décidée à jouer de ses charmes, il est vrai incontestables, pour parvenir au sommet de ce qu'offre ce paradis du fric et de la frime. À nous deux, donc, Las Vegas, et après nous le déluge !
Le scénario de *Showgirls* offre ainsi un schéma parfaitement balisé. Ce qui sera donné à voir, c'est l'ascension d'une fille qui, partie de rien, se propulse vers la gloire en n'hésitant pas à écraser au passage tout ce qui fait obstacle à sa réussite. Il y a près de cinquante ans de cela, ce même canevas servait déjà de fil conducteur au célèbre *Eve* de Mankiewicz. Comme ici, il y était question d'une jeune débutante qui, se faisant sa place au côté d'une vedette de théâtre, poussait progressivement celle-ci sur la touche jusqu'à prendre sa place. C'est très exactement ce que fait Nomi, l'auto-stoppeuse en route pour Las Vegas, lorsque, dès son arrivée, elle s'introduit dans le milieu du spectacle, qu'elle se fait remarquer de Cristal, la meneuse de revue qui triomphe sur la plus grande scène de la ville, et que, petit à petit, elle parvient à établir avec celle-ci des relations ambiguës, entre soumission apparente et haine profonde, jusqu'au jour où elle la balance proprement du haut d'un escalier, l'envoyant à l'hôpital et se retrouvant de ce fait propulsée tout en haut de l'affiche. Mais si Joe Eszterhas, en scénariste prêt à user des bonnes recettes, retient du scénario d'*Eve* le schéma général, qui a d'ailleurs depuis servi à bon nombre de films musicaux, les temps ont bien changé depuis le film de Mankiewicz. Ce qui intéresse ici visiblement le réalisateur et son scénariste, ce sont moins les ressorts intimes d'une personnalité ni même la peinture d'un milieu que l'étalage, sous tous les angles et toutes les postures, de ce qui avait déjà largement assuré le succès de leur *Basic Instinct*, à savoir le sexe, le sexe, encore le sexe. Point besoin donc du théâtre pour cela, mais uniquement de sa forme abâtardie, le show musical, sous ses deux aspects les plus racoleurs, le strip-tease et la revue de cabaret. Nomi commence ainsi tout au bas de l'échelle, dans un établissement qui fait dans le sexe comme d'autres font dans la viande ou le poisson. Et lorsqu'elle quitte cette usine à chair fraîche, qui tient plus ou moins du claque organisé, avec danses lascives et gymnastique roborative pour clients particuliers en prolongement de spectacle, c'est pour devenir danseuse dans une revue de plus haute tenue artistique, sinon morale, où le poids des costumes se mesure à l'épaisseur du string que portent ces demoiselles. À ce rythme-là, cela fait, au bout des deux heures de projection, un nombre appréciable de seins, de fesses et autres attributs intimes. Reste seulement à savoir si cela fait un film. La chose pourrait paraître douteuse, et l'efficacité même de Paul Verhoeven n'être qu'une forme de roublardise. Pourtant, poussant à l'extrême, avec les gros moyens dont il dispose, les tendances d'un cinéma américain qui recule de moins en moins devant la vulgarité affichée, les sentiments grossiers et le sexe à tout va, le cinéaste joue le jeu du mauvais goût à fond pour mieux envoyer promener *in fine* tout ce monde perverti et frelaté. Son film, qui réintroduit au bout du compte une forme de morale, apparaît alors pour ce qu'il est : un miroir tendu à un pays fasciné par le défoulement de ses plus basiques instincts, et à une usine hollywoodienne qui sait les transformer en spectacle.

## VERNEUIL Henri (français, 1920-2002)

**PREMIER LONG MÉTRAGE :**
*La Table aux crevés (1951)*
**FILMOGRAPHIE À PARTIR DE 1985 :**
***Mayrig (1990)*** • *588 rue Paradis (1991)*

Les films d'Henri Verneuil auront eu auprès du grand public, des années 1950 aux années 1980, un succès inversement proportionnel à celui qu'ils n'ont jamais réussi à avoir auprès de la critique. Taxé de l'épithète définitive de commercial, son cinéma, enveloppé dans le même sac que les dialogues de Michel Audiard qui très souvent l'accompagnaient, n'a jamais eu l'heur d'être vraiment regardé pour lui-même. Et pourtant, à le considérer de plus près, avec le recul des années, on s'aperçoit que le réalisateur avait des qualités qui ne sont pas négligeables, et dont on a souvent pensé qu'elles étaient réservées au seul cinéma américain : un sens du récit, sachant tirer le meilleur profit de scénarios solides et bien ficelés ; une grande maîtrise technique ; une façon de filmer visant toujours à l'efficacité ; et une aptitude à ne pas se laisser déborder par des comédiens vedettes – Fernandel, Michel Simon, Gabin, Delon, Belmondo, Montand – mais au contraire à en tirer souvent le meilleur. Le tout avec un art de raconter des histoires qu'il tenait sans doute de ses origines orientales, et dont son récit d'enfance, sur lequel se clôt son œuvre, montre qu'il prenait loin ses racines, dans un passé douloureux de jeune Arménien exilé, marqué par la mémoire terrible du génocide de son peuple.

### MAYRIG (1990)
### avec Claudia Cardinale et Omar Sharif

**La gloire de ma mère.** Le Marseille d'Henri Verneuil n'est pas celui de Marcel Pagnol. Et pourtant, ils se ressemblent, parce qu'ils partagent en commun un même territoire : celui de l'enfance. Et parce que cette enfance, pourtant si éloignée dans les deux cas, eut, elle aussi, un dénominateur commun : le bonheur au sein d'une famille pétrie de chaleur humaine. La vie du jeune Azad Zacharian (c'est ainsi qu'il se nomme dans le film, si proche d'Achad Malakian, le véritable nom d'Henri Verneuil) était pourtant marquée au départ d'un signe tragique, celui-là même que le réalisateur place en exorde de son film, en rappelant le destin de tout un peuple. Avec une science juste du récit, Henri Verneuil commence en effet sa chronique familiale par l'évocation du massacre des Arméniens, sous forme du procès intenté au jeune assassin qui, en 1921 à Berlin, tua le ministre turc responsable des massacres. Ce jour-là, et de ce procès, le génocide arménien entrait dans l'histoire, et le verdict d'acquittement du jeune justicier affirmait clairement la culpabilité de l'État turc, culpabilité, on le sait, jamais officiellement assumée depuis. C'est précisément pour que la mémoire du crime ne s'efface pas, et aussi parce que le jeune Azad naît en 1915, l'année même du massacre (et le cinéaste, né cinq ans plus tard, modifie là de manière symboliquement forte son acte de naissance), qu'Henri Verneuil ouvre son récit par cette évocation et, à travers les souvenirs d'un survivant mutilé, par quelques images terribles de la barbarie humaine. Scènes symboliques, en ce qu'elles font planer l'ombre de la mort. Mais aussi, et par contrecoup, scènes qui disent, dans la volonté de survivre, dans le désir de dépasser le malheur, dans la foi en l'avenir que représente l'enfant, la lumière même de la vie.

Ombres et lumières : *Mayrig* est tout entier baigné de cet éclairage alterné. Ce n'est pas un film triste, même si le malheur pèse, parce qu'il y a les découvertes de l'enfance, la candeur et la malice, les sourires et les joies. Mais ce n'est pas un film gai, parce que, derrière tout cela, il y a la souffrance, les vies gâchées, et aussi – constat à méditer – la xénophobie brutale ou larvée qui, devant ces émigrés venus d'ailleurs, leur fait sentir tout le poids de leur différence.

La famille Zakarian s'installe donc, en débarquant, tout au bout de la rue Paradis. Un paradis pour pauvres, au goût de purgatoire, avec sa chambre lépreuse au quatrième, ses W.C. sur le palier, ses invasions de punaises. Mais purgatoire qui fait espérer un ciel meilleur, avec le dévouement de Mayrig (toute la douceur de Claudia Cardinale) et celui de ses deux sœurs, Anna aux cheveux blancs, Gayané au doux visage, trinité maternelle, un seul cœur en trois personnes. Et avec les sacrifices du père (Omar Sharif, la peau tannée par le malheur, mais le sourire au coin des yeux), qui travaille la nuit pour que son fils puisse entrer dans le meilleur collège. Ces scènes de l'enfance, Henri Verneuil a choisi de les raconter comme un conteur : avec une voix off (celle de Richard Berry, le garçon devenu grand qu'on retrouvera dans le second volet) ; avec les tableaux des travaux et des jours : l'arrivée au collège, la découverte du cinéma, la pleurésie, la première femme... Avec aussi un art consommé d'artisan du cinéma : les décors de studio qui créent l'atmosphère, les acteurs qui habitent des rôles taillés sur mesure, la musique qui évoque l'Orient natal, et cette façon d'animer une rue, de faire bouger une foule qui dénote tout un savoir-faire. Le tout porté par un tiers d'accent marseillais, symbole même de l'intégration ; un tiers de nostalgie, même si on veut regarder devant plutôt que derrière ; un tiers d'émotion, à vous fendre souvent le cœur. Et par-dessus tout, un énorme tiers d'amour.

## VERNOUX Marion (française, née en 1966)

**FILMOGRAPHIE :**
*Personne ne m'aime (1993)* • *Love etc. (1996)* • *Rien à faire (1999)* •
***Reines d'un jour (2001)*** • *À boire (2004)*

Éclectique – assistante de production, parolière de chansons, scénariste –, Marion Vernoux passe à la mise en scène en 1991 avec *Pierre qui roule*, qu'elle réalise pour la télévision, avant de signer en 1993 son premier long métrage de cinéma, *Personne ne m'aime*, où elle suit plusieurs personnages féminins dans un road-movie sentimental qui a la liberté de ton et de scénario du cinéma des années 1960. Cette légèreté de touche, ce goût pour une narration vagabonde, ce plaisir de la couleur et des chansons, cet accent mis sur les complexités sentimentales plus que sur les réalités sociales, qu'on ne peut manquer de rapprocher de la Nouvelle Vague, animent ses films suivants, de *Love etc.*, variation sur le triangle amoureux, à *Rien à faire*, histoire de deux chômeurs en panne de travail et d'amour et dont l'amitié se transforme en amour, puis à *Reines d'un jour*, film patchwork croisant pendant vingt-quatre heures les mésaventures de plusieurs personnages pris dans une succession de ratages divers, et jusqu'à *À boire*, mésaventures alcoolo-existentielles de trois paumés à la dérive.

### REINES D'UN JOUR (2001)
### avec Karin Viard, Hélène Fillières, Victor Lanoux, Jane Birkin et Sergi Lopez

**Cœurs croisés.** Il y a des jours où, décidément, rien ne va. Pour une cinéaste qui adore les choses mêlées de la vie, comme Marion Vernoux, des journées catastrophes de ce type, c'est naturellement pain béni. Et le choix qu'elle fait de raconter vingt-quatre heures de la vie cahin-cahotante non pas d'une femme, mais de plusieurs, avec accessoirement les hommes qui les entourent, qui les croisent et qui les accompagnent (ou pas), cela donne une de ces comédies kaléidoscope, mêlant les sentiments et les situations, dont elle fait la matière habituelle de son cinéma. Avec ces *Reines d'un jour*, elle choisit même de pousser la complication jusqu'à s'inscrire dans la ligne du Robert Altman de *Short Cuts*, la structure narrative du film déroulant une série d'histoires individuelles qui ont leur propre autonomie et les entrecroisant, par un montage alterné, jusqu'au point où toutes finissent par trouver *in fine* un point de jonction. Et s'il n'y a guère au départ de chances pour que la route d'Hortense, l'orthophoniste qui profite d'une absence de son mari pour partir à la chasse à l'homme et qui se plante lamentablement dans ses rendez-vous, croise celle de Marie, la photographe qui découvre qu'elle est enceinte à la suite d'une étreinte impulsive qu'elle a eue avec un jeune marié qui l'a honorée avant même sa nouvelle épouse lors de la soirée de mariage ; et s'il n'y a pas davantage de chances pour que Luis, le chauffeur d'autobus qui voit sa femme monter à l'improviste à un arrêt pour lui annoncer tout de go, en pleine circulation, qu'elle le quitte, se retrouve au côté de Maurice, l'ex-vedette télé vivant reclus dans son appartement et s'apprêtant à recevoir son ancienne partenaire, la femme de sa vie, qui vient le retrouver vingt ans après ; si donc ni les uns ni les autres n'ont, semble-t-il, au départ rien qui puisse les rapprocher, l'enchaînement des contrariétés que chacun est amené à subir, joint à la logique des sentiments que chacun éprouve et, naturellement, aussi à la volonté ludique de la cinéaste qui agence tout cela comme les pièces d'un puzzle, fait donc que tout ce petit monde, après avoir souffert le martyre, en vient à mettre ses ennuis d'un jour dans le même pot commun.

À ce jeu-là, les acteurs ont naturellement la part belle, et la réussite du film tient pour l'essentiel à cette partie croisée qui voit une Karin Viard sous pression essayer de tromper un Philippe Harel placide avec un Melvil Poupaud ou un Gilbert Melki pratiquant la séduction à la chaîne, et une Hélène Fillières, déjà suffisamment préoccupée par sa grossesse inattendue, se faire emboutir par une Marie-Sophie L. tête en l'air la voiture que lui a prêtée son voisin, lequel n'est autre que Victor Lanoux, lequel, après s'être rasé et coiffé, avoir nettoyé son appartement, et avoir imaginé toutes les configurations possibles dans les retrouvailles qu'il va faire d'une Jane Birkin qui se prête avec jubilation à ces métamorphoses fantasmatiques, choisit finalement de ne pas lui ouvrir sa porte, laquelle porte se venge en se refermant malencontreusement sur lui, l'obligeant à passer la nuit dans le couloir avec la fillette elle aussi fermée dehors d'un Sergi Lopez tentant d'oublier sa Clémentine Célarié envolée dans une folle soirée fortement alcoolisée ! Et si ce spectacle de la condition humaine, et surtout féminine, confrontée aux cahots d'une existence pas si drôle suscite plus l'amusement que la compassion, c'est que l'unité de temps – de 8 heures du matin à 6 heures le matin suivant – et de lieu – Paris, ses rues et ses quartiers – concentre ingénieusement une diversité d'actions dont le dénominateur commun est de faire la preuve que les petites misères et les grandes souffrances ont une inépuisable potentialité comique, et que la tragédie n'est jamais si proche de la comédie que lorsqu'une réalisatrice s'amuse à les entremêler. Pour rire.

## VEYSSET Sandrine (française, née en 1966)

**FILMOGRAPHIE :**
***Y aura-t-il de la neige à Noël ? (1996)*** • *Victor pendant qu'il est trop tard (1998)* • *Martha... Martha (2000)* • *Il sera une fois (2005)*

Le premier film de Sandrine Veysset, *Y aura-t-il de la neige à Noël ?*, sur un sujet et un milieu social plutôt rarement abordés dans le cinéma français, révèle un tempérament de cinéaste très originale, traitant de la réalité la plus âpre de façon à la fois précise et juste, tout en lui donnant la couleur quasi onirique du conte. Il y a là, dans cette façon de regarder le monde, une sensibilité frémissante et un talent exigeant, que confirment, même s'ils sont moins convaincants, les deux films suivants, où reviennent, récurrents, les thèmes de la misère sociale et de l'enfance.

### Y AURA-T-IL DE LA NEIGE À NOËL ? (1996)
**avec Dominique Reymond et Daniel Duval**

**Mère courage.** Il était une fois des enfants dans une grange, se poursuivant au milieu des bottes de paille. Avec, les suivant au plus près dans leurs galipettes, une caméra quasi documentaire, portée à l'épaule. Tout le paradoxe – et tout le pari insensé – du film de Sandrine Veysset tient dans cette première séquence : on est d'emblée au cœur d'une histoire qui ressemble à un conte pour enfants, mais filmée en direct, par les moyens du cinéma-vérité. Et cette impression première ne fait que se renforcer tout au long d'un film dont le titre même – *Y aura-t-il de la neige à Noël ?* –, écrit au générique dans une graphie enfantine, tient à la fois de la comptine et de la météo rurale. Tout se passe en effet dans un de ces lieux propices aux vieilles histoires : la campagne. Mais pas une campagne écolo-chromo pour effets de lumière sur papier glacé : la campagne de la terre, du soleil d'été qui tape sur la nuque, de la boue qui colle aux bottes au moment des pluies d'automne, du vent froid comme une lame qui l'hiver balaie la cour gelée et s'insinue sous la porte. On est ici dans la Drôme du Sud, aux confins d'une Provence âpre et rude, anti-pagnolesque. Le décor est une ferme, pas spécialement reluisante, où l'on travaille dur. L'époque n'est pas précisément datée, mais aux objets, aux habits, aux voitures, on situe cela aux alentours des années 1960-1970, à un moment où la contraception n'était pas encore ce qu'elle était. Ce qui explique déjà que la mère ait eu sept enfants, l'autre explication en étant qu'elle a aimé passionnément le père, et qu'elle l'aime toujours, malgré son caractère dur, autoritaire, inhumain presque. Car, on va le comprendre progressivement, sans que rien jamais ne soit explicité, le père n'est pas le mari, il est le patron – *padre padrone* –, dont la vraie famille, officielle, est ailleurs, à Cavaillon. Ici, ce n'est que l'autre famille, celle des bâtards, qu'il a installée dans cette ferme pour l'exploiter, et pour les exploiter. Car il les fait tous travailler, y compris les gosses les plus jeunes, à ramasser les tomates, nettoyer les radis, couper le bois, planter les choux. Et en échange, il leur donne juste de quoi subsister. Pourtant, dans cet univers de la dureté, de l'insoutenable pesanteur des choses, la vie n'est pas malheureuse. Le bonheur est aussi dans le pré : il est dans le coin de cour où les gosses construisent des petites maisons de pierre ou bricolent des bateaux pour les faire voguer sur les canaux d'irrigation ; il est dans la complicité des regards, dans le joyeux brouhaha de la table, dans le départ à l'école sous la pluie en rang d'oignons. Le bonheur, il est dans la chaleur du foyer, dans la figure lumineuse et douce de la mère.

Au centre du film de Sandrine Veysset, elle est là : l'*alma mater, mater dolorosa*, mère courage. Jeune encore, élevant ses petits comme une poule sa couvée, les défendant bec et ongles, les réchauffant de ses caresses, de ses sourires, et du bonsoir qu'elle leur dit chaque soir pour qu'ils dorment en paix. Extraordinaire figure de femme, saisie par la réalisatrice à la juste distance de l'observation minutieuse et de la sympathie reconnaissante. Faible à sa manière, aimant l'homme qui la fait souffrir, mais forte aussi, refusant l'inacceptable, et prête à tout pour protéger ses enfants de l'ogre qui veut les dévorer. Car les structures du récit font évidemment penser à un conte : ces sept enfants, ce méchant père qui les tyrannise, cette histoire qu'on dirait surgie du fond des âges, vécue, et montrée, dans toute son implacable rigueur, mais aussi rêvée, ainsi que la raconte le soir, au coin du feu, la mère elle-même à ses enfants. Et puisque conte il y a, il y aura, comme dans tous les contes, une soirée de Noël. Tout y conduit : le fil des saisons, saisies dans la transformation d'un décor qui change de couleur et de tonalité ; mais aussi les enfants qui grandissent, et l'aînée qui devient femme, et qui éveille le regard et les sens du père lui-même. On est là au bord de la chronique misérabiliste, comme on pourrait l'être du drame social sordide. Et pourtant, c'est tout l'art de Sandrine Veysset de conduire son récit sur le fil, sans jamais basculer. Et en préservant cette sorte de pureté du regard, cette finesse sensible de la connivence qui fait naître l'émotion et que dispense à foison, au centre de tout, elle, la mère, Dominique Reymond, formidable comédienne de théâtre, qui n'avait jamais vu une ferme de sa vie et qu'on dirait pourtant être née là, pour souffrir, pour aimer, pour donner la vie. Et pour faire tomber la neige à Noël.

## VINCENT Christian (français, né en 1955)

**FILMOGRAPHIE :**
***La Discrète (1990)*** • *Beau fixe (1992)* • *La Séparation (1994)* • *Je ne vois pas ce qu'on me trouve (1996)* • *Sauve-moi (2000)* • *Les Enfants (2004)* • *Quatre étoiles (2005)*

*Classique* : c'est le titre d'un des tout premiers courts métrages, tourné en 1985, de Christian Vincent. C'est aussi le qualificatif que l'on pourrait donner à son cinéma. *La Discrète*, en 1990, succès à la fois critique et populaire, en illustre bien les deux aspects principaux : une facture littéraire, faisant la part belle à la narration et aux dialogues, et une thématique axée sur les jeux de l'amour et du hasard, traités dans une tonalité brillante et légère (*La Discrète, Beau fixe*) ou plus discrètement grave (*La Séparation, Je ne vois pas ce qu'on me trouve*), surtout lorsqu'elle se donne des préoccupations sociologiques (comme l'analyse de la famille recomposée, dans *Les Enfants*). Mais ce classicisme n'exclut pas l'innovation, comme le montre *Sauve-moi*, tourné à partir d'un atelier d'écriture réunissant dix-sept chômeurs de Roubaix et cherchant à retrouver, par un scénario en constante évolution sur le tournage, la flexibilité et la liberté d'une réalité kaléidoscopique.

### LA DISCRÈTE (1990)
**avec Fabrice Luchini, Judith Henry et Maurice Garrel**

**L'ingénu libertin.** Antoine a horreur que les femmes le quittent. Et lorsque Solange, sa petite amie du moment, le plante là, comme une souche, sur le quai de la gare où lui-même était venu la rejoindre avec l'intention de rompre, sa colère retombe sur toute la gent féminine, dont il est bien décidé dès lors à se venger. Et précisément, son ami Jean, un libraire raffiné et calculateur qui lui sert de mentor, lui en fournit l'idée : il propose à Antoine de préparer un journal intime qu'il se charge de publier, dans lequel la vengeance servira justement de thème dominant. Pour cela, rien de plus simple : il lui suffira de prendre une femme au hasard, de la séduire, de s'en faire aimer et, une fois la conquête assurée, de l'abandonner purement et simplement, pour voir. Le plan libertin fonctionne à merveille, d'autant que la jeune fille qui se prend dans les mailles du filet n'a rien physiquement qui puisse attirer Antoine et qu'elle est d'une banalité telle que celui-ci la surnomme « la discrète », du nom d'une de ces mouches de taffetas que les femmes du XVIIe siècle se collaient sur le visage pour faire ressortir la blancheur de leur teint. Discrète en effet Catherine l'est, et tellement, qu'Antoine ne se rend pas compte tout de suite à quel point elle est attachante. Mouche peut-être, mais fine mouche aussi. Et le temps de le réaliser, voilà Antoine pris à son propre piège et découvrant à ses dépens les surprises de l'amour.

Marivaudage élégant et libertinage gentiment pervers : une telle histoire, par le jeu qu'elle comporte entre calcul et sentiment, entre amour et hasard, entre cinéma et littérature, fait toute naturellement penser à Rohmer et notamment au Rohmer des *Contes moraux* et plus encore des *Comédies et proverbes*, jusqu'à la sentence finale qui, en guise de moralité, vient conclure la fable : « Quand on regarde quelqu'un, on n'en voit que la moitié. » Toutefois, Christian Vincent, pour son premier film, a su trouver un ton à lui. Si ses références sont bien les mêmes que celles de Rohmer – Marivaux, Musset, mais aussi Laclos, Restif, les précieuses et les libertins –, il soumet son récit à une sorte de logique du cœur qui, progressivement, ajoute au plaisir de l'esprit les émotions du sentiment. Et du coup, le divertissement prend une gravité tragique qui donne aux personnages une vraie densité humaine. Car, dans ce monde, où le plaisir passe par l'intellect, chaque protagoniste de l'histoire, si détaché soit-il en apparence, a quelque fêlure secrète, quelque souffrance cachée. Et c'est tout l'art du réalisateur que de les découvrir, d'un mot, d'un geste, d'un décor, d'une image. Dans ce dévoilement discret des profondeurs, la part des acteurs est naturellement essentielle. C'est peu de dire que Christian Vincent les a bien choisis : il a construit ses personnages autour de leur personnalité. Maurice Garrel, dur et douloureux, qui fait penser à un Roger Vailland triste. Judith Henry, qui est tellement Catherine que le spectateur, comme Antoine, se prend peu à peu à la découvrir et à s'y attacher. Fabrice Luchini, surtout, papillon volage, bavard sublime, se composant un personnage auquel il finit par croire. Avec lui, c'est toujours la même fantaisie jubilatoire, le même brio éblouissant. Mais ici avec l'ambivalence de qui croit tout savoir et apprend à son cœur défendant qu'il y a toujours à apprendre. Comme si le libertin, dans sa nudité, n'était jamais qu'un ingénu qui s'ignore.

## VINTERBERG Thomas (danois, né en 1969)

**FILMOGRAPHIE :**
*Les Plus grands héros (1996)* • ***Festen (1998)*** • *It's all about love (2003)* • *Dear Wendy (2005)*

Tout juste sorti en 1993 de l'École de cinéma danois avec un film de fin d'études, *Dernier tour*, qui est récompensé dans plusieurs festivals et nommé à l'Oscar, Thomas Vinterberg réalise un téléfilm et un second court métrage qui, eux aussi remarqués et primés, lui permettent de passer directement au long métrage, alors même qu'avec trois de ses amis danois, Lars von Trier, Kristian Levring et Soren Kragh Jacobsen, il élabore Dogme 95, un ensemble de contraintes et de règles strictes que le groupe s'impose pour promouvoir un cinéma nouveau. Et lui-même applique le premier cette charte rigoureuse dans son second film, *Festen*, qui porte la mention *Dogme 1*, et auquel le prix du jury à Cannes apporte un retentissement international.

### FESTEN (1998)

### avec Ulrich Thomsen, Henning Moretzen et Thomas Bo Larsen

**Dogme pur et linge sale.** Il y a comme une sorte de contradiction paradoxale dans l'exercice de style auquel se livre Thomas Vinterberg dans *Festen*. D'un côté, répondant au « vœu de chasteté » qu'il a co-signé avec ses collègues danois du Dogme, il s'efforce de répondre avec la plus extrême rigueur aux principes qu'eux-mêmes se sont fixés pour promouvoir un cinéma qui entend épurer le cinéma. Selon la bonne vieille méthode de l'écriture à contraintes, qui n'aurait pas déplu à l'Oulipo, le jeune cinéaste suit donc consciencieusement les règles concernant le tournage « *on location* », la caméra tenue exclusivement à l'épaule, le son synchrone, le refus de tout éclairage spécial, de tout trucage, de tout filtre, de toute musique non inhérente à la scène filmée, et autres obligations et interdits censés débarrasser le film de ses béquilles habituelles et permettre enfin que seule la vie intérieure des personnages justifie l'intrigue et le déroulement du film. Autant dire un cinéma dépouillé, réduit à un tournage minimal, et où, dans la pureté quasi ascétique ainsi retrouvée, le réalisateur lui-même disparaît : et d'ailleurs, conformément au Dogme, son nom ne figure pas au générique.
Voilà qui est bel et bon mais qui, à la vision de *Festen*, n'apparaît pas d'une évidence aveuglante. Le jansénisme formel y débouche en effet sur un déballage de linge sale et une frénésie quasi hystérique qui non seulement occultent et contredisent le fameux dépouillement formel mais qui surtout ramènent la prétendue vie intérieure des personnages à une sorte de *Dallas* à la scandinave, passé au moule des vieux tabous refoulés et opportunément

ressortis pour un psychodrame qui n'y va pas avec le dos de la cuillère à épices. Soit donc une réunion de famille, autour de la figure symbolique du père, dont on fête les 60 ans, et qui a réuni pour l'occasion, dans son superbe château-auberge, parents, alliés et amis, autour de lui-même, de sa femme et de ses trois enfants. Avec une place vide, celle de la quatrième fille, qui s'est suicidée en se noyant dans sa baignoire, dans la chambre même que vient occuper sa sœur. C'est dire qu'un fantôme hante d'emblée la fête. Or, précisément, cette mort, le frère jumeau de la victime, Christian, va, au cours d'un repas qui tourne progressivement au jeu de massacre, en révéler les raisons cachées. Et comme c'est le père qui représente, à la fois familialement et socialement, l'ordre, c'est évidemment lui qui ne saurait être, sous son pouvoir aux apparences respectables, que le fauteur de trouble et l'agent même du désordre. Que le désordre en question passe par l'inceste n'ajoute que le scandale du piquant à un défoulement collectif, où, pendant qu'on y est, sont mis aussi sur la table bien d'autres vices non moins crapoteux, hypocrisie, violence, bêtise, racisme, et autres comportements qui donnent de la famille (et de la société danoise) une image particulièrement salée. Mais qui, dans leur côté systématique, font moins penser aux Atrides et aux grandes familles des tragédies mythologiques qu'aux clichés et aux stéréotypes des dynasties de téléfilms. Et si le repas se veut corsé et ne lésine pas sur l'assaisonnement, chaque étape du déballage étant d'ailleurs rythmée par le service des plats que règle, *deus ex culina*, le chef ordonnateur du festin, la nouvelle cuisine du Dogme ainsi proposée à la carte apparaît finalement, entre la carpe de la forme et le lapin du contenu, un peu bancale et indigeste.

Y X

# W

# WACHOWSKI Larry et Andy (américains, nés en 1965 et 1967)

**FILMOGRAPHIE :**
*Bound (1995)* • ***Matrix (1999)*** • ***Matrix reloaded (2003)*** • *Matrix Revolutions (2003)*

« Qu'est-ce que le réel ? Si tu veux parler de ce que tu peux toucher, de ce que tu peux goûter, de ce que tu peux voir et sentir, alors le réel est seulement un signal électrique interprété par ton cerveau. Ça, c'est le monde que tu connais. Le monde tel qu'il était à la fin du XXe siècle. Il n'est plus aujourd'hui qu'une parcelle de la simulation neuro-interactive que nous appelons la matrice. Et tu viens d'un monde imaginaire, Néo. Voici le monde tel qu'il existe aujourd'hui. » La définition que Morpheus propose à Neo, le héros de *Matrix*, donne la mesure du sujet et de l'enjeu du film : créer un nouveau monde, virtuel. La trilogie des frères Wachowski s'y emploie, avec une virtuosité technique qui l'emporte parfois sur la clarté de la réflexion philosophique. Mais là n'est sans doute pas l'essentiel, qui consiste plutôt à donner à cet univers informatique son langage cinématographique : sur ce plan, les deux frères, remarqués d'abord pour leur scénario d'*Assassins*, de Richard Donner, et pour l'élégance formelle de *Bound*, où ils détournent l'univers masculin du film noir vers le thriller sensuel sur fond de lesbianisme, font merveille. Leur film est bien, en matière d'univers virtuel, matriciel.

## MATRIX (1999)
### avec Keanu Reeves, Laurence Fishburne et Carrie-Anne Moss

**Le Sauveur informatique.** Sauver l'humanité : beau programme ! Qui a déjà servi, il y a deux mille ans, à un Sauveur précisément envoyé pour ça. Mais voilà, à l'ère qui s'ouvre du IIIe millénaire, les hommes, décidément incorrigibles, se sont inventé de nouvelles machines, lesquelles, à force d'intelligence artificielle, ont fini par dicter leur loi. Désormais, il y a deux réalités : celle que l'on croit être la vraie, et qui n'est qu'un gigantesque leurre numérique régi par la Matrice qui programme le monde, et l'autre, celle qu'on ne voit plus, et à laquelle croient encore quelques témoins irréductibles, réfugiés dans leur vaisseau catacombes et qui s'accrochent à cette idée de ramener au royaume de Sion l'humanité perdue. Pour cela, ils attendent le nouveau Sauveur. Lequel, en ces temps numériques, ne saurait être qu'informaticien. C'est donc là qu'intervient le dénommé Thomas Andersen, crédule d'abord comme son prénom l'indique, mais qui, la nuit, se transforme en pirate informatique inventant ses propres programmes, et manifeste toute la puissance dont il est porteur sous un nom qui annonce la bonne nouvelle d'un avènement : Neo. Et c'est ici que les frères Wachowski, investissant le mythe du Sauveur et habillant la symbolique chrétienne de tout un attirail syncrétique qui mêle allègrement l'imagerie SF la plus débridée, le bouddhisme le plus zen et la mystique du jeu vidéo la plus spectaculaire, imaginent une histoire qui raconte la venue du messie des temps nouveaux. C'est-à-dire d'abord hollywoodiens. À cet égard, les effets spéciaux parfaitement en situation puisque les personnages présumés ne sont eux-mêmes que des entités virtuelles, atteignent à un degré de sophistication qui, pour le coup, tient lieu de langage cinématographique. À quoi s'ajoutent, pour donner au grand spectacle et à l'action leur part de chorégraphie visuelle, une influence patente du cinéma de Hong-Kong – kung-fu, karaté et autres ballets martiaux étourdissants –, mais aussi pour le côté sagesse orientale, avec maître enseignant à son disciple la force du mental et lui apprenant à réaliser toutes les potentialités qu'il porte en lui.
Cela donne un film assez étrange, sorte de long poème sombre, où le blanc nu de l'écran vient se saturer d'obscurités et de décors menaçants, où le crépitement des armes mêle l'accéléré de la rafale au ralenti des projectiles, et surtout où évoluent des personnages uniformément habillés de noir, ce qui donne à leur affrontement entre lunettes noires et longues redingotes noires, comme un raccourci de *men in black* dans un western léonien. Keanu Reeves, impassible, promène sa détermination d'Élu, seul capable de venir déprogrammer la machine matrice et de rendre les hommes à eux-mêmes. À la condition qu'en sortant de la salle, ceux-ci n'aillent pas, comme certains ados de tel lycée américain, confondant le virtuel du jeu vidéo et la réalité du monde, tirer sur tout ce qui bouge. C'est pour le coup que la matrice hollywoodienne aurait bel et bien réussi son sale coup.

## MATRIX RELOADED (2003)
### avec Keanu Reeves, Laurence Fishburne et Carrie-Anne Moss

**Cyber salade.** Que l'Élu, plus que jamais Sauveur du monde, ait à accomplir une mission proprement sacerdotale, le second volet de la trilogie matricielle vient le confirmer de façon éclatante : la cape noire de Neo, relookée par la

haute couture design, est désormais une… soutane ! Et ce n'est pas la moindre surprise, dans un cyber-univers peuplé de formes virtuelles, d'appareillages informatiques high-tech et du tout dernier cri de la technologie *bullet time*, que de voir surgir la bonne vieille soutane des curés de campagne, d'autant plus seyante qu'elle est portée ici avec lunettes noires assorties par un Keanu Reeves qu'agitent les questions métaphysiques premières, et notamment celle de la liberté de choix. Car la Matrice envoyant son armada de zombies mécaniques à l'assaut de Zion, le dernier bastion de l'humanité, Neo, l'Élu, se trouve, au moment de savoir si oui ou non il va bien vouloir se décider à sauver le monde, face à une décision terrible, qui passe, comme toujours en matière spirituelle, par le sacrifice. Le problème est que, pour se décider, il prend un temps fou, et que le deuxième numéro de la série commence donc par des hésitations qui n'en finissent pas. Ça cause, ça cause, et on ne voit rien venir… Ce bavardage constitue d'ailleurs la matière première d'un film qui parle beaucoup pour donner le sentiment de ne pas dire grand-chose, et notamment pour embrouiller à ce point l'exposé de la situation qu'on s'y perd irrémédiablement.
Il est vrai que l'important n'est pas vraiment de comprendre ce qui se passe, du fait que toute l'attention des frères Wachowski se porte, dans ce deuxième numéro, sur le maniement des effets spéciaux. Et les possibilités informatiques étant de plus en plus étendues, le film apparaît comme une belle vitrine de ce qui se fait de mieux en matière de virtuosité numérique. Désormais, l'agent Smith peut se démultiplier à l'infini, Neo est capable de se battre à seul contre deux, trois, dix, vingt, cent de ses clones virtuels. Et sur ce terrain d'élection obligé des cascades hollywoodiennes que constitue la poursuite sur autoroute, les véhicules peuvent surgir devant, derrière, dans un sens, dans l'autre, se télescoper, s'envoyer en l'air, s'écraser, exploser, se volatiliser, il y en a toujours de nouveaux au coin de l'écran pour venir fournir matière à surenchères carambolesques.
Du coup, tout entier concentrés sur leur imagerie informatique, on comprend pourquoi les deux frères aux commandes lancent sur le marché, en même temps que leur film, le jeu vidéo qui l'accompagne : les deux sont très exactement de même nature. Pour ce qui est du cinéma, en revanche, le recul est patent. À l'exception de la pointe d'humour et de dérision qu'introduit un Lambert Wilson, malheureusement réduit à une toute petite portion congrue, le sérieux imperturbable des protagonistes les fige de plus en plus dans leurs images de synthèse. Et le mélange subtil d'arts martiaux, de philosophie, de mythologie, de religion, de mathématiques, de science-fiction, de chorégraphie, de design et de culture post-moderne qui faisait la nouveauté du premier numéro donne ici l'impression d'une cyber salade gonflée aux amphétamines du jeu vidéo et des effets spéciaux. À quoi il manque l'essentiel, surtout pour qui porte une soutane : l'âme !

## WAJDA Andrzej (polonais, né en 1926)

**PREMIER LONG MÉTRAGE :**
*Une fille a parlé (1954)*
**FILMOGRAPHIE DEPUIS 1985 :**
***Chronique des événements amoureux (1986)*** • ***Les Possédés (1987)*** •
*Korczak (1989)* • *L'Anneau de crin (1992)* • *La Semaine sainte (1996)* •
*Panna Nikt (1996)* • ***Pan Tadeusz (1999)***

Évidemment, il n'incarne pas à lui seul un cinéma polonais riche de multiples talents. Mais s'il est un cinéaste porteur de l'esprit même de son pays et reconnu comme tel par ses compatriotes, c'est bien Andrzej Wajda. Après avoir participé, adolescent, à la résistance intérieure dans la lutte contre les nazis, il entreprend en 1946 des études à l'Académie des beaux-arts de Cracovie, puis se forme à l'École de cinéma de Lodz. Il acquiert très vite une réputation internationale, dès ses deuxième et troisième films, *Kanal* et *Cendres et Diamants*, dans lesquels il apporte à une évocation de la guerre marquée par le néo-réalisme une forme de lyrisme baroque qui traduit la flamme de l'âme polonaise. Et, sentant un des premiers venir les lames de fond de la contestation, il annonce le dégel qui vient, passant d'une vision collective de l'Histoire à un approfondissement de la conscience individuelle. De *La Terre de la grande promesse*, qui évoque en 1974 la naissance du capitalisme dans un village perdu qui va devenir Lodz, la capitale polonaise du textile, à *L'Homme de marbre* qui, en 1976, met directement en cause la tutelle communiste à travers l'histoire d'un héros oublié du stakhanovisme des années 1950, puis à *L'Homme de fer*, qui évoque en 1981 les grandes grèves de l'année précédente à Gdansk, il montre et encourage tout à la fois le mouvement de libération, accompagnant son art d'un engagement politique qui l'amène à devenir conseiller de Lech Walesa dans les années charnières, entre 1982 et 1989. Ce qui ne l'empêche pas de poursuivre son œuvre. Mais la reconnaissance nationale et internationale lui donne un statut de cinéaste emblématique qui le pousse plutôt désormais aux grandes évocations, aux adaptations prestigieuses, aux fresques nationales, où la convention guette...

## CHRONIQUE DES ÉVÉNEMENTS AMOUREUX (1986)

### avec Paulina Mlynarska et Piotr Wawrzynczak

**Le pays perdu.** C'est un pays lointain, aux confins de l'est, un pays qui n'existe plus. Un petit village aux rues forestières, au milieu d'un bois de bouleaux, où l'air est lourd d'odeurs, de bruits et de lumière. Un jeune garçon vit là le printemps de son adolescence, entre une mère qui le couve de sa tendresse envahissante et un grand-père qui sent venir la mort. Avec ses amis, il se laisse porter par l'insouciance et les bonheurs simples, tout à ses premiers émois amoureux. Car si, pour les adolescents qui les observent, les demoiselles de Wilno sont toutes belles dans leurs robes blanches, Witek, insensible aux beautés sensuelles qui s'offrent à lui, est pris d'un amour fou pour Alina, déroutante et cruelle sous ses manières de jeune fille sage. Étreintes furtives, courses folles dans les champs, baisers volés : le temps semble immobile. On s'aime pour toujours, à jamais, et l'on fait serment de mourir d'amour. Pourtant le monde est là, avec ses trains qui partent, ses soldats qui défilent, et cette guerre qui vient. Et un inconnu que Witek rencontre à chaque détour, et qui lui ressemble comme un autre lui-même surgi du futur, lui dit qu'il vieillira, et qu'il faut que sa jeunesse se passe.

Dans un film tout entier baigné de lumière, Wajda fait resurgir le pays perdu, celui de son enfance lituanienne, dans une Pologne immémoriale et qui, depuis, a disparu. Il lui en reste le souvenir intérieur, seul apte à évoquer ce domaine enchanté que tout homme porte en soi : celui de l'enfance, de ses heures douces, de ses chimères passionnées. Mêlant le rêve à la réalité, jouant sur des couleurs à l'éclat aussi fragile que lumineux, et portée par des interprètes étonnants d'émotion et de vérité, cette *Chronique des événements amoureux* glisse, comme un moment magique et protégé. Et, ouvrant sur les territoires éternels du cœur et de la mémoire, la Pologne de Wajda y prend une dimension universelle.

## LES POSSÉDÉS (1987)

### avec Isabelle Huppert, Bernard Blier, Lambert Wilson et Omar Sharif

**Brigade rouge.** On comprend pourquoi, en transportant à l'écran le roman de Dostoïevski, Andrzej Wajda et son scénariste Jean-Claude Carrière ont choisi de ne retenir de l'œuvre originale que l'histoire de Stavroguine et du groupe d'activistes qui s'agitent autour de lui. Ce qui les intéresse ici, en effet, ce n'est pas la recréation réaliste de la Russie de la fin du XIXe siècle, ni l'évocation d'une société enferrée dans ses contradictions et ses abus, et que la tourmente révolutionnaire de 1917 aura tôt fait de balayer. Ce qu'ils entreprennent de montrer, c'est bien le mécanisme même de l'activisme, à travers l'histoire de ce groupuscule nihiliste, qui cimente sa propre existence par le sang du plus pur d'entre les siens, immolé sciemment au service de la cause. En disséquant l'inéluctable processus qui, sur fond de rêves utopiques et d'ivresse de la clandestinité, investit toute une série de fantasmes individuels dans une aventure prétendument collective, Wajda met à nu la lente perversion qui gagne les esprits puis les âmes de ces exaltés. Et c'est dans le cercle infernal de la folie que vient s'enfermer cette paranoïa d'apprentis sorciers, qui finissent par passer à l'action directe pour se prouver à eux-mêmes leur raison d'être.

Il y a comme un côté halluciné dans cette reconstitution d'un mouvement fantomatique, issu de consciences embrumées. Par des éclairages expressionnistes, des décors de grisaille, des plans presque oniriques, une musique entêtante, le réalisateur accentue l'aspect hiératique et théâtral du drame. Le rythme s'en ressent quelque peu, et le film n'échappe pas à une certaine enflure. Pourtant, la folie monte inexorablement et l'interprétation, elle aussi très théâtrale, rend de plus en plus sensible ce délire de personnages véritablement possédés. À ce jeu, la morgue ambiguë de Lambert Wilson, l'illuminisme hagard de Laurent Malet et surtout la monstruosité perverse de Jean-Philippe Ecoffey rendent d'autant plus pathétiques et vains les efforts des quelques malheureux qui s'accrochent encore à la morale et à un reste de raison. Le libéralisme trop confiant qu'incarne avec sensibilité Omar Sharif et, plus encore, l'honnêteté idéologique à laquelle Jerzy Radziwilowicz apporte le poids d'une grande humanité, ne peuvent rien contre le délire. Et si la parabole des cochons possédés du démon vient apporter pour finir la touche de spiritualité dostoïevskienne attendue, ce qui reste surtout de cette descente aux enfers de l'extrémisme, c'est l'image monstrueuse d'une perversion : celle du fanatisme, qui se nourrit tout entier de ses meurtrières illusions.

### PAN TADEUSZ (1999)
#### avec Boruslaw Linda, Daniel Olbrychski et Andrzej Seweryn

**La Polonaise de Wajda.** On voit bien ce qui a pu attirer Wajda, celui-là même qui, depuis bientôt cinquante ans, incarne la conscience du cinéma polonais, dans l'œuvre phare d'Adam Mickiewicz qui, lui aussi, traduisit en son temps une certaine idée de la Pologne à travers un sentiment national scellant, après le temps des divisions, la réconciliation de tous les Polonais dans la conquête de leur liberté et de leur indépendance. Le grand poème romantique où bat le cœur d'une nation était bien fait pour inspirer celui qui, à travers tous ses films, n'a jamais cessé de traduire l'âme même de son pays. Mais on voit bien aussi pourquoi l'entreprise était risquée et pourquoi, au bout du compte, elle ne donne qu'un film académique, bien éloigné de la flamme rebelle qui brillait dans les grands films de résistance du cinéaste. Car cette histoire de deux familles séparées par une haine ancestrale et se disputant la possession d'un château et de ses terres manque par trop, dans la vision qu'en donne Wajda, du grand souffle shakespearien qui lui conférerait valeur universelle. On est bien loin des Capulet et des Montaigu, à travers ces personnages un peu falots qui règlent leurs problèmes de vengeance comme une querelle de clocher. Et les comédiens ont beau forcer la voix et outrer le jeu et la manière, l'épaisseur manque à leurs personnages, tant dans le registre du tragique, qui fait long feu, que dans celui du burlesque, qu'on sent sous-jacent, mais qui en reste à une verdeur et à une cocasserie trop sages pour être vraiment convaincantes.
Et comme avec ça le récit n'est pas d'une clarté lumineuse pour qui n'est pas familier des problèmes polono-lituaniens au temps de l'épopée napoléonienne et que les données politiques sont brossées à traits épais, on en laisse vite courir le fil pour s'intéresser au seul grand spectacle. Il est patent en effet que le réalisateur a disposé de tous les moyens nécessaires pour en mettre plein les yeux. Et il y réussit, car il a le sens de l'espace et des masses, l'art aussi de la couleur et de la lumière. La fresque se déploie donc, majestueuse parfois, ampoulée souvent. Des éclairs de beauté la traversent – un sous-bois de bouleaux, une toute jeune fille dans un jardin, le vol d'une cigogne, le soleil qui fait briller les moustaches et les uniformes – qui apportent, l'espace d'un plan lumineux, l'originalité d'un regard à l'uniformité trop bien léchée du chromo.

## WALLACE Randall (américain, né en 1949)

**FILMOGRAPHIE :**
***L'Homme au masque de fer (1998)*** • *Nous étions soldats (2001)* • *Love and honor (2003)*

L'avantage, avec le Masque de fer, c'est que l'énigme historique qu'il pose n'ayant jamais été percée à jour, il ouvre la voie à toutes les interprétations romanesques. Alexandre Dumas ayant montré la voie, le cinéma ne pouvait que s'engouffrer dans la brèche ainsi ouverte du mystère et de l'aventure, soit pour adapter l'œuvre du romancier, soit pour proposer ses propres interprétations et leur donner tous les développements spectaculaires voulus. Ainsi, bien loin d'Allan Dwan et de Douglas Fairbanks, dans la version initiale de 1929, et d'Henri Decoin et de Jean Marais, dans la version française classique de 1962, deux films américains réinvestissent l'énigme en 1998. Et si la version de William Richert passe quasiment inaperçue, c'est qu'en face celle de Randall Wallace, scénariste déjà de *Braveheart* et poursuivant sur sa lancée en prenant avec *Le Vicomte de Bragelonne* plus que des libertés, en profite surtout pour mettre en valeur la nouvelle star d'Hollywood, Leonardo DiCaprio, et pour l'entourer d'une distribution éclatante.

### L'HOMME AU MASQUE DE FER (1998)
#### avec Leonardo DiCaprio, John Malkovich, Gérard Depardieu, Gabriel Byrne et Jeremy Irons

**Leonardo XIV.** Vingt ans et quelques poussières après, Athos, Porthos et Aramis, qui avaient déjà pris un coup de vieux lorsque Bertrand Tavernier avait donné une fille à leur copain d'Artagnan, se retrouvent perclus d'ennui et presque de rhumatismes lorsque Randall Wallace leur demande judicieusement de reprendre du service. C'est qu'ils se sont éloignés de la Cour et que seul d'Artagnan est resté fidèle à son poste de capitaine des mousquetaires, veillant sur la sécurité du nouveau monarque, le tout jeunot Louis XIV. Et il a, à vrai dire, fort à faire, ledit Louis étant du genre impopulaire. Affameur de son peuple, à qui il fait distribuer de la nourriture avariée, il ne songe égoïstement qu'à son propre plaisir. Et nombreux sont ceux qui, sur le pavé parisien, seraient prêts à lui faire sa fête. Heureusement, d'Artagnan est là, et la façon dont il désamorce la révolte qui gronde, repoussant d'un seul coup d'épée à cent vingt-sept ans plus tard la Révolution française, vaut à soi seul son pesant de délire historique. Mais on n'est pas là pour l'Histoire : seule compte la légende. Et l'on ne fera pas grief au réalisateur d'avoir, de ce côté-là, choisi d'en rajouter par rapport à Dumas lui-même. Son *Homme au masque de fer* ne se contente pas en effet de jouer sur le mystère, depuis longtemps éventé, du frère jumeau de Louis XIV, il emmêle les fils historiques et sentimentaux de telle manière que ce masque-là en cache quelques autres, et notamment le plus intéressant et le plus surprenant d'entre eux, celui de d'Artagnan lui-même.

Il y a donc dans le scénario concocté par Randall Wallace tous les ingrédients romanesques nécessaires pour nourrir ce qui fait les grandes aventures de cape et d'épée : de l'amour, de la traîtrise, de l'honneur, de la vengeance. Et de l'action, bien sûr, caracolant des bals somptueux de la Cour aux culs-de-basse-fosse, avec des épées qui sortent de leur fourreau et un quasi-mort-vivant qu'on sort du placard où on l'a enfermé. Et comme avec ça, les (gros) moyens sont là – décors, costumes, figurants, sans omettre le masque, ingénieusement dessiné et cadenassé – on se laissera prendre sans difficulté par cette histoire parfaitement rocambolesque et abracadabrante, d'autant qu'elle offre une tonalité vaguement crépusculaire qui en fait l'originalité et qui ne manque pas de la rendre attachante. Cela est moins dû au fameux trio, fidèle à sa légende, des trois mousquetaires eux-mêmes et des trois comédiens qui en sont la énième réincarnation : John Malkovich a la force tourmentée d'Athos, Jeremy Irons la distinction aiguë d'Aramis, et Depardieu, qui s'entraîne pour Obélix, les manières pétantes de Porthos. Le seul vraiment différent est de fait d'Artagnan, à qui Gabriel Byrne apporte comme un désenchantement, fruit d'un déchirement intime, qui place ce retour de fines lames émoussées par l'âge sous le signe d'une mélancolie tenace et d'une mort annoncée. Pourtant, la relève est là. Et la distribution, pour éclatante qu'elle soit, jusque dans les deux rôles féminins dévolus, pour parfaire la couleur locale, à deux comédiennes françaises – Anne Parillaud et Judith Godrèche – qui font parfaitement le peu qu'elles ont à faire, cette distribution donc, dans son éclat même, n'apparaît que comme une façon de mettre en valeur le joyau central, la tête d'affiche, le Roméo de ces demoiselles tout juste sorti des eaux du *Titanic* : Leonardo DiCaprio en personne. Et même, pour faire bonne mesure, lui-même en deux personnes. Car l'affreux Louis XIV, lippe méprisante, moues hautaines, manières cassantes, c'est lui. Et le gentil Philippe, son jumeau, sorte d'enfant sauvage enfermé sous le masque et brutalement tiré à la lumière pour découvrir effrayé la sauvagerie des hommes, c'est encore lui. L'un est le Roi-Soleil, l'autre est le pauvre prisonnier regardant la lune du fond de sa prison. Lequel des deux l'emportera ? Lequel des deux visages, le masculin ou le féminin, le solaire ou le lunaire, le fort ou le fragile, brillera au grand jour de la gloire ? Peu importe, à vrai dire. Car, avec ou sans masque, Leonardo DiCaprio fait preuve d'un talent qui l'impose. Et à l'évidence, le roi, désormais, c'est lui.

## WANG Wayne (chinois, né en 1949)

**Premier long métrage :**
*A man, a woman and a killer (1975), co-réalisation*
**Filmographie depuis 1985 :**
*Slamdance (1987) • Eat a bowl of tea (1989) • Life is cheap... but toilet paper is expensive (1990) • Le Club de la chance (1993) • Smoke (1993) • Brooklyn boogie (1995) • Chinese box (1997) • Ma mère, moi et ma mère (1999) •* ***Le Centre du monde (2001)*** *• Coup de foudre à Manhattan (2002) • Winn-Dixie, mon meilleur ami (2005) • The Last holiday (2005)*

Né à Hong-Kong mais ayant fait une partie de ses études aux États-Unis où il arrive à l'âge de 17 ans, Wayne Wang, qui tourne indifféremment dans son pays natal et dans son pays d'adoption, représente bien la vague de cinéastes asiato-américains dont il est un des pionniers. Fortement intéressé par les problèmes d'immigration et d'intégration, il en fait le sujet d'une large partie de son œuvre, dès *Chan is missing*, en 1982, petit polar situé dans le Chinatown de San Francisco, et explore longuement la vie des communautés asiatiques installées aux États-Unis, que ce soit dans *Dim sum : a little bit of heart*, en 1984, chronique familiale mettant en scène une mère asiatique et sa fille née en Amérique, ou dans

*Eat a bowl of tea* en 1989, histoire d'un mariage arrangé au sein de Chinatown à New York, ou *Le Club de la chance*, qui entrecroise la vie de quatre mères chinoises, immigrées de la première génération, et de leurs quatre filles, intégrées à la société américaine. Mais le côté proprement américain du cinéaste s'exprime aussi de façon fine et sensible à travers les volutes de fumée des cigarettes de *Smoke* et de *Brooklyn boogie*, chronique tendre et pittoresque du quartier de New York qu'il signe avec Paul Auster. Et, alternant film chinois, comme *Chinese box*, tourné à Hong-Kong, où il montre la rétrocession de la colonie anglaise à la Chine, et film hollywoodien, comme *Ma mère, moi et ma mère*, comédie acide sur le désir de réussite à Beverly Hills, il montre avec *Le Centre du monde* qu'il est particulièrement sensible aux dérives d'un monde qui se virtualise : à l'heure de l'informatique, du Web et de Lara Croft, que reste-t-il de nos amours ?

### LE CENTRE DU MONDE (2001)
#### avec Molly Parker et Peter Sarsgaard

**Les affinités virtuelles.** Richard est un de ces wonder boys de la nouvelle économie qui a fait une fortune aussi énorme que fulgurante en se révélant comme un génie de l'ordinateur. Du coup, à mesure qu'il accumule les millions de dollars, sa vie sentimentale et sa vie sexuelle se réduisent à la peau de chagrin de la simulation fantasmatique et du plaisir solitaire. Les yeux rivés sur l'écran noir de ses nuits blanches, il est devenu un simple voyeur, qui ne peut que trouver le parfait objet de sa projection mentale avec Florence, elle aussi tout entière vouée au monde de la virtualité, puisqu'elle gagne sa vie comme strip-teaseuse. Rien d'étonnant donc à ce qu'il propose à la jeune femme d'aller passer un week-end avec lui à Las Vegas, la capitale du clinquant et du faux-semblant, et rien d'étonnant surtout à ce que tous deux se mettent d'accord sur les conditions du séjour : il n'y aura entre eux ni véritable sentiment ni vraies relations sexuelles, puisque les baisers sur la bouche aussi bien que les rapports intimes seront bannis.
Voilà qui ressemble fort à un jeu un peu pervers, une sorte de jeu vidéo où l'on peut voir mais pas toucher. Un jeu auquel les deux amants virtuels prennent d'abord un plaisir extrême, donnant l'occasion à Wayne Wang de filmer au plus près, avec une caméra vidéo parfaitement en situation dans ce contexte, les ébats à la fois lascifs et frustrants de ses protagonistes. Et si l'Amérique a un vieux fond puritain, l'Oriental qu'est le réalisateur s'amuse à distiller pour elle les images les plus hards d'un empire des sens qui renvoie assurément à un fantasme inassouvi. Car dans ce qui pourrait relever d'un érotisme un peu trop léché pour être honnête, un virus s'insinue, qui provoque le bug sur lequel tout le film est construit. Au bout de ces amours virtuelles, la voie semblerait pouvoir en effet s'ouvrir à des affinités véritablement électives et à une vraie relation, sincère et partagée. Mais ce serait faire trop vite abstraction du fossé qui s'est creusé entre la réalité et sa duplication virtuelle. Richard et Florence, les deux jeunes protagonistes, appartiennent à un monde qui n'a grandi que dans le leurre des images et de l'argent qu'elles génèrent. Immatures, ils vivent dans un univers d'illusions : ils vont en faire l'amer constat.
La leçon n'est sans doute pas d'une originalité folle, et Wayne Wang la développe avec une profusion sexuelle qui ne manque pas de complaisance et qui offre au voyeurisme qu'elle dénonce toutes les bonnes raisons de se rincer l'œil. Mais l'espèce de candeur que mettent, dans l'échange de leur épiderme et de leur solitude, Molly Parker, totalement lisse de visage et de corps, et Peter Sarsgaard, parfait paumé du petit matin, apporte une sorte d'émotion interne à cette histoire d'amour en trompe-l'œil qui montre de façon convaincante que si le sexe est le centre du monde, l'humanité de l'âge virtuel, conduite à se contenter de tourner autour, risque bien d'en faire un vrai cercle vicieux.

## WANG Xiaoshuai (chinois, né en 1966)

**FILMOGRAPHIE :**
*The Days (1993)* • *Frozen (1994)* • ***So close to Paradise (1998)*** • *The House (1999)* • *Beijing Bicycle (2001)* • *Drifters (2002)* • *Shanghai dreams (2005)*

Wang Xiaoshuai fait partie, comme Jia Zhang-Ke ou Zhang Yuan, de la jeune génération de cinéastes chinois qui arrive à la réalisation dans les années 1990-2000. Il effectue sa formation à l'Académie du cinéma de Pékin dans les années 1988-1989, au moment même des événements de la place

Tian'anmen, ce qui ne facilite guère son insertion dans le système de production à sa sortie de l'école, les studios se montrant peu enclins à engager des jeunes gens soupçonnés d'avoir un esprit indocile. Envoyé au studio de Fujian, il ne parvient pas à y trouver de production. Il choisit donc de revenir à Pékin en 1993 et de travailler par le biais du circuit indépendant. C'est ainsi qu'il écrit, produit et réalise seul son premier film, *The Days*, en noir et blanc, avec un budget minimal : le film, tourné sans autorisation, est censuré par les autorités et le jeune cinéaste, mis sur une liste noire, est interdit de travail dans les studios officiels. Il tourne alors un deuxième film indépendant, *Frozen*, sur les artistes qui réalisent des performances en utilisant leur propre corps. La levée de son nom de la liste noire intervient alors, la Beijing Film Studio s'intéressant à son travail et désirant collaborer avec lui : c'est ainsi qu'il peut réaliser en 1995 *A vietnamese girl* ; mais le film est refusé par le comité de censure, et il faut trois années de re-montage pour qu'il soit autorisé sous un nouveau titre : *So close to Paradise*. Il témoigne d'une façon réflexive, et toute personnelle, de regarder les mutations en cours de la Chine, et du talent d'un cinéaste, à la fois retenu et lyrique, en phase directe avec un pays (et une génération) pris entre deux mondes.

### SO CLOSE TO PARADISE (1998)
**avec Wang Tong, Shi Yu, Guo Tao et Wu Tao**

**Amours jaunes.** Cela commence comme un film noir, mais dont le décor aurait plutôt la couleur grise et boueuse des bords du fleuve, dans cette grande ville de la Chine centrale où Gao Ping et Dong Zi, qui ont quitté leur campagne, sont venus chercher fortune. On est au début des années 1980, et l'Empire du Milieu commence à s'ouvrir, faisant miroiter les fruits de la croissance aux yeux d'une jeune génération qui rêve de s'enrichir. Mais la réalité est loin des illusions : Dong Zi, travailleur, timide, renfermé presque jusqu'au mutisme, peine à gagner un salaire de misère en transportant des marchandises d'une rive à l'autre. Gao Ping, lui, a décidé de choisir une autre voie, celle du trafic et du crime. Petit malfrat s'efforçant de se faire sa place dans la jungle des voyous locaux, il se fait vite escroquer par plus malin que lui. Pour essayer de récupérer l'argent qu'on lui a volé, il enlève, avec l'aide contrainte de Dong Zi, une jeune chanteuse de cabaret qui doit permettre de retrouver la piste de celui qui l'a arnaqué. C'est là que le film de Wang Xiaoshuai bifurque imperceptiblement. Si l'intrigue qui structure le récit est bien toujours celle d'un film noir, que l'enlèvement de la chanteuse accentue encore par le fait que la fille n'est autre que la maîtresse d'un chef de bande qui va, dès lors, poursuivre Gao Ping d'une vindicte lourde de toutes les menaces, les rapports qui se nouent entre la jeune femme et ses deux ravisseurs orientent le récit dans une tout autre direction : celui d'une libération, qui passe pour Ruon Hong, la fille soumise, par l'amour qu'elle éprouve pour Gao Ping ; celui surtout d'un apprentissage douloureux pour Dong Zi, à la fois témoin impuissant de la conduite suicidaire de Gao Ping et amoureux en secret de cette fille qui a fait irruption dans sa vie. Cet apprentissage, qui amène le jeune garçon qui ne parle pas à prendre la parole – ce que traduit le fait que ce soit lui qui, en voix off, raconte cette histoire et qui, dès le début, annonce la mort de Gao Ping –, passe par un récit lui aussi avare de paroles et d'effets et par un style tout d'ellipses et de suggestions. Dans une ambiance lourde et nocturne, un chemin patiemment s'ouvre vers une lumière certes timide, mais qui éclaire pour finir un film étonnamment subtil, métaphore d'un cinéma chinois se frayant la voie de sa propre indépendance.

## WARD David (américain, né en 1945)

**Premier long métrage :**
*Cannery Row (1982)*
**Filmographie depuis 1985 :**
***Les Indians (1989)*** • *Ralph Super King (1991)* • *The Best Man (1999)*

D'abord assistant monteur, c'est comme scénariste que David Ward s'est véritablement fait connaître, obtenant l'Oscar pour son travail d'écriture sur *L'Arnaque*, de George Roy Hill, en 1973, et écrivant pour Robert Redford le scénario de *Milagro*, en 1986. Entre-temps, il est lui-même passé derrière la caméra, réalisant quelques comédies où il témoigne d'un vrai talent d'observation et de peinture des mœurs et du mode de vie de l'Amérique.

### LES INDIANS (1989)
### avec James Gammon, Margaret Whitton et René Russo

**Base-ball de base.** Il y a deux façons de voir *Les Indians*, selon que l'on est plus ou moins versé dans cet art subtil qu'est le base-ball. Ou bien on n'ignore rien des règles pour le moins complexes de ce sport, et l'on est capable de faire la distinction entre pitcher et catcher, d'applaudir comme il le mérite un home run, d'apprécier le langage codé des coaches, de hurler aux décisions des umpires, et de mâchonner tout le pop-corn qu'il faut pour atteindre le dernier inning de la neuvième manche. Dans ce cas, le film de David Ward permet utilement de réviser ses bases… On y voit une équipe en mal de victoires, naviguant dans les profondeurs de la Major League, et d'autant plus mal barrée qu'elle a été volontairement composée de bric et de broc par sa propriétaire, une veuve en or qui ne rêve que de voir son club terminer bon dernier, pour pouvoir larguer ce trou de Cleveland et aller s'installer au soleil de Miami. Chacun des joueurs engagés ainsi a de bonnes raisons de mal faire : le lanceur est myope sans le savoir, le catcher a des genoux qui tremblent, le première base confond sa batte avec un totem vaudou, et le troisième préfère laisser passer la balle plutôt que de risquer d'abîmer son visage immaculé de star. Bref, plus ringard que ça, il n'y a pas.

Pourtant, de cet amalgame de vieilles gloires et de débutants maladroits, va naître une véritable équipe, soudée par les humiliations et découvrant, en se prenant au jeu, qu'elle n'est pas plus mauvaise que les autres, et qu'elle peut même être meilleure, puisqu'elle en arrive à disputer la grande finale contre les fameux New York Yankees. Qui va donc l'emporter ? On laissera la réponse en suspens, d'autant qu'elle occupe le dernier quart d'heure du film, le plus intense, celui où les amateurs retrouveront ce qui fait l'intérêt, unique, de ce sport : la précision des gestes, l'intensité de l'affrontement, et le tintamarre incroyable qui accompagne tout ça, musique de foire, hurlements des supporters, et coups de gueule des commentateurs. *Les Indians*, dans cette optique, apparaîtront comme un honnête et joyeux film sur le base-ball, et comme une tranche d'Amérique assez savoureuse, tant il est vrai que tout sport est le reflet d'une société et que, entre le stade et les quais, dans la fumée des hauts fourneaux et l'odeur des raffineries, l'Amérique profonde est bien là : celle de Cleveland, de ses Indians, et de son base-ball.

Second cas de figure : on est allergique au sport, et totalement ignare en matière de base-ball en particulier. On se demande alors tout naturellement ce qui justifie la distribution en France d'un film si évidemment réservé au public de base américain. À défaut donc de pouvoir apprécier toutes les subtilités du jeu, on se rabattra sur la comédie qui l'entoure, sur une galerie de personnages qui, sans faire spécialement dans la nuance, n'engendrent pas la mélancolie, et sur un scénario qui manifeste tout le savoir-faire et l'efficacité qu'on est en droit d'attendre d'un film destiné à ratisser au-delà des travées du stade. Et on se dira en fin de compte que, si la règle élémentaire du base-ball consiste à ne lancer la balle ni au-dessous de la ceinture ni au-dessus des épaules, le film y répond assez bien. Il évite à peu près de viser trop bas, et il évite plus soigneusement encore de viser trop haut.

---

## WARGNIER Régis (français, né en 1948)

**FILMOGRAPHIE :**
*La Femme de ma vie (1986)* • ***Je suis le seigneur du château (1989)*** •
*Indochine (1991)* • *Une femme française (1994)* • ***Est-Ouest (1999)*** •
*Man to Man (2005)*

Peu de films, mais un ton personnel, dans un type de films dont le cinéma français semblait un peu avoir perdu l'habitude : lyriques, romanesques, à grand spectacle. Régis Wargnier aime raconter des histoires. Il les a nourries, d'abord, de sa propre vie, puis, d'*Indochine* à *Est-Ouest* et à *Man to Man*, il les a élargies à de grandes sagas, sur fond d'histoire, de politique, de pays lointains, mais en s'intéressant toujours d'abord aux personnages, notamment féminins, et aux actrices les incarnant, Catherine Deneuve, Emmanuelle Béart, Sandrine Bonnaire. Mais les budgets qu'il met en jeu et la minutie qu'il apporte à la préparation et au tournage ne rendent guère facile, dans un contexte économique qui devient plus frileux, la réalisation de telles entreprises. Ce qui explique, avec nombre de projets avortés, la rareté de sa filmographie.

## JE SUIS LE SEIGNEUR DU CHÂTEAU (1989)
### avec Jean Rochefort, Dominique Blanc, Régis Arpin et David Béhar

**L'âge dur.** L'enfance est cruelle : cet âge qu'on dit tendre, il a sa brutalité, d'autant plus terrible qu'elle se découvre à elle-même, dans l'éveil d'une sensibilité qui ne se connaît pas encore. Les enfants jouent, certes : mais leurs jeux sont-ils innocents ? Dans le château immense et quelque peu lugubre qui se dresse au cœur d'une forêt ravagée par la tempête et où il vit seul avec son père depuis que sa mère est morte, le jeune Thomas règne sur des corridors déserts, des tours de pierre, des greniers poussiéreux, de lourdes portes qui s'ouvrent sur des pièces immenses. Seigneur en son royaume, il voit soudain arriver sur ses terres l'intrus, le rival, en la personne de Charles, le fils de la gouvernante que vient d'engager son père. Tandis que leurs parents, seuls chacun de leur côté, se sentent attirés l'un par l'autre, les deux enfants, sans respecter de trêve, engagent aussitôt un âpre combat, où il s'agit de savoir qui dominera l'autre. À la morgue hautaine de Thomas et à ses sanglantes déclarations d'hostilité, Charles réplique par ses propres armes : la forêt qui les entoure est un domaine où il peut entraîner son adversaire et, en choisissant son terrain, lui faire crier grâce. Mais Thomas est un lutteur redoutable, et l'affrontement prend vite une dimension totale, où les adultes à leur tour se trouvent pris malgré eux, otages de cette guerre sans merci qui porte en elle toute la violence du monde.
Régis Wargnier montre l'enfance nue, crue. Son film, loin de tout regard convenu et attendrissant, raconte l'éveil à un monde qui n'est pas tendre, où les rapports de force existent, où les inégalités exacerbent les passions, où l'amour passe aussi par la volonté de possession jalouse, où la vie n'est qu'une lutte acharnée et constante contre la mort. Il y a bien dans *Je suis le seigneur du château* le monde magique de l'enfance : celui des jeux interdits, des châteaux mystérieux, des forêts enchantées. Mais cette magie est ici comme une magie noire, où passent des forces destructrices, un affrontement cruel, des vies en proie à des puissances qui les emportent. Pour dire cet univers animé du souffle des orages, Régis Wargnier a construit son film tout en images, en musique, en mouvements de caméra. Sa mise en scène, à la fois lyrique et subtile, donne à voir un prodigieux spectacle, avec des séquences hallucinantes, poétiques et cruelles, des décors d'ombres et de lumières, des moments de tension parfois insoutenable. À quoi s'ajoutent un choix et une direction d'acteurs d'une qualité rare. Au couple des adultes, Jean Rochefort et Dominique Blanc, tous deux parfaits, lui de maintien et de souffrance cachée, elle de féminité maternelle et douloureuse, répond le couple des enfants, Régis Arpin et David Béhar. Totalement différents l'un de l'autre, ils sont également remarquables, à tel point qu'on ne saurait dire lequel l'emporte sur l'autre. Mais tel est sans doute le sens profond d'un film aussi dérangeant qu'inhabituel : un tel combat ne saurait avoir de vainqueur, ni de fin, tant qu'il y aura des hommes, et des petits d'hommes.

## EST-OUEST (1999)
### avec Sandrine Bonnaire, Oleg Menchikov et Catherine Deneuve

**Chronique des années de plomb.** Pour ces Russes émigrés à l'Ouest qui, en 1946, regagnent leur pays, dans l'euphorie de l'après-guerre, sur la foi des promesses officielles qui leur accordent l'amnistie et les incitent à rentrer pour participer à la reconstruction du pays, le contact avec la réalité du régime stalinien est rude. Humiliés, déportés, ils se retrouvent dans la peau de criminels d'État. Le choc est terrible pour Alexeï, jeune médecin, qui a choisi de faire venir avec lui Marie, son épouse française, et leur fils Serioja. S'ils échappent à l'exécution, ce n'est que parce que le régime entend bien tirer parti de ce couple franco-russe, en le retournant de façon exemplaire. L'amour de Marie et ce désir absolu d'échapper au sort qu'on lui réserve vont être désormais sa seule raison de vivre. Animée d'un souffle que rien, même les pires humiliations, ne saurait éteindre, elle va traverser les longues années de plomb tendue vers ce seul but : retrouver son être, en retrouvant la liberté.
Grand sujet, et belle idée que d'avoir choisi de le traiter à travers une figure de femme soumise, dans son destin personnel, aux tragiques soubresauts de l'Histoire. Cette façon de traduire un devenir collectif en le regardant à travers le prisme révélateur d'individus racontés dans leur propre vie, c'est certes le moyen premier du romanesque. Mais le propos, ici, se veut moins intellectuel que sensible. Dans *Est-Ouest*, il y a comme une géopolitique des sentiments : une saga, certes, mais où ce qui compte, c'est la façon dont les êtres sont directement frappés par les grandes forces collectives. C'est cela qui donne au film sa couleur : grise, glacée, et pourtant lumineuse. La difficulté était de traduire le temps qui passe et d'accorder aux multiples personnages la place qui leur revient. Le pari, certes, n'est pas totalement gagné, et les lacunes – ainsi du personnage, sacrifié, de l'enfant – perceptibles. Mais ce n'est là que l'écume d'un film qui, par le décor, l'intrigue, l'image, les personnages, vise large et grand. Il n'est pas si fréquent qu'un cinéaste français s'attaque ainsi à un sujet historique et politique fort, sans rien renier pour autant des ressources du récit. Loin de la chape de plomb du correctement bien-pensant, osera-t-on dire qu'on y trouve un vrai plaisir de cinéma ?

## WATERS John (américain, né en 1946)

**Premier long métrage :**
*Hag in a Black Leather Jacket (1964)*
**Filmographie depuis 1985 :**
*Hairspray (1988)* • ***Cry-Baby (1990)*** • *Serial Mother (1994)* • *Pecker (1998)* • *Cecil B. Demented (2000)* • *A dirty shame (2004)*

Roi de l'extravagance et du kitsch, John Waters a toujours défendu le mauvais goût comme essence même du divertissement : « Il y a un bon mauvais goût, dit-il, et un mauvais mauvais goût. Et pour comprendre le mauvais goût, il faut avoir très bon goût. » Pour illustrer la chose, il développe un cinéma qui, à l'image de Divine, l'opulent travesti qu'il met en scène de film en film, se signale par un côté volontairement provoquant, où le « trash » fait bon ménage avec l'érotisme. Et lorsqu'il passe, avec *Hairspray* (où Divine tient son dernier rôle) à un cinéma plus grand public, il reste fidèle à cette extravagance qui fait sa marque, comme en témoignent en 1990 son *West Side Story* à lui, *Cry-Baby*, ou cette charge délirante libérant le sexe à tout va qu'est *A dirty shame*, qui ramène en 2003 un parfum *peace and love* dans l'Amérique bushienne.

### CRY-BABY (1990)
### avec Johnny Depp, Amy Locane et Tracy Lords

**Rock, bananes et perfectos.** Ex-fans des *fifties* à queues-de-cheval, sortez vos bustiers sexy, vos jupes larges à jupons gonflants, vos socquettes blanches et vos ballerines ; et vous rebelles sans cause animés de la fureur de vivre, passez vos jeans serrés et vos blousons noirs, rectifiez la mèche qui redresse sur vos bananes gominées, et enfourchez vos gros cubes pétaradants ; et, tous en chœur, allez entonner cette bonne vieille musique des *fifties*, qui fait wap-doo-dap, au cœur du rock'n roll. Car John Waters, l'iconoclaste numéro un du cinéma américain, a décidé de se pencher sur la légende des années dorées et d'en revisiter la mythologie. Son Cry-Baby, ainsi surnommé parce que, sous ses airs de dur, il a la larme facile, est le chef d'une bande d'affreux *bad boys* sortis tout droit des suburbs les plus crados du Baltimore des années 1950, qui opposent leur musique hard aux langueurs glamoureuses et douceâtres des crooners d'en face, les garçons BCBG des beaux quartiers, cheveux coupés en brosse, nœud papillon bien net sur veston bien clean, qui font eux danser les gentilles petites filles riches dans les bals de fin d'année au collège de la ville. Ça balance donc de part et d'autre, mais par sur le même tempo. Deux mondes et deux musiques qui ne sont pas faits pour s'entendre. Si ce n'est qu'un jour la mignonne Allison, jolie oie blanche de bonne famille, éprouve le besoin de jeter ses chemisiers trop sages par-dessus les convenances et décide d'éprouver les plaisirs interdits du baiser ventouse et de la caresse coquine sous les lèvres et dans les bras de ce voyou de Cry-Baby. Lequel, sous sa carapace de cuir noir, sent battre quelque chose comme un tendre sentiment pour cette jolie frimousse distinguée. *I love you* donc *baby*, se chantent-ils l'un à l'autre, ce qui suffit à mettre le feu aux poudres entre les deux clans rivaux et à provoquer leur affrontement.
Sur un scénario qui refait comme à plaisir le coup des Montaguts et des Capulets, John Waters passe ses Roméo et Juliette à la moulinette décapante de la parodie. Fidèle à ses (mauvais) goûts, il accumule les couleurs criardes, les décors hyperréalistes, les personnages délirants, et cette dérision très second degré qu'il affectionne. La façon dont il distribue les rôles, avec ce sens du casting détourné qu'on lui connaît, fonctionne à plein. *Cry-Baby* regorge de stars underground utilisées à contre-emploi, et propose comme toujours un superbe défilé de têtes et de protubérances mammaires, qui font partie des fantasmes les plus habituels du cinéaste. Pourtant, cette Amérique chantante et dansante des années fastes qu'il se plaît à moquer, on a le sentiment que John Waters éprouve aussi à son endroit un brin de nostalgie, et qu'il verse sur elle cette larme qu'il fait couler du coin de l'œil de son héros. Sous la satire sociale, au demeurant gentille, perce ainsi le plaisir de retrouver un monde désormais figé dans des images souvenirs, que toute une série de références cinématographiques et musicales ressuscitent. À cet égard, le soin apporté à la chorégraphie et à la bande-son témoigne d'un respect scrupuleux et d'un professionnalisme sans faille. On peut donc en famille aller voir ce qui est avant tout une vraie comédie musicale. Car le pape de l'ordure, en gommant ses habituelles grossièretés outrancières, s'est fait une virginité grand public. Fini le temps des dragées au poivre et autres aliments salaces, John Waters sort cette fois-ci le sucre d'orge. Même si, de temps en temps, on sent sous la dent quelque résidu acide.

## WATERS Mark (américain, né en 1964)

**FILMOGRAPHIE :**
*The House of yes (1997)* • *Head over heels (2001)* • ***Dans la peau de ma mère (2003)*** • *Lolita malgré moi (2004)* • *Et si c'était vrai... (2005)*

Après des études à l'American Film Institute, Mark Waters débute en signant le scénario, adapté d'une pièce de théâtre, et la réalisation d'une comédie psychologique, *The House of yes*, qui met en scène de façon mordante et sophistiquée un univers familial plutôt noir, habité de jeunes démons et de beaux monstres. Ses réalisations suivantes restent fidèles à cet univers de la comédie familiale.

### DANS LA PEAU DE MA MÈRE (2003)
### avec Jamie Lee Curtis et Lindsay Lohan

**Telle mère, telle fille.** Ah ! sa mère. Anna n'en peut plus de son côté bon chic bon genre, de ses principes rigides d'éducation, de la façon dadame dont elle s'habille, de la manie qu'elle a de venir la tirer de son lit le matin quand il fait si bon y traînasser, de toutes les interdictions et de toutes les remontrances dont elle l'abreuve, et surtout de ce nouvel homme qu'elle a introduit dans sa vie, et qu'elle s'est mis en tête d'épouser dans deux jours.
Ah ! sa fille. Tess n'en peut plus de ses tee-shirts rétrécis au lavage, de ses jeans qui lui tombent sur les fesses, de la musique de sauvage qu'elle joue avec ses copines dans le garage en faisant trembler la maison, des notes catastrophiques qu'elle se récolte au lycée, des heures de colle qu'elle collectionne, et de sa façon de toujours envoyer promener tout le monde en claquant sur elle la porte de sa chambre.
Ah ! la mère et la fille : chez les Coleman, on ne peut pas dire que ce soit entre elles l'entente cordiale... Ce serait même, grâce à une surenchère d'oppositions en tout genre qui en fait quasiment un cas d'école, un beau résumé de toutes les incompréhensions et de toutes les prises de bec hurlantes et trépignantes qui caractérisent le conflit des générations et les relations compliquées qui peuvent s'établir entre une fille de 15 ans et une mère qui en a trois fois plus. Et la façon très classique dont le film de Mark Waters présente d'emblée la situation laisse attendre une comédie familiale sans grande surprise sur un schéma connu Or c'est là que le scénario, ne reculant devant aucune audace saugrenue, fait intervenir un sortilège chinois qui a pour effet immédiat de mettre la mère dans la peau de la fille et la fille dans la peau de la mère, histoire d'amener chacune des deux à aller voir chez l'autre ce qui s'y passe. Sur de telles bases, on ne peut que redouter la catastrophe... Or, si surprise il y a, elle est bien là : l'énormité scénaristique se révèle une idée efficace, jouant à fond des ressources du comique de situation, et offrant aux spectatrices mères et filles cette occasion unique de se projeter dans leur fille et mère respective. Et ce qu'elles y voient, c'est bien sûr un monde que ni l'une ni l'autre n'auraient jamais imaginé. Du coup, et comme on est dans une production Disney, ce que la routine des affrontements quotidiens avait fait disparaître – le désir de comprendre l'autre – s'impose comme une valeur redécouverte, susceptible de ramener ce qui était au fond même de ce conflit : l'amour de la mère pour la fille et celui de la fille pour la mère. La morale familiale triomphe donc, mais par des voies qui ne manquent ni de cocasserie ni de fantaisie. Jamie Lee Curtis transformée en ado rouspéteuse, qui se relooke façon punky et qui décoiffe à la guitare électrique, tandis que la jeunette Lindsay Lohan se met à porter des jupes bien sages, à se faire un chignon et à parler d'une voix pointue avec des mots choisis : il y a là une vision plutôt inhabituelle, qui vaut son pesant d'inversion comique. Et comme de plus le réalisateur a le bon goût, une fois qu'il a épuisé les vertus de la situation, de ne pas en rajouter et de remettre assez vite les choses en place, tout se termine – bien – sans qu'on ait eu le temps de trop réfléchir. Ce qui est, à l'évidence, le but recherché.

## WAYANS Keenen Ivory (américain, né en 1958)

**FILMOGRAPHIE :**
*I'm gonna get you sucka (1988)* • *A low down dirty shame (1994)* • ***Scary movie (2000)*** • *Scary movie 2 (2001)* • *F.B.I. Fausses Blondes Infiltrées (2004)*

Sous l'influence du grand comédien noir Richard Prior, Keenen Ivory Wayans, second d'une famille noire de dix enfants (dont la plupart sont artistes), commence, au début des années 1980, par être comédien à la télévision, puis par écrire et réaliser lui-même les films et émissions où il se produit. En passant au cinéma, il poursuit sa carrière d'acteur comique, dans des films destinés surtout à la communauté afro-américaine, et notamment dans des parodies de films de gangsters. Tout en continuant à jouer, il réalise en 1988 son premier film, et le succès lui arrive avec sa troisième réalisation, *Scary Movie*, où il développe la veine parodique qu'il affectionne, comme le montrent les films suivants qu'il produit désormais par le biais de sa propre maison de production.

## SCARY MOVIE (2000)
### avec Shannon Elizabeth, Marlon Wayans et Shawn Wayans

**Scream prout-prout.** Une jeune Américaine, dans une cuisine bien proprette, en train de se préparer son repas du soir, et soudain le téléphone qui sonne et la voix, au bout du fil, qui lui demande si elle aime les films d'horreur : le sentiment de déjà-vu est d'autant plus fort que tout, le décor, les dialogues, la musique, est la copie strictement conforme de *Scream*. On s'y croirait, si ce n'est qu'avant de répondre à la voix anonyme, la fille traverse sa cuisine et lâche un pet discrètement sonore. Le vent du second degré se lève, et il ne va plus manquer de souffler sur ce qui, suivant au plus près le film original, constitue une version parodique délibérément prout-prout de ce qui était déjà une parodie. On avance donc en film connu, et si l'on n'a pas vu l'opus n° 1 de Wes Craven, il est évident que l'entreprise des frères Wayans (l'un qui réalise, les deux autres qui co-scénarisent et qui jouent) perd une bonne partie de ce qui fait son sel. Gros sel, à vrai dire, et qui, empruntant la voie du comique bien épais, bien sexe, très en vogue en ce moment à Hollywood, ne lésine ni sur le mauvais goût ni sur le sexuellement incorrect. Mais qui accompagne ce côté potache d'un regard plus radicalement décapant, en passant joyeusement à la moulinette tout ce qui fait aujourd'hui, au cinéma, les grands succès ados. Les références sont donc innombrables et, du *Projet Blair Witch* à *Sixième sens*, de *Matrix* à *Shakespeare in love*, des comédies de lycéens aux films d'action, et bien sûr des films d'horreur à leurs parodies, tout y passe, instaurant avec le public une complicité fondée sur le partage d'une même culture cinématographique et sur le regard ironique que celui-ci porte sur elle.
C'est en ce sens que le film de Keenen Ivory Wayans est symptomatique. Le second degré s'y démultiplie comme les boucles d'oreilles de la Vache qui rit. Et les recettes se démultiplient par la même occasion, au double sens du terme : ficelles d'un cinéma qui explore avec efficacité toutes les ressources de la dérision, mais aussi jackpot de millions de dollars tombant dans les caisses de ce qui est bien une industrie, ce cinéma américain qui sait toujours trouver les bons filons et les exploiter jusqu'à épuisement. Jusqu'à *Scary movie 2*, par exemple…

---

# WEERASETHAKUL Apichatpong (thaïlandais, né en 1970)

**FILMOGRAPHIE :**
*Mysterious object at noon (2000)* • ***Blissfully yours (2002)*** • *Tropical malady (2004)*

Originaire d'une province reculée du nord-est de la Thaïlande, Apichatpong Weerasethakul y fait, loin de Bangkok, des études d'architecture, avant de partir pour les États-Unis et Chicago, où il se forme au cinéma expérimental et à l'art contemporain. De retour en Thaïlande, il se lance dans un travail de plasticien, à travers des installations vidéo, et de cinéaste, tournant en 2000 un premier long métrage, *Mysterious object of noon*, documentaire jouant sur la fiction et la mise en abyme, qui suit une équipe de tournage filmant les réactions des gens à qui elle demande de poursuivre l'histoire d'une amitié entre un jeune garçon handicapé et son professeur. Ayant fondé une société de production pour promouvoir le cinéma indépendant, il réalise son deuxième film, de fiction cette fois-ci, *Blissfully yours*, en dehors du circuit habituel de production thaïlandais. Le film, présenté à Cannes, y reçoit le prix « Un certain regard », qui fait connaître le réalisateur sur le plan international. Le côté singulier qu'il révèle d'un cinéma qui bouleverse les conventions filmiques et le traitement de la durée, et l'utilisation que le cinéaste fait, à travers des interprètes non professionnels et par la place qu'il donne à la nature, de la réalité comme voie vers les mystères de l'intimité, élargissent son audience internationale, alors même que son film n'est pas distribué dans son pays. *Tropical malady*, couronné encore à Cannes en 2004, confirme, par sa réussite plastique et par un recours très personnel à la mythologie et à l'imaginaire, la place éminente que le cinéaste occupe dans le jeune cinéma de création.

## BLISSFULLY YOURS (2002)
### avec Kanopkorn Tongaram, Min Oo et Jenjira Jansuda

**Une partie de campagne.** D'emblée, il y a comme une évidence : celle d'entrer dans un univers, dont on ne voit pas tout de suite quel est-il, mais qui s'impose par la façon même dont le cinéaste filme. Ce n'est rien qu'une consultation médicale, à la fois réaliste, comme filmée en direct, et totalement saugrenue : trois femmes – le médecin et les deux accompagnatrices du patient, l'une toute jeune, l'autre qui ne l'est plus – auscultent le corps d'un jeune homme, qui présente une double affection, phonique – il a mal à la gorge et ne peut pas parler – et dermique – une urticaire géante lui fait peler la peau. Rapidement, il apparaît que, s'il ne parle pas, c'est qu'il est en fait clandestin, et que le moindre mot pourrait le trahir. Mais cette réalité sociale et politique de l'immigration, si elle forme l'arrière-plan discret du film, qui se passe dans la région frontalière entre la Birmanie, d'où vient le jeune homme, et la Thaïlande, n'en constitue pas l'essentiel. Plus mystérieux, et plus lourd de sens, apparaît le ballet des deux femmes autour du corps masculin. L'une, Roong, jeune ouvrière dans une usine, paie l'autre, Orn, la plus âgée, pour s'occuper de Min, le jeune homme, quand elle n'est pas là. Entre elles, une sorte de haine latente, nourrie d'une jalousie qui ne se dit pas, alterne avec une vraie complicité. Ainsi Orn conduit-elle Min à l'usine où travaille Roong et laisse-t-elle sa voiture à celle-ci, qui prétexte une maladie pour s'absenter et pour partir avec Min passer l'après-midi dans la jungle. Le trajet qui emmène les deux jeunes gens loin de la ville emprunte une route qu'Apichatpong Weerasethakul filme dans sa continuité, en de longs plans-séquences qui s'étirent interminablement, au rythme vaguement hypnotique qu'impriment la vitesse et le mouvement de la voiture. Au bout de ce long parcours, alors que le film atteint pratiquement sa première heure, voici que la voiture entre sous le couvert des arbres et qu'une discrète musique surgit, en même temps qu'un générique dont on avait oublié l'absence, lequel semble signaler que tout ce qui a été montré jusque-là n'est que la mise en place nécessaire pour accéder là où le film conduit : dans la jungle.

Par cette bifurcation du récit, qui fait penser à celle qui structurait *L'Avventura* (et la démarche du jeune cinéaste thaïlandais, par le mystère même et le vide qu'elle crée au cœur du film, n'est pas sans offrir de subtiles résonances avec celle d'Antonioni), le vrai film commence. Min emmène en effet Roong dans l'épaisseur de la forêt, dans un lieu qu'il connaît et dont, après un long cheminement, il lui fait la surprise : beauté sidérante d'un promontoire qui surgit après le maquis des sous-bois, pique-nique en amoureux, baies sauvages qu'on va cueillir à deux, corps qui se laissent aller. La nature est là, dans sa beauté première, éclairée par un soleil éblouissant dont l'ombre de la forêt et le ruisseau qui court tempèrent de leur fraîcheur apaisante la chaleur moite et écrasante. Dans cet éden, le désir peut se donner libre cours. Mais la présence, tout près, de Orn, qui est venue elle aussi se promener avec son amant, apporte comme une dualité à cette partie de campagne qui, comme le faisait déjà celle de Renoir, offre du plaisir deux images différentes, à travers deux couples différents. Du côté de Orn, c'est l'étreinte de l'adultère, montrée dans sa crudité violente, et qui se termine par une rupture burlesque, image d'une déception dont le personnage, vieilli et dépressif, est par lui-même porteur. Du côté du jeune couple, c'est la lente caresse des corps, l'enivrement des sens, la sérénité de l'extase, saisis là encore dans des plans-séquences qui n'en finissent pas de faire durer le bonheur. Et lorsque, son amant parti, Orn rejoint Roong et Min et que les deux femmes, baignant le jeune homme dans le ruisseau, l'enduisent d'une crème apaisante et détachent de son épiderme les peaux mortes qui s'en vont au fil du courant, le désir prend la forme d'une envoûtante cérémonie lustrale, dont le corps masculin est l'objet lumineux. Corps, pourtant, dont la beauté est altérée par l'affection qui lui dévore la peau : au terme de la journée, la voix off de Min, avant une sèche inscription finale, vient rappeler que la réalité du monde est là, et que le bonheur n'a qu'un temps. Le temps, infiniment lent et pourtant si court, que justement Apichatpong Weerasethakul donne à son film.

---

# WEINGARTNER Hans (autrichien, né en 1970)

**FILMOGRAPHIE :**
*Le Bruit blanc (2002)* • ***The Edukators (2004)***

Pendant les études qu'il mène à l'université de Vienne puis à l'université de Berlin et dont il sort avec un diplôme de neurochirurgie, Hans Weingartner travaille parallèlement comme assistant opérateur. Cela l'amène à s'inscrire en études post-universitaires à l'Académie des arts et techniques audiovisuels de Cologne et à réaliser, dès sa sortie, un premier long métrage, *Le Bruit blanc*, histoire d'un jeune schizophrène, où il réfléchit, à la lumière de ses connaissances en neurochirurgie, au malaise de la jeunesse allemande, thème qu'il développe de façon plus politique dans *The Edukators*.

## THE EDUKATORS (2004)
### avec Daniel Brühl, Stipe Erceg et Julia Jentsch

**La lutte continue, camarades !** Il y a quelque chose de poétique dans la façon dont Jan et Peter, deux jeunes Allemands qui rêvent de changer le monde, pratiquent la lutte révolutionnaire. S'introduisant dans de riches demeures en l'absence des propriétaires, ils mettent le désordre absolu dans la maison, mais sans rien voler, renversant le bel ordre bourgeois et confortable de l'ameublement et de la décoration pour instiller la peur et le doute au cœur du système. Mais, tout à leur idéal politique de justice et de partage, les deux amis vont devoir affronter deux imprévus que Hans Weingartner vient mettre à la traverse : d'un côté Jan tombe amoureux de Jule, la petite amie de Peter, et pendant une absence de celui-ci, entreprend avec elle une de leurs virées révolutionnaires, qui tourne mal ; car, second obstacle, et non des moindres, le propriétaire surgissant à l'improviste, tous deux, rejoints par Peter, se voient contraints de l'enlever. Avant qu'ils ne découvrent que ce patron riche, parfait représentant du capitalisme qu'ils exècrent, a été lui aussi, dans sa jeunesse soixante-huitarde, un jeune révolutionnaire désireux de changer le monde. L'odyssée du trio et de son encombrant otage constitue ainsi la ligne directrice d'un récit que le réalisateur maintient comme en équilibre sur le fil, entre la tragédie toujours possible et la comédie cocasse d'une situation riche d'incertitudes. Et la réflexion politique, qui est au cœur d'un film conçu comme une parabole, y trouve toute sa pertinence : comment s'engager aujourd'hui, quand on a 20 ans et qu'on rêve d'un avenir plus juste, dans un pays – et un monde – où l'on a proclamé la fin des idéologies ? Quelle attitude tenir face à un ordre économique toujours prêt à vous récupérer ? Et quelle part faire, dans la lutte collective, aux sentiments personnels (les moindres n'étant pas la jalousie, d'un côté, et la culpabilité, de l'autre, qu'engendrent chez les deux garçons leur amour pour la même fille) ? À toutes ces questions, le réalisateur, filmant dans un numérique agité bien en accord avec ses personnages, apporte des réponses qui ne manquent pas de faire réfléchir, dans un dénouement surprenant qui marque bel et bien le retour depuis longtemps attendu d'un cinéma politique allemand.

---

# WEIR Peter (australien, né en 1944)

**Premier long métrage :**
*Les Voitures qui ont mangé Paris (1974)*
**Filmographie :**
*Witness (1985) • Mosquito coast (1986) • Le Cercle des poètes disparus (1989) • Green card (1990) • État second (1993) •* ***The Truman show (1998) • Master and Commander (2003)***

Dans une filmographie qui compte nombre de très grands succès populaires et qui semble cultiver toutes les ressources des films de genres – fantastique, drame social, aventure, comédie sentimentale, thriller – Peter Weir développe de façon plus secrète une thématique de la découverte qui, au fil des périls et des aventures diverses auxquels sont confrontés ses personnages, amène la raison à basculer sous l'effet des forces de la passion. D'emblée, avec son deuxième film, *Pique-nique à Hanging Rock*, où des jeunes filles en fleurs disparaissent en douceur et comme par enchantement dans le décor ensoleillé d'un promontoire rocheux, il distille une forme de malaise, qu'on retrouve dans la plongée au plus profond des envoûtements de l'Orient, dans *L'Année de tous les dangers*, où un reporter se trouve entraîné dans la tourmente d'une insurrection. Cette sorte de fascination pour le mystère qui se cache derrière la surface des choses, on la retrouve déclinée sous des formes diverses, de l'étrangeté de la culture Amish, dans *Witness*, au rêve paranoïaque d'un retour au paradis perdu d'un homme qui fuit la civilisation, dans *Mosquito Coast*, du pouvoir à la fois libérateur et subversif de la poésie dans *Le Cercle des poètes disparus* à l'expérience traumatisante d'un homme qui survit à une catastrophe aérienne dans *État second*. Et la surprise n'est pas moindre dans ce qui se cache derrière l'univers en apparence tout simple du héros de *The Truman Show*, comme dans ce qui se joue sur les mers de la grande aventure maritime dans *Master and Commander*.

## THE TRUMAN SHOW (1998)
### avec Jim Carrey et Ed Harris

**Vu à la télé.** Qui ne connaît pas Truman Burbank ? Dans sa petite ville bien proprette, il mène une vie réglée comme une partition. Chaque matin, c'est un bonjour amical aux voisins, une caresse au chien du vieux monsieur qui sort sa poubelle, un salut joyeux au marchand de journaux, puis la voiture, le bureau, le travail, le retour au foyer, un petit coup de tondeuse à la pelouse, la soirée avec Madame, et puis on s'endort, et le lendemain matin on recommence... Rien de bien extraordinaire, si ce n'est qu'à des signes d'abord imperceptibles, le spectateur peut se rendre compte que dans ce ronron de l'existence d'un Monsieur Tout-le-monde, il y a quelque chose de pas tout à fait normal. Comme un léger décalage entre ce qu'il vit et ce qu'on voit qu'il vit : une image qui semble prise au téléobjectif, des ombres au coin du cadre, des interférences qui soudain font passer sur écran vidéo. Le doute s'installe, puis devient assurance lorsque Truman lui-même se rend compte qu'il y a des ratés dans sa propre existence. Que veut dire ainsi cette émission qu'il capte par suite d'un dérèglement de son poste radio et qui est en train de raconter exactement ce qui lui arrive ? Et qui sont ces gens qui se cachent derrière la paroi de l'ascenseur qu'il est censé prendre ? Et pourquoi un flic qu'il n'a jamais croisé l'appelle-t-il par son nom ? Et cette fille qu'il avait rencontrée un soir et qui, après un unique baiser, lui avait été enlevée, ne disait-elle pas vrai en le prévenant qu'il était la victime d'une manipulation ? Bref, à mesure que le film avance, l'évidence s'impose : Truman Burbank est l'objet et la vedette d'un immense reality-show, dont la caméra ingénieuse du réalisateur, jouant sur deux tableaux, montre comment il fonctionne.
D'un côté donc, Truman (true-man, un homme vrai) qui depuis sa naissance a été placé en situation de héros malgré lui, épié par des centaines de caméras qui enregistrent ses faits et gestes ; de l'autre Christof, le concepteur-réalisateur de cette super-série, réglant tout depuis son studio, sorte de producteur des temps virtuels à venir ; et entre les deux, les téléspectateurs qui se passionnent au quotidien pour ce héros dont la vie est saisie en direct. On est donc au cœur d'une fable, qui d'emblée prête à sourire, d'autant que Truman Burbank a la figure, le rire, la démarche de Jim Carrey, dont on s'attend évidemment à ce qu'il fasse son numéro de comique grimacier. Or, la première surprise est là : le comédien évolue dans un autre registre, et s'il donne à son personnage un côté éminemment sympathique, il se refuse à toute fantaisie débordante et se contente d'être un homme comme un autre. Cette dimension passe-partout fait la vraie force du film de Peter Weir. Mais comme on est à Hollywood, que Jim Carrey est une vedette et que le film, comme le titre le dit bien, reste un spectacle, la façon dont le scénario est agencé et les moyens utilisés – avec notamment un décor de petite ville entièrement reconstitué, comme un immense studio sur lequel on peut à loisir faire tomber la pluie ou se lever le soleil – maintiennent la fable dans le registre d'une représentation dont le spectateur n'est pas longtemps dupe. Rien n'accroche donc vraiment dans ce sujet pourtant épineux, et la responsabilité tout entière de la machination coupable incombe au seul réalisateur de l'émission incriminée, à qui Ed Harris donne la froideur menaçante d'un démiurge dictatorial. L'image même qui est offerte du public suivant son émission favorite à la télé reste dans la tonalité de la gentille comédie de mœurs : rien d'agressif, rien qui puisse véritablement inquiéter.
Et c'est là sans doute là que réside l'aspect le plus insidieux du film de Peter Weir : cette façon de transformer en film populaire à grand spectacle les problèmes aigus que pose le rapport de la réalité et du virtuel, sans prendre le spectateur à rebrousse-poil, mais en le faisant au contraire complice de la supercherie, en la lui faisant partager, et en l'amenant habilement, pour finir, à applaudir à la décision du héros de redevenir un homme. Tout est donc bien qui finit bien dans le pire des mondes possibles, redevenu, par la magie hollywoodienne, le plus consensuel des divertissements. Belle façon, de l'intérieur, de dynamiter cet univers du tout-spectacle décervelant vers lequel, sur les traces de la télé-réalité, le cinéma se prend à glisser.

## MASTER AND COMMANDER (2003)
### avec Russell Crowe et Paul Bettany

**L'aigle des mers.** On les avait cru perdus corps et biens, engloutis dans les lointains océans des grands films d'aventures à la Michael Curtiz. À peine, de temps à autre, quelques pirates égarés, comme ceux de Polanski, pointaient leurs pavillons, mais c'était sans succès : la mer restait désespérément calme. Et puis, premier frémissement, voilà que Johnny Depp a eu l'idée de se transformer, sous le pavillon de Gore Verbinski, en séduisant pirate des Caraïbes, et soudain les fiers trois-mâts ont à nouveau fait recette et redressé la barre. Restait à les remettre dans le grand vent du large : avec Peter Weir, c'est chose faite.
Il faut dire que le réalisateur australien a trouvé en Russell Crowe l'homme providentiel. Après avoir rendu des couleurs au vieux péplum et donné avec son *Gladiator* un digne successeur à Spartacus, le voici en effet qui, en seul Master and Commander après Dieu, se lance cette fois-ci dans la course au large sur les traces de ses grands

devanciers, d'Errol Flynn à Robert Taylor. Et il y réussit, avec son mufle puissant mâtiné d'une distinction très anglaise qui, le plaçant dans le sillage évidemment prestigieux de Nelson, lui fait faire joliment la nique aux Français. C'est qu'on est en 1805 – l'année de Trafalgar – et que Napoléon, entendant bien étendre son empire sur les mers, a envoyé un vaisseau corsaire, dont le nom porte le deuil de ses adversaires et leur promet l'enfer – l'*Achéron* –, imposer sa domination sur les rives de l'Amérique du Sud. Seul à pouvoir s'opposer à ses plans, le *Surprise* n'a à lui opposer qu'une voilure plus réduite et une puissance de feu moindre. Et les choses commencent d'ailleurs bien mal pour le navire anglais lorsque, dans le silence cotonneux sur lequel s'ouvre le film, le bâtiment français surgit de la brume comme un vaisseau fantôme et lui envoie au flanc une bordée meurtrière.
Mais c'est sans compter sur la finesse tactique et sur le sens de la mer du capitaine Crowe. Échappant à son rival, celui-ci n'a dès lors de cesse de se placer à son tour en position de l'attaquer et de le réduire. Commence alors, des rivages du Brésil au cap Horn puis, en remontant, jusqu'aux Galápagos, une course-poursuite infernale que viennent agrémenter tous les pièges de l'océan, calme plat ou tempête rugissante, glaces du Grand Sud ou canicule étouffante des mers chaudes. À bord, rien ne manque, ni les trognes des matelots, ni les chansons de marins, ni les vieux loups de mer, ni les jeunes aspirants qui font leurs premières armes. Avec, en prime, un médecin de bord qui représente l'homme nouveau, le savant botaniste et zoologiste, qui annonce le temps de la science et qu'une complicité unit, à l'image de la musique qu'ils jouent en duo, à l'homme des mers, à celui qui représente le temps qui va bientôt finir de la marine à voile, des grands vaisseaux sous le vent et des Invincibles Armadas.
Mais la symbolique que traduit le rapport entre les deux hommes n'occulte pas l'action. Tout au contraire, par les couleurs, les accessoires, les costumes, Peter Weir recherche une authenticité qui donne d'autant plus de relief aux scènes de combat que celles-ci bénéficient d'effets spéciaux qui ont le bon goût de ne pas se faire remarquer. Alors les canons crachent le feu, les grappins s'agrippent aux bastingages, les mâts gémissent, et l'aigle des mers poursuit son vol, droit devant, comme une figure de proue qui s'enivre du vent de l'aventure. Et l'on éprouve, à le suivre, tous les frissons du plaisir.

## WEISMAN Sam (américain)

**Filmographie :**
*Les Petits champions 2 (1994)* • *Bye bye, love (1995)* • ***George de la jungle (1997)*** • *Escapade à New York (1999)* • *Escrocs (2001)* • *Dickie Roberts, ex-enfant star (2004), co-réalisation*

Diplômé d'art dramatique et formé à la scène, Sam Weisman, d'abord comédien, commence par la mise en scène de théâtre dans les années 1980, avant de passer au cinéma. Les films qu'il signe relèvent pour la plupart de la comédie, mais selon des tonalités variées : comédie enfantine, pour la suite des *Petits champions* ; comédie sentimentale pour *Bye bye, love* et *Escapade à New York* ; plus déjantée et parodique pour *George de la jungle*.

### GEORGE DE LA JUNGLE (1997)
### avec Brendon Fraser, Leslie Mann et Thomas Haden Church

**Tarzan la banane.** Élevé par des singes au fin fond de la jungle sauvage, le petit George est devenu grand. Sa spécialité numéro un est d'évoluer dans les airs en se balançant de liane en liane, mais comme il est du genre maladroit, il finit toujours par s'emplâtrer sur un tronc d'arbre. Avec ça, s'exprimant par onomatopées, arborant un pagne très écolo sur une musculature qui sent le body-building, et s'étant installé un deux-pièces cuisine dans un arbre, avec ascenseur en bambou, eau courante à l'étage et confort moderne. C'est Singe, le vieux singe malin comme pas un, qui fait la cuisine, c'est Tookie le toucan qui tient lieu d'oiseau de compagnie, et c'est Shep l'éléphant qui, à défaut de chien, se prend pour le toutou de la maison. Tout est donc pour le mieux dans la meilleure et la plus délirante des jungles possibles lorsque débarque la blonde Ursula Stanhope, héritière fortunée et fiancée à un sale m'as-tu-vu, lui-même accompagné de deux aigrefins prêts à tous les mauvais trafics. George, qui découvre la blonde enfant entre deux voltiges aériennes et deux emplâtrages arborés, sent vibrer en lui des pulsions inconnues (la caméra indique discrètement que ça bouge sous le pagne) et il va donc tout faire pour manifester ses sentiments à la belle Ursula, laquelle n'est pas non plus insensible aux manières directes de son beau sauvage. Ça sent l'idylle et, une fois les présentations faites – « Moi George, toi Ursula » –, les exploits du seigneur de la jungle vont emporter définitivement le cœur de la dulcinée, au grand dam de son fiancé jaloux qui va tout faire pour empêcher que l'inévitable arrive. De son côté, le réalisateur, Sam Weisman, essaie de faire manifestement de même. S'inspirant de la BD et du dessin animé qui ont popularisé les exploits saugrenus du plus catastrophique des héritiers de Tarzan, il propose un film en forme de pot-pourri parodique. On trouve donc de tout dans ce *George de la jungle*: des plaisanteries énormes, des gags de niveau zéro, du comique à couper à la machette; mais aussi un ton gentiment allumé, une débilité qui se donne comme telle, une sorte de surenchère dans le stupide avoué; et même un goût plus iconoclaste de la référence, une accumulation de procédés ironiques, et jusqu'au plaisir de s'amuser avec le film en train de se faire. Ce qui ne manque pas d'être parfois surprenant. Si le film, concocté par les studios Disney, cultive à l'évidence l'infantilisme pour répondre à une cible de clientèle d'abord enfantine, il n'est pas sûr que les interruptions du récit, prenant par exemple à parti le narrateur lui-même, ou que l'image du seigneur de la jungle et de sa petite famille se substituant sur l'écran à celle de son plus célèbre concurrent Disney, le Roi Lion, relèvent exactement du même niveau. Pour autant, entraîné par une musique sautillante, le public américain, tous âges confondus, a pris un plaisir manifeste à voir son héros de la jungle transformé en grand bêta. Peut-être, comme une scène du film tendrait à le faire croire, qui montre toute une volée de jeunes filles s'extasier devant le corps primitif et dénudé du beau garçon, tandis qu'elles ignorent superbement les costumes trois-pièces de leurs yuppies de fiancés, les valeurs de virilité primaire et de simplicité d'esprit qu'illustre ce roi de la jungle post-moderne sont-elles le fin du fin de la nouvelle culture. Véhiculant en tout cas un esprit même pas affreux, sale ni méchant, mais s'en tenant à une sorte de facétie bon enfant qui prend bien soin de ne pas trop égratigner profond, le Tarzan parodique des studios Disney n'a rien de l'abominable Tarzoon qu'un tout autre esprit frondeur avait naguère inventé. Il se contente, pour sa part, de voler de liane en liane et de tronc en tronc, de faire une virée à New York vite bâclée, juste le temps de jouer à sa façon au Crocodile Dundee, puis de revenir dans sa brousse pour y épouser lors d'une cérémonie du plus beau kitsch son Ursula chérie et lui faire illico un petit Georginet qui, à son tour, attrapera une liane pour s'envoler dans les airs et aller s'emplâtrer sur un tronc.

---

## WEISS Jiri (tchécoslovaque, 1913-2004)

**PREMIER LONG MÉTRAGE :**
*People in the sun (1935)*
**FILMOGRAPHIE À PARTIR DE 1985 :**
***Martha et moi (1989)***

La vie et la carrière de Jiri Weiss épousent le cours mouvementé de l'histoire de son pays et, plus largement, d'un siècle empli de bruit et de fureur. Né à Prague, étudiant en droit puis journaliste, il est remarqué en 1935 à Venise pour un film d'amateur tourné en 16 mm, qui lui vaut une proposition des studios Barrandoc à Prague, où il réalise plusieurs courts métrages. Mais en 1939, la Tchécoslovaquie est envahie par les Allemands, et il émigre à Londres, où il tourne, pendant la guerre, plusieurs documentaires de propagande. Rentrant dans son pays en 1945, il y réalise alors des films qui l'imposent vite comme le principal réalisateur du pays, et dont certains, comme *Piège à loup* ou *Roméo, Juliette et les ténèbres*, lui valent une notoriété internationale. L'arrivée d'une nouvelle génération de cinéastes – Chytilova, Forman, Menzel – va, dans les années 1960, le rejeter quelque peu dans l'ombre ; et les événements politiques l'amènent, en 1968, à passer à l'Ouest. Retiré à Los Angeles, il arrête alors sa carrière de réalisateur pour se consacrer à l'enseignement du cinéma dans de grandes universités américaines. Jusqu'à ce que, revenant une ultime fois à la réalisation, il nourrisse sa dernière œuvre de souvenirs autobiographiques qui le ramènent, à travers des événements liés à sa propre vie, aux tragédies vécues par son pays natal.

### MARTHA ET MOI (1989)
### avec Michel Piccoli et Marianne Sägebrecht

**La servante au grand cœur.** En 1934, à Prague, Emil a 14 ans. Pas très porté sur les études et plus curieux des charmes de la bonne, il est envoyé par ses parents se purger les idées à la campagne, chez son oncle Ernst. Lequel a, lui aussi, des problèmes. Gynécologue, issu d'une grande famille juive, il se découvre trompé par sa femme, une

jeune Hongroise. Il choisit donc de divorcer et, au grand étonnement général, de se remarier avec sa servante, Martha. Celle-ci, bonne fille pauvre, d'origine sudète, et dont la famille, nationaliste, hurle avec les loups, n'a rien qui la prédispose à la nouvelle vie qui l'attend. Mal intégrée au milieu bourgeois, elle se heurte, malgré son application, à mille difficultés. Mais elle voue à son époux et maître une quasi-adoration. Emil, séduit par cette femme simple, apprend à l'apprécier et se sent bien auprès de ce couple que les difficultés rendent plus uni encore. Mais ce bonheur n'a qu'un temps : en 1938, l'Histoire frappe à la porte, les nazis occupent le pays. Pour sauver sa femme de son mariage juif, Ernst s'efforce de divorcer. Mais Martha refuse d'être séparée de lui. Et, tandis que lui va devoir vivre jusqu'au bout le sort des déportés, elle, ne supportant pas de vivre sans lui, choisira de se donner la mort.
Le beau film de Jiri Weiss frémit d'une sensibilité qui plonge ses racines dans son caractère autobiographique. Le cinéaste, dont toute la famille est elle-même morte en déportation, se souvient, et raconte par le fil mémoriel conducteur de ce jeune Emil qui lui ressemble comme un frère et qui, revenant au pays après la guerre, à la recherche de sa famille, ne retrouve que le vide. Mais ce souvenir, qui raconte simplement un monde disparu, anéanti par la barbarie humaine, est sans haine, ce qui rend d'autant plus poignante l'évocation de la tragédie. Jiri Weiss, dont le projet dormait depuis plusieurs années dans les placards, a toujours refusé les propositions que lui faisaient certains studios hollywoodiens, et qui lui auraient ouvert la voie du gros budget et du grand spectacle. Il a préféré, pour préserver la pudeur qui sied au sujet, le mode mineur d'une co-production européenne franco-allemande, ce qui lui a permis de trouver, pour exprimer la dignité humaine, deux interprètes habités par leur rôle : Michel Piccoli, en grand bourgeois à la fois noble et débonnaire, et Marianne Sägebrecht, en servante au grand cœur, sorte de chien fidèle, qui vit son destin de femme jusqu'au bout, trouvant dans le sacrifice ultime comme sa liberté. Dans un film habité par la mémoire, et par le cœur.

## WEITZ Paul (américain, né en 1966)

**FILMOGRAPHIE :**
***American Pie (1999)*** • *Les Pieds sur terre (2001)* • *Pour un garçon (2002)* • *En bonne compagnie (2005)* • *American Dreamz (2005)*

Tout en écrivant pour le théâtre, Paul Weitz aborde le cinéma en travaillant en commun avec son frère Chris. Ils signent ensemble les scénarios d'un film d'animation, *Fourmiz*, et d'une comédie mettant en scène des petites écolières, *Madeline*. Et c'est ensemble qu'ils passent à un premier long métrage, produit par Chris, réalisé par Paul, *American Pie*, à qui son succès vaudra, en 2001 et 2003, deux séquelles. Et c'est ensemble encore qu'ils écrivent, réalisent et produisent les trois comédies qui suivent, *Les Pieds sur terre*, *Pour un garçon* et *En bonne compagnie*.

### AMERICAN PIE (1999)
### avec Jason Biggs, Chris Klein, Mena Suvari et Natasha Lyonne

**Tarte à la roublarde.** Dans la catégorie « films de collège », dont Hollywood fait depuis quelques années un fort usage commercial pour rameuter le public ado, voici donc la dernière nouveauté en rayon : le film de dépucelage. Sur des schémas bien rodés, qui consistent à prendre un petit groupe de lycéens – quatre ici, en l'occurrence – et à leur faire affronter les choses de la vie, les promoteurs d'*American Pie* ont eu l'idée, pas vraiment neuve, de tout focaliser sur les émois boutonneux et les poussées de sève de leur fine équipe. Le succès de *Mary à tout prix* ayant montré qu'on pouvait aller assez loin en matière spermatique, la route leur semblait donc ouverte pour pousser un peu plus loin le bouchon de la capote. D'où l'idée fixe et unique qui prévaut dans l'esprit de leurs quatre puceaux : passer de la pratique certes agréable mais limitée des plaisirs solitaires à celle, plus délicate, mais prometteuse, du plaisir à deux. Encore que, dans ce pari que se font les quatre copains de devenir des hommes avant l'échéance du bal de fin d'année, chacun songe moins à l'idée de partager le plaisir avec sa partenaire qu'à en trouver une qui lui permettra d'assouvir sa propre envie de sauter le pas. Autant dire que, à partir de l'onanisme pratiqué seul, se profile l'onanisme pratiqué à deux.
Pourtant, la bonne vieille morale à l'américaine veille. Et c'est là qu'*American Pie* se révèle pour ce qu'il est : un très hypocrite compromis entre une façon prétendument libérée de parler du sexe et un conformisme absolu en ce qui concerne les valeurs qui régissent la formation du jeune mâle américain. Car la chose est vue ici du côté des garçons, avec ces quatre personnages réduits au rang d'illustrations de la génération ado-blanche-BCBG, qui vont

découvrir évidemment que les filles sont nettement plus en avance qu'eux, en passant, et le film avec eux, par la plus épaisse phase spermo-scato ; mais, au bout du compte, sur fond de musique sirupeuse, ils vont s'attendrir sur ces années-lycée qui leur auront permis de devenir des hommes et surtout de futurs et vaillants US citizens. Ce qui est bel et bon, mais n'est pas forcément une raison pour que les ados du monde entier soient sommés de partager leur poussive expérience. Et se croient obligés, après avoir vu le film, de se masturber avec une tarte aux pommes qui a tout d'une indigeste tarte à la roublarde.

## WENDERS Wim (allemand, né en 1945)

**PREMIER LONG MÉTRAGE :**
*Summer in the City (1970)*
**FILMOGRAPHIE DEPUIS 1985 :**
***Les Ailes du désir (1987)*** • *Carnet de notes sur vêtements et villes (1989)* • *Jusqu'à la fin du monde (1991)* • *Si loin, si proche (1993)* • *Par-delà les nuages (1995), co-réalisation* • *Lisbonne story (1995)* • *Lumière et compagnie (1995), co-réalisation* • *Les « Lumière » de Berlin (1997)* • *The End of violence (1997)* • ***Buena Vista Social Club (1999)*** • *Million Dollar Hotel (2000)* • *Ten minutes older – The Trumpet (2001), co-réalisation* • *Ode to Cologne (2002)* • *The Blues: The Soul of a man (2003)* • *Land of plenty (2004)* • *Don't come knocking (2005)*

Wenders est né en 1945, à Düsseldorf, dans l'Allemagne de l'année zéro. Son cinéma tout entier en porte la trace. Et sans doute est-ce là, dans ce traumatisme d'une génération héritière d'une mère blafarde et de villes rasées, bombardées, détruites, qu'il faut chercher son désir de se tourner vers le monde pour y trouver autre chose, et en particulier sa fascination pour l'Amérique, terre de liberté et de démocratie. Le cinéma de Wenders est un cinéma de l'errance, passant d'une ville à l'autre, de Tokyo à Lisbonne et à La Havane : la ville, comme métaphore d'un monde, comme affirmation de la vie, comme microcosme d'une culture et d'une civilisation ; la ville, inscrite dans le titre de son premier film, *Summer in the city* ; et toutes ces villes entre lesquelles navigue l'Alice d'*Alice dans les villes*, sur lesquelles il écrit son *Carnet de notes sur vêtements et villes* et, qui, entre un dernier salut aux *Nick's movies* de Nicholas Ray et un hommage à *Hammett*, mènent de Paris, France, où il s'est, à la Cinémathèque, constitué son bagage cinéphilique, à *Paris, Texas*, dans une quête du fils et de la femme qui est largement une quête d'identité perdue. Le cinéaste, partagé entre son Allemagne natale, entre le Berlin écartelé des *Ailes du désir* et réunifié de *Si loin, si proche*, et l'Amérique où il vit et où, revenu des rêves qui étaient ceux qui nourrissaient *L'Ami américain*, il découvre la misère des laissés-pour-compte qui survivent dans un *Million dollar Hotel* et où il constate à quel point le pays, marqué par les attentats du 11 septembre, dévoie les valeurs de ce qui fut une *Land of plenty*, une terre d'abondance, porte en lui les fêlures mêmes du monde né de la Seconde Guerre mondiale et entrant, de la chute du mur de Berlin aux attentats des Twin Towers, dans une nouvelle ère. Avec, comme fil conducteur pour accompagner le voyage et lui apporter quelque motif d'espérance, ces deux langages universels que sont le cinéma et la musique.

### LES AILES DU DÉSIR (1987)
#### avec Bruno Ganz, Peter Falk et Solveig Dommartin

**Le saut de l'ange.** Au-dessus de Berlin, la ville déchirée par l'Histoire et la mauvaise conscience, un ange passe. Reposant ses ailes sur le haut d'un immeuble, il regarde tout en bas les humains qui vivent leur petite vie de joies et de souffrances, la jeune femme qui accouche, l'homme abandonné, le conteur qui sent disparaître le monde qu'il porte en lui, l'enfant émerveillé par la découverte des choses et, dans un cirque un peu minable, la trapéziste volante qui rêve d'un amour. Et l'ange peu à peu, de la compassion qu'il éprouve pour toutes ces vies si difficiles à vivre, se sent pousser, à la place de ses ailes célestes, comme un désir d'humanité : une fois, une seule fois, connaître le goût et le parfum des choses, le souffle du vent, la chaleur du sang qui coule, l'étreinte d'une femme, et la mort, qui donne son sens et son prix à la vie. Alors, poussé par son désir et encouragé par l'inspecteur Colombo, dont le pardessus râpé est l'indice que lui aussi, autrefois, portait des ailes, l'ange saute, et atterrit… Et ses pas, soudain, impriment leurs traces sur le sable.

Le film de Wim Wenders est un prodige : il vole. Par une caméra aérienne, qui glisse dans le ciel, il évolue dans l'apesanteur pour descendre progressivement à hauteur d'homme et se poser dans la réalité. Extraordinaire maîtrise technique, justement récompensée à Cannes par le prix de la mise en scène ; mais aussi qualité exceptionnelle d'une bande sonore qui parvient à capter le chuchotis des cœurs et des consciences, et d'une image en noir et blanc, qui est celle d'un monde privé de sa couleur et qui, soudain, la trouve, lorsque l'ange devenu homme troque son manteau gris ciel contre un blouson aux teintes vives. Et aussi prodige de poésie légère, de grâce virevoltante, d'équilibre sans cesse préservé, pour dire ces choses simples que sont le malheur et la passion, la solitude et l'amour partagé, et la sagesse apaisée de qui sait que la vie est passagère, et qui la prend pour telle. S'il y a un film habité par l'esprit d'enfance, par l'émerveillement, par la féerie, par la grâce, c'est bien celui-là. Sur l'aile d'un ange, il nous fait planer.

### BUENA VISTA SOCIAL CLUB (1999)
**avec Compay Segundo, Ruben Gonzales et Ibrahim Ferrer**

**Bal(l)ade cubaine.** Wim Wenders est un errant. Son cinéma n'est jamais plus fidèle à lui-même que lorsqu'il se balade en liberté, dans les grands espaces comme dans la jungle des villes. De Paris, Texas, à Berlin, de *Tokyo-ga* à *Lisbonne story*, la route est déjà longue. Voici qu'elle s'enrichit d'une nouvelle escale, Cuba. Le fil conducteur du voyage est ici mélodique : la balade est une ballade. Avec ce curieux sentiment qui s'en dégage, d'une nostalgie intense et d'une formidable vitalité. Le point de départ en est Ry Cooder, le musicien de *Paris, Texas*, et le disque qu'il vient enregistrer à La Havane de vieilles gloires retrouvées de la musique cubaine. Étonnante bande de gamins octogénaires, bardés de simplicité et de malice, et resurgissant du passé par la magie toujours intacte de leur génie musical. Wenders les écoute jouer, enregistre de sa caméra attentive et tournante les paroles de leurs romances, capte par le rythme de ses images l'exacte mesure de leur tempo, scrute leurs traits de vieillards burinés, écoute leurs confidences. Et le portrait de groupe qui se dessine, c'est celui-là même de l'âme d'un peuple, la misère et l'énergie d'un pays qu'on découvre à la fois dévasté et toujours prêt à chanter. Le cinéaste n'explique pas : il écoute et il voit. Et il y retrouve ce plaisir premier de filmer la vie.

On avait un peu perdu de vue cet art unique du vagabondage. On le retrouve ici dans toute sa vigueur subtile : montage enchaîné des séquences cubaines et des deux concerts donnés par les vétérans à Amsterdam puis au Carnegie Hall de New York ; travelling faisant défiler en arrière-plan les rues de La Havane, un chien étique qui fait sa crotte au milieu de la chaussée défoncée, une voiture américaine carénée années 1950, bosselée, rouillée, mais repeinte aux couleurs des rêves. Et choc du contraste avec la vie trépidante et opulente de New York, avec cet autre monde à portée de bateau mais à mille années-lumière, que les Cubains chantants regardent à la fois avec éblouissement et avec cette distance qui, les ayant en quelque sorte préservés du rêve américain, leur a conservé leur âme.

Car la musique joue ici comme une mémoire vivante : il suffit que Ruben Gonzales se mette devant un piano et qu'il laisse courir ses doigts sur le clavier, pour que, sur deux notes, il transcende toutes les réalités présentes. Et nous sommes tous, alors, des musiciens cubains…

## WINDING REFN Nicolas (danois, né en 1970)

**FILMOGRAPHIE :**
*Pusher (1996)* • *Bleeder (1999)* • *Fear X (2003)* • *Pusher II (2004)* • ***Inside Job (2004)***

Réalisateur de films très populaires dans son pays, Nicolas Winding Refn représente bien un cinéma de genre traité avec un souci de qualité d'écriture et une réflexion sociale et morale. Né à Copenhague, plutôt que d'intégrer l'École nationale de cinéma du Danemark où il est reçu, il passe directement à la réalisation, un producteur lui proposant de financer son premier long métrage, *Pusher*, un thriller urbain, qui est présenté avec succès au Festival de Venise en 1996 et qu'il fera suivre huit ans plus tard de *Pusher II*, histoire d'un petit escroc qui s'essaie à remettre, en vain, de l'ordre dans sa vie. Auparavant, et toujours dans la même veine, il offre un portrait réaliste de la jeunesse désabusée de Copenhague dans *Bleeder*, puis co-écrit son film suivant, *Fear X*, avec le romancier Hubert Selby Jr., l'auteur *de Last exil to Brooklyn*, qu'il retrouve à nouveau pour *Inside Job*, sorte de polar mental, qu'il tourne avec une distribution américaine.

## INSIDE JOB (2004)
### avec John Turturro et James Remar

**L'ombre du doute.** Une chose est sûre : Harry Caine, vigile dans une galerie marchande, a perdu sa femme, brutalement assassinée dans le parking du centre commercial. Les caméras de vidéo-surveillance ont enregistré le meurtre, mais la figure de l'assassin n'y apparaît que comme une ombre floue, que la police n'a pas réussi à identifier. Seul avec lui-même et avec son chagrin, Harry, devant cette enquête officielle qui ne donne rien, cherche désespérément à résoudre par lui-même le double mystère qui entoure cette mort : qui a tué, et surtout pourquoi ? Et inlassablement, il scrute les films vidéo et établit des fiches à partir du moindre soupçon qui lui fait transformer un passant à peine entrevu en suspect possible.
Le film de Nicolas Winding Refn s'attache, en très gros plans, à la recherche désespérée d'Harry. La caméra suit son regard, fouille avec lui les images vidéo, regarde par le rideau entrouvert la neige qui tombe dans la rue, voit la silhouette de sa femme se perdre sous les flocons épais, la ramène aussi tout près de lui et la fait apparaître furtivement dans l'entrebâillement d'une porte, avant que la maison vide ne fasse disparaître la vision et ne ramène Harry à la triste réalité de l'absence. Et la caméra le suit aussi lorsqu'il traverse la chaussée pour aller fouiller la maison inhabitée qu'il observe juste de l'autre côté de la rue, guidé par le soupçon vague qu'il pourrait y trouver un indice. Et de fait, il y trouve, sur un bout de pellicule, deux ou trois photos qui le lancent sur une piste, du côté d'une petite ville du Montana, où il se rend aussitôt pour essayer de suivre la mince trace à laquelle il s'accroche.
Or c'est bien là, semble-t-il, que pourrait se trouver la clef du mystère. Encore que le couloir de l'hôtel où il descend, tapissé de rouge et éclairé d'une lumière sombre, donne une curieuse impression de labyrinthe intérieur, comme on en trouverait chez David Lynch ou chez les frères Coen. D'où la question qui, insidieusement, se pose : ce que découvre Harry est-il la vérité, ou le fruit de son imagination ? Les images, qui peuvent être tout autant des vues que des visions ; le scénario, qui ouvre toutes les portes possibles ; la musique, quasi hypnotique (et signée Brian Eno, qui a justement beaucoup composé pour Lynch) ; et l'interprétation quasi somnambulique de John Turturro dont l'air endormi convient idéalement à cette sorte d'automatisme obsessionnel dans lequel le personnage s'enferme : tout donne l'impression ambiguë d'une réalité vécue comme un rêve éveillé. Ce que découvre Harry pourrait certes expliquer rationnellement ce qui s'est passé. Mais ne se pourrait-il pas que ce soit son cerveau déprimé qui ait tout inventé ? Et le cauchemar dont il s'éveille pour finir, l'a-t-il vécu, ou l'a-t-il rêvé ? C'est toute l'épaisseur du malaise que suscite un film troublant. Et qui jette le doute sur les images mêmes qu'il donne à voir.

# WINKLER Irwin (américain, né en 1931)

**FILMOGRAPHIE :**
***La Liste noire (1990)*** • *La Loi de la nuit (1992)* • *Traque sur Internet (1995)* • *Premier regard (1996)* • *La Maison sur l'océan (2002)* • *De-Lovely (2004)*

Producteur parmi les plus importants d'Hollywood depuis 1967, année où il débute avec *Croisière surprise*, du vétéran Norman Taurog, avec Elvis Presley en tête d'affiche, et ayant produit plus de quarante films de cinéastes aussi importants que Sydney Pollack, John Boorman, Martin Scorsese, Roland Joffe, Costa-Gavras ou Bertrand Tavernier, Irwin Winkler passe tardivement lui-même à la réalisation, avec *La Liste noire*, dont le sujet, lié à l'histoire même d'Hollywood, l'intéresse tout particulièrement. Depuis, il enchaîne les réalisations, alternant thrillers, comédies dramatiques et, avec *De-Lovely*, film musical retraçant la carrière de Cole Porter.

## LA LISTE NOIRE (1990)
### avec Robert De Niro, Annette Bening et Patricia Wettig

**La machine infernale.** L'histoire est connue. À la fin des années 1940, en pleine guerre froide, la Commission sur les activités anti-américaines jeta son dévolu sur le monde du cinéma. Pressée par la fièvre du maccarthysme, elle s'était donné pour but de traquer la moindre velléité communiste et de purger Hollywood de tout esprit subversif. Acteurs, réalisateurs, scénaristes, tous furent pris dans l'engrenage infernal, forcés de se plier à une autocritique humiliante et, plus terrible encore, de livrer en pâture à la commission le nom d'autres personnes

suspectes. Certains, comme Losey, choisirent l'honneur, le refus et l'exil. D'autres, comme Kazan, cédèrent à la pression et, toute honte bue, dénoncèrent leurs collègues, leurs proches et jusqu'à leurs amis. Le film d'Irwin Winkler qui retrace cet épisode douloureux, qui hante aujourd'hui encore l'histoire du cinéma américain, ne manque pas d'ambiguïté. Non qu'il n'offre pas une vision honnête des choses : le mécanisme même de la violence morale, qui s'emploie à broyer la résistance de l'individu, y est parfaitement démonté. Et les responsabilités propres du milieu cinématographique, où chacun, craignant pour sa carrière, joue sa propre carte sans se soucier de la moindre solidarité, ne sont pas passées sous silence. Le film, néanmoins, apparaît un peu trop comme un dédouanement à bon compte. Se gardant bien de toute analyse politique approfondie, il désigne les méchants sans ambages : on ne peut que les reconnaître.
Resterait pourtant à se demander pourquoi et comment un système libéral comme celui des États-Unis a pu ainsi engendrer une telle entreprise de pression et de laminage. Le vrai sujet était celui de la dérive totalitaire et des vieux démons qui sommeillent au fond de toute démocratie. Mais là n'est pas à l'évidence le souci d'Irwin Winkler. Et l'on comprend pourquoi. Lui-même producteur important, et plusieurs fois oscarisé, d'Hollywood, il a trouvé dans cette histoire un sujet rêvé pour réaliser un film… hollywoodien. Le scénario, à cet égard, est révélateur, qui mêle adroitement les allusions authentiques à un récit fictif ficelé selon les meilleures recettes. Il raconte l'histoire d'un réalisateur, David Merrill, professionnel passionné par son métier jusqu'à en négliger sa femme, son fils, sa vie privée. Dans sa jeunesse, il a deux ou trois fois assisté à des meetings communistes, dont il s'est d'ailleurs fait expulser pour esprit trop indépendant. Or, alors que tout lui réussit et qu'il prépare un nouveau film sous la houlette du grand Darryl Zanuck, dont il est un des poulains, il est dénoncé par un de ses collègues. Dès lors, tout bascule : les portes se referment, ses relations lui tournent le dos, on l'empêche de travailler, et il se retrouve seul, rejeté d'Hollywood, avec comme seule perspective, s'il veut retrouver sa place, de dénoncer à son tour ses amis. Intègre, sympathique, ne comprenant guère ce qui lui arrive, puisant dans le soutien de sa femme, qu'il retrouve dans les épreuves, la force de résister, le personnage qu'interprète avec chaleur et discrétion un De Niro tout de retenue et de sensibilité est parfait. Trop parfait sans doute, comme tout le scénario, et fait pour plaire à tout le monde sans vraiment effaroucher personne. Du coup, *La Liste noire* est un film qu'on voit avec plaisir, un peu lent, mais savamment construit jusqu'à l'explosion du procès final, efficace dans sa mise en scène et parfaitement servi par son interprétation. Un pur produit hollywoodien que n'effleure jamais l'ombre d'une mauvaise conscience. Et qui passe en toute quiétude à côté du grand film qu'il aurait pu être.

## WONG Kar-wai (chinois, né en 1958)

**FILMOGRAPHIE :**
*As tear go by (1988)* • *Nos années sauvages (1990)* • *Les Cendres du temps (1994)* • ***Chungking Express (1994)*** • *Les Anges déchus (1995)* • *Happy together (1997)* • ***In the mood for love (2000)*** • *2046 (2004)* • *Eros (2005), co-réalisation*

Né en Chine, à Shangai, mais arrivé très jeune à Hong-Kong, à l'âge de 5 ans, Wong Kar-wai grandit dans un paysage cinématographique, celui des années 1960-1970, où la production locale fonctionne sur une dictature des genres – films de chevalerie, kung-fu, comédies – exploités à satiété, jusqu'à entraîner une désaffection du public et à favoriser, à la fin des années 1970, l'apparition d'une Nouvelle Vague. Celle-ci, bouleversant la politique des genres, ne s'impose pas pour autant et, dans les années 1980, les nouveaux auteurs doivent à nouveau composer habilement avec les genres traditionnels. C'est dans ce contexte indécis que Wong Kar-wai réalise ses premiers films à la fin des années 1980 : il y rompt avec les codes narratifs en vigueur, pour y développer, au fil de scénarios subtils, un cinéma de l'intimité, des sens, des émotions furtives, de la langueur, des sentiments, porté par des recherches visuelles, un sens de l'image, un goût du raffinement stylistique qui relève, au pur sens esthétique du terme, du maniérisme. Que ce soit à travers l'évocation fantasmée des années 1960 dans *Nos années sauvages*, dans la recherche de beauté qui transfigure la tradition du cinéma épique chinois dans *Les Cendres du temps*, dans la fable virevoltante et vertigineuse sur le désir que développent les complexes croisements de *Chungking Express*, dans le romantisme nocturne qui habite, dans une ville moderne et technologique, *Les Anges déchus*, dans la passion éteinte et renouvelée de *Happy together*. Et ce style, mieux encore que dans la complexité scénaristique fantasmée et quelque peu abstraite de *2046*, trouve toute sa puissance d'envoûtement lorsqu'il dit le frôlement des corps, la puissance du désir, la sensualité et la frustration, comme dans *In the mood for love*, où l'extrême proximité met entre l'homme et la femme toute la distance infranchissable de l'inassouvissement, ou dans *Eros*, où les mains d'un jeune tailleur dessinent, sur le corps des femmes qu'il habille, la douceur de l'interdit.

## CHUNGKING EXPRESS (1994)
### avec Brigitte Lin Chin-hsia, Takeshi Kaneshiro, Tony Leung et Valerie Chow

**Un film peut en cacher un autre.** Cela commence en trombe, comme un thriller mêlant les vieux codes du genre à une expression clip, avec images folles défilant en quatrième vitesse sur une musique rock tonitruante. On est dans Chungking House, labyrinthe tortueux de Kowloon, le quartier chaud de Hong-Kong. Population hétéroclite, ruelles bondées, trafics en tous genres. Le matricule 233 ne se console pas du départ de May. Il est flic, il va fêter ses 25 ans, et il se retrouve seul au milieu de la foule grouillante. Dans 57 heures, il tombera amoureux de la fille blonde qui entrera dans le bar où il cherche à noyer sa solitude.

Elle, lunettes noires, perruque blonde, imper serré à la taille, semble tout droit sortie d'un film noir, où elle figurerait l'héroïne mystérieuse. Pour l'heure, elle essaie de retrouver dans la fourmilière la bande de passeurs indiens qu'elle a payés pour acheminer une livraison de drogue et qui, au moment de l'embarquement, lui ont filé entre les doigts. Deux itinéraires – le flic solitaire et la femme fatale – qui, au cinéma plus qu'ailleurs, sont faits pour se croiser. Mais chez Wong Kar-wai, rien n'est exactement comme on l'attend. Au moment même où le matricule 233 rencontre la trafiquante blonde, au fast-food du coin un autre flic, en uniforme lui, le matricule 663, achète des « chef-salades » pour sa copine hôtesse de l'air, tout en jetant un œil rapide sur la nouvelle serveuse, Paye, qui se shoote aux Mamas et Papas chantant *California dreaming*. Croisée des chemins, croisée du film qui, soudain, abandonne 233 et se met à suivre 663, lequel ne tarde pas à redescendre du septième ciel où il se balade avec son hôtesse de l'air pour se retrouver seul à son tour et pour s'attirer l'attention de plus en plus envahissante de Paye, laquelle s'introduit dans sa vie et dans son appartement, sans qu'il s'en rende compte. Et sans que le spectateur lui-même ne puisse vraiment réaliser ce qui lui arrive.

Car les mêmes images, la même façon de capter la réalité caméra à l'épaule, la même apparente désinvolture, entraînent en fait dans une direction insoupçonnée et dans un second film qui vient comme prendre la place du premier. Mais là aussi le cinéaste se joue comme à plaisir des genres et des codes. La comédie sentimentale qui s'amorce et qui prend le relais du thriller ne va pas non plus là où elle devrait aller, à l'image d'une lettre, qui pourrait expliquer bien des choses, et que tout le monde lit, sauf son destinataire ! Ainsi le film avance avec une sorte d'impertinence affichée, qui réussit le tour de force de captiver une attention constamment tenue en éveil, au milieu d'un va-et-vient continuel des personnages, des situations, des images et d'une bande sonore elle aussi joyeusement répétitive. Il y a dans tout cela une liberté rare, nourrie sans doute, peut-on penser, à l'œuvre de tous ces jeunes gens qui, un jour ou l'autre, de Godard à Cassavetes, réinventèrent le cinéma. Mais il y a surtout une simplicité assez étourdissante dans tous les entrelacs d'un récit qui illustre de façon virevoltante les jeux de l'humour et du hasard, en poursuivant une sorte de réflexion sur le temps et l'espace, cet « écart d'un millimètre », comme dit un personnage, qui fait que deux vies peuvent se croiser sans se voir. À moins qu'un petit atome crochu ne vienne accrocher l'un à l'autre deux destins. Et dans cette double démonstration du hasard et de la nécessité, les personnages de *Chungking Express* prennent alors toute leur force de séduction et de complicité. À l'image de la mutine Paye, qui se glisse en douce dans votre intimité et ne vous lâche plus. Ou de ce flic un brin poète du cœur, qui parle à sa savonnette et regarde pleurer sa serpillière.

## IN THE MOOD FOR LOVE (2000)
### avec Maggie Cheung et Tony Leung

**Les proximités sentimentales.** Par un pur hasard, M. Chow loue une chambre dans la même maison que Mme Suen. Et tous deux, par le même hasard, emménagent le même jour dans leurs deux studios contigus. On est à Hong-Kong, en 1962. Mme Suen est mariée, mais presque toujours seule, son mari faisant de constants séjours à l'étranger. M. Chow est journaliste, marié lui aussi, et lui aussi seul très souvent, par suite des horaires tardifs de sa femme. De ces deux couples, le film de Wong Kar-wai ne montre que les deux époux que leur conjoint respectif délaisse. Ceux-ci, que l'on n'aperçoit que furtivement, de dos, sont donc quasiment absents du film. Et pourtant, c'est de cette absence que tout découle : le rapprochement de l'homme et de la femme solitaires, les sentiments

qui naissent entre eux, la découverte qu'ils font, par hasard encore, que leurs époux les trompent et sont de fait amant et maîtresse, et, bien sûr, la tentation de devenir amants à leur tour. Mais tout n'est pas si simple. Dans cette proximité sentimentale, tout fait obstacle : les voisins qui observent, les réticences personnelles, et, par-dessus tout, le sentiment que, s'ils se laissaient aller à leur passion, ils ne feraient qu'imiter le couple adultère. Entre leurs deux chambres, il n'y a qu'une simple cloison : mais elle les sépare plus sûrement que ne le ferait l'éloignement. Parce qu'autour d'eux, il y a le monde et le poids des réalités.
Wong Kar-wai, dans un film qui ne dit presque rien, fait sentir cette résistance et cette opacité des choses. Les objets envahissent l'espace étroit, le cadre resserré isole les deux protagonistes comme pris dans l'univers qui les enferme, et le mouvement parfois se ralentit jusqu'à se figer, en de somptueux ralentis qui arrêtent les rafales de pluie qui tombent sur la chaussée, les rideaux rouges qui volent dans un couloir d'hôtel, l'ondulation des robes au col étroit qui enserrent la femme dans une raideur physique que dément pourtant la souplesse fine de son corps.
Tout a cette tenue et ce maintien. Les grands sentiments, ici, ne sont pas lyriques : ils passent par une larme furtive, un regard détourné, une expression de douleur fugitive, tandis que l'Histoire, la grande, continue, et que de Gaulle arrive en visite au Cambodge. Alors M. Chow, longtemps après, confie son secret à un trou de muraille, qu'il referme pour que rien ne s'en échappe. Wong Kar-wai, passant par là, ouvre la cachette intime et libère cet amour poignant : il en fait son film.

## WOO John (chinois, né en 1946)

**Premier long métrage :**
*Young dragons (1973)*
**Filmographie depuis 1985 :**
*Run, tiger, run (1985)* • *Les Larmes d'un héros (1986)* • *Le Syndicat du crime (1986)* • *Le Syndicat du crime II (1987)* • *Just heroes (1987), co-réalisation* • *The Killer (1989)* • *Une balle dans la tête (1990)* • *Once a thief (1990)* • *À toute épreuve (1992)* • *Chasse à l'homme (1993)* • ***Broken arrow (1995)*** • *Volte/Face (1997)* • *Mission : impossible 2 (2000)* • ***Windtalkers (2002)*** • *Paycheck (2003)*

Né dans la province de Canton, John Woo émigre à Hong-Kong à l'âge de 5 ans, où sa famille, ayant perdu tous ses biens, mène pendant plusieurs années une vie misérable. Scolarisé grâce à l'aide de familles catholiques américaines, il découvre le cinéma pendant ses études et tourner ses premiers films en 8 mm. En 1969, il entre au studio de Cathay comme assistant de production, avant d'intégrer la compagnie des frères Shaw, où il devient assistant de Chang Cheh, le grand spécialiste des films d'action. Cela détermine sa carrière : dès ses premiers films d'arts martiaux, au milieu des années 1970, son cinéma se signale par ses qualités plastiques, par la stylisation apportée aux combats et par un sens du rythme lié à un montage extrêmement sophistiqué. Devenu, avec plus de vingt films qui sont tous autant de succès, une des stars du cinéma chinois, et voulant depuis longtemps travailler à Hollywood, il franchit le pas en 1992, où il vient s'installer à Los Angeles et commence, à partir de 1993, une carrière américaine qui lui voit apporter aux grands genres hollywoodiens le dynamisme du cinéma de Hong-Kong.

### BROKEN ARROW (1995)
#### avec John Travolta, Christian Slater et Samantha Mathis

**Et que ça saute !** Un carré blanc, minuscule au centre de l'écran. Comme un signe mystérieux, un idéogramme à déchiffrer, un carré magique qui contiendrait le secret même du film. Zoom avant, raccord, et voici que le carré se révèle pour ce qu'il est : un ring, sur lequel deux hommes sont en train de se battre sans ménagement. Tout en frappant sec et fort, l'un explique à l'autre comment il faut savoir frapper et quelle stratégie il convient d'employer pour tromper son adversaire et l'amener là où l'on veut. Le film de John Woo commence ainsi par ce que l'on pourrait appeler le discours de la méthode. À qui veut bien prêter une oreille et un œil attentifs, tout est déjà dit et montré de façon figurée. Les deux hommes qui s'affrontent partagent quelque chose qui explique et dépasse leur combat : entre eux, le besoin de se mesurer est une façon de traduire le lien qui les unit l'un à l'autre. Sans avoir à faire passer

le major Deakins et le capitaine Haie sur le divan, il est évident que la virile amitié qui les unit cache quelques pulsions refoulées que John Woo, qui pratique l'explosif et la pyrotechnie plus volontiers que la psychanalyse, va se charger de régler en faisant voler en éclats leurs problèmes de rapports attractifs/répulsifs. Car les deux hommes, pilotes d'un bombardier furtif, se retrouvent, lors d'une mission qui les voit emporter au flanc de leur avion deux missiles nucléaires, sur un ring en l'occurrence grandeur nature – le désert et les impressionnants canyons de l'Utah – où ils se battent pour de bon autour des deux ogives porteuses du feu atomique. Deakins a en effet décidé de s'emparer pour son propre compte de l'arme nucléaire et il éjecte pour ce faire son co-pilote, lequel – suivez le symbole – atterrit aux pieds d'une jeune femme, ranger de son métier, qui va désormais former avec lui un vrai couple, celui du bien, opposé à la mégalomanie perverse de Deakins, dont l'entreprise prométhéenne est portée par un délire apocalyptique.
À partir de là, on pourrait avoir droit à un film d'action à l'américaine, où les inévitables poursuites, cascades et explosions trouveraient leurs explications dans la psychologie clairement balisée, et finalement rassurante, des personnages. Rien de tel ici. John Woo n'a que faire de vraisemblance et de conventions ; ce qui importe pour lui, c'est le spectacle. Tout dans son film n'existe que par la place à prendre et le rôle à tenir dans la chorégraphie de la violence dont, depuis ses débuts à Hong-Kong, il s'est fait une spécialité. Et comme il est ici question de l'arme nucléaire, le thème du ballet est clair : ce sera la danse du feu. Dans un décor stylisé, aride, quasi lunaire sous le soleil brûlant, tout va donc exploser. Les armes crépitent, les grenades éclatent, les rafales font valser les corps, le ciel s'embrase. Dans le défi qu'ils se lancent, Deakins et Haie jouent avec l'arme nucléaire. Ils y jouent même tant et si bien que, ne se refusant rien, John Woo va jusqu'à faire exploser l'un de ses missiles. Et comme au rayon des artificiers, il est un maître incontesté, cela vaut une scène d'anthologie, où la terre se soulève en une monstrueuse vague tellurique tandis que, démoniaque et néronien, l'allumé de l'ogive rit du superbe spectacle qu'il vient de déclencher. Plaisir que partage le spectateur convié tout à la fois à assister à cette féerie pyrotechnique et à admirer le jeu d'un Travolta retrouvé, souverain dans sa façon d'allumer une cigarette comme de mettre le feu à une charge atomique. Et plaisir aussi de voir comment le cinéaste chinois se moule dans la grande machinerie hollywoodienne en se payant le luxe de n'en faire qu'à sa tête. À l'image de son personnage qui balance proprement par-dessus bord le financier de l'opération, John Woo envoie promener les contraintes économiques pour transformer un cinéma de la gonflette musculaire et des effets de synthèse en une sorte d'énorme *Apocalypse now* ludique où, entre esthétique et ironie, il trace sa voie à lui, en s'offrant en prime le plaisir de tout faire sauter !

## WINDTALKERS (2002)
### avec Nicolas Cage, Adam Beach, Christian Slater et Roger Willie

**Sur le sentier de la guerre.** Ça commence à Monument Valley. Là où, dans les westerns de la grande époque, les héros de John Ford, dans leur chevauchée fantastique, dégommaient de l'Indien au mètre linéaire. En ce temps de la bonne conscience US, les Comanches, Pieds-Noirs et autres Navajos, avec leurs plumes sur la tête et leurs cris de sauvages, n'avaient guère droit, dans un genre où se forgeait la mythologie du Nouveau Monde, qu'à la portion congrue de chair à Winchester. Depuis, la cause des minorités a fait aux États-Unis la percée que l'on sait, et nul à Hollywood ne se risquerait plus aujourd'hui à casser de l'Indien comme les John Wayne d'autrefois. L'heure est au *mea culpa* et à la mémoire, faisant resurgir, par exemple, le rôle capital que tinrent en 1944-1945 les Navajos dans la bataille du Pacifique, à travers ce code secret basé sur leur langue qui permit à plusieurs centaines d'entre eux, enrôlés dans ce but, d'envoyer des messages cryptés décisifs que jamais les Japonais ne parvinrent à déchiffrer. Et il faut voir aussi comme un signe des temps que, pour raconter cette histoire oubliée, le réalisateur aujourd'hui chargé par la prestigieuse Metro Goldwin Mayer de rendre hommage à ces héros de l'ombre soit lui-même un cinéaste venu d'ailleurs et appartenant à une minorité non blanche, à savoir le Chinois John Woo.
Du cinéaste le plus incisif et le plus spectaculaire qui se soit révélé dans les films d'action depuis plusieurs années, on attendait naturellement que, en s'emparant de ce grand genre classique qu'est le film de guerre, il lui apporte cette efficacité et ce rythme qui ont fait sa marque. Venant après quelques belles réussites récentes en la matière, du *Soldat Ryan* de Spielberg au *Faucon noir* de Ridley Scott, la chose n'était pas courue d'avance. Que les amateurs se rassurent : John Woo tire parfaitement son épingle du jeu. Filmant la guerre au plus près, il en fait selon son style une chorégraphie sanglante où, entre close-combat, violence de feu et symphonie sonore explosive, l'action se révèle aussi fascinante qu'éprouvante. Et la virtuosité donne à ce jeu de massacre une sorte de lyrisme qui obéit finalement plus à l'art du grand spectacle qu'à celui de la guerre.
D'autant que l'autre aspect du film permet de juger que l'apport de John Woo dépasse le simple cinéma d'action, en abordant de face l'aspect central que porte le scénario : le racisme anti-Indien. Sur une trame simple, mettant face

à face deux Navajos engagés comme *code-talkers* (sorte d'agents du chiffre) et deux Marines chargés d'assurer leur sécurité mais surtout celle du code, c'est-à-dire en éliminant au besoin ces Indiens pour éviter qu'ils tombent entre les mains de l'ennemi et ne lui en révèlent le secret, John Woo développe une histoire qui, d'exclusion, devient d'amitié. Entre les deux protagonistes principaux, un Marine cabossé par la guerre – Nicolas Cage, superbe – et un Navajo qui en découvre les horreurs – non moins étonnant Adam Beach –, des liens forts se nouent qui, au-delà des clichés du film patriotique, mettent en avant la reconnaissance de l'autre.
Tout cela ne manque pas là non plus de lyrisme ni de scènes attendues. Mais John Woo sait éviter le pathos et faire vibrer avec justesse la corde sensible qu'en son temps un autre émigré, irlandais lui – John Ford –, excellait à faire vibrer. Et si hommage il y a, il est surtout à ce cinéma-là. D'ailleurs, si dans le film tout commence à Monument Valley, tout y finit aussi.

## WOOD Andrés (chilien, né en 1965)

**Filmographie :**
*Historias de Futbol (1997)* • *La Fièvre de l'ormeau (2000)* •
***Mon ami Machuca (2004)***

Lorsque, en 1973, le putsch militaire chilien porte le général Pinochet au pouvoir et sonne le glas de Salvador Allende et de son gouvernement de Front populaire, les principaux cinéastes du pays – Helvio Soto, Miguel Littin, Raoul Ruiz, Patricio Guzman – choisissent l'exil. La dictature militaire, marquée par un ordre moral et une censure implacables, se traduit par une longue traversée du désert pour le cinéma national. Avec les années 1990, la liberté et la démocratie reprennent progressivement leurs droits. Une nouvelle génération de cinéastes arrive : Miguel Joan Littin, Sergio Castilla, Cristian Galaz, Andrés Wood. Ce dernier, né à Santiago et parti étudier le cinéma à l'université de New York, revient au Chili en 1992 pour y tourner ses premiers courts métrages et y amorcer sa carrière dans une industrie cinématographique en pleine reconstruction. Son parcours et son œuvre sont très représentatifs de ces jeunes réalisateurs qui, ayant grandi sous la dictature, peuvent prendre avec elle le recul du jugement. À ce titre, *Mon ami Machuca*, premier film à évoquer les événements de 1973, apparaît comme une date dans le regard que le Chili et son cinéma portent sur la part sombre de leur histoire.

### MON AMI MACHUCA (2004)
### avec Matias Quer, Ariel Mateluna et Manuela Martelli

**Au revoir, les enfants.** La rencontre, dans un collège religieux, entre un premier de la classe, chouchou de sa jolie maman et parfait rejeton de la classe aisée à laquelle il appartient, et une pièce rapportée, n'appartenant visiblement pas au même milieu, et qui n'est là, avec quelques autres laissés-pour-compte, que par la volonté du prêtre qui dirige le collège d'accueillir dans son établissement des enfants en situation difficile ; l'amitié qui naît, au milieu de l'ostracisme qui touche les nouveaux venus, entre Gonzalo, l'élève riche et bon chic bon genre, et ce Pedro Machuca qui est tout son contraire ; l'apprentissage qu'ils font en commun de la vie, les premiers émois amoureux, les quatre cents coups ; mais aussi une situation politique qui fait peser de plus en plus fortement ses menaces, jusqu'au jour où les militaires investissent le collège, où Machuca en est chassé et où le directeur, expulsé lui aussi, quitte le collège devant les élèves en rang qui le saluent, et leur dit un « Au revoir, les enfants » qui résonne à l'évidence comme un écho de celui que, sur un même schéma d'amitié, d'enfance et de tragédie de l'Histoire, lançait le supérieur résistant du film de Louis Malle, arrêté par les nazis pour avoir recueilli des enfants juifs.
La parfaite ressemblance structurelle, à quelque dix-sept ans d'écart, du film d'Andrés Wood avec celui du cinéaste français, loin de lui faire porter le handicap grossier du remake, enrichit plutôt le propos du jeune réalisateur chilien d'une référence, tant cinématographique qu'historique, qui lui ajoute du sens. D'autant que, dans l'un et l'autre cas, une expérience personnelle est à l'origine du film. En reprenant simplement le schéma du film de Malle, Andrés Wood trace en filigrane la ligne directrice de la pensée politique qui sous-tend son film. Les événements qui ont bouleversé la vie de son pays ont traumatisé en profondeur la conscience chilienne, tout comme l'Occupation et les ambiguïtés de la collaboration ont traumatisé la conscience française. En regardant le Chili de 1973 par les yeux

d'un enfant qui en découvre la réalité sociale et politique, le cinéaste met à nu ce traumatisme. Et d'autant plus fortement que la violence militaire qui se déploie apparaît comme le produit d'un affrontement de classes face auquel l'amitié des deux enfants apparaît comme le rêve impossible d'une société réconciliée : une utopie que la réalité se charge vite de détruire.
Le côté touchant du film, loin de nuire à sa force, apporte l'émotion au constat historique. Car les deux enfants – prédéterminés par leur milieu social – gardent cette part de mystère qui fait que, envers et contre tout, ils sont capables d'échapper aux froids mécanismes de l'Histoire. Même si, forcément, celle-ci les rattrape : en 1973, Machuca et les siens sont laminés par la dictature, tandis que Gonzalo, fuyant sur son petit vélo le bidonville où son ami est condamné, regagne les beaux quartiers et la vie respectable qui l'attend. Reste la mémoire, comme moyen de rendre son dû aux victimes : à la voix off de Louis Malle, sur laquelle se clôturait *Au revoir les enfants* répond, en 2005, le film d'un cinéaste qui avait 8 ans en 1973, et qui, marqué à vie par cette enfance, la fait remonter de sa mémoire pour en faire son film.

Z

Y

# X

## XHUVANI Gjergj (albanais, né en 1963)

**Filmographie :**
*Le Dernier amour (1995)* • *Funeral business (1999)* • ***Slogans (2001)*** •
*Dear ennemy (2004)*

Ayant grandi dans un pays soumis à une des dictatures les plus autoritaires du bloc de l'Est, Gjergj Xhuvani obtient son diplôme de théâtre à l'Académie des beaux-arts de Tirana en 1986. De 1986 à 1990, il travaille comme assistant réalisateur, avant de réaliser ses premiers courts métrages, d'écrire des scénarios de films d'animation, de publier des romans pour la jeunesse, puis de passer en 1995 au long métrage. Le vent du changement qui souffle alors et qui emporte le régime libère l'expression artistique. Et *Slogans*, regard politique sur le passé immédiat de l'Albanie, élargit son propos à une réflexion générale sur l'oppression qui dépasse les frontières.

### SLOGANS (2001)
### avec Artur Gorishtin et Luisa Xhuvani

**Ubu en Albanie.** À la fin des années 1970, sous le régime stalino-dictatorial d'Enver Hoxha, l'Albanie marche en rangs bien serrés vers des lendemains qui doivent forcément chanter, et pour entretenir le moral des troupes, chaque école se doit de choisir un slogan politique qui manifeste son attachement aux valeurs patriotiques et révolutionnaires. André, un jeune professeur de biologie, se retrouve affecté dans un village reculé de la montagne. Le choix du slogan par les élèves y est la grande affaire de l'école, d'autant que le directeur, suivant la ligne définie par un secrétaire du parti dont l'intransigeance frise la paranoïa, exige que ledit slogan soit tracé avec des rochers au flanc de la montagne, ce qui n'est pas si aisé vu que la pente est rude et que les pierres sont lourdes ! Et, pour corser le tout, voilà que s'annonce un haut dignitaire du régime, qui ne doit que passer : mais cela suffit à mettre le branle-bas de combat pour préparer toutes les pompes nécessaires à la cérémonie…
Retrouvant le ton ironique qui fit le succès des comédies tchèques à l'époque de la mainmise soviétique sur l'Europe de l'Est, le film de Gjergj Xhuvani montre, de façon tragi-comique, ce que fut le régime albanais et à quelles absurdités il put conduire. Jalousies, rumeurs, dénonciations, ordres délirants, humiliations, brimades, et même séances de rééducation par le travail : rien ne manque au délire bureaucratique et à l'attirail des petits chefs. Sans grande originalité narrative mais de façon constamment attentive à la vérité humaine, le cinéaste, originaire de Tirana, raconte de façon à la fois drôle et cruelle, tout en restant d'une neutralité de ton qui renforce l'effet produit, ce que fut une des dictatures les plus autoritaires du XXe siècle. Son film, inscrit dans le contexte actuel d'une démocratie fragile, donne aujourd'hui plutôt à rire, mais rétrospectivement, il donne surtout à frémir. Comme Ubu.

# Y

## YATES Peter (anglais, né en 1929)

**Premier long métrage :**
*Vacances d'été (1962), co-réalisation*
**Filmographie depuis 1985 :**
*Eleni (1985)* • *Suspect dangereux (1987)* • ***Une femme en péril (1988)*** •
*Délit d'innocence (1989)* • *Year of the Comet (1991)* • *Un ménage explosif (1994)* •
*The Run of the Country (1995)* • *Curtain Call (1999)*

Réalisateur de télévision, Peter Yates s'est rapidement ouvert sur grand écran les portes d'Hollywood avec le succès remporté en 1968 par *Bullitt*, son quatrième film, qui lança, dans les rues en pente de San Francisco, la voiture comme nouvel élément fort du film d'action. À partir de là, se partageant entre les studios américains et son Angleterre natale, le cinéaste s'est fait une spécialité des films de divertissement, comédies dramatiques ou films policiers notamment, non dénués souvent d'une touche d'humour très personnelle. Dans ses œuvres plus tardives se fait jour aussi un engagement politique, dont témoignent des films comme *Eleni*, mélodrame poignant sur fond de guerre civile et de répression communiste en Grèce, *The Run of the Country*, drame sentimental opposant à son père un jeune Anglais, amoureux d'une Irlandaise du Nord, ou *Une femme en péril*, utilisant le thriller à suspense pour évoquer d'un œil libéral la période du maccarthysme.

### UNE FEMME EN PÉRIL (1988)
### avec Kelly McGillis et Jeff Daniels

**La femme qui en savait trop.** Tout commence en 1951, devant la toute-puissante Commission sénatoriale sur les activités anti-américaines. Emily Crane, rédactrice au service photo de *Life*, s'y voit mise en accusation par le conseiller Ray Salwen, sorte de McCarthy à l'œil noir et au cheveu gominé, qui a décidé de purger l'Amérique de la fièvre rouge. Résistant à toutes les pressions, la jeune journaliste perd son emploi et doit, pour vivre, accepter un job de lectrice auprès d'une vieille dame excentrique. Mais voici que, dans la maison voisine, elle assiste sans le vouloir à un curieux manège qui réveille en elle une curiosité toujours prête à la pêche au scoop. Or, en l'occurrence, le poisson est de taille, puisqu'il s'agit de Ray Salwen lui-même, qui pousse son zèle anti-rouge jusqu'à introduire clandestinement d'anciens nazis sur le territoire américain. Aidée par un agent du FBI, Emily va essayer de faire la lumière sur ces agissements de l'ombre. Mais l'ennemi est redoutable, et malheur à la femme qui en sait trop…
L'intérêt du film de Peter Yates réside moins dans le scénario, en béton, d'un des spécialistes du genre, Walter Bernstein, ni même dans la reconstitution parfaitement rétro du New York des *fifties*, que dans le parfum délicatement hitchcockien qui flotte tout au long de l'histoire. Certes, Kelly McGillis n'a pas le charme mystérieux d'Ingrid Bergman ni l'angélisme blond de Grace Kelly, mais, avec ses robes de demoiselle sage, son côté girl-scout farfouilleur, son abattage et ses chaussures blanches de communiante attardée, elle ne manque ni d'efficacité ni même de séduction. Et Jeff Daniels, s'il n'a pas l'élégance de Cary Grant, a un petit côté flegmatique et la lippe juste assez tombante pour attirer la sympathie. Comme, avec ça, le récit est suffisamment embrouillé pour qu'on s'y perde, mais suffisamment bien balisé pour qu'on s'y retrouve ; que les mouvements de caméra, les cadrages, les plans semblent sortir tout droit d'un Petit Hitchcock illustré ; que l'atmosphère de guerre froide est glacée à frémir, avec ses espions à feutres mous, ses mégères inquiétantes et ses couteaux qui traînent ; que les décors sont à malices : théâtre, cimetière, librairie labyrinthique, jusqu'à un finale grandiose qui, au départ d'un Chicago Express rutilant, plonge du haut du hall vertigineux de Grand Central Terminal : on finit par se dire que, même s'il ne s'agit jamais que de l'écume des choses et que si le film manque par trop de cette ambiguïté trouble qu'affectionnait le petit homme rond, tout cela a suffisamment le goût de Hitchcock, la couleur de Hitchcock, pour que, même si ce n'est pas vraiment du Hitchcock, on n'y boude pas pour autant son plaisir.

## YIMOU Zhang (chinois, né en 1950)

**FILMOGRAPHIE :**
*Le Sorgho rouge (1987)* • *Opération Jaguar (1989)* • *Ju Dou (1990)* • *Épouses et concubines (1991)* • *Qiu Ju, une femme chinoise (1992)* • *Vivre ! (1994)* • *Pan Yuliang, artiste peintre (1994), co-réalisation* • *Shanghaï Triad (1995)* • *Keep cool (1996)* • ***Pas un de moins (1999)*** • *The Road home (2000)* • *Happy times (2002)* • *Hero (2003)* • *Le Secret des poignards volants (2004)* • *Chevaucher seul pendant des milliers de kilomètres (2005)*

Figure emblématique de ce qu'il est convenu d'appeler « la cinquième génération » des cinéastes chinois, c'est-à-dire ceux nés de la Révolution culturelle et abordant le cinéma vers le milieu des années 1980, Zhang Yimou, plus encore que Chen Kaige, s'est imposé sur la scène internationale par ce qui fait sa marque : un sens visuel qui fait de tous ses films des grands spectacles, alors même que souvent ils traitent de personnages modestes et de sujets qui n'appelleraient pas ce type de traitement : ainsi du porteur de palanquin qui sauve une jeune fille des griffes d'un bandit, dans *Le Sorgho rouge*, de *Qiu ju*, la paysanne, humiliée par le chef de son village, de Wei, la petite institutrice remplaçante de *Pas un de moins*, ou du modeste retraité qui, pour réunir l'argent nécessaire à son mariage, transforme un vieux bus en hôtel dans *Happy times*. Toutefois, derrière les destins individuels, c'est toujours son pays que raconte le cinéaste, et la façon qu'il a de magnifier les pauvres gens tout autant que les puissants – comme le riche maître Chen Zuoqian et ses trois femmes, dans *Épouses et concubines*, ou le roi de Qin, que guettent trois assassins dépêchés pour le tuer, dans *Hero* – n'est jamais pour lui qu'une façon de raconter la Chine, celle d'il y a deux mille ans, ce qui est le cas de *Hero*, ou celle du XX^e^ siècle, comme dans *Vivre !*, où un couple traverse des années 1940 à 2000 toutes les tempêtes politiques du pays. Son expérience personnelle de la Révolution culturelle, qui l'avait envoyé travailler à la campagne puis comme manœuvre dans une filature, puis ses difficultés à se faire admettre à l'Académie du cinéma de Pékin expliquent sans doute cette passion mise par Zhang Yimou à montrer la vitalité toujours renaissante du peuple chinois, et aussi ce goût du grand spectacle qui transcende tout, et qu'il met aussi au service de somptueuses mises en scène d'opéra, comme *Turandot*, donné de Florence à Pékin et à Paris, et devenant comme la représentation de prestige d'un art chinois désormais officialisé.

### PAS UN DE MOINS (1999)
#### avec Wei Minzhi, Zhang Huike et Tian Zhenda

**Une leçon de chinois.** Elle arrive du fond de sa campagne, son petit baluchon sur l'épaule, toute sa bonne volonté tendue vers ce remplacement qu'elle doit assurer à l'école du village et qui lui rapportera un maigre revenu, si encore elle le touche. Elle arrive du fond de la Chine paysanne, du fond des temps pour ainsi dire, n'ayant rien d'autre en bandoulière que son désir de bien faire ce qu'on lui dit de faire. Et surtout d'éviter que les enfants qu'on lui confie quittent l'école, ce qui serait la preuve qu'elle aurait failli à sa mission. Pas facile, pourtant, pour la jeune Wei, d'être à la hauteur. Elle sait tout juste écrire ses caractères et réciter une ou deux chansons. Et quand elle se retrouve seule devant ses élèves à peine moins âgés qu'elle, confrontée à la grande misère d'une salle de classe où l'on doit compter les craies pour arriver au bout du mois, où le bureau du maître ne tient que sur trois pieds et où la pauvreté des parents menace toujours de mettre les enfants au travail et de les retirer de l'école, elle fait comme elle peut. Entêtée, refusant de céder, se préoccupant moins de ce qu'elle enseigne que de faire en sorte que les enfants restent bien présents. Mais il y en a un, plus gouailleur et plus cabochard que les autres, qui lui mène la vie dure et qui, un beau matin, se sauve en douce pour aller chercher du travail en ville. Alors Wei n'a plus qu'une idée en tête, qu'elle va faire partager à toute sa classe : partir rechercher le fugueur et le ramener à l'école.
Ce trajet qui mène de la campagne à la ville, c'est l'image même du grand mouvement entrepris par une société chinoise abandonnant progressivement le travail de la terre, où s'ancre sa tradition millénaire, pour se tourner vers une économie urbaine, dont on voit bien de quelle nature elle est lorsque les enfants de l'école préfèrent partager leurs économies pour acheter une canette de Coca-Cola plutôt que de la limonade chinoise. Et c'est à la fois tout l'intérêt et toute l'ambiguïté du film de Zhang Yimou que ce récit métaphorique qui prône le développement par

l'instruction comme une victoire sur l'ignorance et la misère passe par un modèle dont on peut penser qu'il n'est peut-être pas aussi libéralement désintéressé qu'il en a l'air. Car si le progrès et l'espoir entreront pour finir dans l'école du village perdu, c'est d'une émission de télévision que viendra la solution, et le générique final, qui remercie Ford, Coca, Sony et autres partenaires, dit bien que cette solution a un nom.
Pour autant, Zhang Yimou ne renie rien de sa culture. Son film est avant tout un hymne aux millions de petits Chinois apprenant à tracer leurs caractères au tableau noir. Et c'est un voyage au cœur le plus profond d'un pays longtemps endormi et qui s'éveille. Wei, sa petite institutrice inflexible, apparaît comme l'âme d'un peuple dont la volonté peut soulever les montagnes, pour peu qu'il reste fidèle à ce qu'il est. C'est tout le sens de cette lumineuse leçon de chinois, propre à faire naître tout autant le sourire que l'émotion et qui, même s'il caresse volontiers le spectateur dans le sens didactique du poil, vient à point pour lui ouvrir les yeux sur la Chine. Ce qui n'est pas un mince spectacle.

## YUEN Toe (chinois)

**FILMOGRAPHIE :**
***McDull dans les nuages (2002)*** • *McDull, prince de la Bun (2004)*

L'animation chinoise, pour être moins connue que sa voisine japonaise, n'en a pas moins une longue histoire, marquée en particulier par la réalisation du troisième long métrage d'animation au monde, *La Princesse à l'éventail de fer*, réalisé en 1941 par les jumeaux Laiming et Guchan Wan, fondateurs à Shanghai d'un studio où ils créent en 1961 et 1965 un dessin animé appelé à avoir un retentissement international, *Le Roi Singe* (projeté en France en 1983). Toutefois, cette production connaît dans les décennies 80-90 une évolution : l'avancée de l'animation japonaise amène en effet les studios chinois, dont les tarifs sont bas, à se cantonner de plus en plus dans la sous-traitance pour les films japonais. La création proprement chinoise marque donc le pas. Néanmoins, le développement, à la fin des années 1990, des techniques de 3 D incite les animateurs chinois à vouloir à nouveau créer leurs propres films. Ainsi, à Hong-Kong, le succès remporté en 1987 par l'*Histoire de fantômes chinois* de Ching Siu-Tung et par ses suites de 1990 et 1991 amène Tsui Hark à produire une version animée du film, réalisée en 1997 par Andrew Chen, avec la participation de techniciens japonais, et mêlant les techniques habituelles de 2 D à la 3 D. Et, à partir d'un personnage phare de bande dessinée et de série télévisée, Toe Yuen, spécialiste de l'animation par ordinateur et auteur déjà de deux courts métrages et de la série télévisée *McMug*, réalise le premier long métrage d'animation purement local, ce *McDull dans les nuages*, dont le succès amène une suite en 2004, en attendant la suivante aussitôt engagée.

### MCDULL DANS LES NUAGES (2002)

**Cochon chinois.** McDull, dont le nom suggère que Hong-Kong était encore, il n'y a pas si longtemps, une enclave anglo-saxonne où la primauté du dollar tenait (et continue à tenir) le haut du pavé, est un petit cochon chinois qui, comme tous les petits enfants, a des rêves, et qui, comme tous les petits Chinois, a des rêves liés à sa culture chinoise. C'est ce qui rend le film animé de Toe Yuen aussi intéressant que largement incompréhensible aux yeux d'Occidentaux à qui manquent à l'évidence la plupart des clés de cet imaginaire. Et que ledit petit cochon soit devenu une sorte de personnage phare de la vie quotidienne de Hong-Kong, que les habitants de l'ex-colonie anglaise vivent quotidiennement, le marketing aidant, avec son image, qu'ils prennent leur petit déjeuner dans des bols McDull avec des cuillères McDull, qu'ils mangent toute la journée des bonbons McDull tout en écrivant avec des stylos McDull, et que le soir venu ils bercent leurs rêves nocturnes de peluches McDull, ne fait qu'ajouter au double sentiment de curiosité et de frustration que suscite le film inspiré des aventures du personnage né dans une bande dessinée et porté ici à l'écran.
Certes, avec son gros groin qui grogne, sa casquette vissée sur le côté, et sa bonne bouille candide et déterminée, le gentil petit cochon a un côté craquant indéniable. Et qu'il rêve de mer et de cocotiers aux Maldives, ou qu'il s'entraîne au lancer de brioche en espérant que la discipline sera reconnue par les autorités olympiques, ne manque pas d'un côté attendrissant apte à toucher l'enfant qui sommeille dans tout adulte. Mais que, par des techniques

d'animation qui conjuguent la tradition des cellos dessinés à la main, la 3 D assistée par ordinateur, le collage de photos et d'images, et même l'incrustation de scènes filmées, le réalisateur, à grand renfort de caractères chinois, de références à la topographie du lieu et d'allusions aux habitudes de vie des habitants, traduise tout ce que peut représenter, entre les traditions ancestrales chinoises et les apports de la culture anglo-saxonne, le petit cochon qui en est l'héritier : tout cela éveille plus un intérêt poli qu'une adhésion enthousiaste. On en retiendra surtout une vision inhabituelle et finalement, dans son parti pris réaliste, assez virulente de Hong-Kong, un humour qui garde dans le *nonsense* quelque chose de britannique, et une nostalgie de l'enfance qui, elle, n'a pas de frontières. Cochon qui s'en dédie…

# Z

## ZAKS Jerry (américain, né en Allemagne en 1946)

**FILMOGRAPHIE :**
***Simples secrets (1996)***

Titulaire d'une maîtrise d'art, Jerry Zaks se consacre essentiellement à la scène, montant tant des pièces du répertoire contemporain que des classiques de la comédie américaine. Attaché plusieurs années au Lincoln Center de New York, il n'aborde que tardivement le cinéma, par l'intermédiaire du producteur Scott Rudin qui, ayant produit deux de ses spectacles, le contacte pour mettre en scène à l'écran une pièce de Scott McPherson créée à New York en 1991, *Simples secrets*, et qui intéressait tout particulièrement Meryl Streep et Diane Keaton. Depuis, il réalise essentiellement des épisodes de séries pour la télévision.

### SIMPLES SECRETS (1996)
### avec Meryl Streep, Diane Keaton, Leonardo DiCaprio et Robert De Niro

**Tous les malheurs du monde.** Pas vernies, les deux frangines ! Du côté de Lee, la vie conjugale a été un vrai fiasco. Séparée de son mari, elle est allée s'installer dans l'Ohio profond pour se refaire une vie. Mais tandis qu'elle galère pour obtenir son diplôme de coiffeuse, ses deux garçons lui mènent la vie dure, notamment l'aîné, Hank, rebelle en mal d'affection paternelle, et qui le lui fait payer cher en mettant le feu à la maison. Ce qui l'envoie illico dans un hôpital psychiatrique. À quelques milliers de miles de là, en Floride, Bessie, la sœur de Lee, n'a pas l'existence plus facile. Elle s'est totalement sacrifiée à son père, impotent et gâteux, dont elle s'occupe avec un dévouement d'autant plus admirable qu'elle doit, en prime, se charger de sa tante Ruth, adorable vieille folle. Et comme si cela ne suffisait pas, voilà que Bessie apprend qu'elle est atteinte d'une leucémie et que seule une greffe de moelle osseuse peut la sauver. Encore faut-il pour cela trouver un donneur compatible : et naturellement sa sœur, avec qui elle a depuis longtemps rompu toute relation, peut représenter ce salut. Voilà donc que le malheur réunit les deux sœurs séparées et que Lee, amenant avec elle ses deux fils et ses tonnes de problèmes, débarque dans la maison de famille. Et comme le scénario, adapté de sa propre pièce par Scott McPherson, ne lésine pas sur la matière, il choisit, quitte à donner à fond dans le mélo, d'y aller franc jeu.
La situation constitue donc une sorte de concentré de tous les malheurs possibles, et la coupe des bons sentiments, nécessaires pour endiguer ce flot de déveine, est pleine à ras bord. Ce qui ne rend que plus méritoire le fait que le film de Jerry Zaks parvienne à dispenser malgré tout une espèce de charme gentillet. Cela ne tient pas tant au réalisateur qui, pour sa première mise en scène, reste dans les limites d'un sage classicisme et qui même, faisant preuve d'abord d'un certain humour, le perd insensiblement en route, comme si l'inexorable loi du genre reprenait ses droits et étouffait toute velléité d'indépendance. La sensiblerie alors domine, jusqu'à un happy end qui ménage l'inévitable leçon d'optimisme face à la noirceur des choses. Mais, à tout prendre, le mélo est un genre comme un autre, et l'on ne saurait en vouloir à l'auteur d'en dévider les règles dans le respect de la tradition. S'il peut toutefois le faire avec une certaine réussite, c'est qu'il dispose de vrais comédiens. Et, de fait, c'est bien l'interprétation qui tient ici à elle seule le film. Que la gloire récente de Leonardo DiCaprio soit sans doute pour beaucoup dans le fait que le film, tourné en 1996, sorte deux ans après en France, n'occulte pas la finesse du jeu du garçon, et que Robert De Niro, par ailleurs producteur du film, se donne le plaisir d'un second rôle tout en finesse, constitue aussi un clin d'œil qui traduit une distance plutôt réjouissante. Mais le vrai plaisir du film est dans le face-à-face de ces deux actrices haut de gamme que sont Diane Keaton et Meryl Streep. La première vieillie, le cheveu rare sous la chimio, les traits lourds ; la seconde en shampouineuse voulant refaire sa vie, et traduisant d'un sourire esquissé, d'un geste, d'un souffle, tout le cours d'une existence et toute la densité d'un être ; et toutes deux, en sœurs courage, parvenant à donner vie et vérité à leurs deux improbables personnages : voilà qui suffit à faire de tous ces malheurs accumulés un bon petit plaisir de cinéma.

## ZANUSSI Krzysztof (polonais, né en 1939)

**PREMIER LONG MÉTRAGE :**
*La Structure du cristal (1969)*
**FILMOGRAPHIE DEPUIS 1985 :**
*Le Pouvoir du mal (1985)* • ***Au-delà du vertige (1989)*** • *Inventaire (1989)* • *Vie pour vie (1990)* • *A long conversation with a bird (1991)* • *The Silent touch (1992)* • *Le Grand galop (1995)* • *Charme impudique (1996)* • *Our God's brother (1997)* • *La vie est une maladie mortelle qui se transmet par voie sexuelle (2000)* • *Supplément (2002)* • *Persona non grata (2005)*

Plus encore peut-être que son compatriote Roman Polanski, qui s'est rapidement expatrié, Krzysztof Zanussi représente la Nouvelle Vague polonaise, cette *nowa fala* qui s'est révélée dans les années 1960. Lui aussi a été formé à l'École de cinéma de Lodz, après avoir suivi en parallèle des études de physique et des cours de cinéma à l'Académie polonaise. S'étant fait remarquer dès ses premiers courts métrages, il engage dans les années 1970 une réflexion critique sur la société polonaise et le système politique où elle se trouve contrainte, accompagnant par son engagement artistique le mouvement d'émancipation qui va amener la Pologne à recouvrer sa liberté. Depuis, son cinéma, toujours aussi dense et grave, traite de grands sujets à portée universelle, dont le moindre n'est pas celui de la barbarie nazie que, bien avant *Le Pianiste* de Polanski, il aborde dans le très saisissant *Au-delà du vertige*.

### AU-DELÀ DU VERTIGE (1989)
**avec Julian Sands et Renée Soutendjik**

**La folie dure.** À première vue, on pourrait croire que le film de Krzysztof Zanussi est une de ces sagas romanesques qui vous racontent la guerre à travers quelques personnages judicieusement choisis, et vous font vibrer deux bonnes heures au rythme de leurs séparations et de leurs retrouvailles. La mise en place a, en effet, un petit côté raffiné, très années 1930, avec ce jeune couple élégant qui débarque en Pologne à la veille de la guerre. Lui est blond et beau, consul d'Uruguay, brillant chef d'entreprise. Elle est blonde et belle, et on la devine sensible et émotive. Et dans les milieux polonais qui les accueillent, cette haute bourgeoisie où l'on parle tout naturellement le français, les conversations roulent, entre cigare et cognac, sur les risques de guerre, et sur la raison qui devrait, malgré tout, prévaloir. Monde feutré, riche, rassurant, apparemment solide. Et pourtant, à quelques fêlures, à quelques tremblements à peine perceptibles, il apparaît que cette solidité est menacée. Nina, la jeune femme, enregistre avec une sorte de frénésie, sur la pellicule de son appareil photo, les visages d'hommes et de femmes apeurés, qui peuplent campagnes et ghettos. Et, signe prémonitoire, tandis que, à la suite d'une chute de cheval, elle frôle la mort, son mari découvre que les nazis utilisent ses usines comme paravent pour introduire des armes dans le pays. L'Histoire ainsi les rattrape. Sur les négatifs de ses photos, en un raccourci saisissant où le futur vient se superposer aux images du présent, Nina voit apparaître des corps suppliciés, des charniers horribles. Le mal rôde, et gagne aussi leur couple. Au lendemain d'une scène de violence intime, la jeune femme perd la raison et sombre dans la folie la plus dure. Internée, attachée, elle décharge alors une bestialité sauvage, une barbarie qui lui fait perdre toute humanité, avant de recouvrer subitement la raison. Guérison, ou simple répit ? Le temps, pour le couple, de se cacher au fond de la campagne polonaise pour essayer de retrouver le bonheur perdu, et la folie éclate à nouveau, cette fois-ci définitive : c'est la guerre, et Julian doit laisser Nina. Quand il reviendra, en 1945, ce sera pour apprendre le sort atroce que les nazis ont réservé aux fous, et à sa femme.
Histoire terrible, comme emportée elle aussi par un vent de folie. Derrière des images apparemment calmes, Zanussi excelle à faire basculer la raison. Son film, soudain, est traversé de flammes et d'ombres, travaillé par des désirs de foi, par une sorte de mysticisme désespéré, par le sens aigu d'une culpabilité diffuse et partagée. Le mal est bien en l'homme. Il suffit de quelques plans pour évoquer la « Nuit de cristal », la chasse aux Juifs, le déferlement de la haine. Mais la guerre elle-même n'est pas montrée. Elle est tout entière concentrée dans ce portrait de femme déchirée, emportée au-delà du vertige jusqu'au tréfonds de l'être. Et ce que Zanussi y voit, et y fait voir, fait passer un grand souffle glacé dans le dos.

## ZEFFIRELLI Franco (italien, né en 1923)

**Premier long métrage :**
*Camping (1957)*
**Filmographie depuis 1985 :**
*Otello (1987)* • *Toscanini (1988)* • *Hamlet (1990)* • *Sparrow (1993)* • *Mémoire d'un sourire (1993)* • *Jane Eyre (1996)* • *Un thé avec Mussolini (1999)* • ***Callas forever (2002)***

Assistant lui aussi à ses débuts, comme Rosi, de grands maîtres du cinéma italien – Antonioni, Rossellini, De Sica, et surtout Visconti, avec qui il poursuit une longue collaboration de plus de dix années –, Franco Zeffirelli a toujours manifesté une prédilection pour le spectacle. Sa formation à l'Académie des beaux-arts l'avait amené très vite à s'intéresser aux décors et aux costumes, et c'est par là qu'il avait abordé le théâtre et l'opéra dans le sillage de Visconti. Lorsqu'il passe lui-même à la mise en scène, il s'impose comme un artiste de renommée mondiale, montant les œuvres les plus importantes du répertoire, tant lyrique que théâtral, et travaillant avec les plus grands acteurs, musiciens et chanteurs, de Callas à Pavarotti, de Karajan à Bernstein, sur les plus grandes scènes internationales. Sa carrière de réalisateur est dans le droit-fil de ses goûts : des adaptations de Shakespeare (*La Mégère apprivoisée, Roméo et Juliette, Hamlet*), des opéras (*Otello, Cavalleria rusticana, La Traviata*), des grandes fresques romanesques (*Jane Eyre*). Il y déploie, dans ses plus belles réussites, un art flamboyant du décor et un sens plastique exceptionnel, qui font sa marque. Même lorsque, comme dans ses films les plus récents, la fiction autobiographique et la biographie fictive prennent de façon moins convaincante le relais des grandes œuvres.

### CALLAS FOREVER (2002)
### avec Fanny Ardant et Jeremy Irons

**L'une chante, l'autre pas.** Être la Callas, à nouveau. C'est le rêve fou que Larry Kelly, son ami producteur, entretient pour la diva et qu'il lui propose, alors que celle-ci, après une tournée peu convaincante au Japon, se terre dans son appartement parisien, lasse de la vie et consciente que sa voix l'a quittée et n'a plus la pureté des grandes années. Or les progrès techniques permettent de pallier les insuffisances vocales. Et Larry offre à Maria d'interpréter dans un film cette Carmen qu'elle n'a jamais jouée sur scène, en doublant sa voix par un enregistrement qu'elle a effectué autrefois. D'abord réticente, Maria hésite, puis se prête au jeu. Voici donc la Callas dans une Carmen inédite : magnifique, somptueuse, parfaite. Si ce n'est que la post-synchronisation lui donne le sentiment d'une tromperie.
Curieux film. Sur un scénario particulièrement tordu et totalement fictif, Franco Zeffirelli, plutôt que de sacrifier à une biographie convenue de celle qui fut son amie, s'essaie à toucher au mystère de la Callas en développant un thème qui met en avant l'essence même de son art – son côté unique, fugace, fragile, moment de grâce absolue volé au temps qui passe – et l'honnêteté, la rigueur, le refus de tricher qui la caractérise. On pourra juger l'entreprise hasardeuse, d'un romanesque inutile, et il y a fort à parier que beaucoup trouveront le film à la limite de l'escroquerie posthume. Pour autant, on pourra aussi penser que cette forme d'hommage, dans sa liberté, en vaut finalement bien d'autres. Et la qualité de l'interprétation, avec une Fanny Ardant qui a la passion fougueuse et tragique qu'il faut, la somptuosité de la mise en scène, avec notamment cette Carmen fictive enflammée et lyrique, et, naturellement, une bande sonore éblouissante, tout cela, qui fait beaucoup, touchera ceux qui aiment la Callas et, peut-être plus encore, ceux qui ne la connaissent pas.

## ZEITOUN Ariel (français, né en 1949)

**Premier long métrage :**
*Souvenirs, souvenirs (1984)*
**Filmographie depuis 1985 :**
*Saxo (1987)* • ***Le Nombril du monde (1993)*** • *XXL (1997)* • *Une femme très, très, très amoureuse (1997)* • *Bimboland (1998)* • *Yamakasi (2000) (non crédité)*

Après avoir été stagiaire, assistant réalisateur, réalisateur de courts métrages, programmateur, assistant de production, Ariel Zeitoun se concentre essentiellement à partir de 1979 sur une intense activité de producteur. Son passage à la réalisation, en 1984, se fait sur fond de souvenirs personnels, où la musique tient une place importante. Et *Le Nombril du monde*, qu'il situe dans la Tunisie du protectorat, est également lié à un imaginaire intime, renvoyant au pays où ses parents ont vécu et où lui-même est né et a passé son enfance. Par la suite, ses films perdant cette note personnelle perdent aussi leur personnalité, et il ne tourne plus guère que des comédies plutôt pesantes, quand il ne prête pas la main à une entreprise en péril, comme *Yamakasi*, pour terminer (sans qu'il en soit crédité au générique) un film qui a perdu son réalisateur en route.

### LE NOMBRIL DU MONDE (1993)
### avec Michel Boujenah et Roger Hanin

**Les yeux aussi gros que le ventre.** La plupart des films qui relatent un passé révolu, surtout lorsque celui-ci se trouve lié à la jeunesse du narrateur, n'échappent pas aux chromos attendris du rétro. Le premier mérite du film d'Ariel Zeitoun est de ne pas céder à cette tentation du « Souvenir, souvenir », mais de se servir de son expérience vécue pour effectuer une plongée sans complaisance dans un pays – la Tunisie – et une époque – les dernières années du protectorat – qui furent le cadre de sa jeunesse.

Ce qui s'y impose, d'abord, c'est la lumière, cette lumière méditerranéenne qui inonde tout, et qui semble offrir de la réalité extérieure des paysages comme une image surexposée. Mais cette lumière fait aussi ressortir les ombres ; et symptomatique à cet égard apparaît le fait que le film commence la nuit et, dans un pays de sécheresse, par un véritable déluge qui gonfle les oueds asséchés, les transforme en torrents ravageurs qui emportent tout, y compris le père de Bajou, noyé corps et biens au beau milieu de sa maison. Bajou se retrouve ainsi à 12 ans privé de la protection paternelle. Il lui faut donc se débrouiller seul, sous le regard possessif d'une mère à l'œil noir (étonnante Marie-Josée Nat). Or, Bajou a appris une chose de son père : lorsque le ciel ne vous a rien donné, il vous a au moins donné le droit de prendre ce que vous n'avez pas. Et pour cela, tous les moyens sont bons. Ce qui fait le handicap de Bajou – une rondeur physique qui confine à l'énorme – va faire aussi sa force. On ne se méfie pas d'un gros comme lui, avec ses joues qui lui donnent une bonne bouille de gros chien. On a tort. La façon dont il creuse son sillon et dont, modeste employé comptable, il devient le minotier le plus influent du pays, sans craindre de se comporter comme un mufle, constitue le fil d'une histoire riche aussi de toute la foule des personnages qui l'entourent.

Car Ariel Zeitoun a manifestement dans le cœur le souvenir aussi d'un cinéma où les seconds rôles avaient leur mot à dire. Son film n'est pas une saga et l'épopée n'est pas son affaire ; c'est plutôt la simple chronique d'une époque vue au jour le jour à travers l'ascension sociale d'un homme qui est un peu, à lui seul, la somme des contradictions, des côtés noirs et des côtés clairs d'un pays et d'une communauté – les Juifs pieds-noirs de Tunisie – dans leurs rapports d'attachement et de déchirement avec l'autre communauté, arabe, au côté de laquelle elle vit. Tout cela passe par une reconstitution soignée, une mise en scène parfois un peu incertaine, et un récit qui ne se presse pas et qui prend même un peu trop le temps de faire sentir le temps. Mais cela passe surtout par la performance d'acteur de Michel Boujenah, qui s'est fait un corps pachydermique, un ventre de tonneau, des hanches de bonbonne, un postérieur de mappemonde. Avec sa démarche dandinante, ses gros yeux ronds, son cheveu rare plaqué en arrière et sa voix traînante, il captive le regard, suscite la sympathie, parfois l'admiration, mais plus souvent le dégoût, quand ce n'est pas, triste relent de l'Histoire, le chagrin et la pitié.

## ZEMECKIS Robert (américain, né en 1952)

**PREMIER LONG MÉTRAGE :**
*Crazy day (1978)*
**FILMOGRAPHIE DEPUIS 1985 :**
*Retour vers le futur (1985)* • *Histoires fantastiques (1986), co-réalisation* • ***Qui veut la peau de Roger Rabbit ? (1988)*** • *Retour vers le futur II (1988)* • ***Retour vers le futur III (1990)*** • *La mort vous va si bien (1992)* • *Forrest Gump (1993)* • *Contact (1997)* • *Apparences (2000)* • ***Seul au monde (2001)*** • ***Le Pôle Express (2004)***

Les succès remportés par les films de Robert Zemeckis, d'*À la poursuite du diamant vert* à *Retour vers le futur*, de *Qui veut la peau de Roger Rabbit ?* à *Forrest Gump*, en font un des réalisateurs favoris des studios hollywoodiens, d'autant que sa virtuosité technique le fait passer sans difficultés du film d'aventures au fantastique, du thriller à la comédie ou au film d'animation. Lié dans nombre de ses projets à Steven Spielberg, Zemeckis, par ailleurs producteur comme lui, est plus encore que celui-ci un technicien, dont le cinéma utilise avec brio les avancées du numérique, ce qui, en retour, l'amène aussi à s'interroger avec une sorte de candeur pénétrante sur la nature humaine, comme il le fait dans *Forrest Gump* ou dans *Seul au monde*. Mais c'est surtout en matière d'animation qu'il apparaît comme un pionnier. Passionné par les nouvelles techniques, il est le premier à tenter des expériences susceptibles de changer radicalement non seulement le film d'animation mais peut-être aussi le cinéma lui-même. En 1988, avec *Qui veut la peau de Roger Rabbit?*, il réalise le premier film qui, avec un degré de sophistication technique jamais vu jusque-là, mêle l'animation et les prises de vues réelles. En 2004, allant plus loin encore, il utilise dans *Le Pôle Express* le procédé dit de *performance capture* qui, à partir du jeu d'un acteur, capte celui-ci sur ordinateur et le retranscrit virtuellement à l'écran, en le modelant à des personnages d'âges et de physiques divers, ouvrant ainsi la porte, à travers la création numérique, au déplacement de la ligne de partage entre le réel et le virtuel.

## QUI VEUT LA PEAU DE ROGER RABBIT ? (1988)
### avec Bob Hoskins, Christopher Lloyd et Joanna Cassidy

**Lapin magique.** Coucou, le voilà, sorti tout droit du chapeau magique de deux des plus grands illusionnistes de l'écran : Steven Spielberg et les studios Disney. C'est Roger Rabbit, le lapin agile, amoureux fou d'une vamp superbe digne des plus beaux fantasmes de Tex Avery, laquelle est infidèle de surcroît, ce qui entraîne l'intervention d'un privé bougon, tandis que des affairistes sans scrupules agissent dans l'ombre et qu'un complot diabolique se trame. Tout cela est on ne peut plus classique. Avec cette différence qu'ici le privé en question est en chair et en os, alors que Roger Rabbit, lui, est d'encre et de papier, vedette qu'il est de dessins animés. Mais comme on est au cinéma et que rien n'y est impossible, ces deux mondes se rencontrent. Et le feu d'artifice commence, extraordinaire prouesse technique qui met côte à côte, sur la même image pendant les 1 h 36 du film, les acteurs réels et tout l'univers des cartoons, avec ses personnages légendaires sortis de Toonville, les Elmer, Betty Boop et autre Titi le canari, mais aussi des nouveaux venus, Roger Rabbit lui-même, ou encore des gangsters à tête de fouine, et bien sûr Jessica, la somptueuse, qui ressemble à une Lauren Bacall qui se serait fait le look de Rita Hayworth. C'est tellement parfait qu'on s'y habitue vite, et tellement vite que tout ce petit monde réel et animé finit par ne plus faire qu'un seul. Consacrant le film de Robert Zemeckis comme une étape marquante dans l'histoire de l'animation, réinventant, à sa manière nouvelle, l'enfance même du septième art.

## RETOUR VERS LE FUTUR III (1990)
### avec Michael J. Fox, Christopher Lloyd et Mary Steenburgen

**Il aura été une dernière fois dans l'Ouest.** Pour la troisième et dernière fois, le jeune Marty McFly et son compère Doc Brown conjuguent donc le verbe voyager au futur antérieur. Cette fois-ci, c'est vers l'Ouest mythique des westerns qu'ils font machine arrière, amenés là par une lettre qui annonce à Doc qu'il n'a plus que cinq jours à vivre en 1880, condamné qu'il est à être la victime de l'ignoble Buford Tannen. Apprenant cela, et ne pouvant se résoudre à perdre son ami un siècle avant de l'avoir rencontré, Marty enfourche à nouveau les chevaux supersoniques de la voiture à remonter le temps, et se trouve projeté quelque part du côté de Monument Valley, dans un décor qui ressemble à s'y méprendre à celui des grands films hollywoodiens. Rien n'y manque : ni la chevauchée fantastique de la cavalerie lancée aux trousses des Indiens, ni la petite ville de pionniers, avec son unique saloon où le whisky coule à flots, ni même le train empanaché déjà prêt à siffler trois fois. Marty lui-même, qui a passé une chemise à la Hopalong Cassidy mais n'a pas eu le temps d'enfiler ses bottes, se retrouve à traîner ses baskets dans la poussière de l'unique rue de Hill Valley, prenant pour l'occasion le nom de son idole Clint Eastwood, parfaitement inconnu des gens de l'époque. Et comme il n'a guère envie de se lancer dans un duel au soleil avec la brute sardonique qui le défie, le bruit commence à courir que Clint Eastwood est le plus grand pétochard que l'Ouest ait jamais connu !
Voilà comment s'écrit l'Histoire dans le film de Robert Zemeckis, le dernier de la saga qu'il consacre à ses deux aventuriers du même temps perdu. Ici s'arrête en effet leur périple spatio-temporel, car le temps perdu, ils le retrouvent enfin. Leur retour vers le passé est en fait un ultime retour aux sources. Ils y remontent aux origines mêmes d'un pays, les États-Unis, terre d'immigrants partis à la conquête d'une nouvelle frontière. Et c'est ainsi que Marty peut porter dans ses bras son arrière-grand-père, encore bébé, le premier de la famille à être né sur le sol américain, et qui arrose d'ailleurs cette

rencontre de la manière la plus naturelle qui soit. Et, du même coup, c'est aussi aux origines du cinéma que le héros revient, à ces westerns qui ont bercé son enfance et qu'il s'amuse à revivre comme s'il se promenait à travers les films de John Ford. Marty, et tout le film avec lui, retrouve ainsi ce plaisir de l'action, des aventures extraordinaires, des rêves qui se réalisent. Son compère Doc Brown, de plus en plus agité en inventeur loufoque et génial, l'accompagne dans ce voyage à 20 000 lieues en arrière. Il y fait même la découverte de sa vie, à travers la belle Clara, institutrice et passionnée comme lui de Jules Verne, et qui va lui ouvrir les portes de ce mystère pour lui encore insondable : la femme...
Tout est donc parfaitement en place pour que Marty, quittant le monde de l'enfance qui est derrière lui, affronte maintenant sa vie d'homme, et pour qu'il regagne une fois pour toutes le présent, apprenant de la bouche de son sage ami que chaque homme a le futur qu'il se fait. Ce qui est, sous forme de morale, la meilleure des conclusions possibles pour une fable à épisodes traversant l'espace-temps pour y puiser une foi très américaine en l'avenir, tout en se donnant le plaisir de retrouver les émerveillements de l'enfance.

## SEUL AU MONDE (2001)
### avec Tom Hanks et Helen Hunt

**Robinson pas mort.** Rejeté par les flots sur une île déserte, voici donc que, près de trois siècles après Daniel Defoe, Robinson refait surface. Mais, les temps ayant changé, il s'appelle aujourd'hui Chuck Noland, travaille pour un courrier international et mène une vie trépidante où chaque minute compte. Jusqu'au jour où son avion s'abîme en plein milieu du Pacifique et où, seul survivant, il se retrouve donc le nez dans le sable, sur un îlot perdu. L'homme de la civilisation avancée, l'Américain, qui tient le monde sous l'emprise de sa puissance, est maintenant seul, loin de tout, condamné s'il veut survivre à redécouvrir les gestes originels : faire du feu, tailler une pierre, affûter un harpon de bois pour pêcher sa ration quotidienne.
L'histoire est connue. L'intérêt tient donc moins dans sa nouveauté que dans la façon dont Robert Zemeckis, opérant ici un retour vers le passé, s'empare du mythique Robinson pour le mettre à l'heure du jour. À cet égard, l'homme d'aujourd'hui est bien, radicalement, seul au monde : plus de bon sauvage pour venir lui donner matière à un dialogue philosophique entre civilisation et état de nature. Chuck Noland, abandonné de tout, en est réduit à s'inventer son Vendredi, mais ce n'est plus qu'un ballon de volley qu'il maquille comme une tête de pantin imaginaire. Dans cette déréliction complète, il utilise ainsi les rares objets de la civilisation, rescapés comme lui du naufrage, pour leur redonner une fonction vitale. Et telle est bien la ligne choisie par Robert Zemeckis : raconter l'aventure, largement intérieure, d'un homme amené à se dépouiller de tout ce qui, en fait, encombre son existence, pour se retrouver face à lui-même. Sur ce plan, l'efficacité précise de la mise en scène, la force constante des images et la performance impressionnante de Tom Hanks réussissent à faire d'un récit quasi statique et silencieux un vrai grand spectacle, avec des scènes propres à faire trembler – ainsi du crash en mer, où il est recommandé d'attacher sa ceinture – ou à faire pleurer – comme l'adieu déchirant au ballon compagnon qui se perd dans les vagues. Mais la survie n'est rien : reste à affronter le retour au monde. Et la manière dont le réalisateur boucle son histoire, en mettant son personnage à la croisée des chemins dans un suspense et un décor dignes d'Hitchcock, témoigne que, même dans les films les plus spectaculairement hollywoodiens qui soient, il n'y a pas forcément à désespérer d'Hollywood.

## LE PÔLE EXPRESS (2004)
### avec Tom Hanks, Michael Jeter et Nona Gaye

**Train fantôme.** Curieuse sensation : ce contrôleur du train express qui, la veille de Noël, ramasse tous les petits enfants qui croient au Père Noël pour les emmener vers le pôle Nord, là où le vieux bonhomme tient son entrepôt à cadeaux, ce contrôleur, donc, on a la vague impression de le connaître. Et pour cause : il s'agit du grand Tom Hanks, reconverti en créature à capteurs, et dont l'image, retranscrite et traitée sur ordinateur, se projette ainsi dans cette créature hybride, à la fois réelle et virtuelle, en tout cas intégrée à un univers animé. Car on est bien dans un film d'animation, entièrement traité en virtuel, avec ce zeste de nouveauté qui fait des personnages des sortes de clones d'êtres eux bien réels. Et pour ledit Tom Hanks, ce sont même cinq personnages (dont tout à la fois un enfant et son père) auxquels il prête ainsi son jeu, ses traits, ses gestes, sa face, son profil et son dos, lesquels, retravaillés et retaillés par l'ordinateur, donnent ainsi naissance à des créatures virtuelles et démultipliées
Cet entre-deux bizarre donne au film de Robert Zemeckis un air de ressemblance avec la réalité d'autant plus troublant que le film raconte une histoire qui relève, elle, du pur imaginaire et dont la morale est que, si on croit au Père Noël, il existe ! Les enfants y trouvent donc forcément leur compte, et le fait que la bande de gamins qui embarquent

dans le train des rêves leur ressemblent comme frères et sœurs ne peut que renforcer le sentiment d'identification qui leur fait partager avec eux toutes les péripéties d'un voyage mouvementé. Et le virtuel permettant justement toutes les audaces, la route du rapide peut tenir tout à la fois des montagnes russes d'un parc d'attractions, d'une séance de patinage non contrôlé sur un lac gelé et des rencontres surprises d'un train fantôme lancé dans la nuit.
Pour autant, on a le sentiment que l'inspiration du récit reste un peu courte, et que les personnages manquent de véritable personnalité. Comme si en prenant les traits et les expressions humaines, ils perdaient de leur fantaisie d'êtres imaginaires. Reste que le procédé, à l'évidence, est prometteur et pourrait même, vu ses possibilités, marquer un tournant dans l'histoire du cinéma. En captant ainsi (c'est son nom : *performance capture*) le jeu d'un acteur, en le traitant numériquement et en le digitalisant de telle sorte qu'on pourrait le conserver comme dans une base de données, il annonce l'ère de l'image absolue, permanente, congelable et décongelable à loisir. Le cinéma, qui est l'écriture du mouvement, pourrait y devenir celle du mouvement perpétuel.

## ZIDI Claude (français, né en 1934)

**PREMIER LONG MÉTRAGE :**
*Les Bidasses en folie (1971)*
**FILMOGRAPHIE DEPUIS 1985 :**
***Les Rois du gag (1985)*** • *Associations de malfaiteurs (1987)* • *Deux (1989)* • *Ripoux contre ripoux (1989)* • *La Totale (1991)* • *Profil bas (1994)* • *Arlette (1997)* • *Astérix et Obélix contre César (1999)* • *La Boîte (2001)* • *Les Ripoux 3 (2003)*

D'abord cadreur, puis directeur de la photo, Claude Zidi fait partie de ces cinéastes formés d'abord à la technique et s'imposant vite, dès son passage à la mise en scène, par un métier solide. Ceci explique que, dès le début de sa carrière, on lui confie la réalisation de comédies populaires à budget important, auxquelles il assure une réussite qui dénote, au-delà des seules qualités techniques, un véritable savoir-faire dans l'art de la comédie. Et tous les grands acteurs comiques qui tournent sous sa direction – des Charlots de ses débuts et de Michel Serrault, Pierre Richard, Louis de Funès, Jean-Paul Belmondo, Coluche jusqu'à l'équipe du Splendid – lui doivent beaucoup dans les succès remportés, sans pratiquement discontinuer, tout au long des années 1970-1985. Mais *Les Rois du gag*, en 1985, montre que, au-delà du système de production des grandes comédies, le cinéaste sait aussi s'interroger sur le rire lui-même et sur les acteurs comiques. Mal reçu, le film marque une sorte de tournant dans une carrière qui, sans trop se poser désormais de questions, s'est poursuivie depuis avec d'autres succès (et qui a même vu Hollywood, avec *True Lies*, adapter *La Totale*), mais qui, de films à gros budgets comme *Astérix* à de solides remakes comme *Les Ripoux 3*, ne cherche pas vraiment à se renouveler.

### LES ROIS DU GAG (1985)
#### avec Gérard Jugnot, Thierry Lhermitte et Michel Serrault

**Le César du pauvre.** Ce qu'il y a de sympathique dans le film de Claude Zidi, c'est qu'il apparaît presque comme une confession. Son héros, Gaétan, lui ressemble comme un frère : fantaisiste populaire, spécialiste de la grosse astuce et de la tarte à la crème, il sent bien qu'il risque de ne plus faire longtemps recette et fait appel, pour renouveler son répertoire, à deux comédiens de la nouvelle génération issus du café-théâtre. Mais il garde au fond de lui un désir d'être pris au sérieux et reconnu par une critique qui fait la fine bouche devant ses pitreries, ce qui l'amène à laisser tomber sa carrière d'amuseur public pour aller jouer, sous la direction d'un maître du cinéma intellectuel, quelque drame aussi fumeux qu'apocalyptique. « Je ne suis qu'un comique populaire détesté par les intellectuels », dit-il : comment ne pas entendre là la voix même de Claude Zidi, réalisateur à succès de bon nombre de comédies pas spécialement versées dans la finesse, et cherchant depuis longtemps cette considération que deux Césars ont fini par lui apporter ?
Mais, au contraire de son héros, Zidi n'a pas mauvaise conscience, et il entend rester fidèle au genre qu'il a choisi : le comique. Son film se veut même un hymne à toutes les formes du rire, un coup de chapeau à toutes les fantaisies. Parodie, burlesque, effets visuels, situations, bons mots, humour noir, grimaces : tout y passe. D'où vient alors que,

si on rit souvent, on ne rie pas davantage ? Sans doute d'un scénario qui sent trop ses bouts de ficelle, d'un rythme qui s'essouffle et de personnages qui manquent de consistance. Malgré l'apport appréciable de Jugnot et de Thierry Lhermitte, Michel Serrault apparaît un peu à l'étroit dans le rôle qu'on lui a confectionné. Il ne se réveille qu'à la fin, en se dédoublant en metteur en scène mégalo. Mais c'est un peu tard et l'on a déjà le sentiment, à ce moment-là, qu'au royaume du gag, il y a un petit quelque chose de ripou…

## ZONCA Érick (français, né en 1956)

**Filmographie :**
***La Vie rêvée des anges (1998)***

À qui voudrait mesurer l'évolution des mœurs et des réalités sociales dans la France des trente dernières années du XX^e^ siècle, il suffirait de comparer deux films qui, à travers la représentation de la jeunesse, en donnent les clefs, mieux sans doute que bien des traités sociologiques. Mettre ainsi côte à côte *Les Valseuses*, de Bertrand Blier, et *La Vie rêvée des anges*, d'Érick Zonca, fait non seulement passer de 1973 à 1998, mais surtout met en lumière ce que sont devenus les rêves de liberté et de plaisir que véhiculaient, dans leur cavale existentielle, les deux personnages – masculins – qu'interprétaient Gérard Depardieu et Patrick Dewaere, dans une société où 1968 avait fait souffler le fort vent de la contestation et lancé le grand rêve collectif de changer la vie. Vingt-cinq ans plus tard, le rêve s'est heurté à la désillusion, et la fameuse libération des mœurs et des sexes, vue désormais à travers deux filles, n'offre guère d'espoir. La révolte débouche sur le suicide de l'une et la résolution de vivre en faisant les compromissions nécessaires de l'autre. Amer constat, sur lequel Érick Zonca clôt le siècle, avec cette vision de Natacha Régnier écrasée au pied de son immeuble, et d'Élodie Bouchez enfilant l'uniforme des travailleurs d'une usine high-tech où la vie qu'elle avait rêvée se réduit à enfiler les dizaines de fil d'une prise informatique dans la fiche qui leur correspond.

### LA VIE RÊVÉE DES ANGES (1998)
**avec Élodie Bouchez, Natacha Régnier et Grégoire Colin**

**L'une chante, l'autre pas.** Celle qui avance, c'est Isa. La caméra d'Érick Zonca, dans le plan qui ouvre *La Vie rêvée des anges*, la prend au vol, sac au dos, traçant sa route. Et ce n'est pas parce que le copain chez qui elle est venue faire étape n'est pas là que ça va l'arrêter : la vie continue, et elle avec. Et de petits boulots en petits hasards de rencontre, elle se retrouve derrière une machine à coudre, dans un atelier clandestin tenu par un Yougoslave, à piquer de travers les pièces de tissu qu'on lui confie. C'est là qu'elle rencontre Marie : tout son contraire, figée, grise, comme recroquevillée sur elle-même, la mine fermée, la révolte à fleur de lèvre, elle vit seule et en veut à tout le monde. Isa force sa porte, son amitié, sa vie. Et les voilà, toutes les deux, qui vont faire un bout de chemin ensemble.

Le film d'Érick Zonca, ancré dans la réalité sociale, pourrait apparaître, dans un premier temps, comme un documentaire sur la misère ordinaire d'une génération embarquée dans la galère du chômage, des emplois au noir, des jobs de survie. La caméra, tenue à l'épaule, donne l'impression d'une enquête sur ce nouveau sous-prolétariat, dont Isa et Marie montrent qu'il est avant tout féminin. Pourtant, dans la rencontre de ces deux filles, dans le choix que le cinéaste fait de ses interprètes, dans la caractérisation explicitement opposée qu'il leur donne perce vite autre chose que le simple document. Isa, la brune, la rieuse, qui a la bouille incroyablement juste et vive d'Élodie Bouchez, c'est la vie qui va : pas dupe, se refusant aux compromissions, mais animée d'un formidable désir d'aller de l'avant, et portée par cette ouverture aux autres qui l'amène à offrir, elle qui n'a rien, ce formidable vecteur de relations humaines : le don. L'appartement où toutes deux vivent leur a été prêté : il appartient à une jeune fille, Sandrine, qui, victime d'un grave accident, est dans le coma à l'hôpital. Alors que Marie ne se préoccupe pas de la fille en question, Isa va la voir, inerte sur son lit, et commence à lui parler, à lui lire son propre journal intime, à lui tenir la main, à tenter d'accompagner son hypothétique retour à la vie.

Marie, elle, rêve d'autre chose. Rêve de midinette, de pauvre petite fille triste marquée par la vie, qui a la blondeur et la pâleur un peu souffreteuses de Natacha Régnier, et ce mépris pour les autres, et au fond pour elle-même, que traduit la moue qu'elle a en permanence au bord des lèvres. Et au lieu d'être sensible aux attentions du gros Charly, videur dans une boîte de nuit, qui, sous ses airs de dur, a le cœur tendre pour elle, elle cristallise tout le côté rebelle et revanchard qu'elle porte en elle sur un autre garçon, Chris, beau type un peu mou, un peu veule, qui lui a du fric et une belle voiture, qui est propriétaire de la boîte de nuit en question, et qui lui fait croire qu'avec lui elle va décrocher la lune. Et qui la laisse en plan.

L'amitié d'Isa et de Marie, c'est l'alliance du chaud et du froid, de la flamme qui brûle et du cœur qui se glace, du don de soi et de la fermeture aux autres, de la vie qui va et de la mort qui vient. Amitié qui a tout, ainsi, d'un affrontement, et dont la violence éclate dans des moments de tension extrême, portés par deux filles rares, qu'on dirait livrées à elles-mêmes. Isa qui chante, Marie qui pleure. Un face-à-face dont le dénouement est doublement terrible, d'autant qu'Érick Zonca le met en scène, comme tout son film, dans sa nudité sèche, sans juger ni prendre parti. Comme le constat d'un monde qui rogne inexorablement les ailes du désir.

## ZUCKER Jerry (américain, né en 1950)

**PREMIER LONG MÉTRAGE :**
*Le Lycée des cancres (1979), co-réalisation*
**FILMOGRAPHIE DEPUIS 1985 :**
*Y a-t-il quelqu'un pour tuer ma femme ? (1986) co-réalisation* • ***Ghost (1990)*** •
*Lancelot (1994)* • *Rat race (2001)*

Inséparable de son frère David et de leur copain Jim Abrahams, avec lesquels il crée l'irrésistible troupe du Kentucky Fried Theatre, Jerry Zucker forme avec ses deux partenaires un trio qui, sous le label à leurs trois initiales de ZAZ, co-écrit, co-produit et, éventuellement, co-réalise la suite comique et parodique qu'amorce en 1980 le triomphal succès de *Y a-t-il un pilote dans l'avion ?* Sa première réalisation en solo, *Ghost*, s'essaie à mêler les genres : s'il s'y offre une incursion dans l'univers nouveau pour lui du fantastique, c'est en essayant de le plier à la tonalité fantaisiste qu'il affectionne.

### GHOST (1990)
### avec Patrick Swayze, Demi Moore et Whoopi Goldberg

**Fantôme pour rire.** Qu'est-ce qui, dans cet univers décidément impitoyable des yuppies, raiders et autres jeunes loups de la finance, dans ce temple informatisé qu'est devenu Wall Street, le nombril du capitalisme libéral avancé, et plus largement, dans une société qui ne lit plus son avenir que sur l'écran lumineux des ordinateurs, oui, qu'est-ce qui peut encore émouvoir, toucher, faire trembler de peur ou de plaisir ? Les auteurs de *Ghost* ont trouvé la réponse : les fantômes. C'est-à-dire le bon vieux merveilleux des contes de fées et de revenants. Partant du principe que les contraires s'attirent, ils ont concocté une histoire qui mêle astucieusement la modernité la plus contemporaine à la tradition la plus éculée. Si le jeune Sam Wehat est en effet cadre dans une banque d'affaires new-yorkaise, et si les heures qu'il passe devant son clavier à pianoter sur des opérations complexes lui laissent tout juste le temps, la nuit, de s'occuper de la délicieuse Molly, sa petite amie de sculpteur, cette vie surmenée et comme tracée d'avance tombe sur un os non prévu au programme informatique : la mort. Un soir qu'il rentre du théâtre avec sa partenaire, ils sont agressés par un rôdeur et, dans la bagarre qui s'ensuit, le brave Sam est transpercé d'une balle mortelle sous les yeux horrifiés de son amie. Mais tandis que celle-ci s'écroule en larmes, lui-même se rend compte qu'il voit tout, entend tout, mais en étant incapable de se faire voir ni entendre. Et l'évidence s'impose : ce corps qui repose sans vie, c'est bien le sien ; mais son esprit, son âme, son être même, continuent à vivre. Il est devenu fantôme.

La suite des événements s'inscrit ainsi dans une tout autre logique que celle d'une réalité platement rationnelle. Le fantôme du jeune homme assiste à son propre enterrement, à la douleur inconsolable de Molly, et surtout, peu à peu, aux traquenards qui la guettent. Car la vérité, qu'il découvre avec stupeur, est que sa mort était un assassinat déguisé, et que le meurtrier menace maintenant la jeune fille, pour mener à bien une embrouille frauduleuse, évidemment arrangée à partir de son ordinateur. Fantôme contre ordinateur : la lutte se trouve donc parfaitement circonscrite. Du moins dans l'histoire telle qu'elle est racontée. Car en profondeur, cette affaire de fantôme paraît si bien faite pour répondre à l'univers froid de Wall Street ; elle aligne si complaisamment toutes les images attendues, notamment les visions d'un paradis tout de lumière et de blancheur réservé aux gentils, face à un enfer pavé de noires créatures qui viennent tirer les méchants par les pieds pour les précipiter dans l'abîme éternel ; bref, elle répond si évidemment aux aspirations d'un inconscient collectif sevré, dans la monotonie d'une civilisation informatisée, de sa part de rêve et d'imagination, qu'elle apparaît un peu trop pour ce qu'elle est : une récupération, sans doute elle-même programmée, de l'irrationnel qui sommeille au fond de chaque individu. Et le film risque de n'être vu que comme un produit, efficace au demeurant, où l'on trouve à se distraire, sinon à s'émouvoir. Sauf lorsque apparaît, en extra-lucide magouilleuse, la pétulante Whoopi Goldberg. Avec elle, les fusibles sautent pour de bon. Et, le temps d'un délire contagieux, le film devient alors ce qu'on aurait aimé qu'il fût : fou, fou, fou.

## ZULAWSKI Andrzej (polonais, né en 1940)

**PREMIER LONG MÉTRAGE :**
*La Troisième partie de la nuit (1970)*
**FILMOGRAPHIE DEPUIS 1985 :**
*L'Amour braque (1985)* • *Mes nuits sont plus belles que vos jours (1988)* • *Boris Godounov (1989)* • ***La Note bleue (1990)*** • *Szamanka (1996)* • *La Fidélité (1999)*

Formé à Paris, à l'Idhec, Andrzej Zulawski commence sa carrière en Pologne, comme assistant de Wajda. Il trouve auprès de lui le goût des sujets forts, liés à l'histoire du pays, ce que traduit son premier film, *La Troisième partie de la nuit*, qui raconte la résistance polonaise à travers l'histoire d'un homme dont la femme et le fils ont été tués par les Ukrainiens alliés aux nazis. Revenant en France, il y développe des films dont les préoccupations sont plus individualistes, s'attachant à l'analyse des passions avec une violence dans la direction d'acteur et une frénésie dans le style qui donnent à son cinéma une force toute particulière. *L'important, c'est d'aimer, Possession, La Femme publique*, sont traversés d'une sensualité et d'une virulence qui va parfois jusqu'à l'hystérie, qui se retrouvent dans les films qu'il tourne avec Sophie Marceau : *L'amour braque, Mes nuits sont plus belles que vos jours, La Note bleue*, où son âme polonaise trouve à s'exalter, et *La Fidélité*, où il transpose *La Princesse de Clèves* dans le monde contemporain de la presse et de l'édition.

### LA NOTE BLEUE (1990)
### avec Marie-France Pisier, Janusz Olejknickzak et Sophie Marceau

**De la frénésie considérée comme un des beaux-arts.** Voici donc une journée dans la vie de George Sand et de Frédéric Chopin. Mais pas n'importe laquelle : celle qui marque en fait le terme de leur relation. On est à Nohant, par un beau jour d'été. Des amis arrivent dans la maison capharnaüm. Tout le monde va, vient, s'embrasse, court, crie. Tourgueniev a l'air d'un Jésus triste, Delacroix s'est fait la tête d'un orientaliste pour chromo fin de siècle, Maurice Sand s'amuse avec ses marionnettes, et Alexandre Dumas, le fils, passe en coup de vent pour annoncer que la dame aux camélias a rendu l'âme. Quant à Chopin, les joues creuses, la mèche rebelle et le teint pâle, il joue du piano comme un forcené, toujours à deux doigts de la syncope, soutenu vaillamment par un valet-nounou qui le couve comme une mère. Âme de cette troupe à relents parfois hystériques, George Sand virevolte, rit trop fort, régente tout, plus très sûre de ses sentiments pour le génial compositeur, point insensible au mâle pinceau et à la moustache virile de Delacroix, et jalousant les charmes qui s'épanouissent de sa fille Solange, laquelle se sent elle-même prise pour le pauvre Chopin d'une grande et voluptueuse tendresse. Cette journée a tout, ainsi, d'une fête des sons et des sens. Mais si la musique arrive parfois à adoucir les mœurs, la chair, hélas, n'est pas toujours gaie. Alors on se rattrape sur la nourriture, façon grande bouffe, et tout le monde met la main à la pâte, tandis que, derrière les odeurs de cuisine, flottent quelques miasmes morbides : le cadavre pourrissant d'un rat derrière la tapisserie, prémonitoire de la mort qui vient, coulant en hoquets de sang de la bouche d'une Frédéric de plus en plus exsangue.

La maison Sand revisitée par Zulawski ressemble furieusement parfois à une maison de passe, à un de ces bastringues à viveurs où les femmes ne sont point trop farouches, où l'on se lutine dans les coins, et où tout le monde se retrouve, en tablée joyeuse, sous les arbres du jardin. Tout cela vibre, bouillonne, tourbillonne, comme la caméra de Zulawski qui s'en donne à cœur joie, accompagnée par les trilles sublimes de Pauline, la cantatrice, et par les notes qui s'envolent du clavier vers des sommets insoupçonnés. Jusqu'à cette ultime note, la note bleue, qui marquera le terme de l'amour, de l'œuvre, de la journée, et du film.

La frénésie, chez Zulawski, est une composante nécessaire. Dans ce torrent impétueux qui, pour lui, se confond avec la création, le cinéaste charrie pas mal de choses, des pires parfois, parfois aussi, comme cela arrive ici, des meilleures. Non pas que son film doive quoi que ce soit à la vérité des personnages et de l'histoire. Zulawski mélange tout, les temps, les faits, les sentiments. Mais, de ce faux absolu, il lui arrive de toucher juste. Car son côté polonais, lourd d'ivresses et de débordements, convient parfaitement à l'aspect frénétique qu'a pu revêtir une certaine forme de romantisme. Dans l'outrance, le cinéaste capte les moments de passion et de folie créatrice. Et, comme la note bleue à laquelle rêvent les musiciens, son film atteint parfois à des images pures, proches de l'absolu.

## ZWICK Edward (américain, né en 1952)

**FILMOGRAPHIE :**
*À propos d'hier soir (1986)* • *Glory (1989)* • *Leaving normal (1992)* •
*Légendes d'automne (1994)* • *À l'épreuve du feu (1996)* • *Couvre-feu (1998)* •
***Le Dernier samouraï (2003)***

Étudiant à Harvard, Edward Zwick écrit et met en scène plusieurs spectacles de théâtre qui lui valent une bourse Rockefeller, laquelle lui permet de se rendre en Europe et d'y poursuivre sa formation au sein de diverses troupes. De retour aux États-Unis, il est engagé comme scénariste et réalisateur à la télévision et y signe plusieurs téléfilms et divers épisodes de séries. Fondant avec un associé sa propre maison de production, il peut y développer des productions brillantes (comme *Shakespeare in love* de John Madden, *Traffic* de Steven Soderbergh, *Sam, je suis Sam* de Jessie Nelson) mais aussi ses propres projets dans un cinéma de genres qu'il affectionne : comédie de mœurs, épopée historique, film sur l'armée et, avec *Couvre-feu*, en 1998, film d'action prophétique sur des attaques terroristes prenant New York pour cible, et pour lequel il est à la fois réalisateur, scénariste et producteur, ce qui est aussi le cas avec *Le Dernier samouraï*, tout à la fois film d'aventures exotiques, saga historique, et épopée guerrière sur fond d'arts martiaux.

### LE DERNIER SAMOURAÏ (2003)
### avec Tom Cruise et Ken Watanabe

**L'étoffe du héros.** Transformé en bête de foire, Nathan Algren exploite dans de minables baraques foraines le souvenir de ses hauts faits de combattant de la guerre de Sécession. Mais si le héros est si fatigué, c'est surtout parce qu'il traîne avec lui le remords des Indiens innocents qu'il a contribué à massacrer. Autant dire que c'est l'honneur d'un capitaine qui est en jeu. Et comme ledit héros à la dérive est incarné par Tom Cruise, on se doute bien qu'il ne peut rester longtemps en si misérable état. C'est ici qu'intervient la belle idée autour de laquelle se structure le film d'Edward Zwick. Cet honneur perdu, le valeureux Américain va le retrouver là où on ne l'attendrait pas vraiment : au Japon, auprès d'autres guerriers – les samouraïs – défenseurs d'une culture, d'une tradition, d'un code, qui ont certes, depuis Kurosawa, leurs lettres de noblesse cinématographiques, mais qui offrent aussi d'étranges résonances en ces temps où l'Amérique ne se montre pas forcément très ouverte aux cultures qui lui sont étrangères. Car on est ici en 1876, à la fin de l'ère Meiji, au moment où l'empereur du Soleil-Levant décide d'ouvrir son pays à la modernité, c'est-à-dire au commerce, aux capitaux et aux armes de l'Occident. Et, pour entraîner ses troupes, il a besoin d'un homme comme Nathan Algren, seul capable de doter le Japon d'une armée efficace qui soit susceptible de défaire les entreprises du dernier des samouraïs, le fier Katsumoto, qui, au nom de l'honneur et de la tradition, se dresse avec ses guerriers contre les changements qui se profilent.
Le moins étonnant, dans cette lutte entre l'Occident du progrès présumé et l'Orient des coutumes prétendument dépassées, n'est pas que le héros américain, capturé d'emblée par le samouraï et initié par lui à sa culture, ne prenne le parti de son ennemi et progressivement, n'en vienne lui-même à se transformer en samouraï pour combattre à ses côtés. Curieux renversement des choses, qui jette sur le Japon et sur sa culture ancestrale le regard de la tolérance et du respect. Et curieux film qui, ne se privant d'aucun des éléments du film d'aventures revisité à la mode orientale – arts martiaux, charges sabre au clair, corps-à-corps sanglants, chorégraphie des combats –, prend aussi tout son temps pour tracer l'itinéraire spirituel du héros retrouvant l'honneur dans des valeurs que son pays semble avoir bafouées et dont ceux qu'il est venu combattre sont les gardiens.

Il y a là suffisamment d'originalité pour que le film d'Edward Zwick, impeccable du point de vue formel, n'attire la curiosité et la sympathie. Et, n'eût été cette tendance décidément incorrigible à en faire toujours un peu trop – dans les combats, dans la romance, dans les symboles, dans la musique – et surtout cette façon hollywoodienne de dénouer dans le sens du poil, avec deux dernières séquences convenues qui affadissent la leçon et l'esprit même du récit, ce qui est un excellent film hollywoodien de divertissement et d'action aurait pu être tout simplement un grand film. Raté de peu…

## ZWICK Joel (américain, né en 1942)

**Filmographie :**
*Second sight (1989)* • ***Mariage à la grecque (2002)*** • *Family of the year (2003)* • *Elvis has left the building (2003)* • *Fat Albert (2004)*

Réalisateur de télévision, Joel Zwick fait ses débuts au milieu des années 1970. En trente ans de carrière, il tourne des épisodes de quelques-unes des séries les plus populaires du petit écran américain. Cela fait de lui un artisan chevronné, auquel font tout naturellement appel Tom Hanks et son épouse Rita Wilson, lorsque, ayant assisté à un spectacle donné par Nia Vardalos, qui raconte son propre mariage à la grecque, ils décident de porter l'histoire à l'écran et d'en être les producteurs. Le film, qui surfe sur l'esprit communautaire cher aux multiples communautés du melting-pot américain, rencontre un succès considérable, et, produit pour seulement 5 millions de dollars, devient un des films les plus rentables de toute l'histoire du cinéma !

### MARIAGE À LA GRECQUE (2002)
**avec Nia Vardalos et John Corbett**

**Bluette.** Toula a trois problèmes : un, sans être vraiment disgracieuse, ce n'est pas non plus un prix de beauté ; deux, ceci expliquant cela, elle n'a pas de petit ami et, à 30 ans, elle n'est toujours pas mariée ; trois, et ce n'est pas le moindre handicap, elle est grecque. C'est-à-dire qu'elle se trimbale une famille du type tribu méditerranéenne, d'autant plus envahissante que, émigrée aux États-Unis où elle a fait fortune dans le petit commerce, celle-ci a un esprit de clan suffisamment marqué pour refuser tout étranger en son sein. Aussi lorsqu'un beau mec, genre wasp qui en ferait craquer plus d'une, passe par là et que Toula, qui en tombe raide amoureuse, s'aperçoit qu'elle lui fait le même effet, le bonheur commence, et les ennuis avec lui. Car le plus dur est bien de faire accepter le séduisant Ian Miller à la famille Portokalos, au père, à la mère, à la grand-mère, au frère, à la sœur, au gendre, à la belle-fille, aux oncles, aux tantes, aux cousins, aux cousines, aux alliés, aux amis, et à la communauté tout entière. Évidemment, l'amour étant le plus fort, il ne fait pas de doute que, comme dans toute bonne comédie, l'affaire se terminera par un mariage. Mais l'important est sans doute moins dans ce happy end dès l'abord prévisible que dans la façon dont on y arrive. Et là, pour n'être pas vraiment neuve, la situation est suffisamment riche de péripéties cocasses et de personnages hauts en couleur pour qu'on trouve à s'y divertir de bon cœur.
Rien, toutefois, qui suffise à expliquer le formidable succès remporté par le film aux États-Unis. S'il fallait donc risquer à ce sujet quelque explication, on en suggérerait deux : d'abord, dans un pays où l'obésité guette les jeunes filles en fleur, permettre à un quasi-laideron plutôt enrobé de se métamorphoser en belle Hellène et d'épouser un vrai prince charmant a de quoi faire rêver toutes les rondes qui sommeillent. Et ensuite, dans une société composée de multiples communautés, montrer de façon chaleureuse les us et coutumes d'une famille qui affiche ostensiblement sur sa maison à la fois le drapeau américain et le drapeau grec ne peut que flatter l'esprit de tolérance qui constitue l'horizon idéal du grand melting-pot.
À quoi on n'oubliera pas d'ajouter le clou de la fête : un mariage en grande cérémonie, avec tout le tralala, toutes les robes couleur bonbon, et toutes les demoiselles d'honneur possibles. Un vrai bonheur. Kitsch compris.

# INDEX DES RÉALISATEURS

# INDEX DES FILMS

Seuls sont indexés les films auxquels il est consacré une rubrique spécifique.

## REMERCIEMENTS

Merci à tous ceux qui, d'une projection de film à un simple renseignement, m'ont aidé à mener à bien ce livre, et tout spécialement à Michel Warren, à Jean-Luc Terrasse, à Renaud Davy, à Thierry Frémaux, à Nicolas Riedel, à Pierre Grise Distribution.

Merci à Henri-Pierre Guilbert, pour les articles reproduits avec l'aimable autorisation du *Dauphiné Libéré*.

Merci à Hervé de La Martinière, pour sa confiance.

Merci à Audrey Demarre et à Renaud Bezombes, pour leur efficacité éditoriale.

Et, bien sûr, merci à Nane.

J. S.

Achevé d'imprimer en avril 2006
sur les presses de l'imprimerie France Quercy à Cahors.

ISBN : 2-7324-3420-5
Dépôt légal : mai 2006
Imprimé en France